Lexikon der Lokomotive

Hauptautoren

Dr.-Ing. habil. Johannes Feihl	Dieseltriebfahrzeuge
Prof. Dr.-Ing. habil. Paul Kahler	Elektrische Triebfahrzeuge
Prof. Dr.-Ing. habil. Harry Rose	Dampflokomotiven Persönlichkeiten der Triebfahrzeugtechnik
Dipl.-Ing. Heinz Schnabel	Dampflokomotiven
Dozent Dr.-Ing. habil. Klaus Töpfer	Schienenfahrzeugtechnische Grundlagen

Autoren

Dr.-Ing. habil. Werner Fischer	Trag- und Laufwerke
Dr.-Ing. Steffen Henkel	Persönlichkeiten der Triebfahrzeugtechnik
Dr.-Ing. Dieter Jaenichen	Schienenfahrzeugbremsen
Dr.-Ing. Hans Kirbach	Dieselmotoren
Ing. Heinz Kirchhoff	Lokomotivkessel
Dr.-Ing. Harry Krumbiegel	Elektrotechnik in Dieseltriebfahrzeugen Elektrische Bremsen
Prof. Dr.-Ing. Jürgen Otto	Elektronik
Prof. Dr.-Ing. habil. Dietrich Wende	Fahrdynamik
Dr.-Ing. Jörg Wenkel	Hilfseinrichtungen und Gasturbinen

Lexikon der
LOKOMOTIVE
Geschichte und Technik

herausgegeben von Prof. Dr.-Ing. habil. Harry Rose

trans press

Titelfoto: Deutsche Bundesbahn

Lexikon der Lokomotive/ /Hrsg.:
Harry Rose/
Berlin: Transpress, 1992, – 684 S.:
ca. 1000 Abb.
NE: Hrsg.

ISBN 3–344–70736–1

Borkumstraße 2, O-1100 Berlin
Printed in Germany
Lektor: Hartmut Renner
Einband: Jürgen Schumann
Typografie: Regine Bach
Satz: Vaihinger Satz+Druck, 7143 Vaihingen/Enz
Druck: Gulde Druck GmbH, 7400 Tübingen
Bindung: Karl Dieringer, 7016 Gerlingen

Vorwort

Lokomotiven und Triebwagen sind die technischen Antriebskräfte der Eisenbahnen. Ohne sie, ohne die von ihnen ausgehende Atmosphäre würde der Faszination Eisenbahn eines der wichtigsten Elemente fehlen. Zugleich ist in den Dampf-, Diesel- und Elektrolokomotiven eine Vielzahl progressiver Erkenntnisse und Innovationen aus Wissenschaft und Technik gespeichert. Aus den Anforderungen des harten Eisenbahnbetriebes sind aber auch neue Impulse für nicht eisenbahngebundene Entwicklungen entstanden.
Aus dieser Erkenntnis heraus entstand die Absicht, das Lexikon der Lokomotive als allgemeinverständliches, jedoch auch fachliches Wissen vertiefendes Nachschlagewerk, das die nationale wie auch die internationale Entwicklung berücksichtigt, zu schaffen Gegenüber dem 1990 nun schon in der 8., bearbeiteten und ergänzten Auflage im gleichen Verlag erschienenen Lexikon der Eisenbahn, das alle Bereiche des Eisenbahnwesens behandelt, konzentriert sich das vorliegende Lexikon auf die antreibenden Fahrzeuge. Dabei will es die vielfältige Fachliteratur über Lokomotiven und Triebwagen keineswegs ersetzen, sondern als eigenständiges, die Vorzüge der alphabetischen Ordnung nutzendes Nachschlagewerk verstanden werden.
Begriffe über die historische und technische Entwicklung, den Aufbau und die Konstruktion von Lokomotiven und Triebwagen werden unabhängig von ihrer Spurweite und Eigentumsform vorgestellt, wobei auch Sonderbauformen, wie Hochdruck-, Turbinen-, Dampfmotor-, Kohlenstaub- und Dampfspeicherlokomotiven, Gasturbinenlokomotiven und -triebwagen sowie Akku-Triebfahrzeuge und Grubenbahnlokomotiven Berücksichtigung fanden. Die Triebwagen und die Triebzüge sind so behandelt worden, daß die Maschinenanlage gegenüber dem wagenbaulichen Teil nach Tiefe und Umfang das Primat besitzt. Der ohnehin schon ansehnliche Umfang des Lexikons gebot, auf U-, Straßen- und solche Sonderbahnen, wie die Einschienen- und die Röhrenbahnen zu verzichten. Nicht ausgeklammert wurde dagegen die Würdigung anerkannter, nicht mehr lebender Persönlichkeiten des Lokomotiv- und Triebwagenbaues sowie der Eisenbahntechnik, die mit ihren wissenschaftlichen, konstruktiven, technologischen oder auch unternehmerischen Leistungen zur Entwicklung der Lokomotive und des Triebwagens hervorzuhebend beigetragen haben.
Mit der deutschen staatlichen Vereinigung im Jahre 1990 ist auch der Prozeß der Vereinigung der beiden deutschen Bahnen, der Deutschen Bundesbahn und der Deutschen Reichsbahn, in Gang gekommen. Äußerlich kommt dies u.a. in dem neuen seit 1. Januar 1992 bei beiden Bahnen gültigen Triebfahrzeug-Kennzeichnungssystem zum Ausdruck. Dieses System ist im vorliegenden Lexikon berücksichtigt worden. Auf Doppelbezeichnungen gemäß früherer Kennzeichnungen wurde i.d.R. verzichtet. Sind Baureihenbezeichnungen im neuen System nicht mehr enthalten, wird die vormalige Kennzeichnung mit Angabe der zugehörigen Bahnverwaltung benutzt. Dabei wurden vereinfachend vor 1920 die Länderbahnen, von 1920 bis 1945 die DRG (Deutsche Reichsbahn-Gesellschaft) und von 1946 bis 1990 die DB oder die DR angegeben.
Die Autoren, der Herausgeber und der Verlag sehen die Nutzer des Lexikon der Lokomotive im Kreis der heranwachsenden und gestandenen Ingenieure, Techniker und weiterer Fachleute besonders des Maschinen- und Werkstättendienstes der Eisenbahnen sowie der Schienenfahrzeug- und zugehörigen Zulieferindustrie, im gleichen Maße aber auch unter den vielen Freunden der Eisenbahn sowie unter den Modelleisenbahnern.
Nicht alles wird in diesem Lexikon auf Anhieb völlig gelungen sein. Hinweise und Wünsche zur Verbesserung des Lexikons, aber auch Berichtigungen bzw. Präzisierungen werden wir gern und dankbar annehmen.

Harry Rose

Hinweise für die Benutzung

Die Stichwörter sind vom ersten bis zum letzten Buchstaben nach dem Alphabet geordnet, auch wenn ein Stichwort aus mehreren Wörtern besteht. Zusammengesetzte Stichwörter, die eingeführte Begriffe darstellen, werden nach dem Anfangsbuchstaben des ersten Wortes eingeordnet, z.B. »amerikanisches Drehgestell« unter »a«. Die Umlaute ä, ö, ü gelten in der alphabetischen Reihenfolge wie a, o, u; ß gilt wie ss.

Synonyme zum Stichwort erscheinen kursiv. Im Artikeltext wird das Stichwort i.allg. mit dem bzw. den Anfangsbuchstaben abgekürzt, also »Abbremsung« mit »A.« und »amerikanisches Drehgestell« mit »a.D.«

Der Vermerk »Abb.« am Schluß eines Artikels deutet darauf hin, daß zum betreffenden Stichwort eine Abbildung gehört; der Hinweis auf eine Abbildung in einer Bildtafel ist durch »→ Tafel...« gegeben.

Abkürzungsverzeichnis

ABB	Asea Brown Boverie AG, Mannheim
ABB	ABB Henschel Lokomotiven GmbH, Mannheim
ACF	American Car u. Foundry Comp.
AEG	Allgemeine Elektrizitäts-Gesellschaft, Berlin/Frankfurt a.M.
AKN	Eisenbahngesellschaft Altona-Kaltenkirchen-Neumünster
ALCO (Alco)	American Lokomotive Co. Schenectady
Alsthom	Fa. Alsthom, Paris
AMTRAK	American Transportation on Track (National Railroad Passenger Corporation (Amtrak))
ANF	Ateliers de Construction du Nord de la France
ASEA	Allmänna Svenska Elektrika AB, Västeras
ASF	Akkumulator-Schleppfahrzeug
ASJ	Aktiebolaget Svenska Järnvägsverkstäderna, Linköping
AW	Ausbesserungswerk
bad.	badisch bzw. für Großherzoglich Badische Staatseisenbahn
bay.	bayrisch bzw. für Königlich Bayerische Staateisenbahn
BBC	Brown, Boweri & Cie, Baden/Wien/Mannheim
BBÖ	B.B. Österreich (Bundesbahnen Österreich; 1.4.1921–17.3.1938)
BĎZ	Blgarski Državni Železnici (Staatliche Eisenbahn Bulgariens)
BEE	Brush Electrical Engineering Co Ltd., Loughborough
Bergmann	Bergmann Elektrizitätswerke AG, Berlin
BMAG	Berliner Maschinenbau AG vorm. L. Schwartzkopff, Berlin
BMS	Arbeitsgemeinschaft der Bergmann-Elektrizitäts-Werke AG, Berlin, und der Maffei-Schwartzkopff-Werke GmbH, Wildau bei Berlin
Borsig	Borsig Lokomotivwerke, Berlin-Tegel
BR	Baureihe
BR	British Railways (Staatliche Eisenbahn Großbritanniens)
BRE	British Rail Engineering Ltd., London
B u. L	Brissonneau u. Lotz, Paris
Bw	Bahnbetriebswerk
CAFL	Compagnie des Ateliers et Forges de la Loire
CFF	Chemins de fer fédéraux suisses (Staatliche Eisenbahn der Schweiz)

CFL	Société Nationale des Chemins de fer Luxembourgeois (Staatliche Eisenbahn Luxemburgs)
CFR	Căile ferate române (Staatliche Eisenbahnen Rumäniens)
CH	Organisme des Chemins de fer Helleniques (Staatliche Eisenbahnen Griechenlands)
CHA	Lokomotivfabrik Charkow
CIE	Coras Jompair Eireann (Transportunternehmen Irlands)
ČKD	Českomoravska Kolben Danék, Prag-Smichov/Sokolovo/Martin
CN	Canadian National Railways (Kanadische Staatsbahnen)
CO	Cockerill-Ougree, Seraing-Lüttich
CP	Caminhos de Ferro Portugueses (Staatliche Eisenbahn Portugals)
CP	Canadian Pacific Railways (Kanadische Pazifik-Bahn)
ČSD	Československé Státni Dráhy (Staatliche Eisenbahnen der ČSFR)
DB	Deutsche Bundesbahn
de	dieselelektrisch
Dessau	Dessauer Waggonfabrik AG
dh	dieselhydraulisch
dhm	dieselhydromechanisch
DLV	Eisenbahn-Liefergesellschaft GmbH
DR	Deutsche Reichsbahn
DRG	Deutsche Reichsbahn-Gesellschaft
DSB	Danske Statsbaner (Staatliche Eisenbahn Dänemarks)
DSVN	Dung Sat Viet Nam (Staatliches Eisenbahnunternehmen Vietnams)
DÜWAG, Düwag	Düsseldorfer Waggonfabrik AG
DWK	Deutsche Werke Kiel
EBO	Eisenbahn-Bau- und Betriebsordnung
EE	English Electric Co., Ltd., London
ehem.	ehemalig, ehemals
elektr.	elektrisch
ELIN	ELIN AG für elektr. Industrie, Wien
EMD	Electro Motive Division, La Grange, Illinois
EPC	Elektroputere Craiova
ET	elektrischer Triebwagen, elektrischer Triebzug
EVA	Eisenbahn-Verkehrsmittel AG Berlin
Fa.	Firma
FIAT	Fiat Ferroviaria e stabilimento grandi Motore, Turin
Flugbahn	Flugbahn AG Hannover
FRT	Fahrleitungsrevisionstriebwagen
FS	Ferrovie dello Stato Italiane (Staatliche Eisenbahn Italiens)
Fuchs	H. Fuchs, Waggonfabrik AG, Heidelberg
Ganz	Ganz-Mavag-Lokomotiv- und Waggonfabrik Budapest
GE	General Electric, Erie
ge	gasturboelektrisch
GEC	General Electric Co. Ltd., London/Preston
gh	gasturbohydraulisch
GM	General Motors Corp., Detroit
gm	gasturbomechanisch
Gmeinder	Gmeinder u. Co., Mosbach/Baden
Hanomag	Hannoversche Maschinenbau AG, Hannover-Linden
Hartmann	Richard Hartmann, Sächsische Maschinenfabrik, Chemnitz
HD	Hochdruck
Henschel	Henschel u. Sohn, Kassel
Hohenzollern	Hohenzollern Aktiengesellschaft für Lokomotivbau, Düsseldorf-Grafenberg
HSH	Hekurudha Shiquiperise (Staatsbahnen Albaniens)
HST	High Speed Train
hydr.	hydraulisch
hydromech.	hydromechanisch
i. d. R.	in der Regel
IfS	Institut für Schienenfahrzeuge, Berlin
Jenbach	Jenbacher Werk AG, Jenbach
JNR	Japanese National Railways (Staatliches Eisenbahnunternehmen Japans)
JŽ	Jugoslovenske Železnice (Staatliche Eisenbahn Jugoslawiens)
KAB	Kühlautomat GmbH Berlin
KHD	Klöckner-Humboldt-Deutz AG, Köln

kkStB	kaiserlich-königliche österreichische Staatsbahnen (1.7.1848–11.11.1918)
KM	Krauss Maffei AG, München-Allach
KNDR	Zosun Minzuzui Inminggonghoagug (Staatliches Eisenbahnunternehmen Nordkoreas)
KNR	Zhung Guo Tie Lu (Staatliches Eisenbahnunternehmen Chinas)
KOL	Lokomotivfabrik Kolomna
KPEV	Königlich-Preußische Eisenbahn-Verwaltung
Krupp	Friedrich Krupp AG, Essen
LEW	Lokomotivbau-/Elektrotechnische Werke Hennigsdorf
LHB	Linke-Hofmann-Busch GmbH, Salzgitter-Watenstedt
LHW	Linke-Hofmann-Werke AG, Breslau
LJU	Lokomotivfabrik Ljudinowski
LKM	Lokomotivbau Babelsberg
LNWR	London & North Western Railway
Maffei	Lokomotiv- und Maschinenfabrik J. A. Maffei
Maffei	Maffei-Schwartzkopff-Werke GmbH, Wildau bei Berlin
MaK	Maschinenbau Kiel GmbH, Kiel
MaK	Krupp MaK Maschinenbau GmbH, Kiel
MAN	Maschinenfabrik Augsburg-Nürnberg AG, Nürnberg
MÁV	Magyar Államvasutak (Staatliches Eisenbahnunternehmen Ungarns)
Maybach	Maybach Motorenbau GmbH Friedrichshafen
MBB	Messerschmitt-Bölkow-Blohm
ME	Maschinenfabrik Esslingen, Esslingen
mech	mechanisch
MFO	Maschinenfabrik Oerlikon, Zürich
MKB	Maschinenbau-Kombinat Bukarest
MLW	Montreal Locomotive Works
MTU	Motoren- u. Turbinen-Union, Friedrichshafen
MTZ	Mongolin Tömör Zam (Staatliche Eisenbahnunternehmen der Mongolei)
MWJ	Motorenwerke Berlin-Johannisthal
NBL	North British Lokomotive Co., Glasgow
ND	Niederdruck
Nohab	Nydgvist u. Holm A. B., Trollhätten
NS	Nederlandse Spoorwegen (Staatliche Eisenbahnen der Niederlande)
NSB	Norges Statsbaner (Staatliche Eisenbahn Norwegens)
ÖBB	Österreichische Bundesbahnen (Staatliche Eisenbahnen Österreichs; seit 5.8.1947)
ORE	Offices de Recherches et d'Essais (Forschungs- und Versuchsamt des Internationalen Eisenbahnverbandes)
ORT	Oberleitungsrevisionstriebwagen
OSShD	Organisazija sotrudnitschestwa shelesnych dorog (Organisation für die Zusammenarbeit der Eisenbahnen)
ÖSSW	Österreichische Siemens-Schuckert-Werke
OuK	Orenstein und Koppel, Berlin
PJKA	Indonesische Staatsbahnen
PKP	Polskie koleje Państwowe (Staatliche Eisenbahnen Polens)
PLM	Paris-Lyon-Mittelmeerbahn
pr., preuß.	preußisch bzw. für Königlich Preußische und Großherzoglich Hessische Staatseisenbahn
RAW, Raw	Reichsbahnausbesserungswerk
RBD, Rbd	Reichsbahndirektion
Renault	Regie Nationale des Usines Renault, Paris
RENFE	Red Nacional de los ferrocariles Espanoles (Staatliche Eisenbahn Spaniens)
RTG	Rame o. Turbine o. Gas (Gasturbinentriebzug der Nationalen Gesellschaft der französischen Eisenbahnen)
RZM	Reichsbahn-Zentralamt München
sä., sächs.	sächsisch bzw. für Königlich Sächsische Staatseisenbahn
SACM	Société Aslacienne de Constructions Mecanique, Mulhouse

SBB	Schweizerische Bundesbahnen (Staatliche Eisenbahn der Schweiz)
Schichau	Ferdinand Schichau AG, Elbing
Schwartzkopff	Schwartzkopff Maschinenfabrik, Berlin-Wildau
Sécheron	Sécheron Maschinenfabrik, Genf
SFAC	Société des Froges et Ateliers du Creusot
SGP	Simmering-Graz-Pauker AG, Wien/Graz
Siemens	Siemens AG, München/Berlin und Erlangen/Berlin
SIG	Schweizerische Industrie Gesellschaft, Neuhausen
SJ	Statens Järnvägar (Staatliche Eisenbahnen Schwedens)
ŠKODA, Škoda	Škodawerke Pilsen
SLM	Schweizerische Lokomotiv- und Maschinenfabrik Winterthur
SM	Strömungsmaschinen GmbH Pirna/Dresden
SNAF	Société ANF-Frangeco, Paris
SNCB	Société Nationale des Chemins de fer Belges (Nationale Gesellschaft der belgischen Eisenbahnen)
SNCF	Société Nationale des Chemins de fer Francais (Nationale Gesellschaft der französischen Eisenbahnen)
SO	Schienenoberkante
SRM	Fa. Svenska Rotor Maskinder
SSW	Siemens-Schuckert-Werke AG, Berlin u. Erlangen
StEG	Maschinenfabrik der privaten Österreichisch-Ungarischen Staatseisenbahngesellschaft
StES	Studiengesellschaft für elektrische Schnellbahnen
Stug	Studiengesellschaft für Kohlenstaubfeuerung auf Lokomotiven
Sulzer	Gebrüder Sulzer AG, Winterthur
SVT	Schnellverbrennungstriebwagen, Schnellverbrennungstriebzug
SŽD	Sovjetskije Železnyie Dorogi (Sowjetische Eisenbahnen)
TALGO	Tren Articulado Ligero Goicoechea Oriol (Einrichtungs-Gliedertriebzug der Staatlichen Eisenbahn Spaniens)
TCDD	Türkiye Cumhuriyeti Devlet Demiryollari (Staatliche Eisenbahnen der Türkei)
Tfz.	Triebfahrzeug
TGV	Train á grande vitesse (Hochgeschwindigkeitstriebzug der Nationalen Gesellschaft der französischen Eisenbahnen)
TH	Technische Hochschule
TMT	Turbine Motor Train (Gasturbinentriebzug)
UIC	Union Internationale des Chemins de fer (Internationaler Eisenbahnverband)
UP	Union Pacific Railroad
VES-M	Versuchs- und Entwicklungsstelle Maschinenwirtschaft der Deutschen Reichsbahn
Voith	J. M. Voith Maschinenfabrik
Voith	Voith-Getriebe AG, Heidenheim/St. Pölten
VR	Valtionrautatiet (Staatliche Eisenbahn Finnlands)
VT	Verbrennungstriebwagen, Verbrennungstriebzug
Vulcan	Stettiner Schiffs- und Maschinenbau AG Vulcan, Stettin
VWW	Vereinigte Westdeutsche Waggonfabriken AG, Köln-Deutz
Wasseg	Arbeitsgemeinschaft der Allgemeinen Elektrizitäts-Gesellschaft, Berlin/Frankfurt a. M. und der Siemens-Schuckert-Werke AG, Berlin u. Erlangen
WBB	Waggonbau Bautzen
WBG	Waggonbau Görlitz
WfB	Waggonfabrik Bautzen
WfR	Waggonfabrik Rastatt
WfRg	Waggonfabrik Rathgeber, München
WfRg	Jos. Rathgeber AG, München-Moosach
Wf.Stud.	Waggonfabrik Studenka
WfÜ	Waggonfabrik Uerdingen, Krefeld-Uerdingen
WfW	Triebwagen- u. Waggonfabrik Wismar
WLF	Wiener Lokomotivfabrik, Wien-Floridsdorf
WOR	Lokomotivfabrik Woroschilowgrad (Lugansk)
Wumag	Waggon- und Maschinenbau AG, Görlitz
ZEV	zentrale Energieversorgung, Zugenergieversorgung

Verzeichnis benutzter und weiterführender Literatur

1. Grundlagen und Querschnitte

1.1. Arndt, G.; Bäzold, D.: Museumslokomotiven und -triebwagen in der DDR. – Berlin, 1986
1.2. Borchert, F.; Kirche, H.-J.: Lokomotiven der Deutschen Reichsbahn. Ellok, Diesellok und Triebwagen 1949 bis heute. – Berlin, 1986
1.3. Bremstechnik – Bremsbetrieb/Schmager, S. u. a. – In: Schienenfahrzeuge. – Berlin, 23 (1979) – 27 (1983)
1.4. Denzin, P.: Leitfaden Bremstechnik. – Berlin, 1969
1.5. Deutsche Eisenbahnen 1835–1985/Rehbein, E. u. a. – Berlin, 1985
1.6. Ewald, K.: 20000 Schriftquellen zur Eisenbahnkunde. – Kassel, 1941
1.7. Fachwissen des Ingenieurs/Wächter K. u. a. Bd. 8. – Leipzig, 1981
1.8. Grundausrüstungen. Reihe Schienenfahrzeugtechnik/Töpfer, K. u. a. – Berlin, 1983
1.9. Hanneforth, W.; Fischer, W.: Laufwerke. Reihe Schienenfahrzeugtechnik. – Berlin, 1986
1.10. Helmholtz, R.; Staby, W.: Die Entwicklung der Lokomotiven im Gebiet des Vereins deutscher Eisenbahnverwaltungen. Bd. 1 u. 2. – München und Berlin, 1930
1.11. Henschel Lokomotiv-Taschenbuch. – Düsseldorf, 1960
1.12. Heumann, W.: Grundzüge der Führung der Schienenfahrzeuge. Sonderdruck. – In: Elektrische Bahnen. – München, 1950–1953
1.13. Hochmuth, A.; Wende, D.: Fahrdynamik der Landfahrzeuge. – Berlin, 1968
1.14. v. Hornstein, A.: Lokomotiven und Triebwagen der Welt. – Zürich und Stuttgart, 1972
1.15. Hütte. Des Ingenieurs Taschenbuch. Verkehrstechnik. Teil B. – Berlin, 1955
1.16. Kutschik, D.: Lokomotiven von Borsig. – Berlin, 1984
1.17. Lexikon für Eisenbahnfreunde/Born, E. u. a. – Luzern, 1977
1.18. Lueger Lexikon der Technik. Bd. 12. Lexikon der Fahrzeugtechnik. – Stuttgart, 1967
1.19. Maey, H.; Born, E.: Lokomotiven der alten deutschen Staats- und Privatbahnen. – Berlin, 1984
1.20. Mehltretter, M.: Die Lokomotiven der Deutschen Bundesbahn. – Stuttgart, 1978
1.21. Messerschmidt, W.: Lokomotiven der Maschinenfabrik Esslingen. – Berlin, 1984
1.22. Meyers Neues Lexikon Bd. 1–18. – Leipzig, 1971–1978
1.23. Nordmann, H.: Die Mechanik der Zugförderung und ihre wissenschaftlich-experimentellen Grundlagen. – Berlin/Göttingen/Heidelberg, 1952
1.24. Schmalspurbahn-Archiv/Kieper, K. u. a. – Berlin, 1982
1.25. Slezak, J. O.: Die Lokomotiven der Republik Österreich. – Wien, 1983
1.26. Technischer Wagendienst/Habel u. a. – Berlin, 1984
1.27. Lexikon der Eisenbahn. – Berlin, 1990
1.28. Wende, D.: Fahrdynamik. Reihe Schienenfahrzeugtechnik. – Berlin, 1990
1.29. Zschech, R.: Triebwagen-Archiv. – Berlin, 1979

2. Dampflokomotiven und -triebwagen

2.1. Dampflok-Archiv/Weisbrod, M. u. a. – Berlin, Bd. 1. Baureihen 01 bis 39. – 1987; Bd. 2. Baureihen 41 bis 59. – 1988; Bd. 3. Baureihen 60 bis 96. – 1982; Bd. 4. Baureihen 97, 98 und 99. – 1983
2.2. Die Dampflokomotive/Schwarze, J. u. a. – Berlin, 1965
2.3. Die Dampflokomotive. transpress Reprint. – Berlin, 1984
2.4. Eckhardt, F. W.: Die Konstruktion der Dampflokomotive und ihre Berechnung. – Berlin, 1952
2.5. Giesl-Gieslingen, A.: Lokomotiv-Athleten. Geschichte, Leistung und

Kurvenlauf der Sechs- und Siebenkuppler. – Wien, 1976
2.6. Giesl-Gieslingen, A.: Anatomie der Dampflokomotive – international. Ihr Aufbau und ihre Technik in aller Welt von 1829 bis heute. – Wien, 1986
2.7. Greggio, L.: Das Bilderlexikon der Dampflokomotiven. – München, 1977
2.8. Lehmann, R.: Dampflok-Sonderbauarten. – Berlin, 1985
2.9. Maedel, K.: Deutschlands Dampflokomotiven gestern und heute. – Berlin, 1969
2.10. Meineke, F.; Röhrs, F.: Die Dampflokomotive. Lehre und Gestaltung. – Berlin/Göttingen/Heidelberg, 1949
2.11. Messerschmidt, W.: Dampflok-Raritäten. Standardausführungen und Sonderkonstruktionen berühmter Lokomotivfabriken. – Stuttgart, 1975
2.12. Niederstraßer, L.: Leitfaden für den Dampflokomotivdienst. – Leipzig, 1950
2.13. Niklitschek, A.: Die Dampflokomotive. – Wien, 1947
2.14. Nordmann, H.: Die Dampflokomotive in ihren Hauptentwicklungslinien. – Berlin, 1948
2.15. Rakow, W. A.: Russische und sowjetische Dampflokomotiven. – Berlin, 1986
2.16. Rehbein, E.: Oldtimer auf Schienen. – Leipzig/Jena/Berlin, 1981
2.17. Repetzki, K. R.: Dampflokomotiven in Glasers Annalen. – transpress Reprint. – Berlin, 1900–1910. – 1985; 1931–1943. – 1984; 1947–1962. – 1984
2.18. Schnabel, H.: Saxonia. Beschreibung und Rekonstruktion einer historischen Lokomotive. – Berlin, 1989
2.19. Stockklausner, H. K.: 25 Jahre Deutsche Einheitsdampflokomotive. – Nürnberg, 1950
2.20. Stoffels, W.: Lokomotivbau und Dampftechnik. – Basel und Stuttgart, 1976
2.21. Weisbrod, M.; Brozeit, W.: Baureihe 44. – Berlin, 1984
2.22. Wendler, H.: Die Dampflokomotiven der Deutschen Reichsbahn. – Berlin, 1960

3. Brennkraftlokomotiven, Verbrennungstriebwagen und -triebzüge

3.1. Fachkunde Dieseltriebfahrzeuge/ Timmermann, H. u. a. – Berlin, 1966
3.2. Glatte, W.: Diesellok-Archiv. – Berlin, 1986
3.3. Kleinlokomotiven und die BR V15/ Andreas, K. u. a. – Berlin, 1967
3.4. Kohls, H.: Elektrik der Dieseltriebfahrzeuge. – Berlin, 1966
3.5. Kunicki, H.: Deutsche Dieseltriebfahrzeuge gestern und heute. – Berlin, 1968
3.6. Leitfaden der Dieseltriebfahrzeuge. Bd. 1 u. 2. – Berlin, 1967
3.7. Löttgers, R.: Schienenbusse in Deutschland. – Stuttgart, 1982
3.8. Messerschmidt, W.: Diesellok-Raritäten. Stationen einer internationalen Entwicklung. – Stuttgart, 1980
3.9. Reinhardt, L.: Rangier-Diesellokomotiven. – Berlin, 1972
3.10. Repetzki, K. R.: Diesellokomotiven und Triebwagen in Glasers Annalen 1895–1936. – transpress Reprint. – Berlin, 1987
3.11. Repetzki, K. R.: Diesellokomotiven und Triebwagen in Glasers Annalen 1937–1953. – transpress Reprint. – Berlin, 1987
3.12. Schlegel, G.; Bochmann, W.: Dieseltriebfahrzeuge. – Berlin, 1981
3.13. Schwerin, C.: Hilfseinrichtungen der Dieseltriebfahrzeuge. – Berlin, 1966
3.14. Semitschastnow, I. F.; Büttner, S.: Hydraulische Getriebe für Schienenfahrzeuge. – Berlin, 1959
3.15. Stockklausner, H. K.: 50 Jahre Diesellokomotiven. – Basel/Stuttgart, 1963
3.16. Stoffels, W.: 30 Jahre Gasturbinenlokomotive. Eine Übersicht der Gasturbinentraktion von 1933–1962. – Augsburg, 1964
3.17. Stoffels, W.: Turbotrains International. – Basel/Boston/Stuttgart, 1983
3.18. Strecken-Diesellokomotiven/Reinhardt, L. u. a. – Berlin, 1981
3.19. Taschenbuch Diesellokomtiven/ Beyer, K.-H. u. a. – Berlin, 1967

4. Elektrische Lokomotiven, Triebwagen und Triebzüge

4.1. Bäzold, D.; Fiebig, G.: Elektrische Lokomotiven. – Berlin, 1992

4.2. Die Berliner S-Bahn/Götz, G. u. a. – Berlin, 1968
4.3. Budig, P. K.: Elektrische Lokomotiven. – Berlin, 1968
4.4. Deinert, W.: Elektrische Lokomotiven für Vollbahnen. Stufe II/III. Reihe Triebfahrzeugkunde: Elektrische Triebfahrzeuge. – Berlin, 1968
4.5. Elektrische Triebfahrzeuge/Bendel, H. u. a. – Berlin, 1981
4.6. Energieversorgung elektrischer Bahnen. – Berlin, 1975
4.7. Gottwald, A. B.: 100 Jahre deutsche Elektrolokomotiven. – Stuttgart, 1979
4.8. 100 Jahre elektrische Eisenbahn. – Starnberg, 1979
4.9. Löttgers, R.: Die Akkutriebwagen der Deutschen Bundesbahn – ETA 150 und 176. – Stuttgart, 1985
4.10. Messerschmidt, W.: Ellok-Raritäten. Kuriositäten und Besonderheiten elektrischer Lokomotiven. – Stuttgart, 1976
4.11. Müller, S.: Elektrische und dieselelektrische Triebfahrzeuge. – Stuttgart, 1979
4.12. Sachs, K.: Elektrische Triebfahrzeuge. Bd. 1, 2 u. 3. – Wien/New York, 1973
4.13. VEM-Handbuch. Die Technik der elektrischen Antriebe. – Berlin, 1976
4.14. Wilke, G.: Akkumulator-Triebwagen. Sonderdruck. – In: Elektrische Bahnen. – München, 1956

5. Persönlichkeiten und Erfindungen

5.1. Mattschoss, C.: Männer der Technik. – Berlin, 1925
5.2. Messerschmidt, W.: Taschenbuch Deutsche Lokomotivfabriken. Ihre Geschichte, ihre Lokomotiven und Konstrukteure. – Stuttgart, 1977
5.3. Preuß, E.; Preuß, R.: Lexikon Erfinder und Erfindungen – Eisenbahn. – Berlin, 1986

A

Abblasen: Ausströmen von Dampf aus dem → Lokomotiv-Dampfkessel bei Überschreiten des zulässigen → Kesseldrucks über die → Kesselsicherheitsventile.

Abbremsung: Konstruktionsmaß für die Auslegung der Klotz- und Scheibenbremse; Verhältnis der Gesamtklotzkraft (Gesamtbelaganpreßkraft) zur Fahrzeuggewichtskraft. Mulitpiliziert mit 100 ergibt sich die prozentuale A.; sie bezieht sich auf die gebremsten Radsätze und wird auf den Radumfang bezogen. Man unterscheidet zwischen rechnerischer und effektiver A. Bei der *effektiven A.* wird der → Gestängewirkungsgrad der Kraftübertragung berücksichtigt, während er bei der *rechnerischen A.* unberücksichtigt bleibt. Die zu wählende prozentuale A. hängt vor allem von den Einsatzbedingungen (Höchstgeschwindigkeit, Vorsignalabstand) und der Bauart der Bremsen (→ Bremsklotzbauform, Reibmaterial) ab. Für Tfz. mit den → Bremsstellungen G, P und der mit Gußbremssohlen ausgestatteten → Klotzbremse ist sie mit 70–90% zu wählen, wobei die höheren Werte für größere Achsfahrmassen gelten. In der Bremsstellung R kann die A. bis 220% betragen, wenn die Klotzbremse allein wirkt. (z. B. keine zusätzliche → elektrodynamische Bremse). Die hohe A. darf nur für den höheren Geschwindigkeitsbereich festgelegt werden, da es sonst im unteren Geschwindigkeitsbereich wegen der starken Zunahme des Reibwerts von Gußsohlen zum → Gleiten der Räder kommt. Es wird deshalb zwischen Hoch- und Niedrig-A. unterschieden (2stufige A.), wobei die Umschaltgeschwindigkeit v_U die Grenze zwischen beiden A. ist. Die Bremsstellung P ist 1stufig.
→ Scheibenbremsen brauchen keine 2stufige geschwindigkeitsabhängige Regelung der Belaganpreßkraft, da der Reibwert der Reibpaarung nur wenig von der Geschwindigkeit abhängig ist. Abb.

Abdampf: aus der → Dampfmaschine nach verrichteter Arbeit austretender Dampf mit noch relativ großer Verdampfungswärme. Der A. wird beim Ausstoß über das → Blasrohr und den → Schornstein zur Erzeugung des Unterdrucks in der Rauchkammer genutzt (→ Saugzug), bevor er ins Freie strömt. Die meisten Dampflokbauarten nutzten thermisch einen Teil des A. im → Speisewasservorwärmer, einige in der → Abdampfstrahlpumpe. Bei → Kondensationslokomotiven wird durch Kondensation des A. Kesselspeisewasser zurückgewonnen.

Abdampfableitung: Bauteile zur Ableitung des Abdampfs aus dem → Zylinder (1) in die → Rauchkammer zum Blasrohr. Je nach Bauart der Dampflokomotive besteht die A. aus a) Ausströmrohr allein oder b) Ausströmzweigrohr und mindestens 2 Ausströmrohren zusammen oder c) Ausströmzweigrohr mit aufgesetztem → Standrohr und mindestens 2 Ausströmrohren. Abb. S. 14

Abdampfentöler: Einrichtung zum Abscheiden des Schmieröls vom → Ab-

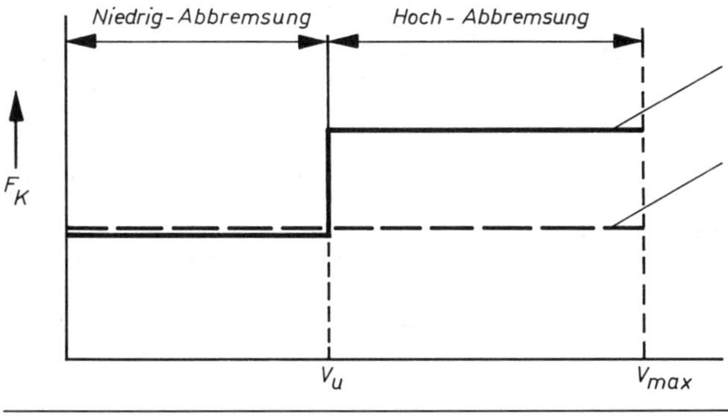

Abbremsung
1- und 2stufige Regelung der Klotzkraft F_K

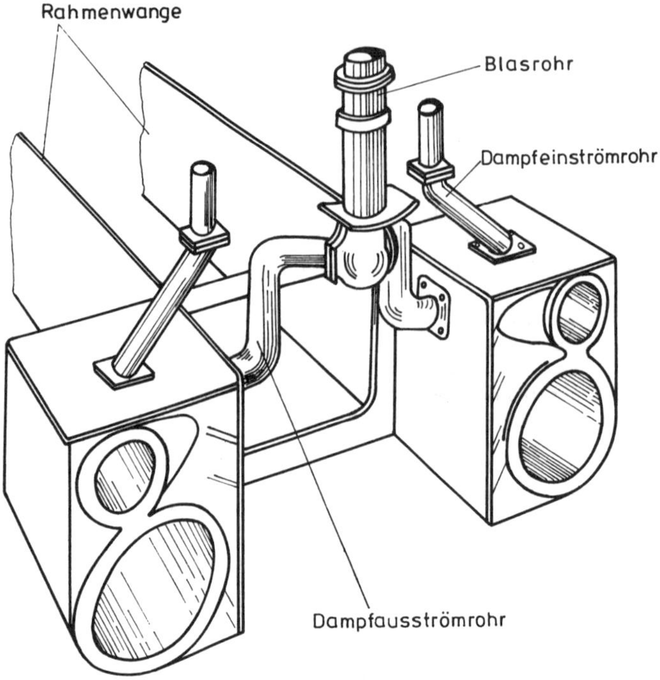

Abdampfableitung
Dampfleitungen am Zylinder

dampf bei → Kondensationslokomotiven. Der Abdampf aus der Dampfmaschine muß, bevor er über die Lüfterturbine in den → Kondensator des Tenders gelangt, im A. entölt werden. Das mit dem Kondensat in den Dampflokomotivkessel eingespeiste Öl würde zu Kesselschäden führen. Deshalb wird im Kondensatsammelkasten die restliche Ölmenge nochmals durch Filter ausgeschieden.

Abdampfstrahlpumpe: mit Abdampf der Dampfmaschine betriebene → Dampfstrahlpumpe zur Speisung des Lokomotivkessels. Die erste A. konstruierten Davies und Metcalfe in Manchester. Als die → Speisewasservorwärmung an Bedeutung gewann, wurde die A. von Friedmann weiterentwickelt. Die Friedmannsche A. besaß eine selbsttätige Umschaltung von Abdampf auf Frischdampf (→ Anlaßventil) und eine Klappe zum Abschluß des Mischraums gegen das → Blasrohr, damit von diesem bei Frischdampfbetrieb keine Luft angesaugt werden konnte. Im Abdampfbetrieb benötigt sie einen Frischdampfzusatz (Zusatzdampf) von etwa 2,5% und erwärmt das → Kesselspeisewasser auf etwa 90°C, was gegenüber der Dampfstrahlpumpe eine Wärmeersparnis von 10% erbrachte. Lit. 2.1., 2.6., 2.12.

Abdampfvorwärmer: mit → Abdampf arbeitender → Speisewasservorwärmer.

Abdrückgeschwindigkeit: → Abdrücklokomotive

Abdrücklokomotive: → Lokomotive, die einem zu zerlegenden Zug die notwendige Abdrückgeschwindigkeit für die Bewegung über den Ablaufberg bis zum Ablaufpunkt verleiht. Die Arbeit der A. wird durch besondere Abdrücksignale, durch Rangierfunk oder Funkfernsteuerung geregelt. A. sind vorwiegend → Diesellokomotiven und gehören zu den Rangierlokomotiven.

Abgas: **1.** → Rauchgas bei Dampf-Tfz. – **2.** Verbrennungsprodukt aus der chemischen Reaktion von Kraftstoff mit Luft, das bei der Zündung eines solchen Gemischs im Zylinder von Verbrennungsmotoren oder in der Brennkammer einer Gasturbine entsteht. Hauptkomponenten im A. von Dieselmotoren: Stickoxide NO_x, Ruß C, Kohlenmonoxid CO, Kohlenwasserstoffe CH, Aldehyde R·CHO, Schwefeldioxid SO_2, Kohlendioxid CO_2, Wasserdampf H_2O, Stickstoff N_2, Sauerstoff O_2. Auf die Zusammensetzung haben konstruktive Maßnahmen (Brennraumgestaltung, Einspritzsysteme) und betriebliche Faktoren (Drehzahlbereich, Motorkühlung) maßgebenden Einfluß. Das A. besitzt beim Verlassen des Zylinders eine hohe Verlustwärme, die u.a. im → Abgasturbolader wirtschaftlich genutzt werden kann.

Abgasanlage: Hilfseinrichtung auf Diesel-Tfz., die die → Abgase des Dieselmotors ins Freie leitet und den Abgasschall dämpft. Die A. ist bei Saugmotoren mit der → Abgassammelleitung und bei aufgeladenen Motoren mit dem → Abgasturbolader des Dieselmotors verbunden und an den Tfz.-Aufbauten befestigt. Sie besteht im wesentlichen aus einer gasdichten Rohrleitung und einem → Abgasschalldämpfer. Um die Relativbewegungen zwischen dem Dieselmotor und den Aufbauten auszugleichen, werden → Gleitring-Schwingungsausgleicher oder Wellrohre in die A. eingebaut. Die Abgase des Dieselmotors gelangen durch den → Abgaskanal in den Schalldämpfer und von dort durch den Abgaskrümmer, der in ein mit dem Dach verbundenes Mantelrohr mündet, über das Dach des Tfz. ins Freie. Über den Ringspalt zwischen Abgaskrümmer und Mantelrohr wird Warmluft aus dem Maschinenraum gesaugt (→ Abgasejektor). Um eine zusätz-

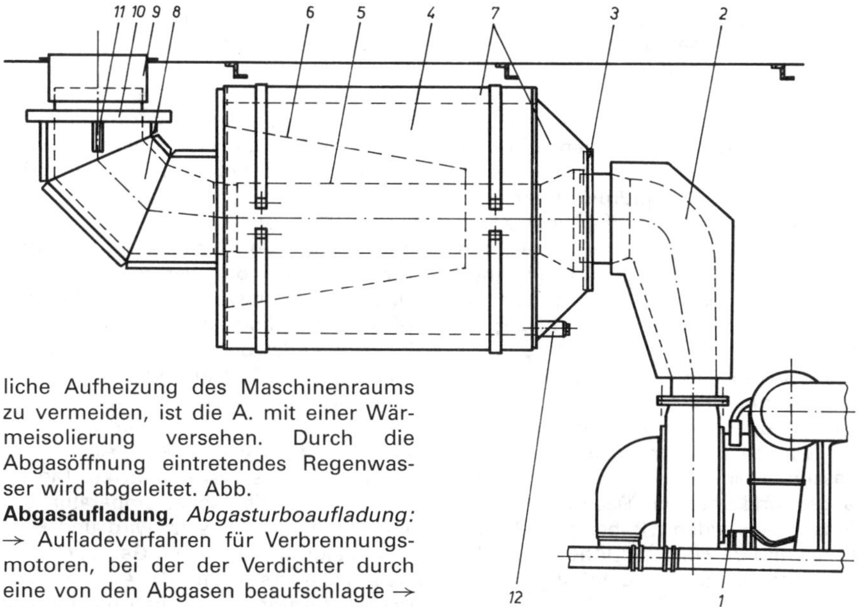

Abgasanlage
1 Abgasturbolader, 2 Abgaskanal, 3 Gleitring-Schwingungsausgleicher, 4 Abgasschalldämpfer, 5 Lochblech, 6 Absorptionseinsatz, 7 Isolierung, 8 Abgaskrümmer, 9 Mantelrohr, 10 Fangschale für Wasser, 11 Anschluß der Wasserablaßleitung, 12 Ablaßschraube

liche Aufheizung des Maschinenraums zu vermeiden, ist die A. mit einer Wärmeisolierung versehen. Durch die Abgasöffnung eintretendes Regenwasser wird abgeleitet. Abb.

Abgasaufladung, *Abgasturboaufladung:* → Aufladeverfahren für Verbrennungsmotoren, bei der der Verdichter durch eine von den Abgasen beaufschlagte → Abgasturbine angetrieben wird. Bei Verbrennungsmotoren mit A. strömen die Abgase nicht direkt ins Freie; sie geben vorher einen Teil ihrer Energie in einem → Abgasturbolader ab. Abgasturbine und Verdichter sind auf einer gemeinsamen Welle angeordnet, wobei der Verdichter über einen Filter Frischluft ansaugt und diese mit Überdruck in die Zylinder drückt. Erfinder der A. ist der Schweizer Büchi, der bereits 1905 ein Patent für die → Gleichdruckaufladung für Verbrennungsmotoren anmeldete. Abb.

Abgasdampferzeuger: Hilfseinrichtung auf Diesel-Tfz. zur Dampferzeugung für die Zugheizung durch Ausnutzung der im → Abgas des Dieselmotors enthaltenen Wärme. Da die von der abgegebenen Leistung des Dieselmotors abhängige Abgaswärme nicht immer zur Deckung des Wärmebedarfs ausreicht, werden A. mit Zusatzbrennern ausgerüstet, in denen Heizöl oder Dieselkraftstoff verbrannt wird. A u f b a u u n d F u n k t i o n: Die Abgase des Dieselmotors strömen durch eine → Brennkammer, die den Zusatzbrenner enthält, in die Siederohrstrecke des A. und anschließend über den Speisewasservorwärmer ins Freie. In den Siederohren, die das Kesselober-

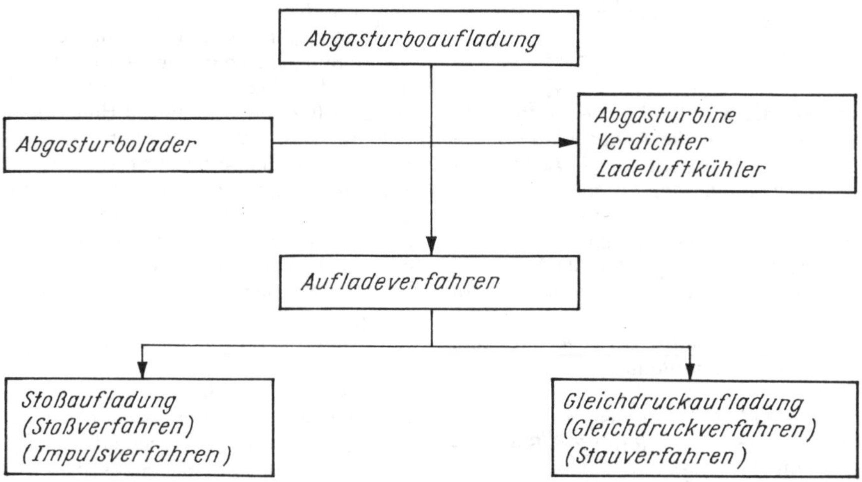

Abgasaufladung

teil und -unterteil verbinden, zirkuliert Wasser. Am Kesseloberteil befinden sich der → Dampfdom, die → Wasserstandanzeigeeinrichtung und die → Kesselsicherheitsventile. Der erzeugte Dampf wird dem Dampfdom entnommen und über die Dampfheizleitung den Wagen zugeführt. Sinkt der Dampfdruck unter einen festgelegten Wert, weil die Abgastemperatur zu gering ist, wird der Zusatzbrenner gezündet. A. haben sich allgemein nicht durchgesetzt. Sie wurden ursprünglich auf Diesel-Tfz. der BR265 der DB verwendet.

Abgasejektor: **1.** → Giesl-Ejektor. – **2.** Strahlpumpe, die die Strömungsenergie der → Abgase von Verbrennungsmotoren ausnutzt, um warme Luft aus dem → Maschinenraum eines Diesel-Tfz. anzusaugen und über das Dach ins Freie zu fördern. A. werden z.B. bei der BR321.1, BR228 und BR219 der DB/DR verwendet. → Abgasanlagen, → Belüftungsanlage. Abb.

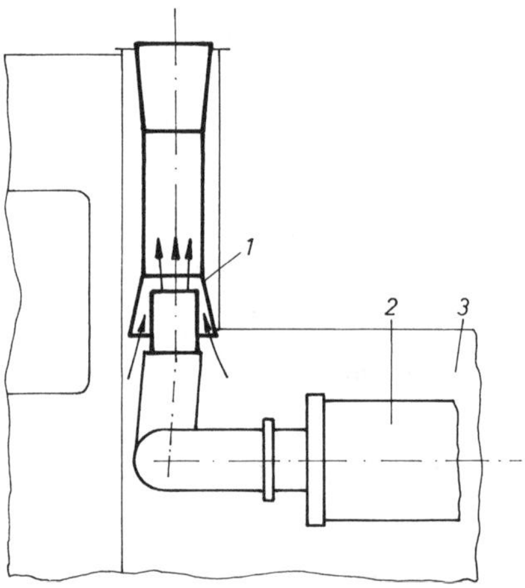

Abgasejektor der Diesellok BR312 der DB/DR
1 Abgasejektor, 2 Schalldämpfer, 3 Maschinenraum

Abgasemission: von Verbrennungskraftmaschinen über die Abgasanlage in die Umgebung freigesetztes → Abgas mit umweltschädigenden Komponenten. Zur Reduzierung der Schadstoffkomponenten werden Emissionsgrenzwerte in nationalen Standards für den CO-Anteil der Abgase von Ottomotoren (im Leerlauf bzw. nach Fahrzyklus) und für den → Rauch der Dieselmotoren vorgegeben. Diese Werte unterliegen einer strengen Kontrolle.

Abgasgeräusch: → Abgasschall

Abgaskammer: ringförmiger Sammelraum für das Abgas in → Vorwärmgeräten. Aus der A. wird das Abgas über → Abgaskanäle ins Freie geführt.

Abgaskanal: **1.** Isoliertes Verbindungsrohr zwischen Dieselmotor und → Abgasschalldämpfer (→ Abgasanlage). – **2.** Im Abgasaustritt von → Vorwärmgeräten angeflanschtes Rohr zur Ableitung der Abgase ins Freie.

Abgaskrümmer: Teil der → Abgassammelleitung von Verbrennungsmotoren zur Ableitung der Verbrennungsgase. Über den A. werden die Abgase von Mehrzylindermotoren vom Abgasaustritt jedes Zylinderkopfs in die Abgassammelleitung geführt und von dort zur → Abgasanlage des Tfz. weitergeleitet. A. werden als Gußbauteile gefertigt.

Abgaskühlanlage: Teil der → Abgasanlage von explosionsgeschützten Diesel-Tfz., in der die Abgastemperatur auf 160–200°C herabgesetzt wird und Funken gelöscht werden. Gebräuchliche Ausführungsarten: 1) *Abgaskühler:* Wärmeübertrager, in denen ein Teil der Wärme der Abgase an das → Motorkühlwasser abgegeben wird. 2) → *Wassereinspritzanlagen.*
Aus Sicherheitsgründen wird den A. meist ein Zyklon zum Abfangen größerer Funken nachgeschaltet → Explosionsschutz.

Abgasleitung: → Abgassammelleitung. → Abgasstandrohr, → Abgaskanal.

Abgassammelleitung: am Abgasaustritt der → Zylinderköpfe eines Verbrennungsmotors befestigtes Rohr, das die → Abgase aufnimmt und weiterleitet. Die A. besteht i.d.R. aus mehreren Teilstükken, die zusammengesteckt und über Kolbenringdichtungen abgedichtet werden. Die A., die zum Lieferumfang des Motors gehört, wird bei Saugmotoren über einen Flansch mit der → Abgasanlage des Tfz. verschraubt. Bei Motoren mit Abgasaufladung werden mit Hilfe der A. entsprechend dem gewählten → Aufladeverfahren die Abgasströme mehrerer Zylinder zusammengefaßt und zum Turbineneintrittsgehäuse des → Abgasturboladers geführt. A. werden i.allg. wegen der korrosiven Wirkung der Abgase und zur Schalldämmung aus Grauguß hergestellt. Sie sind z.T. isoliert ausgeführt, um die Wärmeabstrahlung zu vermindern.

Abgasschall: von der Mündung der → Abgasanlage ausgehendes Gemisch von Druckschwankungen verschiedener Frequenz, das sich mit Schallgeschwindig-

keit ausbreitet. Quellen des A.: 1) Das am Ende des Arbeitshubs im Zylinder des Dieselmotors vorhandene Gas enthält noch Energie, die im Motor selbst nicht weiter in mechanische Arbeit umgewandelt werden kann. Beim Öffnen der → Auslaßventile expandiert dieses Gas in die → Abgassammelleitung. Der hierbei entstehende tieffrequente Grundton wird durch die Zünd- bzw. Gasauslaßfrequenz bestimmt, die wiederum von der Motordrehzahl, der Zylinder- und Taktzahl abhängig ist. 2) Beim Durchströmen der Abgasanlage entstehen durch Gaswirbel an den Umlenkungen und Kanten Zisch- und Strömungsgeräusche mit mittleren bis hohen Frequenzen. 3) An der Mündung der Abgasanlage entspannen sich die Abgase ins Freie und geben ihre Restenergie ab.
Das Frequenzspektrum wird im wesentlichen durch die Zündfrequenz des Motors bestimmt. Bei aufgeladenen Motoren wird der Zündfrequenz die Turbinenfrequenz überlagert.
Der A. stellt die stärkste Schallquelle eines Diesel-Tfz. dar, die gedämpft werden muß, um die verbindlichen Normative einzuhalten. Das geschieht in → Abgasschalldämpfern und bei aufgeladenen Motoren zusätzlich oder nur durch den Abgasturbolader.

Abgasschalldämpfer: in die → Abgasanlage von Diesel-Tfz. eingebaute Vorrichtung zur Dämpfung des vom Dieselmotor erzeugten → Abgasschalls. Die Wirkung von A. wird hauptsächlich durch folgende physikalisch-akustische Prinzipien erreicht: Absorption, Resonanz und Reflexion. Darauf aufbauend lassen sich artreine A. herstellen. Die Praxis zeigt jedoch, daß sich für Diesel-Tfz. i.d.R. nur dann wirkungsvolle A. ergeben, wenn die genannten Prinzipien kombiniert angewandt werden. Eine gebräuchliche Anwendungsform ist z.B. der → Reflexionsschalldämpfer mit Absorptionsteil, der u.a. in den Tfz. der BR346 und BR220 der DB/DR eingesetzt ist. Richtig dimensionierte A. können den Abgasschallpegel von Diesel-Tfz. um 15–20 db(A) senken. → Absorptionsschalldämpfer. Abb.

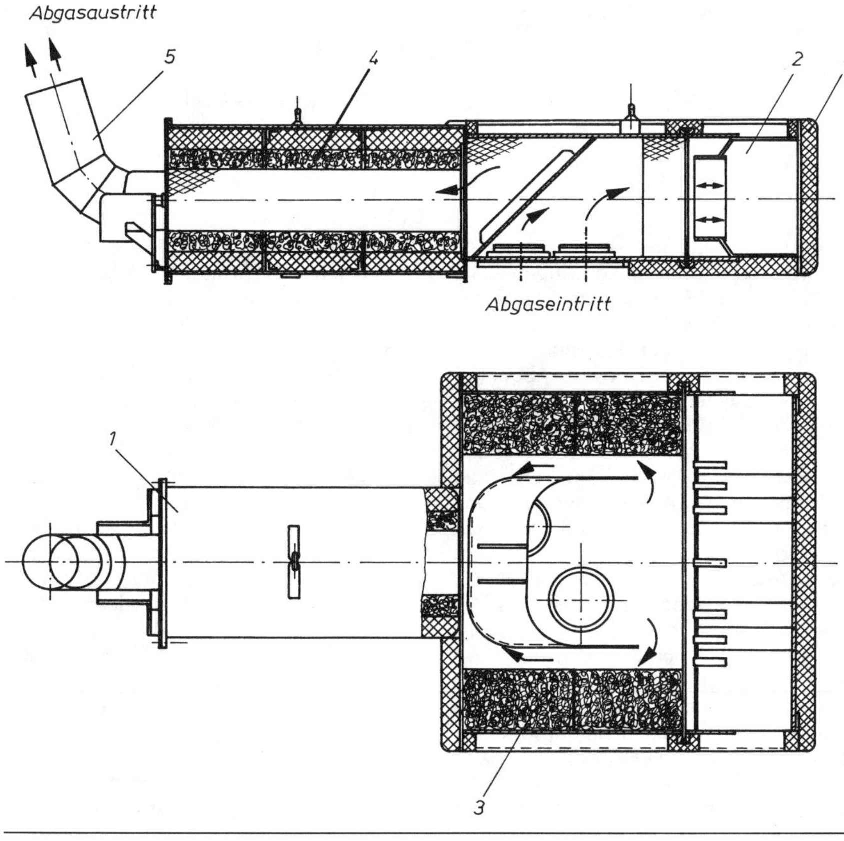

Abgasschalldämpfer der Diesellok BR346 der DB/DR
1 Gehäuse, 2 Resonatorgruppe, 3 rechteckiger Absorptionseinsatz, 4 zylindrischer Absorptionseinsatz, 5 Abgaskrümmer, 6 Wärmeisolierung

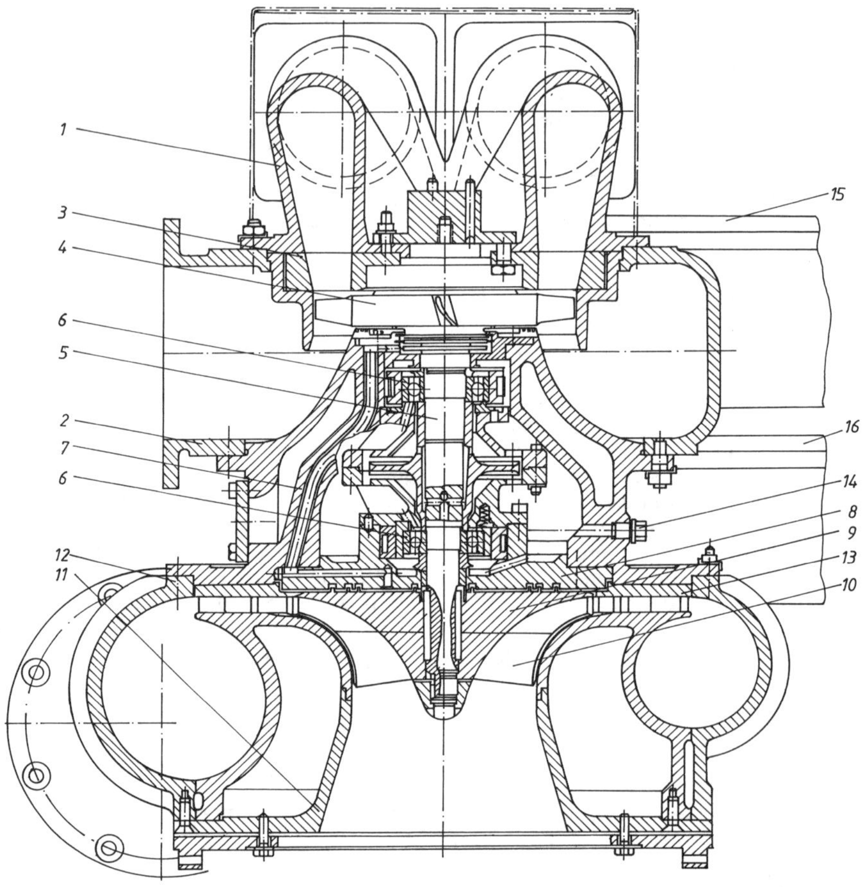

Abgasturbolader des Dieselmotors 12 KVD 21A
1 Turbinengehäuse-Eintritt, 2 Turbinengehäuse-Austritt, 3 Turbinenleitgitter, 4 Turbinenscheibe, 5 Welle, 6 Wälzlager, 7 Lagerträger, 8 Lagerdekkel, 9 Gebläselaufrad, 10 Vorsatzläufer, 11 Gebläsegehäuse – Eintritt, 12 Gebläsegehäuse – Austritt, 13 Gebläseleitgitter, 14 Ölablaßschraube, 15 Fuß-Turbinenseite, 16 Fuß-Gebläseseite

Abgasstandrohr: am → Abgasschalldämpfer von Kleinlokomotiven der BR310 der DB/DR befestigte, senkrecht stehende → Abgasleitung. Das A. mündet kurz über dem Vorbaudach.

Abgasturbine: Bauteil des → Abgasturboladers, ausgeführt als Axialturbine, das die thermische Energie der Abgase des Verbrennungsmotors in mechanische Energie umformt. Vom Verdichter wird die von der A. erzeugte mechanische Energie zum Vorverdichten der Frischladung genutzt.

Abgasturbolader: Aufladeaggregat für Verbrennungsmotoren zur Leistungssteigerung durch Ausnutzung der Abgaswärme. Beim A. nach System Büchi werden die → Abgase über einen Leitkranz im Lagergehäuse auf das mit axialen Schaufeln bestückte Turbinenrad geleitet, wobei die Abgaswärme in mechanische Energie umgewandelt wird. Turbinenrad und Verdichterrad sind auf einer Welle befestigt und laufen demzufolge mit gleicher Drehzahl (≧ 25000 U/min). Die Welle mit Turbinen- und Verdichterrad ist im Gehäuse in Wälzlagern geführt, wobei getrennte Ein- und Austrittskammern für Luft und Abgas vorhanden sind. Geschmiert werden die Lager durch ein eigenes Schmiersystem, bei Lokomotiv-A. durch den Anschluß an die Druckumlaufschmierung des Motors. Der A. wird durch den Luftstrom des Motorlüfters bei luftgekühlten Motoren oder bei Großdieselmotoren durch den Anschluß an den Kühlkreislauf des Verbrennungsmotors gekühlt. Zur Herabsetzung des Ansauggeräuschpegels werden die Luftfilter mit einem Schalldämpfer ausgeführt. Mit diesem A. ist bei guter Anpassung des Laders an den Betrieb des Motors eine Leistungssteigerung um 40–60%, mit Ladeluftkühlung bis zu 100% möglich. Da jedoch durch die Aufladung die Spitzendrücke im Zylinder stark ansteigen, kann die Festigkeit der Bauteile die Leistungssteigerung begrenzen. Weitere Vorteile des A. sind die Verringerung des spezifischen Kraftstoffverbrauchs, bes. bei Teilleistung, und die Verbrennung des Kraftstoffs mit höherem Luftüberschuß. Abb.

Abgasturboladerkühlung: Zusatzkühlung der thermisch hoch beanspruchten Teile des → Abgasturboladers durch ein flüssiges → Kühlmittel. Meist erfolgt die A. durch das Kühlwasser des Motors (→ Kühlwasserkreislauf).

Abgasverlust: bedeutender Teil des Wärmeverlusts im → Dampflokomotivkessel, indem → Rauchgase mit Temperaturen von i. d. R. 300–400 °C durch den Schornstein ins Freie strömen. Der A. beträgt 15–20% der mit dem Brennstoff zugeführten Wärme.

Abgasvorwärmer: → Speisewasservorwärmer

Abkühlungsverlust: einer der größten der im Indikatordiagramm nicht sichtbaren Zylinderverluste. Der von → Stumpff auch als *Flächenschaden* bezeichnete und bei Naßdampfbetrieb bes. große A. entsteht durch die Wärmeübertragung aus dem Frischdampf an die Zylinderwände und Dampfkanäle, die vom entspannten ausströmenden Dampf und durch die Verdampfung des an den Zylinderwandungen haftenden Kondensats auf nur wenig mehr als 100 °C abgekühlt werden. Der A. ist um so größer, je größer der Temperaturunterschied zwischen eintretendem und austretendem Dampf ist. Bei Verbunddampfmaschinen wird deshalb eine Verlustverringerung durch eine mehrstufige Dampfdehnung erreicht. Beim Heißdampfbetrieb geht der A. durch den Wegfall der Kondensation stark zurück. Lit.: 2.10.

Ableitungspunkte: Angriffspunkt der → Schieberschubstange an dem in der → Schwinge verstellbaren → Schwingenstein bei der → Heusinger-Steuerung. Seine Lage bestimmt die Bewegung der Schieberschubstange und somit den Schieberweg. Die Lage des A. wird durch Heben oder Senken des Schwingensteins und damit der Schieberschubstange über die Steuerstange, Steuerwelle und Hängeeisen bzw. Aufwerfhebel (→ Kuhnsche Schleife) eingestellt. Durch das Verlegen des A. auf die obere oder untere Schwingenhälfte werden die Umsteuerung der Dampfmaschine und damit der Fahrtrichtungswechsel erreicht.

Abluftschlitz: schlitzförmige Öffnung in den Zwischenwänden druckbelüfteter Räume von Schienenfahrzeugen, durch die die verbrauchte Luft (Abluft) hinausgedrückt wird. → Druckbelüftung

Abrißschaltung: Schaltungsanordnung bei → Serien-Parallel-Schaltung, die den Übergang von Reihen- auf Parallelschaltung 2er Fahrmotoren elektrischer Tfz. ohne Zugkraftunterbrechung ermöglicht. Bei der Reihenschaltung ist Schalter (3) geschlossen. Zum Überschalten wird Schalter (1) geschlossen und gleichzeitig soviel Widerstand vorgeschaltet, daß am Motor M 1 weiterhin halbe Fahrleitungsspannung anliegt. Dann werden Schalter (3) geöffnet und (2) geschlossen, wodurch die Motoren parallelgeschaltet werden. Während des Überschaltens wird Motor M 1 überlastet, weshalb die A. nur für kleine Gleichstrom-Tfz. geeignet ist. Dieser Nachteil wird beseitigt, indem Schalter (3) durch eine Sperrdiode (4) ersetzt wird. Abb.

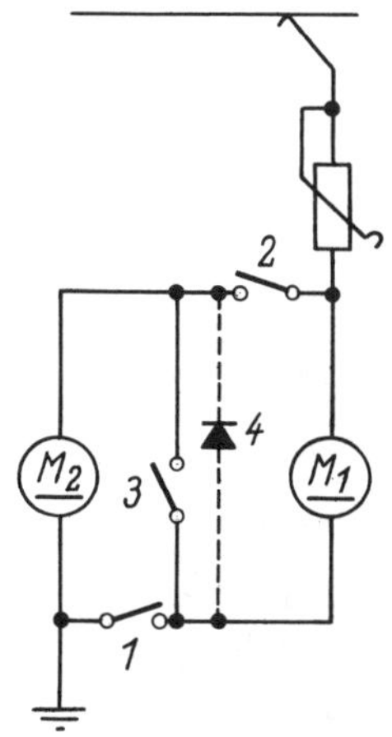

Abrißschaltung

Abrüsten der Lok: Arbeiten zur Vorbereitung des Abstellens der Dampflokomotive im Bw. Zum A. gehören z. B.:

- Anlegen eines → Reservefeuers
- Herstellung eines halbhohen Wasserstands im Lokomotivkessel
- Entnahme der Öldochte aus den Schmiertüllen
- Öffnen der → Zylinderventile
- Festlegen der → Handbremse.

Unter Feuer befindliche Dampfloks sind nach A. stets unter Aufsicht zu halten.

Abschaltruck: mittlerer → Ruck beim Abschalten des Antriebssystems. Zur Einhaltung zulässiger Werte geschieht das Abschalten nicht plötzlich, sondern stufenweise durch einen Abregelprozeß (Ausnahme: Kurzschluß- oder Überlastabschaltung).

Abschlammeinrichtung: Bauteile des Dampfkessels (Hähne, Schieber, Ventile) zu seinem zwischenzeitlichen → Abschlammen im Betriebseinsatz. 1) *Dampflokomotiven* mit älteren Kesselbauarten besaßen an der Stehkesselvorderwand dicht über dem Bodenring einen Ablaßhahn. Neuere Kesselbauarten haben A. mit → Schnellschlußventilen, die während der Fahrt bedient werden können. Durch die A. kann die Auswaschfrist der → Dampflokomotivkessel wesentlich verlängert werden. Eine verbreitete A. ist die Bauart Gestra. Bei ihr wird die beim Abschlammen auftretende hohe Strömungsgeschwindigkeit des

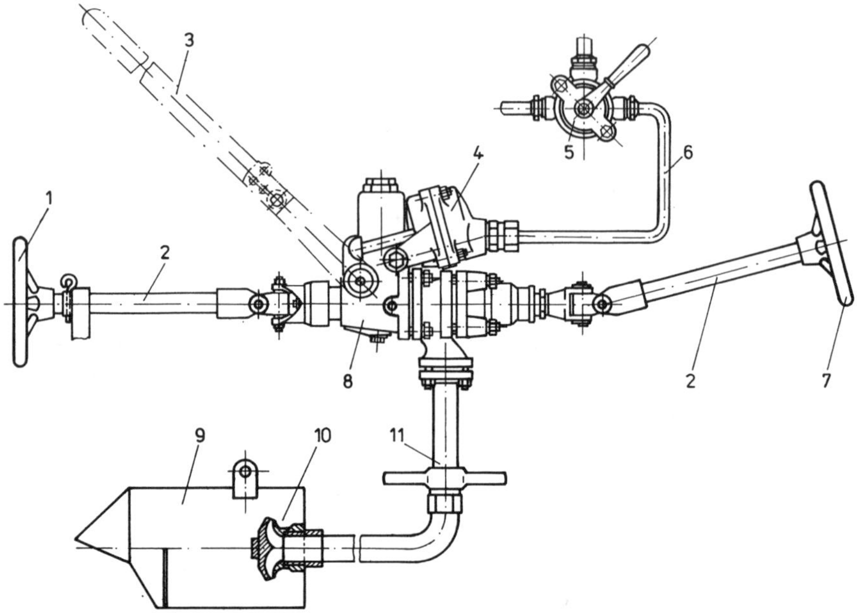

Abschlammeinrichtung für Dampflokomotiven (Gesamtanordnung) 1 Handrad für Niederschraubeinrichtung, 2 Kardanwelle, 3 Handhebel, 4 Drucklufteinrichtung, 5 Steuerventil, 6 Luftleitung, 7 Handrad für Reserveverschluß, 8 Abschlammventil, 9 Pralltopf, 10 Ringdüse, 11 Abflußrohr

austretenden Schlamm-Wasser-Gemischs in einem nachgeschalteten → Pralltopf abgebremst. Die A. dienen gleichzeitig als Fülleinrichtung des Dampfkessels mit Speisewasser im drucklosen Zustand des Kessels vor dem Anheizen. 2) Bei → Heizdampferzeugern auf *Diesel-Tfz.* und älteren *elektrischen Tfz.* hat die A. die gleiche Funktion wie bei Dampflokomotiven. Entsprechend den Kesselbauarten und der verwendeten Speisewassergüte kommen handbediente oder automatisch ferngesteuerte A. zum Einsatz. Die A. befindet sich stets am tiefsten Punkt des Heizdampferzeugers. Abb.

Abschlammen: Entfernen der im Dampfkessel oder → Heizdampferzeuger aus dem → Kesselspeisewasser ausgeschiedenen und abgesetzten schlammförmigen festen Rückstände mit → Abschlammeinrichtungen.

Abschlammschieber: → Abschlammeinrichtung älterer Bauart am Schlammsammler des → Langkessels bzw. am → Stehkessel der Dampflok über dem Bodenring an der tiefsten Stelle des Wasserraums. Der handbetätigte A. der Bau-

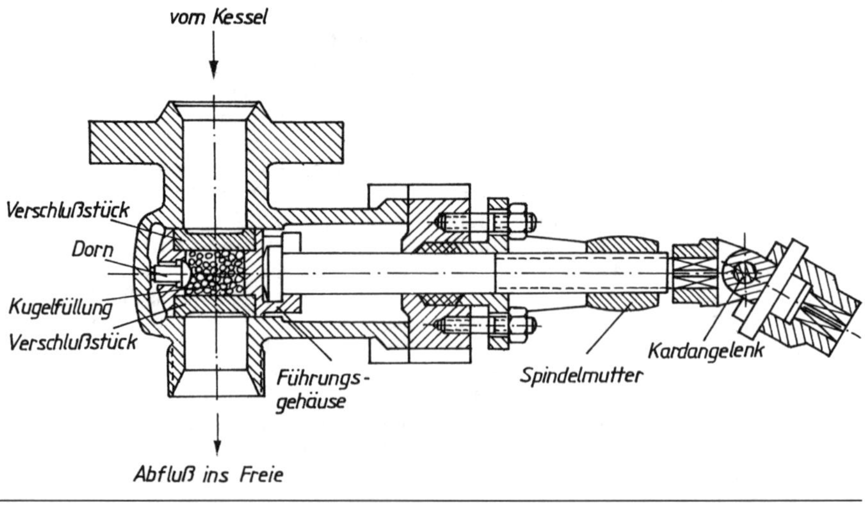

Abschlammschieber der Bauart Strube

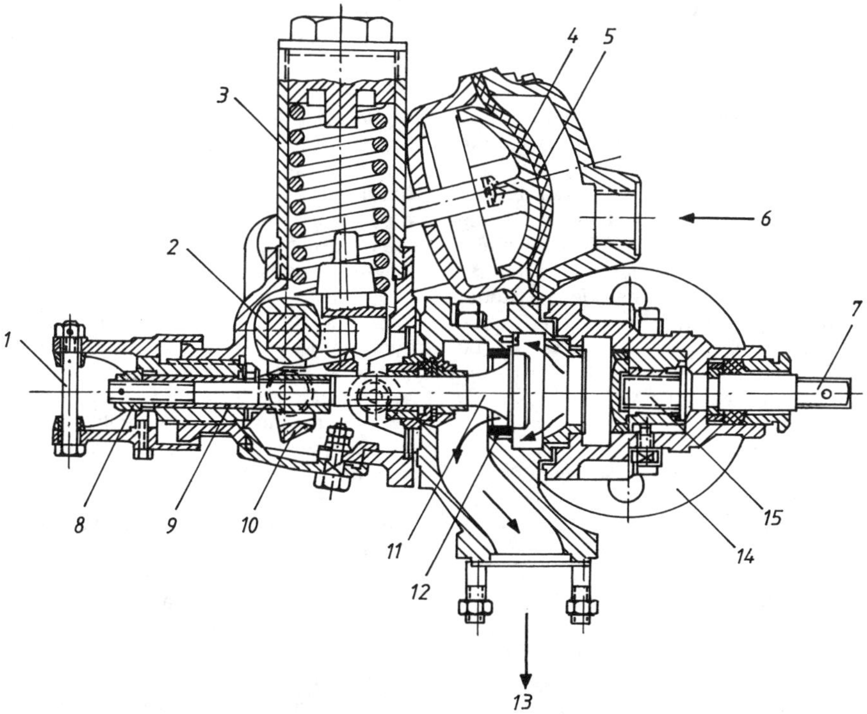

Abschlammventil der Bauart Gestra
1 Kardankopf für Niederschraubeinrichtung, 2 Vierkantwelle, 3 Schließfeder, 4 Kolben, 5 Membrane, 6 Druckluftanschluß, 7 Betätigung für Reserveverschluß, 8 Spindelmutter, 9 Spindelbuchse, 10 Kniehebel, 11 Ventilkegel, 12 Ventilsitz, 13 Schlammabfluß, 14 Befestigungsflansch, 15 Reserveverschluß

art → Strube benötigte eine relativ lange Schließzeit, wodurch unnötige Dampf- und Wasserverluste beim Abschlammen auftraten. Abb.

Abschlammventil: → Abschlammeinrichtung neuerer Bauart, die zur Ausrüstung moderner Lokomotivkessel gehört. Als mit Schnellschlußeinrichtung ausgebildetes Ventil ersetzt es den älteren → Abschlammschieber. Bei der Bauart Gestra wird das Schnellschlußventil mit Handhebel oder Druckluftzylinder ausgelöst. Die Fernbetätigung (durch Drahtzug oder Druckluft) gestattet auch ein Abschlammen während der Fahrt. Ein längeres Öffnen ist durch eine zusätzliche handbediente Niederschraubeinrichtung möglich. Ein Reserveventilspindelverschluß dient zum Absperren bei Störungen. Abb.

Absorptionseinsatz: → Absorptionsschalldämpfer

Absorptionsschalldämpfer: → Abgasschalldämpfer, in dem der zentrale Strömungskanal mit einem schallabsorbierenden Stoff ummantelt ist, der die Schallschwingungsenergie der Abgase hauptsächlich durch Reibung abbaut. Die schallabsorbierende Ummantelung (Absorptionseinsatz), die zum Strömungskanal hin mit schalldurchlässigem Lochblech abgedeckt ist, besteht meist aus hitze- und erschütterungsbeständiger Mineralwolle. Der Dämpfungseffekt des A. hängt von der Stärke und Länge des Absorptionseinsatzes ab. A. sind im Vergleich zu anderen Abgasschalldämpfern einfach im Aufbau und billig. Sie weisen geringe Druckverluste auf und wirken in einem relativ breiten Frequenzbereich, so daß sie universell einsetzbar sind. Bei der DB/DR ist z. B. die BR 201 mit A. ausgerüstet. Abb.

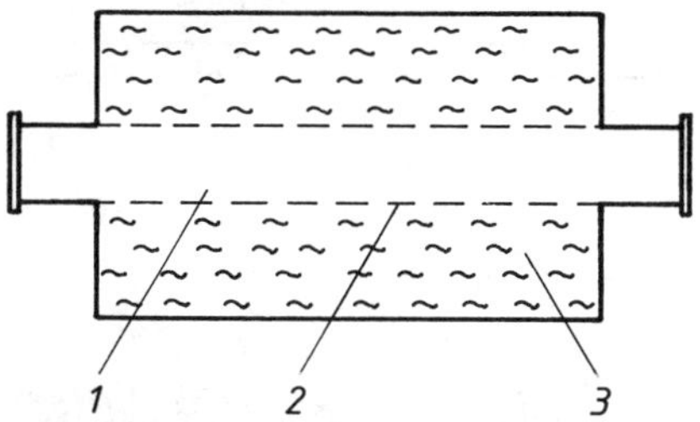

Absorptionsschalldämpfer (Prinzipdarstellung)
1 Strömungskanal, 2 Lochblech, 3 Absorptionseinsatz

Abstoßgeschwindigkeit: → Rangierlokomotive

Abstufungsschieber: Bauteil des Steuerventils der → Kunze-Knorr-Bremse (dort Abb.). Der A. gleitet auf dem größeren Grundschieber in der Schieberkammer und ist mit dem Steuerkolben ohne Spiel verbunden. Beim Bremsvorgang unterbricht der A. die Verbindung der Kammer B des Zweikammerbremszylinders und den Einkammerzylinder mit der Kammer C, wenn der Druck der Kammer A unter den Hauptluftleitungsdruck gesunken ist (Bremsabschlußstellung). Dazu bewegt sich der Steuerkolben mit dem A. in Richtung Steuerkammer. Der Grundschieber verändert seine eingenomme Lage nicht.

Abstufungsventil: Bauteil des → Steuerventils der → Knorr-Bremse und der → Hildebrand-Knorr-Bremse. Das A. bewirkt nach einer eingeleiteten Bremsung die Bremsabschlußstellung, indem die Bohrung im Flachschieber des → Einfachsteuerventils (bei der Hildebrand-Knorr-Bremse Hauptsteuerventil) geschlossen wird.

Abtriebsdrehzahl: Drehzahl der → Abtriebswelle.

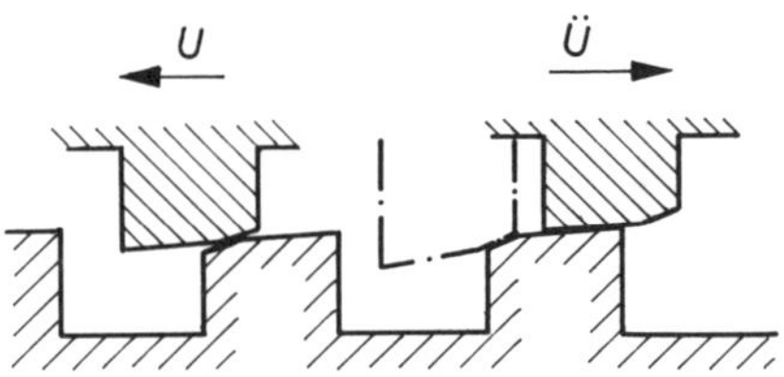

Abweisklauenkupplung
Maybach-Abweisklaue
Ü übersynchroner Lauf,
U untersynchroner Lauf

Achsanordnung
a) Bo'Bo'
b) Bo'2'+2'Bo'
c) 2'C2'-Dampflokomotive der BR05 der DRG

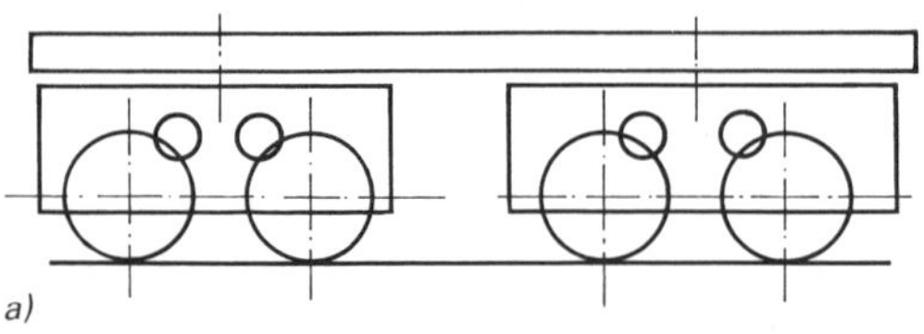

a)

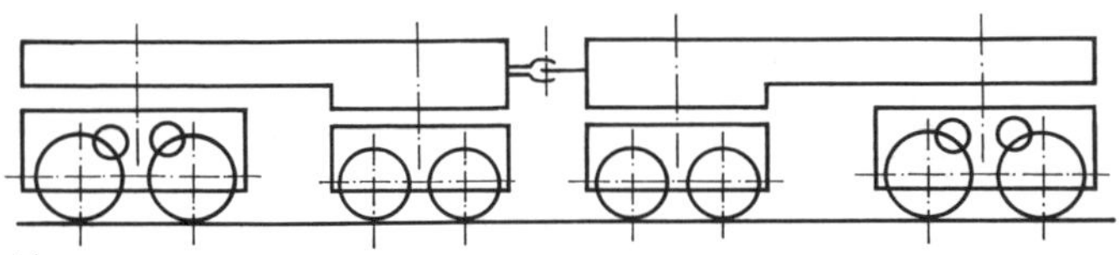

b)

c)

Abtriebselement: → Antriebssystem

Abtriebswelle: Welle am Ausgang eines → Zahnradgetriebes, → Strömungsgetriebes oder → hydromechanischen Getriebes. An der A. werden die anzutreibende Arbeitsmaschine, die nachgeschalteten Aggregate der → Leistungsübertragung, die → Hilfsbetriebe oder die Verbindungselemente zu den → Treibradsätzen eines Tfz. angeschlossen.

Abweisklauenkupplung: mit Abweisflächen ausgebildete schaltbare → Klauenkupplung zur Gangschaltung des → Mekydrogetriebes. Die Klauen der A. haben axial flache Übertragungsflächen und abgeschrägte Stirnflächen (Kombination von Klauen- und → Überholkupplung). Im übersynchronen Lauf erfolgt Abweisen der Klauenringe, im Synchronlauf besteht Schaltbereitschaft, und bei beginnendem untersynchronem Lauf werden die Klauen eingekuppelt. Verschleißförderndes Rattern bei geringer Relativgeschwindigkeit der Klauenringe führte zur Entwicklung der → Riegelklauenkupplung. Abb.

Abzehrungen: Korrosionsschäden an den vom Wasser berührten inneren Kesselbauteilen der → Dampflokomotivkessel. A. entstehen durch vorwiegend im Lokomotivspeisewasser gelöste Sauerstoff- und Kohlensäuregase, die sich in Blasenform an die Kesselbauteile ansetzen und zum Anrosten und zu Abfressungen führen. Entsprechend den technischen Vorschriften für den Betrieb und die Instandhaltung von Dampfdruckgefäßen sind A. bei den festgelegten Untersuchungsfristen zu kontrollieren und beim Erreichen des Betriebsgrenzmaßes zu beseitigen.

AC-DC-Transmission: engl. Bezeichnung für → Wechselstrom-Gleichstrom-Übertragung bei dieselelektrischen Tfz.

Achsanordnung: Kennzeichnung der Anordnung der → Radsätze im Laufwerk von Tfz. Alle der UIC angeschlossenen Eisenbahnverwaltungen benutzen nach UIC-Merkblatt 650V eine einheitliche Bez. der A. Bei diesen Bez. wird zwischen → Laufradsätzen und → Treibradsätzen unterschieden.

Laufradsätze werden durch arabische Zahlen, *Treibradsätze* durch große lateinische Buchstaben gekennzeichnet. Die alphabetische Reihenfolge gibt die Anzahl der aufeinanderfolgenden Treibradsätze an. Eine weitere Unterscheidung wird zwischen gekuppelten und mit →

Einzelachsantrieb ausgerüsteten Treibradsätzen vorgenommen. Treibradsätze mit Einzelachsantrieb erhalten zusätzlich ein kleines, auf der Zeile stehendes »o«. Die in einem Drehgestell und nicht im Hauptrahmen gelagerten Radsätze werden bes. gekennzeichnet; bei nur 1 Ziffer oder 1 Buchstaben durch Apostroph und bei mehr als 1 Ziffer oder 1 Buchstaben durch eine Klammer.

Beispiele: a) 2 Laufradsätze, 4 angetriebene, gekuppelte Radsätze (Treibradsätze), 1 Laufradsatz ergeben die A. 2D1; b) 1 Laufradsatz und 1 angetriebener Radsatz ergeben die A. 1A; c) 2 Laufradsätze in einem Drehgestell ergeben die A. 2′; d) 3 angetriebene, gekuppelte Radsätze im Drehgestell ergeben die A. C′; e) die A. Bo′ bedeutet 2 einzeln angetriebene Radsätze im Drehgestell; f) die A. (1Bo) = 1 Laufradsatz und 2 einzeln angetriebene Radsätze im Drehgestell.

Bei Tfz. mit mehreren voneinander trennbaren und unabhängig verfahrbaren Einheiten werden die Kennzeichnungen durch Pluszeichen verbunden. *Beispiel:* Die A. Bo′2′+2′2′+2′Bo′ gilt für einen 3teiligen Triebwagen. Abb.

Achsantrieb, *Radsatzantrieb:* Baugruppe zur Übertragung der Antriebsleistung auf die anzutreibenden Radsätze eines Tfz. Ausführungsformen: → *Einzelachsantrieb,* → Kettenantrieb, → *Gelenkwellenantrieb,* → *Stangenantrieb,* → *Monomoteurantrieb.* Der *Kettenantrieb* ist nur für begrenzte Antriebsleistung (bis etwa 90 kW) einsetzbar. Der Stangenantrieb ist als üblicher A. bei Dampflokomotiven und heute seltener bei elektrischen Tfz. sowie Rangierdiesellokomotiven anzutreffen. Lit.: 4.5, 4.12.

Achsbelastung: Quotient aus Radsatzkraft (doppelte → Radkraft) und → Raddurchmesser. Die A. wird dementsprechend in N/mm angegeben. Die A. wird zur Festlegung des Raddurchmessers in Abhängigkeit von der Radsatzkraft verwendet. *Zul. A.* sind bei Güterzuglokomotiven 160–200 N/mm und bei Reisezuglokomotiven 120–160 N/mm.

Achsbild: bildhafte Darstellung der → Achsanordnung.

Achsbruch; *Radsatzbruch:* durch Bruch der Radsatzwelle entstandener Schaden am Laufwerk eines Tfz. Der A. kann Ursache für schwere Unfälle sein. Ursachen für A.: Heißlauf des Radsatzlagers (→ Heißläufer), Überlastung, Werkstoffehler.

Achse: 1. Veraltete Bezeichnung für → Radsatz. – **2.** Teil des Koordinatensystems (Koordinatenachse) von Fahrzeugteilmassen. Die Bez. A. wird hier bes. zur Definition der → Fahrzeugschwingungen herangezogen. – **3.** Bezugslinie des Gleises, die auf der Verbindungslinie der beiden → Schienenoberkanten in Gleismitte liegt und die Höhenlage des Gleises angibt (Gleisachse).

Achsentlastung, *Radsatzentlastung:* durch die Ausübung der Zugkraft bedingte Entlastung von Radsätzen mit → Einzelachsantrieb bes. bei Drehgestell-Tfz. Die A. an angetriebenen Radsätzen vermindert die umsetzbare Zugkraft und führt zum Schleudern dieser Radsätze. Um das zu vermeiden, bestimmt der Radsatz mit der größten A. die gesamte Zugkraft des Tfz. Eine Erhöhung der Zugkraft ist möglich, wenn der A. entgegengewirkt wird. Zur Verringerung der A. führen z.B. → Tiefanlenkung, pneumatischer → Achskraftausgleich (dort Abb.), mechanischer Achskraftausgleich. Lit.: 1.28., 4.5. Abb.

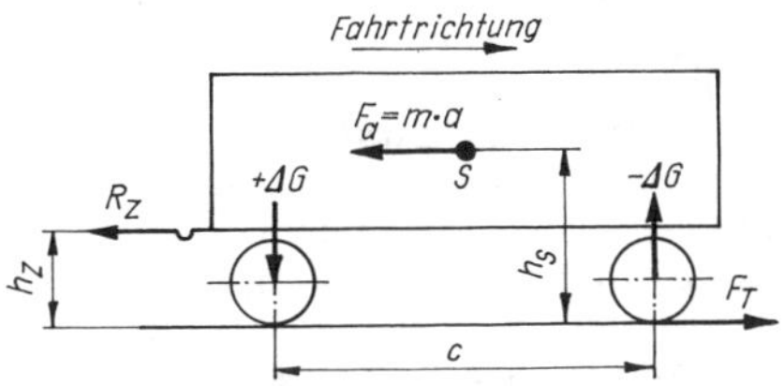

Achsentlastung
Änderung der Radsatzkraft (ΔG) infolge Widerstandskraft am Zughaken (R_z) und Massenträgheitskraft $F_a = ma$ im Schwerpunkt (S)
F_T Treibradsatz-Zugkraft, *m* Fahrzeugmasse, *a* Beschleunigung, h_S Schwerpunkthöhe, h_z Zughakenhöhe

Achsentlastungsfaktor: dimensionslose Größe ε, die im einfachsten Fall als Quotient aus der Differenz von Radsatzkraft G_{RO} in Ruhe (doppelte → Radkraft) und Radsatzkraft G_{Rmin} des am meisten entlasteten Radsatzes zur Radsatzkraft G_{RO} in Ruhe gebildet wird.

$\varepsilon = (G_{RO} - G_{Rmin})/G_{RO}$

Der A. wird exakt unter Einbeziehung eines weiteren Faktors berechnet, der von den geometrischen Verhältnissen des Tfz. abhängig ist und für jede Tfz.-Baureihe gesondert ermittelt werden muß.

Der A. berücksichtigt in der Formel für die Berechnung der Zugkraft von Tfz. die Zugkraftminderung durch die → Achsentlastung. Die dann mechanisch ausnutzbare Zugkraft F_O (in N) wird nach $F_O = G_T \mu \varepsilon$ berechnet (G_T durch die Treibradsätze übertragene Gewichtskraft des Tfz. in N, μ Kraftschlußbeiwert). Lit.: 1.28., 4.5.

Achsfahrmasse: Kurzbezeichnung für **achs**bezogene **Fahr**zeug**masse**; der auf einen bestimmten Radsatz (Achse im Sinne einer Zählgröße) entfallende Anteil der Gesamtmasse eines Schienenfahrzeugs. Bei symmetrisch aufgebauten Schienenfahrzeugen, i. allg. bei Wagen und neueren Tfz., ist die A. das Verhältnis von Gesamtmasse zur Anzahl der Radsätze. Die für eine Strecke zulässige A. ist von Art und Kategorie des Oberbaus abhängig; sie ist in Vorschriften festgelegt (→ Verzeichnis der zulässigen Achs- und Meterlasten). In Abhängigkeit von der Oberbaukategorie sind i. d. R. die zul. A.: A 16,0 t, B 18,0 t und C 20,5 t (22 t für Tfz. mit der Achsfolge BB). Die A. ist eine wichtige Einflußgröße auf die → Laufsicherheit der Fahrzeuge und entspricht mit rund 160 kN, 180 kN und 205 kN für die Oberbaukategorien A, B und C (220 kN für Tfz. mit der Achsfolge BB, 202 kN bei der Achsfolge CC) der auf das Gleis wirkenden Radsatzgewichtskraft (doppelte → Radkraft).

Achsfolge: → Achsanordnung

Achsformel: → Achsanordnung

Achsführung: → Radsatzlagerführung

Achsgetriebe: ehem. Bezeichnung für → Radsatzgetriebe.

Achskraft: *Radsatzkraft:* Summe der → Radkräfte der Räder eines → Radsatzes. Sie ist die anteilig von dem betreffenden Radsatz auf die Schiene abgestützte Gewichtskraft des Schienenfahrzeugs.

Achskraftausgleich: Vorgang zum Ausgleich der → Achsentlastung an Schienen-Tfz. mit → Einzelachsantrieb während des Anfahrvorgangs. Der A. ist zu erzielen durch konstruktive Maßnahmen (z. B. Anordung des Zughakens am Drehgestell und Verbindung der Drehgestelle durch niedrig liegende Kupplungen) oder durch Einbau spezieller A.vorrichtungen (z. B. mechanische, hydraulische oder pneumatische Ausgleichvorrichtungen). Abb.

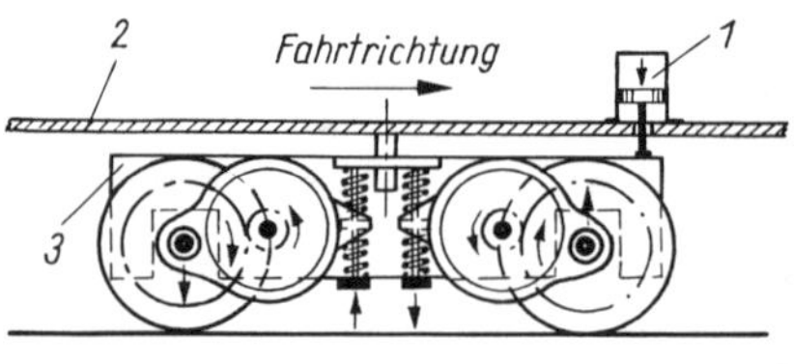

Achskraftausgleich am Drehgestell
1 Achskraftausgleicher, 2 Brückenrahmen, 3 Drehgestellrahmen

Achskraftbeschränkung: → Achsfahrmasse

Achskurzschlußwiderstand: → Radsatznebenschlußwiderstand

Achslager: → Radsatzlager

Achslagerbremsdruckregler: Bauteil der → Druckluftbremse für die 2stufige geschwindigkeitsabhängige Regelung des Bremszylinderdrucks der → Hochleistungsbremse. Der A. ist ein am Radsatzlager angebauter und vom Radsatz unmittelbar angetriebener drehzahlabhängiger Fliehkraftregler. Er besitzt 2 Umschaltpunkte, an denen er einen → geschwindigkeitsabhängigen Druckübersetzer umschaltet, der bei Geschwindigkeitszunahme die hohen Bremszylinderdrücke bei etwa 70 km/h umstellt, während bei Geschwindigkeitsabnahme bei etwa 50 km/h niedrigere Bremszylinderdrücke eingestellt werden. Der A. ist für Klotzbremsen mit stark geschwindigkeitsabhängigem Reibwert der Bremssohlen erforderlich, um aus höheren Bremsausgangsgeschwindigkeiten durch 2 Bremsstufen die → Bremskraft den Kraftschlußkräften zwischen Rad/Schiene besser anzupassen. Dadurch werden kürzere Bremswege erzielt.

Zum A. gehören 4 Fliehmassen, die über einen Reglerkörper vom Radsatz angetrieben werden. Wirkungsweise (vgl. Abb.): An die Hauptluftleitung (HLL) ist ein Steuerapparat (1) angeschlossen, der einerseits über einen C_v-Behälter den Bremszylinderdruck vorsteuert und gleichzeitig den Vorratsluftbehälter (R-Behälter) (2) auffüllt. Der C_v-Druck wirkt auf die Steuerkolben (4) und (6) im Druckübersetzer (3). Der A. steht in Verbindung mit der Kolbenkammer (5) des Druckübersetzers und mit dem R-Behälter. Während des Betriebs arbeiten die Fliehmassen (7) gegen die Reglerfeder (8). Beim Ausschwenken der Fliehmassen (7) wird die Ventilstange (12) axial verschoben, die das Ein- und Auslaßventil betätigt.

Bei niedriger Fahrgeschwindigkeit werden die Fliehmassen durch die Reglerfeder (8) zusammengehalten. Aus dem R-Behälter strömt Druckluft in die Kolbenkammer (5) des Druckübersetzers (3). Die Kraft des Steuerkolbens (6) wird aufgehoben. Der C_v-Druck erreicht damit nur eine Wirkung auf den Steuerkolben (4), wodurch auch nur eine niedrige Abbremsung erzielt wird. Wenn bei zunehmender Fahrgeschwindigkeit die Fliehkraft der Massen (7) die Kraft der Reglerfeder (8) überwindet, wird die Verbindung zum R-Behälter (2) unterbrochen. Gleichzeitig wird das Auslaßventil geöffnet und die Kolbenkammer (5) des Druckübersetzers

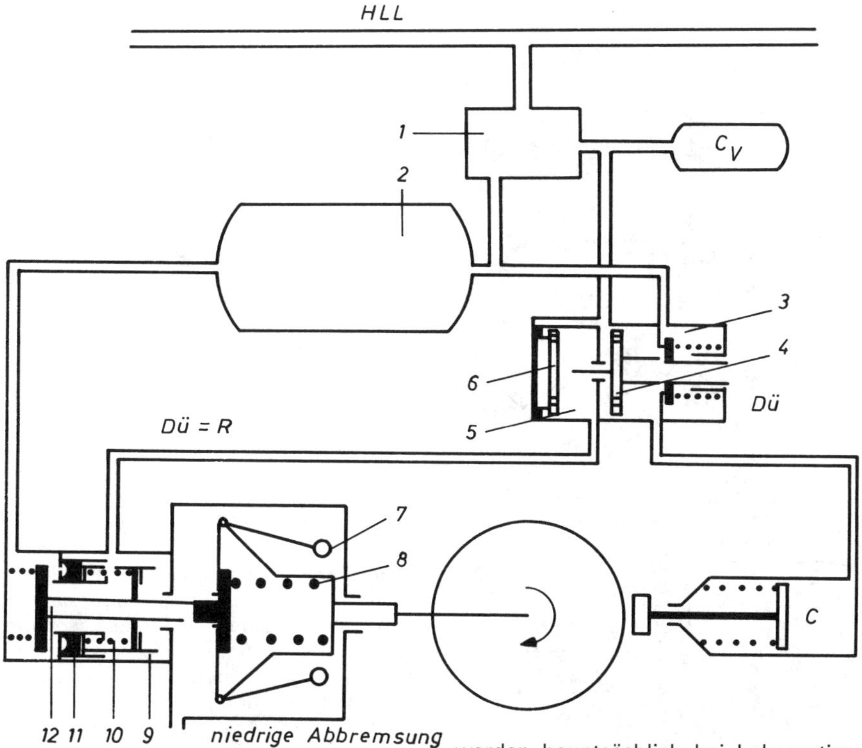

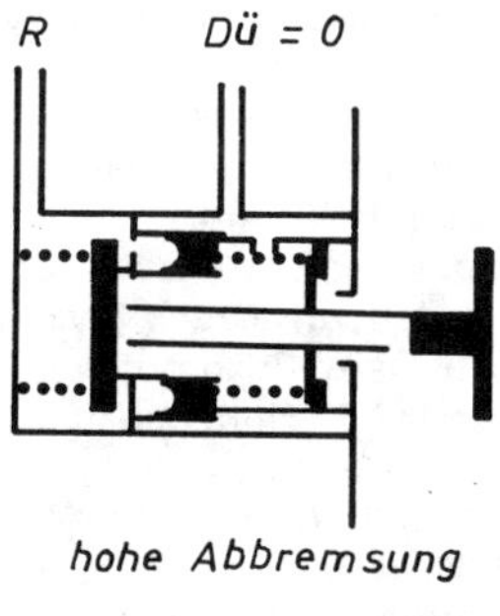

Achslagerbremsdruckregler
Schematische Darstellung der Bremsanlage mit Achslagerbremsdruckregler
1 Steuerapparat, 2 Vorratsluftbehälter, 3 Druckübersetzer, 4 Steuerkolben, 5 Kolbenkammer, 6 Steuerkolben, 7 Fliehmassen, 8 Reglerfeder, 9 Schaltkolben, 10 Druckfeder, 11 Nutring, 12 Ventilstange

entlüftet ($D_{ü}$ = 0). Der C_V-Druck beaufschlagt die Steuerkolben (4) und (6) und bewirkt somit die hohe Abbremsung. Durch eine zusätzliche pneumatische Einrichtung mit dem Schaltkolben (9), der Druckfeder (10), dem Nutring (11) und der Ventilstange (12) werden die unterschiedlichen Umschaltpunkte bei zu- und abnehmender Geschwindigkeit realisiert. Lit. 1.4., 1.8. Abb.

Achslagerführung: → Radsatzlagerführung

Achslagergehäuse: → Radsatzlager

Achslagergleitplatte: Bauelement des → Radsatzlagers mit seitlichen Leisten zu seiner Führung im Rahmenausschnitt. A. werden hauptsächlich bei Lokomotiven mit → Stangenantrieb angewendet. Die A. ist auswechselbar und bestand anfangs aus Rotguß oder Stahl, später auch aus Manganstahl und Kunststoff.

Achslagerschale: → Gleitlager

Achslagerstellkeil: Stellkeil zur Korrektur des Spiels zwischen dem → Radsatzlager und der → Radsatzlagerführung von angetriebenen Radsätzen. Die Gleitplatten unterliegen im Betrieb einem hohen Verschleiß, der ständig ausgeglichen werden muß, da sonst ein unruhiger Lauf der Dampflokomotive infolge des → Stangenantriebs entsteht. Dazu besitzt jeder Radsatzlagerausschnitt im Rahmen einen A., der mit einer Stellkeilschraube verstellbar ist. Die A. dürfen nicht zu stark angezogen werden und sollen ein Spiel von 0,1–0,2 mm haben. Damit sich beim Nachstellen das → Radsatzstichmaß nicht verändert, liegen die A. bei allen Radsatzlagerausschnitten auf derselben Seite.

Achslagerunterkasten: bei Radsätzen mit → Gleitlagern unter dem Achsschenkel angeordneter Kasten, in dem sich das Schmierpolster befindet. Der A. wird mit Öl gefüllt und hat dazu einen angegossenen Öltrichter mit Klappdeckelverschluß.

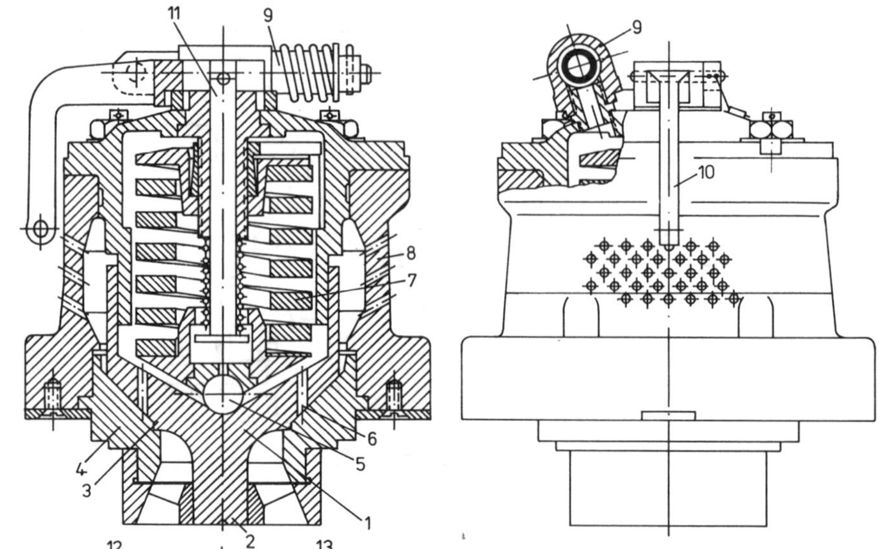

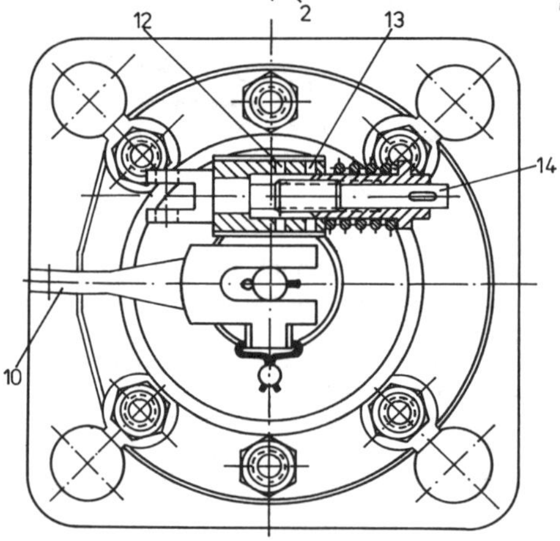

Ackermann-Sicherheitsventil
Kesselsicherheitsventil der Bauart Ackermann
1 Ventilkörper, 2 unterer Führungsschaft des Ventilkörpers, 3 schmale Dichtfläche des Ventils, 4 Ventilsitz, 5 Druckkugel, 6 Bohrung im Ventilkörper, 7 Ventilfeder, 8 Ventilhaube, 9 Einstellvorrichtung, 10 Anlüfthebel, 11 Anlüftspindel, 12 kleinere Bohrung in der Einstellvorrichtung, 13 größere Bohrung in der Einstellvorrichtung, 14 Stellbolzen der Einstellvorrichtung

Ein Filzstreifen dichtet beidseitig den Achsschenkel zum A. ab und verhindert starken Ölverlust sowie das Eindringen von Staub.

Achslast: → Achsfahrmasse

Achslenker: → Drehgestell

Achsmotor: → Radsatzmotor

Achsnebenschlußwiderstand: → Radsatznebenschlußwiderstand

Achsschenkel: Teil der Radsatzwelle eines → Radsatzes, der das Radsatzlager trägt.

Achsstand: → Radsatzabstand

Achsstichmaß: → Radsatzstichmaß

Achsübergangswiderstand: → Radsatzübergangswiderstand

Achswelle: ehem. Bezeichnung für die Radsatzwelle (→ Radsatz).

Achswendegetriebe: ehem. Bezeichnung für das → Radsatzwendegetriebe.

Ackermann, Gottlieb: 6. Mai 1879 (Heilbronn) – (?): A. war Angestellter bei der Württembergischen Staatseisenbahn und erfand 1918 das »Ackermann-Ventil«, das als → Ackermann-Sicherheitsventil für Dampflokomotiven Anwendung fand, sowie einen Absperrhahn für Bremsleitungen. Lit.: 5.3.

Ackermann-Sicherheitsventil: nach seinem Konstrukteur → Ackermann benanntes → Kesselsicherheitsventil. Das A. besitzt einen relativ großen Abblasequerschnitt und schließt bereits vollständig, wenn der Kesseldruck nur wenig unter den zul. Druck gesunken ist. Sämtliche Dampflokomotiven neuerer Bauart der DRG (Einheitsbauart) wurden damit ausgerüstet. Lit.: 2.2., 2.12. Abb.

Adams, William Bridges: 15. Oktober 1823 (Limehouse)–7. August 1904 (Putney); engl. Ingenieur und Fachschriftsteller (meist unter Pseudonym »Junius Redivirus«), Inspektor der Fairfield-Werke in Bow bei London, Maschinenmeister der North London, Great Eastern und London & South Western Railway. 1838 bis 1862 verfaßte er Abhandlungen über alle Gebiete des Eisenbahnwesens (u. a. über die Anfertigung von Scheibenrädern, Achsen und Achsbüchsen für Eisenbahnwagen).

Nach seinen Vorschlägen wurde 1848 der erste brauchbare Dampfwagen (kleine Lokomotive mit stehendem Kessel und Wagenkasten für 48 Personen) gebaut. Er schuf die sog. Radialachsbüchse (Ersatz der senkrechten Flächen der Achsbüchsen und Führungen durch zylindrische Flächen entsprechend großen Durchmessers), die eine radiale Einstellung des Radsatzes im Bogen zuließ (Erstanwendung 1851 an englischen Wagen, 1852 bis 1858 an den Endachsen 4achsiger österreichischer Personenwagen). Seine Radialachsbüchsen wurden 1863 erstmalig am Endradsatz einer 1B1-Tenderlokomotive der St. Helens-Bahn eingebaut, bis 1873 wurden etwa 60 weitere englische Lokomotiven damit ausgerüstet. Weltweit setzte sich die Radialachsbüchse im Lokomotivbau durch, als → Webb sie 1880 durch Verbindungen der bei A. unverbundenen Achslager und Achslagerführungen zu einem Kasten (Rahmen) verbesserte. Diese Bauart wird (fälschlich) als → Adams-Achse bezeichnet. Lit.: 2.9., 5.1., 5.3.

Adams-Achse: Bezeichnung des von → Adams entwickelten und von → Webb verbesserten Radialradsatzes, der für Dampf- und ältere Diesellokomotiven verwendet wurde, deren große Dienstmasse zur Einhaltung der zul. Radsatzkraft (→ Achsfahrmasse) eine Abstützung durch zusätzliche → Laufradsätze erforderte. Ein mit gekrümmten Flächen versehenes und beide → Radsatzlager verbindendes Stahlgußstück gleitet in Radsatzlagerführungen gleicher Krümmung (Bogenführweg), deren Mittelpunkt als ideeller Drehzapfen auf der Längsachse des Hauptrahmens der Lok liegt. Dadurch wird eine radiale Einstellung der A. im Gleisbogen ermöglicht. An beiden Seiten wirken Schraubenfedern als Bauelemente des → Rückstellmechanismus. Die A. fand als → Schwenkgestell überwiegend in Form des Schleppradsatzes und bis zu 80 km/h Höchstgeschwindigkeit auch als vorderer Laufradsatz (z.B. bei der BR86 der DR) durch ihre platzsparende Konstruktion im Laufwerk Verwendung. Abb.

Adriatic-Bauart: amerikanische Bezeichnung für eine Dampflok mit der → Achsanordnung 1'C2'. Sie wurde in Europa durch die von → Gölsdorf konstruierte österreichische BR310 bekannt. Abb.

Adhäsion: physikalischer Begriff für das Aneinanderhaften von Oberflächenschichten durch zwischenmolekulare Kräfte, der vorwiegend in der Eisenbahntechnik als Bez. für den Kraftschluß oder die → Haftreibung zwischen Rad und Schiene benutzt wurde. → Kraftschlußbeiwert

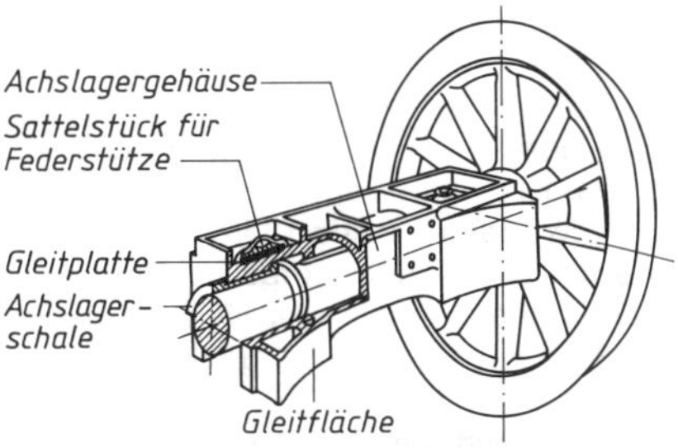

Adams-Achse (Schnitt)

AEG-Föttinger-Getriebe: Bauart eines → hydromechanischen Getriebes, das von der AEG und in der Bauart EMG von der Fa. Elektromechanik Wendenerhütte hergestellt wird. Es besteht aus einem → Strömungswandler mit einem 3gängigen mechanischen → Zahnradschaltgetriebe und wahlweise mit einem mechanischen Direktgang (Abb.). Die Gänge werden über → Lamellenkupplungen un-

Adriatic-Bauart
Österreichische Lokomotive der Adriatic-Bauart für den Schnellzugdienst, Baureihe 130

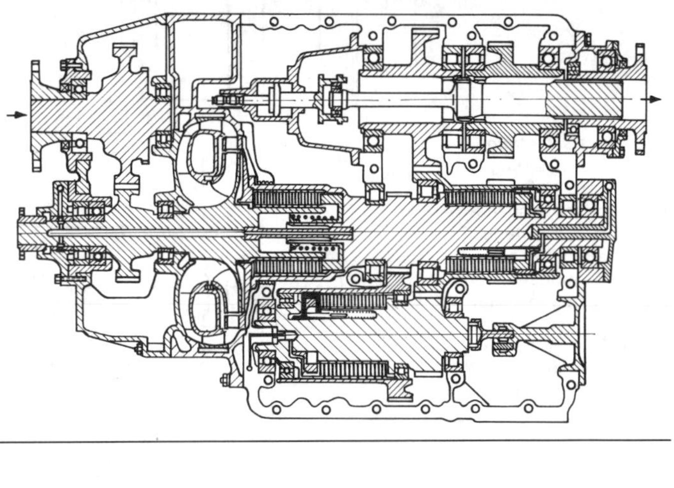

AEG-Föttinger-Getriebe
S350 der Bauart EMG

ter Last geschaltet. Während der Leistungsfluß in den ersten 3 Gängen über den Strömungswandler verläuft, werden im 4. Gang Turbinen- und Pumpenwelle mechanisch verbunden und der Strömungswandler entleert. Im Direktgang wird ein Getriebewirkungsgrad von 95% erreicht. Das A. zeichnet sich durch flache Bauweise und geringe Masse aus. Abb.

AEG-Kohlenstaubfeuerung: → Stug-Kohlenstaubfeuerung

AEG-Vollastschaltung: Steuerungsbauart für dieselelektrische Tfz. Die Spannungs- und Leistungsregulierung des → Hauptgenerators wird durch sinnvolle Kombination von 2 Erregermaschinen (Hilfsgeneratoren) vorgenommen. Anwendung bei verschiedenen Tfz. der DRG. Abb.

Akkumulator: chemischer Speicher für elektrische Energie (Gleichstrom). Bauformen: Blei-A., Stahl-A. Durch Ladung wird über chemische Prozesse Energie gespeichert, die dann zu beliebiger Zeit wieder abgegeben werden kann.

Der A. besteht aus Metallplatten, die entsprechend ihrem verwendeten Material positive (Anode) oder negative (Katode) Polarität aufweisen (z. B. beim Blei-A.: positive Platten Bleidioxid; negative Platten Blei). Die Metallplatten stehen in einem säurefesten Gefäß (Plast, Hartgummi, Rubelit), in dem sich ein Elektrolyt (bei Blei-A. verdünnte Schwefelsäure) befindet. Der Plattenabstand wird durch nichtleitende Zwischenlagen gesichert. Positive und negative Platten werden mit den »Polen« verbunden, die aus dem Deckel des Gefäßes (Zelle) herausragen. Eine Verschlußschraube ermöglicht das Nachfüllen von destilliertem Wasser oder Elektrolyt. In der Verschlußschraube befindet sich eine kleine Öffnung zum Entweichen der beim Laden entstehenden Gase (bei Blei-A. unter Umständen Knallgas!).

Die geladene Zelle des Blei-A. hat eine Spannung von etwa 2V (Stahl-A. 1,2V). Für größere Spannungen müssen entsprechend viele Zellen in Reihe geschaltet werden (für 24 V = 12 Zellen; für 110 V = 56 Zellen; Ausführung für Praxis meist nur mit 48 Zellen, da bei voller Ladung mit 2,3 bis 2,4 V je Zelle gerechnet werden kann). Durch diese Reihenschaltung entsteht die → Batterie (auch A.batterie). Lit.: 3.6. Abb.

Akkumulator-Lokomotive: → elektrische Lokomotive mit Energieversorgung aus → Akkumulatoren. Die A. ist relativ einfach aufgebaut, leicht bedienbar und weist einige Vorteile der elektrischen Lokomotive auf (kein Lärm, keine Abgase, günstige fahrdynamische Eigenschaften) und benötigt keine → Fahrleitung. Als Leistungssteuerung wurde früher fast ausschließlich die → Widerstandssteuerung verwendet, während neuerdings auch die Steuerung mit → Pulssteller zur Anwendung kommt. Wegen der beschränkten Speicherkapazität der Akkumulatoren ist der Aktionsradius der A. begrenzt; deshalb werden sie vorwie-

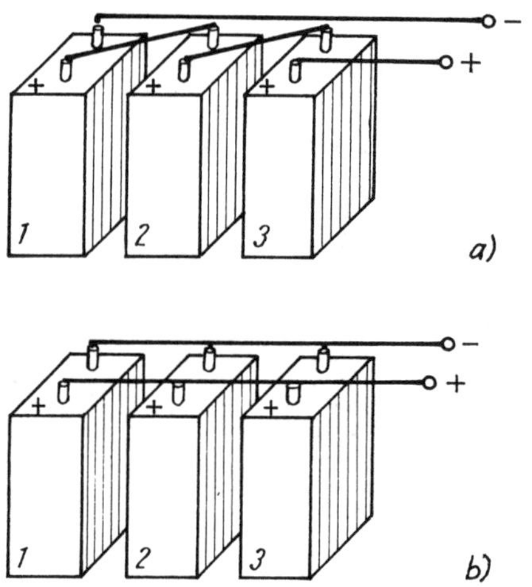

Akkumulator
a) Reihenschaltung Spannung $U_g = U_1 + U_2 + U_3$ Kapazität $Q_g = Q_1 = Q_2 = Q_3$
b) Parallelschaltung Spannung $U_g = U_1 = U_2 = U_3$ Kapazität $Q_g = Q_1 + Q_2 + Q_3$

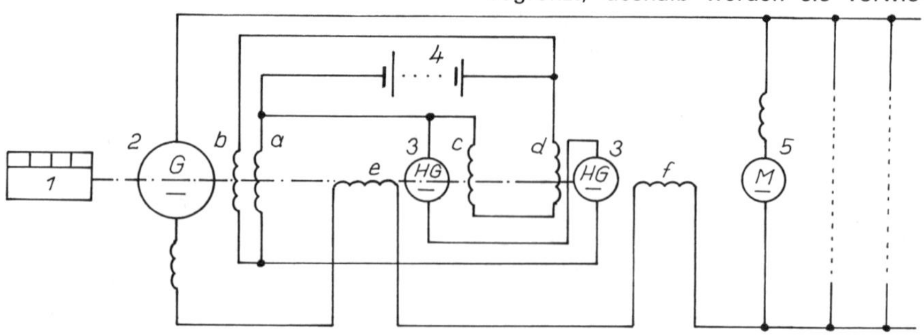

AEG-Vollastschaltung
1 Dieselmotor, 2 Hauptgenerator (G), 3 Erregergeneratoren (Hilfsgeneratoren HG), 4 Batterie, 5 Fahrmotoren (M), a, b Fremderregungswicklungen, c, d Erregerwicklungen der Hilfgeneratoren, e, f mit- bzw. gegenwirkende Hauptstromwicklung der Erregergeneratoren

gend als → Rangierlokomotiven (→ Akkumulator-Schleppfahrzeug), → Werklokomotiven, → Grubenlokomotiven und Lokomotiven für Ausstellungs- und Parkeisenbahnen verwendet. → Akkumulator-Triebwagen. Lit. 4.12.

Akkumulator-Schleppfahrzeug, Abk. **ASF**: kleine 2achsige, gedrungen gebaute → Akkumulator-Lokomotive zur rationellen Gestaltung der Rangierarbeiten bei Werkbahnen, auf Ladegleisen und in Bahnbetriebswerken, zum Umsetzen von Dampf- und Diesel-Tfz. und zum Bewegen von Elektrolokomotiven bei fehlender oder abgeschalteter Fahrleitung. Techn. Daten: Antrieb durch 2 → Tatzlagermotoren mit einer Stundenleistung von je 8,5 kW, Batteriespannung 110 V, Dienstmasse 12 t, Höchstgeschwindigkeit 6 km/h, max Anfahrzugkraft 40 kN.

Akkumulator-Triebfahrzeug: → Akkumulator-Lokomotive, → Akkumulator-Schleppfahrzeug

Akkumulator-Triebwagen: → elektrischer Triebwagen mit Energieversorgung aus einer Akkumulatorenbatterie (→ Akkumulator). Bei Ladung der Batterie während Schwachlastzeiten mit niedrigem Tarif (Nachtstrom) ist der A. ein sehr wirtschaftliches Tfz.

Nach Versuchen auf Straßenbahnen wurde der A. erstmals 1894 von den Pfälzischen Eisenbahnen eingesetzt. In großem Umfang wurden A. ab 1908 durch Initiative von Wittfeld bei der Preußischen Staatsbahn in Dienst gestellt und überlebten dank ihrer robusten Bauart noch den zweiten Weltkrieg. Bemühungen der DB führten ab 1952 zur Entwicklung von 4achsigen A. der BR ETA 176 sowie des leichteren und billigen ETA 150. Bis 1965 wurden 232 ETA 150 (jetzt BR 515) gebaut. Die verbesserten Batterien dieser A. haben eine Kapazität von 1479 Ah bei 3stündiger Entladung, das spezifische Speichervermögen ist damit 28,8 Wh/kg (gegenüber 7,4 Wh/kg bei den Wittfeld-A. von 1908). Der Fahrbereich moderner A. beträgt mit einer Ladung bis 400 km. Lit.: 4.9., 4.13., 4.14. Abb.

Aktionsradius: Bezeichnung für die von der Einsatzstelle an gerechnete Strecke, die ein Tfz. ohne Zwischenbehandlung (Aufnahme von → Betriebsstoffen, Durchsichten oder größere Wartungsarbeiten), ggf. jedoch mit Wechsel des Tfz.-Personals, in der → Zugförderung eingesetzt werden kann.

»Alexander Andrejew«: Name der größten Dampflokomotive in Steifrahmenkonstruktion mit der ungewöhnlichen Achsfolge 2′G2′ (7 gekuppelte Radsätze). Sie wurde 1935 als Güterzuglokomotive mit 206 t Gesamtmasse, 138 t Reibungsmasse und 400 kN Zugkraft in der UdSSR in Dienst gestellt. Die Kuppelradsätze waren zur Ermöglichung von Kurvenfahrten teilweise seitenverschieblich gelagert (→ Gölsdorf-Anordnung). Der fest im Rahmen gelagerte dritte, vierte und fünfte Kuppelradsatz hatte keinen Spurkranz. Lit.: 2.5.

Alkalität des Speisewassers: alkalische (basische) Wirkung des → Kesselspeisewassers, die zum Schutz der Kesselbaustoffe einen p-Wert von 10 besitzen und einen p-Wert von 40 nicht überschreiten soll. Der 40fache p-Wert entspricht der *Alkalitätszahl,* die eine Kennzahl für die im Speise- und Kesselwasser enthaltene und korrosionsschützend wirkende Alkalimenge darstellt. Lit.: 2.3.

Allan-Steuerung: nach ihrem Konstrukteur benannte → Dampflokomotivsteuerung. Gegenüber der → Stephenson-

Akkumulator-Triebwagen der Bayerischen Staatsbahn, Baujahr 1887

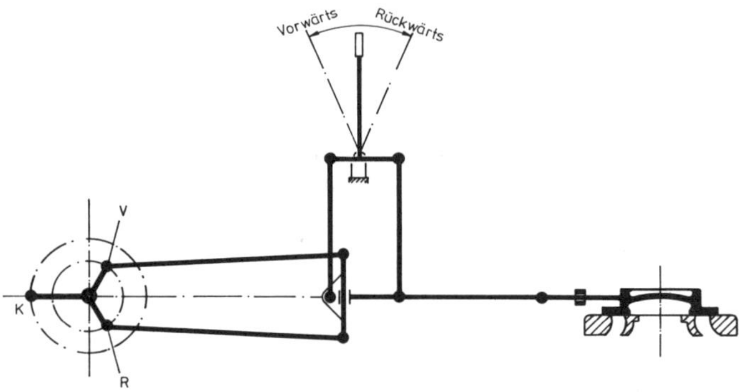

Allan-Steuerung

Steuerung besaß die A. eine gerade Schwinge, was eine einfachere Fertigung ermöglichte. Zur Füllungsänderung und Umsteuerung wurden über einen doppelarmigen Hebel die → Schwinge und die → Schieberschubstange gleichzeitig in entgegengesetzte Richtung bewegt.
Die A. fand bei Dampflokomotiven älterer Bauart (ausschließlich → Naßdampflokomotiven) Verwendung. → Schwingensteuerung. Lit.; 2.3., 2.9., 2.12. Abb.

Allstromtriebfahrzeug: → Mehrsystemtriebfahrzeug

Allzwecklokomotive: → Lokomotive, die im Sinne einer Universallokomotive fahrdynamisch und energetisch so ausgelegt ist, daß sie für den Reisezug- und Güterzugdienst gleichwertig eingesetzt werden kann und dadurch eine günstige → Lokomotivkupplung und gute Auslastung des → Lokomotivbetriebsparks ermöglicht. A. sind durch die Besonderheit des Antriebs bei Dampflokomotiven (Abhängigkeiten zwischen Zugkraft, Raddurchmesser, Geschwindigkeit, zul. Treibraddrehzahl und zul. Kolbengeschwindigkeit) kaum zu realisieren. Sie werden bei neueren Dieselloks und Elloks vorzugsweise angestrebt (z.B. die BR120, BR155, BR218 und BR219 der DB/DR).

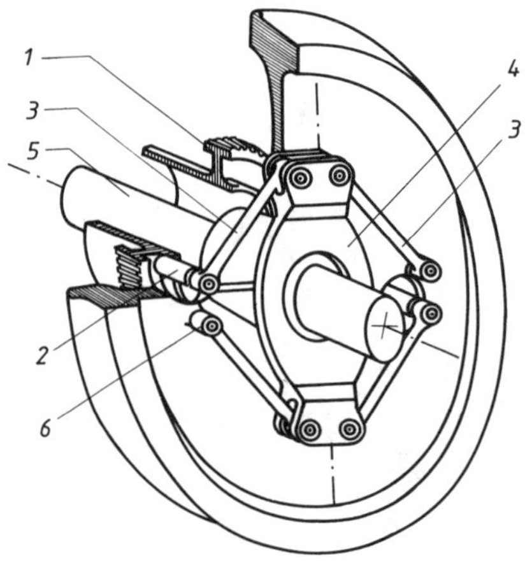

Alsthom-Antrieb
Alsthom-Gelenkstangenantrieb
1 Großrad, 2 Zapfen am Großrad, 3 Gelenkstangen mit Silentblocks, 4 »tanzender Ring«, 5 Treibradsatzwelle, 6 Zapfen am Treibrad

Alsthom-Antrieb, *Alsthom-Gelenkstangenantrieb:* nach der Hersteller-Fa. benannter häufig verwendeter → Gelenkantrieb. Das Drehmoment des → Gestellmotors wird über Stirnradgetriebe, Hohlwelle und Zapfen am Großrad auf Lenkerstangen und von diesen auf einen vor dem Treibrad angeordneten Ring übertragen. Von diesem Ring wird es über weitere Gelenkstangen und Zapfen dem Treibrad zugeführt. Die »Verzweigerkupplungen« auf beiden Seiten des Treibradsatzes sind um 90° versetzt angeordnet. Die durch Silentblocks verschleißfrei gestalteten Gelenke gestatten durch ihre Elastizität eine Winkelbeweglichkeit zwischen Hohlwelle und Treibradsatz. Das ringartige Element wird wegen seiner Bewegungen während der Fahrt als »tanzender Ring« bezeichnet. Anwendung des A. z.B. bei vielen BR der SNCF und bei den elektrischen Lokomotiven WL80 sowie dieselelektrischen Loks TEP70 der SŽD. Lit.: 4.4., 4.5., 4.11., 4.12. Abb.

Altöl: Öl, dessen Qualität nach chemischer Alterung und phyisikalischer Verschmutzung durch den Schmier- und Kühlprozeß beeinträchtigt wurde. Die chemische Alterung ist eine Folge der Oxydation des Öls durch Luftsauerstoff. Verbrennungsrückstände (Ruß), Staub, Metallspäne, Wasser und Kraftstoff tragen gleichfalls zur Ölalterung bei. A. wird zur Wiedergewinnung bzw. -verwendung regeneriert.

»Ameisenbär«: unter dieser Bezeichnung aufgrund seiner Bauform (Abb.) bekanntgewordener → Schienenomnibus der Waggonfabrik Wismar (Baujahre 1932–1941). Konstruktive Merkmale: je Fahrtrichtung ist eine komplette → Maschinenanlage im vorderen und hinteren Vorbau vorgesehen (daher gilt als Achsfolge A1 je Fahrtrichtung), zuerst mit 29-kW-Ottomotor, später mit 37-kW-Otto- oder Dieselmotor je Maschinenanlage ausgerüstet (2 Fahrzeuge erhielten Holzgasgeneratoren), 4-Gang-Omnibus-Schaltgetriebe mit Rückwärtsgang für Rangierfahrten. Der A. wurde in 5 Typen für Normal- und Schmalspur bei 5,8–6,6 t Dienstmasse hergestellt und hauptsächlich von Lokalbahnen als preiswertes und wirtschaftliches Tfz. für den Personenverkehr im Flachland eingesetzt und bis 1969 bei der DR sowie der DB als VT133 bzw. VT135 betrieben. Einige Tfz. werden noch von der Deutschen Gesellschaft für Eisenbahngeschichte und dem Deutschen Eisenbahnverein erhalten und als Museumsfahrzeuge eingesetzt. Abb. → Tafel Verbrennungstriebwagen und -triebzüge.

amerikanisches Drehgestell: **1.** Bezeichnung für ein → Fachwerkdrehgestell (dort Abb.) für → Schlepptender von Dampfloks. – **2.** Auf eine amerikanische Bauart zurückgehendes älteres Reisezugwagen-Drehgestell, das sich durch einen auf den Radsatzlagergehäusen aufliegenden, nach unten gekröpften »Schwanenhalsträger« und die zwischen diesem und dem Drehgestell angeordneten robusten Schraubenfedern der ersten Federungsstufe auszeichnet.

Die zweite Federungsstufe (Wiegenfederung) bestand ursprünglich aus Doppelelliptikfedern, die später durch Schraubenfedersätze ersetzt wurden.

Amplidyne: *Verstärkermaschine:* elektrische Gleichstrommaschine, die nach dem Querfeldprinzip arbeitet. Das durch den Ankerstrom hervorgerufene und sonst störende, quer zum Erregerfeld wirkende Magnetfeld wird bei der A. technisch ausgenutzt. Dazu werden die in der neutralen Zone befindlichen Bürsten kurzgeschlossen (Zwischenbürstenkreis) und in der Polachse ein zusätzliches Bürstenpaar angeordnet, von dem der Ankerstrom abgenommen wird. Änderungen des Erregerstroms treten bis zu 10000fach verstärkt im Ankerstrom in Erscheinung.

A. werden bzw. wurden in der Regelungstechnik, z.B. zur Regelung großer Gleichstrommotoren oder als Erregermaschinen eingesetzt. Ihre Anwendung ist durch die Entwicklung der Halbleitertechnik überholt. Abb.

Amplitudensteuerung: Art der → Leistungssteuerung bei Wechselstrom-Tfz., bei der durch Anwahl entsprechender Anzapfungen am → Haupttransformator die Höhe der Spannungsamplitude stufenweise verändert wird (Spannungssteuerung). Die A. bei → Gleichrichtertriebfahrzeugen bezeichnet man auch als *Gleichstrom-A.* Die A. kann auch mit der → Anschnittsteuerung kombiniert werden, indem die Spannungsunterschiede zwischen benachbarten Stufen beim Weiterschalten mit A. kontinuierlich verändert werden. Das ist z.B. bei der Leistungssteuerung der BR143 und BR155 der DB/DR der Fall. Lit.: 4.5., 4.11.

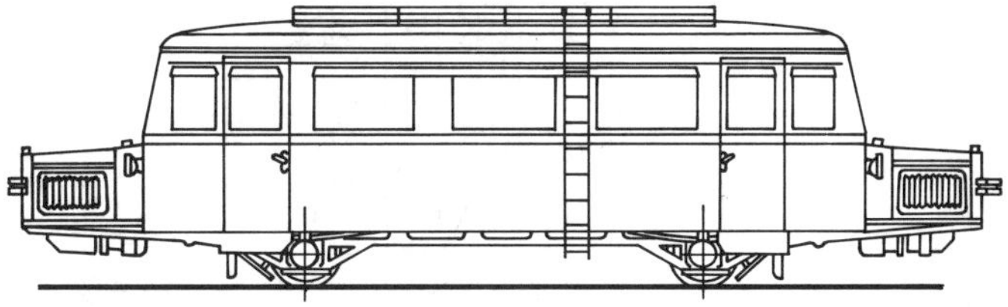

»Ameisenbär« Schienenomnibus der Waggonfabrik Wismar VT 133009 der DRG

Anfahrbeschleunigung

Anfahrbeschleunigung a_A in m/s²	
Dampflokomotiven (Streckendienst)	0,04
Dampflokomotiven (Rangierdienst)	0,20
Elektr. u. Diesellokomotiven (Streckendienst)	0,2 ... 0,3
E- u. V-Triebwagen	0,4 ... 0,6
Triebwagen im Stadtbahnverkehr	0,8 ... 1,0
Moderne Straßenbahnzüge	1,2
Schnell-Straßenbahnen bei Antrieb aller Radsätze	bis 2,0

Anfahrbeschleunigung: mittlere → Beschleunigung eines Tfz. oder Zugs zwischen Bewegungsbeginn und → Übergangsgeschwindigkeit. Die A. ergibt sich aus der → Anfahrzugkraft und wird entweder als arithmetisches Mittel oder als zeitbezogene gemittelte Beschleunigung bestimmt. Die gegebene Abhängigkeit *a(v,t)* wird im Regelfall durch Zugrundelegung des idealisierten → Zugkraftdiagramms vernachlässigt. Bei Zuganfahrt mit → Grenzkraftschluß wird die A. nach

$$a_A = \frac{g}{\varrho}\left(\frac{\mu_T}{q} - r_z - i\right)$$

berechnet (μ_T mittlerer → Kraftschlußbeiwert des Tfz.: r_z → Widerstandszahl des Zugs; i Neigung der Strecke; g Erdbeschleunigung; ϱ → Massenfaktor).

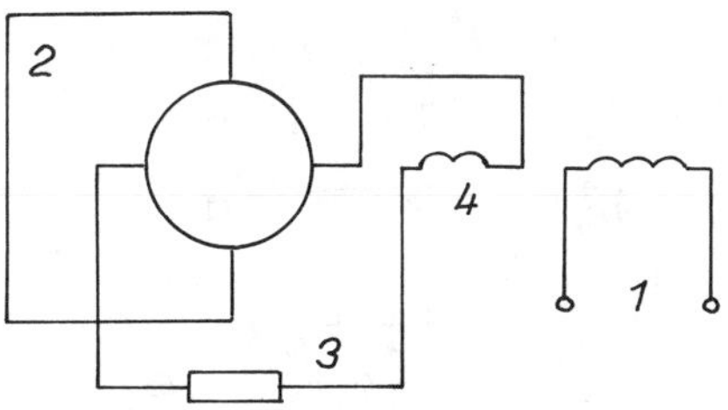

Amplidyne (Prinzipschaltung)
1 Steuerkreis, 2 Kurzschlußkreis, 3 Nutzkreis mit 4 Kompensationswicklung

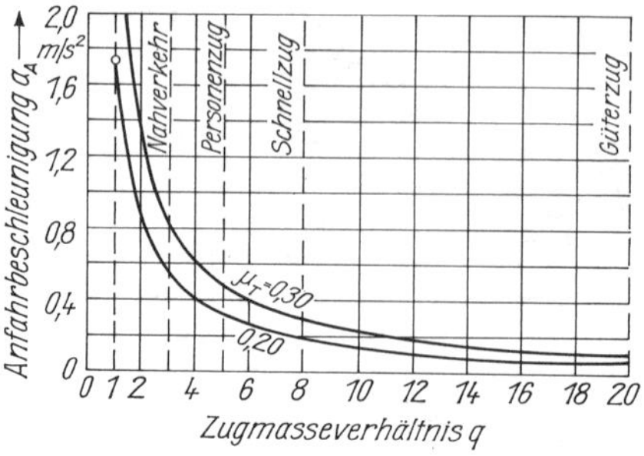

Anfahrbeschleunigung in Abhängigkeit vom Zugmasseverhältnis mit Begrenzung für Zugarten

Das Zugmasseverhältnis q ist der Quotient aus Zugmasse und → Achsfahrmasse aller Treibradsätze. Kraftschlußbeiwert und Zugmasseverhältnis sind die maßgebenden Variablen der A. Die A. besitzt bes. Bedeutung für das Räumen von Bahnhofsgleisen, für das Abstoßen von Wagen, für die Zugfolge im städtischen Nahverkehr usw. Abb. Tab.

Anfahrdrehmoment: bei der Fahrgeschwindigkeit oder Abtriebsdrehzahl = 0 an der → Abtriebswelle der Leistungsübertragungsanlage oder des Strömungswandlers wirksames Drehmoment. Das A. ist bes. bei → Strömungsgetrieben das charakteristische Drehmoment der stillstehenden Abtriebswelle bei voller Eingangsleistung. Aus dem A. ergibt sich die → Anfahrzugkraft eines Tfz., wenn die Kraftschlußgrenze nicht überschritten wird.

Anfahreinrichung: Vorrichtung bei Dampflokomotiven mit Verbunddampfmaschine, die ermöglicht, beim Anfahrvorgang den Niederdruckzylinder mit Frischdampf zu betreiben. Die A. ist vor allem bei Zweizylinder-Verbundtriebwerken erforderlich, da in den Totpunktstellungen des Hochdruckzylinder-Triebwerks ein Anfahren ohne sie nicht möglich ist. Die Verbunddampfmaschine wird dabei als Zwillingsdampfmaschine betrieben.

Ausführungsarten: 1) Handbediente Vorrichtung von → Mallet mit Wechselschieber und einem Ventil in der Frischdampfleitung, durch die der Frischdampf direkt zum Niederdruckzylinder geleitet wird. 2) Bes. angeordnete Bohrung im Schieberspiegel des → Dampfreglers nach → Borris, durch die bei voll geöffnetem Regler Frischdampf in den Niederdruckzylinder strömt. In zurückgezogener Reglerstellung wird diese Bohrung verschlossen und die Verbundwirkung wiederhergestellt. 3) Anfahrventil von → Lindner, das bei voll ausgelegter Steuerung den Frischdampf für den Niederdruckzylinder dann freigibt, wenn sich das Hochdruckzylinder-Triebwerk im Bereich seiner Totpunktlagen befindet. 4) Bes. Öffnungen im Schieberspiegel des → Flachschiebers nach → Gölsdorf, durch die bei über 65% ausgelegter Steuerung dem Niederdruckzylinder Frischdampf zuströmt.

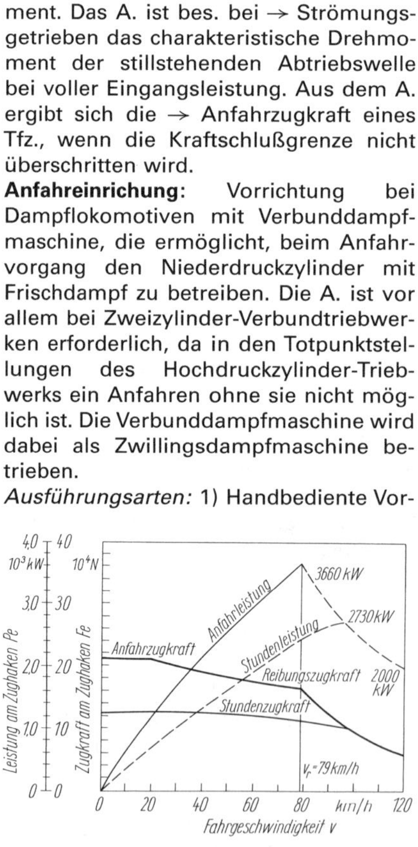

Anfahrleistung

Anfahrgrenzmasse: Masse eines Wagenzugs, die eine Lokomotive auf der → maßgebenden Neigung der Strecke in Bewegung setzen kann. Allg. wird die A. nach

$$m_{WA} = \frac{F_A - iG_L}{g\,(0{,}006 + 1.3i)} \quad \text{berechnet}$$

(m_{WA} A. in t, F_A Anfahrzugkraft in kN, G_L Lokomotivgewichtskraft in kN, g Erdbeschleunigung in m/s², i maßgebende Neigung, Maßeinheit 1).

Anfahrkupplung: zum Anfahren von dieselmechanischen Tfz. benötigte Kupplung. Als A. werden → Einscheibenkupplungen, Mehrscheibenkupplungen, die Schaltkupplung des 1. Gangs (→ Einheitsrädergetriebe) oder drehmomentbegrenzte → Strömungskupplungen verwendet. Mit der A. muß die Drehzahldifferenz zwischen stillstehendem Sekundärteil des → Zahnradschaltgetriebes und unterster Drehzahl des Antriebsmotors überbrückt werden, wobei eine dem Schlupf proportionale Verlustleistung entsteht, die im → Kupplungsdreieck sichtbar gemacht werden kann.

Anfahrleistung: → Leistung der → Anfahrzugkraft elektrischer Tfz. Nach den früher gültigen VDE-Standards wurde das Antriebssystem elektrischer Tfz. so bemessen, daß die Relation A. : Stundenleistung : Dauerleistung = 100 : 70 : 67 bestand. Die Aggregate des Antriebssystems erreichten die Grenztemperatur nach 5–20 min Fahrt mit der A. Der technische Fortschritt führte dazu, daß die Relation A. : Dauerleistung für moderne elektrische Tfz. jetzt 100 : 80–90 beträgt. → Nennbetrieb. Abb.

Anfahrruck: mittlerer → Ruck im ersten Bereich der Zugfahrt, der durch das Aufregeln der Zugkraft vom Wert Null bis auf den für die Anfahrt gewählten Wert gekennzeichnet ist.

Anfahrstrom: während des Anfahrens bis zur → Übergangsgeschwindigkeit aufgenommener Strom der Fahrmotoren elektrischer oder dieselelektrischer Tfz. Der A. wird entweder durch die Reibungsgrenze oder durch am Strombegrenzungsrelais eingestellte Werte begrenzt. Spitzenwerte für den A. ergeben sich beim Höherschalten der → Fahrstufen.

Anfahrt: Bewegungsphase am Anfang der Zugfahrt (→ Fahrschaubild). Die A. beginnt mit der Anfangsgeschwindigkeit $v_A = 0$ und endet mit der Endgeschwindigkeit v_E, bei der entweder das Antriebssystem abgeschaltet oder zur Einhaltung der gleichförmigen Bewegung auf eine reduzierte Leistungsabgabe eingestellt wird. Die A. wird durch die → Anfahrbeschleunigung, durch die mittleren → Beschleunigungen und durch die → Reisebeschleunigung bewertet.

Anfahrwandler: → Strömungswandler, der für ein → Drehzahlverhältnis von weniger als 0,6 ausgelegt ist. A. erzeugen ein hohes → Anfahrdrehmoment und werden für den Anfahrbereich eines Strömungsgetriebes verwendet. Dem A. folgen → Marschwandler oder → Strömungskupplungen als weitere → Gangstufen eines Strömungsgetriebes oder Zahnradstufen als Gangstufen eines hydromechanischen Getriebes, die alternierend in Abhängigkeit von der Fahrgeschwindigkeit und der Motordrehzahl eines Diesel-Tfz. eingeschaltet werden. Der A. wird vorteilhaft als erster Gang zum Anfahren eines Diesel-Tfz. eingesetzt, kann aber auch als nachfolgender Gang mit einem → Zahntrieb unterschiedlicher Übersetzung (mechanische Stufung) verwendet werden. Der A. ist bei hochbelasteten Strömungsgetrieben mit einem → Kühlmantel ausgerüstet. Abb.

Anfahrwiderstand: Ohmscher Widerstand, der den → Fahrmotoren von → Gleichstromtriebfahrzeugen während der Anfahrt bis zum Erreichen der Serien- oder Parallelfahrstufe vorgeschaltet wird, um den → Anfahrstrom zu begrenzen und eine weitgehend ruckfreie Anfahrt zu gewährleisten. Die A. sind nach einer geometrischen Reihe gestuft und sollen aus Wirtschaftlichkeitsgründen nur kurzzeitig benutzt werden. Ältere Tfz. haben eine große, moderne Tfz. eine sehr feine Abstufung der A. Lit.: 4.5, 4.12.

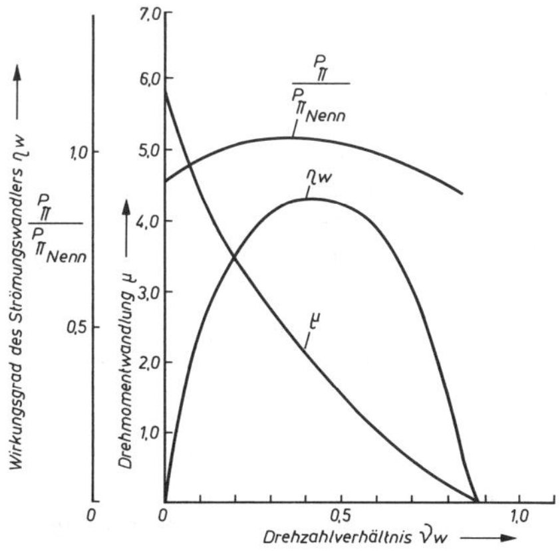

Anfahrwandler
Kennlinie
$P_\pi/P_{\pi Nenn}$ relative Leistungsaufnahme

Anfahrzugkraft: maximale → Zugkraft, die ein Tfz. bei der Anfahrt von Bewegungsbeginn bis zur → Übergangsgeschwindigkeit entwickelt. Die A. ist entweder durch eine Begrenzung im Antriebssystem (z.B. Strombegrenzung) oder durch den → Grenzkraftschluß zwischen Rad und Schiene gegeben. Die Zugkraft bei Grenzkraftschluß entspricht dem Produkt von → Ausnutzungsfaktor (1) α, momentanem → Kraftschlußbeiwert μ_K und statischer Radsatzkraft G_T (→ Radkraft, → Achsfahrmasse) aller Treibradsätze:

$$F_A = \alpha \mu_K G_T$$

Die A. bestimmt die → Anfahrgrenzmasse und → Anfahrbeschleunigung und ist damit eine maßgebende Einflußgröße auf das betriebliche Leistungsvermögen eines Tfz. Bei der Tfz.-Konstruktion müssen für die A. größtmögliche Werte angestrebt werden.

Angleicher: Bauteil des → Führerbremsventils für eine zeitweilige und begrenzte Überhöhung des → Regelbetriebsdrucks in der → Hauptluftleitung ohne → Füllstoß (1). Mit dem A. kann eine → Überladung der Bremse behoben werden, wobei diese aber 100 kPa nicht überschritten haben darf. Der A. ist ein von Hand zu bedienendes Ventil, das solange betätigt wird, bis sich ein Überdruck einstellt, der zum Auslösen der überladenen Bremsen führt. Mit einem → Zeitbehälter vermindert sich anschließend der Überdruck so langsam, daß die Bremsen gelöst bleiben. Der Führerbremshebel befindet sich dabei in der → Fahrtstellung.

Anhalteweg: Weg zwischen dem Eintritt eines Ereignisses, das zum Anhalten durch eine Schnellbremsung zwingt, und dem Zugstillstand. Der A. setzt sich aus dem Weganteil der psychologisch-technischen Reaktion und aus dem → Bremsweg zusammen. Die *psychologisch-technische Reaktion* umfaßt Wahrnehmung, Entscheidung und Handeln des Tfz.-Führers und das Herstellen der Bremsbereitschaft. Dazu sind bis zu 2 s erforderlich. Züge dürfen höchstens mit einer solchen Geschwindigkeit fahren, die noch das sichere Anhalten innerhalb des durch den Vorsignalabstand gegebenen normativen A. gewährleistet. Die bremstechnisch bedingte zulässige Geschwindigkeit ist den Bremstafeln der Fahrdienstvorschriften zu entnehmen. Der A. ist eine wichtige Größe bei der Aufklärung der Ursache von Bahnbetriebsunfällen.

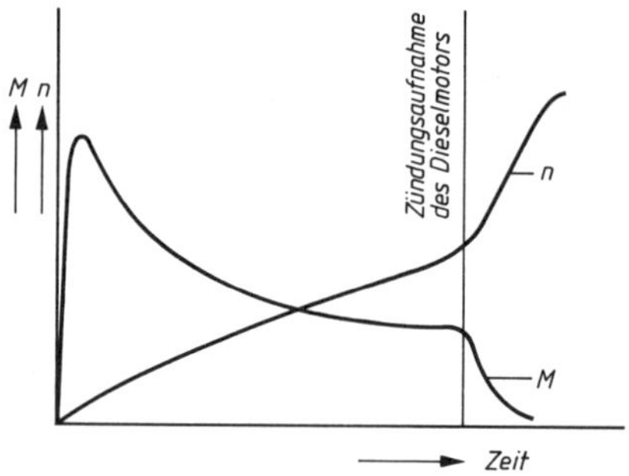

Anlaßdrehmoment
M Verlauf des Anlaßdrehmoments beim Anlassen eines Dieselmotors, *n* Drehzahl des Dieselmotors

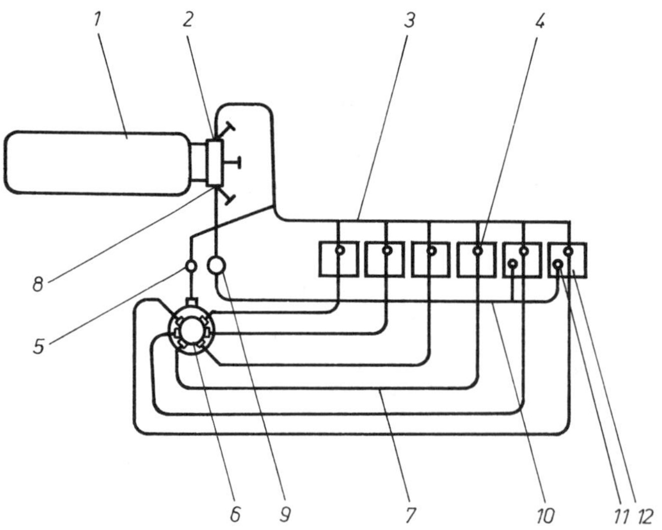

Anlaßeinrichtung
Schema des Druckluftanlassens über einen Anlaßverteiler
1 Anlaßluftflasche, 2 Hauptanfahrventil, 3 Anlaßluftleitung, 4 Anlaßventil, 5 Entlüftungsventil, 6 Anlaßverteiler, 7 Steuerluftleitungen, 8 Füllventil, 9 Filter, 10 Ladeluftleitung, 11 Ladeventil, 12 Zylinderkopf

Anheizen: Erwärmung des → Dampflokomotivkessels einer längere Zeit ohne Feuer und Dampfdruck abgestellten Dampflokomotive durch das Herstellen des Feuerbetts oder durch das Einbringen von Heißwasser oder Dampf. Das A. einer kalten Lok mit eingebrachtem Feuer auf den Rost soll etwa 5–6 h nicht unterschreiten, damit sich alle Kesselbauteile gleichmäßig erwärmen und Kesselschäden durch Wärmespannungen vermieden werden. Mit dem feuerlosen A. im Gegenstromverfahren mit Mischdüse, durch Umwälz- oder Speicherverfahren mit Wärmeübertragung aus einem bes. Wärmespeicher (z.B. Heizlok) kann die Anheizzeit auf etwa 2 h gesenkt werden. Der Dampfdruck im Kessel muß i.d.R. mindestens 0,4 MPa betragen, bevor das Lok-Personal die Lok zur Vorbereitung für die Fahrt und zum weiteren Hochheizen übernimmt.

Anker: **1.** Bewegliches ferromagnetisches Bauelement in Magnetkreisen, das durch Luftspalte von Joch und Schenkel getrennt sein kann, wie beim Relais, → Schütz (dort Abb.) und Hubmagneten. – **2.** Baugruppe bei rotierenden elektrischen Maschinen mit den Hauptbestandteilen → Blechpaket, A.wicklung und je nach Bauart → Kommutator oder Schleifringen. Bei → Generatoren ist der A. der Teil der Maschine, in dessen Wicklung die elektrische Urspannung entsteht. Sowohl der Läufer als auch der Ständer kann A. sein; i.d.R. ist der Läufer der A., z.B. bei den → Fahrmotoren.

Anlaßdrehmoment: Drehmoment, das der → Anlasser einer Verbrennungskraftmaschine während des Anlaßvorgangs aufbringen muß. Bei Dieselmotoren ist der Verlauf des A. über der Zeit durch eine Drehmomentenspitze (Losbrechmoment) in der Anfangsphase des Anlassens und einem nachfolgenden, etwa konstanten Teil (Durchdrehmoment) gekennzeichnet. Bei → Gasturbinen hängt der Verlauf des A. von ihrer Bauart, d.h. von den rotierenden Massen ab, die beim Anlassen zu beschleunigen sind. Abb.

Anlaßeinrichtung: Hilfseinrichtung auf Diesel-Tfz. zum Anlassen der Verbrennungsmotoren. Die A. wird benötigt, da Verbrennungsmotoren im Gegensatz zu Dampfmaschinen und Elektromotoren nicht von selbst anlaufen können. Um die für die Selbstzündung des Kraftstoff-Luft-Gemischs notwendige Verdich-

tungsendtemperatur zu erhalten, muß die A. ein genügend großes → Anlaßmoment und eine ausreichend hohe Anlaßdrehzahl über eine genügend lange Anlaßzeit erzeugen. Die Anlaßdrehzahlen liegen je nach Bauart und Größe der Dieselmotoren zwischen 100 U/min und 180 U/min; die Anlaßzeit soll bei elektrischen A. mit Rücksicht auf die Batterie nicht größer als 10 s sein.
Bei modernen Diesel-Tfz. werden fast ausschließlich *elektrische A.* verwendet, die aus den Fahrzeugbatterien, dem elektrischen Anlaßmotor (→ Anlasser, → Lichtanlaßmaschine, Traktionsgenerator), den Schalt- und Überwachungsgeräten und Regeleinrichtungen bestehen. Dieselmotoren in Kleinlokomotiven (z.B. BR310 und BR312 der DB/DR) werden mit Hilfe von → Anlassern auf ihre Zünddrehzahl beschleunigt. Diesellokomotiven größerer Leistung mit hydraulischer Leistungsübertragung (z.B. BR218, BR228 und BR360 der DB/DR) oder mit Drehstrom-Traktionsgenerator (z.B. BR232 der DB/DR) werden mit einer → Lichtanlaßmaschine, die über das → Strömungsgetriebe oder über ein Zwischengetriebe mit dem Dieselmotor verbunden ist, angelassen. Bei Diesellokomotiven mit Gleichstrom-Traktionsgenerator (z.B. BR107 der DR und BR220 der DB/DR) wird der als Reihenschlußmotor geschaltete Traktionsgenerator zum Anlassen verwendet. Die Betätigung der elektrischen A. erfolgt bei Kleinlokomotiven über einen → Glühanlaßschalter und bei allen anderen Diesellokomotiven über Anlaßtaster auf dem Fahrpult. Außer bei A., die mit einem Glühanlaßschalter betätigt werden, sind elektrische Schalteinrichtungen vorhanden, die den Startvorgang automatisch beenden, wenn der Dieselmotor seine Leerlaufdrehzahl erreicht hat.
Nur vereinzelt wird das *Druckluftanlassen* angewandt. Man unterscheidet zwischen A. mit Druckluftmotor und A., bei denen die Kolben des Dieselmotors direkt mit Druckluft beaufschlagt werden. *Druckluftmotoren* haben die Abmessungen elektrischer Anlasser und können an deren Stelle eingebaut werden. Derartige A. werden z.B. bei den Tfz. der BR M63 der MÁV verwendet. Beim Anlassen durch direkte Beaufschlagung der Dieselmotorkolben strömt nach Öffnen des Hauptanfahrventils Druckluft über die Anlaßventile in die Zylinder, so daß der Dieselmotor bis zum Erreichen der Zünddrehzahl als Druckluftmotor, anschließend bis zum Erreichen der Leerlaufdrehzahl kombiniert als Druckluft- und Verbrennungsmotor arbeitet. Die Anlaßventile werden pneumatisch über den Anlaßverteiler, der von der Nockenwelle angetrieben wird, gesteuert oder mechanisch durch die in Längsrichtung verschiebbare Nockenwelle betätigt. Das Einströmen der Druckluft in die Zylinder geschieht so, daß jeweils der Kolben beaufschlagt wird, der gerade am Ende des 2. Taktes den oberen Totpunkt erreicht hat. A. mit direkter Beaufschlagung der Kolben wurden bei Tfz. der BR103 der DR und BR265 der DB angewandt.
Die zum Anlassen erforderliche Druckluft wird entweder von einem Anlaßluftverdichter erzeugt, der vom Dieselmotor angetrieben wird, oder während des Betriebs dem Dieselmotor, jedoch als Gemisch aus Abgas und Luft, entnommen und in → Anlaßluftflaschen gespeichert. Durch das Druckluftanlassen kann die Batteriekapazität erheblich verringert werden, da i.d.R. nur noch die → Beleuchtungsanlage und der Steuerstromkreis der Lokomotive als elektrische Verbraucher verbleiben.
Voraussetzung für das Anlassen kalter Dieselmotoren ist der Einsatz von → Anlaßhilfen. Abb.

Anlasser: von einer Batterie gespeister Gleichstrommotor zum Anlassen eines Verbrennungsmotors, wobei im Unterschied zur → Lichtanlaßmaschine der Rotor des A. nur während des Anlaßvorgangs über einen Zahnradeingriff mit dem Schwungrad des Verbrennungsmotors verbunden ist. Da A. beim Anlauf ein hohes Drehmoment (→ Anlaßmoment) abgeben müssen, werden wegen ihrer günstigen Charakteristik fast ausschließlich Reihenschlußmotoren verwendet.
A. werden mit Leistungen bis etwa 18 kW bei einer Spannung von 24 V für Kleinlokomotiven und Leichttriebwagen hergestellt. Das Übersetzungsverhältnis zwischen dem Zahnkranz des Motorschwungrads und dem Ritzel des A. liegt zwischen 8:1 und 20:1. Die Bauart des A. ergibt sich im wesentlichen durch die Art des selbsttätigen Kuppelns des A.ritzels mit dem Schwungradzahnkranz. In Diesel-Tfz. werden → *Schraubtriebanlasser* oder → *Schubankeranlasser* verwendet. → Anlaßeinrichtung

Anlaßhilfe: Einrichtungen und Maßnah-

men an Dieselmotoren zur Verbesserung des Anlaßverhaltens. A. werden besonders bei niedrigen Außentemperaturen, wenn bei gegebenem → Verdichtungsverhältnis die erreichte Verdichtungstemperatur keine sichere Selbstzündung des Kraftstoffs gewährleistet, angewandt. Gebräuchliche A.: 1) → *Glühkerzen* bei Motoren kleiner Leistung mit unterteiltem Brennraum zum Erwärmen der im Nebenbrennraum (Vorkammer, Wirbelkammer) befindlichen Luft; 2) → *Flammglühkerzen* zum Erwärmen der angesaugten Luft bei Dieselmotoren mit Direkteinspritzung; 3) → *Kühlwasservorwärmung* bei fast allen Dieselmotoren mit Leistungen > 150 kW zur Herabsetzung des Anlaßwiderstands (→ Anlaßmoment); 4) → *Vergrößerung der Fördermenge* der Einspritzpumpen bis zur Zündungsaufnahme des Dieselmotors, da sich beim Anlassen ein Teil des Kraftstoffs an den kalten Zylinderwandungen niederschlägt; 5) bes. *Anlaßkraftstoffe* (→ Start-Pilot).
Unabhängig von der Anwendung der A. wird (außer bei Dieselmotoren kleiner Leistung) vor Anlaßbeginn mit der → Schmierölvorpumpe im Ölkreislauf ein Mindestschmieröldruck aufgebaut.

Anlaßluftflasche: Druckgasflasche zur Speicherung von Luft für das Druckluftanlassen von Dieselmotoren. A. bestehen aus dem Ventilkopf und dem Druckluftbehälter, die miteinander verschraubt sind. Am Ventilkopf befinden sich die Anschlüsse für die Anlaßluft-, Ladeluft- und Entwässerungsleitung mit den dazugehörigen Ventilen, 1 Manometer und 1 Sicherheitsventil. Die A. sind im Tfz. so angeordnet, daß die Ventilköpfe mit ihren Armaturen in den Führerstand hineinragen. Der übliche Betriebsdruck liegt bei 3–4 MPa. Tfz werden meist mit 2 A. ausgerüstet, deren Inhalt so bemessen ist, daß ein kalter Dieselmotor etwa 4mal, ein warmer Dieselmotor etwa 15mal angelassen werden kann. Danach sind die A. wieder zu füllen. → Anlaßeinrichtung

Anlaßstrom: elektrischer Strom, der zum Anlassen einer → Verbrennungskraftmaschine erforderlich ist. Der A. wird i.d.R. von einer → Batterie geliefert. Die Batterie speist mit dem A. entweder einen → Anlasser oder die → Lichtanlaßmaschine. Das von diesem Aggregat erzeugte → Anlaßdrehmoment muß nicht nur die Verbrennungskraftmaschine in Umdrehung versetzen, sondern diese auf die → Leerlaufdrehzahl beschleunigen. Erst dann geht die Verbrennungskraftmaschine in den Selbstlauf über, und der A. kann abgeschaltet werden. Da zur Erzeugung des großen Drehmoments ein hoher A. erforderlich ist, wird die Batterie beim Anlaßvorgang stark belastet. Ggf. ist eine → Anlaßhilfe, vor allem im Winter bei tiefen Temperaturen, notwendig. → Anlaßeinrichtung

Anlaßstufenschalter: elektrische Schalteinrichtung der stufenweisen Ansteuerung eines → Schraubtriebanlassers. Der im wesentlichen aus 2 Schützen und 1 Vorwiderstand bestehende A. ermöglicht in der ersten Schaltstufe ein verschleißarmes Einspuren des Anlasserritzels in die Verzahnung des Dieselmotorschwungrads. In der selbsttätig eingeleiteten zweiten Schaltstufe wirkt der volle Anlaßstrom, so daß der Anlasser den Verbrennungsmotor auf seine → Zünddrehzahl und seine → Leerlaufdrehzahl (Selbstlaufdrehzahl) beschleunigen kann.

Anlaßventil: Bau- und Bedienelement der → Abdampfstrahlpumpe. Im A. ist ein Umschalter eingebaut, der selbsttätig vom → Abdampf auf Frischdampf umschaltet, wenn bei geschlossenem → Dampfregler kein Abdampf zur Verfügung steht. Über eine Frischdampfleitung wird dann der Dampf der Abdampfstrahlpumpe als Betriebsdampf zugeleitet und durch eine Ringdüse im Umschalter auf niedrige Spannung gebracht. Bei geöffnetem Regler gelangt der Abdampf über 2 Ventilkammern in die Anlaßleitung der Abdampfstrahlpumpe und öffnet die Abdampfklappe.

Anlaufkraft: horizontale Querkraft in axialelastischen → Radsatzlagern, die vom axialelastischen Teil des Radsatzlagers bei Verringerung der Kraftspitzen um bis zu 40% auf den Radsatzlagerdeckel übertragen wird. Die Größe der A. läßt sich durch die Laufwerkkonstruktion beeinflussen. Bes. bei Tfz. sind geringe A. anzustreben, um die ungünstigen Kraftwirkungen der großen unabgefederten Massen auf das Fahrzeug und das Gleis zu verringern.

Anlaufmoment: Drehmoment, das der Asynchron-Drehstrommotor von elektrischen Tfz. im Augenblick des Einschaltens entwickelt. Das A. beträgt etwa das 1,3fache des Nennmoments und muß stets kleiner als das Kippmoment sein.

Das A. ist durch die Konstruktion des Heyland-Kreises zu ermitteln. Lit.: 3.4.

Anlenkungspunkt: bei der → Heusinger-Steuerung etwa der Schnittpunkt der Mittelachsen (senkrechte Längsebene) von → Schwingenstange und → Schwinge. Durch diese Anlenkung der Schwingenstange an die Schwinge erhält die → Schieberschubstange eine Antriebskomponente, und die Füllungsveränderung wird bewirkt. Lit.: 2.3., 2.12.

Anpreßkraft: **1.** Kraft, mit der die → Bremsbeläge an den Bremsring der → Scheibenbremse angedrückt werden. – **2.** Kraft, mit der die Bremsbacken an die Bremstrommel der → Trommelbremse gedrückt werden. – **3.** Kraft, mit der der → Bremsmagnet der → Magnetschienenbremse auf den Schienenkopf gepreßt wird.

Ansaldo-Lokomotive: von der italienischen Fa. Ansaldo 1926 für die FS gebaute Diesellokomotive mit einem waagerecht liegenden 6-Zylinder-Junkers-Gegenkolbenmotor und direktem Antrieb über → Blindwelle und → Treibstangen. Zum Anfahren dienten bes. Luftzylinder (→ Druckluftantrieb), um die Abkühlung der Dieselmotorzylinder zu vermeiden. Die A. bewährte sich nicht. Lit.: 3.5., 3.8. Abb.

Ansauggeräuschdämpfer: Einrichtung zur Dämpfung der Ansauggeräusche von Verbrennungskraftmaschinen und Arbeitsmaschinen. A. können grundsätzlich wie → Abgasschalldämpfer aufgebaut sein. Sie bestehen i. d. R. aus 1 oder 2 → Resonatoren, die seitlich am Strömungskanal angeschlossen sind. A. können so ausgebildet sein, daß sie die Aufgaben eines → Luftfilters mit übernehmen.

Ansaugleitung: Rohrleitung auf der Saugseite von Kraft- und Arbeitsmaschinen, durch die das Arbeitsmedium von der Maschine angesaugt wird. Vielfach ist an der Öffnung der A. ein → Filter oder ein → Ansauggeräuschdämpfer montiert.

Ansaugluft: Luft, die von einer Kraft- oder Arbeitsmaschine als Arbeitsmedium angesaugt wird. Die A. wird auf Tfz. meist über spezielle Hilfseinrichtungen zu den Maschinen geführt. → Luftansauganlage, → Luftführung

Ansaugluftfilter: → Luftfilter in der → Ansaugleitung von Verbrennungsmotoren, Luftverdichtern und Druckbelüftungsanlagen, der das Eindringen von Staub, sonstigem Schmutz und Nässe über die angesaugte Luft in die Motoren, Aggregate und Anlagen weitgehend verhindert. Die Verunreinigungen setzen sich in den → Filtereinsätzen fest, so daß der A. in bestimmten Zeitabständen gereinigt werden muß. A. können als Geräuschdämpfer ausgebildet werden.

Ansaugstutzen: kurzes Rohrstück auf der Saugseite von Kraft- und Arbeitsmaschinen, durch das das Arbeitsmedium in die Maschine gesaugt wird. Vielfach ist an der Öffnung des A. ein Filter zur Reinigung des Mediums oder ein → Ansauggeräuschdämpfer montiert.

Anschnittsteuerung: bei elektrischen → Wechselstromtriebfahrzeugen angewendete → Spannungssteuerung auf der Basis der → Thyristorsteuerung. Bei der A. kann durch Verschiebung des Zündzeitpunkts der Sinushalbwelle der Effektivwert der Wechselspannung (*Wechselstrom-A.*) bzw. bei gleichzeitiger Gleichrichtung der Mittelwert der gleichgerichteten Spannung (*Gleichstrom-A.*) kontinuierlich geändert werden. Lit.: 4.5., 4.11.

Anschriften an Triebfahrzeugen: in den Vorschriften zum Bau und Betrieb der Eisenbahnen festgelegte Beschriftung der Tfz. zur Sicherung ihres ordnungsgemäßen Einsatzes und der planmäßigen Verfügbarkeit. Die A. enthalten i. d. R. *außen* angebracht die Eigentumsbahnverwaltung, die → Betriebsnummer oder den Namen des Tfz., Hersteller, Fabriknummer, Herstellungsjahr, Zeitpunkt und Art der letzten Untersuchungen,

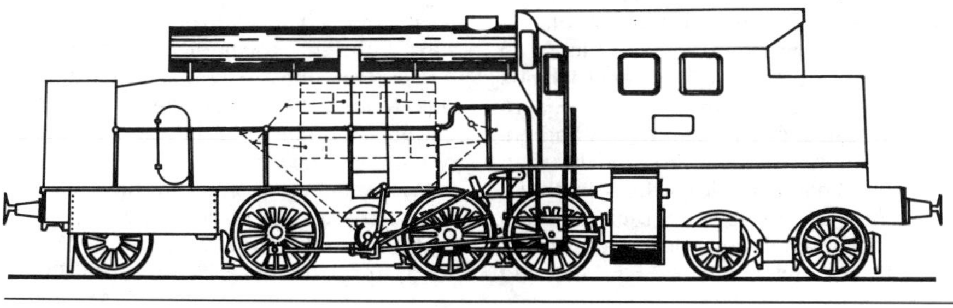

Ansaldo-Lokomotive
1C2-Diesellokomotive der Maschinenfabrik Ansaldo/Genua für die FS

Bauart der Bremse, Anhebepunkt am Rahmen und (auch im Führerstand) die zul. → Höchstgeschwindigkeit.

Anstellventil: Verteilerventil auf Dampflokomotiven mit verschiedenen Aufgaben: 1) A. für → Näßeinrichtungen (im Führerhaus auf der Heizerseite) mit Anschlüssen für die → Rauchkammer, den → Aschkasten, den Kohlenspritzschlauch und bei moderneren Dampfloks für die → Tenderbrause. Es erhält Spritzwasser von der → Dampfstrahlpumpe (heißes Wasser) bzw. der → Speisewasserkolbenpumpe (kaltes Wasser). Dieses A. wird entsprechend seiner Bauform auch als *Dreifachventil* bezeichnet. 2) A. zur Versorgung der Hilfseinrichtungen mit Frischdampf. Es wird mit einem Handrad über eine Gewindespindel, teilweise noch über ein zwischengeschaltetes Drehgestänge, betätigt. Abb.

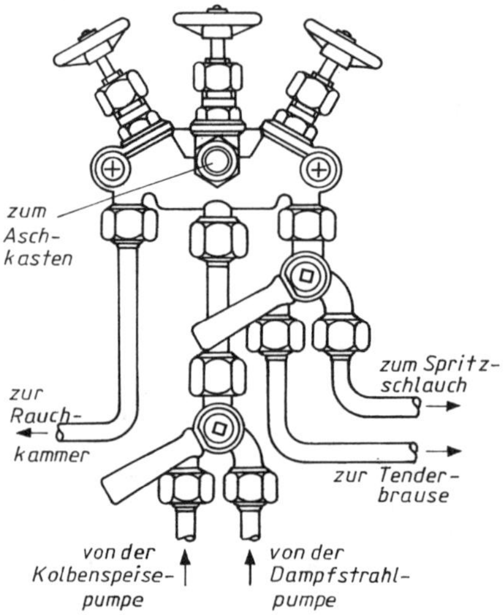

Anstellventil für Näßeinrichtungen, ausgebildet als Dreifachventil mit vorgeschaltetem Dreiwegehahn im Zulauf und Dreiwegehahn am Abgang für die Kohlenäßeinrichtungen

Anstrich: dem Rost- und Witterungsschutz sowie dem verkehrswerbenden Aussehen dienender Überzug der Metallflächen und der Teile aus Holz bzw. Kunststoffen von Tfz. Der A. hat einen den unterschiedlichen Zwecken und verschiedenen Anstrichstoffen möglichst gut entsprechenden mehrschichtigen Aufbau: 2- bis 3facher Grundanstrich aus Inhibitoren, Bleimennige- oder Eisenoxidrot / Zinkoxid-Rostschutzgrundfarben, Zwischenanstrich aus Vorstreichfarben auf Nitro-Cellulose-(NC-) oder Kunstharzbasis (Phalat-, Alkyd- oder Melaminharz) und Deckanstrich aus Lackfarbe auf NC- bzw. Kunstharzbasis. Für Zwischen- und Deckanstrich werden auch Polyurethan-(PU-)Farben verwendet. Die A. auf Phalatharzbasis haben sich wegen der Hitze- und Glanzbeständigkeit bis zu Temperaturen von 120 °C bes. bei Dampfloks bewährt.

Antischaummittel: chemisches Zusatzmittel zum → Kesselspeisewasser, um durch zu hohen Salzgehalt hervorgerufenes Schäumen des Wassers im Kessel, bes. bei der Dampfentnahme, zu verhindern und ein → Überreißen von Kesselwasser in die Überhitzerelemente und Zylinder zu verhindern. A. werden dem Wasser bei äußerer und innerer → Kesselspeisewasseraufbereitung beigegeben. Bekannte A.: Diskro, (BRD, Italien), Nalco (USA), Lokotan (Großbritannien), TIA (Frankreich).

Antrieb: 1. I. w. S. technischer Vorgang, bei dem eine Kraft oder/und ein Drehmoment in eine Arbeitsmaschine oder in ein Fahrzeug geleitet werden, um eine Bewegung (Drehbewegung, Ortsveränderung, Fahrt usw.) zu bewirken. – **2.** I. e. S. Aggregat, das der Erzeugung der für einen A. nach (1) notwendigen Leistungen dient. Für → Triebfahrzeuge gelangen vorwiegend folgende A. zum Einsatz: → Dampfmaschinen oder → Dampfturbinen bei → Dampflokomotiven, → Dieselmotoren bei → Dieseltriebfahrzeugen, elektrische → Fahrmotoren bei → elektrischen Triebfahrzeugen. Seltener sind ein A. mit → Gasturbinen oder der Gyro-A. (→ Gyrofahrzeugantrieb). Die Gesamtheit aller Aggregate (Kraftmaschinen, → Leistungsübertragungsanlagen. → Hilfseinrichtungen, Steuer- und Regelorgane usw.), die durch ihr Zusammenwirken einen bestimmten A. verwirklichen, bildet das → Antriebssystem.

Antriebsdrehzahl: Drehzahl der → Antriebswelle.

Antriebselement: → Antriebssystem

Antriebskraft: → Zugkraft

Antriebssystem: Gesamtheit aller miteinander verbundenen und zur selbständigen Fortbewegung (u. U. auch zum Bremsen) eines Fahrzeugs, ggf. auch zum Auftrieb notwendigen Maschinen, Aggregate und → Hilfseinrichtungen. Das A. besteht aus Antriebs-, Übertragungs-, Abtriebs- und Hilfselementen sowie Verbindungen.

Antriebselemente sind Kraftmaschinen, die Leistung zum Vortrieb und ggf. Auftrieb des Fahrzeugs erzeugen (z. B. → Dampfmaschinen, → Dampfmotoren, →

Dampfturbinen, Verbrennungskraftmaschinen, elektrische → Fahrmotoren). *Übertragungselemente* sind Maschinen, die durch Wandlung der Drehmoment- und Drehzahlcharakteristik die An- und Abtriebselemente miteinander anpassen (z.B. mechanische, hydraulische und elektrische → Leistungsübertragungsanlagen). *Abtriebselemente* sind Maschinen, Aggregate oder Baugruppen, die Leistung vom Fahrzeug an die Umgebung zum Vortrieb und ggf. zum Auftrieb abgeben (z.B. Stahl- oder gummibereifte Räder, Propeller, Schubdüsen). *Hilfselemente* sind Aggregate oder Einrichtungen zur Gewährleistung der Funktionen der Antriebs-, Übertragungs- und Abtriebselemente sowie zur Einhaltung von Normativen (z.B. Hilfseinrichtungen, → Hilfsmaschinen, → Hilfsgetriebe). *Verbindungen* sind a) Baugruppen und Bauteile, die eine Energieleitung oder -speicherung in und zwischen den Elementen des A. ermöglichen (z.B. → Gelenkwellen, Getriebe mit starrer Übersetzung, → Schwungräder, Kupplungen); b) stoffliche Ströme innerhalb und zwischen den Systemelementen (z.B. → Kühlkreislauf); c) Ströme mit Informationscharakter (z.B. in Steuer- und Regeleinrichtungen).

Antriebswelle: Welle am Eingang eines → Zahnradgetriebes, → Strömungsgetriebes oder → hydromechanischen Getriebes. An die A. werden die Antriebsmaschine eines Tfz. oder vorgeschaltete Aggregate der → Leistungsübertragung angeschlossen.

Anwärmen der Zylinder: erforderliche Handlung des Dampflokomotivführers vor Fahrtbeginn mit dem Zug. Durch das A. wird vermieden, daß der in die → Zylinder (1) geleitete Arbeitsdampf an den kälteren Zylinderwandungen kondensiert und damit Wärme abgeführt wird. Das A. geschieht, wenn keine bes. Vorrichtung dafür vorhanden ist, mit dem → Dampfregler. Bei geöffneten → Zylinderventilen und abwechselnder Umlegung der Steuerung von Vorwärts- auf Rückwärtsfahrt-Stellung wird Frischdampf durch die Zylinder geblasen. Dabei ist die Lokomotive anzubremsen. Lit.: 2.3., 2.12.

Arbeitsfläche: Fläche, die im Dampfdruckdiagramm von der Dampfdrucklinie während eines Kolbenhin- und -hergangs umschlossen wird (→ innere Steuerung, dort Abb.). Sie entspricht der im → Zylinder (1) der Dampfmaschine während eines Kolbenspiels geleisteten *Dampfarbeit*. Die A. wird mit dem Indikator (→ Indikatordiagramm) für den Hin- und Rückweg des Kolbens eines jeden einzelnen Zylinders der Dampfmaschine ermittelt. Nach ihr wird die Leistungseinstellung der Dampflokomotive vorgenommen.

Arbeitsflüssigkeit: → Betriebsflüssigkeit

Arbeitshub: Weg des Kolbens der → Dampfmaschine, auf dem er Arbeit verrichtet. Da die Dampflokomotiven i.d.R. mit → doppelwirkenden Dampfmaschinen arbeiten, entspricht der A. eines Kolbens dem → Kolbenhub.

Arbeitsspiel: Gesamtheit aller Vorgänge im → Verbrennungsmotor vom Beginn des Ladens (Ansaugens) eines Zylinders bis zur Wiederholung des gleichen Vorgangs (Ansaugen – Komprimieren – Expandieren – Ausstoßen). → Kreisprozeß

Arbeitsstromprinzip: Betriebsart einer elektrischen Anlage, bei der ein gewünschter Vorgang dann ausgelöst wird, wenn ein Stromfluß in einem → Steuerstromkreis nach der Erfüllung von Vorbedingungen zustande kommt (*Abhängigkeitsschaltung*). Bei der Anwendung des A. besteht eine geringe Wahrscheinlichkeit für vorzeitiges Wirksamwerden. Einer solchen Gefahr durch Fremdströme, Kontaktüberbrückung o.ä. wird durch bes. Schaltungen, wie Redundanz, Umpolschaltungen usw., begegnet. Das A. ist jedoch empfindlich für vorzeitiges Rückstellen bzw. Wirkversagen, z.B. durch ungenügende Kontaktgabe im Stromkreis. Gegensatz: → Ruhestromprinzip.

Arbeitsturbine: gebräuchliche, aber nicht exakte Bezeichnung für eine → Nutzleistungsturbine.

Arten der Bremsungen: Einteilung der Bremsen nach betrieblichen Anforderungen und Einsatzbedingungen. Es wird zwischen Betriebs- und Schnellbremsungen unterschieden.

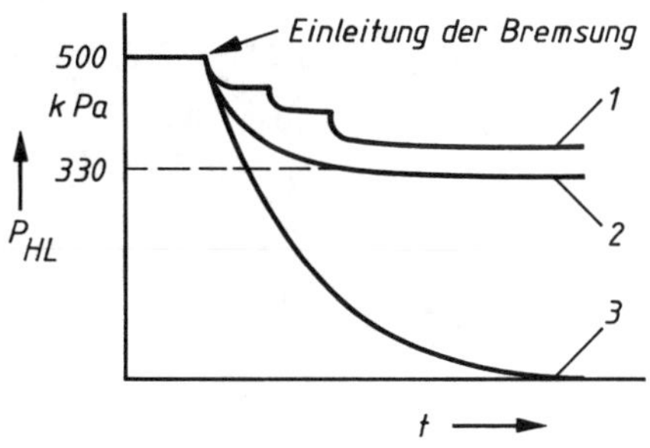

Arten der Bremsungen
Schema der Druckverläufe in der Hauptluftleitung beim Bremsvorgang
1 gestufte Betriebsbremsung, 2 ungestufte Vollbremsung, 3 Schnellbremsung, p_{HL} Hauptluftleitungsdruck, t Zeit

Eine *Betriebsbremsung* ist eine mit der Zugbremse ausgeführte Bremsung zum Regulieren der Zuggeschwindigkeit bzw. zum Anhalten des Zugs an einer bestimmten Stelle. Durch Verminderung des → Regelbetriebsdrucks in der → Hauptluftleitung wird die dazu erforderliche → Bremskraft gewonnen. Die Bremsung kann stufenweise oder mit nur einer Bremsstufe erreicht werden. An welcher Stelle eine Betriebsbremsung einzuleiten ist, liegt in der Hand des Tfz.-Führers, der die notwendige Streckenkenntnis besitzen muß. Zu beachten sind dabei Geschwindigkeit, → Bremshundertstel, Zuglänge, → Bremsstellung und Streckenverhältnisse. Zum Einhalten einer vorgeschriebenen Geschwindigkeit auf Gefällestrecken (*Gefällebremsung*) oder bei Geschwindigkeitsbeschränkungen wird mit einer *Regulierbremsung* gearbeitet. Eine weitere Ausführungsform der Betriebsbremsung ist die *Vollbremsung*. Bei dieser wird der Regelbetriebsdruck in der Hauptluftleitung stufenlos oder stufenweise auf etwa 330 kPa gesenkt. Die Bremsen wirken dann mit der maximalen Bremskraft. Zum Anhalten der Fahrzeuge soll sie nur in Ausnahmefällen aus betrieblichen Gründen genutzt werden.

Mit einer *Schnellbremsung* wird ebenfalls die maximale Bremskraft erzielt. Da jedoch die Hauptluftleitung über die Schnellbremsstellung des → Führerbremsventils schneller entlüftet wird, ist die maximale Bremskraft eher vorhanden, wodurch sich kürzere → Bremswege ergeben. Schnellbremsungen sind i.d.R. wegen der Gefahr des → Blockierens der Radsätze nicht zum Anhalten des Zugs auszuführen. Eine Schnellbremsung kann auch durch das Betätigen der → Notbremseinrichtung (z.B. → Notbremse gezogen, Schaffnerbremshahn geöffnet), Zugtrennung oder durch Schäden an der Druckluftbremse (Beschädigung der Hauptluftleitung oder einer → Bremskupplung, Platzen eines Bremsschlauchs) ausgelöst werden (*Not- oder Gefahrenbremsung*). Beim Wirksamwerden der Sicherheitsfahrschaltung (Sifa) oder von Zugbeeinflussungsanlagen (PZB, LZB) wird ebenfalls eine Schnellbremsung eingeleitet (*Zwangsbremsung*). Lit. 1.3., 1.26. Abb.

artikulierte Lokomotive: → Dampflokomotive mit 2 getrennten Zylindergruppen oder → Triebdrehgestellen. Bekannte a.L. als → Gelenklokomotiven sind z.B. die → Mallet-Lokomotive, → Meyer-Lokomotive und die → Fairlie-Lokomotive.

Aschegehalt des Öls: Anteile unverbrennbarer Bestandteile, die bei der Schmierölanalyse festgestellt werden können. Die notwendige hohe Güte von → Heißdampfölen läßt nur Spuren dieser Bestandteile davon zu.

Aschkasten: Baugruppe der → Kesselausrüstung. Der aus Blechen zusammengenietete oder -geschweißte A. ist am Bodenring der → Feuerbüchse des → Stehkessels unterhalb des → Rostes zur Aufnahme der durchfallenden Brennstoffrückstände befestigt. → Aschkastenklappen mit Klappengestänge und -verriegelung, → Aschkastenspritzrohr, → Funkensieb und bei größeren Dampfloks seitlich angeordnete Reinigungsklappen sind wichtige Bestandteile des A. Abb.

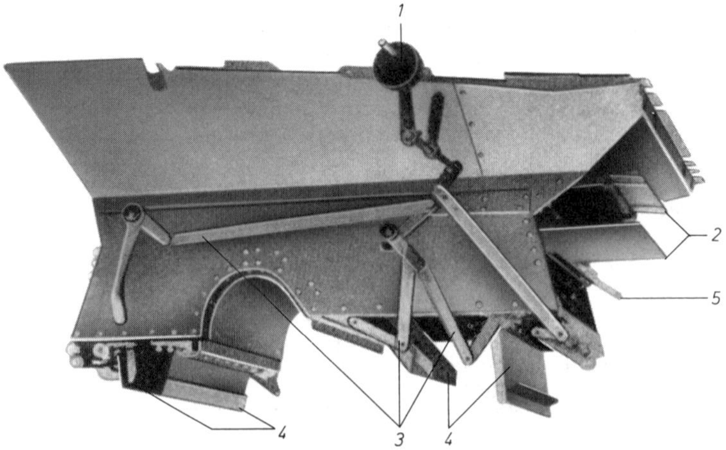

Aschkasten
1 Klappenverriegelung, 2 Luftklappen, 3 Klappengestänge, 4 Bodenklappen, 5 Funkensieb

Aschkastenklappen: als drehbare Entleerungsklappen (Bodenklappen) oder Luftklappen ausgeführte Bauelemente des → Aschkastens, die i.d.R. vom → Führerstand der Lok aus handbetätigt werden. Die am Aschkastenboden angeordneten *Bodenklappen* dienen zum Entleeren des Aschkastens, wobei die Betätigung bei einigen Lok-BR nur während des Stillstands der Lok von außen möglich ist. Die an der Vorder- und Hinterfront des Aschkastens teilweise auch seitlich angeordneten *Luftklappen* dienen zur Regulierung der Verbrennungsluft.

Aschkastenspritzrohr: im → Aschkasten der Dampflokomotive U-förmig angeordnetes und mit feinen Bohrungen versehenes Rohr. Durch Bedienen des → Anstellventils im Führerstand werden mit dem A. glühende Brennstoffrückstände im Aschkasten mit dem eingespritzten Wasser abgelöscht.

ASF: Abk. für → **A**kkumulator-**S**chlepp**f**ahrzeug.

Asynchronfahrmotor: mit Dreiphasen-Wechselstrom gespeister → Fahrmotor für elektrische und dieselelektrische Tfz. Vorteile: im Vergleich zu konventionellen Kommutator-Fahrmotoren kleiner und leichter, niedrigere Herstellungskosten, robuste Bauweise, wartungsarm durch Wegfall von → Bürsten und → Kommutator; bei gleicher Raumausnutzung höhere Leistung je Radsatz ausführbar (max. 1400 kW). Bei Speisung mit variabler Spannung und Frequenz sind Drehzahl und damit Fahrgeschwindigkeit kontinuierlich steuerbar; neuerdings wirtschaftlich realisierbar durch statische → Umrichter mit Halbleitertechnik (→ Drehstromantriebstechnik).
Erstmalig wurde der A. versuchsweise 1892 durch die Fa. Siemens & Halske in Berlin-Charlottenburg angewandt, später wurden A. über rotierende → Umformer in → Umformertriebfahrzeugen gespeist. Seit Entwicklung der modernen Drehstromantriebstechnik ab 1965 wird der A. wieder verstärkt eingesetzt. Lit.: 4.5. Abb.

Atlantic-Bauart: amerikanische Bezeichnung für Dampfloks mit der → Achsanordnung 2'B1'. A. waren um 1900 in Europa und Nordamerika verbreitet. Abb.

Atomlokomotive: → Lokomotive mit einem Kernreaktor für die Erzeugung der Antriebsenergie. Zahlreiche Projekte führender Bahnen (Ende der 50er bis Ende der 60er Jahre) erwiesen sich schließlich als nicht realisierbar (zu große Abmessungen und Masse des Reaktors, Probleme des Strahlenschutzes sowie Fragen der Sicherheit und des Umweltschutzes im Havariefall). Durch den notwendigen Dampf als Energieträger behält die A.

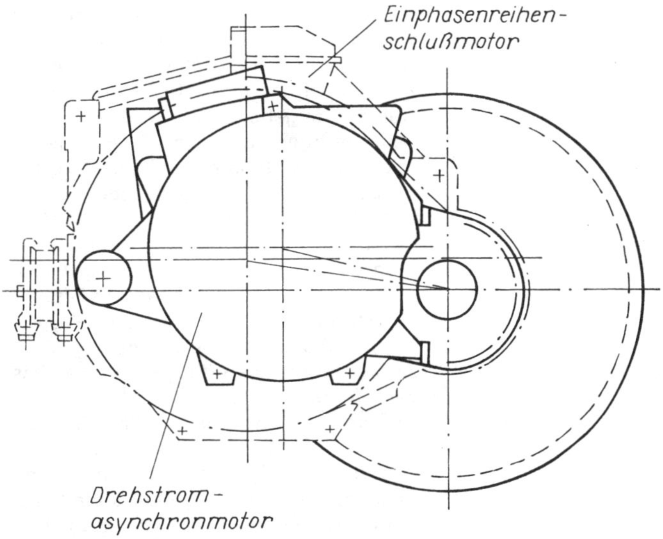

Asynchronfahrmotor
Größenvergleich zwischen Einphasenreihenschluß- und Drehstrom-Fahrmotor

Atlantic-Bauart
Lokomotive der DRG mit Radsatzfolge der Atlantic-Bauart

viele Nachteile der → Dampflokomotive (vor allem hoher Wasserverbrauch).

Auf-Ab-Steuerung: Form der → Übertragungssteuerung zur Fernbedienung des → Schaltwerks elektrischer Tfz. Dabei wird das Schaltwerk durch einen → Stellmotor oder durch Schaltmagnete angetrieben. Es schaltet solange aufwärts oder abwärts, wie der jeweilige Steuerbefehl, gegeben mit Fahrschalter, Schalthebel oder Druckknopfsteuerschalter, ansteht. Hilfskontakte gewährleisten auch beim Wegbleiben des Steuerbefehls das Weiterlaufen des Antriebs, bis die nächste Dauerfahrstufe erreicht ist. Bei manchen A. lassen sich unterschiedliche Schaltgeschwindigkeiten ansteuern. Lit.: 4.5.

Aufbauten: dem jeweiligen Verwendungszweck des Fahrzeugs konstruktiv angepaßte behälterähnliche Teile, die Aggregate bei → Lokomotiven, Aggregate, Personen und evtl. Ladegut bei Triebwagen und Personen oder Ladegut bei Wagen aufnehmen. Die A. werden im Sinne einer ökonomischen → Leichtbauweise weitgehend zur Kraftaufnahme herangezogen, um das → Untergestell oder den → Rahmen zu entlasten. Der selbsttragende → Wagenkasten verkörpert dabei am deutlichsten die Leichtbauweise. Zur Zugänglichkeit bei Wartungsarbeiten und zum Austausch von Aggregaten werden die A. von Tfz. mit abnehmbaren → Dachhauben, → Dachklappen, Luken o.ä. versehen.

Aufbereitung des Kühlwassers: → Wasseraufbereitung (2)

Aufdornen: Arbeitsgang beim Einsetzen der → Stehbolzen. Ihr Gewinde, das zunächst etwas Spiel hat, wird nach dem Einschrauben aufgedornt, so daß sich die Gewindegänge dampfdicht aneinanderlegen. Das A. geschieht mit Stahldornen, die mit Drucklufthämmern in Bohrungen an den Enden der Stehbolzen eingetrieben und danach wieder entfernt werden.

aufgeladener Motor: → Verbrennungsmotor, bei dem die Frischladung durch ein Gebläse (Lader) dem Zylinder unter höherem Druck zugeführt wird. Beim a.M. erhöht sich gegenüber dem → Saugmotor bei gleichen konstruktiven Abmessungen die Frischlademenge, so daß mehr Kraftstoff in der gleichen Zeit verbrannt werden kann und demzufolge eine höhere Leistung erreicht wird. Die bei a.M. erreichbare höhere Nutzleistung bei gleichen konstruktiven Abmessungen und Drehzahlen führt zur Senkung des spezifischen Kraftstoffverbrauchs und damit zu einer höheren Wirtschaftlichkeit im Vergleich zu Saugmotoren.

Aufgleisen: Vorgang, bei dem entgleiste Schienenfahrzeuge wieder auf die Schienen gehoben werden. Meist wird der Einsatz eines Hilfszugs erforderlich, der Aufgleisgeräte, z.B. Typ »Deutschland« (Firmenname) – mit hydraulischen Hebern, Quertraversen mit hydraulisch verschiebbaren Kolben und Öldruckpumpe (Umsetzpumpe) – mitführt. Das A. kann auch mit einem Eisenbahndrehkran durch Anheben, Einschwenken und Aufsetzen des entgleisten Fahrzeugs vorgenommen werden.

Aufladegruppe: Gesamtheit der zum Aufladesystem eines Verbrennungsmotors gehörenden Bauteile, wie → Abgasturbolader mit Gehäuse, → Ladeluftkühler, → Luftfilter mit → Schalldämpfer (2). Die A. ist bei Großmotoren meist zwischen den Zylinderreihen auf dem Motor, bei Motoren kleinerer Leistung seitlich an den Zylindern angeordnet.

Aufladeverfahren: bei Verbrennungsmotoren ausgeführte Verfahren zur Erhöhung des → Frischladungsdurchsatzes durch Vorverdichten, um eine Leistungssteigerung zu erzielen. A r t e n: a) Aufladung durch Druckschwingungen; b) → Fremdaufladung; c) → mechanische Aufladung; d) Abgasturboaufladung (→ Abgasturbolader).

Aufladung: Erhöhung der Frischladungsdichte bei → Verbrennungsmotoren durch Vorverdichtung der angesaugten Frischluft in einem Verdichter, um eine Leistungssteigerung zu erzielen. → Aufladeverfahren, → Aufladegruppen, → aufgeladener Motor.

Aufwerfhebel: Bauteil der äußeren → Heusinger-Steuerung (dort Abb.). Der auf der → Steuerwelle fest aufgekeilte A. trägt das hintere Ende der → Schieberschubstange oder das → Hängeeisen (1). Mit ihm werden beim Betätigen der Steuerung der → Schwingenstein und die Schieberschubstange gehoben oder gesenkt und damit die gewünschte Füllung oder Fahrtrichtung eingestellt.

Aufwühldüse: Bauteil der → Sandstreuanlage zur Auflockerung des Streusands. Die A. fand überwiegend beim Sandstreuer der Regelbauart (→ Borsigsche Sandtreppe, dort Abb.) auf Dampflokomotiven Verwendung.

A-unit: Bauart einer → Streckendiesellokomotive, die mit nur *einem* Endführerstand ausgerüstet ist. Dabei ist ohne Bedeutung, ob die Lokomotive mit Vorbaunase (→ cab-unit) oder mit Stirnführerstand ausgeführt ist. Diese Bauart wird jeweils am Zuganfang und -ende eingesetzt, um das Wenden am Endpunkt zu vermeiden, und kann durch Treibeinheiten verstärkt werden.

Ausbesserungswerk, Abk. **AW:** industriell organisierter Großbetrieb einer Eisenbahn, der vorwiegend die für die → Instandhaltung der Schienenfahrzeuge erforderlichen Leistungen ausführt. Für Tfz. umfassen diese Leistungen z. B. die planmäßigen Hauptuntersuchungen im Rahmen der → Instandhaltungsstufen sowie außerplanmäßige Bedarfsausbesserungen. Weitere Aufgaben der AW können sein: Rekonstruktion und Modernisierung vorhandener Fahrzeuge sowie Instandsetzung von Tauschteilen, aber auch Instandhaltung nicht bahneigener Schienenfahrzeuge.

Ausblaseinrichtung: Vorrichtung für Dampfloks zum Reinigen der feuerbüchsseitigen Rohrwand und der Heiz- und Rauchrohre des → Dampflokomotivkessels von Rußansatz und Flugasche. *Ausführungsformen:* 1) In der Stehkesselrückwand installierte A. werden als → *Rußbläser* bezeichnet; sie arbeiten mit einem aus einer schwenkbaren Düse austretenden, gebündelten Dampfstrahl. 2) Als Arbeitsgerät eingesetzte *mobile A.* bestehen aus einem bis zu 3,5 m langen Blasrohr, das an ein stationäres Druckluftnetz im Bw oder an den → Hauptluftbehälter über die Hauptluftleitung der Dampflokomotive angeschlossen wird. Zum Ausblasen wird das Blasrohr in die Heiz- und Rauchrohre eingeführt. Abb.

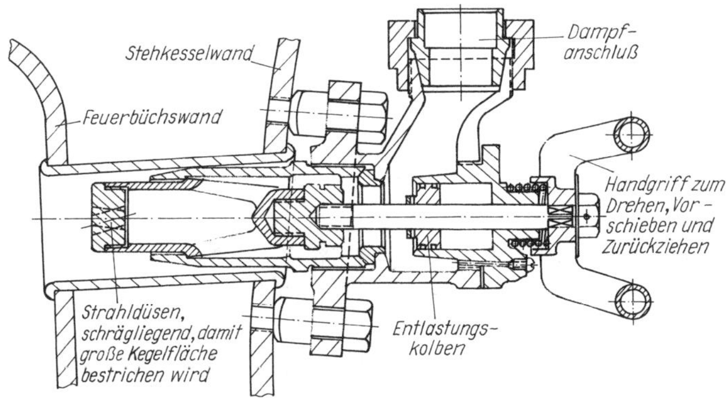

Ausblaseinrichtung
Schnittdarstellung einer mit Frischdampf arbeitenden Ausblaseinrichtung (Rußbläser) eines Lokomotivkessels

Ausblaseöffnung: Öffnung in Heizungs- und Lüftungskanälen, über die Luft in die Fahrgast- oder Führerräume geblasen wird. Die A. ist meist durch Gitter oder in ihrem freien Querschnitt verstellbare Schlitze abgedeckt. → Führerraumbelüftung, → Führerraumheizung.

Ausdehnungsbehälter: andere Bezeichnung für → Ausgleichbehälter.

Ausgleichbehälter: **1.** Am → Führerbremsventil angeschlossener → Druckluftbehälter für die → selbsttätige Druckluftbremse. Der Tfz.-Führer steuert die Druckänderung in der → Hauptluftleitung über den Druck des A., der ein konstantes Volumen hat. Bei älteren Bauarten von Führerbremsventilen ist er mit der → Ausgleicheinrichtung am Führerbremsventil und bei modernen Führerbremsventilen mit dem Relaisquerschnitt und dem → Druckregler (1) verbunden. – **2.** Bauteil der → Kühlanlage von Diesel-Tfz., das die Volumenänderung infolge Temperaturänderung des → Kühlwassers beim Erwärmen und Abkühlen ausgleicht und die durch Verdunsten oder Undichtheiten entstehenden Wasserverluste im → Kühlwasserkreislauf ersetzt. Der A. ist an der höchsten Stelle des Kühlwasserkreislaufs angeordnet; beim offenen Kühlwasserkreislauf mündet die Fülleitung in den A. Bei älteren Kühlanlagen ist der A. in den Kreislauf einbezogen (→ Pumpenumlaufkühlung, dort Abb.), heute ist er im Nebenschluß eingebunden, wobei die Rückführleitung in den Kreislauf kurz vor der → Kühlwasserpumpe mündet und somit für einen hohen statischen Druck im Pumpenansaugstutzen sorgt. Beim → geschlossenen Kühlwasserkreislauf und bei der → Druckkühlung ist auf dem A. ein Sicherheitsventil angebracht, um das Einhalten des Drucks zu sichern und Verdunstungsverluste und Beimischen von Luftsauerstoff aus der Atmosphäre weitestgehend zu vermeiden. Ein am A. angeordneter Rücksaugbehälter, der durch eine unter dem Wasserspiegel liegende Leitung mit dem A. verbunden ist, gewährleistet bei genügendem Wasserstand, daß keine Luft in den Kühlwasserkreislauf gelangt. Mit dieser Zusatzeinrichtung zum A. sind die Diesellokomotiven der BR 211, BR 215 und BR 218 der DB/DR ausgerüstet.

Ausgleicheinrichtung am Führerbremsventil: Bauteil des → Führerbremsventils, das den Einfluß der Zuglänge beim Bremsvorgang ausschaltet. Die Luft ent-

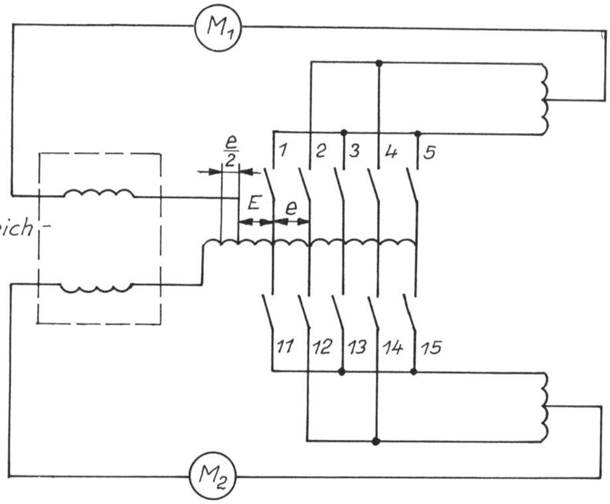

Ausgleichschaltung

weicht bei der Betätigung des Führerbremsventils nicht direkt aus der → Hauptluftleitung, sondern aus einem → Ausgleichbehälter (1). Die A. regelt den Druck der Hauptluftleitung auf jenen des Ausgleichbehälters. Damit wird die beabsichtigte Druckverminderung in der Hauptluftleitung stets durch die gleiche Betätigungsart herbeigeführt. Es vereinfacht sich dadurch die Bedienung der → selbsttätigen Druckluftbremse. Die A. besteht aus einem Ausgleichkolben mit Ausgleichschieber. In der → Fahrtstellung des Führerbremsventils wird der Ausgleichbehälter gefüllt.

Ausgleichschaltung: Schaltung der Leistungssteuerung bei Wechselstrom-Tfz. mit Anordnung der Fahrmotoren in Gruppen, um durch versetzte Spannungserhöhung jeweils einer Gruppe gegenüber der anderen die → Ungleichförmigkeit der Steuerung zu verringern, wobei eine unterschiedliche Beanspruchung der Fahrmotoren durch sog. *Ausgleichtransformatoren* beseitigt werden kann. Abb.

Ausgleichstrom: Strom, der bei elektrischer Verbindung von Punkten ungleichen Spannungspotentials durch Verbindungsleiter fließt, z.B. durch *Ausgleichleiter* im Fahrmotor elektrischer Tfz. oder in elektrischen Bremsschaltungen.

Auslaßventil: Steuerungsbauteil des → Verbrennungsmotors. Das A. läßt im geöffneten Zustand das → Abgas aus dem → Zylinder (2) in die Abgaskanäle des Zylinderkopfs strömen. A. werden thermisch und mechanisch hoch beansprucht; zur Kühlung wird bei Sonderausführungen der A.schaft hohl gebohrt und zu ⅔ mit Kühlflüssigkeit gefüllt.

Ausnutzungsfaktor: **1.** Bewertungsgröße (Maßeinheit 1) für die Ausnutzung der theoretisch möglichen → Anfahrzugkraft. Für den A. gilt $\alpha \leqq 1$. Er ist das Produkt der Teil-A. α_1 bis α_n gemäß der Beziehung $\alpha = \alpha_1 \alpha_2 \alpha_n$. Teil-A. werden für die Radsatzkraftänderung infolge Zugkraftausübung, für die Reaktion zum Drehmoment der Antriebsmaschine, für die Zugkraftsprünge beim Aufregeln, für Vertikalschwingungen im System Rad und Schiene, für Horizontalschwingungen im Zugverband, für Drehschwingungen im Antriebssystem usw. ermittelt. Der A. beträgt ohne entsprechende Maßnahmen zu seiner Verbesserung etwa 0,75–0,80. Durch spezielle konstruktive Maßnahmen kann er auf 0,95–0,98 verbessert werden. Den maximalen A. von $\alpha \approx 1$ ermöglicht der → Drehstromantrieb bei dezentraler Regelung der Fahrmotoren. Abb. – **2.** Kenngröße φ (Maßeinheit 1), die die Ausnutzung der installierten Leistung der Antriebsmaschine bei Kopplung mit der Leistungsübertragungsanlage eines Brennkraft-Tfz. angibt. Der A. ergibt sich als Quotient der von der Leistungsübertragungsanlage tatsächlich aufgenommenen → Primärleistung P_π zur für die Traktion maximal zur Verfügung stehenden Leistung der Antriebsmaschine $P_{\pi\ \mathrm{Nenn}}$. Die tatsächlich aufgenommene Leistung kann als Kurvenverlauf in Abhängigkeit von der Fahrgeschwindigkeit v eines Tfz. dargestellt und

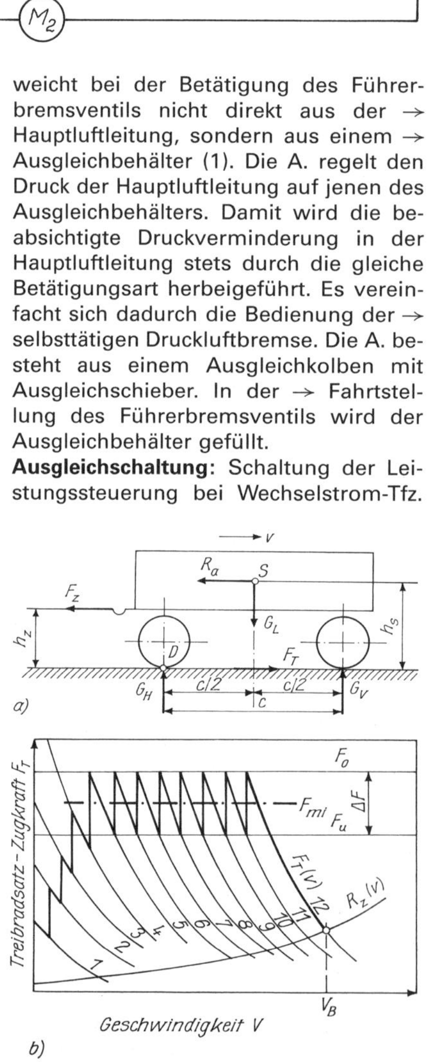

Ausnutzungfaktor
a) Kräfte am Tfz.; Drehmoment am Drehpunkt D der Kräftepaare Zughakenzugkraft F_Z/Trägheitskraft R_a – Treibradsatzzugkraft F_T führt zur Reduzierung der Radsatzkraft G_V des vorderen Radsatzes und zur Vergrößerung der Radsatzkraft G_H des hinteren Radsatzes; G_L Gewichtskraft des Tfz., h_S Schwerpunkthöhe, h_Z Zughakenhöhe, c Radsatzabstand
b) Zuganfahrt bis zum Punkt des Kräftegleichgewichts mit der Zugwiderstandstrakft R_Z beim fahrstufenweisen Aufregeln der Treibradsatzzugkraft F_T; F_o obere Zugkraft, F_u untere Zugkraft, F_{mi} mittlere Zugkraft, ΔF Zugkraftsprung, v_B Beharrungsgeschwindigkeit

damit der mittlere A. φ_m ermittelt werden:

$$\varphi_m = {}_0\int^{v_{max}} P_\pi d_v / (v_{max} \, P_{\pi Nenn})$$

mit v_{max}. Fahrgeschwindigkeit.

3. Faktor (Maßeinheit 1) in der Formel für die Berechnung der → Zugkraft eines elektrischen Tfz., der die → Stufigkeit bei konventionellen → Leistungssteuerungen berücksichtigt. Der → Ungleichförmigkeitsgrad δ als ein Maß der Stufigkeit ist für fahrdynamische Berechnungen ungeeignet. Der deshalb eingeführte und häufige mit α bezeichnete A. gibt an, wieviel von der rein mechanisch ausnutzbaren Zugkraft $F_O = G_L\mu\varepsilon$ (G_L von den angetriebenen Radsätzen übertragene Gewichtskraft des Tfz., μ Reibwert zwischen Rad und Schiene, ε → Achsentlastungsfaktor) noch genutzt werden kann. Die tatsächlich verfügbare Zugkraft F wird unter diesen Voraussetzungen nach $F = F_O\alpha$ berechnet.

Den Zusammenhang zwischen A. und Ungleichförmigkeitsgrad für das Losbrechen und das Beschleunigen des Zugs zeigen die folgenden Gleichungen:

Losbrechen $\alpha_L = (1 - \delta) / (1 + \delta)$

Beschleunigen $\alpha_B = 1/(1 + \delta)$

Für Tfz. mit konventionellen Steuerungen gelten: α_L = 0,6–0,92 und α_B = 0,8–0,96. Für Tfz. mit modernen → Thyristorsteuerungen und → Drehstromantrieb gelten $\alpha_L = \alpha_B = 1$, weil diese Leistungssteigerungen stufenlos arbeiten. Lit.: 4.5. Abb.

Ausrückwandler: im → Mekydrogetriebe angewandte Bauform eines → Strömungswandlers. Das Turbinenteil des A. ist axial verschiebbar (ausrückbar) und mit einem zweiten → Schaufelkranz, der Rückwärtsturbine, ausgerüstet. Zum Betätigen der → Abweisklauenkupplungen beim Gangwechsel wird das Turbinenteil axial verschoben, die Turbinenbeschaufelung aus- und die Rückwärtsturbine in den Strömungskreislauf des A. gebracht, wodurch kurzzeitig eine Verzögerung des Turbinenteils auftritt und die Abweisklauenkupplung zum Eingriff kommt. Danach geht das Turbinenteil wieder in die Betriebsstellung zurück.

Bei kleinen Baugrößen ist der A. mit einem → Kühlmantel umgeben, der vom Motorkühlwasser durchflossen wird, womit sich ein gesonderter Getriebeölwärmeübertrager erübrigt. Abb.

Ausschlacken: Entfernen der bei Dampfloks auf dem → Rost, im → Aschkasten und in der → Rauchkammer als Schlacke, Asche und → Lösche angesammelten Brennstoffrückstände. Das A. erfolgt i.d.R. in der Ausschlackanlage des → Bahnbetriebswerks oder auf vorgesehenen Ausschlackstellen im Bahnhof.

Ausschubweg: der während des Ausströmvorgangs (→ Ausströmung) vom → Dampfkolben zurückgelegte Weg. Auf dem A. wird in der Zeit zwischen dem Öffnen und Schließen der Ausströmkanäle der nahezu entspannte Restdampf vom Kolben aus dem Zylinder hinausgeschoben.

Außenrahmen: spezielle Ausführung des → Rahmens von Tfz., bei denen die Rahmenwangen außerhalb der Räder der Radsätze auf den Lagern aufliegen. Vorteile: größerer Lagerabstand, der i.allg. ruhigeren Lauf des Fahrzeugs bedingt, gute Zugänglichkeit der → Radsatzlager und günstigere Einleitung der Pufferkräfte in den Rahmen. Nachteile: aufwendige Anbringung von Querträgern zur Rahmenversteifung und bei → Stangenantrieb erforderliche besondere Kurbeln. Anwendung: bei → Kleinlokomotiven

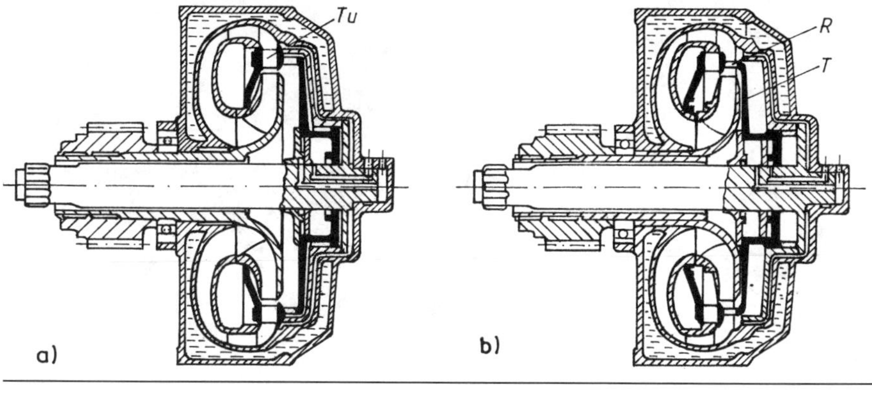

Ausrückwandler
a) Maybach-Ausrückwandler in Betriebsstellung, b) Maybach-Ausrückwandler in ausgerückter Stellung
R Rückwärtsturbine, *T* Turbinenteil, T_u Turbinenschaufelkranz

→ Schmalspurlokomotiven zum Ausgleich des beengenden Einflusses der Spurweite und bei Drehgestellen.

Außenzylinder: → Zylinder (1) der Dampflokomotive, der außen am Lokomotivrahmen seitlich befestigt ist.

äußere Einströmung: ältere Art der Dampfeinströmung bei der → inneren Steuerung von Dampflokomotiven, wobei der Frischdampf von außen (in bezug auf den Schieberkörper) durch die Steuerbewegung des → Schiebers in die zu den Zylinderräumen führenden Dampfkanäle einströmt. Die ä.E. wurde überwiegend bei Naßdampflokomotiven mit → Flachschieber und bei → Verbundlokomotiven (1) mit → Kolbenschieber für die Niederdruckstufe verwendet, um hier eine einfache Dampfführung vom Dampfaustritt des Hochdruckzylinders zum Dampfeintritt des Niederdruckzylinders zu erhalten.

äußere Steuerung: Baugruppe der → Dampflokomotivsteuerung zum Bewegen und Verstellen von Teilen der → inneren Steuerung. Die von der → Gegenkurbel ausgehende kreisförmige Bewegung wird über die → Schwingenstange(n) auf eine um ihre Mitte drehbare → Schwinge als geradlinige Bewegung übertragen. Die an der Schwinge eingelenkte → Schieberschubstange ist mit einem gleitenden Schwingenstein in der Schwinge verstellbar. Durch die damit erreichte Veränderung der Hebelübersetzung werden der Schieberhub und die Fahrtrichtung eingestellt. Bekannte und überwiegend verwendete Bauarten von ä.S. sind die → Stephenson-Steuerung, → Allan-Steuerung, → Gooch-Steuerung und → Heusinger-Steuerung, welche sich u.a. in der Aufhängung der Schwinge und ihres Antriebs unterscheiden. (→ Schwingensteuerung) Abb.

Aussichtstriebwagen: → Triebwagen mit hochliegendem Fahrgastraum (Aussichtskanzel) und meist bis in das Dach reichenden Fenstern für den Einsatz in landschaftlich reizvollen Gegenden.

Auströmkästen: Bauteile des → Zylinders (1) von Dampflokomotiven. Die A. sind beidseitig an die → Schieberbuchse angesetzt, am → Schieberkasten (dort Abb.) befestigt und werden nach außen von den Schieberkastendeckeln abgeschlossen. Sie führen den Abdampf über den Ausströmkanal zum Ausströmrohr.

Ausströmrohr: → Abdampfableitung

Ausströmüberdeckung: → innere Steuerung

Ausströmung: durch die → innere Steuerung der Lokomotivdampfmaschine ge-

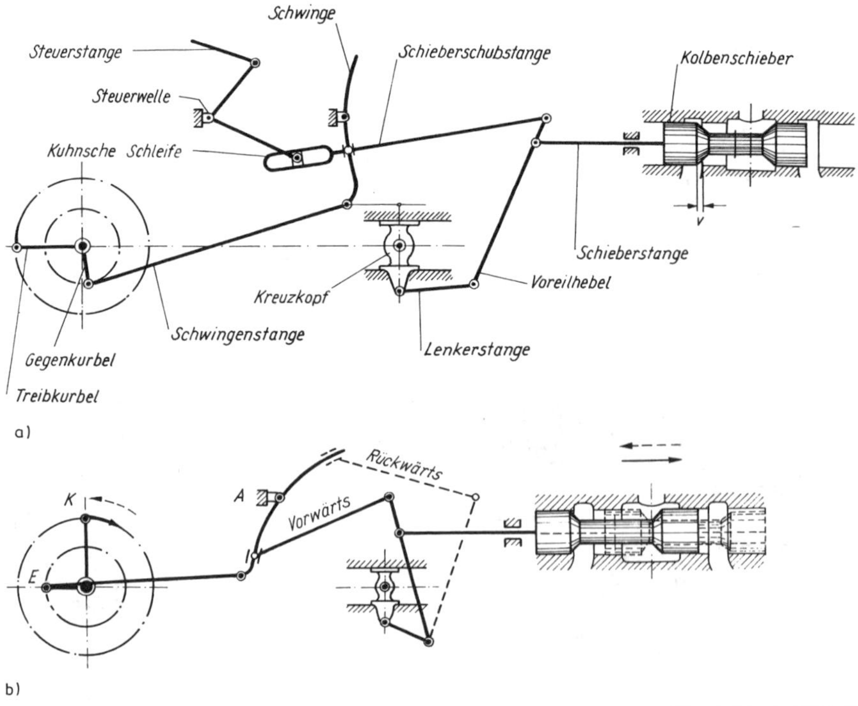

äußere Steuerung
a) Hauptbauteile, b) Änderung der Fahrtrichtung durch die Schwinge (Umsteuerung)

steuerter Vorgang, bei dem der im Zylinderraum befindliche Dampf nach geleisteter Arbeit, d.h. nach dem Hubwechsel, unter Überwindung eines Gegendrucks von 0,02–0,08 MPa ausgeschoben wird. → Dampfdruckdiagramm

Ausströmzweigrohr: → Abdampfableitung

Auswascheinrichtung: Anlage zum Reinigen des → Dampflokomotivkessels von Verdampfungsrückständen. Beim Verdampfen des Wassers scheiden sich Salze und im → Kesselspeisewasser befindliche Schwebstoffe als Schlamm und → Kesselstein aus, die bei größeren Ablagerungen zwischen → Feuerbüchse und Stehkesselwänden, auf Heiz- und Rauchrohren, auf der Feuerbüchsdecke und auf dem Langkesselboden wärmeisolierend wirken und insgesamt den → Kesselwirkungsgrad verringern und zu → Kesselschäden führen können. Zur Entfernung der Rückstände und Ablagerungen werden die Lokkessel in bestimmten Fristen ausgewaschen. *Arbeitsfolge:* Nach dem Ablassen des Kesselwassers wird der Kessel durch die → Waschluken mit scharfem Wasserstrahl ausgespritzt, Schlamm und Kesselstein werden herausgeschwemmt. Je nach Auswaschverfahren wird nach Wiedereinsetzen der Waschlukenpilze kaltes oder heißes Wasser aufgefüllt. Das häufigste Auswaschverfahren ist das *Umwälzverfahren* unter Verwendung des warmen Kesselwassers. Die Auswaschfristen sind abhängig von der Kesselspeisewasserhärte; sie betrugen i.d.R. zwischen 10 und 30 Tagen.

automatische Kupplung: **1.** Selbsttätig kuppelnde und ggf. auch lösende Verbindung von Eisenbahnfahrzeugen, meist als → Mittelpufferkupplung ausgeführt, die Zug- und Stoßeinrichtung vereinigt. Moderne a.K. übernehmen auch das selbsttätige Kuppeln der Luft- und Bremsleitung sowie der elektrischen Kontakte für die Übertragung von Steuer- oder Diagnoseinformationen. Die gemeinsamen Forderungen der UIC und OSShD an eine künftig in Europa einzuführende a.K. stellen neben der Kuppelbarkeit mit der sowjetischen Mittelpufferkupplung besonders hohe Ansprüche an die Festigkeit (1500 kN Druck-, 2000 kN Zugfestigkeit) und Zuverlässigkeit. Vorteile: Mit der a.K. werden eine *durchgreifende Automatisierung* des Rangierbetriebs und damit der Wegfall schwerer und viel Aufmerksamkeit erfordernder Arbeit für viele Beschäftigte ermöglicht. Des weiteren können größere Zugmassen befördert werden, und die Längsbewegungen im Zugverband werden verringert.

Die bisher entwickelten Ausführungen (→ Intermat-Kupplung, Compakt, Unicoupler u.a.) sind modifizierte, starr gemachte Willison-Kupplungen, bei denen eine elektromagnetische Entriegelungseinrichtung künftig auch das Fernauslösen (etwa von der Rangierlok aus) ermöglicht. Weiterhin werden 2 Luftdruckleitungen (Hauptluftleitung, Hauptluftbehälterleitung) und 12 elektrische Kontakte selbsttätig verbunden (Abb.). – **2.** Selbsttätiges, schaltbares Verbindungselement im Antriebssystem der Tfz., z.B. zur Übertragung des Drehmoments zwischen Dieselmotor und Getriebe. Ausführungen: a) nach Erzeugung der Schaltkraft als *mechanische, pneumatische, hydraulische* oder *elektromagnetische Kupplung,* b) nach Schaltart als *drehzahlgeschaltete* (→ Fliehkraftkupplung), *momentgeschaltete* (Sicherheitskupplung) oder *richtungsgeschaltete Kupplung* (Freilauf-Kupplung). Abb.

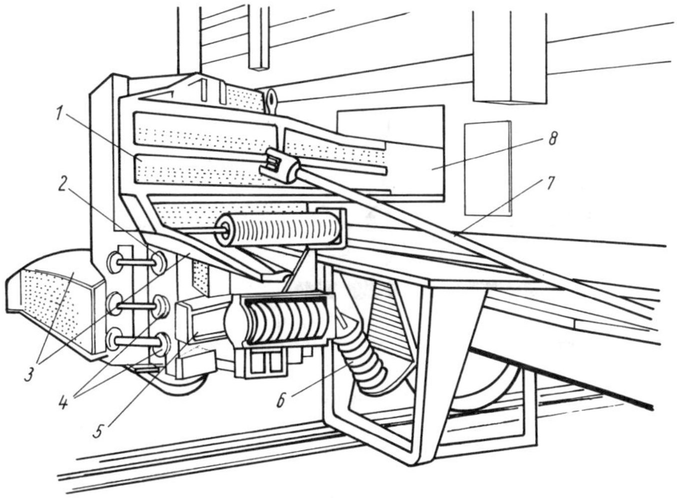

automatische Kupplung
1 Kupplungskörper (-kopf), 2 elektrische Leitungskupplung, 3 Starrmachungsflächen, 4 Kupplungen für die Luftleitungen, 5 Steuersatz für die Klappenbetätigung der elektrischen und Luftleitungskupplungen, 6 vertikale Federabstützung, 7 Welle für die Handentriegelung, 8 Kupplungsarm

automatische Lastabbremsung: Einrichtung zur kontinuierlichen Anpassung der → Bremskraft an die Fahrzeugmasse, wodurch unabhängig von der Masse etwa gleichlange Bremswege und damit → Bremshundertstel erreicht werden. Die *Ansteuerung der a.L.* kann mechanisch, mechanisch-pneumatisch, ölpneumatisch oder elastisch-pneumatisch ausge-

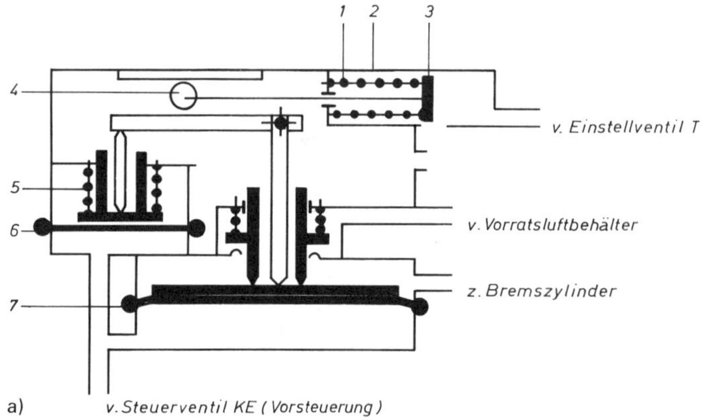

Steuerdruck des Einstell- bzw. Wiegeventils auf den Kolben (3) (Abb.). Der durch das Grundventil beim Bremsvorgang erzeugte Vorsteuerdruck wirkt auf den Regulierkolben (6) und den Kolben (7). Über den geöffneten Ventilsitz strömt Druckluft vom Vorratsluftbehälter zum Bremszylinder und beaufschlagt den Kolben (7) von oben. Die Wirkung des Regulierkolbens (6) unterstützt den Kolben (7) in Schließrichtung des Einlaßventils.

2) Bei der *selbsttätigen Tenderlastabbremsung* von Lokomotiven wird ein Druckminderventil verwendet, das am Boden des Tenderwasserkastens eingebaut ist. Es befindet sich in der vom Steuerventil zum Bremszylinder führenden

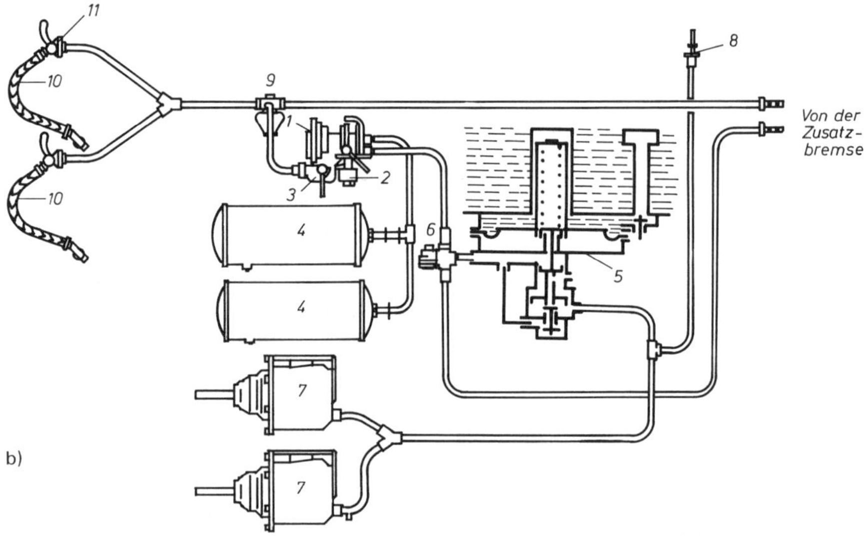

automatische Lastabbremsung
a) Schaltschema des regelbaren Relaisventils RR2
1 Druckfeder, 2 Zylinder, 3 Kolben, 4 Drehpunkt, 5 Druckfeder, 6 Regulierkolben, 7 Kolben

b) selbsttätige Tenderlastabbremsung mit Druckminderventil
1 Steuerventil, 2 G-P Wechselventil, 3 Ventilabsperrhahn, 4 Hilfsluftbehälter, 5 Druckminderventil, 6 Doppelrückschlagventil, 7 Bremszylinder, 8 Löseventil, 9 Staubfänger, 10 Bremskupplung, 11 Luftabsperrhahn

führt werden. Bei der *pneumatischen Ansteuerung* werden Einstell- oder Wiegeventile verwendet. Bei Vorhandensein einer Luftfederung kann auch der Belagdruck unmittelbar für die Ansteuerung des pneumatischen Lastbremsventils genutzt werden. Die *Anpassung der Bremskraft* kann entweder *pneumatisch* durch kontinuierliche Veränderung des Bremszylinderhöchstdrucks oder *mechanisch* durch kontinuierliche Veränderung der Gestängeübersetzung (Lastbremsautomat Bauart AC) erzielt werden.

Ausführungsformen der pneumatischen a.L.: 1) Das einfache Relaisventil des Steuerventils KE1c wird durch ein regelbares Relaisventil oder Lastbremsventil ersetzt. Das Steuerventil trägt dann die Bezeichnung KE2c. Beim regelbaren Relaisventil der Bauart RR2 wirkt der Leitung (Abb.). Das Tenderwasser tritt in das Druckminderventil durch ein Sieb (1) in das Standrohr und bei geöffnetem Absperrventil (2) über den Membrankolben (3). Durch den Wasserdruck wird dieser Kolben abwärts bewegt und dabei die Feder gespannt, die sich im hohlen Schaft des Membrankolbens (3) befindet und ihre Kraft über den unteren Federdeckel, den Stößel (5) und den Stufenkolben (6) auf die Doppelsitzventile (7) und (8) überträgt. Das Doppelsitzventil (8) ist bei gelöster Bremse geöffnet, und dadurch wird der Bremszylinder über das Steuerventil entlüftet. Beim Bremsen strömt Druckluft vom Steuerventil über das Doppelsitzventil (8) in den Bremszylinder und gleichzeitig auf beide Seiten des Stufenkolbens (6). Der Großkolben wird nur mit dem jeweiligen Bremszylin-

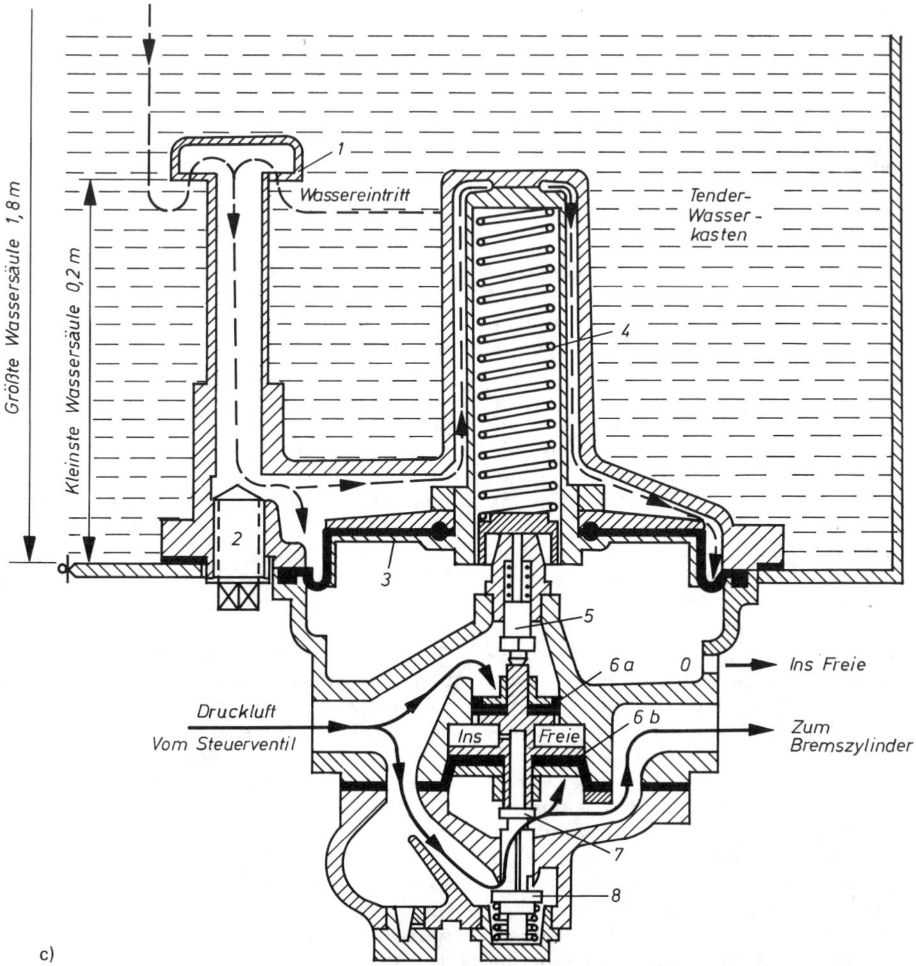

c)

c) Druckminderventil der selbsttätigen Tenderlastabbremsung
1 Sieb, 2 Absperrventil, 3 Membrankolben, 4 Feder, 5 Stößel, 6a Stufenkolben (Kleinkolben), 6b Stufenkolben (Großkolben), 7 Doppelsitzventil, 8 Doppelsitzventil

derdruck beaufschlagt, während der Kleinkolben mit dem vom Steuerventil kommenden Luftdruck und dem Druck der Feder (4) belastet wird. Ist der Wasservorrat im Tender groß, wird der Stufenkolben (6) von oben durch den zusätzlichen Federdruck stark belastet. Erst bei verhältnismäßig hohem Bremszylinderdruck wird der Kleinkolben (6b) nach oben gedrückt, das Doppelsitzventil (8) geschlossen und die Luftzufuhr zum Bremszylinder unterbunden. Bei geringem Wasservorrat wird der Druck der Feder (4) geringer. Dadurch wird der Stufenkolben (6) schon bei geringem Bremszylinderdruck nach oben bewegt und so auch das Doppelsitzventil (8) entsprechend früher geschlossen. Lit.: 1.4., 1.8. Abb.

automatischer Lokführer, *Autopilot:* Einrichtung zur vollautomatischen Steuerung von Tfz. Der Tfz.-Führer wird durch einen zentralen Regelapparat ersetzt, der die → Fahrsteuerung mit Folgeregelung (Fahrplan als Regelprogramm) übernimmt. Das ordnungsgemäße Arbeiten der Geräte innerhalb des Fahrzeugs (z. B. der Hilfsbetriebe) wird durch den Regelkreis bewirkt. Die Befehle werden von außerhalb (Signal) zugeführt, z. B. über Einrichtungen der → linienförmigen Zugbeeinflussung oder auch über die → Funksteuerung.

Der a. L. im *Fernbahnzugbetrieb* erfordert sehr hohen Aufwand, weshalb auch in Zukunft zumindest der Einmannbetrieb der Züge erhalten bleiben dürfte, da die Sicherheit bei unvorhersehbaren Ereignissen größer ist. Der a. L. ist zweckmäßig und teilweise eingeführt bei *Indu-*

striebahnen im Massengüterverkehr und bei *Stadtschnellbahnen*, bei denen aber oftmals noch ein Tfz.-Führer zur Überwachung eingesetzt wird.

autonomes Triebfahrzeug: **1.** → Dampflokomotiven, → Dampftriebwagen, → Dieseltriebfahrzeuge, → Gasturbinentriebfahrzeuge, → Akkumulatorenlokomotiven, → Akkumulator-Triebwagen und → Akkumulator-Schleppfahrzeuge, die ohne kontinuierliche äußere Energiezuführung, wie z.B. über → Fahrleitungen oder → Stromschienen, betrieben werden können. – **2.** → Triebfahrzeuge, die unabhängig von den sonst notwendigen Energieversorgungsanlagen die Zugförderung, zumindest aber die Eigenbewegung, oft begrenzt auf einen Zeitraum oder eine Streckenlänge, weiterführen können (→ Zweikraftlokomotive). Beispiele: a) Gyrolokomotive, die auf nicht mit elektrischer Fahrleitung überspannten Streckenabschnitten die in einem Kreisel gespeicherte Energie nutzt (→ Gyrofahrzeugantrieb) oder b) elekrische Grubenlokomotive mit zusätzlichem dieselelektrischem Antrieb (wird i.e.S. als a.T. bezeichnet), wie z.B. das von LEW Hennigsdorf gebaute → Lokomotivgespann EL21 für den Einsatz in Industrie- und Grubenbahnen der GUS.

Autopilot: → automatischer Lokführer

Aw: Abk. für → Ausbesserungswerk

Axialkolbengetriebe: → hydrostatisches Getriebe, bei dem Axialkolbenpumpe und Axialkolbenmotor zur Leistungsübertragung in Brennkraft-Tfz. verwendet werden. A. nutzen die Druckenergie zur Leistungsübertragung und arbeiten mit Drücken bis 32 MPa. Axialkolbenpumpe und -motor haben mehrere in axialer Richtung angeordnete Zylinder, in denen Kolben durch eine Antriebsscheibe (Taumelscheibe) oder das schrägliegende Zylindergehäuse hin- und herbewegt werden (Abb.). Die Schräglage des Zylindergehäuses kann fest eingestellt oder bis zur 25° Schwenkwinkel veränderlich sein, wodurch der Kolbenhub und damit die Fördermenge stufenlos regelbar sind (Schwenkwinkelsteuerung). Die Drehrichtungsumkehr und ein Bremseffekt sind durch Schwenken des Zylindergehäuses in entgegengesetzte Richtung möglich. Dadurch erübrigt sich ein besonderes → Wendegetriebe.

A. mit Schwenkwinkelsteuerung werden zur Leistungsübertragung im Hauptantrieb von → Rangierdiesellokomotiven kleiner Leistung angewandt. Verbreitete Anwendung finden A. mit festem Schrägwinkel beim Antrieb von Hilfsmaschinen, beim → hydrostatischen Lüfterantrieb.

Den Vorteilen der leichten Regelbarkeit und der hydraulischen Bremsung beim Fahrzeugantrieb stehen die Nachteile des mit der Betriebsdauer fortschreitenden Verschleißes an den beweglichen Teilen und des damit verbundenen Wirkungsgradabfalles entgegen. Der hohe Betriebsdruck stellt große Anforderungen an die Dichtheit des Ölsystems. Abb.

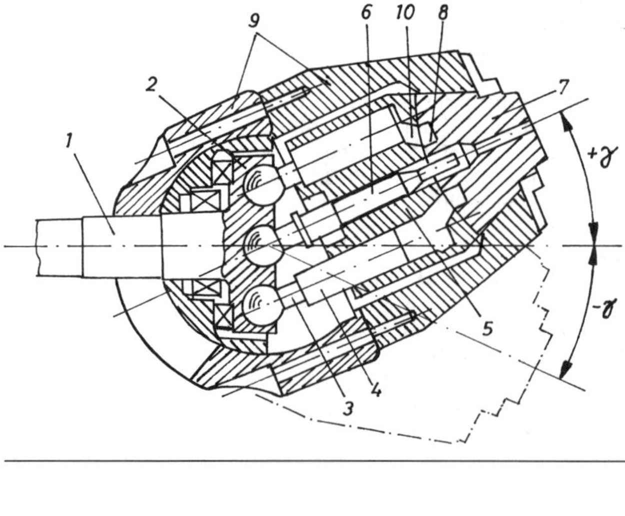

Axialkolbengetriebe
Axialkolbenpumpe mit schwenkbarem Gehäuse
1 Antriebswelle, 2 Antriebsscheibe, 3 Kolbenstange mit Kugelkopf, 4 Kolben, 5 Zylindergehäuse, 6 Führungszapfen, 7 Steuerkegel, 8 Steuerkanal, 9 Pumpengehäuse, 10 Zylinderkanal, γ Schwenkwinkel

Axialkolbenmotor: → Axialkolbengetriebe

Axialkolbenpumpe: → Axialkolbengetriebe

Axialkraft: in axialer Richtung an einer Welle wirkende Kraft, die durch axial belastbare → Wälzlager, Axialgleitlager oder Federkraft aufgenommen werden muß. In Zahnradgetrieben entsteht die A. durch schrägverzahnte Zahnräder oder Kegelräder, bei Radsätzen durch Seitenführungskräfte am Rad. An Strömungsmaschinen entsteht die A. durch den → Axialschub.

Axiallager: → Wälzlager

Axiallüfter: → Kühlerlüfter

Axialschub: bei Strömungsmaschinen, z.B. Pumpen, Gasturbinen, hydrodynamischen Leistungsübertragern, durch Strömungskräfte oder Fülldruck entstehende Kraftwirkung in axialer Richtung, die durch axial belastbare Wälzlager, Axialgleitlager oder Axialschubausgleicheinrichtungen aufgenommen werden muß. Der A. führt zur → Axialkraft.

Axialverdichter: Bauform des Kreiselverdichters (→ Verdichter), bei der das geförderte Medium aus dem → Läufer in axialer Richtung austritt. Der Läufer, auf den die Schaufeln aufgesetzt sind, kann als Trommel- oder Scheibenläufer ausgebildet sein. A. sind zur Verdichtung großer Ansaugmengen besonders gut geeignet. Da die in einer Stufe erzielbare Druckerhöhung gering ist, werden sie in den meisten Fällen mehrstufig ausgeführt.
A. mit hohem → Verdichterdruckverhältnis können in einen Niederdruck- und einen Hochdruckverdichter unterteilt werden. Nach dem Niederdruckverdichter ist die Kühlung des geförderten Mediums in einem → Zwischenkühler zweckmäßig. A. werden u.a. in → Gasturbinen großer Leistung verwendet.

B

Baader, Joseph Ritter von: 30. September 1764 (München) – 20. November 1835 (München); Vorkämpfer der Eisenbahn in Bayern; studierte anfangs Medizin, dann Mathematik und Mechanik; B. war Direktor des Bergbaus und Maschinenwesens in Bayern, später Oberbergrat und Honorarprofessor an der Universität München; 1814 erschien sein Buch: »Ankündigung einer überall anwendbaren eisernen Kunststraße zur Erleichterung des Transports als das vorteilhafteste Surrogat (Ersatzsystem) für schiffbare Kanäle)«; 1822 wurde sein 2bändiges Werk »Neues System der fortschaffenden Mechanik« veröffentlicht.
Im Ergebnis mehrjähriger Reisen nach England setzte sich B. mit Unvollkommenheiten der englischen Eisenbahnen auseinander. Seine Schriften enthalten Kostenberechnungen für eine mögliche Verkehrsentwicklung und eine Reihe interessanter technischer Ideen. Einige seiner Erfindungen untersuchte er auf deren Brauchbarkeit an Modellen. 1808 erhielt er als erster Deutscher ein eisenbahntechnisches Patent für die Konstruktion eines Zweiwege-(Schienen-/Straßen-)fahrzeugs. B. unterbreitete 1814 einen Plan für eine Pferdebahn von Nürnberg nach Fürth. 1825 konnte er sein 1814 angekündigtes Eisenbahnsystem auf einer 250 m langen Strecke erproben.
Lit.: 5.1., 5.3. Abb.

Joseph Ritter von *Baader*

Bahnbetriebswerk, Abk. **Bw:** selbständige Dienststelle einer Eisenbahn zur Pflege, Wartung und Unterhaltung und ggf. einfacher Erhaltung der → Triebfahrzeuge. Das Bw hat die für den Fahrdienst erforderlichen Lokomotiven und Triebwagen fahrplan- und leistungsgerecht dem Betrieb zuzuführen. Die → Trak-

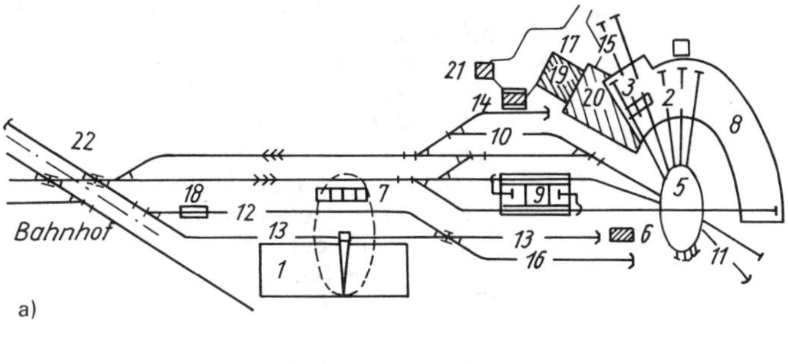

a)

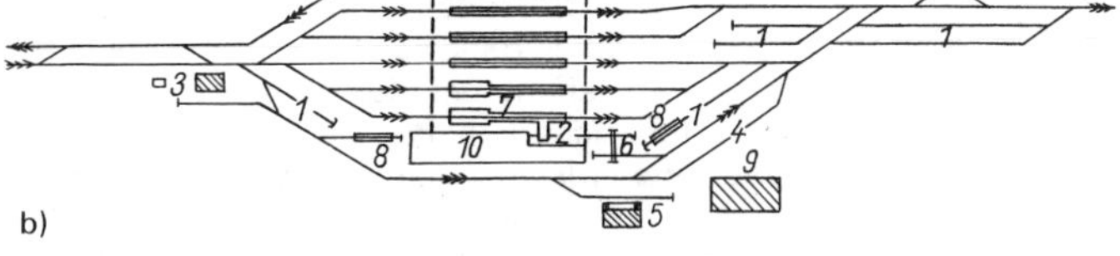

b)

Bahnbetriebswerk
a) Dampflok-Bw mit Bekohlung durch fahrbaren Greiferkran und Bunker sowie gemeinsamen Entschlackungssumpf
1 Kohlenbansen, 2 Auswaschgleis, 3 Radsatzsenke, 4 Auswaschanlage, 5 Drehscheibe, 6 Besandung, 7 Kohlenbunker, 8 Ringschuppen, 9 Entschlackung, 10 Hilfszug, 11 Abstellgleis für kalte Lok, 12 Kohlewagengleis, 13 Kranwagengleis, 14 Lokleitung, 15 Aufstellgleis für Radsätze, 16 Schlackenwagengleis, 17 Straßenanschluß, 18 Untersuchungsgrube, 19 Verwaltung, 20 Werkstätten, 21 Wasserturm, 22 Ausziehgleis
b) Einsatz-Bw für Elloks
1 Abstellgleis, 2 Radsatzsenke, 3 Besandung, 4 Gleis für Hilfszug (Gerätewagen), 5 Lager (Stofflager), 6 Portalkran für Radsatzverladung, 7 Untersuchungsgleis mit Seitengruben, 8 einfache Untersuchungsgruben, 9 Verwaltungsgebäude, 10 Werkstätten

Matthias William *Baldwin*

tionsart bestimmt Art, Aufgaben und Umfang der notwendigen Anlagen (Abb.). Größe und Ausstattung des Bw müssen auch bei Verkehrsspitzen den betrieblichen Anforderungen genügen.
Wichtigste bauliche Anlagen: Lokschuppen, Drehscheibe oder Schiebebühne, Betankungs- oder Bekohlungsanlage, Besandungsanlage, Untersuchungsgleise, Werkstätten, Hubanlagen, Unterflur-Radsatzbearbeitungseinrichtungen und Anlagen zur technischen Diagnostik. Die Arbeiten des Bw an den Tfz. sind Teil der → Instandhaltung. Größere → Instandhaltungsstufen werden in → Ausbesserungswerken durchgeführt. Abb.

Bahndieselmotor: → Dieselmotor, der vom Hersteller konstruktiv für die spezifischen Einsatzbedingungen beim Antrieb von Schienenfahrzeugen ausgeführt wird. Bei der Entwicklung eines B. sind die klimatischen Einsatzbedingungen, die Einbauverhältnisse im Fahrzeug (Lokomotive, Triebwagen, Eisenbahnkran u.a.) und die vom Betriebseinsatz des Fahrzeugs abhängigen Leistungsanforderungen an den Motor (Dauerleistung oder intermittierende Leistungsanforderung) von Wichtigkeit. Strenge Anforderungen werden zur Verminderung der Umweltbelastung an den Geräuschpegel des B. einschl. seiner Zusatzaggregate → Abgasturbolader, → Kühlerlüfter, → Luftansauganlage und an die → Abgasemission gestellt.

Bahnenergie, *Bahnstrom:* elektrische Energie für den Betrieb elektrischer Bahnen, sofern sie den elektrischen Tfz. von außen über → Fahrleitungen oder → Stromschienen zugeführt wird. Hierfür sind verschiedene → Bahnstromsysteme möglich.

Bahnfestigkeit: Festigkeit elektrischer Meß-, Regel-, Schaltgeräte und elektrischer Maschinen gegenüber Erschütterungen und Schwingungen, wie sie auf Schienenfahrzeugen auftreten. Bei ungenügender B. treten häufig Schäden als Folge dauernder Erschütterungen und wiederholter Stöße auf, die Zuglaufstörungen und Ausfallzeiten verursachen. Als Maß für die B. werden die zul. Stoßbeschleunigungen in m/s^2 oder in Vielfachen der Erdbeschleunigung g (z.B. $2g$) und das zugehörige Frequenzgebiet in Hz angegeben, bei denen noch die Funktionssicherheit der betreffenden Geräte gewährleistet sein muß. Die auftretenden Beschleunigungswerte sind abhängig von Geschwindigkeit, Oberbauzustand, Fahrzeugfederung sowie Einbauort und -lage der Geräte im Fahrzeug.

Bahnmotor: → Fahrmotor

Bahnräumer, *Schienenräumer:* meist keilförmige Vorrichtung an Tfz.-Stirnseiten zur Beseitigung von auf dem Gleis befindlichen Hindernissen. B. sind vor den Rädern der Endradsätze angeordnet. Sie dürfen bis 65 mm über → Schienenoberkante herabreichen und müssen wegen der Radabnutzung verstellbar sein.

Bahnstrom: nicht exakte, umgangssprachliche Bezeichnung für → Bahnenergie.

Bahnstromsystem: verwendete Elektroenergieart der elektrischen Zugförderung (Gleichstrom, Einphasenwechselstrom, Drehstrom) mit gleichzeitiger Angabe der Spannung und ggf. der Frequenz. Wichtigste B.: *Gleichstromsysteme* mit Fahrleitungsspannungen von 600 V für Straßenbahnen und Obusse, 750 V für Metros und S-Bahnen, 1200 V für S-Bahnen, Gruben- und Abraumbahnen, 1500 V für Stadtschnell- und Fernbahnen, 2400 V für Abraumbahnen und 3000 V für Fernbahnen. *Einphasenwechselstromsysteme* mit 50 Hz und Fahrleitungsspannung von 6 kV oder 10 kV für Gruben- und Abraumbahnen, mit 16⅔ Hz, 15 kV oder mit 50 Hz, 25 kV für Stadtschnell- und Fernbahnen. *Drehstromsystem* (vornehmlich mit 16⅔ Hz, Fahrleitungsspannung 3,6 kV) wird nur noch vereinzelt verwendet. Das frühere große Netz in Norditalien wurde auf Gleichstrom mit einer Fahrleitungsspannung von 3000 V umgestellt.
Verteilung der B. für Fernbahnen in Europa: *Gleichstromsystem* Fahrleitungsspannung 1500 V: Frankreich, Großbritannien, Niederlande, Spanien; Fahrleitungsspannung 3000 V: Belgien, ČSFR, Italien, Jugoslawien, Polen, Spanien, GUS. *Einphasenwechselstromsystem* 16⅔ Hz, Fahrleitungsspannung 15 kV: Deutschland, Norwegen, Österreich, Schweden, Schweiz; 50 Hz, Fahrleitungsspannung 25 kV: Bulgarien, Dänemark, ČSFR, Finnland, Frankreich, Großbritannien, Jugoslawien, Luxemburg, Portugal, Rumänien, Ungarn, GUS, in Deutschland Inselbetrieb (23 km) auf der Rübelandbahn im Harz.

Baldwin, Matthias William: 10. Dezember 1795 (Elizabeth/USA) – 7. September 1866 (Philadelphia/USA); amerikanischer Dampflokomotivingenieur, gelernter

Gold- und Silberarbeiter. B. gründete 1819 ein Unternehmen für Werkzeug- und Maschinenbau in Philadelphia, das er später mit Erfolg zu den Baldwin-Lokomotivwerken ausbaute. 1840 schuf B. zur besseren Lastverteilung eine Art von Drehgestellkonstruktion, die 2 Kuppelradsätze oder 1 Lauf- und 1 Kuppelradsatz vereinigte und mit Hilfe von 2 Seitenblechen eine gegenseitige Verschiebbarkeit der Radsätze bewirkte.
1831 fertige B. eine kleine Dampflokomotive für eine Ausstellungsbahn des Museums in Philadelphia. Ihr folgte 1832 die erste große Dampflokomotive, die »Old Ironsides«, mit 2 zwischen dem Rahmen liegenden Zylindern. Nach 30jähriger Dampflokomotivbauzeit mit ständig verbesserten Konstruktionen verließ die 1000. Dampflok die Werkstätten. An die Verdienste B. erinnert an seiner Wirkungsstätte eine bronzene Statue. Lit.: 2.9., 5.1., 5.3. Abb.

Barrenrahmen: Rahmenbauart von Tfz., die überwiegend bei Dampflokomotiven angewandt wird. B. werden aus 50–100 mm dicken, mit Ausschnitten versehenen Stahlplatten hergestellt. Vorteile: Die Dicke der Platten ermöglicht eine geringere Bauhöhe als beim → Blechrahmen. Der B. ist einfach im Aufbau und gut einsehbar, was besonders bei innerem → Triebwerk von Dampflokomotiven wertvoll ist.
Erste B. wurden in den USA gebaut. Der B. wurde in Deutschland 1904 durch die Fa. Maffei eingeführt. Abb.

Batterie: chemischer Speicher für Elektroenergie. Eine B. wird durch Zusammenschaltung mehrerer Elemente (→ Akkumulator) gebildet. Die Zahl der Elemente richtet sich nach der erforderlichen Batteriespannung (Gesamtspannung aller in Reihe geschalteten Elemente) und Kapazität. Entsprechend ihrem Aufbau unterscheidet man *Blei-* und *Stahlakkumulatoren* (Nickel-Cadmium- oder Nickel-Eisen-Platten). Anwendung: bei der Eisenbahn als *Fahrzeug-B.* für elektrische Beleuchtung, als *Starter-B.* in Diesel-Tfz., als *Tfz.-B.* zur Beleuchtung der Führerstände und für den Betrieb von Hilfsaggregaten und bei Akku-Tfz. auch zur Speisung der Fahrmotoren, in der Eisenbahnsicherungstechnik als Teil der Stromversorgungsanlage von Stellwerken.
Tfz.-B. erfordern gewöhnlich eine hohe Spannung und Kapazität (z. B. 110 V und 60 Ah für die elektrische Lok BR 155 der DB/DR; 110 V und etwa 300 Ah für die Diesellok BR 228 der DB/DR). Auf Diesel-Tfz. muß die Starter-B. den Anlaßvorgang des Dieselmotors ermöglichen. Für Anlasser-B. eignen sich besonders Blei-B. mit Gitterplattenzellen, da große Entladeströme entnommen werden können (Lebensdauer aber geringer als bei Panzerplattenzellen). Die Ladung der B. erfolgt durch die → Lichtmaschine. Lit.: 4.5.

Batteriehauptschalter: Schalter, der die Fahrzeugbatterie mit dem elektrischen Leitungsnetz allpolig verbindet oder sie vom Netz trennt. Der B. arbeitet ohne Momentschaltung und dient demzufolge nur zum leistungslosen Schalten.

Batteriekasten: meist im → Untergestell oder in einem Vorbau von → Diesellokomotiven mit → Mittelführerstand angeordneter Behälter mit vorgeschriebener Entlüftung und seitlichen Öffnungsklappen zum Aufnehmen der Fahrzeugbatterie (→ Batterie).

Bauart: Kennzeichnung der Tfz. und Eisenbahnwagen nach gemeinsamen, hervorstechenden Merkmalen, unabhängig von der Unterscheidung nach → Baureihen bzw. Wagengattungen. Typische Beispiele: Die B.-Kennzeichnung nach der → Achsanordnung (z. B. 2C1-Lok, Co'Co'-El-lok), nach der Rahmenkonstruktion (Brückenfahrzeug, Starrahmenlok). Nach Bildung der → Deutschen Reichsbahn-Gesellschaft 1920 wurden zum Unterschied zu den dann gebauten Einheitslokomotiven und Wagen die von den Länderbahnen übernommenen Fahrzeuge als Länderbauart bezeichnet.
Angewendet wird der Begriff B. auch auf typische Baugruppen bzw. -teile der Tfz., wie auf die Bremse (→ Bremsbauart), die

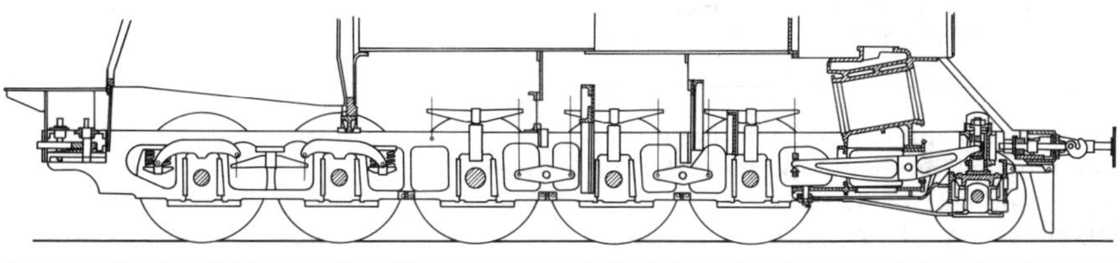

Barrenrahmen der BR 58 der DRG

Drehgestellbauart (→ Drehgestell) oder die → Rahmenbauart.

Bauartkennzeichnung: Einteilung der → Dampflokomotiven nach → Achsanordnung, Bauart des Kessels, Zylinderzahl (arabische Ziffer) und Stufen der Dampfdehnung (h Heißdampf-, n Naßdampf- und v Verbundlokomotive). Beispielsweise hat eine Güterzuglok der früheren Stammnummer 44 (→ Triebfahrzeug-Kennzeichnungssystem) die B. *1'E h3,* d. h. 1 nicht im im Hauptrahmen gelagerten Laufradsatz (1'), 5 gekuppelte Radsätze (E), → Heißdampflokomotive (h), → Dreizylindertriebwerk (3).

Baureihe, Abk. **BR:** Bezeichnung der Tfz. in Abhängigkeit von ihren Hauptparametern, wie → Bauart, Einsetzbarkeit, → Leistung, Höchstgeschwindigkeit und Art des → Antriebs, ausgedrückt in einer Ziffernfolgte (→ Triebfahrzeug-Kennzeichnungssystem), die die erste Zifferngruppe der Tfz.-Nummer bildet. Bei Dampflokomotiven (1. Ziffer 0) geben die zweite und dritte Ziffer bei der DB/DR die B. an, bei elektrischen und Diesel-Tfz. die erste bis dritte Ziffer, bei anderen Bahnen, wie auch früher bei der DRG, DB oder DR, wird oft eine Kombination von Buchstaben und Ziffern zur Kennzeichnung der B. verwendet, z. B. TE 3 (dieselelektrische Lokomotive der SŽD), E 11 (alte Bezeichnung einer elektrischen Lokomotive, jetzt BR 109 der DB/DR) oder CC-7000 (Ellok der SNCF).

Bau- und Betriebsordnung: → Eisenbahn-Bau- und Betriebsordnung

»Bavaria«: Name der 1851 von → Maffei für die Semmeringbahn gebauten Gebirgs-Dampflokomotive. Die »Bavaria« besaß vorn ein 2achsiges → Triebdrehgestell und hinten ein 3achsiges Drehgestell, bei dem eine Gliederkette die Kraftübertragung auf die ebenfalls gekuppelten Radsätze übernahm. Im Wettbewerb (Preisausschreiben) mit 3 weiteren technisch interessanten Lokomotiven (»Wiener Neustadt«, »Searing« und »Vindobona« erhielt die »Bavaria« aufgrund ihrer Wirtschaftlichkeit den ersten Preis. Die gestellten Forderungen (Beförderung eines Zuges von 140 t mit einer Geschwindigkeit von 11,4 km/h auf einer Steigung von 25‰) wurden dabei von allen 4 Dampflokomotiven übertroffen. Dem Dauerbetrieb konnten sie allerdings aufgrund unvollkommener Bogenläufigkeit nicht standhalten. Lit. 2.9.

Beeinflussung: **1.** *Allgemein:* gewollte oder ungewollte Einwirkung auf den Ablauf eines Vorgangs (z. B. → Zugbeeinflussung). – **2.** *Elektrotechnik:* Auftreten von störenden Spannungen und Strömen in elektrischen Leitungen oder metallischen Teilen von Anlagen, verursacht durch andere elektrische Stromkreise (meist Starkstromanlagen) infolge galvanischer, induktiver oder kapazitiver Kopplung des beeinflußten mit dem störenden Stromkreis. Die B. kann zum *fehlerhaften Betrieb,* u. U. zur *Zerstörung* der beeinflußten Stromkreise sowie zur *Gefährdung* von Personen führen.

Besondere Aufmerksamkeit ist im Eisenbahnwesen der gegenseitigen B. von Signal- und Fernmeldeanlagen sowie ihrer B. durch die → elektrische Traktion, die → elektrische Heizung von Zügen und durch den Betrieb von Anlagen der Landesenergieversorgung in der Nähe von Eisenbahnanlagen zu widmen. Beim Zusammentreffen unterschiedlicher → Bahnstromsysteme können sich diese gegenseitig beeinflussen.

Beim gleichzeitigen Auftreten von Signal- und Traktions- bzw. Heizströmen (→ Heizstromrückführung) in isolierten Schienen von Gleisstromkreisen wird a) durch *geeignete Schaltungmaßnahmen* dafür gesorgt, daß die Trennstellen der Gleisstromkreise (Isolierstoß) von den Traktions- oder Heizrückströmen ungehindert überwunden werden können (z. B. Drosselstoß) und b) durch entsprechende Wahl der *Gleisstromfrequenz* gewährleistet, daß in den Traktions- oder Heizrückströmen auftretende Grund- und Überschwingungen hoher Amplitude nicht mit ihr zusammenfallen und damit Signalanlagen nicht beeinflußt werden können. Die Gefahr der B. benachbarter Gleisstromkreise im Fehlerfall (Isolierstoßüberbrückung) kann u. a. durch eine *Gleisstromkreiskodierung* vermindert werden.

Die B. von Fernmeldeleitungen durch Starkstromanlagen macht sich vor allem im Tonfrequenzbereich störend bemerkbar. Für die Bewertung dieser Geräuschstörungen ist nicht nur die Amplitude, sondern auch ihre Wichtigkeit nach der Empfindlichkeit des menschlichen Ohrs und der Fernsprechqualität maßgebend. Bedeutende *Überschwingungswelle* ist im Wechselstrombahnbetrieb der 2pulsige gesteuerte Lokomotivgleichrichter (→ Gleichrichtertriebfahrzeug), im Gleichstrombahnbetrieb der → Pulssteller. Eine

geeignete Maßnahme gegen diese Art der B. ist die *Verkabelung* von Fernmeldeleitungen, wobei unter bes. schwierigen Bedingungen spezielle Kabelbauarten (Reduktionskabel, falls erforderlich mit → Überspannungsableiter) eingesetzt werden.
Personen werden infolge der B. besonders durch unzulässig hohe → *Berührungsspannungen* in metallischen Anlagenteilen gefährdet. Einer solchen Gefährdung muß durch geeignete Schutzmaßnahmen gegen gefährliche Durchströmung entsprechend bestehender Vorschriften (Schutzisolation, Nullung, Schutzerdung) begegnet werden.

Befehlstaste: → induktive Zugbeeinflussung

Begrenzung der Fahrzeuge, *Fahrzeugbegrenzung:* äußere Begrenzung der Höhen- und Breitenabmessungen der Schienenfahrzeuge bei → Mittelstellung des Fahrzeugs im Gleis. Die B. ist als Fahrzeugbegrenzungs-, Begrenzungs- oder Bezugslinie in der EBO und in internationalen Vorschriften, z.B. in UIC-Merkblättern, vorgegeben. Sie darf von keinem Teil des Schienenfahrzeugs (einschl. Beladung) im geraden Gleis und im Gleisbogen bei höchstem und niedrigstem Pufferstand überschritten werden. Um die B. auch im Gleisbogen einzuhalten, ist eine Breiteneinschränkung der Schienenfahrzeuge erforderlich. Diese Breiteneinschränkung wird mit der Einschränkungsberechnung ermittelt. Lit.: 1.7. Abb.

Begrenzungslinie: → Begrenzung der Fahrzeuge

Behälter für Schürgerät: auf Dampflokomotiven (überwiegend solchen mit → Schlepptender) in den Wasserkasten eingelassenes Behälterrohr, das zum Führerhaus hin offen ist und in Höhe der Feuertür liegt. Es dient der Aufbewahrung der Schürgeräte (Feuergeräte), die ohne Behinderungen im Führerhaus in Längsrichtung leicht handhabbar durch das → Feuerloch in die Feuerbüchse eingeführt werden können.

Beharrungsfahrt: → Fahrschaubild

Behn-Eschenburg, Hans: 1864–1938, Konstrukteur der Maschinenfabrik Oerlikon, B. entwickelte den heute noch üblichen Einphasenwechselstrom-Fahrmotor für 16⅔ Hz mit phasenverschobenem Wendefeld. Außerdem erbrachte B. Leistungen auf den Gebieten des Wechselstromsystems, des elektrischen Bremsens und der Energierückgewinnung auf elektrischen Tfz.

Beimann: → Lokomotivpersonal

Beiwagen: → Triebwagen

Bekleidungsblech: Blech zur Bekleidung des → Dampflokomotivkessels und der außenliegenden → Zylinderblöcke. Es dient mit darunter eingelegten Isolierstoffmatten zur Reduzierung von Wärmeverlusten (→ Kesselwirkungsgrad).

Belastungsstrom: elektrischer Strom,

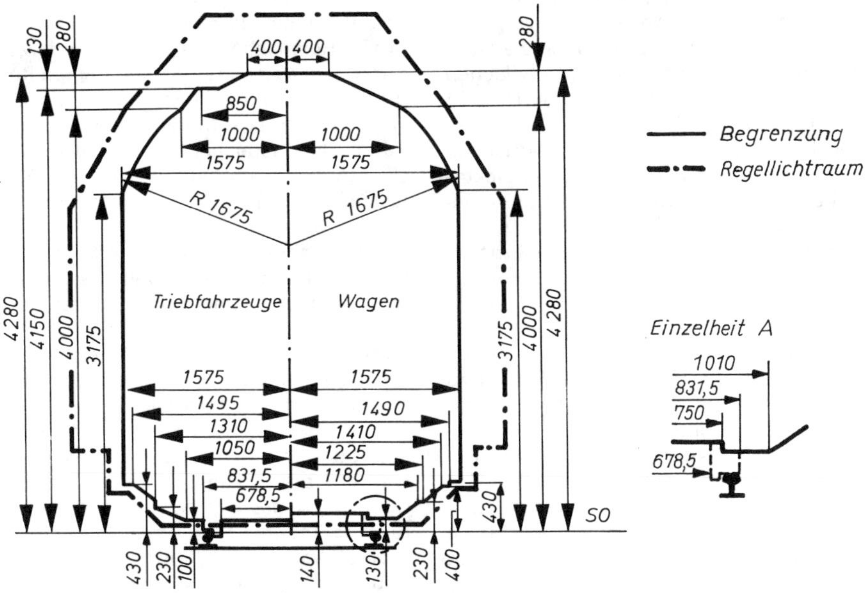

Begrenzung der Fahrzeuge
Begrenzung I nach EBO

mit dem die elektrischen Bauelemente und Betriebsmittel in einem elektrischen Stromkreis belastet werden. Der B. ist abhängig von der angelegten Spannung und der Summe der Widerstände im Stromkreis. Bauelemente und Betriebsmittel müssen entsprechend dem B. dimensioniert sein. Von den Wirkungen des elektrischen Stroms ist bes. die Wärmewirkung zu beachten. Um das thermische Zeitverhalten massebehafteter elektrischer Einrichtungen (z. B. Transformator, Fahrmotoren u. a.) richtig beurteilen zu können, werden Erwärmungs- und Abkühlungskurven für diese Betriebsmittel aufgestellt.
Der auf Tfz. vorhandene begrenzte Einbauraum sowie die hohen Anforderungen an Zugkraft und Leistung erfordern eine max. Ausnutzung (Belastung) der Hauptausrüstungsteile. Deshalb werden z. B. Transformatoren, Fahrmotoren und Gleichrichter von elektrischen Tfz. sowie Hauptgeneratoren, Gleichrichter und Fahrmotoren von dieselelektrischen Tfz. zur Abfuhr der Wärme, die durch den B. erzeugt wird (Verlustwärme), stark fremdbelüftet. Während der B. bei diesen Betriebsmitteln aufgrund ihrer thermischen Zeitkonstante z. T. erheblich (in Abhängigkeit von der Zeit) über dem → Nennstrom liegen kann, dürfen elektronische Bauelemente nur mit dem Nennstrom belastet werden.

Beleuchtung: → Beleuchtungsanlage

Beleuchtungsanlage: technische Einrichtung der Tfz. und Wagen, die mit geeigneten Lichtquellen (Lampen) eine ausreichende Beleuchtung der Arbeitsflächen und Verkehrsanlagen sichert. Bei Tfz. gibt es heute ausschl. eine elektrische Beleuchtung als Teil der → elektrischen Ausrüstung von Fahrzeugen. Die elektrische Spannung wird von einem vom Dieselmotor oder durch Dampf (→ Dampfturbine, → Turbogenerator) angetriebenen Generator (→ Lichtmaschine, → Lichtanlaßmaschine) bzw. bei ausgeschaltetem Antrieb von einem → Akkumulator erzeugt.
Bei Tfz. hat die B. 2 Hauptaufgaben zu erfüllen: a) Beleuchtung am Arbeitsplatz (z. B. Pultbeleuchtung) zum sicheren Bedienen und Warten des Tfz. sowie Beleuchtung der begehbaren Arbeitsräume auf Tfz. zur Gewährleistung des Arbeitsschutzes, b) Kennzeichnung der Spitze eines Zuges durch das Spitzensignal mit Beleuchtung des Streckenbereichs vor dem Tfz. und des Zugschlusses mit dem → Schlußsignal bei einzeln oder am Zugende fahrenden Tfz.

Belpaire, Alfred: 26. September 1820 (Oostende/Belgien)–27. Januar 1893; ab 1841 50jährige Tätigkeit bei der belgischen Staatseisenbahn mit Ernennung zum Maschinendirektor und Präsidenten. B. gründete 1884 den Internationalen Eisenbahn-Kongreß. Als Maschinenbauingenieur erwarb sich B. bes. Verdienste bei der Weiterentwicklung des Feuerungssystems von Lokomotivkesseln zum Übergang von Steinkohlenkoks auf die billigere Steinkohle. Er entwickelte deshalb Lokomotiven mit außerordentlich großen Rostflächen von bis zu 8 m². Dabei setzte er das Verhältnis von Rostfläche zu Heizfläche auf 1:35 herunter. Diese Entwicklungsarbeiten führten 1864 zu dem nach ihm benannten → Belpaire-Stehkessel, der bei vielen Dampflokomotiven Verwendung fand. B. entwickelte die I-förmig ausgearbeitete Treibstange sowie die Vereinheitlichung und den Austauschbau für Lokomotivteile. Weiter leitete er ab 1878 die Entwicklung und den Bau von Dampf- und Gepäcktriebwagen. Lit.: 2.9., 5.3.

Belpaire-Stehkessel: nach seinem Konstrukteur (→ Belpaire) benannte bes. Form des → Stehkessels von Dampflokomotiven. B. hatten gerade Stehkessel- und Feuerbüchsdecken, die sich gegenüber kreisförmigen oder gewölbten Decken leichter gegenseitig verankern und versteifen lassen. Weiterhin waren große Rostflächen mit für die Verbrennung heizwertarmer Kohle geeigneten großen → Rosten, die im Extremfall seitlich über den Lokomotivrahmen und die Räder hinausreichen, charakteristisch. Die Lokomotiven der BR 19° der DRG (sächsische BR XX HV) besaßen z. B. einen B. Lit.: 2.6., 5.3.

Belüftungsanlage: Hilfseinrichtung, die für einen Luftwechsel in den geschlossenen Räumen (Führerhaus, Maschinenraum, Fahrgastraum) von Tfz. sorgt. Der Luftwechsel kann über statische oder dynamische Einrichtungen erfolgen, wobei die Lüfter der dynamischen Einrichtungen je nach Erfordernis Raumluft absaugen oder Frischluft, die bei Bedarf erwärmt werden kann, zuführen. Arten der B.: 1) *B. des Führerraums:* → Führerraumbelüftung. 2) *B. des Maschinenraums:* Von der B. wird die von den Hauptaggregaten erwärmte Luft abgeführt. Das kann bei Diesel-Tfz. über Lüftungsaufsätze und → Lüftungsklappen, über → Abgasejektoren und → Maschinenraumlüfter oder durch Ausnutzung der Saugwirkung der → Kühlerlüfter erfolgen. Bei Elektrolokomotiven wird der Maschinenraum entweder dadurch belüftet, daß die Lüfter aus dem Maschinenraum erwärmte Luft ansaugen und die Frischluft über die Lüftungsgitter nachströmt (→ Luftführung) oder dadurch, daß bei Außenansaugung durch den Lüfter ein gefilterter Frischluftstrom in den Maschinenraum geblasen wird. Die Abluft entweicht dann über Öffnungen in den Aufbauten. 3) *B. des Fahrgastraums* von Triebwagen: statische B. bestehen aus Dachlüftern (z.B. → Kuckuckslüftern), deren Saugwirkung durch Schieber geregelt werden kann. Qualitativ hochwertiger sind dynamische B. → Druckbelüftung

Benzin: Gemisch von Kohlenwasserstoffen mit einem Siedebereich von 40–220 °C, das leicht verdunstet und mit Luft explosive Dämpfe bildet. B. wird durch Destillieren, Spalten (Kracken) oder Hydrieren aus Erdöl, Teer oder Kohle sowie synthetisch hergestellt und als flüssiger → Vergaserkraftstoff für Tfz. mit Ottomotor (→ Benzintriebwagen) verwendet. Der Flammpunkt liegt unter 21 °C (Gefahrklasse AI). Die für den Einsatz in hochverdichteten Ottomotoren erforderliche Klopffestigkeit kann durch Zugabe von Antiklopfmitteln oder mit speziellen Herstellungsverfahren erhöht werden.

Benzintriebwagen: → Triebwagen mit Antrieb durch Benzin-Ottomotor. Der erste streckentüchtige B. wurde 1894 von der Maschinenfabrik Esslingen gebaut; das erste Hauptstrecken-Tfz. war der 1902 in England gebaute 4achsige B. mit elektrischer Leistungsübertragung (Abb.). B. wurden wenig später wegen des billigeren Kraftstoffs durch → Benzoltriebwagen und nach Entwicklung schnelldrehender Dieselmotoren nach 1930 durch Dieseltriebwagen abgelöst. Lit.: 3.5. Abb.

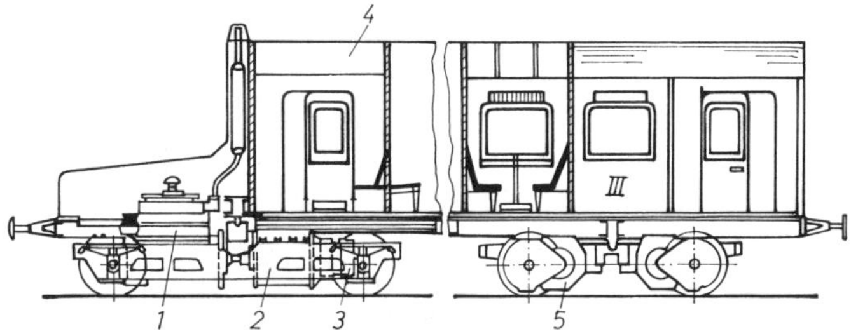

Benzoltriebwagen
4achsiger benzolelektrischer Triebwagen (1910)
1 Benzol-Ottomotor, 2 Hauptgenerator, 3 Erregermaschine, 4 Kühlwasserbehälter, 5 Fahrmotor

Benzol: aromatische Kohlenwasserstoffverbindung C_6H_6 mit hoher Oktanzahl (OZ = 97), die mit rußender Flamme brennt. B. wird durch Destillieren und Kracken aus Teer oder Kokereigas gewonnen und als flüssiger → Vergaserkraftstoff für Tfz. mit Ottomotor (→ Benzoltriebwagen) verwendet.

Benzoltriebwagen: → Triebwagen mit Antrieb durch Benzol-Ottomotor. Der erste B. wurde 1907 gebaut, und ein 4achsiges Versuchsfahrzeug mit 74-kW-Benzolmotor und → elektrischer Leistungsübertragung kam 1909 bei der KPEV zum Einsatz. Benzolmotor und Generator waren im vorderen → Maschinendrehgestell und die Fahrmotoren im hinteren → Triebdrehgestell untergebracht. Die nach 1920 in vielen Varianten gebauten 2- und 4achsigen B. mit Leistungen bis zu 130 kW wurden wegen des hohen Kraftstoffverbrauchs und der Feuergefährlichkeit des Kraftstoffs durch Dieseltriebwagen abgelöst. Lit.: 3.5. Abb.

»Berner Raum«: Bezeichnung des für den Rangierer an den Stirnseiten von normalspurigen Eisenbahnfahrzeugen mit herkömmlicher Zug- und Stoßeinrichtung (Seitenpuffer und Schraubenkupplung) vorhandenen Sicherheitsraums. Nach internationalen Bestimmungen ist an jeder Stirnseite auf beiden Seiten zwischen der Zugeinrichtung und den Puffern ein bestimmter Raum freizuhalten, der gewährleisten soll, daß selbst bei eingedrückten → Seitenpuffern ein

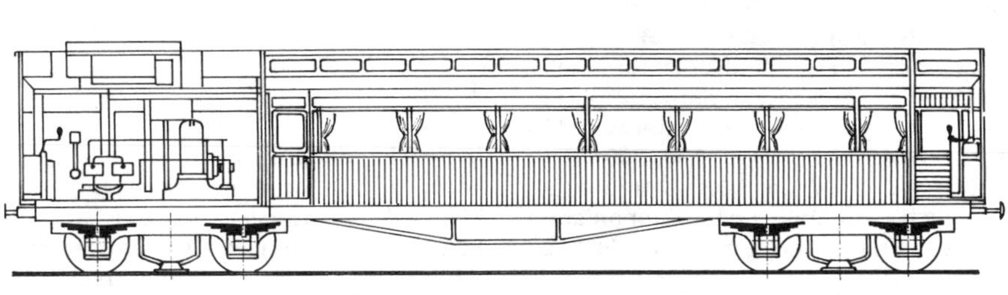

Erster *Benzintriebwagen* mit elektrischer Leistungsübertragung der North-Eastern-Railway (1902)

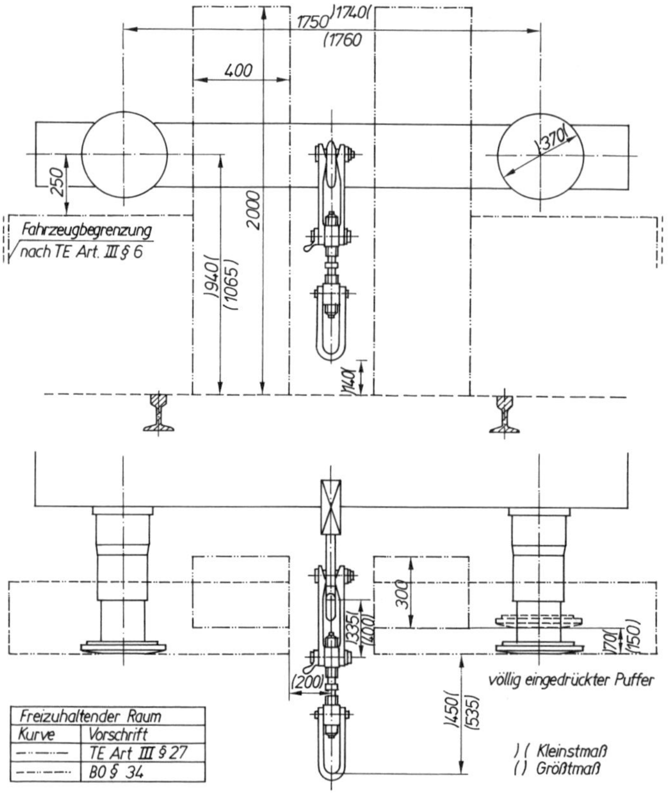

»Berner Raum« freizuhaltende Räume an den Fahrzeugenden

Sicherheitsraum für den Rangierer vorhanden ist. Die Grundfläche des »Berner Raums« beträgt mindestens 300 mm×400 mm, Mindesthöhe über SO 2000 mm. Abb.

Berührungsspannung: elektrische Spannung, die an Menschen oder Tieren anliegen kann, wenn Isolationsfehler in einer elektrischen Anlage auftreten, z.B. Kurzschluß über einem Stabisolator bei der elektrischen Fahrleitung. Der Kurzschlußstrom fließt zwar über Mast und Erdungsleitung zur Fahrschiene, verursacht aber kurzzeitig eine Potentialanhebung des Mastes (z.B. bei einem Kurzschlußstrom von 5000 A ein Potential von 500 V), so daß in unmittelbarer Umgebung des Mastes Gefahr durch unzulässige B. besteht. Die zul. B. darf an nicht öffentlich zugänglichen Bahnanlagen in Abhängigkeit von der Abschaltzeit des Leistungsschalters im Unterwerk 190 V (bei 0,4 s), 275 V (bei 0,2 s), 305 V (bei 0,15 s) und 340 V (bei 0,1 s) betragen; an öffentlich zugänglichen Bahnanlagen sind die Spannungsbeträge um 50% zu vermindern.

Beschleuniger: Bauteil der → Druckluftbremse zur Erzielung einer hohen → Durchschlaggeschwindigkeit des Druckimpulses in der → Hauptluftleitung. Er zapft zusätzlich Luft aus der Hauptluftleitung ab. Ziel dieser Maßnahme ist, daß die Bremsen des Zugverbands möglichst gleichmäßig ansprechen, damit die hinteren Wagen des Zugs nicht auf die vorderen auflaufen (stoßfreies Bremsen). Es wird zwischen Betriebs- und → Schnellbremsbeschleunigern unterschieden. Der *Betriebs-B.* ist i.d.R. eine → Übertragungskammer, die beim Bremsvorgang mit Hauptluftleitungsluft gefüllt wird. Dadurch wird die Druckwelle in der Hauptluftleitung aufgefrischt. Der *Schnellbrems-B.* bewirkt auch nach dem Anspringen der → Steuerventile eine weitere schnelle Druckabsenkung in der Hauptluftleitung. Derartige Einrichtungen sind die → Beschleunigungsventile (Beschleunigungsorgan) der → Knorr-Bremse und → Westinghouse-Bremse für Personenzüge, der → Kunze-Knorr-Bremse für Personen- und Schnellzüge sowie der Schnellbrems-B. der → Knorr-Bremse (Bauart KE) für die Bremsstellung R.

Beschleunigung: kinematische Bewertungsgröße ungleichförmiger Bewegungen, die die Geschwindigkeitsänderung im Zeitintervall charakterisiert und die Maßeinheit m/s² trägt. Die B. wird in der Fahrdynamik als momentane und als mittlere Größe benutzt, wobei im Regelfall die eindimensionale Zugbewegung vorausgesetzt wird. Die *momentane B.* erfaßt den momentanen Bewegungszustand von Zügen zu gegebenen Zeit-, Weg- und Geschwindigkeitspunkten. Die *mittlere B.* bewertet den in einem endlichen Zeit-, Weg- oder Geschwindigkeitsintervall vorliegenden durchschnittlichen Bewegungszustand des Zugs. Die momentane B., die von einem Zug entwikkelt werden kann, geht aus dem dynamischen Grundgesetz hervor bzw. ist durch die Differentialquotienten der Bewegung gegeben:

$$F_a = m_z a \varrho$$

$$a = \frac{dv}{dt} \quad a = \frac{d^2s}{dt^2} \text{ und } a = \frac{v\,dv}{ds}$$

(a Beschleunigung; F_a Beschleunigungskraft; m Zugmasse; ϱ → Massenfaktor; t Zeit; s Weg; v Geschwindigkeit)

Für die Bewertung von Tfz. werden u.a. die momentanen B., → Anfahrbeschleunigungen und → Endbeschleunigungen benutzt. Die mittlere B. wird entweder als arithmetisches Mittel aus Anfangs- und Endwert oder als Differenzenquotient berechnet. Für das Intervall der vollständigen Zuganfahrt mit den Anfangswerten t_A, s_A, $v_A = 0$ und mit den gegebenen Endwerten t_E, s_E, v_E können zur Tfz.-Bewertung die mittleren B. zeitbezogen (a_t), wegbezogen (a_s), zeit- und wegbezogen (a_{ts}) sowie die → Reisebeschleunigung (a_R) bestimmt werden:

$$a_t = \frac{v_E}{t_E};\ a_s = \frac{v_E^2}{2 s_E};\ a_{ts} = \frac{a_t^2}{a_s};\ a_R = \frac{a_t\, a_s}{2\, a_s - a_t}$$

Für die vollständige Zugbremsung mit den Anfangswerten t_A, $s_A = 0$; $v_A > 0$ und mit den Endwerten t_E, s_E bei $v_E = 0$ ergeben sich gleiche mittlere B. Für die *gleichmäßig beschleunigte Bewegung* erhält man gleiche Beträge, für die *ungleichmäßige beschleunigte Bewegung* dagegen durch den Einfluß der Unterschiede in den Mittelungsverfahren voneinander abweichende Beträge der mittleren B. Die *zeitbezogene gemittelte B.* a_t wird im Regelfall der Bewertung der Zuganfahrt bzw. dem Vergleich des Beschleunigungsvermögens von Tfz. zugrunde gelegt. Die bremstechnische Bewertung erfolgt ausnahmslos mit der *wegbezogenen gemittelten B.* a_s. Bei der Bogendurchfahrt wirkt zusätzlich die → Radialbeschleunigung. Abb. Tab.

Beschleunigungsorgan: Bauteil der → Knorr-Bremse und → Westinghouse-Bremse für Personenzüge, → Beschleuniger, → schnellwirkende einlösige Bremse

Beschleunigungsreserve: → Endbeschleunigung

Beschleunigung

Mittlere Beschleunigungen für die Anfahrt eines 300-t-D-Zuges bis v_E = 120 km/h mit leistungsstarken Lokomotiven

Bewertungsgröße	Ellok BR 155 der DB/DR	Diesellok BR 232 der DB/DR	Dampflok BR 01^5 der DRG
Weg s_E in m	1350	4240	8090
Zeit t_E in s	71	188	363
a_T in m/s²	0,4694	0,1773	0,09182
a_s in m/s²	0,4114	0,1310	0,06866
a_{ts} in m/s²	0,5356	0,2400	0,1228
a_R in m/s²	0,5464	0,2742	0,1386

Beschleunigungsventil: Bauteil der → Kunze-Knorr-Bremse für Personenzüge zur Erzielung einer hohen → Durchschlaggeschwindigkeit des Druckimpulses bei Schnellbremsung sowie eines schnelleren Druckaufbaus im → Bremszylinder (→ Beschleuniger), wodurch die → Bremswirkung erhöht wird. Am B. ist ein Steuerbehälter angeschlossen. Bei Schnellbremsung überwindet der Steuerkolben im B. einen federbelasteten Anschlag und nimmt dabei eine andere Stellung als bei einer Betriebsbremsung ein, so daß eine Verbindung zwischen → Hauptluftleitung und Bremszylinder hergestellt wird. Es strömt so lange Luft in den Bremszylinder, bis der Hauptluftleitungsdruck dem Bremszylinderdruck entspricht. Über ein → Rückschlagventil wird die Verbindung geschlossen.

Betriebsbremsung: → Arten der Bremsungen

Betriebsflüssigkeit: für die Energieübertragung in → hydraulischen Getrieben benutzte Flüssigkeit. Für hydrostatische Getriebe werden Hydrauliköle, für hydrodynamische Leistungsübertrager und hydromechanische Getriebe werden

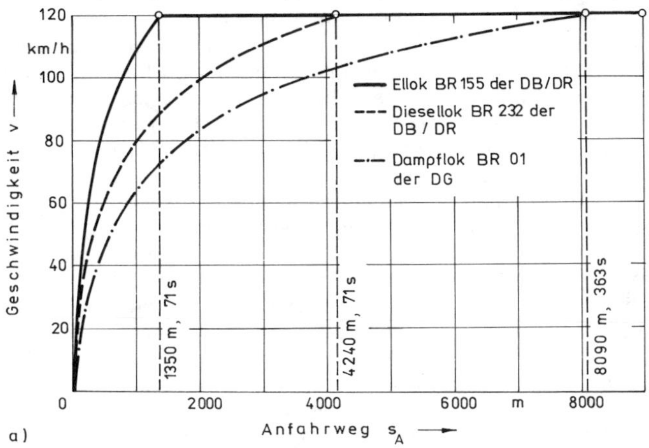

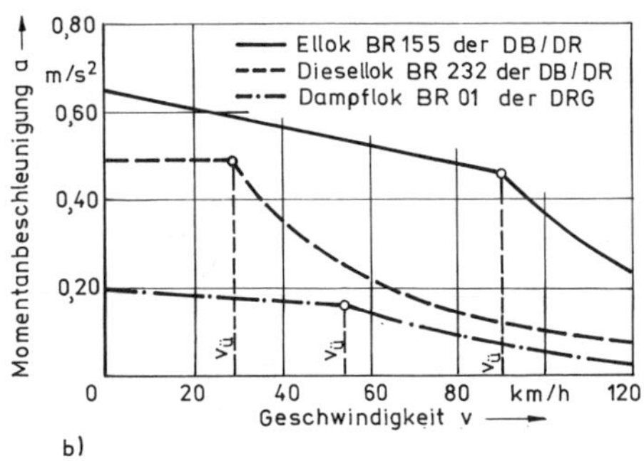

Beschleunigung
a) Anfahrkennlinien leistungsstarker Lokomotiven beim Befördern eines 300-t-D-Zugs; Fahrzeit bis zum Wegpunkt s = 9000 m:
300 s für die BR 155 der DB/DR
330 s für die BR 232 der DB/DR
390 s für die BR 01^5 der DRG
b) Momentanbeschleunigung leistungsstarker Lokomotiven beim Anfahren eines 300-t-D-Zugs

Spezialöle (→ Strömungsgetriebeöl), Dieselkraftstoff, Motorenöl oder in speziellen Fällen auch Wasser (→ Kruckenberg-Triebzug) verwendet. Neben der Energieübertragung dient die B. meist auch als Träger zur Abfuhr der entstehenden → Verlustwärme und (außer bei Wasser) zur Schmierung und Kühlung der Lager und → Zahntriebe sowie als → Steueröl. Wegen Leckverlusten, Alterung und Verschmutzung sind Kontrolle des Inhalts und → Ölwechsel in regelmäßigen, jeweils vorgeschriebenen Fristen erforderlich.

Betriebsgattung: durch den Hauptverwendungszweck bestimmte Einstufung der Eisenbahnfahrzeuge. Bei Dampflokomotiven wird die B. nach dem Anteil der Kuppelradsätze und ihrer Achsfahrmasse festgelegt (→ Betriebsgattungszeichen).

Betriebsgattungszeichen: bei → Dampflokomotiven übliche Bezeichnung nach dem Hauptverwendungszweck, dem Radsatz-Kupplungsverhältnis sowie der Achsfahrmasse. Es erlaubt so eine einfache Kennzeichnung der Einsatzmöglichkeiten. Das B. besteht aus dem Hauptgattungszeichen (z.B. S Schnellzuglok, P Personenzuglok, G Güterzuglok, T Tenderlok), Anzahl der → Kuppelradsätze, Anzahl aller Radsätze (ohne Tender) und auf jeden Kuppelradsatz entfallende Lokomotivmasse (→ Achsfahrmasse der Kuppelradsätze, → Reibungsmasse). Beispiel: S 36.20 = 6achsige Schnellzuglokomotive mit 3 Kuppelradsätzen mit 20 t mittlerer Masse je Kuppelradsatz.
Das B. wird am Führerhaus angeschrieben, wobei die Ziffern für die Achsfahrmasse der Kuppelradsätze kleiner als die übrigen ausgeführt werden (→ Anschriften an Triebfahrzeugen).

Betriebsnummer: zur Bestimmung der Eisenbahnfahrzeuge benutzte Nummern-Bezeichnung. Die B. besteht bei Tfz. aus der Stammnummer, die die → Baureihe charakterisiert, und einer Ordnungsnummer, deren erste bzw. erste und zweite Ziffer oft eine Unterbauart angibt (vgl. auch → Triegfahrzeug-Kennzeichnungssystem). Beispiele: 050 4025 = Dampflok der Baureihe 50, Unterbauart 40 (ältere Bezeichnung 50^{40}), 25. Tfz. der Serie; 228 121 = Diesellok der Baureihe 228, Unterbauart 1, 21. Lok der Serie.

Betriebsstoff: Material, das für den Verbrauch durch ein → Triebfahrzeug bestimmt und für dessen ordnungsgemäßes Arbeiten notwendig ist, z.B. → Brennstoff (→ Dieselkraftstoff, Kohle), Schmierstoff (→ Schmierung), Schmierfett oder Schmieröl, Wasser und Sand.

Betriebsvorrat: auf → Triebfahrzeugen mitgeführte Menge an → Betriebsstoff. Der während des Einsatzes (z.B. bei der → Zugförderung) verbrauchte Teil des B. wird bei Behandlung im → Bahnbetriebswerk ergänzt. Der Bedarf und der Zeitraum für die Ergänzung können mit Hilfe spezifischer Verbrauchswerte ermittelt werden. Die größten Mengen von B., die ein Tfz. mitführen kann, sind gekennzeichnet (→ Anschriften an Triebfahrzeugen).

Beugniot, Edouard: 12. Februar 1822 (Masmünster/Elsaß)–23. Oktober 1878; Erfinder des Beugniot-Hebels und des → Beugniot-Gestells. Er entwickelte die nach ihm benannte und bes. in Österreich, der Schweiz und Frankreich verbreitete B.-Stütztenderlokomotive, eine Bauform der → Stütztenderlokomotive, bei der sich gegenüber der → Engerth-Lokomotive das hintere Ende des Rahmens auf dem ersten Tenderradsatz abstützte. Ab 1850 war B. Leiter des Konstruktionsbüros der Elsässischen Maschinenbau-Gesellschaft, derem Gründungsunternehmen, der Maschinenfabrik Koechlin in Mühlhausen, er bereits 1837 beigetreten war. 1872 übernahm B. die Direktorenstelle. Die von B. 1852 entworfene 4fach gekuppelte Lokomotive mit Beugniot-Lenkhebel-Drehgestell wurde bis in die letzte Zeit des Dampflokbaus als Vorbildkonstruktion für Lokomotiven mit besonderer Kurvengängigkeit angesehen. Lit.: 2.9., 5.2., 5.3.

Beugniot-Gestell: Fahrgestell von Tfz., bestehend aus 2 im Fahrzeugrahmen seitlich verschiebbaren Radsätzen, die durch einen doppelarmigen Beugniot-Hebel mit einem fest im Rahmen gelagerten Drehpunkt oder auch durch ein entsprechendes Hebelpaar so in gegenseitiger Abhängigkeit sind, daß sie sich beim Ausschwenken des Hebels parallel zueinander, jedoch in entgegengesetzter Richtung verschieben. Das B. geht auf eine Erfindung → Beugniots zurück und verbessert die → Bogenläufigkeit von → Einrahmenlokomotiven mit mehreren Kuppelradsätzen. Erste Anwendung bei Dampflokomotiven der Elsässischen Maschinenfabrik im Jahre 1859. Spätere Anwendungen sind auch für das Laufwerk von Dampflokomotiv-Schlepptendern und bei Starrahmenlokomotiven der modernen Traktionsarten, z.B. bei der Diesellok der BR346 der DB/DR, zu finden. Lit.: 2.10., 2.12., 4.5. Abb.

Beugniot-Hebel: doppelarmiger Verbindungshebel des → Beugniot-Gestells mit fest im Fahrzeugrahmen gelagertem Drehpunkt.

Beugniot-Lager: Teil des → Beugniot-Gestells, das zur Lagerung des Beugniot-Hebels im Fahrzeugrahmen dient. Das B. muß auch vertikale Bewegungen des Beugniot-Hebels zulassen.

Beugungswinkel: Winkel zwischen den Wellen einer → Gelenkwelle, der beim Beugen des einen Gelenkwellenteils aus der gestreckten (waagerechten) Lage entsteht. Je nach Bauart und Größe der Gelenkwelle ist ein max. B. vorgeschrieben; der min. B. sollte 2–3° betragen. Bei Einbau und Betrieb der Gelenkwelle ist auf gleiche B. an beiden Kreuzgelenken zu achten (→ Gelenkwellenantrieb).

bewegliche Achse: → seitenverschieblicher Radsatz

»Big Boy«: Name der größten Mallet-Dampflokomotive (→ Mallet-Lokomotive), 1941 bis 1944 als BR4000 von der Fa. Alco für den schweren Güterzugdienst bei der Union Pacific Railroad (USA) gebaut. Die 25 eingesetzten Maschinen wurden inzwischen durch Diesellokomotiven ersetzt. Die »Big Boy« besaß die Achsfolge (2'D)D2' und einen 7achsigen Schlepptender. Ihre Dienstmasse betrug

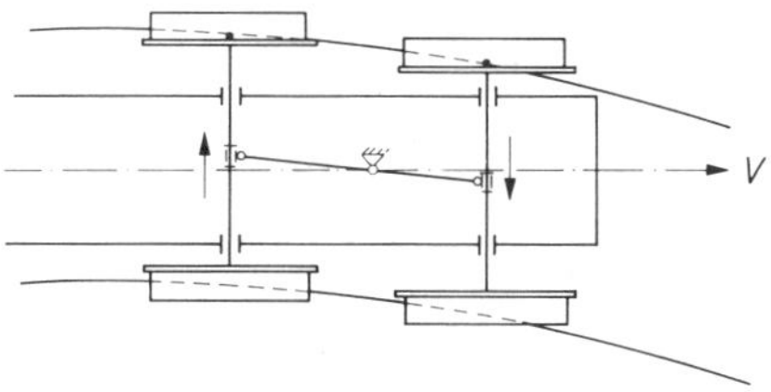

Beugniot-Gestell

508 t, die Reibungsmasse 350 t, die Gesamtlänge 40,5 m, ihre indizierte Leistung etwa 6000 kW und die Höchstgeschwindigkeit 129 km/h. Abb.

Bissel, Levi: (Lebensdaten unbek.) amerikanischer Lokomotivingenieur um die Mitte des vorigen Jahrhunderts. B. führte 1841 die Wiege (→ Drehgestell) in den Dampflokomotiven ein und entwickelte 1857 die erste amerikanische 1'C-Lokomotive mit weit vorgeschobenem Deichselradsatz und mit einer für die Laufruhe bedeutenden Rückstelleinrichtung durch Keilflächen. Dieser Deichselradsatz wurde als die nach ihm benannte und patentierte Bissel-Achse (→ Bissel-Gestell) bekannt. Während diese Erfindung in Amerika schnell zur Verbreitung von 1'C- und 1'D-Lokomotiven führte, kam die Bissel-Achse zusammen mit dem 2achsigen langgespreizten Drehgestell erst nach 1890 nach Europa. Lit.: 2.9., 5.3.

Bissel-Achse: → Bissel-Gestell, → Bissel.

Bissel-Gestell: von → Bissel 1857 in Amerika eingeführtes und nach ihm benanntes 1- oder 2achsiges Schwenkge-

»Big Boy« – größte Mallet-Dampflokomotive der Welt

stell (→ Eckhardt-Gestell, dort Abb.) von Gliederfahrzeugen. Das B. dient zur Verbesserung der Führung der Tfz. im Gleis. Es besteht aus einer Deichsel, die auf dem Radsatz aufliegt und über einen kugeligen Drehzapfen am Fahrzeugrahmen derart befestigt ist, daß seitliches Schwenken möglich wird. Dieses Schwenken wirkt in Gleiskrümmungen gegen eine Rückstelleinrichtung (→ Rückstellmechanismus), um das B. an der Fahrzeugführung zu beteiligen. Anteilige Gewichtskräfte des Tfz. werden nicht am Drehzapfen, sondern wegen des Ausschwenkens des B. gegenüber dem Fahrzeugrahmen durch Gleit- oder Wälzstützen in der Nähe des Radsatzes übertragen. B. sind heute nur noch an älteren Tfz., bes. an Dampflokomotiven, vorhanden. Lit.: 2.10., 2.12., 4.5. Abb.

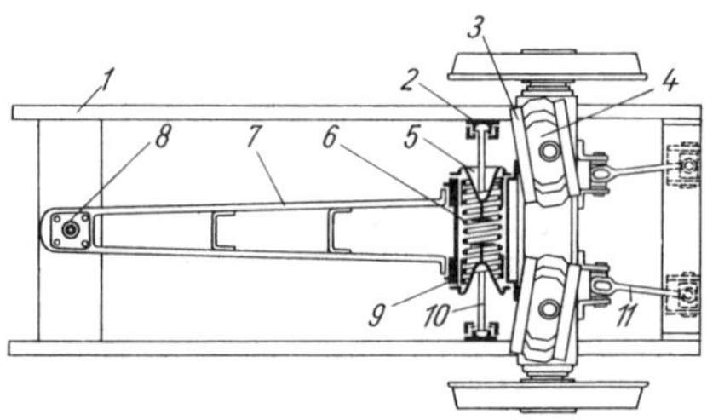

Bissel-Gestell
Bissel-Achse mit Federrückstelleinrichtung
1 Rahmenwange, 2 Widerlager, 3 Radsatzlagergehäuse, 4 Sattelstück, 5 Federteller, 6 Rückstellfeder, 7 Deichsel, 8 Drehzapfen, 9 Federgehäuse, 10 Druckstange, 11 Pendelstange

Blasdüse: → Sandstreugebläse

Blasmagnet: elektrische Einrichtung an Schaltern zur Verminderung von Lichtbogeneffekten. Ein Magnet, meistens ein Elektromagnet, ist so gegenüber den Kontakten des Schalters angeordnet, daß der bei Stromabschaltung durch Auseinanderziehen der Kontakte auftretende Lichtbogen aus dem Magnetfeld herausgedrängt (»geblasen«) wird, dadurch rasch abreißt und erlischt. Der B. wird vorwiegend bei Gleichstromschützen elektrischer Tfz. angewandt. Abb.

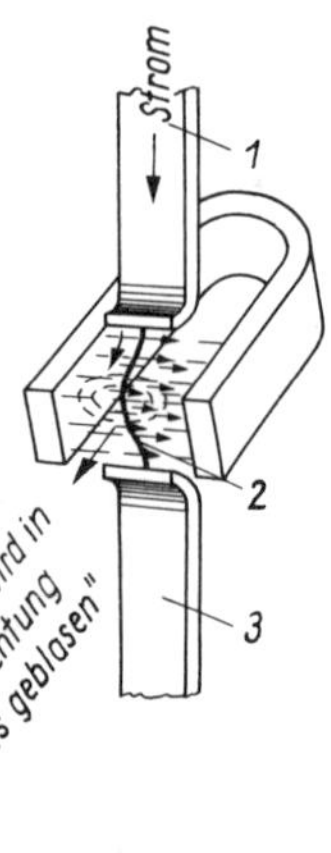

Blasmagnet
1, 3 Kontakte, 2 Lichtbogen

Blasrohr: in der → Rauchkammer befindliche Düse, durch die der → Abdampf aus der Dampfmaschine austritt. Das B. ist senkrecht und mittig unter dem Schornstein angeordnet und bildet gemeinsam mit ihm ein Düsensystem (→ Saugzuganlage). Der Abdampfstrahl verbreitet sich kegelförmig und reißt → Rauchgase durch den Schornstein ins Freie. Der entstehende Unterdruck pflanzt sich durch die Heiz- und Rauchrohre zur → Feuerbüchse fort und bewirkt als Saugzug in Abhängigkeit von der erforderlichen Lokomotivleistung über die Rostspalten durch stärkere Luftzufuhr eine Feueranfachung auf dem → Rost. Mit Einsetzen eines Rings oder Stegs in das B. kann der Saugzug verstärkt werden. Besondere B.formen haben der → Giesl-Ejektor, der → Kylchap-Ejektor und das → Lemaitre-Blasrohr.

Blattfeder: Feder in Form geschichteter Federblätter abnehmender Länge, die gegen Querverschieben durch Rippen und gegen Längsverschieben durch Mittelwarzen gesichert sind. Die Federblätter hält ein warm aufgezogener Federbund zusammen. Die Federblätter weisen eine unterschiedliche Krümmung auf, damit im zusammengebauten Zustand der Luftspalt zwischen den Federblättern möglichst klein ist und bei geringer Belastung der Feder bereits alle Federblätter mittragen. Das obere Federblatt ist beiderseits an den Enden zu Federaugen zusammengerollt oder mit Nocken zur Verbindung mit dem Fahrzeug- oder Drehgestellrahmen versehen. Die B. findet als Tragfeder im Laufwerk überwiegend bei 2achsigen Güterwagen sowie bei Dampflokomotiven Anwendung. Ausführung i. d. R. als Trapezfeder. Beim Ein- und Ausfedern tritt zwischen den einzelnen Federblättern Reibung auf, die von der Schmierung zwischen den Federblättern abhängig ist. Diese Reibung wirkt bei der B. dämpfend, weshalb beim Einsatz von B. als Tragfeder von Schienenfahrzeugen kein zusätzlicher Dämpfer benötigt wird. Die Federblätter werden auf Biegung beansprucht. Die B. wird aus Federstahl mit einer Zugfestigkeit von 1400 MPa und einer Streckgrenze von 1100 MPa gefertigt. B. werden bei modernen Tfz. nur noch selten angewandt. Lit.: 1.7., 1.9., 4.5. Abb.

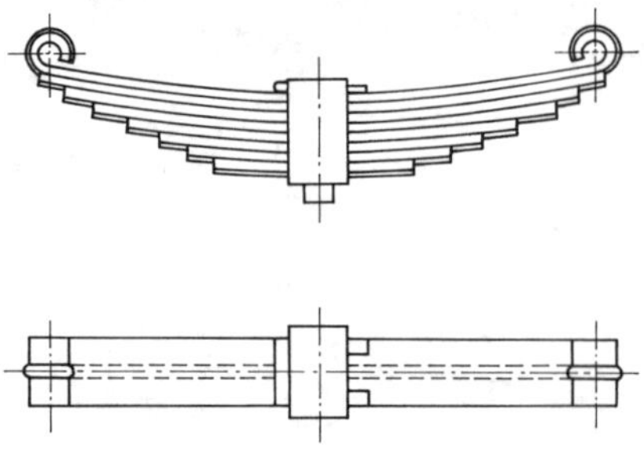

Blattfeder

Blechanker: Bauteil des → Dampflokomotivkessels zur Versteifung ebener Kesselwände, die aus horizontal angeordneten Blechen und Winkeln bestehen. *B. an der Stehkesselrückwand* sind mit ihr und den Stehkesselseitenwänden vernietet, *B. an der Rauchkammerrohr-*

wand mit ihr und dem vorderen Kesselschluß (→ Langkessel) vernietet oder verschweißt. Lit.: 2.6., 2.12.

Blechpaket: Stapel von 0,35–5 mm dikken Stahl- oder Dynamoblechen, der bei elektrischen Maschinen (z. B. → Fahrmotoren) als Eisenkern für → Ständer (bei Wechsel- und Mischstrom), für → Läufer (2) (bei Wechsel-, Misch- und Gleichstrom) und für Pole oder Polschuhe (bei Misch- und Gleichstrom) verwendet wird. Die Formgebung für Einzelbleche erfolgt durch Stanzen. Stahlbleche für Maschinen mit Gleichmagnetisierung werden oft ohne Isolierung gestapelt. Bei Dynamoblechen für Maschinen mit wechselnder Magnetisierung erfolgt Isolation entweder mit Papier oder Lack oder durch Phosphatieren. Aufgaben: Führung des magnetischen Flusses, Tragen der Wicklungen, Abführung der Verlustwärme, Beitrag zur mechanischen Festigkeit der jeweiligen Baugruppe (Fliehkräfte, Drehmomentübertragung).

Blechrahmen: Rahmenbauart überwiegend 1rahmiger Tfz. B. werden aus 18–35 mm dicken Blechen großer Höhe (früher durch Nietung, heute durch Schweißen) hergestellt. Vorteile des B. sind geringere Masse und niedrigerer Fertigungsaufwand gegenüber dem → Barrenrahmen. Zu den Nachteilen des B. zählen die schlechte Zugänglichkeit und Besichtigungsmöglichkeit der zwischen den Rahmenwangen liegenden Teile durch die hohen Bleche, die relativ geringe Verwindungs- und Quersteifigkeit und die zusätzliche Verstärkung der Ausschnitte für die → Radsatzlager. Anwendung: z. B. bei Dampflokomotiven sowie Rangierdiesel- und elektrischen Lokomotiven mit Stangenantrieb. Lit.: 2.12., 4.5.

Blenkinsop, John: 1783 (bei Leeds) – 22. Januar 1831 (Leeds); B. war engl. Grubenbetriebsleiter in Middleton bei Leeds und gab aus wirtschaftlichen Gründen in den ersten Jahren des 19. Jahrhunderts bei der Maschinenfabrik Fenton, Murray und Wood in Leeds als Ersatz für die Pferde Lokomotiven in Auftrag. B. und Murray versuchten, ungeachtet der Erfolge von Trevithick, das Problem der Schienenreibung mit Hilfe eines Treibzahnrads, das in an die Schienenaußenseite angegossene Stifte eingriff, zu lösen. Diese erste Bauart einer → Zahnradlokomotive mit 2 zu ⅔ senkrecht im Kessel stehenden Zylindern, für die 1811 das Patent erteilt wurde, kam in verschiedenen Gruben mit Erfolg zum Einsatz und stand Pate bei der Entwicklung ähnlicher Lokomotiven in Deutschland. Lit.: 5.1., 5.3.

Blindleistung: vektorieller Teil der in einem Wechselstromnetz auftretenden → Scheinleistung, die zum Aufbau elektromagnetischer und elektrostatischer Felder in elektrischen Bauteilen und Maschinen erforderlich ist. Die B. führt zu einer erhöhten Generator- und Netzbelastung (zusätzliche Verluste und Spannungsabfälle durch den Blindstromanteil im Generator- und Netzstrom), leistet aber keinen Beitrag zur nutzbaren Leistung. Deshalb sollte die notwendige B. am Ort ihres Bedarfs bereitgestellt werden (→ Kompensation).

Blindstrom: Anteil am elektrischen Strom (Gesamtstrom) im Wechselstromkreis, der gegenüber der Spannung (elektrisch) um 90° phasenverschoben ist. Der B. wird durch induktive oder kapazitive Verbraucher (→ Blindwiderstand) verursacht; er überträgt keine Leistung (→ Blindleistung).

Blindwelle: im Tfz.-Rahmen quer gelagerte Welle mechanischer Getriebe von Diesel-Tfz. i. d. R. relativ kleiner Antriebsleistung und geringer Fahrgeschwindigkeit. Die B. überträgt mit → Kuppelstangen das Drehmoment auf die Radsätze. Sie findet heute nur noch bei Rangierlokomotiven Verwendung. Beispielsweise ist die Rangierdiesellok der BR 346 der DB/DR mit einer B. ausgerüstet (→ Getriebeblock, dort Abb.). Hier wird das Drehmoment im → Nachschaltgetriebe über ein Zahnradpaar auf die B. und von dort über die Blindwellenkurbeln und Kuppelstangen auf die Radsätze übertragen. Die B. ist auch im Antrieb älterer Elloks zu finden.

Blindwellenlager: → Blindwelle

Blindwiderstand: induktiver (Spule, Wicklung) oder kapazitiver (Kondensator) Widerstand im elektrischen Wechsel-

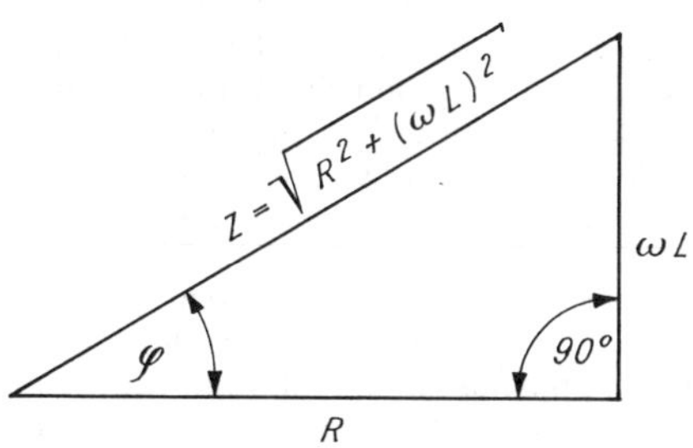

Blindwiderstand
Widerstandsdreieck
R ohmscher Widerstand, ωL Blindwiderstand (induktiv), *Z* Scheinwiderstand (Impedanz), φ Phasenwinkel

stromkreis, der eine Phasenverschiebung zwischen Spannung und Strom hervorruft. Der induktive Widerstand bewirkt ein Nacheilen, der kapazitive Widerstand ein Voreilen des Stroms. Das geometrische Verhältnis B. zu Wirkwiderstand (Ohmscher Widerstand) bestimmt den Leistungsfaktor cos φ. Abb.

Blockieren des Radsatzes: Bezeichnung für den Bewegungszustand eines → gebremsten Radsatzes mit dem → Schlupf (1) = 1 (Gleiten). Das B. tritt an überbremsten Radsätzen in Erscheinung. Die dabei vorhandene Differenzkraft zwischen der von der Bremse erzeugten Bremskraft und der kraftschlußbedingten Reaktionskraft in der Kontaktfläche zwischen Rad und Schiene (→ Kraftschlußbeiwert) wirkt als eine die Drehbewegung des Radsatzes zusätzlich verzögernde Kraft und bringt die Drehbewegung bei vorhandener Fahrgeschwindigkeit schließlich zum Stillstand. Durch das Gleiten des Radsatzes auf den Schienen wechselt die radseitige Kontaktfläche nicht mehr. Die Reibungswärme führt zur Materialerweichung und die Gleitbewegung zum Abschleifen. Das Rad erhält auf der Lauffläche eine → Flachstelle, die während der Fahrt heftige Vertikalstöße erzeugt. Fahrzeuge mit Flachstellen müssen der Radsatzbearbeitung zugeführt werden, da die Vertikalstöße Schäden an Fahrzeug, Ladegut und Gleiskörper hervorrufen und für die Reisenden unangenehm sind. Da der Gleitreibwert stets kleiner als der Kraftschlußbeiwert ist, führt das B. zu einer beträchtlichen Verlängerung des Bremswegs. Dem B. wird mit eingebautem → Gleitschutzregler oder durch vorbeugendes Benutzen der → Sandstreuanlage entgegengewirkt.

Blockschaltbild: Darstellung prinzipieller Zusammenhänge und Abhängigkeiten in verschiedenen technischen Bereichen. Funktionselemente und Geräte werden als »Blöcke« wiedergegeben, Zusammenhänge und Abhängigkeiten durch Linien gekennzeichnet, ggf. durch Richtungspfeile unterstützt. Bei Einfügung von Schaltsymbolen sind i. d. R. die Standards einzuhalten. In B. wird z. B. der prinzipielle Aufbau der Schaltung elektrischer Tfz. dargestellt. → elektrische Lokomotive (dort Abb.)

Blockschaltung: **1.** *Elektrotechnik* (allgemein): vereinfachte Darstellung der Funktion eines Geräts mit Hilfe von Symbolen, die jeweils eine Baugruppe umfassen, ohne auf Einzelheiten innerhalb dieser Baugruppe einzugehen. Diese sowie die Wirkungsweise der symbolisierten Baugruppe werden als bekannt vorausgesetzt oder in einer gesonderten Darstellung erläutert. – **2.** *Eisenbahnsicherungstechnik:* Schaltung zum Herstellen der Abhängigkeiten zwischen den elektrischen Einrichtungen zur Sicherung der Zug- und Rangierfahrten auf der freien Strecke und auf Bahnhöfen (Signalabhängigkeit, Fahrstraßenfestlegung, Schutz vor Folge- und Gegenfahrten usw.).

BO: Abk. für → Eisenbahn-**B**au- und Betriebs**o**rdnung der DR

Bodenanker: Bauteil des → Dampflokomotivkessels zur Verankerung und Versteifung von Feuerbüchsrohrwand (→ Feuerbüchse) und → Langkessel. Die B. versteifen die Feuerbüchsrohrwand, sind mit ihr durch Nietschrauben verbunden und im Langkessel mit dem hinteren Kesselschuß vernietet. Bei geschweißten Kesseln entfallen die Niet- und Schraubverbindungen. Lit.: 2.6., 2.12.

Bodenring: Bauteil des → Dampflokomotivkessels aus rechteckigem Profilstahl oder in U-förmig geschmiedeter, gefräster oder gekümpelter leichterer Ausführung. Der B. schließt den Wasserraum zwischen → Feuerbüchse und → Stehkessel nach unten ab. Seine Breite von 75–175 mm ist so ausgelegt, daß ein ungehindertes Aufsteigen der Dampfblasen und Zufließen des zu verdampfenden Kesselwassers möglich sind. Der B. wird mit den Feuerbüchs- und Stehkesselwänden 2reihig vernietet oder verschweißt. Lit.: 2.6., 2.12.

Bogenanschlag: → Deichselgestell

Bogeneinstellung: Verhalten der Eisenbahnfahrzeuge zur günstigen Anschmiegung der Fahrzeuge an Gleiskrümmungen (Krümmungseinstellung). Die B. wird durch unterschiedliche konstruktive Ausführungen des Laufwerks von Eisenbahnfahrzeugen beeinflußt. Das heute übliche → Drehgestell-Brückenfahrzeug besitzt eine gute B. mit den Vorteilen: große Laufsicherheit, geringer Radverschleiß, geringer Krümmungswiderstand und kleinere Beanspruchung von Fahrzeug und Gleis.

Bogenhalbmesser: Halbmesser (Radius) des Kreisbogens eines Gleises. Bei Neubauten von Normalspurbahnen ist ein Mindesthalbmesser von R_{min} = 180 m vorgeschrieben. In durchgehenden Hauptgleisen wurde bisher ein Mindesthalbmesser von R_{min} = 300 m gefordert. Triebwagen müssen Gleisbogen mit B. von 150 m und Tfz. solche mit B. von 180 m sicher durchfahren können.

Bogenlauf: Begriff der Spurführungs- und Lauftechnik von Schienenfahrzeugen. Der B. ist gekennzeichnet durch die Stellung des Fahrzeugs bei Fahrt durch den Gleisbogen und die dabei auftretenden Spurführungskräfte, die die Entgleisungssicherheit und den Verschleiß in der Berührungsfläche zwischen Rad und Schiene beeinflussen. Allg. Kriterium für den B. ist die → Bogenläufigkeit. Überwiegend gehen die Untersuchungen des B. vom Beharrungszustand des Fahrzeugs aus, der *reale B.* ist jedoch ein dynamischer Vorgang, da ständig Beschleunigungen aufgrund auftretender Störbewegungen beim Lauf des Fahrzeugs durch den Gleisbogen auftreten. Die Beschleunigungen sind beispielsweise bes. deutlich beim Gleisbogeneinund Gleisbogenauslauf spürbar.

Beim *statischen B.* sind die Stellungen Spießgang, freier Lauf oder Sehnenstellung möglich (Abb.). Spießgang und Sehnenstellung sind geometrisch bedingte Stellungen, die sich aus den Fahrzeug- und Gleisbogenabmessungen ergeben (Radsatzabstand, Spurspiel, Gleisbogenradius). Der freie Lauf ist eine durch Spurführungskräfte bedingte Stellung. Sie ergibt sich aus dem Momentengleichgewicht zwischen der → Schienenrichtkraft und den Reibkräften in den Aufstandsflächen um den von Übelacker gefundenen Reibungsmittelpunkt.

Die Spurführungskräfte beim statischen B. lassen sich nach dem Verfahren von Übelacker berechnen oder nach dem Minimumverfahren von → Heumann grafisch ermitteln. Für die Darstellung der Stellung des Fahrzeugs im Gleisbogen ist das Verfahren von Vogel geeignet. Eine rechnerische Untersuchung des *dynamischen B.* setzt bes. Fachkenntnisse und Rechentechnik voraus. Lit.: 1.7., 1.9., 1.12., 4.5., 4.12. Abb.

Bogenläufigkeit: Charakteristik des Verhaltens von Schienenfahrzeugen beim Befahren von Gleisbögen. Eine gute B. liegt vor, wenn ein Schienenfahrzeug entgleisungssicher mit niedrigen → Schienenrichtkräften und geringem Verschleiß an Rad und Schiene enge Gleisbögen durchfährt.

Booster: engl.: Verstärker. **1.** Allg. *zusätzlicher Maschinensatz* für den Antrieb bzw. die Erzeugung von Elektroenergie zum Abdecken von zeitlich begrenzt auftretendem bes. großem Leistungsbedarf. Einsatz von → Gasturbinen als B. bei Diesel-Tfz. für die elektrische Zugheizung oder bei der Anfahrt, bei größeren Steigungen und hohen Fahrgeschwindigkeiten (z. B. ehem. BR V 169 der DB). – **2.** Bei Dampflokomotiven Zweizylinder-*Hilfsdampfmaschine* für den zusätzlichen Antrieb von Lokomotiv- und Tenderradsätzen. Der B. wird beim Anfahren schwerer Züge selbsttätig zu- oder abgeschaltet und ermöglicht eine große → Anfahrzugkraft bzw. größere → Schleppmasse.

Nachteilig ist der geringere energetische Wirkungsgrad durch den nur kurzzeitigen Einsatz bei der Anfahrt. Typische Beispiele waren die 1931 in den USA für die SŽD gebauten schweren Güterzuglokomotiven von Alco, Baureihe T^A, Achsfolge

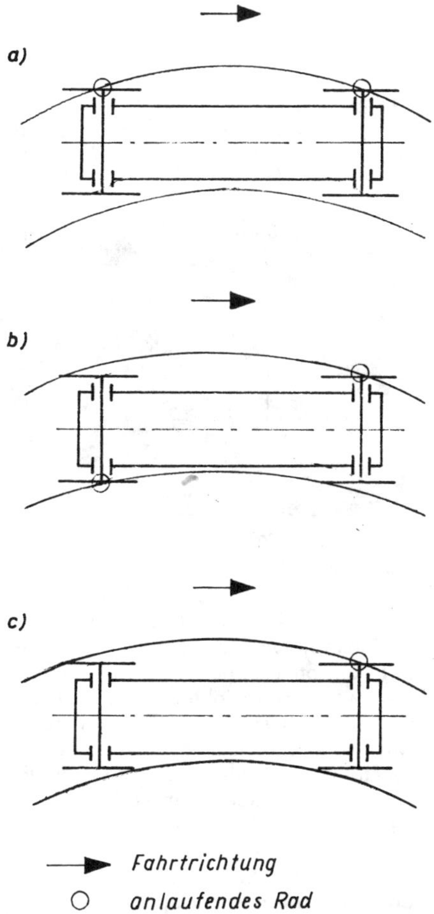

Stellung des Fahrzeugs beim *Bogenlauf*
a) äußere Sehnenstellung, b) Spießgang, c) freier Lauf

Booster
Schnellzuglok der Pfalzbahn (Gattung P3) mit angehobener Vorspannachse der Boostermaschine

(1-5-2), d.h. 1'E2', sowie von Baldwin, Baureihe T^{B}, (1-5-1), deren B. eine zusätzliche Zugkraft von 50–60 kN entwickelten. – **3.** *B.-Einheit, B.-Unit:* auch als Treiblokomotive, Treibeinheit bezeichnete Lokomotive ohne → Führerstand, die als zweite Treibeinheit eingesetzt und von einem besetzten Tfz. aus gesteuert wird, gelegentlich aber auch mit einem Hilfsführerstand versehen sein kann. Ein typischer Vertreter dafür ist die von General Motors (USA) gebaute 8achsige dieselelektrische B.-Unit Electro-Motive DD35 mit 3680 kW Leistung. Abb.

Bordcomputer: → Bordmikrorechner

Bordmikrorechner: elektronisches Datenverarbeitungsgerät auf Mikrorechnerbasis, das auf Tfz. zur Erfüllung folgender Aufgaben installiert ist: 1) Der B. wird in der einfachsten Variante zur Datenerfassung aus dem Arbeitsprozeß des Tfz. benutzt (z.B. Fahrweg, Motorlaufzeit, Fahrstufen-Benutzungszeit, Kraftstoffverbrauch, Handlungen des Tfz.-Führers). 2) Bei Speicherung von Normativen kann der B. auf der Basis des Soll-Ist-Vergleichs auch die Notwendigkeit zur Ausführung von Wartungs- und Pflegearbeiten oder Unregelmäßigkeiten in der Arbeit von Aggregaten rechtzeitig signalisieren. 3) In der weiterentwickelten Form dient der B. der optimalen Steuerung der Arbeit von Aggregaten des Tfz., z.B. des Kühlkreislaufs, der Hilfsbetriebe, der Ausnutzung des maximalen Antriebsvermögens elektrischer Fahrmotoren bei Grenztemperatur. 4) Ein spezieller B. für den energieoptimalen Zugbetrieb wurde z.B. seit 1979 bei der S-Bahn Berlin eingesetzt und später auch für andere Zugarten des Stadt- und Vorortverkehrs genutzt. Arbeitsweise: Aus dem Prozeßverlauf der Zugfahrt werden fortlaufend die Zustandsvariablen Zeit, Weg und Geschwindigkeit erfaßt. Der Datenspeicher enthält die Strecken-, Fahrplan- und Zugdaten sowie für jeden Streckenabschnitt fahrzeitabhängig die Abschaltgeschwindigkeit v_{AB} (→ Fahrstrategie Anfahren – Auslaufen – Bremsen) bzw. den Abschaltweg s_{AB} (Fahrstrategie Anfahren – Beharrungsfahrt – Auslaufen – Bremsen) für pünktliche Zugankunft. Der B. ermittelt bei Zugabfahrt unter Berücksichtigung der Abweichung Δt vom pünktlichen Zuglauf die zu realisierenden Werte v_{AB} bzw. s_{AB} des befahrenen Abschnitts und signalisiert das Erreichen dieser Werte durch den Zug optisch und akustisch bzw. veranlaßt sogar das zwangsweise Abschalten des Antriebssystems. Beim Überschreiten eines festgelegten Normativs für die Zeitabweichung Δt wird der energieoptimale Ausgleich der Verspätung mit einem speziellen Programm der Zuglaufoptimierung über mehrere Streckenabschnitte hinweg erreicht. Es besteht auch die Möglichkeit, in die Anzeige der Fahrempfehlungen die zu benutzende → Fahrstufe aufzunehmen und den → Fahrinformator im B. abzuspeichern. Der B. garantiert beim fahrplanmäßigen Zuglauf gegenüber der ungeregelten Zugfahrt die pünktliche Zugankunft und ermöglicht Energieeinsparungen von rund 20%. Der B. des gegenwärtigen Systems arbeitet autonom, d.h. Störeinflüsse, die sich operativ während der Zugfahrt ergeben, können nicht berücksichtigt werden. Es besteht aber durchaus auch die Möglichkeit, einen B. mit aktuellen Daten aus dem Betriebsablauf des gesamten Streckennetzes linienförmig (→ linienförmige Zugbeeinflussung) oder punktförmig (→ punktförmige Zugbeeinflussung) zu versorgen, mit denen er dann die energieoptimale Fahrstrategie seiner Zugeinheit im Rahmen der Situation im Netz bestimmt. Abb.

Bordnetz: elektrisches Netz zur Energieversorgung der Steuer- und Meldeeinrichtungen, Beleuchtung, Hilfsbetriebe und weiterer Zusatzeinrichtungen an Bord von Fahrzeugen. Bei Schienenfahrzeugen werden für das B. vornehmlich folgende Systeme angewendet: a) *Drehspannung* 50 Hz, 380 V/220 V, b) *Gleichspannung* 110 V, 54 V und 24 V, c) *Einphasenwechselspannung* 50 Hz, 220 V und ggf. bei 16⅔-Hz-Tfz. auch 16⅔ Hz, 200 V.

Bordrechner: → Bordmikrorechner

Borries, August von: 27. Januar 1852 (Niederbecksen bei Minden) – 14. Februar 1906 (Meran). Als genialer Eisenbahningenieur war B. über 25 Jahre im preußischen Staatseisenbahndienst tätig und wurde 1902 an den Lehrstuhl für Eisenbahnmaschinenwesen der Technischen Hochschule Berlin (Charlottenburg) berufen. Er war Mitherausgeber der Zeitschrift »Eisenbahntechnik der Gegenwart«. Die Tätigkeit von B. wurde richtungsweisend für die Entwicklung der Dampflokomotive, bes. aber der → Verbundlokomotive (1). Diese entwickelte er nach kritischer Betrachtung der Mallet-Verbundlokomotive mit wesentlich neuen Gedanken weiter und führte sie bei der preußischen Staatseisenbahn ein. Er erfand für sie eine → Anfahreinrichtung, entwickelte 1900 eine Vierzylinder-Verbundlokomotive und verfocht die Nutzung des Heißdampfs auch in der Verbundlok. Bereits 1880 schuf B. ein Verfahren zur Fahrzeitberechnung und zur Bestimmung der Streckenwiderstandskraft. Lit.: 2.9., 5.1., 5.3.

»Borsig«: Name der ersten Dampflokomotive der Fa. August Borsig, Berlin. Die Jungfernfahrt fand am 24. Juli 1841 zwischen Berlin und Jüterbog auf der Berlin-Anhalter Eisenbahn statt. Gebaut wurde die Maschine als 2'A1-Zweizylinder-Naßdampflokomotive nach den bewährten amerikanischen Vorbildern »Prussia« und »Amerika«, die 1839 von → Norris in Philadelphia an die Berlin-Potsdamer Eisenbahn als 2'A-Lokomotive geliefert wurden. Die Steuerung und einige andere Teile der »Borsig« waren englischer Bauart.

In seiner Lokomotive hatte → Borsig bewährte Maschinenbauerfahrungen des Auslands mit eigenen zweckmäßigen Veränderungen, wie das Hinzufügen eines weiteren Laufradsatzes hinter dem Stehkessel und den Einbau eines Funkenfängersiebs, vereint. Damit schuf er neben der von Schubert entwickelten → Saxonia eine der ersten in Deutschland gebauten, vollständig brauchbaren und konkurrenzfähigen Dampflokomotiven. Die »Borsig« wurde 1851 ausgemustert und ihr Name 1854 an die 500. Lokomotive (eine 1A1-Zweizylinder-Naßdampflokomotive) des Werkes erneut vergeben. Lit.: 1.16., 2.9. Abb. S. 68

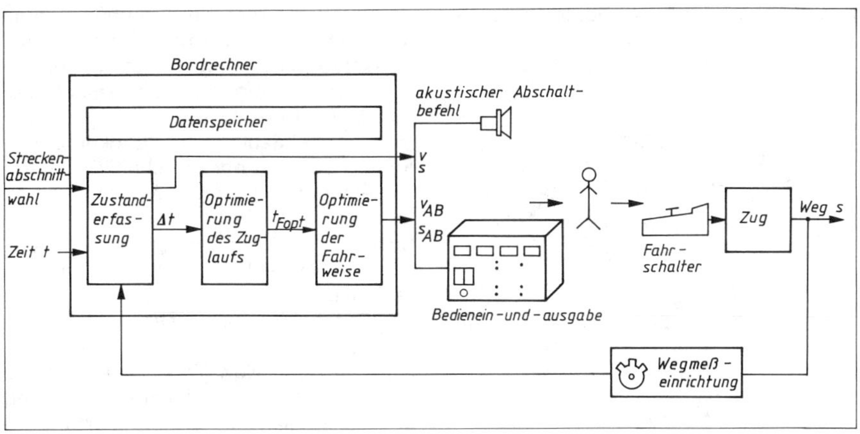

Bordmikrorechner
Funktionseinheiten zum Ermitteln und Ausführen energieoptimaler Fahrstrategien
t aktuelle Zeit (Reisezeit), Δt Abweichung vom pünktlichen Zuglauf, t_{Fopt} optimale Fahrzeit für pünktliches und energiewirtschaftliches Fahren im vorausliegenden Abschnitt, *s* zurückgelegter Fahrweg, *v* aktuelle Geschwindigkeit, v_{AB} optimale Abschaltgeschwindigkeit für pünktliches und energiewirtschaftliches Fahren im vorausliegenden Streckenabschnitt, s_{AB} optimaler Abschaltweg

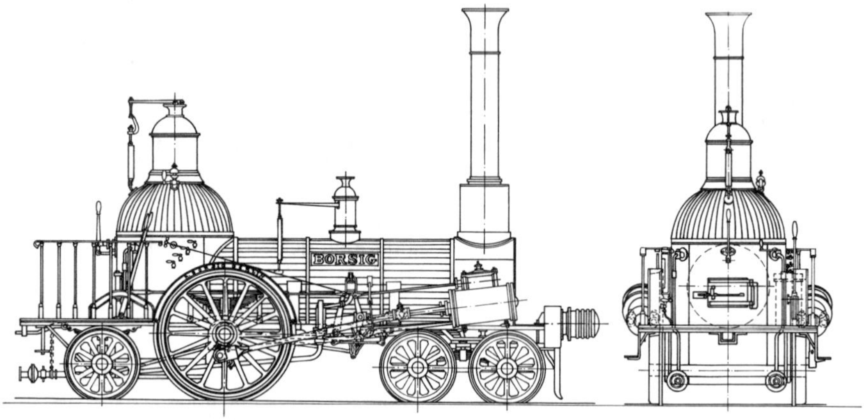

»Borsig«
2′A1-Zweizylinder-Naß-dampflokomotive (1841)

August *Borsig*

Borsig, August: 23. Juni 1804 (Breslau) – 6. Juli 1854 (Berlin); Zimmermann, Lokomotivingenieur und Industrieller, gründete 1837 eines der bedeutendsten deutschen Unternehmen des Lokomotivbaus, die Fa. August Borsig, Eisengießerei und Maschinenfabrik.
1841 verließ die erste, bereits konkurrenzfähige Lokomotive, die nach der Doktorarbeit von B. gebaute → »Borsig« diese Firma. B. verwirklichte in seinen Lokomotiventwicklungen auf der Grundlage der bestehenden Erfahrungen des Lokomotivbaus geschickt eigene Ideen. So schuf B. durch große Einfachheit und Betriebstüchtigkeit gekennzeichnete Lokomotiven. Er legte bereits 1846 bei seinen 1A1-Lokomotiven die Zylinder waagerecht, ging vom runden Stehkessel amerikanischer Bauart auf die rechteckige Form mit überhöhter Decke über und entwickelte für seine Lokomotiven eine patentierte und nach ihm benannte Doppelschiebersteuerung. Lit.: 2.9., 5.1., 5.2., 5.3. Abb.

Borsigsche Sandtreppe: Bauform der → Sandtreppe, die i. d. R. bei Dampflokomotiven der → Einheitsbauart der DRG verwendet wurde. Die am Sandkasten angebrachte B. bekommt im freien Zulauf den Streusand vom Sandkasten. In der B. läuft dieser in eine Mulde und staut sich. Nach Zuführung von Druckluft (durch Bedienen eines Anstellhahns im Führerhaus) wird der Streusand durch eine Aufwühldüse aufgewirbelt und mit einer stärkeren Druckdüse in das Sandrohr geblasen, so daß er vor das zu sandende Rad der Lok gelangt. → Sandstreuanlage. Lit.: 2.12. Abb.

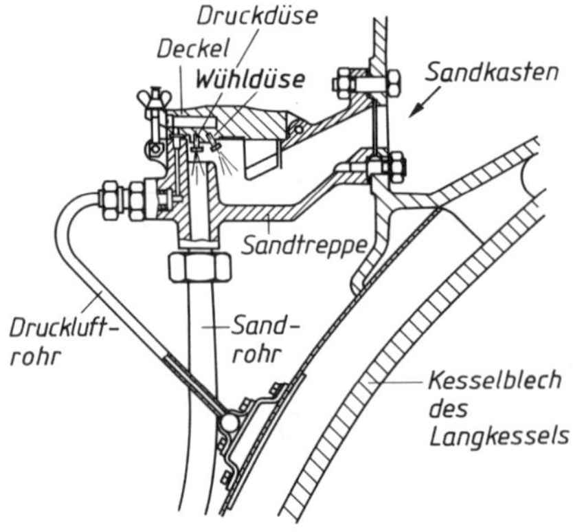

Borsigsche Sandtreppe
Sandstreuer Bauart Borsig

Borsig-Vorwärmer: ein um 1925 in den Borsig-Werken entwickelter, vereinigter Abdampf- und → Rauchgasvorwärmer (→ Speisewasservorwärmer). Jede Düse eines ringförmigen Blasrohrkopfs (→ Blasrohr) mit darüber befindlichem Vorwärmerrohr, das vom → Speisewasser umspült wird, bildet einen Strahlapparat, durch den die Rauchgase angesaugt und durch die Vorwärmrohre gedrückt werden. Die → Rauchgase mischen sich mit dem → Abdampf der Dampfmaschine und geben ihre Wärme an das Speisewasser ab. Gegenüber dem Abdampfvorwärmer wurden Kohleersparnisse von 5–6% ausgewiesen. Der B. wurde lediglich bei den 1E1-Tenderlokomotiven für die Sandbahngesellschaft der Steinkohlenwerke Peiskretscham angewandt. Lit.: 5.3.

Bosch, Robert: 23. September 1861 (Albeck bei Ulm) – 12. März 1942 (Stuttgart); Techniker und Industrieller. B. erlernte den Beruf eines Feinmechanikers und arbeitete bei verschiedenen Firmen in Nürnberg und New York. 1881 eröffnete B. eine Werkstatt für Feinmechanik und Elektrotechnik. 1886 gründete er die Robert Bosch GmbH. 1927 ermöglichte die nach ihm benannte Bosch-Einspritzpumpe die rasche Verbreitung des schnelldrehenden Fahrzeug-Dieselmotors. Die mit dem Namen B. verbundenen Verbesserungen der Verbrennungskraftmaschinen förderten auch den Einsatz von → Verbrennungsmotoren in Schienenfahrzeugen.

Bosch-Schmierpumpe: Hochdruckschmierpumpe zur Versorgung der Dampfzylinder- und Schieberlaufbuchsen der Dampfmaschine mit Schmieröl. Die nach der Herstellerfirma benannte B. kam bei Dampflokomotiven der → Einheitsbauart der DRG zum Einsatz (Einheitsschmierpumpe). Ihr Antrieb erfolgt von einem Radsatz der Lok aus über ein Rollenschaltwerk (23) auf die horizontal liegende Schmierpumpenwelle (1), die über ein Schraubenräderpaar die senkrecht angeordnete Getriebewelle (2) mit 2 sog. Taumelscheiben (Arbeitshubrad (3) und Steuerhubrad (4)) antreibt. Von diesen werden zur Förderung des Schmieröls die im Hub verstellbaren Arbeitskolben (5) und die Steuerkolben (6) bewegt. Die B. ist an der Stehkesselrückwand im Führerhaus befestigt und wird von der vom Kessel abgeleiteten Wärme beheizt. Lit.: 2.12. Abb.

Bowdenzug: nach dem engl. Erfinder benanntes Bauteil, bei dem ein durch ein biegsames Schutzrohr geführtes Drahtseil zum Übertragen von Zug- und Druckkräften dient. Anwendung beim Übertragen von Kräften, deren Wirkungslinien nicht in einer Richtung liegen, z. B. bei Steuer- und Verstellmechanismen.

Box: aus dem Engl. übernommene und bes. in Österreich verbreitete Bezeichnung für → Feuerbüchse.

Boxermotor: Bauform des → Verbrennungsmotors, dessen → Zylinder (2) in einer Ebene liegen, jedoch zueinander um 180° versetzt sind. Jeder Zylinder besitzt auf der → Kurbelwelle eine eigene Kröpfung. B. haben einen sehr günstigen Massenausgleich. Anwendung als → Unterflurmotor bei Dieseltriebwagen, z. B. VT 137 326 der DRG und BR 614 und 624 der DB/DR (→ Zylinderanordnung, dort Abb.).

Boxpokrad: → Scheibenrad

Božic-Bremse: nach dem serbischen Erfinder Dobriwoje Božic benannte mehrlösige → Druckluftbremse mit der Kurzbez. Bo. Sie wurde im Jahre 1928 von der JŽ dem internationalen Bremsausschuß vorgeführt und für den internationalen Verkehr zugelassen. Die B. ist an Fahrzeugen der ČSD und JŽ in folgenden Ausführungen vorhanden: 1) Božic-Güterzug-Personenzug-Bremse, Bauart C, nur Eigenmasseabbremsung (Bo-GP), 2) Božic-Güterzug-Personenzug-Bremse, Bau-

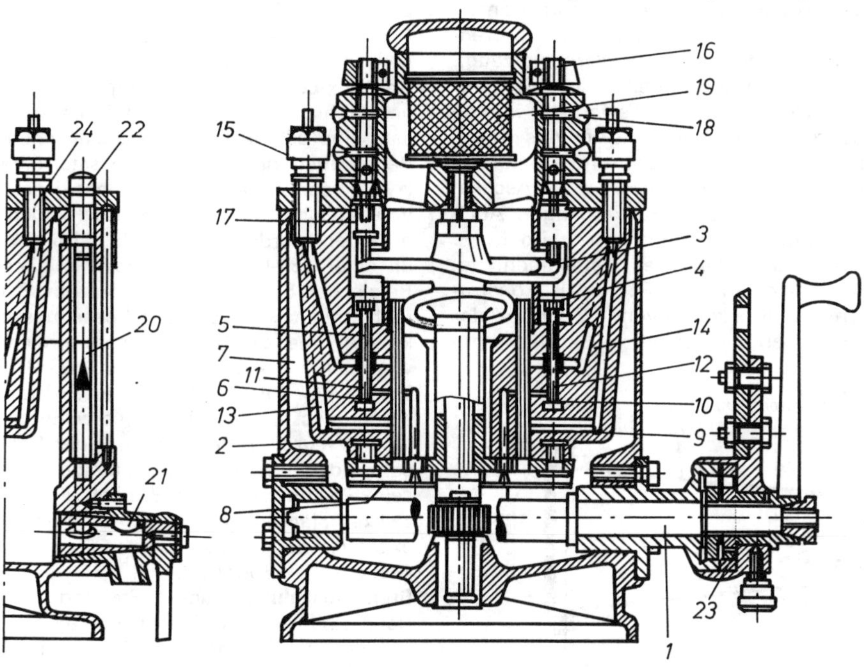

Bosch-Schmierpumpe
Hochdruckschmierpumpe der Bauart Bosch
1 Schmierpumpenwelle, 2 Getriebewelle, 3 Arbeitshubrad, 4 Steuerhubrad, 5 Arbeitskolben, 6 Steuerkolben, 7 Behälter, 8 Sieb, 9 Ansaugleitung, 10 Bohrung im Steuerkolben, 11 Saug- und Druckkanal, 12 Verbindungsmuschel, 13/14 Druckleitung, 15 Rückschlagventil im Ölauslaß, 16 Einstellkolben (Zeiger), 17 Regulierzapfen, 18 Sicherungsschraube, 19 Einfüllsieb, 20 Ölstandglas, 21 Dreiwegehahn, 22 Verschlußschraube zum Ölstandglas, 23 Rollenschaltwerk, 24 Rohrstutzen

art CD, mit selbsttätiger Lastabbremsung (Bo-GP-A), 3) Božic--Güterzugbremse, Bauart D, mit selbsttätiger Lastabbremsung (Bo-G-A). Lit.: 5.3.

Brandschutzeinrichtung: → Hilfseinrichtung auf Tfz. zur frühzeitigen Erkennung und Bekämpfung von Bränden. Die B. besteht aus → Feuermeldeanlagen und → Feuerlöschanlagen. Bei selbsttätig arbeitenden B. löst die Feuermeldeanlage beim Erreichen unzulässiger Temperaturen im → Maschinenraum folgende *Funktionen* aus: Meldung im Führerraum, Absperren der Kraftstoffzufuhr zur Verbrennungskraftmaschine, Versprühen des → Löschmittels auf die Maschinenanlage. Bei nicht selbsttätigen B. setzt der Tfz.-Führer die Feuerlöschanlage nach Ansprechen der Feuermeldeanlage bzw. nach Erkennen eines Brandes in Tätigkeit.
B. sind i.d.R. in den Maschinenräumen von Gasturbinentriebzügen und -wagen installiert. Auf Großdiesellokomotiven sowie in Triebzügen und -wagen mit Dieselmotorantrieb werden bei einigen Bahnverwaltungen an Stelle der Feuerlöschanlagen → Handfeuerlöscher verwendet.
Rangierdiesellokomotiven und elektrische Tfz. haben keine B. Sie sind ausschl. mit Handfeuerlöschern ausgerüstet.

Braunkohlenfeuerung: Einsatz von Braunkohle als → Brennstoff für Dampflokomotiven, der durch seine Verbrennung auf dem → Rost Wärme erzeugt. Der Übergang von der Steinkohlen- zur Braunkohlenfeuerung erfordert infolge des geringeren Heizwerts und des größeren Anfalls von Asche und → Lösche bauliche Veränderungen am → Aschkasten, Rost und → Funkenfänger. Auch mit größerer Kohlenmenge wird i.d.R. die Kesselleistung der Steinkohlenfeuerung nicht erreicht. Für die B. konstruierte Dampflokomotiven (z.B. BR 65^{10} der DR) haben bei gleicher → Heizfläche gegenüber Dampfloks mit Steinkohlenfeuerung eine größere → Rostfläche. Durch kleine Rostspalte oder Verwendung des → toten Feuerbetts wurde ein Verlust an unverbrannten Kohleteilchen (Rostdurchfall) weitgehend vermieden.

Brausenbrenner: Brennerbauart für steinkohlenstaubgefeuerte → Kohlenstaublokomotiven der Bauart Stug (→ Stug-Kohlenstaubfeuerung). Der B. besteht aus einem kegelstumpfartigen → Brennerrohr, das an seiner Staub-Luft-Eintrittsseite mit einer Mischvorrichtung versehen und an der in die → Feuerbüchse führenden Austrittsseite vorn durch eine Brennerplatte mit vielen kleinen düsenartigen Öffnungen (einer Brause ähnlich) abgeschlossen ist. Lit.: 2.12. Abb.

Breda-Bremse: mehrlösige → Druckluftbremse mit der Kurzbezeichnung Bd. Sie wurde von M. Fasoli entworfen und von der Fa. Breda Ferroviaria S.p.A., Mailand, durchgebildet. Das Steuerventil besteht aus einem durch den Leitungs- und Behälterdruck gesteuerten Zweidruck- sowie einem als Hauptventil ausgeführten Dreidruckventil. Die B. ist seit 1934 für Fahrzeuge des internationalen Verkehrs zugelassen und wird nur an Fahrzeugen der FS in folgenden Ausführungen verwendet: 1) Breda-Güterzugbremse (Bd-G), 2) Breda-Personenzugbremse (Bd-P), 3) Breda-Güterzug-Personenzugbremse (Bd-GP), 4) Breda-Personenzug-Schnellzugbremse mit den Bremsstellungen Personenzug-Schnellzug (Bd-PR).

Breitbox-Lokomotive: Dampflokomotive, die hinter dem letzten → Kuppelradsatz eine schmale und daran anschließend über dem Schleppradsatz eine zweite sehr breite → Feuerbüchse besaß. Vom Lokomotivführer Leonard (Lüttich) erfunden, wurde sie von → Belpaire 1889 an einer 1B1-Lokomotive der Königlich Belgischen Staatseisenbahn erprobt. Bei verhältnismäßig geringer Kesselmasse konnte eine große Heizfläche erreicht werden (5 m² → Rostfläche und 210 m² → Heizfläche). Infolge mangelhaften Wasserumlaufs im Kessel kam es zu ungewöhnlich großen Dehnungen in den Kesselwänden, was schließlich zu einer Kesselexplosion führte. Die B. blieb ein Einzelexemplar und wurde nach der Kesselexplosion ausgemustert. Lit.: 5.3.

Breitspur: → Spurweite

Bremsabschlußstellung: Stellung des Hebels bei → Führerbremsventilen älterer Bauart, die vom Tfz.-Führer einge-

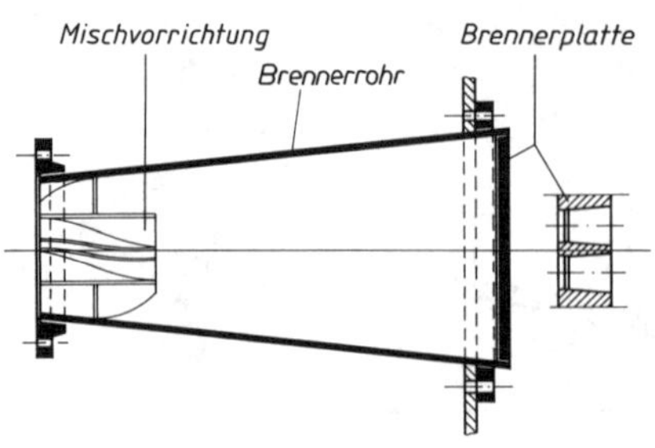

Brausenbrenner der Kohlenstaublokomotive Bauart Stug

stellt wird, wenn nach einer Betriebsbremsung die gewünschte Druckabsenkung in der → Hauptluftleitung erreicht wurde. Damit wird die vorhandene Bremsstufe festgehalten. Die Kanäle zum → Schnelldruckregler und zum → Ausgleichbehälter (1) sind geschlossen. Luftverluste in der Hauptluftleitung führen in der B. des Führerbremsventils zur Bremswirkung. Moderne Führerbremsventile besitzen keine besondere B., da zu jeder Betriebsbremsstufe ein bestimmter Hauptluftleitungsdruck gehört. Luftverluste in der Hauptluftleitung werden hier selbsttätig kompensiert.

Bremsabsperrhahn: Einrichtung zum Ein- und Ausschalten der → Druckluftbremse. Die B. befinden sich entweder im Steuerventil oder sie sind in dessen Nähe in die Zweigleitung eingebaut. Man unterscheidet zwischen B. mit einfachem Griff und federndem Griff. Die Bremse ist eingeschaltet, wenn der Handgriff senkrecht nach unten oder mit der Rohrlänge einen rechten Winkel zeigt. Sie sind ausgeschaltet, wenn der Handgriff nahezu waagerecht oder in Richtung der Rohrleitung steht. Im KE-Steuerventil ist der B. eingebaut. Zum Ein- und Ausschalten der Bremse an der Fahrzeuglängsseite ist eine bes. Betätigungseinrichtung vorhanden.

Bremsachsen: Zählgröße, die die Anzahl der Radsätze einer Rangierabteilung oder eines Zugs erfaßt, die mit einer → Handbremse oder → Druckluftbremse abgebremst werden. Die Fahrdienstvorschriften sehen i.d.R. vor, daß höchstens Gruppen bis zu 6 Radsätzen ohne besetzte Handbremse ablaufen dürfen. Sind Rangierabteilungen mit größerer Radsatzzahl und Anhängemasse zu bewegen, so müssen zusätzliche Handbremsen schwerer Wagen besetzt und bedient werden. Die Zahl der B., die durch die Handbremse zu bedienen sind, wird unter Berücksichtigung der maßgebenden Neigung auf dem Bahnhofsgelände berechnet. Muß mit der Druckluftbremse rangiert werden, müssen für jede erforderliche Handbremsachse zwei Radsätze durch die Druckluftbremse abgebremst werden.

Bremsanschriften: Kennzeichnung und Charakterisierung der Bremse an einer übersichtlichen Stelle der Fahrzeuglängsseite. An Fahrzeugen mit → Druckluftbremse sind die → Bremsbauart, die möglichen → Bremsstellungen und die zugehörigen → Bremsmassen (Bremsgewichte) angeschrieben.

Neben den international festgelegten Kurzbezeichnungen für die verschiedenen Bauarten der Druckluftbremse werden noch international vereinheitlichte Zusatzbezeichnungen und Ergänzungszeichen beigefügt, die den Verwendungszweck der am Fahrzeug vorhandenen Bremsen erläutern. B e i s p i e l e : a) *Dampflokomotive* mit einer einlösigen Güterzug-, Personenzug- und Hochleistungsbremse der Bauart Knorr mit Zusatzbremse = K – GPR – mZ (früher Kss mZ); b) *elektrisches Tfz.* mit einer mehr-

Bremsanschriften
Bezeichnungen der im internationalen Verkehr verwendeten Bremsen (nur für Hauptbauarten)

Kurzbezeichnungen der Druckluftbremsen	
einlösige Druckluftbremsen	
Knorrbremse	K
Westinghouse-Bremse	W
Westinghouse-Schnellbremse	W
Matrossow-Bremse	M
mehrlösige Druckluftbremsen	
Bosič-Bremse	Bo
Breda-Bremse	Bd
Charmilles-Bremse	Ch
Dako-Bremse	Dk
Drolshammer-Bremse	Dr
Hildebrand-Knorr-Bremse	HiK
Knorr-Bremse, Bauart KE	KE
Oerlikon-Bremse	O
Westinghouse-Bremse, Bauart A	WA
Westinghouse-Bremse, Bauart E	WE
Westinghouse-Bremse, Bauart U	WU
Zusatzbezeichnungen	
Güterzugbremse	G
Personenzugbremse	P
Rapidbremse (Hochleistungsbremse)	R
Magnetschienenbremse	Mg
Automatische Lastabbremsung	A
Elektrodynamische Bremse	E
Hydrodynamische Bremse	H
Umstelleinrichtung G – P	GP
Umstelleinrichtung P – R	PR
Umstelleinrichtung G – P – R	GPR
Umstelleinrichtung G – P – R – Mg	GPRMg
Umstelleinrichtung G – P – P_2 – R	GPP_2R
Ergänzungszeichen	
Kompositionsbremssohlen	Ⓚ
Scheibenbremse	Ⓓ
Rapidbremse (Hochleistungsbremse)	◇R
Zusatzbremse	mZ
Elektropneumatische Bremse (Anschriftenfarbe Elfenbein)	[ep]
Durchgehende Leitung der elektropneumatischen Bremse (Anschriftenfarbe Rot)	[ep]

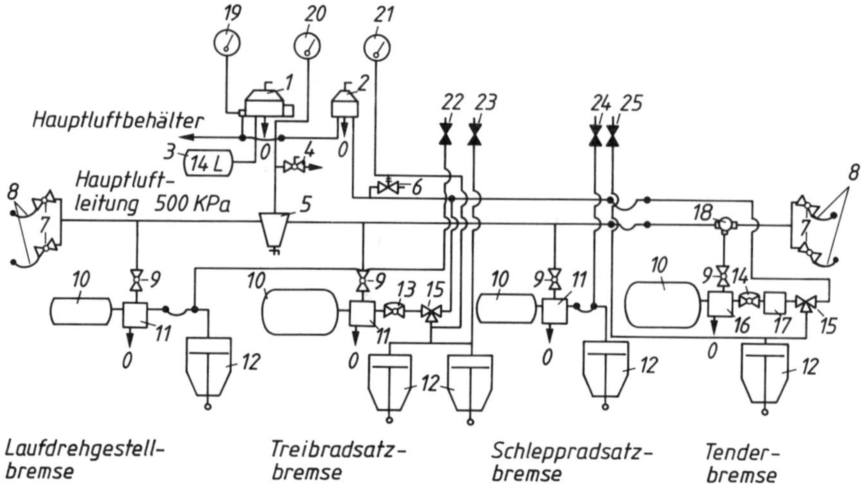

a)

Bremsausrüstung
a) einer Dampflokomotive
1 Führerbremsventil Knorr Nr. 8, 2 Führerbremsventil der Zusatzbremse Zbs 12, 3 Ausgleichbehälter, 4 Notbremsventil AK 6, 5 Tropfbecher, 6 Sicherheitsventil, 7 Luftabsperrhahn, 8 Bremskupplung, 9 Bremsabsperrhahn, 10 Luftbehälter, 11 Steuerventil, 12 Bremszylinder, 13 Umstellhahn GP, 14 Wechselventil GP, 15 Doppelrückschlagventil, 16 Steuerventil Bauart Knorr, 17 Druckminderventil, 18 Schleuderfilter, 19 Manometer für Hauptluftbehälter, 20 Manometer für Hauptluftleitung, 21 Manometer für Bremszylinder, 22 Löseventil für Laufdrehgestellbremse, 23 Löseventil für Treibradsatzbremse, 24 Löseventil für Schleppradsatzbremse, 25 Löseventil für Tenderbremse

lösigen Güterzug-, Personenzug- und Hochleistungsbremse der Bauart KE einschließlich einer elektrischen Widerstandsbremse und einer Zusatzbremse = KE – GPP_2R – E – mZ. Lit.: 1.3., 1.26. Tab.

Bremsarbeit: die durch die Bremskraft im Verlauf der → Bremsung verrichtete Arbeit. Bei einer *Verzögerungsbremsung* mit einer Bremsanfangsgeschwindigkeit v_a in km/h und Bremsendgeschwindigkeit v_e in km/h (v_e = 0 entspr. der *Haltebremsung*) ist die B. gleich der kinetischen Energie des Fahrzeugs E in kJ unter Vernachlässigung der Reibungsarbeit der → Widerstandskraft.

$$E = \varrho \frac{m}{2} \frac{v_a^2 - v_e^2}{3{,}6}$$

(ϱ → Massenfaktor,
m Fahrzeugmasse in t).

Die Bremsarbeit E in kJ einer → *Dauerbremsung* wird nach

$$E = \frac{mg}{1000} (f_S - f_F)\, s_B$$

berechnet. (f_S mittlere Streckenkraftzahl in ‰, f_F Fahrzeugwiderstandszahl in ‰, s_B Bremsweg in m, g Erdbeschleunigung (9,81 m/s²)). Lit.: 1.8.

Bremsarten: Einteilung der → Druckluftbremsen nach ihrer → Bremswirkung in a) *Bremsart I* (schnellwirkende Druckluftbremsen mit einer Bremszylinderfüllzeit von 3–5 s und einer Lösezeit von 15–20 s), b) *Bremsart II* (langsamwirkende Druckluftbremsen mit einer Bremszylinderfüllzeit von 18–30 s und einer Lösezeit von 45–60 s sowie → Handbremsen). Die Fahrdienstvorschriften enthalten Angaben zur Stärke der Züge in Abhängigkeit von der B. Auch bei der Ermittlung der → Mindestbremshundertstel aus den Bremstafeln ist die B. neben der Geschwindigkeit und dem maßgebenden Gefälle zu beachten. Lit.: 1.3., 1.4.

Bremsausrüstung: Gesamtheit der zur Bremse gehörenden Einrichtungen eines Tfz. Dazu gehören: Drucklufterzeugungsanlage, → Druckluftbremse mit Betätigungseinrichtungen (→ Führerbremsventil) zur Steuerung der Bremse und ein oder mehrere Bremsarbeitssysteme (z. B. → Klotzbremse, → elektrodynamische Bremse) zur Erzeugung der → Bremskräfte sowie zusätzliche Überwachungseinrichtungen. Ferner hat jedes Tfz. eine → Handbremse (Handspindel-, → Wurfhebelbremse) oder eine Federspeicherbremse zur Sicherung des Tfz. im Stillstand. Der Umfang der B. ist von den Einsatzbedingungen des Tfz. abhängig, sie ist für Tfz. des Rangier- bzw. leichten Zugdienstes im Aufbau einfacher als die der Strecken-Tfz., mehrlösige → Hochleistungsbremsen und selbstregelnde → Führerbremsventile finden hier i. d. R. keine Anwendung. Der Aufbau der B. der Dampflokomotiven weicht wesentlich von der B. moderner Tfz. ab. Ferner bestehen Unterschiede in der B. bei starrer Radsatzanordnung gegenüber denen mit Drehgestellanordnung in der Bremsgestängeführung. Zur Anpassung an die jeweilige Zugart sind → Bremsstellungs-

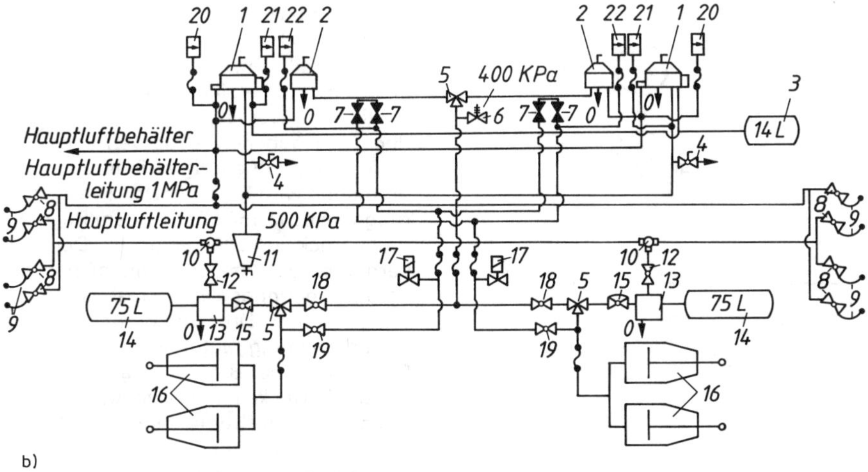

b)

b) der Diesellokomotive der BR 201 der DB/DR 1 Führerbremsventil Knorr Nr. 10, 2 Führerbremsventil der Zusatzbremse Zb 3H, 3 Ausgleichbehälter, 4 Notbremsventil AK 6, 5 Doppelrückschlagventil, 6 Sicherheitsventil, 7 Löseventil, 8 Luftabsperrhahn, 9 Bremskupplung, 10 Schleuderlüfter, 11 Tropfbecher, 12 Bremsabsperrhahn, 13 Steuerventil, 14 Luftbehälter, 15 Umstellhahn GP, 16 Bremszylinder, 17 Löseventil (elektrisch), 18 Absperrhahn für Zusatzbremse, 19 Absperrhahn für Löseventil, 20 Manometer für Hauptluftbehälter, 21 Manometer für Hauptluftleitung, 22 Manometer für Bremszylinder

wechsel vorhanden. Jedes Tfz. besitzt → Bremsanschriften, die Auskunft über die B. geben. Lit.: 1.3., 1.4., 1.8., 3.18., 4.5. Abb.

Bremsbauart: Ausführungsform der → Druckluftbremse. Im Lauf der Entwicklung der Druckluftbremse sind 3 verschiedene Grundtypen entstanden. 1) Die *durchgehende, direktwirkende nichtselbsttätige Druckluftbremse* ist einfach im Aufbau und besitzt kein → Steuerventil. Durch Betätigung des → Führerbremsventils beim Bremsvorgang gelangt Druckluft in die → Hauptluftleitung und damit direkt in den → Bremszylinder. Beim Lösevorgang wird der Bremszylinder über das Führerbremsventil entlüftet. Ein feinstufiges Bremsen und Lösen ist mit dieser B. möglich, und durch die Abschlußstellung am Führerbremsventil kann die gewünschte Brems- und Lösestufe festgehalten werden. Die Bremse ist unerschöpfbar, arbeitet aber nur bei Betätigung des Führerbremsventils; bei Zugtrennung und allen Arten der Zwangsbremsung spricht sie nicht an (nichtselbsttätige Bremse). Nachteilig ist außerdem, daß der Druckluftbedarf groß ist und es bei längeren Zügen zum zeitverzögerten Anlegen der Bremsen im hinteren Zugteil kommt, weil sich die Bremszylinder nur über das Führerbremsventil füllen und entleeren lassen. Das führt zum Auflaufen der später bremsenden Wagen, wodurch größere Längskräfte im Zugverband auftreten können (→ Zugtrennung). Verwendet wird diese Bauart auf Tfz. als → Zusatzbremse. 2) Die *durchgehende, indirektwirkende selbsttätige Zweikammerdruckluftbremse* erfüllt die Sicherheitsanforderung, daß bei Zugtrennungen die Bremse selbsttätig wirkt. Dazu ist ein Zweikammerbremszylinder erforderlich. Die Bremse ist betriebsbereit, wenn die durchgehende Hauptluftleitung, beide Kammern des Bremszylinders und zusätzlich ein → Hilfsluftbehälter gefüllt wurden. Über eine kleine Umführungsnut zwischen den beiden Kolbenseiten kann sich der Druck ausgleichen. Wird beim Bremsvorgang der Hauptluftleitungsdruck verringert und damit auch der Druck auf der Kolbenseite B, so bewegt sich der Kolben im Bremszylinder durch den höheren Druck auf der Seite A nach links. Mit dem Lösevorgang wird durch die Druckerhöhung in der Hauptluftleitung der Kolben wieder in seine Ausgangslage zurückgedrückt. Man bezeichnet diese Wirkungsweise als indirekt. Zwar ist diese B. sehr einfach im Aufbau, jedoch ist der Luftverbrauch vor allem bei Vollbremsung sehr hoch, weil sowohl die Hauptluftleitung als auch die Kammer B voll entleert werden. Damit ist sie unwirtschaftlich, und außerdem können, bedingt durch die geringe → Durchschlaggeschwindigkeit der Druckwelle, größere Längskräfte im Zugverband auftreten. 3) Bei der *durchgehenden, indirektwirkenden selbsttätigen Einkammerdruckluftbremse* werden gegenüber 1) zusätzlich ein Hilfsluft- bzw. → Vorratsluftbehälter und ein Steuerventil benötigt. Die Bremse ist betriebsbereit, wenn der Luftbehälter über das Steuerventil aufgefüllt ist. Zum Bremsen wird mit Hil-

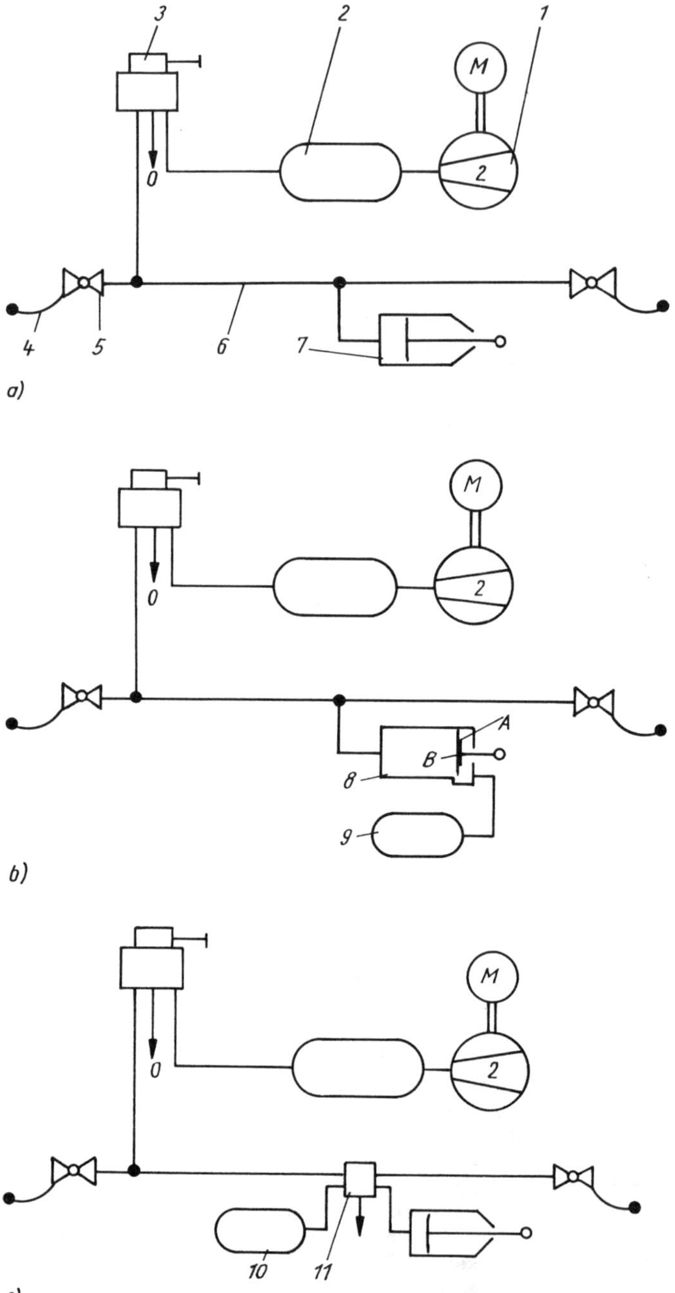

a) b) c)

Bremsbauart
Druckluftschema
a) direkt wirkende nicht selbsttätige Druckluftbremse, b) indirekt wirkende selbsttätige Zweikammerdruckluftbremse, c) indirekt wirkende selbsttätige Einkammerdruckluftbremse
1 Luftverdichter, 2 Hauptluftbehälter, 3 Führerbremsventil, 4 Bremskupplung, 5 Luftabsperrhahn, 6 Hauptluftleitung, 7 Bremszylinder, 8 Zweikammerbremszylinder, 9 Hilfsluftbehälter, 10 Vorratsluftbehälter, 11 Steuerventil

fe des Führerbremsventils der Hauptluftleitungsdruck vermindert, so daß das Steuerventil umschaltet und Druckluft aus dem Luftbehälter über das Steuerventil zum Bremszylinder entsprechend der vorgegebenen Druckverminderung in der Hauptluftleitung strömt. Eine Vollbremsung wird bei einer Druckverminderung von etwa 150 kPa aus dem Regelbetriebsdruck von 500 kPa erzielt. Der Luftverbrauch ist damit gegenüber den anderen B. geringer. Die Bremse ist selbsttätig, da bei Druckminderung in der Hauptluftleitung automatisch über das Steuerventil der Bremsvorgang eingeleitet wird. Da keine direkte Druckbeaufschlagung des Bremszylinders über das Führerbremsventil erfolgt, ist sie eine indirektwirkende Bremse.
Die verschiedenen B. tragen i.d.R. die Namen des Entwicklers der Druckluftbremse oder den des Herstellers. Außerdem besitzen sie eine Kurzbezeichnung (→ Bremsanschriften). Die Bauart des Steuerventils entscheidet über die Ein- und Mehrlösigkeit der Druckluftbremse. → Einlösige Bremsen sind die → Knorr-Bremse und → Westinghouse-Bremse. Zu den → mehrlösigen Bremsen gehören die → Knorr-Bremse (Bauart KE), die Westinghouse-Bremse und auch die Dako-Bremse. Lit.: 1.3., 1.4., 1.8., 3.6., 4.5. Abb.

Bremsbelag: nierenförmiges Bauteil der → Scheibenbremse, das die Kraftübertragung auf die Bremsscheibe übernimmt. Auf der Rückseite ist ein Führungsstück mit einer Blecharmierung angepreßt, das zur Einführung in den Bremsbelagbehälter dient. Durch ein Verschlußstück wird der B. im Belaghalter gesichert. Die B.größe ist vom Bremsscheibenaußendurchmesser abhängig. Die Stärke der Belege beträgt entweder 24 mm oder 35 mm; sie können bis auf 5 mm abgenutzt werden. Die Merkmale und die Zulassungsbedingungen für B. sind durch den UIC festgelegt. Der mittlere → Reibwert international standardisierter Beläge ist 0,35. Nuten im Bremsbelag dienen zur Verbesserung des Reibwerts bei Nässeeinfluß. Abb.

Bremsberechnung: Bezeichnung für die rechnerische Auslegung des mechanischen Teils der → Bremse. Damit werden Bremszylindergröße, Übersetzung des → Bremsgestänges, Bremszylinderhebelmaße, → Bremsklotzkräfte bzw. → Anpreßkräfte bei der → Scheibenbremse

und → Bremsklotzdruck bzw. Anpreßdruck der → Bremsbeläge festgelegt. Ferner sind die Einbaumaße für das Bremsgestänge und (wenn vorhanden) die Einstellmaße für den → Bremsgestängesteller zu berechnen.
Bei der B. geht man i.d.R. von der prozentualen → Abbremsung aus, die für → Klotzbremse und Scheibenbremse in Abhängigkeit von der Fahrzeugmasse als Erfahrungswert vorliegt.
Mit der B. ist nachzuweisen, ob die nach internationalen Vereinbarungen geforderten → Bremshundertstel eingehalten und bei Tfz. die zulässigen Höchstwerte für die → Bremswege nicht überschritten werden. Aus der gewählten prozentualen Abbremsung wird die Bremsklotz- bzw. Anpreßkraft berechnet. Die Bremsgestängeübersetzung soll bei Tfz. 6–8 (max. 10) betragen, damit der Bremskolbenhub in den zul. Grenzen bleibt. Mit Hilfe von Bremsbewertungszahlen nach UIC-Vereinbarungen kann für Triebzüge die → Bremsmasse für Klotzbremsen mit den Bremsstellungen P und G rechnerisch bestimmt werden. Für Lokomotiven gibt es keine Bremsbewertungszahlen, da diese wegen der unterschiedlichen Konstruktion der Fahrzeuge und ihrer Bremsen keine allg. Gültigkeit besitzen würden. Eine theoretische Berechnung der Bremsmasse ist damit nicht möglich. Mit festgelegten Bremsklotzkräften kann der Bremsweg theoretisch vorausberechnet werden. Durch Bremsversuchsfahrten (Schnellbremsungen) ist bei Tfz. nachzuweisen, ob der entspr. Tab. vorgegebene Bremsweg oder die nach einer Bremstafel festgelegten Bremshundertstel aus der Höchstgeschwindigkeit nicht überschritten werden (→ Bremsmasseermittlung). Dazu werden mehrmals Schnellbremsungen aus verschiedenen Bremsausgangsgeschwindigkeiten auf gerader, neigungsfreier Strecke bei windstillem Wetter durchgeführt.
Die B. gibt auch Auskunft über die leistungsmäßige Auslegung der → Handbremse. So wird bei einer Handkraft von 500 N und standardisierten Kurbel- bzw. Handradradien die Übersetzung des Handbremsgestänges festgelegt, um damit die Klotzkräfte und die Abbremsung zu ermitteln. Dazu ist der Nachweis zu erbringen, daß das Triebfahrzeug bei einer bestimmten vorgegebenen Neigung nicht abgleitet und auch nicht abrollt.
Lit.: 1.8.

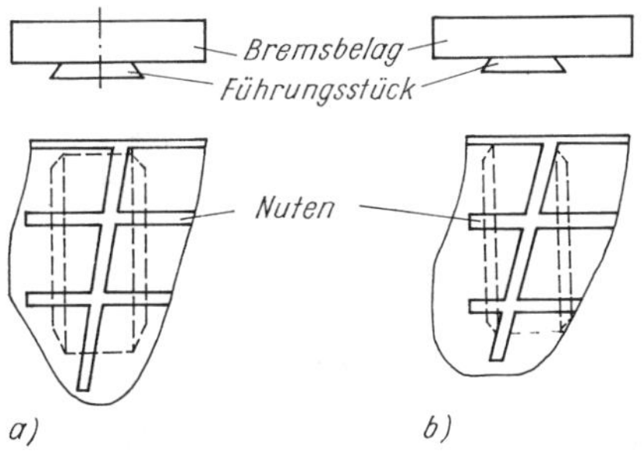

Bremsbelag
Abmessungen der Bremsbeläge
a) Bremsbelagreibfläche 200 cm², für Wellenbremsscheiben ab 610 mm Außendurchmesser
b) Bremsbelagreibfläche 175 cm², für Wellenbremsscheiben mit weniger als 610 mm Außendurchmesser

Bremsbeschleunigung: → Bremsverzögerung

Bremsdruckdiagramm: grafische Darstellung des zeitabhängigen Druckverlaufs im Bremszylinder nach einer eingeleiteten Schnellbremsung. Das B. ist von der Bauart der → Druckluftbremsen abhängig. Für die Bauart KE-GP mit dem Steuerventil KE1c beträgt der max. Bremszylinderdruck in den Bremsstellungen G und P 380 kPa.
Die Bremszylinderfüll- und → Lösezeiten sind durch UIC-Vereinbarungen international vereinheitlicht. So hat die Druckluftbremse der BR155 oder DB/DR in den Bremsstellungen G und P einen maximalen Bremszylinderdruck von 380 kPa, in der Bremsstellung P_2 550 kPa und in der Bremsstellung R 800 kPa. Abb. S. 76

Bremsdruckregler: → Achslagerbremsdruckregler

Bremse: Einrichtung am Fahrzeug, die die Kräfte zur Verzögerung in Fortbewegungsrichtung oder zum Festhalten erzeugt. Die B. hat folgende Aufgaben: a) die Fahrgeschwindigkeit des Tfz. bzw. des Zugs in gewollten Grenzen durch eine Betriebsbremsung zu verringern (*Halte-, Dauerbremsung*), b) drohende Gefahren durch eine Schnellbremsung abzuwenden (*Not-, Zwangsbremsung*), c) stillstehende Fahrzeuge gegen Abrollen durch eine *Festhaltebremsung* zu sichern.
B. sind Energieumwandlungseinrichtungen, die kinetische und/oder potentielle Energie in eine andere Energieform umwandeln. Dabei unterscheidet man zwischen → Reibungsbremsen und dynamischen B. Bei Reibungs-B. wird die Bremsenergie in Wärme umgewandelt; bei mit → elektrodynamischen Bremsen ausgerüsteten elektrischen Tfz. besteht die Möglichkeit der Energie-Rückspeisung ins Netz.
Die technischen Forderungen an die B. sind durch internationale Vereinbarun-

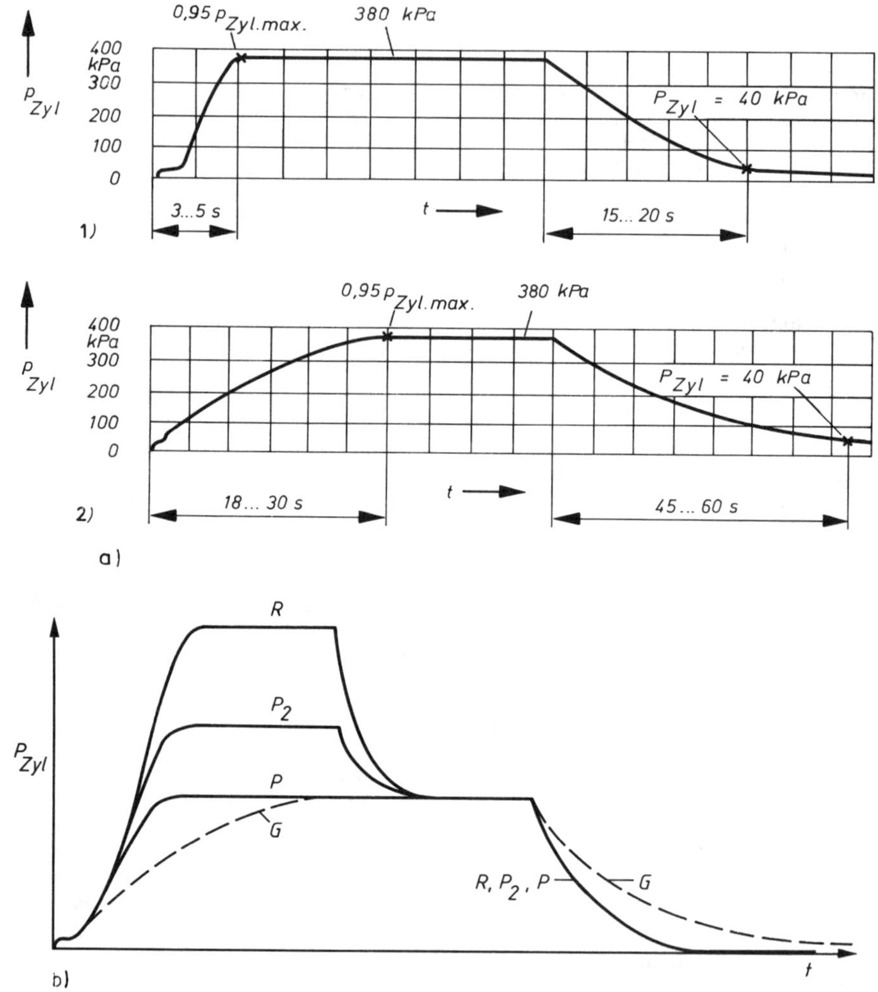

Bremsdruckdiagramm
a) Bremszylinderdruckverläufe für das Steuerventil KE 1c
1) Stellung P, 2) Stellung G
b) Bremszylinderdruckverläufe bei der BR 155 der DB/DR mit den Bremsstellungen G, P, P_2, R bei einer Bremsausgangsgeschwindigkeit $v > 70$ km/h

gen festgelegt, damit verschiedene → Bremsbauarten im Zugverband störungsfrei zusammenarbeiten können. Für ausgewählte Bremsteile muß die Zulassung des UIC eingeholt werden.
Die B. ist Ergebnis einer langen technischen Entwicklung. Es gibt die verschiedensten Ausführungsformen: Nach der *Art der Kraftwirkung* unterscheidet man → Radbremsen, → Schienenbremsen und → Triebwerksbremsen. Die *Rad-B.* werden nach der Art der Krafterzeugung in Luft- und → Handbremsen eingeteilt. Bei den *Luft-B.* wird die Anpreßkraft für die → Klotzbremse und → Scheibenbremse durch Druckluft (→ Druckluftbremse) oder durch Unterdruck (→ Saugluftbremse) erzeugt. I. d. R. dient die Druckluft auch zur Steuerung der B., um regulierbare → Bremskräfte zu erhalten. Dazu sind bes. Bremsarmaturen (→ Führerbremsventil, → Steuerventil) notwendig. Zur Verkürzung des Bremswegs wird die → *Magnetschienenbremse* verwendet, die vom Kraftschluß zwischen Rad und Schiene unabhängig ist.
Am Anfang der Eisenbahngeschichte waren die Tfz. ungebremst, während die Tender verhältnismäßig zeitig mit B. ausgerüstet wurden. Zum Einsatz kam dort zuerst die → Wurfhebelbremse. Moderne Tfz. sind mit einer nahezu verschleißlosen dynamischen (Triebwerks-B.) und einer Reibungs-B. sowie elektronischer Bremssteuerung ausgerüstet. Außerdem haben sie eine Hand-B. oder → Federspeicherbremse. Lit.: 1.4., 1.8., 3.8., 4.5. Tab.

Bremse
Einteilung der Schienenfahrzeugbremsen

Schienenfahrzeugbremsen

Reibungsbremsen	*dynamische Bremsen*
• Klotzbremse • Scheibenbremse • Trommelbremse • Magnetschienenbremse	• elektrodynamische Bremse • Wirbelstrombremse • hydrodynamische Bremse • Motorbremse

Bremseinsatzruck: mittlerer → Ruck in der Schwellphase der Bremsung. Der B. wird als Quotient aus Vollbremsverzögerung und Schwellzeit gebildet. → Bremsweg

Bremsgestänge: mechanisches Übertragungsglied, das die Bremszylinderkolbenkraft auf die → Bremsklötze (→ Klotzbremse) bzw. auf die → Bremsbeläge (→ Scheibenbremse) überträgt. Dabei soll das B. die Kolbenkraft verstärken und sie gleichmäßig auf die Reibpaarung zur Erzeugung der Bremskräfte übertragen. Dazu sind Ausgleichhebel (Längs- und Querausgleich) erforderlich. Die Ausbildung des B. hängt bei Tfz. vor allem von der Möglichkeit der Unterbringung ab. Das B. ist i.d.R. als Hebelsystem ausgebildet, das einfach im Aufbau und billig in der Fertigung ist sowie große Kräfte und Stellbewegungen übertragen kann. Das B. wird am Fahrzeug- bzw. Drehgestellrahmen aufgehängt. Die Nachstellung (Korrektur entspr. der Abnutzung) wird mit einer Nachstelleinrichtung (Spannschlösser, → Bremsgestängesteller) sowie für den Grobausgleich mit Nachstecklöchern vorgenommen. Bei

a)

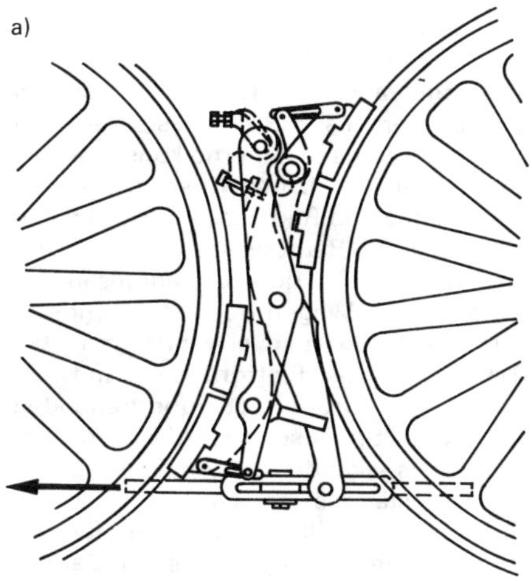

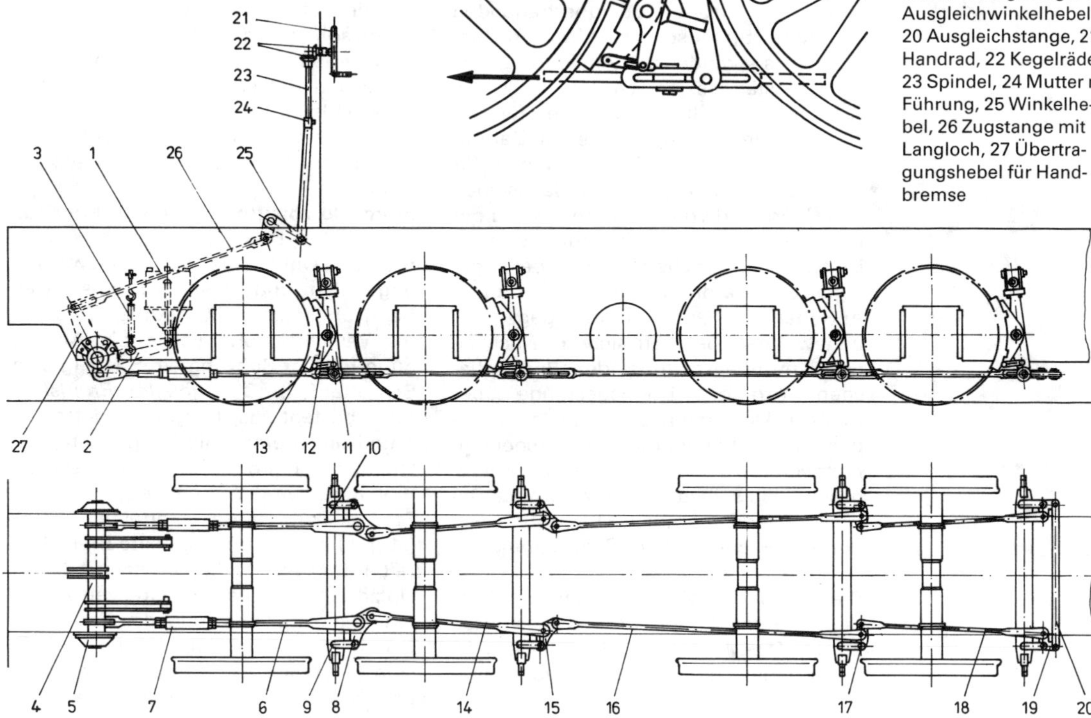

b)

Bremsgestänge
a) Scherenbremsgestänge einer Dampflokomotive
b) Mechanischer Teil der Bremsanlage der Diesellokomotive der BR 346 der DB/DR
1 Bremszylinder, 2 Übertragungshebel für Druckluftbremse, 3 Rückzugfeder, 4 Bremswelle, 5 Bremswellenlager, 6 Hauptzugstange, 7 Spannschloß, 8 Wechselhebel, 9 Drucklasche, 10 Bremsbalken, 11 Bremsklotzhängeeisen, 12 Bremssohlenhalter, 14 Zugstange, 15 Wechselhebel, 16 Zugstange, 19 Ausgleichwinkelhebel, 20 Ausgleichstange, 21 Handrad, 22 Kegelräder, 23 Spindel, 24 Mutter mit Führung, 25 Winkelhebel, 26 Zugstange mit Langloch, 27 Übertragungshebel für Handbremse

der Übertragung der Kraft im B. entsteht durch Reibung in jeder Gelenkverbindung Bolzen/Buchse ein Kraftverlust (→ Gestängewirkungsgrad).
Nach der Anordung unterscheidet man zwischen dem B. für 1seitige und B. für 2seitige Abbremsung der Räder. Bedingt durch den kurzen Radsatzabstand ist bei Dampflokomotiven die 1seitige Abbremsung der Räder bis zu einer Höchstgeschwindigkeit von 100 km/h üblich. Durch eine bes. Anordnung der Hängeeisen (→ Scherenbremse) ist auch eine 2seitige Abbremsung möglich. Gegen Herabfallen von Teilen des B. durch Gestängebruch oder Verlust von Bolzen während der Fahrt werden am Fahrzeug zusätzliche Fangbügel bzw. Fangseile angeordnet. Lit.: 1.4., 1.8., 3.18., 4.5. Abb.

Bremsgestängesteller: Einrichtung zum Nachstellen des → Bremsgestänges zum Erreichen eines annähernd konstanten → Kolbenhubs (2). Durch Verschleiß von → Bremsklotz und Rad vergrößern sich das Klotzspiel im Betriebseinsatz und damit der Kolbenhub, der zu begrenzen ist. Während bei Wagen doppeltwirkende B. eingesetzt werden, verwendet man bei Tfz. i.d.R. aus Platzgründen und auf Grund der großen zu übertragenden Zugkräfte Spannschlösser mit Rechts- und Linksgewinde. Die Ausführung des Bremsgestänges entscheidet über die Art der Nachstellung, wobei es für das komplizierte Bremsgestänge von Dampflokomotiven Nachstellanweisungen für das Tfz.-Personal gibt. Das Nachstellen von Hand wird vorgenommen, wenn der Maximalwert des Kolbenhubs erreicht ist. Nach dem Nachstellen sind bei angelegter Bremse die Spannschlösser durch Anziehen von Gegenmuttern gegen ein ungewolltes Lösen zu sichern. Nach einer Umrißbearbeitung der Radlaufflächen wird das Bremsgestänge über Nachstecklöcher im Bremsgestänge angepaßt. Bei Verwendung von Scheibenbremsen werden einfachwirkende B. eingesetzt, die selbsttätig ein zu großes Belagspiel verkleinern. Lit.: 1.8., 3.18, 4.5.

Bremsgewicht: frühere Bezeichnung für → Bremsmasse.

Bremshundertstel: dimensionslose Größe λ, die den Anteil der → Bremsmasse an der Tfz.-Masse bzw. an der Gesamtmasse eines Zuges in Hundertstel angibt.

$$\lambda = \frac{\text{Bremsmasse}}{\text{Gesamtmasse}} \cdot 100$$

Für die bremstechnische Bewertung eines Zuges kann wegen unterschiedlicher Brems- und Fahrzeugmassen keine eindeutige Aussage über die Bremswirkung des Zugs mit der Kenngröße Bremsmasse gemacht werden, deswegen sind als spezifische Bremsmasse die B. zu ermitteln. Züge mit dem gleichen Betrag an B. und gleicher → Bremsart besitzen annähernd die gleiche Bremswirkung, also gleiche → Bremswege. Zu beachten ist, daß zu jeder → Bremsstellung eine entsprechende Bremsmasse gehört, die an den Fahrzeugen angeschrieben ist. (→ Bremsanschriften). Die wirksamen B. des Zuges werden dem Tfz.-Führer mit dem Bremszettel mitgeteilt.

Bremsklotz: Bauteil der → Klotzbremse zur Übertragung der Anpreßkraft auf die Räder. Der B. besteht aus dem B.schuh und einer oder mehreren → Bremssohlen je nach → Bremsklotzbauform. Zur Befestigung der Bremssohle an den B.schuh dient der B.keil. Wegen der freizügigen Austauschbarkeit sind bestimmte Teile des B. international standardisiert. Die B. sind an Hängeeisen aufgehängt, die entweder an der Mittelbohrung des B. oder an einer bes. Bohrung in der Schwerpunktlinie angreifen. Bremssohlen, die falsch aufgehängt sind, liegen nicht mit der gesamten Reibfläche auf der Lauffläche des Rads auf (überschleifende Bremssohlen), was zu einer zusätzlichen thermischen Beanspruchung der vorderen Radreifenkante führt.

Bremsklotzbauform: Art der Konstruktion des → Bremsklotzes der → Klotzbremse. Unterschieden wird zwischen ungeteilten und geteilten Bremsklötzen. Beim *ungeteilten Bremsklotz »B«* bilden die Verschleißzone sowie die Aufhängung mit der Bohrung ein Stück (großer Schrottanfall). Der *geteilte Bremsklotz »Bg«* besteht aus dem Bremsklotzschuh 1 und der Bremssohle 2 (vgl. Abb.). Zur Übertragung großer Klotzkräfte bei Lokomotiven werden entweder geteilte Bremsklötze mit unterteilter Sohle (»Bgu«) oder doppelt geteilte Bremsklötze (»Bdg«) verwendet, um den → Bremsklotzdruck in günstigen Grenzen zu halten. Die Parallelführung der Bremssohlenreibfläche zur Radlauffläche im gelösten Zustand der Bremse wird durch Bremsklotzstelleinrichtungen, z.B. durch Hubbegrenzungsschrauben, oder bei Neubaufahrzeugen häufig durch die Aufhängung in der vertikalen Schwerpunktachse des Bremsklotzes, erreicht. Abb.

Bremsklotzdruck: Flächenpressung als Quotient aus der → Bremsklotzkraft und der Bremsklotzreibfläche. Da mit Zunahme des B. der Bremssohlenverschleiß ansteigt und der Reibwert der Reibpaarung Bremsklotz/Rad sinkt, soll er bei Tfz. mit → Bremssohlen aus Grauguß nicht höher als 2,0 MPa sein und bei → Kompositionsbremssohlen den Wert von 0,6 MPa nicht überschreiten. Durch Verwendung unterschiedlicher Bremssohlenlängen und → Bremsklotzbauformen kann die Bremsklotzreibfläche den gewünschten Bedingungen angepaßt werden.

Bremsklotzkraft: Kraft, die von einem → Bremsklotz auf die Lauffläche des Rads radial wirkt. Sie wird durch die Druckluft im → Bremszylinder erzeugt und über ein → Bremsgestänge verstärkt und gleichmäßig auf die Bremsklötze der Räder verteilt. Bei bekannter → Abbremsung des Fahrzeugs und bekannter Fahrzeuggewichtskraft kann die erforderliche B. berechnet werden.

$$\Sigma F_K = (\kappa/100)mg$$

(F_K Bremsklotzkraft in kN; κ Abbremsung in%; m Fahrzeugmasse in t; g Erdbeschleunigung in m/s²). Eine weitere Möglichkeit der Berechnung der Gesamtklotzkraft für Fahrzeuge ohne → Bremsgestängesteller:

$$\Sigma F_K = n_{Zyl} F_{Zyl}\, i\eta$$

(F_K Bremsklotzkraft in kN; $n_{Zyl.}$ Anzahl der Bremszylinder; F_{Zyl} Bremszylinderkraft in kN; i Bremsgestängeübersetzung; η Bremsgestängewirkungsgrad). Lit.: 1.7.

Bremskraft: Kraft, die der Fortbewegung des Fahrzeugs oder des Zugs entgegenwirkt und i.d.R. von einer Einrichtung des Fahrzeugs erzeugt wird. Jedes derartige Bremsarbeitssystem ist durch seine → Bremskraftkennlinie gekennzeichnet. Möglichkeiten der B.erzeugung: a) Anpressen von → Bremsklötzen an die Radlauffläche, b) Anpressen von → Bremsbelägen auf eine bes. Bremsscheibe, c) Anpressen von Bremsmagneten auf die Schiene, d) Schaltung der → Fahrmotoren als Generatoren bei elektrischer Leistungsübertragung (→ elektrodynamische Bremse), e) Regelung der Füllung in einer bes. Bremskupplung bei der hydraulischen Leistungsübertragung (→ Strömungsbremse), f) Luftverdichtung im Dampfzylinder der Dampflokomotive (→ Gegendruckbremse), g) Gegendampfgeben, das wegen der hohen auftretenden Triebwerkskräfte nur im Notfall angewendet werden darf, h) Erzeugung eines Wirbelstroms im Magnetfeld zwischen Magneten und Schiene (→ Wirbelstrombremse).

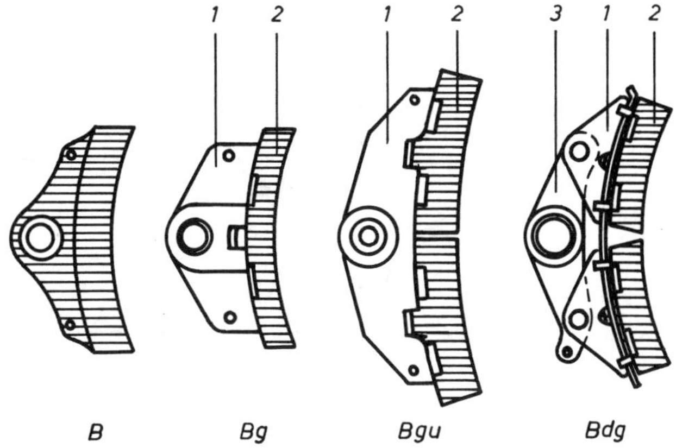

Bremsklotzbauform
1 Bremsklotzschuh, 2 Bremssohle, 3 Bremsklotzschuhhalter

Bremskraftkennlinie: Darstellung des Bremskraftverlaufs über den Momentanwerten der Geschwindigkeit, des Bremswegs oder der Bremszeit. Dabei werden die in den verschiedenen Bremsarbeitssystemen erzeugten → Bremskräfte i.d.R. auf den Radumfang bezogen. Die B. kann sich beim Wirken mehrerer Bremsarbeitssysteme (z.B. elektrodynamische und Klotzbremse) aus den Teilbremskomponenten zusammensetzen. Die Wirksamkeit der Bremsarbeitssysteme wird durch die B. charakterisiert. Sie bildet die Grundlage für die Bewertung der Bremse im Betrieb. Lit.: 1.7. Abb. S. 80

Bremskraftregelung: → Bremskraftregler

Bremskraftregler: Einrichtung zur Steuerung der → Bremskraft der → Druckluftbremse mit dem Bremszylinderdruck. Ausführungsformen: a) durch das → Führerbremsventil wird die Bremskraft über die Änderung des Hauptluftleitungsdrucks gesteuert. b) Bei → Hochleistungsbremsen kann durch einen → geschwindigkeitsabhängigen Druckübersetzer der Bremszylinderdruck unter bestimmten Bedingungen vergrößert werden. c) Bei Fahrzeugen mit → Lastabbremsung können Druckübersetzer verschieden hohe Bremszylinderdrücke ein-

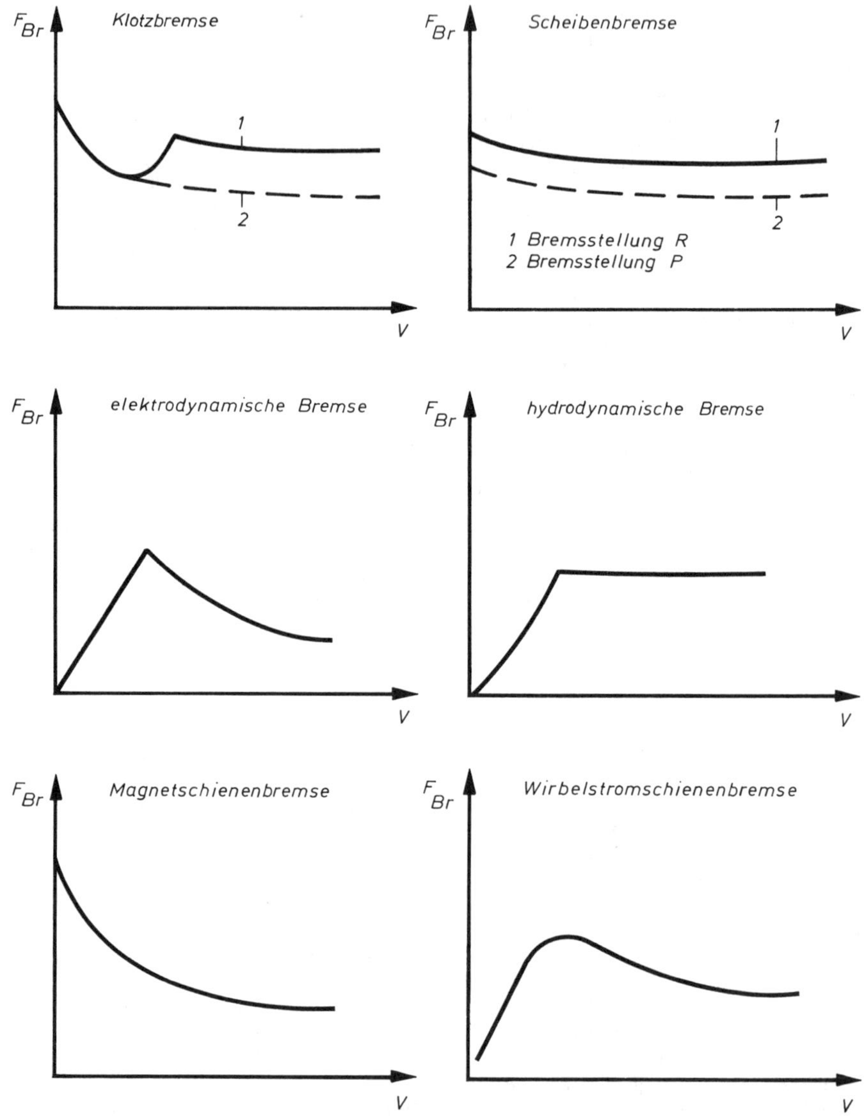

Bremskraftkennlinie
Bremskraftverläufe für verschiedene Bremsarbeitssysteme

stellen, um damit die Bremskraft der Fahrzeugmasse anzupassen.

Bremskupplung: 1. Bewegliches Verbindungsteil zwischen der → Hauptluftleitung bzw. → Hauptluftbehälterleitung der Fahrzeuge untereinander. Die B. besteht aus dem Bremsschlauch (Gummi mit starker Gewebeeinlage) und dem Bremskupplungskopf. Am anderen Ende des Bremsschlauchs befindet sich ein → Luftabsperrhahn. Findet eine Zugtrennung statt, löst sich die B. ohne Zerstörung, und die Hauptluftleitung kann schnell entlüftet werden. Nicht benutzte B. sind in den Bremsschlauchhalter einzuhängen, damit Beschädigungen und nach Möglichkeit auch das Eindringen von Fremdkörpern verhindert werden. Abb. – **2.** → Strömungsbremse.

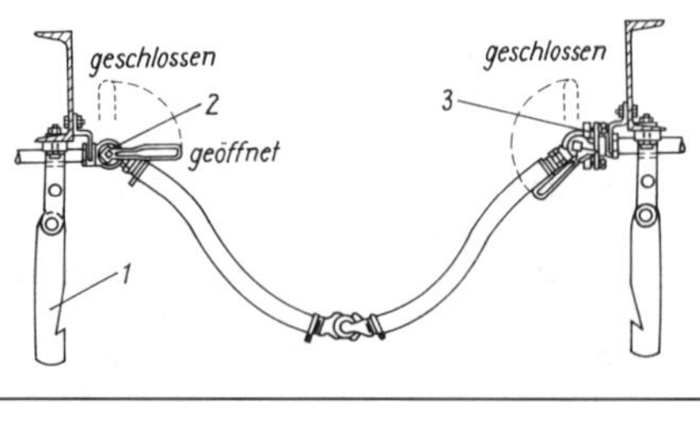

Bremskupplung
1 Bremsschlauchhalter, 2 Luftabsperrhahn mit Kegelverschluß, 3 Luftabsperrhahn mit Kugelverschluß

Bremsleistung: → Leistung, die von einem Bremsarbeitssystem beim Bremsen erzeugt wird. Die momentane B. *P* (in kW) ist nach Einleitung der *Haltebremsung* am größten und verringert sich mit Abnahme der Geschwindigkeit.

$$P = \varrho m a_B \frac{v}{3,6}$$

Neben dem → Massenfaktor ϱ *und der Fahrzeugmasse m* (in t) hängt somit die B. von der momentanen Bremsbeschleunigung a_B (in m/s²) und der Geschwindigkeit *v* (in km/h) ab. Die B. der → *Dauerbremsung* wird nach

$$P = mg\frac{(f_S - f_F)}{1000}\frac{v}{3,6}$$

(f_S mittlere Streckenkraftzahl in ‰; f_F Fahrzeugwiderstandszahl in ‰) berechnet. Lit.: 1.8., 1.28.

Bremsleitung: → Hauptluftleitung, → Hauptluftbehälterleitung

Bremslokomotive: **1.** Fahrzeug mit feinstufig regelbarer Bremseinrichtung, das zur Zugkraftmessung eines Tfz. eingesetzt wird (→ Versuchsfahrt). Dazu wird das zu untersuchende Tfz. vor einen Meßwagen und vor die B. gespannt, die dabei die einem Zug entsprechende Belastung simuliert. Als B. dienen i.d.R. Dampflokomotiven mit → Gegendruckbremse, elektrische Lokomotiven mit → elektrodynamischer Bremse und Diesellokomotiven mit → Strömungsbremse oder elektrodynamischer Bremse. – **2.** → Rangierlokomotive, die im Ablaufbetrieb bei im Gefälle liegender Einfahrgruppe den Zug zum Ablaufpunkt führt und die geforderte Abdrückgeschwindigkeit einhält (→ Abdrücklokomotive).

Bremsluftbehälter: → Vorratsluftbehälter, → Hilfsluftbehälter, → Steuerluftbehälter.

Bremsluftverdichter: → Luftverdichter, → Luftanlage

Bremsmagnet: Einrichtung (Elektromagnet) zur Erzeugung einer → Bremskraft. Der B. wirkt unmittelbar als Schienen-B. (→ Magnetschienenbremse) oder mittelbar als auf das Bremsgestänge arbeitender elektromagnetischer »Bremszylinder« (Solenoid). Die Schienen-B. sind im Drehgestell zwischen den Radsätzen oberhalb der Schiene angeordnet. Sie werden in verschiedenen Längen mit starren Polschuhen oder als Gliedermagnete mit beweglichen Polschuhen hergestellt. Durch die bessere Anpassung der Gliedermagnete an die Schiene werden bis zu 30% höhere Bremskräfte erreicht. Als Werkstoff wird unlegierter Stahl mit niedrigem Kohlenstoffgehalt (geringer Restmagnetismus) oder Sphäroguß (geringe Neigung zu Materialaufschiebungen) eingesetzt. Die B. werden aus der Fahrzeugbatterie (24 V und 110 V) gespeist. Zwischen den beiden parallelen Bremsschuhen wird eine Zwischenlage aus unmagnetischem Material eingesetzt, damit sich dort kein Verschleißmaterial absetzen kann. Lit.: 1.8., 4.5. Abb.

Bremsmasse *(Bremsgewicht):* Kenngröße, die die für den Bremsbetrieb wichtige Wirksamkeit der Bremsen eines Fahrzeugs kennzeichnet. Sie wird durch die → Bremsbauart charakterisiert und stellt einen Vergleichswert für die Leistungsfähigkeit dar, der aber nicht auf einer technisch-physikalischen Grundlage beruht. Bei den UIC-Bahnen wurde vor Jahrzehnten vereinbart, daß das »Bremsgewicht« eine Vergleichsgröße zum »Fahrzeuggewicht« darstellen soll, und man gab ihr die Einheit »t«. Bezugsbasis waren dafür sog. »Einheitswagen« mit einer bestimmten Eigenmasse und einer definierten Bremseinrichtung. Da für die → Bremsarten I und II unterschiedliche »Einheitswagen« benutzt wurden, sind die B. beider Bremsarten untereinander nicht direkt vergleichbar. Die B. wird zur Bewertung der Bremswirkung im Betrieb an den Fahrzeugen angeschrieben → Bremsanschriften).

Bremsmasseermittlung: Verfahren zur Bestimmung der → Bremsmasse durch Versuche, wobei die Bremsmasse nach dem Abhänge- und Auslaufverfahren entspr. UIC-Vorschriften bei Schnellbremsung ermittelt wird. Versuchsbedin-

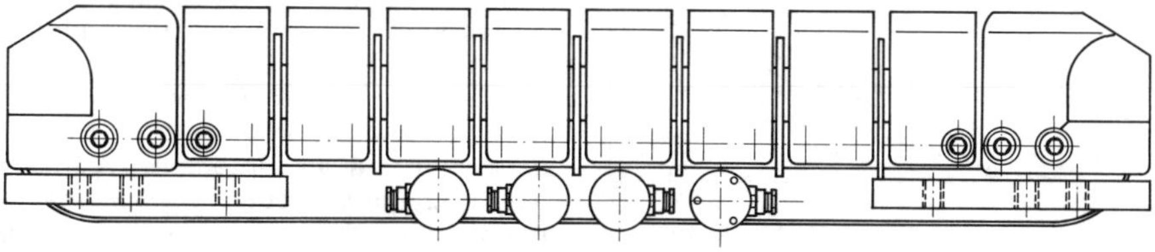

Bremsmagnet
Schienenbremsmagnet GSB 10/24 mit 10 Gliedern (Gesamtlänge 1140 mm, Nennspannung 24 V)

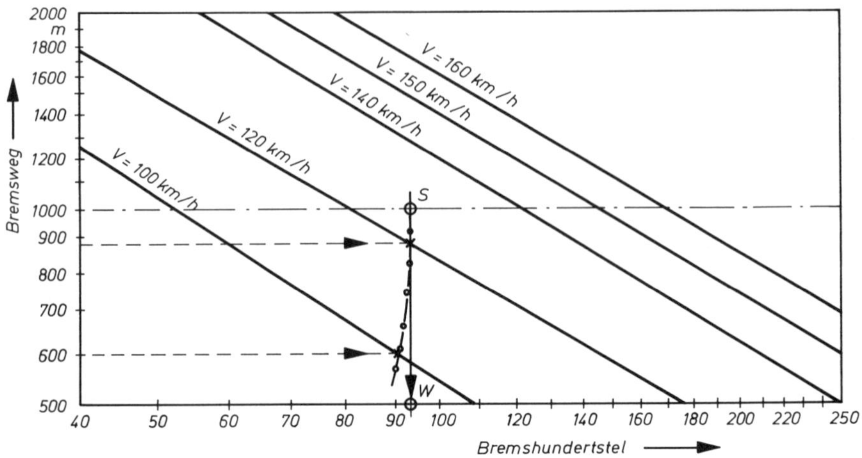

Bremsmasseermittlung
Bremsbewertungsblatt nach UIC mit Beispiel

gungen: trockener Schienenzustand, ebene gerade Strecke ohne Neigung und windstilles Wetter. Von den bei verschiedenen Bremsausgangsgeschwindigkeiten mehrmals ausgefahrenen → Bremswegen wird der Durchschnittswert gebildet und in ein Bewertungsblatt einer UIC-Vorschrift auf den zugehörigen Geschwindigkeitslinien eingetragen. Die sich dabei ergebenden Punkte werden miteinander verbunden. Der Schnittpunkt *S* der erhaltenen Kurve mit der 1000-m-Ordinate ergibt den maßgeblichen Wert *W* der → Bremshundertstel, der durch Herabloten auf die Abszisse abgelesen wird. Durch Multiplikation mit der Tfz.-Masse und Division durch 100% erhält man die → Bremsmasse. Abb.

Bremsmoment: durch eine → Bremse erzeugtes Drehmoment, das eine → Bremswirkung hervorruft. Bei der → Klotzbremse und der → Scheibenbremse wird es aus dem Produkt von → Bremsklotzkraft (→ Anpreßkraft), Gleitreibwert (→ Reibwert) (2)) und dazugehörigem Abstand dieser Kraft vom Radmittelpunkt, bei → Triebwerksbremsen durch die Antriebsart bestimmt. So ist das B. bei → hydrodynamischen Bremsen vom Quadrat der Drehzahl (Fahrgeschwindigkeit) und von ihrem → Füllungsgrad abhängig; bei → elektrodynamischen Bremsen, bei denen die → Fahrmotoren als Gleichstromgeneratoren arbeiten, ist das B. im ungesättigten Bereich dem Anker- und Erregerstrom proportional. Dabei kommt das Drehmoment der Fahrmotoranker zum Wirken. → Gegendruckbremsen erzeugen das B. durch einen Gegendruck im Dampflokzylinder, der als Gegenkraft über den Kolben sowie die Treib- und Kuppelstangen auf die Kurbelzapfen der Treib- und Kuppelradsätze wirkt.

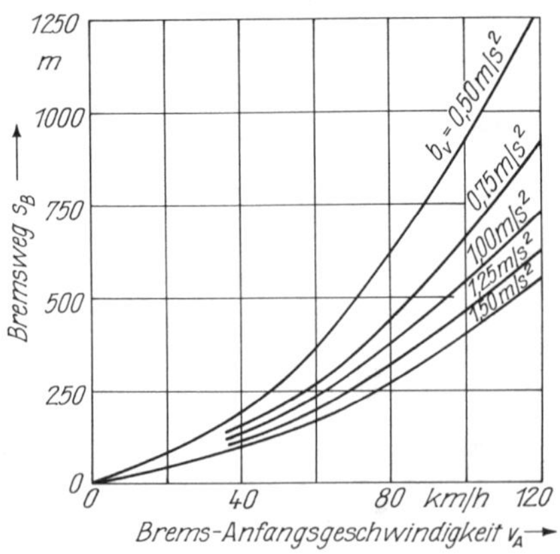

Bremsparabel
Bremsparabel für t_u = 5 s und b_v = 0,50–1,50 m/s²

Bremsparabel: grafische Darstellung des → Bremswegs s_B über der Anfangsgeschwindigkeit der Bremsung v_A mit dem Parameter der → Bremsverzögerung bzw. der → Bremshundertstel. Wegen der funktionalen Abhängigkeit $s_B = f(v^2_A)$ erhält man Parabeln. Es gilt die Gleichung

$$s_B = v_A t_u + \frac{v^2_A}{2 b_v}$$

(s_B Bremsweg in m; v_A Anfangsgeschwindigkeit in m/s; b_v Vollbremsverzögerung in m/s²; t_u Verlustzeit in s). Abb.

Bremsprobe: Kontrolle der Betriebsbereitschaft und des Wirkens der Bremsen an Zügen und an Einzelfahrzeugen als eine wichtige vorbeugende Sicherheitsmaßnahme. Mit der B. ist zu überprüfen, ob die eingeschalteten → Bremsen für Zugfahrt, Rangierdienst oder am Einzelfahrzeug richtig eingestellt sind und vorschriftsmäßig wirken (Anlegen und Lösen). Dazu sind entspr. Angaben in der → Bremsvorschrift enthalten. Zum Verständigen bei der B. gibt es B.signale (Signalbuch).

Der Tfz.-Führer hat die B. in jeder Dienstschicht selbst auszuführen. Die wichtigsten Tätigkeiten der *B. an Tfz.* sind: augenscheinliche Kontrolle der Bremseinrichtungen, Dichtheitsprüfung, Ausführen einer Betriebsbremsung mit mindestens 3 Bremsstufen, Kontrolle des Anlegens der → Bremsklötze an die Radlauffläche und des Bremskolbenhubs. Lösen der Bremse mit mindestens 3 Stufen, Kontrolle des Wirkens der → Zusatzbremse und der → Handbremse. Neben der B. an Tfz. wird zwischen der → vollen Bremsprobe und der → vereinfachten Bremsprobe unterschieden. Lit.: 1.3., 1.26.

Bremsprüfung: Kontrolle des Wirkens und der Funktionstüchtigkeit aller Baugruppen, Bauteile und Armaturen der → Bremsen an Zügen und an Einzelfahrzeugen innerhalb festgelegter Fristen. Mit der B. sollen Mängel vorbeugend festgestellt und beseitigt werden. Mit ihr sind u.a. folgende Arbeiten auszuführen: Schmieren und Entwässern der Bremseinrichtungen, Kontrolle des Bremsgestänges, Herstellen der Betriebsbereitschaft, Prüfen der Zug- und der → Zusatzbremse, Prüfen der → Handbremse. Die Frist für die B. beträgt höchstens 14 Tage. Sind Tfz. auf Steilstrecken eingesetzt, muß die B. innerhalb von 7 Tagen vorgenommen werden. Lit.: 1.3.

Bremsregelung: Vorgang der Anpassung der → Bremskraft durch das → Führerbremsventil an den gewollten Bewegungsablauf eines Eisenbahnzugs.

Bremsregler: Einrichtung an Eisenbahnfahrzeugen zur Steuerung der Bremskraft. → Bremskraftregler

Bremsreibungskraft: → Bremskraft, die durch eine → Reibungsbremse zwischen 2 Reibpartnern erzeugt wird. Sie wirkt entgegen der Bewegungsrichtung des Rads bzw. des Fahrzeugs. Die B. ist das Produkt aus Gleitreibwert (→ Reibwert (2)) und → Bremsklotzkraft bzw. Belaganpreßkraft (→ Scheibenbremse, → Trommelbremse). Bei der → Magnetschienenbremse ist sie das Produkt aus Gleitreibwert zwischen Gleitschuh und Schiene und der experimentell ermittelten Anpreßkraft bei erregten Magneten.

Bremsrelais: → Sicherheitsfahrschaltung, → induktive Zugbeeinflussung

Bremsrevision: planmäßige Instandhaltungsmaßnahme für die → Bremse. Die *Fristen* für die B. (für Diesel- und elektrische Tfz. – außer Kleinlokomotiven – 24 Monate) sind in der → Bremsvorschrift zusammengestellt. Die bei der B. auszuführenden Arbeiten an den zur Bremseinrichtung gehörenden Bauteilen und Armaturen sind in bes. Dienstvorschriften enthalten. In diesen ist aufgeführt, wie die einzelnen Bauteile untersucht, aufgearbeitet oder ersetzt und geprüft werden. Bei jeder B. ist eine Bremsabschlußprüfung auszuführen. Das Datum der B. ist an das Tfz. anzuschreiben. Dieses ist für die anschließende Fristenfolge aller Instandhaltungsmaßnahmen der Bremse maßgebend.

Bremsruck: → Bremseinsatzruck

Bremsschlauch: Bauteil der → Bremskupplung (1)

Bremssohle: Bauteil des → Bremsklotzes der → Klotzbremse. Die B. überträgt die → Bremsklotzkraft auf das Rad und ist damit das unmittelbare Kontaktglied mit der Radlauffläche. Die B. ist ein Verschleißteil, das im Betrieb deshalb leicht auswechselbar sein muß. Man unterscheidet zwischen B. aus Gußeisen mit einem P-Gehalt von ≈ 0,6% (P6-Sohle, GG-Sohle), von ≈ 1% (P10-Sohle) und von ≈ 1,4% (P14-Sohle) und Bremssohlen aus Verbundwerkstoff (→ Kompositionsbremssohle).

Die B.breite entspricht etwa der Radlaufflächenbreite (80–90 mm). Es werden unterschiedliche Bremssohlenlängen eingesetzt, z.B. 250 mm, 300 mm, 320 mm, 350 mm. Die Sohlendicke beträgt 60 mm, wovon 50 mm für den Verschleiß vorgesehen sind. Zur schnelleren Anpassung der Sohlenreib- an die Radlauffläche werden die B. mit einer balligen Reibfläche versehen (früher Längsnut

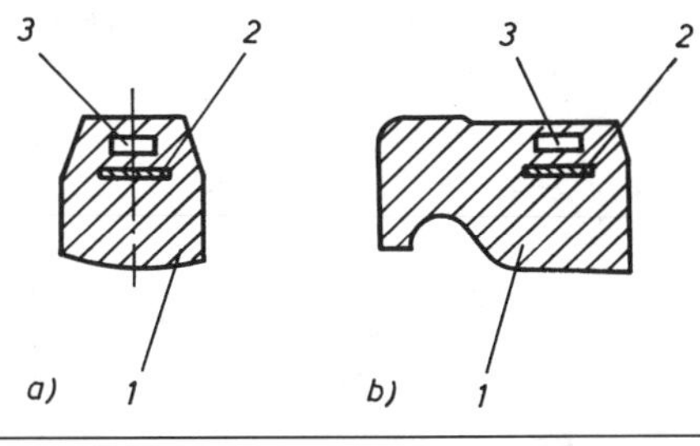

Bremssohle (Querschnitte)
a) Sohle mit balliger Reibfläche, b) Sohle mit Spurkranzübergriff
1 Reibfläche, 2 eingegossene Stahleinlage, 3 Loch für den Bremssohlenkeil

auf der Reibfläche). Damit die B. nicht völlig durchbrechen kann, wird den Technischen Lieferbedingungen entspr. eine Stahleinlage eingegossen. Lit.: 1.3., 1.8. Abb.

Bremsstellung: 1. Stellung der → Druckluftbremse, durch deren Bedienung verschiedene Wirkungen der Bremse erreicht werden (→ Bremsarten):
R schnell und stark wirkend = Bremsart I
P_2 schnell und stark wirkend = Bremsart I
P schnell wirkend = Bremsart I
G langsam wirkend = Bremsart II
Für Tfz. gelten folgende Festlegungen: Besitzen Wagenzug und Tfz. die Bremsstellung *R*, so ist diese einzustellen. Wenn ein gemischter Wagenzug (Bremsstellungen *R* und *P*) vorliegt, ist je nach Erfüllung der → Mindestbremshundertstel (wenn vorhanden) die B. P_2 oder *R* zu verwenden. Hat der Wagenzug nur die B. *P*, ist bei Zügen mit einer Höchstgeschwindigkeit ≧ 90 km/h und mit mindestens 92 → Bremshundertsteln die B. P_2 am Tfz. einzustellen, sonst die B. *P*. Die B. sind an Tfz. angeschrieben, z.B. *R+E* (→ Bremsanschriften). Zur Einstellung der B. ist ein → Bremsstellungswechsel notwendig. – **2.** → Führerbremsventil

Bremsstellungswechsel: Umstelleinrichtung der Bremse zur Einstellung der → Bremsstellung. Der B. wird an der Längsseite des Tfz. über ein Gestänge von außen bedient; er ist mit den Umstellern der → Steuerventile verbunden. Tfz. mit einlösigen Bremsen besitzen einen → GP-Umstellhahn, der in der Leitung vom Steuerventil zum Bremszylinder eingebaut ist. Durch eine Zahnsegmenteinstellung wird erreicht, daß die Handgriffe an den Tfz.-Seiten für den davorstehenden Bediener immer in der gleichen Richtung stehen. Internationale Vereinbarungen (UIC) legen Form und Farbe der Handgriffe einheitlich fest, damit bei der Bedienung des B. keine Fehler entstehen können (z.B. gelber Kugelgriff). Der B. ist so ausgebildet, daß sich ganz links die Bremsstellung mit der geringsten → Bremswirkung und ganz rechts die mit der höchsten befindet. Der B. kann sich auch auf dem Führerstand des Tfz. befinden. Abb.

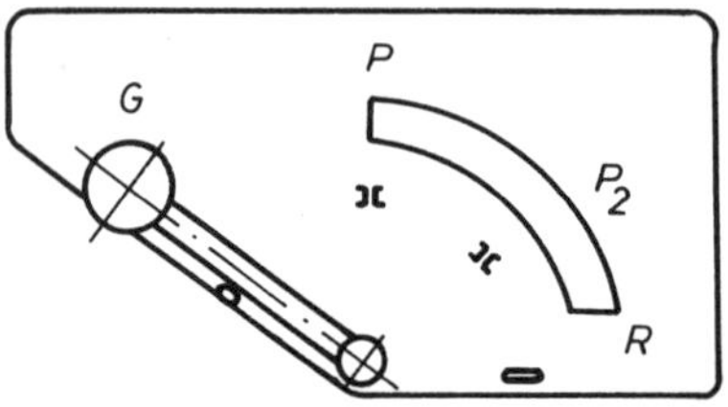

Bremsstellungswechsel G – P – P_2 – R der BR 232 der DB/DR

Bremssteuerstromkreis: Stromkreis in elektrischen Tfz. zur Steuerung der für den → Bremsstromkreis notwendigen Schalter und Geräte beim Umschalten des → Fahr-Brems-Wenders in Bremsstellung.

Bremsstromkreis: Stromkreis in elektrischen Tfz., in dem der Bremsstrom bei der → Widerstandsbremse oder → Netzbremse fließt.

Bremstafel: Tabelle mit den → Mindestbremshundertsteln. Die B. geben den Zusammenhang zwischen Mindestbremshundertstel, Fahrgeschwindigkeit, Bremsweg und Neigungszahl an. Es gibt B. für 400 m, 700 m und 1000 m Vorsignalabstand, wobei außerdem zwischen den → Bremsarten I und II unterschieden wird. Die B. sind nach Versuchsergebnissen von Schnellbremsungen mit Zügen verschiedener Bremshundertstel aufgestellt worden. In den B. ist ein Sicherheitszuschlag von etwa 10% berücksichtigt. Aus der B. kann auch für die → wirksamen Bremshundertstel für eine bestimmte Neigungszahl die Höchstgeschwindigkeit des Zugs ermittelt werden.

Bremsumschalter: → Fahr-Brems-Wender

Bremsung: → Arten der Bremsungen

Bremsuntersuchung: zwischenzeitliche Instandhaltungsmaßnahme zwischen 2 → Bremsrevisionen, wobei alle Bauteile der → Bremse zu prüfen und, wenn erforderlich, aufzuarbeiten sind. Die druckluftführenden Einrichtungen sind zu entwässern. Schadhafte Bauteile oder Armaturen sind durch solche zu ersetzen, deren Betriebszeit nicht vor der nächsten Bremsrevision abläuft. Die Funktion und die Wirksamkeit der Bremse sind durch die Bremsabschlußprüfung nachzuweisen, wobei die Prüfzeit zur Ermittlung von Druckverlusten 3 min beträgt. Fristen und Arbeitsumfang sind in Dienstvorschriften der Bahnverwaltungen festgelegt (→ Bremsvorschrift). Tfz. erhalten alle 6 Monate eine B. Das Untersuchungsdatum ist am Tfz. anzuschreiben (→ Bremsanschriften).

Bremsverzögerung: 1. Momentane Verzögerung während einer Bremsung. Die B. wirkt entgegen der Bewegungsrichtung bei Zuordnung des positiven Vorzeichens. Für fahrdynamische Berechnungen, bes. bei Ermittlung der → Fahrstrategie mit dem → Fahrsimulator, ist es zweckmäßig, die momentane B. durch die momentane »Bremsbeschleunigung« (→ Beschleunigung) mit negativem Vorzeichen des Betrags zu ersetzen. – **2.** Mittlere Verzögerung b_m einer Bremsung. Die mittlere B. wird aus Anfangsgeschwindigkeit v_A und → Bremsweg s_B stets wegbezogen berechnet:

$$b_m = \frac{v_A^2}{2 s_B}$$

Andere mittlere Beschleunigungen, wie z.B. zeitbezogene und Reisebeschleunigung, werden nicht benutzt. Abb.

Bremsvorschrift: Dienstvorschrift für den Bremsdienst, die sich in Teilhefte untergliedert (Dienstvorschrift DB DV915, DR DV979): a) Bedienen der Bremsen im Betrieb (grundsätzliche Bestimmungen für das Bedienen, das Kontrollieren der Betriebsbereitschaft und des Wirkens der Bremsen im Betriebsdienst sowie das Überwachen des Bremsdienstes (→ Bremsprobe, → Bremsprüfung)). b) Instandhaltung der Bremsen in den Werkstätten (grundlegende Bestimmungen für die Instandhaltung und Prüfungen sowie die Abnahmebedingungen für → Druckluftbremsen, die in den Instandhaltungsstellen durchgeführt, instandgehalten und geprüft werden (→ Bremsuntersuchung, → Bremsrevision)). Lit.: 1.3.

Bremswandler: zur Bremsung von Eisenbahnfahrzeugen benutzter → Strömungswandler. Im Gegensatz zur → Strömungsbremse erzeugt der B. auch bei stillstehendem Tfz. ein Bremsmoment. Anwendung vorwiegend beim → Strömungswendegetriebe.

Bremsweg: Weg, der vom Augenblick des Einleitens der Bremsung (Betätigung des → Führerbremsventils) bis zum Bremsende zurückgelegt wird. Das Bremsende ist bei vollständiger Bremsung durch den Zugstillstand gegeben, bei unvollständiger Bremsung durch den Augenblick des Wegfalls der → Bremskraft (Abschluß des Lösens der Bremse). Es ist zwischen den B. zu unterscheiden, die zum Zweck bremstechnischer Bewertungen für normative Bedingungen (nach Merkblättern der UIC) ermittelt werden, und solchen, die sich unter den realen Bedingungen der Zugfahrt ergeben. Der *B. für bremstechnische Bewertungen* hat die vollständige Bremsung und die Schnellbremsung zur Grundlage.

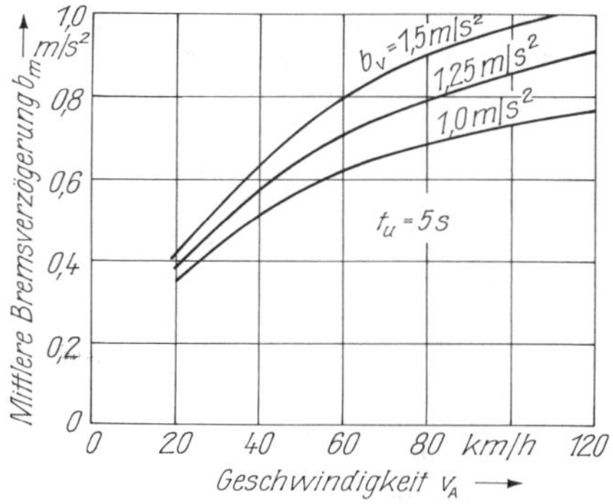

Mittlere *Bremsverzögerung* b_m in Abhängigkeit von der Geschwindigkeit v_A zu Bremsbeginn für die Schnellbremsung eines D-Zugs, b_v Vollbremsverzögerung, t_u Verlustzeit der Bremse

Die vollständige Bremsung umfaßt die Weganteile der Ansprechphase (ungebremste Bewegung bis zum Beginn der Bremskraftentwicklung), der Schwellphase (Entwicklungszeit der Bremskraft) und der Vollbremsphase (Einwirkzeit der max. Bremskraft der Bremse). Bei unvollständiger Bremsung kommt außerdem noch die Abklingphase (Lösezeit der Bremse) hinzu. Der B. wird sowohl experimentell bestimmt als auch berechnet. Das Berechnen des B. kann einerseits mit Formeln und andererseits mit algorithmischen Modellen für Computer erfolgen, wobei letztere eine sehr genaue Anpassung an die Realität ermöglichen. Abb.

Bremswegkurve: → Bremsparabel, → Bremsweg

Bremswegüberwacher: Einrichtung auf Tfz. mit gespeicherten Bremswegkurven. Beim automatischen Zielbremsen wird die Sollgeschwindigkeit als Funktion des zurückgelegten Wegs so heruntergeführt, daß am Zielpunkt die dort gewünschte Geschwindigkeit erreicht ist (→ linienförmige Zugbeeinflussung). Der Sollwert für die signaltechnisch zul. Streckenhöchstgeschwindigkeit enthält die → Bremsparabel für Zielbremsungen. Bei der induktiven → punktförmigen Zugbeeinflussung wird zur Berücksichtigung der tatsächlichen Bremsverhältnisse des Zuges durch Betätigen des Zugar-

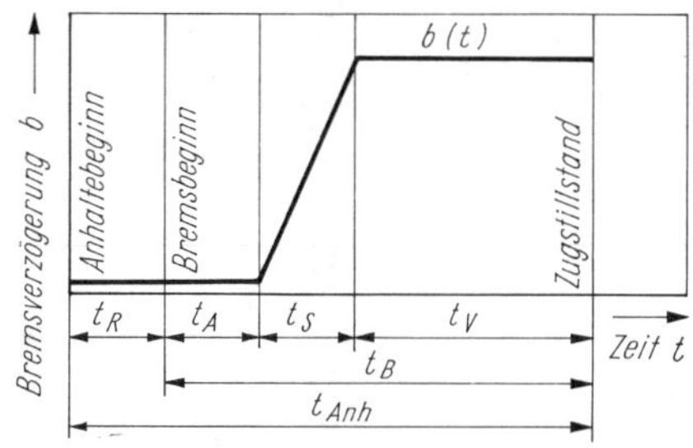

Bremsweg
Anhalte- und Bremsvorgang eines Zugs bei Schnellbremsung (schematische Darstellung) t_R Reaktionszeit (psychologisch-technische Reaktion), t_A Ansprechzeit, t_S Schwellzeit, t_V Vollbremszeit, t_B Bremszeit, t_{Anh} Anhaltezeit

tenwahlschalters das entspr. Überwachungsprogramm eingeschaltet. Wird beim bremswegbezogenen Vergleich von zul. und Ist-Geschwindigkeit die erste überschritten, kommt es automatisch zu einer Schnellbremsung.

Bremswiderstand: Ohmscher Widerstand für die → elektrische Bremse, der den von den bremsenden Fahrmotoren erzeugten Strom aufnimmt und in Wärme umsetzt. Bei Nahverkehrstriebwagen dienen die Widerstände der Heizkörper im Winter oftmals als B.

Bremswirkung: Ergebnis der beim Bremsvorgang durch die Bremseinrichtung erzeugten mittleren → Bremsverzögerung. Die Wirkung der Bremsung ist um so stärker, je größer die → Bremskräfte des Tfz. sind. Sie dürfen aber den verfügbaren max. Kraftschluß zwischen Rad und Schiene nicht überschreiten, da es dann zum → Gleiten der Räder kommt. Die B. der Betriebsbremsung ist geringer als die der Schnellbremsung. Bei vom Kraftschluß zwischen Rad und Schiene unabhängigen Bremsen (→ Magnetschienenbremse, auf die Schiene wirkende → Wirbelstrombremse) ist die B. von der elektrischen Erregerleistung abhängig.

Bremszahnrad: Bauelement der Bremsausrüstung von → Zahnradlokomotiven für den gemischten Reibungs- und Zahnradbetrieb, das neben dem mit dem → Treibradsatz (1) verbundenen Antriebszahnrad gleichfalls mit der Zahnstange zwischen den Schienen im Eingriff steht. Das mit der Radsatzwelle des i.d.R. vorderen → Kuppelradsatzes verbundene und nur zum Bremsen dienende B. besitzt eine Bremstrommel, auf die eine Bandbremse arbeitet. Außer dieser Bremse, die auf die Kuppelradsätze über das B. wirkt, besitzen die Zahnradlokomotiven die bei Dampflokomotiven übliche → Klotzbremse sowie meist eine → Gegendruckbremse. Lit.: 2.12.

Bremszeit: Zeitintervall zwischen Einleitung der Bremsung und Bremsende. → Bremsweg

Bremszylinder: topfartiger, geschlossener Körper, in dem sich ein Kolben befindet, der bei einem Druckunterschied zwischen den beiden durch den Kolben getrennten Räumen eine Kraft (Kolbenkraft) entwickelt, die über ein → Bremsgestänge auf die Reibpaare wirkt. Die Kolbenkraft ist von der Größe des B. (Angabe des Durchmessers in Zoll) und von der Druckhöhe abhängig. Außer den üblichen Einkammer-B. verwendet man bei der → Kunze-Knorr-Bremse den Zweikammer-B. Bei diesem wird der zur Bremsung ausgefahrene Kolben in die Ausgangsstellung mit Hilfe von Druckluft zurückgeführt. Wird der B. nicht mit Druckluft (→ Druckluftbremse), sondern mit Unterdruck (→ Saugluftbremse) auf einer Kolbenseite beaufschlagt, entstehen ebenfalls eine Druckdifferenz und damit eine Kolbenkraft. Da die mögliche Druckdifferenz bei Saugluftbremsen kleiner als bei Druckluftbremsen ist, erfordern Saugluftbremsen größere B.
Beim modernen *Einkammer-B.* (Abb.) ist die Kolbenstange (5) im Führungsrohr (3) lose gelagert, während der Kolben mit dem Führungsrohr fest verbunden ist. Dadurch können die Bremszylinderhebel den Bogenausschlägen beim Anlege- und Lösevorgang ungehindert folgen. Die Gestängerückzugfeder (6) drückt die Kolbenstange an den Kolbenboden. Nach Entlüftung des B. werden der Kol-

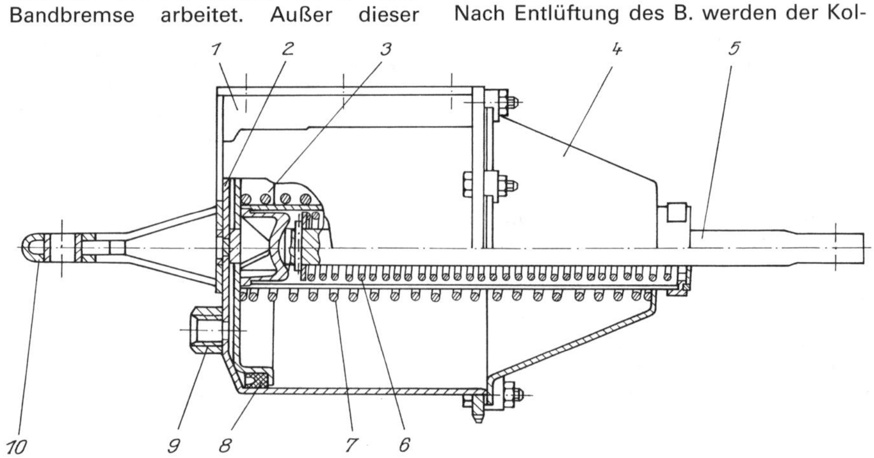

Bremszylinder
Schnitt durch einen Bremszylinder mit Hebelträger
1 Tragrahmen, 2 Zylinderkörper, 3 Kolben mit Führungsrohr, 4 Zylinderdeckel, 5 Kolbenstange, 6 Gestängerückzugfeder, 7 Kolbenrückdruckfeder, 8 Kolbenstulp (Nutring) 9 Druckluftanschluß, 10 Hebelträger

ben und das Bremsgestänge durch die Federn (6) und (7) in die Ausgangslage gebracht. Beim Anlegen der → Handbremse wird die Feder (6) zusammengedrückt, und beim Lösen wirkt sie gleichzeitig als Gestängerückzugfeder.
Bei *B. älterer Bauart* ist die Gestängerückzugfeder nicht im B. eingebaut, sondern liegt außerhalb des B. zwischen den Bremshebeln.
Die Abdichtung des Kolbens gegen den Zylinderkörper (2) erfolgte früher ausschließlich mit Leder, heute mit Gummi. Der Kolbenstulp (8) liegt mit Vorspannung an der B.wand und wird bei Druckbeaufschlagung fest an diese angepreßt. Die B. werden in einem besonderen Tragrahmen (1) zur Befestigung am Fahrzeug gelagert.
Man unterscheidet zwischen normal- und kurzhubigen B. sowie ohne bzw. mit eingebautem, einfach wirkendem → Bremsgestängesteller. Die B. bestehen aus Stahlblech oder aus Gußeisen. Lit.: 1.8. Abb.

Brenner: **1.** Baugruppe in → Heizgeräten und → Heizdampferzeugern, von der ein Brennstoff-Luft-Gemisch gebildet und gezündet wird. Bestandteile: Brennstoffdüse oder → Zerstäuber für die Verteilung des Brennstoffs in der Verbrennungsluft, für die Zufuhr der Verbrennungsluft, Zündeinrichtung für die anfängliche Zündung des Brennstoff-Luft-Gemischs. Bei einigen Typen von B. sind die Zubehöreinrichtungen (elektromotorischer Antrieb des Zerstäubers, des Verbrennungsluftgebläses und der Brennstoffpumpe) Bestandteile des B. – **2.** Kraftstoffdüse am Flammrohrboden der → Brennkammer von → Gasturbinen, die zur Zerstäubung des Kraftstoffs dient. Als B. werden Zerstäuber und verschiedene Düsen, z.B. Überström-, Doppel- und Luftzerstäuberdüsen, verwendet. – **3.** → Ölbrenner (3) für Dampflokomotivkessel mit → Ölfeuerung.

Brennerrohr: Bauteil des Brenners von → Kohlenstaublokomotiven. In dem kegelstumpfförmigen B. ist der Brennereinsatz für die jeweilige Brennerbauart untergebracht. Bei Braunkohlenstaublokomotiven der DR wurde ein Wirbelflügelbrennereinsatz, bei Steinkohlenstaublokomotiven der DRG, Bauart Stug, die Brausenbrennerplatte (→ Brausenbrenner) mit vorgeschalteter Mischvorrichtung verwendet. Abb.

Brennkammer: Hauptbaugruppe von → Gasturbinen, in der durch eine kontinuierlich ablaufende Gleichdruckverbrennung oder durch eine periodisch gesteuerte Gleichraumverbrennung des eingespritzten fein zerstäubten Brennstoffs das Arbeitsgas für die Turbine erzeugt wird. Bei den in → Gasturbinentriebfahrzeugen ausschließlich verwendeten → Gleichdruckturbinen unterscheidet man Einzel- und Ring-B. *Einzel-B.* bestehen aus einem zylindrischen Gehäuse und dem darin konzentrisch angeordneten Einsatz (Flammrohr), an dessen Boden sich der → Brenner und die Zündkerze befinden. Es gibt Gasturbinen mit einer stehend angeordneten Einzel-B. und solche mit mehreren kreisförmig zwischen Verdichter und Turbine angeordneten Einzel-B. *Ring-B.* bestehen aus dem ringförmigen Gehäuse und dem aus Innnen- und Außenring zusammengesetzten Einsatz mit mehreren am Umfang des Bodens verteilten Brennern. In der Primärzone des Einsatzes verbrennt der Brennstoff mit geringem Luftüberschuß, in der Mischzone werden die Verbrennungsgase durch Zumischen von Luft auf die zulässige → Turbineneintrittstemperatur gekühlt. Abb.

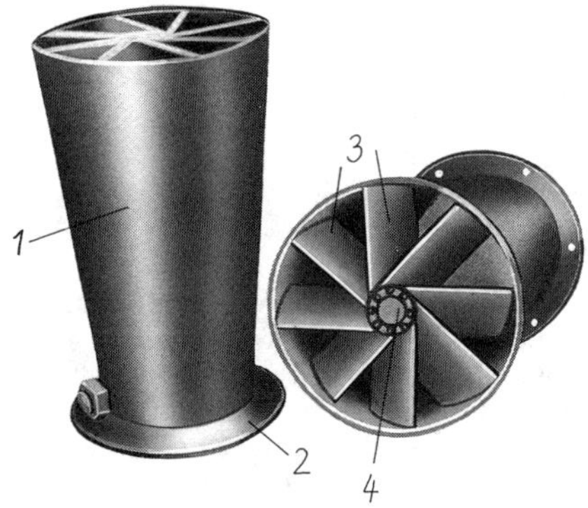

Brennerrohr mit Wirbeleinsatz
1 Brennerrohr, 2 Anschlußflansch, 3 Wirbelflügel, 4 Wirbelkern

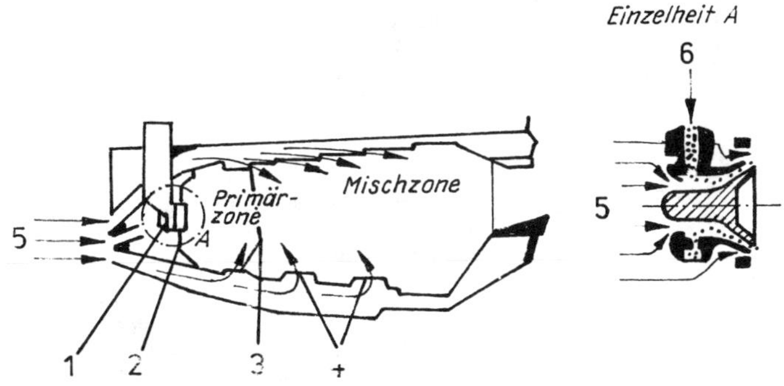

Brennkammer
Ringbrennkammer mit Luftzerstäuberdüse im Schnitt
1 Brenner (Luftzerstäuberdüse), 2 Bodenplatte, 3 Sekundärbohrungen, 4 Mischluft-Eintritt, 5 Luft vom Verdichter, 6 Kraftstoff

Brennkraftlokomotive: → Lokomotive mit Antrieb durch → Verbrennungskraftmaschine.

Brennkraftmaschine: andere Bezeichnung für → Verbrennungskraftmaschine.

Brennkraftschienenfahrzeug: → Brennkrafttriebfahrzeug

Brennkrafttriebfahrzeug: → Triebfahrzeug mit Antrieb durch → Verbrennungskraftmaschine. Unterschieden werden Lokomotiven und Triebwagen mit Antrieb durch Benzin-, Benzol-Ottomotor, Dieselmotor oder Gasturbine. Heute wird fast ausschl. der Dieselmotor als Antriebsmaschine für B. verwendet (→ Dieseltriebfahrzeuge).

Brennkrafttriebwagen: → Verbrennungstriebwagen

Brennpunkt: Temperatur, bei der ein Stoff ohne weitere Flammeneinwirkung von selbst weiterbrennt. Der B., der z.B. bei der Schmierölanalyse festgestellt wird, liegt über der Temperatur des → Flammpunkts, der beispielsweise für Heißdampföl ≧ 320 °C betragen muß.

Brennraum, *Verbrennungsraum:* Teil des Zylinders und entsprechender Räume im → Zylinderkopf (Vorkammer, Wirbelkammer) oder im Kolbenboden eines Verbrennungsmotors, in dem der Verbrennungsvorgang eingeleitet wird und zeitlich abläuft.

Brennstoff: stofflicher Energieträger (Primärenergieträger), der durch Verbrennung (exothermischer Oxydationsprozeß) Wärme abgibt (z.B. Kraftstoff, Kohle), die direkt (Verbrennungsmotor) oder indirekt (mit Dampf oder elektrischer Spannung als Zwischenträger) für die Erzeugung des Antriebsdrehmoments bei Tfz. genutzt werden kann. Der durchschnittliche Heizwert *H* der für die Tfz. wichtigsten B. ist sehr unterschiedlich (vgl. Tab.) und beeinflußt durch die begrenzten Möglichkeiten der Bevorratung auf den Tfz. deren → Aktionsradius. Der Einsatz des jeweiligen B. ist abhängig von der Art der Antriebsmaschine, wobei bevorzugt gashaltige Steinkohle oder Briketts für Dampflokomotiven und Dieselkraftstoff für Diesel-Tfz. verwendet werden. Tab.

Brennstoff

Durchschnittlicher Heizwert *H* von Brennstoffen für Triebfahrzeuge

Brennstoff	H in MJ/kg
Feste Brennstoffe	
Anthrazit	33,6
Holzkohle[1)]	21,0 ... 33,6
Steinkohle	32,8 ... 33,6
Braunkohlenbriketts	21,0
Holz[1)]	11,8 ... 16,0
Flüssige Brennstoffe	
Vergaserkraftstoff (Benzin)	43,3
Dieselkraftstoff (Dieselöl)	42,0
Rohpetroleum[2)]	42,0
Benzol[2)]	40,3

1) früher für Dampflokomotiven verwendet

2) früher bei Verbrennungstriebwagen (Öltriebwagen, Benzoltriebwagen) verwendet

Brennstoffbehälter: Behälter zur Bevorratung des Brennstoffs für → Heizgeräte. B. haben im Vergleich zum → Kraftstoffbehälter ein geringeres Fassungsvermögen. Sie werden entweder über einen → Füllstutzen oder über eine → Füllleitung vom Kraftstoffbehälter des Tfz. aufgefüllt.

Brennstoffpumpe: Pumpe, die den Brennstoff für → Heizgeräte und → Heizdampferzeuger aus dem Brennstoffbehälter zum → Zerstäuber bzw. zur Brennstoffdüse fördert. B. werden als Kolben- oder → Zahnradpumpen ausgeführt und sind separat oder direkt im → Brenner angeordnet. Die B. wird durch einen Elektromotor angetrieben.

Brennstoffregelventil: Drosselventil zur Regulierung des Brennstoffdrucks. Anwendung: z.B. am → Verbundsteller von → Heizdampferzeugern.

Brennstoffverbrauch: → Energieverbrauch

Bromid-Feuerlöscher: Feuerlöscher (→ Handfeuerlöscher), dessen → Löschmittel auf der Basis von Monochlorbrommethan hergestellt ist. → Halonlöscher

Brotan, Johan: geb. 24. Juni 1843 (Klattau/Klatovy) – 20. November 1923 (Wien); Ingenieur des Dampflokbaus und Erfinder der Röhrenfeuerbüchse im Jahre 1902 (→ Brotan-Kessel). B. war über 40 Jahre bei der k. k. österreichisch-ungarischen Staatseisenbahn tätig, wo diese Kesselbauart in zahlreichen Lokomotiven zur Zufriedenheit angewandt wurde. Lit.: 2.9., 5.3.

Brotan-Kessel: nach dem Konstrukteur → Brotan benannter → Dampflokomotivkessel mit Wasserrohrfeuerbüchse (→ Wasserrohrkessel). Beim B. werden die Konturen der → Feuerbüchse mit Wasserrohren (etwa 95 mm×5 mm) nachgebildet, die unten in eine rahmenförmige Wasserkammer und oben in eine längsliegende Trommel (Oberkessel) münden.

Das Kesselspeisewasser läuft vom → Langkessel der Wasserkammer zu, wird in den Brotan-Rohren von den entstehenden Dampfblasen in die Trommel mitgerissen und läuft wieder dem Langkessel zu.
Die erste, 1901 mit einem B. ausgerüstete Dampflok war die Güterzuglokomotive 4754 der k.k. österreichisch-ungarischen Staatseisenbahn. Infolge Kupfermangels wurden in Österreich und Ungarn ganze BR mit dem durchaus befriedigenden B. ausgerüstet. Aus dem gleichen Grund erhielten die Lokomotiven 42 0001 und 42 0002 der DRG noch im zweiten Weltkrieg einen B. Mit der weiteren Entwicklung der Stahlfeuerbüchse gingen die Bahnverwaltungen wieder vom B. ab.
Probleme bildeten das Dichthalten der Rohre und die Schamotteausmauerung der Rohrzwischenwände, die durch die Fahrzeugerschütterungen bes. beansprucht wurden. Lit.: 2.8., 2.9., 2.12., 5.3. Abb.
Bruchkraft, *Bruchlast:* größte Beanspruchung (Grenzkraft), bei der die Festigkeit eines Teils noch ausreicht. Ein Überschreiten dieser Grenze führt zum Bruch. Bes. Bedeutung hat die B. für die Zugeinrichtung der Tfz. und Wagen, da damit die möglichen → Zugkräfte bzw. Anhängemassen (→ Anfahrgrenzmasse) begrenzt werden. Bei der Schraubenkupplung beträgt die B. für alle nach 1949 gebauten Fahrzeuge 850 kN, für Zughaken, Zugstange bzw. Zugapparat 1000 kN (Kennzeichnung dieser Teile mit Kennrippe und dem internationalen Austauschzeichen U). Ältere Zugeinrichtungen hatten eine B. von 650 kN. Für die zur künftigen Einführung bei den europäischen Bahnen (Normalspurbahnen) vorgesehene → automatische Kupplung ist eine B. von 1500 kN bei Zugkraft und 2000 kN bei Druckkraft festgelegt.
Bruchplatte, *Bruchscheibe:* Bauelement des → Zylinders (1) und Sicherungselement gegen die Überschreitung des zul. Zylinderdrucks bei Dampflokomotiven anstelle von Zylindersicherheitsventilen. Die im Zylinderdeckel eingebaute B. ist in ihrer Stärke und Materialstruktur so gehalten, daß sie beim Überschreiten des zul. Zylinderdrucks zerspringt. Die einwandfreie Wirkung der B. hängt stark von ihrer homogenen Werkstoffstruktur (Gußeisen) und der Güte ihrer Bearbeitung ab. Bei → Wasserschlag ist sie wirksamer und zuverlässiger als das Zylindersicherheitsventil. Bei der DRG wurden z.B. die Lokomotiven der BR 52 mit B. ausgerüstet. Lit.: 2.12.
Bruchscheibe: → Bruchplatte
Brückenfahrzeug: Fahrzeug, das aus 2 oder mehr Drehgestellen und 1 oder mehr auf diesen ruhenden und gegen sie drehbaren Fahrzeugkörpern, die als Brücke bezeichnet werden, besteht. → Drehgestell-Brückenfahrzeug
Brückenschaltung: **1.** Steuerungsschaltung bei → Serien-Parallel-Schaltung von Gleichstrom-Tfz., bei der das Überschalten ohne Zugkraftunterbrechung oder kurzzeitige Mehrbelastung eines Fahrmotors bzw. einer Motorgruppe erfolgt. Die B. wird deshalb bei Tfz. gegenüber der → Abrißschaltung bevorzugt. Schaltreihenfolge: 1 (a – Serie mit Widerständen); 1, 2, (b – Serie ohne Widerstände); 2 (c – Vorbereitung der Parallelschaltung I); 2, 3, 4 (d – Vorbereitung der Parallelschaltung II); 3, 4 (e – Parallelschaltung mit stufenweiser Abschaltung der Widerstände). → Leistungssteuerung. Lit.: 4.4., 4.5. Abb. – **2.** Schaltungsanordnung in der elektrotechnischen

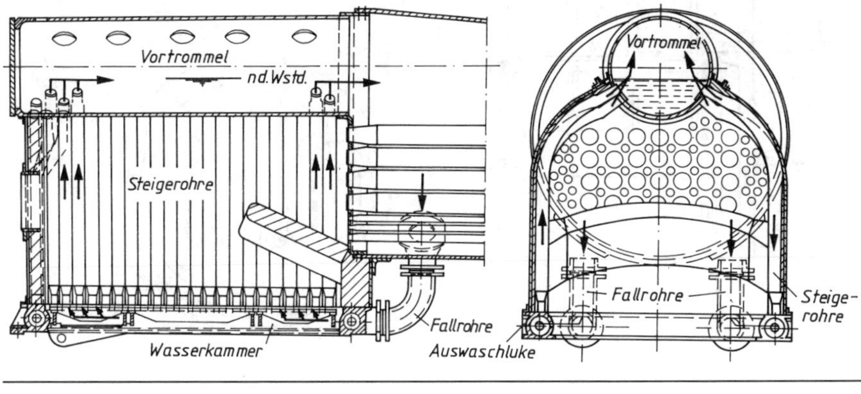

Brotan-Kessel (Schnitt)

Meßtechnik mit 4 elektrischen Widerständen (reell oder komplex), einer Spannungsquelle und einem elektrischen Meßinstrument.

Buchfahrplanhalterung: Ablage, ggf. mit Festhaltebügel für den für das Tfz.-Personal maßgebenden Buchfahrplan. Die B. ist auf dem → Führerstand im unmittelbaren Kontrollbereich des Tfz.-Führers angeordnet und dabei oft als Klemmhalterung oder als Fahrplanmulde im Führerpult ausgeführt.

Buchholzschutz: Einrichtung zum Schutz des → Haupttransformators auf elektrischen Tfz. Der B. spricht auf ungewöhnlich große Ölströmung sowie auf Gasbildung an und bewirkt die Auslösung des → Hauptschalters.

Buchli, Jakob: 4. März 1876 (Chur) – 1945; Schweizer Ingenieur und Erfinder des patentierten → Buchli-Antriebs für elektrische Lokomotiven; weiter entwickelte er den sog. *Universalantrieb Winterthur* (eine Bauform des → Einzelachsantriebs) für Elloks und eine → Hochdruck-Dampflokomotive. B. studierte Maschinentechnik in Zürich und begann seine berufliche Laufbahn auf dem Gebiet des Dampflokbaus bei der Schweizerischen Lokomotiv- und Maschinenfabrik Winterthur. 1910 übernahm B. die Leitung des Konstruktionsbüros für elektrische Lokomotiven bei der Firma Brown, Boveri & Cie, und von 1924 bis 1930 war er Direktor der Schweizerischen Lokomotiv- und Maschinenfabrik Winterthur. Später betätigte er sich mit seinen vielseitigen Erfahrungen des Baus von Dampf- und elektrischen Lokomotiven als beratender Ingenieur. Lit.: 5.3.

Buchli-Antrieb: Antrieb bei → Gestellmotoren als Fahrmotoren in Querlage.

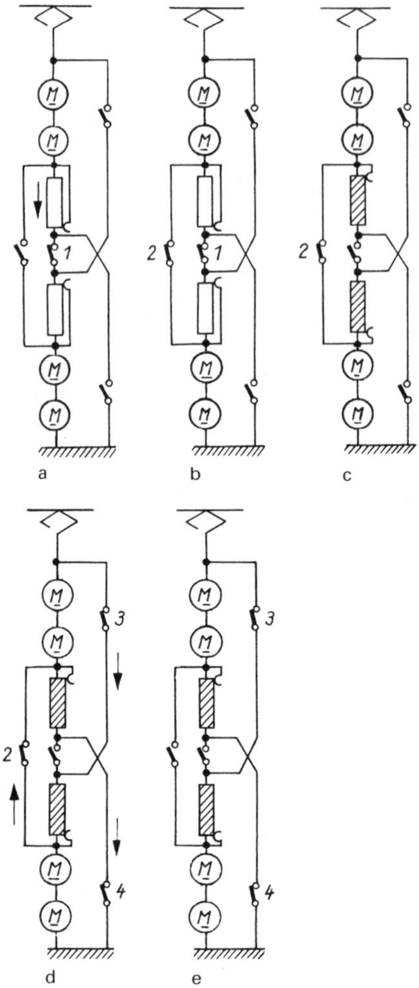

Brückenschaltung

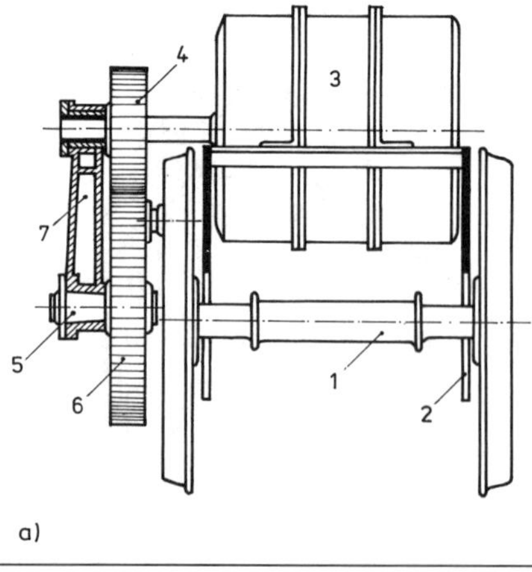

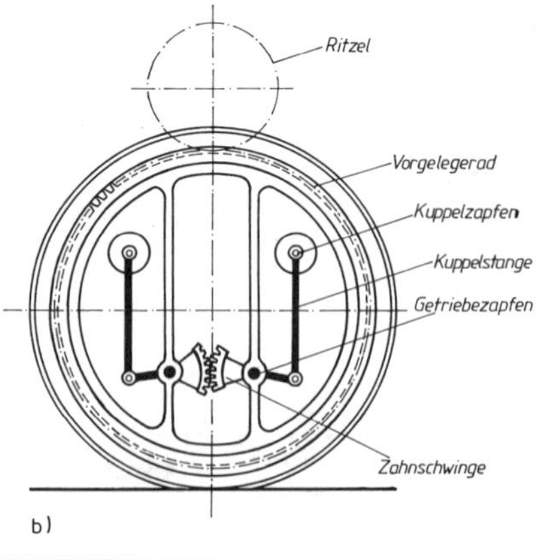

Buchli-Antrieb
a) Außenliegender Buchli-Antrieb für Ellok mit Innenrahmen
1 Treibradsatz, 2 Hauptrahmen, 3 Gestellmotor, 4 Ritzel, 5 Zapfen, 6 Großrad, 7 Hilfsrahmen
b) Gelenkhebelkupplung des Buchli-Antriebs

Grundlage bildet eine Gelenkhebelkupplung mit Zahnschwingen nach dem Schweizer Ingenieur → Buchli. Der B. für Tfz. mit *Innenrahmen* und hochliegenden Gestellmotoren ist gewöhnlich als einseitiger Antrieb ausgeführt, dabei ergibt sich aber eine einseitige Massenanhäufung, die durch Verschieben des → Haupttransformators an die entgegengesetzte Seite ausgeglichen werden muß. Die Ausführung mit *Außenrahmen* bedingt eine Anordnung von Stirnradgetriebe und Gelenkhebelkupplung zwischen den → Treibrädern und der Hohlwelle, dabei kann der Gestellmotor auch neben dem Treibradsatz liegen. Der B. ist kompliziert, teuer in Herstellung und Unterhaltung und wird daher nicht mehr angewandt. Abb.

Buchsenlager: buchsenförmiges Lager im Stangenkopf von Kuppelstangen oder am Kreuzkopfende der Treibstangen (→ Stangenantrieb). Das B. besteht aus einer Buchse mit 1seitigem Bund, die mit einem Lagermetallausguß (Weißmetallausguß) versehen in den Stangenkopf eingepreßt wird. Stark beanspruchte vordere Treibstangenlager in der Ausführung als B. bestehen aus sehr harter Bronze ohne Weißmetallausguß, da dieser verdrückt werden würde. Im oberen Bereich des B. befindet sich eine Ölbohrung zur Schmierung des Lagers. Das B. wird gegen Verdrehen durch einen Bundbolzen gesichert. Der Lagermetallausguß kann mit Nuten mit Filzeinlagen zur verbesserten Schmierung versehen sein. Lit.: 2.12. Abb.

Büffel: → Tierklasse

Bügel: → Schleifbügel

Bügelanker: bügelförmiges Bauelement des Dampflokomotivkessels für eine Verankerung und Versteifung der Feuerbüchs- und Stehkesseldecke, das zur Vermeidung von Rißbildungen das stärkere Ausdehnen der Feuerbüchsrohrwand am Umbug durch ein Ausbiegen der Feuerbüchsdecke ohne Verringerung der Versteifung gegen den Dampfdruck zuläßt. Die B. stützen sich vorn auf dem Umbug der Feuerbüchsrohrwand und hinten drehbar auf der ersten Reihe der festen Deckenstehbolzen (B.-Deckenstehbolzen) ab und sind durch meist 2 B.-Stehbolzen mit der Feuerbüchsdecke verbunden. Lit.: 2.12.

Bügeleinstellventil: → Stromabnehmer-Einstellventil

Bürsten: Bauelement an elektrischen Maschinen (z.B. beim → Fahrmotor von Tfz.) zur Stromübertragung zwischen ruhenden und rotierenden Maschinenteilen. Die B. arbeiten auf Schleifringe und → Kommutatoren und sind im → Bürstenhalter gelagert. Sie bestehen i.d.R. aus Kohle und Graphit. Bei Wechselstromfahrmotoren werden meist *Zwillings-B. (Spalt-B.)*, ggf. mit Zusatzinduktivitäten oder Stromteilern, verwendet, mitunter auch *Spreiz-B.* Die Größe der B.schleiffläche liegt bei 10 cm², bei einer B.stromdichte von 10 A/cm² können solche B. 100 A übertragen; ggf. werden mehrere B. pro Pol angeordnet, max. 1000 A. pro B.lineal.

Bürstenhalter: Vorrichtung zur Führung der → Bürsten. Nach Anordnung der Bür-

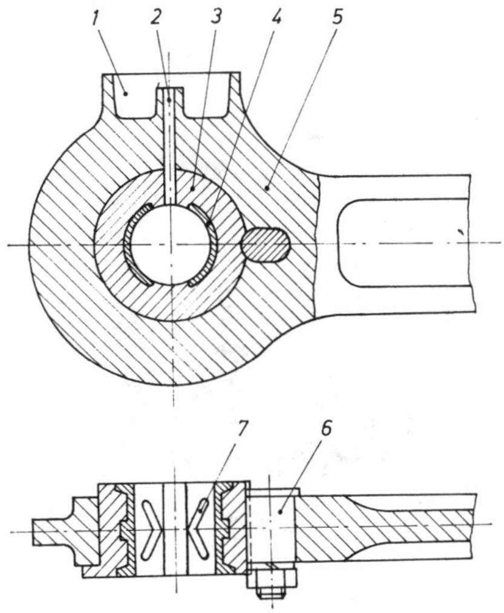

Buchsenlager
Kuppelstangenkopf mit Buchsenlager
1 Ölgefäß, 2 Ölbohrung, 3 Buchsenlager, 4 Weißmetall, 5 Stangenkopf, 6 Bundbolzen, 7 Filzeinlage

Bürstenhalter mit Kohlen

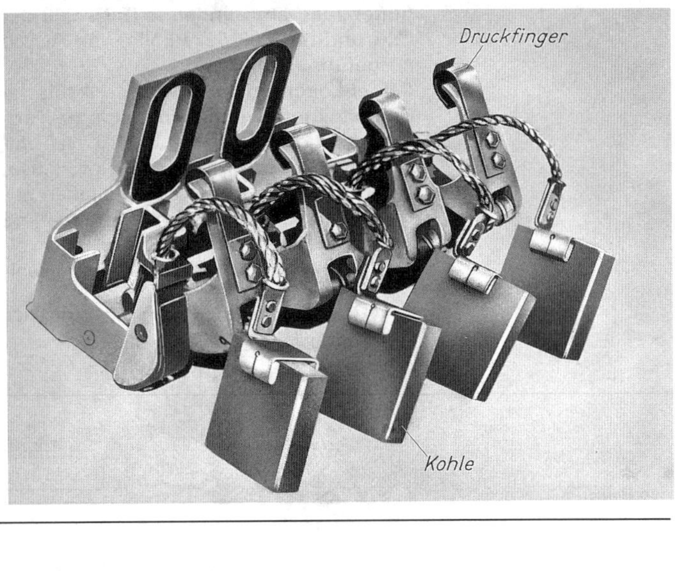

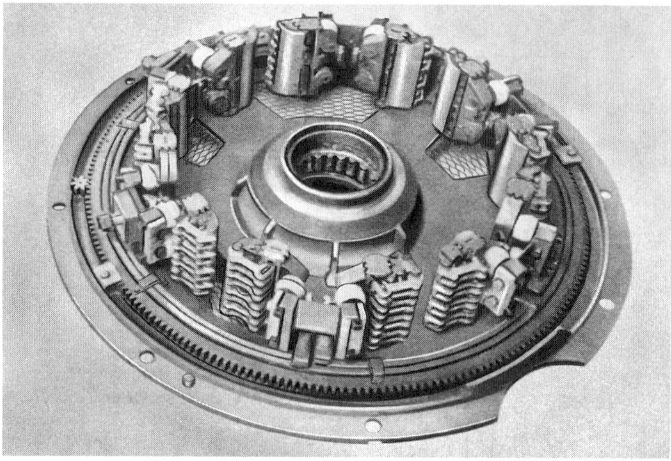

Bürstenring
Lagerschild mit Bürstenhalterring

sten wird sie als *Schräg-B., Radial-B.* und B. für *axial* angeordnete Bürsten ausgeführt. Neben B. für Einzelbürsten werden B. auch für 2 oder mehr Bürsten ausgeführt. *Reihen-B.* liegen dann vor, wenn 2 oder mehr Bürsten infolge geringer Kommutatorlänge ohne Zwischenraum hintereinander angeordnet sind. B. werden auf isolierten »Bürstenlinealen« befestigt. Abb.

Bürstenring: ringförmiges Tragegestell für die → Bürstenhalter bei Kommutator-Fahrmotoren, das im Motorgehäuse gelagert ist und den Kommutator zentrisch umgibt. Nach Lösen einer Verriegelung kann der B. mit einem Zahnrad gedreht werden. Dadurch ist es möglich, alle Bürsten vom Maschinenraum des Tfz. aus zu überprüfen und ggf. auszuwechseln. Lit.: 4.4., 4.5. Abb.

Bw: Abk. für → **B**ahnbetriebs**w**erk.

C

cab-unit: Bauart der → Streckendiesellokomotive mit geschlossenem Maschinenraum in voller Breite und mit Vorbaunase, hinter der der hochliegende Führerstand angeordnet ist. Diese Bauart ist bei amerikanischen und britischen Dieselloks ausgeprägt. C. wurden mit 2 Endführerständen (Diesellok → Deltic der BR), mit 1 Endführerstand (Abb.) sowie mit 1 Endführerstand und einem Hilfsführerstand am Blindende (BR A300 der CEH und BR1600 der RENFE von ALCO) ausgeführt. Abb.

Camel-Lokomotive: amerikanische Dampflokomotive mit einem bis zum Lokomotivende gezogenen Stehkessel und einer langen schmalen → Feuerbüchse, deren Rost direkt über den Schienen angeordnet war. Der Führerstand befand sich deshalb aus Platzmangel gleich einem Kamelhöcker oben auf der Kesselmitte. Der Lokomotivkessel der von Winans entwickelten C., von der bis 1852 etwa 200 Stück gebaut wurden, war auf die Verfeuerung von schwerer Anthrazitkohle abgestimmt. Die C. entwickelte große Zugkräfte bei infolge des großen hinteren Überhangs nur niedrigen zul. Geschwindigkeiten. Lit.: 5.3.

Caprotti-Steuerung: eine nach Caprotti benannte Bauart der → Ventilsteuerung (1) für Dampflokomotiven, bei der eine umlaufende → Nockenwelle über 3 Kurvenscheiben die Ein- und Auslaßventile eines Dampfzylinders betätigt. Wird die Zylinderfüllung geändert, so geschieht dies für den Dampfeinlaß durch das Verdrehen von 2 nebeneinanderliegenden Kurvenscheiben. Die am anderen Nockenwellenende befestigte dritte Kurvenscheibe steuert den Dampfauslaß.
Der Antrieb der Nockenwelle wird durch

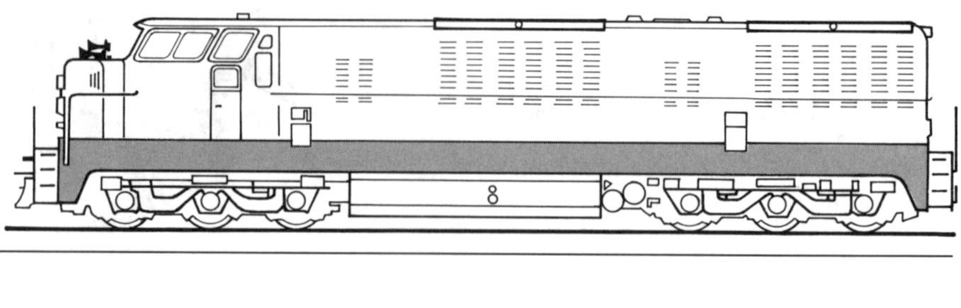

cab-unit

eine von einem → Kuppelradsatz über ein Kegelradgetriebe angetriebene und im Rahmen gelagerte Gelenkwelle übertragen. Angewandt wurde die C. von den Bahnen Italiens, Österreichs, Großbritanniens, Indiens und Südamerikas. In Deutschland wurde versuchsweise die Lok Nr. 4 der Augsburger Bahn damit ausgerüstet. Lit.: 5.3. Abb.

Cardo-Wasserstandanzeiger: Bauart des Wasserstandanzeigers für → Dampflokomotivkessel bzw. Bauelement der → Wasserstandanzeigeeinrichtung von Dampflokomotiven. Der C. ist ein Reflexions- bzw. Flachglas-Wasserstandanzeiger. Eine geriffelte Glasplatte deckt eine längliche Kammer ab und läßt den Wasserstand im Kessel schwarz erkennen und den Dampfraum silberweiß erscheinen. Abb.

Carnot, Nicolas Léonard Sadi: 1. Juni 1796 (Paris) – 24. August 1832 (Paris); französicher Ingenieuroffizier, ab 1821 als Naturwissenschaftler tätig. C. veröffentlichte 1824 die Arbeit »Réflexions sur la puissance motrice du feu« über den theoretisch erreichbaren besten Wirkungsgrad der Dampfmaschine und leistete damit einen fundamentalen Beitrag zur Thermodynamik (→ Carnot-Kreisprozeß). Er bestimmte ferner annähernd das mechanische Wärmeäquivalent und kam durch überschlägige Berechnungen zu dem Schluß, daß die wirklich erreichbare Nutzleistung der Dampfmaschine kaum mehr als 1/20 der theoretisch möglichen Verbrennungsleistung der Kohle sein werde. Lit.: 1.22., 5.1.

Carnot-Kreisprozeß: idealer reversibler → Kreisprozeß mit einem idealen Gas als Arbeitsstoff für die günstigste Wärmeausnutzung bei gegebenem Temperaturgefälle. Dabei ist der thermische Wirkungsgrad nur von den Temperaturgrenzen (T_{max}, T_{min}), zwischen denen der C. verläuft, abhängig. Der C. wird als idealer Kreisprozeß für Wärmekraftmaschinen angestrebt, er kann praktisch jedoch aufgrund der isothermen Verbrennung und der verfügbaren kleinen Nutzarbeit (Kreisprozeßfläche) nicht verwirklicht werden. Abb.

Cetanzahl, *CaZ:* Maß für die → Zündwilligkeit von Dieselkraftstoff (DK). Ein DK mit einer CaZ von 52 besitzt die gleiche Zündwilligkeit wie eine Vergleichsmischung aus 52 Vol.-% Cetan und 48 Vol.-% Methylnaphtalin. Hohe CaZ bedingen eine gute Zündwilligkeit.

Caprotti-Steuerung
1'C h2t-Lokalbahnlokomotive mit Caprotti-Steuerung, die sich unter der Verkleidung über dem Dampfzylinder befindet

Chadži-Antrieb: → Škoda-Antrieb

Chapelon, André: 26. Oktober 1892 (St. Paul en Cornillon/Frankreich) – 29. Juni 1978 (Paris); französischer Ingenieur und einer der bedeutendsten Dampflokomotivkonstrukteure des 20. Jahrhunderts. Nach Abschluß des Ingenieurstudiums im Jahre 1921 war C. in der maschinentechnischen Abteilung der Paris-Lyon-Mittelmeerbahn und später als Chefingenieur für Fahrzeugkonstruktion der Paris-Orleans-Bahn tätig. 1938 wurde er bei der neu gebildeten SNCF zum Chefingenieur und ab 1953 zum Leiter des Maschinenwesens ernannt. C. erhöhte in Frankreich mit der Rekonstruktion und Modernisierung älterer Typen (z. B. durch die Entwicklung des → Kylchap-Ejektors, durch Verbesserungen der Dampfführungen und Überhitzung sowie Anwendung schmaler, langer → Feuerbüchsen, der → Ventilsteuerung und der mechanischen Rostbeschickung) die Leistung und Wirtschaftlichkeit der Dampflokomotive. Hervorragende Verdienste erwarb sich C. bei der für die europäischen Eisenbahnen

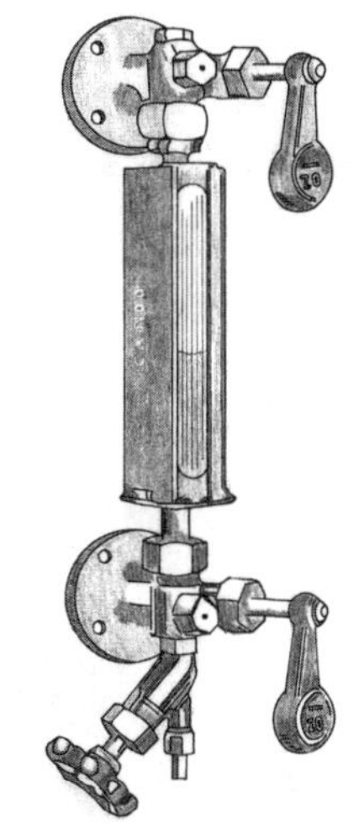

Cardo-Wasserstandanzeiger

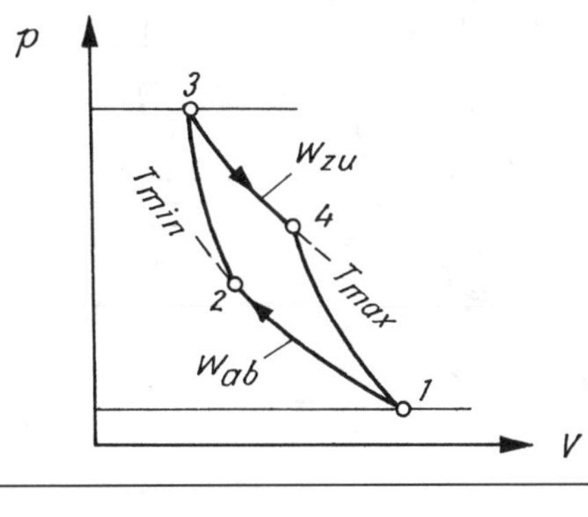

Carnot-Kreisprozeß
1–2 isotherme Kompression, 2–3 isentrope Kompression, 3–4 isotherme Expansion, 4–1 isentrope Expansion
W_{zu} zugeführte Energie, w_{ab} abgeführte Energie, T_{min} minimale Kreisprozeßtemperatur, T_{max} maximale Kreisprozeßtemperatur, *p* Druck, *V* Volumen

richtungsweisenden Entwicklung von Vierzylinder-Verbundlokomotiven, die in der 1946 für die Paris-Orleans-Bahn entwickelten 2'D2'-Lok (BR 242A1 der SNCF) mit einer Leistung von 2942 kW und in der 1949 gebauten 2'C2' h4v-S-Lokomotive (BR 232U der SNCF) mit 1875 kW Leistung am Zughaken schöpferische Höhepunkte fand.
C. wurde 1950 für seine Arbeit »Hundert Jahre Crampton-Lokomotive und ein Jahrhundert des Fortschritts der Dampftraktion« mit dem Anatole-Mallet-Preis ausgezeichnet. Lit.: 2.6., 5.3.

chemische Korrosion: von der Oberfläche ausgehende unbeabsichtigte Zerstörung metallischer Werkstoffe, die durch chemische oder elektrochemische Reaktionen des Werkstoffs mit seiner Umgebung hervorgerufen wird. Die c.K. ist ein Naturvorgang, der auf Potentialunterschieden beruht. Man unterscheidet die c.K. in elektrisch schlecht leitenden Medien und die elektrochemische Korrosion in elektrisch gut leitenden Medien. Die Erscheinungsform der c.K. ist vielfältig. Sie tritt z.B. als ebenmäßige, Lochfraß-, Spalten- und interkristalline Korrosion auf. Die c.K. metallischer Werkstoffe kann durch → Korrosionsschutz verhindert bzw. verlangsamt werden.

Coale-Sicherheitsventil
(Schnitt)

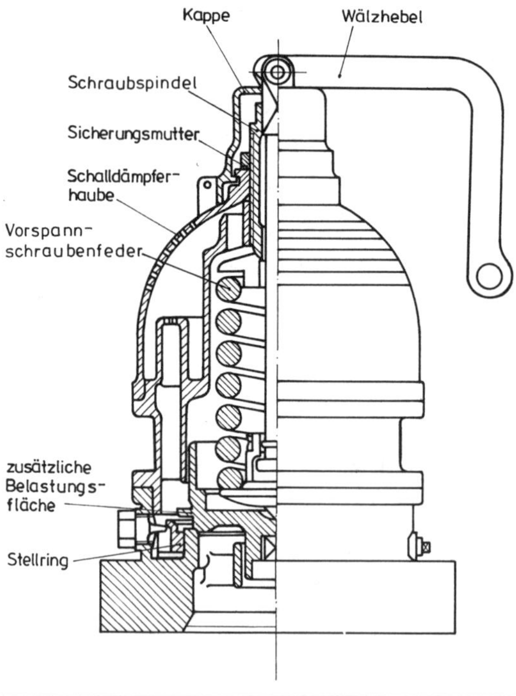

Chopper: → Pulssteller

C-Kuppler: → Dreikuppler

Climax-Lokomotive: Getriebe-Dampflokomotive mit um 45° geneigten Zylindern, die am Kessel befestigt waren und über ein Schwungrad eine Welle antrieben, von der aus die Leistungsübertragung über Gelenkwellen zu den Radsätzen erfolgte. Die 1888 von Gilberts gebaute C. war wendig und robust. Sie besaß Räder mit doppelseitigen Spurkränzen und geriffelten Laufflächen, damit konnte sie auch auf Holzschienen laufen. Zwischen 1888 und 1928 wurden für Waldbahnen 1100 C. gebaut und in den Waldgebieten von Nord-, Mittel- und Südamerika sowie in Australien eingesetzt. Lit.: 5.3.

Coale-Sicherheitsventil: nach Coale benannte Bauart der Hochhub- oder Vollhubsicherheitsventile (→ Kesselsicherheitsventil) für Dampflokomotiven. Das mit einer Druckfeder für die Ventilsitzpressung ausgestattete C. öffnet sich, wenn der zul. → Kesseldruck überschritten wird und läßt den überschüssigen Dampf ins Freie abströmen.
Nachteil: Es schließt erst nach erheblichem Unterschreiten des zulässigen Kesseldrucks, schließt träge und bläst damit lange ab. Deshalb wurde das C. später durch das → Ackermann-Sicherheitsventil abgelöst. Lit.: 2.12., 5.3. Abb.

Cockerill, John: 3. August 1790 (Haslington/Lancashire)–19. Juni 1840 (Warschau); englischer Industrieller. C. gründete 1816 in Belgien ein Hochofen- und Hüttenwerk sowie eine mechanische Werkstatt für die Konstruktion und zum Bau von Dampflokomotiven. Auf dem Weg zur Heißdampflokomotive lieferte die Werkstatt C. bereits 1848 3 Lokomotiven, bei denen sich dem Langkessel-Dampfraum eine Dampfkammer anschloß. An der Konstruktion und Fertigung der ersten → Engerth-Lokomotive von 1853 war das Werk C. maßgeblich beteiligt. Aus der Verstümmelung des Namens der Herstellerfirma C. entstand die Bez. »Krokodil« für die 1892 bis 1902 an die Main-Neckar-Bahn gelieferten 15 1'B1 n2-Schnellzuglokomotiven etwas abseitiger Bauart mit Außenrahmen und Innenzylindern sowie vorderer → Adamsachse. Lit.: 2.9.

Crampton, Thomas Russell: 6. August 1816 (Broadstairs/Grafschaft Kent)–19. April 1888 (London); englischer Ingenieur, Erbauer verschiedener Eisenbahn-

linien und Erfinder der nach ihm benannten Schnellzug-Dampflokomotivbauart (→ Crampton-Lokomotive).
Nach Beendigung seiner Lehrzeit war C. 1839–1844 Assistent von Isambard Kingdom Brunel und → Gooch, unter deren Leitung der Bau der Breitspur-Dampflok (2134 mm) »Great Western« in Großbritannien stand. Anschließend arbeitete er 4 Jahre als Lokomotiv-Ingenieur in der Lokomotivfabrik von G. Rennie. Für seine Ideen, die zu einer neuen Bauart der Normalspur-Lokomotive führten, der C.-Lokomotive, erhielt er 1842 ein Patent. Die erste Lok dieser Bauart wurde 1847 fertiggestellt. C. bewies in seiner Tätigkeit als Zivilingenieur ab 1848 in London eine große Vielseitigkeit. Besondere Erwähnung verdienen seine Leistungen bei der Verlegung des ersten Unterseekabels (1851, Dover–Calais), beim Bau der Berliner Wasserwerke (1857) und verschiedener Bahnen in Großbritannien, Rußland und der Türkei sowie bei der Entwicklung sparsam arbeitender Tunnelbohrmaschinen. Lit.: 2.9., 5.3. Abb.

Crampton-Lokomotive: nach dem englischen Ingenieur → Crampton benannte und 1842 patentierte Schnellzuglokomotivbauart mit der Achsanordnung 2A, 3A oder auch 2'A, bei der der → Treibradsatz (1) hinter dem Stehkessel angeordnet war. Das ermöglichte das tiefe Absenken des Kessels auf die Höhe der → Laufradsätze (niedrige Schwerpunktlage) und eine für die Leistungserhöhung erforderliche große Rostfläche. Charakteristisch war ferner der → Crampton-Stehkessel.
Die erste C. (»Namur«) wurde 1847 für die Eisenbahn Namur–Lüttich erbaut. Sie erreichte bei Probefahrten ohne Wagenzug auf der engl. Grand Junction-Bahn (Breitspur 2134 mm) eine Geschwindigkeit von 120 km/h. Die in Cramptonscher Bauart 1851 hergestellte normalspurige Lokomotive »Liverpool« kam auf 126 km/h, wurde aber 1858 als zu schwer für den damaligen Oberbau aus dem Verkehr gezogen.
Wegen der zu geringen Reibungsgewichtskraft des Treibradsatzes und infolge der Erschütterungen auf dem Führerstand setzte sich diese Bauart in der weiteren Entwicklung des Lokomotivbaus nicht durch. Lit.: 2.9., 5.3. Abb.

Crampton-Stehkessel: nach dem engl. Ingenieur → Crampton benannte Bauform des → Stehkessels mit kreisförmig gewölbter Stehkesseldecke, die sich glatt an den Langkessel anschließt, sowie ebenen, nach oben verjüngten Seitenwänden der → Feuerbüchse und ebener

Thomas Russel *Crampton*

Crampton-Lokomotive der Pfalzbahn, Baujahr 1853; mit 1830 mm Treibraddurchmesser erreichte sie Geschwindigkeiten bis 100 km/h

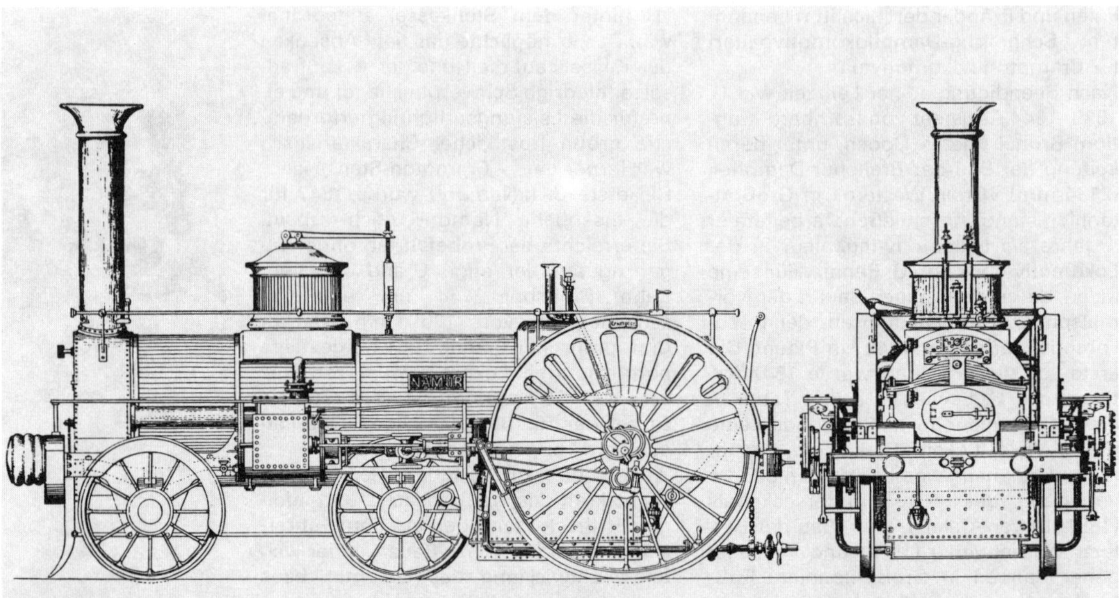

Crampton-Stehkessel
Lokomotive der Bauart Crampton, Baujahr 1846, mit zwischen den Rahmenwangen hängendem Crampton-Stehkessel

Feuerbüchsdecke. Der von Crampton entwickelte und eingeführte C. wurde im Dampflokomotivbau zur bestimmenden Stehkesselart. Lit.: 2.6., 2.9. Abb.

»Crodo«: Name der ersten bei deutschen Eisenbahnen eingesetzten C-Dampflokomotive (→ Dreikuppler), die in 2 Exemplaren bei R. → Stephenson in Auftrag gegeben und 1843 an die Braunschweigische Bahn geliefert wurde. Die »Crodo« war eine → Long-boiler-Lokomotive mit Innenzylindern und Kulissensteuerung. Der mittlere Treibradsatz hatte spurkranzlose Räder. Sie wurde auf Strecken mit Steigungen von 1:98 bis 1:48 eingesetzt. Lit.: 2.9.

Crosti, Piero: 7. Mai 1885 (Monza) – ; italienischer Ingenieur. C. studierte am Polytechnikum in Mailand. Nach 1932 war er als leitender Mitarbeiter bei der Franco-Gesellschaft in Mailand tätig. C. entwickelte den Dampflok-Abgasvorwärmer von → Franco zum → Franco-Crosti-Abgasvorwärmer weiter. Lit.: 5.3.

Cugnot-Dampfwagen,
Baujahr 1770

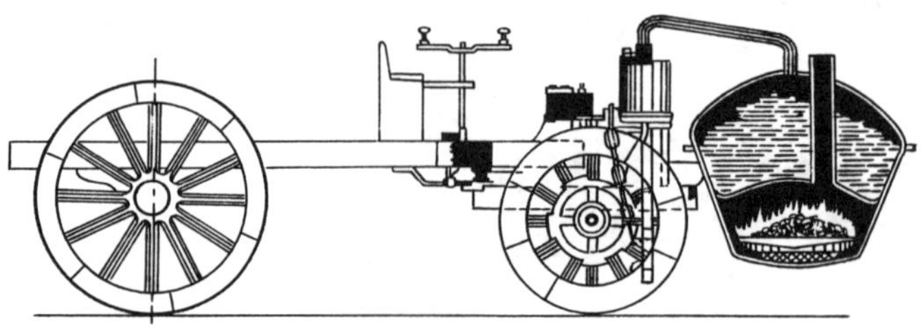

Cugnot, Nicolas Joseph: 15. Februar 1725 (Void/Lothringen) – 2. Oktober 1804 (Paris); französischer Artillerieoffizier und Ingenieur. Er baute mit Unterstützung des Kurfürsten von Sachsen 1765 ein dampfgetriebenes Automobil (→ Cugnot-Dampfwagen), das wahrscheinlich zum Transport von Geschützen dienen sollte. 1770 machte C. einen zweiten Versuch mit einem größeren und kräftigeren Wagen. Weitere Experimente von ihm fanden nicht statt. → Polsunow. Lit.: 2.9., 5.1.

Cugnot-Dampfwagen: von → Cugnot 1765 entwickeltes und durch eine Dampfmaschine angetriebenes 3rädriges Straßenfahrzeug. Über dem Vorderrad hing ein kleiner Dampfkessel, der fast die Form eines Kochtopfs hatte. Das Rad wurde durch die im Kolben senkrecht stehenden Zylinder, die nach unten offen waren, über Hebel und Sperrklinken angetrieben. Da der kleine Kessel nur jeweils für 15 min Dampf entwickelte, baute Cugnot 1770 ein zweites größeres Fahrzeug. Aber da man mit dem Vorderrad und dem plumpen Kessel zugleich lenken mußte, war der Versuch zum Mißlingen verurteilt. Die erste Fahrt mit einer Masse von 5 t einschl. 4 Personen endete an einer Mauer. Der C. steht heute in einem Pariser Museum; er gilt als Vorläufer der Dampflokomotive. → Polsunow. Lit.: 2.9. Abb.

Erste deutsche Lokomotive »Saxonia«. In einem Jahr Bauzeit in der Maschinenanstalt Uebigau bei Dresden von Johann Andreas Schubert gebaut. Radsatzanordnung B1, Zweizylinder-Naßdampfmaschine mit innenliegenden Zylindern und Exzentersteuerung. Bei Probefahrten 60 km/h Höchstgeschwindigkeit.

1'D n2-Güterzuglokomotive der bay. Gattung E,I, mit 1200 kPa Kesseldruck, 50 km/h Höchstgeschwindigkeit, 1170 mm Treibraddurchmesser, 2,43 m² Rostfläche, beide außenliegenden Triebwerke arbeiteten auf den 3. Kuppelradsatz. Krauss-Helmholtz-Lenkgestell, 2 nichtsaugende Dampfstrahlpumpen, Heusinger-Steuerung mit Flachschiebern. Ramsbottom-Sicherheitsventile. Hersteller: Krauss. Erstes Baujahr: 1895

B h2-Lokalbahnlokomotive der ehem. Bayerischen Staatsbahn der Gattung PtL 2/2 mit 1200 kPa Kesseldruck, 50 km/h Höchstgeschwindigkeit, 1000 mm Treibraddurchmesser, 0,6 m² Rostfläche, die außenliegenden Triebwerke arbeiteten beide über eine Blindwelle auf die Radsätze. Kolbenspeisepumpe der Bauart Worthington und Dampfstrahlpumpe, zwischen den Rahmenwangen eingebetteter Wasserkasten, halbselbsttätige Schüttfeuerung mit Fülltrichter und Rütteleinrichtung. Lok wurde in Einmannbesetzung gefahren. Hersteller: Krauss. Erstes Baujahr: 1908

2'C1' h3-Schnellzuglokomotive 02 0201–0, ab 1961 Lok 18 201 der DR (Umbau aus Lok 61 002 der DRG), mit 1600 kPa Kesseldruck, 175 km/h Höchstgeschwindigkeit, 2300 mm Treibraddurchmesser, Stehkessel mit Verbrennungskammer, Riggenbach-Gegendruckbremse, Giesl-Flachejektor, Ölhauptfeuerung, Stromlinien-Teilverkleidung, Einsatz bei der VES-M Halle der DR für Versuchsfahrten bis zu 176 km/h Spitzengeschwindigkeit (1964 auf dem Versuchsring der ČSD). Hersteller: RAW Meiningen. Umbaujahr: 1961. Hersteller der Ursprungslok: Henschel; 1937

2′C1′-Schnellzuglokomotive der BR 03 der DRG (Einheitsbauart) mit 1600 kPa Kessldruck, v_{max} = 130 km/h, Treibraddurchmesser 2000 mm, Laufdrehgestell mit 2200 mm Achsstand und Adamsachse als Schleppradsatz, Leistung 1456 kW.
Hersteller: Borsig, Krupp, Henschel und Schwarzkopff. Erstes Baujahr: 1930

2′C1′ h3-Schnellzuglokomotive der BR 03^{10} der DRG (Einheitsbauart), mit 1600 kPa Kesseldruck, 140 km/h Höchstgeschwindigkeit, 2000 mm Treibraddurchmesser, 3,9 m^2 Rostfläche, beide außenliegenden Triebwerke arbeiteten auf den 2. Kuppelradsatz und das innenliegende auf den 1. Kuppelradsatz. Heusinger-Steuerung, Druckausgleichkolbenschieber der Bauart Karl Schulz, Druckluft-Schnellbremse der Bauart Knorr mit 200% Abbremsung der Fahrzeugmasse. Stromlinienverkleidung.
Hersteller: Borsig. Erstes Baujahr: 1939

2′C2′ h3-Stromlinien-Schnellzuglok der BR 05 der DRG (Einheitsbauart) mit 2000 kPa Kesseldruck, 175 km/h Höchstgeschwindigkeit, 2300 mm Treibraddurchmesser, 4,7 m^2 Rostfläche. Kessel aus Molybdän-Sonderstahl und mit Verbrennungskammer; Heusinger-Steuerung mit Kuhnscher Schleife. Lok 05 001 und 05 002 Rostfeuerung mit pneumatischer Kohlennachschubeinrichtung auf dem Tender, Lok 05 003 mit Kohlenstaubfeuerung. Beide außenliegenden Triebwerke arbeiteten auf den 2. Kuppelradsatz, das innere auf den 1. Kuppelradsatz. Mit Lok 05 002 wurde am 11. Mai 1936 der Rekord von 200,4 km/h aufgestellt.
Hersteller: Borsig. Erstes Baujahr: 1934

2′C1′ h3-Schnellzugdampflokomotive der BR 10 der DB (2 Lokomotiven, 10 001 für Rost- und Ölzusatzfeuerung und 10 002 für Ölhauptfeuerung, Abschluß der Dampflokentwicklung bei der DB) mit 1800 kPa Kesseldruck, 140 km/h Höchstgeschwindigkeit, 21,9 t Achsfahrmasse, 2000 mm Treibraddurchmesser, 3,96 m^2 Rostfläche. Die außenliegenden Triebwerke arbeiteten auf den 2. Kuppelradsatz, das innenliegende Triebwerk auf den 1. Kuppelradsatz. Heusinger-Steuerung, alle Radsatz- und Stangenlager (auch die der Steuerung) in Wälzlagerausführung, Druckluft-Schnellbremse der Bauart Knorr mit Zusatzbremse, Stromlinienteilverkleidung. Lok 10 001 ist im Dampflok-Museum Neuenmark (Oberfranken) stationiert.
Hersteller: Krupp. Erstes Baujahr: 1957

2'B2' h4v-Schnellzuglokomotive der BR 15 der DRG (ehem. bay. S 2/6) mit 1400 kPa Kesseldruck, 150 km/h Höchstgeschwindigkeit, 2200 mm Treibraddurchmesser, 4,71 m^2 Rostfläche, alle 4 Triebwerke arbeiteten auf den 1. Kuppelradsatz (Einachsantrieb der Bauart Borries). Rostbeschickung durch 2 Feuertüren, Pop-Sicherheitsventile, 2 Dampfstrahlpumpen, Heusinger-Steuerung, Drehschieber als Anfahrvorrichtung, Westinghouse-Schnellbremse. Die Lok stellte im Jahr 1907 einen Geschwindigkeitsrekord von 154,5 km/h auf.
Hersteller: Maffei.
Erstes Baujahr: 1906

2'C h4v-Schnellzuglokomotive der BR 17^5 der DRG (ehem. bay. S 3/5), 1600 kPa Kesseldruck, 110 km/h Höchstgeschwindigkeit, 1870 mm Treibraddurchmesser, 3,23 m^2 Rostfläche, das 4-Zylinder-Verbundtriebwerk arbeitete auf den 1. Kuppelradsatz (Bauart Borries), außenliegende Heusinger-Steuerung mit Übertragungswelle für innenliegende Triebwerke, Anfahrvorrichtung der Bauart Maffei. Pop-Sicherheitsventile und 2 nichtsaugende Dampfstrahlpumpen.
Hersteller: Maffei. Erstes Baujahr: 1906

2'C h4v-Schnellzuglokomotive der BR 17^{10-11} der DRG (ehem. preuß. S 10) mit 1500 kPa Kesseldruck, 120 km/h Höchstgeschwindigkeit, 1980 mm Treibraddurchmesser, Zweiachsantrieb nach de Glehn (HD-Triebwerk arbeitete auf die 2. Kuppel- und ND-Triebwerk auf die 1. Kuppelachse), einseitige Abbremsung der Treibräder, außenliegende Heusinger-Steuerung mit Schwinghebelübertragung von der äußeren Schieberstange abgeleitet für die innenliegenden Niederdruckzylinder.
Hersteller: Henschel. Erstes Baujahr: 1911

2'C1' h4v-Schnellzuglokomotive der BR 18^{4-5} der DRG (ehem. bay. S 3/6) mit 1500 kPa Kesseldruck, 120 km/h Höchstgeschwindigkeit, 2000 mm Treibraddurchmesser, 4,53 m^2 Rostfläche, alle Triebwerke arbeiteten auf den 2. Kuppelradsatz (Einachsantrieb der Bauart Borries). Pop-Sicherheitsventile, teilweise 2 Dampfstrahlpumpen, Heusinger-Steuerung mit Anfahrvorrichtung der Bauart Maffei. Einige Loks erhielten Windschneiden am Führerhaus und Rauchkammer.
Hersteller: Maffei. Erstes Baujahr: 1912

1′ D1′ h4v Schnellzuglokomotive der BR 19^0 der DRG (ehem. sä. XX HV) mit 1500 kPa Kesseldruck, v_{max} = 120km/h. Treibraddurchmesser 1905 mm. Hersteller: Hartmann. Erstes Baujahr: 1918

1′C1′ h2-Personenzuglokomotive der BR 23^{10}, später in BR 35 umgenummert (Neubaulok der DR), mit 1600 kPa Kesseldruck. v_{max} = 110 km/h. Treibraddurchmesser 1750 mm, Krauss-Helmholtz-Drehgestell und Bissel-Schleppradsatz, Mischvorwärmeranlage mit Verbund-Mischpumpe, geschweißter Kessel mit Verbrennungskammer. Herstellerwerk: LKM. Erstes Baujahr: 1956

2′C h2-Personenzuglokomotive der BR 38^{2-3} der DRG (ehem. sächs. Gattung XII H2) mit 1300 kPa Kesseldruck, 90 km/h Höchstgeschwindigkeit, Belpaire-Stehkessel und Pop-Kesselsicherheitsventile, zweischienig geführte Kreuzköpfe, Kolbenschieber mit federnden Ringen der Bauart Fester und Trick-Kanal. Hersteller: Hartmann. Erstes Baujahr: 1910

2′C h2-Personenzuglokomotive der BR 38^{10-40} der DRG (ehem. preuß. Gattung P8) mit 1200 kPa Kesseldruck, Drehgestell hannoverscher Bauart, Treibraddurchmesser 1750 mm, Höchstgeschwindigkeit 100 km/h, mit 3561 Lokomotiven einer der zahlreichsten Lok der DRG. Herstellerwerk: Schwartzkopff u. a. Erstes Baujahr: 1906

1′D1′ h2-Eilgüterzuglokomotive der BR 41 der DRG (Einheitsbauart), mit 2000 kPa (später auf 1600 kPa herabgesetzt) Kesseldruck, 90 km/h Höchstgeschwindigkeit, 1600 mm Treibraddurchmesser, 4,1 m^2 Rostfläche, beide außenliegenden Triebwerke arbeiteten auf den 3. Kuppelradsatz. Druckausgleichkolbenschieber. Nach Umbau Reko-Kessel mit Verbrennungskammer und Mischvorwärmeranlage. Ursprungsausführung mit Windleitblechen der Bauart Wagner, später Witte-Windleitbleche. Vorn Krauss-Helmholtz-Lenkgestell, hinten Bisselachse.
Hersteller: Schwartzkopff. Erstes Baujahr: 1936

1′E h3-Güterzuglokomotive der BR 44 der DRG (Einheitsbauart) mit 1600 kPa Kesseldruck, 80 km/h Höchstgeschwindigkeit, 1400 mm Treibraddurchmesser, 4,7 m^2 Rostfläche, die beiden außenliegenden Triebwerke arbeiteten auf den 3. Kuppel- und das innenliegende Triebwerk auf den 2. Kuppelradsatz, nach Ausrüstung einiger Loks der DR mit Kohlenstaubfeuerung der Bauart Wendler wurden 95 Lok auf Ölhauptfeuerung umgebaut. Die Lok der BR 44 zogen 3000-t-Kesselwagenzüge auf der Strecke Halle/Saale–Schwedt/Oder–Halle/Saale. Hersteller: DLV. Erstes Baujahr: 1926

1′E h2-Güterzuglokomotive der BR 52 der DRG (Kriegslok) mit 1600 kPa Kesseldruck, 80 km/h Höchstgeschwindigkeit, Krauss-Helmholtz-Drehgestell, selbsttätiger Winterthur-Druckausgleicher über den Schieberkästen, geschweißter Wannentender bzw. Steifrahmentender der Bauart Floridsdorf. Hersteller: Borsig u. a. Erstes Baujahr: 1942

E h4v-Güterzuglokomotive der BR 57^5 der DRG (ehem. bay. G 5/5), mit 1600 kPa Kesseldruck, 60 km/h Höchstgeschwindigkeit, 1270 mm Treibraddurchmesser, 3,7 m^2 Rostfläche, alle Triebwerke arbeiteten auf den 3. Kuppelradsatz. Westinghouse-Druckluftbremse und Barrenrahmen.
Hersteller: Maffei.
Erstes Baujahr: 1911

1'E h3-Güterzuglokomotive der BR 58^{2-3} der DRG (ehem. bad. Gattung G 12^{1-7}) mit 1400 kPa Kesseldruck, 65 km/h Höchstgeschwindigkeit, Belpaire-Stehkessel und Pop-Kesselsicherheitsventile, Rauchverbrennungseinrichtung der Bauart Marcotty. Hersteller: Maschinenbau-Gesellschaft Karlsruhe.
Erstes Baujahr: 1918

1'C1' h2-Personenzugtenderlokomotive der BR 64 der DRG (Einheitsbauart) mit 1400 kPa Kesseldruck, 90 km/h Höchstgeschwindigkeit, 1500 mm Treibraddurchmesser, vorderer und hinterer Laufradsatz als Bisselachse, Heusinger-Steuerung mit Kuhnscher Schleife.
Hersteller: OuK, Borsig u. a.
Erstes Baujahr: 1928

1'C h2-Personenzugtenderlokomotive der BR 74^{4-13} der DRG (ehem. preuß. Gattung T 12) mit 1200 kPa Kesseldruck, 80 km/h Höchstgeschwindigkeit, 1500 mm Treibraddurchmesser, Krauss-Helmholtz-Drehgestell, Spurkranznäßeinrichtung. Einsatz als Stadtbahnlokomotive in Berlin. Hersteller: Union-Gießerei Königsberg. Erstes Baujahr: 1902

C h2-Rangiertenderlokomotive der BR 80 der DRG (Einheitsbauart) mit 1400 kPa Kesseldruck, 45 km/h Höchstgeschwindigkeit, 1100 mm Treibraddurchmesser. Hersteller: Hohenzollern u. a. Erstes Baujahr: 1927

1'D1' h2-Güterzugtenderlokomotive der BR 86 der DRG (Einheitsbauart) mit 1400 kPa Kesseldruck, 80 km/h Höchstgeschwindigkeit, 1400 mm Treibraddurchmesser, vorderer und hinterer Laufradsatz als Bisselachse, teilweise auch in Krauss-Helmholtz-Lenkgestellen. Einsatz überwiegend als Universallok auf Nebenbahnen. Hersteller: Maschinenbau-Gesellschaft Karlsruhe u. a. Erstes Baujahr: 1928

E h2-Güterzugtenderlokomotive der BR 94^{20-21} der DRG, (ehem. sächs. Gattung XI HT) mit 1200 kPa Kesseldruck, 40 km/h Höchstgeschwindigkeit, 1260 mm Treibraddurchmesser, Belpaire-Stehkessel mit zwischen den Rahmenwangen eingezogener kupferner Feuerbüchse, 2 Pop-Sicherheitsventile, nichtsaugende Dampfstrahlpumpe der Bauart Friedmann, Oberflächenvorwärmeranlage, zweischienige Kreuzkopfführung, bei Auslieferung Dampfbremse, die die Räder des 2. und 4. Kuppelradsatzes abbremste, später Umrüstung auf Druckluftbremse der Bauart Westinghouse, Loks im Steilrampenbetrieb besaßen eine Riggenbach-Gegendruckbremse.
Hersteller: Hartmann. Erstes Baujahr: 1913

1'E1' h2-Güterzugtenderlokomotive der BR 95 der DRG (ehem. preuß. Gattung T20) mit 1400 kPa Kesseldruck, 70 km/h Höchstgeschwindigkeit, 1400 mm Treibraddurchmesser, Belpaire-Stehkessel und Pop-Kesselsicherheitsventile, Krauss-Helmholtz-Drehgestelle. Selbsttätige Druckausgleicher auf den Schieberkästen, Riggenbach-Gegendruckbremse, zwei zweistufige Luftpumpen. Einsatz im Steilrampendienst.
Hersteller: Borsig. Erstes Baujahr: 1922

D'D h4v-Güterzugtenderlokomotive der BR 96 der DRG (ehem. bay. Gt2×4/4) für den Steilrampendienst, 1500 kPa Kesseldruck, 50 km/h Höchstgeschwindigkeit, 1216 mm Treibraddurchmesser, 4,25 m^2 Rostfläche. Lok der Bauart Mallet mit je einem Hoch- und Niederdrucktriebwerk, bei denen das Triebwerk jeweils auf den 3. Kuppelradsatz arbeitete. Heusinger-Steuerung für jede Triebwerksgruppe. Oberflächenvorwärmer und 2 nichtsaugende Dampfstrahlpumpen, Pop-Coale-Sicherheitsventile. Selbsttätige Westinghouse-Druckluft-Doppelbremse und Gegendruckbremse der Bauart Riggenbach. Die Lok war zu ihrer Zeit die stärkste in Europa.
Hersteller: Maffei. Erstes Baujahr: 1913

B n2-Rangiertenderlokomotive der BR 98^{70} der DRG (ehem. sächs. Gattung V II T) mit 1000 kPa Kesseldruck, 1360 mm Treibraddurchmesser, 45 km/h Höchstgeschwindigkeit, Ramsbottom-Sicherheitsventile, außenliegende Stephenson-Steuerung mit Flachschieber, Lok nur mit Wurfhebelhandbremse ausgerüstet. Hersteller: Schichau. Erstes Baujahr: 1874

1'E1' h2-Schmalspurtenderlokomotive der BR 99^{72-74} (Neubaulok der DR) mit 1400 kPa Kesseldruck, 1000 mm Spurweite, 40 km/h Höchstgeschwindigkeit, 1000 mm Treibraddurchmesser, Krauss-Helmholtz-Drehgestelle mit Beugniothebeln zwischen 1. und 2. Kuppelradsatz. Druckausgleich-Kolbenschieber der Bauart Trofimoff, saugluftgesteuerte Druckluftbremse der Bauart Hardy mit Zusatzbremse der Bauart Knorr, Spurkranzschmiereinrichtung. Hersteller: LKM Babelsberg. Erstes Baujahr: 1954.

(2'C)2'C-Güterzuglokomotive der Bauart Mallet der amerikanischen Deleware & Hudsonbahn, mit 2000 kPa Kesseldruck, 90 km/h Höchstgeschwindigkeit, 10 m^2 Rostfläche und 656,8 m^2 Gesamtheizfläche. Die 2-Zylinder-Verbund-Triebwerke arbeiteten jeweils auf den 3. Kuppelradsatz. Der Kessel mit Verbrennungskammer ist 18 m lang, die Lokmasse beträgt 270,8 t, die Tendermasse (mit 85 m^3 Wasser und 26 t Kohle) 177 t. Feuerung mit Stokereinrichtung (Unterschubfeuerung). Hersteller: American Lokomotive Compani. Erstes Baujahr: 1940

2'D1' h3-Schnellzuglokomotive der BR 498 der ČSD mit 1600 kPa Kesseldruck, 1830 mm Treibraddurchmesser, Abdampfstrahlpumpe, Kylchap-Doppelblasrohr, Schüttelrost mit mechanischer Rostbeschikkung, Rollenlagerausführung bei Treib- und Kupplungsstangenlagern, 120 km/h Höchstgeschwindigkeit. Hersteller: Škoda. Erstes Baujahr: 1954

D

DABEG-Vorwärmer; *DABEG-Pumpe:* von der DABEG-Maschinenfabrik AG in Wien entwickelter und 1922 erprobter → Mischvorwärmer, mit dem in den folgenden Jahren der größte Teil der Hauptbahn-Dampflokomotiven der BBÖ bzw. ÖBB ausgerüstet wurde. I.G.z. üblichen Bauart der Mischvorwärmeranlage mit einer → Mischvorwärmerpumpe besitzt der D. je eine Kalt- und Heißwasserkolbenpumpe, die als → Fahrpumpen über Schwinghebel vom Triebwerk der Lok angetrieben werden und deshalb einen niedrigen, auf ihre erforderliche Antriebsenergie bezogenen Dampfverbrauch haben. Die Fördermenge regelte man über eine steuerbare Zylinderfüllung der Heißwasserkolbenpumpe. Überschüssiges Wasser floß über einen Überlauf in den Tender zurück. Lit.: 2.6., 5.3.

Dachausrüstung: bei elektrischen Tfz. alle auf dem Fahrzeugdach angeordneten elektrischen Ausrüstungsteile, wie → Stromabnehmer, → Dachleitung und zugehörige → Isolatoren, → Dachtrennschalter, → Hauptschalter, → Oberspannungswandler, → Überspannungsableiter und → Dachdurchführung. Lit.: 4.5. Abb.

Dachdurchführung: Bauteil mit isoliertem Leiter zur Einführung der Hochspannung vom Tfz.-Dach in den Maschinenraum oder in die Hochspannungskammer, meist ausgeführt als → Durchführungsisolator. Als D. kann aber auch ein Stromwandler oder ein entspr. gestalteter Hauptschalter, z.B. ein → Expansionsschalter, verwendet werden.

Dachhaube: haubenartiges Bauteil zum Verschließen von Dachausschnitten in den → Aufbauten der Tfz. D. schützen die im → Maschinenraum befindlichen Aggregate vor Staub und Feuchtigkeit. Eine Abdichtung zwischen der D. und den Aufbauten wird meist durch Flachgummi erreicht.

Dachkühler: Bauart des → Kühlers von Diesel-Tfz., die durch die Anordnung der → Kühlerblöcke im Dach oder im Dachbereich des Tfz. gekennzeichnet ist. D. wurden zuerst bei Verbrennungstriebwagen eingesetzt, waren auf dem Wagendach montiert und wurden vom Fahrtwind durchströmt. Um den Raum über dem Strömungsgetriebe zu nutzen, werden sie bei Dieseltriebwagen und heute

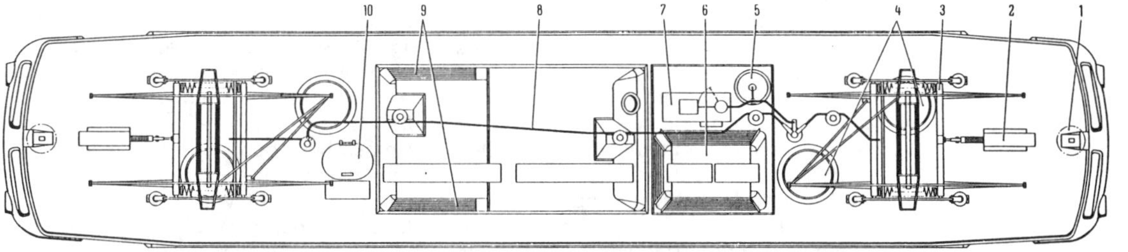

a)

b)

Dachausrüstung
a) der BR 110 der DB/DR
1 Antenne für Funkbetrieb, 2 Druckluftantrieb für Stromabnehmer, 3 Stromabnehmer, 4 Dachluke für Ausbau der Fahrmotorenlüfter, 5 Oberspannungswandler, 6 Lufteintrittshaube für Ölkühler, 7 Hauptschalter, 8 Dachleitung, 9 Luftaustrittshaube für elektrische Bremse, 10 Dachausstiegluke
b) der BR 109 der DB/DR

a)

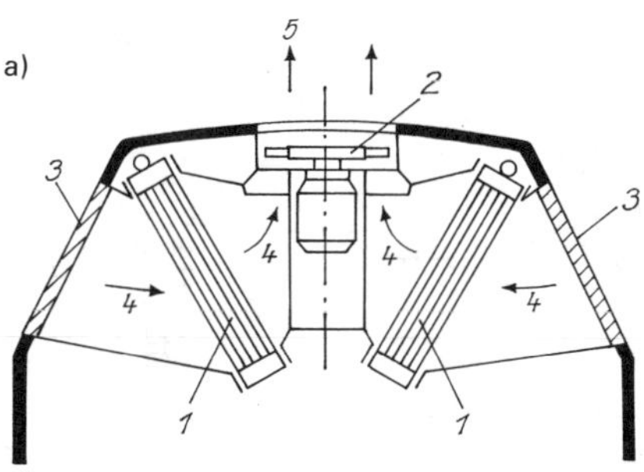

b)

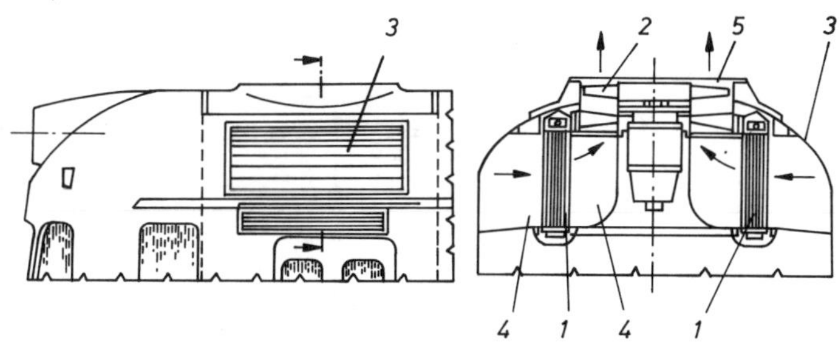

Dachkühler
a) Lokomotiv-Dachkühler, b) Triebwagen-Dachkühler
1 Kühlelemente, 2 Lüfterrad, 3 Lüftungsgitter, 4 Kühlluftführung, 5 Kühlluftaustritt

auch bei Diesellokomotiven angewandt. Die Kühlluft wird in der Dachschräge angesaugt, vom Kühlerlüfter durch die Kühlelemente gefördert und nach oben geblasen. Die Diesellokomotiven BR 216 der DB/DR z.B. sind mit D. ausgerüstet. Abb.

Dachklappe: Klappe zum Verschließen eines für Wartungszwecke vorgesehenen Dachausschnitts in den → Aufbauten der Tfz. Die D. schützen die im → Maschinenraum befindlichen Aggregate vor Feuchtigkeit und Staub. Abdichtung zwischen D. und Aufbauten wird meist durch Flachgummi erreicht.

Dachleitung: Hochspannungsleitung aus Stahlrohren, Flacheisen oder Kupferseilen, die an → Isolatoren auf dem Tfz.-Dach angeordnet ist und die Teile der Dachausrüstung miteinander verbindet. → Hochspannungsteil

Dachleitungskupplung: Kupplung der → Dachleitung bei mehrteiligen elektrischen Tfz., bes. Triebwagen, meist als flexible, schnell lösbare Kupferlitzen zwischen den Einzelfahrzeugen ausgeführt. Zur Vermeidung von Brüchen an den Übergangsstellen werden diese Verbindunglitzen häufig in trompetenartige Halterungen, die mit der festen Dachleitung des jeweiligen Einzelfahrzeugs verbunden sind, eingeführt.

Dachluke: → Dachklappe, → Aufbauten.

Dachtrenner: → Dachtrennschalter

Dachtrennschalter: auf dem Dach eines elektrischen Tfz. angeordneter → Trennschalter, mit dem im stromlosen Zustand ein → Stromabnehmer von der → Dachleitung elektrisch abgetrennt werden kann. Bei neueren elektrischen Tfz. ist der D. für beide Stromabnehmer als 2armiger Drehtrenner ausgeführt, der vom Maschinenraum aus das wahlweise Zu- oder Abschalten 1 oder beider Stromabnehmer ermöglicht. Abb.

Dako-Bremse: mehrlösige, von Danek entwickelte → Druckluftbremse mit der Kurzbez. *Dk.* Sie wird im Werk »Kovolis«, Hedvikov in der ČSFR produziert. Wie die Bauarten → Oerlikon-Bremse und → Knorr-Bremse (Bauart KE) besitzt auch die D. ein membrangesteuertes → Dreidruckventil zur Erzeugung der Mehrlösigkeit. Sie besitzt keine → Einheitswirkung und hat keinen Höchstdruckbegrenzer, so daß bei starken → Füllstößen (1) die Gefahr der → Überladung der Bremse bestehen kann. Die D. ist in der Herstellung einfach, besteht aus einer geringen Anzahl von Bauteilen und ist dadurch in der Instandhaltung günstig zu behandeln. Für den internationalen Verkehr ist die D. seit 1956 zugelassen. Sie wird an Fahrzeugen der ČSD angebaut. Ausführungsformen: a) Dako-Güterzug-Personen-Bremse (Dk-GP), b) Dako-Güterzug-Personenzug-Bremse mit automatischer Lastabbremsung (Dk-GP-A), c) Dako-Personenzug-Schnellzug-Bremse (Dk-PR). Das Grundsteuerventil hat die Bezeichnung Dako-CV1, und für die Bremsstellung R ist das Zusatzventil Dako-R mit Steuerkammer notwendig. Die Umschaltung von Hoch- auf Niedrig-Abbremsung erfolgt bei 85 km/h zeitverzögert. Abb.

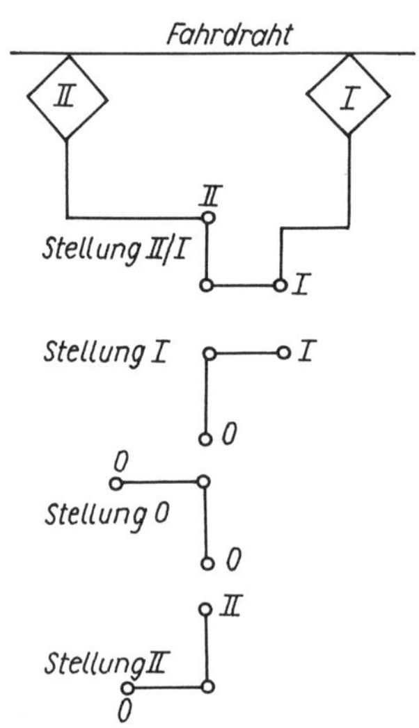

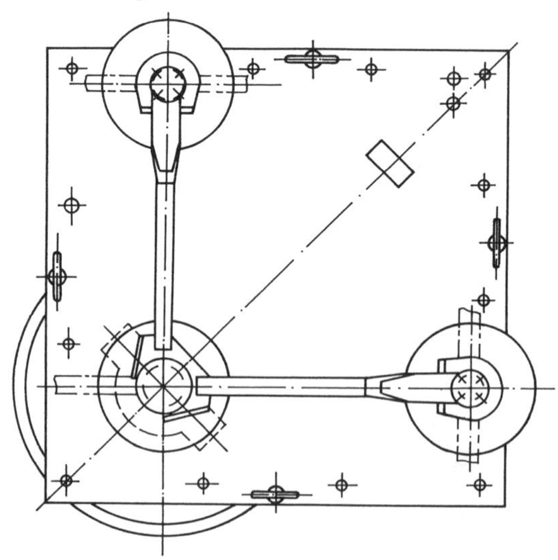

Dachtrennschalter
Schaltstellungen

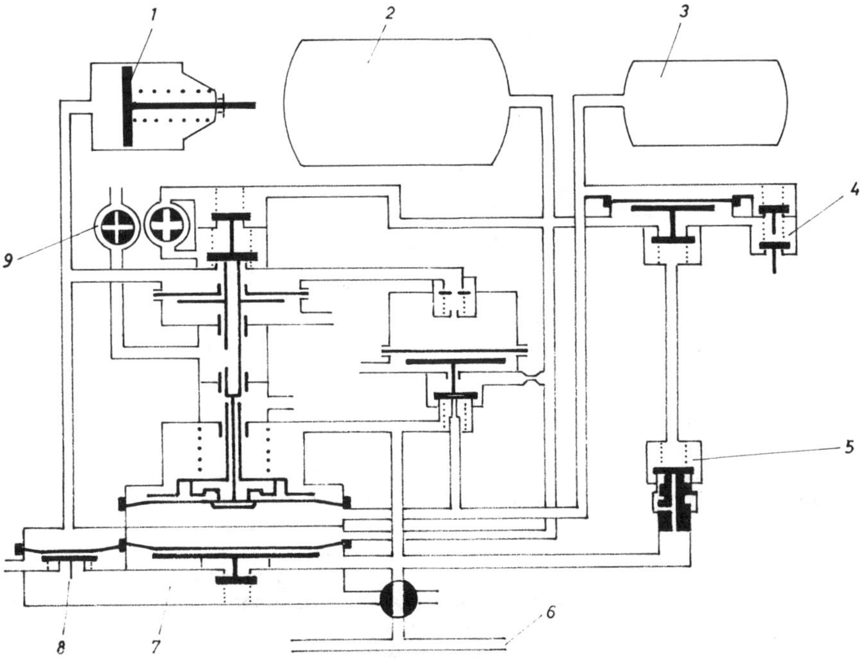

Dako-Bremse
Schaltbild des Dako-Steuerventils Dako-CV 1 mit Darstellung des Druckanstiegs beim Bremsen im Bremszylinder
1 Bremszylinder, 2 Hilfsluftbehälter, 3 Steuerbehälter, 4 Lösevorrichtung, 5 Rückschlagventil, 6 Hauptluftleitung, 7 Beschleunigungskammer, 8 Entlüftungsventil, 9 Umstellhahn G-P

Dampfableitung: → Abdampfableitung
Dampfabsperrhahn: an den Enden der Dampfheizleitungen von Lokomotive und Tender angeordnetes Bauelement der Dampfheizeinrichtung (→ Dampfheizung). In der geschlossenen Stellung des D. wird die → Heizkupplung über eine Bohrung mit dem Freien verbunden. Lit.: 2.3., 2.9.
Dampfbremse: zusätzliche Bremseinrichtung an älteren Neben- und Schmalspurbahn-Dampflokomotiven. Beim Bremsen leitet der Lokführer Frischdampf aus dem Dampflokkessel in die Dampfbremszylinder, wodurch der Bremszylinderkolben über das Bremsgestänge auf die Bremsklötze eine → Bremsklotzkraft ausübt. Die Steuerung der D. erfolgt mit einem Dreiwegehahn mit den Stellungen »Bremsen«, »Bremsabschluß« und »Lösen«. Da der Dampf im Bremszylinder kondensiert, ist ein ständiges Nachspeisen erforderlich. Die D. wurde später durch → Druckluftbremsen ersetzt.
Dampfdehnung: Phase des Arbeitsspiels im → Zylinder (1) der Dampfmaschine, in der vom Dampf Expansionsarbeit geleistet wird. Während der D. verringert sich der Dampfdruck bei gleichzeitiger Volumenzunahme. Gegenüber der → Volldruckdampfmaschine trug die D. (Expansionsdampfmaschine) zum Senken des leistungsbezogenen Dampfverbrauchs um etwa 25% bei.
Dampfdom: auf dem → Langkessel der Dampflokomotiven aufgesetzter, den Dampfraum des Kessels vergrößernder kuppelförmiger Dampfsattelraum (Dampfentnahmedom). Seine hohe Lage über dem Kesselwasserspiegel ermöglicht die Entnahme weitgehend trockenen Dampfs. Der D. ist mit dem Kesselinneren über einen Ausschnitt verbunden und enthält den → Dampfregler und das Dampfentnahmerohr für die dampfbetriebenen Hilfseinrichtungen. Der D. befindet sich meist auf dem hinteren bzw. mittleren Langkesselschuß. Lit.: 2.3., 2.6., 2.12.
Dampfdrehgestell: → Triebdrehgestell
Dampfdrosselung: Zustandsänderung des Dampfes durch Verringern seines Drucks ohne Arbeitsleistung und Wärmeaustausch, d.h. bei konstanter Enthalpie (Wärmeinhalt), jedoch mit geringfügiger Temperaturänderung. Eine Drosselung von → Naßdampf, z.B. vom absoluten Dampfdruck 1200 kPa (bei 1% Feuchtigkeit) auf einen von 700 kPa, führt zu → Sattdampf. Bei → Heißdampf dagegen fällt z.B. bei der gleichen Drosselung. seine Temperatur von 320°C auf 315°C, während die → Überhitzung von 129,4 K auf 151,0 K steigt. Obwohl die D. einen thermodynamischen Schaden (Drossel-

verlust) darstellt, wirkt sie sich in Richtung der Dampftrocknung bei der Naßdampflok und vergrößerter Überhitzung bei der Heißdampflok durch den damit verminderten → Flächenschaden günstig aus.
Die D. tritt vorwiegend bei Querschnittsverengungen in Leitungen und Ventilen, d.h. bes. im → Dampfregler und beim Verengen der Dampfein- und Dampfauslaßquerschnitte durch den → Schieber beim → Füllen des Dampfzylinders und Ausschieben des entspannten Dampfes auf. Lit.: 2.3., 2.10.

Dampfdruckdiagramm: → Arbeitsfläche, → Indikatordiagramm, → mittlerer Druck

Dampfdruckmesser: Druckmeßgerät (Manometer) für Dampflokomotivkessel zum Ablesen des Dampfdrucks.

Dampfdruckschaubild: → Arbeitsfläche, → Indikatordiagramm, → mittlerer Druck.

Dampfeinspeisung: direktes Einblasen von Dampf in den → Kühlwasserkreislauf eines Diesel-Tfz. zum Vorwärmen des → Kühlwassers. Der über eine Dampfdüse mit einem Druck von 100–300 kPa eingeblasene Dampf kondensiert im Kühlwasser und gibt dabei seine Wärme ab. Ein Rückschlagventil verhindert das ungewollte Ausfließen des Kühlwassers, wenn die Dampfzufuhr ausbleibt. Der Dampf kann einer stationären Anlage, einem anderen Tfz. oder dem → Heizdampferzeuger des eigenen Tfz. entnommen werden. Die D. wird nur noch selten angewandt, da durch das Kondensat die → Korrosion im Kühlwasserkreislauf verstärkt und die Konzentration des → Korrosionsschutzmittels im Kühlwasser verringert wird. → Vorwärmanlage

Dampfeinströmrohr: Bestandteil der → Dampfzuleitung. Die D. verbinden bei Naßdampflokomotiven das Kreuzrohr und bei Heißdampflokomotiven den → Dampfsammelkasten mit den → Schieberkästen der Dampfmaschine.

dampfelektrische Lokomotive: **1.** Dampflokomotive, bei der die → Leistungsübertragung von einem elektrischen Hauptgenerator, der von einer Zweizylinder-Verbunddampfmaschine angetrieben wird, über elektrische Fahrmotoren auf die Radsätze erfolgt. 1893 wurde eine solche Kombination des Dampf- und elektrischen Antriebs von Heilmann gebaut (→ Heilmann-Lokomotive). – **2.** Dampflokomotiven E3/3 8521 und 8522 der SBB mit elektrischer Beheizung des → Dampflokomotivkessels, die im zweiten Weltkrieg wegen Kohleknappheit mit Rohrheizkörpern ausgerüstet wurden. Die Stromversorgung erfolgte über → Stromabnehmer aus der → Fahrleitung. Auf Grund der Nachverdampfung des Kesselwassers waren die d. L. in der Lage, eine bestimmte Strecke ohne Fahrleitung zu fahren. Lit.: 5.3.

Dampfentnahmedom: → Dampfdom

Dampfentnahmestutzen: an der Stehkesseldecke oder am → Dampfdom (Reglerdom) des Lokomotivkessels angeflanschtes Verteilerstück, an dem mehrere (i.d.R. bis zu 3) Dampfventile für die Versorgung der → Hilfseinrichtungen der Dampflokomotive mit trockenem Dampf befestigt sind. Meist ist im D. ein Hauptabsperrventil eingebaut, mit dem er als Ganzes abgesperrt werden kann. Die unterschiedliche Anordung der D. ist von der Dampflokbauart und Lage der Hilfseinrichtungen abhängig. Lit.: 2.12.

Dampferzeugung: Umwandlung von Wasser in Wasserdampf im → Dampflokomotivkessel oder im → Heizdampferzeuger von Diesellokomotiven bzw. vereinzelt von älteren Elloks durch Wärmezufuhr. Wird dem Wasser unter konstantem Druck Wärme (→ Flüssigkeitswärme) zugeführt, erhöht sich die Wassertemperatur bis zur Sättigungstemperatur (→ Siedetemperatur), bei der die Verdampfung beginnt. Bei fortdauernder Wärmezufuhr (→ Verdampfungswärme) steigt die Siedetemperatur nicht weiter an. Sie besteht so lange, bis das Wasser vollständig in Dampf umgewandelt ist. Im Lokomotivbetrieb wird der Lokomotivkessel mit soviel → Kesselspeisewasser versorgt, wie ihm in Form von Dampf entzogen wird. Dabei muß dem Kessel stets soviel Wärme zugeführt werden, daß die verbrauchte Dampfmenge aufs neue wieder erzeugt werden kann.

Dampfheizkupplung: → Dampfheizung, → Heizkupplung.

Dampfheizleitung: → Dampfheizung, → Hauptheizleitung.

Dampfheizung: → Zugheizeinrichtung, bei der die Heizenergie durch Dampf (→ Heizdampf) bereitgestellt wird. Bei Dampflokomotiven wird Dampf aus dem → Dampflokomotivkessel verwendet, andere Tfz. haben dafür, wenn keine andere Heizungsart vorgesehen ist, einen meist ölgefeuerten → Heizdampferzeuger. Zur Weiterleitung des Dampfes dienen Dampfheizkupplungen zwischen den

Fahrzeugen und durchgehende Dampfheizleitungen (→ Hauptheizleitung) bei allen Wagen. Bei den Reisezugwagen wird fast ausschl. nur noch die Niederdruck-Umlauf-Dampfheizung (Nuhz) verwendet, die durch die Art der Dampfführung im Rohrnetz und Wirkung des Entwässerers gegen Einfrieren geschützt ist und ihren Dampfbedarf selbsttätig regelt. Die D. wird als Folge der → Traktionsumstellung zunehmend durch die → elektrische Heizung abgelöst.

Dampfkessel: → Dampflokomotivkessel

Dampfkolben: Bauelement des → Kurbeltriebwerks der → Dampfmaschine, das den Dampfdruck aufnimmt und in die → Kolbenkraft umsetzt. Es sind 2 grundsätzliche Formen des aus Stahlguß oder hochwertigem Stahl gefertigten Kolbenkörpers üblich: Der sog. *schwedische Kolben* mit doppel-U-förmigem Querschnitt und der bei späteren Dampflokomotiven der Einheitsbauart verwendete *D. mit Doppel-Z-Querschnitt.* Durch diese Profilgebung ist gewährleistet, daß die hin- und hergehenden Massen des D. so klein wie möglich gehalten werden. Am Umfang des D. befinden sich Nuten mit rechteckigem Querschnitt zur Aufnahme der → Kolbenringe, die die beiden Zylinderräume gegeneinander dampfdicht abschließen. Die Ringstöße sind i.d.R. um etwa 60° gegeneinander versetzt. Um eine feste Verbindung zwischen Kolben und → Kolbenstange zu erreichen, wird der D. hydraulisch aufgepreßt.

Dampflässigkeitsverluste: Teil des leistungsbezogenen indizierten Dampfverbrauchs, der im hohen Maß von Pflege und Unterhaltungszustand der Dampfmaschine abhängig ist. Die D. umfassen die Undichtheiten des → Dampfkolbens, der Steuerungsorgane und der → Stopfbuchsen. Sie sind rechnerisch nur sehr umständlich bestimmbar. Für schon länger im Einsatz befindliche Lokomotiven werden die D. mit 8–10% des nutzbaren Dampfverbrauchs angenommen. Lit.: 2.3.

Dampfläutewerk: akustische, dampfbetriebene → Signaleinrichtung auf älteren Dampflokomotiven. Im D. wird über ein dampfgesteuertes Ventil der Klöppel angehoben. Ist der höchste Hub erreicht, strömt Dampf über das Ventil in den Mantel der Glocke und von hier ins Freie. Der Klöppel fällt durch seine Eigenmasse zurück und bringt damit die Glocke zum Ertönen. Ein weitverbreitetes D. ist das von Latowski. Lit.: 2.3. Abb.

Dampfleitung: der → Kesselausrüstung der Dampflokomotive zugeordnete Hauptdampfrohre, die den Frischdampf aus dem Kessel, den Zylindern (→ Dampfzuleitung) und den Abdampf von den Zylindern zur Rauchkammer (→ Abdampfableitung) führen. Die Dampfleitungen zu den Hilfseinrichtungen sind den D. zugeordnet. Lit.: 2.3., 2.12.

Dampflokomotive: → Lokomotive mit Antrieb durch → Dampfmaschine, → Dampfmotoren oder → Dampfturbine. Hauptbauteile: → Dampflokomotivkessel, → Lokomotivdampfmaschine, → Triebwerk und Vorratsbehälter (Tender) für Brennstoffe und Wasser sowie zum fahrzeugtechnischen Teil gehörend → Rahmen, → Laufwerk, → Bremsausrüstung und Führerhaus mit dem → Führerstand. Die von der Dampfmaschine abgegebene Leistung wird direkt über → Treibstangen und → Kuppelstangen auf die → Treibradsätze (1) und → Kuppelradsätze übertragen. Mit dem → Dampfregler und der → Dampflokomotivsteuerung wird die Leistungsregelung für die Fahrt vorgenommen.

Nach Art des Einsatzzwecks werden Schnellzug-, Personenzug-, Güterzug- und Rangierlokomotiven und nach Art der mitgeführten Betriebsstoffe → Schlepptenderlokomotiven und → Tenderlokomotiven unterschieden. Weitere Klassifizierungen erfolgen nach der Bauart des Laufwerks entspr. der Anordnung

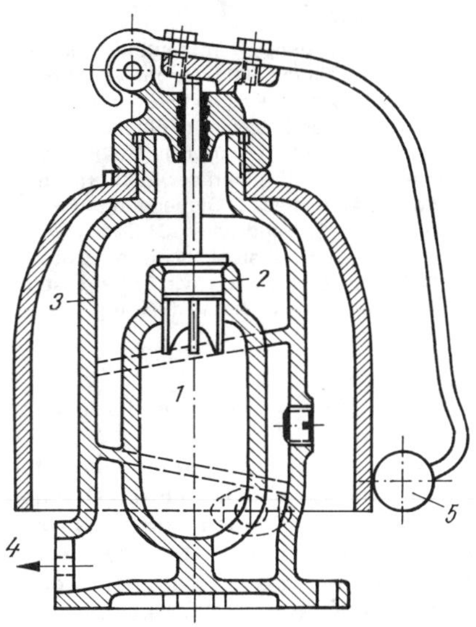

Dampfläutewerk der Bauart Latowski
1 innere Kammer, 2 selbststeuerndes Ventil, 3 Mantel, 4 Dampfaustritt ins Freie, 5 Klöppel

der → Laufradsätze und Kuppelradsätze sowie der Ausführung des Rahmens (→ Einrahmenlokomotive oder → Gelenklokomotive).
Die erste brauchbare D. erbaute 1829 R. → Stephenson. Die Lokomotive → »Rokket« gewann am 8. Oktober 1829 die berühmte → Lokomotivwettfahrt von Rainhill. Die erste deutsche Lokomotive baute → Schubert 1839 in der Maschinenfabrik Übigau bei Dresden; sie erhielt den Namen → »Saxonia«. Versuche, dampfgetriebene, schienengebundene Fahrzeuge zu bauen, gehen bis zum Jahr 1804 auf den engl. Ing. → Trevithik zurück. Bemühungen, Probleme der Leistungsübertragung und der Dampferzeugung zu lösen, führten in den folgenden Jahren auch bei Hedley (→ »Puffing Billy«), G. Stephenson (»Locomotion«) und R. Stephenson (»America«) sowie vielen anderen nicht zum Erfolg.
In einer über 100 Jahre andauernden Entwicklungsgeschichte hat die D. einen von vielen Erfindungen und konstruktiven Verbesserungen belegten Weg durchschritten. Sie hat an der technischen Revolution in allen Ländern der Welt wesentlichen Anteil und war bis in die 50er Jahre unseres Jahrhunderts überwiegendes Traktionsmittel des Eisenbahntransports. In unzähligen Bauarten bei den Ländereisenbahnen eingesetzt, ist die Stephenson-Ausführung mit Großwasserraumkessel, Kolbendampfmaschine mit waagerecht liegenden Zylindern und Dampfdehnung, direkter Leistungsübertragung auf die angetriebenen Radsätze und Kohlerostfeuerung bis zur Ablösung durch Diesellokomotiven und elektrische Lokomotiven die dominierende Grundbauart geblieben. Als Sonderbauarten kamen → Dampfturbinenlokomotiven, → Hochdruckdampflokomotiven, → Kondensationslokomotiven, → Zahnradlokomotiven und → Kohlenstaublokomotiven zum Einsatz. Abb.
Dampflokomotivkessel: Dampferzeu-

a)

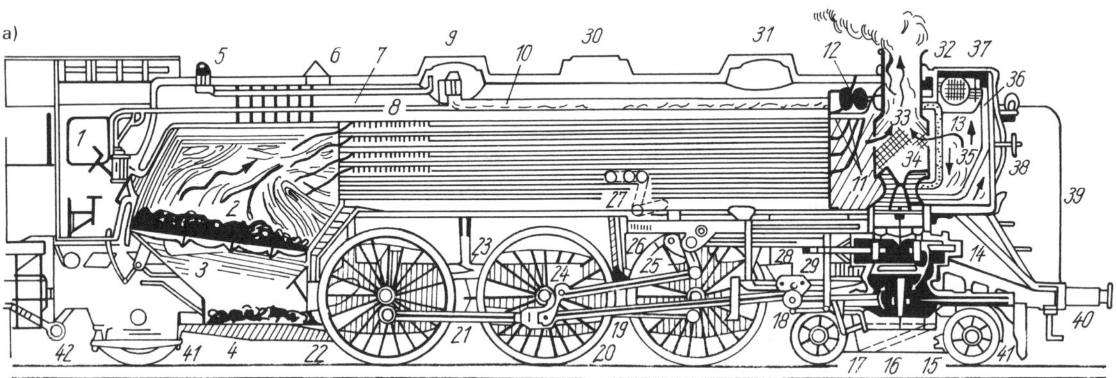

b)

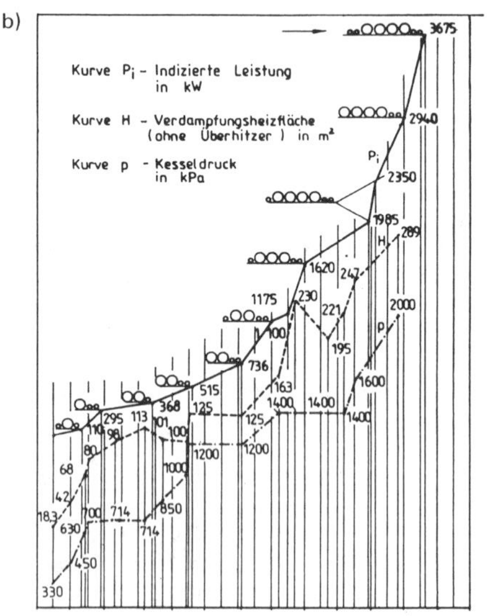

Dampflokomotive
a) Aufbau einer Schnellzug-Dampflokomotive
1 Führerhaus, 2 Feuerbüchse, 3 Rost, 4 Aschkasten, 5 Dampfentnahmestutzen, 6 Sicherheitsventil, 7 Kessel mit Wasserfüllung, 8 Rauchrohre, 9 Dampfdom, 10 Reglerrohr, 11 Überhitzerrohre, 12 Sammelkasten für überhitzten Dampf, 13 Einströmrohr, 14 Steuerung (Schieberkasten mit Kolbenschieber), 15 Zylinder, 16 Kolben, 17 Kolbenstange, 18 Kreuzkopf, 19 Treibstange (Pleuelstange), 20 Treibrad, 21 Kuppelstange, 22 Kuppelräder, 23 Bremsen, 24 Gegenkurbel, 25 Schwingenstange, 26 Schwinge, 27 Steuerstangenhebel, 28 Schieberschubstange, 29 Voreilhebel, 30 Sandkasten, 31 Speisewasserdom, 32 Schornstein, 33 Funkenfänger (ein Drahtsieb), 34 Blasrohr, 35 Rauchkammer, 36 Abdampfrohr, 37 Speisewasservorwärmer, 38 Rauchkammertür, 39 Windleitblech, 40 Puffer, 41 Laufräder, 42 Druckluftleitung
b) Entwicklung einiger Parameter der Dampflokomotive

gungsanlage der → Dampflokomotive. Den Anforderungen des Eisenbahnbetriebs entspr. werden überwiegend Großwasserraumkessel mit zahlreichen → Heizrohren und → Rauchrohren verwendet. Er ist wegen seines natürlichen Wasserumlaufs einfach aufgebaut und ist bei unregelmäßiger Dampfentnahme ziemlich unempfindlich gegen Druck- und Wasserstandschwankungen. Hauptbauteile: → Stehkessel mit allseitig umspülter → Feuerbüchse, → Langkessel und → Rauchkammer, → Grobausrüstung und → Feinausrüstung. Trotz zahlreicher Versuche mit Hoch- und Höchstdruckkesseln wurde der von Stephenson entwickelte D. der Regelbauart bei der DRG beibehalten. Auch Versuche mit → Brotankessel, → Flammrohrkessel und Zwangsumlaufkessel (→ Löffler-Kessel) und dem → La Mont-Kessel führten zu keinen durchschlagenden Erfolgen.

Die Dampfdrücke bei älteren D. betrugen 800–1200 kPa, spätere Bauarten erhielten D. mit 1400–1600 kPa. Aus der Erkenntnis, daß D. mit höheren Dampfdrücken und stärkerer Überhitzung des Dampfs für die Lokomotive einen besseren thermischen Wirkungsgrad erbringen, erhielten die D. der BR 02[1], 24 und 44 der DRG einen sog. → Mitteldruckkessel mit 2000 kPa und teilweise mit 2500–3500 kPa Dampfdruck.

Die Dampfleistung des D. ist unmittelbar von der Größe, Aufteilung und Beschaffenheit der → Heizfläche abhängig. Die → Heizflächenbelastung betrug z.B. bei D. der DRG 57–75 kg Dampf/(m^2h). D. unterliegen gesetzlichen Untersuchungsfristen und dürfen nur von geprüften und im Besitz einer Lizenz befindlichen Personen bedient werden. I.d.R. werden sie mit der Steinkohlenrostfeuerung betrieben, jedoch sind auch die → Kohlenstaubfeuerung und → Ölhauptfeuerung – vor allem bei leistungsstarken D. – gebräuchlich. Die bekanntesten D.-Bauarten sind die von R. → Stephenson, → Crampton und → Belpaire, wobei sich der von Stephenson mit → Crampton-Stehkessel durchsetzte und zur Regelbauart bei der DRG wurde. Lit.: 2.1., 2.2., 2.3., 2.5., 2.6., 2.7., 2.8., 2.9., 2.10., 2.11., 2.12., 2.15., 2.17., 2.18., 2.19. Abb.

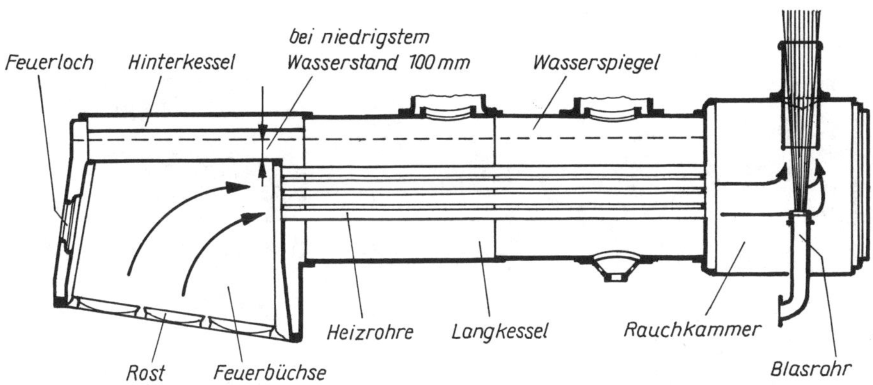

Dampflokomotivkessel

Dampflokomotivsteuerung: Einrichtung in der Dampfmaschine zum Regeln des Dampfein- und Dampfaustritts in Abhängigkeit von der Leistungsanforderung an die Lokomotive und deren Fahrtrichtung. Die D. regelt die Dampfverteilung so, daß der aus dem → Dampfdom über den geöffneten → Dampfregler strömende Frischdampf jeweils auf die arbeitende Kolbenseite geleitet wird und auf der anderen Kolbenseite im Zylinder entspannter Dampf ins Freie gelangen kann. Die D. besteht aus der im wesentlichen für die Dampfverteilung sorgenden → *inneren Steuerung* (Schieber, Ventile) und der dem Antrieb der Dampfverteilungselemente dienenden → *äußeren Steuerung* (Kurbeln, Exzenter, Ellipsenlenker, Nocken). Zugkraft und Geschwindigkeit werden bei der fast ausschl. für Dampflokomotiven verwendeten Expansionsdampfmaschine durch Verändern der → Füllung geregelt (Füllungsregelung), wobei die Einströmfüllung bis zu 80% betragen kann (→ Dampfdehnung, → Indikatordiagramm). Bekannte D. sind u.a. die → Stephenson-Steuerung, → Allan-Steuerung, → Gooch-Steuerung, → Walschaert-Steuerung und → Heusinger-Steuerung sowie die → Ventilsteuerung (1).

Dampfluftpumpe: durch eine schwungradlose → Volldruckdampfmaschine angetriebene → Luftpumpe, die die für die Bremseinrichtung der Lokomotive und des Wagenzugs erforderliche Druckluft erzeugt. Sie ist i. d. R. rechts am Langkessel oder an der Rauchkammer stehend angebracht. Neben der 2stufigen Luftpumpe mit Knorr-Steuerung wurde die wirtschaftlichere → Doppelverbundluftpumpe überwiegend bei Dampflokomotiven der DRG eingesetzt.

Dampfmangel: Störung im Dampflokomotivbetrieb, die zu Zuglaufstörungen führen kann. D. entsteht durch Fehler in der Fahr- u. Feuerungstechnik, verschlacktes Feuer, Schäden am Dampflokomotivkessel (Rohrlaufen, abgerissene Stehbolzen u. a.), mit Ruß und Asche versetzte Heiz- und Rauchrohre, Schäden und Mängel an der Saugzuganlage, Undichtheiten in der Rauchkammer, Verwendung von für bestimmte Rostbauarten ungeeigneten Brennstoffen u. a. m. Der D. zeigt sich durch Absinken des Dampfdrucks im Kessel (bei geöffnetem Regler); er ist i. d. R. mit einem erhöhten Brennstoffverbrauch verbunden. Lit.: 2.3.

Dampfmaschine, *Kolbendampfmaschine:* Wärmekraftmaschine, die durch Entspannen (statischer Druck) von Wasserdampf in einem → Zylinder (1) mit → Dampfkolben Wärme in Bewegungsenergie (mechanische Arbeit) umwandelt. Bei Dampf-Tfz. ist sie das i. d. R. verwendete Antriebselement und bildet mit dem → Kurbeltrieb sowie den → Treibradsätzen (1) und den → Kuppelradsätzen das → Antriebssystem dieser Tfz. Nach der ursprünglichen Verwendung

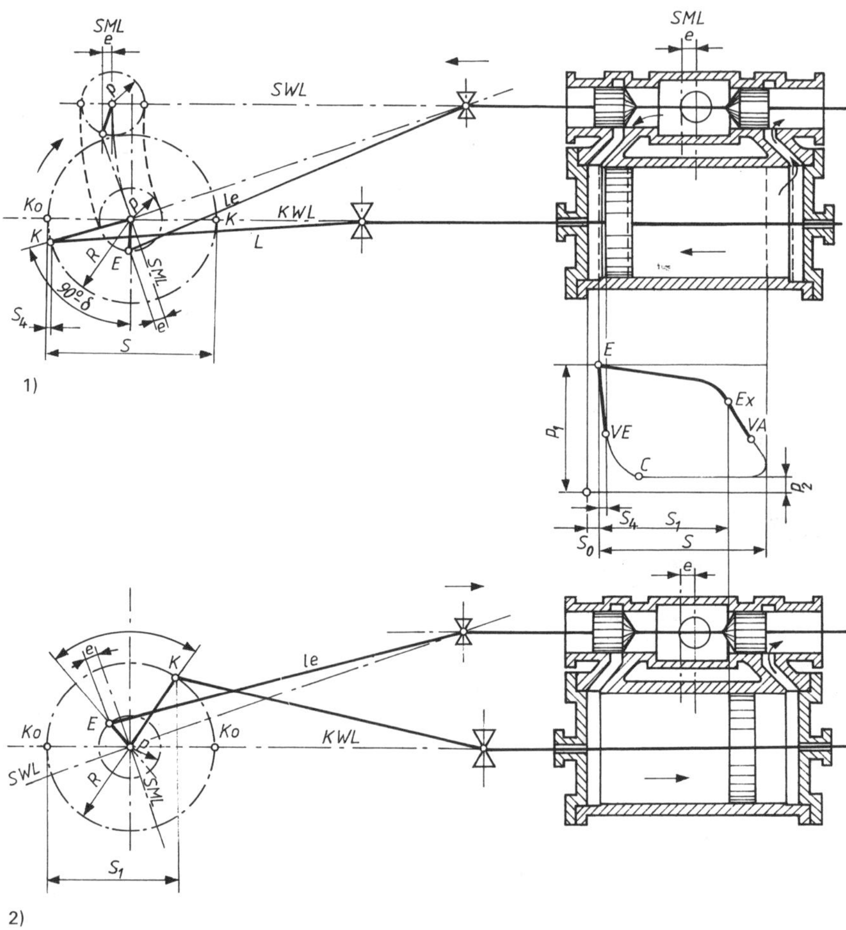

Dampfmaschine
Schema der Bewegungsverhältnisse am Kolben und Schieber einer kolbenschiebergesteuerten Expansionsdampfmaschine mit Inneneinströmung in den Arbeitsstellungen
1) Beginn Voreinströmung, 2) Expansion, 3) Beginn Vorausströmung, 4) Kompression

der → *Volldruckdampfmaschine* zu Beginn der Dampflokomotiventwicklung setzte sich bald die wirtschaftlicher arbeitende → Expansions-D. für die verschiedenen Bauarten der Lokomotiv-D. durch, bei der nach einer Teilfüllung (→ Füllung) der Zylinderräume mit Frischdampf die Expansionsarbeit des Dampfes in der anschließenden Phase der → Dampfdehnung genutzt wird. In Verbindung mit den Arbeitsprinzipien der → *Wechselstromdampfmaschine* und der → *Verbunddampfmaschine* wurde die doppeltwirkende Expansions-D. zur bestimmenden Lokomotiv-D. Auch die gelegentlich für Dampflokomotiven verwendete → Gleichstromdampfmaschine gehört zur Gruppe der doppeltwirkenden, d.h. auf beiden Kolbenseiten periodisch abwechselnd vom Frischdampfdruck beaufschlagten Expansions-D. Nach Art des Dampfzustands wird weiter in *Heiß-D.* (→ Heißdampflokomotive) und *Naß-D.* (→ Naßdampflokomotive) sowie in *Hochdruck-D.* (→ Hochdruckdampflokomotive) und *Mitteldruck-D.* unterschieden. *Hauptbaugruppen:* 1) Zylinderblock mit Kolben und Kolbenstange, 2) Triebwerk mit den → Kreuzköpfen und Kreuzkopfführungen, den Treib- und den Kuppelstangen sowie anstelle des Schwungrads bei der stationären D. den Treib- und Kuppelradsätzen, 3) Steuerung mit den Bauteilen der → inneren Steuerung und der → äußeren Steuerung. Lit.: 1.22., 2.3., 2.6., 2.8., 2.9., 2.10., 2.12. Abb.

Dampfmenge: Kenngröße für den vom → Dampflokomotivkessel oder → Heizdampferzeuger erzeugten Dampf, die i.d.R. zeitbezogen angegeben wird. Sie ist abhängig von der Größe der → Heizfläche, der → Heizflächenbelastung und der → Verdampfungsziffer und wird beeinflußt von der Art und Qualität des

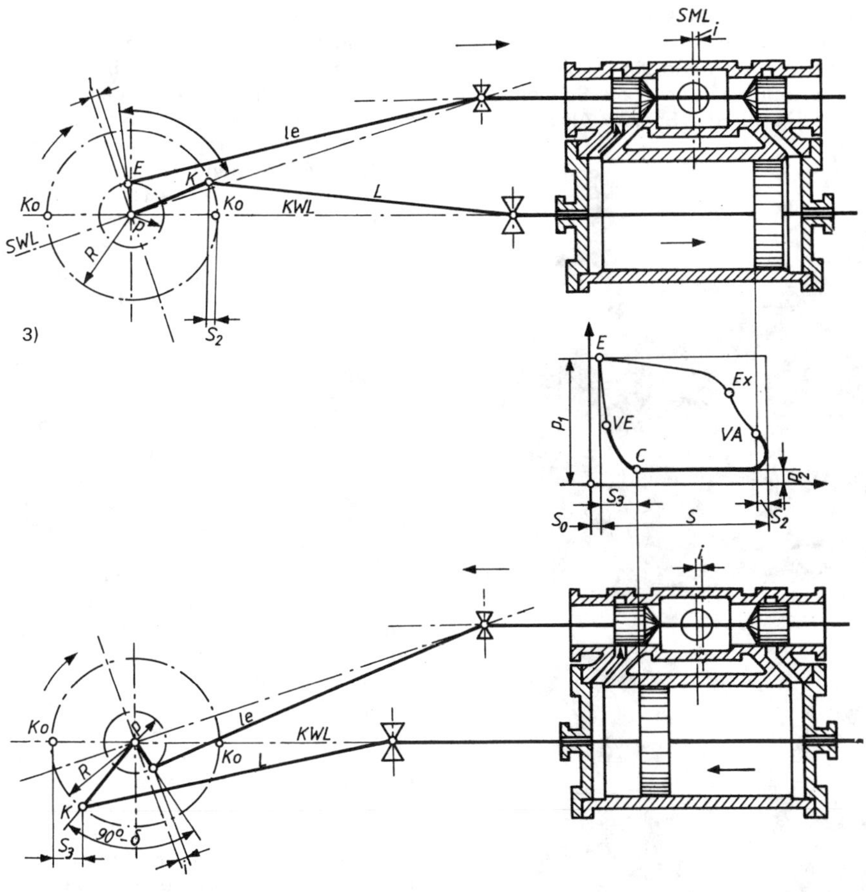

3)

4)

SML Schiebermittellinie, KWL Kolbenweglinie, SWL Schieberweglinie, K Treibkurbel, Ko Treibkurbeltotpunkt, E Gegenkurbel (Exzenter), R Treibkurbelradius, p Gegenkurbelradius, SO kolbenwegfreier Zylinderraum (schädlicher Raum), S1 Weg des Kolbens bei Füllung, S2 Weg des Kolbens bei Vorausströmung, S3 Weg des Kolbens bei Kompression, S4 Weg des Kolbens bei Voreinströmung, e Betrag der Schiebereinströmüberdeckung, i Betrag der Schieberauströmüberdeckung, VE Beginn Voreinströmung, E Beginn Einströmung (Füllung), Ex Beginn Expansion, VA Beginn Vorausströmung, C Beginn Kompression, L (endliche) Treibstangenlänge, le (endliche) Schieberschubstangenlänge, p1 Dampfdruck Einströmung, p2 Dampfdruck Ausströmung, 90°-Nacheilwinkel der Gegenkurbel gegenüber der Treibkurbel

Brennstoffs sowie der Feuerungstechnik. Als *indizierte D.* bezeichnet man die für den Arbeitsprozeß der Lokomotivdampfmaschine notwendige D., die sich aus der Gesamt-D. abzüglich der für die → Hilfseinrichtungen erforderlichen D. ergibt.

Dampfmotor: mehrzylindrige, schnelldrehende (bis 1500 U/min) einfachwirkende → Dampfmaschine mit Ventilsteuerung. Der Aufbau des D. ähnelt dem eines → Verbrennungsmotors. Beim D. ist die V- oder sternförmige Zylinderanordnung die gebräuchlichste.

Dampfmotorlokomotive: → Dampflokomotive, die i. G. z. üblichen Dampfmaschinentriebwerk von → Dampfmotoren angetrieben wird. Wegen des möglichen Wegfalls der Kuppelstangen, des guten Ausgleichs der umlaufenden Massen, der Verkleinerung der Treibraddurchmesser und damit Verkürzung des Radsatzabstands sowie der Möglichkeit einer völligen Einkapselung des Triebwerks wird der → Einzelachsantrieb angewendet. Während die Lokomotivfabrik Winterthur bei ihrer 2'Co2'-Schnellzuglokomotive für die Société Alsacienne je Treibradsatz 2 Drilling-Gleichstromdampfmotoren in waagerechter Zylinderlage einsetzte, verwendete die Fa. Henschel für die 1'Do1'-Schnellfahrlokomotive 19 1001 der DRG 1 zweizylindrigen Dampfmotor je Treibradsatz in wechselseitiger V-Anordnung und mit Einexzenterumsteuerung, die über Zahnräder von der Kurbelwelle angetrieben wurde. Die Dampfmotoren waren mit den Treibradsätzen über Pawelka-Gelenkkupplungen verbunden und jeweils von Radsatz zu Radsatz, rechts und links versetzt, außen angeordnet. Ein wesentlicher Nachteil dieses Einzelachsantriebs lag in der Schleudergefahr, da beim Durchgehen einer Motorgruppe den anderen Motoren der Dampf entzogen wird, was zu einem rapiden Anstieg des Dampfverbrauchs führt und Störungen im Zuglauf hervorrufen kann. Lit.: 2.9., 5.3. Abb.

Dampfpfeife: akustische, dampfbetriebene → Signaleinrichtung der Dampf-Tfz. Ein Dampfstrahl tritt aus einem Ringspalt aus und wird gegen eine scharfe Schneide einer Glocke gerichtet. Dabei versetzt er die Glocke in Schwingungen, die als Pfeifton wahrgenommen werden. Der Dampfstrahl wird mit einem mit Handzug vom Führerstand aus zu betätigenden Dampfventil geregelt. Die Einheitslokomotiven der DRG wurden mit D. ausgerüstet, mit denen außer einem lauten Vollton über ein im Hauptventil befindliches Zusatzventil ein sog. Halbton für Bahnhofssignale abgegeben werden konnte. Lit.: 2.3., 2.9.

Dampfregler: Regeleinrichtung für die Leistungseinstellung von Dampflokomotiven durch die Dosierung der den → Zylindern (1) zuzuführenden Dampfmenge. Der für Naßdampf- und Heißdampflokomotiven i. d. R. verwendete *Naßdampfregler* ist im → Dampfdom, der → *Heißdampfregler* zwischen dem Heißdampfsammelkasten und der Dampfmaschine angeordnet. Beide Reglerbauarten werden über ein Reglergestänge vom Führerstand aus handbedient.

Der Naßdampfregler gibt dem → Naßdampf den Weg über das → Reglerrohr zum → Dampfsammelkasten bzw. bei Naßdampflokomotiven zu den → Schieberkästen frei. Da im geschlossenen Zustand des Reglers auf dem Reglerschieber (bei Naßdampflokomotiven) bzw. dem Reglerventil (bei Heißdampflokomotiven) der volle Dampfdruck des Kessels lastet, der im Reglerrohr nicht wirkt,

Dampfmotorlokomotive
a) Einzelachsantrieb an einer Dampfmotorlokomotive der bayerischen Gattung ML 2/2, Baujahr 1906
b) Einzelachsantrieb bei der Versuchs-Schnellfahrlok der BR 19 der DRG (Fa. Henschel); mit der Betriebsnummer 19 1001 lief sie von 1943 bis 1944 im Schnellzugdienst

a)

b)

ist beim → Schieberregler auf dem Rükken des Schiebers ein Hilfsschieber bzw. beim Ventilregler zusätzlich zum Reglerhauptventil ein Hilfsventil eingebaut. Beim Bewegen des Reglerhandhebels wird zunächst der Hilfsschieber bzw. das Hilfsventil geöffnet. Beim meist verwendeten Ventilregler (z.B. Einheitsregler nach Wagner) wird nur das Hilfsventil betätigt, während das Hauptventil vom Dampfdruck selbst gesteuert wird. In der geschlossenen Stellung wird das Hauptventil fest auf seinen Sitz gedrückt. Von oben wirkt über den Ringspalt zur Entlastungskammer der Dampfdruck auf die ganze Kolbenfläche, unten nur auf die äußere Ringfläche. Wird das Hilfsventil angehoben und die Bohrung freigegeben, strömt Dampf aus der Entlastungskammer. Ist der Dampfdruck in ihr soweit gesunken, daß die auf die äußere Ringfläche wirkende Kraft überwiegt, so öffnet sich das Hauptventil. Dabei nähert es sich dem Hilfsventil und schließt die Bohrung in diesem. Infolgedessen steigt über dem Ringspalt der Druck in der Entlastungskammer wieder an und bringt das Hauptventil zum Stillstand, da über das Hilfsventil soviel Dampf abströmt wie über den Ringspalt zuströmt. Mit der vom Lokomotivführer über das Reglergestänge vorgenommenen Veränderung der Hilfsventilstellung wird auch die Stellung des Hauptventils verändert und damit die freigegebene Dampfmenge zum Reglerrohr bestimmt. Lit.: 2.3., 2.6., 2.12. Abb.

Dampfsammelkasten: Bauteil des → Rauchrohrüberhitzers (dort Abb.), das aus Naß- und Heißdampfkammer besteht. Der D. ist quer vor der Rauchkammerrohrwand auf seitlichen Konsolen befestigt. Der vom Kessel zuströmende Naßdampf gelangt aus der Naßdampfkammer in die einzelnen Überhitzerrohre und von dort als Heißdampf in die Heißdampfkammer. Lit.: 2.12.

Dampfspeicherlokomotive, *feuerlose Lokomotive:* Sonderbauart einer Dampflokomotive (auch sog. *Heißwasserlokomotive*), die den physikalischen Zusammenhang von steigender → Siedetemperatur des Wassers bei steigendem Druck zur Speicherung großer Wärmemengen in einem Behälter (Kessel) ausnutzt. Bei Druck- und damit bei Siedetemperaturabfall entstehen durch die eintretende Verdampfung des Heißwassers erhebliche Dampfmengen, die den Zylindern der D. zugeführt werden. Je höher der Fülldruck und damit die Siedetemperatur sind, um so größer ist unter sonst gleichen Bedingungen das Arbeitsvermögen der D. Die *Niederdruck-D.* arbeitet mit Ausgangsdrücken von 4000 kPa, die *Hochdruck-D* (→ Gilli-Lokomotive) mit Ausgangsdrücken von bis zu 12000 kPa. Der Dampf wird der Lokomotivdampfmaschine mit den auch bei der befeuerten Dampflokomotive üblichen Arbeitsdrücken von 1000–1500 kPa zugeführt, wobei er bei der Hochdruck-D. mit diesem Arbeitsdruck ein im Kessel angeordnetes Rohrsystem durchläuft. Hier erhält er eine von der jeweiligen Kesseltemperatur abhängige Überhitzung, die gegenüber der Niederdruck-D. zu etwa 50% niedrigerem Dampfverbrauch geführt hat.

Unterschiede zur Regelbauart der Dampflokomotive bestehen im sehr einfachen Aufbau des Lokomotivkessels (einem nicht befeuerten wärmeisolierten

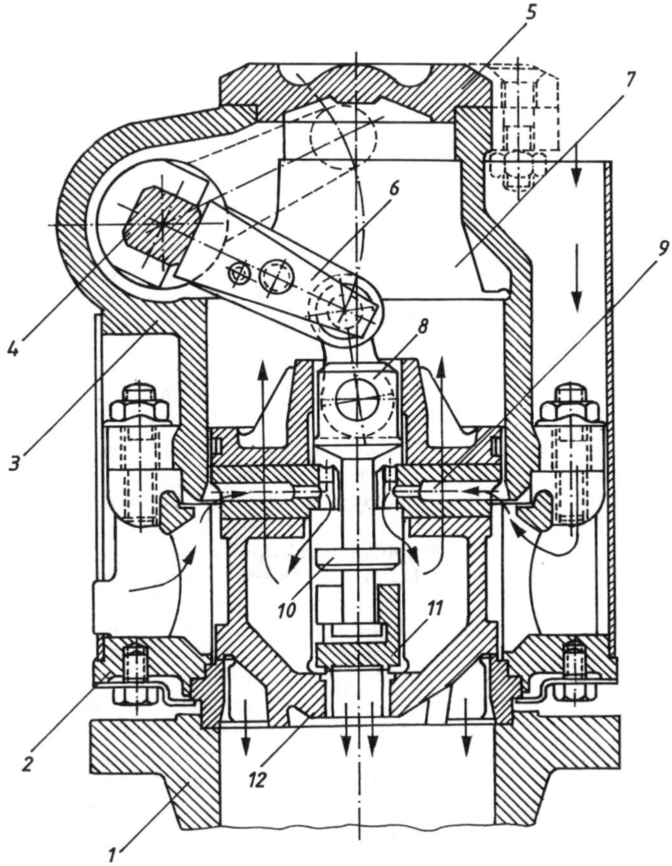

Dampfregler der Bauart Wagner (Ventilregler)
1 Regelerknierohr, 2 Gehäuseunterteil, 3 Gehäuseoberteil, 4 Vierkantwelle, 5 Gehäusedeckel, 6 Hebel, 7 Entlastungskammer, 8 Ventilspindel, 9 Speisekanal, 10 Drosselschieber, 11 Hilfsventil, 12 Hauptventilkörper

Behälter mit Anschlüssen für das Füllen und die Dampfentnahme) und im größer ausgelegten Zylinderquerschnitt, um auch bei niedriger werdendem Dampfdruck noch die geforderten Zugkräfte aufbringen zu können.
Der Kessel wird zu etwa ¾ mit heißem Wasser und über einen weiteren Anschluß mit hochgespanntem Dampf aus einer stationären Dampferzeugungsanlage gefüllt. In Abhängigkeit von der betrieblichen Beanspruchung der D. (bei Werkbahnen i.d.R. nach 4- bis 6stündigem Einsatz) ist der Druck im Kessel auf etwa 500 kPa gesunken. Damit kann die D. noch mit eigener Kraft zur Füllstation fahren.
Wegen des begrenzten Aktionsradius der D. beschränkt sich ihr Einsatz auf Werkbahnen der chemischen und Verarbeitungsindustrie, die leistungsfähige stationäre Hochdruckdampferzeugungsanlagen mit Überschußdampf zur Verfügung haben, sowie auf Einsatzgebiete, für die ein weitgehender Brand- und Explosionsschutz gefordert wird. Die Einrichtung von Dampferzeugungsanlagen nur für die Versorgung der mit einem hohen Dampfverbrauch behafteten D. ist wärmewirtschaftlich nicht vertretbar.
Die erste D. wurde von Lamm 1872 auf der Trambahn New Orleans–Sarrolton eingesetzt. In Deutschland griff die Fa. Hanomag als erste die Idee der D. auf. Schwartzkopff baute 1876/77 ähnliche, allerdings zu schwache Lokomotiven, die mit einem zusätzlichen Koksfüllofen zur Hilfsfeuerung des deshalb kleiner gehaltenen Heißwasserreservoirs ausgerüstet waren.
D. der Gelenkbauart, wie die B'B-Vierzylinderlokomotive von Henschel (Baujahr 1916) für das Stahlwerk Thyssen in Hagendingen sind selten ausgeführt worden. In der DDR fertigte der Lokomotivbau Babelsberg in den Jahren 1956 bis 1961 eine größere Serie von regelspurigen D. der Achsfolge C. Von 1984 bis 1987 baute das Raw Meiningen unter der Typenbez. FLC (**F**euerlose **L**okomotive der Achsanordnung **C**) eine modifizierte Serie dieser D. für den Ersatz der älteren Lokomotiven und die mit ihnen mögliche Substitution von Dieselkraftstoff durch Rohbraunkohle. Lit.: 1.11., 1.18., 5.3.

Dampfstrahlpumpe, *Injektor:* Apparat zum Speisen des → Dampflokomotivkessels. In der D. tritt der Dampf mit großer Geschwindigkeit aus der Dampfdüse in eine vorgeschaltete Mischdüse und saugt dabei Wasser aus der Wasserkammer an. Der Mischdüse folgt die konisch erweiterte Druckdüse, in der die kinetische Energie des Wasser-Dampf-Gemischs in potentielle (Druck-Energie) umgesetzt wird. Der Druck wird dabei soweit gesteigert, daß er den Dampfdruck im Kessel überwinden und ein im → Kesselspeiseventil befindliches Rückschlagventil aufdrücken kann. Bei der i.d.R. verwendeten *saugenden D.,* die zum Schutz gegen das Einfrieren im Führerhaus angeordnet ist, überträgt sich der in der Wasserkammer entstehende Unterdruck auf die Saugleitung zum Tender, wodurch aus dem Tender das Spei-

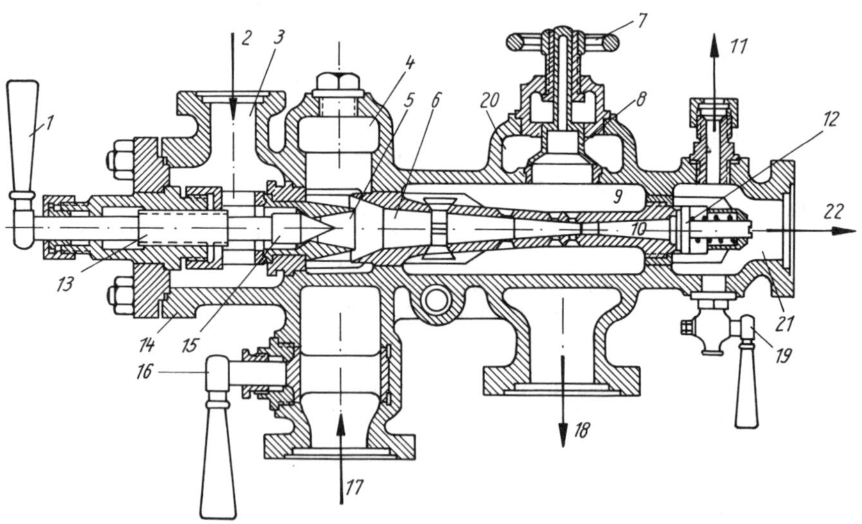

saugende *Dampfstrahlpumpe*
1 Regulierspindel mit Handgriff, 2 Dampfeintritt, 3 Dampfkammer, 4 Wasserkammer, 5 Dampfdüse, 6 Wasserdüse (Mischdüse), 7 Schlabberventil-Handrad, 8 Schlabberventil, 9 Schlabberkammer, 10 Druckdüse, 11 Anschluß für Rückschlagventil, 12 Rückschlagventil, 13 Regulierspindel, 14 Gehäuse, 15 Absperrkegel, 16 Griff für Wasserregulierhahn, 17 Wassereintritt, 18 Überlaufwasser, 19 Entwässerungshahn, 20 Überlaufkammer, 21 Druckkammer, 22 Druckleitung zum Kessel

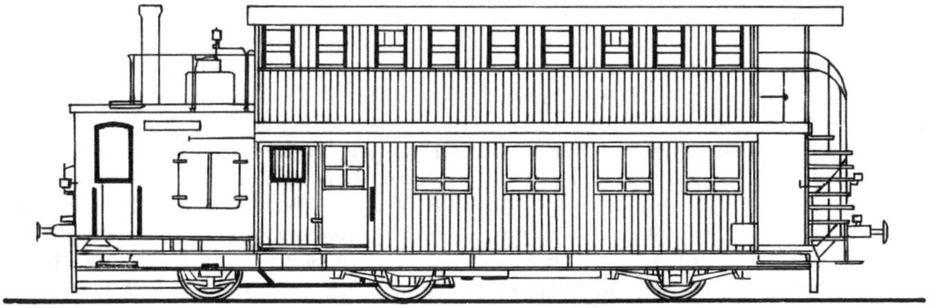

Dampftriebwagen der Hessischen Ludwigsbahn mit innenliegender Dampfmaschine (74 kW) der Bauart Thomas im 1achsigen Maschinengestell und 55 km/h Höchstgeschwindigkeit, Baujahr 1879/80

sewasser angesaugt wird. Je nach Kesselgröße fördern die D. 150–300 l Kesselspeisewasser/min. Bei tiefliegenden, *nichtsaugenden D.* entfällt der Ansaugvorgang. Bei der → Abdampfstrahlpumpe wird an Stelle des Frischdampfs der → Abdampf der Dampfmaschine genutzt. → Ejektor. Lit.: 2.3., 2.12. Abb.

Dampftemperatur: thermische Zusandsgröße des erzeugen → Sattdampfs bzw. → Naßdampfs oder → Heißdampfs. Die D. des im → Dampflokomotivkessel befindlichen Dampfs ist vom → Kesseldruck abhängig. Sie beträgt z.B. bei einem Kesselüberdruck von 100 kPa etwa 120°C und bei 2000 kPa rund 214°C. Die Heiß-D. ist von der Bauart des → Überhitzers abhängig und soll wegen des Erhaltens der Schmierfähigkeit des → Heißdampföls i.d.R. 450°C nicht überschreiten. Zur Überwachung dieser D. ist im Schieberkasten der Heißdampflokomotiven ein → Heißdampfthermometer angeordnet.

Dampftraktion: → Traktionsart

Dampftriebwagen: mit einer → Dampfmaschine oder im Einzelfall → Dampfturbine angetriebener → Triebwagen. Die Dampferzeugungsanlage entspricht im Prinzip der einer Dampflokomotive. Der erste in Deutschland gebaute D. wurde 1854 von Borsig geliefert (bekannt als Dampfdraisine der Berlin-Hamburger Eisenbahn). Bekannte Bauarten waren die 2stöckigen D. der Firmen Hohenzollern (entworfen von → Thomas) und Krauss. Das Hauptproblem bei D. war die platzaufwendige Unterbringung des Dampfkessels. Die entwickelten Spezial-Dampfkessel, z.B. von Stoltz, Serpollet und de Dion-Bouton, waren in der Unterhaltung zu kostspielig und außerdem sehr störanfällig. Die ab 1920 einsetzende Entwicklung des Verbrennungstriebwagens drängte den D. in den Hintergrund, obwohl in den Jahren nach 1930 weitere Entwicklungen folgten. Noch 1949 wurden von → Wendler der schadhafte D. DT59 der DR (Bauart Borsig) auf Braunkohlenstaubfeuerung umgerüstet. Das Tfz. kam jedoch über Probefahrten nicht hinaus. Bei ausländischen Eisenbahnen kamen D. teilweise auf Zahnradbahnen zum Einsatz. Lit.: 1.29., 5.3. Abb.

Dampftrockner: älteste Bauart eines → Überhitzers bei Dampflokomotiven zur Erzeugung von trockengesättigtem Dampf oder → Heißdampf mit niedriger Überhitzungstemperatur. Der D. befand sich in einem abgeteilten Raum des Langkesselvorderteils. Die von Clench und Crawford entwickelten D. konnten sich ebensowenig wie der → Klien-Dampftrockner durchsetzen. Probleme bestanden vor allem im Dichthalten der D. So konnten Versuche der kkStB mit D. auf Loks der BR60.500 und mit dem ebenfalls zu den D. gehörenden → Pielock-Überhitzer auf Loks der BR60.800 nicht befriedigen. Ab 1913 wurden die D. mit den Zwischenrohrwänden entfernt und die Langkessel zurückgerüstet, so daß die Dampflokomotiven wieder als → Naßdampflokomotiven arbeiteten.

Dampfturbine: Strömungswärmekraftmaschine hoher Drehzahl, die die im strömenden Wasserdampf enthaltene kinetische Energie durch Entspannen des Dampfs in mechanische Energie umwandelt. Gegenüber der Kolbendampfmaschine besitzt sie in einem allerdings nur kleinen Drehzahlbereich einen höheren Wirkungsgrad. Beim Einsatz als Antriebsmaschine für → Dampfturbinenlokomotiven muß ihr Drehmoment-Drehzahl-Wirkungsgradverhalten durch eine → Leistungsübertragung den Erfordernissen des Lokomotivbetriebs angepaßt werden. Da die D. nicht umsteuerbar ist und somit eine zusätzliche Rückwärtsturbine oder ein bes. Wendegetriebe benötigt sowie für das Anfahren der Lokomotive bzw. des Zugs einen hohen Dampfverbrauch aufweist, blieb der Einsatz im

Dampflokomotivbetrieb beschränkt und fand nur bei → Kondensationslokomotiven und Lokomotiven für hohe Fahrgeschwindigkeiten versuchsweise Anwendung. Auch der → Turbogenerator der Dampflokomotiven arbeitete mit einer kleinen D. Lit.: 1.18., 2.3., 2.8., 2.11., 2.12., 5.3.

Dampfturbinenlokomotive: Sonderbauart der Dampflokomotive, die von einer → Dampfturbine und i.d.R. über eine → Leistungsübertragung angetrieben wird und bei der man eine Reduzierung des Dampfverbrauchs um etwa 30% erwartete. 1910 bauten Reid und Ramsay in Glasgow die erste D. mit Kondensation (→ Kondensator (1)) und elektrischer Leistungsübertragung, bei der eine 750-kW-Überdruckturbine mit einem Gleichstromgenerator direkt gekuppelt war. Zoelly ließ 1919 durch Umbau einer 1'C-Lokomotive der BR B3/4 der SBB eine 2'C-D. mit einer 6stufigen Vorwärtsdampfturbine und 750 kW Leistung bauen, die bis 1943 im Einsatz war. Die Rückwärtsdampfturbine besaß ein 2kränziges Curtis-Rad. Ljungström baute 1921 eine 2'3+C1'-D. mit 1320 kW Leistung bei einer Drehzahl von 9200 U/min, bei der ein Tender mit Triebwerk vorauslief.
In Deutschland baute die Fa. Krupp 1923/1924 versuchsweise eine D. für den Schnellzugdienst nach der Lizenz von Zoelly (→ Krupp-Turbinenlokomotive). Bei der DRG als D. T 18 1001 in Betrieb genommen, blieb sie neben der 1929 von der Fa. Maffei gebauten D. T 18 1002 der DRG der einzige Versuch. Beide besaßen je 1 Vorwärts- und Rückwärtsdampfturbine, die T 18 1002 hatte beide in einem gemeinsamen Gehäuse.
Als leistungsstärkste aller Versuchsbauarten baute die Fa. Baldwin (USA) 1943 für die Pacific Railroad eine D. mit mechanischer Leistungsübertragung. Die Hauptdampfturbine arbeitete auf den zweiten und dritten Kuppelradsatz und leistete 5074 kW bei 9000 U/min. Eine Hilfsdampfturbine für die Rückwärtsfahrt besaß eine Leistung von 1103 kW bei 8300 U/min. Diese unter der Bezeichnung S-2 Nr. 6200 verkehrende D. erreichte mit schweren Schnellzügen eine Geschwindigkeit von 190 km/h. Die Kohleersparnis gegenüber Kolbendampfmaschinen-Lokomotiven betrug 32%. Sie zog den Schnellzug »Broadway Limited« zwischen Crestline und Chikago. Wegen zu hoher Unterhaltungskosten wurde sie 1949 ausgemustert. Lit.: 1.18., 2.3., 2.8., 2.11., 2.12., 5.3. Abb.

Dämpfungswiderstand: bei → Leistungssteuerungen mit Stufenwählern und → Lastschaltern hochohmiger Widerstand zwischen den Zuleitungen zu den Lastschaltern, um die beim Schalten entstehenden Schaltüberspannungen abzudämpfen.

Dampfverluste: → Dampflässigkeitsverluste

Dampfverteilung: von der → inneren Steuerung gesteuerter Vorgang im → Schieberkasten. Die D. zu den Einströmkanälen des → Zylinders (1) erfolgt dabei durch die Schieberbewegungen.

Dampfvolumen: → Rauminhalt des Dampfes

Dampfzuleitung: Hauptdampfrohre zur Zuführung des Frischdampfs aus dem Dampflokomotivkessel zu den → Zylindern (1). Die D. besteht aus dem → Reglerknierohr, dem → Reglerrohr (bei Naßdampfmaschinen ein → Kreuzrohr) und den Einströmrohren. → Dampfleitung

Dampfzylinder: → Zylinder (1), → Speisewasserkolbenpumpe, → Luftpumpe

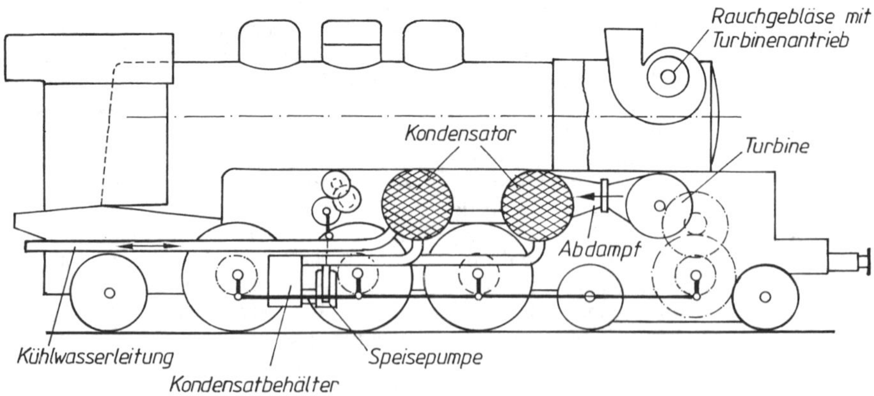

Dampfturbinenlokomotive der Bauart Krupp (Aufbau); die Abdampfkondensatoren waren der Turbine direkt nachgeschaltet

DAT: Abk. für → **D**rehstom**a**ntriebs**t**echnik.
Dauerbetriebspunkt: → Nennbetrieb
Dauerbremsung: gebremster Bewegungsvorgang des Tfz. oder des Zugs auf Gefällestrecken zur Einhaltung der vorgeschriebenen Geschwindigkeit auf dem zu befahrenden Streckenabschnitt. Diese Ausführungsform der Bremsung ist eine *Regulierbremsung* (→ Arten der Bremsungen), die auch als *Gefälle-*, *Beharrungs-* oder *Senkbremsung* bezeichnet wird. Bei der D. wird potentielle Energie in eine andere Energieform (Wärme, elektrische Energie) umgewandelt.
Dauerfahrgeschwindigkeit, *Dauergeschwindigkeit:* → Nennbetrieb
Dauerleistung: → Nennbetrieb
Dauerstrom: → Nennbetrieb
Dauerzugkraft: → Nennbetrieb
DB: Abk. für → **D**eutsche **B**undesbahn.
Deckenstehbolzen: Bauelement des → Dampflokomotivkessels zurm Verbinden der Feuerbüchsdecke mit der Stehkesseldecke. Die D. sind i.allg. aus Stahl und werden in kupferne Feuerbüchsdecken eingeschraubt, wobei das in die Feuerbüchse hineinragende Gewindeende durch eine Mutter gegen Abbrand geschützt wird, sowie in stählerne Decken eingeschweißt. Die vorderen D. (1 oder 2 Reihen) sind als Bügelankerstehbolzen (→ Bügelanker) ausgebildet. → Stehbolzen
Defrosterdüse: Luftdüse der → Scheibenentfrostungsanlage, über die Warmluft in die → Stirnfenster von Tfz. geleitet wird.
Defrosterkanal: Luftführungskanal der → Scheibenentfrostungsanlage.
Da-Glehn-Lokomotive: von → Glehn entwickelte → Dampflokomotive mit 4-Zylinder-Verbunddampfmaschine, die bei der ersten Lok auf 2 getrennte, bei den folgenden D. auf 2 mit Kuppelstangen verbundene Treibradsätze mit etwa 180° Kurbelversetzung wirkte. Die für das Hoch- und Niederdrucktriebwerk getrennte Lokomotivsteuerung mit unabhängiger Füllungseinstellung ließ eine vom Lokführer wahlweise einstellbare Betriebsweise als Verbundmaschine, Doppelzwilling oder einfache Zwillingslokomotive (nur Hochdruckzylinder) zu. Bei der ersten 1885 vom Werk Grafenstaden gebauten 1 Bo-D. lagen die beiden Hochdruckzylinder außen und die beiden Niederdruckzylinder innen, um die → Abkühlungsverluste an den Zylinderwänden zu senken. Die Niederdruckdampfmaschine trieb den gekröpften ersten Treibradsatz und die Hochdruckdampfmaschine den zweiten normal ausgeführten Treibradsatz an. Die im Dampfverbrauch sehr sparsamen D. hatten wegen ihres gegenläufigen Triebwerks einen sehr ruhigen Lauf. Sie waren bes. in Frankreich, Deutschland, Großbritannien und den USA im Einsatz. Lit.: 2.9., 5.3.

De-Limon-Öler
Hochdruckschmierpumpe der Bauart De Limon

Deichselgestell: 1- oder 2achsiges Nebengestell (→ Bissel-Gestell) von Tfz. (überwiegend Dampflokomotiven), das über eine Deichsel und einen Drehzapfen mit dem Hauptgestell (Tfz.-Rahmen) verbunden ist. Das D. dient zur Verbesserung der → Bogenläufigkeit. Das seitliche Ausschwenken wird durch einen Bogenanschlag begrenzt, der auch den kleinsten befahrbaren Gleisbogen mitbestimmt.
De-Limon-Fluhme-Pumpe: bei Dampflokomotiven im Führerhaus auf dem → Stehkessel angeordneter Dampföler zum Schmieren der → Dampfkolben und → Schieber. Das Öl wird einem Dampfstrahl beigemischt, der es in die → Schieberkästen und → Zylinder führt. Ein Mangel der D. war, daß der Dampf das fein in ihm verteilte Öl teilweise zersetzte und damit die Schmierfähigkeit verringerte. D. wurden bei älteren → Naßdampflokomotiven verwendet. Mechanische Schmiervoreinrichtungen (z.B. → Mi-

chalk-Schmierpumpe und → Bosch-Schmierpumpe) lösten sie ab. Lit.: 5.3.

De-Limon-Öler: andere Bezeichnung für eine Hochdruck-Schmierpumpe der Bauart De Limon mit 4–6 Anschlüssen für die Zylinder- und Schieberbuchsenschmierung der Dampfmaschine. Jeder Anschluß hat eine separate Ölkammer mit Ölstandglas, einem Umschalthahn, einem Pumpenelement und einer Einstelleinrichtung für die zu fördernde Ölmenge. Der D. wurde bei Lokomotiven der deutschen Länderbahnen verwendet. Ihm folgte die für die Einheitslokomotiven der DRG verwendete → Bosch-Schmierpumpe. Lit.: 2.3., 2.12. Abb. 119

»Deltic«: für den Prototyp und später für die gesamte Diesellokomotiv-BR D 9000 der BR geprägte Bezeichnung, die auf die Verwendung von unkonventionellen Gegenkolben-Zweitakt-Dieselmotoren zurückgeht. Bei diesen von der Fa. Napier ursprünglich für Schiffsantriebe entwikkelten Delta-Ringmotoren D 18–25 sind die Zylinder in Deltaform angeordnet (Abb.); in 6 Zylinderebenen sind 18 Zylinder mit 36 Kolben und 3 Kurbelwellen vorhanden. Diese Motoren entwickeln bei einer Drehzahl von 1500 U/min eine Leistung von 1213 kW, so daß die mit 2 Anlagen ausgerüsteten Diesellokomotiven die damals leistungsstärksten der Welt waren. Sie wiesen eine Dienstmasse von 99 t auf, erhielten → elektrische Leistungsübertragung und einen → Heizdampferzeuger. Der Prototyp wurde 1955, die Serie 1961/62 von der Fa. EE gebaut. Die 22 Serienlokomotiven haben sich im Einsatz vor schnellen und schweren Zügen bei den BR gut bewährt; sie wurden nach Ablauf der Nutzungsdauer ausgemustert. Abb. → Tafel »Diesellokomotiven«

Denkmallokomotive, *Denkmaltriebfahrzeug*: Lokomotive, die als Denkmal aufgestellt ist …

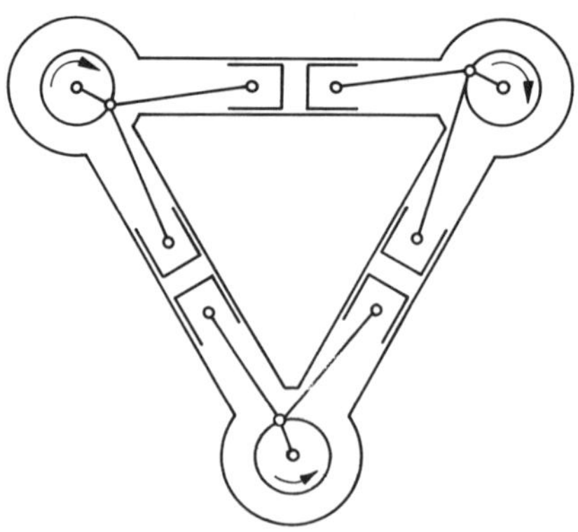

»Deltic«
Prinzip des Delta-Ringmotors

Denkmallokomotiven

Kennzeichnung der betriebsfähig zu unterhaltenden Museums- bzw. Traditionstriebfahrzeugen der DB/DR

Bisherige Bezeichn. DR	Bisherige Bezeichn. DB	Neue Anschrift am Triebfahrz.	EDV-Bez. auf dem Führerst.
Dampflokomotiven			
	001 150	01 150	088 011-2
	012 100	01 1100	088 010-4
01 1531		01 531	088 015-3
01 2137		01 137	088 016-1
02 0201		18 201	088 189-6
03 1010		03 1010	088 035-1
03 2001		03 001	088 036-9
	023 105	23 105	088 231-6
35 1113		23 1113	088 235-7
38 1182		38 1182	088 385-0
38 5205		38 205	088 386-8
41 1185		41 1185	088 415-5
	042 360	41 360	088 410-6
44 1093		44 1093	088 445-2
	050 622	50 622	088 501-2
50 1849		50 849	088 505-3
52 6666		52 6666	088 525-1
58 3047		58 3047	088 585-5
62 1015		62 015	088 625-9
64 1007		64 007	088 645-7
65 1049		65 1049	088 655-6
74 1230		74 1230	088 745-5
86 1001		86 001	088 865-1
	086 457	86 457	088 861-0
89 8888		SAXONIA	088 895-8
89 1004		89 1004	088 896-6
89 6009		89 6009	088 897-4
91 1134		91 134	088 915-4
91 6580		91 6580	088 916-2
94 1292		94 1292	088 945-1
95 1027		95 027	088 955-0
99 1539		99 539	088 991-5
99 1713		99 713	088 992-3
99 2323		99 2323	088 993-1
99 4633		99 4633	088 994-9
99 5901		99 5901	088 995-6
99 6001		99 6001	088 996-4
99 7247		99 7247	088 997-2
Elektrische Lokomotiven			
	104 020	E 04 20	188 041-8
204 001		E 04 01	188 045-9
204 710		E 77 10	188 775-1
211 001		E 11 001	188 115-0
	118 003	E 18 03	188 181-2
	188 008	E 18 08	188 182-0
	188 047	E 18 47	188 183-8
218 031		E 18 31	188 185-3
	144 002	E 44 002	188 441-0
	144 119	E 44 119	188 442-8
	145 170	E 44 170	188 443-6
244 046		E 44 046	188 445-1
	160 010	E 60 010	188 601-9
	169 002	E 69 002	188 691-0
	169 003	E 69 003	188 692-8

Bisherige Bezeichn. DR	Bisherige Bezeichn. DB	Neue Anschrift am Triebfahrz.	EDV-Bez. auf dem Führerst.
	191 099	E 91 099	188 911-2
	194 579	E 94 279	188 941-9
254 056		E 94 056	188 945-0
Brennkraftlokomotiven			
	216 003	V 160 003	288 161-3
118 505		V 180 005	288 185-2
	220 002	V 200 002	288 201-7
	221 116	V 200 116	288 202-5
	280 002	V 80 002	288 801-4
Kleinlokomotiven			
103 027		V 36 027	388 365-9
Elektrische Triebwagen			
	425 115	ET 25 015a	488 251-0
	425 415	ET 25 015b	488 252-8
	430 114	ET 30 014a	488 301-3
	430 414	ET 30 014b	488 302-1
	465 006	ET 65 006	488 651-1
275 659		ET 165 155	488 165-2
Brennkrafttriebwagen			
183 252		VT 137 225	688 135-3
	601 014	VT 11 5014	688 111-4
	601 019	VT 11 5019	688 112-2
	612 506	VT 12 506	688 121-3
	612 507	VT 12 507	688 122-1
	613 603	VT 08 503	688 081-9
	613 620	VT 08 520	688 082-7
187 025		VT 137 566	688 136-1
		VT 137 322	688 137-9
Schienenomnibusse			
	795 240	VT 95 9240	788 951-2
187 001		VT 133 522	788 135-2
Steuer-, Mittel- und Beiwagen für ET			
	825 015	EM 25 015	888 001-5
	830 012	EM 30 012	888 002-3
	830 014	EM 30 014	888 003-1
	865 006	EM 65 006	888 004-9
	865 106	EM 65 106	888 005-7
	865 606	ES 65 006	888 601-2
275 660		ES 165 155	888 602-0
Steuer-, Mittel- und Beiwagen für VT			
	901 115	VM 11 5115	988 001-4
	901 116	VM 11 5116	988 002-2
	901 121	VM 11 5121	988 003-0
	901 122	VM 11 5122	988 004-8
	901 201	VM 11 5201	988 005-5
	901 203	VM 11 5203	988 006-3
	901 401	VM 11 5401	988 007-1
	901 404	VM 11 5404	988 008-9
	912 501	VM 12 501	988 009-7
	912 507	VM 12 507	988 010-5
	913 010	VM 08 510	988 011-3
	913 012	VM 08 512	988 012-1
	913 603	VS 08 503	988 601-1
	995 019	VB 142 019	988 013-9

Quelle: ModellEisenbahner 7/1991

zeug: als Zeugnis der technischen Entwicklung oder bes. historischer Ereignisse, meist für museale Zwecke weitgehend im Original erhaltenes → Triebfahrzeug. Dazu gehören: **1.** *Museumslokomotiven, Museums-Tfz.,* als Teil der Eisenbahnmuseumsfahrzeuge, die 2 Gruppen umfassen: a) museumsgerecht aufzustellende Tfz., die zum Bestand eines Museums gehören. Sie müssen auf eigenen Rädern transportfähig, sauber und korrosionsgeschützt sein sowie der urspünglichen Gestaltung bezüglich Bauart, Ausstattung und Anstrich entsprechen. b) Tfz., die von einer Eisenbahn für Traditions- und Sonderfahrten betriebsfähig vorgehalten werden. Sie sind meist im Auftrag eines Museums in einem → Bahnbetriebswerk beheimatet und müssen beim Einsatz die geltenden Betriebsvorschriften einhalten. Für die Erhaltung dieser Tfz. wird von gesellschaftlichen Kreisen (Eisenbahnfreunde, Hobbyeisenbahner, Lokomotivfans) breite Unterstützung gegeben. Bei der Bewahrung von D. hat auch die Deutsche Gesellschaft für Eisenbahngeschichte (DGEG) großen Anteil. Zu den Spitzenexponaten des Museums-Bw in Bochum-Dahlhausen zählen u.a. die Dampflokomotiven 01 008, Cöln 1833 (prT9^1), 55 3345 (pr G8^1), 66 002, eine Eh2-Industrielok, 89 7159 (pr T3) sowie 97 502 und weiterhin ein Schienen-Straße-Bus DB 29–3, eine Petroleum-Motorlok sowie die E 32 27.
Die betriebsfähig zu erhaltenden Museums- bzw. Traditions-Tfz. der DB und DR umfassen u.a.: 38 Dampflokomotiven, 18 elektrische Lokomotiven, 5 Diesellokomotiven, 6 elektrische Triebwagen und 9 Brennkrafttriebwagen (vgl. Tab.). – **2.** Die zum Gedenken an bes. historische Ereignisse, bei denen Lokomotiven eine entscheidende Rolle spielten, als Denkmal oder Teil eines Denkmals aufgestellten Tfz. (Lokomotivdenkmal). Tab.

»Der Adler«: Name der aus England für die erste deutsche Eisenbahn beschafften 1A1-Dampflokomotive (→ Patentee-Lokomotive), die am 7. Dezember 1835 auf der Strecke Nürnberg–Fürth den ersten Zug beförderte. Der Nürnberger Bürgermeister Johannes Scharrer hatte nach Fehlversuchen in Württemberg am 15. Mai 1835 bei → Stephenson die Bestellung aufgegeben. Am 26. Oktober 1835 traf die Lokomotive »Der Adler« (Fabriknummer 118) aus Newcastle, begleitet vom englischen Lokomotivführer William Wilson, zum Preis von 13930 Gulden und 2 Kreuzern ein. Die Lok mit etwa 30 kW Leistung und 7,5 t Masse (einschl. Tender) befand sich bis 1857 im Einsatz. Sie wurde anschließend nach Augsburg verkauft, wo sie der Nachwelt verlorenging.

Eine der Nachbildungen der Lokomotive befindet sich im Verkehrsmuseum Nürnberg, eine Nachbildung des Eröffnungszugs mit »Der Adler« (mit im Schlepptender untergebrachten dieselmechanischem Antrieb) ist auf einem Rundkurs der Parkeisenbahn Görlitz im Einsatz. → »Saxonia« (dort Tab.). Lit.: 2.9. Abb.

a)

b)

»Der Adler«
a) Ursprungsgerechte Nachbildung
b) Formangelehnte Nachbildung für die Görlitzer Parkbahn

Déri-Motor: → Repulsionsmotor

Deutsche Bundesbahn, Abk. **DB**: staatliches Eisenbahnunternehmen der Bundesrepublik Deutschland, das aus der ehemaligen → Deutschen Reichsbahn hervorgegangen ist und formell mit Inkrafttreten des Bundesbahngesetzes vom 13. 12. 1951 entstand.

Deutsche Reichsbahn, Abk. **DR**: **1.** Am 1. 4. 1920 aus den ehemaligen deutschen Länder-Eisenbahnen gegründetes erstes einheitliches staatlichen Eisenbahnunternehmen Deutschlands. Wichtigste Aufgabe in den ersten Jahren: Vereinheitlichung des von den Länderbahnen übernommenen Tfz.- und Wagenparks, des Sicherungs- und Fernmeldewesens, der Anlagen, Verwaltung usw. sowie das Entwickeln neuer einheitlicher Tfz.-Baureihen und Wagenbauarten (→ Einheitsbauart, → Elna-Lokomotive). 1924 erfolgte die Überführung in die → Deutsche Reichsbahn-Gesellschaft (DRG), die 1937 erneut in die DR als Sondervermögen des Deutschen Reichs umgewandelt wurde. – **2.** Ausgehend von der in der sowjetischen Besatzungszone im August 1945 durch die Sowjetische Militäradministration an die bestehenden Dienststellen übergebenen Betriebsführung entwickelte sich das Unternehmen der DR zur zentralen staatlichen Leitung des öffentlichen Eisenbahnverkehrs auf dem Gebiet der DDR.

Deutsche Reichsbahn-Gesellschaft, Abk. **DRG**: aus der → Deutschen Reichsbahn (1) 1924 auf Drängen der Siegermächte des ersten Weltkriegs gebildete »Betriebsgesellschaft öffentlich-rechtlicher Natur«. Anlaß für diese Umbildung war die pünktliche Zahlung eines Teils der Reparationen, was durch einen ausländischen Eisenbahnkommissar und durch ausländische Mitglieder des Verwaltungsrats überwacht wurde. Die DRG hatte weitgehende Selbständigkeit hinsichtlich der Gestaltung der Betriebsführung, des Tfz.- und Wagenparks, der Anlagen usw. Die damalige deutsche Regierung hatte lediglich Aufsichtsrechte in grundsätzlichen Fragen sowie die Tarifhoheit. Die Reparationszahlungen wurden vor allem im Ergebnis der Weltwirtschaftskrise eingestellt. Die DRG wurde 1937 aufgelöst und wieder in die DR umgewandelt.

Deutz-Hohlwellenantrieb: von der Fa. Klöckner-Humboldt-Deutz-AG entwickelter Antrieb eines bei Diesel-Tfz. in Drehgestellmitte gelagerten → Verteilergetriebes. Das Verteilergetriebe wird durch eine Gelenkwelle, die in der als → Hohlwelle ausgebildeten Antriebswelle symmetrisch zur Drehgestellmitte angeordnet ist, angetrieben. Mit dem D. werden Beugungswinkelfehler der Gelenkwelle bei Bogenfahrten eines Drehgestell-Tfz. vermieden. Anwendung: bei dieselhydraulischen Tfz. mit drehzapfenloser → Drehgestellanlenkung. Abb.

Diagnoseeinrichtung: Ausrüstung der Tfz., bes. der Antriebsanlage und des Fahrwerks, mit Sensoren (Meßwertgebern) sowie Meß- und Meßwertverarbeitungsgeräten zur ständigen oder bedarfsgemäßen Überwachung der Funktionstüchtigkeit und des Abnutzungsgrads der Maschinen, Aggregate, Baugruppen und Bauteile. Die D. kann ein Teil der → Überwachungseinrichtungen sein. Die Sensoren werden an den bes. beanspruchten Elementen, wie Lagern und Gleitflächen oder elektrischen Teilen, z.B. beim Dieselmotor für den Druck im Verbrennungsraum und an den Kurbelwellenlagern, sowie an vorbereiteten Anschlüssen und Meßpunkten für stationäre Diagnoseanlagen in den Werkstätten angebracht. Die Steuerung der D. und die Auswertung der Meßdaten werden zunehmend vom → Bordmikrorechner übernommen.

Diagonalkupplung: → Querkupplung

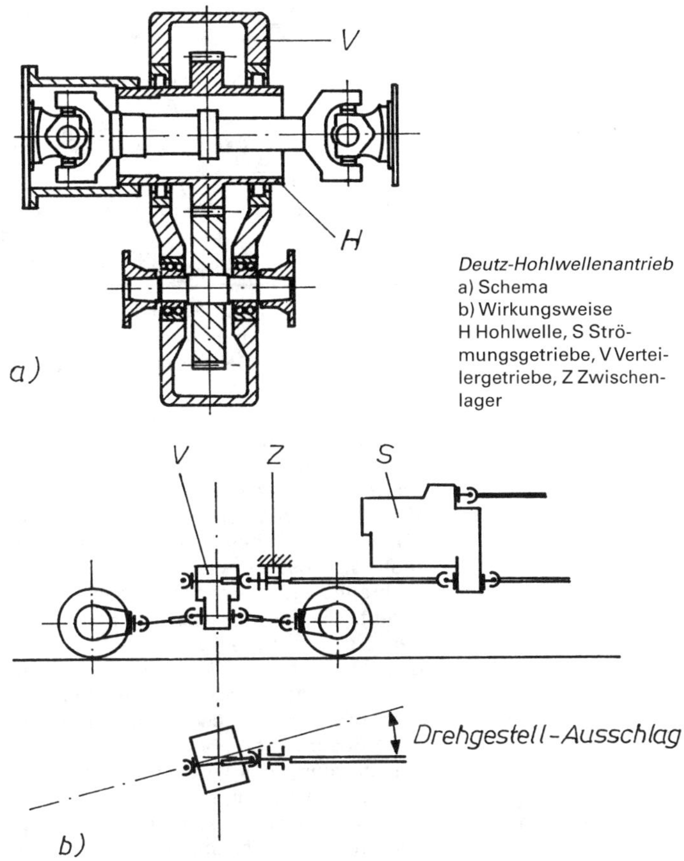

Deutz-Hohlwellenantrieb
a) Schema
b) Wirkungsweise
H Hohlwelle, S Strömungsgetriebe, V Verteilergetriebe, Z Zwischenlager

Diamonddrehgestell: 2achsiges Drehgestell der Bauart Diamond; überwiegend als → Fachwerkdrehgestell (dort Abb.) ausgeführt. Das D. besitzt nur eine Federstufe. Auf den querliegenden Doppelelliptikfedern stützt sich ein Querträger ab, der die Drehpfanne trägt. Die → Radsatzlager sind als Gleitlager ausgeführt. Die einseitige Abbremsung läßt nur geringe Bremskräfte zu. Das D. entspricht nicht mehr den neueren Anforderungen an ein Drehgestell und ist daher nur noch vereinzelt an älteren Güterwagen und → Schlepptendern von Dampflokomotiven anzutreffen.

Dienstmasse: Gesamtmasse eines Tfz. mit ⅔ Vorräten an → Brennstoffen und → Betriebsstoffen, wie Kraftstoff, Wasser, Schmierstoffe und Streusand. Die D. wird an das Tfz. angeschrieben (→ Anschriften an Triebfahrzeugen).

Diesel, Rudolf: 18. März 1858 (Paris) – 29./30. September 1913 (im Ärmelkanal auf der Überfahrt nach England); deutscher Ingenieur, Erfinder des → Diesel-

Rudolf *Diesel*

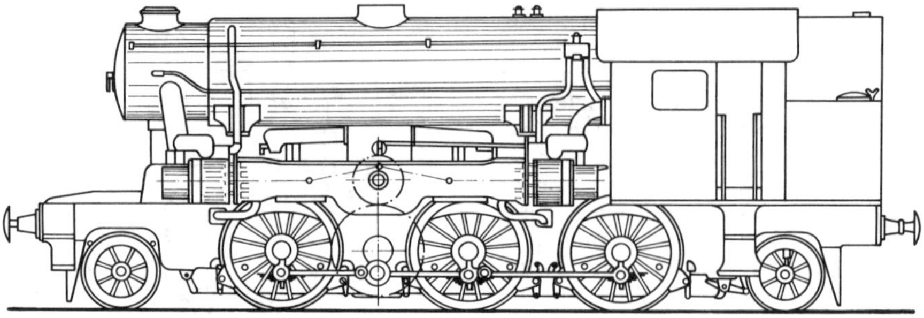

Dieseldampflokomotive 1'C1'-800-kW-Lokomotive von Still (1928)

motors. Nach dem Studium am Polytechnikum in München war D. Assistent bei Carl v. Linde. Seine praktische Ausbildung erhielt er bei den Gebr. Sulzer in Winterthur. Ab 1880 vertrat er in Paris die Kältemaschinengesellschaft von Linde. Das Bemühen um die Verbesserung der Wärmekraftmaschine führte 1894 zur Veröffentlichung seiner »Theorie und Konstruktion eines rationellen Wärmemotors«. 1899 erhielt D. für seine neue Verbrennungskraftmaschine das Reichspatent. Die Entwicklung und Erprobung des ersten Diesel-Motors nahm D. bei den Maschinenfabriken Augsburg und Krupp vor. Als Ergebnis konnte 1897 der erste brauchbare Dieselmotor mit einem Wirkungsgrad von 26,2% auf der Hauptversammlung des Vereins deutscher Ingenieure in Kassel erstmals der Öffentlichkeit vorgestellt werden. D. gründete 1906 die »Gesellschaft für Thermolokomotiven« und arbeitete mit Sulzer und von Klose am Entwurf der → Klose-Lokomotive, für die er mit Sulzer den antriebstechnischen Teil entwarf. Lit.: 1.22., 3.5., 5.1., 5.3. Abb.

Dieseldampflokomotive: → Zweikraftlokomotive, die durch Kombination von → Dieselmotor und → Dampfmaschine direkt angetrieben wird. Bei der 1928 von Still gebauten D. wurde ein liegender 8-Zylinder-Zweitakt-Dieselmotor verwendet, dessen Kurbelseite zur Anfahrt und bei erhöhtem Leistungsbedarf mit Dampf beaufschlagt werden konnte. Der Dampf wurde zum Anfahren in einem ölgefeuerten Kessel erzeugt. Bei Fahrt des Tfz. wurden die Abgase des Dieselmotors zur Dampferzeugung genutzt und gleichzeitig das Wasser im Kühlmantel der Dieselzylinder vorgewärmt. Obwohl der Wirkungsgrad der Lokomotive relativ hoch war, blieb die D. wegen des beträchtlichen Bauaufwands und der erheblichen Störanfälligkeit ein Versuchsobjekt. Lit.: 3.5., 3.8. Abb.

Dieselelektrik: i.w.S. Bezeichnung für die Gesamtheit der elektrischen Einrichtungen in Diesel-Tfz.: i.e.S. Zusammenfassung der elektrischen Ausrüstungen im Leistungsteil dieselelektrischer Tfz.

dieselelektrische Lokomotive: → Diesellokomotive mit → elektrischer Leistungsübertragung. Merkmale: Ein mit dem Dieselmotor gekuppelter → Hauptgenerator erzeugt elektrische Energie variabler Spannung, die den → Fahrmotoren zugeführt wird, von denen die mechanische Energie vom Fahrmotorritzel auf das Großrad eines oder mehrerer → Treibradsätze übertragen wird (→ Einzelachsantrieb, → Monomoteurantrieb). Die Fahrtrichtungsänderung wird durch den → Fahrtrichtungswender erreicht. Vorteile: stetiger und gut regelbarer Zugkraftverlauf. Nachteile: durch mehrmalige Energieumwandlung bedingte erhebliche Gesamtmasse der Antriebsanlage und der bes. beim reinen Gleichstrombetrieb notwendige Wartungsaufwand. Eine Verbesserung ist durch Einsatz von Wechselstrommaschinen möglich.

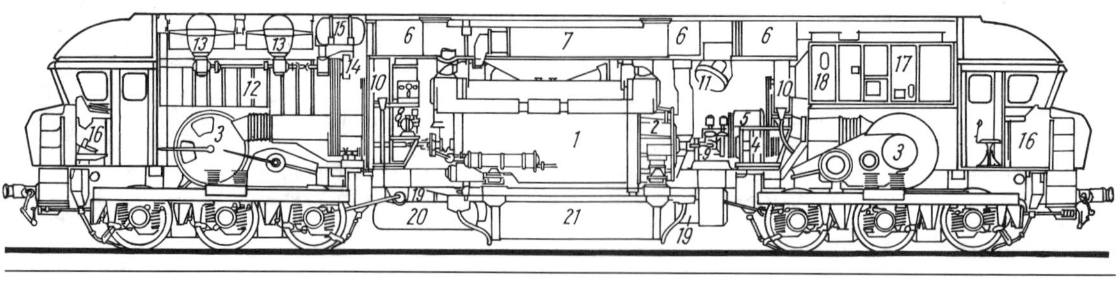

dieselelektrische Lokomotive CC 72000 der SNCF mit 2650 kW Motorleistung und Monomoteurantrieb
1 Dieselmotor, 2 Generator, 3 Traktionsmotoren, 4 Erregermaschine, 5 Wechselstromlichtmaschine, 6 Filter, 7 Schalldämpfer, 8 Anlaßeinrichtung, 9 Luftverdichter, 10 Fahrmotorlüfter, 11 Maschinenraumlüfter, 12 Kühlanlage, 13 Kühlerlüfter, 14 Elektromagnetkupplung, 15 Ausgleichbehälter, 16 Fahrpulte, 17 Apparateblock, 18 Gleichrichterblock, 19 Batterien, 20 Luftbehälter, 21 Kraftstoffbehälter

1965 wurde erstmalig bei der SNCF in der Lokomotive BB67036 ein Wechselstromgenerator verwendet. Seit 1971 wurden bei der DB d.L. mit → Drehstromantrieb erprobt; seit den 80er Jahren sind solche d.L. z.B. bei der DSB, den NSB und den SBB im planmäßigen Einsatz.

Erstmals wurde die elektrische Leistungsübertragung vor 1900 in Motorlokomotiven kleiner Leistung und nach 1902 in Triebwagen angewandt. Die erste Großdiesellokomotive mit elektrischer Leistungsübertragung, eine 1'Eo1'-Lokomotive mit 880 kW Motorleistung, wurde 1924 von der Maschinenfabrik Esslingen für die UdSSR gebaut. Breite Anwendung fanden d.L. um 1935 in den USA und nach 1950 bei den SŽD, den BR, der CFR, der SNCF, SJ und DSB. Die derzeit größte 1motorige d.L. ist die TEP75 der SŽD mit 4410 kW Motorleistung und Wechselstrom-Gleichstrom-Leistungsübertragung. In den Streckeneinsatz bei der DB im Raum Schleswig-Holstein gingen 1990 drei 1motorige d.L. des Typs DE1024 (BR240 der DB/DR) der Fa. Krupp MaK Kiel mit 2650 kW Motorleistung und Drehstrom-Leistungsübertragung. Abb. → Tafel »Diesellokomotiven«

dieselelektrischer Antrieb: Antrieb eines mit → Dieselmotor und → elektrischer Leistungsübertragung ausgerüsteten → Dieseltriebfahrzeugs. Dieselmotor und Hauptgenerator sind meist als → Dieselgenerator ausgeführt. → dieselelektrische Lokomotive, → dieselelektrischer Triebwagen.

dieselelektrischer Triebwagen: → Dieseltriebwagen mit → elektrischer Leistungsübertragung. Als Antriebsschema gilt das der → dieselelektrischen Lokomotive mit der Besonderheit, daß aus Gründen der gleichmäßigen Masseverteilung meist Dieselmotor und Hauptgenerator im → Maschinendrehgestell und die Fahrmotoren im → Triebdrehgestell untergebracht sind. Diese Funktionsaufteilung besaßen bereits ein 1907 für die KPEV gebauter → Benzoltriebwagen und 1913/15 von der Waggonbauanstalt Rastatt für die KPEV und die Sächsische Staatseisenbahn gebaute erste d.T. mit der Achsfolge 3'B', die über Jahre im Einsatz waren.

Die Aufteilung der Leistung auf beliebig viele Treibradsätze eines d.T. erlaubt es, größere Leistungen bei geringen Radsatzkräften zu installieren (→ Dieseltriebzug, dort Abb.). Verbreitete und erfolgreiche Anwendung erlangten d.T. in den 30er Jahren bei der DRG, z.B. die Einheits-Dieseltriebwagen VT137, und in neuester Zeit der → HST der BR sowie der Dieseltriebzug BM/BS der NSB mit → Drehstromantrieb. → Schnellverbrennungstriebzug (dort Tab.), → Verbren-

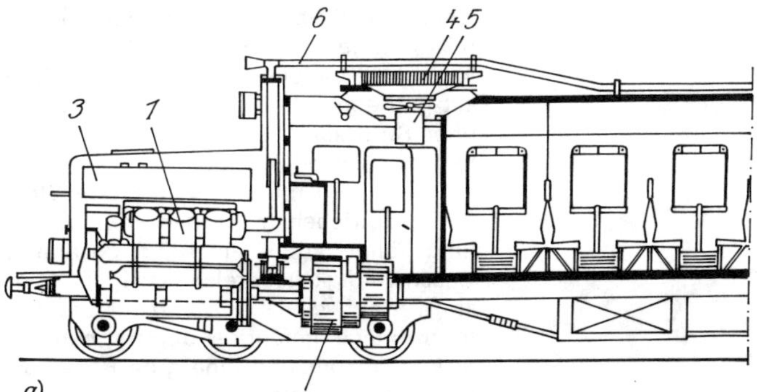

a)

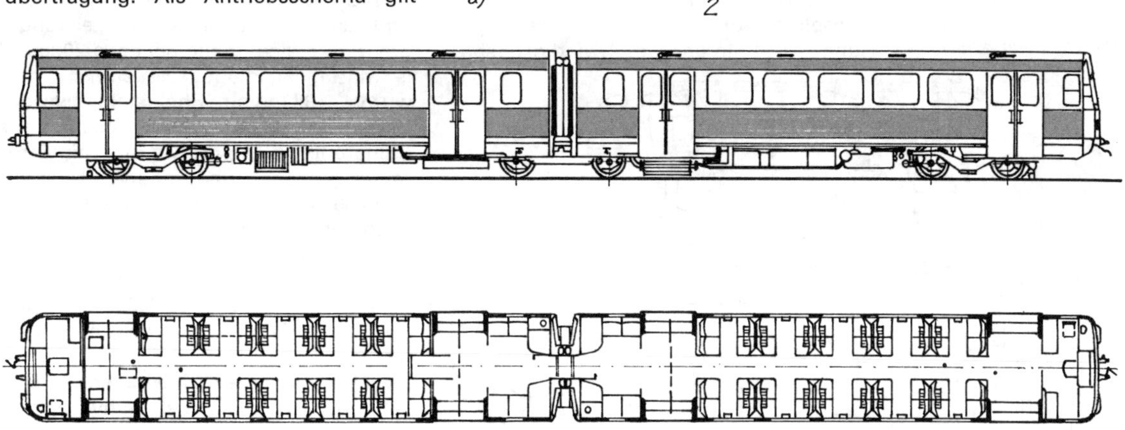

b)

dieselelektrischer Triebwagen
a) Dieseltriebwagen der Waggonfabrik Rastatt für die KPEV und die Sächsische Staatseisenbahnen (1915)
1 Dieselmotor, 2 Hauptgenerator, 3 Kraftstoffbehälter, 4 Kühler, 5 Kühlerlüfter, 6 Abgasleitung
b) dieselelektrischer Doppeltriebwagen VT2N der Altona-Altenkirchen-Neumünster-Eisenbahngesellschaft für Nahverkehr, 2×228 kW Unterflurmaschinenanlage, Achsfolge Bo'2'Bo'

nungstriebwagen (dort Tab.). Abb. → Tafel »Verbrennungstriebwagen und -triebzüge«.

Dieselgenerator: Maschinenaggregat, bei dem ein → Dieselmotor und ein elektrischer → Generator zusammengeflanscht sind. D. werden stationär als Stromerzeugungsanlage, auf Tfz. als Hilfsanlage oder unter Verwendung des → Hauptgenerators als Einbaueinheit für die Maschinenanlage von → dieselelektrischen Lokomotiven oder → dieselelektrischen Triebwagen verwendet. Abb.

dieselhydraulische Lokomotive: → Diesellokomotive mit → hydraulischer Leistungsübertragung. Kennzeichnendes Merkmal: → Strömungsgetriebe, → hydromechanisches Getriebe oder → hydrostatisches Getriebe als Leistungsübertragungsanlage. Die Leistung des Dieselmotors wird über eine → drehelastische Kupplung und eine → Gelenkwelle auf das Getriebe oder direkt auf die hydrostatische Pumpe übertragen. Möglichkeiten der *Drehmomentübertragung* vom Getriebe auf die → Treibradsätze (2): 1) über → Nachschaltgetriebe, Blindwelle und Treib- und Kuppelstangen; 2) mit → Kettenantrieb; 3) über Gelenkwelle, evtl. → Verteilergetriebe und → Radsatzgetriebe; 4) vom Axialkolbenmotor über Stirnrad- oder Kegelradstufe beim hydrostatischen Antrieb.

D.L. verfügen mit Ausnahme von Strömungsgetrieben mit mehreren Kupplungsgängen über einen im gesamten Geschwindigkeitsbereich stetigen Zugkraftverlauf, eine hohe und für die Antriebsanlage gefahrlos übertragbare → Anfahrzugkraft und eine gute Regelbarkeit der Zugkraft durch Verändern der Dieselmotordrehzahl und zur Feinregelung im unteren Geschwindigkeitsbereich auch durch Ändern der Wandlerfüllung oder der Fördermenge der Hydrostatpumpe.

Bei d.L. hat sich die → hydrodynamische Leistungsübertragung durchgesetzt, während die → hydrostatische Leistungsübertragung nur im geringen Maße und von wenigen Lokherstellern, z.B. Badoni (Italien), für Rangierlokomotiven kleiner Leistung angewandt wird. Deshalb werden i.allg. unter der Bez. d.L. solche mit hydrodynamischer Leistungsübertragung verstanden. Heute wird der Gelenkwellenantrieb sowohl bei Drehgestell- als auch bei Starrahmen-Tfz. ausgeführt. Sonderbauart einer d.L. ist die Diesellokomotive BB69000 der SNCF, bei der das Strömungsgetriebe quer im Drehgestell gelagert ist (→ Gestellgetriebe), wodurch sämtliche Sekundärgelenkwellen entfallen.

Geschichtliche Entwicklung: Erste d.L. waren einige um 1925 gebaute Diesellokomotiven mit hydrostatischen Getrieben unterschiedlicher Konstruktion (→ Flügelzellengetriebe), die aber nicht befriedigten. Erst die 1935 von der Fa. Krauss-Maffei gebaute 1′C1′-Diesellokomotive mit 1030 kW Leistung und dem ersten Strömungsgetriebe in der Bauart WKK, die V140001 der DRG, wurde mit Erfolg eingesetzt und stand bis 1954 bei der DB im Dienst. Beachtlichen Aufschwung erhielt die Entwicklung d.L. nach 1950 bei der DB durch den Bau von Strömungsgetrieben und hydromechanischen Getrieben für Leistungen bis 1000 kW und durch den Bau bahnfester Gelenkwellen. Bald folgten Einsatz d.L. bei der DR, den ÖBB, den JNR, den SJ und der FS sowie der Export für afrikanische und asiatische Bahnen. Die Leistungsgrenze d.L. liegt heute bei etwa 2000 kW je Maschinenanlage. Die stärkste d.L. wurde 1972 von Rheinstahl-Thyssen-Henschel mit 2×1985 kW Leistung für China gebaut. Die größte über ein Strömungsgetriebe übertragene Leistung von 2257 kW wurde in den Diesellokomotiven der BR210 der DB mit Gasturbinen-Zusatzantrieb (→ Booster) verwirklicht. Etwa 25% aller Diesellokomotiven der Welt sind d.L. Lit.: 3.2., 3.5., 3.6., 3.10., 3.11., 3.17., Abb. → Tafel »Diesellokomotiven«.

dieselhydraulischer Triebwagen: → Dieseltriebwagen mit meist → hydrodynamischer Leistungsübertragung, selten mit → hydrostatischer Leistungsübertra-

Dieselgenerator

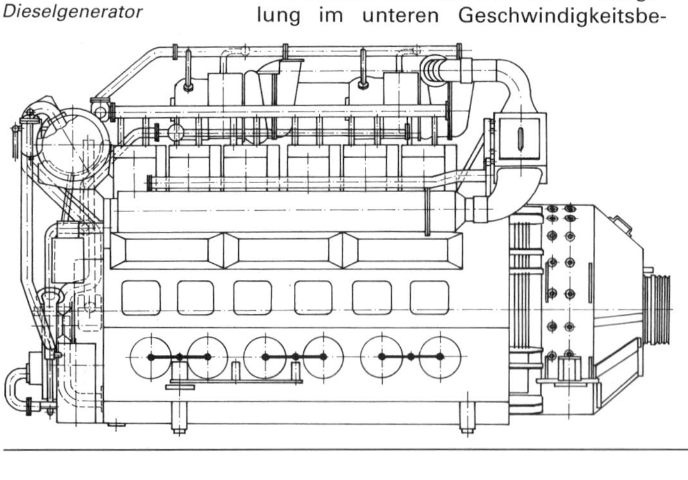

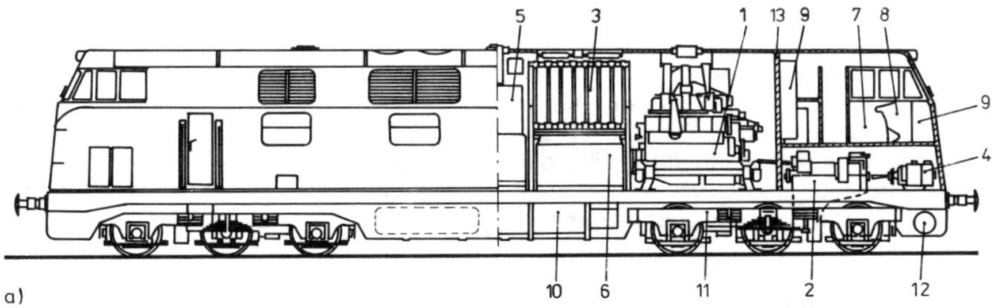

a)

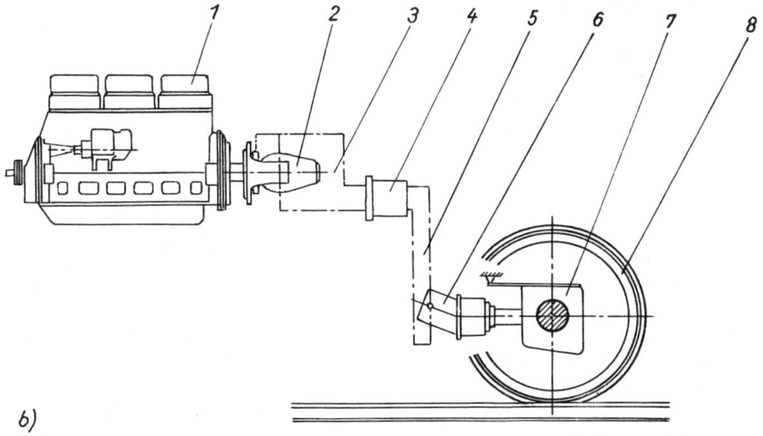

b)

dieselhydraulische Lokomotive
a) dieselhydraulische Streckenlokomotive mit 2 Maschinenanlagen und Heizdampferzeuger, BR 228 C′C′ der DB/DR
1 Dieselmotor, 2 Strömungsgetriebe, 3 Kühlanlage, 4 Lichtanlaßmaschine, 5 Heizdampferzeuger, 6 Heizwasserbehälter, 7 Führerstand, 8 Fahrpult, 9 Schaltschrank, 10 Kraftstoffbehälter, 11 Drehgestell mit Radsatzgetrieben, 12 Hauptluftbehälter, 13 Schallisolierung des Führerstands
b) Schema der hydrostatischen Leistungsübertragung einer dieselhydraulischen Lokomotive
1 Dieselmotor, 2 hydrostatische Pumpe, 3, 5 Ölleitungen, 4 Verteilergehäuse, 6 Ölmotor, 7 Radsatzantrieb, 8 Treibrad

gung. Bei den vorwiegend mit → Strömungsgetriebe ausgerüsteten d.T. werden die Treibradsätze über Gelenkwellen und Radsatzgetriebe oder Radsatzwendegetriebe angetrieben. D.T. kleiner Leistung (bis etwa 200 kW) sind 2achsig (→ Schienenomnibus); bei größerer Leistung werden sie als Drehgestellfahrzeug ausgeführt, wobei 1 oder 2 Radsätze im Triebdrehgestell angetrieben werden können. Der erste d.T. wurde 1933 bei den ÖBB eingesetzt, erster planmäßiger Einsatz von d.T. erfolgte 1935/36 bei der DRG mit den Nebenbahntriebwagen VT 135 048–050, VT 137 241–270 und mit 2 SVT der Bauart »Leipzig«. Nach 1950 wurden bei der DB d.T. für den Vorort- und Nebenbahnverkehr sowie Triebzüge für den Schnellverkehr und für den internationalen Verkehr (→ TEE-Triebzug) eingesetzt. Auch bei der DR, SNCF, ČSD, den ÖBB, den JNR und anderen Bahnen wurden d.T. als Einzeltriebwagen und Triebzüge entwickelt und eingesetzt. Heute werden d.T. vorwiegend als Nahverkehrstriebwagen und im Regionalverkehr betrieben, während im internationalen Verkehr lokomotivbespannte Züge den Vorrang haben. → Verbrennungstriebwagen (dort Tab.). → Schnellverbrennungstriebzug (dort Tab.) Lit.: 1.29., Abb. → Tafel »Verbrennungstriebwagen und -triebzüge«.

Dieselkraftstoff, Abk. **DK**: ringförmige Kohlenwasserstoffverbindung; Produkt der Erdöldestillation im Siedebereich von 200–360 °C bzw. aus Braun- oder Steinkohle gewonnen. DK hat eine Dichte von 0,81–0,88 g/cm³ und einen → Heizwert von etwa 42 000 kJ/kg. Der Flammpunkt liegt bei mindestens 55 °C. Neben hoher Reinheit des DK und einer → Zündwilligkeit von mindestens 40 CaZ (→ Cetanzahl) wird ein geringer Schwefelgehalt (≦ 0,5%) erwartet.

dieselhydraulischer Triebwagen
Dieseltriebwagen X 2100 der SNCF mit 440 kW Leistung und Unterflurmaschinenanlage, Achsfolge B′2′
1 klappbare Seitenwand, 2 Klappsitze, 3 Schaltschrank, 4 2. Klasse mit 24 Sitzpl. Nichtraucher, 5 1. Klasse mit 8 Sitzpl., 6 2. Klasse mit 24 Sitzpl. Raucher, 7 Führerstandrückwand mit verglaster Tür, 8 Schaltschrank, 9 Auspuff, 10 Dieselmotor, 11 Strömungsgetriebe, 12 Triebdrehgestell, 13 Laufdrehgestell

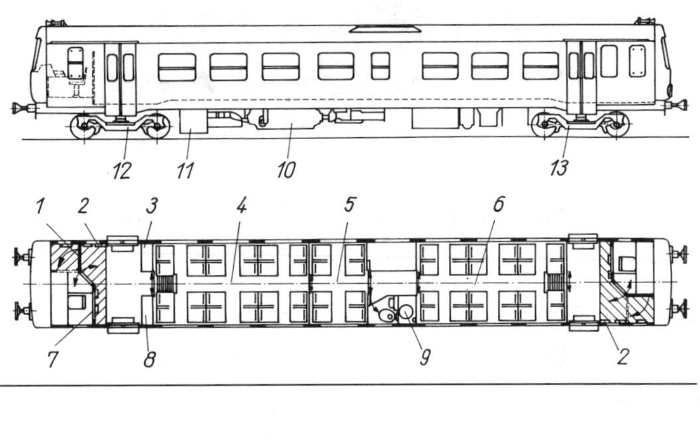

Diesel-Kreisprozeß: theoretischer → Vergleichsprozeß für Verbrennungsmotoren, die mit der Gleichdruckverbrennung arbeiten. Den meisten Dieselmotoren legt man den → Seiliger-Kreisprozeß als Idealprozeß zugrunde. In ihm wird die Wärmezufuhr in eine isochore und eine isobare Zustandsänderung aufgeteilt. Damit wird der D. zum Seiliger-Kreisprozeß überführt. Abb.

Diesellokomotive: → Lokomotive mit Antrieb durch → Dieselmotor. Hauptbauteile: → Maschinenanlage, → Hilfsanlagen und fahrzeugtechnischer Teil, bestehend aus Rahmen, Laufwerk, Aufbauten, Bremsanlage und 1 oder 2 → Führerständen (Abb.). Da der Dieselmotor im Gegensatz zur Dampfmaschine und zum Elektromotor nicht aus dem Stillstand unter Drehmomentabgabe anlaufen kann und eine Mindestdrehzahl zur Leistungsabgabe benötigt, ist eine → Leistungsübertragungsanlage erforderlich. Nach der Art der Leistungsübertragung werden → dieselelektrische Lokomotiven, → dieselhydraulische Lokomotiven und → dieselmechanische Lokomotiven, nach dem Einsatzzweck → Rangierdiesellokomotiven und → Streckendiesellokomotiven und hierunter nach Ausrüstung und Höchstgeschwindigkeit, jedoch nicht so streng wie bei Dampflokomotiven, → Reisezuglokomotiven, → Güterzuglokomotiven und → Mehrzwecklokomotiven unterschieden.

Die Leistung größerer D. ist durch den in Längsrichtung des Tfz. eingebauten Dieselmotor bei der vorgegebenen → Begrenzung der Fahrzeuge, durch die Leistungsübertragungsanlage und durch die zul. Radsatzkraft begrenzt. Je nach Leistung und Drehzahl des Dieselmotors können 1 oder 2 Maschinenanlagen im Tfz. angeordnet werden. Die Leistung eines D. kann durch das Kuppeln mehrerer Einzellokomotiven oder Lokomotivsektionen vervielfacht werden (→ Doppeltraktion, → Mehrsektionslokomotive). Bei D. mit 2 Maschinenanlagen können diese symmetrisch oder unterschiedlich ausgeführt sein und voneinander unabhängig betrieben werden oder miteinander verkettet sein, z.B. bei der → Fell-Lokomotive (2), bei der BR 219 der DB/DR mit Heizgeneratorantrieb durch 2 gleiche Hauptdieselmotoren, bei der BR 217 der DB/DR mit Haupt- und Hilfsdieselmotor zur bedarfsweisen Einspeisung für Traktion oder Heizgeneratorantrieb und bei der BR 210 der DB/DR mit Dieselmotorhauptantrieb und Gasturbinenantrieb als → Booster. Für die Beheizung von Reisezügen sind bei D., die im Reisezugdienst eingesetzt werden, bes. → Zugheizeinrichtungen notwendig.

D. werden vom Führerstand aus, der in der Mitte des Tfz., an einem Ende oder an beiden Enden des Tfz. angeordnet sein kann, bedient. Meist wird die Steuerung der D. als → Mehrfachsteuerung ausgeführt, womit die Bedienung von einer zweiten D. oder vom Steuerabteil des Zugs möglich ist. Die durch selbsttätige Überwachung und Steuerung vieler Funktionen des Tfz. mögliche Einmannbedienung erfordert eine für die Sicherheit des Zugbetriebs notwendige Überwachung des Lokomotivführers durch die → Sicherheitsfahrschaltung.

Geschichtliche Entwicklung: Erste Versuche mit direktem Antrieb (→ Klose-Lokomotive) waren 1913 erfolglos, kombinierte Antriebe aus Dampfmaschine und Dieselmotor (→ Dieseldampflokomotive) wurden bald aufgegeben. Brauchbare und betriebssichere D. konnten erst mit dem Einsatz geeigneter Leistungsübertragungsanlagen gebaut werden. Der entscheidende Anstoß kam aus der UdSSR, die nach Plänen von → Lomonossow 1924 1 von der Maschinenfabrik Esslingen gebaute D. mit elektrischer

Diesel-Kreisprozeß
p-V-Diagramm des Diesel-Kreisprozesses 1–2 isentrope Kompression, 2/3–4 isobare Wärmezufuhr, 4–5 isentrope Expansion, 5–1 isochore Wärmeabfuhr
W_{zu} Wärmezufuhr, W_{ab} Wärmeabfuhr

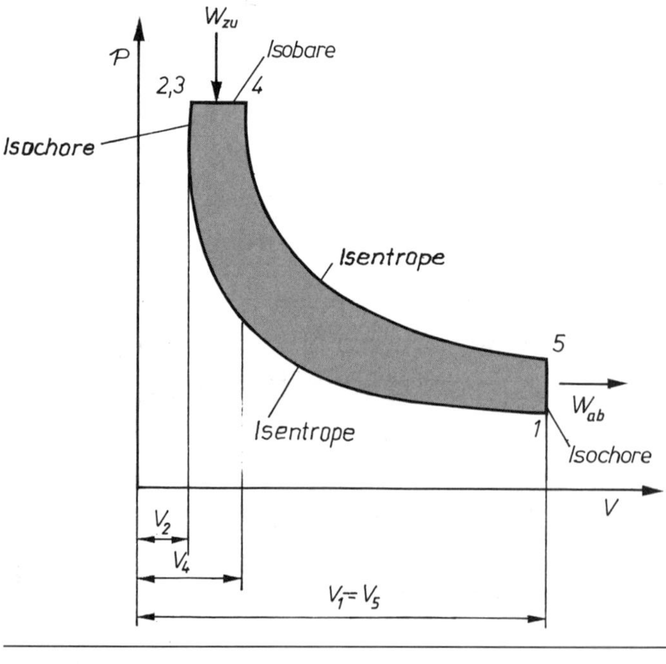

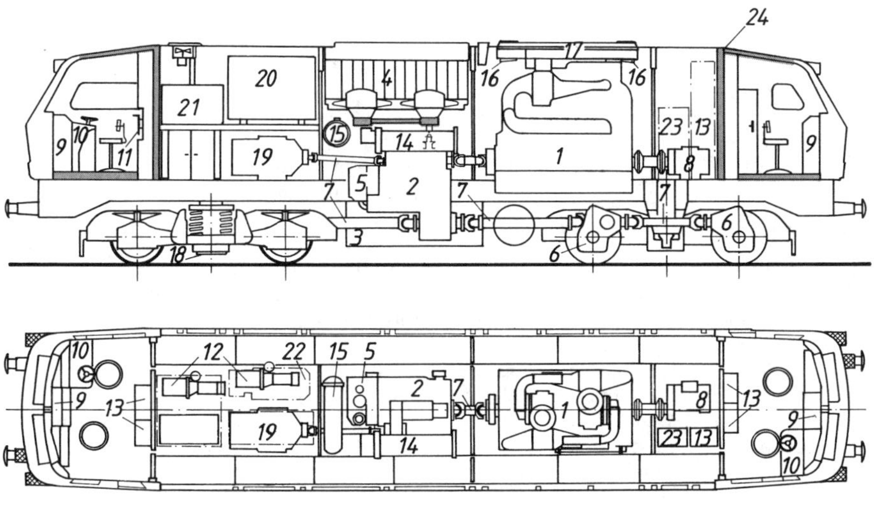

Diesellokomotive
1motorige B'B'-Streckendiesellokomotive mit Zugheizgenerator, hydrodynamischer Bremse und Stufengetriebe, BR 218 der DB/DR
1 Dieselmotor, 2 Strömungsgetriebe, 3 Kraftstoffhauptbehälter, 4 Kühlanlage, 5 hydrodynamische Bremse, 6 Radsatzgetriebe, 7 Gelenkwelle, 8 Lichtanlaßmaschine, 9 Gerätetisch, 10 Fahrpult, 11 Handbremse, 12 Luftverdichter mit E-Motor, 13 Apparateschrank, 14 Getriebeölwärmeübertrager, 15 Zusatzbremswärmeübertrager, 16 Maschinenraumlüfter, 17 Abgasschalldämpfer, 18 Indusi-Fahrzeugmagnet, 19 Heizgenerator, 20 Heizumrichter, 21 Batterie, 22 Vorwärmgerät, 23 Werkzeugkasten, 24 Schallisolierung des Führerstands

Leistungsübertragung in Betrieb nahm. Versuche mit Druckluftantrieb (→ Druckluftlokomotive) blieben unbefriedigend. Nach dem Bau von 2 dieselmechanischen Großlokomotiven 1926 und 1929, von denen die letzte nicht zum Einsatz kam, konnte sich die mechanische Leistungsübertragung nur bei kleinen D. durchsetzen. 1935 wurde die hydrodynamische Leistungsübertragung als dritte und erfolgversprechende Leistungsübertragung für den Lokomotivbetrieb in der V 140 001 der DRG eingeführt. Eine bemerkenswerte D. war die 1938 von Henschel/Sulzer/BBC für den Schnellzugdienst der CFR gebaute dieselelektrische Doppellokomotive mit der Achsfolge 2'Do1' + 1'Do2', die mit 2 je 1616-kW-Dieselmotoren ausgerüstet war. Seither erfuhr die D. eine stürmische und ständige Weiterentwicklung; sie hat heute gemeinsam mit der elektrischen Lokomotive die Dampflokomotive weitgehend verdrängt. Die derzeit leistungsstärksten D. in einer Einheit sind die TEP75 der SŽD mit 4412 kW Motorleistung in einer Maschinenanlage und die Class 6900 (Centennial) der UP mit der Achsfolge Do'Do', die mit 2 Dieselmotoren eine Gesamtleistung von 4853 kW aufweist. Lit.: 3.2., 3.3., 3.5., 3.6., 3.8., 3.9., 3.10., 3.11., 3.15., 3.18., 3.19. Abb. → Tafel »Diesellokomotiven«.

dieselmechanische Lokomotive: → Diesellokomotive mit → mechanischer Leistungsübertragung. Kennzeichnendes Merkmal: → Zahnradschaltgetriebe als Leistungsübertragungsanlage. Vom Dieselmotor wird die Leistung über eine → drehelastische Kupplung oder eine drehmomentbegrenzte → Strömungskupplung auf das Zahnradschaltgetriebe übertragen. Die kraftschlüssige Verbindung zwischen Getriebe und den → Treibradsätzen (2) erfolgt über → Nachschaltgetriebe, Blindwelle und → Treibstangen, mit → Kettenantrieb oder durch Gelenkwellen und Radsatzgetriebe. → Zugkraftunterbrechung beim Schalten und Zugkraftsprünge von Gangstufe zu Gangstufe führen zu ungünstigen Beanspruchungen aller Teile der Antriebsanlage und zu Zugzerrungen. Außerdem setzt der über alle Zahnradstufen und Schaltelemente notwendige volle Leistungsfluß bauliche Grenzen, wodurch die max. Leistung d. L. begrenzt ist. Größte d. L. waren die zu Beginn der Diesellokomotiventwicklung in Deutschland 1926 für die UdSSR gebaute 2'E1'-880-kW-Diesellokomotive, die 1929 für eine nordamerikanische Bahn gebaute 1066-kW-Diesellokomotive, die nicht zum Einsatz kam, und die → Fell-Lokomotive (2). Erfolgreich war die bei der DRG 1930 begonnene Entwicklung dieselmechanischer → Kleinlokomotiven mit niedrigliegendem Führerstand, → Einheitsrädergetriebe und Kettenantrieb. Diese Tfz. arbeiten noch heute wirtschaftlich im Rangierdienst auf Bahnhöfen und im Industriebahnbereich. → Kleinlokomotive (dort Abb.). Lit.: 3.2., 3.3., 3.5. → Tafel »Diesellokomotiven«.

dieselmechanischer Triebwagen: → Dieseltriebwagen mit → mechanischer Lei-

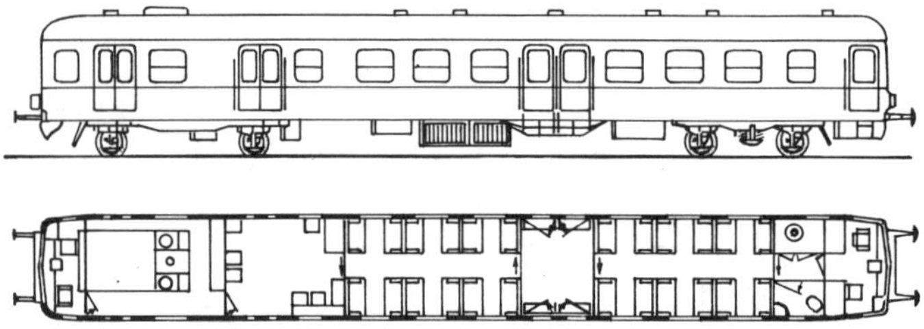

dieselmechanischer Triebwagen
SN 61 der PKP mit 365 kW Leistung, Achsfolge B'2'

stungsübertragung. Der Antrieb der Treibradsätze erfolgte zu Beginn der Entwicklung über Blindwelle und Treibstangen (auch im Drehgestell), heute wird ausschl. der → Gelenkwellenantrieb angewandt. Der erste d. T. mit 110 kW Motorleistung wurde 1924 gebaut, obwohl die mechanische Leistungsübertragung bereits 1894 bei → Benzintriebwagen angewandt wurde. Bes. Verbreitung fand das → Zahnradschaltgetriebe bei Schienenomnibussen; jüngste Ausführung sind die d. T. der Class 141 der BR (→ Schienenomnibus, dort Tab.). Die Fa. Ganz Mavag produzierte von 1928 bis etwa 1970 vorwiegend d. T. in den verschiedensten Ausführungen; als leistungsstärkster d. T. mit 2×455 kW Motorleistung wurde 1961 der → Dieseltriebzug M 498 für die ČSD gebaut. Durch die Nachteile der mechanischen Leistungsübertragung, bes. die → Zugkraftunterbrechung beim Schalten der Gänge, werden heute d. T. nur noch für Leistungen bis etwa 200 kW je Antriebsanlage gebaut. → Verbrennungstriebwagen (dort Tab.). Lit.: 1.29. Abb. → Tafel »Verbrennungstriebwagen und -triebzüge«.

Dieselmotor: → Verbrennungsmotor, bei dem die Verbrennung des im → Zylinder (2) eingeschlossenen Kraftstoff-Luft-Gemischs durch Selbstzündung erfolgt und der nach seinem Erfinder → Diesel benannt ist.

Wirkungsweise: Beim D. wird Frischluft in den Zylinder eingebracht und so hoch verdichtet, daß bei etwa 3–5 MPa eine Verdichtungsendtemperatur von 700–800 °C entsteht. Der flüssige → Dieselkraftstoff wird kurz vor Ende des Verdichtungshubs mit hohem Druck über → Einspritzdüsen (früher Lufteinblaseverfahren) in den Brennraum fein verteilt eingespritzt, wo er mit der Verbrennungsluft ein heterogenes, zündfähiges Kraftstoff-Luft-Gemisch bildet und nach Selbstzündung verbrennt.

An der von Diesel erarbeiteten Grund-

Dieselmotor
Zwölfzylinder-Viertakt-Dieselmotor
12 KVD 21 AL-4 der Kühlautomat GmbH Berlin

idee hat sich bis heute nichts verändert. D. arbeiten nach dem 2-Takt- und 4-Takt-Verfahren und zählen zu den wirtschaftlichsten Verbrennungskraftmaschinen bei erreichbaren effektiven Wirkungsgraden von etwa 41% für → Bahndieselmotoren. Abb.

Dieselöl: → Dieselkraftstoff, → Schweröl.

Dieselrangierlokomotive: → Rangierdiesellokomotive

Dieseltraktion: → Traktionsarten

Dieseltriebfahrzeug: → Triebfahrzeug mit Antrieb durch → Dieselmotor. D. untergliedern sich in → Diesellokomotiven, → Dieseltriebwagen, → Dieseltriebzüge und dieselmotorgetriebene Sonderfahrzeuge (→ Fahrleitungsrevisionstriebwagen, → Gleiskraftwagen). → Tafeln »Diesellokomotiven« und »Verbrennungstriebwagen und -triebzüge«.

Dieseltriebwagen: → Triebwagen mit Antrieb durch 1 oder 2 → Dieselmotoren. Zwischen dem Dieselmotor und den Treibradsätzen ist eine → Leistungsübertragungsanlage erforderlich (→ Diesellokomotive). Der erste D. wurde 1912 von ASEA (Schweden) gebaut und besaß elektrische Leistungsübertragung. Die Antriebsanlage von D. ist im → Maschinendrehgestell oder im Wagenkasten, in einem bes. → Maschinenraum oder unterflur angeordnet. Ein durchschlagender Erfolg der Entwicklung von D. wurde erst mit der Anwendung schnelldrehender Dieselmotoren bei der DRG nach 1930 erreicht. D. werden je nach Einsatzzweck wie → Verbrennungstriebwagen unterschieden, wobei der Antrieb mit Dieselmotor heute vorherrscht. Durch Beiwagen, Steuerwagen oder weitere D. können je nach Verkehrsaufkommen einzelne Fahrzeuge verstärkt oder Züge zusammengestellt werden (→ Dieseltriebwagenzug). Abb.

Dieseltriebwagenzug: Eisenbahnzug, der aus miteinander gekuppelten → Dieseltriebwagen, Beiwagen und/oder Steuerwagen oder aus gekuppelten → Dieseltriebzügen besteht und zur Personen- und Gepäckförderung dient. Durch Kuppeln von mehreren Dieseltriebwagen oder Dieseltriebzügen kann dem unterschiedlichen Platzbedarf bei gleicher Leistung je Zugmasse entsprochen werden.

Dieseltriebzug: aus Dieseltriebwagen, Mittelwagen und ggf. Steuerwagen zusammengestellter Eisenbahnzug zur Personen- und Gepäckbeförderung, der eine Einheit bildet und betriebsmäßig nicht getrennt wird. Die Maschinenanlage ist

Dieseltriebwagen
a) Einheitstriebwagen VT 137 058 der DRG für den leichten Eilzugverkehr (1934), 300-kW-Dieselgenerator im Maschinendrehgestell, Achsfolge 2'Bo'
b) Dieseltriebwagen ALn 668 mit Steuerwagen Ln 68 der FS mit 2×113 kW Leistung, Unterflurmaschinenanlagen und mechanischer Leistungsübertragung, Achsfolge (1A)(1A)

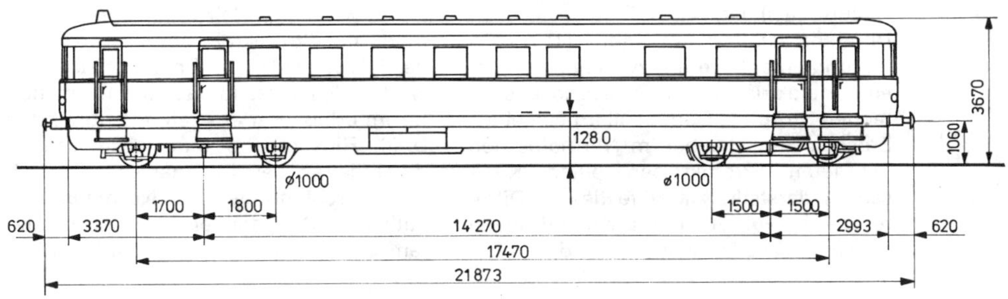

a)

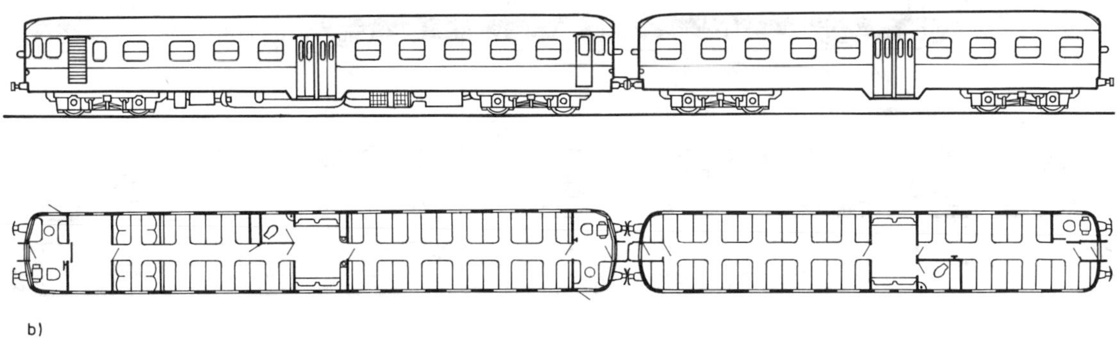

b)

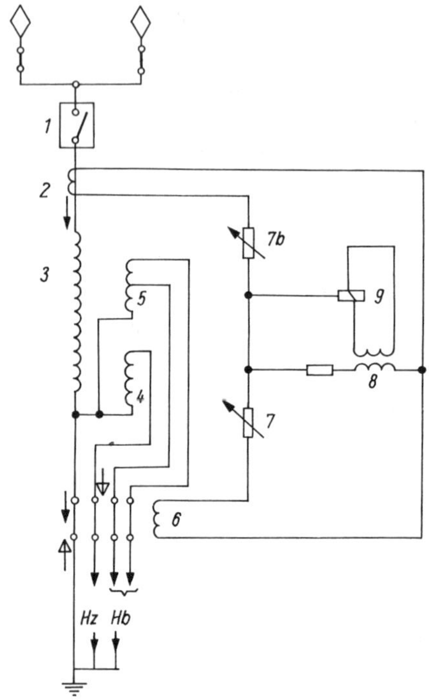

Differenzwandler
Erdschlußschutz bei BR 280 der DR
1 Hauptschalter, 2 Fahrleitungsstromwandler, 3 Transformator-Primärwicklung, 4 Sekundärwicklung für Zugheizung, 5 Sekundärwicklung für Umformer, 6 Differenzwandler, 7 Abgleichwiderstände, 8 Wandler, 9 Differenzrelais

im Triebkopf, in bes. → Maschinenwagen (ehem. Bauart »Berlin« der DRG, »Blitzzug« der DSB und HST der BR) oder unterflur (BR 614 der DB/DR) untergebracht. Die Fahrzeuge des D. sind meist als Einzelwagen ausgeführt, können aber auch mit → Jacobs-Drehgestellen miteinander verbunden sein (Bauarten »Hamburg« und »Leipzig« der DRG). Je nach Einsatzzweck werden D. unterschieden in → Schnellverbrennungstriebzüge, D. für schnellen Mittelstrecken- und Vorortverkehr und Nahverkehrstriebzüge. Meist müssen D. hohen Komfortansprüchen genügen, z. B. die im internationalen Verkehr eingesetzten ehem. → TEE-Triebzüge der DB, DSB und SBB/NS. Abb. → Tafel »Verbrennungstriebwagen und -triebzüge«.

Differenzrelais, *Differentialrelais:* → Relais in einer Schutzschaltung für elektrische Maschinen und Geräte, die auf dem Vergleich von Meßgrößen am Anfang und Ende des zu schützenden Abschnitts beruht. Bei Nichtübereinstimmung beider Meßgrößen spricht das D. an und löst ein Signal aus. Bei elektrischen Tfz. dient das D. i. d. R. in Zusammenarbeit mit einem → Differenzwandler (dort Abb.) zum Schutz elektrischer Ausrüstungsteile bei Erdschlüssen (→ Erdschlußrelais). Lit.: 4.5.

Differenzwandler: → Wandler (1) zur Erfassung einer Differenz zwischen den bei einem elektrischen Tfz. ein- und austretenden Strömen. Damit soll im Fall eines Erdschlusses, der bei im Normalbetrieb geerdeten Stromkreisen einen Kurzschluß darstellt, mit Hilfe des → Differenzrelais (vgl. auch → Erdschlußrelais) der Hauptschalter ausgelöst und eine Beschädigung der elektrischen Ausrüstung verhindert werden.

Das Bild zeigt die Schaltung für den Erdschlußschutz von Haupttransformator-Primärwicklung, Heizungs- und Umformermotor-Stromkreis beim Triebwagen der BR 280 der DR. Im Oberstromwandler wird der gesamte in das Tfz. eintretende Strom erfaßt, der austretende durch den D. (6). Hilfsbetriebe- und Heizungsstrom durchfließen den D. 2mal so, daß sich ihre Durchflutungen im Normalbetrieb aufheben. Die gegeneinander geschalteten Wandlerspannungen sind gleich-

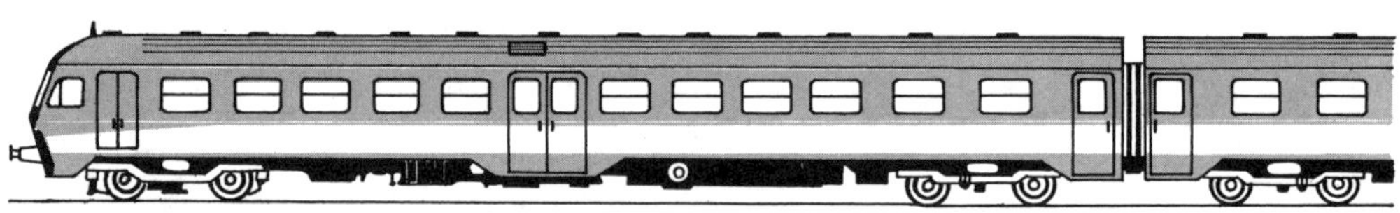
a)

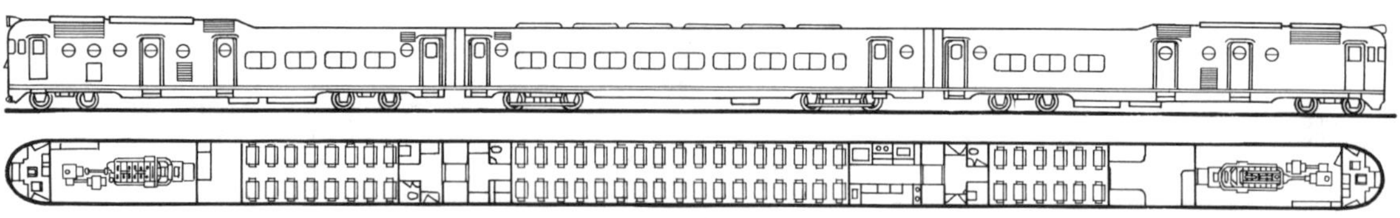
b)

Dieseltriebzug
a) 3teiliger Dieseltriebzug BR 614 der DB/DR für den Vorortverkehr 2 × 365 kW Leistung, Unterflurmaschinenanlage, hydrodynamische Leistungsübertragung, Achsfolge 2'B' + 2'2' + B'2'
b) 3teiliger Dieseltriebzug CMU 4700 für Argentinien mit 2 × 440 kW Leistung und elektrischer Leistungsübertragung, Achsfolge Bo'Bo' + Bo'Bo' + Bo'Bo'

groß, so daß das Differenzrelais nicht anspricht. Bei Erdschlüssen wird das Gleichgewicht der Wandlerspannungen gestört, und das Differenzrelais (9) zieht an. Lit.: 4.5. Abb.

Diffusor: Strömungskanal mit Querschnittserweiterung in Strömungsrichtung zur Umsetzung von kinetischer Energie in Druckenergie. D. werden z. B. am Austritt von Verdichtern und Turbinen angeordnet.

Dilling: Bezeichnung für das Dreifachventil (→ Anstellventil) der → Näßeinrichtung (vom Namen der Herstellerfirma).

Direkteinspritzung: → Einspritzverfahren

direkte Kühlung: Art der Kühlung, bei der das → Kühlmittel die zu kühlenden Bauteile umströmt, die abzuführende Wärme aufnimmt und ohne Wiederverwendung abfließt oder abströmt. Bei Tfz. wird als d. K. nur die → Luftkühlung angewandt.

Direktmotorlokomotive: → elektrische Lokomotive mit Speisung der → Fahrmotoren durch die gleiche Stromart, die dem Tfz. durch die → Fahrleitung zugeführt wird. Bei der D. wird also nicht die Stromart, sondern nur die Spannung auf die für die Fahrmotoren bestimmte Größe verändert. Arten von Direktmotoren: *Gleichstromreihenschlußmotor* (beim Gleichstromsystem); *Einphasenreihenschlußmotor* (beim Einphasenwechselstromsystem); *polumschaltbarer Drehstrommotor* bes. Ausführung (beim Drehstromsystem). Gegensatz: Umarterlokomotive, z. B. Umformer-, Gleichrichter- oder Stromrichterlokomotive.

Diskro: → Antischaummittel

DK: Abk. für → **D**iesel**k**raftstoff.

DK-Schmierpumpe: für → Dampfluftpumpen und → Speisewasserkolbenpumpen auf Dampflokomotiven verwendete Schmierölpumpe der Bauart de Limon DK. Die D. befindet sich auf dem oberen Deckel des Dampfzylinders der Luft- und Speisewasserkolbenpumpen und wird vom Pumpendampfkolben durch eine Hubspindel, die dampfdicht in das Innere des Dampfzylinders ragt, angetrieben. Die D. versorgt bei der Dampfluftpumpe die Dampf- und Luftzylinder aus 2 getrennten Ölkammern (Naßdampf und Kompressoröl) und bei der Speisewasserkolbenpumpe die Dampfzylinder und Kolbenstangenstopfbuchsen der Wasserzylinder mit Schmieröl. Die D. gibt es in den Ausführungen mit 2, 3 und 5 Schmierstellenanschlüssen. Eine aufsetzbare Handkurbel ermöglicht die Betätigung der D. beim Stillstand der Luft- oder Speisepumpe oder bei Ausfall des mechanischen Antriebs. Lit.: 2.3., 2.12. Abb.

Doble-Kessel: von dem amerikanischen Ingenieur entwickelter Hochdruckdampfkessel für Dampf-Tfz. Der D. ist ein stehender Wasserröhrenkessel, bei dem mit einer Leichtölfeuerung der Dampf erzeugt wird. Die Brennerflamme brennt dabei von oben nach unten, und das Wasser strömt von unten nach oben. Die Speisewasserzuführung wird entspr. der abgeforderten Verdampfungsleistung über eine Regeleinrichtung gesteuert. Der D. wurde zuerst in Dampftriebwagen und danach in Kleinlokomotiven der Lübeck-Büchener Eisenbahn sowie in den USA in Schnelltriebwagen und → Dampfturbinenlokomotiven eingesetzt. Lit.: 5.3.

Dochtschmierung: unter Ausnutzung der Kapillarwirkung von Wollfäden angewandte Art der Ölversorgung von

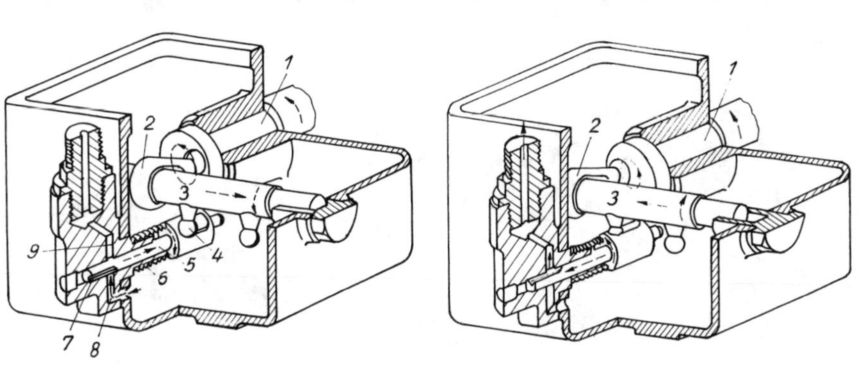

a) b)

DK-Schmierpumpe
Wirkungsweise der Schmierpumpe Bauart De Limon DK für Luft- und Speisewasserkolbenpumpen
a) Saughub, b) Druckhub
1 Antriebswelle, 2 Antriebszapfen für Pumpenelementenwelle, 3 Pumpenelementenwelle, 4 Kugelzapfen zum Bewegen des Pumpenelements, 5 Kolben mit Schaft, 6 Kolben-Rückstellfeder, 7 Steuerschlitz im Kolben, 8 Saugkanal, 9 Druckleitung mit Anschluß für die Ölleitung.

Schmierstellen. Die D. wird überwiegend für Lager und lose Verbindungen von Bauteilen verwendet, die keine hohen Anforderungen an die Schmiertechnik stellen (z. B. Tragbuchsen, Gleitlager mit geringer Beanspruchung und Bolzenverbindungen).

Doppelkolbenmotor: Bauform des → Zweitaktmotors mit 2 zu einem gemeinsamen Verbrennungsraum gehörenden Kolben, die eine gleichlaufende oder entgegengesetzte Kobenbewegung ausführen. Anwendung bei Diesel-Tfz. als → Gegenkolbenmotor.

Doppelkonus: Bauteil zur Abdichtung der Überhitzerrohreinheiten am → Dampfsammelkasten. Der D. besteht aus einem nach beiden Enden sich konisch verjüngenden kurzem Rohrstück, das sich in die ebenfalls konischen Dichtflächen des Rohranschlusses drückt. → Überhitzer

Doppellaschennietung: fertigungstechnisches Verfahren beim Bau von → Dampflokomotivkesseln, bei dem die aus rechteckigen Kesselblechtafeln kreisrund gebogenen Kesselschüsse (→ Langkessel), deren Enden stumpf in der Naht aneinanderstoßen, durch beidseitig angebrachte Laschen vernietet werden. Dabei liegt die schmale Lasche außen und die breite Lasche innen. Die D. wird überwiegend in einer 2reihigen Zickzacknietung ausgeführt.

Doppellokomotive: Einheit von 2 im Betrieb ständig miteinander gekuppelten → Lokomotiven. Früher wurde die Bezeichnung D. für 2 mit der Rückseite aneinandergekuppelte Dampflokomotiven, deren Führerhäuser (→ Führerstand) hinten offen waren und ggf. übergreifende Dächer hatten, verwendet. Die erste D. wurde 1850 von R.→ Stephenson für Italien gebaut. Eine Abart stellt die → Fairlie-Lokomotive dar. Jetzt ist D. die allg. Bezeichnung für Diesel- bzw. elektrische Tfz. aus 2 Loks (Sektionen) mit je 1 Endführerstand, von denen aus beide Sektionen gesteuert werden können. Diese D. sind eine Art der → Mehrsektionslokomotiven. V o r t e i l e: Einsparung von 2 Endführerständen, Verdopplung der Zugkraft gegenüber der Einzellokomotive. Die D. werden bevorzugt bei den SŽD, SBB und bei amerikanischen Eisenbahnen eingesetzt. Abb.

Doppelreihenmotor: Bauform des Dieselmotors, bei dem die Zylinder in 2 zueinander parallelen Reihen senkrecht zur Kurbelwelle angeordnet sind (→ Zylin-

a)

b)

Doppellokomotive
a) C + C h4-600-mm-Heeresfeldbahn-Schmalspur-Doppellokomotive, Hartmann 1899
b) Ae 8/14 11852 der Gotthardbahn

deranordnung). Anwendung durch die Fa. Sulzer bei der damals stärksten Diesellokomotive der Welt 2.241 für die CFR (Baujahr 1938) sowie bei den Diesellokomotiven der BR 060DA der CFR und der BR CC64000 der SNCF. Abb.

Doppelrückschlagventil: verbindendes Bauteil der → nichtselbsttätigen Druckluftbremse mit der → selbsttätigen Druckluftbremse. Es hat die Aufgabe, die jeweils nicht benutzte Zuführluftleitung abzusperren, damit der höhere der eingeregelten Drücke im Bremszylinder wirksam wird. Das D. besteht aus einem ausgebauchten Gehäuse, in dem je nach der mit Druckluft beaufschlagten Seite ein mit einem selbstentspannenden Rechteckring versehener Kolben hin- und hergleitet. Mit seinen beiderseitigen Rippen wird der Kolben im Gehäuse und im Verschlußdeckel geführt. Die Führungsbuchsen bilden gleichzeitig die Ventilsitze, gegen die sich die mit Gummischeiben ausgelegten Kolbenwangen dichtend legen, je nachdem, ob die eine oder die andere Zuleitung abgesperrt werden soll.

Doppelschleifbügel: Sonderbauform eines → Scherenstromabnehmers, auf dessen Gestell 2 Wippen mit je 1 Schleifstück angeordnet sind. D. wurden bei elektrischen Rangierlokomotiven verwendet, wo 2 Stromabnehmer aus Platzgründen nicht untergebracht werden konnten, aber die Forderung erfüllt werden sollte, daß im Normalfall 2 Schleifstücke am Fahrdraht anliegen. Sie wurden durch moderne Stromabnehmer mit nur 1 Wippe mit 2 Schleifstücken verdrängt, die diese Forderung auch erfüllen.

Doppelschlußschaltung: Verbundschaltung mit Reihen- und Nebenschlußwicklung bei rotierenden elektrischen Maschinen, z.B. bei → Fahrmotoren und bei Generatoren auf dieselelektrischen Tfz. Abb.

Doppelsitzventil: Bauteil der → Lentz-Ventilsteuerung.

Doppeltraktion: Förderung eines Eisenbahnzugs mit 2 → Lokomotiven. Die D. ist erforderlich, a) wenn die → Zugkraft einer Lok bei vorgegebener Zugmasse, Streckenführung und Geschwindigkeit nicht ausreicht (ggf. Einsatz einer → Vorspannlokomotive, → Zwischenlokomotive oder einer → Schiebelokomotive); b) zur Bildung eines → Lokomotivzugs (Vermeiden einzeln fahrender Lok).

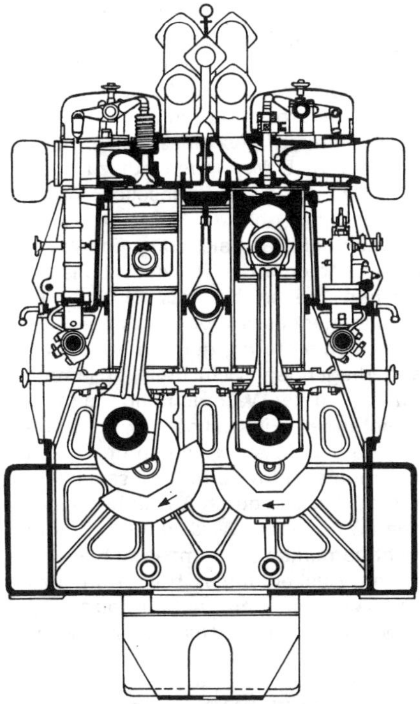

Doppelreihenmotor Typ 12 LDA 28 der Fa. Sulzer

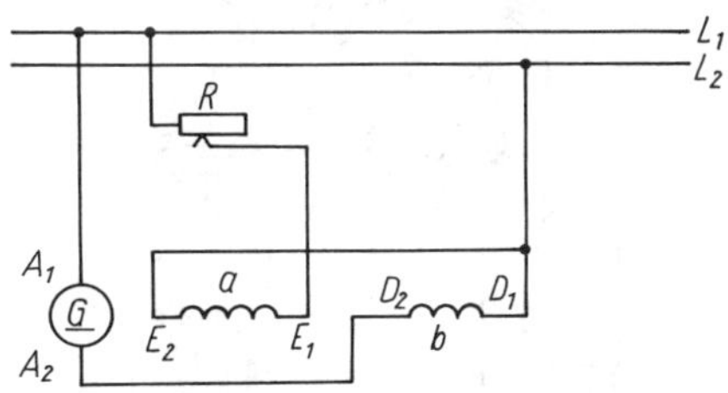

Doppelschlußschaltung eines Gleichstromgenerators (Kompound-Generator)
a Nebenschlußwicklung, b Reihenschlußwicklung, G Generator, R Ohmscher Widerstand, A_1, A_2, D_1, D_2, E_1, E_2 und L_1, L_2, Klemmen- bzw. Leitungsbezeichnungen

doppeltwirkende Dampfmaschine: → Dampfmaschine

doppeltwirkender Motor: → Verbren-

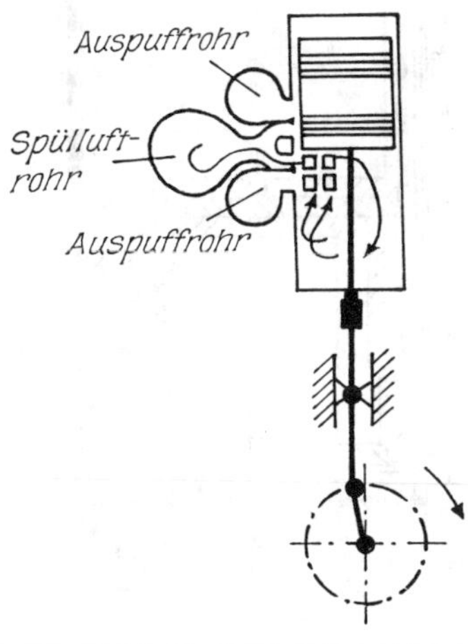

doppeltwirkender Motor Doppeltwirkender Zweitakt-Dieselmotor nungsmotor, bei dem die Beaufschlagung der beiden Kolbenseiten abwechselnd durch die Verbrennungsgase erfolgt. Doppeltwirkende Motoren werden als → Kreuzkopfmotoren mit in Richtung zum Kreuzkopf geschlossenen Zylindern ausgeführt. D. M. fanden nur zu Beginn der Entwicklung bei Diesellokomotiven Anwendung. Abb.

Doppelungen: Bezeichnung für Walzfehler im Material der → Feuerbüchse. An solchen Stellen hat das Material kein durchgehendes Gefüge, sondern setzt sich aus mehreren, getrennten, übereinanderliegenden Schichten zusammen. An D. wird der Wärmedurchgang infolge isolierender Einschlüsse, wie Zunder, Walzhaut u. a., stark gehemmt. D. kennzeichnen sich im Betriebseinsatz des Lokomotivkessels durch Ausglühungen der oberen Schicht. Wird dieses Stadium nicht bemerkt, so kommt es zu blasenförmigen Ausbeulungen bzw. Aufplatzungen zwischen den → Stehbolzen, was unweigerlich zu → Kesselschäden führt. Lit.: 2.3.

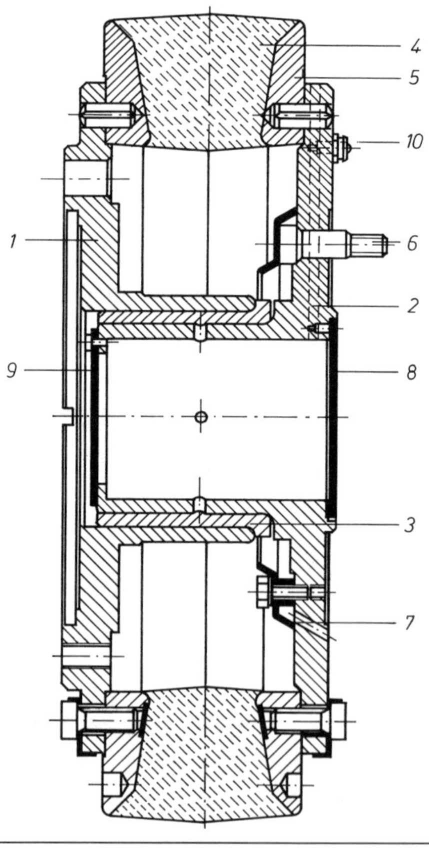

drehelastische Kupplung
1 Kupplungsflansch Motorseite, 2 Kupplungsflansch Gelenkwellenseite, 3 Lagerbuchse, 4 Gummielement, 5 Stahlscheibe, 6 Paßschraube für Gelenkwellenanschluß, 7 Fangring, 8, 9 Deckel, 10 Flachschmierkopf

Doppelverbundluftpumpe: → Dampfluftpumpe, bei der der Dampf in einem Hoch- und in einem Niederdruckdampfzylinder ausgenutzt sowie die Luft in einem Nieder- und einem Hochdruckluftzylinder verdichtet wird. Die D. ist leistungsfähiger als die 2stufige → Luftpumpe mit 1stufiger Volldruckdampfmaschine. Der bis 1600 kPa Dampfdruck verwendete Dampfteil der D. enthält die nebeneinanderliegenden Hoch- und Niederdruckdampfzylinder in einem Gußstück. Frisch- und Abdampfanschluß liegen seitlich an den Dampfzylindern. Der Abdampf wird i. d. R. der Speisewasservorwarmanlage zugeführt. Die Wirkungsweise der D. beruht auf dem gegenläufigen Spiel der beiden Arbeitskolbensätze. Die Leistung der D. beträgt bei einem Luftdruck von 800 kPa 3000 l/min. Die bei Dampflokomotiven überwiegend eingesetzten D. sind die Bauarten Nielebock-Knorr und Knorr mit P-Steuerung. → Nielebock-Knorr-Luftpumpe (dort Abb.)

DR: Abk. für → **D**eutsche **R**eichsbahn.

Drahtkorb-Funkenfänger: → Funkenfänger

Drais, Karl Friedrich Christian Ludwig, Freiherr von Sauerbronn: 29. April 1785 (Karlsruhe) – 10. Dezember 1851 (Karlsruhe); Forstmeister in Baden und Erfinder. Als wichtigste seiner Erfindungen zählt das von ihm 1813 entwickelte 2rädrige Straßen-Laufrad, das er nach weiteren Verbesserungen als Vorläufer des Fahrrads 1817 der Öffentlichkeit vorstellte. 1818 erhielt D. für seine »Laufmaschine« ein Patent. Er konstruierte später kleine Schienenwagen, die durch Muskelkraft über Kurbelstangen und Hebel fortbewegt wurden, aber in der Folgezeit i. d. R. verbrennungsmotorische Antriebe erhielten. Sie werden bis heute im Eisenbahnbetrieb nach ihrem Erfinder als → Draisine bezeichnet. Lit.: 5.1., 5.3.

Draisine: leichtes 2achsiges Bahndienstfahrzeug, früher handbetrieben, heute vom → Verbrennungsmotor angetrieben, in offener oder gedeckter Bauweise. Die D. dient zur Beförderung von Eisenbahnangestellten zur Prüfung von Strecken und Anlagen und wurde nach dem Erfinder des gleichnamigen Straßenfahrzeugs → Drais benannt.

Dreheinrichtung: Einrichtung an → Strömungsgetrieben mit → Schaltmuffen zur mechanischen Stufen- und Wendeschaltung, die ein Drehen des Sekundärteils bewirkt, wenn eine Zahn-vor-Zahn-Stellung auftritt. Die D. besteht aus 2 über Ventile mit Luft beaufschlagten Kolben, die über eine Zahnstange und eine Rutschkupplung das Sekundärteil des Strömungsgetriebes geringfügig verdrehen. Erfolgt mit dem ersten Kolben das Einrücken der Schaltmuffe noch nicht, wird mit dem zweiten Kolben die Drehrichtung umgekehrt, was mit Sicherheit zum Einrücken führt. Mit D. wurden z. B. die Strömungsgetriebe L820 (für Lokomotiven der BR215, BR217 und BR218 der DB/DR und L611 (für Triebwagen der BR602 der DB) der Fa. Voith und K252 der Fa. Maybach nachgerüstet.

drehelastische Kupplung: elastische → Kupplung (1) zur drehschwingungsdämpfenden Drehmomentübertragung und zur Minderung von Drehmomentstößen. Gleichzeitig kann eine Veränderung der Eigenschwingungszahl des gesamten, schwingungsmäßig gekoppelten Drehmassensystems erreicht werden. Als Federelement wird i. d. R. *Gummi* verwendet, der als Vollgummischeibe zwischen Antriebs- und Abtriebsflansch einvulkanisiert (Abb.) oder als Gummiwulst ausgebildet ist (→ Periflex-Kupplung). Abb.

Drehen: → Fahrzeugschwingung

Drehgestell: → Laufwerk von Eisenbahnfahrzeugen mit 2 oder mehr an einem Rahmen angeordneten Radsätzen, das sich gegenüber dem Fahrzeugrahmen (Fahrzeugkasten) um einen Drehpunkt oder eine Drehachse drehen kann. Gegenüber 2achsigen Eisenbahnfahrzeugen zeichnen sich Drehgestellfahrzeuge hauptsächlich durch den Vorteil der größeren Tragfähigkeit aus. Im Vergleich zu einem 3- oder mehrachsigen Fahrzeug mit → freien Lenkradsätzen hat das D.fahrzeug folgende Vorteile: besseres Bogenlaufverhalten, Abbau vom Gleis verursachter vertikaler und horizontaler Störungen, möglicher Einbau einer mehrstufigen Federung, Eignung für hohe Geschwindigkeiten bei gutem Fahrkomfort, höhere Entgleisungssicherheit, kleiner Anlaufwinkel, kleinere → Schienenrichtkräfte, geringerer Spurkranzverschleiß.

Die Einführung der D. bei Eisenbahnfahrzeugen geht bis in die Anfangsjahre des Eisenbahnwesens zurück. Frühe Lokomotivkonstruktionen, bes. in den USA, besaßen bereits Laufdrehgestelle, die hauptsächlich für eine Verbesserung der Führung der Lokomotive im Gleis und

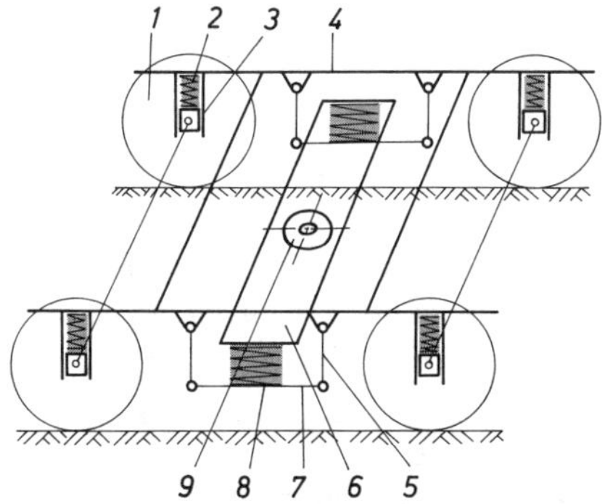

Drehgestell (allg. Aufbau)
1 Radsatz, 2 Primärfeder, 3 Radsatzführung, 4 Drehgestellrahmen, 5 Wiegenpendel, 6 Wiegenträger (Wiegenbalken), 7 Wiegentrog, 8 Sekundärfeder, 9 Fahrzeugkastenabstützung

ausreichende Laufsicherheit verwendet wurden. Heute sind fast alle modernen Eisenbahnfahrzeuge für Geschwindigkeiten mit mehr als 100 km/h D.fahrzeuge. Bekannte Bauarten: Görlitzer D., Minden-Deutz-D., → Jacobs-Drehgestell, → amerikanisches Drehgestell, → Diamond-Drehgestell, → Krauss-Helmholtz-Gestell. Lit.: 1.9., 1.12. Abb.

Drehgestellanlenkung: zusammenfassender Begriff der zur horizontalen Kraftübertragung dienenden Bauelemente der Verbindung zwischen dem Fahrzeugrahmen und den → Drehgestellen. Die einfachste Ausführungsform der D. ist die Drehpfanne, die auch gleichzeitig die vertikalen Kräfte vom Fahrzeugkasten auf das Drehgestell überträgt. Die Drehpfanne besteht aus einem Oberteil am Fahrzeugkasten, das in einem Unterteil (der eigentlichen Drehpfanne) am Drehgestell gelagert ist. Bei Tfz. und Reisezugwagen für hohe Fahrgeschwindigkeiten erfolgt die D. überwiegend durch am Fahrzeugrahmen befestigte Drehzapfen, die i. d. R. nur horizontale Kräfte (Antriebs- und Bremskräfte) übertragen. Die Drehzapfenführung im Drehgestell ist zum Abfangen von Stößen häufig mit elastischen Elementen (Gummi-Silentblöcken, Schraubenfedern) versehen. Sonderfälle der D. sind die drehzapfenlose Anlenkung (z. B. → Federstahlbandanlenkung der Diesellok-BR 228 B'B' der DB/DR) und die → Tiefanlenkung, die verwendet werden, wenn der sonst vom Drehzapfen beanspruchte Raum für Aggregate freizuhalten ist. Lit.: 1.9., 3.18., 4.5., 4.11.

Drehgestell-Brückenfahrzeug: → Eisenbahnfahrzeug, das aus 2 oder mehr → Drehgestellen und 1 oder mehreren sich auf diesen abstützenden und gegen diese drehbaren radsatzlosen Fahrzeugkörpern, die als Brücke bezeichnet werden,

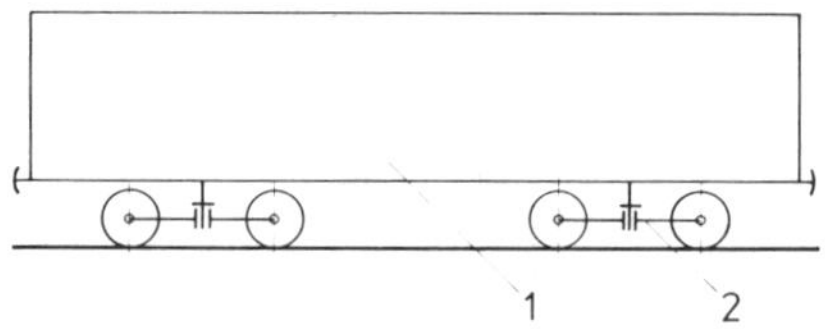

Drehgestell-Brückenfahrzeug
1 Wagenkasten (Brücke), 2 Drehgestell

besteht. Der überwiegende Teil moderner Eisenbahnfahrzeuge für hohe Fahrgeschwindigkeiten ist konstruktiv als D. ausgebildet. D. zeichnen sich durch gute → Laufeigenschaften und → Bogenläufigkeit aus. Abb.

Drehgestellkupplung: Verbindung zwischen 2 Drehgestellen eines Tfz., die ursprünglich zur Übertragung von Zug- und Bremskräften diente. Bei modernen Tfz. erfolgt diese Kraftübertragung von den Drehgestellen über die → Drehgestellanlenkung zum Fahrzeugkasten, an dem sich auch die Zug- und Stoßeinrichtungen befinden. Damit ist die ursprüngliche Bedeutung der D. heute gegenstandslos. An modernen elektrischen Tfz. ist noch teilweise eine D. vorhanden, vor allem als Querkupplung (Diagonalkupplung). Diese Querkupplung verringert beim statischen Bogenlauf die Führungskräfte der anlaufenden Radsätze der Drehgestelle, wodurch Spurkranz- und Schienenverschleiß verringert werden. Für hohe Fahrgeschwindigkeiten im geraden Gleis ist die Querkupplung mit einer speziellen Federung oder mit Spiel zu versehen, um das Laufverhalten nicht zu beeinträchtigen.

Drehhemmung: Widerstand gegen das Ausdrehen eines Drehgestells gegenüber dem Fahrzeugkasten. Kenngröße der D. ist das Ausdrehmoment in Abhängigkeit vom Ausdrehwinkel, dessen Schenkel durch die Längsachsen von Drehgestell und Fahrzeugkasten gebildet werden, oder seiner zeitlichen Änderung (Winkelgeschwindigkeit). Eine D. wird z.B. verursacht durch Reibung in der Drehpfanne oder der Abstützung bei seitlichen Gleitstücken oder durch die Rückstellwirkung von in der Fahrzeugkastenabstützung verwendeten → Flexicoilfedern. Die D. hat Auswirkungen auf die → Laufeigenschaften und den Verschleiß zwischen Rad und Schiene: Bei richtiger Auslegung der D. wirkt sie als Dämpfung der Schlingerbewegung, wodurch die Laufruhe verbessert wird. Zu große D. bewirkt große Führungskräfte zwischen Rad und Schiene, die sich negativ auf die Laufsicherheit auswirken und den Spurkranzverschleiß fördern.

Drehkolbengebläse: mechanisch über Zahnrad-, Ketten- oder Keilriementriebe von der Kurbelwelle des Verbrennungsmotors angetriebenes Gebläse zur Erhöhung des Spüldrucks und der Frischladung (→ Aufladung). D. sind Verdrängermaschinen, in denen 2 entgegengesetzt rotierende Drehkolben in mehrflügliger Lemniskaten- bzw. Kreisbogenform angeordnet sind. Der Arbeitsraum zwischen den Drehkolben und dem Gehäuse wird wechselweise mit der Saug- und der Druckleitung verbunden. Das Frischgas im Arbeitsraum gelangt ohne Volumenänderung von der Saug- zur Druckseite, wobei die intermittierende Förderung aufgrund hoher Drehzahlen (10000–12000 U/min) praktisch aufgehoben wird. D. werden für → Bahndieselmotoren zur Aufladung verwendet, z.B. als Rootsgebläse bei der BR220 der DB/DR. Abb.

drehmomentbegrenzte Kupplung: schaltbare → Kupplung (1), bei der das max. übertragbare Drehmoment durch eine definierte Einstellung begrenzt wird. Ausführungsarten: 1) *Rutschkupplung* als Sonderfall der → Reibungskupplung mit einem durch die Reibkraft zwischen den Kupplungsscheiben festgelegten max. Drehmoment, bei dessen Überschreiten die Kupplungsreibflächen durchrutschen (ein längerer Schlupfzustand ist wegen entstehender Reibungswärme und starken Verschleißes zu vermeiden). 2) Bauform der → *Strömungskupplung,* bei der durch Teilfüllung eine Drehmomentbegrenzung und ein verschleißloses Durchrutschen erreicht werden. Bei 100% Schlupf tritt eine starke Erwärmung der Betriebsflüssigkeit ein, wodurch der → Schmelzeinsatz wirksam und der Leistungsfluß unterbrochen

Drehkolbengebläse
Prinzipdarstellung eines 2- und 3flügligen Drehkolbengebläses
p_a Druck am Eingang, p_{vz} Druck am Ausgang

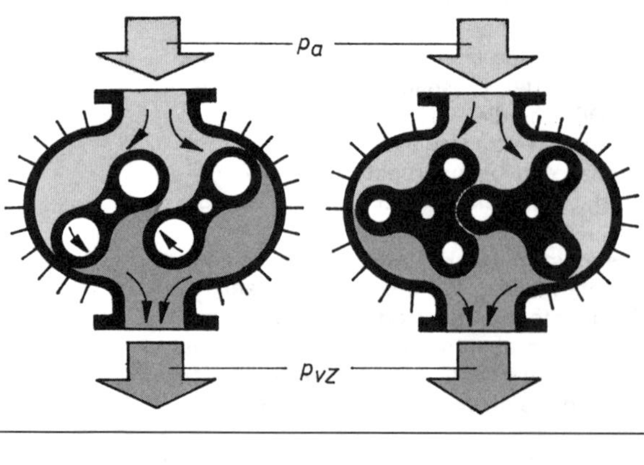

wird. 3). *Elektromagnetkupplung* als Induktions- oder Magnetpulverkupplung mit durch die Erregerstromstärke definierter Drehmomentbegrenzung, die verschleißlos durchrutscht, aber ebenfalls starker Erwärmung unterliegt.

Drehmomentkennlinie: Drehmomentverlauf von Elementen des → Antriebssystems.

Drehmomentstütze: **1.** Bauteil des → Radsatzgetriebes, das das durch die Kräfte am Kegelradpaar auf das Gehäuse wirkende Reaktionsmoment aufnimmt. Ein am Radsatzgetriebegehäuse befestigter Hebel stützt sich elastisch am Drehgestell- oder Tfz.-Rahmen ab und verhindert so das Drehen des Radsatzgetriebes um die Radsatzwelle. Die D. darf beim Einfedern des Radsatzes dessen Führung nicht behindern und soll je nach Art des → Gelenkwellenantriebs ein Parallelführen oder Verdrehen des Radsatzgetriebegehäuses bewirken. – **2.** I. w. S. jede Gehäuseabstützung eines Aggregats, die Drehmomente aufnimmt, abgibt oder weiterleitet, so z. B. das → Leitrad eines → Strömungswandlers.

Drehmomentverhältnis: → Drehmomentwandlung

Drehmomentwandler: → Strömungswandler

Drehmomentwandlung: Verhältnis des Drehmoments an der → Abtriebswelle zum Drehmoment an der → Antriebswelle bei hydrodynamischen Leistungsübertragern und Zahnradgetrieben. Beim → Zahntrieb liegt wegen des festen → Übersetzungsverhältnisses eine konstante D. vor. Bei → Strömungswandlern wird die D. aus dem Verhältnis von Turbinenrad- zu Pumpenraddrehmoment berechnet und mit μ bezeichnet. Sie ist nicht konstant und wird als max. Wert μ_A bei der Turbinenraddrehzahl $n_T = 0$ als eine charakteristische Kenngröße von Strömungswandlern angegeben und bestimmt das → Anfahrdrehmoment eines Strömungsgetriebes. Mit → Anfahrwandlern wird eine D. μ_A von 5–10 erreicht.

Drehpfanne: → Drehgestellanlenkung

Drehrichtung: → Drehrichtungsänderung

Drehrichtungsänderung: Änderung der Richtung der Drehbewegung (Drehrichtung) rotierender Bauteile. Bei Tfz. ist bei Rädern, Radsätzen und Wellen (Antriebswellen) meist nur in einer Ebene eine Umkehr der Drehrichtung erforderlich. Die D. der Treibradsätze ist bes. beim Wechsel zwischen Vor- und Rückwärtsfahrt notwendig. Dafür gibt es folgende Möglichkeiten: a) bei Dampfloks mit Hilfe der → Dampflokomotivsteuerung (Umsteuern); b) bei elektrischen Tfz. mit → Fahrtrichtungswendern (Umpolen von Anker- oder Erregerfeldstrom bzw. Änderung der Drehrichtung des Erregerfeldes beim → Drehstromantrieb); c) bei Diesel-Tfz. mit hydraulischer und mechanischer Leistungsübertragung mit Hilfe eines Getriebes (→ Radsatzwendegetriebe, → Wendegetriebe), weil die Bahndieselmotoren heute nur für eine Drehrichtung angelegt sind; bei dieselelektrischen Tfz. wie bei elektrischen Tfz.

Drehschwingungsdämpfer: Baugruppe von → Verbrennungsmotoren zur Dämpfung von Drehschwingungen, bes. der Amplituden bei Resonanzschwingungen. Bei Bahndieselmotoren werden mechanische und hydraulische D. (Viskositäts-D.; s. Abb.) verwendet. *Prinzip:* Ein Schwungring wird in geeigneter Weise von einem mit der Kurbelwelle mitdrehenden Grundkörper durch Reibkräfte mitgenommen. Bei gleichförmiger Drehbewegung drehen Grundkörper und Schwungring ohne Schlupf. Beim Auftreten von Drehschwingungen entstehen zwischen Grundkörper und Schwungring durch dessen Trägheitskraftwirkung Relativbewegungen, die beim mechanischen D. durch federkrafterzeugte mechanische Reibung und beim hydraulischen D. durch Überwinden der Schubkräfte im Silikonöl zum Abbau von Schwingungsenergie und deren Umwandlung in Wärme führen. Gutes Dämpfungsvermögen über einen großen Drehzahlbereich und verschleißarmer Betrieb sind Vorteile des hydraulischen D. Lit.: 1.18.; Abb.

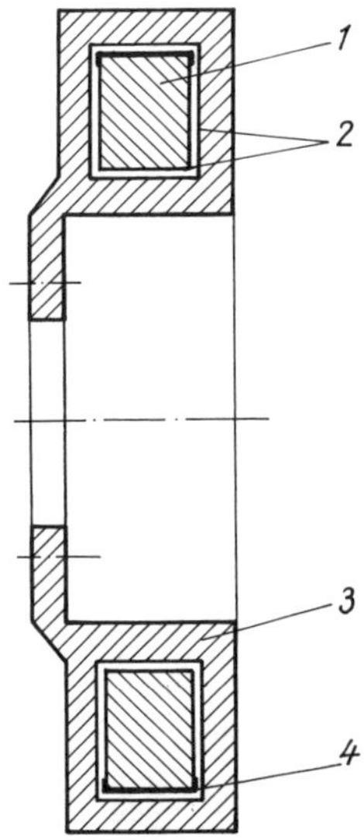

Drehschwingungsdämpfer
Prinzip eines Viskositätsdrehschwingungsdämpfers
1 Schwungring, 2 Silikonölfüllung, 3 Grundkörper, 4 Gleitschicht

Drehsitz: drehbarer Sitz für das → Lokomotivpersonal im → Führerstand (dort Abb.), bei Dampflokomotiven an den Seitenwänden des Führerhauses angebracht. Moderne D. sind anatomisch geformt und abgefedert.

Drehstromantrieb: Antrieb elektrischer → Fahrmotoren mit Dreiphasenwechselstrom (Drehstrom). Wird Drehstrom als → Bahnstromsystem verwendet, dann wird der D. grundsätzlich angewendet. Seit 1965 gewinnt der D. in ständig zunehmendem Maße auch bei dieselelektrischen Tfz. sowie bei Gleichstrom- und bei Einphasenwechselstrom-Tfz. an Bedeutung (→ Drehstromantriebstechnik), weil durch Verwendung von Umrichtern auf der Basis von Thyristoren eine wirtschaftliche und traktionsgerechte Steuerung der günstigen → Asynchronfahrmotoren möglich ist. In einigen Ländern, z. B. in Frankreich und in der GUS, werden auch → Synchronfahrmotoren mit gutem Erfolg eingesetzt. Lit.: 4.5.

Drehstromantriebstechnik, Abk. **DAT:** i. allg. Bezeichnung für die Einrichtungen und die Verfahrensweisen bei Realisierung von Antrieben mit Drehstrommotoren; i. e. S. Anwendung des → Drehstromantriebs bei Tfz. Die moderne D. basiert auf der Anwendung von Halbleiterbauelementen, insbes. Siliziumdioden und -thyristoren, für die Umrichtung und

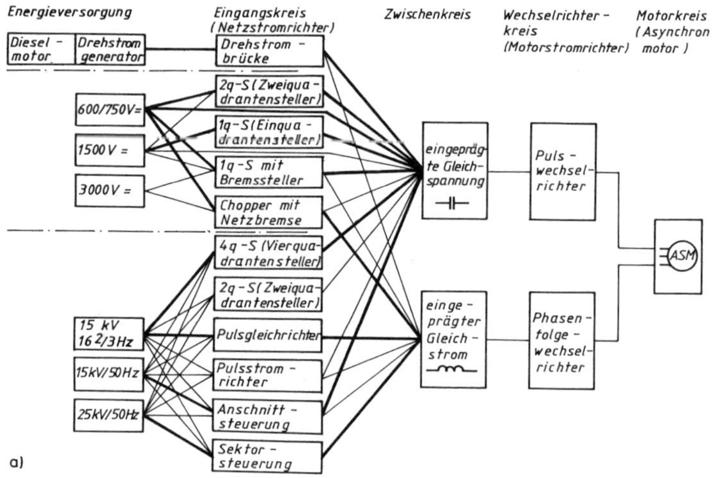

Drehstromantriebstechnik
a) System für elektrische Triebfahrzeuge mit Drehstrom-Asynchronfahrmotoren
b) Übersicht über die positiven Auswirkungen ihrer Anwendung bei Schienenfahrzeugen

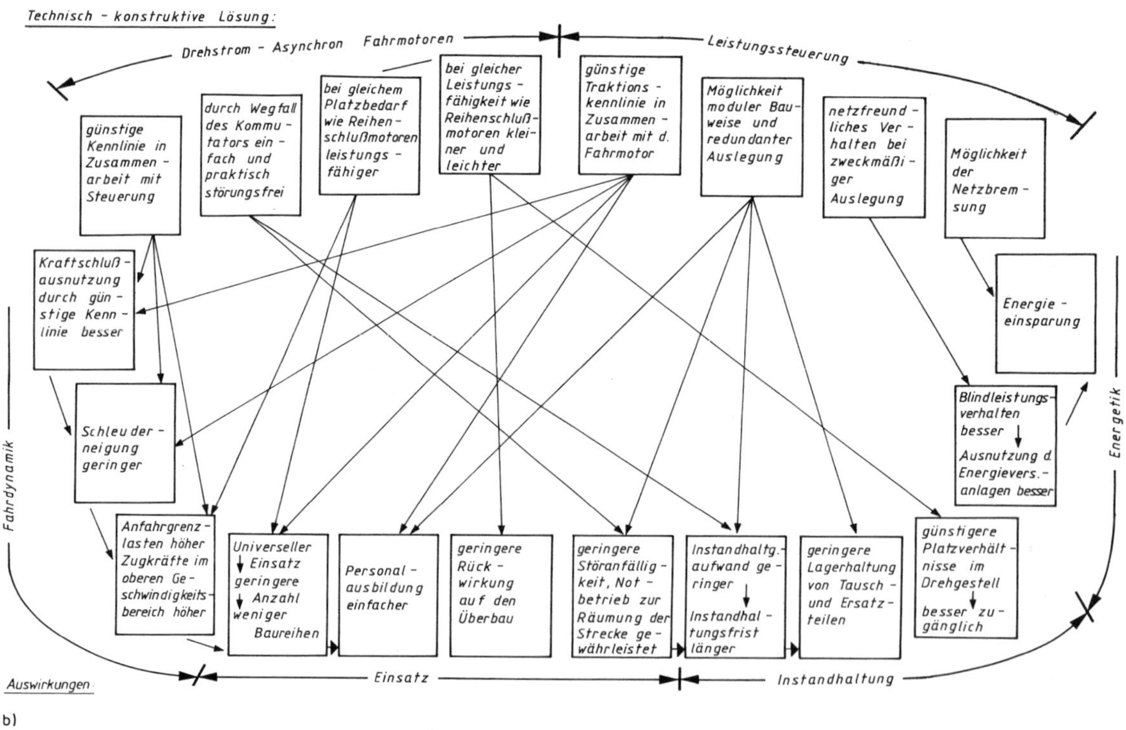

Steuerung der Spannungen bzw. Ströme. Die D. kann bei elektrischen Tfz. aller Betriebsarten und aller → Bahnstromsysteme wie auch bei dieselelektrischen Tfz. angewendet werden. Es werden sowohl → Asynchronfahrmotoren als auch → Synchronfahrmotoren eingesetzt. Bei den Eisenbahnen und auch den Nahverkehrsbetrieben Mitteleuropas wird D. mit Asynchronfahrmotoren bevorzugt, wobei zur Verwirklichung 4 Kreise erforderlich sind: Eingangskreis, Gleichstrom-Zwischenkreis, Wechselrichterkreis und Motorkreis (→ Leistungssteuerung, 3. Generation, dort Abb.). Bei dieselelektrischen Tfz. wird der Eingangskreis durch den Hauptgenerator (Synchronmaschine) mit nachgeschaltetem Gleichrichter gebildet, bei elektrischen Tfz. gibt es verschiedene Varianten von Netzstromrichtern (Abb.).
Es gibt 2 grundsätzlich unterschiedliche Umrichtersysteme: a) System mit Stromeinprägung im Zwischenkreis und b) System mit Spannungseinprägung im Zwischenkreis. Das gewählte Umrichtersystem bestimmt die Auswahl und Dimensionierung der Geräte und Bauelemente der 4 Kreise, die Betriebsweise, die technischen Möglichkeiten und die Effektivität der betreffenden Tfz. und nicht zuletzt die Kosten für Herstellung und Instandhaltung.
Gegenüber konventioneller Technik lassen sich folgende Vorteile der Tfz. mit D. nennen: größere Leistungsfähigkeit, bessere Kraftschlußausnutzung, günstigerer Leistungsfaktor, größere Universalität, geringerer Instandhaltungsaufwand, ggf. einfache Netzbremsung (Zusammenhänge zwischen der technisch-konstruktiven Lösung und den Auswirkungen s. Abb.). Die Entwicklung der modernen D. begann 1965 mit der Erprobung auf dieselelektrischen Tfz. und wurde etwa ab 1970 auf Gleichstrom- und Einphasenwechselstrom-Tfz. ausgedehnt. Lit.: 4.5. Abb.

Drehstromgenerator: elektrischer → Generator, mit dem aus mechanischer Energie elektrische Energie in Form von Drehstrom (= 3phasiger verketteter Wechselstrom) erzeugt wird. Für die Elektroenergieerzeugung, auch auf Tfz., hat der *Drehstromsynchrongenerator* die größte Bedeutung. Er besteht aus dem Ständer (Stator; Stahlblechpaket mit Phasenwicklung) und dem Läufer (Rotor; mit Erregerwicklung). Spannung und Strom entstehen, indem vor den Ständerspulen der Drehstromwicklung abwechselnd Pole mit magnetischer Nord- und Südrichtung vorbeigeführt werden. Die Läufer für kleine Drehzahlen sind mit Einzelpolen (Polrad); für größere Drehzahlen als Vollpolläufer (Turboläufer) ausgeführt. Die Erregerwicklung wird mit Gleichstrom gespeist, der über Schleifringe und Kohlebürsten zugeführt wird. Die Gleichstrom-Erregermaschine ist fast immer auf gleicher Welle (→ Eigenerregung) angeordnet. Der Laststrom muß nicht vom rotierenden Teil der Maschine, sondern kann den feststehenden Wicklungen des Ständers entnommen werden. Will man D. parallel oder an das Netz schalten, müssen sie auf gleiche Spannung und Frequenz und außerdem »synchronisiert«, d.h. in übereinstimmende Phasenlage gebracht werden.
Auf Tfz. werden zunehmend D. als → Hauptgenerator für die dieselelektrische Leistungsübertragung sowie zur Erzeugung eines speziellen Bordnetzes von 50 Hz, 220 V, zur Speisung leistungsstärkerer motorischer Antriebe für → Hilfsbetriebe (z.B. Lüfter, Kompressoren, Pumpen u.a.), aber auch für kleinste Leistungen als Geschwindigkeits- und Drehzahlgebermaschinen eingesetzt.

Drehstrommotor: Elektromotor für Dreiphasenwechselstrom (Drehstrom). Hauptarten: *Synchronmotor* und *Asynchronmotor*, letztgenannter in den Ausführungsformen als Schleifringläufer sowie überwiegend als Kurzschlußläufer (nur aus → Ständer und → Läufer (2) bestehend, ohne → Kommutator oder Schleifringe). Wegen ihrer Einfachheit und Robustheit werden D. bei elektrischen und dieselelektrischen Tfz. sowohl als Antriebsmotoren für die Hilfsbetriebe als auch neuerdings in zunehmendem Maße als Fahrmotoren → Synchronmotoren; → Asynchronmotoren) angewandt.

Drehzahländerung: Veränderung der Drehzahl von Antriebsmaschinen. Die D. kann *beabsichtigt* mit Steuerungs- und Regelungsorganen hervorgerufen werden (z.B. → Feldschwächung bei Gleichstromfahrmotoren, Änderung der Spannung am Stufentransformator bzw. durch Vorschaltwiderstände, Veränderung der Kraftstoffzufuhr bei Verbrennungskraftmaschinen bzw. der Dampfzufuhr bei Dampfmaschinen), oder *unbeabsichtigt* durch Änderung der Belastung eintreten (z.B. → Schleudern des → Radsatzes, → Drehzahldrückung der Verbrennungskraftmaschine).

Drehzahlbereich: nach oben und unten begrenztes Intervall, das durch die kleinste oder größte Drehzahl einer Maschine o.ä. genau festgelegt ist. Der D. ist eine grundlegende Größe bei der Beurteilung des → Drehzahlverhaltens. Bes. Bedeutung hat der D. bei den Antriebsanlagen von Diesel- und Gasturbinen-Tfz., die die geforderte Leistung nur in einem bestimmten D. abgeben können (Notwendigkeit einer → Leistungsübertragung).

Drehzahlbereichserweitung: → Leistungsübertragungsanlage

Drehzahldrückung: ungewolltes Vermindern der Drehzahl eines Verbrennungsmotors entlang seiner → Vollastlinie oder einer eingestellten Teilfüllungslinie. Eine D. tritt ein, wenn vom Verbrennungsmotor ein höheres Drehmoment abgefordert wird, als er entspr. seiner Regelung oder Einstellung (z.B. maximale Einspritzmenge beim Dieselmotor) abzugeben vermag. Zur D. kommt es bes. bei Diesel-Tfz. mit → mechanischer Leistungsübertragung oder beim Betrieb von → Strömungskupplungen in Strömungsgetrieben dieselhydraulischer Tfz. durch den direkten Einfluß des Fahrwiderstands auf das Motordrehmoment. Mit der D. ist hierbei eine Verminderung der Fahrgeschwindigkeit verbunden.

Drehzahlgeber: Gerät, das die Drehzahl einer Welle in eine leicht übertragbare proportionale physikalische Größe wandelt, so daß die Anzeige der Drehzahl an einem bestimmten Ort (z.B. im → Führerstand) oder die Ansteuerung von Regelungsorganen möglich wird. Bei Tfz ist der D. ein elektrisches Gerät (D.-Maschine), das als Generator auf dem → Radsatz, dessen Drehzahl zu messen ist, montiert ist. Die erzeugte Gleich- oder Wechselspannung ist der Drehzahl proportional und kann z.B. durch einen geeichten Spannungsmesser oder bei Wechselspannung von einem Frequenzmesser angezeigt werden. Bei gleichbleibendem Raddurchmesser kann der D. auch unmittelbar zur Messung der Fahrgeschwindigkeit dienen (→ Fahrgeschwindigkeitsmesser).

Drehzahlregler: Fliehkraftregler des → Turbogenerators. → Zweistufenregler; → Verstellregler.

Drehzahlregelung: Art der Leistungsregelung von Dieselmotoren, bei der der Dieselmotorregler eine von außen eingestellte Drehzahl konstant hält. Zur D. werden → Verstellregler verwendet. Die Drehzahleinstellung kann in Stufen oder stufenlos erfolgen. Die D. wird bei dieselhydraulischen Tfz. mit → Wandlergetrieben und bei dieselelektrischen Tfz. angewandt.

Drehzahlschalter: Steuereinrichtung der → Gangschaltung von → Strömungsgetrieben und → hydromechanischen Getrieben, die in Abhängigkeit von der Ab-

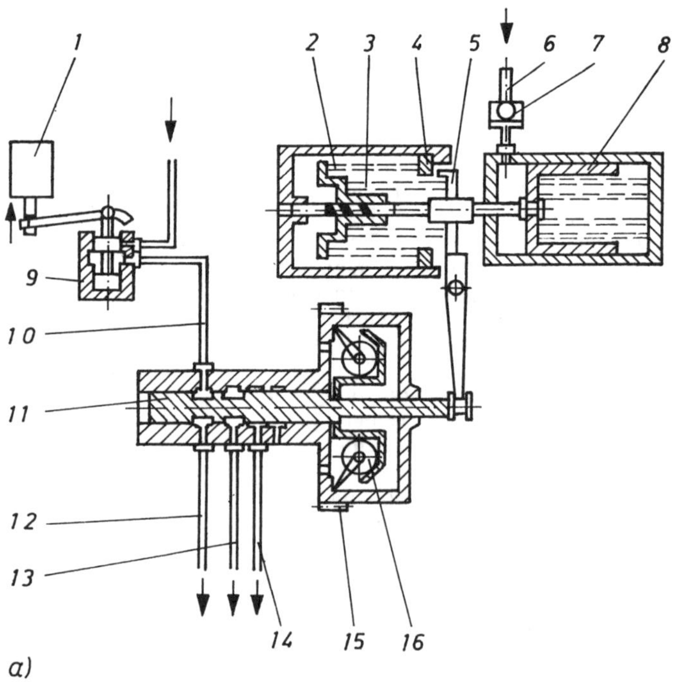

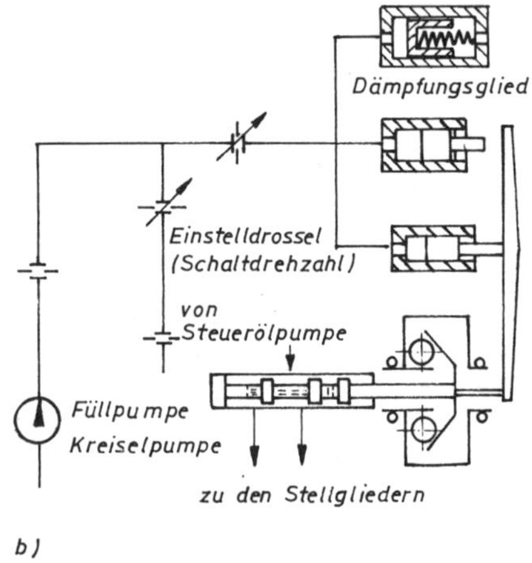

Drehzahlschalter
a) mechanischer Drehzahlschalter mit Primärbeeinflussung
1 Füllmagnet, 2, 3 Federn für Sekundäreinfluß, 4, 5 Federteller, 6 Anschluß für Füllpumpendruck, 7 Rückschlagventil, 8 Kolben für Primäreinfluß, 9 Füllventil, 10, 12, 13, 14 Druckölleitung, 11 Steuerkolben, 15 Antriebszahnkranz, 16 Fliehkraftpendel
b) mechanisch-hydraulischer Drehzahlschalter (Prinzip)

triebsdrehzahl (→ Sekundärbeeinflussung) und bei Wandlergetrieben zusätzlich von der Antriebsdrehzahl sowie bei Getrieben mit Kupplungsgängen vom Antriebsdrehmoment (→ Primärbeeinflussung) den Steuervorgang zur automatischen Gangschaltung auslöst. Der mechanische D. beruht auf der Fliehkraftwirkung und wird von einer sekundärseitigen Getriebewelle angetrieben. Hauptbauteile sind der rotierende Steuerkolben mit den am Teller dieses Kolbens anliegenden, mitrotierenden Fliehmassen der Fliehkraftpendel, deren Kräfte gegen Federkräfte (mechanischer D.) oder druckölbeaufschlagte Kolben (mechanisch-hydraulischer D.) wirken (Abb.). In den → Umschaltpunkten treten Differenzkräfte zwischen den Fliehkräften und den Gegenkräften auf, die zu einem axialen Verschieben des Steuerkolbens führen. Die schrittweise, axiale Lageveränderung des Steuerkolbens gibt entspr. Kanäle zur Steuerung der → Stellglieder frei, wodurch das Füllen und Entleeren der hydrodynamischen Kreisläufe oder das Bewegen der mechanischen Schaltelemente bewirkt wird und die Gangschaltung erfolgt. Das Hoch- und Zurückschalten wird nicht bei gleicher Schaltgeschwindigkeit vorgenommen (→ Hysteresis). Beim modernen elektronischen D. werden die mechanischen und hydraulischen Funktionen durch elektronische Impulse ersetzt. Der D. kann auch zur Auslösung weiterer Steuervorgänge, z.B. für den → Übertourungsschutz, genutzt werden. Abb.

Drehzahlverhalten: Art der Abhängigkeit (linear, progressiv, degressiv o.a.). einer (physikalisch-technischen)Größe von der Drehzahl einer Maschine. Das D. wird aus bestimmten Kennlinien (→ Kennlinie der Antriebsmaschine, → Kennlinie des Drehmomentwandlers usw.) entnommen. Wichtig für die Auslegung von Tfz. ist es, das D. z.B. des Drehmoments, der Leistung und des Wirkungsgrads zu kennen, um damit die Ausführung der Antriebsmaschinen (Dieselmotor, Fahrmotor, Gasturbine o.ä.), Generatoren und der → Leistungsübertragung zu bestimmen.

Drehzahlverhältnis: Verhältnis der Drehzahlen von → Abtriebswelle n_2 zur → Antriebswelle n_1 *bei* → hydrodynamischen Leistungsübertragern. Das D. wird mit ν bezeichnet und ist der Reziprokwert des für den → Zahntrieb definierten → Übersetzungsverhältnisses i; $\nu = n_2/n_1 = 1/i$. → Strömungswandler werden für ein bestimmtes D. ausgelegt und danach als → Anfahrwandler oder → Marschwandler klassifiziert.

Drehzahlverminderung: Abregelvorgang bei → Verbrennungsmotoren. D. werden durch Verstellen der Regelstange der → Einspritzpumpe in Richtung Nullförderung über hand- oder fußbetätigte Verstelleinrichtungen bzw. durch → Fliehkraftregler vorgenommen. Mit der D. ist eine Leistungsminderung verbunden.

Drehzahlwächter: Grenzwertmelder, der das Überschreiten der zul. Drehzahl einer Welle signalisiert und i.d.R. ein weiteres Ansteigen der Drehzahl verhindert. Ausführung als → Überdrehzahlschutz bei Dieselmotoren und Gasturbinen und → Übertourungsschutz bei Strömungsgetrieben.

Drehzapfen: → Drehgestellanlenkung

Drehzapfenabstand: gegenseitiger Abstand der Drehzapfen der → Drehgestelle eines Eisenbahnfahrzeugs. Der D. beeinflußt u.a. die äußere und innere Einschränkung der Fahrzeuge (→ Begrenzung der Fahrzeuge).

Dreidruckventil: Hauptsteuerorgan mehrlösiger → Steuerventile, die nach dem Dreidruckprinzip arbeiten, d.h., auf einen Kolbensatz wirken der Hauptluftleitungs-, der Steuerkammer- und der Bremszylinderdruck. Konstruktiv wird zwischen schieber- und membrangesteuertem D. unterschieden. Moderne Steuerventile, wie z.B. bei der → Knorr-Bremse (Bauart KE), der → Dako-Bremse und der → Oerlikon-Bremse, haben Membranen aus Gummi sowie Ventile mit Gummisitz. Das D. hat 2 Kolben: auf Kolben (1) wirkten der Steuerkammerdruck p_A und der Hauptluftleitungsdruck p_{HL} und auf Kolben (2) der Bremszylinderdruck p_C (vgl. Abb.). Über → Rückschlagventile stehen der → Vorratsbehälter (R) und die Steuerkammer (A) mit dem Druck der → Hauptluftleitung in Verbindung. Das Doppelsitzventil hat einen Einlaß für das Einströmen von Vorratsbehälterluft in den → Bremszylinder und einen Auslaß, damit die Bremszylinderdruckluft über eine hohle Kolbenstange ins Freie strömen kann. Wirkungsweise: Beim Füllvorgang gelangt über aufgestoßene Rückschlagventile Druckluft in die Steuerkammer und aus der Hauptluftleitung in den Vorratsluftbehälter. Durch Druckverminderung in der Hauptluftleitung beim Bremsen vermindert sich der Druck oberhalb des Kolbens (1), während unterhalb des Kolbens (1) der → Regelbetriebsdruck erhalten bleibt. Das Rückschlagventil ist geschlossen, ebenso das in der Verbindung zum Vorratsluftbehälter. Der Druckunterschied bewegt den Kolbensatz nach oben, die Hohlkolbenstange schließt den Auslaß des Doppelsitzventils und öffnet anschließend den Einlaß. Vorratsbehälterdruckluft strömt in den Bremszylinder, und dieser Druck wirkt auch oberhalb des Kolbens (2). Beim stufenweisen Bremsen wird die Leitungsdruckabsenkung unterbrochen, und bei Erreichen eines entsprechenden Bremszylinderdrucks geht der Kolbensatz in die Abschlußstellung. Das Doppelsitzventil wird geschlossen. Bei weiterer Druckabsenkung in der Hauptluftleitung geht der Dreidruckkolben wieder solange nach oben, bis das Kräftegleichgewicht erneut hergestellt ist. Mit der Druckerhöhung in der Hauptluftleitung wird das Kräftegleichgewicht gestört, und der Kolbensatz geht nach unten, wodurch sich der Auslaß vom Doppelsitzventil öffnet und Druckluft über die Hohlkolbenstange ins Freie strömt. Wird der Druck in der Hauptluftleitung nicht auf 500 kPa erhöht, so löst die Bremse nicht völlig aus. Es stellt sich die Löseabschlußstellung ein, d.h., das D. ist mehrlösig. Es speist weiter Druckluft aus dem Vorratsluftbehälter selbsttätig in den Bremszylinder nach, wenn dieser undicht ist. Dazu ist ein höherer Druck im Vorratsluftbehälter notwendig.

Bei der Knorr-Bremse (Bauart KE) ist im D. noch ein weiteres Doppelsitzventil vorhanden, das ebenfalls durch den Kolbensatz gesteuert wird. Es öffnet bzw. entlüftet die Verbindung zur Übertragungskammer (→ Beschleuniger). Lit.: 1.4., 1.8. Abb.

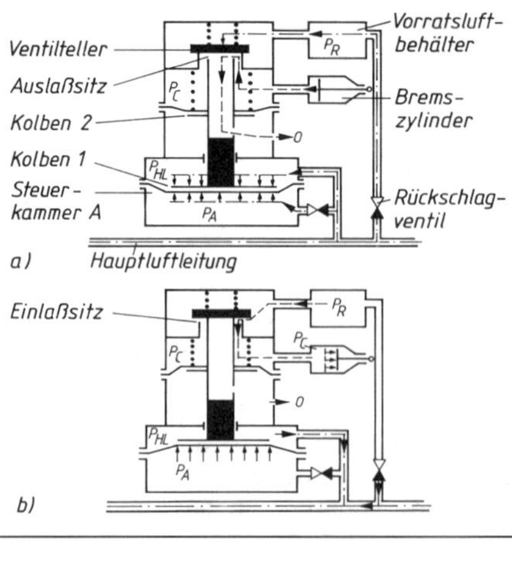

Dreidruckventil (Schema)
a) Füll- und Lösestellung
b) Bremsstellung

Dreieckfeder: eine vom Federbund aus nach außen zu den Enden sich in der Federblattbreite zu einem Dreieck verjüngende einlagige → Blattfeder. Als geschichtete D. wurde sie bei älteren Lokomotivbauarten als → Tragfeder verwendet.

Dreifachventil: → Anstellventil

Dreikraftlokomotive: elektrische oder dieselelektrische Lokomotive mit 3 voneinander zumindest von der Energiezuführung her unabhängig einsetzbaren Arten des → Antriebs (vgl. auch → Zweikraftlokomotive). Vereinzelte Ausführungen, z.B. die 1928 von der New York Central Railroad beschafften BoBo-D., konnten von einer → Stromschiene, einem → Akkumulator und einem Dieselmotor-Generator-Satz oder einem Akkumulator und einem Dieselmotor-Generator-Satz den Gleichstrom zum Antrieb der elektrischen → Fahrmotoren entnehmen. Lit.: 5.3.

Dreikuppler: i.e.S. eine Dampflokomotive mit 3 durch → Kuppelstangen verbundenen Treib- und Kuppelradsätzen; i.w.S. auch ältere, mit → Stangenantrieb ausgerüstete Diesel- und elektrische Lokomotiven mit 3 Kuppelradsätzen. D. wurden in den Ausführungen ohne → Laufradsätze (Achsanordnung C) und mit 1 oder mehreren Laufradsätzen (z.B. Achsanordnung 1'C; C1'; 2'C1' u.ä.) gebaut.

Dreilichtspitzensignal: → Regelspitzensignal

Dreipunktaufhängung: → Vierpunktaufhängung

Dreiwellen-Gasturbine: → Mehrwellen-Gasturbine

Dreizylinderlokomotive: → Dreizylindertriebwerk, → Drillingslokomotive.

Dreizylindertriebwerk: Bauart der → Dampfmaschine mit 3 Zylindern für 1- oder 2stufige Dampfdehnung (→ Verbunddampfmaschine) bei Dampflokomotiven. Bereits 1846 erhielten R. Stephenson und Howe ein Patent auf den Entwurf eines D., welches 2 kleine Außenzylinder und 1 großen Innenzylinder vorsah. Für beide Außenzylinder sollten die Kurbeln gleichgerichtet sein, während die Kurbel des Innenzylinders gegen die der Außenzylinder um 90° versetzt war. Diese Kurbelstellung fand spä-

ter häufig Anwendung, unter anderem bei → Wittfelds erster Dreizylinderlokomotive für die KPEV.
1875 erhielt der Franzose Andrack ein Patent auf ein Dreizylinder-Verbundtriebwerk, dessen Zylinder auf einen gemeinsamen gekröpften Treibradsatz arbeiteten, bei dem die Kurbeln jeweils um 120° gegeneinander versetzt waren, so daß ein relativ gleichförmiges Drehmoment erreicht wurde. Diese Bauweise wurde bei den deutschen Länderbahnverwaltungen und der DRG (Dampflokomotiven der → Einheitsbauart) überwiegend angewandt. Die häufigste Bauart von D. war die mit 3 Zylindern gleichen Durchmessers und 1stufiger Dampfdehnung. Sie fand bei → Drillingslokomotiven bis zum Ende der Dampftraktion Verwendung. → Triebwerk. Lit.: 2.9., 5.3.

DRG: Abk. für → **D**eutsche **R**eichsbahn-**G**esellschaft.

Drillingslokomotive: Dampflokomotive mit einem → Dreizylindertriebwerk mit 1stufiger Dampfdehnung und um je 120° gegeneinander versetzten Treibkurbeln. Die D. wurde in 2 Ausführungen gebaut: 1) 1 gemeinsamer gekröpfter → Treibradsatz (1) des → Triebwerks für alle 3 Zylinder; 2) 1 gekröpfter Treibradsatz für den innenliegenden Zylinder und 1 gemeinsamer Treibradsatz für die beiden außenliegenden Zylinder. Die Treib- und Kuppelradsätze waren i.d.R. durch Kuppelstangen verbunden.

Drolshammerbremse: mehrlösige → Druckluftbremse mit der Kurzbezeichnung *Dr.* Sie wird an Fahrzeugen der SBB in folgenden Ausführungen verwendet: a) Drolshammer-Güterzugbremse mit Lastabbremsung (Dr-G); b) Drolshammer-Güterzug-Personenzugbremse (Dr-GP).

Drosseleinrichtung: Einrichtung zur Regelung der Bewegungsgeschwindigkeit des Wischerhebels einer → Scheibenwischeranlage. Die zum Antrieb benötigte Luftmenge wird mit Hilfe eines Ventils, das mit dem Anstellventil zu einer Einheit zusammengefaßt ist, geregelt.

Drosselregelung: übliche Bezeichnung für die Leistungsregelung bei → Ottomotoren durch Verstellen der Drosselklappe des Vergasers. → Quantitätsregelung

Drosselventil: Bauteil der → Gegendruckbremse.

Druckausgleichkolbenschieber: Bauart der → Leerlaufeinrichtung der Dampflokomotive. Der D. erspart die sonst für den Leerlauf der Lok notwendigen anderen Druckausgleicheinrichtungen, indem er in sich → Kolbenschieber und Leerlaufeinrichtung vereinigt und bauartabhängig einen mehr oder weniger behinderten Druckausgleich zwischen den beiden Zylinderräumen innerhalb des → Zylinders (1) ermöglicht. Bewährte Bauarten waren der Karl-Schulz-Schieber (früher → Nicolai-Schieber) sowie der → Müller-Schieber und → Trofimow-Schieber. Lit.: 2.3., 2.6., 2.10., 2.12. Abb.

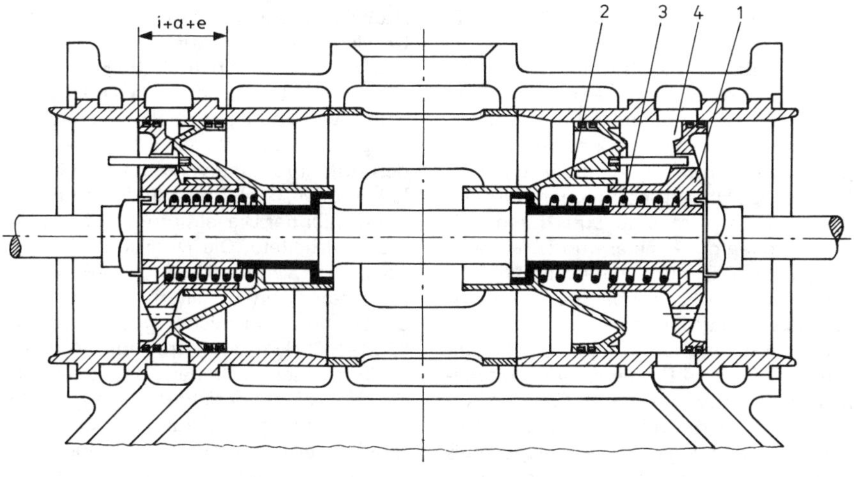

Druckausgleichkolbenschieber
Schnittdarstellung eines Druckausgleichkolbenschiebers der Bauart »Karl Schulz« (früher Nicolai-Schieber)
i+a+e Kolbenschieberkörperbreite im geschlossenen Zustand, 1 fest auf der Schieberstange sitzender Kolbenkörper, 2 beweglicher Kolbenkörper, 3 Schraubenfeder, 4 ringförmiger Druckausgleichraum bei geöffnetem Zustand des Schiebers

Druckausgleichschieber: → Druckausgleichkolbenschieber

Druckausgleichventil; *Druckausgleicher:* Bauart der → Leerlaufeinrichtung der Dampflokomotive, die die beiden Arbeitsräume des → Zylinders (1) über eine Leitung verbindet und so im Leerlauf der

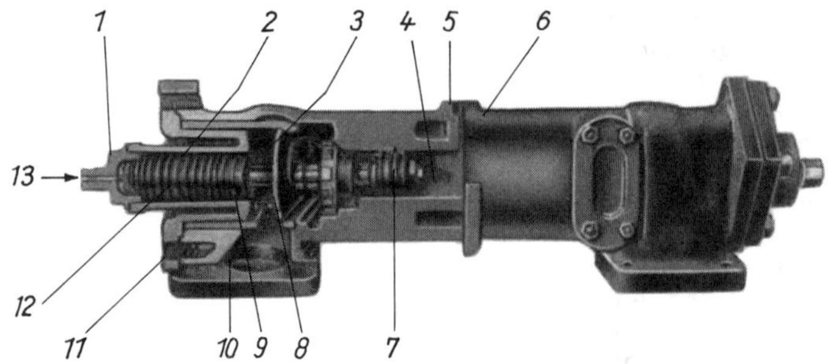

Druckausgleichventil
Druckausgleicher mit Eckventilen
1 Verschlußstück, 2 äußere Steuerkammer, 3 Ventilsitz, 4 innere Steuerkammer, 5 Lufteintritt, 6 Gehäuse, 7 Luftkolben, 8 Umlaufventil, 9 Luftkolben, 10 zum Dampfzylinder, 11 Deckel, 12 Spannfeder, 13 Lufteintritt

Lok den Druckausgleich der durch den → Dampfkolben bewegten Luftmassen ermöglicht. Das den bei schnellfahrenden Lokomotiven den Anforderungen nicht mehr gerecht werdende D. älterer Bauart wurde mit einer Schließfederkraft und der Dampfkraft bei Dampffahrt geschlossen und mit Druckluft bei Leerlauf geöffnet. Bei den Lokomotiven der → Einheitsbauart kam deshalb ein Druckausgleicher mit Eckventilen zum Einsatz. Diese beiden auf dem → Schieberkasten sitzenden Eckventile gewährleisteten größere Öffnungsquerschnitte und verminderten den durch die älteren D. vergrößerten → schädlichen Raum. Eine selbsttätig wirkende Leerlaufeinrichtung ist der → Winterthur-Druckausgleicher. Lit.: 2.3., 2.12. Abb.

Druckbelüftung: Belüftungsart der Innenräume von Schienenfahrzeugen, bes. der → Führerstände und Fahrgastabteile, wobei leicht verdichtete und gereinigte, ggf. vorgewärmte Luft eingeblasen wird. Der geringe Überdruck im Innenraum bewirkt, daß verbrauchte Luft durch Undichtigkeiten der Fenster und Türen oder vorgesehene Öffnungen nach außen entweicht, jedoch keine unaufbereitete Luft von außen eindringen kann.

Druckbetankung: Auffüllen bzw. Ergänzen der flüssigen Betriebsstoffvorräte eines Diesel-Tfz. aus einer stationären Anlage, wobei der jeweilige → Betriebsstoff dem Tfz. über eine am → Füllanschluß befestigte flexible Leitung unter Überdruck zugeführt wird.

Druckbügel: Bauteil älterer Art zur Befestigung der Überhitzerrohre am → Dampfsammelkasten.

Druckerhöhungsstufe: in der → Füllpumpe von → Strömungsgetrieben zusätzlich angeordnete Pumpenstufe, die zur Erhöhung des Füllpumpendrucks für Steuervorgänge dient. Die D. wird von der Füllpumpe gespeist. Sie wurde bei älteren Strömungsgetriebetypen angewandt und ist wegen der Drehzahlabhängigkeit des Drucks heute durch → Zahnradpumpen ersetzt worden.

Druckgasschalter: Hochspannungsleistungsschalter für Wechselstrom mit Lichtbogenlöschung durch strömendes Druckgas, z. B. Schwefelhexafluorid SF_6 (SF_6-Schalter). Früher wurden auch die 1935 auf elektrischen Tfz. der DRG eingeführten → Druckluftschalter als D. bezeichnet.

Druckkühlung: Kühlverfahren der → Flüssigkeitskühlung, bei dem die → Kühlflüssigkeit unter einem Überdruck steht. Für die D. ist ein → geschlossener Kühlwasserkreislauf erforderlich, in dem der Überdruck durch teilweises Verdampfen des Kühlwassers entsteht. Durch Anwendung der D. kann je nach Überdruck die Kühlwassertemperatur im Kühlsystem bedeutend erhöht werden (bis über 100 °C), wodurch bei gleicher Wärmeabfuhr die Kühlfläche geringer wird und der Wirkungsgrad des Dieselmotors ansteigt. Die D. stellt höhere Anforderungen an die Festigkeit und Dichtheit des Kühlsystems, weshalb sie z. Z. noch keine verbreitete Anwendung findet.

Druckluftanlage: → Luftanlage

Druckluftanlassen: → Anlaßeinrichtung

Druckluftantrieb: Antrieb eines Tfz durch eine mit Druckluft betriebene Kolbenmaschine. Der D. wurde bei → Druckluftlokomotiven und als Antrieb der ersten direktgekuppelten Diesellokomotiven für den Anfahrvorgang verwendet (→ Klose-Lokomotive, → Ansaldo-Lokomotive), wobei hier der Dieselmotor als Druckluftmotor arbeitete. Die Druckluft wird stationär mit Drücken von 10000–20000 kPa erzeugt, in Behältern auf dem Tfz. gespeichert und nach Entspannung auf 1200–1600 kPa dem Druckluftmotor zugeführt oder (seltener) auf dem Tfz. durch Kolbenverdichter erzeugt. Die Übertragung der Leistung auf die Treibradsätze erfolgt meist über Kolbenstange, Kreuzkopf und Treibstangen, ähnlich wie bei der Dampflokomotive. Der D. hat sich als Antrieb für große Tfz. nicht durchgesetzt.

Druckluftläutewerk: akustische, druckluftbetriebene → Signaleinrichtung an Tfz., die eine Folge von kurzen, schnell abklingenden Tönen erzeugen kann. Bei der DR und der DB wurden auf Nebenbahnen verkehrende Tfz. mit einer Bauform des D., dem → Kugelschlagläutewerk, ausgerüstet. Abb.

Druckluftbehälter: zylindrischer Körper zur Sammlung von in → Verdichtern erzeugter Druckluft in Fahrzeugen. Der D. besteht aus einem geschweißten Rohrmantel mit angeschweißten Wölbböden und eingeschweißtem Anschlußstutzen für den Drucklufteín- und Druckluftaustritt. Weiter hat jeder D. eine Entwässerungseinrichtung (Entwässerungsstutzen, Entwässerungsventile), und für eine lange Einsatzdauer der D. sind eine ausreichende Innenkorrosionsschutzgrundierung (z.B. Bitumen) erforderlich. Die Größe und Anzahl der D. ist von der Fahrzeugbauart und der Bauart der → Druckluftbremse abhängig. Nach dem Verwendungszweck unterscheidet man bei der Druckluftbremse zwischen → Vorratsluftbehälter, → Hilfsluftbehälter, → Hauptluftbehälter und → Steuerluftbehälter. D. unterliegen bes. Prüf- und Abnahmevorschriften.

Druckluftbremse: Einrichtung am Fahrzeug, durch die die → Bremswirkung mit Druckluft in einem Bremszylinder erzeugt wird. Dabei dient die Druckluft nicht nur als Energieträger, sondern sie wird gleichzeitig für die Steuerung der → Bremse benutzt.

Die Erfindung der D. im Jahre 1867 durch den amerikanischen Ingenieur → Westinghouse ermöglichte es, daß höhere Bremskräfte, von einem Bediener gesteuert, im ganzen Zug aufgebracht werden konnten. Das Grundprinzip ist bis heute erhalten geblieben, jedoch hat sich die Konstruktion der Ventile grundlegend verändert. Es gibt 3 verschiedene Grundtypen der D. (→ Bremsbauart), die sich durch ihr Wirkprinzip unterscheiden. Nach der Art der Bedienung teilt man die D. in → *durchgehende Bremse* und *nichtdurchgehende Bremse* ein. Weiter untergliedert man die D. in → *selbsttätige Druckluftbremse* und → *nichtselbsttätige Druckluftbremse.* Die Ausführung des Steuerventils unterscheidet i.d.R., ob es eine → *einlösige Druckluftbremse* oder eine → *mehrlösige Druckluftbremse* ist. Weiter unterscheidet man zwischen → *Einleitungsbremse* und → *Zweileitungsbremse* sowie zwischen *erschöpfbarer* und *unerschöpfbarer* Bremse (→ Unerschöpfbarkeit der Bremse).

Bei den D. ist im ganzen Zug unter den Wagen eine durchgehende Druckluftleitung, die → Hauptluftleitung, verlegt. Verbunden wird diese zwischen den Wagen durch → Bremskupplungen (1), die leicht lösbar sind. Auf den Tfz. befindet sich eine → Luftanlage zur Bereitstellung der benötigten Druckluft. Diese besteht aus einem → Luftverdichter (1) und einem → Hauptluftbehälter. Über das → Führerbremsventil wird die Druckluft in die Hauptluftleitung und in weitere pneumatische Einrichtungen (→ Hilfsluftbehälter, → Vorratsluftbehälter) der einzelnen Fahrzeuge gegeben.

Gesteuert wird die D. durch das Führerbremsventil, das sich auf dem Tfz. befindet. I.d.R. wird die Informationsverarbeitung in Steuerventilen vorgenommen. Die technischen Forderungen an die D., die an Fahrzeuge des internationalen Verkehrs eingesetzt werden, sind in entspr. UIC-Bedingungen festgelegt. So ist vorgeschrieben, daß der → Regelbetriebsdruck 500 kPa zu betragen hat. Der Bremszylinderdruck hat innerhalb des Regelbereichs von 130–160 kPa den Druckänderungen in der Hauptluftleitung zu folgen. Die → Füllzeiten und → Lösezeiten zur Be- bzw. Entlüftung der Bremszylinder sind ebenfalls international vereinbart. Bes. hohe Anforderungen werden an die → Empfindlichkeit der Bremse gestellt.

Vor der Zulassung einer neuen D. für Fahrzeuge des internationalen Verkehrs wird durch den Untersuchungsausschuß Bremswesen der UIC eine Sicherheitsprüfung vorgenommen, vor allem auch im Hinblick auf das Zusammenwirken mit anderen zugelassenen D. Für den internationalen Verkehr sind selbsttätige, unerschöpfbare, mehrlösige D. vorgeschrieben, die mit nur einer Leitung (Hauptluftleitung) funktionstüchtig sein müssen.

Außerdem ermöglichen Notbremsein-

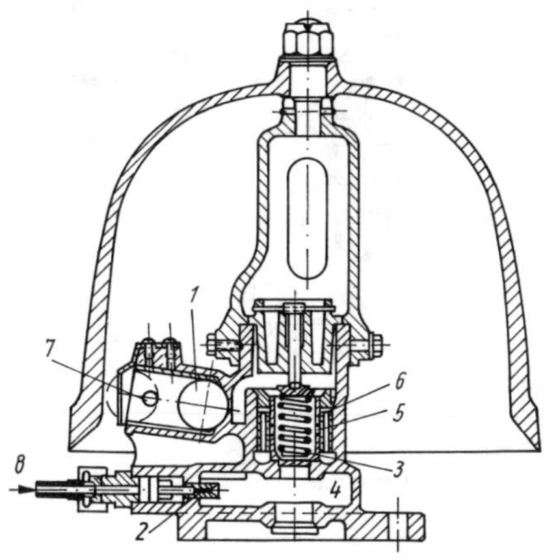

Druckluftläutewerk
1 Stahlkugel, 2 Düse, 3 Rückschlagventil, 4 Luftkammer, 5 Bohrungen im Ventil, 6 ringförmiger Kanal, 7 Austritt ins Freie, 8 Lufteintritt

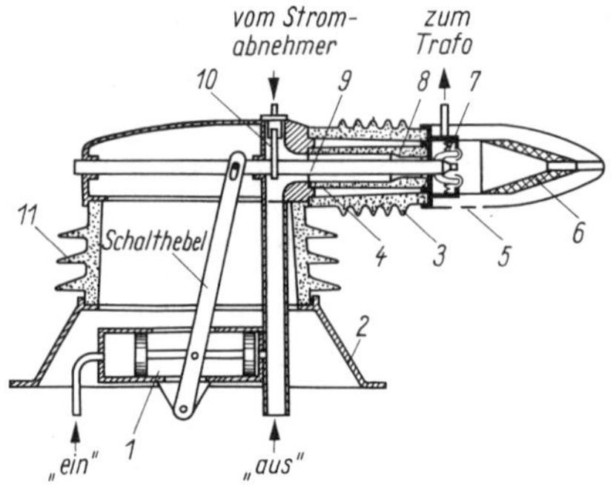

Druckluftschalter
1 Druckluftzylinder, 2 Grundplatte, 3 Durchführungsisolator, 4 Tragrohr, 5 Luftaustritt, 6 Schalldämpfer, 7 Trennkontakt, 8 Düse, 9 Schaltstift, 10 Schleifkontakt, 11 Stützisolator

richtungen (→ Notbremse) die Betätigung der D. (Schnellbremsung). Lit.: 1.3., 1.4., 1.8.

Druckluftlokomotive: → Lokomotive mit → Druckluftantrieb. Sie wurde erstmals 1929 von der Maschinenfabrik Esslingen während der Entwicklung von Diesellokomotiven gebaut und bei der DRG mit V3201 bezeichnet. Der Aufbau der D. war einer Dampflokomotive ähnlich, wobei der Dampfkessel durch das Dieselmotor-Kompressor-Aggregat (880 kW) ersetzt war. Diese D. besaß ein gutes Regelverhalten, im Vergleich zur Dampflok einen relativ hohen thermischen Wirkungsgrad, aber unzureichende Zugkraft. Sie blieb ein Einzelexemplar in dieser Leistungsgröße. Mit wesentlich kleinerer Leistung werden noch D. als → Grubenlokomotiven oder bei Werkbahnen in explosionsgefährdeten Bereichen eingesetzt. Sie sind heute meist durch explosionsgeschützte Diesellokomotiven ersetzt worden. → Tafel »Diesellokomotiven«.

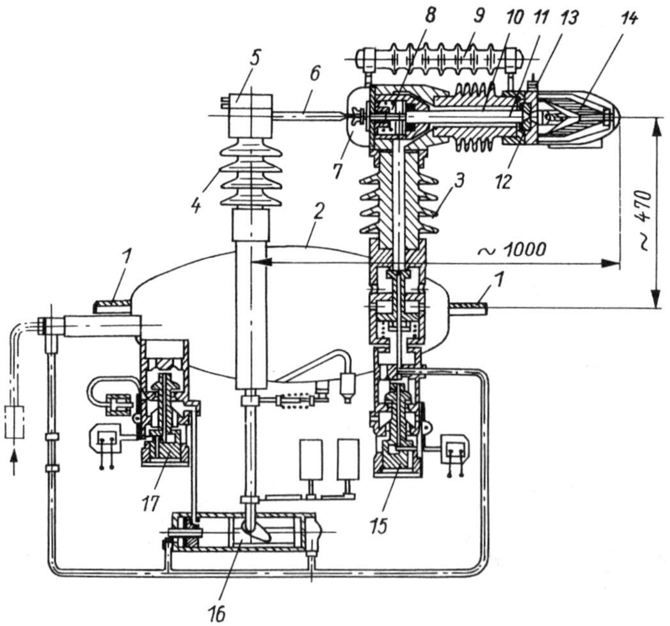

Druckluftschnellschalter für Elloks
1 Grundplatte, 2 Druckluftbehälter, 3 Blasisolator, 4 Drehisolator, 5 Drehkopf mit Anschlußklemme für Zuleitung, 6 Trennmesser für Spannungstrennstelle, 7 Einschlagkontakt, 8 Antrieb der Kontaktstange, 9 Widerstand, 10 Schaltkammer, 11 Kontaktstange für Leistungstrennstelle, 12 Gegenkontakt, 13 Anschlußklemme für Ableitung, 14 Schalldämpfer, 15 Blas- und Betätigungsventil, 16 Trennmesserantrieb, 17 Steuerkolben

Druckluftmotor: → Anlaßeinrichtung

Druckluftsandstreuer: → Sandstreuanlage

Druckluftschalter: Hochspannungsleistungsschalter für Wechselstrom mit Lichtbogenlöschung durch Druckluft. D. wurden bei der DRG erstmalig 1935 bei der BR E18, später bei der BR E94 eingesetzt. Sie sind brand- und explosionssicher und ermöglichen bei relativ kleinen Abmessungen hohe Abschaltleistungen. Der beim Ausschalten sich vom festen Gegenkontakt wegbewegende Schaltstift zieht einen Ausschaltlichtbogen. Diesem strömt Druckluft entgegen, deren Geschwindigkeit mit einer Düse beträchtlich erhöht wird. Dadurch wird der Lichtbogen ausgeblasen und die Schaltstrekke entionisiert, so daß keine Neuzündung möglich ist. Der entstehende Knall wird durch einen → Schalldämpfer (3) gemindert. Lit.: 4.4., 4.5., 4.12. Abb.

Druckluftschnellschalter: Leistungsschalter für Wechselstrom-Elloks mit Lichtbogenlöschung und Antrieb durch Druckluft. Der nach dem Ausschalten in der Löschkammer auftretende Lichtbogen wird nach spätestens 2 Halbwellen in der Schaltkammer durch einen Druckluftstrom gelöscht, der gleichzeitig die Schaltstrecke entionisiert. Unmittelbar anschließend wird ein mit den Schaltkammerkontakten in Reihe geschalteter Drehtrenner geöffnet, worauf die Schaltkammerkontakte wieder schließen. Das Einschalten erfolgt nur durch Einlegen des Trennmessers. Der D. wurde erstmalig 1944 von der Fa. BBC Baden angewandt und in verschiedenen konstruktiven Ausführungen bei vielen Bahnen als Einheitshauptschalter für Wechselstrom-Tfz. eingeführt. Abb.

Druckmesser: → Manometer

Druckluftschütz: → Schütz mit Druckluftantrieb.

Druckminderventil: **1.** Bauteil einer → Luftanlage, das den ständig zwischen 2 Grenzen schwankenden Druck der erzeugten und in einem Behälter gespeicherten Druckluft auf einen vorbestimmten, gleichbleibenden Wert herabsetzt. Das D. wird dazu mit einer Stellschraube eingestellt und plombiert. Durch Hineinschrauben der Stellschraube wird der

Niederdruck erhöht, durch Herausdrehen vermindert. Mit dem D. kann beispielsweise der maximale Bremszylinderdruck der → nichtselbsttätigen Druckluftbremse der Tfz. eingestellt werden. Es wird zwischen → Hauptluftbehälter und → Führerbremsventil angeordnet. – **2.** Bauteil der selbsttätigen Tenderlastabbremsung (→ automatische Lastabbremsung).

Druckplatte: Bauteil zur Übertragung der Rahmengewichtskraft von Tfz. auf das Tragfederende der → Blattfeder. Die D. befindet sich zwischen der → Sattelscheibe (dort Abb.) und der → Tragfeder, um die Auslenkungen der Federspannschraube bei breiter Auflagefläche zu gewährleisten. Lit.: 2.3., 2.12.

Druckregler: **1.** Bauteil des → Führerbremsventils zur Einstellung des Hauptluftleitungsdrucks (→ Regelbetriebsdruck) und zum ständigen Aufrechterhalten des gewählten Drucks. Bei älteren Bauarten ist der D. als Zusatzeinrichtung am Führerbremsventil angeflanscht (→ Leitungsdruckregler); bei modernen Führerbremsventilen befindet er sich direkt im Gehäuse des Führerbremsventils. Durch den Führerbremshebel wird dieser so gesteuert, daß jeder Stellung des Hebels ein bestimmter Druck in der Hauptluftleitung entspricht. Bei Luftverlusten (Undichtigkeiten in der Hauptluftleitung und im Bremszylinder bei nachspeisenden Steuerventilen) wird automatisch Druckluft nachgefüllt, so daß der eingestellte Wert erhalten bleibt. Mit einer Stellschraube wird z.B. beim Selbstregler der Bauart D2 der D. in Fahrtstellung des Führerbremsventils auf 500 kPa eingestellt, und er kann nötigenfalls nachreguliert werden. – **2.** Ein in der Dampfleitung zur → Luftpumpe eingebauter Regler, der die Luftpumpe selbsttätig in Gang setzt, sobald der Druck im → Hauptluftbehälter um 30–40 kPa unter den eingestellten Höchstdruck sinkt, und die Luftpumpe abschaltet, sobald der Höchstdruck wieder erreicht ist. Der D. wird vom Luftdruck im Hauptluftbehälter gesteuert. Lit.: 2.3., 2.12. Abb.

Druckschaubild: grafische Darstellung des Druckverlaufs, z.B. für die Ermittlung des → mittleren Drucks und der → indizierten Zugkraft bei Dampflokomotiven (→ Arbeitsfläche) oder des Druckanstiegs im → Bremszylinder.

Druckschmierung: → Schmierung, → Druckumlaufschmierung

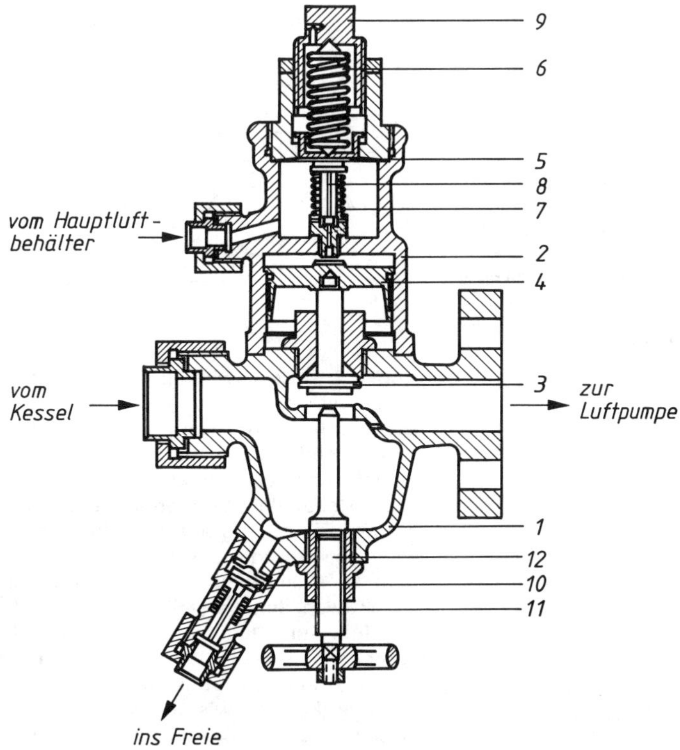

Druckregler für die Luftpumpe
1 Dampfventilgehäuse, 2 Luftventilgehäuse, 3 Dampfventil, 4 Ventilkolben, 5 Federplatte, 6 Stellfeder, 7 Ventilfeder, 8 Luftventil, 9 Stellschraube, 10 Entwässerungsventil, 11 Feder, 12 Schraubenspindel

Druckübersetzer: **1.** Bauteil der → Lastabbremsung, das masseabhängig über eine Wägeeinrichtung in 2 Stufen (leer und beladen) oder kontinuierlich den Vorsteuerdruck in einen anderen Druck (Druckumsetzer) umwandelt (→ automatische Lastabbremsung). Im letzteren Fall spricht man statt von einem D. von einem *regelbaren Relaisventil.* Vorsteuerventil und D. können bei der KE-Bremse zum Steuerapparat zusammengefaßt werden. Man unterscheidet zwischen D. älterer Bauart mit 3 Wälzhautkolben und neuerer Bauart mit 2 Membrankolben.

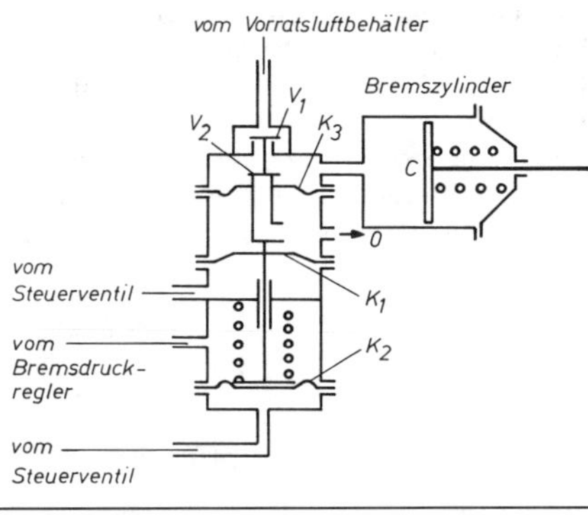

Druckübersetzer älterer Bauart für Hochleistungsbremse (Schaltschema)
K_1, K_2 K_3 Wälzhautkolben, V_1 Einlaßventil, V_2 Auslaßventil

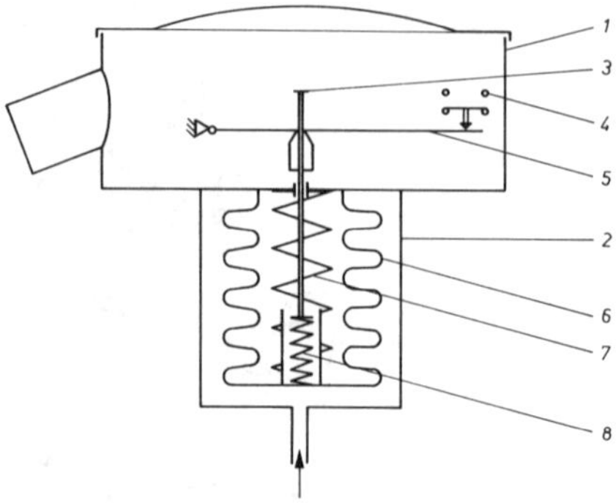

Druckwächter (Funktionsschema)
1 Kontaktkopf, 2 Druckmeßsystem, 3 Sollwerteinstellung, 4 Wechselkontakt, 5 Schalthebel, 6 Metallfederbalg, 7 Bereichsfeder, 8 Überdrucksicherung

Abb. – **2.** → geschwindigkeitsabhängiger Druckübersetzer

Druckumlaufschmierung: bei Diesel-Tfz. vorwiegend angewandte Art der → Schmierung der hochbeanspruchten Verschleißteile der Verbrennungskraftmaschine (Dieselmotoren). Das durch eine Ölpumpe geförderte Schmieröl wird aus dem → Ölsumpf über ein Filter unter Druck allen Schmierstellen im Überfluß zugeführt und läuft wieder in den Ölsumpf zurück. Durch Versprühen über eine Düse kann eine günstige Schmierung größerer Flächen, wie der Zylinderwand, erreicht werden. Bei der D. übernimmt das Öl auch das Abführen von Wärme und von Verschleißpartikeln (Abrieb). Bes. Zusätze (Additives) verhindern, daß die Schmiereigenschaften des Öls sich durch Verschmutzung und die Aufnahme unverbrannter Kraftstoffanteile im Rahmen der Ölwechselfristen wesentlich ändern. Neben der Rückkühlung in der → Ölwanne wird oft ein bes. → Ölkühler notwendig. Bei Kaltstart muß zur Sicherung der D. (ausreichend hohe Öltemperatur erforderlich) das Öl ggf. vorgewärmt werden (→ Vorwärmung (2)). Die D. bei schräg oder waagerecht angeordneten Motoren, z.B. → Unterflurmotoren, erfordert ein Abpumpen des Öls aus der Ölwanne in einen Vorratsbehälter, von wo aus es wieder den Schmierstellen zugeführt wird (→ Trockensumpfschmierung).

Druckwächter: druckgesteuertes elektrisches Schaltgerät mit Zweipunktcharakteristik zur Überwachung, Steuerung und Regelung des Drucks in Flüssigkeiten und Gasen. D. bestehen aus einem Druckmeßsystem und einem Kontaktkopf. Die von dem zu überwachenden Medium ausgehende Druckkraft wirkt auf einen federbelasteten Kolben oder einen Metallfederbalg, deren Bewegung auf den im Kontaktkopf befindlichen Momentschalter übertragen wird. Beim Erreichen des oberen Schaltpunkts öffnet der Schalter einen und schließt gleichzeitig einen zweiten Kontakt. Die Rückschaltung erfolgt, wenn der Druck um den Betrag der Schaltdifferenz, die wie der obere Schaltpunkt in Grenzen einstellbar ist, zurückgegangen ist. D. werden z.B. im → Schmierölkreislauf von Dieselmotoren, für die → Luftanlage der Bremse (Hauptluftbehälter) oder in der Steuerung von Strömungsgetrieben eingesetzt. Abb.

Druckwindkessel: Bauteil der → Speisewasserkolbenpumpe, das unmittelbar über ihrem Ventilkasten angeordnet ist. Der D. dient zum Abfangen der Druckschwankungen und Stöße, die bei Hubwechsel des Wasserkolbens der Speisewasserpumpe entstehen. Die Luft im D. wird vom Wasserdruck während des Förderhubs zusammengedrückt. Sie dehnt sich wieder aus, sobald bei Hubwechsel der Druck in der Speiseleitung stark absinkt und fördert so das Wasser weiter. Schädliche Druckschläge auf die Ventile der Speisewasserpumpe und das Kesselrückschlagventil werden dadurch vermieden.

Dünngußlager: → Gleitlager

Duplex-Lokomotive: Steifrahmen-Dampflokomotive mit 2 Triebwerksgruppen. Die D. besaßen, ähnlich der → Mallet-Lokomotive, Triebwerksgruppen mit 2 oder 3 Treib- und Kuppelradsätzen, wobei bei der 1930 in Europa einzigen gebauten französischen D. die vordere von den Niederdruckzylindern und die hintere von den Hochdruckzylindern der 4-Zylinder-Verbunddampfmaschine angetrieben wurden. Die D. wurden vorwiegend bei nordamerikanischen Eisenbahnen eingesetzt. Lit.: 5.3.

Durchführungsisolator: → Isolator mit innen angeordnetem Leiter zur Einführung der Hochspannung vom Tfz.-Dach in den Maschinenraum oder die Hochspannungskammer, aber auch in das Innere von Transformatoren usw. Die Aufgabe des D. kann auch durch ein entsprehend gestaltetes Bauelement übernom-

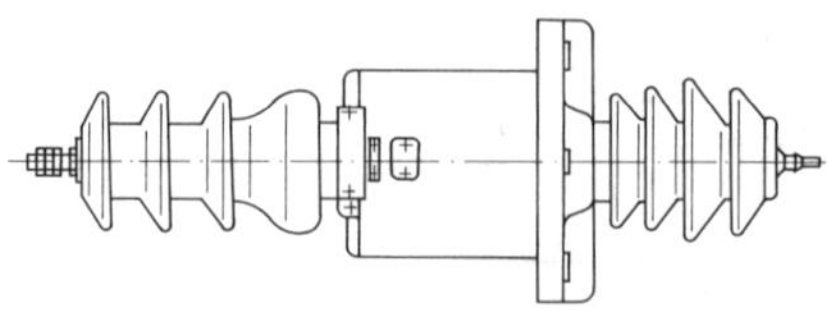

Durchführungsisolator
Durchführungsstromwandler FIDP 30 B

men werden, z.B. durch einen → Stromwandler (sog. Durchführungsstromwandler; Abb.) oder durch den Hauptschalter, z.B. beim → Expansionsschalter. Lit.: 4.5. Abb.

Durchgangsdrehzahl: max. Turbinenraddrehzahl eines → Strömungswandlers oder Abtriebsdrehzahl eines → Strömungsgetriebes bei völlig entlasteter Turbine (→ Sekundärseite), d.h., das *Turbinenrad geht durch.* Eine weitere Steigerung der Turbinenraddrehzahl über die D. hinaus ist nur durch ein von außen eingeleitetes Drehmoment möglich, wobei die Turbine dann als Bremse wirkt. Da die zul. Abtriebsdrehzahl von → Wandlergetrieben weit unterhalb der D. liegt, kann bei Entlastung der Sekundärseite die Abtriebsdrehzahl bis zur D. ansteigen, wodurch Übertourungsschäden auftreten können. Bei dieselhydraulischen Tfz. wird deshalb ein Aufschalten der Leistung bei Mittelstellung der Wendemuffe durch die → Fahrsteuerung unterbunden.

durchgehende Bremse: → Bremse, die von einer Stelle aus für eine größere Anzahl von Fahrzeugen bedient werden kann. Dazu gehören die → Druckluftbremsen, → Seilbremsen, → Saugluftbremsen. Gegenüber dem Handbremsbetrieb ergibt sich der Vorteil, daß die → Bremswirkung sicherer und effektiver erzielt werden kann. Die Gewalt über den ganzen Zug liegt beim Tfz.-Führer. Bei gleichen verfügbaren Bremswegen (Vorsignalabstand) kann die Fahrgeschwindigkeit gegenüber dem Handbremsbetrieb bedeutend erhöht werden.

Durchschaltgetriebe: → Zahnradschaltgetriebe, bei dem die → Gangstufen durch → Schieberäder geschaltet werden. Die nicht im Kraftfluß liegenden → Zahntriebe stehen *nicht* im Eingriff. Für den Hauptantrieb von Tfz. hat sich diese Getriebebauart nicht bewährt, da durch große Zugkräfte und Anhängemassen beim Schalten Stöße auftreten und bei unsachgemäßen Schalthandlungen schwere Getriebeschäden entstehen. Die D. wurden durch Zahnradschaltgetriebe mit ständig im Eingriff stehenden Zahntrieben ersetzt, bei denen die Gänge durch → Lamellenkupplungen oder → Klauenkupplungen geschaltet werden.

Durchschlaggeschwindigkeit: Geschwindigkeit, mit der sich der Druckimpuls bei der Schnellbremsung in der → Hauptluftleitung von → Druckluftbremsen fortbewegt. Nach UIC wird die D. definiert als Quotient aus der Länge der Hauptluftleitung (gemessen – ohne Berücksichtigung der Abzweigungen – vom Führerbremsventil bis zum Luftabsperrhahn des letzten Wagens) und der Zeit, die von dem Augenblick vergeht, in dem der Tfz.-Führer den Griff seines → Führerbremsventils in die Bremsstellung legt, bis zum Beginn des Lufteintritts in den Bremszylinder des letzten Wagens (→ Durchschlagzeit). Wegen der Strömungswiderstände in der Luftleitung kann der theoretische Höchstwert, die Schallgeschwindigkeit, nicht erreicht werden. Bei älteren Druckluftbremsen beträgt die D. 115–180 m/s. Nach UIC steht die Forderung, daß die D. bei Schnellbremsung aus dem → Regelbetriebsdruck mindestens 250 m/s bei beliebiger Zusammensetzung des Zugs mit einer Zuglänge ab 500 m betragen muß.

Durchschlagzeit: Zeit vom Beginn einer Bremsung, eingeleitet mit dem Führerbremsventil, bis zum Anlegen der → Bremsklötze am letzten Wagen des Zugs. Die D. ist der Quotient aus Zuglänge und der → Durchschlaggeschwindigkeit des Druckimpulses. Durch die Anordnung von → Schnellbremsbeschleunigern kann die D. verkürzt werden. Mit Zunahme der D. können sich größere Längskräfte im Zugverband ausbilden, wenn zu kurze Bremszylinderfüll- und Lösezeiten gewählt werden. Man unterscheidet deshalb zwischen → Bremsart I und II.

Düsenlüftungsgitter, *Mehrfachdüsenlüftungsgitter:* → Lüftungsgitter in den Seitenwänden von Elektro- und Diesel-Tfz. mit v-förmigen, senkrecht in 2 Reihen hintereinander angeordneten Lamellen. Die vorderen Lamellen sind gegenüber

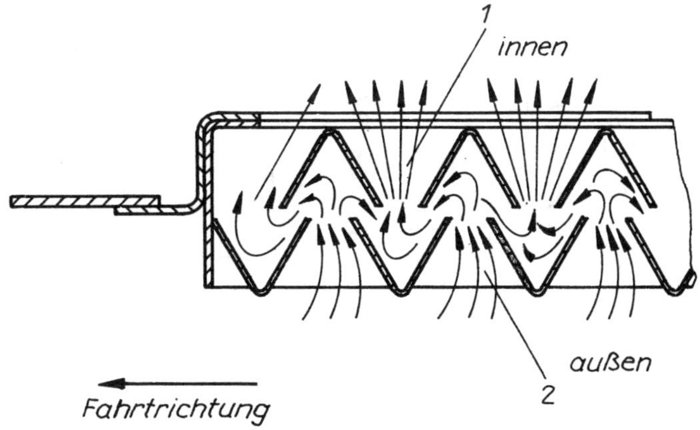

Düsenlüftungsgitter (Querschnitt)
1 innere Düsen, 2 äußere Düsen

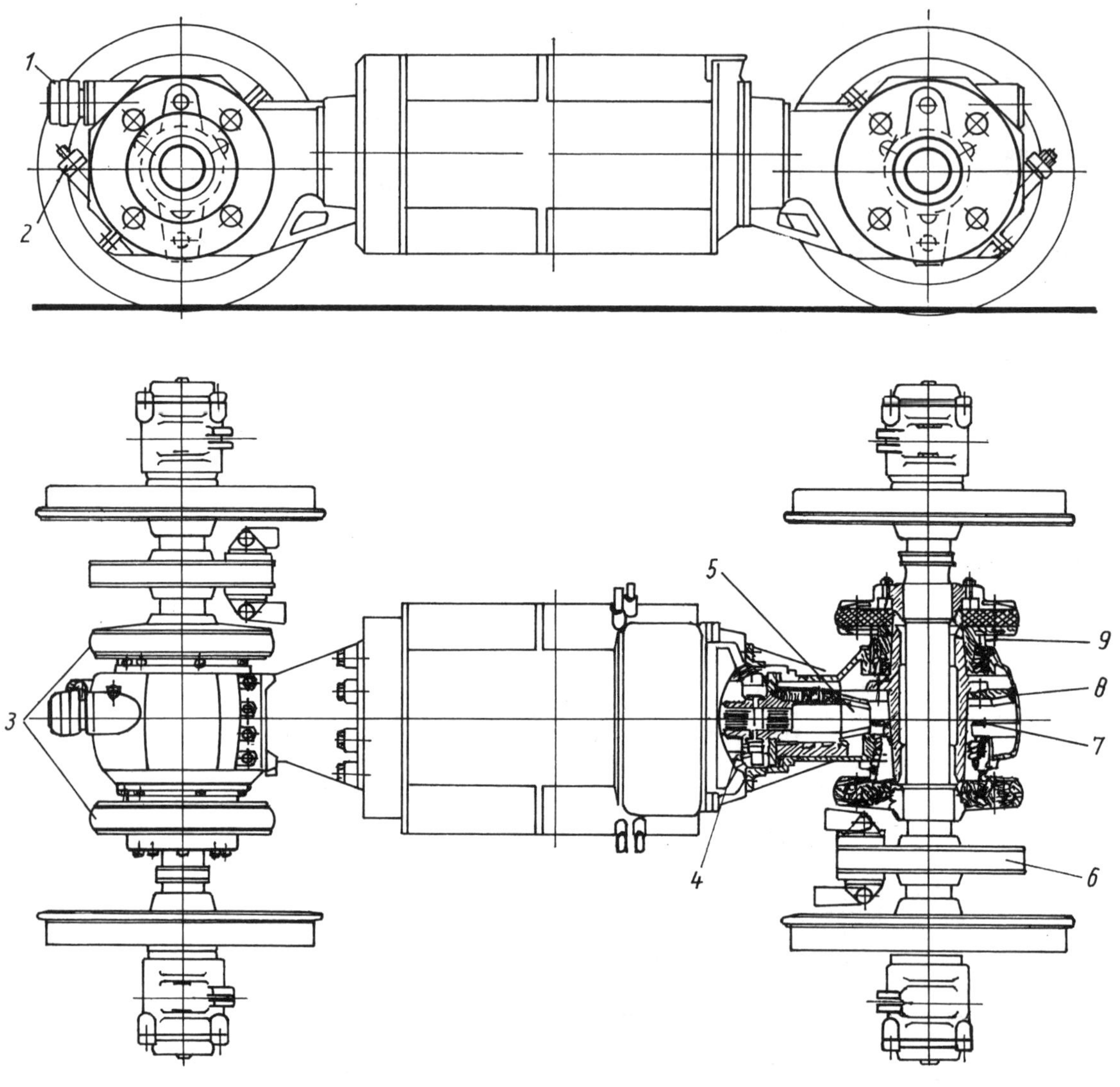

DÜWAG-Antrieb
1 Geber für Geschwindigkeitsmesser, 2 Ölmeßstab und Nachfüllöffnung, 3 Gummikupplung, 4 Zahnkupplung, 5 Ritzel, 6 Bremsscheibe, 7 Geberantrieb, 8 Tellerrad, 9 Hohlwelle

den hinteren versetzt und um 180° gedreht, so daß düsenförmige Querschnitte entstehen, in denen der Luftstrom unter Veränderung von Druck und Geschwindigkeit mehrfach umgelenkt wird. Die in der Luft enthaltenen Verunreinigungen (grober Schmutz, Schnee und Wassertropfen) können infolge ihrer Massenträgheit den scharfen Umlenkungen des Luftstroms nicht folgen, prallen auf die Lamellen und gleiten nach unten. Dort werden sie nach außen gedrückt. D. werden auf fast allen modernen Tfz. als Grobfilter für die → Kühlluft und → Verbrennungsluft eingesetzt. Abb.

DÜWAG-Antrieb: Antriebsbauart der **Dü**sseldorfer **Wag**gonfabrik, bei der die beiden Treibradsätze eines 2achsigen Drehgestells durch einen zwischen ihnen in der Fahrzeuglängsachse angeordneten → Schwebemotor angetrieben werden. Die beiderseits an diesem Elektromotor angeflanschten Getriebe bilden mit ihm einen festen Block. Die Motorankerwelle ist mit den Ritzelwellen des Getriebes durch Zahnkupplungen verbunden. Im Getriebegehäuse ist rechtwinklig zur Ritzelwelle eine Hohlwelle gelagert, auf der das Tellerrad des Getriebes befestigt ist. Die Radsatzwellen werden mit dem erforderlichen Spiel durch die im Getriebe gelagerten Hohlwellen hindurchgeführt, mit deren Enden sie durch Gummikupplungen kraftschlüssig verbunden sind. Der Motor-Getriebe-Block stützt sich über diese Kupplungen elastisch auf den Radsätzen ab. Vorteile des D.: keine verschleißbehafteten Gelenke, Vermeidung von Ungleichförmigkeiten in der Leistungsübertragung, mechanische Kupplung beider Radsätze (→ Monomoteurantrieb). Anwendung: vorwiegend bei elektrischen Nahverkehrs-Tfz., vor allem bei Tfz. von Straßenbahnen, Metros und S-Bahnen. Abb.

dynamische Belastung: durch die Bewegungen des Tfz. während der Fahrt (→ Fahrzeuglauf) zusätzlich zu den statischen Kräften auftretende dynamische Kräfte.

E

E: ehem. Kennbuchstabe zur Kennzeichnung → elektrischer Lokomotiven als Bestandteil der Tfz.-Stammnummer bei der DRG. Beispiele: E04, E44, E18. Beim Übergang zur EDV-gerechten Nummerung der Tfz. wurden die elektrischen Tfz. unter Übernahme der alten Ziffernfolge (mit einigen Ausnahmen) bei der DB in die Einhunderterreihe (z.B. BR104, BR144, BR118) und bei der DR in die Zweihunderterreihe (z.B. BR204, BR244, BR218) eingereiht.

EB: ehem. Kennbuchstaben für den **B**eiwagen eines **e**lekrischen → Triebzuges bei der DB und der DR.

EBO: Abk. für → Eisenbahn-Bau- und Betriebsordnung.

Eckhardt: Friedrich Wilhelm: 25. Februar 1892 (Kassel) – 9. April 1961 (Niederlehme bei Berlin); Oberingenieur im Dampflokomotivbau; er entwickelte 1928 das → Schwartzkopff-Eckhardt-Gestell. E. war Konstrukteur bei den Firmen Henschel und Schwartzkopff. 1936 wurde er Oberingenieur bei der Berliner Lokomotivfabrik und ab 1937 Handlungsbevollmächtigter für den Lokomotiv- und Walzenbau. 1944 übernahm er die Leitung der Dampflokomotivkonstruktion.

Das Wirken von E. ist bes. mit dem Bau leistungsfähiger 1rahmiger Lokomotiven verknüpft, die sowohl enge Gleisbögen einwandfrei befahren, als auch auf der geraden Strecke die Höchstdrehzahl ihres Antriebs voll ausnutzen konnten. Die nach seinen Entwurfsvorschlägen gebauten Einheitslokomotiven der BR41 und BR50 der DRG sowie die 1934 entwickelte 1'E1'-Dampflokomotive der BR84 der DRG mit Schwartzkopff-Eckhardt-Gestellen für die kurvenreiche Strecke Dresden–Altenberg sind bes. hervorzuheben. Eine Weiterentwicklung des Lenkgestells mit der Bezeichnung Eckhardt-II-Gestell wurde 1952 bei der zweiten Lieferserie von 1'E1'-Dampflokomotiven für die Harzquerbahn (1000 mm) angewandt.

E. verfaßte, aufbauend auf den Theorien von → Heumann, → Meinecke, Lotter und Uebelacker verschiedene Fach- und Lehrbücher zum Entwerfen, zur Konstruktion und zur Berechnung von Dampflokomotiven. Lit.: 2.4., 5.2., 5.3.

Eckhardt-Gestell, *Eckhardt-Lenkgestell, Schwartzkopff-Eckhardt-Gestell:* nach → Eckhardt benanntes mehrachsiges Lenkgestell von Dampflokomotiven mit 5 Treib- und Kuppelradsätzen zur Sicherung einer guten → Bogenläufigkeit. Das E. besteht aus einem → Beugniot-Gestell und einem über eine Deichsel an diesem angelenkten → Laufradsatz. Die Deichsel greift gelenkig am voran- oder nachlaufenden → seitenverschieblichen Radsatz des Beugniot-Gestells an. Zwischen der Deichsel und dem Fahrzeugrahmen befindet sich ein Drehzapfen-Gelenk und in der Nähe des Laufradsatzes eine Rückstelleinrichtung. In dieser Bauweise kann das E. auch als eine Kombination des → Krauss-Helmholtz-Gestells mit dem Baldwin-Beugniot-Gestell (einer Bauform des Beugniot-Gestells) angesehen werden. Anwendung: z.B. bei einer Ausführungsform der Dampflok BR84 der DRG mit der Achsfolge 1'E1', die mit einem vor- und einem nachlaufenden E. sowie einem spurkranzlosen Treibradsatz (= 3. Kuppelradsatz) ausgerüstet wurde, um Gleisbögen mit einem minimalen Bogenhalbmesser von 85 m ohne Schwierigkeiten durchfahren zu können. Lit.: 1.11., 5.3. Abb. S. 154

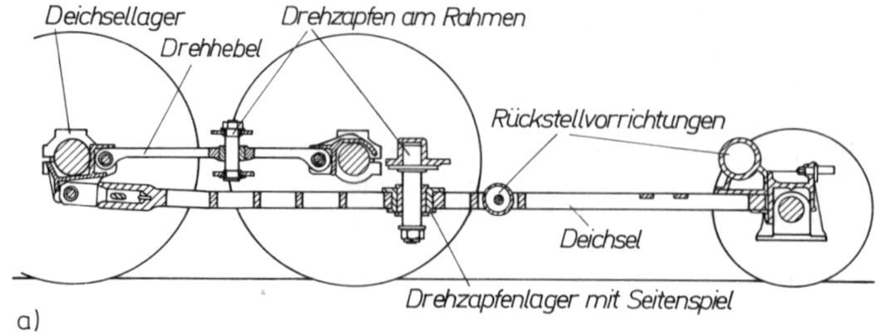

a)

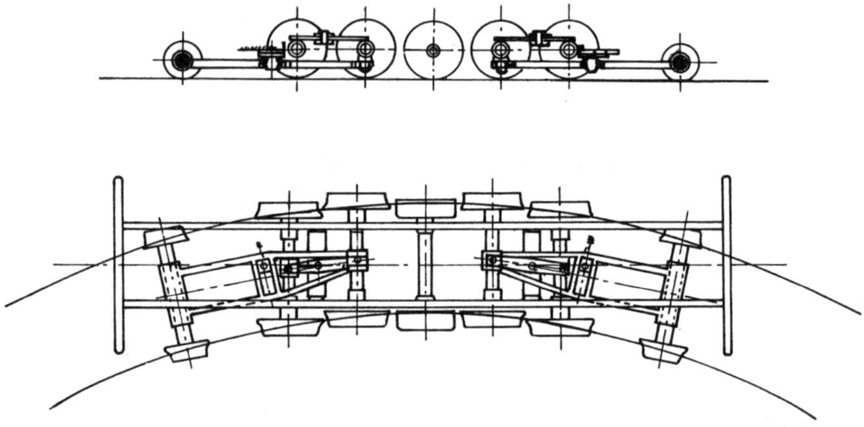

b)

Eckhardt-Gestell
a) Aufbau
b) Lokomotivrahmen mit Schwartzkopff-Eckhardt-Lenkgestell, Stellung der Radsätze im Gleisbogen

Eckhardt-Lenkgestell: → Eckhardt-Gestell

Eckventil: → Druckausgleichventil

effektive Leistung: Leistung der effektiven Zugkraft bzw. der → Zughakenzugkraft; → Nutzleistung.

effektive Zugkraft: andere Bezeichnung für → Zughakenzugkraft.

Eigenbelüfung: 1. Selbsttätige Luftzufuhr in Räume oder an Bauteile der Schienenfahrzeuge zur → Lüftung von → Führerständen der Tfz. durch → Lüftungsklappen bzw. von Fahrgasträumen o. ä. mit → Luftsaugern. Die E. wird auch bei der Scheibenbremse oder Ölkühlern (z. B. bei älteren Elloks) angewandt. – **2.** Kühlsystem für elektrische Maschinen. Es wird i. allg. durch ein auf die Läuferwelle montiertes → Lüfterrad (Axiallüfter) verwirklicht, welches in Abhängigkeit von der Drehzahl → Kühlluft durch das Innere der Maschine drückt. Die Luftführung in der elektrischen Maschine soll so sein, daß die am stärksten erwärmten Stellen am intensivsten gekühlt werden. Dadurch sind eine höhere Strombelastung der Wicklungen und somit eine größere Leistung bei gleichen Maschinenabmessungen erreichbar. → Fremdbelüftung.

Eigenerregung: Art der Felderregung eines elektrischen Generators, bei der der Erregerstrom von einem mit der Hauptmaschine unmittelbar oder mittelbar gekuppelten → Hilfsgenerator (Erregermaschine) erzeugt wird. Der Hilfsgenerator dient nur der Bereitstellung der Erregerleistung, versorgt z. B. nur die Magnetwicklung des Läufers (Polrad) eines Synchrongenerators. E. wird häufig bei elektrischer Leistungsübertragung mit Gleichstromgeneratoren angewandt, weil mit der durch die E. bedingten starken Drehzahlabhängigkeit der Generatorspannung des → Hauptgenerators die Anpassung an die Dieselmotorleistung erleichtert wird.

Eigentumsmerkmal, *Eigentumszeichen:* Kurzzeichen für die Kennzeichnung der Eigentumsverwaltung der Tfz. und Wagen, Container und Lademittel der Eisenbahnen. Das E. ist Teil der → Anschriften an Tfz. und wird in der Mitte der Seitenwand bzw. bei Dampfloks am Führerhaus angebracht. Das E. stimmt nicht immer mit der Abk. der Bezeichnung der Eisenbahnverwaltung überein, Beispiel: Ⓑ ist das E. der SNCB. Tab.

Einachsantrieb: Bezeichnung für die Triebwerksform von Dreizylinder- und Vierzylinder-Dampflokomotiven, bei der alle von den Treibstangen übertragenen Kolbenkräfte auf den einfach gekröpften → Treibradsatz (1) oder zweifach gekröpften Treibradsatz (beim Vierzylindertriebwerk) wirken. I. G. z. sonst üblichen → Zweiachsantrieb führte von Borries den E. bei den Vierzylinder-Verbundlokomotiven ein. Bei diesem waren die Kur-

Eigentumsmerkmal (Auswahl)

Eigentumsmerkmal	Eisenbahnverwaltung
B	Nationale Gesellschaft der belgischen Eisenbahnen (SNCB)
BDŽ, БДЖ	**B**lgarski **D**ržavni **Ž**eleznici (Staatliche Eisenbahn Bulgariens)
BR	**B**ritish **R**ailways (Staatliche Eisenbahn Großbritanniens)
CCCP	Sowjetische Eisenbahnen (SŽD)
CFL	Société Nationale des **C**hemins de fer **L**uxembourgeois (Staatliche Eisenbahn Luxemburgs)
CFR / Romania	**C**ăile **f**erate **r**omâne (Staatliche Eisenbahnen Rumäniens)
CH; ΣΕΚ;	Organisme des **C**hemins de fer **H**elleniques (Staatliche Eisenbahnen Griechenlands)
CIE	**C**oras **I**ompair **E**ireann (Transportunternehmen Irlands)
CP	**C**aminhos de Ferro **P**ortugueses (Staatliche Eisenbahn Portugals)
ČSD	**Č**eskoslovenské **S**tátni **D**ráhy (Staatliche Eisenbahnen der ČSFR)
DB	**D**eutsche **B**undesbahn
DR	**D**eutsche **R**eichsbahn
DSB	**D**anske **S**tatsbaner (Staatliche Eisenbahn Dänemarks)
DSVN	**D**ung **S**at **V**iet **N**am (Staatliche Eisenbahnunternehmen Vietnams)
FS / Italia	**F**errovie dello **S**tato Italiane (Staatliche Eisenbahn Italiens)
JNR	**J**apanese **N**ational **R**ailways (Staatliches Eisenbahnunternehmen Japans)
JŽ– Ж	**J**ugoslavenske **Ž**eleznice (Staatliche Eisenbahn Jugoslawiens)
KNDR	Zosun Minzuzui Inminggonghoagug (Staatliches Eisenbahnunternehmen Nordkoreas)
KNR	Zhung Guo Tie Lu (Staatliches Eisenbahnunternehmen Chinas)
MÁV	**M**agyar **Á**llam**v**asutak (Staatliches Eisenbahnunternehmen Ungarns)
MNR	Staatliches Eisenbahnunternehmen der Mongolei (MTZ)
NS	**N**ederlandse **S**poorwegen (Staatliche Eisenbahnen der Niederlande)
NSB / Norge	**N**orges **S**tats**b**aner (Staatliche Eisenbahn Norwegens)
ÖBB	**Ö**sterreichische **B**undes**b**ahnen (Staatliche Eisenbahnen Österreichs)
PKP	**P**olskie **k**oleje **P**anstwowe (Staatliche Eisenbahnen Polens)
RENFE	**R**ed **N**acional de los **f**errocariles **E**spanoles (Staatliche Eisenbahn Spaniens)
SBB / CFF	**S**chweizerische **B**undes**b**ahnen (Staatliche Eisenbahn der Schweiz)
SDJ	Staatsbahnen Albaniens (HSH)
SJ	**S**tatens **J**ärnvägar (Staatliche Eisenbahnen Schwedens)
SNCF	**S**ociété **N**ationale des **C**hemins de fer **F**rancias (Nationale Gesellschaft der französischen Eisenbahnen)
TCDD	**T**ürkiye **C**umhuriyeti **D**evlet **D**emiryollari (Staatliche Eisenbahnen der Türkei)
VR	**V**altion**r**autatiet (Staatliche Eisenbahn Finnlands)

beln für die außenliegenden Niederdruckzylinder gegenüber den Kurbeln der innenliegenden Hochdruckzylinder jeweils um 180° versetzt. Trotz des Vorzugs des E. hinsichtlich des Massenausgleichs an nur einem Treibradsatz ist der gekröpfte Radsatz, und hier bes. der doppelt gekröpfte Radsatz, erheblich auf Biegung beansprucht. Lit.: 2.9., 2.10., 2.12.

Einachslaufwerk: spezielle Laufwerkform für die Aufnahme eines Radsatzes, mit der im Vergleich zum Drehgestell ähnliche Laufeigenschaften erreicht werden, die eine hohe Ausnutzung der zul. Radkräfte bei geringer Laufwerkeigenmasse ermöglicht und für hohe Fahrgeschwindigkeiten geeignet ist. Der Radsatz des E. wird überwiegend in einem

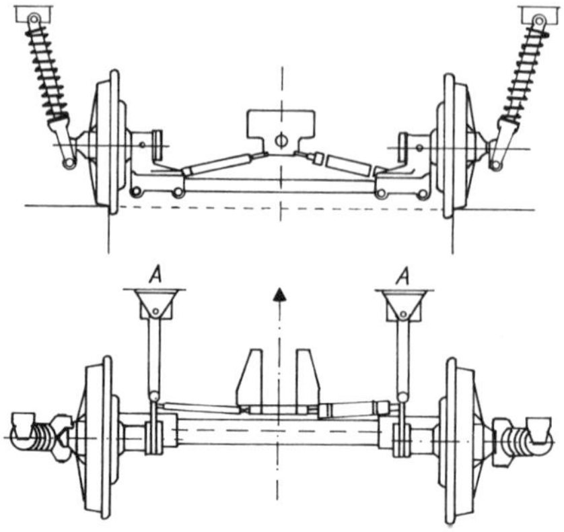

Einachslaufwerk
Schematische Darstellung des Laufwerks des TALGO-Triebzuges

gesonderten Rahmen geführt, der am Fahrzeugrahmen angelenkt ist. Bekannte Ausführungsform ist das E. des → TALGO-Triebzugs der RENFE. Abb.

Einankerumformer: → Umformer mit gleichstromerregten Polen im Ständer und einer angezapften Kommutatorwicklung im Läufer bei gemeinsamem magnetischem Kreis. E. wurden früher in → Unterwerken von Gleichstrombahnen verwendet. Sie wurden zuerst durch Quecksilberdampfgleichrichter, danach durch die heute verwendeten → Siliziumgleichrichter verdrängt. Bei elektrischen Tfz. wurden E. selten angewendet. Bemerkenswert war die österreichische 16⅔-Hz-Umformerlokomotive BR 1082 mit der Achsanordnung 1'E1' mit E. und Gleichstromfahrmotoren. Der Einphasenwechselstrom wurde in einem Phasenumformer zunächst in Mehrphasenstrom, dieser dann in einem damit gekuppelten E. in Gleichstrom umgeformt, der den → Fahrmotoren zugeführt wurde. Es war nur ein Führerstand an einem Ende vorhanden; der Umformersatz war mit einer runden Blechverkleidung abgedeckt, wodurch die Lokomotive eine gewisse äußere Ähnlichkeit mit einer Dampflok erhielt.

Einel-Einspritzvorwärmer: Bauart eines → Mischvorwärmers, der mit einer nach einem Patent von Einel entwickelten Vorwärmespeisepumpe ausgerüstet ist. Lit.: 2.12.

Einfachfahrleitung: → Fahrleitung ohne Tragseil für Geschwindigkeiten bis 70 km/h. Die → Fahrdrahtaufhängung wird nur an den Stützpunkten direkt oder über Beiseil vorgenommen. Die E. ist gegenüber der Kettenfahrleitung (mit Tragseil) kostengünstiger, jedoch sind elektrische Belastbarkeit, Längsspannweite und zul. Fahrgeschwindigkeit kleiner. Sie wird deshalb vornehmlich für Fahrleitungsnebengruppen in Bahnhöfen, auf Nebenstrecken und für den Nahverkehr angewendet. Abb.

Einfachsteuerung: → Mehrfachsteuerung

Einfachsteuerventil: Bauteil zur Steuerung der Brems- und Lösevorgänge der → Druckluftbremse (→ Knorr-Bremse, → Westinghouse-Bremse). Mit dem E. läßt sich der Bremszylinderdruck mehrstufig erhöhen, ergibt aber eine → einlösige Druckluftbremse. Die im Steuerventil eingesetzten Düsen sind einer bestimmten Bremszylindergröße zugeordnet.
Das E. besteht aus einem Steuerkolben mit dem Schieberrahmen (Abb.). In letzterem befindet sich ein Schieber, der etwas Längsspiel gegenüber dem Steuerkolben besitzt. Dadurch kann der Steuerkolben kleine Bewegungen ausführen, ohne daß der Schieber durch den Schieberrahmen mitgenommen wird. Dadurch wird ein → Abstufungsventil geöffnet oder geschlossen. Der Schieber gleitet auf dem Schieberrost. In der Füll- und Lösestellung strömt Druckluft aus der → Hauptluftleitung über eine Füllnut und die Schieberkammer in den → Hilfsluftbehälter, der mit dem → Regelbetriebsdruck aufgeladen wird. Das Abstufungsventil ist geschlossen, und der Bremszylinder ist über den Schieber mit der freien Luft verbunden. Beim Bremsvorgang fällt der Druck in der mit der Hauptluftleitung verbundenen Steuerkolben-

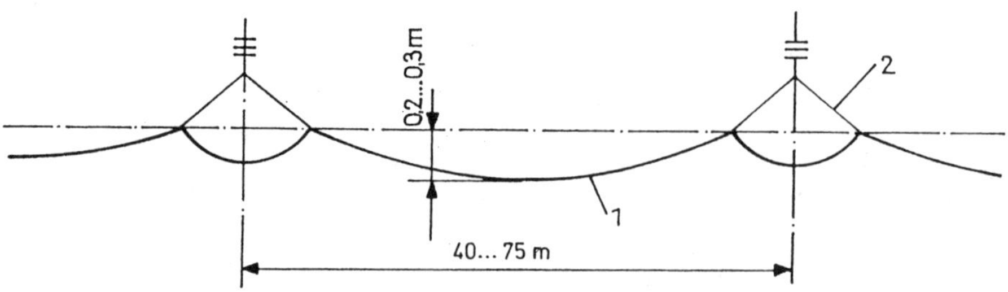

Einfachfahrleitung mit Beiseilaufhängung (Prinzip)
1 Fahrdraht, 2 Beiseil

kammer. Der höhere Druck in der Schieberkammer drückt den Steuerkolben nach unten; dabei wird der Schieber durch den Schieberrahmen mitbewegt. Druckluft aus dem Hilfsluftbehälter strömt über das geöffnete Abstufungsventil so lange in den Bremszylinder, bis der Druck im Hilfsluftbehälter etwas unter dem in der Hauptluftleitung gesunken ist. Der kleine Druckunterschied drückt den Steuerkolben bei Überwindung des Spiels des Flachschiebers im Schieberrahmen etwas nach oben, und das Abstufungsventil schließt (Bremsabschlußstellung). Druckluft kann nicht mehr aus dem Hilfsluftbehälter in den Bremszylinder strömen. Mit weiterer stufenweiser Druckverminderung in der Hauptluftleitung wiederholt sich dieser Vorgang, bis der Ausgleichdruck zwischen Hilfsluftbehälter und Bremszylinder hergestellt ist. Die Füllnut ist gleichzeitig eine Empfindlichkeitsnut, da kleine Druckschwankungen zwischen den beiden Druckräumen ausgeglichen werden können, ohne daß der Steuerkolben bewegt wird (→ Empfindlichkeit der Bremse). Lit.: 1.4. Abb.

einfachwirkender Motor: Bauart des → Verbrennungsmotors, bei dem die Beaufschlagung des Kolbens durch die Verbrennungsgase nur auf einer Seite (Kolbenboden) erfolgt. Heute sind alle Bahndieselmotoren als e. M. ausgeführt.

Einheitsbauart: nach einheitlichen Kriterien und unter möglicher Verwendung gleichartiger genormter Bauteile und Baugruppen entworfene neue Dampflokomotivtypen der DRG anläßlich des Zusammenschlusses der deutschen Ländereisenbahnen am 1. April 1920. Die Entwürfe für diese *Einheitslokomotiven* wurden vom 1922 gegründeten »Vereinheitlichungsbüro für Reichsbahnlokomotiven« in Berlin erarbeitet, die aus vorangegangenen Ausschreibungen ausgewählt und bestätigt wurden (→ Elna-Lokomotive).

Die Einheitslokomotiven wurden nach einem einheitlichen Zeichnungswerk in verschiedenen Lokomotivfabriken gebaut. Als erste Einheitslokomotive wird jedoch i. allg. die von den Eisenbahnverwaltungen Preußens, Sachsens, Badens, Württembergs und Elsaß-Lothringen gemeinsam beschaffte sog. Kriegslokomotive G 12 des ersten Weltkriegs angesehen. Lit.: 2.9., Tab. S. 158.

Einheitslokomotive: → Einheitsbauart

Einheitsrädergetriebe: mechanisch betätigtes 4gängiges → Zahnradschaltgetriebe für Kleinlokomotiven (Kö) der Leistungsgruppe II (BR 310.1–7 der DB/DR) und dieselmechanische Industrielokomotiven kleiner Leistung bis etwa 100 kW. K o n s t r u k t i v e M e r k m a l e: Schaltung der Gänge durch → Lamellenkupp-

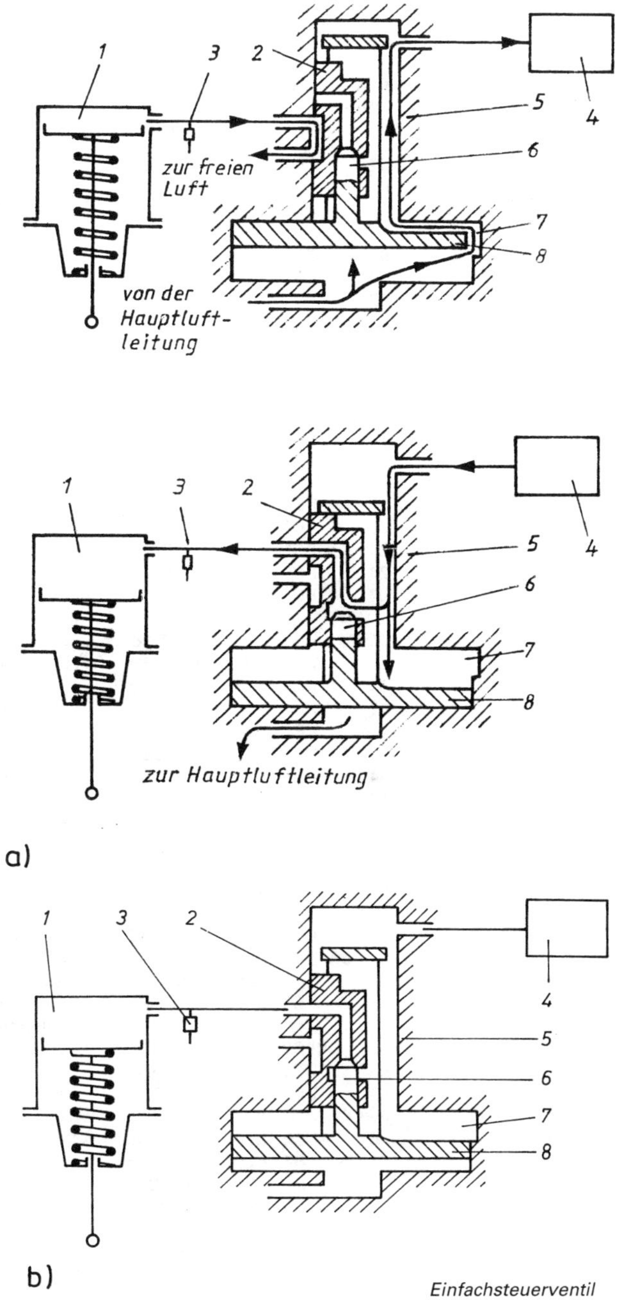

Einfachsteuerventil (Schaltbild)
a) Füll- und Lösestellung, b) Bremsstellung
1 Bremszylinder, 2 Schieber, 3 Löseventil, 4 Hilfsluftbehälter, 5 Gehäuse, 6 Abstufungsventil, 7 Füllnut, 8 Steuerkolben mit Schieberrahmen

Einheitsbauart

Lokomotivbaureihen der Einheitsbauart der DRG, DB und DR

Baureihe	Bauart	Betriebsgattungszeichen	Bemerkungen
01	2'C1' h2	S 36.20	
01^{10}	2'C1' h3	S 36.20	Stromlinienverkleidung
02	2'C1' h4v	S 36.20	umgebaut in BR 01 mit den Ordnungsnr. 011, 01 233 ... 241
$HO2^{10}$	2'C1' h3v	S 36.20	Hochdruckdampflokomotive, Kesseldruck 12 000 kPa
02^{1}	2'C1' h4v	S 36.18	Mitteldruckdampflokomotive, Kesseldruck 2500 kPa (ex. BR 04)
03^{0-1}	2'C1' h2	S 36.17	
03^{1-3}	2'C1' h2	S 36.18	ab Ordnungsnummer 123
03^{10}	2'C1' h3	S 36.18	Stromlinienverkleidung
05	2'C2' h3	S 37.19	Ordnungsnummer 001 und 002 bis 1950 Stromlinienverkleidung, Nr. 003 bis 1945 Stromlinienverkleidung und Kohlenstaubfeuerung
06	2'D2' h3	S 48.18/20	Stromlinienverkleidung
10	2'C1' h3	S 36.22	Neubau der DB 1956
$T\,18^{10}$	2'C1' h	S 36.20	Dampfturbinenlokomotive (001 Krupp und 002 Maffei)
19^{10}	1'Do1'h8	S 46.20	Einzelachsantrieb mit Dampfmotoren
23	1'C1' h2	P 35.18	Ordnungsnummer 001 und 002
23	1'C1' h2	P 35.17/19	Neubau der DB 1950
23^{10}	1'C1' h2	P 35.17	Neubau der DR 1956
24	1'C h2	P 34.15	
24	1'C h2v	P 34.15	Ordnungsnummer 069 als Mitteldrucklomotive, Kesseldruck 2500 kPa
25	1'D h2	P 45.18	Neubau der DR 1954
25^{10}	1'D h2	P 45.18	Neubau der DR 1955, Kohlenstaubfeuerung
41	1'D1' h2	G 46.18/20	
42	1'E h2	G 56.17	Kriegslokomotive
42^{90}	1'E h2	G 56.17	Franco-Crosti-Abgasvorwärmer
43	1'E h2	G 56.20	
44	1'E h3	G 56.20	von der DR teilweise mit Kohlenstaubfeuerung ausgesrüstet
44	1'E h4v	G 56.20	Mitteldrucklokomotive 44 011 und 44 012, Kesseldruck 2500 kPa
45	1'E1' h3	G 57.18/20	
50	1'E h2	G 56.15	
50	1'E h2	G 56.15	Lok 50 1412 mit Franco-Crosti-Abgasvorwärmer
50^{40}	1'E h2	G 56.15	Neubau der DR 1956
52	1'E h2	G 56.16	Kriegslokomotive
52 Kon	1'E h2	G 56.16	Kondensationslokomotive
61	2'C2' h2t	St 37.18	Stromlinienverkleidung
61	2'C3' h3t	St 38.18	Stromlinienverkleidung, später Umbau in 2'C1'h3-Schlepptender-Lokomotive 02 201
62	2'C2' h2t	Pt 37.20	
64	1'C1' h2t	Pt 35.15	
65	1'D2' h2t	Pt 47.17	Neubau der DB 1950
65^{10}	1'D2' h2t	Pt 47.18	Neubau der DR 1954
66	1'C2' h2t	Pt 36.15	Neubau der DB 1955
71	1'B1' h2t	Pt 24.15	
80	C h2t	Gt 33.17	
81	D h2t	Gt 44.17	
82	E h2t	Gt 55.18	Neubau der DB 1950
83^{10}	1'D2' h2t	Gt 47.15	Neubau der DR 1955
84	1'E1' h3t	Gt 57.18	Eckhardt-Gestell
84	1'E1' h2t	Gt 57.18	Luttermöller-Radsatz
85	1'E1' h3t	Gt 57.20	
86	1'D1' h2	Gt 46.15	
87	E h2t	Gt 55.17	
89	C n2t	Gt 33.15	Ordnungsnummmer 001 bis 003
89	C h2t	Gt 33.15	
99^{22-23}	1'E1' h2t	K 57.10	1000 mm Spurweite
99^{32}	1'D1' h2t	K 46.8	900 mm Spurweite
99^{73-77}	1'E1' h2t	K 57.9	750 mm Spurweite

lungen als → Schaltkupplungen, Zahnräder stehen ständig im Eingriff, eingebautes → Wendegetriebe, rein mechanische → Gangschaltung. Das E. besitzt 4 längsliegende und 1 querliegende Getriebewelle, 5 Zahntriebe und das aus 3 Kegelrädern bestehende Wendegetriebe. 2 außenliegende *trockene Kupplungen* (Fahrkupplungen) und 2 innenliegende *ölbenetzte Kupplungen* (Haltekupplungen) dienen zum Schalten der Gänge, wobei in jeder → Gangstufe 2 Kupplungen durch Federkräfte zum Eingriff gebracht werden. Die Fahrkupplungen werden bei jedem Gangwechsel betätigt, die Haltekupplungen kommen beim Schalten (1. und 3. Gang) stets *vor* dem Einschalten der Fahrkupplungen zum Eingriff. Die Gänge werden durch eine vom Fahrschalterhandrad über Kette bewegte Kurvenscheibe und zwangsgeführte Hebel geschaltet. Die Drehmomentübertragung von der Abtriebswelle auf die → Treibradsätze erfolgt über beidseitig angeordnete Kettenräder und Rollenketten (→ Kettenantrieb) oder über → Blindwelle und → Treibstangen. Abb.

Einheitsregler: → Dampfregler

Einheitsschmierpumpe: → Bosch-Schmierpumpe

Einheitstender: → Schlepptender

Einheitswirkung: Eigenschaft einer → Bremse, die ausdrückt, daß die Bremszylinderfüll- und Lösezeiten der → Druckluftbremse von der Größe und dem → Kolbenhub der → Bremszylinder unabhängig sind. Damit ist nur eine Steuerventilgrundausführung für alle Bremszylindergrößen notwendig. Gegenüber der → Knorr-Bremse und → Hildebrand-Knorr-Bremse ist es bei → Steuerventilen mit E., z.B. der → Knorr-Bremse (Bauart KE), nicht erforderlich, die Düsen für das Bremsen und Lösen sowie für das Füllen der → Hilfsluftbehälter oder → Vorratsluftbehälter der Größe der Bremszylinder anzupassen. Die Füllzeit der Vorratsluftbehälter ist ebenfalls unabhängig von deren Größe.

Zur Erzielung der E. gelangt beim Bremsvorgang die Vorratsbehälterluft über das Grundventil (→ Dreidruckventil) nicht direkt in den Bremszylinder, sondern in einen im Ventil liegenden Vorsteuerraum (c_V-Kammer). Der in diesem erzeugte Vorsteuerdruck wird in seinem zeitlichen Verlauf und in seiner Höhe über ein Relaisventil auf den Bremszylinder übertragen. Die Brems- und Lösedüsen werden dazu auf das konstante Vorsteuervolumen abgestimmt. Abb.

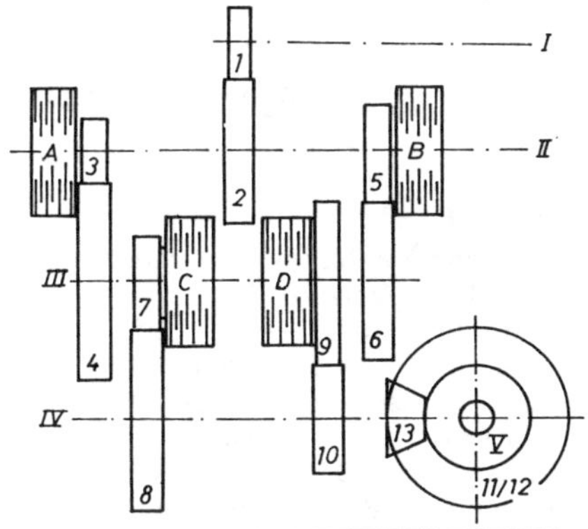

1. Gang	1	2	A	3	4	C	7	8	13	11
2. Gang	1	2	B	5	6	C	7	8	13	11
3. Gang	1	2	A	3	4	D	9	10	13	11
4. Gang	1	2	B	5	6	D	9	10	13	11

Einheitsrädergetriebe
Wellenschema und Kraftfluß
I Antriebswelle, II Getriebewelle, III Zwischenwelle, IV Ritzelwelle, V Antriebswelle, A, B Fahrkupplungen, C, D Haltekupplungen, 1, 2 Eingangszahntrieb, 3–10 Zahnräder, 11, 12 Tellerkegelräder, 13 Kegelritzel

Einholm-Stromabnehmer, *Halbscherenstromabnehmer:* → Stromabnehmer, bei dem auf nur 1 Scherenunterarm 2 Scherenoberarme angeordnet sind, die die → Wippe tragen. Die senkrechte Hub- und Senkbewegung wird durch eine Parallelogrammführung bewirkt. E. werden we-

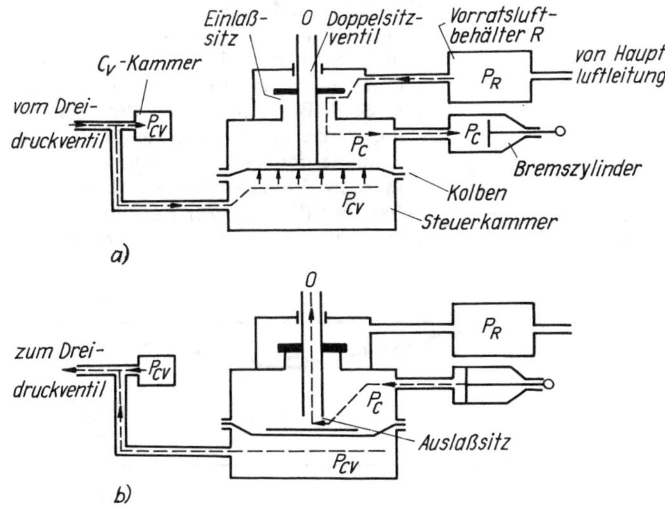

Einheitswirkung
Relaisventil des Steuerventils KE
a) Bremsstellung
b) Lösestellung

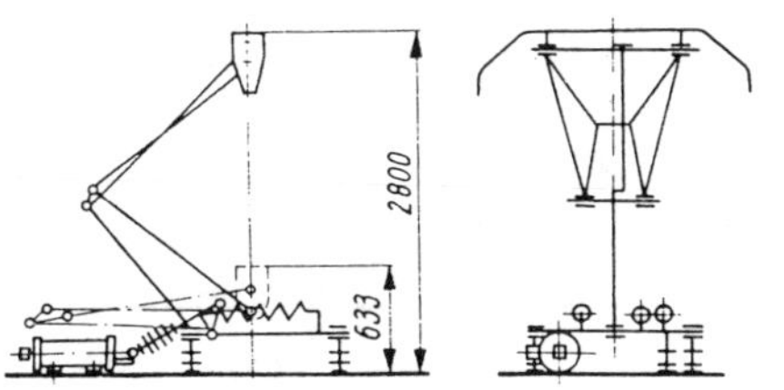

Einholm-Stromabnehmer

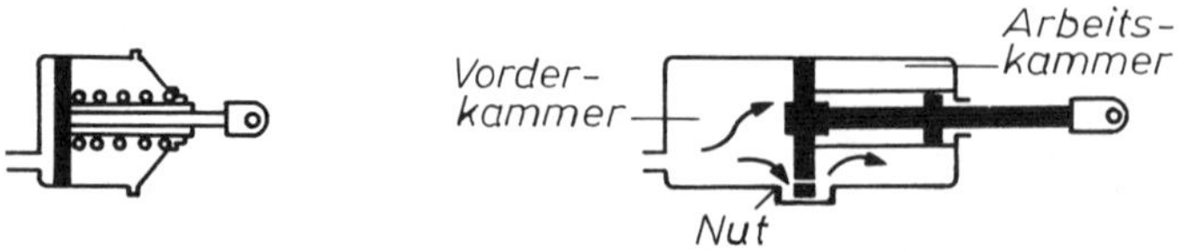

Einkammerbremse
Prinzipieller Aufbau der Bremszylinder der Ein- und Zweikammerbremse (Darstellung der Lösestellung)

gen geringerer Masse und reduziertem Platzbedarf bevorzugt. Abb.

Einkammerbremse: → Druckluftbremse, bei der der → Bremszylinder nur eine Arbeitskammer hat, die beim Bremsen mit Druckluft gefüllt und beim Lösen entleert wird. Die Druckluft wirkt nur auf eine Seite des Bremskolbens, die andere bleibt mit der Atmosphäre verbunden. Im Gegensatz dazu besitzt der Bremszylinder der Zweikammerbremse 2 Kammern, die im Lösezustand über eine Füllnut mit Druckluft gefüllt werden. Beim Bremsen wird der Druck in der Vorderkammer vermindert, dadurch entsteht ein Druckunterschied, und der Kolben wird nach der Seite bewegt, wo der geringere Druck vorhanden ist. Ein stufenweises Bremsen und Lösen ist möglich. Das Zweikammersystem wird bei der Knorr-Zweikammerbremse angewendet. Kombiniert mit dem Einkammersystem ist es bei der → Kunze-Knorr-Bremse zu finden. Lit.: 1.4. Abb.

Einkreisläufer: → Trilokwandler

Einlaßventil: Bauteil zur Steuerung von Verbrennungsmotoren, das durch Öffnen und Schließen zum Einlaß der Frischladung dient. Im geschlossenen Zustand dichtet es den Verbrennungsraum nach außen ab. E. bestehen aus einem Ventilschaft mit Ringnut (zur Befestigung des Ventilfedertellers) und dem Ventilteller mit dem Ventilsitz, dessen Seiten unter einem Winkel von 45° oder 30° zur Mittellinie des Ventilschafts geneigt sind. Die hohe thermische Beanspruchung des E. wird durch Verwendung widerstandsfähiger Werkstoffe (z.B. 37MnSi5) und durch Gesenkschmieden der Schäfte (günstiger Phasenverlauf, Erhöhung des Widerstands gegen Bruch und Formänderung) berücksichtigt.

Einleitungsbremse: → Druckluftbremse mit 1 Luftleitung (→ Hauptluftleitung), die sowohl den Drucklufttransport als auch die Steuerung der Druckluftbremse des Zugs übernimmt. Strecken-Tfz. besitzen i.d.R. eine zusätzliche Versorgungsleitung, die → Hauptluftbehälterleitung (→ Zweileitungsbremse).

einlösige Druckluftbremse: → Druckluftbremse, bei der ein 1mal eingeleiteter Lösevorgang (Druckerhöhung in der → Hauptluftleitung) nicht mehr unterbrochen werden kann. Sie ist unerschöpfbar, da kein Zusammenhang zwischen Bremszylinderdruck und Wiederauffüllung der → Hilfsluftbehälter besteht. Durch mehrmaliges Bremsen und Lösen hintereinander in kurzen Zeitabständen ist nicht mehr die volle → Bremswirkung vorhanden, da die Zeit zum Auffüllen der Hilfsluftbehälter nicht ausreicht. Die Anzahl der e.D. im Zug werden dem Tfz.-Führer auf dem Bremszettel mitgeteilt. Abb.

Einmannbesetzung: → Lokomotivpersonal

Einphasenwechselstrom-Triebfahrzeug: → Wechselstromtriebfahrzeug

Einrahmenlokomotive: ältere Bauart von Tfz. mit Lagerung der angetriebenen Radsätze in einem gemeinsamen Rahmen (Starrahmen). E. sind überwiegend 1teilig. Mehrteilige Formen werden durch → Kurzkupplungen verbunden. Die E. ist als Bauart heute meist auf Rangier- und Schmalspurlokomotiven beschränkt, wobei die Art des Antriebs verschieden sein kann.

Einschaltdrehzahl: Drehzahl der → Lichtanlaßmaschine (→ Lichtmaschine) von Diesel-Tfz., bei der im Generatorbetrieb die elektrische Spannung größer ist als die Bordnetzspannung (= Batteriespannung) wird. Ab der E. wird die Lichtanlaßmaschine durch den Regler an das Bordnetz des Tfz. geschaltet und übernimmt nun die elektrische Energieversorgung der angeschlossenen Verbraucher und lädt die Batterie (→ Pufferschal-

einlösige Druckluftbremse
Abstufbarkeit des Bremszylinderdrucks p_{Zyl} durch den Hauptluftleitungsdruck p_{HL}

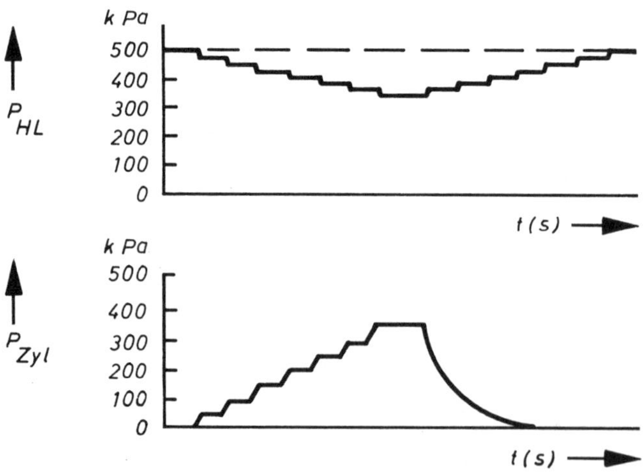

tung). Radsatzgeneratoren von Reisezugwagen arbeiten nach demselben Prinzip.
Einscheibenkupplung: → Reibungskupplung, die das Drehmoment über 1 Kupplungsscheibe überträgt. Die Betätigung erfolgt pneumatisch oder hydraulisch über Schaltgestänge. Anwendung: als → Trennkupplung für Leistungen bis etwa 110 kW, Ausführung auch als Einscheiben-Lamellen- oder für größere Leistungen als Mehrscheibenkupplung. Abb.
Einschränkung: → Begrenzung der Fahrzeuge
Einspeiswandler: in einem Strömungsgetriebe zusätzlich eingebauter → Strömungswandler, der die Leistung einer zweiten im Diesel-Tfz. angeordneten Verbrennungskraftmaschine vollständig oder teilweise zur Nutzung für die Traktion in das Strömungsgetriebe einspeist. Ein E. ist z.B. im Strömungsgetriebe L820wbrs der Diesellokomotive der BR210 der DB angeordnet, um die Leistung einer Zusatzgasturbine in Fällen erhöhten Traktionsleistungsbedarfs in das Strömungsgetriebe einzuspeisen. Der E. wird wie die Gänge des Strömungsgetriebes durch Füllen und Entleeren geschaltet und wirkt über dem gesamten Bereich der Abtriebsdrehzahl (Fahrgeschwindigkeit).
Einspritzanlage: Gesamtheit der für die Kraftstoffeinspritzung am Dieselmotor erforderlichen Bauteile. Zur E. zählen → Einspritzpumpe, Einspritzleitungen und Düsenhalter mit → Einspritzdüse. Aufgabe des E. ist es, dem Dieselmotor die benötigte Kraftstoffmenge zeitlich und mengenmäßig für eine entsprechende Drehmomentabgabe zur Verfügung zu stellen. Verlangt wird neben einwandfreier Verbrennung des Kraftstoffs ein geringer Verbrauch. Die Forderung nach einer günstigen Gemischbildung, d.h. feinste Zerstäubung des Kraftstoffs und Verteilung in der im gesamten Brennraum vorhandenen Verbrennungsluft, ist durch die E. zu erfüllen. Die Abstimmung der E. mit dem Dieselmotor muß zur Vermeidung thermischer Überlastung der → Zylinder (2) und → Zylinderköpfe sehr genau vorgenommen werden. Der von der Kraftstofförderpumpe zu viel geförderte Kraftstoff gelangt durch ein am Kraftstoffilter angeordnetes Überdruckventil mit einem Ansprechdruck von etwa 0,13 MPa über die Rücklaufleitung in den Kraftstoffbehälter zurück.

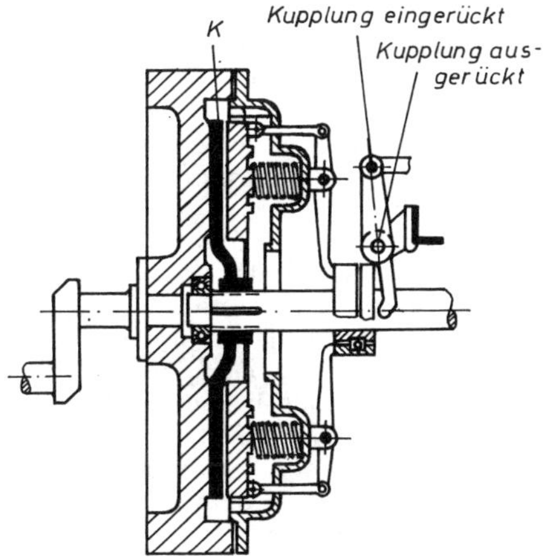

Einscheibenkupplung
K Kupplungsscheibe

Einspritzdauer: bei → Verbrennungsmotoren die Zeitdauer von Einspritzbeginn bis Einspritzende (Öffnungsdauer t_{ED} der Einspritzdüse) bzw. als Ausdruck der E. der zugehörige Drehwinkel α_{ED} der Kurbelwelle im → Steuerdiagramm.
Einspritzdüse: Bauteil der → Einspritzanlage von Dieselmotoren. Von der Einspritzpumpe wird der Kraftstoff den E. über Einspritzleitungen zugeführt, die aus Düsenkörper und Düsennadel eine geschlossene auswechselbare Einheit bilden und mit dem Düsenhalter durch eine Überwurfmutter verbunden sind. Die Mehrzahl der Dieselmotoren besitzt E., deren Düsenöffnung durch eine federbelastete Düsennadel ventilartig verschlossen ist und erst durch den von der Einspritzpumpe aufgebauten Kraftstoffdruck hydraulisch geöffnet wird. Die unterschiedlichen Gemischbildungsverfahren, mit denen Dieselmotoren ausgeführt werden, erfordern verschiedene Düsenformen. Zur Anwendung kommen Einlochdüsen, → Zapfendüsen und → Mehrlochdüsen.
Einspritzeinrichtung: Baugruppe der → Gegendruckbremse, mit der während der Gegendruckbremsung heißes Lokomotivkesselwasser in die → Ausströmkästen der Dampflokomotive und damit in die dort angesaugte Frischluft gespritzt wird, um die durch die Luftverdichtung entstehenden hohen Temperaturen herabzusetzen. Durch ein Rohr mit feinen Bohrungen wird das Wasser gut zerstäubt und gelangt mit der angesaugten Luft in den Zylinder, wo es verdampft und dabei die dazu erforderliche → Verdampfungswärme aus der überhitzten

Luft entnimmt. Die E. wird im Führerhaus über ein an der Stehkesselrückwand befindliches Ventil bedient.

Einspritzfolge: zeitliche Folge des Förderbeginns der einzelnen Pumpenelemente der → Einspritzpumpe und damit des Abspritzvorgangs durch die → Einspritzdüsen. Die E. ist abhängig vom Versatz der Nocken auf der Nockenwelle der Einspritzpumpe, da bei einer Nockenwellenumdrehung jedes Pumpenelement einmal fördert. In Abhängigkeit von der E. der Einspritzdüsen und damit der → Zündfolge der Zylinder ist der Versatz der Kröpfungen an der → Kurbelwelle festgelegt. Für einen 6-Zylinder-Reihen-Viertakt-Dieselmotor ergibt sich z.B. die E. 1-5-3-6-2-4. Bei einem 12-Zylinder-Viertakt-Lokomotiv-Dieselmotor in V-Form (12KVD21AL-4) ergibt sich die E. 1-9-4-11-2-7-6-10-3-8-5-12.

Einspritzleitung: Teil der → Einspritzanlage von Verbrennungsmotoren. Die E. aus hochfestem, nahtlosem Stahlrohr mit einem Außendurchmesser von 6–8 mm und einer Wanddicke von 1,5–2,5 mm verbindet die → Einspritzpumpe mit dem → Einspritzventil und dient zur Weiterleitung des unter hohem Druck stehenden einzuspritzenden Kraftstoffs. Um bei Einspritzpumpen mit mehreren Pumpenelementen gleiche Einspritzzeitpunkte und Einspritzmengen zu erreichen, die von der Kompressibilität des Kraftstoffs und der Laufzeit der Druckwelle abhängig sind, müssen alle Einspritzleitungen mit möglichst gleicher Länge ausgeführt werden.

Einspritzpumpe: Teil der → Einspritzanlage von Dieselmotoren. Die E. fördert eine Kraftstoffmenge entspr. der Motorbelastung unter hohem Druck zur → Einspritzdüse. Ausgeführt werden → Einzeleinspritzpumpen (dort Abb.) und → Reihenblockeinspritzpumpen, unterschieden wird ferner in Drossel- und Schrägnockenpumpen sowie Überströmpumpen in Drehkolbenbauweise. Letztgenannte Bauart kommt bei Lokomotivdieselmotoren zur Anwendung. E. in Drehkolbenbauweise bestehen aus einem 2teiligen Leichtmetallgehäuse. Im Unterteil befindet sich die von der Kurbelwelle des Motors über Steuerräder angetriebene → Nockenwelle (2), im Gehäuseoberteil sind die Pumpenelemente, beste-

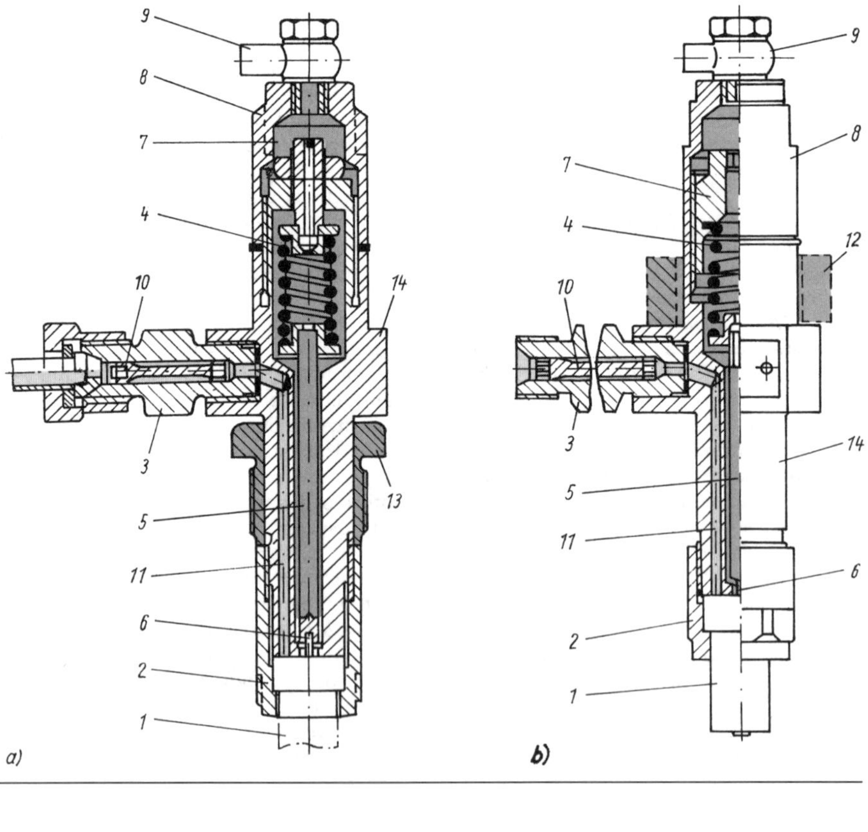

Einspritzventile für schnelldrehende Dieselmotoren
a) schraubbare, b) spannbare Ausführung
1 Düsenkörper, 2 Überwurfmutter, 3 Druckrohrstutzen, 4 Stößelfeder, 5 Federstößel, 6 Düsennadel, 7 Druckeinstellschraube, 8 Verschlußkappe, 9 Leckölanschluß, 10 Spaltfilter, 11 Zulaufbohrung, 12 Spannpratze, 13 Spannschraube, 14 Düsenhalter

hend aus Zylinder, Kolben und Regelhülse, angeordnet. Kolben und Regelhülse sind über einen Mitnehmer am Kolbenschaft und eine Längsnut in der Hülse miteinander verbunden, so daß Stellbewegungen der gleichfalls im Gehäuseoberteil eingebauten Regelstange über Zahnsegmente auf die Regelhülse und damit auf den Kolben übertragen werden. Der Kolben ist im oberen Teil mit einer spiralförmigen Steuerkante ausgeführt, die durch eine Längsnut unterbrochen ist. Wird der Kolben im feststehenden Zylinder verdreht, werden bei konstantem Kolbenweg unterschiedliche Förder- und Rückströmhübe durch Schließen der Zulaufbohrung im Zylinder über die Kolbenoberkante und Öffnen der Rückströmbohrung durch die Steuerkante erreicht. Steht die Längsnut beim Kolbenhub vor der Rückströmbohrung, so wird der vom Kolben verdrängte Kraftstoff in den Rückförderkanal gedrückt, ein Druckaufbau über dem Pumpenkolben und damit eine Kraftstofförderung über das Druckventil zur Einspritzdüse unterbleiben. Block-E. besitzen zur wahlweisen Veränderung des Einspritzzeitpunkts einen handbetriebenen bzw. automatischen, durch die Nockenwelle angetriebenen → Spritzversteller. Zur Leistungsregulierung des Motors dienen → Zweistufenregler oder → Verstellregler.

Einspritzventil: Bauelement der → Einspritzanlage von Dieselmotoren. Das E. hat die Aufgabe, den von der → Einspritzpumpe über die → Einspritzleitungen geförderten Kraftstoff unter hohem Druck (10–25 MPa) und feinster Zerstäubung in den Verbrennungsraum einzuspritzen. Das E. besteht aus Düsenhalter und → Einspritzdüse und ist über die Einspritzleitung mit der Einspritzpumpe verbunden. Beim Druckhub der Einspritzpumpe drückt der Kraftstoff in der Druckkammer auf die schräge Schulter der Düsennadel und öffnet diese entgegen der Federkraft. Über die Stößelfeder wird nach Abschluß des Einspritzvorgangs die Düsennadel auf ihren Sitz gepreßt und damit fest verschlossen. Mit einer Stellschraube lassen sich die Vorspannkraft der Feder und damit der Düsenöffnungsdruck je nach Anforderungen der → Gemischbildungsverfahren variieren. Düsennadel und Düsenkörper sind Präzisionsbauteile und nur zusammen tauschbar. → Leckkraftstoff wird über die Leckkraftstoffleitung zum Kraftstoffbehälter zurückgeführt. Abb.

Einspritzverfahren: Art der Einbringung des Kraftstoffs in den Verbrennungsraum von Dieselmotoren. Unterschieden wird in direkte Einspritzung und indirekte Einspritzung.

1) Bei der *direkten Einspritzung,* dem klassischen E. für Dieselmotoren, wird der Dieselkraftstoff über eine Mehrlochdüse mit bis zu 12 Bohrungen schräg in den im Kolbenboden eingelassenen Muldenbrennraum mit etwa 20 MPa Druck fein zerstäubt eingespritzt. Durch die Luftwirbelung im Brennraum, die durch Drall- oder Tangentenkanäle oder auch schräg gerichtete Einlaßkanäle erzielt wird, erreicht man eine homogene Verteilung des Kraftstoffs auf den gesamten Brennraum. Vorteile: geringer leistungsbezogener Kraftstoffverbrauch; gleichmäßige, relativ niedrige thermische Beanspruchung der Brennraumwandung; gute Starteigenschaften. Dieselmotoren, die nach dem → HM-Verfahren, → FM-Verfahren und → Meurer-Verfahren arbeiten, gelten als Vertreter für die direkte Einspritzung.

2) Wird der Kraftstoff nicht unmittelbar in den Hauptbrennraum, sondern in einen diesem vorgelagerten kleineren Brennraum eingespritzt, so liegt eine *indirekte Einspritzung* vor. Bekannt sind Vorkammer-, Wirbelkammer- und Luftspeicherverfahren, wobei das Kammervolumen etwa 25–60% des gesamten Brennraumvolumens ausmacht. Das Einspritzventil ist in der jeweiligen Kammer angeordnet und spritzt den Kraftstoff mit geringerem Druck als bei der direkten Einspritzung (etwa 8–13 MPa) über eine Zapfendüse fein zerstäubt ein. In der Wirbelkammer wird die Kraftstoffverteilung mit der Luft durch den Luftwirbel unterstützt, der durch das Einströmen über den tangentialen Schußkanal in die Wirbelkammer gebildet wird. Die meist zylindrisch gestaltete Vorkammer gestattet keine großen Luftbewegungen, so daß der Kraftstoff über das Einspritzventil unmittelbar vor die Überströmbohrung zwischen Vorkammer und Hauptbrennraum gespritzt wird. In beiden Kammerbauarten bilden sich hohe Temperaturen heraus, die den Zündverzug des Kraftstoffs herabsetzen und eine Vorverbrennung des Kraftstoff-Luft-Gemischs herbeiführen. Der damit bedingte hohe Druckanstieg bewirkt, daß das noch ungezündete

Kraftstoff-Luft-Gemisch mit hoher Geschwindigkeit in den Hauptbrennraum gedrückt wird, in dem es restlos verbrannt wird. Vorteile: geringe Zündverzugszeiten durch hohe Kammertemperaturen; weiche Verbrennung und Kraftstoffunempfindlichkeit des Motors; niedrige Einspritzdrücke; ruhiger Motorbetrieb.

Einstiegtür: Tür zwischen dem Zugang von außen (über Trittstufen, mit seitlich angebrachten Handstangen) und dem → Führerstand oder einem gesonderten Einstiegsraum und dem Führerstand von Tfz.

Einströmkanal: → Zylinder (1)

Einströmüberdeckung: → innere Steuerung

Einströmung: → äußere Einströmung, → innere Einströmung

Einwellen-Gasturbine: einfachste Bauart einer → Gasturbine, bei der → Verdichter und Turbine auf einer Welle angeordnet sind, von der auch die Nutzleistung abgenommen wird. Bei E. ist somit die Abtriebsdrehzahl der Gaserzeugerdrehzahl direkt proportional. Mit abnehmender Drehzahl sinken dadurch der Luftdurchsatz und damit die Leistung.
Nutzleistung wird erst ab etwa 55% der Nenndrehzahl abgegeben. Die E. kann also nicht unter Belastung angefahren werden. Sie wird deshalb für Fahrzeugantriebe i.d.R. nur in Verbindung mit einer elektrischen Leistungsübertragung verwendet. Das Leistungskennfeld der E. wird durch die → Pumpgrenze des Verdichters und durch die zulässige → Turbineneintrittstemperatur begrenzt. E. können als → Gaserzeuger mit einer → Nutzleistungsturbine zu einer → Mehrwellen-Gasturbine zusammengeschaltet werden. Abb.

Einzelachsantrieb: Bauart des → Achsantriebs bei Tfz. Beim E. wird jeder Treibradsatz einzeln z.B. mit → Fahrmotor in elektrischen und dieselelektrischen Tfz. oder mit 1 oder 2 Dampfmotoren (bei einigen → Dampfmotorlokomotiven) angetrieben. Vorteil: Bei Ausfall eines Fahrmotors ist das Tfz. noch mit verminderter Zugkraft einsatzfähig. Nachteil: Radsätze mit E. neigen bei → Achsentlastung zum Schleudern. Er ist die heute allgemein übliche Antriebsart bei modernen Tfz. → Tatzmotorantrieb (dort Abb.).

Einzeleinspritzpumpe: Bauart der → Einspritzpumpe, bei der je Zylinder ein einzelnes Pumpenelement angeordnet ist. Gegensatz: → Blockeinspritzpumpe. Großdieselmotoren sind für jeden Zylinder mit einer E. ausgeführt, die sich in ihrer Funktionsweise nur geringfügig von der Blockeinspritzpumpe unterscheidet. Die E. wird durch die Nockenwelle des Motors über einen Rollenstößel angetrieben und besteht im wesentlichen

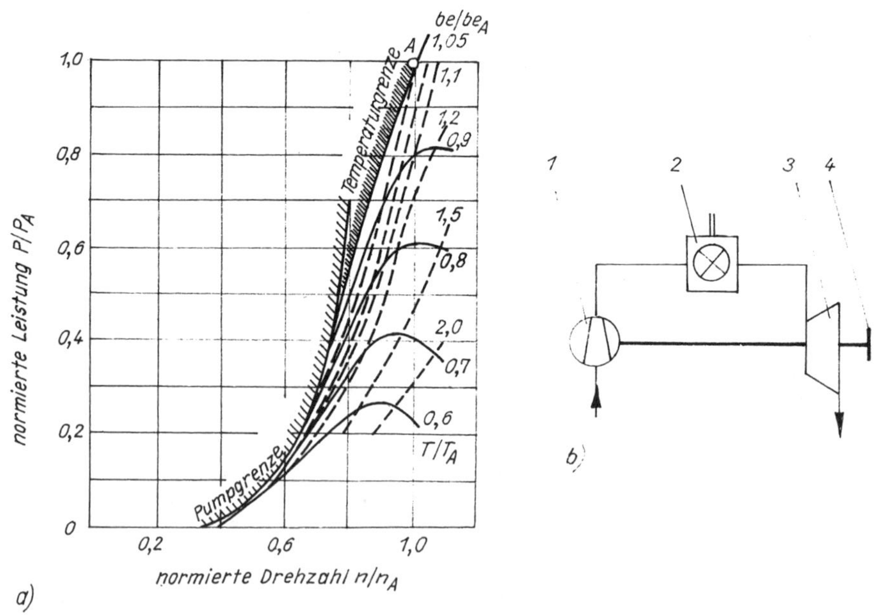

Einwellen-Gasturbine
a) Leistungskennfeld
A Auslegungspunkt, T/T_A normierte Turbineneintrittstemperatur, b_e/b_{eA} normierter spezifischer Kraftstoffverbrauch
b) schematische Darstellung
1 Verdichter, 2 Brennkammer, 3 Turbine, 4 Abtriebsflansch

aus Gehäuse, Pumpenelement, Regelstange, Druckventil, Anschlußstutzen zur Druckleitung. Vorteile: gute Austauschbarkeit, günstigere Wartung und kürzere Einspritzleitungen. Abb.

Eisenbahn: auf 2 stählernen Schienen (Gleis) mit festgelegtem Abstand (Spurweite) und meist eigenem Verkehrsweg (Bahnkörper) fahrendes, maschinengetriebenes Verkehrsmittel zur Beförderung von Personen und/oder zum Transport von Gütern. Außer den Fahrzeugen und Fahrwegen benötigt die E. für den Verkehrsablauf Bahnhöfe, für die Betriebssicherheit vielfältige Sicherungsanlagen (z. B. Signale und Stellwerke) und für die → Instandhaltung der Fahrzeuge und anderer Betriebsmittel die entsprechenden Werkstätten. Charakteristisch für die E. ist die Zusammenfassung einer größeren Anzahl von Wagen und eines oder auch mehrerer → Triebfahrzeuge zu einem (Eisenbahn-)Zug. Das ermöglicht eine hohe Leistungsfähigkeit (Personenbeförderung mit Bewältigung starker Reisendenströme sowie Transport von Massengütern und Sendungen größeren Umfangs über mittlere bis große Entfernungen) und führt zu relativ niedrigen Beförderungskosten. Neben den Bahnanlagen (Strecken, Bahnhöfe, Sicherungsanlagen usw.) bilden die Tfz. und Wagen die grundlegenden Arbeitsmittel, die wegen der hohen Anforderungen an die Zuverlässigkeit und Sicherheit einer bes. → Instandhaltung (planmäßig-vorbeugende Instandhaltung) unterliegen.

Die Einteilung der E. nach technisch-wirtschaftlichen Gesichtspunkten: a) nach dem *Benutzerkreis in E.* des öffentlichen Verkehrs, die von jedem genutzt werden können, und des nichtöffentlichen Verkehrs, wie Industriebahnen oder Anschlußbahnen; b) nach *Art der Übertragung* der Zugkräfte des Tfz. auf das Gleis in Reibungs-(Adhäsions-)Bahn, Zahnradbahn, Standseilbahn oder auch als Sonderfälle Einschienenbahn, Hängebahn; c) nach *betrieblichen* und *wirtschaftlichen Verhältnissen* in Hauptbahn, Nebenbahn, Kleinbahn, Lokalbahn; d) nach der *Spurweite* in → Normalspurbahn, Breitspur- und Schmalspurbahn; e) nach der *Streckenführung* und den bes. Gegebenheiten des Geländes in Flachland-, Gebirgs-, Berbahn bzw. Untergrund-, Tief- oder Hochbahn; f) nach den *Verkehrsaufgaben* in Fernbahn, Stadt- oder Vorortbahn, Ringbahn, Transkontinentalbahn; g) nach den *Eigentumsverhältnissen.*

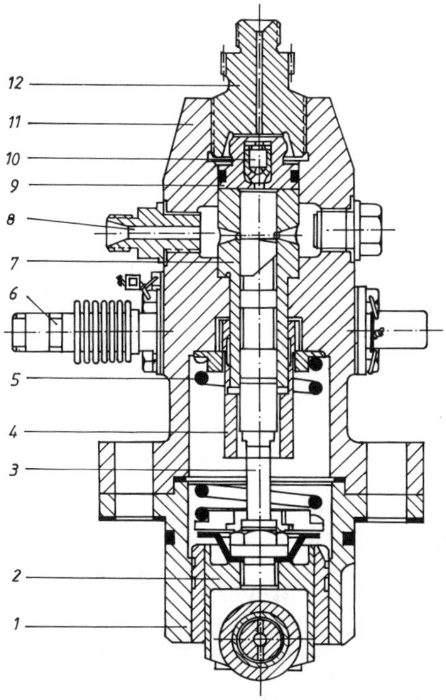

Einzeleinspritzpumpe des Dieselmotors 5 D 49 der Diesellokomotive BR 230 der DB/DR
1 Stößelführung, 2 Rollenstößel, 3 Pumpenkolben, 4 Regelhülse, 5 Stößelfeder, 6 Zahnstange, 7 Pumpenzylinder, 8 Anschlußstutzen der Niederdruckleitung, 9 Druckventil, 10 Entlastungskolben, 11 Pumpengehäuse, 12 Anschlußstutzen für Einspritzleitung

Die Entwicklung der E. begann mit dem Bau der ersten Eisenbahnstrecken, so 1825 in England, 1828 in Frankreich, 1829 in den USA, 1835 in Deutschland, 1837 in Rußland, 1839 in Italien, später in Südamerika, Australien und Afrika. Sie ist mit der allg. gesellschaftlichen und technischen Entwicklung eng verknüpft, was bei der Entwicklung der Eisenbahn-Tfz. bes. deutlich hervortritt: Die in der Zugförderung anfangs ausschließlich angewandte Dampftraktion (→ Dampflokomotive) konnte die zunehmenden Anforderungen an Verkehrsumfang, höhere → Geschwindigkeit, größeren → Aktionsradius, besseren → Wirkungsgrad u. a. nicht mehr gerecht werden und wird bei allen E. durch modernere Traktionsarten (→ Traktionsumstellung) abgelöst. Die elektrischen Tfz. begannen ihren weltweiten Einsatz, nachdem 1879 → Siemens die erste → elektrische Lokomotive auf der Berliner Gewerbeausstellung vorführte, 1881 die ersten elektrischen Straßenbahnen in Deutschland und Österreich verkehrten und 1895 erstmals mit Gleichstrom-Vollbahnlokomotiven in den USA ein Eisenbahnbetrieb durchgeführt wurde. In Deutschland begann die Elektrifizierung 1900 mit der Wannsee-Bahn (Berlin) und der Strecke Marienfelde–Zossen 1903, wo mit 2 elektrischen Versuchstriebwagen bereits Geschwindigkeiten bis zu 210 km/h erreicht wurden. Tfz. mit Verbrennungsmotor wurden erstmals 1887 von Daimler und Maybach (→ Verbrennungstriebwagen) und 1888 von Benz (Verbrennungsmotorlokomotive) entworfen und vorgeführt. Aber erst die Erfindung → Diesels brachte 1897 den Antriebsmotor, der sich schließlich als Verbrennungskraftmaschine im Eisenbahneinsatz bewährte und dieser Traktion den Namen gab. Nach den Erfahrungen mit der 1912 von → Klose, Diesel und Sulzer gebauten ersten Großdiesellokomotive und verschiedenen Kleinlokomotiven und Verbrennungstriebwagen erfolgten in den 20er und 30er Jahren des 20. Jahrhunderts in größerem Umfang die Entwicklung und der Einsatz von → Dieseltriebfahrzeugen, z.B. bei der DRG von → Schnellverbrennungstriebzügen (→ Dieseltriebwagen), die im Betrieb mit einer Höchstgeschwindigkeit von 160 km/h verkehrten, oder die Entwicklung und Einführung von Großdiesellokomotiven in den USA und der UdSSR. Eine umfassende Elektrifizierung und der Übergang zur Dieseltraktion vor allem nach dem zweiten Weltkrieg hatten eine weitgehende Ablösung der Dampftraktion zur Folge. Diese Traktionsumstellung bildet auch eine der Grundlagen für die technische Revolution bei den E., die zu bedeutenden Geschwindigkeitserhöhungen im Reiseverkehr mit über 200 km/h, z.B. bei der Neuen Tokaido-Linie Japan mit zul. Höchstgeschwindigkeit von 250 km/h oder den Schnellstverkehrsrelationen der SNCF, DB und BR, und neuen Geschwindigkeitsrekorden, wie durch die SNCF 1955 auf 331 km/h und durch die DB 1988 auf 406,9 km/h und erneut durch die SNCF 1989 auf 482,1 km/h und 1990 auf 515,3 km/h, zu einer qualitativ neuen Sicherungstechnik und Möglichkeiten der Automatisierung des Betriebsablaufs führte. Außer der Verbesserung der Beförderungsqualität ergaben und ergeben sich dabei eine Senkung der Kosten und eine Steigerung der Effektivität. Neben der Entwicklung von Bahnen mit neuartigen Trag-, Führungs- und Antriebssystemen (nichtkonventionelle Bahnen, wie Einschienenbahn, Luftkissen- oder Magnetschienenbahn, Röhrenbahn, Linearmotorantrieb) mit angestrebten Höchstgeschwindigkeiten bis zu 500 km/h hat die Weiterentwicklung der E. mit ihren spezifischen Möglichkeiten als Massenverkehrsmittel steigende Bedeutung und ist auf die allg. Erhöhung der Reisegeschwindigkeit, der Sicherheit und der Effektivität gerichtet.

Eisenbahn-Bau- und Betriebsordnung: Abk. **EBO**: Rechts- und Verwaltungsvorschrift für die Errichtung und das Betreiben von → Schienenbahnen (Bau- und Betriebsordnung). Für die → Eisenbahnen gelten bes.: 1) Die *Eisenbahn-Bau- und Betriebsordnung (EBO)* als Verordnung für Bau und Betrieb der Haupt- und Nebenbahnen mit den grundlegenden Bestimmungen für die Bahnanlagen, Fahrzeuge, Reisenden usw. Für Tfz. wichtig sind u.a. die Festlegungen zur Begrenzung der Fahrzeuge und Stromabnehmer, für die zul. Radkräfte, den Radabstand, die Zug- und Stoßeinrichtungen sowie für freie Räume und vorspringende Teile an den Stirnseiten. Die gültige Ausgabe der EBO wurde in der BRD mit allen zwischenzeitlichen Ergänzungen und Änderungen 1967 als Gesetz verabschiedet. Die letzte Weiterentwicklung erfuhr die EBO 1991 durch die Dritte Verordnung zur Änderung der Eisenbahn-Bau- und Betriebsordnung, die vor allem die Erhöhung der zul. Geschwindigkeit für Reisezüge auf 250 km/h bzw. für Güterzüge auf 120 km/h regelt. 2). Die *Verordnung über den Bau und Betrieb von Anschlußbahnen (EBOA)* regelt alle technischen und betrieblichen Fragen der Anschlußbahnen. 3) In den Bundesländern gelten *Gesetze für den Bau und Betrieb von Eisenbahnen* (bes. Schmalspurbahnen) *und Seilbahnen* (Gesetze in den Ländern über die Eisenbahnen und Seilbahnen – Landeseisenbahngesetze – LEisenb G).

Eisenbahnfahrzeug: spurgebundenes Zweischienenfahrzeug, das auf bes. Fahrbahn (Bahnkörper, → Gleis) verkehrt und in Bau und Betrieb mindestens den nationalen Bestimmungen mit Gesetzeskraft (→ Eisenbahn-Bau- und Betriebsordnung) und für den grenzüberschreitenden Verkehr den internationalen Regeln, z.B. gemäß den Vorschriften der UIC als → Regelfahrzeug, unterliegt. Grundsätzliche Einteilung der E.: a) mit eigenem → Antrieb, d.h. → Triebfahrzeuge; b) gezogene oder geschobene E., d.h. Wagen. Eine weitere Unterscheidung erfolgt nach der → Spurweite des E. in Regelfahrzeuge, Schmalspurfahrzeuge (→ Schmalspurtriebfahrzeuge) und Breitspur-E., oder nach dem Einsatz des E., z.B. bei einer Vollbahn, Kleinbahn, Industriebahn oder Stadtbahn (S-Bahn).

Eisenbahnmuseumsfahrzeug: → Denkmallokomotive

Eisenverluste: Verlustleistung bei elektrischen Maschinen und Geräten, die durch Wirbelströme und durch Ummagnetisierungsarbeit im Eisen *(Hystereseverluste)* hervorgerufen wird. Die E. betragen bei → Haupttransformatoren elektrischer Tfz. etwa 0,5–1% der Trafoleistung, so daß unter Einbeziehung der → Kupferverluste der Gesamtwirkungsgrad des Trafos bei 97–98% der zugeführten Leistung liegt. Lit.: 4.5.

Eislokomotive: fahrbare, nicht schienengebundene Zugmaschine, die in Aufbau und Baugruppenaufteilung der Dampflokomotive entspricht. Die Treibradsätze sind mit Spikes oder Schneeketten versehen, der vordere Laufradsatz ist zur Lenkung der E. durch ein bewegliches Kufenpaar ersetzt. E. wurden als Zugmaschinen auf zugefrorenen Seen und Flüssen um 1900 in Rußland und Nordamerika eingesetzt.

Ejektor: Wasserstrahldüse, die im Aufbau der → Dampfstrahlpumpe ähnlich ist. Um den beiden Speisewasserkolbenpumpen bei der → Kondensationslokomotive das noch 90°C heiße Kondensat zuzuführen, werden der Druckleitung jeder Pumpe etwa 20% des geförderten Wassers entnommen und dem in der Saugleitung liegenden E. zugeleitet, der damit das Kondensat der betreffenden Pumpe zudrückt. Bei älteren Dampflokomotiven mit Speisewasserkolbenpumpe wurde der E. eingesetzt, um aus tiefliegenden stationären Wasserentnahmestellen Speisewasser in den Wasserkasten des Tenders zu fördern.

elastischer Antrieb: Antrieb von elektrischen Tfz., bei dem die Verbindung zwischen den im Hauptrahmen oder im Drehgestellrahmen fest oder teilweise abgefedert eingebauten → Fahrmotoren und den zugeordneten → Treibradsätzen über elastische Zwischenglieder hergestellt wird. Durch diese Zwischenglieder wird trotz der durch das Federspiel entstehenden Relativbewegung zwischen den Fahrmotoren und den Treibradsätzen eine gleichmäßige Drehmomentübertragung gewährleistet. Die elastischen Zwischenglieder können zwischen Getriebe und Treibradsatz (am häufigsten) oder auch zwischen Motor und Getriebe (z.B. beim → Kardan-Scheibenantrieb und beim → Kardan-Lamellenantrieb) angeordnet sein. Lit.: 4.5., 4.12.

Elch: → Tierklasse

»Elefant«: Beiname der von → Klose 1892 entwickelten Dreizylinder-Verbunddampflok mit 5 Kuppelradsätzen (Achsfolge E); gebaut von der Maschinenfabrik Esslingen. In dem neu entwickelten Triebwerk mit 3 eng aneinander liegenden Mittelradsätzen wurden die mit größerem Abstand angeordneten äußeren Radsätze über 2 Doppelparallelogramme, die bei Bogenfahrt eine Verlängerung bzw. Verkürzung der Kuppelstangen bewirkten, radial eingestellt. Ihre Rückstellung besorgte nach Einfahrt in die Gerade der Schlepptender mit einer Hebelübersetzung. Die ebenfalls neu entwickelte Dreizylinder-Verbunddampfmaschine besaß 1 innenliegenden Hochdruckzylinder und 2 außenliegende Niederdruckzylinder, alle 3 Zylinder mit gleichem Durchmesser, sowie eine Trick-Steuerung. Die komplizierte und kostspielige Lok zeigte brauchbare Laufeigenschaften und bewies die praktische Möglichkeit des Fünfkupplers. Lit.: 2.9.

Elektrant: ortsfeste Einrichtung zur elektrotechnischen Versorgung von stehenden Fahrzeugen. In Ellok-Bw dienen E. vor allem der Bereitstellung der notwendigen Elektroenergie für Prüfzwecke während der Tfz.-Unterhaltung (→ Schuppenspannungsanlage). Bei Reisezugwagen dient der E. zu Speisung der → Zugsammelschiene während des Vorheizbetriebs über einen 1poligen Kabelanschluß. Ebenso können über mehrpolige Kabelverbindungen bes. → Bordnetze mit Energie aus dem Landesnetz zum Betrieb von Reinigungsgeräten oder zur Batterieladung versorgt werden. I.d.R. befinden sich E. an den Gleisen der Wagenbehandlungsanlagen größerer Bahnhöfe. Für die Inbetriebnahme von E. gelten wegen der Gefahr bei Fehlhandlungen entspr. Sicherheitsbestimmungen.

elektrisch betätigtes Zahnradschaltgetriebe: → Elektroschaltgetriebe

elektrische Ausrüstung von Fahrzeugen: Gesamtheit aller elektrischen Geräte und Bauteile auf Tfz. oder Wagen (Reisezug- und Spezialgüterwagen, Bahndienstwagen). Die e.A. umfaßt alle Einrichtungen zur Zuführung oder Erzeugung elektrischer Energie (z.B. → Turbogenerator kleiner Leistung bei Dampflokomotiven, → Hauptgenerator bei dieselelektrischen

Tfz., → Stromabnehmer bei elektrischen Tfz., → Akkumulatoren) einschl. der zugehörigen Armaturen und Regelgeräte (z.B. → Hauptschalter, Wandler, → Laderegler) sowie alle Einrichtungen, in denen die elektrische Energie in die gewünschte Energieform umgewandelt wird (z.B. → Fahrmotoren, → Anlasser, → elektrische Heizung, Beleuchtung) und eine Vielzahl von Geräten mit Hilfsfunktionen (Meßgeräte und Meßfühler, Signal- und Meldelampen, Regel- und Schaltgeräte, Kabel und Leitungen).

elektrische Bahnen: Sammelbegriff für alle Arten elektrisch angetriebener Bahnen, wie Fernbahnen, Stadtschnellbahnen, Metros, Straßenbahnen, Industriebahnen und Grubenbahnen, wobei die Fahrenergie (→ Bahnstrom) den Tfz. (→ elektrische Lokomotive, → Triebwagen) von außen über → Fahrleitungen bzw. → Stromschienen zugeführt oder aus in den Tfz. mitgeführten → Batterien bezogen wird (→ Speichertriebfahrzeug). Dieselelektrische Tfz. zählen nicht zu e.B.

elektrische Bremse: Bremsart, bei der die → Bremskraft entweder durch Generatorbetrieb der Fahrmotoren erzielt wird oder durch Erzeugen von Wirbelströmen in den Fahrschienen oder bes. Bremsscheiben durch Magnetfelder, die mit Hilfe von im Fahrzeug angebrachten Bremsmagneten erregt werden. Beim *Generatorbetrieb* wird die erzeugte elektrische Energie entweder in Bremswiderständen in Wärmeenergie umgewandelt und diese abgeführt (→ *Widerstandsbremse,* → *Kurzschlußbremse)* oder ins Netz bzw. in eine Akkumulatorbatterie oder in einen Schwungradspeicher zurückgespeist (→ *Nutzbremse,* → *Netzbremse* oder *Rekuperationsbremse).* Die als Generatoren laufenden Fahrmotoren werden entweder aus der Fahrleitung *(fahrleitungsabhängige Bremse)* oder aus der Batterie erregt bzw. erregen sich selbst *(fahrleitungsunabhängige Bremse).* Die e.B. arbeitet stets mit der → Druckluftbremse zusammen und vermindert sehr stark Radreifen- und Bremsklotzverschleiß. → elektrodynamische Bremse, → Triebwerksbremse. Abb.

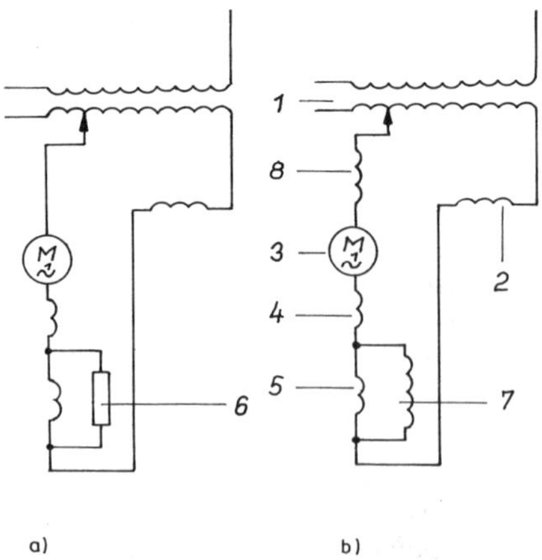

elektrische Bremse
grundsätzliche Schaltung bei Nutzbremsung
a) Fahren, b) Bremsen
1 Haupttransformator, 2 Fahrmotor-Erregerwicklung, 3 Fahrmotorläufer, 4 Fahrmotor-Kompensationswicklung, 5 Fahrmotor-Wendepolwicklung, 6 Wendefeld-Parallelwiderstand, 7 Wendefeld-Paralleldrosselspule, 8 Bremsdrossel

elektrische Heizung, Abk. **ElHz:** Heizung von Reisezug- und Spezialgüterwagen für kälteempfindliche Güter mit elektrischer Energie, die über die → Zugsammelschiene vom Tfz. oder aus einem bes. Energieversorgungswagen bereitgestellt wird. Die e.H. wird seit 1922 bei Reisezugwagen, die auf elektrifizierten Strekken verkehren, eingesetzt. → Heizschütz, → Heizregler, → Mehrspannungsheizung. Lit.: 1.8., 4.6.

elektrische Kraftübertragung: ehem. Bezeichnung für → elektrische Leistungsübertragung.

elektrische Leistungsübertragung: Art der → Leistungsübertragung von Brennkraft-Tfz., bei der die Leistung des Antriebsmotors (z.B. Dieselmotor) elektrisch vom Generator an die → Fahrmotoren weitergeleitet wird. Drehmomentwandlung und Drehzahländerung erfolgen stufenlos, dadurch wird eine hohe Ausnutzung der Traktionsleistung des Verbrennungsmotors erreicht. Der Dieselmotor kann in Verbindung mit der e.L. in allen Punkten seines Kennlinienfelds, damit im jeweils günstigsten Arbeitspunkt, also auch im Teilleistungsbereich, betrieben werden. Für die e.L. haben sich aus einer Vielzahl an Möglichkeiten folgende Kombinationen durchgesetzt: 1) *Gleichstrom-Gleichstrom-Übertragung,* d.h., → Hauptgenerator und Fahrmotoren sind Gleichstrommaschinen. Es ist die einfachste elektrische Übertragungsart von den Anfängen der Zugförderung mit Brennkraft-Tfz. bis heute. In Verbindung mit der Gleichstrom-Gleichstrom-Übertragung wurden zahlreiche Steuerungsarten entwickelt, um die vom Dieselmotor erzeugte Leistung möglichst vollständig vom Hauptgenerator auszunutzen und an die Fahrmotoren zu übertragen. 2) Die *Drehstrom-Gleichstrom-Übertragung* ist gekennzeichnet durch einen Drehstromhauptgenerator und Gleichstromfahrmotoren. Der vorhandene Einbauraum und

Kommutierungsprobleme ließen eine Leistungssteigerung mit Gleichstromgeneratoren nicht mehr zu, deshalb werden Drehstromgeneratoren (geringere Abmessungen, höhere Drehzahl) mit nachgeschalteter Gleichrichtung des Drehstroms (Drehstrombrückenschaltung von Siliziumleistungsdioden) eingesetzt.
3) Die *Drehstrom-Drehstrom-Übertragung* ist gekennzeichnet durch einen Drehstromhauptgenerator und Drehstromfahrmotoren. Durch den Wegfall von Kommutator und Kohlebürsten an den Fahrmotoren verringerte sich die Störanfälligkeit. Übertragung größter Leistungen (z.Z. etwa 5000 kW für elektrische Tfz. der Achsfolge Co'Co') ist möglich. Voraussetzung: Umrichtersystem zur kontinuierlichen Veränderung von Spannung und Frequenz des speisenden Drehstroms. Diese modernste Übertragungsart befindet sich in manchen Ländern noch in der Entwicklung. → Drehstromantriebstechnik

elektrische Lokomotive, *Elektrolok;* Kurzwort *Ellok:* elektrisches Tfz. (→ Lokomotive) mit elektrischem → Fahrmotor als Antriebsmaschine und Zufuhr elektrischer Energie von einer äußeren Stromquelle oder aus einer mitgeführten Akkumulatorbatterie.

Der mechanische Teil der e.L. umfaßt den Wagenkasten mit (meist) 2 Endführerständen und dem Maschinenraum, den Rahmen, ggf. die Drehgestelle, die Treib- und ggf. Laufradsätze mit zugehörigen Lagern, die Zug- und Stoßvorrichtung, die Druckluftanlage, die mechanischen Bremsen und schließlich Ausrüstungsteile, wie Sandstreuer, Scheibenwischer usw.

Der Antrieb erfolgte bei älteren e.L. durch 1 oder 2 große im Maschinenraum angeordnete Elektromotor(en), deren Drehmoment mit Blindwellen und Treibstangen auf die Treibradsätze (2) übertragen wurde (→ Stangenantrieb), später wurden der → Zweimotorenantrieb und der → Schrägstangenantrieb angewandt. Schon sehr früh wurde zum Antrieb über Zahnradgetriebe übergegangen. Moderne e.L. haben überwiegend → *Einzelachsantrieb.* Vereinzelt werden mehrere Radsätze durch einen Motor über Zahnradgetriebe (→ Monomoteurantrieb) angetrieben, mitunter auch mit Umschaltung der Übersetzung. Bei der einfachsten Antriebsart, dem → *Radsatzmotor,* umschließt der Fahrmotor die Treibradsatzwelle. Meistverbreiteter und einer der ältesten Antriebe ist der → *Tatzmotorantrieb,* bei dem der Fahrmotor an einer Seite federnd am Rahmen aufgehängt ist und sich auf der anderen Seite über tatzartig ausgebildete Lager auf der Radsatzwelle abstützt. Abgefederte Varianten des Tatzmotorantriebs sind der → *Gummiringfederantrieb* und der *Kegelringfederantrieb.* Weit verbreitet sind Antriebe mit → *Gestellmotoren,* bei denen die Fahrmotoren fest in die Drehgestelle oder Hauptrahmen eingebaut sind, wodurch deren Masse vollständig abgefedert ist: → *Federantriebe,* → *Gelenkantriebe,* → *Kardanantriebe.* Während bei älteren Bauarten die Treibradsätze meist im Hauptrahmen gelagert sind und zusätzliche Laufradsätze einen Teil der Lokomotivmasse aufnehmen, werden neuere Bauarten nur noch als Drehgestell-Lokomotiven mit 2- oder 3achsigen Drehgestellen ausgeführt, bei denen die ganze Masse als Reibungsmasse ausgenutzt wird. Der bei Drehgestell-Lokomotiven auftretenden → Achsentlastung (Schleudergefahr, Herabsetzung der Zugkraft) wird mit mechanischen Achskraftausgleichvorrichtungen, mit elektrischem Zugkraftangleich und mit Hilfe von Schleuderbremsen begegnet.

Der elektrische Teil der e.L. wird vom → Bahnstromsystem bestimmt. Unabhängig davon läßt sich der Energiefluß für eine e.L. anhand eines grundlegenden Blockschaltbilds darlegen (Abb.): Die Energie wird der Fahrleitung vom *Stromabnehmer,* der durch den → *Dachtrennschalter* von der → Dachleitung abgetrennt werden kann, entnommen. Die Dachleitung führt zum → *Hauptschalter,* mit dem die Ein- und Ausschaltung der gesamten elektrischen Ausrüstung, notfalls auch bei voller Belastung, vorgenommen werden kann. Vom Hauptschalter wird die Energie der → *Leistungssteuerung* zugeführt, durch die bei Zusammenwirken von → Schaltwerk und Umwandlungselementen, wie → Haupttransformator, → Gleichrichter, → Umformer und → Umrichter bei Wechselstrom-Tfz., Anfahrwiderstände, Schaltungen für → Motorgruppierung, → Pulssteller und ebenfalls Umrichter für Gleichstrom-Tfz., der Energiefluß zu den Fahrmotoren und dadurch deren Leistung gesteuert werden. Mit Hilfe der → *Übertragungssteuerung* (→ Stellmotor, → Schützensteuerung, → Nachlaufsteue-

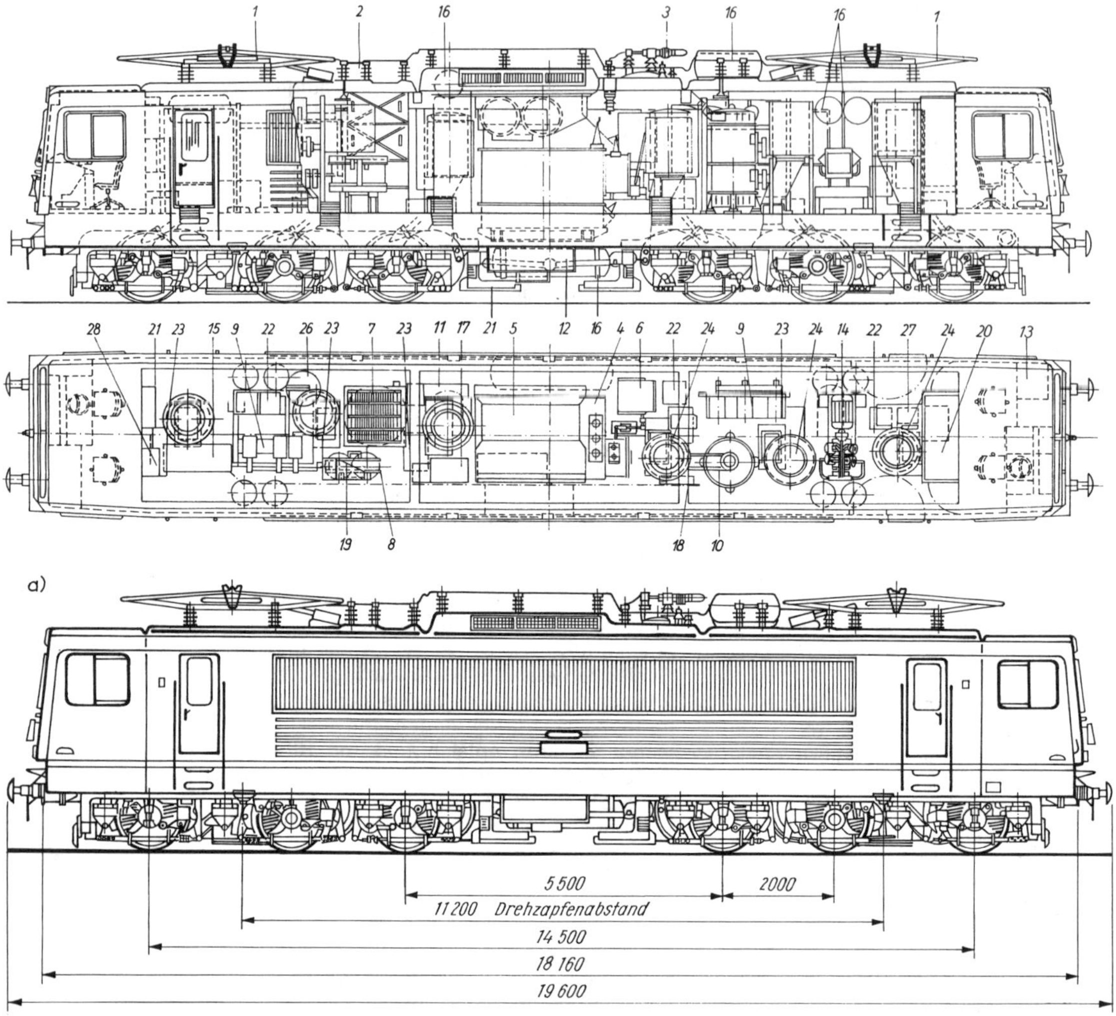

rung, → Auf-Ab-Steuerung, Vielfachsteuerung, → Wendezugsteuerung) und in zunehmendem Maß unter Einschaltung von Regeleinrichtungen (für Zugkraft, Geschwindigkeit) werden die Steuerbefehle vom Tfz.-Führer zu den Elementen der Leistungssteuerung übertragen. Als Befehlsgeber fungieren dabei der → Fahrschalter und weitere Betätigungselemente. Bei Wechselstrom-Tfz. kann die Steuerung auf der Niederspannungsseite (→ Niederspannungssteuerung) oder auf der Hochspannungsseite (→ Hochspannungssteuerung) vorgenommen werden. Gleichstrom-Tfz. besitzen oft → Brückenschaltung, um die Motorgruppierung ohne Zugkraftunterbrechung zu gewährleisten. Zum Wechsel der Fahrtrichtung dient der → *Fahrtrichtungswender.*

Als *Fahrmotoren* kamen bisher bei Gleich- und Wechselstrom-Tfz. fast ausschl. → Reihenschlußmotoren mit hohem Anfahrdrehmoment, bei Gleichrichterloks → Mischstrommotoren zur Anwendung. Seit den 70er Jahren werden zunehmend auch wieder → Drehstrommotoren eingesetzt. Die bei Wechselstromspeisung von Reihenschlußmotoren erschwerte Kommutierung ist durch die Wahl einer niedrigen Frequenz (z.B. 16⅔ Hz) gut zu beherrschen. Bei 50-Hz-Loks dagegen werden zwischen Haupttransformator und Fahrmotoren Gleichrichter geschaltet und die Mischstrommotoren mit welligem Gleichstrom

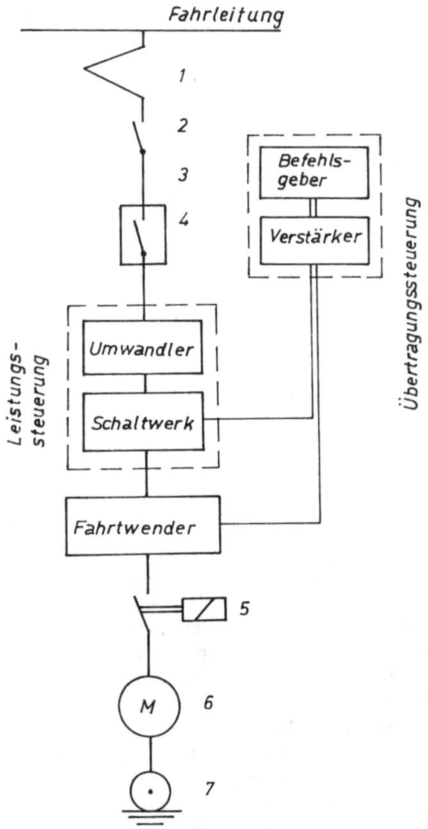

b)

elektrische Lokomotive
a) Ellok der BR 155 der DB/DR
1 Stromabnehmer, 2 Dachtrennschalter, 3 Hauptschalter, 4 Haupttransformator, 5 Kühler für Haupttransformator, 6 Thyristor-Hochspannungsschaltwerk, 7 Bremswiderstand, 8 Bremserregertransformator, 9 Hochspannungsgerätegerüst, 10 Umformer, 11 Kondensatoren für Umformer, 12 Batterie, 13 Steuerstrom-Versorgungsgerät, 14 Kompressor, 15 Druckluftgerätegerüst, 16 Luftbehälter, 17 Hilfsbetriebegerüst, 18 Sicherungsgerüst, 19 Tafel für Bedienungselemente, 20 Elektronikschrank, 21 Indusi, 22 Ohmsche Shunts, 23 Motorklemmstelle, 24 Fahrmotorlüfter mit Schalldämpfer, 25 Schutzfilter, 26 Dachluke, 27 Werkzeugschrank, 28 Kleiderschrank/Waschgelegenheit
b) Blockschaltbild des elektrischen Triebfahrzeugs
1 Stromabnehmer, 2 Dachtrennschalter, 3 Dachleitung, 4 Hauptschalter, 5 Motortrennschütz, 6 Fahrmotor, 7 Raderde

gespeist. Seit 1964 werden bei Gleichrichterloks zur Veränderung der Motorklemmenspannung steuerbare Halbleitergleichrichter (→ Thyristorsteuerung) eingesetzt, die → Anschnittsteuerung bzw. → Sektorsteuerung ermöglichen. Bei der immer stärker aufkommenden → Drehstromantriebstechnik wird die der Fahrleitung entnommene Energie (Gleich- oder Einphasenwechselstrom) auf der e.L. mit elektronischen Bauelementen in Drehstrom umgewandelt, mit dem die Drehstromfahrmotoren, vorwiegend → Asynchronfahrmotoren, gespeist werden. Die Drehstromantriebstechnik kann auch bei dieselelektrischen Tfz. angewandt werden.
Für den einwandfreien Betrieb von e.L. sind des weiteren komplizierte und umfangreiche *Hilfsbetriebe* und andere Einrichtungen erforderlich: Lüfter, Kompressoren, Ölpumpen, → Sicherheitsfahrschaltung, elektrische Heizung, Meß-, Schutz- und Meldeanlagen, Beleuchtungseinrichtungen, Einrichtung für Versorgung der Steuerstromkreise. Steuereinrichtungen und Hilfsbetriebe werden vom Führerstand aus betätigt und überwacht.
Als Bremsen werden bei e.L. neben → Druckluftbremsen und → Handbremsen auch → elektrische Bremsen, vor allem zur Gefälle- und Verzögerungsbremsung, vorgesehen. Die Bremswirkung wird durch Umschaltung der Fahrmotoren von Motorbetrieb auf Generatorbetrieb erzielt. Der dadurch erzeugte Strom muß entweder in Widerständen in Wärme umgesetzt (→ Widerstandsbremse, → Kurzschlußbremse) oder in die Fahrleitung zurückgespeist werden (→ Netzbremse); z.T. erfolgt auch die Ausrüstung mit der → Magnetschienenbremse, vor allem bei elektrischen → Schnelltriebwagen.
Mehrsystemlokomotiven (→ Mehrsystemtriebfahrzeug) sind für den Einsatz in Bereichen von 2 oder mehr Bahnstromsystemen eingerichtet und erlauben das Durchlaufen der Züge bei → Stoßstellen zwischen verschiedenen Bahnstromsystemen. Der Antrieb von e.L. durch → Linearmotoren wäre denkbar, bisherige Versuche wurden jedoch nur mit Triebwagen durchgeführt.
Neben e.L. für den Betrieb unter einer Fahrleitung (die Rückleitung des Stroms erfolgt über die Räder zu den Fahrschienen) sind auch elektrische Tfz., überwiegend Triebwagen, seltener Lokomotiven, für den Betrieb an einer → Stromschiene gebräuchlich, vor allem bei S-Bahnen und Metros. Zu e.L. zählen auch *Akkumulatorlokomotiven (Speicherlokomotiven),* deren Fahrmotoren die elektrische Energie aus Akkumulatoren entnehmen (→ Akkumulator-Schleppfahrzeug). Sie werden vorwiegend in chemischen (feuergefährdeten) Betrieben, in Bergwerken und in → Bahnbetriebswerken einge-

setzt. → *Verbundlokomotiven* (2) (vornehmlich im Bergbau) beziehen die elektrische Energie entweder aus der Fahrleitung oder aus der Batterie. → *Zweikraftlokomotiven* entnehmen bei Betrieb unter Fahrleitungsabschnitten ihre Energie der Fahrleitung, auf Abschnitten ohne Fahrleitung liefert ein auf der Lok installierter Dieselmotor mit Generator die elektrische Energie. Gyrolokomotiven(→ Gyrofahrzeugantrieb) verfügen über einen mechanischen Energiespeicher (Schwungrad) und sind bes. als Rangierloks eingesetzt.

Geschichtliche Entwicklung: Erste Modellversuche wurden 1835 von Davenport und Cook (USA), weitere Versuche für den Bau von e.L. vor 1879 durch Johann Phillip Wagner, Stöhrer, die Franzosen Bellet und Reuvre und den russischen Ingenieur Pirotzki auf der Grundlage galvanischer Elemente durchgeführt. Am 31. Mai 1879 fuhr die erste mit Starkstrom betriebene elektrische Eisenbahn im öffentlichen Verkehr auf der Berliner Gewerbeausstellung nach Entwürfen von → Siemens, gebaut von der Fa. Siemens & Halske (2poliger Reihenschluß-Kommutatormotor mit einer Leistung von 2,2 kW, mechanischem Wechselgetriebe für Fahrtrichtungswechsler, einer Höchstgeschwindigkeit von 13 km/h, Stromzuführung über isolierte Flacheisenschiene, Gleichspannung 150 V, Spurweite 490 mm). Am 16. Mai 1881 wurde die erste elektrische Straßenbahn der Welt in Berlin-Lichterfelde dem Verkehr übergeben. Bei den 1882 von der Fa. Siemens & Halske für die Bergwerke Zauckerode und Neu-Staßfurt gelieferten elektrischen → Grubenlokomotiven wurde der Strom über eine doppelpolige Oberleitung zugeführt. 1889 wurde von Reichel der Schleifbügel als Vorläufer des heutigen Stromabnehmers entwikkelt. 1895 wurde erstmals der planmäßige Betrieb mit e.L. auf einer 2,4 km langen Strecke der Baltimore-Ohio-Bahn aufgenommen, im gleichen Jahr wurde eine elektrische Rangierlokomotive in der Eisenbahnhauptwerkstätte Potsdam eingesetzt. Ab 1897 erfolgten Versuche mit einer Drehstrom-Versuchslokomotive für eine Fahrdrahtspannung bis zu 10 kV mit 3drähtiger Oberleitung bei Berlin. 1899 wurde die erste e.L. Europas für Fernbahnbetrieb auf der schweizerischen Strecke Burgdorf–Thun (40 km) in Dienst gestellt. 1903 wurde von der »Studiengesellschaft für elektrische Schnellbahnen« mit elektrischen Triebwagen auf der Militärbahn Marienfelde–Zossen eine Höchstgeschwindigkeit von 210 km/h erreicht (10 kV, Drehstrom). Auf Veranlassung von → Wittfeld begannen Versuche zur Verwendung von Einphasenwechselstrom (Versuchsstrecke 1903 Berlin-Niederschönweide–Spindlersfeld, 6 kV, 25 Hz). 1905 wurde vom schweizerischen Ingenieur → Behn-Eschenburg der Einphasenwechselstrom-Reihenschlußmotor mit Wendepol-Parallelwiderstand entwickelt und eine damit ausgerüstete e.L. auf der schweizerischen Strecke Seebach–Wettingen in Betrieb genommen (15 kV, 15 Hz; erste Einphasenwechselstrom-Direktmotorlokomotive der Welt). 1906 fuhr die erste Einphasenwechselstrom-Güterzuglok in Deutschland, 1911 die erste Schnellzuglok (Bitterfeld–Dessau). 1932 wurde in Ungarn mit → Kando-Umformerlokomotiven erstmals der elektrische Zugbetrieb mit Einphasenwechselstrom 50 Hz, 15 kV aufgenommen. 1933 begannen Versuche der DRG mit Einphasenwechselstrom 50 Hz, 20 kV auf der 56 km langen Höllentalbahn; die Rübelandbahn im Harz (24 km) wird seit 1965 mit 50 Hz, 25 kV und mit Gleichrichterlokomotiven der BR171 der DB/DR betrieben. Die ersten Universallokomotiven der BR120 mit moderner Drehstromantriebstechnik wurden 1979 von der DB in Dienst gestellt. Lit.: 4.1., 4.3., 4.5., 4.7., 4.8., 4.10., 4.11., 4.14., Abb. → Tafel »Elektrische Lokomotiven«,

elektrische Rangierlokomotive: → Rangierlokomotive mit elektrischem Antrieb, die ihre Antriebsenergie entweder über eine → Fahrleitung oder aus einem → Akkumulator bezieht. Sind beide Energieversorgungsarten vorhanden (→ Verbundlokomotive (2)), dann wird die Akkumulatorbatterie bei Fahrt unter Fahrleitung wieder aufgeladen (Beispiel: BR E80 der DRG). Die e.R. zeichnen sich durch Wirtschaftlichkeit, große Anfahrzugkraft und geräuscharmen Betrieb aus. Seit 1972 werden e.R. zunehmend mit → Drehstromantrieb ausgerüstet. → Tafel »Elektrische Lokomotiven«

elektrischer Triebwagen, Abk. **ET**: → Triebwagen zur Personen- oder Güterbeförderung (→ Gepäcktriebwagen) mit Antrieb durch elektrische → Fahrmotoren bei Speisung aus einer Fahrleitung oder aus mitgeführten Akkumulatoren (→ Speichertriebfahrzeug).

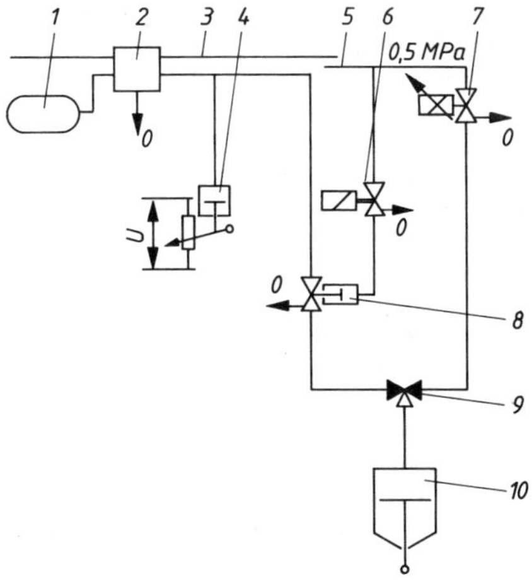

elektrodynamische Bremse
Prinzipschema für das Zusammenwirken der elektrodynamischen mit der Druckluftbremse der BR 155 der DB/DR
1 Vorratsluftbehälter, 2 Steuerventil, 3 Hauptluftleitung, 4 Druckmeßwertgeber, 5 Sonderluftleitung, 6 Magnetventil, 7 Bremsstromventil, 8 Absperrventil, 9 Doppelrückschlagventil, 10 Bremszylinder

elektrischer Zugbetrieb: Zugförderung mit elektrisch angetriebenen Schienenfahrzeugen aller Art (→ elektrische Lokomotive, → Triebwagen) ohne Rücksicht auf die Art der Energiezuführung, jedoch mit Ausnahme der Zugförderung mit dieselelektrischen Tfz.

elektrische Schnellbahn: elektrisch betriebene Eisenbahn mit großem Beschleunigungs- und Verzögerungsvermögen, die vorwiegend zur Personenbeförderung im großstädtischen Stadt- und Vorortverkehr, meist unter Verwendung von → Triebwagen bzw. Triebzügen eingesetzt wird. Sie verkehrt auf eigenen oder gemeinschaftlich mit dem Fernverkehr betriebenen Strecken nach i. allg. starrem Fahrplan bei dichter Zugfolge, kurzen Aufenthaltszeiten und gegenüber den übrigen städtischen Verkehrsmitteln i. d. R. größeren Haltestellenabständen und demzufolge hohen Fahr- und Reisegeschwindigkeiten.

Zur Bewältigung des stark zunehmenden Personenverkehrs in Ballungsgebieten gewinnen e. S. zunehmend an Bedeutung.

elektrisches Triebfahrzeug: Tfz. des Schienen- oder Straßenverkehrs mit elektrischem Antrieb bei Energieversorgung durch → Fahrleitung, → Stromschiene oder aus → Akkumulatoren, Brennstoffzellen oder durch Generatoren mit Schwungradantrieb (→ Gyrofahrzeugantrieb). → elektrische Lokomotive, → elektrischer Triebwagen.

elektrische Traktion: international übliche Sammelbez. für alle Arten des → elektrischen Zugbetriebs, auch wenn es sich, wie bei einigen → elektrischen Schnellbahnen, bei Metros und Straßenbahnen, um reinen Triebwagenbetrieb handelt. → Traktionsart

Elektro-Dampflokomotive: → dampfelektrische Lokomotive, → Heilmann-Lokomotive.

elektrodynamische Bremse: → Triebwerksbremse elektrischer und dieselelektrischer Tfz., bei der die → Fahrmotoren durch eine bes. Schalteinrichtung als Generatoren arbeiten und dadurch eine → Bremswirkung erzielen. Der dabei erzeugte Strom kann entweder in Wärme (→ Widerstandsbremse) umgewandelt werden, oder die Bremsenergie wird in das Energieversorgungsnetz zurückgespeist (→ Netzbremse). Auch die Kombination beider Arten ist möglich.

Die Leistungsfähigkeit der *Widerstandsbremse* wird durch die Belastbarkeit der Bremswiderstände und ihre Unterbringungsmöglichkeit im Fahrzeug begrenzt. Bei der *Netzbremse* muß das speisende Netz in der Lage sein, hohe Leistungsspitzen aufzunehmen. Die e. B. kann fahrdrahtunabhängig sein. Im letzten Fall muß die Erregerleistung aus Energiequellen des Tfz. kommen; die Feldwicklungen sind fremderregt. Die selbsterregte Bremse ist zwar sehr einfach im Aufbau, doch hat sie in Abhängigkeit von der Geschwindigkeit eine steile Bremskraftkennlinie, weshalb sie sehr feinstufig geschaltet werden muß. Für den Vollbahnbetrieb wird sie deshalb selten verwendet.

Für die e. B. eignen sich Gleichstrom-, Wechselstrom- und Drehstrommotoren. Die e. B. kann in Abhängigkeit von einem durch das → Führerbremsventil erzeugten Druckabfall in der → Hauptluftleitung oder über einen Bremssteller, der mit dem Führerbremsventil gekuppelt ist, gesteuert werden.

Moderne elektrische Tfz. sind mit einer fahrdrahtabhängigen Widerstandsbremse ausgerüstet. Im Bremsbetrieb arbeiten die Fahrmotoren als fremderregte Gleichstromgeneratoren jeweils auf einen Bremswiderstand. Die Feldwicklungen aller Fahrmotoren sind in Reihe geschaltet. Der Erregerstrom wird aus der Hilfsbetriebewicklung des Haupttransformators entnommen. Je nach dem Zündzeitpunkt der Thyristoren in der Halbwelle lassen sich Erregerstrom und damit Ankerstrom und die elektrische Bremskraft verstellen (→ Bremskraftkennlinien).

Steuerung der Bremskraft beim Zusammenwirken von e.B. und einer → Reibungsbremse (Abb.): Die Druckverminderung in der Hauptluftleitung beim Bremsvorgang bewirkt über das Steuerventil (2) einen Vorsteuerdruck, der auf den Druckmeßwertgeber (4) wirkt. Dieser wandelt den Druck in seinem zeitlichen Verlauf und in seiner Stärke in ein analoges elektrisches Spannungssignal um, das zur Steuerung der e.B. benutzt wird. Über das erregte Magnetventil (6) wird das Absperrventil (8) verschlossen und der Bremszylinder entlüftet, wenn die e.B. funktionstüchtig ist. Reicht die elektrische Bremskraft nicht aus, so wird das Bremsstromventil (7) erregt und Druckluft gelangt über das Doppelrückschlagventil (9) in den Bremszylinder zur Erzeugung der gewünschten Klotzkraft. → elektrische Bremse. Lit.: 1.8., 4.5. Abb.

Elektromagnetkupplung: → Kupplung (1), bei der der Kraftschluß durch elektromagnetische Kräfte hergestellt wird. Die E. dient als → Schaltkupplung, Anlaufkupplung, → Trennkupplung oder → Sicherheitskupplung. Ausführungsarten: 1) elektromagnetisch betätigte → *Lamellenkupplung,* als Schaltkupplung im → Elektroschaltgetriebe oder als Trennkupplung für Hilfsmaschinen. 2) *Magnetpulver-* oder *Magnetölkupplung,* bei der das Drehmoment durch Eisenpulver oder eine magnetische Flüssigkeit zwischen den Gleitflächen übertragen wird. Diese Kupplungen sind kontinuierlich regelbar und für den Schweranlauf geeignet. 3) *Induktionskupplung,* die das Drehmoment durch magnetische Induktion mit Synchron-, Asynchron- oder Wirbelstromcharakteristik stoß- und schwingungsfrei überträgt.

elektromechanische Zugbeeinflussung: → punktförmige Zugbeeinflussung mit mechanischer oder elektrischer oder nur elektrischer Informationsübertragung. Ausführung: *Streckeneinrichtung* (Streich- oder Anlaufschiene, Fahrsperre) und *Fahrzeugeinrichtung* (Kontaktbürste, Kontaktschuh oder Auslösehebel, Auswerteeinrichtung). Nachteile: witterungsabhängig (Schnee, Eis), geringes Informationsvolumen.

elektropneumatische Bremse: elektrisch gesteuerte → Druckluftbremse, bei der die → Durchschlagzeit des Steuerimpulses praktisch Null ist. Nach der Wirkungsweise unterscheidet man zwischen dem direkten und dem indirekten System. Beim *direkten System* werden die → Bremszylinder über elektropneumatische Brems- und Löseventile direkt be- und entlüftet. Die herkömmliche Druckluftbremse ist über ein Rückschlagventil von Bremszylinder getrennt.

Beim *indirekten System* wird mit Magnetventilen die Druckhöhe in der → Hauptluftleitung verändert. Die Brems- und Lösevorgänge laufen über die Steuerventile der Druckluftbremse in üblicher Weise ab. Zum Lösen der Bremse ist eine zweite Leitung, die → Hauptluftbehälterleitung, erforderlich (→ Zweileitungsbremse).

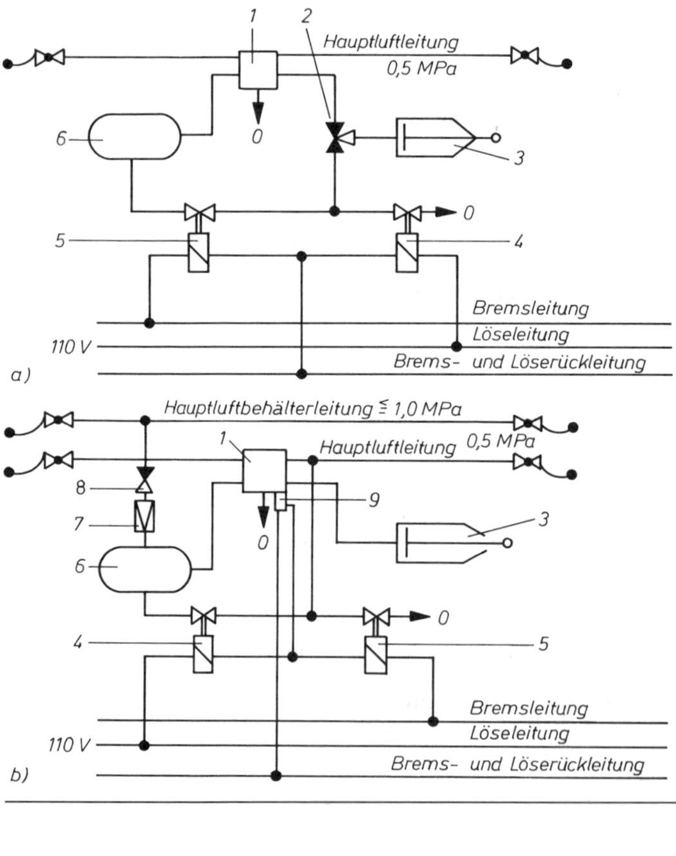

elektropneumatische Bremse (Schaltschema)
a) direktes System, b) indirektes System
1 Steuerventil, 2 Doppelrückschlagventil, 3 Bremszylinder, 4 elektropneumatisches Löseventil, 5 elektropneumatisches Bremsventil, 6 Vorratsluftbehälter, 7 Druckminderventil, 8 Rückschlagventil, 9 Düsenumschaltung

Gegenüber den Druckluftbremsen haben e.B. folgende Vorteile: 1) Verbesserung der Wirksamkeit der Bremsung; 2) Verringerung der längsdynamischen Kräfte; 3) bessere Regulierbarkeit der Bremse. Angewendet wird das direkte System bei Triebwagen und Stadtbahnen sowie bei den SŽD. Das indirekte System gibt es bei den UIC-Bahnen. Abb.

Elektroschaltgetriebe: mit elektromagnetisch betätigten → Lamellenkupplungen ausgerüstetes → Zahnradschaltgetriebe für → Leichtverbrennungstriebwagen. Das 6-Gang-E. für → Schienenomnibusse der DR und der DB besitzt 3 Wellen, 4 Zahntriebe und 5 elektromagnetisch betätigte Lamellenkupplungen als → Schaltkupplungen. Die Zahnräder sind ständig im Eingriff, in jedem Gang werden jeweils 2 Schaltkupplungen geschlossen. Die Gangschaltung erfolgt durch den Tfz.-Führer von Hand über den Gangschalter auf dem Fahrpult. Zum Anfahren wird eine vorgeschaltete → Hauptkupplung, meist eine drehmomentbegrenzte → Strömungskupplung, benutzt. Bei elektrischen Störungen kann über die handbetätigten → Schaltmuffen F und G ein Notgang eingeschaltet werden. Das E. arbeitet mit einem → Radsatzwendegetriebe zusammen. Abb.

Elektrotraktion, *E-Traktion:* → elektrische Traktion

El Hz: Abk. für → **el**ektrische **H**ei**z**ung.

Elna-Lokomotive: Lokomotive, die den Anforderungen des »**E**ngeren **L**okomotiv-**N**orm-**A**usschusses«, der nach 1918 die Vereinheitlichung der Lokomotivbauarten anstrebte, entsprach. Elna war ein Arbeitsausschuß des im gleichen Jahr gegründeten »Allgemeinen Lokomotiv-Normenausschusses«, in dem neben der Lokomotivbauindustrie auch die Bahnverwaltungen vertreten waren. In diesen Ausschüssen wurden die Normen für die Einzelteile der Dampflokomotiven als eine wichtige Voraussetzung für den Bau einheitlicher Lokomotiven ausgearbeitet. Den Ausschüssen folgte das 1922 von der DRG gegründete »Vereinheitlichungsbüro für Reichsbahnlokomotiven« in Berlin, aus dessen Arbeit die → Einheitsbauarten resultierten. Lit.: 2.9.

E-Lok, Ellok: Kurzbezeichnung für → **el**ektrische **Lok**omotive.

Empfindlichkeit der Bremse: Ausdruck für die feinstufige Regulierbarkeit der → Druckluftbremse innerhalb des verfügbaren Regelbereichs von 130–160 kPa. Neben der E. muß außerdem auch eine Unempfindlichkeit vorhanden sein, um → Überladungen der Bremse beseitigen zu können. Außerdem darf die Bremse bei ungewollten Druckänderungen nicht ansprechen. Nach UIC ist für die E. definiert: »Die Empfindlichkeit der Bremse bei Drucksenkungen in der Hauptluftleitung muß so sein, daß eine Bremsung innerhalb 1,2 s bei einer Drucksenkung vom Regelbetriebsdruck ausgehend von 60 kPa in 6 s eingeleitet wird. Die Unempfindlichkeit der Bremse bei langsamer Drucksenkung in der Hauptluftleitung muß so sein, daß bei einer Reduzierung, vom Regelbetriebsdruck ausgehend, um 30 kPa je Minute keine Bremsung eingeleitet wird.« → Steuerventile besitzen dafür eine Empfindlichkeitsbohrung oder -düse, die beim Auffüllvorgang die Verbindung von der → Hauptluftleitung zum → Hilfsluftbehälter (→ Einfachsteuerventil) und bei → mehrlösigen Druckluftbremsen zur Steuerkammer herstellt (→ Knorr-Bremse (Bauart KE)).

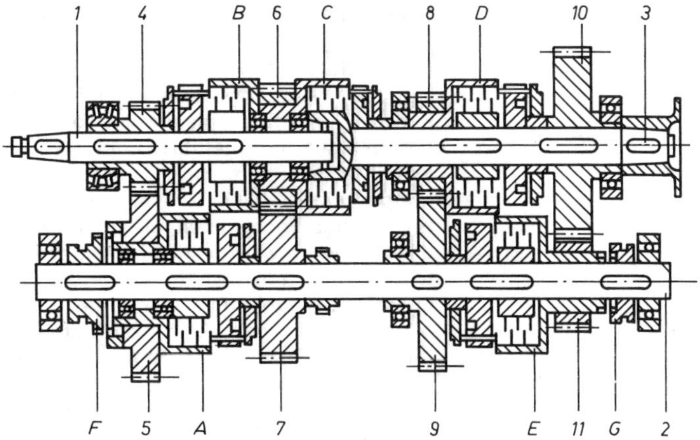

Elektroschaltgetriebe (Schema)
A bis E Elektroschaltkupplungen, F, G Schaltmuffen für Notgang; 1 Antriebswelle, 2 Zwischenwelle, 3 Abtriebswelle, 4–11 Zahnräder

Endbeschleunigung: momentane → Beschleunigung, über die ein Zug bzw. ein Tfz. bei der Endgeschwindigkeit der Zuganfahrt, im Regelfall bei Höchstgeschwindigkeit, noch verfügt. Die E. ist ein Maß für die Stabilität der Fahrschaulinie *v (s)* bei sich ändernden → Widerstandskräften und für das Erreichen der Höchstgeschwindigkeit innerhalb vertretbarer Zeiten und Wege. In Abhängigkeit von den Einsatzbedingungen werden E. von 0,01–0,10 m/s² erreicht.

Endführerstand: → Führerstand

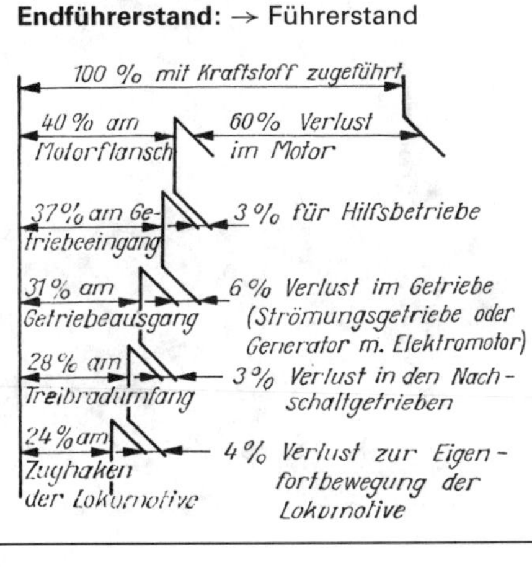

Energieflußdiagramm
Darstellung des Energieflusses im Antriebssystem einer Diesellokomotive

Energieflußdiagramm, *Sankey-Diagramm:* graphische Darstellung des Energieflusses und der Energieumsetzung im → Antriebssystem eines Tfz. Das E. weist die Nutzenergie und die Verluste, bezogen auf die zugeführte Energie, aus, wobei in der Darstellung die Breite des Bandes maßstäblich zum Anteil an der zugeführten Energie festgelegt wird und damit eine große Anschaulichkeit erzielt wird. Abb. S. 175

Energieverbrauch: Energiemenge in kJ oder kWh, die dem Tfz. für die Beförderung eines Zuges vom Start- bis zum Zielbahnhof, für die Ausführung von Rangierbewegungen und für die fallweise notwendige Erhaltung der Betriebsbereitschaft in Zeiten ohne Leistungsanforderung zugeführt werden muß. Der E. setzt sich aus den Anteilen für Traktion (75–95%), Betrieb der traktionstechnisch notwendigen Hilfseinrichtungen (5–10%) und Versorgung der Komfort-Einrichtungen (0–20%) zusammen. Der Anteil für Traktion geht aus dem Quotienten von → Zugförderarbeit und → Wirkungsgrad des Antriebssystems hervor, oder er kann auch über das leistungsbezogene Arbeitsintegral $\Delta W = \int P(t)\mathrm{d}t$ (bei Mittelung $\Delta W = P_{\mathrm{m}}\Delta t$) bestimmt werden. Die Leistungsaufnahme P (Wechselstrom-Tfz.: → Wirkleistung) ist der Leistungscharakteristik $P(v)$ (→ Leistung) zu entnehmen und für Zeitschritte Δt zu ermitteln.

Wird die Energie durch einen festen oder flüssigen Energieträger zugeführt, so wird der E. im Regelfall in die verbrauchte Masse des Energieträgers umgerechnet (→ Kohleverbrauch, → Kraftstoffverbrauch).

Man unterscheidet zwischen End-(Gebrauchs-)und Primär-E. Der *End-E.* ist auf den Eintritt ins Tfz. bezogen und dient dem Vergleich von Tfz. der gleichen Traktionsart untereinander. Der *Primär-E.* ist auf den Energiegehalt des für den Transportprozeß bereitzustellenden Primär-Energieträgers bezogen (Kohle, Erdöl, Wasserkraft, Kernkraft) und dient der Bewertung und dem Vergleich von Transportsystemen und Traktionsarten. Die Benutzung des End-E. für diesbezügliche Vergleiche ist unrealistisch. In der elektrischen Traktion wird der End.-E. häufig auf die Einspeisung aus dem Landesnetz in die Bahnstromversorgung bezogen, da an dieser Schnittstelle Energiezähler vorhanden sind. Für die Planung und statistische Bewertung des E. wird der → *spezifische Energieverbrauch* benutzt.

Engerth-Lokomotive, *Engerth-Stütztenderlokomotive:* nach dem Konstrukteur benannte Gebirgslokomotive, die die Vorteile der 4 Dampflokomotiven → »Bavaria«, »Seraing«, »Wiener Neustadt« und »Vindobona« des Semmeringwettbewerbs von 1851 zusammenfaßte.

Charakteristisch für die 1853 gebaute erste E. war der lange ovale Lokomotivkessel, der vorn auf dem Hauptrahmen mit den 3 enggestellten Kuppelradsätzen – von denen der 3. Radsatz den Treibradsatz bildete – ruhte und der hinten weit über den Hauptrahmen ragte und von einem 2achsigen Drehgestell abgestützt wurde. Dieses Drehgestell trug gleichzeitig den Tender mit den Vorräten. Um den

Engerth-Lokomotive
Tenderlokomotive der Bauart Engerth mit 2achsigem Tenderdrehgestell

auf dem Drehgestell ruhenden Anteil der Eigenmasse der Lok nach dem Muster der »Bavaria« als Reibungsmasse nutzbar zu machen, waren der Treibradsatz über eine Zahnradblindwelle und Zahnräder mit dem ersten Drehgestellradsatz gekuppelt und dieser wiederum über Kuppelstangen mit dem zweiten Drehgestellradsatz verbunden. Diese bemerkenswerte Anordnung wurde bei den folgenden E. wieder verlassen, da die einfache Reibungsmasse für die Zugkrafterzeugung ausreichte. Später wurde nach diesem Vorbild der → Luttermöller-Radsatz entwickelt. E. fanden in Österreich, Frankreich und der Schweiz eine weite Verbreitung. Lit.: 2.9., 5.3. Abb.

Entgleisungssicherheit: → Laufsicherheit

Entladeschlußspannung: von den Batterieherstellern angegebener Spannungswert, bis zu welchem eine → Batterie (→ Akkumulator) entladen werden darf, ohne Schaden zu nehmen. Die E. ist abhängig von der Größe des Entladestroms und liegt je Zelle etwa um 0,2–0,4 V unter der Anfangsspannung.

Entlüftungshaube: am Getriebeoberteil von Zahnrad-, Strömungs- und hydromechanischen Getrieben angebrachtes haubenförmiges Bauteil zur Entlüftung des Getriebeinnenraums. Die E. soll das Entstehen von Überdruck im Getriebeinneren vermeiden, dabei aber das Eindringen von Schmutz und Spritzwasser weitestgehend verhindern. Oft wird die E. durch einfacher gestaltete Entlüftungsstutzen ersetzt. Abb.

Entlüftungsleitung: Teil des → Kühlkreislaufs bzw. → Heizkreislaufs von Diesellokomotiven oder Triebwagen. Die E. dient zur selbsttätigen Entlüftung und damit zur Verhinderung von Luftansammlung im betreffenden System, um Störungen im Funktionsablauf der Motorenanlage zu vermeiden. E. stehen mit dem Kühlwasserausgleichbehälter in Verbindung.

Entlüftungsschraube: Bedienelement, das zur Entlüftung der Kraftstoffanlage nach Instandsetzungsarbeiten ober bei leergefahrenem Kraftstoffbehälter dient. E. werden im Deckel des → Kraftstoffilters (höchste Lage des Kraftstoffsystems) und an der → Einspritzpumpe (Saugraum) angeordnet.

Entwurfsgeschwindigkeit: beim Entwerfen (Projektieren, Konstruieren) eines Fahrzeugs oder einer Verkehrsanlage zugrunde gelegte momentane → Geschwindigkeit. Die E. wird aus Gründen der Sicherheit stets etwas größer gewählt als die betrieblich zugelassene → Höchstgeschwindigkeit.

Erdschlußrelais, *Erdstromrelais, Differentialrelais:* elektromagnetischer Schalter auf elektrischen Tfz., der von einem in den Hauptstromkreis eingefügten kompensierten Erdstromwandler gespeist wird und bei Auftreten von Erdströmen die Abschaltung des → Hauptschalters bewirkt.

Erhaltung: → Instandhaltung

Erregerspannung: elektrische Spannung an der Erregerwicklung einer elektrischen Maschine. Durch die E. wird die Erregerwicklung von einem elektrischen Strom durchflossen, wodurch ein elektromagnetisches Feld erzeugt wird. Dieses ist zur Übertragung einer Kraft bzw. bei rotierenden Maschinen eines Drehmoments unbedingt notwendig. Das übertragbare Drehmoment hängt von der Stärke des Magnetfelds und damit u.a. von der Größe des → Erregerstroms ab. → Fremderregung, → Selbsterregung.

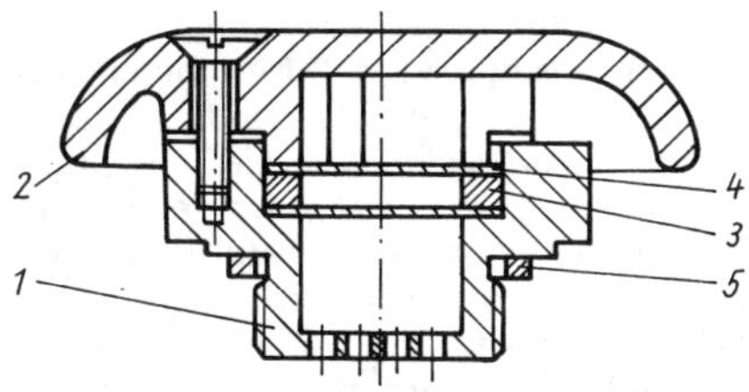

Entlüftungshaube
1 Grundkörper, 2 Haubenteil, 3 Zwischenring, 4 Sieb, 5 Dichtring

Erregerstrom: elektrischer Strom, der durch die Feldwicklungen elektrischer Maschinen fließt und in deren Ständer oder Läufer (Anker) ein magnetisches Feld ausbildet, wodurch im Zusammenhang mit dem Läuferstrom eine Drehbewegung erzeugt wird (Motor) oder durch mechanische Drehbewegung eine Spannung induziert wird (Generator). Mit dem E. kann die Drehzahl bzw. die Spannung gestellt (verändert) werden. Bei Hauptgeneratoren dieselelektrischer Tfz. werden über den E. die Klemmenspannung und damit die Leistung eingestellt; dies ist wichtig für die Leistungsanpassung an den Dieselmotor. → Feldregelung

Erregung: Bezeichnung für die Erzeugung eines elektromagnetischen Felds in einer Spule durch elektrischen Strom. Sie ist bei allen elektrischen Maschinen (Motoren, Generatoren, Transformatoren u.a.) notwendig, um elektrische Leistung übertragen zu können.

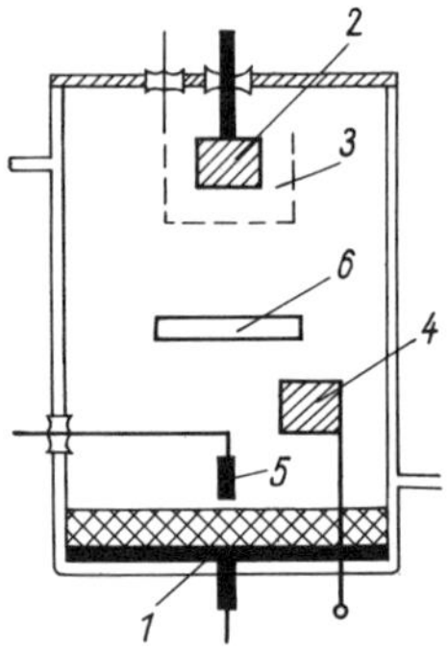

Excitron
1 Quecksilberkatode, 2 Anode, 3 Steuergitter, 4 Erregeranode, 5 Zündelektrode, 6 Quecksilberspritzschutz

Erschöpfbarkeit der Bremse: → Unerschöpfbarkeit der Bremse

Erwärmung: Temperaturanstieg, der durch Wärmeentwicklung beim Betrieb von Arbeits- und Kraftmaschinen sowie Übertragungseinrichtungen (Fahrmotoren, Generatoren, Transformatoren, Getriebe u.a.) auftritt. Für die Abführung der Wärme sind geeignete Maßnahmen zu treffen (Kühlung durch Kühlmedien oder thermisch günstige Oberflächengestaltung). Die E. von elektrischen Fahrmotoren begrenzt Höhe und Dauer der Antriebsleistung von elektrischen Tfz. Die zulässige E. elektrischer Maschinen wird durch die *Wärmebeständigkeit* der verwendeten Isolierstoffe bestimmt. Lit.: 4.5.

Erwärmungsprüfung: Prüfung elektrischer Maschinen, bes. Motoren, auf Einhaltung der durch die einschlägigen Vorschriften zugelassenen Grenzerwärmung entspr. der vorhandenen Isolationsklasse. Sie erfolgt bei kleineren Maschinen durch Dauerbetrieb bei Nennleistung, bei Maschinen großer Leistung meist durch Messungen im Leerlauf und Kurzschluß oder unter Belastung in einer Kreisschaltung, wenn 2 Maschinen gleicher Leistung vorhanden sind, z.B. bei → Fahrmotoren. Dabei wird die Temperatur entweder direkt mit Thermometern oder mit eingebauten Temperaturfühlern gemessen oder indirekt durch Messung der Widerstandsänderung der Wicklungen ermittelt. Ggf. werden bei der E. die Erwärmungs- und Abkühlungskennlinien und die Kennlinien für Dauer-, Stunden- und Überlastbetrieb aufgenommen.

Erzeugungswärme: für je 1 kg verdampftes Wasser aufgewendete Wärmemenge. Die E. ist abhängig von der Temperatur des zur Verfügung stehenden Speisewassers. Sie setzt sich deshalb zusammen aus der → Flüssigkeitswärme, reduziert um den Wärmeinhalt des i.d.R. über 0°C erwärmten Speisewassers, und der → Verdampfungswärme.

Die E. beträgt z.B. bei einem absoluten Druck von 1500 kPa und einer Temperatur des → Kesselspeisewassers von 20°C etwa 840 kJ (Flüssigkeitswärme) – 84 kJ (Speisewasser-Wärmeinhalt) + 1951 kJ (Verdampfungswärme) = 2707 kJ.

ES: ehem. Kennbuchstaben für den **S**teuerwagen eines **e**lektrischen → Triebzugs bei der DB und der DR.

Estrade-Lokomotive: von Boulet gebaute und 1889 auf der Weltausstellung in Paris vorgeführte Dampflokomotive. Sie war mit einem Kuppelraddurchmesser von 2500 mm die extreme Bauform einer 3fach gekuppelten Dampflokomotive der Welt. Der Einsatz der E. erfolgte probeweise bei der PLM. Zu ihr gehörte ein monströser Personenwagen in Doppelstockbauart, der gleichfalls einen Raddurchmesser von 2500 mm gehabt haben soll. Die Leistung der E. reichte nur für die Beförderung 1 Wagens aus, der Kuppelraddurchmesser hätte eine Höchstgeschwindigkeit von 150 km/h ermöglicht. Lit.: 5.3.

ET: ehem. Kennbuchstaben für → **e**lektrische **T**riebwagen bei der DB und der DR.

ETA: ehem. Kennbuchstaben für → **e**lektrische **T**riebwagen mit Energieversorgung aus mitgeführten **A**kkumulatoren (→ Speichertriebfahrzeug) bei der DB und der DR.

E-Traktion, *Elektrotraktion:* → Traktionsart

Excitron: pumpenloser, 1anodiger Gleichrichter mit Quecksilberkatode, bei dem der Zündlichtbogen durch eine Hilfsanode ständig aufrechterhalten wird. Aufbau und Eigenschaften sind ähnlich wie beim → Ignitron. Dieser Gleichrichter wurde früher bei Gleichrichterlokomotiven (→ Gleichrichtertriebfahrzeug) ausschl. angewandt, erstmals 1954 bei normalspurigen → Grubenlokomotiven für den Rheinischen Braunkohlenbergbau (Einphasenwechselstrom 50 Hz; Fahrspannung 6 kV). Abb.

Expansionsschalter: → Hauptschalter für Wechselstromlokomotiven, der früher in den Baureihen E44 und E94 der DRG verwendet wurde. Ein Gelenkmechanismus übersetzt eine Antriebsbewegung des Schalterantriebs so, daß der Schaltstift den relativ langen Weg in der sog. *Expansionskammer* schnell durcheilt. Der nach Ablösung des Schaltstifts vom unteren Schaltstück entstehende Lichtbogen verdampft durch seine Hitze eine eingespritzte Schaltflüssigkeit (z.B. Expansin), und der dadurch entstehende Druck bewirkt die Freigabe von Austrittsöffnungen in die Expansionskammer. Die damit verbundene Druckminderung und Abkühlung bringt den Lichtbogen schnell zum Erlöschen. Das Einschalten erfolgt durch Druckluft, das Ausschalten durch Federkraft. Wegen zu geringer Abschaltleistung wird der E. nicht mehr verwendet. Abb.

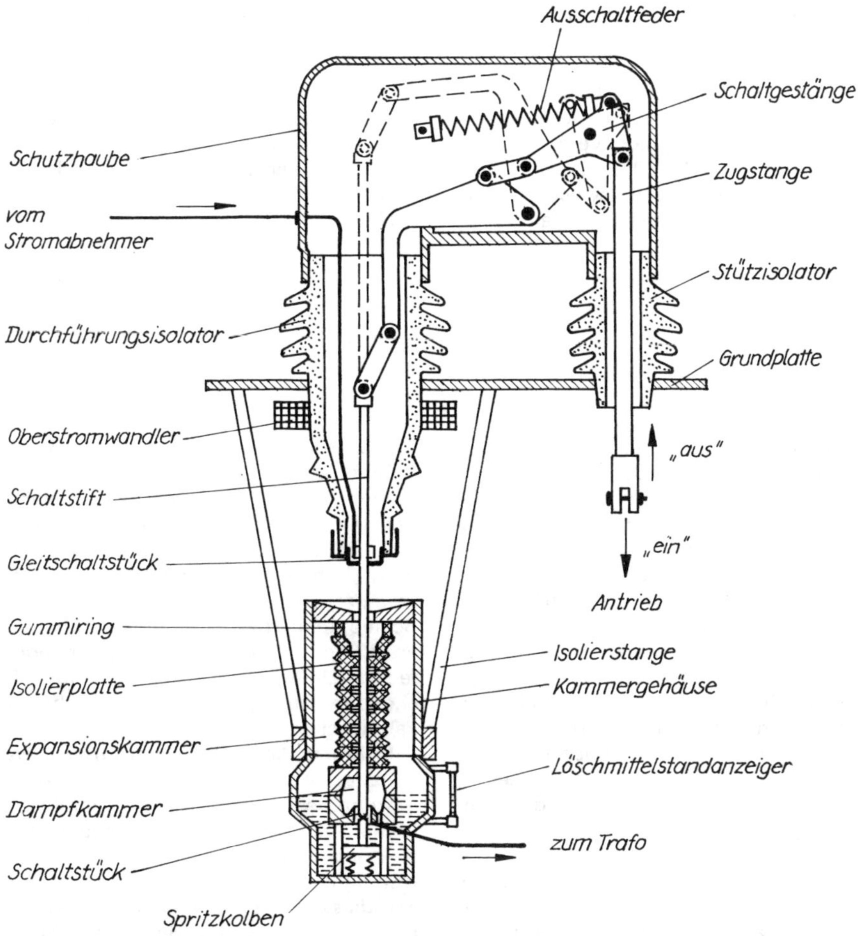

Expansionsschalter

Expansionstopf: raumbildendes Bauteil des → Abgasschalldämpfers, in dem sich die Abgase entspannen, so daß ihre Schallenergie abgebaut wird.

Explosionsschutz: Einrichtungen an Diesel-Tfz., die sicherstellen, daß keine unzulässig hohen Temperaturen an den maschinellen Ausrüstungen der Tfz. auftreten und keine Funken außerhalb geschlossener Systeme entstehen bzw. diese verlassen. Der E. wird bei den Diesel-Tfz. gefordert, die in feuer- und explosionsgefährdeten Betrieben (z. B. Tanklagern, Hafen- und Chemieanlagen) eingesetzt sind. Zur Gewährleistung des E. auf Diesel-Tfz. werden folgende Sicherheitsmaßnahmen getroffen: 1) Einbau einer *Schnellschlußklappe* in die → Ansaugleitung, die zum Abstellen des Dieselmotors dient, falls der Motor explosible Gemische ansaugt und »durchgeht«; 2) *Kühlung* der → Abgasleitungen und des Luftverdichters, um die Oberflächentemperatur der Maschinenteile in zul. Grenzen zu halten; 3) Einbau von → *Abgaskühlanlagen* zur Abgaskühlung und zum Löschen von Funken; 4) Einsatz von *Zünddurchschlagsicherungen* in der Ansaug- und Abgasleitung, wenn der Dieselmotor des Tfz. im explosionsgefährdeten Betriebsbereich angelassen und abgestellt werden muß; 5) *explosionsgeschützte Ausführung* der elektrischen Anlage; 6) Verwendung von *Kunststoffbremssohlen.*

Exzenter, *Hubscheibe:* Bauteil der → äußeren Steuerung, das innen oder außen auf der Treibradsatzwelle zum Antrieb der → Dampflokomotivsteuerung angeordnet ist. Die Wirkungsweise des E. entspricht der der → Gegenkurbel. Lit.: 2.3., 2.12.

Exzenterstange: ältere Bezeichnung für → Schwingenstange.

Exzentersteuerung: bei den ersten Lokomotiven verwendete → Dampflokomotivsteuerung. Bei ihr konnte während der Fahrt die → Füllung nicht verändert werden; sie war mit 75–80% fest eingestellt. Vor jedem Fahrtrichtungswechsel mußten vom Lokführer die Exzenter für die Vor- oder Rückwärtsfahrt mit einer Schaltschiebemuffe auf der Treibradsatzwelle in Eingriff gebracht werden, was die Bedienung der E. kraftaufwendig und umständlich machte. Sie wurde in späteren Jahren durch die Exzenter-Gabelsteuerung, den Vorläufer der → Schwingensteuerung, abgelöst. Lit.: 2.3., 2.9., 2.12.

F

Fabriknummer: → Fabrikschild

Fabrikschild: 1) Bei Dampflokomotiven Metallschild am Lokomotivkessel (Neubaukessel), das an der hinteren Stehkesselwand (meist über der Feuertür) angenietet ist und durch die Kesselbekleidung o.ä. nicht verdeckt werden darf. Das F. muß folgende Angaben enthalten: zul. Dampfüberdruck, Namen des Herstellers, Fabriknummer und Herstellungsjahr. 2) Schild an der Seitenwand oder am Führerhaus unten oder am seitlichen Langträger der Tfz. der modernen Traktion, das den Hersteller des Fahrzeugs, die Herstellungsnummer und das Herstellungsjahr angibt.

Fachwerkdrehgestell: 2achsiges → Drehgestell mit als Fachwerk ausgebildeten Rahmenwangen. Ober- und Untergurt des Fachwerks sind i.d.R. ohne zwischengeschaltete Federn mit den Radsatzlagergehäusen verbunden. Beide Rahmenwangen sind durch Querträger verbunden, die in unmittelbarer Nähe der Rahmenwangen die Tragfeder (Doppelelliptikfedern) aufnehmen (→ Diamonddrehgestell). Das F. ist nur noch vereinzelt an alten Güterwagen und → Schlepptendern von Dampflokomotiven anzutreffen. Nachteile: große unabgefederte Drehgestellmassen und unzureichende Laufeigenschaft bei höheren Fahrgeschwindigkeiten. Abb.

Fahr-Brems-Wender, *Bremsumschalter:* Schaltgerät auf elektrischen Tfz. zur Ausführung der für den Übergang von Fahrbetrieb auf elektrische Bremsung (→ elektrische Bremse) und umgekehrt notwendigen Umschaltungen.

Fahrdieselmotor: i.G.z. → Hilfsdieselmotor bei Diesellokomotiven zum Fahren, d.h. zur Traktion, vorgesehener Diesel-

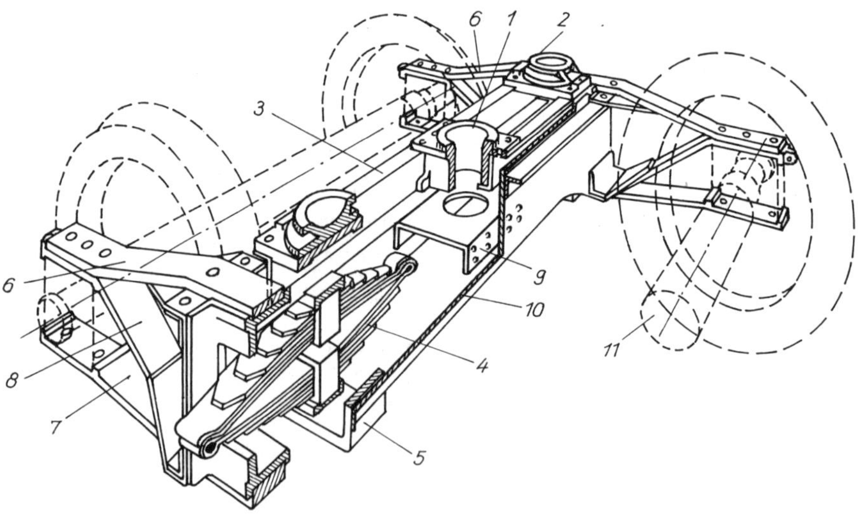

Fachwerkdrehgestell
1 Drehzapfenlager, 2 Kugelstützzapfenlager, 3 Wiegebalken, 4 Trag- und Wiegefedern, 5 Federbügel, 6 obere Rahmengurtung, 7 untere Rahmengurtung, 8 Rahmenstrebe, 9 Verbindungsstück, 10 Querträgerblech, 11 Tenderradsatz

motor. Die Bez. wird i.allg. nur benutzt, wenn außer dem F. noch ein Hilfsdieselmotor im Tfz. installiert ist.

Fahrdraht: Teil der → Fahrleitung für die Versorgung der elektrischen Tfz. mit Elektroenergie. Der F. (mit Rillen- oder Achterprofil) kann fest oder längsbeweglich aufgehängt sein. Wegen der Temperaturabhängigkeit der Ausdehnung sind bei fest abgespanntem F. kurze Aufhängungsabstände vorzusehen. Bei beweglicher Aufhängung sind größere Abstände möglich. Um das Einlaufen von Rillen in das → Schleifstück des Stromabnehmers zu verhindern, ist der F. im Zickzack zu spannen. Der allg. übliche Rillen-F. besteht aus hart gezogenem Elektrolytkupfer. Der F.querschnitt (Abb.) beträgt bei den deutschen Eisenbahnen bei Hauptgleisen 100 mm² und bei Nebengleisen 80 mm². Die Lebensdauer des F. liegt bei 30–40 Jahren. Abb.

Fahrdrahtaufhängung: Anordnung zur Befestigung des → Fahrdrahts an der jeweiligen Tragevorrichtung, also beim Kettenwerk mit Hänger am Tragseil oder bei einer → Einfachfahrleitung am Beiseil oder direkt am Stützpunkt. Der Fahrdraht selbst wird mit Fahrdrahtklemmen gehalten. Mit dem Klemmdeckel und den Schrauben wird der Fahrdraht so eingeklemmt, daß ein einwandfreies Befahren durch den Stromabnehmer ermöglicht wird. Der Anschluß am Klemmenhalter wird mit dem Bügelsplint gesichert.

Fahrdrahthöhe: Abstand zwischen → Fahrdraht und → Schienenoberkante (SO). Die F. ist durch die Umgrenzung des lichten Raumes begrenzt und beträgt bei den deutschen Eisenbahnen i.d.R. auf freier Strecke (gemessen am → Fahrleitungsstützpunkt) 5,5 m, auf Bahnhöfen aus Sicherheitsgründen 5,75 m (Regel-F.). Die höchste Fahrdrahtlage darf auf Bahnhöfen 6,0 m und auf freier Strecke 6,5 m betragen, die tiefste F. darf die Höhe von 4,95 m über SO nicht unterschreiten (z.B. unter Brücken, in Tunneln oder in Bahnhofshallen), da sonst Fahrzeuge und Personen gefährdet werden.

Fahrdrahtzickzack: seitliche Verschiebung des → Fahrdrahts am → Fahrleitungsstützpunkt von Gleismitte (bei der DB/DR i.allg. 400 mm) zur gleichmäßigen Abnutzung des → Schleifstücks des Stromabnehmers. → Fahrleitung (dort Abb.)

fahrdynamischer Wirkungsgrad: → Wirkungsgrad

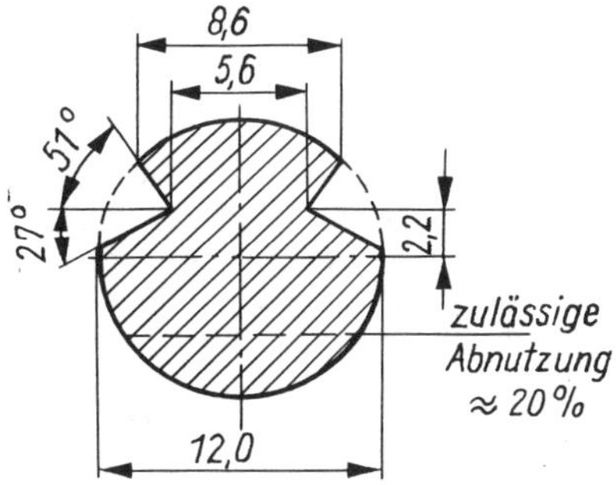

Fahrdraht
Querschnitt des Rillenfahrdrahts Ri 100

Fahrgastraum: i.e.S. Raum in Triebwagen, der dem Aufenthalt der Reisenden dient. F. werden entspr. dem Einsatzbereich des Triebwagens (Fern- oder Nahverkehr) gestaltet. Wichtige Kriterien dabei sind u.a. der Fahrkomfort und der Fahrgastfluß. Sie beeinflussen die Aufteilung des F. in Großraum- oder Einzelabteile, die Sitzplatzanordnung und -gestaltung, aber auch die Ausführung der → Fahrgastraumheizung und der → Beleuchtungsanlage. F. i.w.S. sind die Einstiegräume und die Gänge. Abb.

Fahrgastraumheizung: → Hilfseinrichtung in → Triebwagen, Triebzügen, Steuer- und Beiwagen zur Heizung der → Fahrgasträume. Die F. in Dieseltriebwagen wird entweder als → Warmwasserheizung oder als → Luftheizung ausgeführt, während → elektrische Triebwagen mit → elektrischer Heizung oder Luftheizung ausgerüstet sind. → Gasturbinentriebwagen haben Luftheizung. Klimaanlagen sind in Mitteleuropa i.d.R. nur bei Triebzügen für den Fernverkehr üblich.

Fahrgastraum
Großraumabteil im Triebzug der BR 675 der DB/DR

Fahrgeschwindigkeitsmesser, *Tachometer:* im → Führerstand von Tfz. im Blickfeld des Tfz.-Führers angeordnetes Meß- und Anzeigeinstrument für die Fahrgeschwindigkeit, ggf. gekuppelt mit einem → Fahrtschreiber. Der Antrieb erfolgt bei einfachen Übertragungsverhältnissen von einem Radsatz, bei Dampfloks meist vom letzten Kuppelradsatz aus. Über eine biegsame Welle wird ein Dauermagnet angetrieben, der einen Kurzschlußanker mit einem Zeiger gegen eine Rückstellfeder je nach Drehzahl (auf dynamoelektrischem Prinzip beruhend) mitzudrehen versucht. Der Drehwinkel des Ankers ist proportional der Fahrgeschwindigkeit. Ist eine mechanische Übertragung zu schwierig, z. B. bei elektrischen und Diesel-Drehgestell-Tfz., wird ein Generator (Tachogenerator, Geber) an einen Radsatz angeschlossen und die der Drehzahl des Radsatzes proportionale induzierte elektrische Spannung über Anschlußleitungen dem Anzeigegerät (Spannungsmesser) zugeführt. Zur Korrektur der Abnutzung des Radreifens wird eine sog. → Radanpassungsdose dazwischengeschaltet. Bei den mit → induktiver Zugbeeinflussung (Indusi) ausgerüsteten Tfz. ist der F. mit ihr gekuppelt.

Fahrgestell, *Fahrwerk:* → Laufwerk

Fahrinformator: Hilfsmittel zur Speicherung der vom Tfz.-Führer einzuhaltenden → Fahrstrategie. Der F. des Stadt- und Vorortverkehrs enthält für jeden Haltestellenabstand diejenige Abschaltgeschwindigkeit des Antriebssystems, mit der bei Ausnutzung des Zugauslaufs die pünktliche Ankunft gewährleistet ist. Im F. des Fernverkehrs ist wegabhängig die zu benutzende → Fahrstufe vorgegeben. Zur Kontrolle sind an Wegpunkten Fahrzeit und Geschwindigkeit zusätzlich festgehalten. F. können digital als Tabelle (Fahrtableau), analog als → Fahrschaubild oder digital-analog als Streckenband aufgestellt werden. Die zweckmäßigste Form eines F. ist der → Bordmikrorechner. Abb.

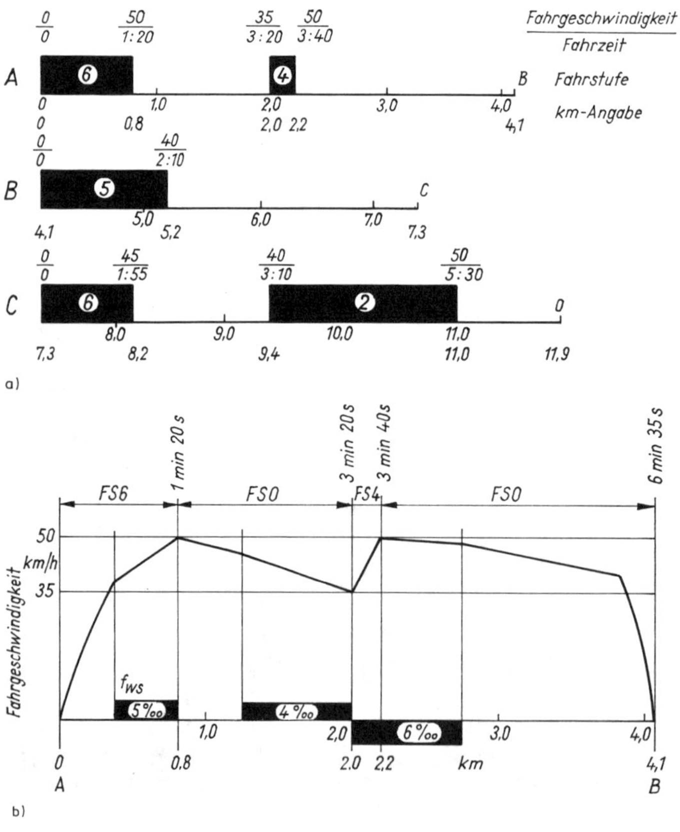

Fahrinformator
a) der energiesparenden Fahrstrategie für 3 Streckenabschnitte AB, BC und CD einer Personenzugfahrt mit Diesellokomotive (Ermittlung mit Fahrsimulator)
b) zugehöriges Fahrschaubild des Abschnitts AB

Fahrkupplung: → Anfahrkupplung und → Schaltkupplung des → Einheitsrädergetriebes.

Fahrleitung: blanke elektrische Leitung, die neben, über oder unter der Fahrbahn elektrisch bewegter Fahrzeuge oder Geräte isoliert verlegt ist und von der mit Schleifstücken, Rädern oder Rollen die elektrische Energie für deren Fahrantrieb abgenommen wird. Die F. für Traktionszwecke wird entweder als *Oberleitung* oder als → *Stromschiene* (meist bei Stadtschnellbahnen) ausgeführt. Als Oberleitung ausgeführte F. (meist vereinfacht nur F. genannt) mit Längstragwerk wird als Längskettenwerk (Abb.) bzw. Kettenwerks-F. bezeichnet; einfach verlegte Fahrdrähte (ohne Tragseil) heißen → Einfachfahrleitung. Als F. gelten auch Leiter aus Profilschienen in Werkhallen, an Decken unter Brücken, im Tunnel und in Durchfahrten. Abb.

Fahrleitungsanlage: Gesamtheit aller zur Stromabgabe an Fahrzeuge dienenden → Fahrleitungen und der auf ihrem Tragwerk geführten → Speiseleitungen, Verstärkungs- und Umgehungsleitungen, ferner alle Einrichtungen, die zum Aufhängen und Befestigen dienen, wie Maste einschl. ihrer Gründungen, Leitungsträger, Schutzverkleidungen, Längs- und Quertragwerke, Isolatoren, Spannvorrichtungen, Schalter, → Streckentrenner und Geräte für den → Überspannungsschutz.

Fahrleitungsrevisionstriebwagen, Abk. **FRT**: Spezialtriebwagen als Bahndienstfahrzeug mit fahrleitungsunabhängigem Verbrennungsmotor- oder batteriegespeistem elektrischem Antrieb. Der F. ist 2- oder 4achsig ausgeführt und mit schwenkbarer Arbeitsbühne, Klappleiter, Lehrstromabnehmer und verschiedenen Reparatureinrichtungen ausgerüstet und dient zur Revision von → Fahrleitungsanlagen und zur Beseitigung von Störungen an der Fahrleitung. Hohe Marschgeschwindigkeit (wegen der Durchlaßfähigkeit) und niedrige Arbeitsgeschwindigkeit (bei Revisionsarbeiten) stellen besondere Anforderungen an die Antriebsanlage. Abb.

Fahrleitungsstützpunkt: Konstruktion zur Aufhängung und seitlichen Festlegung der → Fahrleitung an einem Fahrleitungsmast, einem Quertragwerk oder an Bauwerken. Bei Kettenwerksfahrleitungen unterscheidet man zwischen *Tragseil-* und *Fahrdrahtstützpunkten.* Abb.

Fahrmotor: Elektromotor für Gleichstrom, Einphasenwechselstrom, → Mischstrom, Drei- und Mehrphasenstrom verschiedener Frequenzen zum Antrieb von Fahrzeugen, bes. Eisenbahn-Tfz. (z.B. → elektrische Lokomotive, → Triebwagen). F. kommen bei elektrischen, thermoelektrischen und gyroelektrischen Tfz. sowie bei → Zweikraftlokomotiven zum Einsatz. F. in Reihenschlußschaltung sind fahrdynamisch am günstigsten und daher am häufigsten. Zunehmende Verbreitung findet der einfache und leistungsfähige Drehstrom-Asynchronmotor, der sich, allerdings nur in Verbindung mit elektronischer Steuerung, hervorragend als F. eignet.
Hauptelemente: → Ständer und → Läufer (2). Je nach Größe und Einsatzart können F. fremd-, selbst- und eigenbelüftet sein (→ Fahrmotorlüfter). F. sind kurzzeitig überlastbar. Im Zusammenwirken mit speziellen Antrieben haben F. besondere Bezeichnungen erhalten wie → *Achsmotoren,* → *Tatzlagermotoren,* → *Schwebemotoren,* → *Gestellmotoren.* Sonderformen in Antriebssystemen sind → *Zwillingsmotoren* und → *Tandemmotoren.* Hinsichtlich der Lage der F.welle zur Fahrtrichtung unterscheidet man *Quer-, Längs-* und *Vertikalmotoren.* Neben dem F. in Form der klassischen elektrischen Maschine sind Ausführungen mit rotierendem Läufer und Ständer sowie als → Linearmotoren möglich. Lit.: 4.2., 4.5., 4.11., 4.12.

Fahrmotorkühler: → Fahrmotorlüfter

Fahrmotorlüfter: radialer oder axialer Kreiselrad- oder Schleuderlüfter zur Fremdbelüftung der → Fahrmotoren, meist von Reihenschlußmotoren angetrieben. F. saugen Luft über Luftkanäle direkt aus dem Freien, über Beruhigungskammern oder bei älteren Ausführungen aus dem Maschinenraum an. Eine Sommer-Winter-Schaltung ermöglicht bei niedrigen Außentemperaturen zur Vermeidung der Unterkühlung des Maschinenraums das Anlegen einer verminderten Klemmenspannung am Antriebsmotor, wodurch die geförderte Luftmenge verringert wird. Neuerdings gibt es auch eine temperaturabhängige Regelung der Antriebsleistung und damit der Kühlluftmenge, die vornehmlich

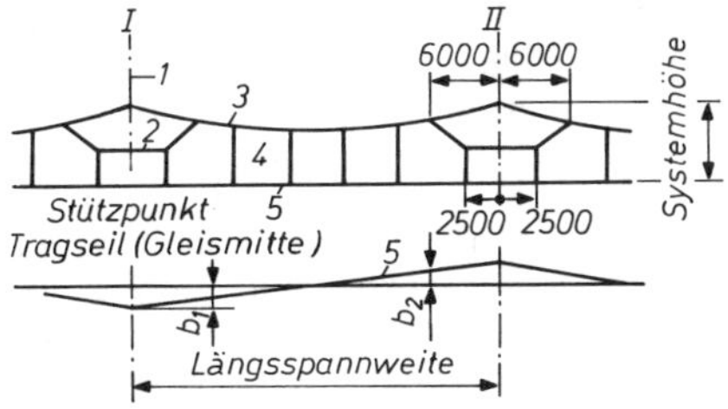

Fahrleitung
Längskettenwerk mit Y-Beiseil (geeignet bis 160 km/h)
b_1, b_2 Fahrleitungszickzack, 1 Stützpunktisolator, 2 Y-Beiseil, 3 Tragseil, 4 Hänger, 5 Fahrdraht

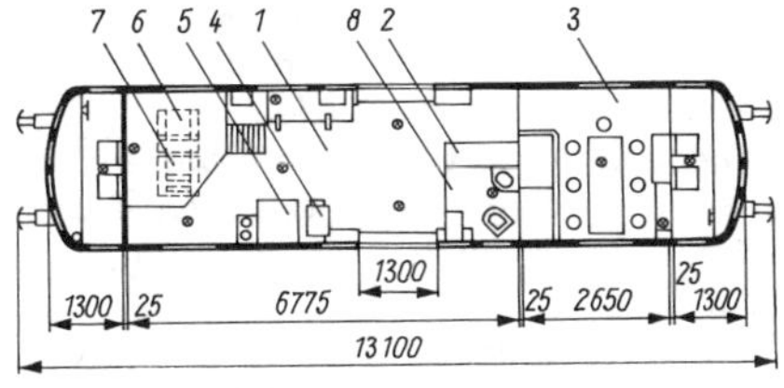

Fahrleitungsrevisionstriebwagen (Grundriß)
1 Arbeitsraum, 2 Kraftstoffbehälter, 3 Mannschaftsraum, 4 Ofen, 5 Kohlenbunker, 6 Kompressor, 7 Motor, 8 Toilette

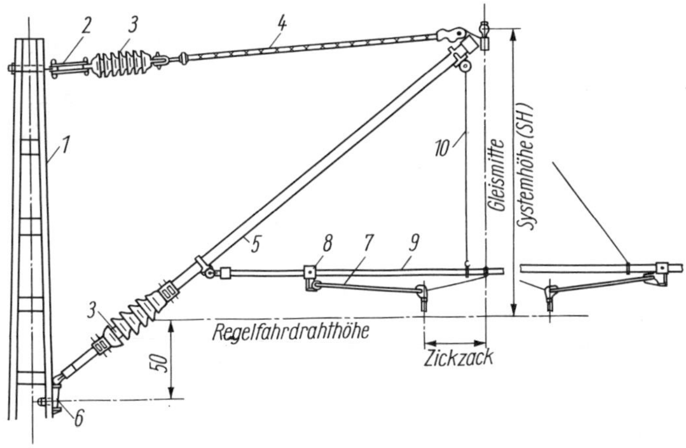

Fahrleitungsstützpunkt
an einem Fahrleitungsmast mit Rohrschwenkausleger für die Kettenwerksfahrleitung der DR
1 Rahmenflachmast, 2 Verbindungslasche, 3 Stabilisator, 4 Ankerseil, 5 Auslegerrohr, 6 Drehgelenk für Rohrausleger, 7 Fahrdraht-Seitenhalter, 8 Abzughalter, 9 Stützrohr, 10 Stützpunkthänger

der Energieeinsparung dient. → Lüfterzwangsschaltung

Fahrmotorstromkreis, *Motorstromkreis:* Stromkreis eines → Fahrmotors, in dem alle zwischen der zuführenden und der wegführenden → Motorsammelschiene angeordneten elektrischen Geräte liegen, z.B. → Motorstromwandler, → Motortrennschütz, Fahrmotor, → Fahrtrichtungswender. Ein F. kann unabhängig von den anderen F. durch Motortrennschütz von der Motorsammelschiene abgetrennt werden, außerdem ist die Einzelabschaltung von Fahrmotoren im spannungslosen Zustand durch Trennschalter oder andere Einrichtungen möglich.

Fahrmotorstromwandler: → Stromwandler im → Fahrmotorstromkreis, der die hohen Motorströme auf niedrigere Werte transformiert, wie sie für die Meßgeräte (→ Motorzugkraftmesser) sowie für die Schutzeinrichtungen (→ Motorschutzrelais) üblich sind.

Fahrmotor-Trennschalter: Im → Fahrmotorstromkreis angeordneter, meist handbetätigter Schalter ohne Löscheinrichtung, um schadhafte Fahrmotoren zusammen mit dem → Motortrennschütz (dort Abb.) beidpolig abschalten zu können. Bei manchen Tfz. übernehmen Trennmesser, abschraubbare Laschen oder zur Auftrennung des Stromkreises ausgebildete → Fahrtrichtungswender diese Aufgabe.

Fahrplanmulde: → Buchfahrplanhalterung

Fahrpult, *Führerpult:* Zusammenfassung von Elementen der Bedien-, Schalt- und Überwachungsanlage von elektrischen und Diesel-Tfz. in einem Pult, das im → Führerstand (dort Abb.) meist an der Stirnseite installiert ist und zum unmittelbaren Arbeitsplatz des Tfz.-Führers gehört. Die Kontroll-, Steuer- und Regeleinrichtungen mit den entspr. Anzeigegeräten und Bedienelementen sind nach ergonomischen Gesichtspunkten für eine übersichtliche Beobachtung und sichere Bedienung im Sicht- und Griffbereich des Tfz.-Führers angeordnet, z.B. das Handrad des → Fahrschalters bzw. Fahrstufenschalters, mit dem die → Zugkraft und damit auch die Fahrgeschwindigkeit geregelt werden, direkt vor dem Sitz des Tfz.-Führers, rechts daneben das → Führerbremsventil.

Fahrpumpe: Bauelement der → Speiseeinrichtung von Dampflokomotiven älterer Bauarten. Die eingesetzten → Plungerpumpen wurden über ein Gestänge oder direkt vom Kreuzkopf der Dampfmaschine angetrieben. Da eine Kesselspeisung nur während der Fahrt möglich war, mußten unter Feuer stehende, abgestellte Lokomotiven zur Ergänzung des Kesselwassers hin- und herbewegt werden, was als *Wassereinfahren* bezeichnet wurde.

Fahrschalter: Bezeichnung für die Baugruppen der → Übertragungssteuerung von elektrischen und Diesel-Tfz., mit denen der Tfz.-Führer Befehle an die → Leistungssteuerung zur Beeinflussung von Geschwindigkeit, Antriebs- und elektrischer Bremskraft, Fahrtrichtung usw. erteilt. Die Betätigungselemente sind auf vertikalen Wellen (Handrad, Kurbel) oder waagerechten Wellen (Steuergriff oder -hebel, Fahrpedal für Fußbetätigung) angeordnet. Der Abgabe elektrischer Signale dienen auf den Wellen angeordne-

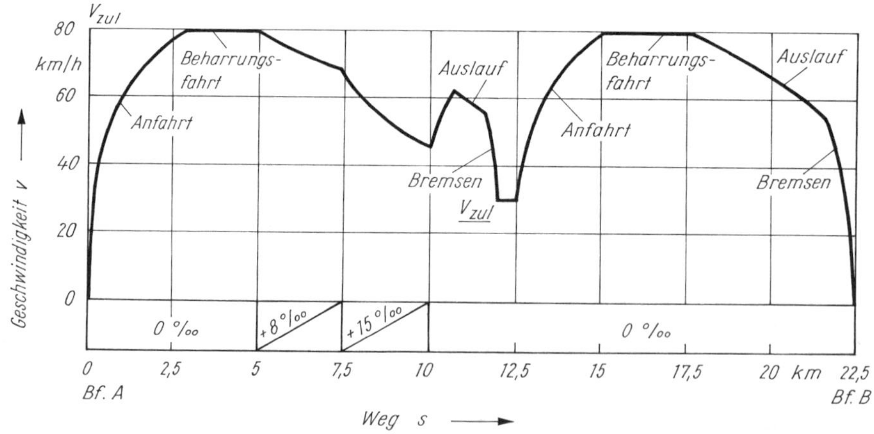

Fahrschaubild mit Neigungsprofil der Strecke für die Beförderung eines Güterzugs mit einer Diesellokomotive zwischen den Bahnhöfen A und B te Nockenschalter, Schlitzinitiatoren, Potentiometer usw.

Fahrschaubild: analoge Darstellungsform der → Fahrstrategie. Im F. wird die momentane → Geschwindigkeit des Zugs über der Zeit oder über dem Weg aufgetragen, wobei die Wegabszisse häufig zum Streckenband erweitert wird. Außerdem kann die Weg-Zeit-Linie *s(t)* oder Zeit-Weg-Line *t(s)* ergänzt und die auf Wegabschnitten zu benutzende → Fahrstufe angegeben werden, und an maßgebenden Wegpunkten können Zeit und Geschwindigkeit digital festgehalten werden. Im vereinfachten F. wird die Kennlinie *v(t)* oder *v(s)* durch Geraden zwischen den maßgebenden Punkten ersetzt, da für die Realisierung der Fahrstrategie nur die Kontrollwerte an den maßgebenden Punkten von Interesse sind. Abb.

Fahrschaulinie: → Fahrschaubild

Fahrsimulator: **1.** Gerät für die Simulation einer Zugfahrt auf der Grundlage eines Modells mit der Zielstellung, Fahrzeit, → Energieverbrauch und → Fahrstrategie zu gewinnen, Fertigkeiten in der Tfz.-Bedienung und im Fahren von Zügen anzueignen oder die Arbeitsweise des Tfz. unter Laborbedingungen zu überprüfen.

Die verbreitetste Ausführungsform ist ein Computer, in den → Zugkraftdiagramm, Zugwiderstandskennlinie und Streckenband (→ Widerstandskraft) eingegeben werden und der für die Wegpunkte Geschwindigkeit, Zeit, Energieverbrauch und → Fahrstufe liefert oder den kompletten → Fahrinformator ausdruckt. Die Zugfahrt wird durch ein mathematisches Modell beschrieben, das im entsprechenden Algorithmus vom Computer bearbeitet wird. Für zahlreiche Zugfahrten kann die energieoptimale Fahrstrategie vollständig automatisiert gewonnen werden; anderenfalls ist der Rechner-Bediener-Dialog erforderlich.

Eine spezielle Ausführungsform ist der *Ausbildungs-F.* Der Rechner arbeitet auf Echtzeitbasis mit einem Original-Führerstand im Dialogbetrieb. Filmprojektion der Strecke und Übertragung von Kräften, Störbewegungen und Geräuschen auf die Kabine erzeugen den Eindruck einer wirklichen Zugfahrt. – **2.** Rollenprüfstand, der für die fahrdynamische Prüfung von Schienenfahrzeugen entwickelt wurde. Bei diesem F. wird das Tfz.-Original auf angetriebene und abbremsbare Rollen gesetzt. Rollen, Antriebssystem und Bremse stehen mit einer Rechnereinheit im Dialogbetrieb. Die Massenträgheit wird teilweise durch äquivalente Schwungmassen an den Rollen simuliert.

Fahrsteuerstrom: Strom, der im → Steuerstromkreis von elektrischen Tfz. bei Betriebsart »Fahren« die → Motortrennschütze und den → Fahrtrichtungswender betätigt und den Einzelschutz des → Fahrmotors und dessen Abschaltung ermöglicht.

Fahrsteuerung: Teil der Steuerungsanlage eines Tfz., der die zum Fahren erforderlichen Handlungen des Tfz-Führers an die → Maschinenanlage weiterleitet. Zur F. gehören das Anlassen und Abstellen der Antriebsmaschine, die Leistungs- oder Drehzahlverstellung und das Schalten der Leistungsübertragungsanlage (→ Gangschaltung, → Wendeschaltung, → Fahrtrichtungswender). Einzelne Schalthandlungen der F. können automatisiert oder blockiert sein, und Überwachungseinrichtungen können in die F. eingreifen, z. B. Wächter mit leerlaufeinstellender oder leistungsabstellender Wirkung. Bei elektrischen Tfz. wird der Begriff → Übertragungssteuerung bevorzugt.

Fahrsteuerwalze: Bauelement des → Fahrschalters. Die F. ist ein Walzenschalter (Segmentschalter) für die Einstellung der Fahrstufe und damit der Leistung elektrischer und dieselelektrischer Tfz. In modernen Tfz. ist sie nur Steuerschalter zum Stellen des → Schaltwerks, das seinerseits die Leistungseinstellung vornimmt. Die F. ist mit der → Richtungssteuerwalze gekoppelt.

Fahrstrategie: programmierte Fahrweise eines Eisenbahnzugs zur Erfüllung von Zielfunktionen, die entweder die kürzeste Fahrzeit (straffe F.) oder Fahrzeiteinhaltung und minimaler → Energieverbrauch (energiesparende oder energieoptimale F.) sind. Die *straffe F.* erfordert durch das Fahren mit den Grenzwerten für → Zugkraft, Geschwindigkeit und → Bremskraft und ohne Auslauf den max. Energieverbrauch. Sie dient unter Gewährung von Zeitzuschlägen (mindestens 3% für Reisezüge, 5% für Güterzüge sowie für Langsam-Fahrstellen) der Festlegung der Fahrplan-Fahrzeit. Die *energiesparende F.* ist eine der möglichen Zugfahrvarianten mit Energieeinsparung durch Ausnutzung der Fahrzeitreserve zwischen kürzester und Fahrplan-Fahrzeit bes. für den Zugauslauf. Die *energieoptimale F.* ist die Variante mit dem Minimum des Energieverbrauchs. Die gegenwärtig vorhandenen Modelle der Zugfahrsimulation (→ Fahrsimulator) ermöglichen die Bestimmung der energieoptimalen F. noch nicht für die allgemeine Zugfahrt, sondern nur für ausgewählte Anwenderfälle. Man unterscheidet statische, dynamische und quasidynamische F. Die *statische F.* ist die für normative Bedingungen programmierte Fahrweise und ermöglicht keine operativen Reaktionen auf veränderte Bedingungen. Sie wird außerhalb des Tfz. durch Zugfahrtsimulation (Fahrsimulator) im voraus bestimmt und dem Tfz.-Führer über den → Fahrinformator vorgegeben. Die *dynamische F.* entsteht während der Zugfahrt auf dem Tfz. durch ein Simulationsmodell des → Bordmikrorechners und ermöglicht operative Reaktionen auf Bedingungsänderungen. Sie hat den Dialog zwischen Tfz. und Strecke zur Voraussetzung, der im Idealfall linienförmig (→ linienförmige Zugbeeinflussung), mindestens aber punktförmig (→ punktförmige Zugbeeinflussung) sein muß. Die *quasidynamische F.* ist speziell für den autonomen Zugbetrieb mit ungestörtem → Fahrschaubild der Stadt- und Vorortbahnen entwickelt worden. Sie basiert auf der Vorausbestimmung der Abschaltgeschwindigkeit des Fahrantriebs in Abhängigkeit von der operativen Fahrzeit für Haltestellenabstände mit Zugfahrsimulation, der Speicherung der Tabellenwerte $v_{Ab} = f(t_F)$ im Bordmikrorechner und der Anzeige der Abschaltgeschwindigkeit für die tatsächlich zur Verfügung stehende Fahrzeit. Außerdem enthält der Bordmikrorechner einen Algorithmus zur energieoptimalen Aufteilung von Verspätungen auf mehrere Haltestellenabstände. Bei der statischen F. werden 5–10%, bei der quasidynamischen F. bis zu 15% und bei der dynamischen F. bis zu 20% Energieeinsparung erzielt.

Statische F. erfordern zur praktischen Realisierung keine Investitionen (Fahrinformator), quasistatische F. Investitionen mit etwa 2–3 Jahren Rückflußdauer (→ Bordmikrorechner) und dynamische F. einen sehr großen Investitionsaufwand. Für F. des Stadt- und Vorortverkehrs ist die Abschaltgeschwindigkeit des Antriebssystems die unabhängige Variable und die Abschalthandlung die abhängige Variable. Die Abschaltgeschwindigkeit ist wiederum von der zur Verfügung stehenden Fahrzeit abhängig. Im Fernverkehr ist dagegen der Weg die unabhängige Variable und das Benutzen der programmierten → Fahrstufe ab einem bestimmten Wegpunkt die abhängige Variable.

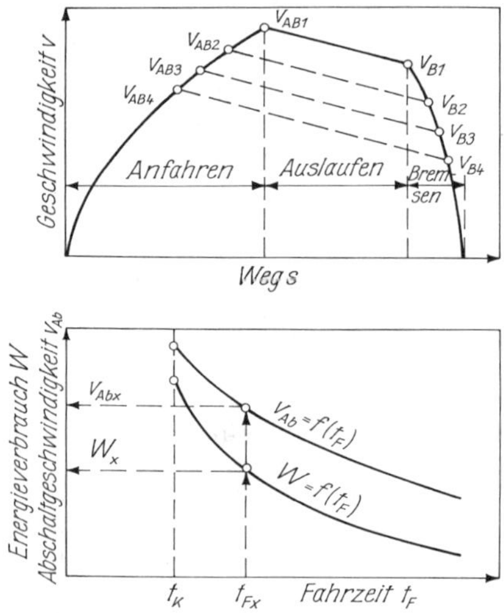

a)

Fahrstrategie
a) des Nahverkehrs mit der Abschaltgeschwindigkeit des Antriebssystems v_{Ab} als unabhängige Variable für Fahrzeit t_F und Energieverbrauch W; der Fahrzeit t_{Fx} ist die Abschaltgeschwindigkeit v_{Abx} und der Energieverbrauch W_x zugeordnet.
t_k kürzeste Fahrzeit, gegeben durch die Fahrstrategie »Anfahren – Bremsen« (ohne Zugauslauf)
b) Fahrschaubild (in vereinfachter Darstellung) mit der energiesparenden Fahrstrategie eines 1000-t-Güterzugs mit Diesellokomotive für die Fahrplan-Fahrzeit 29 min; durch rechtzeitigen Auslauf vor der Gefällestrecke, vor der Langsam-Fahrstelle und vor Zugfahrtabschluß können gegenüber der straffen Fahrstrategie 29 kg Dieselkraftstoff eingespart werden.
F1–F6 benutzte Fahrstufen, F0 Fahrstufe für Motorleerlauf (Zugauslauf), B1–B5 benutzte Bremsstufen

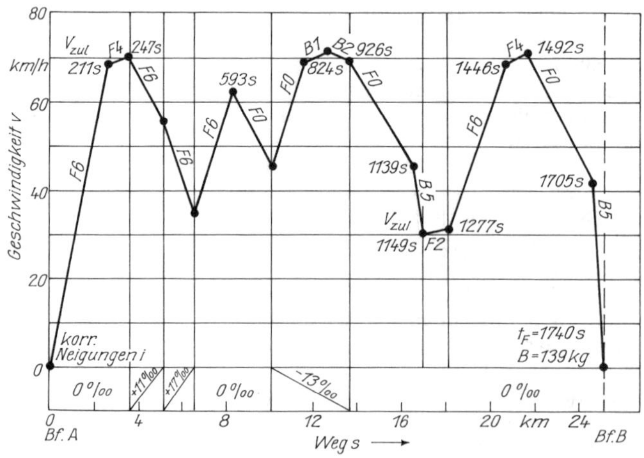

b)

Außerdem müssen Zeit und Geschwindigkeit kontrolliert werden. Abb.

Fahrstrom: Strom, der während der Fahrt eines elektrischen Tfz. von der → Fahrleitung über den → Stromabnehmer zu dessen elektrischer Ausrüstung fließt. Der F. enthält Anteile für die Energieversorgung des Zugs, der Hilfsbetriebe usw.

Fahrstufe: programmierte Arbeitslage des Antriebssystems eines Tfz. Die Unterteilung des Arbeitsfelds (→ Zugkraftdiagramm) in F. ist zur Anpassung der Arbeitslage des Antriebssystems an die geforderten Zugkraft- und Geschwindigkeitswerte der Zugfahrt und für die Zuganfahrt (schrittweises Erhöhen von Leistung oder Spannung) erforderlich. Das max. Arbeitsvermögen ist in der obersten F. gegeben. Bei Diesel-Tfz. mit hydraulischer und elektrischer Drehmomentwandlung liegt den F. eine annähernd konstante Leistungsabgabe des Dieselmotors bei nahezu konstantem zeitbezogenem → spezifischem Kraftstoffverbrauch zugrunde. Elektrische Wechselstrom-Tfz. arbeiten in den F. mit konstanter Spannung an den Motorklemmen, Gleichstrom-Tfz. dagegen mit konstanter Motorgruppierung sowie mit konstantem Regelwiderstand und Erregergrad. Für moderne Tfz. wird die fahrstufenlose Regelung bevorzugt. Der Tfz.-Führer gibt in diesem Fall den Sollwert der Geschwindigkeit oder einer anderen Größe vor, und die Arbeitslage des Antriebssystems wird automatisch solange stufenlos verändert, bis der Istwert im Hysteresebereich des Sollwerts liegt.

Fahrstufenschalter: → Fahrschalter, → Fahrpult

Fahrtableau: digitale Form des → Fahrinformators.

Fahrtregime: → Fahrstrategie

Fahrtrichtungswender, *Fahrtwendeschalter, Fahrtwender:* Schalterkombination zum Wechsel der Drehrichtung der → Fahrmotoren und damit der Fahrtrichtung elektrischer und dieselelektrischer Tfz. Bei → Reihenschlußmotoren tauscht der F. die Anschlüsse der Erregerwicklungen im stromlosen Zustand. Neben Schaltstellungen für Vorwärts- und Rückwärtsfahrt ist meist noch eine Nullstellung vorhanden. Ausführungen: *Nocken-F., Schwenkhebel-F., Walzen-F.* (→ Richtungswalze) oder *Schaltschlitten-F.* Der F. wird vom Führerstand aus mit Fahrtrichtungshebeln auf mechanischem, elektromagnetischem, elektromotorischem oder pneumatischem Weg betätigt. Er hat meist Hilfskontakte zur Verriegelung fahrtrichtungsabhängiger Stromkreise. → Drehrichtungsänderung. Lit.: 4.3., 4.5. Abb.

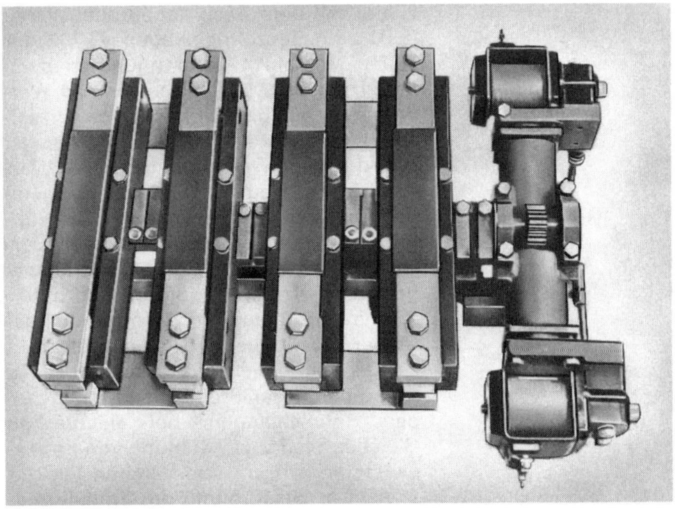

Fahrtrichtungswender und Bremswender

Fahrtschreiber: Gerät zur Erfassung der vom Tfz.-Führer realisierten → Fahrstrategie. Der F. registriert das → Fahrschaubild. Der Meßschrieb wird bezüglich Einhaltung zul. Geschwindigkeiten, Wahl einer energiesparenden Fahrstrategie und betrieblicher Plan-Ist-Abweichungen ausgewertet. Die Aufgaben des F. wird zukünftig der → Bordmikrorechner mit übernehmen.

Fahrtstellung: Bezeichnung für die Stellung des → Führerbremsventils (dort Abb.), bei der die Nachspeisung der normalen, während des Betriebs auftretenden Undichtigkeiten bei gelöster Bremse gewährleistet sein muß. Dazu ist das Drehschieberbremsventil, Bauart Knorr Nr. 8, mit der → Hauptluftleitung und der → Hauptluftbehälterleitung über den → Druckregler (1) zur Aufrechterhaltung des Regeldrucks verbunden.

Fahrtwender: → Fahrtrichtungswender

Fahrtwendeschalter: → Fahrtrichtungswender

Fahrtwindkühlung: Abführen von Wärme unter Nutzung des Fahrtwinds bei Bewegung des Tfz. Bauteile und Aggregate, von denen Wärme abzuführen ist, z.B. → Kühlelemente, → Bremswiderstände oder Rohrschlangen, sind so angeordnet, daß sie unmittelbar dem Fahrtwind ausgesetzt sind. Die F. wurde bei älteren Triebwagen, bei denen die → Ölkühler auf dem Dach angeordnet waren (z.B. dem Benzoltriebwagen VT762 der DRG, → Tafel »Verbrennungstriebwagen«), genutzt, sie ist aber für die Wärmeabfuhr aus der Kühlanalge bei Diesel-Tfz. nicht ausreichend. Sie unterstützt den durch den → Kühlerlüfter zur Wärmeabfuhr erzeugten Luftstrom, wenn das Tfz. einen vornliegenden → Stirnkühler besitzt und genügend schnell vorwärtsfährt. Die F. kann bei Dieseltriebwagen mit → Unterflurmotoren und unterflur angeordneten → Zahnradschaltgetrieben sowie bei → Radsatzgetrieben zur Ölkühlung dienen. Die F. wird bei Tfz. zur Kühlung der Bremsluft in freiliegenden Rohrschlangen, bei elektrischen Gleichstrom-Tfz. zur Kühlung von Bremswiderständen und bei älteren elektrischen Tfz. zur Kühlung des Transformatoröls genutzt.

Fahrwalze: → Fahrsteuerwalze

Fahrweise: → Fahrstrategie

Fahrwerk: → Laufwerk

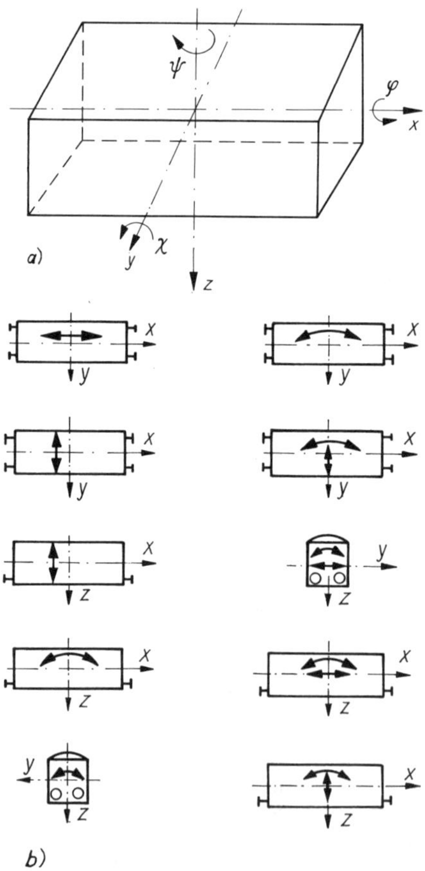

Fahrzeugschwingung
a) Schwingungsrichtung
b) Bezeichnung der Schwingungen

Fahrzeugbegrenzung: → Begrenzung der Fahrzeuge

Fahrzeugbegrenzungslinie: → Begrenzung der Fahrzeuge

Fahrzeuglauf: zusammenfassende Bezeichnung für den Bewegungsablauf des Fahrzeugs im Gleis. Das Fahrzeug als schwingungsfähiges System mit Massen und Federn führt aufgrund von Störbewegungen bei der Fahrt → Fahrzeugschwingungen aus. Ursache für die Störbewegungen sind Gleisabweichungen und Selbsterregungen des Fahrzeugs. Im Gleisbogen ist der F. durch den → Bogenlauf mit seinen Gesetzmäßigkeiten charakterisiert. Eine bes. Erscheinung des F. ist die sinusförmige Querbewegung des Fahrzeugs im geraden Gleis (sog. *Sinuslauf*), die bei hohen Geschwindigkeiten in einen ungünstigen Zick-Zack-Lauf umschlagen kann. Allg. wird ein guter F. angestrebt. Meßbare Größen für den F. sind die → Wertungsziffer *Wz* und die Kräfte zwischen Rad und Schiene sowie der Verschleiß an den Spurführungselementen. Der F. ist qualitätsmäßig stark von der Gleislage und dem → Laufwerk abhängig. Durch Simulation des F. ist es heute möglich, in der Projektierungsphase neuer Fahrzeuge alle Möglichkeiten für einen guten F. zu berechnen und zu berücksichtigen. Lit.: 1.9.

Fahrzeugmagnet: frühere Bezeichnung für den → Triebfahrzeugmagnet der → induktiven Zugbeeinflussung.

Fahrzeugschwingung: Nebenbewegung des Tfz. bei der Fahrt, die als Störung der normalen Fortschrittsbewegung des Tfz. überlagert ist. Ursache der F. sind Erregungen vom Gleis her und Selbsterregung durch das Fahrzeug (z.B. Radsatz-Sinuslauf), die auf das Fahrzeug einwirken. Das Tfz. selbst ist ein aus Teilmassen und Federn bestehendes schwingungsfähiges System, das durch die Erregungen zu F. angeregt wird. Allg. beeinträchtigen die F. die → Laufeigenschaften und die → Laufsicherheit. Über die Auslegung der → Federung und Dämpfung wird versucht, bes. die Schwingungen des Fahrzeugkastens abzubauen (→ Schwingungsabwehr). Die F. werden nach Schwingungsrichtungen unterschieden (Abb.) und bezeichnet. Lit.: 1.9. Abb.

Fahrzeugspule: frühere Bezeichnung für die → Triebfahrzeugempfangsspule.

Fairlie, Robert: 1831 (Schottland) – 31. Juli 1885 (?); englischer Ingenieur und

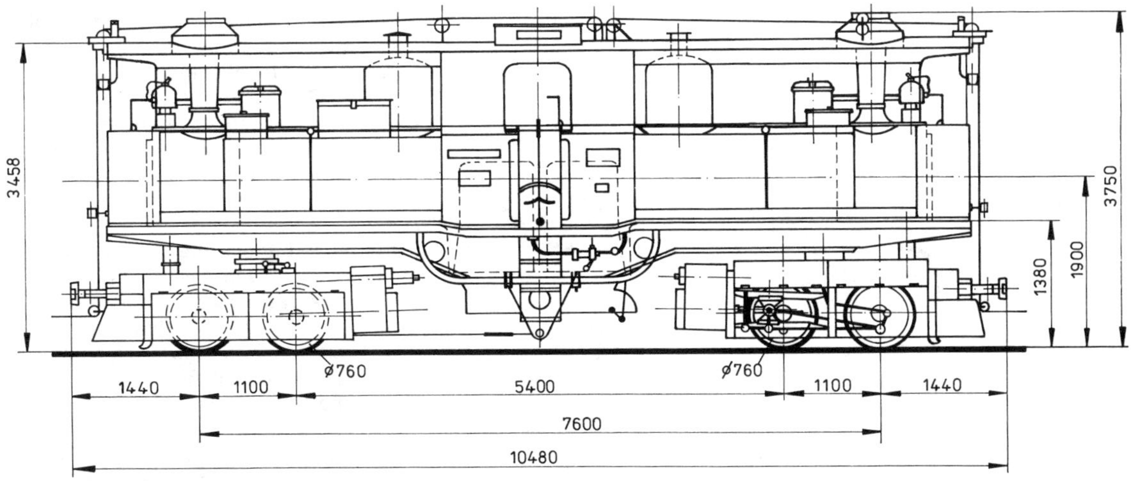

Fairlie-Lokomotive der BR 99[16] der DRG (vorm. sä. IM) im Ursprungszustand

Erfinder der 1864 patentierten und nach ihm benannten → Fairlie-Lokomotive. F. war bei den Eisenbahnen in England und Indien tätig. Bes. beschäftigte ihn das Problem der Kurvenbeweglichkeit von Lokomotiven bei schwierigen Gleisgeometrien. Seine 1865 erstmals gebaute F.-Lokomotive »Progress« stellte eine Weiterentwicklung der von Lausmann 1851 im Rahmen eines Preisausschreibens für die Semmeringbahn gebauten Dampflokomotive »Searing« dar (→ »Bavaria«). Nach dem Scheitern des Lokomotivbaus in den 1869 von F. mit G. England und J.S. Fraser übernommenen Hatcham Eisenwerken leitete er für die Entwicklung seiner Lokomotiven mit Erfolg das Konstruktionsbüro »Fairlie Engine and Rolling Stock Company«. Lit.: 1.27., 5.1., 5.3.

Fairlie-Lokomotive: nach ihrem Erfinder Fairlie benannte → Gelenklokomotive, deren Lokomotivkessel als Doppelkessel ausgebildet war. Beide → Feuerbüchsen waren mit den Rückseiten gegeneinander gesetzt und besaßen einen gemeinsamen → Stehkessel. Die beiden → Langkessel schlossen sich in der jeweils entgegengesetzten Richtung an. Der Doppelkessel ruhte (mitunter ohne Hauptrahmen) mit Drehzapfen gelagert auf den beiden → Triebdrehgestellen mit je 2 oder 3 Treib- und Kuppelradsätzen. Das mittig angeordnete Führerhaus war durch den Doppelkessel in der Längsachse getrennt, so daß sich auf der einen Seite der Arbeitsplatz des Lokführers und auf der gegenüberliegenden Seite der des Heizers befand. Die beiden Feuerbüchsen besaßen seitlich auf der Heizerseite angeordnete Feuertüren. Die Lokomotive »Progress«, Baujahr 1865, war die erste F. Beide Triebdrehgestelle besaßen eine Zwillingsdampfmaschine mit außenliegenden Dampfzylindern. Der Frischdampf wurde über eine nur schwer dicht zu haltende gelenkige Rohrleitung zugeführt, die teilweise durch oder um die Drehzapfen zu den Triebdrehgestellen geführt wurde. Bei den 1902 von der Sächsischen Maschinenfabrik, vorm. Richard Hartmann, für die Strecke Reichenbach–Oberhohnsdorf (Spurweite 1000 mm) gebauten F. besaß jedes Triebdrehgestell ein Verbundtriebwerk.

Als *Modified-Fairlie* wurden solche Bauarten bezeichnet, die von der Grundbauart der F. abwichen, z.B. 2 getrennte Kessel in Normalbauart oder andere Ausführungen des Triebwerks besaßen. Die 1869 gebaute sog. *Single-Fairlie* der Great Southern and Western Railway in Irland sowie die → *Mason-Lokomotive* waren F. mit Einzelkessel, nur 1 Triebdrehgestell und 1 nachlaufenden Schleppdrehgestell. Lit.: 2.8., 2.9., 5.3. Abb.

Fallbügelregler: Zweipunktregler mit optischer Anzeige der momentanen Regelgröße. Der Istwert der Regelgröße wird von einem Drehpulsinstrument erfaßt und über den Meßwerkzeiger auf einer Skala analog dargestellt, während die Sollwerte von Hand an Sollwertzeigern einzustellen sind. Ein von einem Synchronmotor über einen Nocken betätigter Fallbügel tastet in kurzen Abständen (5–10 s) die Zeigerstellung des Meßwerkzeigers ab. Stehen Meßwerk- und Sollwertzeiger übereinander oder ist der

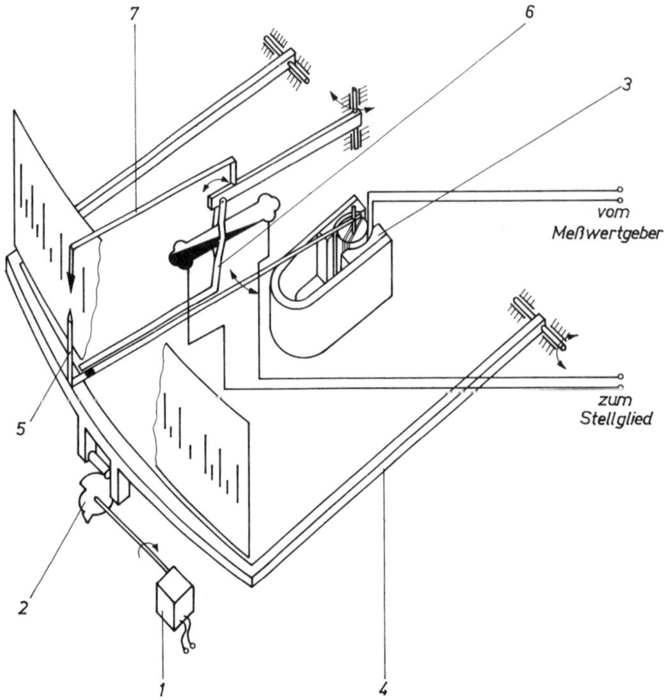

Fallbügelregler (Prinzipdarstellung)
1 elektrischer Synchronmotor, 2 Nockenscheibe, 3 Drehspulinstrument, 4 Fallbügel, 5 Meßwerkzeiger, 6 Wippe mit Quecksilberschaltröhre, 7 Sollwertzeiger

eingestellte Sollwert über- bzw. unterschritten, wird ein Kontakt geschlossen und damit ein Stellglied, z. B. ein Magnetventil, angesteuert. F. können u. a. zur Anzeige und Überwachung von Drehzahlen, Geschwindigkeiten oder Temperaturen verwendet werden. Abb.

Fallkraftstoff: Kraftstoff, der den Verbrauchern (Dieselmotor, Heizgerät) aus dem oberhalb der Verbraucher angeordneten Kraftstoffbehälter ohne Verwendung von Pumpen zufließt.

falscher Spurkranz: Unregelmäßigkeit des → Radprofils im Bereich der Hohlkehle und der inneren Spurkranzflanke in Form eines unvollständigen Spurkranzes. Ein f. S. verringert die Laufsicherheit des Fahrzeugs und ist beim Überschreiten von in Vorschriften angegebenen Grenzmaßen durch Profilbearbeitung zu beseitigen. → Radreifenverschleiß (dort Abb.).

Federausgleichhebel
Federausgleich in Längs- und Querrichtung (Dreipunktabstützung) 1 und 2 Federausgleichhebel in Längsrichtung, 3 Querausgleichhebel

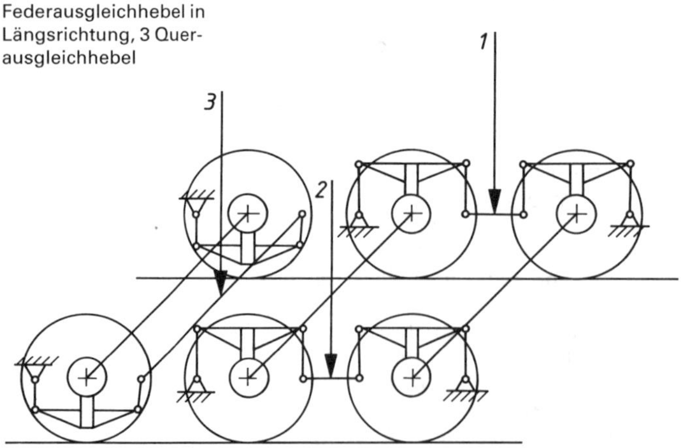

Fangbügel: bügelartige, aus Flachstahl gebogene Sicherheitseinrichtung an Schienenfahrzeugen zum Auffangen defekter Teile (z. B. durch Bruch enstanden), bes. Bremsstangen und Bremsdreiecke sowie Gelenkwellen. Bei Dampflokomotiven sind F. am Gleitbahnträger befestigt, um gegebenenfalls das vordere Treibstangenende bei Schäden am Triebwerk aufzufangen. Teilweise werden F. auch als Notfangbügel bezeichnet.

Federantrieb: Antrieb von elektrischen Tfz. durch Drehmomentübertragung vom → Fahrmotor zum → Treibradsatz (2) unter Zwischenschaltung einer Federkupplung. Die Federelemente (Schraubenfedern, Gummifedern) ermöglichen durch Verformung eine Relativbewegung zwischen dem im Rahmen gelagerten Fahrmotor und dem Treibradsatz. Bekannteste Ausführungen: → Federtopfantrieb, → Westinghouse-Antrieb, BBC-Federantrieb. Vorteil: größere Elastizität des Antriebs in vertikaler, horizontaler und radialer Richtung.

Federapparat: → Zug- und Stoßeinrichtung

Federaufhängung: → Federung, → Federausgleichhebel.

Federausgleichhebel: Hebel in der → Federung oder Federaufhängung von Tfz. zur Erzielung möglichst gleicher → Radkräfte. Der F. und die → Tragfedern sind über Federspannschrauben verbunden. Der F. kann als Längsausgleichhebel und/oder Querausgleichhebel im → Laufwerk eingebaut sein, wobei Längsausgleichhebel die Radkräfte nur auf einer Längsseite des Laufwerks ausgleichen und Querausgleichhebel einen Radkraftausgleich in Querrichtung ermöglichen. Eine Federung mit F. wirkt sich postitiv auf die → Laufeigenschaften und die → Laufsicherheit aus. Sie wird bes. bei Tfz. mit → Stangenantrieb und Tfz. mit 3achsigen Drehgestellen angewendet. Abb.

Federblattanlenkung: → Radsatzlagerführung

Federdruckplatte: → Druckplatte

Federkonstante: auch als *Federhärte*

oder *Federsteifigkeit* bezeichneter Kennwert einer Feder, der das Verhältnis der die Feder beanspruchenden Kraft zur erzeugten Durchbiegung bzw. Ein- oder Ausfederung angibt. Die F. läßt sich aus dem Kraft-Weg-Diagramm (Federkennlinie) einer Feder erkennen. Bei nichtlinearem Verlauf der Federkennlinie gibt es keine Federkonstante i.e.S., da sich die Federhärte ständig ändert. → Gummifedern weisen einen Unterschied zwischen statischer und dynamischer F. auf.

Federspannschraube: → Federausgleichhebel

Federspeicherbremse: zusätzliche Einrichtung an der → Druckluftbremse von Tfz., wobei die Anpreßkraft für die → Klotzbremse oder → Scheibenbremse aus der Speicherenergie einer zuvor durch Druckluft zusammengedrückten Feder entsteht. Die F. ist ein Ersatz für die → Handbremse und dient damit vor allem für das Sichern abgestellter Fahrzeuge. Vorteile: a) Massereduzierung; b) Anpreßkraft ist immer gleich hoch und nicht vom Bediener abhängig; c) geringer Wartungsaufwand; d) Betriebszustand der F. wird angezeigt; e) die Leistungsaufschaltung bei angelegter Bremse wird verhindert; das Fahren mit angelegter F. ist damit nicht möglich. Nachteil: I.d.R. wird zum Lösen der F. Druckluft benötigt, anderenfalls muß eine mechanische Rückstelleinrichtung (Notlöseeinrichtung) von Hand betätigt werden (z.B. bei Fahrzeugen mit zum Rangieren entlüfteter Bremse).

Variante der Anordnung der F. (hinter dem → Bremszylinder; Abb.): Durch Druckluftbeaufschlagung des Raums (A) wird der Federsatz (1) gespannt und der Federspeicherkolben (2) in Lösestellung gebracht. Bei Entlüftung des Raums (A) wird durch die Kraftwirkung des Federsatzes der Kolben in Richtung Bremszylinder und über den Federspeicherstößel (3) der Bremszylinderkolben (4) bewegt, wodurch die Bremse anlegt. Die Entlüftung des Zylinders erfolgt vom Führerstand aus über ein elektrisch betätigtes Magnetventil. Abb.

Federspiel: meßbare Formänderung von Federn unter Kraft oder Momenteneinwirkung. Das F. ist bei Federn von Tfz. überwiegend vorgegeben oder genormt.

Federstahlbandanlenkung: Bauform der → Drehgestellanlenkung bei Diesellokomotiven ohne Drehzapfen. Die Führung des Drehgestells erfolgt über ein Federstahlband-Hebelsystem um einen ideellen Drehpunkt. Die Drehgestellmitte bleibt damit für Bauteile zum Antrieb der Radsatzgetriebe frei. Lit.: 3.6., 3.18. Abb.

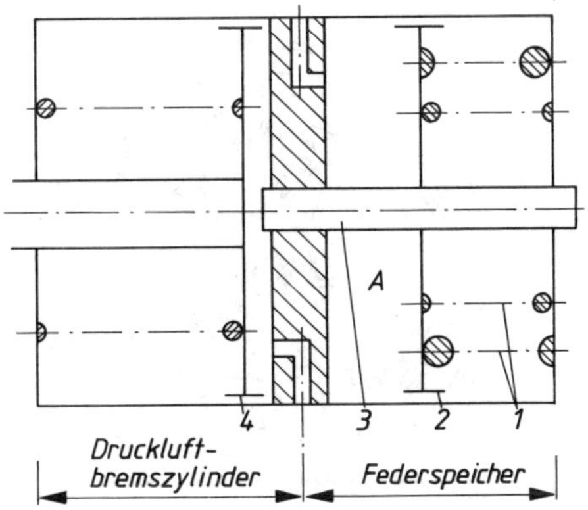

Federspeicherbremse Schema des Federspeichers
1 Federsatz, 2 Federspeicherkolben, 3 Federspeicherstößel, 4 Bremszylinderkolben

Federtopfantrieb: Antrieb für elektrische Tfz. mit → Gestellmotoren, der eine Federkupplung nach → Kleinow bei Tfz. mit Außenrahmen aufweist. Der F. ist mit 1seitigem Stirnradgetriebe und → Hohlwelle möglich, bei größeren Motorleistungen wird ein 2seitiges Stirnradgetriebe mit Schrägverzahnung verwendet. Der F. ist gewöhnlich 2seitig ausgeführt und bewirkt die elastische Übertragung des Drehmoments auf den Treibradsatz. Die Fahrmotoren sind neben oder auch über dem Treibradsatz angeordnet. Häufig ist das Motorgehäuse Träger von 2 Hohlwellenlagern, dabei ist die Hohlwelle fest mit dem Großrad und mit Kupp-

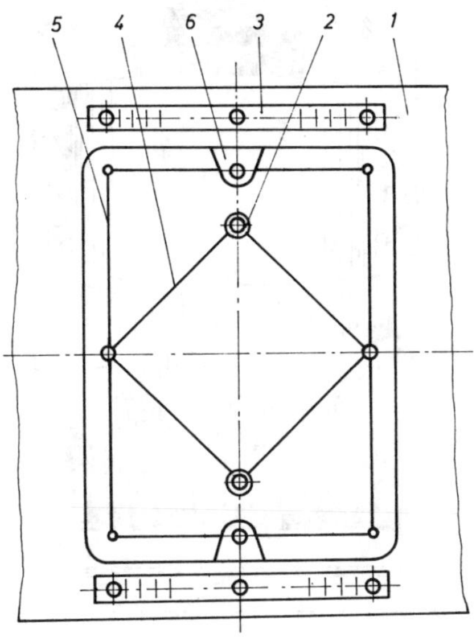

Federstahlbandanlenkung der Diesellokomotive BR 228 B'B' der DB/DR
1 Drehgestellrahmen, 2 Anlenkung am Lokomotivrahmen, 3 Sekundär-Blattfeder, 4 Federstahlbandparallelogramm, 5 Übertragungshebelparallelogramm, 6 Anlenkung am Drehgestell

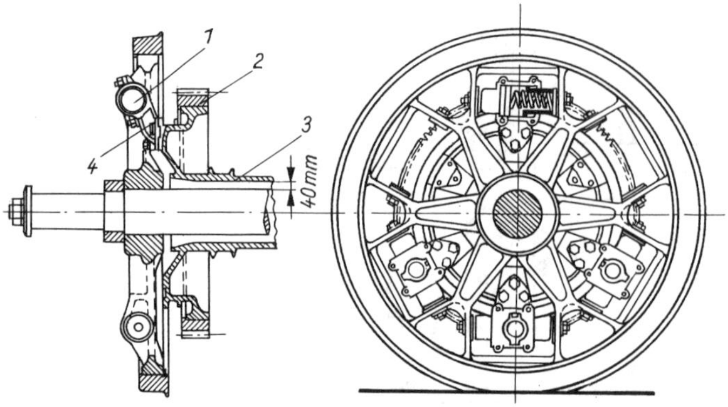

Federtopfantrieb
1 Federtopf, 2 Vorgelegerad, 3 Hohlwelle, 4 Kupplungsarm

lungsarmen (mindestens 4, meist 6) verbunden. Jeder Arm umschließt mit Gleitsitz 2 Federtöpfe mit eingebrachter Schraubenfeder. Der in Kraftrichtung liegende Federtopf drückt auf das Druckstück; durch Gleiten (z.B. infolge des Federspiels) tritt Verschleiß auf. Es gibt zahlreiche Modifikationen des F., z.B. durch Verwendung von Tellerfedern oder Gummifedern. Lit.: 4.3., 4.5., 4.11. Bd. 1, 4.12. Abb.

Federung: senkrechte sowie quer- und längsgerichtete elastische Abstützung des Fahrzeugkastens von Schienenfahrzeugen gegenüber den Radsätzen. Die F. ist notwendig, um günstige → Laufeigenschaften und gute Anpassung des Fahrzeugs an das Gleis zu erzielen. Die Auslegung der F. berücksichtigt die zul. Pufferstandsdifferenz des Tfz. in Abhängigkeit von den mitzuführenden → Betriebsstoffen und die für das Personal günstigste Schwingungsfrequenz von ungefähr 1 Hz. Bei schnellfahrenden Tfz. ist die Aufteilung der F. in eine *Primär-F.* (Federung des Drehgestellrahmens gegenüber den Radsätzen) und eine *Sekundär-F.* (F. des Fahrzeugkastens gegenüber dem Drehgestellrahmen) zweckmäßig. Zur vertikalen F. werden → Tragfedern eingesetzt. Die Querfederung kann mit der Federaufhängung (z.B. Pendel) oder über die Flexicoilwirkung der → Schraubenfeder erfolgen. Für die Längsfederung sorgen die → Drehgestellanlenkung und die → Radsatzlagerführung.

Feinausrüstung: Teil der → Kesselausrüstung von → Dampflokomotivkesseln. *Bestandteile:* 1) zur Betriebssicherheit des Lokomotivkessels notwendige Ausrüstungsteile: 2 voneinander unabhängige → Speiseeinrichtungen, an jeder Einmündung einer Speiseleitung in den Kessel 1 → Kesselspeiseventil, mindestens 2 voneinander unabhängig arbeitende → Wasserstandanzeigeeinrichtungen (1), wovon mindestens eine mit sichtbarer Anzeige ausgeführt sein muß, 2 → Kesselsicherheitsventile, 1 → Kesseldruckmesser und 1 Prüfstutzen für den Anschluß eines Prüfdruckmessers sowie 1 am Kessel befestigtes und auch nach der Bekleidung des Kessels sichtbares → Fabrikschild; 2) für den Betrieb des Lokomotivkessels und der Dampf-Tfz. erforderliche Ausrüstungsteile: Dampfabsperrventile, → Dampfentnahmestutzen, → Kesselablaßhahn, → Abschlammeinrichtung, → Näßeinrichtungen, → Fernthermometer, → Dampfpfeife und → Dampfläutewerk. Lit.: 2.3., 2.12.

Feinfilter: → Filtereinsatz zur Feinreinigung von Kraftstoff und Schmieröl, der aus Filz, Baumwolle (teilweise regenerierbar) oder Filterpapier besteht. F. werden im → Filtergehäuse auswechselbar eingesetzt. → Stufenfilter

Feinregler, *Feinsteller:* Bauelement der → Leistungssteuerung eines Einphasenwechselstrom-Tfz. mit Einphasenwechselstrom-Fahrmotor zur feinstufigen, praktisch fast stufenlosen Änderung der Fahrmotorspannung und damit der Fahrmotorleistung. Der F. besteht aus Spannungsteiler, feststehendem → Kommutator mit drehbarem Bürstensatz und Widerständen zwischen den Anzapfungen

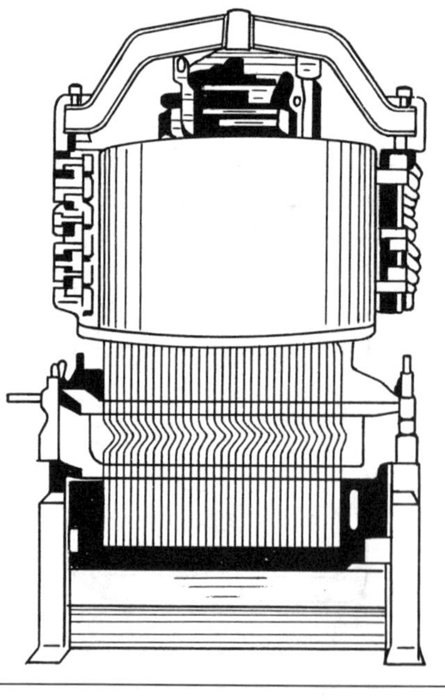

Feinregler

am Spannungsteiler sowie den Lamellen zur Unterdrückung von Kurzschlußströmen beim Weiterschalten. Der F. arbeitet immer mit einem Grobstufenschaltwerk zusammen und soll die Spannung zwischen den Grobstufen feinstufig verändern. Die zwischen 1930 und 1945 gebauten elektrischen Lokomotiven der DRG hatten als Einheits-Leistungssteuerung (mit wenigen Ausnahmen) ein → Nokkenschaltwerk mit Feinregler. Lit.: 4.4., 4.5. Abb.

Feinschaltwerk, *Feinstufenschaltwerk:* Teil einer niederspannungsseitigen → Leistungssteuerung in elektrischen Tfz. (z. B. bei der DB/DR in Elloks der BR 109 und BR 142). Die vom → Haupttransformator gelieferte Spannung wird durch das Hauptstufenschaltwerk (→ Nockenschaltwerk) abgestuft. Die Spannungsunterschiede zwischen den Grobstufen werden durch das F. in Zwischenstufen unterteilt, indem die Primärwicklung des Zusatztransformators mit einer sich feinstufig vom Höchstwert schwächenden und nach Richtungsumkehr mit Umpolschalter wieder bis zum Höchstwert ansteigenden Wechselspannung beaufschlagt wird. Für diesen Spannungsverlauf sorgt das F. in Verbindung mit dem Stelltransformator und dem Stromteiler. Durch das F. können Zugkraftstöße weitgehend vermindert werden. Lit.: 4.4., 4.5. Abb.

Feinstufenschaltwerk: → Feinschaltwerk

Feldregelung: Regelung des Erregerfelds von → Generatoren zur Spannungs- und damit Leistungseinstellung. Dieser Vorgang ist außerordentlich wichtig bei dieselelektrischen Tfz. zur Anpassung der Leistung des → Hauptgenerators an die nutzbare Dieselmotorleistung gemäß Fahrschalterstellung. Am wirkungsvollsten, weil von außen stark beeinflußbar, ist die *Regelung der Fremderregung* (→ Fremdregelung), die von Null bis zur max. Feldstärke möglich ist. Die F. wird in Stufen (→ RZM-Steuerung, Leistungswächtersteuerungen) oder besser stufenlos (→ Servofeldreglersteuerungen, Magnetverstärkersteuerungen, elektronische Steuerungen) vorgenommen, wenn die Dieselmotorleistung optimal ausgenutzt werden soll. Bei »punktförmiger«, d. h. stufenloser Regelung des Fremderregerfeldes ist es möglich, dem Hauptgenerator eine Strom-Spannungs-Kennlinie zu erteilen, die mit der Nennleistung des Dieselmotors übereinstimmt. Die

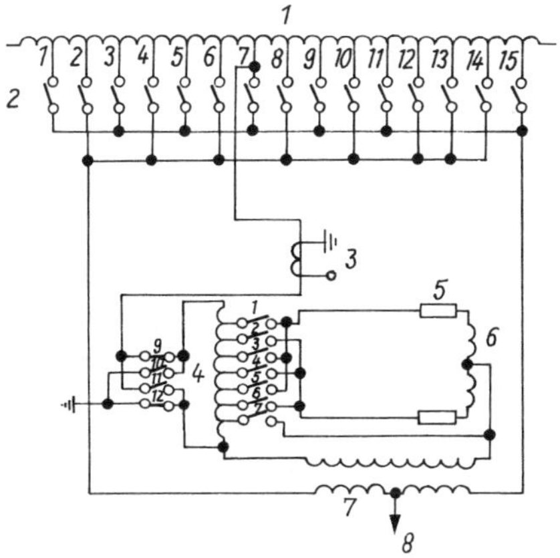

Feinschaltwerk
Schaltbild
1 Haupttransformator (Niederspannungswicklung), 2 Hauptstufenschaltwerk, 3 Schutzwandler für Stelltransformator, 4 Stelltransformator, 5 Dämpfungswiderstand für Stromteiler, 6 Stromteiler für Feinschaltwerk, 7 Zusatztransformator, 8 zu den Fahrmotoren, 9–12 Umpolkontakte

Verluste der elektrischen Leistungsübertragung erreichen dabei ein Minimum; die vom Dieselmotor für die Traktion zur Verfügung stehende Leistung kann in allen seinen Drehzahlbereichen voll genutzt werden.

Feldregler: Einrichtung zur Regulierung (meist Schwächung) des Erregerfeldes von → Hauptgeneratoren dieselelektrischer Tfz. → Feldregelung

Feldschwächung: Verringerung des Erregerfeldes zur Erhöhung der Drehzahl von Gleichstrommotoren. Bei *Nebenschlußmotoren* wird die F. durch in Reihe mit der Erregerwicklung geschaltete Widerstände erzielt. Die Drehzahlerhöhung der Motoren erfolgt i. d. R. im Verhältnis 1 : 1,5, darüber ist eine Bemessung auf höhere Fliehkraftbeanspruchung erforderlich. Unkompensierte Motoren sind bis 1 : 4, kompensierte Motoren bis 1 : 5 ausführbar. Bei *Reihenschlußmotoren* erfolgt die F. durch Ausschalten bzw. Kombination von Windungen der Erregerwicklung, durch ohmschen oder ohmisch-induktiven → Shunt zur Erregerwicklung und ggf. durch zusätzliche, der Erregung entgegenwirkende Fremderregung der gesamten oder eines Teils der Erregerwicklung.

Die F. wird bei → Fahrmotoren zur Erzielung einer größeren Anzahl wirtschaftlicher Fahrstufen und gelegentlich auch für weiche Anfahrt und zum feinstufigen Überschalten zwischen den Hauptfahrstufen angewendet. F. ist auch bei → Mischstrommotoren möglich.

Bei *Drehstromasynchronmotoren* spricht man von F., wenn im Bereich höherer Drehzahlen die Ständerspannung konstant gehalten, die Ständerfrequenz aber weiter gesteigert wird. Elektromagnetischer Fluß und Drehmoment sinken in diesem Bereich quadratisch ab. Lit.: 4.2., 4.5.

Fell, John Barraclough: 1815 (London) – 18. Oktober 1902 (Southport); Eisenbahningenieur, dessen Name mit der → Fell-Lokomotive (1) in die Geschichte der Dampflokomotiventwicklung eingegangen ist.

F. führte nach 1840 Eisenbahnbauten in England und ab 1852 in Italien aus. Den 1853 von G. → Krauss gemachten Lokomotiventwurf zur Ausnutzung der mittleren Reibschiene als Alternative zur Zahnstange griff F. 10 Jahre danach für den Bau einer Dampflokomotive mit Mittelschienen-Reibradantrieb auf, womit neben der Mont-Cenis-Paßbahn auch Bahnen in Neuseeland, Brasilien und England betrieben wurden. Weitere Verdienste erwarb F. auch bei der Ausführung einer Eisenerz-Schwebebahn in North Devon und bei Versuchen mit militärischen Feldbahnen. Lit.: 5.1., 5.3.

Fell-Lokomotive: 1. Eine von → Fell für Bergbahnen konstruierte Dampflokomotive mit Mittelschienen-Reibräderantrieb. 2 in der Lokomotive waagerecht liegende Reibräder wurden von Federkräften an eine in der Gleismitte verlegte, 200 mm über die → Schienenoberkante hinausragende Doppelkopfschiene gepreßt, wodurch die Reibungszugkraft erhöht wurde und größere Steigungen im Reibungsbetrieb befahren werden konnten. Die letzten F. verkehrten 1955 über die Rimutka-Rampe auf Neuseeland. Lit.: 1.5., 5.3. – **2.** nach Plänen von Fell 1951 gebaute → dieselmechanische Lokomotive 10100 der BR mit der Achsanordnung 2'D2'. Die F. war mit vier 368-kW-Paxmann-Dieselmotoren ausgerüstet, die über → Strömungskupplungen auf das in Lokomotivmitte eingebaute Zahnradgetriebe wirkten, von wo die gesamte Leistung auf die 2 inneren Treibradsätze und über Kuppelstangen auf die äußeren Treibradsätze übertragen wurde. Die Dieselmotoren erzeugten über einen großen Drehzahlbereich eine konstante Leistung und konnten einzeln zu- und abgeschaltet werden. Die F. war die leistungsstärkste Diesellokomotive mit mechanischer Leistungsübertragung, sie blieb Versuchsobjekt und wurde 1959 verschrottet.

Fernanzeige: für eine zentrale Überwachung, Regelung und Steuerung des Tfz. notwendige Übertragung eines Meßsignals vom entfernten Meßort (Dieselmotor, Leistungsübertragung, Haupttransformator, Luftanlage usw.) zum Anzeige- oder Meßsignalverarbeitungsort. Für die mechanischen Größen (Druck, Drehzahl o.ä.) werden die Meßwertaufnehmer (Sensoren; meist mit mechanisch-elektrischem Meßsignalwandler und ggf. Signalverstärker) direkt am Meßort angebracht. Die elektrischen Meßsignale werden dann über Verbindungsleitungen zum → Führerstand (→ Fahrpult) oder zum Schaltraum übertragen, wo sie zur Anzeige der Meßgröße (F. hier in seiner eigentlichen, ursprünglichen Bedeutung) oder auch zur automatischen Regelung oder Überwachung genutzt werden können.

Fernauslöser für Hauptschalter: Betätigungsknopf oder -schalter in Führerständen elektrischer Tfz., mit dem der → Hauptschalter ausgeschaltet werden kann.

Fernbedienung: → Fernsteuerung

Fernschnelltriebzug: Tfz. mit Personenbeförderung (→ Triebwagen), der entwicklungsbedingt mit → Dieselmotor angetrieben wurde, jetzt für sehr hohe Fahrgeschwindigkeiten und zum Einsatz über große Entfernungen bei durchgängig elektrifizierter Strecke bevorzugt mit elektrischem Antrieb ausgerüstet ist. Durch spezifische Anpassung der Konstruktion an die Personenbeförderung, günstige Formgestaltung und entsprechende Auslegung der Antriebsleistung wird ein sehr guter Wirkungsgrad erreicht.

In den 30er Jahren wurde so trotz relativ kleiner möglicher Dieselmotorleistungen ein attraktiver Schnellverkehr bis zu 160 km/h Fahrgeschwindigkeit auf den Hauptstrecken der DRG möglich. Dabei waren die bekanntesten F.: → »Fliegender Hamburger« 1932, Bauart »Hamburg« 1934, Bauart »Leipzig« 1935, Bauart »Köln« 1937/38, Bauart »Berlin« 1938 und Bauart »Kruckenberg« 1938. Diese Entwicklungen fanden nach dem zweiten Weltkrieg ihre Fortsetzung in den 50er und 60er Jahren, z.B. in den F. der Bauart »Görlitz« (BR 675 der DB/DR) und in den TEE-Triebzügen der BR601 der DB. Moderne elektrische F. für den Schnellstverkehr mit Fahrgeschwindigkeiten von 200 km/h und mehr sind z.B. die Tokaido-Triebzüge der JNR, der → TGV (Train Grand Vitesse) der SNCF, der → HST (High Speed Train) der BR, der ICE der DB und der ER200 der SŽD. → Tafel »Verbrennungstriebwagen und -triebzüge«

Fernsteuerung von Tfz.: Regelung der Fahrweise der Tfz. von einer meist ortsfesten Betriebsstelle aus. Der Tfz.-Führer übernimmt Kontrollfunktionen bzw. greift nur im Notfall ein. In Verbindung mit einem → automatischen Lokführer wird der Betrieb unbesetzter Tfz. möglich, was jedoch nur in einem begrenzten Einsatzbereich (Werkbahnbetrieb, Rangierbetrieb am Ablaufberg o.ä.) mit ausreichender Sicherheit zul. ist. Die Informationsübertragung von der Betriebsstelle aus geschieht induktiv oder durch Funk (Funkfernsteuerung). Die *induktive Übertragung* der Fahrbefehle wird über das Gleis oder über eine am oder im Gleis ausgelegte Leiterschleife (nieder- bis mittelfrequenter Träger) bzw. über Hochfrequenzkabel oder bei elektrifizierten Strecken auch über die Fahrleitung ermöglicht. Die hochfrequente → *Funksteuerung* überträgt die Information drahtlos. Die Verschlüsselung (Codierung) der Kommandos erfolgt meist als Tonfrequenz-Multiplexsignal (Frequenzcodeverfahren), zunehmend in Form eines Impulstelegramms, d.h. als Zeit-Multiplexsignal bzw. im Impulscodeverfahren. Dabei entsprechen den Befehlen jeweils bestimmte Signale, die im Empfänger durch bes. Schaltungen (Decoder) in die entspr. Steuerbefehle umgewandelt werden.

Bei der F. ist aus Sicherheitsgründen stets eine Rückmeldung über die ordnungsgemäße Ausführung des gegebenen Befehls zur festen Betriebsstelle erforderlich, so daß die Tfz. auch mit einem Sender, die Betriebsstelle mit einem Empfänger ausgerüstet sein müssen. → Zugfunk (1), → Rangierfunk.

Fernthermometer: Temperaturanzeigegerät, bei dem der Temperaturmeßfühler (Sensor) über eine Fernleitung (Flüssigkeitsdruckleitung, elektrische Leitung) mit dem Anzeigegerät oder Regelorgan verbunden ist. F. ermöglichen die Überwachung der Temperatur an entfernten Stellen vom → Führerstand eines Tfz. aus. Auf Dieselloks werden durch F. u.a. die Temperaturen des Kühlwassers, des Motorenöls und des Strömungsgetriebeöls angezeigt und überwacht. Bei Dampfloks werden vor allem die Temperaturen des Heißdampfs (→ Heißdampfthermometer) und des vorgewärmten Wassers beim → Mischvorwärmer gemessen. Die früher meist verwendeten Quecksilber-F. wurden weitgehend von elektrischen F. abgelöst, da diese ohne größere Nacheilung arbeiten und die Verlegung der Fernleitung einfacher ist. Elektrische F. bestehen entweder aus einem geschützten Thermoelement (thermoelektrisches Prinzip), das in das zu messende Medium eintaucht, und einem als Anzeigegerät dienenden Spannungsmesser oder aus einem in den zu messenden Stoff eintauchenden geschützten Meßwiderstand (Platin-Rhodium-Widerstand), dessen sich mit der Temperatur ändernder elektrischer Widerstand über eine elektrische Brückenschaltung zur Anzeige gebracht wird. Dafür wird eine gesonderte, hinreichend konstante Spannungsquelle benötigt.

Fernüberwachung: → Fernsteuerung

feste Bremse: Bremse, die sich nach einer Bremsung durch den Tfz.-Führer nicht wieder lösen läßt oder die während der Fahrt unbeabsichtigt anlegt. F.B. stellen eine Bremsstörung und evtl. Betriebsgefahr dar. Können sie nicht gelöst werden, sind sie auszuschalten, zu entlüften, und es sind die Fahrzeuge entspr. zu bezeichnen. Fällt die Bremse des Tfz. aus, ist möglichst die → Handbremse oder die → Zusatzbremse zu benutzen. Zum Anhalten des Zugs ist dann ein längerer Bremsweg erforderlich. Eine f.B. liegt auch dann vor, wenn vor der Zugfahrt vergessen wurde, die Handbremse zu lösen.

fester Achsstand: → Radsatzabstand

fester Radsatzabstand: → Radsatzabstand

Festpunkthebel: Bauteil des → Bremsgestänges der → Klotzbremse, das mit dem Bremszylinderhebelträger über eine Gelenkverbindung drehbar verbunden ist. Das Mittenbremsgestänge mit dem Bremszylinder einschl. Tragrahmen mit Hebelträger setzt sich aus 2 waagerechten Hebeln und einer Verbindungsstange zusammen. Der F. überträgt die Bremszylinderkolbenkraft auf das nachfolgende Radsatzbremsgestänge.

Feststellbremse: i.e.S. vom Boden aus bedienbare → Bremse, die lediglich zur Sicherung stillstehender Fahrzeuge dient. Sie wird als → Spindelbremse mit Betätigung durch ein Handrad über ein bes. Gestänge, das an das Druckluftbremsgestänge angreift, ausgebildet. Fahrdienstlich wird wegen der Unmöglichkeit der Bedienung während der

Fahrt die F. nicht als Handbremse gewertet. Die → Bremsmasse (Bremsgewicht) der F. wird daher an Fahrzeugen mit roter Umrahmung angeschrieben.
I. w. S. sind F. auch → Handbremsen, mit denen eine Sicherung der Fahrzeuge im Stillstand erreicht werden kann (→ Wurfhebelbremse). → Federspeichenbremse

Fettbehälter: zylindrischer Druckbehälter zur Bevorratung des → Spurkranzfetts für die → Spurkranzschmieranlage. Der meist am Drehgestellrahmen befestigte F. enthält Anschlüsse zum Befüllen mit Fett, zur Druckluftversorgung, für den Fettaustritt und eine Entlüftungsschraube. Der F. wird ständig mit Druckluft beaufschlagt, so daß das Fett zur → Sprühdüse gedrückt wird.

Fettschmierung: Art der Schmierung von aufeinander gleitenden oder abrollenden Bauteilen durch Fett als → Schmiermittel. Anwendung: bei Tfz. zur Schmierung gering beanspruchter Gleitlagerflächen, mit → Spurkranzfett zur Spurkranzschmierung, mit Langzeitschmiermitteln als F. bei Gelenkwellen sowie Elektromotor- und Lüfterwälzlagern.

Feueranfachung: verstärkte Verbrennungsluftzufuhr zum → Rost der Dampflokomotive aus dem Freien über den → Aschkasten und die Rostspalte durch den in Abhängigkeit von der Beanspruchung mit dem → Blasrohr oder mit dem → Hilfsbläser (bei geschlossenem → Dampfregler) in der → Rauchkammer erzeugten Unterdruck. → Saugzuganlage

Feuerbett: → Feuerschicht, → totes Feuerbett.

Feuerbuchse: ältere Bezeichnung für → Feuerbüchse.

Feuerbüchse: Teil des → Stehkessels, der den Verbrennungsraum bildet. Die F. besteht aus Mantel, Rohrwand mit Stiefelknechtstück und Rückwand mit Feuerlochöffnung. In Höhe des → Rosts ist sie durch den → Bodenring mit dem Stehkessel fest verbunden. → Stehbolzen und Deckenanker verankern die F. fest im Stehkessel. Als Material für F. diente zunächst Kupfer, später Stahlblech. Moderne Lokomotivkessel besitzen F. mit → Verbrennungskammer, wobei die Rohrwand in den → Langkessel hineingezogen ist. Damit wird eine Vergrößerung der direkten Heizfläche (→ Strahlungsheizfläche) erreicht, was zur Steigerung der → Heizflächenbelastung und Verdampfungsleistung führt. Lit.: 2.3., 2.6., 2.9., 2.10., 2.12. Abb.

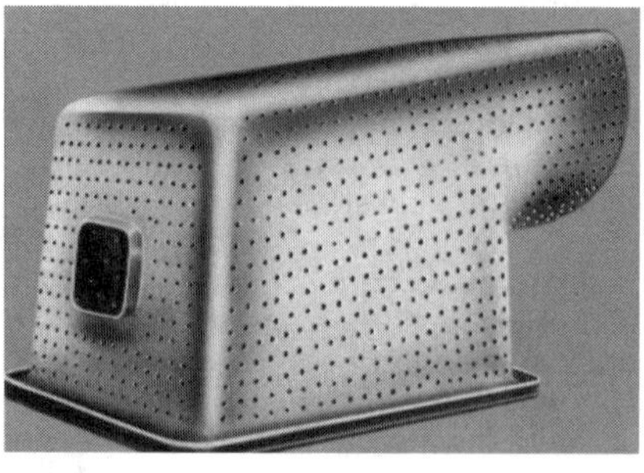

Feuerbüchse
Stahlfeuerbüchse mit Verbrennungskammer

Feuerbüchsrohrwand: → Feuerbüchse

Feuerbüchssieder: → Wasserkammer

Feuerführung, *Feuerungstechnik:* Behandlung des Feuers in der → Feuerbüchse der Dampflokomotive durch den Lokomotivheizer in Anpassung an die erforderliche Dampfmenge für die während der Fahrt aufzubringende → Zugförderarbeit.

Feuerloch: Öffnung in der Rückwand des → Stehkessels von Dampflokomotiven zur Beschickung des → Rosts mit Brennstoff. Das F. wird durch die → Feuertür verschlossen. Gegen die abzehrende Einwirkung des Feuers auf den die Stehkessel- und Feuerbüchsrückwand verbindenden Feuerlochring sowie gegen mechanische Beschädigungen durch Kohlenschaufel und Schürgerät ist am F. ein gußeiserner Feuerlochschoner angebracht.

Feuerlochschoner: → Feuerloch

Feuerlöschanlage: fest installierte → Hilfsanlage auf Diesel-Tfz. zum Löschen von Bränden in und am Tfz. Die F. arbeiten i. d. R. halbautomatisch, d. h., sie werden nach Ansprechen der → Feuermeldeanlage vom Tfz.-Führer in Tätigkeit gesetzt. Ausführungsarten: 1) Beim *Bromid-F.* wird nach Betätigung, die elektrisch vom Führerraum aus oder mechanisch am Löschmittelbehälter erfolgen kann, das → Löschmittel vom gespeicherten Druckgas in ein Rohrleitungssystem gedrückt und über Düsen auf die Dieselmotoren und andere gefährdete Teile der Maschinenanlage gesprüht. 2) Die *Luftschaum-F.* wird mechanisch durch das Öffnen eines Ventils betätigt, über das Druckluft aus der Hauptluftbehälterleitung zu den Löschmittelbehältern strömt, so daß das Löschmittel zu den mobilen Handschaumrohren und dem oberhalb des Dieselmotors montierten zentralen Verschäumungsrohr gelangt. Nach dem Öffnen des entspr. An-

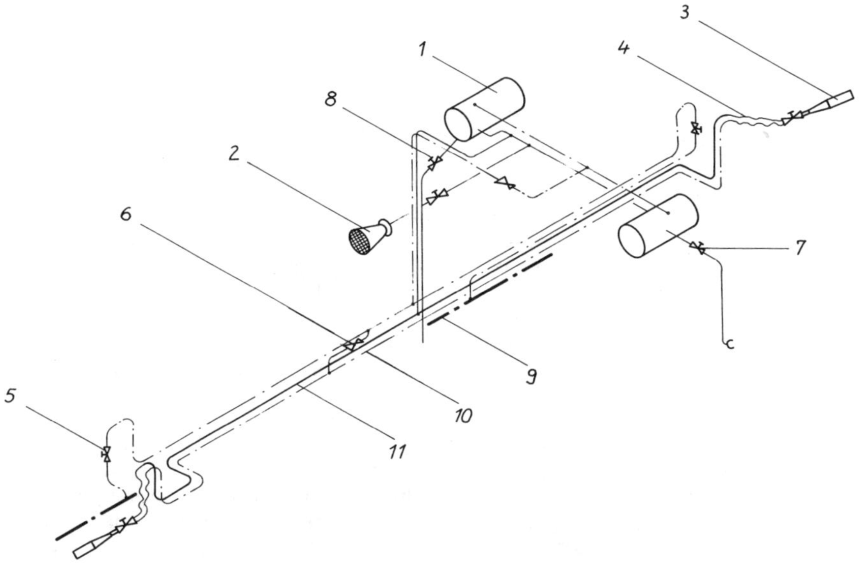

Feuerlöschanlage
Schema einer Luftschaum-Feuerlöschanlage
1 Löschmittelbehälter, 2 zentrales Verschäumungsrohr, 3 Handschaumrohr, 4 Schlauch, 5 Anstellventil, 6 Reduzierventil, 7 Entwässerungs- und Füllventil, 8 Entwässerungsventil, 9 Hauptluftbehälterleitung, 10 Druckluftleitung, 11 Löschmittelleitung

stellventils strömt das Löschmittel in das gewünschte Schaumrohr, wird dort mit Luft vermischt und an einem Sieb verschäumt. Der sich bildende Schaum verläßt die F. unter hohem Druck. → Brandschutzeinrichtung. Abb.

Feuerlöscher: → Handfeuerlöscher

Feuerlöschstutzen: spezieller Anschlußstutzen bei Dampflokomotiven vor jedem der beiden → Kesselspeiseventile in der Speisewasserdruckleitung. Über ihn kann bei arbeitender → Speisewasserkolbenpumpe oder → Dampfstrahlpumpe Wasser für Feuerlöschzwecke entnommen werden (z. B. bei Flächen- oder Waldbränden an der Strecke). Der F. wird auch zum Füllen des Kessels mit Wasser vor dem Anheizen genutzt.

feuerlose Lokomotive: → Dampfspeicherlokomotive

Feuermeldeanlage: → Hilfseinrichtung auf Diesel-Tfz., die dem Tfz.-Führer durch ein akustisches oder/und optisches Signal im → Führerraum anzeigt, daß im → Maschinenraum eine unzulässig hohe Temperatur herrscht. Als Sensor werden → Schmelzlotmelder oder Thermistoren, die in der Nähe besonders gefährdeter Teile der Antriebsanlage (z. B. über dem Dieselmotor) angebracht sind, verwendet. Das Ansprechen der F. führt nicht zum Abschalten der Antriebsanlage.

Feuerschicht, *Feuerbett:* brennender (glühender) Teil der Brennstoffschicht auf dem → Rost der Dampflokomotive. Die Dicke der F. hängt u. a. vom Anstrengungsgrad der Lok, von der Brennstoffart und den Rostabmessungen ab. → totes Feuerbett

Feuerschirm: gewölbeartiger, in die → Feuerbüchse der Dampflokomotive ragender Schirm aus feuerfesten Steinen unterhalb der Feuerbüchsrohrwand. Er soll die Rohrwand vor einer zu starken Wärmeeinwirkung schützen sowie eine Flammenumlenkung vom vorderen Rostteil um den F. in Richtung der Feuerbüchsrohrwand zur besseren Verbrennung bewirken. Lit.: 2.3., 2.12.

Feuertür: Teil der → Grobausrüstung des → Dampflokomotivkessels zum Verschließen des → Feuerlochs. Bei den ersten Lokomotiven war die F. oval in Form einer einklinkbaren Ofentür ausgeführt. Auf Grund ihrer Einfachheit fand sie bei kleineren Lokomotiven oft Verwendung. Bei größeren Lokomotiven behinderte sie den Heizer beim Beschicken des Feuers. Weitere Bauarten waren die kreisrunde F. von Sigl und Schiebetüren als Doppelflügeltüren, die durch ein Hebelwerk betätigt wurden. Schiebetüren ließen auch eine teilweise Spaltöffnung zu, ohne den Heizer zu behindern. Einige Bauarten besaßen eine pneumatisch über einen Fußhebel zu betätigende Öffnungs- und Schließvorrichtung. Die bekannteste Bauart ist die → Marcotty-Feuertür, die nach innen aufschlägt. Lit.: 2.3., 2.6., 2.10., 2.12.

Feuerung: Einrichtung zur Verbrennung von festen, staubförmigen und flüssigen

Brennstoffen auf Dampflokomotiven sowie in → Heizdampferzeugern und → Vorwärmanlagen von Diesel-Tfz. zur wirtschaftlichen Ausnutzung der Verbrennungswärme und deren Übertragung auf → Heizflächen und als Wärmeträger benutzte Medien (z.B. Dampf, Luft, Gas). Die gebräuchlichsten F.arten bei Dampflokomotiven sind die Rost-, Steinkohlenstaub-, Braunkohlenstaub- und → Ölfeuerung. Bei älteren Lokomotiven fanden außerdem die Holz-, Torf- und Koksfeuerung Anwendung. Heizdampferzeuger und Vorwärmgeräte von Diesel-Tfz. besitzen vorwiegend mit DK oder Heizöl betriebene Öl-F.

Feuerungsrückstände: bei der Verbrennung je nach Art der → Feuerung auftretende Rückstände in Form von Asche, Schlacken, → Lösche, Funken und Ruß. Die Menge der F. ist abhängig von der Brennstoffart und seiner Qualität sowie von der → Feuerführung des Heizers und der Fahrtechnik des Lokomotivführers.

Feuerungstechnik: **1.** Eingesetzte Hilfseinrichtung zur Rostbeschickung mit Brennstoff, z.B. → Stoker, Rüttelrost, Treppenrost u.a. – **2.** → Feuerführung.

Filmgemischbildung: Art der Gemischbildung in Dieselmotoren, die mit wandverteilter Einspritzung arbeiten. Die F., mit der kugelförmigen Brennraummulde im Kolben beim → FM-Verfahren und beim → Meurer-Verfahren angewandt, vereinigt in sich die Vorteile der direkten und indirekten Einspritzung (weicher Motorlauf, geringer leistungsbezogener Kraftstoffverbrauch). Über eine Einlochdüse spritzt der Kraftstoff in Richtung der Luftdrehung, die über einen Drallkanal erzeugt wird, auf die Kugeloberfläche im Kolben, wo sich durch den Luftwirbel unterstützt ein Flüssigkeitsfilm von etwa 15 µm auf der Oberfläche ausbildet. Während des Verbrennungsvorgangs dampft der Flüssigkeitsfilm schichtweise von der ölgekühlten, relativ kühlen Kolbenwand ab, mischt sich mit der stark verwirbelten Luft und verbrennt.

Filter: **1.** Hauptbauteil der → Filteranlage, das durch Feststoffteilchen verunreinigte Medien reinigt und damit Verschleißerscheinungen an Bauteilen vorbeugt. F. arbeiten nach dem Prinzip der Siebung, Zentrifugalwirkung, Magnetwirkung oder Adhäsion. Sie werden generell nach Oberflächen-F. und Tiefen-F. unterschieden. Bei Oberflächen-F. erfolgt der Schmutzsammelvorgang nur in einer, bei Tiefen-F. in mehreren Ebenen. Der Unterschied ergibt sich aus dem eingesetzten → Filtermaterial. Eine weitere Unterscheidung ist nach Grob- und Fein-F. möglich. F. bestehen aus einem → Filtergehäuse und 1 oder mehreren Filtermaterial enthaltenen → Filtereinsätzen. Je nach dem zu reinigenden Medium werden auf Tfz. → Kraftstoffilter, → Ölfilter, → Luftfilter und Fett.F. eingesetzt. – **2.** Elektrische Schaltungen (Netzwerk, Vierpol), mit deren Hilfe Wechselspannungen und -ströme eines bestimmten Frequenzbereichs möglichst gedämpft (Sperr-F.) oder möglichst ungehindert durchgelassen werden sollen (Paß). F. sind notwendige Baugruppen sowohl in der Informationselektronik (z.B. in funktechnischen Geräten, bei der → induktiven Zugbeeinflussung, in Stromversorgungsgeräten für elektronische Schaltungen), als auch in der Leistungselektronik, hier bes. beim Betrieb der Stromrichter (z.B. Netz-F. bei Tfz. mit → Pulssteller, → Glättungsdrossel bei → Mischstrommotoren). F. sind meist aus *frequenzabhängigen Widerständen* (Induktivitäten und → Kondensatoren) aufgebaut. Je nach Art der Zusammenschaltung und Bemessung dieser Bauelemente ergeben sich F. mit unterschiedlichem *Durchlaßverhalten*. Grundtypen: Der *Tiefpaß* hat einen Durchlaßbereich von der Frequenz $f = 0$ bis zu einer Grenzfrequenz f_g, Frequenzen darüber werden gesperrt. Der Durchlaßbereich eines *Hochpasses* erstreckt sich von der Grenzfrequenz f_g bis zu $f = \infty$, Frequenzen unterhalb f_g werden gesperrt. Bei *Bandpässen* liegt der Durchlaßbereich zwischen 2 Frequenzen f_1 und f_2, an die sich Sperrbereiche anschließen. Im Gegensatz dazu haben *Bandsperren* einen Sperrbereich zwischen den Frequenzen f_1 und f_2 und ober- bzw. unterhalb dieser Frequenzen Durchlaßbereiche. Durch das Zuschalten von Widerständen werden eine Dämpfung und damit eine Veränderung des Durchlaßverhaltens des F. erzielt.

Bei *aktiven F.* werden die genannten Strukturen mit Verstärkern (z.B. Operationsverstärkern) kombiniert. In jüngerer Zeit haben in der Informationselektronik auch F. Bedeutung erlangt, in denen die zu übertragende elektrische Energie vorübergehend in eine andere Energieform umgewandelt wird. *Piezo-F.* beruhen auf dem piezoelektrischen Effekt (Elektrostriktion) und werden aus ausgewählten

Quarzkristallen (Quarz-F.) oder aus keramischen Sinterkörpern gefertigt. *Magnetomechanische F.* nutzen die Magnetostriktion, d.h. die durch wechselnde Magnetisierung verursachte Änderung der Abmessungen ferromagnetischer Werkstoffe. In beiden Fällen wird die elektrische Energie in elektro- bzw. magnetostriktiven Wandlern in mechanische Schwingungen umgewandelt, die nach dem Durchlaufen von Resonatoren durch Umkehrung der Effekte in elektrische Signale zurückverwandelt werden. Eine bes. Form dieser F. sind die akustoelektronischen Oberflächenwellen-F., bei denen sich die Schwingungen ausschließlich an der Kristalloberfläche ausbreiten.

Filteranlage: Gesamtheit aller Einrichtungen (z.B. → Filtergehäuse, → Filtereinsätze, Rohrleitungen, Druckmeßeinrichtungen), die mit einem → Filter (1) direkt in Zusammenhang stehen und für seine Funktionstüchtigkeit benötigt werden.

Filtereinsatz: komplette Einheit aus den eigentlichen Filterelementen (→ Filtermaterial) und deren Stützkörpern oder Rahmen, die, im → Filtergehäuse eines → Filters befestigt, das Abscheiden der Verunreinigungen aus dem Arbeitsmedium bewirkt. Bei einigen Filtertypen, z.B. den → Ölbadluftfiltern, soll der F. auch das Benetzungsmedium (Öl) abscheiden.

Der mechanische Aufbau der F. ist sehr unterschiedlich und hängt von vielen Faktoren (z.B. Filterart, Arbeitsmedium, Einbauraum) ab. Die Anzahl der F. in einem Filter richtet sich nach dem Nennvolumenstrom des Arbeitsmediums, der zul. Druckdifferenz über dem Filter und den geforderten Reinigungsfristen.

Filtergehäuse: äußere Hülle eines → Filters, die zur Aufnahme der → Filtereinsätze und zur Führung des Arbeitsmediums (Luft, Kraftstoff, Öl) im Filter dient. F. bestehen meist aus Blechform- oder Gußteilen.

Filtermaterial: Werkstoff, aus dem die Filterelemente des → Filtereinsatzes bestehen. Je nach der Filterqualität (Grob- oder Feinfilterung) und in Abhängigkeit von dem zu filternden Medium (Öl, Kraftstoff, Luft) werden z.B. feinmaschige Metall- und Kunststoffsiebe, gegen Feuchtigkeit imprägniertes Papier, synthetische Fasern sowie speziell gestanzte Bleche oder kreuzweise gelegtes Streckmetall verwendet. Die Maschen- oder Porenweite des F. bestimmt u.a. die Bewertungskritierien der → Filter, z.B. den Schmutzabscheidungsgrad (Wirkungsgrad), die Schmutzabscheidungsgrenze (die maximale Korngröße der im gereinigten Medium verbleibenden Schmutzteilchen) und den Druckabfall über dem Filter.

Filterpaket: → Filtereinsatz

Filterpatrone: → Filtereinsatz

Filtertopf: → Filtergehäuse

Filzringdichtung: schleifende Dichtung, die zum Abdichten von Wellenaustritten eingesetzt wird, mit einem im Dichtungsdeckel eingelegten Filzring als Dichtelement. Die F. ist nicht für Innendruck geeignet und wird vorwiegend bei → Fettschmierung angewandt. Durch die Berührung des Filzrings mit der Dichtfläche schützt die F. relativ gut gegen Eindringen von Schmutz und Spritzwasser. Abb.

Fink-Lokomotive: von Fink konstruierte Dampflokomotive der Achsfolge CB', bei der das nachfolgende 2achsige Triebgestell vom 3. Radsatz (als Treibradsatz der vorderen 3achsigen Triebwerksgruppe) aus über eine Blindwelle und einen Stangenantrieb angetrieben wird. Die 1863 für die ungarische Eisenbahnstrecke Oravicza–Steyersdorf mit ihren vielen Krümmungen gebauten 4 F. waren die ersten bogenläufigen Lokomotiven ohne Laufradsätze. Lit.: 2.8., 5.3.

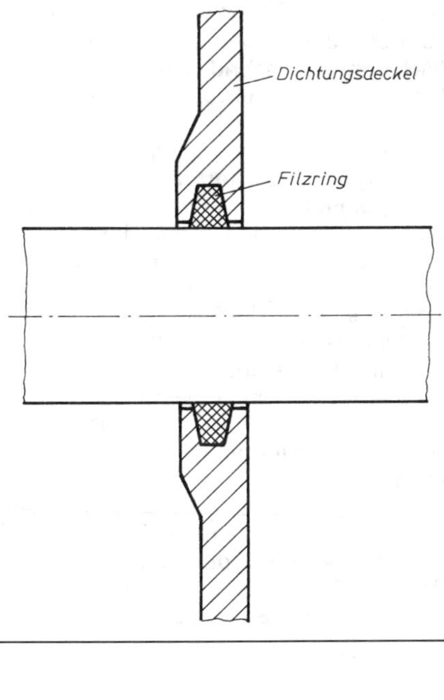

Filzringdichtung

Flächenschaden: → Abkühlungsverlust

Flachläufer: Schienenfahrzeug, das einen oder mehrere Radsätze mit einer → Flachstelle aufweist.

Flachschieber, *Muschelschieber:* Bauart des → Schiebers der → inneren Steuerung der → Naßdampflokomotive. Der F. nimmt die Dampfverteilung zum Zylinder vor. Am gebräuchlichsten ist der Muschelschieber mit → äußerer Einströmung. Er besteht aus dem → Schieberkörper und der → Schieberstange. Der F. wird vom Dampfdruck auf den → Schieberspiegel gedrückt, wodurch für seinen Antrieb größere Kräfte erforderlich sind. Er ist deshalb für die größeren Dampfdrücke und wegen des Verziehens der Gleitflächen für die hohen Dampftemperaturen der → Heißdampflokomotive nicht geeignet. Eine spezielle Bauart des F. ist der → Kanalschieber (dort Abb.). Lit.: 2.3., 2.12.

Flachstelle: durch Blockieren eines Radsatzes beim Bremsen hervorgerufene Unrundheit (Abplattung) der → Lauffläche. Räder mit F. sind am rhythmischen Schlagen der Bewegung des Fahrzeugs erkennbar (Flachläufer). F. können durch die Schlagwirkung auf die Laufwerkteile und das Gleis weitere Schäden verursachen. Hat die F. eine bestimmte, in Vorschriften festgehaltene Sehnenlänge erreicht, sind die Fahrzeuge auszusetzen. An Tfz. treten F. seltener auf.

Flaman-Kessel: von Flaman konstruierte Sonderbauart des → Dampflokomotivkesses mit 1 oder 2 Zusatzkesseln zur Vergrößerung der → Verdampfungsheizfläche und tiefliegender → Feuerbüchse. F. mit 1 Hauptkessel von 1300 mm Durchmesser und 2 seitlich liegenden Zusatzkesseln von 700 mm Durchmesser wurden ab 1888 in 2 torfgefeuerten 1'B1'-Schlepptenderlokomotiven der belgischen Reihe 12 sowie mit einem 1200-mm-Hauptkessel und einem über diesem angeordneten 800-mm-Oberkessel um 1890 in einigen 2'B-Schnellzuglokomotiven der französischen Ostbahn erprobt. Kesselheizfläche und Verdampfungswasseroberfläche standen beim F. im ungünstigen Verhältnis, was zu häufigem Wasserüberreißen führte. Lit.: 2.8., 5.3.

Flammenwächter: Sicherheitseinrichtung an → Heizgeräten und → Heizdampferzeugern, die beim Erlöschen der Flamme während des Betriebs durch Brennstoffmangel, Verbrennungsluftmangel u. ä. die Brennstoffzufuhr zum → Brenner sofort unterbricht, um Haverien zu vermeiden. Als F. werden Fotozellen oder Fotodioden verwendet.

Flammglühkerze: in das Saugrohr von Dieselmotoen mit Direkteinspritzung eingesetztes elektrisches Heizelement mit Brennstoffdüse zum Erwärmen der beim Anlassen des Dieselmotors angesaugten Luft. Beim Betätigen der F. fließt eine dosierte Menge Brennstoff auf das Heizelement, verdampft an dessen heißer Oberfläche und vermischt sich mit der im Saugrohr vorbeiströmenden Luft. Das Brennstoff-Luft-Gemisch entzündet sich und brennt solange, bis nach Beendigung des Anlaßvorgangs die F. ausgeschaltet wird. F. werden wie → Glühkerzen mit Hilfe eines → Glühanlaßschalters betätigt. → Anlaßhilfe

Flammpunkt: niedrigste Temperatur bei Normdruck für ein Prüfmedium (Kraftstoff, Öl), bei der sich bei Erwärmung des Mediums in einem Spezialgerät (Tiegel) die aufsteigenden Dämpfe mit der Luft vermischen und das Gemisch bei Annäherung einer Flamme kurz zündet und wieder verlöscht. Nach ihrem F. werden brennbare Flüssigkeiten in → Gefahrklassen eingeteilt.

Flammrohr: → Flammrohrkessel

Flammrohrkessel: bei den ersten Dampflokomotiven (vor der → »Rocket«) verwendete Bauform des → Dampflokomotivkessels, bei dem i. G. z. später überwiegend verwendeten Heizrohrkesseln 1 oder 2 Flammrohre eingezogen waren, in denen sich auch die Feuerung befand. Die Flammrohre hatten einen Durchmesser von 700–1080 mm, wodurch die einbringbare → Rostfläche begrenzt und die Verdampfungsleistung infolge zu kleiner Heizfläche sehr gering war. G. → Stephenson, der anfangs F. mit 1 Flammrohr verwendete, erkannte diesen Nachteil und übernahm den Heizrohrkessel mit wasserumspülter → Feuerbüchse, was zum ersten Erfolg bei der Lokomotive »Rocket« führte.
Der F. findet heute noch Verwendung bei stationären Dampferzeugungsanlagen.

Flammrohrüberhitzer: von W. Schmidt entwickelte Bauart eines → Überhitzers für Dampflokomotiven, bei dem die Überhitzerrohre in einem in Mitte → Langkessel eingezogenen Flammrohr von 445 mm Durchmesser angeordnet waren. Der F. ermöglichte eine → Überhitzung des Dampfes auf 350 °C. Problematisch waren die ungleiche Wärmeausdehnung der → Feuerbüchse und des Flammrohrs sowie die Reinigung. Erstmals wurde der F. bei der preußischen Schnellzuglokomotive der Gattung S3, Hannover 74, angewandt, die 1898 von Vulcan (Fabriknummer 1643) geliefert und später in Cassel 401 (Gattung S4) umbenannt wurde. Die preußische P4, Cassel 131, von Henschel 1898 geliefert (Fabriknummer 4853), später als Cassel 1846 bezeichnet, stand ebenfalls mit dem F. ausgerüstet bis 1922 in Dienst. Die Mängel des Flammrohrüberhitzers wurden durch die Einführung des → Rauchkammerüberhitzers überwunden. Lit.: 2.9., 5.3.

Flankenwinkel: → Spurkranz

Flexicoilfeder: Schraubenfeder mit zusätzlicher Ausnutzung ihrer Querfedereigenschaft. Die F. nimmt sowohl die in der Federlängsachse als auch die senkrecht dazu wirkenden Kräfte auf und entwickelt eine zur Mittellage gerichtete Rückstellwirkung. Diese Rückstellwirkung ist wesentlich von der Einspannung der Flexicoilfeder abhängig. Die Federkennlinie (→ Federkonstante) der F. ist bei kleinen Auslenkungen um die Mittellage linear und bei größeren Auslenkungen degressiv. A n w e n d u n g: vorwiegend in der zweiten Federungsstufe (Sekundärfederung) bei Tfz. (z. B. in Form von Flexicoilkastenabstützung bei der Ellok E3173 der BR sowie der BR103 und BR143 der DB/DR). Abb.

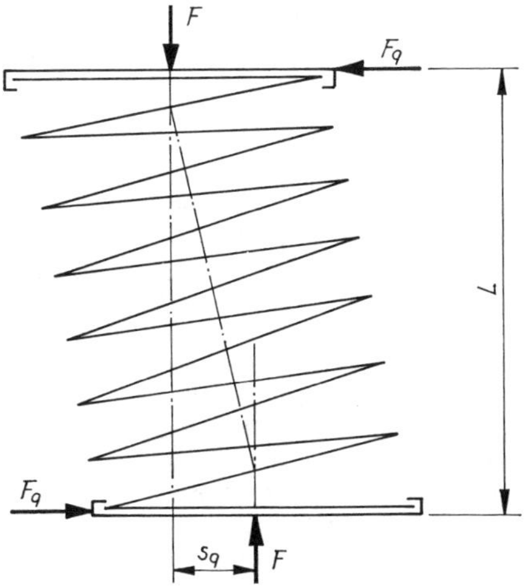

Flexicoilfeder

»Fliegender Hamburger«: unter dieser Bezeichnung bekanntgewordener, erster → Schnellverbrennungstriebzug VT877 der DRG (später VT04.0 der DB). Der F. H. wurde 1932 von der Fa. Wumag Görlitz gebaut und zwischen Hamburg und Berlin als damals schnellster Zug der Welt mit einer Reisegeschwindigkeit von 125,6 km/h und 500 km Laufweg je Tag eingesetzt. Konstruktive B e s o n d e r h e i t e n: 2teiliges Fahrzeug mit der Achsfolge 2'Bo'2', Dieselmotorleistung 2×300 kW, → elektrische Leistungsübertragung mit → Gebus-Steuerung, Enddrehgestelle als fahrmotorlose → Maschinendrehgestelle, Mitteldrehgestell als → Triebdrehgestell und → Jacobsdrehgestell ausgeführt, Höchstgeschwindigkeit 160 km/h, → Magnetschienenbremse. Lit.: 1.29., 3.5. → Tafel »Verbrennungstriebwagen und -triebzüge«.

Fliehkraftentstauber: → Zyklonfilter

Fliehkraftkupplung: → Kupplung (1), die nach Erreichen einer bestimmen Drehzahl unter dem Einfluß der Fliehkraft einkuppelt.

Fliehkraftregler: mechanisch wirkende, auf dem Fliehkraftprinzip beruhende Regeleinrichtung an Dieselmotoren, um die von der → Einspritzpumpe geförderte Kraftstoffmenge der abgeforderten Leistung anzugleichen und Minimal- bzw. Maximaldrehzahl des Dieselmotors zu begrenzen. Unterschieden werden → *Zweistufenregler* und → *Verstellregler.*

Fliehmasse: → Drehzahlschalter

Flügelzellengetriebe: → hydrostatisches Getriebe, das zur Leistungsübertragung in Brennkraft-Tfz. dient und aus Flügelzellenpumpe und Flügelzellenmotor besteht. Pumpe und Motor tragen in einer rotierenden und exzentrisch zur Gehäuseachse gelagerten Trommel flache Schaufeln (Flügel), die bei der Pumpe zur Druckerzeugung und beim Motor zur Erzeugung des Drehmoments zum Antrieb der Motorwelle dienen. F. wurden zu Beginn der Entwicklung bei kleinen Diesellokomotiven angewandt; sie sind heute hierfür bedeutungslos. Abb.

Flüssigkeitsgetriebe: → Strömungsgetriebe, → hydrostatisches Getriebe.

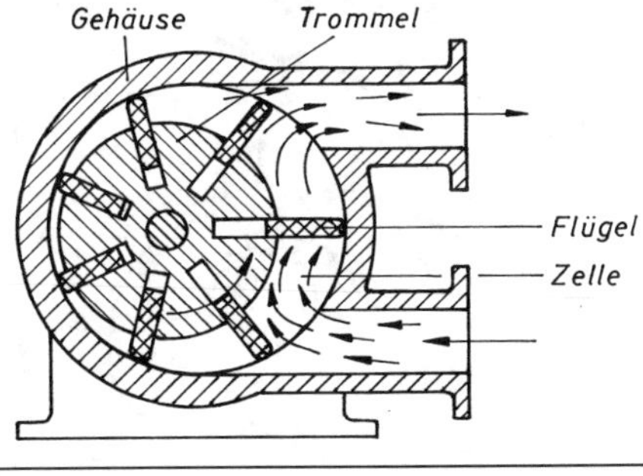

Flügelzellengetriebe
Flügelzellenpumpe

Flüssigkeitskühlung: Art der Kühlung, bei der als → Kühlmittel eine Flüssigkeit verwendet wird. Bei Diesel-Tfz. wird die F. als → indirekte Kühlung angewandt. Zum Wärmetransport werden je nach Art der in den Maschinen vorhandenen Flüssigkeiten unterschiedliche → Kühlflüssigkeiten verwendet. Für den Kühlkreislauf der F. wird meist → *Kühlwasser* als Kühlmittel verwendet. → Motorschmieröl oder → Strömungsgetriebeöl kann unmittelbar in Öl-Luft-Kühlern oder mittelbar unter Zwischenschaltung des Wasserkreislaufs in → Ölwärmeübertragern gekühlt werden. Vorteile gegenüber der → Luftkühlung: größere Wärmekapazität der Flüssigkeiten, wesentlich günstigerer Wärmeübergangskoeffizient Metall–Flüssigkeit, Möglichkeit der → Vorwärmung (2) des Dieselmotors zum Starten. Nachteile: zusätzliches Bauvolumen, größere Masse, erhöhter Wartungsaufwand, Gefahr des Einfrierens des Kühlwassers. Der größte Teil der Diesel-Tfz. wird mit F. betrieben.

Flüssigkeitsring: im Arbeitsraum eines → hydrodynamischen Kreislaufs sich ausbildender Ring der Betriebsflüssigkeit, über den die Leistungsübertragung erfolgt. Die Strömung im F. ist dreidimensional. Die Strömungsbahn eines Flüssigkeitsteilchens ist aus der ebenen Meridianströmung und der um die Drehachse A-A erfolgenden Strömung zusammengesetzt vorstellbar. Abb.

Flüssigkeitsring
a) ebene Strömungsrichtungen im Flüssigkeitsring
1, 2 Komponenten der absoluten Strömungsgeschwindigkeit im Flüssigkeitsring (1 Meridiankomponente, 2 Umfangskomponente);
b) räumlicher Strömungsverlauf im Flüssigkeitsring eines Strömungswandlers
3 Drehrichtung; A-A Drehachse

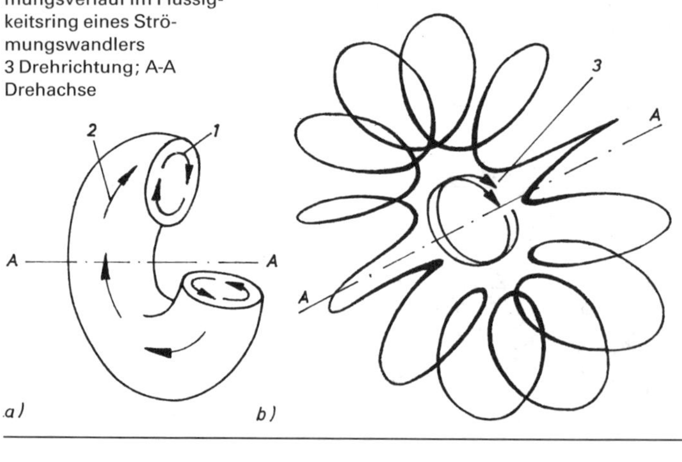

Flüssigkeitswärme: Wärmemenge, die erforderlich ist, um unter Normaldruck 1 kg Wasser von 0 °C auf die → Siedetemperatur von etwa 100 °C zu erwärmen. Die Größe der F. beträgt unter den genannten Bedingungen rund 420 kJ. Die F. ist druckabhängig und besitzt z.B. bei 1500 kPa absolutem Druck und der dazugehörigen Temperatur von rund 197 °C etwa den doppelten Wert.

FM-Verfahren: → Gemischbildungsverfahren von Verbrennungsmotoren nach dem Prinzit des **M**ittenkugelbrennraums mit zusätzlich eingebauter Zündkerze (**F**remdzündung). Verbrennungsmotoren, die nach dem F. arbeiten, gelten durch den Einbau der Zündkerze als Hybridmotoren, da sie sowohl die Merkmale des Dieselmotors als auch des Ottomotors in sich vereinen. Der nach dem F. gestaltete Verbrennungsmotor ist wie der nach dem M-Verfahren und dem → HM-Verfahren ausgeführte Motor als Vielstoffmotor verwendbar; durch die Fremdzündung ist selbst der Einsatz von Vergaserkraftstoff hoher Klopffestigkeit (Superbenzin) möglich.

Fontaine-Lokomotive: eine von E. Fontaine konstruierte und 1881 in den Grant-Lokomotivwerken in Paterson, New Jersey, USA, gebaute 2'A1-Dampflokomotive mit Reibradantrieb, mit der durch eine Übersetzung ins Schnelle für hohe Fahrgeschwindigkeit die sonst notwendige Vergrößerung des Treibraddurchmessers umgangen werden sollte. Ein Reibradpaar mit 1829 mm Raddurchmesser war über dem Lokomotivkessel angeordnet und wurde von einer Dampfmaschine mit 2 schräg angeordneten Dampfzylindern angetrieben. Dieses Reibradpaar wirkte auf ein Gegenreibradpaar mit 1422 mm Durchmesser, daß außen auf der Treibradsatzwelle befestigt war. Die Drehzahl des Treibradsatzes mit 1778 mm Raddurchmesser war somit größer als die des oberen Reibsatzradpaars. Die Nachteile der Lokomotiven mit Reibradantrieb in Form der schlupfbehafteten Arbeitsweise, des niedrigen Wirkungsgrads und der großen Eigenwiderstandskraft wogen schwerer als der Vorteil der einfachen Herstellung.

Fortschaltrelais: Bauelement der → Übertragungssteuerung, das die Bedienung des Tfz. durch Wegfall der Beobachtung der Fahrmotorströme erleichtert (bes. beim Anfahren). Das F. bewirkt das halb- oder vollautomatische Weiterschalten der → Fahrstufen in Abhängigkeit von der max. zul. Stromstärke oder von der vorgegebenen mittleren konstanten Beschleunigung. Arbeitsweise: Beim Überschreiten des eingestellten »Fortschaltstroms« wird der Ankerkern in die Zugspule hineingezogen, wodurch das

Öffnen des »Fortschaltkontakt« erfolgt: Steuerbefehl »Schaltwerk auf« wird unterbrochen. Beim Unterschreiten des »Fortschaltstroms« fällt der Ankerkern ab und schließt den »Fortschaltkontakt«, wodurch der Steuerbefehl »Schaltwerk auf« erteilt wird. Bei modernen Tfz. wird diese Funktion durch elektronische Schaltungen übernommen. Lit.: 4.5.

Fortschaltstrom: am → Fortschaltrelais der Übertragungssteuerung eines elektrischen Tfz. einzustellender Stromgrenzwert, bei dessen Überschreitung das Weiterschalten des Schaltwerks so lange unterbrochen wird, bis mit Zunahme der Fahrgeschwindigkeit der Fahrmotorstrom entspr. der Fahrmotorcharakteristik wieder unter diesen Wert abgesunken ist. Der F. wird so festgelegt, daß beim Weiterschalten auf die nächsthöhere Fahrstufe kein Stromgrenzwert (gegeben z.B. durch die Stromstärke, bei der unter normalen Kraftschlußbedingungen Schleudern eintritt oder bei der die Fahrmotorüberstromrelais ansprechen) überschritten wird. Mitunter wird die Größe des F. geschwindigkeitsabhängig verändert und damit an das Absinken des → Kraftschlußbeiwerts mit wachsender Fahrgeschwindigkeit angepaßt. Auch kann bei manchen Ausführungen der F. in groben Stufen vom Tfz.-Füher je nach Betriebsbedingungen (z.B. in Abhängigkeit von der Zugmasse oder der Fahrleitungsbelastung) eingestellt und damit die → Anfahrbeschleunigung beeinflußt werden. Lit.: 4.5.

Föttinger, Hermann: 9. Februar 1877 (Nürnberg) – 28. April 1945 (Berlin); Elektroingenieur, Professor für Schiffbau in Stettin. F. erfand 1905 den Föttinger-Wandler (→ Strömungswandler), indem er Kreiselpumpe und Turbine mit Leitrad unter Fortlassen von Rohrleitungen in einem Gehäuse vereinigte. Die Weiterentwicklung des ursprünglich für Schiffsantriebe vorgesehenen Strömungswandlers führte zur → Strömungskupplung. Mit diesen beiden Erfindungen wurde die hydrodynamische Leistungsübertragung für Diesel-Tfz. möglich. Sie wurde erstmals 1933 in 2achsigen Triebwagen der ÖBB und im umgebauten → Schienenzeppelin der DRG eingesetzt. Ab 1935 wurden Strömungsgetriebe in Diesellokomotiven der DRG und ab 1953 Strömungskupplungen als Hauptkupplung in Verbindung mit einem Elektroschaltgetriebe in Leichttriebwagen bei den deutschen Bahnverwaltungen angewendet. Lit.: 1.27., 5.3.

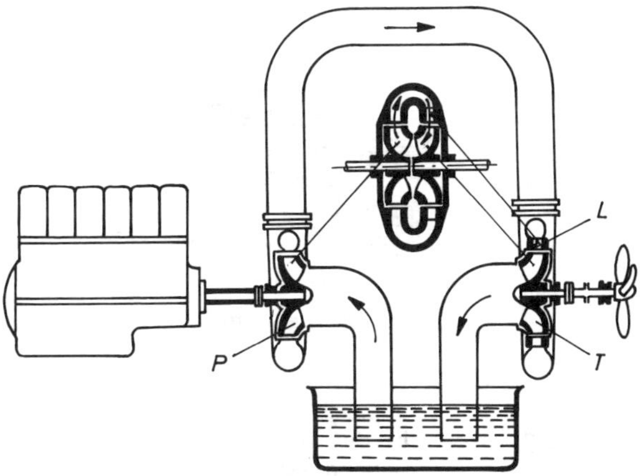

Föttingerprinzip
Strömungswandler, entstanden durch Vereinigen von Pumpe P, Turbine T und Leitrad L in einem Gehäuse

Föttingergetriebe: → Strömungsgetriebe

Föttingerkupplung: → Strömungskupplung

Föttingerprinzip: Anordnung von Kreiselpumpe und Turbine in einem gemeinsamen torusförmigen Gehäuse unter Verzicht auf Spiralgehäuse und Rohrleitungen. Das F. wurde 1905 von → Föttinger erfunden und bildet die Grundlage der Wirkungsweise von → Strömungswandler und → Strömungskupplung. Erst mit dem F. konnten brauchbare Wirkungsgrade dieser Strömungsmaschinen bei geringstem Raumbedarf erzielt werden. Abb.

Föttingerwandler: → Strömungswandler

Franco, Attilio: 1873 (Capella di Scorze) – 1936 (Garda/Provinz Verona); F. war Ingenieur und erfand 1914 den Abgasvorwärmer in Form eines Röhrenkessels. Eine nach seinen Patenten 1927 gebaute 2200-kW-Achtzylinder-Lokomotive der Achsfolge (C1)1B1B1(1C) mit 2 Kesseln und 2 Vorwärmern bewies durch 1932 bei der SNCB vorgenommene Versuche die Richtigkeit von F. Überlegungen zur Nutzung der Abgaswärme. Auch 2 Dampflokomotiven der FS wiesen durch den F.-Vorwärmer einen verbesserten Wirkungsgrad auf. → Franco-Crosti-Abgasvorwärmer. Lit.: 5.3.

Franco-Crosti-Abgasvorwärmer: von → Franco 1910 erfundener und von → Crosti 1940 weiterentwickelter Abgasvorwärmer (→ Speisewasservorwärmer). 1 oder 2 unter dem → Langkessel von Dampflokomotiven angeordnete Heizrohrkessel (Vorwärmerkessel), die an die

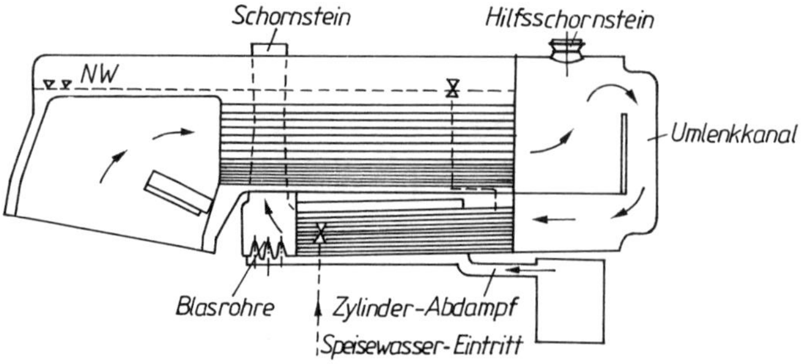

Franco-Crosti-Abgasvorwärmer
Schema eines Lokomotivkessels mit Franco-Crosti-Abgasvorwärmer

nach unten verlängerte → Rauchkammer angeschlossen waren, wurden von den in der Rauchkammer umgelenkten → Rauchgasen durchströmt, die dann über die seitlich am Langkessel hochgeführten Flachschornsteine ins Freie gelangten. Dabei wurde unter Abkühlung der Rauchgase von 300–350 °C auf 160 °C die Wärme auf das → Kesselspeisewasser übertragen. Ein Mantel, durch den der → Abdampf der Dampfmaschine geleitet wurde, umgab die Vorwärmerkessel. Das im Gegenstrom zwischen den Heizrohren durchfließende Kesselspeisewasser erhielt damit eine Wärmezufuhr von innen durch die Rauchgase und von außen durch den Abdampf.

Die FS ließen 1940 5 Schnellzugloks der BR685 und 5 Güterzugloks der BR740 mit F. ausrüsten und wiesen damit eine Kohleersparnis bis zu 18,9% nach. Die DB ließ 1951 die Loks 52893 und 52894 mit F. ausrüsten und gab ihnen die Betriebs-Nummern 429000 und 429001. 1959/61 wurden diese bereits wieder ausgemustert. 1962 erhielten 31 DB-Lokomotiven der BR50 einen F.; Verdampfungs-, Überhitzer- und → Rostfläche wurden gleichzeitig verkleinert. Da die durch Einbau des F. größere Lokomotivmasse und der 25% höhere Anschaffungspreis gegenüber einer 18%igen Kohleersparnis keinen großen Gewinn brachten, erhebliche Korrosionsschäden durch Taupunktunterschreitung der Abgase sowie ein hoher Verschleiß durch → Abzehrungen an dem Heizrohrbündel auftraten und technische Mängel in der → Abdampfableitung eintraten, nahmen die Bahnverwaltungen von einem weiteren Einbau Abstand. Lit.: 2.6., 2.9., 5.3. Abb.

freier Lenkradsatz
1 Langträger, 2 Federbock, 3 Federaufhängung, 4 Radsatzhalter, 5 Blattfeder, 6 Radsatzlager, 7 Radsatz, 8 Steg

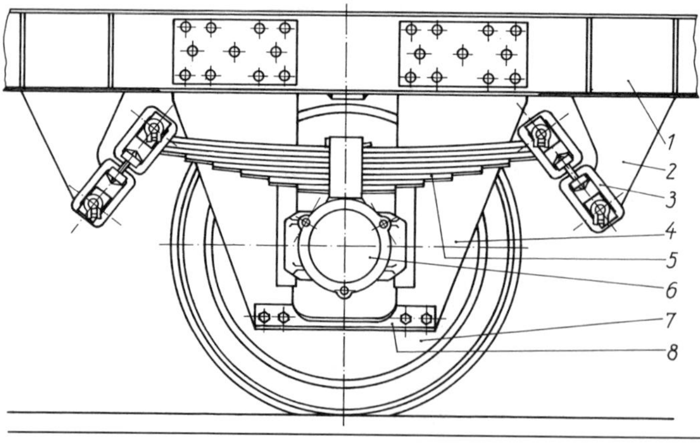

freier Lauf: → Bogenlauf

freier Lenkradsatz: kraftschlüssig mit dem Fahrzeugrahmen verbundener → Radsatz, der sich innerhalb festgelegter Spiele zwischen dem Radsatzlagergehäuse und den Radsatzhaltern längs oder quer verschieben und/oder um senkrechte Achsen drehen kann. Das als f. L. bezeichnete Laufwerk besteht aus dem Radsatz mit Lagern, den Blatttragfedern, dem Schakengehänge, den Federböcken und den Radsatzhaltern mit Steg. Anwendung: bei Fahrzeugen ohne Drehgestelle, überwiegend 2achsigen Güterwagen. Der f. L. kann sich in Gleisbögen weitgehend radial einstellen, wodurch sich die Führungskräfte reduzieren. Die Bauteile des f. L. für Güterwagen sind international standardisiert und austauschbar. Vorläufer des derzeitigen f. L. war die → Vereinslenkachse. Abb.

Freikolben-Gaserzeuger: → Gaserzeuger, der nach dem Prinzip des Zweitaktdieselmotors mit gegenläufigen, freifliegenden Kolben arbeitet. Arbeitsweise: Wie beim Dieselmotor wird in die im Motorzylinder befindliche, komprimierte und damit stark erhitzte Luft → Brennstoff (Dieselkraftstoff oder Heizöl) eingespritzt, der sich entzündet und verbrennt. Durch die Verbrennungsgase werden die Kolben zu ihrem äußeren Totpunkt bewegt. Nach Freigabe der Auslaßschlitze strömen die Verbrennungsgase mit einem Druck von 300–600 kPa und einer Temperatur von etwa 500 °C aus dem F. Die in den Luftpolstern gespeicherte Energie wirft die Kolben zu ihrem inneren Totpunkt zurück.

Bei der Bewegung der Kolben wird Frischluft angesaugt, verdichtet und über die Einlaßschlitze in den Motorzylinder gedrückt, wo sie als Spülluft den Verbrennungsgasen beigemischt wird. Für den Gleichlauf der Kolben sorgt ein Synchronisiergestänge.

F. werden mit Hilfe von Druckluft angelassen. Sie haben einen vollkommenen Massenausgleich und laufen erschütterungsfrei und erreichen bei Nennleistung einen Wirkungsgrad von etwa 42%. F. werden über einen Gaszwischenspeicher mit einer → Nutzleistungsturbine zu → Freikolben-Gasturbinen zusammengeschaltet. Abb.

Freikolben-Gasturbine: Gasturbinenanlage, die aus einem → Freikolben-Gaserzeuger und einer → Nutzleistungsturbine besteht. F. erreichen Maximalwirkungsgrade von etwa 38% und besitzen die Drehmomentcharakteristik von → Mehrwellen-Gasturbinen. F. werden z.B. als Antriebsmaschine von → Gasturbinenlokomotiven der SNCF (BR 040 GA und BR 060 GA) und der SŽD (BR TE9) verwendet. Lit.: 3.16.

Freilauf: → Überholkupplung

Freitaste: Taste auf dem → Führerstand eines Tfz. mit → induktiver Zugbeeinflussung zur Aufhebung der → Zwangsbremsung und Rückstellung der Tfz.-Anlage für die Zugbeeinflussung in ihren Bereitschaftszustand nach dem Anhalten des Tfz.

Fremdaufladung: → Aufladeverfahren mit einem durch Hilfsmotor angetriebenen Verdichter für Verbrennungsmotoren. Durch den Antrieb des Verdichters mit separatem Elektro- oder Verbrennungsmotor ist eine von den Lastverhältnissen des aufzuladenden Motors unabhängige Einstellung des Ladedrucks und des Luftdurchsatzes möglich. Die F. eignet sich deshalb bes. für Motorenprüfstände. Für die Aufladung von Lokomotivdieselmotoren ist die F. durch die mit dem Hilfsmotor verbundenen technischen und wirtschaftlichen Nachteile unzweckmäßig.

Fremdbelüftung: Kühlsystem für elektrische Maschinen, bes. für → Fahrmotoren elektrischer und dieselelektrischer Tfz. Bei F. wird in einem → Verdichter (meist Kreiselverdichter) erzeugte Druckluft bes. angeordneten Kanälen zugeführt. Die Luftführung in der elektrischen Maschine wird so gestaltet, daß die am stärksten erwärmten Stellen am intensivsten gekühlt werden. Der gegenüber der → Eigenbelüftung (2) wesentlich größere Luftdurchsatz erlaubt eine erheblich größere Strombelastung der Wicklungen und somit eine Leistungssteigerung bei gleichen Maschinenabmessungen. Das ist für Tfz. bes. wichtig, weil der zur Verfügung stehende Einbauraum für die Fahrmotoren, bes. beim → Einzelachsantrieb (Länge des Fahrmotors durch die Spurweite, Durchmesser durch den Treibraddurchmesser) sehr begrenzt ist.

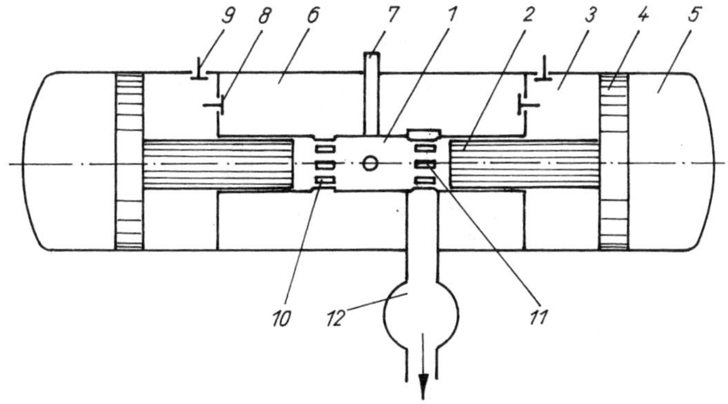

Freikolben-Gaserzeuger
1 Motorzylinder, 2 Motorkolben, 3 Verdichterzylinder, 4 Verdichterkolben, 5 Luftpolster, 6 Spülluftraum, 7 Einspritzdüsen, 8 Druckventil, 9 Saugventil, 10 Einlaßschlitze, 11 Auslaßschlitze, 12 Gaszwischenspeicher

Fremddampf: von einer fremden Energiequelle erzeugter Dampf zum feuerlosen Anheizen von Dampflokomotiven und Vorwärmen des Kühlwassers bei Diesel-Tfz. F. kann einer stationären Dampferzeugungsanlage oder einer anderen Dampflok entnommen werden.

Fremdeinspeisung: **1.** Versorgung einer Dampflok mit → Fremddampf, z.B. zum schnellen Aufheizen des Kesselwassers. – **2.** Elektrische Stromversorgung von Tfz., z.B. zum Laden des → Akkumulators im eingebauten Zustand, zum Anlassen oder Vorwärmen des Dieselmotors von einer stationären Spannungsquelle aus.

Fremderregung: Art der Felderregung einer elektrischen Maschine, bei der der → Erregerstrom von einer anderen Spannungsquelle (Batterie, elektrisches Netz) geliefert wird. Da die Spannung von außen (außerhalb der Maschine) verändert werden kann, ist eine Regelung der F. von Null bis zur max. Feldstärke (Sättigung) durchführbar. Die F. ist wichtig für die Anpassung der Hauptgeneratorleistung eines dieselelektrischen Tfz. an die ausnutzbare Dieselmotorleistung. → Feldregelung

Fremdregelung: Regelung der Feldstärke der Fremderregerwicklungen von Generatoren. Die F. ist z.B. für die Leistungsanpassung bei dieselelektrischen Tfz. wichtig. → Feldregelung

Frischladungsdurchsatz: Teil des → Gesamtluftdurchsatzes, der an den Verbrennungsvorgängen im Zylinder von Verbrennungsmotoren beteiligt ist. Der F. ist eine Kenngröße des → Ladungswechsels.

Frischluftgrad, *Liefergrad:* Kenngröße

Führerbremsventil
a) der Bauart Knorr Nr. 8 mit Schnelldruckregler (Ansicht)
b) der Bauart Knorr Nr. 8 (Schnitt durch Drehschieberbremsventil)
1 Gehäuseoberteil, 2 Drehschieber, 3 Spindel, 4 Handgriff, 5 Gehäuseunterteil, 6 Ausströmschraube
I Füll- und Lösestellung, II Fahrtstellung, III Mittelstellung, IV Abschlußstellung, V Betriebsbremsstellung, VI Schnellbremsstellung
B Druckluftmanometeranschluß für Hauptluftleitung, D Druckluftmanometeranschluß für Hauptluftbehälter, E zur Hauptluftleitung, F vom Hauptluftbehälter, G vom Ausgleichschieber, H Absperrhahn, S Schnelldruckregler, W zur freien Luft
c) der Bauart Knorr D2
1 Ventilträger, 2 Führerbremshebel, 3 Angleicher, 4 Schlüssel, 5 Hutmutter, 6 Segment, 7 Gegenmutter, 8 Einstellschraube, 9 Anschlag, 10 Anschlagstift
d) der Bauart Knorr D2 in Betriebsbremsstellung
K1, K2, K3 Kolben, V1, V2, V3 Ventil

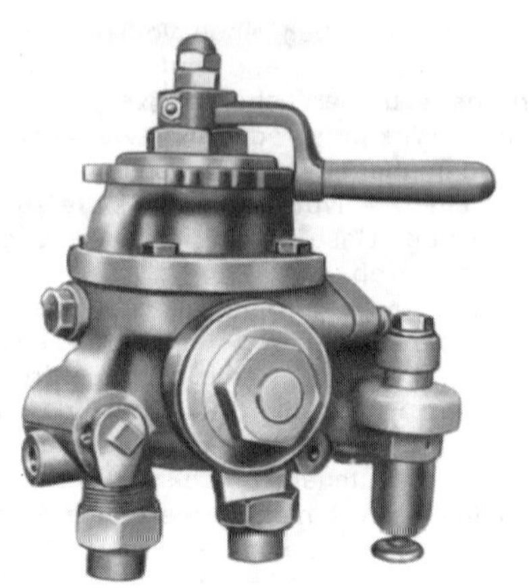

a)

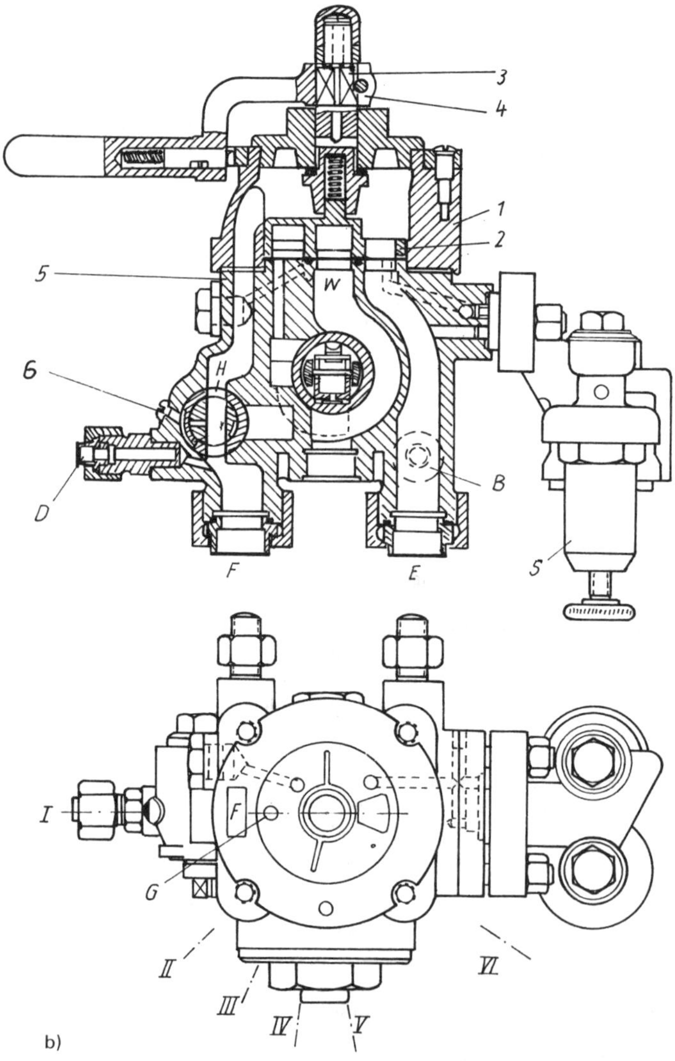

b)

des Ladungswechsels λ_F mit der Maßeinheit 1 von Verbrennungsmotoren. Der F. wird nach $\lambda_F = \dot{m}_F/\dot{m}_{th}$ berechnet. Dabei ist der Frischluftmassedurchsatz $\dot{m}_F$ derjenige Teil des → Gesamtluftdurchsatzes, der an den Innenvorgängen im Zylinder des Motors beteiligt ist und $\dot{m}_{th}$ derjenige Luftmassestrom, der den Gesamthubraum des betreffenden Zylinders theoretisch ausfüllt.

Frischölschmierung: Schmierungsart für Verbrennungsmotoren durch Dosierung der Frischölzuführung. Bei der F. saugt eine → Schmierölpumpe Öl aus einem separaten Vorratsbehälter, wobei die Ölpumpe soviel Pumpenelemente besitzt, wie Schmierstellen zu versorgen sind. Die Dosierung ist an den Pumpenelementen einstellbar. Bes. an der Innenfläche des Zylinders wird durch diese Form der Motorschmierung ein stabiler Ölfilm ausgebildet, wodurch sich ein geringerer Zylinderverschleiß einstellt. Das durch die Schmierfunktion erwärmte und in den → Ölsumpf zurückfließende Öl wird durch eine Rückförderpumpe abgesaugt, in einem nachgeschalteten Schmierölfilter gereinigt und zurück in den Vorratsbehälter befördert. Die F. wird i.allg. bei gering beanspruchten Verbrennungsmotoren angewandt.

Froschmaul: → Winkelrost-Schlammfilter

Frostschutz: Maßnahmen und Einrichtungen, die ein Einfrieren des → Kühlkreislaufs und des → Heizkreislaufs von Diesel-Tfz., deren Maschinenanlage abgestellt ist, in der kalten Jahreszeit verhindern. Bei → Kleinlokomotiven wird zum F. dem Kühlwasser ein → Gefrierschutzmittel beigemischt, so daß sie im

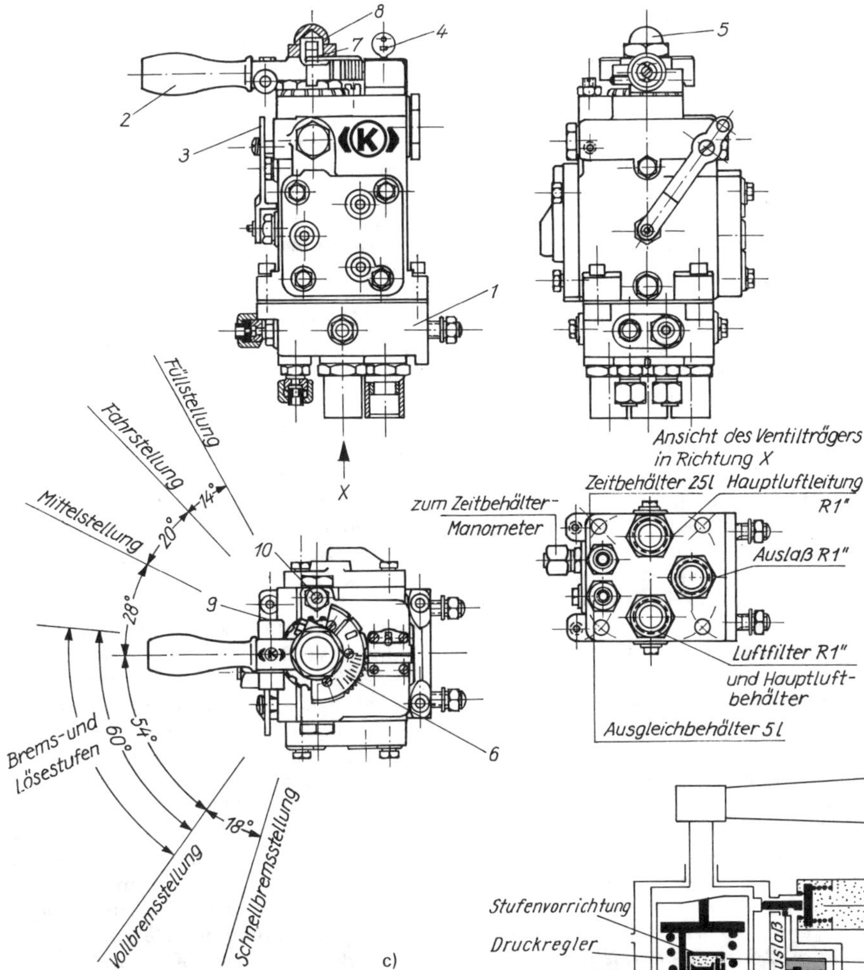

c)

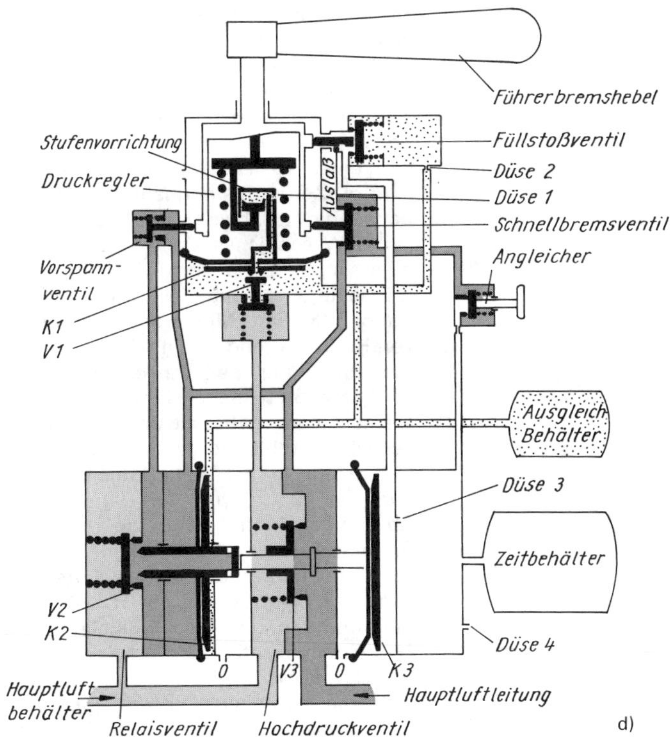

d)

Freien abgestellt werden können. Bei Großdiesellokomotiven und Dieseltriebwagen, die i. d. R. ohne Gefrierschutzmittel betrieben werden, wird das Kühlwasser über die fahrzeugeigenen → Warmhalteanlagen oder über stationäre Warmhaltestände vor dem Einfrieren geschützt. Die genannten F.maßnahmen werden durch das Verschließen der → Lüftungsgitter der Kühler mit → Jalousien oder → Kühlermatten unterstützt.

FRT: Abk. für → **F**ahrleitungs**r**evisons**t**riebwagen.

führende Achse: → führender Radsatz

führender Radsatz: → Radsatz eines → Laufwerks, der die Führung des Tfz. beim → Bogenlauf allein oder gemeinsam mit weiteren f. R. übernimmt und horizontale Kräfte (→ Schienenrichtkraft) zwischen Radsatz und Gleis überträgt.

Führerbremsventil: Einrichtung zur Betätigung der → selbsttätigen Druckluftbremse und der → nichtselbsttätigen Druckluftbremse (→ Zusatzbremse). Aufgaben: 1) Füllen der → Hauptluftleitung; 2) Konstanthalten des Hauptluftleitungsdrucks auch bei Druckluftverlusten; 3) Entleerung der Hauptluftleitung entspr. den betrieblichen Anforderungen (Betriebsbremsung, Schnellbremsung); 4) Festhalten einer eingeleiteten Brems- oder Lösestufe; 5) Erhöhung des Drucks in der Hauptluftleitung zum Lösen der Bremse; 6) Absperren der Hauptluftleitung (Neutralstellung).

Durch UIC sind die technischen Forderungen an das F. international festgelegt. Es ist die Reihenfolge für die Anordnung der Stellungen für den drehbaren Betätigungsgriff vorgegeben. Die Bewegung des Betätigungsgriffs vom Tfz.-Führer weg bewirkt »Lösen der Bremsen«, zum Tfz.-Führer hin »Bremsen«. Man unterscheidet zwischen den älteren Drehschieber-F. und den selbstregelnden F., die als Selbstregler bezeichnet werden. Die *Drehschieber-F.* besitzen einen Drehschieber, der durch den F.-Hebel mit einer Spindel gedreht wird und dabei in den einzelnen Stellungen die entsprechenden Kanäle im Schieberspiegel miteinander verbindet. Außerdem gehören zu ihnen eine → Ausgleicheinrichtung und ein → Schnelldruckregler. Durch Verwendung eingeschliffener metallischer Schieber, Ausgleichkolben mit Ringen und eines konischen Absperrhahns ist ein größerer Instandhaltungsaufwand notwendig (z. B. beim F. der Bauart Knorr Nr. 8). Wesentliches Merkmal der Bedienung ist, daß die vom Tfz.-Führer gewünschte Änderung des Drucks in der Hauptluftleitung (Minderung, Erhöhung) von Hand vorgenommen wird.

Zur Einleitung der Betriebsbremsung wird der Bremshebel in die Betriebsbremsstellung gebracht und dort solange belassen, bis die gewünschte Druckabsenkung in der Hauptluftleitung erreicht ist. Dann wird der Hebel in die Abschlußstellung gelegt. Die Höhe der Bremsstufe ist von der Zeit der Betätigung in der Betriebsbremsstellung abhängig. Luftverluste in der Hauptluftleitung führen in der Abschlußstellung des Führerbremsventils zur Verstärkung der Bremswirkung.

Moderne F. arbeiten als *selbstregelnde F.* und besitzen Gummisitzventile und Gummimembrankolben. Sie zeichnen sich durch einen hohen Bedienkomfort aus, da sich nach Einleitung von Brems- und Lösevorgängen von Hand die gewünschten Änderungen des Drucks in der Hauptluftleitung selbsttätig einstellen. Jeder Brems- und Lösestufe entsprechen eine bestimmte Stellung des Führerbremshebels und damit ein bestimmter Druck in der Hauptluftleitung. Druckluftverluste in der Hauptluftleitung werden selbsttätig nachgespeist. Zum Lösen der Bremse kann ein → Füllstoß gegeben werden, indem der F.-Hebel in die → Füllstellung gelegt wird.

Beim Knorr-Selbstregler D2 wird durch eine Stellschraube der Regelbetriebsdruck eingestellt. Eine Änderung der Spannung der Reglerfeder bei Bedienung des F. zum Bremsen bedingt eine Veränderung des Regelbetriebsdrucks. Dieser Druck wird durch das Relaisventil auf die Hauptluftleitung übertragen. Die Steuerhülse, fest mit dem F.-Hebel verbunden, trägt Nocken, welche bei Bedienung des Hebels das Vorspannventil, das Füllstoßventil oder das Schnellbremsventil mechanisch betätigen. Der Knorr-Selbstregler D5 hat eine Zusatzeinrichtung zur direkten Ansteuerung der → elektrodynamischen Bremse. Lit.: 1.4., 1.8., 4.5. Abb. S. 206/207

Führerbügelventil: Bedienungsgerät auf dem Führerstand älterer elektrischer Tfz. zur Betätigung des → Stromabnehmers (pneumatisch) und des → Hauptschalters (pneumatisch oder/und elektrisch).

Führerhaus: Bei Dampflokomotiven übl. Bezeichnung für → Führerstand.

Führerlokomotive, *Führereinheit:* Lokomotive, die bei Mehrfachtraktion mit dem mit der Führung der Lokomotiven beauftragten Lokomotivführer besetzt ist und an der Spitze des Zugs fährt.

Führerpult: → Fahrpult

Führerraum: → Führerstand

Führerraumbelüftung: Hilfseinrichtung zur Erzeugung des notwendigen Luftwechsels im Führerraum von Tfz. Der Luftwechsel wird im einfachsten Fall über die seitlichen Schiebe- bzw. Fallfenster oder über → Lüftungsklappen im Dach erreicht. Eine regelbare → Druckbelüftung des Führerraums kann über spezielle Lüfter im Dach, über den Lüfter der → Führerraumheizung oder über eine Klimaanlage erfolgen.

Führerraumheizung: Heizeinrichtung für den Führerraum von Elektro- und Diesel-

2′B2′-Diesellokomotive (»Klose-Lokomotive«) der KPEV mit 736 kW Leistung und direkter Leistungsübertragung über Stangen, v_{max} = 100 km/h. Erste Großdiesellokomotive der Welt. Hersteller: Sulzer, Borsig unter Mitwirkung von Klose und Diesel; 1912

Dieselhydraulische 1′C1′-Streckenlokomotive V 140 001 der DRG mit 1030 kW Leistung, v_{max} = 100 km/h, mit Strömungsgetriebe der Bauart WKK und Stangenantrieb über außenliegende Blindwelle, Heizdampferzeuger. Erste Großdiesellokomotive mit hydrodynamischer Leistungsübertragung. Einzelexemplar. Hersteller: KM; 1935; bis 1957 bei der DB im Einsatz, Museumslokomotive des Verkehrsmuseums Nürnberg

Co-Zweikraft-Rangierlokomotive V 16 004 der DRG mit 55 kW Dieselgeneratoraggregat, 455-Ah-Batterie und 3 × 50-kW-Tatzlagerfahrmotoren, v_{max} = 45 km/h. Speisung der Fahrmotoren aus der Batterie, dem Generator oder von beiden gemeinsam. Hersteller: SSW; 1933

Dieselmechanische B-Rangierlokomotive BR 310.5 der DB/DR mit 92 kW Leistung, v_{max} = 30 km/h, Rollenkettenantrieb. Hersteller: Borsig, KM u. a.; 1932

Dieselhydraulische B-Rangierlokomotive BR 311.5 der DB/DR mit 162 kW Leistung, v_{max} = 40 km/h. Hersteller: LKM; 1959; ab 1975 durch Leistungserhöhung und Getriebewechsel bei der DR aus der BR 101.0 hervorgegangen.

Dieselhydraulische C-Rangierlokomotive BR 103 der DR (ehem. V 36 der DRG) und BR 236 der DB mit 265 kW Leistung, v_{max} = 30/60 km/h, mit Stangenantrieb über Blindwelle. Hersteller: Krupp, Schwartzkopff, KHD u. a.; 1939

Dieselhydraulische B'B'-Schmalspurlokomotive $V 36^{48}$ der DR mit 2 × 132 kW Leistung, v_{max} = 30 km/h, Spurweite 750 mm, mit Stangenantrieb über Blindwellen, im Drehgestell eingebauter Maschinenanlage, Einkammer-Druckluft-, Saugluft- und Heberleinbremse sowie Heizdampferzeuger. Hersteller: LKM; 1961, bereits 1962 ausgemustert, später verschrottet.

Dieselhydraulische C-Schmalspurlokomotive BR 199 301 der DR mit 243 kW Leistung, v_{max} = 30 km/h, Spurweite 1000 mm, mit Stangenantrieb über Blindwelle. Auf der Harzquerbahn betriebenes Baumuster einer Exportlieferung für die Indonesische Staatsbahn. Hersteller: LKM; 1966

Dieselhydraulische B-Rangierlokomotive BR 312.1 der DB/DR mit 220 kW Leistung, v_{max} = 40 km/h, mit Stangenantrieb über Blindwelle und Sicherheitsfahrschaltung. Hersteller: LKM; 1970

Dieselmechanische C-Schmalspurlokomotive V 10 C für Industriebahnen und BR 199 005 und 006 der DR mit 75 kW Leistung, v_{max} = 24 km/h. Stangenantrieb über außenliegende Blindwelle. Hersteller: LKM; 1959

Dieselhydraulische D-Rangierlokomotive BR 346 der DB/DR mit 478 kW Leistung, v_{max} = 30/60 km/h, mit Beugniotgestellen und Stangenantrieb über Blindwelle. Nach Inbetriebnahme der Lokomotiv-Nr. 106959 der DR wurden weitere Neubaulokomotiven ohne konstruktive Veränderungen mit der BR-Bezeichnung 105 der DR benummert (BR 345 der DB/DR).
Hersteller: LKM, LEW; 1960 bis 1983

Dieselelektrische Bo'Bo'-Rangierlokomotive BR 107 der DR mit 550 kW Leistung, v_{max} = 60 km/h. Bei der ČSD als BR T458 im Betrieb.
Hersteller: ČKD Prag; 1958, für DR 1962

Dieselhydraulische B'B'-Streckenlokomotive BR 201 der DB/DR mit 736 kW Leistung, v_{max} = 100 km/h, Heizdampferzeuger, Radsatzgummifederung.
Hersteller: LEW; 1967

Dieselhydraulische B'B'-Streckenlokomotive BR 204 der DB/DR mit 1100 kW Leistung, v_{max} = 100 km/h, mit Heizdampferzeuger und Radsatz-Gummifederung.
Hersteller: LEW; 1967 bis 1978, durch Leistungserhöhung bei der DR ab 1984 unter Beibehalten der Ordnungsnummer aus der BR 110 hervorgegangen.

Dieselhydraulische C'C'-Streckenlokomotive für Nebenbahndienst BR 228.6–8 der DB/DR mit 2×880 kW Leistung, v_{max} = 120 km/h, mit Heizdampferzeuger. Hersteller: LKM; 1966, durch Leistungserhöhung bei der DR aus der BR 118.2–4 hervorgegangen.

Dieselhydraulische C'C'-Streckenlokomotive 228 203 der DB/DR (ehem. Werksbezeichnung V 200 203) mit 2×736 kW Leistung, v_{max} = 120 km/h. Ausführung mit glasfaserverstärkter Plast-Stirnpartie und negativ geneigter Frontscheibe (ab 1979 normale Stirnfront). Hersteller: LKM; 1967

Dieselhydraulische C'C'-Streckenlokomotive BR 219 der DB/DR mit 2×955 kW Leistung, v_{max} = 120 km/h, mit von beiden Dieselmotoren angetriebenem Heizgenerator. Hersteller: MKB; 1978

Dieselelektrische Co'Co'-Güterzuglokomotive BR 220 der DB/DR mit 1470 kW Leistung, v_{max} = 100 km/h mit Zweitaktdieselmotor. Die gleiche Lokomotive wird als T 679 bei der ČSD, als M 62 bei der MÁV, als ST 44 bei der PKP und als K 62 bei der Koreanischen Eisenbahn betrieben. Hersteller: WOR; 1961, für DR 1966

Dieselelektrische Co'Co'-Streckenlokomotive BR 232 der DB/DR mit 2200 kW Leistung, v_{max} = 120 km/h, mit Heizgenerator und elektrischer Widerstandsbremse. Hersteller: WOR; 1973

Dieselhydraulische B'B'-Streckenlokomotive BR 218 der DB/DR (ehem. V 168 der DB) mit 1838 kW Leistung, v_{max} = 90/140 km/h, mit Zugheizgenerator und hydrodynamischer Bremse, Radsatzführung durch einarmige Lenker. Formschöne und leistungsstärkste einmotorige Diesellokomotive der DB. Hersteller: Krupp; 1968 bis 1979

Dieselhydraulische B'B'-Streckenlokomotive BR 221 (ehem. V200[1] der DB mit 2×1000 kW Leistung, v_{max} = 140 km/h, mit Heizdampferzeuger, drehzapfenloser Drehgestellanlenkung und Radsatzführung durch einarmige Lenker, Schleuderschutzeinrichtung. Verbesserter und leistungsverstärkter Nachbau der BR 220 der DB. Hersteller: KM; 1962

Dieselelektrische Co'Co'-Streckenlokomotive BR 202 der DB (Eigentum der Hersteller mit der Bez. DE 2500) mit 1838 kW Leistung, v_{max} = 140 km/h. Erste Diesellokomotive mit Drehstromantrieb. Auch als Bo'Bo'-Fahrzeug und für Schmalspur entwickelt. Elektrische Zugheizanlage. Hersteller: BBC, Henschel; 1971

Dieselhydraulische C'C'-Streckenlokomotive 232001 (ehem. V320) der DB mit 2×1400 kW Leistung, v_{max} = 100/160 km/h, mit Heizdampferzeuger, Scheiben- und Magnetschienenbremse. 1976 an die Hersfelder Kreisbahn verkauft. Hersteller: Henschel; 1962

Dieselhydraulische C-Rangierlokomotive BR 361 der DB/DR (ehem. V 60^1 der DB) mit 478 kW Leistung, v_{max} = 30/60 km/h, mit Stangenantrieb über Blindwelle. Hersteller: KM, Henschel, Krupp, MaK u.a.; 1955

Dieselhydraulische B'B'-Streckenlokomotive BR 280 (ehem. V80) der DB mit 810 kW Leistung, v_{max} = 100 km/h, mit Heizdampferzeuger, drehzapfenloser Drehgestellanlenkung, Innenlagerung und Lenkerführung der Radsätze. Erste dieselhydraulische Großlokomotive mit Gelenkwellenantrieb, 4 Lokomotiven wurden an die FS, 1 an die Hersfelder Kreisbahn verkauft. Hersteller: MaK u.a.; 1956

Dieselhydraulische B'B'-Rangierlokomotive für schweren Rangier- und Übergabedienst BR 291 der DB/DR mit 810 kW Leistung, v_{max} = 40/80 km/h. Ein Teil der Lokomotiven erhielt mittelschnelldrehende Dieselmotoren mit 1030 kW Leistung. Hersteller: MaK; 1965 bis 1978

Dieselhydraulische B-Kleinlokomotive für leichten Rangier- und Übergabedienst BR 333 der DB/DR (ehem. Köf III der DB) mit 176 kW Leistung, v_{max} = 45 km/h, mit Gelenkwellenantrieb. Hersteller: Gmeinder; 1968

Dieselelektrische Co-Rangierlokomotive DE 501 für Industriebahnen mit 500 kW Leistung, v_{max} = 40 km/h, MTU-6 V 331 TC 12-Dieselmotor (2200 U/min), BBC-Drehstrom-Leistungsübertragung.
Hersteller: Krupp MaK Kiel; 1980

Dieselhydraulische B'B'-Rangierlokomotive G 1203 für nichtbundeseigene und Regionalbahnen mit 745 kW Leistung, v_{max} je nach Auslegung 33/45/70 km/h, MTU-8 V 396 TC 13-Dieselmotor (1900 U/min) und Voith-L 4 r4-Strömungsgetriebe.
Hersteller: Krupp MaK Kiel; 1982

Dieselelektrische Co'Co'-Streckendiesellokomotive DE 1024 (Baureihe 240 der DB/DR) mit 2650 kW Leistung (Einmaschinenanlage), v_{max} = 160 km/h, MaK-12 M 282-Dieselmotor (1000 U/min), ABB-Drehstrom-Leistungsübertragung. Elektrische Bremsleistung 2400 kW, Dauerleistung für die elektrische Zugenergieversorgung 500 kVA, (Stundenleistung 700 kVA). Hersteller: Krupp MaK Kiel; 1989

Dieselhydraulische C-Rangierlokomotive BR M 32.2 der MÁV mit 300 kW Leistung, v_{max} = 25/60 km/h, mit Strömungswendegetriebe und Gelenkwellenantrieb der Radsätze.
Hersteller: Ganz; 1977

Dieselhydraulische B'B'-Reisezuglokomotive BR M41 der MAV mit 1324 kW Leistung, v_{max} = 100 km/h, mit Zugheizgenerator. Hersteller: Ganz; 1977

Dieselelektrische Co'Co'-Streckenlokomotive BR M61 der MÁV mit 1434 kW Leistung, v_{max} = 105 km/h, mit Zweitaktdieselmotor von GM und Heizdampferzeuger. Hersteller: Nohab; 1963

Dieselelektrische Co'Co'-Streckenlokomotive BR M63 der MÁV mit 1985 kW Leistung, v_{max} = 130 km/h, mit Wechselstrom-Gleichstrom-Übertragung und Zugheizgenerator. Hersteller: Ganz; 1970

Dieselhydraulische B'B'-Streckenlokomotive BR T444 der ČSD mit 515 kW Leistung, v_{max} = 35/70 km/h, mit Heizdampferzeuger. Hersteller: ČKD Martin; 1959

Tfz. nach dem Prinzip der Konvektions- oder Warmluftheizung unter Verwendung des → Kühlwassers bzw. des elektrischen Stroms als Heizenergie. Für die *Konvektionsheizung* werden die Führerräume der Diesel- und elektrischen Tfz. mit → Heizkörpern ausgerüstet. Für die *Warmluftheizung* wird wahlweise Frischluft über Durchbrüche in den Stirnwänden oder Luft aus dem Führerraum von einem elektrisch angetriebenen Lüfter angesaugt, bei Diesel-Tfz. durch Wärmeübertrager, bei Elektro-Tfz. durch Heizwiderstände gedrückt und über Kanäle zu den → Ausblaseöffnungen im Führerraum geführt. Ein Teil des erwärmten Luftstroms wird über Luftdüsen an die Stirnscheiben geleitet (→ Scheibenentfrostungsanlage). Im Sommer dient diese Anlage bei abgeschalteter Wärmezufuhr zur → Führerraumbelüftung. Abb.

Führerraumrückwand: Trennwand zwischen → Führerstand und → Maschinenraum bei elektrischen und Diesel-Tfz. mit einer den Forderungen der → Lärmbekämpfung entspr. akustischen Gestaltung (hohes Schalldämmaß). Sie dient

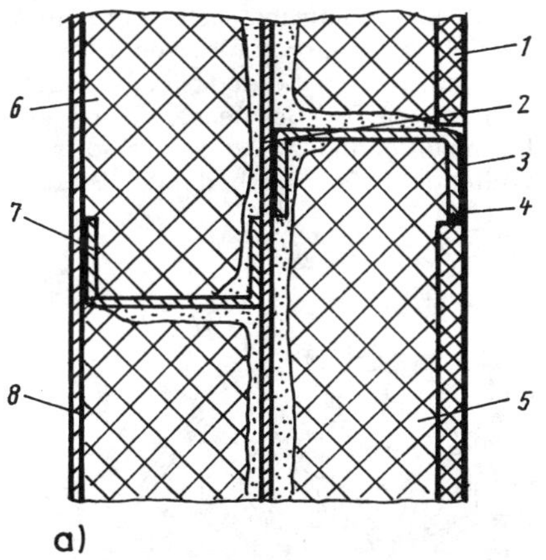

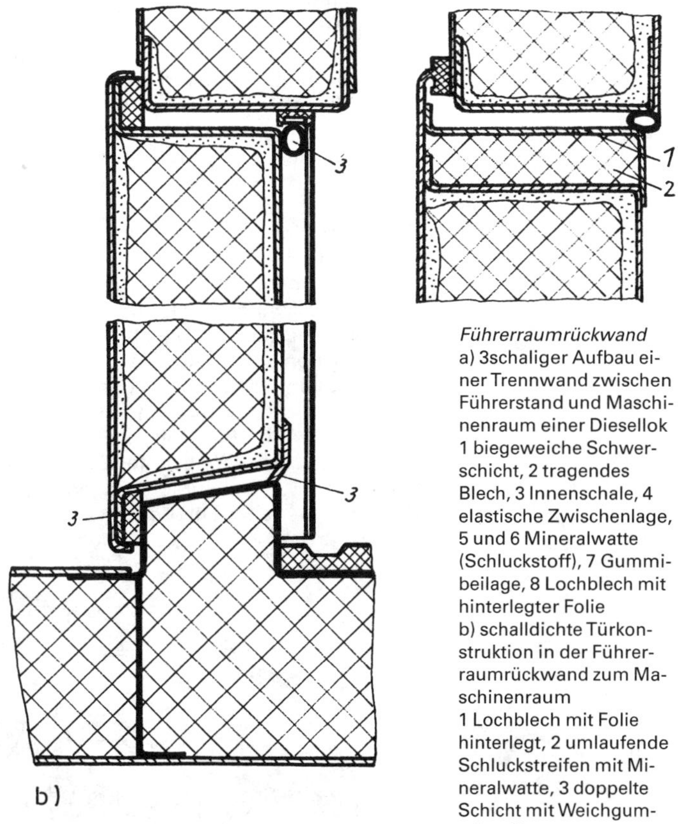

Führerraumrückwand
a) 3schaliger Aufbau einer Trennwand zwischen Führerstand und Maschinenraum einer Diesellok
1 biegeweiche Schwerschicht, 2 tragendes Blech, 3 Innenschale, 4 elastische Zwischenlage, 5 und 6 Mineralwatte (Schluckstoff), 7 Gummibeilage, 8 Lochblech mit hinterlegter Folie
b) schalldichte Türkonstruktion in der Führerraumrückwand zum Maschinenraum
1 Lochblech mit Folie hinterlegt, 2 umlaufende Schluckstreifen mit Mineralwatte, 3 doppelte Schicht mit Weichgummiprofilen

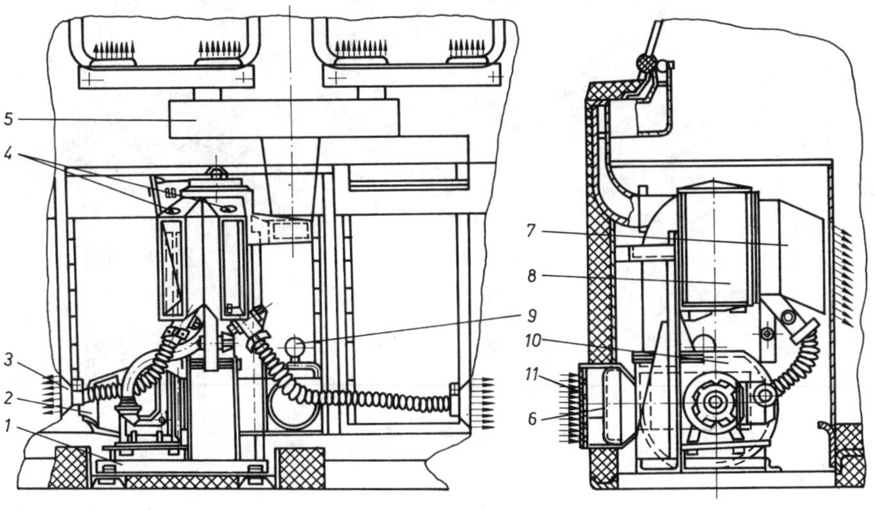

Führerraumheizung der Diesellokomotive der BR 220 der DB/DR
1 Rahmen, 2 Lüftermotor, 3 Warmluftaustritt, 4 Regulierungshebel für Warmluftzufuhr, 5 Kanal zur Scheibenentfrostung, 6 Filter, 7 Warmluftaustritt, 8 Wärmeübertrager, 9 Regulierungshebel für Luftansaugung, 10 Ventilator, 11 Frischluftansaugung

außerdem oft zur Aufnahme von Schaltgeräten und Meldetableaus oder ist Teil von Schränken für Schalt-, Steuer- und Regelorgane, Werkzeug, Arbeitsschutzmittel, Kleidung usw. Bei Dieselloks beträgt der Schalldruckpegel im Maschinenraum 115–120 dB, so daß das Schalldämmaß der F. einschl. der ungünstigen Auswirkungen von Türen, Kabeldurchführungen u.ä. mindestens 45 dB betragen muß, um mit den weiteren unvermeidlichen Schalleinwirkungen, wie über den Fußboden oder durch den Körperschall, den zul. größten Schalldruckpegel auf dem Führerstand von 80 db(A) nicht zu überschreiten. Deswegen ist die F. meist eine Doppelwand, oft auch 3schalig, (z.B. bei der BR228 der DB/DR), mit entdröhnenden Blechflächen und mit schallschluckendem Material ausgefüllten Zwischenräumen. Die ähnlich aufgebauten Türen sollen eine doppelte Dichtung (Gummidichtprofile) zum Rahmen aufweisen. Aus Lärm-, Sicherheits- oder anderen Gründen ist oft eine weitere Trennwand als sogenannte Zwischenwand zum Maschinenraum angeordnet, so daß, wie z.B. bei der BR220 und BR230 der DB/DR, ein gesonderter Einstiegs- und Schaltgeräteraum entsteht. Abb.

Führersitz: → Drehsitz

Führerstand: Arbeitsplatz des → Lokomotivpersonals auf Tfz. in einem meist allseitig geschlossenen Raum (Führerraum), bei Dampfloks als *Führerhaus* bezeichnet. Auf dem F. sind alle zur Bedienung und Überwachung des Tfz. erforderlichen Einrichtungen angeordnet. Ausreichend große Fenster in Fahrtrichtung (mit → Scheibenwischeranlage) und seitwärts (→ Seitenfenster) sichern die Beobachtung der Strecke, der Signale und des Zugs. Der F. ist stets überdacht und schützt das Personal vor Witterungsunbilden, Fahrtwind und Schmutz (Rauchgasteilchen). Die Gestaltung des F. und die Anordung der Ausrüstungen werden nach ergonomischen und funktionsbedingten Gesichtspunkten bei den Tfz.-Arten unterschiedlich vorgenommen. Das → Führerbremsventil, bei → Lokomotiven außerdem das Zusatzbremsventil, Druckmesser für den Bremsluftleitungsdruck u.a. sind stets vorhanden. Traktionsbedingte Beson-

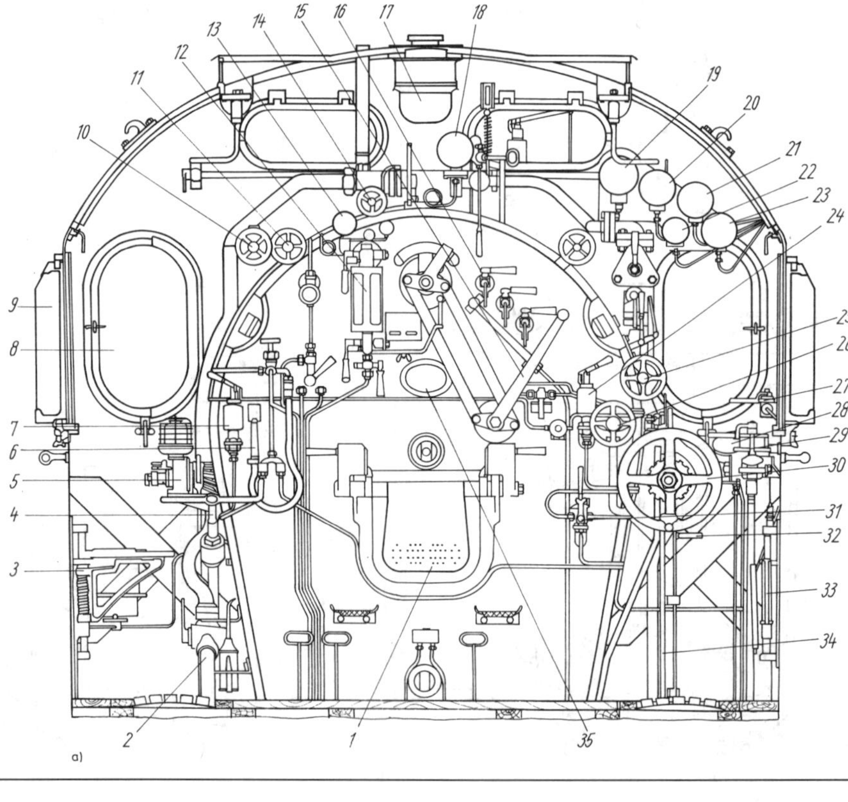

a)

b)

c)

d)

Führerstand

a) Anordung der wichtigsten Überwachungs- und Bedieneinrichtungen im Führerhaus einer Dampflok

1 Feuertür, 2 Dreiwegehahn zur Dampfheizeinrichtung, 3 Sitz, 4 Spindelbock zum Kipprost, 5 Schmierpumpe, 6 Kohlenspritzschlauch, 7 Handschmierpumpe, 8 Drehfenster, 9 seitliches Schutzfenster, 10 Dampfventil zum Hilfsbläser, 11 Dampfventil zur Speisepumpe, 12 Wasserstandanzeiger, 13 Heizdruckmesser, 14 Dampfheizventil, 15 Reglerhandhebel, 16 Prüfhähne, 17 Führerhauslaterne, 18 Kesseldruckmesser, 19 Fernthermometer, 20 Ferndruckmesser, 21 Druckmesser für Bremsleitung, 22 Druckmesser für Bremsluftbehälter, 23 Druckmesser für Bremszylinder, 24 Handschmierpumpe, 25 Drosselventil für Gegendruckbremse, 26 Ventil für Druckausgleicher, 27 Zusatz-Bremshahn, 28 Geschwindigkeitsmesser, 29 Führerbremsventil, 30 Steuerrad, 31 Hahn zum Sandstreuer, 32 Zylinderventilzug, 33 Sitz, 34 Steuerbock, 35 Kesselschild

b) des dieselhydraulischen Schnelltriebzugs VT18.16.01, Bauart Görlitz, BR675 der DB/DR

c) des Hochgeschwindigkeitstriebzugs Intercity-Express der DB

d) Fahrpult der Ellok der BR 143 der DB/DR

derheiten: 1) Bei *Dampflokomotiven:* Der F. ist i.d.R. hinter dem → Stehkessel angeordnet, bei Schlepptenderlokomotiven meist rückseitig offen und für vorwiegend stehende Arbeitshaltung eingerichtet; für Erholungsphasen haben Lokomotivführer und Heizer je einen seitlichen → Drehsitz. Wichtige spezifische Bedienelemente sind u.a. der → Dampfregler, der → Steuerbock mit der → Steuerschraube, die Druckmesser für den Kesseldruck und den Schieberkastendruck, die → Feuertür zur Kesselbeschikkung sowie die Ventile für die Speisewasserversorgung, die Luftpumpe und → den Turbogenerator.

2). Bei *Diesellokomotiven:* Der F. ist bei → Rangierlokomotiven meist als Mittel-F. ausgebildet (gute Sicht nach beiden Fahrtrichtungen von einem F. aus, Teile der Ausrüstung des F. nur einmal notwendig), → Streckenlokomotiven haben i.d.R. 2 Endführerstände (bei → Doppellokomotiven je 1 Endführerstand an jeder Einheit), der F. von Streckenlokomotiven ist generell für sitzende Arbeitshaltung eingerichtet, und die Bedienungs-, Überwachungs- und Kontrollelemente sind in einem → Fahrpult vereinigt. Wichtige spezifische Bedienelemente sind u.a. das Handrad für den → Fahrschalter, der Richtungswender, der Geschwindigkeitsmesser, der Drehzahlanzeiger, die Melde- und Kontrollampen, Drucktasten, Sifa-Taster.

3) Bei *elektrischen Lokomotiven* sind die F. neuerer Streckenloks meist als End-F. für sitzende Arbeitshaltung ausgelegt. Das Fahrpult vereinigt die wichtigsten Bedienungs-, Überwachungs- und Kontrollelemente, wie das Handrad für den Fahrschalter, den → Fahrtrichtungswender, die Anzeigegeräte für die Fahrdrahtspannung, Fahrmotorspannung und -stromstärke, Meldelampen sowie Sifa-Taster.

Die F. von elektrischen bzw. Diesel-*Triebwagen* entsprechen denen der Streckenlokomotiven.

Die F. haben bei elektrischen und Diesel-Tfz. eine bes. → Führerraumbelüftung und → Führerraumheizung sowie zunehmend eine → Klimatisierung. Umfassende Maßnahmen der → Lärmbekämpfung und anatomisch geformte, federnde Drehsitze sichern das Einhalten der Arbeitsschutzvorschriften. Dem Personal werden längere Dienste durch die Installation von Heizplatten und teilweise → Kühlboxen sowie → Sanitäreinrichtungen erleichtert. Abb.

Führerstandbeleuchtung: → Beleuchtungsanlage

Führerstandsignalisierung: von der Strecke automatisch gesteuerte Anzeigeeinrichtung auf dem → Führerstand von Tfz. zur einzelnen oder kombinierten Anzeige der Stellung des vorausliegenden Streckensignals, der Soll- und Zielgeschwindigkeit und der Zielentfernung. Eine Kombination mit der Anzeige der Istgeschwindigkeit ist möglich. Die F. ist vor allem bei elektrischen Tfz. für große Fahrgeschwindigkeiten gebräuchlich. Die F. wird allein oder in Verbindung mit der → Zugbeeinflussung (→ linienförmige Zugbeeinflussung) angewendet.

Führerüberwachungseinrichtung: Einrichtung zur Überwachung der Dienstfähigkeit des Führers von Diesel- und elektrischen Tfz. bes. bei Einmannbesetzung. Systemunterscheidung in a) zeitabhängige F.; b) wegabhängige F.; c) kombinierte zeit- und wegabhängige F.

Füllanschluß: Rohrende mit verschiedenartig ausgebildetem Anschluß, das eine formschlüssige Verbindung mit stationären Einrichtungen (z.B. Tankanlage, Ölwechselanlage) zum Befüllen von Anlagen und Maschinen des Tfz. mit → Betriebsstoffen ermöglicht. Die F. sind gewöhnlich an den Längsseiten des Tfz. angeordnet und mit dessen Anlagen und Maschinen (z.B. Kühlanlage, Kraftstoffbehälter, Dieselmotor) i.d.R. über Fülleitungen verbunden. Folgende Anschlüsse werden verwendet: R 2½″ für Kraftstoff, (Feuerwehr-)D-Kupplung für Wasser der Kühlanlage, (Feuerwehr-)C-Kupplung für Wasser der Zugheizeinrichtung, Gewinde R 1½″ für Motorenölwechsel. F. sind bei Nichtbenutzung verschlossen. Die Entlüftung beim Befüllen geschieht entweder über den F. auf der gegenüberliegenden Tfz.-Seite oder über Entlüftungsstutzen.

Füllen der Bremse: → Füllstellung, → Füllstoß, → Führerbremsventil.

Fülleitung: Rohrleitung, die die → Füllanschlüsse an den Längsseiten des Tfz. mit den Vorratsbehältern verbindet.

Füllmagnet: → Füllventil

Füllpumpe: in → Strömungsgetrieben (dort Abb.), → hydromechanischen Getrieben und z.T. in → Strömungsumwandlern eingebaute Pumpe, die meist als Kreiselpumpe ausgeführt ist und folgende Aufgaben zu erfüllen hat: 1) *Fül-*

lung der → hydrodynamischen Kreisläufe mit → Betriebsflüssigkeit und Aufrechterhalten eines Überdrucks und ständigen Durchflusses; 2) Versorgung sämtlicher Schmierstellen (Zahneingriffe, Wälzlager) mit Schmier- und Kühlöl; 3) Förderung eines Ölstroms durch den Getriebeölwärmeübertrager zur Wärmeabfuhr; 4) Erzeugen des Steuerölstroms für die Getriebesteuerung, wenn keine getrennte → Steuerölpumpe vorgesehen ist, z. T. über eine → Druckerhöhungsstufe. Die F. wird immer von der → Primärseite angetrieben, wodurch das Strömungsgetriebe sofort nach dem Start der Antriebsmaschine betriebsbereit ist und mit Schmieröl versorgt wird. Sie befindet sich im Unterteil des Getriebegehäuses und saugt die Betriebsflüssigkeit aus der → Ölwanne an, fördert sie über Rohrleitungen, Kanäle und Stellglieder zu den hydrodynamischen Kreisläufen sowie im Parallel- oder Reihenstrom durch den Wärmeübertrager und zu den Schmierstellen. Die von der F. geförderte Betriebsflüssigkeit wird in die Ölwanne zurückgeleitet, um von dort erneut in Umlauf gebracht zu werden (→ Ölkreislauf).

Füllstellung: Stellung des Hebels am → Führerbremsventil zum Füllen der → Hauptluftleitung und der an ihr angeschlossenen → Druckluftbehälter der → Druckluftbremse. Der Füllvorgang besteht aus der Hoch- und Niedrigdruckfüllperiode (→ Füllstoß). Bei modernen Führerbremsventilen kann die F. nur durch Überwindung einer Federkraft, die im Bremshebel wirkt, eingenommen werden. Beim Loslassen geht der Bremshebel selbsttätig in die Fahrtstellung zurück. Der Führerbremshebel kann damit wie bei älteren Bauarten von Führerbremsventilen in dieser Stellung nicht unbeabsichtigt liegenbleiben und zu einer Überladung der Hauptluftleitung führen. Beim Führerbremsventil der Bauart Knorr D2 sind das Vorspann- und das Füllstoßventil in der F. geöffnet.

Füllstellungswächter: Wächter, der die Füllstellung eines → Stellglieds (dort Abb.) bei Strömungsgetrieben überwacht und in die → Fahrsteuerung des Diesel-Tfz. eingebunden ist. Sind durch die Fahrsteuerung die Befehle »Füllen« oder »Entleeren« gegeben worden und der F. spricht dem gegebenen Befehl entspr. nicht an, wird der Dieselmotor zeitverzögert abgeschaltet.

Füllstift: → Füllventil

Füllstoß: **1.** Druckluftstoß zum schnellen Auffüllen der → Hauptluftleitung durch Öffnen eines großen Querschnitts im → Führerbremsventil zum Herstellen der Verbindung vom → Hauptluftbehälter zur Hauptluftleitung. Damit können die → Druckluftbremsen langer Züge schneller gelöst werden. Es ist dazu der Hebel des Führerbremsventils in die → Füllstellung zu legen. In dieser Stellung wird aus dem Hauptluftbehälter ein höherer Druck als 500 kPa in die Hauptluftleitung eingespeist (Hochdruckfüllperiode). Die Dauer des F. ist von der vorangegangenen Bremsung, der Zuglänge und der Bremsbauart abhängig. Als Faustregel gilt: Füllstoßsekunden = 1/10 Radsatzzahl des Zuges. Nach dem F. schließt sich die Niederdruckfüllperiode an, wobei eine etwas größere Luftmenge als in der Fahrtstellung des Führerbremsventils in die Hauptluftleitung gespeist wird. Die allmähliche Rückkehr vom hohen Luftdruck zum Regelbetriebsdruck ist so zu regeln, daß ein nochmaliges Anlegen der Bremsen der an der Zugspitze befindlichen Wagen verhindert wird. Moderne Führerbremsventile besitzen dazu einen → Zeitbehälter, wodurch dieser Vorgang automatisch abläuft. Bei älteren Führerbremsventilen wird dazu eine Stellung zwischen Fahrt- und Füllstellung eingenommen. Abb. – **2.** Kurzzeitiges Füllen eines hydrodynamischen Kreislaufs von → Strömungsgetrieben mit Betriebsflüssigkeit, um eine zeit- und leistungsbegrenzte → Leistungsübertragung zu erzielen. Der F. unterstützt beim Stufen- und mechanischen Wendegetriebe das Verstellen der → Schaltmuffe beim Auftreten der Zahn-vor-Zahn-Stellung und kann vom Tfz.-Führer über Taster oder automatisch ausgelöst werden. Die Schalterleichterung durch den F. wird heute auch durch eine → Dreheinrich-

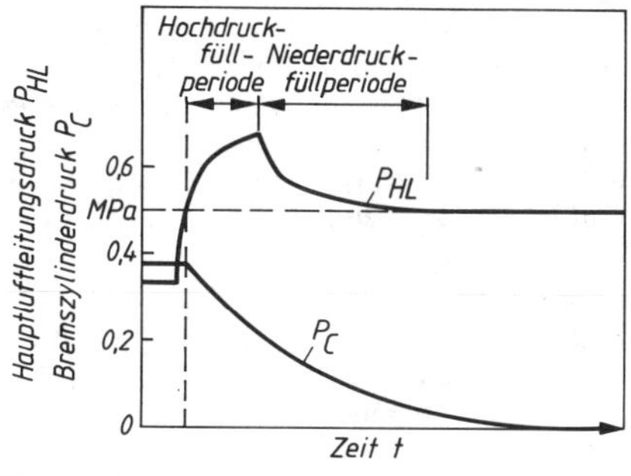

Füllstoß
Druckverlauf in der Hauptluftleitung und im Bremszylinder im ersten Wagen eines Zugs beim Hochdruckfüllstoß, Bremsstellung G, nach einer Vollbremsung

tung am Sekundärteil von Strömungsgetrieben erreicht.

Füllstutzen: Einrichtung, über deren Öffnung Maschinen und Anlagen (z.B. Dieselmotoren, Kühlanlagen und Kraftstoffbehälter von Kleinlokomotiven) im freien Zulauf, d.h. drucklos, mit → Betriebsstoffen befüllt werden können, ohne daß eine formschlüssige Verbindung mit der stationären Nachfüllanlage erfolgt. Der F. ist meist ein kurzes Rohrstück, dessen Öffnung bei Nichtbenutzung verschlossen ist.

Füllung: Wegstrecke des → Dampfkolbens im → Zylinder (1) der Dampfmaschine, auf der Frischdampf zuströmt. Die F. wird durch die → Dampflokomotivsteuerung eingestellt. Sie wird in% des Kolbenhubs angegeben. Expansionsdampfmaschinen arbeiten mit Teilfüllung (→ Dampfdehnung), → Volldruckdampfmaschinen mit Vollfüllung (100% Füllung).

Füllungsgrad: Verhältnis der vorhandenen Füllung des Arbeitsraums eines → hydrodynamischen Kreislaufs zur Vollfüllung. Die als → Gangstufe in Strömungsgetrieben verwendeten Leistungsüberträger werden im eingeschalteten Zustand mit 100% F., im ausgeschalteten Zustand mit 0% F. und nur bei instationären Regelvorgängen, z.B. als Schleuderschutzmaßnahme, mit Teilfüllung betrieben. Regelbare → Strömungskupplungen und → Strömungsbremsen sowie z.T. → Bremswandler werden je nach Betriebsbedingung mit beliebigem F. ($0 \leqq F. \leqq 1$) betrieben.

Füllungsregelung: Art der Leistungsregelung von Dieselmotoren, bei der der Dieselmotorregler eine von außen eingestellte Füllung (Einspritzmenge) konstant hält. Zur F. werden → Zweistufenregler verwendet. Die Füllungsverstellung kann stufenlos oder in Stufen erfolgen. Die F. wird dort angewandt, wo die Dieselmotordrehzahl direkt von der Fahrgeschwindigkeit abhängig ist, z.B. bei dieselmechanischen Tfz. und bei dieselhydraulischen Tfz. mit Kupplungsgestängen, wie bei der BR346 der DB/DR.

Füllungsverstellung: Veränderung der → Füllung im Zylinder der Dampflok durch die → äußere Steuerung, die vom Führerstand aus betätigt wird.

Füllwasserbehälter: Teil der → Auswascheinrichtung. Im F. wird auf 90°C erwärmtes Frischwasser zum Füllen des ausgewaschenen Lokomotivkessels vorgehalten. Zum Erwärmen des Wassers wird der abgelassene Dampf der auszuwaschenden Lok verwendet.

Füllzeit: Zeit vom Beginn des Druckanstiegs im → Bremszylinder bis zum Erreichen von 95% seines Höchstwerts (→ Bremsdruckdiagramm). F. am Einzelfahrzeug bei Schnellbremsung:
- Bremsstellung P3 bis 5 s.
- Bremsstellung G18 bis 30 s.

Bei langen Zügen kann sich die F. erheblich verlängern. Man verwendet deshalb bei der → Hochleistungsbremse in Bremsstellung R einen → Schnellbremsbeschleuniger. Durch bes. Konstruktion der → Steuerventile kann der Zeitunterschied zwischen erstem und letztem Fahrzeug des Zugs wesentlich herabgesetzt werden (→ elektropneumatische Bremse).

Füllventil: Bauelement der Steuereinrichtung in → Strömungsgetrieben zum Ein- und Ausschalten der → Leistungsübertragung. Es besteht aus dem Ventilgehäuse, dem Füllstift und dem Verbindungshebel zum Füllmagnet oder Betätigungsgestänge. Das F. wird beim Einschalten der ersten Fahrstufe zum Anfahren eines Diesel-Tfz über den Füllmagnet oder über ein mechanisches Gestänge betätigt. Es steuert den Steuerölstrom über den → Drehzahlschalter (dort Abb.) zu dem zur Füllung des → Anfahrwandlers vorgesehenen → Stellglied. Bei Leistungsabschaltung des Strömungsgetriebes unterbricht das F. den Steuerölstrom in allen → Gangstufen und leitet die Entleerung des jeweils eingeschalteten hydrodynamischen Kreislaufs ein.

Fünfkuppler: Bezeichnung für eine → Dampflokomotive mit 5 gekuppelten Radsätzen, meist mit den → Achsanordnungen E, 1'E oder E1'.

Funkenfänger: zum → Dampflokomotivkessel gehörende Einrichtung zur Minderung der vom Sog der Saugzuganlage mitgerissenen, in den → Rauchgasen enthaltenen glühenden Verbrennungsrückstände, die durch den Schornstein ins Freie gelangen (→ Funkenflug (1)). F. entstanden während der Entwicklungsepoche der Dampflok in vielfältiger Form. Erste F. bestanden aus auf dem Schornstein aufgesetzten Funkenpralltöpfen und Funkensieben.
Ab 1890 wurden F. unterhalb des Schornsteins in die → Rauchkammer verlagert (z.B. → Plattenfunkenfänger, → Thomas-Funkenfänger). Der weitverbreitetste F.

war der *Drahtkorb-F.,* der in der Bauart Holzapfel bei der DRG die Regelbauart darstellte. Er bestand aus einem kegelstumpfförmigen, geteilten Drahtmaschensieb (Funkenkorb), das unten den Blasrohrkopf umfaßte und sich oben an den Schornstein anschloß, bei Braunkohlenfeuerung zus. mit einem vorgehängten → Prallblech. Der Drahtkorb-F. reinigte sich durch die Rüttelbewegungen während der Fahrt selbst. Die Maschenweite betrug 4 mm×4 mm. Lit.: 2.3., 2.12. Abb.

Funkenflug: **1.** Austritt von Funken und glühenden Verbrennungsrückständen aus dem Schornstein von Dampflokomotiven ins Freie. Der F. wird durch → Prallblech, → Funkenfänger und → Rauchkammerspritzrohr gemindert. – **2.** Bei Diesel-Tfz.: → Explosionsschutz.

Funkenkamin: feuerfeste Schutzumhüllung der Lichtbogen-Brennstrecke längs der Lichtbogenhörner beim → Gleichstrom-Schnellschalter (dort Abb.).

Funkenkorb: → Funkenfänger

Funkensieb: Teil des → Aschkastens (dort Abb.) der Dampflokomotive. Das F. soll verhindern, daß glühende Asche- oder Schlacketeile auf die Strecke fallen (Brandgefahr). Die F. sind im Aschkasten vor den Aschkastenklappen angebracht.

Funksteuerung: Fernsteuerung von Tfz. oder ortsfesten Anlagen durch drahtlose Übertragung von Kommandos. Die *Trägerfrequenzen* liegen im 1-m-, 2-m- und 4-m-Band (UKW) mit Frequenz- oder Phasenmodulation. Bei der F. von Tfz. zur Regelung der Fahrweise von einer ortsfesten Betriebsstelle aus wirkt der Tfz.-Führer nicht mit oder hat nur Kontrollfunktionen (→ automatischer Lokführer). Aus Sicherheitsgründen wird gegenwärtig die F. ohne Tfz.-Besetzung nur im Rangierbetrieb und nur auf Werksanlagen angewandt und ist daher mit hoher physischer Beanspruchung verbunden.

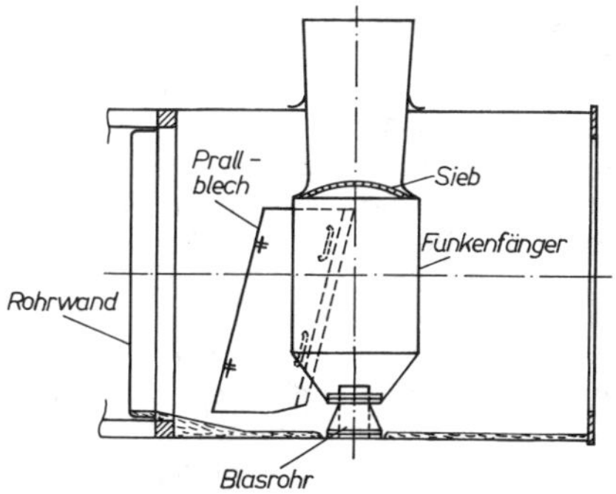

Funkenfänger
Anordnung in der Rauchkammer

Fußbodenklappe: klappbares Abdeckteil eines im Fußboden vom Führerhaus, Maschinenraum des Tfz. oder Fahrgastraum angeordneten und der Kontrolle, Wartung oder Instandhaltung von Aggregaten dienenden Ausschnitts.

Fußbremse: mit dem Fuß zu betätigende → Bremse, die auf älteren Kleinlokomotiven verwendet wird. I.d.R. erfolgt die Kraftübertragung über einen Kniehebel. Die F. dient als Betriebsbremse und kann im angelegten Zustand arretiert werden. In diesem Fall ist die F. eine → Feststellbremse zum Abstellen des Tfz. Über eine handbetätigte Ratsche läßt sich das Gestänge zum Ausgleich des Bremsklotz- und Radlaufflächenverschleißes verkürzen.

G

Gabarit: zusammenfassende Bezeichnung (frz.) für → Lichtraum und → Begrenzung der Fahrzeuge.

Gang: → Gangstufe

Gangschalter: → Drehzahlschalter

Gangschaltung: i.e.S. Einrichtung in → Strömungsgetrieben, die zum automatischen Einschalten des für den jeweiligen Betriebszustand optimal geeigneten hydrodynamischen Kreislaufs (Gangs) dient. Zur G. gehören der → Drehzahlschalter, die → Stellglieder und Überwachungseinrichtungen, wie z.B. der → Füllstellungswächter. Als G. wird i.w.S. der gesamte zum Einschalten der Gänge ablaufende Vorgang auch bei → Zahnradschaltgetrieben und → hydromechanischen Getrieben bezeichnet.

Gangstufe: durch das → Übersetzungsverhältnis festgelegter Gang eines Zahnradschaltgetriebes, Strömungsgetriebes oder Stufengetriebes. Durch den → Stufensprung ergibt sich die Anzahl der G. eines Zahnradschaltgetriebes für den

Robert *Garbe*

vorgesehenen Geschwindigkeitsbereich.

Garbe, Robert: 9. Januar 1847 (Oppeln) – 23. Mai 1932 (Berlin); Ingenieur und Pionier der → Heißdampflokomotive. G. legte 1867 die Lokomotivführerprüfung ab, studierte an der Königlichen Gewerbeakademie Berlin und arbeitete anschließend in den Eisenbahnwerkstätten Frankfurt/Oder und Berlin-Markgrafendamm. Von 1895 bis 1917 war G. mit dem Amt des Maschinendirektors der Preußischen Staatsbahn betraut.

G. nahm entscheidenden Einfluß auf die Entwicklung der Heißdampflokomotive, wobei er für diese die Verbundwirkung ablehnte, um die Einfachheit der Lokomotive zu erhalten. Seine Auffassungen setzte er 1901 beim Entwurf der Schnellzug-Heißdampflokomotive der preußischen Gattung S4 mit → Rauchkammerüberhitzer durch. Aber erst mit der Reisezug-Heißdampflokomotive der preußischen Gattung P8 mit → Rauchrohrüberhitzer gelang ihm 1905 eine der besten und in Folge wohl in der Welt meistgebauten Personenzuglokomotiven.

Zur Dampflokomotivberechnung verfaßte er zahlreiche Arbeiten, u.a. 1920 das Buch »Die Dampflokomotive der Gegenwart«. Für seine hervorzuhebenden Leistungen erhielt G. 1912 von der Technischen Hochschule Berlin-Charlottenburg die Ehrendoktorwürde. Lit.: 2.6., 2.9., 5.3. Abb.

Garratt, Herbert William: 1864 (England) – 25. September 1913 (Richmond/England); Eisenbahningenieur und Erfinder der → Garratt-Lokomotive. G. übernahm die Idee für seine Gelenklokomotive von den Drehgestell- und Gelenkfahrzeugen der schweren Artillerie. Die 1908 erstmals von der Lokomotivfabrik Beyer, Peacock & Co in Manchester gebaute Garratt-Gelenkdampflokomotiven fanden bes. auf der Meter- und Kapspur (1067 mm), aber auch auf der Normalspur weltweite Verbreitung. Lit.: 1.27., 2.9., 5.3.

Garratt-Lokomotive: von → Garratt entwickelte → Gelenklokomotive, bei der der Hauptrahmen mit dem Kessel der Dampflokomotive brückenartig auf den beiden voneinander unabhängig arbeitenden → Triebdrehgestellen lagerte. Beide Triebdrehgestelle waren i.d.R. als drehzapfengelagerte Drehgestelle ausgebildet. Die G. eignete sich vor allem für Nebenbahnen mit leichtem Oberbau, engen Gleisbögen und geringer Profilhöhe. So wurde sie überwiegend auf der Kapspur (1067 mm) und auf anderen afrikanischen und australischen Spurweiten eingesetzt.

1908 wurde die erste G. in Manchester für eine tasmanische Nebenbahn (610 mm Spurweite) als B'B'-Lokomotive und 1968 von Haunslet in England die letzte G. als eine 200 t schwere (1'C) (1'C1')→ Lokomotive geliefert. Auch auf europäischen Bahnen, z.B. der PLM in Frankreich, Sierra-Menera und Central Aragón in Spanien u.a., wurde die G. eingesetzt, mußte aber bald der → Mallet-Lokomotive weichen. Nachteilig wirkten sich die langen beweglichen Dampfleitungen von und zu den Dampfmaschinen hinsichtlich auftretender Undichtheiten aus. Lit.: 2.6., 2.8., 5.3. Abb.

Gasbeleuchtung: veraltete Art der Beleuchtung von Tfz. und Reisezugwagen, bei der in einem bes. Druckbehälter mitgeführtes Leuchtgas (Ölgas) über einen Gasdruckregler in Gaslampen (mit Glühstrumpf) zur Lichterzeugung verbrannt wurde. Jetzt ist die G. vollständig durch die elektrische Beleuchtung abgelöst worden.

Gasdruckregler: → Gasbeleuchtung

Gaserzeuger, *Gasgenerator:* → Verbrennungskraftmaschine, die nach außen kei-

Garratt-Lokomotive (1'C1')(1'C1')-Lokomotive der Bauart Garratt, 1927 für die Südafrikanischen Staatsbahnen mit 610 mm Spurweite gebaut; die Fa. Henschel & Sohn lieferte bis 1937 davon insgesamt 16 Lokomotiven

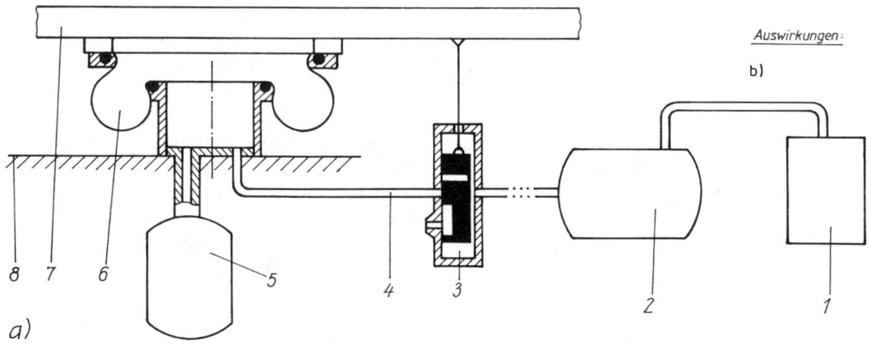

ne mechanische Arbeit, sondern einen Abgasstrom abgibt, dessen thermische und kinetische Energie nur soweit ausgenutzt sind, wie es zum Eigenantrieb des G. notwendig ist. Die verbleibende Energie wird einer nachgeschalteten Strömungsmaschine (→ Nutzleistungsturbine) zugeführt. Als G. werden i.d.R. drehzahlgeregelte → Einwellen-Gasturbinen oder → Freikolben-Gaserzeuger verwendet.

Gasfeder: Federungselement, das die Kompressibilität eines Gases in einem Balg- oder Kolben-Zylinderelement für Federungszwecke ausnutzt. Die G. arbeitet auf der Grundlage des Gesetzes $p \cdot V^n = constant$ (*p* Druck, *V* Volumen, *n* Polytropenexponent). Die Federkennlinie (→ Federkonstante) ist progressiv (Kraft wächst stärker als Weg an). Die *Luftfeder* ermöglicht auf Grund der progressiven Federcharakteristik eine Verbesserung der Schwingungseigenschaften des Fahrzeugs, eine gleichbleibende Traghöhe bei unterschiedlicher Belastung und trägt zur Körperschalldämpfung bei. Anwendung: bisher überwiegend in der Sekundärfederung in Nahverkehrsfahrzeugen und Triebwagen sowie Triebzügen. Lit.: 1.9., 4.5. Abb.

Gasgenerator: → Gaserzeuger

Gaslokomotive: → Lokomotive mit Kolbenmaschine, die mit Druckgas betrieben wird (ähnlich der → Druckluftlokomotive). Das Gas wird stationären Anlagen entnommen, verdichtet und in Behältern auf der G. gespeichert. Die G. besitzt nur ein geringes Aktions- und Traktionsvermögen und konnte sich nicht durchsetzen. In jüngster Zeit werden G. wieder aktuell, bei denen in speziell angepaßten Dieselmotoren Gas als Alternativkraftstoff verwendet wird, wobei die Verbrennung durch DK-Einspritzung eingeleitet wird (Zündstrahlverfahren).

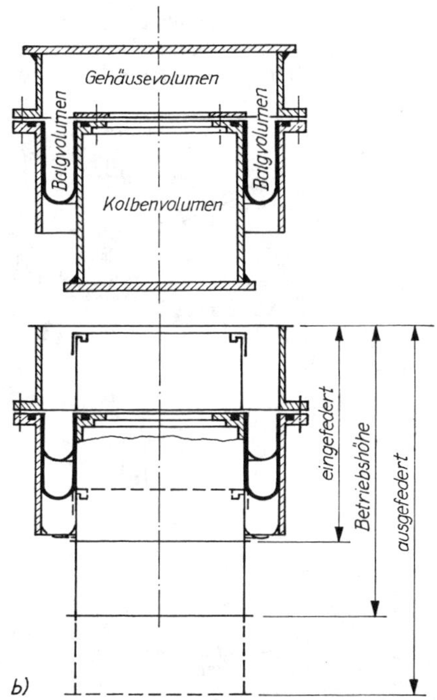

Gasfeder
a) Funktionsschema einer Luftfederung
1 Kompressor, 2 Hauptluftbehälter, 3 Niveauregler, 4 Rohrleitung, 5 Zusatzluftbehälter, 6 Luftfeder, 7 abgefedertes Bauteil, 8 Federauflage (unabgefedertes Bauteil)
b) Membranluftfeder

Gasturbine: → Verbrennungskraftmaschine, deren Leistung in Strömungsmaschinen durch Ausnutzung der Energie heißer, in einer → Brennkammer stetig gebildeter Brenngase erzeugt wird. Aufbau: Die für Fahrzeugantriebe üblichen → Gleichdruckturbinen mit offenem Kreislauf bestehen aus 1 oder mehreren → Verdichtern, Brennkammern und Turbinen. Sie werden nach der Anzahl der Wellen in → Einwellen-Gasturbinen und → Mehrwellen-Gasturbinen unterschieden. Die Wärme der Abgase wird in Wärmeübertragern (→ Rekuperator, → Regenerator) ausgenutzt. Wirkungsweise: G. werden i.d.R. über einen elektrischen

Anlasser auf die Drehzahl gebracht, von der die Turbine den Antrieb übernimmt. Der Verdichter saugt dabei Luft aus der Atmosphäre an und verdichtet sie, wobei das → Verdichterdruckverhältnis zwischen 5:1 und 12:1 liegt. Die verdichtete Luft gelangt in die Brennkammer, der über einen → Brenner ständig → Brennstoff (Kerosin oder Dieselkraftstoff) zugeführt wird. Die Verbrennung wird beim Anlassen durch eine Zündkerze eingeleitet. Die Verbrennungsgase entspannen sich in der Turbine, und diese gibt mechanische Arbeit ab. Die nutzbare Leistung der G. ergibt sich als Differenz zwischen der Turbinen- und Verdichterleistung abzüglich der Verluste durch Strömungswiderstände und Wärmeabstrahlung. Der beschriebene Vorgang verläuft im Idealfall (verlustlose Maschine) nach dem → Joule-Prozeß. Der Wirkungsgrad der G. für Fahrzeugantriebe liegt je nach Bauart bei Vollast zwischen 19% und 33%. Abb.

Gasturbinenlokomotive: → Lokomotive, deren Antriebsmaschine eine → Gasturbine oder ein → Gaserzeuger mit nachgeschalteter → Nutzleistungsturbine ist. G. bestehen aus dem fahrzeugtechnischen Teil, der → Maschinenanlage und den → Hilfseinrichtungen. Der *fahrzeugtechnische Teil* entspricht in seinem Aufbau etwa dem einer → Diesellokomotive. Die zum Antrieb verwendeten Gasturbi-

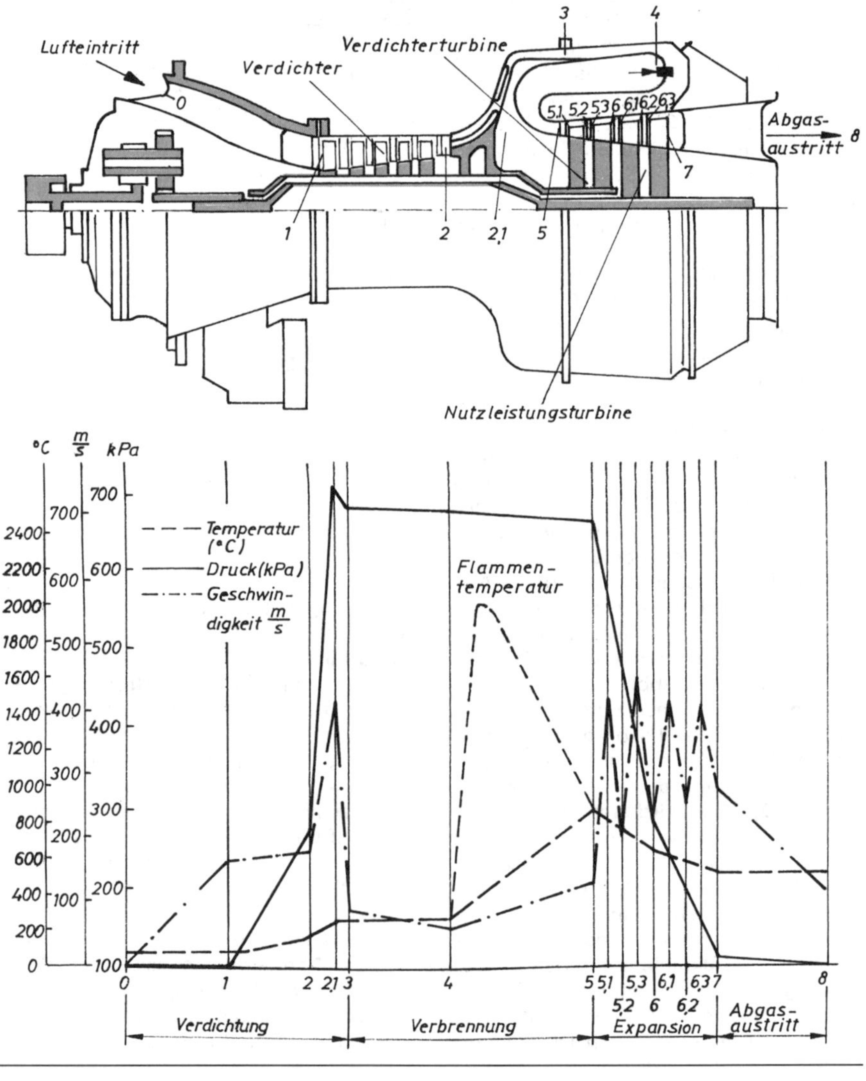

Gasturbine
schematischer Aufbau sowie Druck-, Temperatur- und Geschwindigkeitsverlauf des Arbeitsmediums einer Mehrwellen-Gasturbine; die Ziffern 0–8 bezeichnen die Meßstellen an der Gasturbine

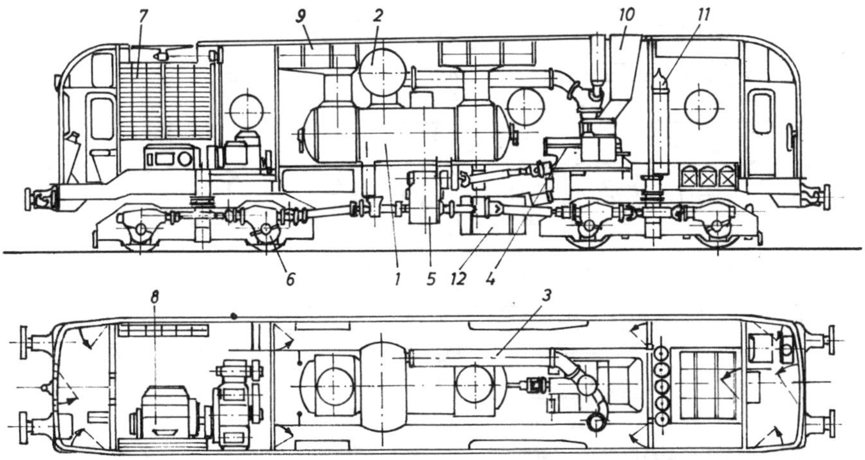

Gasturbinenlokomotive der BR040-GA der SNCF 1 Freikolben-Gaserzeuger, 2 Gaszwischenspeicher, 3 Gasleitung, 4 Nutzleistungsturbine, 5 Schaltwendegetriebe, 6 Radsatzgetriebe, 7 Kühler, 8 Hilfsdieselmotor, 9 Luftansauganlage, 10 Abgasanlage, 11 Anlaßluftflasche, 12 Kraftstoffbehälter

nen sind → Gleichdruckturbinen mit offenem Kreislauf und mehrstufigem → Axialverdichter, die zur Verbesserung des Wirkungsgrads z. T. mit Wärmeübertragern ausgerüstet sind. Als *Gaserzeuger* werden i. d. R. 1 oder mehrere → Freikolben-Gaserzeuger eingesetzt. Die Art der → Leistungsübertragung zu den → Treibradsätzen (2) richtet sich nach der Drehmomentencharakteristik der verwendeten Antriebsmaschine. Während → Einwellen-Gasturbinen wegen ihrer für die Traktion ungeeigneten Charakteristik mit einer elektrischen Leistungsübertragung gekuppelt werden, ist bei → Mehrwellen-Gasturbinen und Anlagen mit Nutzleistungsturbine, die über eine günstige Charakteristik verfügen, der Einsatz mechanischer Getriebe möglich. I. d. R. sind G. mit einem Hilfsdiesel-Generator-Aggregat ausgerüstet, dessen elektrische Energie zum Anlassen der Gasturbine über den als Motor geschalteten Hauptgenerator, zur Versorgung der Fahrmotoren bei Leerfahrten des Tfz. mit abgeschalteter Gasturbine und zur Versorgung der Hilfseinrichtungen dient. G. werden mit Heizöl oder Dieselkraftstoff betrieben, auch Kohlenstaub wurde als → Brennstoff verwendet. Die Kohlenstaub-G. kam jedoch aus dem Versuchsstadium nicht heraus, da die Reinigung der aus der → Brennkammer austretenden Gase von Asche zur Vermeidung von Erosion an den Turbinenschaufeln ein unter den beengten Platzverhältnissen auf Tfz. schwer zu lösendes Problem ist. G. wurden mit Leistungen von 265–6250 kW als Rangier- und Streckenlokomotiven gebaut. Die leistungsstärksten Tfz. wurden in den Jahren 1958 bis 1961 mit der Achsfolge Co'Co'+Co'Co'+3'3' (LüP 40400 mm) für die Union Pacific Railroad hergestellt. Sie wurden von Einwellen-Gasturbinen ohne Wärmeübertrager angetrieben. Die Leistungsübertragung erfolgte elektrisch. Wegen des gegenüber Diesellokomotiven schlechteren Wirkungsgrads, bes. bei Teillast, lassen sich G., auch bei Verwendung billiger Brennstoffe, nicht wirtschaftlich betreiben. → Gasturbinentriebfahrzeug. Lit.: 3.1. Abb., → Tafel »Diesellokomotiven«.

Gasturbinentriebfahrzeug: Tfz., dessen Antriebsmaschine eine → Gasturbine oder ein → Gaserzeuger mit nachgeschalteter → Nutzleistungsturbine ist. Das erste G. war eine 1933 in Schweden gebaute → *Gasturbinenlokomotive,* die von einem mit Kolbenverdichter gekuppelten Zweitaktdieselmotor als Gaserzeuger und einer Nutzleistungsturbine angetrieben wurde. Das erste G. mit einer Gasturbine als Antriebsmaschine wurde 1941 in der Schweiz gebaut. Die große Masse und das große Volumen der bis zum Ende der 50er Jahre zur Verfügung stehenden Gasturbinen erlaubten nur die Verwendung in Lokomotiven. Bis 1962 wurden insgesamt 73 Gasturbinenlokomotiven gebaut, die sich jedoch nicht durchsetzten, weil sie nicht wirtschaftlich betrieben werden konnten.

Mit der Entwicklung kleiner und leichter Flug- bzw. Fahrzeuggasturbinen wurde der Bau von → *Gasturbinentriebwagen* zu Beginn der 60er Jahre möglich. Neben Versuchs-Tfz. entstanden Fahrzeuge für

Gasturbinentriebzug
TGV 001 der SNCF
Maßskizze des Triebzugs

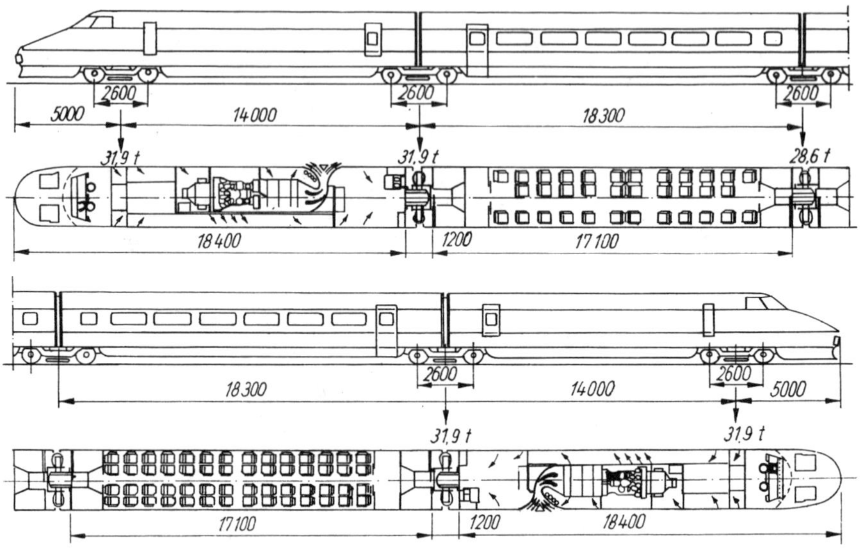

den regulären Einsatz, bes. Schnelltriebwagen. In der Zeit von 1963–1976 wurden für 10 verschiedene Bahnverwaltungen insgesamt 90 Triebzüge und 4 Triebwagen mit Gasturbinenantrieb hergestellt, von denen sich einige gut bewährt haben, wenn auch die Kraftstoff- und Instandhaltungskosten weit über denen der → Dieseltriebwagen liegen.
Zur Abdeckung kurzzeitiger Leistungsanforderungen, z.B. beim Beschleunigen oder bei Bergfahrten, wurde der *Gasturbinen-Zusatzantrieb* für Diesellokomotiven entwickelt (→ Booster (1)). Dabei wird die Gasturbine zeitlich beschränkt und i.d.R. nur mit Vollast betrieben, so daß der hohe Kraftstoffverbrauch der Gasturbine den Gesamtverbrauch des Tfz. nicht wesentlich erhöht. Als erstes Tfz. mit diesem Antrieb wurde 1966 die Lokomotive 219001 der DB in Betrieb genommen. Trotz einiger betrieblicher Vorteile hat sich der Gasturbinen-Zusatzantrieb nicht durchgesetzt.
Gasturbinentriebwagen: → Triebwagen mit Antrieb durch 1 oder mehrere → Gasturbinen. Die Leistung der Gasturbinen wird mit Hilfe einer → Leistungsübertragungsanlage auf die → Treibradsätze (2) übertragen, wobei die Maschinenanlage i.d.R. unterflur angeordnet ist. 2 Fahrzeuge wurden durch den → Schub von auf dem Fahrzeugdach montierten Turbinen-Lufstrahl-Triebwerken angetrieben.
G. wurden bisher nur als Versuchsfahrzeuge für Geschwindigkeiten von 140–300 km/h in Japan, in den USA und in den UdSSR gebaut. Lit.: 3.17. → Tafel »Verbrennungstriebwagen und -triebzüge«.
Gasturbinentriebzug: Eisenbahnzug, der aus → Triebwagen mit Gasturbinenantrieb, Mittelwagen und ggf. Steuerwagen besteht. Ein G. bildet eine Einheit und wird betrieblich nicht getrennt. Die Triebwagen, in denen die Maschinenanlage unterflur, überflur oder im Dachraum angeordnet ist, können als Triebkopf oder als → Maschinenwagen ausgebildet sein. Um die Forderungen nach kleinem Bauvolumen und geringer Masse zu erfüllen, werden für G. fast auschl. aus Luftfahrt-Triebwerken abgeleitete → Mehrwellen-Gasturbinen verwendet. Die Leistung der Gasturbinen wird über eine → Leistungsübertragungsanlage auf die Treibradsätze übertragen. Wegen der günstigen Drehmomentcharakteristik der Mehrwellen-Gasturbinen genügt eine mechanische Übertragung, die für kleine Leistungen als Lastschaltgetriebe und für größere Leistungen als feste Übersetzung ausgebildet wird. Um hohe Anfahrzugkräfte und damit eine hohe Anfahrbeschleunigung des G. zu erreichen, wird jedoch i.d.R. die elektrische oder die hydraulische Leistungsübertragung verwendet.
G. wurden hauptsächlich für den Schnellverkehr mit Geschwindigkeiten von 200–300 km/h auf nichtelektrifizierten Strecken gebaut. Wenn auch einige G. in größerer Stückzahl, z.B. 14 ETG- und 39 RTG-Züge bei der SNCF sowie 6

RTG- und 7 RTL-Züge bei der Amtrak in den USA (ETG = Element Turbine o. Gas, RTG = Rame o. Turbine o. Gas, RTL = Rohr Turbo Liner), eingesetzt waren, ist mit einer Weiterentwicklung nicht zu rechnen. → Gasturbinentriebfahrzeug. Lit.: 3.17. Abb. → Tafel »Verbrennungstriebwagen und -triebzüge«.

Gattung: Bezeichnung einer Gruppe von Schienenfahrzeugen, die nach bestimmten technischen oder betrieblichen Gesichtspunkten weitgehend einheitliche technische Kenndaten bzw. betriebliche Eigenschaften haben. Die G. dient der Klassifizierung oder baulichen Gruppierung, z.B. bei Tfz. in → Triebfahrzeughauptgattungen vorrangig nach dem Verwendungszweck. Bei Eisenbahnwagen wird die G. durch Gattungsbuchstaben und Kennbuchstaben ausgedrückt.

Gattungsbezeichnung: → Gattung, → Triebfahrzeughauptgattung

Gebirgslokomotive: spezielle → Lokomotive für die Beförderung von Zügen auf Gebirgsstrecken bzw. Steilstrecken. Die Übertragung der → Zugkraft auf die Schienen erfolgt i.d.R. durch die Haftreibung (Adhäsionsbetrieb), bei sehr großen Steigungen bzw. Gefälle meist durch Zahnrad und -stange (→ Zahnradlokomotive). Charakteristische Eigenschaften der G.: Entwicklung relativ großer Zug- und Bremskräfte sowie gute → Bogenläufigkeit. Die ersten G. waren Dampflokomotiven, z.B. die 1849 von → Trick gebaute Alb-Klasse als erster ausgesprochener Vertreter von G. in Deutschland, die 1851 von → Maffei für den Wettbewerb auf der Semmeringbahn gebaute → »Bavaria« und die von der Halberstadt-Blankenburger Eisenbahn 1920 in Betrieb genommenen Tenderlokomotiven, die als sog. → »Mammutklasse« bekanntgeworden sind. Später wurden meist elektrische Lokomotiven als G. eingesetzt, z.B. bei der 1905 elektrifizierten normalspurigen Nebenbahn Murnau–Oberammergau und 1912/13 bei der Mittenwaldbahn. Typische Vertreter der G. der DRG waren die BR E36 und die BR E73, die 1913/14 in Dienst gestellt worden waren. Eine G. ist auch die seit 1965 bei der DR auf der Strecke Blankenburg/Harz–Tanne eingesetzte Ellok der BR171 der DB/DR für Steigungen bis zu 63‰ bei 40 km/h Fahrgeschwindigkeit (v_{max} = 80 km/h) und Bahnenergieversorgung mit Einphasenwechselspannung 25 kV, 50 Hz.

Oft sind auch G. als → Doppellokomotiven ausgeführt, wie beispielsweise die BR Ae8/8 der SBB.

Gebläsekühlung: → Luftkühlung von Verbrennungsmotoren kleiner Leistung durch ein von der Kurbelwelle über Zahnräder oder Keilriemen angetriebenes Gebläse. Bei der G. verwendet man Radial- oder Axialgebläse. Beim *Radialgebläse* wird die Luft durch die Rotation des Laufrads axial angesaugt, von den radial angeordneten Schaufeln in die Leiteinrichtung gefördert und über Leitbleche an die Zylinder und Zylinderköpfe geführt. Beim *Axialgebläse* ist dem mit gekrümmten Schaufeln versehenen Laufrad ein feststehendes Leitrad vor- oder nachgeschaltet, so daß die axial austretende Kühlluft über entspr. gestaltete Führungen zu den thermisch hoch beanspruchten Bauteilen (Zylinder, Zylinderkopf u.a.) geleitet werden kann. Axialgebläse zeichnen sich durch hohen Luftdurchsatz bei kleinen Abmessungen aus.

Gebrauchsenergie: → Energieverbrauch

gebremste Achse: → gebremster Radsatz

gebremster Radsatz: durch Druckluft-, Hand- oder Feststellbremse abgebremster → Radsatz eines Schienenfahrzeugs. Die Anzahl der g.R. ist zur Sicherung stillstehender Fahrzeuge auf Bahnhöfen in den Bahnhofsvorschriften festgelegt.

Gebus-Steuerung: Steuerung für dieselelektrische Tfz. Die Spannungs- und Leistungsregulierung wird ausschl. durch die Drehzahländerung des Dieselmotors erreicht (reine Charakteristiksteuerung). Der Hauptgenerator, ein eigenerregter und schwach gesättigter Gleichstromgenerator, ist hierbei so ausgelegt, daß eine gewisse Leistungsanpassung zwischen Dieselmotor und Hauptgenerator möglich ist. Die G. wurde wegen ihrer einfachen elektrischen Schaltung für Tfz. kleiner bis mittlerer Leistung angewendet (z.B. im → »Fliegenden Hamburger«). Für moderne, leistungsstarke dieselelektrische Tfz. ist sie wegen mangelnder Anpassung und damit ungenügender Ausnutzung der Dieselmotorleistung ungeeignet.

Gefahrenbremse: Bremse, die nur bei Schnellbremsung zum Einsatz kommt. Mit dieser zusätzlichen Bremse soll der normal übliche Bremsweg verringert werden, um die Gefahren vom Zugverband möglichst fernzuhalten oder zu mindern. Da die Übertragung von → Bremskräften bei → Radbremsen durch den max. Kraftschluß (→ Kraftschlußbeiwert) begrenzt ist, wird dazu u.a. die → Magnetschienenbremse eingesetzt. Sie ist vom Kraftschluß Rad/Schiene unabhängig. Nach Gefahrenbremsungen darf die Druckluftbremse nach dem Halt nicht gelöst werden.

Gefahrenbremsung: → Arten der Bremsungen

Gefahrklasse: ein in Sicherheitsbestimmungen für brennbare Flüssigkeiten angewandtes Unterscheidungsmerkmal. Brennbare Flüssigkeiten werden nach ihrer Mischbarkeit mit Wasser in A und B, innerhalb derer je nach ihrem → Flammpunkt in G. AI, AII und AIII bzw. BI und BII unterteilt. Zur G. A gehören brennbare Flüssigkeiten, die sich mit Wasser nicht oder nur teilweise mischen lassen. Die G. B umfaßt Flüssigkeiten, die sich mit Wasser in jedem beliebigen Verhältnis mischen lassen. Brennbare Flüssigkeiten der G. A und B gehören zur
– G. AI bzw. BI, wenn ihr Flammpunkt unter +21 °C liegt (z.B. Benzin, Benzol);
– G. AII bzw. BII, wenn ihr Flammpunkt im Bereich von +21 bis +55 °C liegt (z.B. Petroleum, Schwerbenzin);
– G. AIII, wenn ihr Flammpunkt im Bereich von über +55 bis +100 °C liegt (z.B. Gasöl, Dieselkraftstoff).

Gefällebremse: → Triebwerksbremse, die im Gefälle die potentielle Energie in eine andere Energieform umwandelt. Bei geeigneten betrieblichen Einsatzbedingungen kommt sie für die Zugbremsung allein zum Einsatz, wodurch der Verschleiß der → Reibungsbremse vermindert wird. Entspr. Bremsteuereinrichtungen sind für die Betätigung der G. ohne Wirksamwerden der → Druckluftbremse auf dem Führerstand vorhanden.

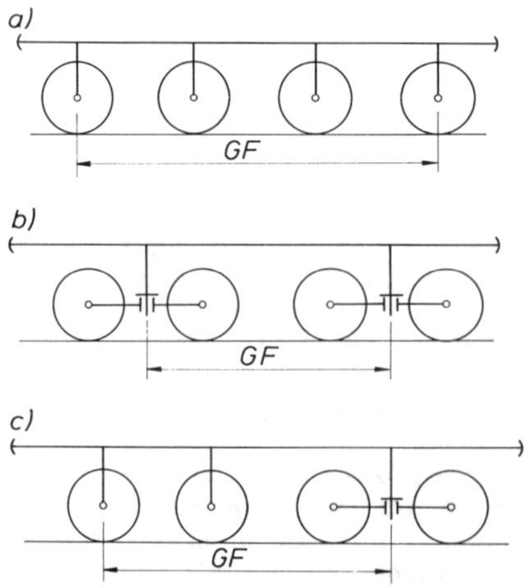

geführte Länge
a) Einrahmenfahrzeug
b) Brückenfahrzeug
c) Gliederfahrzeug

Gefällebremsung: → Arten der Bremsungen

Gefrierschutzmittel: dem → Kühlwasser von Verbrennungsmotoren beigemischte organische Substanzen, die den Gefrierpunkt des Kühlwassers herabsetzen. Je nach Mischungsverhältnis kann bei Verwendung von G. auf Glykolbasis ein Kälteschutz bis −55 °C erreicht werden. Zum Schutz gegen → Korrosion im Kühlkreislauf werden den G. meist → Korrosionsschutzmittel zugesetzt. G. werden i.d.R. nur in → Kleinlokomotiven während der Winterperiode verwendet.

geführte Länge: Abstand der beiden äußersten Führungspunkte eines Fahrzeugs oder Fahrgestells. Die Führungspunkte befinden sich an Bauelementen (Radsätze, Anschläge, Gelenke oder Drehzapfen), die Führungskräfte übertragen können und die seitenfest oder gegen eine Rückstellkraft wirkend seitenverschieblich ausgebildet sein können. Bei Seitenverschiebbarkeit hängt die Größe der g.L. von der Größe der Rückstellkraft ab und liegt damit nicht geometrisch fest. Die g.L. beeinflußt die Kräfte zwischen Rad und Schiene und damit die → Laufsicherheit. Abb.

Gegendampfbremse: seit etwa 1870 verwendete Bauart der → Triebwerksbremse zur Abbremsung von Dampflokomotiven. Wirkungsweise: bei i.G.z. → Gegendruckbremse geöffnetem → Dampfregler und weiterhin in Fahrtrichtung ausgelegter Steuerung wird durch entspr. Konstruktionen, z.B. von Zeh und Krauss, ein Gegendruck auf den → Dampfkolben erzeugt. Bei der Bauart Zeh wurde der Gegendruck durch Schließen der an den Ausströmrohren angebrachten sogenannten Zehschen Klappe und damit durch *Drosselung* des Abdampfs erzeugt. Die Bremswirkung war äußerst gering. Bei der Repressionsbremse von Krauss wurden mit einem Regler und einem Absperrschieber im Blasrohr die Ein- und Ausströmung vertauscht und dadurch der dem Kolbenlauf entgegenwirkende Dampf zurück in den Kessel gedrückt. Wegen der nachteiligen Druckerhöhung im Lokomotivkessel und Überhitzung des Dampfs in den Zylindern hat sich die G. nicht durchgesetzt. Die G. ist nicht zu verwechseln mit der → Gegendampfbremsung in Gefahrfällen, obwohl dabei ein analoges Prinzip vorliegt. Lit.: 5.3.

Gegendampfbremsung: bes. Art einer Triebwerksbremsung (→ Triebwerksbremse) von Dampflokomotiven im Gefahrfall, bei der der Lokführer i.G.z. → Gegendampfbremse die Steuerung *entgegen* der Fahrtrichtung voll auslegt und den → Dampfregler unter gleichzeitigem Sanden der Räder öffnet. Der Dampfdruck wirkt auf die → Dampfkolben entgegengesetzt der Drehrichtung der Treib- und Kuppelradsätze und hemmt somit deren Lauf. Die G. beansprucht sehr stark das Triebwerk, da sie keine die Beanspruchungen mindernden Einrichtungen der → Gegendruckbremse besitzt. Lit.: 2.3., 2.12.

Gegendruckbremse, *Riggenbach-Bremse:* → Triebwerksbremse als zusätzliche Bremseinrichtung zur Geschwindigkeitsregelung von Dampflokomotiven auf längeren Gefällestrecken größerer Neigung (→ Arten der Bremsungen). Wirkungsweise: Bei geschlossenem Dampfregler und in die entgegengesetzte Fahrtrichtung umgelegter Steuerung arbeiten während der Fahrt infolge des Kraftschlusses zwischen den gekuppelten Radsätzen und den Schienen das Triebwerk und die Dampfmaschine als Luftverdichter. Dabei saugt der Dampfkolben beim Hingang aus der Ausströmleitung Luft an, verdichtet sie beim Rückgang und schiebt sie in den durch die Einströmleitung, den Überhitzer und das Reglerrohr gebildeten Speicherraum, wobei außer der Verdichtungsarbeit noch eine zusätzliche Arbeit zur Überwindung der Strömungswiderstände beim Ausschieben der Luft durch den Dampfkolben aufzubringen ist. Die so verursachte Kolbenkraft wirkt während der Fahrt als Bremskraft. Um ein Ansaugen von Ruß und Rauchkammerlösche in die Schieberkasten- und Zylinderräume zu verhindern, wird das Blasrohr mit einem hand- oder druckluftbetätigten Absperrorgan verschlossen, das aber gleichzeitig eine Öffnung ins Freie für das Ansaugen von Frischluft freigibt. Der sich bis zum geschlossenen Regler fortsetzende Druck der verdichteten Luft wird mit einem vom Führerhaus aus handbedienten Drosselventil so geregelt, daß die notwendige gleichmäßige Bremswirkung eintritt. Um das Aufdrücken des Dampfreglers zu vermeiden, soll der Druck der verdichteten Luft etwa 600 kPa nicht überschreiten. Ein → Schalldämpfer (1) im Schornstein vermindert die unangenehm wirkenden Ausströmgeräusche der verdichteten Luft, eine → Einspritzeinrichtung verhindert ihre Überhitzung durch den Verdichtungsvorgang.
Mit der G. kann der Bremsklotzverschleiß erheblich reduziert und ein Losewerden von Radreifen durch die bei längeren Gefällebremsungen mit Bremsklötzen entstehende große Erwärmung vermieden werden.
Die in Europa verbreitete Bauart der G. wurde nach ihrem Erfinder → Riggenbach, der diese Bremsart zuerst bei Zahnraddampflokomotiven einführte, als Riggenbach-Bremse bezeichnet. Lit.: 2.3., 2.6., 2.10., 2.12., 5.3.

Gegengewicht, *Gegenmassestück:* vor allem beim → Stangenantrieb von Tfz. an den → Treibradsätzen und → Kuppelradsätzen sowie an den Blindwellenkurbeln zusätzlich angebrachte Masse zum weitgehenden Ausgleich der Kraftwirkungen (Trägheitskräfte) der hin- und hergehenden sowie umlaufenden Triebwerkmassen (→ Massenausgleich, dort Abb.). Ein vollständiger Ausgleich ist meist nur bei einer bestimmten Drehzahl und in einer bestimmten Richtung möglich, deshalb wird das G. so ausgelegt, daß die Schwankungen der → Radkraft minimiert werden (Verringerung der Neigung zum → Schleudern).

Gegenkolbenmotor: Zweitaktdieselmotor mit 2 in einem → Zylinder (2) gegenläufig bewegten Kolben (→ Zweitaktmotor). Konstruktive Ausführungen als *G. mit oberem Querhaupt* und Übertragung der Kolbenkräfte über 2 seitliche Pleuelstangen auf eine Kurbelwelle oder *G. mit doppeltem Kurbeltrieb* und Rädertrieb auf eine gemeinsame Antriebswelle. G. wurden ab 1944 von der Fa. Fairbanks Morse (USA) – damals leistungsstärkste Motoren mit 1700 kW – für Diesellokomotiven eingesetzt und finden ab 1953 in den sowjetischen Diesellokomotiven TE3 und TE10 Anwendung. Abb.

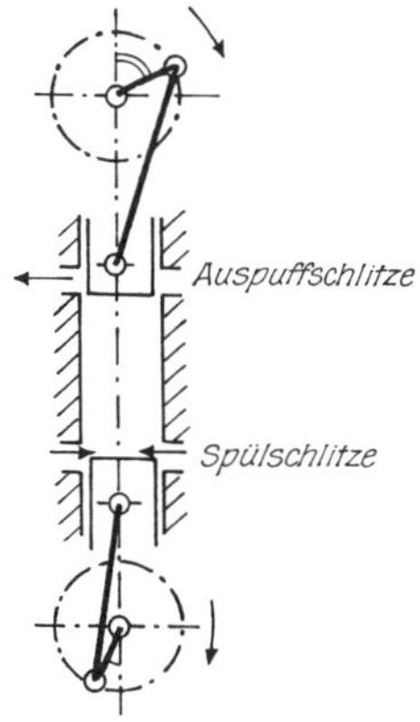

Gegenkolbenmotor
(Zweitakt)

Gegenkompoundschaltung: Doppelschlußschaltung von → Gleichstromgeneratoren bei dieselelektrischen Tfz., bei der die Erregerwicklung in → Reihenschlußschaltung (D1–D2) gegensinnig zur Erregerwicklung in Nebenschlußschaltung (E1–E2) wirkt. Dadurch werden mit steigender Belastung eine Feld-

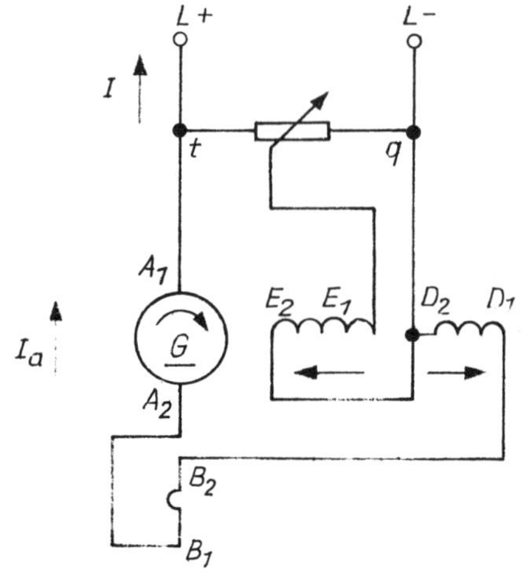

Gegenkompoundschaltung

schwächung und ein starkes Sinken der Generatorklemmenspannung hervorgerufen. Abb.

Gegenkurbel: Bauteil der außen liegenden → Heusinger-Steuerung bei Dampflokomotiven. Die am Kurbelzapfen des → Treibradsatzes (1) befestigte und damit umlaufende G. treibt über die → Schwingenstange, Hebelübersetzung der → Schwinge und → Schieberschubstange die hin- und hergehenden → Schieber an.

gegenläufiges Triebwerk: Treibkurbelanordnung bei einem als → Einachsantrieb oder → Zweiachsantrieb ausgebildeten Vierzylindertriebwerk bes. von → Verbundlokomotiven (1). Beim g. T. sind jeweils die Treibkurbeln des Hochdruck- und des zugehörigen Niederdruck-Zylinders um 180° gegeneinander versetzt. Da die beiden Niederdruck- und die beiden Hochdruck-Zylinder mit ihren Treibkurbeln jeweils um 90° zueinander versetzt sind, besteht ein guter → Massenausgleich. Bei Zweizylindertriebwerken findet das g. T. auf Grund der möglichen Totpunktlage beider Treibkurbeln im Stillstand der Lokomotive keine Anwendung. Lit.: 2.10., 2.12.

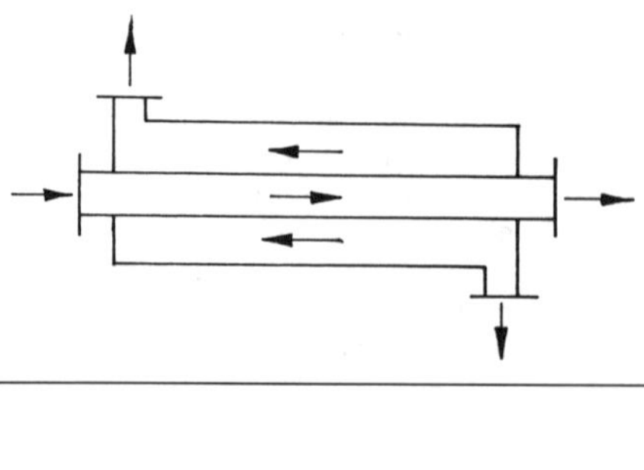

Gegenstromprinzip

Gegenstrombremsung: Bremsung mit den Fahrmotoren, die elektrisch entgegen der Fahrtrichtung geschaltet sind und als Motoren (i. G. z. Umschaltung auf generatorische Bremsung) an Spannung gelegt werden. Dadurch entsteht eine entgegen der Fahrtrichtung gerichtete Zugkraft. Die elektrische Ausrüstung wird durch diese Maßnahme stark belastet, weshalb die G. nur ausnahmsweise im Gefahrenfall angewendet werden darf.

Gegenstromprinzip: Art der Strömung des wärmeabführenden und zu kühlenden Mediums in Wärmeübertragern und Kühlern, bei der die Strömungsrichtung beider Medien während des Wärmeübergangs entgegengesetzt ist. Das G. ist i. G. z. → Gleichstromprinzip bedeutend wirksamer. Abb.

Gelenkantrieb, *Verzweigerantrieb:* → elastischer Antrieb von elektrischen Tfz., bei dem die Verbindung zwischen den im Hauptrahmen oder im Drehgestellrahmen fest eingebauten und damit dem Federspiel folgenden → Fahrmotoren und den zugeordneten → Treibradsätzen (2) über Gelenkmechanismen hergestellt wird. Dies können Gelenkhebel in Verbindung mit drehbar gelagerten Zahnsegmenten sein (→ Buchli-Antrieb) oder auch Gelenkstangen in Verbindung mit ringförmigen Bauelementen (→ *Alsthom-Antrieb, Oerlikon-Gelenkstangenantrieb).* Lit.: 4.4., 4.5., 4.11., 4.12.

Gelenkbolzen: Verbindungselement 2er → Kuppelstangen. Es ermöglicht den Kuppelstangen ein Drehen um die im eingebauten Zustand waagerechte Längsachse des G. Damit können die Kuppelradsätze unabhängig voneinander den Gleisunebenheiten folgen. Der G. besteht aus einem kegelförmigen Kopf, einem zylindrischen Schaft und einem kegeligen Schaftende, an das sich ein Gewindeansatz anschließt. Der G. muß in das Gelenk der Kuppelstange eingepaßt werden.

Gelenklager: gelenkig ausgeführtes Lager im → Stangenantrieb.

Gelenklokomotive: → Dampflokomotive, deren → Triebwerke i. d. R. in 2 Triebwerksgruppen aufgeteilt sind und deren Treib- und Kuppelradsätze nicht alle in einem (Haupt-)Rahmen angeordnet sind. G. unterscheiden sich nach 2- oder Mehrteiligkeit der Antriebsgruppen und deren Anordnung im Haupt- bzw. Verbindungsrahmen, der auch den Kessel aufnimmt,

oder in → Triebdrehgestellen (bei vorwiegend angetriebenen Radsätzen). G. gewährleisten eine sehr gute → Bogenläufigkeit (Einsatz auf gebirgigen und Schmalspurstrecken), sind jedoch störanfällig durch bewegliche Dampfleitungen zu den Dampfzylindern oder durch komplizierte Triebwerke.
Bekannteste Bauarten: → Meyer-Lokomotive, → Mallet-Lokomotive, → Garratt-Lokomotive oder auch Bauarten von Meyer-Kitson bzw. Bousquet. Lit.: 2.6., 2.8., 2.10., 5.3.

Gelenkstehbolzen: Bauelement des → Dampflokomotivkessels, das in Zonen mit bes. starken Wärmeausdehnungen, die zu hohen Biegebeanspruchungen führen, eingebaut wird. Der G. kann den Längsausdehnungen z.B. an den Umbügen der Feuerbüchse besser folgen, wodurch Stehbolzenbrüche vermieden werden. Die gebräuchlichsten G. sind bei neueren → Stehkesseln → Kreuzgelenkstehbolzen und bei älteren Dampflokomotiven Kugel-G.→ Stehbolzen. Lit.: 2.3., 2.12. Abb.

Gelenkwelle: Maschinenelement für drehbare, gelenkige Verbindung 2er nicht fluchtender und/oder in Grenzen lageveränderlicher Wellen zur Drehmomentübertragung. Die G. ist kennzeichnendes Bauteil des → Gelenkwellenantriebs.
Die G. besteht aus 2 Kreuzgelenken, der mittleren Welle mit Gabeln und Schiebestück für den Längenausgleich und den äußeren Gabeln (meist mit Flanschanschluß). Das Kreuzgelenk wird aus dem Zapfenkreuz sowie den äußeren und inneren Gabeln gebildet; die Zapfen sind in den Gabeln nadelgelagert. Die durch das Kreuzgelenk mögliche Beugung der G. führt zu einem ungleichförmigen Drehmoment- und Winkelgeschwindigkeits(ω)-Verlauf in der Mittelwelle, der durch das kinematisch um 90° versetzte zweite Kreuzgelenk wieder aufgehoben wird, wenn die → Beugungswinkel an beiden Gelenken gleich groß sind. Der durch die Lageänderung mögliche Längenunterschied zwischen den Flanschen wird durch das Schiebestück der Mittelwelle (Keilwellenprofil) ausgeglichen. Neben der Ausführung mit beidseitigem Flansch sind auch G. mit Keilwellen- und Nabenanschluß üblich. Anwendung: → Gelenkwellenantrieb. Abb.

Gelenkwellenantrieb: Antrieb zur Übertragung von Drehmomenten mittels → Gelenkwelle. Grundformen sind die Z- und die M-Anordnung. Für vollkommen ausgeglichenen Lauf der Abtriebswelle (3) (Winkelgeschwindigkeit ω_3 = Winkelgeschwindigkeit ω_1 der Antriebswelle (1)) muß der G. folgende Bedingungen einhalten: 1) Beugungswinkel $\varphi_1 = \varphi_2$; 2) Gabeln der Mittelwelle (2) müssen in einer Ebene liegen (Kreuzgelenke sind kinematisch um 90° versetzt); 3) er muß in der Schnittebene liegen oder in beiden

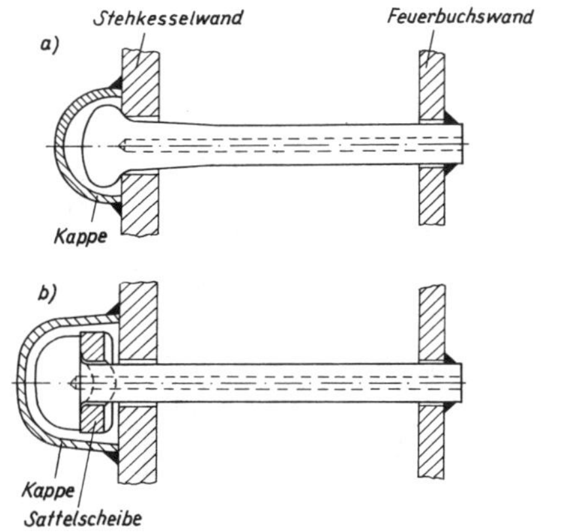

Gelenkstehbolzen
a) mit Kugelkopf, b) mit Kreuzgelenk

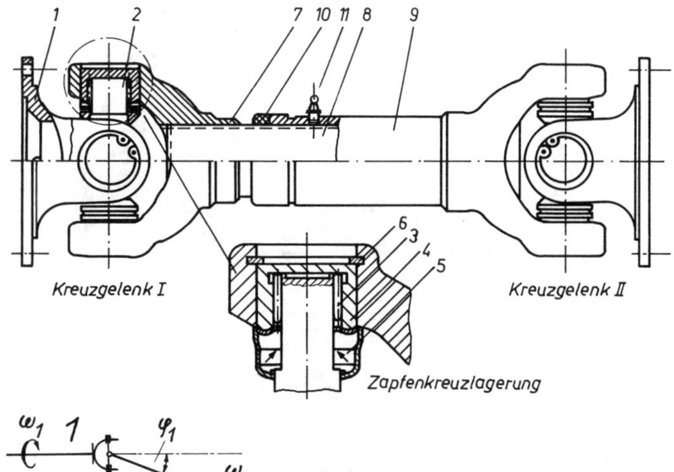

Gelenkwelle
1 Flansch, 2 Zapfenkreuz, 3 Lagernadeln, 4 Lagerbuchse, 5 Dichtungsring, 6 Sicherungsring, 7 Gabelkopf, 8 Keilwelle, 9 Keilnabe, 10 Dichtungsring, 11 Schmiernippel

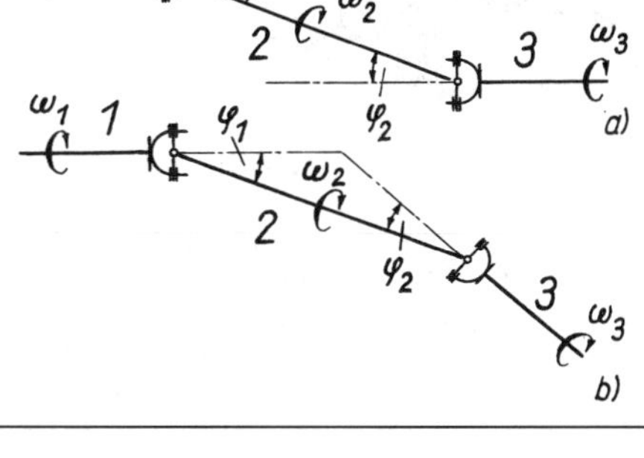

Gelenkwellenantrieb
a) Z-Anordnung, b) M-Anordnung
1 Eingangswelle, 2 Mittelwelle, 3 Ausgangswelle
$\varphi_{1,2}$ Beugungswinkel, $\omega_{1,2,3}$ Winkelgeschwindigkeiten

Gemischbildungsverfahren mit ungeteiltem und geteiltem Verbrennungsraum
a) direkte Einspritzung
1 Strahlzerstäubungsverfahren, 2 M-Verfahren, 3 H-Verfahren, 4 Deutz-Direkteinspritzung;
b) indirekte Einspritzung
5 Wirbelkammerverfahren, 6 Vorkammerverfahren
c) Einteilung der Gemischbildungsverfahren

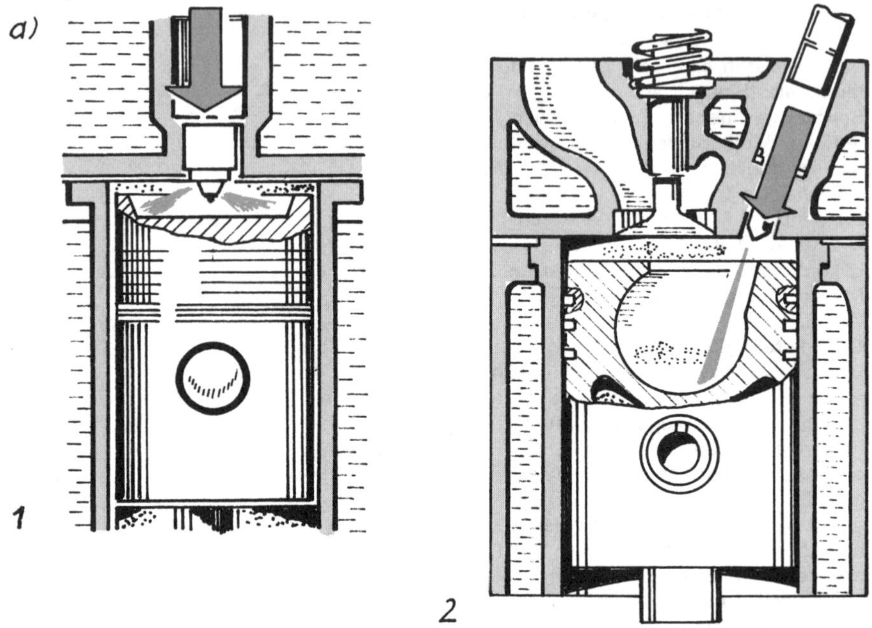

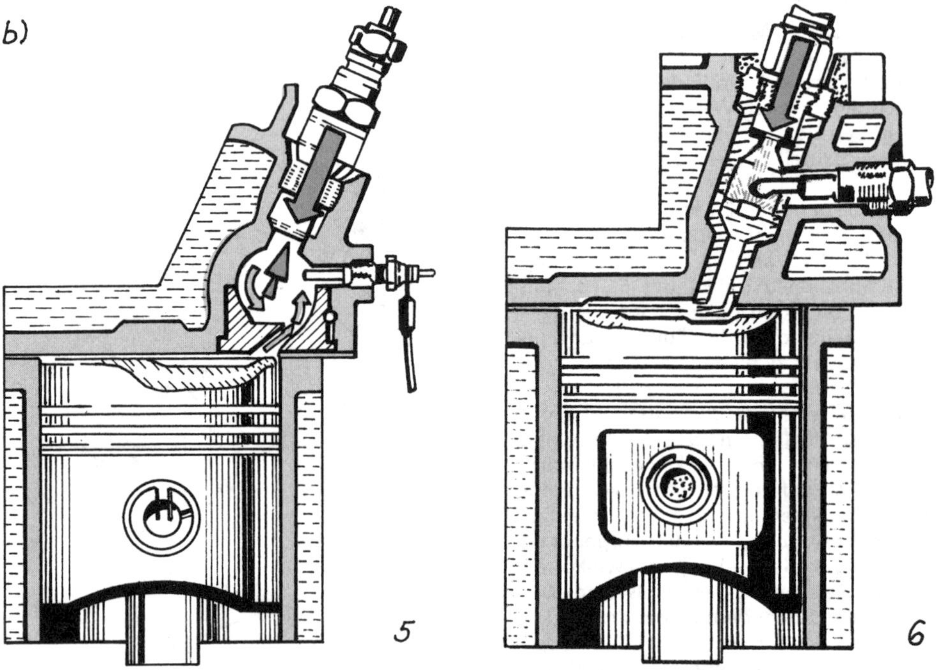

Ebenen nach der ersten Bedingung gebeugt sein.

Bei Lageveränderung muß die erste Bedingung möglichst eingehalten werden, wenn Ungleichförmigkeiten im Lauf der Welle (3) vermieden werden sollen. Anwendung bei dieselmechanischen und dieselhydraulischen Drehgestell-Tfz. und beim Antrieb von → Hilfsanlagen. Abb.

Gemischbildungsverfahren: Verfahren zur Herstellung eines zündfähigen Kraftstoff-Luft-Gemischs, das durch *äußere Gemischbildung* (Vergaser) bei Ottomotoren bzw. *innere Gemischbildung* (Zy-

3

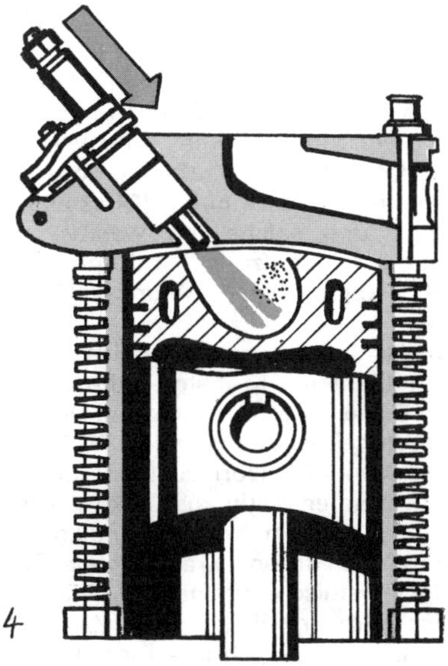

4

c)

Gemischbildungsverfahren

- *Gemischbildung im ungeteiltem Verbrennungsraum*
  - *direkte Einspritzung*
    - *Verfahren mit luftverteilter Kraftstoffeinspritzung und ungerichteter Luftbewegung*
    - *Verfahren mit wandverteilter Kraftstoffeinspritzung und gerichteter Luftbewegung (M-Verfahren)*
    - *Verfahren mit überwiegend luftverteilter Kraftstoff einspritzung und gerichteter Luftbewegung (H-Verfahren= hyperbolische Form des Kolbenbrennraumes) und Deutz-Direkteinspritzung*
- *Gemischbildung im geteilten Verbrennungsraum*
  - *indirekte Einspritzung*
    - *Vorkammerverfahren*
    - *Wirbelkammerverfahren*
    - *Luftspeicherverfahren*

linder) bei Dieselmotoren gekennzeichnet ist. Nach der Gestaltung des Verbrennungsraums unterscheidet man bei Dieselmotoren *G. mit geteiltem Verbrennungsraum* und indirekter Einspritzung (Vorkammer-, Wirbelkammer-, Luftspeicherverfahren) und *G. mit ungeteiltem Verbrennungsraum,* das sind Verfahren mit luftverteiltem Kraftstoff und ungerichteter Luftbewegung (Direkteinspritzung), und solche mit wandverteilter Kraftstoffeinspritzung und gerichteter Luftbewegung (→ Meurer-Verfahren). Abb.

Gemischheizwert: → Heizwert des brennfähigen Kraftstoff-Luft-Gemischs von Diesel- bzw. Ottomotoren. Der G. ist das Verhältnis aus Heizwert H (in kJ/kg bzw. kJ/m^3 im Normzustand) und Gesamtvolumen V_g (in kg Luft/kg Kraftstoff bzw. m^3 Luft im Normzustand/kg Kraftstoff), das Luft und Kraftstoff als gasförmiges Gemisch miteinander bilden (Gemischheizwert $H_{Gemisch} = H/V_g$). Bei in Dampfform überführtem Dieselkraftstoff ist das Gesamtvolumen V_g, bezogen auf 1 kg Kraftstoff, das Produkt aus → Luftverhältnis λ und Mindestluftmenge m_{min}.

Gemischtkupplung, *Übergangskupplung:* Einrichtung zum Kuppeln eines mit einer → automatischen Kupplung bzw. → Mittelpufferkupplung ausgerüsteten Schienenfahrzeugs an ein mit der üblichen Schraubenkupplung versehenes Fahrzeug. Die G. wird bes. dann notwendig, wenn eine Umstellung des Eisenbahnfahrzeugparks auf automatische Kupplung über einen längeren Zeitraum erfolgt (progressive Umstellung) und beide Kupplungssysteme nebeneinander bestehen. Bei der im Zeitraum 1935 bis 1952 vollzogenen Umstellung bei den SŽD auf die SA–3-Kupplung bestand die G. aus einem an den Kupplungskörper seitlich angegossenen Zughaken, in den ggf. der Bügel der Schraubenkupplung des anderen Fahrzeugs eingehängt werden konnte. Außerdem mußten die Seitenpuffer während des Umstellungszeitraums beibehalten werden.

Gemischtzugkupplung: → Übergangskupplung (1)

Generator: elektrische Maschine zur Umwandlung mechanischer Energie in elektrische Energie. Anfangs gab es nur → Gleichstromgeneratoren zur Erzeugung von Gleichstrom, heute sind → Drehstromgeneratoren für die Elektroenergieversorgung von größter Bedeutung. Drehzahlen und Polpaarzahlen der G. werden so gewählt, daß in Europa und den meisten Ländern der Welt Drehstrom mit einer Frequenz von 50 Hz erzeugt wird (Ausnahme: z.B. USA 60 Hz). Auf Tfz. werden G. für die → elektrische Leistungsübertragung von Diesel-Tfz (→ Hauptgenerator) und für die Speisung von speziellen Hilfseinrichtungen (Hilfsbetriebe) angewandt.

Generatorerregung: Aufbau eines Magnetfelds in einem Generator mit Hilfe des → Erregerstroms, durch das in den Wicklungen des Läufers (Anker) oder, bei Drehstrom-Synchrongeneratoren, in den feststehenden Wicklungen des Ständers (Gehäuse) eine elektrische Spannung induziert wird. Die Summe der einzelnen Windungsspannungen ergibt die → Generatorspannung. → Selbsterregung, → Eigenerregung, → Fremderregung

Generatorspannung: elektrische Spannung an den Ausgangsklemmen eines → Generators. Die Größe der G. ergibt sich aus der Generatorart (Gleichstrom-, Drehstromgenerator), der Bemessung und Konstruktion des Generators (Masse, Leistung, Windungszahlen u.a.) sowie aus der → Generatorerregung. Sie ist auch abhängig von der Betriebsweise (Anschluß über Transformator ans Landesnetz oder Einzelgenerator für Inselbetrieb). Beim Inselbetrieb der Generatoren auf dieselelektrischen Tfz. muß die G. wegen der unterschiedlichen Traktionsbedingungen (Zugkraft, Leistung und Fahrgeschwindigkeit) stark veränderlich sein.

Gepäcklokomotive: österreichisch-ungarische Bezeichnung für → Omnibus-Lokomotive.

Gepäcktriebwagen, *Gütertriebwagen:* Tfz. zur Güterbeförderung (→ Triebwagen). Die DRG beschaffte schon vor 1930 einige G., weiterhin 1930 beispielsweise 3 G. mit 130 kW Dieselmotorleistung von der Triebwagen- und Waggonfabrik Wismar (Abb.), 1938 einen G. mit einer Dieselmotorleistung von 465 kW, hydraulischer Leistungsübertragung und einer Tragfähigkeit von 25 t vom Waggonbau Niesky oder 1942 2 G. mit in einem Drehgestell angeordneter Maschinenanlage (Maschinentriebdrehgestell) mit einer Dieselmotorleistung von 440 kW und hydromechanischem Getriebe. Die japanischen Eisenbahnen (JNR) setzten G. auf der neuen Tokaido-Linie ein. Abb.

Gesamtluftdurchsatz: je Arbeitsspiel in

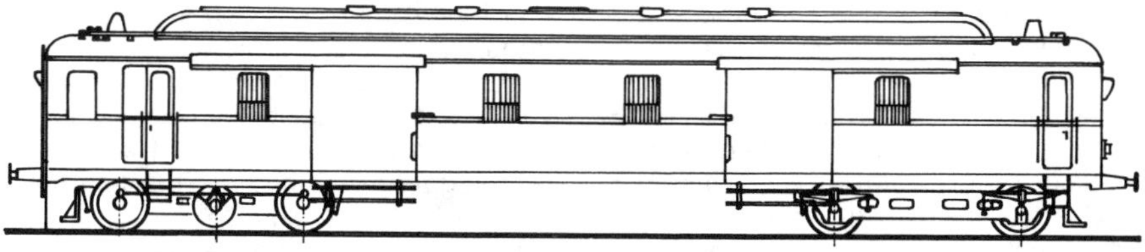

Gepäcktriebwagen VT 10001 bis VT 10003 der DRG, Baujahr 1930, Achsfolge B'2', Höchstgeschwindigkeit 65 km/h, Dienstmasse 40 t, Dieselmotor Maybach G4b mit 130 kW Leistung, mechanisches Getriebe mit Blindwelle und Kuppelstangen, Steuerung durch Seilzüge

den → Zylinder (2) von Verbrennungsmotoren eingebrachter Luftmassestrom $\dot{m}_G$. Er ist die Summe des an den Innenvorgängen beteiligten Frischluftmassestroms $\dot{m}_F$ und des zum Spülen des Zylinders benötigten Spülluftmassestroms $\dot{m}_S$. Zu den Innenvorgängen an Verbrennungsmotoren gehören die Teile des Arbeitsspiels, bei dem die Ein- und Auslaßrohre geschlossen sind.

gesättigter Dampf: → Sattdampf

geschlossener Gleichdruckprozeß: → Gleichdruckturbine

geschlossener Kühlwasserkreislauf: gegenüber der Atmosphäre abgeschlossener → Kühlwasserkreislauf. Der g.K. ist bei der → Druckkühlung erforderlich und kann bei der → Pumpenumlaufkühlung zum Schutz gegen eindringenden Sauerstoff angewandt werden, z.B. bei der Diesellokomotive BR 232 der DB/DR. Als Sicherheitseinrichtung ist auf dem Ausgleichbehälter ein als Sicherheitsventil ausgebildetes Dampf-Luft-Ventil angebracht, das bei zu hohem Überdruck und bei Unterdruck öffnet.

Geschwindigkeit: kinematische Bewertungsgröße von Bewegungsvorgängen zur Charakterisierung der Wegzunahme im Zeitintervall. Die G. trägt die Maßeinheit m/s, im Verkehrswesen auch km/h (Umrechnung: 1 m/s ≙ 3,6 km/h). Die G. von Zügen wird auf die 1dimensionale Bewegung bezogen. Es ist zwischen *momentaner* und *mittlerer G.* zu unterscheiden. Die momentane G. erfaßt den momentanen Bewegungszustand zu gegebenen Zeit- oder Wegpunkten, die mittlere G. dagegen den in einem gegebenen endlichen Zeit- oder Wegintervall vorliegenden durchschnittlichen Bewegungszustand. Die momentane G. ist durch den Differentialquotienten $v = ds/dt$ gegeben. Die mittlere G. wird entweder als arithmetisches Mittel aus Anfangs- und Endwert des Intervalls oder als Differenzenquotient $v_m = \Delta s/\Delta t$ gebildet. Die wegbezogene mittlere G. aus der Kurve $v = f(s)$ des → Fahrschaubildes, gebildet als $v_m = (\Sigma (v_n s_n))/\Sigma s_n$, ist schwierig zu bestimmen und wird daher im Verkehrswesen nicht benutzt. Für ungleichförmige Bewegungen erhält man je nach Mittelungsverfahren voneinander abweichende Beträge der mittleren G.

geschwindigkeitsabhängiger Druckübersetzer: Bauteil der → Hochleistungsbremse, das den im Vorsteuerventil erzeugten Druck (Vorsteuerdruck C_v) unter der Einwirkung des → Achslagerbremsdruckreglers in 2 Bereiche des Bremszylinderdrucks umwandelt (→ Bremsdruckdiagramm). Damit wird erreicht, daß Tfz. bei großer Geschwindigkeit hoch und bei kleiner Geschwindigkeit niedrig abgebremst werden. Diese Regelung ist bei → Klotzbremsen mit Gußbremssohlen erforderlich, wenn die Kraftschlußkraft zwischen Tfz. und Schiene über dem gesamten Geschwindigkeitsbereich weitgehend genutzt werden muß, um den geforderten Bremsweg einzuhalten.

Es gibt g.D. für verschiedene Druckverhältnisse. Bei Tfz. beträgt der Höchstdruck im niedrigen Druckbereich

geschwindigkeitsabhängiger Druckübersetzer Bremszylinderhöchstdrücke in Abhängigkeit von Vorsteuerdruck C_v und Bremsstellung

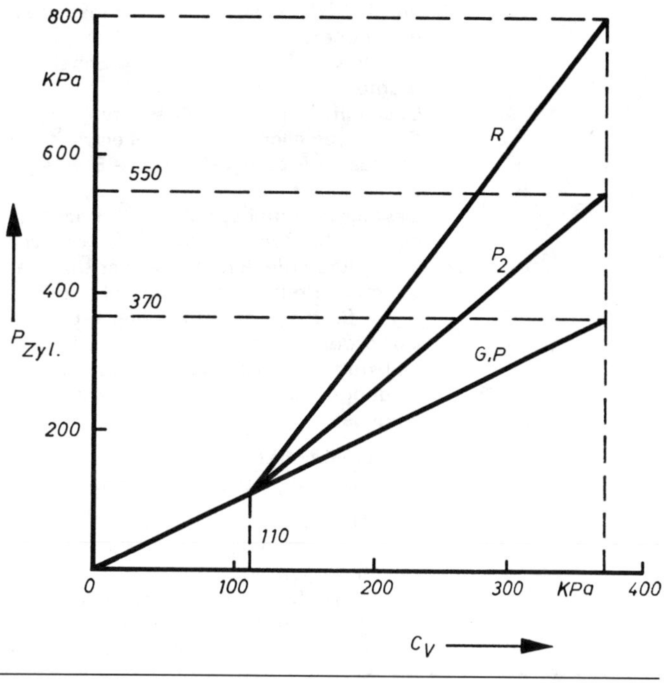

310–400 kPa, im hohen bis 800 kPa. Eingesetzt wird z. B. der Druckübersetzer Dü 24f, der gemeinsam mit dem Umstellventil die → Bremsstellungen G, P, P_2 und R mit den verschiedenen Höchstdrücken in Abhängigkeit vom Vorsteuerdruck realisiert. Die geknickte Kennlinie ermöglicht auch bei $v > 70$ km/h eine gute Regulierbarkeit auf Gefällestrecken mit kleinen Bremskräften. Lit.: 4.5. Abb.

Geschwindigkeitsmesser: → Fahrgeschwindigkeitsmesser

Geschwindigkeitsregelung: automatisches Auf- und Abregeln der → Fahrstufen und Bremsstufen des Tfz. zur Erreichung und Einhaltung eines vom Tfz.-Führer eingestellten Sollwerts der momentanen → Geschwindigkeit. Um bei Erreichung des Sollwerts ständigen Fahr- oder Bremsstufenwechsel (Pendeln) zu vermeiden, muß die Regeleinrichtung über eine Hysterese verfügen, d. h., sie darf erst dann ansprechen, wenn der Istwert außerhalb des Bereiches $v_{Soll} \pm \Delta v$ liegt.

Geschwindigkeitsverlust: Abfall der Fahrgeschwindigkeit eines → Brennkrafttriebfahrzeugs, der durch → Zugkraftunterbrechung beim Schalten eines → Zahnradschaltgetriebes eintreten kann. Der G. muß bei der Auslegung von Zahnradschaltgetrieben beachtet werden, um ein Unterschreiten der Mindestdrehzahl der Antriebsmaschine beim Einkuppeln des höheren Gangs nach dem Hochschalten zu vermeiden (→ Schaltdiagramm).

Gespann: → Lokomotivgespann

Gestängesteller: Nachstelleinrichtung für das → Bremsgestänge, → Bremsgestängesteller.

Gestängewirkungsgrad η: Kenngröße, die den Kraftverlust ausdrückt, der vor allem durch die Reibung bei der Übertragung der Bremszylinderkolbenkraft über ein → Bremsgestänge auf die → Bremsklötze oder → Bremsbeläge auftritt. Die Reibkräfte in den Bolzen-/Buchsenverbindungen wirken der Kraftübertragung entgegen.

$$\eta = \frac{\Sigma \text{ Bremsklotzkräfte}}{\text{Bremszylinderkolbenkraft} \cdot \text{Gestängeübersetzung}}$$

Der im Stand ermittelte G. ist niedriger als der während der Fahrt, da die Fahrerschütterungen zum Teil die Reibkräfte verringern. Die Größe des G. ist von der Bauart des Bremsgestänges (Anzahl der Gelenkverbindungen, Gleit- und Rollenführungen) und vom Schmier- und Unterhaltungszustand abhängig. Er hat bei → Klotzbremsen im Mittel einen Wert von 0,8–0,95 (Radabbremsung), bei → Scheibenbremsen 0,9–0,95. Der G. der → Handbremsen und → Feststellbremsen beträgt etwa 0,2.

Gestellgetriebe: spezielle Bauform des → Strömungsgetriebes für den Einbau in das Drehgestell von Diesel-Tfz. Für den Einbau in die Diesellokomotiven der BR BB 69000 der SNCF wurde das Voith-Creusot-G. entwickelt. Dieses G. ist in Querrichtung eingebaut und stellt gleichzeitig einen Teil des Drehgestellrahmens dar. Der → Hochtrieb ist als Kegelradpaar ausgeführt. Die Radsätze werden über Stirnräder und den → Jacquemin-Antrieb angetrieben. Außer dem Massevorteil entfallen sämtliche Sekundärgelenkwellen und die → Radsatzgetriebe.

Gestellmotor: → Fahrmotor, der mit dem Drehgestell- oder dem Fahrzeughauptrahmen fest verbunden ist und dessen gesamte Masse somit vollständig abgefedert ist. Der G. erfordert einen Antrieb, der in der Lage ist, das Drehmoment von dem im federnden Teil des Tfz. untergebrachten Fahrmotor stetig und möglichst verlustarm auf den → Treibradsatz (2) zu übertragen. Dies ermöglichen z. B. → Federantriebe, → Gelenkantriebe und → Kardanantriebe.

Gestellmotorantrieb: Antriebsart elektrischer Tfz., bei der die Fahrmotoren mit dem Drehgestell- oder Fahrzeughauptrahmen fest verbunden und damit vollständig im gefederten Fahrzeugteil gelagert sind. Die Relativbewegungen zwischen Fahrmotor und → Treibradsatz (2) werden durch bes. Getriebeelemente ausgeglichen. Die G. zeichnen sich durch nur geringe dynamisch wirksame Massen aus, sind aber kompliziert aufgebaut. Zu den G. zählen → Stangenantriebe, → Kardanantriebe, → Gelenkantriebe und → Federantriebe. Lit.: 4.5.

Getriebe: kinematische Vorrichtung zur Übertragung und Umwandlung von Bewegungen und/oder Drehmomenten. Hin- und hergehende Bewegung wird in drehende Bewegung (oder umgekehrt) durch Kurbelgetriebe (→ Kurbeltriebwerk), Exzenter-, Kurvenscheiben oder Wälzhebelgetriebe übertragen. Drehende Bewegungen werden durch → Zahnradgetriebe, Riementriebe (→ Keilriemenantrieb), Kettentriebe (→ Kettenantrieb) oder Reibradgetriebe übertragen.

Mittels Flüssigkeitskreislauf wirken → hydraulische Getriebe.

Getriebeblock: mindestens 2 Getriebe, die zu einem sog. Block zusammengefügt sind. Bei Diesellokomotiven mit → Stangenantrieb sind → Strömungsgetriebe und → Nachschaltgetriebe durch Zusammenflanschen i.d.R. zu einem G. vereinigt. Der G. bildet eine kompakte und formsteife Baugruppe des Diesel-Tfz. von meist erheblicher Masse, die vor dem Einbau montiert und durch spezielle Hebezeuge bzw. nach einer speziellen Technologie ein- und ausgebaut wird. Abb.

Getriebegehäuse: Bauteil eines Getriebes, das als tragendes Gerüst für die Wellen und für alle inneren Bauteile dient und einen dichten und formsteifen Außenkörper darstellt. Das G. besteht aus Montagegründen meist aus mehreren Teilen, z.B. Oberteil, Mittelteil, Unterteil, die durch → Teilfugen getrennt sind. An den Wellenaustritten verhindern → Wellendichtringe, → Labyrinthdichtungen oder → Filzringdichtungen einen ungewollten Ölaustritt. Das Unterteil des G. dient meist als → Ölwanne und kann als Gehäusefuß ausgebildet sein. Bei → Zahnradschaltgetrieben, → Strömungsgetrieben und → hydromechanischen Getrieben sind an den Seitenflächen des G. Aufnahmepratzen angeordnet, an denen eine meist elastische Aufhängung im Tfz.- oder Drehgestellrahmen erfolgt. Über Flanschflächen können mehrere G. zu einem → Getriebeblock zusammengefügt sein. Das G. von → Radsatzgetrieben wird über Wälzlager auf der Radsatzwelle abgestützt. Im Unterteil des G. befindet sich der → Ölablaß, am Oberteil die → Entlüftungshaube. Das G. kann in Stahl-, Grau-, Leichtmetallguß oder als Schweißkonstruktion hergestellt sein.

Getriebelokomotive: → Lokomotive, bei der die → Leistungsübertragung durch ein → Getriebe erfolgt, wie z.B. bei der → dieselmechanischen Lokomotive oder der → dieselhydraulischen Lokomotive. Bei *Dampflokomotiven* stellt die G. eine Sonderbauart dar; z.B. wurden 1930 nach dem Vorbild der englischen Fa. Sentinel von der Fa. Hanomag Dampflokomotiven gebaut, bei denen eine stehende Dampfmaschine mit Ventilsteuerung über Zahnradvorgelege, Blindwelle und Ketten die beiden Treibradsätze antrieb.

Getriebeöl: Mineralöl zur Schmierung von Zahnradgetrieben. Für höhere Anforderungen an die Schmierfähigkeit werden G. legiert, d.h. mit Zusätzen versehen. Außerdem werden hohe Alterungsbeständigkeit, geringe Neigung zum Schäumen und zum Mischen mit Wasser sowie ein möglichst flacher Viskositäts-Temperatur-Verlauf gefordert. Zum Vermeiden von Schäden an den Getriebeteilen sind die Fristen für den → Ölwechsel einzuhalten.

Getriebeblock der Diesellokomotive der BR 346 der DB/DR
1 Strömungsgetriebe, 2 Nachschaltgetriebe, 3 Blindwelle

Getriebeölwärmetauscher: andere Bezeichnung für → Getriebeölwärmeübertrager.

Getriebeölwärmeübertrager: → Ölwärmeübertrager zur → indirekten Kühlung des Getriebeöls von → Zahnradgetrieben. Da die Verlustleistung dieser Getriebe gering ist und die Verlustwärme i.d.R. durch die Getriebeoberfläche abgeführt wird, sind G. meist nicht erforderlich. Zur Rückkühlung des Strömungsgetriebeöls dienen → Strömungsgetriebeöl-Wärmeübertrager.

Getriebestufe: → Gangstufe

Getriebewirkungsgrad: Verhältniswert η_G von Abtriebsleistung (Nutzen) zu Antriebsleistung (Aufwand) eines → Getriebes, besonders als Kenngröße der Güte für die → Leistungsübertragung von Zahnrad-, Strömungs- und hydromechanischen Getrieben bei Tfz. verwendet. Der Wert ist stets kleiner als 1 (bzw. kleiner als 100%). Der G. berücksichtigt alle bei der Leistungsübertragung auftretenden Verluste einschl. des Leistungsaufwands für betriebsbedingte Hilfsgeräte, wie z.B. Pumpen und Regler. Er wird in Abhängigkeit von der Abtriebsdrehzahl oder von der Fahrgeschwindigkeit angegeben und geht in den Gesamtwirkungsgrad eines Tfz. ein. Analog zum → Ausnutzungsfaktor kann ein Mittelwert η_{Gm} über den Bereich der Fahrgeschwindigkeit berechnet werden.

Giesl-Ejektor: bes. energieeffektiv arbeitende und nach ihrem Erfinder benannte Bauform einer → Saugzuganlage für → Dampflokomotivkessel, die gegenüber einer Regel-Blasrohranlage eine größere Netto-Pumpleistung des Ejektors, eine starke Minderung der Stoßverluste und einen niedrigeren Gegendruck in den Dampfmaschinenzylindern bei gleicher → Feueranfachung aufweist. *Bestandteile* des konstruktiv einfach aufgebauten G.: 1) in Fahrtrichtung langgestreckter Flachschornstein, der in der Längsmittelebene nach unten stark konvergiert; 2) Blasrohrkopf, aus dem i.d.R. 7 entsprechend divergierende Abdampfstrahlen strömen, die durch breite Stege voneinander getrennt sind, so daß die angesaugten Rauchgase allseits von den Abdampfstrahlen aus der Rauchkammer mitgeführt werden; 3) rechts und links auf der Blasrohrmündung angeordnete Einstellschieber zur Einstellung des Austrittsquerschnitts, die eine gute Einstellung der Feueranfachung und deren Anpassung an die verschiedenen Brennstoffsorten erlauben. Die bei mit dem G. ausgerüsteten Dampflokomotiven mögliche größere Kesselleistung in der Größenordnung von 20% und Kohleersparnis von etwa 10% ließen ihn auf über 2500 Loks zum Einsatz kommen, so in Afrika, Asien und Europa. Selbst gegen Ende der Dampflokzeit in den 60er Jahren rüsteten z.B. die DR noch 551 Dampflokomotiven u.a. ihrer BR 03[10], BR 50, BR 52 und BR 65 (jeweils teilweise) und die ČSD 854 Loks mit dem G. aus. Lit.: 2.6., 5.3. Abb.

Giesl-Ejektor mit Standrohr, Funkenfänger und Schornstein

Gilli-Lokomotive: von Gilli konstruierte Hochdruck-Dampfspeicherlokomotive, die gegenüber den im Niederdruckbereich von 1500–2500 kPa arbeitenden → Dampfspeicherlokomotiven mit bis zu 12000 kPa hochgespanntem Dampf gespeist wurde. Der Dampf aus dem Hochdruckspeicher (Kessel) wurde vor Abgabe an die Dampfmaschine auf 1500 kPa entspannt und in einer Rohrschlange wieder auf die jeweils im Kessel herrschende Hochdruckdampftemperatur überhitzt. Heißdampf wurde an die Dampfzylinder abgegeben, was gegenüber der Niederdruck-Dampfspeicherlokomotive eine höhere Wirtschaftlichkeit erbrachte. Ein weiterer Vorteil der G. bestand in dem während der gesamten Betriebszeit für die Zylinder zur Verfügung stehenden gleichbleibenden Dampfdruck, so daß die Zugkraft nicht vom abfallenden Kesseldruck abhängig wurde. Bis 1944 wurden 45 G. für den schweren Rangierdienst gebaut, ihre Betriebszeit zwischen 2 Füllungen betrug dabei 5 h. Die Österreichische Mineralölverwaltung beschaffte von 1961 bis 1970 weitere 4 G. Lit.: 1.11., 1.18., 5.3. Abb.

Glättungsdrossel: Wicklung aus Windungen eines elektrischen Leiters zur Unterdrückung von Oberschwingungen in Gleichstromkreisen. G. werden vorwiegend in Stromrichterschaltungen angewendet. Um die Wicklung wird bei Stromdurchfluß ein magnetisches Feld aufgebaut, das diesem Strom einen induktiven Widerstand entgegensetzt. Infolge seiner Frequenzabhängigkeit hat dieser für die Oberschwingungen einen größeren Widerstand, so daß der ursprünglich wellige Gleichstrom geglättet wird.

Glehn, Alfred de: 1848 (Sydenham/Großbritannien) – 8. Juni 1936 (Mühlhausen/Elsaß); englischer Ingenieur, nach dessen Name die → De-Glehn-Lokomotive benannt wurde. G. studierte am Kings College in London und am Polytechnikum in Zürich. Nach kurzer Tätigkeit in einer Werft arbeitete G. ab 1872 bei der Elsässischen Maschinenbau-Gesellschaft (SCAM), wurde 1875 Chefkonstrukteur und 1885 Direktor der Lokomotivabteilung. Von 1886 bis 1904 leitete er selbst das Unternehmen in Elsaß. Die 1885 von G. und dem französischen Chefingenieur du Bousguet gebaute 1 Bo-Vierzylinder-Verbundlokomotive ohne Kuppelstangen hatte zum Ziel, die positiven Eigenschaften der patentierten → Mallet-Lokomotive weiter auszubauen. Gemeinsame Merkmale bestehen auch mit der → Webb-Lokomotive. Lit.: 1.27., 2.9., 5.3.

Gleichdruckaufladung, *Stauaufladung:* bei der Abgasturboaufladung angewendete Art der → Aufladung. Bei der G. strömen die Abgase des Motors vom Auslaßventil in einen Sammelbehälter, in dem sie aufgestaut werden. Die Abgase verlassen diesen mit konstantem Druck zur Abgasturbine. Von Vorteil sind die gleichmäßige Beaufschlagung des Turbinenrades und damit der ruhige Lauf des → Abgasturboladers. Die G. wurde im Jahre 1905 von Büchi als Patent zur Leistungserhöhung von Verbrennungsmotoren angemeldet.

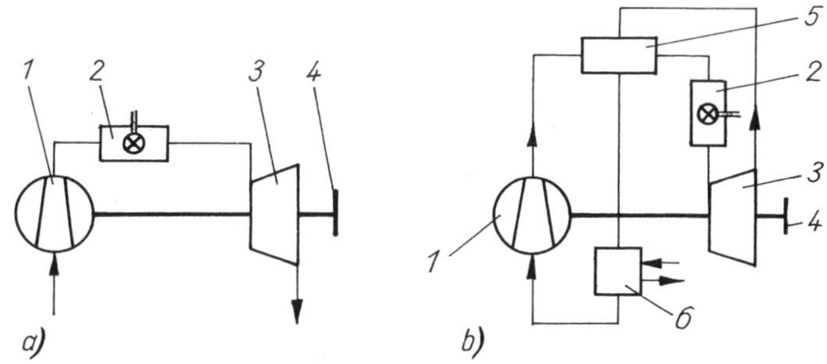

Gleichdruckturbine (Schema)
a) mit offenem Kreislauf,
b) mit geschlossenem Kreislauf
1 Verdichter, 2 Brennkammer, 3 Turbine, 4 Abtrieb, 5 Wärmeübertrager, 6 Nachkühler

Gleichdruck-Kreisprozeß: idealer Vergleichsprozeß für Dieselmotoren, der gegenüber dem → Seiliger-Kreisprozeß auf die isochore Wärmezufuhr verzichtet. Zustandsänderungen: 1–2 isentrope Kompression, 2–3 isenbare Wärmezufuhr, 3–4 isotrope Expansion, 4–1 isochore Wärmeabfuhr. → Diesel-Kreisprozeß (dort Abb.)

Gleichdruckturbine, *Verbrennungsturbine:* → Gasturbine, bei der die Verbrennung des Brennstoffs in der → Brennkammer bei gleichbleibendem Druck unter Volumenzunahme des durchströmenden Arbeitsmediums erfolgt *(Gleichdruckverbrennung).* G. können mit offenem, geschlossenem oder halbgeschlossenem Kreislauf gebaut werden, wobei für Fahrzeugantriebe wegen des geringeren Aufwands an Baumasse und -volumen i.d.R. nur der offene Kreislauf verwendet wird. Der ideale Vergleichsprozeß für G. ist der → Joule-Prozeß. Abb.

Gleichrichter: Gerät zur Umartung von Wechsel- in Gleichstrom; bei der elektrischen Traktion verwendet in Gleichrich-

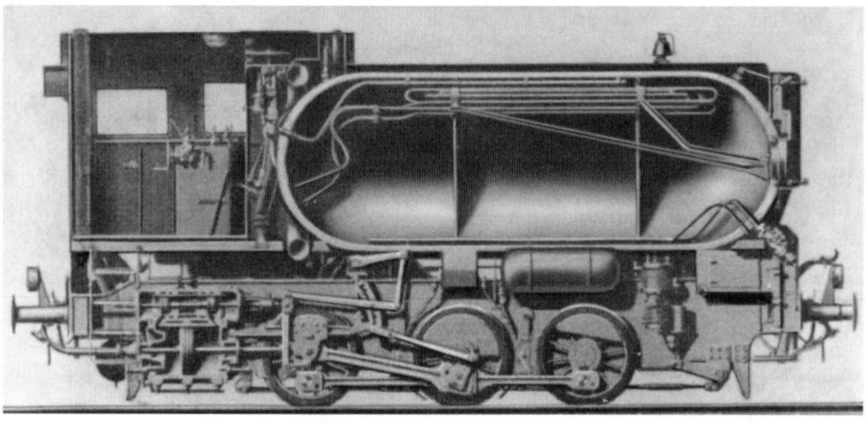

Gilli-Lokomotive
Dampfspeicherlokomotive der Bauart Gilli mit einem Fülldruck von 12000 kPa und 60 t Dienstmasse

terwerken, in → Gleichrichtertriebfahrzeugen und auf dieselelektrischen Tfz. (→ Hauptgenerator). I. G. z. → Umformern, bei denen die Umartung durch rotierende Maschinen erfolgt, wird sie bei G. durch Ausnutzung der Sperrwirkung für eine Stromrichtung in ruhenden Geräten erzielt, z. B. durch Ventilwirkung zwischen Anode und Kathode bei Quecksilberdampf-G. (→ Ignitron, → Excitron, Mehranodengefäß) oder durch Ventilwirkung von Halbleitern (→ Siliziumgleichrichter, Germaniumgleichrichter, Selengleichrichter). Lit.: 4.5., 4.11., 4.12.

Gleichrichtertriebfahrzeug: elektrisches Tfz., das über eine → Fahrleitung mit Einphasenwechselstrom gespeist wird, der aber auf dem Tfz. durch → Gleichrichter (Quecksilberdampfgleichrichter, → Ignitron, → Excitron, bei neueren Tfz. ausschl. → Siliziumgleichrichter) in Gleichstrom umgeartet wird. Dieser wellige Gleichstrom wird durch → Glättungsdrosseln geglättet und den → Fahrmotoren (→ Gleichstrommotoren oder → Mischstrommotoren) zugeführt.

Gleichspannungszwischenkreis: exakte Bezeichnung für den → Gleichstromzwischenkreis für den Spezialfall des Zwischenkreises mit konstanter Spannung, z. B. den Zwischenkreis mit Spannungseinprägung bei der → Drehstromantriebstechnik.

Gleichstromdampflokomotive: mit einer → Gleichstromdampfmaschine angetriebene Dampflokomotive. Die erste G. geht 1897 vermutlich auf den Amerikaner Cleveland zurück (Lokomotive der Bauart 1'Dn2, Betriebsnummer 250 der Intercolonial Railway of Canada). In Europa wurde auf Vorschlag von → Stumpff die Gleichstromdampfmaschine erstmals 1908 von Noltein für eine vierfach gekuppelte Heißdampflokomotive der Moskau-Kasaner Eisenbahn verwendet.
In Deutschland wurde 1909 eine Dh2-Lokomotive der preußischen Gattung G8, 1910 eine 2'Bh2-Lokomotive der Gattung S6, 1915 drei 2'Ch3-Lokomotiven der Gattung S 10² und 1921 noch eine Eh2-Lokomotive der Gattung G 10 zu G. umgebaut. In Großbritannien ließ die North Eastern Railway 1913 eine 2'B-Heißdampfgüterzuglokomotive mit Gleichstromzylindern ausrüsten, die aber bereits 1924 in den Normalzustand zurückgebaut wurde. Die anfänglichen Mißerfolge und aufgebauten Vorurteile ließen auch später nicht zu, daß die in den 40er Jahren ausgereiften Entwürfe für eine G. wieder aufgegriffen wurden. Lit.: 2.8., 2.9., 2.10., 5.3. Abb.

Gleichstromdampfmaschine: doppeltwirkende Expansions-Kolbendampfmaschine, bei der i. G. z. Arbeitsprinzip der → Wechselstromdampfmaschine der Abdampf den Zylinder durch in der Mitte der Zylinderlauffläche angeordnete Auslaßschlitze verläßt (→ Dampfmaschine). Da sich die Einströmkanäle an den Zylinderwänden befinden, ist ein Richtungswechsel des Dampfs im Zylinder nicht erforderlich. Das Arbeitsprinzip erfordert zur Steuerung der Ausströmung eine fast doppelte Länge des Hubs einer Wechselstromdampfmaschine und sehr breite → Dampfkolben, die Einströmung wird ventil- oder schiebergesteuert. Wegen der getrennten Ein- und Ausströmung trifft der einströmende Naß- oder Heißdampf höherer Temperatur nicht auf die kühle Zylindermitte, wodurch die → Abkühlungsverluste vermindert werden. Der so erzielte Wärmegewinn wurde bei den an-

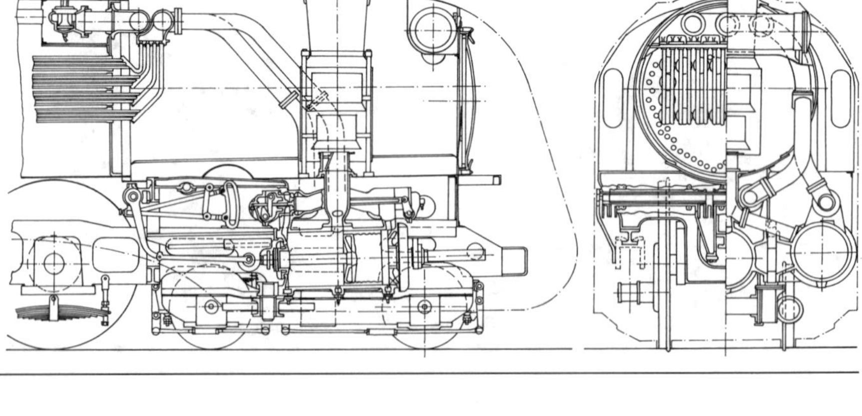

Gleichstromdampflokomotive
Stumpff-Gleichstromdampfmaschine mit Ventilsteuerung bei einer Schnellzuglokomotive der Bauart 2'D2' h3 (Versuchslok)

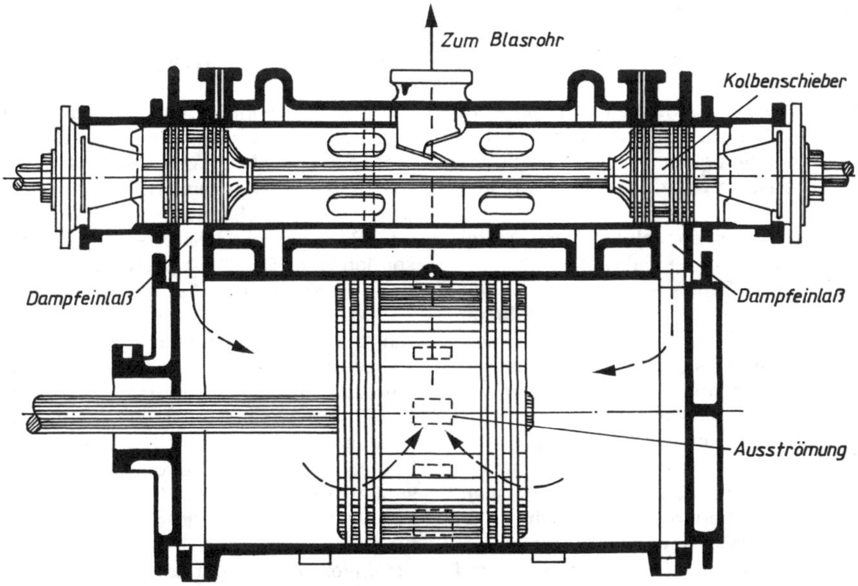

Gleichstromdampfmaschine
Zylindereinheit mit innerer Steuerung

fangs üblichen Dampfdrücken von 1200–1400 kPa durch den verdichtungswegbedingten vergrößerten Raumschaden (→ schädlicher Raum) z.T. wieder aufgebraucht. Erst auf 2000–2500 kPa erhöhte Dampfdrücke ergaben eine wirksame thermische Verbesserung der G. Zu Beginn des 20. Jahrhunderts verbesserte → Stumpff im Ergebnis stationärer Versuche die vermutlich um 1897 von Cleveland in Amerika erfundene G. Auf seinen Vorschlag hin wurde sie 1908 erstmals in Europa als Antriebsmaschine bei der → Gleichstromdampflokomotive angewandt. Lit.: 2.3., 2.8., 2.9., 2.10., 2.12. Abb.

Gleichstromgenerator: elektrischer → Generator, mit dem aus mechanischer Energie elektrischer Gleichstrom erzeugt wird. Bestandteile: Gehäuse mit Magnetpolen (Feldspulen), in dem sich ein Läufer (Anker) dreht, der die Ankerwicklung trägt; außerdem ein Kommutator (Kollektor, Stromwender) und Bürstenhalter meist mit Kohlebürsten zur Stromabnahme. G. haben entsprechend ihrer Innenschaltung (Nebenschluß-G., Reihenschluß-G., Kompound-G., fremderregter G.) sehr verschiedene Lastkennlinien; daraus resultiert eine große Anwendungsbreite. Die einfache Drehzahlregelung ergibt eine gute Spannungsregelung und ermöglicht dadurch eine Spannungskonstanthaltung (wichtig für → Steuerstromkreise). G. haben große Bedeutung für Inselbetrieb sowie als Erregermaschinen für die Felderregung von Drehstromsynchrongeneratoren. Dagegen haben G. keine Bedeutung mehr für die industrielle elektrische Energieversorgung, da kaum noch Gleichstromnetze betrieben werden. Anwendung in Eisenbahnfahrzeugen: a) Erzeugung der Bordnetzspannung von Diesel-Tfz. und von Steuerspannungen; b) Haupt- und Hilfsgeneratoren in dieselelektrischen Tfz.; c) Zuglichtgenerator in Wagen.

Gleichstrommotor: elektrische Antriebsmaschine mit Speisung durch Gleichstrom, die aus den Hauptbauteilen → Ständer mit Erregerwicklung, → Anker mit Ankerwicklung und → Kommutator besteht. Man unterscheidet Reihenschlußmotor (Erregerwicklung und Ankerwicklung in Reihe geschaltet; → Reihenschlußschaltung) und Nebenschlußmotor (Erregerwicklung und Ankerwicklung in → Parallelschaltung). Als → Fahrmotor wird wegen seiner Traktionseigen-

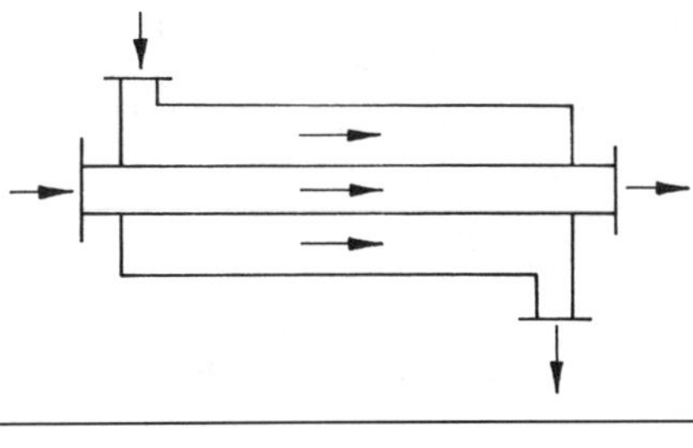

Gleichstromprinzip

schaften fast ausschl. der Gleichstromreihenschlußmotor angewandt.

Gleichstromprinzip: Art der Strömung des wärmeabführenden und zu kühlenden Mediums in Wärmeübertragern und Kühlern, bei der die Strömungsrichtung beider Medien gleich ist. Das G. ist i. G. z. → Gegenstromprinzip weniger wirksam. Abb. S. 243

Gleichstromreihenschlußmotor: → Reihenschlußmotor, → Fahrmotor

Gleichstrom-Schnellschalter: → Hauptschalter von → Gleichstromtriebfahrzeugen. Sein Aufbau weicht von den Hauptschaltern für Wechselstrom-Tfz. stark ab, da die Abschaltung bei Gleichstrom wegen des fehlenden Nulldurchgangs schwieriger als bei Wechselstrom ist. Vor allem muß durch ein starkes magnetisches Blasfeld dafür gesorgt werden, daß der Lichtbogen durch Führung längs von sog. Lichtbogenhörnern immer länger und damit schwächer wird und schließlich erlischt. Hauptbauteile: Ausschaltmechanismus mit dem Schalterantrieb, Blasspule und Lichtbogenhörner mit dem → Funkenkamin. Die Gesamtausschaltzeit beträgt 0,012–0,02 s. Lit.: 4.5. Abb.

Gleichstromspülung: Verfahren zum → Ladungswechsel bei Zweitaktdieselmotoren großer Leistung mit tangential gerichteten Einlaßkanälen und Auslaßventilen im Zylinderkopf. Die Frischladung wird in eine rotierende Bewegung versetzt, wodurch ein guter Spüleffekt erzielt wird. Vorteile: Nachladung durch das nach einem unsymmetrischen → Steuerdiagramm arbeitende Auslaßventil, keine thermische Überbeanspruchung der → Zylinderlaufbuchse im Bereich des unteren Totpunkts.

Gleichstromsteller: → Pulssteller

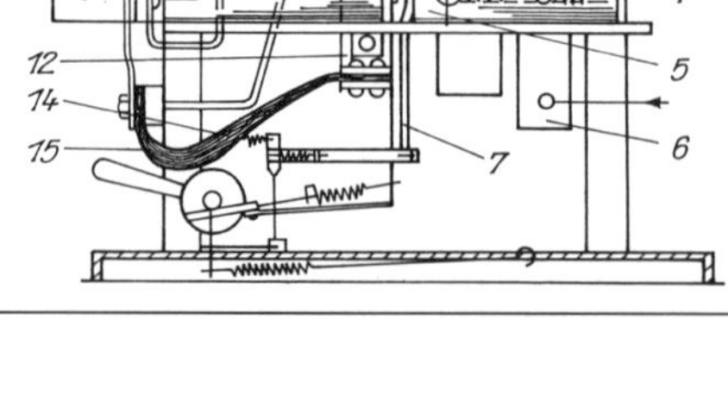

Gleichstrom-Schnellschalter mit Schlaganker 1 Funkenkamin, 2 festes Kontaktstück, 3 Haltemagnet, 4 Schlaganker-Rückzugfeder, 5 Schlaganker, 6 Anschlußschiene am festen Kontakt, 7 Auslösehebel am Schlaganker, 8 Zusatzblasspule, 9 Hauptblasmagnet, 10 Überstrom-Auslösemagnet, 11 Blas- und Auslösespule, 12 Kontakthebel, 13 Abbrennhorn, 14 Auslösewellen-Rückzugfeder, 15 biegsames Ableitungsband

Gleichstromsystem: → Bahnstromsystem

Gleichstromtriebfahrzeug: elektrisches Tfz. für Gleichstrom bei Stromversorgung durch Fahrleitung, Stromschiene oder aus Akkumulatoren bzw. Brennstoffzellen. → elektrische Lokomotive

Gleichstrom-Zwischenkreis: elektrischer Stromkreis zur elektrischen Entkopplung von Belastungsstromkreisen vom speisenden Netz. Der G. ist i. d. R. dann erforderlich, wenn sich die im Verbraucher benötigte Energie hinsichtlich ihrer Pulszahl und/oder Pulsfrequenz von der des speisenden Netzes unterscheidet. Um die dabei momentan auftretenden Energiedifferenzen auszugleichen, enthalten G.-Elemente mit Speichereigenschaften Spulen und/oder → Kondensatoren und stellen somit einen bes. Anwendungsfall des elektrischen → Filters (2) dar. Der G. für kleine Leistungen findet vor allem in Stromversorgungsgeräten für elektronische Schaltungen Anwendung. Für größere Leistungen wurden G. auf Tfz. mit der Einführung der Stromrichtertechnik erforderlich (→ Gleichrichtertriebfahrzeug, → Pulssteller). Bei Tfz. mit → Drehstromantriebstechnik muß der Auslegung und Bemessung von G. bes. Beachtung geschenkt werden, um die → Fahrmotoren optimal betreiben zu können und dabei störende Netzrückwirkungen weitgehend auszuschließen.

Gleichstromzylinder: → Gleichstromdampfmaschine

Gleis: Fahrbahn für spurgeführte Fahrzeuge (Schienenfahrzeuge), die aus den Schienen, der Unterschwellung und den Befestigungsmitteln besteht, und in einer Bettung verlegt ist. Das G. hat die Aufgabe, die Schienenfahrzeuge sicher zu tragen und zu führen. Es muß die vertikalen und horizontalen statischen und dynamischen Krafteinwirkungen der Fahrzeuge aufnehmen und ohne sich zu verschieben über die Unterschwellung in die Bettung ableiten sowie die Spur halten. Gleichzeitig dient es der Triebstromrückführung (→ Triebrückstrom) bei der elektrischen Traktion und als Träger der Gleisschaltmittel der Sicherungstechnik.

Gleiskraftwagen, *schwerer Kleinwagen* (Abk. *SKL*): Bahndienst-Tfz. mit Antrieb durch Verbrennungsmotor in meist 2achsiger Ausführung zum Transport von Material für Bau und Unterhaltung der baulichen Anlagen. Der G. kann bei entspr. Ausrüstung auch zur Beförderung von

Gleisbauarbeiten und als Zugmittel für Transportwagen und Gleisbaugeräte verwendet werden und ist z.T. mit einem kleinen Kran ausgerüstet. Abb.

Gleismagnet: nicht exakte Bez. für die Baueinheit des *Gleisschwingkreises* bei der → induktiven Zugbeeinflussung. Der G. ist i.e.S. nur magnetischer Teil des Gleisschwingkreises. Aufgabe: Beeinflussung der *Empfangseinrichtung* des Tfz. an den Einwirkungspunkten der → punktförmigen Zugbeeinflussung, z.B. vor und am Haltsignal. Ausführung: geblechter Eisenkern mit 1 (bei Doppel-G. mit 2) Wicklung(en) und 1 (2) → Kondensator(en). Der G. ist in Fahrtrichtung neben der rechten Schiene außerhalb der Lichtraumumgrenzungslinie angeordnet. Abb.

Gleisüberhöhung, *Überhöhung:* Höhendifferenz der beiden Schienenoberkanten in einem Gleisquerschnitt. Im Gleisbogen liegt die Außenschiene i.d.R. um den Betrag der G. *ü* höher als die entspr. abgesenkte Innenschiene (vgl. Abb.). Die G. soll bei Bogenfahrt die Resultierende aus der Fliehkraft F_z und Gewichtskraft F_G weitgehend in der Senkrechten auf die Gleisebene halten, um eine möglichst gleichmäßige vertikale Belastung beider Schienen und eine Reduzierung der Seitenkräfte nach außen zu erreichen. Mit einer theoretischen Überhöhung $ü_t$ (in mm) von $ü_t = 11{,}8\ v^2/R$ (*v* Geschwindigkeit in km/h, *R* Radius in m) läßt sich die Fliehkraft vollkommen ausgleichen. Die theoretische Überhöhung wird auf Stadtschnellbahnstrecken, auf denen Züge mit fast gleicher Fahrgeschwindigkeit verkehren, angewandt. Bei Strecken mit gemischtem Verkehr wird die Regelüberhöhung $ü_r$ angewandt, die ≈ ⅔ $ü_t$ beträgt und nach

$$ü_r = \frac{8v^2}{R}$$ berechnet wird.

Bei beengten örtlichen Verhältnissen kann gegebenenfalls nur eine Mindestüberhöhung $ü_{min}$ eingebaut werden. Die Mindestüberhöhung läßt eine → Seitenbeschleunigung von $a = 0{,}65$ m/s² zu und berechnet sich nach

$$ü_{min} = \frac{11{,}8\ v^2}{R} - 100.$$

Analog kann für den ausnahmsweise zul. Wert $a = 0{,}85$ m/s²

$$ü_{min} = \frac{11{,}8\ v^2}{R} - 130$$

angegeben werden. Der Maximalwert der G. beträgt i.d.R. $ü_{max} = 150$ mm. Abb.

Gleitachslager: → Gleitlager, → Radsatzlager

Gleitbahn: Bauteil des → Kurbeltriebs von Dampf-Tfz. zur geradlinigen Führung

Gleiskraftwagen

Gleismagnet

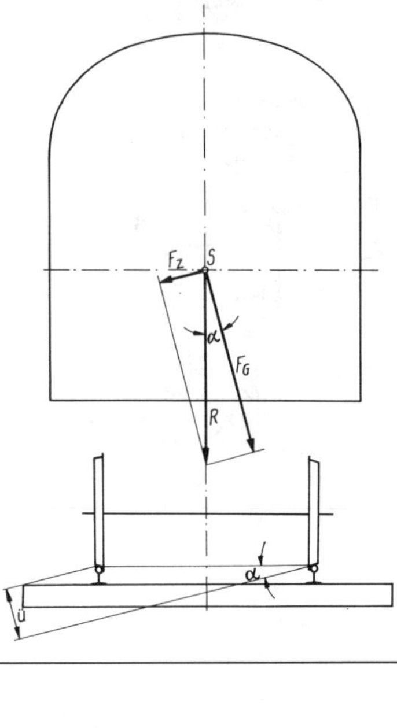

Gleisüberhöhung
F_Z Fliehkraft, F_G Gewichtskraft, *R* Resultierende Kraft, S Schwerpunkt, *ü* Überhöhung, *α* Überhöhungswinkel

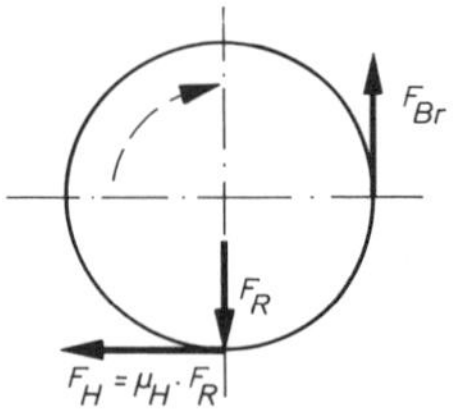

Gleiten der Räder
Kräfte für die Erzeugung der Bremswirkung am rollenden gebremsten Rad

des → Kreuzkopfs, das wegen der Übertragung großer Normalkräfte sehr stabil ausgeführt ist. Die 1schienigen G. besitzen I-förmigen und die 2schienigen T-förmigen Querschnitt. Bei der üblichen Triebwerksanordnung ist das vordere Ende der G. auf dem hinteren Zylinderdeckel gelagert, während das hintere Ende der G. durch Paßschrauben mit einem Rahmenträger verbunden wird. Als Werkstoff wird Einsatzstahl C10 oder bei Flammhärtung St60–2 verwendet. Lit.: 2.3., 2.10., 2.12.

Gleitbahnträger: Lagerstellen im → Rahmen der Dampflok zur Aufnahme der → Gleitbahnen.

Gleiten der Räder: Bewegung des Radsatzes auf der Schiene, wobei die Fahrgeschwindigkeit größer als die Umfangsgeschwindigkeit des Radsatzes ist. Ursache ist meist das → Blockieren des Radsatzes, d.h., die Radsatzdrehzahl ist Null. Wird die durch ein Bremsarbeitssystem erzeugte → Bremskraft F_{Br} am Radumfang größer als die zwischen Rad und Schiene verfügbare Kraftschlußkraft F_H, kommt es zum Festbremsen der Räder

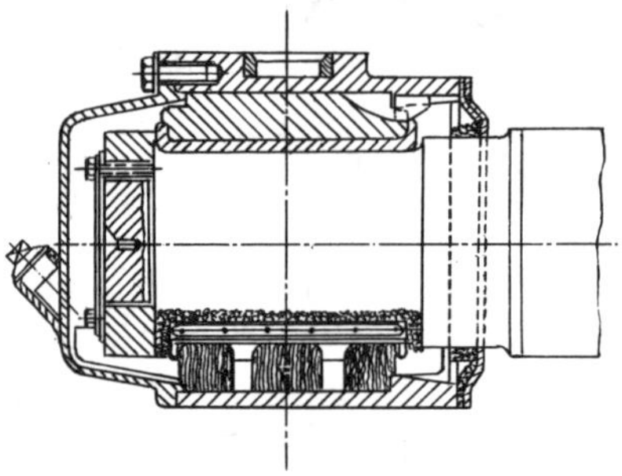

Gleitlager
Gleitradsatzlager mit Polsterschmierung

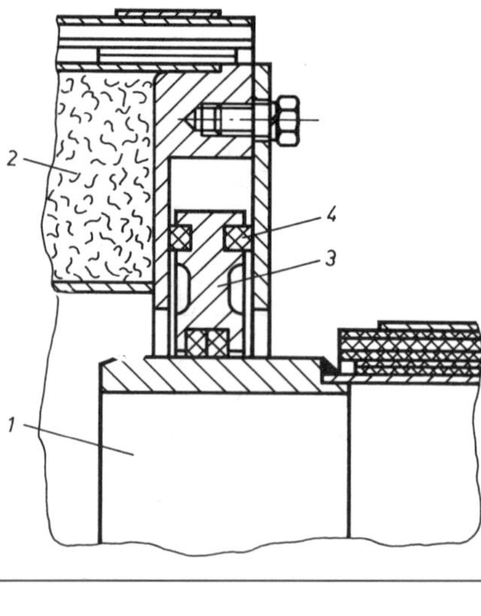

Gleitring-Schwingungsausgleicher als Verbindungselement zwischen Abgaskanal und Schalldämpfer
1 Abgaskanal, 2 Schalldämpfer, 3 Gleitring-Schwingungsausgleicher, 4 Asbest-Hochdruckpackung

und damit zum G. Die max. Kraftschlußkraft für 1 Rad ergibt sich aus dem Produkt von Radkraft F_R und → Kraftschlußbeiwert μ_H. Der beim Gleitvorgang auftretende Gleitreibwert ist kleiner als der Kraftschlußbeiwert, was neben der Flachstellenbildung zu einer Bremswegverlängerung führt. Bei Schnellbremsungen ist zur mechanischen Erhöhung des Kraftschlußbeiwerts grundsätzlich zu sanden. → Gleitschutzregler verringern kurzzeitig die Bremskraft und verhindern damit das G. Abb.

Gleitlager, *Gleitachslager, Gleitradsatzlager:* Bauart des → Radsatzlagers, bei dem sich der Radsatzschenkel gleitreibend gegenüber der im Radsatzlagergehäuse gehaltenen Radsatzlagerschale (Achslagerschale) dreht. Die Radsatzlagerschale umschließt den Radsatzschenkel mit einem Umschließungswinkel von 120–270°. Der kleinere Umschließungswinkel gilt hauptsächlich für Wagen, der größere für Tfz. (→ Obergethmannlager, → Mangoldlager). Die Lagerschale wurde früher überwiegend als massive Stützschale (Grundlagerschale) aus Rotguß oder Bronze und einem Ausguß mit Lagermetall (Ausgußdicke 5–8 mm), der durch schwalbenschwanzförmige Nuten mit der Stützschale verbunden war, ausgeführt. Als Lagermetalle werden Legierungen aus Kupfer, Zinn und Antimon verwendet. Zur Einsparung von Lagermetall kam es zur Entwicklung der Dreistofflagerschale. Diese besteht aus einer Stahlstützschale, in die eine Bronze- oder Rotgußschicht als Notlaufschicht eingebracht wurde, und dem Lagermetallausguß (Dünngußlager, Ausgußdicke 2–3 mm). Als → Schmiermittel wird überwiegend Mineralöl verwendet. Das Öl wird entweder über → Schmierpolster an den Radsatzschenkeln oder durch Schleudereinrichtungen (→ Peyinghouselager) in Ölkanäle der Lagerschale zugeführt. Lit.: 1.7. Abb.

Gleitradsatzlager: → Gleitlager, → Radsatzlager

Gleitreibung: → Reibwert

Gleitreibwert: → Reibwert (2)

Gleitringdichtung: Berührungsdichtung zum Abdichten von Teilen, die sich gegeneinander drehend bewegen. Die G. besteht aus 1 mit der Welle umlaufenden und 1 im feststehenden Gehäuse sitzenden Ring, die in axialer Richtung durch eine Feder gegeneinander gedrückt werden. Zwischen den Ringen befindet sich

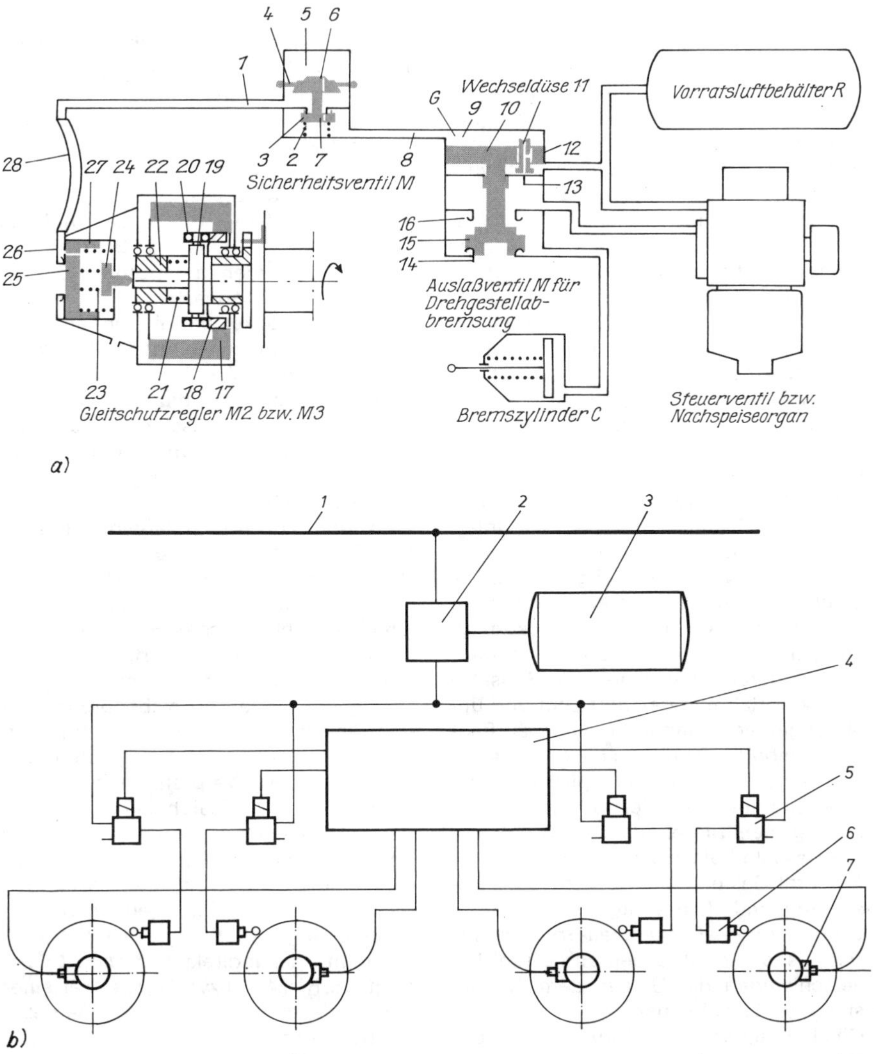

Gleitschutzregler
a) Schema der mechanischen Gleitschutzanlage
1 Leitung, 2 Druckfeder, 3 Ventil, 4 Membran, 5 Steuerkammer, 6 Düse, 7 Düse, 8 Leitung, 9 Raum G, 10 Kolben, 11 Wechseldüse, 12 Bohrung, 13 Bohrung, 14 Ventilsitz, 15 Kolben, 16 Ventilsitz, 17 Schwungmasse, 18 Kurvenring, 19 Mitnehmer, 20 Rillenkugellager, 21 Feder, 22 Lagerhülse, 23 Ventilkammer, 24 Stoßventil, 25 Ventil, 26 Düse, 27 Ventilkolben, 28 Schlauchverbindung
b) Schema der elektronischen Gleitschutzanlage für ein 4achsiges Tfz.
1 Hauptluftleitung, 2 Steuerventil, 3 Vorratsluftbehälter, 4 Elektronik, 5 Entlüftungs-Elektroventile, 6 Bremszylinder, 7 Impulsgeber

ein Dichtspalt, der in einer Ebene senkrecht zur Drehachse liegt. Die Gleitringe bestehen aus Kunstkohle, Hartmetall, Stahl oder Oxidkeramik. G. werden z.B. in → Kühlwasserpumpen zur Abdichtung des Wasserraums gegen das Pumpengehäuse verwendet.

Gleitring-Schwingungsausgleicher: ringförmiges Abdichtelement in der → Abgasanlage von Diesel-Tfz., das auf Grund seiner Bauweise die Relativbewegungen zwischen dem elastisch gelagerten Dieselmotor und dem an den → Aufbauten befestigten → Abgasschalldämpfer ausgleicht. Die Abdichtfunktion in axialer und radialer Richtung übernehmen meist Asbest-Hochdruckpackungen, die einerseits auf dem zylindrischen Teil des → Abgaskanals und andererseits in einer ringförmigen Tasche des Abgasschalldämpfers gleiten. Abb.

Gleitschutzregler: Einrichtung an Tfz., die einen beim Bremsen auftretenden zu großen → Schlupf (1) der Räder durch kurzzeitiges Vermindern der → Bremskraft beseitigt. Dadurch werden das → Gleiten der Räder und daraus entstehende Radlaufflächenbeschädigungen vermieden. Zur Regelung des Bremszylinderdrucks und damit der Bremskraft sind an jedem Radsatz Meßwertgeber angeordnet, die die Raddrehzahlen erfassen. Bei zu starkem Schlupf werden über elektropneumatische Ventile die → Bremszylinder ganz oder teilweise entlüftet und anschließend wieder belüftet. Die Auswertung der Drehbewegung des Rads kann mechanisch oder elektronisch geschehen. Durch die Verwendung von Mikroprozessoren und hochintegrierter Schaltkreise wird der Radsatz gezwungen, den max. → Kraftschlußbeiwert einzustellen und im optimalen Schlupfbereich zu bleiben. Es kommt dadurch zu einem günstigen Aufrauhen der Radlauffläche, und dies wirkt Bremsverlängerungen bei ungünstigem Schienenzustand entgegen. G. erhalten Tfz. mit → Hochleistungsbremse, z.B. die Tfz. der DB/DR der BR103, BR120, BR143, BR155, BR232 und der ICE-Triebzug. Lit.: 1.4., 1.8. Abb.

Gleitstück: → Drehgestellanlenkung

Gliederlokomotive: → Einrahmenlokomotive mit 1 oder 2 dem Rahmen untergeordneten Lenkgestellen, → Lenkdrehgestellen bzw. → Laufdrehgestellen. Die G. bildete sich bei den Dampfloks sowie älteren elektrischen und Diesellokomotiven i.G.z. den einfachen Einrahmenfahrzeugen heraus, bei denen alle Radsätze in einem Rahmen gelagert sind und unabhängig voneinander oder über Beugniot-Hebel verbunden seitlich verschoben werden können. Die typischen Lenk- bzw. Laufgestelle einer G. sind das → Bisselgestell (Bisselradsatz) sowie das → Krauss-Helmholtz-Gestell und das → Eckhardt-Gestell. Mit der Traktionsumstellung und dem weitgehenden Übergang zum → Drehgestell-Brückenfahrzeug bei den elektrischen und Diesel-Tfz. verschwinden die G. aus dem Tfz.-Bestand der Eisenbahnen.

Gliedermagnet: Ausführungsform der Magnete von → Magnetschienenbremsen mit beweglichen Polschuhen, die gegenüber starren Polschuhen die Bremswirkung verbessern.

Gliedertriebzug: mehrteiliger → Triebwagenzug (→ Triebzug), der aus Fahrzeugeinzelgliedern so zusammengesetzt ist, daß bei geringster Fahrzeugmasse (Leichtbau) und verbesserten Laufeigenschaften ein möglichst großes und zweckentsprechendes Sitzplatzangebot und eine hohe Fahrgeschwindigkeit erzielt werden. Die Einzelglieder sind dabei i.allg. nur im Zusammenwirken im gesamten G. funktionstüchtig. Bekannte Ausführungen sind: a) → *TALGO*-Triebzug (RENFE, Spanien) mit zwischen den Wagenkästen angeordneten Einzelradsatz-Laufwerken (→ Einachslaufwerk), der für einen Betrieb vorwiegend in einer Richtung ausgelegt ist; b) *Leichtmetall-G.* der DB (Ausführungen mit Einzelradsatzlaufwerk oder mit → Jacobs-Drehgestellen).

Glühanlaßschalter: 2stufiger Schalter im → Fahrpult von Diesel-Tfz. zum Ein- und Ausschalten der → Glühkerzen und des elektrischen → Anlassers. Beim Betätigen des G. werden in der Stufe 1 die mit dem → Glühüberwacher in Reihe geschalteten Glühkerzen mit der Fahrzeugbatterie verbunden (→ Anlaßhilfe). Wenn der Glühüberwacher hellrot glüht, wird durch Weiterschalten des G. in die Stufe 2 der Anlasser eingeschaltet. Nachdem der Dieselmotor Zündung aufgenommen hat, wird der G. in die Ausgangsstellung zurückgebracht.
G. werden nur in → Anlaßeinrichtungen von Diesel-Tfz. kleiner Leistung (z.B. bei der BR310, BR311 und BR312 der DB/DR) angewandt.

Glühkerze: elektrisches Heizelement, an dessen Glühelementoberfläche Kraftstoffteilchen zum Entflammen gebracht werden. G. finden im Nebenbrennraum von Dieselmotoren kleiner Leistung und im Brennraum von → Heizgeräten zum Einleiten des Verbrennungsvorgangs Verwendung. Das Glühelement der G. besteht aus einem Widerstandsdraht, der bei direkt geheizten G. frei aus dem Kerzengehäuse herausragt und bei indirekt geheizten G. luftdicht in einem Schutzmantel eingebettet liegt. Die Betriebsspannung der indirekt geheizten G. beträgt i.d.R. 24 V bzw. 10,5 V. Bei einer Vorglühdauer < 60 s werden Betriebstemperaturen von etwa 1000 °C erreicht. → Anlaßhilfe

Glühkopfmotor: Einzylinderdieselmotor mit → Querstromspülung, Nasenkolben und geringem → Verdichtungsverhältnis, bei dem die Zündung durch einen Glühkopf eingeleitet wird. Die angesaugte Frischluft wird auf etwa 1,6 MPa verdichtet und auf etwa 400 °C erwärmt. Da diese Temperatur zur Entzündung des bereits zu Beginn der Verdichtung eingespritzten Kraftstoffs nicht ausreicht, wird zur Zündung des Kraftstoff-Luft-Gemischs die Strahlungswärme des im Betriebszustand rotglühenden Glühkopfs genutzt. Zum Starten des Motors, der außer mit Dieselkraftstoff auch mit Schweröl, Gasöl und Petroleum betrieben werden kann (→ Vielstoffmotor), ist ein Aufheizen des

Glühkopfs erforderlich. G. fanden um 1930 in Bulldog-Lokomotiven der Fa. Lanz Anwendung.

Glühüberwacher: im → Fahrpult von Diesel-Tfz. kleiner Leistung feuersicher eingebauter, sichtbarer Widerstand zur Anzeige des Wärmezustands der mit dem G. in Reihe geschalteten → Glühkerzen. G. und Glühkerzen werden mit dem → Glühanlaßschalter ein- und ausgeschaltet.

Glysantin: als → Gefrierschutzmittel verwendete, giftige Flüssigkeit, die aus Glykol und korrosionshemmenden Zusätzen besteht. → Frostschutz

Gölsdorf, Karl: 8. Juni 1861 (Wien) – 18. März 1916 (Semmering); überragender österreichischer Lokomotivkonstrukteur und Erfinder, der die Dampflokomotiventwicklung um die Jahrhundertwende entscheidend mitbestimmte; Sohn des langjährigen Maschinenbaudirektors der österreichischen Südbahngesellschaft Louis Adolf Gölsdorf.

G. bestand 1884 seine Staatsprüfung an der Technischen Hochschule in Wien mit Auszeichnung. Anschließend ging er in die Wiener Maschinenfabrik der österreichisch-ungarischen Staatseisenbahn-Gesellschaft. 1891 wurde G. in die damalige Generaldirektion der Österreichischen Staatsbahn berufen, in der ihm 1912 die Leitung der Sektion für maschinentechnische Angelegenheiten übertragen wurde. Seine erste patentierte Erfindung war 1893 eine konstruktiv überraschend einfache → Anfahreinrichtung für Verbundlokomotiven. Seine leistungsfähige 2'B n2v-Schnellzuglokomotive der Reihe 6 der Österreichischen Staatsbahn mit erstmals auf 2570 mm über SO hochgerücktem Kessel befruchtete 1894 die Dampflokentwicklung ebenso wie wenige Jahre später die Vereinfachung und Verbesserung des Laufwerks durch die → Gölsdorf-Anordnung gekuppelter Radsätze, die 1911 in der 6fach gekuppelten leistungsfähigsten Gebirgslokomotive der Reihe 100 der BBÖ ihre Krönung fand. Als eine der gelungensten Enwicklungen von G. gilt die 1908 von der Wiener Lokomotivfabrik gebaute 1'C2'h4v-Schnellzuglokomotive der Reihe 310 der BBÖ (→ Adriatic-Bauart) mit großer Rostfläche. Abb.

Karl *Gölsdorf*

Gölsdorf-Anordnung: von K. → Gölsdorf um 1900 zur Verbesserung der Bogenläufigkeit entwickelte einfache Bauart des Laufwerks mit → seitenverschieblichen Radsätzen vorwiegend für Dampflokomotiven mit mehr als 3 angetriebenen und in einem Rahmen gelagerten Radsätzen. Die Seitenverschieblichkeit der Radsätze wird durch ein entsprechendes Spiel zwischen den Stirnflächen der Lagerschalen und den Bunden der Lagerschenkel der Radsatzwelle erreicht. Damit sich mit den Radsätzen auch die → Kuppelstangen verschieben können, müssen entweder die Kuppelzapfen verlängert werden oder die Kuppelstangen Lager mit Gelenkstücken erhalten.

Die G. wurde oft bei 5fach gekuppelten Lokomotiven verwendet, indem entweder der erste, dritte und fünfte Radsatz (z.B. BR 57 der DRG) oder der erste und fünfte Radsatz (z.B. i.d.R. die der BR 57 zeitlich nachfolgenden BR mit G.) die entspr. Seitenverschieblichkeit erhielt. Im ersten Fall wurde der vierte (feste) Radsatz und im zweiten Fall, bes. bei deutschen Lokomotiven, meist der dritte (feste) Radsatz zum Treibradsatz. Dampflokomotiven mit G. der gekuppelten Radsätze verdrängten bald wegen ihres günstigen Bogenlaufs und verringertem Spurkranz- und Schienenverschleißes die konstruktiv aufwendigen → Gelenklokomotiven, in Europa bes. die hierzugehörige → Mallet-Lokomotive. Die erste E-Dampflok mit der G. der angetriebenen Radsätze war die 1900 von der Wiener Lokomotivfabrik gebaute E n2v-Güterzuglok der Reihe 180 der BBÖ. Lit.: 1.25., 2.5., 2.6., 2.9., 2.12., 5.3. Abb.

Golwe-Lokomotive: nach **Gol**dschmidt und **We**ber benannte Konstruktion einer → Gelenklokomotive, die Elemente der → Mallet-Lokomotive und der → Garratt-Lokomotive in sich vereinigte. Kessel, Führerhaus und Kohlenbunker wurden vom Hauptrahmen der G. getragen, der sich mit je 1 Kugelzapfen und seitlichen Federungen auf das vordere und hintere

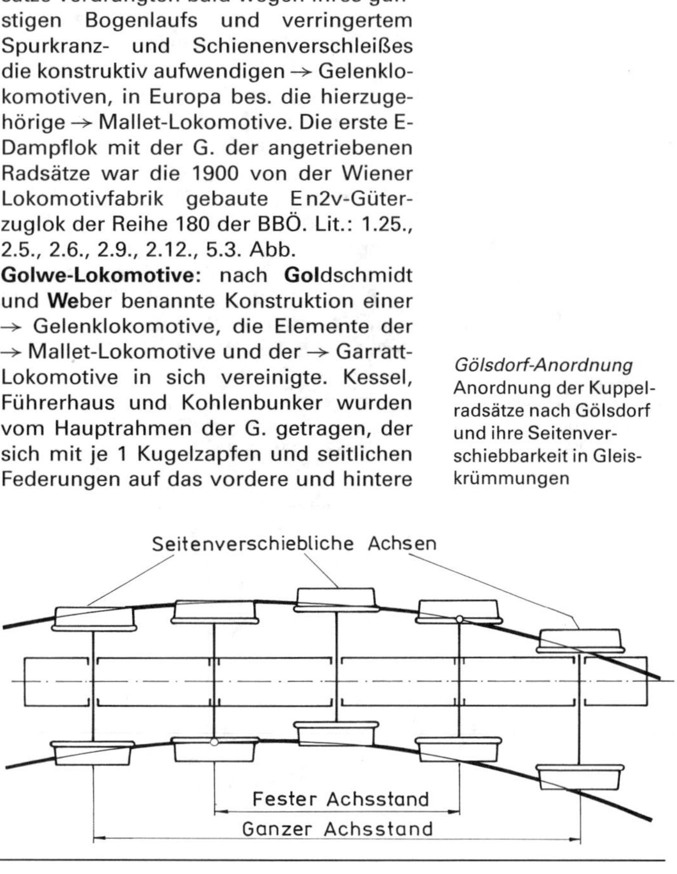

Gölsdorf-Anordnung
Anordnung der Kuppelradsätze nach Gölsdorf und ihre Seitenverschiebbarkeit in Gleiskrümmungen

Sir Daniel *Gooch*

→ Triebdrehgestell stützte. Das hintere Triebdrehgestell trug außerdem den Wasserbehälter. Zur Erreichung eines geringen Radsatzabstandes wurden die beiden → Triebdrehgestelle möglichst weit an den etwa in Lokmitte liegenden und für Holzfeuerung ausgebildeten → Stehkessel herangerückt. Ein in Abhängigkeit vom Wasserstand des Wasserbehälters angeordnetes Ventil beeinflußte die → Füllung der hinteren Zylinder, um das → Schleudern der Radsätze zu vermeiden. Die Laufunruhe des vorderen Triebdrehgestells war ähnlich der bei Mallet-Lokomotiven.

Die ersten 4 mit der Achsfolge (1'C)(C1') von der belgischen Lokomotivfabrik Haine-Saint-Pierre 1928/30 für die meterspurige Eisenbahn der Elfenbeinküste gebauten G. bewährten sich gut. Ihr folgte deshalb 1935 eine von der gleichen Fa. mit der Achsfolge (1'C)(C2') für die Congo-Ozean-Bahn mit Kapspur gebaute größere und noch leistungsfähigere G. Lit.: 2.8., 5.3.

Gooch, Sir Daniel: 24. August 1814 (Belington/Grafschaft Northumberland) – 8. Oktober 1889 (?); englischer Lokomotivingenieur und Erfinder. Die technische Ausbildung von G. begann bei den Vulcan-Werften in Newton-Le-Willows; später ging er zur Stephensonschen Lokomotivfabrik in Newcastle. Bereits mit 23 Jahren wurde G. 1837 zum Maschinenmeister der englischen Großen Westbahn (Great Western Company) ernannt. Zu seinen außerordentlichen Leistungen in dieser Zeit des Kampfs zwischen der von Stephenson benutzten Spurweite von 1435 mm und der Breitspur von 2134 mm schuf G. 1846 in der Bahnwerkstatt Swindon die 2A1-Lokomotive »Great Western« mit 2438 mm Treibraddurchmesser, der 1848 die Schnellzuglokomotive »Great Britain« folgte. Mit ihr und einem von G. zur Messung von Zugkraft und Geschwindigkeit entwickelten Meßwagen (Dynamometerwagen) unternahm er im gleichen Jahr Rekordfahrten. Mit seinem Bruder erfand er 1847 die nach ihm benannte → Gooch-Steuerung, und für die Londoner U-Bahn schuf er später rauchschwache Dampflokomotiven mit Heizflächenkondensatoren.

Auch als 1865 ernannter Generaldirektor der Bahn zeigt G. seine technische Vielseitigkeit durch den Bau des Severn-Tunnels (1874–1886), der Bristol mit Südwales verbindet, und die Verlegung des ersten Transatlantik-Kabels in den Jahren 1865/66. Auf Grund seiner großartigen Leistungen wurde G. der Adelstitel verliehen. Lit.: 2.9., 5.1., 5.3. Abb.

Gooch-Steuerung
(Schema)
K Treibkurbel am Treibradsatz, V Vorwärtsexzenter, R Rückwärtsexzenter

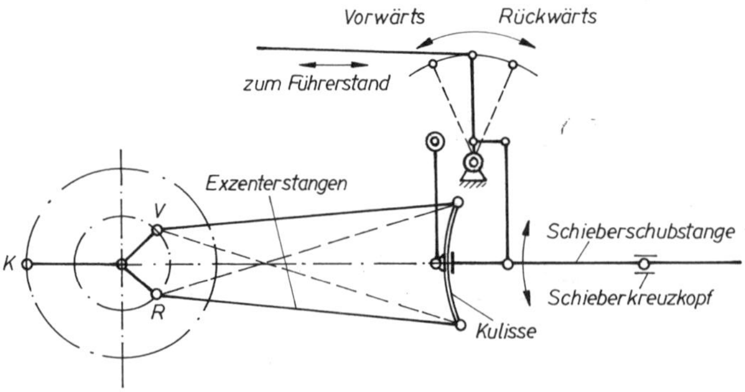

Gooch-Steuerung: eine der → Stephenson-Steuerung ähnliche → Dampflokomotivsteuerung; von → Gooch entwickelt. Bei der G. wird die → Schwinge von 2 Hubscheiben angetrieben, doch wird nicht die Schwinge, sondern die → Schieberschubstange gehoben oder gesenkt. Die Schwinge ist wie bei der → Heusinger-Steuerung nach dem Halbmesser aus der Länge der Schieberschubstange gekrümmt. → Schwingensteuerung. Lit.: 2.3., 2.9., 2.12. Abb.

GP-Umstellhahn: Umstelleinrichtung für die Einstellung der → Bremsstellung G und P an Tfz. mit → Knorr-Bremsen und → Westinghouse-Bremsen. Er befindet sich zwischen dem → Einfachsteuerventil und dem → Bremszylinder mit den Hahnstellungen G (Güterzug) und P (Personenzug). In der Stellung P beträgt die Bremszylinderfüllzeit 5s, in Stellung G liegt sie durch Drosselung bei etwa 35 s. Zeigt der Hahngriff in Richtung Luftleitung, so ist die Stellung P, steht er senkrecht zur Luftleitung, so ist die Stellung G eingestellt.

GP$_2$R-Umstellventil: pneumatisches Ventil der Umstelleinrichtung der Hochleistungsdruckluftbremse bei Tfz. mit der zusätzlichen Bremsstellung P$_2$, die wie die Bremsstellung R zweistufig ist (→ Abbremsung). Der Gabelhebel des → Bremsstellungswechsels des → Steuerventils ist mechanisch mit dem Gabelhebel des G. verbunden. Die Verstellwelle des G. ist mit einer Umstellvorrichtung für den Bremsstellungswechsel gekuppelt. Durch Umlegen der Handkurbel der Umstelleinrichtung werden mechanisch das Steuerventil und das G. betätigt, das dadurch einen oder mehrere → Druckübersetzter pneumatisch beeinflußt.

GP-Wechselventil: Organ der → Knorr-Bremse und der → Westinghouse-Bremse zur Einstellung der → Bremsstellung G und P entspr. der Zugart. I. G. z. → GP-Umstellhahn hat das G., das zwischen → Steuerventil und → Bremszylinder angeordnet ist, neben dem Umstellhahn mit der weiten und engen Bohrung noch ein Mindestdruckventil. Dieses läßt in der Bremsstellung G bis zu einem Bremszylinderdruck von 60 kPa einen schnellen Druckanstieg (den sog. Ansprung) zu, um auch in dieser Bremsstellung ein schnelles Anlegen der → Bremsklötze an die Räder zu erreichen. Erst von diesem Druck an unterscheiden sich die Bremszylinderdruckverläufe über der Zeit in beiden Bremsstellungen.

Grenzkraftschluß: Ausnutzung des max. → Kraftschlußbeiwerts zwischen Rad und Schiene für die Übertragung der → Zugkraft, der → Bremskraft und der Seitenführungskraft. Der G. ist durch die Kennlinien des Kraftschluß-Schlupf-Gesetzes und der Kraftschlußellipse gegeben.

Grenzmaß: wichtiges Maß an Verschleißteilen, nach dem die für die → Instandhaltung der Schienenfahrzeuge erforderliche Aufarbeitung oder Erneuerung festgelegt wird. Das G. wird unterschieden in: a) *Betriebsgrenzmaß* als Kennwert für den Abnutzungs- bzw. Deformationszustand, bei dessen Erreichen das Fahrzeug aus dem Betriebseinsatz zu nehmen ist und der Instandhaltung zugeführt werden muß; b) *Werkgrenzmaß* als Mindestmaß für die der Abnutzung bzw. Deformation unterliegenden Bauteile, mit dem diese nach einer Instandhaltungsmaßnahme wieder in Betrieb gegeben werden dürfen. Das Einhalten des Werk-G. sichert, daß unter normalen Betriebsbedingungen im Zeitraum bis zur nächsten planmäßigen → Instandhaltungsstufe das Betriebs-G. nicht unterschritten wird, d.h. keine außerplanmäßige Instandhaltungsmaßnahme erforderlich wird.

Gresham-Vorwärmer: zusätzlicher → Speisewasservorwärmer von → Dampflokomotivkesseln zur Erzielung einer für die Ausfällung der Härtebildner günstigen hohen Vorwärmtemperatur des Speisewassers. Beim G. durchströmt das vom → Kesselspeiseventil kommende Wasser 2 im Dampfraum des Kessel angeordnete Düsen und saugt dabei Dampf an, der sich mit dem Wasser mischt. Das Speisewasser nimmt dabei eine Vorwärmtemperatur an, die 15–20 K unter der Dampftemperatur im Kessel liegt. Der G. wurde überwiegend bei britischen Lokomotiven eingebaut. Lit.: 5.3.

Griffstange: oberhalb des → Rangiertritts und beiderseits des Zugangs zum → Führerstand der Tfz. vertikal und oft auch waagerecht angebrachte Stange zum Festhalten.

Grobausrüstung: Teil der → Kesselausrüstung von → Dampflokomotivkesseln. *Bestandteile:* → Feuertür, → Rost, → Aschkasten, → Waschluken, → Untersätze, → Schlammsammler, → Dampfregler, → Dampfleitungen, → Blasrohr, → Hilfsbläser, → Funkenfänger und → Rußbläser. Für die G. wird seitens der gesetzlichen Bestimmungen kein Reglement hinsichtlich der Art und Bauform vorgeschrieben. Lit.: 2.3., 2.12.

Grobfilter: Filter, der zur Vorreinigung von Kraftstoff oder Schmieröl und in Kombination mit dem → Feinfilter angewandt wird. Die Filtereinsätze bestehen aus Metall oder Polyamidgeweben mit Maschenweiten von 40–60 μm. G. werden auch als → Spaltfilter mit Spaltweiten der Scheiben von 80–100 μm und als Ölwannen-Magnetfilter zur Aussonderung von Ferromagnetika ausgeführt (→ Magnetfilter).

Großdiesellokomotive: → Diesellokomotive mit einer installierten Motorleistung ab 736 kW. Die erste G. war die → Kloselokomotive. Die derzeit leistungsstärksten G. sind die TEP75 der SŽD mit 4410 kW Motorleistung, die Class 6900 »Centennial« der UP mit 2×2430 kW Motorleistung und die DHG 5400 (BR NY7 der Chinesischen Staatsbahn) mit 2×1985 kW Motorleistung.

Großrad: großes Vorgelegezahnrad elektrischer oder dieselelektrischer Tfz., in das das → Ritzel des elektrischen → Fahrmotors eingreift. Bei einem G. mit Drehfederung sitzt auf einem inneren Radkörper unter Zwischenschaltung von Stahl- oder Gummifedern der äußere Radkörper mit dem Zahnkranz, so daß dieser gegenüber dem inneren Radkörper in gewissem Umfang in Drehrichtung elastisch bewegbar ist (drehelastische Leistungsübertragung).

Großrohrüberhitzer: für große → Dampflokomotivkessel mit → Rauchrohren großen Durchmessers entwickelte

Bauform des → Rauchrohrüberhitzers. Die Überhitzereinheit besteht aus 3 in einem Rauchrohr untergebrachten und U-förmig gebogenen Überhitzerrohren, deren Rohrenden so gestaltet sind, daß während des Überhitzungsvorgangs entweder der Sattdampf 3mal seine Strömungsrichtung ändert oder mit 2 Sammelrohren, die ihrerseits mit den Dampfsammelkästen verbunden sind, nur eine 1malige Dampfumkehr möglich ist.

Grubenlokomotive: i. e. S. → Lokomotive für den Einsatz auf Eisenbahnanlagen in einem Kohle- oder Erztagebau zum Transport der Kohlen- oder Erzzüge sowie der Abraumzüge. G. sind vorrangig → elektrische Lokomotiven mit großer Reibungsmasse, um große Zugkräfte bei relativ niedrigen Fahrgeschwindigkeiten zu erzielen. Ein Übergang von G. auf Grubenanschlußbahnen oder auf das öffentliche Eisenbahnnetz ist i. d. R. nicht möglich.

I. w. S. auch Lokomotive für den Untertage-Einsatz mit elektrischem Antrieb (vorwiegend als Akkumulatorlokomotive) oder Druckluftantrieb.

Grundfeuer: über die gesamte → Rostfläche aus stückreicher Kohle oder Briketts gezogene Brennstoffschicht (→ Feuerschicht), die beim → Anheizen des → Dampflokomotivkessels aus dem → Reservefeuer bereitet wird. Das Aufgeben großbrockiger Kohle ist zu vermeiden, um nicht zuviel Kaltluft durch die Rostspalte und die Brennstoffschicht in die → Feuerbüchse eindringen zu lassen. Aus dem gut durchgebrannten G. wird das muldenförmige Feuerbett für die Fahrt aufgebaut. Lit.: 2.3., 2.12.

Grundlagerschale: → Gleitlager

Gruppenantrieb: Bauart von → Antrieben elektrischer Tfz., bei der ein Fahrmotor (→ Monomoteurantrieb) oder mehrere Fahrmotoren 2 oder mehrere gekuppelte Treibradsätze antreiben. Die Kupplung wird entweder durch Stangenantriebe (veraltet) oder durch Zahnradgetriebe bewerkstelligt. Vorteile: kein Schleudern einzelner Treibradsätze, Verhinderung der Auswirkungen der Radsatzentlastung (Zugkraftgewinn 7–10%), Einsparungen an Anschaffungs- und Instandhaltungskosten bei den Fahrmotoren wegen geringerer Fahrmotorenanzahl. Nachteile: zusätzliche Massen und größerer Anschaffungs- und Instandhaltungsaufwand (Verschleißteile) für das Getriebe. Bei modernen G. werden die Radsätze entweder durch Kegelradgetriebe (vornehmlich bei elektrischen → Triebwagen, bes. von Straßenbahnen und Metros) oder durch Stirnzahnräder gekuppelt. Lit.: 4.5.

GTO-Thyristor: (engl.: **g**ate **t**urn-**o**ff switch) leistungselektronisches Halbleiterbauelement, das aus der Struktur des → Thyristors abgeleitet wurde und mit postiven oder negativen Steuerströmen über die Steuerelektrode ein- und ausschaltbar ist. Im Vergleich zu Thyristoren schalten G. schneller, erfordern eine geringere Ausschaltleistung, benötigen aber einen größeren Zündstrom und haben höhere Durchlaßspannungsabfälle. Die in letzter Zeit wesentlich erhöhte

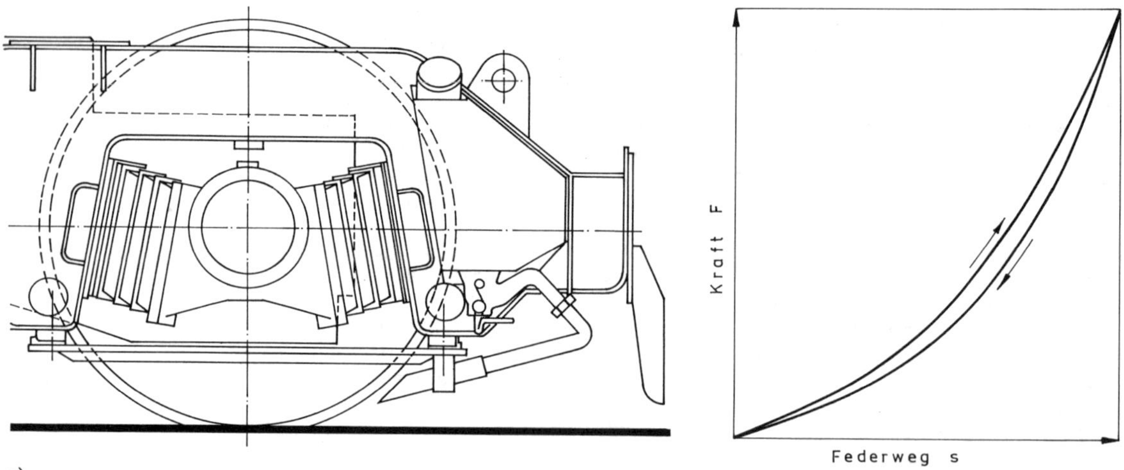

a) b)

Gummifeder
a) Schub-Druck-Feder
b) Federkennlinie

Strom- und Spannungsbelastbarkeit läßt G. auch für Anwendungen bei höheren Leistungen interessant werden (z.B. für Wechsel- und → Umrichter auf Tfz. mit → Drehstromantrieben oder zur Speisung von Hilfsbetrieben).

Gummiachsfeder: → Gummifeder

Gummifeder: Feder von Tfz., die die elastischen Eigenschaften des Gummis für die → Federung ausnutzt. Die Eigenschaften der G. lassen sich durch die chemische Zusammensetzung des Gummis und die konstruktive Gestaltung beeinflussen. Der Gummi kann auf Druck, Schub, Schub-Druck und Verdrehung beansprucht werden. Die G. bei Tfz. wird überwiegend als → Gummi-Silentblock und als → Tragfeder angewandt. Bei letzterer kann die G. in der Primär- (Gummiradsatzfeder) und Sekundärfederung eingesetzt werden. Eine bekannte Einsatzart der G. ist die als Megi-Feder bezeichnete *Schub-Druck-Feder.* Durch eine entspr. Gestaltung der Schub-Druck-Feder kann die gewünschte Steifigkeit in der vertikalen und den horizontalen Richtungen erzielt werden. Die Federkennlinie einer G. ist fast immer gekrümmt (Abb.). G. besitzen nur eine geringe Eigendämpfung, die von der Gummiqualität und vom Verformungsweg abhängig ist. Auf Schwingungsdämpfer kann deshalb nur in bes. Einsatzfällen verzichtet werden. Hauptnachteil der G. sind Veränderungen der Materialstruktur als Folge der Belastung, die bei ihrer Anwendung zu berücksichtigen sind. Lit.: 1.9. Abb.

Gummifederantrieb: Antrieb für elektrische Tfz. mit → Gestell- oder → Schwebemotoren als Fahrmotoren in Quer- und Längslage auf Grundlage einer G u m m i f e d e r k u p p l u n g. Bekannte Ausführungsformen: → *Gummiringfederantrieb,* → *Kegelringfederantrieb,* → *DÜWAG-Antrieb.* Der G. gewährleistet eine elastische Übertragung des Drehmoments auf den → Treibradsatz (2). Der Fahrmotor ist vollständig abgefedert. Stoßbeanspruchungen auf Fahrmotor, Getriebe und Oberbau werden stark herabgesetzt, Rüttelschwingungen bei Anfahrt mit Einphasenwechselstrom-Fahrmotoren gedämpft und die Schleudergefahr eingeschränkt. Die → Kommutatoren werden bei der Anfahrt geschont.

Gummi-Gelenk-Kardanantrieb: → Kardanantrieb der Fa. BBC, bei dem das Großrad auf einem am → Fahrmotor angebrachten Hohlwellenachsstummel läuft, der die Treibradsatzwelle mit der Hohlwelle konzentrisch umgibt. Die Kupplungen an beiden Hohlwellenenden sind unterschiedlich: Getriebeseitig besteht sie aus 3–6 silentblockgelagerten Lenkern und erlaubt Axial- und Winkelbewegungen, treibradseitig ist sie als Gummiringkupplung aus einzelnen ringförmigen Elementen ausgeführt und ermöglicht Winkelbeweglichkeit und Drehelastizität. Anwendung u.a. bei der Schnellzuglok BR 103 der DB/DR. Lit.: 4.5. Abb.

Gummiringfederantrieb: Antrieb für elektrische Tfz. mit → Schwebemotoren in Querlage, der beidseitig eine Gummifederkupplung aufweist und im Außenrahmen untergebracht wird. Der Motor ist auf einer Seite über Schubgummifedern gegen den Rahmen abgestützt. Auf der anderen Seite ist eine feste Verbin-

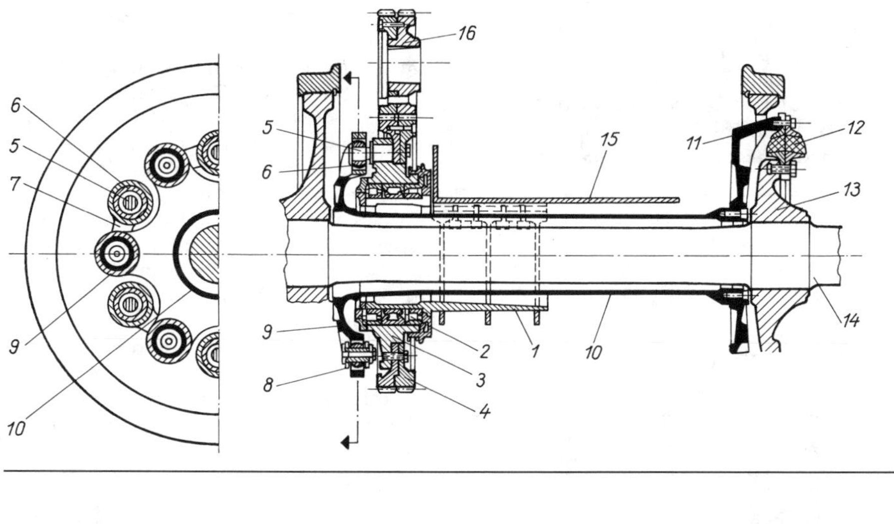

Gummi-Gelenk-Kardanantrieb
1 Hohlwellenachsstummel, 2 Großradlager, 3 Großradkörper, 4 Großrad, 5 Zapfen am Großrad, 6 u. 8 sphärischer Silentblock, 7 Lenker, 9 Hohlwellenflansch, 10 Hohlwelle (Gelenkwelle), 11 Ausleger an Hohlwelle, 12 Gummiringsegment, 13 Treibradkörper, 14 Treibradsatzwelle, 15 Ständergehäuse, 16 Ritzel

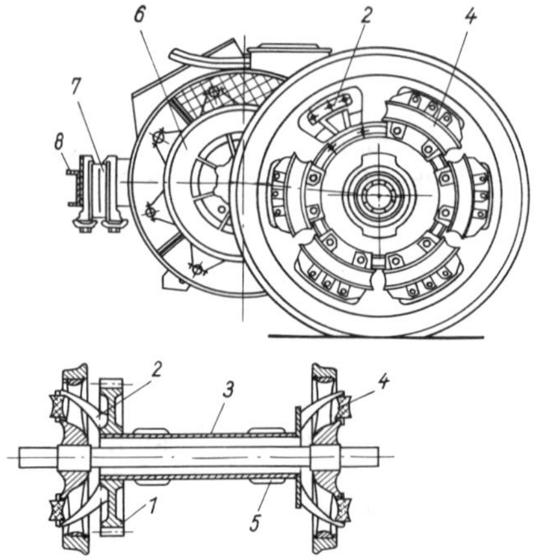

Gummiringfederantrieb
1 Großrad, 2 Kupplungsarm, 3 Hohlwelle, 4 Gummisegment, 5 Tatzlager, 6 Tatzmotor, 7 Gummifeder, 8 Drehgestellrahmen

dung mit dem Hohlwellengehäuse vorhanden. In diesem ist eine Hohlwelle mit 2 Wälzlagern gelagert. Das Stirnradgetriebe ist 1- oder beidseitig angeordnet. Hohlwelle, Großradkörper mit Zahnkranz und Kupplungsarme sind fest miteinander verbunden. Die Kupplungsarme (meist 6) greifen durch Speichen auf je ein an eine Gummifeder anvulkanisiertes Außensegment. Ein an die Gummifeder anvulkanisiertes Innensegment wird mit dem Radkörper fest verbunden. Die Treibradsatzwelle hat in der Hohlwelle ein Spiel von rund 10–15 mm.
Erzielbare Effekte: → Gummifederantrieb. Der G. bedarf keiner Schmierung, zeigt keine Abnutzung im Betrieb, zeichnet sich durch lange Lebensdauer, geringe Unterhaltungskosten und Verwendbarkeit für Geschwindigkeiten bis 160 km/h aus. Lit.: 4.5., 4.11. Abb.

Gummischubfeder: → Gummifeder

Gummi-Silentblock: unterschiedlich gestaltetes Gummifederelement zur elastischen Lagerung und Schwingungsdämpfung von Maschinen oder deren Baugruppen. Der Gummi in Silentblocks wird auf Schub, Drehschub oder Druck beansprucht.

Gütertriebwagen: → Gepäcktriebwagen

Gyrofahrzeugantrieb (Aufbau)
1 Steuer- und Regelgerät, 2 Schwungrad (Kreisel), 3 elektrischer Motor/Generator, 4 Pufferbatterie, 5 elektrischer Fahrmotor

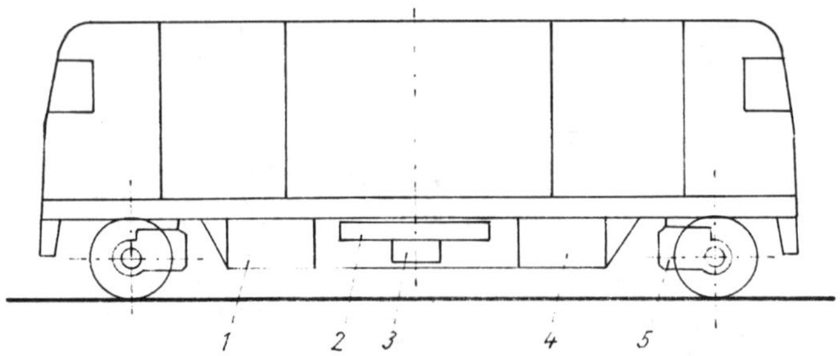

Güterzugbremse: → Bremsarten

Güterzuglokomotive: → Lokomotive, die bevorzugt zur Beförderung relativ schwerer und langer Güterzüge bei nur geringen und mittleren Fahrgeschwindigkeiten ausgelegt ist. Die Bezeichnung G. wird vorwiegend für Dampflokomotiven verwendet, da deren Auslegung, vor allem des Triebwerks (Zylinder) und des Laufwerks (meist 4 oder 5 Treib- und Kuppelradsätze mit kleinem Raddurchmesser), den Bedingungen des Zugdiensts speziell angepaßt werden muß.

Gyrofahrzeugantrieb, *Schwungrad-* oder *Kreiselantrieb:* Antrieb mit einem Schwungrad als mechanischem Energiespeicher für Schienen- und Straßenfahrzeuge. Das Schwungrad wird bei Anschluß an die elektrische Energieversorgung (stationäre Spannungsquelle in der Ladestation, auch Bahnstromnetz) durch einen Elektromotor in Drehung versetzt, bis eine ausreichend hohe und konstruktiv mögliche Drehzahl erreicht ist und der Motor abgeschaltet werden kann. Da die dann im Schwungrad gepeicherte Energie direkt proportional dem Trägheitsmoment und dem Quadrat der Drehzahl ist, müssen ein großer Raddurchmesser und Konzentration der Masse am Rand und eine möglichst hohe Drehzahl angestrebt werden. Grenzen sind dabei durch die Beherrschung der Fliehkräfte und der Lagerung gegeben; außerdem müssen die Auswirkungen der Kreiselkräfte beachtet werden. Der Kreiselantriebsmotor wird zur Abnahme der Energie vom Kreisel als Generator geschaltet und wandelt die kinetische Energie mit gutem Wirkungsgrad wieder in elektrische Energie um, mit der dann die elektrischen → Fahrmotoren angetrieben werden können. Für Tfz. wurde oder G. bisher vornehmlich im Grubenbetrieb und für Rangierloks in feuergefährdeten Betrieben eingesetzt. Verschiedene Projekte, z.B. bei den SBB, wurden für Triebwagen auf kurzen Zubringerstrecken und für elektrische Rangierloks mit G. als Zusatzantrieb zum Befahren von nicht mit Fahrleitung überspannten Gleisen bekannt. Bei der New Yorker Metro wird der G. auch als energiesparende Zusatzeinrichtung durch Aufladen beim Bremsen und G.-Energieeinspeisung beim Anfahren benutzt. Abb.

Gyrolokomotive: elektrische Lokomotive kleiner Leistung mit → Gyrofahrzeugantrieb.

H

Hackworth *(eigentlich Ackworth), Timothy:* 22. Dezember 1786 (Wylam/Newcastle) – 7. Juli 1850 (Shildon); Schmied und englischer Lokomotivingenieur. H. arbeitete von 1811–1816 im Lokomotivbau bei Hedley, später ging er zur Lokomotivfabrik in Newcastle. Von 1825 bis 1840 arbeitete H. als leitender Ingenieur und Betriebsleiter bei der Stockton-Darlington-Eisenbahn. Aus der von H. errichteten Lokomotivfabrik in Shildon stammt die erste für Rußland bestimmte Dampflokomotive. Zu seinen Verdiensten zählen u.a. die Anwendung der seitlichen, liegenden Zylinderanordnung (1827 durch den Umbau der Lokomotive »Royal George« und der inneren Zylinderanordnung 1830 bei der Lokomotive »Globe«), die Verbindung der Treibradsätze durch Kuppelstangen, die Anordnung des Blasrohrs in Schornsteinmitte und die Entwicklung eines federbelasteten Sicherheitsventils.
Am Lokomotivwettbewerb 1829 in Rainhill hatte sich H. mit der Dampflokomotive »Sans Pareil« beteiligt, die mit 19,4 t Wagenzugmasse eine Fahrgeschwindigkeit von 22,5 km/h erreichte, jedoch aufgrund eines Gußfehlers in einem Zylinder, von dem aus Dampf in den Schornstein gelangte, ausscheiden mußte. Lit.: 2.9., 5.1., 5.3. Abb.

Haftreibung: → Kraftschlußbeiwert

Haftreibungszugkraft: → Anfahrzugkraft, → Kraftschlußbeiwert

Hagans, Christian: 27. September 1829 (Erfurt) – 26. August 1908 (Erfurt); Ingenieur und Begründer der Lokomotivfabrik Hagans in Erfurt (ab 1916 Wolf/Bukkau). H. erlernte den Schlosserberuf und besuchte anschl. die Kunstgewerbeschule sowie die Königliche Gewerbeakademie in Berlin. Praktische Erfahrungen erwarb er sich ab 1851 in Werken in Stettin und Hagen. 1857 gründete H. in Erfurt eine Eisengießerei, die später durch eine Kesselschmiede und eine Maschinenfabrik erweitert wurde. Ab 1872 baute er hier seine erste Dampflokomotive, eine Schmalspur-B-Tenderlok.
1891 erhielt H. für ein Schwinghebeltriebwerk sowie für die → Hagans-Lokomotive Patente. Weitere wirksam gewordene Ingenieurleistungen sind z.B. die Haganssche Hohlachse, eine Weiterentwicklung der → Klien-Lindner-Hohlachse, der kugelförmige Kuppelzapfen und das nachstellbare → Stangenlager. Lit.: 2.8., 2.9., 5.1., 5.3.

Hagans-Lokomotive: von → Hagans entwickelte und 1891 als »Lokomotive mit drehbarem Treibachsengestell« patentierte (von ihm selbst als »Drehschemellokomotive« bezeichnete) → Gelenklokomotive. Bei der teilgelenkigen H. mit einem 4- oder 5achsigen unterteilten Triebwerk war die 2- oder 3achsige vordere Kuppelradsatzgruppe fest im Hauptrahmen, die hintere 2achsige Gruppe in einem → Bissel-Gestell mit mittig zwischen beiden Kuppelradsatzgruppen angeordnetem Drehpunkt gelagert. Die vordere Triebwerksgruppe wurde in üblicher Weise von der Dampfmaschine über Kreuzköpfe und Treibstangen angetrieben, die hintere Gruppe über ein Schwinghebeltriebwerk mit der vorderen Gruppe verbunden, welches bei Bogenfahrt auch den sich ändernden Abstand zwischen dem hinteren festen Kuppelradsatz und dem vorderen Radsatz des Bissel-Gestells ausglich. V o r t e i l e gegenüber anderen Bauarten der Gelenklokomotive: keine beweglichen Dampfzuleitungen, geringere Eigenmasse und verringerte Neigung zum → Schleudern

Timothy *Hackworth*
Lokomotive »Sans Pareil« von Hackworth für den Wettbewerb von Rainhill

der Radsätze infolge der mit dem Schwinghebeltriebwerk durchgekuppelten Kuppelradsatzgruppen. Hagans selbst baute 11 und Henschel baute 29 Vierkuppler und 92 Fünfkuppler in dieser Bauart. Die H., 1900 zur Weltausstellung in Paris als preußische Lokomotivgattung T15 ausgestellt, erhielt dort den Großen Preis. Mit dem Aufkommen der konstruktiv viel einfacheren → Gölsdorf-Anordnung, z.B. für 5fach gekuppelte Radsätze, wurde die empfindliche und teure Triebwerksbauart auf der H. bald wieder verlassen. Lit.: 2.8., 2.9., 5.3.

Hakenzugkraft: → Zugkraft

halbgeschlossener Gleichdruckprozeß: → Gleichdruckturbine

Halbleiter: Stoff (chemische Verbindung oder Element), dessen spezifischer elektrischer Widerstand bei normaler Raumtemperatur zwischen dem der Metalle (Leiter) und dem der → Isolatoren (praktisch Nichtleiter) liegt. Die *physikalischen Eigenschaften,* wie z.B. elektrische Leitfähigkeit und magnetische Widerstandsänderung, hängen stark von Verunreinigungen, Strahlungseinwirkung (z.B. Licht), Strukturfehlern, Umgebungsbeschaffenheit und mechanischer Beanspruchung ab. Zu den H. gehören u.a. Silizium, Germanium und Selen. Die große technische Bedeutung liegt in der Anwendung als → Gleichrichter (vor allem → Siliziumgleichrichter), → Thyristoren, Fotoelemente und Heißleiter. H. sind gegenüber anderen Bauelementen mit gleichen Funktionen kleiner, leichter und weniger störanfällig. Anwendung auf Tfz. vornehmlich zur Veränderung der Stromart (→ Gleichrichtertriebfahrzeug, → Drehstromantriebstechnik), zur → Leistungssteuerung und in der → Lokomotivleittechnik.

Halbscherenstromabnehmer: → Einholmstromabnehmer

Halbzug: → Triebzug

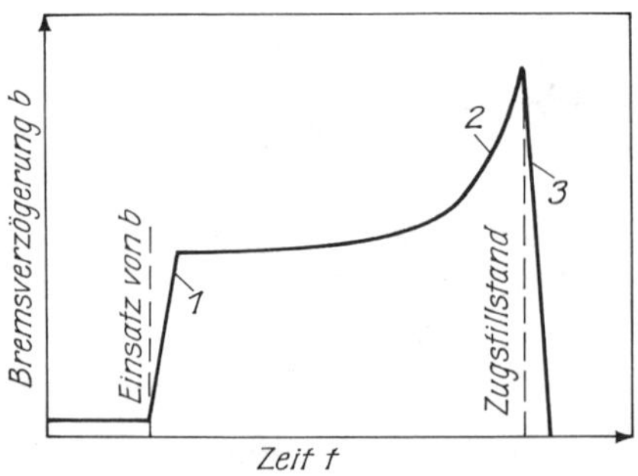

Halteruck
Verlauf der Bremsverzögerung über der Zeit für die Zugbremsung mit der Klotz- oder Magnetschienenbremse
1 Bremseinsatzruck, 2 Ruck infolge steilen Anstiegs der Bremsverzögerung, 3 Ruck infolge steilen Abfalls der Bremsverzögerung

Halonlöscher: → Handfeuerlöscher, bei dem als → Löschmittel Halogenkohlenwasserstoffe verwendet werden. H. bestehen aus dem Löschmittelbehälter mit Absperrventil, Steigrohr und Spritzdüse. Als Druckgas wird Druckluft verwendet, die nach dem Öffnen des Absperrventils das Löschmittel über das Steigrohr aus dem → Löschmittelbehälter treibt. Das austretende Löschmittel verdampft an dem heißen, brennenden Objekt. Die Dämpfe sind wesentlich schwerer als Luft und wirken schlagartig erstickend. Anwendung: zum Löschen von Bränden elektrotechnischer Anlagen und feuergefährlicher Flüssigkeiten geeignet.

Halpin-Vorwärmer: nach seinem Erfinder Halpin benannter → Speisewasservorwärmer und Wärmespeicher, der 1904 bei einigen Dampflokomotiven der britischen Great Northern Railway verwendet wurde. Der zylindrische Vorwärmer war mit dem Untersatz des → Dampfdoms verschraubt und stützte sich auf 2 auf dem → Langkessel aufgesattelte Träger. Der nach oben offene Dampfdom ragte in den Vorwärmer hinein und verband ihn mit dem Dampfraum des Lokomotivkessels, so daß das → Kesselspeisewasser auf die dem jeweiligen Dampfdruck im Kessel entsprechende Temperatur erwärmt wurde. Bei Dampfentnahme erfolgte die Kesselspeisung mit Wasser unmittelbar aus dem Vorwärmer, so daß bei sinkendem Kesseldruck eine Nachverdampfung im Vorwärmer eintrat. Der H. war somit auch ein Wärmespeicher, der seine Speicherenergie dem Kessel direkt entnahm. Nachteil: relativ große Masse, die eine bedeutende Erhöhung der Achsfahrmasse brachte. Sein Einsatz blieb auf einige Versuchslokomotiven mit niedriger Ausgangs-Achsfahrmasse beschränkt. Lit.: 5.3.

Haltebremse: → Bremse zum Festhalten eines Fahrzeugs im Stillstand (Sicherung gegen Abrollen). Übliche H.: → Handbremse, → Feststellbremse, → Wurfhebelbremse, → Federspeicherbremse.

Haltebremsung: Art einer Betriebsbremsung, bei der die Fahrgeschwindigkeit bis zum Stillstand des Tfz. oder des Zugs vermindert wird (→ Arten der Bremsungen).

Haltekupplung: → Schaltkupplung des → Einheitsrädergetriebes.

Halteruck: → Ruck beim Anhalten des Zugs am Schluß einer Bremsung. Der H. ist auf 2 Ursachen zurückzuführen: Die erste gilt nur für Grauguß-Bremsklötze sowie für die Magnetschienenbremse und beruht im steilen Anstieg der → Bremsverzögerung unmittelbar vor Zugstillstand, hervorgerufen durch den für die Werkstoffpaarung Eisen-Eisen typischen Übergang vom niedrigen Gleitreibwert der Bewegung auf den beträchtlich größeren Haftreibwert der Ruhe. Die zweite Ursache ist der Abfall der Bremsverzögerung auf den Wert Null im Moment des Zugstillstands (große Beschleunigungsänderung in der Abklingphase). Der H. ist durch teilweises Auslösen der Bremsen unmittelbar vor Zugstillstand in zul. Grenzen zu halten. Abb.

Handabschalter: frühere Bezeichnung für → Fahrmotor-Trennschalter.

Handbetätigung: **1.** Einrichtung an → Strömungsgetrieben und → Zahnradschaltgetrieben zum manuellen Betätigen von Steuer- und Schaltelementen im Störungsfall. Die H. ist eine an den Steuer- oder Schaltelementen zusätzlich angebrachte Stellmöglichkeit, für die z.T. bes. Hilfsmittel mitgeführt werden und Vorschriften zu beachten sind. Mit H. können die → Stellglieder, das → Füllventil und die → Wendeschaltung von Strömungsgetrieben ausgerüstet sein oder bei Zahnradschaltgetrieben ein bes. Notgang eingeschaltet werden (→ Elektroschaltgetriebe). – **2.** Immer manuell zu betätigender Stellmechanismus an Aggregaten und Einrichtungen des Tfz., z.B. die Verstellung der → Kühlerjalousie für Winter- oder Sommerbetrieb oder die Betätigung der Stufenschaltung bei Strömungsgetrieben mit eingebautem → Stufengetriebe.

Handbremse: nicht durchgehende, mechanische Bremse, die bei Tfz. vom Fahrzeuginnern (→ Führerstand) aus handbedient wird. Auf jedem Führerstand befindet sich eine H., die i.allg. zur Sicherung stillstehender Fahrzeuge dient. Bleibt bei Einleitung der Bremsung während der Fahrt die → Bremswirkung durch eine schadhafte → Druckluftbremse aus, so ist die H. zu betätigen. Die H. wirkt bei Dampflokomotiven mit Schlepptender auf die Tenderradsätze, während sie bei elektrischen und Diesel-Tfz. und Tenderlokomotiven auf die angetriebenen Radsätze wirkt.

Dampflokomotiven haben eine → Wurfhebelbremse, die anderen Tfz.-Bauarten i.d.R. eine Spindel-H. (→ Spindelbremse). Die H. wird durch Drehen einer Kurbel oder eines Handrads im Uhrzeigersinn betätigt, wobei für die → Bremsberechnung eine Handkraft von 500 N zugrunde gelegt wird. Sie muß weiterhin so bemessen sein, daß das Fahrzeug auf der größten Neigung festgehalten wird. Die Bremswirkung der H. darf sich während der Abstellzeit nicht verringern (Selbsthemmung).

Die Bremsspindel, meist eingängig und selbsthemmend, wird entweder senkrecht stehend oder waagerecht liegend angebracht und die Spindelkraft über ein möglichst kurzes Gestänge auf das Druckluftbremsgestänge übertragen. Notwendige Änderungen der Kraftrichtung werden entweder durch Stufenhebel, Gallketten oder Zahnradgetriebe erzielt. Wegen der großen Zeitdauer zur Erzeugung der Anpreßkraft gehören die H. zu den langsam wirkenden Bremsen (→ Bremsarten). Lit.: 3.18., 4.5.

Handfeuerlöscher: tragbares Kleinlöschgerät, das das → Löschmittel aus dem → Löschmittelbehälter durch gespeicherten oder bei der Inbetriebnahme erzeugten Druck ausstößt. H. dienen der Bekämpfung von Entstehungsbränden.

Tfz. für den internationalen Verkehr sind nach UIC-Vorschriften wie folgt auszurüsten: Diesel-Tfz mit je 1 H. (Mindestinhalt 7 kg) je Führerraum, jedoch mindestens 14 kg je Tfz., und Elektrolokomotiven mit je 1 H. (Mindestinhalt 5 kg) je Führerraum, jedoch mindestens 10 kg je Tfz.

Handflügelpumpe: Kolbenpumpe zum Fördern von Flüssigkeiten, wobei die Förderung durch die Verdrängerwirkung eines flügelförmigen Kolbens, der um seine Achse mit Hilfe eines Schwengels manuell hin- und herbewegt wird, erfolgt. H. werden doppelt- und 4fachwirkend mit Klappen- oder Kugelventilen hergestellt. → Kraftstoffanlage

Handkurbel: Betätigungselement der → Übertragungssteuerung elektrischer Tfz. relativ kleiner Antriebsleistung, z.B. bei Straßenbahntriebwagen, von dem der Steuerbefehl auf mechanischem Weg direkt auf das Schaltelement der Leistungssteuerung (z.B. eine Schaltwalze) übertragen wird: mechanische Handsteuerung. H. werden auch bei elektrischen Tfz. mit → Nachlaufsteuerung zur Handbetätigung des → Schaltwerks bei Störungen in der Schaltwerksteuerung angewandt.

Hand-Motor-Umschalter: Schalteinrichtung auf elektrischen Tfz. im → Steuerstromkreis des Übertragungsteils einer → Leistungssteuerung zur Herstellung bestimmter Stromlaufwege für Motor- oder Handbetrieb.

Handsteuerung: Einrichtung der unmittelbaren → Übertragungssteuerung elektrischer Tfz.; sie dient der manuellen Betätigung zentraler → Fahrschalter oder → Schaltwerke. Bei mechanischer H. wird die im Maschinenraum befindliche Schalteinrichtung (z. B. → Nockenschaltwerk oder → Schlittenschaltwerk) mechanisch über Wellen, Kegelradgetriebe und Ketten bedient. Nachteil: großer Kraftaufwand für Tfz.-Führer, daher großes Handrad erforderlich. Anwendung bei Elloks der BR E04, BR E05, BR E44, BR E93 und BR E94 der DRG.

Hängeeisen: 1. Bauelement der äußeren → Heusinger-Steuerung (dort Abb.) für meist vorwärts fahrende Dampflokomotiven zur Reduzierung des die Dampfverteilung ungünstig beeinflussenden → Steinspringens. Das am → Aufwerfhebel drehbar aufgehängte H. trägt an seinem anderen Ende die → Schieberschubstange. I. G. z. Aufhängung der Schieberschubstange ohne H. (→ Kuhnsche Schleife) entsteht beim Rückwärtsfahren ein starkes Steinspringen. – **2.** Bauteil des → Bremsgestänges, das die senkrechten Bremshebel sowie die Bremstraversen (Bremsbalken) mit den → Bremsklötzen in ihrer Lage hält. Lit.: 2.3., 2.12.

Hardy, John: 14. September 1820 (Gateshead/Großbritannien) – 25. Juni 1896 (Wien); Eisenbahnfachmann und Unternehmer, nach dem die Hardy-Bremse benannt wurde. H. arbeitete ab 1846 als Oberwerkführer und Werkstättenleiter bei Bahnen in Frankreich und Österreich. Gemeinsam mit seinem Sohn John Georg Hardy gelang es ihm 1877, die aus Amerika stammende einfachwirkende → Saugluftbremse (1870 von Smith) patentreif weiterzuentwickeln. 1877 gründete H. mit seinem Sohn die Fa. Vacuum Brake Co. Ltd. in London. Hier wurde die Hardy-Bremse nach 1882 zur selbsttätig wirkenden Clayton-Hardy-Bremse weiterentwickelt. Lit.: 5.3.

Hardy-Bremse: Bauart der → Saugluftbremse.

Hartmann, Richard: 8. November 1809 (Barr/Elsaß) – 16. Dezember 1878 (Chemnitz); Zeugschmied, Unternehmer, Begründer der Maschinenfabrik Richard Hartmann, später Sächsische Maschinenfabrik. Nach 5jähriger Tätigkeit bei der damals größten Maschinenfabrik Sachsens von C. G. Haubold in Chemnitz kaufte H. 1837 mit F. Illing eine Instandsetzungswerkstatt für Spinnmaschinen. Nachdem H. die alleinige Geschäftsführung erreicht hatte, unternahm er zusammen mit dem Lokomotivbau-Ingenieur Steinmetz eine Studienreise zu R. → Stephenson. In deren Ergebnis richtete er eine eigene Lokomotivabteilung ein. Am 5. Januar 1848 verließ die erste Lokomotive mit dem Namen »Glück auf« für die Sächsisch-Bayrische Eisenbahn die Fa. Hartmann. 1870 wandelte H. die Firma in die Aktiengesellschaft »Sächsische Maschinenfabrik zu Chemnitz vorm. Richard Hartmann A.-G.« um. In dem von H. und später von seinem Sohn Gustav bis 1910 geleiteten Unternehmen wurden bis 1929 insges. 4700 Lokomotiven, darunter auch elektrische Lokomotiven mit Stangenantrieb, gebaut. Lit.: 2.9., 5.1., 5.2., 5.3.

Hauptabsperrventil: → Dampfentnahmestutzen

Hauptbahnlokomotive: → Lokomotive für den Einsatz auf Hauptbahnen, d. h. auf Strecken mit großer Verkehrsbedeutung, die wichtige Punkte im Eisenbahnnetz verbinden und der Bewältigung großer Verkehrsströme dienen. Die dort eingesetzten Lokomotiven müssen hohe Fahrgeschwindigkeiten bei großen Zugmassen erreichen können und haben deshalb eine große Antriebsleistung und → Achsfahrmasse der angetriebenen Radsätze (große Reibungsmasse) von 18 t, bei entspr. Tragfähigkeit des Oberbaus von 20 t bzw. neu auf den normalspurigen Hauptstrecken von allgemein 21 t. Die Bez. H. ist nicht an die Unterscheidung nach den → Triebfahrzeughauptgattungen gebunden. I. G. z. den H. werden die Lokomotiven für den vorwiegenden Einsatz auf Strecken mit geringerer Verkehrsbedeutung (Nebenbahnen), die entspr. für kleine bis mittlere Zugmassen und Fahrgeschwindigkeiten ausgelegt sind, oft als *Nebenbahnlokomotiven* bezeichnet.

Hauptdampfleitung: → Hauptheizleitung

Hauptgang: Verbindungsgang zwischen den beiden → Führerständen einer elektrischen oder Diesellokomotive, der bei betriebsbereiten Loks (z. B. eingeschaltetem Ellok-Hauptschalter) gefahrlos begangen werden kann (z. B. zum Wechsel des Führerstands). Vom H. sind die wichtigsten Geräteschränke, Schaltgerüste und Aggregate, die Überwachung und Wartung erfordern, direkt ober über abzweigende → Hilfsgänge zu erreichen.

Hauptgenerator: Generator auf dieselelektrischen und Gasturbinen-Tfz. zur Umwandlung der mechanischen Leistung des Dieselmotors oder der Gasturbine in elektrische Leistung. Der H. ist meist direkt mit dem Dieselmotor verbunden und speist die → Fahrmotoren. Als H. wurde anfangs neben dem Gleichstrom-Nebenschlußgenerator mit stark fallender Kennlinie vorrangig der → Gleichstromgenerator mit Nebenschluß-, Hauptschluß- und Fremderregerwicklung in Verbindung mit einem → Hilfsgenerator, später der Gleichstromgenerator nur mit Fremderregerwicklung und → Transduktoren als Steuerelemente benutzt. In modernen Tfz. werden → Drehstromgeneratoren verwendet, die über nachgeschaltete Gleichrichter entweder die Gleichstromfahrmotoren oder über einen Gleichstromzwischenkreis und Pulswechselrichter die Drehstromfahrmotoren speisen (dadurch wird u.a. eine Senkung der Masse und eine Erhöhung der Lokomotivleistung erzielt). Gleichstromgeneratoren können auch als Anlasser für den Dieselmotor benutzt werden (→ Lichtanlaßmaschine). Lit.: 3.4., 3.6.

Hauptheizleitung: bei den Reisezugwagen, bes. Gattungen heizbarer Güterwagen und den Tfz. meist im → Untergestell verlaufende durchgehende Leitung für die Übertragung und Weiterleitung der Heizenergie vom Tfz. oder von einem Heizwagen zu den Heizanlagen der Wagen. Bei der → *Dampfheizung* ist die H. ein Stahlrohr mit 50 mm lichter Weite, das bes. wärmegeschützt ist und an den Fahrzeugenden mit Absperrventilen versehen ist (Hauptdampfleitung). Bei der → *elektrischen Heizung* ist die H. ein isoliertes Kupferkabel mit 185 mm² Querschnitt. Die H. wird zwischen den Fahrzeugen über eine → Heizkupplung verbunden. Die H. beginnt bei den Dampflokomotiven oder bei den Dampfheizkesseln am Heizventil, bei der elektrischen Heizung am → Heizschütz.

Hauptkraftschalter: Bauform des → Stellglieds in Strömungsgetrieben, das den Ölstrom der Füllpumpe zu einem → hydrodynamischen Kreislauf oder zu einem weiteren Stellglied, dem → Nebenkraftschalter, weiterleitet. Der H. hat mehrere Hubstellungen des Steuerkolbens oder geteilte Steuerkolben und dient meist zur Füllungssteuerung des → Anfahrwandlers.

Hauptkraftstoffbehälter: → Kraftstoffbehälter

Hauptkuppelbolzen: → Kuppelkasten

Hauptkuppeleisen: → Kuppelkasten

Hauptkupplung: vor dem → Zahnradschaltgetriebe dieselmechanischer Tfz. angeordnete Kupplung, die als → Anfahrkupplung dient. Sie ist als schaltbare mechanische Kupplung (z.B. als → Einscheibenkupplung) oder als drehmomentbegrenzte → Strömungskupplung ausgeführt. Bei Tfz., die mit nicht unter Last schaltbaren Zahnradschaltgetrieben ausgerüstet sind, dient die mechanische H. außerdem als Trennkupplung beim Schaltvorgang, wie z.B. die in Verbindung mit dem → Mylius-Getriebe eingebaute Mehrscheibenkupplung.

Hauptluftbehälter: → Druckluftbehälter auf Tfz., in dem die Druckluft für die → Druckluftbremse gespeichert wird. Der max. Betriebsdruck beträgt bei 1stufigen → Verdichtern 650 kPa, bei 2stufigen 1000 kPa. Der Gesamtdruckluftbedarf wird in 2–4 H. mit einem Fassungsvermögen von 200–400 l gespeichert. Die H. sind so angeordnet, daß die Luftentnahme an der höchsten Stelle des Gefäßes erfolgt. Sie sind möglichst tief am Tfz. angebaut, damit diese vom Fahrtwind bestrichen werden (Kondensation der Feuchtigkeit).

Hauptluftbehälterleitung: aus Stahl-Gewinderohr bestehende durchgehende Druckluftleitung am Fahrzeug. H. sind zwischen Tfz. und Wagen durch → Bremskupplungen (1) miteinander verbunden. Im Unterschied zur → Hauptluftleitung ist in ihr der Druck höher als der → Regelbetriebdruck (meist 800–1000 kPa). Die H. ist die Speiseleitung zur Verkürzung der Auffüllzeit der Bremsluftbehälter der Wagen des Zugs (→ elektropneumatische Bremse) und dient weiter zur Versorgung druckluftbetätigter Einrichtungen, die nicht zur Druckluftbremse gehören. I.d.R. sind Tfz. und Reisezugwagen mit der H. ausgestattet, wobei internationale Vorschriften (z.B. Leitungsanschlüsse am Kopfstück des Fahrzeugs) zu beachten sind.

Hauptluftleitung: durchgehende Druckluftleitung aus nahtlosem Stahl-Gewinderohr für die Versorgung der → Druckluftbremse mit Druckluft sowie zur Steuerung der Brems- und Lösevorgänge des Zugs. Die H. verbindet das → Führerbremsventil mit den Bremseinrichtungen der Fahrzeuge. Am Ende der H. jedes Fahrzeugs befinden sich ein → Luftabsperrhahn und eine → Bremskupplung (1). Die lichte Weite der H. beträgt bei Tfz. 25 mm und muß nach UIC bei Güterwagen 32 mm und bei Reisezugwagen 25 mm betragen. Dadurch erreicht man bei Güterwagen einen größeren Lufttransport und kürzere Lösezeiten. Starke Krümmungen in der H. sind wegen der gewünschten hohen → Durchschlaggeschwindigkeit des Druckimpulses zu vermeiden. Die Anschlüsse der Bremskupplung der H. befinden sich in geringerem Abstand von der Fahrzeugmitte als die der → Hauptluftbehälterleitung. Der → Regelbetriebsdruck in der H. beträgt 500 kPa.

Hauptluftleitungsdruck: Druck in der → Hauptluftleitung für die Steuerung der → Druckluftbremse. Durch Herabsetzen des → Regelbetriebsdrucks wirkt die selbsttätige Druckluftbremse, und bei Erhöhung des H. aus einer Bremsstufe erfolgt ein Lösevorgang, der je nach Bauart des → Steuerventils 1- oder mehrlösig sein kann. Die Betriebsbremsung muß sich in jeder → Bremsstellung bis zum Zugschluß fortsetzen, sobald der H. an der Zugspitze um höchsten 30 kPa ermäßigt wird, unabhängig von der Länge und Zusammensetzung des Zugs. Die Änderung des H. wird i.allg. durch das → Führerbremsventil vorgenommen.

Hauptschalter: Leistungsschalter bei elektrischen Tfz. zwischen → Stromabnehmer und Stromquelle und der übrigen elektrischen Ausrüstung. Der H. dient zum Einschalten des Tfz. und ggf. zum Ausschalten unter voller Belastung. Er muß eine rasche, meist selbsttätige Abschaltung elektrischer Kurzschlüsse und Überlastungen im → Hauptstromkreis ermöglichen. Moderne H. für Wechselstrom-Tfz. sind u.a. → Druckgasschalter und → Druckluftschnellschalter, für Gleichstrom-Tfz. → Gleichstrom-Schnellschalter. Die Abschaltleistung moderner H. beträgt 200–250 MVA. Lit.: 4.4., 4.5.

Hauptschaltersteuerung: elektropneumatische oder -magnetische Betätigungseinrichtung für den Antrieb des → Hauptschalters bei elektrischen Tfz. Sie ermöglicht dessen Betätigung sowohl durch Schalter von den Führerständen aus als auch durch verschiedene Auslöserelais bei Störungsfällen.

Hauptschaltwerk: → Schaltwerk bei elektrischen Tfz. für die Einstellung der Hauptfahrstufen (→ Fahrstufe), sofern weitere Schaltwerke für die Feineinstellung (z.B. Feinschaltwerk bei der BR 109 und BR 142 der DB/DR) vorhanden sind.

Hauptschieber, *Hauptsteuerschieber:* → Steuerung (3), → Schleppschiebersteuerung

Hauptsteuerblock: andere Bezeichnung für → Hauptkraftschalter.

Hauptsteuerkolben: Steuerkolben des → Hauptkraftschalter

Hauptstromkreis: Stromkreis für die Energieversorgung der → Fahrmotoren eines elektrischen Tfz., der von der jeweiligen Energiequelle (Fahrleitung oder Akkumulator oder Hauptgenerator bei dieselelektrischen Tfz.) ausgeht und über die Einrichtungen der → Leistungssteuerung zu den Fahrmotoren führt. Der Stromkreis für die bei der Anwendung der → elektrischen Bremse in umgekehrter Richtung ablaufende Energieumwandlung wird ebenfalls zum H. gerechnet. Lit.: 4.5.

Haupttransformator, *Hauptumspanner:* → Transformator eines → Wechselstromtriebfahrzeugs, der die durch die Fahrleitung zugeführte elektrische Energie von der Fahrleitungsspannung (meist 15 kV bzw. 25 kV) auf die Spannung der → Fahrmotoren (meist 50–500 V bzw. max. 1 kV, je nach Steuerungsbauart und Motorbauart) transformiert. Wenn der H. mit einem → Stufenschaltwerk zusammenarbeitet, ist er mit Anzapfungen für die Spannungs- und damit → Fahrstufen versehen. Ebenso sind Anzapfungen oder auch bes. Wicklungen für die Speisung der Hilfsbetriebe und der Zugsammelschiene (Heizleitung) vorhanden. Die Leistung der H. reicht von 250 kVA bei Triebwagen bis etwa 5000 kVA bei schweren Güter- und Schnellzuglokomotiven. H. haben vorwiegend Ölkühlung. Der H. ist das schwerste Einzelbauteil eines elektrischen Tfz. So beträgt z.B. bei der BR 155 der DB/DR die Gesamtmasse des H. mit daran angebauten Teilen und Geräten (Ölpumpe, -kühler, -lüfter, -ausdehnungsgefäß sowie Stufenwähler und Thyristorschaltwerk) 18 t bei einer Traktionsleistung von 5630 kW. Lit.: 4.4., 4.5., 4.11. Abb.

Hauptumspanner: → Haupttransformator

Hauptuntersuchung: für Schienenfahrzeuge gesetzlich durch die Eisenbahn-

Bau- und Betriebsordnung vorgeschriebenen sog. bahnamtliche Untersuchung, bei der alle dem Verschleiß bzw. der Verformung unterworfenen sowie die Betriebssicherheit und Funktionstüchtigkeit beeinflussenden Teile und Baugruppen demontiert und kontrolliert werden. Nach ggf. erforderlicher Aufarbeitung oder Erneuerung (abhängig von der Einhaltung der geltenden → Grenzmaße) und Montage wird eine abschließende umfassende Farbbehandlung vorgenommen. Alle Arbeiten sind in den gesetzlichen Grundlagen und in Dienstvorschriften festgelegt (vgl. auch → Bremsuntersuchung). Die H. ist i. d. R. ein Bestandteil der → Instandhaltung der Tfz. und Wagen.

Heberlein, Jakob: 1. April 1825 (Nürnberg) – 11. Januar 1881 (München); Kunstdreher, Mechaniker und Eisenbahntechniker. H. besuchte nach 1844 die technischen Lehranstalten in Mannheim und trat 1848 in den maschinentechnischen Eisenbahndienst der Bayerischen Staatsbahn, bei der er das Patent als Lokomotivführer erwarb und 1860 zum Obermaschinisten, 1865 zum Abteilungsleiter und 1870 zum Betriebsmaschinenmeister befördert wurde. Die von H. entworfene, selbsttätig wirkende und durchgehende Heberlein-Bremse (→ Seilbremse) wurde bereits 1856 patentiert. Weitere Anerkennung fand seine Erfindung neben der erfolgreichen Anwendung bei verschiedenen Eisenbahnen, z. B. bei der bayrischen Staatsbahn und bei den sächsischen Staatsbahnen, durch die Verleihung des 1. Preises des Vereins Deutscher Eisenbahn-Verwaltungen (1874), den er für die Arbeiter in den bayrischen Eisenbahnwerkstätten stiftete, und einer Goldmedaille auf der Weltausstellung in London (1885). Lit.: 5.1., 5.3.

Heberlein-Bremse: von → Heberlein entwickelte und 1856 patentierte → Seilbremse, die als Bremskraft die Bewegungsenergie des Zugs nutzt.

Heilmann-Lokomotive: Bauart der dampfelektrischen Lokomotive, die die Nachteile des Stangenantriebs der herkömmlichen Dampflokomotive durch eine elektrische Leistungsübertragung beseitigen sollte.

Heilmann erhielt 1892/93 von der Forges et Chantiers de la Méditerrammée in Le Havre eine Lokomotive gestellt, deren elektrische Ausrüstung die Fa. Brown Boverie lieferte. Der Brückenrahmen der H. trug einen Lentz-Kessel mit stehbolzenloser Wellrohrfeuerbüchse, einen durch eine Dampfturbine angetriebenen 410-kW-Traktionsgenerator, das Führerhaus und die Vorräte. Ein Hilfsgenerator lieferte den Erregerstrom für den Hauptgenerator und die elektrische Energie für die Beleuchtung von Lokomotive und Zug. Die 8 Fahrmotoren in den beiden Drehgestellen waren als Radsatzmotoren aus-

Haupttransformator
a) einer älteren Wechselstromlokomotive (Aufbau)
1 Kessel, 2 Kesseldeckel, 3 Verspannung, 4 Mittelsäule, 5 Außenschenkel, 6 Scheibenspulen, 7 Kühlrohre, 8 Öleintritt, 9 Ölaustritt, 10 Lufteintritt, 11 Luftaustritt
b) mit Ölkühlung

a)

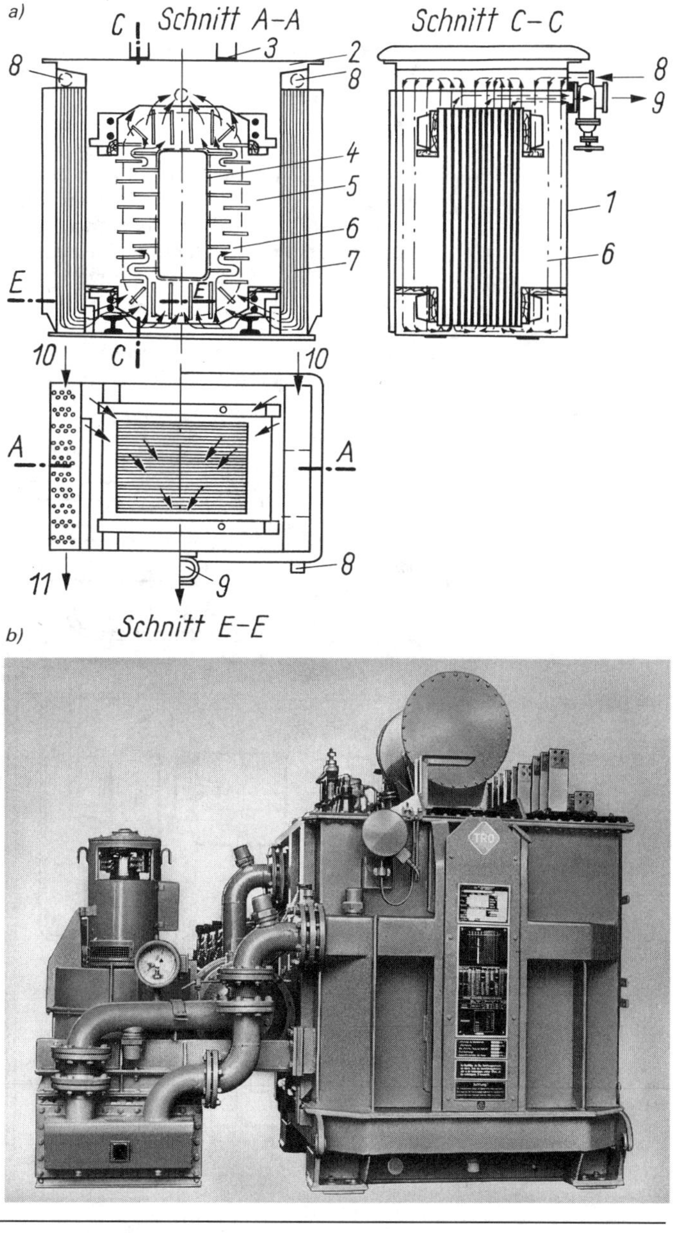

b)

gebildet. In ihrer Konstruktion erwies sich die H. trotz der Trennung von Lokführer im vorderen Führerstand und Heizer in Lokomotivmitte als brauchbar.
Für 2 weitere französische Lokomotiven mit 3facher Dampfdehnung, 1000 kW Generatorleistung, 2 Endführerständen und Belpaire-Kesseln fanden die ersten Probefahrten im November 1897 statt.
Die im Verhältnis zur Leistung viel zu hohe Dienstmasse der H. ließ jedoch von weiteren Beschaffungen Abstand nehmen. Die H. ist als der einzige bahntaugliche Versuch, Dampfkraft in elektrische Traktionsenergie auf der Lokomotive umzusetzen, anzusehen. Lit.: 5.3.
Heinl, Franz: 5. Januar 1880 (Haid/Böhmen) – 1950 (?); Ingenieur. H. gründete nach verschiedenen Tätigkeiten in Berlin, Brünn und Prag im Jahre 1918 ein Konstruktionsbüro in Wien. Der von H. entworfene 2stufige → Heinl-Speisewasservorwärmer für Dampflokomotiven wurde zu einer seiner bekanntesten Enwicklungen. Lit.: 5.3.
Heinl-Speisewasservorwärmer: nach seinem Erfinder → Heinl benannter 2stufiger → Speisewasservorwärmer für Dampflokomotiven, der nach dem Prinzip eines → Mischvorwärmers arbeitete. Gegenüber einer Mischvorwärmeanlage üblicher Bauart wird beim H. das Kesselspeisewasser mit einer → Dampfstrahlpumpe über einen Warmwasserspeicher in einen Niederdruckvorwärmer gefördert und dort mit dem → Abdampf der Lokomotivdampfmaschine vermischt. Das so erwärmte Speisewasser wird durch den Warmwasserpumpenteil der Vorwärmerpumpe in einen Hochdruckvorwärmer weitergefördert, dort vom Pumpenabdampf um weitere 10–20 K erwärmt und anschließend vom auf der gleichen Kolbenstange angeordneten Heißwasserpumpenteil der Vorwärmerpumpe über einen Druckwindkessel in den Lokkessel gedrückt. Mit dem H. konnte die Dampfleistung des Kessels um etwa 14% gesteigert werden. Der H. wurde überwiegend ab 1932 bei Lokomotiven der BBÖ eingesetzt, bei der DRG wurde er 1944 an Lokomotiven der BR44 erprobt. Lit.: 2.6., 2.12., 5.3. Abb.
Heisler, Charles L.: 1863 (Wapakonete) –

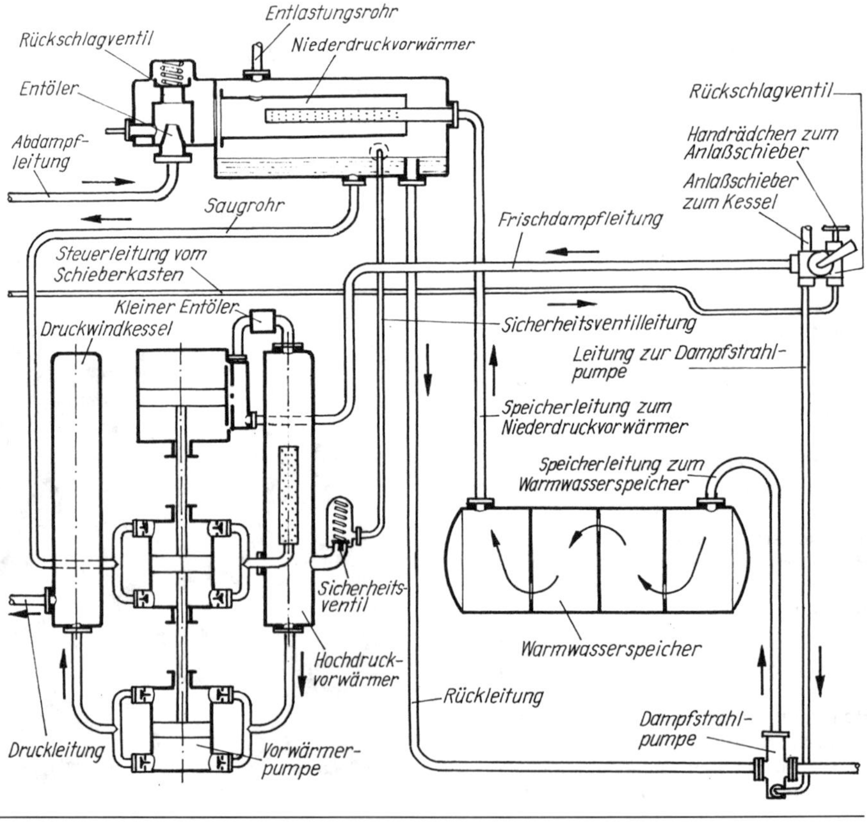

Heinl-Speisewasservorwärmer
Schaltbild der Speisewasservorwärmeranlage der Bauart Heinl einschl. Vorwärmerpumpe

1936 (?); Erfinder der → Heisler-Lokomotive und Geschäftsinhaber der Fa. Heisler Locomotive Works ehemals Stearns Manufacturing Company in Erie. H., anfangs als Ingenieurstudent bei den Brooks Locomotive Works tätig, konstruierte 1890 als Ingenieur die nach ihm benannte Getriebelokomotive, die von dem Dunkirk-Tochterwerk der Fa. Brooks Locomotive Works 1891 gebaut wurde. Lit.: 2.8., 5.3.

Heisler-Lokomotive: nach ihrem Erfinder → Heisler benannte Dampflokomotivbauart (amerikanische Bauart der → Getriebelokomotive), bei der die in 2 oder 3 → Triebdrehgestellen untergebrachten und mit Kuppelstangen miteinander gekuppelten jeweils beiden Treibradsätze von einer Gelenkwelle (Kardanwelle) über staubdichte, im Ölbad laufende Kegelradgetriebe angetrieben wurden. Eine 2-Zylinder-Dampfmaschine arbeitete mit ihren in V-Form (45° V-Winkel) vor der → Feuerbüchse und unter dem Langkessel quer zur Fahrtrichtung angeordneten Zylindern auf eine 2fach gekröpfte Kurbelwelle, die an beiden Enden mit den zu den äußeren Radsätzen der Triebdrehgestelle abgehenden Gelenkwellen verbunden war. 1894 wurde die erste H. von der Stearns Manufacturing Company in Erie (USA) für eine mexikanische Bahn gebaut. Bis 1945 wurden insgesamt 850 dieser robusten, wendigen, leistungsfähigen und im Aufbau relativ einfachen H. gebaut und auf Nebenbahnen in Amerika, Australien und Neuseeland eingesetzt. Noch um 1985 waren H. auf Touristen- und Museumsbahnen im Einsatz. Lit.: 2.8., 5.3.

Heißdampf, *überhitzter Dampf:* im Überhitzer des Dampflokomotivkessels, also nach Verlassen des Kesselraums auf eine → Dampftemperatur von i.d.R. 300–450 °C erhitzter → Sattdampf. Dadurch werden gegenüber dem → Naßdampf die → Abkühlungsverluste in der Dampfmaschine erheblich verringert. → Heißdampflokomotive.

Heißdampfkammer: Bauteil des → Dampfsammelkastens des → Überhitzers.

Heißdampflokomotive: mit → Heißdampf arbeitende → Dampflokomotive. I. G. z. den älteren → Naßdampflokomotiven wird der im → Dampflokomotivkessel erzeugte Dampf in einem → Überhitzer über seine Sättigungstemperatur (→ Sattdampf) hinaus erhitzt und tritt als überhitzter, von Wasserteilchen freier Dampf in die i.d.R. als Kolbendampfmaschine ausgebildete → Dampfmaschine ein. Infolge seiner gegenüber → Naßdampf günstigeren Eigenschaften, wie z.B. größeres Volumen und erheblich niedrigerer Wärmeübergangskoeffizient (→ Abkühlungsverlust), wurden bei H. bis zu 30% Wasser- und bis zu 20% Kohleeinsparung gegenüber gleichartigen Naßdampflokomotiven im Betriebseinsatz erreicht. Obwohl bereits 1898 von der Firma Vulcan die erste H. der Welt gebaut wurde, standen einer breiteren Anwendung mit hoch überhitztem Dampf vorerst die für die höheren Temperaturen erforderlichen hochwertigen Schmieröle nicht zur Verfügung. Erst mit der Produktion von → Heißdampföl kam es nach 1900 bei allen Eisenbahnen zum Einsatz von H. Lit.: 2.3., 2.6., 2.9., 2.10., 2.12., 5.3. → Tafel »Dampflokomotiven«.

Heißdampföl: den Anforderungen von unter → Heißdampf laufenden Teilen der Dampflokomotive entspr. zähflüssiges → Zylinderöl. Das H. muß neben den erforderlichen Kriterien für die Schmierfähigkeit eine kinematische Zähigkeit von $(40–70) \cdot 10^{-6}$ m²/s bei 100 °C Meßtemperatur und einen → Flammpunkt von mindestens 320 °C besitzen. Außerdem werden nur geringe Anteile von Rückstandsbildnern zugelassen, um stärkere Verkrustungen der Kolben und Schieber zu vermeiden. Lit.: 2.3., 2.12.

Heißdampfregler: nach 1949 in der Rauchkammer von Rekonstruktions- und Neubau-Dampflokomotiven der DR untergebrachter → Dampfregler. Er ist zwischen der Heißdampfkammer des → Dampfsammelkastens und den → Dampfeinströmrohren angeordnet. Der H. ist als → Mehrfachventilregler ausgebildet; 3 oder 4 gleichgroße, senkrecht stehende Tellerventile regeln die Dampfmenge. Ein kleines Entlastungsventil, welches beim Öffnen des H. zuerst angehoben wird, ermöglicht einen annähernden Druckausgleich zwischen Entlastungskammer und Kessel. Der H. hat sich nicht bewährt, da die ungenügende Ventilentlastung im Betrieb zu ständigem selbsttätigem Schließen des Reglers führte, Schwergang beim Öffnen verursachte und durch die ständig hohe Wärmebelastung Undichtheiten auftraten. Die Dampfabsperrung zum Kessel übernahm eine Naßdampfklappe. Lit.: 2.3., 2.6., 5.3. Abb. S. 264

Heißdampfthermometer, *Heißdampf-*

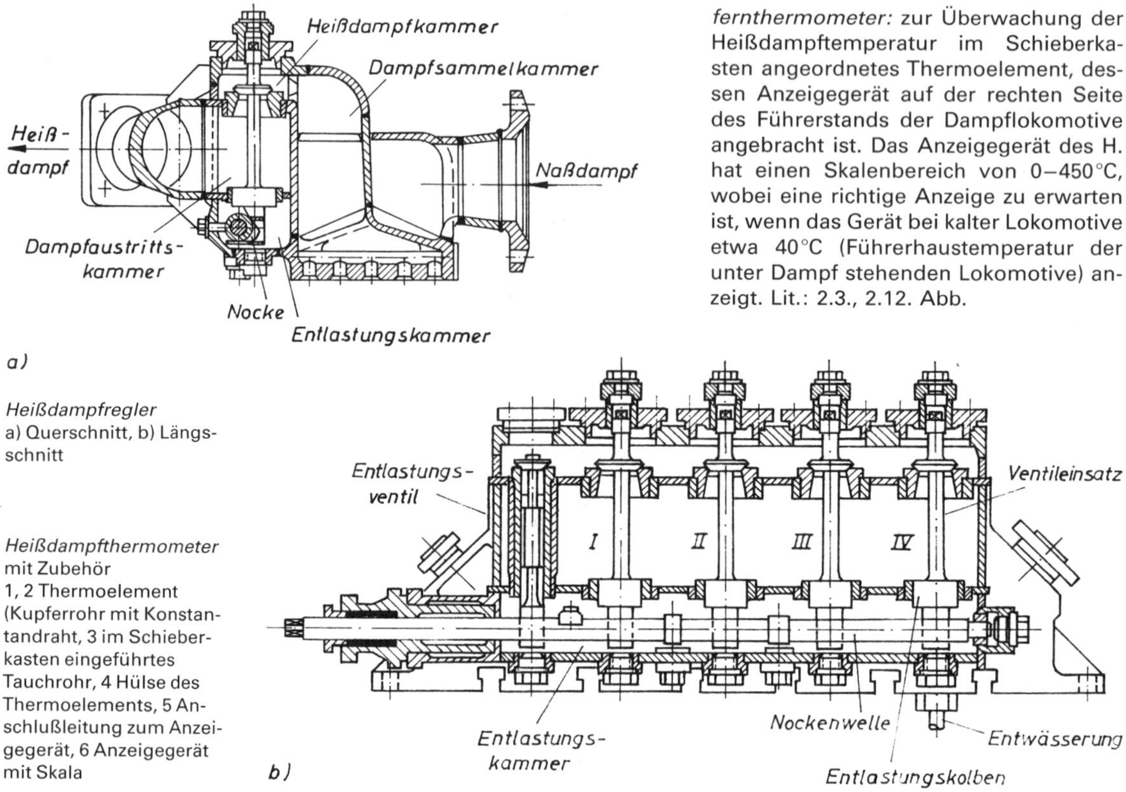

Heißdampfregler
a) Querschnitt, b) Längsschnitt

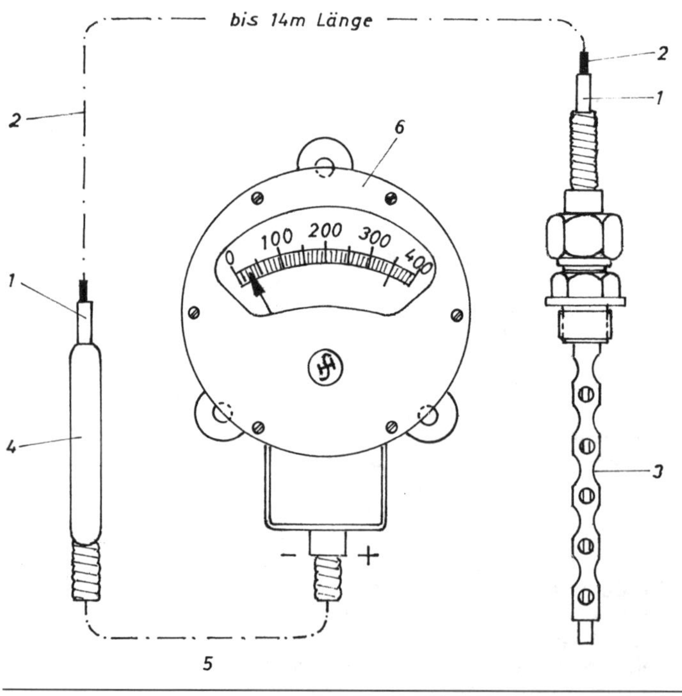

Heißdampfthermometer mit Zubehör
1, 2 Thermoelement (Kupferrohr mit Konstantandraht, 3 im Schieberkasten eingeführtes Tauchrohr, 4 Hülse des Thermoelements, 5 Anschlußleitung zum Anzeigegerät, 6 Anzeigegerät mit Skala

fernthermometer: zur Überwachung der Heißdampftemperatur im Schieberkasten angeordnetes Thermoelement, dessen Anzeigegerät auf der rechten Seite des Führerstands der Dampflokomotive angebracht ist. Das Anzeigegerät des H. hat einen Skalenbereich von 0–450 °C, wobei eine richtige Anzeige zu erwarten ist, wenn das Gerät bei kalter Lokomotive etwa 40 °C (Führerhaustemperatur der unter Dampf stehenden Lokomotive) anzeigt. Lit.: 2.3., 2.12. Abb.

Heißläufer: Eisenbahnfahrzeug i. w. S., an dem durch zu große Reibungswiderstandskraft im Lager eine übermäßige Erwärmung des → Radsatzlagers (H. i. e. S.) bei der Zugfahrt eintritt. Ein Heißlaufen der Stangenlager bei Tfz. mit → Stangenantrieb ist ebenfalls möglich. Ursachen für H. sind vielfältig: Fett- oder Ölmangel oder Verunreinigungen infolge schlechter Lagerabdichtung. Mit Ersatz der Gleitlager durch Wälzlager als Radsatzlager gingen die H. zahlenmäßig zurück. H. werden durch Zugbeobachtung und bei modernen Hochgeschwindigkeitszügen durch automatische Überwachungseinrichtungen an der Strecke oder auf dem Zug selbst (Überwachung der Lagertemperatur) festgestellt. Der H. ist im Anfangsstadium an einem klaren pfeifenden Ton bei der Zugfahrt erkennbar. Nichterkennen führt zu Qualm- und Flammenbildung und schließlich zu rotglühenden Lagern, die Ursache für einen Radsatzschenkelbruch sein können. Bei Erkennen eines H. sind unbedingt Maßnahmen zum sofortigen Anhalten des Zugs einzuleiten (Betriebsgefahr!).

Heißwasserpumpe: Baugruppe der → Mischvorwärmerpumpe

Heizdampf: Dampf (i.d.R. → Naßdampf) zum Betrieb der → Dampfheizung von Zügen. Der H. wird vom → Dampflokomotivkessel, vom → Heizdampferzeuger des Diesel-Tfz. oder des Heizwagens oder auch von einer stationären Vorheizanlage geliefert.

Heizdampferzeuger: → Hilfseinrichtung auf Diesel-Tfz. zur Erzeugung von Dampf für die Heizung der Reisezugwagen durch Verbrennung von flüssigem Brennstoff (Dieselkraftstoff oder Heizöl). H. werden als Wasserrohrkessel mit Zwangsumlauf oder als Rauchrohrkessel mit natürlichem Umlauf des Wassers in stehender Bauart ausgeführt. Wasserrohrkessel haben gegenüber den Rauchrohrkesseln einen wesentlich geringeren Wasserinhalt. Die Dampfleistung der H. beträgt bei einem Betriebsdruck von etwa 500 kPa i.d.R. 600–850 kg/h. Aufbau und Wirkungsweise: *Rauchrohrkessel* bestehen aus einer → Feuerbüchse mit dem → Brenner und einem von → Rauchrohren durchzogenen Kesselteil, der den Dampfdom mit dem Dampfentnahmestutzen trägt. Die Rauchrohrkessel sind mit den üblichen Kesselarmaturen und -ausrüstungen (z.B. → Wasserstandanzeigeeinrichtung, → Wassermangelsicherung, → Abschlammventil, Speiseventil, Sicherheitsventile) versehen. *Wasserrohrkessel* bestehen im wesentlichen aus einer spiralförmig in mehreren Lagen gewickelten Wasserrohrschlange im unteren Kesselteil und der darüber angeordneten Feuerbüchse mit dem Brenner. Etwa 90–95% des von der Speisewasserpumpe geförderten Wassers werden in der Rohrschlange verdampft. Die heißen Verbrennungsgase durchströmen den Kessel von oben nach unten und ziehen unter Abgabe ihrer Wärme radial von innen nach außen durch die Zwischenräume der Rohrschlangen in die ringförmige Abgaskammer.

Die Regelung der dem H. zugeführten Wassermenge und die Leistungsregelung erfolgen automatisch. Mit der Leistungsregelung wird die erzeugte Dampfmenge in Abhängigkeit vom Dampfdruck beeinflußt, indem die Brennstoffzufuhr zum Brenner verändert wird. Die erforderliche Verbrennungsluft wird dem H. von einem Verbrennungsluftgebläse zugeführt. Die Aufbereitung des Speisewassers erfolgt in → Speisewasseraufbereitungsanlagen oder durch Zugabe von Aufbereitungsmitteln in die → Speisewasserbehälter. Der vom H. bereitgestellte Dampf wird über einen Wasserabscheider geleitet und durch die Heizleitung den Reisezugwagen zugeführt. Abb.

Heizfläche: **1.** I.w.S. Oberflächen von meist metallischen Wandungen, Rohren und rohrförmigen Bauteilen in Aggregaten von → Triebfahrzeugen (z.B. im → Dampflokomotivkessel, → Heizdampferzeuger, → Heizgerät, → Heizkörper, →

Heizdampferzeuger
Schema eines Rauchrohrkessels
1 Feuerbüchse, 2 Anschluß für die Brenner, 3 Steigrohr, 4 Fallrohr, 5 Rauchrohr, 6 Vorwärmer, 7 Rauchkammer, 8 Abgasleitung, 9 Wassereintritt, 10 Siebschale, 11 Wasserabscheider (Zyklon), 12 Dampfdom, 13 Dampfaustritt, 14 Anschluß für Abschlammventil, 15 Isolierung

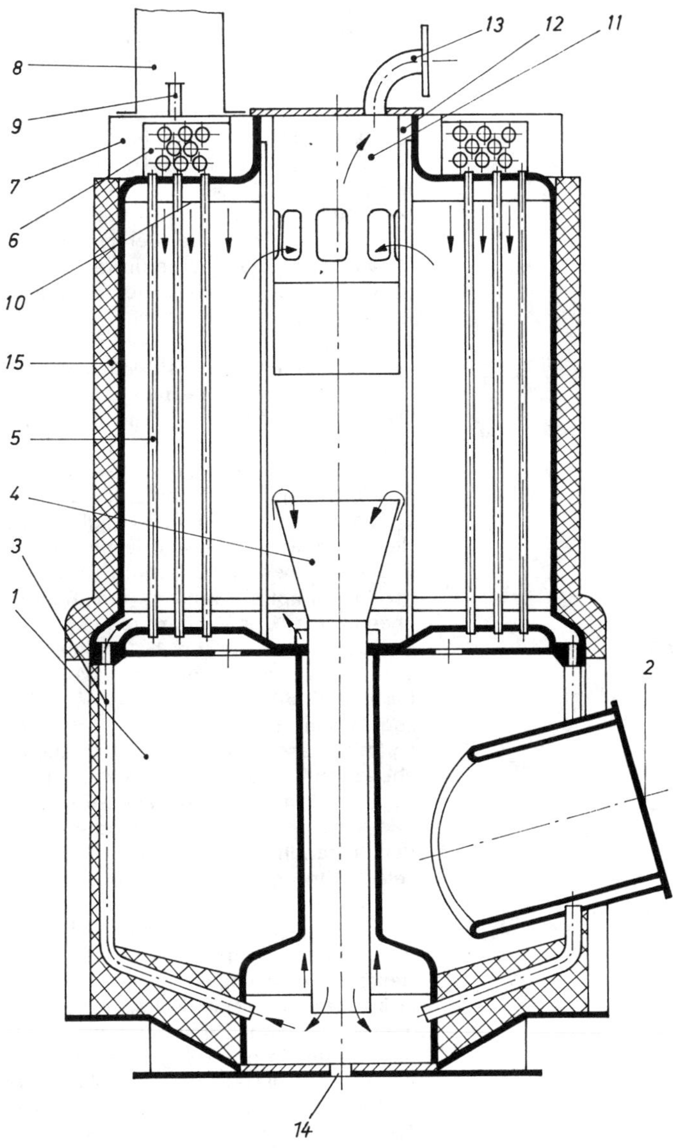

Vorwärmer), die der Wärmeübertragung von einem wärmeabgebenden und i. d. R. gas- (dampf-, luft-)förmigen oder flüssigen Medium an ebensolche wärmeaufnehmende Medien dienen. – **2.** I. e. S. zur Verdampfung dienende Oberflächen der einerseits von den Heiz- und Rauchgasen und andererseits vom Wasser berührten Wandungen des Dampflokomotivkessels. Diese H. *(Verdampfungs-H.)* besteht aus der → Strahlungsheizfläche der → Feuerbüchse *(unmittelbare* oder *direkte H.)* und der Berührungs-H. der Heiz- und Rauchrohre *(mittelbare* oder *indirekte H.).* Der Wert der H. für die Wärmeübertragung nimmt mit der Entfernung vom Rost ab, da z. B. die Verdampfungsleistung von 1 m^2 Strahlungs-H. etwa 6mal so groß wie die von 1 m^2 Berührungs-H. ist. Das drückt sich auch im Größenverhältnis von Strahlungs-H. und Berührungs-H. aus. So besaß z. B. die Dampflok BR 01° der DRG 17 m^2 Feuerbüchs-H. und 220 m^2 Rohr-H. Der Berechnung der H. wird i. d. R. die feuerberührte Seite zugrunde gelegt (→ Heizflächenbelastung). – **3.** → Überhitzerheizfläche. Lit.: 2.3., 2.6., 2.9., 2.10., 2.12.

Heizflächenbelastung: stündlich erzeugte → Dampfmenge je m^2 → Heizfläche. Die H. ist abhängig vom Anstrengungsgrad der Dampflokomotive im Betriebseinsatz. Als *mittlere H. b* ist sie eine wichtige Rechengröße bei der Gestaltung des Lokomotivkessels. In Abhängigkeit von dem Verhältnis Rohrheizfläche A_{HR} zu Feuerbüchsheizfläche A_{HF} werden z. B. für große Dampflokomotiven mit Rostflächen ab 2 m^2 und Vorwärmtemperaturen des Speisewassers um 95 °C mittlere H. von b = 50–54 kg/(m^2h) für $A_{HR}/A_{HF} \geqq 11$ bis b = 65–80 kg/(m^2h) für A_{HR}/A_{HF} = 9–7 zugelassen. Höhere Werte bis zu b = 100 kg/(m^2h) lassen sich zwar bei ausreichend groß ausgelegtem Rost auch im Dauerbetrieb erreichen, reduzieren aber den → Kesselwirkungsgrad und erhöhen den Instandhaltungsaufwand. Der Kesselausführung der Einheitslokomotiven der DRG wurde für den Dauerbetrieb eine H. von 57 kg/(m^2h) als sog. → Kesselgrenze zugrunde gelegt.

Heizgas: → Rauchgas

Heizgenerator: elektrischer Generator auf Diesel-Tfz., der Spannung und Strom für die elektrische → Zugheizeinrichtung (künftig für die → Zugsammelschiene) erzeugt. Um Reisezüge auch von Diesel-Tfz. elektrisch heizen zu können (bisher Dampfheizung), müssen diese Tfz., unabhängig vom System der Leistungsübertragung, mit H. ausgerüstet werden. Das System der elektrischen Zugheizung ist i. d. R. an das → Bahnstromsystem gebunden, deshalb muß der H. den jeweiligen Bedingungen entsprechen. So wird z. B. bei der DB und der DR Einphasenwechselstrom 16⅔ Hz, 1000 V Nennspannung für die → elektrische Heizung gefordert. Dieser Einphasenwechselstrom konstanter Frequenz wird i. d. R. mit Drehstromgeneratoren und nachgeschaltetem Heizumrichter erzeugt. Bei Antrieb durch einen separaten Hilfsdieselmotor oder bei großem Frequenzspektrum (z. B. 33–50 Hz bei der MÁV) ist auch eine Direkterzeugung mit Einphasenwechselstromgenerator möglich und damit kein Heizumrichter notwendig (unter Inkaufnahme größerer Abmessungen und damit größerer Masse des H).

Heizgerät: Hilfseinrichtung auf Diesel-Tfz., die durch Verbrennen von flüssigem Brennstoff (Dieselkraftstoff oder Heizöl) einem Energieträger (Wasser oder Luft) Wärme zuführt, wobei das Wasser nicht verdampft wird. H. werden unterschieden nach → Warmwasserheizgeräten und → Luftheizgeräten. Anwendung: zum Beheizen von Fahrgasträumen in motorlosen Schienenfahrzeugen, als Zusatzheizung in Triebwagen, wenn die vom Dieselmotor an das Kühlwasser abgegebene Wärmemenge nicht ausreicht, und zum Vorwärmen und Warmhalten des Kühlwassers.

Heizhilfsschütz: → Heizschütz

Heizkessel: → Heizdampferzeuger

Heizkörper: **1.** *Wasserheizkörper:* vom → Kühlwasser durchflossene Rohrelemente mit großer Oberfläche (z. B. Rippenrohre), die an ihren Enden durch Sammelrohre verbunden ein System bilden, das einen Teil der im Kühlwasser enthaltenen Wärme durch Konvektion an die Umgebungsluft abgibt. H. sind bei Diesel-Tfz. meist an den Seitenwänden neben den Sitzen des Tfz.-Personals angebracht. → Führerraumheizung, → Kühlwasserkreislauf. – **2.** Bauteil der → elektrischen Heizung auf Eisenbahnfahrzeugen, in dem die zugeführte elektrische Energie in Wärme umgewandelt und an das umgebende Medium abgegeben wird. Stromführende Teile des H. sind Heizelemente oder Heizstäbe. Eine meist perforierte Abdeckung dient dem Berührungs- und Brandschutz. Die H. können einzeln im Führer- und Fahrgastraum oder außerhalb als Heizregister angeordnet werden (Konvektionsheizung bzw. Luft- oder Flüssigkeitsheizung). Lit.: 1.8., 4.6.

Heizkreislauf: selbständiges oder mittelbar durch Wärmeübertrager bzw. unmittelbar mit dem → Kühlwasserkreislauf verbundenes Kreislaufsystem mit Heizkörpern und Armaturen zur Beheizung der Fahrgast- und/oder Diensträume und ggf. der Batteriekästen und der Kraftstoffbehälter von → Dieseltriebfahrzeugen sowie deren Steuer- und Beiwagen. Selbständige H. mit einem → Warmwasserheizgerät als Energiequelle werden i. d. R. in Steuer- und Beiwagen installiert, wo eine Kopplung mit dem Kühlwasserkreislauf und damit eine Ausnutzung der Kühlwasserwärme des Dieselmotors nicht möglich sind. → Warmwasserheizung

Heizkupplung: bewegliche Verbindung der → Hauptheizleitung zwischen den Fahrzeugen, die entspr. der Heizungsart unterschiedlich ausgelegt ist: a) Bei der → Dampfheizung wird die Hauptdampfleitung zwischen den Wagen bzw. den Tfz. und den Wagen durch eine früher 1teilige (Heizschlauch), jetzt ausschl. 2teilige Stahlrohrkupplung mit Kugelgelenken (bei der DRG früher Bauart Pintsch, jetzt allg. UIC-Bauart) hergestellt. Sie muß für einen Prüfdruck von 700 kPa ausgelegt sein und den UIC-Vorschriften entsprechen (Abb.). b) Bei der → elektrischen Heizung wird die Verbindung der elektrischen (1poligen) Heizleitung zwischen den Fahrzeugen durch ein Kupplungskabel und eine Dose vorgenommen. Abb.

Heizleitung: → Hauptheizleitung

Heizregler: Regeleinrichtung auf elektrischen Tfz., die in der Übergangszeit die Einschaltdauer der elektrischen Zugheizung (→ elektrische Heizung) in Abhängigkeit von der Außentemperatur regelt. Entspr. der Einstellung des H. wird das → Heizschütz unterschiedlich lange Zeit ein- bzw. ausgeschaltet.

Heizrohr: zur Übertragung der Wärme der Heizgase an das Wasser im → Dampflokomotivkessel eingezogenes Rohr. Die H. dienen gleichzeitig zur Versteifung der beiden ebenen Rohrwände. Zahl und Größe der H. ergeben sich aus der geforderten Berührungsheizfläche (→ Heizfläche). Bei → Heißdampflokomotiven unterscheidet man zwischen H. mit relativ kleinem Durchmesser und → Rauchrohren mit wesentlich größerem Durchmesser zur zusätzlichen Aufnahme der Überhitzereinheiten. Der Durchmesser richtet sich außerdem nach dem Abstand der Rohrwände; je länger die H. sind, um so größer ihr Durchmesser, um Durchbiegungen zu vermeiden. Der Innendurchmesser der H. beträgt 40–77 mm, ihre Wandstärke 2,5–3,5 mm. Rauchrohre besitzen 110–175 mm Innendurchmesser bei Wanddicken von 4 mm und 5 mm. Heißdampflokomotiven erhalten 20–40 Rauchrohre und bis zu 180 H. Die H. werden mit dem Bestreben verteilt, eine möglichst große Wasseroberfläche und einen großen Dampfraumquerschnitt und damit möglichst trockenen Dampf zu erhalten. Die Stege an den Rohrwänden sollen wegen des besseren Nachwalzens der H. und Vermeidung von Kesselsteinansatz 20 mm nicht unterschreiten. Lit.: 2.3., 2.12.

Heizschalter: Wahlschalter auf → Führerständen elektrischer Tfz. zur Einstellung (meist nur in 2 Stufen) der gewünschten → Heizspannung. Lit.: 4.4.

Heizscheibe: an der Innenseite der Stirnscheiben von Tfz. befestigte → Scheiben-

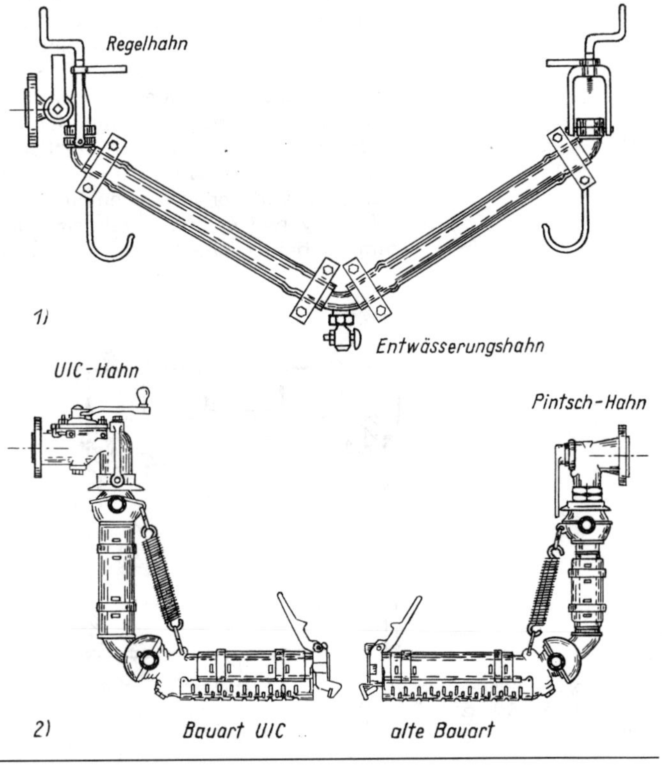

Heizkupplung
Dampfheizkupplung
1) ältere, 1teilige Ausführung, 2) 2teilige Stahlrohrgelenkkupplung

entfrostungsanlage, die durch das Beheizen des Luftraums zwischen der Stirnscheibe und dem Glas der H. mittels stromdurchflossener Widerstandsdrähte ein Vereisen der Stirnscheiben verhindert. Die H. wird aus einem Rahmen gebildet, in dem die Scheibe aus Sicherheitsglas gefaßt und ein Widerstandsdraht in Abständen mäanderförmig zwischen den senkrechten Rahmenleisten gespannt ist. Dieser Rahmen wird über eine Gummidichtung mit einer Klemmvorrichtung gegen die Stirnscheibe gedrückt. Die H. wird mit der vorhandenen Bordspannung gespeist. Das Einschalten der Spannung erfolgt über Paket- oder Kippschalter und ist bei verschiedenen Tfz. von der Stellung der Richtungswalze abhängig. H. werden u.a. auf Loks der BR109, BR110, BR141, BR142 und BR228 der DB/DR eingesetzt.

Heizschlauch: Teil der 1teiligen Dampfheizkupplung (→ Heizkupplung). Der H. besteht aus Gummi mit Gewebeeinlage.

Heizschütz: durch Handschalter oder Schaltwalzen gesteuertes Schaltelement auf Tfz. (meist elektromagnetisches, seltener elektropneumatisches → Schütz) zum Ein- und Ausschalten der elektrischen Zugheizung (→ elektrische Heizung) vom Führerstand des Tfz. aus. Das Heizhilfsschütz dient dabei zur Eingruppierung des → Heizreglers an den Steuerstromkreis des H. von elektrischen Tfz.

Heizspannung: Spannung, mit der die elektrische Zugheizung (→ elektrische Heizung) betrieben wird. Sie richtet sich nach dem von der jeweiligen Bahnverwaltung verwendeten → Bahnstromsystem. Gebräuchliche H.: a) für Gleichstromsysteme je nach Fahrleitungsspannung 3000 V oder 1500 V; b) für Wechselstromsysteme 50 Hz: 1500 V oder 1000 V; bei 16⅔ Hz: 1000 V. Für Fahrzeuge im internationalen Verkehr ist die → Mehrspannungsheizung vorgeschrieben.

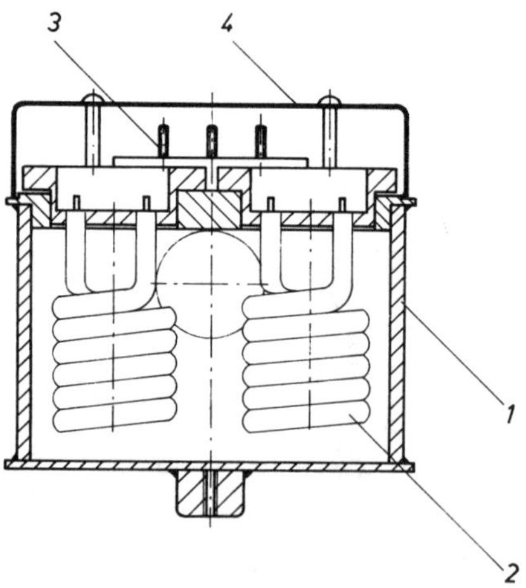

Heiztopf
1 Gehäuse, 2 Heizspirale, 3 Klemmleiste, 4 Schutzkappe

Heizspannungsmesser: Meßgerät zum Messen der an der elektrischen Zugheizung (→ elektrische Heizung) anliegenden Spannung. Der H. ist auf dem Steuerpult der Tfz. angeordnet und gestattet die Überwachung der Zugheizung. Der H. wird vom → Heizspannungswandler gespeist.

Heizspannungswandler: → Spannungswandler für die elektrische Zugheizung (→ elektrische Heizung). An der Sekundärseite der H. sind die → Heizspannungsmesser angeschlossen.

Heizstrom: elektrischer Strom, der von der elektrischen Heizeinrichtung eines Tfz. oder einer bes. elektrischen Heizeinrichtung innerhalb eines Zuges in die elektrische → Hauptheizleitung bzw. → Zugsammelschiene gespeist wird. Der H. ist abhängig von der im Zug geforderten Heizleistung und der vorhandenen → Heizspannung. Er wird begrenzt durch die Belastbarkeit der elektrischen → Heizkupplung und durch den Querschnitt der elektrischen Hauptheizleitung. → elektrische Heizung, → Zugheizeinrichtung

Heizstromrelais: → Heizüberstromrelais

Heizstromrückführung: Rückleitung des vom Tfz. oder von einem Energieversorungswagen über die Heizleitung oder über die → Zugsammelschiene zu den Wagen geführten Heizstroms. Beim Betrieb der elektrischen Heizung von Zügen (auch auf nichtelektrifizierten Strecken) erfolgt die H. wegen der 1poligen Verlegung der Zugsammelschiene bzw. → Hauptheizleitung im Zug über die Wagenmasse, die Radsätze und die Schienen zum speisenden Tfz. oder Energieversorgungswagen. Wegen der Gefahr der → Beeinflussung von Gleisstromkreisen der Sicherungstechnik und wegen einer verlustarmen H. müssen die Gleisanlagen entspr. hergerichtet werden (Schienenverbinder).

Heizstromwandler: → Stromwandler im Hauptkreis der elektrischen Zugheizung (→ elektrische Heizung). An den H. ist das → Heizüberstromrelais angeschlossen.

Heiztopf: elektrisches → Heizgerät im → Kühlwasserkreislauf von Diesel-Tfz. zum Vorwärmen des Kühlwassers vor dem

Anlassen des Dieselmotors und zum Warmhalten des Kühlwassers in der Frostperiode. Der H. besteht aus einem vom Kühlwasser durchflossenen Gehäuse, in dem sich 2 Heizspiralen befinden. H. haben Leistungen von 0,75–3,0 kW und werden vom Ortsnetz mit 380 V gespeist. In dem Kühlwasserkreislauf sind mehrere H. so eingebunden, daß das von den H. erwärmte Kühlwasser durch Thermosyphonwirkung in Umlauf gebracht wird. H. werden z. B. in Diesellokomotiven der BR312.1 der DB/DR eingesetzt; → Vorwärmeanlage. Abb.

Heizüberstromrelais: Schutzeinrichtung auf elektrischen Tfz., die beim Überschreiten einer festgelegten Stromstärke im Heizstromkreis (etwa 500 A bei Tfz. der DB/DR anspricht und den → Hauptschalter ausschaltet.

Heizung: Einrichtung zum Erhöhen der Lufttemperatur in Räumen gegenüber dem Außenraum. Ausrüstung der Tfz. mit

– *H. des Führerraums* (bei Triebwagen auch der Abteile) durch elektrische Heizkörper bei elektrischen und (seltener) dieselelektrischen Tfz. oder durch Warmwasser-Umlaufheizung, die bei Diesel-Tfz. Teil des → Kühlwasserkreislaufs des Antriebsmotors ist oder über Wärmeübertrager die Heizenergie aus dem Kühlwasserkreislauf bezieht; moderne elektrische und Diesel-Tfz. sind mit Warmluftheizungen ausgerüstet (→ Führerraumheizung). Bei kaltem Motor übernimmt ein Ölheizgerät (→ Heizgerät) die Wärmeversorgung (Warmwasser-Ölheizgerät, das gleichzeitig zum Vorwärmen des Dieselmotors dient).

– *H. von Reisezügen* mit einer → Zugheizeinrichtung.

Heizungsregelung: Maßnahme zur Einhaltung bestimmter Temperaturen in Dienst- und Fahrgasträumen von Eisenbahnfahrzeugen. Die H. wird mit Hilfe von *Thermostaten* oder *Kontaktthermometern* erreicht, die bei einem Über- oder Unterschreiten der eingestellten Temperaturen Stromkreisheizschütze der → elektrischen Heizung oder Magnetventile der → Dampfheizung aus- oder einschalten. Infolge dieser unmittelbaren H. sowie wegen der Nutzung der elektrischen Hauptheizleitung als → Zugsammelschiene kann der früher meist handbetätigte → Heizregler auf elektrischen Tfz. und in Fahrgasträumen entfallen.

Heizwert: Maß für die in einem → Brennstoff gespeicherte Energie. Der H. ist der Brennwert des Brennstoffs, vermindert um die Verdampfungsenthalpie des im Rauchgas enthaltenen Wasserdampfs (früher unterer H. genannt). Der Brennwert ist die gesamte Verbrennungsenthalpie (früher oberer H.), die bei der vollständigen Verbrennung von 1 kg bzw. 1 m^3 eines festen, flüssigen oder gasförmigen Brennstoffs entwickelt wird, unter der Voraussetzung, daß die Temperatur des Brennstoffs vor der Verbrennung und die Temperatur des bei der Verbrennung entstehenden Gases 20 °C betragen.

Helmholtz, Richard von: 28. September 1852 (Königsberg) – 10. September 1934 (München); hervorragender Ingenieur des Dampflokomotivbaus und Erfinder. Nach dem Besuch des Humanistischen Gymnasiums in Heidelberg und der mathematischen Vorschule der TH Stuttgart sowie nach einer praktischen Tätigkeit als Schlosser, Dreher und Gießer in der Lokomotivfabrik von A. → Borsig in Berlin studierte H. von 1873 bis 1876 Maschinenbau an der Hochschule in München. Anschließend ging er als Arbeiter und Konstrukteur zur Lokomotivfabrik von G. → Krauss, wo ihm bereits mit 29 Jahren die Leitung des Konstruktionsbüros übertragen wurde und er bis 1907 als Chefkonstrukteur tätig war. Hier entwikkelte H. 1885 mit G. Krauss und → Gölsdorf den → seitenverschieblichen Radsatz und erfand mit G. Krauss das auch nach ihm benannte Krauss-Helmholtz-Drehgestell (→ Krauss-Helmholtz-Gestell), welches 1888 erstmals bei einer C'1-Gebirgstenderlokomotive der Gattung DVIII (später Pt215) der Bayerischen Staatsbahn angewendet wurde. 1896 wurde dieses bei Dampf- und elektrischen Lokomotiven weitverbreitete Drehgestell vom Verein Deutscher Eisenbahn-Verwaltungen preisgekrönt. Neben weiteren hervorragenden Konstruktionsleistungen, wie z. B. 1900 bei der Entwicklung der Vorspannachse (→ Hilfstriebwerk), der geraden → Schwinge der Lokomotivsteuerung und eines für höhere Fahrgeschwindigkeiten geeigneten Stütztenders (→ Stütztenderlokomotive) erwarb sich H. auch die Anerkennung als Nestor der deutschen Lokomotivgeschichtsschreibung. 1913 verlieh ihm die TH Danzig die Ehrendoktorwürde. Lit.: 2.9., 5.3. Abb.

Richard von *Helmholtz*

Henry, Adolf: etwa 1847 (?) – 25. Januar

1892 (?); Maschinendirektor der Paris-Lyon-Mittelmeerbahn, Erfinder der → Henry-Bremse (1890) und der Vierzylinder-Verbundlokomotive (→ Verbundlokomotive (1)). H. veröffentlichte verschiedene Studien über die Verdampfung im Lokomotivkessel. Lit.: 5.3.

Henry-Bremse: von → Henry entwickelte → nichtselbsttätige Druckluftbremse der SBB mit Kurzbezeichnung *Dir.* Sie stellt eine direkt wirkende → Bremsbauart dar, die sich beim Bremsen und Lösen gut regeln läßt und unerschöpfbar ist, was für lange Gefällstrecken bes. wichtig ist. Die H. konnte – darin lag vor der Einführung der indirekt wirkenden mehrlösigen Druckluftbremse ihre Bedeutung – mit einer einlösigen Druckluftbremse indirekter Bauart kombiniert werden.

Henschel, Carl Anton: 23. April 1780 (Kassel) – 19. Mai 1861 (Kassel); Industrieller, Pionier des Dampflokomotivbaus und ab 1817 Teilhaber der Henschel-Lokomotivfabrik seines Vaters. H. besuchte in Kassel das Gymnasium und später die Kunstakademie. Nach dem Erwerb praktischer Fähigkeiten in der väterlichen Werkstatt trat er 1797 in den Staatsdienst, wo er als Baumeister bei verschiedenen Salinen, als Bergingenieur und Maschinendirektor in Carlshafen und ab 1832 als kurhessischer Obergrat tätig war.
Neben der Konstruktion von Pumpenanlagen, Röhrendampfkesseln und Blechträgerbrücken entwarf H. ein durch eine Dampfmaschine angetriebenes Straßenfahrzeug, dessen patentiertes Modell 1817 gebaut wurde. Auch Pläne für eine Seilförderbahn (1803) und eine Druckluft-Eisenbahn (um 1830) zählen zu seinen Leistungen. Nach einer Informationsreise nach England im Jahre 1833, bei der er auch R. → Stephenson kennenlernte, widmete sich H. dem Dampflokomotivbau. Der erste Erfolg war die 1848 ausgelieferte 2'Bn2-Personenzuglokomotive »Drache« für die Hessische Friedrich-Wilhelms-Nordbahn. Lit.: 2.9., 5.1., 5.2., 5.3.

Henschel-Kondenslokomotive: → Henschel-Patent-Kondenslokomotive, → Kondensationslokomotive

Henschel-Patent-Kondenslokomotive: i. e. S. → Kondensationslokomotive der Fa. Henschel & Sohn, 1931 für die Argentinische Staatsbahn entwickelt. Die H. bestand aus einer umgebauten, früher von Henschel an die Argentinische Staatsbahn gelieferten meterspurigen ölgefeuerten 1'D1'-Dampflokomotive und einem für diese Lok entwickelten Kondenstender, in dem die → Kondensatoren (1) untergebracht waren. Bei Versuchsfahrten (1931) beförderte die H. Güterzüge mit 1100–1400 t Zugmasse auf der 759 km langen Strecke Santa Fe–Tucuman bei Außenlufttemperaturen von bis zu 54°C ohne Wassernehmen mit einem mittleren Wasserverbrauch von 8 l/km bzw. einer Wasserersparnis gegenüber Dampflokomotiven der üblichen Bauart von 95,4%.
I. w. S. werden in der Literatur oft 6 Henschel-Kondenslokomotiven (→ Kondenslokomotiven, dort Abb.), die 1938 aufgrund der guten Bewährung der H. im Rahmen einer Bestellung von 30 ebenfalls meterspurigen und ölgefeuerten 2'D1'-Lokomotiven als Henschel-Kondenslokomotiven an die Argentinische Staatsbahn geliefert wurden, als H. bezeichnet. Lit.: 1.6., 2.8., 2.12., 5.3. Abb.

Henschel-Wegmann-Zug: Schnellfahr-Dampfzug der DRG, der aus einer → Tenderlokomotive mit Stromschale (→ Stromlinienverkleidung) und 4 strömungsgünstig gestalteten Leichtbauwa-

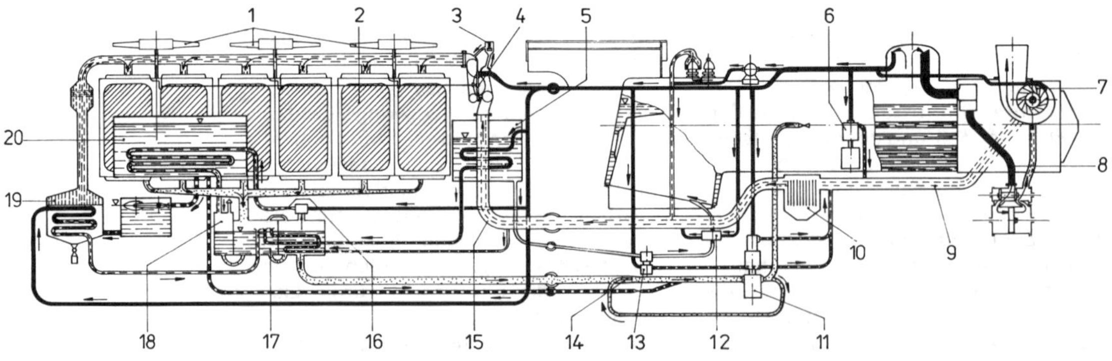

Henschel-Patent-Kondenslokomotive
Schema der Kondensationsanlage
1 Lüfterräder, 2 Kondensatorelement, 3 Bypassventil, 4 Abdampfturbine, 5 Brennstofftank für Ölhauptfeuerung, 6 Luftpumpe, 7 Saugzuganlage, 8 Frischdampf für die Dampfmaschine, 9 Abdampfleitung zum Entöler, 10 Dampfentöler, 11 Speisewasserkolbenpumpe, 12 Brennstoffvorwärmer, 13 Brennstoffpumpe, 14 Ejektor, 15 Abdampfleitung zur Abdampfturbine, 16 Entlüftungsdüse, 17 Kondensatbehälter, 18 Entlüfter, 19 Verdampfer, 20 Frischwasser zur Ergänzung von Verlusten im Kreislauf

gen bestand. Der H. wurde 1935 von den Firmen Henschel & Sohn und Wegmann gebaut. Er durchfuhr die 176 km lange Strecke Berlin Anhalter Bahnhof–Dresden-Neustadt in 102 min mit einer Höchstgeschwindigkeit von 175 km/h. Für den H. stand 1935 die 2′C2′-Zweizylinder-Tenderlokomotive 61001 mit 2300 mm Treibraddurchmesser zur Verfügung, die den Zug innerhalb von 6 min von 0 km/h auf 160 km/h beschleunigen konnte und bei Versuchsfahrten 186 km/h erreichte. Sie wurde 1939 wegen des bei Geschwindigkeiten ≧ 160 km/h ungünstigen Verhaltens des Zwillingstriebwerks durch die 2′C3′-Dreizylinder-Tenderlokomotive 61002 ersetzt.
Die Lok 61001 wurde 1952 von der DB infolge eines Unfallschadens ausgemustert. Die Lok 61002 baute die DR 1961 zur 2′C1′-Schlepptenderlokomotive 18201 für Schnellfahrversuche um. Sie erhielt einen neuen Lokomotivkessel mit Ölhauptfeuerung, die äußeren Zylinder der → Hochdruck-Dampflokomotive H 45024 (H 021001) der DRG und deren hinteres Rahmenteil mit Schleppradsatz sowie einen → Giesl-Ejektor, einen Tender der Bauart 2′2′T34 und eine neue veränderte Verkleidung. Lit.: 2.9., 2.13. Abb.

Heumann, Hermann: 30. April 1878 (Neubauhof/Mecklenburg) – 15. November 1967 (Höfen); Ingenieur und Erfinder des Heumann-Minimumverfahrens zur Berechnung der Kräfte am Spurkranz bei verschiedenen Stellungen des Fahrzeugs im Gleis (→ Bogenlauf) sowie des verschleißangepaßten Heumann-Lotter-Radprofils (1934). Nach einem Maschinenbaustudium in München und Hannover und einer Bauleiterausbildung bei der Eisenbahndirektion Saarbrücken wurde er 1906 als Regierungsbaumeister bei der Eisenbahndirektion Danzig eingesetzt. Zwischenzeitlich arbeitete H. auch in dem von → Helmholtz geleiteten Konstruktionsbüro bei der Lokomotivfabrik Krauss & Co. in München. 1920 folgte er dem Ruf als ordentlicher Professor des Lehrstuhls für Eisenbahnmaschinenbau und Massenförderanlagen an die TH Aachen. 1946 wurde H. emeritiert, hielt aber an der TH München noch bis 1953 Vorlesungen bes. zur Spurführungstechnik. Die TH Braunschweig verlieh ihm 1955 die Ehrendoktorwürde.
H. wissenschaftliche Leistungen zur Gestaltung des → Radprofils und der Gleislauftechnik fanden im Bau und Einsatz der Schienenfahrzeuge ihre praktische Bestätigung und bildeten die Grundlage für die Erarbeitung moderner Radprofile. Lit.: ZEV-Glas. Ann. 92 (1968) Nr. 1. Abb.

Heusinger (seit 1846 von Waldegg), Edmund: 12. Mai 1817 (Langenschwalbach) – 2. Februar 1886 (Hannover); Eisenbahningenieur und technischer Schriftsteller. Nach einer Buchhändlerlehre studierte H. in Göttingen und Leipzig Mathematik, Mechanik und Physik. Beeindruckt von der Leipzig-Dresdner Eisenbahn ging er zur Gutehoffnungshütte Sterkrade, wo er 1840 an der Fertigstellung einer Dampflokomotive aus englischem Material mitarbeitete. Bei der Taunus-Eisenbahn in Kastel bei Mainz entwickelte sich H. vom Werkmeister über den Maschinenmeister und 1846 zum Vorstand der Zentralwerkstätten. Ab 1854 befaßte er sich mit dem Entwurf und dem späteren Bau der Frankfurt-Hoburger Eisenbahn, der Deisterbahn und der Südharzbahn Nordhausen–Northeim. H. zählt zu den Mitbegründern des ab 1845 herausgegebenen »Organ für die Fortschritte des Eisenbahnwesens« sowie als Autor der Handbücher »Ingenieurwissenschaften« und »Spezielle Eisenbahntechnik«.
Die Eisenbahntechnik verdankt H. neben der 1849 unabhängig von → Walschaert entwickelten und weltweit verbreiteten → Heusinger-Steuerung solche Erfindungen, wie z.B. das schmiedeeiserne Doppelscheibenrad, ein eisernes, bei Straßenbahnen bewährtes Oberbausystem sowie die Seitengangbauart bei Personenwagen. Lit.: 2.9., 5.1., 5.3. Abb.

Heusinger-Steuerung: eine 1849 von → Heusinger erfundene → Dampflokomotivsteuerung. Sie wurde 1850 erstmals bei einer Tenderlokomotive ausgeführt, aber zunächst nur zögernd im Lokomo-

Hermann *Heumann*

Edmund *Heusinger*

Henschel-Wegmann-Zug
Lokomotive der BR 61 des Henschel-Wegmann-Zugs, eine 2′C2′-Dreizylinder-Heißdampftenderlokomotive mit 175 km/h Höchstgeschwindigkeit

tivbau angewandt. Nachdem sie dann 1866 von Borries eingeführt wurde, fand sie aufgrund ihrer einfachen und übersichtlichen Bauweise mit nur einem Schwingenstangenantrieb (→ Schwingensteuerung) bei vielen Lokomotivgattungen Anwendung. Die DRG rüstete damit alle Dampflokomotiven der → Einheitsbauart aus. Die überwiegend vorwärtsfahrenden → Schlepptenderlokomotiven erhielten eine H. mit → Hängeeisen und Tenderlokomotiven eine solche mit → Kuhnscher Schleife zur hinteren Aufhängung der → Schieberschubstange. Von → Walschaert wurde 1848 bereits eine gleiche Steuerung entwickelt, von der Heusinger jedoch keine Kenntnis hatte. Lit.: 2.3., 2.12., 5.3. Abb.

Heyder-Spurkranzschmiereinrichtung: spezielle Bauart der kurvengesteuerten → Spurkranzschmieranlage für Tfz. zur Schmierung der laufflächenseitigen Flanken der Spurkränze der Tfz.-Radsätze, um den bes. in engen Bögen auftretenden Verschleiß der Räder (Radreifen) und Schienen zu vermindern. Die H. wird vom Führerstand aus bedient und hat eine selbsttätige Kurvensteuerung, die sichert, daß die Schmierung nur im Bogen und am anlaufenden Spurkranz ausgelöst wird. Wirkungsweise: Nach Herstellen der Betriebsbereitschaft mit dem Anstellhahn (1) (vgl. Abb.) werden Schmierstoff unter Druck sowie Druckluft über eine Steuerung der jeweiligen Spritzdüse (6) zugeführt. Die Art der Steuerung der H. erlaubt eine Anwendung nur bei Tfz. mit wenigstens 1 → seitenverschieblichen Radsatz. Beim Bogeneinlauf wird durch dessen seitliche Verschiebung das Führungsrohr (12) so bewegt, daß über den Mitnehmer (9) der Steuerkolben (10) die seitenrichtigen Spritzdüsen in Tätigkeit versetzt. Bei Geradeausfahrt ist die Schmierstoff- und Druckluftzufuhr abgesperrt. Durch diese bes. Steuerung ist die H. gegenüber anderen Bauarten, die oft mit zeit- oder wegabhängiger periodischer Schmierung arbeiten, günstiger. Als Schmier-

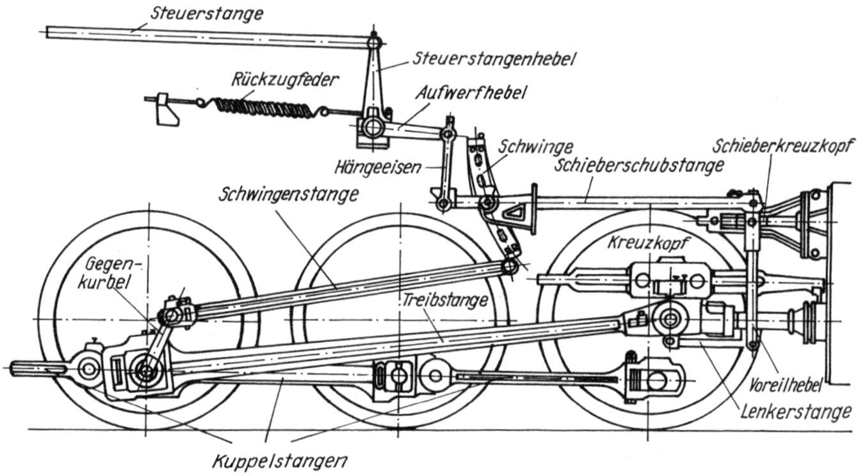

Heusinger-Steuerung mit Hängeeisen

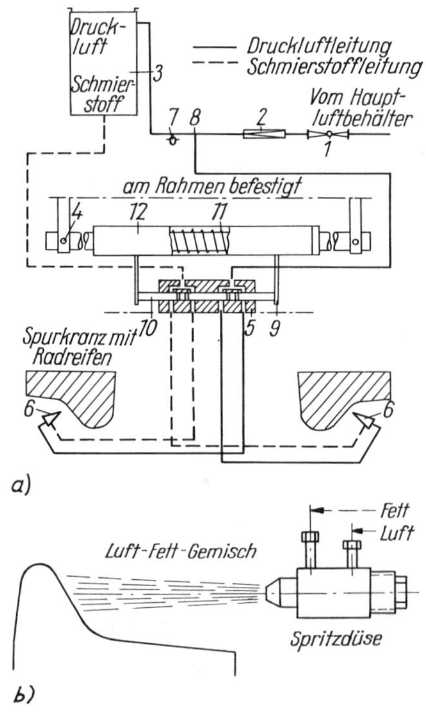

Heyder-Spurkranzschmiereinrichtung
a) Gesamtanordnung der Spurkranzschmiereinrichtung
1 Anstellhahn, 2 Druckminderventil, 3 Fettbehälter, 4 Steuerungsgestänge, 5 Steuerung, 6 Spritzdüse, 7 Entlastungshahn, 8 Abzweigleitung zur Steuerung, 9 Mitnehmer, 10 Steuerkolben, 11 Druckfeder für das Steuergestänge, 12 Führungsrohr
b) Spritzdüse der Spurkranzschmiereinrichtung

stoff hat sich kalkverseiftes Fett auf Mineralölbasis mit einem Tropfpunkt von 95 °C bewährt. Da die modernen Drehgestell-Tfz. kaum noch seitenverschiebliche Radsätze haben, bleibt der Einsatz der H. auf Tfz. mit Starrahmen beschränkt, d.h. vor allem auf Dampfloks. Abb.

»Hikari«: japan., svw. Lichtstrahl; Name der Super-Expreßzüge der JNR auf der Neuen Tokaido-Linie (→ Shinkansen), die auf der 515 km langen Strecke von Tokio nach Shin Osaka nur in Nagoya und Kyoto halten. Reisezeit: 3 h, 10 min.

Hildebrand, Friedrich: 11. Juli 1900 (?) – 7. Februar 1970 (?); Ingenieur und Mitarbeiter an der von seinem Vater W. → Hildebrand erfundenen → Hildebrand-Knorr-Bremse.
H. studierte von 1920 bis 1924 an der TH Berlin. Anschließend übernahm er bei der Knorr-AG in Berlin die Leitung des Großprüfstands für → Druckluftbremsen. Nach erfolgreicher Promotion auf dem Gebiet der Druckluftbremse an der TH Berlin im Jahre 1927 ging H. auf eine Informationsreise zur Fa. Westinghouse Air Brake Co. in Wilmerding sowie zu den Eisenbahnen in den USA, in Mexiko, Neuseeland, Australien, Japan, China, Indonesien und Indien. Ab 1929 arbeitete er wieder bei der Knorr-AG in Berlin und wurde zum Assistenten des technischen Vorstandsmitglieds sowie 1935 zum Abteilungsdirektor der Firma berufen. 1943 trat er die Nachfolge seines verstorbenen Vaters an.

Hildebrand, Wilhelm: 11. August 1869 (Freiburg/Breisgau) – 1943 (Freiburg/Breisgau); Ingenieur und Erfinder der → Hildebrand-Knorr-Bremse sowie des Einachs-Drehgestells für Straßenbahnen. H. begann seine Laufbahn bei der Fa. Hermann Heinrich Böker & Co, die → Druckluftbremsen für Straßenbahnen nach amerikanischem Vorbild herstellte. Dabei gelang ihm mit Erfolg die Weiterentwicklung dieser Bremse.
1911 fusionierte H. die Knorr-Bremse-AG mit der Kontinentalen Bremsen-Gesellschaft, Berlin-Lankwitz. Als Vorstandsmitglied unterstützte er die Entwicklungsarbeiten an der von → Kunze erfundenen → Kunze-Knorr-Bremse. Die durch H. weiterverbesserte Bremse hat sich mit der Bezeichnung → Hildebrand-Knorr-Bremse international bewährt. Lit.: 5.3.

Hildebrand-Knorr-Bremse: mehrlösige, von W. → Hildebrand entwickelte → Druckluftbremse mit der Kurzbezeichnung *Hik.* Sie stellt eine Weiterentwicklung der → Knorr-Bremse und der → Kunze-Knorr-Bremse dar. Seit 1932 ist sie für den internationalen Verkehr zugelassen; Neubaufahrzeuge wurden teilweise bis 1960 mit dieser Bremse ausgerüstet.
Bestandteile: Einkammerbremszylinder, Haupt- und Nebensteuerventil mit gemeinsamem Ventilträger, Hilfsluft-, Vorratsluft- und Steuerluftbehälter.
Das Hauptsteuerventil, das die Brems- und Lösevorgänge einleitet, ist ein Zweidruckventil (gesteuert durch den Hauptluftleitungs- und Hilfsluftbehälterdruck). Das Nebensteuerventil, das Brems- und Lösestufen regelt, ist ein → Dreidruckventil (gesteuert durch Hilfsluftbehälter-, Steuer- und Bremszylinderdruck). Dieses Steuerventil speist bei undichten Bremszylindern selbsttätig nach, und die Bremse ist unerschöpfbar.
Am Hauptsteuerventil ist ein Schild angebracht, für welche Bremszylindergröße das Steuerventil vorgesehen ist, um die international vereinbarten Brems- und Lösezeiten zu erreichen.

Hilfsabtrieb: → Abtriebswelle an Hauptaggregaten der Maschinenanlage von Brennkraft-Tfz., die zum Antrieb von → Hilfsmaschinen dient. Der H. kann für direkten Anschluß der Hilfsmaschine, mit Flansch zum Anschluß von Gelenkwellen oder als → Keilriemenantrieb ausgeführt sein. Z.B. sind an Strömungsgetrieben 1 oder mehrere H. für den Antrieb von Lichtmaschine und Lüftergenerator angeordnet. → Strömungsgetriebe (dort Abb.)

Hilfsanlage: → Hilfseinrichtung auf Tfz., die hauptsächlich aus Bauteilen besteht, die keine mechanische Energie erzeugen oder umwandeln. H. sind z.B.: Abgasanlagen, Sandstreuanlagen, Spurkranzschmieranlagen, Signalanlagen, Beleuchtungsanlagen.

Hilfsbetriebe: bes. bei elektrischen Tfz. gebräuchliche Bezeichnung für → Hilfseinrichtungen.

Hilfsbetriebesstromkreis: Stromkreis, der alle Leitungen und Geräte für den Betrieb der Hilfseinrichtungen auf elektrischen und Diesel-Tfz. umfaßt. Die Hilfseinrichtungen, wie Kompressoren, Pumpen, Lüfter, sind für die zuverlässige Arbeitsweise der Hauptaggregate im Leistungskreis unerläßlich.

Hilfsbläser: Teil der → Grobausrüstung des → Dampflokomotivkessels; Hilfseinrichtung zur Erzeugung eines → Saugzugs (Unterdruck in der → Rauchkammer) bei geschlossenem → Regler auf Dampflokomotiven. Der mit Frischdampf arbeitende H. wird bei Stillstand und im Leerlauf der Lok vom Führerhaus aus betätigt, um beim Öffnen der → Feuertür ein Herausschlagen der Flammen zu vermeiden bzw. bei abgesunkenem Dampfdruck die Feueranfachung zum Wiederhochfahren zu fördern. Der H. besteht aus einem ringförmig um das → Blasrohr gelegten Rohr mit nach oben gerichteten feinen Bohrungen, so daß der ausströmende Dampf ähnliche Wirkung wie der Auspuffdampf bei arbeitender → Dampfmaschine ausübt.

Hilfsdieselmotor: → Hilfsmaschine auf Diesel-Tfz., die (i. d. R. mit einem Generator gekuppelt), zur Erzeugung von Elektroenergie für Klimaanlagen, Küchengeräte, Beleuchtung, Ladegeräte, Luftverdichter usw. verwendet wird. Die Leistung ausgeführter H. liegt etwa zwischen 15 kW und 250 kW. Beim Triebzug der Bauart »Berlin« der DRG konnte der H. bei Ausfall des Fahrdieselmotors auch zum Antrieb des Fahrzeugs, allerdings mit nur geringer Geschwindigkeit, genutzt werden.

Hilfseinrichtung: → Hilfsmaschine oder → Hilfsanlage auf einem Tfz., die nicht unmittelbar zur Erzeugung der → Zugkraft benötigt wird, aber für die maschinentechnische und betriebliche Funktion des Tfz. erforderlich ist.

Hilfsfahrschalter: zusätzlich zum → Fahrschalter in elektrischen und dieselelektrischen Tfz. meist in Reichweite von den Seitenfenstern der Führerstände angebrachte Fahrschalter, die dem Tfz.-Führer bei Rangierfahrten die Fahrsteuerung vom Stand am Seitenfenster aus ermöglichen. Meist handelt es sich um einen → Kipptaster, der die → Auf-Ab-Steuerung betätigt. H. befindet sich z. B. auf Elloks der BR 143 der DB/DR.

Hilfsgang: zusätzlicher Gang im → Maschinenraum elektrischer Tfz., der vom → Hauptgang abzweigt und den Zutritt zu sonst schwer oder nicht erreichbaren Geräten und Aggregaten für Wartungs- und Reparaturarbeiten ermöglicht.

Hilfsgenerator: elektrischer Generator, der eine Felderregungswicklung (Fremderregungswicklung) des → Hauptgenerators speist. Befindet sich der H. auf der gleichen Welle wie der Hauptgenerator oder ist mit diesem fest gekoppelt, spricht man von → Eigenerregung. Anwendung: a) als Gleichstrom-Erregermaschine für die Speisung des Polrads von Drehstromsynchrongeneratoren; b) in dieselelektrischen Tfz. zur Feldregelung und damit Leistungsanpassung an den Dieselmotor in Abhängigkeit von der Drehzahl. Mit geringer Steuerleistung am H. sind eine wesentliche Spannungs- und damit Leistungsänderung am Hauptgenerator erreichbar; ferner kann eine feinstufige Regelbarkeit erzielt werden.

Hilfsgetriebe: i. d. R. → Zahnradgetriebe, das in verschiedenen Modifikationen für den Antrieb von → Hilfsmaschinen auf Tfz. eingesetzt wird.

Hilfsluftbehälter: → Druckluftbehälter für die → Druckluftbremse, wobei der H.druck eine steuernde Funktion hat. Im Gegensatz dazu gibt es → Vorratsluftbehälter (Bremsluftbehälter), deren Aufgabe es ist, nur die benötigte Druckluft für die Bremszylinder zur Verfügung zu stellen. Die H. werden zur Auffüllung auf einen Überdruck von 500 kPa über das → Steuerventil mit der → Hauptluftleitung verbunden.

Hilfsluftverdichter: gelegentlich bei Diesellokomotiven installierter gesonderter → Luftverdichter (2), der die zum Starten von Dieselmotoren ggf. erforderliche Druckluft erzeugt.

Hilfsmaschine: → Hilfseinrichtung auf Tfz., deren wesentliche Bestandteile Kraft- bzw. Arbeitsmaschinen oder eine Kombination von beiden sind. Zu den H. zählen z. B.: → Lichtanlaßmaschine, → Lüftergenerator und → Lüftermotor, → Luftverdichter, Pumpen. Die Antriebsenergie für die H. wird bei Diesel-Tfz. dem → Fahrdieselmotor oder einem → Hilfsdieselmotor entnommen. Die benötigte Antriebsleistung beträgt 6–10% der installierten Fahrdieselmotorleistung. Der Antrieb der H. erfolgt entweder direkt mechanisch (z. B. Keilriemenantrieb des Luftverdichters bei → Kleinlokomotiven) oder unter Zwischenschaltung einer elektrischen oder hydraulischen (meist hydrostatischen) Übertragung (z. B. → Kühlerluftantrieb bei Großdiesellokomotiven). Bei elektrischen Tfz. werden die H. von Elektromotoren angetrieben, wobei die Energie dem → Haupttransformator entnommen wird. Für den Antrieb der H. werden hier etwa 2–3% der installierten Leistung der elektrischen → Fahrmotoren benötigt.

Hilfsmotor: → Hilfseinrichtung, → Hilfsmaschine

Hilfsphase: notwendige Phasenwicklung für den 1phasigen Betrieb von Asynchronmotoren. Da die 1phasige Wechselspannung kein für den Betrieb der Asynchronmotoren notwendiges magnetisches Drehfeld erzeugen kann, wird mit einer zusätzlichen Wicklung, die über ein phasendrehendes Glied (z. B. → Kondensator (2)) von der gleichen Spannung gespeist wird, ein *elliptisches Drehfeld* erzeugt. Das Drehmoment wirkt damit ebenfalls nicht gleichmäßig. Die H. wird nur bei kleinen Leistungen, evtl. mit einer zusätzlichen *Anlaufhilfe,* angewandt, z. B. bei Antriebsmotoren für Hilfsbetriebe auf elektrischen Tfz. Bei kleinsten Leistungen wird ein gleicher phasendrehender Effekt durch sog. Spaltpole mit eingelegter Kurzschlußwicklung erzielt (Spaltpolmotor). Abb.

Hilfsstoff: → Betriebsstoff

Hilfstransformator, *Hilfsumspanner:* → Transformator kleinerer Leistung, der auf Wechselstrom-Tfz. zusätzlich zum → Haupttransformator für manche Steuerungsarten oder Sonderaufgaben erforderlich ist, z. B. als → Zusatztransformator, H. für die → Ausgleichschaltung oder H. für den → Zugkraftangleich. H. werden oft mit im Ölkessel des Haupttransformators untergebracht, häufig aber auch als → Trockentransformatoren ausgeführt.

Hilfstriebwerk, *Vorspannachse:* zusätzliches → Triebwerk mit → Treibradsatz (1) an Dampflokomotiven, das bei der Anfahrt und Beschleunigung mit Hilfe eines Dampfzylinders auf die Schienen gedrückt wurde und zusätzliche → Zugkraft ausübte. Während der Beharrungsfahrt wurde der Treibradsatz des H. durch Federkraft von den Schienen abgehoben. Das von → Helmholtz entwickelte H. fand bei der Lokomotive der Gattung AA I der Bayerischen Staatsbahn (Maffei, 1896) Anwendung. Auch die für die Pfalzbahn gelieferte Lokomotive der Gattung P3[II] (Krauss, 1900) erhielt ein H. Lit.: 1.6.

Hilfsumspanner: → Hilfstransformator

Hinterkessel: aus → Stehkessel und → Feuerbüchse bestehendes Hauptteil des → Dampflokomotivkessels.

Hirth-Verzahnung, *Hirth-Stirnverzahnung:* nach dem Herstellerwerk benannte, fachsprachliche Bezeichnung für → Plankerbverzahnung.

HM-Verfahren: weiterentwickeltes M-Verfahren (→ Meurer-Verfahren) zum **H**ochleistungs-**M**-Gemischbildungsverfahren. Das H. ermöglicht durch eine verbesserte aerodynamische Abstimmung der Luftansaugleitungen (es werden jeweils 3 Zylinder, die in der Ansaugfolge ohne Unterbrechung ineinander übergehen, zusammengefaßt) eine Vergrößerung der Zylinderfüllung und damit eine Erhöhung der Rotationsgeschwindigkeit der Luft im Kugelbrennraum. Der Verzicht auf das zu Strömungswiderständen führende Schirmventil (→ Einlaßventil) und Änderungen der Steuerzeiten ergeben ohne wesentlichen konstruktiven Aufwand eine sog. *weiche* Verbrennung des Kraftstoff-Luft-Gemischs bei einem mittleren Verbrennungsdruck von p_e = 1,0 MPa.

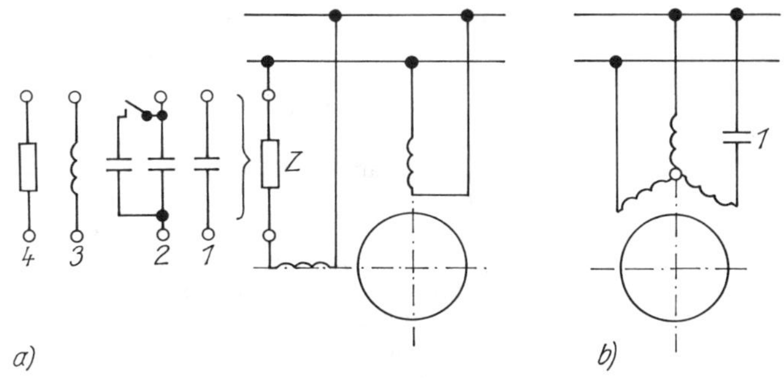

Hilfsphase
a) am Einphasen-Asynchronmotor, b) am Dreiphasen-Asynchronmotor
Z phasendrehendes Bauelement (Z kann sein: 1 Kondensator, 2 Kondensator mit Anlaufhilfe, 3 Spule, 4 Widerstand)

Hochaufladung: Verfahren zur Vergrößerung des → Frischladungsdurchsatzes bei Verbrennungsmotoren, um eine Leistungssteigerung zu erreichen. Beträgt bei der Abgasturboaufladung (→ Abgasturbolader) von 4-Takt-Dieselmotoren die Leistungssteigerung gegenüber dem → Saugmotor mehr als 50%, so spricht man von H. Motoren mit H. müssen konstruktiv für eine höhere mechanische und thermische Belastung ausgelegt werden, da Zünddrücke bis zu 12,0 MPa und Ladedrücke um 0,25 MPa erreicht werden. Der Grenzbereich für die ungekühlte Aufladung von Motoren liegt bei etwa 0,18 MPa Ladedruck und einer Lufttemperatur von 110 °C nach dem Verdichten. Die H. für Bahndieselmotoren erfordert deshalb eine → Ladeluftkühlung auf etwa 60 °C und die Anordnung von Ladeluftkühlern am Motor.

Hochbehälter: → Kraftstoffbehälter

Hochdruckdampflokomotive: Sonderbauart der → Dampflokomotive, die mit einem → Hochdruckkessel für Dampfdrücke >2500 kPa ausgerüstet ist. Der der Dampfmaschine zugeführte Hochdruckdampf erfordert gegenüber dem Dampf mit i. d. R. 1400–2000 kPa Druck eine niedrigere → Erzeugungswärme und besitzt ein größeres Arbeitsvermögen. Die meist ohne → Kondensator (1) arbeitende H. erfordert zur Beherrschung des Druckgefälles eine mehrstufige Dampfdehnung, oft mit Zwischenüberhitzung, damit der Dampf bei seiner Expansion nicht in den Naßdampfzustand gelangt. Der mit dem Hochdruckdampf erzielten thermischen Verbesserung im Komplex Hochdruckkessel-Verbunddampfmaschine stehen große Aufwendungen für Beschaffung und Instandhaltung entgegen.

Die erste H. »Horatio Allen«, Radsatzfolge 1'D, mit allerdings nur 2460 kPa Kesseldruck und 2-Zylinder-Verbunddampfmaschine wurde 1924 von Alco für die nordamerikanische Delaware & Hudson RR Comp. gebaut. Nach ihrer Bewährung ging sie 1934 mit 280000 km Laufleistung im schweren Güterzug-Steigungsbetrieb außer Dienst und 1942 zur Verschrottung. Als erste europäische H. rüstete 1925 die DRG nach Vorschlägen der Schmidtschen Heißdampfgesellschaft und der Fa. Henschel die 2'Ch3-Lok 17206 mit einem → Schmidt-Hartmann-Kessel aus. Das Drillingstriebwerk wurde – unter Reduzierung des Durchmessers des mittleren Zylinders (nunmehr Hochdruckzylinder) auf 290 mm (bei gleichem Hub) – zum Dreizylinder-Heißdampf-Verbundtriebwerk umgebaut. Die mit dieser H. erreichte Energieeinsparung wog die großen Unterhaltungskosten des Kessels, der den hohen Druckbeanspruchungen auf die Dauer nicht standhielt, nicht auf. Die Lok wurde deshalb 1930 außer Dienst gestellt und 1936 ausgemustert. Auch nachfolgende Versuche mit H. konnten sich wegen ihres komplizierten Aufbaus nicht durchsetzen. So die 1929 von der Berliner Maschinenbau AG, vormals Schwartzkopff, gebaute 2'C1'h3-Verbund-H. H 021001 der DRG mit → Löfflerkessel, 2 außenliegenden Hochdruckzylindern von 220 mm Durchmesser, denen der Dampf mit dem extrem hohen Druck von 10500 kPa zugeführt wurde, und 1 innenliegenden Niederdruckzylinder von 600 mm Durchmesser, dem der Dampf mit 1500 kPa zuströmte. Gegenüber der BR01 der DRG wurde bei Probefahrten mit dieser H. 17–25% Kohle eingespart. Aufgrund ihrer großen Störanfälligkeit gelangte sie jedoch nicht zum planmäßigen Einsatz, und die DRG gab sie dem Hersteller zurück, der sie 1945 verschrottete. Noch weniger Erfolg hatte die als letzte H. der Welt 1951 auf der Leipziger Frühjahrsmesse ausgestellte und in Zusammenarbeit des LOWA-Versuchskonstruktionsbüros Wildau, des EKM-Dampfkesselbaus Meerane und des Lokomotivbaus »Karl Marx« Babelsberg durch Umbau der Güterzuglokomotive 45024 der DR entwickelte 1'E1'h3-Verbund-H. H 45024 mit braunkohlenstaubgefeuertem → La Mont-Kessel und Kondenstender. Sie besaß einen innenliegenden Hochdruckzylinder mit 400 mm Durchmesser und für 4200 kPa Dampfdruck sowie 2 außenliegende Niederdruckzylinder, die ihren ursprünglichen Zylinderdurchmesser von 520 mm beibehielten. Diese H. ist über wenige kurze Versuchsfahrten nicht hinausgekommen und wurde 1954 zum wesentlichen Teil verschrottet. Auch die in England, Frankreich, Kanada, in den USA, in der UdSSR und in Kolumbien gebauten etwa 18 H. blieben Einzelexemplare und kamen im wesentlichen über einen Versuchsbetrieb nicht hinaus. Lit.: 2.1. (Bd. 1 u. 2), 2.8., 2.9., 5.3.

Hochdruckdampflokomotive
H 021001 der DRG, Bauart Löffler, 2' C1' h3v, Schwartzkopff 1929

Hochdruckkessel: Sonderbauart des → Dampflokomotivkessels für → Hochdruckdampflokomotiven zur Erzeugung überhitzten, hochgespannten Dampfs mit Drücken >2500 kPa. Der H. bestand i.d.R. aus einem Hochdruck- und Niederdruckteil. Der Hochdruckteil lieferte je nach Bauart Dampf mit Drücken bis zu 12600 kPa. Als H. bei deutschen Lokomotiven wurden der → Schmidt-Hartmann-, der → Löffler- und der → La Mont-Kessel eingesetzt. Lit.: 2.1. (Bd. 1 u. 2), 2.8., 2.9., 5.3. Abb.

Hochdrucklokomotive, *Hochdrucklok:* → Hochdruckdampflokomotive

Hochdruckpumpe: Pumpe zur Erzeugung des Ölstroms im → hydrostatischen Lüfterantrieb. H. arbeiten nach dem Verdrängerprinzip (→ Verdrängerpumpe) und werden als → Zahnradpumpen oder Axialkolbenpumpen ausgeführt. Ihr Antrieb erfolgt meist vom Die-

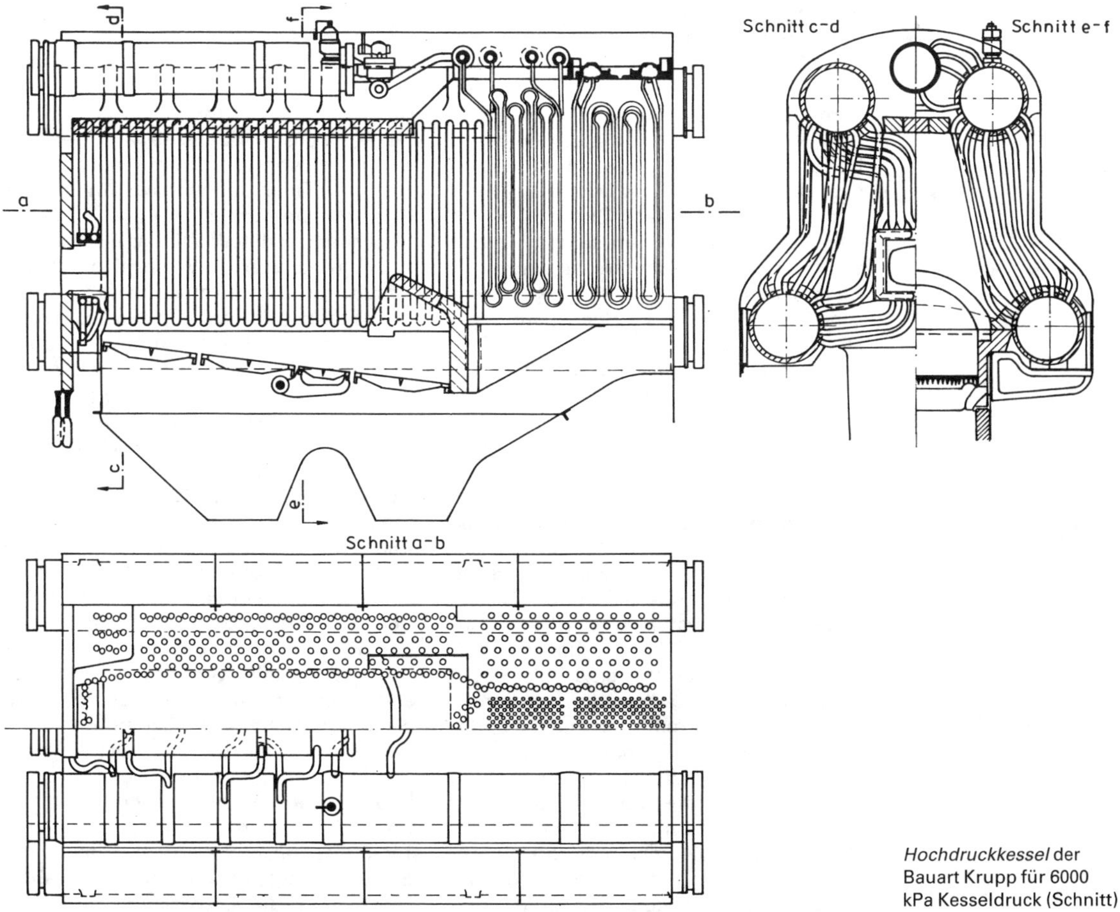

Hochdruckkessel der Bauart Krupp für 6000 kPa Kesseldruck (Schnitt)

selmotor über ein Getriebe. Der Arbeitsdruck der H. liegt bei 8–16 MPa.

Hochdruckschmierpumpe: → Bosch-Schmierpumpe, → Michalk-Schmierpumpe, → De Limon-Öler

Hochdruckverdichter: → Axialverdichter, → Mehrwellengasturbine

Hochdruckvorwärmer: → Heinl-Speisewasservorwärmer

Hochdruckzylinder: → Verbunddampfmaschine, → Niederdruckzylinder

Hochhubsicherheitsventil: → Pop-Ventil

Hochleistungsbremse, *Rapidbremse:* → Bremse hoher Leistung mit der Bremsstellung P_2 und/oder R mit 1 oder 2 Bremsdruckstufen. 1 Bremsdruckstufe setzt → Scheibenbremsen und → Klotzbremsen mit → Kompositionsbremssohlen voraus. Für die H. mit gußeisernen → Bremsklötzen sind durch die UIC 2 Bremsdruckstufen vorgeschrieben. Im oberen Geschwindigkeitsbereich bis zur Umschaltgeschwindigkeit wirkt der höhere Bremszylinderdruck, der bei etwa 50 km/h selbsttätig verringert wird, damit die Radsätze infolge des steigenden → Reibwerts (2) nicht ins Gleiten kommen (→ Gleiten der Räder). Die hohe bzw. niedrige → Abbremsung wird dadurch erreicht, daß das → Steuerventil einen → Druckübersetzer vorsteuert, der seinerseits den → Bremszylinder aus bes. Luftbehältern versorgt. Der → Achslagerbremsdruckregler schaltet geschwindigkeitsabhängig die hohe oder niedrige Druckstufe ein. Gegenüber der herkömmlichen → Druckluftbremse werden bei der H. Bremszylinderdrücke bis zu 800 kPa bei Vollbremsung realisiert. H. sind mit einem → Gleitschutzregler ausgestattet. Als H. werden auch Bremskombinationen, z. B. Klotzbremse mit elektrodynamischer Bremse, bezeichnet, wenn ihre → Bremswirkung größer als 120 → Bremshundertstel ist.

Hochspannungskabel: Kabel zur Übertragung von Elektroenergie hoher Spannung. Sie werden bei elektrischen Tfz. (z.B. bei Triebwagen) dann verwendet, wenn hochgespannte Elektroenergie vom Stromabnehmer bis zu dem unter dem Wagenfußboden angebrachten → Haupttransformator zu leiten ist. Das H. besteht dann meist aus verzinntem Kupferseil mit Isolation aus Gummi und Papier sowie Schutzumhüllung durch Drahtgeflecht und Baumwollgewebe.

Hochspannungsschaltwerk: → Stufenschaltwerk einer → Hochspannungssteuerung. Lit.: 4.5., 4.11.

Hochspannungssicherung: elektrische → Schmelzsicherung für Hochspannungsanlagen. Die H. wird bei älteren elektrischen Tfz. anstelle eines → Hauptschalters als Kurzschluß- und Überlastschutz verwendet.

Hochspannungssteuerung: → Leistungssteuerung eines → Wechselstromtriebfahrzeugs auf der Hochspannungsseite seiner elektrischen Ausrüstung mit Hilfe eines → Stelltransformators, dessen Anzapfungen mit dem Hochspannungsschaltwerk verbunden sind. Die abgestufte Hochspannung wird dann dem → Leistungstransformator zugeführt, der sie herab auf das Spannungsniveau der Fahrmotoren transformiert. Er ist häufig mit dem Stelltransformator auf einem gemeinsamen Kern angeordnet.

Die H. erlaubt die Verwendung kleinerer und verschleißarmer Schaltwerke gegenüber der → Niederspannungssteuerung, weil die zu schaltenden Ströme auf der Hochspannungsseite relativ klein sind. Wegen des zusätzlichen Stelltransformators ist die H. der Niederspannungssteuerung aber nur bei großen Leistungen überlegen. Lit.: 4.5., 4.10., 4.11. Abb.

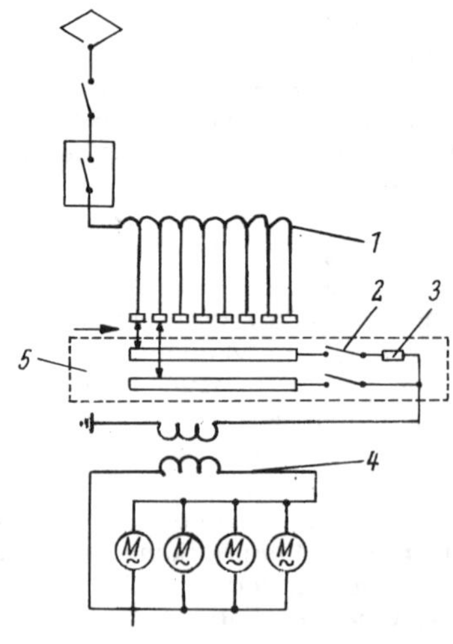

Hochspannungssteuerung
1 Stelltransformator, 2 Lastschalter, 3 Überschaltwiderstand, 4 Leistungstransformator, 5 Stufenwähler-Schaltwerk

Hochspannungsstromkreis: Stromkreis im → Hochspannungsteil von Wechselstrom-Tfz. vom → Stromabnehmer bis zur → Oberspannungswicklung des Haupttransformators.

Hochspannungsteil: Teil der elektrischen Ausrüstung von → Wechselstromtriebfahrzeugen vom Stromabnehmer bis zur Oberspannungswicklung des → Haupttransformators. Das H. umfaßt → Stromabnehmer, → Dachtrennschalter, → Dachleitung, → Überspannungsschutz, → Hauptschalter und ggf. → Dachdurchführung, → Hochspannungskabel und → Hochspannungssicherung.

Höchstgeschwindigkeit: größte, zul. momentane → Geschwindigkeit von Tfz. und Zügen sowie für Verkehrsanlagen und für die sichere Betriebsdurchführung. Die H. leitet sich aus der antriebs- und bremstechnischen Ausrüstung, aus den Eigenschaften des Laufwerks, aus der technischen Gestaltung, dem Zustand der Verkehrsanlagen und aus den sicherheitstechnischen Bedingungen der Betriebsdurchführung ab. Die H. wird durch Vorschriften, Weisungen, Signale und Schilder bekanntgemacht. Unter außergewöhnlichen Umständen hat der Tfz.-Führer die H. zur Gewährleistung der Sicherheit eigenverantwortlich herabzusetzen. Für die Entwicklung und Konstruktion von Tfz. ist die H. durch den Auftraggeber im Pflichtenheft festzulegen. Gemäß Standard der UIC ist der Hersteller verpflichtet, das Tfz. mit einem Sicherheitszuschlag von 10% zur H. zu konstruieren und zu erproben.

Hochtrieb: der Pumpenwelle eines → Strömungsgetriebes (dort Abb.) oder hydromechanischen Getriebes vorgeschalteter → Zahntrieb mit dem Übersetzungsverhältnis $i<1$, um eine Erhöhung der Pumpenwellendrehzahl zu erreichen. Die damit verbundene Leistungserhöhung (→ Propellerkurve) erlaubt geringere Abmessungen der → hydrodynamischen Kreisläufe und damit eine geringere Masse des Getriebes. Bei hochtourigen Gasturbinenantrieben kann der den hydrodynamischen Getrieben vorgeschaltete Zahntrieb eine Übersetzung $i>1$ besitzen, so daß der H. dann sinngemäß als Tiefgang bezeichnet wird.

Hohlschaufel: → Schaufelkühlung

Hohlventilkegel: Bauteil der → Dampfluftpumpe. Der H. befindet sich in den beiden großen Saugventilen; über ihn wird die Luft in den Niederdruck-Luftzylinder gesaugt und dort auf 190 kPa vorverdichtet. Lit.: 2.12.

Hohlwelle: durch Gießen, Walzen, Ziehen oder Bohren hergestellte hohle Radsatzwelle, die eine Massereduzierung des → Radsatzes ermöglicht oder für eine konstruktive Antriebsausführung bei Tfz. erforderlich sein kann (z. B. Radsatzmotorantrieb mit Hohlwelle bei elektrischen Tfz., → Deutz-Hohlwellenantrieb bei Diesel-Tfz. und → Klien-Lindner-Radsatz (dort Abb.) bei Dampflokomotiven). Die H. besitzt einen größeren Durchmesser, jedoch eine geringere Masse als die Vollwelle bei gleichem Widerstandsmoment. Nachteile: aufwendige Herstellung und größere Durchbiegung als eine Vollwelle gleichen Außendurchmessers. Abb.

Holmann-Lokomotive: von Holmann entwickelte amerikanische Sonderbauart der → Dampflokomotive mit Reibradantrieb und bes. Form der → Getriebelokomotive. Die Leistung der 2-Zylinder-Dampfmaschine wurde auf 2 gekuppelte Reibradsätze großen Durchmessers übertragen, die ihrerseits über je 2 Reibradsätze kleineren Durchmessers in 2 speziellen Triebdrehgestellen vereinigten je 3 Treibradsätze extrem kleinen Durchmessers antrieben. Ziel war, mit dieser zwischengeschalteten Reibradstufe höhere Fahrgeschwindigkeiten zu erreichen, ohne die Kolbengeschwindigkeit erhöhen zu müssen. Die 1894 von der Fa. Baldwin für die amerikanische Jersey Rd. gebauten 2 Schnellzuglokomotiven mit der Achsfolge 2′C′C′ blieben wegen ihres mehrstöckigen Triebwerkaufbaus und ihrer kleinen, die Laufsicherheit in Frage stellenden Treibraddurchmesser ein Versuch, zumal die mit einem 4-Wagenzug erreichte Höchstgeschwindigkeit nur 97 km/h betrug. Lit.: 2.8., 5.3.

Holzapfel, Eduard: 1840 (?) – 23. Mai 1889 (Nordhausen); Eisenbahn-Maschineninspektor in Nordhausen und Erfinder des Holzapfel-Funkenfängers (→ Funkenfänger). Lit.: 5.3.

Holzapfel-Funkenfänger: → Funkenfänger

hood-unit: ursprüngliche (engl.) Bezeichnung für → Road Switcher.

Houlet-Überhitzer: von Houlet entwickelte Bauart des → Rauchrohrüberhitzers. Die in den Rauchrohren angeordneten Überhitzereinheiten bestanden aus 2 ineinander gesteckten Rohren, in derem ringförmigen Zwischenraum der Dampf überhitzt wurde und im inneren Rohr zurückströmte. Durch diese Art des Rückströmens erwartete man infolge verminderter Rückkühlung des überhitzten Dampfs gegenüber dem Rauchrohrüberhitzer der Bauart Schmidt eine um 35–50 K höhere → Überhitzung des Dampfs. Der H. wurde 1935 von der Paris-Orleans-Bahn eingesetzt; der erhöhte Reparaturaufwand und die komplizierte Fertigung führten jedoch bald zur Einstellung dieser Bauart. Lit.: 2.10., 5.3.

HST: Abk. für engl. **H**igh **S**peed **T**rain (Hochgeschwindigkeitszug); → Schnellverbrennungstriebzug (dort Tab.) der BR mit Dieselmotorantrieb, der seit 1976 im Intercity-Verkehr zwischen Großstädten Großbritanniens eingesetzt wird. → Tafel »Verbrennungstriebwagen und -triebzüge«.

Hubanzeiger: Druckmesser im Führerhaus (Heizerseite), der mit der Steuerkammer am Hochdruckdampfzylinder der → Speisewasserkolbenpumpe in Verbindung steht. Der Zeiger des H. schlägt bei jedem Doppelhub einmal aus, so daß der Heizer das Arbeiten der Pumpe kontrollieren kann. Lit.: 2.3., 2.12.

Hubkolbenmotor: → Verbrennungsmotor, dessen Kolben als Teil des → Kurbeltriebwerks zwischen OT und UT im Zylinder geführt wird. Der Weg zwischen OT und UT ist der → *Kolbenhub*. Die bei der Verbrennung des Kraftstoff-Luft-Gemischs im Zylinder entstehende Wärme wird über das Kurbeltriebwerk in mechanische Energie umgeformt.

Hubkolbenverdichter: → Luftverdichter

Hubraum: aus der Zylinderquerschnittsfläche A und dem → Kolbenhub s einer Kolbenmaschine gebildetes Volumen $V_h = As$.

Hubscheibe: → Exzenter

Hülsenpuffer: → Zug- und Stoßeinrichtung

Hybridfahrzeug: i. e. S. Tfz. mit 2 verschiedenen Energiequellen (→ Zweikraftlokomotive), bes. in der Kombination elektrischer Antrieb und Antrieb durch eine Verbrennungskraftmaschine. Die Bezeichnung H. kennzeichnet i. w. S. ein Tfz. mit Verbrennungskraftmaschine (z. B. Dieselmotor) und elektrischer Leistungsübertragung, wobei der Dieselmotor ständig mit Nennleistung (→ Nennbe-

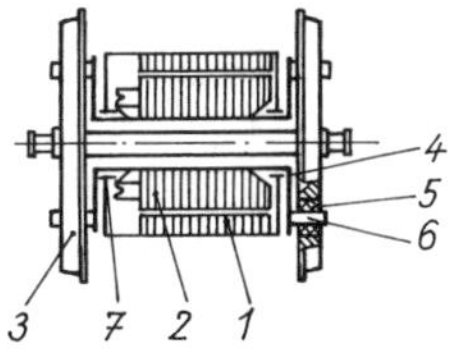

Hohlwelle
Radsatzmotorantrieb
1 Ständer, 2 Läufer, 3 Treibrad, 4 Hohlwelle, 5 Gummi- oder andere federnde Elemente bzw. Gelenkmechanismen, 6 Mitnehmerzapfen, 7 Lagerung des Motors auf der Radsatzwelle bzw. Hohlwelle

trieb) und damit gutem → Wirkungsgrad arbeitet. Wird weniger Traktionsleistung gefordert, wird die überschüssige Energie in einer → Batterie über eine Pufferschaltung elektrisch gespeichert, und bei einem Mehrbedarf wird zusätzlich Energie von der Batterie den elektrischen Fahrmotoren zugeführt. Die energetisch günstige Betriebsweise des Dieselmotors wird allerdings durch die große Masse der Batterie und den schlechten Wirkungsgrad der elektrischen Speicherung weitgehend kompensiert, so daß H. meist Projekte blieben.

hydraulische Kraftübertragung: ehem. Bezeichnung für → hydraulische Leistungsübertragung.

hydraulische Leistungsübertragung: Art der → Leistungsübertragung von Brennkraft-Tfz., bei der die Leistung der Antriebsmaschine hydraulisch weitergeleitet wird. Arten: → hydrostatische Leistungsübertragung und → hydrodynamische Leistungsübertragung. Wegen der bedeutend größeren Verbreitung wird unter der h. L. i. allg. die → *hydrodynamische Leistungsübertragung* verstanden.

hydraulischer Dämpfer: → Schwingungsdämpfer

hydraulischer Wirkungsgrad: Leistungs- oder Energieverhältnis, das die hydraulischen Verluste der Strömung in hydraulischen Maschinen berücksichtigt.

hydraulisches Getriebe: → Getriebe zur stufenlosen Umwandlung von Drehmoment und Drehzahl bei der → Leistungsübertragung von Brennkraft- und (z. T.) Zweikraft-Tfz. Dabei dient eine → Betriebsflüssigkeit als Energieträger zwischen leistungsaufnehmendem Teil (Pumpe) und leistungsabgebendem Teil (Turbine oder Motor). Arten: 1) → hydrostatisches Getriebe; 2) hydrodynamisches Getriebe (→ Strömungsgetriebe); 3) → hydromechanisches Getriebe als Kombination von hydrodynamischem Leistungsübertrager (meist → Strömungswandler) und mechanischem Getriebe.

Hydrodynamik: **1.** Lehre von der Bewegung strömender inkompressibler Medien, bes. der Flüssigkeiten. – **2.** Bau- oder Funktionsgruppe von → Strömungsgetrieben (dort Abb.), die alle hydrodynamischen Kreisläufe einschl. ihrer primärseitigen und sekundärseitigen Anschlüsse umfaßt, die auf einer gemeinsamen geometrischen Achse liegen. Dazu gehören Pumpen-, Turbinen- und Leiträder, Pumpen- und Turbinenwellen einschl. der darauf befindlichen Zahnräder, die Gehäuse der Strömungswandler und die Anschlüsse von Füll- und Entleerleitungen.

hydrodynamische Bremse: Fahrzeugbremse, die eine Bremskraft durch → hydrodynamische Leistungsübertrager erzeugt. Als h. B. können → Strömungsbremsen oder Strömungswandler (→ Bremswandler, → Strömungswendegetriebe) verwendet werden. Für Dauer- und Gefällebremsen wird die Strömungsbremse bevorzugt. Die h. B. kann als zusätzliche Bremse zur → Druckluftbremse in Tfz. mit hydrodynamischer Leistungsübertragung eingebaut werden, die Bremsenergie wird verschleißfrei und vollständig in Wärme umgewandelt, die von der → Betriebsflüssigkeit abzuführen ist.

hydrodynamische Kraftübertragung: → hydrodynamische Leistungsübertragung

hydrodynamische Kupplung: → Strömungskupplung

hydrodynamische Leistungsübertragung: Art der → Leistungsübertragung von Brennkraft-Tfz. und ggf. Zweikraftlokomotiven, bei der die Leistung des Antriebsmotors über → Strömungsgetriebe oder → Strömungskupplungen weitergeleitet wird. Die h. L. wird als Hauptantrieb bei Brennkraft-Tfz. bis etwa 2000 kW Leistung je Maschinenanlage angewandt (→ dieselhydraulische Lokomotive). Als Hilfsantrieb wird die h. L. bei Diesel-Tfz. unter Verwendung einer regelbaren Strömungskupplung für den Antrieb von Kühlerlüftern eingesetzt (→ hydrodynamischer Lüfterantrieb).

hydrodynamischer Drehmomentwandler: → Strömungswandler

hydrodynamischer Kreislauf: in sich geschlossener Arbeitsraum von hydrodynamischen Leistungsübertragern, der aus den → Schaufelkanälen und den schaufelfreien Kanälen gebildet wird. Der h. K. entstand durch Anwendung des → Föttingerprinzips. Die als Energieträger bei hydrodynamischen Leistungsübertragern benutzte → Betriebsflüssigkeit durchströmt den h. K. in einem geschlossenen → Flüssigkeitsring und in der Reihenfolge Pumpenrad – Turbinenrad – Leitrad beim entspr. ausgeführten 3kränzigen Strömungswandler, Pumpenrad – Turbinenrad bei der Strömungskupplung (bei Schubbetrieb in umgekehrter Reihenfolge) und Pumpenrad –

Leitrad bei der Strömungsbremse. Für die im Strömungsgetriebe angeordneten hydrodynamischen Leistungsübertrager wird allg. der Begriff h.K. benutzt.

hydrodynamischer Leistungsübertrager: Strömungsmaschine zur → Leistungsübertragung in Tfz., die nach dem → Föttingerprinzip arbeitet. Grundtypen sind der → Strömungswandler und die → Strömungskupplung. Als Sonderform der Strömungskupplung zählt heute die → Strömungsbremse zu den h.L., die jedoch die aufgenommene Bremsenergie ausschließlich in Wärme umwandelt. Das → Strömungsgetriebe vereinigt in einem Aggregat 1 oder mehrere Grundtypen von h.L. in Verbindung mit Zahntrieben und kann i.w.S. auch als h.L. gelten.

hydrodynamischer Lüfterantrieb: Bauart des → Kühlerlüfterantriebs von Diesel-Tfz., bei der der Kühlerlüfter über eine regelbare → Strömungskupplung angetrieben wird. Durch Veränderung der Füllung in der Strömungskupplung erfolgt eine stufenlose Regelung der Kühlerlüfterdrehzahl in Abhängigkeit von der aus dem → Kühlwasser abzuführenden Wärmemenge. Die regelbare Strömungskupplung kann als separates Aggregat ausgeführt oder in der Nabe des Kühlerlüfters angeordnet sein (Abb.). Als Verbindungselement zum Dieselmotor oder zum Hilfsantrieb des Strömungsgetriebes werden → Gelenkwellen verwendet, mehrere Kühlerlüfter können von einem geregelten Lüfter durch Keilriemen angetrieben werden. Bei dieselhydraulischen Tfz. kann die Strömungskupplung in den Ölkreislauf des Strömungsgetriebes eingebunden werden. H.L. sind sehr zuverlässig, arbeiten nahezu wartungs- und verschleißfrei und geräuscharm. Die Kühlwassertemperatur wird sehr genau konstant gehalten. Etwa 20% der Diesel-Tfz. sind mit h.L. ausgerüstet, z.B. die Diesellokomotiven BR 220 der DB/DR, die BB 69000 der SNCF und die TE 10L der SŽD. Abb.

hydrodynamisches Getriebe: → Strömungsgetriebe

hydromechanisches Getriebe: → Getriebe zur → Leistungsübertragung dieselhydraulischer Tfz., bei dem die Leistung hydrodynamisch und mechanisch, d.h. über einen → Strömungswandler (selten über eine → Strömungskupplung) und mechanische Gang- oder Schaltstufen, übertragen wird. Für Brennkraft-Tfz. werden 2 konstruktive Prinzipien angewandt: 1) Kombination aus einem Strömungswandler und nachgeschaltetem → Zahnradschaltgetriebe. Ausführungsarten: → Mekydrogetriebe, → AEG-Föttingergetriebe, → ZF-Hydromedia-Getriebe. 2) Differentialgetriebe, bei dem ein Strömungswandler mit einem Verteil- und/oder einem Nachschaltgetriebe (meist Planetengetriebe) zusammenarbeitet. Die Leistung wird je nach Betriebsbereich über den hydromechanischen und/oder den mechanischen Strang geleitet (Leistungsteilung). Ausführungsarten: → Voith-DIWA-Getriebe, → SRM-Getriebe.

hydrostatische Leistungsübertragung: Art der → Leistungsübertragung von Brennkraft-Tfz., bei der die Leistung des Antriebsmotors über hydrostatische Getriebe weitergeleitet wird. Die h.L. wird als Hauptantrieb bei kleinen Rangierdiesellokomotiven und Dieseltriebwagen, in Spezialfahrzeugen und Arbeitsgeräten eingesetzt und hat als Hilfsantrieb bes. für den Antrieb von Kühlerlüftern verbreitet Anwendung gefunden (→ hydrostatischer Lüfterantrieb).

hydrostatischer Lüfterantrieb: Bauart des → Kühlerlüfterantriebs, bei der die Leistungsübertragung zum Kühlerlüfter

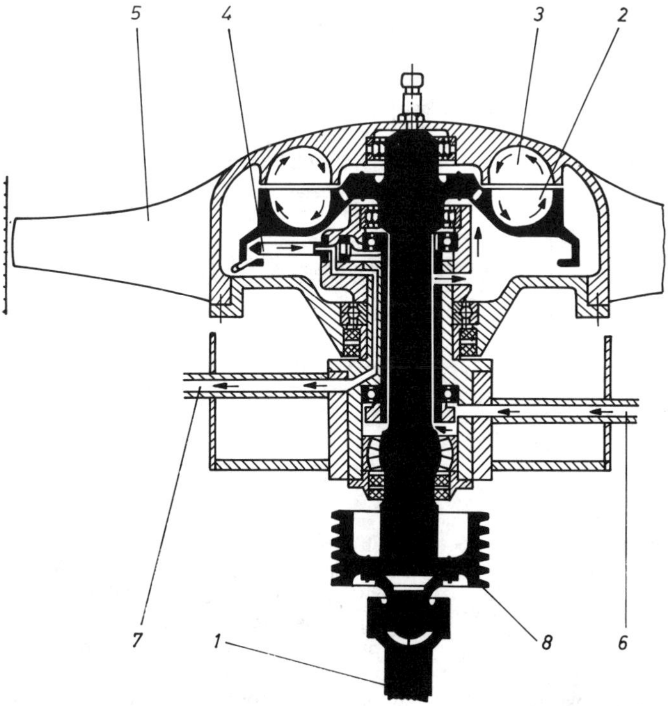

hydrodynamischer Lüfterantrieb in der Lüfternabe
1 Antrieb durch Gelenkwelle, 2 Kupplungspumpe, 3 Kupplungsturbine, 4 Schöpfrohr, 5 Lüfterschaufel, 6 Ölzulauf, 7 Ölablauf, 8 Antrieb für zweites Lüfterrad über Keilriemen

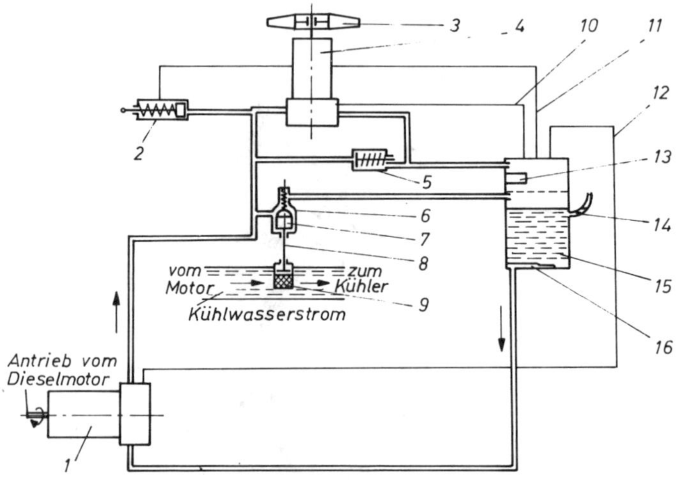

hydrostatischer Lüfterantrieb (Schema)
1 Axialkolbenpumpe, 2 Schaltzylinder für Jalousie, 3 Lüfter, 4 Axialkolbenmotor, 5 Sicherheitsventil, 6 Drosselorgan, 7 Ringkolbenschieber, 8 Regler, 9 Dehnstoffelement, 10 Leckölleitung Motor, 11 Leckölleitung Schaltzylinder, 12 Leckölleitung Pumpe, 13 Magnetfilter, 14 Füllstutzen, 15 Ölbehälter, 16 Filter

auf hydrostatischem Weg erfolgt. Der h.L. besteht aus einer vom Dieselmotor oder von einem Hilfsabtrieb angetriebenen hydrostatischen Pumpe (Axialkolbenpumpe oder → Zahnradpumpe), einem oder mehreren unmittelbar an den Kühlerlüftern angeordneten hydrostatischen Motoren (meist Axialkolbenmotoren), einem Ölbehälter, Filter, Rohrleitungen und der Regeleinrichtung (Abb.). Durch verstellbare Axialkolbenpumpen (Regelung der Pumpenfördermenge) oder durch ein Drosselorgan (Drosselregelung) ist eine stufenlose Regelung der Kühlerlüfterdrehzahl in Abhängigkeit von der aus dem → Kühlwasser abzuführenden Wärmemenge möglich. Vorteile: geringe Baumasse, geringer Raumbedarf, eine freizügige Anordnung der Anlage und eine sehr gute Konstanz der Kühlwassertemperatur. Im Drucksystem treten Öldrücke bis 32 MPa auf, woraus hohe Anforderungen an die Qualität und Dichtheit resultieren. Der h.L. ist mit etwa 40% der am weitesten verbreitete Lüfterantrieb bei Diesel-Tfz., es wurden alle größeren Diesel-Tfz. der DB, die BR 219 der DB/DR, die BR TG 300, TEP 60 und TG 106 der SŽD, die BR ML 4000 von Krauss-Maffei für die USA und die BR DHG 5400 von Henschel für die Chinesischen Eisenbahnen damit ausgerüstet. Abb.

hydrostatisches Getriebe: → hydraulisches Getriebe, das *Druckenergie* zur → Leistungsübertragung nutzt. H.G. bestehen aus 2 Hauptbauteilen: 1 Pumpe, die die zugeführte Energie in Druckenergie umsetzt und 1 Motor, der die Druckenergie in mechanische Energie zurückverwandelt. Beide sind Verdrängermaschinen (→ Verdrängerpumpe), die über das Drucksystem (Rohrleitungen oder Kanäle) miteinander verbunden und meist räumlich voneinander getrennt angeordnet sind. Bauarten: → Flügelzellengetriebe, → Radialkolbengetriebe und → Axialkolbengetriebe.

Hysteresis: Differenz der Drehzahlen zwischen Hoch- und Zurückschalten (bezogen auf die Hochschaltdrehzahl) eines → Drehzahlschalters von Strömungs- und hydromechanischen Getrieben. Der Drehzahlschalter ist konstruktiv so gestaltet, daß die H. auftritt, um ein Pendeln beim Umschalten der → Gangstufen zu vermeiden.

I

ICE: ursprüngliche Bezeichnung für den elektrischen 16⅔-Hz-Versuchstriebzug »**I**nter**c**ity-**E**xperimental« der DB, nach Überführung in die Serienherstellung und Verwendung im betriebsmäßigen Einsatz ab 1991 Bezeichnung für »**I**nter**c**ity-**E**xpreß«. Der Versuchstriebzug ICE wurde am 26. November 1985 offiziell in Betrieb genommen und stellte einen Erprobungsträger für eine Reihe technischer Neuerungen für Betriebseinsatz und Komfort eines modernen elektrischen → Triebzugs dar. Er bestand aus 2 Triebköpfen an den Zugenden und 3 Mittelwagen, von denen der zweite Mittelwagen mit verschiedensten Einrichtungen für Aufenthalt und Betreuung der Fahrgäste versehen war und der dritte Mittelwagen als Meßwagen die unterschiedlichsten Messungen während der mehrjährigen Erprobung ermöglichte. Die vorgesehene Höchstgeschwindigkeit für Versuchsfahrten betrug 300 km/h, erreicht wurden 1988 406,9 km/h, die fahrplanmäßig angestrebte Spitzengeschwindigkeit liegt bei 250 km/h. Die →

Drehstromantriebstechnik des Triebzugs ist mit → Gleichspannungszwischenkreis und → Asynchronfahrmotor für eine Dauerleistung von 2×3630 kW ausgeführt. Das Drehmoment wird von den → Fahrmotor-Getriebeblöcken über doppelte Kardanhohlwellenantriebe auf die Treibradsätze übertragen. Alle → Triebdrehgestelle (je Triebkopf 2) sind mit Fahrmotoren ausgerüstet. Der ICE hat ein mikrogesteuertes Bremssystem, bestehend aus a) einer generatorischen Bremse im Triebkopf mit Energierückspeisung in den Fahrdraht (→ Netzbremse), b) reibwertunabhängigen lineraren Wirbelstrombremsen in sämtlichen Trieb- und Laufraddrehgestellen, die durch Nickel-Cadmium-Batterien (→ Akkumulator) gespeist werden, und c) → Scheibenbremsen auf allen Treib- und Laufradsätzen. Die Steuerungsignale werden über → Lichtleiter übertragen, außerdem ist der ICE mit dem Diagnosesystem DIAS und dem Fahrgastinformationssystem FIS ausgestattet. Die ICE-Triebzüge verkehren seit 1991 fahrplanmäßig. → Tafel »Elektrische Triebwagen und Triebzüge«.

Ignitron: pumpenloser, 1anodiger → Gleichrichter mit Quecksilberkatode. Das I. wurde von 1949 bis um 1960 häufig für 50-Hz-Gleichrichter-Tfz. verwendet, dann aber durch den → Siliziumgleichrichter verdrängt. Beim I. wird jede Halbwelle in Durchlaßrichtung durch einen Halbleiterzündstift (meist Borkarbid) neu gezündet. I. sind leichter und kleiner als Mehranodengleichrichter und weisen eine geringere Rückzündungsgefahr auf, sind aber temperaturempfindlich und erfordern daher Wasser- oder Luftkühlung. Der Wirkungsgrad liegt bei etwa 95% (vgl. → Excitron). Die erste I.-Lokomotive fuhr 1949 in den USA. Weiterentwicklung vor allem in Frankreich (Ellok der BR BB12000), in der UdSSR und in der ČSFR. Abb.

Illing: Bezeichnung für eine Einheit einer → Doppellokomotive (Zwilling), die auch einzeln eingesetzt werden kann.

Impedanz, *Scheinwiderstand, Wechselstromwiderstand:* komplexer elektrischer Widerstand Z eines Leiters oder elektrischen Bauteils, der aus dem ohmschen Widerstand (Gleichstromwiderstand, Wirkwiderstand) R und dem induktiven oder/und kapazitiven Widerstand (→ Blindwiderstand, Reaktanz) X besteht: $Z = R + jX$, $Z = U/I$

Der Buchstabe j kennzeichnet dabei als »imaginäre Einheit« die komplexe Zahl der in der Elektrotechnik bei der Berechnung von Wechselstromgrößen üblichen sog. komplexen Rechnung, U die Spannung und I die Stromstärke.

Impedanzrelais, *Distanzschutzrelais:* Schutzeinrichtung für elektrische Netze, bei der durch Strom- oder Spannungsmessung die → Impedanz des gespeisten Netzes ermittelt und bei Unterschreiten eines einstellbaren Wertes eine Abschaltung ausgelöst wird. Aufgabe des I. ist es, entfernt von der Einspeisestelle auftretende Kurzschlüsse zu erfassen, da die dabei auftretenden Kurzschlußströme oftmals nicht ausreichen, um den auch vorhandenen → Überstromschutz zum Ansprechen zu bringen.

Impulsaufladung, *Stoßaufladung:* → Aufladeverfahren mit Gebläse oder Verdichter für Verbrennungsmotoren. Bei diesem vom Schweizer Büchi im Jahre 1925 entwickelten Verfahren treibt eine Abgasturbine den auf gleicher Welle sitzenden Verdichter an, doch ist der Druck der Abgase von der Turbine nicht konstant. Bei der I. werden die Abgase von den Zylinderköpfen durch enge und kurze Rohrleitungen zum Abgasturbolader geleitet. Beim Öffnen der Auslaßventile ist der Abgasdruck zunächst hoch, um danach bis unter den Spüldruck abzusinken, wodurch ein gutes Durchspülen der Zylinder erreicht wird. Die Energie der Abgase, die bei Auslaßbeginn bes. groß ist, wird bei der I. gut genutzt. Schwierig gestaltet sich die konstruktive Auslegung der Abgasturbine, da sie trotz des unterschiedlichen Druckgefälles einen guten Wirkungsgrad erreichen soll. Abgasleitungen werden bei Großmotoren in Abhängigkeit von Zylinderzahl, -anordnung und Zündfolge in zum Abgasturbolader führenden separaten → Abgassammelleitungen zusammengefaßt, d.h., max. 3 Zylinder arbeiten auf eine gemeinsam Abgasleitung.

Impulsrelais: frühere Bezeichnung für das Hauptrelais der → induktiven Zugbeeinflussung.

Impulssteuerung: → Pulssteuerung

Indikatordiagramm: Dampfdruckschaubild der → Dampfmaschine, bei dem zur Ermittlung der → Arbeitsfläche der Dampfdruckverlauf über dem Kolbenweg (→ Kolbenhub) im → Zylinder (1) aufgezeigt wird (→ innere Steuerung,

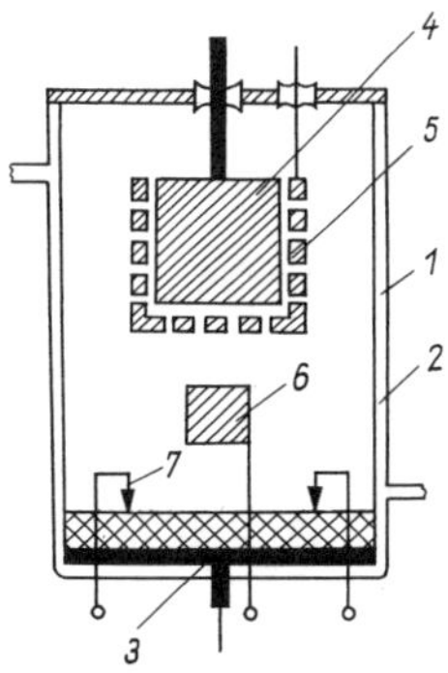

Ignitron
1 Vakuumgefäß, 2 Wassermantel, 3 Quecksilberkatode, 4 Anode, 5 Gitter, 6 Hilfsanode, 7 Zünder

dort Abb.). Das I. wird mit einem Indikator zur Leistungseinstellung der → Dampflokomotive bei Neubau und im Rahmen von Instandhaltungsmaßnahmen im Ausbesserungswerk aufgenommen. Die Arbeitsfläche wird aus dem I. mit einem Planimeter ermittelt. Sie dient zur Bestimmung des indizierten → mittleren Drucks nach der Formel: $p_{mi} = F_i(sf)$ (F_i Flächeninhalt in mm^2, s Kolbenweg in mm, f Federmaßstab des Indikators in mm/kPa, p_{mi} mittlerer Arbeitsdruck des Dampfs in kPa). Aus dem Verlauf der Dampfdrucklinie über dem Kolbenweg können weiterhin die Steuerpunkte der Dampfein- und Dampfaustrittszeiten ermittelt und Korrekturen an der Schiebereinstellung vorgenommen werden.

indirekte Kühlung: Art der Kühlung, bei der eine bestimmte Kühlmittelmenge als Zwischenwärmeträger in einem Kreislauf ständig umläuft und über einen Kühler oder Wärmeübertrager durch ein zweites → Kühlmittel zurückgekühlt wird. Anwendung: als → Flüssigkeitskühlung in der Kühlanlage von Diesel-Tfz., sofern wassergekühlte Dieselmotoren verwendet werden, i.d.R. bei der Rückkühlung von Motorschmieröl und Strömungsgetriebeöl durch das Kühlwasser und bei der → Ladeluftkühlung.

indizierte Dampfmenge: → Dampfmenge

indizierte Leistung: **1.** Durch Indizieren der → Dampfmaschine oder des → Verbrennungsmotors ermittelte Zylinderinnenleistung, die für die Dampflokomotive mit Hilfe des aus dem → Indikatordiagramm berechneten indizierten → mittleren Drucks, für die Verbrennungsmotorlokomotive mit Hilfe des auf gleichem Wege berechneten → Mitteldrucks bestimmt wird. Sie ist die je Zeiteinheit an den Kolben vom Dampf oder Gas übertragene Arbeit. Mit der i.L. kann unter Abzug der → Reibungsverlustleistung und des zum Betrieb der Antriebsmaschine notwendigen eigenen Leistungsbedarfs die effektive Leistung (→ Nutzleistung) ermittelt werden. – **2.** Leistung der → indizierten Zugkraft einer Dampflokomotive.

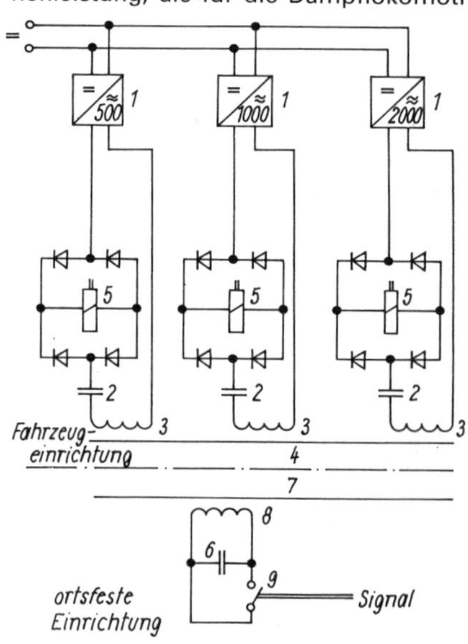

induktive Zugbeeinflussung (Prinzip)
1 Frequenzgeneratoren, 2/3 Fahrzeugresonanzkreise, 4 Fahrzeugmagnet, 5 Relais, 6 u. 8 Gleisresonanzkreis, 7 signalbetätigter Überbrükkungsschalter

indizierte Zugkraft: → Zugkraft einer Dampflokomotive, die als gemittelte Größe eines Arbeitsspiels aus dem → Indikatordiagramm ermittelt wird. Im Vergleich z.B. mit Diesel- und elektrischen Tfz. entspricht die i.Z. der → Maschinenzugkraft.

induktive Zugbeeinflussung: Art der → punktförmigen Zugbeeinflussung, bei der die Informationsübertragungen durch Gleich- oder Wechselfeldinduktion erfolgt. Bei der *Gleichfeldinduktion* (→ magnetische Zugbeeinflussung) sind nur 2 Informationen möglich, sie ist für kleine Fahrgeschwindigkeiten (<5 km/h) nicht geeignet. Die Verfahren mit *Wechselfeldinduktion* arbeiten meist nach dem Resonanzprinzip; mit ihnen ist die Übertragung eines größeren Informationsvolumens möglich. Bei der bekanntesten Bauart, der sog. induktiven Zugsicherung (Indusi), werden hierfür 3 Frequenzen (500 Hz, 1000 Hz, 2000 Hz) zur Übertragung von 4 Informationen benutzt. Ausführung: 1) *Streckeneinrichtung:* in Abhängigkeit von der Signalstellung wirksame oder kurzgeschlossene → Gleismagnete mit auf die Beeinflussungsfrequenz abgestimmten Schwingkreisen; 2) *Fahrzeugeinrichtung:* Dreifrequenzgenerator, → Triebfahrzeugmagnet, Auswerteeinrichtung. Abb.

Indusi: Kurzbezeichnung für **indu**ktive Zug**si**cherung (→ induktive Zugbeeinflussung).

Industrielokomotive: → Lokomotive für den speziellen Einsatz auf Eisenbahnanlagen, die dem nichtöffentlichen Transport in Industriebahnen dient. → Werklokomotive

Injektor: → Dampfstrahlpumpe

Innenaufbereitung: Vorgang der Enthärtung (→ Wasserhärte) des → Kesselspeisewassers im → Dampflokomotivkessel;

Form der Kesselspeisewasseraufbereitung. Dem Speisewasser werden in den → Wasserkästen Chemikalien beigegeben, die Bildner der bleibenden Härte im Kessel in Salze umwandeln und damit die Bildung von → Kesselstein verhindern. Gleichzeitig werden bei der I. → Antischaummittel zur Eindämmung des Schäumens bei zu hohem Salzgehalt des Wassers eingesetzt. Lit.: 2.3.

Innenleistung: → indizierte Leistung

innenliegende Steuerung: Anordnung und Bauart der → äußeren Steuerung bei alten flachschiebergesteuerten Dampflokomotiven sowie Drei- und Vierzylinderlokomotiven. Im Fall der früheren Verwendung von → Flachschiebern bei der → Stephenson-Steuerung, der → Gooch-Steuerung und der → Allan-Steuerung wurde häufig aus baulichen Gründen die Flachschiebersteuerung seitlich (innenliegend) an den Zylindern angeordnet. Die Steuerung wurde mit auf der Treibradsatzwelle angeordneten → Exzentern angetrieben. Auch für die i.d.R. mit der Stephenson-Steuerung ausgerüsteten Drei- und Vierzylinderdampflokomotiven mußte für die innen zwischen den Rahmenwangen liegenden Zylinder die i.S. in verschiedener Bauart angewandt werden. Bei den Dreizylinderlokomotiven wird die Schieberbewegung von den außenliegenden Steuerungen, von einer außerhalb des Rahmens angeordneten Gegenkurbel über zusätzliche Übertragungselemente, von einer innenliegenden Hubscheibe oder von einer bes. gekröpften Kuppelradsatzwelle abgeleitet. Die i.S. der inneren Zylinder von Zwillings- und Vierzylinderverbund-Lokomotiven wird i.allg. über Übertragungshebel von den außenliegenden Steuerungen angetrieben. Lit.: 2.3., 2.10., 2.11. Abb.

Innenschaltung: Verbindung elektrischer Bauelemente untereinander durch Leitungen innerhalb eines elektrischen Geräts. Gegensatz: freie Schaltung, Außen(be-)schaltung. Vorteile: Die Schaltung wird im Herstellerbetrieb des Geräts gefertigt, ist billiger und fehlersicherer als die freie Schaltung. Die I. ist für eine Geräteart stets einheitlich und erfordert keine Projektierung. Nachteile: Unterschiede der elektrischen Anlagen (z.B. Versorgungsnetz) an verschiedenen Einsatzorten können in der I. nicht berücksichtigt werden, gegebenenfalls sind besondere Anpassungsschaltungen erforderlich.

Innenzylinder: zwischen den Rahmenwangen i.d.R. unter der Rauchkammer angeordnete → Zylinder (1) der Dampflokomotive.

innere Einströmung: meist angewandte Art der Dampfeinströmung bei der → inneren Steuerung mit → Kolbenschieber von Dampflokomotiven, wobei der Frischdampf von innen (in bezug auf die Schieberkörper) durch die Steuerbewegung des Kolbenschiebers in die zu den Zylinderräumen führenden Dampfkanäle einströmt. Gegenüber der → äußeren Einströmung werden die → Stopfbuchsen für die Schieberstangen vom Frischdampfdruck entlastet und sind damit weniger material-, fertigungs- und instandhaltungsaufwendig.

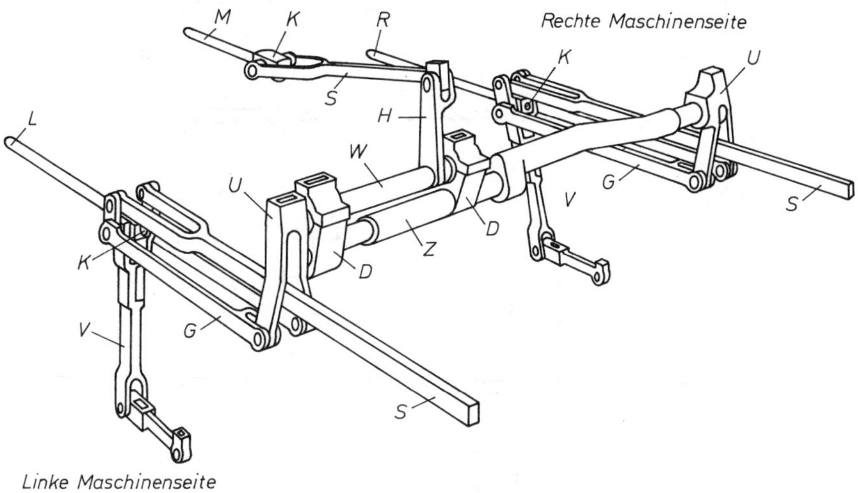

innenliegende Steuerung
Ableitung der Steuerbewegungen für den Innenzylinder einer 3-Zylinder-Lok (BR 58^{10-21} der DRG) von den außenliegenden Steuerungen
D Doppelhebel, G Übertragungsstangen, H Schwinghebel, K Schieberstangenköpfe, L, M, R Schieberstangen links, Mitte und rechts, S Schieberschubstangen, U Übertragungshebel, V Voreilhebel, W Schwingwelle, Z Übertragungswelle

innere Steuerung: Teil der → Dampflokomotivsteuerung, das i.d.R. aus einem → Schieber und dem → Schieberspiegel oder der → Schieberbuchse mit den dazugehörenden Dampfein- und Dampfausströmkanälen zur Dampfverteilung besteht. Bei Mittelstellung des Schiebers werden die Dampfkanäle zum Zylinder überdeckt (Ein- und Ausströmüberdeckung), der Dampf kann nicht in oder aus dem → Zylinder (1) gelangen. Eine vom Treibrad über die → äußere Steuerung angetriebene → Schieberschubstange bewegt den Schieber vor und zurück und schließt oder öffnet die Ein- und Ausströmkanäle des Zylinders. Der Schieberhub kann über die äußere Steuerung verstellt und damit können die Ein- und Ausströmzeiten entspr. dem Leistungsbedarf verändert werden. Bei älteren Lokomotiven (Naßdampflokomotiven) wurden → Flachschieber mit äußerer Einströmung und bei Heißdampflokomotiven → Kolbenschieber mit innerer Einströmung verwendet. Lit.: 2.3., 2.12. Abb.

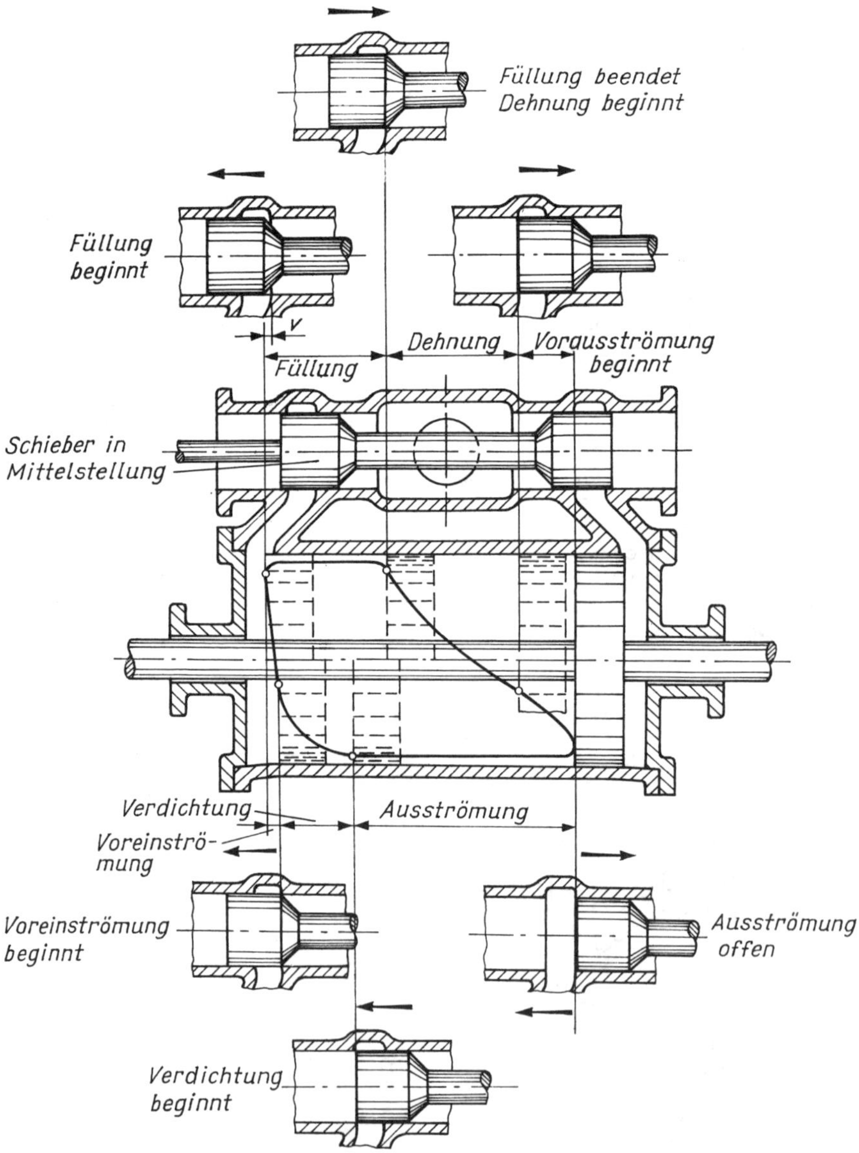

innere Steuerung mit Kolbenschieber (Wirkungsweise)

Instandhaltung: Hilfsprozeß, der die Gesamtheit aller Maßnahmen zum Überwachen, Erhalten und Wiederherstellen der Gebrauchseigenschaft technischer Arbeitsmittel umfaßt. Bei Tfz. erfolgt die I. nach starrem Zyklus *(vorbeugende I.* starr nach Leistungsparametern festgelegt, unabhängig von Schäden; Fristen werden von der zu erwartenden Abnutzung und einer geforderten Zuverlässigkeit starr festgelegt). Durch breitere Einführung technischer Diagnoseverfahren (→ Diagnoseeinrichtung) ist ein allmählicher Übergang zu einer *zustandsbezogenen I.* möglich, bei der Fristen und I. umfang nach diagnostischer Überprüfung festgelegt werden (vorbeugende I. nach Überprüfung). Die I. umfaßt nach ihrem Umfang komplexe Maßnahmen zur Instandhaltung und Erhaltung der Zuverlässigkeit mehrerer Baugruppen zu einem gemeinsamen Termin, der → Instandhaltungsstufe. Maßnahmen werden dabei zunehmend durch das Ergebnis technischer Diagnoseverfahren bestimmt. Während bei Dampflokomotiven i. d. R. die I. nach dem direkten Verfahren erfolgt (Demontage, Aufarbeiten des demontierten Teils, Montage dieses Teils), wird bei Diesel- und elektrischen Tfz. vorwiegend das Tauschverfahren angewandt (Demontage, sofort anschließend Montage eines Tausch- bzw. Ersatzteils, d. h. eines im voraus ausgebesserten, regenerierten oder neuen Bauteils). Dadurch steht das Tfz. dem Betrieb schneller wieder zur Verfügung; das Tauschverfahren setzt jedoch die Vorhaltung eines ausreichend großen Tauschteilbestands und einen hohen Standardisierungsgrad voraus.

Instandhaltungsstufe: Komplex von Maßnahmen der → Instandhaltung an Tfz., der einheitlich geplant und nach der gleichen Frist ausgeführt wird. Als *Frist* gilt der Abstand zwischen 2 aufeinanderfolgenden Außerbetriebsetzungen des Tfz. zur Durchführung von Instandhaltungsmaßnahmen. Bemessungsgrundlage für eine Frist ist bei Dampflokomotiven die Einsatzzeit, bei Diesel-Tfz. die Anzahl der Dieselmotorbetriebsstunden und bei elektrischen Tfz. der Laufweg. Die im Rahmen einer I. vorzunehmenden Arbeiten an den Tfz. sind in Vorschriften für das → Bahnbetriebswerk bzw. das → Ausbesserungswerk festgelegt. Die niedrigen Stufen umfassen vorrangig Maßnahmen der Wartung, Pflege und Instandsetzung bis mittleren Umfang, die höheren Stufen größere bzw. Hauptinstandsetzungen. Die jeweils durchzuführende I. ist im Instandhaltungsplan der betreffenden BR festgelegt.

Intermat-Kupplung: auf der Grundlage der Merkblätter OSShD 522–1 und UIC 522 entwickelte Bauart einer → automatischen Kupplung. Die I. stellt das Ergebnis einer gemeinschaftlichen Entwicklung interessierter OSShD-Mitgliedsbahnen für eine europäische → Mittelpufferkupplung dar und ist vom Prinzip her eine modifizierte, starrgemachte Willison-Kupplung. Sie erfüllt die folgenden wichtigsten Bedingungen einer OSShD/UIC-Kupplung: a) selbsttätiges Kuppeln bei Auflaufgeschwindigkeiten von 1,5–15 km/h im geraden Gleis und im Bogen bis herab zu 135 m Radius sowie bei einem max. Vertikalversatz der Kupplungslängsachsen von 140 mm; b) Prüfzugkraft an der Streckgrenze von 1000 kN; c) Prüfdruckkraft an der Streckgrenze von 2000 kN; d) Grenzbruchkraft von 1500 kN; e) gleichzeitiges, selbsttätiges Verbinden von 2 Luft- und 12 Elektroleitungen; f) direktes Kuppeln mit der Mittelpufferkupplung SA-3 ist möglich. Die I. ist für die zukünftig höheren Zugmassen bis zu 6000 t geeignet und stellt eine wesentliche Voraussetzung für die weite-

Intermat-Kupplung
Bauart der OSShD/UIC-Kupplung
1 Riegel, 2 Starrmachungsflächen, 3 Kupplung für Elektroleitungen, 4 Kupplungen für Luftleitungen

re umfassende Automatisierung des Eisenbahnbetriebs dar. Eine Einführung anstelle der herkömmlichen → Zug- und Stoßeinrichtung ist an einen Beschluß zur allgemeinen Einführung einer europäischen automatischen Kupplung gebunden. Abb.

Internationaler Eisenbahnverband: → UIC

Invarstreifenkolben: → Kolben (2), in dem Blechstreifen aus Invarstahl die Kolbenbolzenaugen mit dem Kolbenschaft verbinden. Invarstahl mit 36% Nickelgehalt besitzt über einen großen Temperaturbereich nur eine geringe Wärmedehnung, so daß in Druckrichtung das Schaftlaufspiel des I. im kalten und betriebswarmen Zustand etwa gleich ist.

»Invicta«: Name der vermutlich ersten brauchbaren → Dampflokomotive der Welt, die von 1803 bis 1804 im Auftrag der Pennydarren Eisenwerke in Südwales für die 13,5 km lange Merthyr-Tydfik-Werkbahn von → Trevithick gebaut wurde. Die mit der Achsanordnung B ausgeführte »Invicta« besaß einen → Flammrohrkessel mit innenliegendem Feuerraum für 300 kPa Dampfdruck. Der Zylinder hatte einen Durchmesser von 208 mm und erlaubte den sehr großen Kolbenhub von 1350 mm. Der Auspuffdampf wurde bereits in den Schornstein geleitet. Der Kolben trieb mit 40 Hüben/min über einen am Dampfkessel angebrachten Kreuzkopf, dessen Gleitbahnen nach vorn weit über diesen hinausragten, ein großes Schwungrad und 2 weitere Zahnräder die beiden Treibradsätze an. Die »Invicta« soll 16 t Last befördert und eine Geschwindigkeit von 6–8 km/h erreicht haben. Nach 5monatiger Betriebszeit wurde die »Invicta« trotz ihrer Bewährung in eine ortsfeste Dampfmaschine umgebaut, da die gußeisernen Schienen der Beanspruchung nicht standhielten. Lit.: 2.9. 5.1., 5.3. Abb.

Isolationsprüfung: Kontrolle elektrischer Maschinen, Geräte und Armaturen zum Nachweis einer ausreichenden elektrischen Festigkeit der verwendeten Isolierstoffe. Die I. wird mit einem mehrfachen Wert der Betriebsspannung entspr. gültigen Normen bei Herstellung und Reparatur von elektrischen Anlagen und Einrichtungen vorgenommen.

Isolator: **1.** Stoff sehr geringer elektrischer Leitfähigkeit in der Elektrotechnik – **2.** Halteelement für elektrische Leitungen aus isolierendem Material, vorwiegend keramischer Art (Elektro-Porzellan). In der elektrischen Zugförderung wird der I. z.B. als *Rillen-I.* bei → Fahrleitungsanlagen oder als *Stützer* für die → Dachleitung elektrischer Tfz. verwendet.

Isostatikkolben: → Kolben (2) für hochbeanspruchte → Zweitaktmotoren, bei dem die Kolbenbolzenaugen und der untere Schaftteil durch Stützrippen miteinander verbunden sind. Im oberen Bereich des I. zwischen Kolbenboden und Kolbenauge wird auf eine Versteifung verzichtet. I. zeichnen sich durch hohe Gestaltfestigkeit, gleichmäßige Wärmeabfuhr und -verteilung, wirksame Schmierung des Kolbenbolzens und gute Laufruhe aus.

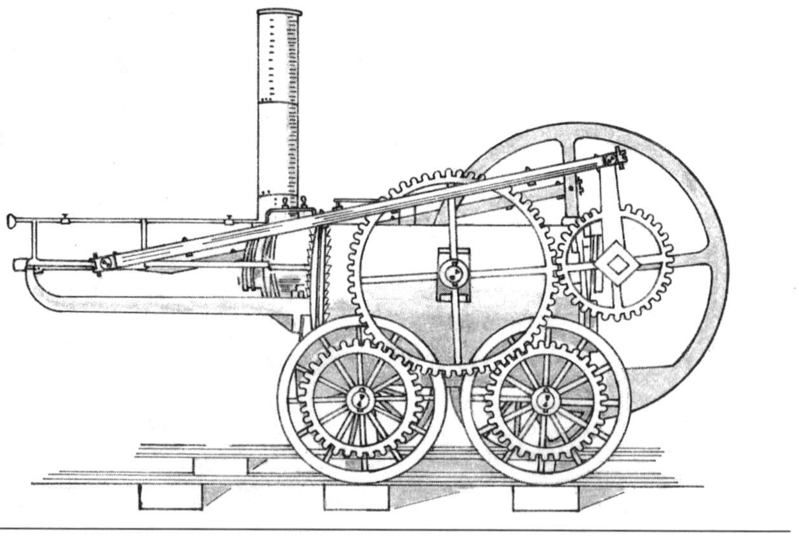

»Invicta«
Erste brauchbare Dampflok der Welt (1804) von R. Trevithick für die Merthyr-Tydfik-Werkbahn in Süd-Wales

J

Jacob, Wilhelm, 1858 (?) – 1942 (?); Baurat und Erfinder des → Jacobs-Drehgestells für Eisenbahnfahrzeuge (1901). J. war langjähriger Direktor der Waggonfabrik Rastatt. Lit.: 5.3.

Jacobs-Drehgestell: nach → Jacobs benanntes → Drehgestell, das die Aufnahme 2er benachbarter Fahrzeugkastenenden ermöglicht. Das J. besitzt dazu entweder 2 Drehpfannen zur getrennten Aufnahme der Fahrzeugkästen oder beide Fahrzeugkästen sind mit ineinandergreifenden Drehzapfen versehen, so daß nur noch eine gelenkige Verbindung zwischen den beiden Fahrzeugkästen und dem Drehgestell besteht. Anwendung: in 2- und 3achsiger Ausführung bei Gelenkzügen (z.B. → Schnellverbrennungstriebzüge der Bauart Hamburg und Leipzig der DRG, Doppelstockzüge der DR). Das J. behält alle Eigenschaften eines Drehgestells. Abb.

Jacquemin-Antrieb: nach seinem Konstrukteur benannter → Kardanantrieb mit einer als Hohlwelle ausgebildeten Gelenkwelle zwischen Getriebe und → Treibrad (2), wobei die Fahrmotorwelle parallel zur Treibradsatzwelle liegt. Das Großrad läuft auf einem die Treibradsatzwelle umschließenden Achsstummel und gibt das Drehmoment über 2 Ausleger an die Zapfen einer das Treibrad konzentrisch umgebenden Trommel weiter. Es wird über 2 weitere um 90° dazu versetzt angebrachte Zapfen auf die die Treibradsatzwelle umgebende Hohlwelle übertragen. Auf der anderen Seite der Hohlwelle geht das Drehmoment über eine ähnliche Kreuzgelenkkupplung auf das Treibrad über. Anwendung: bei den Elloks der BR BB 9000, 12000, 20100 und den dieselelektrischen Lokomotiven der BR BB 67000 der SNCF. Lit.: 4.5. Abb.

Jalousie: Vorrichtung aus mehreren in einem Rahmen um ihre Längsachse drehbar gelagerten Blechstreifen (Klappen), die über ein Gestänge miteinander verbunden sind. Mit Hilfe des Gestänges können die Blechstreifen gedreht werden, so daß die freie Fläche innerhalb des Rahmens je nach Betätigungsart stufenlos oder in Stufen abgedeckt wird. Die J. wird mechanisch, pneumatisch oder hydraulisch betätigt. J. werden auf Diesel-Tfz. meist als → Kühlerjalousie verwendet.

Janney-Kupplung: → Mittelpufferkupplung

»Jenny-Lind«: Name einer engl. Dampflokomotive mit der Achsanordnung 1A1, die 1847 nach maßgeblichen Entwurfs-

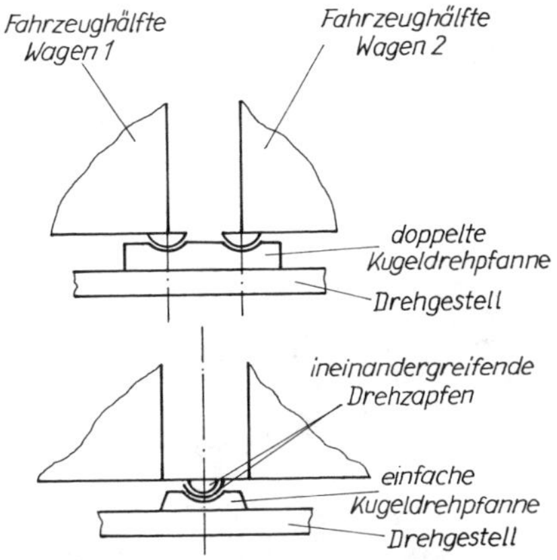

Jacobs-Drehgestell
Abstützung und Anlenkung bei Jacobs-Drehgestellen

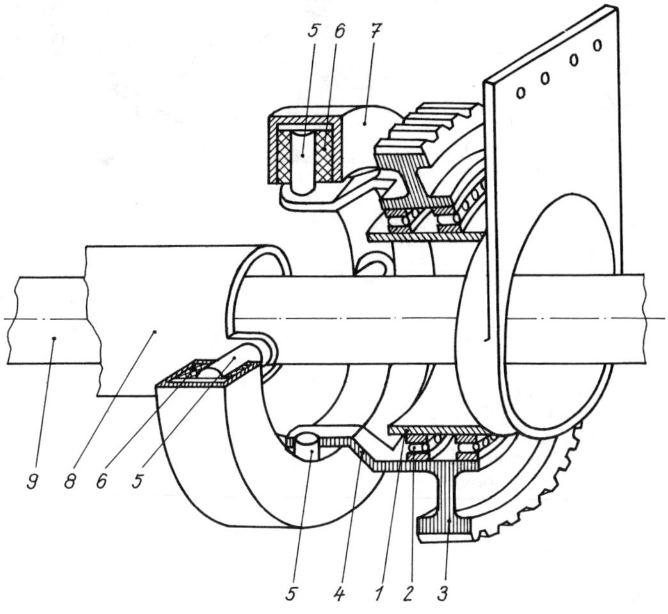

Jacquemin-Antrieb
1 Achsstummel für Großradlagerung, 2 Großradlager, 3 Großrad, 4 Ausleger, 5 Zapfen, 6 Silentblocks, 7 Trommel, 8 Hohlwelle, 9 Treibradsatzwelle

vorlagen von → Joy bei Fondry, Stepherd & Todd in Leeds gebaut wurde. Die Maschine besaß 2 im Außenrahmen liegende Laufradsätze und einen Treibradsatz, der in einem am Stehkessel befestigten Innenrahmen gelagert war. Der Lokomotivname wird auch als Bauartbezeichnung der in der Lokomotivgeschichte wegen ihres Lauf- und Triebwerks sowie der Rahmenbauart oft hervorgehobenen 1A1-Dampflokomotiven benutzt. Lit.: 2.9., 5.1. Abb.

Joule-Prozeß: idealer Vergleichsprozeß für → Gasturbinen, die nach dem Gleichdruckprozeß arbeiten. Der J. ist durch 2 Isobaren und 2 Isentropen gekennzeichnet. Das Arbeitsmedium wird der Atmosphäre entnommen, isentrop verdichtet, in der → Brennkammer bei gleichem Druck verbrannt, danach in der Turbine isentrop entspannt und an die Umgebung abgegeben. Abb.

Joy, David: 3. März 1825 (Leeds) – 15. März 1903 (Hampstead/London); englischer Lokomotivingenieur und Erfinder der patentierten und nach ihm benannten → Joy-Steuerung (1879). J. lernte bei verschiedenen Firmen in Leeds. Bei Fondry, Stepherd & Todd (Lokfabrik Wilson) übernahm er als Oberingenieur das Konstruktionsbüro, aus dem die Entwürfe der 1847 gebauten Dampflokomotive → »Jenny-Lind« hervorgingen. Als Maschinenmeister ging J. ab 1850 zur Nottingham- and Grantham-Railway und ab 1853 zur Oxford-Wocestershire- and Wolverhampton-Railway. Später widmete er sich der Verbesserung seiner Entwürfe zur Verbunddampfmaschine und anderen Erfindungen, wie z.B. zu den Dampfhämmern und Schiffskesseln. Lit.: 2.9., 5.1., 5.3.

Joy-Steuerung: nach Joy benannte → Dampflokomotivsteuerung mit nach vorn gebogener → Schwinge (Kulisse), die von der → Treibstange anstelle einer

»Jenny Lind«
1A1 n2-Schnellzuglokomotive der Braunschweigischen Staatsbahn

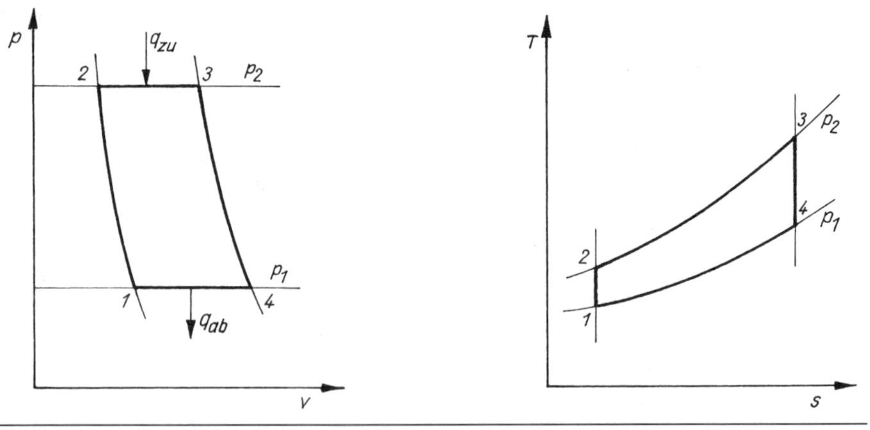

Joule-Prozeß im *p-V-* und *T-S*-Diagramm
1–2 isentrope Kompression, 2–3 isobare Wärmezufuhr, 3–4 isentrope Expansion, 4–1 isobare Wärmeabfuhr
p Druck, *V* Volumen, *q* Wärme, *T* Temperatur, *S* Entropie

→ Gegenkurbel oder eines → Exzenters angetrieben wurde und bei kleineren Dampflokomotiven Anwendung fand. Aus ihrer ursprünglichen Ausführung entwickelten sich die Bauarten Winterthur, Webb und Klose, die sich nach der Art der Anlenkung des Voreilhebels an die durchbohrte Treibstange unterschieden. Um 1900 verbreitete sich die J. vor allem bei den britischen Eisenbahnen, z.B. der North Eastern Railway und der LNWR (Bauart Webb, die zusätzlich eine Gegenkurbel benötigte) → Schwingensteuerung. Lit.: 2.10.

Junkers-Gegenkolbenmotor: von Junkers entwickelter Gegenkolben-2-Takt-Dieselmotor (→ Gegenkolbenmotor). In jedem der beiderseitig offenen Zylinder bewegen sich 2 Kolben gegenläufig, die gleichzeitig die in der Zylinderwand ausgesparten Spül- und Auslaßschlitze steuern. Der untere Kolben arbeitet in bekannter Weise durch ein Pleuel auf die Kurbelwelle, während der obere Kolben einen gelenkig angeordneten Querträger besitzt und durch seitliche Zugstangen mit der Kurbelwelle verbunden ist. Durch diese Doppelkolbenbauart ergibt sich eine geringere Länge des Motors, seine Bauhöhe übertrifft jedoch die üblichen Reihenmotoren. J. arbeiten mit Gleichstromspülung und indirekter Einspritzung bei Abspritzdrücken der Düsen bis zu 30 MPa. Sie wurden bis 1939 in französischen Triebwagen eingesetzt. Abb.

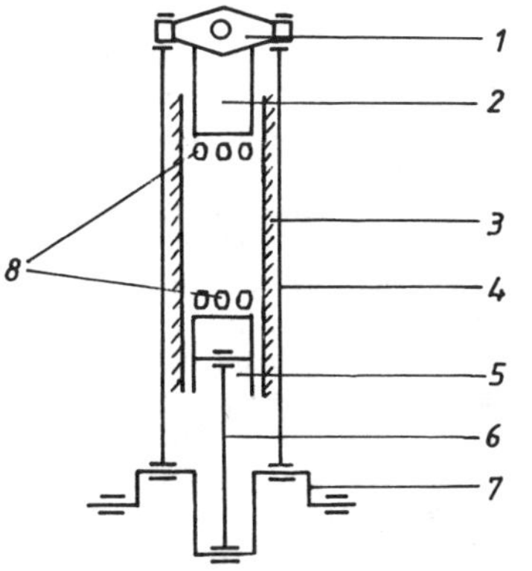

Junkers-Gegenkolbenmotor
1 Querträger, 2 oberer Kolben, 3 Zylinder, 4 Zugstange, 5 unterer Kolben, 6 Pleuel, 7 Kurbelwelle, 8 Spül- bzw. Auslaßschlitze

Kabinentender: → Schlepptender von Dampflokomotiven mit einem am hinteren Teil aufgesetzten Aufenthalts- und Arbeitsraum für das Zugbegleitpersonal. I.d.R. war der Einsatz dieser Zugführerkabine mit einer Reduzierung des Kohlevorrats von 1–2 t Steinkohle verbunden. Der K. fand hauptsächlich bei der ÖBB und teilweise bei der DB Verwendung. Lit.: 2.1. Bd.2, 1.25. Abb.

Kalk-Soda-Verfahren: → Kesselspeisewasseraufbereitung

kalte Lokomotive: Bezeichnung für Dampflokomotiven, die ohne Feuer auf dem Rost abgestellt sind. Überwiegend handelt es sich dabei um Lokomotiven, die in Reserve stehen oder auf ihre Instandhaltung warten. Lit.: 2.3.

Kaltstart: Anlassen eines Dieselmotors ohne vorheriges Vorwärmen des Kühlwassers. K. ist bei Dieselmotoren mit Leistungen >150 kW meist nicht üblich, da mit einem K. folgende Nachteile verbunden sind: 1) *Startschwierigkeiten* durch Nichterreichen der notwendigen Verdichtungsendtemperatur zur Selbstzündung des Kraftstoff-Luft-Gemischs; 2) *Kaltlaufverschleiß* und damit eine Verringerung der Grenznutzungsdauer der Reibpaarungen im Motor; 3) *hohe Umweltbelastung* durch schlechte Verbrennung; 4) *erhöhter Kraftstoffverbrauch* infolge der hohen Reibwiderstände durch zähes Öl; 5) *große Belastung der Anlaßeinrichtung* infolge des großen → Anlaß-

K

Kabinentender
Schlepptender der Dampflokomotive der BR 52 der DRG mit Arbeitskabine für das Zugbegleitpersonal

Kálmán *Kandó*

moments. Bei kaltstartenden Motoren werden → Anlaßhilfen, wie → Glühkerzen oder → Start-Pilot, verwendet, um die notwendige Verdichtungsendtemperatur zur erreichen. Die unter 2)–5) genannten K.nachteile können mit diesen Anlaßhilfen nicht beseitigt werden.

Kaltwasserpumpe: Baugruppe der → Mischvorwärmerpumpe.

Kamin: ältere österreichische und schweizerische Bezeichnung für → Schornstein oder Rauchfang.

Kammerkühlsystem: hochleistungsfähiges Kühlsystem für elektrische Maschinen, bei dem allen wärmegefährdeten Teilen einer Maschine über gesonderte Luftkanäle (Kammern) Kühlluft zugeführt und die erwärmte Luft auf dem kürzesten Weg abgeführt wird. Abb.

Kanalschieber: Bauart des → Flachschiebers, bei der zusätzlich Dampf durch einen im → Schieberkörper befindlichen Umlaufkanal in den → Zylinder (1) strömt. Der Umlaufkanal ist so angeordnet, daß die Einströmung zum gleichen Zeitpunkt freigegeben wird, zu dem die steuernde Kante der Einströmüberdekkung den Einströmkanal öffnet. Der K. ermöglicht gleich zu Beginn der Einströmphase einen relativ großen Kanalquerschnitt. Lit.: 2.3., 2.12. Abb.

Kandó, Kálmán: 10. Juli 1869 (Pest) – 13. Januar 1931 (Budapest); ungarischer Ingenieur und Erfinder teilweise nach ihm benannter mechanischer und elektrischer Lokomotivbauteile (→ Kandó-Umformerlokomotive). Nach einem Maschinenbaustudium und einer zweijährigen Tätigkeit in der französischen Elektroindustrie arbeitete K. ab 1894 in den Ganz-Werken Budapest an der Herstellung von Dreiphasenmotoren. Er entwickelte und erprobte hier 1899 einen Drehstrom-Bahnmotor für 3 kV Spannung und 2polige Fahrleitung (Schiene als 3. Pol). Das auf der 1,5 km langen Probestrecke erzielte positive Ergebnis führte zur Elektrifizierung einer Anschlußbahn bei Wiener Neustadt und 1902 mit 3 kV, 15 Hz der italienischen Veltlinabahn, später zur Elektrifizierung mit dem K.-System der norditalienischen Strecken der FS.

Nach einer Direktorentätigkeit in der Fabrik für elektrische Lokomotiven in Vado Ligure wurde K. 1917 technischer Direktor und wenig später (bis 1922) Generaldirektor der Ganz-Werke. K. Wirken trug entscheidend zur Entwicklung der elektrischen Zugförderung in Ungarn mit dem 50-Hz-System bei, womit 1932 die Strekke Budapest–Komáron ausgerüstet wurde. Lit.: 5.3. Abb.

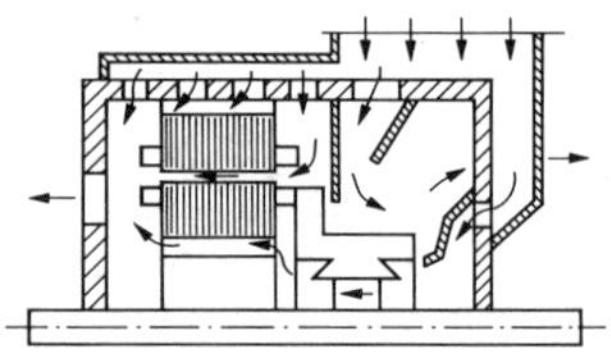

Kammerkühlsystem Darstellung für den über der Welle liegenden Teil des Motors

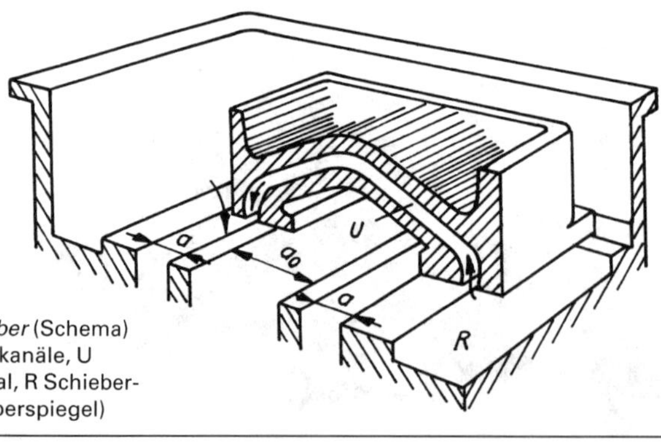

Kanalschieber (Schema) a, a_0 Dampfkanäle, U Umlaufkanal, R Schieberrost (Schieberspiegel)

Kandó-Gelenkrahmen: Bauart des → Stangenantriebs für elektrische Lokomotiven nach → Kandó, bei der ein Hauptnachteil des → Kurbelschleifenantriebs, nämlich die verschleißbehaftete Kulisse, vermieden wird. Um das Federspiel zwischen den halbhoch im Tfz.-Rahmen gelagerten → Fahrmotoren und dem Treibradsatz auszugleichen, wird ein System von Stangen verwendet, das mit einem dreieckförmigen Verbindungselement zu einem »Viereckrahmen«, dem K., wird. Bei senkrechter Federung des Lokomotivrahmens führt das Dreieckstück eine Drehbewegung um den Punkt (R) aus. Die Federung in senkrechter Richtung findet also keinen Widerstand, während sich der Kuppelrahmen gegenüber den waagerechten Kräften wie ein starrer Körper verhält und diese daher übertragen kann. Anwendungsbeispiele: → Kandó-Umformerlokomotiven der BR V40 (1932; 1'D1') und BR V60 (1932; F) der MÁV, Gleichstromlokomotive der Bahn Paris – Orleans (1926; 2'BB2'). Abb.

Kandó-Umformerlokomotive: → Umformertriebfahrzeug der MÁV für das 50-Hz-Bahnstromsystem, auf dem der aus der Fahrleitung entnommene Einphasenwechselstrom durch einen von → Kandó entwickelten → Umformer in Drehstrom umgeformt wird, der einem → Asynchronmotor zugeführt wird. Die → Lei-

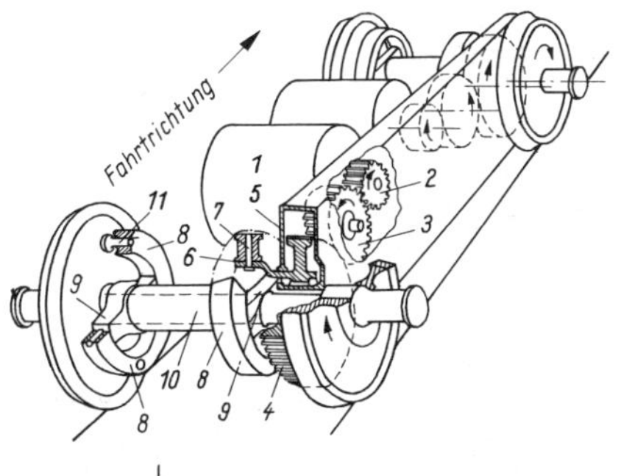

Kardan-Gummiring-Antrieb
1 Fahrmotor, 2 Ritzel, 3 Zwischenrad, 4 Großrad, 5 Getriebeschutzkasten, 6 Kupplungsarm, 7 Getriebezapfen, 8 Gummiring, 9 Mitnehmer, 10 Kardanhohlwelle, 11 Kupplungszapfen

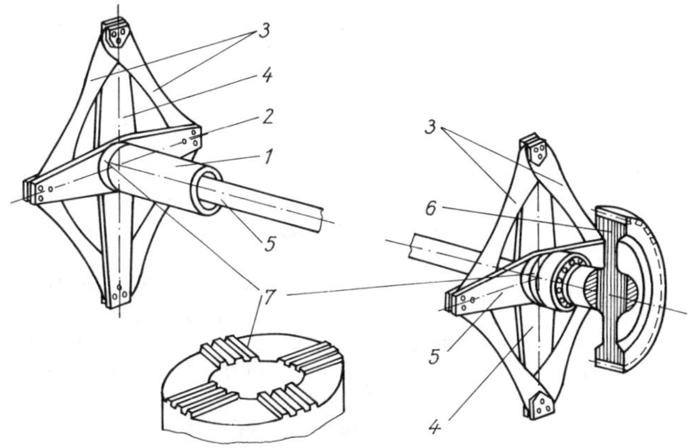

Kardan-Lamellen-Antrieb
1 Läuferhohlwelle, 2 Mitnehmerarm an Läuferhohlwelle, 3 Stahllamellen, 4 Mitnehmerarm an Kardanwelle, 5 Kardanwelle, 6 Ritzel, 7 Zahnkupplung zwischen Mitnehmerarmen und Welle

stungssteuerung erfolgt in 4 Stufen durch Polumschaltung; zum Anlassen und für Zwischenstufen wird ein Flüssigkeitswiderstand im Läuferstromkreis verwendet. Das Drehmoment wird vom halbhoch gelagerten Fahrmotor auf die Treibradsätze durch → Stangenantrieb unter Verwendung eines → Kandó-Gelenkrahmens übertragen. K. wurden ab 1932 in Betrieb genommen (BR V40 und BR V60 der MÁV). Auch für das 16⅔-Hz-Bahnstromsystem wurden K. gebaut, und zwar für die ÖBB mit der Radsatzfolge E und 1'D1'. Beim ursprünglich verwendeten Bauprinzip war die Anwendung des → Einzelachsantriebs nicht möglich. Deshalb entwickelten die Ganz- und die Mavag-Werke in Budapest seit 1943 K. in verbesserter Ausführung mit Kandó-Umformer und einem damit starr gekuppelten Frequenzumformer nach Ratkovszky. Am bekanntesten wurde die Ellok der BR V55 der MÁV mit der ungewöhnlichen Radsatzanordnung Bo'Co' unter Verwendung von Drehstrom-Schleifringmotoren. → Tafel »Elektrische Lokomotiven«.

Kapspur: → Spurweite

Kardanantriebe: Arten von Gestellmotorantrieben elektrischer Tfz., bei denen die Relativbewegungen zwischen → Fahrmotor und → Treibradsatz (2) durch Gelenkwellen ausgeglichen werden. V o r t e i l e : keine Fliehkräfte infolge von Exzentrizitäten, geringe Reaktionskräfte bei gegenseitiger Auslenkung von Fahrmotor und Treibradsatz, keine bes. hohen Genauigkeitsforderungen bei der Montage, Eignung für höchste Geschwindigkeiten. N a c h t e i l e : nur 1seitiger Antrieb möglich, komplizierter Aufbau. Prinzipielle Unterscheidung der K. nach Lage der Kardanwelle: a) Kardanwelle zwischen Motor und Getriebe, z. B. beim → Škoda-Antrieb, → Kardan-Scheiben-Antrieb, → Kardan-Lamellen-Antrieb, → DÜWAG-Antrieb (hier liegt die Fahrmotorwelle rechtwinklig zur Treibradsatzwelle); b) Kardanwelle zwischen Getriebe und Treibradsatz, z. B. beim → Jacquemin-Antrieb und beim → Kardan-Gummiring-Antrieb. Lit.: 4.4., 4.5., 4.11., 4.12.

Kardan-Gummiring-Antrieb: → elastischer Antrieb für Tfz. mit Gestellmotor. Anstelle der beim → Kardan-Lamellen-Antrieb oder → Kardan-Scheiben-Antrieb benutzten Stahllamellen oder Stahlscheiben werden 2 große Gummiringe zur elastischen Kraftübertragung verwendet, die auch vertikale Stöße aufnehmen. Der elastische K. ist zwischen dem Großrad und dem Treibrad angeordnet, wodurch das gesamte Vorgelege im gefederten Rahmen gelagert ist und die unabgefederten Massen beträchtlich gemindert sind. V o r t e i l e : kein Verschleiß, niedrige Unterhaltungskosten. Der K. wird bei elektrischen Lokomotiven der SNCF für sehr hohe Geschwindigkeiten angewendet. Abb.

Kardan-Lamellen-Antrieb: *Sécheron-Lamellen-Antrieb:* → elastischer Antrieb

Kandó-Gelenkrahmen

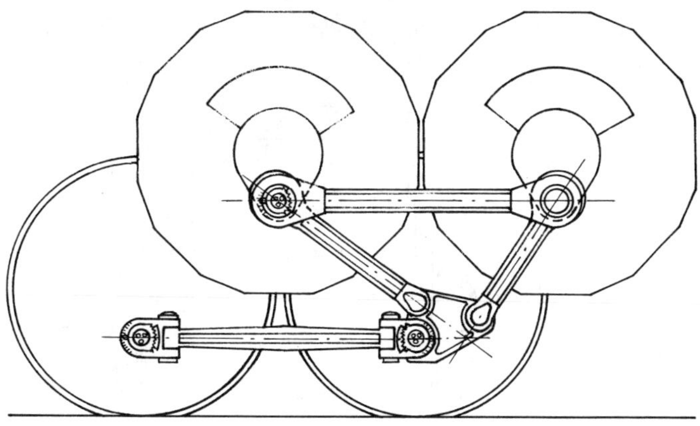

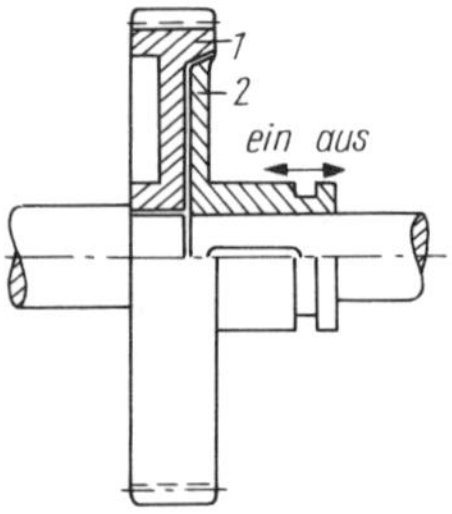

Kegelkupplung als Synchronisiereinrichtung 1 Zahnrad mit innerer Kegelfläche, 2 axial verschiebbare Scheibe mit äußerer Kegelfläche

Kardan-Scheiben-Antrieb 1 Fahrmotor, 2 Ankerhohlwelle, 3 Kardanwelle, 4 Stahlscheibe, 5 Buchse, 6 Mitnehmer, 7 Ritzelwelle, 8 Ritzel, 9 Getriebeschutzkasten, 10 Wälzlager, 11 Silentblock, 12 Vorgelegerad, 13 Zackenkupplung

der Fa. Sécheron (Genf) für Tfz. mit → Gestellmotoren. Prinzip und Wirkungsweise ähneln dem → Kardan-Scheiben-Antrieb, jedoch werden anstelle der Stahlscheiben Ausgleichkupplungen verwendet, die aus 2 gekreuzten Mitnehmern bestehen, deren Enden durch Bündel dünner Stahllamellen verbunden sind. Die Winkeländerung bei einer vertikalen Bewegung des Ritzels infolge des Federspiels wird durch die elastische Verformung der Stahllamellen aufgenommen. Anwendung: u.a. bei der BR E499 der ČSD und den Triebwagen der BR4030 der ÖBB. Lit.: 4.4., 4.5., 4.12. Abb.

Kardan-Scheiben-Antrieb: *BBC-Scheiben-Antrieb:* → elastischer Antrieb der Fa. Brown-Boveri (BBC) für Tfz. mit → Gestellmotoren. Der Gestellmotor hat eine Ankerhohlwelle. Das Drehmoment wird vom Anker auf eine Scheibenkupplung, dann über die durch die Ankerhohlwelle geführte Kardanwelle (sog. Torsionswelle) auf eine zweite Scheibenkupplung, dann auf das Ritzel des 1seitig angeordneten Stirnradgetriebes und damit auf den → Treibradsatz (2) übertragen. Die beiden elastischen Stahlscheiben der Ausgleichkupplungen, die während der Fahrt wegen der Schrägstellung der Torsionswelle infolge des Federspiels ständige Verwindungen aushalten müssen, sind 2–7 mm dick. Anwendung: u.a. bei mehreren Ellok-BR der SBB. Lit.: 4.4., 4.5., 4.12. Abb.

Kardanwelle: → Gelenkwelle

Karl-Schulz-Schieber: → Nicolai-Schieber

Kavitationsschaden: durch Bildung dampfgefüllter Hohlräume im Kühlwasserkreislauf von Diesel-Tfz., bes. an Stellen mit geringem statischem Druck, entstehender Schaden. Beim Zusammenschlagen der z.B. durch die Wärmeübertragung vom Zylinder an das Kühlwasser gebildeten Dampfblasen werden hohe Drücke schlagartig wirksam, die auf die Oberfläche der vom Kühlwasser umspülten Wandungen wirken und zu deren Zerstörung führen. K. werden durch starke, klopfende Geräusche im Innern der Kühlanlage angekündigt.

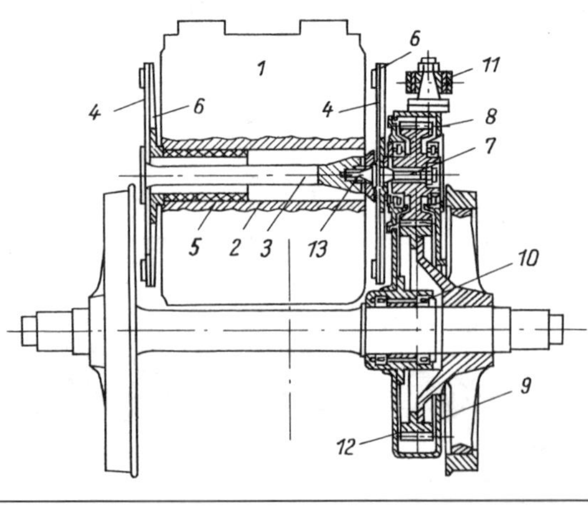

Kb: ehem. Kennbuchstaben für → **K**leinlokomotive mit **B**enzin-Ottomotor bei der DB und der DR.

Kegelkupplung: → Reibungskupplung, bei der das Drehmoment kraftschlüssig durch kegelige Reibflächen übertragen wird. Die K. ist nur für die Übertragung kleiner Leistungen anwendbar und wird vorwiegend als → Synchronisiereinrichtung in → Zahnradschaltgetrieben für Tfz. angewandt. (→ Myliusgetriebe). Abb.

Kegelradgetriebe: → Zahnradgetriebe mit Kegelrädern als → Zahntriebe. Beim K. schneiden oder kreuzen sich im geringen Abstand die Mittellinien der Wellen und stehen meist im Winkel von 90° zueinander. Anwendung: bei → Radsatzgetrieben, → Radsatzwendegetrieben und → Winkelgetrieben.

Kegelringfederantrieb: Antrieb für elektrische Tfz. mit → Schwebemotoren in Querlage, bei dem das elastische Element eine geschlossene, ringförmige, zwischen Stahlringen einvulkanisierte Gummifeder ist. Der Fahrmotor ist wie ein → Tatzlagermotor auf einer Seite elastisch gegen den Rahmen abgestützt. Auf der anderen Seite ist eine feste Verbindung mit dem Hohlwellengehäuse vorhanden; in diesem ist die Hohlwelle mit 2 Wälzlagern gelagert. Das Stirnradgetriebe ist 1- oder beidseitig angeordnet. Hohlwelle, Großrad und kegelige Auflage für die Kegelringfeder sind fest miteinander verbunden. Die zweite kegelige Auflage befindet sich innen am Treibrad. Das Drehmoment wird auf die Kegelringfeder entweder nur durch Reibschluß der zwischen den kegeligen Flächen an Treibrad und Hohlwelle axial und radial verspannten Gummifeder oder zur besseren Zentrierung über Schraubenverbindungen (BR155 der DB/DR) übertragen. Dazu sind die Stahlringe winkelförmig mit einem Schraubflansch ausgebildet. Die Treibradsatzwelle wird

mit Spiel durch die Hohlwelle geführt. Erzielbare Effekte: → Gummifederantrieb. Der K. ist einfach im Aufbau, erfordert wenig Wartung und infolge verschleißloser Federelemente geringe Unterhaltungskosten. Er ist für Temperaturen von −45°C bis +45°C und für Geschwindigkeiten bis 160 km/h geeignet. Lit.: 4.5., 4.5. Abb.
Kegelrollenlager: → Wälzlager

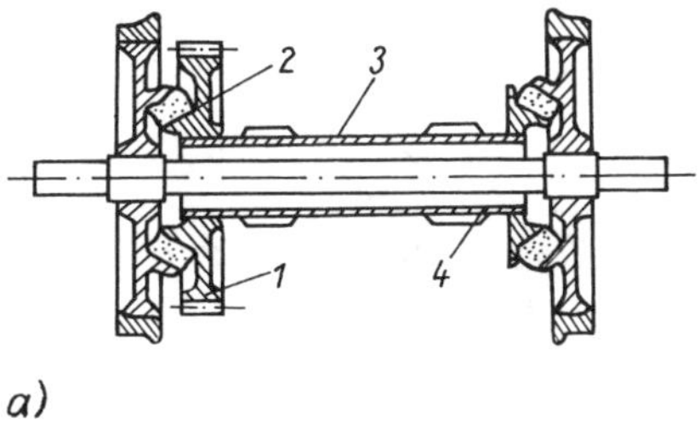

Kegelringfederantrieb
a) Prinzip
1 Großrad, 2 Kegelringfeder, 3 Hohlwelle, 4 Tatzlager

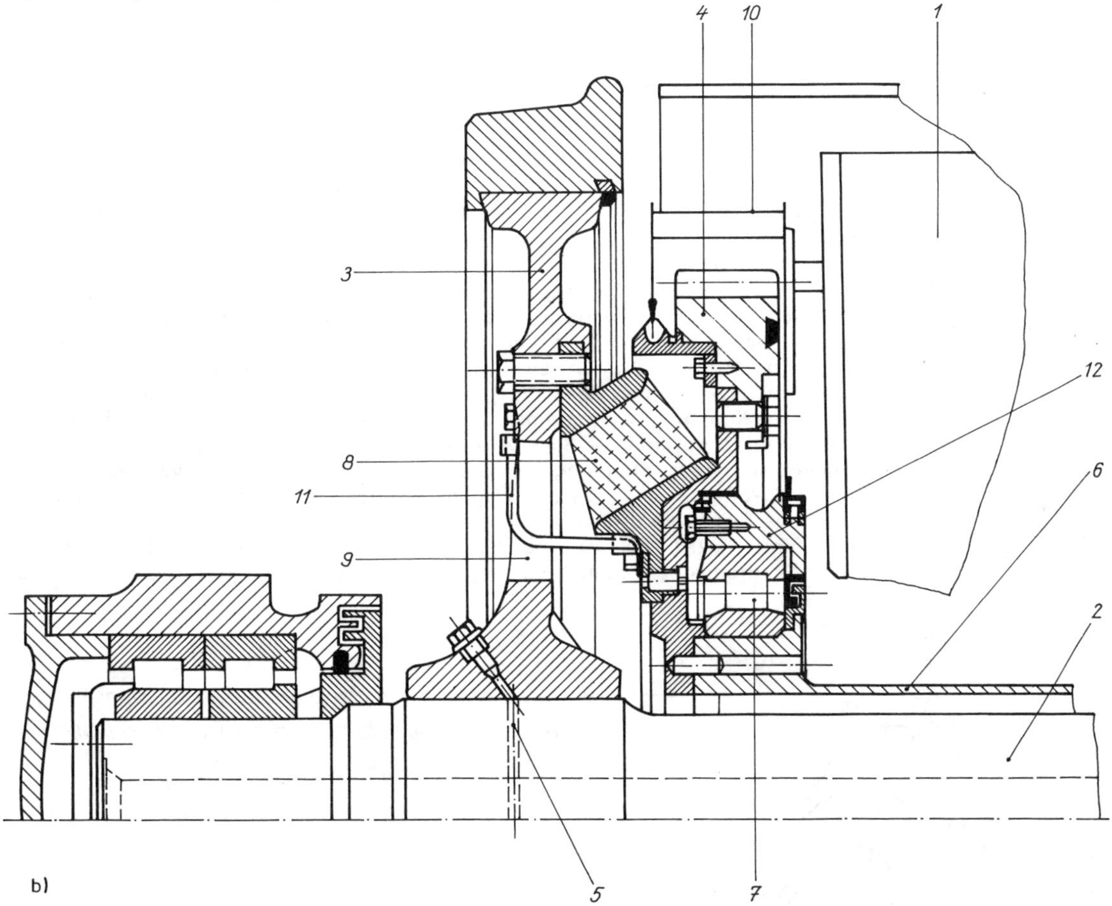

b) LEW-Kegelringfederantrieb
1 Fahrmotor, 2 Radsatzwelle, 3 Radscheibe, 4 Großrad, 5 Ölabpreßbohrung, 6 Hohlwelle, 7 Tatzlager, 8 Gummiringfeder, 9 Durchbruch durch Radscheibe zur Kontrolle der Ringfeder, 10 Zahnradschutzkasten, 11 Erdungsseil, 12 Hohlwellengehäuse

Keilblasrohr: spezielle Blasrohrform der → Saugzuganlage, die dem Abdampfstrom einem der Form eines 3blättrigen Kleeblatts ähnlichen Austrittsquerschnitt durch im Blasrohr keilartig ausgebauchte Nasen freigab. Das von der Lettischen Staatsbahn 1939 erprobte K. ermöglichte ohne Gegendruckerhöhung gegenüber dem kreisförmigen Blasrohrquerschnitt einen um 14% größeren Austrittsquerschnitt. Mit einer Zwischendüse wollte man ähnlich wie beim → Kylchap-Ejektor den Wirkungsgrad der Saugzuganlage weiter verbessern. Lit.: 2.10.
Keillagerschale: Lagerschale des hinteren Treibstangenlagers (→ Stangenlager), die mit einem Stellkeil verstellt wird.
Keilriemenantrieb: Antrieb, der das Drehmoment kraftschlüssig über Keilriemen mit trapezförmigem Querschnitt und entspr. profilierte Keilriemenscheiben geräuscharm überträgt. Je nach Übertragungsleistung sind 1 oder meh-

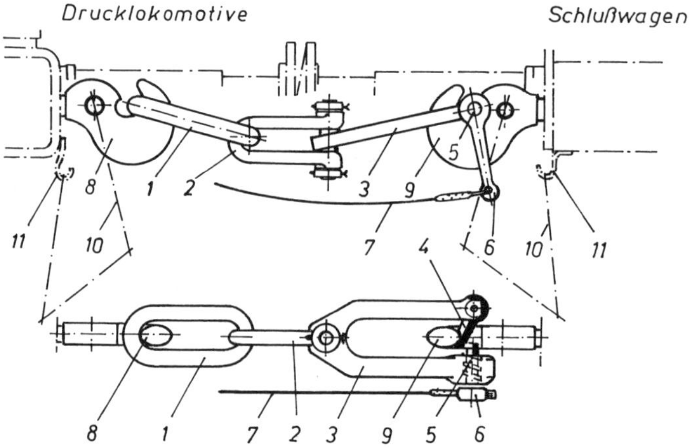

Kellersche Kupplung (Prinzip)
1 Einhängeöse, 2 Zwischenöse, 3 Drehbolzengabel, 4 Drehbolzen, 5 Verriegelungsbolzen, 6 Zughebel, 7 Zugseil, 8 Zughaken der Drucklokomotive, 9 Zughaken des Schlußwagens, 10 Regel-Schraubenkupplung, 11 Aufhängung für nicht gebrauchte Schraubenkupplung

rere parallelgeschaltete Keilriemen angeordnet. Wegen begrenzter Übertragungsfähigkeit und relativ geringer Lebensdauer ist der K. nur zum Antrieb von Hilfsmaschinen bei Tfz. und → Dieselmotoren anwendbar, z.B. zum Antrieb von → Kühlerlüftern und → Kühlwasserpumpen.

Kellersche Kupplung: während der Fahrt vom Führerstand einer → Schiebelokomotive auslösbare Kupplung zwischen Schiebelokomotive und letztem Wagen des Zugs. Die K. wird auch bei → Versuchsfahrten (z.B. bei Abhängeversuchen für Bremsuntersuchungen) eingesetzt. Bei Schiebeloks ist die K. vom letzten Bahnhof aus zu benutzen, wenn der Zug unterwegs verlassen werden soll. Abb.

Kenndaten: meist quantitative, in Zahlen und Einheiten ausgedrückte wichtige Angaben vorwiegend zur technischen Bestimmung der Tfz. und ihrer Bauteile und Baugruppen. Die K. umfassen z.B. die Nennleistung des Dieselmotorantriebs, die Gesamtleistung der elektrischen Fahrmotoren, die → Achsanordnung, die → Dienstmasse, die Reibungsmasse und die größte Fahrgeschwindigkeit. Sie kennzeichnen neben den betrieblichen Eigenschaften weitgehend die Zuordnung der Tfz. in eine bestimmte → Triebfahrzeughauptgattung.

Kennlinie des Drehmomentwandlers: → Anfahrwandler, → Marschwandler

Kennlinienfeld: Diagramm zur fahrdynamischen Bewertung von Tfz. bezüglich Antriebsvermögen und Energieumwandlung. Für das K. wird die Fahrgeschwindigkeit v als Abszisse und die → Zughakenzugkraft F_Z als Ordinate gewählt. Im K. sind die Kennlinien $F_Z(v)$ für die Parameter des zeit- und wegbezogenen → spezifischen Energieverbrauchs bzw. Kraftstoffverbrauchs, der → Fahrstufen und des momentanen → Wirkungsgrads des Tfz. dargestellt. Bei Diesel-Tfz. sind die Kennlinien $F_Z(v)$ für den zeitbezoge-

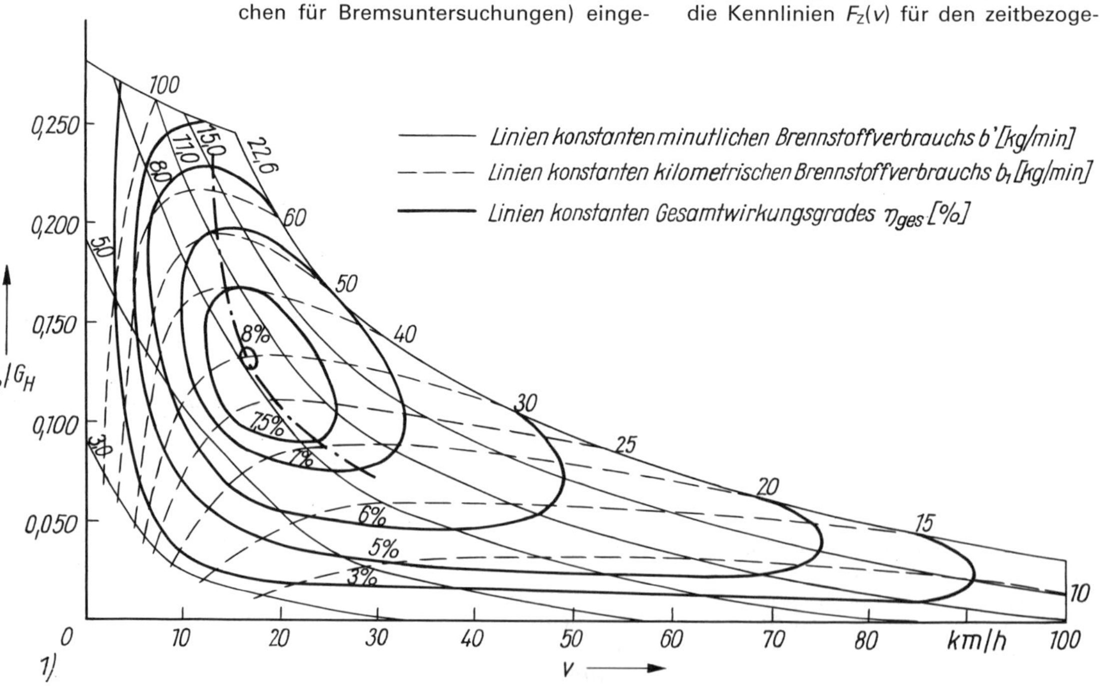

1)

nen spezifischen Kraftstoffverbrauch im Regelfall mit den Kennlinien $F_Z(v)$ der Fahrstufen identisch. Das K. wird vorwiegend auf experimenteller Grundlage, ersatzweise durch Berechnung, aufgestellt. Es ist neben dem Streckenband die wichtigste Grundlage für die Zugfahrtsimulation (→ Fahrstrategie, → Fahrsimulator). Abb.

Kerr-Stuart-Lokomotive: von der englischen Fa. Kerr Stuart & Co. in Stoke-on-Trent entwickelte Sonderbauart (→ Getriebelokomotive) der Dampflokomotive mit Außenrahmen, bei der der 1. Radsatz von einer am vorderen Ende der Lok angeordneten stehenden Zweizylinderdampfmaschine aus über ein Vorgelege und eine Blindwelle mit Ketten angetrieben wurde. 1929 wurde 2- und 3achsige Lokomotiven mit einer Dienstmasse von 10 t und einer Zugkraft von 34 kN für Schmalspurbahnen mit 600 mm bis 1067 mm Spurweite ausgeliefert, die sich im Industriebahneinsatz bewährten. Auf normalspurigen Bahnen fanden sie keinen Einsatz. Lit.: 2.8., 2.9.

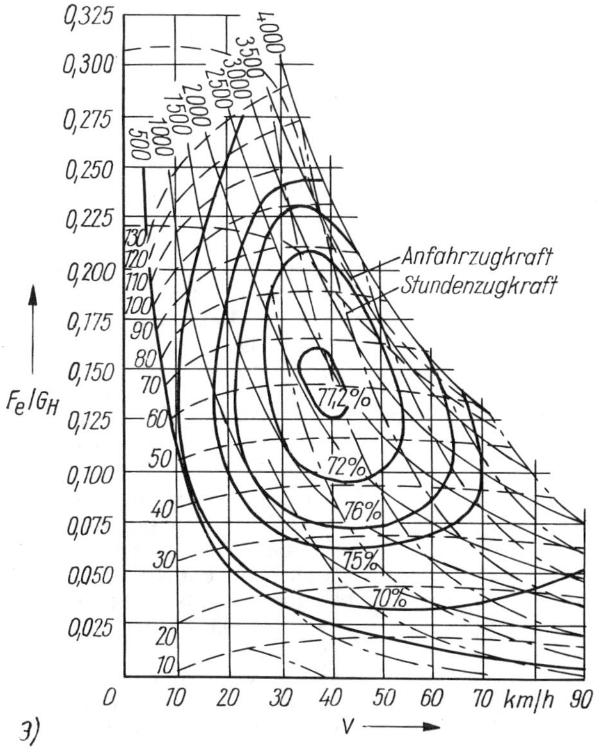

3)

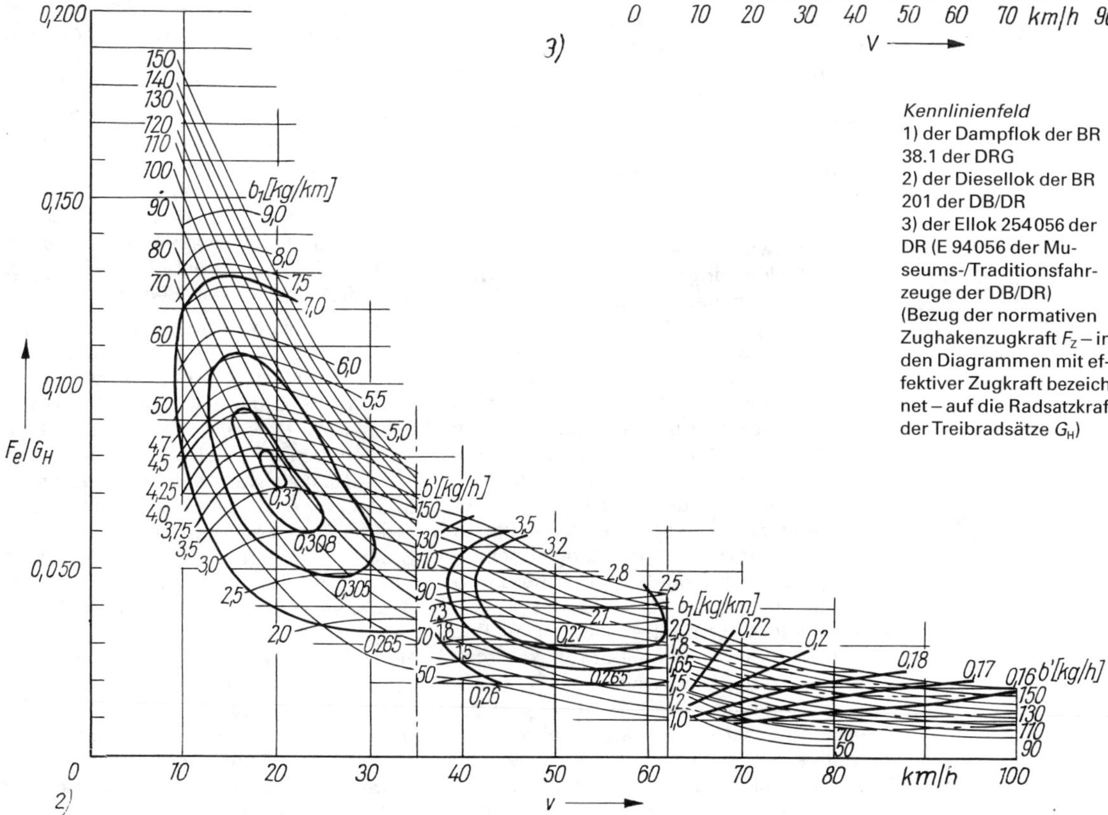

2)

Kennlinienfeld
1) der Dampflok der BR 38.1 der DRG
2) der Diesellok der BR 201 der DB/DR
3) der Ellok 254056 der DR (E 94056 der Museums-/Traditionsfahrzeuge der DB/DR)
(Bezug der normativen Zughakenzugkraft F_Z – in den Diagrammen mit effektiver Zugkraft bezeichnet – auf die Radsatzkraft der Treibradsätze G_H)

Kessel: → Dampflokomotivkessel

Kesselablaßhahn: Teil der → Feinausrüstung von → Dampflokomotivkesseln älterer Bauart zum Ablassen des mit Schlamm und Salzen verunreinigten Kesselwassers. Der K. befand sich an der Stehkesselvorderwand dicht über dem → Bodenring. Vor dem Ablassen des ganzen Kesselwassers mußte der → Kesseldruck auf etwa 100 kPa Überdruck (bei Kesseln mit Stahlfeuerbüchse auf 50 kPa Überdruck) abgesunken sein. → Abschlammeinrichtung. Lit.: 2.12.

Kesselabsperrventil: → Kesselspeiseventil

Kesselausrüstung: zum Betrieb des → Dampflokomotivkessels notwendige Einrichtungen, die an den eigentlichen (nackten) Kessel angebaut sind und der → Eisenbahn-Bau- und Betriebsordnung entsprechen müssen. Die K. untergliedert sich in die → Feinausrüstung und → Grobausrüstung. Lit.: 2.3., 2.12.

Kesselbauart: bauliche Charakteristik eines Kessels hinsichtlich der *Art der Dampferzeugung* (Großraumwasserkessel, → Wasserrohrkessel, → Hochdruckkessel u. a.), der *Bauausführung* (genieteter oder geschweißter Kessel) und der *Bauform,* bes. derjenigen des → Stehkessels. Für → Dampflokomotivkessel fand neben einigen Sonderbauarten i. d. R. der Großraumwasserkessel mit zahlreichen Heizrohren Verwendung, da er auch bei unregelmäßiger Dampfentnahme unempfindlich gegen Druck- und Wasserstandschwankungen ist. Lit.: 5.3.

Kesselbekleidung: Einrichtung zur Wärmeisolierung des Hinter- und → Langkessels der Dampflokomotive, um die Abkühlverluste (→ Kesselverluste) klein zu halten. Die K. besteht aus 1,5–2 mm dicken, auf Unterreifen geschraubten Blechen, so daß zum Kessel etwa 40 mm Abstand vorhanden ist. Durch das eingeschlossene Luftpolster wird der Wärmedurchgang verringert. Der innerhalb des Führerstands liegende Kesselteil, später bei Neubauloks auch der Langkessel, erhielt zusätzlich eingelegte Wärmeschutzmatten. Lit.: 2.3., 2.12.

Kesselblech: spezielles Material für Bau und Reparatur von → Dampflokomotivkesseln. I. allg. wird weicher Kohlenstoffstahl, der eine hohe Warmfestigkeit besitzt, eingesetzt. Für die Schnellzuglokomotive der BR 05 der DRG mit 2000 kPa zul. Kesselüberdruck und 1900 mm → Kesseldurchmesser wurde z. B. 17,5 mm dickes K. aus Kohlenstoff-Molybdän-Stahl verwendet. Die bekanntesten Stahlarten für K. waren St 47 K und St 34 I-Z II mit 25% Dehnung. Lit.: 2.3., 2.12.

Kesseldruck: im → Dampflokomotivkessel oder → Heizdampferzeuger vorhandener Dampfdruck, der in kPa gemessen wird. Der K. ist vom Heizer stets kurz unter dem zul. Höchstdruck konstant zu halten. Bei Lokomotiven mit Kesseln der Regelbauart waren folgende K. gebräuchlich: a) Altbau-Naßdampflok 600–1200 kPa; b) Einheits-, Neubau- und Rekolok 1400–2000 kPa (überwiegend 1600 kPa). Der K. muß durch den Lokführer mit dem → Kesseldruckmesser ständig überwacht werden. → Kesselüberdruck.

Kesseldruckmesser: Meß- und Anzeigeinstrument zur Überwachung des → Kesseldrucks; Teil der → Feinausrüstung des → Dampflokomotivkessels. Auf dem K. muß der zul. Kesselhöchstdruck durch eine rote Marke gekennzeichnet sein. Bei Dampflokomotivkesseln wurden ausschließlich Röhrenfedermanometer verwendet. Das genaue Arbeiten des K. ist nach der Montage mit einem Prüfgerät (Anschluß eines Prüfdruckmessers am Prüfstutzen des Kessels) zu kontrollieren.

Kesseldurchmesser: für die Konstruktion und Berechnung wichtiger Außendurchmesser des → Langkessels von → Dampflokomotivkesseln oder des → Heizdampferzeugers. In Verbindung mit der Dicke der Kesselbekleidung ist er auch bei einer Neubekesselung der Dampflokomotive von Bedeutung.

Kesselexplosion, *Kesselzerknall:* Zerstörung eines → Dampflokomotivkessels durch Aufreißen der Kesselwandung, das mit dem daraus folgenden plötzlichen starken Kesseldruckabfall zum Freiwerden der im Kesselwasser enthaltenen → Flüssigkeitswärme führt. Diese setzt infolge der sofortigen Nachverdampfung große Dampfmengen und damit in Bruchteilen von Sekunden gewaltige Kräfte frei. *Ursachen* des Aufreißens der Kesselwandung sind unzulässige Abnutzung einzelner Kesselteile, Material- oder Herstellungsfehler, Ausglühen von Kesselteilen durch zu niedrigen Wasserstand (→ Wasserstandanzeigeeinrichtung) oder zu hohen Kesselsteinbesatz zwischen den → Stehbolzen und die Überschreitung des zul. → Kesseldrucks. Die Sicherheitsventile und die durch das Auf-

reißen entstandene(n) Öffnung(en) genügen nicht, um die plötzlich entstehende Dampfmenge schnell genug abzuleiten.
Bei einer K. kann z.B. folgende Leistung der entstehende Dampfkräfte auftreten: Der Kessel der BR52 der DRG hat bei normalem Wasserstand einen Wasserinhalt von 7,8 m^3 bzw. 7800 kg. Ist im Augenblick einer K. ein Überdruck von 1600 kPa vorhanden, so besitzt das Wasser eine Flüssigkeitswärme von 867 kJ/kg Wasser. In Bruchteilen von Sekunden entwickelt sich beim Druckabfall auf den Normaldruck von 100 kPa eine Dampfmenge von 2694 m^3, und 3527 MJ Energie werden freigesetzt. Selbst bei Annahme einer relativ großen Zeitdauer von 1 s für den Vorgang der K. würde eine Dampfleistung von etwa 3500 MW entstehen! Lit.: 2.3., 2.12. Abb.

Kesselgrenze: ein für den Dauerbetrieb von der → Heizflächenbelastung bestimmter technisch-wirtschaftlicher Grenzwert für die Auslegung des Lokomotivkessels, der unter Rücksicht auf die Lebensdauer des Kessels festgelegt wird. Bei Überschreiten der K. im Betriebseinsatz sind undichte → Heizrohre und → Stehbolzen zu erwarten. Die Vergrößerung der Strahlungsheizfläche läßt eine Erhöhung der K. zu. Die Einheitslokomotiven der DRG sind z.B. mit ihrer wenig ausgeprägten Strahlungsheizfläche für eine K. von 57 kg Dampf/($m^2 \cdot h$) ausgelegt.

Kesselschäden: Defekte, Abzehrungen und Gefügestrukturänderungen an Kesselbauteilen und Kesselwerkstoffen (z.B. Risse, Korrosion an der Wasserseite und Ausbeulungen am → Stehkessel) des → Dampflokomotivkessels. Am häufigsten treten K. infolge gerissener → Stehbolzen und von Anrissen sowie Aus- und Anglühungen der → Feuerbüchse auf. Bei K. ist die Lokomotive ggf. sofort abzustellen, da sonst die Gefahr der → Kesselexplosion besteht. Lit.: 2.3., 2.12.

Kesselschuß: aus → Kesselblech zylindrisch, gelegentlich auch leicht konisch gewalztes Bauteil des → Langkessels mit etwa kreisringförmigem Querschnitt. Der K. wird mit einer Längsnaht durch Doppellaschennietung oder Schweißung geschlossen. Auch beim genieteten K. wird an seinen beiden Enden die Längsnaht auf 300–500 mm Länge verschweißt. 2 oder mehrere teleskopartig zusammengesetzte, durch Rundnähte in Zickzacknietung oder Schweißung miteinander verbundene K. ergeben den Langkessel, der sich zwischen → Stehkessel und → Rauchkammer einfügt. Lit.: 2.3., 2.12.

Kesselexplosion am 27. 11. 1977 im Bahnhof Bitterfeld explodierter Lokomotivkessel der Lok 01 1516 der DR

Kesselsicherheitsventil: Teil der → Feinausrüstung des → Dampflokomotivkessels zur Verhinderung des Überschreitens des im Betrieb zul. → Kesseldrucks. Vom Gesetzgeber werden 2 unabhängig arbeitende K. vorgeschrieben, die beim Überschreiten des zul. Betriebsdrucks Dampf ins Freie ablassen und beim Unterschreiten sofort wieder schließen. Die K. sollen eine freie Durchlaßöffnung von etwa 1:12500 der → Heizfläche haben, um einen weiteren Druckanstieg im Kessel während des Abblasens zu vermeiden. Die bekannteste Bauart ist das → Ackermann-Sicherheitsventil, weitere, teilweise ältere Bauarten sind das → Ramsbottom-Kesselsicherheitsventil und → Coale-Sicherheitsventil. Das K. ist im Betriebseinsatz verplombt und darf nur von einem zugelassenen Kesselprüfer (Sachverständiger für Druckgefäße) eingestellt werden. → Pop-Ventil. Lit.: 2.3., 2.6., 2.9., 2.10., 5.3.

Kesselspeisepumpe: → Speiseeinrichtung

Kesselspeiseventil: an der Einmündung der Speiseleitung in den → Dampflokomotivkessel angeordnetes kombiniertes Rückschlag- und Absperrventil, das den Abfluß von Wasser oder Dampf aus dem Kessel selbsttätig verhindert und außerdem von Hand geschlossen werden kann. Das K. ist meist zu beiden Seiten des Speisedoms angebracht. Das Absperrventil ist hinter dem Rückschlagventil angeordnet, um ein schadhaftes

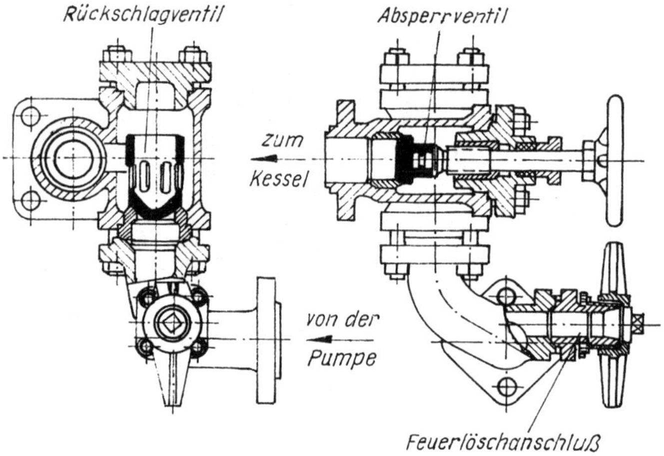

Kesselspeiseventil (Schnitt)

Rückschlagventil auch bei unter Druck stehendem Kessel auswechseln zu können. Am Rohranschlußkrümmer des K. befindet sich noch ein → Feuerlöschstutzen, über den bei arbeitender → Speiseeinrichtung Wasser entnommen werden kann. Abb.

Kesselspeisewasser: zum Speisen des → Dampflokomotivkessels oder des → Heizdampferzeugers a) bei Dampfloks in → Wasserkästen; b) bei Diesel- und gelegentlich auch älteren elektrischen Tfz. in → Speisewasserbehältern mitgeführtes Wasser. Das für K. verwendete Rohwasser wird i.d.R. durch Filter von mechanischen Beimengungen befreit und meist für die Verwendung im Lokomotivkessel einer → Kesselspeisewasseraufbereitung, beim Einsatz für Heizdampferzeuger einer Behandlung in einem → Wasser-Kleinaufbereiter unterzogen. K. mit einer → Wasserhärte bis zu 6°d läßt im Kessel wenig → Kesselstein und Korrosion (→ Abzehrungen) erwarten; bis zu 12°d wird es als noch brauchbar eingeschätzt. Lit.: 2.3., 2.12.

Kesselspeisewasseraufbereitung: Verfahren zur Gewinnung von → Kesselspeisewasser aus Rohwasser durch Enthärtung (→ Wasserhärte). Der K. kann eine Qualitätsverbesserung durch Klärung ungelöster Schwebstoffe und durch Reinigung (Ausfällen kolloidaler Teilchen) vorausgegangen sein. Arten: 1) zur K. für → *Dampflokomotivkessel* werden z.B. das Kalk-Soda-Verfahren, Baryt-Kalk-Soda-Verfahren oder das Soda-Phos-Verfahren in stationären Anlagen oder die → Innenaufbereitung eingesetzt. 2) Zur K. für → *Heizdampferzeuger* von Diesellokomotiven wird z.B. das Ionenaustauschverfahren angewendet; dieses ist sowohl stationär als auch auf der Lok möglich. Zusätzlich kann eine Entkarbonierung des Rohwassers erforderlich werden, wenn die Karbonalhärte ein bestimmtes Maß übersteigt.

Kesselstein: Ablagerung von schwerlöslichen Salzen der im Kesselwasser enthaltenen Härtebildner, die bei höheren Temperaturen aus dem Kesselwasser ausgeschieden werden und dann sehr fest an den Kesselwandungen, Heizrohren, Stehbolzen usw. haften. Dazu gehören vor allem die Verbindungen Kalziumkarbonat $CaCO_3$, Kalziumsulfat $CaSO_4$, Kalziumsilikat $CaO \times 2\ SiO_2$, Magnesiumkarbonat $MgCO_3$, Magnesiumhydroxid $Mg(OH)_2$ und Magnesiumsilikat $MgSiO_3$. Je nach chemischer Beschaffenheit des verwendeten Rohwassers können auch Eisenoxid, Aluminiumhydroxid, organische Stoffe u.a. als Bestandteile des K. vorkommen. Der K. wirkt stark isolierend; seine Wärmeleitzahl beträgt 0,08–2,33 W/(m·K), ist also gegenüber der von Stahl mit etwa 65 W/(m·K) und Kupfer mit etwa 384 W/(m·K) sehr niedrig und beeinträchtigt deshalb auch schon bei geringer K.schichtdicke stark den → Kesselwirkungsgrad. Die Beseitigung des K. erfordert in Abhängigkeit von der Wasserhärte ein mehr oder weniger häufiges Auswaschen (→ Auswascheinrichtung) des → Dampflokomotivkessel. Lit.: 2.3., 2.12.

Kesselstörungen: → Kesselschäden und Störungen an den Elementen der → Grobausrüstung und → Feinausrüstung des Dampflokomotivkessels, die die Dampfentwicklung oder anderweitig die Funktions- und Betriebstüchtigkeit des Kessels beeinträchtigen, wie z.B. Störungen bei der Speisewasserzuführung oder bei der Dampfentnahme. Bei durch Schäden oder Funktionsstörungen an den Sicherheitseinrichtungen verursachten K. (z.B. an den → Wasserstandanzeigeeinrichtungen oder an den → Kesselsicherheitsventilen) ist das Feuer zur Verhinderung größerer Schäden, die zur → Kesselexplosion führen können, sofort aus der Feuerbüchse zu entfernen.

Kesselträger: Verbindungselement von → Dampflokomotivkessel und Lokomotivrahmen, mit dem der Kessel auf dem Rahmen gelagert, befestigt und in Längsrichtung der Lok zur Aufnahme der wärmebedingten Ausdehnung des Kessels von etwa 2 mm/m Kessellänge gleitend oder mit → Pendelblechen geführt wird. Bauarten: 1) → *Rauchkammerträger,* der die → Rauchkammer und damit den Kessel i.d.R. fest mit dem Lokomotivrahmen verbindet; 2) nur am Rahmen befestigte → *Langkesselträger* der älteren Bauart, auf dem der Kessel nur aufliegt, oder solche der neueren, auch am → Langkessel befestigten Bauart (Pendelbleche); 3) → *Stehkesselträger* unterschiedlicher, von der Lage des Stehkessels abhängigen Ausführung, die neben der Abstützung des Stehkessels auf den Rahmenwangen oder Rahmenverbindungen die Längenausdehnung des Kessels durch entspr. Gleitelemente und meist → Schlingerstücke gewährleistet. Lit.: 2.3., 2.12.

Kesselüberdruck: der über dem absoluten Druck von 100 kPa im → Dampflokomotivkessel oder → Heizdampferzeuger herrschende → Kesseldruck, der i.d.R. auch vom → Kesseldruckmesser angegeben wird.

Kesselverluste: im → Dampflokomotivkessel bei der Dampferzeugung auftretende energetische Verluste, von deren Größe diejenige des → Kesselwirkungsgrads abhängt und die in der Regel durch Versuche und Messungen ermittelt werden. Wesentliche Teile der K. sind: a) Verluste durch Unverbranntes in den → Feuerungsrückständen (bei Steinkohlenfeuerung 8–10%, bei Braunkohlenbrikettfeuerung bis zu 30%); b) Verluste durch unvollkommene Verbrennung mit 1–2%; c) → Abgasverluste mit 15–20%; d) Verluste durch Wärmestrahlung des Aschkastens und Funkenauswurf mit 3–8% und e) Abkühlungsverluste infolge der Wärmeabstrahlung des Kessels mit 3–5% der mit dem Brennstoff zugeführten Energie. Lit.: 2.3., 2.6., 2.10., 2.12.

Kesselwirkungsgrad: → Wirkungsgrad zur energetischen Beurteilung des → Dampflokomotivkessels, der von der Größe der → Kesselverluste abhängt. Er ist das Verhältnis der nutzbaren Energie (→ Erzeugungswärme), die im vom Lokkessel abgeführten Dampf enthalten ist, zu der im zugeführten Brennstoff gebundenen Energie (→ Heizwert). Der K. hängt u.a. von der Kesselkonstruktion, der → Heizflächenbelastung (aber kaum von der Größe der → Heizfläche) und der → Rostbelastung sowie der Brennstoffart und der → Feuerführung ab. Er erreicht i.d.R. Werte von 60–80%. Lit.: 2.3., 2.10., 2.12.

Kesselzerknall: → Kesselexplosion

Kessler, Emil Heinrich: 20. August 1813 (Baden-Baden) – 16. März 1867 (Stuttgart); anfangs Handwerker, später Industrieller und Förderer des Dampflokomotivbaus. Nach einem Baustudium an der Polytechnischen Schule in Karlsruhe und einer Tätigkeit (Lehre) in der für Unterrichtszwecke geschaffenen mechanischen Werkstätte von Jakob Friedrich Meßmer übernahm K. 1836 deren Leitung (ab 1842 Maschinenfabrik Emil Kessler in Karlsruhe). Mit 27 Jahren begann K. mit dem Nachbau einer englischen 1A1-Dampflokomotive, die im Dezember 1841 als »Badenia« auf erfolgreiche Probefahrt ging. Unter seiner Leitung kam es für die Badische Staatsbahn 1845 in Karlsruhe zum Bau des ersten Dreikupplers in Deutschland, der erstmals auch Innenrahmen und Außenzylinder aufwies. Die 1846 gegründete Aktiengesellschaft Maschinenfabrik Esslingen leitete K. als Direktor. Für die kurvenreiche und 6 km lange, zur Überwindung der Schwäbischen Alb in Württemberg mit 22,5‰ Steigung angelegte Geislinger Steige baute K. 1849 nach der Konstruktion von → Trick die C-»Alb«-Gebirgslokomotive (ebenfalls mit Innenrahmen und Außenzylindern sowie mit → Stephenson-Steuerung), welche die in die deutsche Lokomotivgeschichte eingegangene »Alb-Klasse« begründete und deren Bau für die damalige Zeit als außergewöhnliche Leistung hervorzuheben ist. Lit.: 2.9., 5.1., 5.2., 5.3. Abb.

Emil Heinrich *Kessler*

Kettenantrieb: → Achsantrieb für Diesel-Tfz., der das Getriebeabtriebsdrehmoment über Ketten und Kettenräder formschlüssig, schlupflos und gleichmäßig überträgt. Der K. ist nur für kleine Leistungen (≦ 90 kW) und ≦ 5 m/s Kettengeschwindigkeit anwendbar. Nachteile: a) mit Längung der Kette nimmt der Verschleiß zu; b) geringe Änderung des Mittenabstands der Kettenräder begrenzt den Federweg des Radsatzes; c) Kettenspannmöglichkeit muß vorhanden sein. Verwendet werden 1-, 2- oder 3fache Rollenketten. Anwendung des K. bei Starrrahmenlokomotiven.

Kipprost: mit Roststäben belegter Rahmen, der Teilfläche des → Rosts bei Dampflokomotiven ist. Er kann vom Führerhaus aus mit einer Handspindel um die Kipprostwellen-Achse um 60° nach unten abgekippt werden. Der um 1920 ausgeführte K. ermöglichte ein schnelles Schlackeentfernen über das nach unten gekippte Rostsegment in den Aschkasten (bei geschlossenem Regler) auch während der Fahrt. Anfangs wurden als K. das vordere Rostfeld, später (bei den Lokomotiven der → Einheitsbauart) die mittleren Rostfelder ausgebildet. Lit.: 2.3., 2.9., 2.12.

Kippschalter: Niederspannungsschaltgerät, das durch eine Kippbewegung betätigt wird. Der K. wird bevorzugt als Steuerschalter für Haupt- und Hilfsstromkreise in den Führerständen von elektrischen und Diesel-Tfz. eingesetzt, häufig in der Ausführung als *Kipptaster (Kipptastschalter)*, wobei zwar eine innere Rückzugkraft, aber keine Sperre vorhanden ist. Die beweglichen Schaltkontakte kehren in ihre Ausgangsstellung zurück, wenn die Antriebskraft, d.h. der Fingerdruck des Betätigenden, fortfällt.

Kipptaster: → Kippschalter

Kipptür: → Marcotty-Feuertür

Kitson-Meyer-Lokomotive: modifizierte und von der Fa. Kitson gebaute → Meyer-Lokomotive, die einen zwischen den beiden → Triebdrehgestellen tief durchhängenden → Stehkessel besaß. Kessel, Führerhaus sowie Wasser- und Kohlenkasten waren hintereinander auf dem Hauptrahmen angeordnet. Auffällig war die hinter dem Führerhaus befindliche Abdampfabführung vom zweiten Triebdrehgestell in Form eines zweiten Schornsteins. Die stets mit einfacher Dampfdehnung arbeitenden Zylinder waren ursprünglich am hinteren Ende der Triebdrehgestelle, später an ihrem äußeren Ende angeordnet. Die K. wurde von den Eisenbahnen in Südamerika, Rhodesien, Indien und Jamaika eingesetzt. Lit.: 2.8.

Klarsichtscheibe: mit hoher Drehzahl rotierende, runde Glasscheibe, von der sowohl Niederschläge als auch Schmutz infolge der Fliehkraftwirkung heruntergeschleudert werden. K. dienen in Stirnfenstern und z.T. auch in Rückfenstern von Dampflokomotiven als → Scheibenreinigungsanlage. Die K. werden entweder pneumatisch von einer Turbine oder von einem Elektromotor angetrieben. Die DB und die DR rüsteten eine Vielzahl ihrer Dampflokomotiven mit K. aus, z.B. die BR01, BR10, BR23 und BR52.

Klauenkupplung: in der Grundform feste → Kupplung (1), die das Drehmoment formschlüssig durch *Klauen* überträgt. Mit elastischen Zwischengliedern wird die K. zur elastischen Kupplung. Die K. ist im Sonderfall bei unbelastetem Synchronlauf oder im Stillstand als *schaltbare* Kupplung ausgeführt und wird in → Zahnradschaltgetrieben bei Diesel-Tfz. im Zusammenwirken mit einer → Synchronisiereinrichtung häufig als Schaltorgan verwendet. Sonderform der K. ist die → Abweisklauenkupplung.

Kleinbahnlokomotive: → Lokomotive für den Einsatz auf Kleinbahnen, d.h. selbständigen Eisenbahnen mit verkehrsmäßig untergeordneter, meist lokaler Bedeutung. Die K. können Normal- oder → Schmalspurlokomotiven sein.

Kleinlokfahrer: Beschäftigter der Eisenbahn oder einer Industriebahn, der durch nachgewiesene Qualifikation die Berechtigung zum Führen einer → Kleinlokomotive im Dienststellen-, Betriebs- oder Bahnhofsbereich erworben hat. K. ist oft eine Zusatzqualifikation für Beschäftigte der Werkstätten.

Kleinlokomotive: → Lokomotive für → Normalspur mit einer am Zughaken gemessenen Leistung von höchsten 100 kW und einer größten Fahrgeschwindigkeit mit eigenem Antrieb von 45 km/h. Die K. sind nach dem unterstellten Leistungsprogramm auch als → *Industrielokomotiven* eingesetzt. Sie haben einen einfachen Aufbau und können deshalb von Bedienern (Rangier-, Bahnhofs- oder Bahnmeisterei-Personal) gefahren werden (→ Kleinlokfahrer). Anfang der 30er Jahre beschaffte die DRG eine größere Stückzahl Diesel-K. in den Leistungsklasse I (bis etwa 30 kW Leistung) und II (bis 100 kW Leistung), wobei aus der anfänglichen Vielzahl von Bauarten gemeinsam von der DRG und der Industrie in jeder Leistungsklasse eine Einheitslokomotive entwickelt wurde, z.B. Bauart Kö. Bis

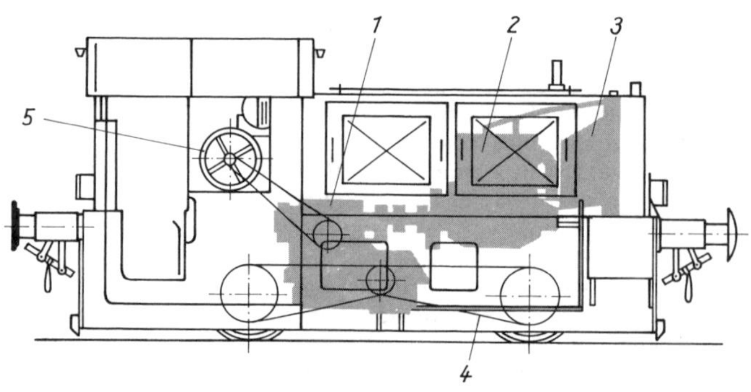

Kleinlokomotive der BR 311.1–7 der DB/DR
1 Einheitsrädergetriebe, 2 Dieselmotor, 3 Kühlanlage, 4 Kettenantrieb, 5 Fahrschalterhandrad zur Leistungseinstellung des Dieselmotors und Gangschaltung

Kriegsbeginn 1939 wurden insgesamt etwa 1300 K. von der DRG beschafft, die einen sehr wirtschaftlichen Rangierbetrieb auf Bahnhöfen mit relativ geringem Verkehrsaufkommen ermöglichten. Außerdem gab es die BR Ks der DRG als elektrische K. mit Energieversorgung aus → Akkumulatoren. Lit.: 3.2., 3.3. Abb.

Kleinow, Walter: 7. Juli 1880 (?) – 17. Juli 1944 (Berlin); Eisenbahn- und Lokomotivbau-Ingenieur, Erfinder z.B. des → Kleinow-Lenkgestells und des Kleinow-Antriebs (→ Federtopfantrieb) für elektrische Lokomotiven. K. studierte von 1899 bis 1903 Maschinenbau und Eisenbahnwesen an der TH Berlin-Charlottenburg. 1908 bestand er mit Erfolg die Prüfung zum Regierungsbaumeister. Anschließend war K. Maschinenamtsvorstand in Hirschberg, dann Beschaffungsdezernent des Reichsbahn-Zentralamts und ab 1924 technischer Direktor, später Betriebsleiter der AEG-Lokomotivfabrik Hennigsdorf. Hier entwickelte K. 1925 den in der Ellok E 7306 der DRG eingesetzten → Westinghouse-Antrieb weiter. Beim Übergang vom → Stangenantrieb zum → Einzelachsantrieb der elektrischen Lokomotive hatte K. bes. Anteil an der unter seiner Leitung vorgenommenen Entwicklung der Ellok-BR E04, BR E17, BR E21, BR E93, BR E18 und BR E19 der DRG, wobei 1939 die ersten beiden Loks der BR E19 die zugkraftstärksten und schnellsten Elloks ihrer Zeit mit 180 (geplant 225) km/h Höchstgeschwindigkeit darstellen sollten. Die Vielseitigkeit der Ideen und Erfindungen von K. zeigte sich u.a. bei der Entwicklung der AEG-Kohlenstaubfeuerung (→ Stug-Kohlenstaubfeuerung) sowie beim Entwurf des ersten geschweißten Dampflokomotivrahmens der → Kriegslokomotive. Lit.: 4.1., 5.2., 5.3.

Kleinow-Antrieb: → Federtopfantrieb

Kleinow-Lenkgestell: → Lenkdrehgestell nach → Kleinow für elektrische Lokomotiven mit → Einzelachsantrieb und führendem → Laufradsatz. Bei elektrischen Lokomotiven mit → Gestellmotoren kann die Deichsel des Lenkgestells wegen der Hohlwelle nicht wie beim → Krauss-Helmholtz-Gestell in Treibradsatzmitte angelenkt werden. Sie geht deshalb in einen kräftigen Bügel aus Flachstahl über, der um die Räder des zu führenden Treibradsatzes herumgreift und mit den über die beiden Achsschenkel hinaus verlängerten Treibradsatzwellenenden

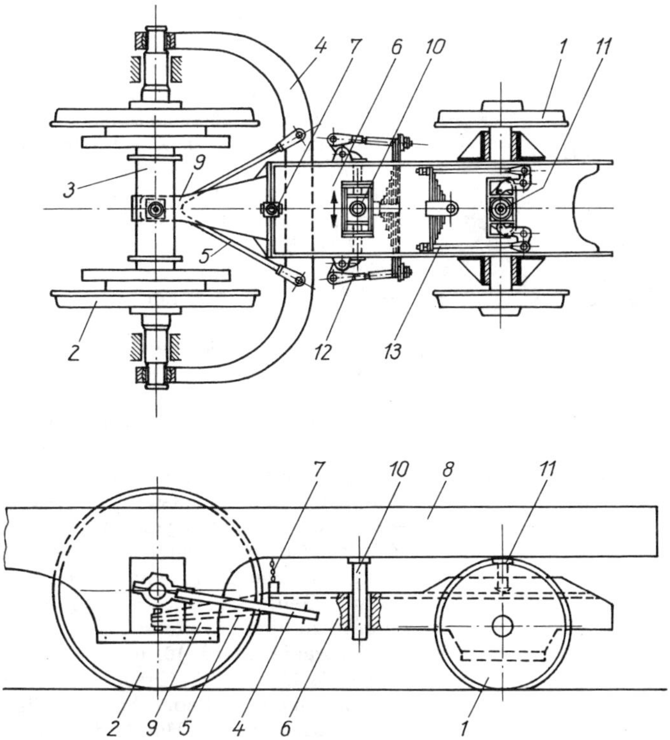

Kleinow-Lenkgestell
1 Laufradsatz, 2 Treibradsatz, 3 Hohlwelle, 4 Bügel, 5 Gabel, 6 Lenkgestell, 7 Pendel, 8 Hauptrahmen, 9 Deichsel, 10 Drehzapfen, 11 Stützzapfen, 12 Rückstellvorrichtung der Drehpfanne, 13 Rückstellvorrichtung der Stützpfanne

verbunden ist. Wird beim K. der Laufradsatz nach einer Seite ausgelenkt, so schwenkt das freie Ende der Deichsel nach der anderen Seite und bewirkt über den Bügel eine Seitenverschiebung des Treibradsatzes. Die Rückstellvorrichtung gewährleistet ein stoßarmes Einfahren in Gleisbögen und geringe Anlaufkräfte. Anwendung bei den Elloks der BR E04, BR E17, BR E18 und BR E19 der DRG. Lit.: 4.3. Abb.

Kleinrohrüberhitzer, *Mittelrohrüberhitzer:* i.d.R. für Schmalspur-, Stadtbahn- und Rangierlokomotiven etwa um 1909 entwickelte Bauart des Überhitzers von → Dampflokomotivkesseln, mit dem unmittelbar nach dem Anfahren bereits Heißdampftemperaturen von 400 °C erreicht wurden. I.G.z. → Rauchrohrüberhitzer befanden sich in nahezu allen Heizrohren Überhitzerelemente (Rohrschlangen). Damit wurde eine große → Überhitzerheizfläche verwirklicht, die bis zu 50% der → Heizfläche (2) für die Sattdampferzeugung des Kessels entsprach (beim Rauchrohrüberhitzer etwa 30%). Die Heizrohre besaßen gegenüber → Rauchrohren nur kleine oder mittelgroße Durchmesser, so daß in ihnen nur 1

Ewald Richard *Klien*

Überhitzerrohrpaar untergebracht werden konnte. Mit der weiteren Entwicklung des Rauchrohrüberhitzers zum → Großrohrüberhitzer und den auftretenden hohen Verschleißerscheiungen durch Abbrennen der Umkehrenden der Überhitzerelemente in den unteren Heizrohrreihen wird diese Bauart seit den 20er Jahren nicht mehr verwendet.Lit.: 2.6., 2.12., 5.3.

Kleinwagen: schienengebundenes Nebenfahrzeug für den Einsatz als Transport- und Arbeitsgerät für Arbeiten an Bahnanlagen im Gleisbereich. Zu den K. gehören u.a. → Gleiskraftwagen und Kraftkleinwagen.

kleinste Dauerfahrgeschwindigkeit: bei dieselelektrischen und dieselhydraulischen Tfz. durch die Erwärmung der Leistungsübertragungsanlage festgelegte → Mindestgeschwindigkeit, bei der das Tfz. dauernd mit voller Leistung fahren kann, ohne die Grenztemperatur (Kühlwasser-, Getriebeöl- oder Fahrmotortemperatur) zu überschreiten.

Klien, Ewald Richard: 10. Juli 1841 (Bautzen) – 5. März 1917 (Dresden); Eisenbahn-Ingenieur, Erfinder des → Klien-Dampftrockners und Miterfinder des → Klien-Lindner-Radsatzes. Nach der Ausbildung in der väterlichen Maschinenfabrik und Eisengießerei sowie an der höheren Gewerbeschule in Chemnitz und am Polytechnikum in Dresden trat K. mit 23 Jahren in den Dienst der Königlich Sächsischen Staatseisenbahnen. Als Maschineningenieur wurde ihm dort 1867 die Leitung des technischen Büros übertragen. Seine weiteren Entwicklungsetappen bei dieser Staatsbahn waren durch die Tätigkeit als Maschinenmeister (1872), Obermaschinenmeister (1877) sowie Maschinendirektor und Vorstand (1887) der Maschinenhauptverwaltung in Chemnitz gekennzeichnet. 1898 übernahm K. das Referat für Lokomotivwesen in Dresden. Seine Verdienste um die Entwicklung des sächsischen Lokomotivbaus, bes. um diejenige kurvenbeweglicher Triebwerke und Überhitzer, aber auch bei der Entwicklung der sächsischen Stellwerksanlagen und Sammelrauchführungen in Lokomotivheizhäusern wurden ihm durch die Verleihung der Titel Oberbaurat (1900) und Geheimer Baurat (1904) noch vor seinem Eintritt in den Ruhestand (1907) sowie durch die Ehrenmitgliedschaft im sächsischen Ingenieur- und Architektenverein postum anerkannt. Lit.: 2.9., 5.3. Abb.

Klien-Dampftrockner: bei den sächsischen Dampflokomotiven von → Klien entwickelte Einrichtung zum Trocknen des → Sattdampfs (→ Dampftrockner). Beim K. wurde der Sattdampf durch ein von den Heizgasen umspültes und in einem Rohr oberhalb des Lokkessels untergebrachtes Röhrenbündel geführt und etwa um 40 K überhitzt. Der nur mit einer geringen Überhitzerheizfläche ausgestattete K. wurde später durch den → Rauchrohrüberhitzer ersetzt. Lit.: 2.9., 5.3.

Klien-Lindner-Hohlachse: → Klien-Lindner-Radsatz

Klien-Lindner-Radsatz: Sonderbauart eines von → Klien und → Lindner entwickelten seitenverschieblichen → Kuppelradsatzes, der sich trotz seines Kuppel-

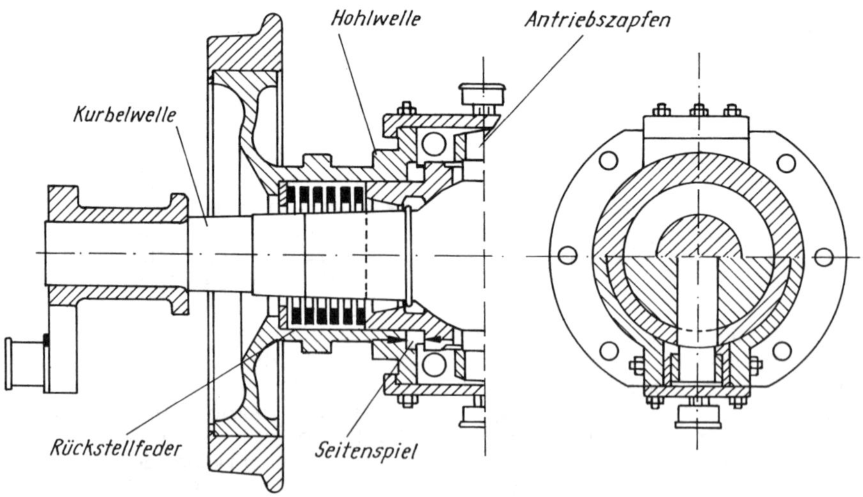

Klien-Lindner-Radsatz (Schnitt)

stangentriebs auch radial (→ Radialachse) einstellen kann. Hierzu besitzt er eine im Außenrahmen gelagerte, seitlich nicht verschiebbare und in der Mitte kugelförmig ausgebildete Kurbelwelle (Kernradsatzwelle) mit den außen angeordneten Kuppelzapfen, um die sich eine, die beiden Räder des K. fest verbindende Hohlwelle drehen und seitlich verschieben kann. Eine Rückstelleinrichtung mit Rückstellfedern mindert das Schlingern der Lok. Die Antriebskraft wird von der Kurbelwelle über Antriebszapfen auf die Hohlwelle übertragen. Die mit K. ausgerüsteten Lokomotiven besaßen einen ruhigen Lauf, erforderten jedoch gegenüber Kuppelradsätzen normaler Bauart einen größeren Bau- und Instandhaltungsaufwand. Der K. fand bes. bei Schmalspurlokomotiven Verwendung, z.B. bei den von 1901 bis 1907 von Hartmann gebauten 9 Dn2vt-Lokomotiven der Gattung V K der Königlich Sächsischen Staatseisenbahnen (BR 99^{61} der DRG) für die 750-mm-Schmalspurstrecke Heidenau–Altenberg mit dem kleinsten Bogenhalbmesser von 80 m. Auch Regelspurlokomotiven der eben genannten Staatsbahnen waren teilweise mit K. ausgerüstet, wie beispielsweise die 1902 von Richard Hartmann gebaute 1'D2nv-Güterzuglokomotive der Gattung IXV. Lit.: 1.24., 2.1. (Bd. 4), 2.3., 2.8., 2.9., 2.12., 5.3. Abb.

Klimaanlage: → Klimatisierung

Klimatisierung: Maßnahmen zur Veränderung von Temperatur, Luftfeuchtigkeit und Reinheitsgrad der Luft in Fahrzeuginnenräumen gegenüber den atmosphärischen Bedingungen der Umgebung. Klimatisiert werden vor allem Komfortreisezugwagen bzw. -triebwagen (Verbesserung der Behaglichkeit) und zunehmend → Führerstände von Tfz. (Sicherung optimaler Arbeitsbedingungen), da der relativ kleine Raum des Führerstands mit den notwendigen großen Fenstern stark von äußeren Bedingungen beeinflußt wird (Sonneneinstrahlung führt zum Treibhauseffekt). Für die K. wird eine Klimaanlage verwendet, die im Prinzip eine Vervollkommnung von → Druckbelüftung und → Heizung (bei tieferen Außentemperaturen) durch zusätzliche Luftbefeuchtung und Kühlung (bei höheren Außentemperaturen bzw. Sonneneinstrahlung) darstellt und so unabhängig von den äußeren Bedingungen und Einwirkungen die eingestellten Sollwerte für die Raumtemperatur und Luftfeuchtigkeit einhält.

Klinger-Wasserstandanzeiger: nach Klinger benannte Bauart der sichtbaren → Wasserstandanzeigeeinrichtung. Der K. hat eine nach vorn offene längliche Kammer, die durch ein in Längsrichtung geriffeltes Glas abgedeckt ist, hinter dem der mit Wasser gefüllte Teil dunkel und der übrige Teil hell erscheinen. Mit dem K. waren z.B. Dampflokomotiven der ehem. Bayerischen Staatsbahn ausgerüstet. Der K. findet noch heute bei Dampflokomotiven und stationären Dampfkesseln (auch bei → Heizdampferzeugern für die Zugheizung) Verwendung. Lit.: 2.12. Abb.

Klose, Adolph: 22. Mai 1844 (Bernstadt/Sachsen) – 3. September 1923 (München); vielseitiger Eisenbahn- und Lokomotiv-Ingenieur und Erfinder. K. lernte bei den Königlich Sächsischen Staatseisenbahnen und war ab 1870 als Maschineninspektor bei den Vereinigten Schweizer Bahnen in St. Gallen tätig. Von 1887 bis 1898 leitete er die maschinentechnische Abteilung der Königlich Württembergischen Staatseisenbahnen, die ihn zum Königlichen Baurat in ihrer Generaldirektion ernannten. Hier erwarb er sich große Verdienste um die Einführung der → Verbundlokomotive (1) mit erhöhtem Dampfdruck und 3zylindrigem Triebwerk. Er erfand mit Bissinger die nach beiden Erfindern benannte und bei der Höllentalbahn und der Zahnradbahn St. Gallen–Gais verwendete Leiterzahnstange sowie allein ein oft nach ihm benanntes kurvenbewegliches Triebwerk (Klose-Lenkwerk), für das er 1884 Patente erhielt und das u.a. bei der Gattung III K der sächsischen Schmalspurlokomotiven eingesetzt wurde. Ein herausragendes Ergebnis dieser Entwicklung war die 1892 erbaute Dampflokomotive → »Elefant«. Im Jahre 1907 gründete K. die Gesellschaft für Thermolokomotiven Diesel-Klose-Sulzer und schuf 1912 mit → Diesel die erste Großdiesellokomotive der Welt (→ Klose-Lokomotive). Lit. 2.9., 5.3.

Klose-Lokomotive: erste Großdiesellokomotive der Welt mit der Achsfolge 2'B2', die 1912 von den Firmen Sulzer und Borsig unter Mitwirkung von → Klose und → Diesel gebaut wurde. Der quer zur Fahrtrichtung eingebaute 736-kW-2-Takt-Dieselmotor übertrug seine Leistung von der gleichzeitig als → Blindwelle ausgebildeten Kurbelwelle über

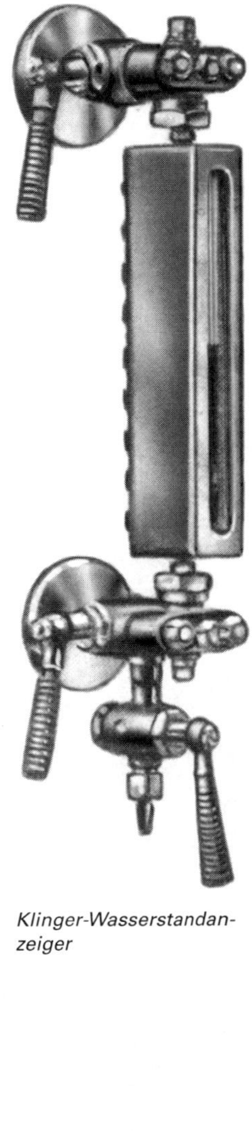

Klinger-Wasserstandanzeiger

Treibstangen direkt auf die beiden Treibradsätze. Zum Anfahren diente in Stahlflaschen gespeicherte Druckluft (→ Druckluftantrieb), die von einem 185-kW-Hilfsdieselmotor-Kompressor-Aggregat erzeugt wurde. Zur Fahrtrichtungsumkehr war der Dieselmotor umsteuerbar. Zwischen den Führerständen und dem Maschinenraum befanden sich keine Trennwände. Die K. absolvierte 1912/13 in der Schweiz und bei der KPEV Versuchsfahrten. Unterkühlung der bei der Anfahrt als Luftmotor arbeitenden Dieselmotorzylinder, mechanische Schäden und der Ausbruch des ersten Weltkriegs verhinderten einen weiteren Einsatz dieses Tfz. Lit.: 3.5., 3.8. → Tafel »Diesellokomotiven.«

Klotzbremse: mechanisch betätigte → Reibungsbremse, deren → Bremswirkung durch das Anpressen von → Bremsklötzen an die Radlauffläche erreicht wird. Die → Bremsklotzkraft F_K wirkt als Normalkraft auf das Rad. Dadurch entsteht entgegen der Bewegungsrichtung des Rads eine Tangentialkraft, die → Bremskraft F_{Br}. Sie ist das Produkt aus Klotzkraft und dem → Reibwert (2) μ_K der Reibpaarung (Abb.). Zum Wirksamwerden der Bremskraft muß die Kraftschlußkraft F_H zwischen Rad und Schiene gleich oder größer als die Bremskraft sein, da es sonst zum → Gleiten der Räder kommt (→ Bremsberechnung). Die Kraftschlußkraft ist das Produkt aus → Radkraft F_R und dem → Kraftschlußbeiwert μ_H.

Anwendung: Die K. ist an Tfz. am meisten verbreitet. Zur Verringerung des Bremssohlenverschleißes und einer hohen thermischen Belastung der Räder wird sie bei modernen Tfz. mit einer → Triebwerksbremse kombiniert. In diesem Fall stellt die K. eine *Ergänzungsbremse* dar, die die erforderliche Restbremskraft liefert, um eine möglichst konstante Bremsbeschleunigung zu erzielen. Die Klotzkräfte werden meist durch Druckluft über den → Bremszylinder (Bremszylinderkolbenkraft) oder durch Muskelkraft (→ Handbremse, → Feststellbremse) erzeugt. Für die Übertragung der Bremszylinderkolbenkraft wird ein → Bremsgestänge verwendet. Das unmittelbare Kontaktglied mit der Radlauffläche ist der → Bremsklotz, wobei man verschiedene → Bremsklotzbauformen unterscheidet. Der Werkstoff der → Bremssohlen, das Reibmaterial, ist entweder Grauguß oder ein Verbundwerkstoff (→ Kom-

Klotzbremse
a) Schema der Kräfte am klotzgebremsten Rad
b) Schema der Treibrad-Klotzbremse an einer Dampflokomotive
1 Bremszylinder, 2 Gestängerückzugfeder, 3 Hauptbremshebel, 4 Hängeeisen, 5 Bremswelle, 6 Spannschloß, 7 Ausgleichhebel, 8 Bremsbalken, 9 Winkelhebel
c) Schema der Klotzbremse für die Ellok der BR 155 der DB/DR
d) Schema der Klotzbremse für die Diesellok-BR 230, 231 und 232 der DB/DR
1 Bremshängeeisen, 2 senkrechter Bremshebel, 3 senkrechter Bremshebel, 4 Zugstange, 5 Spannschloß, 6 Bremszylinderhebel, 7 Drucklasche, 8 Bremszylinder, 9 Bremsklotzschuh, 10 Bremssohle, 11 Hängeeisen für Bremsbalken, 12 Bremsbalken, 13 Bremsbalken, 14 Bremshebel für Handbremse, 15 Zuglasche, 16 Übertragungshebel, 17 Kette, 18 Handrad für Handbremse, 19 Festpunkte

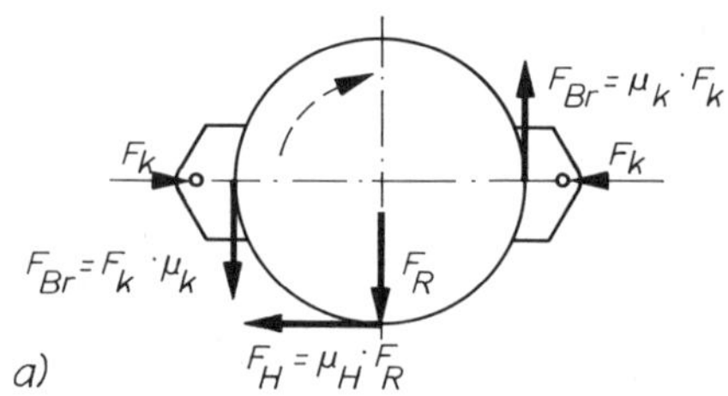

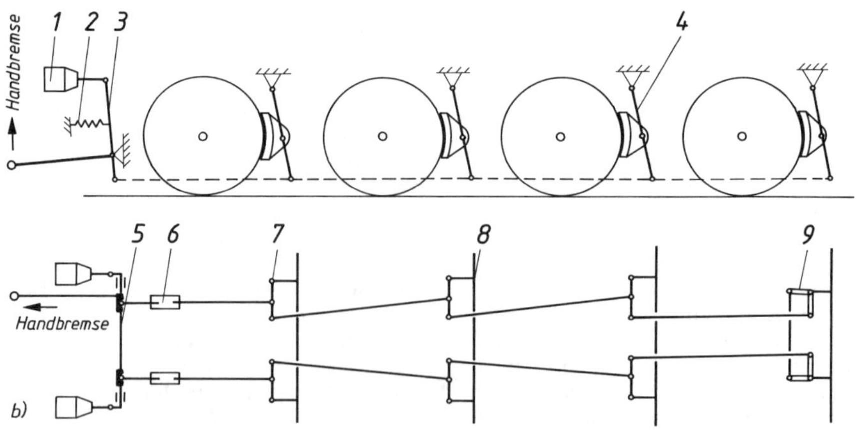

positionsbremssohle). Die *Treibradklotzbremse* einer Dampflokomotive (Abb.) ist i.d.R. so ausgeführt, daß durch den Hauptbremshebel (3) am Bremszylinder (1), der im Rahmen fest gelagert ist, die Kolbenkraft verstärkt wird. An jedem Radsatz befindet sich ein Bremsbalken (8). Dieser verbindet die beiden Bremsklötze einer Radsatzseite miteinander und übernimmt einen Anteil der übersetzten Kolbenkraft über einen vorgeschalteten Ausgleichhebel (7). Die Aus-

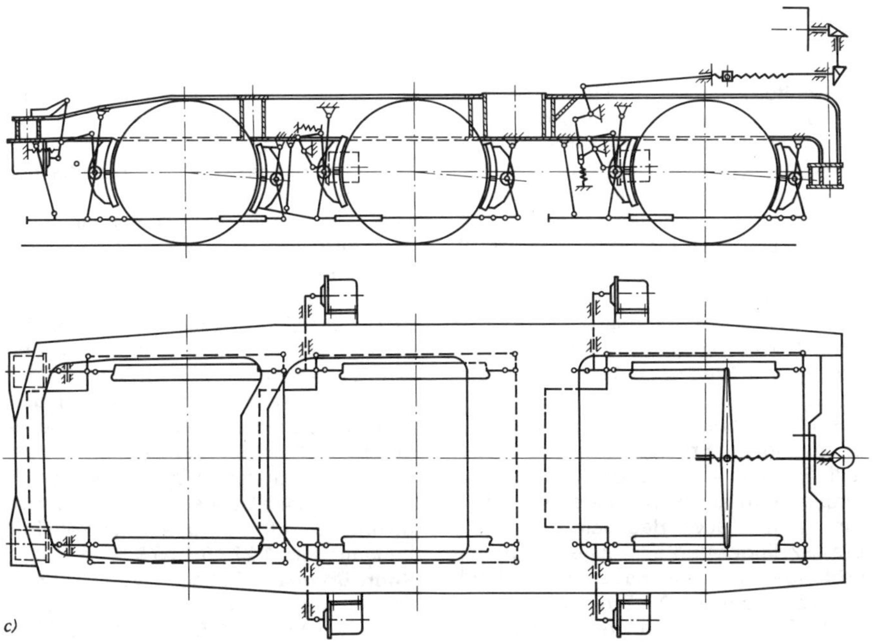

c)

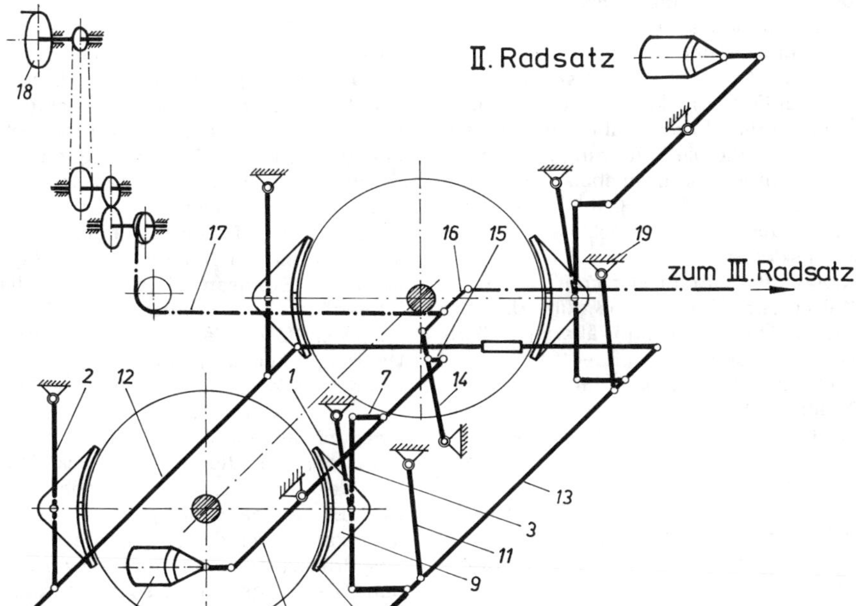

d)

Georg *Knorr*

gleichhebel an den einzelnen Radsätzen sind so geteilt, daß von der in der Zugstange wirkenden Kraft jeweils der auf den betreffenden Radsatz entfallende Anteil in den Bremsbalken übertragen und der Rest in die nächste Zugstange weitergeleitet wird. Der Querausgleich wird durch 2 Winkelhebel (9) am vorderen Bremsbalken erreicht. Der Bremsbalken (Bremstraverse) dient weiter als Spurhalter für die Bremsklötze, wodurch ein Überschleifen der Bremssohle über die spurkranzentfernte Stirnseite des Rads vermieden wird.

Rangierdiesellokomotiven sind i. allg. wie Dampflokomotiven 1seitig abgebremst, z. B. auch die BR 346 der DB/DR. Elektrische und Diesel-Strecken-Tfz. besitzen eine 2stufige Abbremsung der Räder, wobei entweder jedem Rad oder jedem Radsatz ein gesondertes Bremsgestänge mit Bremszylindern zugeordnet ist.

Bei Tfz. gibt es auch die Einzelradabbremsung. Die Bremstraverse hat hierbei lediglich die Aufgabe der Spurhaltung für die Bremsklötze. Bei anderen Ausführungen hat jedes Rad seinen eigenen Bremszylinder und sein eigenes Bremsgestänge (Abb.). Alle Räder werden beidseitig abgebremst. Die Bremszylinderkolbenkraft wird auf den Bremszylinderhebel (6), der über die Drucklasche (7) die Kraft auf den senkrechten Bremshebel (3) überträgt, und dem am Bremshängeeisen (1) befestigten Bremsklotz an die Radlauffläche drückt. Die andere Radseite erhält die Klotzkraft über die Zugstange (4). Für die Mittenführung der Bremsklötze sorgen die Bremsbalken (12) und (13). Lit.: 1.4., 1.8., 3.18., 4.5. Abb.

Klotzdruck: → Bremsklotzdruck, → Bremsklotzkraft

Klotzkraft: → Bremsklotzkraft

Knickmaß: Differenzmaß, um das bei Diesellokomotiven und älteren elektrischen Lokomotiven mit → Stangenantrieb die Blindwellenmitte über den Treibradsatzmitten liegt. Durch das K. wird die Beanspruchung der → Treibstangen beim Einfedern des Tfz. herabgesetzt.

Knorr, Georg: 19. Oktober 1859 (Leckarth bei Danzig) – 15. April 1911 (Davos); Ingenieur und Erfinder der → Knorr-Bremse (1900). Nach dem Besuch des Gymnasiums in Neumark arbeitete K. in einer Eisenbahnbahnwerkstatt. Sein Studium absolvierte er an der TH Braun-

Dieselelektrische Bo'Bo'-Streckenlokomotive BR T478.3 der ČSD mit 1324 kW Leistung, v_{max} = 100 km/h, mit Heizdampferzeuger und Radsatzführung durch einarmige Lenker. Ausgezeichnet für gute Formgebung. Hersteller: ČKD Sokolovo; 1970

schweig. Danach ging K. als Techniker zur Königlich Preußischen Eisenbahnverwaltung (KPEV) nach Crefeld. Ab 1884 war er als Ingenieur bei der Bremsenbaufirma von Jesse Carpenter angestellt, wo er sich für die Einführung der Carpenter-Druckluftbremse bei den preußischen Staatsbahnen einsetzte. Außerdem leitete K. auch Versuche mit der elektrisch gesteuerten Carpenter-Bremse und der Dreikammerbremse. Im Jahr 1893 übernahm K. diese Fa. mit dem Namen Carpenter & Schulze. 1905 wandelte K. das Werk in Berlin in die Knorrbremse GmbH (ab 1911 Aktiengesellschaft) um.

K. entwickelte auch die Westinghouse-Einkammerbremse weiter und führte sie als Knorr-Güterzugbremse ein. Er beschäftigte sich ferner mit einem druckluftbetriebenen Sandstreuer; weiter wurde u. a. der → Knorr-Vorwärmer nach ihm benannt. Lit.: 1.27., 5.1., 5.3. Abb.

Knorr-Bremse: einlösige, von → Knorr entwickelte → Druckluftbremse mit der Kurzbezeichnung *K* (Bauart K). Zur K. gehören das → Steuerventil, ein → Hilfsluftbehälter, ein → Bremszylinder und eine Löseeinrichtung. Man unterscheidet in der Ausführung zwischen dem Steuerventil ohne Beschleunigungseinrichtung, auch als → Einfachsteuerventil bezeichnet, und dem mit Beschleunigungseinrichtung, auch als schnellwirkendes Steuerventil bezeichnet (→ schnellwirkende einlösige Bremse). Mit dem → Abstufungsventil im Steuerventil ist ein stufenweises Bremsen, bis zwischen Hilfsluftbehälter und Bremszylinder Druckausgleich (350 kPa) herrscht, möglich. Der Hauptluftleitungsdruck hat in diesem Fall den gleichen Druck. Hilfsluftbehälter und Bremszylindergröße müssen untereinander angepaßt sein. Beim Lösen muß der Hauptluftleitungsdruck über den des Hilfsluftbehälters erhöht werden. Ein einmal eingeleiteter Lösevorgang kann durch das schiebergesteuerte Zweidruckventil nicht unterbrochen werden. Die Bremse löst also bei geringer Erhöhung des Drucks in der Hauptluftleitung vollständig aus. Wird eine weitere Bremsung vor Beendigung des Auffüll-

Dieselhydraulische Dzz-Zahnradlokomotive BR T426.0 der ČSD mit 845 kW Leistung, v_{max} = 50 km/h bei Adhäsionsbetrieb und 20 km/h bei Zahnradbetrieb, mit WW-Strömungsgetriebe und Stangenantrieb bei Adhäsionsbetrieb und Einwandler-Strömungswendegetriebe mit Bremsmöglichkeit bei Zahnradbetrieb für 2lamellige Abt-Zahnstange, Heizdampferzeuger, Einsatz auf der Strecke Jablonec-Tanvald. Hersteller: SGP; 1961

Dieselelektrische B'B'-Streckenlokomotive BB 67000 der SCNF mit 1764 kW Leistung, v_{max} = 90/135 km/h, mit Monomoteurantrieb. Die Diesellokomotive 67291 (ehem. 67036) erhielt 1965 erstmals Wechselstrom-Gleichstrom-Übertragung, die bei den Folgeserien 67200 bis 67500 Anwendung fand. Hersteller: B u. L; 1963

Dieselelektrische (A1A)(A1A)-Streckenlokomotive A1A A1A68000 der SNCF mit 1985 kW Leistung, v_{max} = 130 km/h, die Laufradsätze sind mit einer Vorrichtung zur Änderung der Radsatzkraft ausgerüstet, so daß eine Radsatzkraftverteilung von 200/130/200 kN oder 180/170/180 kN einstellbar ist und die Lokomotive auf Haupt- und Nebenstrecken einsetzbar ist. Hersteller: CAFL; 1964 bis 1968

Dieselhydraulische B'B'-Streckenlokomotive BB 69000 der SNCF mit 2×1764 kW Leistung, v_{max} = 147 km/h, mit Gestellgetriebe. Nur 2 Musterlokomotiven gebaut. Hersteller: SFAC; 1963

Dieselelektrische C'C'-Streckenlokomotive CC 70000 der SNCF mit 2×1764 kW Leistung, v_{max} = 105/140 km/h, mit Monomoteurantrieb und einem Wechselstromgenerator, dessen Stator und Rotor von je einem Dieselmotor gegenläufig angetrieben wird (Doppelrotorgenerator). 2 Musterlokomotiven gebaut, die Doppelmotorausführung bewährte sich nicht. Hersteller: Alsthom; 1965

Dieselelektrische C'C'-Streckenlokomotive CC 72000 der SNCF mit 2650 kW Leistung, v_{max} = 85/140 km/h, mit Wechselstrom-Gleichstrom-Übertragung und Monomoteurantrieb. Hersteller: Alsthom; 1967

Dieselhydraulische B'B'-Streckenlokomotive BR 2143 der ÖBB mit 1100 kW Leistung, v_{max} = 100 km/h. Elektrische Zugheizeinrichtung mit Antrieb durch Hilfsdieselmotor. Hersteller: SGP; 1965

rechts:
Dieselelektrische Co'Co'-Streckenlokomotive Class 55 (ehem. BR D9000) »Deltic« der BR mit 2×1213 kW Leistung, v_{max} = 160 km/h, mit 18-Zylinder-Delta-Ringmotoren und Heizdampferzeuger. Damals leistungsstärkste Lokomotive der Welt. Hersteller: EE; 1961

Bo'Bo'-Zweikraftlokomotive Class 73 (ehem. BR E6000) der BR mit 1160 kW Stundenleistung bei 750 V Gleichstromeinspeisung und 440 kW Leistung bei Betrieb mit bordeigenem Dieselgenerator, v_{max} = 140 km/h. Hersteller: BR-Werkstatt Eastleigh, EE; 1962/65

Dieselelektrische Co'Bo'-Streckenlokomotive BR D5700 der BR mit 880 kW Leistung, v_{max} = 120 km/h, mit Zweitakt-dieselmotor. Einzige Diesellokomotive dieser Achsfolge.
Hersteller: Metropolitan Vickers Electrical Ltd, Manchester; 1958

Dieselhydraulische B'B'-Streckenlokomotive Class 42 (ehem. BR D800) der BR mit 2×776 kW bzw. 2×847 kW Leistung, v_{max} = 145 km/h, mit Heizdampferzeuger, britische Version der BR 220 der DB (Lizenz von KM), bekannt als »Kriegsschiffklasse«.
Hersteller: BR-Werk Swindon, NBL; 1958

Dieselelektrische Co'Co'-Streckenlokomotive HS 4000 »Kestrel« der BR mit 2940 kW Leistung, v_{max} = 177 km/h, Wechselstrom-Gleichstrom-Übertragung, erste einmotorige 2940-kW-Diesellokomotive der Welt, sie wurde 1971 an die SŽD verkauft.
Hersteller: BEE; 1968

Dieselelektrische Co'Co'-Universallokomotive Class 50 der BR mit 1985 kW Leistung, v_{max} = 160 km/h, mit selbsttätiger elektronischer Zugkraftregelung und Heizgenerator. 12 Lokomotiven erhielten Namen der »Kriegsschiffklasse«. Hersteller: EE; 1968

Dieselelektrische Co'Co'-Streckenlokomotive Class 58 der BR mit 2430 kW Leistung, v_{max} = 128 km/h, mit Wechselstrom-Gleichstrom-Übertragung. Zwischen 2 Endführerständen befinden sich ein schmaler Maschinenraum und Quergänge mit Zugang zum Führerstand. Hersteller: BRE; 1982

Dieselelektrische Co'Co'-Streckenlokomotive Class 56 der BR mit 2390 kW Leistung, v_{max} = 128 km/h, mit Wechselstrom-Gleichstrom-Übertragung. Hersteller: BRE; 1976/79

Dieselelektrische Co'Co'-Streckenlokomotive BR 060 DA der CFR mit 1544 kW Leistung, v_{max} = 100 km/h, mit 12-Zylinder-Doppelreihenmotor und Schleuderschutzeinrichtung. Hersteller: Sulzer; 1959 und EPC; 1960/63

Dieselhydraulische C'C'-Streckenlokomotive BR NY7 der Chinesischen Staatsbahn (Werksbez. DHG 5400) mit 2×1985 kW Leistung für schweren Güterzugdienst, v_{max} = 120 km/h, für Außenlufttemperaturen bis −40 °C. Größte dieselhydraulische Serienlokomotive der Welt, Dienstmasse 138 t. Hersteller: Henschel, 1972

Dieselelektrische C′C′-Streckenlokomotive BR Hr 13 der VR mit 2×1030 kW Leistung, v_{max} = 100/140 km/h, asymmetrische Drehgestellkonstruktion mit 1 außerhalb der Treibräder liegenden Getriebekasten des Monomoteurantriebs. Hersteller: Alsthom, Valmet Oy, Helsinki, Lokomo Oy, Tampere; 1963

Dieselelektrische Co′Co′-Streckenlokomotive BR ME 1500 der DSB mit 2420 kW Leistung, v_{max} = 160 km/h, mit Drehstromantrieb, Zweitakt-Dieselmotor, elektrischer Bremse und elektrischer Zugheizeinrichtung. Hersteller: Henschel/BBC; 1981

Dieselelektrische Co′Co′-Streckenlokomotive BR D 661 der JŽ mit 1434 kW Leistung, v_{max} = 124 km/h, mit Zweitaktdieselmotor und Heizdampferzeuger. Jugoslawische Variante der Road-switcher-Standardlokomotive G 16 von GM. Hersteller: GM; 1960

Dieselelektrische Bo′Bo′-Streckenlokomotive BR 210 der SNCB mit 1030 kW Leistung, v_{max} = 120 km/h, mit Heizdampferzeuger. Hersteller: CO; 1961

Dieselhydraulische B'B'-Lokomotive BR 352 (ehem. 2000T) des TALGO-Triebzuges der RENFE mit 2×880 kW Leistung, v_{max} = 140 km/h, mit Mekydro-Getrieben und 2 Hilfsdieselgeneratoraggregaten von je 184 kW Leistung für Zugklimaanlage, Zug beleuchtung und Küchenenergieversorgung. Den niedrigen TALGO-Wagen angepaßte Einzwecklokomotive mit 1 Endführerstand und Scharfenbergkupplung am hinteren Ende zur Verbindung mit dem Wagenzug. Hersteller: KM und Babcock u. Wilcox, Bilbao; 1964

Dieselelektrische Bo'2'Bo'-Streckenlokomotive BR BB 20.400 der PJKA für Zahnrad- und Adhäsionsbetrieb mit 905 kW Leistung, v_{max} = 60 km/h bei Adhäsionsbetrieb und 20 km/h bei Zahnradbetrieb, Spurweite 1067 mm, mit Wechselstrom-Gleichstrom-Übertragung. Laufdrehgestell über Flexicoilfedern abgestützt und mit Lenkerstange geführt. Hersteller: SLM; 1982

3 dieselelektrische (Bo'Bo')(Bo'Bo')- Güterzuglokomotiven U50 der UP mit je 2×1838 kW Leistung, v_{max} = 113 km/h, mit Wechselstrom-Gleichstrom-Übertragung und Mehrfachsteuerung. Dienstmasse 248 t.
Hersteller: GE; 1963

Dieselelektrische Do'Do'-Treiblokomotive BR DD35 der USA-Bahnen mit 2×1838 kW Leistung für Güterzugdienst, v_{max} = 130 km/h, Dienstmasse 217 t, mit Ballast 234 t.
Hersteller: GM; 1963

Dieselelektrische Do'Do'-Güterzuglokomotive Class 6900 »Centennial« (DD-40X) der UP mit 2×2426 kW Leistung, v_{max} = 128 km/h, mit Wechselstrom-Gleichstrom-Übertragung. Leistungsstärkste einteilige Diesellokomotive der Welt. Hersteller: EMD; 1969

Dieselelektrische 1'Eo1'-Streckenlokomotive 3^{el} 2 für die Sowjetunion mit 880 kW Leistung, v_{max} = 50 km/h. Erste funktionstüchtige Diesellokomotive für Streckendienst, sie wurde in wasserarmen Gebieten mit einem Kühltender betrieben. Hersteller: ME; 1924

Dieselelektrische Co'Co'+Co'Co'-Güterzug-Doppellokomotive BR 2 TE 3 der SŽD mit 2×1470 kW Leistung, v_{max} = 100 km/h, mit Zweitakt-Gegenkolbenmotoren. Weitverbreitetste Lokomotive der SŽD. Hersteller: CHA, KOL, WOR; ab 1953

Dieselelektrische Co'Co'-Reisezuglokomotive TEP 60 der SŽD mit 2200 kW Leistung, v_{max} = 160 km/h, mit 16-Zylinder-Zweitaktmotor. Hersteller: KOL; 1961

Dieselelektrische Co'Co' + Co'Co'-Doppellokomotive BR 2 TE 116 der SŽD mit 2 × 2200 kW Leistung, v_{max} = 100 km/h, mit Wechselstrom-Gleichstrom-Übertragung, Dienstmasse 276 t. Hersteller: WOR; 1973

Dieselelektrische (Bo'Bo') (Bo'Bo')-Rangierlokomotive BR TEM 7 der SŽD mit 1470 kW Leistung, v_{max} = 100 km/h, mit Wechselstrom-Gleichstrom-Übertragung. Dienstmasse 180 t. Hersteller: LJU; 1976

Dieselelektrische Co'Co' + Co'Co'-Doppellokomotive 2 TE 121 der SŽD mit 2 × 2940 kW Leistung, v_{max} = 100 km/h, mit Wechselstrom-Gleichstrom-Übertragung. Dienstmasse 2 × 150 t. Hersteller: WOR; 1985

Dieselelektrische (Bo'Bo')(Bo'Bo')-Güterzuglokomotive TE 136 der SŽD mit 4412 kW Leistung, v_{max} = 100 km/h, mit Wechselstrom-Gleichstrom-Übertragung. Leistungsstärkste einmotorige Diesellokomotive der Welt. Dienstmasse 200 t. Hersteller: WOR; 1985

vorgangs eingeleitet, ist der Leitungsdruck stärker zu senken. Durch wiederholtes, kurz aufeinanderfolgendes Bremsen und Lösen ist die K. erschöpfbar.

Knorr-Bremse (Bauart KE): mehrlösige → Druckluftbremse mit dem Knorr-Steuerventil der Einheitsbauart, die seit 1953 für den internationalen Verkehr durch UIC zugelassen ist. Gegenüber der → Knorr-Bremse, der → Kunze-Knorr-Bremse und der → Hildebrand-Knorr-Bremse besitzt sie eine Reihe von *Vorteilen:* a) Statt Schieber und Kolbenringe werden Membrankolben und Gummisitzventile verwendet, wodurch sich die Instandhaltung vereinfacht und die Einsatzzeit erhöht wird. b) Die Brems- und Lösezeiten sind gleich, unabhängig von der Größe und dem Hub der Bremszylinder (→ Einheitswirkung). c) Eine Füllstoßsicherung verhindert weitestgehend eine → Überladung der Bremse. d) Der Höchstdruck im Bremszylinder wird unabhängig von der Größe und dem Luftdruck im → Vorratsluftbehälter begrenzt. e) Für alle Verwendungszwecke ist nur ein einheitliches Grundventil (→ Dreidruckventil) vorhanden, und man kann durch Anflanschen von Zusatzgeräten die Funktion des → Steuerventils erweitern (→ Hochleistungsbremse).

Das Steuerventil ohne Einheitswirkung hat die Bezeichnung *KE 0.* Bei Triebzügen kann dieses Steuerventil ohne → Bremsstellungswechsel und R-Füller verwendet werden. Der Bremsstellungswechsel wird durch eine feste Düsenplatte T für kurze Brems- und Lösezeiten ersetzt. Die Bez. des Steuerventils ist *KE T.* Wird dem Steuerventil ein Relaisventil angeflanscht, erhält es die Einheitswirkung. Es trägt die Bez. *KE 1* und wird für Tfz. ohne und mit Hochabbremsung verwendet, wobei zur letztgenannten Ausführung → Druckübersetzer gehören. Das Steuerventil KE 1 erzeugt in diesem Fall den Vorsteuerdruck für die Druckübersetzer, um eine schnelle Auffüllung der Bremszylinder zu erreichen. Zur Ansteuerung des Druckübersetzers wird ein → Achslagerbremsdruckregler benutzt.

Das Steuerventil *KE 2* ist eine Kombination von Grundventil und regelbarem Relaisventil bzw. regelbarem Lastbremsventil, das bei der → Lastabbremsung verwendet wird.

Innerhalb der Hauptbaureihen der Steuerventile unterscheidet man die Ausführungsform a (Bremszylinderhöchstdruck 360 kPa, Bremszylinderfüllzeit in Stellung G 30–40 s); c (Bremszylinderhöchstdruck 380 kPa, Bremszylinderfüllzeit in Stellung G 18–30 s) und d (verbesserte Ausführungsform c mit Beschleunigungseinrichtung).

Das Schaltschema des Steuerventils KE 1c zeigt das Dreidruckventil (Abb.). Der Dreidruckkolben steuert 2 Doppelsitzventile. Durch den Ventilteller (7) wird der Ein- und Auslaß der Bremszylinderluft gesteuert. Das zweite Doppelsitzventil mit den Sitzen (11) und (12) öffnet bzw. entlüftet die Verbindung zur Ü-Kammer. Durch den Vorsteuerdruck im Relaisventil werden Überwacher und Begrenzer gesteuert. Das Relaisventil besteht aus einem Membrankolben (30) und einem Doppelsitzventil mit den Sitzen (31) (Auslaß) und (32) (Einlaß). Es erzeugt den Bremszylinderdruck entspr. dem im Dreidruckventil aufgebauten Vorsteuerdruck. Der R-Füller ist ebenfalls ein kleines Dreidrucksystem, das durch den Steuerkammer-, Vorratsbehälter- und Bremszylinderdruck gesteuert wird. Mit der → Umstelleinrichtung G-P werden für beide Bremsstellungen unterschiedliche Brems- und Lösezeiten eingestellt. An der Steuerkammer A mit einem Inhalt von 4 l befindet sich ein → Löseventil, das bei Betätigung die Steuerkammer A entlüftet. Um eine Überladung der A-Kammer (→ Überladung der Bremse) zu vermeiden, besitzt sie eine Füllstoßsicherung. Lit.: 1.3., 1.4., 1.8. Abb.

Knorr-Bremse (Bauart KE)
a) Baueinheiten der Steuerventile KE 1c und KE 1cSL

a)

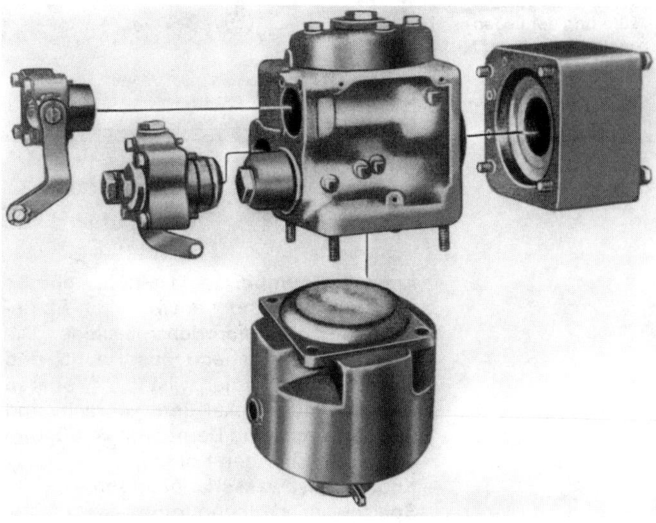

b) Füllstellung der Druckluftbremse mit Steuerventil KE 1c
Dreidruckventil: 1 Kolben, 1a Düse, 2b Bohrung, 2c Fülldüse, 5 Auslaß von Kolben 9, 7 Ventilteller, 8 Feder, 9 Kolben, 10 Steuerhülse, 11 Auslaß der Steuerhülse, 12 Einlaß der Steuerhülse, 14a Düse;
Überwacher: 2 Empfindlichkeitsbohrung, 2a Düsenschalter, 14 Ü-Überwacher, 18 A-Überwacher, 19 Düse;
Druckbegrenzer: 15 Mindestdruckbegrenzer, 20 Höchstdruckbegrenzer;
Relaisventil: 30 Kolben, 30a Dämpfungsbohrung, 31 Auslaß, 32 Einlaß;
R-Füller: 3 Dichtklappe, 25 Kolben, 26 Kolben, 27 Ventil, 28 Feder, 29 Düse;
Umstelleinrichtung G-P: 16 Einheitsdüse, 17 Einheitsdüse, 21 Einheitsdüse, 22 Einheitsdüse, 23 Ventil, 24 Ventil;
Absperrorgan: 33 Ventil, 34 Ventil, 35 Exzenter

c) Bremsstellung der Druckluftbremse mit Steuerventil KE 1c (Erläuterung der Legendenzahlen siehe unter b) Füllstellung)

d) Lösestellung der Druckluftbremse mit Steuerventil KE 1c (Erläuterung der Legendenzahlen siehe unter b) Füllstellung)

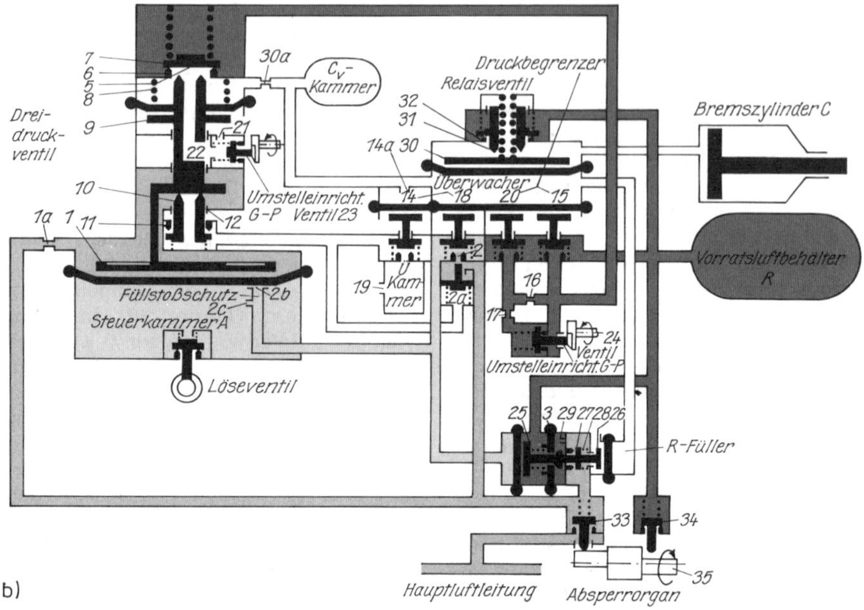

b)

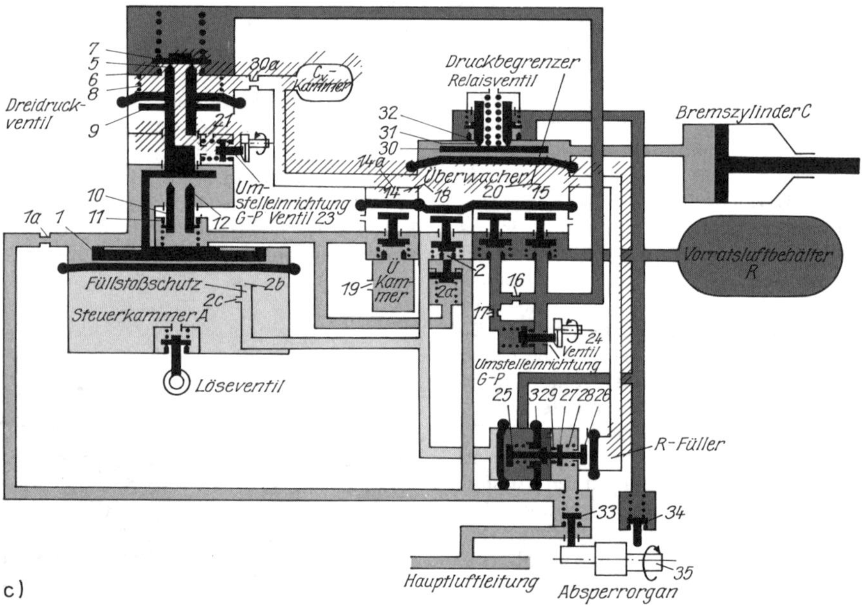

c)

Knorr-Luftpumpe: → Dampfluftpumpe mit einer von Knorr entwickelten Steuerung der Dampfantriebsmaschine. Die Steuerung, bestehend aus Haupt- und Nebensteuerkammer, ist im oberen Dampfzylinderdeckel untergebracht und leitet abwechselnd Dampf mit Vollfüllung unter und über den Kolben.

Knorr-Speisewasserkolbenpumpe: → Speisewasserkolbenpumpe

Knorr-Vorwärmer: von → Knorr entwickelte Bauart des → Oberflächenvorwärmers (dort Abb.). Der K. ist seit 1914 die bekannteste und weitverbreitetste Vorwärmerart bei Dampflokomotiven. Er besteht aus einem Rohrbündel mit etwa 80 Messingrohren, das vom Abdampf der Dampfmaschine sowie von der Luft- und → Speisewasserkolbenpumpe in einem zylindrischen gußeisernen Behälter um-

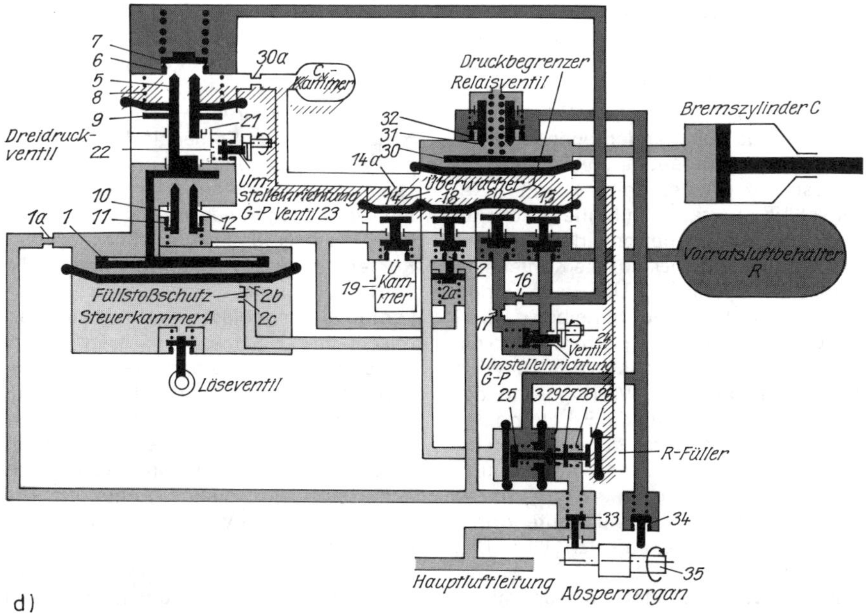

d)

spült wird. Das von der Speisewasserkolbenpumpe geförderte Kesselspeisewasser tritt in das Rohrbündel ein und verläßt es nach 2maliger Umkehrung stark erwärmt. Der K. ist in der Kesselspeisewasserleitung zum Kessel zwischengeschaltet.

Kö: ehem. Kennbuchstabe für → **K**leinlokomotive mit Dieselmotor (**Ö**lmotor) und mechanischer Leistungsübertragung bei der DB und der DR.

Kobelschornstein, *Kobel:* spezielle Bauart des mit einem → Funkenfänger im Schornsteinkopf ausgerüsteten Schornsteins. Der von Rihosěk in Österreich entwickelte, am Schornsteinkopf topfartig ausgebildete und aus Gußeisen oder Stahlblech gefertigte K. erteilte den austretenden Gasen eine rotierende Bewegung, wobei gegenüber anderen Bauarten der Strömungswiderstand und Höhenbedarf des Dralleinsatzes stark reduziert wurden, so daß er auch für relativ hochliegende Kessel geeignet war. Schornsteine mit eingebautem Funkenfänger wurden seit 1890 überwiegend wieder abgeschafft, waren aber in Sachsen und bei braunkohlengefeuerten tschechoslowakischen Güterzuglokomotiven auch noch nach 1920 anzutreffen. In Österreich blieb der K. bei Lokomotiven mit nicht hochliegendem Kessel teilweise noch bis in die letzten Jahre der Dampflokzeit erhalten. Lit.: 2.6., 2.9., 5.3.

Köchy-Lokomotive: von Köchy (Professor für Lokomotivbau an der TH Aachen) und auf der Grundlage seines preußischen Patents Nr. 91720 »Kupplung zwischen lenkbaren und steifen Lokomotiv-Treibachsen mittels einer Blindwelle« von Henschel 1902 gebaute → Gelenklokomotive. Bei der eng an die → Hagans-Lokomotive angelehnten und ebenfalls teilgelenkigen CB'-K., die auch die Vor- und Nachteile der Hagans-Lokomotive besaß, war für den Antrieb der hinteren (drehbaren) Triebwerksgruppe außer dem Schwinghebeltriebwerk über dem letzten Kuppelradsatz der vorderen (festen) Triebwerksgruppe eine Blindwelle angeordnet. Beide Bauelemente veränderten die jeweilige Wirklänge der die beiden Triebwerksgruppen verbindenden Kuppelstangen. Mit Einführung der sog. Gölsdorfachsen (→ Gölsdorf-Anordnung) wurde die als Einzelexemplar existierende Lok mit der preußischen BR-Bezeichnung T15, Lok Nr. 8001 »Cöln«, 1922 ausgemustert. Lit.: 2.8., 2.9., 5.3.

Köe: ehem. Kennbuchstabe für → **K**leinlokomotive mit Dieselmotor (**Ö**lmotor und → **e**lektrischer Leistungsübertragung bei der DRG.

Köf: ehem. Kennbuchstabe für → **K**leinlokomotive mit Dieselmotor (**Ö**lmotor und → Strömungsgetriebe (**F**lüssigkeitsgetriebe) bei der DB und der DR.

Kohlebürsten: → Bürsten

Kohledruckregler: elektromechanischer → Laderegler zur Regelung der Spannung von → Lichtmaschinen entspr. dem Ladespannungsbedarf des → Akkumulators. Ein säulenförmiger Regelwiderstand ist aus aufeinanderliegenden Kohlescheibchen aufgebaut, die mit dem Erregerstromkreis des selbsterregten Nebenschlußgenerators in Reihe geschaltet sind. Ein Drehmagnet bewirkt durch unterschiedlichen Druck auf die Kohlensäule eine Änderung des Übergangswiderstands zwischen den Scheiben. Überschreitet der Belastungsstrom oder die Generatorspannung zul. Werte, bewirkt der Drehmagnet eine Verringerung der Anpreßkraft und damit die Erhöhung des Feldwiderstands. Durch den kleineren Erregerstrom sinkt die Generatorspannung (bei Unterschreitung zul. Werte umgekehrter Vorgang). K. sind heute durch elektronische Regler ersetzt. Lit.: 1.8., 3.4. Abb.

Kohlenkasten: Behälter für den mitzuführenden Brennstoff (Kohle). Bei → Tenderlokomotiven befindet sich der K. an der Führerhausrückwand oder links vor dem Führerhaus neben dem Stehkessel. Im mitgeführten → Schlepptender befindet sich der K. über dem Wasserkasten mit Öffnung zum Führerstand.

Kohlenstaubdampflokomotive: → Kohlenstaublokomotive

Kohlenstaubfeuerung: Verbrennung von feinzermahlener Kohle als Steinkohlen- oder Braunkohlenstaub, im Ausnahmefall auch als Torfstaub, der in die i.d.R. feuerfest ausgemauerte und meist kein Rost besitzende → Feuerbüchse der → Kohlenstaublokomotive, seltener in die → Brennkammer der → Gasturbinenlokomotive, eingeblasen und mit Luft vermischt in der Schwebe verbrannt wird. Die Bildung des erforderlichen Staub-Primärluft-Gemischs und der Verbrennungsvorgang werden i.allg. in 1 oder mehreren Brennern eingeleitet und oft durch die Zuführung von Sekundärluft außerhalb des Brenners unterstützt. Die K. ermöglicht die Verbrennung heizwertarmer und aschereicher Kohle bei großer → Heizflächenbelastung und geringem Luftüberschuß, was zu einem größeren → Kesselwirkungsgrad führt, eine gute Regelung der Dampfleistung und damit eine gute Anpassung an die betrieblich geforderte Beanspruchung und eine, für den → Dampflokomotivkessel allerdings nicht immer günstige kurze Anheizzeit. Außerdem läßt sich gegenüber der üblichen Rostfeuerung die Zeit für das → Ausschlacken und Entfernen der → Lösche aus der Rauchkammer verkürzen, und die schwere körperliche Arbeit des Heizers entfällt. Als nachteilig sind die i.d.R. höheren Aufwendungen für die Staubbevorratung und die Lokomotivausrüstung hinsichtlich Fertigung und Instandhaltung aufzuführen.

Hauptbauarten 1) AEG-K. (→ Stug-Kohlenstaubfeuerung); 2) Stug-K.; 3) → Wendler-Kohlenstaubfeuerung. 1962 wurde in den USA auch eine Gasturbinenlokomotive mit einer K. ausgerüstet. Für die Wirtschaftlichkeit der K. sind eine gute Abstimmung von Brennergestaltung, Korngröße des Kohlenstaubs, Luftverhältnis und der Staub-Luft-Vermischung sowie die Verfügbarkeit billigen Brennstaubs entscheidend. Lit.: 2.3., 2.6., 2.8., 2.9., 2.12., 2.22., 5.3.

Kohlenstaub-Gasturbinenlokomotive: spezielle Ausführungsform der → Gasturbinenlokomotive.

Kohlenstaublokomotive: Sonderbauart der → Dampflokomotive, die mit einer → Kohlenstaubfeuerung i.d.R. für Steinkohlen- und Braunkohlenstaub ausgerü-

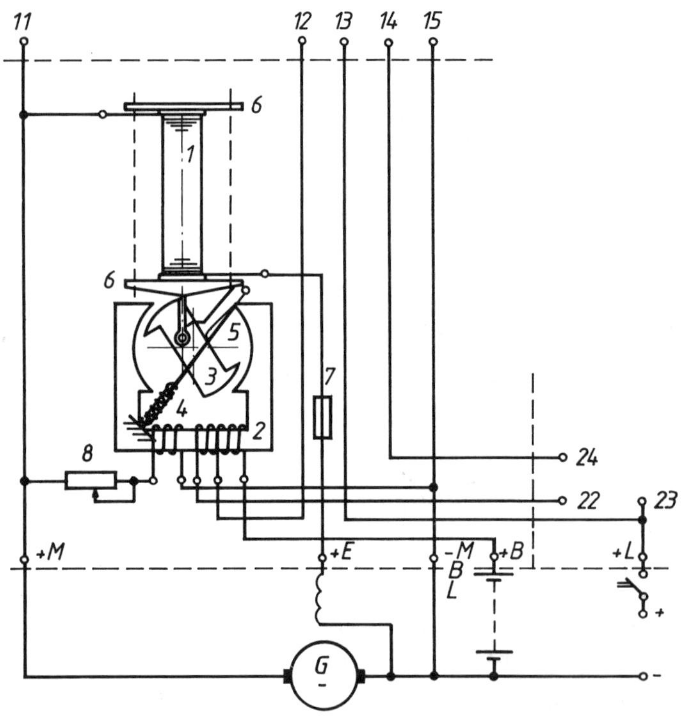

Kohledruckregler
Feldregler für Gleichstromgenerator mit Anschluß für Rückstromschalter (11 bis 15) und Netzregler (22 bis 24)
1 Kohlesäule, 2 Meßwerk, 3 Meßwerkanker, 4 Regelfeder und Dämpfer, 5 Zugband, 6 Druckplatte, 7 Sicherung, 8 Einstellwiderstand

stet ist. Erste, allerdings erfolglose Versuche mit K. fanden bereits um 1900 bei der Manhattan Elevated RR in den USA statt. Ab 1912 rüsteten die private Stockholm-Rimbo-Eisenbahn und 1914 die SJ Doppellokomotiven mit → Torfstaubfeuerung aus, um den in Schweden in großen Mengen billig zur Verfügung stehenden Torf wirtschaftlich zu nutzen. Bis 1932 wurden 27 Rostlokomotiven auf die Torfstaubfeuerung umgerüstet, die sich technisch bewährten und hinsichtlich ihrer Wirtschaftlichkeit vom Kohlepreis abhingen.

Zeitlich parallel zu dieser Entwicklung wurden mit unterschiedlichem Erfolg K. mit Kohlenstaubfeuerungen nach dem System Lopulco (**Lo**comotive **Pul**verized Fuel **Co**mpany), das allg. vom Aufbau und der Funktion her als Vorläufer der AEG- und → Stug-Kohlenstaubfeuerung angesehen wird, bei mehreren USA-Bahnen, 1916 bei der brasilianischen Zentralbahn und später bei den chilenischen und japanischen Eisenbahnen eingesetzt.

Die DRG führte ab 1924 Versuche mit der AEG- und Stug-Kohlenstaubfeuerung durch, wobei ein mit der AEG-Kohlenstaubfeuerung ausgerüsteter Kessel einer Lokomotive der preußischen BR G 8^2 umfangreichen Standversuchen unterzogen wurde. Bei der DRG kamen von 1928 bis 1930 6 K. der BR 56 und der BR 58 mit AEG- sowie 4 K. der BR 58 mit Stug-Kohlenstaubfeuerung zum Einsatz, die sich unter Beachtung ihrer konstruktiv bedingten Störanfälligkeit betrieblich bewährten und gegenüber den Rostlokomotiven gleicher BR und bei vergleichbarem Betriebseinsatz einen um etwa 10% höheren → Kesselwirkungsgrad erreichten. Eine weitere K., die Schnellzuglokomotive 05 003 der DRG für eine Höchstgeschwindigkeit von 175 km/h, wurde 1937 mit einer Kombination aus der AEG- und Stug-Kohlenstaubfeuerung in Dienst gestellt, im zweiten Weltkrieg aber wegen unbefriedigender Versuchsergebnisse auf Rostfeuerung umgebaut.

Nach 1945 wurden bei der DR infolge der schwierigen Brennstoffsituation, die zur Verbrennung von vorwiegend Braunkohle auf den für Steinkohle ausgelegten Dampflokomotiven mit erheblichen Wirkungsgrad- und damit Leistungsverlusten zwang, erneut Versuche mit K. aufgenommen, die schließlich technisch und wirtschaftlich erfolgreich zur Entwicklung und zum Einsatz der wenig störanfälligen und nur mit geringem Ausrüstungsaufwand verbundenen → Wendler-Kohlenstaubfeuerung führten. Auch hier konnte der Kesselwirkungsgrad erheblich gesteigert werden. Bei der DR wurden nach 1948 mehr als 100 Rostlokomotiven mit der Wendler-Kohlenstaubfeuerung ausgerüstet, wie z.B. die ehemalige Stug-Lokomotive 58 1353, die 17 1119, Lokomotiven der BR 03^{10}, BR 36 und 65^{10}, die Lokomotiven 07 1001, 08 1001 und 25 002 sowie 100 Loks der BR 17^{10}, BR 44, BR 52 und BR 58. Die in den 60er Jahren verstärkte Traktionsumstellung und die infolge des steigenden Eigenbedarfs der Staublieferanten zunehmende Staubknappheit, deren Behebung eine unwirtschaftliche Staubherstellung in stationären Mahlanlagen oder auf sog. Mahltendern erforderte, verhinderten bei der DR die weitere Verbreitung der K., so daß 1980 die letzten K. ausgemustert wurden. Außerhalb der DR wurden 1983 im Braunkohlenkombinat Geiseltal 2 Güterzuglokomotiven der BR 44 der DR auf Wendler-Kohlenstaubfeuerung umgerüstet. Lit.: 2.1. Bd. 1. u. 3., 2.3., 2.6., 2.8., 2.12., 2.22., 5.3. Abb.

Kohlenstaublokomotive
Braunkohlenstaub-Lokomotive 03 1087 der DR, eine 2′C1′-Dreizylinder-Heißdampflokomotive für den schweren Schnellzugdienst

Kohleverbrauch: Kohlemenge, die von einer Dampflokomotive für die Zugfahrt, während des Rangierdienstes und zur Erhaltung der Betriebsbereitschaft verbraucht wird. Der K. ist der Quotient aus → Energieverbrauch und Heizwert und wird im Regelfall als Masse (kg, t) angegeben. Für die Verdampfung von 1 m^3 Wasser im Lokomotivkessel werden rund 140 kg Steinkohle, 220 kg Braunkohlebriketts oder 280 kg Rohbraunkohle benötigt.

Kolben: **1.** Bei *Dampflokomotiven:* → Dampfkolben. – **2.** Bauteil des → Kurbeltriebwerks von *Verbrennungsmotoren* und Kolbenverdichtern mit geradliniger Bewegung im → Zylinder (2). Der K. von Verbrennungsmotoren nimmt am K.boden den Gasdruck der im Zylinder eingeschlossenen Verbrennungsgase auf und formt diesen in die → Kolbenkraft um, die vom K.bolzen auf das → Pleuel weitergeleitet wird. Der K. hat ferner mit den → Kolbenringen die Abdichtung des Verbrennungsraums zum → Kurbelgehäuse und die Übertragung eines Teils der Verbrennungswärme über die Zylinderwand an das Kühlmedium zu übernehmen. K. für Bahndieselmotoren werden als → Vollschaftkolben aus einem Gußstück gefertigt oder als sog. »gebauter K.« aus mehreren Teilen zusammengeschraubt. Den K. unterteilt man konstruktiv in die Bereiche K.boden, Feuersteg, Ringfeld und Schaft. Der K.boden besteht aus Aluminium, Stahl oder Gußeisen, während der K.schaft aus Sondergußeisen oder einer Aluminiumlegierung hergestellt wird. Im K.boden befinden sich bei großen Dieselmotoren in Abhängigkeit von der Art der Kraftstoffeinspritzung ballig-ovale bis kugelförmige Vertiefungen, aber auch Ausfräsungen, durch die in der OT-Stellung eine Berührung der Ein- und Auslaßventile mit dem K. verhindert wird. Als *Feuersteg* wird der Teil des K. bezeichnet, der zwischen K.oberkante und erster Ringnut liegt und damit die thermisch höchste Belastung erfährt, während im *Ringfeld* die Ringnuten für die K.ringe (Dichtringe) und teilweise auch für einen → Ölabstreifring eingearbeitet sind. Der an das Ringfeld angrenzende Bereich des K. einschl. des Bereichs der K.bolzenaugen wird als *K.schaft* bezeichnet. Die Lage des K.bolzens wird zur Geräuschminderung desachsiert, d.h., die Mitte des K.bolzens wird um 1–2 mm nach der Druckseite des K. verlagert. Durch die Desachsierung erreicht man, daß der Anlagewechsel des K. im Zylinder bereits kurz vor dem OT erfolgt, wodurch die Kippbewegung weniger heftig in Erscheinung tritt. Im kalten Zustand ist die K.mantelform ballig-oval, da sich während des Betriebs durch die Temperatur und Masseverteilung und die damit verursachte Wärmedehnung die zylindrische Form des K. einstellt. Der Einbau sog. Temperaturregelglieder (Metallstreifen) beeinflußt die K.ausdehnung und damit das K.spiel. Dadurch erzielt man einen geräuscharmen Lauf, einen geringeren Schmierölverbrauch und minimalen Verschleiß an den K. und Zylindern. Abb. – **3.** → Bremszylinder.

Kolbenbolzen: Bauelement des → Kurbeltriebwerks von Verbrennungsmotoren, das das Pleuel gelenkig mit dem Kolben verbindet, um die Kolbenkraft von einem geradlinig geführten Bauteil (Kolben) auf ein oszillierendes Bauteil (Pleuel) zu übertragen. K. werden zur Massereduzierung hohlgebohrt und aus Einsatz- oder Nitrierstahl gefertigt. Die Oberfläche ist feinstbearbeitet und gehärtet; in Verbindung mit der schwimmenden Lagerung des K. in den beiden Kolbenaugen tritt nur geringer Verschleiß auf. K. werden auf Biegung und Flächenpressung beansprucht, wobei

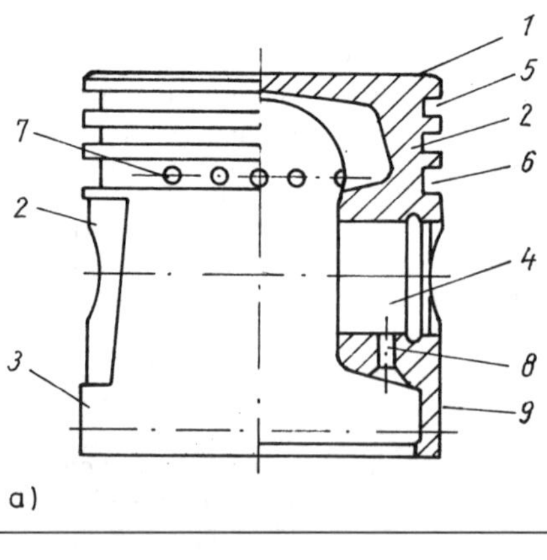

a)

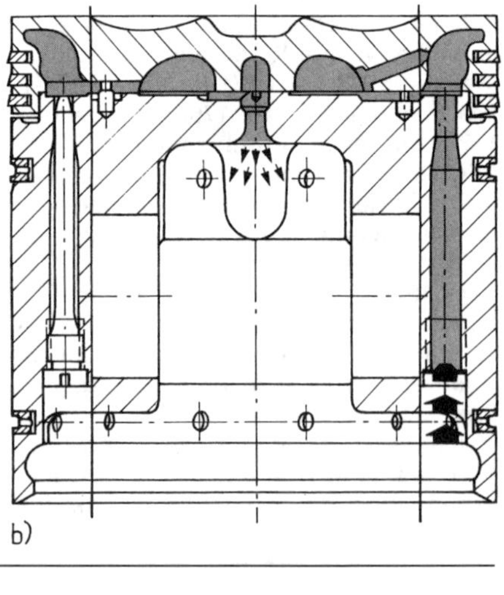
b)

Kolben
a) Benennungen am Kolben (Vollschaft-Einmetallkolben)
1 Kolbenboden, 2 Kolbenkopf, 3 Kolbenschaft, 4 Kolbenbolzenauge mit Sicherungsnut, 5 Ringnut für Verdichtungsring, 6 Ringnut für Ölabstreifring, 7 Ölrücklaufbohrung, 8 Schmierbohrung für Kolbenbolzen, 9 Meßebene für Kolben-Nennmaß
b) Kolben des Dieselmotors MB 12/16 V 652 (Zeichnung MTU)

Werte von 50–60 MPa im Pleuelauge und 30–35 MPa in den Kolbenaugen auftreten.

Kolbengeschwindigkeit: Geschwindigkeit c des Kolbens von Kolbenmaschinen zwischen den Totpunkten. Die *momentane K.* errechnet sich aus dem in der Zeit t zurückgelegten Kolbenweg s nach $c = ds/dt$, die *mittlere K.* c_m bestimmt man aus dem Kolbenweg s und der Drehzahl n nach $c_m = 2sn$. In den Totpunkten ist die K. gleich Null, ihr Maximum wird erreicht, wenn zwischen dem → Pleuel bzw. der → Treibstange und dem Kurbelarm ein Winkel von 90° gebildet wird.

Bei *Verbrennungsmaschinen* ist die K. ein Maß für ihre Schnelläufigkeit und stellt ein konstruktives Auslegungskriterium dar. → Bahndieselmotoren erreichen mittlere K. von 7–12 m/s.

Bei *Dampflokomotiven* ergibt sich die K. aus der in Abhängigkeit von der Trieb- und Laufwerksgestaltung zu wählenden Drehzahl der Treibradsätze von etwa 180–415 U/min (in Verbindung mit dem Treibraddurchmesser und der max. Fahrgeschwindigkeit). Sie wird auch durch die Schmierfähigkeit des → Heißdampföls bei Dampftemperaturen bis etwa 450 °C begrenzt. Die erreichten mittleren K. liegen infolge großer Hübe in der Größenordnung derjenigen von Bahndieselmotoren. Lit.: 2.10.

Kolbenhub: **1.** Abstand s zwischen den beiden Totpunktlagen des Kolbens einer Kolbenmaschine. Der K. entspricht dem doppelten Kurbelradius r und ergibt als Produkt mit der Drehzahl die mittlere → Kolbengeschwindigkeit. Der K. wird oft zum Kurbeldurchmesser D ins Verhältnis gesetzt. Bei Dampflokomotiven liegt das Verhältnis s/D in der Größenordnung von 0,45–0,55 bei Güterzug-, von 0,35–0,40 bei Personenzug- und von 0,30–0,35 bei Schnellzuglokomotiven. Für → Verbrennungsmotoren kennzeichnet dieses Verhältnis die Kurz- und Langhubmotoren (Kurzhubmotor $s/D<1$, Langhubmotor $s/D>1$, Quadrathubmotor $s/D = 1$) – **2.** Weg des Kolbens im → Bremszylinder bei Betätigung der → Druckluftbremse und → Saugluftbremse. Der K. setzt sich aus dem Anlegehub und dem Dehnungshub zusammen. Der Anlegehub resultiert aus den Spielen zwischen Bremsklotz und Radlauffläche sowie Bolzen und Buchsen im → Bremsgestänge, multipliziert mit der Gestängeübersetzung. Durch die elastische Dehnung des Bremsgestänges bei der Übertragung der verstärkten Kolbenkraft zu den Bremsklötzen entsteht ein Dehnungshub. Der K. ist je nach der Ausführungsform des Bremszylinders begrenzt. Betriebliche Vorschriften geben an, welcher Kolbenhub bei Vollbremsung einzustellen ist. Durch den Verschleiß der Bremssohlen vergrößern sich das Klotzspiel und damit der K.; die Brems- und Ausgleichhebel verschieben sich. Die Verschiebungen dürfen nicht so groß sein, daß Gestängelagen auftreten können, die für die Kraftübertragung ungünstig sind. Außerdem besteht die Gefahr des Anstoßens von Bremsgestängeteilen an andere Bauteile des Tfz. Deshalb sind zusätzliche Nachstelleinrichtungen (z. B.

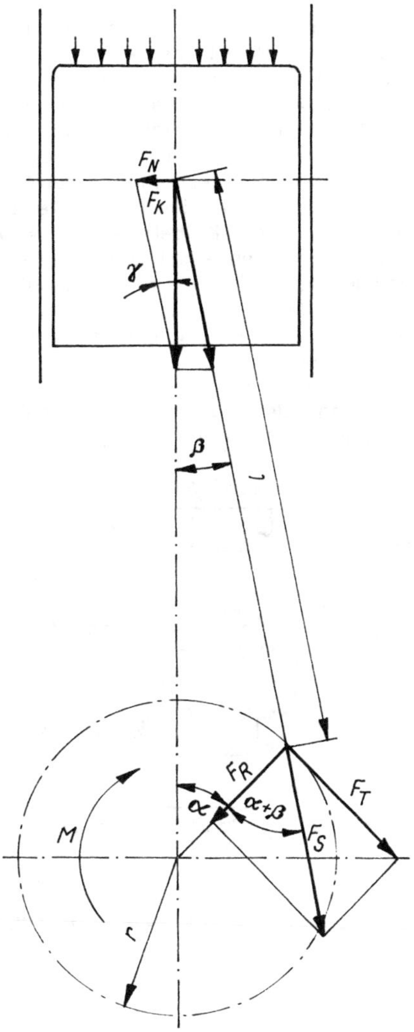

Kolbenkraft
Kräfte am Kurbeltrieb F_K Kolbenkraft, F_N Normalkraft, F_R Radialkraft, F_S Pleuelstangenkraft, F_T Tangentialkraft, l Pleuellänge, r Kurbelradius, β Pleuelwinkel, α Kurbelwinkel, M Drehmoment

Spannschlösser, → Bremsgestängesteller) notwendig.

Kolbenkraft: am → Kolben wirkende Kraft F_K, die in Richtung der Zylinderachse aus der Gaskraft F_G (Dampf, Verbrennungsgas, Druckluft) und der Massenkraft F_{mos} der oszillierenden Triebwerksteile gebildet wird ($F_K = F_G + F_{mos}$). Die Gaskraft F_G hängt vom Druck p_G des Gases im → Zylinder und der wirksamen Kolbenfläche A (Querschnittsfläche) ab ($F_G = p_G A$). Die oszillierende Massenkraft wird nach $F_{mos} = (m_K + m_{Plt})\, r\omega^2 (\cos\alpha + \lambda\cos 2\alpha)$ berechnet. Dabei sind m_K die in Richtung der Zylinderachse bewegte Masse des Kolbens (bei Verbrennungsmotoren) oder des → Dampfkolbens mit → Kolbenstange und Kreuzkopf (bei Dampflokomotiven), m_{Plt} die anteilige, ebenfalls in Richtung der Zylinderachse bewegte Masse des → Pleuels (bei Verbrennungsmotoren) oder der → Treibstange (bei Dampflokomotiven); die Kolbenseiten des Pleuels oder der Treibstangen sind einer reinen Translation, ihre Kurbelseiten einer reinen Rotation ausgesetzt, α Kurbelwinkel, r Radius, ω Winkelgeschwindigkeit des Kurbelzapfens, $\lambda = r/l$ das Pleuelstangenverhältnis mit der Länge l des Pleuels (bei Verbrennungsmotoren) oder das Treibstangenverhältnis mit der Länge l der Treibstange (bei Dampflokomotiven).

Die K. zerlegt sich in die auf die Zylinderwandung oder die Kreuzkopfgleitbahn wirkende Normalkraft $F_N = F_K \tan\beta$ und die Pleuelstangen- oder Treibstangenkraft $F_S = F/\cos\beta$ mit dem Winkel β zwischen der Zylinderachse und der Längsachse des Pleuels oder der Treibstange. Lit.: 2.10., 3.6. Abb. S. 323

Kolbenkühlung: Wärmeabfuhr vom → Kolben (2) bei Verbrennungsmotoren infolge hoher thermischer Belastung im Bereich des Kolbenbodens und der Ringzone durch Schmieröl aus dem Motorölkreislauf (Druckumlaufschmierung). Bei einfacher konstruktiver Ausführung gelangt das Öl über eine Längsbohrung im Pleuel bis zum Pleuelstangenauge und von da über eine Düse an den Kolbenboden (Spritzdüse). Die Düsenanordnung an geeigneter Stelle der Zylinderlaufbuchse mit Spritzeinrichtung des Kühlöls in den Kolbeninnenbereich ist bei einigen Dieselmotoren anzutreffen. Eine wirksamere K. läßt sich durch Kühlräume im Kolbenkopf erzielen, die vom Kühlöl im Zwangslauf durchflossen werden. Diese Form der K. ist jedoch konstruktiv aufwendig und führt zur Erhöhung der oszillierenden Massen im Kurbeltrieb.

Kolbenring: Abdichtelement zwischen Verdichtungsraum und → Kurbelgehäuse bei Hubkolbenmaschinen bzw. zwischen den beiden Arbeitsräumen des Dampfmaschinenzylinders. Der K. ist im → Kolben in Kolbenringnuten angeordnet. Er ist am Umfang getrennt und gleitet federnd an der Zylinderwand. Bei Verbrennungsmotoren unterscheidet man je nach Funktion *Dichtringe* (rechteckiger oder trapezförmiger Querschnitt), die in den Ringnuten im oberen Bereich des Kolbens angeordnet sind und → *Ölabstreifringe,* die den Öldurchtritt vom Kurbelgehäuse zum Verbrennungsraum vermindern (Abb.). Über die K. wird außerdem ein erheblicher Teil der Verbrennungswärme an die Zylinderwand abgeführt. Zur Verringerung des Verschleißes am hochbeanspruchten obersten K. wird dieser an seiner Gleitfläche hartverchromt (bis 0,2 mm Tiefe) oder phosphatiert. Vier-Takt-Lokomotiv-Dieselmotoren verfügen gewöhnlich über 3 Dichtringe und 2 Ölabstreifringe, wobei ein Ölabstreifring in der Zone über dem Kolbenbolzen angeordnet sein kann.

K. für Dampflokomotiven bestehen aus weichem Gußeisen, sind i.d.R. 8 mm breit und je nach Zylinderdurchmesser 12–16 mm hoch. Jeder Kolben erhält 3–5 K. Damit durch zufällig längs hintereinanderliegende Kolbenringstöße keine

Kolbenring
gebräuchliche Kolbenringarten

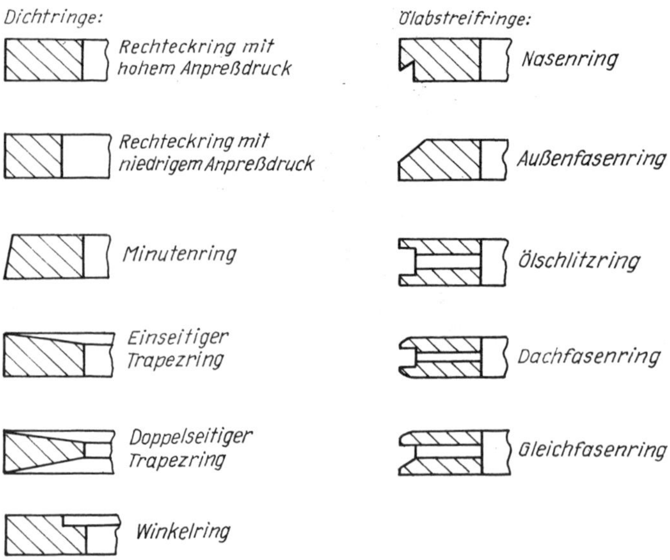

Undichtheiten entstehen, werden diese am Kolbenumfang etwa um 60° gegeneinander versetzt und mit Stiftschrauben oder Sicherungsblechen festgelegt. Abb.

Kolbenschieber: Bauart des → Schiebers der → inneren Steuerung der Dampflokomotive. Er nimmt die Dampfverteilung zum Zylinder vor. Der K. besteht aus der → Schieberstange und den an ihren beiden Enden befestigten → Schieberkörpern, die in geschliffenen → Schieberbuchsen laufen. I.G.z. → Flachschieber ist der K. für große Dampfdrücke und hohe Dampftemperaturen geeignet. Der K. wird als *Regelschieber* bezeichnet, da er für seine speziellen Bauformen, wie den → Nicolai-Schieber, → Trofimow-Schieber, → Müller-Schieber u.a., die Grundbauart bildet. Lit.: 2.3., 2.12. Abb.

Kolbenstange: Bauelement des → Kurbeltriebs zur Übertragung der → Kolbenkraft vom → Dampfkolben zum → Kreuzkopf bei Dampfmaschinen. Die K. ist wegen ihrer hohen Beanspruchung durch die stets wechselnden Kolbenkräfte aus hochwertigem Stahl gefertigt. Auf der K. ist der Dampfkolben befestigt, der von ihr gleichzeitig im Zylinder schwebend geführt wird (→ Kolbenstangentragbuchse). Ausgeführt wurden Kolben mit durchgehender K. und solche mit 1seitiger K.

Kolbenstangenschutzrohr: am Halter oder Tragkörper der → Kolbenstangentragbuchse (dort Abb.) von Dampflokomotiven am Zylinderdeckel angebrachtes Schutzrohr, in das der vordere Teil der durchgehenden → Kolbenstange eintaucht und so vor Verschmutzung geschützt wird.

Kolbenstangentragbuchse: Bauelement der → Dampfmaschine (→ Zylinder (1), dort Abb.) zum Führen (Tragen) der durchgehenden Kolbenstange mit dem im Zylinder schwebend angeordneten → Dampfkolben. Die an den vorderen → Zylinderdeckel angeschraubte K. besteht aus einem Halter (Tragkörper) und einer Buchse aus Rotguß oder einem anderen geeigneten Lagermetall und ist walzenförmig oder in Zapfen so gelagert, daß sie sich entspr. der Durchbiegung der Kolbenstange einstellen kann. Der K. ist aus Zylindersicht bei älteren Dampflokomotiven eine → Stopfbuchse und bei späteren eine aus gußeisernen Dicht- und Deckringen bestehende Abdichtung vorgelagert, um eine ständige Abdichtung des Dampfzylinderraums auch bei

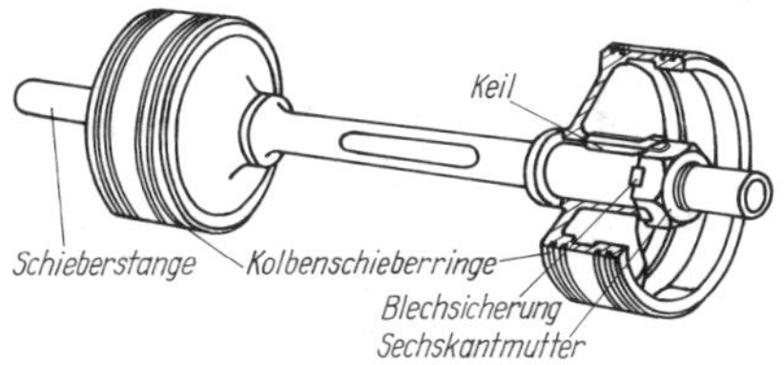

Kolbenschieber der Regelbauart

K.verschleiß zu gewährleisten. Am Halter der K. ist außerdem das → Kolbenstangenschutzrohr befestigt. Lit.: 2.3., 2.12. Abb.

Kolbentotpunkt: Stellung des Kolbens im Zylinder von Kolbenmaschinen im Moment seines Bewegungsrichtungswechsels (→ Kolbengeschwindigkeit = 0) am jeweiligen Ende des → Kolbenhubs. Bei laufender Kolbenmaschine werden die beiden K. eines Kolbens durch die Schwungkraft der rotierenden Massen des → Kurbeltriebwerks oder → Kurbeltriebs und bei Kolbenmaschinen mit mehreren Zylindern durch die von ihren Kolben entwickelten und auf die unterschiedlichsten Angriffspunkte am Kurbelkreis übertragenen Kolbenkräfte überwunden.

Kollektor: → Kommutator

kombinierte Amplituden-Anschnittsteuerung: → Leistungssteuerung (dort Abb.) von → Wechselstromtriebfahrzeugen, bei der die stufenförmige Spannungsveränderung mit → *Amplitudensteuerung* durch Einfügung der → *An-*

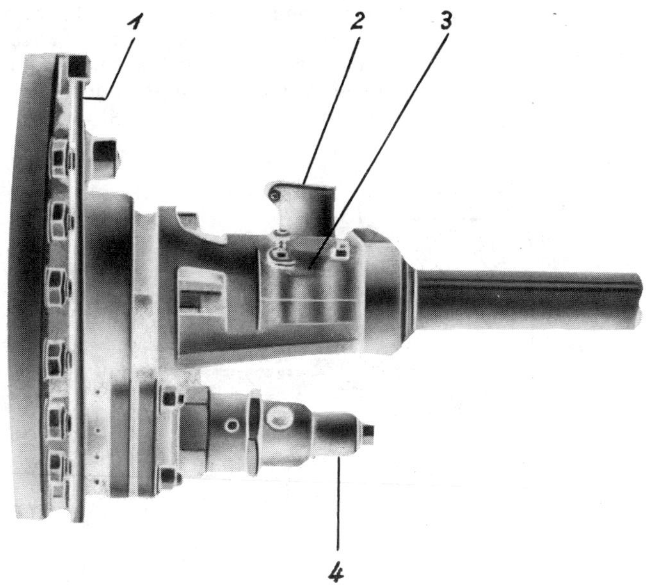

Kolbenstangentragbuchse älterer Bauart
1 Zylinderdeckel, 2 Schmiergefäß, 3 Kolbentragbuchse, 4 Zylindersicherheitsventil

schnittsteuerung zwischen den Stufen in eine stetige Spannungsveränderung überführt wird. Dadurch wird eine bessere Ausnutzung des → Kraftschlußbeiwerts ermöglicht. Anwendung: der k.A. bei den → *Direktmotorlokomotiven* der BR 143 und BR 155 der DB/DR; bei *Gleichrichterlokomotiven,* z.B. bei der BR 184 der DB/DR und der BR Rc 1 der SJ. Lit.: 4.5.

Komfortkennziffer: Maßstab für die Bewertung der für den Reisenden in den Fahrgasträumen von Schienenfahrzeugen geschaffenen Umweltverhältnisse, die weitgehend geistiges und körperliches Wohlbefinden sichern. Die K. ist nur teilweise durch meßbare Größen, wie für den *Fahrkomfort* (Schwingungen, Geräusche), *Klimakomfort* (Temperatur, Luftfeuchte, Luftwechsel), *Raumkomfort* oder Beleuchtung, bestimmbar. Weitere Einflüsse, wie Service- und Ausstattungskomfort, sind vorwiegend qualitativ zu bewerten. Vorschläge, die K. in einer einzigen Zahl auszudrücken, konnten sich nicht durchsetzen. Für die Einflußgrößen auf die K. gibt es weitgehende internationale und nationale Vorschriften und Empfehlungen in Abhängigkeit von der Fahrzeugart und der Wagenklasse. → Lärmbekämpfung, → Laufeigenschaft, → Klimatisierung, → Schwingungsabwehr

Kommutator: Einrichtung an elektrischen Maschinen elektrischer und dieselelektrischer Tfz. zur → Kommutierung (Stromwendung); Teil des → Fahrmotors. Der K. besteht aus einem aktiven Teil (K.belag) und der Tragkonstruktion (K.nabe). Der aktive Teil ist aufgebaut aus K.lamellen (Stege, Segmente) aus Elektrolytkupfer oder Silber- bzw. Zirkonkupfer und aus Isolierstoffzwischenlagen, z.B. aus lackarmem Preßglimmer (Micanit). Eine Ausfräsung der Lamellenisolation an der Lauffläche ist erforderlich. Die Tragkonstruktion besteht bei kleinen K.durchmessern häufig aus Gießharz mit eingeschlossenen Halteelementen, bei größeren K.durchmessern aus Stahl- oder Gußeisenbauteilen. Die Formgebung der Tragkonstruktion ist abhängig vom Wellendurchmesser, der K.größe und der Art der Läuferbelüftung. Zwischen aktivem Teil und Tragkonstruktion befindet sich Isolierstoff (Gießharz, Micaringe). Aufgabe der Tragkonstruktion ist es, durch entspr. Formgebung und Kraftwirkung für einen derartig festen Sitz der K.lamellen und ihrer Zwischenlagen zu sorgen, daß bei allen zul. Maschinendrehzahlen ein schlagfreier Rundlauf des K. gewährleistet ist. Ausführung: als *Trommel-K.* (Längsachse der Lauffläche (Zylindermantel) deckt sich mit Längsachse der Maschinenwelle), seltener als *Scheiben-K.* (Lauffläche senkrecht zur Maschinenwelle). Die Verbindung der Wicklungsenden mit den K.lamellen wird oft über K.fahnen, die direkt mit der Lamelle ausgestanzt, aber auch in einen gefrästen Schlitz an die Lamelle weich angelötet oder an die Lamelle angeschweißt sein können, hergestellt. In jüngerer Zeit entwickelte Schaltungen mit steuerbaren Halbleiterbauelementen zum Ersatz des mechanischen K. haben sich nicht durchsetzen können, da es z.B. bei der → Drehstromantriebstechnik günstiger ist, die Kombination → Umrichter – → Asynchronfahrmotor anzuwenden. Abb.

Kommutator

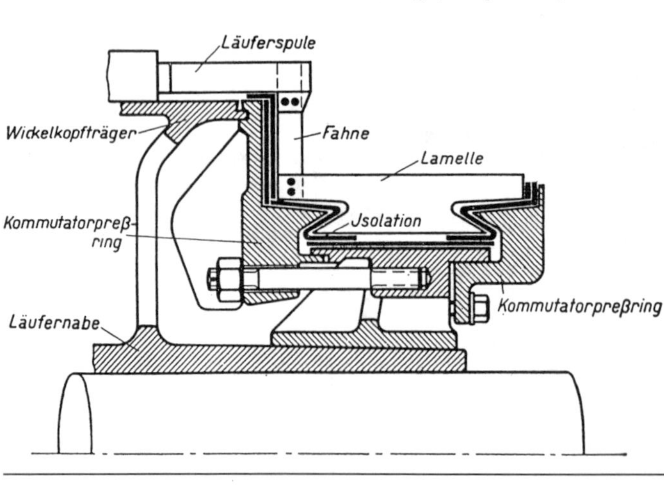

Kommutierung, *Stromwendung:* Umkehrung der Stromrichtung bei Stromrichtern und elektrischen Maschinen (z.B. bei → Fahrmotoren der elektrischen und dieselelektrischen Tfz.).

Bei *elektrischen Maschinen* wird die Stromrichtung in den Ankerspulen geändert, solange die zugeordneten Kommutatorlamellen kurzgeschlossen sind. Die in den kurzgeschlossenen Spulen wirkende elektrische Quellenspannung (Ursache: Bewegung der Leiter im Magnetfeld) bestimmt den zeitlichen Verlauf des Spulenstroms während der K. Eine → Bürste überdeckt gewöhnlich mehrere Kommutatorlamellen, somit kommt es in mehreren Spulen gleichzeitig zur K. Infolge der Induktivität der beteiligten Spulen tritt bei der K. eine Reaktanzspannung auf und dadurch eine Verzögerung der K. Unter der Bürstenkante, die von der Kommutatorlamelle verlassen wird, ergibt sich eine hohe Stromdichte, die zur Funkenbildung führen kann (Bürstenfeuer). Gute K. wird durch Verwendung von → Wendepolen, durch präzise Ausführung, ruhigen Kommutatorlauf, keinen oder geringen Kommutatorschlag und konstanten Bürstendruck erreicht. Bei Wechsel- und Mischstrommaschinen sind wegen des Auftretens der transformatorischen Spannung die K.verhältnisse schwieriger als bei Gleichstrommaschinen.

Bei *Stromrichtern* muß der Strom bei seiner Richtungsumkehr auf einen anderen, dafür geschalteten Stromrichterzweig übergehen, da die verwendeten Bauelemente den Stromfluß nur in einer Richtung zulassen. Auch dieser K.vorgang wird durch die Induktivitäten im Stromkreis verzögert, entstehende Induktionsspannungen erfordern eine Schutzbehandlung der verwendeten Halbleiterbauelemente. Die K. kann bei Stromrichtern durch äußere Spannungen *(natürliche K.)* oder willkürlich durch bes. K.schaltungen *(Zwangs-K.)* eingeleitet werden. Lit.: 4.5.

Kommutierungsschalter: → Winter-Eichberg-Motor

Kompensation: **1.** Bei den rotierenden elektrischen Maschinen größerer Leistung (z.B. → Fahrmotoren von Tfz. für Gleich-, Misch-, Einphasenwechselstrom) Aufhebung des feldverzerrenden Einflusses der *Ankerrückwirkung* durch die Wirkung der K.wicklung, die in die K.nuten im Ständer eingelegt und in Reihe zur Ankerwicklung geschaltet ist. – **2.** Beseitigung der durch induktive → Blindleistung hervorgerufenen *Netzbelastung* durch Zuschaltung von phasendrehenden Bauelementen (→ Kondensatoren, übererregte Synchronmaschinen) in unmittelbarer Nähe der blindleistungserzeugenden Betriebsmittel (Einzel-, Gruppen-, Netz-K.).

Kompositionsbremssohle, *K-Sohle, Kunststoff-Bremssohle:* → Bremssohle der → Klotzbremse aus Verbundwerkstoff (Kunststoff). Sie besteht aus einer Mischung von Faser- und Füllstoffen sowie Binde- und Schleifmitteln. Der bisher verwendete Asbest als Faserstoff wird jetzt durch eine andere temperaturbeständige Faser ersetzt. Füllstoffe sind Tonerde, Bariumsulfat, Kalk. Bindemittel sind hochpolymeres Harz (Phenolformaldehydharz) und Butadien- oder Styrolkautschuk. Zur besseren → Bremswirkung bei Nässe, Eis und Schnee wird der K. ein Schleifmittel, z.B. Hartgußkieß, Stahlwolle, Messing, Zink, zugegeben. Durch die UIC sind die Eigenschaften und die Zulassungsbedingungen der K. festgelegt, die Zusammensetzung ist nicht vereinbart.

Vorteile: Gegenüber der Graugußbremssohle hat die K. einen höheren → Reibwert (2) (≈ 0,25), der außerdem bedeutend weniger von der Geschwindigkeit und der Bremsklotzkraft abhängig ist. Die K. hat etwa nur ⅓ der Masse der Graugußbremssohle. Die Verschleißfestigkeit ist je nach Einsatzbedingung 3- bis 5mal größer. Der höhere Reibwert ermöglicht ein leichteres → Bremsgestänge und kleinere → Bremszylinder.

Anwendung: Da es unter bestimmten Einsatzbedingungen zu einem größeren Radlaufflächenverschleiß durch sich bildende Metalleinlagerungen in der Bremssohlenreibfläche kommen kann, ist ihr Einsatz beschränkt. K.-Sohlen sind z.B. bei der Berliner S- und U-Bahn eingesetzt. An Streckenlokomotiven werden sie wegen ihrer geringen Wärmeleitfähigkeit und der damit verbundenen stärkeren Wärmebelastung der Räder selten verwendet. In ausgewählten Einsatzgebieten werden die K. wegen ihrer hohen Verschleißfestigkeit an Rangierlokomotiven verwendet. K. dürfen an Fahrzeugen des internationalen Verkehrs eingesetzt werden, wenn der K.-Typ vom UIC zugelassen ist oder bes. Vereinbarungen zwischen den Bahnverwaltungen, bei denen die Fahrzeuge verkehren, bestehen.

Kompoundschaltung: → Doppelschlußschaltung rotierender elektrischer Maschinen; sie wird neben der Reihenschlußschaltung bei → Fahrmotoren dieselelektrischer Tfz. angewendet. Der Gleichstromgenerator in K. hat neben einer Erregerwicklung in Reihenschlußschaltung noch eine gleichsinnig wirkende Erregerwicklung in Nebenschlußschaltung. Die K. wird dann verwendet, wenn bei starken und häufigen Belastungsänderungen annähernd konstante Klemmenspannung ohne Regelung erforderlich ist. Beim Gleichstrommotor in K. ist die Reihenschlußwicklung gleichsinnig mit der Nebenschlußwicklung geschaltet; dies wirkt feldverstärkend. Der

Kondensationslokomotive
2'D1'-Lokomotive der Argentinischen Staatsbahn; 30 dieser mit Ölhauptfeuerung ausgerüsteten Kondensloks für Bahnen mit 1000 mm Spurweite wurden von Henschel & Sohn 1938 geliefert (Länge über Puffer 20955 mm)

Doppelschlußmotor liegt hinsichtlich seines Drehzahl-Drehmoment-Verhaltens zwischen Reihenschluß- und Nebenschlußmotor. Der Doppelschlußmotor ist gut geeignet für Nutzbremsung (→ elektrische Bremse).

Kondensationslokomotive, *Kondenslokomotive:* Sonderbauart der → Dampflokomotive, bei der der → Abdampf mit mehreren i. d. R. im Kondenstender angeordneten → Kondensatoren (1) zu Wasser niedergeschlagen und von neuem zum Speisen des → Dampflokomotivkessels verwendet wird. Da hierbei die Verwendung des Abdampfs zur Unterdruckerzeugung in der → Rauchkammer nicht möglich ist, wird der Abdampf zunächst für den Antrieb eines in der Rauchkammer angebrachten Saugzuggebläses genutzt, bevor er über einen Entöler den Kondensatoren zugeleitet wird. Das Saugzuggebläse und die ebenfalls vom Abdampf beaufschlagte Lüfterturbine, die z. B. über ein Kegelradgetriebe mehrere Lüfterräder antreibt, können über ein → Umleitventil erforderlichenfalls auch mit Frischdampf angetrieben werden. Der Abdampf der Pumpen des Turbogenerators, eines der abblasenden → Kesselsicherheitsventile usw. wurde bei einigen Bauarten der K. gleichfalls den Kondensatoren zugeleitet, womit eine Speisewasserrückgewinnung von bis zu 95% erreicht wurde. Vorteile der K.: 1) Vergrößerung des → Aktionsradius bis zu 1000 km Streckenlänge ohne Ergänzung des Wasservorrats; 2) Brennstoffeinsparung durch geringen Kesselsteinbesatz (guter Wärmedurchgang) und Kondensattemperatur von etwa 90°C; 3) größere Verfügbarkeit im Betrieb durch längere Auswaschfristen infolge geringen Kesselsteinbesatzes. Nachteile: größere Beschaffungs- und Instandhaltungskosten sowie teilweise Überschreiten der üblichen Drehscheiben- und Schiebebühnenlängen. Die durchaus robusten K. wurden vorzugsweise in Gebieten mit ungünstigen Speisewasserverhältnissen oder Wasserarmut, z. B. in Europa, Afrika und Amerika (→ Henschel-Patent-Kondenslokomotive, dort Abb.), eingesetzt. Bei der DR wurden nach 1945 noch 25 K. der BR 52 in die übliche Bauart zurückgeführt, bei der DB 1954 116 K. ausgemustert. In Südafrika befanden sich K. noch 1984 im Einsatz. Lit.: 2.3., 2.8., 2.12., 2.22. Abb.

Kondensator: 1. Im → Schlepptender von Dampflokomotiven (→ *Kondenstender* bei → Kondensationslokomotiven, *Kühltender* bei → Dampfturbinenlokomotiven) angeordnete Baugruppe, in der der entölte → Abdampf der mit der Kol-

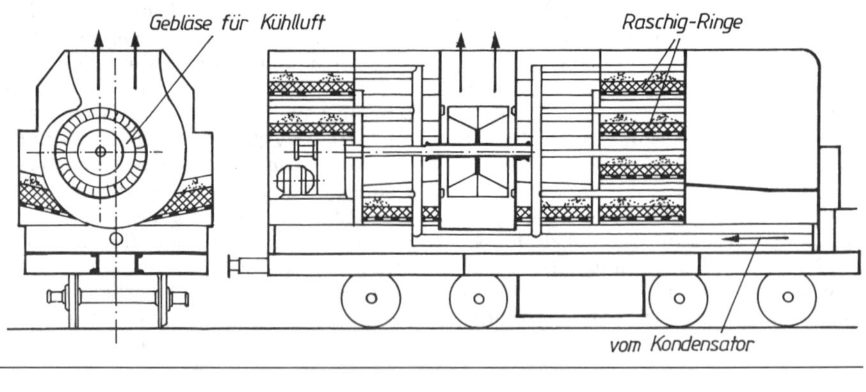

Kondensator
Kühltenderaufbau einer Turbinenlok von Krupp, in dem das Wasser zum Kühlen der Rohrschlangen im Kondensator (der sich unter dem Langkessel der Lok befindet) zurückgekühlt wird; das Kühlwasser wird von einer Umwälzpumpe dem Kondensator wieder zugeführt.

bendampfmaschine arbeitenden Kondensationslok bei atmosphärischem Druck oder der Dampfturbinenabdampf der Turbinenlok unter Vakuum kondensiert wird und in den K.-Sammelkasten fließt. Der in Segmente gegliederte K. besteht i.d.R. aus vom Tenderwasser durchflossenen Kühlrohren, auf denen sich der Abdampf niederschlägt. Bei der Turbinenlok wird die damit verbundene Volumenminderung zur Erzeugung eines (allerdings nur geringen) Vakuums ausgenutzt. Für die Rückkühlung des Tenderwassers nach dem K.durchlauf sorgen Lüfterräder oder Kühlluftgebläse, indem es durch Spritzrohre fein verteilt und z.B. über kleine Metallzylinder (sog. Raschig-Ringe) geführt wieder den Tenderwasserkammern zugeleitet wird. Nach nochmaliger Entölung durch Filter wird das Kondensat dem Lokomotivkessel zur Speisung wieder zugeführt. Lit.: 2.3., 2.8., 2.12., 2.22. Abb. – **2.** Bauelement zur Speicherung elektrischer Ladungen, das aus 2 nahe beieinander liegenden, meist flächenhaften Leitern (Beläge des K.) besteht, die durch ein Dielektrikum (→ Isolator) voneinander getrennt sind. Die Ladungsmenge Q, die ein K. bei Anlegen einer Spannung U auf seinen Belägen speichert, ist $Q = CU$. Die Kapazität C des K. ist die charakteristische, von seinen Abmessungen und seinem Aufbau abhängige Kenngröße. Einheit der Kapazität ist das *Farad*. Weitere wichtige Kennwerte des K. sind der Verlustfaktor tan δ, der die dielektrischen Verluste durch periodische Ladungsverschiebungen bei Betrieb an Wechselspannung kennzeichnet, der Temperaturkoeffizient, der die bezogene Kapazitätsänderung je K Temperaturänderung angibt, der Isolationswiderstand sowie die zul. Betriebsspannung. Während der Gleichstromwiderstand entspr. dem Isolationswiderstand eines K. sehr groß ist, setzt er Wechselströmen einen von der Frequenz f abhängigen kapazitiven Widerstand (Blindwiderstand) $X_c = 1/(2\pi fC)$ entgegen und verursacht eine *vorauseilende Phasendrehung* des Wechselstroms gegenüber der Wechselspannung von nahezu 90°.

K. werden zur Trennung von Gleich- und Wechselstromkreisen, zum Aufbau von → Filtern (2) bzw. Siebgliedern und Schwingkreisen, als Koppelelemente von Baustufen, als Spannungsteiler sowie zur Impulsformung und -erzeugung benutzt. In Starkstromkreisen dienen sie u.a. zur → Kompensation induktiver → Blindleistung, zur Erzeugung einer → Hilfsphase bei 1phasig gespeisten Asynchronmotoren, als Energiespeicher zur Verwirklichung der Zwangskommutierung (→ Kommutierung) in Stromrichterschaltungen. Unerwünschte Kondensatorwirkungen entstehen zwischen allen Leiter-Leiter- bzw. Leiter-Erde-Anordnungen und müssen nach Notwendigkeit berücksichtigt werden (z.B. Erdung abgeschalteter und der Berührung zugänglicher Hochspannungsleitungen).

Kondensgefäß: mit dem Innenraum des → Heizdampferzeugers verbundenes Gerät, das die Wasserstandsänderungen im Dampferzeuger in einen proportionalen Differenzdruck umwandelt. Die Differenz wird durch den kontinuierlichen Vergleich des Kesselwasserstands mit einem Wasserstand, der durch Kondensation des Wasserdampfs ständig konstant gehalten wird, gebildet. Der der Wasserstandsänderung proportionale Differenzdruck wird dem Regler für die → Wasserstandsregelung zugeführt.

Kondenslokomotive: → Kondensationslokomotive, → Henschel-Patent-Kondenslokomotive

Kondenswasser: → Kondensgefäß

Kopfstück: → Rahmen

Körperschall: → Lärmbekämpfung

Korrosion: → chemische Korrosion

Korrosionsschutz: Schutz metallischer Werkstoffoberflächen gegen Korrosion (→ chemische Korrosion). Man unterscheidet den aktiven K., der einen direkten Eingriff in den Korrosionsablauf darstellt und den passiven K., der durch die mechanische Trennung der Werkstoffoberfläche von dem Korrosionsmedium erreicht wird. Maßnahmen des *aktiven K.* sind u.a. das Legieren von Metallen (z.B. zur Herstellung korrosionsträger Stähle) und der Einsatz von Korrosionsinhibitoren (z.B. als → Korrosionsschutzmittel für das Kühlwasser in Verbrennungsmotoren). Maßnahmen des *passiven K.* sind das Aufbringen metallischer Überzüge (z.B. durch Verzinken, Verzinnen, Brünieren und Galvansieren) und das Beschichten mit Anstrichstoffen. Um einen optimalen K. zu erzielen, ist beim Bau und Betrieb von Tfz. der gezielte Einsatz der verschiedenen K.maßnahmen erforderlich.

Korrosionsschutzmittel: chemische und physikalische Mittel zur Gewährleistung des → Korrosionsschutzes an metallischen Oberflächen. Dem → Kühlwasser von Diesel-Tfz. werden K. in Form chemischer Verbindungen beigemischt, um in den → Kühlkreisläufen Korrosion zu verhindern bzw. zu verlangsamen. Die Wirkung der K. beruht darauf, daß sie auf allen wasserbenetzten Bauteilen einen dünnen Schutzfilm bilden. Die DR verwendet ein K. mit dem Handelsnamen »3xK-0 Konzentrat«, dessen Inhibitoren vorwiegend aus Nitriten und Disilikaten bestehen. Es wird in stationären Anlagen dem sauberen, enthärteten Wasser mit einer Gesamthärte <1°d beigemischt, bis sein Anteil im Wasser bei 3–4% liegt. Bei anderen Bahnverwaltungen, z. B. bei der DB, werden emulgierbare Korrosionsschutzöle technischem Brauchwasser, dessen Gesamthärte bei 4–18°d liegen kann, beigemischt. Die Konzentration richtet sich dabei nach dem verwendeten Fabrikat. Der prozentuale Anteil der K. im Kühlwasser ist in kurzen Zeitabständen labormäßig zu überprüfen und ggf. zu regulieren.

Körting, Ernst: 12. Februar 1842 (Hannover) – 4. Januar 1921 (Hannover); Ingenieur, Unternehmer und Erfinder der → Körting-Bremse. Nach kurzer praktischer Tätigkeit in einer Dreherei und Schlosserei studierte K. ab 1858 am Polytechnikum in Hannover und legte dort 1864 das Staatsexamen für den Eisenbahnmaschinenbau ab. Nach anschließender bauleitender Tätigkeit bei der Schweizer Gasgesellschaft wechselte er zur Nordostbahn in Zürich und danach zur Nordbahn in Wien über. 1869 konstruierte K. bei Friedmann einen patentreifen Injektor. K. gründete 1871 mit seinem Bruder Berthold das Unternehmen Gebrüder Körting für Injektoren und Exhaustoren. Von seinen Entwicklungsleistungen sind bes. der Doppelinjektor (1876), die erste Rippenrohrformmaschine in Deutschland (1883), der Schrägrippenheizkörper (1884), der Gasmotor (1881), der Vielstrahlkondensator (1907) und ein bei ölgefeuerten Güterzug-Dampflokomotiven der KED Hannover angewandter Zentrifugalzerstäuber zu nennen. Lit.: 5.1., 5.3.

Körting-Bremse: von → Körting entwickelte Bauart der → Saugluftbremse. Sie ist eine → durchgehende Bremse, die auch selbsttätig wirkt. Die K. besitzt zur Erzeugung des Unterdrucks einen Doppelluftsauger; das Führerbremsventil mit 5 verschiedenen Betriebsbremsstellungen ist direkt daran angeschlossen. Der Zweikammerbremszylinder ist fest im Untergestell eingebaut. Im Kolben dieses Zylinders befindet sich ein Doppelventil, das aus dem Auslaß- und dem → Rückschlagventil besteht. Dadurch kann für den Bereitschaftszustand der Bremse Luft ober- und unterhalb des Kolbens angesaugt und beim Bremsvorgang der unteren Kammer Luft zugeführt werden, ohne daß sie in die obere Kammer gelangt. Der Druckunterschied zwischen beiden Kammern ist ein Maß für die erzeugte Kolbenkraft. Aus diesem Grund ist zur Vergrößerung des Volumens der hinter dem Kolbendoppelventil liegenden Kammer ein Hilfsluftbehälter angeordnet, wodurch die max. Kolbenkraft vergrößert wird. Die Wagen haben ein Schnellbremsventil, das je nach Zugart ein möglichst stoßfreies Bremsen mit der K. bewirken soll.

Kraftfluß: übliche Bezeichnung für den Weg, der zur Leistungsübertragung oder zur Weiterleitung des Drehmoments über die erforderlichen oder im Eingriff befindlichen Bauteile des → Antriebssystems eines Tfz. vom leistungsabgebenden zum leistungsaufnehmenden Aggregat führt. Der K. wird bei Zahnradschaltgetrieben für alle → Gangstufen in Diagramm- oder Tabellenform angegeben. Eine kurzzeitige Unterbrechung des K. ist bei Zahnradschaltgetrieben zum Schalten der Gänge erforderlich.

Kraftschluß: → Kraftschlußbeiwert

Kraftschlußbeiwert: Bewertungsgröße für kraftschlüssige Verbindungen, die die übertragbare Tangentialkraft anteilig von der Normalkraft abgibt (Coulombsches Reibungsgesetz). Auf die kraftschlüssige Verbindung zwischen Rad und Schiene bezogen, bewertet der K. die mögliche maximale → Zugkraft oder → Bremskraft am Radumfang anteilig zur statischen Radsatzkraft. Der K. ist als momentane Größe des Rades und als mittlere Größe des Tfz. gegeben. Den mittleren K. erhält man durch Multiplikation des momentanen K. mit dem → Ausnutzungsfaktor (1). Die Radsatzkraft führt infolge Materialelastizität an der Lauffläche des Rades zur Ausbildung einer mit der Raddrehung ständig wandernden elliptischen Kontaktfläche von 100–200 mm². Nach der mechanischen Kraftschlußtheorie unterliegen die Mikrohügel der Kontaktfläche der Adhäsion und der Hysterese, wobei die Adhäsion die untergeordnete, die Hysterese dagegen die maßgebende

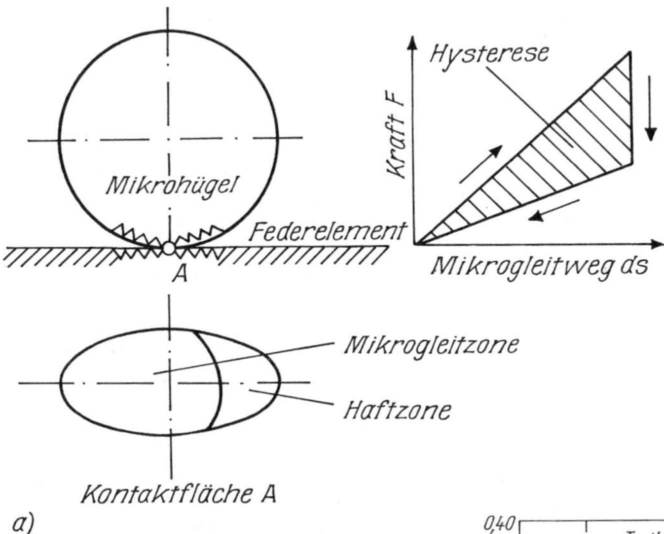

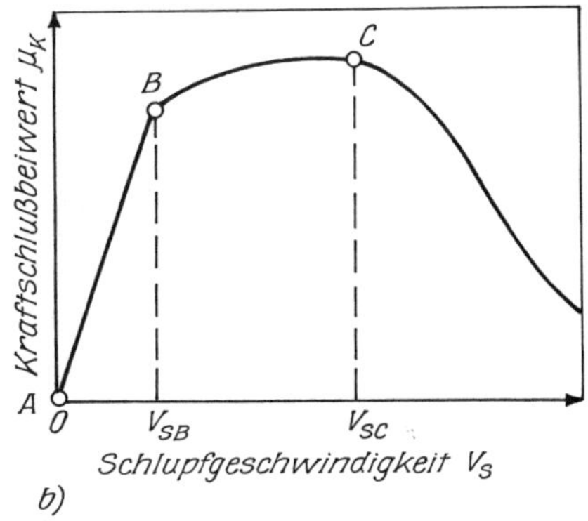

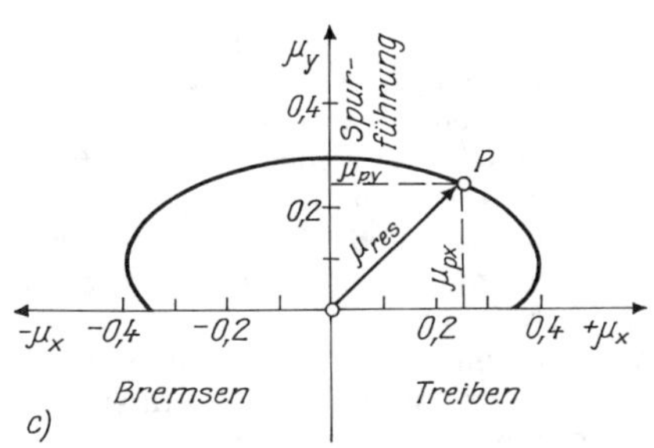

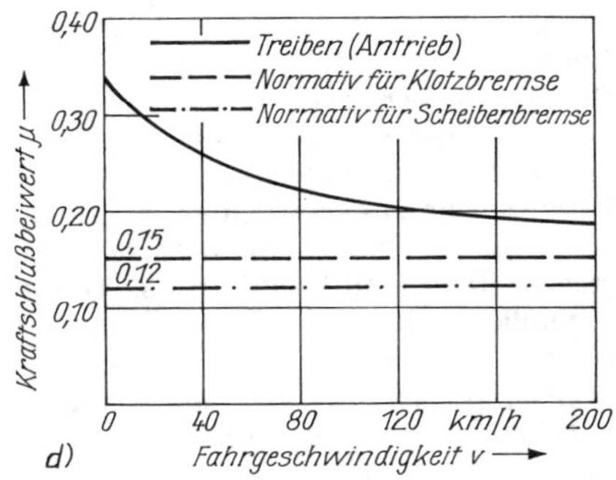

Kraftschlußbeiwert
a) Kraftschluß zwischen Rad und Schiene
b) Kraftschluß-Schlupf-Gesetz
$0 \leqq v_S \leqq v_{SB}$ Mikroschlupfbereich
$v_S > v_{SB}$ Makroschlupfbereich
$v_{SB} < v_S < v_{SC}$ Slick-stick-Bereich
$v_S > v_{SC}$ Dauergleitbereich
c) Kraftschlußellipse Zusammenhang zwischen Längs-Kraftschlußbeiwert (μ_x) und Quer-Kraftschlußbeiwert (μ_y)
d) Abhängigkeit des Kraftschlußbeiwerts beim Treiben von der Fahrgeschwindigkeit und normativer Kraftschlußbeiwert zwischen Rad und Schiene beim Bremsen

Komponente des K. ist. Die Adhäsionskomponente entsteht durch die atomare und molekulare Anziehung der Mikrohügel. Die Tangentialkraft am Radumfang (Zug- oder Bremskraft) bewirkt beim Einlauf der Mikrohügel in die Kontaktfläche eine Mikroverschiebung infolge Schubspannung (Mikroschlupf). Beim Auslauf aus der Kontaktfläche tritt die Rückbildung der Mikroverschiebung infolge Entspannung ein. Die eingeschlossene Fläche des Tangentialkraft-Mikroverschiebungs-Diagramms, die der Reibarbeit infolge der inneren Widerstandskraft entspricht, bezogen auf den Mikrogleitweg, ist die Hysteresekomponente.

Das *Kraftschluß-Schlupf-Gesetz* bringt die Abhängigkeit des K. von der Schlupfgeschwindigkeit bzw. vom → Schlupf (1) des Radsatzes zum Ausdruck. Ohne Schlupf ist kein Kraftschluß möglich (Punkt A). Die Radumfangskraft kann bis zur Einbeziehung aller Mikrohügel der Kontaktfläche in das Mikrogleiten proportional gesteigert werden (Punkt B, Mikrogleitzone nimmt gesamte Kontaktfläche ein). Ab Punkt B beginnt das Makrogleiten, das zuerst alternierend auftritt. Das Rad vollführt die → Slip-stick-Bewegung. Im Slip-stick-Bereich tritt eine weitere, aber schwächere Erhöhung des K. um etwa 20% ein. Ab Punkt C stellt sich Dauergleiten mit einem raschen Absinken des K. bis auf den Gleitreibwert ein. Die → Drehstromantriebstechnik ermöglicht einen maximalen K. durch die optimale Ausnutzung des Kraftschluß-Schlupf-Gesetzes. Zwangsgleiten, hervorgerufen durch Fehler in der Fahrzeuggeometrie, bewirkt eine Verminderung des K. Der K. ist ferner u.a. von Fahrgeschwindigkeit, Schienenzustand (Zwischenmedium), Druck in der Kontaktfläche und einer ggf. vorhandenen Querkraft für die Spurführung abhängig. Er wird mit Sand (→ Sandstreuanlage), durch Wasserverdampfung und Chemikalien verbessert.

Der Zusammenhang zwischen dem Längs-K. für Treiben und Bremsen und dem Quer-K. für die Spurführung ist durch die sog. *Kraftschlußellipse* gegeben. Es können nur K. realisiert werden, die innerhalb der Kraftschlußellipse liegen. Die statistische Kraftschlußtheorie betrachtet den K. als statistische Variable mit Mittelwert und Standardabweichung und entwickelt den mittleren K. des Tfz. aus dem momentanen K. der Räder mit den Additionstheoremen der Statistik bei Unterscheidung zwischen schneller Variation (größere Änderungen des K. treten an nahezu gleicher Stelle auf; in diesem Fall kann jeder Radsatz vom Schleudern betroffen werden) und langsamer Variation (größere Änderungen des K. erfordern Wegänderungen, die größer als die Tfz.-Länge sind; in diesem Fall kann nur der in Fahrtrichtung erste Radsatz schleudern). Die Dichte des K. entspricht der Normalverteilung und wird durch die Gaußsche Dichtefunktion beschrieben. Der normative K. des Tfz. wird für fahrdynamische Berechnungen aus der Verteilungs- bzw. Ausfallfunktion unter der Voraussetzung bestimmt, daß → Schleudern des Radsatzes bei jeder zwanzigsten Anfahrt eintritt (5% Ausfallwahrscheinlichkeit).

In der älteren Fachliteratur wird der *Kraftschluß* auch als Reibung, Haftung, Haftreibung oder Adhäsion und der *max. Kraftschluß* bzw. *Grenzkraftschluß* als Reibungs-, Haftungs-, Haftreibungs- oder Adhäsionsgrenze bezeichnet. Für den *K.* werden die Begriffe Reibungs-, Haftungs-, Haftreibungs- oder Adhäsionsbeiwert, für die *statische Achskraft* (Radsatzkraft) der Treibradsätze die Begriffe Reibungsmasse oder Reibungsgewicht und für die *mit dem max. K. realisierbare Zugkraft* die Begriffe Reibungs-, Haftungs-, Haftreibungs- oder Adhäsionszugkraft benutzt. Lit.: 1.28. Abb.

Kraftstoff: Kohlenwasserstoffverbindungen mit etwa 86% Kohlenstoff und 14% Wasserstoff in Gewichtsanteilen. Weitere chemische Bestandteile können Schwefel, Wasser und Asche sein. Die im K. gebundene chemische Energie wird in Verbindung mit der Verbrennungsluft im Verbrennungsmotor in Wärme umgeformt und weiter über die Verbrennungsgase und den Kurbeltrieb in mechanische Arbeit an der → Kurbelwelle gewandelt. Durch Destillation, Krackung oder Hydrierung werden K. in flüssiger Form aus Erdöl, Stein- und Braunkohle mit Siedegrenzen zwischen 30–200°C für Benzin und 180–360°C für Dieselkraftstoff gewonnen. Unterschieden werden K. nach dem Aggregatzustand in gasförmige und flüssige, nach dem Molekülaufbau in kettenförmige Kohlenwasserstoffverbindungen (Paraffine und Olefine) und ringförmige Kohlenwasserstoffverbindungen (Naphtene und Aromaten). Nach der Verwendung wird unterschieden in Vergaser- und Diesel-K. (Leicht- und Schweröl).

Kraftstoffanlage: → Hilfsanlage auf Diesel-Tfz. zum Auffüllen, Bevorraten und Versorgen der Verbraucher mit Kraft- bzw. Brennstoff. Zur K. gehören → Kraftstoffbehälter, → Kraftstofförderpumpe, → Kraftstoffilter, → Kraftstoffleitungen, Armaturen und i.w.S. → Einspritzpumpen, → Einspritzleitungen und → Einspritzventile.

Die Kraftstoffbehälter werden über →

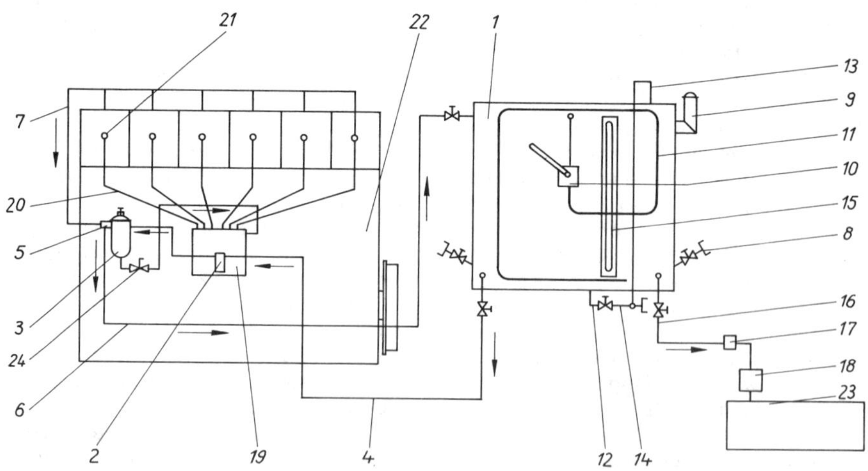

Kraftstoffanlage (Schema)
1 Kraftstoffbehälter, 2 Kraftstofförderpumpe, 3 Kraftstoffilter, 4 Kraftstoffzuflußleitung, 5 Überströmventil, 6 Kraftstoffrücklaufleitung, 7 Leckkraftstoffleitung, 8 Füllanschluß, 9 Füllstutzen, 10 Handflügelpumpe, 11 Kraftstoffschlauch für Handbetankung, 12 Schlammsammler, 13 Überlauf, 14 Ablaßrohr, 15 Kraftstoffmengenanzeige (Schauglas), 16 Brennstoffleitung zum Heizgerät, 17 Niveauregler, 18 Brennstoffilter, 19 Einspritzpumpe, 20 Einspritzleitung, 21 Einspritzventil, 22 Dieselmotor, 23 Vorwärmgerät, 24 Absperrorgan der Schnellschlußeinrichtung

Füllanschlüsse bzw. → Füllstutzen mit Kraftstoff aufgefüllt. Der Kraftstoff wird bei tiefliegendem Kraftstoffbehälter über eine Saugleitung mit Rückschlagventil durch Kraftstofförderpumpen entnommen. Dabei wird der Kraftstoff entweder direkt aus dem Kraftstoffbehälter oder über einen → Saugtopf angesaugt. Ist der Kraftstoffbehälter als Hochbehälter ausgeführt, fließt der Kraftstoff dem Verbraucher als → Fallkraftstoff zu. Vor den Einspritzpumpen sind Kraftstoffilter angeordnet. Die Einspritzpumpen fördern den Kraftstoff über die Einspritzleitungen zu den Einspritzventilen.

Die Kraftstofförderpumpen liefern stets mehr Kraftstoff als die Einspritzpumpen dem Dieselmotor zuführen. Der zuviel geförderte Kraftstoff fließt durch → Überströmventile zurück in den Kraftstoffbehälter. In die Rücklaufleitung kann ein Kraftstoffwärmeübertrager eingebunden sein. Der an den Einspritzpumpen und -ventilen anfallende → Leckkraftstoff fließt über Leckkraftstoffleitungen entweder in den Kraftstoffbehälter zurück oder in gesonderte Leckkraftstoffbehälter, aus denen er abgelassen werden muß.

Der vom → Heizdampferzeuger bzw. von den → Heizgeräten benötigte Brennstoff wird über eine → Brennstoffpumpe ebenfalls dem Kraftstoffbehälter entnommen. Bei → Kleinlokomotiven fließt der Brennstoff den Heizgeräten meist als Fallkraftstoff über Filter und einen → Niveauregler zu. Abb.

Kraftstoffbehälter: Behälter zur Bevorratung von Kraft- und Brennstoff. Die Form des K. ist dem Unterbringungsort (ober- oder unterhalb des Fahrzeugrahmens) angepaßt, die Größe von der Motorleistung und dem Verwendungszweck des Tfz. abhängig (→ Kraftstoffvorrat). K. werden aus Stahlblechen hergestellt und sind meist mit → Schwallblechen ausgerüstet. Sind mehrere K. auf einem Tfz. vorhanden, werden sie über absperrbare Kraftstoffleitungen verbunden. Bei einigen Tfz. sind die K. in Hauptkraftstoffbehälter und Tagesbehälter, die als Hochbehälter oberhalb des Verbrauchers angeordnet sind, aufgeteilt. → Kraftstoffanlage

Kraftstoffilter: Motorenteil zur Kraftstoffreinigung. Sie haben alle im Kraftstoff vorhandenen Verunreinigungen von den Pumpenelementen der → Einspritzpumpe und den Einspritzdüsen zur Verringerung des Verschleißes und zur Gewährleistung der Betriebsfähigkeit fernzuhalten. K. werden als Einfach- oder Doppelfilter ausgeführt. Wirkungsweise: Der zu reinigende Kraftstoff tritt über eine Zulaufbohrung in das K.gehäuse ein und durchströmt mit dem Druck der → Kraftstofförderpumpe den Filtereinsatz (Filz, Papier u.a.) von außen nach innen. Von hier gelangt der Kraftstoff durch ein aufgebohrtes Ablaufrohr zur Verbindungsleitung mit der Einspritzpumpe. Von der Kraftstofförderpumpe zu viel geförderter Kraftstoff fließt über eine Rücklaufleitung und ein Überströmventil ungereinigt in den Tank zurück. → Entlüftungsschrauben sind an der höchsten Stelle im Deckel, Schlammablaufschrauben an der tiefsten Stelle des Leichtmetallgehäuses zur Wartung vorgesehen. → Stufenfilter. Abb.

Kraftstoffleitung: Rohrleitung, die die einzelnen Teile der → Kraftstoffanlage miteinander verbindet. Die K. besteht aus Stahlrohren, die an bestimmten Stellen (z.B. Verbindung zum Dieselmotor) durch Schlauchleitungen verbunden sind. Die Querschnitte der K. sollen so bemessen sein, daß in Saugleitungen die mittlere Strömungsgeschwindigkeit des Kraftstoffs 0,05–0,2 m/s beträgt und in Druckleitungen 6–10 m/s nicht überschritten wird.

Kraftstoffmengenanzeige: Einrichtung zur Anzeige der im → Kraftstoffbehälter vorhandenen Kraftstoffmenge. Zur K. werden im einfachsten Fall → Schaugläs-

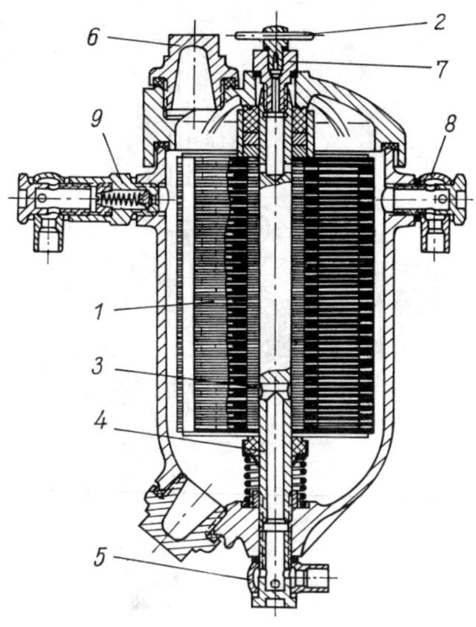

Kraftstoffilter
1 Filtereinsatz, 2 Entlüftungsschraube, 3 Ablaufraum, 4 Ablaufrohr, 5 Abflußstutzen, 6 Einfüllschraube, 7 Anschlußschraube, 8 Zulaufleitung, 9 Überströmventil

ser und → Peilstäbe verwendet, die das Ablesen des Füllstands und damit der Füllmenge direkt am Behälter erlauben. Beim Einsatz von Schwimmern kann deren Stellung auf verschiedene Weise abgegriffen und zur Signalwirkung genutzt werden, so daß die Anzeige an beliebiger Stelle möglich ist.

Kraftstofförderpumpe: mechanisch oder elektrisch angetriebene Pumpe zur Förderung von Kraftstoff für Verbrennungskraftmaschinen. Bei tiefliegenden Kraftstoffbehältern, wie es z. B. bei Diesel-Tfz. mit Anordnung der Kraftstoffbehälter unter dem Rahmen üblich ist, ist ein Zulauf des Dieselkraftstoffs zur → Einspritzpumpe durch Eigengefälle nicht möglich. Außerdem soll der Kraftstoff die Einspritzpumpe mit einem Vordruck von 0,14 MPa erreichen, um eine ausreichende Füllung des Pumpenelements und damit volle Förderung der Einspritzpumpe zu erzielen. Wirkungsweise: K. sind als Kolben-, Zahnrad- oder Membranpumpen ausgeführt. Sie sind meist seitlich an der Blockeinspritzpumpe angeflanscht und werden von der Nockenwelle der Einspritzpumpe angetrieben. Vom Kraftstoffbehälter saugen sie den Kraftstoff über → Kraftstoffvorfilter an und leiten ihn zur Einspritzpumpe, wobei der Kraftstoffvorfilter von einem durchsichtigen Glasgefäß zur Kontrolle des Filtereinsatzes hinsichtlich der Verschmutzung umschlossen ist. Anschließend gelangt der vorgereinigte Dieselkraftstoff über Feinfilter zur Einspritzpumpe. K. besitzen zusätzlich eine Handförderpumpe, die als Kolbenpumpe ausgeführt ist und mit der ein Vorpumpen von Kraftstoff bei Stillstand des Motors erfolgen kann. Abb.

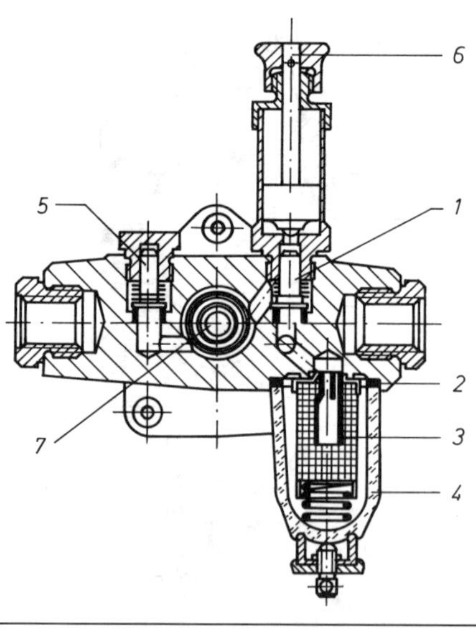

Kraftstofförderpumpe
1 Saugventil, 2 Dichtring, 3 Filtereinsatz, 4 Filterglas, 5 Druckventil, 6 Handpumpe, 7 Pumpenkolben

Kraftstoffverbrauch: Kraftstoffmenge, die ein Tfz. mit → Verbrennungskraftmaschine für die Zugfahrt, während des Rangierdienstes und im Leerlauf verbraucht. Der K. ist der Quotient aus → Energieverbrauch und → Heizwert. Der K. wird als Masse (kg, t) oder als Volumen (l, m^3) angegeben. Bei Benutzung des Volumens für die Bewertung des K. ist der Ausdehnungskoeffizient zu beachten, der 1,2–1,5‰ je K Temperaturzunahme beträgt. Die Dichte von DK beträgt bei 20 °C 0,87–0,93 g/cm^3, die von VK 0,75–0,78 g/cm^3. → spezifischer Kraftstoffverbrauch

Kraftstoffvorfilter: engmaschiges Metallsieb, das vom Dieselkraftstoff auf dem Weg vom → Kraftstoffbehälter zur → Einspritzpumpe zur Vorreinigung durchflossen wird. K. werden direkt an der → Kraftstofförderpumpe angeordnet.

Kraftstoffvorrat: Gesamtmenge des in allen → Kraftstoffbehältern eines Tfz. mitgeführten Kraftstoffs. Der K. soll so bemessen sein, daß bei Streckenlokomotiven mit einer Leistung von >370 kW ein Fahrweg von 1000 km und bei Streckenlokomotiven mit einer Leistung <370 kW ein Fahrweg von 500 km bei einer mittleren Ausnutzung der Leistung von 50% erreicht wird. Der K. für Rangierlokomotiven ist so zu bemessen, daß eine Einsatzzeit von 144 h bei einer mittleren Ausnutzung der Leistung von 15% möglich ist. Ist das Tfz. mit einer → Zugheizeinrichtung ausgerüstet, ist der K. so zu bemessen, daß zusätzlich zu den genannten Fahrwegen des Tfz. ein 12stündiger Dauerbetrieb der Zugheizung bei Nennleistung möglich ist. Tab.

Kraftstoffwärmeübertrager: Wärmeübertrager, in dem der von den → Einspritzpumpen über die → Überströmventile in den → Kraftstoffbehälter zurückfließende Dieselkraftstoff mit Hilfe des → Motorkühlwassers erwärmt wird. Durch den Einsatz des K. werden bei tiefen Temperaturen Paraffinausscheidungen aus dem Kraftstoff, die zum Zusetzen der → Kraftstoffilter führen, vermieden. → Kraftstoffanlage

Kraftübertragungsanlage: nicht exakte, aber noch gebräuchliche Bezeichnung für → Leistungsübertragungsanlage.

Krauss, Conrad: Direktor der Maschinen-

Kraftstoffvorrat
Beispiele für den Kraftstoffvorrat von Dieseltriebfahrzeugen

BR	312	346	201	Bm 6/6	2043[1]	211	216	228	219 230 231 232	232[3]	TE 10	675[4]
Bahnverwaltung	DB/DR	DB/DR	DB/DR	SBB	ÖBB	DB/DR	DB/DR	DB/DR	DB/DR	DB	SŽD	DB/DR
Kraftstoffvorrat l	500	2100	2600	3000	2070	2600 560[2]	3150 690[2]	3700	4000	5000 1000[2]	6500	3600

[1] 2043.501 [2] zusätzlicher Heizbrennstoffvorrat [3] 232 001 [4] Triebzug

bau-AG Hanomag. K. erhielt 1878 ein Patent auf eine »Gaskraftlokomotive für Straßen- und Sekundärbahnen« und hatte Anteil an den ersten Baumustern von Brennkraftlokomotiven. Lit.: 1.27.

Krauss, Georg Ritter von: 25. Dezember 1826 (Augsburg) – 5. November 1906 (München); Lokomotivbau-Ingenieur und Gründer der Lokomotivfabrik Krauss & Co.

Nach dem Besuch der Polytechnischen Schule in Augsburg und einer anschließenden Tätigkeit als Schlosser bei der Fa. von → Maffei in Hirschau bei München erwarb K. bei der Königlich Bayerischen Staatseisenbahn die Lokführerlizenz. Diese Bahn übertrug ihm die Leitung des Lokomotiveinsatzes und der Werkstätten und beförderte ihn zum Obermaschinenmeister. 1857 ging K. zur Schweizerischen Nordostbahn, wo er als Maschinenmeister Lokomotiven nach eigenen Konstruktionsplänen bauen lassen konnte.

Am 17. Juli 1866 gründete K. in München die »Locomotivfabrik Krauss & Comp.«. Bereits ein Jahr später beteiligte er sich mit seiner ersten B-Dampflokomotive »Landwührden« an der Weltausstellung in Paris, wo diese, heute im Deutschen Museum in München ausgestellte Lokomotive eine Goldmedaille erhielt. Die Nachfrage bei Kleinbahnlokomotiven bewog K., 1872 ein zweites Werk in München-Sendling und 1880 ein drittes in Linz an der Donau zu gründen. Im Lokomotivbau liegen die Leistungen von K. bei der Entwicklung einer der Bauart von → Lindner ähnlichen → Anfahreinrichtung, des → Wasserkastenrahmens, des domlosen Lokomotivkessels und des → Krauss-Helmholtz-Gestells. Neben zahlreichen anderen Ehrungen verlieh ihm 1886 die TH München die Ehrendoktorwürde. Lit.: 2.9., 5.1., 5.2., 5.3. Abb.

Georg Ritter von *Krauss*

Krauss-Helmholtz-Drehgestell: → Krauss-Helmholtz-Gestell

Krauss-Helmholtz-Gestell, *Krauss-Helmholtz-Drehgestell:* von G. → Krauss und → Helmholtz entwickeltes → Lenkdrehgestell für Tfz., das aus einem im Fahrzeugrahmen seitenverschieblichen → Kuppelradsatz und einem über eine Deichsel an diesem angelenkten → Laufradsatz besteht. Ein Drehzapfen-Gelenk als Verbindung zwischen dem Fahrzeugrahmen und der Deichsel liegt etwa in der Mitte zwischen den beiden Radsätzen. Bei längeren Fahrzeugen ist das Drehzapfen-Gelenk seitenverschieblich und gegen eine Rückstelleinrichtung arbeitend ausgeführt. Der Raddurchmes-

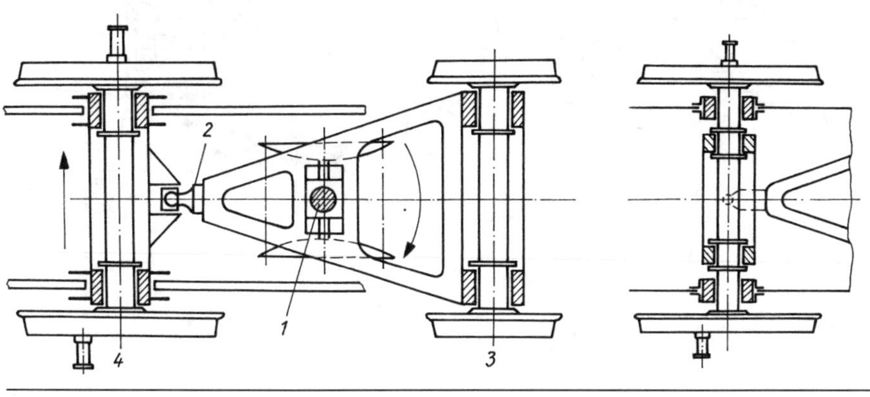

Krauss-Helmholtz-Gestell (prinzipieller Aufbau)
1 Drehzapfen, 2 Deichselspitze, 3 Laufradsatz (Schwenkradsatz), 4 seitenverschieblicher Kuppelradsatz

ser des Laufradsatzes ist i. d. R. kleiner als der des Kuppelradsatzes. Die Deichsel liegt damit ungefähr in der Höhe der Radsatzwelle des Kuppelradsatzes. Das K. besitzt ein gutes Führungsvermögen und ist wegen des möglichen Stangenantriebs des Kuppelradsatzes bei Dampflokomotiven weit verbreitet. Anwendung: C1'-Tenderlokomotive der Bahn Reichenhall–Berchtesgaden mit einer ersten Ausführung des K., Dampflok-BR 50 und Ellok-BR E 04 und -BR E 18 der DRG. → Eckhardt-Gestell. Lit.: 1.11., 1.12., 2.9., 2.12., 4.5., 5.3. Abb.

Kreisprozeß: geschlossene Folge von Zustandsänderungen, z. B. in Wärmekraftmaschinen, nach deren Durchlauf die Änderung jeder Eigenschaft des thermodynamischen Systems den Ausgangspunkt erreicht. Jeder reversible oder irreversible thermodynamische Prozeß, der ein System in den Ausgangszustand zurückführt, ist folglich ein K.

Kreuzgelenk: → Gelenkwelle, → Kreuzgelenkstehbolzen

Kreuzgelenklokomotive, *Günther-Meyer-Lokomotive:* → Meyer-Lokomotive, bei der zur Dämpfung des Schlingerns die beiden → Triebdrehgestelle kreuzweise (diagonal) durch Kuppeleisen verbunden waren. Die erreichte Schlingerdämpfung wurde mit dem Zwang einer falschen Einstellung des vorauslaufenden Triebdrehgestells zum Gleisbogen erkauft. Einen größeren Erfolg hatte diese Maßnahme jedoch offenbar nicht. Der Vorläufer dieser Bauart, der sich auf die von Günther für den Semmering-Wettbewerb entworfene Lokomotive »Wiener Neustadt« (ohne Brückenrahmen, aber ebenfalls mit untereinander verbundenen Triebgestellen) stützte, wurde oft als Günther-Meyer-Lokomotive bezeichnet. Eine größere Anzahl von K. beschaffte die Sächsische Staatseisenbahn zwischen 1892 und 1921 als Bauart IV K, die teilweise noch heute im verbliebenen sächsischen 750-mm-Schmalspurnetz Dienste leisten. Lit.: 1.24., 2.8., 2.9.

Kreuzgelenkstehbolzen: Bauelement neuerer → Dampflokomotivkessel, das durch seine gelenkige Ausführung geringer Biegebeanspruchung unterliegt und deshalb in Zonen großer Wärmeausdehnungen eingebaut wird (→ Gelenkstehbolzen, dort Abb.). Der K. verfügt über einen halbrunden, angestauchten Kopf und liegt unter Zwischenschaltung einer Sattelscheibe an der Stehkesselaußenwand an. Der dampfdichte Abschluß wird durch eine auf die Stehkesselaußenwand aufgeschweißte Kappe hergestellt. → Stehbolzen

Kreuzkopf: 1. Bauteil des → Kurbeltriebs von Dampf-Tfz. zur gelenkigen Verbindung von → Kolbenstange und → Treibstange. Die im K. i. d. R. bei Vorwärtsfahrt der Dampflokomotive nach oben und bei Rückwärtsfahrt nach unten wirkenden senkrechten Kräfte werden über Gleitplatten aus Zinklegierung oder Rotguß, die mit dem aus Stahlguß bestehenden K.körper und einem Zwischenstück verschraubt sind, auf früher ober- und unterhalb des K. angeordnete, später i. allg. oberhalb des K. angebrachte 1schienige → Gleitbahnen übertragen. Ein mit einem kegeligen Schaftende versehener

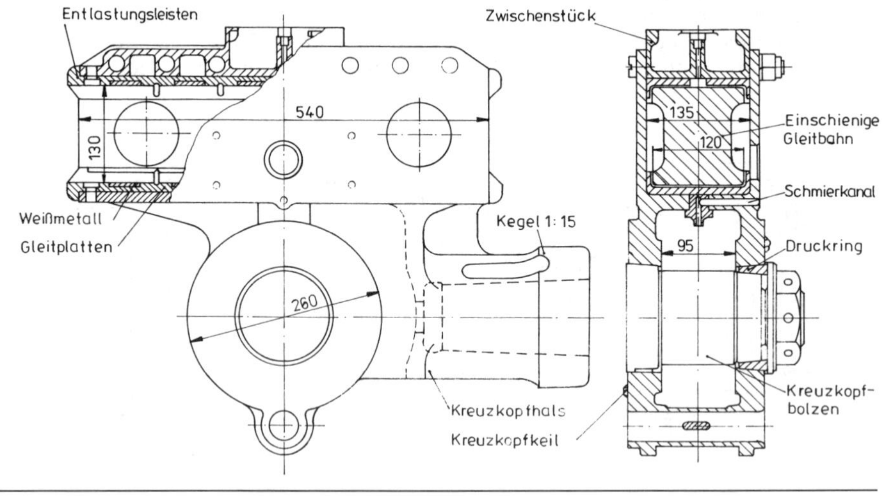

Kreuzkopf mit 1schieniger Gleitbahnführung

K.bolzen verbindet die Treibstange mit dem K., ein ebenfalls kegeliger Druckring, der von der K.mutter in die entspr. ausgebildete Bohrung der äußeren Wange des K.körpers gedrückt wird, sichert den K.bolzen. Unterhalb dieser Gelenkverbindung befindet sich i.d.R. der Lenkeransatz zur Aufnahme der Lenkerstange. Die Kolbenstange wird mit ihrem kegelförmigen und mit einem Langloch versehenen Ende im K.hals mit einem Keil mit dem K. verbunden.
Anfangs wurde der K. in 2, bei englischen Lokomotiven mit → Innenzylindern und bei Vierzylinderverbundlokomotiven mit → Vauclain-Triebwerk in 4 Schienen geführt. 1894 führte Borries in den USA den später weitverbreiteten K. mit 1schieniger Führung ein, der auch bei allen Dampflokomotiven der Einheitsbauart der DRG Verwendung fand. Lit.: 2.3., 2.9., 2.12., 5.3. Abb. – **2.** → Kreuzkopfmotor

Kreuzkopfmotor: → Verbrennungsmotor, dessen Kolbenkraft über eine fest mit dem Kolben verbundene Kolbenstange auf einen Kreuzkopf übertragen wird. Von hier wird die Kraft über das im Kreuzkopf gelagerte → Pleuel auf den Kurbelzapfen der → Kurbelwelle weitergeleitet. Abb.

Kreuzrohr: Bauteil der → Dampfzuleitung bei → Naßdampflokomotiven. Das K. verbindet das → Reglerrohr mit den → Schieberkästen (→ Dampfregler). → Dampfleitung

Kreuzschaltung: verkreuzte Bremsschaltung nach Janisch und Alexander (1906) zur Widerstandsbremsung mit selbsterregten Gleichstromfahrmotoren. Prinzip: Jedes Feld wird vom Anker der anderen Maschine erregt (Abb.). Die Feldverkreuzung bringt einen genauen Stromabgleich und damit gleichmäßige Bremsung bei allen als Generatoren arbeitenden → Fahrmotoren. Die K. mit einem Ausgleichswiderstand oder -leiter (Abb.) bringt auch dann noch eine teilweise Bremswirkung, wenn ein Fehler in einem → Bremsstromkreis auftritt. Bei vier und sechs Fahrmotoren wird die K. entsprechend modifiziert. Lit.: 4.5. Abb.

Kreuzstromprinzip: Art der Strömung des wärmeabführenden und zu kühlenden Mediums in Wärmeübertragern und Kühlern, bei der die Strömungsrichtung beider Medien während des Wärmeübergangs i.G.z. → Gleichstromprinzip und → Gegenstromprinzip im rechten Winkel zueinander steht. Abb.

Kriechgang: für extrem niedrige Fahrgeschwindigkeiten ausgelegte → Gangstufe in Zahnradschalt- und Strömungsgetrieben. Bei Strömungsgetrieben kann die einem K. entspr. Fahrgeschwindigkeit auch durch Teilfüllung des → Anfahrwandlers eingestellt werden, z.B. als Rangierfahrstufe für bes. feinfühlige Rangierbewegungen bei der Diesellokomotive der BR260 der DB. Der K. ist i.d.R. bei Bahndienstfahrzeugen, z.B. bei → Fahrleitungsrevisionstriebwagen oder Gleisbaumaschinen, als Arbeitsgangstufe erforderlich. Bei → Rangierdiesellokomotiven wird heute anstelle eines K. die automatische Geschwindigkeitsregelung zum Einstellen der geforderten Fahrgeschwindigkeit angewandt.

Kriegslokomotive: vereinfachte Güterzug-Dampflokomotive, die in Deutschland während des zweiten Weltkriegs aufgrund des stark gewachsenen Lokomotivbedarfs unter weitgehend konstruktiver Vereinfachung aus vorhandenen Bauarten mit dem Ziel entwickelt wurde, unter Inkaufnahme einer nur niedrigen Lebensdauer und verschlechterter Laufeigenschaften infolge ungünstigeren Masseausgleichs des Triebwerks bedeutende Einsparungen an Fertigungsaufwand und Material zu erreichen. So entfielen bei den K. u.a. a) die Speisewasser-Vorwärmanlage mit der → Speisewasserkolbenpumpe, die durch eine zweite → Dampfstrahlpumpe ersetzt wurde; b) die → Schlammabscheider; c) die → Zylindersicherheitsventile sowie d) zur Einsparung der Stellkeile die Nachstellbarkeit der Radsatzlagerführungen; e) der Barrenrahmen wurde größtenteils durch einen geschweißten Blechrahmen ersetzt. Die K. erhielten zur Einsparung an Arbeitszeit Treib- und Kuppelstangen mit gesenkgeschmiedeten Stangenköpfen, die mit den Stangenschäften aus I-

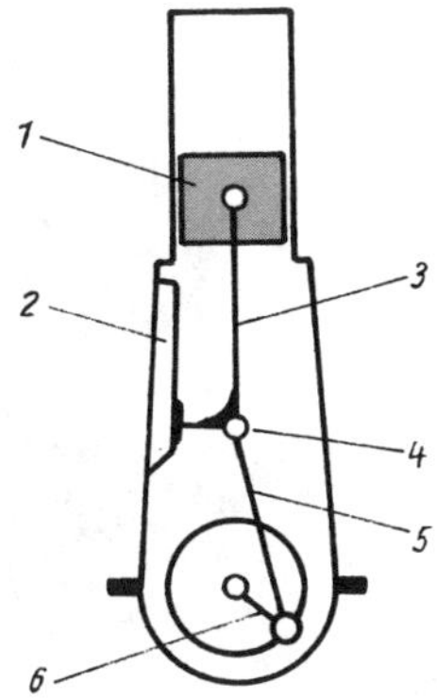

Kreuzkopfmotor
einfachwirkender Kreuzkopfmotor
1 Kolben, 2 Gleitbahn mit Gleitschienen, 3 Kolbenstange, 4 Kreuzkopf mit Lager und Gleitschuh, 5 Treibstange, 6 Kurbelwelle

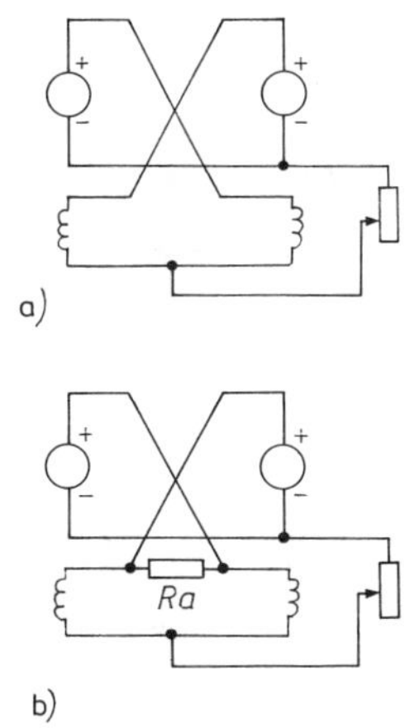

Kreuzschaltung
a) zur Widerstandsbremsung mit 2 selbsterregten Gleichstromfahrmotoren, b) mit Ausgleichwiderstand Ra

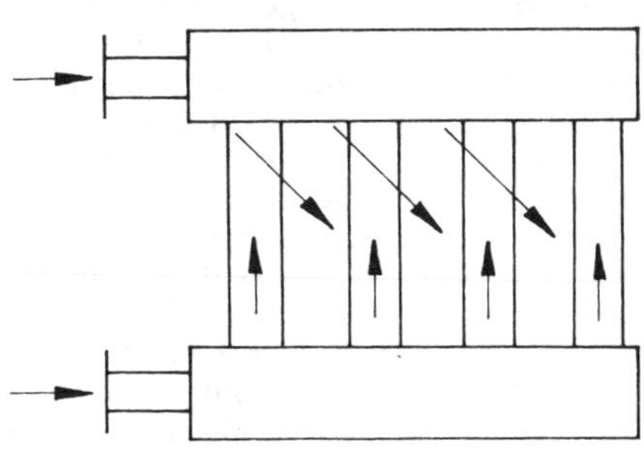

Kreuzstromprinzip

Kriegslokomotive Lokomotive 52001 der DRG, eine 1'E h2-Güterzuglokomotive

Profilstahl stumpf verschweißt wurden. Unter Berücksichtigung der im Winter 1941/42 gesammelten Erfahrungen erhielten die K. geschlossene Führerhäuser und vorwiegend auf dem → Vanderbilt-Tender aufbauende geschweißte rahmenlose, ebenfalls Fertigungszeit und Material einsparende Wannentender. Im Ergebnis aller Bemühungen wurden z. B. bei den K. der BR52 der DRG gegenüber der BR50 der DRG die Anzahl der Einzelteile von 6000 auf 5000 unter Vereinfachung von 3000 Einzelteilen verringert, der Materialeinsatz je Lok von 165 t auf 130 t, derjenige von Kupfer und Zinn von 2838 kg auf 150 kg gesenkt und je Lok die Fertigungszeit um 6000 h reduziert.

Als K. wurden primär die aus der BR50 hervorgegangenen Lokomotiven der BR52 und die leistungsstärkeren Loks der BR42 der DRG, weniger die bis 1943 ebenfalls teilweise in K.ausführung gelieferten Güterzugtenderlokomotiven der BR86 der DRG bezeichnet. Von den beiden BR52 und 42 wurden von 1942 bis 1945 über 7300 Lokomotiven in einer damit für deutsche Bahnen einmaligen Größenordnung beschafft.

Die K. besaßen ferner größere Baugruppenunterschiede, wie z. B. Lokomotiven mit gewölbter Feuerbüchsdecke, Krauss-Wellrohrkessel, → Lentz-Ventilsteuerung, → Brotan-Kessel, geschweißtem → Langkessel, eingeschweißten gewindelosen Stehbolzen und mit Pendelaufhängung des Voreilhebels an Stelle eines Schieberstangenkreuzkopfs. 178 K. wurden als → Kondensationslokomotiven mit Kondensschlepptender gebaut. Mit einem Aktionsradius von 1000–1200 km waren diese K. der BR52 als Sonderbauart für den Einsatz über weite Strecken ohne Halt für Wasseraufnahme konzipiert. Nach dem zweiten Weltkrieg waren noch einige tausend K. bei den beiden deutschen Bahnen sowie in den im Krieg besetzten Ländern im Einsatz. Bei der DB wurden sie bis etwa 1963 ausgemustert, bei der DR standen sie noch bis in die 80er Jahre, hier generalrepariert oder auf den Ausstattungsgrad von Neubaulokomotiven rekonstruiert, im Dienst. Lit.: 2.1. Bd. 2 u. 3., 2.3., 2.8., 2.9. Abb.

Franz *Kruckenberg*

Kriegsschiff-Klasse: umgangssprachl. Bezeichnung der Diesellokomotiv-BR D800 (Lok-Nr. D801 bis D870) der BR, die mit Ausnahme der D800 (»Sir Brian Robertson«) den Namen britischer Kriegsschiffe erhielten. → Tafel »Diesellokomotiven«

»Krokodillokomotive«: volkstümliche Bezeichnung für bestimmte schwere, meist als Gelenklokomotive ausgeführte → elektrische Lokomotiven mit langen Vorbauten, in denen ein Teil der elektrischen Ausrüstung und der Druckluftausrüstung untergebracht ist. Bes. die Fahrzeugbewegungen bei Bogenfahrt wie auch die Farbe (grün oder braun) erinnern an ein Krokodil, was zur Namensgebung geführt haben mag. Ursprünglich wurden als K. die um 1920 gebauten (1'C)(C1')-Lokomotiven der BR Ce6/8^{II} und der anschließenden BR Ce6/8^{III} der SBB bezeichnet. Später übertrug man diese Bezeichnung auch auf die (1'C)(C1')-Lokomotiven der BR1089 und BR1189 der ÖBB und auf die Co'Co'-Lokomotiven der BR E93 und BR E94 der DRG (»deutsche Krokodile«). Ebenso erhielten die 1926 in Betrieb genommenen Lokomotiven De6/6 der Seetalbahn und die Lokomotiven Ge6/6 der Rhätischen Bahn die Bezeichnung K. → Tafel »Elektrische Lokomotiven«

Kruckenberg, Franz: 21. August 1882 (Uetersen/Kreis Pinneberg) – 19. Juni 1965 (Heidelberg); Ingenieur und Verbrennungstriebwagen-Konstrukteur.

Nach einem Schiffbaustudium arbeitete K. von 1909 bis 1923 als Direktor des Mannheimer Luftschiffbaus an Problemen der Luftfahrt.

In den Jahren 1916 und 1917 machte er auch Versuche mit einem Propellerwagen, wobei er Erkenntnisse der Luftfahrzeugtechnik auf das Schienenfahrzeug übertrug. 1928 gründete K. die Studiengesellschaft Flugbahn GmbH und baute erneut ein Schienenfahrzeug mit Propellerantrieb, den → Schienenzeppelin. 10 Jahre später folgte der strömungsgünstig ausgebildete dieselhydraulische →

Kruckenberg-Triebzug in Leichtbauweise. K. gründet 1949 die »Gesellschaft der Förderer der europäischen Schnellbahnen« und beeinflußte maßgebend die Entwicklung der Gliedertriebwagen »Senator« und »Komet« der DB. Lit.: 5.3. Abb.

Kruckenberg-Triebzug: nach dem Konstrukteur → Kruckenberg benannter, 1938 gebauter 3teiliger Dieseltriebzug VT 137155 der DRG. *Konstruktive Besonderheiten:* → Leichtbauweise der Wagenkästen, strömungsgünstige Kopfform mit niedrigem Vorbau, wie sie später bei den SVT der BR601 der DB und der BR675 der DB/DR verwirklicht wurde. 2 in den Wagenkästen der Triebköpfe gelagerte Maschinenanlagen mit 440-kW-Dieselmotoren und → Strömungsgetrieben der Bauart WW mit Wasser als → Betriebsflüssigkeit, drehzapfenlose Drehgestelle, die auf 20 Gummikugeln querbeweglich gelagert und mit außenliegenden Lenkern geführt waren. Der K. besaß ungewöhnlich gute Laufeigenschaften und erreichte eine Höchstgeschwindigkeit von 212 km/h. Die Wagenkästen stützten sich auf → Jacobsdrehgestellen ab. Der zweite Weltkrieg unterband den planmäßigen Einsatz des K. → Schnellverbrennungstriebzug (dort Tab.)

Krümmung: → Übergansbogen, → Krümmungshalbmesser

Krümmungseinstellung: → Bogeneinstellung

Krümmungshalbmesser: Halbmesser des Kreises, der in einem bestimmten Kurvenpunkt mit dem → Bogenhalbmesser des Gleises übereinstimmt.

Krupp-Motor: spezieller → Fahrmotor der von den Firmen Krupp und Garbe & Lahmeier 1935 gebauten → Umformerlokomotive E244.31 der DRG für die Höllentalbahn (Einphasenwechselstrom 50 Hz, 20 kV). Bei dieser Einphasen-Dreiphasen-Umformerlok der Radsatzanordnung Bo'Bo' wird jeder Radsatz von einem K. und einem → Asynchronfahrmotor angetrieben. Bei dem von den Konstrukteuren Punga und Schön geschaffenen K. sind ein Phasenumformer und ein Fahrmotor in einer Maschine vereinigt. Aufbau: Ständer, Läufer und Zwischenläufer, der als Hohltrommel mit Hilfe bes. Stützlager frei auf der Ankerwelle umlaufen kann. Ständer und Zwischenläufer bilden den Phasenumformer, Zwischenläufer und Läufer den Drehstrommotor, wobei der Zwischenläufer als »bewegter Ständer« das Drehfeld liefert. Es sind nur 3 Hauptfahrstufen möglich: 1) Kruppmotor und Asynchronmotor in Kaskadenschaltung (34 km/h); 2) Kruppmotor allein (59 km/h); 3) Asynchronfahrmotor allein, K. arbeitet nur als Phasenumformer (85 km/h).

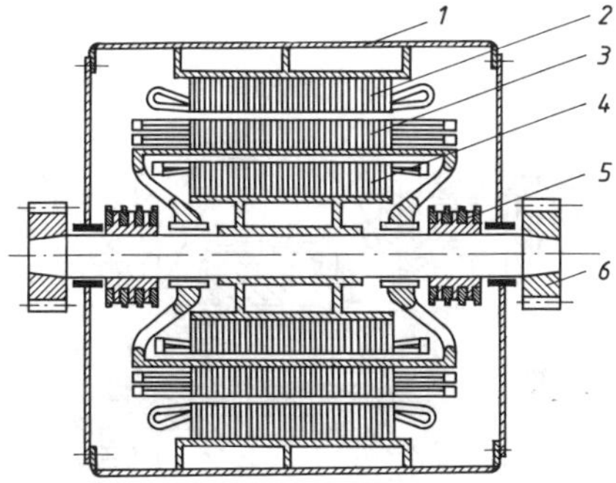

Krupp-Motor (Längsschnitt)
1 Gehäuse, 2 Ständer, 3 Zwischenläufer, 4 Läufer, 5 Schleifringe, 6 Ritzel

Der Übergang zwischen diesen Hauptfahrstufen und der Anfahrvorgang werden mit Hilfe von Wasserwiderständen bewerkstelligt. Der komplizierte Aufbau macht die sog. *Krupp-Umformerlokomotive* teuer in der Anschaffung und Unterhaltung. Deswegen und auch wegen der ungünstigen Steuerungsmöglichkeit wurde sie nicht weiterentwickelt. Der K. hat daher nur in der E244.31 Anwendung gefunden. Lit.: 4.1., 4.4. Abb.

Krupp-Strömungsgetriebe: von der Fa. Krupp entwickelte Bauart eines → Strömungsgetriebes, hergestellt nach der Lizenz des → Lysholm-Smith-Getriebes. Die Besonderheit des K. besteht darin, daß die Pumpenradschaufeln des 3stufigen → Strömungswandlers im → Pumpenrad drehbar gelagert sind und über eine Servoeinrichtung leicht und stufenlos verstellt werden können. Damit ist eine stufenlose Leistungsregelung bis zu kleinsten Werten unabhängig von der Antriebsdrehzahl möglich. Anwendung: vorwiegend bei Rangierlokomotiven und in einigen Großdiesellokomotiven mit → Einzelachsantrieb. Abb. S. 340

Krupp-Turbinenlokomotive: nach Patenten von Zoelly von der Fa. Krupp entwickelte → Dampfturbinenlokomotive. Die K. mit der DRG-Nr. T 181001 wurde 1923/24 gebaut. Die → Dampfturbine, eine 6stufige Zoelly-Vorwärtsturbine mit 1472 kW Leistung bei 6800 U/min (8000 U/min) für 85 km/h (110 km/h), lag über dem vorderen Drehgestell und übertrug das Drehmoment über ein Zahnradgetriebe, eine Blindwelle und Kuppelstangen auf

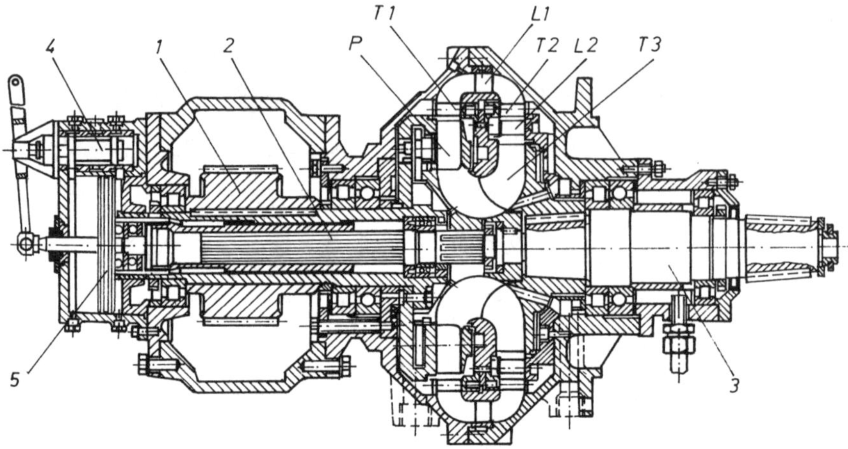

Krupp-Strömungsgetriebe
P Pumpenrad, T1, T2, T3 3stufiges Turbinenrad, L1 1. Leitradstufe, L2 2. Leitradstufe, 1 Hochtriebszahnrad, 2 Pumpenwelle, 3 Abtriebswelle, 4 Servokolben, 5 Kraftkolben zum Verstellen der Schaufeln des Pumpenrads P

die Kuppelradsätze. Gegenüber den Einheitslokomotiven der DRG betrug die Kohleersparnis 25%. Für die Rückwärtsfahrt war eine zweite, kleinere Zusatzdampfturbine erforderlich. Die K. lief trotz der relativ kleinen Kuppelraddurchmesser auch bei hohen Geschwindigkeiten sehr ruhig. Infolge zu hoher Instandhaltungskosten und eines zu komplizierten Aufbaus der Hilfseinrichtungen sowie des zu hohen Dampfverbrauchs bei niedrigen Geschwindigkeiten blieb die T 18 1001 ein Einzelstück. Lit.: 2.8. Abb.

Krupp-Umformerlokomotive, *Krupp-Lokomotive:* → Krupp-Motor

Ks: ehem. Kennbuchstabe für → **K**leinlokomotiven mit elektrischem Antrieb und → Batterie (elektrischer **S**peicher) als Energiequelle bei der DRG.

Kuckuckslüfter: statischer Lüfter auf dem Dach von Schienenfahrzeugen, der bes. zur Entlüftung der Fahrgasträume verwendet wird. Die Entlüftung geschieht dadurch, daß der am K. vorbeiziehende Fahrtwind in der Saughaube des Lüfters und damit in dem zu entlüftenden Raum, mit dem der K. über einen Kanal verbunden ist, einen geringen Unterdruck erzeugt. Abb.

Kugelgelenk: Baugruppe des → Luttermöller-Radsatzes.

Kugelrückschlagventil: Baugruppe der Schmiereinrichtung der → Kolbenstange der Einheitslokomotiven der DRG, die an Stelle der früheren → Ölsperre das Leerlaufen der Schmierölleitung von der Schmierpumpe zur Schmierstelle an der Kolbenstange (zwischen Stopfbuchse und → Kolbenstangentragbuchse) durch eine Kugel verhindert. Lit.: 2.12.

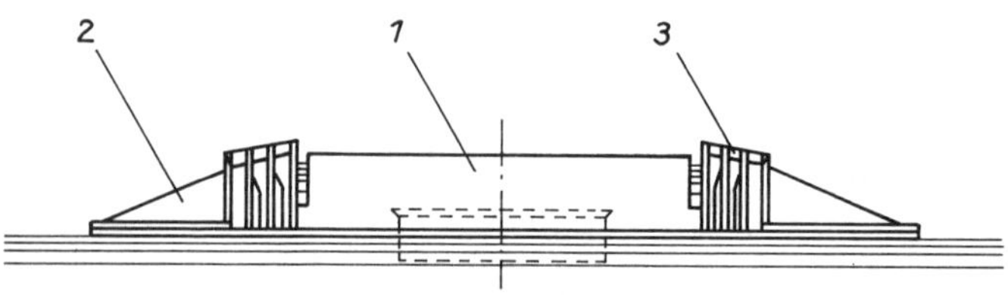

Kuckuckslüfter
1 Saughaube, 2 Staukörper, 3 Leitblech

Krupp-Turbinenlokomotive
Dampfturbinenlokomotive der Bauart Krupp mit Haupt- und Zusatzdampfturbine (für die Rückwärtsfahrt) vorn unter der Rauchkammer

Kugelschlagläutewerk: gebräuchlichste Bauform des → Druckluftläutewerks, bei der eine in einem Laufzylinder geführte Stahlkugel durch Druckluft gegen die das Schlagwerk umschließende Glocke geworfen wird. Die Anzahl der Schläge ist regulierbar und beträgt 40–200/min. Abb.

Kugelverschluß: Bauelement der sichtbaren → Wasserstandanzeigeeinrichtung, das ihrem selbsttätigen Schnellverschluß dient. Mit dem K. wird beim Platzen des Wasserstandglases ein Entweichen von heißem Wasser und Dampf und somit eine Verletzung des Lokomotivpersonals verhindert. Die Kugeln liegen in einer Vertiefung des Hahnkükens des Absperrhahns und werden, sobald ein Glas platzt, durch die hohe Geschwindigkeit des austretenden Wassers oder Dampfs mitgerissen und verschließen dabei die Austrittsöffnungen in den Hahnküken. Lit.: 2.3., 2.12.

Kuhfänger: Bezeichnung für eine spezielle Ausführung des → Bahnräumers. Der K. dient zum Beseitigen von größeren Hindernissen aus dem Gleisbereich und ist deswegen an den Stirnseiten von Tfz. angebaut. Besonders verbreitet war bzw. ist der K. bei Eisenbahnen, deren Gleise oft von Tierherden passiert werden (z.B. in den USA). Abb.

Kühlaggregat: **1.** Anlage zur Erzeugung von niedrigen Temperaturen in einem Kühlbehälter. Bei modernen Tfz. sind auf den Führerständen → Kühlboxen angebracht, um dem Triebfahrzeugführer die Möglichkeit der Frischhaltung von Speisen und Getränken zu ermöglichen. Das K. arbeitet meist nach dem Peltier-Effekt. – **2.** Andere Bezeichnung für Kühlanlage.

Kühlanlage: → Hilfseinrichtung von Diesel-Tfz., die zur Rückkühlung der → Kühlflüssigkeit dient und die den im Antriebssystem an die Kühlflüssigkeit übertragenen Verlustleistungsanteil als Wärmestrom an die Umgebung abführt. Die K. hat dabei die vorgeschriebene Betriebstemperatur der Kühlflüssigkeit und damit der flüssigkeitsgekühlten Aggregate des Antriebssystems zu sichern. Bauteile: → Kühler, → Kühlerlüfterantrieb, → Ausgleichbehälter, Rohrleitungen, bei indirekter Kühlung von Ölen auch die → Ölwärmeübertrager sowie Regel- und Überwachungseinrichtungen (z.B. → Wassermangelsicherung). Bei hochaufgeladenen Dieselmotoren gehört der → Ladeluftkühler ebenfalls zur K.

Kühlbox: zum Frischhalten von Speisen und Getränken für die Versorgung des Triebfahrzeugpersonals bei neueren elektrischen und Diesel-Tfz. auf dem Führerstand eingebauter kleiner Kühlraum. Für die dafür notwendige relativ geringe Kühlleistung wird zur Kälteerzeugung meist der umgekehrte thermoelektrische Effekt (Peltier-Kühlelemente) genutzt.

Kühlelement: Bauteil des Kühlers von Diesel-Tfz., in dem die Wärmeübertragung vom Kühlmedium → Kühlwasser oder Öl in die → Kühlluft vonstatten geht. Die K. bestehen aus einer Anzahl von Rohren mit kreisförmigem *(Rundrohr-K.)* oder (abgerundet) rechteckigem Querschnitt *(Flachrohr-K.),* die durch einen Rohrspiegel am jeweiligen Ende der Rohre zusammengehalten sind. Auf die Rohrspiegel werden die Kühlerkappen aufgeschraubt, durch die das Kühlmedium vom und zum → Kühlwassersam-

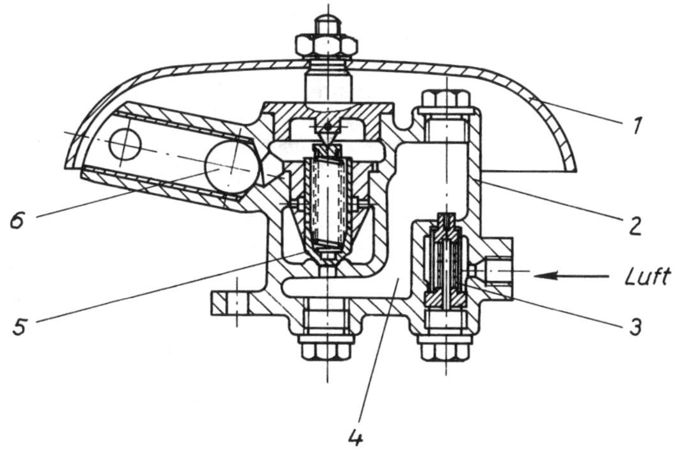

Kugelschlagläutewerk
1 Glocke, 2 Gehäuse, 3 Sieb, 4 Luftkammer, 5 Kolben, 6 Stahlkugel

Kuhfänger

melrohr strömt. Das Kühlwasser bzw. bei direkter Ölkühlung das Öl durchströmt die Rohre des K., die Kühlluft umströmt die Rohre. Die luftberührte Kühlfläche der Rohre ist mit → Kühlrippen versehen. Die Rohre des K. sind so angeordnet, daß sich ein intensiver Wärmeübergang bei möglichst kleinem Strömungswiderstand ergibt; sie können in Strömungsrichtung der Kühlluft fluchtend oder versetzt angebracht sein. Der Einbau in den Kühler geschieht durch Zusammenfassen mehrerer K. zu einem → Kühlerblock. Bei Beschädigungen oder Verstopfungen können einzelne K. leicht ausgetauscht werden. Als Material für die Rohre eines K. werden Kupfer, Messing und vereinzelt auch Stahl oder Aluminium verwendet. Um die Verschmutzung der luftberührten Kühlfläche durch die ölnebelhaltige Luft des Maschinenraums zu unterbinden, werden die K. in einer → Kühlerkammer angeordnet oder Luftleiteinrichtungen angebracht, die eine Luftführung von den Außenseiten des Tfz. zum Kühlerlüfter sichern (→ Seitenwandkühler). Abb.

Kühler: Bauteil der → Kühlanlage von Diesel-Tfz., in dem die Wärmeübertragung von der → Kühlflüssigkeit an die → Kühlluft und bei unmittelbarer Kühlung vom Öl an die Kühlluft (→ Ölkühler) vonstatten geht. Der K. besteht aus → Kühlelementen, die zu → Kühlerblöcken vereinigt und in einem Kühlergestell untergebracht sind. Weitere Bauteile: Kühlerkappen, → Kühlwassersammelrohre und Luftleiteinrichtungen. Je nach Anordnung des K. im Tfz. werden unterschieden: → Stirnkühler, → Seitenwandkühler, → Dachkühler, → Unterflurkühler.

Kühlerblock: zu einem Block zusammengesetzte Teile der → Kühlanlage von Diesel-Tfz. Er besteht aus mehreren → Kühlelementen, die als Einbaugruppe der Kühlanlage in einem Kühlergestell untergebracht sind. Bei Reparaturen kann der K. leicht ausgewechselt werden.

Kühlelement
Aufbau eines Kühlelements mit Flachrohren und Sammelrippen

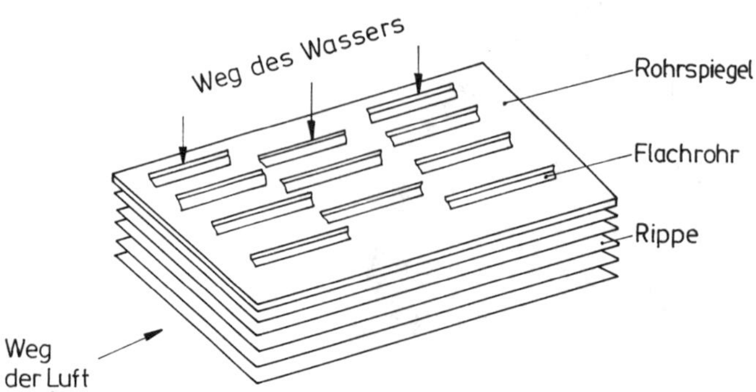

Kühlergruppe: zu einer Baugruppe zusammengefaßter Teil der → Kühlanlage von Diesel-Tfz. Die K. besteht aus 1 oder mehreren → Kühlerblöcken, dem → Kühlerlüfter (ggf. mit Antrieb), Luftleitblechen und den → Kühlerjalousien. Ist die Kühlanlage in mehrere Kreisläufe (z.B. getrennter Ladeluftkühlkreislauf) aufgeteilt, so kann jeder Kreislauf als getrennte K. ausgeführt sein.

Kühlerjalousie: → Jalousie zur Regelung des Kühlluftstroms am → Kühler von Diesel-Tfz. Die K. ist an der Lufteintrittsseite des Kühlers angeordnet und kann von Hand über Gestänge oder Drahtzug, pneumatisch oder (bei Kühlanlagen mit → hydrostatischem Lüfterantrieb) hydraulisch verstellt werden. Im Stillstand der Maschinenanlage sollte die K. automatisch schließen, um vor allem im Winter ein zu schnelles Abkühlen des Kühlwassers zu vermeiden.

Kühlerkammer: durch Zwischenwände abgetrennter Teil des → Maschinenraums von Diesel-Tfz., in dem die → Kühlanlage untergebracht ist. Durch die Anordnung einer K. wird vermieden, daß durch die Kühlerlüfter warme und ölnebelhaltige Kühlluft aus dem Maschinenraum in die → Kühlelemente gefördert wird. Die Diesellokomotiven der BR 230, BR 231 und BR 232 der DB/DR sind z.B. mit K. ausgeführt.

Kühlerkappe: → Kühlelement

Kühlerlüfter: Bauteil der → Kühlanlage, das den bei → direkter Kühlung oder den zur Rückkühlung der Kühlflüssigkeit notwendigen Luftstrom erzeugt. Mit dem Luftstrom wird die abzuführende Wärme direkt oder aus den → Kühlelementen der Kühlanlage aufgenommen und an die Umgebung abgeführt. Wegen der geringen Bauhöhe werden als K. fast ausschl. Axiallüfter verwendet, wobei zur Erhöhung des Lüfterwirkungsgrads häufig Vor- oder Nachleitapparate angeordnet sind. Der K. wird bei kleinen Diesel-Tfz. direkt bzw. über Keilriemen vom Dieselmotor angetrieben, bei größeren Tfz. ist ein bes. → Kühlerlüfterantrieb notwendig.

Kühlerlüfter-Abdeckung: Abdeckung der Luftaustrittsöffnungen am → Kühler von Diesel-Tfz. zur Verlangsamung des Abkühlungsvorgangs im Kühlkreislauf bei abgestelltem Dieselmotor. Die K. besteht aus beweglichen Klappen, die durch den vom → Kühlerlüfter erzeugten Luftstrom geöffnet werden und durch ihre Eigengewichtskraft bei abgeschaltetem Lüfter selbsttätig schließen.

Kühlerlüfterantrieb: Einrichtung zum Antrieb des → Kühlerlüfters als Teil der Kühlanlage bei Diesel-Tfz. Der K. hat die vom Dieselmotor zur Verfügung zu stellende Leistung dem Kühlerlüfter zuzuführen. Da die Kühlwassertemperatur mit möglichst geringem Energieaufwand konstant gehalten werden soll, ist eine Regelung der Lüfterdrehzahl durch den K. oder das Stillsetzen des Kühlerlüfters sinnvoll. Nach der Art der Regelung werden unterschieden: 1) *nicht schaltbare K.*, bei denen die Kühlluftmenge durch Drosselung geregelt wird oder eine Kühlwassermengenregelung über Bypass erfolgt; 2) *schaltbare K.*, bei denen der Kühlerlüfter zeitweilig stillgesetzt wird; 3) *regelbare K.*, bei denen eine kontinuierliche Drehzahlregelung des Kühlerlüfters erfolgt. Nach der konstruktiven Ausführung werden unterschieden: 1) *mechanische K.*, bei denen der Kühlerlüfter vom Dieselmotor über mechanische Bauelemente (Keilriemen, Gelenkwelle, Zahnradgetriebe) nicht schaltbar oder über eine Kupplung schaltbar angetrieben wird; 2) *elektrische K.* mit 1 vom Dieselmotor oder vom → Hilfsabtrieb des Strömungsgetriebes angetriebenen → Lüftergenerator, der die elektrische Energie für den am Kühlerlüfter angeordneten → Lüftermotor liefert. Elektrische K. sind schaltbar, bei mehreren Kühlerlüftern je Anlage nacheinander oder in Stufen schaltbar oder elektronisch regelbar ausgeführt; 3) *hydraulische K.* (→ hydrodynamischer Lüfterantrieb, → hydrostatischer Lüfterantrieb), die i.d.R. stufenlos regelbar ausgeführt sind.

Kühlermatte: an der Stirnseite von → Kühlern angebrachte Matte aus Textilien (meist mit Kunstleder überzogen), die bei niedrigen Außenlufttemperaturen den Kühlluftstrom einschränkt und im Stillstand der Maschinenanlage des Diesel-Tfz. ein zu schnelles Abkühlen des Kühlwassers vermeidet. K. können auch angewandt werden, um im Winter das Ansaugen von Schnee in den Kühler zu verhindern. Durch Öffnen von Klappen in der K. kann der Kühlluftstrom je nach Bedarf verändert werden. Die technisch bessere Lösung ist die → Kühlerjalousie.

Kühlflüssigkeit: Flüssigkeit, die als → Kühlmittel verwendet wird. Als K. dient die in den zu kühlenden Maschinen ohnehin vorhandene Flüssigkeit, z.B. das → Motorschmieröl bei Dieselmotoren, das → Strömungsgetriebeöl bei Strömungsgetrieben sowie hydromechanischen Getrieben und das bei wassergekühlten Dieselmotoren verwendete → Kühlwasser.

Kühlkreislauf: Kreislauf des Kühlmediums zur Kühlung von Maschinen. Ein K. entsteht nur bei der → indirekten Kühlung, während bei der → direkten Kühlung das Kühlmedium nach 1maliger Wärmeaufnahme abgeleitet wird. Bildet Öl das Kühlmedium, so wird meist der → Schmierölkreislauf als K. benutzt; bei der Wasserkühlung ist → Kühlwasserkreislauf die exakte Bezeichnung für den K.

Kühlluft: als → Kühlmittel verwendete Luft bei der → Luftkühlung, bei → Ölkühlern und zur Wärmeabfuhr aus dem Kühler bei der → indirekten Kühlung. Die K. wird aus der Umgebung angesaugt und meist durch bes. Einrichtungen (→ Düsenlüftungsgitter) grob gereinigt.

Kühlmantel: durch entspr. Gehäuseausbildung um den → Anfahrwandler von Hochleistungs-Strömungsgetrieben zu dessen Kühlung angeordneter Hohl-

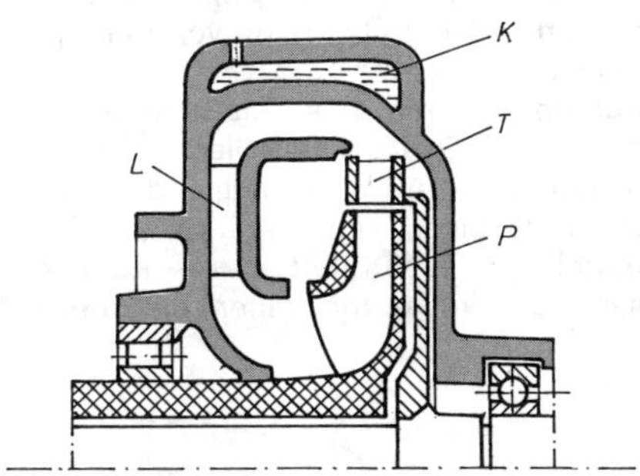

Kühlmantel eines Anfahrwandlers
P Pumpenrad, T Turbinenrad, L Leitrad, K Kühlmantel mit Kühlflüssigkeit

raum, der von einer → Kühlflüssigkeit durchströmt wird. Bei hohen Abtriebsdrehzahlen des Strömungsgetriebes rotiert das → Turbinenrad des Anfahrwandlers mit hoher Drehzahl, und es entsteht durch Luftventilation eine Erwärmung der Bauteile des Anfahrwandlers. Über den K. kann die entstehende Verlustwärme durch einen ständigen Kühlflüssigkeitsstrom abgeführt werden. Beim Typ K104 des → Mekydrogetriebes wird der K. vom → Kühlwasser durchströmt und dient zur Abfuhr der Verlustwärme beim Betrieb des Strömungswandlers (→ Ausrückwandler). Abb.

Kühlmittel: Medium, das die zu kühlenden Teile der Maschinenanlage von Tfz. umströmt und dadurch Wärme aufnimmt und abführt. Als K. werden Flüssigkeiten (→ Flüssigkeitskühlung) und Luft (→ Luftkühlung) verwendet.

Kühlpause: Zeitraum innerhalb des Betriebseinsatzes elektrischer Tfz., während dem die → Fahrmotoren bzw. der → Haupttransformator nicht beansprucht werden, so daß eine merkliche Abkühlung eintritt. Da die Überlastungsfähigkeit dieser elektrischen Maschinen durch bestimmte Temperaturwerte begrenzt ist, wird sie durch eine K. wieder vergrößert. K. werden auf langen Steigungsstrecken (z.B. in Alpenländern) fahrplanmäßig eingelegt.

Kühlrippe: an den luftberührten Flächen der Rohre eines → Kühlelements angebrachte Rippe, die eine Vergrößerung der Wärmeübertragungsfläche und damit des Wärmeübergangs an der Luftseite bewirkt. Die K. können an jedem Rohr getrennt angeordnet sein (Einzelrippe) oder alle Rohre eines Kühlelements umfassen (Sammelrippe). *Einzelrippen* werden meist bei Rundrohr-Kühlelementen, *Sammelrippen* bei Flachrohr-Kühlelementen angewandt. Die K. werden an den Rohren durch Löten, Schweißen, Kleben oder mit Klemmverbindungen befestigt.

Kühlung: durch bes. Maßnahmen erzwungene Temperaturerniedrigung von festen Körpern, Flüssigkeiten oder Gasen mit Hilfe eines Kühlmediums (→ Kühlmittel), wie → Kühlluft oder → Kühlwasser, zur Einhaltung einer geforderten Lufttemperatur für den Menschen (Teil der → Klimatisierung), zum Frischhalten von Speisen und Getränken (→ Kühlbox) oder zum Einhalten der zul. Betriebstemperaturen von Maschinen und Aggregaten oder deren Bauteile bzw. Baugruppen. Bei Tfz. muß bes. die durch mechanische Reibung, bei thermischen Vorgängen (Dieselmotoren, Gasturbinen) oder elektrischen Prozessen (Fahrmotoren, elektronische Bauelemente, Widerstandsbremse) stets anfallende Verlustwärme abgeführt werden. Grundsätzlich erfolgt die K. durch technische Einrichtungen (→ Kühlanlage), die den Wärmeübergang zum kälteren Kühlmittel durch Wärmeleitung und Konvektion sichern. Bei genügend hohen Betriebstemperaturen kann die Wärme durch die Umgebungsluft aufgenommen werden: 1) Bei der *direkten K.,* z.B. → Gebläsekühlung, → Luftkühlung bei Verbrennungsmotoren kleiner Leistung, K. bei elektrischen Fahrmotoren (→ Fahrmotorlüfter) oder K. elektronischer Bauelemente, wird die Kühlluft unmittelbar (direkt) aus der Umgebungsluft angesaugt und erwärmt wieder in die Umgebung abgeblasen. Wegen der kleinen Wärmeübergangszahl Metall–Luft muß die Kontaktfläche (Kühlfläche) durch Rippen oder Lamellen stark vergrößert werden. 2) Bei der *indirekten K.,* bei der eine Kühlflüssigkeit, meist Wasser (→ Flüssigkeitskühlung, → Wasserkühlung, → Pumpenumlaufkühlung, dort Abb.), die unmittelbare K. des Objektes übernimmt und die Wärmeüberführung in die Umgebungsluft durch einen bes. Wasser-Luft-Wärme-

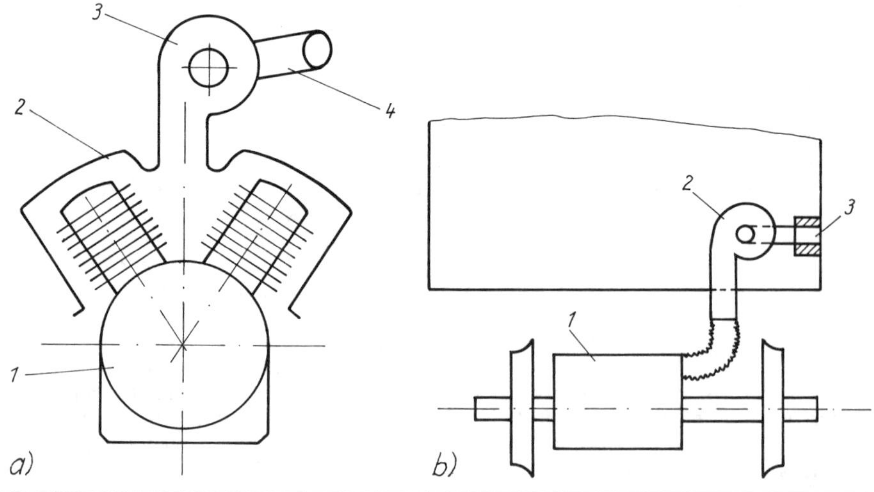

Kühlung
a) direkte Kühlung eines Verbrennungsmotors
1 Motor, 2 Luftführung, 3 Kühlgebläse, 4 Ansaugung
b) Gebläsekühlung von elektrischen Fahrmotoren
1 Fahrmotor, 2 Kühlluftgebläse, 3 Ansaugöffnung mit Schalldämpfer

übertrager (→ Kühler, → Kühlerblock) geschieht, wird der notwendige Luftdurchsatz meist durch einen → Kühlerlüfter erreicht. Da zweckmäßigerweise das im Kühler rückgekühlte Wasser wieder dem zu kühlenden Objekt zugeführt wird, entsteht ein → Kühlkreislauf, in den auch die K. des Schmier- oder Getriebeöls u.a. einbezogen werden kann. 3) Bei der → *Verdampfungs- oder Siede-K.* übernimmt die siedende Kühlflüssigkeit direkt die abzuführende Wärme auf und überführt sie in Verdampfungswärme. Diese Art wurde für größere Leistungen nur für Versuchskühlanlagen, wie bei der → Klose-Lokomotive, verwendet und ist gelegentlich für kleine Kühlleistungen, heute bes. bei Halbleiterbauelementen (→ Thyristoren) zu finden. Bei Überlastungen reicht die auf Nennbetrieb ausgelegte K. oft nicht aus, dann wird eine → Kühlpause notwendig, d.h. ein Abschalten des zu kühlenden Aggregats unter Beibehaltung der K.
Liegen die einzuhaltenden Temperaturen unter der der Umgebungsluft oder nur wenig darüber, kann eine K. nur durch bes. Kälteanlagen (Maschinenkühlwagen, Klimaanlagen, Peltier-Kühlelemente o.ä.) oder »kältespeichernde« Stoffe, wie Wassereis oder Kohlendioxydeis (Trockeneis) erzielt werden. Abb.

Kühlwasser: als → Kühlmittel verwendetes Wasser bei der → Wasserkühlung. Das K. unterliegt bei Diesel-Tfz. einer bes. → Wasseraufbereitung (2).

Kühlwasserfülleitung: Leitung, die zum Füllen des → Kühlwasserkreislaufs von Diesel-Tfz. dient. Wegen der freizügigen Fahrtrichtung sind auf beiden Seiten des Diesel-Tfz. K. mit → Füllstutzen zum Füllen mit Druckwasser angeordnet. Die K. münden bei offenen Kühlwasserkreisläufen in den → Ausgleichbehälter und können beim → geschlossenen Kühlwasserkreislauf an beliebiger Stelle des Kühlwasserkreislaufs eingebunden sein.

Kühlwasserheizung: Art der → Fahrgastraumheizung bei Diesel-Triebwagen und → Führerraumbeheizung bei Diesel-Tfz. durch das Kühlwasser der → Kühlanlage. Zur Beheizung von Führerräumen befinden sich Heizkörper, die in den Kühlwasserkreislauf eingebunden sind, im Führerraum des Tfz. Beim Schnellverbrennungstriebzug der BR 675 der DB/DR werden die Fahrgasträume durch eine → Warmwasserheizung beheizt, die direkt an den Kühlwasserkreislauf der Kühlanlage der Maschinenwagen angeschlossen ist und durch ein Ölheizgerät unterstützt wird.

Kühlwasserkreislauf: Kreislauf des → Kühlwassers in der Kühlanlage von Diesel-Tfz. Der K. wird nicht nur als → Kühlkreislauf genutzt, bei dem Dieselmotor, Kühler und Ausgleichbehälter sowie die Rohrleitungen vom Kühlwasser durchströmt werden (→ Pumpenumlaufkühlung), sondern es können noch weitere Aggregate, wie → Ölwärmeübertrager, → Vorwärmgerät, Wasserheizkörper usw., eingebunden sein. Alle in den K. einbezogenen Aggregate sind durch Rohrleitungen miteinander verbunden; außerdem sind Füll-, Entleer- und Entlüf-

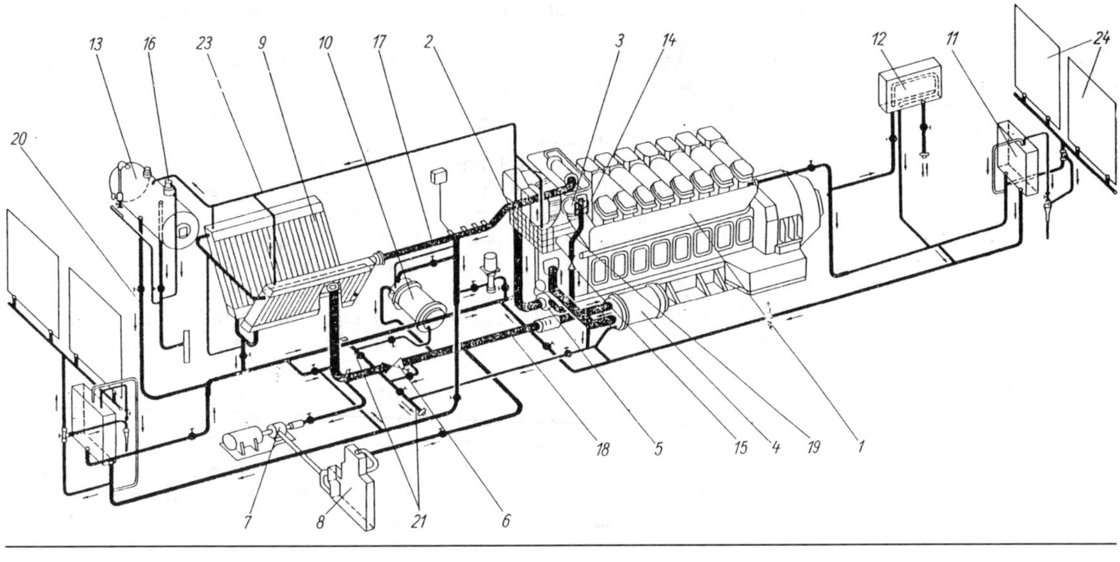

Kühlwasserkreislauf einer dieselelektrischen Lokomotive (Schema)
1 Dieselmotor, 2 Ladeluftkühler, 3 Abgasturbolader, 4 Motorölwärmeübertrager, 5 Kühlwasserpumpe, 6 Rückschlagklappe, 7 Kühlwasserumwälzpumpe, 8 Vorwärmgerät, 9 Kühlerblock, 10 Kraftstoffwärmeübertrager, 11 Führerraumheizung, 12 Waschwasserheizung, 13 Ausgleichbehälter, 14 Drosselklappe, 15 Rückschlagventil, 16 Sicherheitsventil, 17 Kühlwassereintrittsleitung, 18 Kühlwasseraustrittsleitung, 19 Kurzschlußleitung, 20 Ausgleichleitung, 21 Füllstutzen, 22 Überlauf, 23 Entlüftungsleitungen

tungsleitungen vorhanden, die nicht ständig durchströmt werden. Abb.

Kühlwasserpumpe: Pumpe, die den Kühlwasserkreislauf in einer → Kühlanlage bewirkt und das → Kühlwasser in der erforderlichen Menge durch die wärmeabgebenden und wärmeaufnehmenden Aggregate und durch die Rohrleitungen fördert (→ Pumpenumlaufkühlung). Als K. werden Kreiselpumpen verwendet, die meist direkt vom Dieselmotor angetrieben werden und zu dessen Bauumfang gehören. Zum Umwälzen des Kühlwassers bei stillstehendem Dieselmotor (→ Vorwärmung, → Wärmestau) dient eine → Kühlwasserumwälzpumpe.

Kühlwassersammelrohr: Rohrleitung, die die → Kühlelemente eines → Kühlerblocks verbindet. Die K. dienen zum Verteilen des erwärmten Kühlwassers auf die Kühlelemente und zum Sammeln des rückgekühlten Kühlwassers aus den Kühlelementen. An die K. werden die Rohrleitungen vom und zum → Kühler angeschlossen.

Kühlwasserstandanzeige: Einrichtung zum Kenntlichmachen des Kühlwasserstands in der → Kühlanlage von Diesel-Tfz. Die K. kann durch ein Schauglas, durch Schwimmer mit Anzeigestab oder durch eine elektrische Fernanzeige ausgeführt sein. Bei der Diesellokomotive BR346 der DB/DR ist der Kühlwasserstand durch einen über den Vorbau hinausragenden Anzeigestab für den Lokomotivführer sichtbar. Bei Streckendiesellokomotiven und modernen Diesel-Tfz. wird der Kühlwasserstand durch den → Kühlwasserstandwächter automatisch überwacht.

Kühlwasserstandwächter: → Wächter, der den Kühlwasserstand in der → Kühlanlage von Diesel-Tfz. überwacht. Zur Entlastung des Lokomotivführers wird bei Streckendiesellokomotiven und anderen modernen Diesel-Tfz. ein K. mit abstellender Wirkung eingebaut, der beim Unterschreiten eines Mindestwasserstands in der Kühlanlage den Dieselmotor automatisch stillsetzt und diesen damit vor Schäden durch Kühlwassermangel schützt.

Kühlwasserumwälzpumpe: Pumpe, die den Kühlwasserkreislauf in einer → Kühlanlage bei stillstehendem Dieselmotor und damit stillstehender → Kühlwasserpumpe aufrechterhält. Der Betrieb der K. ist beim Vorwärmen des Kühlwassers sowie bei einigen Diesellokomotiven, z. B. bei der BR220 der DB/DR, nach dem Abstellen des Dieselmotors zum Vermeiden eines → Wärmestaus im Dieselmotor erforderlich.

Kühlwasservorwärmer: Wärmeübertrager in einem parallel zum Hauptkühlkreislauf liegenden Rohrstrang, in dem mit Dampf das Wasser des → Kühlwasserkreislaufs von Diesel-Tfz. auf die vorgeschriebene Mindest-Starttemperatur erwärmt wird. Der Dampf wird dem → Heizdampferzeuger des Tfz. oder einer stationären Anlage entnommen und gelangt über die durchgehende Heizleitung und ein Absperrventil zum K. Hier kondensiert er und überträgt seine Wärme in das Kühlwasser. K. sind meist Rohrbündel-Wärmeübertrager, bei denen das Kühlwasser das Rohrbündel umspült; Kondensat und Restdampf werden aufgefangen. Eine Rückschlagklappe sorgt dafür, daß das Kühlwasser nach dem K. nicht im Kurzschluß wieder der → Kühlwasserumwälzpumpe zufließt. → Vorwärmanlage

Kühlwasservorwärmung: → Vorwärmung (2)

Kuhn, Michael: 17. September 1851 (Groß Stabey) – August 1903 (Kassel); Ingenieur und Erfinder der → Kuhnschen Schleife. K. begann seine berufliche Laufbahn 1873 bei der Fa. Henschel & Sohn, wo er ab 1893 als Oberingenieur das Konstruktionsbüro leitete. Maßgeblichen Anteil hatte K. an der gemeinsam mit → Wittfeld für die Preußische Staatsbahn 1903/04 konstruierten 2′B2′n3v-Schnellzuglokomotive für v_{max} = 150 km/h, für deren Entwurf beide den ersten Preis eines 1902 von Preußen veranlaßten Preisausschreibens erhielten. Die mit einem geschlossenen Kesselumbau und nach vorn gelegtem Führerstand (mit Seitengang zum üblichen Heizerstand) versehene Schnellfahrlokomotive wurde allerdings hauptsächlich wegen ihres noch ohne entspr. Erfahrungen entwikkelten 3-Zylinder-Verbundtriebwerks ein Mißerfolg und erreichte mit einer 109 t schweren Wagenzugmasse in der Ebene nur knapp 137 km/h. Lit.: 2.9., 5.2., 5.3.

Kuhnsche Schleife: von → Kuhn entwikkeltes Bauteil der → Heusinger-Steuerung zur Aufhängung der nach hinten verlängerten und mit einem Führungsschlitz (Schleife) versehenen → Schieberschubstange. Um bei der Rückwärtsfahrt der Dampflokomotive mit der in der oberen Hälfte der Schwinge befindlichen

Schieberschubstange das infolge gegenläufiger Pendelbewegungen von → Hängeeisen und → Schwinge auftretende → Steinspringen zu mindern, erfand Kuhn eine gleitende Lagerung mit geradliniger Führung in der hinteren Schieberschubstangenaufhängung. Die K. fand überwiegend bei Tenderlokomotiven Anwendung, aber auch die Gattung P8 der KPEV (BR 38^{10-40} der DRG) erhielt eine K. Lit.: 2.3., 2.12. Abb.

Kulissensteuerung, *Kulissen-(Schwingen-)Steuerung:* ältere Bezeichnung für die → Schwingensteuerung.

Kunststoff-Bremssohle: → Kompositionsbremssohle

Kunze, Bruno: 23. Juli 1854 (Uthleben/Kreis Sangerhausen) – 12. März 1935 (Manderode bei Nordhausen); Ingenieur und Erfinder der → Kunze-Knorr-Bremse. K. war ab 1880 als Regierungs-Maschinenbauführer bei der Preußischen Staatsbahn beschäftigt. 1901 wurde er in das Ministerium und 1910 als Dezernent für das Bremsenwesen in das Eisenbahn-Zentralamt berufen. In seiner Tätigkeit beschäftigte sich K. vor allem mit Druckluftbremsen. Dabei gelang es ihm, eine → mehrlösige Druckluftbremse für Güterzüge sowie einen Bremsdruckregler für Schnellbremsungen zu entwickeln, was ihm die Ernennung zum Geheimen Baurat einbrachte. Lit.: 5.3.

Kunze-Knorr-Bremse: von → Kunze entwickelte → mehrlösige Druckluftbremse mit der Kurzbezeichnung *KK.* Sie stellt eine Weiterentwicklung und Verbesserung der → Knorr-Bremse dar. Mit ihr können lange Gefälle mit großer Sicherheit und ohne Geschwindigkeitsschwankungen befahren werden. Die Mehrlösigkeit wird durch einen zusätzlichen Zweikammerzylinder erreicht, den der Kolben in die Kammern A und B trennt (Abb.). Das Volumen der A-Kammer wird durch den A_1-Behälter vergrößert. Beim Lösevorgang entweicht die Bremsluft aus der C-Kammer ins Freie, und auf der A-Kammerseite entsteht ein höherer Druck als auf der B-Kammerseite, weil auf der A-Kammerseite die wirksame Kolbenfläche durch die Fläche des kleinen Gegenkolbens verringert wird. Dadurch wird die Mehrlösigkeit erreicht. Neben der steuernden Funktion kann der Zweikammerkolben für die → Lastabbremsung zur stärkeren Abbremsung herangezogen werden.
Der Einbau der K. begann 1918 an Güterwagen der Preußisch-Hessischen Staatseisenbahn. Die K. wurde auch an Speicher- und Verbrennungstriebwagen angebaut. Lit.: 1.4. Abb.

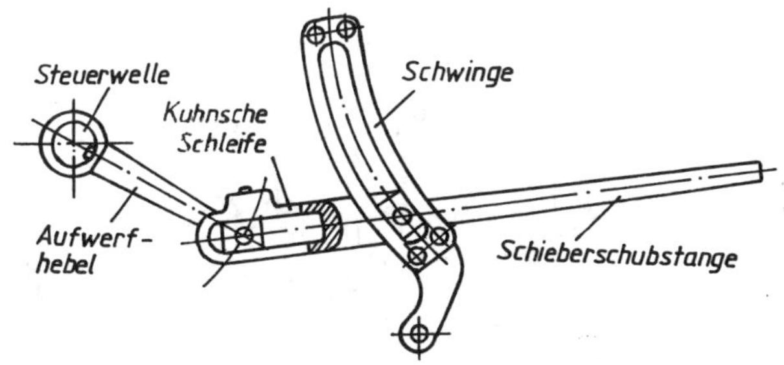

Kuhnsche Schleife Anordnung in der Heusinger Steuerung

Kupferstehbolzen: → Stehbolzen

Kupferverluste, *Stromwärmeverluste:* Verlustleistung bei elektrischen Maschinen (→ Fahrmotoren) und Geräten, hervorgerufen durch den durch die Leiter fließenden Strom und die dadurch entstehende Wärme, die i.d.R. ungenutzt abgeführt werden muß. K. treten auch in den kupfernen Wicklungen des → Haupttransformators elektrischer Tfz. auf und betragen etwa 1–1,5% der gesamten Transformatorleistung (→ Eisenverluste).

Kuppelachse: → Kuppelradsatz

Kuppelachskraft: Radsatzgewichtskraft eines → Kuppelradsatzes. Die Größe der K. ist für das Anfahrvermögen eines Tfz. maßgebend, da sie die → Anfahrzugkraft mitbestimmt.

Kuppelantrieb: Bauart des Gruppenantriebs von Tfz. mit von 1 oder mehreren (z.B. → Verbundlokomotive (1), → Vierlingslokomotive) → Treibradsätzen i.d.R. über Kuppelstangen angetriebenen weiteren → Kuppelradsätzen. Der K. ist bes. an Dampflokomotiven, älteren elektrischen Tfz. und Dieselrangierlokomotiven verbreitet. Er verlangt bei Verwendung von Kuppelstangen einen einwandfreien → Massenausgleich an den Rädern für die Zentrifugalkräfte der Kuppelstangen. Eine Sonderbauart des K. bei Dampf-

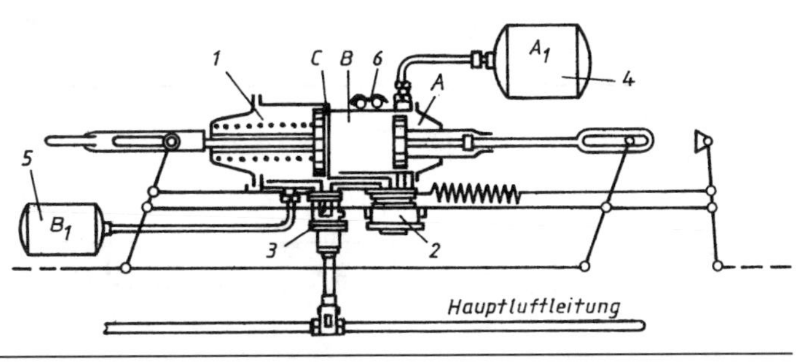

Kunze-Knorr-Bremse für Güter- und Personenzüge mit Steuerventil KK-GP im gelösten Zustand 1 Einkammerkolben, 2 Steuerventil KK-GP, 3 Beschleunigungsventil, 4 A_1-Behälter, 5 Steuerbehälter B_1, 6 Löseeinrichtung

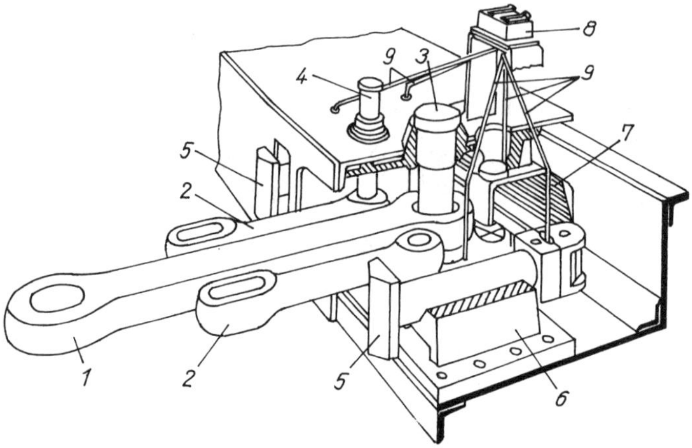

Kuppelkasten
Tenderkuppelkasten an einem Einheitstender für die Lok der Einheits-BR 01 bis 52 der DRG
1 Hauptkuppeleisen, 2 Notkuppeleisen, 3 Hauptkuppelbolzen, 4 Notkuppelbolzen, 5 Stoßpuffer, 6 Stoßpufferführung, 7 Stoßfeder, 8 Dochtschmiergefäß, 9 Ölrohre

lokomotiven war der → Luttermöller-Radsatz, z. B. bei der BR84 und BR87 der DRG.

Kuppeleisen: im → Kuppelkasten angeordnetes Haupt- und Notkuppeleisen.

Kuppelkasten: ein aus Blechen zusammengenieteter oder geschweißter Kasten in der hinteren Rahmenverbindung der Dampflokomotive bzw. im vorderen Rahmenteil des → Schlepptenders (Tender-K.). Der K. nimmt zur Verbindung von Lok und Schlepptender das Haupt- und die beiden Notkuppeleisen auf. Im Tender-K. sind gleichfalls die beiden Stoßpuffer einschl. der → Stoßfeder und der Stoßfederplatten angeordnet. Die Kuppeleisen werden durch die beiden stärker ausgebildeten Haupt- und 4 Notkuppelbolzen im K. gelagert. Um eine Bewegung zwischen Lok und Schlepptender gegeneinander senkrecht sowie in der Längsachse bei Bogenfahrten und Gleisunebenheiten zuzulassen, sind die Augen des Hauptkuppeleisens mit balligen Anlageflächen für den Hauptkuppelbolzen und die Augen des Notkuppeleisens lokomotivseitig als Langlöcher ausgebildet. → Notkupplung. Lit.: 2.3., 2.12., Abb.

Kuppelkraft: Vorspannkraft im Hauptkuppeleisen zwischen der Dampflokomotive und dem Schlepptender (→ Kuppelkasten). Die K. wird aufgebracht, um zwischen den Hauptkuppeleisen und Hauptkuppelbolzen beim Zucken der Dampflok aus Beanspruchungsgründen keinen Kraftrichtungswechsel entstehen zu lassen.

Kuppelradsatz: → Radsatz eines Tfz., der von einem → Treibradsatz i. d. R. über → Kuppelstangen angetrieben wird. Die Räder eines K. besitzen je einen Kuppelzapfen zur Aufnahme der Kuppelstangen und sind überwiegend als → Speichenräder ausgeführt. Die Kuppelzapfen sind gegeneinander versetzt. Dieser Versatz beträgt z. B. bei → Zwillingslokomotiven 90°. Zum Ausgleich der Zentrifugalkräfte, die durch die umlaufenden Kuppelstangen hervorgerufen werden, sind die Räder mit → Gegengewichten ausgerüstet. Die Anzahl der K. eines Tfz. hängt von der zul. Radsatzkraft (→ Radkraft), der Länge des Tfz., der Laufwerkbauart und vom → Bogenhalbmesser ab.

Kuppelstange: Bauelement des → Stangenantriebs von Tfz., das der Weiterleitung der Antriebskraft zwischen den → Kuppelradsätzen, den → Treibradsätzen und Kuppelradsätzen sowie (bei mehreren Treibradsätzen) zwischen den Treibradsätzen dient. Die nach Werkstoff, Fertigungsart, Querschnitt und Beanspruchung der → Treibstange entspr. K. besteht ebenfalls aus dem Schaft mit je 1 Kuppelstangenkopf (→ Stangenkopf) auf jeder Seite zur Aufnahme der Kuppelstangenlager (→ Stangenlager). Bei mehr als 2 Kuppelradsätzen müssen die weiteren K. stets mit der vorhergehenden K. um eine waagerechte Achse drehbar verbunden werden (→ Gelenkbolzen), um den senkrechten Bewegungen der einzelnen abgefederten Radsätze folgen zu können. Dabei umfaßt das eine als Gabel ausgebildete K.ende stets den etwas schwächer gehaltenen Ansatz am K.kopf der benachbarten K. Für K. zur Verbindung des ersten und letzten Kuppelradsatzes, deren Seitenverschieblichkeit auf dem Kuppelzapfen konstruktiv ausgeschöpft ist, werden zum Erreichen ihrer Drehbarkeit auch um eine senkrechte Achse → Walzenlager verwendet. Lit.: 2.3., 2.6., 2.10., 2.12.

Kuppelstangenlager: → Stangenlager, → Kuppelstange

Kuppelzapfen: → Kuppelradsatz

Kupplerhandgriff: am unteren Bereich

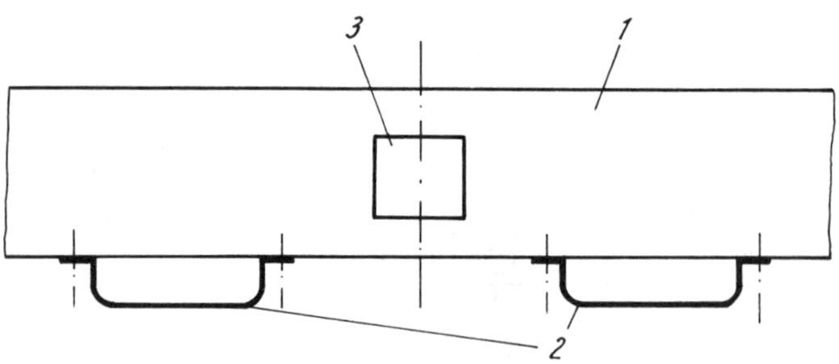

Kupplerhandgriff
1 Pufferträger (Kopfstück), 2 Kupplerhandgriff, 3 Zughakenführung

des → Pufferträgers eines Schienenfahrzeugs beidseitig der Zughakenführung angebrachter Griff. Er dient dem Kuppler als Haltegriff und muß so angeordnet sein, daß der → Berner Raum freigehalten wird. Der K. besteht aus Rundstahl, der in die Form eines Handgriffs gebogen und am Pufferträger angeschraubt wird. Abb.

Kupplung: 1. Maschinenelement zur (lösbaren) drehfesten Verbindung 2er Maschinenteile, meist 2er mehr oder weniger fluchtender Wellen, zur Drehmomentübertragung vom treibenden auf das getriebene Teil. Arten: a) *feste K.* zur starren Verbindung fluchtender Wellenenden; Unterbrechung nur nach Demontage möglich; b) *schaltbare K.* zur beliebigen oder definierten Unterbrechung des Kraftflusses während des Betriebs; durch geeignete Betätigungselemente werden treibendes und getriebenes Teil getrennt (ausgekuppelter Zustand) oder verbunden (eingekuppelter Zustand), meist ohne das treibende Teil stillzusetzen. Hierzu zählen alle mechanisch, elektromagnetisch, pneumatisch und hydraulisch betätigten kraftschlüssigen K. sowie schaltbare → Klauen-K., selbsttätig wirkende Rutschkupplungen und → Fliehkraftkupplungen, drehmoment- und drehzahlbegrenzte Anlauf-K., → drehmomentbegrenzte Kupplungen, drehrichtungsabhängige → Überholkupplungen und → Strömungskupplungen; c) *elastische K.* sind gelenkig oder federnd gestaltete K., ggf. zum Ausgleich geringer Achslagerunterschiede, und dämpfende K. zur Minderung von Drehmomentstößen, zur Drehschwingungsdämpfung und zur Veränderung von Drehschwingungsfrequenzen (→ drehelastische Kupplung). – **2.** Teil der → Zug- und Stoßeinrichtung.

Kupplungsbügel: → Zug- und Stoßeinrichtung

Kupplungsdreieck: im Leistungs-Geschwindigkeits-Diagramm eines Zahnradschaltgetriebes darstellbare Fläche, die den in der Anfahrkupplung durch Schlupf entstehenden Leistungsverlust beim Anfahren eines dieselmechanischen Tfz. charakterisiert. Abb.

Kupplungsentleerventil: → Schnellentleerventil

Kupplungskopf, *Bremskupplungskopf:* Bauteil der → Bremskupplung (1) zum Herstellen der Verbindung zur → Hauptluftleitung bzw. zur → Hauptluftbehälterleitung des nächsten Fahrzeugs. Beim Kuppelvorgang werden die beiden K. aufeinandergelegt und dann abwärts in die waagerechte Lage gedreht, bis das Anschlußstück jedes Kopfs richtig in die Klaue des Gegenkopfs eingreift. Gummiringe dienen zur Abdichtung im K. Schadhafte Ringe erzeugen Undichtigkeiten, weshalb sie auszuwechseln sind. Vor dem Kuppeln des Tfz. ist dessen → Luftabsperrhahn zur Beseitigung von Schmutz und Feuchtigkeit kurz zu öffnen.

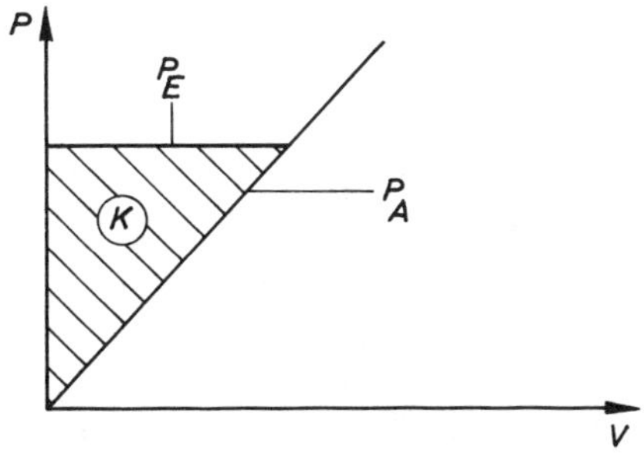

Kupplungsdreieck
P_E Eingangsleistung der Kupplung, P_A Ausgangsleistung der Kupplung, *v* Fahrgeschwindigkeit, K Kupplungsdreieck

Kupplungspumpe: → Pumpenrad einer → Strömungskupplung.

Kupplungsspindel: → Zug- und Stoßeinrichtung

Kupplungsturbine: → Turbinenrad einer → Strömungskupplung.

Kuprodur: warmfeste Kupferlegierung zur Herstellung und zum Vorschuhen (Instandsetzen abgezehrter Seitenwände durch Anschweißen) von kupfernen → Feuerbüchsen. K. besteht aus 98,8% Kupfer, 0,7% Nickel, 0,4% Silizium und 0,1% Eisen. Es ist härter und abbrandfester als Kupfer, aber weniger gut schweißbar sowie empfindlich gegen Überhitzung, so daß → Stehbolzen in K. nicht eingeschweißt werden können. Lit.: 2.3., 2.12.

Kurbelarm: Abstand (Radius) des Kurbelkreises einer Kurbel, eines → Kurbelzapfens, einer Hubscheibe, eines Kuppel- und → Treibzapfens usw. vom Mittelpunkt der(s) i. d. R. treibenden Welle oder Rads. Bei Tfz. mit → Stangenantrieb ist der K. zur Übertragung des Drehmoments auf das Treibrad bei den einzelnen BR entspr. ihrem Verwendungszweck und der Höchstgeschwindigkeit unterschiedlich groß.

Kurbelgehäuse: Teil des → Motorengehäuses, in dem der Kurbeltrieb angeordnet und die → Kurbelwelle gelagert ist. K. werden meist 2teilig als Ober- und Unterteil hergestellt, die Gehäuseteilung liegt in der Kurbelwellenmitte und ermöglicht

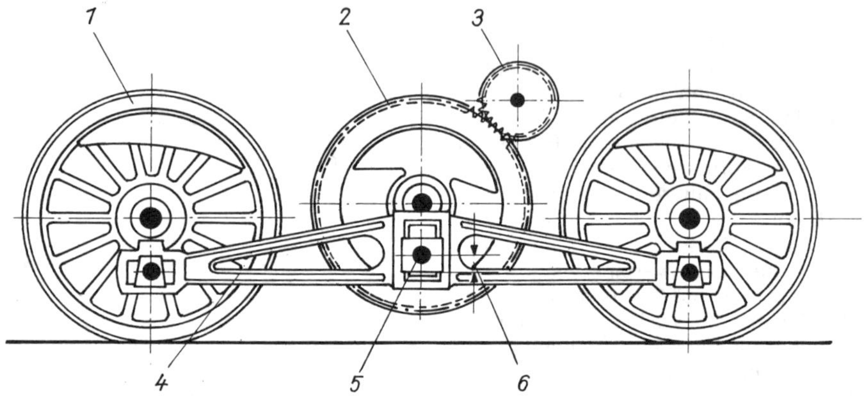

Kurbelschleifenantrieb
1 Treibradsatz, 2 Vorgelegerad, 3 Ritzel, 4 Schlitzkuppelstange, 5 Kurbelzapfen, 6 Überhöhung

damit den einfachen Ein- und Ausbau der Kurbelwelle. Verbunden werden die Gehäuseteile durch Zuganker; Führungsstifte in der Teilfuge verhindern ein Verschieben des Gehäuses. Am Kurbelgehäuse-Unterteil wird bei Bahndieselmotoren meist die → Ölwanne zur Aufnahme des Motorschmieröls angeschraubt. Diese und das K. werden vorzugsweise aus Grauguß hergestellt, bei kleineren Motoren kommen auch Leichtmetalllegierungen zur Anwendung.

Kurbelkreis: der vom → Kurbelarm um den Mittelpunkt einer Welle oder eines Rads vorgeschriebene Kreis. Bei Kolbenmaschinen entspricht sein Durchmesser oder die doppelte Länge des Kurbelarms dem → Kolbenhub.

Kurbelschleifenantrieb: → Stangenantrieb, bei dem der elektromotorische Antrieb zwischen 2 Treibradsätzen liegt und die Mitte der Vorgelegewelle gegenüber der Radsatzmitte eine Überhöhung von 100–160 mm aufweist, um einen größeren Durchmesser des Vorgelegezahnrads zu ermöglichen. Die beide Treibradsätze verbindende Kuppelstange hat die Form eines flachen Dreiecks mit einer in der Mitte befindlichen senkrechten länglichen Aussparung (Kulisse), in der sich das sog. Kurbelschleifenlager in senkrechter Richtung bewegen kann *(Schlitzkuppelstange)*. Dieses Lager umfaßt den Vorgelegekurbelzapfen, der durch diese Anordnung das Federspiel ermöglicht. K. hatten u.a. die Tfz. der BR E71[1] und der BR ET88 der DRG. Lit.: 4.1., 4.4. Abb.

Kurbeltrieb: Bezeichnung für das → Kurbeltriebwerk von Dampf-Tfz. zur Umformung der geradlinig hin- und hergehenden Bewegung des → Dampfkolbens in eine Drehbewegung des → Treibradsatzes (1). Dabei überträgt die → Kolbenstange die → Kolbenkraft auf den in einer Gleitbahn geführten Kreuzkopf, der das vordere, drehbar gelagerte Ende der → Treibstange aufnimmt. Das hintere Treibstangenende umfaßt den Treibzapfen am Treibrad. Ein *gerader K.* liegt vor, wenn die Kolbenstange mit der Treibstange bei Totpunktlage des Kolbens eine Gerade bildet. Eine seltenere Abart ist der *schiefe* bzw. *geschränkte K.*

Kurbeltriebwerk: mechanisches Getrie-

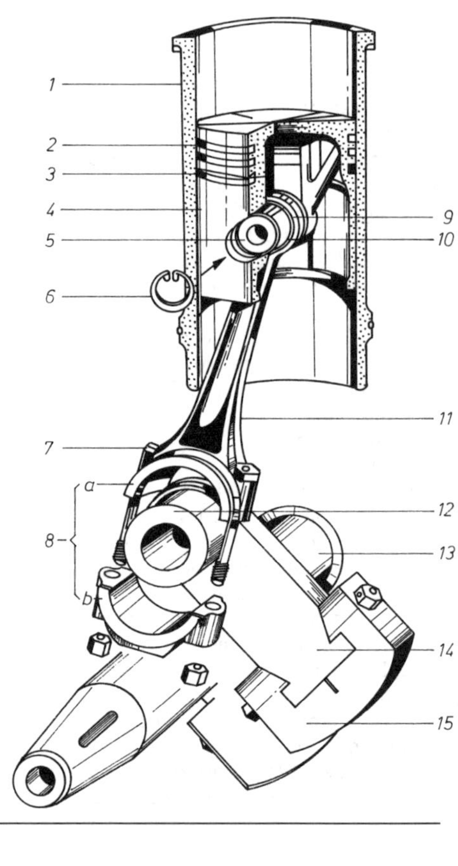

Kurbeltriebwerk
1 Zylinder (nasse Gleitbuchse), 2 Kolbenring, 3 Ölabstreifring, 4 Kolbenmantel, 5 Kolbenbolzen, 6 Kolbenbolzensicherung (Sprengring oder Seegerring), 7 Pleuelschraube, 8 Pleuellager (a obere Lagerschale, im Pleuelfuß eingesetzt; b untere Lagerschale im Pleuellagerdeckel), 9 Pleuelauge, 10 Kolbenbolzenbuchse im Pleuelange, 11 Pleuelstange, 12 Pleuellagerzapfen der Kurbelwelle, 13 Hauptlagerzapfen der Kurbelwelle, 14 Kurbelwellenwange, 15 Ausgleichmasse an der Kurbelwange

be zur Umformung einer geradlinigen hin- und hergehenden Bewegung (Translation) in eine drehende Bewegung (Rotation) an einer Welle (bei Dampfmaschinen und Verbrennungsmotoren) und umgekehrt (bei Kolbenverdichtern).
Das *K. von Verbrennungsmotoren* besteht aus dem → Kolben (2) mit dem Kolbenbolzen und Kolbenringen, dem → Pleuel und der → Kurbelwelle. Der im → Zylinder (2) geführte Kolben bewegt sich linear zwischen dem OT und dem UT und überträgt die Gaskraft über den Kolbenboden auf das Pleuel. Dieses Bauteil führt im Pleuelauge eine oszillierende, im Pleuellager auf dem → Kurbelzapfen eine rotierende Bewegung aus und leitet die Gaskraft auf die Kurbelwelle weiter. Als Quotient aus dem Kurbelradius r und der Pleuellänge l (Mittenabstand der Lagerbohrungen) erhält man das Pleuelstangenverhältnis λ_p. K. bei *Dampflokomotiven:* → Kurbeltrieb. Abb.

Kurbelwelle: Hauptteil des → Kurbeltriebwerks von Verbrennungsmotoren. Die K. hat die aus der Kolbenkraft resultierende Pleuelstangenkraft aufzunehmen und in ein Drehmoment umzuformen; außerdem übernimmt sie den Antrieb der Nockenwelle für die Steuerung, den Antrieb der Wasserpumpe bei der Pumpenumlaufkühlung, den Antrieb der Ölpumpe bei der Druckumlaufschmierung und den der → Einspritzpumpe. Die K. bildet mit den Bauteilen des Kurbeltriebwerks (Kolben, Kolbenbolzen, Pleuel) in bezug auf Masseverteilung und Wellenelastizität ein schwingungsfähiges, auf Biegung und Verdrehung hochbelastetes Bauteil. K. werden aufgrund ihrer wechselnden Beanspruchung aus mit Chrom und Nickel legierten Vergütungsstählen oder aus Stahlguß gefertigt, wobei die Wellen großer Motoren im Gesenk geschmiedet und auf Spezialmaschinen nachbearbeitet werden. Einige Lokomotivdieselmotoren besitzen aus Einzelsegmenten zusammengebaute K. (sog. »gebaute K.«, z.B. Dieselmotor 12KVD21A der BR228 der DB/DR).
Aufbau: Hauptlager, Kurbelwangen, Kurbelzapfen, Zahnrad zum Antrieb der Steuerräder sowie 2 Endstücke zur Aufnahme des Schwingungsdämpfers, der Schwungscheibe oder des Kupplungsflanschs. Um eine Durchbiegung der Welle zu vermeiden, werden $(n+1)$ Hauptlagerstellen ausgeführt (n = Anzahl der Zylinder bei Reihenmotoren).
Bei gebauten K. werden zwischen die Kurbelwangen Wälzlager eingebaut, deren Innenring fest auf der Welle sitzt, während sich der Außenring im Kurbelgehäuse abstützt. Axiale Kräfte an der K. werden durch ein Radial-Rillenkugellager aufgenommen, wodurch ein seitliches Verschieben verhindert wird.
Alle Lagerstellen werden zur Erzielung einer hohen Lebensdauer oberflächengehärtet und über Ölbohrungen im Inneren der Welle durch die Druckumlaufschmierung zwangsgeschmiert. Die konstruktive Gestaltung der K. ist abhängig von Anzahl und Anordnung der Zylinder, von der Zündfolge und dem Arbeitsverfahren, so daß z.B. bei einem 4-Takt-Dieselmotor mit 12 Zylindern in V-Form und der Anordnung von 2 Pleuelstangenhauptlagern auf dem Kurbelzapfen eine Versetzung der Kurbelzapfen um 120° Kurbelwinkel zueinander vorliegt. Abb.

Kurbelzapfen: Bauteil der → Kurbelwelle von Verbrennungsmotoren zwischen 2 Kurbelwangen, um den Kurbelradius $r = s/2$ (s = Kolbenhub) von Längsachse Kurbelwelle zu Längsachse K. versetzt. Der K. trägt das Pleuelhauptlager und nimmt vom → Pleuel die Pleuelstangenkraft auf, so daß an der Kurbelwelle ein Drehmoment $M = F_T\ r$ (F_T Tangentialkraft, r Kurbelradius) entsteht (→ Kolbenkraft). Die K. von Großdiesellokomo-

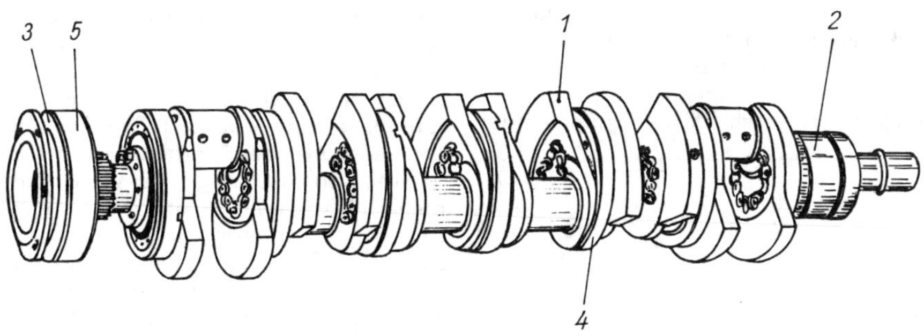

Kurbelwelle des Dieselmotors 12 KVD 21 AL-4 mit zweitem Abtrieb
1 Kurbelwange, 2 Schlußstück, 3 Kurbelwellenschlußteil, 4 Zylinderrollenlager, 5 Radial-Rillenkugellager

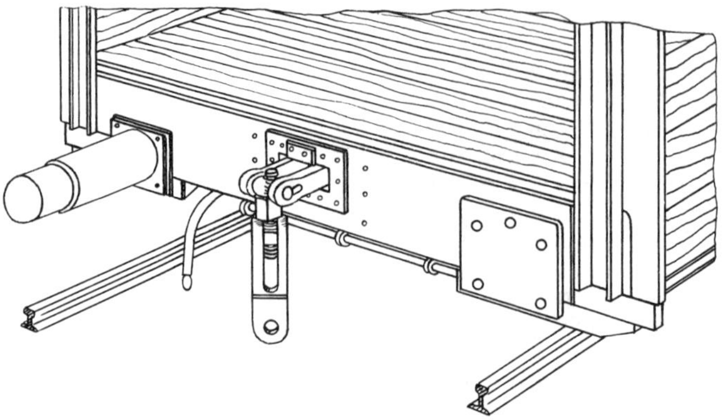

Kurzkupplung

tiven sind zur Versorgung des Pleuelhauptlagers über die Druckumlaufschmierung mit Bohrungen versehen. Der K. entspricht bei Dampflokomotiven dem → Treibzapfen sowie der Einfach- oder Doppelkröpfung der Treibradsatzwelle bei Drei- und Vier-Zylinder-Lokomotiven.

kurvenbewegliches Laufwerk: Oberbegriff für alle Laufwerke, die sich weitgehend dem Bogenverlauf anpassen bzw. auf ihn einstellen. Zu den k. L. gehören z. B. → Bissel-Gestell, → Drehgestell, → Krauss-Helmholtz-Gestell.

Kurvenläufigkeit: → Bogenläufigkeit

Kurzkupplung: **1.** Anstelle der sonst üblichen → Bremskupplung (1) verwendete einfache Schlauchverbindung der Bremsleitung zwischen Dampflokomotive und Tender, die an jedem Ende eine Rohrverschraubung oder ein Gewindestück hat. – **2.** Einfach aufgebaute Einrichtung zum kurzen Verbinden von Wagen, die längere Zeit oder ständig zusammenbleiben sollen, wie Triebwageneinheiten, Viertelzüge der Berliner S-Bahn, Autotransportwagen, Containerwagen und Leichtgüterzugeinheiten. Die K. hat am Kopfstück (→ Pufferträger) des Wagens nur 1 Puffer und 1 Druckplatte. Die Zugeinrichtung besteht aus einer Laschenverbindung, die durch Kreuzgelenke an beiden Enden genügend beweglich ist, um die Bewegungen beider Fahrzeuge gegeneinander nicht zu behindern, unterschiedliche Pufferstände auszugleichen und die Bogenläufigkeit zu gewährleisten. Abb.

Kurzschließer
Schaltbild für Gleichrichterschutz

Kurzschließer: **1.** Schalteinrichtung in → Gleichrichtertriebfahrzeugen, die im Störungsfall die auftretenden hohen Kurzschlußströme von den Gleichrichtern der Tfz. fernhält. Der K. schließt die Sekundärwicklung des → Haupttransformators kurz und erzwingt die Abschaltung durch den → Hauptschalter (Schaltzeit 1–2 ms). Abb. – **2.** Schalteinrichtung bei Tfz. für Stromschienenbetrieb zum Abschalten der → Stromschiene in Störungsfällen. Hier besteht der K. aus einem Druckluftzylinder und einem Kontaktblock (→ Schienenstromabnehmer, dort Abb.). Die Einrichtung ist nicht an jedem Stromabnehmer vorhanden. Lit.: 4.5. Abb.

Kurzschlußbremse: bes. Form der elektrischen Widerstandsbremse (→ elektrische Bremse), bei der die Gleichstromfahrmotoren, nachdem sie von der → Fahrleitung abgeschaltet wurden, als Generatoren auf einen → Bremswiderstand (netzunabhängige Bremse) arbeiten. Wirkungsweise:, Die Bremskraft ist eine Funktion von Geschwindigkeit und Bremswiderstand. Wenn der Bremswiderstand auf die nächstniedere Stufe sinkt, wird die Bremskraft größer; sie nimmt auf jeder Bremsstufe mit der Geschwindigkeit ab. Soll die Bremskraft etwa konstant gehalten werden, so ist in Abhängigkeit von der Fahrgeschwindigkeit jeweils auf die nächste Bremsstufe mit kleinerem Widerstand überzuschalten. Dieser Vorgang verläuft bis zur letzten Bremsstufe mit dem Widerstand Null, d. h., die Maschine läuft dann als kurzgeschlossener Reihenschlußgenerator.

Kurzschlußleitung: → Pumpenumlaufkühlung

Kurzschlußventil: → Pumpenumlaufkühlung

Kylchap-Ejektor: von dem finnischen Lokomotivführer **Kyl**älä 1921 konstruierte und später von → **Chap**elon weiterentwickelte spezielle Bauform einer → Saugzuganlage für → Dampflokomotivkessel, die gegenüber der Regel-Blasrohranlage eine gleichmäßige Verteilung des Saugzugs über Rohrbündel und Rost bewirken sollte. Durch später vorgenommene Messungen konnte diese beabsichtigte Verbesserung nicht nachgewiesen werden. *Bestandteile:* 1) Blasrohr mit kleeblattförmigem Austrittsquerschnitt zur Erzeugung breitgefächerter und damit eine große Oberfläche aufweisender Abdampfstrahlen; 2) eine über dem Blasrohr angeordnete 4strahlige Kylälä-Düse; 3) 1 oder mehrere, i.d.R. zylindrische Zwischendüsen (entfielen bei der einfachsten Ausführung gelegentlich auch), die zwischen Kylälä-Düse und Schornstein angeordnet waren; 4) Schornstein, der in Abhängigkeit von der Zahl der Zwischendüsen und der Blasrohrweite mehr oder weniger tief in die Rauchkammer ragte. Wenn bei der Einfach-Kylchap-Anlage mit zunehmender Blasrohrweite der konstruktiv notwendige und technisch mögliche Abstand zum unteren Schornsteinrand überschritten wurde, ging man zur Anordnung von 2–3 K. hintereinander über (Doppel-Kylchap- und seltener Dreifach-Kylchap-Anlage), was den Lokomotiven das typische Aussehen mit einem länglich-ovalen Schornstein gab. Der K. wurde auf Lokomotiven der Eisenbahnen in Frankreich, Argentinien, Brasilien und Algerien verwendet; er soll zu Kohleeinsparungen bis zu 16% geführt haben. Als deutsche Dampflok mit K. ist die Versuchslokomotive 23024 der DB (etwa 1950) bekanntgeworden, die später jedoch mit der Regel-Saugzuganlage ausgerüstet wurde, weil dem größeren Aufwand kein nachweisbarer Nutzen entgegenstand. → Giesl-Ejektor. Lit.: 2.1. Bd. 1., 2.6., 2.9., 2.10., 5.3.

L

Labyrinthdichtung: berührungslose Dichtung mit mehreren radial oder axial angeordneten Dichtflächen, die Gase und Flüssigkeiten bei Druckunterschied abdichten. Die Dichtwirkung entsteht durch Druckabbau. Zur Erhöhung der Dichtwirkung bei hohem Innendruck sind die Dichtflächen bes. axialer L. kammartig ausgebildet. L. bei Lagern und Getrieben können einen Schmiermittelaustritt je nach Innendruck und Zähigkeit nicht vollständig unterbinden und schützen nur ungenügend gegen das Eindringen von Schmutz und Spritzwasser. Günstig ist die Kombination mit der → Filzringdichtung. L. werden zum Abdichten von Wellenaustritten bei → Zahnradgetrieben, Lagern und bei → Strömungswandlern angewandt. Abb.

Ladegrad: Kenngröße aufgeladener → Zweitaktmotoren, die von der Dichte der Spülluft ϱ_S und dem → Spülgrad η_S abhängt. Setzt man für Saug- und Aufladebetrieb gleiches Verbrennungsluftverhältnis und gleichen Innenwirkungsgrad η_i voraus, so ist der L. gleich dem Verhältnis der inneren Leistungen des → aufgeladenen Motors zum → Saugmotor.

Ladeluftkühler: Einrichtung zur Kühlung der Ladeluft eines Dieselmotors (→ Ladeluftkühlung). Bei Diesel-Tfz. kann der L. in den → Kühlwasserkreislauf des Dieselmotors eingebunden sein oder einen getrennten Ladeluft-Kühlwasserkreislauf besitzen, wenn das Temperaturniveau des Dieselmotor-Kühlwasserkreislaufs für die Rückkühlung der Ladeluft zu hoch ist. Eine Kühlung der Ladeluft in Luft-Luft-Wärmeübertragern ist bei Diesel-Tfz. selten.

Ladeluftkühlung: Einrichtungen und Maßnahmen zur Kühlung der Ladeluft eines Dieselmotors. Die L. hat das Ziel, die Temperatur der Ladeluft vor Eintritt in den Motor zu senken; sie wird bei Diesel-Tfz. durch eine → indirekte Kühlung über den → Ladeluftkühler erreicht. Bei Bahndieselmotoren wird sie zur Leistungsstei-

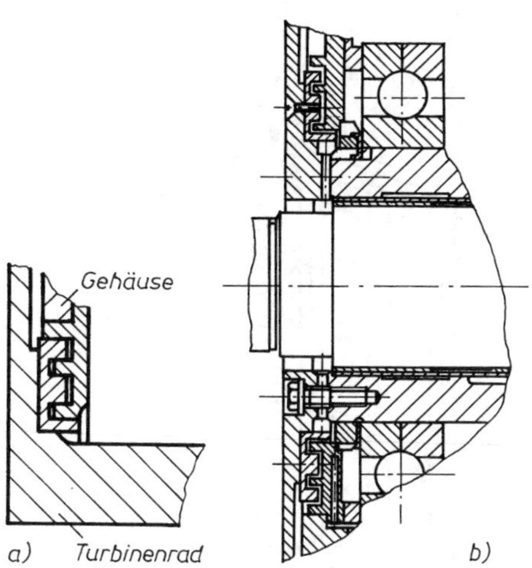

Labyrinthdichtung
a) radiale Labyrinthdichtung, b) Labyrinthdichtung an einem Strömungswandler

gerung bei gleichbleibenden Zylinderabmessungen angewandt. Bahndieselmotoren über 2200 kW Leistung werden stets mit L. ausgeführt.

Laderegler, *Ladespannungsregler:* Gerät, das die abgegebene Spannung eines Nebenschlußgenerators (→ Lichtmaschine) trotz Drehzahlschwankungen bzw. eines Gleichrichter-Ladegeräts trotz Schwankungen der Eingangsspannung in zul. Grenzen hält und die Spannungs- und Stromabgabe an die Batterie entspr. derem Ladungszustand regelt. Bei Nebenschlußgeneratoren wird meist eine *Erregungsregelung* angewandt, wobei die Spannung um so größer wird, je stärker der Strom in der Erregerwicklung wird. Bauarten: a) *mechanische Regler* (Schwingkontakt-, Wälzsektor- oder → Kohledruckregler); b) seit einigen Jahren auch *Regler mit → Transduktoren* und *elektronische Regler* (Transistor-, Thyristorregler), beide finden auch in Gleichrichter-Ladegeräten Anwendung. Lit.: 1.8., 3.4.

Ladermotor: Bezeichnung für → aufgeladener Motor.

Ladespannungsregler: → Laderegler

Ladesteckdose: elektrische Kupplungseinrichtung an Tfz. oder Wagen zum Laden des → Akkumulators aus einer ortsfesten Stromversorgungsanlage (→ Elektrant). Die fahrzeugeigene Ladeeinrichtung (Gleichrichter, → Laderegler) wird i. d. R. mitgenutzt.

Ladungsdurchsatz: Luft- bzw. Gemischmassestrom bei → Verbrennungsmotoren, der durch die Ladungswechseleinrichtungen (Einlaßventil bzw. -kanal) in den Zylinder gelangt. Der L. bei Dieselmotoren wird gebildet aus dem Anteil der Luft, die am Verbrennungsprozeß beteiligt ist und einem Anteil, der zum Spülen des Zylinders dient.

Ladungswechsel: derjenige Abschnitt des → Arbeitsspiels beim Dieselmotor, bei dem die Einlaß- und/oder Auslaßeinrichtungen (Ventile bzw. Kanäle) geöffnet sind und das Abgas durch Luft (Frischladung) ausgetauscht wird. Der von der Drehzahl zeitlich abhängige L. (instationärer Strömungsvorgang) beeinflußt den → Liefergrad λ_L und damit die Motorleistung.

Lagerkühlung: Kühlung von → Wälzlagern oder → Gleitlagern durch meist zwangsweise Zufuhr von Schmieröl (→ Zwangsschmierung). Neben dem Effekt der → Lagerschmierung wird die durch die Reibungsverlustleistung entstehende Verlustwärme mit dem Schmieröl abgeführt.

Lagerschild: tragendes Bauteil elektrischer Maschinen (Motor, Generator), das das Lager (→ Gleitlager oder → Wälzlager) für die Ankerwelle (Läufer) aufnimmt. Das L. ist als Stahlkonstruktion ausgeführt, zur Masseeinsparung häufig auch aus Aluminium. Die konstruktive Ausbildung des L. ist vor allem durch die Schutzart (Berührungs-, Fremdkörper-, Wasserschutz) bestimmt. L. sind meist auf die Stirnseiten des Gehäuses des Motors oder Generators aufgeschraubt (z. B. beim Fahrmotor elektrischer Tfz.).

Lagerschmierung: Schmierung von → Wälzlagern und → Gleitlagern durch ein → Schmiermittel. Bei niedrig belasteten Lagern werden die → Fettschmierung oder → Ölnebelschmierung und → Schleuderschmierung angewandt. Hochgenauigkeitslager und stark beanspruchte Wälzlager werden mit → Zwangsschmierung betrieben, wobei gleichzeitig eine → Lagerkühlung erreicht wird.

Lamellenantrieb: → Kardan-Lamellenantrieb

Lamellenkühler: Bauart des Wasser-Luft-Kühlers von Diesel-Tfz., der aus parallelen und/oder gewellten Lamellenblechen zusammengesetzt ist. Die so gebildeten Hohlräume werden abwechselnd vom Kühlwasser und von der Kühlluft durchströmt, wobei die Luftströmung quer zur Wasserströmung verläuft. L. sind einfach herstellbar, aber gegen Stoßbeanspruchung empfindlich. Früher bei Verbrennungstriebwagen eingesetzt, finden sie heute vorwiegend im Kraftfahrzeugbau Anwendung. Abb.

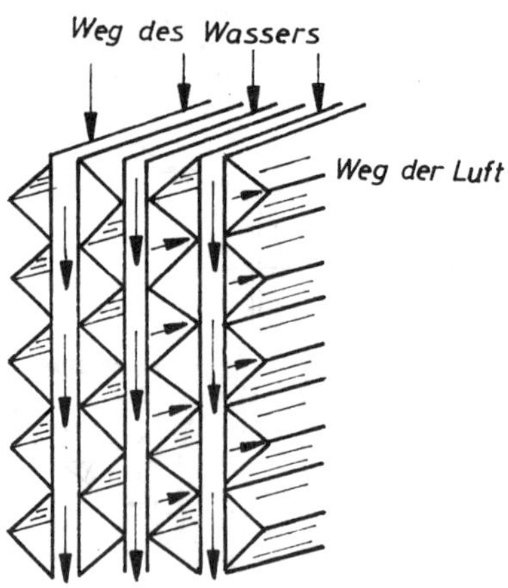

Lamellenkühler
mit parallelen Lamellen und Zickzackblechen

Lamellenkupplung: → Reibungskupplung, bei der das Drehmoment durch Lamellen übertragen wird. Eine auf der treibenden Welle sitzende Kupplungsnabe besitzt Außenverzahnung, in die mehrere Lamellen mit Innenverzahnung (Innenlamelle) eingreifen. Der auf dem getriebenen Teil sitzende Lamellenträger besitzt Innenverzahnung, in die die Lamellen mit Außenverzahnung *(Außenlamelle)* eingreifen. Die abwechselnd angeordneten Außen- und Innenlamellen werden beim Einkuppeln durch die Kuppelkraft (Normalkraft) zusammengedrückt, so daß die in Verbindung mit dem Reibwert entstehende Reibkraft den Kraftschluß zwischen beiden Wellen herstellt. *Trockene L.* besitzen Reibbelaglamellen, *naßlaufende L.* (unter Öl) Stahllamellen, deren sinusförmig ausgebildete Reibflächen das sanfte Ein- und Auskuppeln unterstützen. Die L. wird mechanisch über Hebel und Schaltmuffe, pneumatisch, hydraulisch oder elektromagnetisch (→ Elektromagnetkupplung) betätigt. Die L. ist die gebräuchlichste Kupplung für Antriebsanlagen von Diesel-Tfz. Abb.

Lamellenspaltfilter: → Spaltfilter

La Mont-Kessel: Bauart des → Hochdruckkessels mit Zwangsumlauf für → Hochdruckdampflokomotiven. Der als U-förmige Wanne ausgebildete und mit Braunkohlenstaub befeuerte L. bestand aus den *Hauptbauteilen* Verdampfer, der mit seinen Rohrbündeln den Brennraum an Stelle der Feuerbüchse bildete, Überhitzer und Speisewasservorwärmer, die mit ihren Rohrbündeln die Stelle des → Langkessels einnahmen, sowie Rauchkammer mit Saugzuganlage und einem Ausdampfbehälter.
In der aufgeführten Reihenfolge und unter entspr. Abstimmung der Heizflächen wurden die Hauptbauteile von den Rauchgasen durchströmt. Speise- und Umwälzpumpen förderten das Kesselspeisewasser aus einem Kondensatbehälter über den Vorwärmer in den Ausdampfbehälter, der gleichzeitig mit einem Dampf-Wasser-Gemisch aus dem Verdampfer versorgt wurde, da in diesem nur ⅛–⅙ der umgewälzten Wassermenge verdampfte. Während das nicht verdampfte Wasser im Wasserkreislauf verblieb, wurde der Dampf mit einem Dampfdruck von 4200–4500 kPa über den Überhitzer zum Hochdruckzylinder sowie zur Pumpenturbine für den Antrieb der Speise- und Umwälzpumpen geleitet. Der in den Niederdruckzylindern nicht völlig entspannte Dampf trieb die in der Rauchkammer angeordnete Saugzugturbine und anschließend die im Kondensator befindliche Lüfterturbine an, um dann in den Kühlelementen der Kondensationsanlage zu kondensieren.
L. hatten infolge ihres für Zwangsumlaufkessel typischen geringen Wasservolumens eine ungenügende Anpassungsfähigkeit an die im Betriebseinsatz auftretenden Schwankungen der abgeforderten Verdampfungsleistung. Sie haben sich als Kessel für Hochdrucklokomotiven nicht bewährt. Lit.: 2.1., 2.8., 5.3.

Länderbauart: bei den ehem. deutschen Ländereisenbahnen entstandene Bauformen der Tfz. und Wagen sowie deren Baugruppen und Bauteile. Mit der Technischen Einheit (TE) wurden seit 1887 für die im grenzüberschreitenden Verkehr eingesetzten Fahrzeuge Vereinbarungen über die → Bauart und den Unterhaltungszustand sowie über die → Spurweite und die Fahrzeugbegrenzung getroffen. Bis zur Entwicklung der → Einheitsbauarten für Dampflokomotiven nach Bildung der → Deutschen Reichsbahn-Gesellschaft 1920 bzw. für Wagen nach Bildung des → internationalen Eisenbahnverbandes (UIC) 1922 gab es jedoch zahlreiche länderspezifische Bauausführungen bei den ehem. Preußischen, Hessischen, Bayrischen, Sächsischen, Württembergischen, Badischen, Oldenburgischen und Mecklenburgischen Staatseisenbahnen, die neben den neuen vereinheitlichten Fahrzeugen als L. bis zu ihrer Ausmusterung in Betrieb waren.

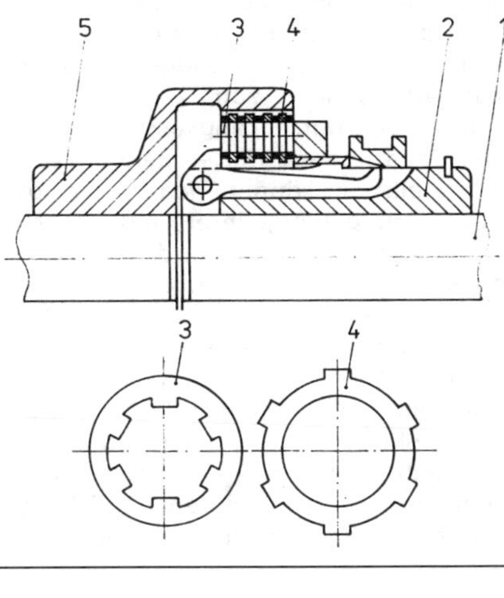

Lamellenkupplung
Mehrscheiben-Lamellenkupplung
1 Antriebswelle, 2 Kupplungsnabe, 3 Innenlamelle, 4 Außenlamelle, 5 Lamellenträger

Längenausgleich: → Gelenkwelle

Länge über Puffer, Abk. **LüP**: Länge des Fahrzeugs, die als Abstand zwischen den Puffertellern nichteingedrückter → Puffer gemessen wird. Die LüP ergibt sich aus dem → Radsatzabstand der äußeren Radsätze eines Fahrzeugs bzw. dem → Drehzapfenabstand bei Drehgestellfahrzeugen plus dem doppelten → Überhang, der nach Vorschriften oder Richtwerten festgelegt ist.

Langkessel: zwischen Hinterkessel und → Rauchkammer befindlicher Hauptteil des → Dampflokomotivkessels, der den größten Teil der Verdampfungsheizfläche in Form von → Rauchrohren und Heizrohren enthält. Der L. besteht aus mehreren, i.d.R. 2–3 Kesselschüssen, die ineinandergesteckt und vernietet oder zusammengeschweißt sind. Vorn wird der L. durch die Rauchkammerrohrwand, hinten durch die Feuerbüchsrohrwand verschlossen. Die Dicke des → Kesselblechs betrug in Abhängigkeit von → Kesseldruck, → Kesseldurchmesser und Kesselbaustoff z.B. bei der DRG 16–20 mm bei der Verwendung von weichem Kohlenstoffstahl, Überdrücken von 1200–1600 kPa und Kesseldurchmessern von 1600–1900 mm. Auf dem Scheitel des hinteren Kesselschusses des L. ist i.d.R. der → Dampfdom und bei modernen Lokomotivkessel auf dem vorderen Kesselschuß häufig auch ein → Speisedom, bei großen Kesseldurchmessern aus Raumgründen anstelle dieses Doms ein auf das Domunterteil aufgeschliffener Deckel befestigt. Die Wärmeisolation des L. wird durch → Bekleidungsbleche (→ Kesselbekleidung), die im Abstand von etwa 40 mm zum Kesselblech ein Luftpolster einschließen, gewährleistet. Diese Bleche müssen dicht abschließen, damit keine Luftströmung entsteht. Stützverbindungen zum Lokomotivrahmen werden durch Langkesselträger älterer Bauart oder durch → Pendelbleche hergestellt; sie können sich in der Loklängsrichtung infolge ihrer kleinen Blechstärken leicht ausbiegen und so der Wärmedehnung des Kessels folgen. Lit.: 2.3., 2.6., 2.9., 2.10., 2.12.

Langkesselträger: → Kesselträger, → Langkessel

Langsamgang: → Gangstufe im → Stufengetriebe von Streckenlokomotiven, die durch ein höheres → Übersetzungsverhältnis nur den unteren Bereich der Fahrgeschwindigkeit nutzt. Der L. ergibt erhöhte Anfahrzugkräfte und kann für Zugdienste mit niedrigem Geschwindigkeitsniveau energetische Vorteile bringen. Gegensatz: → Schnellgang.

Längsanker: Bauteil des → Dampflokomotivkessels mit sehr breiter → Feuerbüchse zur zusätzlichen elastischen Versteifung der Feuerbüchsrückwand gegen Kräfte durch Wärmeeinwirkung. Der über der Feuerbüchsdecke angeordnete L. ist hinten am → Blechanker der Stehkesselrückwand gelenkig (meist Bolzenverbindung) befestigt und vorn mit Trägern ebenfalls gelenkig verbunden, die mit dem hinteren Langkesselschuß vernietet sind. Lit.: 2.6., 2.12.

Längsausgleichhebel: → Federausgleichhebel

Längsnaht: → Kesselschuß

Längsträger: → Rahmen

Lärmbekämpfung: umfassendes System von Maßnahmen zur Verminderung bzw. Verhinderung von Lärmeinwirkungen auf den Menschen. Die L. ist eine Teilaufgabe des Arbeits- und Umweltschutzes bes. im Verkehrswesen mit seinen vielfältigen und intensiven Geräuschquellen und soll organische oder psychische Schäden bei den Personen im Verkehrsbereich oder bei den Anwohnern vermeiden bzw. reduzieren. Zur L. gehören bei Tfz. alle technischen und organisatorischen Maßnahmen zur Gewährleistung des Lärmschutzes für das → Lokomotivpersonal und zur Begrenzung des Umgebungsgeräuschs. Die *Anforderungen an die L.* sind in allen Ländern weitgehend gesetzlich geregelt, in Deutschland vor allem in der Verkehrslärmschutzverordnung (16. BImSchV), DIN 45642 Messung von Verkehrsgeräuschen, DIN 18005 Schallschutz im Städtebau, Normen für die Durchführung von Messungen in und an Schienenfahrzeugen (DIN 45637, DIN 45638, ISO R3095, ISO/DIS 3381), VDI-Richtlinien (2058, 2562), der Arbeitsstättenverordnung (ArbStättV) sowie der Unfallverhütungsvorschrift »Lärm« (UVVLärm). Für Tfz. und Fahrgasträume von Trieb- und Reisezugwagen sind zu beachten: UIC-Merkblatt 553 Heizung, Lüftung und Klimatisierung, UIC-Merkblatt 567–1 Einheitsreisezugwagen, OSShD-Merkblatt R 652/4 Zulässige Lärmpegel von Eisenbahnfahrzeugen sowie die EG-Richtlinie Lärm am Arbeitsplatz.

Danach dürfen folgende *höchstzulässige Schalldruckpegel* L_A (mit Frequenzbewer-

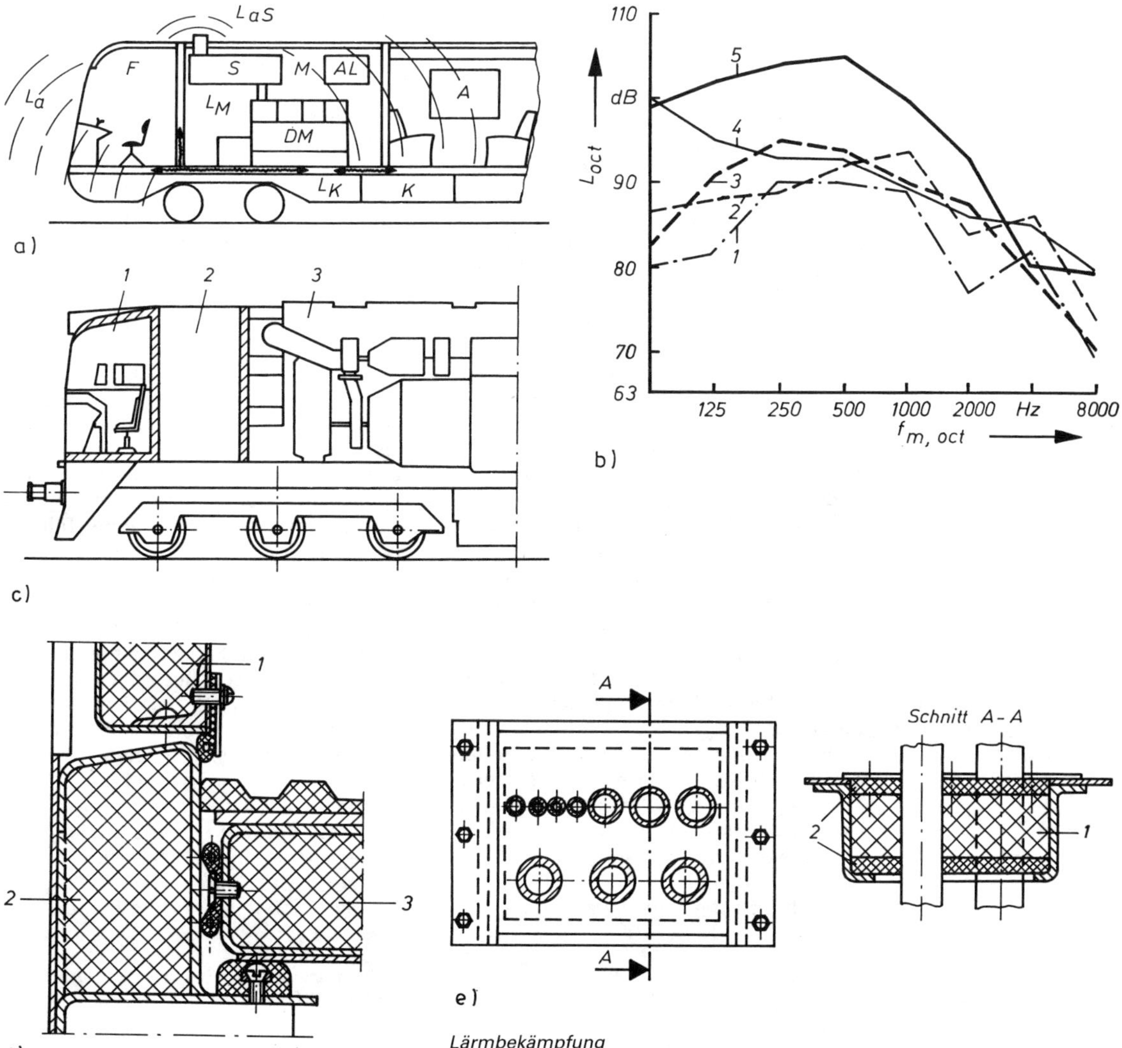

tung nach Kurve A) nicht überschritten werden: im → Führerstand von Tfz. 80 dB(A), neuere Forderungen 75 dB(A) (ICE), in Fahrgasträumen 1. Klasse 65 dB(A), 2. Klasse 68 dB(A), in Nahverkehrsfahrzeugen 75 dB(A), im Stand in Reisezugwagen 60 dB(A), anzustreben 55 dB(A).

Die Hauptschallquellen sind bei Tfz. a) das *Rollgeräusch* Rad-Schiene (etwa 105 dB(A) im Fahrwerksbereich); b) das *Dieselmotorgeräusch* (115–120 dB(A) im → Maschinenraum); c) das *Abgasgeräusch* und *Ansauggeräusch* (bis 110 dB(A); d) die *Lüftergeräusche* der → Kühlanlage (tonale Geräuschspitzen bis

Lärmbekämpfung
a) Schallquellen und Übertragungswege am Schienenfahrzeug
F Führerstand, M Maschinenraum, S Abgasschalldämpfer, DM Dieselmotor, AL Ansaug- und Lüftungsöffnungen, A Fahrgastabteil, K Klimaanlage, L_M Schalldruckpegel im Maschinenraum, L_K Körperschall, L_a Außenluftschall, L_{aS} Außenluftschalter am Schalldämpfer
b) typische Frequenzspektren (Oktavschalldruckpegel) von Eisenbahnfahrgeräuschen (seitliche Entfernung 2–5 m, v = 40–60 km/h
1 Dampflokomotive, 2 elektrische Lokomotive, 3 Reise- und Güterzüge, 4 Diesellokomotive, 5 Dampflokomotive beim Abblasen
c) akustisch günstiger Aufbau von Diesellokomotiven (BR 220 und 230 der DB/DR)
1 Führerstand, 2 Einstiegs- und Schaltraum als Schallschleuse, 3 Maschinenraum
d) Gestaltung des Bereichs Tür – Fußboden eines Tfz. mit guter Schalldämmung
1 Tür mit Gummiprofildichtung, 2 Seitenwand, 3 Fußbodenklappe mit Gummidichtungen und Gummiklotzmatte
e) Rohr- und Kabeldurchführungen vom Führerstand in den Schaltraum bzw. den Maschinenraum
1 Schluckstoff, 2 dichtschließende Weichgummiplatten

zu 120 dB(A)) sowie e) Geräusche von weiteren Aggregaten, Luftverdichtern, Getriebe u.a. Wichtigste Maßnahmen der L. bei Tfz.: a) *primäre Maßnahmen,* d.h. Verminderung der von den Geräuscherzeugern abgestrahlten Schalleistung als Aufgabe des Herstellers der eingesetzten Maschinen und Geräte (beim Rollgeräusch kaum möglich); b) *sekundäre Maßnahmen,* wie räumlich günstige Anordnung der Geräuscherzeuger, Kapselung von Maschinen und Geräten, Verringern der Schallenergieübertragung in den Führerstand bzw. Fahrgastraum oder in die Umgebung durch akustisch günstige Auslegung der Wände (→ Führerraumrückwand), Fenster und Türen, des Fußbodens und der → Abgasanlage sowie durch Schalldämpfer in den Ansaug- und Lüfterkanälen; c) *individuelle Maßnahmen,* wie Verschließen des Gehörgangs (Ohrstopfen) oder Kapseln der Ohren (Gehörprotektoren), bes. in der Nähe starker Geräuscherzeuger, z.B. im Maschinenraum von Diesel-Tfz.; d) *organisatorische Maßnahmen,* wie der Einsatz älterer, lärmintensiver Tfz. nur bei geringen Einsatzzeiten und Belastungen.

Eine konsequente L. kann das Auftreten der Lärmschwerhörigkeit als Berufserkrankung bei Beschäftigten und von Lärmbelästigungen der Fahrgäste und von Anwohnern des Bahngeländes weitgehend vermeiden. Abb.

Lastabbremsung: stufenweise oder kontinuierliche Anpassung der → Bremskraft an die jeweilige Gesamtmasse des Fahrzeugs. Die stufenweise L. kann mechanisch (durch Gestängeübersetzung) oder pneumatisch (durch Zuschaltung eines Bremszylinders bzw. stufenweise Änderung des Bremszylinderhöchstdrucks) erreicht werden; kontinuierliche L.: → automatische Lastbremsung. Die Umstelleinrichtung wird i.d.R. von Hand oder automatisch durch ein Schaltventil betätigt. Die Umstellmassen und die Fahrzeugmassen sind an einem Schildlager angegeben.

Die Tender von Dampflokomotiven hatten bei Verwendung der → Kunze-Knorr-Bremse einen Lastwechsel, der durch Gestängeübertragung vom Führerstand aus zu bedienen war. Später erhielten die Tender mit der schnellwirkenden → Knorr-Bremse die handbetätigte Tenderlastabbremsung mit Druckverminderer, wobei die L. in 2 Stufen geregelt wurde: Auf die Stellung »große Vorräte« wird umgestellt, wenn die Masse von Wasser und Kohle die am Schildlager angegebene Umstellmasse überschreitet. Der Druckverminderer ist zwischen → Doppelrückschlagventil und Bremszylinder eingebaut. Er besteht aus dem Gehäuse, einem Stufenkolben, der ein Einlaß- und ein Auslaßventil steuert, und einem Umstellhahn, mit dem die Abbremsung der Masse entspr. eingestellt wird. Der Umstellhahn wird durch die Handkurbel über ein Gestänge auf dem Führerstand

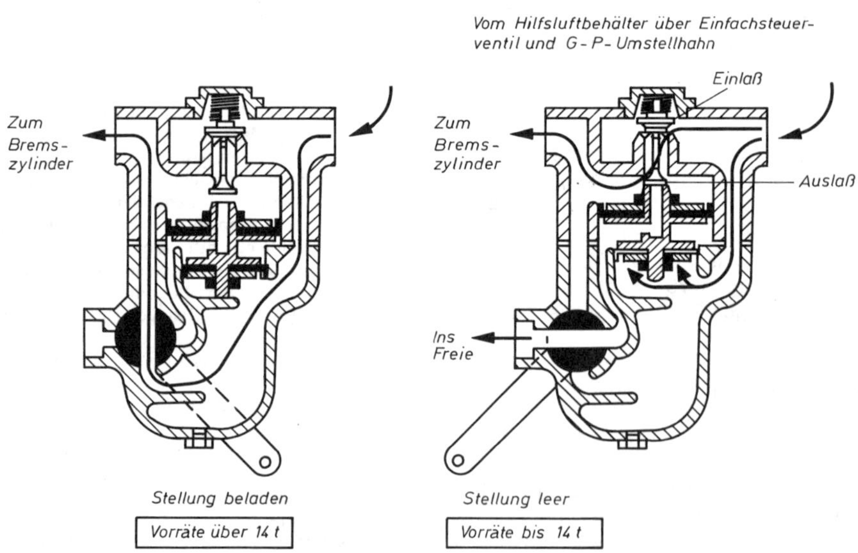

Lastabbremsung
Druckverminderer der handbetätigten Tenderlastabbremsung

umgestellt. In der Stellung der Handkurbel »große Vorräte« (Stellung beladen) ist der Umstellhahn geöffnet, und die vom Steuerventil kommende Druckluft kann ungehindert zum Bremszylinder strömen. Beim Lösen gelangt die Bremszylinderluft auf gleichem Weg zurück ins Freie, d.h., der Druckverminderer wirkt in dieser Stellung des Umstellhahns nicht. In der Stellung »kleine Vorräte« (Stellung leer, z.B. Vorräte bis 14 t) ist der Umstellhahn geschlossen. Die Luft gelangt zunächst unter den Kleinkolben des Stufenkolbens, drückt ihn nach oben, schließt den Auslaß und öffnet das Einlaßventil, so daß die Druckluft zum Bremszylinder strömen kann. Wird eine bestimmte Druckhöhe im Bremszylinder und über dem Großkolben erreicht, geht der Doppelkolben wieder nach unten, schließt das Einlaßventil und damit die Luftzufuhr zum Bremszylinder. Der geringere Bremsdruck ergibt sich aus der Flächendifferenz des Großkolbens gegenüber dem Kleinkolben. Lit.: 1.4. Abb.

Lastschalter: Schaltelement der Starkstromkreise von elektrischen und Diesel-Tfz. Der L. ermöglicht, unter Strombelastung stehende Starkstromkreise abzuschalten. Er wird u.a. als Leistungsschalter an Kontaktbahnen von → Stufenschaltwerken eingesetzt, der vor der Bewegung des zugehörigen Kontaktfingers von einem Kontaktpunkt zum nächsten den Strom abschalten und nach seinem Erreichen wieder zuschalten muß (→ Hochspannungssteuerung, dort Abb.).

Lastverteilung: Aufteilung der Gewichtskraft eines Tfz. auf die → Radsätze. Durch die L. wird die Radsatzkraft (→ Radkraft) eines jeden Radsatzes festgelegt. Bei Tfz. muß durch eine geeignete L. eine möglichst große Reibungskraft, d.h. möglichst große Radsatzkraft der angetriebenen Radsätze, aber auch eine sichere Führung durch die → Laufradsätze gewährleistet sein.

Lastwechsel: Umstelleinrichtung an Eisenbahnfahrzeugen zur groben Anpassung der → Bremsmasse an die Fahrzeugmasse. Entspr. der Zuladung werden 2- und mehrstufige L. verwendet, die von den Längsseiten der Fahrzeuge oder bei Tenderabbremsung vom Führerstand aus über ein Gestänge betätigt werden. Die Umstellmassen sind auf einem Schild angegeben. Die → Bremskraft wird mechanisch durch Änderung der Hebellängen im Bremsgestänge oder pneumatisch durch Zuschaltung eines weiteren Bremszylinders oder durch Änderung des Bremszylinderdrucks verändert. → Lastabbremsung

Laufachse: → Laufradsatz

Laufdrehgestell: → Drehgestell mit antriebslosen Radsätzen, das nur zur Lastaufnahme und ggf. zur Verbesserung der Spurführung der Tfz. dient.

Laufeigenschaft, *Laufgüte:* Oberbegriff für die Qualität des Fahrzeuglaufs eines Schienenfahrzeugs. Die L. umfaßt die Einschätzung der Laufgüte oder Laufruhe (→ Wertungsziffer Wz) und der → Laufsicherheit. Eine gute L. wird i.allg. angestrebt, um den Reisenden und dem Personal ansprechende Reise- bzw. Arbeitsbedingungen zu bieten. Die L. ist ein Qualitätsmerkmal eines Schienenfahrzeugs; bestimmend dafür sind das → Laufwerk und der Gleiszustand.

Läufer: 1. Mit mehreren → Schaufelkränzen besetztes, rotierendes Teil von Strömungsmaschinen. L. werden als Trommel- oder Scheiben-L. in geschweißter, geschraubter oder geschmiedeter Bauweise mit axialer oder radialer Beschaufelung ausgeführt. Beim *Trommel-L.* sind die Laufschaufeln auf einer gemeinsamen Trommel bzw. einem massiven zylindrischen Körper angeordnet, während der *Scheiben-L.* aus mehreren → Laufrädern zusammengesetzt ist. Kleine L. werden als Einstück-L. gefertigt. Bei ihnen ist die Welle mit den Scheiben aus 1 Stück geschmiedet. – **2.** *Rotor* bei elektrischen Maschinen (z.B. → Fahrmotoren und → Generatoren auf Tfz.). Hauptbestandteile: L.eisen (massiv oder geblecht), → Läuferwicklung und bei Kommutatormaschinen → Kommutator bzw. bei Schleifringmaschinen Schleifringe. Der L. ist oft identisch mit dem → Anker.

Läuferwicklung: Wicklung auf dem → Läufer (2) elektrischer Motoren und Generatoren. Bei → Fahrmotoren ist die L. stets Ankerwicklung, bei der die Spulenstäbe in Nuten des Ankerblechpakets untergebracht sind (bis 10 Spulenstäbe in 1 Nut). Man unterscheidet *Wellenwicklung* und *Schleifenwicklung;* bei Bahnmotoren wird i.allg. Schleifenwicklung mit 1 Windung je Spule angewandt. Abb. S. 360

Lauffläche: Teil des → Radprofils, das in unmittelbarem Kontakt mit der → Schiene steht. Die L. von Eisenbahnrädern ist gegenüber der Radsatzdrehachse überwiegend geneigt. Diese Neigung kann

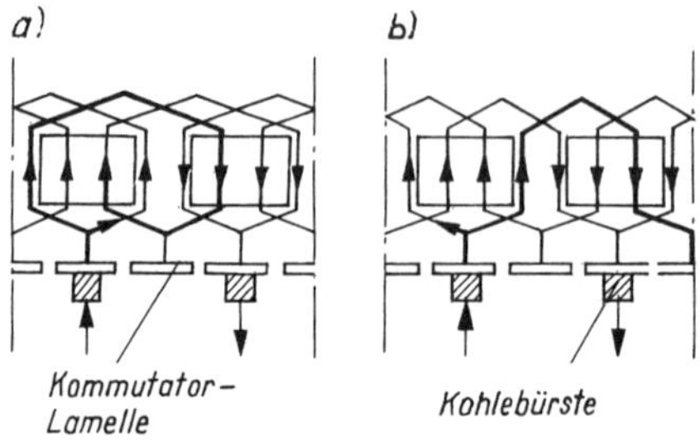

Läuferwicklung
a) Schleifenwicklung, b) Wellenwicklung

linear oder nichtlinear ausgeführt sein. Moderne Radprofile besitzen L. mit nichtlinearer L.neigung, wobei die Größe der Neigung der natürlichen Abnutzung der L. bei längerer Berührung mit der Schiene angepaßt ist (→ Verschleißprofil). Durch den Verschleiß der L. ändert sich je nach verwendetem Radprofil mehr oder weniger ihre Kontur, wodurch eine Verschlechterung der Laufeigenschaft eintreten kann. Deshalb sind laufwegabhängige Radprofilbearbeitungen notwendig. Im Eisenbahnbetrieb können Schäden an der L. als → Flachstellen, Auftragungen oder Ausbröckelungen auftreten.

Laufflächenprofil: → Radprofil

Laufkreisdurchmesser: → Raddurchmesser

Laufrad: mit 1 → Schaufelkranz besetztes rotierendes Teil von Strömungsmaschinen. Das L. wird bei Kraftmaschinen (Turbinen) durch das Arbeitsmedium in Umdrehung versetzt, bei Arbeitsmaschinen (Pumpen und Verdichtern) fördert bzw. verdichtet das angetriebene L. das Medium. L. können axiale oder radiale Beschaufelung haben. Sie werden aus Blech gefertigt, aus einem Stück gegossen, oder die Laufschaufeln werden einzeln im scheibenförmigen Grundkörper befestigt. 1 L. und 1 im Gehäuse eingebautes, feststehendes → Leitrad bilden eine Stufe. Mehrere L. auf einer Welle zusammengefügt ergeben einen → Läufer (1).

Laufradsatz, *Laufachse:* nichtangetriebener → Radsatz bei Tfz. zur Aufnahme des Teils der Tfz.-Eigenmasse, das wegen der Begrenzung durch die zul. → Achsfahrmasse von den Treib- und Kuppelradsätzen des Tfz. nicht aufgenommen werden kann, sowie zur Verbesserung der → Laufeigenschaften bei höheren Fahrgeschwindigkeiten und im Gleisbogen. L. werden entweder drehbar und seitenverschieblich direkt im Fahrzeugrahmen (→ Adams-Achse) oder in einem Nebengestell (→ Drehgestell, Lenkgestell) angeordnet. Bei schnellfahrenden Tfz. werden L. häufig zum Bremsen herangezogen.

Laufruhe: → Laufeigenschaft

Laufschaufel: Bezeichnung für eine Schaufel des → Läufers bzw. des → Laufrads.

Laufsicherheit: Beurteilung der Sicherheit der Spurführung der Schienenfahrzeuge und damit die → Laufeigenschaft kennzeichnend. Die L. ist die Sicherheit gegen Entgleisung (Abgleiten oder Abheben eines Rads oder mehrerer Räder von der Schiene über Spurkranzhöhe). Zur Beurteilung der L. können verschiedene Kriterien herangezogen werden. International ist es heute üblich, hauptsächlich den Quotienten aus horizontaler Führungskraft und vertikaler → Radkraft zu berechnen. Dieser Quotient darf den Wert 1,2 bei → Radprofilen mit 70° Spurkranzflankenwinkel nicht überschreiten, da sonst die Gefahr des Aufkletterns des Spurkranzes auf die Schienen bestehen würde. Führungs- und Radkraft sind mit Meßradsätzen meßbar. Weitere Gefährdung der L. können sich durch Verschieben des Gleisrosts und Bruch von an der Spurführung beteiligten Fahrzeug- oder Gleisteilen ergeben. Lit.: 1.9.

Laufwerk, *Fahrwerk, Fahrgestell:* allg. Bezeichnung einer Baugruppe der Schienenfahrzeuge, die den Fahrzeugkasten oder den Tfz.-Rahmen gegenüber dem Gleis abstützt, das Fahrzeug im Gleis führt und fortbewegt. Das einfachste L. besteht aus den Radsätzen mit Lagern und Führung, den Tragfedern und den Verbindungselementen mit dem Fahrzeugkasten (→ freier Lenkradsatz). Der konstruktive Aufbau des L. hat wesentlichen Einfluß auf die → Laufeigenschaften des Tfz. Moderne Tfz. sind mit → Drehgestellen als L. ausgerüstet. Die L. sollen zur Schonung des Gleises einen geringen Anteil an unabgefederter Masse (Bauteile, die ohne zwischengeschaltete Federung direkt auf das Gleis wirken) besitzen.

Läutewerk: → Signaleinrichtung, → Dampfläutewerk, → Druckluftläutewerk

Leckkraftstoff: Bezeichnung für Kraftstoff, der bei der → Einspritzdüse infolge der hohen Drücke entlang dem Nadelschaft in den Federraum eindringt. Von hier wird er durch die → Leckkraftstoffleitung zurückgeleitet. L. tritt infolge von Verschleiß an den Pumpenelementen der Einspritzpumpe im Pumpengehäuse-Unterteil auf.

Leckkraftstoffleitung: Leitung zum Abführen des → Leckkraftstoffs an Dieselmotoren. Bei Lokomotivdieselmotoren gelangt der Leckkraftstoff von den Düsenhaltern und den Einspritzpumpen über an sie angeschlossene Einzel-L. zu einer zentralen L., die mit dem Kraftstoffbehälter oder einem Leckkraftstoffbehälter verbunden ist.

Lecköl: Öl, das aus Trennfugen von Gehäusen, Dichtspalten, Wellenabdichtungen usw. von Maschinen und Aggregaten in geringen Mengen austritt, die sich meist mit zunehmender Einsatzzeit und damit mit zunehmendem Verschleiß vergrößern. Da. i.d.R. das L. dem → Ölkreislauf nicht wieder zugeführt werden kann, stellt es einen Ölverlust dar, verschmutzt die Maschinenanlagen und die Umwelt und erhöht die Brandgefahr.

Leerlaufdrehzahl: niedrigste Drehzahl n_{Lmin} der → Kurbelwelle bzw. bei Verbrennungsmotoren mit mehreren Kurbelwellen der gemeinsamen Antriebswelle, bei der der Verbrennungsmotor ohne Abgabe von mechanischer Leistung am Abtriebsflansch betrieben werden kann.

Leerlaufeinrichtung: **1.** Spezielle Baugruppen und Zusatzaggregate der Lokomotivdampfmaschine zur Reduzierung der beim Leerlauf der Dampflokomotive (bei geschlossenem → Dampfregler) in der Dampfmaschine durch Druck- und Saugwirkungen sowie durch Reibung entstehenden Widerstandskräfte. Bei Lokomotiven mit → Flachschiebern treten außer der relativ geringen Saugwirkung während der »Einströmung« (ohne Dampfzufuhr) keine erheblichen Widerstandskräfte auf, da der Flachschieber in der Kompressionsphase beim Überschreiten des für das Abfangen der Triebwerksmassen in den Totpunktlagen des → Dampfkolbens gewollten Verdichtungsdrucks (Druckpolster) abklappt und auf diese einfache Weise zum Druckausgleich führt. Flachschieberlokomotiven bedürfen deshalb keiner L. Lokomotiven mit → Kolbenschiebern dagegen wurden i.d.R. zum Druckausgleich zwischen den beiden durch den Dampfkolben voneinander getrennten Arbeitsräumen des → Zylinders (1) mit L. ausgerüstet. Für den Druckausgleich wurden i.allg. die über den Schieberkasten verbundenen Ein- und Ausströmkanäle benutzt. Je näher die Größe der freien Durchflußquerschnitte der L. derjenigen der Ein- und Ausströmkanäle kommen, desto wirksamer ist der zu erwartende Druckausgleich. Große Leerlaufarbeit konnte zur unzulässig großen Erwärmung der Zylinder, Kolben und Schieber und, bei Zutritt von Frischluft (z.B. bei der Verwendung von Zylindersaugventilen), zur Verbrennung des Schmieröls führen. Außerdem mußte der Gefahr begegnet werden, über die Ausströmleitung aus der Rauchkammer Ruß und Lösche anzusaugen.

Bauarten: 1) *Luftventile* waren ursprünglich an den Zylinderdeckeln oder am Schieberkasten, später wegen ihres durch die dortigen Strömungsverhältnisse starken Schlagens an der Naßkammer angebracht. Sie führten nachteilig zur Zylinder- und Überhitzerabkühlung sowie zur Frischluftzufuhr in die Zylinder. 2) *Druckausgleicher* (→ Druckausgleichventil) verbanden die Arbeitsräume des Zylinders durch rohrartige Kanäle, womit allerdings der schädliche Raum vergrößert wurde (→ Winterthur-Druckausgleicher). 3) → *Druckausgleichkolbenschieber* verbanden selbsttätig über die Ein- und Ausströmkanäle die beiden Arbeitsräume des Zylinders miteinander, z.B. in der mit Schraubenfedern arbeitenden Bauform des Karl-Schulz-Schiebers (→ Nicolai-Schieber) sowie der federlos wirkenden → Müller-Schieber und → Trofimow-Schieber.

L. belasteten die Lokomotivdampfmaschine zusätzlich mit Bauvolumen, Eigenmasse, Fertigungs- und Instandhaltungsaufwand, die i.d.R. am geringsten mit dem i.allg. am wirksamsten Druckausgleichschieber gehalten wurden. Lit.: 2.3., 2.6., 2.9., 2.10., 2.12., 5.3. – **2.** Einrichtung, die den Förderstrom von Luftverdichtern, die durch ihren direkten Antrieb ständig mit dem Dieselmotor des Tfz. laufen, dadurch regelt, daß sie beim Erreichen des max. Hauptluftbehälterdrucks den Verdichter auf Leerlauf schaltet, d.h. die angesaugte Luft unverdichtet abbläst. Sinkt der Hauptluftbehälterdruck auf den festgelegten Minimaldruck, schaltet die L. den Verdichter pneumatisch wieder ein. Die L. besteht aus einem Druckregler, der Leerlaufventile bzw. eine Entlastungsvorrichtung für die Saugventile des Verdichters ansteuert. Die Mengenregelung von Luftverdichtern mit Hilfe von L. ist eine unwirtschaftliche Regelungsart. Sie wird i.d.R. nur bei Kleinlokomotiven, z.B. bei der BR311.1–3, und bei der Diesellokomotive der BR220 der DB/DR angewandt.

Leerlaufleistung: **1.** Leistungsaufwand für eine im unbelasteten Zustand im Betrieb befindliche Maschine. Bei Brennkraft-Tfz. tritt im Leerlaufbetrieb des Dieselmotors (der Gasturbine) eine L. auf, die durch den Eigenbedarf des Dieselmotors (der Gasturbine) in diesem Betriebszustand sowie durch die Leistungsaufnahme der Leistungsübertragungsanlage (Hauptgenerator oder Strömungsgetriebe) im unbelasteten Zustand und der vom Dieselmotor angetriebenen → Hilfsmaschinen bestimmt ist. Die L. ist ferner von der → Leerlaufdrehzahl abhängig. Als Maß für die L. wird der im Leerlaufbetrieb je Stunde verbrauchte Kraftstoff des Dieselmotors (der Gasturbine) angesehen. – **2.** Beim → *Transformator* Leistungsaufnahme, wenn sekundärseitig kein Verbraucher angeschlossen ist; sie umfaßt im wesentlichen die → Eisenverluste (Ummagnetisierungs- und Wirbelstromverluste). Die L. kann durch gute Transformatorenbleche (z. B. Texturbleche) und sorgfältiges Schichten der Kerne sehr klein gehalten werden (etwa 1–2% der Nennleistung). → Transformatorverluste

Lehrlokführer: Bezeichnung für einen Tfz.-Führer mit Lehrberechtigung.

Leichtbautender: → Schlepptender, → Tenderdrehgestell

Leichtbauweise: Konstruktionsprinzip mit speziellen, leichten Werkstoffen *(Stoffleichtbau)* und/oder materialsparenden Konstruktionen *(Formleichtbau)*. Für den Stoffleichtbau dienen im Schienenfahrzeugbau insbesondere Aluminium und seine Legierungen sowie Guß, Plaste und Elaste. Der Formleichtbau wird durch zweckmäßige Konstruktionen auf der Grundlage realer Lastannahmen und moderner Berechnungsverfahren möglich. Vorteile: Reduzierung des Materialeinsatzes und damit Einsparung an Beförderungsselbstkosten sowie eine teilweise Energieeinsparung.

Leichttriebwagen: → Triebwagen, → Leichtverbrennungstriebwagen

Leichtverbrennungstriebwagen, Abk. **LVT:** Dieseltriebwagen für den Nebenbahndienst in Leichtbauweise. LVT werden als → Schienenomnibus oder 4achsiges Drehgestellfahrzeug mit meist 2 Führerständen ausgeführt. Die komplette → Maschinenanlage ist heute unterflur angeordnet, um eine max. Fahrgastraumfläche zu erhalten. Für Fahrten im Fahrzeugverband kann der LVT mit → Mehrfachsteuerung ausgerüstet sein. LVT können mit → Steuerwagen oder → Beiwagen gekuppelt und als Betriebseinheit mit Übergangseinrichtung zwischen den Fahrzeugen ausgeführt sein. Die Maschinenanlage wird vom Führerstand des LVT oder des Steuerwagens bedient. → Verbrennungstriebwagen (dort Tab.). Abb. → Tafel »Verbrennungstriebwagen und -triebzüge«

Leistung: Bewertungsgröße von Maschinen, Anlagen oder physikalischen Prozessen, die das Arbeitsvermögen in der Zeit charakterisiert. Die Maßeinheit der L. ist im Regelfall W, kW oder MW. Die *momentane L.* ist durch den Differentialquotienten $P = dW/dt$, die *mittlere L.* durch den Differenzenquotienten $P_m = \Delta W/\Delta t$ gegeben (dW, ΔW Arbeit; dt, Δt Zeitintervall). Man untescheidet zwischen mechanischer und elektrischer L. Die *mechanische L.* entspricht dem Produkt von Kraft F und Geschwindigkeit v $(P = Fv)$ bzw. von Drehmoment M und Winkelgeschwindigkeit ω $(P = M\omega)$. *Die elektrische L.* ist das Produkt von Strom I und Spannung U $(P = IU)$. Da die Größen Kraft, Drehmoment, Geschwindigkeit, Winkelgeschwindigkeit, Strom und Spannung Vektoren sind, erhält man bei Multiplikation der Vektorbeträge die → *Scheinlei-*

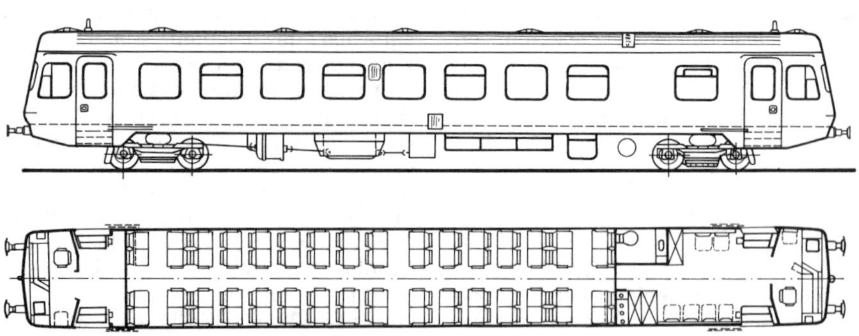

Leichtverbrennungstriebwagen
dieselhydraulischer Leichtverbrennungstriebwagen für den Nahverkehr, BR 627.1 der DB/DR

stung, bei Multiplikation der in Bewegungs- bzw. Spannungsrichtung liegenden Komponentenbeträge die → *Nutzleistung* oder die → *Wirkleistung* und durch Multiplikation der Beträge der rechtwinklig zueinander liegenden Komponenten die → *Blindleistung.* An elektrischen Tfz. ist die Wirkleistung des Systemeingangs der Nutzleistung des Systemausgangs proportional. Leistungsangaben sind an Bezugspunkte (→ Zugkraft) und Betriebszustände (→ Nennbetrieb) gebunden. Abb.

Leistungsaufnahmekurve: → Leistungszahl

Leistungsbedarf: → Leistung

Leistungssteuerung: Einrichtung, mit der Zugkraft und Geschwindigkeit und somit die Leistung von Tfz. entspr. den betrieblichen Anforderungen und ggf. der Leerlauf der Antriebsmaschinen (bei Tfz. mit Verbrennungsmotor) gesteuert werden. 1) Bei *Dampflokomotiven* sind der → Dampfregler (Einstellung des Drucks bei Einströmung des Dampfs in die Zylinder der Dampfmaschine und die → Dampflokomotivsteuerung (→ Füllung, Dampfein- und Dampfauslaß) an der L. beteiligt. 2) Bei *Diesel-Tfz.* betätigt die L. die Verstelleinrichtungen am Regler des Dieselmotors (in Abhängigkeit von der Art der → Leistungsübertragung ein → Zweistufenregler oder → Verstellregler); die Verstelleinrichtungen wirken mechanisch, elektromechanisch, hydraulisch-mechanisch, pneumatisch, elektrisch, elektropneumatisch oder elektronisch. Über die entpr. Regler steuert die L. die einzuspritzende Kraftstoffmenge (Regelung auf konstante Füllung), Drehzahl (Regelung auf konstante Drehzahl) oder Drehzahl und Füllung. 3) Bei *elektrischen Tfz.* werden unter diesem Begriff die Schaltelemente zusammengefaßt, die den Energiefluß zu den Fahrmotoren und damit deren Leistung steuern. Dies geschieht i.d.R. durch Veränderung der → Motorklemmenspannung an den Fahrmotoren (→ Spannungssteuerung), bei der → Drehstromantriebstechnik auch durch Frequenz- und Spannungsänderung. Damit sollen Geschwindigkeit und Zugkraft feinstufig, ja möglichst stufenlos verändert werden, um die Zugkraftkennlinie möglichst an die Kraftschlußgrenze anzunähern.

Entsprechend der verwendeten elektrotechnischen Bauelemente werden 3 Generationen der L. (vgl. Abb.) unterschieden: *1. Generation; konventionelle L.:* Steuerung durch stufenweise Veränderung der Spannungsamplitude bzw. -höhe; bei Wechselstrom durch ein mit den Anzapfungen am → Haupttransformator verbundenes → Stufenschaltwerk (→ Amplitudensteuerung); bei Gleichstrom durch → Widerstandssteuerung, ggf. kombiniert mit → Motorgruppierung. *2. Generation; L. mit → Thyristoren:* Bei Wechselstrom-Tfz. Spannungsveränderung durch Verschiebung des Zündzeitpunkts der Sinushalbwellen (→ *Anschnittsteuerung).* Bei Gleichstrom-Tfz. Steuerung durch Zuführung der Gleichspannung zu den Fahrmotoren in Form von Impulsen (→ *Pulssteuerung).* Dabei wird entweder die Pulsfrequenz *(Pulsfrequenzsteuerung)* oder bei gleichbleibender Pulsfrequenz die Pulsbreite *(Pulsbreitensteuerung)* verändert. Bei Wechselstrom-Tfz. kommt auch eine *kombinierte Amplituden-Anschnittsteuerung* zur Anwendung. *3. Generation; Drehstromantriebstechnik:* Stufenlose Steuerung mit Frequenz- und Spannungsveränderung auf der Basis von Halbleiter-Bauelementen unter Verwendung von 4 Stromkreisen: Eingangskreis, Gleichstrom-Zwischenkreis, Wechselrichterkreis und Motorkreis. Bei Gleich- und Mischstromfahrmotoren kann als zusätzliche Steuerungsmöglich-

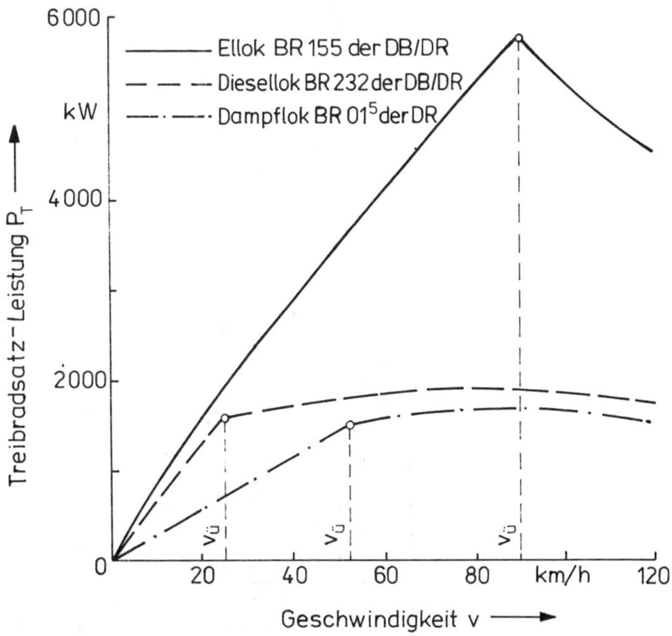

Leistung
Leistungsdiagramm von Tfz.
$v_ü$ Übergangsgeschwindigkeit

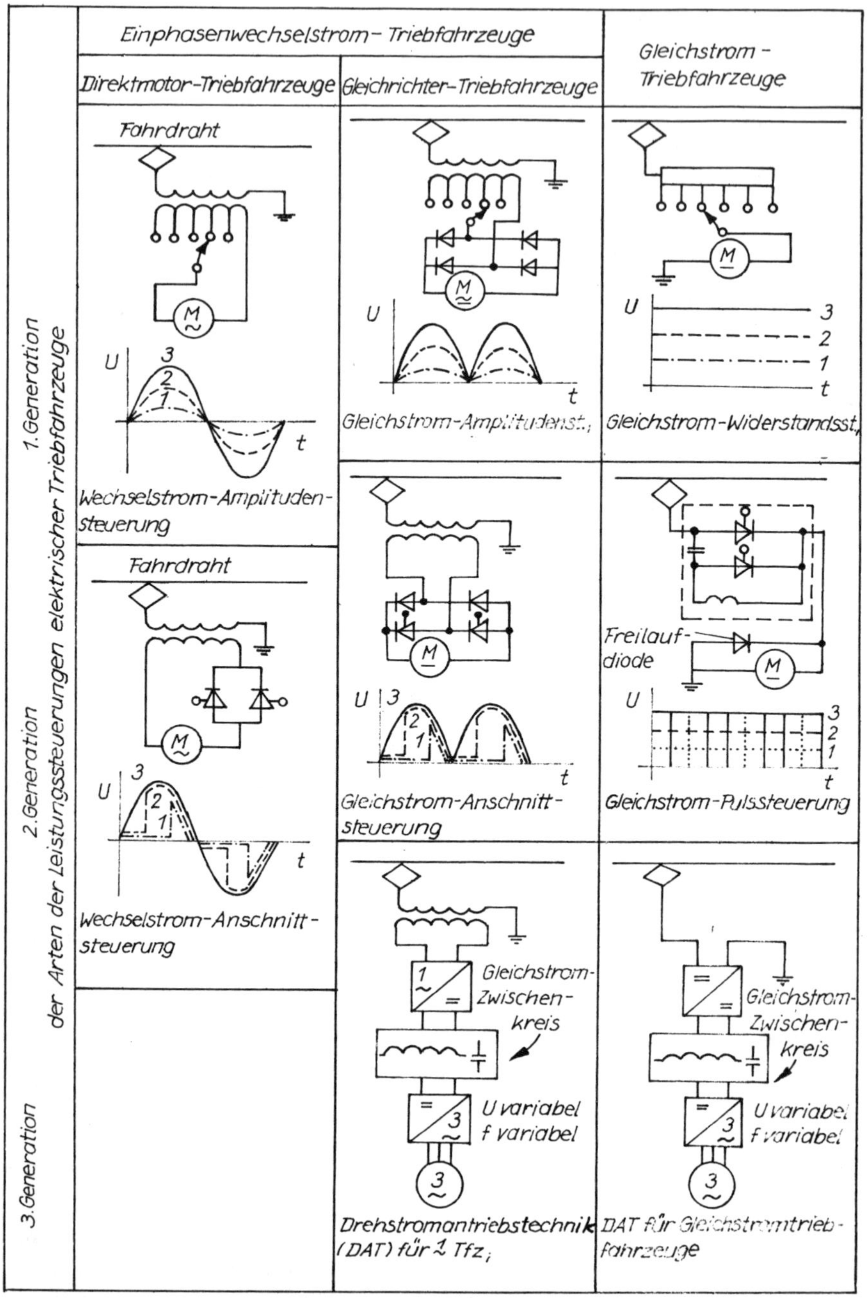

Leistungssteuerung
Arten für elektrische Tfz.

keit noch die → *Feldschwächung* angewendet werden. Lit.: 2.3., 3.6., 4.4., 4.5., 4.11. Abb.

Leistungstransformator: bei der → Hochspannungssteuerung (dort Abb.) von Wechselstrom-Tfz. der dem → Stelltransformator nachgeschaltete Transformator. Er bekommt die durch das Schaltwerk abgestufte Hochspannung zugeführt und vollzieht lediglich das Heruntertransformieren auf das Spannungsniveau der Fahrmotoren.

Leistungsübertragung: physikalischer Begriff, der die Übertragung einer Leistung ausdrückt und bei Brennkraft-Tfz. für die Anlage zur Übertragung der von der Antriebsmaschine abgegebenen mechanischen Leistung auf die Treibradsätze benutzt wird (→ Leistungsübertragungsanlage). Die L. kann auf mechanischem Weg (→ mechanische Leistungsübertragung), hydraulisch (→ hydraulische Leistungsübertragung) oder elektrisch (→ elektrische Leistungsübertragung) erfolgen.

Leistungsübertragungsanlage: Anlage oder Einrichtung zur Übertragung der von der Antriebsmaschine abgegebenen mechanischen Leistung auf die Treibradsätze bei Brennkraft-Tfz. und ggf. Zweikraftlokomotiven. Die L. umfaßt alle Bauteile, die im Leistungsfluß zwischen der Antriebsmaschine und den Treibradsätzen liegen, wobei dem Übertragungselement (→ Antriebssystem) die Hauptfunktion zufällt. Die L. hat bei Brennkraft-Tfz. folgende Aufgaben zu erfüllen: 1) Anpassung des Drehmoments der Brennkraftmaschine an den Zugkraftverlauf bei konstanter Leistung des Tfz. (Drehmomentwandlung); 2) Erweiterung des Drehzahlbereichs der Brennkraftmaschine; 3) Trennung der Brennkraftmaschine von den Treibradsätzen; 4) Änderung der Fahrtrichtung des Tfz.; 5) i.d.R. Änderung der Drehmomentrichtung von Fahrzeuglängs- in Fahrzeugquerrichtung. Da Brennkraftmaschinen, bes. der Dieselmotor, diese Aufgabe nicht erfüllen, ist die L. notwendig.

Die Entwicklung der Diesel-Tfz. war gekennzeichnet durch die Entwicklung der L., die erst die breite Anwendung des Dieselmotors im Schienen-Tfz. ermöglichte.

Leistungszahl: **1.** fahrdynamische Bewertungsgröße für die Ausnutzung des bei Grenzkraftschluß (→ Anfahrzugkraft, → Kraftschlußbeiwert) im gesamten Geschwindigkeitsbereich möglichen Traktionsvermögens durch das Antriebssystem des Tfz. Auf Grundlage des → Zugkraftdiagramms kann durch Integration einerseits die von der Zugkraftkennlinie bei Grenzkraftschluß eingeschlossene Fläche (Grenzkraftschlußleistungsfläche) und andererseits die von der Zugkraftkennlinie bei Grenzleistung des Antriebssystems eingeschlossene Fläche (Leistungsfläche des Tfz.) gebildet werden. Die L. ist der Quotient aus der Leistungsfläche des Tfz. und der Grenzkraftschlußleistungsfläche. Die L. bringt u.a. die

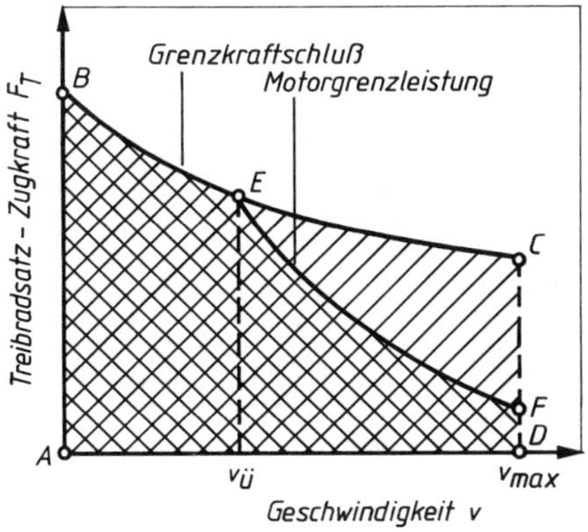

Leistungszahl
Zugkraft-Geschwindigkeits-Diagramm
ABCD Grenzkraftschluß-Leistungsfläche, ABEFD Leistungsfläche des Tfz., $v_ü$ Übergangsgeschwindigkeit, v_{max} max. Fahrgeschwindigkeit

Überlegenheit der elektrischen Tfz. über die Diesel-Tfz. im Traktionsvermögen zum Ausdruck. Abb. – **2.** Charakteristische Kenngröße λ für die Leistungsaufnahme von → hydrodynamischen Leistungsübertragern. Die L. ist allg. vom → Drehzahlverhältnis abhängig und wird berechnet nach

$$\lambda = P_P / (\varrho \omega_P^3 D_P^5)$$

(P_P Pumpenradleistung, ω_P Winkelgeschwindigkeit des Pumpenrads, D_P Profildurchmesser des hydrodynamischen Kreislaufs, ϱ Dichte der Betriebsflüssigkeit). In Abhängigkeit vom Drehzahlverhältnis aufgetragen stellt die L. für ω_P = konst. die Leistungsaufnahmekurve hydrodynamischer Leistungsübertrager dar.

Leitapparat: → Leitrad

Leitgitter: feststehendes Schaufelgitter von Strömungsmaschinen zur Umlenkung, Verzögerung oder Beschleunigung der Strömung. Bei → Gasturbinen sind L. zwischen den Schaufelkränzen des → Turbinenrotors angeordnet. Bei Lüftern kann dem Laufrad ein L. vor- oder nachgeschaltet sein. Die in → Strömungswandlern stets vorhandene L. werden → *Leitrad* genannt.

Leitrad: Bauteil des → Strömungswandlers und der → Strömungsbremse, das ein Reaktionsmoment aufnimmt und aus 1 oder mehreren → Schaufelkränzen, dem Gehäuseteil und einer Deckscheibe (bzw. Deckring) besteht. Das L. von Strömungswandlern kann axial, zentripetal und/oder zentrifugal durchströmt werden. Bei mehrstufigen → Turbinenrädern ist zwischen jedem Turbinenrad-Schaufelkranz ein Leitrad-Schaufelkranz angeordnet. Im Normalfall ist das L. fest mit

Leitrad eines Strömungswandlers

dem Gehäuse verbunden und dient als Drehmomentstütze, wenn eine Differenz zwischen Turbinen- und Pumpenraddrehmoment besteht. Beim → Trilokwandler ist das L. über den → Leitradfreilauf abgestützt oder wird durch eine Bremse festgehalten. Beim Strömungswandler des → SRM-Getriebes rotiert das L. in der Anlaufphase gegenläufig mit. Das L. der Strömungsbremse nimmt das gesamte vom → Pumpenrad eingeleitete Drehmoment auf, es gleicht hier konstruktiv dem Turbinenrad einer → Strömungskupplung. Abb.

Leitradfreilauf: → Trilokwandler

Leitschaufel: Bezeichnung für eine Schaufel des → Leitrads.

Leittechnik, *Leitsystem:* → Lokomotivleittechnik

Leitungsdruckregler: Bauteil des → Führerbremsventils der → selbsttätigen Druckluftbremse, das den → Hauptluftleitungsdruck (→ Regelbetriebsdruck) von 500 kPa in Fahrtstellung des Führerbremsventils ständig aufrechterhalten soll. Bei modernen Führerbremsventilanlagen wird diese Aufgabe durch ein im Führerbremsventil befindliches Relais übernommen, wobei zum Nachfüllen Luft aus dem → Hauptluftbehälter in die → Hauptluftleitung strömt. Ältere Führerbremsventile besitzen dafür einen an diesem angeflanschten → Schnelldruckregler, der den gewünschten Leitungsdruck automatisch einstellt.

Leitungskupplung: Einrichtung zum Verbinden (Kuppeln) der elektrischen sowie der Luft- und Dampfleitungen in Zügen. → Heizkupplung, → Bremskupplung

Leitungsplan: graphische Darstellung mit Bez. der für die Verbindung der zu einem System gehörenden Anlagen und ihrer Baugruppen oder Bauteile notwendigen Leitungen. Der L. ist eine Grundlage für die Herstellung, Wartung und Instandsetzung des Systems und ermöglicht das Verständnis des funktionellen Zusammenwirkens seiner Teile. Bei Tfz. sind folgende L. wichtig: 1) Der *elektrische L (Schaltplan)* stellt die für die gewünschte Funktion der Antriebsanlage, der Beleuchtung, der elektrischen Heizung usw. notwendigen elektrischen Verbindungsleitungen zwischen dem Transformator, der Batterie, dem Generator, den Elektromotoren, den Schalteinrichtungen und anderen elektrischen oder elektronischen Bauelementen sowie deren Anschlüsse dar. 2) Der *Bremsleitungsplan* enthält die für die → Bremse notwendigen Luftleitungen (Hauptluftleitung, Bremsluftleitung, Steuerluftleitungen usw.). 3) Im *L. für die → Dampfheizung* sind die Heizdampfleitungen (Rohre) für Frischdampf und die über die Steuer- und Regelorgane zu den Heizkörpern, den Umlauf sowie zur Entwässerung und zu den Heizkupplungen führenden Rohrleitungen eingetragen.

Lemaitre-Blasrohr: nach dem bei der belgischen Nordbahn tätigen Ingenieur Lemaitre benannte Sonderform des → Blasrohrs (verstellbares Blasrohr), das die französische Nordbahn nach langen Versuchen 1935 bei den meisten ihrer Dampflokomotiven einführte. Der Blasrohrkopf bestand aus 5 oder 6 auf einem Kegelmantel angeordneten Rohren und einer mittleren Mündung. Diese Mündung wurde mit einem birnenförmigen Einsatz durch Betätigung vom Führerhaus aus ganz oder teilweise verschlossen. So konnte der Blasrohrquerschnitt bis auf 40% seiner vollen Öffnung reduziert und das Blasrohr unterschiedlichen Leistungsanforderungen der Lokomotive angepaßt werden. Lit.: 2.6., 2.10., 5.3.

Lemniskatenlenker: bei modernen Tfz. häufig verwendetes Bauelement der Radsatzführung. Die L.anordnung folgt bei vertikaler Einfederung der Radsatzfeder teilweise einer Lemniskate (Zweischleifenkurve), d.h., das Radsatzlagergehäuse wird unter leichter Drehung genau in senkrechter Richtung geführt, ohne dabei den Längsschlupf zwischen Rad und Schiene zu beeinflussen. Über die Gestaltung und Bemessung der Silentbuchsen (→ Gummi-Silentblock) der L. läßt sich die gewünschte Elastizität der Radsatzführung in Längs- und Querrichtung erreichen. Die Elastizität der Silentbuchsen ermöglicht ebenfalls die Verwendung der vorteilhaften Zylinderrollenlager als → Radsatzlager. Abb.

Lenkachse: → freier Lenkradsatz

Lenkdrehgestell: gelegentlich verwendete Bezeichnung für ein → Drehgestell eines Tfz. (bes. Dampflokomotive), das dem Tfz. eine gute → Bogenläufigkeit ermöglicht (→ Krauss-Helmholtz-Gestell, → Eckhardt-Gestell).

Lenkeransatz: → Radsatzlagerführung

Lenkerstange: → Voreilhebel, → Voreilwinkel, → Heusinger-Steuerung

Lenkgestell: → Bissel-Gestell

Lentz, Hugo: 21. Juli 1859 (Kreiskammenhoek/Südafrika) – 21. März 1944 (Bockfließ bei Wien); Lokomotivbau-Ingenieur, Direktor der Hohenzollern Aktiengesellschaft und herausragender Urheber von über 2000 vielseitigen Erfindungen, von denen ihn die oft eingesetzte → Lentz-Ventilsteuerung für Dampflokomotiven am besten bekannt gemacht hat, eine Vielzahl allerdings wegen unausgereifter Konstruktionen keine kommerzielle Verwendung gefunden hat. Unter seinem Direktorat wurde 1880 eine der ersten → Omnibus-Lokomotiven als Bn2-Tenderlokomotive, die sogenannte Patentlokomotive, entwickelt und gebaut. 1888 entwickelte er den Dampflokomotivkessel mit → Wellrohrfeuerbüchse weiter, schuf mit dem Lentz-Dampfmotor eine Konstruktionsvariante des → Einzelachsantriebs, entwickelte eine Schwingdaumensteuerung und wandte 1927 das Wälzhebelprinzip mit Erfolg auf die Zwischenhebelsteuerung an. Als eine der ersten Bauformen der → hydrostatischen Getriebe entwickelte L. 1911 das Lentz-Flügelzellengetriebe, das auch in Rangierdiesellokomotiven kleinerer Leistung eingesetzt wurde. Lit.: 2.9., 3.4., 5.2., 5.3.

Lentz-Ventilsteuerung: von → Lentz entwickelte Bauart der → Ventilsteuerung von Dampflokomotiven mit Hubnockenstangen oder schwingenden Nockenwellen, die von den → Schieberschubstangen der → Heusinger-Steuerung angetrieben werden. 4 Doppelsitzventile werden von mit Labyrinthdichtungen und Druckrollen versehenen Stahlspindeln in gußeisernen Buchsen geführt und von Federn auf ihre Sitze gedrückt. Bei der *älteren Bauart* der L. waren die stehenden Ventile und die in axialer Richtung bewegte Hubnockenstange längs zur Zylinderachse angeordnet (z.B. bei einigen Lokomotiven der preußischen BR G9

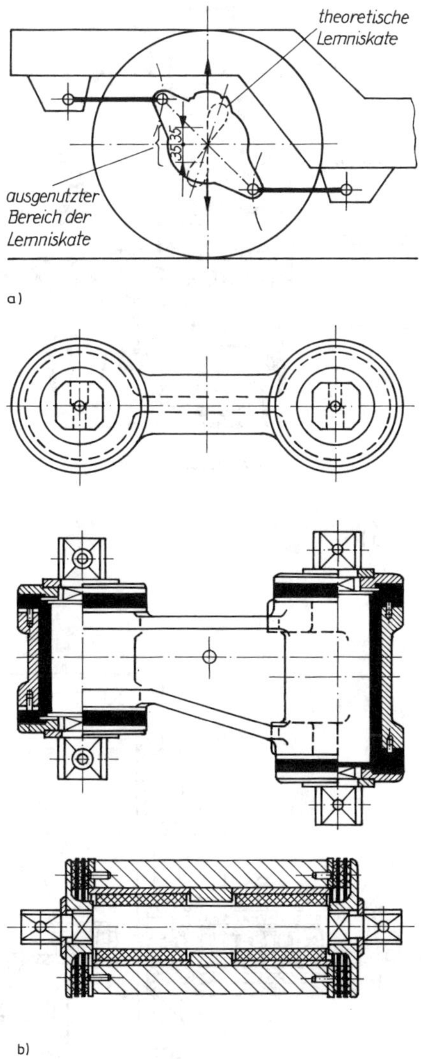

Lemniskatenlenker
a) Lenkeranordnung
b) Lenker mit Gummi-Silentblock

und der 1921 der RBD Oldenburg zugeführten preußischen BR G8^2). Die L. der leichteren *neueren Bauart* besaß liegende Ventile und quer zu den Zylinderachsen angeordnete schwingende Nockenwellen, die, von den hin- und hergehenden Schieberstangen über Schwinghebel angetrieben, Winkelausschläge in beiden Drehrichtungen ausführten (z.B. bei 2 Loks der BR03 der DRG und bei 508 österreichischen Dampfloks der BR214, BR729 u.a. mit zusätzlichen Kipphebeln zur Vergrößerung des Ventilhubs bei kleinen Füllungen, d.h. geringen Winkelausschlägen der schwingenden Nockenwellen). Gegenüber der Kolbenschieber-

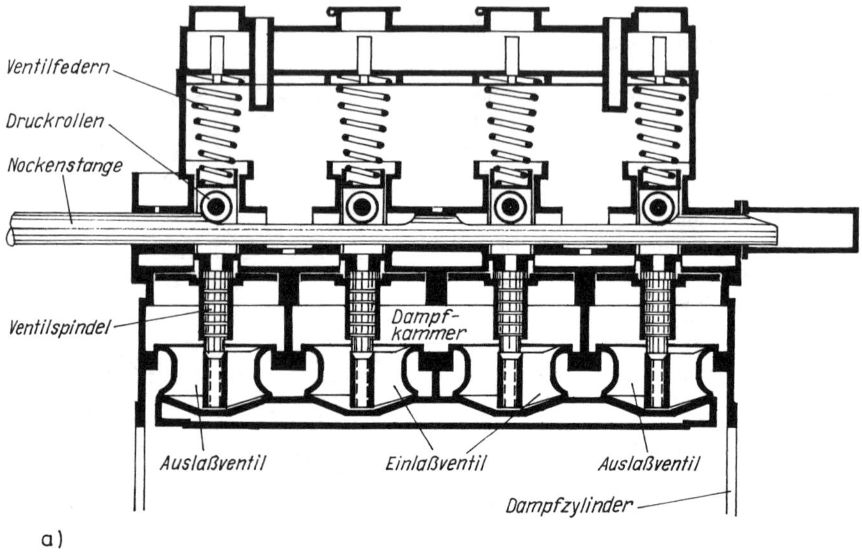

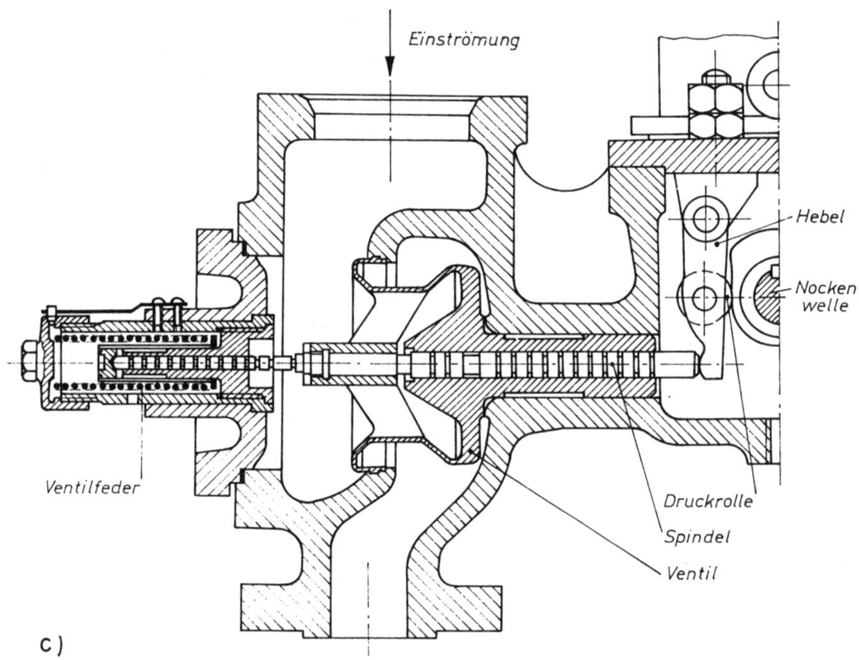

Lentz-Ventilsteuerung
a) Lentz-Steuerung älterer Bauart mit stehenden Ventilen und Nockenstange
b) Lentz-Steuerung neuerer Bauart mit liegenden Ventilen und Nockenwelle
c) Lentz-Steuerung neuerer Bauart mit Kipphebeln

steuerung der DRG hat sich die L. als nicht überlegen gezeigt. Lit.: 2.6., 2.12., 5.3. Abb.

Leonard-Aggregat, *Leonard-Satz:* rotierender → Umformer, der aus einem Drehstrommotor (Asynchron- oder Synchronmotor) und einem Gleichstromgenerator auf gemeinsamer Welle besteht. Das L. dient zur verlustlosen Drehzahlsteuerung von Gleichstrommotoren durch Veränderung der Läuferspannung. Wirkungsweise: Der Generator des L. ist eine fremderregte Gleichstrommaschine, deren Spannung mit einem Feldsteller zwischen Nennspannung U_n und Null (untere praktische Grenze bei 5–7% der Nenndrehzahl der Motoren) oder zwischen $-U_n$ und $+U_n$ (Drehrichtungs-

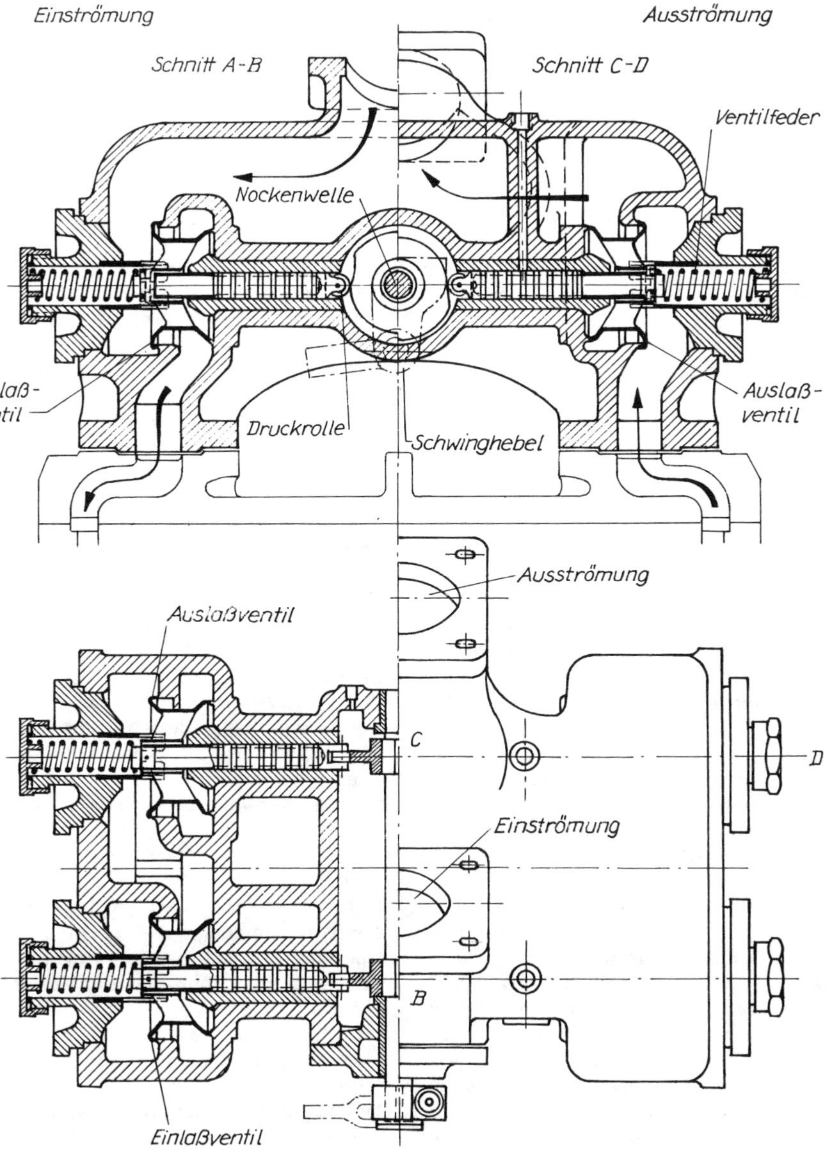

b)

Leonard-Aggregat

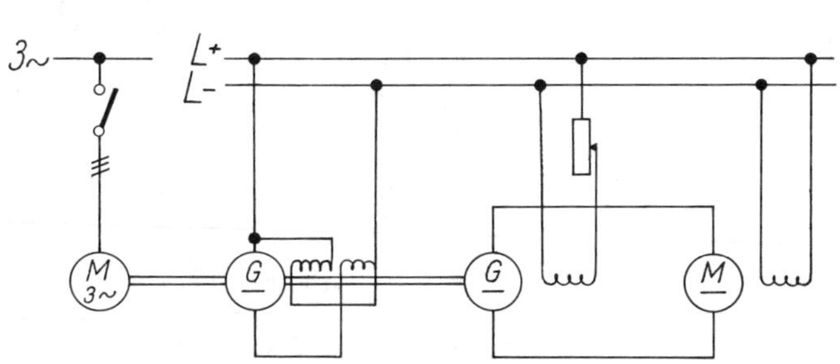

umkehr) geändert werden kann. Die Drehzahlsteuerung ist stufenlos und nur wenig lastabhängig. Zur Erzeugung der konstanten Gleichspannung für die Erregung des Gleichsromgenerators sowie der Gleichstrommotoren dient meist ein zusätzlicher Gleichstromhilfsgenerator auf der gemeinsamen Welle. Anwendung bei → Umformerlokomotiven (z. B. CC 14000 der SNCF). Lit.: 3.4. Abb.

Leuchtmelder: zum → Fahrpult oder → Meldetableau gehörendes Bauteil, das mit Hilfe einer Glühlampe (Meldelampe) oder Leuchtdiode einen Betriebszustand der Anlage, wie die des Dieselmotors, der Kühlung oder Schmierung, anzeigt, der die Kenntnisnahme durch den Tfz-Führer erfordert und ggf. zu bestimmten Bedienhandlungen führt. Die Farbe des L. wird meist so gewählt, daß Weiß oder Grün den normalen, Rot, Orange oder Gelb einen kritischen Betriebszustand anzeigen.

Lichtanlaßmaschine: Kombination von → Lichtmaschine (Generatorbetrieb) und → Anlasser (Motorbetrieb). Die L. wird nach der Leistungsanforderung für den Anlaßvorgang des Dieselmotors, die durch hohes erforderliches Drehmoment und damit großen Strom gekennzeichnet ist, einerseits und der Leistung der elektrischen Verbraucher am Bordnetz andererseits ausgelegt. Die Leistung beim Motorbetrieb ist gewöhnlich größer als die Generatorleistung. Ist der Anlaßvorgang beendet, geht die L. in den Generatorbetrieb über. Lit.: 3.6.

Lichtleiter: aus Glas- oder Plastfäden bestehende Anordnung, in der über unterschiedliche Entfernungen (gegenwärtig bis zu mehreren km) Lichtenergie übertragen werden kann. Durch wiederholte Totalreflexion am Lichtleitermantel mit niedriger Brechungszahl ist dies ohne wesentliche Lichtverluste auch auf gekrümmtem Weg möglich. Vielfach werden L. in unterschiedlicher Anzahl zu *Lichtleitkabeln* zusammengefaßt. L. werden u.a. in der Optoelektronik zur optischen und damit potentialtrennenden Kopplung von Bauelementen eingesetzt, die auch auf Tfz. (z.B. ICE der DB) angewendet wird. Bes. zukunftsträchtig ist die Anwendung der L. zur Übertragung großer Inforamtionsmengen mit Hilfe von intensitätsmodeliertem Licht. Vorteile: übertragbare Frequenzbänder bis zu mehreren GHz, außerordentlich hohe Störsicherheit (keine → Beeinflussung durch elektrische oder magnetische Felder), Materialeinsparung (1 g Glas ersetzt nach gegenwärtigen Berechnungen etwa 10 kg Kupfer).

Lichtmaschine: veraltete Bezeichnung für Gleichstrom-Nebenschlußgeneratoren auf Tfz. und an Reisezugwagen zur Erzeugung elektrischer Energie für die elektrische Beleuchtung und zum Aufladen der → Batterie eines Fahrzeugs. Bei Reisezugwagen ist die L. am Wagenuntergestell bzw. am Drehgestell pendelnd aufgehängt. Auf Tfz. wird die L. durch den Diesel- bzw. Vergasermotor, bei Wagen von einer auf der Radsatzwelle sitzenden Riemenscheibe oder über ein am Radsatzlagergehäuse angeflanschtes Kegelradgetrieb angetrieben. Bei zu geringer Drehzahl und damit Spannung trennt ein Regler die L. von der Batterie und vom Beleuchtungsstromkreis. Bei neueren L. wird meist ein Drehstromgenerator mit nachgeschalteten Halbleitergleichrichtern verwendet. Vorteile: a) höhere Drehzahl; b) geringere Masse; c) günstigeres Verhältnis von → Einschaltdrehzahl zu Nenndrehzahl.

Lichtraum: ein auf Gleismitte und Schienenoberkante (SO) bezogener und an allen Gleisen vorzusehender Raum, der von jeglichen baulichen Anlagen und lagernden Gegenständen freizuhalten ist. Der L. dient einem ungehinderten und gefahrlosen Verkehr der Schienenfahrzeuge. Zwischen dem L. und der → Begrenzung der Fahrzeuge existieren dazu Sicherheitsräume. Die → Umgrenzung des lichten Raumes ist durch die Lichtraumumgrenzungslinie vorgegeben. Für elektrifizierte Strecken ist der L. nach oben erweitert. Lit.: 1.7.

Lichtraumerweiterung: bei Gleisbögen mit einem Radius <250 m ohne oder mit Überhöhung vorzusehende Vergrößerung der Breitenabmessungen des → Lichtraums infolge der größeren Ausladung der Fahrzeuge. Die L. kann auch bei Neigungswechsel für die vertikalen Maße der Lichtraumumgrenzung erforderlich werden.

Lichtraumumgrenzung: → Lichtraum

Lichtraumumgrenzungslinie: → Lichtraum

Liefergrad: noch häufig angewandte Bezeichnung für → Frischluftgrad.

liegender Motor: Bauform von → Verbrennungsmotoren mit liegend (horizontal) angeordneten Zylinderachsen und niedriger Bauhöhe. Anwendung als → Unterflurmotor.

Lindner, Heinrich Robert: 25. Mai 1851 (Chemnitz) – 22. April 1933 (Dresden); Oberbaurat und Eisenbahn-Ingenieur, Erfinder einer nach ihm benannten Bauart der → Anfahreinrichtung und Miterfinder des → Klien-Lindner-Radsatzes. Nach einer Schlosserlehrzeit bei den Königlich Sächsischen Staatseisenbahnen entwickelte sich L. zum Maschineninspektor dieser Bahn (1895) und wurde 1898 zum Leiter der Hauptwerkstatt Dresden-Friedrichstadt ernannt. Als Vorstandsmitglied des maschinentechnischen Büros und Leiter der maschinentechnischen Abteilung stand L. bis 1919 im Dienst der Generaldirektion der Sächsischen Staatseisenbahnen. In seiner Tätigkeit entwickelte er bes. die Kurvenbeweglichkeit der Dampflokomotiven u.a. durch die Anwendung von → Triebdrehgestellen und förderte hervorragend den sächsischen Lokomotivbau.

lineares Voreilen: der Betrag *v* des Schieberwegs der Dampfmaschine (→ innere Steuerung, dort Abb.), um den in der Totpunktlage des → Dampfkolbens der Einströmkanal für die → Voreinströmung bereits geöffnet ist. Der Schieber hat dabei aus einer Mittelstellung zusätzlich schon den Weg für die Einströmüberdeckung zurückgelegt. Die Schiebereinstellung für das l.V. wird durch Bauelemente der → äußeren Steuerung, z.B. Exzenter (Hubscheiben bei älteren Steuerungsbauarten, die meist zu einem nicht konstanten l.V. führen) oder Gegenkurbel und Kreuzkopf in Verbindung mit → Voreilhebel und Lenkerstange bei der später meist verwendeten → Heusinger-Steuerung (mit konstantem l.V.) bewirkt. Lit.: 2.3., 2.12.

Linearmotor, *Wanderfeldmotor:* Elektromotor, der i.G.z. normalen Motoren eine Bewegung längs einer Leiterschiene, hervorgerufen durch ein elektrisches Wanderfeld, ausführt. Der L. entsteht geometrisch gesehen durch Aufschneiden und Aufrollen des → Ständers eines Drehstrom-Asynchronmotors; der → Läufer (2) ist entweder mit einer Kurzschlußwicklung versehen oder wird nur als Leiterschiene gestaltet. Technische Bedeutung hat der L. beispielsweise bei Hobelmaschinen, Rammen, Fördereinrichtungen und auch als → Fahrmotor bei speziellen Schienen-Tfz. Bei letztgenanntem Anwendung wird die Läuferschiene fest zwischen den Fahrschienen installiert. Auf dem Tfz. befindet sich ein im Verhältnis zur Läuferschiene kurzer Doppelständer des L., der über einen statischen Umrichter mit variabler Spannung und Frequenz gespeist wird. Eine Ausführung mit kurzem Läufer und mit Induktionsspulen entlang der Strecke ist möglich, aber aufwendiger. Sinnvolle Anwendung des L. bei Sonderbahnen mit Geschwindigkeiten >200 km/h (z.B. Flughafenzubringer) und bei bestimmten Nahverkehrsaufgaben (z.B. Kabinentaxi). Sie wird notwendig bei Magnetschwebebahnen, bei denen die Haftung zwischen Tfz. und Fahrbahn zur Übertragung der Antriebs- und Bremskraft nicht verfügbar ist. Vorteile des L.: Leistungsübertragung ohne mechanische Berührung, wodurch die Zugkraft unabhängig von der Haftreibung ist; hohe Beschleunigungen und Verzögerungen können erzielt werden; Wegfall von mechanisch bewegten Teilen, deshalb verschleiß-, geräusch- und schwingungsarm. Nachteile: großer Luftspalt, wodurch Wirkungsgrad und Leistungsfaktor ungünstig sind. Probleme treten bezüglich der Läuferführung zwischen den Statorhälften bes. beim Bogenlauf auf; die Strecke muß mit Ständer oder Läufer ausgerüstet sein. Lit.: 4.5. Abb.

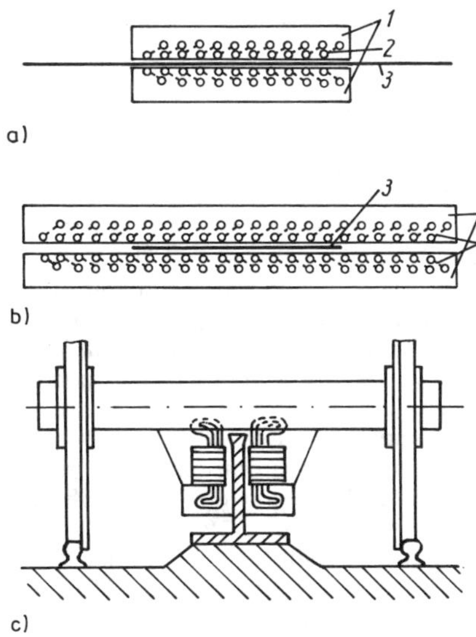

Linearmotor (Ausführungsformen)
a) Kurzständertyp
1 Doppelständer, 2 Ständerwicklung, 3 Läuferschiene
b) Kurzläufertyp
1 Ständer längs der Strecke, 2 Ständerwicklung, 3 Kurzläufer im Tfz.
c) Doppelständer-Linearmotor im Eisenbahnfahrzeug

linienförmige Zugbeeinflussung, Abk. **LZB:** Art der → Zugbeeinflussung, bei der Informationen von der Strecke zum Tfz. während der gesamten Fahrt übertragen werden. Die LZB wirkt nach dem → Ruhestromprinzip, d.h., Ausfälle der Streckeneinrichtungen werden auf dem Tfz. bemerkt. Informationssender der Strecke sind sog. → *Linienleiter.* Informationsempfänger sind die → *Triebfahrzeugsempfangsspulen.*

Linienleiter: elektrische Leiterschleife, die als Informationsträger zur induktiven Informationsübertragung für die → linienförmige Zugbeeinflussung und die → Führerstandssignalisierung dient. Arten: Kabellinienleiter, Schienenlinienleiter.

Linsenring: aus Rotguß (bei Naßdampflokomotiven) oder Weicheisen (bei Heißdampflokomotiven) bestehendes Element zum Abdichten von Bauteilen der → Dampfzuleitung untereinander sowie mit dem → Dampfsammelkasten und dem → Schieberkasten. Der L. muß auf seine Dichtflächen aufgeschliffen werden. Auch Dampfleitungen für Hilfsbetriebe wurden bei älteren Lokomotiven in ihren Anschlußflanschen mit L. gedichtet. Lit.: 2.12.

Lochdüse: Teil des → Einspritzventils von Verbrennungsmotoren zur Zerstäubung und Verteilung des Kraftstoffs im Verbrennungsraum. L. werden als Einloch- und → Mehrlochdüsen ausgeführt und in Dieselmotoren mit direkter Einspritzung verwendet. L. sind mit Spritzkegel- oder Flachsitzdüsennadel im Düsenkörper hergestellt. Bei der Flachsitzdüse ist die Düsenbohrung in eine Düsenplatte eingearbeitet, während L. in der »langen Bauform« einen verlängerten Düsenhals besitzen, der es erlaubt, den Kraftstoff in kompliziert ausgebildete Brennräume einzuspritzen. L. werden infolge ihrer höheren thermischen Beanspruchung auch mit Kanälen im Düsenkörper für eine Ölkühlung versehen. Abb.

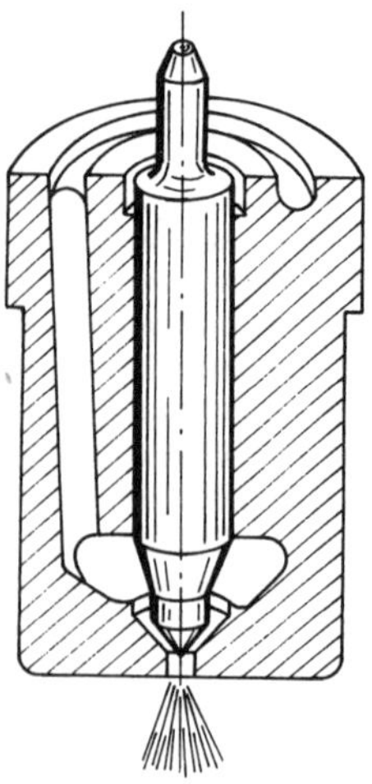

Lochdüse
Einlochdüse mit Düsenkörper und Düsennadel

Löffeldrücker: Fachbezeichnung für einen speziell geformten Türdrücker an den Eingangstüren von Elektro- und Diesel-Tfz., dessen Formgebung sicherstellt, daß bei der Benutzung die Hände nicht verletzt werden können.

Löffler, Stephan: 12. November 1877 (Steinau/Schlesien) – 22. Oktober 1929 (Berlin); Professor an der TH Berlin-Charlottenburg. Als Verfechter des Einsatzes von Hochdruckdampf als die Wirtschaftlichkeit verbessernder Faktor auch bei der Dampflokomotive entwickelte er 1923 den → Löffler-Kessel, dessen Patent von der Wiener Lokomotivfabrik erworben wurde, die 1924 auch den ersten L.-Kessel in Betrieb setzte. 1930 baute die Berliner Maschinenbau AG eine später oft nach L. benannte → Hochdruck-Dampflokomotive mit L.-Kessel. Lit.: 5.3.

Löffler-Kessel: von → Löffler entwickelter → Hochdruckkessel mit Zwangsumlauf für → Hochdruckdampflokomotiven. Der L. bestand u.a. aus einem Hochdruckvorwärmer, einer zwischen den Lokomotivrahmenwangen gelagerten unbefeuerten Verdampfertrommel zur Erzeugung von Naßdampf mit einem Dampfdruck von etwa 12000 kPa, einem als Feuerbüchse ausgebildeten Hochdrucküberhitzer, einem Wärmeübertrager und einem Verbrennungsluftvorwärmer. Das Kesselspeisewasser wurde von einer Hochdruckspeisepumpe über den Hochdruckvorwärmer in die Verdampfertrommel gefördert. Der hier erzeugte Hochdruck-Naßdampf gelangte, abgesaugt von einer Umwälzpumpe, in den Hochdruckbehälter, in dem er auf etwa 500 °C überhitzt wurde. Etwa 30% dieses Heißdampfs erhielten mit 10500 kPa Dampfdruck die Hochdruckzylinder der Lokomotive, der übrige Teil wurde dem in der Verdampfertrommel befindlichen Kesselwasser zur Erzeugung des Hochdruck-Naßdampfs zugeführt. Der in den Hochdruckzylindern auf 1800 kPa entspannte Dampf erzeugte in einem nachgeschalteten Wärmeübertrager 1400 bis 1500-kPa-Niederdruckdampf, der auf 340 °C überhitzt zum Niederdruckzylinder geleitet wurde. Im Wärmeübertrager kondensierter Dampf gelangte über die Hochdruckspeisepumpe wieder in den Kesselwasserkreislauf.
Infolge von häufigen Betriebsstörungen, bes. durch Störungen an den Umwälzpumpen, konnte sich der L. nicht durchsetzen. Lit.: 2.8., 2.9., 5.3.

Lok: Kurzwort für → **Lok**omotive.

Lokalbahnlokomotive: → Lokomotive einer Kleinbahn (→ Kleinbahnlokomotive), die nur örtliche (lokale) Bedeutung hat. Die L. bilden eine → Triebfahrzeughauptgattung, in der nicht staatsbahneigene, aber auf den Gleisen der Staatsbahn zugelassene Tfz. zusammengefaßt sind. Die Bez. L. hat sich bei den → Dampflokomotiven herausgebildet, da deren Auslegung die spezifischen Einsatzbedingungen weitgehend festlegt. Die L. waren fast ausschl. Tenderlokomotiven, z.B. die von Krauss um 1892 gebaute C1′n2-Lokalbahnlok der Gattung D XI der Bayrischen Staatsbahn, die als ein Musterbeispiel einer L.konstruktion galt. Lit.: 2.1. Bd. 4, 2.9.

Lokantenne: Einrichtung auf Tfz. zum Senden und Empfangen elektromagnetischer Wellen. L. gehören zu den Funksprechgeräten des → Zugfunks oder → Rangierfunks bzw. zu Geräten der → Funksteuerung. Forderungen: geringe Bauhöhe (da meist auf dem Tfz.-Dach befestigt), Rundstrahlcharakteristik, große Bandbreite, geringe Winddruckfläche.

Lokführer: Kurzwort für Lokomotivführer, → Lokomotivpersonal.
Lokführerkabine: → Führerstand
Lokmagnet: frühere Bezeichnung für den → Triebfahrzeugmagneten der → induktiven Zugbeeinflussung.
Lokomotivaufwand: → Triebfahrzeugaufwand
Lokomotivbetriebspark: → Triebfahrzeugbetriebspark
Lokomotivdenkmal: → Denkmallokomotive
Lokomotivdieselmotor: → Bahndieselmotor, der als Antriebsaggregat in Diesellokomotiven Verwendung findet. Der erste L. war der von → Diesel entwickelte 4-Zylinder-Motor mit 736 kW Leistung, der in die 1912 fertiggestellte → Klose-Lokomotive eingebaut wurde. In der konstruktiven Ausführung ist der L. auf die räumlichen Verhältnisse im Maschinenraum der Lokomotive und auf wechselnde Betriebsbeanspruchung ausgelegt. L. werden als mehrzylindrige Reihen- und V-Motoren ausgeführt. Eine Ausnahme bildet der in der britischen Diesellokomotive → Deltic eingesetzte Ringmotor in Delta-Form. L. werden als 2- und 4-Takt-Motoren ausgeführt und nach der Drehzahl in *langsamdrehend* (625–850 U/min), *mittelschnelldrehend* (900–1200 U/min) und *schnelldrehend* (1250–2400 U/min) klassifiziert.
Lokomotive: → Triebfahrzeug, das mit Hilfe der internen oder externen Energieträger Dampf, → Dieselkraftstoff oder Elektroenergie (→ Bahnenergie) angetrieben wird und das der Beförderung (Traktion) von Eisenbahnwagen (Einzelwagen, Wagengruppen oder Wagenzüge) dient. Die Leistungsbemessung geht von den → Schleppmassen und dem zu fordernden Zugförderungsprogramm aus (Grundlage ist die Schleppmassetafel bzw. das Schleppmassediagramm). Unterscheidung der L.: 1) nach der → Traktionsart in: a) → *Dampflokomotive* (Rost-L., → Heißdampflokomotive, → Naßdampflokomotive, → Mitteldruckdampflokomotive, → Hochdruckdampflokomotive, → Kohlenstaublokomotive, → Verbundlokomotive (1), → Kondensationslokomotive, → Dampfspeicherlokomotive, → Dampfmotorlokomotive, → Dampfturbinenlokomotive); b) → *Diesellokomotive* (→ dieselelektrische Lokomotive, → dieselhydraulische Lokomotive, hydrostatische L., → dieselmechanische Lokomotive); c) → *elektrische Lokomotive* (Gleichstrom-L., Wechselstrom-L., Drehstrom-L.); d) → *Gasturbinenlokomotive;* e) → *Atomlokomotive;* f) → *Druckluftlokomotive* (Preßluftlokomotive) und g) *Mehrkraft-L.* (→ Zweikraftlokomotive, → Dreikraftlokomotive); 2) nach der → Achsanordnung (Radsatzanordnung, Achsformel), dem → Laufwerk und der Bauart des → Lokomotivrahmens (z.B. → Gliederlokomotive, Starrahmen-L., → Gelenklokomotive, → Garratt-Lokomotive, → Meyer-Lokomotive, → Mallet-Lokomotive, → Fairlie-Lokomotive); 3) nach der Zugart (→ Allzwecklokomotive, → Reisezuglokomotive, Schnellzug-L., Universal-L., Personenzug-L., → Güterzuglokomotive); 4) nach der Dienstart in → Rangierlokomotive, → Zuglokomotive, → Streckenlokomotive, → Mehrzwecklokomotive; 5) nach der Leistung (Leistungsklasse); 6) nach dem Betriebseinsatz in → Abdrücklokomotive, → Schiebelokomotive, → Vorspannlokomotive; 7) nach Art der Bahn z.B. in → Vollbahnlokomotive, → Schmalspurlokomotive, → Zahnradlokomotive für eine Zahnradbahn; 8) nach den Konstruktionsprinzipien (→ Elna-Lokomotive, Treiblokomotive, → Booster); 9) bei der Dampflokomotive auch nach Art der Mitführung des → Betriebsvorrats (→ Betriebsstoffe, → Brennstoff) in → Schlepptenderlokomotive, → Stütztenderlokomotive, → Tenderlokomotive, nach Anzahl der Zylinder in → Zwillingslokomotive, → Drillingslokomotive, → Vierlingslokomotive, bzw. nach der Anzahl der Kuppelradsätze in → Dreikuppler, → Vierkuppler, → Fünfkuppler, aber auch nach Besonderheiten, wie → Stützkrücken-Lokomotive. Lit.: 1.17., 1.18.
Lokomotivfahrt: Übergang 1 oder mehrerer Lokomotiven auf die Strecke mit allen für eine Zugfahrt geltenden Fahrdienstregelungen.
Lokomotivführer: → Lokomotivpersonal
Lokomotivgespann: Bezeichnung für eine Tfz.-Gruppe, die aus einer Lokomotive und 1 oder 2 nachfolgenden Wagen mit → Fahrmotoren, welche von der Lokomotive über Starkstromleitungen gespeist werden, besteht. Die Zugkraft wird dadurch auf das 2- oder 3fache der Lokomotivzugkraft erhöht. Am bekanntesten wurde das 1963 von LEW Hennigsdorf entwickelte 50-Hz-Industrielokomotiv-Gespann EL10 (Fahrleitungsspannung

10 kV) mit zusätzlichem Dieselmotorantrieb und 2 → Motorkippwagen für Eisenerztagebaue in der UdSSR. Auf Grund der guten Erfahrungen wurde ab 1984 das weiterentwickelte L. EL20 in Betrieb genommen, das durch folgende Daten gekennzeichnet ist: Radsatzfolge jedes Fahrzeugs Bo'Bo'; max. Radsatzfahrmasse 30,5 t; Stundenleistung der Lokomotive einschl. der 2 Motorkippwagen (Ladefähigkeit je 55 t) 5520 kW, Kurzzeitleistung 6600 kW; Zugkraft bei Stundenleistung 690 kN bei einer Geschwindigkeit von 28 km/h; Höchstgeschwindigkeit 50 km/h; Anfahrzugkraft bei μ = 0,35:1200 kN; Leistung der elektrischen Bremse 4200 kW. Das L. EL20 hat eine zusätzliche Diesel-Generator-Anlage für fahrdrahtunabhängigen *(autonomen)* Betrieb auf fahrdrahtlosen Streckenabschnitten im Baggerbereich und an Entladestellen, deren Dieselmotor und Traktionsgenerator eine Leistung von jeweils 810 kW haben. Bei Dieselbetrieb werden Zugkräfte von 306–105 kN bei Geschwindigkeiten von 5,5–20 km/h erreicht. Mit dem L. EL20 wird bei Fahrdrahtbetrieb eine Anhängemasse von 1800 t auf einer führenden Steigung der Ausfahrten von 35‰ bewegt. Abb.

Lokomotivhalle: → Triebfahrzeughalle

Lokomotivhauptgattung: → Triebfahrzeughauptgattung

Lokomotivheizer: → Lokomotivpersonal

Lokomotivkessel: → Dampflokomotivkessel

Lokomotivkohle: → Brennstoff

Lokomotivkupplung: **1.** Ausführungsform der Zugeinrichtung an Lokomotiven (nach innen versetzter Anlenkpunkt, baulich angepaßter Federapparat). – **2.** Bezeichnung für vom Tfz.-Betriebsdienst nach Zeit (Tageszeit), Weg (Fahrstrecke, Richtung, Länge) und Traktionsbedarf für die → Zugförderung festgelegten Einsatz von Lokomotiven oder auch Triebwagen bzw. Triebwagenzügen.

Lokomotivleistungs- und Verbrauchstafel: Diagramm zur Darstellung des zeitbezogenen Kohleverbrauchs (kg/s) der Dampflokomotiven in Abhängigkeit von der Fahrgeschwindigkeit und von der Belastung. Die L. wurde speziell für das graphische Verfahren der Fahrzeit- und Kohleverbrauchsermittlung von W. Müller entwickelt, später aber durch das aussagefähigere und anschaulichere → Kennlinienfeld ersetzt.

Lokomotivleittechnik, *Lokleittechnik:* zusammenfassende Bezeichnung für die in einer Lokomotive vorhandenen Einrichtungen zur Sicherung der Funktionsfähigkeit des Tfz. und zur Gewährleistung eines den gegebenen Umständen entspr. optimalen und sicheren Betriebs. Dazu gehören alle Geräte, die für Steuerung, Regelung, Diagnose und damit Auswertung aller Zustandsgrößen und Meßwerte zuständig sind. Bei einer modernen Lokomotive mit → Drehstromantriebstechnik sind dies u.a. folgende Funktionsgruppen: zentrale Fahr- und Bremssteuerung; Ein- und Ausgabe (Schnittstelle zwischen konventionellen Signalen der Lokomotive und der Steuerungselektronik); Freigabe für die Steuerung der Schaltgeräte und der Leitungselektronik; Regelungs- und Schutzeinrichtungen für

Lokomotivgespann EL 20 der LEW Hennigsdorf

die Stromrichtersätze; kraftschlußabhängige Zugkraft-Sollwertbegrenzung. Da die L. auch bei Triebzügen Anwendung findet, ist die Bezeichnung *Triebwagen-Leittechnik* umfassender. Der Begriff L. wurde erst etwa Anfang der 80er Jahre mit der Verwendung von Mikrorechnern zur Lösung von Regel- und Steuerproblemen bei Schienen-Tfz. geprägt.

Lokomotivnummer: → Triebfahrzeugkennzeichnungssystem

Lokomotivpark: → Triebfahrzeugpark

Lokomotivpersonal, *Triebfahrzeugpersonal,* Abk. *Lokpersonal:* die für die Besetzung eines Tfz. erforderlichen und entspr. qualifizierten Eisenbahnbeschäftigten. Zum L. gehören: a) der *Lokomotivführer oder Triebwagenführer* (Kurzwort Lokführer), der durch die abgelegte Prüfung zum Führen eines Tfz. berechtigt ist; b) bei Dampfloks der *Lokomotivheizer,* der durch eine abgelegte Prüfung zum Bedienen des → Dampflokomotivkessels und auch teilweise zusätzlich des → Dampfreglers berechtigt ist; c) bei Tfz. der modernen Traktionsarten der *Beimann,* ein dem Lokführer beigegebener Beschäftigter. Der Beimann gibt bei der technischen Überwachung des Tfz., bei der Beobachtung der Strecke, der Signale und des Zugs Unterstützung und soll den Zug bei plötzlichem Ausfall des Lokführers zum Halten bringen. Für lokbespannte Züge mit mehr als 90 km/h Fahrgeschwindigkeit und für Triebwagen mit über 120 km/h muß der Beimann bes. ausgebildet sein.
Bes. Regelungen gelten bei Einmannbesetzung in der → Zugförderung, d.h. bei der Besetzung eines Tfz. nur mit dem Lokführer (ohne Beimann). Die Einmannbesetzung erfordert Einrichtungen, die die Aufmerksamkeit und Dienstfähigkeit des Lokführers ständig kontrollieren und im Bedarfsfall den Zug sofort zum Halten bringen (→ Sicherheitsfahrschaltung).

Lokomotivrahmen: → Rahmen

Lokomotivschaden: → Triebfahrzeugschaden

Lokomotivspeisewasser: → Kesselspeisewasser

Lokomotivverlust, *Triebfahrzeugverlust:* → Triebfahrzeugschaden

Lokomotivwettfahrt von Rainhill: von der Bahnverwaltung der Liverpool-Manchester Eisenbahn zur Entscheidungsfindung über die Betriebsführung mit bewährten stationären Dampfmaschinen mit Seilantrieb oder der sich ausbildenden Dampflokomotive veranlaßtes Preisausschreiben auf einem 2,4 km langen und 20mal zu durchfahrenen ebenen Abschnitt der Strecke Liverpool–Manchester bei Rainhill. Hierzu wurden an die Lokomotiven folgende Forderungen gestellt: Beförderung des 3fachen ihrer max. Eigenmasse (ohne Schlepptender) von 6 t bei einer 3achsigen und von 4,5 t bei einer 2achsigen Lokomotive mit 16 km/h; max. Kesseldruck 350 kPa und Vorhandensein einer Fahrzeugfederung.
Von den zur L. gemeldeten 5 Lokomotiven wurden nur die Lokomotiven → »Rocket«, → »Sanspareil« und → »Novelty« für die Versuchsfahrten am 6. und 13. Oktober 1829 zugelassen. Davon erfüllte nur die »Rocket« die Forderungen ohne Schäden, wofür ihr auch der 1. Preis von 550 Pfund zugesprochen wurde. Gleichzeitig wurden 8 solcher Lokomotiven für die 1 Jahr später eröffnete Eisenbahn Liverpool–Manchester bestellt. Die genannte Eisenbahnlinie ging als erste lokomotivbetriebene Strecke der Welt für den öffentlichen Personen- und Güterverkehr in die Geschichte ein. Lit.: 2.9., 2.16.

Lokomotivwiderstandskraft, *Lokomotivwiderstand:* → Widerstandskraft einer Lokomotive unter normalen Bedingungen (waagerechtes und gerades Gleis, gleichförmige Bewegung).

Lok(omotiv)zug, Abk. **Lz:** → Lokomotivfahrt

Lokomotivzylinder: → Zylinder (1)

Lokomotor: 2achsiges Schleppfahrzeug ohne Führerhaus mit Antrieb durch → Verbrennungsmotor für den leichten Rangierdienst auf Güterbahnhöfen und in Industriebetrieben. L. war der Vorläufer der für den gleichen Dienst um 1930 bei der DRG entwickelten → Kleinlokomotive. Lit.: 3.5. Abb.

Lokomotor
Von der Berliner Maschinenbau AG 1928 für die NS gebauter Lokomotor

Lokpersonal: Kurzwort für → Lokomotivpersonal.

Lokspule: frühere Bezeichnung für die → Triebfahrzeugempfangsspule der → linienförmigen Zugbeeinflussung.

Loktransformator: → Haupttransformator

Lomonossow, Juri (Georg) Wladimirowitsch: 24. April 1876 (Gschatsk) – 19. November 1952 (Montreal); Lokomotiv-Ingenieur, ab 1931 Teilhaber einer Ingenieurfirma in England. Nach einer Lehrtätigkeit als Professor von 1902 bis 1908 an den TH Kiew und St. Petersburg machte er sich bei der russischen Eisenbahn um die Entwicklung des Versuchs- und Erprobungswesens für die Dampflokomotive verdient und befaßte sich u.a. auch mit dem Entwurf neuer Steuerungsteile. Bis 1918 gehörte er dem Ingenieurrat im russischen Verkehrsministerium an. Nach 1920 wurde L. zum Abnahmekommissar der Sowjetischen Eisenbahnen im Ausland ernannt und 1921 zum Volkskommissar für das sowjetische Eisenbahnwesen berufen. In dieser Funktion und als Leiter der um diese Zeit gebildeten Arbeitsgemeinschaft DRG-Volkskommissariat Eisenbahnwesen zur Schaffung von → Großdiesellokomotiven entwickelte er 1923 eine bereits 1924 von der Maschinenfabrik Esslingen ausgelieferte leistungsstarke → dieselelektrische Lokomotive, die heute entwicklungsgeschichtlich als die erste betriebstüchtige Großdiesellokomotive gilt. Ihr folgte 1926 die ebenfalls von L. entworfene und von der Düsseldorfer Lokomotivfabrik Hohenzollern in derselben Leistungsgröße gebaute → dieselmechanische Lokomotive. Aufgrund von Differenzen, die offenbar auf eine nicht abgestimmte Zahlung von Prämien an die Mitarbeiter der von L. geleiteten sowjetischen Eisenbahnmission im Ausland zurückgingen, arbeitete er danach in Europa und Nordamerika. In der deutschen Fachliteratur der damaligen Zeit finden sich viele seiner ausgezeichneten wissenschaftlichen Publikationen zur Dampf- und Diesellokomotive. Lit.: 5.3.

Long-Boiler-Lokomotive: Dampflokomotive mit verlängertem → Langkessel, bei der die → Heizfläche auf fast das Doppelte anstieg, während die Rostfläche nur geringfügig vergrößert wurde. Die Leistungsfähigkeit der Lokomotive stieg infolge der größeren Verdampfungsleistung stark an, die → Laufeigenschaften verschlechterten sich durch das auftretende Nicken infolge der großen Überhänge (z.B. bei den 1A1-Lokomotiven) mit steigender Fahrgeschwindigkeit erheblich. Erst die späteren Achsfolgen 1B und C (→ «Crodo«) mit den hinteren stehkesselstützenden Kuppelradsätzen beseitigten diesen Mangel und verhalfen der L. zum Durchbruch im Lokomotivbau. Nach einem schweren, durch eine L. in Preußen 1851 verursachten Eisenbahnunglück wurde diese dort für den Einsatz vor schnellen Zügen (>80 km/h) verboten. Die L. wurde erstmals 1842 von R. → Stephenson als 1A1-Lok gebaut; neu waren an ihr auch der Innenrahmen und eine von Stephenson entwickelte Kulissensteuerung. Viele deutsche Bahnen beschafften schon 1842/43 ihre ersten L. Lit.: 2.9. Abb.

Löschanlage: → Feuerlöschanlage

löschbare unsymmetrisch halbgesteuerte Brückenschaltung, Abk. **LUB:** bes. blindleistungsarm steuerbare Gleichrichterschaltung für elektrische Tfz., bei der

Long-Boiler-Lokomotive
Lokomotive »Beuth« der Berlin-Anhalter Eisenbahn, 1843 von Borsig gebaut, mit einem Kessel der Stephensonschen Longboiler-Bauart

die → Thyristoren T des gesteuerten Brückenzweigs sowohl zu einem beliebigen Zeitpunkt gezündet, als auch mit Hilfe einer zusätzlichen Löschschaltung (bestehend aus den Löschthyristoren T_L, den Ladedioden D_L, den → Kondensatoren C und der Löschkreisinduktivität L) beliebig gelöscht werden können (Zwangskommutierung, → Kommutierung). Funktion: Wird der obere Hauptthyristor T gezündet, kann sich C über D_L auf die angegebene Spannungspolarität aufladen. Für seine Löschung wird der obere Löschthyristor T_L gezündet, der Strom kommutiert fast verzögerungsfrei von T auf T_L, C wird auf die in Klammern angegebene Polarität umgeladen. Nach Beendigung dieser Umladung, in derem Verlauf T seine Blockierfähigkeit wiedererlangt, fließt der Strom im Gleichstromkreis über die beiden Hauptdioden D im Freilauf weiter, bis der untere Hauptthyristor T den Strom netztkommutiert übernehmen kann. Vorteil: Durch die Zwangslöschung wird eine Phasenverschiebung der Netzstromblöcke in *kapazitiver* Richtung erreicht, und es kann eine → Kompensation der für Gleichrichter erforderlichen induktiven Kommutierungs- und bei gesteuerten Gleichrichtern zusätzlich auftretenden Steuerblindleistung (→ Blindleistung) stattfinden. Nachteile: höherer Bauelemente- und Steueraufwand. Anwendung: in Ab- bzw. Anschnitt- sowie Sektorsteuerungen. Lit.: 4.5. Abb.

Lösche: glühende Brennstoffteilchen, die sich, im → Dampflokomotivkessel vom → Saugzug durch die Heiz- und → Rauchrohre mitgerissen und vom → Funkenfänger zurückgehalten, in der → Rauchkammer nur wenig verbrannt ansammeln und dort von der → Näßeinrichtung abgelöscht werden. Die L. wird bei jedem Abrüsten der Lok aus der Rauchkammer entfernt. Lit.: 2.3., 2.12.

Löschmittel: Substanzen zum Löschen von Bränden, deren Zusammensetzung vom Wirkprinzip und Verwendungszweck der Feuerlöscheinrichtung abhängig ist. *L. für → Halonlöscher* und Bromidlöscher werden auf der Basis von Halogenkohlenwasserstoffen, wie Monochlorbrommethan und Tetrachlorkohlenstoff, hergestellt. *L. für → Trockenlöscher* bestehen aus Pulvergemischen von Natriumhydrogenkarbonat und Zusätzen, während Löschpulver zur Bekämpfung von Glutbränden auf der Basis von Ammoniumsalzen oder Harnstoff und dessen Derivaten hergestellt werden. Bei *Luftschaumlöschern* (→ Feuerlöschanlage) wird als L. ein Schaum verwendet, der durch innige, beständige Verteilung von Luft in Wasser bei Anwesenheit schaumbildender Stoffe entsteht. Das Volumen des Schaums beträgt ein Mehrfaches gegenüber dem des Wassers.

Löschmittelbehälter: zylindrischer Druckbehälter aus Stahlblech zur Speicherung von → Löschmitteln und Druckgasen. → Feuerlöschanlage, → Handfeuerlöscher

Löseabschlußstellung: → Bremsabschlußstellung des → Führerbremsventils.

Löseeinrichtung: Bauteil der → selbsttätigen Druckluftbremse zum Lösen der Bremse eines einzelnen Fahrzeugs von Hand. Die L. besteht i.d.R. aus einem → Löseventil, das je nach Bauart der Druckluftbremse mit dem → Steuerventil, → Hilfsluftbehälter oder dem → Bremszylinder verbunden ist. *Aufgaben:* a) Entlüftung der Bremse, wenn sie nicht benutzt werden soll (schadhafte Bremse, Rangierbewegungen ohne bediente Druckluftbremse); b) Beseitigung der → Überladung der Bremse; c) Auslösen der Bremse, wenn sie bei der → Bremsprobe oder → Bremsprüfung fest bleibt. Während die Löseventile auf den Führerständen der Tfz. direkt betätigt werden können, sind an den Wagen entspr. Drahtzüge erforderlich.

Lösen der Druckluftbremse: → selbsttätige Druckluftbremse, → Bremsbauart, → Füllstoß, → Führerbremsventil

loser Radreifen: mit unzureichendem Kraftschluß auf dem Radkörper (→ Rad)

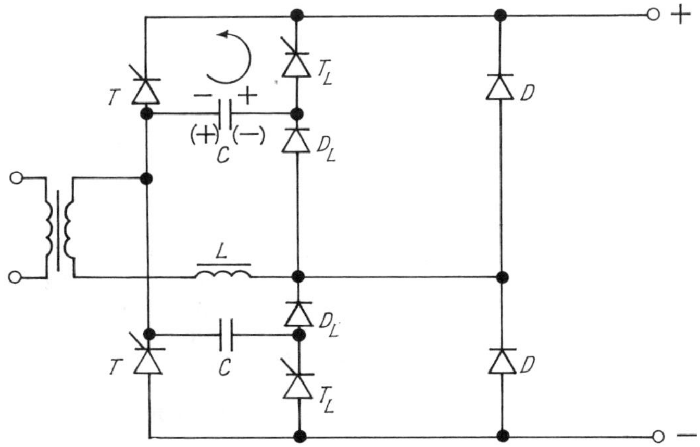

löschbare unsymmetrisch halbgesteuerte Brückenschaltung
T Hauptthyristor, T_L Löschthyristor, D_L Ladediode, C Löschkondensator, L Löschinduktivität, D Freilaufdiode

sitzender Radreifen. Ursache des l.R. ist der Rückgang der Schrumpfwirkung infolge großer Reibungswärme im Radreifen bei Anwendung der Klotzbremse oder durch Unterschreitung der vorgeschriebenen Mindestdicke des Radreifens. L.R. gefährden die → Laufsicherheit. Als lose gilt ein Radreifen, wenn 1 oder mehrere der folgenden *Merkmale* zutreffen: unreiner Klang beim Anschlagen mit einem Hammer, lockerer Sitz des Sprengrings, Rostaustritt zwischen Radreifen und Radkörper auf mehr als ⅓ des Umfangs, Drehen des Radreifens auf dem Radkörper.

Lösestellung: → Füllstellung des → Führerbremsventils.

Löseventil: Bauteil der → Löseeinrichtung der → Druckluftbremse. Es ist ein federbelastetes Ventil, das durch einen Hebel zum Entlüften nach einer Seite gedrückt wird. Die L. der Tfz. sind bei der → einlösigen Druckluftbremse direkt an den → Bremszylindern angeschlossen. Bei der → mehrlösigen Druckluftbremse wird noch ein Auslaßventil zwischengeschaltet. Die L. dienen auf Tfz. zur Verringerung des Bremszylinderdrucks und zur Beschleunigung des Lösens. Zu beachten ist, daß während der Betätigung des L. die Nachspeisung bei der mehrlösigen Druckluftbremse unterbunden ist. Nach Betätigung wird im Bremszylinder der zuvor eingestellte Bremszylinderdruck eingeregelt. Zur Verkürzung der → Lösezeiten z.B. bei der → Knorr-Bremse (Bauart KE; dort Abb.) kann statt eines einfachen L. ein Schnell-L. verwendet werden. Beide Ventilarten sind an der Steuerkammer A angeordnet und entleeren bei Betätigung nur diese.

Lösezeit: Zeit vom Beginn des Druckabfalls im Bremszylinder bis zum Erreichen eines Drucks von 40 kPa (→ Bremsdruckdiagramm). Für → mehrlösige Druckluftbremsen sind die L. durch UIC international nach einer Vollbremsung festgelegt: a) → Bremsstellung P 15–20 s; b) Bremsstellung G 45–60 s. Für kurze Züge im Binnenverkehr können kürzere L. verwendet werden, da der Lufttransport in der → Hauptluftleitung und damit die Gefahr des Auflaufens der Wagen und Zerrungen im Zugverband geringer sind. Die L. langer Züge kann in Abhängigkeit von der eingesetzten → Bremsbauart erheblich länger sein.

Losrad: ein gegenüber der Radsatzwelle drehbewegliches Eisenbahnrad. 2 L. auf einer gemeinsamen Radsatzwelle werden als *Losradsatz* bezeichnet. Der L.satz weicht damit von der üblichen Bauart des Eisenbahnradsatzes ab, da beide Räder unterschiedliche Drehzahlen besitzen können. Radsätze mit L. tragen zu einem guten Fahrzeugverlauf bei, verursachen jedoch erhöhten Instandsetzungsaufwand durch die der Konstruktion des L.satzes anhaftende Tendenz zum Scharflaufen der Spurkränze. Abb.

Losturbine: → Nutzleistungsturbine

LUB: Abk. für → **l**öschbare **u**nsymmetrisch halbgesteuerte **B**rückenschaltung.

Luftabsperrhahn: Teil der → Bremsausrüstung zum Absperren der Enden der → Hauptluftleitung oder → Hauptluftbehälterleitung am Fahrzeug. Der L. ist das Zwischenglied zwischen Luftleitung und → Bremskupplung und am Kopfstück seitlich vom Zughaken des Fahrzeugs angeordnet, wobei sich der Handgriff i.d.R. nicht zwischen dem L. und dem Zughaken befinden soll. Das Hahnküken dreht sich um eine waagerechte Achse; bei geschlossenem Durchgang ist der Hand-

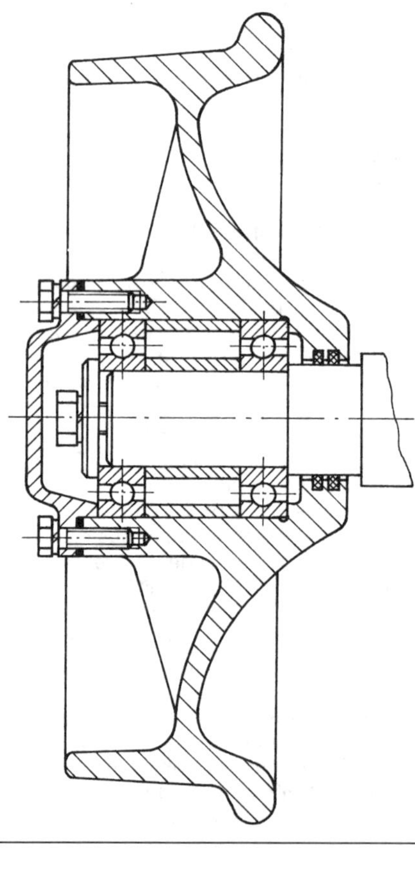

Losrad

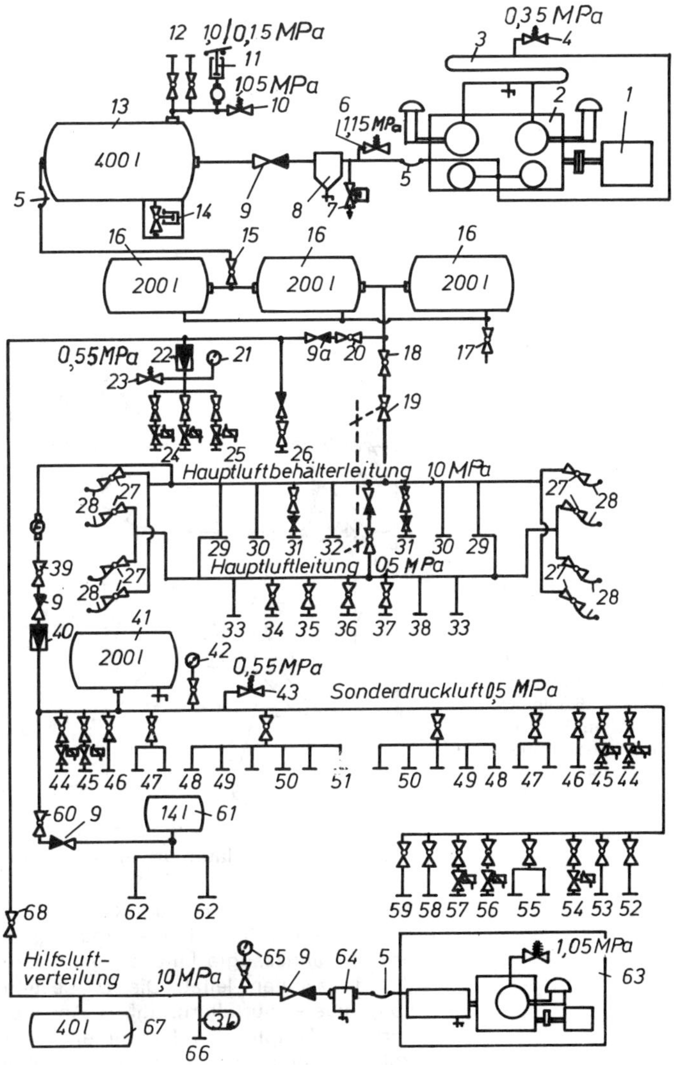

Luftanlage
Drucklufterzeugungs- und Verteilungsanlage der BR 155 der DB/DR
1 Motor für Luftverdichter, 2 Luftverdichter, 3 Zwischenkühler, 4 Sicherheitsventil 350 kPa, 5 Gummidruckschlauch, 6 Sicherheitsventil 1150 kPa, 7 Entlüftungsventil, 8 Ölabscheider, 9 Rückschlagventil, 10 Sicherheitsventil 1050 kPa, 11 Druckwächter für Hauptluftbehälter 1000/150 kPa, 12 Manometer für Hauptluftbehälter, 13 Hauptluftbehälter 400 l, 14 automatisches Entwässerungsventil mit elektrischer Heizung, 15 Absperrhahn für Hauptluftbehälter 3×200 l, 16 Hauptluftbehälter 3×200 l, 17 Ablaßhahn, 18 Hauptabsperrhahn für Hauptluftbehälter, 19 Absperrhahn für Abschleppdienst, 20 Absperrhähne, 21 Manometer für Sonderluft, 22 Druckminderventil (500 kPa), 23 Sicherheitsventil 550 kPa, 24 Stromabnehmer, 25 Sicherheitsfahrschaltung Sonderluft, 26 Hauptschalter, 27 Luftabsperrhahn, 28 Bremskupplung, 29 Führerbremsventil Dako BS4, 30 Führerbremsventil der Zusatzbremse Dako BP, 31 Druckübersetzer Dü 24 f, 32 Bremsdruckregler AR 11, 33 Manometer für Hauptluftleitung, 34 Druckwächter für Hauptluftleitung, 35 Steuerventil KE 1c SL, 36 Sicherheitsfahrschaltung, 37 induktive Zugbeeinflussung, 38 Löseventil OL 2 (elektrisch), 39 Absperrhahn für Sonderluft, 40 Druckminderventil 500 kPa, 41 Sonderluftbehälter 200 l, 42 Manometer für Sonderluft, 43 Sicherheitsventil 550 kPa, 44 Achslastausgleich, 45 Sandstreueinrichtung, 46 Schallsender 370 Hz, 47 Scheibenwischer, 48 Fahr-Bremswender, 49 Fahrtrichtungswender, 50 Fahrmotortrennschütze, 51 Bremserregerschütz, 52 Zugheizschütz, 53 Scheibenwaschanlage, 54 Magnetventil für Entlüftungsventil, 55 Spurkranzschmierung, 56 Magnetventil für Entwässerung Hauptluftbehälter 400 l, 57 Bremsabsperrventil für elektrische Bremsen, 58 Bremsstromventil für Ergänzungs- und Schleuderschutzbremse, 59 Anschluß für Ausblasschlauch, 60 Absperrhahn Gleitschutz, 61 Druckbehälter für Gleitschutz, 62 Gleitschutzeinrichtung, 63 Hilfsluftverdichter, 64 Luftfilter, 65 Manometer für Sonderluftbehälter, 66 Druckwächter für Hilfsluftverdichter 950/150 kPa, 67 Hilfsluftbehälter 40 l, 68 Absperrhahn für Sonderluft

griff senkrecht nach oben gerichtet. Zur gefahrlosen Entkupplung der Bremsschläuche müssen diese drucklos sein. Bei geschlossenem L. wird über ein Entlüftungsventil die Druckluft ins Freie gegeben. Deshalb sind die L. 2er Fahrzeuge gleichzeitig zu öffnen und zu schließen.

Luftanlage: Einrichtung zur Erzeugung, Speicherung und Weiterleitung von Druck- und Saugluft auf Tfz. zum Betreiben der Bremse, Schütze, Relais und anderer Hilfseinrichtungen. Zur Erzeugung der Druckluft werden bei Dampflokomotiven i. d. R. → Doppelverbundluftpumpen und bei anderen Tfz. → Luftverdichter (1) eingesetzt, die überwiegend 2stufig arbeiten. Bei Luftverdichtern ist zusätzlich ein → Sicherheitsventil erforderlich. Die Druckluft wird im → Hauptluftbehälter gespeichert und von dort über Absperrhähne und bes. Ventile i. allg. in folgende 3 Leitungen verteilt: a) → Hauptluftbehälterleitung (800–1000 kPa); b) Sonderluftleitung (650–800 kPa oder 500–600 kPa); c) → Hauptluftleitung (500 kPa). Bei elektrischen Tfz. wird ein zusätzlicher Luftverdichter für die Erzeugung von Druckluft zum Anheben des →

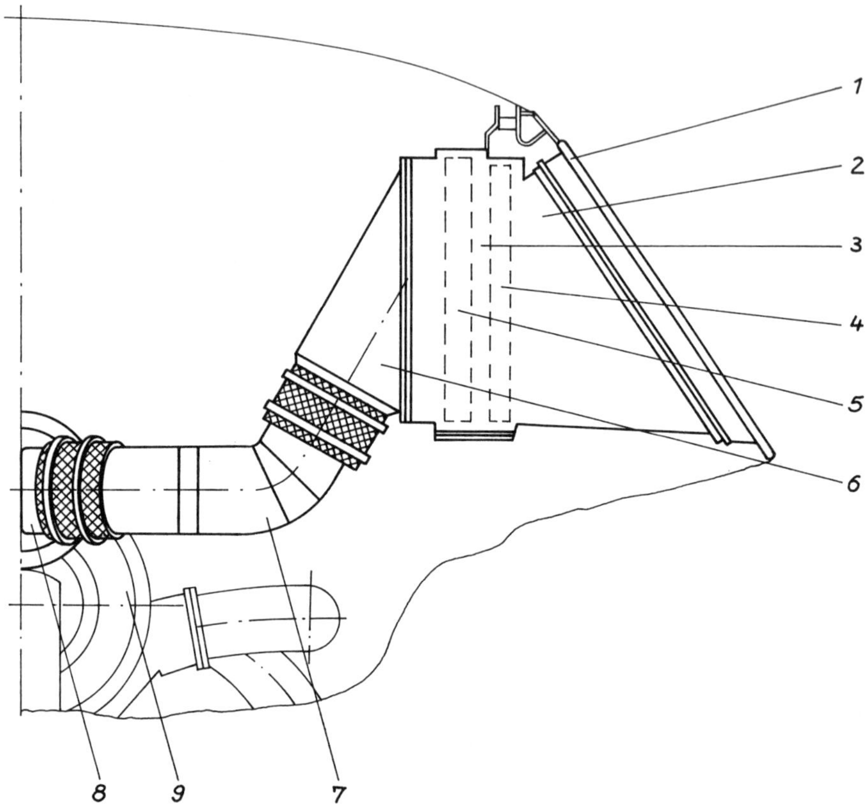

Luftansauganlage der BR 219 der DB/DR
1 Düsenlüftungsgitter, 2 Luftschacht, 3 Filtergehäuse, 4 Grobfilter, 5 Feinfilter, 6 Reinluftsammelkasten, 7 Ansaugrohr, 8 Ansaugübergang (Hosenrohr), 9 Abgasturbolader

Stromabnehmers an die Fahrleitung benötigt, um den Hauptluftverdichter anlaufen zu lassen. Lit.: 1.3. Abb.

Luftansauganlage: Hilfseinrichtung, die die von den Kraft- und Arbeitsmaschinen des Tfz. angesaugte Luft reinigt und zu den Maschinen leitet. Die L. besteht i. allg. aus → Luftfiltern, ggf. → Ansauggeräuschdämpfern und Kammern oder Rohrleitungen zur → Luftführung, wobei der Aufbau der L. davon abhängt, ob die Maschine die Luft aus dem Maschinenraum oder von außen ansaugt. Abb.

Luftaufbereitung: → Luftreiniger, → Nebelöler

Luftbedarf: 1. Für die → vollkommene Verbrennung des Brennstoffs im → Dampflokomotivkessel notwendige Luftmenge, die sich aus der theoretisch erforderlichen Luftmenge und dem unter praktischen Bedingungen notwendigen *Luftüberschuß* zusammensetzt. Die aus diesen Anteilen berechnete *Luftüberschußzahl* gibt für die vollkommene Verbrennung das Verhältnis der zugeführten zur theoretisch erforderlichen Luftmenge an. Sie beträgt z. B. für Steinkohlenfeuerung 1,5–1,6, für Braunkohlenfeuerung ist sie noch größer, für Staub- und Ölfeuerung kleiner (zur vollkommenen Verbrennung von 1 kg Steinkohle müssen dem Dampflokkessel 10–12 m^3 Luft zugeführt werden). Für die Zuführung der notwendigen Luftmenge sorgt die → Saugzuganlage, für ihre Regelung die vom Heizer bedienten → Aschkastenklappen. Lit.: 2.3., 2.10., 2.12. – **2.** → Mindestluftbedarf

Lufteintrittsstutzen: kurzes Rohrstück an Armaturen und Einrichtungen, durch das diesen Luft zugeführt wird.

Lüfterantrieb: Art des Antriebs eines Lüfters. Bei Kühlerlüftern ist ein bes. → Kühlerlüfterantrieb üblich, falls der Kühlerlüfter nicht direkt vom Dieselmotor angetrieben wird. L. durch Elektromotor sind bei → Fahrmotorlüftern, → Maschinenraumlüftern und anderen zu kühlenden Einrichtungen auf Tfz. üblich.

Lufterhitzer: Wärmeübertrager zur Erwärmung von Luft mit Hilfe des → Motorkühlwassers. L. werden bei Tfz. zur Bereitstellung der Warmluft für → Scheibenentfrostungsanlagen verwendet.

Lüftergenerator: → Drehstromgenerator (Synchrongenerator) zur Energieerzeugung für den Betrieb des Drehstrommotors des → Kühlerlüfters von Diesel-Tfz. (elektrischer Lüfterantrieb). Die Frequenz des vom L. gelieferten Drehstroms und damit die Drehzahl des Kühlerlüfters sind von der Dieselmotordrehzahl abhängig. Zusätzlich kann über einen temperaturabhängigen Schalter ein Aussetzbetrieb erreicht werden. Durch polumschaltbare Asynchronmotoren lassen sich 2 Drehzahlbereiche verwirklichen.
Wegen der verhältnismäßig großen Leistung, die der Kühlerlüfter benötigt, kann der Elektromotor i. allg. nicht vom Bordnetz des Diesel-Tfz. gespeist werden, sondern bedarf einer separaten Spannungsebene.
Lüfterkupplung: Kupplung, die beim Antrieb des → Kühlerlüfters verwendet wird (→ Kühlerlüfterantrieb). Die L. kann beim mechanischen Lüfterantrieb als Elektromagnetkupplung zum Abschalten des Kühlerlüfters ausgeführt sein oder beim → hydrodynamischen Lüfterantrieb eine regelbare Strömungskupplung sein.
Lüftermotor: Elektromotor zum Antrieb der Lüfter in Elektro- und Diesel-Tfz. → Lüfterantrieb, → Kühlerlüfter, → Fahrmotorlüfter
Lüfterrad: Schaufelrad eines Lüfters, in dem die mechanisch zugeführte Energie in Strömungsenergie umgewandelt wird. Der vom L. erzeugte Luftstrom wird zur Kühlung der Maschinen (z. B. → Fahrmotorlüfter), zur Wärmeabfuhr aus der Kühlanlage (→ Kühlerlüfter) oder zur Belüftung von Innenräumen (z. B. → Maschinenraumlüfter) genutzt.
Lüfterregelung: → Kühlerlüfterantrieb
Lüfterzwangsschaltung: Schaltung zur Sicherung des Einschaltens der → Fahrmotorlüfter bei eingelegter dritter oder vierter Fahrstufe unabhängig von der Stellung des Handschalters für die Lüfter.
Luftfeder: → Gasfeder
Luftfilter: in der → Luftansauganlage von Kraft- und Arbeitsmaschinen befindliche Einrichtung, die aus der angesaugten Luft Verunreinigungen, wie Staub und Schmutz, abscheidet. L. arbeiten nach dem Prinzip der Siebung, Zentrifugalwirkung oder Adhäsion. Ihr Aufbau richtet sich nach dem Einsatzzweck. Auf Tfz. werden L. als → Trockenluftfilter, → Naßluftfilter, → Ölbadluftfilter, → Zyklonfilter bzw. Kombinationen dieser L. verwendet. Die Wirksamkeit des L. entscheidet über den Staubanteil, der in die Kraft- bzw. Arbeitsmaschine gelangt und damit über den Anteil des Abrasivverschleißes am Gesamtverschleiß. L. für Dieselmotoren sollen z. B. einen Mindestabscheidungsgrad von 97% haben und feste Verunreinigungen mit Korngrößen >10 µm festhalten.
Luftfilteranlage: → Luftsauganlage
Luftführung: Leitung des Luftstroms von der Ansaugstelle der Außenluft zu den Hauptaggregaten und Hilfseinrichtungen eines Tfz. Die Außenluft tritt über die meist im oberen Bereich der Seitenwände oder in den Dachschrägen angeordneten → Lüftungsgitter in das Tfz. ein, so daß das Ansaugen weitgehend staubfreier Luft gewährleistet wird. Die L. zu den Aggregaten erfolgt dann entweder über Rohrleitungen, oder die Aggregate saugen die benötigten Luftmengen aus dem Maschinenraum an. Bei Diesel-Tfz. wird die *Verbrennungsluft* für den Dieselmotor und bei dieselelektrischen Tfz. die *Kühlluft* für den Traktionsgenerator und die Fahrmotoren fast ausschließlich über Rohrleitungen von außen angesaugt. Bei Elektrolokomotiven wird die Kühlluft für die Transformatoren, Fahrmotoren,

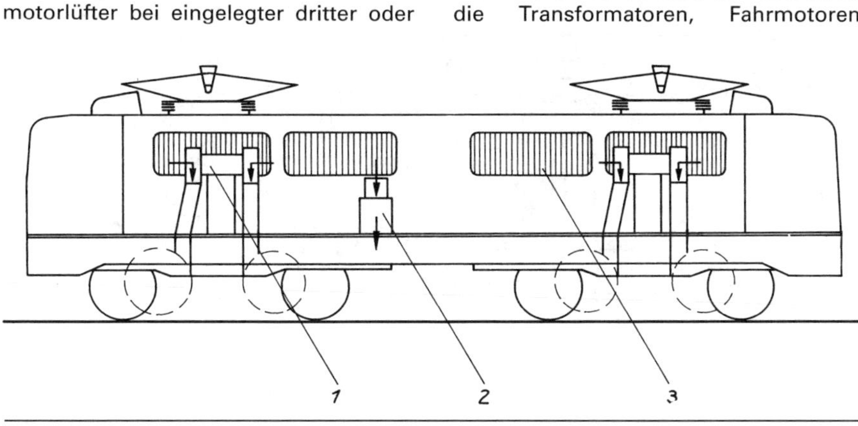

Luftführung in einer Elektrolokomotive
1 Fahrmotorenlüfter, 2 Ölkühler mit Lüfter, 3 Lüftungsgitter

Gleichrichter und Bremswiderstände entweder aus dem Maschinenraum entnommen (z.B. bei den Tfz. der BR 109, BR 141 und BR 142 der DB/DR) oder über Kanäle und Kammern von außen angesaugt (z.B. bei den Tfz. der BR 143 der DB/DR). Hilfseinrichtungen mit relativ geringem Luftbedarf, wie z.B. die Luftverdichter für Bremsluft, saugen bei allen Tfz.-Arten aus dem Maschinenraum an. → Luftansauganlage. Abb.

Luftheizgerät: → Heizgerät, bei dem als Energieträger Luft verwendet wird. L. bestehen aus einem Wärmeübertrager, einem → Brenner und den Bedienungs- und Überwachungseinrichtungen. Wirkungsweise: Ein Elektromotor treibt die → Brennstoffpumpe, den → Zerstäuber und die Gebläse für Verbrennungs- und Frischluft an. Das im Brenner entstehende Brennstoff-Luft-Gemisch wird anfänglich an einer → Glühkerze gezündet und brennt dann selbsttätig weiter. Die Verbrennungsgase geben ihre Wärme im Wärmeübertrager an die Frischluft ab und verlassen das L. über den Abgasstutzen. Die erwärmte Frischluft wird über Heizkanäle den Fahrgasträumen zugeführt. Abb.

Luftheizung: Bauart der Heizung in Trieb-, Steuer- und Beiwagen, bei der als Energieträger Luft verwendet wird, die gereinigt und erwärmt in das Fahrzeuginnere geblasen wird. Die L. besteht i.d.R. aus einem → Luftfilter zur Reinigung der angesaugten Luft, einem elektrisch angetriebenen Zuluftgebläse, einem Wärmeübertrager bzw. einem → Luftheizgerät zum Erwärmen der Luft, den Luftkanälen mit den → Ausblaseöffnungen in den zu beheizenden Räumen und den Regeleinrichtungen. Die Luft im Wärmeübertrager kann durch das Dieselmotorkühlwasser oder -abgas bzw. über elektrische Heizwiderstände erwärmt werden. Im Gegensatz zur → Warmwasserheizung hat die L. eine kurze Anheizzeit, jedoch kühlen die beheizten Räume bei Unterbrechung der Energiezufuhr schnell ab.

Luftkühlung: Art der → direkten Kühlung, bei der als → Kühlmittel Luft verwendet wird. Den erforderlichen Kühlluftstrom erzeugt ein Gebläse. Die L. wird wegen des geringen Wärmeübergangskoeffizienten Metall-Luft nur bei Dieselmotoren kleiner Leistung und zur Kühlung elektrischer Maschinen bei Tfz. angewandt. Die → Fahrtwindkühlung ist bei Tfz. nicht anwendbar.

Luftmangel: unzureichende Zufuhr von Verbrennungsluft, die im → Dampflokomotivkessel zur → unvollkommenen Verbrennung führt. Der L. weist i.d.R. auf einen zu geringen Luftüberschuß (→ Luftbedarf) hin und wird durch eine dunkle Rauchgasfärbung angezeigt. *Ursachen:* meist verschlacktes Feuerbett, Schäden an der → Saugzuganlage und Mängel in der → Feuerführung.

Luftpfeife: akustische, druckluftbetriebene → Signaleinrichtung der elektrischen und Diesel-Tfz., die i. G. z. → Dampfpfeife den Ton durch Anblasen einer scharfen Schneide mit Druckluft erzeugt. Die L. werden wegen ihres hohen Luftverbrauchs zur Erzeugung genügend großer Schalldruckpegel kaum noch verwendet; jetzt wird dafür das → Typhon eingesetzt.

Luftpresser: → Luftverdichter

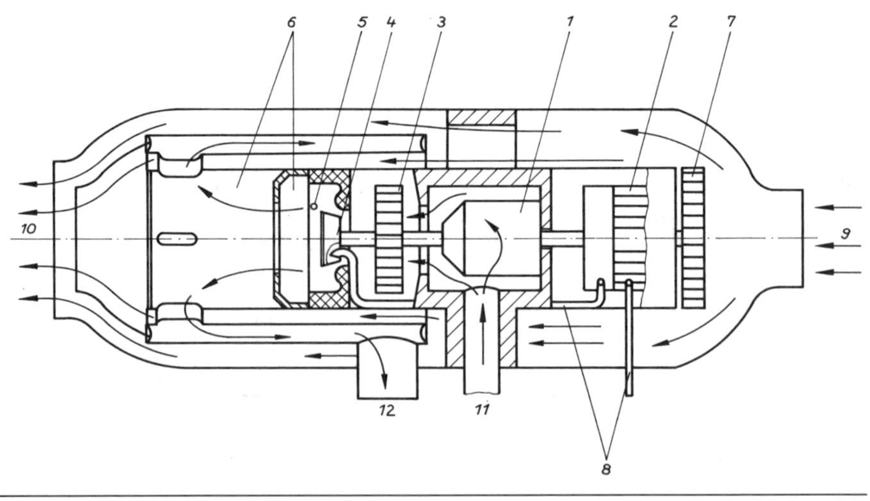

Luftheizgerät
1 Antriebsmotor, 2 Brennstoffpumpe, 3 Verbrennungsluftgebläse, 4 Zerstäuber, 5 Glühkerze, 6 Brennkammer, 7 Frischluftgebläse, 8 Brennstoffleitung, 9 Frischlufteintritt, 10 Warmluftaustritt, 11 Verbrennungslufteintritt, 12 Abgasaustritt

Luftpumpe: zur Erzeugung von Druckluft bes. für die → Druckluftbremse auf Dampflokomotiven installierte Kombination von schwungradloser → Volldruckdampfmaschine und 1- oder mehrstufigem Luftverdichter. Die Kolben im Dampf- und Luftzylinder befinden sich auf einer gemeinsamen Kolbenstange. Kühlrippen an den Luftzylindern geben die beim Verdichten der Luft entstehende Wärme an die Umgebungsluft ab, um eine Überhitzung der L. und der Luft im → Hauptluftbehälter zu vermeiden. Für die 1stufigen und Verbunddampfmaschinen sind aufwendige Steuerungen erforderlich. Die L. wird mit einem → Anstellventil von Hand angelassen; ein → Luftpumpendruckregler regelt den weiteren Lauf in Abhängigkeit vom Hauptluftbehälterdruck. Die häufigsten Bauarten sind L. mit 2stufiger Luftverdichtung und die → Doppelverbundluftpumpe. → Dampfluftpumpe. Lit.: 2.3., 2.12.

Luftpumpendruckregler: Bauelement der → Luftpumpe der Dampflok, das die Dampfzufuhr zum Dampfzylinder (bei der → Doppelverbundluftpumpe zum Hochdruckdampfzylinder) regelt. Der L. drosselt oder stellt die Dampfzufuhr ab, sobald der Druck im → Hauptluftbehälter i. d. R. 800 kPa erreicht hat und gibt diese wieder frei, wenn ein Druckabfall um etwa 30 kPa eintritt.

Luftpumpenschmierung: → DK-Schmierpumpe

Luftreiniger: Bauteil des → Strömungsgetriebes, das die zu dessen Steuerung benötigte Druckluft aus der Druckluftanlage der Diesel-Tfz. filtert und mit Hilfe des Wasserabscheiders von Wasserbestandteilen trennt.

Luftsauger: **1.** Einrichtung in Schienenfahrzeugen zur → Lüftung durch Absaugen verbrauchter Luft (statische Entlüftung). L. werden bes. in Reisezugwagen und Fahrgasträumen der Triebwagen, in Führerständen der Tfz. und in Kühlwagen angewandt. Die L. sind meist auf dem Dach angeordnet und erzeugen in den zu belüftenden Räumen einen Unterdruck, der das Zuströmen frischer Luft (Luftwechsel) bewirkt. – **2.** Einrichtung auf Tfz. zur Erzeugung des für den Betrieb einer → Saugluftbremse notwendigen Unterdrucks.

Luftsaugventil: → Zylindersaugventil

Luftspeicherverfahren: → Einspritzverfahren

Luftüberschuß: → Luftbedarf

Lüftung: Förderung auszutauschender (verbrauchter, erhitzter) Luft. Aufgaben: a) → *Kühlung* von Aggregaten (elektrischer Fahrmotor, Dieselmotor, Transformator, elektronische Geräte); b) *Luftverbessererung* (Belüftung) im Führerraum durch Fenster, Lüfter bzw. Lüftungsklappen, Ventilator; c) *Frischluftzufuhr* und Kühlung des Maschinenraums (→ Maschinenraumlüfter, → Lüftungsgitter.)
Arten: → Eigenbelüftung, → Druckbelüftung, Außenbelüftung (Luftzufuhr durch Gebläse bzw. Ventilatoren, z. B. Fremdbelüftung der Fahrmotoren, oder durch Fahrtwind).

Lüftungsgitter: gitterförmiges, luftdurchlässiges Bauelement zur → Lüftung (Be- und Entlüftung) von Räumen in Fahrzeugen. Bei Tfz. gibt es L. im Maschinenraum, gelegentlich auch im Führerraum. Die Gitterstäbe in Form von ineinandergreifenden Blechwinkelstreifen vermeiden Eindringen von Regenwasser und Schnee *(Schneegitter).* Durch 2 gegeneinander verschiebbare streifenförmige Gitterelemente kann das L. ggf. geschlossen werden. L. werden auch als Ansaugluftgitter für Dieselmotoren (→ Düsenlüftungsgitter, dort Abb.) eingesetzt.

Lüftungsklappe: verstellbare Klappe im Dach von Führerständen und Maschinenräumen zur statischen Belüftung dieser Räume. L. sollen so konstruiert sein, daß sie keinen Staudruck durch den Fahrtwind entstehen lassen, sondern einen Unterdruck in den zu belüftenden Räumen. → Belüftungsanlage

Luftventil: → Leerlaufeinrichtung

Luftverdichter: **1.** Aggregat zur Erzeugung von Druckluft auf elektrischen und Diesel-Tfz. für die → Druckluftbremse und die Hilfseinrichtungen. I. d. R. werden Kolben-L., seltener Schraubenverdichter eingesetzt. Sie werden entweder durch einen bes. Elektromotor angetrieben oder sind unmittelbar mit der Antriebsmaschine des Fahrzeugs gekoppelt. Bis zu Luftdrücken von 650 kPa werden 1stufige L. verwendet, darüber sind 2stufige L. erforderlich, wobei zwischen Niederdruck- und Hochdruckstufe ein Zwischenkühler zur Verbesserung des volumetrischen Wirkungsgrads eingeschaltet ist. Zur Reinigung der Luft werden Saugfilter vorgeschaltet; zwischen L. und Hauptluftbehälter ist ein Ölabscheider eingebaut. Ferner sind → Sicherheitsventile erforderlich. Über Druckwächter wird der L. in Abhängigkeit vom Hauptluftbehälterdruck automatisch ein- und ausgeschaltet (→ Luftanlage). Lit.: 4.5. – **2.** → Abgasturbolader, → Drehkolbengebläse

Luftverhältnis: Verhältnis λ des dem Zylinder eines Verbrennungsmotors zugeführten wirklichen Luftmassenstroms $\dot{m}$ zum theoretisch erforderlichen Luftmassenstrom $\dot{m}_{th}$ ($\lambda = \dot{m}/\dot{m}_{th}$). Zum Erreichen einer möglichst vollkommenen Verbrennung des Kraftstoffs im Verbrennungsmotor wird dem Zylinder ein Überschuß an Luft in Abhängigkeit von der Motordrehzahl zugeführt. Bei Nennleistung haben langsamlaufende Dieselmotoren λ = 1,8–2,0, schnellaufende Dieselmotoren λ = 1,3–1,7.

Luftvorwärmer: Einrichtung bei Dampflokomotiven zur Vorwärmung der Verbrennungsluft, die infolge der niedrigen Wärmeleitfähigkeit der Luft für ihre Vorwärmung mit Heiz- und Rauchgasen ein großes Rauchkammervolumen benötigt, das sich i.d.R. konstruktiv nicht verwirklichen läßt. Der erste L. wurde 1922 von Ljungström in seine erste → Dampfturbinenlokomotive eingebaut, wobei der von einem Teil der Rauchgase durchströmte L., der die Verbrennungsluft auf etwa 150°C vorwärmte, unterhalb der Rauchkammer angeordnet war. 1933 rüstete versuchsweise die Wiener Lokomotivfabrik die Güterzuglokomotive 80.4911 der BBÖ mit einem L. aus, die mit dem L. 4 Jahre im Einsatz war. Lit.: 2.8., 5.3.

Luftwiderstand: → Luftwiderstandskraft

Luftwiderstandskraft: anteilige → Widerstandskraft, die während der Zugfahrt durch den Kontakt des Zugs mit der Luft entsteht. Am Zug wirken die Relativgeschwindigkeit v_{rel} und die Quergeschwindigkeit v_q. Die Relativgeschwindigkeit ruft an der Stirnfläche die *Druckwiderstandskraft,* an der Oberfläche die *Luftreibungswiderstandskraft* und an der Heckfläche die *Sogwiderstandskraft* hervor. Auf die durch die Quergeschwindigkeit erzeugte *Seitendruckkraft* reagiert der Radsatz durch Schräglauf. Der Schräglaufwinkel bewirkt Gleitreibung zwischen Rad und Schiene und damit die in der Bewegungslinie des Zugs liegende *Seitenwindwiderstandskraft.* Übergänge zwischen den Fahrzeugen des Zuges rufen *Übergangswiderstandskräfte,* Unstetigkeiten im Zugbild (offene leere Wagenkästen, offene Fenster, nicht geschlossene Türen usw.) *Unstetigkeitswiderstandskräfte* hervor. Die L. ist nur als Summe aller Komponenten des Zugs zu ermitteln und nur experimentell bestimmbar. Es ist unzulässig, die L. eines Zugs durch Addition der für einzeln fahrende Fahrzeuge ermittelten L. zu bestimmen. Für die L. gilt die Gleichung

$$Rr_{Lu} = c_{Lu} A_S v_{rel}^2$$

Die Stirnfläche A_S ist durch die Fahrzeuggröße gegeben. Das Quadrat der Relativgeschwindigkeit v_{rel} besagt, daß die L. bes. bei Tfz. und Zügen, die mit großer Fahrgeschwindigkeit verkehren, beachtet werden muß. Der *Luftwiderstandsbeiwert* c_{Lu} ist hauptsächlich von der Fahrzeugform, aber auch von Luftdichte, Längen- zu Breitenverhältnis und Einordnung in den Zug abhängig (Solofahrt, an Zugspitze, am Zugschluß oder in Doppeltraktion fahrend). Durch strömungstechnisch günstige Formgebung sind kleine Luftwiderstandsbeiwerte und damit ein guter fahrdynamischer → Wirkungsgrad anzustreben. → Stromlinienverkleidung. Lit.: 1.28. Abb.

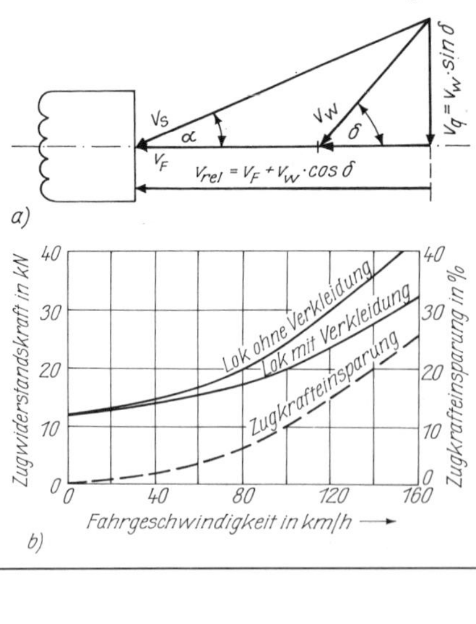

Luftwiderstandskraft
a) Geschwindigkeitsbeziehungen am Fahrzeug v_F Fahrgeschwindigkeit, v_W Windgeschwindigkeit, v_S Strömungsgeschwindigkeit, v_{rel} Relativgeschwindigkeit, v_q Quergeschwindigkeit, α Anströmwinkel, δ Winkel zwischen Fahrt- und Windrichtung
b) Einfluß der Formgebung auf die Zug- bzw. Luftwiderstandskraft, dargestellt am Beispiel eines 250-t-D-Zugs, bespannt mit einer Dampflokomotive der BR 05 der DRG

Luftzerstäuberdüse: → Brenner

Luftzylinder: → Luftpumpe

Lukenfutter: → Waschluke

Lukenpilz: → Waschluke

Luttermöller, Gustav: 30. April 1868 (Brackwede) – 24. Dezember 1954 (Potsdam); Lokomotivbau-Ingenieur, Erfinder des → Luttermöller-Radsatzes. L. war seit 1896 bei der Lokomotivfabrik Orenstein & Koppel AG tätig, wo er ab 1899 das Konstruktionsbüro leitete und später bis 1932 die Stelle des Direktors übernahm. 1924 wurde L. von der Technischen

Hochschule Danzig die Ehrendoktorwürde verliehen. Lit.: 5.2., 5.3.

Luttermöller-Radsatz: i.e.S. die Sonderbauart eines von → Luttermöller entwickelten kuppelzapfenlosen, zahnradgetriebenen und als Endradsatz verwendeten → Kuppelradsatzes, der sich unter dem Lokomotivrahmen radial (→ Radialachse) einstellen kann; i.w.S. die Verbindung eines seitenunverschieblich im Innenraum gelagerten → Treibradsatzes (1) oder Kuppelradsatzes mit dem L. (i.e.S.) durch einen praktisch als Deichsel (→ Deichselgestell) ausgebildeten Zahnradgetriebekasten, der mit dem durch den Antriebszapfen angetriebenen Zahnrad auf dem festen Radsatz mit einem Kugelgelenk gelagert ist. Eine Rückstelleinrichtung mindert das Schlingern der Lok. Der L. benötigte einen größeren Bau- und Instandhaltungsaufwand gegenüber Kuppelradsätzen normaler Bauart. Infolge seines Zahnradantriebs sank der mechanische Wirkungsgrad der damit ausgerüsteten Dampflokomotiven erheblich ab. Der L. wurde z.B. für die E-gekuppelten Lokomotiven der BR 87, BR 99^{18} und BR 99^{43-44} der DRG sowie die von der Fa. Orenstein & Koppel gebauten DRG-Lokomotiven der BR 84 verwendet. Eine erste, dem L. ähnliche Ausführung wurde 1853 von Engerth bei seiner Stütztenderlokomotive (→ Engerth-Lokomotive) erprobt. Lit.: 1.24., 2.1. Bd. 3, 2.8., 2.9., 2.12., 5.3, Abb.

LVT: ehem. Kennbuchstaben für → **L**eicht**v**erbrennungs**t**riebwagen bei der DB und der DR.

Lyrastromabnehmer, *Bügelstromabnehmer:* → Stromabnehmer, der aus einem ebenen Stahlrohrrahmen in Form des altgriechischen Musikinstruments Lyra besteht. Dieser Stahlrohrrahmen ist in einem um eine horizontale Achse schwenkbaren Tragegestell gelagert und wird durch eine Torsionsfeder in gegenüber der Fahrtrichtung leicht nach hinten geneigter Lage gehalten. Im oberen Teil des Rahmens ist das → Schleifstück, das als gerade oder gewölbte Leiste ausgebildet sein kann, beweglich gelagert, damit es sich bei wechselnder Lage des L. nicht verkanten kann. Gegenüber dem → Stangenstromabnehmer können wegen des Flächenkontakts größere Stromstärken übertragen werden, dagegen sind Anpreßkräfte von nur 30–50 N erforderlich. Wegen der Gefahr des Abspringens von der Fahrleitung sind L. nur für Fahrgeschwindigkeiten bis max. 40 km/h geeignet. L. wurden früher außer bei Straßenbahntriebwagen auch bei Eisenbahn-Tfz. kleinerer Leistung (z.B. bei Triebwagen, Rangier- und Werklokomotiven) verwendet. Abb.

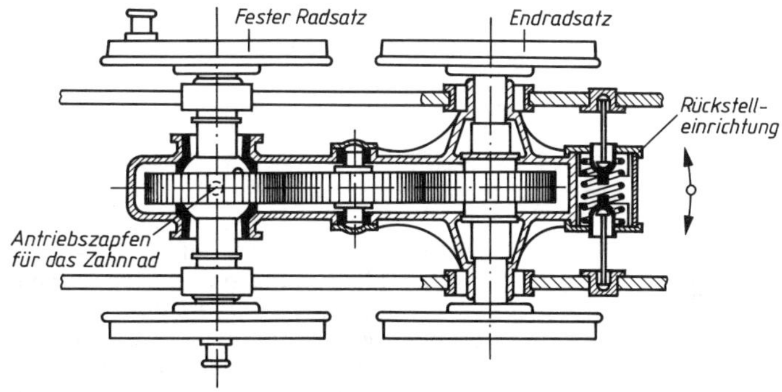

Luttermöller-Radsatz (Schema)

Lysholm-Smith-Getriebe: nach den Schöpfern A. Lysholm und J. Smith benannte Bauart eines → Strömungsgetriebes der Fa. Ljungström, das mit einem 3stufigen → Strömungswandler ausgerüstet ist. Beim L. wurden erstmals gezogene, zylindrische Profile für die Turbinen- und Leitschaufeln verwendet; es war das erste für Fahrzeuge serienmäßig hergestellte Strömungsgetriebe. Mit dem 3stufigen Strömungswandler wurden 1932 ein max. Wirkungsgrad von 82% und eine 5fache → Drehmomentwandlung erzielt. Die Weiterentwicklung führte zum Strömungsgetriebe mit verstellbaren Pumpenschaufeln (→ Krupp-Strömungsgetriebe). L. werden von vielen Firmen in Lizenz hergestellt; sie sind in großen Stückzahlen im Einsatz und werden in Diesellokomotiven und -triebwagen angewandt.

LZB: Abk. für → **l**inienförmige **Z**ug**b**eeinflussung.

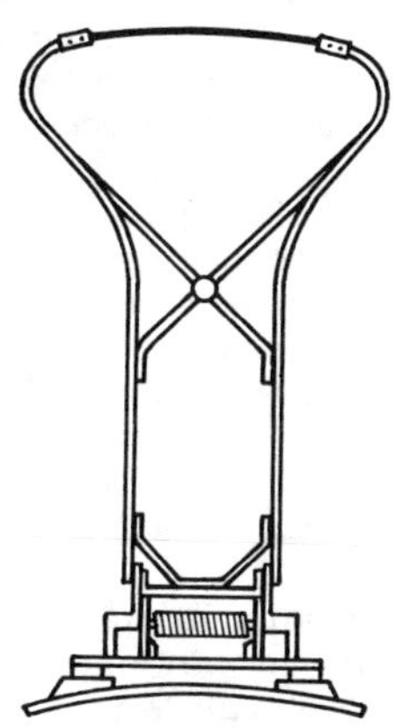

Lyrastromabnehmer (Schema)

M

Joseph Anton Ritter von *Maffei*

Maffei, Joseph Anton, Ritter von: 4. September 1790 (München) – 1. September 1870 (München); Unternehmer und Begründer der Lokomotivfabrik J.A. Maffei 1837 in München. Nach Erlernen des kaufmännischen Berufs übernahm M. 1815 die väterliche Tabakfabrik und legte mit dem Erwerb eines kleinen Eisenwerks bei München 1837 den Grundstein für die Herstellung von Dampflokomotiven. Als erste »Maffei-Lokomotive« verließ 1841 die vom englischen Ingenieur Hall entworfene 1A1-Dampflokomotive »Der Münchner« für die München-Augsburger Eisenbahn das Werk. Die ihr bis 1874 folgenden weiteren 1000 Lokomotiven bestätigten die Führungsrolle dieses Werks im süddeutschen Lokomotivbau. Bes. hervorzuheben sind die 1851 unter Leitung vom M., der das Werk bis kurz vor Vollendung seines 80. Lebensjahres führte, gebaute Gebirgslokomotive → »Bavaria« und die M.-Bauvariante der → Crampton-Lokomotive von 1853. Lit.: 2.9., 5.1., 5.2. Abb.

Maffei-Turbinenlokomotive: von der Fa. Maffei gelieferte → Dampfturbinenlokomotive, die 1929 mit der Nr. T18 1002 von der DRG in Dienst gestellt wurde und eine Turbinenleistung von 2024 kW bei 8800 U/min für 120 km/h sowie einen Kuppelraddurchmesser von 1750 mm besaß. Im Gesamtaufbau und in der Auslegung ähnelte sie stark der → Krupp-Turbinenlokomotive T18 1001; der Kesseldruck der M. betrug allerdings 2200 kPa gegenüber 1500 kPa der Krupp-Lokomotive. Äußerlich unterschied sie sich von der Krupp-Lok nur durch die längs zum Kessel beidseitig unter dem Umlauf angebrachten Kondensatoren, die bei der T18 1001 quer zum Rahmen unter dem Kessel lagen. Aus den gleichen Gründen wie bei der Krupp-Turbinenlokomotive und wegen ihrer recht hohen Störanfälligkeit blieb auch die M. ein Einzelstück und wurde 1943 ausgemustert. Lit.: 2.8.

Magnetdurchflutungsgerät: Gerät zur zerstörungsfreien Prüfung hochbeanspruchter Eisenbauteile (z.B. Treib- und Kuppelstangen von Dampfloks, Speichen der Treibräder von Tfz.) auf Anrisse mit Hilfe magnetischer Durchflutung. Dabei wird die zu untersuchende Stelle von magnetischen Kraftlinien durchflossen. Haarrisse und Anrisse unterbrechen den Kraftlinienfluß.

Magnetfilter: Bauart des → Filters (1) zur Aussonderung von Eisenteilen aus Motoren- und Getriebeölen. M. sind als Einbaufilter für die Filterung des Ölstroms in Rohrleitungen oder als → Magnetstopfen ausgeführt und gehören zur Gruppe der nichtselbstreinigenden Filter. Sie werden meist als Zusatzfilter verwendet.

magnetische Zugbeeinflussung, *magnetische Fahrsperre:* Art der → punktförmigen Zugbeeinflussung mit Informationsübertragung durch magnetische Gleichfelder. Die *Streckeneinrichtung* besteht aus einem Permanentmagneten mit Löschwicklung oder einem Gleichfeld-Elektromagneten (→ Gleismagnet). Ein magnetischer Empfänger mit Auswerteeinrichtung bildet die *Fahrzeugeinrichtung.* Funktion: Bei haltzeigendem Signal erzeugt der Gleismagnet ein Magnetfeld, das der magnetische Empfänger aufnimmt und auswertet. Dieser Empfänger reagiert auf das Vorhandensein und die Richtung des Magnetfelds. Nachteile: geringes Informationsvolumen.

Magnetschienenbremse: → Reibungsbremse für Schienenfahrzeuge, bei der → Bremsmagnete elektromagnetisch auf die Schiene gepreßt werden und die Bremswirkung durch Reibung und Wirbelstromeffekte zwischen den Bremsmagneten und den Schienen entsteht. Die M. ist eine zusätzliche Bremseinrichtung, die vom Kraftschluß Rad/Schiene unabhängig ist. Sie ist verschleißbehaftet und wird deshalb nur bei Schnellbremsungen (Bremskraft ist nicht regelbar) eingesetzt. Im Gefahrenfall können dadurch kürzere Bremswege erreicht werden (Not- oder Indusi-Zwangsbremsung). Die Bremskraft nimmt mit Abnahme der Geschwindigkeit stark zu (→ Bremskraftkennlinie). Zur Vermeidung eines starken

→ Halterucks wird die M. vor dem Stillstand bei etwa 20 km/h abgeschaltet. Eine Minderung der Bremskraft kann nicht nur durch Aufschweißungen auf der Reibfläche und durch Kurzschlußbrücken auftreten, sondern auch durch eine seitliche Verschiebung der Magnetmitte aus der Schienenkopfmitte. Die Bremskraft wird durch Anschläge am Bremsmagneten und entspr. ausgebildete Mitnehmer auf das Drehgestell übertragen. Die Leistungsaufnahme (bezogen auf eine Magnetlänge von 1 m) beträgt 1,0–1,2 kW. Jeder Bremsmagnet wird durch 2 Hubzylinder in Federspeicherausführung in Hochlage gehalten. Durch Druckluft werden sie auf die Schiene abgesenkt. Nach dem Bremsvorgang werden die beweglich gelagerten Hubzylinder entlüftet, und die gespannten Druckfedern befördern die Magnete in die Hochlage. Diese muß mindestens 55 mm über SO sein. Bei Schienenomnibussen wird eine Tiefaufhängung angewendet, wobei die Magnete in einem Abstand von 8–10 mm federnd über der Schiene aufgehängt sind. Bei Erregung überwinden die Magnete die Federkraft und setzen auf den Schienen auf.
Bremseinrichtungen von Triebwagen und Triebzügen werden mit einer elektrischen Ansteuerung versehen, indem bei Schnellbremsung am Führerbremsventil ein elektrischer Kontakt geschlossen wird (Abb.). Dadurch wird ein Magnetventil (4) mit Strom beschickt, und Druckluft strömt aus der Hauptluftbehälterleitung (5) in die Hubzylinder (2). Gleichzeitig wird das Bremsschütz (3) eingeschaltet, so daß Strom zu den Magneten fließt. Mit Beendigung der Schnellbremsung und dem Umlegen des Führerbremshebels wird die Stromzufuhr zum Magnetventil und zum Bremsschütz unterbrochen. Die Hubzylinder werden entlüftet. Lit.: 1.8. Abb.

Magnetstopfen: Bauart des → Magnetfilters, bei der in einer Schraube ein magnetischer Stopfen angeordnet ist, an dem sich die Eisenteilchen aus dem Öl aussondern. M. sind in der → Ölwanne von Dieselmotoren, allen Arten von Getrieben (z. B. → Strömungsgetriebe) und/oder im Hauptfiltergehäuse angebracht. Sie unterstützen bei regelmäßiger Reinigung den Filtervorgang des Hauptfilters. → Spaltfilter (dort Abb.).

Magnetventil: elektrisch fernbetätigtes Absperrorgan mit Zweipunktcharakteri-

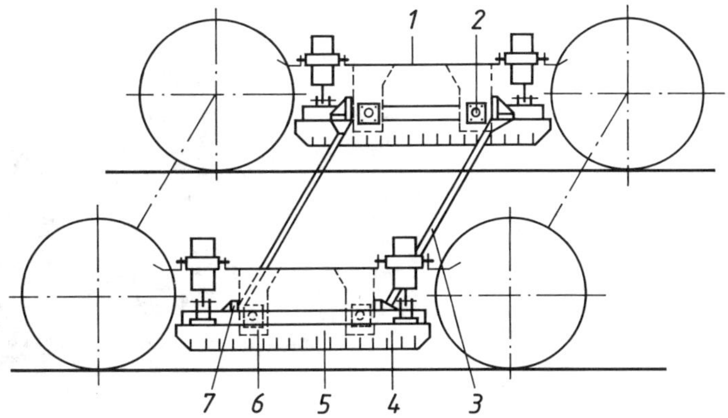

a)

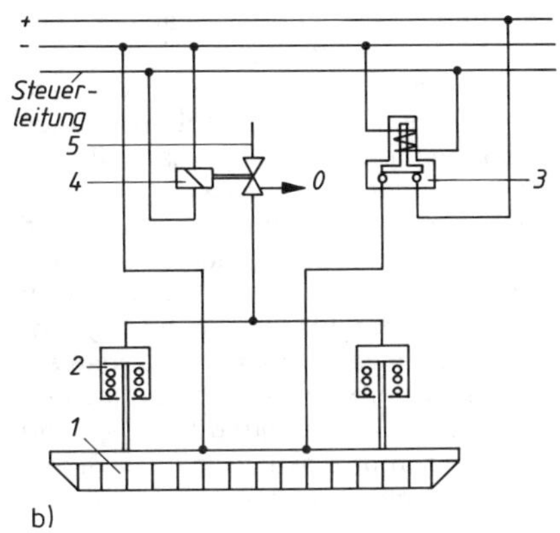

b)

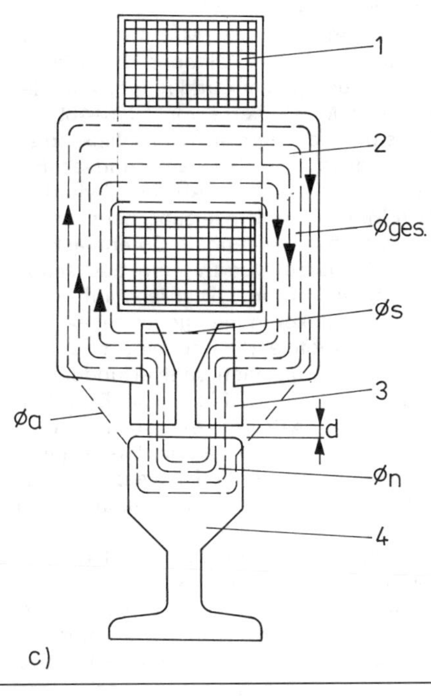

c)

Magnetschienenbremse
a) Anordnung der Schienenbremsmagneten im Drehgestell
1 Drehgestellrahmen, 2 Seitenpuffer, 3 Spurhalter, 4 Hubzylinder, 5 Gliedermagnet, 6 Mitnehmer, 7 Mitnehmeranschlag
b) Schaltschema der Magnetschienenbremse bei elektrischer Ansteuerung
1 Gliedermagnet, 2 Hubzylinder, 3 Bremsschütz, 4 Magnetventil, 5 Luftleitung vom Hauptluftbehälter
c) Kraftlinienverlauf
1 Erregerspule, 2 Eisenkern, 3 Magnetschleifschuh, 4 Schienenkopf, *d* Luftspalt mit hohem magnetischem Widerstand, *Φ*ges gesamter magnetischer Kraftfluß, *Φ*s innerer Streufluß, *Φ*a außen vorbeistreuender Kraftfluß, *Φ*n Nutzfluß im Schienenkopf

Mallet-Lokomotive
C'C n4vt-Lokomotive der Bauart Mallet; sie wurde 1910 von OuK an die Nordhausen-Wernigeröder-Eisenbahn geliefert und 1921 nach Bolivien verkauft

stik (→ Zweipunktregelung). M. bestehen i. d. R. aus einem Tauchanker-Magnetsystem und einem Ventil. Wird an der Spule des Magnetsystems Spannung angelegt, so wird deren Anker mit dem Ventilstößel um einen festgelegten Betrag angezogen und das Ventil (je nach Bauart) geöffnet oder geschlossen. Nach Abschalten der Spannung geht das Ventil durch seine Eigengewichtskraft oder durch Federkraft in die Ausgangslage zurück. M. werden für flüssige oder gasförmige Medien verwendet. Sie werden z. B. zur Steuerung von → Strömungsgetrieben sowie zur Betätigung von → Sandstreuanlagen und akustischen → Signaleinrichtungen eingesetzt.

Magnetverstärker: → Transduktor

Makrofon: → Typhon

Mallet, Anatole: 23. Mai 1837 (Lancy/Kanton Genf) – 10. Oktober 1919 (Paris); Schweizer Ingenieur und hervorragender Erfinder. M. studierte von 1855–1858 in Paris und beteiligte sich anschließend an Vorarbeiten zum Suezkanal und an Hafenbauten in Italien. Ab 1867 widmete sich M. bes. der Umsetzung neuer Ideen im Dampfmaschinenbau. So entwickelte er 1874 durch Übertragung des schon bekannten Verbundverfahrens auf die → Naßdampflokomotive die erste → Verbundlokomotive (1) und eine ebenfalls von ihm im gleichen Jahr erfundene → Anfahreinrichtung. Für beide Erfindungen erhielt er Patente wie auch für eine 1884 entwickelte 4-Zylinder-Verbund-Doppellokomotive. Er ist weiter der Patentinhaber der nach ihm benannten und 1886 erstmals gebauten → Mallet-Lokomotive, einer Bauart der → Gelenklokomotive. Lit.: 2.9., 5.1., 5.3.

Mallet-Lokomotive: von → Mallet entwickelte → Gelenklokomotive, unter der ursprünglich eine → Verbundlokomotive (1) mit vorauslaufendem → Triebdrehgestell (mit der ersten Triebwerksgruppe) und der im Hauptrahmen gelagerten hinteren zweiten Triebwerksgruppe verstanden wurde. Später bezeichnete man auch mit einfacher Dampfdehung und mit umgekehrter Triebwerksgruppen-Anordnung arbeitende Dampflokomotiven als M. I. d. R. sind bei Verbunddampflokomotiven die mit den niedrigeren Dampfdrücken beaufschlagten Niederdruckzylinder im Triebdrehgestell untergebracht, um die Dichtheit der gelenkig ausgeführten Verbindungsdampfleitungen besser zu beherrschen. Je nach Anordnung des Triebdrehgestells trägt dieses auf entspr. Gleitlagern den vorderen oder hinteren Teil des Lokomotivkessels.
Trotz vorhandener Rückstelleinrichtungen neigte das Triebdrehgestell zum Schlingern, wodurch die Höchstgeschwindigkeit der M. begrenzt wurde.
Die ersten M. waren Schmalspurlokomotiven mit 600 mm Spurweite der belgischen Fa. Ateliers Metallurgiques Turbize für die Ausstellungsbahn auf der Pariser Weltausstellung von 1889. Mitte der 50er Jahre wurden für die SŽD die letzten beiden (1'D) D2'-M. gebaut. Einige Schmalspur-M. wurden bei der DR noch im Harz eingesetzt. Lit.: 2.6., 2.8., 2.10., 5.3. Abb.

»Mammut«: Name einer 1'E1' h2t-Dampflokomotive der → Tierklasse.

Mangold-Lager: ein von Mangold als verbessertes → Obergethmannlager entwickeltes → Gleitlager für → Treibradsätze (1) von Dampfloks mit verkürzter oberer Lagerschale und über die Achsmitte hinaus verlängerter und durch Stellkeil *seitlich* nachstellbarer unterer Lagerschale. Die runden Lagerschalenkörper bestehen aus Stahlguß und sind durch eingeschraubte metallische Dübel, die eine zusätzliche Schmierung ermöglichen, gegen Verdrehen im Radsatzlagergehäuse gesichert. Im Weißmetalleinguß sind Notlaufleisten aus Kupfer eingebracht und im Lagerkörper verankert. Lit.: 2.3., 2.12. Abb.

Mannloch: verschließbare, ellipsenförmige Einstiegsluke in Kesseln (auch bei einigen Bauarten von → Dampflokomotivkesseln) für das Reinigen des Kesselinneren.

Manometer: Gerät zum Messen des Drucks. Bei den Tfz. werden M. vielfach für die Kontrolle des ordnungsgemäßen Betriebs eingesetzt, z. B. bei Dampfloks zum Messen des → Kesseldrucks *(Dampfdruck-M.)* oder des Heizdampfdrucks, wobei die Dienstvorschriften fordern, daß das Zifferblatt (die Skale) des M. eine bes. Markierung (roter Strich) für jeden festgesetzten höchsten Dampfüberdruck haben muß. Dafür werden ausschl. → Röhrenfedermanometer eingesetzt, außerdem muß der Kessel einen Anschluß für ein Prüf-M. haben. Die Tfz. haben weiterhin M. für die Messung der Drücke im → Hauptluftbehälter, in der Bremsleitung, in der → Hauptluftbehälterleitung und im → Bremszylinder. Bei den Diesel-Tfz. werden M. für die Überwachung des Öldrucks (Schmieröldruck) verwendet.

M-Anordnung: → Gelenkwellenantrieb

Marcotty, Franz: 1845 (Belgien) – 8. Januar 1920 (Glehn bei Neuß); technisch begabter Kaufmann. M. wertete ein 1894 von dem 1865 geborenen Nichteisenbahner Dr.-Ing. De Grahl erworbenes Patent gemeinsam mit ihm für eine später nach M. benannte M.-Rauchverminderungseinrichtung (→ Rauchverbrennungseinrichtung) für Dampflokomotivkessel wirtschaftlich aus. Diese Entwicklung führte schließlich in ebenfalls gemeinsamer Konstruktionsarbeit mit De Grahl zur nach innen aufschlagenden → Marcotty-Feuertür, die i. G. z. Rauchverminderungseinrichtung eine starke Verbreitung bei mehreren Eisenbahnen, z. B. bei der DRG und den BBÖ fand. M. lebte bis 1900 in Belgien. Mit 55 Jahren siedelte der 1900 eingebürgerte M. nach Deutschland über, wo er die Lokomotivfabrik Krupp vertrat. Lit.: 2.6., 2.9., 5.3.

Marcotty-Feuertür, *Marcotty-Kipptür:* von → Marcotty entwickelte Bauform der → Feuertür von → Dampflokomotivkesseln. Sie wird mit einem Gewichtshebel bewegt und im geschlossenen, geöffneten und halbgeöffneten Zustand durch Rasten festgehalten. Die M. schlägt um eine oberhalb des → Feuerlochs liegende

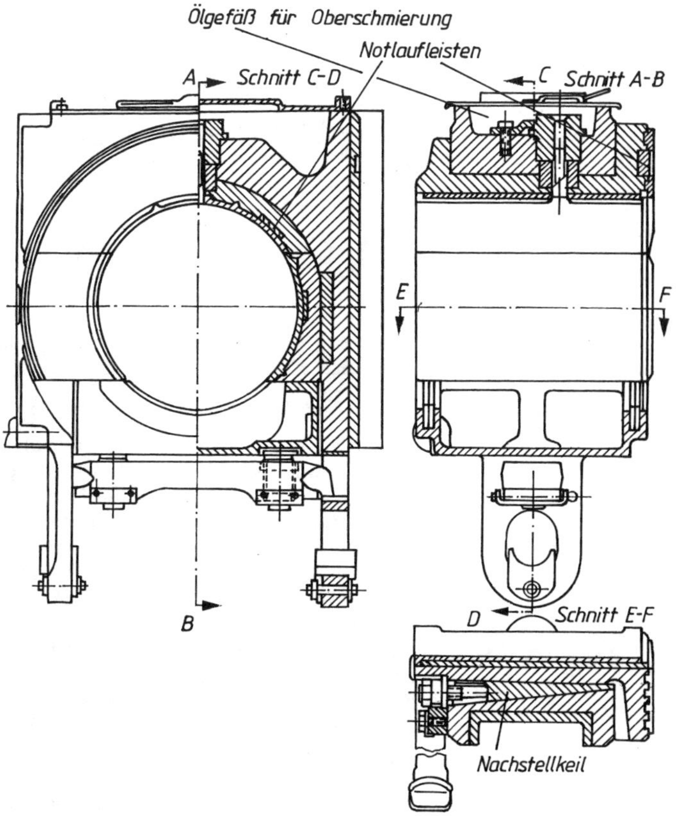

Mangold-Lager
Treibradsatzlager der Bauart Mangold

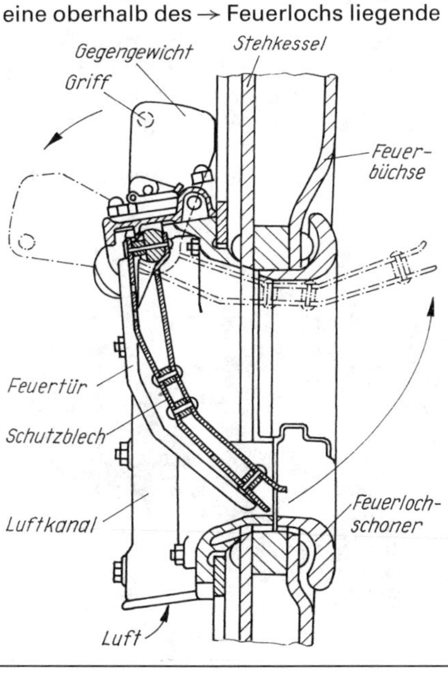

Marcotty-Feuertür (Seitenansicht)

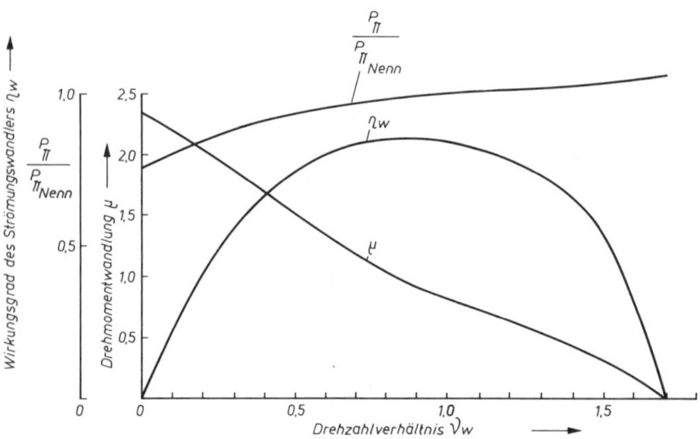

Marschwandler (Kennlinie)
$\frac{P\pi}{R\pi_{Nenn}}$ Leistungsaufnahme (relativ)

waagerechte Achse nach innen auf und wird bei ungewöhnlichem Druckanstieg in der → Feuerbüchse (z.B. bei Rohrriß) selbsttätig geschlossen und verhindert so Verletzugnen des Heizers. Neben der Tür befinden sich im Türrahmen Luftkanäle, durch die Luft (Oberluft) hinter der geschlossenen Tür in die Feuerbüchse treten kann. Diese Kanäle sind mit Drosselklappen abgedeckt, die erst bei zu großem Unterdruck nach innen aufschlagen und zusätzliche Oberluft zur Verbrennung einströmen lassen. Die beidseitig von Lokführer und Heizer bedienbare M. wurde bei vielen Lokomotiv-BR der → Länderbauarten und bei den Lokomotiv-BR der → Einheitsbauart angewandt. Lit.: 2.3., 2.9., 2.12. Abb.

Marschwandler: → Strömungswandler, der für ein → Drehzahlverhältnis von mehr als 0,6 ausgelegt ist und für den mittleren und oberen Abtriebsdrehzahlbereich eines → Wandlergetriebes verwendet wird. Der M. besitzt ein kleineres Anfahrdrehmoment und wegen der flacheren Schaufelform des Turbinenrads i.allg. einen besseren Wirkungsgrad als der → Anfahrwandler. Die Turbinenräder vom Anfahrwandler und ersten M. können auf einen gemeinsamen Abtriebszahntrieb wirken, da die Wandler hydraulisch gestuft sind (Auslegungs-Drehzahlverhältnis ist unterschiedlich). Als dritte → Gangstufe eines Strömungsgetriebes kann ein weiterer hydraulisch gestufter M. oder ein gleicher M. mit mechanischer Stufung (→ Übersetzungsverhältnis des Zahntriebs ist unterschiedlich) verwendet werden. Abb.

Maschinendrehgestell des »Fliegenden Hamburgers« (1932)

Martin-Feuerbüchssieder: 2 in die → Feuerbüchse eingebaute und durch → Stehbolzen versteifte, leicht gewölbte → Wasserkammern, deren unteren Abschluß je ein in Längsrichtung verlaufendes, an den Wasserraum des Lokomotivkessels an der Feuerbüchsvorderwand oder am Kesselbauch angeschlossenes Wasserrohr bildete. Der M. sollte bei Dampflokomotiven mit → Ölfeuerung die Ausmauerung im unteren Feuerbüchsteil ersetzen, die unmittelbare → Heizfläche vergrößern und so zur Brennstoffeinsparung führen. Lit.: 5.3.

Maschine: umgangssprachl. Bezeichnung für → Lokomotive.

Maschinenanlage: Gesamtheit der für die Erzeugung der Zugkraft und der Leistung für die Hilfseinrichtungen notwendigen Aggregate bei Brennkraft-Tfz. Zur M. gehören die Antriebsanlage, Einrichtungen zur Energieumformung, z.B. der → Heizdampferzeuger und die → Hilfsmaschinen. Die M. ist im → Maschinenraum, im → Vorbau, unterflur, z.T. im → Maschinendrehgestell, → Triebdrehgestell oder z.T. auch im Dach (z.B. → Dachkühler) der Tfz. untergebracht.

Maschinendrehgestell: → Drehgestell eines Tfz., in das Maschinen und Aggregate des Antriebs, z.B. Dieselmotor und Generator, eingebaut sind, aber i.G.z. → Maschinentriebdrehgestell die Radsätze *nicht* angetrieben sind. Anwendung: vorwiegend bei dieselelektrischen Triebzügen, z.B. beim SVT → »Fliegender Hamburger« der DRG. Abb.

Maschinenraum: von den → Aufbauten umgebener Raum von Diesel- und Elektro-Tfz., in dem die → Maschinenanlage und → Hilfseinrichtungen untergebracht sind. Der M. bei Streckenlokomotiven mit 2 Endführerständen ist dazwischen meist in voller Fahrzeugbreite mit Seitengang angeordnet und von den Führerständen aus über Türen oder von außen bzw. vom → Umlauf aus zugänglich. Abnehmbare Dachteile ermöglichen den Ein- und Ausbau von Aggregaten der Maschinenanlage mit Hebezeugen. Bei Lokomotiven mit Mittel- oder 1 Endführerstand sind Maschinenanlage und Hilfseinrichtungen im → Vorbau untergebracht. Auch → Maschinenwagen und → Triebköpfe können einen M. besitzen. → Triebwagen werden heute nur noch selten mit M. ausgeführt, weil die Unterfluranordnungen der Maschinenanlage bevorzugt wird. Bei Treiblokomotiven nimmt der M. die gesamte Fahrzeuglänge ein. Zur Belüfung des M. dienen → Maschinenraumlüfter oder → Abgasejektoren (2).

Maschinenraumlüfter: im Dach des → Maschinenraums montierter, elektrisch angetriebener Lüfter, der die von der Maschinenanlage erwärmte Luft ins Freie abführt. M. sind meist → Axiallüfter. Sie werden z.B. bei der BR220 der DB/DR eingesetzt. → Belüftungsanlage

Maschinenselbstschalter: elektromagnetischer Schalter auf Diesel-Tfz., der nach dem Anlassen des Dieselmotors die → Lichtmaschine bzw. die → Lichtanlaßmaschine mit den elektrischen Verbrauchern und der → Batterie verbindet, wenn ihre Spannung die Batteriespannung übersteigt, und der diese Verbindung wieder trennt, wenn die Lichtmaschinenspannung beim Fallen der Dieselmotordrehzahl unter die Batteriespannung sinkt. Damit wird das Fließen des Rückstroms vermieden, der die Batterie über die Lichtmaschine entladen würde. Der M. besteht im wesentlichen aus 1 oder 2 Magnetsystemen mit Strom- und Spannungsspule und einem um seine Achse drehbaren Anker, der bei der Erregung der Magnete von ihren Polen angezogen wird und so durch Schließen bzw. Öffnen von Kontakten die zur Funktion des M. erforderlichen Schaltzustände herstellt.

Der in seinem Aufbau recht komplizierte und in der Wartung und Instandhaltung aufwendige M. wurde bei fast allen Tfz. durch eine → Rückstromdiode ersetzt, deren Ventilwirkung das Fließen des Entladestroms verhindert.

Maschinentriebdrehgestell: → Drehgestell, in dem die komplette Antriebsanlage untergebracht ist und i.G.z. → Maschinendrehgestell die Radsätze angetrieben werden. M. werden vorwiegend bei Dieseltriebzügen und Dieseltriebwagen mit mechanischer oder hydraulischer Leistungsübertragung angewandt.

Maschinenwagen: i. allg. ein mit der Maschinenanlage des → Antriebssystems ausgerüstetes Fahrzeug eines → Triebzugs, seltener ein nur für die Aufnahme der Energieversorgungsanlage der → Zentralen Energieversorgung (2) bestimmtes Fahrzeug. Ein Triebzug kann nur 1 M. an der Spitze führen, wie z.B. beim → Talgo-Triebzug, an jedem Zugende 1 M. oder (seltener) in der Mitte 1 oder 2 M. haben. I. G. z. → Triebwagen oder → Triebkopf hat der M. keine Einrichtungen für eine Personen- oder Gepäckbeförderung, aber teilweise einen Führerstand bzw. einen Behelfsführerstand.

Maschinenzugkraft: → Zugkraft eines Tfz., bezogen auf die Ausgangsseite der Antriebsmaschine (Abtriebsflansch; für Dampflok: → indizierte Zugkraft). Beim Benutzen der M. in fahrdynamischen Berechnungen sind die Getriebewiderstandskraft (→ Widerstandskraft durch Reibung in den Baugruppen der → Leistungsübertragung) und die Drehmomentwandlung zu berücksichtigen.

Mason-Lokomotive: als Bauform der → Fairlie-Lokomotive von Mason 1871 konstrierte → Gelenklokomotive, die anstelle des Doppelkessels einen Einzelkessel normaler Bauart besaß, dessen → Aschkasten zwischen dem voranlaufenden → Triebdrehgestell und dem hinteren Laufdrehgestell lag. Lokomotivkessel und Tender wurden vom Hauptrahmen der M. getragen. In der Folge entstanden M. mit bis zu 4fach gekuppeltem Triebdrehgestell und bis zu 3achsigem Laufdrehgestell. Die M. waren vorwiegend bei USA-Bahngesellschaften eingesetzt. Sie wurden schließlich von der → Mallet-Lokomotive verdrängt. Lit.: 2.8., 5.3.

Masse je Längeneinheit: spezifische, längenbezogene Kenngröße für die Festlegung des Einsatzes von Eisenbahnfahrzeugen auf Strecken und Brücken; früher auch als *Meterlast* bezeichnet. Die M. berechnet sich aus der Fahrzeuggesamtmasse (bei Wagen Eigenmasse plus Grenzlademasse), dividiert durch die → Länge über Puffer des Fahrzeugs. Die zul. M. ist abhängig von der Streckenklasse. Der zul. Größtwert für Tfz. beträgt z.B. nach den Bestimmungen der UIC 8,0 t/m bei gleichzeitig größter zul. Radsatzgewichtskraft von 220 kN (bei Achsfolge BB) bzw. 202 kN (bei Achsfolge CC).

Massenausgleich: notweniger Ausgleich von Massenkräften von Tfz. mit → Stangenantrieb durch Anbringen von → Gegengewichten. Dies geschieht bes. bei Dampflokomotiven zur Vermeidung von Störbewegungen (vor allem in Längsrichtung). Die Massenkräfte entstehen durch die umlaufenden Triebwerkmassen (Kurbelzapfen, Teil der Stangenmasse) und die schwingenden Triebwerkteile (Kolben mit Stange, Kreuzkopf und Steuerungsteile). Die umlaufenden Massenkräfte werden vollständig ausgeglichen und die schwingenden nur soweit, daß keine Radkraftänderungen >15% auftreten. Bei Dreizylinderlokomotiven mit um 120° gegeneinander versetzten Treibkurbeln und Gleichheit der schwingenden Massen sowie bei Vierzylinderlokomotiven mit um 180° gegeneinander versetzten Treibkurbeln auf einer Maschinenseite (→ gegenläufiges Triebwerk) ist der Ausgleich der schwingenden Massen nahezu vollkommen. Die Gegengewichte werden überwiegend sichelförmig in den Treib- und Kuppelrädern angeordnet. Lit.: 2.4., 2.9., 2.10., 2.22. Abb.

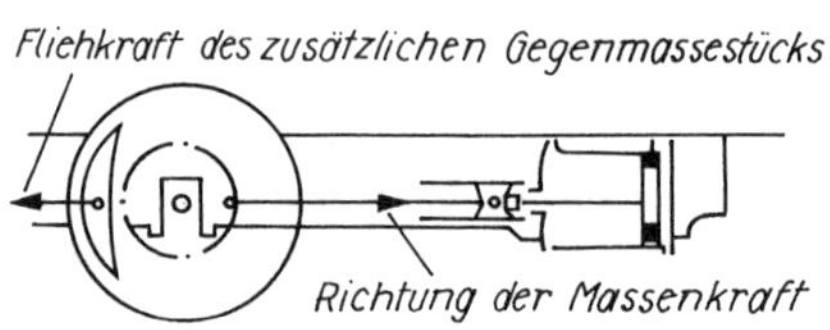

Massenausgleich
Wirkung der Gegenmassestücke in Längsrichtung

Massenfaktor, *Massefaktor:* Koeffizient ϱ zur Erfassung des Einflusses der rotierenden Massen im Zug auf die Zugbewegung. Diese rotierenden Massen bestehen im wesentlichen aus Radsätzen, Anker der Fahrmotoren und Achsgeneratoren, Getriebebauteilen und Flüssigkeit im Strömungsgetriebe. Die kinetische Gesamtenergie des Eisenbahnzugs W_{ges} ist die Summe von kinetischer Translationsenergie W_{trans} und kinetischer Rotationsenergie W_{rot} ($W_{ges} = W_{trans} + W_{rot}$). Der Quotient aus kinetischer Gesamt- und Translationsenergie W_{ges}/W_{trans} ist der M. ϱ:

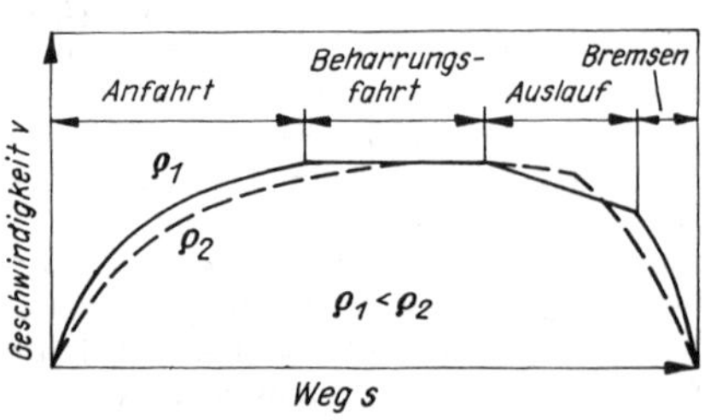

Massenfaktor
Fahrschaubild für ein Fahrzeug mit unterschiedlichem Massenfaktor

$$\varrho = 1 + \frac{W_{rot}}{W_{trans}} \quad (1)$$

Mit den Beziehungen für die kinetische Translationsenergie ($m_Z v^2/2$), für die kinetische Rotationsenergie ($J_{red}\omega^2/2$) und für die Drehgeschwindigkeit des Rades ($\omega = v/r_R$) erhält man aus der Gleichung (1) für den M.:

$$\varrho = 1 + \frac{J_{red}}{m_Z r_R^2} \quad (2)$$

(m_Z Zugmasse in kg, r_R Radhalbmesser in m, J_{red} auf Radumfang reduziertes Massenträgheitsmoment aller Rotationsteile des Zugs in kg·m²).

Durch Einführung des M. können die Gleichungen für die kinetische Gesamtenergie W_{ges} und für die Beschleunigungskraft F_a des Zugs vereinfacht ausgedrückt werden:

$$W_{ges} = \frac{\varrho m_Z}{2} v^2 \quad (3)$$

$$F_a = \varrho m_Z a \quad (4)$$

Nach Gleichungen (3) und (4) bewirkt der M. eine scheinbare Vergrößerung der Zugmasse. Er wird entweder durch Berechnung oder durch Ausrollversuche bestimmt. Der M. des Zugs ist aus den M. der Einzelfahrzeuge als gewogenes Mittel zu bilden. Da der M. das Beschleunigungsvermögen des Zugs vermindert, die Bremsen verstärkt belastet und den Energieverbrauch erhöht, ist er möglichst klein zu halten. Er verbessert aber das Verhalten des Zugs beim Auslauf und bei Einfahrt in eine Steigung. Abb., Tab.

Massenfaktor

Fahrzeugart	Massenfaktor
Reisezüge	1,10
Leere Güterzüge	1,15
Beladene Güterzüge	1,06
Dampflokomotiven	1,06
Dieselhydraulische Lokomotiven	1,20
Dieselelektrische Lokomotiven, elektrische Triebfahrzeuge	1,20...1,30
Anhängefahrzeuge für Triebwagen	1,06

maßgebende Neigung: größte mittlere Längsneigung (Steigung oder Gefälle) einer Eisenbahnstrecke. Die m.N. wird bis 10‰ auf 2000 m, über 10‰ auf 1000 m und vor Blocksignalen auf den Vorsignalabstand bezogen. Auf der Grundlage der m.N. werden für die Eisenbahnstrecken erforderliche Mindestbremshundertstel (Gewährleistung der Sicherheit), Anfahrgrenzmassen (Gewährleistung der Zuganfahrt) und Wagenzugmassen bei Mindestgeschwindigkeiten (Gewährleistung der Streckendurchlaßfähigkeit) festgelegt.

Matrossow-Bremse: einlösige → Druckluftbremse sowjetischer Bauart mit der Kurzbez. *M.* Die Mehrzahl der Ventilbauarten wurde unter Leitung von Matrossow entwickelt. Die M. besitzt keinen Bremsstellungswechsel G-P. Für jeden Einsatzzweck gibt es bestimmte Typen. Für Triebzüge und Tfz. für den Reisezugverkehr wird das → Steuerventil Nr. 292 in Verbindung mit dem elektropneumatischen Steuerventil Nr. 305 verwendet, die auf den → Bremszylinder über ein → Doppelrückschlagventil wirken. Das Steuerventil Nr. 292 dient als Sicherheitsreserve bei Ausfall der → elektropneumatischen Bremse direkter Bauart. Im Aufbau ähnelt es dem schnellwirkenden Westinghouse-Einfachsteuerventil, besitzt jedoch eine Einrichtung zur Betriebsbremsbeschleunigung. Wegen niedriger Temperaturen werden metallische Schieberspiegel verwendet. Außerdem sind ein → Schnellbremsbeschleuniger und ein Umstellhahn mit den Stellungen: 1) kurzer Zug (bis 18 Wagen); 2) langer Zug; 3) Schnellbremsbeschleuniger abgeschaltet, vorhanden. Nur bei Schnellbremsung bewirkt die Umstellung die Veränderung der Füllseiten. Dem Kurzzeichen *M* wird die Typen-Nr. des Steuerventils bei der Anschrift beigefügt, z.B. M-292.

mechanische Aufladung: → Aufladeverfahren zur Erhöhung des Frischladungsdurchsatzes von Verbrennungsmotoren kleiner bis mittlerer Leistung zur Nutzleistungserhöhung. Der Luftverdichter wird von der Kurbelwelle des Motors durch ein mechanisches Getriebe angetrieben. Die komprimierte Luft gelangt über die Sammelleitung vom Verdichter in die Zylinder. Da ein Teil der bei der Aufladung erzeugten Mehrleistung des Motors vom Luftverdichter selbst benötigt wird, werden mit diesem Aufladeverfahren nur beschränkte Leistungserhöhungen erzielt. Durch die starre Verbindung des Verdichters mit der Kurbelwelle des Motors gehören zu jeder Motordrehzahl adäquate Verdichterdrehzahlen, Frischladungsmengen und folglich Verdichterantriebsleistungen. Im Teilleistungsbereich des Motors, in dem der erhöhte Luftdurchsatz nicht zur Verbrennung der eingespritzten Kraftstoffmasse benötigt wird, stellt sich ein unwirtschaftlicher Motorbetrieb ein. Motoren mit m.A. werden deshalb jetzt auch mit abschaltbarem Verdichter ausgeführt.

mechanische Kraftübertragung: ehem. Bezeichnung für → mechanische Leistungsübertragung.

mechanische Leistung: → Leistung, → Nutzleistung

mechanische Leistungsübertragung: Art der → Leistungsübertragung von Brennkraft-Tfz., bei der die Leistung des Antriebsmotors mechanisch weitergeleitet wird. Kennzeichnendes Bauteil der m.L. ist das → Zahnradschaltgetriebe in Verbindung mit Trennkupplung(en). Ein hoher Wirkungsgrad ist ein Vorzug der m.L., aber die zum Schalten der Gänge notwendige → Zugkraftunterbrechung und die je nach Gangzahl stufenweise Drehmomentwandlung sowie die nur am Ende jedes Gangs nutzbare Nennleistung der Antriebsmaschine schränken die Anwendbarkeit bei Tfz. ein (→ dieselmechanische Lokomotive, → dieselmechanischer Triebwagen). Die m.L. findet heute nur noch bei Brennkraft-Tfz. mit Leistungen bis etwa 300 kW je Maschinenanlage Anwendung.

mechanische Rostbeschickung: → Stoker

mechanischer Wirkungsgrad: Kennwert η_m für die mechanische Güte einer Maschine, eines Antriebssystems oder eines Getriebes (→ Wirkungsgrad). Der m.W. berücksichtigt alle in der Reibungsleistung P_r erfaßten Verluste (mechanische Reibungsverluste, Leistungsanteile für betriebsbedingte Hilfsmaschinen eines Aggregats). Für → Verbrennungskraftmaschinen mit der Nutzleistung P_e gilt

$\eta_m = P_e/P_i = P_e/(P_e+P_r)$

(P_i Innenleistung).

mechanische Schmierung: zur → Schmierung hochbeanspruchter Verschleißteile, wie Lager (Radsatzlager, Treib- und Kuppelstangenlager) oder Führungen beweglicher Maschinenteile (Kreuzkopfgleitbahn), eingesetzte mechanische Einrichtungen. Die bei älteren Elloks eingesetzten Gleitlager, z.B. Bauart Peyinghaus oder Isothermos, mußten für die Übertragung der Antriebskräfte mit weitumgreifenden Lagerschalen versehen werden, die die Anwendung eines → Schmierpolsters verhinderten. Die Schmierölzuführung wurde deshalb durch an die Stirnfläche des Radsatzschenkels aufgeschraubte Schleuderscheiben oder -stäbe, die unten in die Ölwanne eintauchen und während der Fahrt das Öl nach oben schleudern, gesichert *(Auftriebsschmierung).* Zur m.S. gehört auch die → Heyder-Spurkranzschmiereinrichtung.

mechanisches Getriebe: → Getriebe, bei dem Bewegungen und/oder Drehmomente *mechanisch* umgewandelt oder übertragen werden. M.G. untergliedern sich in → Zahnradgetriebe, Stangenmechanismen (→ Kurbeltriebwerk, → Stangenantrieb) und Hülltriebe (→ Kettenantrieb, → Keilriemenantrieb).

mechanische Steuerung: Betätigen von Bedienelementen (Handrad, Fuß- oder Handhebel oder Handkurbel) von Hand oder Fuß zur Steuerung der Geschwindigkeit sowie der Zugkraft und damit der Antriebsleistung des Tfz. entspr. dem geforderten Fahrprogramm. Die m.S. wird meist durch Regelelemente, die z.B. die größte Leistung und max. Drehzahl oder den Leerlauf des Antriebs begrenzen, ergänzt. Sie muß weiterhin den Fahrtrichtungswechsel und ggf. eine Triebwerksbremsung ermöglichen. Durch die charakteristische direkte mechanische Verbindung (Direktsteuerung) zwischen Bediener (Tfz.-Führer) und Antriebsanlage ist die m.S. nicht für eine → Fernsteuerung oder → Mehrfachsteuerung der Tfz. geeignet.

Bei → *Diesellokomotiven* kann die m.S. bei kleineren Leistungen bis etwa 150 kW angewandt werden, wobei sie bei → Kleinlokomotiven meist direkt von den Bedienelementen aus betätigt wird. Bei größeren Motorleistungen und größeren Entfernungen zwischen Führerstand und Antriebsanlage sind weitere mechanische Übertragungselemente, wie Wellen, Hebel, Gestänge, Drahtseilzüge oder Ketten, erforderlich. Dadurch wird die m.S. kompliziert und bedarf eines recht großen Aufwands für genaue Einstellung und häufiges Nachstellen sowie (bedingt durch den großen Verschleiß bei häufiger Betätigung bes. im Rangierbetrieb) für Instandhaltung. Deshalb wurde weitgehend zur pneumatischen Steuerung oder zur elektrischen Steuerung übergegangen. Bei → *elektrischen Triebfahrzeugen* sehr kleiner Leistung, vor allem im Orts- oder Nahverkehr, wird eine direkte m.S. genutzt, um die Schaltelemente des → Hauptstromkreises unmittelbar über handbediente Bauteile (→ Handkurbel, → Handsteuerung) zu steuern. Bei den → *Dampflokomotiven* wird mit einer m.S. die Regelung der Dampfzufuhr zum → Triebwerk sowohl hinsichtlich der Menge als auch bezüglich der Einströmung in die für Vorwärts- oder Rückwärtsfahrt richtigen Zylinderräume vorgenommen. Nach der Einstellung der Fahrtrichtung und → Füllung von Hand über die → Steuerschraube geschieht die weitere Dampfein- und Dampfausströmung bei geöffnetem → Dampfregler selbsttätig (z.B. → Schiebersteuerung, → Heusinger-Steuerung). Mit dem Regler wird von Hand der notwendige Dampfdruck beim Einströmen (im → Schieberkasten) eingestellt.

mechanische Zugbeeinflussung: Art der → punktförmigen Zugbeeinflussung mit Informationsübertragung vor und am Haltsignal durch mechanische Berührung zwischen Strecken- und Triebfahrzeugeinrichtung. Die m.Z. ist nur für relativ niedrige Geschwindigkeiten anwendbar (bis etwa 90 km/h) und umfaßt als Informationsvolumen nur 2 Informationen. Anwendung: Unter anderem als *Fahrsperre* bei der S- und U-Bahn Berlin und bei der S-Bahn Hamburg. Lit.: 4.2.

Mehrachsantrieb: Bezeichnung für Antriebsart mit mehr als 1 angetriebenen Radsatz eines Tfz.; bei modernen Tfz. vorherrschend. Der M. ist insbes. erforderlich, um große Zugkräfte des Tfz. bei geringen zul. → Achsfahrmassen erzielen zu können. Werden alle Radsätze eines Tfz. angetrieben, liegt ein Allachsantrieb vor.

Mehrfachdüsen-Lüftungsgitter: → Düsenlüftungsgitter

Mehrfachsteuerung, *Vielfachsteuerung:* Steuerung einer zweiten oder mehrerer Maschinenanlagen eines Tfz. und eines zweiten oder mehrerer gleichartiger, gekuppelter Tfz. vom → Führerstand des führenden Tfz. aus. Die M. ermöglicht die Mehrfachtraktion (→ Doppeltraktion) ohne zusätzlichen Personalaufwand. Die elektrischen und Diesel-Tfz. sind oft mit einer M. ausgestattet; die Steuerbefehle werden elektrisch übertragen. Der Spannungsabfall in den Steuerleitungen und die Schaltleistung der Geräte begrenzen die Anzahl der zu steuernden Anlagen bzw. Tfz.

Mehrfachtraktion: Förderung eines Eisenbahnzuges mit 2 oder mehr → Lokomotiven, d.h. mindestens in → Doppeltraktion.

Mehrfachventilregler: mit mehreren Ventilen ausgestatteter → Heißdampfregler einiger Neubau- und Reko-Dampflokomotiven (z.B. bei der BR65 und BR83 der DR). Der M. ist zwischen der Heißdampfkammer des → Dampfsammelkastens und den Einströmrohren angeordnet, besitzt 3 Haupt- und 1 Entlastungsventil, die über eine Nockenwelle bewegt werden. Beim Öffnen wird zuerst das Entlastungsventil angehoben und Dampf in die Entlastungskammer geleitet. Hier wirkt er auf den Entlastungskolben der Hauptventile und stellt nahezu einen Druckausgleich mit dem Dampfüberdruck im Kessel her. Der M. hat sich nicht bewährt, da infolge des ungenügenden Druckausgleichs die Hauptventile vom Kesselüberdruck beaufschlagt wurden und sich der M. somit selbsttätig schloß.

Mehrlochdüse: Teil des → Einspritzventils von Verbrennungsmotoren zur Zerstäubung und Verteilung des Kraftstoffs im Verbrennungsraum. M. werden für Dieselmotoren mit direkter Einspritzung mit bis zu 12 Bohrungen ausgeführt, die in die halbkugelartige Wölbung des in den Verbrennungsraum hineinragenden Düsenkörpers eingebracht sind. Bohrungsdurchmesser 0,2 mm, Abspritzwinkel etwa 100°, Düsenöffnungsdruck 15–25 MPa. Abb.

mehrlösige Druckluftbremse: → Druckluftbremse, bei der die → Bremswirkung nach Bedarf stufenweise vermindert werden kann. Das geschieht durch stufenweise Druckerhöhung in der → Hauptluftleitung nach einem Bremsvorgang. Bei einem Druck von 485 kPa löst die m.D. voll aus. Die Mehrlösigkeit erlaubt eine leichtere Bedienung der Bremse entspr. den betrieblichen Anforderungen. Dies ist bes. beim Befahren von Gefällen wichtig. Während man bei → einlösigen Druckluftbremsen zur Geschwindigkeitsregelung des Zugs mit kleiner Bremsstufe den Bremsvorgang beginnt, kann mit der m.D. die erste Bremsstufe durch stärkere Druckabsenkung in der Hauptluftleitung eingeleitet werden, und mit folgenden Lösestufen wird die gewünschte Geschwindigkeit bzw. an der gewünschten Stelle der Halt erreicht. Moderne → Streckenlokomotiven sind meist mit einer m.D. ausgestattet, ältere Tfz. einschl. Dampflokomotiven besitzen einlösige Druckluftbremsen. Abb.

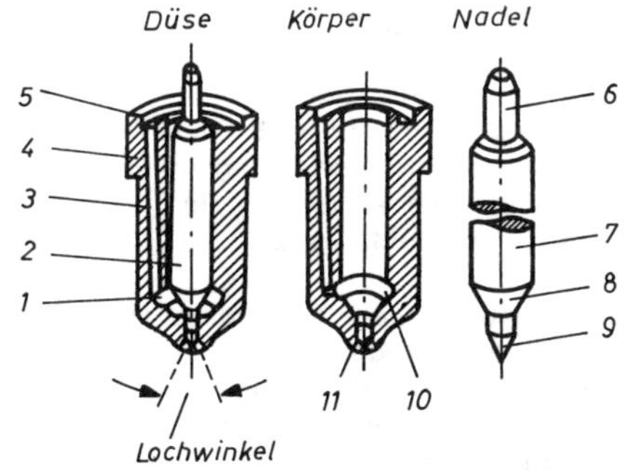

Mehrlochdüse (Schnitt)
1 Druckkammer, 2 Düsennadel, 3 Zulaufbohrung, 4 Düsenkörper, 5 Ringnut, 6 Druckzapfen, 7 Nadelschaft, 8 Druckschulter, 9 Nadelsitzfläche, 10 Spritzzapfen, 11 Zulaufbohrung

Mehrsektionslokomotive: → Lokomotive, die aus mehreren Einheiten (Sektionen), Führereinheiten und oft führerstandslosen Einheiten als Booster-Units (→ Booster, Boostereinheit) oder Treibeinheit zusammengesetzt ist (vgl. auch → Doppellokomotive) und durch die → Mehrfachsteuerung (auch Funksteuerung) von einem Führerstand aus gesteuert werden kann. Bei den Bahnen der USA werden M. z.B. aus 4 und mehr Dieseltriebeinheiten eingesetzt.

Mehrspannungsheizung: spezielle Heizeinrichtung (→ elektrische Heizung) entspr. UIC-Merkblatt 552 V »Speisung der Züge mit elektrischer Energie«, die im internationalen Einsatz auf Strecken mit unterschiedlichen Spannungen und Frequenzen verkehren. Sie kann wahlweise mit einer der international vereinbarten Heizspannungen und Stromarten (1000 V, 16⅔ Hz; 1500 V, 50 Hz; 1500 V oder 3000 V Gleichspannung) betrieben werden. Die Umschaltung auf das jeweils anliegende System erfolgt automatisch. Bei den SŽD und ČSD wird auch die international nicht vereinbarte Spannung 3000 V, 50 Hz angewandt. Lit.: 1.8.

Mehrspannungstriebfahrzeug: elektrisches Tfz., das mit mehreren Fahrlei-

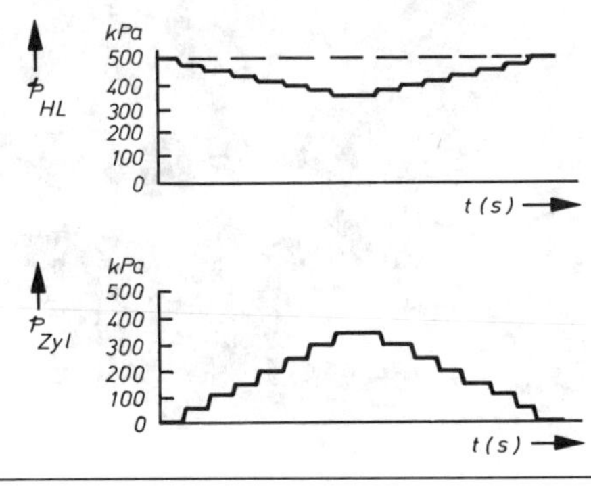

mehrlösige Druckluftbremse
Abstufbarkeit des Bremszylinderdrucks p_{Zyl} durch den Hauptluftleitungsdruck p_{HL}

tungsspannungen ein- und derselben Stromart betrieben werden kann. Am häufigsten sind *Zweispannungs-Tfz.* für Gleichspannung 1,5 kV/3 kV, z. B. für den grenzüberschreitenden Verkehr zwischen den Niederlanden und Belgien.

Mehrstromtriebfahrzeug: → Mehrsystemtriebfahrzeug

Mehrstufenregler: in Stufen ansteuerbarer → Verstellregler.

Mehrsystemtriebfahrzeug, *Mehrstromtriebfahrzeug:* elektrisches Tfz., das für den Betrieb mit 2 oder mehr verschiedenen → Bahnstromsystemen geeignet ist. Je nach Anzahl der Systeme, mit denen das Tfz. betrieben werden kann, wird unterschieden nach *Zwei-, Drei-* oder *Viersystem-Tfz.* M. besitzen meist → Mischstrommotoren, die bei Fahrt in Wechselstromnetzen über Gleichrichter, bei Fahrt in Gleichstromnetzen direkt oder über Wechselrichter und nachgeschaltete Gleichrichter gespeist werden. Auch ist die Anwendung der → Drehstromantriebstechnik mit Drehstromfahrmotoren möglich und wird auch bei M. an Bedeutung gewinnen. Die bis jetzt nur in Europa eingesetzten Vierstrom-Tfz. sind für

a)

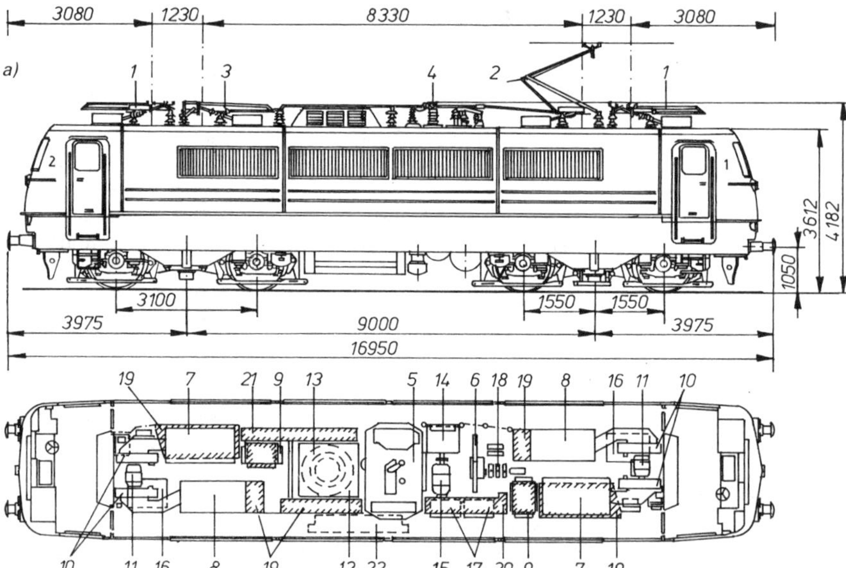

b)

Mehrsystemtriebfahrzeug
a) Viersystemlokomotive der BR 184 der DB/DR
1 Stromabnehmer für SNCB und NS, 2 Stromabnehmer für DB, 3 Stromabnehmer für SNCF, 4 Wechselstromhauptschalter, 5 Haupttransformator, 6 Gleichstromhauptschalter, 7 Fahrmotorgleichrichter, 8 Wechselrichtereinheit, 9 Kommutierungsdrossel, 10 Fahrmotorlüfter, 11 Motor für Fahrmotorlüfter, 12 Bremswiderstand, 13 Motor für Ölkühler und Bremswiderstandslüfter, 14 Luftverdichter, 15 Motor für Luftverdichter, 16 Fahrmotorglättungsdrossel, 17 Glättungsdrossel für Rückspeisung, 18 Glättungskondensator für Rückspeisung, 19 Gerüst für elektrische Geräte, 20 Gerüst für Hochspannungsschaltgeräte, 21 Gerüst für Druckluftgeräte, 22 Batterie
b) Zweisystemlokomotive der BR BB 25501 der SNCF für Gleichspannung 1,5 kV und Einphasenwechselspannung 25 kV, 50 Hz

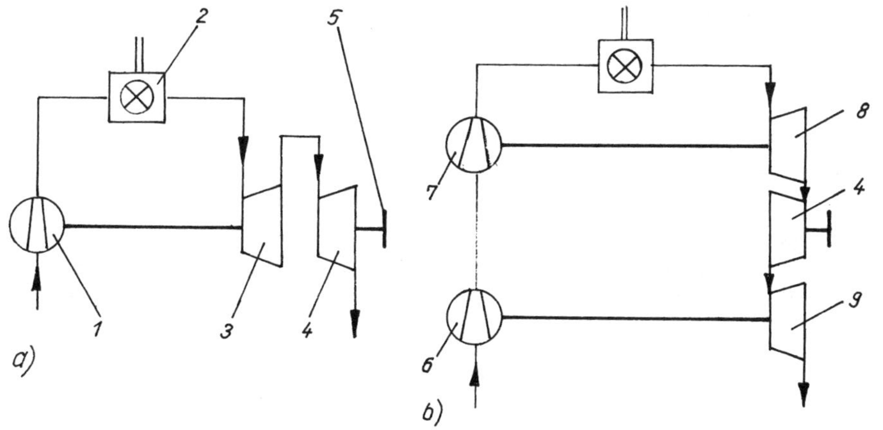

die 4 auf europäischen Fernbahnnetzen vorkommenden Bahnstromsysteme (Gleichspannung 1,5 kV und 3 kV, Einphasenwechselspannung 15 kV, 16⅔ Hz und 25 kV, 50 Hz) geeignet und werden deshalb auch als *Allstrom-Tfz.* bezeichnet. Die Viersystemlokomotive der BR 184 der DB ist unter dem Namen »Europalokomotive« bekanntgeworden. Lit.: 4.4., 4.5., 4.11. Abb. → Tafel »Elektrische Lokomotiven«

Mehrwellen-Gasturbine: → Gasturbine, die aus einem → Gaserzeuger und einer freien → Nutzleistungsturbine besteht. Nach der Anzahl der mechanisch voneinander getrennten Wellen werden Zwei- und Dreiwellen-Gasturbinen unterschieden. Bei der *Zweiwellen-Gasturbine* ist die Expansionsarbeit auf 2 Turbinen aufgeteilt, wovon i. d. R. die Hochdruckturbine als Gaserzeugerturbine (→ Verdichterturbine) und die Niederdruckturbine als Nutzleistungsturbine geschaltet ist. Bei der *Dreiwellen-Gasturbine* ist der Gaserzeuger 2wellig ausgeführt. Die Kompressionsarbeit ist auf 2 Verdichter und die Expansionsarbeit auf 3 Turbinen aufgeteilt, von denen je nach Bauart der Gasturbine die Mittel- oder Niederdruckturbine als Nutzleistungsturbine geschaltet ist. Durch die Aufteilung der Kompressionsarbeit auf 1 Nieder- und 1 Hochdruckverdichter lassen sich hohe → Verdichterdruckverhältnisse erzielen. Jede Verdichtergruppe kann mit optimaler Drehzahl arbeiten, so daß günstige → Teillastwirkungsgrade erreicht werden. Die Leistungslinien der M. sind Parabeln konstanter Gaserzeugerdrehzahl. Daraus folgt ein mit abnehmender Drehzahl der Nutzleistungsturbine etwa linear ansteigendes Drehmoment, dessen Maximum bei Stillstand der Nutzleistungsturbine erreicht wird. Abb.

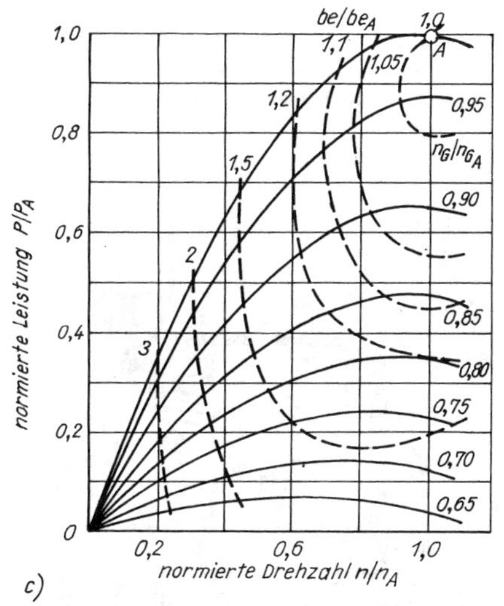

Mehrwellen-Gasturbine
a) Zweiwellen-Gasturbine, b) Dreiwellen-Gasturbine
1 Verdichter, 2 Brennkammer, 3 Verdichterturbine, 4 Nutzleistungsturbine, 5 Abtriebsflansch, 6 Niederdruckverdichter, 7 Hochdruckverdichter, 8 Hochdruckturbine, 9 Niederdruckturbine
c) Leistungskennfeld
A Auslegungspunkt, n_G/n_{GA} normierte Gaserzeugerdrehzahl, b_e/b_{eA} normierter spezifischer Kraftstoffverbrauch

Mehrzwecklokomotive: → Lokomotive, die für unterschiedliche Beförderungsaufgaben (→ Reisezuglokomotive, → Güterzuglokomotive) eingesetzt werden kann. Moderne Dieselloks und meist auch Elloks sind als M. einsetzbar. Gelegentlich werden zur Anpassung an den Reisezug- oder Güterzugdienst im Betrieb schaltbare Getriebe zur Änderung des Übersetzungsverhältnisses angewandt.

Mehrzylinderlokomotive: gebräuchl. Bezeichnung für Dampflokomotiven mit mehr als 2 Dampfzylindern im Triebwerk. Die M. werden in → Drillingslokomotiven und → Vierlingslokomotiven bei 1stufiger Dampfdehnung bzw. in Vierzylinder-Verbundlokomotiven bei 2stufiger Dampfdehnung eingeteilt.

Meier-Mattern-Druckölsteuerung: → Ventilsteuerung bei Dampflokomotiven, bei der die Steuerbewegungen von der → äußeren Steuerung auf die Ventile (→ innere Steuerung) nicht mechanisch, sondern mit Öldruck übertragen werden. Der Versuch wurde 1930 an 2 Lokomotiven der Niederländischen Eisenbahn durchgeführt.

Meineke, Felix: 9. April 1877 (Oberlahnstein) – 10. Juni 1955 (Berlin); Lokomotivkonstrukteur, Oberingenieur, Professor an der TH Berlin-Charlottenburg. Nach dem Studium an der TH Darmstadt und Hannover begann M. seine berufliche Laufbahn als Lokomotivkonstrukteur für jeweils 2 Jahre bei Henschel in Kassel und Hartmann in Chemnitz. Von 1907 an arbeitete er als Assistent und ab 1909 als Oberingenieur und Leiter der Konstruktionsabteilung bei der russischen Maschinen- und Lokomotivfabrik in Kolomna, wo er mehrere Lokomotiven für Neben- und Kleinbahnen sowie 1912 eine D-Heißdampflokomotive mit günstigem Dampfverbrauch entwickelte. Nach 1920 beriet er → Lomonossow bei der Entwicklung der ersten beiden in Deutschland für die Sowjetunion gebauten Großdiesellokomotiven mit elektrischer und mechanischer Leistungsübertragung. Aus der Vielzahl seiner wissenschaftlichen Veröffentlichungen aus dem Bereich der Schienenfahrzeugtechnik sind bes. die beiden grundlegenden Werke zur Theorie, Gestaltung und Konstruktion der Dampflokomotive »Kurzes Lehrbuch des Dampflokomotivbaues« und »Die Dampflokomotive. Lehre und Gestaltung« (gemeinsam mit F. Röhrs) hervorzuheben. Lit.: 5.2., 5.3, Glas. Ann. (1955)

Mekydrogetriebe: von der Fa. Maybach entwickelte Bauart des → hydromechanischen Getriebes. Das M. besteht aus einem ständig gefüllten → Strömungswandler mit nachgeschaltetem → Zahnradschaltgetriebe (4gängig), bei dem die → Gangstufen durch → Abweisklauenkupplungen oder → Riegelklauenkupplungen geschaltet werden (Typen KL64, K104, K184). Strömungswandler, Zahnradschaltgetriebe, Steuereinrichtung und das → Wendegetriebe sind in einem Gehäuse untergebracht. Der Strömungswandler ist als → Ausrückwandler ausgeführt, der beim Schalten die Funktion von → Trennkupplung und → Synchronisiereinrichtung und beim Fahren die stufenlose Drehmomentwandlung in jeder

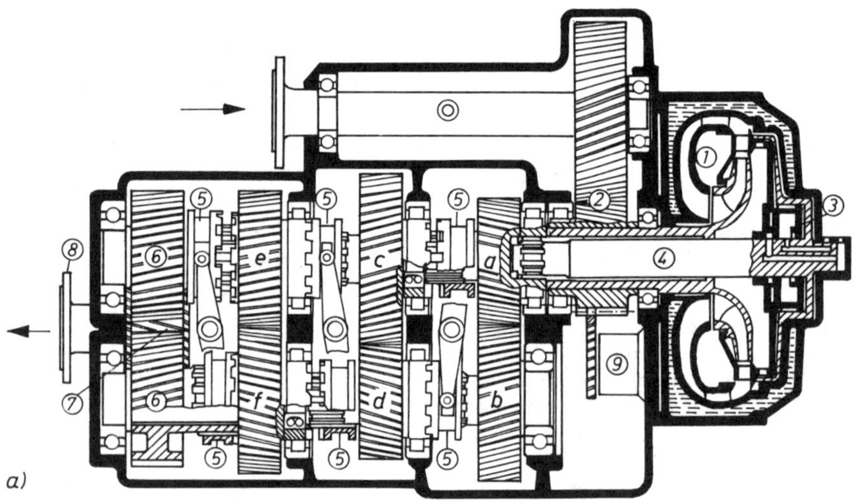

a)

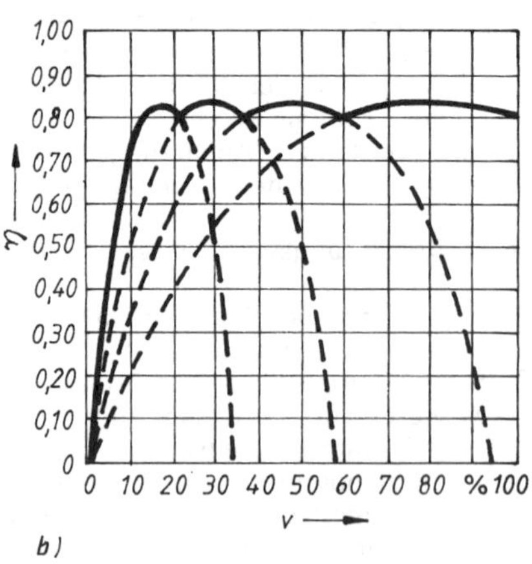

b)

Mekydrogetriebe
a) Maybach-Mekydrogetriebe K104
0 Antriebswelle, 1 Strömungswandler (Ausrückwandler), 2 Hochtrieb, 3 Öldruckzylinder, 4 Turbinenwelle, 5 Abweisklauenkupplungen, 6 Wendegetriebe, 7 Abtriebzahnrad, 8 Abtriebsflansch, 9 Primärzahnradpumpe zur Wandlerfüllung, Steuerung und Schmierung, a bis f Zahnräder des 4-Gang-Schaltgetriebes
b) Wirkungsgradverlauf eines 4gängigen Mekydrogetriebes
η Getriebewirkungsgrad, v Fahrgeschwindigkeit

Gangstufe erfüllt; er bleibt in den Gangstufen ständig gefüllt. Die Gänge werden durch einen → Drehzahlschalter mit → Primärbeeinflussung geschaltet. Das Zusammenwirken von Strömungswandler und 4gängigem Zahnradschaltgetriebe führt zum Wirkungsgradverlauf eines 4-Wandler-Strömungsgetriebes (Abb.), allerdings mit kurzzeitiger → Zugkraftunterbrechung bei jedem Umschaltpunkt. Dieser Fakt und ein an den mechanischen Schaltelementen möglicher Verschleiß führten zur Weiterentwicklung des M. zum hydrodynamischen Getriebe mit 2 Strömungswandlern und Gangschaltung durch Füllungswechsel; die selbsttätige mechanische Gangschaltung während der Fahrt wurde verlassen (Typ K252). Abb.

Meldelampe: → Meldetableau

Meldetableau: Teil des → Führerpults bzw. der → Führerraumrückwand, wo Meldelampen übersichtlich angeordnet sind, die über den Betriebszustand der Antriebsanlage, der Sicherheits- und Hilfseinrichtungen des Tfz. informieren. Das M. erleichtert das Überwachen der Funktionstüchtigkeit und Arbeitsbereitschaft des Tfz. und ermöglicht so ein ggf. notwendiges schnelles Reagieren durch den Tfz.-Führer. Durch zunehmende Automatisierung der Tfz. nimmt die Bedeutung von M. ab, dgl. durch die Übernahme der zentralen Überwachung durch den Bordcomputer, der die notwendigen Informationen über einen Bildschirm oder als kodierte Fehlermeldung gibt.

Membran-Ölsperre: → Ölsperre

Membranventil: Drosselventil, dessen Regel- und Stellkräfte durch Druckluft (Steuer- und Hilfsluft), die auf 2 verschiedene Membranen wirkt, erzeugt werden, während Federn die Gegenkräfte aufbringen. Über die Ventilspindel, die mit der Arbeitsmembran verbunden ist, werden die Stellkräfte auf das Ventil übertragen. M. werden z. B. zur → Wasserstandsregelung der → Heizdampferzeuger verwendet. Abb.

Meßwandler: spezieller → Transformator (→ Wandler) zur Messung relativ großer elektrischer Ströme oder Spannungen, der diese so reduziert, daß Meßinstrumente oder Relais sekundärseitig an den M. direkt angeschlossen werden können. M. dienen in Tfz. als → Stromwandler zur Strommessung im → Hochspannungsstromkreis, im Heizstromkreis und in Motorstromkreisen sowie als → Spannungswandler zur Messung der Fahrleitungsspannung. Lit.: 4.5.

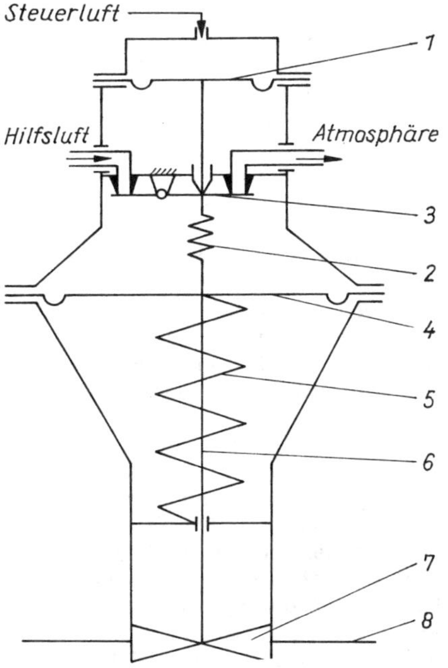

Membranventil (Schema)
1 Regelmembran, 2 Regelfeder, 3 Wippe, 4 Arbeitsmembran, 5 Arbeitsfeder, 6 Ventilspindel, 7 Ventil, 8 Speisewasserleitung

Meterlast: → Masse je Längeneinheit

Meurer-Verfahren, *M-Verfahren:* bei der Fa. MAN von Meurer entwickeltes → Gemischbildungsverfahren durch wandverteilte Kraftstoffeinspritzung. Beim M. mit der kugelförmigen Brennraummulde im Kolben (Mittenkugelbrennraum) wird beim Ansaugen der Luft im Drallkanal vor dem → Einlaßventil ein Luftwirbel aufgebaut, der auch während der Verdichtung und Verbrennung erhalten bleibt. Über eine Einlochdüse wird der Kraftstoff in Richtung der Luftdrehung auf die Kugeloberfläche im Kolben aufgespritzt, wobei sich ein dünner Kraftstoffilm von etwa 0,014 mm Dicke bildet. Während der größere Teil des Kraftstoffs (etwa 95%) an der heißen Brennwand vergast und sich mit der Verbrennungsluft mischt, gelangen rund 5% des Kraftstoffs fein zerstäubt direkt in die Verbrennungsluft. Nach der Selbstzündung dieses geringen Kraftstoffanteils wird die Verbrennung eingeleitet. Der Verbrennungsvorgang verläuft durch das schichtweise Abdampfen des Kraftstoffs von der ölgekühlten, relativ kalten Kolbenwand (350 °C) zeitlich gesteuert. Er beginnt zunächst langsam, wird jedoch durch den sich ausbildenden Glutwirbel rasch beschleunigt. Dadurch ergeben

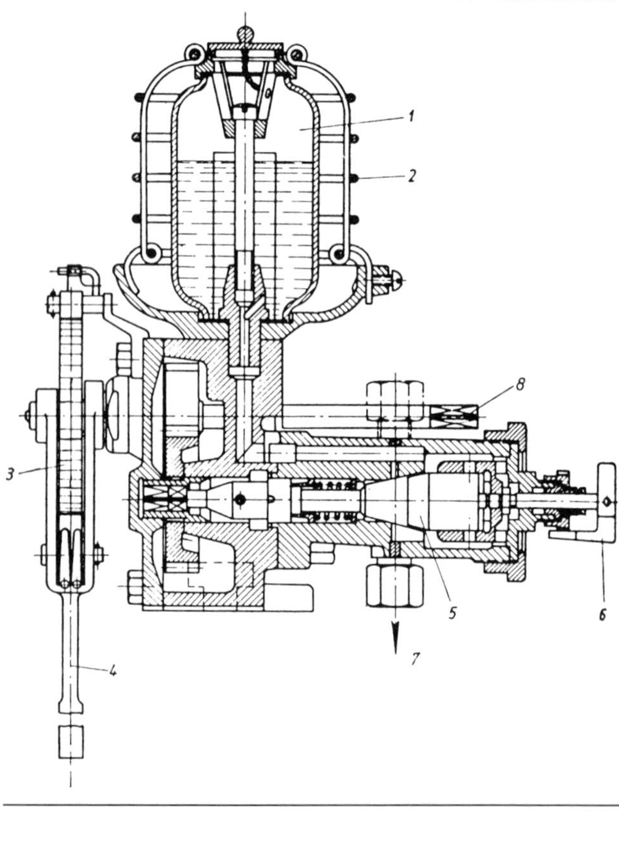

Michalk-Schmierpumpe
Einheitsschmierpumpe der Bauart Michalk
1 Ölvorratsbehälter, 2 Drahtschutzkorb, 3 Schaltrad, 4 Schwinghebel, 5 Verteiler, 6 Fördermengeneinstellung, 7 Anschluß zu den Schmierstellen, 8 Vierkant zum Handantrieb

sich eine sehr kurze Zeitspanne für die Verdampfung und eine günstige Verbrennung. Die Rußbildung bei Teillast ist im Vergleich zu anderen Gemischbildungsverfahren geringer, womit das M. umweltfreundlich ist. Auch bei Vollast liegt die Abgastrübung im Vergleich zu anderen Gemischbildungsverfahren in günstigeren Bereichen. Der nach dem M. konzipierte Motor kann mit verschiedenen Kraftstoffen (Benzin, Petroleum, Kerosin u.a.) betrieben werden, ohne daß nennenswerte Leistungsänderungen, eine negative Beeinflussung des Verbrennungsgeräuschs oder andere Nachteile in Erscheinung treten.

Meyer, Jean Jacques: 1804 (Mühlhausen/Elsaß) – 1877 (Paris); Lokomotivkonstrukteur, Zivilingenieur und Unternehmer. M. leitete bis 1843 in Mühlhausen eine eigene, nach seiner Erfindung der Doppelschieber-(Expansionsschieber-) Lokomotivsteuerung mit dem Namen »Expansion« versehene Lokomotivfabrik, die danach aus finanziellen Gründen in eine Aktiengesellschaft umgewandelt wurde. Nach der Übernahme des Werks 1845 von der Maschinenfabrik André Koechlin arbeitete M. als Zivilingenieur in Paris. Hier entwarf er 1855 eine Gelenkrollenlokomotive für die Paris-Sceaux-Eisenbahn und erhielt auf deren Lagerhalskurbeln ein französisches Patent. 1868 schuf er die nach ihm benannte → Meyer-Lokomotive, nachdem er sich 1861 zusammen mit seinem Sohn Adolphe ein Patent auf eine → Gelenklokomotive erworben hatte. Lit.: 2.8., 2.9., 5.1., 5.2., 5.3.

Meyer-Lokomotive: nach ihrem Erfinder → Meyer benannte → Gelenklokomotive, die in ihrer ursprünglichen Form durch 2 i.G.z. → Garratt-Lokomotive eng aneinanderliegende → Triebdrehgestelle, den Einzelkessel mit Führerhaus und Vorratsbehälter auf einem durchgehenden Brükkenrahmen sowie die in Lokmitte rückseitig zueinander liegenden Dampfzylinder (dadurch kurze Dampfleitungen zwischen dem → Dampfregler im Dampfdom und allen Zylindern) gekennzeichnet ist.
Die erste M. baute 1868 die französische Fa. Fives-Lille, eine B'B'-Lok mit einfacher Dampfdehnung. Eine M. als B'B'-Naßdampf-4-Zylinder-Verbundlok (099701–5 der DB/DR bzw. neue Traditions-Anschrift 99539) wird noch heute für Traditionsfahrten auf der Strecke Radebeul–Radeburg eingesetzt. Die Bauart Meyer fand in allen Ländern Verbreitung; sie wurde aber später von der → Mallet-Lokomotive und der Garratt-Bauart verdrängt. Von den weiterentwickelten Bauvarianten der M. ist die → Kitson-Meyer-Lokomotive die bekannteste. → Kreuzgelenklokomotive. Lit.: 2.8., 2.9., 5.3.

MFO-Steuerung: Leistungssteuerung der **M**aschinen**f**abrik **O**erlikon, Schweiz, für dieselelektrische Tfz. Die Spannungs- und Leistungsregulierung wird ausschließlich durch Drehzahländerung des Dieselmotors (reine Charakteristik-Steuerung) erreicht. Das Bindeglied zwischen Dieselmotor und Fahrmotoren ist ein Gleichstrom-Nebenschlußgenerator als → Hauptgenerator. Die Generatorerregung wird i.G.z. → Gebus-Steuerung während der Anfahrt durch die → Batterie gesichert (→ Fremderregung). Bei genügend hoher Fahrgeschwindigkeit arbeitet der Generator wieder als Nebenschlußmaschine (→ Selbsterregung); dabei wird die Batterie geladen. Heute wird die M. wegen zu geringer Leistungsanpassung zwischen Dieselmotor und Generator nicht mehr angewandt.

Schienenzeppelin der DR, 2achsiger Versuchstriebwagen mit 440-kW-Ottomotor und Propellerantrieb, v_{max} = 150 km/h (230 km/h Spitzengeschwindigkeit erreicht), Einzelexemplar. Hersteller: Flugbahn; 1930

Dieselmechanischer B'2'-Nebenbahntriebwagen VT 137 000 bis 024 der DRG mit 128 kW Leistung, v_{max} = 80 km/h, mit Maschinentriebdrehgestell und Stangenantrieb über Blindwelle, Stahlleichtbauweise (Dienstmasse 28,4 t). Hersteller: Wumag, WfW; 1932/33

Benzolelektrischer 2'Bo'-Triebwagen der KPEV mit 90 kW Leistung, v_{max} = 50 km/h, mit Maschinen- und Triebdrehgestell.

Benzolelektrischer (A1)(1A)-Triebwagen VT 762 der DRG mit 2×66 kW Leistung, v_{max} = 70 km/h, mit auf dem Dach angeordneten Wabenkühlern.
Hersteller: Wumag; 1926

Triebwagenzug, bestehend aus dem dieselelektrischen 2'Bo'-Einheitstriebwagen BR 685 der DB/DR (ehem. VT 137 058 bis 071 der DR und VT 33.1 der DB) mit 302 kW Leistung, v_{max} = 110 km/h, mit Maschinendrehgestell und Triebdrehgestell. Hersteller: WfW, MAN; 1934 (Vordergrund) und VS 145 092, VS 145 184 sowie VT 137 195

Dieselhydraulischer (A1)(1A)-Aussichtstriebwagen VT 137 240, 137 462 und 137 463 der DRG mit 2×132 kW Leistung; v_{max} = 120 km/h mit Unterflurmaschinenanlage und Rolldach. Hersteller: Fuchs; 1936/1939

Dieselhydraulischer B'2'-Nebenbahntriebwagen VT 137 241 bis 270 der DRG mit 265 kW Leistung, v_{max} = 100 km/h, mit langsamdrehendem Dieselmotor und Maschinentriebdrehgestell. Hersteller: Dessau u. a.; 1937

Dieselhydraulischer (A1)2'-Nebenbahntriebwagen VT 137 347 bis 366 der DRG mit 165 kW Leistung, v_{max} = 80 km/h, mit Gepäckraum und Maschinentriebdrehgestell. Hersteller: WfB, VWW; 1939

Dieselhydraulischer (1A)(A1)-Leichtverbrennungstriebwagen 173002 (ehem. VT 4.12.02) der DR mit 2×162 kW Leistung, v_{max} = 125 km/h, mit Luftfederung. Von 2 Baumusterfahrzeugen erhielt der erste mechanische Leistungsübertragung. Hersteller: WBB; 1966

Dieselelektrischer Schnelltriebzug »Fliegender Hamburger« VT 877 der DRG (VT 04.0 der DB) mit 2×302 kW Leistung, v_{max} = 160 km/h. 2teilige Einheit mit der Radsatzfolge 2′Bo′2′, Jacobs-Triebdrehgestell und 2 Maschinendrehgestellen, Magnetschienenbremse. Als Museumsfahrzeug im Verkehrsmuseum Nürnberg erhalten. Hersteller: Wumag; 1932

Dieselelektrischer Schnelltriebzug BR 183 Bauart »Hamburg« (ehem. VT 137152) der DRG (VT 04.102 der DB) mit 2×302 kW Leistung, v_{max} = 160 km/h. 2teilige Einheit mit der Radsatzfolge 2′Bo′2′ mit Jacobs-Triebdrehgestell und 2 Maschinendrehgestellen. Der Triebzug 183252 (VT 137225) bleibt als Museumsfahrzeug bei der DB/DR erhalten. Hersteller: Wumag; 1935/36

Dieselhydraulischer Nebenbahn-Doppeltriebwagen VT 137367 Bauart »Stettin« der DRG (VT 45.5 der DB) mit 2×202 kW Leistung, v_{max} = 90 km/h. Radsatzfolge (1A)2′+2′(A1), mit Unterflurmaschinenanlage, bestehend aus 12-Zylinder-Boxermotor, Strömungsgetriebe der Bauart WKK und Radsatzwendegetriebe. Hersteller: Wumag; 1938/40

Dieselelektrischer Vororttriebzug BR 184 der DR Bauart »Ruhr« (ehem. VT 137 288 bis 295 der DRG) mit 2 × 302 kW Leistung, v_{max} = 120 km/h. 2teilige Einheit mit der Radsatzfolge 2′Bo′2′, Jacobs-Triebdrehgestell und 2 Maschinendrehgestellen. Hersteller: Wumag; 1938

Triebwagenzug, bestehend aus einem dieselelektrischen Schnelltriebzug BR 182 003 Bauart »Köln« der DR (ehem. VT 137 278 der DRG) mit 2 × 478 kW Leistung, v_{max} = 160 km/h, 3teilige Einheit mit der Radsatzfolge 2′Bo′+2′2′+Bo′2′. Hersteller: LHW, 1938 (vorn) und einem dieselelektrischen Schnelltriebzug BR 183 der DR Bauart »Hamburg« (hinten)

Dieseltriebzüge BR 182 Bauart »Köln« der DR (links) und BR 5045 der ÖBB (rechts) im Ostbahnhof Berlin beim Einsatz als »Vindobona« (Fernschnellverkehr Berlin–Wien)

Dieselmechanischer Triebzug BR 181 (ehem. VT 12.14) der DR mit 2 × 330 kW Leistung, v_{max} = 125 km/h. 4teilige Einheit mit der Radsatzfolge (1B)2′+2′2′+2′2′+2′(B1). 5-Gang-Zahnradschaltgetriebe mit elektropneumatischer Betätigung. Hersteller: Ganz; 1954; 1969 ausgemustert

Dieselhydraulischer Schnelltriebzug BR 675 der DB/DR Bauart »Görlitz« (ehem. VT 18.16 bzw. BR175 der DR) mit 2×736 kW Leistung, v_{max} = 160 km/h.
4- bis 7teilige Einheit mit 2 Triebköpfen mit der Radsatzfolge B'2' und Maschinentriebdrehgestell.
Hersteller: WBG; 1963

Dieselmechanischer 1A-Einheits-Nebenbahntriebwagen BR 786 der DB/DR (ehem. VT 135083 bis 132 der DRG bzw. BR 186 der DR) mit 110 kW Leistung, v_{max} = 75 km/h, mit Myliusgetriebe, Radsatzwendegetriebe und Lenkradsätzen.
Hersteller: MAN; 1937

Dieselmechanischer 1A-Schienenomnibus BR 771 der DB/DR (ehem. VT 2.09 bzw. BR 171.0 der DR) mit 132 kW Leistung, v_{max} = 90 km/h. Stahlleichtbauweise mit Unterflurmaschinenanlage, 6-Gang-Elektroschaltgetriebe und Radsatzwendegetriebe. Bauartgleiche Triebwagen BR 772 der DB/DR (ehem. VT 2.09.1 und VT 2.09.2 bzw. BR 172^{1-2} der DR) erhielten Vielfachsteuerung.
Hersteller: WBB; 1962

Benzinmechanischer Schmalspur-Schienenomnibus VT 133525 der DRG mit 34-kW- Ottomotoren und Radsatzfolge A1 in jeder Fahrtrichtung (gefahren wurde stets mit der in Fahrtrichtung vorn liegenden Antriebsanlage), v_{max} = 45 km/h, mit Omnibus-4-Gang-Schaltgetriebe mit Rückwärtsgang, ursprünglich mit 29-kW-Ottomotor, in mehreren Varianten für Schmal- und Normalspur hergestellt. Hersteller: WfW; 1932 bis 1940

Dieselelektrischer Bo'Bo'-Schmalspurtriebwagen 187025 der DR (ehem. VT 137566 der DRG und T2 der Nordhausen-Wernigeroder Eisenbahn) mit 294 kW Leistung, v_{max} = 60 km/h, mit Heizdampferzeuger, Einsatz bei der Harzquerbahn als Schlepptriebwagen und zuletzt als Gerätetriebwagen. Hersteller: WfW; 1940

Dieselhydraulischer B'2'-Schmalspurtriebwagen VT 137322 bis 325 der DRG mit 132 kW Leistung, v_{max} = 60 km/h, für die 750-mm-Schmalspurstrecke Zittau–Oybin/Jonsdorf. Antrieb über Strömungsgetriebe der Bauart WKK, Gelenkwelle, Radsatzwendegetriebe auf den äußeren Treibradsatz und über Kuppelstange auf den inneren Radsatz des Triebdrehgestells. Hersteller: WfB; 1938

Dieselhydraulischer Schnelltriebzug BR 601 (ehem. VT 11.5) der DB mit 2×810 kW Leistung, v_{max} = 140 km/h. 7teilige Einheit mit der Radsatzfolge der Triebköpfe B'2'. Die Triebzüge verkehrten als TEE, später als InterCity und seit 1979 als Touristenzug. Hersteller: MAN, LHB, Wegmann u. Co.; 1957

Dieselhydraulischer Vorort-Triebzug BR 624 der DB/DR (ehem. VT 24.6 bzw. BR 624 der DB) mit 2×330 kW Leistung, v_{max} = 120 km/h. 3teilige Einheit mit der Radsatzfolge B'2'+2'2'+2'B', Unterflurmaschinenanlage. Hersteller: MAN; 1965

Dieselhydraulischer 2′B′-Nahverkehrs-Triebwagen BR 627.0 der DB/DR (ehem. BR 627.0 der DB) mit 287 kW Leistung, v_{max} = 120 km/h, mit Unterflurmaschinenanlage, Luftfederung, Scheiben- und Magnetschienenbremse. Prototyp des Triebwagens BR 627.1. Hersteller: MaK; 1974

Dieselhydraulischer Nahverkehrs-Triebzug BR 628.1 der DB/DR (ehem. BR 628.1 der DB) mit 375 kW Leistung, v_{max} = 120 km/h, 2teilige Einheit VT + VS mit der Radsatzfolge 2′B′ + 2′2′, Unterflurmaschinenanlage, Luftfederung, Scheibenbremse und Magnetschienenbremse. Hersteller: Krupp-MaK; 1980

Prototyp des dieselmechanischen Schienenomnibusses BR 798 der DB/DR (ehem. VT 98.9 bzw. BR 798 der DB) mit 2×110 kW Leistung, v_{max} = 90 km/h, Radsatzfolge Bo, Serienfahrzeuge erhielten normale Zug- und Stoßvorrichtung. Ausführung als 1motoriges Tfz. (BR 795 der DB) und mit gemischtem Zahnrad-Adhäsionsantrieb (BR 797, 1970 auf Reibungsbetrieb umgebaut), mit Scheibenbremse. Hersteller: WfÜ, MAN u. a., 1950 bis 1958 für BR 795, 1953 bis 1962 für BR 798, 1962 bis 1965 für BR 797.

Dieselmechanischer B′2′-Triebwagen Bauart »Arpad« der Györ-Sopronen-Eisenbahnverwaltung mit 162 kW Leistung, v_{max} = 120 km/h, mit 5-Gang-Schaltgetriebe.
Hersteller: Ganz; 1934

1A-Schienenomnibus M 152.0 der ČSD mit 155 kW Leistung, v_{max} = 80 km/h, mit hydromechanischem Getriebe, Einachslaufwerk und 8000 mm Achsstand.
Hersteller: Wagonka Studenka; 1977

Gasturbinen-Versuchstriebzug TGV 001 der SNCF mit 4 × 940 kW Leistung und elektrischer Wechselstrom-Gleichstrom-Übertragung, v_{max} = 300 km/h, Spitzengeschwindigkeit 318 km/h. 5teilige Einheit mit der Radsatzfolge 6 × Bo'. Meß- und Erprobungsfahrzeug für Laufwerk, Radsatzantrieb, Fahrzeuglauf, Aerodynamik, Bremsbauart und Geräuschentwicklung bei Fahrgeschwindigkeiten zwischen 200 und 300 km/h auf normalen Gleisen. Einzelexemplar. Hersteller: Alsthom; 1972

Dieselelektrischer Hochgeschwindigkeits-Triebzug HST Class 253 der BR mit 2 × 1655 kW Leistung, v_{max} = 200 km/h, 9- bis 10teilige Einheit mit 2 Maschinenwagen der Radsatzfolge Bo'Bo', mit Wechselstrom-Gleichstrom-Übertragung, elektrischer Zugheizanlage und Scheibenbremsen. Hersteller: BRE; 1975

Dieselhydraulischer Ferntriebzug BR 5045 der ÖBB mit 2 × 365 kW Leistung, v_{max} = 115 km/h, 5teilige Einheit, gebildet aus 2 Doppeltriebwagen VT 5045 und einem Mittelwagen, mit der Radsatzfolge B'2' der Triebköpfe.
Hersteller: SGP; 1952

Michalk-Schmierpumpe: bei älteren Lokomotiven verwendete frühere Einheitsschmierpumpe zur Versorgung von Kolben und Schieber der Dampfmaschine mit Schmieröl. Diese Hochdruckschmierpumpe ist mit Hochdruckpumpeneinheiten für einen Gegendruck von 30 MPa ausgerüstet und wird in der Regel vom letzten Kuppelradsatz aus durch eine Gegenkurbel über einen Schwinghebel (4), eine Schaltklinke und ein gezahntes Schaltrad (3) angetrieben (vgl. auch die Abbildung). In der Normalausführung besitzt die M. drei Pumpeneinheiten, von denen jede zwei Schmierstellen versorgt. Eine waagerecht liegende Schaltwelle dreht über eine Zahnradübersetzung und eine Gelenkkupplung einen konischen Verteiler (5), der von einer Feder in seinen Sitz gedrückt wird. Der Verteiler ist mit einer größeren Bohrung versehen, die den Pumpenzylinder darstellt und in dem der Pumpenkolben sitzt. Der Pumpenkolben trägt an seinem hinteren Ende ein Führungsstück, das mit Knaggen mit abgeschrägten Flächen versehen ist. Der Verteiler verbindet den Raum unter dem Kolben mit dem Ölvorratsbehälter (1) und jeweils mit einem der Druckkanäle, die über Rückschlagventile zu den Schmierleitungen führen. Lit.: 2.3., 2.12. Abb. S. 400

»Micheline«: Bezeichnung für ein in Frankreich entwickeltes, mit luftbereiften Rädern ausgerüstetes Tfz. Von der Fa. Michelin wurde 1929 ein Schienenauto als Versuchsfahrzeug und 2 Jahre später ein Triebwagen mit Luftbereifung ausgerüstet. Letzterer verkehrte fahrplanmäßig mit 107 km/h Reisegeschwindigkeit auf der Strecke Paris–Deauville und wurde im Volksmund M. genannt. Obwohl luftbereifte Eisenbahnräder bei weiteren Triebwagen, bei Reisezugwagen und U-Bahn-Fahrzeugen eingesetzt wurden, fand diese Technik bei Tfz. wegen der geringen zulässigen Radkraft und des hohen baulichen sowie betrieblichen Aufwands keine weitere Verbreitung. Lit.: 5.3.

Mikroelektronik: Zweig der Elektronik, in dem man sich mit dem Entwurf, den Herstellungsverfahren und der Anwendung elektronischer Schaltungen (Schaltkreise) beschäftigt, die eine Packungsdichte von 100 und mehr Bauelementen je cm^3 haben. Aus der enormen Entwicklung der M. ergeben sich folgende wesentliche Vorteile: 1) *Verringerung des Volumens* von Geräten und Anlagen, das infolge der ständig zunehmenden Anzahl der erforderlichen Bauelemente immer umfangreicher wurde. Während die Bauelementedichte ohne Anwendung der M. nur etwa $0{,}1/cm^3$ beträgt, werden heute in der M. bereits $10^5/cm^3$ erreicht und überschritten. 2) *Verringerung der Masse* und des *Materialeinsatzes.* Bes. Bedeutung hat dieser Vorteil vor allem bei ortsveränderlichen Geräten (u.a. im Verkehrswesen). 3) *Erhöhung der Zuverlässigkeit,* die mit zunehmender Bauelementezahl sinkt. Mit der M. wird durch geeignete Herstellungsverfahren angestrebt und erreicht, daß ganze Baugruppen nur eine Ausfallrate wie das einzelne Halbleiterbauelement besitzen. Entscheidende Bedeutung hat die beträchtliche Verringerung der Zahl der Lötstellen und Leitungsverbindungen beim Einsatz der M. 4) *Verringerung des Energiebedarfs.* Der Energiebedarf und die Verlustleistung konnten durch die M. für vergleichbare Baugruppen gegenüber einer Röhrenbestückung etwa um den Faktor 100 gesenkt werden. 5) *Verkürzung der Signallaufzeit,* die bei einer Vielzahl elektronischer Baugruppen und Anlagen gegenüber der Frequenz der dazugehörigen Ströme und Spannungen oder der Umschaltzeit digitaler Schaltungen klein sein muß. 6) *Steigerung der Wirtschaftlichkeit* und der *Produktivität* sowohl in der Bauelemente- als auch in der Geräte- und Anlagenfertigung, da in der M. umfangreiche Schaltungen als häufig wiederkehrende, in großer Stückzahl und automatisch herstellbare Baugruppen gefertigt und in der Geräteindustrie eine weitgehende Mechanisierung und Automatisierung der Produktion verwirklicht werden können. Gleichzeitig kann die Zahl der Fertigungsfehler gesenkt werden.

In der M. haben vor allem 2 Richtungen Bedeutung gewonnen. 1) In der *Dick-* bzw. *Dünnschichttechnik* entstehen Schaltkreise, deren Bauelemente und Leiterbahnen durch verschiedene Technologien auf ein isolierendes Trägermaterial aufgebracht werden (z.B. Filmschaltkreise). 2. In der *Halbleiterblocktechnik* werden Festkörperschaltkreise hergestellt, deren Bauelemente im Halbleitermaterial erzeugt und durch nach unterschiedlichen Verfahren hinzugefügte Leiterbahnen verbunden werden. Die *Hybridtechnik* kombiniert beide Richtun-

gen bzw. diese mit diskreten Bauelementen.
Der gegenwärtig erkennbare Schwerpunkt der M. wird vor allem durch die Erhöhung des Integrationsgrads (der Packungsdichte), durch neue Herstellungstechnologien und durch die Suche nach weiteren Halbleiterausgangsmaterialien gekennzeichnet. Die M. ermöglicht auch auf Tfz. u.a. die Verwirklichung erheblich umfangreicherer, genauerer und schneller wirkender Steuer- und Regelaufgaben (→ Bordmikrorechner, → automatischer Lokführer), eine bessere und schnellere Information des Tfz.-Führers über die Betriebszustände des Tfz. sowie eine schnellere und genauere Erfassung von Störungen (→ Diagnoseeinrichtung).

Mindestbremshundertstel: erforderliche → Bremshundertstel, die für jede Zugart als Mindestwert im Buchfahrplan angegeben sind. Sie sind für Fahrten sowohl in der Waagerechten als auch in der → maßgebenden Neigung (Gefälle und Steigung) mit Hilfe der → Bremstafel zu ermitteln. Mit der Angabe der M. ist sichergestellt, daß der Zug bei einer Schnellbremsung aus der fahrplanmäßigen Höchstgeschwindigkeit und bei der maßgebenden Neigung innerhalb des Vorsignalabstands sicher zum Halten kommt, wenn die Schnellbremsung spätestens in der Höhe des Vorsignals eingeleitet wird.

Mindestgeschwindigkeit: kleinste momentane → Geschwindigkeit, mit der Tfz. Züge ohne Gefahr für das → Antriebssystem bewegen können. Für Verbrennungsmotor-Tfz. mit mechanischer → Leistungsübertragung ist die M. durch die kleinste Arbeitsdrehzahl des → Verbrennungsmotors gegeben. Die M. der übrigen Tfz. ergibt sich aus der nicht zu überschreitenden Grenztemperatur der Aggregate des Antriebssystems. Die Arbeitstemperatur der Aggregate ist vom → Wirkungsgrad des Antriebssystems, der sich im niederen Geschwindigkeitsbereich im Regelfall beträchtlich verschlechtert (Vergrößerung der Verluste), von der Fahrzeit mit niedriger Geschwindigkeit und von der Wirksamkeit der Belüftung bzw. Kühlung abhängig. Die M. ist hauptsächlich beim Einsatz des Tfz. im Rangierdienst, speziell beim Abdrücken von Wagen oder Bewegen von Arbeitsgeräten, beim Befahren von Langsamfahrstrecken oder Steigungen größerer Länge und bei der Bestimmung der max. Wagenzugmasse zu beachten.

Mindesthalbmesser: → Bogenhalbmesser

Mindestluftbedarf: Luftmenge, die zur vollständigen Verbrennung des in den Zylinder oder in die Brennkammer einer Verbrennungskraftmaschine eingebrachten Kraftstoffs benötigt wird. Die M. ist vom Kraftstoff und dessen chemischer Zusammensetzung abhängig.

Mindestölstand: niedrigste Schmierölfüllung in der → Ölwanne von Maschinen und Aggregaten, z.B. Verbrennungsmotoren, Getrieben und Einspritzpumpen, bei der eine noch ausreichende Schmierung und Kühlung aller vom Schmiersystem versorgten Bauteile gewährleistet wird. Der M. ist am → Peilstab durch die unterste Kontrollmarkierung gekennzeichnet.

Mischdüse: Bauteil der → Dampfstrahlpumpe des → Dampflokomotivkessels, in der der Dampfstrahl mit dem angesaugten → Kesselspeisewasser vermischt wird und so durch Kondensation einen weiteren Unterdruck erzeugt und gleichzeitig das Speisewasser auf 60–70 °C vorwärmt.

Mischkasten: → Mischvorwärmer

Mischstrom: elektrischer Strom, der aus einem Gleich- und einem Wechselstromanteil besteht. Er fließt z.B. in einem Stromkreis, der über einen → Gleichrichter aus einem Einphasenwechselstromnetz gespeist wird und setzt sich infolge der Wirkung der Induktivitäten im Stromkreis aus einem Gleichstromanteil und einem überlagerten Wechselstromanteil, dessen Grundwelle mit doppelter Netzfrequenz pulsiert, zusammen. Der M. fließt z.B. durch die → Fahrmotoren von → Gleichrichtertriebfahrzeugen, die deshalb als → Mischstrommotoren ausgeführt werden. Lit.: 4.5.

Mischstrommotor, *Wellenstrommotor:* Elektromotor, der mit gleichgerichtetem Wechselstrom (→ Mischstrom) mit begrenzter Welligkeit (20–30%) betrieben werden kann. Dies wird durch konstruktive Maßnahmen, z.B. massives Ständerjoch, Parallelschaltung eines Widerstands zum Hauptfeld, geblechter Wendepoleisenkreis, Spreizkohlen, ermöglicht. Lit.: 4.3., 4.5.

Mischvorwärmer: Wärmeübertrager zur → Speisewasservorwärmung für Lokomotivkessel durch Mischung des Frischwassers mit einem Teil des → Abdampfs der Dampfmaschine. Mit dem Kaltwasserpumpenteil der → Mischvorwärmerpumpe wird über ein Spritzrohr Frischwasser in feinverteilten Strahlen in den Mischkasten gespritzt, der ständig vom Abdampf durchströmt wird. Das Speisewasser wird unter Kondensieren des Abdampfs auf etwa 95°C erwärmt. Im Abdampf enthaltene Ölrückstände werden über einen Ölabscheider abgesondert. Abb.

Mischvorwärmerpumpe: → Speisewasserkolbenpumpe für → Mischvorwärmer bei Dampflokomotiven. Die M. besitzt einen *Kaltwasserteil,* der Frischwasser zum Mischvorwärmer pumpt und einen *Warmwasserteil,* der aus einem Sammelbehälter vorgewärmtes Speisewasser gegen einen Dampfüberdruck von bis zu 2000 kPa in den Lokomotivkessel pumpt. Lit.: 2.3. Abb.

mittelbare Heizfläche: → Heizfläche

Mitteldruck: theoretische Größe p_m zur Leistungsbestimmung von Kolbenmaschinen, die als ein im Expansionshub auf die Kolbenfläche konstant wirkend gedachter mittlerer Überdruck auftritt. Die Wirkung des M. ist energetisch gleich dem während eines Arbeitsspiels veränderlichen Druck.

Mitteldruckdampflokomotive: Bauart der → Dampflokomotive, die mit einem → Mitteldruckkessel für Dampfdrücke von 2500–3500 kPa ausgerüstet ist. Wegen des relativ hohen Dampfdrucks und höherer thermischer Effektivität wurde die M. meist als → Verbundlokomotive (1) ausgeführt. I.G.z. → Hochdruckdampflokomotive waren i.d.R. bes. Maßnahmen zur Zwischenüberhitzung des Arbeitsdampfs nach Verlassen des(r) Hochdruckzylinder(s) nicht erforderlich. Dem thermischen Gewinn standen größere Beschaffungskosten durch die notwendige Verwendung hochfester, teurer Kesselwerkstoffe und zu hohe Instandhaltungsaufwendungen entgegen, so daß sich die M. nicht durchsetzen konnte.

Die ersten 4 M., i.G.z. den später für die DRG gebauten Lokomotiven mit → Wasserrohrkesseln vom Typ Muhlfield ausgerüstet, wurden zwischen 1924 und 1928 mit zul. Kesseldrücken von 2460–3520 kPa von der amerikanischen Fa. ALCO für die Delaware & Hudson Railway gebaut. Ihnen folgte 1929 in England die erste europäische, mit einem Yarrow-Wasserrohrkessel arbeitende M. der Fa. Gresley für die LNER. Die DRG setzte 6 von den Firmen Krupp, Henschel und Borsig 1932 gebaute und 2 im Raw Braunschweig 1933 durch Umbau gewonnene M. ein, die alle einen zul. Kesseldruck von 2500 kPa aufwiesen und von denen die Lokomotiven 04001 und 04002 sowie 44011 und 44012 ein 4-Zylinder-Verbundtriebwerk, die 17236 und 17239 ein 3-Zylinder-Verbundtriebwerk, die 24069 ein 2-Zylinder-Verbundtriebwerk sowie die 24070 ein Zwillingstriebwerk mit Gleichstromzylindern der Bauart Wagner besaßen. Alle wurden in den Folgejahren ausgemustert oder auf zul. Kesseldrücke von 1600 kPa oder 2000 kPa zurückgestuft. Lit.: 2.1., 2.8., 2.9., 5.3.

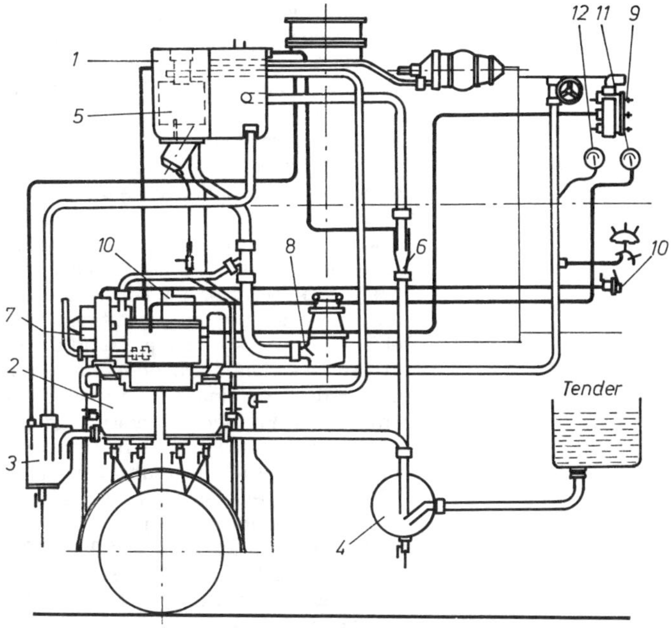

Mischvorwärmer
Schema einer Mischvorwärmeranlage
1 Mischvorwärmer, 2 Speisepumpe, 3 Schlammabscheider, 4 Überlaufmischbehälter, 5 Ölabscheider, 6 Entdampfer, 7 Abdampfsammelbehälter, 8 Drosselklappe, 9 Anstellventil Speisepumpe, 10 Belüftungsventil für Stoßdämpfer, 11 Hubanzeiger Sperrpumpe, 12 Fernthermometer für Warmwassertemperatur

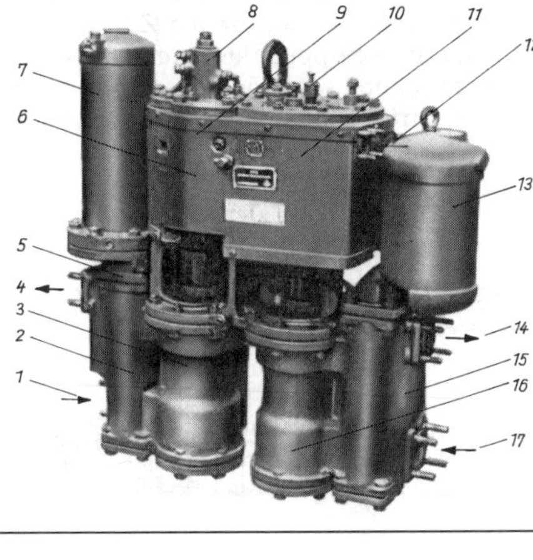

Mischvorwärmerpumpe
Speisewasserkolbenpumpe der Bauart VMP 15–20
1 Heißwassereintritt, 2 Heißwasserventilkasten, 3 Heißwasserteil, 4 Heißwassereintritt, 5 Zwischenstück, 6 Hochdruckdampfzylinder, 7 Stoßdämpfer, 8 Hilfssteuerkolben, 9 Hauptsteuerkolben, 10 Hubstößel für Schmierpumpe, 11 Niederdruckdampfzylinder, 12 Dampfeintritt, 13 Druckwindkessel, 14 Kaltwasseraustritt, 15 Kaltwasserventilkasten, 16 Kaltwasserteil, 17 Kaltwassereintritt

Mitteldruckkessel: → Dampflokomotivkessel üblicher Bauart (Stephenson-Kessel) mit zul. Kesseldrücken i.d.R. um 2500 kPa, in einigen Fällen bis 3500 kPa, für → Mitteldruckdampflokomotiven. Der im M. erzeugte Heißdampf erfordert gegenüber dem Regeldruckkessel eine geringere → Erzeugungswärme und besitzt ein größeres Arbeitsvermögen. Aus Festigkeitsgründen mußten für die → Feuerbüchse und den → Langkessel hochwertige Werkstoffe wie Mo-, Ni-, Cu-Mn- und Cr-Mo-Stähle, eingesetzt werden. Bei einigen M. wurde die Feuerbüchse mit → Wasserkammern oder mit durch Rohrbündel miteinander verbundene Dampf- und Wassertrommeln ausgerüstet. Der M. war den hohen Beanspruchungen im Betrieb nicht gewachsen, so daß die häufigen Kesselschäden zu seiner Ausmusterung oder zur Zurücknahme des Kesseldrucks, z.B. auf 2000 kPa, führten. Lit.: 2.1., 2.8., 2.9., 5.3.

Mitteldrucklokomotive: → Mitteldruckdampflokomotive

Mittelführerstand: Anordnung des → Führerstands in der Mitte des Fahrzeugs. Der M. wird bevorzugt bei → Rangierlokomotiven (Diesel-, aber auch Elloks) angewandt und erlaubt den beim Rangieren oft notwendigen Fahrtrichtungswechsel ohne Wechsel des Führerstands durch das Tfz.-Personal, gewährleistet gute Sicht nach allen Seiten (Rundumfenster) und hat zur Erleichterung der Bedienung des Tfz. meist 2 Arbeitsplätze für den Tfz.-Führer (oft jeweils rechts in Fahrtrichtung gesehen angeordnet) mit 2 Führerpulten oder mit den doppelt vorhandenen wichtigsten Bedienelementen, wie Fahrschalter und Führerbremsventil. Abb.

Mittelführerstand
Aufbauten einer Diesellokomotive mit Mittelführerstand (BR 346 der DB/DR)
1 Vorbau vorn, 2 Lüftungsaufsatz, 3 Mittelführerstand, 4 Vorbau hinten

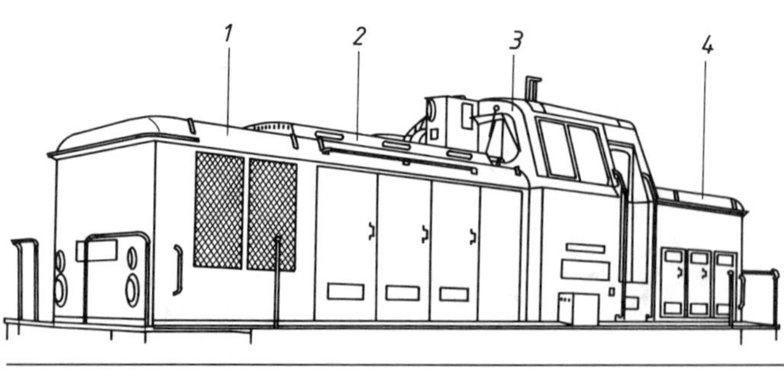

Mittelpufferkupplung: → Zug- und Stoßeinrichtung, die das für die Zugbildung notwendige Kuppeln der Schienenfahrzeuge und das Abfangen der Längsstöße durch ein mittig am Endquerträger (→ Pufferträger) angeordnetes Bauteil übernimmt. Die M. ermöglicht ein selbsttätiges Kuppeln beim Zusammendrücken der Fahrzeuge und das Entriegeln von der Fahrzeugseite aus, so daß ein Betreten des Raums zwischen den Fahrzeugen nur noch für das ggf. notwendige Kuppeln der Leitungen (z.B. Brems- und Heizleitung) erforderlich wird. Moderne → automatische Kupplungen übernehmen auch das selbsttätige Verbinden und Lösen der Leitungen. Die M. ermöglicht eine wesentliche Erhöhung der Produktivität und eine Senkung der Unfallgefahr bei der Zugbildung und -zerlegung, eine Senkung der Wagenumlaufzeit und durch ihre Robustheit ein Verhindern von → Zuglaufstörungen durch Kupplungsbrüche. Unterschieden werden 2 Hauptbauarten: 1) Bei der *beweglichen (nichtstarren) M.* sind die Kuppelköpfe im gekuppelten Zustand zum Ausgleich der unterschiedlichen Höhen der Kupplungsmittellinien (unterschiedliche Beladung und Abnutzung der Fahrzeuge, Schwingungen) vertikal beweglich (Abb.). 2) Bei den *starren M.* bilden die Kuppelköpfe im gekuppelten Zustand ein fest zusammengefügtes Element, wobei der notwendige Höhenausgleich durch entspr. Gelenke und das Abstützen im ungekuppelten Zustand durch Federn erfolgt. Die starren M. können auch das selbsttätige Kuppeln von elektrischen und Luftleitungen übernehmen. – Verbreitet sind vor allem folgende Ausführungen: 1) *Janney-Kupplung* (bewegliche M.); Standardkupplung in den USA und in Japan, bei der die Zugkraft jedoch über die drehbare Klaue und den Hauptbolzen übertragen werden muß, so daß es erhebliche Verschleiß- und Festigkeitsprobleme gibt. 2) *Willison-Kupplung* (bewegliche M.); entwickelt 1916 in den USA für Industriebahnen. Die Zugkraft wird nur über den Kupplungskörper und auf Druck beanspruchte Riegel übertragen, deshalb ist sie bes. robust. 3) *SA–3-Kupplung* (bewegliche M.); vervollkommnete Willison-Kupplung, die von 1935 bis 1952 bei den SŽD eingeführt wurde und sich unter extremen klimatischen und eisenbahnbetrieblichen Bedingungen bewährt hat. 4) *Scharfenberg-Kupplung* (starre M.); 1906 in Deutschland entwickelt, sie zentriert sich durch ineinandergreifende Stumpfkegel. Sie ist eine leichte M., die sich vor allem bei Triebwagen, der S- und U-Bahn so-

Mittelpufferkupplung
a) Hauptbauarten
1) bewegliche (nichtstarre) Ausführung, 2) starre Ausführung
b) Kupplungskopf der SA-3-Kupplung (Willison-Kupplung)
c) Janney-Kupplung mit Federapparat
d) SA-3-Kupplung an einem Wagen
e) Scharfenberg-Kupplung (Schaku)

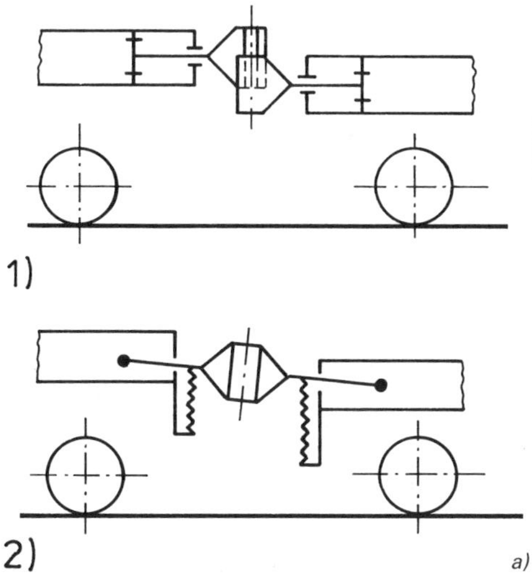

a)

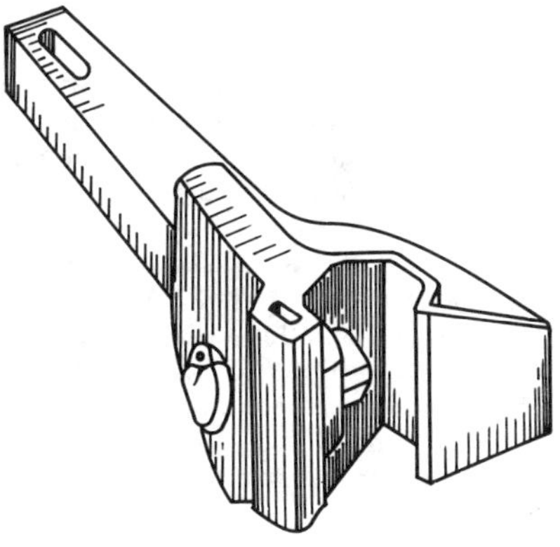
b)

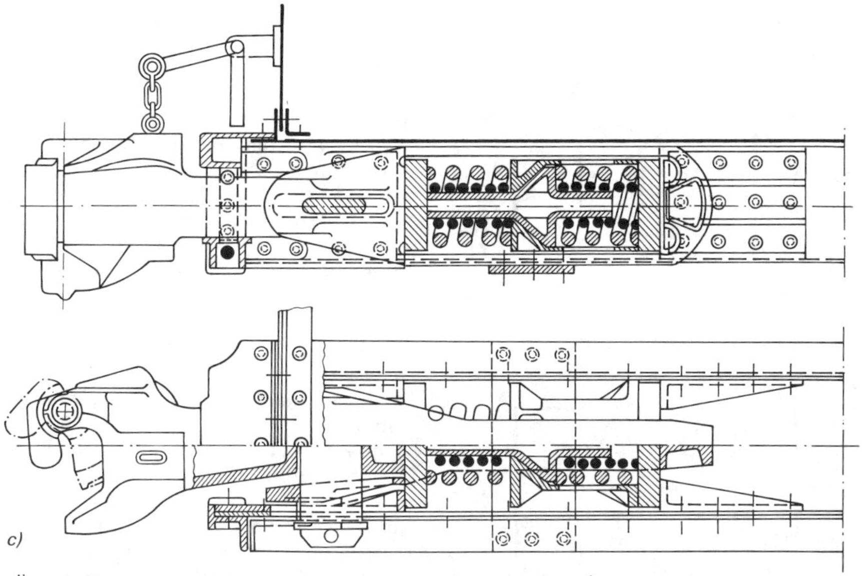
c)

d)

e)

wie bei Nahverkehrsfahrzeugen (Straßenbahn) durch die einfache Kupplung und das selbsttätige Mitkuppeln der elektrischen und Luftleitungen, vor allem der → Mehrfachsteuerung, bewährt hat. 5) *OSShD/UIC-Kupplung;* starrgemachte Willison-Kupplung, die die vereinheitlichten Bedingungen für eine europäische M. gemäß UIC-Merkblatt 522, vor allem das selbsttätige Kuppeln von Leitungen und die Kuppelbarkeit mit der SA–3-Kupplung, erfüllt. Für eine international zu beschließende Einführung stehen mehrere Bauarten zur Verfügung, z.B. die → Intermat-Kupplung, Compact-Kupplung und Unicoupler. – Für die vorgesehene Umrüstung der europäischen Eisenbahnfahrzeuge der Regelspur auf M. müssen alle seit 1961 gebauten Fahrzeuge einen entspr. Einbauraum für den Federapparat der M. haben und durch eine geeignete Rahmenkonstruktion die Aufnahme der Stoßkräfte in der Mitte des Pufferträgers sichern. Abb.

Mittelrohrüberhitzer: → Kleinrohrüberhitzer

Mittelstellung: 1. Bestimmte Stellung des Tfz. im Gleis, wenn die Längsachsen von Tfz. und Gleis übereinstimmen. Die M. wird als Basis für die → Begrenzung der Fahrzeuge verwendet. – **2.** Stellung des Hebels am → Führerbremsventil, bei der alle Kanäle bzw. Ventile geschlossen sind. Luftverluste in der → Hauptluftleitung werden nicht ergänzt. Die M. wird zur Überprüfung der Dichtheit, beim Führerstandswechsel, bei Vorspannfahrt und beim Schiebedienst benötigt. Beim Führerbremsventil der Bauart Knorr D2 sind in der M. das Füllstoß-, das Schnellbrems- und das Vorspannventil geschlossen. Damit ist das Relaisventil von der Hauptluftleitung abgesperrt.

Mittelwagen: → Triebzug

mittlerer Druck: theoretische Größe p_m zur Leistungsbestimmung von Dampflokomotiven, die aus dem Dampfdruckdiagramm (→ Arbeitsfläche) des Zylinders ermittelt wird. Der m.D. wird durch die Überführung des Indikatordiagramms in eine Rechteckfläche berechnet; er wird durch die → Füllung und den Dampfdruck im → Schieberkasten bestimmt. Lit.: 2.3., 2.10., 2.12. Abb.

Modified-Fairlie-Lokomotive: → Fairlie-Lokomotive

Momentverhältnis: → Drehmomentwandlung

Monobloc-Rad: → Vollrad

Monomoteurantrieb: Antriebsanordnung im → Triebgestell elektrischer und dieselelektrischer Tfz., bei der ein → Fahrmotor über Zahnradvorgelege und ein elastisches Antriebssystem auf die 2 bzw. 3 Radsätze des Triebdrehgestells arbeitet. Vorteile: kleinere Fahrmotormasse, geringerer Aufwand für elektrische Ausrüstung und Kühleinrichtung, geringere Schleudergefahr wegen der Kupplung der Radsätze. Nachteile: Sonderkonstruktion für die Verbindung zwischen Drehgestell und Hauptrahmen, schweres Getriebe. Der M. wird vorwiegend bei der SNCF angewandt, teilweise zusammen mit einem Umschaltgetriebe. Lit.: 4.4. Abb.

Montageöffnung: verschließbare Öffnung im Gehäuse von Maschinen und in Anbauten von Fahrzeugen, die die Zu-

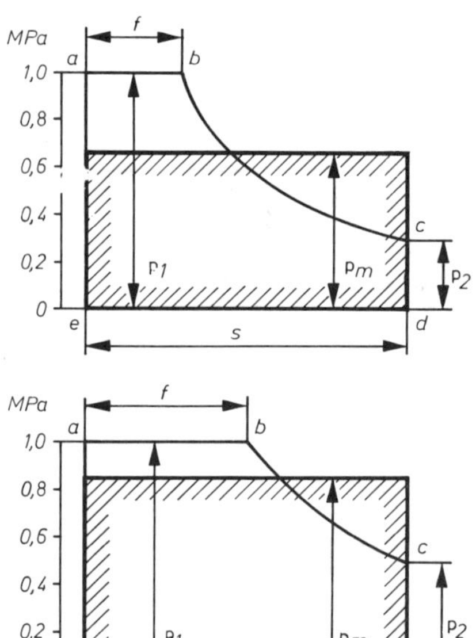

mittlerer Druck (Prinzip) mittlerer Dampfdruck auf den Kolben bei verschieden großer Füllung a-e Dampfdruckdiagrammpunkte, f Füllung, p_1 Eintrittsdruck des Dampfs, p_2 Austrittsdruck des Dampfs nach der Expansion, p_m mittlerer Dampfdruck auf den Kolben, *s* Kolbenhub

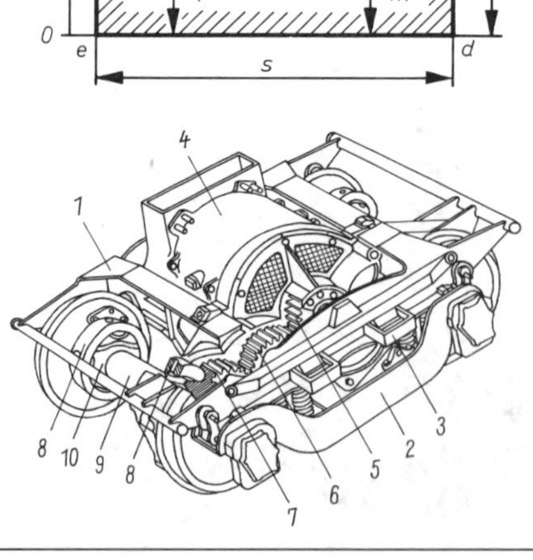

Monomoteurantrieb
1 Drehgestellrahmen, 2 Schwanenhalsträger, 3 Auflagerung des Tfz.-Kastens, 4 Fahrmotor, 5 Motorritzel, 6 Zwischenzahnrad, 7 Vorgelegerad, 8 Gummiring, 9 Torsionshohlwelle, 10 Mitnehmer

gänglichkeit zum Innenraum der Maschinen und Fahrzeuge für Montage- und Reparaturzwecke ermöglicht bzw. erleichtert. M. werden i.d.R. durch Deckel oder Klappen verschlossen.

Motorbremse: Art einer → Triebwerksbremse, bei der der Antriebsmotor (Dieselmotor) als Kompressor arbeitet und damit Bremsarbeit verrichten kann. Neben der Verdichtungs- und Reibarbeit im Motor wirken zusätzlich die Verluste im Getriebe. Die M. nutzt den mit steigender Drehzahl rasch zunehmenden Leerlaufwiderstand einer Verbrennungskraftmaschine, wobei die entstehende Verdichtungs- und Reibungswärme durch die → Kühlung abgeführt werden muß. Die M. ist zur Schonung der → Reibungsbremse bes. im Gefälle günstig. Sie setzt jedoch voraus, daß das Bremsmoment von der Kurbelwelle des Motors auf die Treibradsätze übertragen werden kann. Das ist i.allg. nur bei der → mechanischen Leistungsübertragung gegeben, so daß die Anwendung der M. auf Diesel-Tfz. kleinerer Leistung beschränkt ist.

Motorengehäuse: tragende äußere Hülle des Verbrennungsmotors, die in 1teiliger, meist jedoch 2teiliger Bauform ausgeführt ist. M. sind aus Grauguß, Leichtmetallguß oder in Schweißkonstruktion hergestellt. Das für → Lokomotivdieselmotoren verwendete M. ist meist 2teilig gestaltet, es wird in Kurbelwellenmitte in ein Ober- und Unterteil getrennt und durch Zuganker flüssigkeits- und gasdicht miteinander verschraubt (Ausnahme): → Tunnelgehäuse). Das M.oberteil bildet mit dem → Zylinderblock (2) eine Einheit; es besitzt Öffnungen zur Aufnahme der → Zylinder (2) oder Zylinderlaufbuchsen, Hohlräume für die Wasserkühlung, die Motorschmierung und zur Aufnahme der Nockenwelle. Im M.unterteil ist die Kurbelwelle gelagert. Beide Teile umschließen den Kurbeltrieb und werden durch die Triebwerkskräfte hoch beansprucht. Das M. wird deshalb mit kräftiger Wandung ausgeführt, hochbeanspruchte Stellen werden mit Versteifungsrippen versehen. M. sind nach oben durch den → Zylinderkopf, nach unten durch die → Ölwanne abgeschlossen. Konsolen am M.oberteil dienen unter Zwischenschaltung elastischer Puffer zur Befestigung des M. im Tragrahmen. Am M. werden außerdem alle Teile und Hilfsaggregate angebracht, die für die Motorsteuerung, die Kraftstoff- und Schmierstoffversorgung sowie die Motorkühlung benötigt werden. Abb.

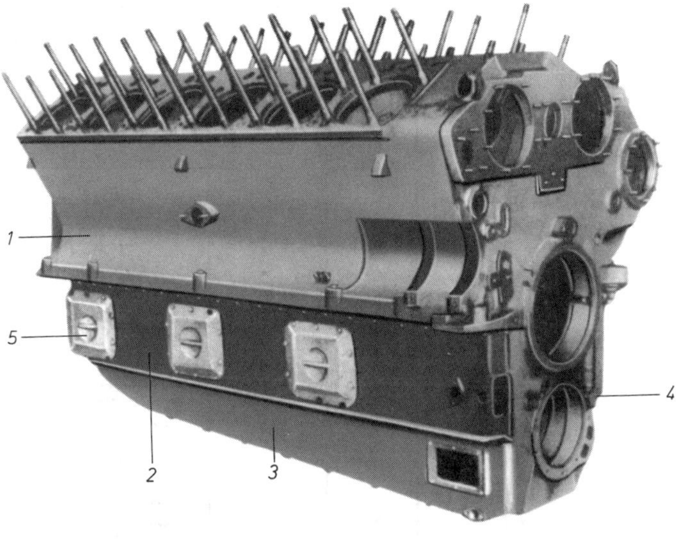

Motorengehäuse eines Lokomotiv-Dieselmotors 1 Oberteil, 2 Unterteil, 3 Ölwanne, 4 Zuganker, 5 Montageluke

Motorenöl: → Motorschmieröl

Motorgruppierung: verlustlose, grobstufige Art der → Leistungssteuerung von mehrmotorigen → elektrischen Triebfahrzeugen durch verschiedene Schaltungskombinationen. Die → Fahrmotoren werden nacheinander in Serienschaltung, → Serien-Parallel-Schaltung und Parallelschaltung gruppiert. Zwischen den dadurch entstehenden Grobstufen wird die → Widerstandssteuerung angewandt. Jede Stufe der M. ist eine wirtschaftliche Dauerfahrstufe, weil dabei die Anfahrwiderstände jeweils gleich Null sind. Wegen des großen Aufwands an Schaltgeräten wird oft auf die reine Parallelschaltung verzichtet, so daß bei einem 4motorigen Tfz. nur 2 und bei einem 6motorigen Tfz. nur 3 M.-Schaltungen angewendet werden. Oft werden 2 Fahrmotoren ständig zu einer Motorgruppe in Serie geschaltet (Halbspannungsmotoren). Der Übergang zwischen den verschiedenen Stufen der M. ohne Zugkraftunterbrechung wird mit der → Abrißschaltung oder mit der → Brückenschaltung erreicht. Für Tfz. größerer Leistung ist nur die letztere geeignet. Lit.: 4.4., 4.5., 4.11. Abb. S. 416

Motorkippwagen: Großraumgüterwagen mit kippbarem Wagenkasten für Tagebaubahnen, dessen Radsätze durch Elektromotoren angetrieben werden. Die Motoren werden von der führenden Lokomotive, die zusammen mit den M. das → Lokomotivgespann (dort Abb.) bildet,

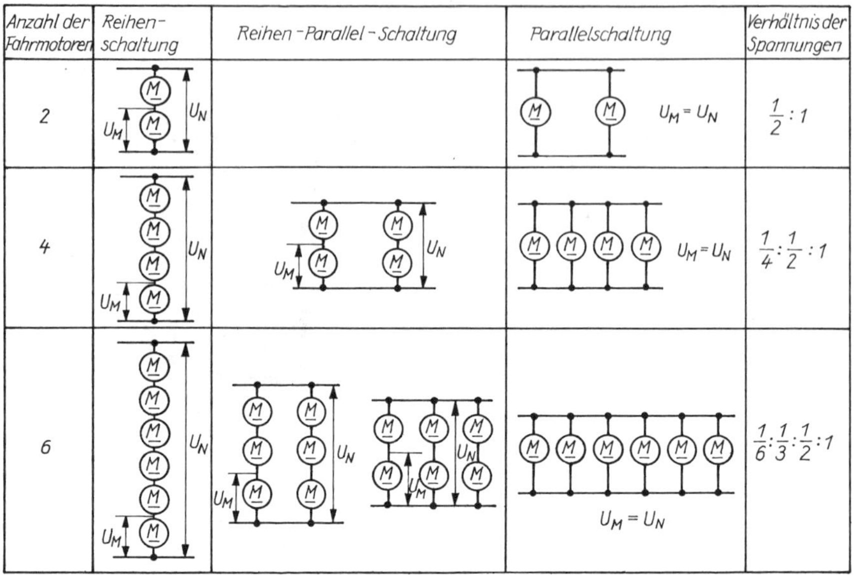

Motorgruppierung
Gruppierungsschaltungen

mit Energie versorgt und gesteuert. Die Zugkraft des gesamten Gespanns beträgt dann das Mehrfache der Lokomotivzugkraft. Bei dem von LEW Hennigsdorf für die UdSSR ab 1984 gelieferten Lokomotivgespann EL20 haben die M. bei einer Radsatzfolge Bo'Bo' und einer Achsfahrmasse von 30,5 t eine Masse (unbeladen) von 70 t und eine Ladefähigkeit von etwa 50 t; die Leistung eines → Fahrmotors beträgt 460 kW. Die M. und ihre Kippwannen sind gegenüber früheren Ausführungen verstärkt ausgeführt, da Bagger mit vergrößertem Löffelinhalt von bis zu 12 m³ eingesetzt werden und das Ladegut mit größerer Fallenergie auftrifft. Die M. haben geschlossene Vorbauten zur Unterbringung von Ausrüstungsteilen.

Motorklemmenspannung: an den Anschlußklemmen von Elektromotoren (→ Fahrmotoren) anliegende Spannung. Die Höhe der M. wird durch den Schaltzustand der → Leistungssteuerung festgelegt und bestimmt Drehmoment und Drehzahl der Motoren und damit Zugkraft und Geschwindigkeit des Tfz.

Motorkühlung, *Motorlüftung:* Zufuhr von Kühlluft an Motoren mit Lüfter (→ Luftkühlung). Man unterscheidet bei elektrischen Maschinen zwischen → Eigenbelüftung und → Fremdbelüftung. Die M. wird für Fahrmotoren von elektrischen und dieselelektrischen Tfz. (→ Fahrmotorlüfter), bei Elektromotoren und luftgekühlten → Verbrennungsmotoren in Diesel-Tfz. angewandt.

Motorkühlwasser: → Kühlwasser für wassergekühlte Verbrennungsmotoren, das Wärme von den thermisch hoch beanspruchten Motorbauteilen (Zylinderkopf, Zylinderlaufbuchse u.a.) abzuführen hat. Beim Motorbetrieb wird ein möglichst konstantes Temperaturniveau des M. angestrebt. An die Qualität des M. werden bezüglich der Gesamthärte und des pH-Werts hohe Anforderungen gestellt, um die Wassersteinablagerung in den vom Kühlwasser berührten Räumen des Motors und im Kühler gering zu halten. M. mit 5–6°d deutscher Härte und einem pH-Wert von 7–9 ist für Motoren in Schienenfahrzeugen anzuwenden.

Motorlokomotive: durch Motor angetriebene → Lokomotive; bes. früher gebräuchl. Bezeichnung für Verbrennungslokomotive. Die ersten M. wurden mit Benzin-Ottomotoren ausgerüstet und waren wegen der geringen Leistung noch nicht streckentüchtig. Der → Ottomotor erlangte als Antriebsmaschine für M. keine Bedeutung; Entwicklungsfortschritte brachte erst die Anwendung des → Dieselmotors (→ Diesellokomotive).

Motorsammelschiene: Sammelleitung für alle Zu- bzw. Ableitungen von ständig parallelgeschalteten Fahrmotoren (→ Fahrmotorstromkreis).

Motorschmieröl: mineralischer bzw. synthetischer Motorbetriebsstoff zur

Schmierung aller am Verbrennungsmotor bewegten Bauteile, zur Wärmeabfuhr und zur Abdichtung der Kolben zum Verbrennungsraum. Da die natürlichen Eigenschaften mineralischer bzw. synthetischer M. den im Motorenbetrieb gestellten Anforderungen (durch Ölalterung und Verbrennung gebildete Rückstände lösen, sie in feinverteilter Form in Schwebe halten und saure Verbrennungsprodukte zur Verhinderung von korrosivem Verschleiß neutralisieren) nicht gerecht werden, ist die Zugabe chemischer Stoffe (Additives) erforderlich. Diese M. werden als legierte Öle bzw. HD-Öle (Haevy-Duty) bezeichnet. Unlegierte Öle sind frei von chemischen Zusätzen und damit in ihrer Anwendung begrenzt.

Motorschmierölpumpe: vornehmlich als → Zahnradpumpe zur Versorgung des Schmierölkreislaufs von Verbrennungsmotoren eingesetzte Pumpe. M. von Lokomotivdieselmotoren sind am Motorengehäuse angeflanscht und werden über Zahnräder von der Kurbelwelle angetrieben. Bei vielen Lokomotivdieselmotoren wird die M. als Doppel-Zahnradpumpe ausgeführt, wobei die eine den Ölkühlkreislauf, die andere den Motorschmierölkreislauf versorgt. Die von den M. erzeugten Öldrücke müssen für eine gute Ölversorgung aller Schmierstellen ausreichend sein. Ein Überdruckventil stellt bei zu hohem Druck eine Entlastung zwischen Druck- und Saugraum her.

Motorschmieröl-Wärmetauscher: andere Bezeichnung für → Motorschmieröl-Wärmeübertrager.

Motorschmieröl-Wärmeübertrager: → Ölwärmeübertrager zur → indirekten Kühlung des Motorschmieröls. Der M. ist meist am Dieselmotor angebracht und in den → Kühlwasserkreislauf eingebunden.

Motorschutzrelais: Relais mit einstellbarer oder definierter Ansprechschwelle, durch dessen Ansprechen auf Grund bestimmter Störungen (Übertemperatur, Überstrom u.a.) ein Schalter den Motor abschaltet.

Motorschutzschalter: in → Hilfsbetriebestromkreisen meist 3poliger Niederspannungsleistungsschalter mit einem Schaltvermögen über dem 1,25fachen seines Nennstroms. Je Pol sind ein thermischer → Überstromzeitauslöser zum Schutz gegen länger dauernde Überlastungen geringer Größe und ein magnetischer Überstromauslöser zum raschen Abschalten bei kurzschlußartigen Überströmen vorhanden. M. bieten einen besseren Schutz als → Schmelzsicherungen.

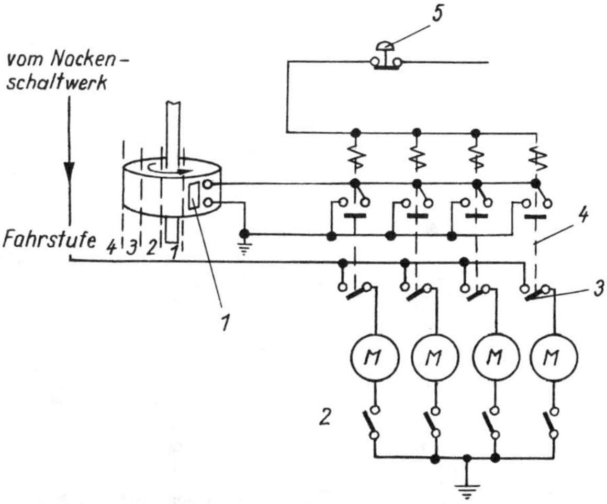

Motortrennschütz
Schaltung der Motortrennschütze und Trennschützsteuerung beim Nockenschaltwerk
1 Kontakt zum Ein- und Ausschalten, 2 Trennschalter, 3 Hauptkontakt, 4 Motortrennschütze, 5 Schnellausschaltknopf

Motorstromkreis: → Fahrmotorstromkreis

Motortrennschütz: im Maschinenraum elektrischer oder dieselelektrischer Tfz. installiertes → Trennschütz, das in die Leitungen zu den einzelnen Fahrmotoren eingefügt ist und die Abtrennung eines Fahrmotors vom speisenden Netz, z.B. bei Überlastung oder Kurzschluß, ermöglicht. Das M. muß im Gefahrenfall den Motorstromkreis unabhängig von der Schaltwerkstellung in kürzester Zeit unterbrechen. Dies wird durch die Trennschützsteuerung bewirkt, mit deren Hilfe durch den → Notschalter alle Fahrmotoren schlagartig abgeschaltet werden können. Abb.

Motortriebwagen: durch Motor angetriebener → Triebwagen; bes. früher gebräuchl. Bezeichnung für → Verbrennungstriebwagen. Erste M. wurden durch → Ottomotoren angetrieben.

Motorzugkraftmesser: Gerät zum Messen der bei elektrischen Lokomotiven von den einzelnen → Fahrmotoren ausgeübten → Zugkraft. Der M. registriert den der Zugkraft proportionalen Stromfluß durch die Fahrmotoren und dient u.a. zur Kontrolle des Schleuderns von Radsätzen oder des Überschreitens der durch die zulässige Erwärmung bedingten Zugkraft. Bei Elloks mit → elektrischer Bremse registriert der M. auch die Größe der Bremskraft.

Müller, Franz A.W.: 1873–1938; Konstrukteur. M. war bei Henschel und in der

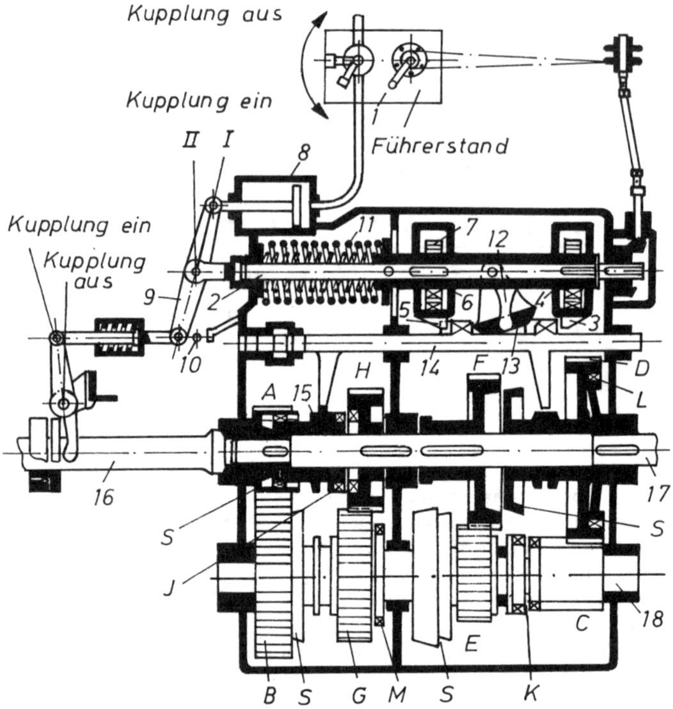

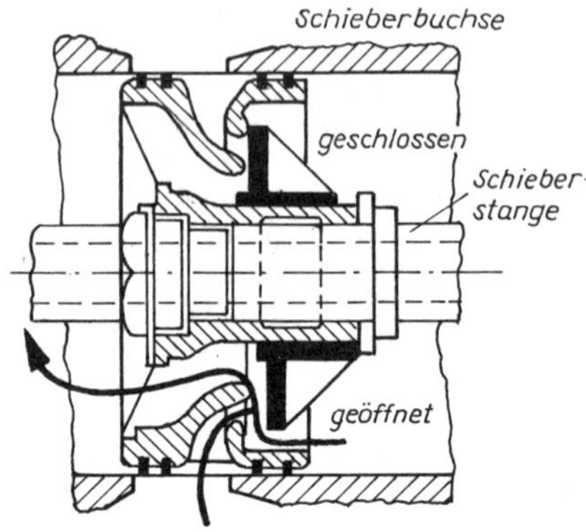

Müller-Schieber (rechts) Druckausgleichschieber Bauart Müller (Wirkungsweise)

Myliusgetriebe
4-Gang-Myliusgetriebe A–H Zahnräder, J-M Klauenkupplungen, S Synchronisier-Kegelkupplungen, 1 Gangwählhebel, 2 Schaltwelle, 3, 5 Nase, 4 Wahlfederkörper, 6 Schaltfederkörper, 7 Feder, 8 Schaltzylinder, 9 Hebel, 10 Anschlag, 11 Schaltfeder, 12 Hebel, 13 Schwinge, 14 Schaltstange, 15 Kupplungsstück mit Synchronisierkegel und Schaltklauen, 16 Eingangswelle, 17 Hauptwelle mit Abtrieb, 18 Nebenwelle, I Schaltstellung Kupplung eingerückt, II Schaltstellung Kupplung ausgerückt (Hebel 9 am Anschlag 10)
Kraftfluß: 1. Gang: AB-CD-DL 2. Gang: AB-KC-EF 3. Gang: AB-MG-GH 4. Gang: AJ-JH

AEG-Lokomotivfabrik tätig. Als Betriebsdirektor leitete er die Deutschen Werke AG in Kiel. Der nach ihm benannte → Müller-Schieber beruht auf seinen konstruktiven Arbeiten. Lit.: 5.2.

Müller-Schieber: von → Müller entwikkelte Bauart des federlosen → Druckausgleichkolbenschiebers der Dampflokomotive. Die beiden Schieberkörper sitzen i. G. z. → Nicolai-Schieber ungeteilt auf der Schieberstange fest, so daß die steuernden Kanten immer die gleiche Lage zueinander haben. In jedem Schieberkörper befindet sich ein tellerförmiges Druckausgleichventil, das sich unter einem bestimmten Schieberkastendruck schließt. Nachteilig erweist sich, daß der M. bei großen Kolbenschieberdurchmessern durch Verziehen der Dichtflächen leicht undicht wird und durch den Wegfall ursprünglich verwendeter Öffnungsfedern bei niedrigen Schieberkastendrücken zum Flattern des Druckausgleichventiltellers, bei zu hohen Drücken zum harten Schlagen auf die Dichtflächen neigt. Die Neubaudampflokomotiven der BR 65 und BR 85 der DR wurden mit in Schweißkonstruktion ausgeführten M. ausgerüstet. → Leerlaufeinrichtung. Lit.: 2.3., 2.6., 2.10. Abb.

Muschelschieber: → Flachschieber

Museumslokomotive: → Denkmallokomotive

M-Verfahren: Kurzbezeichnung für → Meurer-Verfahren. → Gemischbildungsverfahren

Myliusgetriebe: pneumatisch betätigtes → Zahnradschaltgetriebe mit kleinen äußeren Abmessungen für Leistungen bis 330 kW. M. wurden in mehreren Bauvarianten zum Einbau in Verbrennungstriebwagen (z. B. VT 135 der DRG) und ORT hergestellt sowie mit vorgeschaltetem → Strömungswandler als Hydro-M. auch für Diesellokomotiven eingesetzt. Konstruktive Merkmale der Triebwagengetriebe: → Gangschaltung mit Vorwählung, → Zwangssynchronisation und Schaltung über kombinierte Reib-Klauenkupplungen, vorgeschaltete zwangsläufig pneumatisch betätigte Lamellen-Hauptkupplung. Beim 4stufigen M. sind 4 → Zahntriebe auf 3 Wellen angeordnet, die Zahnräder sind ständig im Eingriff, die Gangschaltung erfolgt nach Vorwählen des Gangs durch den Tfz.-Führer, nachdem die pneumatisch betätigte Hauptkupplung ausgerückt wurde. Diese Bauart besitzt kein → Wendegetriebe. Das Drehmoment auf die Treibradsätze wird über → Gelenkwelle und → Radsatzwendegetriebe übertragen. Abb.

Nachauslaß: im → Steuerdiagramm von Verbrennungsmotoren fixierte Winkel- bzw. Zeitgröße. Bei kanalgesteuerten Zweitaktmotoren wird z. B. durch den Kolben zuerst der Überströmkanal (Einlaßkanal) und danach der Auslaßkanal geschlossen. Ein Teil der Frischladung wird dadurch als Verlust in den Auslaßkanal gedrückt. Der N. wird in °Kurbelwinkel ausgewiesen: $\alpha_{NA} = \alpha_{AS} - \alpha_{ÜS}$ (α_{NA} Nachauslaßwinkel, α_{AS} Winkel zwischen UT und Schließen des Auslaßkanals, $\alpha_{ÜS}$ Winkel zwischen UT und Schließen des Überströmkanals).

Nachlaufsteuergerät: → Nachlaufsteuerung

Nachlaufsteuerung: → Übertragungssteuerung, bei der die vom Tfz.-Führer am Fahrschalter eingestellte Fahrstufe vom → Schaltwerk im zeitlichen Nachlauf erreicht wird. Dabei hängt die Geschwindigkeit des Hochschaltens u. a. von der zul. Stromstärke in den einzelnen Fahrstufen ab. Die vom Schaltwerk jeweils erreichte Stellung wird dem Tfz.-Führer durch einen Stufenanzeiger signalisiert. Man unterscheidet 3 Bauformen: 1) Bei der *N. mit mechanischer Welle* (Abb.) wird die Stellung des Handrads mit der des Schaltwerks mit Hilfe einer mechanischen Welle verglichen. Bei gegensinniger Drehung von Ritzel und Vorgelegerad werden die mit diesem verbundenen Schalter um die (zunächst stillstehende) Nockenscheibe bewegt; der Stromkreis zum Relais für das Einschalten des → Stellmotors wird geschlossen, so daß mit zeitlichem Nachlauf die Drehung des Schaltwerks über ein mechanisches Wellensystem auf die Nockenscheibe übertragen wird. Bei Störung ist eine Betätigung des elektrischen Schaltwerks mit Kurbel (Handantrieb) möglich. 2) Bei der *N. mit Spannungsvergleich* (Abb.) fließt bei unterschiedlicher Stellung der Abgriffe am Fahrschalter und am Spannungsteiler ein Ausgleichstrom über das gepolte Relais, durch dessen Ansprechen der Stellmotor mit der Drehrichtung eingeschaltet wird, die das Nachdrehen des Schaltwerks veranlaßt. Die Einstellung der gewünschten Fahrstufe ist beendet, wenn die Abgriffe an beiden Spannungsteilern und somit die Stellung des Fahrschalters und des Schaltwerks gleich sind. Bei einem anderen System der N. mit Spannungsvergleich wird ein Vergleich der Polarität von Kontaktbahnen am Fahrschalter und am Schaltwerk vorgenommen: Am Fahr-

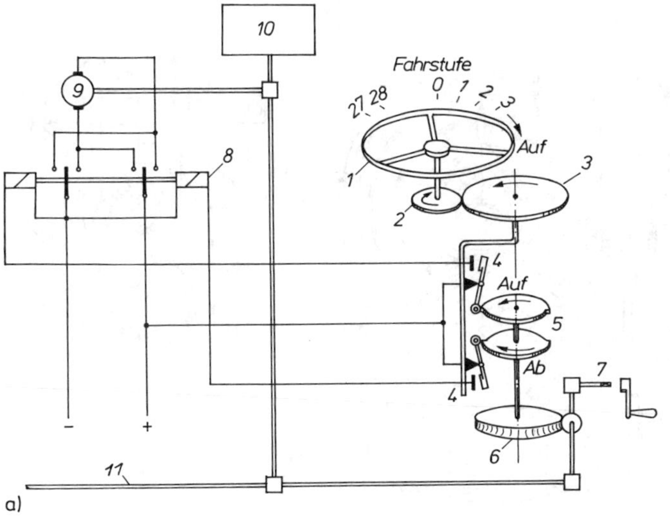

a)

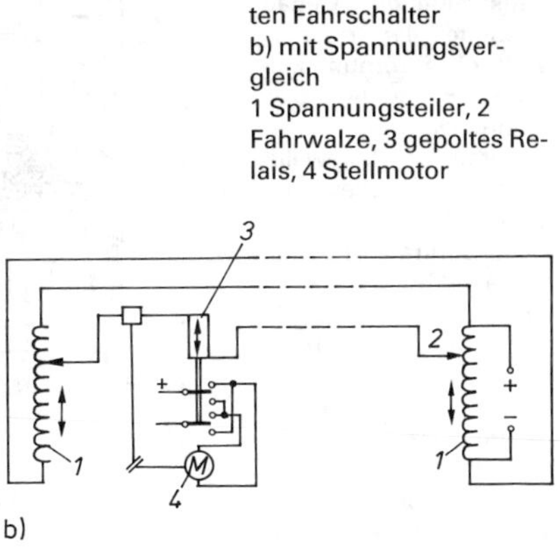

b)

Nachlaufsteuerung
a) mit mechanischer Nachdrehung
1 Handrad, 2 Ritzel, 3 Vorgelegerad, 4 Schalter, 5 Nockenscheibe, 6 Schneckengetriebe, 7 Handantrieb, 8 Relais, 9 Stellmotor, 10 Schaltwerk, 11 Antrieb für zweiten Fahrschalter
b) mit Spannungsvergleich
1 Spannungsteiler, 2 Fahrwalze, 3 gepoltes Relais, 4 Stellmotor

schalter werden Kontaktbahnen mit einer für jede eingestellte Fahrstufe charakteristischen Polarität der Spannung belegt und der »Nachlaufwalze« am Schaltwerk über Leitungen zugeführt. Diese ist mit dem Schaltwerk gekuppelt und tastet die Spannungen ab. Mit Steuerrelais werden daraus die Befehle zum Auf- oder Abschalten für den Schaltwerkmotor abgeleitet. 3) Bei den *optischen N. mit Drehmelder* wird die Stellung des Fahrschalters durch einen Drehmelder zum Schaltwerk übertragen. Ein optisches System, bestehend aus Lichtquelle, Fotozelle und einer Abblendscheibe sorgt dafür, daß das Schaltwerk so lange in der vorgegebenen Richtung läuft, bis das optische System die Übereinstimmung seiner Stellung mit der des Fahrschalters signalisiert. Beim Versagen der Drehmelder-N. ist es jederzeit möglich, die zusätzlich vorhandene → Auf-Ab-Steuerung zu verwenden. 4) Bei der *digitalen N.* bewirkt die Drehung des Fahrschalters durch einen Impulsgenerator eine der Anzahl der Fahrstufen entspr. Anzahl von Impulsen. Die Zahl der Fahrschalterimpulse wird mit der von einem Impulsgeber am Schaltwerk erzeugten Impulszahl verglichen. Aus dem Ergebnis des Vergleichs werden die Kommandos zum Auf- oder Ablauf bzw. Anhalten des Schaltwerkantriebs abgeleitet (z.B. bei der BR150 und der BR155 der DB/DR). Lit.: 4.4., 4.5. Abb.

Nachschaltgetriebe: → Zahnradgetriebe, das als getrenntes Aggregat der → Leistungsübertragungsanlage von Diesel-Tfz. an das → Strömungsgetriebe oder → Zahnradschaltgetriebe angeflanscht, d.h. diesen *nachgeschaltet* ist. Es hat mindestens 1 der folgenden Aufgaben zu erfüllen: 1) Reduzierung der Abtriebsdrehzahl des vorgeschalteten Getriebes z.T. auf die Drehzahl der Treibräder; 2) Gewährleistung des Fahrtrichtungswechsels (→ Wendegetriebe); 3) Verteilung des Drehmoments auf die Treibradsätze (→ Verteilergetriebe); 4) Umschaltung auf verschiedene Geschwindigkeitsbereiche (→ Stufengetriebe). Das *Umschalt-* und *Verteiler*getriebe (UV-Getriebe) löst kombiniert die dritte und vierte Aufgabe. N. werden vorwiegend bei Diesel-Tfz. mit → Stangenantrieb eingesetzt und besitzen dabei eine hohe Gesamtübersetzung und eine → Blindwelle als Abtrieb. Ketten- und Gelenkwellenabtrieb werden seltener angewandt. Abb.

Nachschalt-Wendegetriebe: → Nachschaltgetriebe mit eingebautem → Wendegetriebe, das nur die Funktionen von → Verteilergetriebe und Wendegetriebe erfüllt. N. werden i.allg. nur als Nachschaltgetriebe bezeichnet, da sie i.d.R. das Wendegetriebe enthalten.

Nachstellkeil: → Stellkeil

Nachtropfen: Bildung von Kraftstofftropfen am Düsenkörper der → Einspritzventile von Verbrennungsmotoren. Ein N. von Kraftstoff aus der Düse in den Verbrennungsraum nach Abschluß der Kraftstofförderung durch die → Einspritzpumpe liegt vor, wenn die Düsennadel

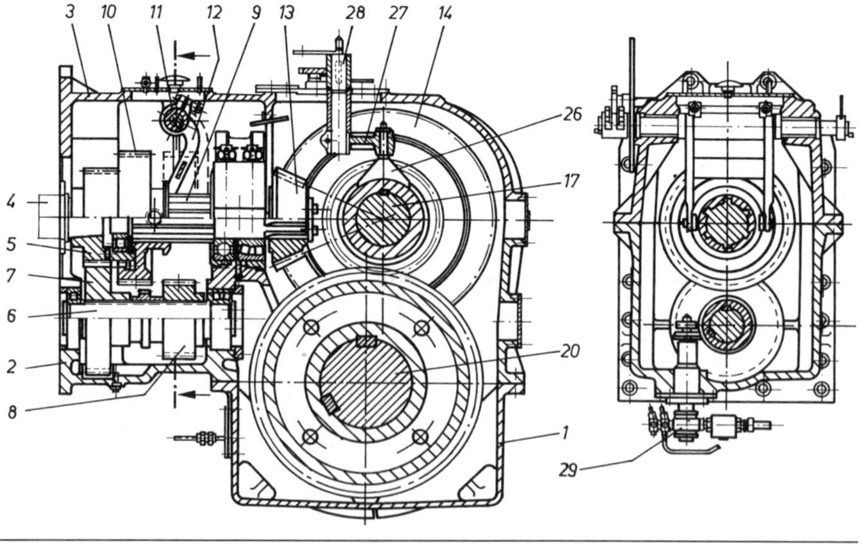

Nachschaltgetriebe
1 Gehäuseunterteil, 2 Gehäusemittelteil, 3 Gehäuseoberteil, 4 Abtriebswelle des Strömungsgetriebes, 5 Eingangsritzel, 6 Vorgelegewelle, 7 Stirnrad Vorgelegewelle, 8 Ritzel Vorgelegewelle, 9 Stufengetriebewelle, 10 Schaltstirnrad, 11 Schaltwelle für Stufenschaltung, 12 Schaltgabel, 13 Kegelritzel, 14 Tellerrad, 17 Wendegetriebewelle, 20 Blindwelle, 26 Schaltsegment, 27 innerer Schalthebel, 28 Schaltwelle für Wendeschaltung, 29 Zahnradpumpe

durch Verschleiß nicht ordnungsgemäß das Spritzloch im Düsenkörper verschließt oder eine Störung an der Druckfeder im Düsenhalter vorliegt. Sichtbares Zeichen bei nachtropfenden Düsen sind schwarze Abgase.

Nadelschmierung: Schmierungsart für → Stangenlager neuerer Dampflokomotiven. Im → Schmiergefäß des → Stangenkopfs sitzt über dem Schmierloch in einer bes. Tülle mit 2 eingeschraubten Nadelführungen eine Schmiernadel. Der Ölzufluß wird in seiner Menge durch eine auf die Ölviskosität abgestimmte Nadelstärke geregelt. Eine in den Ölraum ragende Wandung des Ventilgehäuses – später, nach Ersatz des Ventils durch einen Schraubstopfen, ein in den Ölraum ragender Kragen am Einfüllstutzen – verhindert, daß das Gefäß völlig gefüllt werden kann. Über der Schmiernadel verbleibt ein Luftraum, in dem das Öl schleudern kann. Die Schmiernadel darf nicht in der Nadelführung festsitzen und muß des öfteren herausgenommen und gereinigt werden. Lit.: 2.3., 2.12. Abb.

Naßdampf: andere Bezeichnung für → Sattdampf. Er gibt infolge seines Restwassergehalts einen Teil seiner Verdampfungswärme durch Kondensation sehr leicht an kältere Wandungen, bes. an die Zylinderwände, ab und bewirkt damit einen großen, thermisch sehr ungünstigen Flächenschaden (→ Abkühlungsverlust) der Dampfmaschine. → Naßdampflokomotiven haben deshalb einen großen Dampfverbrauch.

Naßdampfkammer: Bauteil des → Dampfsammelkastens. Die N. verteilt den vom → Reglerrohr zuströmenden Frischdampf (→ Naßdampf) auf die Überhitzerrohre (→ Überhitzer).

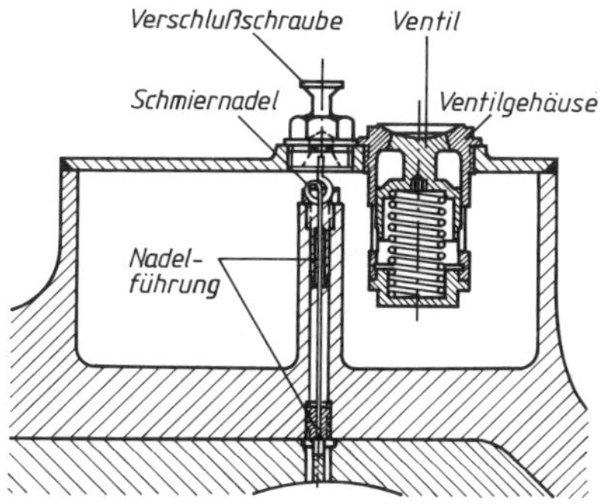

Nadelschmierung
Stangenlagerschmiergefäß mit Nadelschmierung

Naßdampfklappe: Bauteil des → Heißdampfreglers.

Naßdampflokomotive: mit → Naßdampf arbeitende Dampflokomotive. I.G.z. → Heißdampflokomotive benötigt der Dampflokomotivkessel der N. nur → Heizrohre; der in ihm erzeugte Naßdampf wird über den Naßdampfregler (→ Dampfregler) und die Einströmung direkt der Dampfmaschine zugeführt. Die anfangs i.d.R. verwendete Kolbendampfmaschine mit 1stufiger → Dampfdehnung besaß bis in die 70er Jahre des 19. Jahrhunderts für die Dampfverteilung ausschl. → Flachschieber, später auch → Kolbenschieber und → Heusinger-Steuerung, bes. in Verbindung mit dem Einsatz der wirtschaftlichen → Verbunddampfmaschine mit 2stufiger Dampfdehnung, die infolge verminderter → Abkühlungsverluste gegenüber der mit einem großen Dampfverbrauch belasteten N. mit 1stufiger Dampfdehnung eine Naßdampfeinsparung von 10–20% aufwies. Naßdampfverbundlokomotiven wurden als 2- und 4-Zylinder-Lokomotiven gebaut. Die erste N. wurde von → Mallet entwickelt und davon 3 B1-Tenderloks 1876 von Schneider-Creuzot für

Naßdampflokomotive
der Gattung DVIII der Bayerischen Staatsbahn mit Flachschiebersteuerung, 2 Zylinder, Baujahr 1888, Hersteller Krauss, München

die Bayonne-Biarritzer-Bahn gebaut. Ihnen folgte 1880 die erste deutsche N. mit 2-Zylinder-Verbunddampfmaschine und 1894 die von Grafenstaden entwickelte erste N. mit 4-Zylinder-Verbunddampfmaschine. Obwohl die Ablösung der N. durch die wirtschaftlichere Heißdampflokomotive bereits nach 1900 einsetzte, wurden N. für den leichten Rangier- und Nebenbahndienst noch bis in die 30er Jahre gebaut. Lit.: 2.3., 2.6., 2.9., 2.10., 2.12. Abb.

Naßdampföl, *Sattdampföl:* zur Schmierung von unter → Naßdampf laufenden Teilen der Dampflokomotive verwendetes → Zylinderöl mit i. G. z. → Heißdampföl geringerer Viskosität. Das N. muß neben den erforderlichen Kriterien für die Schmierfähigkeit eine kinematische Zähigkeit von $(25-50)\cdot10^{-6}$ m²/s bei 100 °C Meßtemperatur und einen niedrigsten → Flammpunkt von 260 °C besitzen. Außerdem werden nur geringe Anteile von Rückstandsbildnern zugelassen, um stärkere Verkrustungen der Kolben und Schieber zu vermeiden. Lit.: 2.3., 2.12.

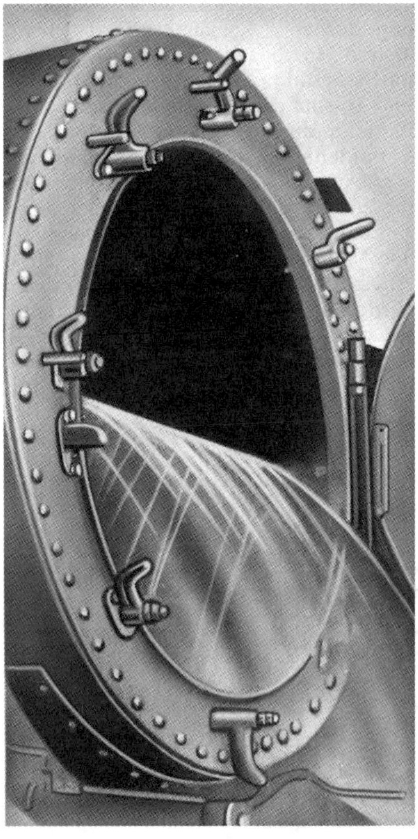

Näßeinrichtung der Rauchkammer

Naßdampfregler: → Dampfregler

Näßeinrichtung: Teil der → Feinausrüstung von → Dampflokomotivkesseln zum Ablöschen von glühenden Verbrennungsrückständen in der → Rauchkammer und im → Aschkasten sowie zum Nässen der Kohle und (für auf kurvenreichen Strecken arbeitenden Dampflokomotiven) der Radreifen (→ Radreifennäßeinrichtung). Mit einem an der Stehkesselrückwand angebrachten Vierwegehahn, der an die Druckleitungen der beiden → Speiseeinrichtungen des Kessels angeschlossen ist, kann je nach Bedarf entweder das → Rauchkammerspritzrohr, das → Aschkastenspritzrohr oder die Kohlenspritze im Führerhaus mit Druckwasser versorgt werden. Einheitslokomotiven der DRG erhielten anstelle des Vierwegehahns ein Dreifachventil (→ Anstellventil). Bei moderneren Lokomotiven mit → Schlepptender ist zum Nässen der Kohle eine → Tenderbrause eingebaut. Lit.: 2.3., 2.12. Abb.

Naßlufteinschubfilter: → Naßluftfilter

Naßluftfilter: → Luftfilter, in dem die Abscheidung des in der angesaugten Luft enthaltenen Staubs dadurch erfolgt, daß die Luft über ölbenetzte → Filtereinsätze geleitet wird, in denen der Staub an das Öl gebunden und somit zurückgehalten wird. N. werden als Platten- oder Patronenfilter hergestellt. Als → Filtermaterial wird kreuzweise gelegtes Streckmetall (Streckmetallfilter) oder ein Drahtgeflecht mit Stahlgewebefüllung verwendet. Bei den Plattenfiltern ist das Filtermaterial meist in einem Rahmen aus U-Profilen eingepreßt, so daß das Filter leicht ausgewechselt werden kann (Naßlufteinschubfilter). Die Filtereinsätze für die Patronenfilter sind zylinderförmig ausgebildet. N. werden u.a. als → Ansaugluftfilter für Verbrennungsmotoren in Verbindung mit → Düsenlüftungsgittern verwendet (→ Luftansauganlage). Es wurden auch scheibenförmige, drehbare N. ausgeführt, deren Filtersegmente bei jedem Umlauf neu mit Öl benetzt werden. Verschmutzte N. werden ausgebaut, gereinigt und wieder mit Öl benetzt. Abb.

Nebelöler: Bauteil des → Strömungsgetriebes, das die zuvor durch den → Luftreiniger gereinigte Druckluft mit Öl anreichert, wodurch Korrosionsschäden an den meist im Inneren des Getriebegehäuses angeordneten Steuerungsbauteilen vermieden werden.

Nebenbahnlokomotive: → Hauptbahnlokomotive

Nebenkraftschalter: Bauform des → Stellglieds in Strömungsgetrieben, das den Ölstrom vom → Hauptkraftschalter zugeleitet bekommt und je nach Stellung des Steuerkolbens an → hydrodynamische Kreisläufe weiterleitet.

Nebensteuerblock: andere Bezeichnung für → Nebenkraftschalter.

Nebensteuerkolben: Steuerkolben des → Nebenkraftschalters.

Nebensteuerventil: Bauteil des → Steuerventils der mehrlösigen und unerschöpfbaren → Hildebrand-Knorr-Bremse. Das N. dient zur Regelung und Nachspeisung eingeleiteter Brems- und Lösevorgänge.

Nennbetrieb: normative Arbeitslage des → Antriebssystems, die der Tfz.-Bewertung zugrunde gelegt wird. Für Tfz. mit annähernd *geschwindigkeitsunabhängiger Leistung* (Dampflokomotiven, im Regelfall Diesel-Tfz.) ist der N. allein durch die Nennleistung gegeben. Bei *geschwindigkeitsabhängiger Leistung* (elektrische Tfz.) stellt sich der N. nur in einem einzigen Arbeitspunkt ein, der durch Nennleistung, Nennzugkraft, Nenngeschwindigkeit, Nennstrom und Nennspannung fixiert ist (→ Zugkraftdiagramm). Für die Festlegung des N. stehen der Dauerbetrieb bzw. der Dauerbetriebspunkt (Dauerleistung, Dauerzugkraft, Dauergeschwindigkeit, Dauerstrom) und der Stundenbetrieb bzw. der Stundenbetriebspunkt (Stundenleistung, Stundenzugkraft, Stundengeschwindigkeit, Stundenstrom) zur Auswahl, wobei heute in nationalen und internationalen Standards im Regelfall auf den Dauerbetrieb Bezug genommen wird. (vgl. UIC-Merkblatt 614 und 623). Dem N. älterer elektrischer Tfz. liegt häufig noch der Stundenbetrieb zugrunde. Mit zunehmender Beanspruchung und steigenden Verlusten erhöht sich die Arbeitstemperatur der Aggregate des Antriebssystems. Um Schäden zu vermeiden, darf die Arbeitstemperatur bestimmte Grenzwerte nicht überschreiten. Im *Dauerbetrieb* erreicht das Antriebssystem mit dieser Arbeitslage die Grenztemperatur zwar nach unendlich langer Zeit, kann sie aber nicht überschreiten. Im *Stundenbetrieb* wird die Grenztemperatur nach 1 h erreicht. Die Stundenleistung liegt im Regelfall 5–10% über der Dauerleistung. Die normativen Bedingungen des N. nationaler Standards können sich geringfügig voneinander unterscheiden. Nicht zu vernachlässigende Unterschiede bestehen in der Festlegung der Nennleistung von Dieselmotoren zwischen den Standards europäischer Länder und den USA.

Nenndrehmoment: Drehmoment von Arbeits- und Kraftmaschinen, das bei → Nenndrehzahl abgegeben oder aufgenommen wird. Das N. ist bei den meisten Kraftmaschinen nicht das max. Drehmoment, das z.B. bei Dieselmotoren etwa bei ⅔ der Nenndrehzahl und bei Asynchronmotoren im Kippunkt als Kippmoment (1,6–3,5faches N.) auftritt.

Nenndrehzahl: Drehzahl, für die Kraft- und Arbeitsmaschinen ausgelegt sind und bei der sie ihre Nennleistung entwikkeln (→ Nennbetrieb). Bei Strömungsgetrieben ist eine Antriebs-N. für die Antriebswelle und eine Abtriebs-N. für die Abtriebswelle festgelegt.

Nenngeschwindigkeit: → Nennbetrieb

Nennleistung: → Nennbetrieb

Nennspannung: nach Standards (z.B. DIN, ASA) festgelegte elektrische Spannung einer elektrischen Anlage oder ihrer Teile. Die N. ist Dimensionierungsgröße für Bauelemente und Betriebsmittel. Anlagen, Maschinen und Geräte werden für die N. bemessen, gebaut und bezeichnet. Abweichungen (sowohl positiv als auch negativ) der tatsächlichen Span-

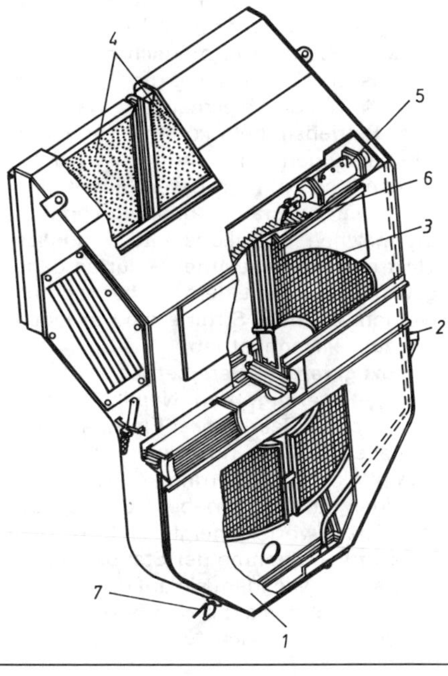

Naßluftfilter
Verbrennungsluftfilter der Diesellokomotive BR 232 der DB/DR
1 Filtergehäuse, 2 Öleinfüllstutzen, 3 drehbare Filtersegmente, 4 Plattenfilter, 5 pneumatischer Antrieb, 6 Zahnkranz, 7 Ablaßhahn

nung von der N. müssen, abhängig vom Charakter der elektrischen Anlage (Leistungsstromkreis, Steuerstromkreis), in Kauf genommen werden, weil trotz konstanter Klemmenspannung der Generatoren durch unterschiedliche, da beanspruchungsabhängige Verluste (Spannungsabfall) in den Energieübertragungsleitungen von der N. abweichende Spannungen an den Verbrauchern anliegen. So ist z.B. die zulässige Abweichung der tatsächlichen Fahrleitungsspannung von der N. bei allen Bahnstromsystemen mit Rücksicht auf die unterschiedlichen Beanspruchungen und Übertragungsentfernungen zu den ortsveränderlichen Tfz. als Verbraucher bes. groß. Im 16⅔-Hz-15-kV-Fahrleitungsnetz der DB/DR sind z.B. +15% und −20% Abweichung (entspricht Fahrleitungsspannungstoleranz von 12,0–17,25 kV; kurzzeitig noch höher bzw. niedriger) möglich. Bei elektrischen Steuer- und Regeleinrichtungen dagegen (vor allem mit elektronischen Bauelementen), bei denen kleine Abweichungen bereits zu betrieblichen Störungen führen können, sind zusätzliche Einrichtungen (z.B. Stabilisierungsschaltungen) zur Konstanthaltung der tatsächlichen Spannung unbedingt erforderlich. → Nennbetrieb

Nennstrom: elektrischer Strom, der für die Bemessung elektrischer Bauteile und Betriebsmittel in einem elektrischen Stromkreis maßgebend ist. Die Belastung (→ Belastungsstrom) mit dem N. muß i.d.R. dauernd möglich sein, ohne daß es zur Überlastung und damit zu Ausfällen von elektrischen Bauteilen oder Betriebsmitteln kommt. Kurzzeitige Überlastungen sind, zumindest bei Betriebsmitteln mit größerer Masse (Maschinen und Geräte), abhängig von ihrer thermischen Zeitkonstante möglich. Elektronische Bauelemente dürfen dagegen nur max. mit dem N. beansprucht werden. Kleinere Ströme sind in jedem Fall zul. → Nennbetrieb

Nennzugkraft: → Nennbetrieb

Nepilly-Feuerung: von Nepilly (1838 – 1883) bei der Saarbrücker Eisenbahn entwickelte 2teilige Rostbauart für eine Dampflokomotivfeuerung, die mit feinkörniger Kohle betrieben wurde. Der leicht nach vorn geneigte erste Rostteil besaß zur Aufnahme der Staubkohle enge Spalten. Nachdem sie auf diesem verkokte, rutschte sie auf den horizontalen, mit breiteren Spalten versehenen zweiten Rostteil, wo die Kohle bei starker Luftzufuhr unter großer Wärmeentwicklung raucharm verbrannte. Die 1881 bei der sächsisch-bömischen Eisenbahn erprobte N. wurde auch bei Lokomotiven der Bayerischen Staatseisenbahn und in Österreich eingesetzt. Störungen in der Dampferzeugung durch starke Verschlakkungen im Feuerbett führten zum baldigen Rückbau auf Normalroste. Lit.: 5.3.

Netzbremse: bes. Form der elektrischen → Nutzbremse (Rekuperationsbremse, → elektrische Bremse). Bei der N. wird die beim Benutzen der elektrischen Bremse zurückgewonnene Energie in das Fahrleitungsnetz eingespeist und so anderen Verbrauchern am Netz zugeführt. Um in das Fahrleitungsnetz einspeisen zu können (Richtungsumkehr im Energiefluß), muß die Spannung am Stromabnehmer größer als die Fahrleitungsspannung sein (abhängig von der Bremsleistung). Zusätzlich müssen im *Wechselstromnetz* die *Bedingungen* gleiche Frequenz, gleiche Phasenlage und gleiche Form der Spannungskurve durch die im Tfz. erzeugte Spannung erfüllt werden. Bei bisherigen Wechselstrom-Tfz. mit Einphasenreihenschlußmotoren sind diese Forderungen nur mit komplizierten und aufwendigen Schaltungen erfüllbar. Einigermaßen wirtschaftlich ist dies nur bei Gefällebremsungen (Senkbremsung; Gegensatz: Verzögerungsbremsung), da hier der Energiegewinn eine akzeptable Größe erreicht. Eine günstigere Situation wird von Tfz. mit → Drehstromantriebstechnik erwartet. Die Netzeinspeisung ist hier über einen → Vierquadrantensteller möglich (netzfreundlich, geringer Oberwellenanteil, Phasenlage leicht veränderbar), so daß sich die elektrische N. auch bei geringerem Energierückgewinn anbietet (Verzögerungsbremsung bis zum Anhalten bei Drehstromantriebstechnik möglich).

nichtselbsttätige Druckluftbremse: → Druckluftbremse, bei der zum Bremsen der Druck in den Luftleitungen erhöht werden muß. Das kann nur über die Betätigung des → Führerbremsventils erfolgen. Bei Zugtrennung sprechen die Bremsen nicht automatisch an. Die getrennten Zugteile können dann nur durch Bedienung von verfügbaren → Handbremsen abgebremst werden. Die n.D. wird i.d.R. nur als → Zusatzbremse auf Tfz. eingesetzt. Dazu besitzen die n.D. und die → selbsttätige Druckluftbremse jeweils ein Führerbremsventil und eigene Luftleitungen. Als → Bremszylinder wird der der selbsttätigen Druckluftbremse verwendet. Die beiden Luftleitungen sind an das → Doppelrückschlagventil angeschlosssen, das diejenige Leitung mit dem Bremszylinder verbindet, in der der höhere Druck herrscht und das die andere Leitung abschließt. In die Bremszylinder gelangt somit nur der höhere Druck. Es ist dadurch möglich, daß ohne weiteres beide Bremsen in beliebiger Folge betätigt werden können. Die Bremse ist aber erst dann gelöst, wenn beide Führerbremsventile nach ihrer Betätigung wieder in die Lösestellung gebracht werden. Wenn beispielsweise beim Bremsen mit der selbsttätigen Bremse ein Bremszylinderdruck von 150 kPa erzielt und mit der n. D. ein Druck von 300 kPa eingesteuert wird, so ist nach dem Lösen der selbsttätigen Bremse noch ein Druck von 300 kPa im Bremszylinder vorhanden. Erst nach dem Lösen der n. D. strömt die Druckluft aus dem Bremszylinder über das Führerbremsventil ins Freie. Die Druckluft für die Zusatzbremse wird direkt aus dem → Hauptluftbehälter entnommen. Zur Begrenzung des max. Bremszylinderdrucks (dieser ist niedriger als der Hauptluftbehälterdruck) werden → Sicherheitsventile (2), → Druckminderventile oder Höchstdruckbegrenzer verwendet. Lit.: 1.4., 4.5. Abb.

Nicken: → Fahrzeugschwingung

Nicolai-Schieber: Bauart des → Druckausgleichkolbenschiebers (dort Abb.) der Dampflokomotive, bei dem jeder Schieberkörper aus einem fest auf der Schieberstange sitzenden äußeren Kolbenkörper und einem auf der Nabe des äußeren Kolbenkörpers gleitenden inneren Kolbenkörper besteht. Beide Teile bilden zusammen eine ringförmige Kammer, in der eine starke Schraubenfeder liegt, die sie bei Leerlauf der Lok auseinanderhält. In dieser Stellung schließt der N. die Dampfkanäle nicht ab und gewährleistet über die jeweilige Ausströmung zum anderen Zylinderraum den Druckausgleich zwischen beiden Zylinderräumen. Wird der → Dampfregler geöffnet, dann werden bereits bei einem Schieberkastendruck von 50–100 kPa die Schraubenfederkräfte überwunden und die inneren Kolbenkörper gegen die äußeren festen Kolbenkörper gepreßt. Der N. arbeitet in dieser Stellung als → Kolbenschieber der Regelbauart. Der beste Druckausgleich wurde bei der etwa für 60% Füllung ausgelegten → Dampflokomotivsteuerung erreicht. Bei Verwendung der N. können die → Zylindersicherheitsventile entfallen; der durch im Zylinder befindliches Wasser während der Fahrt entstehende hohe Druck klappt die inneren Schieberkörper ab, und das Wasser kann in die Ausströmung entweichen. Gegen → Wasserschlag bei hohen Fahrgeschwindigkeiten oder Schleudern schützt der N. allerdings nicht. Der später vermutlich aus patentrechtlichen Gründen Karl-Schulz-Schieber genannte N. gehörte zur Regelausrüstung der Einheitslokomotiven der DRG. → Leerlaufeinrichtung. Lit.: 2.3., 2.6., 2.10., 2.12.

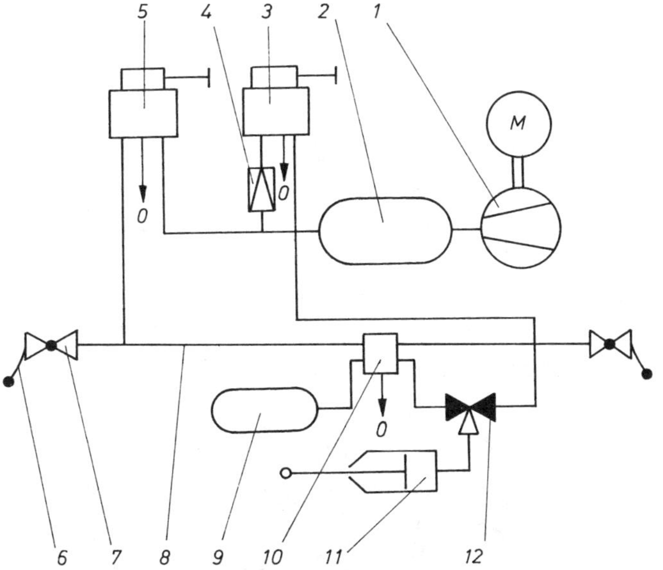

nichtselbsttätige Druckluftbremse
Druckluftbremsschema der Kombination der selbsttätigen mit der nichtselbsttätigen Druckluftbremse
1 Luftverdichter, 2 Hauptluftbehälter, 3 Führerbremsventil für die Zusatzbremse, 4 Druckminderventil, 5 Führerbremsventil, 6 Bremskupplung, 7 Luftabsperrhahn, 8 Hauptluftleitung, 9 Vorratsluftbehälter, 10 Steuerventil, 11 Bremszylinder, 12 Doppelrückschlagventil

Niederdruckstufe: Arbeitsstufe in technisch-thermodynamischen Verbundsystemen mit gasförmigen Stoffen unter relativ geringem Druck, z. B. bei Verbund-Dampfmaschinen (→ Verbundlokomotive (1)) oder → Luftpumpen der Dampflokomotiven.

Niederdruckverdichter: → Axialverdichter, → Mehrwellen-Gasturbine

Niederdruckzylinder: → Zylinder (1) der → Verbunddampfmaschine, in dem sich die zweite Expansionsstufe des Dampfs (→ Niederdruckstufe) vollzieht. Der N. bekommt über den → Verbinder Dampf zugeführt, welcher bereits einen Teil der Arbeit im Hochdruckzylinder geleistet hat und damit schon vorentspannt ist.

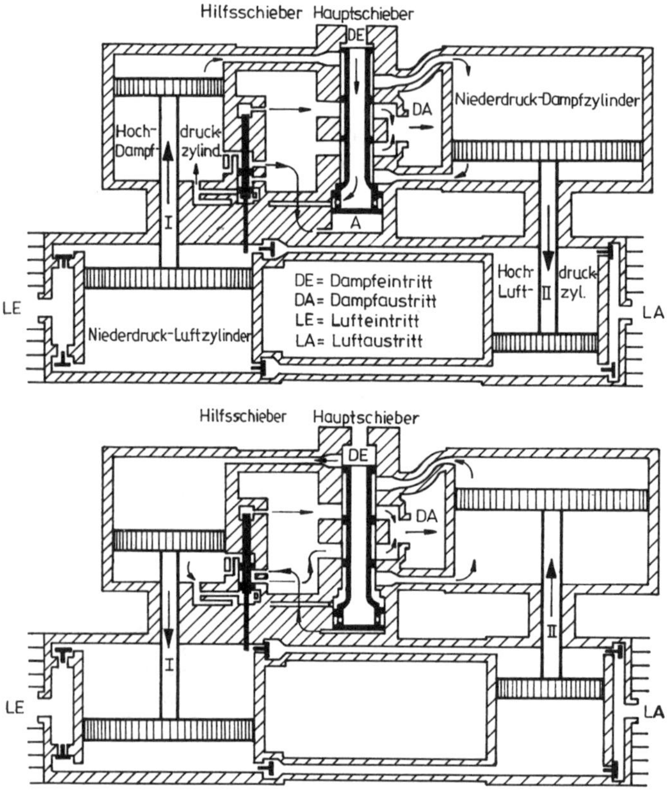

oben: Aufwärtsgang des Kolbensatzes I unten: Abwärtsgang des Kolbensatzes I

a)

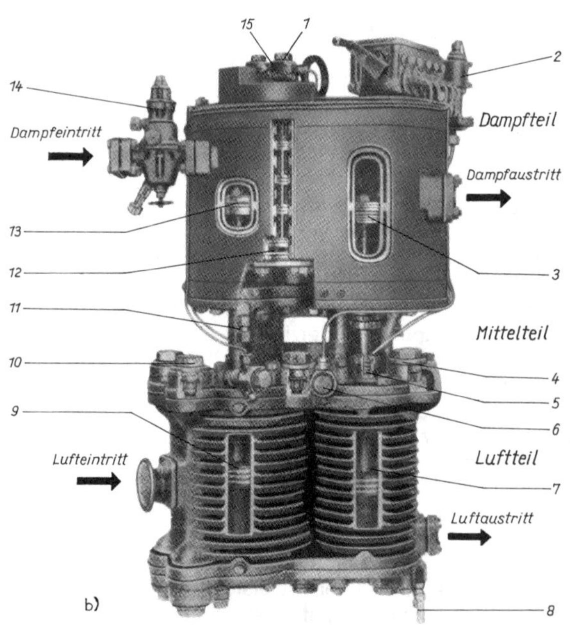

Niederschlagverluste: → Abkühlungsverlust

Niederspannungssteuerung: Steuerung eines Wechselstrom-Tfz. auf der Niederspannungsseite des → Haupttransformators. Sie wurde bis etwa 1950 fast ausschl., in neuerer Zeit aber nur noch bei Lokomotiven kleinerer Leistung und bei Triebwagen angewandt. Da bei großen Tfz.-Leistungen die zu schaltenden Ströme sehr groß und damit die Schalter groß und schwer werden, ist bei leistungsstarken Lokomotiven die Verwendung der → Hochspannungssteuerung oder der → Drehstromantriebstechnik vorteilhafter. Lit.: 4.4., 4.5., 4.12. Abb.

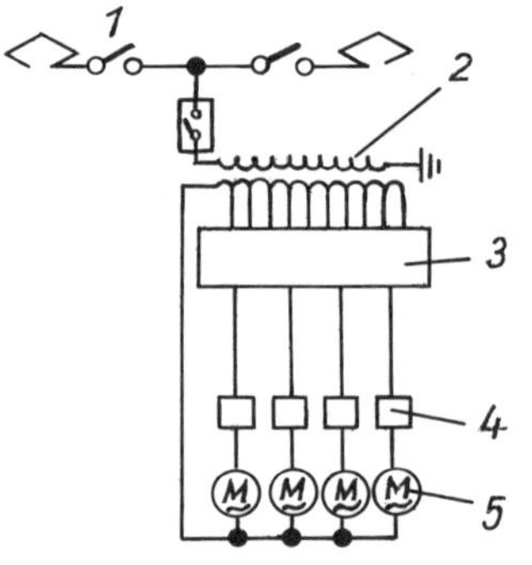

Niederspannungssteuerung
1 Trennschalter, 2 Leistungstransformator, 3 Niederspannungsschaltwerk, 4 Fahrtwender, 5 Fahrmotoren

niedrigster Wasserstand: Mindesthöhe des Wasserstands im → Dampflokomotivkessel über dem höchsten Punkt der mit Rücksicht auf Talfahrten nach hinten etwas geneigten Feuerbüchsdecke. Die BO schreibt als n. W. mindestens 100 mm vor, der durch eine besondere Marke an den sichtbaren → Wasserstandanzeigeeinrichtungen gekennzeichnet ist. Bei der Verwendung von Wasserstandprüfhähnen muß aus dem unteren Prüfhahn beim Prüfen zum Beweis Wasser ausfließen. Bei Dampfaustritt und damit unterschrittenem n. W. ist die → Feuerschicht sofort vom → Rost zu entfernen. Keinesfalls darf wegen der Gefahr einer → Kesselexplosion Wasser in den Kessel eingespeist werden.

Nielebock, Walter: 4. Dezember 1882

Nielebock-Knorr-Luftpumpe
a) Schaltbild der Doppelverbundluftpumpe Bauart Nielebock-Knorr
A Steuerkammer
b) Knorr-Doppelverbundluftpumpe mit P-Steuerung

(Weissewarte bei Stendal) – (?); Lokomotivkonstrukteur. N. war von 1905 bis 1919 bei den Lokomotivfabriken Orenstein & Koppel, Hartmann in Chemnitz und Humboldt in Köln tätig. Mit → Luttermöller entwickelte er die schwungradlos arbeitende → Nielebock-Knorr-Speisewasserkolbenpumpe. Lit.: 5.2., 5.3.

Nielebock-Knorr-Luftpumpe: von → Nielebock entwickelte Bauart der → Doppelverbundluftpumpe für Dampflokomotiven; mit gegenläufigen Arbeitsspielen der Dampf- und Luftkolbensätze. Der Frischdampf strömt über die Nielebock-Pumpensteuerung in den Hochdruckdampfzylinder und beaufschlagt den Arbeitskolben wechselseitig. Danach strömt der Dampf als Verbinderdampf in den Niederdruckdampfzylinder, in dem die gleiche Arbeit infolge der größeren Kolbendurchmesser mit geringerem Dampfdruck verrichtet wird. Der Abdampf entweicht über die Pumpensteuerung in den Speisewasservorwärmer oder direkt ins Freie. Die Kolben der Hochdruckdampfzylinder sind über Kolbenstangen direkt mit den Kolben der Niederdruckluftzylinder, die Kolben der Niederdruckdampfzylinder direkt mit den Kolben der Hochdruckluftzylinder gekoppelt. Die Luftseite wird im Prinzip analog gesteuert. Sie verdichtet etwa 3000 l Luft/min auf 800 kPa. Die Bauarten der Doppelverbundluftpumpe unterscheiden sich im wesentlichen durch ihre Steuerung. Lit.: 2.3., 2.12. Abb.

Nielebock-Knorr-Speisewasserkolbenpumpe, *Nielebock-Knorr-Speisepumpe:* von → Nielebock und → Luttermöller entwickelte Verbundspeisepumpe (→ Speisewasserkolbenpumpe) für Dampflokomotiven mit Haupt- und Hilfsschiebersteuerung der Bauart Nielebock-Knorr. Beide auf einer Kolbenstange befestigten Kolbensätze arbeiten als schwungradlose Verbunddampfmaschine, wobei sich der mit Vollfüllung beaufschlagte Hochdruckzylinder über dem mit dem 3fachen Dampfraum des Hochdruckzylinders ausgestatteten Niederdruckzylinder befindet. Der Hilfsschieber wird beim Aufwärtsgang durch den Kolben des Niederdruckzylinders mechanisch, beim Abwärtsgang durch Dampf aus einem der Pumpendampfzylinder betätigt. Der Abdampf entweicht über die Pumpensteuerung in den → Speisewasservorwärmer oder direkt ins Freie. Der Wasserkolben ist am unteren Ende der Kolbenstange der Dampfmaschine befestigt; das Ventilgehäuse ist mit der Wasserpumpe in einem Gußblock vereint, dem ein → Druckwindkessel aufgesetzt ist. Lit.: 2.3., 2.12.

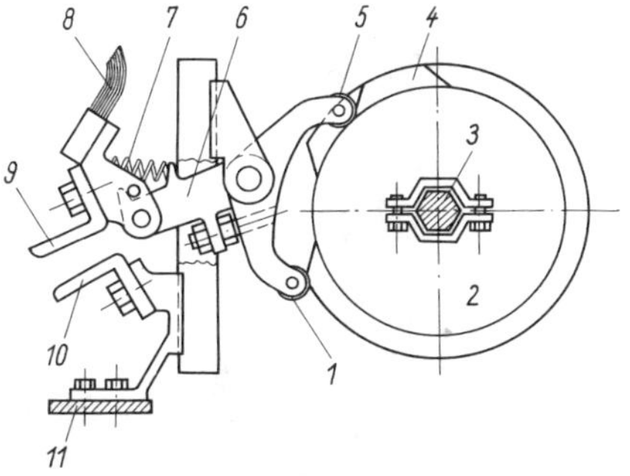

Nockenschaltwerk
Nockenschalter
1 Ausschaltrolle, 2 Nokkenscheibe, 3 Nockenwelle, 4 Einschaltnocken, 5 Einschaltrolle, 6 Schalthebel, 7 Druckfeder, 8 Kupferband, 9 beweglicher Kontakt, 10 fester Kontakt, 11 Anschlußschiene

Niveauregler: Einrichtung in der Brennstoffzuleitung von → Heizgeräten auf Diesel-Tfz., die mit Hilfe eines schwimmergesteuerten Nadelventils einen gleichbleibenden Brennstoffdruck vor dem Brenner des Heizgeräts erzeugt. → Kraftstoffanlage

Nockenschaltwerk: Schaltwerk für die Schaltung der Anzapfungen am Haupttransformator bei → Niederspannungssteuerung, bei dem die einzelnen Lastschalter durch die auf der sog. Nockenwelle sitzenden Nockenscheiben mechanisch betätigt werden *(Nockenschalter).* N. hatten u.a. die Elloks der DRG-Altbaureihen E04, E18, E44 und E94. Abb.

Nockenstange: **1.** Bauteil der → Ventilsteuerung (1) für Dampflokomotiven (z.B. → Lentz-Ventilsteuerung der älteren Bauart). – **2.** Bauteil zum Öffnen und Schließen der → Zylinderventile von Dampflokomotiven.

Nockenwelle: **1.** Bei der → Ventilsteuerung (1) für Dampflokomotiven häufig verwendetes Bauteil (→ Lentz-Ventilsteuerung, → Caprotti-Steuerung). – **2.** Nocken tragende Welle zur → Ventilsteuerung (2). Bei Viertaktdieselmotoren sind die Nocken zur Betätigung der Venti-

Nockenwelle für einen 6-Zylinder-Dieselmotor
1 Nockenwellenrad, 2 Nocken, 3 Lager

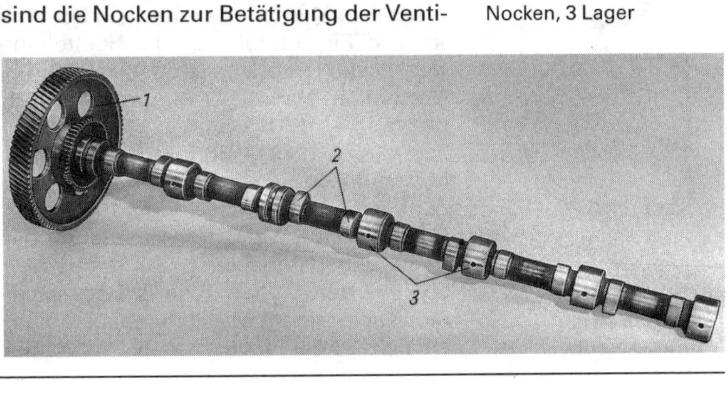

Norris-Lokomotive der Schweizer Nordbahn Zürich–Basel, 1847 von der Maschinenfabrik Karlsruhe geliefert

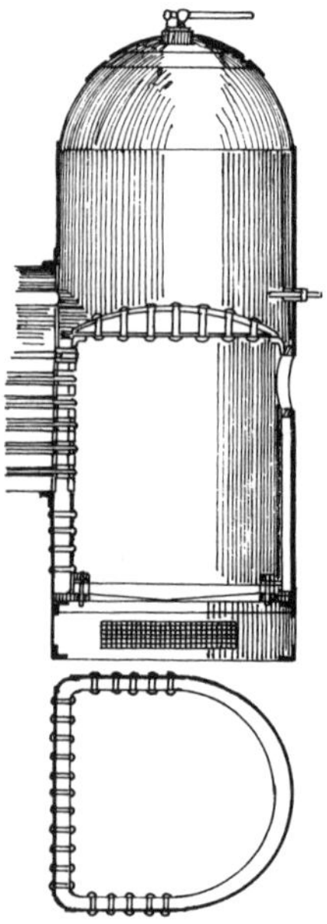

Norris-Stehkessel
Stehkessel mit Kuppel als Dampfsammelraum, eine Eigenheit der Norris-Lokomotiven

le für den Einlaß und Auslaß in Gruppen auf der N. angeordnet. Zweitaktdieselmotoren besitzen N. nur, wenn Auslaßventile vorhanden sind. Die Nockenpaare bzw. Einzelnocken sind der → Zündfolge entspr. zueinander versetzt. N. sind meist gleitgelagert, die Lagerstellen werden zur Verhinderung der Wellendurchbiegung und damit zur Beeinflussung des Steuerungsablaufs zwischen den einzelnen Nockenpaaren angeordnet. Angetrieben wird die N. über ein Nockenwellenzahnrad, das über → Zwischenräder mit dem auf der Kurbelwelle sitzenden Antriebsrad im Eingriff ist. Entspr. dem Arbeitsspiel bei Viertaktmotoren beträgt die Übersetzung zwischen Kurbelwelle und N. 2:1, bei Zweitaktmotoren 1:1. Zur Ausbildung einer verschleißfesten, harten Oberfläche an den Nockenbahnen und Lagerstellen und Beibehaltung eines weichen, zähen Kerns innerhalb der Welle wird Einsatzstahl für die Herstellung der Wellen bevorzugt. Abb.

Nordmann, Hans: 14. Januar 1879 (Halberstadt) – 17. November 1957 (Berlin); Ingenieur, ab 1923 Honorarprofessor für Maschinenbau an der TH Berlin, Mitglied der Deutschen Maschinentechnischen Gesellschaft (DMG), der Vereinigung der Regierungsbaumeister »Motor« sowie ab 1942 der Akademie der Wissenschaften. Nach seinem Maschinenbaustudium an der TH Hannover war N. als Regierungsbaumeister bei der Eisenbahndirektion Magdeburg tätig und unternahm hier zahlreiche Studienreisen zu europäischen Lokomotivfabriken. Sein weiterer beruflicher Werdegang führte ihn über das Starkstromdezernat der Eisenbahndirektion Berlin, ab 1912 über den Eisenbahnabnahmedienst und ab 1917 über den Vorstand des Werkstättenamts in Kassel 1922 zum Eisenbahn-Zentralamt Berlin. Die glückliche Verbindung von Erfahrungen, die er hier bis 1945 aus vielen Versuchs- und Meßfahrten mit neuentwickelten Lokomotiven sammeln konnte, und seiner wissenschaftlichen Durchdringung des Lokomotivbaus und -dienstes befähigte ihn zur aktiven Mitwirkung bei der Einführung von Neuentwicklungen im Lokomotivdienst und deren Verbesserung. 1930 verlieh ihm die TH Berlin die Ehrendoktorwürde. Zu seinen Verdiensten zählen zahlreiche wissenschaftliche und nach 1945 auch verkehrsgeschichtliche Veröffentlichungen, aus denen sein 1952 erschienenes Lehrbuch über die Mechanik der Zugförderung und ihre wissenschaftlich-experimentellen Grundlagen bes. hervorzuheben ist. Lit.: 5.1., 5.3., Glas. Ann. (1957) 11.

Normalspur, *Regelspur, Vollspur:* Bezeichnung der → Spurweite normalspuriger Eisenbahnen. Die Spurweite mit dem Grundmaß 1435 mm gilt seit dem Berner Abkommen 1886 für Europa als N.

Normalspurbahn, *Regelspurbahn, Vollbahn:* Eisenbahn, deren Gleise eine → Spurweite von 1435 mm Nennmaß (Regelspur, europäische Normalspur) haben. → Normalspur

Norris, William: etwa 1800–1860; gelernter Tuchkaufmann, amerikanischer Lokomotivbau-Ingenieur, Gründer mehrerer Lokomotivfabriken. Mit seinen wartungsfreundlichen und für Steigungsstrecken gut geeigneten → Norris-Lokomotiven war N. einer der Begründer des amerikanischen Lokomotivbaus, der auch den europäischen Lokomotivkonstrukteuren wertvolle Anregungen gab. Von ihm stammen auch der → Norris-Stehkessel und eine 1839 von ihm entwickelte einfache Gabel-Lokomotivsteuerung. Für den Serienbau von 4 Typen von Dampflokomotiven schuf er vermutlich die ersten Lokomotivnormen. → »Borsig«. Lit.: 2.9., 5.3.

Norris-Lokomotive: von → Norris (Philadelphia) 1839 gelieferte 2'A-Dampflokomotive, die auf der Berlin-Potsdamer Eisenbahn zum Einsatz kam. Durch das außenliegende Triebwerk wurden die Nachteile einer gekröpften Treibradsatzwelle vermieden. Die Anordnung des Treibradsatzes vor dem → Stehkessel ergab eine max. → Achsfahrmasse und damit die Möglichkeit zur Erhöhung der ausübbaren Zugkraft. N. zeichneten sich durch eine gute Laufruhe bei höheren Fahrgeschwindigkeiten und auch schlechtem Oberbau aus. Lit.: 2.9. Abb.

Norris-Stehkessel: von Bury entwickelte Bauart eines → Stehkessels mit rundem, kuppelförmigem Überbau (Rundkuppel), der mit der → Norris-Lokomotive nach Europa kam. Die gewölbte Stehkesseldecke diente als → Dampfsammelkasten, enthielt den → Dampfregler und trug die → Kesselsicherheitsventile. Infolge einer auf max. 0,9 m^2 begrenzten → Rostfläche war diese Bauart seit den 50er Jahren des 19. Jahrhunderts überholt. Lit.: 2.9. Abb.

Notabstützung: → Tragfeder

Notbetätigung: → Handbetätigung (1)

Notbremse: Einrichtung im Fahrzeug, um Züge mit → Druckluftbremsen oder → Saugluftbremsen im Gefahrenfall von den Fahrgästen oder dem begleitenden Fahrpersonal durch eine Schnellbremsung zum Halten zu bringen. Dabei wird bei der Druckluftbremse die mit dem → Regelbetriebsdruck gefüllte → Hauptluftleitung über einen großen Querschnitt entlüftet bzw. bei der Saugluftbremse belüftet. Die N. besteht in der Hauptsache aus einem in eine Abzweigung der Hauptluftleitung eingebauten → Notbremsventil, das bei Wagen über einen Drahtzug und einen Winkelhebel durch Ziehen am Notbremshandgriff des Notbremszugkastens geöffnet wird. Dabei wird die Verriegelung des Deckels des Notbremsventils gelöst und durch den in der Hauptluftleitung vorhandenen Luftdruck weiter aufgerissen. Zum Schließen muß der Deckel wieder verriegelt werden; dabei geht der Betätigungsgriff wieder in seine Ausgangslage zurück. Die Notbremshandgriffe sind verplombt. Abb.

Notbremsventil: Betätigungsorgan der → Notbremse. Es besteht aus einem Ventilgehäuse, das durch den Ventildeckel mit einem Hebel verschlossen wird. Der Ventildeckel dichtet gegen das Ventilgehäuse durch einen Nutring. Der Ventildeckel besitzt 2 kurvenförmig ausgearbeitete Lappen. Beim Schließen des Ventildeckels gleiten in diese Aussparungen

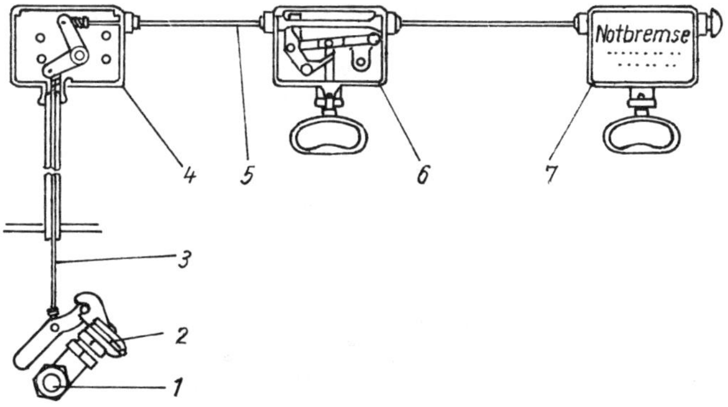

Notbremse (oben)
Notbremseinrichtung
1 Hauptluftleitung, 2 Notbremsventil, 3 Zugdraht, 4 Notbremsendzugkasten, 5 Zugdraht, 6 Notbremszugkasten (geöffnet), 7 Notbremszugkasten (geschlossen)

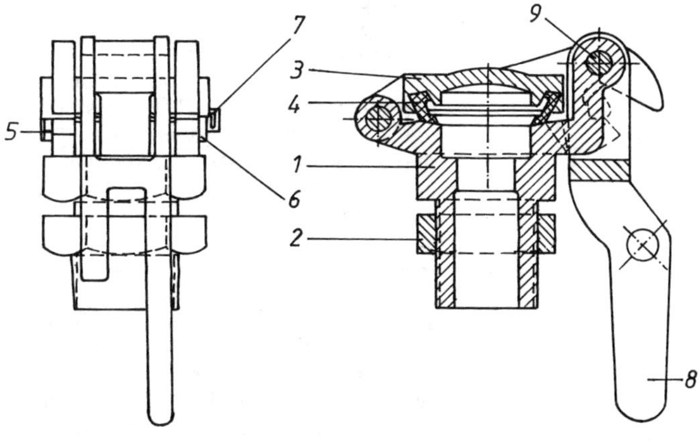

Notbremsventil AK6
1 Ventilgehäuse, 2 Sechskantrohrmutter, 3 Ventildeckel, 4 Nutring, 5 Bolzen, 6 Scheibe, 7 Splint, 8 Hebel, 9 Zylinderstift

beiderseits des Hebels angeordnete Zapfen und drücken den Nutring gegen den Dichtungssitz des Ventilgehäuses. Der Schließvorgang ist beendet, wenn die Zapfen am Auslauf der Aussparung anschlagen. Das N. ist auf Tfz. unter dem → Führerbremsventil angeordnet. Der Tfz.-Führer darf dieses nur öffnen, wenn das Führerbremsventil während der Fahrt nicht funktionstüchtig ist. Abb.

Notbremszugkasten: → Notbremse

Notfangbügel: → Fangbügel

Notgang: → Elektroschaltgetriebe

Notkuppelbolzen: → Kuppelkasten, → Notkupplung

Notkuppeleisen: → Kuppelkasten, → Notkupplung

Notkupplung: Sicherheitskupplung zwischen Lok und Tender bei Schlepptender-Lokomotiven. Die N. ist Bestandteil des → Kuppelkastens von Lok und Tender und besteht aus 4 Notkuppelbolzen und 2 Notkuppeleisen, die rechts und links von der Hauptkupplung angeordnet sind.

Notlaufeigenschaft: Möglichkeit des → Radsatzlagers, bei Schäden kurzzeitig seine Tragfunktion weiter auszuüben. 1) Bei Bruch des Radsatzschenkels stützt sich das Lagergehäuse auf dem Notschenkel ab. 2) Die Dreistofflagerschale des → Gleitlagers besitzt eine Notlaufschicht, die bei ausgelaufenem Lagermetell dessen Funktion kurzzeitig übernimmt.

Notschalter, *Nottaster:* mechanischer oder elektrischer Schalter zum Ausschalten des → Hauptschalters von elektrischen und Diesel-Tfz. in Notfällen beim Versagen der übrigen Ausschaltorgane.

Notschenkel: → Radsatz

Notstoppeinrichtung: Einrichtung zum Abstellen des Dieselmotors beim Versagen der regulären Abstelleinrichtung bzw. beim Auftreten unzulässiger Betriebszustände. Das Abstellen geschieht i.d.R. über Bedienelemente im Führerstand elektrisch oder mechanisch durch Unterbrechen der Kraftstoff- oder/und Luftzufuhr zum Dieselmotor. Die N. kann durch Ansprechen des → Überdrehzahlschutzes und der → Wächter mit abstellender Wirkung ausgelöst werden. Die Kraftstoffzufuhr wird durch eine → Schnellschlußeinrichtung in der Kraftstoffleitung, die Luftzufuhr durch eine Klappe in der → Luftansauganlage unterbrochen.

»Novelty«: Name einer von Braithwaite (1797–1870) und Ericsson (1803–1889) kurzfristig (und deshalb wenig betriebstüchtig) für die → Lokomotivwettfahrt von Rainhill entwickelte und gebaute schlepptenderlose 2achsige Dampflokomotive mit einem kleinen in Steh- und Langkessel geteilten Kessel, dessen Feuerung mit einem Blasebalg angefacht wurde. Mit dem Dampfkolben der 2 kleinen stehenden Zylinder wurde über Winkelhebel und eine horizontale Treibstange der Treibradsatz angetrieben. Mit einer Dienstmasse von 3,91 t erreichte sie auf der Wettfahrt eine Geschwindigkeit von 45 km/h. Wegen eines Maschinenschadens mußte sie die Fahrt vorzeitig abbrechen. Lit.: 2.9., 2.16., 5.3. Abb.

»Novelty«
Lokomotive »Novelty« (Neuheit) von Braithwaite und Ericsson, 1829

Nullspannungsrelais: veraltete, unkorrekte Bezeichnung für → Unterspannungsrelais.

Nullstellungszwang: Zwang zur Einstellung der → Fahrstufe Null durch den Tfz.-Führer in solchen Fällen, in denen durch die automatische Tfz.-Steuerung oder durch einen Wächter die Leistung des Tfz. abgeschaltet wurde. Durch den N. wird ein unkontrolliertes Wiedereinschalten der Leistung vermieden, da erst nach dem bewußten Einschalten der Fahrschalter-Nullstellung eine erneute Leistungsaufschaltung möglich ist.

Nummernschild: Bezeichnung für eine vor allem an Lokomotiven angebrachte Tafel mit der → Betriebsnummer. → Anschriften an Triebfahrzeugen

Nutzbremse: → elektrische Bremse, bei

der die durch den Bremsvorgang gewonnene elektrische Energie nutzbringend verwertet wird; a) durch Rückspeisung ins Netz (→ Netzbremse); b) durch Verwendung für die elektrische Heizung; c) durch Speicherung im Tfz. zur Nutzung beim nächsten Anfahrvorgang (z.B. Schwungradspeicher).

Nutzleistung, *effektive Leistung:* am Abtriebsflansch einer Kraftmaschine, am Ausgang eines → Antriebssystems (bei Tfz.-Antriebssystemen die Treibradsatzwelle(n)) oder am Zughaken eines Tfz. mechanisch abgegebene, nutzbare → Leistung. Beim Verbrennungsmotor werden der Leistungsbedarf der zum Betrieb des Motors notwendigen Einrichtungen, wie Einspritzpumpe, Wasserpumpe, Lüfter (bei luftgekühlten Motoren) und Lichtmaschine sowie die Reibungsverlustleistung durch die mechanische Leistung P_m als Differenz von indizierter Leistung P_i und effektiver Leistung P_e aufgebracht ($P_m = P_i - P_e$).

Nutzleistungsturbine, *Losturbine:* Turbine, die als Bestandteil von → Mehrwellen-Gasturbinen und → Freikolben-Gasturbinen zur Erzeugung der mechanischen Nutzleistung dient. N. sind mit dem → Gaserzeuger nur pneumatisch verbunden, so daß sich ihre Drehzahl unabhängig von der Gaserzeugerdrehzahl einstellen kann. Sie erreichen Wirkungsgrade von 84–91%. N. von Mehrwellen-Gasturbinen sind 1- oder 2stufige Axialturbinen, während bei Freikolben-Gasturbinen i.d.R. 5–7stufige Axialturbinen verwendet werden. Die Maximaldrehzahl der N., die von ihrer Größe abhängt, liegt bei 10000–30000 U/min, so daß f. d. Fahrzeugantrieb ein Reduziergetriebe nachgeschaltet werden muß.

O

Oberflächenvorwärmer: ein bei Dampfloks zwischen → Speisewasserkolbenpumpe (bzw. Turbospeisepumpe) und → Kesselspeiseventil geschalteter → Speisewasservorwärmer zur Vorwärmung des Kesselspeisewassers. Der O. besteht aus einem zylindrischen Behälter (Mantel) mit einem in seinem Inneren befindlichen Rohrbündel, durch das das Kesselspeisewasser gedrückt wird. Das Rohrbündel wird vom → Abdampf oder einem Teil des Abdampfs der Dampfmaschine und der Luft- und Speisepumpe umspült, der seine Wärme an das Kesselspeisewasser überträgt. Abb.

Obergethmann-Lager: ein von Obergethmann entwickeltes Treibradsatzlager bei Dampfloks der → Einheitsbauart. Das O. ist eine Bauart des geteilten → Radsatzlagers, bei dem sich gegenüber dem gewöhnlichen Radsatzlager mit nur einer oberen Lagerschale weitere Lagerschalen unterhalb der Achsmitte befinden, die mit relativ großer Fläche zur Aufnahme der → Treibradsatzzugkräfte dienen. Durch zwischen der oberen und der unte-

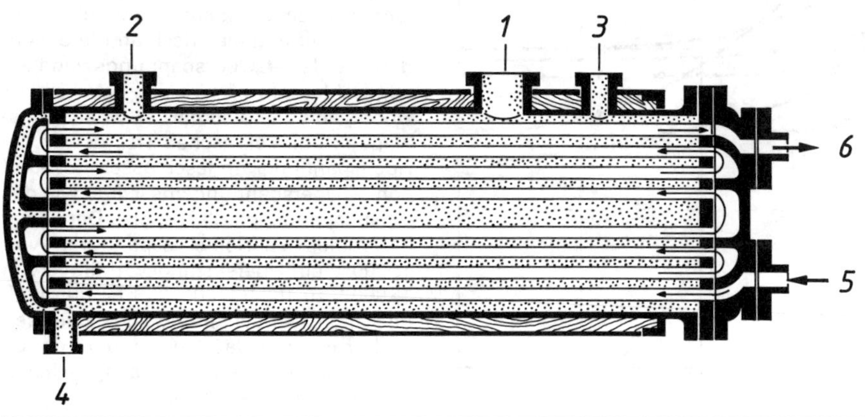

Oberflächenvorwärmer (Schema)
1 Anschlußstutzen für Abdampf der Dampfmaschine, 2 Anschlußstutzen für Abdampf der Pumpen, 3 Anschlußstutzen für Abdampf der Lichtmaschine, 4 Anschlußstutzen für Kondensatabfluß, 5 Wassereintritt, 6 Wasseraustritt

ren Lagerschale liegende und herausnehmbare Paßstücke verschiedener Stärke kann der Lagerschalenverschleiß korrigiert werden, indem die unteren Lagerschalen wieder fest an die Radsatzlagerschenkel gedrückt werden. Ein besseres Nachstellen ermöglicht das → Mangold-Lager. → Gleitlager. Lit.: 2.3., 2.12. Abb.

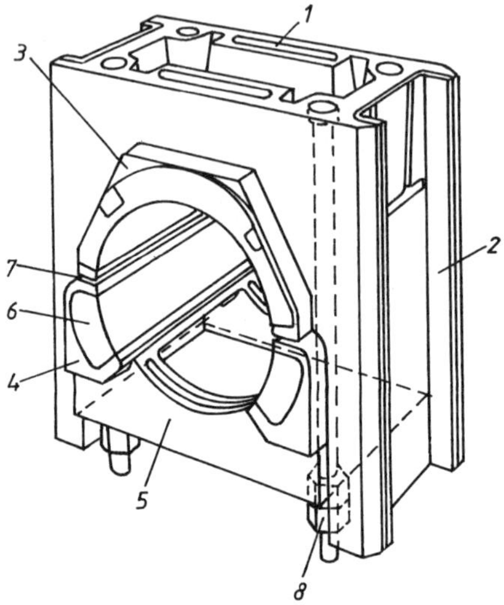

Obergethmann-Lager
Treibradsatzlager der Bauart Obergethmann
1 Radsatzlagergehäuse, 2 Radsatzlagergleitplatte, 3 obere Radsatzlagerschale, 4 untere Radsatzlagerschale, 5 Radsatzlagerunterkasten, 6 Metallanguß, 7 Beilagen, 8 Radsatzlagerschrauben

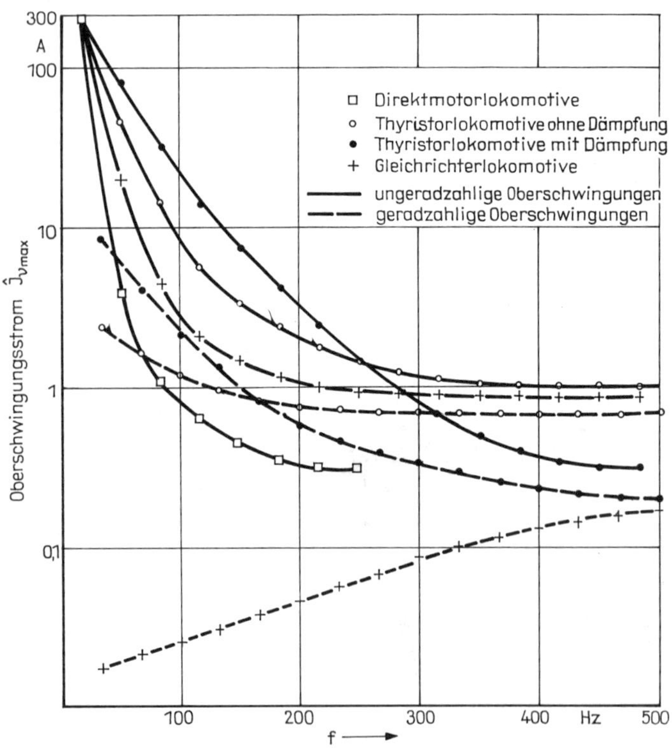

Oberschwingung
Oberschwingungsströme verschiedener 16⅔-Hz-Lokomotiven

Oberleitung: ältere Bezeichnung für → Fahrleitung.

Oberleitungsrevisionstriebwagen: Abk. **ORT**: ehem. Bezeichnung für → Fahrleitungsrevisionstriebwagen.

Oberschwingung, *Oberwelle:* in der Elektrotechnik elektrische Wechselgröße (Strom oder Spannung), die einem Grundanteil (dem konstanten Verlauf bei Gleichstrom oder dem rein sinusförmigen Verlauf bei Wechselstrom) überlagert ist und dadurch eine Verzerrung herbeiführt. Ein verzerrter Verlauf einer elektrischen Größe läßt sich daher wieder, wenn er periodisch ist, in einen Gleichstromanteil bzw. in eine Grundschwingung und in Oberschwingungen zerlegen (Fourier-Analyse). Die Frequenzen der O. sind meist ganzzahlige Vielfache der durch das Netz vorgegebenen Grundfrequenz; man spricht dann von »Harmonischen« O. (z.B. Grundschwingung: 16⅔ Hz; 2. harmonische O.: 33⅓ Hz; 3. harmonische O.: 50 Hz usw.). O. sind meßtechnisch durch Frequenzanalysator zu ermitteln. Die Entstehung von O. ist bei *Gleichstrombahnen* bedingt durch die Gleichrichtung des 50-Hz-Dreiphasenstroms sowie durch den Einsatz von → Pulsstellern in Tfz., bei *Wechselstrombahnen* durch Transformatoren (bei Betrieb im Sättigungsbereich) und vornehmlich durch Gleichrichter- und Thyristor-Tfz. O. können sich, vor allem im Mittel- und Hochfrequenzbereich, störend durch die → Beeinflussung von Sicherungs- und Fernmeldeanlagen auswirken. Lit.: 4.5. Abb.

Oberspannungsmesser: elektrisches Meßgerät zum Messen der Eingangsspannung des → Haupttransformators auf elektrischen Tfz. Die Eingangsspannung ist mit der Fahrleitungsspannung identisch. Ein O. ist auf jedem Führerpult angeordnet und elektrisch an die Sekundärseite des → Oberspannungswandlers angeschlossen.

Oberspannungswandler: → Spannungswandler auf elektrischen Tfz., der an die Hochspannung angeschlossen ist und den → Oberspannungsmesser sowie das → Nullspannungsrelais speist. Der O. hat bei einer Fahrleitungsspannung von 15000 V ein Übersetzungsverhältnis von 15000 V zu 150 V (100:1). Er ist unmittelbar an die → Dachleitung angeschlossen und ermöglicht das Messen der Fahrleitungsspannung auch bei ausgeschaltetem Hauptschalter. Abb.

Oberspannungswicklung: Wicklung eines Transformators oder Wandlers, die an der höheren Spannung liegt, z. B. beim Haupttransformator elektrischer Tfz. die Wicklung, die zwischen Fahrleitungsspannung und Erde geschaltet ist. Gegensatz: Unterspannungswicklung. → Oberstromkreis

Oberstromkreis: i. e. S. hochspannungsseitiger Stromkreis bei Wechselstrom-Tfz. Zum O. im Tfz. gehören → Stromabnehmer, → Dachleitung, → Dachtrennschalter, → Hauptschalter, → Oberstromwandler und → Oberspannungswicklung des → Haupttransformators. I. w. S. die Verbindung mit der Energieversorgungsanlage. Hierzu zählen dann die Unterwerkstransformatoren als Stromquelle, die → Fahrleitungen und Schienen zur Stromleitung und die Tfz. als Verbraucher.

Oberstromrelais: → Relais, das die Abschaltung des Tfz.-Hauptschalters bewirkt, sobald ein bestimmter Stromwert im → Oberstromkreis überschritten wird. Das O. ist an den → Oberstromwandler angeschlossen und schützt die Hauptaggregate der elektrischen Einrichtungen von elektrischen Tfz. vor zerstörender Überlastung.

Oberstromwandler: im → Oberstromkreis elektrischer Tfz. angeordneter → Stromwandler. I. d. R. sind 2 O. auf jedem Tfz. vorhanden. Ein O. ist zwischen Hauptschalter und Haupttransformator geschaltet und als Durchführungsstromwandler im Dach angeordnet; er dient der Speisung des → Oberstromrelais. Der zweite O. ist zwischen Primär- und Sekundärwicklung des Haupttransformators (Spartransformator) geschaltet und speist die Oberstrommesser auf den Steuerpulten, die den aus der Fahrleitung entnommenen Gesamtstrom anzeigen.

Oberwelle: → Oberschwingung

Oerlikon-Bremse: von S. Keller entworfene mehrlösige → Druckluftbremse mit der Kurzbez. O. Sie wird von der Werkzeugmaschinenfabrik Oerlikon-Bührle AG, Zürich, hergestellt. Das → Dreidruckventil ist membrangesteuert. Bei den neueren Ausführungen werden kleine Schieber, Kolben oder Ledermanschetten verwendet. Dem Bremsunterausschuß der UIC wurde die O. 1949 mit den Steuerventilbauarten ESt3 und ESt4 und 1977 mit den verbesserten Steuerventilbauarten ESG 101, ESG 121, ESG 131 und ESG 141 vorgeführt. Sie wird an Fahrzeugen der SBB und der PKP in folgenden Varianten verwendet: a) O.-Güterzug-Personenzug-Bremse (O-GP); b) O.-Güterzug-Personenzug-Bremse mit automatischer Lastabbremsung (O-GP-A); c) O.-Personenzug-Schnellzug-Bremse (O-PR).

offener Gleichdruckprozeß: → Gleichdruckturbine

Ölablaß: Einrichtung zum Ablassen des Schmieröls oder der → Betriebsflüssigkeit bei Brennkraftmaschinen, Zahnradgetrieben, hydraulischen Getrieben und anderen mit Schmieröl gefüllten Aggregaten. Der Ö. kann als Ölablaßschraube, → Magnetstopfen oder als Bauteil mit Schlauchanschluß ausgeführt sein, mit dem ein verlustfreies Ablassen der alten Schmier- und Betriebsstoffe und eine Druckfüllung mit frischen Stoffen (z. B. mit Ölwechselgerät) möglich sind (Abb.). Der Ö. wird zum → Ölwechsel benutzt und ist am untersten Teil der → Ölwanne bzw. des Gehäuseunterteils der Aggregate und meist noch an Ölräumen weiterer

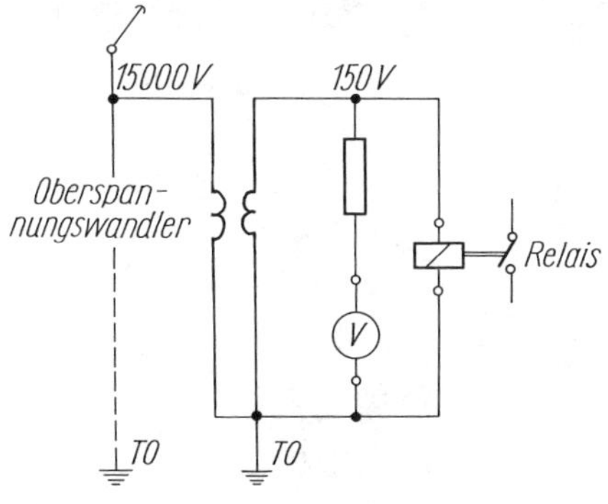

Oberspannungswandler

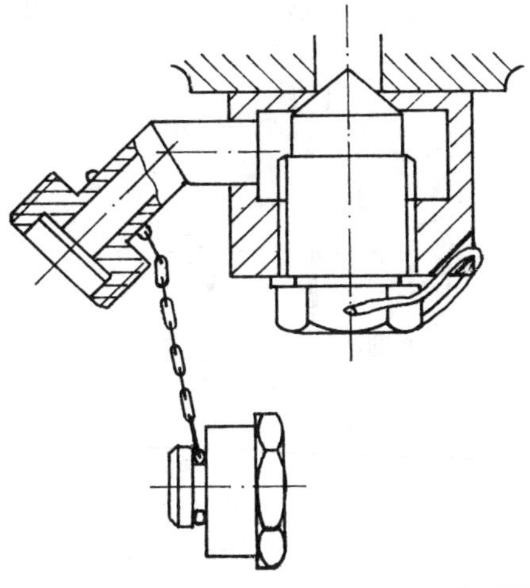

Ölablaß eines Strömungsgetriebes

Baugruppen, die sich nicht von selbst entleeren, angeordnet (z. B. → Spaltfilter, Wärmeübertrager). Abb.

Ölablaßschraube: → Ölablaß

Ölabscheider: Gerät in der → Druckluftanlage, das die vom Luftstrom mitgerissenen Öl- und Wassertröpfchen zurückhält. Der Ö. wird in möglichst großem Abstand vom Hauptluftverdichter angeordnet, damit die Luft vor dem Eintritt in den Ö. abgekühlt ist. Im Ö. strömt die Luft zunächst auf den Prallkegel und nach ihrer Umlenkung durch den → Filtereinsatz, wobei die Öl- und Wassertröpfchen abgeschieden werden. Das sich am Boden des Ö. ansammelnde Öl-Wasser-Gemisch wird über einen Ablaßhahn abgelassen. Abb.

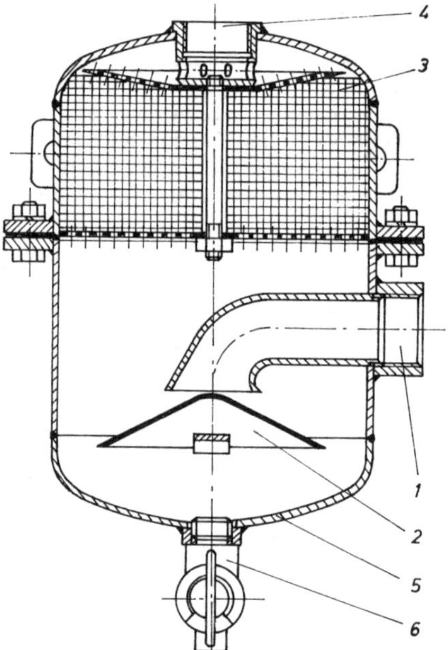

Ölabscheider
1 Einströmrohr, 2 Prallkegel, 3 Filtereinsatz, 4 Abströmanschluß, 5 Schlammsammelrohr, 6 Ablaßhahn

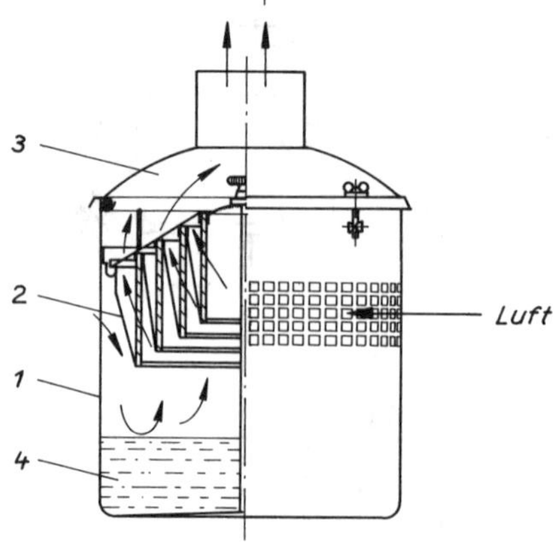

Ölbadluftfilter
1 Filtergehäuse, 2 Filtereinsatz, 3 Filterdeckel, 4 Ölbad

Ölabstreifring: Kolbenring zur Rückführung von überschüssigem Motorschmieröl von der Zylinderlaufbuchse in das Kurbelgehäuse. Die im Kolbenschaft und/oder im Ringfeld angeordneten Ö. werden als Vollring-, Nasenring, Außenfasenring oder als Schlitzring aus Grauguß gefertigt. Ihre konstruktive Form mindert das Eindringen des Schmieröls in den Verbrennungsraum und damit den Ölverbrauch. Außerdem wird durch die Form erreicht, daß nur bei der Abwärtsbewegung Schmieröl von der Zylinderwandung abgestreift wird. Das Öl kann durch Schlitze im Ö. und Bohrungen im Kolben in das Kolbeninnere und von da aus in die Ölwanne zurückfließen (→ Kolbenring; dort Abb.).

Ölbadluftfilter: → Luftfilter, in dem der Filtereffekt dadurch erreicht wird, daß der von der Luft mitgeführte Staub zunächst an Öl gebunden und dann in einem → Filtereinsatz abgeschieden wird. Wirkungsweise: Der angesaugte Luftstrom wird über die Oberfläche eines Ölbads geführt, so daß es aufgewirbelt wird. Hierdurch werden die in der Luft enthaltenen Staubteilchen vom Öl benetzt. Der Luftstrom reißt das Öl bis zum Filtereinsatz mit, wo es dann von der Luft abgeschieden wird. Mit den vom Filtereinsatz abfließenden Öltropfen werden die Staubteilchen in das Ölbad mitgenommen und setzen sich dort als Schlamm ab. Der Schmutzabscheidungsgrad des Ö. beträgt bei Nennbelastung etwa 99% und sinkt mit abnehmender Belastung. Bei starkem Staubanfall wird dem Ö. meist ein → Zyklonfilter zur Grobreinigung vorgeschaltet. Anwendung: als → Ansaugluftfilter für Dieselmotoren und Luftverdichter. Abb.

Ölbrenner: 1. → Brenner (1) von Heizgeräten und Heizdampferzeugern. – **2.** → Brenner (2) von Gasturbinen. – **3.** Bauteil der → Feuerung von Dampflokomotivkesseln mit → Ölfeuerung, in dem Heizöl mit Luftüberschuß verbrannt wird. Zur Sicherung langer Verbrennungswege und zum Lärmschutz des Lokomotivpersonals wird bei der Ölhauptfeuerung der Ö. meist in der Feuerbüchsvorderwand angeordnet.

Ölfeuerung: → Feuerung von → Dampflokomotivkesseln, die mit Heizöl als → Brennstoff arbeitet. Auf 100–111 °C vorgewärmtes dickflüssiges Heizöl wird dem in der vorderen Feuerbüchswand eingebauten → Ölbrenner zugeführt.

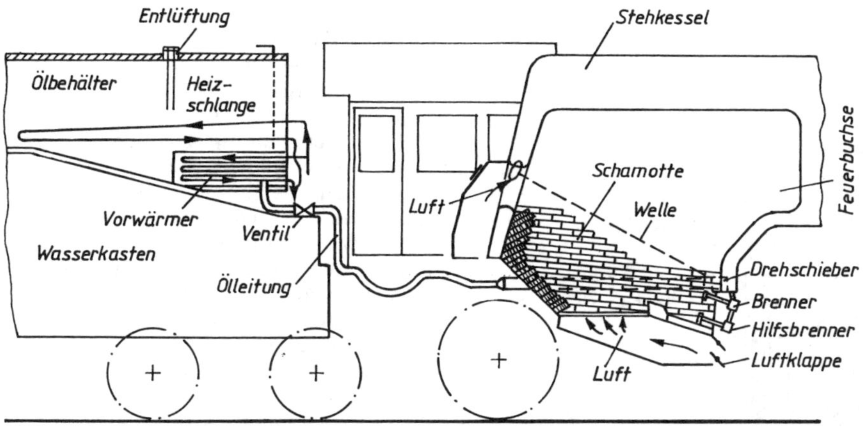

Ölfeuerung
Schema eines Lokomotivkessels mit Ölfeuerungsanlage

Durch einen Dampfstrahl wird das Öl fein zerstäubt und in den Verbrennungsraum (→ Feuerbüchse) eingeblasen. Die Ö. ermöglicht eine gute regelbare Verdampfungsleistung des Kessels, die dem jeweiligen betrieblichen Anforderungsgrad angepaßt werden kann. Der spezifische Brennstoffverbrauch bei Dauerleistung beträgt 100–150 kg Öl /(h·m³ Feuerbüchsraum). Die Ö. wird als Ölhauptfeuerung und als Ölzusatzfeuerung angewendet. Bei letzterer verbleibt der → Rost in der Feuerbüchse und gestattet als Alternative, reine Kohlefeuerung anzuwenden oder beide Feuerungsarten im Gemischbetrieb zu fahren. Lit.: 2.3., 2.6., 2.8., 2.9., 5.3. Abb.

Ölfilter: → Filter zur Reinigung des Öls in Schmierölkreisläufen. Ö. arbeiten nach dem Prinzip der Siebung, Zentrifugal- oder Magnetwirkung. Sie können als Haupt- oder Nebenstromfilter im Ölkreislauf angeordnet werden. Hauptstromfilter werden von der gesamten Ölmenge durchflossen, während für die Nebenstromfilter nur ein Teil des von der Ölpumpe geförderten Ölstroms (etwa 5–20%) abgezweigt wird. Bezüglich der Qualität der Reinigung unterscheidet man zwischen Grob- und Feinfilterung. Während es z.Z. üblich ist, für die Hauptstromfilter Grobfilter und für die Nebenstromfilter Feinfilter zu verwenden, geht die Tendenz allgemein zur Hauptstromfeinfilterung. Ö. werden in Abhängigkeit von ihrem Verschmutzungsgrad gereinigt bzw. erneuert. Zur Kontrolle des Verschmutzungsgrads dient der Druckabfall über dem Filter. Die meisten Ö. sind mit einem Kurzschlußventil ausgerüstet, damit der Ölstrom auch bei völlig verschmutztem Filter zu den Schmierstellen (jedoch ungereinigt!) gelangen kann. Als Ö. werden auf Tfz. → Siebfilter, → Spaltfilter, → Rotationsfilter und → Magnetfilter verwendet.

Ölfüllung: die für die einwandfreie Funktion von Brennkraftmaschinen, ölgeschmierten Hilfsmaschinen und Getrieben aller Art erforderliche und vorgeschriebene Ölmasse. Die Ö. wird über entspr. Einfüllöffnungen in die Aggregate eingefüllt und sammelt sich bei Stillstand der Maschine im → Ölsumpf. In diesem Zustand muß die Kontrolle der Ö. durch Feststellen des Ölstands mit dem → Peilstab erfolgen. Unterschiedlich bedingter Ölverbrauch erfordert ein Nachfüllen mit gleichem Öl. Alterung und Verschmutzung der Ö. erfordern einen regelmäßigen → Ölwechsel.

Ölgas: für die Beleuchtung älterer Dampflokomotiven verwendetes Gas, das durch Vergasung von Gasöl oder Braunkohlenteerölen gewonnen wird. Ö. hat eine große Leuchtkraft und greift die eisernen Rohre und Behälter nicht chemisch an. Die Herstellung von Ö. erfolgt z.B. in den Bw. → Beleuchtungsanlage. Lit.: 2.12.

Ölhauptfeuerung: → Ölfeuerung (3)

Ölheizgerät: → Heizgerät

Ölkreislauf: Kreislauf, den das Öl oder die → Betriebsflüssigkeit bei Aggregaten, die eine → Ölfüllung enthalten, zurücklegt. Der Ö. wird meist schematisch dargestellt, z.B. der → Schmierölkreislauf eines Dieselmotors. Die einzelnen durchströmten Bauteile sind durch Rohrleitungen oder Kanäle miteinander verbunden. Der Ö. beginnt und endet im → Ölsumpf, wobei der Rücklauf im freien Rückfluß oder durch Rohrleitungen unter den Ölspiegel erfolgen kann.

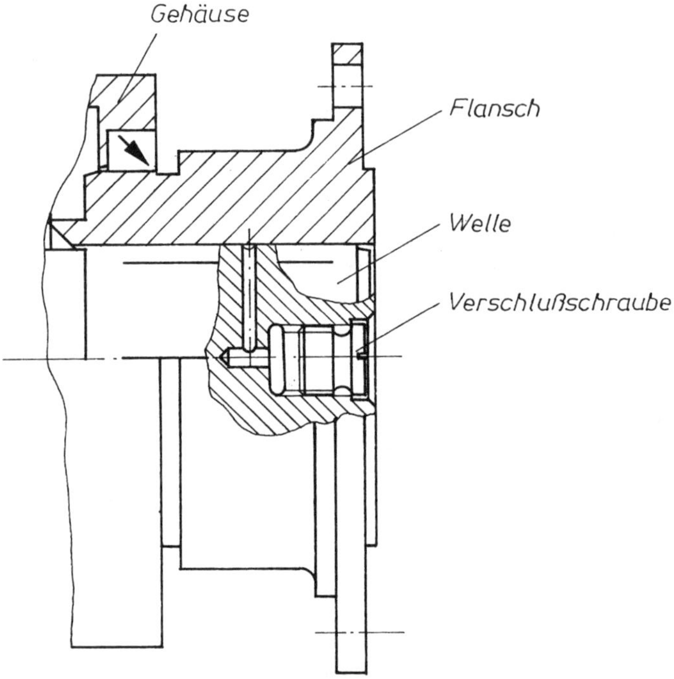

Ölpreßverband

Ölkühler: Kühler, in dem Öl unmittelbar durch die → Kühlluft gekühlt wird. Die unmittelbare Kühlung des Öls in Ö. hat den Nachteil, daß bei niedrigen Außenlufttemperaturen der Durchströmwiderstand durch die Ölzähigkeit stark ansteigt und Undichtheiten oder Brüche auftreten können. Ö. werden bei einigen älteren SŽD-Diesellokomotiven angewandt. Sie werden bei elektrischen Tfz. zur Kühlung des Transformatoröls eingesetzt. Bei modernen Diesel-Tfz. wird die Rückkühlung des Öls unter Einbindung von → Ölwärmeübertragern in den → Kühlwasserkreislauf vorgenommen.

Ölmangel: Unterschreiten des vorgeschriebenen Mindestölstands im Ölvorrat von Aggregaten, die eine → Ölfüllung enthalten. Der Ö. kann betriebsgefährdend sein (Ausbleiben der Schmierung) und soll durch regelmäßige Kontrolle des Ölstands und entspr. Ergänzung der fehlenden Ölmasse unterbunden werden. Bei Aggregaten mit → Druckumlaufschmierung ist der Ö. mit dem Ausbleiben des Schmieröldrucks bemerkbar. Bes. bei Dieselmotoren bewirkt bei Ö. der Öldruckwächter (→ Druckwächter) das sofortige Stillsetzen der Anlage.

Ölmulde: bei älteren Dampflokomotiven an den vorderen Treibstangenlagern auf dem → Stangenkopf angebrachte Mulde, von der aus ein Schmierloch zum Lager führte. Das Öl erreicht die Ö. von einem außen am → Kreuzkopf angeschraubten → Schmiergefäß mit → Dochtschmierung. Lit.: 2.12.

Ölnebelschmierung: Schmierung gegeneinander bewegter Flächen von Bauteilen durch einen im Gehäuse befindlichen Ölnebel. Die in Zahnradgetrieben oder Verbrennungsmotoren rotierenden Bauteile oder austretendes Spritzöl im Gehäuseinneren erzeugen einen Ölnebel, der zur Schmierung benutzt wird. Die Ö. allein ist nur für wenige Einsatzfälle ausreichend und betriebssicher genug, sie wird deshalb je nach Beanspruchung der zu schmierenden Flächen durch die → Schleuderschmierung, → Tauchschmierung, Tauchumlaufschmierung, → Druckumlaufschmierung oder → Zwangsschmierung vervollkommnet.

Ölpreßverband: Verbindungsart von Nabe und Welle, die durch Öldruck gefügt und/oder gelöst wird. Die Kraftübertragung im Sitz erfolgt durch die Reibkraft der Schrumpfspannung. Es wird zwischen Ö. mit zylindrischem und konischem Sitz unterschieden. Beim *zylindrischen Ö.* ist lediglich ein Weiten der aufgezogenen Nabe durch Öldruck möglich, wodurch das Abdrücken des Nabenteils erleichtert wird. Beim *konischen Ö.* ist ein verschleißloses Fügen und Lösen des Sitzes erreichbar, indem mit Öldruck in der Sitzfläche ein Weiten der Nabe erfolgt und diese schwimmend bei gleichzeitiger Axialkrafteinwirkung aufgezogen wird und beim Lösen von selbst abspringt, sobald die Schrumpfkräfte durch die Öldruckkräfte kompensiert werden. Ö. werden bei Tfz. zur Verbindung von → Treibrädern mit der Radsatzwelle und von Flanschen und anderen Drehteilen (meist mit Nabe) mit Getriebewellen in → Zahnradgetrieben und → Strömungsgetrieben angewandt. Abb.

Ölprobe: Entnahme einer kleinen Menge Schmieröls bei Aggregaten mit → Ölfüllung zur Untersuchung des Öls auf weitere Verwendbarkeit. Die Ö. kann in regelmäßigen Intervallen vorgeschrieben sein oder bei außergewöhnlichen Betriebsfällen (z.B. Wassereinbruch) erforderlich werden. Sie muß über den Grad der Alterung des Öls und über unzulässige Beimischungen oder Verunreinigungen Auskunft geben.

Ölpumpe: → Schmierölpumpe, → Füllpumpe

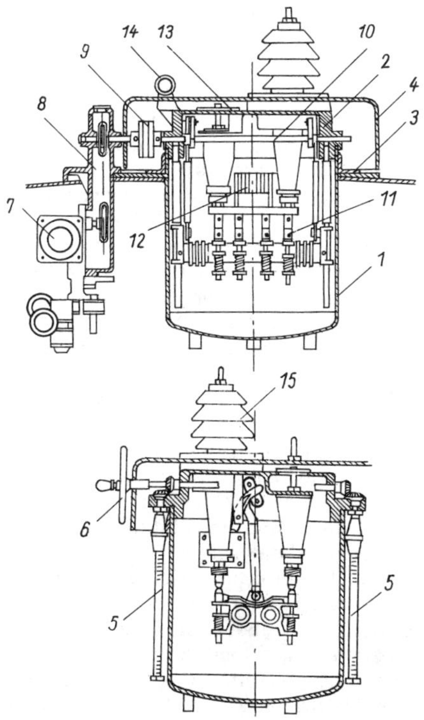

Ölschalter (links)
1 Ölkessel, 2 Deckel, 3 Winkeleisenring, 4 Schutzhaube, 5 Hubspindel, 6 Handrad, 7 Antriebszylinder, 8 Kettenantrieb, 9 Kupplung, 10 Schalterwelle, 11 Schaltkontakt, 12 Schutzwiderstand, 13 Explosionskappe, 14 Aufhängeöse, 15 Isolator

Ölschalter: → Hauptschalter älterer Bauart auf elektrischen Wechselstrom-Tfz., bei dem das Trennen und Schließen der Schaltkontakte unter Öl als Lösch- und Isolationsmittel geschieht. Ö. werden bei modernen Tfz. und auch in stationären Anlagen wegen der Explosionsgefahr und der zu geringen Leistungsfähigkeit nicht mehr verwendet. Lit.: 4.4. Abb.

Ölsperre: Baugruppe der Schmiereinrichtung der Dampflokomotive zum Verhindern des Leerlaufens der Schmierleitungen und des Durchdrückens von Dampf zu den Schmierpumpen, die unmittelbar vor jeder Schmierstelle angeordnet ist. Die Olva-Membran-Ö. der Bauart De Limon besitzt einen von einer Metallmembran getragenen Ventilkegel, der durch eine starke Ventilfeder auf seinen Sitz gedrückt wird. Die Ö. öffnet den Ölaustritt, wenn der Öldruck unter der Membran die Federkraft überwindet. Der Öffnungsdruck ist an der Feder einstellbar und muß stets höher als der max. Dampfdruck sein. Mit einer Prüfschraube kann die Funktionsfähigkeit der Ö. geprüft werden. Lit.: 2.12. Abb.

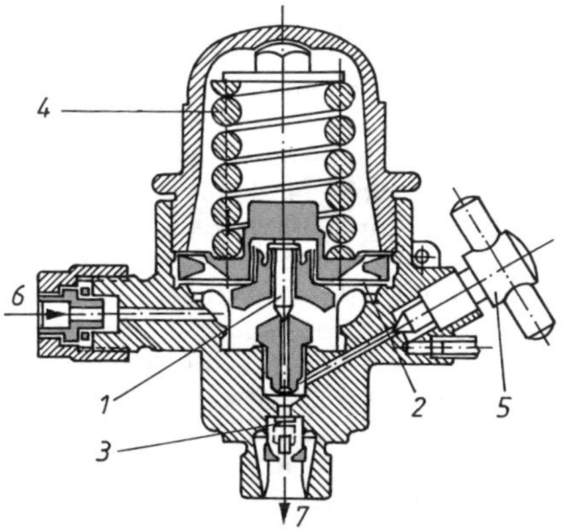

Ölsperre
Olva-Membran-Ölsperre
1 Ventilkegel, 2 Federplatte (Membran), 3 Rückschlagventil, 4 Ventilfeder, 5 Prüfschraube, 6 Anschluß von der Schmierpumpe, 7 zur Schmierstelle

Ölstand: → Ölfüllung

Ölsumpf: die in der Ölwanne oder im Gehäuseunterteil befindliche Ölmasse der Aggregate, die eine → Ölfüllung enthalten. Aus dem Ö. wird das Öl von Ölpumpen in einen Vorratsbehälter gepumpt (→ Trockensumpfschmierung) oder zu den Schmierstellen, zum Wärmeübertrager und bei Strömungsgetrieben zu den hydrodynamischen Kreisläufen gefördert, von wo es wieder in den Ö. zurückläuft.

Öltransformator: → Transformator mit Öl als Kühlmittel. Die → Haupttransformatoren der meisten Wechselstrom-Tfz. sind als Ö. ausgeführt.

Öltriebwagen: veraltete Bezeichnung für → Dieseltriebwagen.

Olva-Membran-Ölsperre, *Olva-Ölsperre:* → Ölsperre

Ölwanne: am → Kurbelgehäuse von Verbrennungsmotoren angeflanschtes 1-

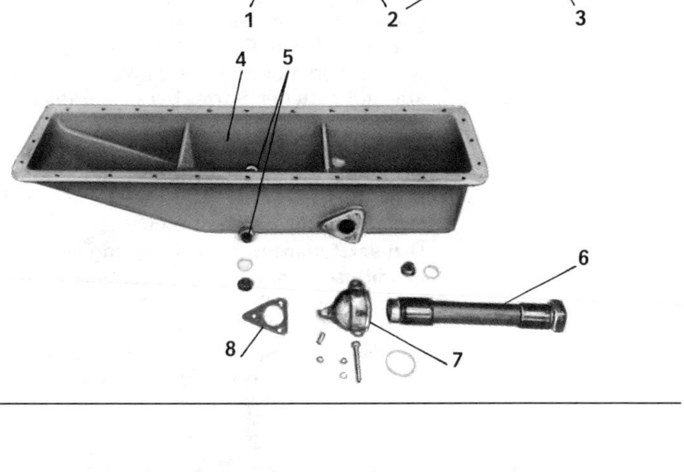

Ölwanne
Ölwannen des Dieselmotors 12 KVD 21 A1
1 Ölwanne I, 2 Ablaßschrauben, 3 Schottwand, 4 Ölwanne II, 5 Ölablaßstutzen, 6 Verbindungsschlauch, 7 Winkelstück, 8 Dichtring

bzw. 2teiliges Gußteil zur Aufnahme des Motorschmieröls. In die Ö. werden bei großen Fahrzeugmotoren Schottwände eingegossen, wodurch ihre Unterteilung in einen Warmöl- und Kaltölteil erreicht wird. Eine Schmierölpumpe saugt das Warmöl ab und drückt es über den Ölkühler in den Kaltölteil. An der tiefsten Stelle der Ö. befindet sich der → Ölablaß. Schwall- oder Beruhigungsbleche, Kammern für den Einsatz von Schmierölfiltern und Anschlußflansche für den Ölzu- und Ölrücklauf vervollkommnen die Ö. Kühlrippen am Boden der Ö. sorgen bei Unterflurmotoren für eine zusätzliche Schmierölkühlung durch den Fahrtwind. Die Kontrolle des für den Betrieb des Motors notwendigen Ölstands in der Ö. wird mit dem → Peilstab vorgenommen. Abb.

Ölwärmetauscher: andere Bezeichnung für → Ölwärmeübertrager.

Ölwärmeübertrager: Aggregat zum Übertragen der im → Motorschmieröl und → Strömungsgetriebeöl anfallenden Wärme auf eine andere Kühlflüssigkeit. Ö. werden im → Kühlwasserkreislauf von Diesel-Tfz. zur → indirekten Kühlung von Öl durch das Kühlwasser eingesetzt. Sie sind als → Röhrenwärmeübertrager oder als → Wirbelzellenwärmeübertrager ausgeführt.

Ölwechsel: Wechsel der gesamten Masse des Schmieröls (→ Schmiermittel) von Brennkraftmaschinen und Zahnradgetrieben, der → Betriebsflüssigkeit von hydraulischen Getrieben oder der → Kühlflüssigkeit von Transformatoren bei Elektro-Tfz. in vorgeschriebenen zeit- oder laufwegabhängigen Abständen des Tfz. Der Ö. erfolgt durch Ablassen der alten → Ölfüllung im betriebswarmen Zustand (→ Ölablaß) und Ersatz durch Frischöl gleicher Sorte. Mit dem Ö. ist gleichzeitig ein Reinigen der → Ölfilter erforderlich. Die Fristen für den Ö. gelten nur bei Verwendung von einwandfreiem Frischöl gleicher Sorte, bei ordnungsgemäßem Zustand und Betrieb des Aggregats und bei regelmäßiger Wartung. Über die Weiterverwendung der Ölfüllung zwischen den Ö.-Fristen kann eine → Ölprobe Auskunft geben.

Ölzusatzfeuerung: → Ölfeuerung (3)

Omnibus-Lokomotive, *Gepäcklokomotive:* etwa ab 1880 meist mit der Achsfolge A1, seltener 1A1 oder (z.B. in Sachsen bei der Gattung VIITo) auch B für den leichten Stadt- und Vorortverkehr und vielfach für Einmannbedienung gebaute → Tenderlokomotive. Entspr. ihrem Einsatz besaßen die O. meist hinter dem Führerhaus ein Gepäckabteil sowie Koksfeuerung oder anderenfalls bes. Einrichtungen gegen die Rauchentwicklung, oft einen Mittelführerstand oder ein Dach mit Seiten- und Triebwerksverkleidung. Von den 1880 von der Lokomotivfabrik Schichau gebauten ersten 4 deutschen B-gekuppelten → Verbundlokomotiven (1) waren 2 unter dem Direktorat von → Lentz gebaute O. Lit.: 2.9., 5.2., 5.3.

OM-Salzstreuverfahren: Durch Bestreuen des Feuers auf dem Rost der Dampflok mit OM-Salz werden Rußansätze in der → Feuerbüchse und in den → Rauchrohren und Heizrohren durch Aufheben der Klebewirkung des Rußes chemisch abgelöst. OM-Salz besteht u.a. aus Natriumsulfat, Kalziumsulfat und einem organischen Katalysator.

Opsi: Abk. für **op**tische Zug**si**cherung. → optische Zugbeeinflussung

optische Zugbeeinflussung, *optische Zugsicherung (Opsi):* Art der → punktförmigen Zugbeeinflussung mit Informationsübertragung durch Licht. Durch mehrere an der Strecke installierte Lichtsender können zum Tfz. mit optischem Empfänger und einer Auswerteeinrichtung mehrfache Informationen übertragen werden. Nachteil: wetter- und umweltabhängig. Erste Versuche für die o.Z. unternahm die DRG 1927 auf der Strecke München–Holzkirchen und 1932 zwischen Probstzella und Saalfeld. Die Versuche wurden 1943 eingestellt.

Ordnungsnummer: → Triebfahrzeug-Kennzeichnungssystem

ORE: Abk. für frz. **O**ffices de **R**echerches et d'**E**ssais; Forschungs- und Versuchsamt des Internationalen Eisenbahnverbandes (→ UIC). Das ORE ist Organ der UIC für Forschungen und Versuche auf technischen Gebieten des Eisenbahnwesens, wobei vor allem verallgemeinerungsfähige Ergebnisse angestrebt und Standardisierungsprobleme gelöst werden. Das ORE hat seinen Sitz in Utrecht; eine für die Erprobung von Tfz. wichtige Einrichtung ist die klima- und strömungstechnische Versuchsanstalt des ORE in Wien-Arsenal.

Organisation für die Zusammenarbeit der Eisenbahnen: → OSShD

ORT: Abk. für **O**berleitungs**r**evisions**t**riebwagen. → Fahrleitungsrevisionstriebwagen

OSSD, *Organisation für die Zusammenarbeit der Eisenbahnen:* Abk. für russ. Organisazija sotrudnitschestwa Shelesnych dorog; 1957 in Peking gegründete zwischenstaatliche Organisation der damaligen sozialistischen Länder auf dem Gebiet des Eisenbahnwesens, seit 1958 auch des Kraftverkehrs- und Straßenwesens, für die Entwicklung des internationalen Verkehrs und der technisch-wissenschaftlichen Zusammenarbeit. Neben der Geschäftsführung für die Abkommen über den Reiseverkehr (SMPS) und den Güterverkehr (SMGS) und der Regelung von Tarifverträgen wurden Probleme der Vereinheitlichung und wirtschaftlichen Ausnutzung der Fahrzeuge und Anlagen sowie die Zusammenarbeit mit anderen internationalen Organisationen des Verkehrswesens behandelt.

Otto, Nicolaus August: 10. Juni 1832 (Holzhausen/Nassau) – 26. Januar 1891 (Köln); deutscher Ingenieur, Erfinder des Otto-Viertaktmotors (→ Ottomotor, → Viertaktmotor). Nach seiner kaufmännischen Lehre arbeitete O. zunächst ab 1852 u.a. in Stuttgart und Köln als Kaufmann. 1861 unternahm er mit seinem Bruder Wilhelm Otto den ersten Versuch einer Patentanmeldung für eine Spiritus-Dampfmaschine, die aufgrund des parallellaufenden Gasmaschinenpatents von Jean Joseph Etienne Lenoir (1822–1900) zurückgewiesen wurde. Zusammen mit Eugen Langen (1833–1895) gründete O. 1864 in Köln die Kommanditgesellschaft N. A. Otto & Cie (ab 1872 Gasmotorenfabrik Deutz AG). 1867 erhielten sie für ihre »Atomosphärische Gaskraft-Maschine« auf der Pariser Weltausstellung eine Goldene Medaille. Der von O. 1876 konstruierte und nach dem Viertaktverfahren arbeitende Gasmotor, der seit der Pariser Weltausstellung 1878 allg. als Ottomotor bezeichnet wird, fand in Transportmitteln, wie Kraftfahrzeugen, Triebwagen und Lokomotiven kleinerer Leistung (→ Benzintriebwagen, → Benzoltriebwagen) sowie Flugzeugen, breite Anwendung. Lit.: 1.22. Bd. 10; Sittauer: »Gebändigte Explosionen«. – Berlin 1973. Abb.

Nicolaus August *Otto*

Ottomotor: nach seinem Erfinder → Otto benannter → Verbrennungsmotor, bei dem die Verbrennung des verdichteten Kraftstoff-Luft-Gemischs im Zylinder durch eine zeitlich gesteuerte Fremdzündung über einen Zündfunken eingeleitet wird. Nach der Art der Gemischbildung werden Vergaser-, Einspritz- und Gas-O. unterschieden. Bei dem bevorzugt verwendeten Vergasermotor wird flüssiger Kraftstoff (bei Tfz. Benzin oder Benzol) vor Eintritt in den Zylinder in einem Vergaser zerstäubt und mit Luft zu einem zündfähigen Gemisch (→ Verbrennungsluftverhältnis) vereinigt.

O. arbeiten nach der Gleichraumverbrennung mit gegenüber dem → Dieselmotor geringerem Verdichtungsverhältnis (ε = 5–12) und → Drosselregelung, wodurch sie eine geringere Wirtschaftlichkeit erreichen.

Für den Antrieb von Brennkraft-Tfz. wurden O. als Benzol- und Benzin-Vergasermotoren zu Beginn der Entwicklung verwendet; sie sind heute bei Schienenfahrzeugen durch den Dieselmotor fast vollständig verdrängt worden.

P

Paketschalter: erschütterungsfestes Schaltgerät (Drehschalter) zum Schließen oder Öffnen elektrischer Stromkreise. Der P. ist aus 2 oder zumeist mehreren Schaltkammern, die voneinander isoliert sind, zusammengesetzt (paketiert). Die Kontakte werden durch eine isolierte gemeinsame Welle bewegt. Ein eingebautes Sprunglastschaltwerk sorgt für Momentschaltung bei den 4 Schalterstellungen. P. haben durch ihren Aufbau, der in den einzelnen Schaltebenen unterschiedliche Schalthandlungen erlaubt, einen universellen Einsatz gefunden. Sie werden nicht nur in der Installationstechnik als Aus- oder Umschalter, sondern vor allem für Steuerzwecke, als Stufenschalter und Meßgeräteumschalter auch in Tfz. und Wagen der Eisenbahnen und Nahverkehrsmittel eingesetzt. P. in unterschiedlichen Bauformen und Größen schalten Ströme bis 400 A. Aufgrund ihrer Konstruktion sind P. für Schalttafeleinbau bes. geeignet.

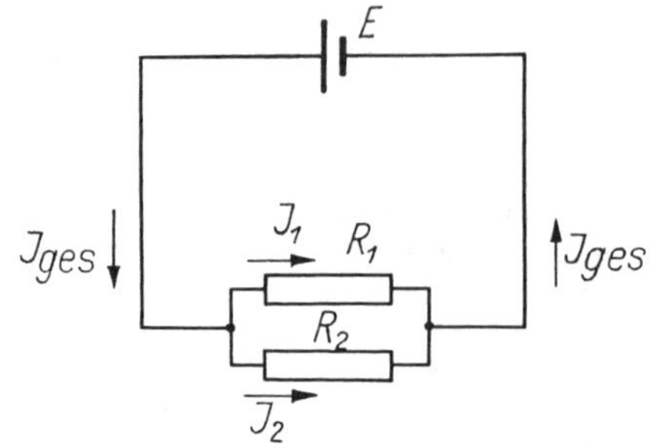

Parallelwiderstand
E Spannung, *J* Strom, *R* Widerstand

Palette: Einrichtung bei elektrischen Tfz. zur Abnahme der elektrischen Energie von der Oberleitung. Sie setzt sich aus dem Schleifstückträger und 1 oder 2 → Schleifstücken zusammen. Bei Gleichstrom-Tfz. kann die P. wegen der hohen Ströme aus mehr als 2 Schleifstücken, davon einem relativ breiten Schleifstück, bestehen, wobei zwischen die meist aus Kupfer hergestellten Schleifstücke ein Schmiermittel, z. B. Graphit, eingebracht wird, um den Verschleiß zu verringern.

Panschverlust: Leistungsverlust, der durch das *Panschen* (Eintauchen) der Zahnräder im → Ölsumpf bei Zahnradgetrieben, Strömungsgetrieben und hydromechanischen Getrieben entsteht und als Verlustleistung im → mechanischen Wirkungsgrad berücksichtigt wird. Ist das Eintauchen von Zahnrädern in den Ölsumpf konstruktiv nicht zu umgehen, kann durch Kapselung der Zahnräder im Bereich unterhalb des Ölspiegels der P. weitgehend vermieden werden.

Pantograph: → Scherenstromabnehmer

Papierfilter: → Siebfilter, dessen Filterelemente im → Filtereinsatz aus speziellem Filterpapier bestehen. P. weisen einen Schmutzabscheidungsgrad von bis zu 99,9% auf. Ihre Schmutzabscheidungsgrenze liegt sehr niedrig, so daß sie als Feinfilter für Luft, Öl und Kraftstoff verwendet werden können. → Trockenluftfilter, → Ölfilter, → Kraftstoffilter

Parallelbetrieb, *Parallelarbeit:* anzustrebende Speisungsart von Energieversorgungseinrichtungen, bes. von Kraftwerken, → Umformerwerken und → Unterwerken. Vorteile: a) *energetisch:* erhebliche Verringerung der Spannungsabfälle und Leitungsverluste; b) *betrieblich:* keine Zugkraftunterbrechungen bei den Tfz. durch sonst übliches Fahren mit »Leistungschalter aus«. Beim P. unterscheidet man prinzipiell 2 Arten: a) P. über eine gemeinsame Sammelschiene; b) P. über eine Leitung. Lit.: 4.6.

Parallelschaltung: Schaltung, bei der 2 oder mehr elektrische Verbraucher (z. B. → Fahrmotoren) oder auch Spannungsquellen (z. B. → Akkumulatoren) parallel in einen elektrischen Stromkreis eingeschaltet sind.

Parallelwiderstand: Widerstand im elektrischen Stromkreis von Tfz., der i. G. z. Reihenschaltung von Widerständen neben andere Widerstände parallel geschaltet ist. Alle P. liegen an gleicher Spannung, werden aber entspr. ihrem Widerstandswert von unterschiedlichen Strömen durchflossen. Anwendung:

Patentee-Bauart
Lokomotive »Der Münchner« der Patentee-Bauart (erste Maffei-Lok 1841)

Pazific-Bauart
Lokomotive der BR 18^{4-5} der DRG der Pazific-Bauart

a) bei Gleichstrombahnmotoren zur Feldschwächung; b) parallel zur Wendepolwicklung geschaltet bei Wechselstrombahnmotoren zur Erzielung einwandfreier Stromwendung. → Shunt. Abb.

Paßblech: Bauelement der → Rauchkammer zum Abdichten der Durchführungen der → Dampfeinströmrohre am Rauchkammermantel bei Dampfloks, um Falschlufteintritt in die Rauchkammer zu verhindern. Das P. besteht aus 0,5 mm dickem Kupferblech und besitzt im Ausschnitt für das Einströmrohr einen hochgebördelten Kragen, der an den Rohrmantel angepaßt wird. Lit.: 2.3.

Patentee-Bauart: aus den Anfängen des englischen Lokomotivbaus stammende Bezeichnung für eine erstmals von R. → Stephenson 1830 gebaute Dampflokomotive der → Achsanordnung 1A1, die mit den ab 1834 für deutsche Eisenbahnen gebauten Lokomotiven der P. (z.B. → »Der Adler«) übernommen wurde. Abb.

Pazific-Bauart: amerikanische Bezeichnung für Dampflokomotiven mit der → Achsanordnung 2'C1' und Schlepptender, die i.d.R. im Schnellzugdienst eingesetzt wurden. Abb.

Peilstab: Füllstands-Meßeinrichtung für Schmieröl in der → Ölwanne von Verbrennungsmotoren bzw. Gehäusen von Getrieben und → Einspritzpumpen. Der P. besitzt Markierungen für den max. und min. zul. Füllstand. Bei Überschreitung der oberen Markierung ist eine Untersuchung auf Kraftstoff- bzw. Wasseransammlung im Öl vorzunehmen, beim Unterschreiten der unteren Markierung ist Schmieröl nachzufüllen.

Pendelblech: bei Dampflokomotiven mit hoher Kessellage als Langkesselträger zwischen → Rahmen und → Langkessel angeordnetes dünnes Trägerblech, das federnd der Längsausdehnung des Langkessels nachgibt. Das P. ist an den Rahmenverbindungen und i.G.z. Langkesselträger älterer Bauart auch an der Bauchseite des Langkessels befestigt. → Kesselträger. Lit.: 2.3., 2.12.

Pendelrollenlager: → Wälzlager

Periflex-Kupplung: Bauart der → drehelastischen Kupplung, bei der das Drehmoment durch eine Gummiwulst übertragen wird. Vorteile: progressive Federkennlinie, gute Schwingungsdämpfung (Verdrehwinkel bis 30°), einfache Bauweise. Unempfindlichkeit gegenüber Achsmittenabweichungen, elektrische Isolation der Wellenteile. Anwendung: zur Dämpfung von Drehschwingungen und zur Veränderung der Eigenschwingungszahlen beim Verbrennungmotorantrieb. Abb.

Personenzugbremse: → Bremsbauart, → Bremsanschriften

Personenzuglokomotive: bei → Dampflokomotiven übliche Bezeichnung für → Reisezuglokomotiven für die Traktion (Beförderung) von Personenzügen (mittlere Geschwindigkeiten und Zugmassen).

Petiet-Lokomotive: vom Chefingenieur der französischen Nordbahn, J. A. Petiet,

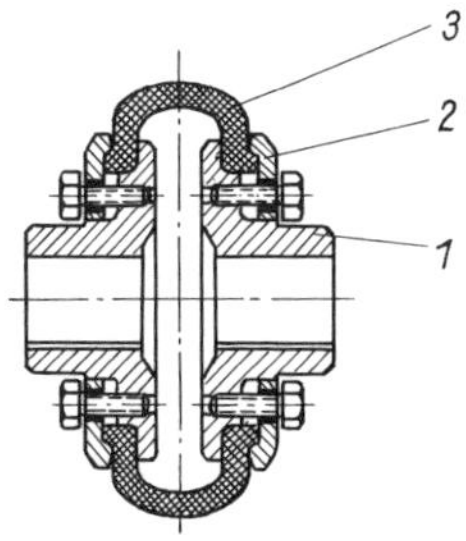

Periflex-Kupplung
1 Flansch, 2 Druckring, 3 Gummiwulst

Petiet-Lokomotive
von Petiet umgebaute Dh2t-Lokomotive der Französischen Nordbahn; deutlich erkennbar der aufgesetzte kleinere Langkessel, der das Rohrbündel zur Dampftrockung enthält

entwickelte Dampflokomotiven, die mit einer für die Dampftrocknung geeigneten bes. Bauform des Lokomotivkessels und meist auch bes. Anordnungen der angetriebenen Radsätze versehen waren. Auf dem → Langkessel war an Stelle des normalen → Dampfdoms in Längsrichtung eine Trommel aufgesetzt, die mit dem Dampfraum des Langkessels durch mehrere Stutzen verbunden war. Zur Trocknung des Dampfs enthielt die Trommel ein von den → Rauchgasen durchströmtes Rohrbündel. Die → Rauchkammer diente zur Umlenkung des Rauchgasstroms aus den → Heizrohren zum oberen Rohrbündel. Der Schornstein mit Blasrohr lag fast waagerecht an der dem → Stehkessel zugewandten Seite der Trommel, was der Lokomotive ein außergewöhnliches Aussehen verlieh.
Bei 8 von Petiet 1862 für die französische Nordbahn gebauten Tenderlokomotiven wandte er mit der Achsfolge A3A eine seltene Bauform des Radsatzantriebs an. Mit dieser widersprach Petiet dem Grundsatz, bei schnellfahrenden Lokomotiven keinen Treibradsatz voranlaufen zu lassen. Die größten P. waren die 1862 und 1867 gebauten je 10 CC-Vierzylinder-Tenderlokomotiven (Betriebs-Nr. 601–620 der französischen Nordbahn) mit der ungewöhnlichen Anordnung der 2 Treibradsatzgruppen in ein- und demselben Hauptrahmen.
Insgesamt wurden ab 1860 53 überwiegend bei der französischen Nordbahn eingesetzte P. gebaut. Ein ähnliches Kesselbauprinzip, dort aber zur Speisewasservorwärmung benutzt, wurde später für Lokomotiven mit → Franco-Crosti-Abgasvorwärmer angewandt. Lit.: 2.8., 5.3. Abb.

Peyinghouselager: → Radsatzlager mit Ölschleuderschmierung (→ Gleitlager).

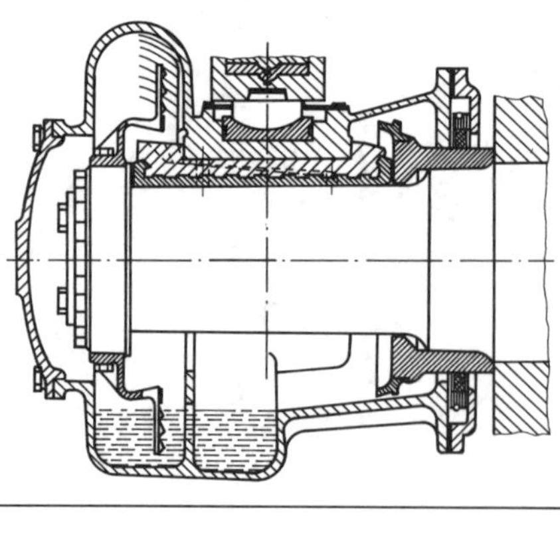
Peyinghouselager

Erstmals wurde das P. bei den Treibradsätzen der E2101 und E2102 der DRG in den Jahren 1927 bis 1930 eingesetzt. Das P. besteht aus einem 1- oder 2teiligen Gehäuse, der Lagerschale und der Ölschleuder. Die am Radsatzschenkel befestigte und mit ihm umlaufende Ölschleuder fördert Öl aus dem Ölsumpf im unteren Teil des Lagergehäuses auf einen Vorsprung der Lagerschale. Die Ölförderung steigt mit der Drehzahl an, so daß eine gute Schmierung erreicht wird. Durch die ununterbrochene Ölförderung wird die Reibungswärme in den Ölsumpf und in das durch den Fahrtwind gekühlte Gehäuse abgeführt. Lit.: 1.7., 4.5., 4.12. Abb.

Pfeil-Geschwindigkeitsmesser: von J. Pfeil entwickelter → Fahrgeschwindigkeitsmesser auf Dampflokomotiven älterer Bauart. Eine vom → Treibradsatz (1) angetriebene Pumpe förderte eine Flüssigkeit unter einen in einem lotrechten Rohr befindlichen Ventilkolben, der je nach seiner Höhenlage die Öffnung eines längsseitig vorhandenen Schlitzes freigab, aus dem die Flüssigkeit ausfloß und der Pumpe wieder zugeführt wurde. Entspr. der Höhenlage des Kolbens im Rohr konnte auf einer Skala die Fahrgeschwindigkeit abgelesen und über ein Schreibwerk auch aufgezeichnet werden. Der P. fand vor allem bei der österreichischen Staatseisenbahn vor der Jahrhundertwende Verwendung. Lit.: 5.3.

Pielock-Überhitzer: von Pielock 1898 entwickelter → Dampftrockner, in dem der → Sattdampf bis zu 60 K überhitzt wurde. In einem in Kesselmitte die → Heizrohre umgebenden separaten Raum wurde der Sattdampf zwischen den im Kessel eingebauten Trennwänden durchgeführt und getrocknet. Die komplizierte Bauweise, der hohe Verschleiß der Heizrohre und die zu geringe Heißdampftemperatur führten bald wieder zum Ausbau des P. Er wurde später durch den wirtschaftlicheren → Rauchrohrüberhitzer ersetzt. Lit.: 2.9., 5.3.

Planet-Bauart: aus den Anfängen des englischen Lokomotivbaus stammende Bezeichnung für Dampflokomotiven der → Achsanordnung 1A, die bereits mit 2 im unteren Teil der → Rauchkammer waagerecht liegenden → Innenzylindern ausgerüstet waren und seit 1830 von R. → Stephenson gebaut wurden. Der große hintere Überhang der Lokomotiven der P. führte zu einer starken Beanspruchung des gekröpften → Treibradsatzes (1) und erheblichen Nickbewegungen. Diese Nachteile bewogen R. Stephenson nachfolgend u. a. zur Wahl der 1A1-Achsfolge (→ Patentee-Bauart). Lit.: 2.9.

Planetengetriebe: Bauart des → Zahnradgetriebes, bei dem sich zusätzlich in einem Planetenträger (Steg) angeordnete Zahnräder mit ihrer Eigenachse um eine zentrale Achse drehen (Planetenräder). Von den vielfältigen Formen werden bes. 3rädrige P., bestehend aus auf der Zentralachse laufendem, außenverzahntem Sonnenrad (Zentralritzel), Planetenrädern (Umlaufrädern) und großem äußerem innerverzahntem Sonnenrad (Zentralrad), bei Diesel-Tfz. in Kombination mit → Strömungswandlern als Übersetzungsgetriebe oder als Verzweigungsgetriebe (Differentialgetriebe) eingesetzt (→ SRM-Getriebe, → Voith-DIWA-Getriebe; dort Abb.).

Plankerbverzahnung: radiale, dreieckförmige Verzahnung an der *Stirnseite* von Drehteilen zur formschlüssigen und platzsparenden Verbindung 2er wellen- oder flanschförmigen Bauteile. Durch Verschrauben der zu verbindenden Teile wird eine feste Verbindung hergestellt, mit der große Drehmomente übertragbar sind. Die P. ist beliebig oft lösbar und selbstzentrierend. Anwendung: bei Strömungsgetrieben, Zahnradgetrieben und Brennkraftmaschinen.

Plattenfunkenfänger: → Funkenfänger, bei dem der → Funkenflug (1) durch gelochte Bleche, die sich seitlich am Rauchkammermantel anschließen und von der Rauchkammerrohrwand bis zur Rauchkammertür reichen, gemindert wird. Abb.

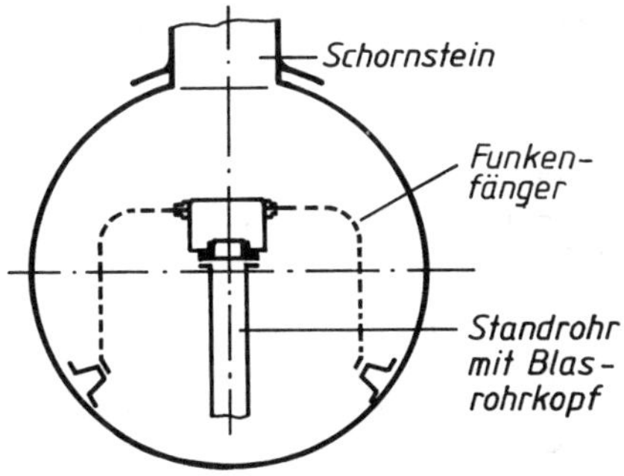

Plattenfunkenfänger (Schema)
Anordnung in der Rauchkammer

Plattenwärmeübertrager: in Plattenbauweise hergestellter Wärmeübertrager. Der Wärmeübergang erfolgt durch Platten, die auf der einen Seite vom zu kühlenden Medium und auf der anderen Seite vom → Kühlmittel berührt werden. P. werden hauptsächlich als Luft-Luft-Wärmeübertrager, z. B. bei Gasturbinenanlagen, verwendet. Bei Tfz. werden zur Kühlung flüssiger Medien → Wirbelzellenwärmeübertrager als Bauform des P. oder → Röhrenwärmeübertrager bevorzugt.

Platzmasse: → Sitzplatzmasse

Pleuel: Bauteil des → Kurbeltriebwerks von Verbrennungsmotoren und Kolbenverdichtern, das die vom Kolben aufgenommene Gaskraft über den Kolbenbolzen zum → Kurbelzapfen oder umgekehrt überträgt und die geradlinige Bewegung des Kolbens in eine rotierende Bewegung der Kurbelwelle umwandelt. Hauptteile: P.kopf mit Gleit- oder Wälzlager für den Kolbenbolzen, P.schaft mit I-Profil, durch P.schrauben miteinander verbundener P.fuß in gerad- oder schräggeteilter Ausführung. Im P.fuß ist ein Gleit- oder Wälzlager eingesetzt, das die Verbindung zwischen P. und Kurbelzapfen herstellt.

Das P. ist ein hochbelastetes Bauteil, das u. a. auf Knickung durch die Gaskraft, auf Druck durch die Massenträgheitskräfte des Kolbens im UT und auf Zug durch die Massenträgheitskräfte des Kolbens im OT beansprucht wird. Als Werkstoff wird zäher Vergütungsstahl bevorzugt. P. werden im Gesenk geschmiedet, seltener gegossen und spanend im oberen und unteren Lager nachgearbeitet. Zur Schmie-

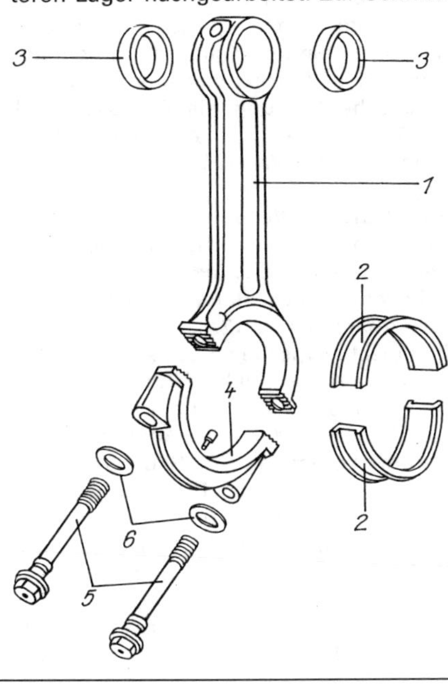

Pleuel (Explosionsdarstellung)
1 Pleuel, 2 Pleuellager, 3 zwei Pleuelbuchsen, 4 Pleueldeckel, 5 Pleuelschrauben, 6 Scheibe

rung des P.kopflagers wird in den P.kopf eine Ölbohrung eingebracht. Bahndieselmotoren in V-Form werden je Zylinderpaar entweder mit einem Haupt-P. ausgeführt, an das sich ein Neben-P. anschließt, oder beide P. arbeiten nebeneinander auf einen Kurbelzapfen. Abb.

Plungerpumpe: Baugruppe der → Speiseeinrichtung von Dampflokomotiven. Die mit lang- oder kurzhubigen Kolben (Plungern) ausgerüsteten P. wurden über ein Gestänge oder direkt vom → Kreuzkopf der Dampfmaschine angetrieben. Dadurch war eine Kesselspeisung nur während der Fahrt möglich (→ Fahrpumpe). Die P. hatten anfangs keinen Windkessel, wurden aber bald mit Saug- und → Druckwindkessel versehen. Die Speisewassermenge wurde mit einem Wasserhahn in der Saugleitung am Tender geregelt. P. fanden nur bei Dampfloks älterer Bauart bis zur Mitte des 19. Jahrhunderts Verwendung.

Polsunow, Iwan Iwanowitsch: 1728 oder 1729 im Ural – 27. Mai 1766 (Barnaul); russischer Wärmetechniker und Erfinder. Noch vor → Cugnot baute P. einen Straßendampfwagen, der offenbar durch Veröffentlichungen Cugnots bekannt wurde und bei der Entwicklung des → Cugnot-Dampfwagens vermutlich (wegen der großen Ähnlichkeit der beiden Wagen) eine der Grundlagen bildete. P. erfand 1765 die erste atmosphärische Universal-Kolbendampfmaschine. Die nach dem Balancierprinzip und mit einem pendelnden Kettenrad arbeitende 2zylindrige Dampfmaschine fand ihre praktische Nutzung als Gebläseantrieb für Schmelzöfen, die sie 1 Jahr lang störungsfrei überstand. Lit.: 1.22. Bd. 11, 2.9.

Pop-Ventil, *Puffventil:* Bezeichnung für Hochhub-Kesselsicherheitsventile. Zu den P. gehören z.B. die → Kesselsicherheitsventile der Bauarten Coale und Ackermann. Lit.: 2.12.

Prallblech: zwischen Rauchkammerrohrwand und → Funkenfänger bes. bei Braunkohlefeuerung angeordnetes Blech zur Minderung des → Funkenflugs (1) bei Dampflokomotiven. Im Saugstrom mitgerissene glühende Brennstoffteilchen prallen auf das P. auf und lagern sich als → Lösche in der Rauchkammer ab.

Prallfilter: → Luftfilter, in dem der zu reinigende Luftstrom wechselweisen Richtungsänderungen unterworfen wird, denen die in der Luft mitgeführten Verunreinigungen (z.B. Staub und Schnee) infolge ihrer Massenträgheit nicht folgen können, so daß sie auf die Umlenkbleche prallen und nach unten fallen. P. sind Grobfilter.

Pralltopf: Bauteil der → Abschlammeinrichtung von → Dampflokomotivkesseln. Der als zylindrischer Mündungsbehälter für die Schlamm-Abflußleitung ausgebildete P. dämpft die Strömungsenergie des mit hoher Geschwindigkeit austretenden Wasser-Schlamm-Gemischs beim → Abschlammen des Kessels und verhindert damit Oberbauschäden. Lit.: 2.3., 2.12.

Preßluftlokomotive: → Druckluftlokomotive

Primärabsaugpumpe: primärseitig angetriebene Absaugpumpe in → Strömungsgetrieben (dort Abb.) und hydromechanischen Getrieben zur Rückförderung der → Betriebsflüssigkeit von bestimmten Stellen des → Getriebegehäuses (meist aus dem tiefliegenden Abtriebsgehäuse). Die Rückführung ist erforderlich, um ein unzulässiges Ansteigen des Ölstands in den unterhalb der Ölwanne liegenden Gehäuseräumen und damit das Panschen der Zahnräder im Öl (→ Panschverlust) und Ölaustritt aus den Wellendichtungen zu vermeiden.

Primärbeeinflussung: Abhängigkeit der automatischen Betätigung der → Gangschaltung von der Antriebsdrehzahl oder dem Antriebsdrehmoment bei Strömungsgetrieben und hydromechanischen Getrieben. Die Meßgrößen der P. wirken auf den → Drehzahlschalter ein, die Meßeinrichtung ist meist unmittelbar an diesem angebracht. Die P. berücksichtigt die Veränderung des Drehmoment- und Wirkungsgradverlaufs bei Teilleistung, d. h. in den Teilfahrstufen (→ Fahrstufe) eines dieselhydraulischen Tfz., und bewirkt eine Veränderung des → Umschaltpunkts. Sie wird meist zusätzlich zur stets vorhandenen → Sekundärbeeinflussung angewandt.

Primärenergie: → Energieverbrauch

Primärfeder: → Federung

Primärkennlinie: Verlauf von Leistungs- oder Drehmomentaufnahme bei → hydrodynamischen Leistungsübertragern in Abhängigkeit von der Antriebsdrehzahl (→ Propellerkurve) oder von der Abtriebsdrehzahl (→ Leistungszahl).

Primärleistung P_π: für die Traktion von der → Leistungsübertragungsanlage nutzbare Leistung; sie ergibt sich aus der

von der Antriebsmaschine eines Tfz. abgegebenen Leistung unter Abzug der Leistungsanteile für die → Hilfsmaschinen.
Primärmeßpumpe: primärseitig angetriebene → Steuerölpumpe in → Strömungsgetrieben, die einen der Antriebsdrehzahl proportionalen Druck erzeugt, der als Meßgröße verwendet wird. Die → Füllpumpe dient gleichzeitig als P., wenn ein mechanisch-hydraulischer Drehzahlschalter verwendet wird (→ Primärbeeinflussung). Der Einsatz von getrennten P. hat sich nicht bewährt.
Primärschmierpumpe: von der → Primärseite eines Strömungs- oder hydromechanischen Getriebes angetriebene Ölpumpe, die zur Schmierölversorgung dient (→ Schmierölpumpe). I.d.R. übernimmt die → Füllpumpe die Funktion der P. Häufig wird zusätzlich zur P. oder Füllpumpe eine → Sekundärschmierpumpe eingebaut.
Primärseite: Gruppe von Bauteilen des → Antriebssystems von Brennkraft-Tfz., die alle Bauteile umfaßt, die zur Weiterleitung der von der Kraftmaschine erzeugten mechanischen Energie an den nächsten Energieträger in der Leistungsübertragung dienen, einschl. der Teile des → Kurbeltriebwerks eines Dieselmotors und der → Füllpumpe eines Strömungsgetriebes. Anwendung des Begriffs vorwiegend bei Tfz.-Antriebssystemen mit hydrodynamischen Leistungsübertragern, bei denen durch die → Betriebsflüssigkeit in den hydrodynamischen Kreisläufen eine eindeutige Trennung in P. und → Sekundärseite vorliegt, wobei auch schwingungsmäßig eine weitgehende Trennung erfolgt.
Primärwicklung: Bezeichnung für die Eingangswicklung bei → Transformatoren und → Wandlern (1), die die elektrische Energie aufnimmt. Gegensatz: → *Sekundärwicklung.* Beide Wicklungen können sowohl Ober- als auch Unterspannungswicklungen sein.
Probefahrt: Fahrt eines Eisenbahnfahrzeugs zur Überprüfung und zum Nachweis der Funktionstüchtigkeit des Fahrzeugs oder einzelner Baugruppen und Ausrüstungen. Die P. ist erforderlich bei der Indienststellung neuer, rekonstruierter oder modernisierter Fahrzeuge oder nach Schadgruppenuntersuchungen im Aw oder Bw.
Profil: **1.** → Lichtraum. – **2.** Beim *Streckenprofil* (Längsschnitt) maßstabsgerechte, zeichnerische Darstellung eines durch die Längsachse einer Eisenbahnstrecke geführten senkrechten Schnitts. Das Streckenprofil enthält u.a. Aussagen über die Höhenlage der Strecke, Einschnittstiefen, Neigungsverhältnisse und die Stationierung und ist Bestandteil der Projektierung. – **3.** → Radprofil.
Profilfreimachung: notwendige Baumaßnahme an Eisenbahnanlagen im Einflußbereich eines Gleises zum Beseitigen einer Einschränkung der Lichtraumbegrenzung (→ Lichtraum) oder beim Einführen einer neuen Lichtraumumgrenzung mit größeren Abmessungen (z.B. im Rahmen der Streckenelektrifizierung).
Profilkolben: → Kolben (2), bei dem der Kolbenboden zur Beeinflussung des Verbrennungsvorgangs ein entspr. Profil aufweist, z.B. der P. beim → Meurer-Verfahren.
Propellerkurve: Abhängigkeit der Leistungsaufnahme P_1 aller Strömungsmaschinen von der Drehzahl n. Bei konstanter → Leistungszahl gilt die kubische Parabelfunktion $P_1 \approx n^3$. Für die i.allg. von der Fahrgeschwindigkeit abhängige Leistungszahl bei hydrodynamischen Leistungsübertragern ergibt sich als Leistungsaufnahme eine Schar von P. Die P. wurde nach dem Propeller als Antriebselement benannt; sie ist aus den hydraulischen Ähnlichkeitsgesetzen der Strömungsmaschinen ableitbar. Abb.
Proportionalbereich: Kenngröße x_P für Dieselmotoren zur Charakterisierung der Regelungsgüte der Drehzahl (Drehzahlstabilität). Der P. ist das Verhältnis der Differenz zwischen → Leerlaufdrehzahl n_L und → Vollastdrehzahl n_V bei konstanter Sollwerteinstellung zur Vollastdrehzahl. $x_P = (n_L - N_V)/n_V$ 100%. Er soll für Dieselgenerator-Aggregate unter 5% liegen.

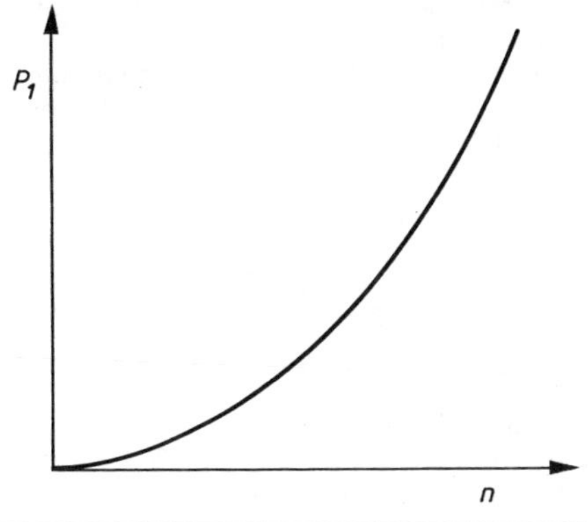

Propellerkurve einer Strömungsmaschine
P_1 Leistungsaufnahme, n Drehzahl

Prüfdose: elektrische Kupplungseinrichtung an oder in Fahrzeugen, die den Anschluß transportabler oder ortsfester Geräte zur Prüfung (Diagnose) der elektrischen Stromkreise oder Baugruppen ermöglicht.

Prüfgleismagnet: Bezeichnung für einen → Gleismagneten der → induktiven Zugbeeinflussung, der zur Überprüfung der Einhaltung einer Geschwindigkeitsbeschränkung (Prüfgeschwindigkeit) durch den Tfz.-Führer dient.

Prüflauf: → Typenprüflauf

Prüfstandserprobung: Aufnahme von Kennlinien und anderer Qualitätsparameter von Aggregaten der → Maschinenanlage der Tfz. auf einem Prüfstand sowie des → Triebwerks und Laufwerks von Tfz. auf einem Rollenprüfstand. I.G.z. den Dampf-Tfz. ist bei Diesel- und Elektro-Tfz. die Aufnahme von Kennlinien der Hauptaggregate auf dem Prüfstand möglich, womit auch deren Wirkungsgrade einzeln bestimmbar sind. Innerhalb der P. erfolgt meist die Abnahme durch die Beauftragten der Eisenbahnverwaltung und der → Typenprüflauf.

Prüfumschalter: Umschalter auf elektrischen Tfz., um zur Prüfung der Funktionsfähigkeit ohne Fahrleitungsspannung bei ausgeschaltetem → Hauptschalter und gesenktem Stromabnehmer mit Hilfe der → Schuppenspannungsanlage einzelne zu prüfende Stromkreise in Betrieb nehmen zu können.

Puffer: Teil der herkömmlichen → Zug- und Stoßeinrichtung, das als Stoßeinrichtung meist als Seitenpuffer paarweise seitlich am Endquerträger (→ Pufferträger) von mit Schraubenkupplung ausgerüsteten Schienenfahrzeugen angeordnet ist. Bauarten: a) *Stangenpuffer,* veralteter P., meist mit Kegelwickelfeder; b) *Hülsenpuffer,* meist mit Reibkonusfeder (Ringfeder). Für das möglichst verschleißarme Abwälzen der P. bei der Relativbewegung der Fahrzeuge gegeneinander sind die Pufferteller gewölbt (bei der UIC-Bauart Wölbungshalbmesser 1500 mm). Die Pufferfeder muß eine möglichst hohe Arbeitsaufnahme und großen Energieverzehr haben. Für das sichere Aufeinandertreffen der P. beim Zusammenlauf der Fahrzeuge muß der Pufferteller festgelegte und von den Hauptabmessungen des Fahrzeugs abhängige Mindestmaße einhalten, und die Puffermitten müssen den *Pufferstand* (940–1065 mm über Schienenoberkante) und den seitlichen Puffermittenabstand von 1750±10 mm für Normalspurfahrzeuge einhalten. Bei einer → Kurzkupplung ist meist nur 1 P. je Fahrzeugstirnseite angebaut.

Pufferlänge: → Länge über Puffer (LüP)

Puffermittenabstand: → Puffer

Pufferschaltung: elektrische Parallelschaltung von Stromquelle (Gleichstrommaschine oder Drehstrommaschine mit Gleichrichter), Batterie und Verbraucher, z.B. bei Diesel-Tfz. Die Stromquelle deckt den mittleren Strombedarf; Spitzenströme (z.B. beim Anlauf der Luftverdichtermotoren eines Diesel-Tfz.) bzw. Spannungen werden dagegen durch die Batterien abgefangen bzw. gehalten. Je nach Verbraucherlast liefert die Batterie Strom oder wird von der Stromquelle geladen. Wichtig ist bei der P. die Anpassung der Kennlinien von Batterie und Stromquelle an die Belastungsverhältnisse, um ein Überladen der Batterie zu verhindern und die Stromquelle gut auszunutzen.

Puffersicht: dem Tfz.-Führer vom Führer- oder Fahrstand aus auf die → Puffer gewährleistete Sicht, die bes. bei den → Kleinlokomotiven durch eine entspr. Bauform sichert, daß der Kleinlokfahrer beim Heranfahren an ein stehendes Schienenfahrzeug das Anstoßen der Puffer selbst beobachten kann. Die P. wird beispielsweise bei Kleindiesellokomotiven durch tief herabreichende Stirnfenster am Führerstand (→ Tiefsichtfenster) und einen in Lokomotivlängsrichtung schmal gehaltenen Maschinenraum erreicht.

Pufferstand: → Puffer

Pufferträger: vorderste bzw. Endquerverbindung des → Lokomotivrahmens, die die → Zug- und Stoßeinrichtung aufnimmt. Bei Dampfloks der → Einheitsbauart ist der P. ein U-förmig gebogenes Blech, das durch gekümpelte Befestigungsstücke vorn mit dem Rahmen verbunden, aber leicht auswechselbar ist. Bei modernen Tfz. hoher Leistung haben sich auch P. mit Stoßverzehreinrichtung bewährt.

»Puffing Billy«: Name einer von 4 vom englischen Lokomotiv-Ingenieur Hedley (1779–1843) um 1813/14 gebauten und schon als gebrauchsfähig zu bezeichnenden zahnradgekuppelten B-Dampflokomotiven. Mit ihnen bestätigte Hedley die aus Vorversuchen gewonnene, damals sehr wichtige Erkenntnis, daß der

Kraftschluß (→ Kraftschlußbeiwert) zwischen »glatten eisernen Rädern und Schienen« (bei üblichen Steigungsverhältnissen) für die Zugförderung ausreicht.
Der schmiedeeiserne → Flammrohrkessel der »Puffing Billy« besaß ein umkehrendes → Flammrohr, wodurch der Schornstein, in den auch schon der Abdampf geleitet wurde, über der Feuertür und somit am hinteren Kessel- bzw. Lokomotivende angeordnet war. Am vorderen Kesselende waren beidseitig je 1 stehender Dampfzylinder angebracht, deren Dampfkolben über oberhalb des Kessels angeordnete 1armige Balanciers (Schwinghebel) auf eine Blindwelle (Vorgelegewelle), die das Abtriebszahnrad und die bereits um 90° gegeneinander versetzten Kurbeln trug, wirkten. Über weitere Zahnräder wurde das Antriebsmoment auf die 2 → Treibradsätze (1) übertragen. Die »Puffing Billy« war bis 1862 in einem englischen Bergwerk bei Newcastle in Einsatz. Sie blieb im Originalzustand erhalten und befindet sich heute im Londoner South Kensington Museum. Lit.: 2.9., 2.16., 5.3. Abb.

Pulssteller, *Chopper, Gleichstromsteller:* moderne Steuerungsart (meist als Thyristor-P. ausgeführt) auf Gleichstrom-Tfz., die durch »Pulsung« der Netzspannung den Mittelwert der Motorspannung stufenlos und verlustarm einstellen kann. Der Stromfluß im Motorkreis wird während der spannungslosen Pausen über eine Freilaufdiode aufrechterhalten. Der P. arbeitet somit wie ein Schalter mit hoher Schaltfrequenz. Betriebsarten: a) *Pulsbreitensteuerung* (auf Tfz. bevorzugt) mit konstanter Pulsfrequenz bei veränderlichem Verhalten der Einschalt- zur Ausschaltdauer (Tastverhältnis); b) *Pulsfrequenzsteuerung* mit konstantem Tastverhältnis bei veränderlicher Pulsfrequenz und c) Kombination beider Steuerverfahren (wegen hohen Steueraufwands selten angewendet). Vorteile: a) Einsparung des Teils der Anfahrenergie, das bisher in den Anfahrwiderständen in Wärme umgewandelt wurde; b) Möglichkeit der → Netzbremse (durch Vertauschen der Pulsstellerschaltung mit der Freilaufdiode; Abb.); c) Energieeinsparung abhängig vom Fahrregime bis 50% gegenüber herkömmlichen widerstandsgesteuerten Fahrzeugen. Mögliche Nachteile: a) höhere Kosten; b) beim Betrieb von P. sind an der Fahrleitung große und schwere Pufferkondensatoren erforderlich (Netzfilter; → Filter (2)); c) mögliche → Beeinflussung von Signal- und Fernsprechanlagen. Lit.: 4.5. Abb.

»Puffing Billy« von William Hedley

Pulssteuerung: Steuerung von Gleichstrommotoren elektrischer Tfz. durch Zuführung von Spannungsimpulsen verschiedener Frequenz oder/und Zeitdauer (Impulsbreite), wodurch der Mittelwert der Spannung verändert wird. Moderne P. sind i.d.R. aus einer Kombination von → Thyristoren und Löschkreisen aufgebaut und ermöglichen durch Schaltungsänderung einen Strom in umgekehrter Richtung (→ Netzbremse). Bei Tfz. wurde die P. 1963 erstmals in einer Speicherlokomotive (Werklokomotive der Siemens-AG, Nürnberg) verwendet. Vielversprechende Anwendungsmöglichkeiten ergeben sich unter anderem für → Speichertriebfahrzeuge und Nahverkehrs-Tfz. → Pulssteller

Pumpenrad: leistungsaufnehmendes Bauteil des → Strömungswandlers, der → Strömungskupplung, der → Strömungsbremse oder einer Kreiselpumpe,

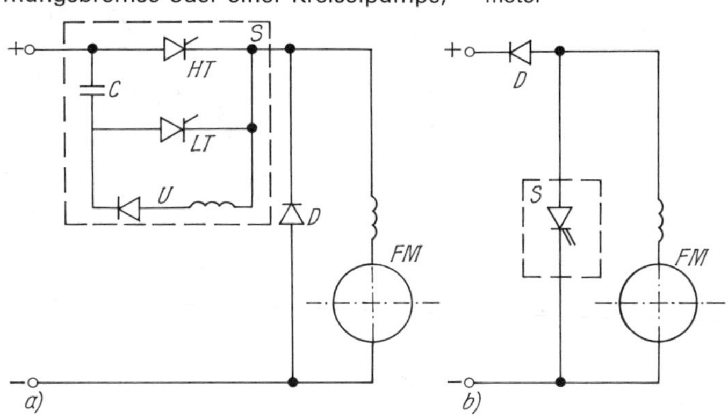

Pulssteller
a) Fahren, b) Bremsen
S Pulssteller, HT Hauptthyristor, LT Löschthyristor, C Löschkondensator, U Umschwingkreis, D Freilaufdiode, FM Fahrmotor

Pumpenrad eines Strömungswandlers

das die mechanische Leistung einer Antriebsmaschine oder eines mechanischen Antriebs als Strömungsenergie an die → Betriebsflüssigkeit überträgt. Das P. eines Strömungswandlers wird stets zentrifugal durchströmt und besteht aus Tragscheibe, einfach- oder doppeltgekrümmten Laufschaufeln und Deckscheibe (Abb.). Das P. einer Strömungskupplung besteht aus dem torusförmigen Radkörper mit radialen, geraden Schaufeln. In der Grundform ist im mittleren Schaufelteil ein abgetrennter, schaufelloser Kernraum vorhanden, der heute meist entfällt, da sich der → Flüssigkeitsring selbst stabilisiert. Das P. einer Strömungsbremse ist dem der Strömungskupplung ähnlich, jedoch meist 2flutig und kann schrägstehende Schaufeln besitzen. Das P. einer Kreiselpumpe ist dem des Strömungswandlers gleich oder kann als Flügelrad (→ Seitenkanalpumpe) ausgeführt sein. Die Leistungsaufnahme von P. folgt der → Propellerkurve. Abb.

Pumpensteuerung: Aggregat für die Ein- und Auslaßsteuerung des Dampfs in den Arbeitszylindern der Kolbenpumpen (→ Luftpumpe, → Speisewasserkolbenpumpe) von Dampflokomotiven. Bekannteste Bauarten der P. sind die Knorr-, Nielebock-Knorr- und Peterssteuerung. Lit.: 2.3., 2.12.

Pumpenumlaufkühlung: Kühlverfahren der → Flüssigkeitskühlung, bei dem der Umlauf des → Kühlmittels durch eine → Kühlwasserpumpe bewirkt wird. Die P. ist durch den Zwangsumlauf des Kühlmittels gegenüber der → Thermosyphonkühlung bedeutend leistungsfähiger und wird fast ausschl. bei Diesel-Tfz. angewandt. Wird die Kühlwassertemperatur wasserseitig geregelt, sind ein thermostatisch beeinflußtes Kurzschlußventil und eine Kurzschlußleitung in den Kreislauf eingebunden (Abb.), womit der Kühler teilweise oder vollständig umgangen wird und das Rückkühlen des Kühlwassers bei zu geringer Temperatur gemindert wird oder unterbleibt. Bei Diesel-Tfz. ist i.d.R. die luftseitige Regelung der Kühlwassertemperatur (→ Kühlerjalousie, → Kühlerlüfterantrieb) üblich. Abb.

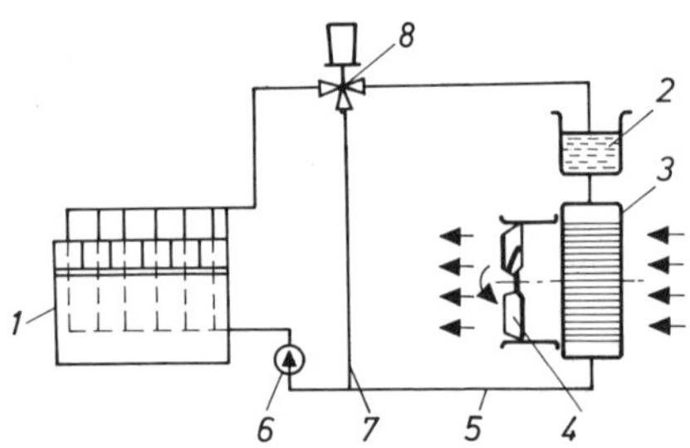

Pumpenumlaufkühlung mit Kurzschlußleitung
1 Dieselmotor, 2 Ausgleichbehälter, 3 Kühlelemente, 4 Lüfterrad, 5 Rohrleitung, 6 Kühlwasserpumpe, 7 Kurzschlußleitung, 8 thermostatisch betätigtes Kurzschlußventil

Pumpgrenze: Grenze des stabilen Arbeitsbereichs eines Kreiselverdichters. Jenseits der P. (in Richung kleiner Durchsatzmengen) arbeitet der Verdichter instabil – er pumpt. Das Pumpen ist ein unstetiger Förderprozeß, der sich durch periodische Druckschwankungen im geförderten Medium bemerkbar macht und durch Strömungsablösung von der Beschaufelung hervorgerufen wird. Das Pumpen kann zur Zerstörung des Verdichters führen. Deshalb werden Kreiselverdichter so ausgelegt, daß die P. im Betrieb nicht erreicht wird. Abb.

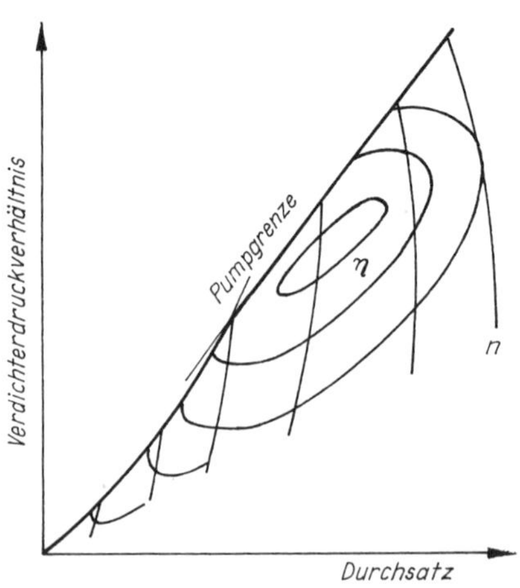

Pumpgrenze
Kennlinienfeld eines Verdichters
n Linien konstanter Drehzahl, η Linien konstanten Wirkungsgrads

punktförmige Zugbeeinflussung, Abk. **PZB:** Art der → Zugbeeinflussung, bei der die Informationsübertragung von der

Strecke zum Tfz. nur an bestimmten Punkten der Strecke, vielfach an den Standorten der Streckensignale, erfolgt. Die PZB wirkt nach dem → Arbeitsstromprinzip, d. h., Ausfälle der Streckeneinrichtungen werden auf dem Tfz. nicht bemerkt und sind erst durch Auswertung der bei einigen Arten der punktförmigen Zugbeeinflussung vorhandenen Registrierstreifen oder durch bes. Prüfung der Streckeneinrichtungen feststellbar. Arten: → mechanische Zugbeeinflussung, → elekromagnetische Zugbeeinflussung, → magnetische Zugbeeinflussung, → induktive Zugbeeinflussung, → radioaktive Zugbeeinflussung, → optische Zugbeeinflussung.

Pyramidenfeuerung: die Verbrennung der Kohle und die → Feuerführung unterstützende Maßnahme bei Dampflokomotiven, 1924 von Th. Langer erfunden. 6 Dampfstrahlen wurden in Form einer Pyramide teils mittig unter den → Feuerschirm, teils direkt auf die Mittelzone des Feuerbetts gerichtet. Sie sollten die Intensität der Verbrennung in Rostmitte mindern und eine stärkere → Feueranfachung entlang der Feuerbüchsseitenwände und -rückwand bewirken. Fast alle Lokomotiven der BBÖ wurden mit P. ausgerüstet, sie waren am Schornstein mit einem Messingring gekennzeichnet. Ab 1938 verschwand die P., da die gleiche Wirkung durch eine sachgemäße manuelle Feuerführung erreicht wurde. Lit.: 2.6., 5.3.

PZB: Abk. für → **p**unktförmige **Z**ug**b**eeinflussung.

Q

Qualm: bei der → unvollständigen Verbrennung im → Dampflokomotivkessel das → Rauchgas dunkel färbende unverbrannte Teerdämpfe. I.d.R. scheidet sich beim sog. Qualmen auch Kohlenstoff in fester Form als *Ruß* aus, der sich an den Heiz- und Rauchrohr- sowie Rauchkammer- und Schornstein-Innenflächen niederschlägt. Neben der starken Verunreinigung mindert er den Wärmedurchgang und somit den → Kesselwirkungsgrad. Lit.: 2.3., 2.12.

Qualitätsregelung: Leistungsregelung für Dieselmotoren. Bei der Q. wird der in den Zylinder geförderte Kraftstoff mit der Regelstange der → Einspritzpumpe variiert, wodurch sich bei konstanter Frischluftzufuhr die Zusammensetzung des Kraftstoff-Luft-Gemischs ändert. Bei Vergrößerung des Luftverhältnisses λ wird eine *qualitative Abmagerung* der Gemischzusammensetzung erreicht, die dem Prozeß zugeführte Wärmemenge wird kleiner, und die Wirtschaftlichkeit des Dieselmotors bleibt bis weit in den Teilleistungsbereich erhalten.

Quantitätsregelung: Leistungsregelung bei Ottomotoren (Drossel- oder Füllungsregelung). Bei der Q. werden durch Veränderung der Drosselklappe im Vergaser der Liefergrad und somit die Füllung des Zylinders mit dem Kraftstoff-Luft-Gemisch verändert. Die Gemischzusammensetzung bleibt in allen Drosselklappenstellungen nahezu gleich, so daß ein wirtschaftlicher Betrieb des Motors im Teilleistungsbereich kaum erfüllt wird.

Queranker: Bauteil des → Dampflokomotivkessels zum Schutz gegen ein seitliches Aufbiegen des → Stehkessels. Die oberhalb der → Feuerbüchse in den Stehkessel eingebrachten Q. aus 40–45 mm Rundstahl sind in 1 oder 2 Reihen angeordnet und i.d.R. in außen auf den Stehkesselmantel genietete oder geschweißte → Untersätze eingeschraubt. Bei neueren Kesselkonstruktionen sind sie in die Untersätze eingeschweißt. Lit.: 2.3., 2.12.

Querausgleichhebel: → Federausgleichhebel

Querkupplung, *Diagonalkupplung:* mechanische Einrichtung zur kraftschlüssigen Kopplung der Drehgestelle von elektrischen Lokomotiven, wobei alle Relativbewegungen der Drehgestelle zueinander möglich sind. Die gegenseitige Beeinflussung der beiden Drehgestelle durch eine Querkräfte übertragende Kupplung verringert bei Fahrt durch einen Gleisbogen den Anlaufwinkel, die Richtkräfte der führenden Radsätze und den Verschleiß an den Radlaufflächen und den Spurkränzen. Lit.: 4.5., 4.12. Abb. S. 450

Querspiel: in Fahrzeugquerrichtung vor-

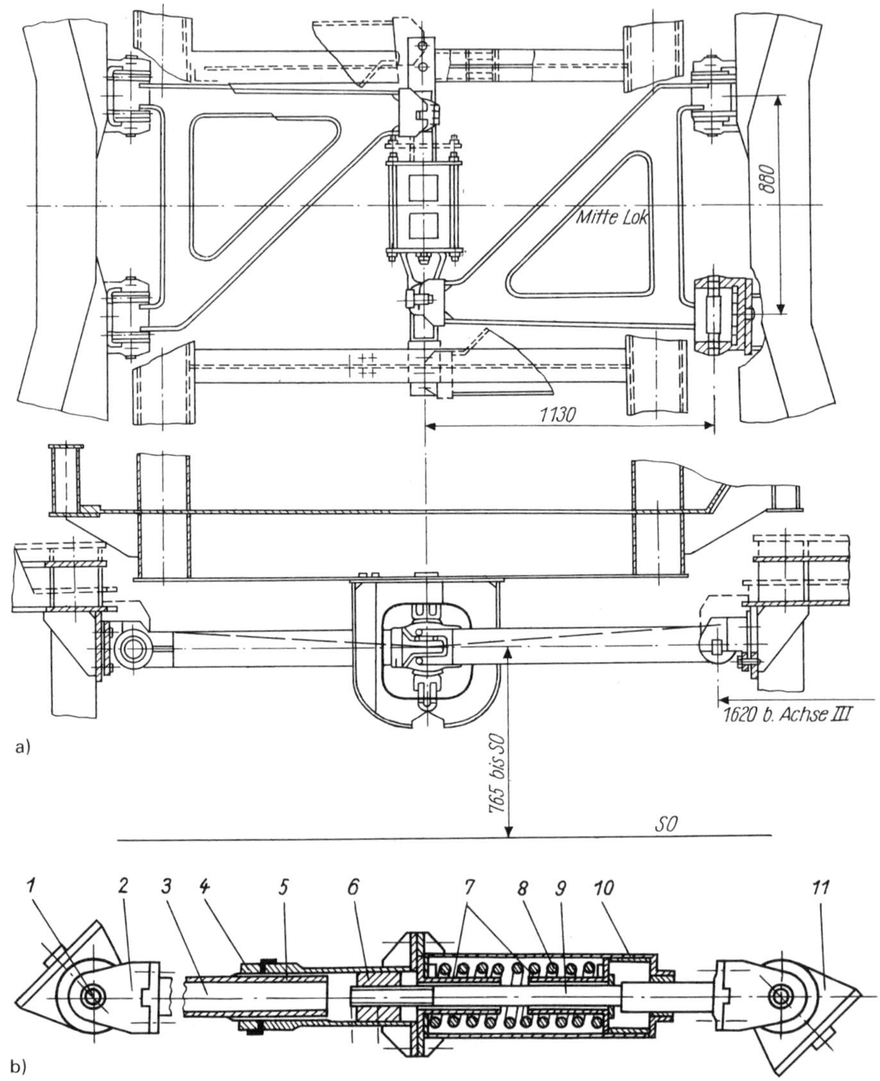

Querkupplung
a) der Drehgestelle der Ellok der BR 155 der DB/DR
b) der Drehgestelle der Ellok der BR 142 der DB/DR
1 Gelenk, 2 Schenkel, 3 Strebe, 4 Mutter, 5 Flansch mit Gewindehülse, 6 Kulisse, 7 Federteller, 8 Druckfeder, 9 Stößel, 10 Federtopf, 11 Lager am Drehgestell

handene Bewegungsfreiheit des Tfz. Zum Q. zählen das *Radsatzlager-Q.* und das *in der horizontalen Fahrzeugabfederung* auftretende Q. (z.B. Wiegen-Q.). Das Q. hat einerseits Einfluß auf die Breiteneinschränkung (→ Begrenzung der Fahrzeuge) und ist dadurch begrenzt. Für gute horizontale → Laufeigenschaften der Fahrzeuge ist andererseits ein ausreichendes Q. in der Querfederung erforderlich.

Querstromspülung: Spülverfahren für → Zweitaktmotoren. Durch zur Zylinderachse schräg angeordnete Einlaßkanäle wird die Frischladung im Zylinder in Richtung Zylinderkopf gelenkt, dort umgekehrt und zum gegenüberliegenden Auslaßkanal mit den davor anstehenden Abgasen gedrückt. Die Q. hat einen einfachen konstruktiven Aufbau, jedoch geringen Spüleffekt.

Querträger: → Rahmen

Rad: starr oder drehbar auf einer Welle oder Achse befestigtes kreisförmiges Maschinenelement zur Übertragung von Drehmomenten oder Kräften bei drehender Bewegung. Das Eisenbahn-R. ist eine der vielfältigen Ausführungsformen des R., die das Fahren des Eisenbahnfahrzeugs auf dem Gleis ermöglicht. Bauarten des Eisenbahn-R.: bereiftes R., → Vollrad (Monobloc-R.), → Speichenrad, Leichtbau-R., gummigefedertes R. und luftbereiftes R. sowie → Losrad.

Eisenbahn-R. sind durch den Spurkranz gekennzeichnet und paarweise i.d.R. durch eine kraftschlüssige Verbindung mit der Radsatzwelle zu einem Radsatz vereinigt. Tfz. sind in der Mehrzahl mit bereiften R. versehen.

Beim *bereiften R.* besteht das R. aus einem R.körper oder einem Speichenstern (Speichen-R.), auf den ein R.reifen warm aufgezogen wird (Abb.). Dazu werden die R.reifen auf eine Temperatur von 200–260 °C erwärmt. Unmittelbar nach dem Aufschrumpfen des R.reifens wird in eine vorgesehene Nut im R.reifen ein Sprengring eingesetzt und mit einer Sprengringeinwalzmaschine fest eingewalzt. Der Sprengring sichert neben der kraftschlüssigen Schrumpfverbindung den R.reifen noch zusätzlich formschlüssig auf dem R.körper.

Leichtbau-R. sind außer mit der üblichen radialen auch noch zusätzlich mit einer axialen Wellung versehen, um bei dünnerer Scheibenblattdicke eine ausreichende Festigkeit zu erhalten. Leichtbau-R. vermindern die unabgefederte Masse eines Eisenbahnfahrzeugs.

Werkstoffe: Bei Voll-R. haben sich unlegierte Stähle mit niedrigem Kohlenstoffgehalt bei einer Bruchfestigkeit von 600–900 MPa bewährt. R.körper bereifter R. werden aus Stahl mit einer Bruchfestigkeit von 380–500 MPa hergestellt. R.reifen sollen hart, verschleißfest und rißunempfindlich sein. Die Bruchfestigkeit des hier eingesetzten Stahls beträgt 600–850 MPa. Lit.: 1.7. Abb.

Radabstand: → Radsatz

Radanpassungsdose: elektrisch abstimmbares Bauelement für die Geschwindigkeitsgeber (→ Fahrgeschwindigkeitsmesser, Tachogenerator) zum Abgleichen der Raddurchmesser der Tfz.

Radbewegungsform: → Schleudern des Radsatzes, → Schlupf (1)

Radbremse: Bremse, bei der die → Bremswirkung über den Kraftschluß Rad/Schiene erzeugt wird. Hierbei darf die → Bremskraft am Radumfang nicht größer als die zur Verfügung stehende Kraftschlußkraft (Produkt aus → Kraftschlußbeiwert und → Radkraft) sein. Andernfalls kommt es zum Blockieren der Räder (→ Gleiten der Räder). Zu den R. zählen → Klotzbremsen, → Scheibenbremsen, → Trommelbremsen und → Triebwerksbremsen.

Raddruck: → Radkraft

Raddurchmesser: Durchmesser des → Rades im Bereich der → Lauffläche. Der R. ist ein wichtiges Maß am Eisenbahnrad, das u.a. von folgenden *Einflußgrößen* abhängt: zul. Flächenpressung in der Berührungsfläche zwischen Rad und

R

Rad
a) bereiftes Eisenbahnrad 1 Radreifen, 2 Sprengring, 3 Felge, 4 Scheibenblatt, 5 Radnabe (3 bis 5 Bestandteile des Radkörpers)
b) gummigefedertes Rad 1 Radkranz, 2 Gummiringe, 3 Blechscheiben, 4 Radscheiben, 5 Radnabe, 6 Sechskantmutter

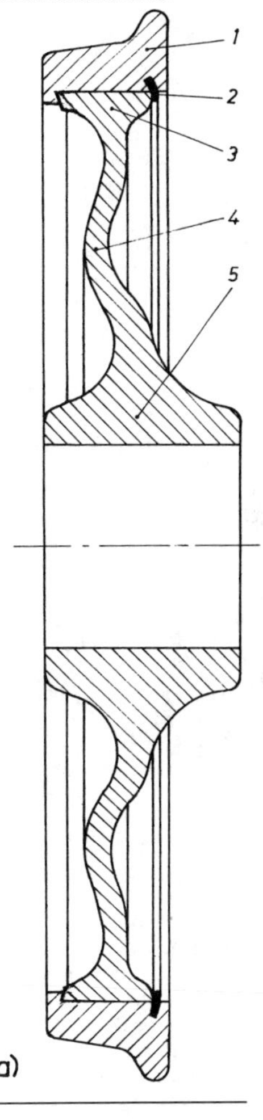

a)

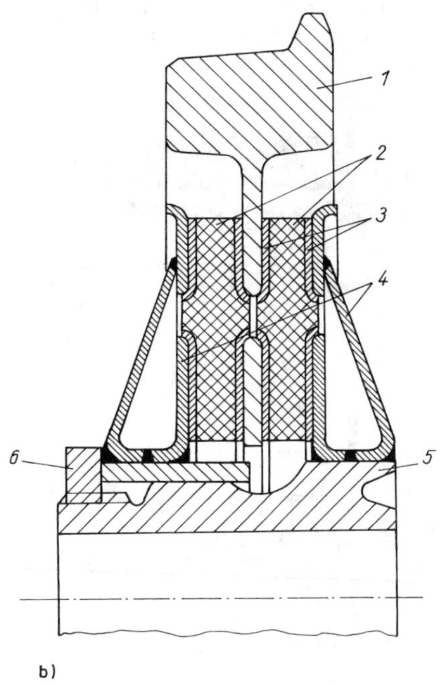

b)

Schiene, Höchstgeschwindigkeit, Auslegung des Radsatzlagers, → Laufsicherheit, Fußbodenhöhe bei Triebwagen. Bei angetriebenen Radsätzen kommen weitere Einflüsse wie zul. Kolbengeschwindigkeit bei Dampflokomotiven und der vorhandene Einbauraum der Antriebe bei elektrischen und Diesel-Tfz., hinzu. Der R. des durch den jeweiligen Aufstandspunkt zwischen Rad und Schiene gelegten Kreises wird als *Laufkreisdurchmesser* bezeichnet.

Raderde: Einrichtung zur Führung des → Triebrückstroms und des Fehlerstroms bei elektrischen Schienenfahrzeugen (verschiedene gekapselte Ausführungen, vorwiegend in direkter Verbindung mit dem Radsatzlager). Die R. bewahrt die Radsatzlager vor Schäden infolge des Stromdurchgangs (z.B. Riffelbildung bei Wälzlagern). Die mit der Fahrzeugrückleitung verbundenen Erdungsbürsten werden isoliert, die mit dem Fahrzeugkörper verbundenen nicht isoliert ausgeführt. Bei der ursprünglichen Ausführung der R. schleift eine Erdungsbürste direkt auf der Radbandage, bei späteren Konstruktionen auf am Radsatz angeordneten Schleifscheiben oder Schleifringen.

Radialachse: → Radsatz, der sich radial zur Krümmung des Gleisbogens einstellen kann. Dazu sind spezielle Radsatzführungen im Laufwerk erforderlich. R. sollen den Anlaufwinkel zwischen Rad und Schiene verkleinern, damit in Gleisbögen den → Radreifenverschleiß verringern und die Laufsicherheit erhöhen. Bei Dampflokomotiven wurden z.B. die → Adams-Achse als Lauf- oder Schleppradsatz, der → Klien-Lindner-Radsatz und der → Luttermöller-Radsatz angewandt. Lit.: 2.9. Abb.

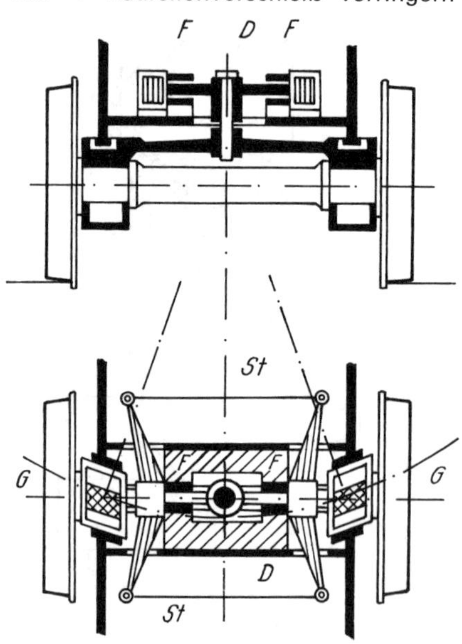

Radialachse
Adamsachse
F am Hauptrahmen befestigte Führungen, D verschiebbares Druckstück, St Zugstange, G Gleitpfanne

Radialbeschleunigung: momentane → Beschleunigung auf gekrümmter Bahn in radialer Richtung. Für die R. gilt:

$$a_R = (dv_R/dt) - (v_T^2/r)$$

(v_R Radialgeschwindigkeit; v_T Tangential- oder Fahrgeschwindigkeit, r Bahnradius; t Zeit).

Die R. entsteht auf der Kreisbahn (r = konstant und v_R oder $dv_R/dt = 0$) durch die kontinuierliche Richtungsänderung des Vektors der Tangentialgeschwindigkeit v_T, auf der gekrümmten Bahn mit veränderlichem Radius $r(t)$, außerdem durch die Zu- oder Abnahme der Radialgeschwindigkeit v_R (bei $dv_R/dt \neq 0$; $dv_R/dt > 0$ für Radiuszunahme und $dv_R/dt < 0$ für Radiusabnahme). Am Schienenfahrzeug wird die R. bei der Bogenfahrt wirksam, wobei man z.B. für den Kreisbogen 0,65 m/s², im Ausnahmefall 0,85 m/s², und bei der SNCF 0,98 m/s² zuläßt. Im Übergangsbogen wird außerdem der Quotient dv_R/dt wirksam, der bei Bogeneinfahrt kurzzeitig die R. um etwa 10% vergrößern kann. Unregelmäßigkeiten in der Bogengeometrie können kurzzeitige Spitzenwerte des Quotienten dv_R/dt bewirken. Das Produkt von R. und Fahrzeugmasse ergibt die Radial- oder Fliehkraft. Die R. ist bei der Tfz.-Konstruktion und bei der Bestimmung der Entgleisungssicherheit zu beachten.

Radialdichtring: schleifende Dichtung an Wellen oder längsbewegten Drehteilen zum Abdichten gegen Austritt von Öl oder Druckluft. Es werden Innenlippen-, Außenlippenringe, Manschetten, Nutringe und → Wellendichtringe unterschieden.

radialgeblechter Transformator: → Transformator, bei dem der Kern aus einer runden radialgeblechten Mittelsäule besteht, an die sternförmig mehrere parallelgeblechte Rückschlußjoche angepreßt werden. Vorteile: geringe Jochhöhe, kleinere Masse, kürzere Wege für den Magnetfluß; wegen des Kreiselquerschnitts höhere Festigkeit für die Spulen und den Ölbehälter; gute Kühlverhältnisse, da das Öl durch den Hohlraum der Kernsäule und durch die Spalten zwischen den Wicklungszylindern senkrecht aufsteigen kann. R.T. werden in einigen Wechselstrom-Tfz. als → Haupttransformatoren eingesetzt. Abb.

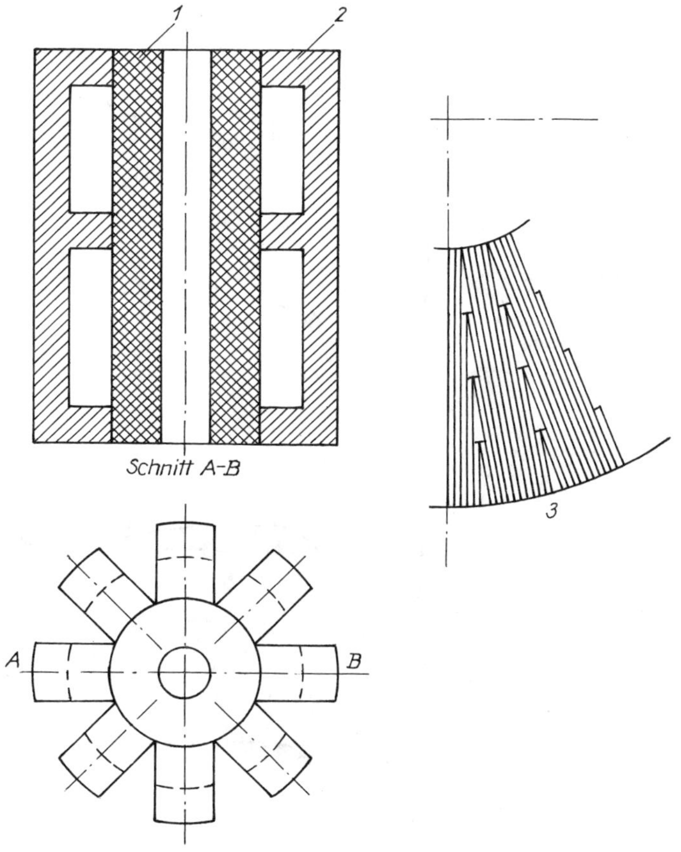

radialgeblechter Transformator
Transformator mit radialgeblechter Kernsäule (Schema)
1 radialgeblechte Mittelsäule, 2 angesetzte Schenkel, 3 Ausschnitt aus der Mittelsäule

Radialkolbengetriebe: → hydrostatisches Getriebe, das zur Leistungsübertragung in Brennkraft-Tfz. dient und aus der Radialkolbenpumpe und dem analog aufgebauten Radialkolbenmotor besteht, deren Zylinder radial in einem Kolbenträger angeordnet sind. Die Kolben werden durch ein exzentrisch veränderliches Gehäuse auf- und abwärts bewegt, wobei die Zylinder fortlaufend durch einen feststehenden Steuerzapfen von der Saug- auf die Druckseite umgestellt werden. R. wurden zu Beginn der Entwicklung bei Diesellokomotiven kleiner Leistung angewandt; sie wurden durch das → Axialkolbengetriebe vollständig verdrängt. Abb.

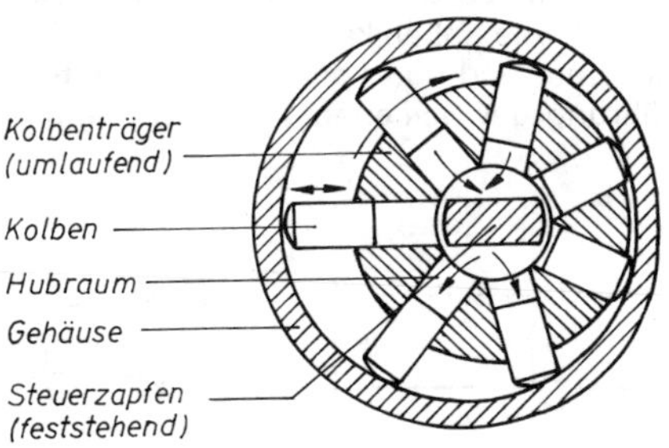

Radialkolbengetriebe
Prinzip einer Radialkolbenpumpe

Radialkugellager: → Wälzlager

Radialverdichter: Bauform des Kreiselverdichters (→ Verdichter), bei der das geförderte Medium aus dem → Laufrad in radialer Richtung austritt. R. eignen sich für kleine Durchsatzmengen besser als Axialverdichter. Da. R. ein größeres Stufendruckverhältnis als Axialverdichter haben, werden sie i.d.R. nur 1- oder 2stufig ausgeführt. R. werden z.B. in → Abgasturboladern und → Gasturbinen kleiner Leistung verwendet.

radioaktive Zugbeeinflussung: → punktförmige Zugbeeinflussung mit Informationsübertragung durch radioaktive Strahlung. Die *Streckeneinrichtung* besteht aus einem abhängig von der Signalstellung verstellbaren oder verschließbaren Container mit einem radioaktiven Präparat. Als *Empfangseinrichtung* auf dem Tfz. benutzt man eine Sonde (Zählrohr) mit Auswerteeinrichtung. Nachteile: geringes Informationsvolumen, erforderliche Sicherheitsmaßnahmen für den Umgang mit radioaktiven Präparaten, die neben der Tatsache, daß die r.Z. gegenüber anderen Zugbeeinflussungsarten keine funktionellen Vorteile aufweist, Ursache dafür sind, daß sie praktisch nicht eingesetzt wurde.

Radkörper: → Rad

Radkraft: senkrecht vom Rad auf die Schiene übertragene anteilige Gewichtskraft des Fahrzeugs. Es wird zwischen statischer und dynamischer R. unterschieden. Die *statische R.* tritt bei stillstehendem Fahrzeug auf, die *dynamische R.* bei Fahrzeugbewegung. Der Höchstwert der statischen R. wird durch die zul. → Achsfahrmasse der Bahnverwaltung festgelegt; mit der doppelten statischen R. ergibt sich die *statische Radsatzkraft* als die senkrecht vom Radsatz auf die Schienen übertragene anteilige Gewichtskraft des Fahrzeugs. Große Radkraftverminderungen in Gleisverwindungen oder infolge → Fahrzeugschwingungen verringern die → Laufsicherheit.

Für R. wird gelegentlich auch noch die unexakte Bezeichnung *Raddruck* verwendet.

Radnabe: → Rad

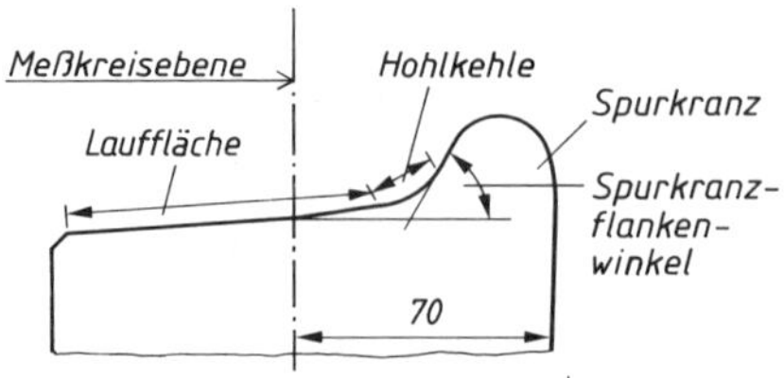

Radprofil

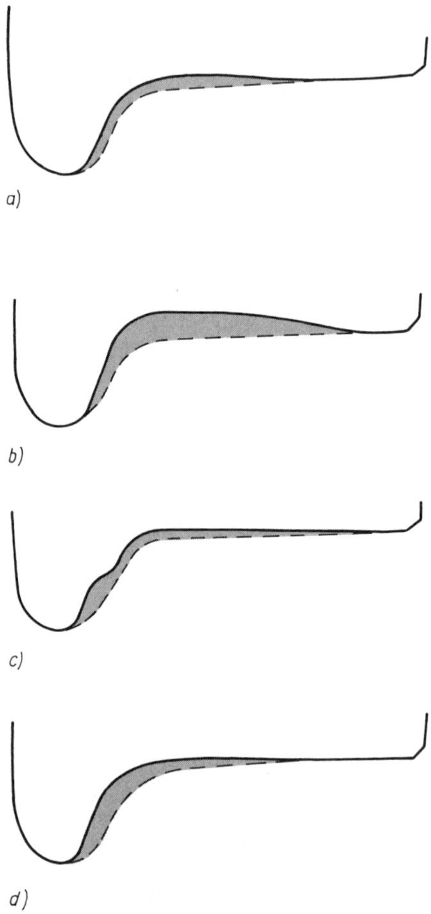

Radreifenverschleiß
a) normaler Radreifenverschleiß, b) doppelter Spurkranz, c) falscher Spurkranz, d) scharfgelaufener Spurkranz

Radprofil, *Radreifenprofil:* äußerste Kontur des Rades, die unmittelbaren Kontakt zur Schiene haben kann. Das R. dient zur sicheren und fahrkomfortmäßig guten Führung der Schienenfahrzeuge. Hauptteile des R. sind Lauffläche und Spurkranz. Die Gestaltung der Lauffläche und des Spurkranzes hat Auswirkungen auf den Fahrzeuglauf bzw. auf den Verschleiß an Rad und Schiene. Die Tendenz geht deshalb dahin, R. anzuwenden, die neben einer sicheren Führung auch einen geringen Verschleiß zwischen Rad und Schiene ergeben. Diese R. sind gekennzeichnet durch einen korbförmigen Übergang der mit einer Neigung von ungefähr 1:6 versehenen Lauffläche in die Hohlkehle und einen Spurkranzflankenwinkel von 70°. Lit.: 1.9. Abb.

Radreifen: → Rad

Radreifennäßeinrichtung: Baugruppe der → Näßeinrichtung von auf kurvenreichen Strecken eingesetzten Dampflokomotiven, die die Spurkränze der führenden Radsätze vor zu großem Verschleiß schützen soll. Die R. befindet sich an der Stehkesselrückwand. Sie besteht aus einer kleinen → Dampfstrahlpumpe mit bes. Absperrventil, die Wasser aus der Saugleitung der → Speiseeinrichtung oder einem Wasserkasten ansaugt und zu Spritzdüsen über den Radreifen der führenden Radsätze (bei → Tenderlokomotiven in beiden Fahrtrichtungen) fördert. Lit.: 2.12.

Radreifenprofil: → Radprofil

Radreifenverschleiß: Verschleißerscheinung am → Radprofil eines Eisenbahnrads infolge der Materialabtragung durch die zwangsläufigen Gleiterscheinungen zwischen Rad und Schiene. Der

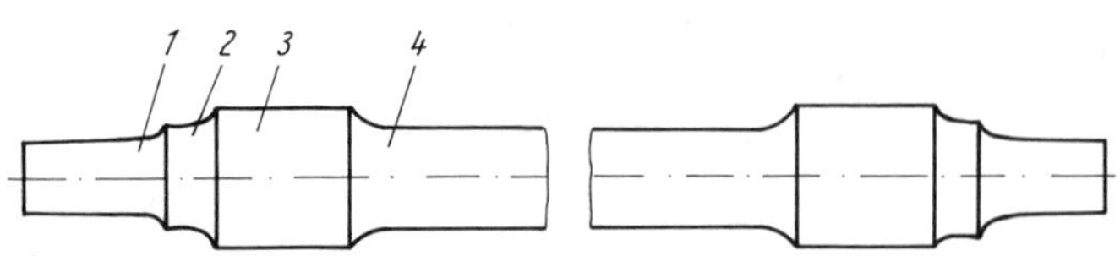

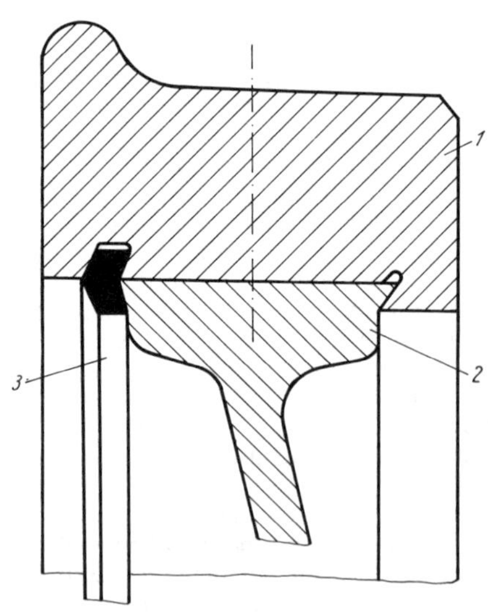

Radsatz
a) Radsatzwelle
1 Radsatzschenkel, 2 Notschenkel, 3 Nabensitz, 4 Wellenschaft
b) bereiftes Rad (Ausschnitt)
1 Radreifen, 2 Felge, 3 Sprengring

R. läßt sich in Laufflächen- und Spurkranzverschleiß unterteilen. *Spurkranzverschleiß* tritt verstärkt bei kurvenreichen Strecken durch die → Spurkranzführung und bei nicht parallel zueinander eingebauten Radsätzen auf. Durch Einführung neuer Radprofile soll dem R. entgegengewirkt werden. Bes. Formen des R. sind der »doppelte Spurkranz«, der »falsche Spurkranz« und der »scharfe Spurkranz«. Abb.

Radsatz: Trag-, Führungs- und Antriebselement der Schienenfahrzeuge. Der R. besteht aus der R.welle (Abb.) und 2 kraftschlüssig auf ihr angebrachten → Rädern. Der Radabstand beider Räder beträgt bei → Normalspur 1360 mm. Die Räder werden überwiegend kalt auf die R.welle aufgepreßt. Um den notwendigen Preßsitz zu erzielen, der ein seitliches Verschieben der Räder ausschließt und eine Drehmomentübertragung ermöglicht, erhält die Nabenbohrung des Rades gegenüber dem Nabensitz der R.welle ein Untermaß oder der Nebensitz gegenüber der Nabenbohrung ein Übermaß. Diese Maße und die Preßendkräfte sind bei den Eisenbahnen vorgeschrieben.
Die Räder sind mit → Radprofilen versehen, die die Führung der Radsätze im Gleis bewirken. Dieser Grundaufbau gilt sowohl für Tfz- als auch für Wagen-R.
Der Aufbau des R. bewirkt bei seitlicher Verschiebung im Gleis einen Wellenlauf (Sinuslauf), der eine Störbewegung für das Fahrzeug ist und die Laufeigenschaften negativ beeinflußt. Andererseits verhindert er ein ständiges Anlaufen ein und desselben Spurkranzes an die Schiene und verhindert weitgehend 1seitigen Spurkranzverschleiß. → Treibradsatz. Lit.: 1.7., 1.9. Abb.

Radsatzabstand: Abstand 2er bestimmter → Radsätze in Eisenbahnfahrzeugen, der bes. aus Gründen der → Laufsicherheit in vorgeschriebenen Grenzen liegen muß. Der als *fester R.* bezeichnete Abstand der beiden äußersten seitenfest und parallel in einem gemeinsamen Rahmen gelagerten Radsätze darf z.B. bei normalspurigen Tfz. 2500 mm (außer bei Drehgestellen) nicht unter- und 4500 mm nicht überschreiten. Bei größeren R. müssen die Radsätze derart gelagert sein, daß Tfz. Gleisbögen mit Radien von 180 m durchfahren können.

Radsatzantrieb: → Achsantrieb

Radsatzentlastung: → Achsentlastung

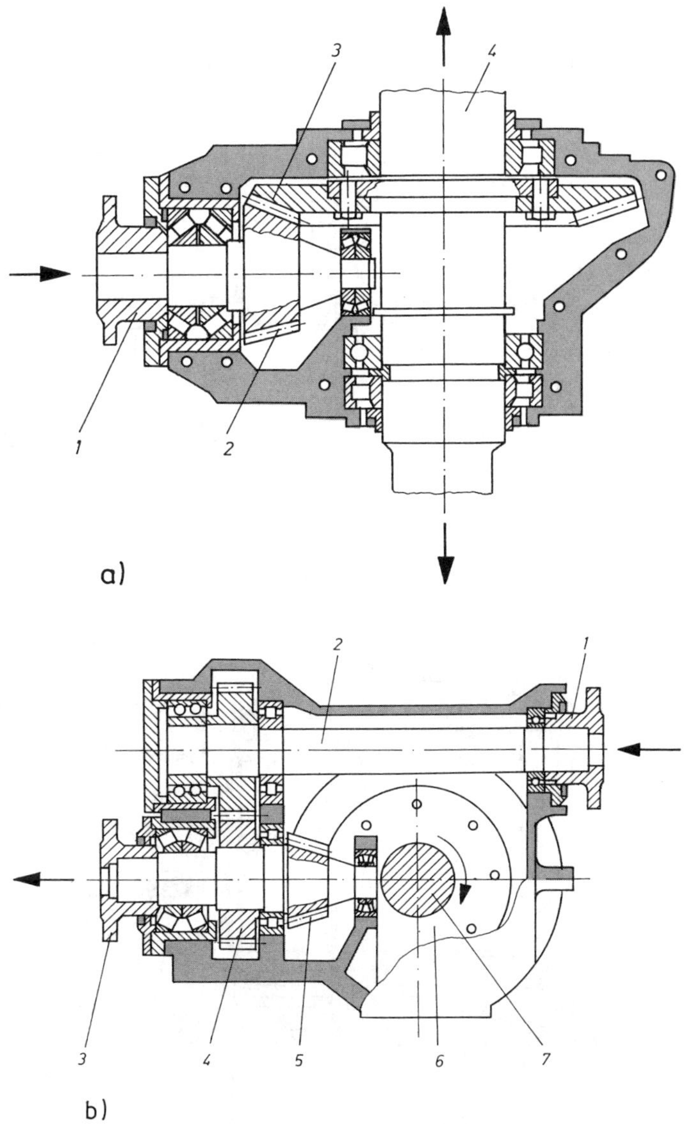

Radsatzgetriebe
a) ohne Vorgelege
1 Antriebsflansch, 2 Ritzel, 3 Tellerrad, 4 Treibradsatzwelle,
b) mit Vorgelege
1 Antriebsflansch, 2 Vorgelegewelle, 3 Abtriebsflansch für zweites Radsatzgetriebe, 4 Stirnradtrieb, 5 Ritzel, 6 Tellerrad, 7 Treibradsatzwelle

Radsatzgetriebe: → Kegelradgetriebe als Teil der Leistungsübertragungsanlage von Diesel-Tfz., das auf der Treibradsatzwelle angeordnet ist und zur Weiterleitung des Drehmoments zum → Treibradsatz sowie zur Änderung der Drehmomentrichtung um 90° dient. Die Kegelradstufe des R. wird oft zur Erhöhung der Gesamtübersetzung durch vor- und/oder nachgeschaltete Stirnradstufen ergänzt. Zur Aufnahme des Reaktionsmoments am Gehäuse dient die → Drehmomentstütze (1). Beim Antrieb weiterer Radsätze über ein R. ist ein Vorgelege (→ Zahn-

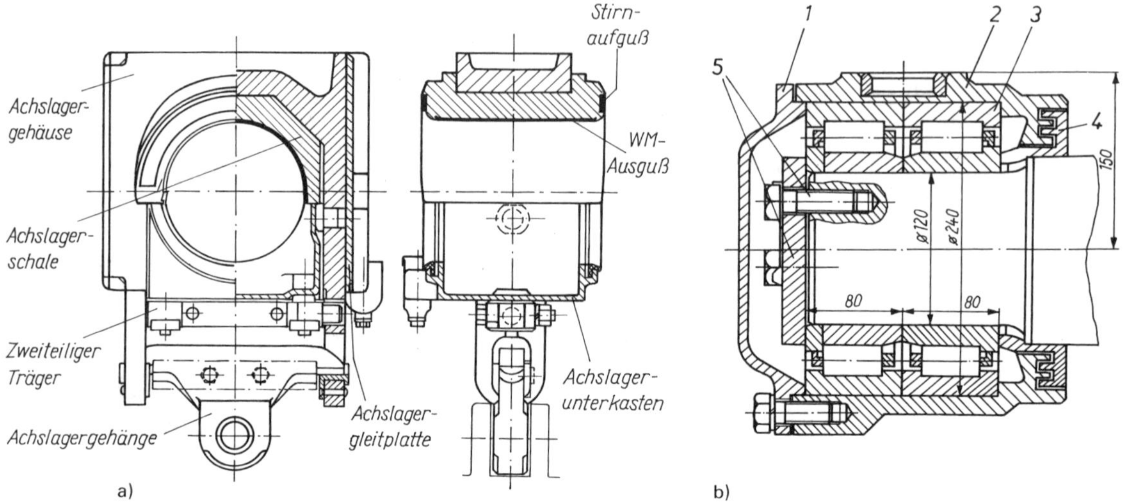

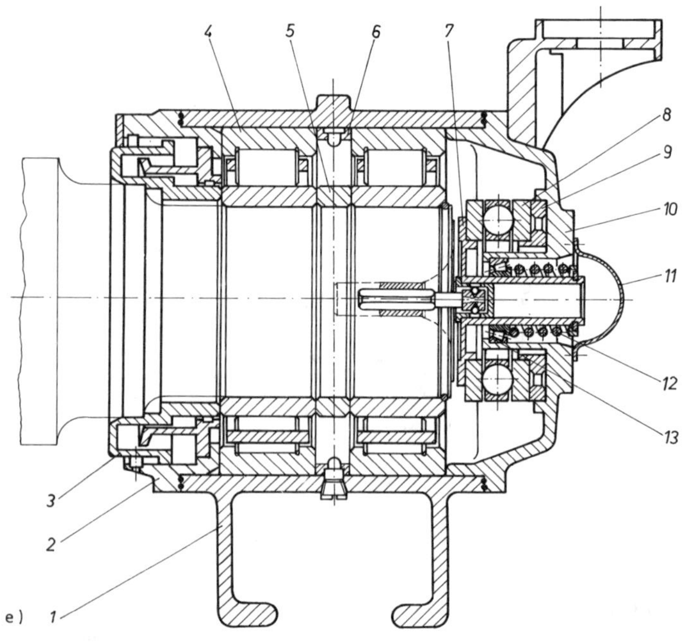

Radsatzlager
a) mit unterer Abfederung
b) Zylinderrollenlager
1 Lagerdeckel, 2 Radsatzlagergehäuse, 3 Wälzlager, 4 Labyrinthring, 5 Befestigung und Sicherung
c) Pendelrollenlager
d) Kegelrollenlager
e) axialelastisches Radsatzlager

radvorgelege) erforderlich (Kombination von R. und → Verteilergetriebe). Sonderbauart des R.: → Radsatzwendegetriebe. Abb.

Radsatzgewichtskraft: i.d.R. die doppelte → Radkraft. → Achsfahrmasse

Radsatzhohlwelle: → Hohlwelle

Radsatzkraft: → Achsfahrmasse, → Radkraft

Radsatzkurzschlußwiderstand: → Radsatznebenschlußwiderstand

Radsatzlager, *Achslager:* Maschinenelement von Schienenfahrzeugen zur Lagerung des → Radsatzes am Fahrzeug. Das R. umschließt ggf. nur teilweise den Radsatzschenkel. An das R. werden folgende *Forderungen* gestellt: hohe Betriebssicherheit, niedrige Reibwiderstandskraft, lange Grenznutzungsdauer, geringer Wartungsaufwand, einfache Montage. Das R. hat statische und dynamische Kräfte in vertikaler und horizontaler Richtung aufzunehmen. *Statische Kräfte* sind die anteiligen Fahrzeuggewichtskräfte und Radsatzquerkräfte, die beim → Bogenlauf der Schienenfahrzeuge auftreten. Die *dynamischen Kräfte* ergeben sich aus dem Überfahren von Gleisunebenheiten, Rangierstößen sowie dem Anfahren und Bremsen; sie sind den statischen Kräften überlagert. Bauteile: Radsatzlagergehäuse (Achslagergehäuse), Lagerdeckel, → Gleitlager oder → Wälzlager, Teile zur Abdichtung (z.B. Labyrinthring und Filzdichtung), Befestigung und Sicherung.
Die früher verwendeten *Gleitlager* (Gleitachslager) sind von den Wälzlagern abgelöst worden, weil diese hinsichtlich Zuverlässigkeit im Betrieb (→ Heißläufer), der Reibwiderstandskraft und des Wartungsaufwands Vorteile gegenüber dem Gleitlager besitzen. *Wälzlager* finden bei Eisenbahnfahrzeugen als Zylinderrollen-, Pendelrollen- (Tonnenachslager) und Kegelrollenlager Anwendung. *Zylinderrollenlager* sind im UIC-Bereich international für Eisenbahnwagen stan-

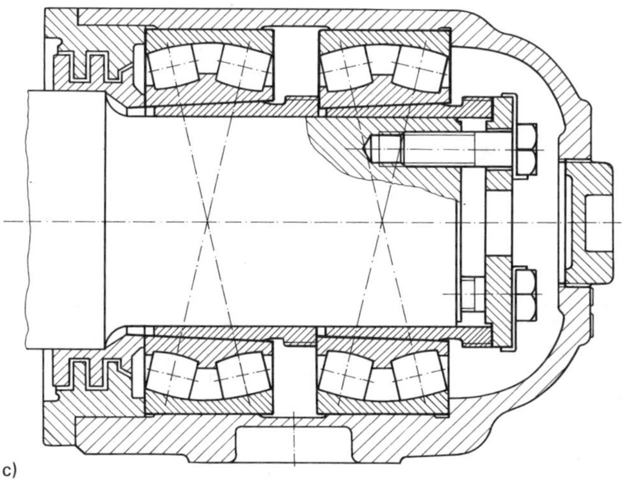
c)

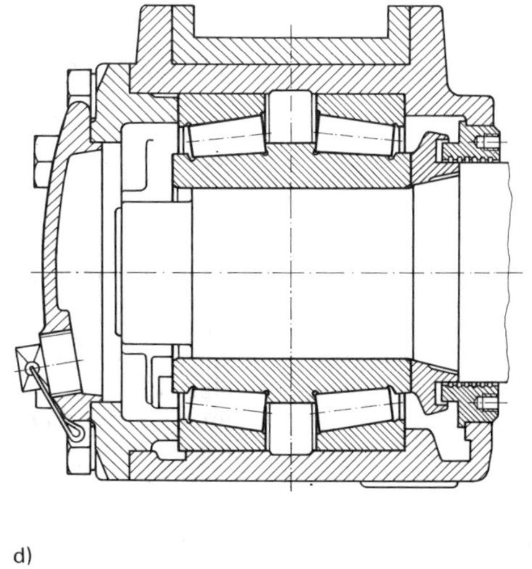
d)

dardisiert. Die Innenringe der Wälzlager werden auf den Radsatzschenkel aufgeschrumpft. Das Lager wird durch einen Bordring, der sich an den äußeren Innenring anlegt, und eine Druckscheibe verschlossen. Damit ist die Montage der Lager einfach. Zylinderrollenlager sind i.d.R. in Doppelanordnung anzutreffen. Eine Aufnahme von Axialkräften ist kurzzeitig möglich. *Pendelrollenlager* ermöglichen bei Einfachanordnung eine Winkelstellung der Radsatzwelle zum Lager. Bei Doppelanordnung besteht diese Möglichkeit nicht mehr. Pendelrollenlager in Doppelanordnung sind mit Abziehhülsen auf dem Radsatzschenkel befestigt und durch Druckscheiben gesichert. Ein Aufschrumpfen des Lagers ist ebenfalls möglich. Pendelrollenlager sind überwiegend bei älteren Tfz. anzutreffen. *Kegelrollenlager* in Doppelanordnung werden vor allem bei R. von Güterwagen in den USA angewandt. *Axialelastische R.* werden zur Minderung stoßartig auftretender Axialkräfte eingesetzt. Sie haben eine axiale Federung zwischen dem Lagergehäuse und der Radsatzführung oder im R. selbst, womit eine Verringerung der axialen Kraftspitzen von bis zu 40% möglich ist. Axialelastische Lager werden wegen der größeren Axialkräfte überwiegend bei Tfz. angewandt. Lit.: 1.7., 1.9., 4.5., 4.12. Abb.

Radsatzlagerführung: Baugruppe von Schienenfahrzeugen zur funktionssicheren Führung der → Radsätze gegenüber dem gefederten Fahrzeugteil (Drehgestellrahmen oder Fahrzeugkasten). Die konstruktive Ausbildung der R. beeinflußt die → Laufeigenschaften des Fahrzeugs, den Verschleiß an Rad und Schiene (→ Radreifenverschleiß) sowie die Beanspruchung der Laufwerkteile. A u f g a b e n der R.: genaue Führung der Radsätze (Parallelität der Radsätze zueinander, Rechtwinkligkeit und Mittigkeit zur Fahrzeuglängsachse), Übertragung der Horizontalkräfte, Gewährleistung vertikaler Einfederung. Moderne → Drehgestell-Brückenfahrzeuge besitzen R. durch Lenker (z.B. Federblattlenker, Hebellenker, Winkellenker, → Lemniskatenlenker). Bei Tfz.-Drehgestellen werden als R. überwiegend Lemniskatenlenker eingesetzt. Lit.: 1.7., 1.9., 3.18., 4.5., 4.12. Abb.

Radsatzmotor: früher als *Achsmotor* bezeichneter → Fahrmotor, der zwischen den Rädern des → Treibradsatzes (2) als Quermotor konzentrisch zur Achse der

1 Radsatzlagergehäuse, 2 innerer Lagerdeckel, 3 Labyrinthring, 4 Zylinderrollenlager, 5 innerer Distanzring, 6 äußerer Distanzring, 7 Druckstück, 8 Axialrillenkugellager, 9 Führungsring, 10 äußerer Lagerdeckel, 11 Kappe, 12 Schraubenfeder, 13 Kegelrollenlager

Radsatzlagerführung
1 Radsatzlagergehäuse, 2 Konsol für Schraubenfeder, 3 Konsol für Radsatzlenker (Lenkeransatz), 4 Konsol für Radsatzlenker am Drehgestell, 5 Radsatzlenker, 6 Führungsbolzen, 7 Sicherungsschraube, 8 Drahtsicherung, 9 Gummifederelement

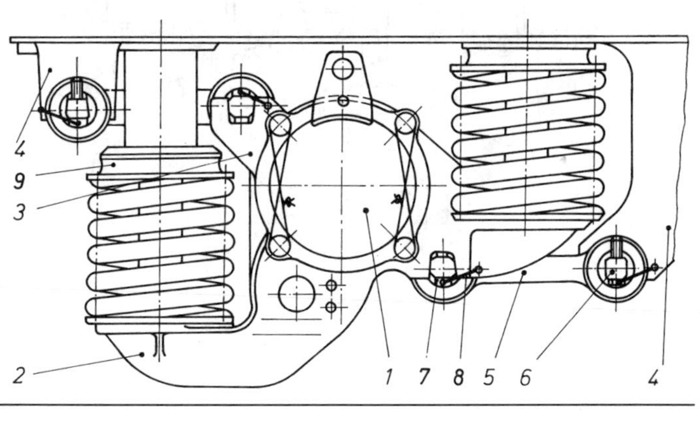

Radsatzwelle angeordnet ist. Beim reinen bzw. *direkten R.* ist die Radsatzwelle gleichzeitig Motorwelle (Abb.). Dabei ist die gesamte Masse des R. unabgefedert. Diesen Nachteil behebt der *Batchelder-R.* Bei dieser Sonderform eines R. ist der Ständer fest mit dem Drehgestell- oder dem Fahrzeughauptrahmen verbunden und somit abgefedert. Dabei werden die Rahmenelemente als Magnetjoche verwendet.

Ausführungsformen: 1) Der *Radsatzschwebemotor* ist ein R. mit Hohlwelle, elastischer Kupplung und gefederter Motoraufhängung am Rahmen; 2) Der *Radsatzgestellmotor* ist ein R. mit Hohlwelle, elastischer oder Gelenkkupplung und fester Verbindung zum Rahmen.

R. haben wegen der niedrigen Ankerumfangsgeschwindigkeit bei Höchstgeschwindigkeiten um 100 km/h geringe Leistung. Wirtschaftlich vertretbare Wirkungsgrade werden deshalb erst bei Fahrgeschwindigkeiten > 200 km/h erreicht. Lit.: 4.4., 4.5., 4.12. Abb.

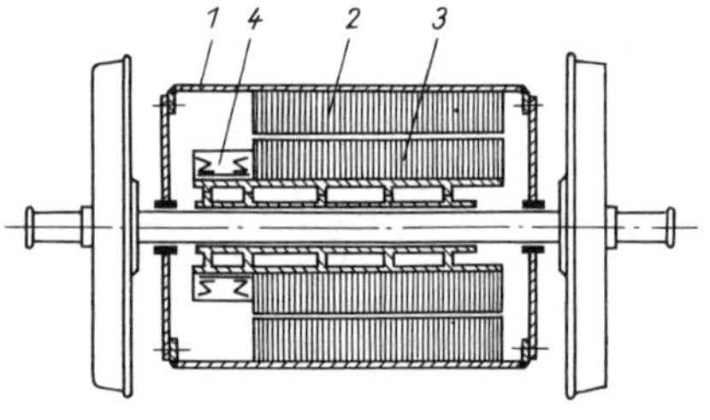

Radsatzmotor
1 Motorgehäuse, 2 Ständer, 3 Läufer, 4 Kommutator

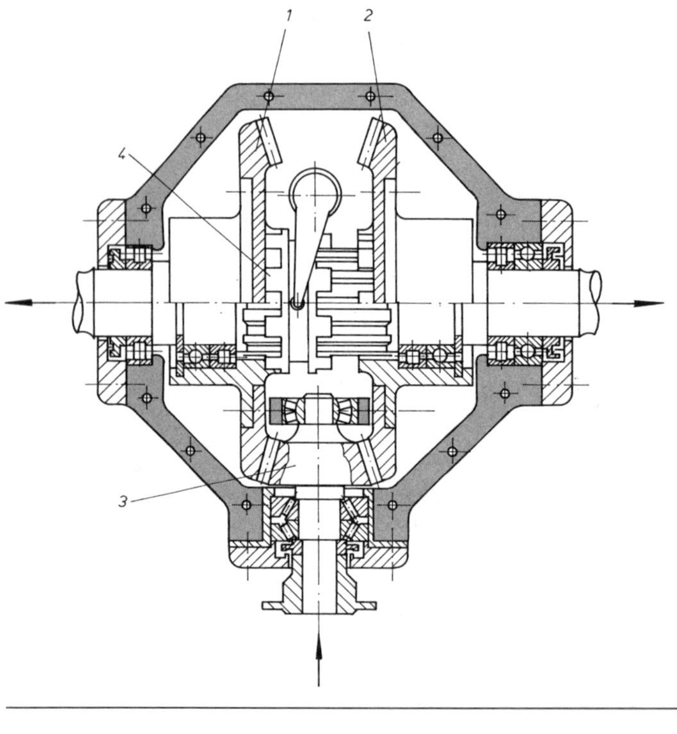

Radsatzwendegetriebe
1, 2 Kegeltellerräder, 3 Kegelritzel, 4 Schaltmuffe

Radsatznebenschlußwiderstand, *Radsatzkurzschlußwiderstand:* elektrischer Widerstand der Fahrzeugradsätze, die bei isoliert verlegten Schienen eines in der Sicherungstechnik üblichen Gleisstromkreises einen *Nebenschlußstromkreis* bilden und damit das zu diesem Gleisabschnitt gehörende Gleisrelais zum Abfall bringen. Dadurch erfolgt eine automatische Besetztmeldung, und weitere sicherungstechnische Maßnahmen können eingeleitet werden. Der R. darf 0,06 Ω (Streckengleise, durchgehende bzw. stark befahrene Hauptgleise) oder 0,5 Ω (wenig befahrene Bahnhofsgleise) nicht überschreiten.

Radsatzstichmaß: stangenförmiges Meßgerät mit Meßbereich i.d.R. von 1355 mm bis 1365 mm, z.B. für regelspurige Eisenbahnfahrzeuge. Das R. dient zum Messen des Abstands der inneren Radreifenstirnflächen eines Radsatzes. Einsatz: z.B. beim Messen entgleister Radsätze. Hier ist der Abstand der inneren Radreifenstirnflächen an 4 Punkten zu messen. Das Tfz. ist dazu 3mal so zu bewegen, daß die zu messenden Stellen nacheinander etwa in die Höhe der → Schienenoberkante gelangen. Die größte Abweichung der 4 Messungen darf (bezogen auf 1 m Raddurchmesser) 2 mm nicht überschreiten.

Radsatzübergangswiderstand: Teil des → Radnebenschlußwiderstands an den Berührungsstellen Rad/Schiene.

Radsatzwelle: → Radsatz

Radsatzwendegetriebe: Kombination von → Radsatzgetriebe und → Wendegetriebe zur Änderung der Drehmomentrichtung um 90° und der Fahrtrichtung eines Diesel-Tfz. Das R. ist auf der Treibradsatzwelle angeordnet und wird vorwiegend bei Dieseltriebwagen und beim Antrieb *eines* Radsatzes im Drehgestell angewandt. Die Fahrtrichtungsänderung im R. erfolgt durch eine → Schaltmuffe, die wechselweise in eines der beiden Kegeltellerräder, die mit dem Kegelritzel ständig im Eingriff stehen, eingreift. Zur Aufnahme des Reaktionsmoments dient die → Drehmomentstütze (1). Abb.

Radschleuderstelle: ausgeschliffene Stelle in der Schienenoberfläche, die durch Schleudern der angetriebenen Räder (→ Schleudern des Radsatzes) eines Tfz. entstanden ist.

Radschlupf: → Schlupf (1)

Radstern: inneres Teil eines → Speichenrads, das aus der Nabe, den Speichen, dem Felgenkranz und ggf. den → Gegengewichten besteht. Der R. wird aus Stahl gegossen und ist durch das Einpressen der Radsatzwelle und des Treib- oder Kuppelzapfens stark beansprucht. Die Anzahl der Speichen eines R. berechnet sich überschlägig zu 1/10 des Felgendurchmessers (in cm) bei Abrundung zu einer ganzen Zahl nach oben. Beispiel: ein Felgendurchmesser von 210 cm ergibt 21 Speichen. Abb.

Rahmen, *Lokomotivrahmen:* Hauptbauteil von → Eisenbahnfahrzeugen, bes. Tfz., das sich federnd auf dem → Laufwerk abstützt und → Aufbauten sowie die Hauptbauteile der Antriebsanlage trägt. Am R. sind die → Zug- und Stoßeinrichtung und Teile der → Bremsausrüstung befestigt. Der R. muß die Gewichts- und dynamischen Kräfte der Antriebsanlage, Zug-, Stoß- und Bremskräfte, Radsatzquer-, Triebwerks- und Anhebekräfte aufnehmen können. Bei Tfz. wird nach der Lage der Hauptlangträger oder R.wangen zwischen oder außerhalb der Räder eines Radsatzes nach Innen- oder → Außenrahmen unterschieden. Die Ausführung der R. erfolgt als → Stahlgußrahmen, → Barrenrahmen, → Blechrahmen oder bei kleinen Tenderlokomotiven als Kasten-R. Moderne Tfz. besitzen R., die aus Profilen und Blechen zusammengeschweißt werden. Die notwendige R.steifigkeit gegen Durchbiegung und Verwindung erhalten die R. durch Rahmenverbindungen (Kopfstücke, Querträger) und Rahmenstreben (Diagonalträger).

Bei Triebwagen ist der R. überwiegend Bestandteil des selbsttragenden → Wagenkastens. Das Mittragen der Aufbauten zur Unterstützung des R. ist anzustreben und bei Triebwagen und Eisenbahnwagen in den meisten Fällen verwirklicht. Abb.

Rahmenbauart: konstruktive Ausführung der → Rahmen von → Eisenbahnfahrzeugen.

Rahmensteifigkeit: → Rahmen

Rahmenstreben: → Rahmen

Rahmenverbindung: → Rahmen

Rahmenversteifung: → Außenrahmen

Rahmenwange: → Rahmen

Rainhill: → Lokomotivwettfahrt von Rainhill

Ramsbottom, John: 11. September 1814 (Tosmorden) – 20. Mai 1897 (Fernhill); englischer Lokomotivingenieur. R. begann seine berufliche Laufbahn bei der Lokomotivfabrik Sharp, Roberts & Co. in Manchester. Bereits mit 28 Jahren war er Leiter der Lokomotivabteilung bei der Manchester- und Birmingham-Eisenbahn. 1857 wurde R. in der Werkstatt in Crewe Nachfolger von → Trevithick.

Die wesentlichsten Leistungen von R. sind die in Nachfolge von A. Allan (1809–1891) weitere Verbesserung der 1B-Lokomotiven, die Schaffung neuer Lokomotivformen, die Einführung geeichter Normalmaße im Maschinenbau und die funktionelle und materialökonomische Verbesserung des Metallkolbens bei Dampfmaschinen. Seine bekannteste Erfindung ist das nach ihm benannte → Ramsbottom-Kesselsicherheitsventil.

Von R. stammt auch der interessante Ge-

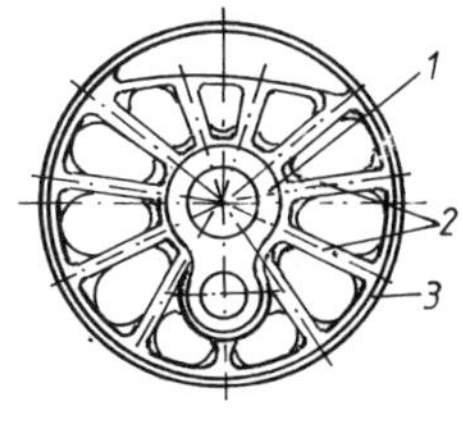

Radstern
1 Nabe, 2 Speichen, 3 Felgenkranz

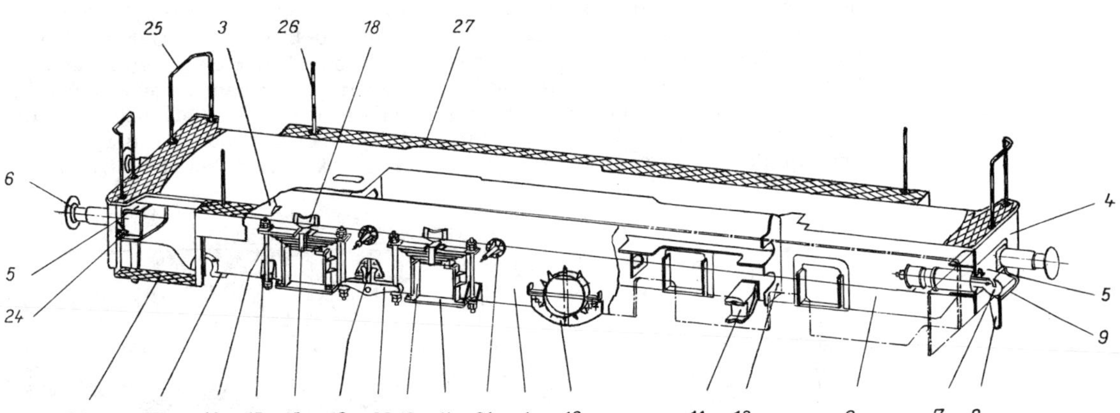

Rahmen
Lokomotivrahmen mit Zug- und Stoßeinrichtung (BR 346 der DB/DR)
1 Rahmenwange rechts, 2 Rahmenwange links, 3 Rahmenversteifung, 4 Stirnwand, 5 Pufferträger, 6 Hülsenpuffer, 7 Zughaken, 8 Bahnräumer, 9 Kupplergriff, 10 Rahmenquerblech vorn, 11 Querträger vorn, 12 Blindwellenrahmenlager, 13 Radsatzlagergleitbakke, 14 Achsgabelsteg, 15 Tragfeder, 16 Federspannschraube, 17 Träger für Federspannschraube, 18 Federanschlag, 19 Träger für Längsausgleichhebel, 20 Längsausgleichhebel, 21 Bremsgehängeträger, 22 Lager der Bremswelle, 23 Rangiertritt, 24 Aufstiegtritt, 25 Geländer, 26 Handstange, 27 Sandkästen

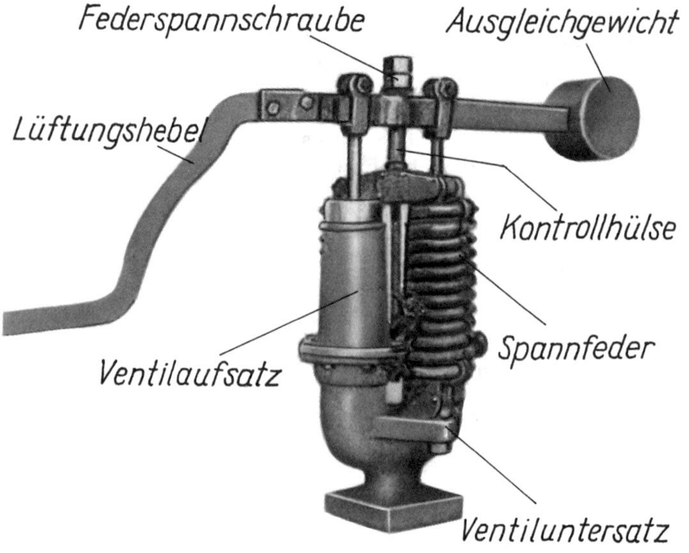

Ramsbottom-Kesselsicherheitsventil

danke zur Anordnung von gleisparallelen Wasserkanälen zur Wasseraufnahme der Dampflokomotiven während der Fahrt. Lit.: 2.9., 5.1., 5.3.

Ramsbottom-Kesselsicherheitsventil: von → Ramsbottom entwickeltes → Kesselsicherheitsventil älterer Bauart. Beim R. werden die beiden Auslaßventilteller von 2 Spannfedern (gespannte Schraubenfedern) auf ihren Sitz gedrückt; diese greifen an einem Federtraghebel an, der über eine Federspannschraube einen Belastungshebel niederzieht, an dem wiederum die Druckstützen für die Federsteller angelenkt sind. Der Belastungshebel dient gleichzeitig als Lüftungshebel zur Probe auf das Ansprechen der Ventile. Die beiden, innen mit Nasen versehenen Ventilaufsätze sollen beim Brechen einer Druckstütze das Wegschleudern des Ventiltellers verhindern und außerdem als Schalldämpfer wirken. Der Belastungshebel ist für seine Betätigung bis in das Führerhaus der Lok hinein verlängert. *Nachteil:* Noch während des Abblasens kann wegen des zu geringen Ventilhubs der Dampfdruck weiter ansteigen. Dieser Nachteil wurde erst durch die *Hochhubsicherheitsventile* (z.B. → Pop-Ventil) beseitigt. Lit.: 2.3., 2.9., 2.12., 5.3. Abb.

Rangierdiesellokomotive: → Diesellokomotive, die als → Rangierlokomotive konstruiert ist und eingesetzt wird. Gegenüber → Streckendiesellokomotiven weisen R. folgende Besonderheiten auf:

- nur 1 Führerstand, der wegen der guten Sicht nach beiden Fahrtrichtungen möglichst als → Mittelführerstand angeordnet sein soll
- geringere Höchstgeschwindigkeit (20–85 km/h), meist durch ein Stufengetriebe in 2 Bereiche unterteilt (→ Rangiergang, → Streckengang)
- i. allg. kleinere Leistung, wobei einige schwere R. eine hohe Motorleistung aufweisen, z.B. die TEM7 der SŽD mit 1470 kW und die Am6/6 der SBB mit 1840 kW Motorleistung (Abb.)
- im Begrenzungsprofil der Lokomotive angeordnete Tritte zum gefahrlosen Mitfahren eines Rangierers
- oft Anordnung von → Tiefsichtfenstern
- Ausnutzen der max. zul. Radsatzkraft zum Erreichen großer Zugkräfte an der Kraftschlußgrenze (→ Kraftschlußbeiwert) im unteren Geschwindigkeitsbereich, z.T. Masseerhöhung durch Einbau von Ballast
- keine Zugheizeinrichtung.

Moderne R. sind mit → Strömungswendegetriebe oder mit → Drehstromantrieb ausgerüstet und besitzen zusätzliche Steuereinrichtungen zur Geschwindigkeitskonstanthaltung, eine Schlupfüberwachung und -regelung zum sicheren Fahren im Grenzkraftschlußbereich sowie Einhebelbedienung für Fahren, Bremsen und Wenden des Tfz. Abb.

Rangierfunk: drahtlose Übertragungsart zur Verständigung und Übermittlung von Signalen, Aufträgen, Meldungen und Daten. Der R. dient als Rationalisierung des Rangierdienstes und wird als *Sprechfunk* im Ultrakurzwellenbereich (4- und 2-m-

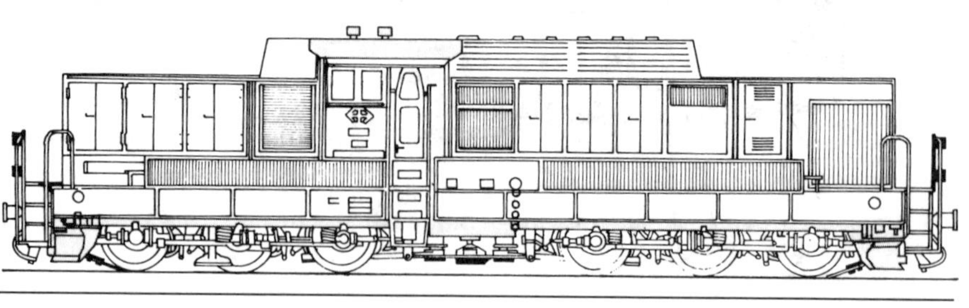

Rangierdiesellokomotive
schwere Rangierdiesellokomotive Am6/6 der SBB mit 1840 kW Leistung und Drehstromantrieb

Band) betrieben. Er ermöglicht ein schnelleres Abdrücken von Zügen als mit herkömmlichen Signalen, eine schnellere Zerlegung der Züge, vor allem bei schlechten Umweltbedingungen (z.B. bei Nebel und Schneefall) und technisch bedingten Sichtbehinderungen (z.B. durch Anlagen, Gebäude, Baumwuchs, Züge im Gleisbogen), eine Verbindung mit drahtgebundenen Netzen (z.B. Wechselsprechanlagen). Der R. wird i.d.R. mit einfachem Funknetzaufbau betrieben (Einfrequenz-Simplex-Betrieb). Sein Versorgungsbereich umfaßt etwa 2–3 km bei einer Sendeleistung von 1–3 W. Die Überwachung der Funkverbindung (Sicherheit) erfolgt i.d.R. durch einen Ton (z.B. Abstand 10 s).

Rangiergang: Gangstufe im → Stufengetriebe von Rangierdiesellokomotiven, die durch ein großes → Übersetzungsverhältnis den für den Rangierdienst notwendigen unteren Geschwindigkeitsbereich ergibt. Der R. dient der Zugkraft- und Wirkungsgraderhöhung bei kleinen Geschwindigkeiten. Gegensatz: → Streckengang.

Rangierlokomotive: in der Schweiz auch als *Traktor* oder *Rangiertraktor* bezeichnetes → Triebfahrzeug (→ Lokomotive), das für Rangierfahrten, d. h. für die Bewegung von Wagen, Wagengruppen oder ganzen Wagenzügen im Bahnhof bzw. Rangierbahnhof und Anschlußstellen bes. ausgelegt ist, z.B. durch einen → Rangiergang. R. werden auch als → Abdrücklokomotive am Ablaufberg bzw. auf kleinen Bahnhöfen zum Erreichen der notwendigen Abdrückgeschwindigkeit für eine(n) an der Spitze abgekuppelte(n) Wagen oder -gruppe für den Lauf in das Ordnungsgleis (Abstoßbetrieb) eingesetzt. R. sind vorwiegend → Diesellokomotiven, gelegentlich auch Elloks (bei den SBB z.B. die Typen Ee6/6 für den schweren, Ee3/3 mittelschweren und Te^{III} leichten Rangierdienst, bei den ÖBB z.B. die Reihen 1070, 1062 und die elektrohydraulischen Verschiebelokomotiven der Reihe 1067) oder → Speichertriebfahrzeuge. Leistungsstärkere dieselelektrische und elektrische R. haben für den Einsatz in der → Zugförderung i.G.z. dieselhydraulischen R. keinen Streckengang.

Rangier-Robot, *Rangierschlepper:* Bezeichnung für ein Gerät mit einer relativ kleinen Leistung zum Rangieren von Wagen. Der R. wird ggf. von einem außerhalb befindlichen Bedienenden gesteuert.

Rangierstoß: kurzzeitige große Längsbeschleunigung der Fahrzeuge im Rangierdienst, hervorgerufen durch Längsschwingungen in der Rangierabteilung (Anfahren und Bremsen bei langgemachten Kupplungen) oder durch Auffahren mit hoher Geschwindigkeit auf stehende Wagen in der Rangiergruppe. Der R. ist oft Ursache für Schäden an Fahrzeugen oder Ladegut (Rangierschäden).

Rangiertraktor: bes. in der Schweiz übliche Bezeichnung für eine leichte 2achsige, meist elektrische → Rangierlokomotive.

Rangiertritt: Standfläche für den Rangierer an jedem → Regelfahrzeug. Mindestens 2 R. müssen an den Ecken des Fahrzeugs außerhalb der Stirnfläche, bei 2 R. diagonal, möglichst weit von der Mittellinie entfernt 590 mm über → Schienenoberkante angeordnet werden. Zum Festhalten müssen über jedem R. ein senkrechter und ein waagerechter Griff vorhanden sein. Bei Rangierlokomotiven müssen die R. möglichst niedrig liegen und an jeder der 4 Ecken der Lok hinter der Befestigungsebene der Seitenpuffer angeordnet sein.

Rapidbremse: → Hochleistungsbremse

Raub-Lokomotive: Sonderbauart der → Getriebelokomotive mit 2 kleinen Dampflokomotivkesseln und in Lokomotivmitte angeordneten Zylindern, deren → Dampfkolben auf eine ebenfalls in Lokmitte und unter dem Führerhaus befindliche Blindwelle arbeiteten. Von dort aus wurde das Drehmoment über Kuppelstangen auf die 4 Kuppelradsätze übertragen. Die von C. Raub 1886 in den Grant Locomotive Works Paterson (USA) gebaute und ihm 1883 patentierte Dampflokomotive, die bei einer Probefahrt 130 km/h erreichte, scheiterte letztlich an der ungleichen und insgesamt zu geringen Dampfentwicklung in den beiden Kesseln. Lit.: 5.3.

Rauch: Gehalt der → Abgase von Dieselmotoren und der → Rauchgase von Dampf-Tfz. an Ruß und anderen lichtabsorbierenden Dispersionsteilchen (Teerdämpfe, Teernebel). R. tritt als die ins Freie emittierte Menge sichtbeeinträchtigender, zu wesentlichen Teilen belästigender und gesundheitsschädigender Stoffe auf. Er entsteht beim Dieselmotor als Folge unvollständiger Verbrennung (→ Luftverhältnis), bei Dampf-Tfz. gleichfalls durch → unvollkommene Verbrennung und/oder → unvollständige Verbrennung (→ Qualm).

Rauchabführung: Einrichtung der → Triebfahrzeughalle zum Ableiten der → Rauchgase von unter Feuer stehenden Dampflokomotiven. Die R. besteht entweder aus niedrigen Einzelschornsteinen für jeden Lokstand oder aus einem hohen, zugkräftigen Schornstein, an den über eine Sammel-R. die auf die Lokomotivschornsteine absenkbaren und für nichtbelegte Lokstände auch verschließbaren Anschlußtrichter angeschlossen sind. Wegen der meist in den Rauchgasen enthaltenen schwefligen Säure können die Einzelschornsteine nicht aus Stahlblech, sondern müssen aus korrosionsfesten Baustoffen, wie z.B. mit feuerfestem Anstrich versehenes Holz oder Tonziegeln, gefertigt werden. Lit.: 2.12.

Rauchfang: in Österreich übliche Bezeichnung für den → Schornstein der Dampflokomotive.

Rauchgas, *Heizgas:* dem → Feuerbett mit etwa 1400 °C entströmendes Gas, das den größten Teil seiner Wärme an die vom Wasser berührten Wandungen des → Dampflokomotivkessels (einschl. der Oberfläche des vom Dampf durchströmten Rohrsatzes des → Überhitzers bei Heißdampflokomotiven) abgibt und mit 300–400 °C dem Schornstein entweicht. Da bei → vollkommener Verbrennung das R. Kohlendioxid, Wasserdampf, Stickstoff und überschüssige Luft enthält, ist es farblos. Lit.: 2.3., 2.12.

Rauchgasvorwärmer: bei → Dampflokomotivkesseln der Bauart Franco-Crosti zur Vorwärmung des → Kesselspeisewassers verwendeter → Franco-Crosti-Abgasvorwärmer.

Rauchkammer: mit dem → Langkessel verbundenes vorderes Hauptteil des → Dampflokomotivkessels, das über den → Rauchkammerträger mit dem Lokomotivrahmen fest verbunden ist. In der als Funktionselement der → Saugzuganlage für einen guten Unterdruckausgleich möglichst großvolumig ausgebildeten R. sammeln sich die → Rauchgase vor dem Ausstoßen durch den → Schornstein ins Freie, und es wird die → Lösche abgeschieden. Die R. besteht aus dem R.mantel mit dem Schornstein, der R.rohrwand, der R.türwand mit der → Rauchkammertür, den Verschlußbalken, Mittelverschluß und → Vorreibern sowie dem mit einem Zementausguß und leicht auswechselbaren Schutzblechen versehenen R.boden und den für das Dichthalten sorgenden → Paßblechen. Der R.mantel besteht aus einem zylindrischen Schuß, der am hinteren Teil mit dem Langkessel verbunden ist. Bei kleinen Kesseldurchmessern wurde ein größeres R.volumen z.B. durch einen gegenüber dem Langkesseldurchmesser vergrößerten R.manteldurchmesser mit einem dann für die Verbindung der beiden Hauptteile notwendigen Zwischenring erreicht, wodurch jedoch das Aussehen der Lokomotiven nicht verbessert wurde. Die vordere ringförmige Türwand wird durch die R.tür verschlossen. In der R. sind die → Dampfeinströmrohre, bei Heißdampflokomotiven der → Dampfsammelkasten mit den angeschlossenen Überhitzerrohren und → Reglerrohr, die Bauelemente der Saugzuganlage, der → Hilfsbläser, der → Funkenfänger, das → Rauchkammerspritzrohr und Standrohr sowie bei älteren Dampfloks evtl. ein → Rauchkam-

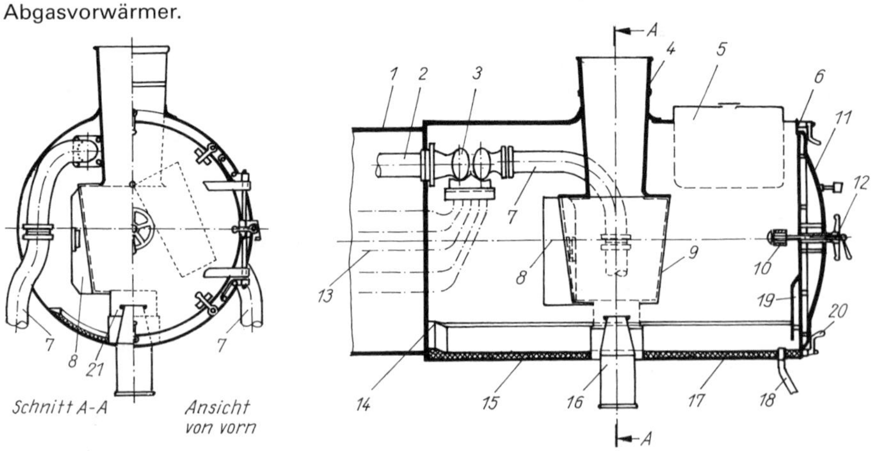

Rauchkammer (Schnitt)
1 Langkessel, 2 Reglerrohr, 3 Dampfsammelkasten, 4 Schornsteinaufsatz, 5 Vorwärmer, 6 Rauchkammertürwand, 7 Dampfeinströmrohr, 8 Prallblech, 9 Funkenfänger, 10 Verschlußbalken für die Rauchkammertür, 11 Rauchkammertür, 12 Mittelverschluß der Tür, 13 Überhitzereinheit, 14 Rauchkammerrohrwand, 15 Rauchkammermantel, 16 Blasrohr, 17 Zementausguß, 18 Entwässerungsstutzen, 19 Schonerblech, 20 Vorreiber, 21 Hilfsbläser

merüberhitzer untergebracht. Lit.: 2.3., 2.6., 2.9., 2.10., 2.12. Abb.

Rauchkammerrohrwand: der → Rauchkammer zugewandte Rohrwand des → Langkessels der Dampflokomotive.

Rauchkammerspritzrohr: Teil der → Näßeinrichtung des → Dampflokomotivkessels. Mit dem in der → Rauchkammer querliegend angebrachten und mit Bohrungen versehenen R. werden durch Bedienen des im Führerstand angeordneten → Anstellventils glühende Brennstoffrückstände (→ Lösche) mit dem eingespritzen Wasser abgelöscht.

Rauchkammerstrebe: bei Dreizylinderlokomotiven schrägstehende Versteifung des vorderen Teils des Lokomotivrahmens (→ Rahmen) gegen die → Rauchkammer.

Rauchkammerträger: Bauart des → Kesselträgers der Dampflokomotive, die als verstärkte Rahmenquerverbindung ausgebildet ist. Die → Rauchkammer des Kessels ist mit dem R. und damit dem Lokomotivrahmen fest verbunden. Er läßt in dieser niedrigsten Temperaturzone des Kessels i. G. z. Langkessel- und Stehkesselträger keine Längsverschiebung zu. Der R. von → Zweizylinderlokomotiven ist i. d. R. als ein zwischen den Rahmenwangen angeordneter kräftiger Kastenrahmen ausgebildet oder auch als Gußstück ausgeführt, das z. B. meist bei → Dreizylinderlokomotiven mit dem mittleren Zylinderblock vereinigt ist. Lit.: 2.3., 2.12.

Rauchkammertür: Bauteil der → Rauchkammer (dort Abb.) zum Verschließen der vorderen ringförmigen Türwand. Die R. gewährleistet den Zugang zur Rauchkammer für Montage- und Instandhaltungsarbeiten sowie zum Entfernen der → Lösche. Sie wird durch Anpressen an eine R.wand-Dichtfläche mit einem Schraubmittenverschluß und/oder mit → Vorreibern luftdicht abgeschlossen. An der Innenseite besitzt sie ein leicht auswechselbares Schonerblech.

Rauchkammerüberhitzer: von → Schmidt 1899 entwickelter → Überhitzer für → Dampflokomotivkessel, der den → Flammrohrüberhitzer ablöste. Beim R., bei dem das Flammrohr im Langkessel noch erhalten blieb, wurde der Naßdampf in das in der → Rauchkammer liegende Überhitzerrohrbündel, das von den aus den Heizrohren austretenden Heizgasen umspült wurde, geleitet. Erstmals wurde der R. 1899 an 2 S3-Lokomotiven der Preußischen Staatsbahn mit Zwillingsdampfmaschine in Einfachexpansion und Kolbenschiebersteuerung erprobt, wobei gegenüber der Regelbauart der S3 als 2-Zylinder-Naßdampf-Verbundlokomotive eine Kohleersparnis von 12% erreicht wurde. Der R. erforderte eine Vergrößerung der Rauchkammer. In der Folge wurden z. B. 500 Dampfloks der Preußischen Staatsbahn, 9 der Moskau-Kasaner Eisenbahn und 10 der sächsischen Gattungen XI H und XI Hv mit R. ausgerüstet. Der R. wurde etwa ab 1904 vom → Rauchrohrüberhitzer abgelöst. Lit.: 2.9., 2.12., 5.3.

Rauchrohr: im oberen Teil des → Langkessels von → Heißdampflokomotiven eingebrachte → Heizrohre, die zur Aufnahme der Überhitzereinheiten einen größeren Durchmesser besitzen.

Rauchrohrüberhitzer: Baugruppe des → Dampflokomotivkessels und Überhitzerbauart für → Heißdampflokomotiven. Der von → Schmidt entwickelte und 1899 erstmals angewandte R. besteht aus Überhitzerrohren, die als sog. Überhitzerschlangen in die → Rauchrohre eingeführt sind, und einem → Dampfsammelkasten, aus dessen Heißdampfkammern der in den Überhitzerrohren aus dem Naßdampf entwickelte Heißdampf über die → Dampfeinströmrohre und die Schieberkästen zu den Zylindern strömt. → Überhitzer. Lit.: 2.3., 2.12., 5.3. Abb.

Rauchverbrennung: → Rauchverbrennungseinrichtung

Rauchverbrennungseinrichtung: Vorrichtung bei Dampflokomotiven, mit der zur Minderung der Rauchentwicklung Dampfstrahlen ohne oder mit Luftzufuhr aus i. d. R. oberhalb des → Feuerlochs angeordneten Düsen in die → Feuerbüchse eingeblasen wurden. In England wandte man bereits um 1846 nach dem Übergang von der Koks- auf die langflammige Steinkohlenfeuerung das Einblasen von Dampf mit Sekundärluft an.

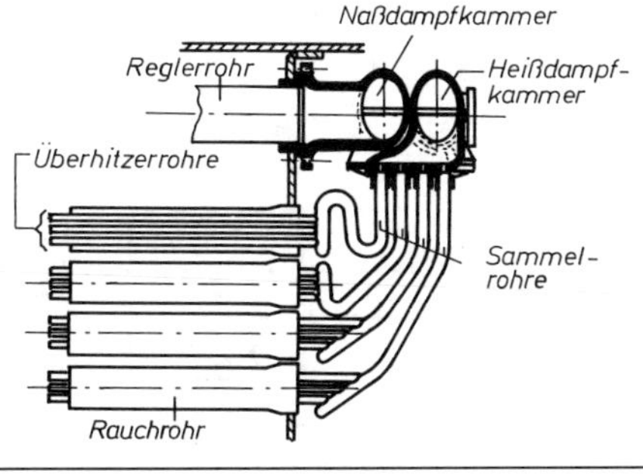

Rauchrohrüberhitzer der Bauart Schmidt mit Dampfsammelkasten

Bei der nach → Marcotty benannten und z. B. in Österreich bei 140 Lokomotiven eingebauten R. wurden die Verbrennungsgase durch einen Dampfschleier zum hinteren Teil der Feuerbüchse befördert, damit sie dort mit der durch die Feuertür nachströmenden Verbrennungsluft zusammentreffen und rauchlos nachverbrennen konnten. Den Dampfschleier erzeugten mehrere Dampfstrahler, die von einem in der Feuerbüchse oberhalb des Feuerlochs liegenden Düsenkopf so ausgerichtet wurden, daß sie auf die Feuerbüchsrohrwand unterhalb der Heizrohre zielten. Diese Dampfstrahlen bewirkten ähnlich wie der → Feuerschirm eine Umlenkung der Rauchgase nach hinten. Die R. konnten sich trotz bis in die moderne Dampflokzeit gerichteter Entwicklungen wegen der Unterdruckreduzierung in der Feuerbüchse, der Ausbreitung des Feuerschirms und verbesserter Feuertürkonstruktionen, die in Verbindung mit verbesserten Feuerungstechniken die bes. nach dem Aufwerfen frischen Brennstoffs auftretende starke Rauchentwicklung durch eine entsprechende Sekundärluftzufuhr minderten, nicht umfassend durchsetzen. Lit.: 2.6., 2.9., 5.3.

Rauminhalt des Dampfes: nach physikalischen Gesetzmäßigkeiten von Dampfdruck und Dampftemperatur abhängiges Dampfvolumen, dessen Größe aus Dampftafeln ermittelt werden kann. Bei der Verdampfung von 1 l Wasser (≙ der Masse von 1 kg Wasser) entstehen unter dem normalen (absoluten) atmosphärischen Druck 1725 l Dampf. Wird z. B. ein mit Dampf von 100 kPa Druck und diesem Dampfvolumen gefülltes Gefäß auf ein solches mit 902 l verkleinert, entsteht ein Dampfdruck von 200 kPa (100 kPa Überdruck), bei 181 l schon 1000 kPa Überdruck. Das Verhältnis von R. zur Dampfmasse (verdampfte Wassermenge) ist der *spezifische R.* (spezifisches Volumen), nach obigen Beispielen 1,725 m^3/kg, 0,902 m^3/kg und 0,181 m^3/kg. Lit.: 2.3., 2.12.

Raumschaden: → schädlicher Raum

Raw: **R**eichsbahn**a**usbesserungs**w**erk (Dienststelle der DR). → Ausbesserungswerk

Reaktionsglied: → Leitrad

Reaktor: → Leitrad

Reflexionsschalldämpfer: → Abgasschalldämpfer, bei dem seitlich über Öffnungen oder kurze Rohrleitungen an den zentralen Strömungskanal → Resonatoren (Resonanzkammern) angekoppelt sind, die im Bereich ihrer Eigenfrequenz dem Abgas im Strömungskanal Schallenergie entziehen. Da die Resonatoren nur eine schmalbandige Dämpfungswirkung aufweisen, die Dämpfung also nur in einem kleinen Frequenzbereich vorhanden ist, müssen mehrere, unterschiedlich abgestimmte Resonatoren (Resonatorgruppe) in einen R. eingebaut werden. Für Dieselmotoren, die über einen großen Drehzahlbereich betrieben werden, deren → Abgasschall somit einen größeren Frequenzbereich aufweist, genügen reine R. jedoch nicht. Hier werden meist Kombinationen aus Resonatoren und → Absorptionsschalldämpfern verwendet. Abb.

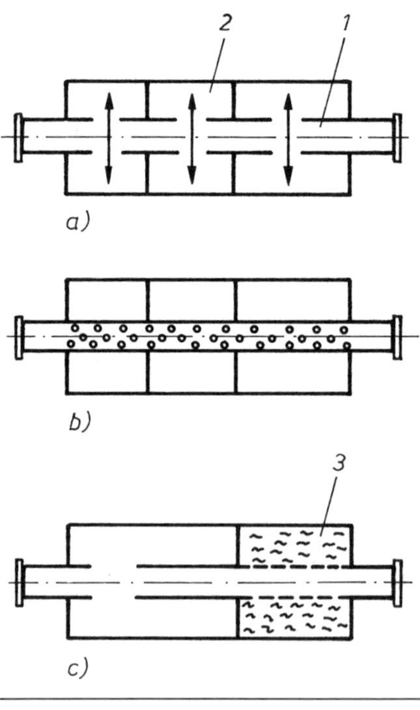

Reflexionsschalldämpfer (Prinzipdarstellung)
a) Tiefpaßfilter, b) Hochpaßfilter, c) Reflexionsschalldämpfer mit nachgeschaltetem Absorptionsteil
1 Strömungskanal, 2 Resonator, 3 Absorptionsteil

Regelbetriebsdruck: international vereinbarter Druck von 500 kPa in der → Hauptluftleitung für das zuverlässige Arbeiten der → Druckluftbremse im Betrieb. Beim R. muß die Bremse des Zugs in Bereitschaft stehen und gelöst sein. Es muß möglich sein, in die gelöste Bremse einen → Füllstoß (1) zu geben, wobei dieser Druck kurzzeitig über dem R. liegen darf, um ein schnelles Lösen der Bremsen in langen Zügen zu erreichen. Das → Führerbremsventil ist dazu mit einer Vorrichtung für zeitweilige und begrenzte Überhöhung des R. in der Hauptluftleitung (→ Angleicher) versehen.

Regelfahrzeug: Eisenbahnfahrzeug (→ Triebfahrzeug, Wagen), das aufgrund seiner Bauart in Züge eingestellt werden kann. Ein R. für den grenzüberschreitenden Verkehr muß den internationalen Vorschriften genügen. R. dürfen i.d.R. nur im Zugverband auf die freie Strecke übergehen (Ausnahme für Tfz.). R. ohne eigenen Antrieb dürfen i.allg. nur mit einem Tfz. auf die freie Strecke gebracht und dort aufgestellt werden.

Regellichtraum: in der EBO festgelegter lichter Raum in der senkrechten Ebene, bezogen auf die Gleislängsachse und → Schienenoberkante, der von baulichen Anlagen, Einrichtungen, festen oder lagernden Gegenständen freizuhalten ist. (Ausnahmen: → Fahrleitungen, Einrichtungen der → Zugbeeinflussung). Der R. gilt für das gerade Gleis und Gleisbögen mit einem Radius ≧ 250 m; bei Gleisbögen mit Radien < 250 m sind → Lichtraumerweiterungen vorzusehen. Abb.

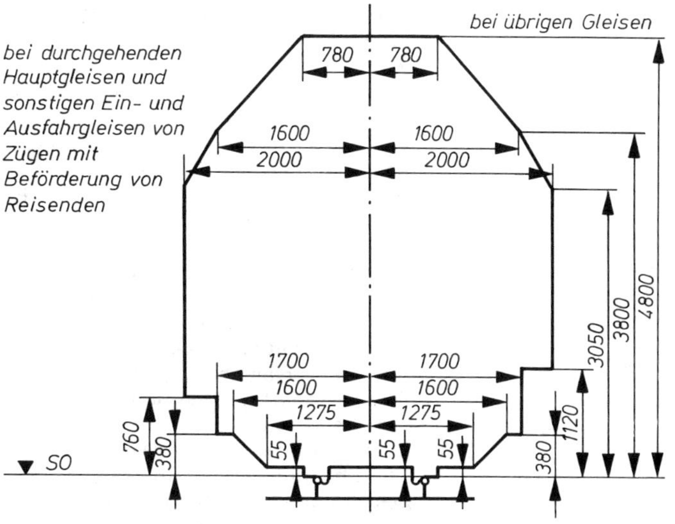

Regellichtraum nach EBO

Regelspitzensignal, *Spitzensignal:* Signal der Gruppe »Signale an Zügen und Kleinwagen«. Bedeutung: Kennzeichnung der Spitze von Zügen und von auf die freie Strecke übergehenden Kleinwagen. Am Tage ist das R. kein bes. Signal. Nachts ist das R. vorn am ersten Fahrzeug zu führen (am Tfz., Steuerwagen o.ä.), wobei es früher durch 2 in gleicher Höhe angeordnete Lichter, jetzt durch 3 weiße Lichter, die in Form eines A angeordnet sind (Dreilichtspitzensignal), verwirklicht wird. Das Dreilichtspitzensignal ist auf Nebenstrecken mit ungesicherten Bahnübergängen und sonst von damit ausgerüsteten Tfz. zu führen. Abb.

Regelspur: → Normalspur

Regelspurbahn: → Normalspurbahn

Regenerator: Wärmeübertrager mit einer Speichermasse, die diskontinuierlich vom wärmeabgebenden Medium aufgeheizt und vom wärmeaufnehmenden abgekühlt wird. R. bei → Gasturbinen für Fahrzeugantrieb werden mit scheibenförmigen rotierenden Speichermassen ausgeführt, deren Drehzahl etwa 20 U/min beträgt. Wegen der guten Temperaturleiteigenschaften, verbunden mit niedriger Wärmeausdehnung und gro-

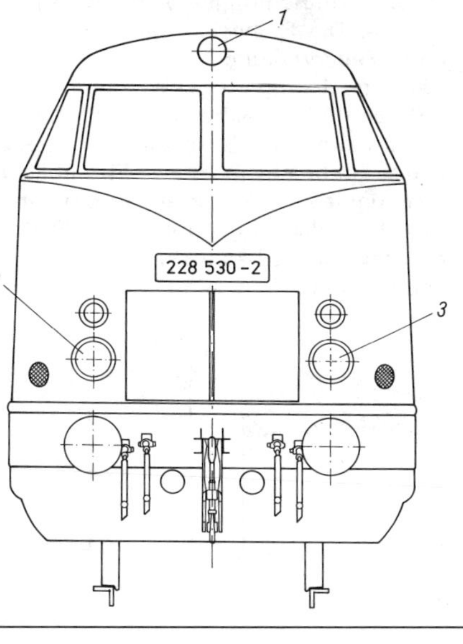

Regelspitzensignal
Anordnung der weißen Lichter des Dreilichtspitzensignals an einem Tfz. (BR 228 der DB/DR)
1 Signallicht oben, 2 Signallicht rechts, 3 Signallicht links

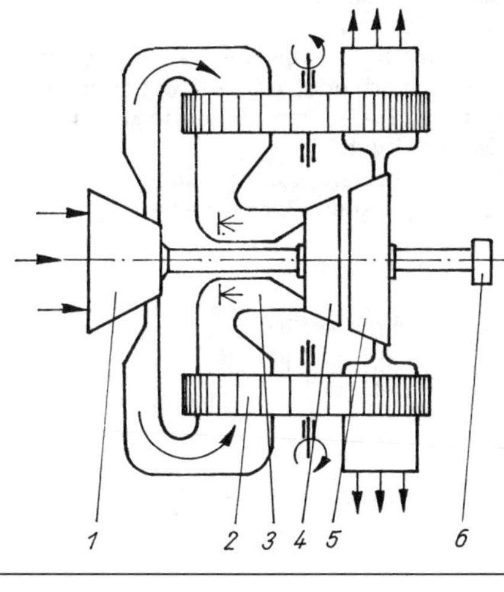

Regenerator
Anordnung an einer Zweiwellen-Gasturbine
1 Verdichter, 2 Regenerator, 3 Brennkammer, 4 Verdichterturbine, 5 Nutzleistungsturbine, 6 Abtrieb

ßer Wärmespeicherkapazität, wird als Werkstoff bevorzugt Glas-Keramik verwendet. R. erreichen einen → Wärmerückgewinn von etwa 90%, weisen aber i. G. z. → Rekuperatoren Leckverluste von 4–6% bei einem → Verdichterdruckverhältnis von etwa 5:1 auf. Abb.

Regler: bei Tfz. Einrichtung 1) zum Regeln der Zuführung eines Energieträgers für die Umsetzung in Leistung durch die Antriebsmaschine; a) bei *Dampflokomotiven* werden mit dem → Dampfregler und der → Dampflokomotivsteuerung die Dampfzufuhr zu den → Zylindern (1) und die → Füllung eingestellt; b) bei → *Diesellokomotiven* übernimmt der R. das selbsttätige Einstellen der eingespritzten Kraftstoffmenge für den Dieselmotor zur Gleichhaltung der Motordrehzahl oder des Drehmoments bei ungleichmäßiger momentaner Beanspruchung sowie zur Einhaltung der Mindest- und Höchstdrehzahl (→ Fliehkraftregler); c) bei *elektrischen Tfz.,* bei denen man heute den Begriff R. nicht mehr benutzt, wird die Energiezufuhr zu den → Fahrmotoren durch die → Leistungssteuerung gestellt. 2) zum selbsttätigen Aufrechterhalten oder Einhalten eines gewünschten oder betrieblich notwendigen Zustands, z. B. des Luftdrucks im → Hauptluft- oder in anderen Bremsluftbehältern, der Kühlwassertemperatur, des Schmieröldrucks oder des Wasserstands.

Reglerhauptventil: → Dampfregler

Reglerknierohr: Bauteil der → Dampfzuleitung. Es ist am → Dampfregler angeflanscht und trägt ihn. Das R. ist mit einem angegossenen Fuß auf der Öffnung des → Dampfdoms aufgelagert. Am R. schließt sich das → Reglerrohr an. → Dampfleitung

Reglerrohr: Bauteil der Dampfzuleitung. Das R. verbindet das → Reglerknierohr mit dem → Dampfsammelkasten. → Dampfleitung

Reglerschalter: Kombination von Schalter und Regler. Der R. wird angewandt als Bindeglied zwischen → Batterie und → Lichtmaschine (Schwingkontaktregler) in Kraftfahrzeugen und in Diesel-Tfz. kleiner Leistung mit elektrischer Bordnetzspannung ≦ 24 V. Der R. sorgt für konstante Spannung im Bordnetz, verhindert unzulässig große Ströme (durch Feldregelung der Lichtmaschine) und eine Entladung der Batterie über die stillstehende Lichtmaschine.

Reibungsbremse: Bremse, bei der die kinetische und/oder potentielle Energie des Fahrzeugs durch eine Reibpaarung in Wärme umgewandelt wird. Die Leistungsgrenze der R. wird durch die thermische Belastbarkeit der Reibpartner bestimmt. Die R. ist verschleißbehaftet und erfordert demzufolge einen größeren Unterhaltungsaufwand. Arten der R.: → Klotzbremse, → Scheibenbremse, → Trommelbremse, → Magnetschienenbremse. Tab.

Reibungsbremse
Ausführungsarten

Ausführung	Reibpaarung
Klotzbremse	Bremsklotz/Radlauffläche
Scheibenbremse	Bremsbelag/Bremsscheibe
Trommelbremse	Bremsbelag/Bremstrommel
Magnetschienenbremse	Bremsmagnet/Schiene

Reibungsdämpfer: → Schwingungsdämpfer

Reibungsfeder: Feder mit Umwandlung eines Teils der aufgenommenen Arbeit (Energie) in Reibungsarbeit und damit in Wärme. Die R. besitzt demnach neben der Federwirkung gleichzeitig eine Dämpferwirkung (→ Schwingungsdämpfer). Die Reibungsarbeit kann durch die Konstruktion der R. in eine gewünscht Größe gebracht werden. Ein üblicher Wert dafür sind ⅔ der aufgenommenen Arbeit. Zu den R. gehören die → Blattfeder und die Reibkonusfeder (Ringfeder) von Hülsenpuffern. Abb.

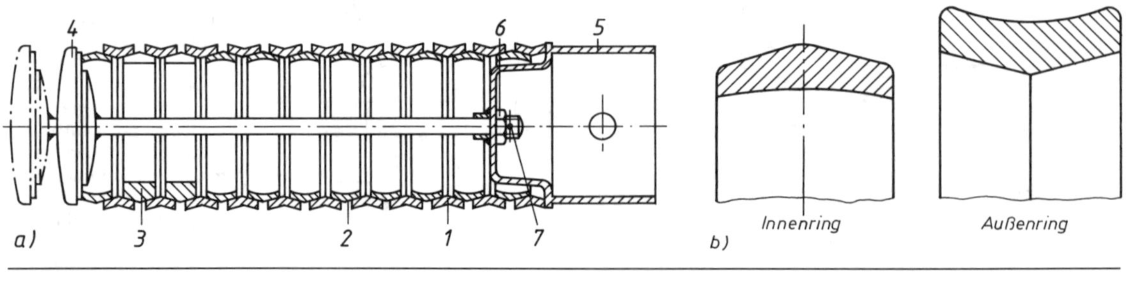

Reibungsfeder
a) Federsäule der Reibkonusfeder für Hülsenpuffer mit 75 mm Federweg und 620 mm Gesamtlänge
1 Außenring, 2 Innenring, 3 geschlitzter Innenring, 4 Vorspannschraube mit Druckstück, 5 Vorspanntopf, 6 Sechskantmutter, 7 Sicherungsblech
b) Federringe

Reibungsgeschwindigkeit: → Übergangsgeschwindigkeit
Reibungsgewicht: → Kraftschlußbeiwert
Reibungsgrenze: → Kraftschlußbeiwert
Reibungskoeffizient: → Reibwert
Reibungskraft: → Kraftschlußbeiwert
Reibungskupplung: während des Betriebs schaltbare → Kupplung (1), die das Drehmoment durch Reibflächen kraftschlüssig überträgt und als → Trennkupplung dient. Die Reibflächen werden axial durch Federkraft aneinandergedrückt, bei geringer Federkraft wird schleifende Verbindung, bei vollständiger Federkraft feste Verbindung hergestellt. Der Schlupf der R. ist nur kurzzeitig, z.B. zum Anfahren eines Fahrzeugs, zul. Das Lösen der R. erfolgt mechanisch über Schaltgestänge gegen die Federkraft. R. werden nach der Form der Reibkörper benannt: Scheibenkupplung (→ Einscheibenkupplung), → Kegelkupplung, Backenkupplung, → Lamellenkupplung. Alle R. können als → drehmomentbegrenzte Kupplung wirken.
Reibungsmasse: → Kraftschlußbeiwert
Reibungspuffer: Seitenpuffer mit einer → Reibungsfeder (Reibkonus- bzw. Ringfeder). → Puffer
Reibungsradsatz: am Aufbringen der gesamten → Reibungskraft eines → Triebfahrzeugs beteiligter Radsatz (→ Treibradsatz, → Kuppelradsatz).
Reibungsverlustleistung: → mechanischer Wirkungsgrad
Reibungszugkraft: → Anfahrzugkraft, → Kraftschlußbeiwert
Reibwert: **1.** Bewertungsgröße kraftschlüssiger Verbindungen, die eine Tangentialkraft mit Hilfe der Haft- oder Gleitreibung übertragen bzw. durch diese entstehen lassen. Der R. wird als Quotient von Tangential- und Normalkraft gebildet. Im Schienenverkehr wird der Begriff R. teilweise für die Bewertung der Kraftübertragung zwischen Rad und Schiene benutzt, sollte hier aber nur als *Gleitreibwert* auf die Ausnahmefälle der Gleitreibung beim → Schleudern des Radsatzes und → Blockieren des Radsatzes sowie auf die Bremskrafterzeugung der → Reibungsbremse angewandt werden. Anderenfalls ist die Bezeichnung R. durch → Kraftschlußbeiwert zu ersetzten. – **2.** *Gleitreibwert:* Verhältnis von → Bremskraft zu → Anpreßkraft der Reibpaarung bei Reibungsbremsen. Zu jeder momentanen Geschwindigkeit gehört ein momentaner Gleit-R. Wird der über einen

Reihenblockeinspritzpumpe

Bremsvorgang vorhandene momentane Gleit-R. vom Beginn der Wirkung der vollen Anpreßkraft bis zum Stillstand über den Bremsweg ermittelt, so erhält man den mittleren Gleit-R. Der R. wird vor allem in seiner Größe und in seinem Verlauf von den Werkstoffen der Reibpaarung geprägt. → Bremssohlen aus Gußeisen haben einen R., der von der Geschwindigkeit, der → Bremsklotzkraft, der → Bremsklotzbauform und von der Reibflächentemperatur abhängig ist. Er unterliegt aus diesen Gründen im Betrieb einer größeren Streuung. Der R. der → Kompositionsbremssohle und der → Bremsbeläge ist weniger von der Geschwindigkeit und der Anpreßkraft abhängig. Er ist außerdem 2- bis 3mal größer als der von Graugußbremssohlen.
Reichsbahnausbesserungswerk, Abk. **Raw:,** Dienststellenbezeichnung der DRG und DR für → Ausbesserungswerk.
Reihenblockeinspritzpumpe: Bauart der → Einspritzpumpe für Dieselmotoren. R. vereinigen in einem Gehäuse mehrere Einspritzpumpenelemente, die über eine im Pumpengehäuseunterteil gelagerte Nockenwelle betätigt werden. Alle Zylinder eines Dieselmotors (bis 8 Zylinder bei Reihenmotoren) werden über *eine* R. mit Kraftstoff versorgt. V-Motoren, z.B. der Dieselmotor 12KVD 21SVW der BR346 der DB/DR besitzen an jeder Zylinderreihe eine R. Abb.
Reihenmotor: → Zylinderanordnung
Reihen-Parallel-Schaltung: → Serien-Parallel-Schaltung
Reihenschlußmotor: Elektromotor in → Reihenschlußschaltung, dessen Betriebsverhalten durch die *Reihenschlußcharakteristik* (Abb.) mit hohem Anfahrdrehmoment und hyperbelförmigem Momentabfall bei zunehmender Drehzahl gekennzeichnet ist. R. gehen bei vollständiger Entlastung durch (Zerstö-

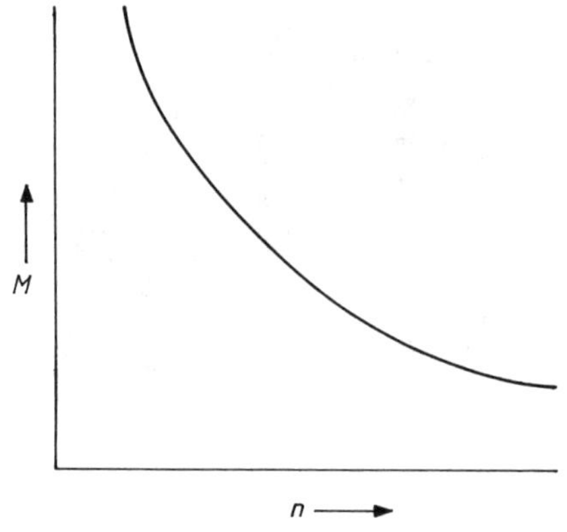

Reihenschlußmotor (Charakteristik)
M Drehmoment, *n* Drehzahl

rung durch nicht mehr beherrschbare Fliehkräfte), weshalb sie sich nur für solche Antriebe eignen, bei denen völlige Entlastung ausgeschlossen ist. Die angegebene Charakteristik des R. ist günstig für Traktionszwecke, weshalb er bis jetzt der am häufigsten angewandte → Fahrmotor für elektrische Fahrzeuge ist, und zwar in Abhängigkeit von der speisenden Stromart als Gleichstrom-R., Einphasenwechselstrom-R. oder als → Mischstrommotor. Erst seit Ende der 70er Jahre wird in zunehmendem Maß auch der Drehstrommotor als Fahrmotor eingesetzt (→ Drehstromantriebstechnik). Lit.: 4.3., 4.5., 4.12. Abb.

Reihenschlußschaltung: Hintereinanderschalten aller Wicklungen einer rotierenden elektrischen Maschine (so z. B. bei → Fahrmotoren bzw. → Generatoren von Tfz.). Die R. bringt bei Gleichstrom-, Mischstrom- und Einphasenwechselstrommotoren gute Traktionseigenschaften, daher Anwendung bei Fahrmotoren in elektrischen und dieselelektrischen Tfz. (→ Reihenschlußmotoren); z. B. a) *Gleichstrommotor* in R. (Abb.), wobei Gleichstromfahrmotoren kleinerer Leistung auch ohne Kompensationswicklung gebaut werden; b) *Mischstrommotoren* in unterschiedlichen Bauarten, daher wird die R. modifiziert; c) *Einphasenwechselstrommotoren* in R. (Abb.). Die Abhängigkeit zwischen dem Strom und dem magnetischen Fluß ist durch die magnetische Kennlinie gegeben. Die R. beim *Gleichstromgenerator* (Abb.) ist die Grundlage für die selbsterregte → Widerstandsbremse bei Tfz. mit elektrischen Fahrmotoren. Abb.

Reisebeschleunigung: mittlere → Beschleunigung bei ungleichförmigen Zugbewegungen, die mit der Geschwindigkeit $v = 0$ beginnen (→ Anfahrt) oder enden (→ Haltbremsung). Die Bestimmung der R. wird nach einer speziellen Methode vorgenommen. Die Fläche unter der gegebenen Kennlinie $v = f(t)$ wird in den Grenzen $t = 0$ (Anfangszeitpunkt mit dem Wegpunkt $s = 0$ und mit $v = 0$ bei der Anfahrt bzw. $v = v_0$ bei der Haltbremsung) bis $t = t_E$ (Endzeitpunkt mit $s = s_E$ und mit $v = v_E$ bei der Anfahrt bzw. $v = 0$ bei der Haltbremsung) in eine gleichgroße Ersatzfläche überführt, die aus der Dreieckfläche ABC und aus der Rechteckfläche CBDE besteht. Die Flächen A_1 und A_2 sind die Korrekturflächen zur Fläche unter der gegebenen Kennlinie $v = f(t)$, die gleichgroß gewählt werden müssen. Die R. a_R entspricht dem Anstiegswinkel

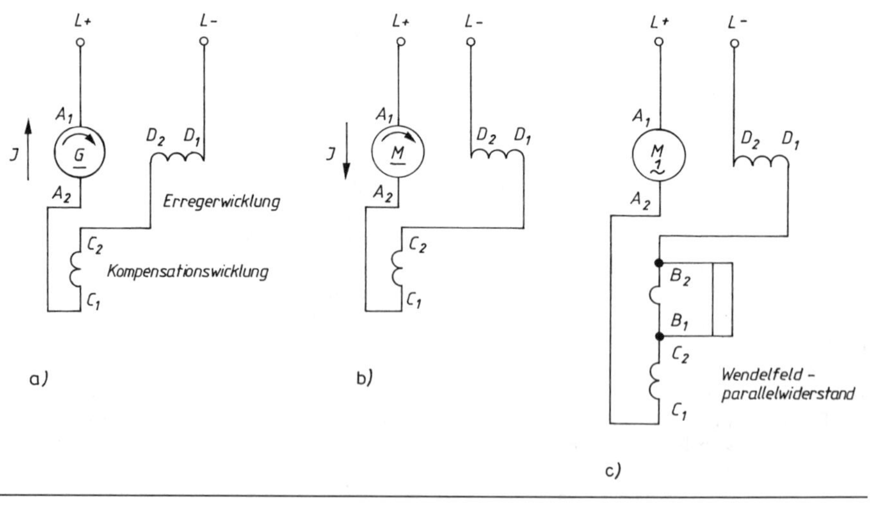

Reihenschlußschaltung
a) Gleichstromreihenschlußgenerator, b) Gleichstromreihenschlußmotor, c) Einphasenwechselstrom-Reihenschlußmotor
G Generator, J Strom, M Motor, A_1, A_2, B_1, B_2, C_1, C_2, D_1, D_2, L genormte Klemmenbezeichnungen

der Hypotenuse des Dreiecks. Bei den gegebenen Werten t_E, s_E und v_E der Anfahrt gilt für die R.:

$a_R = v_E^2 / (2(v_E t_E - s_E))$

Zur Berechnung der R. für die Haltbremsung ist v_E durch v_0 zu ersetzen. Die R. dient der vergleichsweisen Bewertung des Beschleunigungs- und Bremsvermögens von Tfz. und Zügen. Sie wird hauptsächlich als Hilfsgröße für die Bemessung der Nennleistung des Antriebssystems und der elektrodynamischen Bremse elektrischer Nahverkehrs-Tfz. benutzt. Abb.

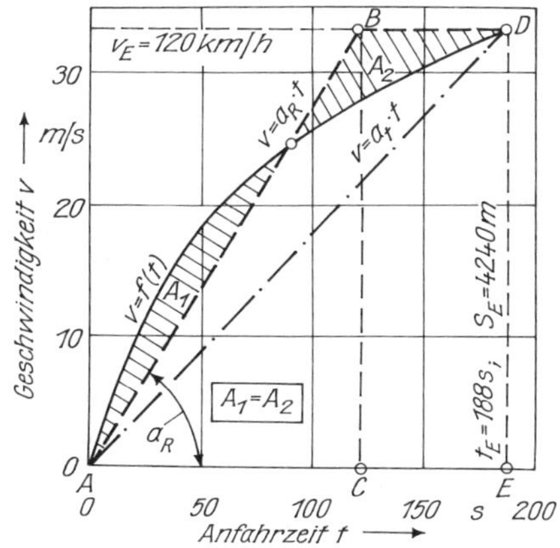

Reisebeschleunigung a_R für die Kennlinie $v = f(t)$ der Anfahrt eines mit der Diesellokomotive der BR 232 der DB/DR bespannten 300-t-D-Zugs

Reisegeschwindigkeit: kinematische Bewertungsgröße eines Bewegungszyklus oder einer Folge von Bewegungszyklen sowie des betrieblichen Leistungsvermögens von Tfz. Die R. ist eine mittlere → Geschwindigkeit, die mit dem Differenzenquotieten $\Delta s/\Delta t$ unter Einbeziehung aller Teilzeiten und -wege berechnet wird. In der R. des Einzelzyklus sind alle Teilzeiten von der Anfahrt bis zur Wiederanfahrt enthalten. Für die Zyklenfolge einer Gesamtstrecke berechnet man die R. mit der Zeit zwischen Abfahrt des ersten Zyklus und Ankunft des letzten Zyklus.

Reisezuglokomotive: → Lokomotive, die bevorzugt zur Förderung von Reisezügen, d. h. relativ leichter und nicht sehr langer Züge bei hohen Fahrgeschwindigkeiten, ausgelegt ist. R. mit ausreichend großen Leistungen für die Traktion bis in die Höchstgeschwindigkeitsbereiche werden auch als Schnellzug- oder auch Schnellfahrlokomotiven benannt. Die Bezeichnung R. wird vorwiegend für Dampfloks verwendet, deren Auslegung des Triebwerks (Zylinder, Treibstangen) und des Fahrwerks (3 bis 4 Treibradsätze, großer Treibraddurchmesser, mehrere Laufradsätze) speziell den Bedingungen der Reisezugförderung angepaßt ist.

Reko-Lokomotive: Kurzbezeichnung für → **Reko**nstruktions-**Lokomotive.**

Rekonstruktions-Lokomotive, *Reko-Lokomotive:* Bezeichnung der DR für eine durch Rekonstruktion bewährter BR entstandene Lokomotive, die mindestens noch 3 Erhaltungsabschnitte im Dienst verbleibt. Die R. ist eine Zwischenstufe zwischen einer Generalreparatur und einem Neubau. Der Anlagenwert entspricht etwa 80–90% einer Neubaulokomotive. Bei R. wurde die Bauart geändert, um die Leistung der Lokomotive zu erhöhen, erkannte Mängel zu beseitigen und die Laufeigenschaften zu verbessern

Rekonstruktions-Lokomotive 58 3011 der DR mit neuem geschweißtem Kessel mit Verbrennungskammer und Mischvorwärmer; Triebwerk und Dampfmaschine blieben erhalten

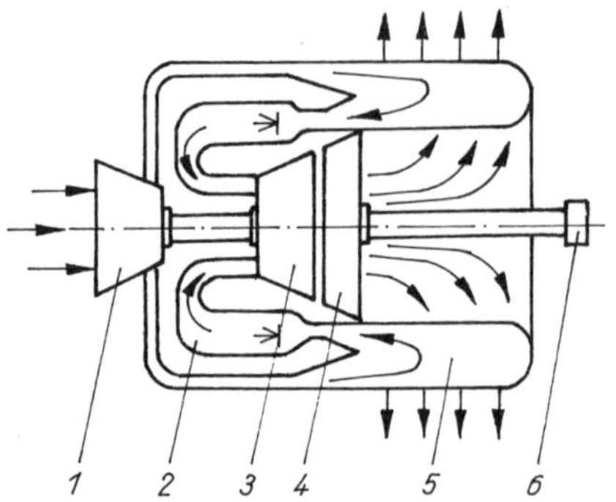

Rekuperator
Anordnung an einer Zweiwellen-Gasturbine 1 Verdichter, 2 Brennkammer, 3 Verdichterturbine, 4 Nutzleistungsturbine, 5 Rekuperator, 6 Abtrieb

sowie die gesamte Lokomotive zu modernisieren. So erreichte man z.B. durch den Einbau eines neuen Kessels nach Vorbild der Neubaulokomotiven nicht nur für den Betrieb eine größere Dampfleistung und bessere Brennstoffausnutzung, sondern gleichzeitig Vorteile in der Erhaltung und geringere Lagerbestände. Eine 1959 begonnene umfangreiche Rekonstruktion nahm die DR für zahlreiche BR ihrer Dampflokomotiven vor, aus der z.B. die R. der BR22, BR50^{35}, BR58^{30}, BR03^{10} und BR01^{5} hervorgingen. Lit.: 2.1. Bd. 1–4, 2.3. Abb.

Rekuperationsbremse: → Nutzbremse

Rekuperator: kontinuierlich nach dem → Gegenstromprinzip, → Kreuzstromprinzip oder → Gleichstromprinzip arbeitender Wärmeübertrager, in dem das wärmeabgebende von dem wärmeaufnehmenden Medium duch Zwischenwände (Rohre oder Platten) getrennt ist. R. haben i.G.z. → Regeneratoren keine Leckverluste. Gebräuchliche Bauarten sind Rohrbündel-, Rippenrohr- und Platten-R. Abb.

Relais: Schaltgerät in elektrischen Stromkreisen, durch das mit Hilfe einer oder mehrerer physikalischer Größen (meist Strom oder/und Spannung, aber auch Temperatur oder Zeit) zum gleichen oder zu anderen Stromkreisen gehörende elektrische Größen beeinflußt werden. Auf Tfz. werden R. in verschiedensten Arten und Formen vor allem in Steuerstromkreisen und in Anlagen der Automatisierungs- und Sicherungstechnik eingesetzt. Unterscheidungsmerkmale von R. ergeben sich aus dem Grundaufbau: a) *elektromagnetische R.* mit Elektromagnet (Spule(n) und Eisenkern), beweglichem Anker und von diesem betätigtem Kontaktsatz; b) *elektronische R.* mit kontaktlosen elektronischen Schaltelementen; c) *thermische R.* mit temperaturabhängigem Schaltauslöser; d) *elektrostatische* und *elektrodynamische R.* Bes. Bedeutung und Formenvielfalt haben die elektromagnetischen R.: Wechselstrom-R. (als Spaltpol- oder Phasen-R.), Gleichstrom-R. (als neutrale oder gepolte R., verzögerte oder unverzögerte R., Haft-R., Schutz-R.) in den Ausführungen Rund-, Flach- oder Klein-R. Hinsichtlich der Anwendung unterscheidet man u.a. Steuer-, Signal-, Fernmelde-, Überstrom-, Nullspannungs- und Starkstrom-R. (→ Schütz). Weitere Besonderheiten können sich aus der *Kontaktausführung* ergeben, z.B. R. mit Flüssigkontakten (Quecksilber-R.) oder Schutzgaskontakt-R.

Remanenz: Restmagnetismus, der im Eisenkern von Elektromagneten, also z.B. auch in den Polschuhen von Elektromotoren, erhalten bleibt, wenn die Erregung gleich Null wird.

Repulsionsmotor: Einphasenwechselstrommotor (Grundprinzip 1886 von Thomson zum Patent angemeldet), der sich ähnlich wie ein → Reihenschlußmotor verhält. Der Ständer trägt eine Wechselstromwicklung, der Anker ist mit einer Stromwenderwicklung und mit einem → Kommutator ausgerüstet. Ständer- und Ankerwicklung sind nicht galvanisch miteinander verbunden. Der zur Drehmomentbildung benötigte Ankerstrom wird durch eine Spannung angetrieben, die in der Ankerwicklung von der Ständerwicklung her induziert wird, deren Höhe vom Verdrehungswinkel α zwischen der Erregerfeldachse und der Ankerspulenachse abhängt. Da der R. näherungsweise Reihenschlußcharakteristik hat und die Steuerungsmöglichkeit durch Bürstenverdrehung bei den früher üblichen → Zentralmotoren einen einfachen Aufbau der → Leistungssteuerung ermöglichte,

Repulsionsmotor
a) einfacher Repulsionsmotor, b) Repulsionsmotor mit Doppelbürstensatz (Déri-Motor)

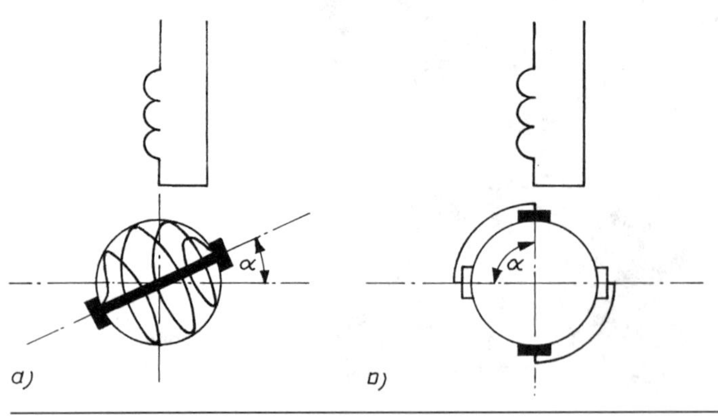

war er für Traktionszwecke brauchbar, wurde aber für Lokomotiven größerer Leistung aus technischen Gründen nur in der Form des *R. mit Doppelbürstensatz,* des sog. *Déri-Motors,* angewendet. Dieser hat gegenüber dem einfachen R. günstigeres Verhalten bei Leerlauf und erlaubt feinstufigere Steuerung. Anwendung bei den Elloks EG 504 der KPEV, BR E 70.04 der DRG (Bürstenverdrehung von Hand) und BR E 61² der DRG (pneumatische Bürstenverdrehung). Der R. befriedigte als Fahrmotor nicht und wurde wieder aufgegeben. Abb.

Reservefeuer, *Ruhefeuer:* vor der Feuerbüchsrohrwand des → Dampflokomotivkessels auf dem vorderen Drittel des → Rosts angelegte → Feuerschicht, die die Rohrwand vor Abkühlungen schützt. Das R. wird nach dem → Ausschlacken angelegt, um die Lokomotive danach betriebsbereit abzustellen. Bei der Vorbereitung zur nächsten Fahrt verteilt der Heizer das R. über den gesamten Rost und baut darauf das → Grundfeuer auf. Lit.: 2.3., 2.12.

Resonanzaufladung: → Aufladeverfahren für Verbrennungsmotoren, wobei der Aufladeeffekt durch die direkte Ausnutzung von Druckschwingungen im Ansaug- und Auspuffsystem erzielt wird. Bei der R. werden Resonanzschwingungen der Luft im Saugrohr zur Aufladung genutzt, wobei ein relativ breiter Drehzahlbereich zur Vergrößerung der Frischluftmenge genutzt werden kann. Von Bedeutung für die R. ist die abgestimmte Saugrohrlänge mit der Anzahl der an die Saugrohre angeschlossenen Zylinder. Bei 4-Takt-Dieselmotoren wird die R. als kombinierte Aufladung angewandt, d. h., daß der Ladedruckabfall und das Ansprechzeitverhalten des Abgasturboladers bei der Motorbeschleunigung durch ein auf untere und mittlere Drehzahlbereiche abgestimmtes Resonanzaufladesystem abgeglichen werden.

Resonator: schwingungsfähiges System, das bei Erregung mit seiner Resonanzfrequenz schwingt. In → Abgasschalldämpfern werden als R. die seitlich am Strömungskanal über Öffnungen oder kurze Rohrstücke angeschlossenen Resonanzkammern (Helmholtz-R.) bezeichnet, die dem Abgas im Strömungskanal Schallenergie entziehen sollen. Ein R. dämpft nur im Bereich seiner Resonanzfrequenz. → Reflexionsschalldämpfer

Resonatorgruppe: → Reflexionsschalldämpfer

Restbeschleunigung: → Endbeschleunigung

Restgas: beim → Ladungswechsel im Zylinder von Verbrennungsmotoren durch die Trägheit der Gassäule verbleibendes Gas. Die Frischladung ist um den Anteil des R. kleiner.

Reversiergetriebe: → Wendegetriebe

Richtkraft: → Schienenrichtkraft

Richtungspumpe: → Sekundärsteuerpumpe

Richtungssteuerwalze, *Richtungswalze:* bei einigen Ausführungen Baugruppe des → Fahrtrichtungswenders bei elektrischen Tfz. Für die Drehrichtungsänderung der Fahrmotoren werden durch Drehung einer Walze aus Isoliermaterial die auf ihrer Mantelfläche angeordneten elektrisch leitenden Kontaktstücke mit im Fahrtrichtungswender feststehenden Kontaktfingern elektrisch verbunden.

Richtungswalze: → Richtungssteuerwalze

Richtungswender: → Fahrtrichtungswender

Richtungswenderkontaktgeber: Bauteil des Strömungs-, Wende- oder hydromechanischen Getriebes, das die Stellung der Wendeschaltmuffe (→ Schaltmuffe) überwacht. Durch den R. werden 5 Schaltstellungen unterschieden und an die Tfz.-Steuerung signalisiert: Drehrichtung 1 und 2, Zahn-vor-Zahn-Stellung vor Drehrichtung 1 und 2 und Mittelstellung. Der R. ist mechanisch mit dem Gestänge der Wendeschaltmuffe verbunden. Weitere Funktionen: Kontrolle des Befolgens der Wendebefehle, Ermöglichen der Betätigung des → Füllstoßes (2), Abschalten des Dieselmotors in Mittelstellung der Wendeschaltmuffe, Signalisieren von Wendegetriebestörungen.

Riegelklauenkupplung: schaltbare → Klauenkupplung mit Abweisklauen (→ Abweisklauenkupplung), bei der ein Riegelklauenring neben dem die Kraft übertragenden Klauenring angeordnet ist, der im ausgerückten Zustand durch Fe-

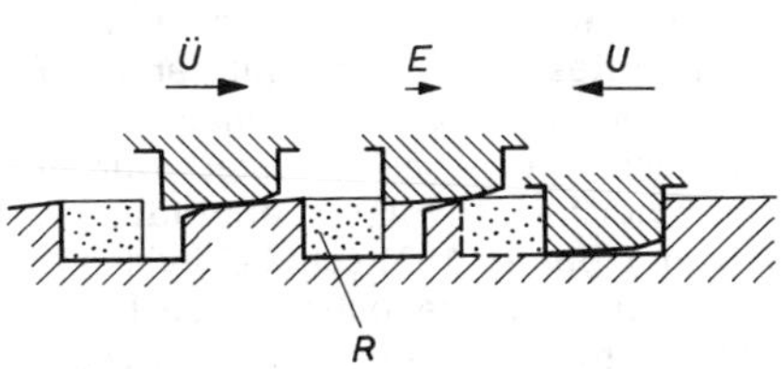

Riegelklauenkupplung
Maybach-Riegelklauenkupplung
Ü übersynchroner Lauf, E Einrücken, Übergang von übersynchronen in untersynchronen Lauf, U untersynchroner Lauf, R Riegelklauenring

derwirkung die Klauenlücken teilweise überdeckt und ein Eingreifen sowie eine schädliche axiale Bewegung der Abweisklaue bei gering übersynchronem Lauf verhindert. Beim Einrücken greift die Klaue in die Klauenlücke, und bei untersynchronem Lauf schiebt diese den Riegelklauenring gegen die Feder zurück, wodurch ein vollständiges und schonendes Einkuppeln erfolgt. Anwendung: beim → Mekydrogetriebe großer Übertragungsleistung. Abb.

Riegelpumpe: → Sekundärsteuerpumpe

Riegelscheibe: ältere Bezeichnung für → Sperrad.

Rieselblech: im → Dampflokomotivkessel unter dem → Speisedom angeordnete Leitbleche, die den im → Schlammabscheider (dort Abb.) ausgeschiedenen Schlamm innen am Kesselmantel entlang in einen → Schlammsammler leiten, um das darunter liegende Heiz- und Rauchrohrbündel vor Schlammablagerungen, aus denen sich auf dem Außenmantel der Rohre → Kesselstein bilden kann, zu schützen. Lit.: 2.3., 2.12.

Niklaus *Riggenbach*

Riggenbach, Niklaus: 21. Mai 1817 (Gebweiler/Schweiz) – 24. Juli 1899 (Olten); schweizerischer Eisenbahningenieur, Gründer und Leiter der Internationalen Gesellschaft für Bergbahnen (1873–1880), danach Zivilingenieur für Zahnrad- und Standseilbahnen. Nach einer Kaufmanns- und Mechaniker-Lehre sowie naturwissenschaftlicher Weiterbildung arbeitete R. ab 1840 als Monteur bei der Kesslerschen Maschinenfabrik in Karlsruhe und stieg hier bis zum Betriebleiter auf. 1852 wurde R. zum Vorstand der in Olten neu eingerichteten Hauptwerkstätten der Schweizerischen Centralbahn (SCB) und 1853 zum Chef ihrer Maschinenwerke gewählt. 1854 baute er bei Olten über die Aare die erste stählerne Eisenbahnbogenbrücke der Welt. 1863 erhielt R. für seine Idee des Zahnrads am Eisenbahnwagen ein französisches Patent. Erst 10 Jahre später konnte er seine Erfindung mit den → Zahnradlokomotiven der ebenfalls von ihm entworfenen Rigi-Zahnradbahn praktisch durchsetzen. Die Dampflokomotiven mit stehendem Kessel, die auch mit der von R. entwickelten Riggenbachbremse (→ Gegendruckbremse) ausgerüstet wurden, waren nur für den reinen Zahnradbetrieb geeignet. Bereits 1871 schuf er jedoch für Werk- und Hüttenbahnen auch die Grundform der Zahnradlokomotive für den gemischten Zahnrad-Reibungs-Betrieb. Lit.: 5.1., 5.2., 5.3. Abb.

Riggenbach-Bremse: von → Riggenbach für Dampflokomotiven entwickelte → Gegendruckbremse.

Ringbrennkammer: → Brennkammer

Ringstreifenkolben: → Kolben (2), der zur Einschränkung der Kolbendehnung mit einem horizontal zwischen Bolzenauge und Ringzone eingegossenen Stahlblechring gefertigt wird.

Ringträgerkolben: → Kolben (2) aus Leichtmetall für Verbrennungmotoren, bei dem zur Senkung des Ringnutverschleißes ein harter Ringträger aus einer nickel- und kupferreichen Legierung in die erste Ringnut, teilweise auch in darunter liegende Ringnuten eingegossen ist. Kolben (Leichtmetall) und Ringträger (Nickel- oder Kupferlegierung) besitzen trotz unterschiedlicher Materialien nahezu gleiche Wärmeausdehnung. Zum Kolbenschaft hin bildet der Ringträger eine Wärmesperre.

Rippenrohrkühler, *Wasserrohrkühler:* Röhrenkühler, an dessen Rohraußenoberfläche → Kühlrippen angeordnet sind. Die Rohre werden vom → Kühlwasser durchströmt, die Außenfläche wird von der → Kühlluft umströmt. R. werden als Wasser-Luft-Kühler in Kühlanlagen von Diesel-Tfz. angewandt. R. können auch als Öl-Luft-Kühler zur → direkten Kühlung des Öls genutzt werden (→ Ölkühler). Gegensatz: Luftröhrenkühler, die bei Diesel-Tfz. nicht eingesetzt werden.

Ritzel: → Zahnrad mit geringer Zähnezahl. Anwendung: bei → Zahntrieben mit großem → Übersetzungsverhältnis, z.B. Anlasser-R., R. des elektrischen → Fahrmotors.

Ritzelhohlwelle: Getriebebauteil, das → Ritzel und → Hohlwelle in einem Stück vereinigt. Die R. ist entweder in einem Stück hergestellt oder zu einem Bauteil zusammengesetzt. Anwendung: in → Strömungsgetrieben und → Zahnradgetrieben, bei denen mehrere Wellen ineinandergefügt sind. Abb.

Road Switcher: Bauart einer Mehrzweck-Diesellokomotive mit langem und schmalem Vorbau und einem im hinteren Drittel angeordneten Führerstand. Vorbauten und Führerstand sind in gleicher Höhe ausgeführt, so daß die Sicht auf die Strecke nur am Vorbau vorbei möglich ist. R. wurden seit 1957 von USA-Firmen in großer Anzahl hergestellt und sind bei solchen Bahnen anzutref-

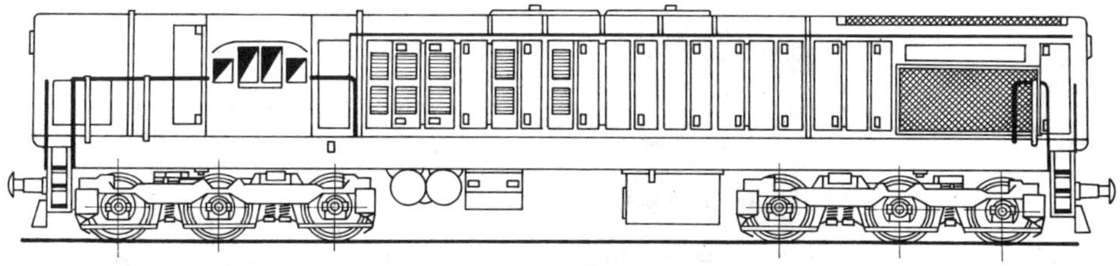

Road Switcher Diesellokomotive D661 in Road Switcher-Bauart, geliefert für die JŽ von General Motors

»Rocket« erste betriebstüchtige Dampflokomotive von R. Stephenson. Newcastle 1829

fen, bei denen Diesellokomotiven mit langsamdrehenden Dieselmotoren als Antriebsmaschine eingesetzt werden, z.B. die Diesellok-BR 10800 der BR, die Diesellok-BR TEM3, TEM7, CME3 (zugleich T669 der ČSD) und TGM10 der SŽD und die Standarddiesellokomotive G16 von General Motors (BR D661 der JŽ). Abb.

Robinson-Überhitzer: dem → Rauchrohrüberhitzer von → Schmidt ähnliche englische Überhitzerbauart für Dampflokomotiven. Beim sonst im Aufbau gleichen R. sollten vor den → Rauchrohren angeordnete kleine Bläser die Rauchgasgeschwindigkeit in den Rauchrohren reduzieren und damit einen Zeitgewinn zugunsten der Dampftrocknung erreichen. Lit.: 1.6., 5.3.

»Rocket«: Name der ersten betriebstüchtigen Dampflokomotive der Welt, die von R. → Stephenson mit der Achsfolge A1 unter weitgehender Nutzung schon für einige Hauptbaugruppen vorliegender Erfindungen entwickelt und in der väterlichen Lokomotivfabrik von G. → Stephenson in Newcastle 1828 gebaut wurde. Die Lok war mit einem offenbar von Booth erfundenen Heizrohrkessel, wasserumspülter doppelwandiger Feuer-

Ritzelhohlwelle mit Lagerung

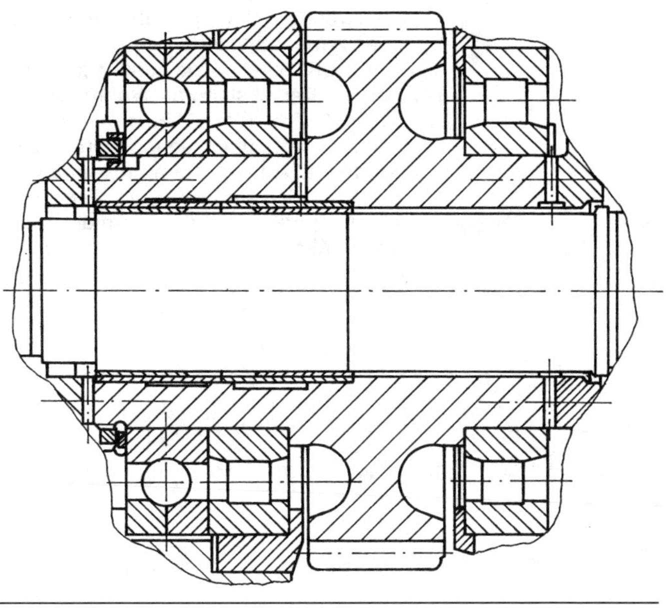

Röhrenfedermanometer Röhrenfederdruckmesser

büchse, 2 Sicherheitsventilen, Auspuff über eine Art Blasrohr zum Schornstein umd um 45° geneigten Zylindern sowie einem Schlepptender für Koks und Wasser ausgerüstet. Mit einer Dienstmasse von 4,5 t (ohne Schlepptender) entwikkelte sie eine Leistung von 7,35 kW und bestand am 6. Oktober 1829 zur → Lokomotivwettfahrt von Rainhill alle Versuchsfahrten ohne Mängel. Am zweiten Versuchstag erreichte sie 40 km/h mit 1 von 30 Reisenden besetzten Wagen und 38 km/h mit 2 beladenen Wagen, deren Gesamtmasse über 9 t betrug. Eine betriebsfähige Nachbildung der R. existiert in Großbritanniens Eisenbahnmuseum York. → »Saxonia« (dort Tab.), Lit.: 2.9., 2.16., 5.3. Abb.

Rohrbündel: eine in meist 2 im Abstand der Rohrlänge gegenüberliegende ebene Rohrwände (Rohrspiegel) eingewalzte oder eingeschweißte größere Anzahl von i.d.R. parallel zueinander geführten Rohren. Der Abstand der Rohre zueinander ist durch den → Rohrsteg gegeben. Die der Wärmeübertragung dienenden R. werden z.B. in → Dampflokomotivkesseln, → Oberflächenvorwärmern (dort Abb.) und Abgasvorwärmern von Dampflokomotiven sowie in → Kühlern und Wärmeübertragern von Diesel-Tfz. eingesetzt. Lit.: 2.3., 2.12., 3.6., 3.13., 3.18.

Röhrenfedermanometer: Druckmesser, der überwiegend bei Dampflokomotiven verwendet wird. Eine ringförmig gebogene Metallröhre mit ovalem Querschnitt wird an einem Ende fest an die Meßdruckleitung angeschlossen. Das andere, freie und verschlossene Ende ist über ein Hebelwerk mit einem Zeiger über einem Zifferblatt verbunden. Unter Wirkung des Drucks versucht sich diese als Feder ausgebildete Röhre mehr oder weniger aufzubiegen und zeigt über das geeichte Zifferblatt (Rundskala) die Höhe des Überdrucks an. Das R. wird i.d.R. zum Messen und Anzeigen von Dampf- und Druckluftdrücken verwendet. Lit.: 2.3., 2.12. Abb.

Röhrenwärmeübertrager: Wärmeübertrager, bei dem die Wärme durch Rohre übertragen wird. Ausführungsarten: → *Knorr-Oberflächenvorwärmer* zur Speisewasservorwärmung bei Dampflokomotiven und *Ölwärmeübertrager* zur Ölkühlung bei Diesel-Tfz. Die R. bestehen aus einem → Rohrbündel, das von einem zylindrischen Blechmantel umgeben ist. Die beiden Enden sind durch meist ballige Deckel verschlossen. Die R. arbeiten i.d.R. nach dem → Gegenstromprinzip. Bei den Ölwärmeübertragern strömt das zu kühlende Öl durch U-förmig gebogene oder gerade Rohre; das Kühlwasser umströmt das Rohrbündel. An einem Deckel befinden sich Öleintritts- und Ölaustrittsflansche, am Mantel sind die Wassereintritts- und Wasseraustrittsflansche angeordnet. In den Rohren können → Turbulenzstreifen angeordnet sein. Abb.

Rohrsteg: zwischen 2 benachbarten Bohrungen zur Aufnahme von Rohren in der Rohrwand oder im Rohrspiegel verbliebenes Material, das neben der Festigkeit der Rohrwand selbst den für Herstellung, Funktion und Instandhaltung eines → Rohrbündels notwendigen Abstand der Rohre zueinander gewährleistet. Der R. muß z.B. bei der Feuerbüchsrohrwand von → Dampflokomotivkesseln eine bestimmte Breite besitzen, weil hier häufig Nacharbeiten (Nachwalzen der Rohre und Nachdrehen der Bohrungen) erforderlich sind. Lit.: 2.3., 2.12.

Rohrwand: Feuerbüchs- und Rauchkammerrohrwand des → Dampflokomotivkessels.

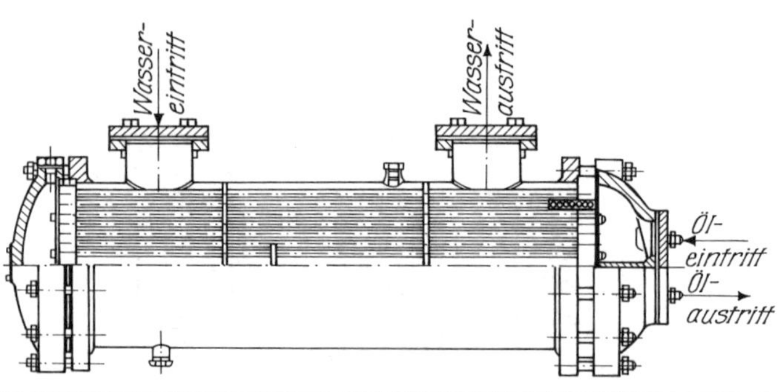

Röhrenwärmeübertrager mit geraden Rohren

Rolldach, *Teleskopschiebedach:* auf Rollen laufendes, den → Kohlenkasten überdeckendes 2teiliges Dach des → Schlepptenders von Stromlinienlokomotiven (→ Stromlinienverkleidung). Zum Bekohlen wird das mit Kurbeln zu bewegende R. teleskopartig ineinander geschoben. Lit.: 2.1. Bd. 1., 2.3., 2.12.

Rollenachslager: → Radsatzlager

Rollen der Räder: → Schlupf (1)

Rollenlager: → Radsatzlager

Rollenstromabnehmer: → Stangenstromabnehmer

Rollgrenze: → Schlupf (1), → Blockieren des Radsatzes

rollierendes Schleudern: Schleudervorgänge (→ Schleudern des Radsatzes) bei relativ niedrigem → Schlupf (1) des Radsatzes, bei denen der Drehbewegung des schleudernden Radsatzes eine Drehschwingung von 50–90 Hz überlagert ist. Das r. S. tritt sehr oft im Mikroschlupfbereich auf und verursacht eine erhebliche Beanspruchung der Radsatzwelle von Tfz. Zum Vermeiden des r. S. werden moderne Tfz. mit Rollierschutz ausgerüstet, z. B. die dieselhydraulische Industrielokomotive MH05 der Fa. Krauss-Maffei. Lit.: Eisenbahningenieur. – Darmstadt 35 (1984) 9, S. 436–442.

Rollierschutz: → rollierendes Schleudern

»Rollwagen«, *»sächsischer Rollwagen«:* häufig gebrauchte Bezeichnung für die von 1910–1927 von der Sächsischen Maschinenfabrik (Hartmann) in Chemnitz für die Sächsische Staatseisenbahn gebauten 169 Stück 2′Ch2-Dampflokomotiven der Gattung sä. XIIH2 (später BR 38^{2-3} der DRG). Die robuste und zugkräftige sowie bedien- und wartungsfreundliche Personenzuglokomotive, die im sächsischen Hügelland zeitweise auch planmäßig im Schnellzugdienst stand, unterschied sich gegenüber ihren zahlreicheren preußischen Schwesterlokomotiven der Gattung P8 (später BR 38^{10-40} der DRG) äußerlich u. a. durch ihren einheitlichen → Radsatzabstand von 1750 mm und geringeren → Raddurchmesser von 1590 mm (Treib- und Kuppelradsätze) sowie die Bauform des Schlepptenders. Die Lokomotive 38205 (Fabrik-Nr. 654/Baujahr 1910) der bis 1971 bei der DR im planmäßigen Einsatz befindlichen R. wird für Traditions- und Sonderfahrten betriebsfähig erhalten. Lit.: 1.19., 2.1. Bd. 1., → Tafel »Dampflokomotiven«.

Roots-Gebläse: nach dem amerikanischen Erfinder benanntes → Drehkolbengebläse.

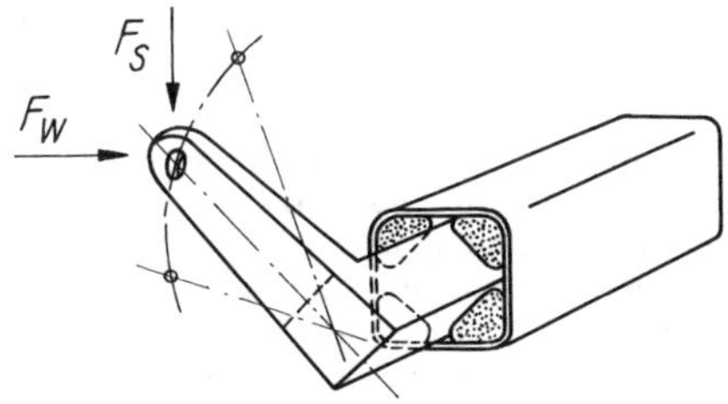

Rosta-Element

Rost: Bestandteil der → Grobausrüstung von → Dampflokomotivkesseln, das die → Feuerbüchse nach unten abschließt. Der R. ist leicht nach vorn geneigt und wird aus R.stäben gebildet, die auf R.balken lagern. Die R.stäbe bestehen aus flachen gußeisernen Profilstäben, die hochkant, die R.spalte bildend, nebeneinander gelegt sind. Die Verbrennungsluft gelangt durch diese R.spalte von unten an die Feuerschicht. Die R.spalte hat eine Breite von 14 mm bei Steinkohlenfeuerung und 7–8 mm bei Braunkohlenfeuerung. Bei → Heißdampflokomotiven ist ein Teil des R. als → Kipprost ausgebildet. Abb.

Rosta-Element: Lagerelement für die elastische Aufnahme senkrechter wie auch waagerechter Kräfte. Es besteht aus quadratischem Hohlraumprofil, durch das ein um 45° verdrehter Vierkantstab gesteckt ist. Die dadurch entstehenden Hohlräume mit 3eckigem Querschnitt sind mit entspr. Profilgummi mit stark progressiver Federung ausgefüllt. R. werden z. B. bei der Federung der → Wippe moderner Stromabnehmer und bei Fahrleitungsarmaturen angewendet. Abb.

Rostbalken: → Rost

Rostbelastung: die auf dem → Rost in der Zeiteinheit und je Einheit der → Rostfläche verbrannte Brennstoffmenge

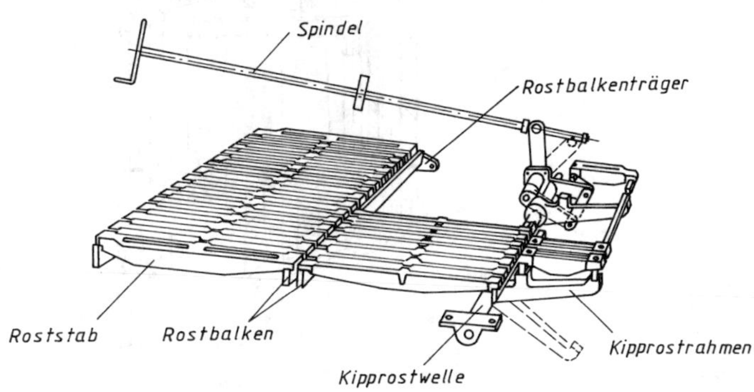

Rost eines Dampflokomotivkessels

(Kohle). Diese rostflächenbezogene R. (früher oft als *spezifische R.* bezeichnet) wird i.d.R. als die in 1 h auf 1 m^2 Rostfläche verbrannte Kohlemenge angegeben. Sie betrug bei deutschen Dampflokomotiven im Durchschnitt 300 kg/(m^2·h) bei Dauerbelastung und kann bei sauberem Rost und Verbrennung hochwertiger Steinkohle bis zu 700 kg/(m^2·h) ansteigen. Bei Verbrennung von Braunkohlenbrikett auf dazu geeigneten Rosten liegt die R. um etwa 80% höher. Die R. ist stark abhängig von der Beschaffenheit der Kohle, von der Bauart und vom Zustand des Rosts sowie von der Beschaffenheit des Feuerbetts. Lit.: 2.3., 2.10., 2.12.

Rostfläche: vom gesamten → Rost des → Dampflokomotivkessels eingenommene Fläche *(Gesamt-R.),* die zu etwa 43% aus der sich aus den Rostspalten ergebenden *freien R.* und zu etwa 57% aus der von den Roststäben gebildeten *bedeckten R.* besteht. Bei der DRG wurden Lokomotiven mit einer Gesamt-R. von bis zu 4,8 m^2 (BR06 und BR45) gebaut. Zu den Lokomotiven mit den größten R. gehören die 1'D2' h2-Dampflok der Klasse JS der SŽD mit 7,04 m^2 und die amerikanische 2'D2' h2-Dampflok der New York Central mit 9,38 m^2. Die Größe der R. wird u.a. bestimmt von der zweckmäßigen → Rostbelastung, der Art des Brennstoffs, der Bauart der → Feuerbüchse und der Leistungsauslegung des Lokomotivkessels. Lit.: 2.3., 2.6., 2.9., 2.10., 2.12.

Rostspalt: → Rost

Roststab: → Rost

Rotationsfilter: → Ölfilter, dessen Wirkungsweise darauf beruht, daß die spezifisch schwereren Verunreinigungen in einem Rotor durch Zentrifugalkraft aus dem Öl herausgeschleudert werden. Der Rotor wird durch die Rückstoßwirkung des über 2 Reaktionsdüsen austretenden Öls angetrieben. Es werden Rotordrehzahlen bis etwa 7000 U/min erreicht. Anwendung: R. werden als Feinfilter im Nebenstrom eingesetzt. Sie scheiden Verunreinigungen ab, deren Korngröße 5 µm überschreiten. Das R. wird nach Öffnen des Rotors durch Entfernen der am Rotorinnenumfang abgesetzten Schmutzschicht gereinigt. R. werden im Ölkreislauf von Dieselmotoren und Strömungsgetrieben eingesetzt. Abb.

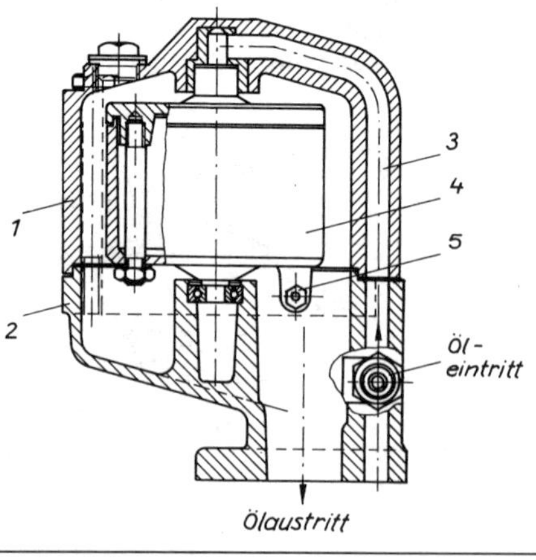

Rotationsfilter
1 Gehäuseoberteil, 2 Gehäuseunterteil, 3 Ölkanal, 4 Rotor, 5 Reaktionsdüse

Rotationszerstäuber: → Zerstäuber

»Roter Dessauer«: Bezeichnung für einen dreiteiligen → elektrischen Triebzug der BR 285.0 der DR, der von 1959 bis 1971 auf der Strecke Dessau–Leipzig–Halle–Magdeburg im Reisezugdienst (Personen- und Schnellzug) eingesetzt war und wegen seines roten Anstrichs im Volksmund so genannt wurde. Er war aus dem 2teiligen Triebzug ET 25012 (Baujahr 1936) der DRG und – als Mittelwagen – den Steuerwagen ES 25008 (Baujahr 1935) der DRG im Raw Dessau wiederaufgebaut worden.

»Roter Pfeil«: Bezeichnung für den elektrischen Leichttriebwagen RAe2/4 der Radsatzfolge Bo'2' mit beidseitigen Vorbauten, der in den 30er Jahren von den SBB für den schnellen Reise- und Ausflugsverkehr beschafft wurde. Für seine Konstruktion wurden die neuesten Erkenntnisse des damaligen Flugzeugbaus genutzt. → Tafel »Elektrische Triebwagen und Triebzüge«.

rotierender Brenner: → Zerstäuber

Rottenkraftwagen: ehem. Bezeichnung für → Gleiskraftwagen.

Ruck: kinematische Bewertungsgröße ungleichmäßig beschleunigter Bewegungen, die die Beschleunigungsänderung im Zeitintervall charakterisiert. Der R. trägt die Maßeinheit m/s^3. Der *momentane R.* ist als Differentialquotient da/dt, der *mittlere R.* als Differenzenquotient $\Delta a/\Delta t$ oder als arithmetisches Mittel aus Anfangs- und Endwert des Intervalls gegeben. Im Regelfall wird der mittlere R. bei Voraussetzung der 1dimensionalen Bewegung benutzt. Bei der 2dimensionalen Bewegung der Bogenfahrt beträgt der aus der Richtungsänderung des Beschleunigungsvektors hervorgehende Anteil am Gesamtruck etwa 10%, der aber i.d.R. vernachlässigt wird. Im Schienenverkehr werden normative Beträge

Ruck
Zulässiger Ruck im Schienenverkehr

Merkmal	Ruck in m/s³
Anfahrruck	0,6 ... 0,8
Stromabschaltruck	1,0 ... 1,5
Ruck bei Bremsbeginn	1,0 ... 1,5
Ruck bei Bremsende	0,8 ... 0,9
Radialruck bei Bogen-ein- und Bogenausfahrt	0,65 ... 0,85

des mittleren R. vorgegeben, damit der Fahrgast sich innerhalb der Reaktionszeit auf nicht erwartete Beschleunigungsänderungen einstellen kann. Dabei wird der mittlere R. nach folgender Beziehung bestimmt:

$$u_m = a_{max}/(t_{SR}/2 + t_R)$$

(a_{max} maximale Beschleunigung, t_{SR} Schwellzeit des R., t_R Wirkzeit des konstanten R.). Tab.

Rückförderpumpe: → Primärabsaugpumpe, → Sekundärabsaugpumpe

Rücklaufleitung: Teil der → Kraftstoffanlage von Verbrennungsmotoren. Über die R. wird Kraftstoff, der über die → Kraftstofförderpumpe dem → Kraftstoffilter zugeleitet wurde, jedoch in der geförderten Menge von der Einspritzpumpe nicht abgenommen wird, zum Kraftstoffbehälter zurückgeführt. Zwischen Filter und R. ist ein Überströmventil zwischengeschaltet, so daß bei Einstellwerten von 0,08–0,1 MPa ein konstanter Einspritzpumpenvordruck gehalten wird. Die R. ist außerdem mit den Einspritzventilen verbunden und nimmt von diesen den → Leckkraftstoff auf.

Rückschaltdifferenz: → Wächter

Rückschlagklappe: Steuerorgan im → Kühlwasserkreislauf (dort Abb.) von Diesel-Tfz., das die Strömungsrichtung des Kühlwassers im Rohrstrang festlegt. Die R. wirkt wie ein Rückschlagventil selbsttätig und ist z.B. erforderlich, wenn der Wasserumlauf durch eine → Kühlwasserumwälzpumpe erzeugt wird, die parallel zu der mit der R. versehenen Hauptrohrleitung in den Kühlwasserkreislauf eingebunden ist.

Rückschlagventil: Einrichtung zur Absperrung von in Behältern eingeschlossenen Gasen oder Flüssigkeiten. Es gestattet den Stofffluß nur in einer Richtung, und die Durchflußöffnung schließt selbsttätig ab. In der → Luftanlage (Drucklufterzeugungsanlage) wird zwischen → Luftverdichter (1) und → Hauptluftbehälter ein R. eingebaut, um ein Zurückfließen der geförderten Druckluft zu verhindern. Das R. muß so angeordnet sein, daß die vom Luftverdichter geförderte Druckluft das R. in Pfeilrichtung durchströmt. Weitere R. sind in der Druckluftverteilungsanlage notwendig. Bei der BR 155 der DB/DR sind z.B. Rückschlagventile vor der Sonderluftleitung, dem → Gleitschutzregler, dem → Drucküberseetzer und dem → Hauptschalter erforderlich.

Rückstelleinrichtung: → Rückstellmechanismus

Rückstellfeder: → Rückstellmechanismus

Rückstellkraft: → Rückstellmechanismus

Rückstellmechanismus: Baugruppe eines → Deichselgestells, das das Deichselgestell in die Fahrzeuglängsmitte zurückstellen soll. Der R. besteht hauptsächlich aus seitlich der Deichsel zum Fahrzeugrahmen hin angeordneten Rückstellfedern, die bei Auslenkung die Rückstellkraft verursachen. Durch die Rückstellkraft wird die Neigung von Deichselgestellen zu unruhigem Fahrzeuglauf verringert. Die R. können mit Schrauben- oder Blattfedern als Rückstellfedern versehen sein.

Rückstromdiode, *Rückspeisediode, Blindstromdiode:* Halbleiterdiode, die in Wechselrichtern antiparallel zu den Thyristoren angeordnet ist, so daß der Strom in beiden Richtungen fließen kann. Die im Verbraucher gespeicherte Energie kann über sie periodisch in die Gleichstromkreise zurückfließen.

Rückwärtsfahrt: 1. Fahrdienstliche Bezeichnung zur Kennzeichnung der Fahrtrichtung nach beendeter vorheriger Fahrt von Tfz., Wagen oder Zügen (Vorwärtsfahrt) und erfolgtem Wechsel der Fahrtrichtung in die entgegengesetzte Richtung. Während i.d.R. die Dampflokomotiven, bes. die → Schlepptenderlokomotiven, für die Traktion bei der R. gedreht werden müssen, können → Tenderlokomotiven durch Umsteuerung des Triebwerks und Diesellokomotiven bei mechanischer oder hydraulischer → Leistungsübertragung durch Umsteuerung des Getriebes (→ Wendegetriebe) oder bei elektrischer Leistungsübertragung sowie bei den elektrischen Tfz. durch Umkehr der Drehrichtung der → Fahrmotoren unmittelbar die R. antreten. – **2.** Bei Schlepptenderlokomotiven in den Fahrdienstvorschriften festgelegte Bezeich-

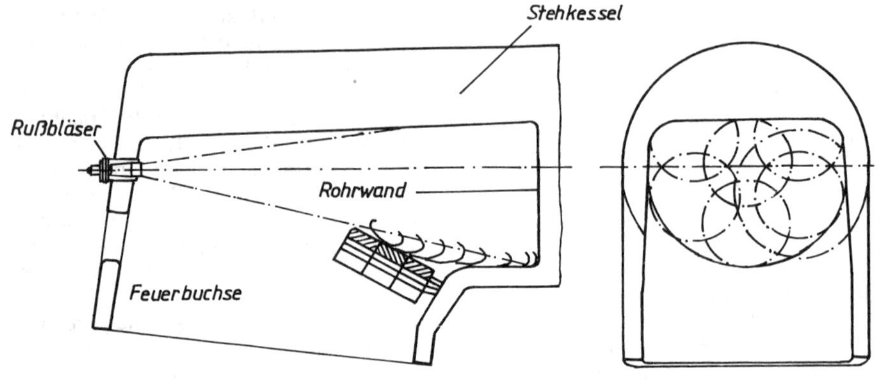

Rußbläser
Anordnung und Wirkungsweise eines Rußbläsers der Bauart IfS

nung für die Fahrt mit Schlepptender voran, für die i.d.R. eine herabgesetzte Höchstgeschwindigkeit gilt.

Rückwärtshubscheibe: → Vorwärtshubscheibe

Rückwärtsturbine: → Ausrückwandler

Rückwärtswandler: für die Rückwärtsfahrtrichtung eines Tfz. im → Strömungswendegetriebe vorgesehener Strömungswandler, wenn für die Vorwärtsrichtung ein Strömungswandler oder eine Wandlergruppe festgelegt wurde. Beim R. wird der bei negativer Drehrichtung des Turbinenrades vorhandene Abtriebsdrehmomentverlauf zum Bremsen des Tfz. und des Zuges genutzt, indem bei Vorwärtsfahrt der R. gefüllt wird. Bei Rückwärtsfahrt wird sinngemäß der zum Bremsen eingeschaltete Vorwärtswandler als R. wirksam.

Ruhefeuer: → Reservefeuer

Ruhestromprinzip: elektrisches Schaltungsprinzip, bei dem der Vorgang durch Ausbleiben des Stroms ausgelöst wird. Bei Schaltungen nach dem R. besteht geringe Wahrscheinlichkeit für ein Wirkversagen und vorzeitiges Rückstellen, aber relativ große Wahrscheinlichkeit für vorzeitiges Wirken und Rückstellversagen. Das R. wird zur ständigen Überprüfung der Bedingungen, die zum Stromfluß geführt haben, und der ordnungsgemäßen Funktion der Anlage (Leitungsbruch, Erdschluß, Ausfall der Spannung bzw. Spannungsschwankung) benutzt. Gegensatz: → Arbeitsstromprinzip.

Rundnaht: → Kesselschuß

Ruß: → Qualm

Rußbläser: Baugruppe der → Grobausrüstung und → Ausblaseinrichtung von bes. für heizwertarme Brennstoffe ausgelegte → Dampflokomotivkessel. Der oberhalb der Feuertür in die Rückwand oder in die Seitenwände des → Stehkessels eingebaute R. reinigt mit einem stoßartig und konzentriert aufgebrachten Dampfstrahl hohen Drucks die Feuerbüchsrohrwand sowie die Heiz-, Rauch- und Überhitzerrohre von Verbrennungsrückständen (z.B. → Ruß, Flugasche). Mit einer vom Führerhaus aus handzubedienenden Dampfstrahlführung kann die gesamte Rohrwand zielgerichtet bestrahlt werden. Lit.: 2.3. Abb.

Rutschkupplung: → drehmomentbegrenzte Kupplung

Rütteleinrichtung: am → Ackermann-Sicherheitsventil (dort Abb.) von Dampflokomotiven vorhandene Prüfeinrichtung für die Funktionstüchtigkeit des Ventils, die durch den Ansatz von → Kesselstein an den Führungsflächen und auf dem Ventilsitz gestört sein kann. Die R. besteht aus dem im Führerhaus angeordneten Betätigungshebel oder Drahtzug, mit denen über einen Anlüfthebel die im Sicherheitsventil senkrecht gelagerte Anlüftspindel in ihrer Längsrichtung bewegt (gerüttelt) werden kann. Lit.: 2.3., 2.12.

RZM-Steuerung: Kurzbezeichnung für eine vom **R**eichsbahn-**Z**entralamt **M**ünchen entwickelte Steuerung für diesel-

RZM-Steuerung
DM Dieselmotor, f Fremderregungswicklung, G Generator, HiG Hilfsgenerator, M Fahrmotor(en), n Nebenschlußwicklung, R Vorschaltwiderstand, r Reihenschlußwicklung, W1, W2 Stromwächter

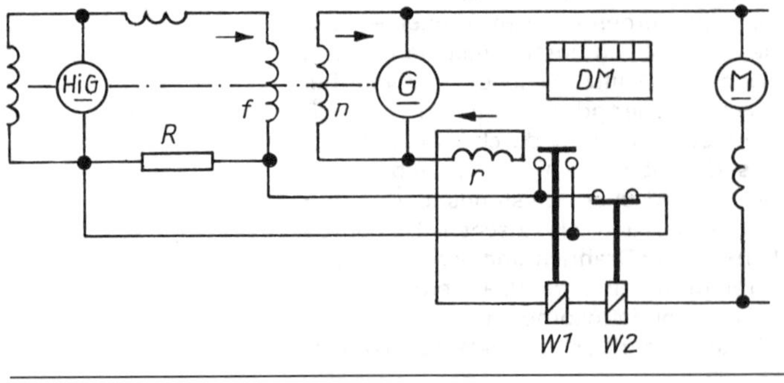

elektrische Tfz. Die Spannungs- und Leistungsregulierung erfolgt i.G.z. → Gebus-Steuerung nicht allein durch eine Drehzahlregulierung des Dieselmotors, sondern in Verbindung mit 2 Stromwächtern im Hauptstromkreis. Die Wächter schalten automatisch in Abhängigkeit vom Generatorstrom einen Widerstand in den Erregerstromkreis des → Hauptgenerators. Damit wird eine bessere Leistungsanpassung erreicht, weil 2 Charakteristiken des Hauptgenerators ausgenutzt werden können (komplexe Charakteristiksteuerung). Mit R. waren viele Fahrzeuge der DRG ausgerüstet. Lit.: 3.4. Abb.

S

Sachs, Karl: 30. Mai 1886 (Wien) – 21. April 1980 (Baden/Schweiz); herausragender Ingenieur für Elektrische Bahnen; Professor. Nach seinem Elektroingenieurstudium an der TH Wien und der TH Brünn von 1905–1909 und 3jähriger Assistenz am Institut für Elektromaschinenbau der TH Brünn promovierte S. 1911 zum Doktor der technischen Wissenschaften. Anschließend war er langjähriger Mitarbeiter der technischen Direktion bei der AG Brown, Boveri & Co. und zugleich ab 1931 an der TH Zürich Dozent für Eisenbahnmaschinenbau und elektrische Zugförderung. S. förderte maßgeblich die Entwicklung der elektrischen Traktion in der Schweiz und war aktives Mitglied in der schweizerischen Studienkommission für den elektrischen Bahnbetrieb des Schweizerischen Elektrotechnischen Vereins. Als Mitglied einer Prüfungskommission zur Überprüfung der DB setzte er sich für eine rasche Ausbreitung der Elektrotraktion ein. Bes. hervorzuheben sind seine wissenschaftlichen Veröffentlichungen über die elektrischen Bahnen und Tfz., wobei das 1973 in 3 Bänden erschienene Werk »Elektrische Triebfahrzeuge« sein wissenschaftliches Lebenswerk krönte. Mit über 70 Jahren hielt S. noch Lehrveranstaltungen an der TH Wien, die ihm auch die Ehrendoktorwürde verlieh. Lit.: Glas. Ann. 85 (1961) 5 u. 104 (1980) 6.

SA-3-Kupplung: → Mittelpufferkupplung

SAE-Norm: von der **S**ociety of **A**utomotive **E**ngineers (SAE) erarbeitete verbindliche Norm, z.B. für Motoren- und Getriebeschmieröl (SAE-Klassifikation in Abhängigkeit von der Ölviskosität). Die in zahlreichen westlichen Ländern gebräuchliche Leistungsangabe nach SAE für Verbrennungsmotoren (SAE-Leistung) kennzeichnet die vom Motor erzeugte Leistung *ohne* Abzug derjenigen Leistungsanteile, die für den Antrieb der Nebeneinrichtungen, wie → Einspritzpumpe, → Schmierölpumpe, → Kühlwasserpumpe, → Lichtmaschine, → Kühlerlüfter u.a., benötigt werden. Leistungsangaben nach SAE liegen demzufolge 10–15% über den nach DIN ausgewiesenen Werten, da in den letzteren die tatsächlich am Kraftabgabeflansch der Kurbelwelle verfügbare Leistung zugrunde gelegt wird.

Sägediagramm: → Schaltdiagramm

Sammelrohr: → Großrohrüberhitzer

Sammelschiene: Bezeichnung für eine elektrische Leitung mit mehreren Zu- und Abgängen. In Starkstromanlagen meist aus Flachprofilen aus gut leitendem Material, bes. Kupfer oder Aluminium (Niederspannungsanlagen), hergestellt; es finden auch Freileitungen (Hochspannungsanlagen) oder Kabel Verwendung (→ Zugsammelschiene).

Sandbehälter: → Sandkasten

Sandfallrohr: Rohrleitung, die den von der → Sandtreppe oder dem → Sandstreugebläse aus dem → Sandkasten geförderten Streusand möglichst nah an den Berührungspunkt von Rad und Schiene leitet. S. werden bei Dampflokomotiven starr, bei Elektro- und Diesellokomotiven meist flexibel (Kombination von Schlauch und Stahlrohr) mit möglichst großer Neigung in schlanken Bögen verlegt. Die Enden der S. sind parallel zur Schienenoberkante abgeschnitten und höhenverstellbar. → Sandstreuanlage

Sandkasten: Vorratsbehälter für den Streusand der → Sandstreuanlage auf Tfz. Bei Elektro- und Diesellokomotiven wird meist für jedes zu sandende Rad 1

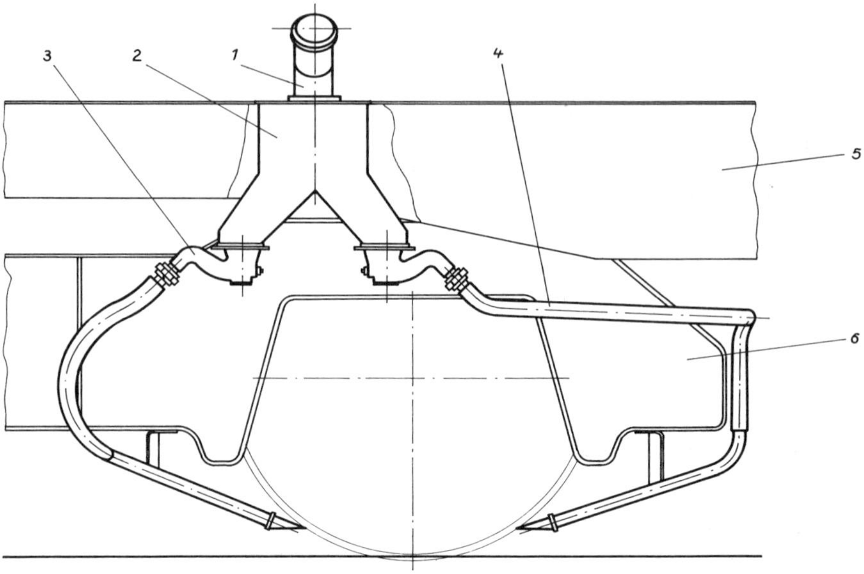

Sandstreuanlage einer Diesellokomotive der BR 228 der DB/DR
1 Füllstutzen, 2 Sandkasten, 3 Sandstreugebläse, 4 Sandfallrohr, 5 Längsträger des Lokomotivrahmens, 6 Drehgestellrahmen

S. am Drehgestell- oder am Hauptrahmen, bei Dampflokomotiven 1 oder 2 S. auf dem Langkesselscheitel (→ Langkessel) oder für jedes Rad 1 S. in Höhe des Umlaufs angeordnet. S. für Elektro- und Diesellokomotiven haben ein Fassungsvermögen von mindestens 40 dm^3, während S. auf dem Langkesselscheitel von Dampflokomotiven etwa 150–250 dm^3 Sand beinhalten. Aufbau: An der tiefsten Stelle des S. ist die → Sandtreppe oder das → Sandstreugebläse befestigt. Oben wird der S. durch einen Deckel mit Schnellverschluß und Belüftungsöffnung abgeschlossen. Sofern die Bauart der Sandtreppe oder des Sandstreugebläses keine Entleerung zur Beseitigung von feuchtem oder festgebackenem Streusand zuläßt, ist am S. eine Entleerungsöffnung vorhanden.

Sandstreuanlage: → Hilfseinrichtung auf Tfz. zur Erhöhung des → Kraftschlußbeiwerts zwischen Rad und Schiene beim Anfahren und Bremsen. Die Kraftschlußbeiwerterhöhung wird durch Besanden der Schienenköpfe unmittelbar vor den Treibrädern mit Hilfe von Druckluft erreicht. Aufbau: Der → Streusand wird in → Sandkästen mitgeführt, an deren tiefster Stelle eine → Sandtreppe oder ein → Sandstreugebläse befestigt ist. Von der Sandtreppe oder dem Sandstreugebläse führen → Sandfallrohre bis kurz vor die Schienenoberkante. Die Betätigung der S. erfolgt bei Elektro- und Diesel-Tfz. elektropneumatisch vom Fahrpult aus und bei Dampflokomotiven direkt pneumatisch. S. sind fahrtrichtungsabhängig gesteuert. Die Anzahl der gesandeten Radsätze ist je nach Fahrzeugtyp und -baureihe verschieden. Bei Elektro- und Diesel-Tfz. werden meist nur die vorauslaufenden Radsätze eines Drehgestells gesandet. Die Streuleistung der S. für 1 Rad liegt je nach Bauart bei 0,7–3,0 dm^3/min. Abb.

Sandstreugebläse: Baugruppe der → Sandstreuanlage an Elektro- und Diesel-Tfz., die den Streusand mit Hilfe der durch 1 Düse (Blasdüse) strömenden Druckluft nach dem Ejektorprinzip aus dem → Sandkasten in das → Sandfallrohr fördert. Das Gehäuse des S. ist so geformt, daß kein Streusand ungewollt austreten kann. Arbeitsweise: Beim Betätigen der Anstelleinrichtung strömt Druckluft durch die Blasdüse, so daß im Gehäuse ein Unterdruck entsteht und der ständig aus dem Sandkasten nachrieselnde Streusand in das Sandfallrohr mitgerissen wird. Bei abgestelltem S. verhindert der durch Federkraft auf seinen Sitz gezogene Schließkegel der Blasdüse das Eindringen von Streusand in die Düse.
S. haben im Vergleich zur → Sandtreppe einen höheren Sandverbrauch und sind störanfällig, weshalb sie heute i.d.R. nicht mehr eingesetzt werden. Abb.

Sandtreppe: Baugruppe der → Sandstreuanlage auf Tfz., die den Streusand mit Hilfe der durch 2 Düsen (Wirbel- und Förderdüse) strömenden Druckluft aus dem → Sandkasten in das → Sandfallrohr fördert. Die treppenförmige Gestaltung des Gehäuses bewirkt, daß kein Streusand ungewollt austritt. Arbeitsweise: Beim Betätigen der Anstelleinrichtung werden durch die Düsen in der Düsenplatte 2 Luftströme erzeugt. Der schräg in den Sandraum der S. gerichtete Luftstrom wirbelt den Sand auf, während der senkrechte durch Ejektorwirkung den aufgewirbelten Sand in das Sandfallrohr und damit auf die Schiene fördert. → Borsigsche Sandtreppe. Abb.

Sanitäreinrichtung: Ausrüstungen der Tfz. und Wagen zur Sicherung der hygienischen Bedürfnisse der sich in den Eisenbahnfahrzeugen aufhaltenden Personen (Reisende, Beschäftigte). Zu den S. gehören: Waschgelegenheiten oder *Toiletten* mit Waschgelegenheit und ggf. gesonderte *Waschräume.* Für die im internationalen Verkehr eingesetzten Reisezug- und Triebwagen ist die notwendige S. in Vorschriften festgelegt (UIC-Merkblatt 563 für Normalspurfahrzeuge). Die Lokomotiven wurden bisher nicht mit S. versehen, das Personal benutzt i. d. R. die stationären S. in Eisenbahngebäuden. Elektrische und Dieseltriebfahrzeuge für den Streckeneinsatz werden jetzt meist mit einem Handwaschbecken ausgerüstet.

Sankey-Diagramm: → Energieflußdiagramm

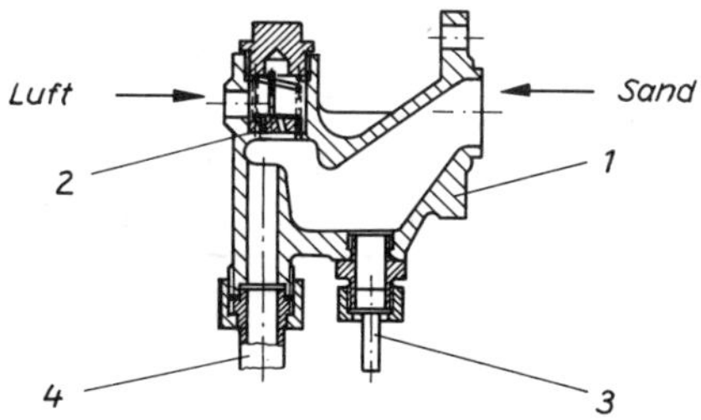

Sandtreppe
1 Gehäuse, 2 Düsenplatte, 3 Verschlußstopfen der Entleerungsöffnung, 4 Sandfallrohr

»Sanspareil«: Name (frz.; »Unvergleichliche«) einer 1829 von → Hackworth (dort Abb.) gebauten und an der → Lokomotivwettfahrt von Rainhill zugelassenen B-gekuppelten Dampflokomotive mit zurückkehrendem Flammrohr und senkrecht stehenden Zylindern damals üblicher Bauart, deren Dampfkolben auf einen Treibradsatz wirkten. Sie erreichte bei der Wettfahrt 22,5 km/h mit einer Wagenzugmasse von 19,4 t. Wegen eines Gußfehlers in einem ihrer Zylinder und des daraus folgenden direkten Übergangs des Dampfs in den Schornstein entsprach sie nicht den Wettfahrtbedingungen und schied aus. Lit.: 2.9., 2.16.

Sattdampf, *Naßdampf:* gasförmiger Aggregatzustand des im → Dampflokomotivkessel bei der → Siedetemperatur verdampften Wassers. Der S. enthält wegen seiner Berührung mit der Wasseroberfläche im Kessel stets noch Teile von Wassertröpfchen. Wird dieses Restwasser nach Verlassen des Kesselraums ebenfalls verdampft und dabei die Siedetemperatur nicht überschritten, entsteht aus dem S. sog. trockengesättigter Dampf.

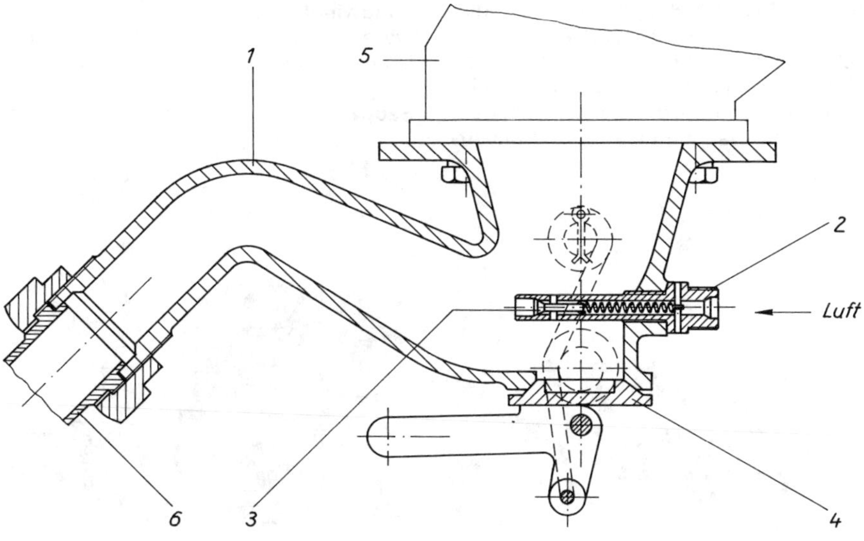

Sandstreugebläse
1 Gehäuse, 2 Blasdüse, 3 Schließkegel, 4 Reinigungs- und Entleerungseinrichtung, 5 Sandkasten, 6 Sandfallrohr

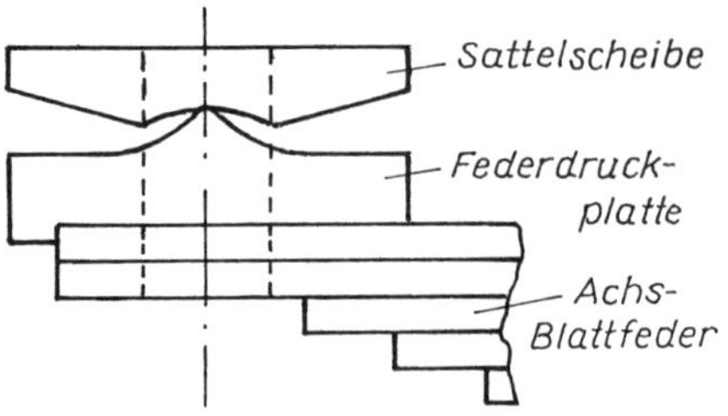

Sattelscheibe auf Federdruckplatte

Gegensatz: überhitzter Dampf oder → Heißdampf.

Sattdampföl: → Naßdampföl

Sattelscheibe: Bauelement zur Übertragung der Rahmengewichtskraft von Tfz. zwischen Federspannschraube mit → Spannmutter und → Tragfeder. Abb.

Satteltank: Sonderbauart eines → Wasserkastens von Dampflokomotiven, der bes. bei Bauarten ohne hinteren Laufradsatz auf dem Langkessel befestigt ist. Bei → Tenderlokomotiven wurde der S. gelegentlich auch zur besseren Masseverteilung als Ersatz für den hinteren Wasserkasten verwendet. Lit.: 2.9., 5.3. Abb.

Saugkasten: → Wasserentnahmeeinrichtung, → Wasserkasten

Saugleitung: Leitung zwischen der → Wasserentnahmeeinrichtung (dort Abb.) am → Schlepptender und der → Speisewasserkolbenpumpe oder der saugenden → Dampfstrahlpumpe.

Saugluftbremse: → Bremse, bei der die → Bremskraft durch den Druckunterschied in einem Zweikammerbremszylinder erzeugt wird. Der Unterdruck kann max. 65 kPa betragen. Im Lösezustand herrscht in der → Hauptluftleitung und in beiden Kammern, die durch ein → Rückschlagventil miteinander verbunden sind, der gleiche Unterdruck. Beim Bremsvorgang werden bei der selbsttätigen S. die Hauptluftleitung und die Arbeitskammer belüftet, wodurch sich der Kolben des → Bremszylinders nach Schließen des Rückschlagventils nach der Seite des größeren Unterdrucks bewegt. Ein stufenweises Bremsen und Lösen ist möglich. Der Unterdruck wird durch einen Dampfstrahlsauger oder durch Vakuumpumpen erzeugt. Wegen des geringen max. Druckunterschieds müssen die Durchmesser der Bremszylinder den 2,5fachen Durchmesser derjenigen der → Druckluftbremsen haben. Damit hat die Bremse eine größere Eigenmasse und ist schwierig unterzubringen. S. sind nur für geringe Fahrgeschwindigkeiten und kurze Züge geeignet. Heute sind sie teilweise noch bei Schmalspurbahnen vorhanden.

Saugmotor: nichtaufgeladener → Verbrennungsmotor, der die für den Verbrennungsvorgang erforderliche Luft bzw. das dafür notwendige Kraftstoff-Luft-Gemisch während des Ansaugvorgangs (→ Arbeitsspiel) selbständig ansaugt. Gegenteil: → aufgeladener Motor.

Saugtopf: an der tiefsten Stelle der → Kraftstoffanlage eines Diesel-Tfz. angeordnetes, mit den Kraftstoffbehältern verbundenes Gefäß, aus dem der Kraftstoff mittels Kraftstofförderpumpen über eine Saugleitung zu den Verbrauchern gepumpt wird. Der vom Dieselmotor aus dem Saugraum der Einspritzpumpen in den S. fließende Rücklaufkraftstoff bewirkt hier eine Vorwärmung des angesaugten Kraftstoffs. Der S. ist mit einer Ablaßeinrichtung für Schlamm und Wasser ausgerüstet.

Saugwindkessel: Bauteil der → Speisewasserkolbenpumpe zum Ausgleich der Druckschwankungen in der → Saugleitung.

Saugzug: → Feueranfachung, → Saugzuganlage

Satteltank
Lokomotive mit Satteltank auf dem Langkessel, 1847 von Maffei für die königl.-bayr. Staatsbahn gebaut

Saugzuganlage: Einrichtung zur → Feueranfachung bei → Dampflokomotiven. Hierzu wird der → Abdampf aus den → Zylindern (1) in das an der → Abdampfableitung befestigte → Blasrohr geleitet, welches in der → Rauchkammer unter dem → Schornstein angeordnet ist und mit diesem in einer Achse liegt. Blasrohr und Schornstein sind in bezug auf Querschnitt und Abstand so aufeinander abgestimmt, daß der ausströmende, sich kegelförmig verbreiternde Dampfstrahl den Schornstein voll ausfüllt und die in der Rauchkammer befindlichen Rauchgase mitreißt, so daß in ihr ein Unterdruck entsteht. Die Rauchkammer selbst mit ihrem großen Volumen dient dabei als Saugwindkessel zum Ausgleich der Saugzugstöße. Bei Dampflokomotiven mit → Kondensator (1) (→ Kondensationslokomotive, → Dampfturbinenlokomotive) tritt an Stelle des Blasrohrs ein von einer Dampfturbine angetriebenes Saugzuggebläse. Lit.: 2.3., 2.10., 2.12. Abb.

»Saxonia«: Name der ersten in Deutschland gebauten betriebstüchtigen Dampflokomotive, die von J. A. → Schubert mit der Achsfolge B1 unter Verbesserung der für die Leipzig-Dresdener Eisenbahn von Rothwell & Co. aus Bolton/England bezogenen B-Lokomotive »Comet« entwickelt und unter Schuberts Leitung in der Maschinenfabrik Übigau bei Dresden in der außerordentlich kurzen Entwicklungs- und Bauzeit von nur wenig mehr als einem halben Jahr gefertigt wurde. Zur Verbesserung der Laufeigenschaften und Erhöhung der Entgleisungssicherheit bei Radsatzwellenbrüchen erhielt die »Saxonia« die damals neue B1-Radsatzanordnung mit nachlaufendem Laufradsatz zur Abstützung der weit überhängenden → Feuerbüchse des Rundkuppelkessel. Neu oder weiterentwickelt waren der bewegliche Rost, eine Urform des späteren → Kipprosts, eine Einrichtung zur bes. im Winter wichtigen Erwärmung des im Schlepptender befindlichen Kesselspeisewassers, schmiedeeiserne anstelle der bis dahin verwendeten sehr bruchanfälligen gußeisernen Radreifen sowie der → Dampfregler und seine Betätigungselemente. Mit einer Dienstmasse von 15 t und einer Leistung von 40 kW (Kesseldruck 422 kPa, Treibraddurchmesser

»Saxonia«
Technische Parameter erster betriebstüchtiger Dampflokomotiven

Lokomotivname		Rocket	Der Adler	Saxonia
Jahr der Indienststellung		1829	1835	1838
Radsatzanordnung		A 1	1 A 1	B 1
Leistung	kW	7,4	29	40
Bekanntgewordene max. Fahrgeschwindigkeit	km/h	46,5 1 Wagen, 36 Pers.	40	60 Probefahrt ohne Wagen
Dienstmasse	t	4,5	14,2	15
Kesseldurchmesser	mm	1020	760	910
Kessellänge (Heizrohrlänge)	mm	1830	1829	2120
Heizfläche	m²	12	18,3	24,2
Anzahl der Heizrohre		25	62	88
Rostfläche	m²	0,56	0,48	0,56
Kesseldruck	kPa	350	330	422
Zylinderdurchmesser	mm	240 (203)	229	279
Kolbenhub	mm	300 (419)	406	406
Treibraddurchmesser	mm	1220 (1434)	1372	1524

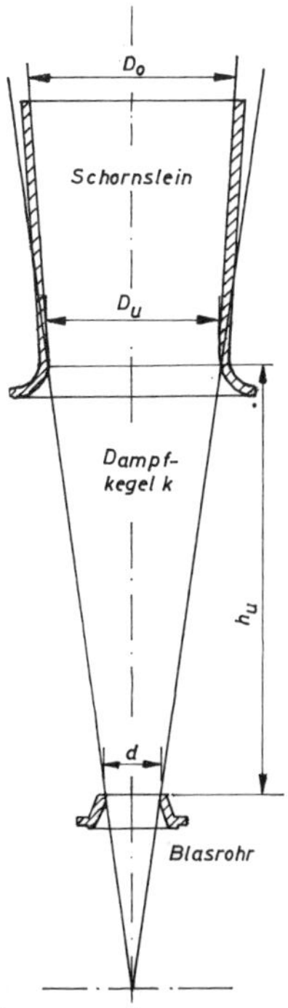

Saugzuganlage (Schema)
Du Durchmesser des Schornsteins an der engsten Stelle, d Blasrohrdurchmesser, hu Entfernung von Oberkante Blasrohr bis zur engsten Stelle des Schornsteins, k Steigung des Dampfkegels

»Saxonia« (Nachbau)

1524 mm) beförderte die Lok auf ebener und nahezu krümmungsfreier Strecke 5 Wagen mit 90 Passagieren mit einer Geschwindigkeit von 35 km/h. Bei Probefahrten ohne Wagenzug erreichte sie 60 km/h. Die ab 1838 eingesetzte und völlig aus einheimischen Werkstoffen gefertigte Lokomotive erreichte einschl. ihres späteren Bahnhofs- und Reservedienstes eine Lebensdauer von 18 Jahren.
Eine von der DR gebaute betriebstüchtige Nachentwicklung der »Saxonia« wurde aus Anlaß des 150jährigen Bestehens der Leipzig-Dresdener Eisenbahn im April 1989 der Öffentlichkeit vorgestellt. Lit.: 2.3., 2.9., 2.12., 2.16., 2.18., Weichhold, A.: Johann Andreas Schubert, Dresden: Abt. Wiss. Publikationen d. Techn. Univ. Dresden, 1968. Abb. Tab.

schädlicher Raum, *Raumschaden:* Raum im → Zylinder (1) von Dampflokomotiven, der bei Kolbenendstellung (Totpunktlage) zwischen → Dampfkolben und → Zylinderdeckel verbleibt, und dessen Volumen i.d.R. in% des gesamten Zylinderhubraums angegeben wird. Er ist einer der im Indikatordiagramm sichtbaren und von der Fahrgeschwindigkeit der Dampflok nur wenig abhängigen Zylinderverluste oder sog. Schäden der Dampfmaschine. Zum s.R. zählt außerdem der Dampfzufuhrkanal der betreffenden Zylinderseite. Im s.R. werden die hin- und hergehenden Massenkräfte des Kolbens und → Kreuzkopfs sowie eines Teils der → Treibstange durch ein sich hier bildendes Dampfpolster abgefangen. Er wirkt sich ungünstig (schädlich) auf den Dampfverbrauch aus, da er in Abhängigkeit von der Größe der Kompression des Abdampfs zum Teil mit Frischdampf aufgefüllt werden muß und außerdem die Abkühlflächen (→ Abkühlungsverlust) vergrößert. Lit.: 2.3., 2.10., 2.12.

Schadlokomotive, *Schadlok:* infolge → Triebfahrzeugschadens oder Überschreitung gesetzlicher, in Vorschriften festgelegter Untersuchungsfristen betriebsunfähige Tfz., die insgesamt den sog. *Schadpark* bilden.

Schalldämpfer: 1. Bauteil der → Gegendruckbremse von Dampflokomotiven, über den zur Minderung der Ausströmgeräusche die ins Freie strömende verdichtete Luft abgeleitet wird. Hierzu wird ein Hohlraum benutzt, der dadurch entsteht, daß man den → Schornstein mit einem zweiten Mantel umgibt. Eine andere Lösung stellt ein Rohrschalldämpfer mit gelochten Querblechen dar. – **2.** → Abgasschalldämpfer, → Ansauggeräuschdämpfer. – **3.** Bauteil des → Druckluftschalters (dort Abb.) und → Druckluftschnellschalters (dort Abb.) zur Dämpfung des Knalls, der durch die beim Ausschaltvorgang aus der Schaltkammer stoßartig austretende Druckluft entsteht. Der S. ist unmittelbar hinter der Austrittsdüse angeordnet.

Schallsender: → Typhon

Schalltrichter: → Typhon

Schaltdauer: Zeitraum, in dem der Schaltvorgang eines → Zahnradschaltgetriebes oder → Strömungsgetriebes abläuft. Die beim Schalten des Zahnradschaltgetriebes erforderliche Unterbrechung des → Kraftflusses während der S. kann zum → Geschwindigkeitsverlust führen.

Schaltdiagramm: Motordrehzahl-Fahrgeschwindigkeits-Diagramm eines → Zahnradschaltgetriebes. Das S. gibt an, welcher Geschwindigkeitsbereich den einzelnen → Gangstufen zugeordnet ist, ohne den zul. → Drehzahlbereich der Verbrennungskraftmaschine zwischen n_{min} und n_{max} zu unter- oder überschreiten. Wegen des charakteristischen sägeförmigen Verlaufs wird das S. auch Sägediagramm genannt. Aus dem S. ist der → Stufensprung ersichtlich. Abb.

Schaltgeschwindigkeit: 1. *Diesel-Tfz.:* Geschwindigkeit, bei der im dieselmechanischen Tfz. der Gangwechsel (→ Gangstufe) oder im dieselhydraulischen Tfz. das Umschalten im → Strömungsgetriebe von einem Kreislauf auf einen anderen vorgenommen werden muß. – **2.** *Elektrische Tfz.:* Geschwindigkeit für das Weiterschalten des → Schaltwerks.

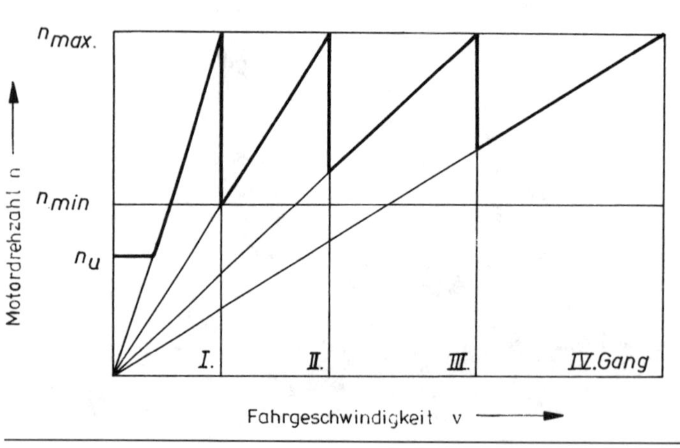

Schaltdiagramm eines 4-Gang-Getriebes v Fahrgeschwindigkeit, n Motordrehzahl, n_{max} max. Motordrehzahl (Nenndrehzahl), n_{min} min. Schaltdrehzahl des Motors, n_u unterste Lastdrehzahl des Motors

Schaltkupplung: **1.** Bei → Zahnradschaltgetrieben in jeder Gangstufe eingebaute Kupplung zum Schalten des jeweiligen Gangs. Die S. ist als → Lamellenkupplung, → Kegelkupplung oder → Klauenkupplung ausgeführt und kann mechanisch (→ Einheitsrädergetriebe), pneumatisch (→ Myliusgetriebe), elektromagnetisch (→ Elektroschaltgetriebe), elektropneumatisch oder hydraulisch betätigt werden. – **2.** I.w.S. schaltbare → Kupplung (1).

Schaltmotor: → Stellmotor

Schaltmuffe: Bauteil eines → Wendegetriebes oder → Stufengetriebes, das axial auf einer Getriebewelle verschiebbar ist und unterschiedliche Schaltstellungen gestattet. Die S. trägt beidseitig am Umfang oder stirnseitig eine Verzahnung, die in den Endlagen mit einem Gegenrad in Eingriff gebracht wird und damit unterschiedliche Drehrichtungen der Abtriebswelle oder Übersetzungsstufen des Getriebes einschaltet. Die Bewegung erfolgt über eine Schaltgabel und ein Gestänge und darf nur bei *stillstehendem Fahrzeug* geschehen. Aus Sicherheitsgründen ist die Mittellage meist nur von Hand einstellbar. Treffen beim Umschalten die Zähne von S. und Gegenrad aufeinander (Zahn-vor-Zahn-Stellung) so ist nach Drehen der S. oder des Gegenrads ein erneuter Schaltvorgang erforderlich (→ Füllstoß (2)). Abb.

Schaltmuffe

Schaltprobe: probeweises Schalten der Gänge eines → Strömungsgetriebes bei stehendem Tfz. Nach längerem Stillstand ist vor Inbetriebnahme eines dieselhydraulischen Tfz. mit Kupplungsgängen bei Mittelstellung der → Wendeschaltung die S. durchzuführen. Bei Tfz. mit → Wandlergetrieben ist wegen der Übertourungsmöglichkeit des Strömungsgetriebes eine S. bei stillstehendem Tfz. nicht erlaubt.

Schaltpunkt: → Umschaltpunkt

Schaltregler: → Drehzahlschalter

Schaltwerk: Gerät zur mechanischen Kopplung von Schaltern und deren Betätigungsorgan, so daß sie bei fester Abhängigkeit in bestimmter Reihenfolge schließen und öffnen. Das S. wird fernbedient, z.B. von den Führerständen aus. Der Antrieb erfolgt mechanisch, elektromotorisch, elektromagnetisch oder pneumatisch. Bei elektrischen Tfz. sind vor allem → Schlittenschaltwerk, → Stufenschaltwerk, → Nockenschaltwerk und → Wandernockenschaltwerk bekannt.

Schaltwerksteuerung: Teil der → Übertragungssteuerung, das i.e.S. die Einrichtungen zur Beeinflussung der elektromechanischen Schaltwerke, i.w.S. die Einrichtungen zur Beeinflussung aller → Leistungssteuerungen, also auch die mit

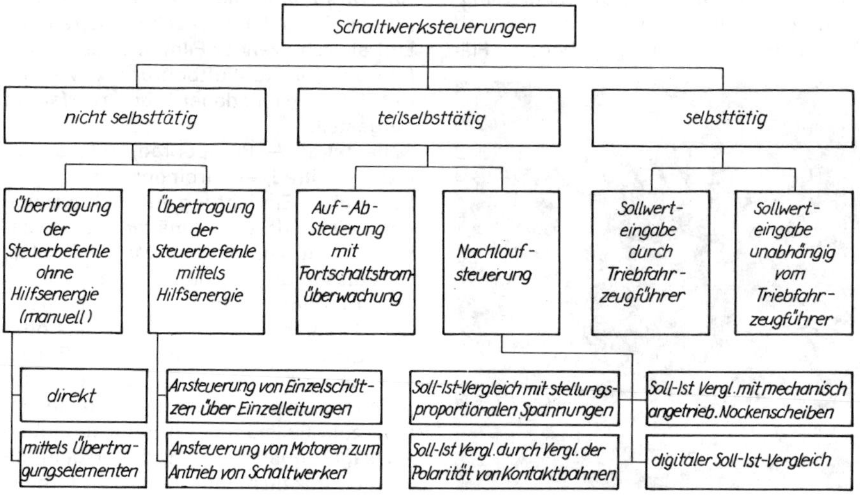

Schaltwerksteuerung
Einteilung der Schaltwerksteuerungen

gesteuerten Halbleitergleichrichtern, umfaßt. Die S. hat die Steuerbefehle an das Schaltwerk zur Erfüllung eines bestimmten Fahrprogramms zu übermitteln. Die S. ist damit *Teil eines Regelkreises* mit den Grundaufgaben Messung des Istwertes, Soll-Istwert-Vergleich und Beeinflussung der Regelstrecke. Dem Geschwindigkeitsregelkreis sind andere Regelkreise unterlagert (z.B. Regelkreis zur Einhaltung einer bestimmten Anfahrbeschleunigung, Anfahrzugkraft oder Fahrmotorstromstärke). Je nach Grad der Übernahme der Aufgaben durch den Tfz.-Führer oder durch die Regeleinrichtungen unterscheidet man nichtselbsttätige, teilselbsttätige und selbsttätige S. Lit.: 4.5. Abb.

Scharfenberg, Karl Wilhelm Heinrich Friedrich: 3. März 1874 (Wismar) – 5. Januar 1938 (Gotha); Techniker und Ingenieur, Mitbegründer der Scharfenberg-A.G. in Berlin. Nach dem Besuch des Technikums in Neustadt (Glewe) war S. bis 1926 als Ingenieur bei der Waggonfabrik Steinfurt in Königsberg und zwischenzeitlich von 1900 bis 1904 bei der preußischen Südbahn ebenfalls in Königsberg tätig. In diesem Zeitraum entwickelte er die 1903 patentierte »Mittelpufferkupplung mit Öse und drehbarem Haken als Kuppelglieder«, eine später in weiterentwickelter Form nach ihm benannte → Mittelpufferkupplung (dort Abb.). Lit.: 5.3.

Scharfenberg-Kupplung: → Mittelpufferkupplung

Schaufelkanal: Teilstück eines Strömungskanals, das Schaufeln enthält und durch die Seitenwände, die Schaufelflächen sowie die durch die Eintritts- und Austrittsdurchmesser gegebenen Flächen begrenzt ist. Im S. bewegt sich die → Betriebsflüssigkeit von Strömungsmaschinen mit der Relativgeschwindigkeit *w*; er ist im rotierenden Schaufelgitter (z.B. → Turbinenrad) und im stehenden Schaufelgitter (z.B. → Leitrad) vorhanden.

Schaufelkranz
Leitschaufelkranz eines Strömungswandlers

Schaufelkranz: kreisförmig angeordnete, meist profilierte Schaufeln von Strömungsmaschinen, die ein Schaufelgitter bilden und zur Änderung der Strömungsrichtung dienen. *Stehende Gitter* sind die S. des → Leitrads des Strömungswandlers, der Strömungsbremse oder die → Leitgitter von Dampf- und Gasturbinen. *Rotierende Gitter* sind die S. von → Turbinenrädern, von → Pumpenrädern sowie von → Turbinenrotoren. Zwischen den Schaufeln des S. befindet sich der → Schaufelkanal. Abb.

Schaufelkühlung: Kühlung der Turbinenschaufeln von → Gasturbinen mit Hilfe von Luft. Die Luft wird vom Verdichter abgezweigt, den von Kühlkanälen durchzogenen Schaufeln über den Schaufelfuß zugeführt und durch Spalten an der Profilhinterkante oder durch kleine Bohrungen, die über die Schaufeloberfläche verteilt sind, ausgeblasen. Die S. ist erforderlich, weil die Warmfestigkeit der z.Z. benutzten Schaufelwerkstoffe eine Steigerung der → Turbineneintrittstemperatur über etwa 950 °C nicht mehr erlaubt. Man unterscheidet Konvektions-, Film- und Schwitzkühlung. Während bei der *Konvektionskühlung* die Kühlluft durch die Schaufelkanäle strömt und die Wärme aus dem Material durch Konvektion abführt, legt sich bei der *Film-* und *Schwitzkühlung* die aus den Bohrungen in der Schaufeloberfläche austretende Luft als schützender Film um das Schaufelprofil. Die Kühlluftbohrungen werden mit Hilfe verschiedener Erodierverfahren hergestellt.

Schaufelrad: → Pumpenrad, → Turbinenrad, → Leitrad, → Turbinenrotor

Schauglas: Einrichtung zur Sichtanzeige des Füllstands von Behältern. S. bestehen aus durchsichtigem Material (Glas, Plexiglas), das in länglichen Streifen oder runden Scheiben auf Ausschnitte in der Behälterwand geschraubt ist, oder aus Glasrohren, die, nach dem Prinzip der verbundenen Gefäße, am Behälter montiert sind. Marken oder Skalen geben zul. Füllstände an oder erlauben Aussagen über die im Behälter befindliche Flüssigkeitsmenge. → Kraftstoffmengenanzeige, → Wasserstandanzeigeeinrichtung, → Ölstand

Schauloch: i.w.S. Öffnungen verschiedener Art für die Sichtkontrolle der Lage, des Zustands oder der Funktion von Bauelementen und -gruppen der Tfz. I.e.S. bei Dampflokomotiven älterer Bauart in die die → Schieberbuchsen umfassenden Ringkammern eingebrachte Öffnungen, die im Betrieb durch Deckel verschlossen sind, zum Beobachten der steuernden Kanten des Schiebers beim Einregeln der Steuerung.

Scheibenbremse: eine mechanisch betätigte → Reibungsbremse, deren Bremswirkung durch das Anpressen von → Bremsbelägen an einen bes. Bremskörper, die Bremsscheibe, erzielt wird. Die → Anpreßkraft wirkt beim Bremsvorgang in axialer Richtung auf die Bremsscheibe. Es entsteht entgegen der Bewegungsrichtung der Bremsscheibe eine Tangentialkraft, die Bremskraft F_{Br} (→ Bremskraftkennlinie) (Abb.). Sie ist das Produkt aus Anpreßkraft F_B und Reibwert μ_B der Reibpaarung. Die Bremskraft wird wirksam, wenn die Kraftschlußkraft F_H gleich oder größer als die Bremskraft ist (sonst → Gleiten der Räder). Für diesen Vergleich ist die Bremskraft F_{Br} durch Berücksichtigung des Radienverhältnisses r_B (Bremsradius)/r (Radradius) auf den Radumfang zu beziehen. Der Nachweis, daß der gebremste Radsatz nicht gleitet, kann auch durch die Berechnung des → Bremsmoments und des Kraftschlußmoments vorgenommen werden.

Die Anpreßkräfte können durch Druckluft über den → Bremszylinder oder durch Muskelkraft (→ Handbremse) erzeugt werden. Die Bremsscheibe kann auf der Radsatzwelle (Wellenbremsscheibe) oder auf dem Rad (Radbremsscheibe) angeordnet werden. Wegen Platzschwierigkeiten muß bei Tfz. häufig die Radbremsscheibe gewählt werden. Sie gestattet zwar größere Bremsscheibendurchmesser, jedoch setzt die Anbringung des Reibrings am Rad eine bes. Konstruktion der Räder voraus. Eine direkte Verschraubung mit dem Rad ist nur bei geringer Beanspruchung möglich. Bei der Radbremsscheibe sind die Kühlrippen der Radscheibe zugewandt. Die Kühlluft tritt durch Öffnungen am inneren Durchmesser des Bremsringes ein, wird an den Kühlrippen vorbeigeführt und tritt am äußeren Umfang wieder aus.

Eine komplette Scheibe besteht aus einer oder mehreren Bremsscheiben, einem Bremszylinder, einem → Bremsgestänge mit Belaghalter und Bremsbelägen sowie Hängeeisen. Es gibt die Möglichkeit, einen Bremszylinder je Bremsscheibe oder je Radsatz anzuordnen. Die Nachstellung des Bremsgestänges wird durch einen im Bremszylinder eingebauten, einfach wirkenden Bremsgestängesteller vorgenommen. Das Spiel zwischen Belag und Scheibe muß wegen der Gefahr der Vereisung beider Reibpartner sehr

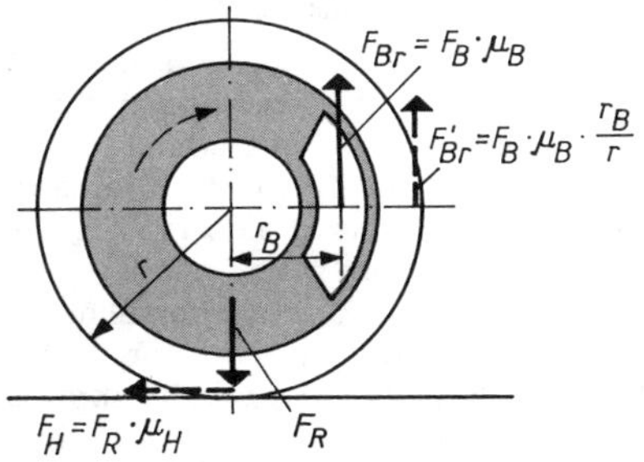

a)

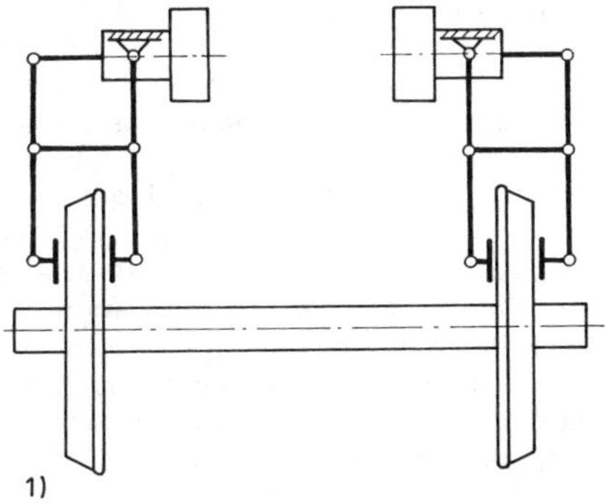

1)

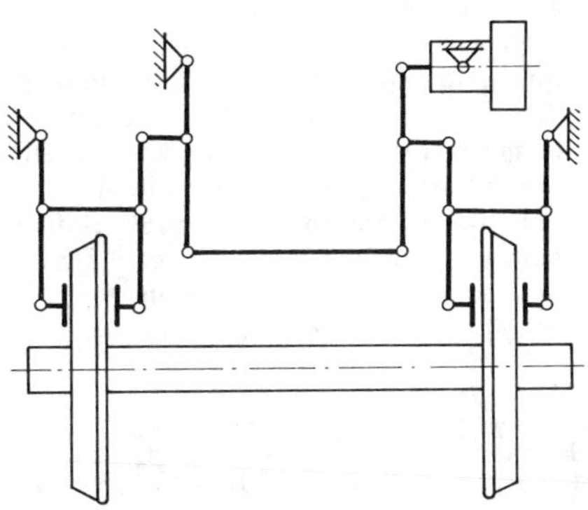

2)

b)

Scheibenbremse
a) Kräfte am scheibengebremsten Rad
b) Anordnung der Radscheibenbremse am Radsatz
1) 2 Bremszylinder je Rad, 2) 1 Bremszylinder je Rad

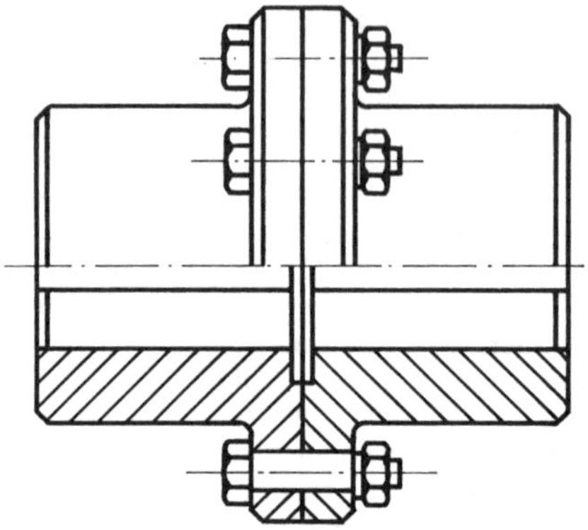

Scheibenkupplung

klein (1–2 mm) gehalten werden, damit es im Winter wegen Eisbildung nicht zu einem starken Reibwertabfall kommt. Das Anlegen und Lösen der Bremsbeläge von der Bremsscheibe ist nicht einwandfrei sichtbar. Aus diesem Grund werden für die Bremsuntersuchungen Anzeigeeinrichtungen verwendet. Vorteile der S. gegenüber der Klotzbremse: a) bessere Ausnutzung des verfügbaren Kraftschlußmoments zwischen Rad/Schiene, wodurch sich kürzere Bremswege ergeben und eine 2stufige geschwindigkeitsabhängige Steuerung des Bremszylinderdrucks bei der → Hochleistungsbremse entfallen kann; b) Wegfall der kreischenden Bremsgeräusche und des → Halterucks; c) geringerer Bremsmaterialverschleiß und geringere Verschmutzung der Fahrzeuge und der Gleisanlagen; d) massearme Bauweise; e) keine zusätzlichen Wärmespannungen im Rad (Radverformungen). Nachteile: a) die S. säubert die Räder nicht, wodurch sich der → Kraftschlußbeiwert unter bestimmten Betriebs- und Witterungsbedingungen verringern kann; b) ein elektronischer Gleitschutz ist erforderlich.

Reisezugwagen werden zunehmend mit S. versehen. Hochgeschwindigkeitszüge besitzen i.d.R. eine S. in Kombination mit dynamischen Bremsen. Lit.: 1.8. Abb.

Scheibenentfrostungsanlage: Hilfseinrichtung auf Elektro- und Diesel-Tfz., die das Beschlagen und Vereisen der Stirnscheiben verhindert. Die Wirkung der S. beruht darauf, daß die Scheiben entweder indirekt über Warmluft oder direkt elektrisch beheizt werden. Die einfachste, aber nicht sehr wirkungsvolle Methode der indirekten Beheizung besteht darin, mit Hilfe von Ventilatoren erwärmte Raumluft gegen die Scheiben zu blasen. Wesentlich effektiver arbeiten die S., die Warmluft über Kanäle und Luftdüsen zum Sichtbereich der Stirnscheiben führen, wobei die erwärmte Luft meist von den Wärmeübertragern der → Führerraumheizung abgezweigt wird. Große Verbreitung haben → Heizscheiben gefunden, die jedoch nur einen begrenzten Bereich der Stirnscheiben freihalten und wegen ihres starken Rahmens die Sicht beeinträchtigen. Die Nachteile der Heizscheiben vermeiden direkt beheizte Stirnscheiben, bei denen der Heizstrom durch im Glas eingeschmolzene Heizdrähte oder aufgedampfte, durchsichtige Metallschichten fließt und dadurch eine Erwärmung hervorruft.

Scheibenkupplung: feste → Kupplung (1) zur drehstarren Verbindung 2er *fluchtender* Wellenenden. 2 auf den Wellen aufgezogene Scheiben oder Flansche werden durch Schrauben miteinander verbunden und übertragen das Drehmoment reibschlüssig. Die S. ist die einfachste Art der Wellenverbindung. Anwendung: bei Tfz. i.w.S. als Flanschverbindung, z.B. beim Gelenkwellenanschluß. Abb.

Scheibenkurbelwelle: Sonderbauart der → Kurbelwelle, bei der die Kurbelwangen als Scheiben ausgebildet sind und somit als Innenlaufbahn der Kurbelwellenhauptlager dienen. Im Vergleich zur herkömmlichen geschmiedeten oder sog. »gebauten« Kurbelwelle, bei der die Kurbelwangen nicht zur Lagerung benutzt werden, wird bei der S. fast die gesamte Länge für die Aufnahme der Haupt- und Pleuellager genutzt. Vorteile: geringe Baulänge, günstiges Drehschwingungsverhalten, geringe Biegebeanspruchungen und günstige Pleuellagergestaltung. S. werden in Motoren mit → Tunnelgehäuse eingebaut (z.B. Dieselmotor GTO6 der Fa. Maybach) und bei großen Bahndieselmotoren aus einzelnen Kröpfungen zusammengeschraubt. Zur Reduzierung der unausgeglichenen rotierenden Massen an der S. werden die Kurbelzapfen vielfach hohlgebohrt; gleiches geschieht mit den Hauptlagerzapfen zur Schmierung der Lager. Abb.

Scheibenkurbelwelle mit geschmiedeten und miteinander verschraubten Einzelkröpfungen

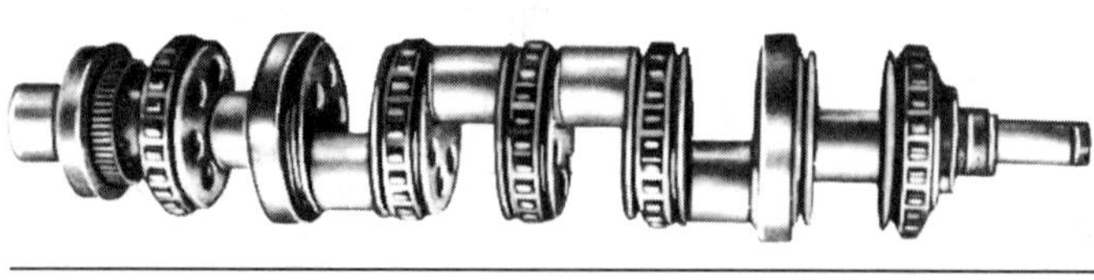

Scheibenmotor: Elektromotor, bestehend aus 2 scheibenförmigen Statorhälften, zwischen denen sich die Läuferscheibe bewegt. Diese ist meist eisenlos und hat eine gedruckte Wicklung, um die mechanische Zeitkonstante klein zu halten. S. werden als Gleich- oder Wechselstrommotor für Stellantriebe ausgeführt; bei Leistungsantrieben ist die Ausführung als Asynchronmotor mit geblechtem Läufer und Kurzschlußwicklung vorteilhaft. Eine Ausführung als → Fahrmotor wäre denkbar, doch müßten zur Leistungserhöhung und Masseeinsparung mehrere Scheiben aneinandergereiht werden.

Scheibenrad: Bauform des für Tfz. i.d.R. bereiften → Rads für → Treibradsätze (2) von Diesel- und elektrischen Tfz. und für → Laufradsätze und → Tenderradsätze sowie gelegentlich für hochbeanspruchte Treibradsatzkräfte großen Raddurchmessers (Boxpokräder) von Dampflokomotiven neuerer Bauart (etwa ab 1930). Das S. besteht aus dem Radkörper (Radscheibe) mit der Nabe, dem geraden oder S-förmig oder doppelt (radial und tangential) gewellten Scheibensteg und dem Radkranz sowie dem darauf aufgezogenen Radreifen. Die Radscheiben werden gepreßt oder gewalzt, seltener kombiniert durch Pressen oder Schmieden mit nachfolgender spanabhebender Bearbeitung hergestellt. Die Verwendung gegossener S. ist nach den UIC-Merkblättern 812–3 und 813 wegen der Riß- und Bruchgefahr für europäische Eisenbahnen nicht zul.

Eine *Sonderbauart* des S. ist das 1933 für Treibradsatzkräfte von 200–300 kN in den USA entwickelte und später bes. dort und in der UdSSR verbreitete Doppelscheibentreibrad, System Boxpok. Diese Boxpokräder, die zur Erreichung von innenliegenden Triebwerksteilen mit Öffnungen in den Scheiben versehen waren, ermöglichten das Reduzieren der Eigenmasse und der Herstellungskosten sowie das Verbessern des Auswuchtens. Die DR rüstete Anfang der 60er Jahre 10 Reko-Lokomotiven ihrer BR01[5] mit in Doppelscheiben-Hohlkonstruktion aus einem Stück gegossenen Boxpokrädern aus. Wegen Fertigungsmängel, die zum unruhigen Lauf der Lokomotiven führten, wurden sie bis 1973 wieder durch → Speichenräder ersetzt. Lit.: 2.1. Bd. 1., 2.12., 3.6., 4.5., 5.3.

Scheibenreinigungsanlage: Hilfseinrichtung, die eine begrenzte Fläche der → Stirnfenster eines Tfz. während der Fahrt von Niederschlägen und Schmutz freihält, so daß dem Tfz.-Führer eine einwandfreie Strecken- und Signalbeobachtung möglich ist. Bei Diesel- und Elektro-Tfz. ist es üblich, jedes Stirnfenster mit einer S. auszurüsten, wobei die S. aus einer → Scheibenwischeranlage und einer zusätzlichen → Scheibenwaschanlage bestehen kann. Bei Dampflokomotiven sind S. nicht gebräuchlich. Hier kommen ggf. → Klarsichtscheiben zum Einsatz.

Scheibenwaschanlage: Hilfseinrichtung, mit der bei Bedarf die → Stirnfenster von Diesel- und Elektro-Tfz. mit Wasser besprüht werden können, um den an den Scheiben haftenden Schmutz zu lösen, so daß er von der → Scheibenwischeranlage aus dem Sichtfeld gewischt werden kann. Wirkungsweise: Das Waschwasser wird von einer elektrisch angetriebenen Pumpe aus dem Vorratsbehälter angesaugt und über feste Leitungen oder Schläuche zu der am Wischerhebel befestigten Spritzdüse geleitet. → Scheibenreinigungsanlage. Abb.

Scheibenwischeranlage: Hilfseinrichtung, die eine begrenzte Fläche der → Stirnfenster eines Tfz. frei von Niederschlägen hält, indem ein an einem Wischerhebel befestigter Wischergummi unter einem bestimmten Anpreßdruck

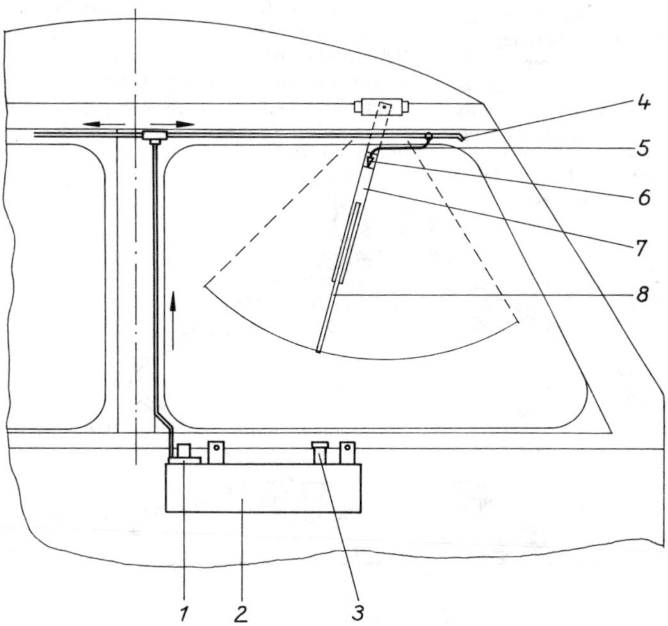

Scheibenwaschanlage
1 Pumpe, 2 Vorratsbehälter, 3 Füllstutzen, 4 Druckleitung, 5 Verbindungsschlauch, 6 Spritzdüse, 7 Wischerhebel, 8 Wischerblatt

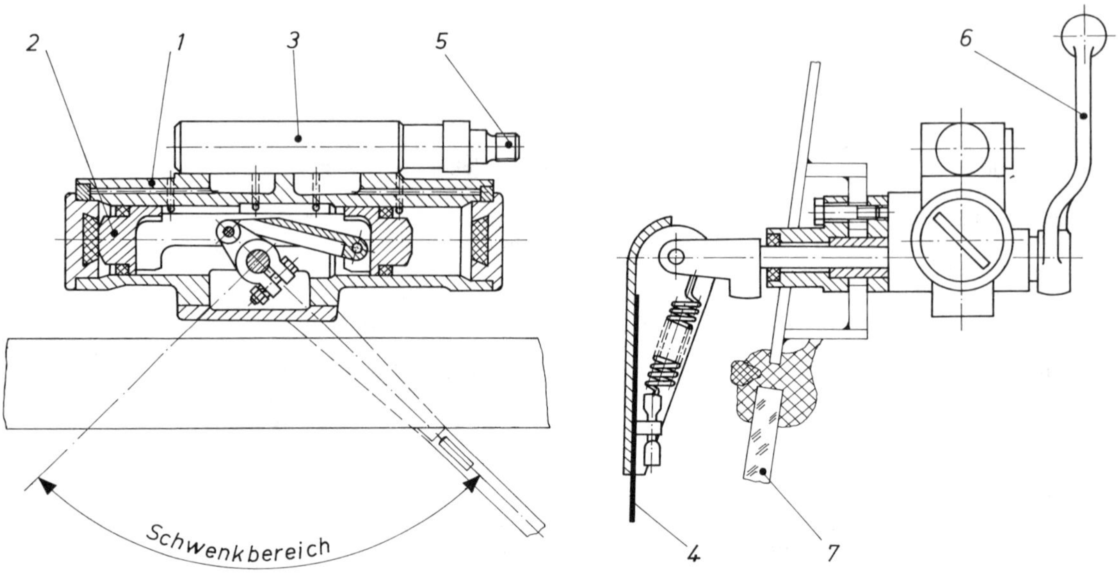

Scheibenwischeranlage
Druckluftscheibenwischer
1 Arbeitszylinder, 2 Arbeitskolben, 3 Steuergehäuse mit Rückstelleinrichtung, 4 Wischerhebel, 5 Druckluftanschluß, 6 Handhebel, 7 Stirnfenster

über die Außenfläche der Scheiben geführt wird. Der Antrieb der S. erfolgt i. d. R. pneumatisch. Zur Bedienung sind Anstellventile, die mit einer → Drosseleinrichtung gekoppelt sind, vorhanden. Eine Rückstelleinrichtung sorgt dafür, daß der Wischerhebel beim Abschalten immer die Endlage erreicht. Bei Ausfall der Druckluft kann die S. über einen Handhebel betätigt werden. S. gibt es als Segment- und als Parallelwischer. → Scheibenreinigungsanlage, → Scheibenwaschanlage. Abb.

Scheinleistung: Rechengröße für die strommäßige Belastung eines mit Wechselstrom gespeisten elektrotechnischen Geräts bei vorgegebener Spannung. Die S. ist das Produkt des Effektivwerts der Wechselspannung U und des Effektivwerts des Wechselstroms I: $S = UI$ in VA.

Schere, *Pantograph:* Kurzbezeichnung für das Gestell eines → Scherenstromabnehmers, das für den Ausgleich der Höhendifferenz zwischen Fahrzeugdach und → Fahrleitung zu sorgen hat. Für das Gestell eines → Einholmstromabnehmers wird mitunter auch die Bezeichnung *Halbschere* verwendet.

Scherenarme: Teile des aus Rohren oder Profilen aufgebauten Gestells eines → Scherenstromabnehmers (dort Abb.).

Scherenbremse: bes. Anordnung der → Hängeeisen (2) des → Bremsgestänges (dort Abb.) der → Klotzbremse für schnellfahrende Dampflokomotiven. Bei geringem Abstand der Laufkreise benachbarter Treib- und Kuppelradsätze kann durch die S. eine 2seitige Radabbremsung erreicht werden, wobei die → Bremsklötze (→ Bremsklotzbauform Bgu) diametral und auf Radmitte wirkend angeordnet werden. Lit.: 1.4., 2.12.

Scherenstromabnehmer: → Stromabnehmer zur Entnahme elektrischer Energie aus einer → Fahrleitung. Der Ausgleich der Höhendifferenz zwischen Fahrzeug und Fahrleitung wird mit einem aus Rohren oder Profilen aufgebauten Gestell bewirkt, das als nichtgeschlossenes Gelenkviereck arbeitet und wegen der scherenähnlichen Bewegung

Scherenstromabnehmer
1 Lokomotivdach, 2 Stützisolator, 3 Rahmen, 4 unterer Scherenarm, 5 Gelenk, 6 oberer Scherenarm, 7 Wippe, 8 Schleifstück, 9 Wippenfeder, 10 Zugfeder, 11 Kuppelstange, 12 Druckluftzylinder, 13 Stabisolator, 14 Langlochgabel

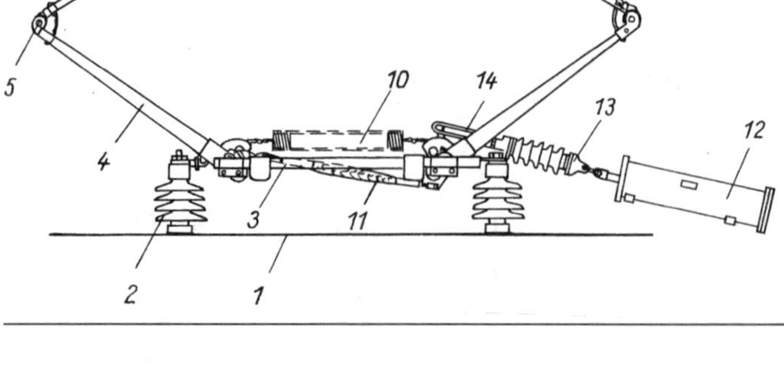

als → Schere (oder auch als Pantograph) bezeichnet wird.
Der S. besteht aus Tragisolatoren, Grundrahmen, Unterschere, Oberschere, → Wippe mit → Schleifstück, Diagonalstreben, Antrieb mit Isolator, Hub- und ggf. Ausgleichsfedern und Stromverbindungskabeln. Er gestattet stetige, weitgehend funkenfreie Leistungsübertragung durch strömungstechnisch günstige Formgebung bei hohen Geschwindigkeiten. Daten: Anpreßkraft 40–130 N durch Hubfedern, Absenken durch Senkfedern; Masse 100–450 kg, Arbeitsbereich 4800–6300 mm ü. SO, Nennstrom 200–1500 A, Nennspannung 0,8–25,0 (35,0) kV, Anzahl pro Tfz.: 1–4 (maximal 6).
S. werden häufig kurz als »Stromabnehmer« bezeichnet, wenn Irrtümer ausgeschlossen sind. Lit.: 4.5., 4.11., 4.12. Abb.

Schiebelokomotive: → Lokomotive am Schluß eines Zuges, der an der Spitze mit einer → Zuglokomotive bespannt ist, um durch Nachschieben die Traktionsleistung zu erhöhen. S. werden vorwiegend bei der Anfahrt und auf Steigungsstrekken für schwere Güterzüge eingesetzt. Sie können bis zum nächsten Bahnhof am Zug bleiben oder auf freier Strecke während der Fahrt von ihm abkuppeln (→ Kellersche Kupplung).

Schieber: Bauteil der → inneren Steuerung der Dampfmaschine. Mit dem S. wird abwechselnd auf jeweils eine der Kolbenseiten im → Zylinder (1) Dampf aus dem Lokomotivkessel gegeben und jeweils der andere Zylinderraum über den Ausströmkanal und das → Blasrohr mit der → Rauchkammer verbunden. Der vom → Schieberkasten aufgenommene S. besteht aus → Schieberkörper(n) und aus der über die → Schieberschubstange und den → Schieberstangenkopf angetriebenen und durch die → Schieberstangentragbuchsen geführten → Schieberstange. → Naßdampflokomotiven besaßen anfänglich → Flachschieber. Bei → Heißdampflokomotiven werden ausschließlich → Kolbenschieber verwendet. → Druckausgleichkolbenschieber. Lit.: 2.3., 2.12.

Schieberad: Zahnrad eines Schaltgetriebes, das durch axiales Verschieben auf einer Getriebewelle mit dem Gegenzahnrad in Eingriff gebracht wird. Das S. hat sich bei → Zahnradschaltgetrieben in Tfz. (→ Durchschaltgetriebe) nicht bewährt und wird nur bei Zahnradgetrieben angewandt, die im Stillstand geschaltet werden (→ Wendegetriebe, → Stufengetriebe). Das S. wird heute durch die → Schaltmuffe ersetzt.

Schieberadsatz: → seitenverschieblicher Radsatz

Schieberbuchse: Bauteil der → inneren Steuerung, in dem sich der über die → äußere Steuerung angetriebene → Kolbenschieber bewegt und für die Dampfverteilung zum → Zylinder (1) sorgt. Die gußeisernen S. werden i.d.R. 3teilig ausgeführt und lose, aber durch einen Stift gesichert, in die → Schieberkästen (dort Abb.) eingesetzt. Über einen Bund werden sie von den am Schieberkasten befestigten → Ausströmkästen gegen eine Dichtfläche im Schieberkasten gepreßt, so daß sie die Dampfkanäle zum Zylinder gegen die Einströmung abdichten. Die S. ist von Dampfkanalschlitzen durchbrochen, die gleichzeitig als Steuerkanten dienen. Lit.: 2.3., 2.12.

Schieberkasten: Teil des → Zylinderblocks von Dampflokomotiven, in dem die → Dampfverteilung der Dampfmaschine gesteuert wird. Der S. nimmt den → Schieber, die → Schieberstangentragbuchsen und beim → Flachschieber den → Schieberspiegel, beim → Kolbenschieber die → Schieberbuchsen mit den daran anschließenden → Ausströmkästen auf. → innere Steuerung. Abb.

Schieberkörper: Bauelement der → inneren Steuerung der Dampflokomotive. Der S. ist bei → Flachschiebern ein im Schieberrahmen eingehängter Muschelkörper aus Rotguß. Beim → Kolbenschieber sitzen der vordere und hintere S. gemeinsam auf einer → Schieberstange. Hierbei werden die S. mit Muttern gegen

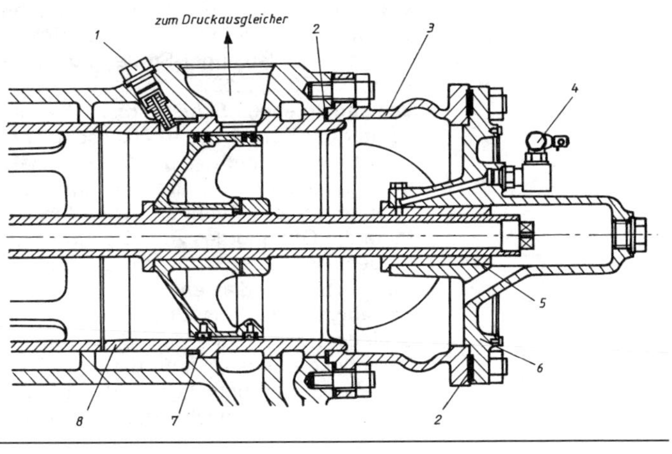

Schieberkasten einer Einheitslokomotive der DRG (Schnitt)
1 Schieberschmierung, 2 Dichtungsring, 3 Ausströmkasten, 4 Ölsperre, 5 Schieberstangentragbuchse, 6 Schieberkastendeckel, 7 Dichtfläche, 8 Schieberbuchse

Bunde auf der Stange festgehalten und gegen Verdrehen durch Keile gesichert. Die S. sind aus dünnwandigem Gußeisen hergestellt, um die hin- und hergehenden Massen so gering wie möglich zu halten. Der Durchmesser der S. ist kleiner als der der → Schieberbuchsen. Federnde Kolbenschieberringe, die in eingedrehten Nuten liegen und gegen Verdrehen gesichert sind, übernehmen die Abdichtung.

Schieberkreuzkopf: → Schieberstangenkopf

Schieberlappen: beide Teile (Lappen) des → Schieberkörpers der → Flachschieber von Dampflokomotiven, die mit ihren ebenen Flächen auf dem → Schieberspiegel gleiten. Die als *steuernde Kanten* des Flachschiebers bezeichneten äußeren Kanten der S., die die Einströmkanäle in Richtung der Stirnseiten des Flachschiebers überdecken, ergeben die Einströmüberdeckung, die ebenso bezeichneten inneren Kanten der S., die die Einströmkanäle nach dem in der Mitte angeordneten Ausströmkanal hin überdecken, realisieren die Ausströmüberdeckung. Lit.: 2.3., 2.12.

Schieberregler, *Flachschieberregler:* → Dampfregler älterer Naßdampflokomotiven. Infolge des auf dem Hauptschieber des S. lastenden vollen Dampfdrucks des Kessels wäre dieser Schieber nur schwer bewegbar. Er besitzt deshalb auf seinem Rücken einen kleineren Hilfsschieber, der beim Öffnen des S. zuerst eine dahinter liegende Dampfleitung mit einem Dampfdruck beaufsschlagt und so zur teilweisen Entlastung des Hauptschiebers beiträgt.

Schieberschubstange: Bauteil der → äußeren Steuerung der Dampflokomotive. Die S. überträgt die Antriebsbewegung von der → Schwinge zur → Schieberstange. → Heusinger-Steuerung (dort Abb.). Lit.: 2.3., 2.12.

Schieberspiegel, *Schieberrost:* Fläche, auf der der Körper des → Flachschiebers gleitet. Der S. enthält die Dampfkanäle mit Steuerkanten für die Ein- und Ausströmung des → Zylinders (1) und in der Mitte die Öffnung des zum Blasrohr führenden Anschlusses für das Ausströmrohr. → Schieberkasten.

Schieberstange: Bauelement des → Schiebers der → inneren Steuerung von Dampflokomotiven, auf dem die → Schieberkörper befestigt sind und das von der → Schieberschubstange (bei der → Heusinger-Steuerung z.B. zusätzlich auch vom → Voreilhebel) angetrieben wird. Für die Befestigung des Schieberkörpers von → Flachschiebern ist die S. zur Umfassung des Schieberkörpers in Form eines Rechteckrahmens ausgeführt. Beim → Kolbenschieber sind die beiden Kolbenkörper direkt auf der aus Leichtbaugründen mit etwa 40 mm Innendurchmesser meist hohlgebohrten S. befestigt. Die S. wird von in die Schieberkastendeckel eingebrachte → Schieberstangentragbuchsen getragen, das hintere, als → Schieberstangenkopf ausgebildete Ende der S. erhält zur Aufnahme der senkrechten Antriebskraftkomponente eine, meist am hinteren Schieberkastendeckel angegossene Schieberstangenführung (Schieberkreuzkopf). → Schieberkasten (dort Abb.). Lit.: 2.3., 2.12.

Schieberstangenführung: → Schieberstange, → Schieberstangenkopf

Schieberstangenkopf, *Schieberkreuzkopf:* auf dem hinteren Teil der → Schieberstange von Dampflokomotiven mit Stellmuttern verschraubte, früher aus Rotguß und später aus Grauguß bestehender Gleitschuh, der in der i.d.R. am Schieberkastendeckel angegossenen Schieberstangenführung läuft und neben der Führung der Schieberstange die Übertragung der senkrechten Komponente der von den Teilen der → äußeren Steuerung eingeleiteten Antriebskraft übernimmt. → Heusinger-Steuerung (dort Abb.). Lit.: 2.3., 2.12.

Schieberstangentragbuchse: in entspr. Ausformungen der beiden Schieberkastendeckel eines Dampflokomotivzylinders eingebrachte, i.d.R. aus Grauguß bestehende bes. Tragbuchsen, die mit der → Schieberstange den oder die → Schieberkörper tragen und gleichzeitig bei → innerer Einströmung die Schieberstangendurchführung gegen den Abdampfdruck im Schieberraum nach außen abdichten. Bei Lokomotiven mit höheren, nach außen abzudichtenden Dampfdrücken, wie sie bei Loks mit → äußerer Einströmung oder bei Hochdruckzylindern von → Verbundlokomotiven (1) auch bei innerer Einströmung auftreten, müssen bes. → Stopfbuchsen eingesetzt werden. Die S. werden von einer Schmierpumpe mit Schmieröl versorgt. Bei älteren Lokomotiven wurde noch die → Dochtschmierung angewendet. → Schieberkasten (dort Abb.). Lit.: 2.3., 2.12.

Schiebersteuerung: Bauart der → inneren Steuerung der → Dampflokomotivsteuerung. Sie wird nach der Bauform des → Schieberkörpers (i.d.R. → Flachschieber und → Kolbenschieber) mit den damit verbundenen Unterschieden in der Lage und konstruktiven Gestaltung z.B. der Ein- und Ausströmkanäle (→ Schieberspiegel, → Schieberbuchse, → Schieberkasten) in *Flach-S.* und *Kolben-S.* unterteilt.

Schiebetür: **1.** Tür von Reisezug-, Güterwagen und Triebwagen, die sich durch seitliches Verschieben parallel zur Wand öffnen oder schließen läßt. Die S. läuft mit Wälz- oder Gleitlagern auf Laufschienen, die i.d.R. über der Tür angebracht sind. An der Unterseite wird die S. lediglich geführt. Bei einigen neuen Reisezugwagen finden Schwenkschiebetüren Anwendung, bei denen die Führungen beim Schließen nach innen schwenken, so daß die Türen mit der Wand bündig sind. – **2.** → Feuertür.

Schiemann, Max: 1866 (Breslau) – 1933 (Wurzen); Ingenieur und Konstrukteur von elektrischen Bahnen und Oberleitungsomnibussen. Nach dem Studium, einer Tätigkeit bei Siemens & Halske auf dem Gebiet elektrischer Fahrzeugantriebe und daran anschließend bei der Dresdener Straßenbahn gründete S. in Dresden ein eigenes Konstruktionsbüro. Mit der nach seinen Plänen 1901 erbauten »Bielathal-Motorbahn« wurde in Deutschland der erste Oberleitungbus-Betrieb für den öffentlichen Personen- und Güterverkehr geschaffen. Aus seinen verdienstvollen Arbeiten sind bes. das 1895 und mehrbändig 1900–1903 erschienene, erste deutschsprachige Gesamtwerk über den »Bau und Betrieb elektrischer Bahnen« sowie über »Elektrische Fernschnellbahnen der Zukunft« (1897 und 1909) hervorzuheben. Lit.: 1.27., Matthes: »Der Oberleitungsbus«, Verkehrsmuseum Dresden 1979.

Schiene: Hauptbestandteil des Eisenbahngleises, das gleichzeitig Fahrbahn und Führungsorgan für das Eisenbahnrad und damit Grundelement des Systems »Fahrzeug/Fahrbahn« ist. Die S. wird damit hauptsächlich durch Vertikal- und Querkräfte beansprucht. Brems- und Antriebskräfte der Fahrzeuge verursachen zusätzliche Längskräfte. Nach der Querschnittsgestaltung werden verschiedene Schienenformen angegeben. Die ersten Schienen waren gußeiserne kurze Profilträger. R. → Stephenson führte die gewalzte Doppelkopfschiene ein, die wiederum durch die aus den USA übernommene, heute fast ausschl. verwendete Breitfußschiene abgelöst wurde. Die überwiegend bei Straßenbahnen verwendete Rillenschiene ist eine Sonderausführung der Breitfußschiene. Das Schienenprofil besteht aus dem Schienenkopf, dem Steg und dem Schienenfuß (Abb.). Die Abmessungen basieren auf statischen und walztechnischen Erfordernissen. Die Lauffläche des Schienenkopfs muß geometrisch so gestaltet sein, daß sie gemeinsam mit der Lauffläche des → Radprofils verschleißgünstige Berührungsverhältnisse verursacht. Neue Schienenprofile sind ferner durch einen biegesteifen Steg und einen breiten Schienenfuß zur günstigen Druckübertragung und Wahrung der Standsicherheit bei horizontalen Querkräften gekennzeichnet. Zur günstigen Kraftübertragung von der Schiene auf die Schwelle ist die Schiene i.d.R. außen in Weichen mit einer Neigung von 1:20 oder 1:40 auf den Schwellen befestigt. Die Neigung weist in Richtung Gleismitte. Die S. besteht aus gewalztem Stahl mit Zugfestigkeiten von 700–900 MPa für normalbelastete und von 1000–1200 MPa für hochbeanspruchte Gleise oder Weichenbauteile. Die Bezeichnung der Schienen enthält die Angabe der Masse je Meter Schienenlänge. Die Tendenz geht bei den steigenden Anforderungen an die Tragfähigkeit und Lebensdauer zu schweren Schienenprofilen mit längenbezogenen Massen von 50–70 kg/m. Abb.

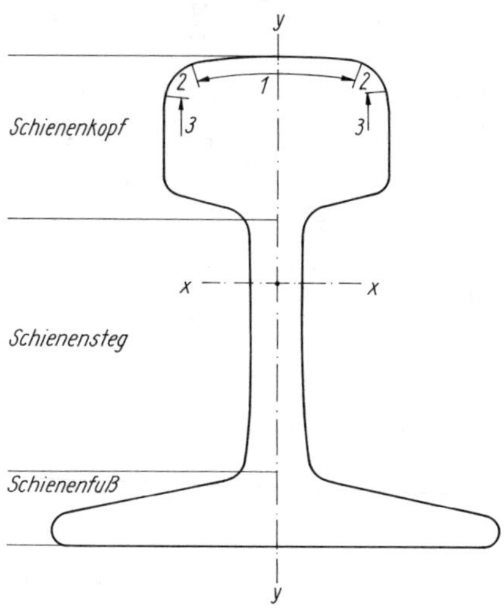

Schiene
1 Scheitelfläche, 2 Kopfrundung, 3 Fahrschienenflanke

Schienenbahn: allg. Bezeichnung für ein spurgeführtes Verkehrsmittel, das auf → Schienen als Fahrbahn und Führungselement läuft. Unterschieden werden die S. a) in → Eisenbahnen, Straßenbahnen, Untergrundbahnen (U-Bahn, Metro) und Sonderbahnen, wie Bergbahnen oder nichtkonventionelle S. (Einschienenbahn o.ä.), oder b) in S. des öffentlichen und nichtöffentlichen Verkehrs. Zu den letzteren gehören u.a. Industriebahnen, Grubenbahnen, Werkbahnen und Anschlußbahnen.

Schienenbremse: zusätzliche Bremse, die unmittelbar auf die Schiene wirkt und damit unabhängig vom Kraftschluß Rad/Schiene ist. Ausführungsformen: → Magnetschienenbremse, → Wirbelstrombremse.

Schienenfahrzeug: Bezeichnung für ein spurgebundenes Transportmittel, das auf → Schienen als Trag- und Führungselement läuft. Die S. werden nach Einsatz und Ausführung unterteilt in: a) → Eisenbahnfahrzeuge, Straßenbahnfahrzeuge, Nahverkehrsfahrzeuge, S. für Sonderbahnen u.a.; b) S. des öffentlichen und nichtöffentlichen Verkehrs, wie S. für Anschlußbahnen, Werkbahnen, Grubenbahnen u.a. → Schienenbahn.

Schienenkopf: → Schiene

Schienenlastkraftwagen: auf → Schienen als → Triebfahrzeug oder Bahndienstwagen einsetzbarer Nutzkraftwagen. Das Fahren des eigentlichen Straßenfahrzeugs auf der Schiene kann auf folgende Arten ermöglicht werden: a) Umbau des Fahrwerks durch Austausch der gummibereiften Räder gegen Eisenbahnräder mit Anpassung an die Spurweite für einen dauernden Einsatz als Tfz.; b) das Straßenfahrzeug erhält absenkbare (meist hydraulisch betätigte) Eisenbahnräder oder Spurführungsräder, die einen schnellen Übergang vom Straßen- auf den Schienenbetrieb und umgekehrt erlauben. Günstig ist es, wenn die Straßenräder auch das Fahren auf der Schiene übernehmen und nur eine zusätzliche Spurführung erfolgt. Diese Ausführungen haben oft S. für leichte Rangierarbeiten bei Werk- und Anschlußbahnen (Einsparung einer → Werklokomotive). Beim Einsatz auf der Schiene wird bei S. die Lenkung in der Mittellage festgelegt; S. werden wie → Regelfahrzeuge (Tfz.) behandelt. Die zul. Höchstgeschwindigkeit auf Hauptbahnen beträgt für S. mit Druckluftbremse 60 km/h, sonst 50 km/h.

Schienenneigung: → Schiene

Schienenoberkante, Abk. **SO**: Verbindungsgerade der Schienenkopf-Scheitelpunkte eines Eisenbahngleises. Die SO wird häufig als Bezugslinie für die Schienenfahrzeuge, den Gleisbau und über den → Lichtraum für alle Gegenstände in Gleisnähe herangezogen. Lit.: 1.7., 1.27. Abb.

Schienenomnibus: 2achsiger → Leichtverbrennungstriebwagen mit meist → mechanischer Leistungsübertragung,

Schienenomnibus
Auswahl mit technischen Daten

Betriebsnummer/BR	133000-133002	133003-133005	133006-[1] 133008	133009-133012	135000-135001	135048-135050	135060	135065-135066
Bahnverwaltung	DRG	DRG	DRG	DRG	DRG	DRG	DRG	DRG
Hersteller	WfB	Wumag	Henschel	WfW	VWW	MAN	WfB	MAN
Baujahr	1931	1932	1933	1933/34	1932	1935	1936	1936
Radsatzfolge	A 1	A 1	B	A 1[2]	A 1	A 1	A 1	A 1
Motorart	Otto-Benzol	Otto-Benzol	Otto	Otto	Diesel	Diesel[4]	Diesel	Diesel
Leistung kW	88	74	74	2 × 29[2]	88	110	132	110
Leistungsübertragung	mech.	mech.	mech.	mech.	elektr.	hydr.	mech.[3]	mech.
Länge über Puffer/Kupplung m	12,200	12,095	11,410	10,100	12,200	12,095	12,200	12,475
Radsatzabstand m	6,2	6,2	5,0	4,0	6,2	6,2	6,2	7,0
Sitzplätze	44	36	52	46	46	35	39	40
Höchstgeschw. km/h	65	65	60	45	65	75	75	75
Dienstmasse t	15,0	12,9	11,9	5,7	20,4	19,3	21,0	12,5[5]
Leistung/Masse kW/t	5,9	5,7	6,2	5,1	4,3	5,7	6,3	8,8

[1] Verwendung von Bauteilen für Straßenomnibusse
[2] 1 Antriebsanlage für jede Fahrtrichtung, daher Achsfolge A 1, → Ameisenbär
[3] Umbau auf hydrodynamische Leistungsübertragung (AEG-Getriebe)
[4] erste Unterflurmaschinenanlage
[5] Leichtmetallwagenkasten
[6] mit Scharfenberg-Kupplung
[7] für kombinierten Adhäsions-Zahnradantrieb, 1969 auf Adhäsionsbetrieb umgebaut
[8] an RENFE als 2- und 3teilige Einheit geliefert
[9] mit Einachslaufwerken
[10] bereits 1966 ausgemustert
[11] 1980 ausgemustert
[12] 2teilige Einheit

ggf. gekuppelt mit Beiwagen oder Steuerwagen. Abweichend von Regel-Tfz. sind S. oft mit vereinfachter → Zug- und Stoßeinrichtung ausgerüstet. I. G. z. Straßenomnibus besitzt der S. neben der Spurführung meist ein größeres Platzangebot, 2 Führerstände und max. Geschwindigkeit in beiden Fahrtrichtungen. Die Entwicklung von S. wurde in den 30er Jahren und später durch den aufkommenden Straßenomnibusverkehr z. T. unter Verwendung artgleicher Bauteile und zur Kostensenkung auf schwach frequentierten Strecken beschleunigt. S. werden vorwiegend im Nebenbahndienst mit geringem Verkehrsaufkommen eingesetzt. Die Steuerung der Maschinenanlage erfolgt vom Führerstand des S. oder des Steuerwagens, für Fahrten im Fahrzeugverband kann der S. mit → Mehrfachsteuerung ausgerüstet sein. Schlechte Laufeigenschaften des 2achsigen Fahrzeugs können durch → Einachslaufwerke verbessert werden. Ein kombinierter Einsatz auf Schiene und Straße (Zweiwegefahrzeug) setzte sich nicht durch. Abb. Tab.

Schienenprofil: → Schiene

Schienenräumer: → Bahnräumer

Schienenrichtkraft: zwischen Schiene und Eisenbahnrad wirkende Richtkraft,

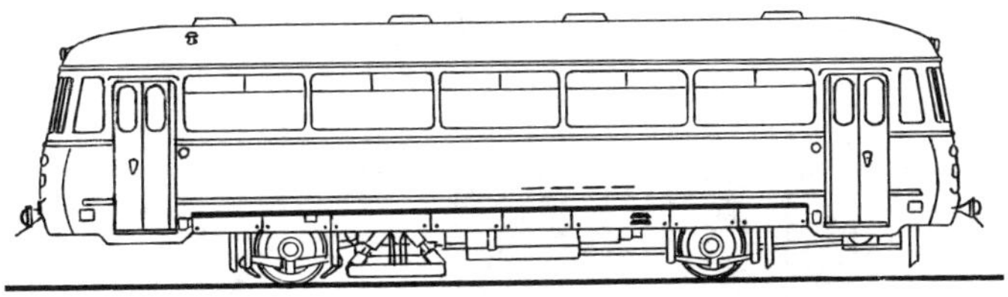

Schienenomnibus der BR 772 der DB/DR

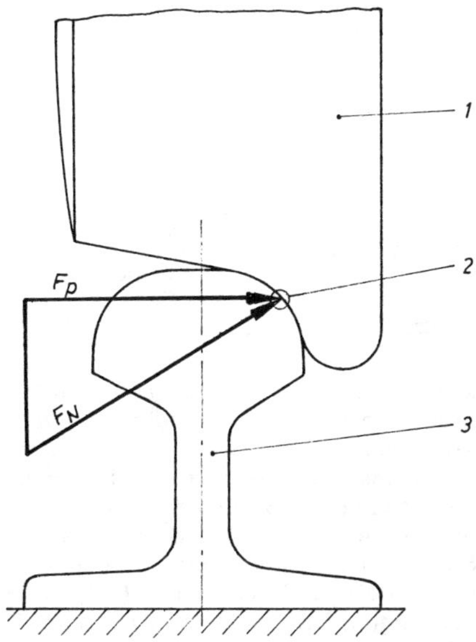

Schienenrichtkraft
1 anlaufendes Rad, 2 Führungspunkt (Spurkranzdruckpunkt), 3 Schiene, F_P Schienenrichtkraft, F_N Normalkraft

VT 95901-95911	795	797	798	772	M 152.0	Class 141[12]
DB	DB	DB/DR	DB/DR	DB/DR	ČSD	BR
WfÜ	WfÜ	WfÜ	WfÜ	WBB	Wf. Stud.	BRE
1950[10]	1952[11]	1962[7]	1955	1962	1977	1983
A 1	A 1	Bo	Bo	A 1	A 1[9]	A 1 + A 1
Diesel	Diesel	Diesel	Diesel	Diesel	Diesel	Diesel
80	96	2 × 110	2 × 110	147	155	2 × 147
mech.	mech.	mech.	mech.	mech.	hydromech.	mech.
10,650[6]	13,298[6]	13,950	13,950	13,550[6]	13,970	2 × 15,122
4,5	6,0	5,95	6,0	6,0	8,0	9,0
41/46	60/57	57	60/58	54	56	94
90	90	90	90	90	80	130
11,5	13,2	24,4	20,3	18,3	19,0	48
6,95	7,3	9,0	10,8	8,0	8,15	7,35

die dem Fahrzeug eine durch das Gleis vorgeschriebene Bahn aufzwingt. Die S. ist die waagerechte Komponente der Normalkraft im Führungspunkt eines an die Schiene anlaufenden Rades. Die Größe der S. ermöglicht Aussagen zu → Laufsicherheit und Spurkranzverschleiß. Lit.: 1.9., 1.12. Abb.

Schienenstrom: Summe der in den Schienen fließenden Ströme. Er setzt sich aus dem Tfz.-Rückstrom (→ Triebrückstrom), dem → Heizstrom, dem Gleisfreimeldestrom von Gleisstromkrei-

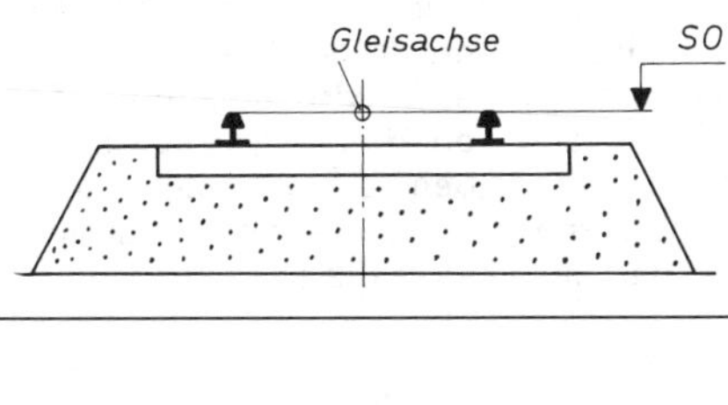

Schienenoberkante (SO)

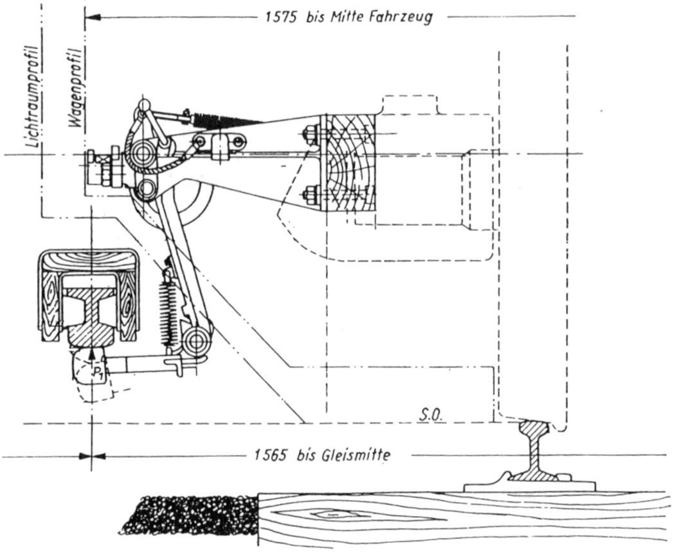

Schienenstromabnehmer
Stromabnehmer für die dritte Schiene (Berliner S-Bahn)

sen und unter Umständen auftretenden Störströmen (Weichenheizung) zusammen.

Schienenstromabnehmer: → Stromabnehmer für → Stromschienen, der je nach deren Bauart den Strom aus der Stromschiene von oben (z. B. Berliner U-Bahn, Kleinprofil), von unten (z. B. Berliner S-Bahn; Berliner U-Bahn, Großprofil) oder von der Seite abnehmen kann. Die Stromschiene ist i. d. R. seitlich vom Tfz. angeordnet (außerhalb des Lichtraums), so daß auch der S. seitlich am Tfz. sitzt. Er ist isoliert vom Fahrzeug am sog. Stromabnehmerbalken angebracht. Die Höhe des S. kann in Abhängigkeit von der Radreifenabnutzung am Stromabnehmerbalken eingestellt werden. Die Stromabnehmergelenke sind zur besseren Stromführung mit Litzen überbrückt. An einem Kontaktstift kann im Schuppen ein Kabel aufgesteckt werden, um das Fahrzeug dort für Prüfzwecke unter Spannung setzen zu können. Der S. kann mit Hilfe einer Stromabnehmerschaltstange abgeklappt werden, die im Bedarfsfall auf einen Vierkant aufgesteckt und um 90° gedreht wird. Die Abschaltung der Stromschiene im Gefahrenfall erfolgt mit Hilfe eines → Kurzschließers. Er besteht aus einem Druckluftzylinder und einem Kontaktblock. Das Anlegen und Abheben des S. wird bei älteren Tfz. im Stillstand von Hand vorgenommen. Neuere Tfz. haben fernbediente, druckluftbetätigte S. (z. B. die rekonstruierten Tfz. der BR 477 und die Neubautriebwagen der BR 485 der Berliner S-Bahn sowie die Tfz. der Hamburger S-Bahn). Lit.: 4.5., 4.11. Abb.

Schienenzeppelin: von → Kruckenberg 1930 entwickelter stromlinienförmiger, 2achsiger Versuchstriebwagen in extremer → Leichtbauweise (Triebwagenleermasse 18,6 t) mit Antrieb durch einen 440-kW-Flugzeug-Ottomotor und eine hölzerne Luftschraube, deren Achse leicht nach oben geneigt war, um den Luftstrom vom Bahnkörper abzuleiten. Durch eine handbetätigte Lenkeinrichtung konnten die im Abstand von 19,6 m angeordneten Radsätze bei Kurvenfahrt radial eingestellt werden. Für Rangier- und Bahnhofsfahrten war der erste Radsatz mit einem batteriegespeisten Fahrmotor ausgerüstet. Der S. erreichte bei Versuchsfahrten am 21. Juni 1931 zwischen Berlin und Hamburg eine Höchstgeschwindigkeit von 230 km/h. Der Propellerantrieb konnte sich nicht durchsetzen, da seine Wirtschaftlichkeit erst bei Geschwindigkeiten über 200 km/h beginnt und nur eine Fahrtrichtung möglich ist. 1932 wurde der S. zu Erprobungszwecken auf dieselhydraulischen Antrieb mit 2achsigem Triebdrehgestell umgebaut. Der S. erhielt erstmals → Magnetschienenbremse. → Verbrennungstriebwagen (dort Tab.), → Tafel »Verbrennungtriebwagen und -triebzüge«.

Schlabberkammer: Bauteil der → Dampfstrahlpumpe.

Schlabberventil: Bauteil der → Dampfstrahlpumpe.

Schlackenbildung: Verschmelzung der aus den nichtbrennbaren Bestandteilen der Lokomotivkohle (Sand, Tonerde, Kalk, Eisen u. a.) gebildeten Asche im Feuerbett zu Schlacke. Die S. tritt überwiegend bei großer → Rostbelastung mit anschließender Ruhephase (geschlossener → Dampfregler) ein, da der kühlende Luftstrom, der sonst die flüssigen Schlacketeilchen abkühlt und diese in Tropfenform durch die Rostspalte fallen läßt, fehlt. Durch den Wärmestau im Feuerbett kommt es bei geschlossener → Aschkastenklappe und fehlendem Luftstrom erst zum Zusetzen der Rostspalte mit dann anschließendem Zusammenlaufen der flüssigen Schlacke auf dem Rost. Die Aschkastenklappe darf deshalb nach Schließen des Reglers erst nach einem Temperaturrückgang der oberen Verbrennungsschicht des Feuerbetts (1–2 min) ganz geschlossen werden. Lit.: 2.3.

Schlackensumpf: Teil der Ausschlackanlage für Dampflokomotiven im Bahnbetriebswerk. Der S. ist mit einem verschiebbaren Gitterrost abgedeckt und begehbar. Beim → Ausschlacken gelangt die Schlacke in eine unter dem Gleis befindliche, mit Wasser gefüllte Grube, wo sie sofort ablöscht. Der S. wird i. d. R. mit einem Greiferkran entleert und die Schlacke zum Abtransport in offene Güterwagen verladen.

Schlammabscheider: meist im → Speisedom des → Dampflokomotivkessels eingebauter Speisewasserreiniger zum Ausscheiden der im → Kesselspeisewasser enthaltenen Härtebildner (→ Wasserhärte). Da sich die meisten der Fremdstoffe und für die vorübergehende Härte verantwortlichen Härtebildner bereits bis zum Erreichen einer Wassertemperatur von 150 °C (z. B. kohlensaure Salze, Kieselsäure, Tonerde bei 70–100 °C) als Schlamm ausscheiden, wird das Speisewasser sofort nach Eintritt in den Kessel auf seine Verdampfungstemperatur gebracht. Prinzipiell wird dazu bei den verschiedenen Bauarten das Speisewasser mit Düsen oder Spritzrohren fein zerteilt auf unterschiedlich gestaltete Metallflächen gespritzt und fließend weitergeleitet. Der dabei ausgeschiedene Schlamm wird dann z. B. einem unterhalb des Speisedoms angeordneten → Schlammsammler zugeführt. Bei der DRG häufig verwendete Bauarten: → Winkelrost-Schlammfilter, → Speisewasserverteiler. Lit.: 2.3., 2.12., 5.3. Abb.

Schlammsammler: Teil der → Grobausrüstung des → Dampflokomotivkessels zum Sammeln des ausgefällten → Kesselsteins und der im → Kesselspeisewasser enthaltenen Schwebstoffe. Der als kegelstumpfförmiger Sammelraum ausgebildete S. ist unterhalb des → Speisedoms an der Bauchseite des → Langkessels aufgesetzt. An seiner tiefsten Stelle befindet sich der → Abschlammschieber.

Schleif, Paul: 17. Januar 1889 (Gräfenhainichen, Kreis Bitterfeld) – 7. November 1974 (Kassel); Begründer des Lehrstuhls für elektrische Bahnen an der Hochschule für Verkehrswesens »Friedrich List« Dresden (HfV). S. studierte neben seiner Arbeit als Eisenbahnbetriebsingenieur von 1914 bis 1918 an der TH Berlin und war anschließend von 1919 bis 1925 Abnahmeingenieur für elektrische Tfz. der DRG sowie von 1926 bis 1929 Leiter des Bauamts für die Elektrifizierung der Berliner S-Bahn. Von 1930 bis 1938 leitete er den Dampf- und elektrischen Zugbetrieb in Mitteldeutschland, ab 1939 in der RBD Augsburg. Nach Tätigkeiten als Berater bei der CFR und in leitenden Funktionen des elektrischen Zugbetriebs bei der DR wurde S. 1952 an die HfV berufen und nach 5jähriger erfolgreicher Lehrtätigkeit 1959 emeritiert.

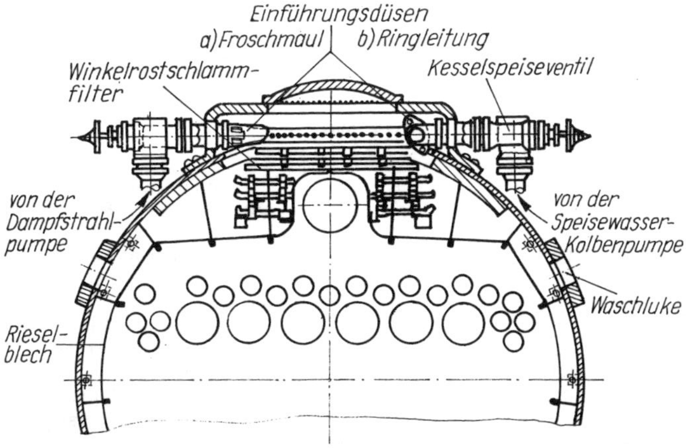

Schlammabscheider im Speisedom einer Lok der Einheits-Bauart der DRG

Schleifbügel: früher benutzte Bezeichnung für → Stromabnehmer mit bügelförmigem Schleifstück (i. G. z. → Stangenstromabnehmer).

Schleifkontakt: elektrisches Bauelement guter Leitfähigkeit zur Stromübertragung, das entweder gegenüber einer festen Kontaktbahn bewegt wird (z. B. → Schleifstück an der Fahrleitung) oder gegenüber einer bewegten Kontaktbahn oder auch mehreren bewegten Kontakten feststeht (z. B. → Bürsten am Schleifring oder am Kollektor elektrischer Fahrmotoren).

Schleifstück: Bauteil des → Stromabnehmers, das unmittelbar der Stromabnahme von der → Fahrleitung dient. Es besteht aus dem eigentlichen S. (aus Elektrokohle, Kupfer, Stahl, Aluminium bzw. Kombinationen oder Legierungen) und der zugehörigen Fassung, die eine höhere Bruchfestigkeit gewährleisten soll.

Schleppachse: → Laufradsatz

Schleppfahrt: Bezeichnung für das Ziehen (Schleppen) einer ggf. zuglangen Rangierabteilung in die Zerlegegleise des Rangierbahnhofs. Als Schleppfahrzeug bzw. Schlepplok werden i. d. R. → Rangierlokomotiven eingesetzt, jedoch kann auch eine → Streckenlokomotive nach beendeter Zugfahrt diese Aufgabe übernehmen.

Schlepptender
Zusammenstellung von Schlepptendern deutscher Bahnen (Auswahl mit technischen Daten)

Gattung	Wasservorrat m³	Kohlevorrat t	Leermasse t	Gesamtmasse t	Länge[1] mm	Bemerkungen
3 T 12	12	5	16,9	33,9	6250	preußische Bauart
3 T 16,5	16,5	7	22,0	45,5	7310	preußische Bauart
2′ 2′ T 16	16,0	5	22,4	45,4	7350	preußische Bauart
3 T 20	20,0	6	19,6	45,6	6660	preußische Bauart
2′ 2′ T 21,5	21,5	5	22,9	49,4	7300	preußische Bauart
2′ 2′ T 26	26,0	8	25,5	59,5	9100	Einheitsbauart
2′ 2′ T 28	28,0	10	25,46	63,46	9250	Neubau der DR
2′ 2′ T 30	30,0	10	28,5	68,5	7950	Einheitsbauart
2′ 2′ T 30	30,0	10	18,5	58,5	9200	Wannenbauart
2′ 2′ T 31	31,0	7	24,4	62,4	8277	sächsische Bauart
2′ 2′ T 31,5	31,5	7	26,4	64,9	8650	preußische Bauart
2′ 2′ T 31,7	31,7	9	28,3	69,0	9242	bayrische Bauart
2′ 2′ T 32	32,0	10	32,6	74,6	8645	Einheitsbauart
2′ 2′ T 34 St	34,0	10	32,39	76,49	8645	Stromlinienverkleidung
2′ 3′ T 38	38,0	10	32,65	80,65	8820	Einheitsbauart
2′ 3′ T 38 St	38,0	10	34,2	82,2	8820	Stromlinienverkleidung

1) Länge Kuppelkastenstirnblech-Puffer

Schleppfahrzeug, *Schlepplokomotive:* → Schleppfahrt
Schlepplokomotive: → Schleppfahrt
Schleppmasse: Formelzeichen m_w: Masse eines Wagenzugs in t, die eine Lokomotive auf der maßgebenden Steigung einer Strecke mit der Mindestgeschwindigkeit bewegen kann. Die S. wird für Lokomotiv-BR und Zuggattungen in Abhängigkeit von Geschwindigkeit und Steigung bei gleichförmiger Bewegung berechnet und in Schleppmassetafeln oder Schleppmassediagrammen dargestellt. Die S. wird nach

$$m_w = (F_Z - i)\, G_L \,/\, [g\,(i + r_W)]$$

berechnet (F_Z → Zughakenkraft in kN, G_L Lokomotivgewichtskraft in kN, g Erdbeschleunigung in m/s², i maßgebende Steigung, Maßeinheit 1, r_W Wagenzugwiderstandszahl (→ Widerstandszahl), Maßeinheit 1). Lit.: 1.28.
Schleppmassediagramm: → Schleppmasse
Schleppmassetafel: → Schleppmasse
Schleppschiebersteuerung: Steuerungsart der Dampfmaschine von → Luftpumpen und → Speisewasserkolbenpumpen der Bauart Knorr. Die Knorr-Pumpen mit S. haben in der Vorsteuerung einen Hilfsschieber, der vom auf- und abwärts gehenden Kolben der Dampfmaschine geschleppt wird und durch seine Stellung die Steuerbewegungen des dampfdruckgesteuerten Hauptschiebers bestimmt, der wiederum den Dampfein- und Dampfaustritt im Dampfzylinder vor und hinter dem Kolben regelt.
Schlepptender: an → Dampflokomotiven angekuppelter Behälterwagen zur Aufnahme der → Betriebsvorräte (→ Schlepptenderlokomotive). Der S. ermöglicht die Mitnahme größerer Vorratsmengen und damit einen größeren → Aktionsradius gegenüber → Tenderlokomotiven. Mit einem S. werden vor allem Loks für den Einsatz vor Zügen des Fernverkehrs im Reise- und Güterzugdienst ausgerüstet. Die Größe der Kohle- und Wasservorräte richtet sich nach der installierten Leistung der Lok und nach dem erforderlichen Aktionsvermögen. Der S. ist oft nicht an eine bestimmte Lok-BR gebunden; so wurden der Einheits- und der Leichtbautender der DRG für mehrere BR verwendet. S. älterer Bauart sind als 2- und 3achsige Fahrzeuge mit fest im Rahmen gelagerten → Tenderradsätzen und in neuerer Bauart als 4achsige S. mit → Tenderdrehgestellen oder als 5achsige S. in gemischer Laufwerksanordnung ausgeführt. Sonderbauarten sind S. mit Kondensationsanlage, → Triebtender und S. mit → Stromlinienverkleidung. → Wannentender, → Vanderbilt-Tender. Lit.: 2.3., 2.6., 2.9., 2.12., Abb. Tab.
Schlepptenderlokomotive: Dampflokomotive mit angekuppeltem → Schlepptender. S. sind konstruktiv hauptsächlich für Vorwärtsfahrt ausgelegt, so daß bei Fahrtrichtungswechsel des Zugs meist ein Drehen der Lok (Drehscheibe oder Gleisdreieck) erforderlich ist. Die Schlepptenderkuppelseite ist mit dem →

Schlepptender
vierachsiger Einheitstender der Gattung 2′2′ T34 der DRG

Tenderkuppelkasten unter dem Führerstand in den Rahmen der Lok integriert. Ohne Schlepptender ist die Lok nicht einsatzfähig. → Tafel »Dampflokomotiven«.

Schlepptriebwagen: → Triebwagen mit höherer als zur eigenen Fortbewegung nötigen Antriebsleistung, der mehrere Eisenbahnwagen (Reisezugwagen und/ oder Güterwagen) befördern kann. S. können als Dampf-, Diesel- oder Elektrotriebwagen ausgeführt sein. S. werden verbreitet z. B. bei den ČSD eingesetzt.

Schleudern des Radsatzes: Bezeichnung für den Bewegungszustand eines angetriebenen Radsatzes mit dem → Schlupf (1) ≈ 1. Das S. tritt dann ein, wenn die von der Antriebsmaschine entwickelte → Zugkraft diejenige Zugkraft überschreitet, die in der Kontaktfläche zwischen Rad und Schiene durch den Kraftschluß (→ Kraftschlußbeiwert) möglich ist. Die Differenzkraft zwischen beiden Zugkräften bewirkt eine ständig zunehmende beträchtliche Vergrößerung der Geschwindigkeit am Radumfang gegenüber der Fahrgeschwindigkeit. Durch die Gleitbewegung entstehen Reibungswärme und Verschleiß. Schleudert der Radsatz im Fahrzeugstillstand (Schlupf = 1), so tritt in der schienenseitigen Kontaktfläche ein Wärmestau ein. Die Oberflächentemperatur steigt beträchtlich an, der Stahl wird weich und abgeschliffen. Es kommt zu Radschleuderstellen auf der Schienenoberfläche, die ggf. das Auswechseln der Schienen erfordern. Da der Gleitreibwert stets kleiner als der Kraftschlußbeiwert ist, kann das S. nur durch Abstellen der Zugkraft und Abwarten der Radsatzberuhigung unterbunden werden. Dem S. wird mit eingebautem → Schleuderschutz und durch vorbeugendes Benutzen der → Sandstreuanlage entgegengewirkt. Das Sanden darf beim S. erst nach vorher abgestellter Zugkraft und eingetretener Radsatzberuhigung vorgenommen werden, da sonst die beim plötzlichen Greifen entstehende große Trägheitskraft zur Beschädigung des Radsatzes und des Antriebssystems führt. Tfz. mit → Drehstromantrieb haben den Vorteil, daß kein S. eintreten kann, sondern sich nur eine begrenzte Vergrößerung des Radsatzschlupfs einstellt.

Schleuderöl: → Schleuderschmierung

Schleuderschmierung: Schmierung gegeneinander bewegter Flächen von Bauteilen durch Schleuderöl. Die in das im Gehäuseunterteil befindliche Schmieröl eintauchenden oder durch Spritzöl benetzten Bauteile (Zahnräder bei Zahnradgetrieben und Kurbeltriebelemente bei Verbrennungsmotoren) *schleudern* das Schmieröl an die zu schmierenden Flächen (Lager, Zahntriebe oder die Kolben/ Zylinder-Gruppe bei Verbrennungsmotoren), von wo das Öl wieder in die → Ölwanne oder in das Gehäuseunterteil zurückläuft. Da die S. für hochbeanspruchte Schmierstellen nicht ausreichend ist, wird sie durch die → Druckumlaufschmierung oder die → Zwangsschmierung vervollkommnet.

Schleuderschutz: Einrichtung oder Maßnahme zum Vermeiden des Schleuderns angetriebener Radsätze der Tfz. (→ Schleudern des Radsatzes). Der S. wird durch Betätigen von Radkraftausgleichs- oder Zugkraftausgleichseinrichtungen, Verringern der Zugkraft oder durch eine bes. Abbremsung der schleudernden Radsätze erreicht. Auch ein zusätzliches rechtzeitiges Sanden (→ Sandstreuanlage) ist eine Maßnahme zum S.

Schließfeder: Bauteil des → Abschlammventils (dort Abb.) der Bauart »Gestra«.

Schlingern: → Fahrzeugschwingung

Schlingerstück: am Bodenring des → Stehkessels der Dampflokomotive angeschmiedete Kesselauflage, die sich in einer Führung auf dem Lokomotivrahmen nur in Längsrichtung verschieben kann, um der Längsdehnung des Kessels zu folgen. Das S. bewegt sich zwischen 2 Gleitplatten und kann mit einem Stellkeil im seitlichen Spiel korrigiert werden. Abb.

Schlittenschaltwerk: → Stufenschaltwerk, bei dem die Kontaktfinger zur Stromabnahme schlittenförmig gleitend

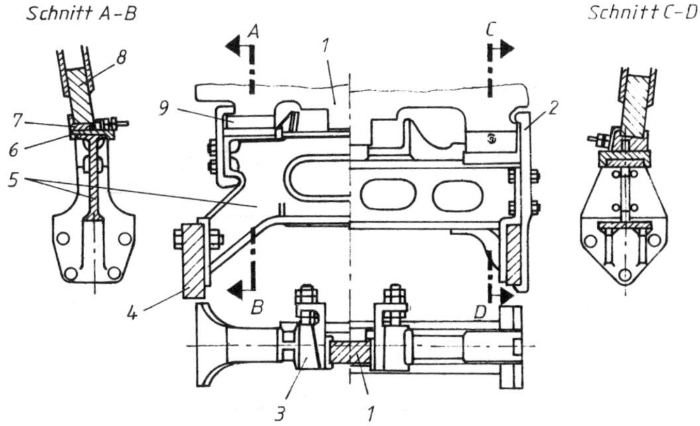

Schlingerstück
Stehkesselträger für untere Auflagerung mit Schlingerstück (Schnitt)
1 Schlingerstück, 2 Klammer, 3 Stellkeil, 4 Lokomotivrahmen, 5 Stehkesselträger, 6 Gleitplatte, 7 Gleitschuh, 8 Bodenring des Stehkessels, 9 Tragschuh

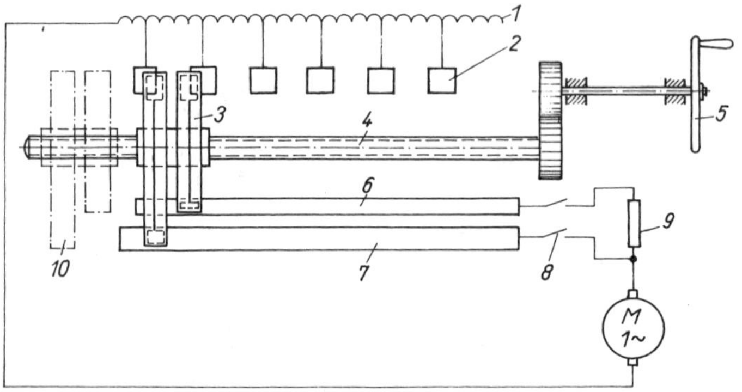

Schlittenschaltwerk
1 Transformator (Sekundärwicklung), 2 Kontaktklotz, 3 Schlitten, 4 Spindel, 5 Fahrhandrad, 6 Vorkontaktbahn, 7 Hauptkontaktbahn, 8 Lastschalter, 9 Überschaltwiderstand, 10 Schlitten in Endstellung

von Kontakt zu Kontakt bewegt werden. Dabei kann die Anordnung der Kontakte, die mit den Anzapfungen des → Haupttransformators in Verbindung stehen, kreisförmig (sog. Kreisbahnwähler) oder linienförmig (sog. Geradbahnwähler) sein. Der Kontaktschlitten wird bei letzterem durch eine Schraubenspindel angetrieben, die bei älteren Tfz. über Wellen und Kettenzüge von beiden Führerständen aus durch ein Handrad bewegt wird. Gleichzeitig werden die beiden → Lastschalter im versetzten Takt geöffnet und geschlossen, so daß die Kontaktfinger beim Überschalten von einem Kontaktklotz auf den anderen stromlos sind. Aus dem S. wurde das Stufenwählerschaltwerk entwickelt. Lit.: 4.4. Abb.

Schlitzkuppelstange: → Kurbelschleifenantrieb

Schlitzmantelkolben: → Kolben (2) für Verbrennungsmotoren, der im Kolbenschaft 2 am Umfang gegenüber angeordnete Schlitze in T- oder U-Form eingearbeitet hat. S. erreichen dadurch im Schaft eine hohe Formelastizität und passen sich gut dem Zylinder an. Abb.

Schlitzschwinge: Bauform der → Schwinge (dort Abb.) der Heusinger-Steuerung.

Schlitzmantelkolben
a) mit T-Schlitz, b) mit U-Schlitz

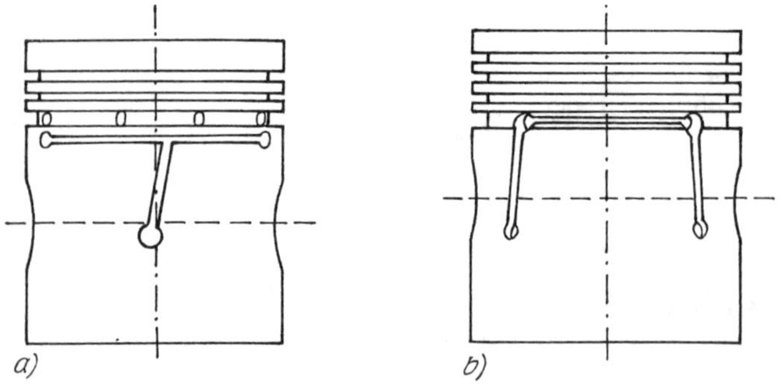

Schlitzsteuerung: Steuerung des → Ladungswechsels bei Zweitaktdieselmotoren durch Schlitze bzw. Kanäle. Über die am Umfang der Zylinderlaufbuchse eingearbeiteten Schlitze läuft der Ladungswechsel ab. Gesteuert wird der Ladungswechsel über die Kolbenoberkante, wobei im Bereich des UT bei der Abwärtsbewegung (Expansionshub) die Schlitze geöffnet und bei der Aufwärtsbewegung (Verdichtungshub) erst der Einlaß- und dann der Auslaßschlitz geschlossen werden. Das spätere Schließen des Auslaßkanals bedingt Spülverluste, d. h., ein Teil der Frischladung wird während des Verdichtungshubs mit in die Auslaßkanäle gedrückt. Anwendung findet die S. u. a. bei den Zweitakt-Gegenkolbendieselmotoren 10D100 der BR TE10 der SŽD, der Diesellok → »Deltic« der BR sowie in Verbindung mit einem ventilgesteuerten Auslaß bei den Dieselmotoren 14D40 der Diesellokomotive BR220 der DB/DR und den Dieselmotoren der Typen 645 und 567 von General-Motors.

Schlupf: **1.** Bewertungsgröße σ für den Bewegungszustand eines → Radsatzes. Da am Radsatz verschiedene Bewegungsformen und -richtungen zu verzeichnen sind, ist dessen S. eine vektorielle Größe, die sich aus Längs- und Quer-S. zusammensetzt und die außerdem noch vom Drehschlupf (Bohrschlupf) überlagert wird. Im Regelfall wird der S. des Radsatzes aber nur auf die Translation und auf die Längsrichtung bezogen. Man unterscheidet am Radsatz die Fahrgeschwindigkeit v_F und die Umfangsgeschwindigkeit v_U. Mit wirkendem Antriebs- oder Bremsdrehmoment bildet sich die Schlupfgeschwindigkeit v_S aus, um die sich dann Fahr- und Umfangsgeschwindigkeit unterscheiden. Der S. entspricht beim Treiben dem Quotienten v_S/v_U, beim Bremsen dagegen dem Quotienten v_S/v_F. Er liegt im Bereich $0 \leqq \sigma \leqq 1$. Beim Grenzzustand $\sigma = 0$ unterliegt der Radsatz der Rollbewegung, bei $\sigma = 1$ der Gleitbewegung und dazwischen der gemischten Roll-Gleit-Bewegung. Man unterscheidet zwischen Mikro- und Makroschlupf sowie zwischen natürlichem S. und erzwungenem S. *Mikroschlupf* entsteht durch die plastisch-elastische Schubdeformation der Mikrohügel in der Kontaktfläche zwischen Rad und Schiene, *Makroschlupf* dagegen durch die Gleitreibung (→ Kraftschlußbeiwert). Der *natürliche S.* wird

Erste elektrische Lokomotive von Werner von Siemens; 2,2 kW; 150 V Gleichspannung; v_{max} = 18 km/h; Spurweite 0,49 m; 1879

Erste elektrische Grubenlokomotive der Welt im Steinkohlenbergwerk Zauckerode bei Freital; Gleichspannung 90 V; P = 3,7 kW; v_{max} = 12 km/h. Energiezuführung mittels Kontaktschlitten von 2 isoliert an der Stollendecke befestigten T-Eisenschienen.
Hersteller: Siemens & Halske; 1882

Bo-Drehstrom-Versuchslokomotive von Siemens & Halske für die Versuchsstrecke Lichterfelde–Zehlendorf bei Berlin; P_d = 44 kW; Speisung mit Drehstrom von 750 bis 10000 V, 45 Hz. Energiezuführung durch 3 übereinander angeordnete, seitlich verlegte Oberleitungen; Tatzlagermotoren. Baujahr: 1898

Erste europäische Fernbahnlokomotive für die Strecke Burgdorf–Thun (Schweiz); P_d = 220 kW; Drehstrom 40 Hz, 750 V; Energiezuführung durch 2 Fahrleitungen; Stangenantrieb. Hersteller: Sulzer, BBC; 1899; Streckendienst bis 1933

oben links:
Bo'Bo'-Drehstromlokomotive der Studiengesellschaft für elektrische Schnellbahnen (StES); Drehstrom 50 Hz, 10 kV; P_d = 1200 kW; v_{max} = 105 km/h; Energiezuführung durch seitlich verlegte Dreileiter-Oberleitung; Tatzmotorantrieb.
Hersteller: Siemens & Halske; 1901

(A1) + (Bo')-Güterzuglokomotive der KPEV für Einphasenwechselstrom 25 Hz, 6 kV; P_d = 780 kW; v_{max} = 50 km/h; Winter-Eichberg-Tatzlagermotoren. Hersteller: Vulcan, AEG; 1906; Dienst bis 1932 auf der Hamburger Hafenbahn

Bo-Lokomotive LAG (Lokalbahn-AG), später E 69 der DRG bzw. BR 169 der DB für Einphasenwechselstrom 16⅔ Hz, 5,5 kV, (seit 1955 15 kV); P_h = 352 kW bei 33 km/h; v_{max} = 50 km/h; Tatzmotorantrieb.
Hersteller: KM, BBC; 1909

1′C1′-Personen- und Güterzuglokomotive A^1 der Badischen Staatsbahn für Einphasenwechselstrom $16\frac{2}{3}$ Hz, 15 kV; P_h = 770 kW bei 42 km/h; v_{max} = 75 km/h; 2 Fahrmotoren in den Vorbauten; Stangenantrieb über Blindwellen. Hersteller: Maffei, SSW; 1910

2′B1′-Schnellzuglokomotive 10502, später ES 2, der KPEV für Einphasenwechselstrom $16\frac{2}{3}$ Hz, 15 kV; P_h = 662 kW bei 79 km/h; v_{max} = 110 km/h; Senkrechtstangenantrieb; Zentralmotor. Hersteller: AEG; 1911

1′C1′-Personenzuglokomotive EP 3/6 20121 der Bayerischen Staatsbahn, später BRE 36^2 der DRG für Einphasenwechselstrom $16\frac{2}{3}$ Hz; 15 kV; P_h = 960 kW bei 45 km/h; v_{max} = 80 km/h; Parallelkurbelantrieb mit Blindwelle. Hersteller: Krauss, Maffei; 1914

2′BB 2′-Personenzuglokomotive EP 521 504, der Bayrischen Staatsbahn, später E 52 04 der DRG, für Einphasenwechselstrom $16\frac{2}{3}$ Hz, 15 kV; P_h = 2200 kW bei 62,5 km/h; v_{max} = 90 km/h; Doppelmotoren mit gemeinsamer Vorgelegewelle, Parallelkurbelantrieb. Hersteller: Maffei; Wasseg; 1924

(1B)(B1)-Güterzuglokomotive E 77 der DRG für Einphasenwechselstrom $16\frac{2}{3}$ Hz, 15 kV; P_h = 1600 kW bei 46 km/h; v_{max} = 65 km/h; Schrägstangenantrieb. Hersteller: BMAG, KM, LHW, BMS; 1924

1′Do1′-Schnellzuglokomotive E 16 07 der DRG für Einphasenwechselstrom $16\frac{2}{3}$ Hz; 15 kV; P_h = 2340 kW bei 88 km/h; v_{max} = 120 km/h; Buchli-Antrieb. Hersteller: Maffei, BBC; 1926

1′Co + Co1′-Güterzuglokomotive der DRG; BR E 95 für Einphasenwechselstrom $16\frac{2}{3}$ Hz, 15 kV; P_h = 2778 kW bei v = 47 km/h; v_{max} = 70 km/h; Tatzmotorantrieb. Hersteller: AEG; 1927

1′Co1′-Schnellzuglok E 04 der DRG für Einphasenwechselstrom 16⅔ Hz; 15 kV; P_h = 2190 kW bei 84 km/h; v_{max} = 110 km/h; AEG-Federtopfantrieb. Hersteller: AEG; 1933

1′Do1′-Schnellzuglokomotive BR E 18 der DRG, später BR 218 der DR bzw. BR 118 der DB, für Einphasenwechselstrom 16⅔ Hz, 15 kV; P_h = 3090 kW bei 117 km/h; v_{max} = 150 km/h; AEG-Federtopfantrieb. Hersteller: AEG; 1935

Bo′Bo′-Personen- und Güterzuglokomotive BR E 44 der DRG, später BR 244 der DR bzw. BR 144 der DB, für Einphasenwechselstrom 16⅔ Hz, 15 kV; P_h = 2120 kW bei 83,5 km/h; v_{max} = 90 km/h; Tatzmotorantrieb. Hersteller: KM, SSW; 1940

Co'Co'-Güterzuglokomotive BR E 94 der DRG, später BR 254 der DR, für Einphasenwechselstrom 16⅔ Hz, 15 kV; P_h = 3300 kW bei 68 km/h; v_{max} = 90 km/h; Tatzmotorantrieb. Hersteller: KM, SSW; 1940

Bo'Bo'-Lok für leichten Personenzug- und Güterzugdienst, BR 141 der DB/DR; P_h = 2400 kW bei 97,8 km/h; v_{max} = 120 km/h; SSW-Gummiringfederantrieb. Hersteller: Henschel, Krupp, BBC, AEG; 1956

Bo'Bo'-Schnellzuglokomotive BR 110 der DB/DR für Einphasenwechselstrom 16⅔ Hz, 15 kV; P_h = 3700 kW bei v = 120 km/h; v_{max} = 150 km/h; SSW-Gummiringfederantrieb. Hersteller: KM, Henschel, Krupp, SSW, AEG, BBC; 1956

Co'Co'-Schnellzuglokomotive BR 103 der DB/DR für Einphasenwechselstrom 16⅔ Hz, 15 kV; P_h = 6200 kW bei 193 km/h; v_{max} = 200 km/h; Gummiring-Kardanantrieb. Hersteller: Henschel, SSW; 1965

Bo'Bo'-Viersystemlokomotive BR E410 der DRG (BR 184 der DB/DR); P_h = 3200 kW von 89 bis 147 km/h; v_{max} = 150 km/h; Gummiring-Kardanantrieb. Hersteller: Krupp, AEG, BBC; 1966

Co'Co'-Güterzuglokomotive BR 151 der DB/DR, P_h = 6300 kW bei v = 32,2 km/h; v_{max} = 120 km/h; SSW-Gummiring-Federantrieb. Hersteller: Krupp, AEG; 1972

Bo'Bo'-Zweifrequenzlokomotive BR 181. 2 der DB/DR für $16\frac{2}{3}$ Hz, 15 kV (50 Hz, 15 kV); P_h = 3500 kW bei 40% Erregergrad und bei v = 133 km/h; v_{max} = 160 km/h; einseitiger Gummiring-Kardanantrieb. Hersteller: Krupp, AEG; 1974

Bo'Bo'-Schnellzuglokomotive BR 111 der DB/DR; P_h = 3700 kW bei v = 120 km/h; v_{max} = 150 km/h; SSW-Gummiringfederantrieb. Hersteller: KM, Siemens; 1975

Bo'Bo'-Universallokomotive BR 120 der DB/DR für Einphasenwechselstrom 16⅔ Hz, 15 kV; P_d = 5600 kW; v_{max} = 200 km/h; Drehstromantriebstechnik mit Drehstrom-Asynchronfahrmotoren und Zwischenkreis mit eingeprägter Spannung; Gummiring-Kardanantrieb. Hersteller: Henschel, Siemens; 1988

Bo'Bo'-Schnellzuglokomotive BR 211 der DR (BR 109 der DB/DR) für Einphasenwechselstrom 16⅔ Hz, 15 kV; P_h = 2920 kW bei v = 98 km/h; v_{max} = 120 km/h; Tatzmotorantrieb mit gefederten Großrädern. Hersteller: LEW; 1963

Co'Co'-Güterzuglokomotive der BR 251 der DR (BR 171 der DB/DR) für Einphasenwechselstrom 50 Hz, 25 kV; P_h = 3660 kW bei v = 38 km/h; v_{max} = 80 km/h; Tatzmotorantrieb. Hersteller: LEW; 1965

durch das Antriebs- und Bremsdrehmoment hervorgerufen. *Erzwungener S.* entsteht durch Fehler in der Fahrzeuggeometrie, z. B. durch Unterschiede im Laufkreisdurchmesser am Radsatz oder innerhalb der Antriebsgruppe, durch Seitenversatz und Nichtparallelität der Radsätze usw. Abb. – **2.** Kenngröße *s* einer → Strömungskupplung, die sich aus der Differenz zwischen Pumpenraddrehzahl n_P und Turbinenraddrehzahl n_T, bezogen auf n_P ergibt und meist in % angegeben wird.

$s = 1 - n_T/n_P = 1 - \nu_K = 1 - \eta_K$

(ν_K Drehzahlverhältnis der Strömungskupplung, η_K Wirkungsgrad der Strömungskupplung).

Die Größe des übertragbaren Drehmoments der Strömungskupplung ist vom Drehzahlverhältnis und damit vom S. abhängig. Das Nenndrehmoment wird beim S. von 2–3% übertragen; in den Extremwerten bei s = 0% ($n_T = n_P$) wird die Strömungskupplung wirkungslos, und bei s = 100% (n_T = 0) wird die gesamte vom Pumpenrad aufgenommene Energie in Wärme umgewandelt. In diesem Betriebspunkt arbeitet die → Strömungsbremse. Der bei Strömungskupplungen stets vorhandene S. führt zu einer Verlustleistung, die als Wärmestrom aus der → Betriebsflüssigkeit oder von der Oberfläche der Strömungskupplung abgeführt werden muß. – **3.** Bezeichnung für das Zurückbleiben des → Läufers eines Drehstrommotors gegenüber dem umlaufenden magnetischen Feld (Drehfeld).

Schlußlokomotive, Abk. **Slz:** am Schluß eines Zuges mitgeführte Lokomotive, die i. G. z. → Schiebelokomotive höchstens die zur eigenen Fortbewegung erforderliche Leistung abgibt und stets bis zu einem Bahnhof am Zug bleibt. Damit wird eine schnelle Überführung von Loks möglich, ohne eine → Lokomotivfahrt einlegen zu müssen. Bei Zügen mit einer S. ist die Höchstgeschwindigkeit begrenzt.

Schlußsignal, *Signal am Zugschluß:* Signal zur Kennzeichnung des Zugschlusses.

Schmalspurlokomotive: → Schmalspurtriebfahrzeug

Schmalspurtriebfahrzeug: → Triebfahrzeug, bes. Dampflokomotive, Diesel- oder elektrische Lokomotive, aber auch → Triebwagen für den Einsatz auf Gleisen mit einer → Spurweite, die kleiner als die Regelspur ist (Schmalspur). Die Dampfloks sind meist → Tenderlokomotiven. Wegen der kleinen Bogenradien ist eine bes. Auslegung des Lauf- und Triebwerks für guten → Bogenlauf nötig, weshalb die S. oft als → Gelenklokomotiven und neuere elektrische und bes. Diesel-S. als Drehgestell-Brückenfahrzeuge konstruiert sind.

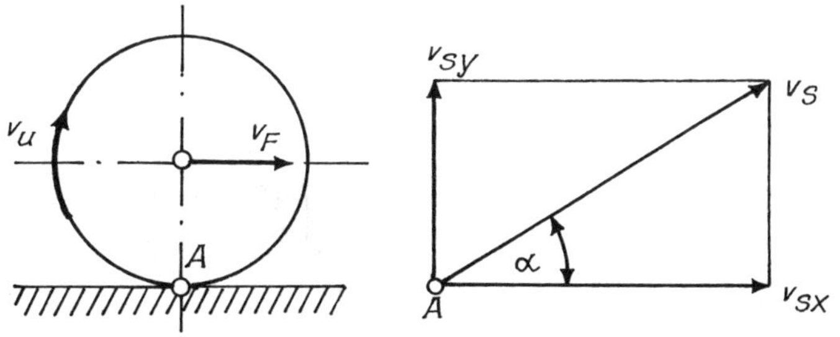

Schlupf
Geschwindigkeiten am Rad
v_F Fahrgeschwindigkeit, v_U Umfangsgeschwindigkeit, v_S Schlupfgeschwindigkeit, v_{Sx} Längskomponente von v_S, v_{Sy} Querkomponente von v_S, *A* Kontaktfläche, *α* Schräglaufwinkel

Schmalspurtriebwagen: → Schmalspurtriebfahrzeug

Schmelzeinsatz: Bauteil der drehmomentbegrenzten → Strömungskupplung, das diese vor unzulässiger Erwärmung schützt. Der S. besteht aus einer Hohlschraube, die einen Einsatz mit niedrigschmelzender Legierung enthält. Bei Erreichen einer unzulässig hohen Temperatur der → Betriebsflüssigkeit durch Betrieb der Strömungskupplung bei hohem → Schlupf (2) wird die Legierung herausgeschleudert, so daß die Betriebsflüssigkeit austreten kann und der Kraftfluß unterbrochen wird.

Schmelzlotmelder: Maximaltemperaturmelder, dessen auswechselbarer Schmelzloteinsatz bei einer bestimmten Temperatur (meist 90 °C) schmilzt, wodurch der S. anspricht. Dabei gibt das schmelzende Lot einen durch Federkraft getriebenen Stößel frei, der den Ruhekontakt des eingebauten Federsatzes öffnet, so daß das zugehörige Melderelais abfällt. → Feuermeldeanlage

Schmelzpropfen: in die Decke der → Feuerbüchse eingeschraubter Schmelzeinsatz zum Schutz vor einer Überhitzung bei Wassermangel im → Dampflokomotivkessel. Der S. besteht aus einer konischen, durchbohrten Schraube als Stützkörper, deren Bohrung mit Blei ausgegossen ist. Bei zu niedrigem Wasserstand reicht die Kühlung durch das Kesselwasser nicht mehr aus, und das Blei schmilzt. Durch die nunmehr offene Bohrung strömt ein Wasser-Dampf-Gemisch

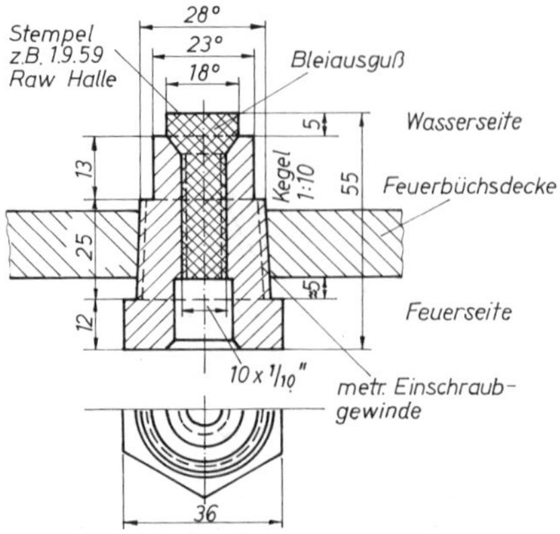

Schmelzpfropfen
eingeschraubter Schmelzpfropfen (Schnitt)

in den Feuerraum, dämpft das Feuer auf dem → Rost und ist für das Lokpersonal auch akustisch ein Zeichen zum sofortigen Entfernen des Feuers vom Rost, um größeren Schaden zu verhüten. (→ Kesselexplosion). Lit.: 2.3., 2.12. Abb.

Schmelzsicherung: → Sicherung, die zum 1maligen Unterbrechen (Fehlerabschaltung) von Strompfaden durch Abschmelzen eines definierten Leiterstücks dient, wenn der Strom während einer bestimmten Zeit einen vorgegebenen Wert überschreitet. Neben der bekannten Anwendung von S. in Niederspannungsanlagen (z.B. in Haushalten und Werkstätten) können sie bei entspr. Auslegung auch als Schutzeinrichtung für Tfz. kleinerer Leistung angewendet werden, ggf. in Kombination mit langsam schaltenden Schaltern. Die S. übernimmt die Kurzschlußabschaltung, der Hauptschalter die Überstromabschaltung. Als überflinke Sicherung wird sie häufig bei modernen Tfz. zum Überlastschutz von Halbleitergleichrichtern eingesetzt. Bei S. für Wechselstrom ist ein Schmelzdraht in einem Keramikrohr in Sand eingebettet. S. für Gleichstrom haben einen Schmelzdraht oder -streifen mit Einrichtungen zur Lichtbogenlöschung (Funkenhörner mit magnetischer oder pneumatischer Beblasung). Lit.: 4.5.

Wilhelm *Schmidt*

Schmidt, Wilhelm: 18. Februar 1858 (Wegeleben) – 16. Februar 1924 (Bethel bei Bielefeld); hervorragender Dampfmaschinenkonstrukteur, Zivilingenieur, Baurat und Gründer kommerzieller Gesellschaften (u.a. 1910 der Schmidtschen Heißdampfgesellschaft m.b.H. in Kassel-Wilhelmshöhe). Nach Tätigkeiten als gelernter Schlosser in Hamburg und München gelangte S. während seiner Wanderjahre an die TH Dresden. Hier erhielt er 1880 für ein ohne hin- und hergehende Massen arbeitende rotierende Dampfmaschine, von der ein Modell an der TH Dresden gefertigt wurde, sein erstes Patent. Nach Tätigkeiten als Volontär in Wolfenbüttel und bei der Sächsischen Maschinenfabrik, vormals Richard Hartmann, in Chemnitz arbeitete S. ab 1883 in Kassel und ab 1889 in Wilhelmshöhe als Zivilingenieur. Nach verschiedenen Entwicklungen zur Heißluftdampfmaschine schuf er hier 1894 die nach ihm benannte Schmidtsche Heißdampf-Verbundmaschine mit Kondensation und in logischer Folge mit Unterstützung von → Garbe für den Einsatz auf Dampflokomotiven 1892 den → Flammrohrüberhitzer (Anwendung 1897), den → Rauchkammerüberhitzer (1899) und etwa gleichzeitig den um 1904 eingesetzten → Rauchrohrüberhitzer. Auch die Verwendung hochgespannten Heißdampfs in der → Hochdruckdampflokomotive geht auf von S. seit 1895 verfolgte Ideen zurück. Für seine großen Verdienste verlieh ihm 1908 die TH Karlsruhe die Ehrendoktorwürde und 1916 der Verein Deutscher Ingenieure die Grashof-Denkmünze. Lit.: 2.9., 5.1., 5.3., Born: Pioniere des Eisenbahnwesens, Darmstadt 1961. Abb.

Schmidt-Hartmann-Kessel: nach einem Verfahren von → Schmidt entwickelter → Hochdruckkessel mit natürlichem Wasserumlauf für → Hochdruckdampflokomotiven. Der Zweidruckkessel bestand aus einem Hoch- und Niederdruckteil. Im geschlossenen, mit weitgehend von Kesselsteinbildnern befreiten Wasser gefülltem Primärkreislauf des Hochdruckteils, das in Form von Verdampferrohren die Feuerbüchse des S. bildete, wurde Dampf mit einem Druck von etwa 9000 kPa erzeugt. Mit diesem Hochdruckdampf wurde in einer längs über der Feuerbüchse liegenden Verdampfertrommel (Sekundärkreislauf) der 6000-kPa-Arbeitsdampf erzeugt, der anschließend über einen in der Rauchkammer angeordneten → Kleinrohrüberhitzer, auf etwa 440 °C überhitzt, zum Hochdruckzylinder geleitet wurde. Das Niederdruckteil des S. bestand aus einem üblichen → Langkessel mit → Rauchrohrüberhitzer. Es lieferte überhitzten Dampf mit 1000–1400 kPa Druck, der in einem → Verbinder dem Abdampf des Hochdruckzylinders zur Temperaturerhöhung vor dem Eintritt in den Niederdruckzylinder beigemischt wurde. Damit wurde die notwendige Zwischenüberhitzung des entspannten Hochdruckdampfs in einem bes. Zwischenüberhitzer vermieden. Lit.: 2.1., 2.8., 2.9., 5.3.

Schmierdampf: geringer Heiß- oder Naßdampfstrom, der bei längerem Leerlauf der Dampflokomotive (z.B. bei Gefällefahrten) dem → Zylinder (1) und → Schieberkasten zur Erhaltung des Schmierölfilms und Vermeidung von Schmierölverkrustungen an den Wandungen dieser Baugruppen und/oder zur Kühlung den Überhitzerrohren (→ Überhitzer) zugeführt wird. Der vom Lokomotivführer mit dem → Dampfregler einzustellende S.strom richtet sich nach dem in Abhängigkeit von der Bauart der → Leerlaufeinrichtung (1) zweckmäßigen Schieberkastendruck (etwa 300–500 kPa). Bei den mit dem → Winterthur-Druckausgleicher ausgerüsteten BR42 und 52 der DRG wurde der S. als Naßdampf in einer bes. Dampfleitung über den Druckausgleicher den Zylindern und Schieberkästen zugeführt. Lit.: 2.3., 2.12.

Schmiergefäß: Raum zur Aufnahme des Schmieröls im → Stangenkopf von → Treibstangen und → Kuppelstangen von Dampflokomotiven für die Schmierung des → Stangenlagers. Das S. ist i.d.R. im Oberteil des Stangenkopfes eingefräst oder aus Blech gezogen und aufgeschweißt. Es enthält die Vorrichtung für den Öleinlauf und die Öltülle mit Schmiernadel oder -docht. → Nadelschmierung (dort Abb.). Lit.: 2.3., 2.12.

Schmiermittel: flüssige, salbenartige und feste Substanzen, die Reibung und Verschleiß gegeneinander gleitender oder abrollender Maschinenteile weitgehend vermindern sollen. Je nach Anforderungen werden als S. verwendet:

– *feste S.* bei sehr geringer Relativgeschwindigkeit (z.B. Molybdän-Disulfid)
– *Fette* bis etwa 4 m/s Relativgeschwindigkeit (→ Fettschmierung) und bei hohem Flächendruck
– *flüssige S.* bei Relativgeschwindigkeit >4 m/s (Getriebeöl, → Strömungsgetriebeöl, → Motorschmieröl, → Heißdampföl), um eine metallische Berührung der Reibflächen zu vermeiden und einen geschlossenen Ölfilm zu erreichen.

Für Schmieröle wurden bes. Verfahren zum Feststellen der Eigenschaften entwickelt.

Schmieröl: → Schmiermittel

Schmierölfilter: → Ölfilter für das Schmieröl von Verbrennungskraftmaschinen und Getrieben.

Schmierölkreislauf: → Ölkreislauf des Schmieröls in einer Verbrennungskraftmaschine, über den alle Schmierstellen mit Öl entspr. Reinheit und Temperatur beim Betrieb der Maschine versorgt werden. Dem S. zugeordnete wichtige Bauteile sind Ölpumpe, Ölleitungen, → Ölfilter, → Schmierölvorpumpe, → Motorschmieröl-Wärmeübertrager, → Ölwanne, Rückschlagventile, Manometer.

Bei modernen Bahndieselmotoren ist die Schmierung des Motors als → Druckumlaufschmierung ausgeführt. Im S. wird Motorschmieröl, das aus der Ölwanne von der Ölpumpe angesaugt wird, über Ölfilter und Verteilerleitungen zu den Schmierstellen der → Kurbelwelle, der → Nockenwelle und der Pleuellager sowie zu den zu schmierenden Teilen der Motorsteuerung (Kipphebelwelle, Kugelpfannen an den Stößelstangen) gefördert. Der → Kolbenbolzen wird über Ölbohrungen im Pleuelauge geschmiert, während die Zylinderlaufbuchsen durch Spritz- oder Schleuderöl aus den Pleuellagern versorgt werden. Das Öl läuft von den Schmierstellen in die Ölwanne zurück; von dort beginnt der Kreislauf erneut. Beim Absinken des Öldrucks unter z.B. 0,1 MPa Überdruck wird der Motor durch den → Druckwächter automatisch abgestellt. Die Ölförderung durch den Schmierölwärmeübertrager kann im Hauptstrom oder durch eine zweite Ölpumpe im Nebenstrom erfolgen. Abb. S. 512

Schmierölleitung: Rohrleitung aus Stahl oder Kupfer zum Schmiermitteltransport in → Verbrennungskraftmaschinen. Über die S. gelangt das Öl aus der Ölwanne zu den im → Schmierölkreislauf angeordneten Bauteilen, wie Ölfilter, Wärmeübertrager, Motorschmierölpumpe u.a. Bei Verbrennungsmotoren werden vorwiegend Gehäusebohrungen für den Schmiermitteltransport verwendet.

Schmierölpumpe: Bauteil von Verbrennungskraftmaschinen und Zahnradgetrieben zur Förderung von Schmieröl unter Druck (→ Druckumlaufschmierung) an die Schmierstellen und zum → Ölwärmeübertrager. Bei Bahndieselmotoren werden meist Zahnradpumpen, die über Zahnräder von der Kurbelwelle angetrieben werden, aber auch Schrauben-Spindelpumpen als S. verwendet. Die Förder-

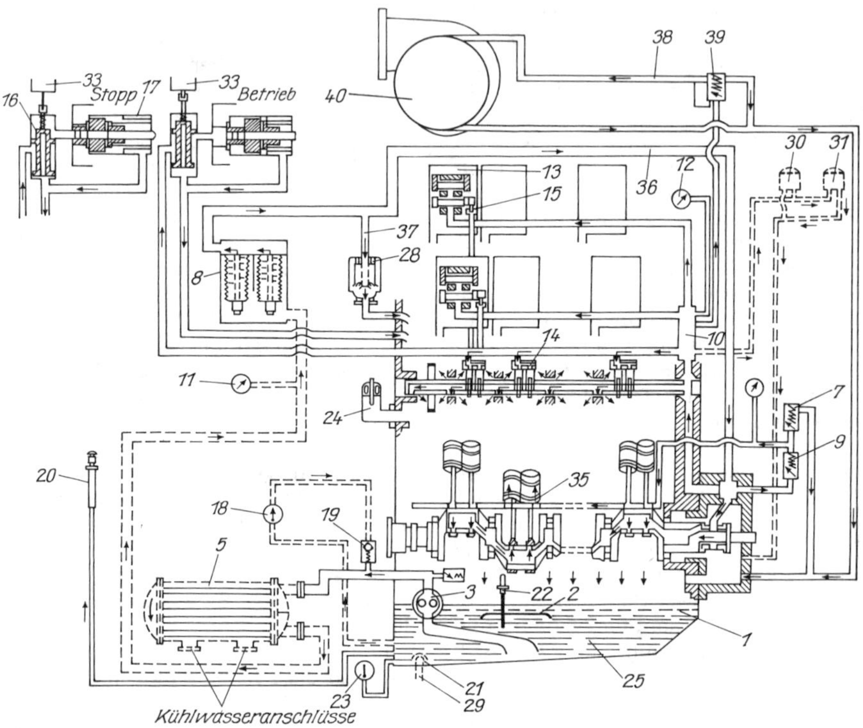

Schmierölkreislauf des Motors 12 KVD 21 A–3
1 Siebblech, 2 Abdeckblech, 3 Ölpumpe, 5 Ölwärmeübertrager, 6 Sicherheitsventil, 7 Druckregelventil für die Kolbenspritzkühlung, 8 Ölfilter, 9 Druckregelventil für den Ölkreislauf, 10 Ölverteiler, 11 Ölmanometer vor dem Ölfilter, 12 Ölmanometer am Verteiler, 13 Kipphebelschmierung, 14 Steuerungszwischenhebel, 15 Kugelpfannenschmierung, 16 Abstellschieber, 17 Steuerventil, 18 Vorölpumpe, 19 Rückschlagventil, 20 Ölabsaugpumpe, 21 Anschluß für Ölabsaugrohre, 22 Peilstab, 23 Temperaturmeßstelle, 24 Öleinfüllstutzen mit Trockenfilter, 25 Ölwanne, 28 Rotationsfilter, 29 Ölabflußleitung, 30 elektrischer Druckwächter für Schmieröl »Lauf« (Betriebsüberwachung), 31 elektrischer Druckwächter für Schmieröl »Start« (Anlaßstellung), 33 Abstellmagnet, 34 und 35 Ölmanometer und Spritzdüse für Kolbenspritzkühlung, 36 Hauptstromleitung (Hauptölleitung), 37 Nebenölleitung, 38 Ölleitung zum Abgasturbolader, 39 Druckminderventil vor dem Abgasturbolader, 40 Abgasturbolader

mengen betragen bei schnelldrehenden Dieselmotoren 15–50 dm³/kWh (ohne Kolbenkühlung) und 30–70 dm³/kWh (mit Kolbenkühlung). Bei Zahnradgetrieben werden Zahnradpumpen als S. bevorzugt, die meist sekundärseitig angetrieben sind, so daß eine Schmierölförderung erst bei rollendem Tfz. erfolgt. Spezielle S. sind → Primärschmierpumpen und → Sekundärschmierpumpen bei Strömungsgetrieben.

Schmierölverbrauch: die beim Betrieb einer Kraft- oder Arbeitsmaschine bzw. eines Aggregats je Zeiteinheit verbrauchte Schmierölmasse (z.B. in g/h oder kg/h), wobei die beim → Ölwechsel abgelassene Ölmasse nicht in den S. einbezogen wird. Der *spezifische S.* (g/kWh) wird bei Kraftmaschinen als Verhältnis von S. zu effektiver Leistung berechnet.

Schmierölvorpumpe: Zahnradpumpe im → Schmierölkreislauf von Dieselmotoren zum Aufbau eines für die Schmierung des Motors ausreichenden Öldrucks vor dem Starten des Motors. Der von der S. im Schmierölkreislauf aufgebaute Öldruck soll verhindern, daß beim Anlauf in den Lagerstellen trockene Reibung auftritt. Der Öldruck soll mindestens 0,1–0,15 MPa betragen, ein Startwächter im Schmierölkreislauf verhindert die Inbetriebnahme des Motors unter dem vorgesehenen Druck. Über ein Rückschlagventil wird die Öldruckleitung zur S. hin abgeschlossen.

Schmierölwärmeübertrager: im → Schmierölkreislauf von Verbrennungsmotoren angeordneter → Rekuperator zur Ölkühlung und damit zur Sicherung der Schmierfähigkeit des Motorenöls (→ Viskosität). Ausgeführt werden → Plattenwärmeübertrager, Evolventen- oder → Röhrenwärmeübertrager; letztgenannte kommen u.a. in Schienenfahrzeugen zum Einsatz. Bei Bahndieselmotoren sind wassergekühlte S. in den → Kühlkreislauf des Motors eingebunden, so daß umgekehrt auch das Motorschmieröl vor Inbetriebnahme des Motors vorgewärmt werden kann.

Schmierpolster: Bauelement des Gleitradsatzlagers (→ Radsatzlager), das durch Federn an den Radsatzschenkeln von unten angedrückt wird und für die Ausbildung eines gleichmäßigen Ölfilms am Radsatzschenkel erforderlich ist. Das S. besteht aus einem Geflecht schlaufenförmig ausgebildeter Wollfasern, deren Enden dochtähnlich in den Ölsumpf oder die Ölschale des Gleitradsatzlagers hineinragen. Durch die Saugfähigkeit der Dochte wird das Öl aus dem Ölreservoir zum S. transportiert. Der einwandfreie Zustand des S. (keine Verharzung, ausreichende Anpreßkraft) ist Voraussetzung für die Funktion des Gleitradsatzlagers. Die Ölabgabe des S. an den Radsatzschenkel gewährleistet nicht, daß sich unter allen Beanspruchungen des Gleitradsatzlagers eine zusammenhängende tragende Schmierschicht zwischen dem Radsatzschenkel und der Lagerschale ausbildet. Dies ist u.a. der Grund für die Ablösung der Gleitradsatzlager durch moderne Radsatzlager mit Wälzlagern. → Gleitlager. Lit.: 1.7., 4.5., 4.12. Abb.

Schmierpumpe: → Schmierung

Schmierung: ständige Versorgung hochbeanspruchter Verschleißteile der Tfz. mit → Schmiermittel. Neben der *statischen S.,* die vor allem bei der Anwendung von Schmierfett (z.B. in Lagern, oft über Schmiernippel eingedrückt) üblich ist, erfolgt die S. mit Schmieröl meist als *Druckschmierung.* Bei Verbrennungsmotoren wird dabei das Schmieröl über eine → Schmierölpumpe im Überschuß in die Lager gedrückt oder über Düsen zum Schmieren größerer Flächen vernebelt (→ Ölnebelschmierung) und auf dem Rückweg vor der Ölpumpe gefiltert (→ Ölkreislauf, → Druckumlaufschmierung). Dadurch werden Abrieb und andere Verunreinigungen entfernt. Bei den Dampfloks wird die S. zur Versorgrung der Schmierstellen (vor allem am → Dampfkolben und am Schiebersatz) mit Schmieröl in der gerade erforderlichen Menge über Leitungen, die mit meist zentral angeordneten, mechanischen, elektromechanischen oder auch von Hand angetriebenen Schmierpumpen verbunden sind, gesichert. Hierbei werden vielfach → Zahnradpumpen eingesetzt. Eine Rückführung oder Sammlung des überschüssigen Öls erfolgt nicht.

a)

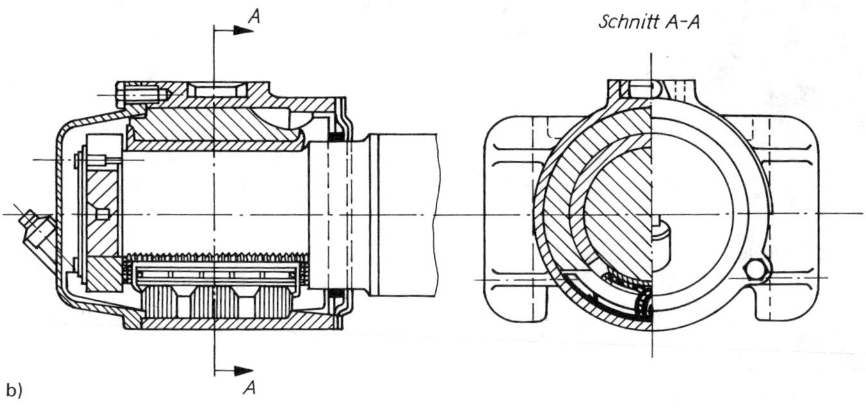

b)

Schmierpolster
a) Ansicht
b) Radsatzlager mit Polsterschmierung

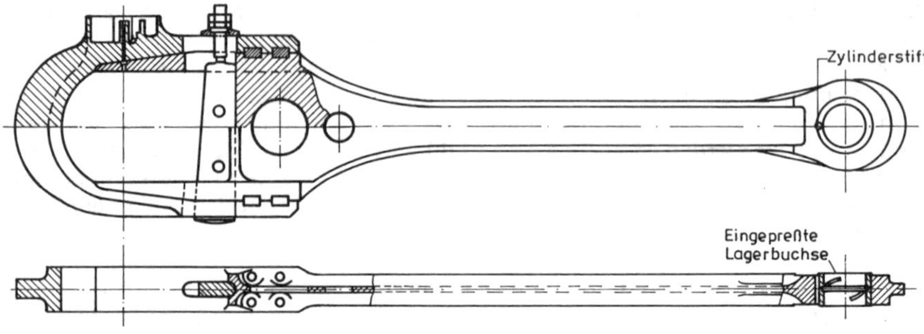

Schnallenkopf an einer inneren Treibstange

Schnallenkopf: Bauart des hinteren Lagers der → Treibstange mit der Möglichkeit einer Keilnachstellung der vorderen Lagerschale. Der S. wurde bei → Treibradsätzen (1) mit kleinem Raddurchmesser verwendet, um nicht mit dem → Stangenkopf die Begrenzungslinie für Fahrzeuge zu überschreiten. Auch für Treibstangen innenliegender Triebwerke wurde der S. verwendet, da das hintere, als Bügel ausgebildete Teil des Stangenkopfs abnehmbar und somit das Lager auf dem Kurbelzapfen der gekröpften Radsatzwelle des Treibradsatzes leicht montierbar war. Lit.: 2.3., 2.12. Abb.

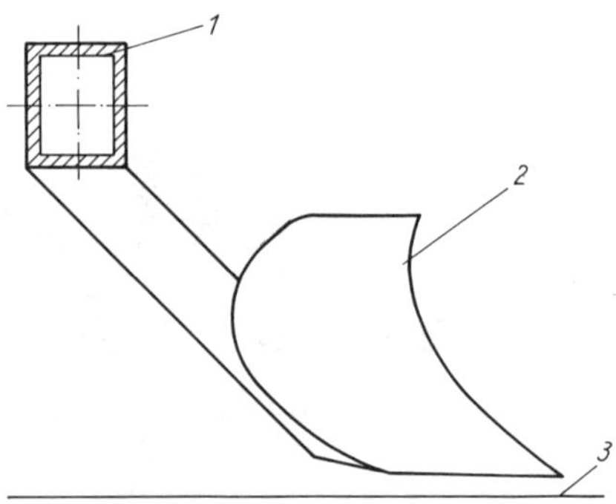

Schneeräumer
1 Pufferträger oder Drehgestellstirnquerträger, 2 Schieber, 3 Schienenoberkante

Schneeräumvorrichtung
Schneepflug

Schneepflug: → Schneeräumvorrichtung

Schneeräumer: zum Wegschieben von Schneemassen geringer Höhe aus den Gleisen im unteren Bereich der Stirnseiten der Tfz. angebaute schneeschieberähnliche Stahlkonstruktion. Der S. ist teilweise auch an den Außenstirnseiten der → Triebdrehgestelle angebracht oder kann auch auf eigenen Radsätzen laufen und von einem Tfz. geschoben werden. Der Schnee wird nach außen aus dem Gleis gedrückt. Die S. erfüllen auch die Aufgabe eines → Bahnräumers. → Schneeräumvorrichtung. Abb.

Schneeräumvorrichtung: Ausrüstung eines Tfz. oder eines bes. Schienenfahrzeugs zur Schneebeseitigung auf Gleisen. Zu den S. gehören: a) *Schneepflug, (→ Schneeräumer),* der den Schnee nach außen wegdrückt; er kann fest mit der Zuglokomotive oder dem Triebwagen verbunden sein oder auf eigenen Rädern laufen und von einem Tfz. geschoben werden; b) *Schneeschleuder,* ein Spezialfahrzeug mit eigenem Fahrantrieb; c) *Schneeräum-Anbaugerät* für ein Gleisbau-Mehrzweckfahrzeug; d) *Schneeräumeinheit,* die aus mehreren Fahrzeugen besteht. Abb.

Schnelläufigkeit: Klassifizierungsbegriff auf Basis der mittleren → Kolbengeschwindigkeit für Verbrennungsmotoren. Unterschieden werden langsamlaufende Motoren mit mittleren Kolbengeschwindigkeiten $\leqq$ 6,5 m/s, mittelschnellaufende Motoren mit einer mittleren Kolbengeschwindigkeit $>$ 6,5 bis $\leqq$ 10 m/s und

schnellaufende Motoren mit einer mittleren Kolbengeschwindigkeit > 10 m/s.
Schnellausschaltknopf: → Notschalter
Schnellbremsbeschleuniger: Bauteil der → Druckluftbremse zur Abzapfung von Druckluft aus der → Hauptluftleitung bei Schnellbremsung (Luftwegschaffer), wodurch eine schnelle Druckabsenkung in der Hauptluftleitung erreicht wird (→ Beschleuniger). Die → Durchschlaggeschwindigkeit des Druckimpulses wird erhöht. Die international vorgeschriebenen Bremszylinderfüllzeiten werden auch von Wagen am Zugende eingehalten. Damit der S. bei Betriebsbremsungen nicht anspricht, werden bes. Forderungen von UIC zur → Empfindlichkeit der Bremse gestellt. Der S. ist bei der → Knorr-Bremse (Bauart KE) am Ventilträger angeordnet. Die Übertragungskammer des S. hat einen Inhalt von 9 l, damit bei Vorhandensein eines Wagens ohne S. die Wirkung der anderen S. nicht beeinträchtigt wird. Der S. muß durch einen Absperrhahn von der Hauptluftleitung abgeschaltet werden können.
Schnellbremsung: → Arten der Bremsungen
Schnelldruckregler: Bauteil älterer Ausführungsformen von → Führerbremsventilen. Der S. dient zur Konstanthaltung des → Regelbetriebsdrucks in der → Hauptluftleitung bei → Fahrtstellung des Führerbremsventils. Falsch eingestelle S. können zu Überladungen der → Druckluftbremse führen. Andererseits werden durch den S. Überladungen beseitigt. Mit einer Einstellschraube am S. kann der gewünschte Hauptluftleitungsdruck einreguliert werden. → Leitungsdruckregler
Schnellentleerventil: hydraulisch betätigtes Ventil zur schnellen Entleerung von → Strömungskupplungen, die bei Tfz. als → Gangstufe in Strömungsgetrieben eingebaut sind. Das S. befindet sich im rotierenden Kupplungsgehäuse und wird beim Füllen der Strömungskupplung dadurch geschlossen, daß der Fülldruck über eine Steuerleitung auf die Oberseite des Ventilplättchens gelangt. Beim Unterbrechen der Ölzufuhr (Ausschalten des Gangs) hebt sich das Ventilplättchen infolge Fliehkraftwirkung vom Sitz ab und gibt einen entspr. großen Querschnitt zur raschen Entleerung der Strömungskupplung frei. Abb.
Schnellentlüftungsventil: zum Ein- und Ausschalten pneumatisch betätigter → Reibungskupplungen vorgesehenes Ventil. Das in der Zuleitung zur Kupplung befindliche S. bewirkt, daß zum sanften Einkuppeln der Luftdruck im Schaltzylinder nur langsam ansteigt, beim Auskuppeln über Entlüftungsbohrungen aber ein schnelles Absenken des Drucks und damit Lösen der Kupplung erfolgten. S. wurden im 4-Gang-Schaltgetriebe LRG 125 der Triebwagen AG (TAG) verwendet, die 1927 bis 1935 in Dieseltriebwagen eingebaut wurden.
Schnellgang: Gangstufe im → Stufengetriebe von Streckenlokomotiven, die für Zugdienste mit hohem Geschwindigkeitsniveau genutzt wird. Die Höchstgeschwindigkeit im S. entspricht der zulässigen Höchstgeschwindigkeit des Tfz. Gegensatz: → Langsamgang.
Schnellschlußeinrichtung: **1.** *Schnellschlußventil;* Bauelementekombination aus Kniehebel und Schließfeder des → Abschlammventils (dort Abb.) der Bauart Gestra. – **2.** Notstoppeinrichtung zum Abstellen des Dieselmotors durch Unterbrechen der Kraftstoffzufuhr. Die S. besteht aus einem schnellschließenden Ab-

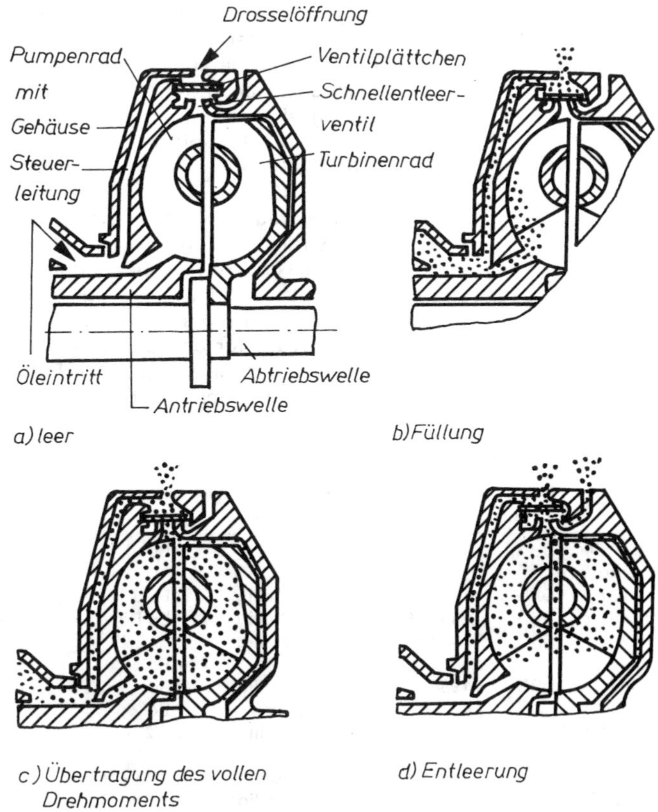

Schnellentleerventil (Funktion)

sperrorgan (Absperrhahn oder Magnetventil), das in der Kraftstoffleitung vor der Einspritzpumpe angeordnet ist, und einer mechanischen oder elektrischen Betätigungseinrichtung im Führerstand des Tfz. → Kraftstoffanlage

Schnellschlußventil: → Schnellschlußeinrichtung (1)

Schnelltriebwagen: für den Schnellverkehr konstruierter und eingesetzter → Triebwagen, der wegen des geringen Platzangebots des Einzelfahrzeugs meist als → Schnelltriebzug ausgebildet ist.

Schnelltriebzug: für den Schnellverkehr konstruierter und eingesetzter → Triebzug mit Diesel- oder elektrischem Antrieb. S. verkehren zwischen größeren Städten mit kurzen Reisezeiten und weisen i. allg. einen hohen Fahr- und Reisekomfort auf. Die im Vergleich zum lokbespannten Zug geringe Eigenmasse, die bessere aerodynamische Formgestaltung des gesamten Zugs und leistungsfähige Bremsen ermöglichen hohe Anfahrbeschleunigungen, Fahrgeschwindigkeiten und Bremsverzögerungen. Bekannte S.: → »Fliegender Hamburger«, elektrischer → Shinkansen-S. der JNR, BR 403/404 und ICE der DB sowie der ER 200 der SŽD. → Schnellverbrennungstriebzug

Schnellverbrennungstriebwagen: für den Schnellverkehr konstruierter → Verbrennungstriebwagen, meist als → Schnellverbrennungstriebzug ausgeführt. Als Einzel-Tfz. wurden nur wenige S. gebaut, z. B. der → Schienenzeppelin (1930) der DRG und der Triebwagen »Arpad« (1934) der MÁV.

Schnellverbrennungstriebzug, Abk. *SVT:* für den Schnellverkehr konstruierter → Triebzug mit Antrieb durch → Verbrennungskraftmaschine. S. verkehren als Zug und werden aus Triebwagen und Mittelwagen oder nur aus Triebwagen zu mehrteiligen, betrieblich nicht trennbaren Einheiten zusammengestellt. Die

Schnellverbrennungstriebzug
Auswahl mit technischen Daten

Bauart	Bahnverwaltung	Baujahr	Hersteller	Bauweise	Radsatzfolge	Leistung kW	Antr. art[2]	Sitzpl. ges.	Zugmasse t	Höchstgeschwindigkeit km/h
»Fliegender Hamburger«	DRG	1932	WUMAG	2teilig	2'Bo'2'	2×300	de	102	77,4	160
»Hamburg«	DRG	1934	WUMAG	2teilig	2'Bo'2'	2×300	de	77	100	160
»Leipzig«	DRG	1935/36	LHW	3teilig	2'Bo'Bo'2'	2×440	de/dh	139	129/119	160 (205 im Test)
»Köln«	DRG	1937/38	LHW	3teilig	2'B+2'2'' + Bo'2'	2×440	de	132	165	160
»Berlin«	DRG	1938	MAN	4teilig	2'Bo + 2 (2'2') + Bo'2'	1000	de	155	213	160
»Kruckenberg«[3]	DRG	1938	VWW	3teilig	B'2'2'B'	2×440	dh	100	113,2	160 (215 im Test)
TALGO[4]	RENFE	1950	ACF[1]	16teilig	Bo'Bo'+15×1'	595	de	192	115,8[10]	160
»Senator« (VT 10501)	DB	1954	LHB	7teilig	Bo' 6×1'Bo'	4×154	dhm	135	95,6	160
TEE (BR 601)	DB	1957	MAN	7teilig	B'2' + 5 (2'2') + 2'B'	2×810	dh	168	211	140
»Görlitz« (BR 675)	DB/DR	1964	WBG	4teilig	B'2' + 2 (2'2') +2'B'	2×736	dh	157	220	160
Blitzzug	DSB	1964	MAN	2×4teilig	B'2'+3(2'2') +3(2'2')+2'B'	2×810	dh	255	272	160
TMT[5]	CN[9]	1967	MLW	7teilig	B' 6×1' B'	4×290	gm	326	152	193 (226 im Test)
TALGO[4] [11]	RENFE	1968	KM	1teilig	B'B'	2×1100	dh	–	–	180
RTG[6]	SNCF	1972	ANF[1]	5teilig	B'2' + 3(2'2')+2'B'	2×850	gh	280	144	200 (250 im Test)
TGV 001[3] [8]	SNCF	1972	ALSTHOM	5teilig	6×Bo'	4×940	ge	90	213,4	300 (318 im Test)
HST[7]	BR	1976	BRE	9teilig	Bo'Bo'+7 (2'2') + Bo'Bo'	2×1655	de	407	375	200 (229 im Test)

1) ACF American Car und Foundry Comp.
ANF Ateliers de Construction du Nord de la France
2) de dieselelektrisch
dh dieselhydraulisch
dhm dieselhydromechanisch
gm gasturbomechanisch
gh gasturbohydraulisch
ge gasturboelektrisch
3) Versuchzug
4) TALGO Tren Articulado Ligero Goioechea Oriol
5) TMT Turbine Motor Train
6) RTG Rame a Turbine a Gas
7) HST High Speed Train
8) TGV Train Grande Vitesse
9) CN Canadian National Railways
10) Wagenzugmasse 54,2 t
11) nur Lok

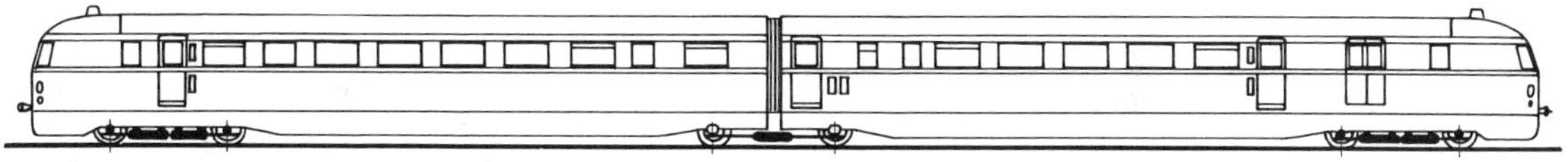

Schnellverbrennungstriebzug
SVT der Bauart »Hamburg« der DRG

DRG betrieb z.B. von 1935–1939 durch Einsatz von S. der Bauarten »Nürnberg«, »Leipzig«, »Köln« und »Berlin« ein Schnellverkehrsnetz mit Reisegeschwindigkeiten zwischen 95 km/h und 125 km/h. Für S. wird der Dieselmotorantrieb bevorzugt, z.B. bei der DB/DR, den BR und den DSB. Reiner Gasturbinenantrieb wird bei der SNCF und in den USA sowie eine Kombination von Dieselmotor- und Gasturbinenantrieb wurde bei der SNCF und zeitweilig bei der DB im SVT der BR602 angewandt. Abb. Tab.

schnellwirkende einlösige Bremse: → Druckluftbremse in der Bauart → Knorr-Bremse oder → Westinghouse-Bremse. Gegenüber dem → Einfachsteuerventil besitzt sie eine zusätzliche Beschleunigungseinrichtung, das federbelastete → Rückschlagventil. Es tritt nur bei Schnellbremsung in Funktion. Bei Einleitung der Schnellbremsung wird das Rückschlagventil aufgestoßen und Hauptluftleitungsluft strömt in den → Bremszylinder, bis Druckgleichheit zwischen Bremszylinder und → Hauptluftleitung hergestellt ist. Dadurch kommt es zu einem schnelleren Füllen der Bremszylinder, und der Ausgleichdruck ist etwas höher. Mit dem zusätzlichen Abzapfen von Druckluft aus der Hauptluftleitung wird das schnelle Ansprechen der Steuerventile gefördert. Das Steuerventil selbst besitzt gegenüber dem Einfachsteuerventil noch zusätzliche Bohrungen im Schieber und im Schieberrost. Der Unterschied in der Konstruktion zwischen der Westinghouse- und der Knorr-Bremse besteht in der Art, wie das Stehenbleiben des Steuerkolbens in der Betriebsbremsstellung erreicht wird. Lit.: 1.4.

Schnellzuglokomotive: → Reisezuglokomotive

Schnüffelhahn: handbetätigte Einrichtung am Saugraum des Ventilkastens der → Speisewasserkolbenpumpe der Bauart Knorr, durch die beim Öffnen Luft angesaugt und zur Herstellung des notwendigen Luftdrucks in den → Druckwindkessel gefördert wird.

Schöpfrohr: Einrichtung, mit der die → Betriebsflüssigkeit aus den rotierenden Räumen einer regelbaren → Strömungskupplung zur Veränderung des → Füllungsgrads und/oder zur Kühlung abgeführt wird. Das S. kann verstellbar oder fest angeordnet sein; bei festem S. ist ein zusätzliches Pump- und Regelorgan zur Veränderung des Füllungsgrads erforderlich. Anwendung: bei Tfz. im → hydrodynamischen Lüfterantrieb.

Schornstein, *Kamin, Rauchfang:* Bestandteil der → Rauchkammer (dort Abb.) der Dampflokomotive und Funktionselement der → Saugzuganlage. Der i.d.R. schwach kegelig ausgebildete und aus Grauguß bestehende S. sorgt für den Abzug der → Rauchgase und des → Abdampfs. Er ist mit einem angegossenen Flansch auf dem Scheitel des Rauchkammermantels befestigt und ragt mit seinem Unterteil (nach Tiefe und Weite funktionsmäßig dem → Blasrohr angepaßt) in die Rauchkammer hinein. Dampfloks mit hochliegendem Kessel erhielten einen abnehmbaren Schornsteinaufsatz, um erforderlichenfalls mit dem S. höhenmäßig innerhalb des → Lichtraums zu verbleiben.

Mit der Entwicklung der Lokomotiven hat der S. eine mannigfaltige Formgestaltung durchlaufen. Um sich in das Gesamtbild der Lokomotive einzuordnen, wurde er mit technisch unnötigen Verzierungen und Ausformungen bei älteren Lokomotiven versehen. Seine bekanntesten Ausführungsformen sind die von Prüsmann (langes zylindrisches Rohr) und die mit kuppelförmigen Abschlüssen von Klein und Ressig sowie der → Kobelschornstein. Letztere nahmen in sich den → Funkenfänger auf. Aus neuerer Zeit stammen die S. in ovaler und flacher Form, z.B. für Dampfloks mit → Kylchap-Ejektor oder → Giesl-Ejektor. Seitlich am → Langkessel hochgeführte Flachschornsteine erhielten Dampflokomotiven mit → Franco-Crosti-Abgasvorwärmer. Lokomotiven mit → Gegendruckbremse besaßen teilweise doppelwandige S., die im Zwischenraum den → Schalldämpfer (1) aufnahmen. Lit.: 2.3., 2.6., 2.9., 2.10., 2.12.

Schrägkantensteuerung: Kraftstoffmengenregulierung am Pumpenkolben der → Einspritzpumpe. Die dem Verbrennungsmotor zugeführte Kraftstoffmenge wird über eine am Pumpenelement der

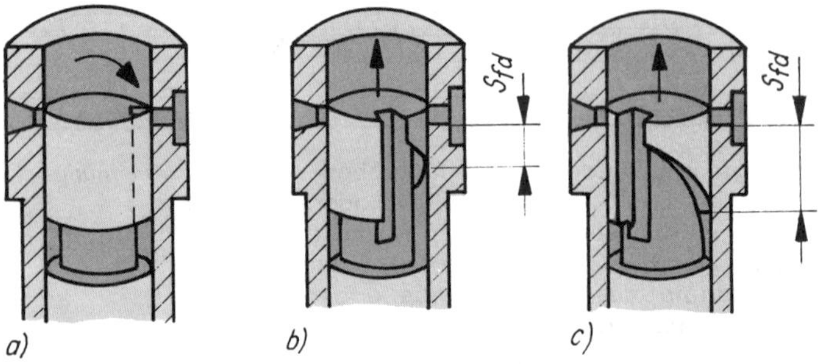

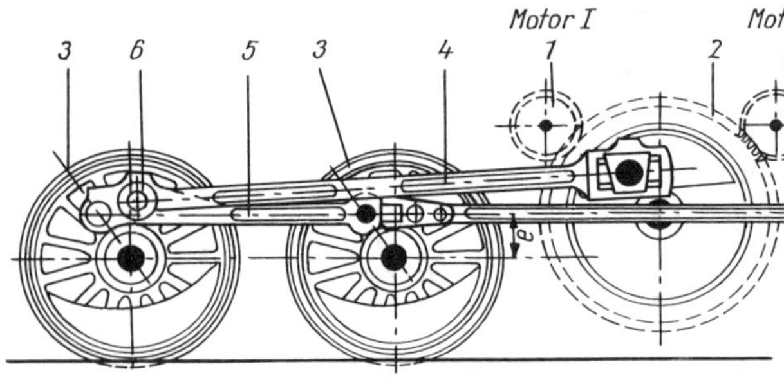

Schrägkantensteuerung (oben) Wirkungsweise der Überströmsteuerung a) Nullföderung, b) Teilförderung, c) Vollförderung
S_{fd} Druckförderhub

Schrägstangenantrieb 1 Ritzel auf der Motorwelle, 2 Vorgelegewelle mit Großzahnrad, 3 Treibradsätze, 4 Treibstange, 5 Kuppelstange, 6 Gelenkbolzen, *e* Überhöhung der Vorgelegewellenmitte gegenüber der Treibradmitte

Einspritzpumpe angebrachte Schrägkante quantitativ gesteuert. Ein Verdrehen des Pumpenelements im Pumpenzylinder bewirkt die Lageveränderung der Schrägkante gegenüber der Rückströmbohrung und damit eine Veränderung des Druckförderhubs. Abb.

Schrägrost: beim Übergang von der Koks- auf die Steinkohlenfeuerung um 1865 entwickelte, in Richtung der Feuerbüchsrohrwand stärker geneigte Bauformen des → Rostes. Die heutige noch gebräuchliche Bauform des Rostes ist mit ihrer leichteren Neigung aus dieser Entwicklung hervorgegangen. Lit.: 2.9.

Schrägstangenantrieb: Antriebsform älterer elektrischer Lokomotiven (z.B. bei der DRG BR E61, BR E63, BR E75 und BR E77). Der S. arbeitet mit Vorgelege zur Untersetzung der für den direkten Antrieb ungeeigneten hohen Motordrehzahlen. Damit ein großer Durchmesser des Vorgelegerads konstruktiv verwirklicht werden kann, wird die Vorgelegewelle höher als die Treibradsatzmitte gelegt. Die gabelförmig ausgebildete Treibstange liegt somit schräg und ist mit einem Gelenkbolzen an die Kuppelstange angelenkt. Lit.: 4.1., 4.4., 4.5., 4.12. Abb.

Schraubenfeder: aus Federstahlstangen in warmem Zustand in zylindrische Form gewickelte Feder. Als Werkstoff werden Silizium-Mangan- und Silzium-Chrom-Stähle mit einer Festigkeit σ_B = 1300–1500 MPa in vergütetem Zustand eingesetzt. Während früher auch Federn mit rechteckigem Federdrahtquerschnitt verwendet wurden, werden heute wegen der günstigeren Spannungsverhältnisse nur noch Federn mit kreisförmigem Drahtquerschnitt eingesetzt. Die Kennlinie der S. ist eine ansteigende Gerade (Abb.). Die S. wird bei Belastung auf Torsion (Torsionsfeder) beansprucht. Sie besitzt keine Eigendämpfung und ist deshalb beim Einsatz als Schraubentragfeder mit → Schwingungsdämpfern oder → Blattfedern (→ Reibungsfeder) gekoppelt einzusetzen. S. werden bei Tfz. in der Primär- und Sekundärfederung (→ Federung) eingesetzt. Bei einigen Laufwerkskonstruktionen dient die Flexicoilwirkung (→ Flexicoilfeder) der S. zur Querfederung des Fahrzeugs. Diese Flexicoilwirkung ist eine Querelastizität der S. bei gleichzeitiger vertikaler Belastung. Bei modernen Tfz. erfolgt die Federung überwiegend mit S. Lit.: 1.9. Abb.

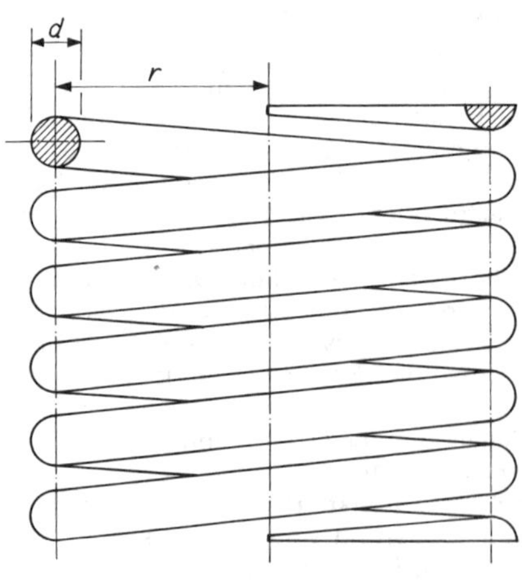

a)

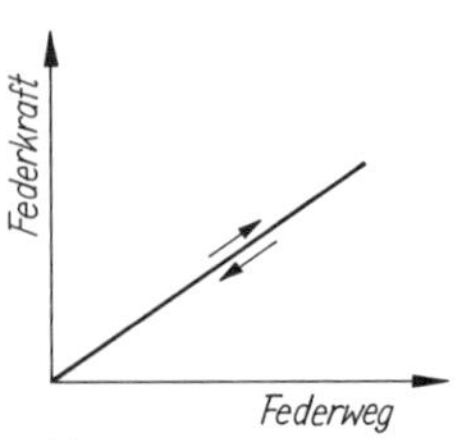

b)

Schraubenfeder
a) Aufbau
d Drahtdurchmesser, *r* Windungshalbmesser
b) Federkennlinie

Schraubenkupplung: → Zug- und Stoßeinrichtung

Schraubenspindelpumpe: mit schraubenförmigen Förderrädern ausgeführte → Verdrängerpumpe. Die Förderung übernehmen ähnlich wie bei der → Zahnradpumpe Hohlräume zwischen den Schraubenwendeln. S. werden z.B. bei Dieselmotoren als → Schmierölpumpe verwendet, wie anfangs beim Dieselmotor 5D49 der Diesellokomotive BR230 der DB/DR.

Schraubentragfeder: → Tragfeder, → Schraubenfeder

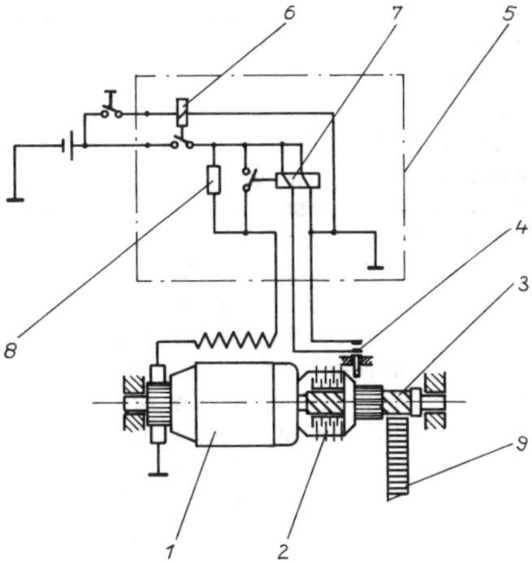

Schraubtriebanlasser
1 Anker, 2 Lamellenkupplung, 3 Ankerwelle mit Steilgewinde, 4 Ritzelschalter, 5 Anlaßstufenschalter, 6 Anlaßschütz, 7 Überbrückungsschütz, 8 Vorwiderstand, 9 Motorschwungrad

Schraubtriebanlasser: → Anlasser für Verbrennungsmotoren, dessen Ritzel sich beim Anlaßvorgang auf dem Steilgewinde der Ankerwelle »vorschraubt« und dadurch selbsttätig in die Verzahnung des Motorschwungrads (→ Schwungrad) einspurt. S. werden 1- und 2stufig hergestellt, wobei *1stufige S.* nur für kleine Motoren einsetzbar sind. *2stufige S.* werden über einen → Anlaßstufenschalter gesteuert. In der *ersten Stufe* erhält der S. einen durch den Vorwiderstand im Anlaßstufenschalter begrenzten Strom, so daß er nur mäßig beschleunigt. Das lose auf der Ankerwelle sitzende Ritzel bleibt infolge seiner Trägheit gegenüber der anlaufenden Ankerwelle zurück, wird dadurch auf dem Steilgewinde der Welle axial verschoben und in die Verzahnung des Motorschwungrads eingespurt. Kurz vor Beendigung des Einspurvorgangs wird über einen Schaltkontakt im S. die *zweite Stufe* des Anlaßstufenschalters eingeschaltet, bei der der Vorwiderstand überbrückt ist, so daß der volle Anlaßstrom wirkt und der S. den Verbrennungsmotor durchdreht. Der Kraftschluß zwischen Ritzel und Ankerwelle wird dabei durch die Lamellenkupplung hergestellt. Nach Erreichen der → Leerlaufdrehzahl des Verbrennungsmotors wird das Ritzel vom Schwungrad her gegenüber der Ankerwelle beschleunigt und dadurch aus dem Zahnkranz des Schwungrads ausgespurt. Der S. läuft solange leer weiter, bis er abgeschaltet wird. Anwendung: z.B. bei → Kleinlokomotiven. Abb.

Schub: Vortriebskraft, die von einem Turbinen-Luftstrahl-Triebwerk durch den aus der Schubdüse austretenden Gasstrahl oder von einem Propeller (→ Schienenzeppelin) erzeugt wird. Der S. von Turbinen-Luftstrahl-Triebwerken wurde versuchsweise zum Antrieb von → Gasturbinentriebwagen (z.B. beim Testtriebwagen M-497 der New Yorker Central Railroad) genutzt.

Schubankeranlasser: → Anlasser für Verbrennungsmotoren, dessen Ankerwelle mit dem Ritzel in ihren Lagern axial verschiebbar ist. Wirkungsweise: Beim Einschalten des S. erhält zunächst die Hilfswicklung über einen Schenkel des Magnetschalters Strom, so daß der Anker gegen die Kraft der Feder unter die Pole der Statorwicklungen gezogen und das Ritzel in den Zahnkranz des Motorschwungrads (→ Schwungrad) eingespurt wird. Vor Abschluß dieser Axialbewegung der Ankerwelle wird durch das Auslösen der Sperrklinke die Hauptstromwicklung über den zweiten Schenkel des Magnetschalters zugeschaltet. Der S. entwickelt nun das volle → Anlaßmoment. Nach Erreichen der → Leerlaufdrehzahl des Verbrennungsmotors wird der S. abgeschaltet, und die Feder zieht die Ankerwelle in die Ausgangsstellung zurück. Die Kupplung im S. schützt den Anker vor zu hohen Drehzahlen, die dann auftreten, wenn der Verbrennungsmotor angelaufen und das Ritzel noch nicht ausgespurt ist. Anwendung: z.B. bei → Kleinlokomotiven und Leichttriebwagen. Abb.

Schubert, Johann Andreas: 19. März 1808 (Wernesgrün/Vogtland) – 6. Oktober 1870 (Dresden); Architekt, Ingenieur und Professor. Nach dem 2jährigen Besuch

Schubankeranlasser
1 Anker, 2 Anschlagscheibe, 3 Sperrklinke, 4 Magnetschalter, 5 Hilfswicklung, 6 Hauptstromwicklung, 7 Feder, 8 Ritzel, 9 Kupplung, 10 Motorschwungrad

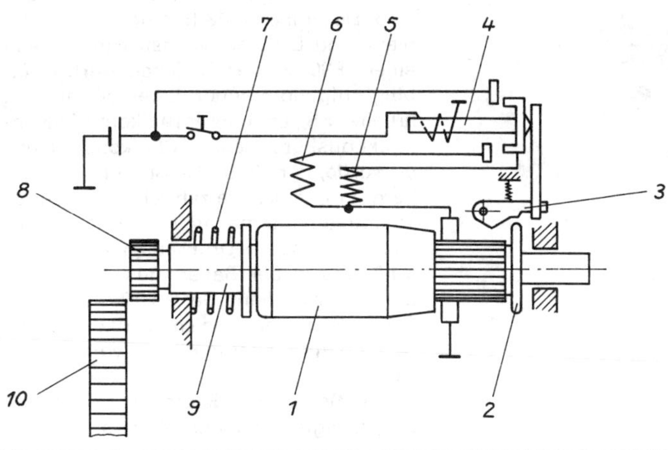

Johann Andreas *Schubert*

des Thomas-Gymnasiums in Leipzig, dann der Garnison-Schule auf dem Königstein und der Knabenschule des Freimaurer-Instituts zu Dresden-Friedrichstadt schloß der aus fronbäuerlichen Verhältnissen stammende S. 1827 sein Studium an der Bauschule der Kunstakademie in Dresden als Architekt ab. Danach folgte ein 1jähriges Praktikum in der Dresdner Mechanischen Werkstatt Blochmanns in Konstruktion und Fertigung von Maschinen, dem sich S. technisch-pädagogische Tätigkeit an der Technischen Bildungsanstalt Dresden (ab 1846 Polytechnische Schule) von 1828 bis zu seiner Emeritierung 1869 anschloß und an der er 1832 im Alter von 24 Jahren den Professorentitel erhielt.
Im Ergebnis seiner Studienreise nach England (1834) wurde 1836 unter S. Leitung die Aktien-Maschinenbau-Gesellschaft zu Übigau gegründet. Als deren Technischer Direktor entwickelte und baute er u.a. 1837/38 die ersten beiden eisernen Dampfboote Sachsens und 1838 für die Leipzig-Dresdener Eisenbahn die erste deutsche betriebstüchtige Dampflokomotive → »Saxonia«. Als weitere herausragende eisenbahntechnische Leistung ist die architektonische Gestaltung und Berechnung der 1846–1851 in Ziegelbauweise errichteten 578 m langen und 78 m hohen Göltzschtalbrücke der Eisenbahnstrecke Leipzig–Altenburg–Plauen–Hof zu nennen. Lit.: 2.9., 5.2., 5.3., Weichold, A.: Johann Andreas Schubert. Dresden: Abt. Wiss. Publikationen der TU, 1968. Abb.

Schubstange: als Bauteil der → äußeren Steuerung vereinfachte Bezeichnung für die → Schieberschubstange.

Schulz, Karl: 11. Dezember 1870 (Erfurt) – 15. Dezember 1943 (Elbing); Oberingenieur und Lokomotivkonstrukteur. Nach einer 1890 bei der Schichau-Werft in Elbing aufgenommenen Ingenieurtätigkeit arbeitete S. ab 1894 im Lokomotiv-Konstruktionsbüro, dessen Chefkonstrukteur er wurde, der Union-Gießerei in Königsberg. Er entwickelte zahlreiche Tenderlokomotiven und machte sich um die Konstruktion eines → Druckausgleichkolbenschiebers in der Bauart des → Nicolai-Schiebers verdient, der ab 1937 als Karl-Schulz-Schieber bezeichnet und im größeren Umfang eingeführt wurde. Lit.: 2.6., 5.2.

Schulz-Schieber: Bauform eines → Druckausgleichkolbenschiebers.

Schuppenprüfanlage, *Schuppenspannungsanlage:* Schaltanlage in der Fahrzeughalle (Schuppen) zur Prüfung der elektrischen Fahrzeugausrüstung und Funktionstüchtigkeit, da die → Fahrleitung aus Sicherheitsgründen nicht in die Halle eingeführt wird. Für Wechselstrom-Tfz. werden Hilfsbetriebespannungen geringerer Höhe (zwischen 200 V und 400 V) über einen Transformator vom Fahrleitungsnetz außerhalb des Schuppens bezogen und den Tfz. über Kabel und Steckdosen zugeführt. Außerdem sind Anschlüsse für Gleichspannung 110 V oder 24 V vorgesehen.

Schuppenspannungsanlage: → Schuppenprüfanlage

Schuppen-Strecke-Umschalter: → Prüfumschalter

Schüttelrost: → Rost mit Schütteleinrichtung für Dampflokomotiven zum Auflockern der Schlacke während der Fahrt, um ein Festbacken zu verhindern. Der S., versuchsweise in einigen Lokomotiven eingebaut, bestand aus Roststäben, die mechanisch in senkrechter Richtung aneinander vorbeibewegt wurden. Die vom Führerstand aus mit einem Hebel bedienbare Schütteleinrichtung konnte auf jedes Rostfeld einzeln einwirken. Bei der Steinkohlefeuerung führte u.U. in die Rostspalte gelangte Schlacke zur Blokkierung des S. Deshalb mußten zu ihrer Entfernung Roststäbe gezogen werden, was sehr zeitaufwendig war und zu nicht gewünschten Abkühlungen in der → Feuerbüchse führte. Der S. wurde deshalb um 1920 bei der DRG durch den → Kipprost abgelöst. Lit.: 2.12.

Schüttelschwingungen: stoßartige Schwingungserscheinungen bei elektrischen Tfz. mit → Stangenantrieben, die durch Resonanz der Frequenz der durch das Lagerspiel ermöglichten periodischen Massenbeschleunigungen und -verzögerungen mit der Eigenfrequenz des Getriebes entstehen. Die Schwingungen teilen sich bei größerer Stärke dem Rahmen mit, so daß das ganze Tfz. erfaßt wird. In ungünstigen Fällen kann dies sogar zu Brüchen in den Übertragungsteilen (Stangen und Wellen) führen. S. sind drehzahl- und damit geschwindigkeitsabhängig; ober- und unterhalb der Resonanzzonen verschwinden sie völlig. Eine gründliche Erforschung der S. führte zu wirksamen Maßnahmen ihrer Verminderung (z.B. Einbau von Federelementen). Am wichtigsten dabei ist die genaue Einhaltung der → Stichmaße. Lit.: 4.12.

Schütz: elektrisch gesteuerter fernbetätigter Einzelschalter mit Löscheinrichtung (Hörnerkontakte, → Funkenkamin), der mit Druckluft (elektropneumatisch) oder elektromagnetisch *(Magnetschütz)* eingeschaltet wird. Die Ausschaltung geschieht meist durch Federkraft. Abb.

Schützensteuerung: → Leistungssteuerung elektrischer und dieselelektrischer Tfz., bei der die Spannungsstufen mit elektromagnetischen oder elektropneumatischen → Schützen geschaltet werden. Bei S. sind die Übertragung der Schaltbefehle durch Steuerleitungen und → Steuerstromkupplungen auf weitere Tfz. im Zug (Mehrfachtraktion) sowie eine → Wendezugsteuerung möglich. Die richtige Schaltfolge der Schütze wird durch eine elektrische Verriegelung der Hilfskontakte erzwungen.

Schutzstrecke: 1. Neutraler oder geerdeter Abschnitt der → Fahrleitung oder der → Stromschiene. Durch ihn wird verhindert, daß aneinandergrenzende Unterwerksbereiche über die Stromabnehmer eines oder mehrerer Tfz. elektrisch verbunden werden können. S. müssen von elektrischen Tfz. mit ausgeschaltetem Hauptschalter befahren werden, um das Ziehen von Lichtbögen über die Trennstellen zu verhindern. – **2.** Gleisabschnitt bei Verwendung der → punktförmigen Zugbeeinflussung zwischen dem Beeinflussungspunkt am haltzeigenden Hauptsignal und dem sog. »Schutzpunkt«, der für die Wirkung der Zugbeeinflussung (Zwangsbremsung) zur Verfügung steht.

Schwallblech: in Flüssigkeitsbehältern, z. B. → Kraftstoffbehältern, vertikal angeordnete Bleche, die das Schlingern des Behälterinhalts verhindern, indem sie die Behälter in miteinander verbundene Kammern aufteilen. S. können auch zur Erhöhung der Festigkeit des Behälters herangezogen werden.

Schwallkontakt: bes. Schutzeinrichtung im → Buchholzschutz für den Haupttransformator elektrischer Tfz. Tritt ein Schaden im Transformator auf, der eine starke Wärmeentwicklung zur Folge hat, wird durch die einsetzende Gasentwicklung und Ölverdrängung ein schwimmerbelastetes Schwallblech (gekoppelt mit einem Quecksilberkippschalter) betätigt. Der Quecksilberkippschalter schließt einen Kontakt zur sofortigen Auslösung des Hauptschalters. Lit.: 4.5.

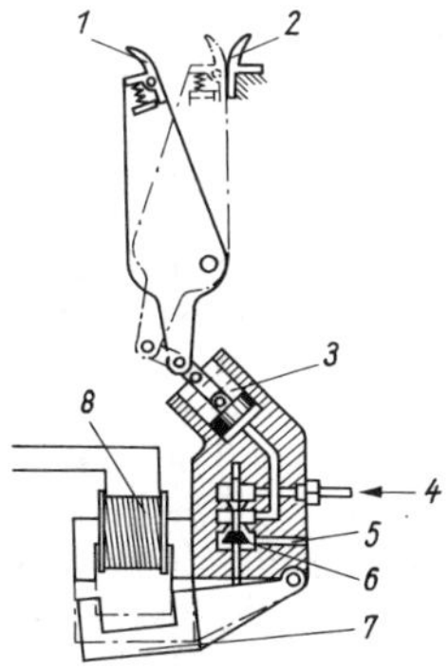

Schütz
elektropneumatisches Schütz
1 beweglicher Hauptkontakt, 2 fester Hauptkontakt, 3 Schützzylinder, 4 Druckluftzuleitung, 5 Auspuff, 6 Magnetventil, 7 Magnetkern, 8 Magnetspule

Schwallwand, *Schwallblech:* im → Wasserkasten des → Schlepptenders und der → Tenderlokomotive zur Abdeckung der mit großen Ausschnitten versehenen Querwände angeordnete gelochte Bleche. Sie sollen schwallende Wasserbewegungen beim schnellen Anfahren oder starken Bremsen abdämpfen und ein Herausschwappen aus den Einlauföffnungen verhindern. Lit.: 2.3., 2.12.

Schwartzkopff, Louis: 5. Juni 1825 (Magdeburg) – 7. März 1892 (Berlin); Lokomotivingenieur, Industriegründer und Geheimer Kommerzienrat. Nach einer Ingenieurausbildung am Berliner Gewerbeinstitut begann S. 1845 seine praktische Tätigkeit bei Borsig, wo er nach dem Kennenlernen der Konstruktion und Fertigung von Lokomotiven auch das Lokomotivführerpatent erwarb. 1847 wechselte S. als Maschinenmeister zur Magdeburg-Wittenberger Eisenbahn und nahm die Gelegenheit zu 2 Studienreisen nach England wahr. Nach seiner Umsiedlung nach Berlin (1851) gründet S. 1852 die Eisengießerei und Maschinenbauanstalt von L. Schwartzkopff (Schwartzkopff & Nitsche), die ab 1866 durch eine Lokomotivbauabteilung ergänzt wurde. 1867 lieferte S. seine erste Lokomotive, die »Weishaupt«, eine 1B-Güterzuglokomotive für die Niederschlesisch-Märkische Eisenbahn, aus. Damit begann gleichzeitig die Entwicklung des Lokomotivbaus zur Hauptproduktion der Firma, in deren Ergebnis 1870 S. das von ihm bis 1888 selbst weiter geleitete Unternehmen in eine Aktiengesellschaft mit dem neuen Namen »Berliner Maschinenbau-Actien-Gesellschaft vormals L. Schwartzkopff« umwandelte.
S. gehört zu den Mitbegründern des Deutschen-Lokomotiv-Verbandes und war viele Jahre dessen erster Sprecher.

Luis *Schwartzkopff*

Lit.: 2.9., 5.2., 5.3., Born: Pioniere des Eisenbahnwesens. Darmstadt, 1961. Abb.

Schwartzkopff-Eckhardt-Gestell: → Eckhardt-Gestell

Schwebemotor: → Fahrmotor, der mit einer Seite am Drehgestell- oder Fahrzeughauptrahmen des Tfz. aufgehängt ist und sich mit der anderen Seite über elastische Kupplungen auf den Treibradsatz abstützt. Seine Eigenmasse ist dadurch vollständig abgefedert. Ausführungsformen: *Tatzlagermotoren* mit → Kegelringfederantrieb oder mit → Gummiringfederantrieb, bei längs zur Fahrzeugachse angeordneten Fahrmotoren der → *DÜWAG-Antrieb,* bei dem sich der zwischen den 2 Radsätzen eines Drehgestells angeordnete Fahrmotor lediglich über 2 elastische Kupplungen auf den beiden Treibradsätzen abstützt.

Schweiger-Jalousie: Lüftungsgitter, durch das die aus dem Freien angesaugte → Kühlluft in den → Maschinenraum eintritt. Es ist so gestaltet, daß mitgerissener Schnee oder Regen zurückgehalten und abgeleitet werden. Dies wird durch übereinander, nach außen mit einem Anstellwinkel von 60° schräg angeordnete, einander überdeckende Bleche erreicht. Das Wasser fließt am Blech ab und gelangt an die untere, im Fahrtwind liegende Kante. Die Tropfen werden dadurch an die entgegen der Fahrtrichtung liegende Seite getrieben und lösen sich dort ab. Auf der inneren Seite der S. ist jedes Blech scharf hochgebogen, so daß kein Wasser in den dahinterliegenden Raum eindringen kann. Lit.: 4.12.

Schwenkschiebetür: → Schiebetür

Schwenkwinkelsteuerung: → Axialkolbengetriebe

Schweröl: → Brennstoff, der aus Rückstandsölen gewonnen wird und auch als Kraftstoff für langsamlaufende → Dieselmotoren geeignet ist. Im Unterschied zum → Dieselkraftstoff hat S. eine größere kinematische Zähigkeit und einen höheren Stockpunkt.

Schwimmkolben: → Stoßdämpfer (2) der → Speisewasserkolbenpumpe.

Schwinge: Bauteil der → Schwingensteuerung von Dampflokomotiven, das den verstellbaren → Schwingenstein aufnimmt und von der → Gegenkurbel den Antrieb auf die → Schieberschubstange überträgt. Mit der Entwicklung der S.steuerung hat sich auch die Bauform der S. verändert. Bekannte Bauformen: a) *nach hinten gebogene S.* (→ Stephenson-Steuerung); b) *nach vorn gebogene S.* (→ Gooch-Steuerung, → Heusinger-Steuerung, → Walschaert-Steuerung); c) *gerade S.* (→ Allan-Steuerung). Nach ihrem speziellen schlitz- oder taschenförmigen Aufbau für die Führung des hierfür unterschiedlich gestalteten Schwingensteins wird bei der Heusinger-Steuerung nach der Schlitz- und Taschenschwinge unterschieden. Lit.: 2.3., 2.10., 2.12. Abb.

Schwingenkurbel: andere Bezeichnung für die → Gegenkurbel bei → Schwingensteuerungen.

Schwingenstange, *Exzenterstange:* Bauteil der → Schwingensteuerung von Dampflokomotiven, das als Verbindungselement von umlaufender → Gegenkurbel oder Hubscheibe und um das Schwingenlager pendelnder → Schwinge die Antriebskraft für den → Schieber (bei der → Heusinger-Steuerung einen Teil derselben) überträgt. Die stählerne S. besteht aus dem sich nach dem vorderen Ende hin verjüngenden Stangenschaft mit rechteckigem oder I-förmigem Querschnitt, dem vorderen, meist einem die Schwinge gabelartig umschließenden Bolzenlager sowie dem hinteren Zapfenlager (bei Gegenkurbelantrieb) oder dem (geteilten) Hubscheibenring (bei Hubscheibenantrieb). Von gekröpften Treibradsätzen innen angetriebene S. besitzen an ihrem hinteren Ende geteilte, den Hubscheiben ähnliche Lager. Lit.: 2.3., 2.12.

Schwinge
Bauformen der Schwinge der Heusinger-Steuerung
a) Schlitzschwinge, b) Taschenschwinge

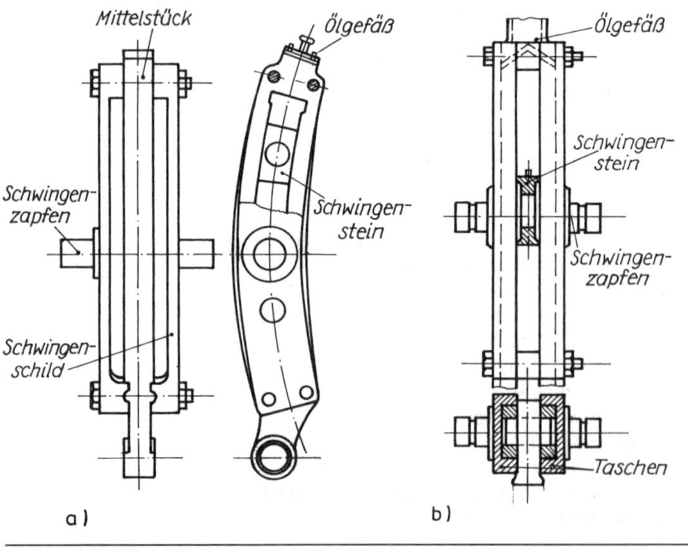

Schwingenstein: Bauelement der → Schwingensteuerung von Dampflokomotiven, das die Antriebskraft für den → Schieber von der → Schwinge auf die → Schieberschubstange überträgt sowie die unterschiedlichen Längen der kreisbogenförmigen Wege der Schwinge um ihr Schwingenlager und des hinteren Endes der Schieberschubstange um den Aufhängepunkt am → Hängeeisen (1) oder des geradlinigen Weges des hinteren Endes der Schieberschubstange bei Anordnung der → Kuhnschen Schleife ausgleicht. Der in der Schwinge verstellbare, i.d.R. aus Grauguß gefertigte und mit der Schieberschubstange durch Bolzen oder Zapfen (Schwingenzapfen) verbundene S. unterliegt während der Fahrt in der Schwinge kleinen Gleitbewegungen (→ Steinspringen), die aus Verschleißgründen neben der Härtung der Gleitflächen der Schwinge eine zuverlässige Schmierung erfordern. Lit.: 2.3., 2.12.

Schwingensteuerung, *Kulissensteuerung:* Bauart der → äußeren Steuerung der → Dampflokomotivsteuerung, bei der bei festem Radius des Gegenkurbelzapfens oder der Hubscheibe die zur Füllungsverstellung notwendige Veränderung des Schieberwegs durch eine mit einer → Schwinge realisierten Hebelübersetzung erreicht wird. Mit dem Verlegen des → Schwingensteins in der Schwinge und damit des → Ableitungspunkts wird die → Füllung der Dampfmaschine verändert und ihre Drehrichtung (Fahrtrichtung der Dampflok) umgesteuert. Bekannteste *Bauarten* der S.: 1) die 1842 als erste S. eingesetzte → Stephenson-Steuerung mit nach hinten gebogener und in senkrechter Richtung verstellbarer Schwinge; 2) die 1847 folgende → Gooch-Steuerung mit nicht verstellbarer, nach vorn gebogener Schwinge, aber in senkrechter Richtung verstellbarer Schieberschubstange; 3) die 1854 eingeführte → Allan-Steuerung mit fertigungsgünstiger gerader Schwinge und gleichzeitig entgegengesetzter Verstellmöglichkeit von Schieberschubstange und Schwinge; 4) die 1844 von → Walschaert erfundene und 1848 an der Lokomotive 98 der Belgischen Staatseisenbahn erstmals angewandte Walschaert-Steuerung; 5) die 1849 unabhängig von Walschaert von → Heusinger entwickelte und 1850 an einer 2A-Tenderlok eingesetzte → Heusinger-Steuerung, die als Einexzentersteuerung der Walschaert-Steuerung entsprach und eine volle Ausnutzung der Dampfdehnung ermöglichte. Sie wurde mit ihrem übersichtlichen Aufbau zu einer der meist verwendeten Dampflokomotivsteuerungen. Die S. führte gegenüber den Vorgängerbauarten der Dampflokomotivsteuerung neben ihrer einfacheren Handhabung sofort zu einer Dampf- und Kohleersparnis von über 25%. Lit.: 2.3., 2.9., 2.10., 2.12. Abb.

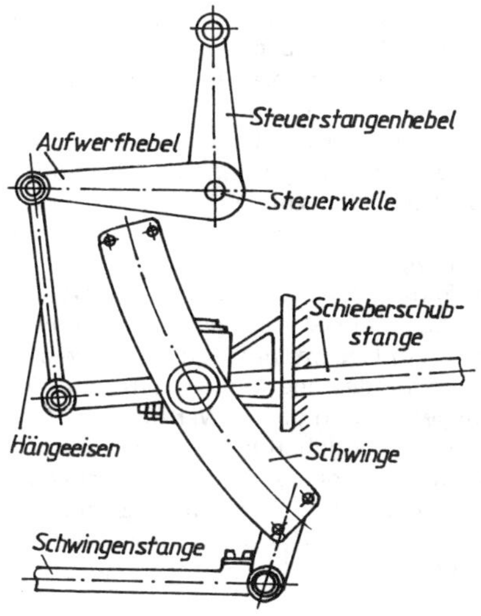

Schwingensteuerung
Anordnung der Schwinge als Bauteil bei einer Heusinger-Steuerung mit Aufwerfhebel

Schwingrohraufladung: andere Bezeichnung für → Resonanzaufladung.

Schwingungsabwehr: Komplex technischer Maßnahmen am Schienenfahrzeug zur Verminderung der durch die Bewegung auf dem Gleis über das → Lauf-

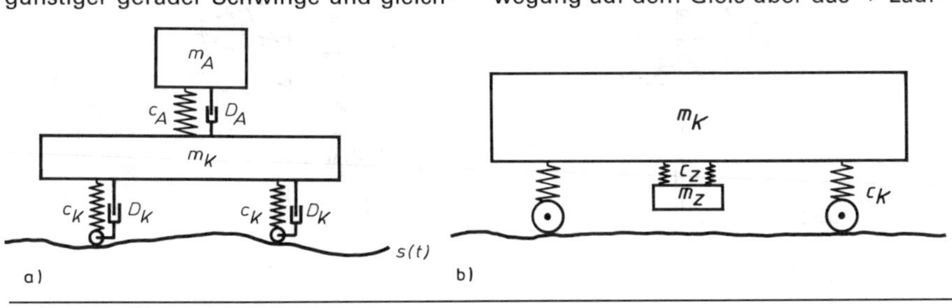

Schwingungsabwehr
a) Schwingungssysteme des Schienenfahrzeugs (Prinzipdarstellung, vertikal)
m_A, m_K Masse des Aggregats bzw. des Fahrzeugkastens, c_A, c_K entsprechende Federkonstanten, D_A, D_K Dämpfungsmaße, *s(t)* Störgröße
b) Schwingungstilger zur Verminderung der vertikalen Biegeeigenschwingungen des Schienenfahrzeugwagenkastens
m_K, m_Z Masse des Wagenkastens und der Zusatzmasse, c_K, c_Z Federkonstante der Tragfedern und der Aufhängung der Zusatzmasse

werk oder durch Vibrationen der Aggregate (Antriebsmaschine, Lüfter, Verdichter, Klimaanlage o. ä.) in den Fahrzeugkasten eingeleiteten Schwingungen zum Einhalten vorgegebener Komfort- oder Arbeitsschutzforderungen (Nichtüberschreiten der zul. Schwingungseinwirkung) oder zum Schutz technischer Einrichtungen (→ Bahnfestigkeit).

Aufgaben der S.: a) Günstige Gestaltung des Laufwerks und gute Abstimmung mit dem Gesamtfahrzeug zum Erreichen einer mindestens geforderten Laufruhe, ausgedrückt in der → Wertungsziffer Wz, d. h. weitgehendes Reduzieren der Schwingungen der Masse des Fahrzeugkastens m_K (vgl. Abb.) unter Einfluß der vom Gleis herrührenden Störgröße $s(t)$. b) Vermeidung der Übertragung von in den Aggregaten bes. durch rotierende oder hin- und hergehende Massen (Unwuchten, Kolbenbewegungen) verursachten Schwingungen der Massen m_A auf den Fahrzeugkasten. c) Verminderung der Auswirkungen von Fahrzeugschwingungen (Masse m_K) auf die Aggregate (m_A), um deren zuverlässiges Funktionieren zu sichern.

Die *Forderungen* an die S. sind international weitgehend festgelegt, z. B. die Laufgütebewertung nach Sperling, oder in nationalen Vorschriften enthalten, die meist auf entspr. Dokumenten der Internationalen Standardisierungsorganisation (ISO) beruhen, vgl. auch VDI-Richtlinie 2057. Hauptmethoden der S.: a) *Verstimmen* von Eigenschwingungsfrequenz f_o des Schwingungssystems m_K, c_K oder m_A, c_A und der Erregerfrequenz f_{err}, um eine Resonanz zu vermeiden. Dabei sichert eine *überkritische Auslegung,* d. h. $f_o \ll f_{err}$, auf Grund der geltenden Übertragungsfunktion eine Verkleinerung der Schwingungsgrößen gegenüber der Erregung, eine *unterkritische* Auslegung ($f_o > f_{err}$) vermeidet höchstens das Erreichen der Resonanz (kritische Drehzahl, kritische Geschwindigkeit). Bei Aggregaten wird das Verstimmen durch eine *elastische Auflagerung,* bei Schienenfahrzeugen meist durch Gummifederelemente, realisiert. b) Geeignete *Dämpfung* des

Schwingungsdämpfer
a) Kennlinie eines hydraulischen Dämpfers
b) Aufbau eines hydraulischen Dämpfers (Schema)
1, 2, 3 Ölräume
c) Reibungsdämpfer
1 Feder, 2 Stößel, 3 Reibkörper, 4 Reibbelag, 5 Drehgestellrahmen, 6 Stößelhalter, 7 Radsatzlager

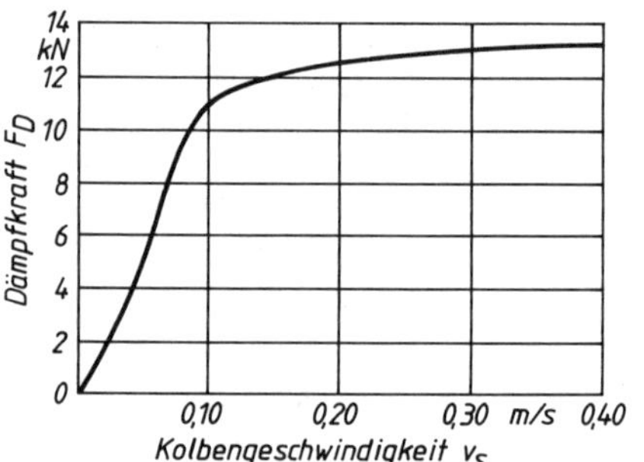

a)

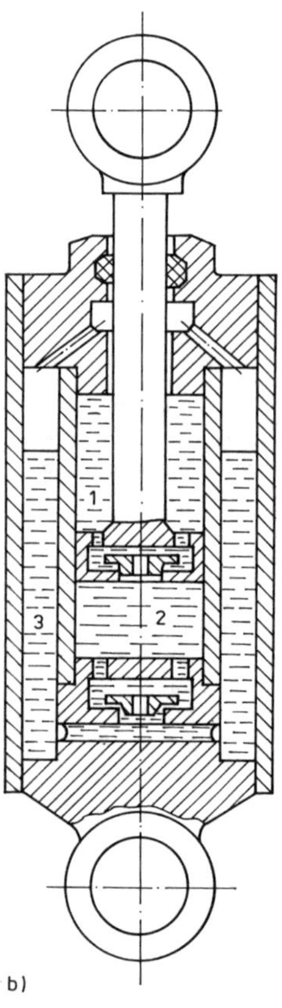

b)

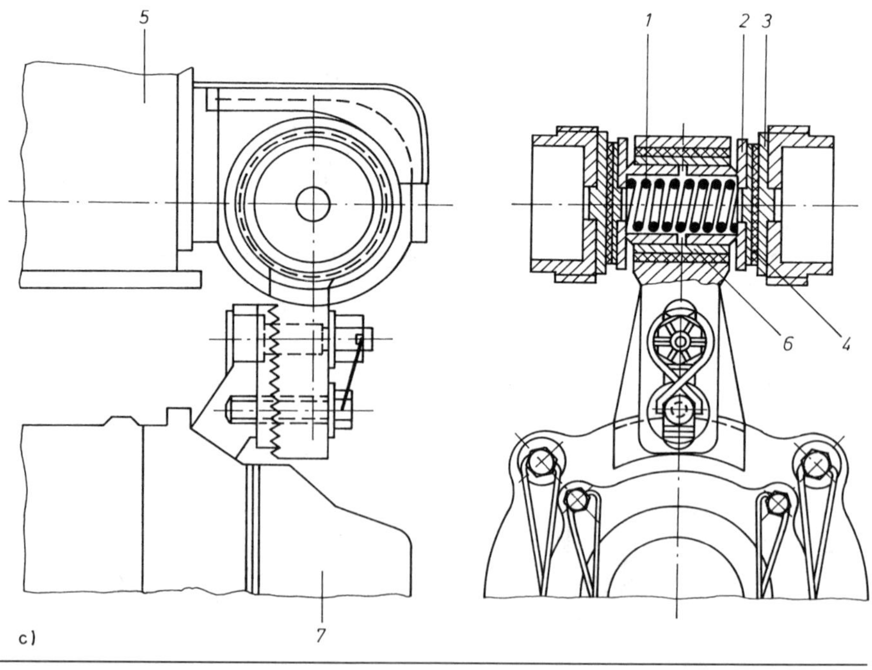

c)

Schwingungssystems durch → *Schwingungsdämpfer,* d. h. durch der Federung parallel geschaltete Bauelemente, die Schwingungsenergie in Wärme umwandeln (hydraulische oder Reibungsdämpfer, auch als Stoßdämpfer bezeichnet). Damit wird vor allem einer Vergrößerung der Schwingungsgrößen im Resonanzbereich, d. h. $f_o \approx f_{err}$, sowie dem Nachschwingen bei einer kurzen Erregung entgegengewirkt. c) Anbringen einer abgefederten *Zusatzmasse* als *Schwingungstilger,* wobei das System m_Z, c_Z in einem gewünschten Frequenzbereich dem Schwingungssystem m_K, c_K (vgl. Abb.) Energie entzieht. d) Einschalten einer *Zwischenmasse,* um eine mehrstufige Federung und damit Verminderung der Schwingungsgröße zu erzielen, z. B. beim → Drehgestell in Form der abgefederten Drehgestellmasse. Abb.

Schwingungsdämpfer, *Stoßdämpfer:* Bauelement der Fahrzeuge und Maschinenanlagen zum Abbau oder zur Begrenzung von Schwingungsausschlägen, die bei der Fahrt oder beim Betrieb der Maschinenanlagen entstehen. Die S. wandeln die Schwingungsenergie in Wärme um, indem mechanische Arbeit durch Widerstandskräfte (Reibungskräfte) geleistet wird. Bei Schienenfahrzeugen sollen die S. so ausgelegt sein, daß einmal angefachte Schwingungen nach 2 bis 3 Schwingungen abklingen. Eine Überprüfung hierzu ist durch einen Ausschwingungsversuch möglich. Je nach der Umwandlung der Schwingungsenergie werden hydraulische S. und Reibungsdämpfer unterschieden. Die in der Eisenbahntechnik verwendeten *hydraulischen S.* (Abb.) haben meist eine der Schwinggeschwindigkeit proportionale Dämpfkraft (Abb.); sie sind an Schienenfahrzeugen i. d. R. doppeltwirkend. Bei *Reibungsdämpfern* ist die für die Dämpfung maßgebliche Reibungskraft entweder konstant (Abb.) oder veränderlich (z. B. lastabhängig). Zur Erzielung einer hohen Lebensdauer ist für die S. an Schienenfahrzeugen eine verschleißarme und spielfreie Lagerung mit → Gummi-Silentblöcken üblich. → Schwingungsabwehr. Lit.: 1.9. Abb.

Schwungrad: rotationssymmetrisches Bauteil am Kurbelwellenflansch von Verbrennungsmotoren, das als Energiespeicher dient. Das S. speichert durch seine große Masse einen Teil der im Arbeitstakt erzeugten kinetischen Energie und gibt diese während der Leertakte wieder ab. Es überwindet die Totpunktlage des Kurbeltriebs und sorgt durch die Massenträgheit für einen ruhigen, ausgeglichenen Lauf des Motors. Das S. beeinflußt die Schwankung der Winkelgeschwindigkeit am Kurbelwellenende, die als → Ungleichförmigkeitsgrad (1) δ definiert ist und für Fahrzeugmotoren im Bereich von δ = 1/180...1/300 liegen soll. Ein Zahnkranz am äußeren Umfang des S. kann bei kleineren Dieselmotoren durch das Eingreifen eines Anlasserritzels das Starten des Motors ermöglichen. Markierungen am S. dienen zur Einstellung der Motorsteuerung (Ventileinstellung, Einspritzzeitpunkt, Zündung). S. können bei großen Mehrzylindermotoren entfallen.

Sécheron-Lamellenantrieb, *Sécheron-Antrieb:* → Kardan-Lamellenantrieb

Sechsgang-Elektroschaltgetriebe: → Elektroschaltgetriebe

Sehnenstellung: → Bogenlauf

Seilbremse: → Bremse, die zur Betätigung einen Seilzug verwendet, der über den ganzen Zug geführt wird. Alle an das Seil angeschlossenen Bremsen werden durch das Spannen des Seils gelöst und durch Nachlassen des Seils angezogen. Die S. ist somit eine → durchgehende Bremse, die selbsttätig auch bei Zugtren-

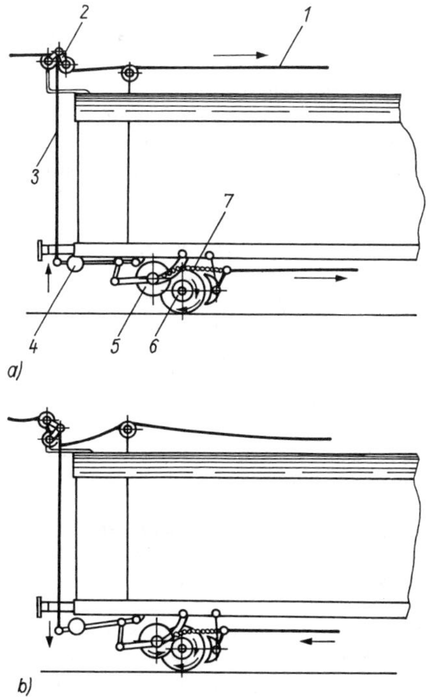

Seilbremse
Heberlein-Bremse
a) Lösestellung, b) Bremsstellung
1 Bremsseil, 2 Kipphebeleinrichtung, 3 Verbindungsseil, 4 Fallmasse, 5 Rolle, 6 Bremsscheibe, 7 Kette

nung wirkt. Die → Bremskraft kann durch die Gewichtskraft von Massen (Massenbremsen) oder durch ein Reibrollengetriebe (Heberlein-Bremse) erzeugt werden. Wird bei der Heberlein-Bremse durch den Lokführer die Seilkraft vermindert, so berührt die mit dem → Bremsgestänge verbundene Reibrolle die auf der Radsatzwelle befestigte Rolle (Bremsscheibe), und sie laufen gegeneinander. Durch die Drehbewegung der Reibrolle wird eine Bremskette aufgewickelt und gespannt. Diese überträgt die Kraft auf das Bremsgestänge, das in seinem grundsätzlichen Aufbau dem der → Klotzbremse entspricht. Da die → Bremswirkung relativ gering ist, wird diese nur noch bei Schmalspurbahnen (geringe Fahrgeschwindigkeiten) verwendet. Lit.: 1.4. Abb.

Seiliger-Kreisprozeß: nach dem Konstrukteur Seiliger benannter Vergleichsprozeß, nach dem ein vollkommener oder idealer Motor arbeiten würde. Dem Dieselmotor liegt der S. (gemischter Vergleichsprozeß) zugrunde. Im Prozeßverlauf ergeben sich folgende Zustandsänderungen: 1) *Isentrope Kompression* des im Zylinder eingeschlossenen Gases zwischen den Zustandspunkten 1–2 (Volumenänderung von V_1 auf V_2); 2) *Isochore Wärmezufuhr* zwischen den Zustandspunkten 2–3, d. h. bei konstantem Volumen und bei einem Anstieg des Zylinderinnendrucks von p_2 auf p_3; 3) *Isobare Wärmezufuhr,* bei der vom Zustandspunkt 3 nach 4 dem Gas Wärme zugeführt wird und sich bei gleichbleibendem Druck das Volumen von V_3 auf V_4 vergrößert; 4) *Isentrope Expansion,* bei der ein Teil der Gaswärme über den Kolben in mechanische Arbeit umgewandelt wird, wobei das Volumen von V_4 auf V_5, bei gleichzeitigem Druckabfall von p_4 auf p_5, wächst; 5) *Isochore Wärmeabfuhr,* bei der zwischen den Zustandspunkten 5 und 1 der Kolben im UT ($V_1 = V_5$) verharrt, während Wärme durch das Gas aus dem Kreisprozeß abgegeben wird. Abb.

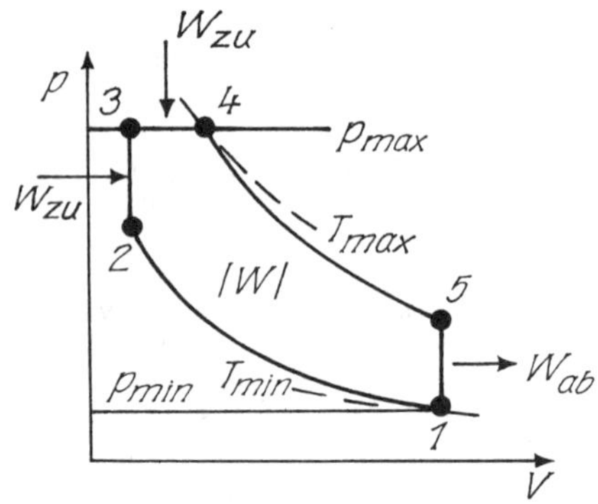

Seiliger-Kreisprozeß
1–2 isentrope Kompression, 2–3 isochore Wärmezufuhr, 3–4 isobare Wärmezufuhr, 4–5 isentrope Expansion, 5–1 isochore Wärmeabfuhr, W_{ab} Wärmeabfuhr, W_{zu} Wärmezufuhr, /W/ Maß für die theoretische Arbeit des Kreisprozesses (Flächeninhalt des Kurvenzugs), T thermodynamische Temperatur

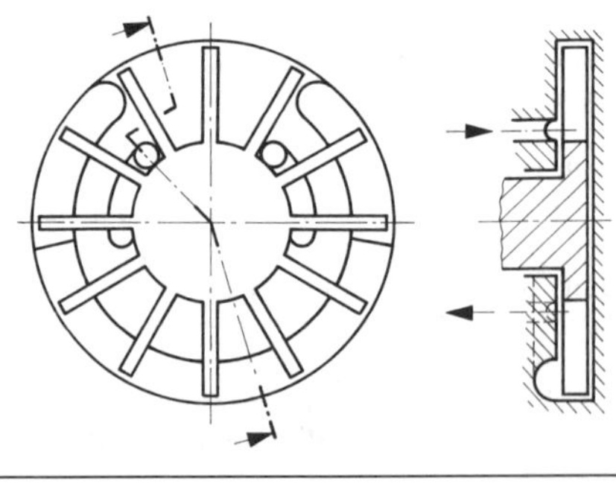

Seitenkanalpumpe
(Prinzip)

Seitenbeschleunigung: → Radialbeschleunigung

Seitenfenster: Fenster, die in den → Seitenwänden oder Seitenwandtüren der → Führerstände von Tfz. angeordnet sind. S. sind so bemessen, daß das Tfz.-Personal sich hinauslehnen, den Zug beobachten und im Notfall den Führerstand durch die Fensteröffnung verlassen kann. S. werden als Schiebe- oder Fallfenster ausgebildet. Die Scheiben der S. müssen aus → Sicherheitsglas bestehen. Bei älteren Tfz. sind in Fahrtrichtung vor den S. wegklappbare Windschutzscheiben angeordnet.

Seitenkanalpumpe: selbstansaugende Kreiselradpumpe zur Förderung von Flüssigkeiten mit radialen, sternförmigen Laufradschaufeln und einem seitlich zum Laufrad angeordneten Verdrängungskanal mit Saug- und Druckschlitzen. Die Flüssigkeit wird durch Fliehkraftwirkung gefördert. Für den Seitenkanal ist ein halbkreisförmiger Querschnitt günstig, die Kanalunterbrechung zwischen Saug- und Druckseite muß größer als eine Schaufelteilung sein. Die Formen des Seitenkanals und des Druckschlitzes beeinflussen das Luftsaugevermögen der Pumpe. S. in 1stufiger Ausführung werden als → Absaugpumpen in Strömungsgetrieben verwendet. Abb.

Seitenpuffer: → Zug- und Stoßeinrichtung

Seitenstromabnehmer: seitlich angebrachter → Stromabnehmer an elektrischen Tfz. im Braunkohlentagebau, von dem meist 2 an jeder Seite des Tfz. zusätzlich zu den auf dem Lokomotivdach angeordneten normalen Stromabnehmern für die Streckenfahrt auf stationären Gleisen vorhanden sind. Sie ermöglichen die Stromabnahme auf Gleisanlagen, wo die Anbringung einer → Fahrleitung über dem Gleis nicht möglich ist. Durch die seitliche Verlegung wird z.B. die Beladung von Güterwagen von oben ermöglicht.

seitenverschieblicher Radsatz: → Radsatz, der sich gegenüber dem Fahrzeug- oder Drehgestellrahmen, in dem er gelagert ist, um ein bestimmtes Spiel aus seiner Mittelstellung nach beiden Seiten quer verschieben kann. Der s.R. wird auch als *Schieberadsatz* bezeichnet. Er dient zur Verbesserung des → Bogenlaufs der Fahrzeuge und zur Verringerung des Verschleißes zwischen Rad und Schiene. Der s.R. wirkt nach Erschöpfung des Spiels wie ein steifer Radsatz. Abb.

Seitenwand: Teil der → Aufbauten oder des → Wagenkastens von Eisenbahnfahrzeugen. Die S. wird bei modernen selbsttragenden Wagenkästen zur vertikalen Kraftaufnahme herangezogen. In der S. befinden sich bei verschiedenen Tfz. → Seitenfenster und Lüftungsöffnungen zur Verbesserung der Lichtverhältnisse bei Wartungsarbeiten sowie zur Belüftung im → Maschinenraum. Eine S. besteht aus Abkantblechprofilen, die zu einem engmaschigen Skelett verschweißt und mit einer Blechhaut überzogen sind. Skelett und Blechhaut werden durch unterbrochene Kehlnähte oder Punktschweißung verbunden.

Seitenwandkühler: Bauart des → Kühlers von Diesel-Tfz., die durch die Anordnung der → Kühlerblöcke in der Seitenwand des Tfz. gekennzeichnet ist. Meist sind die Kühlerblöcke auf beiden Seiten des Tfz. untergebracht. Die → Kühlluft wird von der Seite des Tfz. angesaugt, durch die → Kühlelemente gefördert und über Dach ausgeblasen. Diese Bauart wird bei vielen Streckendiesellokomotiven angewandt. Abb.

Sektion: Bezeichnung für die Treibeinheit einer → Mehrsektionslokomotive oder → Doppellokomotive.

Sektorsteuerung: blindleistungsarme Steuerungsart auf Wechselstrom-Gleichrichter-Tfz. auf der Basis der → Anschnittsteuerung, wobei die Thyristorzweige einer → löschbaren unsymmetrisch halbgesteuerten Brückenschaltung abschaltbar (zwangskommutiert) sind. Damit können aus den Netzspannungshalbwellen »Sektoren« ausgeschnitten werden. Bei entspr. Wahl der Einschalt- und Ausschaltzeitpunkte wird die Phasenverschiebung zwischen Netzstrom und -spannung zu Null, d. h., Leistungsfaktor der Grundschwingung = 1. Die S. kann sogar mit kapazitivem Leistungsfaktor und somit netzstabilisierend arbeiten. Vorteile: geringe Blindleistungsaufnahme; geringer Oberschwingungsgehalt. Nachteile: großer Aufwand durch Zwangskommutierungseinrichtungen. Abb.

Sekundärabsaugpumpe: sekundärseitig angetriebene Absaugpumpe in → Strömungsgetrieben (dort Abb.) und hydromechanischen Getrieben zur Rückförderung der → Betriebsflüssigkeit von bestimmten Stellen des Getriebegehäuses beim Stillstand der Verbrennungskraftmaschine, d. h., wenn die → Primärabsaugpumpe nicht fördert, aber das Tfz. in

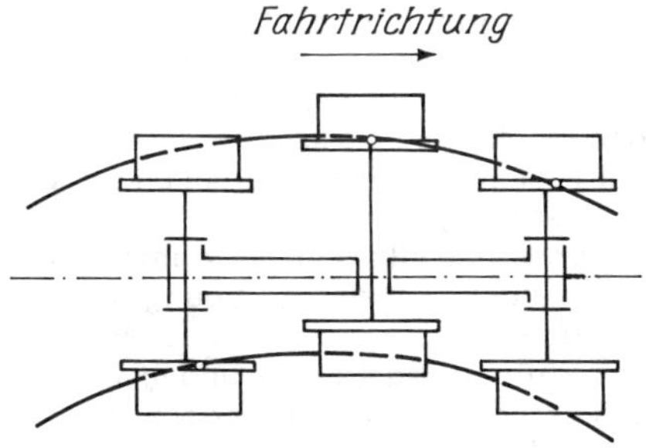

seitenverschieblicher Radsatz
3achsiges Fahrzeug mit mittlerem seitenverschieblichem Radsatz

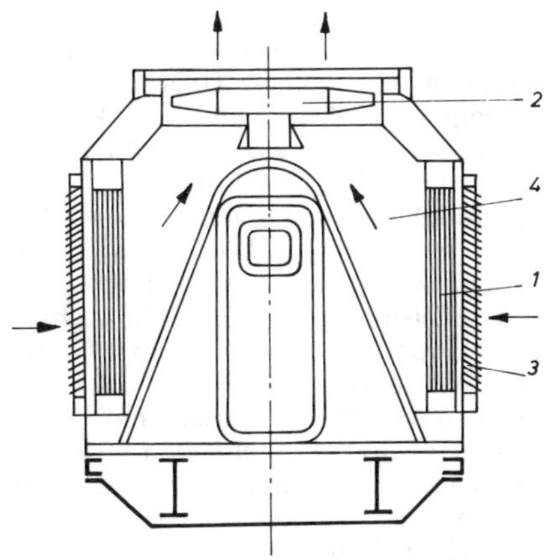

Seitenwandkühler
1 Kühlelemente, 2 Lüfterrad, 3 Lüftungsgitter, 4 Luftführung

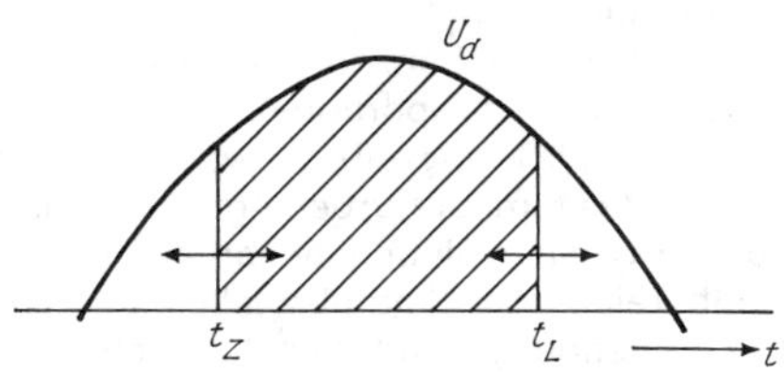

Sektorsteuerung
U_d gleichgerichtete Spannung, t_Z Zündzeitpunkt, t_L Löschzeitpunkt
Pfeile kennzeichnen Verstellmöglichkeit der Zünd- und Löschzeitpunkte

Bewegung ist. Dies tritt z.B. bei Gefällefahrt von Diesel-Tfz. mit abgestelltem Dieselmotor oder bei Fahrt eines mit 2 oder mehreren Maschinenanlagen ausgerüsteten Tfz. mit nur 1 arbeitenden Maschinenanlage ein.

Sekundärbeeinflussung: Abhängigkeit der automatischen Betätigung der → Gangschaltung von der Abtriebsdrehzahl bei Strömungsgetrieben und hydromechanischen Getrieben. Indem der → Drehzahlschalter von der Sekundärseite angetrieben wird, unterliegt die Gangschaltung in jedem Fall der S., womit die Grundeinstellung der → Umschaltpunkte festliegt. Zusätzlich kann die → Primärbeeinflussung angewandt werden.

Sekundärfederung: → Federung

Sekundärkennlinien: Verlauf von Abtriebsdrehmoment, → Wirkungsgrad und → Primärleistung von hydrodynamischen Leistungsübertragern in Abhängigkeit von der Abtriebsdrehzahl oder dem → Drehzahlverhältnis. Die S. charakterisieren i.G.z. → Primärkennlinie die für die Traktion maßgebenden Kenngrößen von hydrodynamischen Leistungsübertragern.

Sekundärmeßpumpe: sekundärseitig angetriebene → Steuerölpumpe in → Strömungsgetrieben, die einen der Abtriebsdrehzahl proportionalen Druck erzeugt, der als Meßgröße verwendet wird. Wegen des temperaturbedingten Einflusses der Ölzähigkeit und des breiten Drehzahlbereichs der Abtriebswelle hat sich die Anwendung von S. nicht bewährt.

Sekundärschmierpumpe: sekundärseitig angetriebene Pumpe in → Strömungsgetrieben (dort Abb.) und hydromechanischen Getrieben zur Schmierölversorgung beim Stillstand der Antriebsmaschine, d. h., wenn die → Füllpumpe nicht fördert, aber das Tfz. in Bewegung ist. Die S. ist erforderlich, um in diesem Fall die Schmierölversorgung z.B. bei Gefällefahrt von Diesel-Tfz. mit abgestelltem Dieselmotor oder bei Fahrt eines mit 2 oder mehreren Maschinenanlagen ausgerüsteten Tfz. mit nur 1 arbeitenden Maschinenanlage zu sichern. Ein Umschaltventil sorgt selbsttätig für den Anschluß der jeweils fördernden Pumpe an das Schmiersystem und unterbindet den Ölfluß durch die stillstehende Pumpe.

Sekundärseite: Gruppe von Bauteilen des → Antriebssystems von Brennkraft-Tfz., die alle Bauteile umfaßt, die zur Weiterleitung der in der Leistungsübertragung umgewandelten mechanischen Energie zum Treibradsatz dienen. Da eine mechanische Verbindung von der Leistungsübertragungsanlage zum Treibradsatz besteht, gehört dieser mit zur S. Anwendung des Begriffs vorwiegend bei Tfz.-Antriebssystemen mit hydrodynamischen Leistungsübertragern, bei denen durch die → Betriebsflüssigkeit in den hydrodynamischen Kreisläufen eine eindeutige Trennung in → Primärseite und S. vorliegt.

Sekundärsteuerpumpe: sekundärseitig angetriebene → Steuerölpumpe in Strömungsgetrieben oder hydromechanischen Getrieben, die ein von der → Sekundärseite abhängiges Drucksteuersignal erzeugt. Die S. kann z.B. die Verriegelung der mechanischen → Wendeschaltung bewirken (Riegelpumpe beim → Mekydrogetriebe), die Drehrichtung der Abtriebswelle signalisieren (Richtungspumpe beim Strömungswendegetriebe) oder als → Sekundärmeßpumpe dienen.

Sekundärwicklung: Bezeichnung für die Ausgangswicklung bei → Transformatoren und → Wandlern (1), die die elektrische Energie abgibt. Gegensatz: → *Primärwicklung.* Beide Wicklungen können sowohl Ober- als auch Unterspannungswicklungen sein.

Selbsterregung: Erzeugung des magnetischen Feldes einer elektrischen Maschine durch remanenten Magnetismus (dynamoelektrisches Prinzip; → Remanenz), wodurch der Aufbau des Magnetfeldes mit der eigenen Maschine möglich ist. Bei Drehstromgeneratoren ist die S. nicht anwendbar; hier muß eine Gleichstromerregung durch eine bes. Spannungsquelle (→ Fremderregung) oder durch einen Gleichstromgenerator auf gleicher Welle (→ Eigenerregung) vorgenommen werden.

Selbstregler: Bauart des → Führerbremsventils zur Betätigung der → selbsttätigen Druckluftbremse.

Selbstspurung: andere Bezeichnung für den Wellenlauf (Sinuslauf) des → Radsatzes.

selbsttätige Bremseinrichtung: → Bremsbauarten, → selbsttätige Druckluftbremse

selbsttätige Bremskraftregelung: → automatische Lastabbremsung

selbsttätige Druckluftbremse: → Druckluftbremse, die es durch ihren Aufbau ermöglicht, daß bei Zugtrennung selbsttätig eine Schnellbremsung eingeleitet wird. Die indirekt wirkenden → Bremsbauarten kommen dieser Forderung nach. Dazu gehören die Zweikammerbremse und die indirekt wirkende → Einkammerbremse. Bei gelöster Bremse befindet sich Druckluft mit einem → Regelbetriebsdruck von 500 kPa in der durchgehenden → Hauptluftleitung des ganzen Zugs. Auch bei Undichtigkeiten, Platzen von Bremsschläuchen, Betätigen der Notbremseinrichtungen, Brüchen luftführender Bauteile, Ansprechen der Sicherheitsfahrschaltung oder der induktiven Zugbeeinflussung wird die Druckluft aus der Hauptluftleitung entfernt, und die Bremsen sprechen selbsttätig an.

selbsttätige Kupplung: Bauart einer → Zug- und Stoßeinrichtung, bei der das Verbinden (Kuppeln) der Fahrzeuge bei der Zugbildung durch Zusammendrükken beim Auflaufen ohne Eingriff des Rangierers erfolgt. Die herkömmliche Schraubenkupplung ist für eine s. K. ungeeignet. Bewährt haben sich jedoch die verschiedenen → Mittelpufferkupplungen, die in modernen Ausführungen als → automatische Kupplungen auch gleichzeitig das Verbinden der Luft- und elektrischen Leitungen selbsttätig übernehmen, wie z. B. die → Intermat-Kupplung, die Compact-Kupplung und der Unicoupler.

Selbstzündung: Fähigkeit des Kraftstoff-Luft-Gemischs zur Entzündung ohne fremde Zündquelle. Das am Ende des Verdichtungshubs im Verbrennungsraum gebildete Kraftstoff-Luft-Gemisch kommt bei der Verdichtungsendtemperatur von etwa 600–800 °C zur Selbstzündung, nachdem bei dieser sog. kritischen Temperatur die Voraussetzungen für die S. thermisch gegeben sind.

Senkantrieb, *Senkfederantrieb:* Antriebseinrichtung auf elektrischen Tfz. zum sicheren Absenken des → Stromabnehmers. Der S. besitzt einen pneumatischen Antriebszylinder, dessen Kolben die Senkfedern durch Druckluft zusammendrückt, so daß die Hubfedern den Stromabnehmer aufrichten und die Anpreßkraft bestimmen können. Das Senken geschieht durch Entlüften des Zylinders, wobei die Senkfedern die Hubfedern überwinden und den Stromabnehmer in die tiefste Lage absenken und dort festhalten.

Senkbremsung: → Dauerbremsung

Senkfederantrieb: → Senkantrieb

Serien-Parallel-Schaltung, *Reihen-Parallel-Schaltung:* Steuerungsart von Gleichstrom-Tfz., bei der die → Fahrmotoren für Anfahrt und geringe Geschwindigkeit in Reihe, für höhere Geschwindigkeit parallel geschaltet werden, wodurch die → Motorklemmenspannung größer wird. Die Umschaltung geschieht meist mit Hilfe der → Brückenschaltung. Durch die S. wird die Anzahl der wirtschaftlichen Dauerfahrstufen in Abhängigkeit von der Zahl der beteiligten Fahrmotoren bzw. Fahrmotorgruppen vergrößert, weil die verlustbringenden Vorwiderstände nur jeweils bis zur Erreichung der Stufen mit Reihen- oder Parallelschaltung eingeschaltet werden müssen. Lit.: 4.4., 4.5., 4.11.

Servofeldreglersteuerung: Steuerungsart für dieselelektrische Tfz. zur Leistungsregelung des Generators über einen → Feldregler unter aktiver Mitwirkung des Dieselmotors. In Abhängigkeit

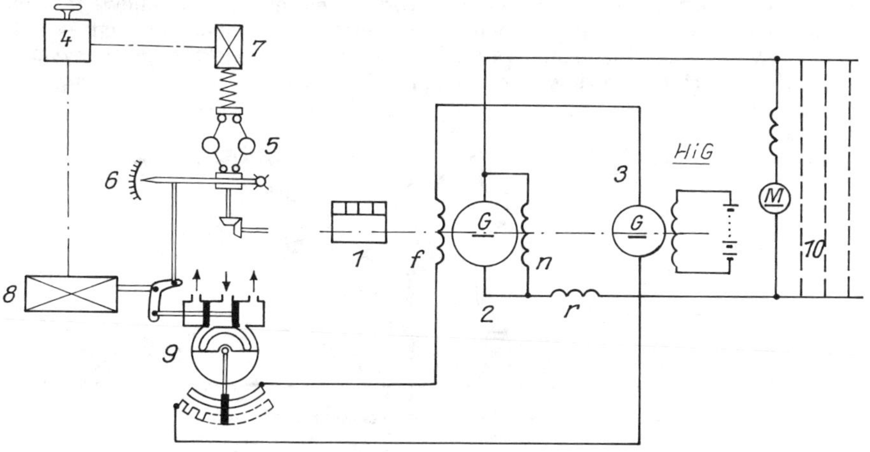

Servofeldreglersteuerung
1 Dieselmotor, 2 Hauptgenerator G, 3 Hilfgenerator HiG, 4 Fahrschalter, 5 Drehzahlregler des Dieselmotors, 6 Kraftstoffverstellhebel, 7 elektropneumatischer Drehzahlversteller, 8 Drehmomentversteller, 9 Servofeldregler, 10 Fahrmotoren M, f Fremderregungswicklung, n Nebenschlußwicklung, r Reihenschlußwicklung

von Drehzahl und Drehmoment des Dieselmotors wird über einen Servomotor der Feldregler verstellt und damit die Erregung des Generators annähernd stufenlos verändert. Dadurch wird eine sehr gute Anpassung der elektrischen Leistung an die momentane Dieselmotorleistung erreicht. Weitere *Vorteile:* gleichmäßige Belastung des Dieselmotors, Ausnutzung der vollen Motorleistung, keine Überbeanspruchung. S. wurden auf vielen Tfz. bis zu großen Leistungen eingesetzt; heute gibt es verbesserte (elektronische) Steuerungsarten, die auf dem gleichen Prinzip beruhren. Lit.: 3.4. Abb.

Shay, Ephraim Emmanuel: 1839–1916; technisch begabter Arzt, Sägewerk- und Waldbahnbesitzer. S. entwickelte mit einem Mechaniker 1873/74 für seine Waldbahn die nach ihm benannte → Shay-Lokomotive, für die er nach weiteren Entwicklungsschritten 1881 ein Patent erhielt, das er ohne Gewinnbeteiligung für 10000 Pfund an die Lima Machine Works verkaufte. Lit.: 2.8., 5.3.

Shay-Lokomotive: von → Shay 1873/74 mit einem Mechaniker für seine Waldbahn entwickelte Sonderbauart der → Getriebelokomotive niedriger Fahrgeschwindigkeit bis etwa 25 km/h für Berg- und Waldbahnen naturgemäß schlechter Gleislage und mit Gleisbögen großer Krümmung sowie für den Schiebe- und Verschiebedienst. Bei der S. wurde die Leistung von der Kurbelwelle der zuerst 2-, später 3zylindrigen stehend angeordneten Dampfmaschine über Gelenkwellen und Kegelradgetriebe auf die Radsätze von anfangs 2, später bis zu 4 Triebdrehgestellen, die auch den Tender trugen, übertragen. Der → Dampflokomotivkessel war anfangs ebenfalls stehend, nach dem Verkauf des Shay-Patents 1881 an die Lima Machine Works wegen der besseren Gewichtsverteilung zunehmend auch liegend (außermittig, nach links verschoben) angeordnet. Gelenkwellen und Kegelradgetriebe lagen außerhalb des Triebdrehgestellrahmens und waren so für die Wartung und Instandhaltung gut zugänglich.
Von 1880 bis 1945 wurden etwa 4000 dieser kompliziert aufgebauten, jedoch für den vorgesehenen Dienst bewährten S. in 7 Bauarten, meist für amerikanische Wald- und Industriebahnen, gebaut. Die letzte und größte, 1945 für die Western Maryland Rw. Comp. gefertigte, 147 t schwere und nahezu 20 m lange B'B'B'-S. wurde nach ihrem Ersatz durch eine Diesellokomotive 1953 dem Baltimore & Ohio Railroads Transportation Museum in Mt. Clare übergeben. Lit.: 2.8., 5.3. Abb.

Shinkansen (japan.; svw. »Neues Netz«): normalspuriges Fernschnellbahnnetz der japanischen Eisenbahnen mit ausschl. elektrischem Triebzugbetrieb zur Beschleunigung des Fernreiseverkehrs zwischen dichtbesiedelten Ballungsgebieten Japans. Erster Streckenabschnitt war die *Neue Tokaido-Linie (NTL)* zwischen Tokio und Shin Osaka (515 km, 10 Zwischenbahnhöfe, ohne niveaugleiche Übergänge, 10 Brücken, 12 Tunnel; Betriebseröffnung Oktober 1964). *Fahrzeugpark:* 4achsige Gleichrichter-Triebwagen für Einphasenwechselstrom 60 Hz, Fahrleitungsspannung 25 kV; 100 bzw. 64 Sitzplätze; Achsfahrmasse (besetzt) 16 t; Länge 25 m; Mischstrom-Fahrmotoren mit 185 kW je Radsatz; Gestellmotorantrieb mit → Zahnradkupplung; elektrische → Widerstandsbremse. Die Regelzugeinheit besteht aus 16 Triebwagen, von denen die beiden Endwagen mit Führerständen ausgerüstet sind. → »Hikari«. → Tafel »Elektrische Triebwagen und Triebzüge«.

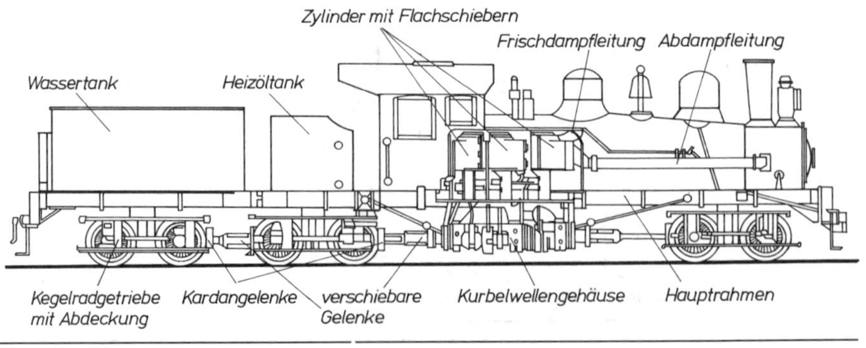

Shay-Lokomotive

Shunt: → Parallelwiderstand, der auf elektrischen Tfz. als Nebenwiderstand für die Strommessung in Gleichstromkreisen, aber auch z.B. zur Erzielung von Feldschwächungsstufen bei Gleich- und Mischstrom-Fahrmotoren, verwendet wird.

Sicherheitsfahrschaltung, Abk. **Sifa:** elektromagnetische oder elektronische Einrichtung zur selbsttätigen Überwachung der Dienstfähigkeit des Tfz.-Führers auf Tfz. Der Tfz.-Führer muß während der Fahrt eine Hand- oder Fußtaste (Sifa-Taste, → Totmannsknopf) in regelmäßigen Abständen (30 s oder 60 s) kurzzeitig drücken (Wachsamkeitkontrolle). Bei Nichtbeachtung dieser Forderung ertönt nach einem festgelegten Fahrweg *(wegabhängige Sifa)* oder nach einer bestimmten Zeit *(zeitabhängige Sifa)* ein Warnsignal. Reagiert der Tfz-Führer auf dieses Warnzeichen nicht, wird, wiederum weg- oder zeitabhängig, der Antrieb abgeschaltet und die Schnellbremsung (→ Zwangsbremsung) eingeleitet. Die Sifa ermöglicht eine Ein-Mann-Besetzung von elektrischen und Diesel-Tfz. Lit.: 4.4., 4.5.

Sicherheitsglas: Glas, dessen Bruchstükke bei der Zertrümmerung keine ernstlichen Verletzungen durch scharfe, schneidende Kanten hervorrufen. Man unterscheidet Einscheiben- und Mehrscheiben-S. (Verbundglas). *Einscheiben-S.* wird bei der Herstellung erhitzt und anschließend schroff abgekühlt. Dadurch erhält das Glas eine Vorspannung und hohe Festigkeit. Bei der Zertrümmerung zerfällt es in kleine, ungefährliche Krümel. *Verbundglas* besteht aus 2 oder mehr Scheiben, die durch eine zähelastische organische Folie miteinander verbunden sind. Beim Bruch hält die Folie die Glasbruchstücke fest. Scheiben in → Stirnfenstern und → Seitenfenstern von Tfz., aber auch Scheiben in Innentüren und Schaltschränken, müssen aus S. bestehen.

Sicherheitskupplung: → drehmomentbegrenzte Kupplung

Sicherheitsluftbehälter: → Druckluftbehälter der → Hochleistungsbremse (→ Klotzbremse) und der pneumatischen Türschließeinrichtung an Fahrzeugen. Bei der Hochleistungsbremse versorgt der S. mit einem Volumen von etwa 9 l bei evtl. vorhandenen Undichtigkeiten in der Druckluftleitung den → Achslagerbremsdruckregler kurzfristig weiter mit Druckluft. Damit bleibt die eingesteuerte Niedrigabbremsung während des Bremsvorgangs annähernd erhalten. Bei Ausfall der Druckluftversorgung der pneumatischen Türschließeinrichtung, i.d.R. durch die → Hauptluftbehälterleitung, kann mit Hilfe des Drucks aus dem S. die Tür im Notfall geöffnet werden.

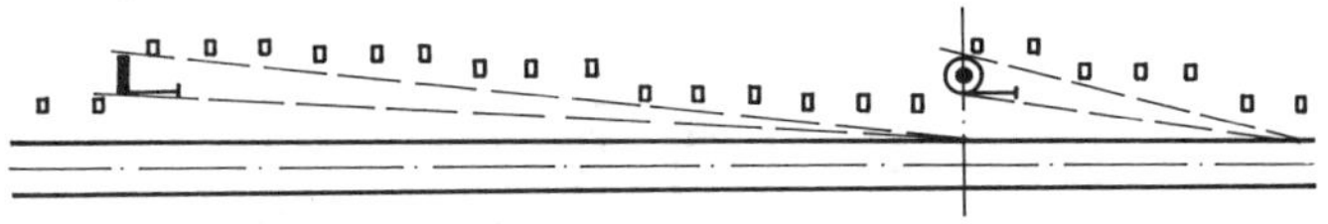

Sichtkeil

Sicherheitsventil: Teil der → Bremsausrüstung mit folgenden Aufgaben: a) S. an der Drucklufterzeugungsanlage (→ Luftanlage) zur Überwachung der Druckhöhe. Bei Überschreiten eines in der Werkstatt eingestellten Drucks spricht das S. automatisch an und vermindert den Druck. Es ist plombiert, und die Druckhöhe darf im Betrieb nicht verändert werden. Die S. befinden sich i.d.R. am Zwischenkühler des → Luftverdichters (Schutz vor zu hohem Druck bei Störungen in der Hochdruckstufe), hinter dem Luftverdichter (Schutz des Druckluftsystems) und hinter dem → Rückschlagventil am → Hauptluftbehälter. b) S. am → Zusatzbremsventil an einigen Typen der direkt wirkenden → Druckluftbremse, damit die Bremszylinder nicht mit dem Druck der → Hauptluftbehälterleitung beaufschlagt werden. c) S. am → Gleitschutzregler. Es soll verhindern, daß sich bei Bruch der Schlauchverbindung der → Vorratsbehälter über die große Bohrung der Wechseldüse des Auslaßventils entleert.

Sichtkeil: keilförmige Anordnung von Fahrleitungsmasten vor Signalen, um dem Tfz.-Führer auf eine vorgeschriebene Entfernung ununterbrochene Sicht auf die Signale zu ermöglichen. Die Form des S. hängt vom Signalstandort, von der Streckengeschwindigkeit, vom Bogenhalbmesser des Gleises und anderen örtlichen Verhältnissen ab und ist für jeden Fall gesondert vom Projektanten festzulegen. Abb.

Siebfilter: Luft- oder Flüssigkeitsfilter, dessen → Filtereinsatz mechanische Verunreinigungen aus dem Arbeitsmedium durch Siebwirkung abscheidet. S. werden auf Tfz. als Grob- oder Feinfilter in der Bauform → Siebscheibenfilter für Öl oder als Faserstoffilter für Luft, Öl und Kraftstoff verwendet.

Siebscheibenfilter: → Siebfilter zur Rei-

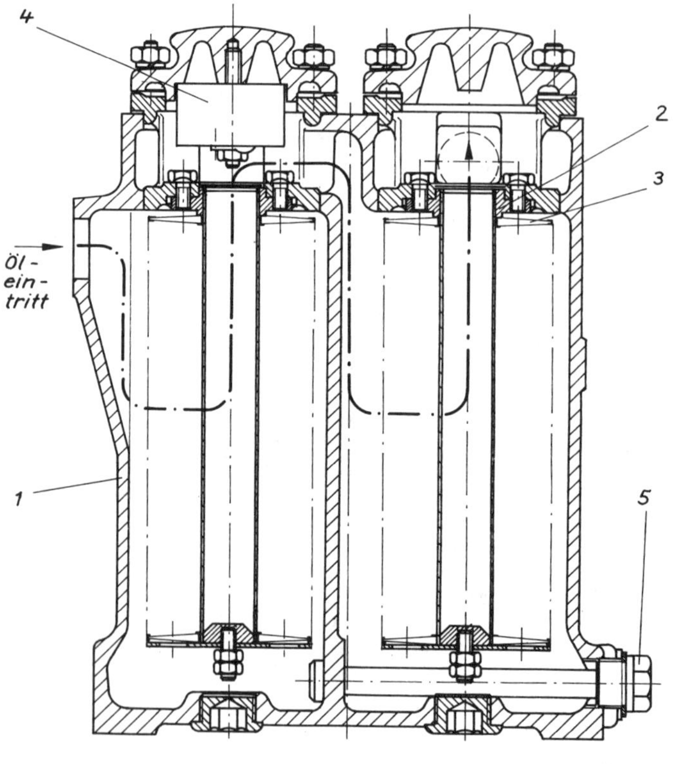

Siebscheibenfilter
1 Filtergehäuse, 2 Filtereinsatz, 3 Siebscheiben, 4 Magnetfilter, 5 Ölablaßschraube

nigung von Flüssigkeiten, wie Öl und Kraftstoff, dessen → Filtereinsatz aus mehreren, auf einem Rohr zusammengespannten Siebscheiben besteht. Meist werden Siebscheiben mit flacher Doppelkegelform verwendet. Die zu reinigende Flüssigkeit wird von außen auf die Siebscheiben geleitet, lagert hier ihre Verunreinigungen ab und fließt gereinigt über das zentrale Rohr aus dem S. Zur Vergrößerung der wirksamen Filterfläche werden meist mehrere Filtereinsätze in einem → Filtergehäuse angeordnet. Die in Schmierölkreisläufen von Diesel-Tfz. verwendeten S. haben Maschenweiten von 40–140 µm. Abb.

Siederohr: ältere Bezeichnung für das → Heizrohr kleineren Durchmessers im → Dampflokomotivkessel (z.B. der → Naßdampflokomotive), da es mit seiner → Heizfläche zum Sieden des Wassers beitrug.

Siedetemperatur: während des Verdampfungsvorgangs (→ Verdampfungswärme) unter konstantem Druck konstant bleibende Temperatur. Unter normalem Druck beträgt sie rund 100 °C; sie steigt mit wachsendem Druck ebenfalls an, z.B. bei 1500 kPa absolutem Druck auf 197,4 °C. Bei der S. beginnt im → Dampflokomotivkessel und im → Heizdampferzeuger die Verdampfung (→ Dampferzeugung).

Werner von Siemens

Siemens, Werner von: 13. Dezember 1816 (Lehrte bei Hannover) – 6. Dezember 1892 (Berlin); hervorragender Ingenieur und Unternehmer. Nach dem Besuch der Artillerie- und Ingenieurschule als preußischer Offizier in Berlin gründete S. 1847 mit Halske die Telegraphenbauanstalt Siemens & Halske, die 1848 die Telegrafenlinie Berlin – Frankfurt (Main) errichtete und für die Eisenbahnen Morse- und Läutewerke baute. 1856 erfand er den Doppel-T-Anker für elektromagnetische Apparate und entdeckte das dynamoelektrische Prinzip als Grundlage für die von ihm 1866 entwikkelte erste Dynamomaschine. Auf der Berliner Gewerbeausstellung 1879 zeigte S. die erste, für den großtechnischen Einsatz geeignete und für eine Senftenberger Kohlebahn vorgesehene elektrische Lokomotive der Welt. Ebenfalls erstmalig setzte S. 1881 in Berlin-Lichterfelde eine dem öffentlichen Personenverkehr dienende Straßenbahn in Betrieb und baute 1882 für das Steinkohlenbergwerk Zaukkerode bei Dresden seine erste Grubenlokomotive (→ elektrische Lokomotive). 1890 schied der 1888 für seine zahlreichen Erfindungen in den erblichen Adelsstand erhobene S. aus der Leitung seines Unternehmens aus. Lit.: 5.2., 5.3. Abb.

Sifa: Kurzbezeichnung für → **Si**cherheits**fa**hrschaltung.

Sifa-Brille: brillenartiges Gerät ohne Glaseinsatz, bei dem fotoelektronisch die Lidschläge des Tfz.-Führers registriert werden. Da bei den herkömmlichen → Sicherheitsfahrschaltungen (Sifa) die Möglichkeit routinemäßiger Bedienung der Sifa-Taster auch bei verminderter Wachsamkeit besteht, wurde die S. entwickelt. Sinkt infolge beeinträchtigter Wachsamkeit (z.B. Ermüdung) die Anzahl der Lidschläge unter einen bestimmten Wert ab, ertönt eine Warnhupe. Reagiert der Tfz.-Führer nicht vorschriftsmäßig, wird weg- oder zeitabhängig der Antrieb abgeschaltet und eine → Zwangsbremsung ausgelöst. Trotz nachgewiesener Funktionstüchtigkeit hat sich die S. nicht durchgesetzt.

Sifa-Haltemagnet: Bauteil der wegabhängigen elektromechanischen → Sicherheitsfahrschaltung, das einen Hebel

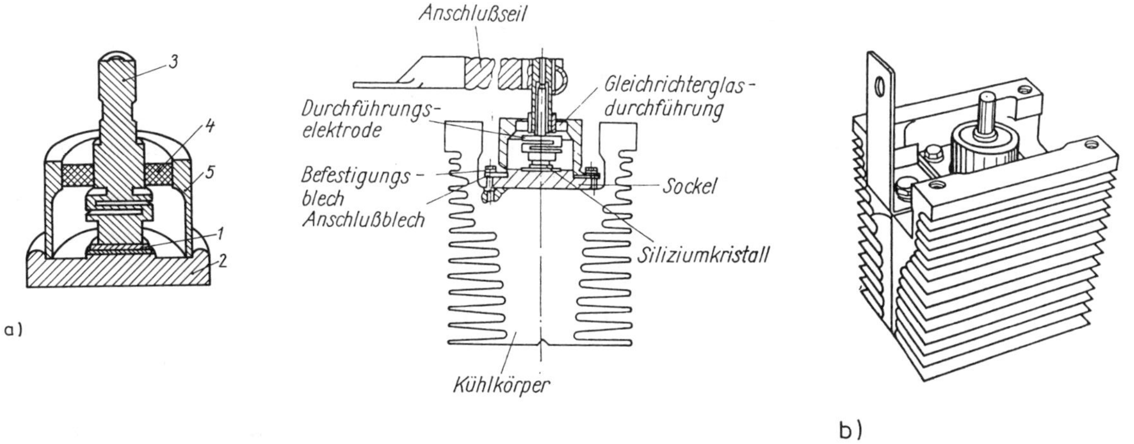

Siliziumgleichrichter
a) Silziumdiode für 200 A
1 Siliziumscheibe, 2 Kupfersockel, 3 Anodenanschluß, 4 Glaseinschmelzung, 5 Gehäuse (Glas, Keramik)
b) Siliziumdiode mit Kühlkörper

mit Schneckenrad von der Antriebsschnecke abhebt, solange sein Stromkreis durch Betätigen des → Totmannknopfs geschlossen bzw. durch ein → Zeitrelais der → Wachsamkeitskontrolle nicht unterbrochen ist. Wird der S. stromlos, greifen Schneckenrad und Antriebsschnecke ineinander und lösen nach jeweils 75 m Fahrstrecke zunächst ein Warnsignal und dann die → Zwangsbremsung aus, wenn sein Stromkreis zwischenzeitlich nicht wieder geschlossen wird. Lit.: 4.5.

Sifa-Scheibe: auf Tfz. dann von außen sichtbare weiß-rote Scheibe, wenn die → Sicherheitsfahrschaltung im Störungsfall außer Betrieb gesetzt wurde. Sie ist mit dem → Sifa-Störungsschalter verbunden.

Sifa-Störungsschalter: Vorrichtung auf elektrischen Tfz. zum Schließen des → Steuerstromkreises für die → Motortrennschütze bei einer Störung der → Sicherheitsfahrschaltung. Im störungsfreien Betrieb wird dieser Stromkreis durch einen von der Druckluft in der Bremsleitung betätigten Schalter geschlossen. Mit dem S. ist die → Sifa-Scheibe verbunden.

Signaleinrichtung: Hilfseinrichtung auf Tfz. zur optischen bzw. akustischen Signalgebung. Zur *optischen S.* gehören die durch weiße oder rote Signallampen an den Tfz.-Stirnwänden darstellbaren Signalbilder → Spitzensignal und → Schlußsignal. Die optische S. wird i. allg. mit 110 V (Gleichspannung) auf Tfz. der modernen Traktionsart bzw. mit 24 V (Gleichspannung) auf Dampf- und Kleinlokomotiven betrieben. Um entgegenkommende Fahrzeuge nicht zu blenden, können bei Elektro- und Diesel-Tfz. die Spitzensignallampen durch Vorschalten von Widerständen »abgeblendet« werden. Die elektrische Energie zum Betreiben der optischen S. wird bei Dampflokomotiven einem → Turbogenerator und bei Elektro- und Diesel-Tfz. dem → Bordnetz entnommen. Als *akustische* S. werden auf Dampflokomotiven → Dampfpfeifen, → Dampfläutewerke oder → Druckluftläutewerke, auf Elektro- und Diesel-Tfz. → Typhone oder → Luftpfeifen verwendet. Kleinlokomotiven sind z. T. mit Abgaspfeifen ausgerüstet, die aber nur bei laufendem Motor funktionsfähig sind.

Silentblock: → Gummi-Silentblock

Siliziumgleichrichter: Grundelement der Halbleitertechnik für nahezu beliebige Einsatz- und Leistungsbereiche der Stromrichtertechnik und Elektronik, seit 1955 in industrieller Nutzung. Im S. wird die Richtwirkung des pn-Übergangs (→ Halbleiter) ausgenutzt, um die gewünschte Signalformwandlung zu erreichen (z. B. Gleichrichtung von Wechselspannungen, Demodulation von modulierten Signalen, Einsatz als kontaktloser Schalter oder als Stabilisator). Die S. erlauben im aktiven Siliziumkristall hohe Stromdichten, erfordern aber gleichzeitig wegen seines geringen Volumens zur ungehinderten Wärmeabgabe (→ Kühlung) einen geringen Wärmewiderstand zum Gehäuse bzw. bei Leistungsbauelementen zum Kühlkörper. Die S. zeichnen sich durch geringes Volumen, geringe Masse, verschleißfreie Arbeitsweise und hohe Erschütterungsfestigkeit aus. Sie werden auf Tfz. in vielfältiger Form für verschiedene Aufgaben in allen elektrischen Stromkreisen eingesetzt (z. B. als Netzgleichrichter für die Steuerstromversorgung auf allen modernen elektrischen Tfz.) Lit.: 3.4., 4.5., 4.13. Abb.

Single Fairlie: → Fairlie-Lokomotive

Sinuslauf: → Radsatz

Sitzplatzmasse: Eigenmasse eines Reisezugwagens bzw. Triebwagens je Sitzplatz, angegeben in kg/Sitzplatz. Die S. wird durch Materialeinsatz (Leichtbau) und Komfort beeinflußt.

Skiantan: Name des bei der DR angewandten → Antischaummittels.

SKL: Abk. für **s**chwerer **Kl**einwagen. → Gleiskraftwagen

Škoda-Antrieb, *Škoda-Chadži-Antrieb,*

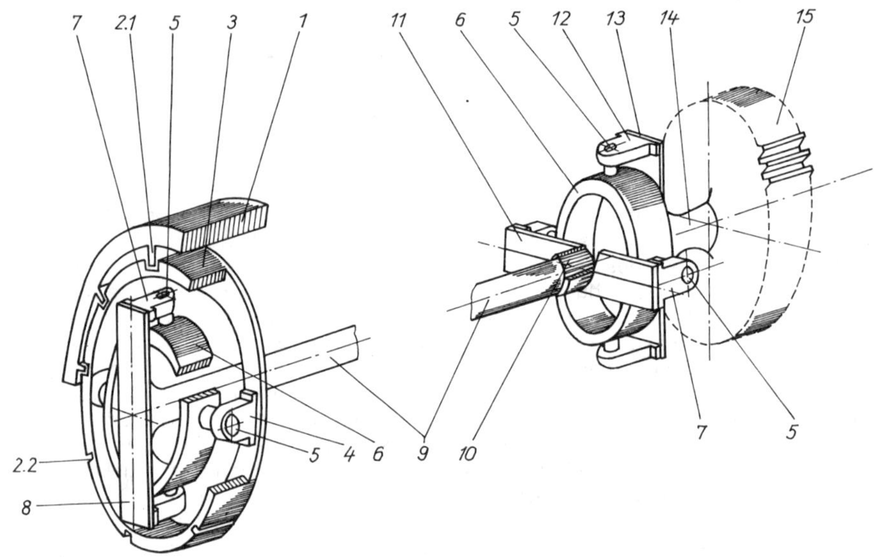

a)

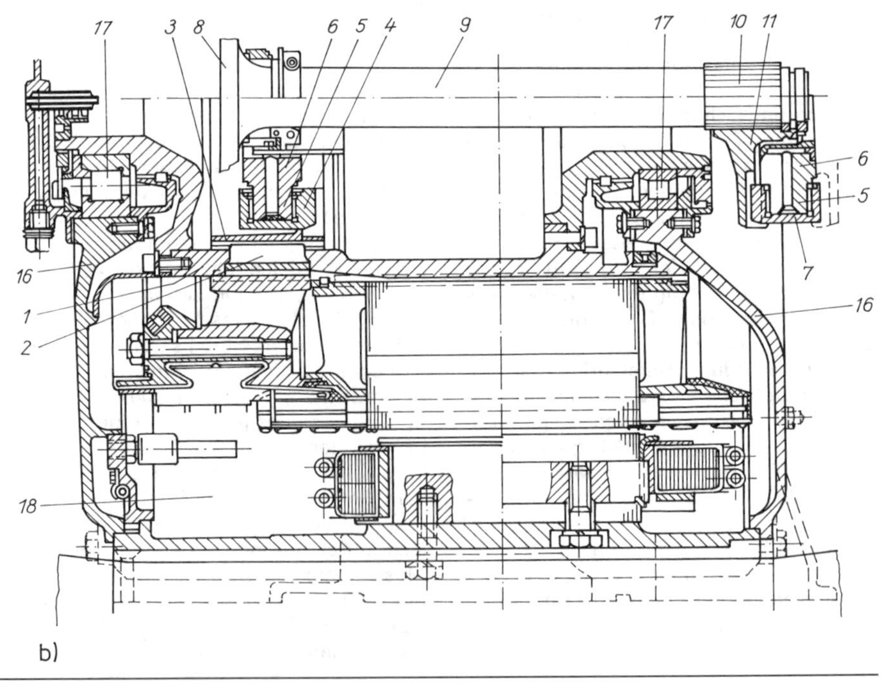

b)

Škoda-Antrieb
a) Prinzip, b) Schnitt
1 Läufergehäuse, 2 Schiebeverbindung, 2.1 Keile im Läufergehäuse, 2.2 Nuten im Schiebestück, 3 Schiebestück, 4, 7 und 12 Kreuzgelenklager, 5 Zapfen am Kreuzstück, 6 Kreuzstück, 8 und 13 Mitnehmerarm an der Gelenkwelle, 9 Gelenkwelle, 10 Keilwellenverbindung, 13 Mitnehmerarm an Ritzelwelle, 14 Ritzelwelle, 15 Ritzel, 16 Lagerschilde, 17 Läuferlager, 18 Ständer

Chadži-Antrieb: → elastischer Antrieb der Fa. Škoda (ČSFR) nach Chadži, der ähnlich dem → Kardan-Lamellenantrieb aufgebaut ist. Der Fahrmotor ist fest im Drehgestellrahmen gelagert, das große Vorgelegezahnrad sitzt fest auf der Radsatzwelle. Es ist mit dem Ritzel (15) in einem Getriebekasten angeordnet. Der Ausgleich des Federspiels erfolgt zwischen Motor und Ritzel mit einer Gelenkwelle (9), deren motorseitiges Ende in einem Hohlraum im Motoranker über ein Kreuzstück (6) mit diesem verbunden ist. Auf der anderen Seite wird das Moment von der Kardanwelle zum Ritzel ebenfalls über ein Kreuzstück (6) und über die Ritzelwelle (14) übertragen. Die Kreuzstücke erlauben die erforderliche Winkelbewegung Der Š. wird bei den Lokomotiven der Baureihe ČS4 der SŽD und bei weiteren von der Fa. Škoda gebauten Elloks angewendet. Lit.: 4.5. Abb.

Slip-stick-Bewegung: spezielle Bewegungsform eines Radsatzes mit Radumfangskraft (→ Zugkraft oder → Bremskraft) im Übergangsbereich zwischen Mikro- und Makroschlupf (→ Schlupf (1), → Kraftschlußbeiwert), die durch das alternierende Ein- und Aussetzen des Makrogleitens des Radsatzes gekennzeichnet ist. Der Radsatz ist zusammen mit dem Antrieb ein drehelastisches Feder-Masse-System. Im Mikroschlupfbereich wird das System durch das Antriebs- oder Bremsdrehmoment gespannt. Das Überschreiten des Mikroschlupfbereichs führt zum Makroschlupf und als Folge dessen zur Entspannung. Das bedeutet die Rückkehr in den Mikroschlupfbereich, Wiederaufbau des Spannungszustands und abermaliges Überschreiten des Mikroschlupfbereichs. Der Radsatz entwickelt bei der S. den max. Kraftschlußbeiwert. Das ständige Fahren mit der S. führt zur Riffelbildung auf der Schienenoberfläche und zur Erzeugung von Dauerbrüchen am Radsatz und im Antrieb. Deshalb müssen Zug- und Bremskräfte im Regelfall so gewählt werden, daß der Slip-stick-Bereich möglichst nicht erreicht wird. An Tfz. mit → Drehstromantriebstechnik, die für die optimale Ausnutzung des Kraftschluß-Schlupf-Gesetzes bemessen sind, müssen entspr. konstruktive Vorkehrungen getroffen werden.

Slz: Abk. für → Schlußlokomotive.

Sollspannung: vorgegebener Wert für eine elektrische Spannung, die bei Steuerungs- und bes. Regelungsvorgängen beibehalten werden soll.

Sommeröl: flüssiges → Schmiermittel (Mineralöl) für Gleitradsatzlager (→ Gleitlager) mit einer kinematischen → Viskosität von (61...76) 10^{-6} m²/s bei 50 °C sowie einem → Stockpunkt von nicht über −5 °C und einem → Flammpunkt >160 °C zum Einsatz bei Sommertemperaturen. → Winteröl. Lit.: 2.12.

Sommer-Winter-Schalter: Schaltgerät auf elektrischen Tfz., mit dem zur Energieeinsparung im Winter (geringerer Kühlluftbedarf) bestimmte Hilfsbetriebe an eine verminderte Spannung geschaltet werden.

Sonderluftbehälter: → Druckluftbehälter der → Luftanlage eines Tfz. Er wird aus dem → Hauptluftbehälter oder aus der → Hauptluftbehälterleitung über ein Druckminderventil mit Druckluft (Druckbereich 650–800 kPa oder 500–600 kPa) gefüllt und versorgt über gesonderte Luftleitungen Hilfs- und Steuereinrichtungen des Tfz. mit Druckluft.

Spaltbürsten: → Bürsten

Spaltfilter: → Ölfilter, dessen Wirkungsweise darauf beruht, daß die Verunreinigungen an feinen Spalten des → Filtereinsatzes zurückgehalten werden. Der Filtereinsatz der S. besteht aus einer Vielzahl ringförmiger Stahllamellen und dazwischenliegenden sternförmigen Scheiben, die auf einer drehbaren Achse zusammengeschraubt sind. Senkrecht neben diesem Lamellenpaket ist ein Reinigungskamm befestigt, dessen Stahlplättchen in die feinen Spalten zwischen den Lamellen greifen. Das zu reinigende Öl strömt von außen nach innen durch den Filtereinsatz. Die abgesetzten Verunreinigungen werden beim Drehen des Lamellenpakets von dem Reinigungskamm abgestreift und sinken in den Schlammraum. Das Drehen des Lamellenpakets kann zwangsweise erfolgen. S. werden als Grobfilter im Hauptstrom eingesetzt. Es sind Spaltweiten zwischen den Lamellen von 80–200 μm üblich. Neben dem beschriebenen Lamellen-S. sind Draht-S. gebräuchlich Abb. S. 536.

Spannmutter: auf die Federspannschraube aufgeschraubtes Bauelement zur Übertragung der Rahmengewichtskraft von Tfz. (über → Sattelscheibe und → Druckplatte) auf die → Tragfeder. Mit der S. können die Spannkraft und damit die Radsatzkraft (oder → Achsfahrmasse) des jeweils betreffenden Radsatzes be-

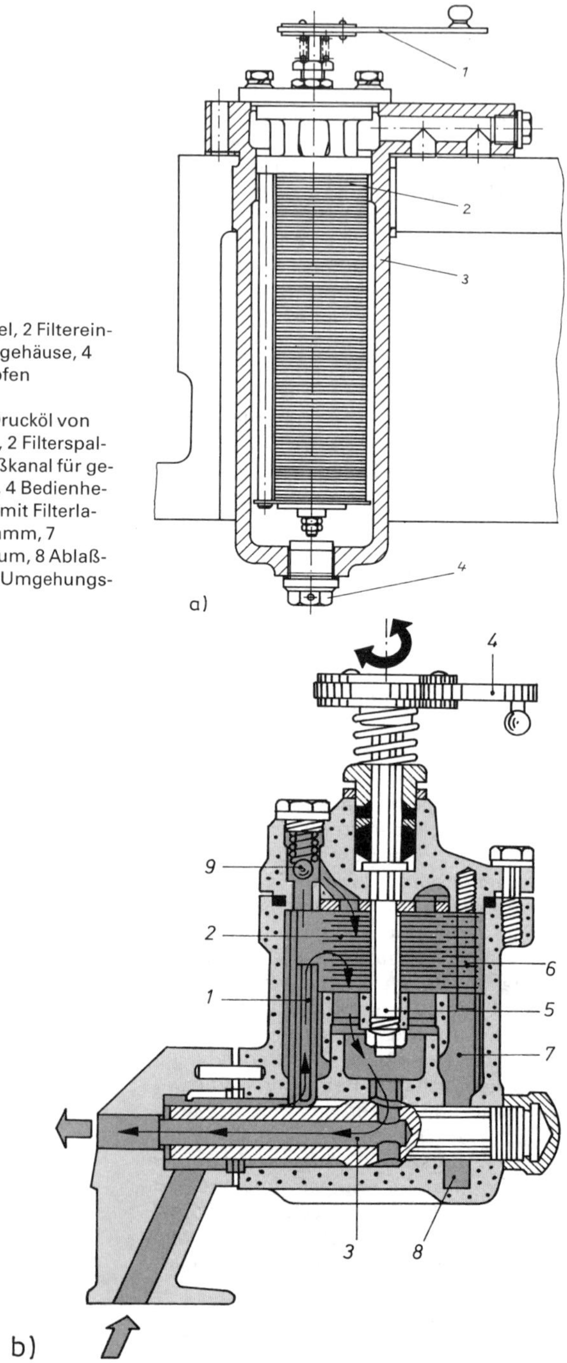

Spaltfilter
a) Aufbau
1 Handkurbel, 2 Filtereinsatz, 3 Filtergehäuse, 4 Magnetstopfen
b) Schnitt
1 Ölkanal (Drucköl von der Pumpe), 2 Filterspalten, 3 Abflußkanal für gereinigtes Öl, 4 Bedienhebel, 5 Welle mit Filterlamellen, 6 Kamm, 7 Schlammraum, 8 Ablaßschraube, 9 Umgehungsventil

grenzt verändert werden. Lit.: 2.3., 2.12.

Spannungsgrenze: bei elektrischen Tfz. höchstzulässige Spannung, bei der Zugkraft und Leistung nicht mehr erhöht werden können.

Spannungskonstanthalter: elektronisches Gerät auf Tfz. und auf Stellwerken zur Schaffung einer *konstanten Gleichspannung,* unabhängig von Batterie- und Netzspannungsschwankungen. Auf Tfz. werden S. bes. für die elektronischen Bauelemente und Schaltungen der → Übertragungssteuerung und der → Sicherheitsfahrschaltung angewandt. Von einem Leistungstransistor mit Parallelwiderständen und einer Z-Diode als Bezugsspannungsquelle wird die Spannungsdifferenz zwischen schwankender Eingangsspannung und konstanter Ausgangsspannung wie mit einem veränderlichen Vorwiderstand ausgeregelt. Der S. bietet durch seine Schaltung auch Schutz gegen Überspannung und Falschpolung (→ Spannungsüberwacher).
Zur *Stabilisierung von Wechselspannungen* werden magnetische S. eingesetzt, die magnetische Sättigungseigenschaften in Transformator- und Drosselkernen ausnutzen (nahe der magnetischen Sättigung wird eine Spannungsschwankung der Primärseite vermindert auf die Sekundärseite übertragen).

Spannungsmesser: hochohmiges Meßgerät zum Messen der Größe elektrischer Spannungen (z.B. auf elektrischen oder Diesel-Tfz.). Bei Gleichspannung wird der Wert der Spannung selbst, bei Wechselspannung i.d.R. der Effektivwert angezeigt. Der S. wird an die Stellen im elektrischen Stromkreis angeschlossen, zwischen denen die Potentialdifferenz (≙Spannung) bestimmt werden soll. Ist der Spannungsabfall über einem Verbraucher zu bestimmen, dann ist der S. i.G.z. → Strommesser parallel zum Stromweg des Verbrauchers zu schalten. S. können bei Wechselspannungen von max. 1000 V direkt angeschlossen, größere Spannungen nur über → Spannungswandler gemessen werden. Gleichspannungen sind nur über einen entspr. → Vorwiderstand zu messen.

Spannungsregler: Bezeichnung für alle Geräte, mit deren Hilfe die Spannung durch einen ständigen Vergleich zwischen einem Soll- und einem Istwert bei Berücksichtigung von Störgrößen geregelt oder stabilisiert wird (z.B. → Laderegler, → Spannungskonstanthalter). Der Begriff S. wird fälschlicherweise oft auch für Geräte der Spannungsstellung (z.B. Regeltransformator, Feinregler), die korrekt Steuergeräte sind, gebraucht. S. finden vorwiegend in Energieversorgungsanlagen (→ Generatoren, → Lichtmaschine), aber auch bei → Umformern Anwendung.

Spannungssteuerung: → Leistungssteuerung bei elektrischen Tfz. durch Veränderung der → Motorklemmenspannung; bei Wechselstrom-Tfz. mit → *Amplitudensteuerung* oder → *Anschnittsteuerung* bzw. → *Sektorsteuerung,* bei Gleichstrom-Tfz. mit → *Widerstandssteuerung* oder Steuerung mit → *Pulssteller.* Lit.: 4.5., 4.11.

Spannungsüberwacher: elektronische Geräte zur Überwachung der Funkton des → Spannungskonstanthalters von Tfz. Der S. meldet dem Tfz.-Führer die Überschreitung der Batterie- oder Netzspannungsgrenzen oder die Störung des Spannungskonstanthalters.

Spannungswandler: Spezialtransformator mit genau festgelegtem Übersetzungsverhältnis. Der S. ermöglicht die Messung hoher Wechselspannungen (>1 kV) mit normalen Spannungsmessern. Die Sekundärspannung beträgt für verschieden genormte Primärspannungen i. d. R. 100 V. Ein S. ist z. B. erforderlich, um die Fahrleitungsspannung von 15 kV auf dem Führerstand eines elektrischen Tfz. anzeigen zu können.

Sparschaltung: Schaltung des → Haupttransformators auf elektrischen Tfz. mit galvanischer Verbindung von Primär- und Sekundärwicklung, die dadurch auch als *Serienschaltung* von Reihen- und Parallelwicklung aufzufassen ist. Die Leistung wird sowohl galvanisch als auch induktiv übertragen. Die Masseersparnis gegenüber einem Transformator mit getrennten Wicklungen beträgt etwa 4%.

Spartransformator: → Sparschaltung

Speichenbruch: Bruch einer oder mehrerer Speichen eines → Speichenrads. Er tritt bei Dampflokomotiven meistens an den Enden der Gegenmassestücke und in der Nähe des Treibzapfenpreßsitzes auf. Ursachen: Überbeanspruchung, Fertigungsfehler, Werkstoffehler.

Speichenrad: Bauform des bereiften → Rades für → Treibradsätze (1) und → Kuppelradsätze von Dampflokomotiven, elektrischen Lokomotiven mit großem Raddurchmesser oder bei Durchgreifen von Antriebsteilen durch den Radkörper sowie bei älteren Diesel- und elektrischen Lokomotiven mit Stangenantrieb. Das S. besteht aus dem → Radstern (dort Abb.), bei Tfz. mit Stangenantrieb einschl. eines → Gegengewichts, und den auf den Felgenkranz aufgezogenen Radreifen. S. sind ferner an Dampflokomotiv-Schlepptendern und vereinzelt an alten Güterwagen vorhanden. Lit.: 2.3. 2.12., 3.6., 4.5.

Speichertriebfahrzeug: allg. Bezeichnung für ein Tfz., das die notwendige Traktionsenergie in gespeicherter Form (als Elektroenergie, Dampf, Druckluft oder Schwungradenergie, nicht aber in Form eines → Brennstoffs, Kraft- oder Treibstoffs), mit sich führt. Am meisten bekannt sind das → *Akkumulator-Schleppfahrzeug,* der → *Akkumulator-Triebwagen* und die → *Dampfspeicherlokomotive.* Im Bergbau unter Tage haben die Akkumulator-Lokomotive und die Druckluft-Lokomotive Bedeutung erlangt. Technisch interessant sind *Schwungradfahrzeuge* (→ Gyrofahrzeugantrieb), doch haben sie keine große Verbreitung gefunden. Der Aktionsradius von S. gegenüber Tfz. mit Energiezuführung aus mitgeführten Brenn-, Kraft- oder Treibstoffen oder aus der → Fahrleitung ist wegen der begrenzten Speicherkapazität allerdings geringer.

Speichervermögen: Möglichkeit des Speicherns von Wärme in Bauteilen und im → Kühlwasser der → Kühlanlage oder im Öl ölgefüllter Aggregate bei Tfz. Das S. beeinflußt den Wärmebedarf beim Vorwärmen des → Kühlwassers und wird im Betrieb eines Diesel-Tfz. genutzt, um einen kurzzeitig erhöhten Wärmeanfall, z. B. beim Anfahren eines dieselhydraulischen Tfz., abzufangen. Dabei wird die Wärme im → Strömungsgetriebeöl und im Kühlwasser gespeichert, wodurch eine Temperaturerhöhung dieser Medien eintritt. Anschließend kann die Wärme bei normalem Wärmeabfuhrvermögen des Kühlers abgeführt werden.

Speisedom: auf dem Scheitel (meist des vorderen Kesselschusses) des → Langkessels aufgesetzter kuppelförmiger Überbau zur Aufnahme eines Speisewasserreinigers (z. B. → Schlammabscheider, → Winkelrost-Schlammfilter), der zum Ausscheiden und Ablagern von Kesselsteinbildnern dient. Am S. sind rechts und links die → Kesselspeiseventile zum Nachspeisen des Kessels angebracht. Lit.: 2.3., 2.12.

Speiseeinrichtung: technische Einrichtung zur Ergänzung des im → Dampflokomotivkessel verbrauchten Wassers. Die ersten Dampflokomotiven hatten →

Plungerpumpen. Die gebräuchlichsten S. sind → Dampfstrahlpumpen und durch eigene Dampfmaschine angetriebene → Speisewasserkolbenpumpen.
Jede S. muß vor der Einmündung in den Kessel ein → Speiseventil haben, das den Wasser- oder Dampfabfluß aus dem Kessel selbständig verhindert und das mit Hand geschlossen werden kann. Bei der DRG mußte jede Dampflokomotive 2 voneinander unabhängig arbeitende S. haben, wovon jede in der Lage ist, dem Kessel die erforderliche Menge Wasser zuzuführen und mindestens eine S. auch bei Stillstand des Fahrzeugs arbeiten kann. → Speiseleitung (1)

Speiseleitung: 1. *Rohrleitungen* von → Dampflokomotivkesseln und → Heizdampferzeugern, die die Speisepumpe (→ Speiseeinrichtung) mit dem → Kesselspeiseventil, ggf. über einen → Speisewasservorwärmer, verbinden und zur Nachspeisung des verbrauchten → Kesselspeisewassers aus dem → Wasserkasten oder den → Speisewasserbehältern dienen. – **2.** Über Leistungsschalter gespeiste Leitung (Freileitung oder auch Kabel) zur Verbindung zwischen → Unterwerk und → Fahrleitung einschl. von Umgehungs-, Verstärkungs- und Schalterleitungen. S. sind überwiegend am Fahrleitungsgestänge befestigt.

Speisepumpe: → Speiseeinrichtung

Speisepumpenschmierung: → DK-Schmierpumpe

Speiseventil: vereinigtes Absperr- und Rückschlagventil am → Langkessel (→ Kesselspeiseventil).

Speisewasser: → Kesselspeisewasser

Speisewasseraufbereitungsanlage: Anlage auf Diesel-Tfz. zur chemischen Behandlung des Speisewassers für den → Heizdampferzeuger. Die S. dient der → Wasserenthärtung und der Herabsetzung der Schaumneigung. Die S. besteht z. B. aus einem → Wasser-Kleinaufbereiter und einer Dosiereinrichtung für ein Antischaummittel. Der Wasser-Kleinaufbereiter ist in die Speisewasserleitung des Heizdampferzeugers eingebunden. Das Antischaummittel wird dem Speisewasser diskontinuierlich über ein pneumatisch betätigtes Dosierventil zugesetzt.

Speisewasserbehälter: Behälter zur Bevorratung des Speisewassers für den → Heizdampferzeuger auf Diesel-Tfz. S. sind meist kastenförmige Behälter, die im Tfz. an geeigneter Stelle, z. B. unterhalb des Kühlers, angeordnet sind. Sie werden mit → Schwallblechen, Reinigungsmannloch, → Wasserstandanzeigeeinrichtung, Überlauf- und Entlüftungsleitungen ausgerüstet und über → Füllanschlüsse, die sich an den Seiten des Tfz. befinden, betankt. Tab.

Speisewasserbehälter

Beispiele für den Speisewasservorrat für Heizdampferzeuger

Baureihe	228	D 800	211	220	M 40.0
Bahnverwaltung	DB/DR	BR	DB/DR	DB	MAV
Speisewasservorrat (l)	3000	4530	3000	4000	1800

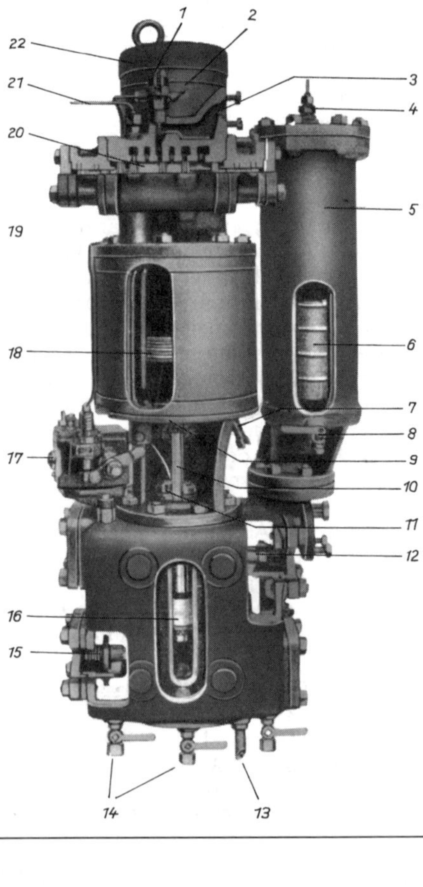

Speisewasserkolbenpumpe der Bauart Knorr mit Tolkien-Steuerung (Verbundpumpe)
1 Ölsperre, 2 Prüfschraube, 3 Frischdampfeintritt, 4 Druckluftanschluß, 5 Schwimmerstoßdämpfer, 6 Schwimmkolben, 7 Entwässerungsventil, 8 Entwässerungshahn, 9 Deventerpackung, 10 Kolbenstange, 11 Stopfbuchse, 12 Saugventil, 13 Abdampf zum Vorwärmer, 14 Entwässerungshähne, 15 Druckventil, 16 Wasserkolben, 17 Schmierpumpe, 18 Niederdruckdampfkolben, 19 Tolkiensteuerung, 20 Schiebersatz, 21 Leitung zum Hubanzeiger, 22 Hochdruckdampfzylinder

Speisewasserkolbenpumpe: Aggregat der → Speiseeinrichtung von Dampflokomotiven, das von einer doppeltwirkenden, schwungradlosen Dampfmaschine angetrieben wird. Beide Aggregate sind zu einer Baugruppe vereinigt; die in getrennten Dampf- und Wasserzylindern arbeitenden Kolben sitzen auf einer gemeinsamen, durchgehenden Kolbenstange. Die S. saugt kaltes Wasser aus

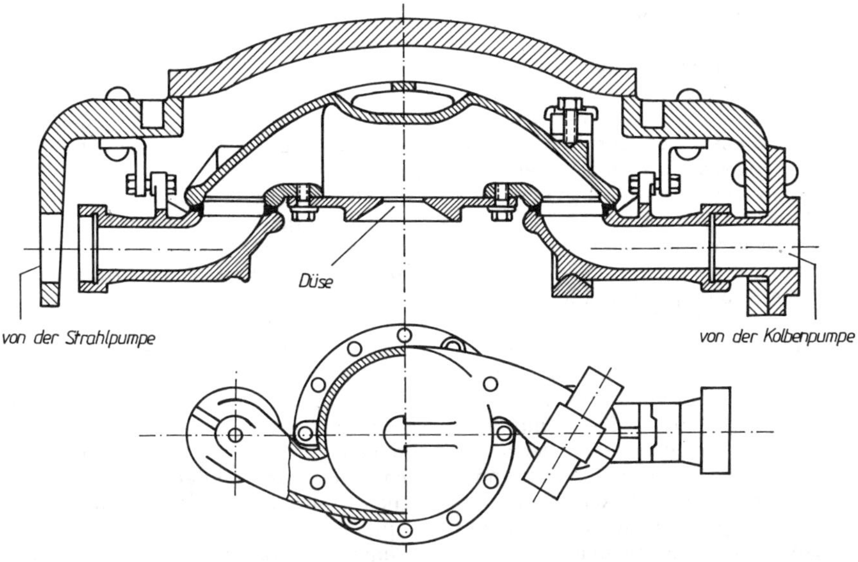

Speisewasserverteiler
Speisedom mit topfförmigem Speisewasserverteiler (Schnitt)

dem → Wasserkasten der Lok oder des Tenders an und drückt es über einen → Speisewasservorwärmer und das Kesselrückschlagventil in den Kessel. Bei S. mit → Mischvorwärmer wird das Kalt- und Heißwasser getrennt von je einer Kolbenpumpe gefördert.

Bei der DRG waren 3 Bauarten von S. im Gebrauch: die ältere *Bauart Knorr* mit 1stufiger → Volldruckdampfmaschine und → Schleppschiebersteuerung und die beiden *Bauarten Knorr-Tolkien* und *Nielebock-Knorr* mit Verbunddampfmaschine. Die Wasserpumpe ist bei den 3 Bauarten als doppeltwirkende Kolbenpumpe ausgebildet. Zur Vermeidung von Druckstößen sind in die Saug- und Druckleitung Windkessel eingebracht (→ Druckwindkessel). Neuere Bauarten haben in der Druckleitung einen mit Druckluft beaufschlagten → Stoßdämpfer (2). Die Leistung der S. richtet sich nach der Kesselgröße und beträgt zwischen 125 l/min und 250 l/min bei etwa 50 Doppelhüben. Lit.: 2.3., 2.12. Abb.

Speisewasserleitung: → Speiseleitung (1)

Speisewasserverteiler: Bezeichnung für Speisewasserreiniger (→ Schlammabscheider) bei modernen → Dampflokomotivkesseln. Das Speisewasser wird zur Vermeidung von örtlichen Abkühlungen dem Kessel nach Eintritt in den topfförmigen S. über eine Düse fein zerstäubt zugeführt. Lit.: 2.12. Abb.

Speisewasservorwärmer: Vorrichtung zur Vorwärmung des → Kesselspeisewassers auf eine Temperatur von 90 °C bis max. 100 °C. Die Vorwärmung erfolgt mit → *Abdampf* in einem → Oberflächenvorwärmer oder bei neueren Lokomotiven in einem → Mischvorwärmer oder mit *Abgas* (→ Rauchgas) in einem Abgasvorwärmer (z. B. → Franco-Crosti-Abgasvorwärmer). Abdampf-S. werden nur bei einer Kesselspeisung mit → Speisewasserkolbenpumpen verwendet; bei Verwendung von → Dampfstrahlpumpen wird auf Grund der erreichten Wassertemperatur von etwa 70 °C auf eine wei-

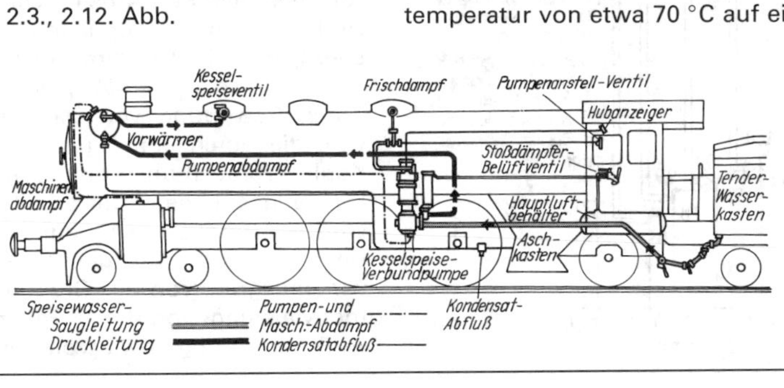

Speisewasservorwärmer
Speisewasservorwärmeranlage mit Oberflächenvorwärmer einer Dampflokomotive der Einheits-Bauart der DRG

tere Vorwärmung verzichtet. Lit.: 2.3., 2.6., 2.9., 2.10., 2.12., 5.3. Abb.

Speisewasservorwärmung: Maßnahme zur Erhöhung des Wirkungsgrads des → Dampflokomotivkessels unter Nutzung der Wärme eines Teils des → Abdampfs (→ Speisewasservorwärmer) oder eines Teils der in den nach Verlassen des Langkessels noch in den Rauchgasen enthaltenden Wärme (→ Franco-Crosti-Abdampfvorwärmer). Die Kohleeinsparung durch die S. beträgt für Heißdampflokomotiven 12–20%.

Sperrad, *Riegelscheibe:* im → Steuerblock (dort Abb.) gelagertes Bauelement der → Schwingensteuerung von Dampflokomotiven (→ äußere Steuerung). Das mit der → Steuerschraube und der Handkurbel oder dem Handrad fest verbundene S., in das eine Sperrklinke oder ein Sperrstift eingreift, dient zum Arretieren (Verriegeln) der eingestellten → Füllung. Die Anzahl der je Umdrehung des S. einstellbaren Füllungsstufen ist von seiner Zahn- oder Lochteilung abhängig. Lit.: 2.3., 2.12.

spezifischer Dampfverbrauch: Kenngröße (meist in kg Dampf/kWh) zur energetischen Bewertung von Dampflokomotiven, die durch den Quotienten von verbrauchter → Dampfmenge und von der Dampfmaschine oder der Dampflokomotive abgegebener Nutzarbeit gebildet wird (→ spezifischer Energieverbrauch). Der s.D. ist u.a. abhängig von der → Dampfdehnung, vom → Kesseldruck, von der → Überhitzung und der → Speisewasservorwärmung. Er liegt bei neueren Dampflokomotiven i.d.R. bei 8,0–8,8 kg/kWh beim Bezug auf die → indizierte Leistung (1) und bei 9,5–12 kg/kWh beim Bezug auf die effektive Leistung (→ Nutzleistung) am Zughaken. Mit dem s.D. wird auch die erforderliche stündliche Dampferzeugung des → Dampflokomotivkessels bei dessen Konstruktion berechnet. Abb.

spezifischer Dampfverbrauch
Entwicklung des indizierten spezifischen Dampfverbrauchs der Dampflokomotive

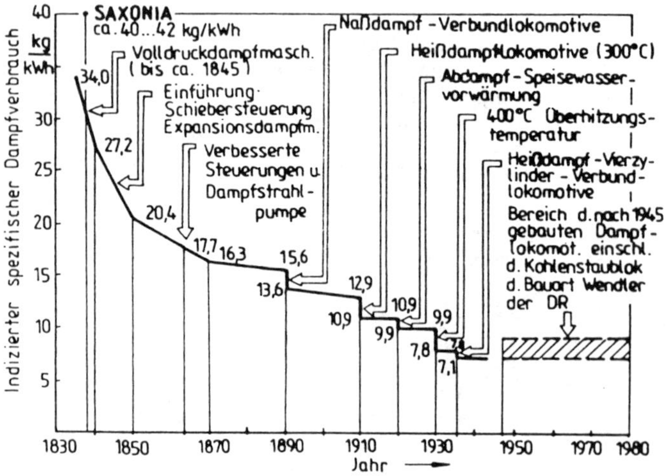

spezifischer Energieverbrauch: Kenngröße zur energetischen Bewertung von Antriebsmaschinen, Antriebssystemen, Tfz., Traktionsarten, Transportprozessen und -systemen, die durch den Quotienten von → Energieverbrauch oder der verbrauchten Masse des Energieträgers (→ Kohleverbrauch, → Kraftstoffverbrauch) und einer meßbaren Bezugsgröße des entspr. Aggregats oder Prozesses gebildet wird. Der s.E. oder auch technische s.E. einer Antriebsmaschine oder eines Antriebssystems ist durch den Quotienten aus Energie-, Kohle- oder Kraftstoffverbrauch und an der Abtriebswelle abgegebener Nutzarbeit (physikalische Arbeit) (Maßeinheit: kJ/kWh, g/kWh usw.) gegeben. Für Transportprozesse und -systeme wird der s.E. unter Benutzung der Endenergie (Gebrauchsenergie) durch Bezugnahme auf die Fahrzeit (zeitbezogener s.E.; Maßeinheit: g/s, kg/h), Fahrstrecke (wegbezogener s.E.; Maßeinheit: Wh/km, g/km) oder Verkehrsarbeit (arbeitsbezogener s.E. oder auch betrieblicher s.E.; Maßeinheit: kJ/(Bt·km), Wh/(Bt·km) g/(Bt·km)) gebildet. Der Bezugsgröße Bt·km liegt das Produkt von Wagenzugmasse und Fahrstrecke zugrunde. Es ist auch möglich, die Bezugsgrößen Zug-Tonnenkilometer (Zg·km, Produkt aus gesamter Zugmasse und Fahrstrecke) und Netto-Tonnenkilometer (Nt·km, Produkt aus Frachtmasse und Fahrstrecke) zu benutzen. Energetische Vergleiche auf der Grundlage des auf Zeit, Weg oder Verkehrsarbeit bezogenen s.E. sind nur für gleiche fahrdynamische Bedingungen real, da die Bezugsgrößen zur physikalischen Arbeit nicht kohärent sind, sondern nur korrelieren.

spezifischer Kohleverbrauch: Kenngröße (meist in kg Kohle/kWh) zur energetischen Bewertung von Dampflokomotiven, die durch den Quotienten von → Kohleverbrauch und von der am Zughaken abgegebenen Nutzarbeit gebildet wird (→ spezifischer Energieverbrauch). Der s.K. ist u.a. abhängig vom → Kesselwirkungsgrad, von der Größe der Lokomotivleistung, von der → Feuerung und → Feuerführung sowie von der Qualität und dem → Heizwert der Kohle; er nimmt mit steigender Fahrgeschwindigkeit leicht zu. Bei Steinkohlenfeuerung beträgt der günstigste s.K. bei Leistungen an der → Kesselgrenze etwa 1,2 kg/kWh beim Bezug auf die → indizierte Leistung (1) und etwa 1,4 kg/kWh beim Bezug auf die effektive Leistung (→ Nutzleistung) am Zughaken. In der Lokomotivbetriebswirtschaft wird der Kohleverbrauch bei energetischen Betrachtungen meist auf den Bruttotonnenkilometer bezogen ausgewiesen, um eine energiewirtschaftliche Aussage zur Auslastung der Dampflokomotive im Streckendienst zu erhalten. Aus dem s.K. lassen sich auch Rückschlüsse auf den technischen Zustand der Lok und auf die Qualität der Fahr- und Bremstechnik der Lokführer ziehen.

spezifischer Kraftstoffverbrauch: Kenngröße zur energetischen Bewertung von → Verbrennungskraftmaschinen sowie → Antriebssystemen und Tfz. mit Verbrennungskraftmaschinen und der Dieseltraktion, die durch den Quotienten von → Kraftstoffverbrauch und einer meßbaren Bezugsgröße des entspr. Aggregats oder Prozesses gebildet wird. (→ spezifischer Energieverbrauch).

Spielkanal: → Spurkanal

Spießgang: → Bogenlauf

Spindelbremse: → Handbremse mit einer Bremsspindel mit flachgängigem Gewinde, auf der sich eine Mutter in Längsrichtung verschiebt. Die Bewegung der Spindelmutter wird mit Laschen, Hebeln und Zugstangen auf das Druckluftbremsgestänge übertragen.

Spitzensignal: → Regelspitzensignal

Sprengring: → Rad

Spritzrohr: → Näßeinrichtung

Spritzversteller: auf dem Fliehkraftprinzip beruhende mechanische Regeleinrichtung an → Einspritzpumpen von Dieselmotoren. Zur Erreichung eine optimalen Verbrennung in allen Leistungsbereichen des Dieselmotors ist es unter Berücksichtigung des Zündverzugs von Dieselkraftstoff erforderlich, den Einspritzzeitpunkt zu variieren. Der S. dient dazu, den Förderbeginn der Einspritzpumpe durch Verdrehen der Nockenwelle der jeweiligen Drehzahl anzupassen. Dies geschieht bei den automatischen S. von Lokomotivdieselmotoren durch 2 einander gegenüberliegende Fliehkörper, die in Abhängigkeit von der Drehzahl und entgegen der Kraft je eines Stellfederpaars nach außen wandern. Dabei wirken die Fliehkörper auf Stützbolzen des Pumpenantriebsflanschs und bewirken eine Verstellung der Nockenwelle bis zu 12° Nockenwellenwinkel bei max. Drehzahl. Abb.

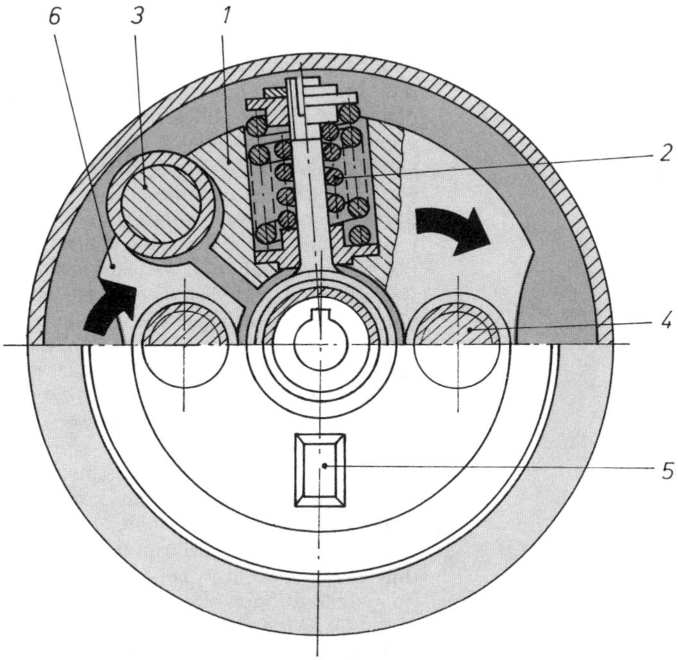

Spritzversteller
automatischer Spritzversteller
1 Fliehkörper, 2 Stellfeder, 3 Stützbolzen des Pumpenantriebsflanschs (Spritzverstellerantrieb), 4 Fliehkörperlagerbolzen, 5 Kupplungsklaue (4, 5 Spritzverstellerantriebsseite), 6 Abstützarm des Fliehkörpers

Spritzwasserbehälter: Bauteil der → Auswascheinrichtung, in dem das Wasser zum Auswaschen (Ausspritzen) des → Dampflokomotivkessels bevorratet wird.

Sprühdüse: Düse mit druckluftgesteuerter Düsennadel zum Sprühen des →

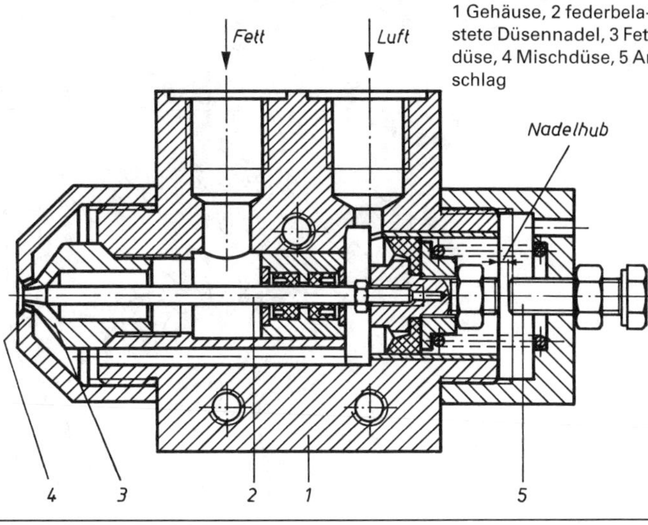

Sprühdüse der Einheitsausführung DR
1 Gehäuse, 2 federbelastete Düsennadel, 3 Fettdüse, 4 Mischdüse, 5 Anschlag

Spurkranzfetts auf die Spurkranzflanke (→ Spurkranz) des Radreifens. Die federbelastete Düsennadel wird durch Druckluftimpulse angehoben, so daß das ständig anstehende Fett herausgedrückt und von der über den Ringspalt der Mischdüse entweichenden Druckluft versprüht wird. → Spurkranzschmieranlage. Abb.

Sprunglastschalter: mechanischer → Lastschalter mit 2 Kraftspeicherfedern, die vom Antrieb des → Stufenschaltwerks durch ein Schwinghebelsystem vorgespannt werden. Nach Einleitung des Umschaltvorgangs wird durch die Kraftspeicherfedern sichergestellt, daß dieser ohne Unterbrechung zu Ende geführt wird. Dies ist bei anderen mechanischen Lastschaltern (z. B. Luftschützen) nicht gesichert, so daß bei Fehlstellungen Schäden durch Überströme oder Lichtbögen auftreten können. S. können nur relativ kleine Ströme beherrschen und sind daher nur bei → Hochspannungssteuerungen einsetzbar. Mit einem bes. → Widerstandsumschalter (dort Abb.) wird der ordnungsgemäße Schaltablauf in beiden Richtungen gewährleistet. S. werden in geringem Umfang bei den Elloks der BR 110, BR 140 und BR 150 der DB/DR angewandt. Lit.: 4.5., 4.11.

Spüldruck: bei → Zweitaktmotoren erforderlicher Druck zur Schaffung eines Druckgefälles zwischen den Einlaßschlitzen und den Auslaßorganen für das ausreichende Spülen der Zylinder beim → Ladungswechsel. Der S. wird i. d. R. von einem Spülgebläse (Spülpumpe) erzeugt.

Spülgrad: Kenngröße λ_{Sp} (Maßeinheit 1) für → Zweitaktmotoren, die das Verhältnis der im Zylinder eingeschlossenen Frischluftmasse zur Gesamtmasse, bestehend aus Frischluft- und Restgasmasse, angibt.

Spülöl: speziell zur Spülung von Aggregaten, die eine → Ölfüllung enthalten, vorgesehenes Öl, das beim → Ölwechsel, beim Entkonservieren oder beim Übergang auf eine andere Ölsorte als Zwischenfüllung verwendet wird und Altölreste sowie Verunreinigungen entfernen soll. Das Spülen wird bei leerlaufendem Aggregat (keine Leistungsabgabe) und bes. bei Dieselmotoren, Strömungsgetrieben und hydromechanischen Getrieben vorgenommen. Es ist nach Vorschrift der Hersteller mit der vorgeschriebenen S.sorte auszuführen.

Spülverlust: auftretende Verlustgröße bei der Gemischbildung von Verbrennungsmotoren. Der S. tritt hauptsächlich beim → Ladungswechsel von Zweitaktdieselmotoren auf, die mit der → Schlitzsteuerung ausgeführt sind. Ein Teil der über die Einlaßschlitze in den Zylinder eingeströmten Frischladung wird beim Kompressionshub in die Auslaßschlitze gedrückt und steht damit für die Gemischbildung nicht zur Verfügung.

Spurerweiterung: Vergrößerung des Nennmaßes der → Spurweite in Gleisbögen mit kleinen Radien durch Abrücken der bogeninneren Schiene in Richtung zum Bogenmittelpunkt. Die S. soll vermeiden, daß Schienenfahrzeuge mit mehr als 2 in einem Rahmen geführten Radsätzen beim → Bogenlauf zwängen oder großen Spurkranz- und Schienenverschleiß verursachen. Die S. kann auch als Folge des Betriebs durch die Beanspruchung des Gleises durch die Fahrzeuge und die Abnutzung der inneren Schienenflanken auftreten. Der Grenzwert ist durch die max. zul. Spurweite gegeben.

Spurkanal: zwischen den Fahrkanten eines Gleises vorhandener Raum, dessen Breite der jeweiligen → Spurweite entspricht. Durch Subtraktion des Werts des → Spurmaßes eines Radsatzes von der Breite des S. erhält man den *Spielkanal* mit dem Wert des Spurspiels. Abb.

Spurkranz: → Radprofil

Spurkranzfett: homogener Schmierstoff, der aus Schmierölen, Eindickungsmitteln sowie Farbstoffzusätzen besteht und zur Schmierung der → Spurkränze von Tfz. dient. → Spurkranzschmieranlage

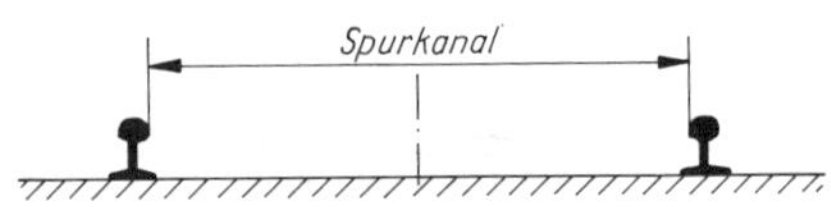

Spurkanal

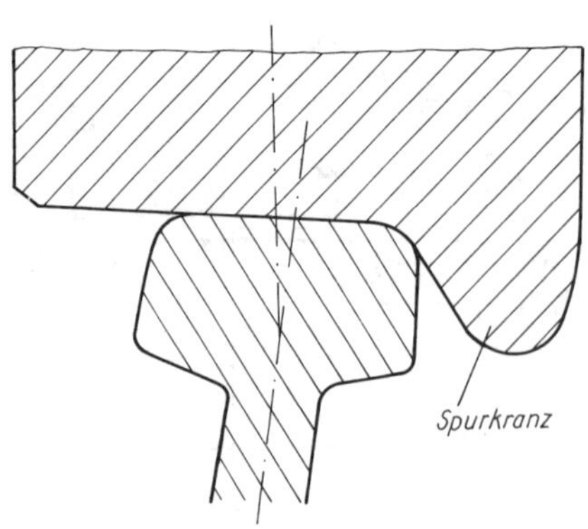

Spurkranzführung

Spurkranzführung: durch den Spurkranz übernommene Führung des Radsatzes im Gleis. Sie liegt hauptsächlich beim → Bogenlauf der Schienenfahrzeuge in engen Gleisbögen vor. Dabei überträgt der Spurkranz die horizontalen Kräfte (Führungskräfte, Richtkräfte), die zwischen Radsatz und Gleis wirken. Die S. kann an der Stirn- oder Rückenfläche des Spurkranzes auftreten; die Stirnflächenführung ist der Normalfall. Rückenflächenführung tritt beim Fahren in Rillenschienen (z.B. bei Straßenbahnen) und bei Leitschienen in Gleisbögen auf. Abb.

Spurkranznässer: einfache, mit Wasser als Schmiermittel arbeitende → Spurkranzschmieranlage älterer Dampflokomotiven zur Minderung des Spurkranzverschleißes. Durch den S. wurde das Abdampfkondensat aus den Entwässerungsventilen der → Luftpumpe und → Speisewasserkolbenpumpe auf den Spurkranz des vorderen Laufradsatzes geleitet.

Spurkranzneigung: → Radprofil

Spurkranzschmieranlage: → Hilfseinrichtung auf Tfz., die zur Verminderung des bes. beim Bogenlauf auftretenden Schienen- und Spurkranzverschleißes ein Schmiermittel an die → Spurkränze des führenden Radsatzes bringt. Als Schmiermittel wird meist ein spezielles Fett (→ Spurkranzfett) verwendet. Es ist zwischen kurvengesteuerter und periodisch arbeitender S. zu unterscheiden. Bei der *kurvengesteuerten S.* (z.B. → Heyder-Spurkranzschmiereinrichtung) wird das Fett nur im Bogen ausgetragen, während bei der *periodisch arbeitenden S.*, die Fettaustragung auf der gesamten Strecke geschieht. Wirkungsweise der periodisch arbeitenden S.: Die der Hauptluftbehälterleitung entnommene, gefilterte Luft beaufschlagt mit einem Druck von 0,5 MPa die → Fettbehälter, so daß das dort gespeicherte Fett ständig an den geschlossenen → Sprühdüsen ansteht. Ein an einem Tfz.-Radsatz befestigter Geber erzeugt eine der Drehzahl des Radsatzes proportionale Wechselspannung, die von einer elektronischen Zähleinrichtung ausgewertet wird. Nach Erreichen eines vorwählbaren Fahrwegs von 140 m bzw. 200 m wird ein Impuls an das Magnetventil gegeben. Durch das kurzzeitig geöffnete Magnetventil strömt Druckluft, die die Düsennadeln der Sprühdüsen anhebt, so daß das Fett herausgedrückt und versprüht wird.

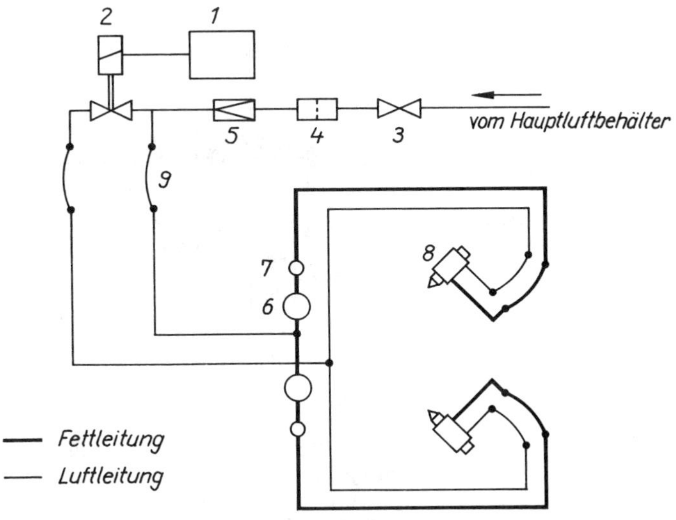

Spurkranzschmieranlage
Schema einer periodisch arbeitenden Spurkranzschmieranlage (Einheitsausführung der DR)
1 Geber und elektronische Zähleinrichtung, 2 Magnetventil, 3 Absperrhahn, 4 Luftfilter, 5 Druckminderventil, 6 Fettbehälter, 7 Fettfilter, 8 Sprühdüse, 9 Schlauchleitung

Eine andere Bauart der periodisch arbeitenden S., bei der das Fett von einer mechanisch angetriebenen Schmierpumpe mit einem Druck von max. 15 MPa gefördert wird, wird bei Tfz. der BR219 der DB/DR eingesetzt. Das Fett wird an den Spurkränzen über nachstellbare Schmierrohre, die mit leichtem Druck in den Hohlkehlen der Spurkränze anliegen, zugeführt. Abb.

Spurkranzschwächung: eine mögliche Maßnahme zur Verbesserung der → Bogenläufigkeit von → Laufwerken mit mehr als 2 in einem gemeinsamen Rahmen geführten Radsätzen (z.B. 3achsige Drehgestelle). Bei S. wird die Dicke des Spurkranzes (→ Radprofil) reduziert. Ausführung: als Spurkranzstirn- (überwiegende Ausführung) und Spurkranzrückenschwächung (bei Rillenschienen). Die S. hängt größenmäßig von dem → Bogenhalbmesser des Gleises, dem Spurspiel (→ Spurmaß) und den Laufwerksabmessungen (→ Radsatzabstand) ab.

Spurmaß: ein Grundmaß für die Spurführung, das am Radsatz 10 mm außerhalb des Meßkreises am Übergang von der Hohlkehle (→ Radprofil) zum Spurkranz gemessen wird. Bei Normalfahrzeugen mit neuen Radprofilen beträgt das S. 1426 mm. Durch Radprofilverschleiß verkleinert es sich; es darf 1410 mm aber nicht unterschreiten. Aus der Differenz zwischen → Spurweite (dort Abb.) und S. ergibt sich das *Spurspiel*. Beim Nennmaß der Spurweite und neuen Radprofilen beträgt das Spurspiel 10

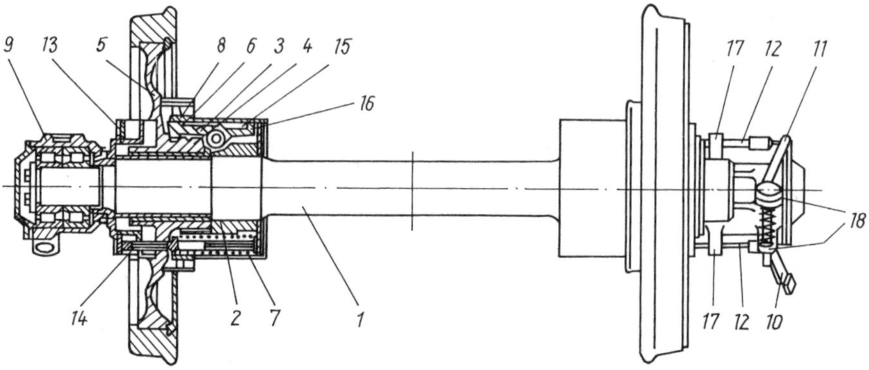

Spurwechselradsatz
DR IV
1 Radsatzwelle, 2 Kupplungsstern, 3 Kipphebel, 4 Radnabe, 5 Radscheibe, 6 Hülse, 7 Druckfeder, 8 Keilfläche, 9 Radsatzlagergehäuse, 10 Kurbel, 11 Hebel, 12 Druckstößel, 13 Steuerscheibe, 14 Druckstange, 15 Nase, 16 Nocken, 17 Stütze, 18 Lager

mm. Die exakte Differenz kann wegen der ungleichen Ebenen der Meßpunkte nicht als Spurspiel Verwendung finden.
Spurspiel: → Spurmaß
Spurverengung: → Spurweite
Spurwechsel: Vorgang, bei dem das → Spurmaß der Radsätze eines Schienenfahrzeugs einer anderen → Spurweite angepaßt wird. Der S. wird in Spurwechselanlagen i.d.R. durch Austausch von Radsätzen oder Drehgestellen vorgenommen. → Spurwechselradsatz
Spurwechselradsatz: spezieller → Radsatz, der den → Spurwechsel auf eine andere → Spurweite selbsttätig ermöglicht. Dazu werden überwiegend die Räder auf der Radsatzwelle verschoben. Dieser Vorgang kann je nach Bauart bei be- oder entlastetem Rad geschehen. Bei den Endstellungen tritt eine Verriegelung ein. Die drehfeste Verbindung zwischen den Rädern und der Radsatzwelle wird beibehalten. Mit einer bes. Verstelleinrichtung lassen sich die Bremsklötze dem neuen → Spurmaß anpassen. Abb.
Spurweite: kleinstes Maß zwischen den Schienenköpfen eines Gleises. Sie wird i.d.R. im Bereich von 0–14 mm unter der → Schienenoberkante gemessen. Das Nennmaß der S. beträgt bei Normalspurbahnen (→ Normalspur) 1435 mm. Es geht auf George → Stephenson zurück, dessen erste Eisenbahn von Stockton nach Darlington eine S. von 4 engl. Fuß 8½ Zoll (≙1435 mm) besaß. Stephenson wählte dieses Maß vermutlich in Anlehnung an die Spur der Postkutsche. Das reale Maß der S. weist Abweichungen vom Nennmaß auf, darf jedoch 1430 mm nicht unterschreiten und 1465 mm auf durchgehenden Hauptgleisen und 1470 mm auf übrigen Gleisen nicht überschreiten. Die Überschreitung des Nennmaßes kann durch den Einbau einer →

Spurweite
a) Spurmaß
b) Zusammenstellung; links in mm, rechts in Fuß (′) und Zoll (″)

a)

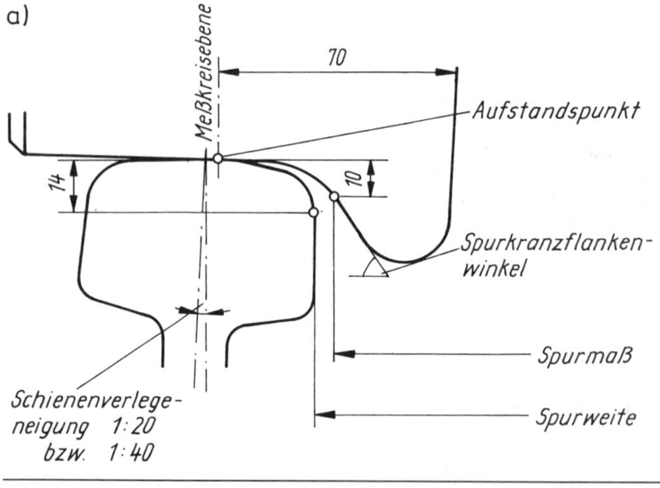

b)

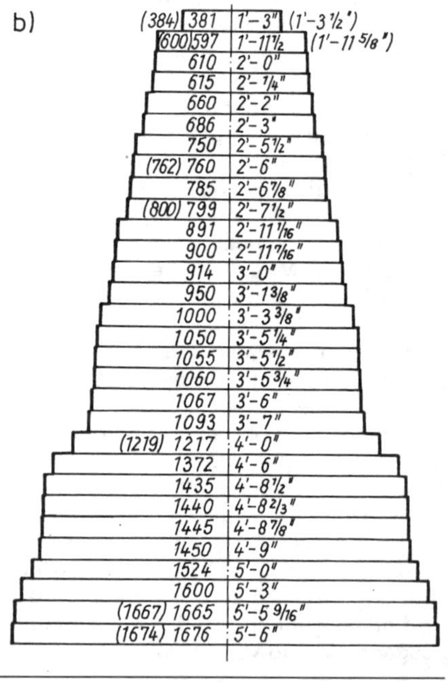

Spurerweiterung in engen Gleisbögen und durch den seitlichen Schienenverschleiß und eine Deformation der Schienenbefestigungen verursacht sein. Eine Unterschreitung des Nennmaßes *(Spurverengung)* führt zu größeren horizontalen Schienenbeanspruchungen durch das Fahrzeug und kann schlechtere Laufruhe hervorrufen. Größere S. als die normalspurigen Bahnen werden als *Breitspur* (z.B. 1520 mm bei den SŽD) und kleinere als *Schmalspur* (z.B. Kapspur 1067 mm) bezeichnet. Etwa 64% der Streckenkilometer in der Welt besitzen Normalspur, 11,8% sowjetische Breitspur, 7,7% Kapspur, 7,5% Meterspur. Abb.

SRM-Getriebe: Bauart eines → hydromechanischen Getriebes mit innerer Leistungsverzweigung der schwedischen Fa. Svenska Rotor Maskinder (SRM) und Lizenznehmern. Das S. besteht aus einem 2stufigen Strömungswandler, bei dem das Leitrad im ersten Gang über ein → Planetengetriebe durch Festbremsen des Planetenträgers entgegengesetzt zum Pumpen- und Turbinendrehsinn rotiert und auf die Turbinenwelle treibt, wodurch das → Anfahrdrehmoment auf das 9,6fache erhöht wird. Im zweiten Gang wird das Leitrad festgebremst, und die Drehmomentwandlung geschieht wie üblich durch das Turbinenrad. Unterschiedliche Modelle des S. werden in der dargestellten Ausführung, mit festem Leitrad und mit Direktkupplung oder Strömungskupplung als drittem Gang hergestellt. Die Gänge werden ohne → Zugkraftunterbrechung geschaltet. Anwendung: bei Diesellokomotiven bis etwa 750 kW Leistung und bei Dieseltriebwagen, z.B. im Triebwagen der BR ALn 668 der FS von FIAT. Abb.

Stahlfeuerbüchse: → Feuerbüchse

Stahlgußrahmen: Bauart des → Rahmens bes. von nordamerikanischen Dampflokomotiven. Weitgehend werden Stahlgußteile größerer Abmessungen (z.B. Rahmenwangen und → Zylinderblock (1) mit → Gleitbahnen) verwendet und zum S. zusammengeschraubt oder -genietet. S. sind bes. steif und schwer. Zum Gießen der Stahlgußteile sind aufwendige Ausrüstungen erforderlich.

Stahllager: zur Reduzierung des Rotgußverbrauchs bei der DRG während des zweiten Weltkriegs eingesetzte Bauform des → Stangenlagers für Dampflokomotiven, bei dem die Lagerschalen aus Stahl oder Stahlguß mit einem Weißmetallausguß bestanden. Zur Sicherung der → Notlaufeigenschaft des S. erhielten die Lagerschalen anfangs runde Messingputzen in den Stirnaufgüssen und Messingstreifen in den Ausgüssen der Laufflächen; später wurden unter Verzicht auf die Messingputzen die verlängerten und an den Stirnseiten umgebogenen Messingstreifen in die Stirnaufgüsse eingebettet. Lit.: 2.12.

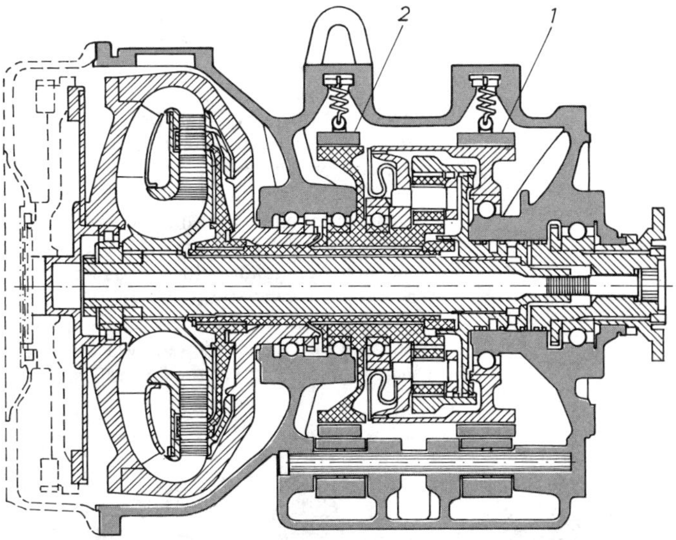

SRM-Getriebe, Modell S
////// Pumpenrad und Antriebsflansch
\\\\\\ Turbinenrad und Antriebswelle
XXXXX Leitrad
//////// Planetenträger

1 Bremse für den 1. Gang, 2 Bremse für den 2. Gang

Stahlstehbolzen: → Stehbolzen

Ständer, *Stator:* feststehendes Teil bei rotierenden elektrischen Maschinen (→ Fahrmotor, → Generator auf dieselelektrischen Tfz.) mit den Hauptbestandteilen S.eisen (massiv und geblecht) und S.wicklung. Der S. ist Träger der → Lagerschilde, der Vorrichtungen zum Festhalten der Maschine, der Anschlüsse und Schächte zur Kühlung der Maschine und des Klemmenkastens.

Standrohr: Bauteil der → Abdampfableitung. Bei Zusammenführung der Ausströmrohre außerhalb der → Rauchkammer wird der → Abdampf mit einem S. in die Rauchkammer geleitet. Auf dem S. ist dann das → Blasrohr montiert.

Stangenantrieb: Bauart des → Triebwerks von Tfz., bei der das Drehmoment des → Treibradsatzes durch über Stangen eingeleitete Druck- bzw. Zugkräfte an die um 90° versetzten Treibkurbeln erzeugt wird. Mit dem S. ist beim Dampftriebwerk eine günstige Wandlung der hin- und hergehenden Bewegung des Kolbens in eine Drehung des Treibradsatzes möglich. Zur angestrebten Ausnutzung der gesamten Masse des Tfz. als Reibungsmasse werden meist weitere Radsätze über Kuppelstangen angetrieben (→ Kuppelradsatz). Der S. erfordert zum → Massenausgleich und zum Ausgleich der Fliehkräfte → Gegengewichte (dort Abb.) an den Radkörpern und an den Blindwellenkurbeln. Die bei Bogenfahrt entstehenden seitlichen Verschiebungen der gekuppelten Radsätze müssen durch eine Seitenverschieblichkeit der Stangenlager und durch Gelenkverbindungen ausgeglichen werden. Ein Vorteil des S. ist weiterhin, daß sich die → Achsentlastung beim Anfahren nicht nachteilig auswirkt.

Wegen der Robustheit und geringen Störanfälligkeit wurde der S. anfangs auch zur Übertragung des Drehmoments vom elektrischen bzw. Dieselmotor, ggf. unter Zwischenschalten einer → Blindwelle, verwendet. Er ist bes. bei → Rangierdiesellokomotiven noch heute im Einsatz. Lit.: 2.3., 2.6., 2.10., 2.12., 3.6., 3.9., 4.5.

Stangenkopf: Teil der → Treibstange und → Kuppelstange, das zur Aufnahme des → Stangenlagers dient. Der S. wird i. d. R. *geschlossen* ausgeführt; nur beim innenliegenden Triebwerk werden *offene S.*, die erst nach dem Einbau des Stangenlagers durch einen starken Keil mit Bügel und Schraubverbindung geschlossen werden, sowie der → Schnallenkopf verwendet. Im oberen Teil des S. ist ein → Schmiergefäß für das Stangenlager eingebracht. Lit.: 2.3., 2.12.

Stangenlager: in den → Stangenkopf von → Treibstangen und → Kuppelstangen von Tfz. eingepaßtes Gleit- oder seltener Rollenlager (→ Wälzlager). Stangengleitlager werden als Ringlager (Buchsenlager) oder nachstellbare geteilte S. ausgeführt. Das vor allem als Kuppelstangenlager und vorderes Treibstangenlager verwendete *Ringlager* besteht aus einem buchsenartigen ungeteilten

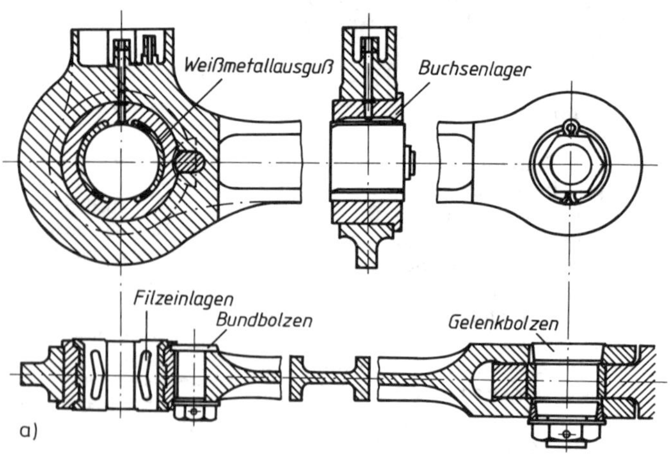

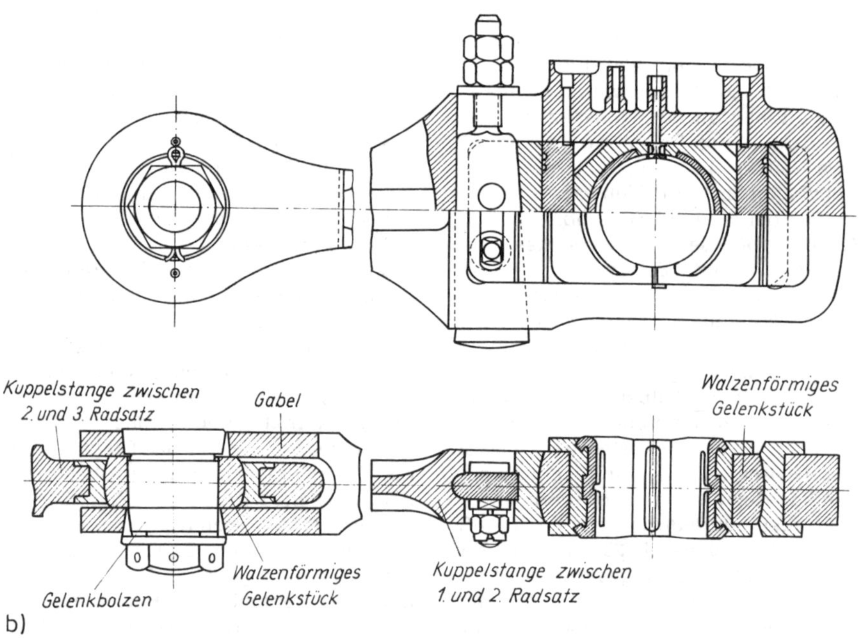

Stangenlager einer Kuppelstange
a) Buchsenlager
b) geteiltes und nachstellbares walzenförmiges Lager

und mit einem (nur beim Kuppelstangenlager) Weißmetallausguß versehenen Rotgußlager (Dünngußlager) oder später auch Graugußlager, das gegen Verdrehen im Stangenkopf durch einen Rundbolzen oder Zylinderstift gesichert ist. Das für das hintere Treibstangenlager verwendete und in 2 Hälften *geteilte S.* besteht aus der vorderen festen oder Grundlagerschale und der mit Stellkeil und Stellkeilschraube nachstellbaren Keillagerschale. Zwischen beiden Lagerschalen sind auswechselbare Beilagen eingebracht, die entspr. dem eintretenden Verschleiß beim Nachstellen gewechselt werden. Wenn der hintere Treibstangenkopf (z.B. bei Güterzuglok mit kleinem Raddurchmesser) die Begrenzungslinie für Fahrzeuge überschreitet, wird die Keilnachstellung an die vordere Lagerschale verlegt (→ Schnallenkopf). Als *gelenkige S.* werden bei Lokomotiven mit vielen Kuppelradsätzen → Walzenlager verwendet. Die S. werden i.d.R. durch eine → Nadelschmierung, bei älteren Lokomotiven durch eine → Dochtschmierung mit Schmieröl versorgt (→ Schmiergefäß).
Die wegen ihres geringen Reibungswiderstands, niedrigen Schmierstoff- und Instandhaltungsaufwands sowie der stark reduzierten Heißlaufgefahr versuchsmäßig eingesetzten Rollenlager führten wegen ihrer gegenüber dem Gleitlager größeren Lagerabmessungen zu größeren Stangenköpfen und dadurch bedingt zu größeren → Gegengewichten. Verbessert wurde die Gelenkigkeit der Lager bei der Verwendung von Pendelrollenlagern. Infolge der hohen Stoßbeanspruchung haben sie sich bisher als S. nicht durchsetzen können. Lit.: 2.3., 2.12. Abb.

Stangenstromabnehmer: → Stromabnehmer für eine über der Gleismitte verlegte → Fahrleitung, der aus einer auf einem Tragebock drehbar befestigten, schräg ansteigenden Stange (meist einem Stahlrohr) besteht, die an ihrem oberen Ende als Kontaktelement zur Fahrleitung entweder eine Kontaktrolle aus Bronze *(Rollenstromabnehmer)* oder einen Gleitschuh mit einer auswechselbaren Aluminium- oder Kohleeinlage *(Gleitschuhstromabnehmer;* bei Obussen meist in Zwillingsanordnung) trägt. Die Kontakte haben eine Laufrille, um das Abspringen vom Fahrdraht zu verhindern. Der Tragebock ist drehbar, damit sich der S. dem Fahrdrahtverlauf anpassen und er bei Wechsel der Fahrtrichtung geschwenkt werden kann. Der S. kann mit einer Leine aus Isoliermaterial vom Fahrdraht abgezogen (und ggf. geschwenkt) werden. Trotz hoher Anpreßkraft (100–200 N) kann wegen der kleinen Kontaktfläche ein Strom von nur max. 200 A fließen. Der S. wird außer bei Obussen und bei einigen älteren Straßenbahn-Tfz. heute nur noch bei Tfz. kleiner Leistung (z.B. Gruben- und Werklokomotiven) angewandt. Abb.

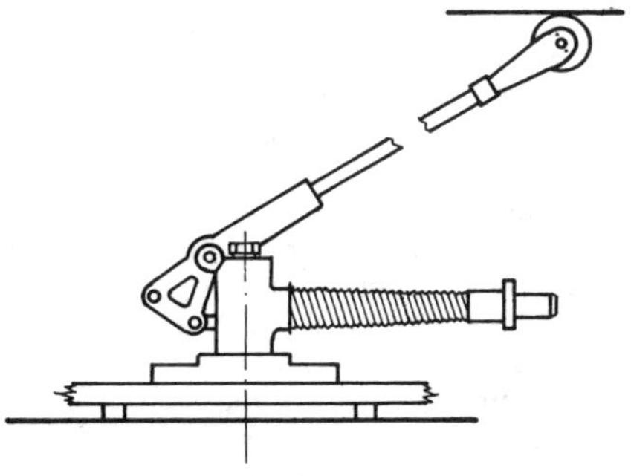

Stangenstromabnehmer

Starrahmen: → Einrahmenlokomotive
Starthilfsmittel: → Anlaßhilfe
Start-Pilot: → Anlaßhilfe für den → Kaltstart von Dieselmotoren mit Hilfe von speziellen, zündwilligen Anlaßkraftstoffen. Der S. besteht bei Automatikanlagen aus einem kleinen Kompressor, der parallel zum → Anlasser geschaltet ist, einem Vorratsbehälter für den Anlaßkraftstoff und einer oder mehreren Einspritzdüsen im Ansaugrohr des Motors. Der Anlaßkraftstoff wird mit Hilfe der vom Kompressor erzeugten Druckluft aus dem Vorratsbehälter gefördert und dabei mit der Luft vermischt. Über die Einspritzdüse des S. gelangt das Gemisch in die Zylinder des Motors und bewirkt dort dank seiner großen Zündwilligkeit ein rasches und weiches Zünden, selbst bei tiefen Außentemperaturen und geringen Anlasserdrehzahlen.
Stauaufladung: → Gleichdruckaufladung
Staubfänger: in die Abzweigung von der → Hauptluftleitung zu den → Steuerventilen zu deren Schutz vor Verschmutzung und Feuchtigkeit eingebautes Bauelement der indirekt wirkenden → Druckluftbremse. Durch Richtungsänderung und Verwirbeln der Luft im S. (Zentrifugal-S.) werden Staub und Kondensat abgesetzt. S. werden bes. bei der → Tenderbremse von Schlepptenderlokomotiven älterer Bauart verwendet. Lit.: 1.4., 2.3., 2.12.

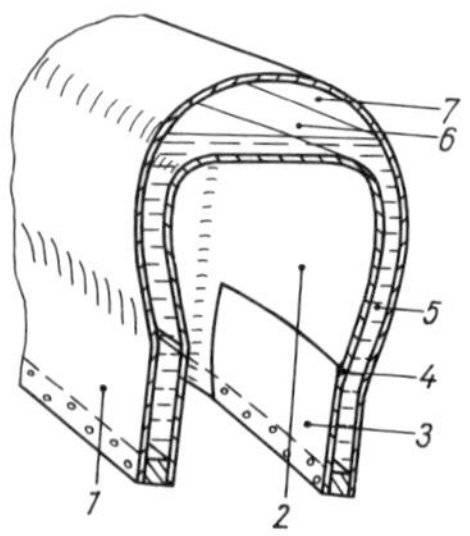

Stehkessel
1 Stehkessel, 2 Feuerbüchse, 3 Stahlvorschuk, 4 Schweißnaht, 5 Wasserraum, 6 Wasserstand, 7 Dampfraum

Stehbolzen: Verbindungselement zwischen → Stehkessel und → Feuerbüchse, das ein Durchbiegen der ebenen Wände dieser beiden Baugruppen unter Dampfdruck verhindert, sie gut verankert und im Rahmen zulässiger Wärmeausdehnung gegeneinander absteift. Der S. wird aus Kupfer oder Stahl hergestellt, bestimmend hierfür ist i.d.R. das Material der Feuerbüchse. Der Abstand der S. voneinander ist abhängig vom zul. → Kesseldruck und beträgt i.d.R. 80–100 mm. S. werden aus hohlgezogenem Material hergestellt oder von beiden Seiten 50 mm tief angebohrt, um bei Abreißen eines S. durch Austritt von Wasser oder Dampf im allg. nach der Feuerbüchsseite hin auf den Schaden aufmerksam zu machen. Nach der Außenseite erhalten die Kontrollbohrungen zur Abdichtung Schweißpfropfen oder Verschlußkappen. Die S. werden mit den abzusteifenden Wänden verschraubt oder verschweißt. *Kopf-S.* besitzen an beiden Enden erweiterte Schäfte, *Stab-S.* durchgehende zylindrische Schäfte. *Bügelanker-S.* verbinden die → Bügelanker mit der Feuerbüchsdecke, → *Deckenstehbolzen* die Feuerbüchs- und Stehkesseldecken und → *Gelenkstehbolzen* (→ Kreuzgelenkstehbolzen) Zonen starker gegenseitiger Längsausdehnung beider Decken. Lit.: 2.3., 2.6., 2.10., 2.12. Abb.

stehender Motor: Bauform von → Verbrennungsmotoren, bei der die Zylinder und damit die Zylinderachse(n) senkrecht (stehend) zur Achse der → Kurbelwelle angeordnet sind.

Stehkessel: Hauptbaugruppe des → Dampflokomotivkessels, die zusammen mit → Feuerbüchse, → Stehbolzen und Ankern den Hinterkessel bildet. Der S. ist aus der S.vorderwand, S.rückwand und dem S.mantel zusammengenietet oder -geschweißt. Die S.vorderwand läuft in einen halbzylindrischen Teil aus und bildet zusammen mit dem S.mantel einen Zylinder, in dem der → Langkessel zum Vernieten eingeschoben oder zum Verschweißen angesetzt wird. Die S.rückwand hat als Ausschnitt i.d.R. das → Feuerloch (gelegentlich auch 2 Feuerlöcher) und trägt die → Feuertür. Ferner sind an ihr Teile der → Kesselausrüstung angebracht.

Der S. hat eine eigene Entwicklung durchlaufen; als bes. Bauarten gelten u.a. der → Norris-Stehkessel mit Rundkuppel, der → Crampton-Stehkessel mit glatter an den Langkessel anschließender Decke, der → Belpaire-Stehkessel mit gerader Decke sowie die Bauformen nach Wootten für sehr große Rostflächen und nach Brotan (→ Brotan-Kessel) mit Wasserrohren. Spezielle Bauteile des S. sind → Verbrennungskammer, → Wasserkammer und Quersieder. Lit.: 2.3., 2.6., 2.9., 2.10., 2.12., 5.3. Abb.

Stehkesselträger: **1.** I.e.S. Bauelement zum Tragen des Stehkessels der Dampflokomotive, das an den Stehkesselseitenwänden befestigt oder als Rahmenverbindung ausgebildet oder im Sonderfall auch als → Pendelblech am vorderen → Bodenring des Stehkessels angebracht wurde. – **2.** I.w.S. aus mehreren Bauelementen bestehende Bauart des → Kesselträgers der Dampflokomotive zum Tragen des Stehkessels unter Aufnahme seiner wärmebedingten Längenausdehnung meist durch Gleitführungen. Das Festlegen des Stehkessels in Lokquerrichtung übernehmen i.d.R. in der Loklängsachse unter der Stehkesselrückwand oder auch zusätzlich unter deren Vorderwand angeordnete → Schlingerstücke. Unterbauarten: 1) Bei zwischen den Wangen des Lokomotivrahmens angeordnetem Stehkessel stützen sich die an den Stehkesselseitenwänden befestigten S. über geschmierte Rotguß-Gleitschienen und die Rahmenwangen schützende Zwischenlagen auf den Rahmenwangen selbst ab. Mit ihnen und den S. verschraubte Klammern (Trägerbügel) verhindern unter Zulassung einer Längsbewegung des Stehkessels das Abheben des Kessels. 2) Bei über dem Rahmen angeordnetem Stehkessel stützt sich dieser beidseitig von den Schlingerstücken über am Bodenring angebrachte → Tragschuhe, Gleitschuhe und geschmierte Gleitplatten auf Rahmenverbindungen (den S. i.e.S.) ab. Auch hier verhindern entspr. Klammern, die Ansätze an den Tragschuhen umgreifen oder in Rahmenausfräsungen fassen, ohne Behinderung des Längsgleitens das Abheben des Stehkessels. Lit.: 2.3., 2.12.

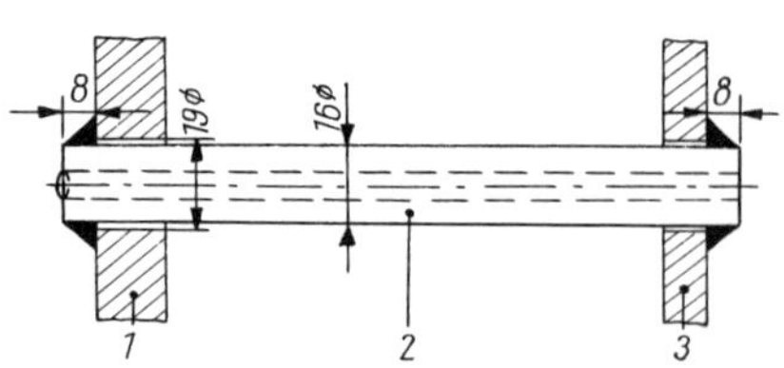

Stehbolzen

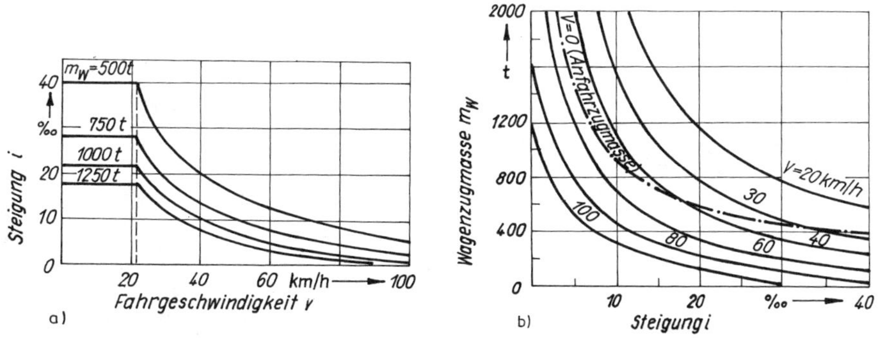

Steigungs-Geschwindigkeits-Diagramm
a) Steigungs-Geschwindigkeits-Diagramm
b) Wagenzugmasse-Steigungs-Diagramm

steifer Radsatz: → Radsatz, der sich gegenüber dem Fahrzeug- oder Laufwerkrahmen weder längs noch quer verschieben oder drehen kann. Gegensatz: → freier Lenkradsatz, → seitenverschieblicher Radsatz.

Steigungs-Geschwindigkeits-Diagramm: fahrdynamische Charakteristik zur Darstellung der von Zügen in gleichförmiger Bewegung befahrbaren Steigung. Das S. wird für Tfz.-Baureihen und Zuggattungen aufgestellt, dient der Überprüfung des Steigvermögens und war früher maßgebende Grundlage der grafischen Fahrzeitermittlungsverfahren.

Das S. wird nach

$$i = (F_Z - r_W G_W)/G_Z$$

berechnet (i Steigung mit der Maßeinheit 1, bei Multiplikation mit der Zahl 1000 auch in ‰; F_Z Zughakenzugkraft in kN; G_W Wagenzuggewichtskraft in kN; G_Z Zuggewichtskraft in kN; r_W Wagenzugwiderstandszahl (→ Widerstandszahl) mit der Maßeinheit 1). Lit.: 1.28. Abb.

Steinkohlenfeuerung: → Braunkohlenfeuerung

Steinspringen: Bezeichnung für die gleitende Auf- und Ab-Bewegung des → Schwingensteins in der → Schwinge bei der → Schwingensteuerung infolge der Kreisbogenbewegung der Schwinge um ihren festen Anlenkpunkt und der geradlinigen Bewegung der → Schieberschubstange. Das S. ist bei Aufhängung der Schieberschubstange mit → Kuhnscher Schleife bei Vorwärts- und Rückwärtsfahrt gleich groß. Bei Aufhängung mit → Hängeeisen (1) ist das S. bei Vorwärtsfahrt durch gleichgerichtete Kreisbögen von Hängeeisen und Schwinge sehr klein, bei Rückwärtsfahrt infolge gegenläufiger Kreisbögen aber sehr groß. Vom S. werden die Dampfverteilung durch eine unterschiedliche Füllung der Arbeitsräume ein und desselben Zylinders (→ innere Steuerung) und der Verschleiß des Schwingensteins ungünstig beeinflußt. Lokomotiven mit überwiegender Vorwärtsfahrt (→ Schlepptenderlokomotiven) werden deshalb i.d.R. mit Hängeeisen ausgerüstet. Lit.: 2.3., 2.12.

Stellglied: hydraulisches Ventil zum Füllen, Entleeren und Belüften von → hydrodynamischen Kreisläufen in → Strömungsgetrieben. Das S. besteht aus dem Stellgliedgehäuse (oft Teil des Wandlergehäuses) mit Anschlüssen für die Füll- und Entleerleitungen, dem → Steuerkolben, aus Rückstellfedern und (meist) einer Steuerbuchse. Der Steuerkolben wird durch den Stellkolben, der im S. angeordnet ist, oder durch einen getrennten Stellenantrieb verstellt. Das S. kann hydraulisch mit → Steueröl, pneumatisch, elektrisch oder im Störungsfall von Hand (→ Handbetätigung (1)) betätigt werden. Abb. S.550

Stellkeil: Bauelement des geteilten Radsatzgleitlagers für Dampflokomotivtreibradsätze (→ Mangold-Lager), des → Stangenlagers und am → Schlingerstück zum Ein- und Nachstellen des Lagerspiels.

Stellmotor, *Schaltmotor:* Elektromotor oder auch pneumatischer Motor, der Schalter betätigt. Auf elektrischen Tfz. verstellt der S. beim Aufschalten (Hochschalten) meist in Abhängigkeit vom → Fortschaltrelais das → Schaltwerk.

Stellmotorsteuerung: → Schaltwerksteuerung für elektrische und dieselelektrische Tfz., bei der die → Fahrstufe durch einen (meist elektrischen) → Stellmotor verändert wird.

Stellstrom, *Steuerstrom:* elektrischer Strom zur Betätigung von → Stellmotoren und anderen Stellelementen auf elektrischen und dieselelektrischen Tfz.

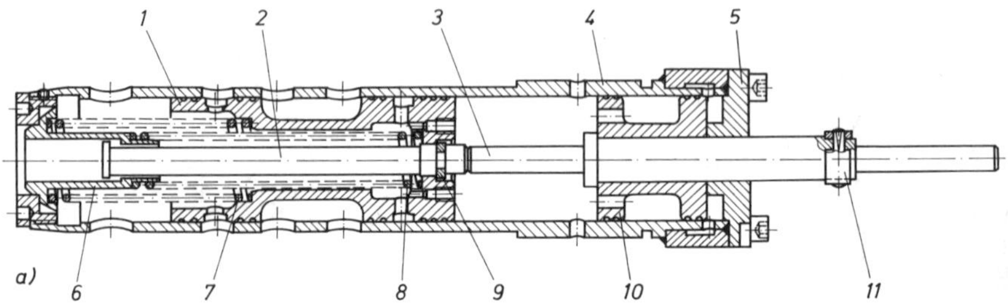

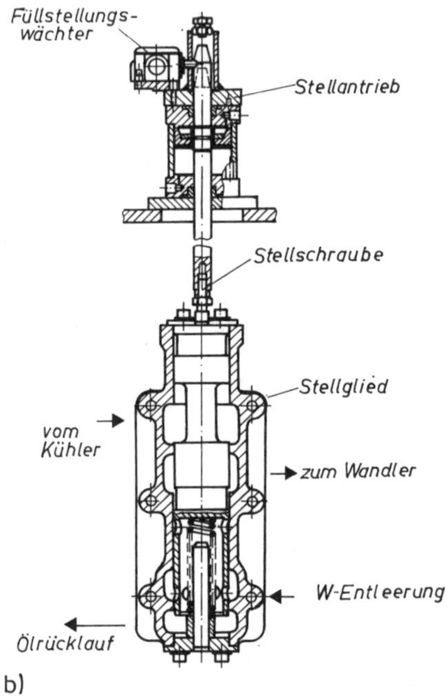

Stellglied
a) mit hydraulischem Stellantrieb
1 Steuerkolben, 2 Kolbenhalter, 3 Kolbenstange, 4 Steuerbuchse, 5 Deckel, 6 Federführung, 7, 8 Druckfeder, 9 Sicherungsscheibe, 10 Stellkolben, 11 Stellring
b) mit pneumatischem Stellantrieb

Stelltransformator, *Steuertransformator:* bei der → Hochspannungssteuerung (dort Abb.) von Wechselstrom-Tfz. der Eingangstransformator, dem die Hochspannung durch die → Dachleitung zugeführt wird und der mit Anzapfungen für verschiedene Spannungsstufen versehen ist. Die Anzapfungen, deren zugehörige Spannungsstufen sich auf Hochspannungsniveau befinden, stehen mit dem Hochspannungsschaltwerk in Verbindung, das die einer bestimmten Fahrgeschwindigkeit entspr. Spannung einstellt. Diese Spannung wird dem → Leistungstransformator zugeführt, der sie auf die für die Fahrmotoren geeignete Spannung heruntertransformiert. Lit.: 4.5., 4.12.

George *Stephenson*

Stephenson, George: 9. Juni 1781 (Wylam/Northumberland) – 12. August 1848 (Chesterfield bei Newcastle); englischer Eisenbahningenieur, Gründer der ersten Lokomotivfabrik der Welt, Vater von Robert → Stephenson. S. berufliche Laufbahn begann mit 14 Jahren als Hilfsheizer und Maschinenwärter sowie ab 1812 als Maschinenmeister in den Killingworth-Gruben. Mit dem Ziel, die Pferdekraft durch Dampfmaschinenkraft zu ersetzen, gelang ihm 1813/14 der Bau seiner ersten Lokomotive »Mylord« (später in »Blücher« umbenannt), womit er gleichzeitig die Regelspurweite (→ Spurweite) einführte. Die Lokomotive, deren 2 Zylinder die 2 Treibradsätze mit einem Hebelgestänge und Zahnrädern antrieben, absolvierte am 25. Juli 1814 auf einer Grube in Killingworth ihre Jungfernfahrt und konnte 30 t Kohle mit 4 Meilen/h (etwa 6,4 km/h) ziehen. 1815 erhielt S. zusammen mit Ralph Dodds ein Patent über den Antrieb der Treibradsätze mit Ketten und Kuppelstangen. 1816 schuf S. die nach ihm benannte → Stephenson-Steuerung. Nach der Übernahme des Baus der Stockton-Darlingtoner Bahn als Bauleiter 1821 gründete S. zur Fertigung von 3 für diese Bahn von ihm entwickelter Reibungslokomotiven am 23. Juni 1823 in Newcastle die erste Lokomotivfabrik der Welt. Für die »Locomotion« als eine der 3 Lokomotiven verwendete er erstmals den Kuppelstangenantrieb, ein Blasrohr sowie gußeiserne Räder an Stelle der schmiedeeisernen. Weiter führte S. auf der 1825 eröffneten Strecke Stockton–Darlington die Weiche ein, baute den ersten Personen-Eisenbahnwagen »Experiment« und leitete den Bau der 1830 eröffneten Strecke Liverpool–Manchester, die auch den ersten Eisenbahntunnel der Welt erhielt und die durch die → Lokomotivwettfahrt von Rainhill bekannt wurde, bei der die von seinem Sohn Robert Stephenson konstruierte Lokomotive → »Rocket« in die Geschichte einging. Lit.: 2.9., 5.1., 5.3. Abb.

Stephenson, Robert: 16. Oktober 1803 (Willington Quay) – 12. Oktober 1859

(London); englischer Eisenbahningenieur, Sohn von George → Stephenson. Nach Abschluß seiner Schulzeit nahm S. eine 2jährige praktische Tätigkeit in einem Kohlenbergwerk und ab 1820 ein Studium an der Universität Edinburgh auf. In dieser Zeit unterstützte er seinen Vater beim Eisenbahnbau Stockton–Darlington. 1824 ging S. für 3 Jahre zum Aufbau von Dampfmaschinen in Bergwerksbetrieben nach Südamerika. Anschließend kehrte er mit → Trevithick nach Newcastle zurück und entwickelte hier 1828 die Dampflokomotive → »Rokket«, die nach ihrem Bau in der väterlichen Lokomotivfabrik 1829 durch ihren Sieg bei der → Lokomotivwettfahrt von Rainhill als erste betriebstüchtige Dampflokomotive der Welt in die Geschichte einging. 1830 konstruierte S. die weiterentwickelte → Planet-Bauart sowie die ihm patentierte → Patentee-Bauart damaliger Dampflokomotiven, schuf 1842 die erste → Long-Boiler-Lokomotive und baute 1850 die erste → Doppellokomotive.

Der als Konstrukteur von Eisenbahn- und Straßenbrücken ebenfalls verdienstvolle, vielfach ausgezeichnete und als erster »Ingenieur-Millionär« bezeichnete S. wurde nach seinem Tode in der Westminster-Abtei, Königen und Feldherrn gleich, beigesetzt. Lit.: 2.9., 5.1., 5.3.

Stephenson-Steuerung: nach G. → Stephenson benannte Bauart der → Schwingensteuerung (Kulissensteuerung) mit nach hinten gebogener → Schwinge (Kulisse). Bei der S. wird die → Schieberschubstange durch 2 gegeneinander versetzte Hubscheiben über offene oder gekreuzte → Schwingenstangen und eine senkrechte verstellbare Schwinge angetrieben. Die S. wurde 1842 von Howe, dem Werkmeister G. Stephensons, aus der Gabelsteuerung entwickelt. Sie ist die älteste Steuerung für kombiniert mit veränderlicher Dampfdehnung und Umstellung von Vorwärts- auf Rückwärtsfahrt arbeitende Dampflokomotiven. Gegenüber den vorangegangenen Steuerungsarten (z.B. der Gabelsteuerung), die nur eine unveränderliche Dampfdehnung erlaubten, wurde eine Dampf- und Kohleersparnis von über 25% erzielt. Lit.: 2.3., 2.9., 2.12., 5.3. Abb.

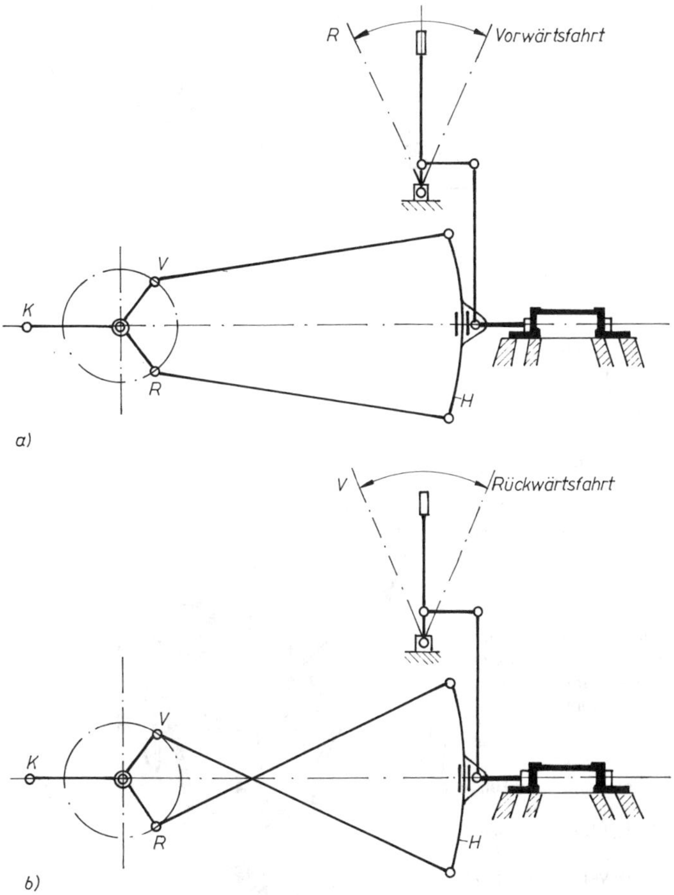

Stephenson-Steuerung (Schema)
a) mit offenen Schwingenstangen, b) mit gekreuzten Schwingenstangen
V Vorwärtsexzenter, R Rückwärtsexzenter, H Kulisse (Schwinge), K Treibkurbel am Treibradsatz

Sternkolbengebläse: mechanisch von der → Kurbelwelle des Dieselmotors angetriebenes Aggregat, das nach dem Verdrängerprinzip arbeitet und zur → Aufladung dient. S. besitzen ein rundes Grundgehäuse mit einem Saug- und Druckstutzen, in dem sich ein exzentrisch gelagerter Rotor mit radial angeordneten Flügeln befindet. Durch die Fliehkraft werden die Flügel fest an die Gehäusewand gedrückt, wodurch eine gute Abdichtung der unterschiedlich großen Kammern bei gleichzeitiger Verdichtung der eingeschlossenen Luft erreicht wird. S. werden zur Aufladung von Dieselmotoren kleiner Leistung angewandt. Abb.

Steuerblock: andere Bezeichnung für → Stellglied.

Steuerbock: im Führerhaus der Dampflokomotive angeordnetes und am Rahmen oder Lokomotivkessel befestigtes Bauteil der → Schwingensteuerung zur Aufnahme der → Steuerschraube und -mutter mit Handkurbel (Handrad) und → Sperrad (Riegelscheibe) mit Sperrklinke oder -stift. Mit der in Längsrichtung nicht verschiebbaren Steuerschraube wird

Sternkolbengebläse

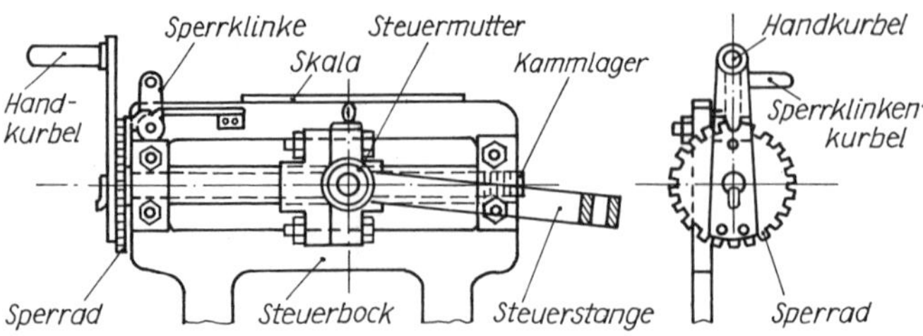

a)

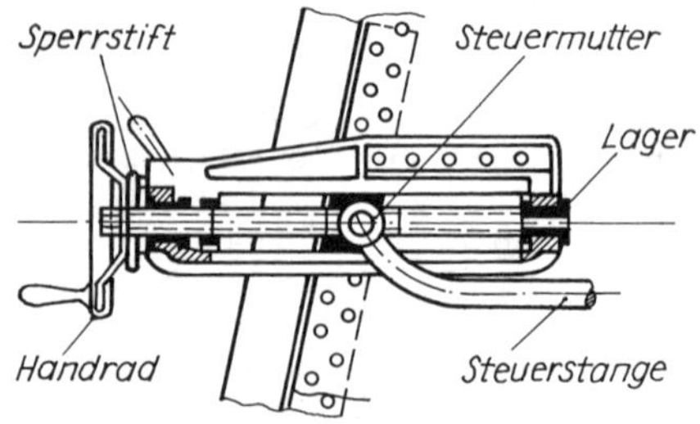

b)

Steuerbock für die Schwingensteuerung (mit Einzelteilen)
a) Steuerbock mit Steuerschraube und Handkurbel für Lokomotiven preußischer Bauart
b) Steuerbock mit Steuerschraube und Handrad für Lokomotiven der Einheits-Bauart der DRG

Steuerkette
Rollenkette mit doppeltem Kettenspanner zum Antrieb der obenliegenden Nockenwelle

Steuerdiagramm eines Viertakt-Dieselmotors
α_{EB} Voreinspritzwinkel, $\alpha_{Ü}$ Ventilüberschneidungswinkel, EB Einspritzbeginn, Eö Einlaßventil öffnet, VB Verbrennungsbeginn, As Auslaßventil schließt, Aö Auslaßventil öffnet, Es Einlaßventil schließt

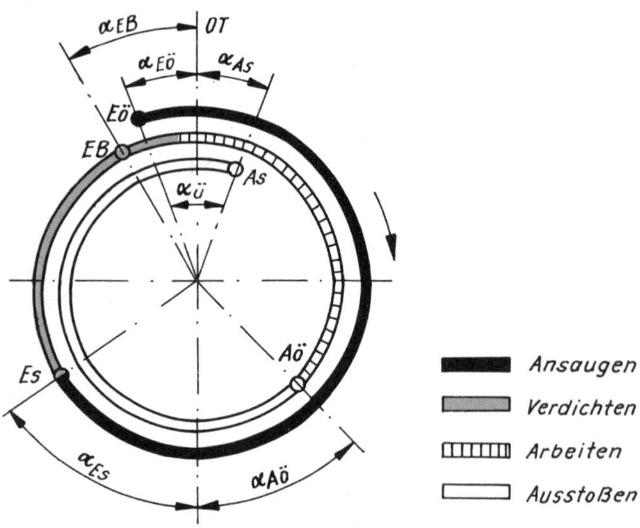

durch das Drehen der Handkurbel die an der längsgeführten Steuermutter angelenkte Steuerstange bewegt und damit über weitere Hebel (z.B. die auf der → Steuerwelle befestigten → Steuerstangenhebel und → Aufwerfhebel sowie das → Hängeeisen (1) bei der → Heusinger-Steuerung) der → Schwingenstein zum Umsteuern der Fahrtrichtung und zur Einstellung der Füllung in der → Schwinge verschoben. Lit.: 2.3., 2.12. Abb.

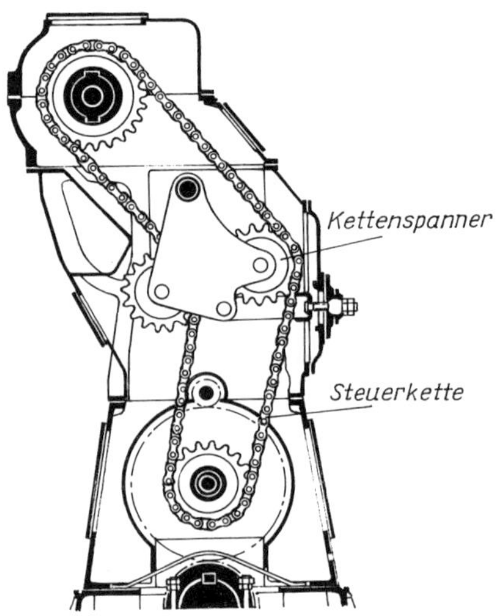

Steuerdiagramm: graphische Darstellung für den → Ladungswechsel. Im Kreis- oder Schneckendiagramm werden in Drehrichtung der Kurbelwelle die Steuerpunkte für das Öffnen bzw. Schließen der Ventile oder Kanäle (→ Zweitaktmotor) eingetragen. Damit ergeben sich → Steuerwinkel und in Verbindung mit der Kurbelwellendrehzahl Steuerzeiten, die symmetrisch oder unsymmetrisch zur Linie zwischen dem OT und UT liegen. Im S. sind Ventilüberschneidungen (Einlaß und Auslaß offen), Vorauslaß- und Nachladewinkel sowie Einspritzbeginn bei Dieselmotoren und Einspritz-Ottomotoren erkennbar. Abb.

Steuerkette: endloses Verbindungselement von → Kurbelwelle und → Nockenwelle. Die von der Kurbelwelle angetriebene S. ist als Rollenkette (Einfach-, Duplex- oder Triplexkette) für hohe Drehzahlen geeignet. Sie wird bei kleineren Verbrennungsmotoren angewandt. Abb.

Steuerkolben: → Stellglied, → Drehzahlschalter

Steuerluftbehälter: **1.** → Druckluftbehälter für die Ansteuerung der → Druckübersetzer der → Druckluftbremse auf Tfz. Der S. befindet sich am → Steuerventil (z.B. bei der Ausführungsform KE 1c der → Knorr-Bremse (Bauart KE)) und hat die Aufgabe, die entsprechende Druckluft beim Bremsvorgang für die Erzeugung des Vorsteuerdrucks für die Drucküberetzer zur Verfügung zu stellen. Die für die → Bremszylinder benötigte Druckluft kommt aus → Vorratsluftbehältern (Bremsluftbehältern). – **2.** → Hildebrand-Knorr-Bremse

Steuermutter: → Steuerschraube, → Steuerbock

Steueröl: zur Betätigung von Steuerorganen in Strömungs- und hydromechanischen Getrieben notwendiges Öl, dessen Druck von der → Steuerölpumpe, u.U. von der → Füllpumpe oder von Meßpumpen erzeugt wird. Um kleine Kolbenquerschnitte und kurze Schaltzeiten bei hydraulisch betätigten → Stellgliedern zu erhalten, ist das Druckniveau des S. gegenüber dem der Füllpumpe höher.

Steuerölpumpe: Pumpe, die das für Steuervorgänge in Strömungsgetrieben oder hydromechanischen Getrieben notwendige → Steueröl erzeugt. Die S. wird i.d.R. primärseitig angetrieben und als → Zahnradpumpe, Kreiselpumpe oder als Zusatzstufe der → Füllpumpe (→ Druckerhöhungsstufe) ausgeführt. Für bes. Funktionen ist ein sekundärseitiger Antrieb erforderlich (→ Sekundärsteuerpumpe). Bei pneumatischer oder elektrischer Betätigung der Steuerelemente kann die S. entfallen, und die Füllpumpe übernimmt die Steuerölversorgung für noch verbleibende notwendige Steuervorgänge.

Steuerräder: Zahnradkombination zwischen → Kurbelwelle und → Nockenwelle zum Antrieb der → Ventilsteuerung. Das Zahnrad der Kurbelwelle überträgt seine Drehzahl und Drehrichtung über → Zwischenräder auf das Steuerrad der Nockenwelle. Die S.anordnung im Motorengehäuse dient außerdem zum Antrieb der Einspritzpumpe(n) sowie der Öl- und Wasserpumpe. Abb.

Steuerschraube: im → Steuerbock (dort Abb.) von Dampflokomotiven gelagertes Bauelement der → Schwingensteuerung, das zusammen mit der Steuermutter die vom Lokführer i.d.R. mit der Handkurbel oder dem Handrad eingeleitete Steuerbewegung in Längsrichtung auf die an die Steuermutter gabelförmig angelenkte Steuerstange umsetzt. Lit.: 2.3., 2.12.

Steuerspannung: elektrische Spannung für einen → Steuerstromkreis, mit der elektrische Steuergeräte betrieben und für die diese bemessen sein müssen. Auf Tfz. hat sich eine Steuerspannung entspr. der einheitlichen Bordnetzspannung von 110 V Gleichspannung durchgesetzt; für Tfz. kleinerer Leistung 24 V (international aber auch 75 V und 48 V gebräuchlich). Im Einzelfall kann die erforderliche S. vom Normwert abweichen, dann ist eine Umformung oder Umrichtung auf dem Tfz. notwendig (z.B. für Elektronik oder Funktechnik).

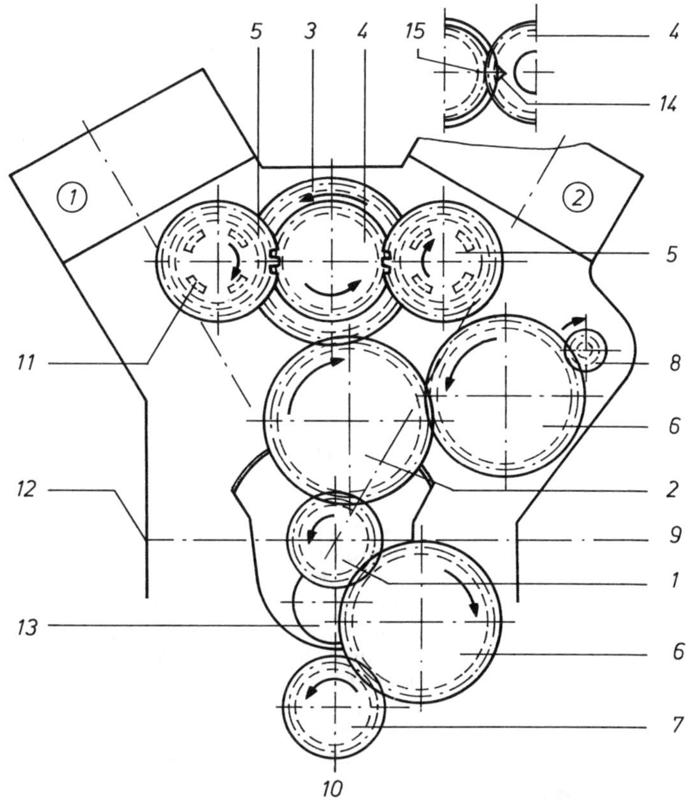

Steuerräder
Anordnung der Steuerräder des Dieselmotors 12 KVD 21 AL-4
① Zylinderreihe A,
② Zylinderreihe B
1 Kurbelwellenrad, 2 Zwischenrad I, 3 Nockenwellenrad, 4 Zwischenrad II, 5 Einspritzpumpenräder, 6 Zwischenräder, 7 Ölpumpenrad, 8 Wasserpumpenrad, 9 Mitte Kurbelwelle, 10 Mitte Motor, 11 Verstellmöglichkeit des Zahnrads zur Einspritzpumpe, 12 Auflagefläche, Gehäusetrennfuge, 13 Hubzapfenstellung für Zylinder A2; B2 und A5; B5, 14 Kerbmarke am Kurbelgehäuse, 15 Strichmarkierung auf Zahnrad

Steuerstange: → Steuerbock, → Steuerschraube, → Steuerwelle

Steuerstangenhebel: auf der → Steuerwelle von Dampflokomotiven befestigtes Bauelement der → Schwingensteuerung. Der von der Steuerstange bewegte S. verstellt z.B. bei der → Heusinger-Steuerung (dort Abb.) über die Steuerwelle, den → Aufwerfhebel und das → Hängeeisen (1) den → Schwingenstein. Lit.: 2.3., 2.12.

Steuerstromkreis: elektrischer Stromkreis für die Steuerung von Geräten und Einrichtungen in elektrischen und Diesel-Tfz.

Steuerstromkupplung: lösbare elektrische Verbindung eines Steuerkabels zwischen 2 Fahrzeugen, bestehend aus Kupplungsstecker und Kupplungsdose. Bei Eisenbahnfahrzeugen sind Stecker und Dose 36polig, um für Wendezugbetrieb oder Mehrfachtraktion die erforderlichen Steuersignale übertragen zu können. Stecker und Dose befinden sich an jeder Stirnseite, wobei die Kupplungsdose direkt am Fahrzeug, der Kupplungsstecker dagegen am Steuerkabel befestigt ist.

Steuertransformator: → Stelltransformator

Steuerung: **1.** Technischer Vorgang, bei dem gewollte Ausgangsgrößen eines Systems, z.B. des → Antriebssystems von Tfz. (Zugkraft, Fahrgeschwindigkeit), zielgerichtet entspr. vorgegebenen Eingangsgrößen (z.B. Einstellung am Handrad des → Führerpults) beeinflußt werden. Bei der S. ist i.G.z. Regelung der als Steuerkette bezeichnete Wirkungsweg nicht geschlossen, die erzielte Wirkung muß durch den Menschen kontrolliert und ggf. korrigiert werden. Allg. wird in analoge, binäre oder digitale S. unterschieden. Bei den Tfz. erfolgt die S. der Antriebsanlage meist mit analogen Signalen, d. h. durch Hebelausschlag, Drehwinkel oder Stellweg bei der → mechanischen Steuerung, analog oder binär durch den Druck in pneumatischen Steuerleitungen bei der pneumatischen Steuerung oder meist binär durch die elektrischen Steuerspannungen bei der elektrischen Steuerung. – **2.** Vorrichtung zur Umsteuerung und Dampfverteilung bei Dampfmaschinen (→ Dampflokomotivsteuerung). – **3.** Vorrichtung zur Dampfverteilung mit Hauptsteuerschieber bei der Volldruckdampfmaschine von → Luftpumpen und → Speisewasserkolbenpumpen. Die hierfür bekanntesten S. sind die → Schleppschiebersteuerung, die Tolkien- und die P-Steuerung. → Nielebock-Knorr-Luftpumpe (dort Abb.). Lit.: 2.3., 2.12.

Steuerventil: wichtigstes Bauteil der indirekt wirkenden → Druckluftbremse und der → elektropneumatischen Bremse indirekter Bauart. Das S. verarbeitet die Informationen der → Hauptluftleitung (Luftdruckänderungen). Bei Druckverminderung in der Hauptluftleitung (i.d.R. durch das → Führerbremsventil ausgelöst) strömt Druckluft aus dem → Hilfsluftbehälter oder → Vorratsluftbehälter über das S. in den → Bremszylinder. Mit Druckerhöhung in der Hauptluftleitung steuert es um, und Druckluft strömt über das S. ins Freie. Dabei werden gleichzeitig die Hilfs- bzw. Vorratsluftbehälter wieder aufgefüllt.

Je nach Bauart des S. unterscheidet man zwischen → einlösiger Druckluftbremse und → mehrlösiger Druckluftbremse. Die → Westinghouse-Bremse und die → Knorr-Bremse sind einlösig, während z.B. die → Kunze-Knorr-Bremse, die → Hildebrand-Knorr-Bremse und die → Knorr-Bremse (Bauart KE) mehrlösig sind.

Grundsätzlich unterscheidet man im Aufbau zwischen Zwei- und Dreidruckventilen. Im ersten Fall wird der Bremsvorgang durch den Hauptluftleitungs- und Hilfsluftbehälterdruck geregelt (→ Einfachsteuerventil). Im → Dreidruckventil werden der Hauptluftleitungs-, der Steuerkammer- und der Bremszylinderdruck verarbeitet. Die S. können mit Schiebern oder mit Membranen ausgeführt sein. Lit.: 1.4., 4.5.

Steuerwagen: → Triebzug

Steuerwelle: im oder auf dem Rahmen von Dampflokomotiven drehbar gelagertes Bauelement der → Schwingensteuerung, auf das der → Steuerstangenhebel und, z.B. bei der → Heusinger-Steuerung (dort Abb.), die → Aufwerfhebel fest aufgekeilt sind. Die S. dient zur Übertragung der durch den Lokführer über die Steuerstange vorgegebenen Steuerbewegung auf die Aufwerfhebel der → äußeren Steuerung für die einzelnen Dampfmaschinenzylinder. Lit.: 2.3., 2.12.

Steuerwinkel: bezogen auf den Kurbelkreis der → Kurbelwelle eines Verbrennungsmotors derjenige Winkel, bei dem die Ladungswechselorgane (z.B. das Einlaß- oder Auslaßventil) öffnen oder schließen. Der S. wird i.d.R. in ° vor oder nach OT sowie in ° vor oder nach UT angegeben.

Stichmaß: **1.** Konstruktiv festgelegtes Maß für den Mittenabstand 2er benachbarter Bauteile oder den Abstand auf ihnen angebrachter Meßpunkte (z.B. Körnermarken), das auch nach verschleißbedingten Korrekturen oder Instandsetzungsmaßnahmen an diesem Bauteil nicht verändert werden darf. Das Nichteinhalten des S. führt i.d.R. zu Funktionsstörungen (z.B. Heißlaufen von Lagern oder fehlerhaftes Arbeiten der → Schiebersteuerung). Beispiele für S.: 1) Abstand der Mitten der → Radsatzlager von → Treibradsätzen (1) und → Kuppelradsätzen beim → Stangenantrieb von Tfz.; 2) Abstand der Mitten der → Stangenlager von → Treibstangen und → Kuppelstangen; 3) Abstand einer auf der → Schieberstange von der auf dem → Schieberstangenkopf (oder einem festen

Anschlag auf diesem) eingeschlagenen Körnermarke. – **2.** Längenmeßgerät zum Herstellen oder Konrollieren des S., z.B. das → Radsatzstichmaß. Lit.: 2.3., 2.12.

Stirling-Motor: Wärmekraftmaschine mit äußerer Verbrennung. Aufbau, Wirkungsweise: In einem Zylinder mit Kreisquerschnitt wird mit Hilfe von Kolben, Verdränger und einem Regenerator Wärme in mechanische Energie umgeformt. Dabei teilt der Regenerator den Zylinder in einen Expansions- und einen Kompressionsraum. Je nach Strömungsrichtung wird im Regenerator dem Arbeitsmedium (Luft, Wasserstoff, Helium) Wärme zugeführt oder entzogen. Die erforderliche Expansionsenergie erhält das Arbeitsmedium durch eine äußere Wärmequelle im heißen Raum. Der im Motor angeordnete Kühler entzieht dem Gas im Kompressionsraum Wärme. Kühler, Regenerator und Erhitzer sind als ein ringförmiges System um den zylindrischen Arbeitsraum angeordnet. Das Zusammenwirken von Verdränger und Kolben in einer diskontinuierlichen Bewegung, z.B. auf ein Rhombengetriebe, bewirkt immer eine Kompression, wenn sich das Gas im kalten Raum befindet, und eine Expansion, wenn es in den warmen Raum zurückgedrückt wird. Der Umstand, daß die Kompression bei niedrigeren Temperaturen vor sich geht als die Expansion, führt zu einem Arbeitsgewinn. Abb.

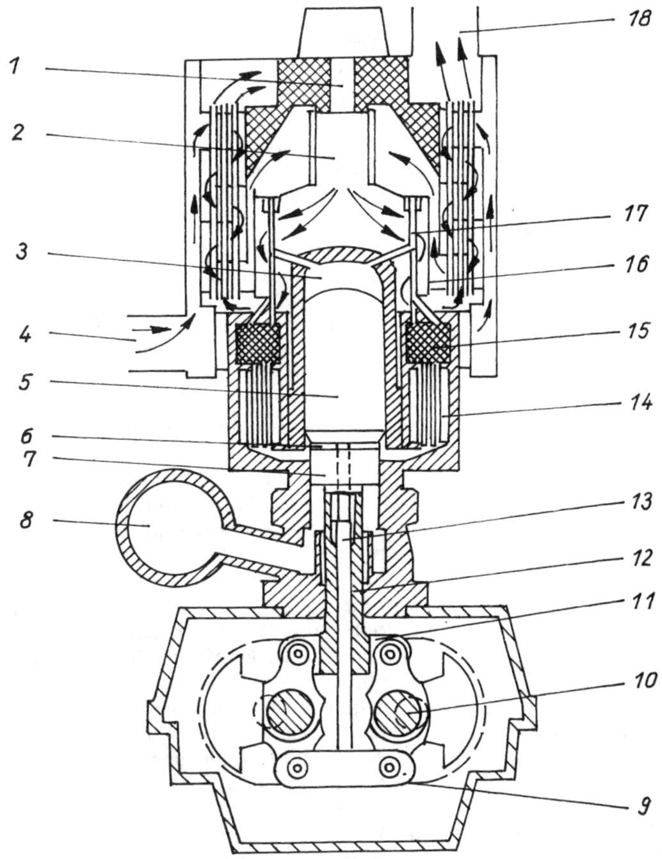

Stirling-Motor
Längsschnitt eines Einzylinder-Stirling-Motors mit Rhombengetriebe
1 Brennstoffzerstäuber, 2 Brenner, 3 heißer Raum, 4 Brennerluft-Einlaß, 5 Verdränger, 6 kalter Raum, 7 Kolben, 8 Pufferraum, 9 Rhombengetriebe, 10 Kurbelzapfen, 11 Kolbenjoch, 12 Kolbenstange, 13 Verdrängerstange, 14 Kühlwasser, 15 Regenerator, 16 Kühlrippen, 17 Erhitzerrohre, 18 Abgasschacht

Stirnfenster: Fenster in den Stirnwänden bzw. Stirnwandtüren von Tfz. S. werden so angeordnet, daß sie dem Tfz.-Personal ausreichende Sicht auf die Strecke und die Signale ermöglichen. Die Scheiben der S. bestehen aus Mehrscheiben-Sicherheitsglas (→ Sicherheitsglas), dessen Mindestdicke 6 mm beträgt. Damit wird gewährleistet, daß die S. beim Aufprall fester Gegenstände, z.B. starker Eiszapfen, Vögel oder Steine, normalerweise nicht durchschlagen werden und dem Tfz.-Personal noch Deckung und ausreichende Sicht bieten. S. müssen mit einer → Scheibenreinigungsanlage und einer → Scheibenentfrostungsanlage (→ Heizscheibe) ausgerüstet sein. Verstellbare Schutzblenden im Führerstand bieten Schutz gegen Blendung durch Sonne und Schnee.

Stirnkühler: Bauart des → Kühlers von Diesel-Tfz., die durch die Anordnung der → Kühlanlage an der Stirnseite des Tfz. (i.d.R. vorn) gekennzeichnet ist. S. werden bei Diesellokomotiven kleiner Leistung verwendet, bei denen die Stirnfläche für die Kühlfläche der Kühlanlage ausreichend groß ist, z.B. in den Diesel-

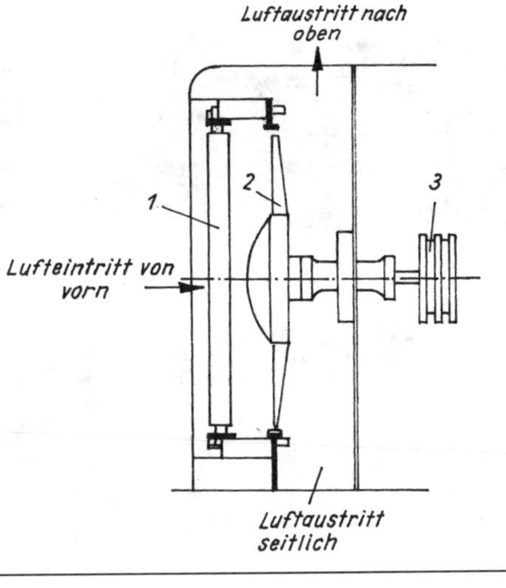

Stirnkühler (Prinzip)
1 Kühlelemente, 2 Lüfterrad, 3 Keilriemenscheibe für Lüfterantrieb

lokomotiven der BR312 und BR333 der DB/DR. Abb.

Stirnradgetriebe: → Zahnradgetriebe mit Stirnzahnrädern als → Zahntriebe. Beim S. sind die Getriebwellen parallel angeordnet. Anwendung: bei → Zahnradschaltgetrieben, → Stufengetrieben und → Wendegetrieben mit Zwischenrad.

Stirnwand: → Führerstand

Stockpunkt: Temperatur, bei der Öl so zähflüssig wird, daß es unter Schwerkraftwirkung nicht mehr fließt. Bei → Dieselkraftstoff spricht man anstelle des S. vom Beginn der *Paraffinausscheidung.* Die Unterschreitung des S. kann zu Betriebsstörungen an den mit Schmieröl versehenen Aggregaten führen, weil die Schmierfähigkeit nicht mehr gewährleistet ist. Durch Warmhalten kann das Öl flüssig gehalten bzw. durch → Vorwärmung (2) wieder flüssig gemacht werden. In Kraftstoffanlagen wird das Unterschreiten des S. des Dieselkraftstoffs im Betrieb eines Diesel-Tfz. durch Rückführen von → Leckkraftstoff in den Kraftstoffbehälter unterbunden. Werte für den S. liegen z.B. bei Motorenölen je nach Qualität zwischen −15 °C und −30 °C. Im Winterbetrieb können spezielle Öl- und DK-Sorten mit bes. niedrigem S. eingesetzt werden.

Stoker (engl.: »Heizer«): mechanische Rostbeschickungsanlage für → Dampflokomotivkessel. Der bei → Rostflächen von über 4,5 m² zur Reduzierung der schweren körperlichen Arbeit des Heizers oder zur Vermeidung des Einsatzes eines zweiten Heizers angewandte S. besteht i.d.R. aus durch Gelenkwellen verbundenen Förderschnecken, die von einem drehzahlregelbaren → Dampfmotor angetrieben werden, einem Brecherwerk (Mahlwerk) zur Zerkleinerung großer Kohlestücke und einer Einrichtung zur gleichmäßigen Verteilung der Kohle unter oder über dem Feuerbett. Wenig befriedigende Anfangsentwicklungen um 1900 führten später zu 2 Hauptbauarten: 1) Bei der *Unterschubfeuerung* (auch als Unterflurfeuerung bezeichnet) wurde die Kohle auf dem Rost unter das Feuerbett gedrückt. Dem Vorteil der Vermeidung des Mitreißens unverbrannter kleiner Kohlestücke, von Abrieb und Kohlenstaub in der Feuerbüchse durch den Luft- und Gasstrom standen die Nachteile einer schlechten Zündung und Verteilung der Kohle gegenüber, so daß diese Bauart später nur selten verwendet wurde. 2) Bei der *Aufgabefeuerung* (auch als Oberflurfeuerung bezeichnet) wurde die Kohle entweder durch die Schwerkraft oder mit Schleuderschaufeln oder – wie später meist angewandt – mit regelbaren Dampfstrahlen von einer Verteilerplatte aus über das Feuerbett verteilt.

Die Förderleistung des S. kann bis zu 20 t Kohle/h betragen (im Regelfall 0,5–12 t/h), sein Dampfverbrauch liegt bei 3% des vom Lokomotivkessels erzeugten Dampfs, seine Eigenmasse bei etwa 2,5 t. Der Einsatz des S. bei der → Braunkohlenfeuerung konnte wegen des zu großen Abriebs der Kohle i.d.R. nicht befriedigen.

Der S. fand in großem Maß in den USA, in Kanada, der UdSSR auf Lokomotiven

Stoker
a) Schnittdarstellung einer Lokomotive der Santa Fé-Klasse mit Unterschubfeuerungs-Stoker,
b) Schnittdarstellung einer Lokomotive der Mountain-Klasse mit Aufgabefeuerungs-Stoker; von beiden Bauarten wurden 1938/39 je 136 Stück von der Lokomotivfabrik Henschel & Sohn an die Südafrikanischen Staatsbahnen geliefert

a)

b)

im Weitstreckendienst, aber auch in Frankreich und bei der ČSD zur Erleichterung der schweren Heizerarbeit seinen Einsatz. Am Ende seiner Blütezeit (um 1946) waren etwa 24500 Dampflokomotiven (davon etwa 16500 in den USA und rund 2000 in Europa) mit einem S. ausgerüstet. Lit.: 2.1. Bd. 1 u. 2., 2.3., 2.6., 2.9., 5.3. Abb.

Stopfbuchse: Dichtelement an der Durchführung der → Kolbenstange durch den → Zylinderdeckel und der → Schieberstange durch den Schieberkastendeckel eines → Zylinders (1) sowie für die Kolbenstangen der → Luftpumpe und → Speisewasserkolbenpumpe. Die S. sind nicht zum Tragen bestimmt. Bei älteren Lokomotiven wurden für die S. Talkum- oder Metallpackungen (Stopfbuchspackungen) verwendet. Bei neueren Lokomotiven besteht die S. aus mehrteiligen, weichen gußeisernen, auf die Kolbenstange aufgeschliffenen und durch Schlauchfedern auf die Stange gepreßten Dichtringen, die in 3 hintereinander liegende Ringkammern, die aus dampfdicht aufeinander geschliffenen Halbschalen gebildet werden, gemeinsam mit zweigeteilten und mit Schlauchfedern zusammengehaltenen Deckringen eingebracht sind. → Kolbenstangentragbuchse (dort Abb.). Lit.: 2.3., 2.12.

Stopfbuchspackung: → Stopfbuchse

Störbewegung: → Fahrzeugschwingung

Störscheibe: → Sifa-Scheibe

Störstrom: Strom, der infolge galvanischer, induktiver oder kapazitiver → Beeinflussung (S.beeinflussung) durch einen Stromkreis unbeabsichtigt in einen anderen Stromkreis fließt. Beide Stromkreise haben gemeinsame oder verschiedene Spannungsquellen (dann auch als *Fremdstrom* bezeichnet). Der S. hat die gleiche Frequenz wie seine Ursache.

Stoßaufladung: bei der Abgasturboaufladung angewandte Art der → Aufladung. Bei der S. werden die zwischen Motor und Turbine auftretenden Druckwellen als Energie zum Antrieb der Turbine genutzt. Die Abgase strömen direkt vom → Auslaßventil des Zylinders zur Turbine. Beim Öffnen der Auslaßventile ist der Druck hoch, er sinkt jedoch rasch bis unter den Spüldruck der Zylinder ab und ermöglicht dadurch ein gutes Durchspülen. Die S. erlaubt eine bessere Ausnutzung der Abgasenergie beim Öffnen der Auslaßventile. Die konstruktive Gestaltung der Turbine ist schwieriger als bei der → Gleichdruckaufladung (Stauaufladung), da ein unterschiedliches Druckgefälle mit gutem Wirkungsgrad umgesetzt werden soll. Der Anschluß mehrerer Zylinder (max. 3) an eine Rohrleitung geschieht so, daß sich die Auslaßvorgänge nicht überschneiden.

Stoßdämpfer: 1. Bauteil des Laufwerks (→ Schwingungsdämpfer). – **2.** Baugruppe neuerer → Speisewasserkolbenpumpen (z.B. der Bauart Knorr-Tolkin) von Dampflokomotiven zur Dämpfung der Druckschwankungen und Stöße, die beim Hubwechsel des Wasserkolbens der Speisewasserpumpe entstehen (→ Druckwindkessel). Der in die Druckleitung eingeordnete S. besteht aus einem zylindrischen Gehäuse, das einen Schwimmkolben aufnimmt und neben dem Anschlußstutzen an die Speisewasserdruckleitung auch Stutzen zum Anschluß eines 2fachen Rückschlagventils und eines Entwässerungshahnes besitzt. Der unten als Ventil ausgebildete Schwimmkolben wird von unten vom Wasserdruck und von oben vom Luftdruck des → Hauptluftbehälters (800 kPa) beaufschlagt. Beim Stillstand der Speisewasserpumpe schließt der Schwimmkolben den S. gegen die Speisewasserdruckleitung ab und verhindert so das Übertreten von Druckluft in die Speisewasserdruckleitung. Der S., bei dem die für den Betrieb notwendige Druckluft über ein Belüftungsventil und Rückschlagventil dem Hauptluftbehälter entnommen wird, ersetzte den über einen → Schnüffelhahn umständlich zu belüftenden Druckwindkessel. Lit.: 2.3., 2.12.

Stoßeinrichtung: → Zug- und Stoßeinrichtung

Stoßfeder: im → Kuppelkasten des → Schlepptenders angeordnete → Blattfeder zur straffen Kupplung von Lok und Schlepptender. Die S. wird mit Vorspannung eingebaut.

Stoßpuffer: → Kuppelkasten

Stoßpufferplatte: → Kuppelkasten

Stoßstelle, *Nahtstelle:* Verbindungsstelle zwischen 2 verschiedenen → Bahnstromsystemen. Liegt die S. auf der freien Strecke, müssen → Mehrsystemtriebfahrzeuge eingesetzt werden; liegt die S. im → Systemwechselbahnhof, kann ein Wechsel der Lokomotiven beider Bahnstromsysteme vorgenommen werden.

Strahlungsheizfläche: Teil der → Heizfläche des → Dampflokomotivkessels, der direkt vom Feuer bestrahlt wird. Zur S.

Streckendiesellokomotive der BR 218.4 der DB/DR mit 2050 kW Leistung

gehören alle vom Wasser umspülten Flächen der → Feuerbüchse einschl. der von → Verbrennungskammern, → Wasserkammern und Feuerbüchssiedern.

Streckendiesellokomotive: → Diesellokomotive, die als → Streckenlokomotive konstruiert ist und eingesetzt wird. Gegenüber → Rangierdiesellokomotiven weisen S. folgende Besonderheiten auf: 1) höhere max. Fahrgeschwindigkeit; 2) strömungstechnisch möglichst günstige Formgebung; 3) entspr. dem vorgesehenen Einsatzzweck eine installierte Motorleistung je Einheit zwischen 500 kW und max. 4400 kW; 4) i. allg. 2 Endführerstände, um eine gute Sicht in beiden Fahrtrichtungen auf die Strecke zu gewährleisten (Ausnahmen bilden → Mehrsektionslokomotiven, S. kleiner Leistung, z. B. BR 201 der DB/DR und die Bauarten → Road Switcher und → A-unit); 5) hohe Laufgüte; 6) bei Einsatz als → Reisezuglokomotive ist eine → Zusatzheizeinrichtung installiert, wenn der Reisezug nicht durch einen bes. Heizwagen beheizt wird. S. sind meist als Drehgestell-Tfz. ausgeführt und müssen für beide Fahrtrichtungen gleiche Höchstgeschwindigkeit erreichen. Sie sind wegen der möglichen Einmannbedienung i. allg. mit einer → Sicherheitsfahrschaltung ausgerüstet und besitzen meist → Mehrfachsteuerung, um das Bedienen mehrerer Tfz. von einem Führerstand oder eine Fernbedienung eines Tfz. vom Steuerabteil des Zuges zu ermöglichen. Abb.

Streckenfunk: frühere Bezeichnung für → Zugfunk. Gegensatz: → Rangierfunk.

Streckengang: Gangstufe im → Stufengetriebe von Rangierlokomotiven oder Sonderfahrzeugen, die für den Streckendienst genutzt wird. Die Höchstgeschwindigkeit im S. entspricht der zul. Höchstgeschwindigkeit des Tfz. Gegensatz: → Rangiergang.

Streckenkraft: → Widerstandskraft

Streckenlokomotive: vorzugsweise bei → Diesellokomotiven übliche Bezeichnung für eine Lok, die konstruktiv vorrangig bzw. ausschl. für den Streckendienst zur Beförderung von Reise- und Güterzügen auf Haupt- und Nebenbahnen bestimmt ist. Gegensatz: → Rangierlokomotive.

Streckenmagnet: frühere Bezeichnung für den → Gleismagneten der → induktiven Zugbeeinflussung.

Streckentrenner: Bauteil in der → Fahrleitung zur elektrischen Längstrennung (Streckentrennung) der Fahrleitung durch eine entspr. Isoliereinrichtung. Das einwandfreie Übergleiten des Stromabnehmers elektrischer Tfz. über die Trennstelle wird durch Kufen an beiden Enden der Isoliereinrichtung gesichert.

Streckmetallfilter: → Naßluftfilter

Streudüse: Düse in der → Sandstreuanlage von Dampflokomotiven, die den vom → Sandkasten anstehenden Streusand mit Druckluft aus dem Hauptluftbehälter aufwühlt und in das → Sandfallrohr fördert. S. wurden auf Dampflokomotiven der Länderbauart verwendet, während die der → Einheitsbauart mit der → Borsigschen Sandtreppe ausgerüstet waren.

Streusand: Quarzsand mit einer Körnung von 0,5–1,6 mm, der aus der → Sandstreuanlage von Tfz. auf die Schiene zur Erhöhung des → Reibwerts beim Anfahren und Bremsen zwischen Rad und Schiene gebracht wird. Der S. muß trokken sein und darf nicht mehr als 2% lehmige, tonige und humusartige Stoffe, Holz- und Pflanzenanteile sowie Kalkverbindungen enthalten.

Stromabnehmer: Bauelement bei elektrischen Tfz. zur Entnahme elektrischer Leistung aus einer → Fahrleitung bzw. → Stromschiene. 1) Der *S. für Fahrleitung* gestattet stetige, lichtbogenfreie Energieübertragung auch bei hohen Geschwindigkeiten durch strömungstechnisch günstige Formgebung. Er muß unterschiedliche → Fahrdrahthöhen schnell und schwingungsfrei ausgleichen, schnelles Heben und Senken ohne starke Stoßbeanspruchung der Fahrleitung ermöglichen und große seitliche Stabilität aufweisen. Die Anpreßkraft des S. soll von der Fahrdrahthöhe unabhängig sein. Arten der S. für Fahrleitungen sind: → Scherenstromabnehmer (Bügelstromabnehmer), ausgeführt als Voll- oder Halbscherenstromabnehmer, und → Einholmstromabnehmer. Die → Wippe kann bei allen Arten fest und senkrecht gefedert oder drehbar sein. Anzahl der S. i.d.R. 1 oder 2, in Sonderfällen (z.B. bei → Mehrsystemtriebfahrzeugen und → Grubenlokomotiven) bis 6. 2) *S. für Stromschiene:* → Schienenstromabnehmer. Lit.: 4.4., 4.5., 4.11., 4.12.

Stromabnehmer-Einstellventil: Bedienungsgerät auf dem → Führerstand elektrischer Tfz. zur wahlweisen Beaufschlagung des in Fahrtrichtung vorderen bzw. hinteren → Stromabnehmers oder beider Stromabnehmer mit Druckluft (bei älteren Tfz.) zum Umstellen von der Hand- auf die Motorluftpumpe.

Stromabnehmersteuerung: Gesamtheit aller elektrischen und mechanisch-pneumatischen Einrichtungen zur Betätigung des Antriebs für die → Stromabnehmer zum Heben und Senken und zur beliebigen Anwahl des zu betätigenden Stromabnehmers (oder der zu betätigenden Stromabnehmer). Die S. erfolgt *pneumatisch* durch Luftwegeeinstellung oder *elektrisch* durch elektromagnetische Ventile oder *elektropneumatisch* mit dem einen Luftweg freigebenden Magnetventil vom → Führerstand aus. → Stromabnehmer-Steuerventil. Lit.: 4.4., 4.5.

Stromabnehmer-Steuerventil: mechanisches, pneumatisches oder elektromagnetisch-pneumatisches Organ zur Steuerung der Druckluftwege für den Antrieb der → Stromabnehmer. → Stromabnehmersteuerung

Stromlaufplan: Schaltplan der Haupt- und Steuerstromkreise einer elektrischen Anlage mit allen Einzelheiten (Schaltelemente, Klemmen, Leitungen) sowie zugehörigen Bezeichnungen, bei dem die Schaltung in Stromwege aufgegliedert ist. Diese enthalten jeweils nur die Elemente *eines* Geräts (Spulen, Kontakte usw.), die von dem Strom des zugehörigen Stromwegs durchflossen werden. Mechanisch verbundene Teile eines Geräts (z.B. Betätigungsspule, Haupt- und Hilfskontakte eines Schützes) sind in verschiedenen Stromwegen dargestellt. Das Zusammenwirken dieser getrennt dargestellten Schaltelemente wird durch Schalttabellen angegeben. *Vorteil des S.:* Bei komplizierten Schaltungen wird durch die größere Übersichtlichkeit die Fehlersuche erleichtert. Gegensatz: → Wirkschaltplan.

Stromlaufprüfung: Bezeichnung für die Prüfung einer Schaltung nach → Stromlaufplan.

Stromlinienlokomotive: Dampflokomotive mit → Stromlinienverkleidung.

Stromlinienverkleidung: Schalenverkleidung (Stromschale) an Dampflokomotiven zur Minderung der Fahrwiderstandskraft (→ Luftwiderstandskraft). Bereits um 1900 wurden in Deutschland und Frankreich Lokomotiven mit Windschneiden und Teilverkleidungen zur Verringerung der Fahrwiderstandskraft versehen, so 1883 die Etat-Bahnlok 2071, um 1900 die sächsische BR XII H, später die bayrische BR S2/6 und die preußische BR S9. Nach Windkanalversuchen in Göttingen ging 1934 die DRG dazu über, Stromlinienvollverkleidung an Loks der BR 01^{10}, BR 03^{10}, BR 05, BR 06 und BR 61 im Rahmen des Entwicklungsprogramms der → Einheitsbauart einzuführen. Der im Ergebnis der Windkanalversuche veränderte errechnete Wert von 60% Zugkraftgewinn am Zughaken bei 160 km/h Fahrgeschwindigkeit wurde in der Praxis bei Versuchen mit der vollverkleideten Lok 03193 der DRG gegenüber nichtverklei-

Stromlinienverkleidung von Borsig 1939 gelieferte stromlinienverkleidete 2'C1' h3-Schnellzuglokomotive 03 1002 der DRG (Triebwerkverkleidung später zurückgeschnitten)

deten Lokomotiven der gleichen BR mit 48% Zugkraftgewinn bei 140 km/h bestätigt. Die S. schloß alle herausragenden Teile und Stirnflächen der Lok und des Tenders ein und verkleinerte somit den bes. von der Formzahl (die von 0,7–1,0 – Werte von Dampfloks ohne S. – auf 0,3–0,4 absank) und der Luftdichte abhängigen Luftwiderstandsbeiwert. Nachteilig sind die schwere Zugänglichkeit zu den Bauteilen der Lok bei der Instandhaltung und die schlechtere Kühlung der Triebwerks- und Radsatzlager, was eine aufwendige Pflege erforderte. Bei Loks der DRG wurde deshalb später überwiegend nur eine Teilverkleidung an Rauchkammer und Kesselaufbauten verwendet

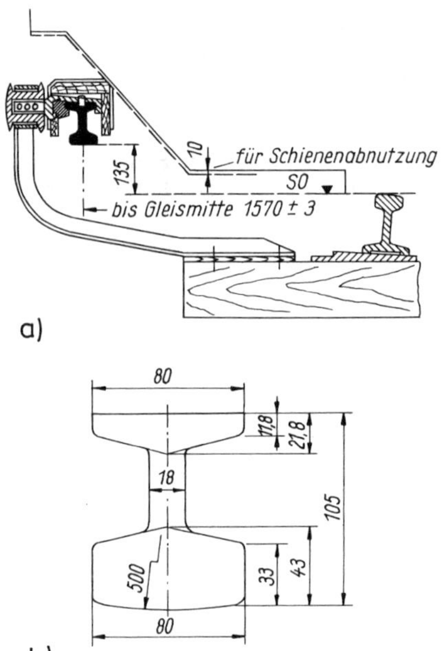

Stromschiene der Berliner S-Bahn
a) Anordnung, b) Profil

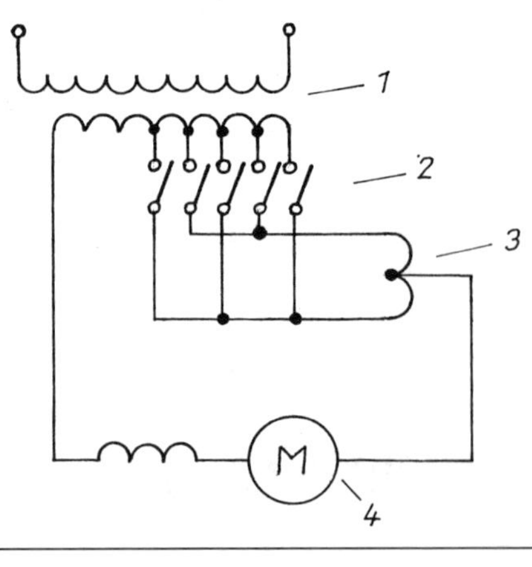

Stromteiler
1 Haupttransformator, 2 Schaltwerk, 3 Stromteiler, 4 Fahrmotor

und die volle S. wieder verlassen. Lit.: 2.3., 2.8., 2.9., 2.12. Abb.

Strommesser: Meßgerät zum Messen der Größe elektrischer Ströme (z.B. auf elektrischen oder Diesel-Tfz.). Bei Gleichstrom wird der Wert des Stroms selbst, bei Wechselstrom i.d.R. der Effektivwert angezeigt. Der S. wird in den Strompfad direkt eingeschaltet oder bei größeren Wechselströmen an → Stromwandler angeschlossen. Große Gleichströme werden über einen → Shunt gemessen. Bei elektrischen Tfz. werden die S. für Motorströme gleichzeitig mit einer entspr. geeichten Skala zur Anzeige der Zugkraft bzw. des Drehmoments der → Fahrmotoren herangezogen.

Stromrückgewinnung: Erzeugung elektrischer Energie aus der Bewegungsenergie des Zuges durch die Nutzbremsung (→ Nutzbremse). Bei Gleichstrom ist die S. mit vertretbarem Aufwand am ehesten möglich, bei Einphasenwechselstrom sind die Schaltungen wegen der schwierigen Synchronisierungsbedingungen kompliziert (hoher gerätetechnischer Aufwand, teure Einrichtungen für die S.). Grundvoraussetzungen für die S.: a) bei *Gleichstrom* muß stets ein Abnehmer (Verbraucher) im Speisebereich (Streckenabschnitt) für die zurückgewonnene Energie vorhanden sein (Ausnahme: das Gleichstrom-Unterwerk ist mit Wechselrichtern ausgerüstet). b) Bei *Wechselstrom* kann unter bestimmten Bedingungen über den Speiseabschnitt hinaus rückgespeist werden. → elektrische Bremse

Stromschale: → Stromlinienverkleidung

Stromschiene: starrer, meist schienenartiger Leiter zur Stromübertragung an elektrische Tfz., der neben oder zwischen den Fahrschienen isoliert angeordnet ist; vorwiegend bei gleichstrombetriebenen S-Bahnen und Metros. Abb.

Stromteiler: Spezialtransformator (Schaltdrossel) auf → Wechselstromtriebfahrzeugen mit nur 1 Wicklung mit Anzapfung. Mit dem S. können z.B. 2 Transformatorstufen verschiedener Spannung an einen Verbraucher über eine Mittelanzapfung des S. angelegt werden, ohne daß ein Windungskurzschluß im Transformator entsteht. S. sind für die Steuerung von Wechselstrom-Tfz. bedeutungsvoll, weil dadurch die Spannung den Fahrmotoren unterbrechungslos zugeführt werden kann. Abb.

Strömungsanzeiger: Kontrollgerät der

Eisenbahnbremse, das dem Tfz.-Führer über das Ansteigen des Durchflusses der Druckluft im → Führerbremsventil informiert. Ein Überschreiten des max. Werts wird dem Tfz.-Führer signalisiert. Wegen der großen Nachspeiseleistung selbstregelnder Führerbremsventile besteht die Gefahr, daß Zugtrennungen, Brüche in der Hauptluftleitung, Notbremsungen aus dem Zug und Zwangsbremsungen nicht zu einer starken Bremsung führen; die S. signalisieren deshalb starke Undichtheiten in der Hauptluftleitung und noch nicht abgeschlossene Auffüllvorgänge. Bei der → Dako-Bremse wird der S. direkt in die Hauptluftbehälterleitung zum Führerbremsventil eingebaut. Bei einem Volumenstrom von mehr als 1,1 m^3/min wird ein elektrischer Kontakt für das Aufleuchten einer Signallampe geschlossen.

Strömungsbremse: Strömungsmaschine, die das Drehmoment durch die Massenkräfte einer Flüssigkeit überträgt und zum verschleißlosen Bremsen von Fahrzeugen benutzt wird. Sie wurde aus der → Strömungskupplung abgeleitet, bei der das Turbinenrad fest mit dem Gehäuse verbunden ist und damit zum Leitrad wird. Da das übertragbare Drehmoment einer Strömungskupplung bei einem → Drehzahlverhältnis von Null sehr groß ist, besitzt die S. eine hohe Leistungsdichte. Die doppelflutige Ausführung (Abb.) vermeidet → Axialschub. Das vom Radsatz angetriebene Pumpenrad verwandelt die Bremsenergie bei gefülltem Kreislauf in Strömungsenergie, die im stehenden Leitrad vollständig in Wärme umgesetzt wird. Durch Füllen des Kreislaufs mit Betriebsflüssigkeit wird die S. eingeschaltet, die Bremsmomente lassen sich durch Verändern des → Füllungsgrads stufenlos einstellen. Zur Wärmeabfuhr ist eine große Durchflußmenge notwendig. Die bei entleertem Kreislauf entstehenden Ventilationsverluste, die bei großen Fahrgeschwindigkeiten beträchtlich ansteigen, können durch einen zwischen den Schaufelrädern eingeschobenen blendenartigen Schieber weitestgehend vermieden werden. S. in Brennkraft-Tfz. werden meist als Zusatzaggregat am → Strömungsgetriebe angebaut und mit der gleichen Betriebsflüssigkeit gespeist. Das Bremsmoment geht wegen der auch für die S. gültigen → Propellerkurve beim Anhalten des Tfz. gegen Null. Sie kann deshalb nicht als Haltebremse arbeiten, besitzt aber damit einen selbsttätigen Blockierschutz. Abb.

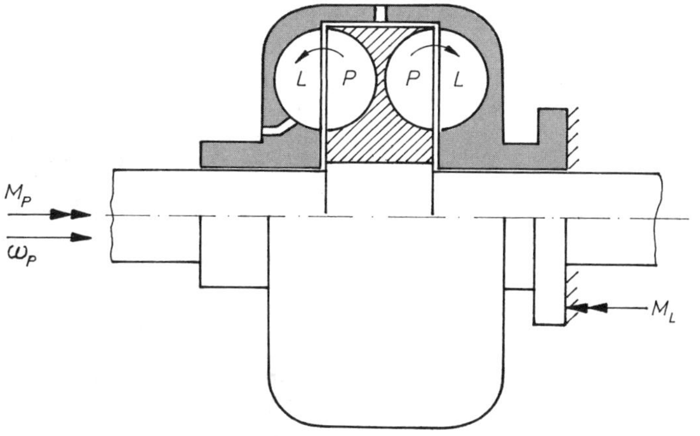

Strömungsbremse
Prinzip einer doppelflutigen Strömungsbremse
P Pumpenrad, L Leitrad, M_P Pumpenraddrehmoment (Bremsmoment), M_L Leitraddrehmoment (Gegenmoment), ω_P Winkelgeschwindigkeit des Pumpenrads

Strömungsgetriebe: Aggregat zur Leistungsübertragung bes. bei Brennkraft-Tfz., das als charakteristisches Merkmal 1 oder mehrere → hydrodynamische Kreisläufe enthält, die mit im Kraftfluß liegenden → Zahntrieben (z. B. → Hochtrieb) zu einem Getriebe kombiniert sind. Die Anzahl der verwendeten hydrodynamischen Kreisläufe entspricht der Anzahl der → Gangstufen, wenn keine zusätzlichen Kreisläufe (z. B. → Strömungsbremse) eingebaut sind. Für die erste Gangstufe wird stets ein Strömungswandler (→ Anfahrwandler) verwendet, dem sich meist → Marschwandler und/oder → Strömungskupplungen als weitere Gangstufen anschließen. Das Ein- und Ausschalten der Gänge mehrstufiger S. erfolgt durch Füllen und Entleeren der hydrodynamischen Kreisläufe; jeder Gangstufe ist ein Geschwindigkeitsbereich zugeordnet. Das Umschalten erfolgt automatisch durch die → Gangschaltung rein hydraulisch und verschleißfrei in Abhängigkeit von der Antriebsdrehzahl und/oder der Abtriebsdrehzahl des S. (→ Drehzahlschalter). Die Zahntriebe stehen ständig im Eingriff. Der → Kraftfluß wird beim Umschaltvorgang *nicht* unterbrochen, da sich Füll- und Entleervorgänge überschneiden. Gegenüber → Zahnradschaltgetrieben sind folgende Vorteile der S. hervorzuheben: großer Ausnutzungsgrad der Antriebsleistung, günstiger und bei → Wandlergetrieben stetiger Abtriebsdrehmomentverlauf mit guter Annäherung an die Zugkrafthyperbel für konstante Leistung und einem bis zu 10fachen → Anfahrdrehmoment, Drehschwingungs-

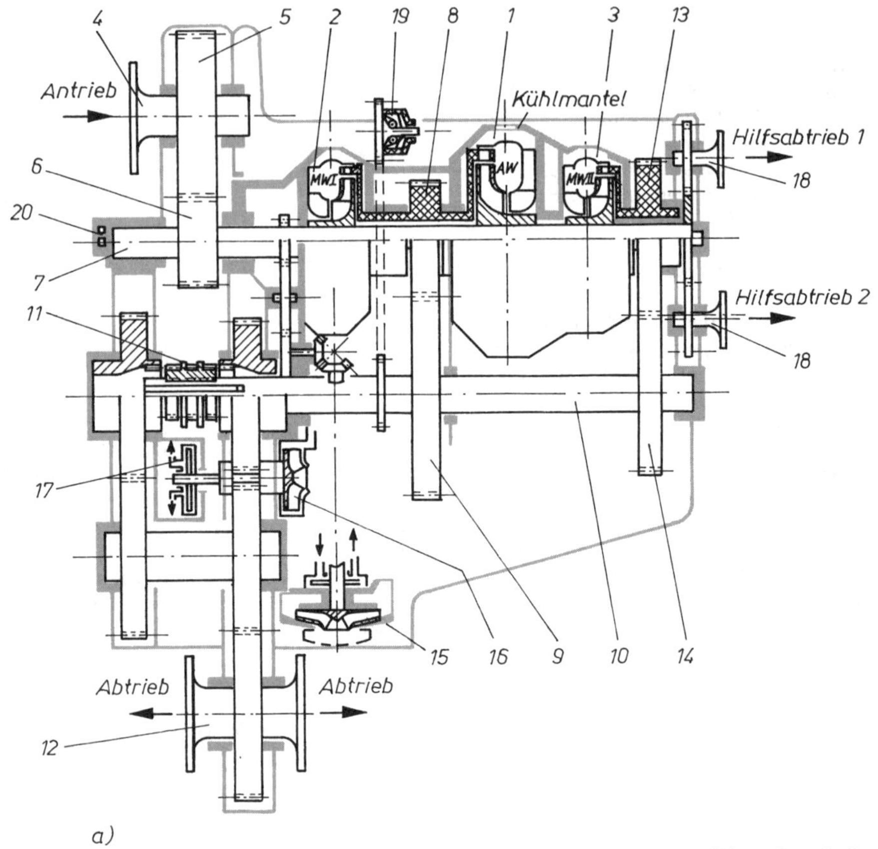

Strömungsgetriebe
a) Strömungsgetriebe der Bauart WWW mit Vorgelegewelle und Wendegetriebe (Typ GSR30/5,7 der Strömungsmaschinen GmbH Dresden)
1 Anfahrwandler (AW), 2 Marschwandler I (MWI), 3 Marschwandler II (MWII), 4 Antriebswelle, 5, 6 Hochtriebszahntrieb, 7 Pumpenwelle, 8, 9 Abtriebszahntrieb AW/MWI, 10 Vorgelegewelle, 11 Wendeschaltmuffe, 12 Abtriebswelle, 13, 14 Abtriebszahntrieb MWII, 15 Füllpumpe mit Primärabsaugpumpe, 16 Sekundärschmierpumpe, 17 Sekundärabsaugpumpe, 18 Hilfsabtriebe, 19 Drehzahlschalter, 20 Steuerölpumpe
1, 2, 3, 6, 7, 8, 13 Elemente der Hydrodynamik
b) Strömungsgetriebe der Bauart WWK mit Wende- und Stufengetriebe (Typ L 216 rs der Fa. Voith, Heidenheim)
1 Antriebswelle, 2 Hilfsabtrieb, 3, 4, Hochtriebszahntrieb, 5 Pumpenhohlwelle, 6 Turbinenwelle, 7 Abtriebswelle, 8 Wendeschaltung, 9 Stufenschaltung
K Strömungskupplung, P Pumpenrad, T Turbinenrad, W_I Anfahrwandler, W_{II} Marschwandler

dämpfung und Minderung von Drehmomentstößen, geringer Wartungsaufwand und Verschleiß. Folgende Bauarten als Kombination von Strömungswandlern (W) und Strömungskupplungen (K) sind gebräuchlich: W, WW, WK, WWW, WWK, WKK. Ihre Bauformen sowie die Lage der An- und Abtriebswellen sind den Einbaubedingungen im Tfz. angepaßt, z. B. sind S. für Unterflureinbau in Dieseltriebwagen extrem flach ausgeführt. Am S. ist meist ein Wärmeübertrager zur Abführung der in der Betriebsflüssigkeit entstehenden Verlustwärme angebaut. Für den Antrieb von Hilfsmaschinen besitzen S. oft 1 oder mehrere → Hilfsabtriebe. Zur Vereinfachung der Maschinenanlage sind S. heute i. d. R. mit einem → Wendegetriebe ausgerüstet. Für entspr. Bedarfsfälle können S. mit Strömungsbremse, → Einspeiswandler, → Zusatzwandler oder → Stufengetriebe ausgerüstet werden. Zusatzeinrichtungen, wie → Taster (1), → Rotationsfilter, → Nebelöler und → Richtungswenderkontaktgeber, gewährleisten eine hohe Betriebssicherheit. Abb.

Strömungsgetriebeöl: → Betriebsflüssigkeit für → Strömungsgetriebe und andere → hydrodynamische Leistungsübertrager. Das S. hat neben der Energieübertragung gleichzeitig die im hydrodynamischen Kreislauf entstehende Verlustwärme abzuführen und dient als Schmier- und Kühlmittel für Lager und Zahntriebe sowie als Drucköl für die Be-

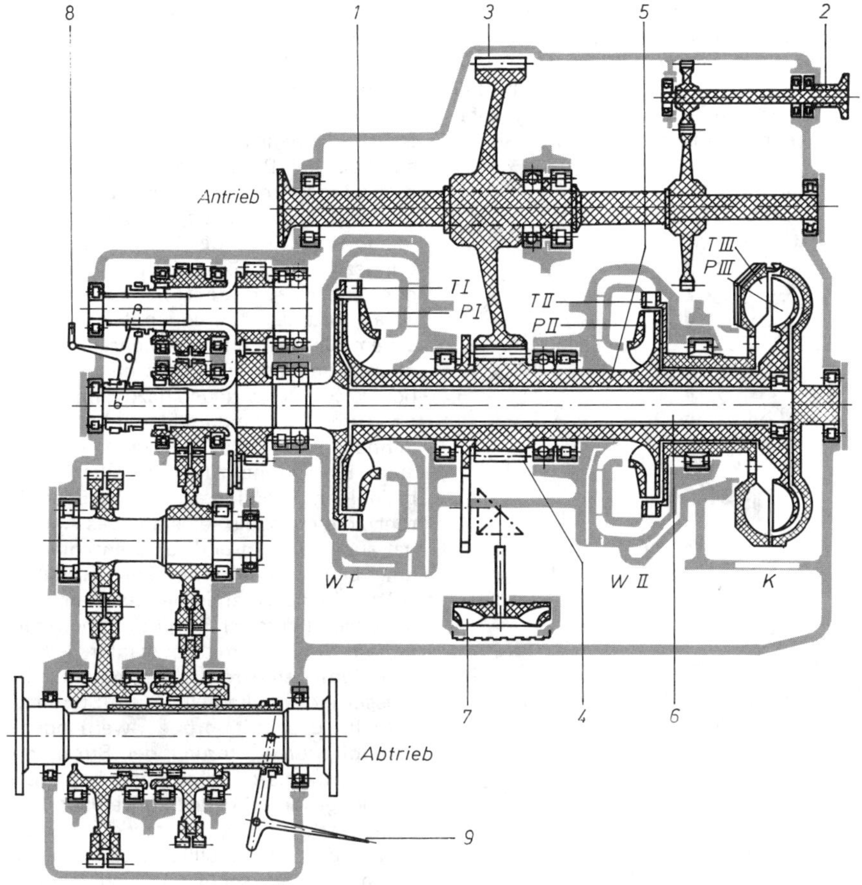

b)

tätigung von Steuerelementen. Diese Aufgaben fordern vom S. Eigenschaften, die in einem weiten Temperaturbereich möglichst gleich bleiben sollen: geringe Viskosität, möglichst hohe Dichte und spezifische Wärmekapazität, große Druckfestigkeit, geringe Schaumneigung und hohe Alterungsbeständigkeit. Verwendet werden Mineralöle, die zum Erreichen der geforderten Eigenschaften mit Zusätzen versehen sind. Von den Herstellern werden spezielle Ölsorten als S. angeboten, über die Eignung entscheidet der Versuch mit einem Strömungsgetriebe. Zur Reduzierung der Ölsorten auf Diesel-Tfz. wird S. häufig auch für andere Aggregate, z.B. für → Zahnradgetriebe, verwendet. Ein Mischen verschiedenen S.-Sorten untereinander oder mit anderen Ölen ist nicht erlaubt.

Strömungsgetriebeöl-Wärmeübertrager: → Ölwärmeübertrager zur → indirekten Kühlung des → Strömungsgetriebeöls. S. sind meist am Strömungsgetriebe angebaut und in den Kühlwasserkreislauf eingebunden. Sie führen die im Strömungsgetriebe anfallende Verlustwärme an das Kühlwasser ab.

Strömungskreislauf: → hydrodynamischer Kreislauf

Strömungskupplung, *Föttingerkupplung:* Strömungsmaschine zur Leistungsübertragung, die im Gegensatz zum → Strömungswandler nur aus → Pumpenrad und → Turbinenrad besteht, die einander zugekehrt sind und gerade, radiale Schaufeln besitzen. Die Leistungsübertragung erfolgt hydrodynamisch, d. h. durch die Massenkräfte einer strömenden Flüssigkeit. Der → hydrodynamische Kreislauf wird dazu mit Betriebsflüssigkeit gefüllt, die durch das Pumpenrad in Umlauf versetzt wird und den → Flüssigkeitsring bildet. Im übersynchronen Lauf des Turbinenrads ist im Gegensatz zum Strömungswandler ein umgekehrter Leistungsfluß vom Turbinenrad zum Pumpenrad möglich. Bei stillstehendem Turbinenrad ist das 20fache Nenndrehmoment *übertragbar,* infolge des fehlenden → Leitrades erfolgt aber *keine Drehmomentwandlung.* Eine charakteristische Kenngröße ist der Schlupf, der zum Aufrechterhalten des Flüssigkeitsrings in der S. erforderlich ist. Die Dimensionierung der S. erfolgt so, daß bei Brennkraft-Tfz. das Nenndrehmoment mit 2–3% Schlupf übertragen wird, der Wirkungsgrad beträgt dann 97–98% (→ Schlupf (2)). Der Verwendungszweck der S. bestimmt die folgenden Ausführungsarten: 1) *Schaltbare S.* als Grundausführung mit symmetrischem Pumpen- und Turbinenrad, die als obere Gangstufe in → Strömungsgetrieben verwendet wird und dazu Einrichtungen zum Füllen und Entleeren besitzt (→ Schnellentleerventil). 2) *Regelbare S.* mit einer Einrichtung zum Einstellen eines beliebigen → Füllungsgrads (→ Schöpfrohr), die meist als selbständiges Aggregat ausgeführt ist und zur Drehzahlregelung beim Antrieb von Hilfsmaschinen (z.B. → hydrodynamischer Lüfterantrieb) angewandt wird. 3) *S. mit Drehmomentbegrenzung,* die mit konstanter Teilfüllung betrieben wird und am Innendurchmesser eines Schaufelrads ein Störglied enthält, das mit größer werdendem Schlupft durch Störung der Strömung das übertragbare Drehmoment begrenzt. Der bei großem Schlupf auftretende Leistungsverlust führt zur starken Erwärmung der Betriebsflüssigkeit. Ein → Schmelzeinsatz schützt vor zu langem Betrieb in diesem abnormalen Betriebszustand. Anwendung als → Anfahrkupplung z.B. bei den dieselmechanischen Triebwagen der BR771 und BR772, BR796, BR797 und BR798 der DB/DR. 4) *S. mit Anlaufverzögerung und Drehmomentbegrenzung,* die eine Verzögerungskammer enthält, in der sich bei großem Schlupf oder Stillstand ein Teil der Betriebsflüssigkeitsmenge ansammelt und die eine selbsttätige Veränderung der Füllung beim Anfahren bewirkt. Bei Überlastung wirkt die Verzögerungskammer drehmomentbegrenzend. Anwendung bei schweranlaufenden Antrieben vorwiegend im stationären Betrieb. Abb.

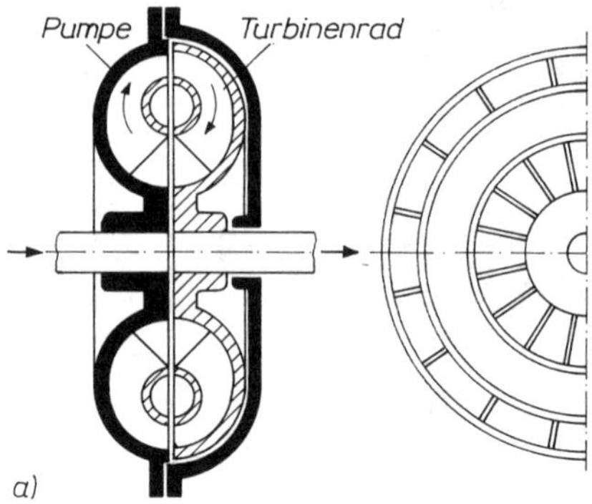

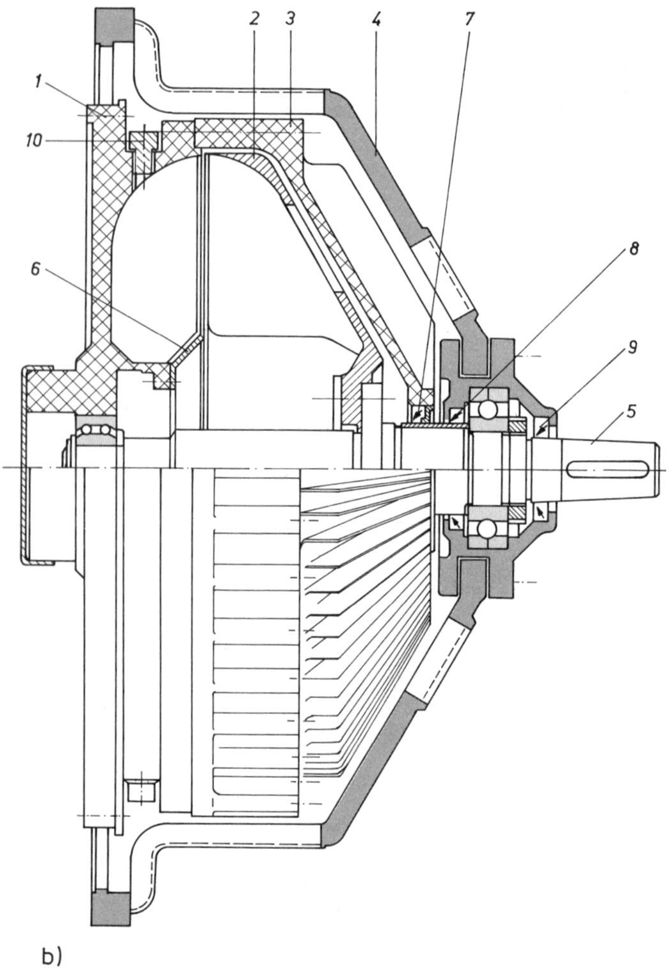

Strömungskupplung
a) Grundausführung
b) drehmomentbegrenzte Strömungskupplung
1 Pumpenrad, 2 Turbinenrad, 3 Kupplungsdeckel, 4 Kupplungsgehäuse, 5 Abtriebswelle, 6 Wirbelblende, 7, 8, 9 Wellendichtring, 10 Schmelzsicherung

Strömungswandler, *Föttingerwandler:* Strömungsmaschine zur Leistungsübertragung, die in der einfachsten Bauform aus → Pumpenrad, → Turbinenrad und → Leitrad, die in einem Gehäuse vereinigt sind (→ Föttingerprinzip), besteht. Die Leistungsübertragung geschieht hydrodynamisch, d. h. durch die Massenkräfte einer strömenden Flüssigkeit. Der → hydrodynamische Kreislauf des S. wird dazu mit Betriebsflüssigkeit gefüllt, die durch das Pumpenrad in Umlauf versetzt wird und den → Flüssigkeitsring bildet. Das im S. stets vorhandene Leitrad ermöglicht eine → Drehmomentwandlung, die durch Änderungen der Strömungseinrichtung der Betriebsflüssigkeit im Turbinenrad entsteht und je nach Auslegung des S. eine Drehmomentwandlung bei Stillstand des Turbinenrads von 2–6 (im Sonderfall 10) ergibt. Die Anzahl der → Schaufelkränze bestimmt die Bauform: ein 3kränziger S. besteht aus 1 Pumpen-, 1 Turbinen- und 1 Leitschaufelkranz. Alle Schaufelräder können mehrkränzig ausgeführt sein; ist das Turbinenrad mehrkränzig, wird der S. als *mehrstufig* bezeichnet.

S. besitzen eine für Tfz. günstige Drehmoment-Drehzahl-Charakteristik, denn Drehzahl- und Drehmomentverhältnis ändern sich stufenlos und selbsttätig in Abhängigkeit vom erforderlichen Drehmoment an der Abtriebswelle. Bei Stillstand des Turbinenrads tritt keine mechanische Überbeanspruchung der Bauteile oder der Antriebsmaschine auf (Blockierschutz). Die Leistungsübertragung erfolgt praktisch verschleißfrei und drehschwingungsgedämpft. Die Leistungsregelung kann durch Ändern der Antriebsdrehzahl, durch Schaufelverstellung (→ Krupp-Strömungsgetriebe) oder durch Änderung des → Füllungsgrads erfolgen. Auf Grund der Strömungsverluste im hydrodynamischen Kreislauf liegt der Wirkungsgrad des S. je nach Größe und Bauart bei 0,85–0,92.

S. werden bei Brennkraft-Tfz. als Anfahr- und Marschwandler in → Strömungsgetrieben und → hydromechanischen Getrieben angewandt. Eine bes. Bauart ist der → Trilokwandler, der aber bei Tfz. wenig verbreitet ist. Kennlinie des S.: → Anfahrwandler, → Marschwandler. Abb.

Strömungswendegetriebe: Bauart des → Strömungsgetriebes für Rangierdiesellokomotiven mit 2 Gruppen von → Strömungswandlern, die jeweils einer Drehrichtung der Abtriebswelle zugeordnet sind, womit für jede Fahrtrichtung eines Tfz. ein getrennter Strömungswandler oder getrenntes Wandlerpaar zur Verfügung steht. Dieser Effekt wird durch ein primärseitig im Hochtrieb oder auf der Sekundärseite des S. angeordnetes → Zwischenrad erreicht. Mit dem S. ist ein problemfreier Fahrtrichtungswechsel auch bei rollendem Tfz. und durch Füllung des → Rückwärtswandlers bereits bei Vorwärtsfahrt (oder umgekehrt) eine dynamische Bremsung möglich. Die Bremskraft wirkt bis zum Stillstand des Tfz. und kehrt sich ohne Unterbrechung in Zugkraft um. Das mechanische → Wendegetriebe wird durch den hydraulischen Wendevorgang ersetzt. Die Anwendung des S. in Rangierdiesellokomotiven führt zu einem beschleunigten Rangierablauf und erlaubt eine einfache Einhebelsteuerung des Tfz. für Fahren und Bremsen. Der infolge Leistungsaufnahme des S. beim Bremsvorgang auftretende geringfügige Kraftstoffmehrverbrauch wird durch eine um das Vielfache höhere Standzeit der Bremssohlen kompensiert. Um einen Schleudervorgang zu vermeiden, wird die Bremskraft im S. automatisch begrenzt. Anwendung: bei Industriediesellokomotiven (z.B. der BR MH05 der Fa. Krauss-Maffei), der BR Z66 der SJ und der BR298 der DB/DR. Abb.

Stromversorgung: Sammelbegriff für alle Arten der Versorgung elektrotechnischer Verbraucher mit Elektroenergie; bei Schienenfahrzeugen bes. die Zuführung von Elektroenergie zu elektrischen Tfz. (→ Bahnstrom) oder auch die Speisung elektrischer Verbraucher in Schienenfahrzeugen (→ elektrische Ausrüstung von Fahrzeugen, → elektrische Heizung, → Zugsammelschiene).

Stromwächter: elektrisches Starkstromrelais, das auf einen bestimmten Stromwert anspricht und dabei einen elektrischen Steuerkontakt schließt oder öffnet. A n w e n d u n g bei der → RZM-Steuerung von Diesel-Tfz., um eine bessere Anpassung der Generatorcharakteristik und damit Leistungsausnutzung des Dieselmotors zu erzielen.

Stromwandler: Spezialtransformator mit

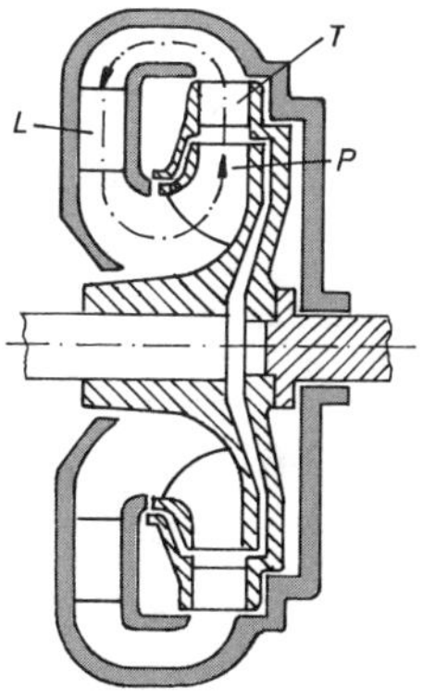

Strömungswandler
L Leitrad, P Pumpenrad, T Turbinenrad

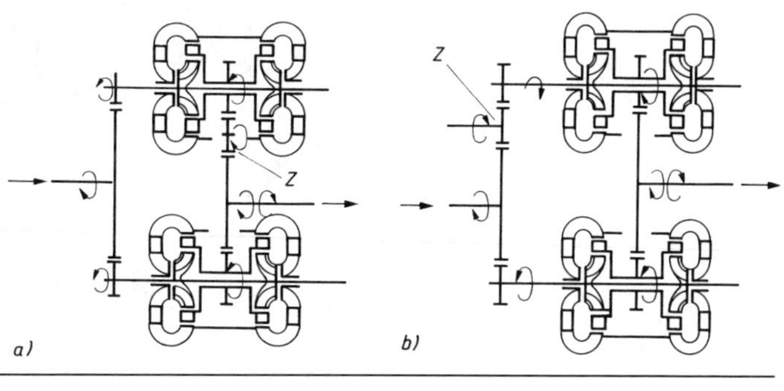

Strömungswendegetriebe (Prinzip)
a) mit sekundärseitigem Zwischenrad, b) mit primärseitigem Zwischenrad, Z Zwischenrad

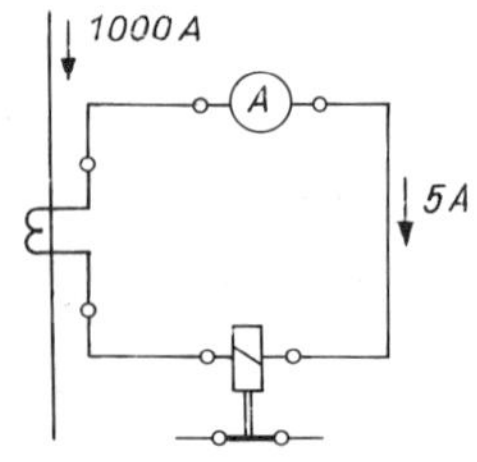

Stromwandler

genau festgelegtem und konstantem Übersetzungsverhältnis. Der S. ermöglicht die Messung großer Wechselströme mit normalen → Strommessern. Der Sekundärstrom beträgt für verschieden genormte Primärnennströme meistens 5 A. Der Meßkreis muß immer geschlossen sein, weil sonst gefährliche Spannungen auftreten können. Durch große Ströme in Hauptstromkreisen elektrischer Tfz. sind für verschiedene Meß- und Schutzaufgaben S. als → Oberstromwandler (meist als Durchführungs-S.), → Motorstromwandler, → Heizstromwandler oder kompensierte Erdstromwandler erforderlich. Abb.

Stromwandlung: → Kommutierung

Strooman-Kessel: von Strooman 1910 entwickelter → Wasserrohrkessel für Dampflokomotiven, bei dem die Feuerbüchse durch ein Morison-Wellrohr und die Rauchrohre durch längs im Langkessel angeordnete, zum leichteren Aufsteigen der Dampfblasen nach vorn geneigte und durch 2 Wasserkammern verbundene Wasserrohre ersetzt waren. Die Fa. Orenstein & Koppel rüstete damit je eine Güterzuglokomotive der preußischen Gattungen G7 und G8 aus. Die Lokomotive 4871 »Magdeburg« der Gattung G8 als eine der drei 1914 nochmals mit S. gelieferten Lokomotiven stellte die Preußische Staatseisenbahn 1914 auf der Baltischen Ausstellung in Malmö aus. Der S. bewährte sich im Betriebseinsatz durch häufige und schwer erkennbare Undichtheiten nicht. Lit.: 2.8., 2.9., 5.3. Abb.

Strube, Carl Louis: 9. Mai 1838 (Harbke) – 29. Januar 1899 (Magdeburg); Inhaber der Fa. C. Louis Strube-AG. in Magdeburg. Er erfand einen der ersten → Funkenfänger, der aus 4 in den aufsatzlosen Schornstein gehängten und sich mit dem Abdampfstrom drehenden schmalen Spiralstreifen bestand, sowie den → Abschlammschieber der nach ihm benannten und patentierten Bauart Strube. Lit.: 5.3.

Strube-Abschlammschieber: → Abschlammschieber

Stufenfilter: Bauteil der → Kraftstoffanlage von Dieselmotoren zur Filterung des Kraftstoffs (→ Kraftstoffilter). S. bestehen aus 2 zylindrischen Filtergehäusen, die durch einen gemeinsamen Gehäusedekkel mit eingearbeiteten Durchflußöffnungen miteinander verbunden sind. Der Kraftstoff durchdringt z. B. beim Bosch-S. mit Filzrohr- und Wickelfiltereinsatz den Filzrohrfilter (Vorfilterung) und gelangt über Bohrungen im Gehäusedeckel in das zweite Filtergehäuse mit dem Wickelfiltereinsatz (Feinstfilterung). Mit dem S. werden eine hohe Reinheit des Kraftstoffs vor der Einspritzpumpe und damit eine Minderung des Verschleißes der Pumpenelemente erreicht. → Filter

Stufengetriebe: → Zahnradgetriebe, das durch Umschalten 2 Geschwindigkeitsstufen eines Tfz. ermöglicht. Durch das S. werden bei Rangierdiesellokomotiven der → Rangiergang und der → Streckengang, bei Streckenlokomotiven der → Langsamgang und der → Schnellgang eingeschaltet. Bei Diesel-Tfz. ist das S. als Teil des → Nachschaltgetriebes, des → Strömungsgetriebes oder des → Verteilergetriebes, bei elektrischen Tfz. als Teil des Fahrmotorantriebs ausgeführt. Die Gänge des S. werden nur bei Stillstand des Tfz. geschaltet.

Stufenschaltwerk: → Schaltwerk zur stufenweisen Veränderung der Spannung und damit der → Fahrstufen eines elektrischen Tfz. Ein S., bei dem zum unterbrechungslosen Übergang von einer Spannungsstufe auf die nächste 2 wechselweise bewegte Kontaktfinger benutzt werden, von denen nur der jeweils ruhende die Stromführung übernimmt, wird oft als *Stufenwählerschaltwerk* bezeichnet. Abb.

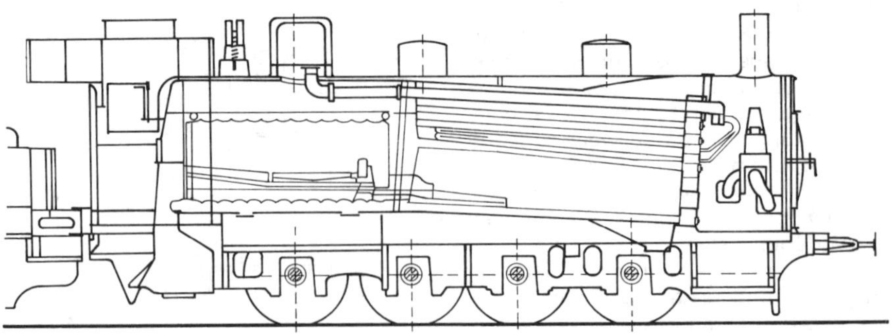

Strooman-Kessel
Schema einer Lokomotive mit einem Halb-Wasserrohrkessel der Bauart Strooman; dieser Kesseltyp gehört zu den ankerlosen Lokomotivkesseln

Stufensprung: Differenz zwischen den – durch das jeweilige → Übersetzungsverhältnis bestimmten – benachbarten Drehzahlen bei den → Gangstufen eines Zahnradschaltgetriebes. Der zul. → Drehzahlbereich einer Verbrennungskraftmaschine als Tfz.-Antriebsmaschine gibt den max. S. vor. Bei Abstufung der Gangstufen nach einer geometrischen Reihe ist der S. bei allen Gängen gleich.
Stufenwählerschaltwerk: → Stufenschaltwerk
stufenweise Bremsung: → Arten der Bremsungen
Stufenwiderstand: elektrischer Widerstand, der durch Anzapfungen in seinen Widerstandswerten gestuft ist. Anwendung: z.B. zur Steuerung rotierender elektrischer Maschinen; bei Gleichstromfahrmotoren als *Anfahr-, Brems-* und *Feldschwächungswiderstand.*
Stufenwirkungsgrad: Wirkungsgrad einzelner Verdichterstufen (→ Verdichter). → Turbinenwirkungsgrad
Stufigkeit: Bezeichnung für die Aufeinanderfolge von → Fahrstufen, durch die ihr Abstand und ihre Anzahl charakterisiert werden können. Ein Maß für die S. ist der → Ungleichförmigkeitsgrad, von dem der → Ausnutzungsfaktor (3) einer → Leistungssteuerung eines elektrischen Tfz. abgeleitet werden kann.
Stug-Kohlenstaubfeuerung: unter Leitung der **Stu**dien**g**esellschaft für Kohlenstaubfeuerung auf Lokomotiven, der renommierte Lokomotivfabriken und Kohlensyndikate angehörten, etwa ab 1923 gezielt entwickelte Bauart der → Kohlenstaubfeuerung für → Kohlenstaublokomotiven. Der feingemahlene Steinkohlenstaub wurde aus dem Schlepptender, der u.a. außer dem luftdicht abgeschlossenen Kohlenstaubbehälter das dampfturbinengetriebene Luftgebläse und die von der Dampfturbine oder einer bes. Dampfmaschine angetriebenen Förderschnecken trug, zu 1 oder 2 an der Rückseite des aus feuerfesten Steinen bestehenden → Aschkastens befindlichen → Brausenbrenner(n) gefördert und trat als Staub-Luft-Gemisch in die → Feuerbüchse ein. Zur Verbesserung der Verbrennung wurde später unter dem → Feuerschirm in die Feuerbüchse eintretende Sekundärluft zugeführt. Ein kleiner Hilfsbrenner diente als Zündbrenner und deckte die Kesselstrahlungsverluste bei Stillstand und Leerlauf der Lok sowie den Energiebedarf der Luftpumpe.
Etwa gleichzeitig mit der S. wurde die prinzipiell gleichartig aufgebaute und arbeitende AEG-Kohlenstaubfeuerung entwickelt, die im wesentlichen eine andere Brennerbauart und -anordnung besaß.

Stufenschaltwerk der El-lok der BR 171 der DB/DR

Stug-Kohlenstaubfeuerung an einer 3-Zylinder-Güterzuglokomotive der BR 58 der DRG (Schnitt)

Die unterhalb der Feuerbüchsseitenwände unmittelbar unter dem → Bodenring angeordneten wassergekühlten Düsenbrenner enthielten eine große Anzahl senkrecht stehender fächerartiger Düsenschlitze. Das hier ausströmende, brennende Gas-Luft-Gemisch wurde durch den Zusammenstoß in der Feuerbüchslängsebene für die weitere Verbrennung gut durchwirbelt.
Obwohl die Kohlenstaubfeuerung energetische Vorteile bei der Verbrennung von weniger für die Rostfeuerung geeigneter Kohle erbrachte, verhinderten die gegenüber der Rostlokomotive teurere Ausrüstung und die Aufwendungen für die Staubgewinnung sowie konstruktive Mängel und Störungen am Gebläse und an den Förderschnecken, die Verschlechterungen im Verbrennungsablauf bewirkten, eine weitere Einführung. Kohlenstaubfeuerungen der Bauarten Stug und AEG sowie Weiterentwicklungen prinzipiell gleicher Bauart wurden in Kohlenstaublokomotiven der DRG, der MÁV (Bauart AEG), der britischen Southern Railway (Bauart AEG) und – nach dem zweiten Weltkrieg von der Fa. Henschel – der australischen Victorion Railway (Bauart Stug) eingesetzt bzw. erprobt. Lit.: 2.3., 2.6., 2.8., 2.9., 2.12., 2.22., 5.3. Abb.

Stumpff, Johannes: 6. April 1862 (Köln-Holweide) – 18. November 1936 (Berlin); Ingenieur und Professor an der TH Berlin-Charlottenburg (1896–1930). S. entwickelte die Theorie der → Dampfmaschine durch die Herausarbeitung des nach ihm benannten, später von Schoening noch verbesserten *Stumpffschen Kompressionsgesetzes* über den Zusammenhang von Dampfdehnung und -verdichtung im → Zylinder (1), die Einteilung und Begründung der Verluste der Dampfmaschine in 7 Schäden (wie z.B. den Raum- und Flächenschaden) sowie die in stationären Versuchen mit der → Gleichstromdampfmaschine gewonnenen Erkenntnisse weiter. Auf dieser Grundlage regte er in Verbindung mit dem von ihm entwickelten und ebenfalls nach ihm benannten *Stumpffschen Saugauspuff,* der bei der Gleichstromdampfmaschine in Annäherung an sein Kompressionsgesetz zu einer Reduzierung der Reibungs- und Stoßverluste und somit des Gegendrucks auf den Dampfkolben führte, die weitere Entwicklung und den Bau von → Gleichstromdampflokomotiven an. Lit.: 2.8., 2.9., 2.10., 5.3.

Stütztenderlokomotive

Stumpff-Gleichstromdampfmaschine: → Gleichstromdampfmaschine, → Gleichstromdampflokomotive

Stundengeschwindigkeit: → Nennbetrieb

Stundenleistung: → Nennbetrieb

Stundenstrom: → Nennbetrieb

Stundenzugkraft: → Nennbetrieb

Stützer: → Isolator

Stützkrücken-Lokomotive: eine 1813 vom englischen Lokomotivbauer Brunton (1777–1851) entwickelte und ihm patentierte Dampflokomotive, bei der der Antrieb mit mechanisch angetriebenen und am hinteren Lokende angeordneten Stützen (Gelenkbeinen) erfolgte. Die ab 1814 bei der Newbottle Colliery eingesetzte Lokomotive wurd 1815 durch eine → Kesselexplosion zerstört. Lit.: 2.16., 5.3.

Stütztenderlokomotive: teilgelenkige Dampflokomotive mit weit nach hinten über den Lokomotivrahmen ragendem und meist mit großer → Rostfläche versehenem → Dampflokomotivkessel, dessen überhängende Masse auf einer 1- oder mehrachsigen bes. Bauart des → Schlepptenders abgestützt wird. Die S. ermögliche deshalb u.a. die weitere Entwicklung der → Long-Boiler-Lokomotive sowie die Ausbildung großer Rostflächen für die Feuerung von Brennstoffen, die nur ein flaches Feuerbett zulassen. Anfangs wurden auch die Stütztenderradsätze angetrieben (→ Engerth-Lokomotive). Durch kräftige Kugelgelenke zwischen Haupt- und Tenderrahmen wurde die Zugkraftübertragung gewährleistet und die Bogenläufigkeit verbessert. Nachteilig erwies sich bei der S. mit angetriebenen Stütztenderradsätzen die Abnahme der Reibungsmasse in Abhängigkeit vom Verbrauch der mitgeführten Brennstoff- und Wasservorräte.
Bei der Beugniot-S. stützte sich das hintere Ende des Rahmens auf dem ersten

Tenderradsatz ab. Die ab 1889 und 1891 bei der Sächsischen Staatseisenbahn u.a. auf den Strecken Radebeul-Ost–Radeburg und Wilkau-Haßlau–Carlsfeld eingesetzten Schmalspur-S. der Bauart → Klose (Gattung IIIK) besaßen einen 1achsigen Stütztender; sie wurden noch von der DRG mit den Betriebsnummern 99 7541 und 99 7542 (geliefert von der Fa. Krauss & Co.) und mit den Betriebsnummern 99 7543–99 7546 (geliefert von der Sächsischen Maschinenfabrik vorm. Hartmann) übernommen und 1926 ausgemustert. Als C1'-Lokomotiven mit kompliziertem Trieb- und Laufwerksaufbau konnten sie den betrieblichen Erwartungen nicht entsprechen. Lit.: 2.1. Bd. 4, 2.8., 2.9., 5.3. Abb.

Suri-Getriebe: Bauart eines → hydromechanischen Getriebes mit 1 Strömungswandler, 1 Strömungskupplung und mechanischem Direktgang. Das S. wurde von der Fa. MaK entwickelt und hergestellt sowie in Indien in Lizenz gebaut; es ist speziell für den Antrieb durch Dieselmotoren mit der Charakteristik konstanter Leistung über der Dieselmotordrehzahl vorgesehen und bei indischen Diesellokomotiven im Einsatz.

SVT: ehem. Kennbuchstaben für → **S**chnell**v**erbrennungs**t**riebwagen und → **S**chnell**v**erbrennungs**t**riebzug bei der DB und der DR.

Synchronfahrmotor: mit Dreiphasen-Wechselstrom gespeister → Fahrmotor für elektrische und dieselelektrische Tfz., bei dem, anders als beim → Asynchronfahrmotor, die Umdrehungsgeschwindigkeit des Läufers mit der Frequenz des Wechselstromnetzes, das sie speist, übereinstimmt (d. h. »synchron« ist). Dabei wird das Drehmoment durch das Drehfeld im Zusammenwirken mit einer gleichstromgespeisten Erregerwicklung erzeugt. Der S. wird durch Änderung der Frequenz mit statischen Umrichtern mit Halbleitertechnik (→ Drehstromantriebstechnik) gesteuert. Mit S. lassen sich ähnliche Vorteile wie mit Asynchronfahrmotoren erreichen: a) sie sind kleiner und robuster als leistungsgleiche konventionelle Fahrmotoren; b) sie sind wartungsarm durch Wegfall des → Kommutators, allerdings sind Bürsten und Schleifringe zur Zuführung des Erregergleichstroms erforderlich. Drehzahl und damit Fahrgeschwindigkeit sind kontinuierlich steuerbar. Wie mit Asynchronfahrmotoren ist auch mit S. die Ausführung von Hochleistungs-Universallokomotiven möglich.

S. wurden erstmals 1968 in der sowjetischen Versuchslokomotive WL 80W angewandt. In Frankreich wurde ein S. mit dem zugehörigen Energieversorgungssystem stationär 1980 aufgebaut und 1981 erprobt. 1981/82 wurden S. mit der SNCF-Lokomotive BB 10004 systematisch erprobt. Später wurden Hochleistungslokomotiven und Triebzüge, z.B. der → TGV, mit S. ausgeführt.

Synchronisiereinrichtung: Baugruppe in → Zahnradschaltgetrieben zum Erzeugen des Gleichlaufs zwischen den in Eingriff zu bringenden Schaltelementen beim Gangwechsel. Die Schaltelemente tragen kegelige Reibungsflächen (→ Kegelkupplung), die vor deren eigentlichem Eingriff wirksam werden und so zur Drehzahlangleichung führen. Die S. ist nur beim Unterbrechen des → Kraftflusses vom Antriebsmotor durch eine → Trennkupplung wirksam, wobei der Gleichlauf von der Sekundärseite des Antriebssystems hervorgerufen wird.

Systemwechselbahnhof: Bahnhof an der Stoßstelle zwischen 2 verschiedenen → Bahnstromsystemen, auf dem für weiterfahrende Züge ein Wechsel der Lokomotiven des einen Systems mit denen des anderen Systems vorgenommen wird oder bei Verwendung von → Mehrsystemtriebfahrzeugen die elektrische Tfz.-Ausrüstung von einem System auf das andere umgeschaltet wird. Im ersten Fall werden Rangierbewegungen entweder durch umschaltbare Fahrleitungsabschnitte oder durch den Einsatz von fahrdrahtunabhängigen Rangierlokomotiven ermöglicht. Lit.: 4.6. Abb.

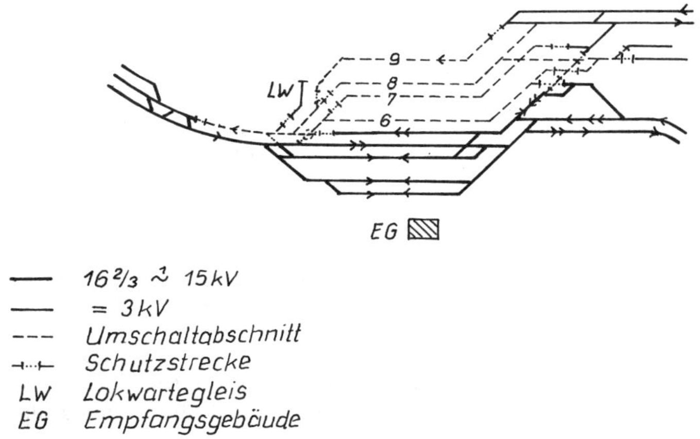

Systemwechselbahnhof (Beispiel)

T

Tachometer: → Fahrgeschwindigkeitsmesser

TALGO-Triebzug: Abk. für span. **T**ren **A**rticulado **L**igero **G**oicoechea **O**riol; nach Goicoechea (Konstrukteur) und Oriol (Geldgeber) benannter, 1936 patentierter und seit 1950 bei der RENFE eingesetzter leichter Gelenkzug als Einrichtungs-Gliedertriebzug mit speziellen, dem Wagenzug angepaßten Diesellokomotiven, die anfangs für anderweitigen Einsatz nicht geeignet waren. Bei den ersten T. waren Lokomotive und Wagenzug zu einer betriebsmäßig nicht trennbaren Einheit verbunden, die 6,5 m langen 1achsigen Wagenglieder waren deichselartig aneinandergehängt und sattelschlepperartig aufgelagert (Abb.). Der 16gliedrige Wagenzug mit einer Masse von 54,5 t (ohne Lokomotive) und 106 m Länge bietet 192 Sitzplätze, in 4 Wagen sind Küche, Gepäck- und Garderobenabteile, Toiletten und Dienstabteile untergebracht. 11 Wagen dienen als Sitzwagen, der letzte ist Aussichtswagen. Im Lauf der Jahre wurden die Lokomotiven und die Gliederwagen verbessert, ohne die Prinzipien des T. zu verlassen: geringe Fahrzeughöhe, niedrige Fußbodenlage (450 mm über SO), → Leichtbauweise, Verwendung von → Losrädern in Einzelaufhängung, Sattelauflagerung zum vorauslaufenden Wagenglied. Die niedrige Schwerpunktlage erlaubt gemeinsam mit dem durch die Deichselanlenkung bedingten negativen Anlaufwinkel der Räder im Bogen Fahrgeschwindigkeiten von 135 km/h im 300-m-Gleisbogen und 160 km/h im geraden Gleis. Die ersten Tfz. waren → dieselelektrische Lokomotiven amerikanischer Herkunft. Die neuesten, als Einzelfahrzeug ausgeführten → dieselhydraulischen Lokomotiven ML 4000 BB (BR 354 der RENFE) führen für Spurwechselbetrieb eingerichtete Züge im internationalen Verkehr zwischen Spanien, Frankreich und der Schweiz, wobei die Lokomotiven im jeweiligen Landesnetz verbleiben und die Züge in Spurwechsel-Grenzbahnhöfen umgespannt werden. Diese Lokomotiven sind mit 2 MTU-Dieselmotoren 16 V 396 TD 13 mit je 1535 kW Leistung und Voith-Strömungsgetrieben L 520 rz mit hydraulischer Bremse ausgerüstet, sie sind universell einsetzbar und besitzen Scheibenbremsen sowie einseitige Klotzbremse. Lit.: ETR, Darmstadt: 37 (1988) 3. S. 149–155, Abb. → Tafel »Verbrennungstriebwagen und -triebzüge«.

Tandemmotor: → Fahrmotor elektrischer Tfz., ausgeführt als Kommutatormotor in → Reihenschlußschaltung, der auf einer Motorwelle 2 Anker trägt und in dessen Gehäuse 2 Ständer untergebracht sind. Man erreicht dadurch für bestimmte Fälle eine günstigere elektrische Auslegung. T. wurden z. B. 1936 bei der Bo'Bo'-Lokomotive der BR E 244.22 der DRG für die Höllentalbahn (Einphasenwechselstrom

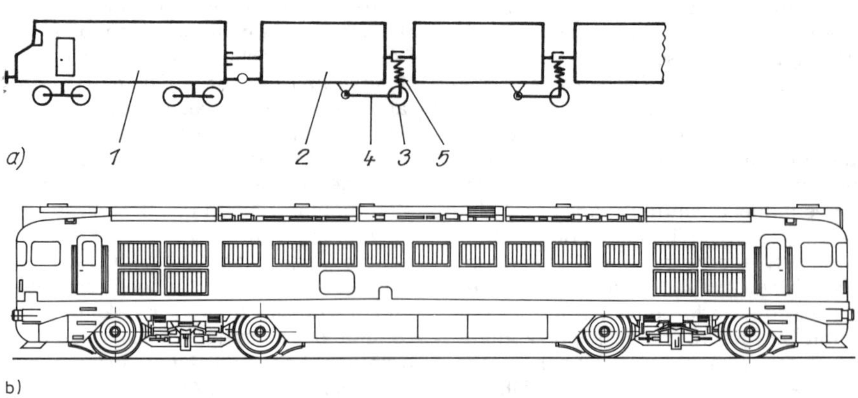

TALGO-Triebzug
a) Schema des TALGO, erste Bauvariante mit eingebundener Lokomotive
1 Lokomotive, 2 Wagenglieder, 3 Einachslaufwerk, 4 Längslenker, 5 Federbein
b) Einzellokomotive M 3000 BB

50 Hz, 20 kV) angewandt. Man konnte durch T. neben verbesserter Kühlung erreichen, daß einige Nachteile, die bei einem 50-Hz-Motor normaler Konstruktion gegenüber einem 16⅔-Hz-Motor auftreten, vermieden wurden. So erreichte man z.B., daß Eisen- und zusätzliche Kupferverluste, Kommutatorbeanspruchung und Höhe des Motorstroms in gleicher Größenordnung liegen wie beim 16-⅔-Hz-Motor. Die Gesamtleistung dieses Doppelmotors betrug allerdings nur ⅔ der Leistung eines gleich großen 16-⅔-Hz-Motors. Die dadurch eingeschränkte Leistung einer → Direktmotorlokomotive für 50 Hz war der Grund, weshalb man seit den 50er Jahren beim 50-Hz-Bahnstromsystem generell auf → Gleichrichtertriebfahrzeuge übergegangen ist. Lit.: 4.3., 4.4. Abb.

Tandemtriebwerk: → Dampfmaschine, bei der 2 → Dampfkolben auf eine gemeinsame → Kolbenstange und damit auf ein gemeinsames Triebwerk arbeiten. T. wurden bei → Verbunddampfmaschinen angewandt, indem der Hoch- und der Niederdruckzylinder (→ Tandemzylinder) in Reihe hintereinander angeordnet waren. Mit einem T. stellte man z.B. 1890 in Ungarn eine Lokomotive der Gattung Ie in Dienst. Da beim T. die Vorteile des besseren Massenausgleichs gegenüber denen eines Mehrzylindertriebwerks verlorengingen, wurde diese Entwicklungsrichtung wieder verlassen.

Tandemzylinder: Zylinderbauart bei → Verbundlokomotiven (1), bei der die Hoch- und Niederdruckzylinder hintereinander angeordnet und die beiden Kolben auf einer gemeinsamen Kolbenstange befestigt sind. Der T. besteht aus einem Gußstück. Die Bauart des T. fand vor allem im zaristischen Rußland, in den USA und in Ungarn Anwendung. Von ihm versprach man sich eine bessere Laufruhe bei höheren Geschwindigkeiten; er setzte sich aber nicht durch. → Tandemtriebwerk

Tank: → Kraftstoffbehälter

Taschenschwinge: Bauform der → Schwinge (dort Abb.) der Heusinger-Steuerung.

Taster: 1. Einrichtung an Wende-, Radsatzwende-, Stufen-, Nachschalt- und Strömungs- sowie hydromechanischen Getrieben zum Überwachen einer Sekundärwelle, die die Rotationszustände »Welle rotiert« und »Welle rotiert nicht« unterscheidet. Der T. gewährleistet das

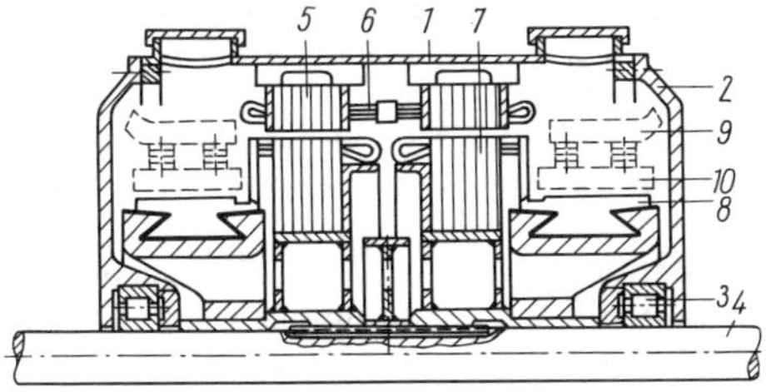

Tandemmotor
1 Motorgehäuse, 2 Lagerschild, 3 Wälzlager, 4 Ankerwelle, 5 Ständereisenpaket, 6 Ständerwicklung, 7 Ankereisenpaket, 8 Kommutator, 9 Bürstenhalter, 10 Kohlebürsten

sichere Betätigen der → Schaltmuffe bei stillstehendem Getriebeteil der → Sekundärseite, d. h. beim Stillstand des Tfz. als Voraussetzung für den Schaltvorgang einer Schaltmuffe. Er verhindert den Schaltvorgang bei Drehbewegungen der abgetasteten Welle und ist in die Getriebe- bzw. Tfz.-Steuerung eingebunden (→ Wendeschaltsperre). – **2.** Bauart eines Schalters in der → Fahrsteuerung von Tfz., der nach Betätigen durch Tasten wieder in die Ruhelage zurückfällt. Ausführung als *Druckknopf-T.* (auch mit Sicherheitsschloß ausgerüstet), als *Leucht-T.*, in dem Druckknopf und Meldeleuchte vereinigt sind, und als *Kipp-T.*, bei dem ein Hebel in 1 oder 2 Richtungen bewegt werden kann und der nach Betätigung in die Ausgangslage zurückfällt. Anwendung von Druckknopf-T. z.B. bei der → Sicherheitsfahrschaltung. – **3.** *Sifa-T.*: Hand- oder Fuß-Druckschalter mit innerer Rückzugkraft ohne Rastung und Sperre bei der → Sicherheitsfahrschaltung, der in regelmäßigen Abständen (30 s oder 60 s) zur → Wachsamkeitskontrolle des Tfz.-Führers oder nach Aufforderung durch ein optisches Signal von ihm betätigt werden muß, um das Ansprechen der Sicherheitsfahrschaltung zu vermeiden. Nach Wegfall der Druckkraft geht der T. in die Ausgangsstellung zurück. Die frühere Bezeichnung *Totmannsknopf* ist veraltet.

Tastventil: → Taster (1)

Tatz(en)lagermotor: elektrischer Fahrmotor für → Achsantrieb (→ Tatzmotorenantrieb) von Tfz. Er stützt sich auf einer Seite auf dem → Rahmen bzw. dem Drehgestellrahmen, auf der anderen Seite über Gleit-, neuerdings meist Wälzlager auf der angetriebenen Radsatzwelle ab. Der Achsmittenabstand vom Treibradsatz zur Fahrmotorwelle ist unabhängig von der Bewegung des Motors stets gleich. Der T. bedingt den → Außenrahmen. Er kann mit oder ohne Radsatz mit Hilfe der Radsatzsenke (Achssenke) ausgebaut werden. Beim elastischen T. erfolgt die Abstützung nicht auf der Radsatzwelle, sondern auf einer die Radsatzwelle umgebenden abgefederten Hohlwelle. → elastischer Antrieb. Lit.: 4.3., 4.5., 4.12.

Tatzmotorenantrieb: → Einzelachsantrieb von Tfz. der Straßenbahnen, Stadtschnellbahnen und Metros, von Diesel-Tfz. mit elektrischer Leistungsübertragung und von elektrischen Tfz. kleiner bis mittlerer Leistung mit → Tatzlagermotoren. Dieser stützt sich mit seinen angegossenen *Tatzen* auf die Treibradsatzwelle ab, so daß sich die Masse ungefähr je zur Hälfte auf den Rahmen und den Treibradsatz verteilt. Das Ritzel der Motorwelle treibt das auf die Treibradsatzwelle aufgeschraubte Großrad. Die Ausführung des T. ist relativ einfach und billig.

Für größere Leistungen ist der *direkte T.* allerdings wenig geeignet, da sich die großen unabgefederten Massen vor allem bei größeren Geschwindigkeiten nachteilig auf den Oberbau auswirken. Die beim Anfahren auftretende → Achsentlastung ist von Nachteil und führte zum Einbau von Ausgleichvorrichtungen (→ Achskraftausgleich). Die weitere Entwicklung führte zu *elastischen T.* mit besserer Dämpfung der Stöße, so zum → Gummiringfederantrieb und zum → Kegelringfederantrieb. Lit.: 4.4., 4.5., 4.11., 4.12. Abb.

Tatzrollenlagermotor: → Tatzlagermotor, bei dem die Tatzlager als Rollenlager (→ Wälzlager) ausgeführt sind.

Tauchkolbenmotor: → Verbrennungsmotor, bei dem die Kolbenkraft durch ein im Kolben drehbar gelagertes → Pleuel direkt auf den Hubzapfen der Kurbelwelle übertragen wird. Bahndieselmotoren werden heute ausschl. als T. ausgeführt.

Tauchschmierung: Schmiersystem unter Anwendung der Zentrifugalwirkung. Ältere, heute nur noch selten anzutreffende Form der Schmierung von Verbrennungsmotoren, die auch bei Zahnradgetrieben im Zusammenwirken mit den in den → Ölsumpf eintauchenden Zahnrädern und Spritzblechen angewandt wird. Bei Verbrennungsmotoren wird das Öl durch Schöpfbecher, die an der unteren Pleuellagerschale angebracht sind, oder durch die Rotationsbewegung von Spritzblechen, die an den Kurbelwangen der Kurbelwelle befestigt sind, aus dem Ölsumpf in das → Kurbelgehäuse geschleudert und von dort über Öltaschen den Schmierstellen zugeführt. Eine ausreichende Schmierung aller Lagerstellen ist nur bei richtiger Ölfüllung im Ölsumpf gesichert. Ölmangel führt zum Absenken der Eintauchtiefe der Schöpfbecher und Spritzbleche und damit u. U. zu Lagerschäden.

Tauchstab: → Peilstab

Tauchumlaufschmierung: Kombination aus → Tauchschmierung und → Druckumlaufschmierung.

TEE: Abk. für **T**rans **E**urop **E**xpress. → TEE-Triebzug

TEE-Triebzug: speziell für den ehem. TEE-Verkehr gebaute Diesel- und Elektrotriebzüge. Ein bekannter T. war z. B. der 7teilige Dieseltriebzug der BR 601 der DB, der zeitweilig mit Gasturbinenantrieb ausgerüstet war (BR 602). T. wurden inzwischen durch lokomotivbespannte Züge ersetzt. → Schnellverbrennungstriebzug (dort Tab.). → Tafel »Verbrennungstriebwagen und -triebzüge«.

Teilfuge: Trennfläche zwischen den Bauteilen eines → Getriebegehäuses, einer → Verbrennungskraftmaschine oder des → Rahmens eines Tfz. Bei Aggregaten mit Ölfüllung, z. B. Dieselmotor, Zahnradgetriebe, Strömungsgetriebe, muß die T. durch bes. Maßnahmen (Dichtmasse, Einlegen eines Wollfadens) öldicht gemacht werden, wofür eine hohe Formgenauigkeit und Oberflächengüte der T.flächen Voraussetzung ist. Die T. verlaufen bei Getrieben aus Fertigungs- und Montagegründen meist waagerecht, können aber auch schräg, senkrecht oder kreisförmig angeordnet sein.

Teilfüllung: → Füllung

Teillast: → Leistung

Teillastwirkungsgrad: → Wirkungsgrad bei Leistungen, die kleiner als die Nennleistung sind. Da die Antriebsanlagen von Tfz. meist nur eine geringe mittlere Auslastung der Nennleistung haben, d.

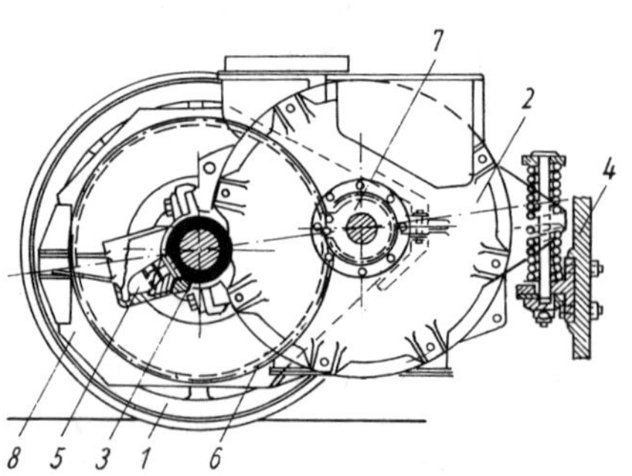

Tatzmotorenantrieb
1 Treibradsatz, 2 Tatzlagermotor, 3 Tatzlager, 4 Lokomotivrahmen, 5 Polsterschmierung, 6 Vorgelegerad, 7 Motorritzel, 8 Zahnradschutzkasten

h. die Nennleistung selten abverlangt wird, ist für die Wirtschaftlichkeit der Antriebsanlagen der Wirkungsgrad bei Teilleistungen von wesentlicher Bedeutung. Der T. wird graphisch im Kennfeld dargestellt.

Teilleistung: → Leistung

Teleskopschiebedach: → Rolldach

Telestörung: Fernstörung. Mitunter verwendete Bezeichnung für eine störende → Beeinflussung von elektrischen Informationsanlagen durch Störquellen auf Fahrzeugen und in Energieversorgungseinrichtungen.

Temperaturfühler: → Temperaturwächter, → Schmelzlotmelder

Temperaturwächter: temperaturgesteuertes elektrisches Schaltgerät mit Zweipunktcharakteristik zur Überwachung, Steuerung und Regelung der Temperatur von flüssigen Medien. T. bestehen aus einem Meßsystem mit Fühlerrohr und einem Kontaktkopf. Das in das zu überwachende Medium eintauchende Fühlerrohr ist mit einer wärmeempfindlichen Flüssigkeit gefüllt, die bei Erwärmung einen Druck erzeugt, der vom Meßsystem aufgenommen und auf den im Kontaktkopf befindlichen Momentschalter übertragen wird. Beim Erreichen des oberen Schaltpunkts öffnet der Schalter einen Kontakt und schließt gleichzeitig einen zweiten. Die Rückschaltung erfolgt, wenn die Temperatur um den Betrag der Schaltdifferenz, die wie der obere Schaltpunkt in Grenzen einstellbar ist, zurückgegangen ist. T. werden in → Kühlwasserkreisläufen und → Schmierölkreisläufen von Diesel-Tfz. verwendet. Abb.

Tender: zusammenfassende Bezeichnung von → Kohlenkasten und → Wasserkasten bei → Tenderlokomotiven; Kurzbezeichnung für → Schlepptender.

Tenderabsperrventil: in den beiden Saugkästen der → Wasserentnahmeeinrichtung (dort Abb.) des → Schlepptenders von Dampflokomotiven für jede der beiden Saugrichtungen angeordnetes Saugkastenventil zum Absperren des Wasserzulaufs vom Schlepptender zur → Speiseeinrichtung. Die T. können über Gestänge und die auf jeder Seite der Schlepptendervorderwand angebrachten Handhebel vom Führerhaus aus betätigt werden. Lit.: 2.3., 2.12.

Tenderachslager: → Tenderradsatz

Tenderbrause: Baugruppe der → Näßeinrichtung auf modernen Dampflokomotiven mit → Schlepptender zum Ablöschen der Kohle mit Wasser, um Staubentwicklung beim Feuerungsvorgang zu vermeiden. Die T. besteht aus einem entlang der Kohlenkastenoberkante des Schlepptenders geführten Spritzrohr, das über einen zusätzlichen (in der Leitung zur Kohlenspritze angeordneten) Dreiwegehahn der Näßeinrichtung mit Druckwasser versorgt wird. Lit.: 2.9.

Tenderbremse: Bremseinrichtung am → Schlepptender. Anfangs besaßen die Schlepptender nur eine als → Wurfhebelbremse oder → Spindelbremse ausgebildete → Handbremse. Mit Einführung der → Druckluftbremse wurde der Schlepptender zusätzlich mit einer → selbsttätigen Druckluftbremse ausgerüstet (→ Lastabbremsung). Moderne Schlepptender besitzen darüber hinaus eine selbsttätige Tenderlastabbremsung, die eine 80%ige → Abbremsung bei einer Vollbremsung in Abhängigkeit vom momentanen Wasservorrat im Schlepptender regelt (→ automatische Lastabbremsung).

Tenderbremskraftregler: für → Schlepptender ausgelegte →Bremskraftregler.

Tenderbrücke: an der Dampflokomotive in Fußbodenhöhe angebrachte begehbare Klappe aus Riffelblech zur Abdeckung des Spalts zwischen → Schlepptender und Lokomotive.

Tenderdrehgestell: → Drehgestell für → Schlepptender mit mehr als 3 → Tender-

Temperaturwächter (Funktionsschema)
1 Kontaktkopf, 2 Meßsystem, 3 Fühlerrohr, 4 wärmeempfindliche Flüssigkeit, 5 Sollwerteinstellung, 6 Wechselkontakt, 7 Schalthebel, 8 Metallfederbalg, 9 Bereichsfeder, 10 Übertemperatursicherung

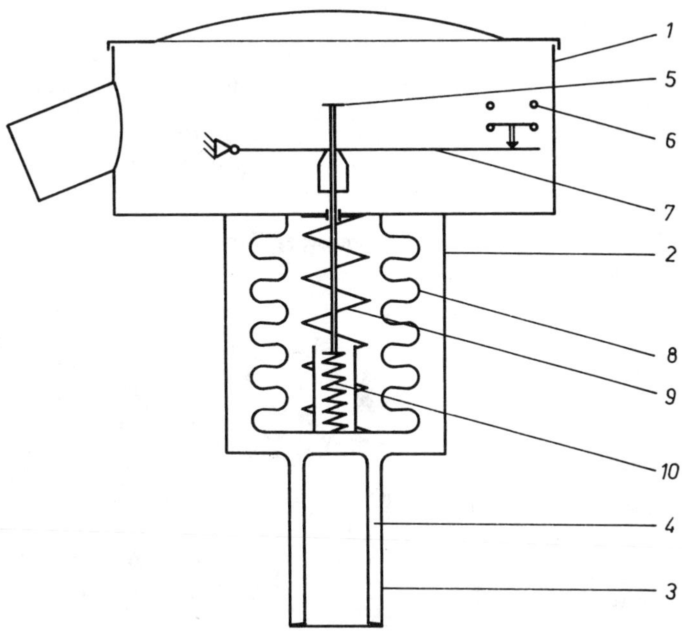

radsätzen, wobei z.B. bei der DRG 4achsige Schlepptender mit 2 T., 5achsige Schlepptender mit 1 vorauslaufenden T. und 3 fest im Tenderrahmen gelagerten Radsätzen ausgerüstet sind. Ältere Bauarten der T. sind als → Diamonddrehgestell oder → Fachwerkdrehgestell (dort Abb.) ausgeführt. Die für größere Betriebsvorräte und höhere Fahrgeschwindigkeiten geeigneten T. der → Einheitsbauart (Einheitstender) besitzen aus Stahlgußstücken zusammengeschraubte oder aus geschweißten Blechen bestehende Rahmen. Die mittlere von den 3 vorhandenen Rahmenquerverbindungen trägt ein ballig ausgebildetes Drehzapfenlager, in dem der zylindrische Drehzapfen senkrecht gleiten kann und somit in dieser Richtung keine Kräfte überträgt. Die senkrecht wirkenden Gewichtskräfte des Tenderkastens werden in ähnlicher Weise wie beim Fachwerkdrehgestell, aber durch die beim Einheitstender vorhandene Radsatzfederung 2fach abgefedert übertragen. Bei den Leichtbautendern (→ Wannentender) der DRG ruht der selbsttragende → Wasserkasten direkt auf den aus Preßblechen zusammengeschweißten T. Die senkrechten Kräfte werden hier über eine 1fache Abfederung beim vorderen T. über 2 seitlich angeordnete Kugelzapfen und Druckpfannen, beim hinteren T. über je 1 mittlere Dreh- und Druckpfanne übertragen. Lit.: 2.3., 2.12.

Tendergattungsbezeichnung: Kennzeichnung für → Schlepptender (dort Tab.), die Auskunft über den mitgeführten Wasservorrat und die konstruktive Gestaltung gibt. Die DRG verwendete folgendes im Beispiel dargestelltes Ordnungssystem:
2′2 T38St
2′ = 2achsiges Drehgestell, 2 = 2 im Rahmen gelagerte Radsätze, T = Tender, 38 = 38 m³ Wasservorrat, St = → Stromlinienverkleidung. → Achsanordnung

Tenderkuppelkasten: → Kuppelkasten

Tenderlastabbremsung: → Tenderbremse

Tenderlokomotive: → Dampflokomotive, bei der sämtliche Betriebsvorratsbehälter (→ Betriebsvorrat) auf der Lokomotive untergebracht sind. Die Konstruktion des Trieb- und Fahrwerks läßt bei gleichen Laufeigenschaften in beiden Fahrtrichtungen die gleiche Höchstgeschwindigkeit zu. T. besitzen ein allseitig geschlossenes Führerhaus, wobei der → Kohlenkasten, bei einigen Bauarten gemeinsam mit einem → Wasserkasten, den hinteren Abschluß bildet. Abb.

Tenderradsatz: → Radsatz vom → Schlepptender der Dampflokomotive, der i.d.R. mit Radreifen versehen, bei älteren Bauarten mit → Speichenrädern, bei den neueren Bauarten mit → Scheibenrädern ausgerüstet ist. Wegen günstigerer Beanspruchung und besserer Zugänglichkeit sind die T. entweder im starren Rahmen oder im → Tenderdrehgestell fast ausschl. außengelagert, bei älteren Bauarten mit → Gleitlagern (Gleitradsatzlager), später überwiegend mit zum Schutz gegen Verschmutzung in geschlossenen Lagergehäusen laufenden → Wälzlagern (Rollenradsatzlager) ausgerüstet.

Tenderradsatzlager: → Tenderradsatz

TGV: Abk. für frz. **T**rain á **g**rande **v**itesse; Hochgeschwindigkeits-Triebzug für das Fernschnellfahrnetz der SNCF (1. Streckenabschnitt Paris–Lyon, 390 km; Betriebseröffnung 27. September 1981). Der TGV ist ein 200 m langer Gelenk-Triebzug mit einer Masse von 386 t (Treibradsatz-Achsfahrmasse 17 t). Er besteht aus je einem 4achsigen Triebkopf

Tenderlokomotive der Bayerischen Staatsbahn der Gattung Pt 3/6 mit weit nach vorn gezogenen seitlichen Wasserkästen und rückwärts angeschlossenen Kohlenkasten

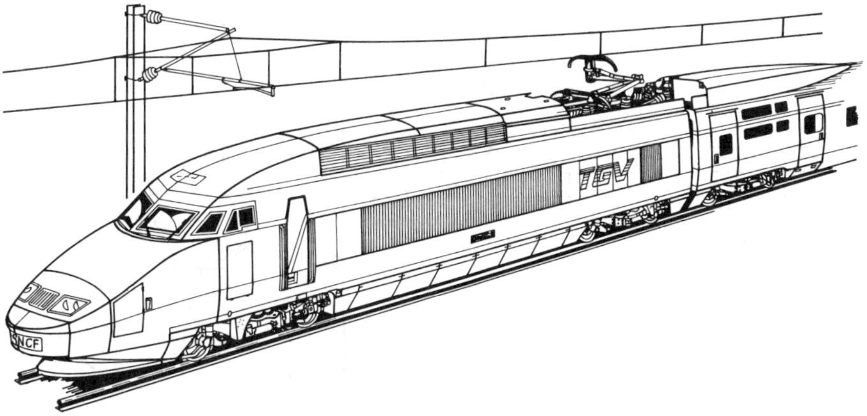

TGV
Triebkopf des TGV-Atlantik

an den Zugenden und aus 8 klimatisierten Mittelwagen mit 2achsigen Drehgestellen an den Enden dieser Wagengruppe und jeweils zwischen den Wagen (386 Sitzplätze, davon 1. Klasse: 111; 2. Klasse 275). *Antrieb:* Von den insgesamt 13 Drehgestellen sind die Drehgestelle der Triebwagen und die jeweils an die Triebwagen angrenzenden Drehgestelle des Gelenkwagenzugs mit jeweils 2 Fahrmotoren (je 537,5 kW) ausgerüstet. Der TGV verfügt also über 12 Fahrmotoren mit einer Leistung von insgesamt 6450 kW. Die Fahrmotoren sind nicht in den Triebdrehgestellen gelagert, sondern an den Wagenkästen aufgehängt und mit den Treibradsatzwellen über eine Kardan-Gleitwelle verbunden. Die *Bremsausrüstung* besteht aus elektrischen Widerstandsbremsen an den Triebdrehgestellen, Scheibenbremsen an den Laufdrehgestellen (4 Bremsscheiben je Radsatz), Schienenbremsen an sämtlichen Drehgestellen. *Höchstgeschwindigkeit:* 260 km/h betriebsmäßig; 380 km/h bei Testfahrt am 26. Februar 1981 (damaliger Weltrekord für Schienen-Tfz.; bis dahin gültiger Weltrekord im März 1955 mit 331 km/h durch die Elloks der BR BB9004 und BR CC7107 der SNCF) und 482,4 km/h 1989 sowie 515,3 km/h am 18. Mai 1990 als erneute Rekordfahrt mit einer dafür bes. ausgerüsteten Einheit mit 2 Triebköpfen und 3 Mittelwagen. Der TGV ist mit Mischstrom-Fahrmotoren und Gleichrichtern, bei neueren Serien mit → Synchronfahrmotoren (→ Drehstromantriebstechnik) ausgerüstet und verfügt über Schaltgeräte sowohl für Einphasenwechselspannung 50 Hz, 25 kV der neuen Schnellfahrstrecken als auch für das 1,5-kV-Gleichspannungssystem der von früher vorhandenen Linien des Bahnnetzes Südost. Einige Triebzüge erhalten Zusatzgeräte für Einphasenwechselspannung 16⅔ Hz, 15 kV für den Übergang auf die Strecken der SBB und ggf. der DB. Abb. → Tafel »Elektrische Triebwagen und Triebzüge«.

Thermoelement: Gleichstromquelle auf der Grundlage des von Seebeck entdeckten thermoelektrischen Effekts, bei dem in einem Stromkreis aus 2 unterschiedlichen Metallen bei einer Temperaturdifferenz zwischen den beiden Kontaktstellen eine von dieser Differenz abhängige Spannung *(Thermospannung)* auftritt. Diese wird u.a. zur Temperaturmessung benutzt (z.B. zur Messung der Kühlmitteltemperatur auf Tfz., der Wicklungstemperatur von → Fahrmotoren und der Heißdampftemperatur bei Dampflokomotiven (→ Fernthermometer)).

Thermolokomotive: ursprüngliche Bezeichnung für eine → Diesellokomotive, die bei der Entwicklung der → Kloselokomotive von der »Gesellschaft für Thermolokomotiven« geprägt, später aber nicht mehr benutzt wurde. I.w.S. sind alle auf Verbrennung von Treibstoffen basierenden Lokomotiven als T. zu bezeichnen.

Thermoovalkolben: → Kolben (2), der zum Ausgleich der Wärmedehnung eine ovale Form des Kolbenschafts in der Kolbenbolzenachse aufweist. Bedingt durch die Materialanhäufung ist in Richtung der Kolbenbolzenachse eine stärkere Materialabtragung als an der um 90° zur Kolbenbolzenachse versetzten Seite ausgeführt. Abb. S. 576

Thermoregler: → Thermostat

Thermostat: im → Kühlwasserkreislauf eines Verbrennungsmotors automatisch

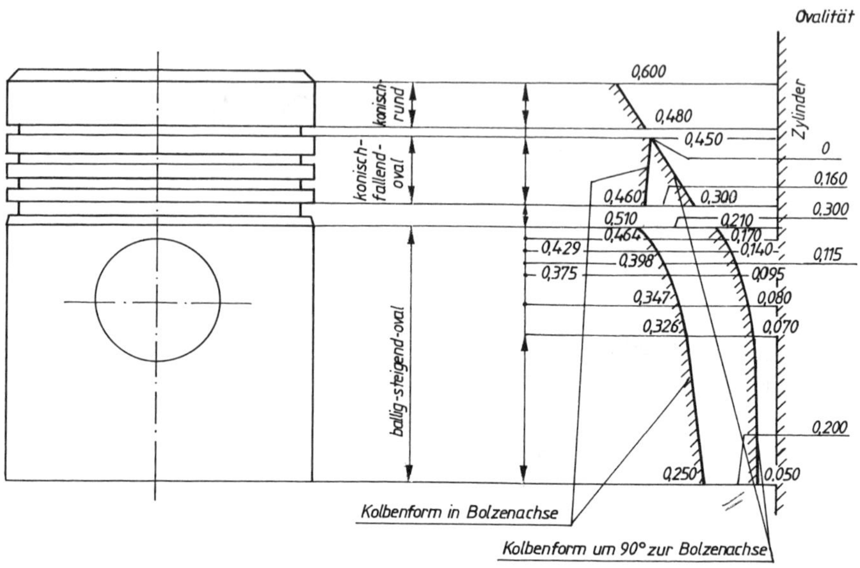

Thermoovalkolben
Ballig-ovaler Kolben (Schleifbild)
Maße in mm bedeuten Zylinderdurchmesser minus Kolbenmaß

arbeitender Temperaturregler, der die Temperatur des Kühlwassers dadurch konstant hält, daß er es mittels eines Ventils teilweise oder vollständig über den → Kühler oder über eine den Kühler umgebende Leitung (Bypass) führt. Der T. besteht aus einem Körper (z.B. einem Faltenbalg), der mit einem Medium, dessen Volumen sich mit der Temperatur stark ändert, gefüllt ist. Die Volumenänderung wird auf das Ventil übertragen, das den Kühlwasserstrom steuert.

Der ebenfalls nach dem Ausdehnungsprinzip arbeitende *Thermoregler* hält die Kühlwassertemperatur dadurch konstant, daß er über Stellglieder die → Kühlerlüfter sowie die → Kühlerjalousien vor den Kühlern und damit die die Kühler durchströmende Luftmenge regelt.

Thermosyphonkühlung: Kühlverfahren der → Flüssigkeitskühlung, bei dem durch Dichteänderung des Kühlmittels ein Umlauf eintritt. Geringe Temperaturdifferenzen des Kühlmittels beim Erwärmen im Dieselmotor und beim Abkühlen im → Kühler ergeben kleine Dichteunterschiede und damit eine nur geringe Umlaufgeschwindigkeit und unzureichenden Wärmetransport. Die T. ist deshalb für → Kühlwasserkreisläufe von Diesel-Tfz. nicht geeignet; sie wird lediglich in einigen Fällen bei der Vorwärmung des Kühlwassers als Mittel zum Flüssigkeitsumlauf genutzt.

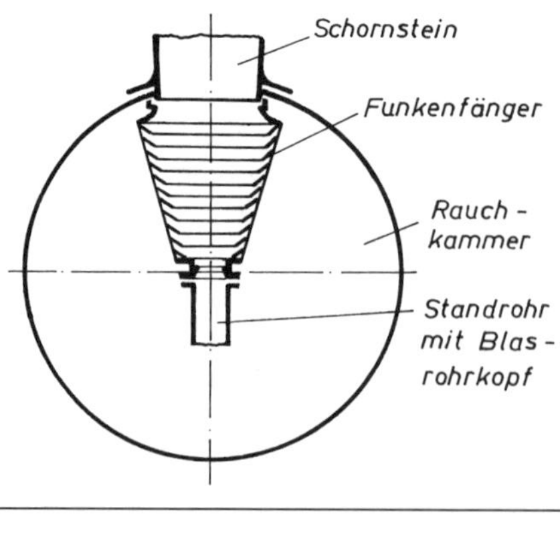

Thomas-Funkenfänger
(Schema)

Thoma-Getriebe: Nach Thoma benanntes schwenkbares → Axialkolbengetriebe sowie → Radialkolbengetriebe.

Thomas, Georg: 1. April 1827 (Frankfurt/Main) – 22. März 1883 (Mainz); Dampftriebwagen-Konstrukteur. T. war ab 1857 als Obermaschinenmeister der Hessischen Ludwigsbahn tätig und ab 1876 als deren Direktoriumsmitglied für das Maschinen-, Wagen- und Werkstättenwesen verantwortlich. 1879/80 lieferte die Maschinenfabrik Esslingen von T. entworfene doppelstöckige → Dampftriebwagen an die Hessische Ludwigsbahn, 1883 die Lokomotivfabrik Hohenzollern weitere von ihm entworfene und ebenfalls 2stökkige Dampftriebwagen an die Sächsische Staatseisenbahn. Lit.: 1.29., 5.3.

Thomas-Funkenfänger: nach seinem Erfinder benannter → Funkenfänger. Eine jalousieartige Anordnung von Flacheisenstäben verhinderte einen direkten Funkenausstoß aus dem Schornstein.

Die auf die Flachstäbe aufprallenden Verbrennungsrückstände und Funken fielen in die Rauchkammer zurück. Lit.: 2.12. Abb.

Thyristor, *gesteuerter Gleichrichter:* steuerbares Halbleiterbauelement, dessen aktiver Teil aus einer einkristallinen Siliziumscheibe besteht. Aufbau und Wirkungsweise: Die Si-Scheibe ist in einem luftdicht verschlossenen Gehäuse untergebracht, das die elektrischen Anschlußkontakte trägt und sie gegeneinander isoliert. Außer den 2 Hauptanschlüssen gibt es noch den Steuer- oder Zündanschluß, mit dem die Zündung gesteuert werden kann. Ohne Zündung sperrt der T. in beiden Richtungen. Die Zündung mit einem Zündimpuls bewirkt, daß der T. in Durchlaßrichtung leitend wird. Der nun fließende Strom kann durch einen Nulldurchgang unterbrochen werden; dies tritt bei Wechselstrom ein. Bei Gleichstrom muß die Unterbrechung durch bes. Maßnahmen, z.B. durch eine Löschschaltung, herbeigeführt werden. T. werden für Ströme bis 500 A und darüber hergestellt, die zul. Scheitelspannungen betragen max. 3 kV. T. werden als elektronische Schalter in leistungselektronischen Schaltungen bei Frequenzen bis etwa 20 kHz eingesetzt (→ Pulssteller). Lit.: 4.5. Abb.

Thyristorsteuerung: Steuerung elektrischer Tfz. unter Verwendung von → Thyristoren, mit denen bei Wechselstrom eine → Anschnittsteuerung, bei Gleichstrom eine → Pulssteuerung ermöglicht wird. Eine T. arbeitet praktisch verschleißlos, verzögerungsfrei und gestattet eine stetige Spannungsänderung und somit stufenlose Geschwindigkeits- bzw. Zugkraftsteuerung (→ Leistungssteuerung). Lit.: 4.5., 4.11.

Tiefanlenkung: Anlenkungsart bei Drehgestell-Tfz. mit → Einzelachsantrieb mit möglichst tief herabgezogener Verbindung zwischen Drehgestell und Fahrzeugkasten. Die T. dient zur Verringerung der → Achsentlastung. Möglichkeiten der konstruktiven Ausführung: tiefliegender Drehzapfen oder Anlenkung mit schrägliegenden Zugstangen. Lit.: 4.12. Abb.

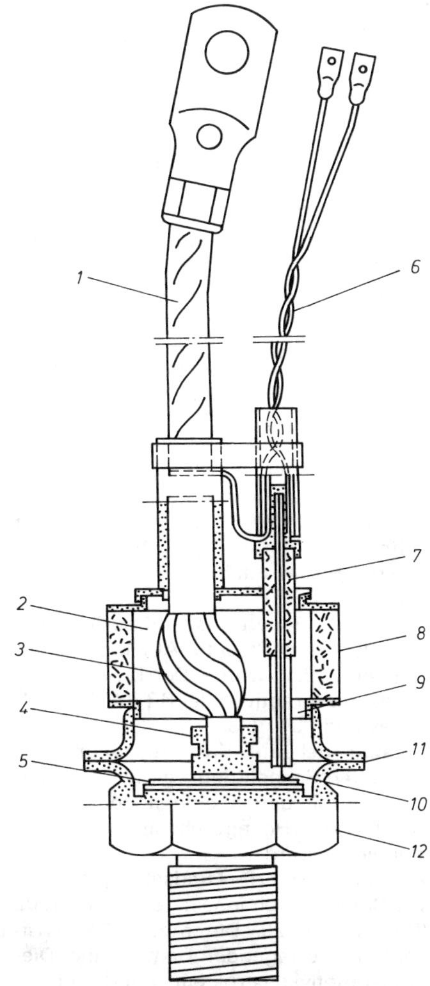

Thyristor
1 äußerer biegsamer Anschluß, 2 Schutzgas, 3 innere biegsame Verbindung, 4 Stromabnehmer, 5 Kristallsystem, 6 Zündanschluß, 7 keramische Durchführung, 8 keramischer Isolator, 9 keramisches Rohr, 10 vakuumdichte Fuge, 11 Zündelektrode aus Aluminium, 12 Kupferbolzen

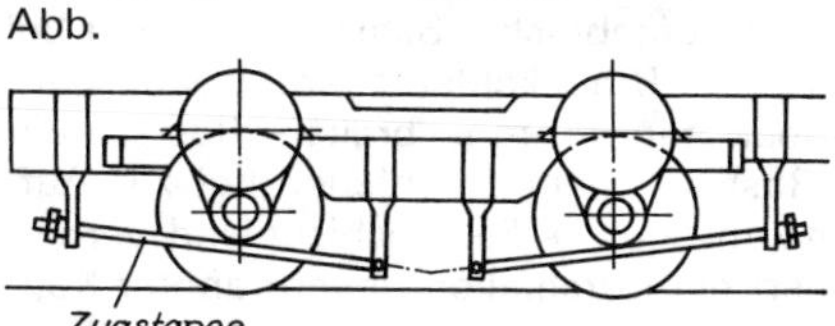

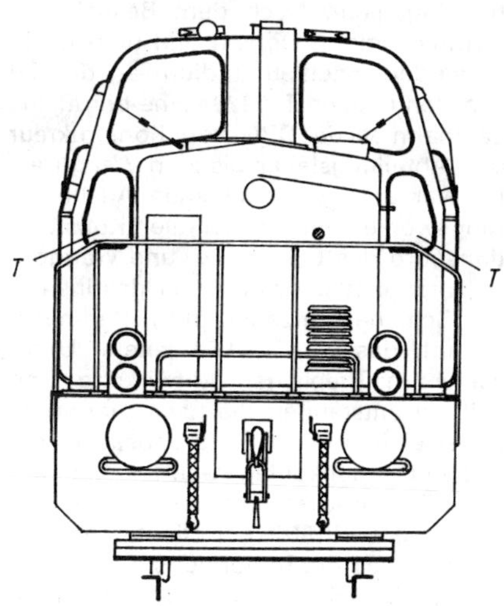

Tiefanlenkung (links)

Tiefsichtfenster (T)

Tiefgang: → Hochtrieb

Tiefsichtfenster: an der Führerstandstirnseite von Rangierlokomotiven angebrachtes, tiefliegendes oder von der normalen Stirnfensterunterkante heruntergezogenes Fenster. Es wird bei Tfz. mit schmalen Vorbauten angeordnet, um den Tfz.-Führer bei allen Rangierbewegungen die Sicht auf die Puffer vom Fahrersitz aus zu ermöglichen. Abb. S. 577

Tierklasse: aus kraftsymbolhaften Tiernamen abgeleitete Klassenbezeichnung von 1'E1'h2t-Tenderlokomotiven der Halberstadt-Blankenburger Eisenbahn, die die Namen »Mammut«, »Wisent«, »Büffel« und »Elch« (ab 1949 die Lokomotiven 956676 bis 956679 der DR) erhielten. Die von Borsig 1920/21 gelieferten und 1968 bei der DR ausgemusterten zugkraftstarken Lokomotiven dienten bei ihrer Indienststellung zur Ablösung von Zahnradlokomotiven auf den Steilrampen des Harzes mit bis zu 60‰ Steigung. Lit.: 2.1. Bd. 3.

Titan-Rost: Bauart des → Kipprosts, die von der Titan-Patente AG Luzern um 1930 entwickelt wurde. Der T. wurde z.B. bei den Lokomotiven der BR402 der MÁV angewandt. Lit.: 5.3.

Tokaido-Triebzug: Kurzbezeichnung für die ersten Schnelltriebzüge des → Shinkansen, mit denen eine neue Ära der elektrischen Hochgeschwindigkeitszüge eingeleitet wurde.

Tonnenachslager: → Radsatzlager

Johannes *Töpelmann*

Töpelmann, Johannes: 8. Juni 1902 (Roßwein) – 20. Dezember 1981 (Wildau); hervorragender Dampf- und Diesellokomotivkonstrukteur und Eisenbahningenieur. Nach dem Besuch des Gymnasiums in Döbeln und dem nachfolgenden Ingenieurstudium an der TH Dresden begann T. 1929 seine berufliche Laufbahn bei der DRG. Vom Konstrukteur und Abteilungsleiter bis zum Werkdirektor war er in verschiedenen Ausbesserungswerken und im zentralen Konstruktionsbüro des Lokomotiv- und Waggonbaus tätig. 1952 gründete er das Institut für Schienenfahrzeuge (IfS) Berlin-Adlershof, das er bis 1954 leitete. Unter seiner maßgeblichen Mitwirkung und Leitung entstanden die nach modernen Konstruktions- und Baugrundsätzen gestalteten braunkohlegefeuerten Neubaudampflokomotiven der BR65^{10}, BR83^{10}, BR23^{10} und BR50^{40} der DR. Ebenso erwarb er sich große Verdienste als Initiator der Dieseltriebfahrzeug-Entwicklung in der DDR und hier bes. bei der Entwicklung der neuen dieselhydraulischen Lokomotiven der BR V60, BR V180 und BR V100 (BR346, BR228 und BR201 der DB/DR). Als Lehrbeauftragter und wissenschaftlicher Leiter des Lehrstuhls für Lok- und Triebwagenbau vermittelte T. nach der Gründung der Hochschule für Verkehrswesen »Friedrich List« Dresden (1952) außerdem seine umfassenden Kenntnisse und reichen Erfahrungen den Studenten und wissenschaftlichen Nachwuchskräften weiter. Lit.: 5.2., DET 30 (1982) 2, S. 74. Abb.

Torfstaubfeuerung: Bauart der → Kohlenstaubfeuerung für → Kohlenstaublokomotiven, bei der fein gemahlener Torf (Torfstaub) als Brennstoff aus einem auf dem Schlepptender oder Tender angeordneten trichterförmigen, geschlossenen Torfstaubbehälter zugeführt wurde. Der mit Druckluft eingeblasene Brennstaub wurde unter gleichzeitiger Zuführung von Sekundärluft mit einem Brenner in der → Feuerbüchse verbrannt. Dort wurden die Verbrennungsgase durch eine entspr. Ausmauerung mehrmals umgelenkt. Auf einem kleinen eingebauten → Kipprost brannte ein mit kleinen Kohlestücken versorgtes Zündfeuer. Mit der T. wurden bei ihrem Einsatz in schwedischen Kohlenstaublokomotiven wegen der gegenüber bei der Verbrennung stückiger Kohle auftretenden längeren Flamme und damit höheren Gastemperatur eine größere Überhitzungstemperatur und ein etwas höherer → Kesselwirkungsgrad erreicht. So lieferten 1915 Vergleichsversuche auf der 96 km langen Strecke Hallsberg–Mjölby das Ergebnis, mit 1,45 kg Torfstaub unter gleichen betrieblichen Bedingungen diesselbe Leistung wie mit 1 kg Steinkohle erzielen zu können. Die Ökonomie der T. hängt letztlich wesentlich vom Preisverhältnis zwischen Torfstaub und Stückkohle ab. Lit.: 2.8.

Torsionsfeder: → Schraubenfeder

totes Feuerbett: Bezeichnung für eine aus zerkleinerten (Faustgröße) Schamottesteinen, ersatzweise auch Ziegelsteinbruch, Schlacke oder Schotter, auf den → Rost aufgebrachte Schicht. Sie dient bei der → Braunkohlenfeuerung auf dem Rost mit 14 mm breiten Rostspalten (Rost für Steinkohlenfeuerung) zur Aufnahme der → Feuerschicht und verhindert ein Durchfallen unverbrannter Kohleteilchen. Gleichzeitig dient das t. F. als

Wärmespeicher und führt durch Wärmestrahlung ein schnelles Vergasen und Entzünden der frisch aufgeworfenen Braunkohle herbei. Die vom Rost her einströmende Luft wird entbündelt, so daß weniger Kohleteilchen in die Rauchkammer mitgerissen werden. Bei den österreichischen Bahnen wurde der Betrieb des Rostes mit t.F. als *Schlackenrost* bezeichnet. Lit.: 2.3., 2.6., 5.3.

Totmannsknopf: frühere Bezeichnung für hand- oder fußbetätigte Tasten zur Dienstfähigkeitsüberwachung des Tfz.-Führers durch die → Führerüberwachungseinrichtung bzw. → Sicherheitsfahrschaltung.

Totpunktlage: → Kolbentotpunkt, → Kurbeltrieb, → Triebwerk

Traditionsfahrt: Bezeichnung für bes. eingelegte Zugfahrt, bei der eine → Denkmallokomotive und z.T. auch Traditionswagen eingesetzt werden.

Tragbild: **1.** Markierung auf den Zahnflanken von → Zahnrädern, die die Berührung der anliegenden Zahnflanken miteinander kämmender Zahnräder kennzeichnet. Aus dem T. lassen sich die Güte der Verzahnung und die Lage der im Eingriff stehenden Zahnräder beurteilen. Das T. wird nach dem Einlauf mehr oder weniger sichtbar; es kann bei der Montage von Zahnradgetrieben durch Farbe sichtbar gemacht werden, z.B. bei → Kegelradgetrieben als Hilfsmittel zum Einstellen der Kegelräder. – **2.** Unterschiedliche Färbung auf den Mantelflächen des → Kolbens (2) eines Verbrennungsmotors, aus der die Berührungsstellen der Flächenpaarung Kolben/Zylinder ersichtlich sind. Nicht tragende Flächenteile des Kolbenmantels sind durch Verbrennungsrückstände und Ölkohle dunkel gefärbt. Das T. läßt Rückschlüsse auf das Tragen des Kolbens bei Betriebstemperatur zu und kann bei der Entwicklung von Kolbenmotoren zur Korrektur der Kolbenform genutzt werden.

Tragbuchse: → Kolbenstangentragbuchse, → Schieberstangentragbuchse

Tragfeder: Element der vertikalen → Federung eines Tfz. Die T. trägt die Masse des abgefederten Fahrzeugteils. Für die Auslegung der T. sind die Anforderungen an die Federung maßgebend. Die Bauart, Größe und Anordnung der T. hängen von der Bauart des Tfz. und den Einsatzbedingungen ab. *Bauarten:* → Blattfedern (dort Abb.); → Schraubenfedern (dort Abb.); → Gummifedern (dort Abb.) und Luftfedern (→ Gasfeder, dort Abb.). Beim Versagen der T. (beispielsweise durch Bruch) wird eine Notabstützung wirksam.

Tragschuh: Bauteil des → Stehkesselträgers (2) von → Dampflokomotivkesseln zur Abstützung des über dem Lokomotivrahmen angeordneten → Stehkessels. Die T. sind rechts und links vom → Schlingerstück (dort Abb.) am → Bodenring unter der Stehkesselrück- und -vorderwand angeschmiedete Ansätze, die den Stehkessel auf dafür vorgesehene Rahmenverbindungen abstützen. Lit.: 2.3., 2.12.

Traktionsart: Kennzeichnung der Art der → Zugförderung nach der Auslegung des → Antriebs der eingesetzten → Triebfahrzeuge zur Erzeugung der notwendigen → Zugkraft. Wichtigste T.: 1) Die Dampftraktion ist jetzt ausschl. durch den Einsatz von → *Dampflokomotiven,* früher auch durch → Dampftriebwagen, charakterisiert; 2) bei der Dieseltraktion werden *Dieseltriebfahrzeuge* (Diesellokomotiven, Dieseltriebwagen, Dieseltriebzüge) eingesetzt; 3) bei der → elektrischen Traktion werden *elektrische Triebfahrzeuge* (elektrische Lokomotiven, elektrische Triebwagen bzw. elektrische Triebzüge) verwendet, wobei es sich auch wie bei einigen → elektrischen Schnellbahnen, bei Metros und Straßenbahnen um reinen Triebzugbetrieb handeln kann.

In den letzten Jahren wurde bei fast allen Bahnverwaltungen eine zunehmende → Traktionsumstellung zugunsten eines höheren Anteils der Diesel- und vor allem der elektrischen Traktion bei der Zugförderung vorgenommen.

Traktionsgenerator: → Hauptgenerator

Traktionsgleichrichter: → Gleichrichtertriebfahrzeug

Traktionsumstellung: Prozeß der Veränderung der Anteile der einzelnen → Traktionsarten an der Transportleistung (i.d.R. in Bruttotonnenkilometer) einer Eisenbahn. Sie wird durch den technischen Stand und die Besonderheiten der Entwicklung der nationalen und teilweise internationalen Wirtschaft verursacht. Bei den europäischen Eisenbahnen setzte die T. nach dem zweiten Weltkrieg in den 50er und 60er Jahren ein und führte zu einer nahezu vollständigen Ablösung der technisch veralteten und mit hohem (vor allem personellem) Aufwand für Betrieb und Erhaltung verbundenen

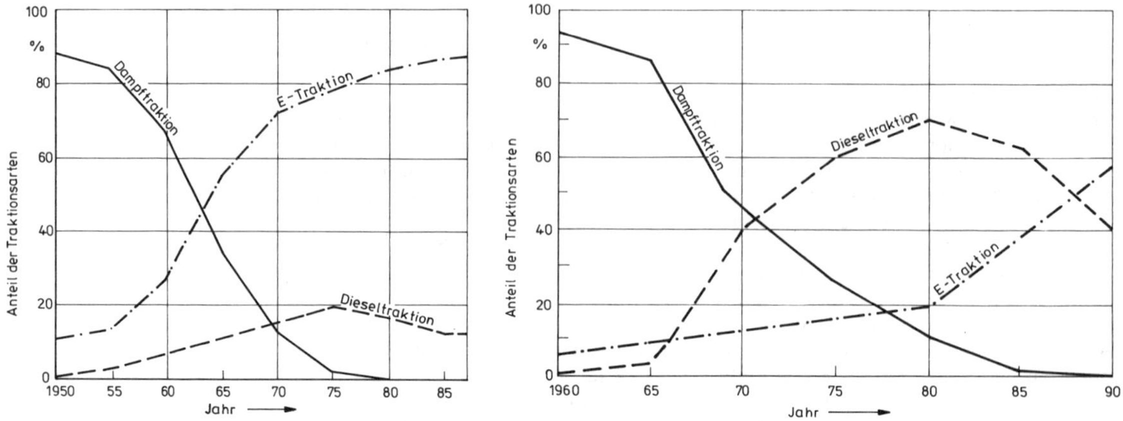

a) b)

Traktionsumstellung
Entwicklung der prozentualen Anteile der Traktionsarten an der
a) Transportleistung der DB
b) Transportleistung der DR

Dampftraktion durch eine zweckmäßige Kombination von Diesel- und → elektrischer Traktion. Das führte vor allem zu einer Einsparung von Antriebsenergie und Arbeitskräften, zur Erhöhung der Antriebsleistungen und Fahrgeschwindigkeiten bzw. Anhängemassen, zur Verkürzung von Fahrzeiten, zur Erhöhung der Streckenkapazität, zur Verbesserung des Reisekomforts und zu besseren Arbeitsbedingungen für die Beschäftigten (größere Sauberkeit, starke Reduzierung der schweren körperlichen Arbeit). Damit verbunden erhöht die T. den Nutzeffekt des Eisenbahnwesens durch einen rationelleren Transport. Die T. ist jedoch mit hohen Investitionsaufwendungen für die Beschaffung der Tfz., für Umbau, Erweiterung und Aufbau neuer Werkstätten (Aw, Bw, Fahrleitungsmeistereien), → Unterwerke sowie → Fahrleitungsanlagen mit Fern- und → Speiseleitungen usw. verbunden. Die modernen Traktionsarten verursachen aber weniger Betriebskosten (z.B. Energie-, Schmierstoff- und Personalkosten) und ermöglichen rationellere Methoden der → Instandhaltung (Tauschteilwirtschaft) und des → Triebfahrzeugeinsatzes.

Bei der DB wurde trotz der höheren Umstellungskosten wegen des schließlich größeren Nutzeffekts der Schwerpunkt auf eine schnelle Erhöhung des Anteils der elektrischen Traktion gelegt.

Bei der DR wurde wegen anfangs geringerer für die T. zur Verfügung stehender Mittel zunächst im großen Umfang die Dieseltraktion eingeführt. Anfang der 80er Jahre begann mit durchschnittlich 300 km/a verstärkt die Streckenelektrifizierung. Damit wurden eine bedeutende Erhöhung des Anteils der elektrischen Traktion und eine deutliche Verringerung des Anteils der Dieseltraktion erreicht. Der Nutzeffekt der Elektrifizierung ist wesentlich von der Streckenbelastung abhängig. Sie bestimmt neben den Forderungen an einen günstigen Betriebsablauf in hohem Maße die Elektrifizierungswürdigkeit. Abb.

Traktionswechsel: 1. In der → Zugförderung das Wechseln des Tfz. bei notwendigem oder betrieblich günstigem Übergang auf eine andere → Traktionsart, z.B. von der → elektrischen Traktion auf die Dieseltraktion am Ende der elektrifizierten Strecke (Umspannaufenthalt). – **2.** I.w.S. auch übliche Bezeichnung für die → Traktionsumstellung.

Traktor, *Rangiertraktor:* in der Schweiz Bezeichnung für kleine 2achsige → Rangierlokomotiven, z.B. *elektrische T.* der Typen Te^{I}, Te^{II} und Te^{III} mit Leistungen von 88–260 kW, *thermische T.* der Typen Tm^{I}, Tm^{II} und Tm^{III} mit Antrieb durch Diesel- oder Vergasermotoren (Dieseltraktoren mit Leistungen von 63–130 kW) sowie *Zweikraft-T.* der Typen Tem^{I} und Tem^{II} mit elektrischem und Dieselantrieb mit Leistungen von 66–130 kW. Lit.: Winter, P.: Unsere Triebfahrzeuge (SBB-Fibeln Heft 1), 3. Aufl. Zürich: 1963.

Trambahnlokomotive: seit etwa 1880 entwickelte, meist schmalspurige Bauart von Dampflokomotiven für in Straßen verlegte Anschluß- und Nebenbahngleise sowie für den Überlandverkehr von Straßenbahnen. Die T. wurde in vielen Ausführungen gebaut. Charakteristisch sind die die ganze Lokomotive umfassenden Aus- und Umbauten, die eine allseitige Begehung während der Fahrt ermöglichen. Die T. sind meistens für Einmannbesetzung konzipiert und besitzen Übergänge zum Wagenzug. Zur Verhinderung des Eindringens von Straßenstaub in das Triebwerk und zur Räumung von auf der Straße im Gleisbereich befindlichen Fremdkörpern sind die Triebwerke teilweise oder ganz verkleidet. Die T. bildete mit der → Omnibuslokomotive und den → Dampftriebwagen eine gemeinsame Entwicklungsstufe zur Verbesserung des öffentlichen Nahverkehrs, die mit dem Aufkommen der elektrischen und verbrennungsmotorischen Fahrzeugantriebe praktisch abgeschlossen wurde. Lit.: 2.9. Abb.

Transduktor, *Magnetverstärker:* elektrisches Schaltelement, das unter Ausnutzung der nichtlinearen Magnetisierungskennlinie bes. Eisenwerkstoffe als Schalter oder zu Verstärkerzwecken in elektrischen Tfz. (i. allg. anstelle von Schaltdrosseln) und dieselelektrischen Tfz. (zur Leistungsanpassung zwischen Dieselmotor und Hauptgenerator) verwendet wird. Der T. besteht aus einem Eisenkern, auf dem sich eine Arbeitswicklung und eine oder mehrere Steuerwicklungen befinden. T. sind kontaktlos, stetig regelbar und ohne bewegte Teile; sie unterliegen daher keinem Verschleiß und benötigen keine Wartung. Mit T. wird eine bessere Steuerbarkeit elektrischer Tfz. mit niederspannungsseitiger → Leistungssteuerung und bei dieselelektrischen Tfz. mit Gleichstromübertragung eine bessere Ausnutzung der Dieselmotorleistung erreicht. Bei modernen Tfz. werden T. häufig in Bremsstromkreisen angewandt. Abb.

Transformator, *Umspanner:* ruhende elektrische Maschine, die a) bei der elektrischen Zugförderung im → Unterwerk zur Umspannung von Fernleitungs- auf Fahrleitungsspannung; b) auf → elektrischen Triebfahrzeugen zur Umspannung der Fahrleitungsspannung auf das den → Fahrmotoren zuträgliche Spannungsniveau dient. Der T. besteht aus der → Primärwicklung (Eingangswicklung) und der → Sekundärwicklung (Ausgangs-

Trambahnlokomotive

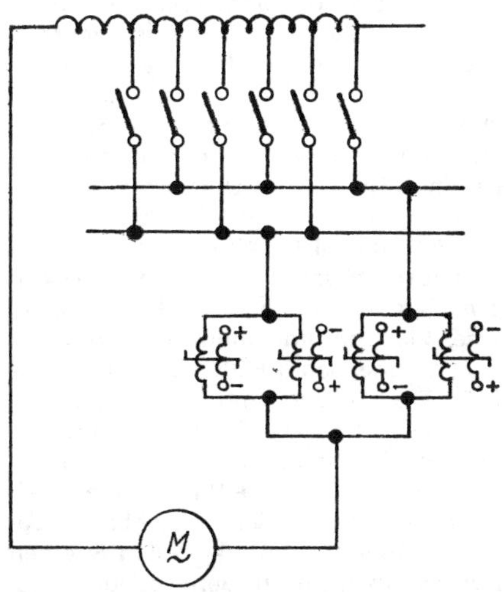

Transduktor
Steuerung mit Transduktoren

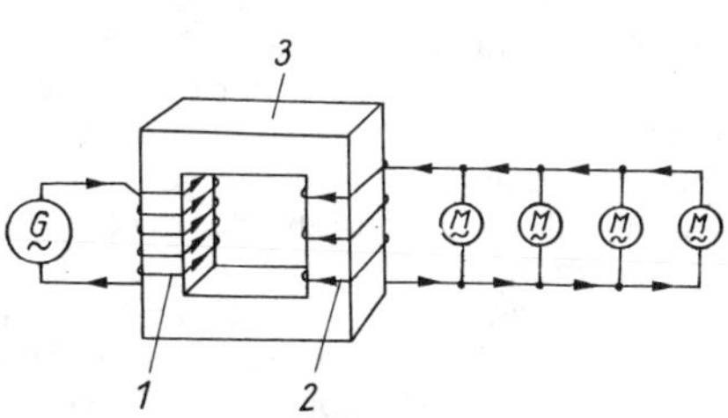

a)

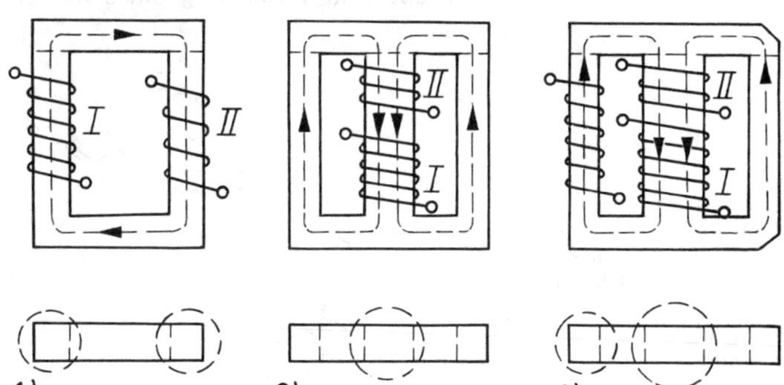

b)

Transformator
a) Schema der Wirkungsweise
1 Primärwicklung, 2 Sekundärwicklung, 3 Eisenkern, G Generator, M Motor
b) Bauweisen bei Tfz.
1) Kerntransformator, 2) Manteltransformator, 3) Halbmanteltransformator, I Primärwicklung, II Sekundärwicklung

wicklung), ggf. auch noch aus Tertiärwicklungen (Hilfsbetriebewicklungen). Die Wicklungen sind durch den magnetischen Fluß über einen aus siliziumlegierten oder mit magnetischer Vorzugsrichtung (kornorientiert) geblechten Eisenkern miteinander induktiv oder teilweise galvanisch (→ Sparschaltung) gekoppelt. Das Verhältnis der Spannungen bzw. Ströme ist als *Übersetzungsverhältnis* entweder konstant bei T. im Unterwerk oder bei elektrischen Tfz. von 0 bis zur max. Fahrmotorspannung mit → Stufenschaltwerk oder → Nockenschaltwerk einstellbar. Die Wicklung wird als Scheiben- oder Röhrenwicklung in Kupfer, seltener in Aluminium ausgeführt. Es wird die Kern- oder die Mantelbauweise angewendet; meist wird Ölkühlung benutzt.

Die Leistung von → Haupttransformatoren elektrischer Tfz. liegt zwischen 250 kVA und 5000 kVA, dabei beträgt die Masse des T. etwa 20% der Gesamtmasse einer Ellok. T. im Unterwerk besitzen Leistungen von 10 MVA bis 20 MVA. Lit.: 4.4., 4.5., 4.6., 4.11. Abb.

transformatorische Spannung: elektrische Spannung, die in den Läuferspulen eines Elektromotors induziert wird, wenn der magnetische Fluß des Hauptpols (z.B. wegen Speisung mit Einphasenwechselspannung) ein Wechselfluß ist. In dem Moment, da während der → Kommutierung die → Bürsten die zu einer Spule gehörenden benachbarten Lamellen überbrücken, treibt die t.S. einen Kurzschlußstrom in dem dadurch geschlossenen Spulenstromkreis an. Um am → Kommutator Lichtbogenbildung zu verhindern, darf die t.S. 3 V nicht übersteigen. Dies wird durch kleine Windungszahl je Lamelle, niedrige Frequenz (z.B. 16⅔ Hz) und kleinen Magnetfluß, was aber zur Erreichung eines ausreichenden Drehmoments eine hohe Polzahl voraussetzt, erreicht. Zur Begrenzung des Kurzschlußstroms werden Sonderausführungen von Bürsten verwendet, so Zwillings- (Spalt-)kohlen oder Spreizkohlen. Lit.: 4.3., 4.5., 4.11., 4.12. Abb.

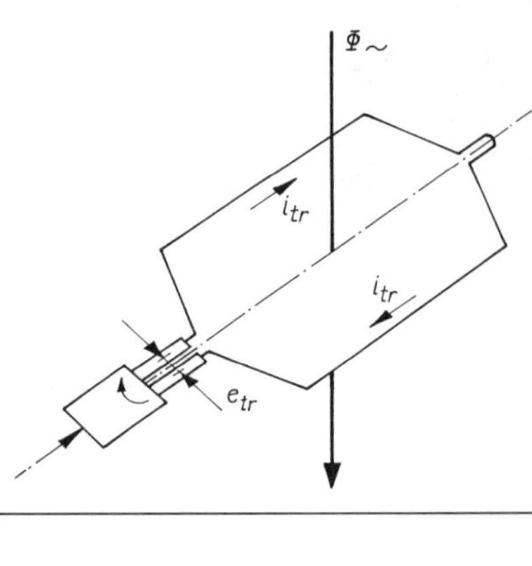

transformatorische Spannung
Entstehung der Kurzschlußströme in der Läuferwicklung eines Einphasenwechselstrommotors
e_{tr} transformatorische Spannung, i_{tr} Kurzschlußstrom, $\Phi_\sim$ Hauptpolfluß

Transformatorverluste: Verlustleistung des → Transformators (z.B. auf elektrischen Tfz.). Sie bestimmt den Wirkungsgrad und setzt sich zusammen aus den → *Eisenverlusten* (Leerlaufverlusten) als Wirbelstrom- und Hystereseverluste und den → *Kupferverlusten* (Lastverlusten) als Stromwärme- und Streuspannungsverluste. Die T. betragen 1–3% der Nennleistung.

Treibachse: → Treibradsatz

Treibachsleistung: Leistung der → Treibradsatzzugkraft.

Treibachszugkraft: → Treibradsatzzugkraft

Treibkurbel: → Stangenantrieb

Treiblokomotive, *Treibeinheit:* → Booster

Treibrad: → Treibradsatz

Treibraddurchmesser: → Treibradsatz

Treibradsatz, *Treibachse:* **1.** → Radsatz von Dampflokomotiven, der als Bestandteil des → Antriebssystems (Abtriebselement) die i.d.R. von der Kolbendampfmaschine erzeugte Antriebskraft an den → Treibzapfen von der → Treibstange aufnimmt und als → Treibradsatzzugkraft zur Wirkung bringt. Die T. besitzen meist durch die Radsatzwelle fest miteinander verbundene → Speichenräder, in seltenen Fällen bes. für hochbeanspruchte T. auch Boxpokräder (→ Scheibenrad), jeweils mit → Gegengewichten und gegeneinander versetzten Treibzapfen, deren Art und Anordnung vom Aufbau des Triebwerks sowie der → Zylinderanordnung (1) und Zylinderzahl der → Dampfmaschine abhängt. Dampflokomotiven mit → Innenzylindern erfordern einfach gekröpfte (z.B. beim → Dreizylindertriebwerk) oder doppelt gekröpfte (z.B. beim → Vierzylindertriebwerk) Radsatzwellen. Im Maximalfall besitzt der T. 2 außenliegende und 2 innere, auf der doppelt gekröpften Radsatzwelle liegende Treibzapfen. Der Laufkreisdurchmesser des T. wird durch die Festlegung der max. Fahrgeschwindigkeit bestimmt, da die → Kolbengeschwindigkeit (Drehzahl) der Dampfmaschine durch die Massenkräfte und die temperaturabhängige Schmierfähigkeit des Zylinderöls begrenzt ist.

Eine Unterscheidung zwischen T. und → Kuppelradsätzen einerseits sowie → Laufradsätzen andererseits ist bei Dampflokomotiven (wie auch bei älteren Diesel- und elektrischen Tfz.) zur Kennzeichnung ihrer Betriebseigenschaften notwendig (→ Betriegsgattungszeichen). Abb. – **2.** Radsatz von Diesel- und elektrischen Tfz., der als Bestandteil des Antriebssystems (Abtriebselement) die von der → Verbrennungskraftmaschine oder dem elektrischen → Fahrmotor erzeugte Antriebskraft vom → Radsatzgetriebe oder auch anderen Antrieben (z.B. → Tatzmotorantrieb, → Kardanantrieb) sowie bei älteren Diesel- und elektrischen Lokomotiven mit → Stangenantrieb von der Treibstange aufnimmt und als T.-zugkraft zur Wirkung bringt. T. moderner Diesel- und elektrischer Tfz. besitzen in der Regel Scheibenräder, ältere Diesel- und elektrische Lokomotiven Speichenräder, die ähnlich der Ausführung für Dampflokomotiven mit ungekröpfter Radsatzwelle bei Verwendung des Stangenantriebs mit Gegengewichten versehen sind. Lit.: 2.3., 2.6., 2.10., 2.12., 3.6., 4.5.

Treibradsatzzugkraft, *Treibachszugkraft:* → Zugkraft eines Tfz., bezogen auf den Treibradumfang des sich ohne Roll- und Lagerreibungswiderstand (→ Widerstandskraft) bewegenden Radsatzes.

Treibstange: Bauelement des → Stangenantriebs von Tfz., das der Weiterleitung der Antriebskraft vom → Kreuzkopf der Dampflok oder von der → Blindwelle der Diesellok und Ellok oder auch von der Abtriebswelle des elektrischen → Fahrmotors der Ellok auf den → Treibradsatz dient. Die aus hochwertigem Stahl geschmiedeten und weiter bearbeiteten T. besitzen einen Schaft mit I-förmigem Querschnitt, der ein großes Widerstandsmoment gegen die hohen Biege- und Knickbeanspruchungen bei geringer Eigenmasse gewährleistet, mit je 1 T.kopf (→ Stangenkopf) auf jeder Seite zur Aufnahme der T.lager (→ Stangenlager). Lit.: 2.3., 2.6., 2.10., 2.12.

Treibstangenkopf: → Stangenkopf, → Treibstange

Treibstangenlager: → Stangenlager, → Treibstange

Treibzapfen: Bauteil des → Treibradsatzes, auf dem die → Treibstange und beim außenliegenden Triebwerk die → Kuppelstange gelagert ist. Es überträgt die Kolbenkraft über die Treibstange auf das

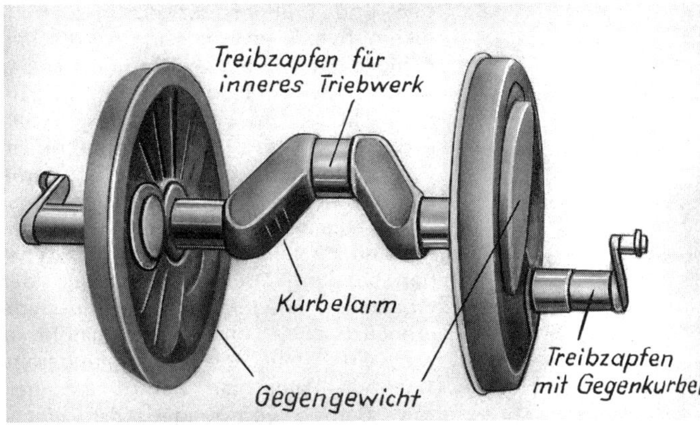

Treibradsatz einer Dreizylinderlokomotive

Treibrad und die Kuppelstange. Der T. besitzt deshalb eine innere Lagerfläche für die Kuppelstange und eine durch diese mit einem Bund getrennte äußere Lagerfläche für die Treibstange. Der T. ist beim außenliegenden Triebwerk in das Treibrad eingepreßt und gegen Verdrehen gesichert, um eine Lageänderung der → Gegenkurbel zu verhindern. Beim innenliegenden Triebwerk befindet er sich auf der gekröpften Radsatzwelle des Treibradsatzes. Lit.: 2.3., 2.10., 2.12.

Trenner, *Trennschalter:* **1.** I. allg. Schalter zum annähernd stromlosen Öffnen (mit erkennbarer Trennstrecke) und Schließen eines Strompfades. – **2.** Kurzbezeichnung für → Fahrmotoren-Trennschalter.

Trennkupplung: schaltbare → Kupplung (1), die während des Betriebs durch Betätigung eine Unterbrechung des → Kraftflusses ermöglicht. Die T. ist dem Zahnradschaltgetriebe bzw. einer abzukuppelnden Hilfsmaschine vorgeschaltet oder als → Schaltkupplung im Getriebe angeordnet. Sie wird als → Reibungskupplung oder → Strömungskupplung ausgeführt. Sonderformen: → Fliehkraftkupplung oder → Überholkupplung mit selbsttätiger Schaltwirkung.

Trennschütz: fernbetätigte Schaltvorrichtung auf elektrischen oder dieselelektrischen Tfz. mit elektromagnetischer oder elektropneumatischer Betätigung. I.G.z. Trennschalter muß das T. ein die betriebsmäßige Leistung schaltendes → Schütz sein, das die elektrischen Verbraucher (z.B. Fahrmotoren) vom speisenden Netz trennt. → Motortrennschütz

Trevithick, Richard: 13. April 1771 (Illogan/Grafschaft Cornwall) – 22. April 1833 (Dartford/Grafschaft Kent); engl. Ingenieur, Erbauer von Straßen-Dampfwa-

Richard *Trevithick*

gen und Erfinder der ersten Dampflokomotive. T. erwarb seine praktischen Fähigkeiten in Bergwerken und bei der Montage verschiedener Dampfmaschinen. Mit seinem Vetter Andrew Vivian gründete T. eine Maschinenfabrik in Camborne. Um 1800 erhielt T. für die Entwicklung einer Hochdruckdampfmaschine, die auch unter Beachtung der damals noch relativ niedrigen technisch beherrschbaren Drücke gegenüber der Wattschen Niederdruckdampfmaschine erheblich kleiner und leichter ausführbar war, ein Patent. Diesem folgte bereits 1802 ein Patent auf Dampfmaschinen zum Betrieb von Wagen. Auf dieser Grundlage baute T. ab 1801 mehrere Dampfwagen und 1803/1804 die als erste Dampflokomotive der Welt bezeichnete → »Invicta«. Mit dieser Lokomotive führte er den Flammrohrkessel mit innenliegendem Feuerraum und 300 kPa Dampfdruck und für die Feueranfachung die Abdampfleitung in den Schornstein ein. Eine zweite derartige Lokomotive für eine Kohlengrube in Wylam entstand 1805; 1808 folgte für eine Kreisbahn in London die schwungradlose, von einem vertikalen Zylinder aus über einen Kreuzkopf den Radsatz direkt antreibende dritte Lokomotive, die »Catch me who can«. Während sich die Lokomotiven antriebsseitig bewährten, scheiterten sie letztlich an den damals noch verwendeten sehr bruchempfindlichen gußeisernen Winkelschienen. Wegen des deshalb zeitweise nachlassenden Interesses der Öffentlichkeit an Dampflokomotiven wandte sich T. der Konstruktion von Dampfkranen und Schwimmdocks sowie der Projektierung einer Hochgebirgsbahn zu. Er starb völlig mittellos in seiner Heimat. Lit.: 2.9., 2.16., 5.1., 5.3. Abb.

Josef *Trick*

Triac: leistungselektronisches Halbleiterbauelement, das aus der Struktur des → Thyristors abgeleitet wurde und in 2 Energierichtungen betrieben werden kann (Zweirichtungsthyristor). Besondere Vorteile ergeben sich bei der Anwendung des T. als bidirektionaler Schalter zur verlustarmen Steuerung von Wechselströmen, bei dem 1 T. 2 antiparallel geschaltete Thyristoren ersetzt. Infolge der gegenwärtig noch begrenzten Strom- und Spannungsbelastbarkeit werden T. auf Tfz. nur in Hilfs- und Steuerstromkreisen, nicht aber im Hauptstromkreis eingesetzt.

Trick, Josef: 10. September 1812 (Gebweiler/Elsaß) – 20. April 1865 (Esslingen); Oberingenieur und bedeutender Dampflokomotivkonstrukteur. T. erlernte den Beruf eines Mechanikers, besuchte dann das Polytechnikum in Zürich und war anschließend als Ingenieur in der Fabrik Escher-Wyß in Zürich tätig. Nach einer 1841 aufgenommenen Assistenz an der TH Karlsruhe übernahm er ab 1847 in der Maschinenfabrik von Kessler in Esslingen die Leitung des Konstruktionsbüros.

Zu den hervorzuhebenden konstruktiven Leistungen von T. zählen u.a. die 1849 geschaffene C-gekuppelte Gebirgslokomotive »Alb«, die die 22,5‰ aufweisende Geislinger Steige mit 100 t Anhängemasse ohne Beanstandung bewältigte, und 1854 die Einführung der von ihm etwa gleichzeitig mit → Allan erfundenen → Schwingensteuerung mit gerader → Schwinge (auch als Allan-Trick-Steuerung bezeichnet; → Allan-Steuerung) bei der Schnellzuglokomotive der Klasse A der Württembergischen Staatseisenbahnen. 1854 erfand er den oft auch nach ihm benannten → Kanalschieber und schuf 1861 eine Lokomotivbauart mit langgespreiztem Drehgestell und mittig liegenden Zylindern für die Schweizer Bahnen. Lit.: 2.6., 2.9., 5.2., 5.3. Abb.

2achsiges *Triebdrehgestell* für Elloks

Triebdrehgestell: → Drehgestell von Tfz. mit angetriebenen Radsätzen. Diesel- und elektrische Tfz. sind überwiegend mit 2 T. ausgerüstet, bei denen alle Radsätze angetrieben werden. Diese T. können 2 oder 3 angetriebene Radsätze haben. Auch spezielle Bauarten der Dampflokomotive besitzen als → Gelenklokomotiven 1 oder 2 T., hier auch als *Dampfdrehgestell* oder *Triebgestell* bezeichnet. Bei Triebwagen sind teilweise T. mit nur 1 angetriebenen Radsatz vorhanden. Die Anzahl der angetriebenen Radsätze wird hauptsächlich von der Größe der auszuübenden Zugkraft des Tfz. bestimmt. Befindet sich die gesamte Antriebsanlage im T. (z.B. bei SVT) wird das T. auch als → Maschinentriebdrehgestell bezeichnet. Lit.: 1.9., 4.5., 4.12. Abb.

Triebfahrzeug, Abk. **Tfz.**: fahrbare, an Gleise gebundene Kraftmaschine, a) zum Befördern von Wagen, Wagengruppen oder Zügen (→ Lokomotive); b) als selbständig angetriebene Einheit zum Befördern von Personen und Gepäck oder Transportgut (→ Triebwagen, → Triebzug, → Gepäcktriebwagen, Gütertriebwagen). Weitere Unterscheidung nach *Traktionsart,* z.B. in → Dampflokomotive, → Dampftriebwagen, → Dieseltriebfahrzeug (→ Diesellokomotive, → Dieseltriebwagen, → Dieseltriebzug, Verbrennungstriebwagen), → elektrisches Triebfahrzeug (→ elektrische Lokomotive, → elektrischer Triebwagen, → Gleichstromtriebfahrzeug, → Wechselstromtriebfahrzeug, → Mehrsystemtriebfahrzeug, → Zweisystemlokomotive), nach *Einsatz* in → Reisezuglokomotive, → Güterzuglokomotive, → Allzwecklokomotive, → Schnelltriebwagen, → Schienenomnibus, → Gebirgslokomotive, nach *Spurweite* in Normal- bzw. Regelspurlok, → Schmalspurlokomotive und nach anderen Merkmalen. Die Kennzeichnung der Tfz. erfolgt betrieblich durch ein einheitliches → Triebfahrzeug-Kennzeichnungssystem, technisch durch → Achsanordnung, → Leistung, → Geschwindigkeit usw.

Triebfahrzeugaufwand, *Lokomotivaufwand:* **1.** Insgesamt für die Traktionsleistung (Leistung der mechanischen Arbeit der → Zugkraft und für den Betrieb der → Hilfseinrichtungen) aufzubringende Energie, die als Wärme im → Brennstoff, im → Kraftstoff oder als elektrische Energie zugeführt werden muß. Der T. umfaßt weiterhin die benötigten Mengen an → Betriebsstoffen (→ Speisewasser, → Schmiermittel, → Streusand). – **2.** Aufwendungen für die betriebliche Behandlung und Instandhaltung sowie die personelle Besetzung der Tfz. (→ Triebfahrzeugeinsatz). – **3.** Die tatsächlich vom Maschinendienst für Traktionsaufgaben eingesetzte Anzahl von Tfz. im Vergleich zu der rechnerisch ermittelten erforderlichen Anzahl (Tfz.-Bedarf) zur Erfüllung der Transportaufgaben im Strecken- und Rangierdienst. Er wird durch die Verteilung der Traktionsleistungen auf die Bw und die → Lokomotivkupplung (2) bestimmt, zuzüglich einer bestimmten Anzahl von Reservelokomotiven oder -triebwagen, -triebwagenzügen bzw. -triebzügen.

Triebfahrzeugsbetriebspark: im wesentlichen Anzahl der Tfz. des → Triebfahrzeugparks, der nicht zum Schadpark (→ Schadlokomotive) gehört. Der T. umfaßt alle Tfz., die für Transportaufgaben vorgehalten werden müssen.

Triebfahrzeugeinsatz: Aufgabe eines → Bahnbetriebswerks zur Sicherung des planmäßigen und bedarfsgerechten Bespannens der Züge mit einem Tfz. Dabei sind im Interesse einer wirtschaftlichen Betriebsweise die geforderten Einsätze mit einer möglichst kleinen Anzahl von Tfz. zu sichern. Maßstab dafür ist eine hohe Auslastung der Tfz., ausgedrückt in der Zeitdauer, während der das Tfz. dem Eisenbahnbetriebsdienst zur Nutzung (Güter- und Reiseverkehr sowie Rangierdienst) zur Verfügung steht, einschl. der Zeiten für notwendige Vorbereitungs- und Abschlußarbeiten, Überführungs- und Leerfahrten, Dienstbereitschaft und für den Einsatz vor Hilfs-, Arbeits- und sonstigen Zügen (Triebfahrzeugeinsatzstunden).

Triebfahrzeugeinsatzstunde: → Triebfahrzeugeinsatz

Triebfahrzeugempfangsspule: Induktionsspule zum Informationsempfang bei der → linienförmigen Zugbeeinflussung und bei der → Führerstandssignalisierung. Die T. ist meist vor dem ersten Radsatz des Tfz. angeordnet.

Triebfahrzeugführer: → Lokomotivpersonal

Triebfahrzeughalle, *Lokomotivhalle:* flächen- und raummäßig größtes Gebäude eines → Bahnbetriebswerks, das die Tfz. zu technischen Vorbereitungs- und Abschlußarbeiten, zur Tfz.-Reinigung sowie zu bestimmten Instandhaltungsarbeiten aufnimmt. Die T. haben dafür Stände zum Anheben der Tfz., teilweise eine Unterflurradsatz-Bearbeitungsanlage sowie Abstellanlagen. Die T. für Dampflokomotiven haben noch ein Auswaschgleis und sind meist als Rundschuppen oder Ringhalle ausgebildet, neuere T. für die elektrischen und Diesel-Tfz. sind meist Rechteckhallen.

Triebfahrzeughauptgattung, *Lokomotivgattung:* Einteilung der → Triebfahrzeuge, bes. der → Lokomotiven, nach ihrem Hauptverwendungszweck bei der → Zugförderung. Diese Einteilung hat sich auf Grund ihrer sehr spezifischen Auslegung des Triebwerks zunächst bei den → *Dampflokomotiven* herausgebildet, wobei vor allem unterschieden wird zwischen Schnellzug-, Personenzug- und Güterzuglokomotiven mit Schlepptender bzw. Schnellzug-, Personenzug- und Güterzugtenderlokomotiven, Zahnrad-, Lokalbahn- und Schmalspurlokomotiven. Bei den *Diesel-* und *elektrischen Lokomotiven* mit ihren universelleren Einsatzmöglichkeiten wurde bei den Streckenlokomotiven anfangs in Güterzuglokomotiven (mittlere bis große Antriebsleistung bei geringer Höchsgeschwindigkeit) und Reisezuglokomotiven (große Höchstgeschwindigkeit) unterschieden. Durch die Entwicklung der modernen universellen Antriebe genügt eine Einteilung nach kleinerer, mittlerer oder großer Leistung und nach kleiner oder großer → Radkraft. Die → Triebwagen werden in die T. in Abhängigkeit vom Einsatz in Schnelltriebwagen, Nahverkehrs- oder Nebenbahntriebwagen eingeteilt. → Triebfahrzeug-Kennzeichnungssystem

Triebfahrzeug-Kenndiagramm: fahrdynamische Charakteristik zur Darstellung der → Zughakenzugkraft und zur nomographischen Bestimmung von → Schleppmasse und → Anfahrgrenzmasse. Das T. wird als Zwei-Felder-Diagramm für Tfz.-Baureihen und Zuggattungen aufgestellt (Abb.). Das linke Feld enthält das → Zugkraftdiagramm. Im rechten Feld sind über der Wagenzugmasse die Neigungslinien für Bewegung (Streckenkraft in der Steigung), die Neigungslinien für Bewegungsbeginn (Anfahrwiderstandskraft in der Steigung) und die Geschwindigkeitslinien (Wagenzugwiderstandskraft bei entspr. Geschwindigkeit) dargestellt. Der Schnittpunkt zwischen einer Neigungslinie für Bewegung und einer Geschwindigkeitslinie ergibt auf der Abszisse die diesen Bedingungen zuzuordnende Schleppmasse. Aus dem Schnittpunkt zwischen einer Neigungslinie für Bewegung und einer Neigungslinie für Bewegungsbeginn geht auf der Abszisse die diesen Bedingungen zuzuordnende Anfahrgrenzmasse hervor. Lit.: 1.28. Abb.

Triebfahrzeug-Kennzeichnungssystem: System von Bezeichnungen der → Triebfahrzeuge zur Unterscheidung und Kennzeichnung von Bauart, Einsatzmöglichkeit und des Einzelfahrzeugs. In Deutschland wurden die bei den Länderbahnen üblichen Bezeichnungen schließlich bei der DRG 1923 in einen einheitlichen, aus Ziffern und ggf. Buchstaben bestehenden Nummernplan überführt. Jedes Tfz. erhielt eine → Betriebsnummer, die sich aus der Stammnummer (Kennzeichnung der → Gattung, → Triebfahrzeughauptgattung) und einer Ordnungsnummer zusammensetzte. Die Ziffernfolge in der Stammnummer ergab bei *Dampflokomotiven* einen Reihenschlüssel zur Unterscheidung in Schnellzug-, Personenzug- und Güterzuglokomotiven mit oder ohne Schlepptender (vgl. Tab. 1). Die erste und oft auch zweite Ziffer der Ordnungsnummer wurde noch zur Unterteilung der → Baureihe herangezogen, so daß vorhandene unterschiedliche

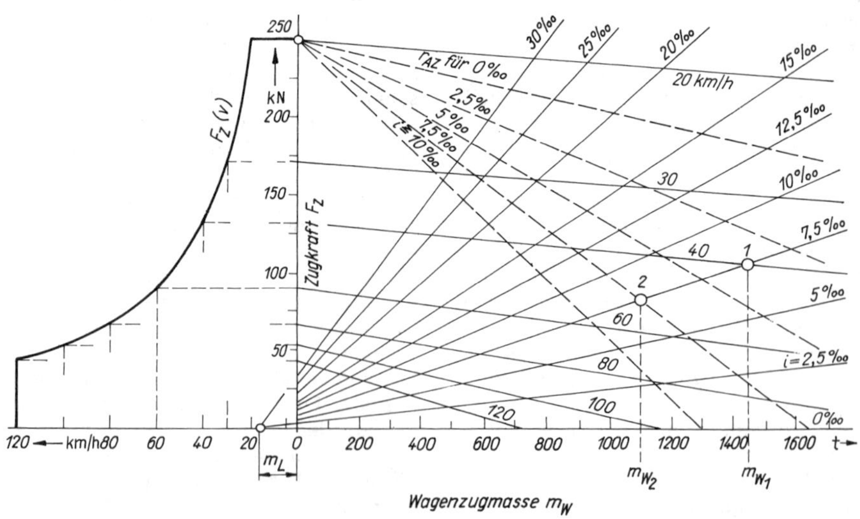

Triebfahrzeug-Kenndiagramm
m_{W1} Schleppmasse, m_{W2} Anfahrgrenzmasse

Triebfahrzeug-Kennzeichnungssystem
Tab. 1: Hauptgattungszeichen und Stammnummern der Dampflokomotiven der DRG

Gattung	Stammnummer vor 1970	Verwendungszweck
S	01...19	Schnellzuglokomotive
P	20...39	Personenzuglokomotive
G	40...59	Güterzuglokomotive
St u. Pt	60...79	Schnell- und Personenzugtenderlokomotive
Gt	80...96	Güterzugtenderlokomotive
Z	97	Zahnradlokomotive
L	98	Lokalbahnlokomotive
K	99	Schmalspurlokomotive

Tab. 2: Kennzeichnung der Triebfahrzeugart bei der DB/DR

Ziffer	Bedeutung
0	Dampflokomotiven
1	Elektrische Lokomotiven
2	Brennkraftlokomotiven (Diesellok ab 736 kW)
3	Kleinlokomotiven[1)]
4	Elektrische Triebwagen (ET)
5	Akkumulator-Triebwagen
6	Brennkrafttriebwagen (Verbrennungstriebwagen VT)
7	Schienenomnibusse und Bahndienst-Tfz.
8	Steuer-, Mittel- und Beiwagen zu elektrischen Triebwagen
9	dgl. zu Brennkrafttriebwagen und Schienenomnibussen

1) Im gemeinsamen Tfz.-Kennzeichnungssystem gehören die Diesellokomotiven der bisherigen Baureihen 104 bis 106 der DR zu den Kleinlokomotiven (neue BR 344 bis 346).

Ausführungen gekennzeichnet werden konnten. Zur verkürzten Benennung der Baureihe wurden diese Ziffern als Hochzahl geschrieben, z.B. die Dampflok 65 1012 gehörte zur Baureihe 65^{10} der DR. Neben dieser dem T. zugeordneten Kennzeichnung gibt es bei Dampfloks noch die → Bauartkennzeichnung für die technische Ausführung.

Für die *elektrischen* und *Diesel-Tfz.* wurden *Kennbuchstaben* eingeführt: *V* für Lokomotiven mit Verbrennungsmotor (Leistung >75 kW) und *E* für elektrische Tfz. Bei Diesel-Tfz. wurde nach dem Kennbuchstaben nicht die Verwendungsart, sondern $1/10$ der installierten Antriebsleistung in PS als Stammnummer in Ziffern angegeben, z.B. V 200 Diesellok mit 2000 PS Antriebsleistung. Bei den elektrischen Lokomotiven wurde in der Stammnummer nach dem Kennbuchstaben durch 2 oder 3 Ziffern das → Bahnstromsystem und ggf. die Höchstgeschwindigkeit *v* ausgedrückt: 00–59 Einphasenwechselspannung 16⅔ Hz, *v* >70 km/h, 60–99 Einphasenwechselspannung 16⅔ Hz, *v* <70 km/h, 101–199 Gleichspannung, 201–299 andere Spannungsarten (auch Einphasenwechselspannung 50 Hz).

Die Motorlokomotiven (→ Kleinlokomotiven) mit kleiner Leistung (etwa 30–100 kW) hatten den Kennbuchstaben *K*, ergänzt durch folgende Zusätze: *b* Benzin-Ottomotor, *S* elektrische Speicherlokomotive, *ö* Dieselmotor (Ölmotor), *e* elektrische Leistungsübertragung, *f* hydraulische Leistungsübertragung.

Das T. legte für → Triebwagen fest: *VT* für Verbrennungstriebwagen, dazu 2 oder 3 ggf. durch Punkte getrennte 2stellige Ziffengruppen, die kennzeichneten: $1/100$ der Motorleistung in PS, $1/10$ der Höchstgeschwindigkeit in km/h und Ordnungsnummern (z.B. VT 18.16.01 Dieseltriebwagen mit 1800 PS Antriebsmotorleistung, 160 km/h Höchstgeschwindigkeit, Ordnungsnummer 01). *ET* für elektrische Triebwagen, dazu 2 oder 3 Ziffern zur Kennzeichnung des Bahnstromsystems: 01–99 Einphasenwechselspannung 16⅔ Hz, 101–199 Gleichspannung (auch *ETA:* → Akkumulatortriebwagen), 201–299 andere Spannungsarten, 301–399 Mehrsystemtriebwagen (→ Mehrsystemtriebfahrzeug). Durch diese Festlegungen entstand für die elektrischen und Diesel-Tfz. ein alphanumerisches T. mit unterschiedlicher Stellenzahl.

Mit Einführung der elektronischen Datenverarbeitung wurde bei den Bahnen DB und DR das bisherige T. umgestellt. Das neue T. hat für alle Tfz. einen einheitlichen 6stelligen Schlüssel, bestehend aus 2 dreistelligen Zifferngruppen, ergänzt durch eine gemäß UIC-Richtlinie errechnete Kontrollziffer als siebente Stelle, die durch einen Bindestrich von den übrigen Ziffern getrennt wird. Die erste Zifferngruppe kennzeichnet die Baureihe, wobei Unterschiede zwischen beiden Bahnen bestanden, z.B. bedeutete als erste Ziffer 1 bei der DB elektrische Lokomotiven, bei der DR jedoch Lokomotiven mit Verbrennungsmotor, eine 2 bei der DB Brennkraftlokomotiven, bei der DR elektrische Lokomotiven. Im Zusammenhang mit der schrittweisen Zusammenführung beider Bahnen wurde ein neues T. eingeführt, das seit 1. Januar

1992 Gültigkeit hat. Grundlage dafür bildet das T. der DB. Dieses gemeinsame T. unterscheidet 10 Triebfahrzeugarten, die durch die erste Ziffer der Fahrzeugnummer gekennzeichnet werden, vgl. Tab. 2. Die 2. und 3. Ziffer der Baureihenbezeichnung kennzeichnet die Spezifikation innerhalb der Tfz.-Art. Die 4.-6. Ziffer des T. ist die Ordnungsnummer, wobei die erste Ziffer dieser Nummer auch noch Besonderheiten innerhalb der Baureihe charakterisieren kann, wie z.B. Ausführungsart, besonderer Leistungsbereich, Achsanordnung oder Umbauart. Tab.

Triebfahrzeugkilometer: der Kostenbildung des Schienenverkehrs zugrunde gelegte Kenngröße, die die vom Tfz. vor allem im Güterzug- und Reisezugdienst zurückgelegte Entfernung ausdrückt.

Triebfahrzeugleistung: 1. *Fahrdynamik:* im Tfz. installierte → Leistung des → Antriebs. – 2. *Transportökonomie:* innerbetriebliche Leistung (besser: Arbeit), die in der Zugförderung vom Tfz. erbracht wird. Die T. wird dabei in Bruttotonnenkilometer (Bt·km) gemessen. Sie kann auch für die Bewertung des → Triebfahrzeugeinsatzes durch die → Triebfahrzeugkilometer oder die Tfz.-Einsatzstunden (getrennt nach Zug- und Rangierdienst) ausgedrückt werden. Die T. ist eine Kennziffer für die Planung und Abrechnung.

Triebfahrzeug-Leittechnik: → Lokomotivleittechnik

Triebfahrzeugmagnet: **1.** Bezeichnung für die konstruktive Baueinheit der *Tfz.-Schwingkreise* bei induktiver Zugbeeinflussung. *Zweck:* Aussendung der durch den Dreifrequenzgenerator und die Tfz.-Schwingkreise erzeugten magnetischen Wechselfelder und Empfang der Beeinflussung (Rückwirkung) durch den wirksam geschalteten → Gleismagneten. *Ausführung:* geblechter Eisenkern mit 3 Wicklungen und 3 Hauptkondensatoren, ggf. Zusatzkondensatoren für die Abstimmung; Silumingehäuse, Kunststoffabdeckplatte. *Anordnung:* am abgefederten Teil des Tfz. innerhalb der Fahrzeugumgrenzungslinie, auf der rechten Seite, 5–15 cm über Schienenoberkante. – **2.** Bezeichnung für die *Empfangseinrichtung* am Tfz. bei → magnetischer Zugbeeinflussung.

Triebfahrzeugnummernschild: Tafel mit der zum Tfz. nach dem → Triebfahrzeug-Kennzeichnungssystem gehörenden Bezeichnung (→ Betriebsnummer). Das T. ist beiderseits mittig am Tfz.-Kasten (bei Dampfloks am Führerhaus) sowie an den Stirnseiten angebracht und gehört zu den → Anschriften an Triebfahrzeugen. Bei kleineren Tfz. wird das T. oft durch eine direkte Aufschrift auf die Fahrzeugwand ersetzt.

Triebfahrzeugnummernschlüssel: → Triebfahrzeug-Kennzeichnungssystem

Triebfahrzeugpark: Gesamtzahl der → Triebfahrzeuge, die zum Bestand einer Eisenbahnverwaltung gehören. Meist wird unterschieden zwischen a) dem → *Triebfahrzeugbetriebspark;* b) dem → *Instandhaltungspark* mit den Tfz., an denen eine Instandhaltungsmaßnahme vorgenommen wird oder die dafür bereitgestellt sind); c) dem *Reservepark;* d) dem *Garantiepark;* e) dem *Schadpark* und f) anderweitig eingesetzten Tfz. (vermietet, Heizlok o.ä.).

Triebfahrzeugpersonal: → Lokomotivpersonal

Triebfahrzeugschaden: durch Abnutzung (Verschleiß, Korrosion, Ermüdung, Alterung), Materialdefekt oder außergewöhnliche Beanspruchungen (Gewalteinwirkung, Überlastung, Unfall) im Verlauf des Tfz.-Einsatzes verursachtes Unbrauchbarwerden eines Bauelements, eines Bauteils oder einer Baugruppe, die zum Ausfall des Tfz. führt. Durch die vorbeugende → Instandhaltung wird die Behebung von Schäden, die nicht zum Ausfall des Tfz. führen, im Rahmen einer → Instandhaltungsstufe vorgenommen, um einen Ausfall im nächsten Einsatzzeitraum zu verhindern. Extreme Einwirkungen, vor allem bei Havarien, durch Unfälle o.ä., können solche T. bewirken, daß ganze Hauptgruppen oder auch das Tfz. unmittelbar ausfallen. Ist eine Wiederherstellung nicht möglich, muß das Tfz. aus dem Bestand der Bahn gestrichen werden (Triebfahrzeugverlust).

Triebgestell: **1.** → Triebdrehgestell. – **2.** Führerstandslose elektrische Lokomotive, die von einem Führerstand im ersten nachfolgenden Wagen *(Führerstandwagen)* aus gesteuert wird. Mit Hilfe vom T. sollte nach den Vorstellungen der KPEV kostengünstig der elektrische Zugbetrieb mit Einphasenwechselstrom 16⅔ Hz und Fahrleitungsspannung 15 kV auf der Berliner Stadt- und Vorortbahn eingeführt werden, indem bei den aus preußischen Abteilwagen bestehenden Zügen die Dampflok durch T. ersetzt und der jeweils erste Wagen zum Führerstandwagen

ausgebaut werden sollte. Ein Ganzzug sollte aus 2 durch Regelkupplung verbundenen Halbzügen zu je 6 dreiachsigen, untereinander kurzgekuppelten Abteilwagen bestehen; beide Enden des Ganzzugs sollten mit je einem Führerstandwagen und einem zugeordneten, mit diesem kurzgekuppelten T. ausgerüstet sein.
1914 wurden von der KPEV 3 zweiachsige T. (EB 1 – EB 3) in Dienst gestellt. Von dem hochgelagerten → Gestellmotor mit einer Stundenleistung von 460 kW wurde das Drehmoment über eine Vorgelegeblindwelle mit beiderseitig angeordneten, schrägverzahnten Zahnrädern und Schlitzkuppelstangen auf die beiden Treibradsätze übertragen. Die T. wurden so niedrig gebaut, daß der Tfz.-Führer vom Führerstandwagen aus gute Sicht hatte. Die Stromabnehmer befanden sich auf dem Dach des Führerstandwagens, Meß- und Bedienungseinrichtungen waren ebenfalls in diesem untergebracht. Das T. enthielt den Fahrmotor und → Haupttransformator sowie die übrige elektrische Ausrüstung, die Steuerschütze, Hilfsbetriebe und den Luftverdichter.
Da sich die DRG schließlich für den Gleichstrombetrieb auf der Berliner S-Bahn entschied, wurden die vorhandenen und später noch hinzugekommenen T. für den Bau der leichten elektrischen Personenzuglokomotiven der BR E 42 der DRG verwendet. Lit.: 4.1. Abb.

Triebkopf: Bezeichnung für ein an einem oder an beiden Enden eines → Triebzugs oder → Triebwagenzugs laufendes Schienenfahrzeug mit einer vollständigen Antriebsanlage (→ Antriebssystem), ggf. auch als reiner → Maschinenwagen ohne Einrichtungen für die Personen- oder Gepäckbeförderung, sowie einem Führerstand. Mit T. wird auch oft eine speziell für den Einsatz in einem Triebwagenzug in Form- und Farbgebung sowie der Kupplung mit den anderen Fahrzeugen ausgelegte Lokomotive bezeichnet.

Triebrückstrom: Summe der Fahrmotoren- und Hilfsbetriebeströme eines → elektrischen Triebfahrzeugs, die über die Räder zur Fahrschiene als Stromrückleitung geführt werden.

Triebtender: → Schlepptender an Dampflokomotiven, der einen eigenen Antrieb (Dampfmaschine) besaß. Der 1843 von den Gebrüdern Verpilleux als Patent angemeldete 2achsige T. besaß eine eigene Zweizylinderdampfmaschine, die Frischdampf vom → Dampflokomotivkessel über bewegliche Leitungen erhielt. Grundgedanke hierfür war, die Masse des Tenders als Reibungsmasse für den Antrieb zu nutzen.
In Europa wurden Dampflokomotiven mit T. der Bauarten Sturrock und Urban bekannt. In den USA wurden 1914–1916 4 Mallet-Verbundlokomotiven mit T. (→ Triplex-Lokomotive) gebaut, und die Southern Railway versah 1916 für ihre Rampenstrecken einige Lokomotiven mit T., die aus ausgemusterten 1'C1'- und 1'D-Lokomotiven entstanden. Die Ravenglass and Eskaale Railway ließ 1928 von der britischen Fa. Yorkshire Engine Co. eine 1'C1'-Schmalspurlokomotive (Spurweite 381 mm) mit Triebtender ausrüsten. Von der Fa. Henschel in Kassel wurde 1928/29 die Lokomotive T 38 3255 der DRG (preuß. P8) mit einem T. der Bauart 1'B2' ausgerüstet. Der T. besaß als Antrieb ein Dampfturbinenaggregat mit einer Haupt- und einer Rückwärtsturbine sowie einen Rieselkondensator. Die Dampfturbinen arbeiteten synchron mit den Kolbendampfmaschinen der Lokomotive in Verbundwirkung. Der Abdampf wurde dabei bis auf 20 kPa entspannt. Der Versuch brachte keinen Erfolg und führte 1937 zum Abbruch; die Lok erhielt wieder einen Schlepptender der Normalbauart. Lit.: 2.8., 5.3.

Triebwagen: mit einem → Antriebssystem versehenes Schienenfahrzeug, das für die Beförderung von Reisenden, ggf. mit Gepäck, oder von Eisenbahnbeschäf-

Triebgestell

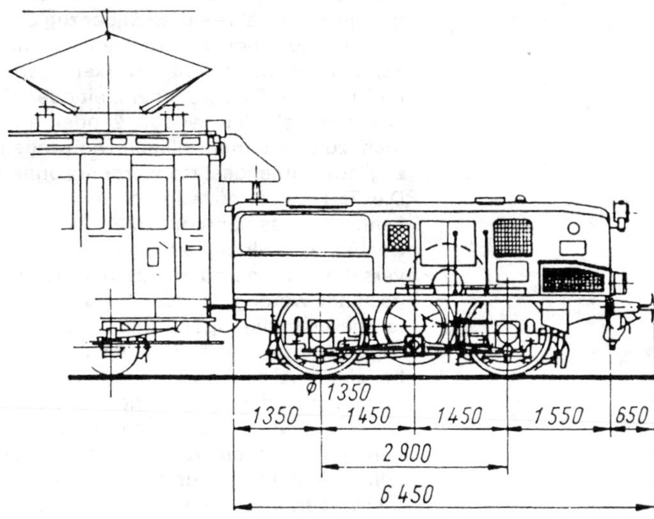

tigten oder von Gütern (→ Gepäcktriebwagen) eingerichtet ist. Ein T. kann meist auch antriebslose Schienenfahrzeuge befördern. Bau und Einsatz der T. werden nach der Zugdienstart und der Betriebsleistung in der → Zugförderung oder für innerbetriebliche technische Dienstaufgaben, z.B. für die Revision der → Fahrleitung als → Fahrleitungsrevisionstriebwagen oder → Turmtriebwagen vorgenommen. Im Reiseverkehr unterscheiden sich die T. in *Leicht-, Eil-, Schnell-* und → *Fernschnelltriebwagen.* Nach Art des Antriebs werden T. in → *Dampftriebwagen* (mit Dampfmaschine, Dampfmotor oder Dampfturbine), *Verbrennungs-T.* (mit Dieselmotor oder Gasturbine, früher auch mit Otto- bzw. Gasmotor) oder *elektrische T.* (Elektromotor mit Gleich- oder Wechselspannung aus der Fahrleitung oder Stromschiene bzw. mit Gleichspannung aus Akkumulatoren betrieben) eingeteilt. Bei den Verbrennungs-T. wird weiterhin nach der Art der → Leistungsübertragung (mechanisch, elektrisch, hydrodynamisch bzw. hydrostatisch) unterschieden. Bei der Eisenbahn dienen die T. vor allem für schnelle und häufige Zugverbindungen bei schwachem bis mittlerem Verkehrsaufkommen und durch das hohe erreichbare Verhältnis der Antriebsleistung zur Fahrzeugmasse für den sehr schnellen Fernverkehr, z.B. beim TGV (Abk. für frz. Train Grand Vitesse) der SNCF, beim HST (Abk. für engl. High Speed Train) der BR, dem ER200 der SŽD oder ICE (Inter-City Express) der DB. Die T. können einzeln fahren oder mit mehreren anderen T., Beiwagen oder Steuerwagen gekuppelt als → Triebwagenzug oder → Triebzug eingesetzt werden. Für den Schnell- bzw. Schnellstverkehr wird meist eine → Triebwageneinheit oder ein Triebzug gebildet, wovon 2 oder auch mehr zu einem mehrteiligen Triebwagenzug zusammengesetzt werden können. Die T. können günstig mit einem der Fahrzeugmasse und der zu erreichenden Höchstgeschwindigkeit entspr. Antrieb versehen und aerodynamisch vorteilhaft gestaltet werden. Damit sind große Anfahrbeschleunigungen und Bremsverzögerungen möglich. Nachteilig ist, daß bei einem Ausfall des T. auch der Transportraum ausfällt und betrieblich ein gesonderter Fahrzeugpark unterhalten werden muß. → Tafeln »Elektrische Triebwagen und Triebzüge« und »Verbrennungstriebwagen und -triebzüge«.

Triebwageneinheit: meist aus kurzgekuppelten Schienenfahrzeugen, wie → Triebwagen, Steuerwagen und anderen, oft nicht angetriebenen Mittel- oder Zwischenwagen, bestehende feste Fahrzeugzusammenstellung (→ Triebzug). Die T. werden auch als mehrteiliger oder mehrgliedriger Triebwagen bezeichnet. Das Aussetzen von einzelnen Fahrzeugen (Gliedern) ist nur in der Werkstatt (Bw, Aw) möglich. Eine T. kann auch aus Endwagen (Steuerwagen) mit nur einem Teil der Antriebsanlage, z.B. der Antriebssteuerung und -regelung, und einem oder mehreren Motorwagen (Mittelwagen) mit den (elektrischen) Fahrmotoren, bestehen, wie z.B. der ER200 der SŽD. → Triebwagenzug, → Gliedertriebzug

Triebwagenführer: zum → Lokomotivpersonal gehörender Beschäftigter einer Eisenbahn, der die Berechtigung für das Führen von 1 oder mehrerer Arten von → Triebwagen erworben hat.

Triebwagenzug: eine dem Verkehrsbedarf anpaßbare Zusammenstellung von wenigstens 1 → Triebwagen bzw. 1 oder mehreren → Triebwageneinheiten oder auch → Triebzügen und ggf. meist antriebslosen Bei- oder Steuerwagen. Der T. ist i.allg. in beiden Fahrtrichtungen gleich betriebsfähig und kann während des Betriebseinsatzes ggf. getrennt werden, um z.B. einen unterschiedlichen Lauf von Teilen des T. auf sich verzweigenden Strecken ermöglichen zu können. Die Einteilung der T. wird nach den Triebwagen vorgenommen. Ein bei der DRG bis 1945 eingesetzter T. bestand beispielsweise aus einem Triebzug der Bauart »Köln« und einem der Bauart »Leipzig«.

Triebwagenzugbezeichnung: ehem. Kennzeichnung der Zusammensetzung eines → Triebwagenzugs. Es bedeuten: E bzw. V elektrische bzw. Dieseltraktion, T Maschinenwagen (mit Antriebsanlage und meist einem → Führerstand sowie Fahrgast- oder/und Gepäckabteilen), B Beiwagen, M Mittelwagen und S Steuerwagen (mit Führerstand). Im Zug werden die Wagen noch durch die Kennbuchstaben a, b, c usw. unterschieden, z.B. VTa – VMc – VMd – VMe – VTb.

Triebwerk: Teil des → Antriebssystems der Tfz. 1) I.w.S. bei *Dampflokomotiven* die baulich-funktionale Einheit von Dampfmaschine (Zylinderblöcke und Steuerung) und den Übertragungsele-

menten (Übertragung der → Kolbenkraft auf die → Treibradsätze (1) und → Kuppelradsätze (Kolbenstangen, Kreuzköpfe, Treibstangen, Kuppelstangen; vgl. → Stangenantrieb). 2) I.e.S. der *Kurbelantrieb* (→ Kurbeltriebwerk), der bei der Dampflok vom → Dampfkolben ausgehend die Kolbenkraft auf die Treib- und Kuppelradsätze leitet und dort das Antriebsdrehmoment erzeugt, bei älteren elektrischen Lokomotiven der *Stangenantrieb* bzw. bei Diesel-Tfz. das *Getriebe* und ggf. ein Stangenantrieb, die das Drehmoment des elektrischen Antriebsmotors bzw. des Dieselmotors auf die Kuppelradsätze übertragen.
Eine Dampflok hat mindestens 2 T. (→ Zwillingslokomotive), um durch eine um 90° versetzte Anordnung der Treibzapfen die Überwindung von Totpunktlagen zu sichern. Die Kolbenkraft wird über die Kolbenstange auf den in einer 1- oder 2schienigen Gleitbahn geführten Kreuzkopf und von dort auf das drehbar gelagerte Ende der Treibstange, deren hinteres Ende am Treibzapfen des Treibrads gelagert ist, geleitet. Meist erfolgt die weitere Kraftübertragung über die am Treibzapfen und an den Kuppelzapfen der Kuppelradsätze gelagerten Kuppelstangen, um einen möglichst großen Anteil der Tfz.-Masse als Reibungsmasse zu nutzen. Das geometrisch bedingte Fehlerglied des Kurbeltriebwerks führt zu Normalkräften auf der Gleitbahn und wird bei möglichst langer Treibstange am kleinsten. Das erzeugbare Drehmoment hängt von der Stellung des Treibzapfens, d. h. von dem Winkel, den die Treibstange mit der Linie Kreuzkopf – Treibradsatzmitte einschließt, ab; bei 0° (Totpunktlage) ist kein Drehmoment vorhanden. Der Ausgleich der hin- und hergehenden Massen des T. wird durch → Gegengewichte erreicht und ist beim 2-Zylinder-T. nicht vollständig möglich, so daß es Auswirkungen auf den Fahrzeuglauf gibt (Schlingern). Beim → Dreizylindertriebwerk ist ein weitgehender Massenausgleich möglich und sichert den bekannten ruhigen Lauf der → Drillingslokomotiven.

Triebwerksbremse: dynamische Bremse, bei der die Bremskraft durch die Antriebslage des Tfz. entgegen der Fahrtrichtung erzeugt wird. Dabei findet i.d.R. die Energieumwandlung in Wärme, die durch bes. Kühleinrichtungen abgeführt wird, statt. Die T. entlastet die → Reibungsbremse und kann während der Fahrt allein oder zusammen mit der Reibungsbremse wirken. Entspr. der Antriebsart gibt es die → *Gegendruckbremse* und → Gegendampfbremse bei Dampflokomotiven, die *Motorbremse* bei Diesel-Tfz., die *elektrodynamische Bremse* (→ elektrische Bremse) bei elektrischen Tfz. und Diesel-Tfz. mit elektrischer Leistungsübertragung und die → *hydrodynamische Bremse* bei Tfz. mit hydraulischer Leistungsübertragung.
Bei den meisten T. verringern sich die → Bremskräfte mit abnehmender Geschwindigkeit, wodurch Ziel- und Haltebremsungen nicht möglich sind (→ Bremskraftkennlinien). Die T. kann meist nur als zusätzliche Bremse angewandt werden. T. werden i.d.R. wirtschaftlich auf langen Gefällestrecken und bei im Nahverkehr eingesetzten Tfz. angewandt. Sie vermindern den Verschleiß der Reibpartner der Reibungsbremsen. Wird die T. nicht über die → Druckluftbremse gesteuert, so handelt es sich um eine nichtselbsttätige Bremse. Lit.: 3.18., 4.5.

Triebzug: eine in der Bauart in sich abgestimmte Schienenfahrzeuggruppe, die aus einer fahrzeugtechnisch bedingten und dem Verkehrsbedarf anpaßbaren Zusammenstellung von wenigstens 1 → Triebwagen oder 1 oder mehreren → Triebwageneinheiten und ggf. meist antriebslosen Mittel-, Steuer- und ggf. Beiwagen besteht. Der T. ist in beiden Fahrtrichtungen gleich betriebsfähig und wird im Betriebseinsatz nicht getrennt. Die Einteilung der T. wird nach den Triebwagen vorgenommen. Die T. der Berliner S-Bahn bestehen beispielsweise aus 1 Triebwageneinheit (Triebwagen + Beiwagen) als Viertelzug, aus 2 Triebwageneinheiten (= Halbzug), aus 3 solchen Einheite (= Dreiviertelzug) oder als Vollzug aus 4 Einheiten. → Fernschnelltriebzug. Abb. S. 592

Trilokwandler: 1929 patentierte Bauart eines → Strömungswandlers, bei dem 1 oder mehrere → Leiträder durch einen Leitradfreilauf im Gehäuse abgestützt sind. T. sind meist mit kreisförmigem Wandlerprofil und axial durchströmtem Leitrad ausgeführt. Der Leitradfreilauf (→ Überholkupplung) blockiert das Leitrad, solange das Turbinenraddrehmoment M_T größer als das Pumpenraddrehmoment M_P ist, und löst es beim Erreichen des Zustands $M_T < M_P$, d. h., wenn das

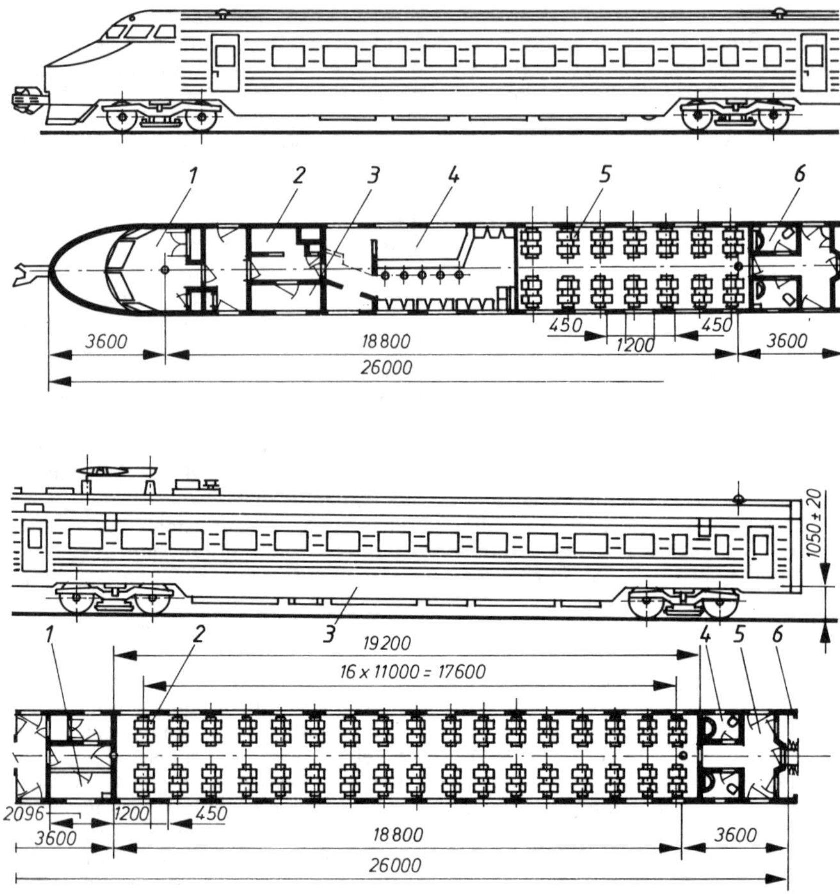

Triebzug
Elektrischer Schnelltriebzug der SŽD (Bauart ER 200); Endwagen (Steuerwagen) und Motorwagen bilden eine Triebzugeinheit
Endwagen: 1 Führerstand, 2 automatische Steuereinrichtung, 3 Abteil für Zugpersonal, 4 Selbstbedienungsbuffett, 5 Fahrgastraum, 6 Toilette
Motorwagen: 1 Abteil für Zugpersonal, 2 Fahrgastraum, 3 Verkleidung, 4 Toilette, 5 Vorraum, 6 Übergang

Leitraddrehmoment seine Richtung ändert. Hierdurch wird der Strömungswandler zur → Strömungskupplung, und das Leitrad rotiert wirkungslos in der Strömung. Der T. wird wegen des ansteigenden Wirkungsgradverlaufs im Kupplungsbereich vorwiegend dort eingesetzt, wo der obere Geschwindigkeitsbereich der Tfz. häufig genutzt wird (Dieseltriebwagen, Automobil). Für Diesel-Tfz. höherer Leistung ist der T. wenig geeignet, weil er ein geringes Anfahrdrehmoment besitzt und der Leitradfreilauf einer hohen Beanspruchung und dem Verschleiß unterliegt. Abb.

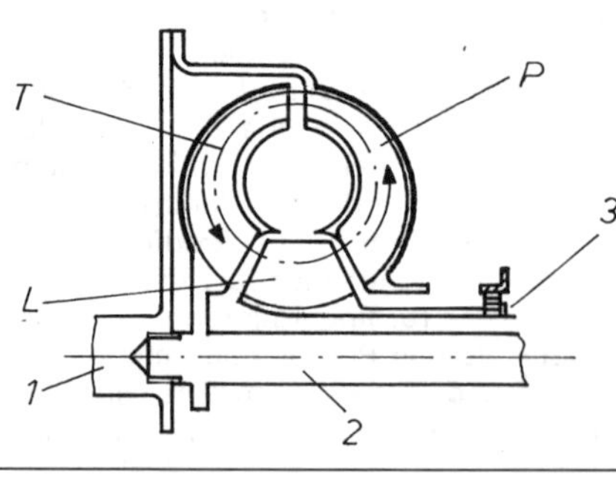

Trilokwandler
P Pumpenrad, T Turbinenrad, L Leitrad
1 Antriebswelle, 2 Abtriebswelle, 3 Leitradfreilauf

Triplex-Lokomotive: Bauart der Mallet-Verbundlokomotive (→ Mallet-Lokomotive) mit → Triebtender, die 3 Zylindergruppen mit je 2 → Zylindern (1) besaß. Alle 6 Zylinder wiesen gleichen Durchmesser, die Dampfkolben gleichen Kolbenhub auf. Zum Anfahren konnte allen Zylindern Hochdruckdampf (Dampfdruck des Kessels 1480 kPa) zugeführt werden; im Verbundbetrieb wurde die mittlere Zylindergruppe mit Hochdruckdampf, die Zylindergruppe des vorderen → Triebdrehgestells und des Triebtenders mit Niederdruckdampf versorgt.
Die von Henderson konstruierte und von der Fa. Baldwin mit der Achsfolge

(1′D)D+D1′ gebaute schwere Güterzuglokomotive kam 1914 als erste T. der Reihe P-1 der Erie Railroad in Pennsylvania auf Gebirgsstrecken zum Einsatz. Sie zog auf einer Steigung von 10‰ bei einer Probefahrt 250 Güterwagen mit einer Wagenzugmasse von 16300 t noch mit einer Geschwindigkeit von 22 km/h. Mit 755 kN Zugkraft war sie eine der zugkraftstärksten Lokomotiven der Welt. Sie (und ihre Nachfolger) wurden vorwiegend im Schiebedienst eingesetzt. Ihr folgten 1906 für die gleiche Bahnverwaltung 2 weitere dieser T. Eine vierte T. mit der Achsfolge (1′D)D+D2′ wurde im gleichen Jahr der Virginian Rw. Comp. (Reihe x-A) geliefert, die als letzte der T. 1936 ausgemustert wurde. Lit.: 2.8., 5.3.

trockengesättigter Dampf: → Sattdampf

Trockengleichrichter: → Gleichrichter, z.B. für Gleichrichterlokomotiven, der nicht wie der Quecksilberdampfgleichrichter mit flüssiger Katode arbeitet, sondern auf Grundlage der Sperrfähigkeit verschiedener Halbleiterelemente (z.B. Silizium, Selen, Germanium) »trocken« gleichrichtet (→ Siliziumgleichrichter).

Trockenlöscher: → Handfeuerlöscher, bei dem als → Löschmittel ein Löschpulver (z.B. Natriumhydrogenkarbonat oder Ammoniumsalze in Pulverform) verwendet wird. T. bestehen im wesentlichen aus dem Löschmittelbehälter mit Steigrohr, Druckgasflasche und Sicherheitseinrichtung gegen Überdruck sowie der Löschpistole mit Schlauch. Als Druckgas wird Kohlendioxid verwendet, das nach Einschlagen des Schlagknopfes im Deckel des Löschmittelbehälters das Löschpulver zur Löschpistole treibt. Wird die Löschpistole betätigt, gelangen Druckgas und Löschpulver auf den Brandherd und verhindern die weitere Sauerstoffzufuhr. Anwendung: Zum Löschen von Bränden elektrotechnischer Anlagen und feuergefährlicher Flüssigkeiten.

Trockenluftfilter: → Luftfilter, das verunreinigte Luft durch Siebung in trockenen → Filtereinsätzen reinigt. T. werden als Platten- oder Patronenfilter hergestellt. Als Filtermaterial kommen bei Plattenfiltern meist synthetische Fasern zur Anwendung, die von Streckmetall gehalten und in Rahmen aus U-Profilen gefaßt sind. Plattenfilter werden in Tfz. meist in der Kombination mit → Düsenlüftungsgittern für die Luftansaugung über die Seitenwände verwendet (→ Luftansauganlage). In den zylindrisch geformten Patronenfiltern wird als Filtermaterial Filterpapier (Papierfilter) oder synthetisches Fasermaterial eingesetzt. Patronenfilter dienen bei Ansaugung aus dem Maschinenraum als → Ansaugluftfilter für Verbrennungsmotoren und Luftverdichter. Bei Verschmutzung der T. müssen Papierfiltereinsätze erneuert und Einsätze aus synthetischen Fasern gereinigt werden.

Trockensumpfschmierung: Art der → Schmierung von Dieselmotoren, bei der das Schmieröl von der → Schmierölpumpe aus einem bes. Vorratsbehälter angesaugt und zu den Schmierstellen des Motors gefördert wird. Durch eine zweite Schmierölpumpe (Trockensumpfpumpe) wird das sich in der Ölwanne sammelnde Schmieröl in den Vorratsbehälter gepumpt. Die T. wird dort angewandt, wo Dieselmotoren während des Betriebs großen Schräglagen ausgesetzt sind und eine einfache → Druckumlaufschmierung durch Luftsaugen der Schmierölpumpe bei extremen Lagebedingungen versagen würde.

Trockentransformator: → Transformator mit Luftkühlung. Als → Haupttransformator wurde er bei elektrischen Tfz. weitgehend durch ölgekühlte Transformatoren verdrängt, er kommt aber mit kleinerer Leistung als → *Hilfstransformator* oder → *Zusatztransformator* auf elektrischen Tfz. häufig vor.

Trofimow-Schieber: vom sowjetischen Lokführer und Ingenieur Trofimow entwickelte Bauart des federlosen → Druckausgleichkolbenschiebers für Dampflokomotiven. I.G.z. → Nicolai-Schieber und → Müller-Schieber bleiben im Leerlauf der Lok die nicht fest auf die Schieberstange aufgebrachten beiden Schieberkörper infolge der Spannung der Kolbenschieberringe in einer Stellung nahe der Zylindermitte stehen, während die Schieberstange mit den auf ihr festsitzenden Stützkörpern mit leichtem Spiel hindurchläuft. Damit entfallen die sonst

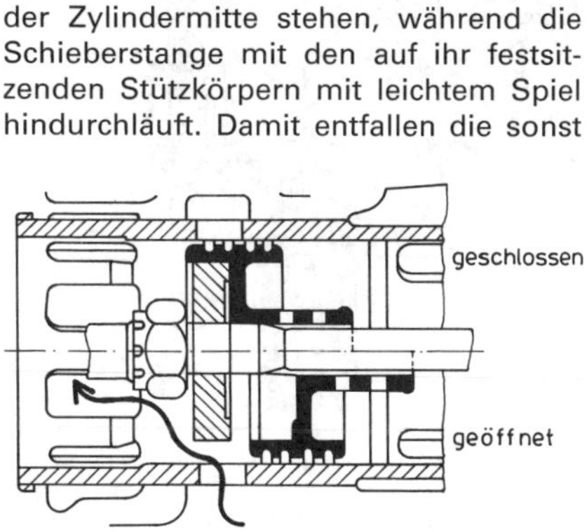

Trofimow-Schieber

zwischen → Schieberbuchse und Kolbenschieber auftretenden Reibungswiderstandskräfte, und es ist ein vollkommener Druckausgleich über den ganzen Querschnitt der Aus- und Einströmkanäle vorhanden. Bei geöffnetem → Dampfregler drückt der einströmende Frischdampf die losen Kolbenkörper gegen die genannten Stützplatten. Der T. arbeitet dann in dieser Stellung wie ein → Kolbenschieber der Regelbauart, wobei durch bes. angeordnete Nuten nach dem Öffnen des Reglers zwischen den Schieberkörpern und Stützplatten ein Dampf-Luft-Polster aufgebaut wird, das für ein stoßarmes Anlegen der Schieberkörper an die Stützplatten sorgt.

Von allen → Leerlaufeinrichtungen ist der T. die wirkungsvollste Bauart. Er arbeitet mit gleichem Ergebnis bei allen Füllungseinstellungen, so daß er i.G.z. den anderen Druckausgleichkolbenschiebern zweckmäßig in der Mittellage der Steuerung mit der dabei weitgehenden Schonung der Steuerungsteile betrieben werden konnte. Mit ihm wurde die Leerlauf-Widerstandskraft der Lokomotive erheblich herabgesetzt und 6–8% Brennstoff sowie 30% Schmieröl eingespart. Die SŽD ließ den T. in alle ihre Dampflokomotiven einbauen, die DR rüstete nach 1945 ihre Neubaulokomotiven der BR 23^{10} sowie Rekolokomotiven z.B. der BR 22, BR 52^{80} und BR 58^{30} mit dem T. aus. Lit.: 2.3., 2.6., 2.10., 5.3. Abb.

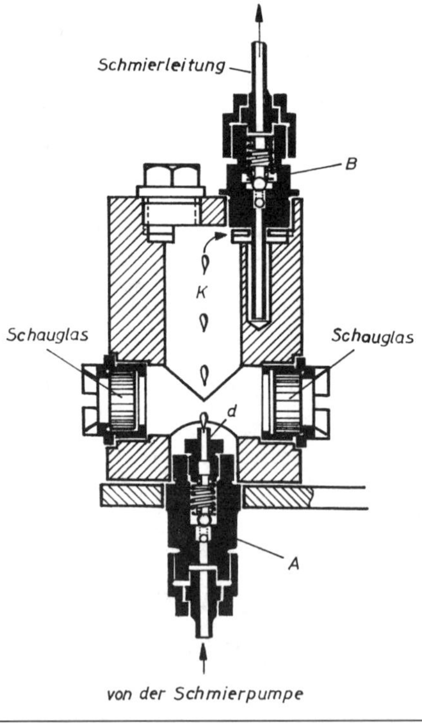

Tropfenanzeiger der Bauart Bosch für Dampflokomotiven der Einheitsbauart der DRG (Schnitt)

Trommelbremse: mechanisch betätigte → Reibungsbremse, bei der je 2 Bremsbacken von außen auf eine Bremstrommel gepreßt werden (Außenbacken-T.). Die Bremstrommel wird je nach Platzverhältnissen innen oder außen an der Radscheibe befestigt. Innenliegende Bremstrommeln werden geteilt ausgeführt. Auf den Bremsbacken sind die Bremsbeläge aufgenietet, die im Neuzustand 20 mm dick sind; ihr Betriebsgrenzmaß beträgt 4 mm. Die T. war in größerem Umfang in Triebwagen eingebaut, hat aber durch den Einsatz der konstruktiv und wärmetechnisch vorteilhafteren → Scheibenbremse an Bedeutung verloren.

Trommelläufer: → Läufer

Tropfbecher: bei Tfz. hinter dem → Führerbremsventil in die → Hauptluftleitung zum Sammeln des beim Abkühlen der verdichteten Luft abgeschiedenen Wassers eingebautes Bauelement der → Druckluftbremse. Der an der tiefsten Stelle der Hauptluftleitung (bei Dampflokomotiven i.d.R. unter dem Führerhaus) angeordnete T. kann durch einen Entwässerungshahn von Hand entwässert werden. Lit.: 1.4., 2.3., 2.12.

Tropfenanzeiger: in der Schmierölleitung (→ Bosch-Schmierpumpe) im Führerhaus der Dampflokomotive zur Kontrolle der Schmierölförderung angeordnetes Schauglas. Der T. ist mit gesättigtem Salzwasser gefüllt, in dem die Öltropfen infolge ihrer kleineren Dichte aufsteigen und in die Schmierölleitung weitergeleitet werden. Kugelrückschlagventile (A und B) öffnen nur unter dem Druck der Schmierpumpe. Lit.: 2.3., 2.12. Abb.

Tunnelgehäuse: 1teiliges → Motorengehäuse für Verbrennungsmotoren zur Aufnahme des → Kurbeltriebwerks, der → Zylinderköpfe, der Motorsteuerung und der Hilfsaggregate. Bei Motoren mit T. entfällt die Trennung des Motorblocks in Ober- und Unterteil in der Ebene der Kurbelwelle. T. erfordern deshalb eine speziell ausgeführte Kurbelwelle (→ Scheibenkurbelwelle), die von der Stirnseite in den Motor ein- und ausgebaut werden kann. Seitlich im Gehäuse angeordnete verschließbare Montageluken ermöglichen alle notwendigen Arbeiten im Bereich Kurbelwelle-Pleuel.

Turbinenrad eines Strömungswandlers

Turbinendeckscheibe: den Schaufelkranz des → Turbinenrads (dort Abb.) eines Strömungswandlers abdeckendes scheiben- oder torusförmiges Bauteil. Bei Strömungswandlern mit geraden Seitenwänden umschließt die T. das → Pumpenrad, um möglichst kleine Dichtflächen der Labyrinthdichtung am Pumpensaugmund zu erzielen.

Turbineneintrittstemperatur: Temperatur, mit der die z. B. in einer → Brennkammer oder in einem → Freikolben-Gaserzeuger gebildeten heißen Verbrennungsgase in die erste Stufe einer Turbine eintreten. Die T. ist eine wichtige Kenngröße von → Gasturbinen. Durch die Vergrößerung der T. nehmen deren Wirkungsgrad und spezifische Leistung zu. Die T. wird deshalb ständig in dem Maß gesteigert, wie es die technischen Möglichkeiten gestatten. Die heute zur Verfügung stehenden Schaufelmaterialien für Fahrzeug-Gasturbinen erlauben eine T. von etwa 950 °C. Eine Steigerung ist z. Z. nur unter Anwendung der → Schaufelkühlung möglich.

Turbinenlokomotive, *Turbo-Lok:* → Triebfahrzeug mit 1 oder mehreren → Dampfturbinen oder → Gasturbinen als → Antrieb oder Zusatzantrieb (→ Gasturbinentriebfahrzeug, → Gasturbinenlokomotive). Da das → Triebwerk keine hin- und hergehenden Massen hat, haben T. einen ruhigen Lauf, jedoch Probleme bei der Abwehr des durch die geräuschintensiven Turbinen erzeugten Lärms (→ Lärmbekämpfung). Das Fahrwerk kann Treibräder mit kleinem Durchmesser und damit hohe Anfahrzugkräfte ohne Zugkraftschwankungen haben.
Der Fahrtrichtungswechsel muß meist mit einem → Wendegetriebe vorgenommen werden. Die Entwicklung von → Dampfturbinenlokomotiven wurde bis zum zweiten Weltkrieg intensiv betrieben, danach aber durch die schnelle Entwicklung der elektrischen und Dieseltraktion nicht weitergeführt. Die T. mit Gasturbinenantrieb haben meist elektrische und auch hydraulische → Leistungsübertragung, bei 2- oder Mehrwellen-Gasturbinen ist auch über eine mechanische Untersetzung ein direkter Antrieb der Treibradsätze möglich. → Tafel »Dampflokomotiven«

Turbinenrad: Bauteil des → Strömungswandlers, der → Strömungskupplung und von Turbinen, das die Energie des strömenden Mediums in mechanische Energie umwandelt und an der Turbinen- oder Abtriebwelle eine mechanische Leistung abgibt. Das T. eines Strömungswandlers besteht aus 1 oder mehreren → Schaufelkränzen, der → Turbinentragscheibe und der → Turbinendeckscheibe. Es kann zentrifugal, zentripetal oder axial durchströmt werden und schließt sich in Strömungsrichtung an das → Pumpenrad an. Bei Strömungswandlern mit ebenen Scheiben können einfachgekrümmte und profilierte Turbinenschaufeln ausgeführt werden. Das T. der Strömungskupplung ist dem Pumpenrad ähnlich; oft sind beide Räder mit Ausnahme der Schaufelzahl gleich. Bei allen T. tritt die charakteristische Turbinenkennlinie auf, bei der mit fallender Drehzahl das Drehmoment ansteigt. T. von Gasturbinen: → Turbinenrotor, → Abgasturbolader. Abb.

Turbinentragscheibe: den Schaufelkranz tragendes scheiben- oder torusförmiges Bauteil des → Turbinenrads.

Turbinenwirkungsgrad: Wirkungsgrad einer Turbine, der von der Größe und Bauart der Turbine und maßgeblich von der → Turbineneintrittstemperatur abhängt. Turbinen von Fahrzeug-Gasturbinen erreichen z. B. einen T. von 85–92% (→ Gasturbine). Bei mehrstufigen Turbinen setzt sich der Gesamtwirkungsgrad multiplikativ aus den Stufenwirkungsgraden zusammen.

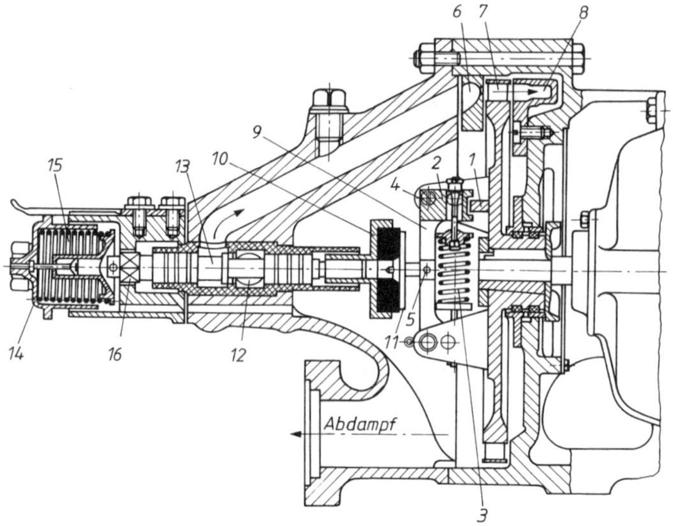

Turbogenerator
Dampfturbine des Turbogenerators im Schnitt
1 Ausschlagbegrenzer, 2 Reglergewichte, 3 Reglerfeder, 4 Drehschneiden, 5 Gelenk, 6 Düsen, 7 Laufrad, 8 Umkehrschaufel, 9 Fliehkraftregler, 10 Spurlager, 11 Spurscheibe, 12 Dampfeintritt, 13 Drosselschieber, 14 Verschlußklappe, 15 Zusatzfeder, 16 Vierkant des Drosselschiebers

Turbogenerator: → Dampfturbine mit auf gleicher Hauptwelle angeordnetem elektrischem Generator zur Stromversorgung des elektrischen Bordnetzes auf → Dampflokomotiven. Die Dampfturbine wird mit Frischdampf aus dem Dampflokomotivkessel betrieben. Die vom T. abgegebene elektrische Leistung beträgt 0,5 kW bei 24 V Wechselspannung. Ein in der Verlängerung der Hauptwelle liegender Fliehkraftregler, der einen Drosselschieber betätigt und damit unmittelbar den Dampfeintritt beeinflußt, regelt die konstante Drehzahl des T. von z. B. 3600 U/min bei Frischdampfdrücken von 450–2000 kPa selbsttätig. Lit.: 2.3., 2.12. Abb.

Turbogetriebe: andere Bezeichnung für → Strömungsgetriebe.

Turbolader: Kurzbezeichnung für → Abgasturbolader.

Turbowendegetriebe: andere Bezeichnung für → Strömungswendegetriebe.

Turbulenzstreifen: bes. geformte Blechstreifen, die in die ölführenden Rohre von → Röhrenwärmeübertragern eingelegt werden und zur Turbulenz der Strömung und damit zur Erhöhung des Wärmeübergangs vom Öl an die Rohrwand (bis auf den doppelten Wert) bei → Ölwärmeübertragern beitragen sollen. Die Turbulenz der Strömung wird dadurch erreicht, daß die Blechstreifen mit Zungen oder Rippen versehen oder drallförmig ausgebildet sind. Abb.

Turmtriebwagen: speziell ausgerüstetes Schienenfahrzeug zur Besichtigung und Revision sowie zur Behebung von Schäden an der stationären Streckenausrüstung bei der elektrischen Zugförderung, bes. der → Fahrleitung (→ Triebwagen, → Fahrleitungsrevisonstriebwagen; dort Abb.). Der T. wird fahrleitungsunabhängig mit einem Verbrennungsmotor (Diesel-, seltener Ottomotor) oder mit batteriegespeistem Elektromotor angetrieben. Für die Behebung von Schäden müssen schnelle Betriebsbereitschaft, große Fahrgeschwindigkeit und großer Aktionsradius sowie einfache Bedienung erreicht werden. Für die Besichtigung und für die Arbeiten an der Fahrleitung sind ein entspr. Beobachtungsdom und eine meist hydraulisch angetriebene Hub- und Schwenk- bzw. Drehbühne (Turm) sowie ggf. Hubleitern vorhanden. Zur Inneneinrichtung gehören eine Werkstatt sowie Räume für die Arbeitskräfte.

Twin-Disc-Getriebe: von der Fa. Twin-Disc hergestellte Bauart eines → Strömungsgetriebes, das ursprünglich nach Lizenz des → Lysholm-Smith-Getriebes ausgeführt war. T. werden in verschiedenen Ausführungen hergestellt, z. B. mit Direktgang durch Überbrückungskupplung oder mit einem → Strömungswandler mit zentripetal durchströmter Turbine. Es kommt in Rangierdiesellokomotiven und Dieseltriebwagen z. B. in den USA zum Einsatz.

Typenprogramm, *Typisierungsprogramm:* Festlegung der für die Betriebsentwicklung einer Bahnverwaltung notwendigen Tfz.-Typen, wobei bes. Gesichtspunkte der technischen Zweckmäßigkeit, der wirtschaftlichen Beschaffung und Instandhaltung und des betrieblichen Einsatzes berücksichtigt werden. So wurde z. B. nach dem Zusammenschluß der deutschen Länderbahnen zur DRG 1922 ein Typisierungsprogramm für *Dampflokomotiven* entworfen, das zu den Einheitslokomotiven der DRG führte (→ Einheitsbauart). Für *elektrische Tfz.* wurde bei der DRG erstmals 1924 von → Wechmann ein T. aufgestellt, in dem 7 Grundbauarten mit 4 Motortypen bei weitgehender Vereinheitlichung sämtlicher Ausrüstungen festgelegt wurden. Trotz der sehr fortschrittlichen Gestaltung wurde dieses T. durch die stürmische Entwicklung des Tfz.-Baus bald überholt. Um 1938 wurde von der DRG ein zweites T. aufgestellt, das folgende BR umfaßte: Schnellzuglokomotiven E 04, E 18, E 19; Personenzuglok E 44; Rangierlok E 63 und Güterzuglok E 94. An

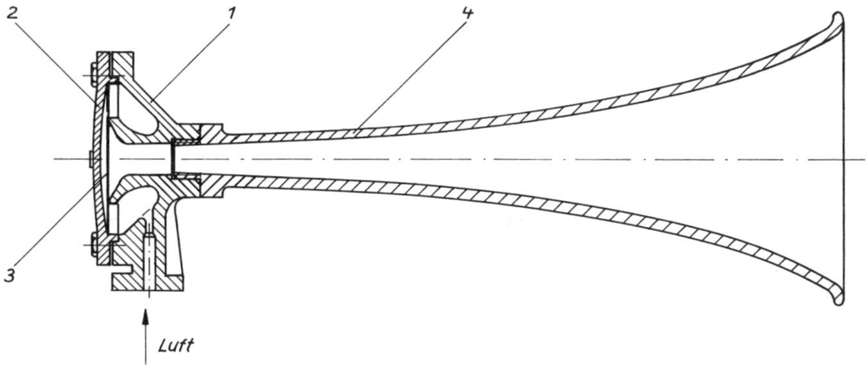

Typhon (Einheitsausführung der DR)
1 Gehäuse, 2 Deckel, 3 Membran, 4 Schalltrichter

diesem T. wurde bis zum Ende des zweiten Weltkriegs konsequent festgehalten. Die DB erarbeitete um 1950 ein T. mit den damaligen BR E10 (Schnellzuglok), BR E40 und BR E50 (Güterzuglokomotiven) und BR E41 (leichte Ellok für Personen- und leichten Güterzugdienst). Bei *Diesel-Tfz.* wurde mit dem Neubau der BR101, BR102, BR106, BR110, BR118, BR171, BR173 und BR175 der DR ein T. mit nur wenigen Grundtypen von Dieselmotoren, Kühlanlagen und Hilfsmaschinen aufgestellt und verwirklicht. Mit dem Bau der Diesellokomotiven der BR215, BR216 und BR218 schuf die DB ein T. in Standardbauweise. Für *Dieseltriebwagen* wurde von der DRG um 1935 ein T. verfolgt, dem 2achsige Nebenbahn-, 4achsige Drehgestell-Nebenbahn-, 4achsige Hauptbahn- (Eilzug-) und Schnelltriebwagen zugeordnet waren. In diesem T. wurde mit dem 301-kW-Einheitstriebwagen eine Vereinheitlichung angestrebt, aber durch die Vielfalt der schließlich ausgeführten Tfz. nicht erreicht.

Typenprüflauf: nach internationalen oder nationalen Vorschriften durchzuführende Prüfung von → Bahndieselmotoren. Nach den UIC- oder OSShD-Vorschriften sind für Dieselmotoren über 150 kW Leistung eine *Leistungsprüfung* (100 h) und eine *Dauerleistungsprüfung* (360 h) auf einem Prüfstand vorzunehmen. Dieser T. ist an mindestens 1 Dieselmotor der ersten Lieferung eines neuen Motortyps oder an einem Dieselmotor eines bereits in Betrieb befindlichen Typs, sofern wichtige Änderungen vorgenommen wurden, vorzunehmen. In den Vorschriften sind die Prüfbedingungen, die Prüfzyklen, die zu messenden Werte und die Meßzeiten vorgeschrieben. Nach der Dauerleistungsprüfung (ggf. auch nach der Leistungsprüfung) ist der Dieselmotor zu demontieren, um Zustand und Abmessungen (Verschleiß) wesentlicher Bauteile zu überprüfen und für die Bahnfestigkeit notwendige Änderungen ausführen zu können. Mit dem erfolgreichen Verlauf der T. wird die Eignung eines Dieselmotors für den Bahneinsatz nachgewiesen.

Typhon, *Schallsender, Makrofon:* akustische, druckluftbetriebene → Signaleinrichtung an Schienenfahrzeugen, die Dauertöne mit festgelegter Frequenz durch eine schwingende Membran erzeugen kann. Wirkungsweise: Die in das Gehäuse eintretende Druckluft hebt die Membran von einer kreisförmigen Lippe an, versetzt sie in Schwingungen und entweicht durch den Schalltrichter ins Freie.

Im internationalen Verkehr eingesetzte Fahrzeuge werden mit 2 T. unterschiedlicher Tonhöhe je Fahrtrichtung ausgerüstet, die nacheinander über Ventile betätigt werden können. Die Frequenz des tiefen Tons beträgt 370±10 Hz, die des hohen Tons 660±15 Hz. Der im Abstand von 5 m vom Schalltrichter in der Achse des T. gemessene Schallpegel beträgt 120–125 dB(A). Abb.

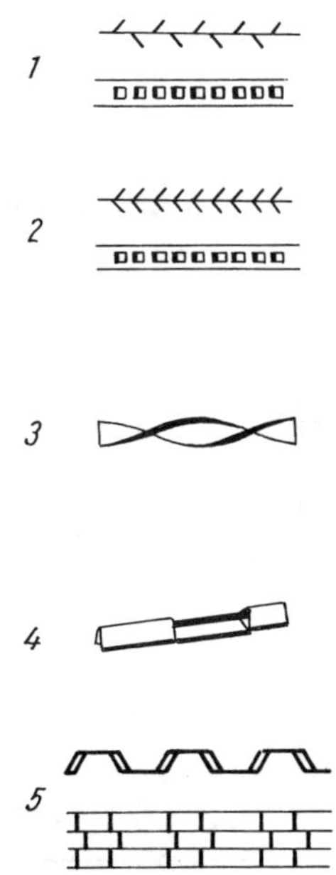

Turbulenzstreifen (Formen)
1 Turbulenzstreifen mit ungeteilten Zungen, 2 Turbulenzstreifen mit geteilten Zungen, 3 Drallstreifen, 4 geteilte Längsrippen (im Rohr angelötet), 5 Turbulenzstreifen Bauart SŽD

U

Überdeckung: → innere Steuerung

Überdrehzahlschutz: Regeleinrichtung zur Drehzahlbegrenzung der Abtriebswelle von Verbrennungskraftmaschinen. Ausführung als → Fliehkraftregler, der beim Überschreiten der zul. Höchstdrehzahl durch die Kraftwirkung 2er Fliehmassen z.B. bei Dieselmotoren auf das Regelgestänge der → Einspritzpumpe eine Reduzierung der Kraftstoffeinspritzung bewirkt und damit ein Überschreiten der Höchstdrehzahl der Kurbelwelle verhindert.

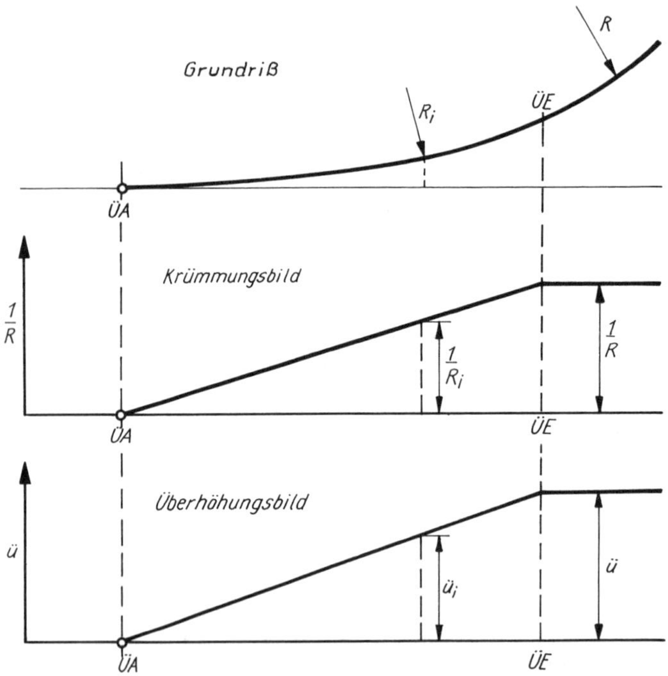

Übergangsbogen mit linearem Krümmungsverlauf
R Radius, ÜA Übergangsbogenanfang, ÜE Übergangsbogenende
$\frac{1}{R}$ Krümmung, *ü* Überhöhung
$ü_i$ Überhöhung, $\frac{1}{R_i}$ Krümmung, R_i Radius } an der Stelle *i*

Übergangsbogen: zwischen Gerade und kreisförmigem Gleisbogen bzw. zwischen 2 Gleisbögen verschiedener Bogenhalbmesser angeordneter Bogen veränderlicher Krümmung zur Minderung von Störungen des Fahrzeuglaufs. Zwischen der Krümmung des Ü. und der → Gleisüberhöhung besteht ein definierter Zusammenhang. Im Ü. muß die Zunahme der Krümmung durch eine entspr. Zunahme der Überhöhung ausgeglichen werden, um die Seitenbeschleunigung in vorgeschriebenen Grenzen zu halten (Abb.). A n w e n d u n g: im Eisenbahnbau a) *Ü mit linerarem Krümmungsverlauf.* Hier besteht ein lineares Verhältnis zwischen der Krümmung und der Gleisüberhöhung. Die Überhöhungsrampe wird dabei linear ansteigend ausgeführt. b) *Ü mit geschwungenem Krümmungsverlauf* sind bei geschwungenen Überhöhungsrampen erforderlich. Ihre Ausführung ist bautechnisch kompliziert und nur in Ausnahmen gestattet. Fahrzeugdynamisch ist b) günstiger als a). Abb.

Übergangsgeschwindigkeit: momentane → Geschwindigkeit beim Übergang von der → Zugkraft bei Grenzkraftschluß auf die Zugkraft bei Grenzleistung der Antriebsmaschine. Im → Zugkraftdiagramm ist die Ü. gegeben durch den Schnittpunkt zwischen der Kennlinie der → Anfahrzugkraft und der Kennlinie der Zugkraft in der → Fahrstufe für die max. Leistung oder Spannung. Lit.: 1.28. Abb.

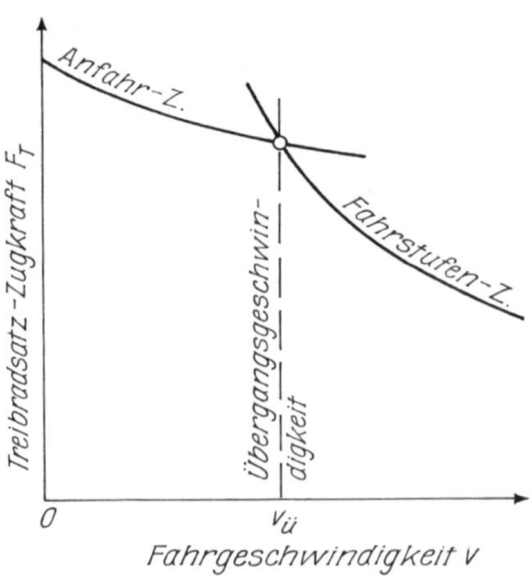

Übergangsgeschwindigkeit

Übergangskupplung: 1. Bes. Teil der → Zug- und Stoßeinrichtung, das das Kuppeln von Schienenfahrzeugen mit → Mittelpufferkupplung mit anderen Fahrzeugen mit herkömmlicher Schraubenkupplung ermöglicht. Für die Ü. sind viele verschiedene Ausführungen bekannt geworden, z.B. in Form eines an den Kupplungskörper der Mittelpufferkupplung angegossenen *Behelfszughakens* zum Einhängen des Kupplungsbügels der Schraubenkupplung (verwendet bei den SŽD während der Umstellungszeit auf die SA-3-Kupplung) oder der *Gemischtzugkupplung* der Bauart OSShD, die in die → Intermat-Kupplung eingehängt wird und die über eine Lasche und eine Öse mit dem Zughaken des anderen Fahrzeugs gekuppelt werden kann. Die Ü. setzen i.d.R. das Beibehalten der Seitenpuffer voraus. – **2.** I.e.S. eine Behelfskupplung, die das Befördern von Fahrzeugen mit Scharfenberg-Kupplung durch Tfz. mit herkömmlicher Zug- und Stoßeinrichtung ermöglicht. Die Ü. stützt sich auf die Zughakenbrust ab und kuppelt beim Gegenfahren selbsttätig auch die Bremsleitung. Sie ist nur bedingt für die Übertragung von Druckkräften geeignet.

Überhang: Abstand zwischen der Mittellinie eines Endradsatzes oder dem Drehzapfen (bei Drehgestellfahrzeugen) und der vertikalen Pufferebene. Der Ü. beeinflußt u.a. den Fahrzeugverlauf, die Stellungswinkel zwischen aufeinanderfolgenden Fahrzeugen im Gleisbogen und die Breite der Fahrzeuge an den Stirnwänden.

überhängende Masse: bes. bei → Dampflokomotiven der Teil an Lokomotivmasse, der vorn und/oder hinten über den Gesamtachsstand (fester → Radsatzabstand) in Längsrichtung der Lok hinausragt. Lokomotiven mit kleinem festem Radsatzabstand und großen ü.M. neigen zum Schlingern (→ Fahrzeugschwingung) und können deshalb nur mit niedriger Fahrgeschwindigkeit eingesetzt werden.

Überhitzer: Baugruppe des → Dampflokomotivkessels von → Heißdampflokomotiven zur Gewinnung von Heißdampf. Der Ü. besteht i.d.R. aus außerhalb des Dampfraums des Kessels angeordneten Ü.rohren (Ü.einheiten, Ü.elementen), Ü.rohrsätzen oder Ü.rohrschlangen, deren von → Rauchgasen umströmte Oberfläche die → Überhitzerheizfläche bildet, und Zusatzelementen für die Dampf- und Rauchgasführung. Im als Wärmeübertrager arbeitenden Ü. bekommt der ihm zuströmende → Naßdampf Wärme aus den Rauchgasen zugeführt. Der durch diese → Überhitzung entstehende Heißdampf wird mit Temperaturen von 300–450 °C den Dampfmaschinen-Zylindern zugeleitet. Mit gut ausgelegten Ü. lassen sich Einsparungen beim Dampfverbrauch bis zu 30% und beim Kohleverbrauch bis zu 20% erzielen.

Die Vorläufer der Ü., in denen der zuströmende Naßdampf lediglich *getrocknet* (trockengesättigter Dampf) und um 40–60 K leicht überhitzt wurde, werden als → *Dampftrockner* bezeichnet (z.B. → Klien-Dampftrockner, → Pielock-Überhitzer).

Einteilung der Ü.: 1) nach ihrer Lage im Lokomotivkessel z.B. in → Flammrohrüberhitzer, → Rauchkammerüberhitzer und → Rauchrohrüberhitzer; 2) nach dem Durchmesser der → Heizrohre und → Rauchrohre, in denen die Ü.einheiten untergebracht sind, in → Kleinrohrüberhitzer, Mittelrohr-Ü. und → Großrohrüberhitzer. Lit.: 2.3., 2.6., 2.9., 2.10., 2.12., 5.3.

Überhitzerheizfläche: Oberfläche des (vom → Rauchgas umströmten) Überhitzerrohrsatzes des → Überhitzers von → Dampflokomotivkesseln. Die Ü. ist nicht Bestandteil der der Sattdampferzeugung dienenden Verdampfungsheizfläche (→ Heizfläche (2)). Beim meist verwendeten → Rauchrohrüberhitzer entspricht die Ü. etwa 30% der Verdampfungsheizfläche.

überhitzter Dampf: → Heißdampf

Überhitzung: i.w.S. Vorgang zur Gewinnung von → Heißdampf durch die weitere Erhitzung des aus dem Dampfraum eines Kessels entnommenen → Sattdampfs (außerhalb dieses Dampfraums); i.e.S. der vom → Überhitzer des → Dampflokomotivkessels bewirkte Temperaturunterschied zwischen Heißdampf und Sattdampf. Wird z.B. Dampf mit einem Überdruck von 1600 kPa und der zugehörigen Dampftemperatur von 203 °C im Überhitzer auf eine Temperatur von 350 °C gebracht, dann beträgt die Ü. 147 K. Lit.: 2.3., 2.12.

Überhöhung: → Gleisüberhöhung

Überholkupplung: schaltbare → Kupplung (1), die drehrichtungsabhängig oder in Abhängigkeit von der Drehmomentrichtung kuppelt oder freiläuft. Die Ü. löst die formschlüssige Verbindung 2er Wellen, wenn die Drehzahl der getriebenen Welle größer als die der treibenden ist oder das Drehmoment in entgegengesetzter Richtung wirkt. Anwendung als Leitradfreilauf beim → Trilokwandler und ggf. als Freilauf einer → Gangstufe.

Überladung der Bremse: bleibende Erhöhung der Drücke in der → Hauptluftleitung und damit in der Steuerkammer und im → Hilfsluftbehälter über den → Regelbetriebsdruck von 500 kPa. Durch eine Ü. wird das gesamte Druckniveau innerhalb des → Steuerventils angehoben, wodurch sich auch der Bremszylinderdruck über das normale Niveau erhöht. Das kann zum → Gleiten der Räder führen, da die Bremse für den erhöhten Bremszylinderdruck konstruktiv nicht ausgelegt ist. Moderne Steuerventile besitzen einen Höchstdruckbegrenzer (z.B. → Knorr-Bremse (Bauart KE)), der unabhängig von der Höhe der Ü. den vereinbarten Maximalwert des Bremszylinderdrucks bei Schnell- und Vollbremsung einhält.

Zur Beseitigung der Ü. muß bei schiebergesteuerten → Führerbremsventilen der Druck in der Hauptluftleitung mit einem → Druckregler erhöht werden bis alle Bremsen lösen. Anschließend ist der Hauptluftleitungsdruck allmählich wieder auf den Regelbetriebsdruck zurückzuführen, damit die Grenzwerte der → Empfindlichkeit der Bremse nicht überschritten werden. Selbstregelnde Führerbremsventile besitzen dazu einen → Angleicher. Ferner kann eine Ü. durch Betätigung der → Löseeinrichtung der Steuerventile (Ziehen am Lösezug) beseitigt werden.

Überlastfähigkeit: Möglichkeit der Belastung einer Antriebsanlage oder eines anderen Aggregats eines Tfz. über die dauernd erzeugbare Leistung hinaus. Die Ü. ist meist zeitlich begrenzt durch das Sinken des Kesseldrucks bei Dampflokomotiven oder Erreichen der Grenztemperatur z.B. bei den Fahrmotoren der elektrischen Tfz. (Stundenleistung) oder den Gasturbinen von Gasturbinen-Tfz. (Startleistung). Diesel-Tfz. haben praktisch keine Ü.

Überreißen: Mitreißen von Kesselwasser bei der Dampfentnahme über den geöffneten → Dampfregler. Das Ü. kann bei starker Dampfentnahme auftreten. Es wird begünstigt durch einen hohen Wasserstand im → Dampflokomotivkessel, das plötzliche starke Aufreißen des Dampfreglers, zu hohen Salzgehalt des Kesselwassers und das Ansprechen der → Kesselsicherheitsventile bei geöffnetem Regler. Verdampfen die mitgerissenen Wasserteile im → Überhitzer, dann kommt es in ihm zu einem Dampfdruckanstieg, der zu Schäden an den Überhitzereinheiten führen kann. Gelangt bei starkem Ü. das Kesselwasser in größerer Menge bis in die Schieber- und Zylinderräume, dann entsteht der sog. → Wasserschlag, in kleinerer Menge eine Zerstörung des Ölfilms an den Schieberbuchs- und Zylinderwänden der Dampfmaschine. Lit.: 2.3., 2.12.

Überschaltwiderstand: elektrischer Widerstand, der so in den wegführenden Leitungspfad eines → Stufenschaltwerks hinter einem der → Lastschalter eingefügt ist, daß beim Überschalten von einer Schaltstufe zur nächsten trotz kurzzeitigen Schließens beider Lastschalter kein Kurzschluß zwischen diesen beiden Stufen entsteht. → Hochspannungssteuerung (dort Abb.), → Widerstandsumschalter

Übersetzungsverhältnis: Verhältniswert *i* der Drehzahlen von Antriebswelle zu Abtriebswelle oder der Zähnezahlen z_2/z_1 eines → Zahntriebes oder → Kettenantriebs. Bei mehreren aufeinanderfolgenden Zahntrieben ergibt sich das Gesamt-Ü. aus dem Einzel-Ü. der Zahntriebe. Das Ü. drückt auch das konstante Drehmomentverhältnis von Abtriebswelle zu Antriebswelle bei Zahn- und Kettentrieben aus. Bei Riementrieben ergibt sich das Ü. aus dem Durchmesserverhältnis der Riemenscheiben von getriebener zu treibender Welle; es wird bei reiner Kraftschlußübertragung (Flachriementrieb) durch den auftretenden Riemenschlupf verändert.

Überspannungsableiter, *Ventilableiter:* Gerät für den → Überspannungsschutz auf elektrischen Tfz. und in Energieversorgungsanlagen, um Überspannungen, die bei Gewitter oder bei Schaltvorgängen im Fahr- oder Fernleitungsnetz auftreten können, von der elektrischen Ausrüstung des Tfz. fernzuhalten. Die Ü. werden als Schutzfunkenstrecke ausgeführt oder heute häufiger aus spannungsabhängigen, nur kurzzeitig belastbaren Widerständen mit vorgeschalteter Löschfunkenstrecke aufgebaut. Der Widerstandswert eines spannungsabhängigen Widerstands nimmt bei steigenden Spannungen ab und ermöglicht damit eine gefahrlose Ableitung der Überspannungsenergie zur Fahrzeugmasse (Erde). Abb.

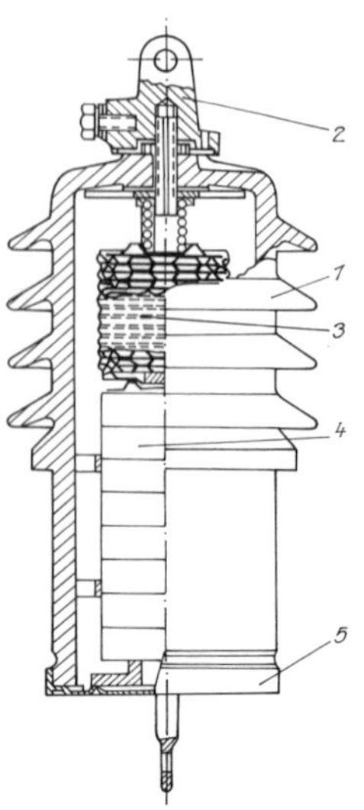

Überspannungsableiter
1 Porzellangehäuse, 2 Spannungsanschluß, 3 gekapselte Funkenstrekke, 4 Ableitwiderstand, 5 Kappe mit Erdungsanschluß

Überspannungsschutz: Schutzeinrichtung auf elektrischen Tfz., um Gewitter- und bes. Schaltüberspannungen von der elektrischen Ausrüstung fernzuhalten. Als Ü. werden gewöhnlich → Überspan-

Co'Co'-Güterzuglokomotive BR 155 der DB/DR für Einphasenwechselstrom $16\frac{2}{3}$ Hz, 15 kV; P_h = 5400 kW bei v = 102 km/h; v_{max} = 125 km/h; LEW-Kegelringfederantrieb. Hersteller:LEW; 1974

Bo'Bo'-Mehrzwecklokomotive für Schnellzug- und leichten Güterzugdienst BR 143 der DB/DR für Einphasenwechselstrom $16\frac{2}{3}$ Hz, 15 kV; P_h = 3720 kW bei v = 102 km/h; v_{max} = 125 km/h; LEW-Kegelringfederantrieb. Hersteller: LEW; 1982

Bo'Bo'-Zweisystemlokomotive BR 180 der DB/DR und BR 372 der ČSD für Einphasenwechselstrom $16\frac{2}{3}$ Hz, 15 kV und Gleichspannung 3 kV; P_d = 3080 kW bei v = 60 km/h; v_{max} = 120 km/h; Tatzmotorantrieb. Hersteller: Škoda; 1988

1'C1'-Lokomotive BR 1073 der ÖBB für Einphasenwechselstrom $16\frac{2}{3}$ Hz, 15 kV; P_h = 1037 kW bei v = 50 km/h; v_{max} = 75 km/h; Vorgelege mit Blindwelle und Stangenantrieb. Hersteller: StEG, AEG; 1923

(1'C)(C1')-Güterzuglokomotive BR 1189 der ÖBB für Einphasenwechselstrom 16⅔ Hz, 15 kV; P_h = 1919 kW bei 51 km/h; v_{max} = 75 km/h; Vorgelege mit Blindwellen und Stangenantrieb. Hersteller: WLF, BBC; 1926

E-Lokomotive BR 1280 der BBÖ für Einphasenwechselstrom 16⅔ Hz, 15 kV; P_h = 1500 kW bei v = 38 km/h; v_{max} = 50 km/h; Stangenantrieb, Hersteller: StEG, AEG; 1927

Bo'Bo'-Lokomotive BR 1041 der ÖBB für Einphasenwechselstrom 16⅔ Hz, 15 kV; P_h = 2368 kW bei v = 63 km/h; v_{max} = 90 km/h; AEG-Federtopfantrieb. Hersteller: Grazer Waggonfabrik ELIN; 1952

Bo'Bo'-Lokomotive BR 1141 der ÖBB für Einphasenwechselstrom 16⅔ Hz, 15 kV; P_h = 2480 kW bei v = 77 km/h; v_{max} = 110 km/h; 1955

Bo'Bo'-Zweifrequenz-Rangierlokomotive BR 1063 der ÖBB für Einphasenwechselstrom 16⅔ Hz, 15 kV und 50 Hz, 25 kV; P_d = 1520 kW bei v = 24 km/h; v_{max} = 80 km/h; Tatzmotorantrieb mit Drehstrom-Asynchronfahrmotoren; Zwischenkreis mit eingeprägter Spannung. Hersteller: SGP, BBC; 1983

Bo'Bo'-Schnellzuglokomotive Re 4/4 der SBB für Einphasenwechselstrom 16⅔ Hz, 15 kV; P_h = 4120 kW bei v = 100 km/h; v_{max} = 140 km/h; 1963

1'Bo1Bo1' + 1'Bo1Bo1'-Güterzuglokomotive 11852 der BR Ae 8/14 der SBB; P = 8800 kW

(1'C)(C1')-Güterzuglokomotive BR Ce 6/8 der SBB für Einphasenwechselstrom 16⅔ Hz, 15 kV (Krokodillokomotive). P_h = 1649 kW bei v = 36 km/h; v_{max} = 65 km/h; Schrägstangenantrieb. Hersteller: MFO; 1921

1'D+D1'-Güterzuglokomotive BR Dm der SJ für Einphasenwechselstrom 16⅔ Hz, 15 kV; P_h = 3800 kW bei v = 57,8 km/h; v_{max} = 75 km/h; Blindwellen mit Stangenantrieb. Hersteller: Nohab, ASJ, ASEA; 1953

1'C1'-Güterzuglokomotive BR Da der SJ für Einphasenwechselstrom 16⅔ Hz; 15 kV, P_h = 1900 kW bei v = 77 km/h; v_{max} = 100 km/h; 2 Gestellmotoren mit Vorgelege und Stangenantrieb. Hersteller: ASEA; 1952

Bo'Bo'-Schnellzuglokomotive BR Ra der SJ für Einphasenwechselstrom 16⅔ Hz, 15 kV; P_h = *2 648 kW bei* v = 133 km/h; v_{max} = 150 km/h; Kardan-Antrieb; 1955

Co'Co'-Lokomotive BR CC 7100 der SNCF für Gleichstrom 1,5 kV; P_h = 3730 kW bei v = 80 km/h; v_{max} = 150 km/h; Gummiring-Kardanantrieb; 1952

(2'Co)(Co2')-Lokomotive BR GG 1 Nr. 4813 der Pennsylvania Railroad für Einphasenwechselstrom 25 Hz, 11 kV; P_d = 3397 kW; v_{max} = 144 km/h. Hersteller: Baldwin; 1930

Bo'Bo'-Lokomotive BR E 4991 der ČSD für Gleichstrom 3 kV; P_h = 3000 kW bei v = 63 km/h; v_{max} = 120 km/h; Škoda-Antrieb. Hersteller: Škoda; 1959

Bo'Bo' + Bo'Bo'-Güterzuglokomotive BR E 479 der ČSD für Gleichstrom 3 kV; P_d = 4480 kW bei v = 51,3 km/h; v_{max} = 100 km/h; Škoda-Gelenkkupplungsantrieb. Hersteller: Škoda

rechts unten:
Co'Co'-Lokomotive WL 23 der SŽD für Gleichstrom 3 kV; P_h = 3060 kW; v_{max} = 100 km/h; Tatzmotorantrieb; 1956

oben:
Co'Co'-Schnellzuglokomotive BR ČS 2 der SŽD für Gleichstrom 3 kV; P_h = 4800 kW bei v = 92 km/h; v_{max} = 160 km/h; Škoda-Antrieb. Hersteller: Škoda; 1974

Bo'Bo'-Rangierlokomotive BR E 458 der ČSD für Gleichstrom 3 kV; P_d = 800 kW bei v = 32,3 km/h; v_{max} = 80 km/h; Tatzmotorantrieb. Hersteller: Škoda; 1972

Bo'Bo'-Zweisystemlokomotive BR ES 499 der ČSD für Einphasenwechselstrom 50 Hz, 25 kV/ Gleichsystem 3 kV; P_h = 4000 kW bei v = 148,5 km/h; v_{max} = 160 km/h; Škoda-Antrieb. Hersteller: Škoda; 1974

Bo'Bo'-Lokomotive S 489 der ČSD für Einphasenwechselstrom 50 Hz, 25 kV; P_d = 3080 kW bei v = 64 km/h; v_{max} = 120 km/h; Škoda-Antrieb; Wagenkasten aus Glaslaminat. Hersteller: Škoda; 1966

Co'Co'-Lokomotive WL 22 der SŽD für Gleichstrom 3 kV, P_h = 2340 kW; v_{max} = 90 km/h; Tatzmotorantrieb; 1946

Bo'Bo' + Bo'Bo'-Güterzuglokomotive N8 der SŽD für Gleichstrom 3 kV; P_h = 4100 kW; v_{max} = 100 km/h; Tatzmotorantrieb; 1953

nungsableiter (Ventilableiter) verwendet, die aus Widerständen und Funkenstrekken in einem Schutzgehäuse bestehen. Tritt eine unzulässig große Überspannung auf, wird eine leitende Verbindung zur Erde hergestellt, die nach dem Abklingen der Überspannung wieder unterbrochen wird. Lit.: 4.5.

Überstromschutz: Schutzeinrichtung elektrischer Betriebsmittel, speziell in Diesel- und elektrischen Tfz. sowie Unterwerken, zum Abschalten des Betriebsstroms bei unzulässiger Größe, um die thermische Überlastung der elektrischen Ausrüstung zu verhindern. Jede elektrische Anlage ist für einen bestimmten Betriebsstrom (→ Nennstrom) ausgelegt. Durch Schäden kann ein weitaus größerer Strom (bis Kurzschlußstrom) fließen, der durch seine Wärme- und Kraftwirkung die elektrische Anlage vollständig zerstören kann, wenn keine sofortige Abschaltung erfolgt. Deshalb muß jeder Teil der elektrischen Anlage durch einen zugeordneten Ü. geschützt werden. Als Ü. dienen: a) → Schmelzsicherungen; b) Leitungsschutzschalter (Überstromselbstschalter mit magnetischer und thermischer Auslösung); c) → Motorschutzschalter (mit magnetischer, thermischer und Spannungsauslösung) und d) → Überstromzeitauslöser, der den zugehörigen Leistungsschalter (→ Hauptschalter) betätigt. Lit.: 4.5.

Überströmventil: Druckventil, das den Druck im Eingang des Ventils auf einen vorgegebenen Wert zu begrenzen hat. Beim Überschreiten des Öffnungsdrucks wird das Dichtelement gegen den Druck einer Feder vom Ventilsitz angehoben. Dadurch wird ein dem Druck proportionaler Volumenstrom über das Ü. abgeführt. Ü. werden als Kugel-, Kegel- oder Plansitzventil ausgeführt. Anwendung: u.a. in der → Kraftstoffanlage und im → Ölkreislauf von Dieselmotoren, aber auch in → Druckluftanlagen von Tfz. Abb.

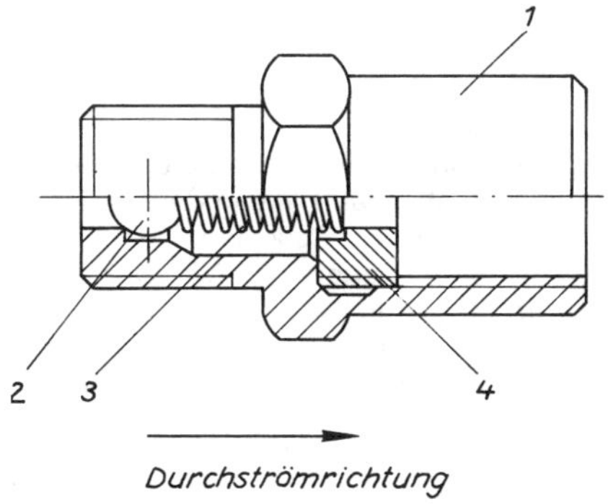

Überströmventil
1 Ventilkörper, 2 Dichtelement, 3 Druckfeder, 4 Gewindering

Überstromzeitauslöser: → Relais mit Zeitverzögerung zur Auslösung des → Hauptschalters elektrischer Tfz. Eine Abschaltung erfolgt nicht, wenn die Überlastung nur kurzzeitig (je nach eingestelltem Zeitwert) auftritt.

Übertourungsschutz: Einrichtung zum Begrenzen der oberen Drehzahl einer Welle. Der Ü. wird durch einen Überdrehzahlschalter ausgelöst, der bei Erreichen der zul. Überdrehzahl Maßnahmen einleitet, um Schäden durch eine weitere Drehzahlerhöhung zu vermeiden. Der Ü. kann mechanische (nach dem Fliehkraftprinzip wirkende) oder elektronische Überdrehzahlschalter besitzen. Bei mit → Stufengetriebe ausgerüsteten dieselhydraulischen Tfz. besteht im → Langsamgang die Gefahr des Übertourens der → Sekundärseite, weshalb in solchen Fällen das Strömungsgetriebe mit Ü. ausgerüstet ist. Auch Dieselmotoren können zum Schutz gegen unzulässig hohe Drehzahlen mit Ü. ausgerüstet sein.

Übertragungselement: → Antriebssystem

Übertragungsfaktor: Kenngröße ψ (Maßeinheit 1) bei → Leistungsübertragungsanlagen, die die Güte der Leistungsübertragung kennzeichnet. Der Ü. ergibt sich als Produkt des → Getriebewirkungsgrads und des → Ausnutzungsfaktors. Wie beim Ausnutzungsfaktor kann der Ü. in Abhängigkeit von der Fahrgeschwindigkeit eines Tfz. dargestellt sowie über deren Bereich der mittlere Ü. ψ_m berechnet werden.

Übertragungskammer: Bauteil der

links:
Co'Co'-Lokomotive BR E05 der PKP für Gleichstrom 3 kV; P_h = 3180 kW bei v = 50 km/h; v_{max} = 110 km/h; Tatzmotorantrieb. Hersteller: LEW; 1955

Bo-Akkuschleppfahrzeug (ASF) der DR; P_h = 17 kW bei v = 2,8 km/h; v_{max} = 6 km/h; Tatzmotorantrieb. Hersteller: LEW; 1972

Bo'Bo'-Industrielokomotive BR EL20 einer Industriebahn in der GUS für Einphasenwechselstrom 50 Hz, 10 kV; P_h = 5520 kW bei v = 28 km/h; v_{max} = 50 km/h. Gesamtes »Gespann« besteht aus der Lokomotive und 2 Motorkippwagen: Bo'Bo' + Bo'Bo' + Bo'Bo'. Hersteller: LEW; 1984 mehrlösigen → Steuerventile zur Erhöhung der → Durchschlaggeschwindigkeit der Druckluftwelle in der → Hauptluftleitung. Dazu wird bei der ersten Bremsstufe eine kleine Luftmenge aus der Hauptluftleitung abgezapft, die in der Ü. eingeschlossen wird (→ Beschleuniger).

Übertragungssteuerung, *Übertragungssystem:* Gesamtheit aller Einrichtungen für die Übertragung der Steuerbefehle vom Tfz.-Führerstand oder von einer ortsfesten Leitstelle aus (z.B. bei → Zugverholung oder bei → Fernsteuerung von Tfz.) zu den Schalteinrichtungen zur Steuerung der Antriebsanlage. → Leistungssteuerung

Übertragungssystem: → Übertragungssteuerung

Überwachungseinrichtungen: Gesamtheit aller Einrichtungen an Tfz. zur ständigen Kontrolle der Funktionstüchtigkeit und ordnungsgemäßen Betriebsweise der Antriebsanlage und weiterer Einrichtungen, wie Bremse, Heizung, Ladekontrolle der Fahrzeugbatterie u.a. Die meist optischen Signalgeber (Meldelampen) der Ü. sind auf dem → Fahrpult und in → Meldetableaus zusammengefaßt. Akustische Signale werden z.B. bei der → Sicherheitsfahrschaltung gegeben. Die Ü. können auch Teil der → Diagnoseeinrichtung sein und mit dem → Bordmikrorechner zusammenarbeiten.

UIC: Abk. für franz. **U**nion **I**nternationale des **C**hemins de Fer; Internationaler Eisenbahnverband; bedeutende internationale nichtstaatliche Eisenbahnorganisation, die am 1. Dezember 1922 in Paris gegründet wurde. Mitglieder sind 46 Eisenbahnverwaltungen, darunter außer der SŽD alle bedeutenden Eisenbahnen Europas sowie 9 angeschlossene Unternehmen. Hauptaufgaben der UIC: a) Verbesserung und Vereinheitlichung der Bedingungen für die Fahrzeuge und Anlagen und den Betrieb der Eisenbahnen im internationalen Verkehr; b) Koordinierung und einheitliche Arbeitsweise der »Besonderen Abkommen«, wie das RIV (ital. Abk. für **R**eglamento **I**nternazionale **V**eicoli – Internationales Güterwagenabkommen) und das RIC (ital. Abk. für **R**eglamento **I**nternazionale **C**arozze – Internationales Reisezugwagenabkommen); c) Übernahme der Vertretung der Eisenbahnverwaltungen nach außen. Oberstes Leitungsorgan der UIC ist die Generalversammlung, Vollzugsorgan ist der geschäftsführende Ausschuß. Die Administration wird vom Generalsekretariat (Sitz in Paris), das von einem Generalsekretär geleitet wird, gewährleistet. Die an die UIC herangetragenen Probleme und Aufgaben werden in den Ausschüssen bearbeitet. Notwendige weitergehende Untersuchungen können im → ORE (franz. Abk. für **O**ffice de **R**echerches et d'**E**ssais – Amt für Forschung und Entwicklung) in Utrecht vorgenommen werden. Für die Vereinheitlichung der Fahrzeuge, Anlagen und den Betrieb im internationalen Verkehr werden Merkblätter mit verpflichtendem (V) bzw. empfehlendem (E) Charakter herausgegeben, die zu bestimmten Gebieten als Kodex zusammengefaßt werden können (z.B. Bremskodex).

Umformer: Maschinensatz zur Umformung elektrischer Energie in elektrische Energie mit anderem Zeitverhalten oder anderen Parametern der Ströme und Spannungen, z.B. zur Umformung einer Gleichspannung in eine andere oder von einer Gleichspannung in eine Wechselspannung oder von einer Wechselspannung einer Frequenz in eine Wechselspannung anderer Frequenz. Bei der Eisenbahn arbeiten U. a) im → *Umformertriebfahrzeug;* b) in *Stromversorgungsanlagen* für Beleuchtungsanlagen und elektrische Geräte in Tfz. und Wagen; c) in *Stromversorgungsanlagen* der Eisenbahnsicherungstechnik und d) in → *Umformerwerken* zur Frequenzumformung der für den elektrischen Zugbetrieb benötigten Elektroenergie. Bei letzteren unterscheidet man *frequenzstarre U. (Synchron-U.)* und *frequenzelastische U. (Asynchron-U).*

Frequenzstarre U. bestehen aus Drehstromsynchronmotor und starr gekuppeltem Einphasensynchrongenerator. Die Frequenz des Bahnnetzes wird dabei vom leistungsstärkeren Drehstromnetz bestimmt. Beim frequenzelastischen U. wird als Antrieb ein Drehstromasynchronmotor verwendet, dessen Drehzahl mit einer auf der Welle des U.satzes sitzenden sog. Scherbiusmaschine in gewissen Grenzen variiert werden kann. Dadurch kann sich die Frequenz im Bahnnetz unabhängig vom speisenden Drehstromnetz entspr. einer gewünschten Charakteristik einstellen: eine Parallelarbeit mit Bahngeneratoren in Kraftwerken wird dadurch möglich. Bei den deutschen Eisenbahnen werden beide Arten von U. angewandt.

Umformerlokomotive: → Umformertriebfahrzeug
Umformertriebfahrzeug: elektrisches Tfz. für ein → Wechselstromsystem, bei dem der durch die Fahrleitung zugeführte Wechselstrom durch eine rotierende elektrische Maschine (→ Umformer) in eine andere Stromart, für die sich die → Fahrmotoren günstiger auslegen lassen, umgeartet (umgeformt) wird. I. G. z. U. übernehmen die Umwandlung bei → Gleichrichtertriebfahrzeugen und bei Tfz. mit moderner → Drehstromantriebstechnik ruhende Umarter (Gleichrichter und ggf. Wechselrichter). Beispiele für U. sind: die → Kando-Umformerlokomotive, die BR E 244.31 der DRG mit → Krupp-Motoren und die BR CC 14100 der SCNF (mit Wechselstrom-Gleichstrom-Umformung). U. werden heute nicht mehr gebaut. Lit.: 4.4., 4.5., 4.12.
Umformerwerk, Abk. **Ufw:** in der elektrischen Zugförderung Einrichtung zur Frequenzumformung der aus dem öffentlichen Drehstromnetz entnommenen Elektroenergie durch rotierende Umformer zur Speisung vorwiegend von 16⅔-Hz-Bahnnetzen (→ Bahnstromsystem). Im U. wird die 50-Hz-Spannung zunächst auf die niedrigere Klemmenspannung des Antriebsmotors für den Umformersatz transformiert. Die aus dem Einphasengenerator entnommene 16⅔-Hz-Spannung wird entweder direkt auf die höhere Fahrleitungsspannung transformiert und in die Fahrleitung eingespeist *(dezentrale Umformung,* U. ersetzt das → Unterwerk) oder auf die ebenfalls höhere Fernleitungsspannung transformiert und zu den Unterwerken entlang der Bahnstrekke geleitet *(zentrale Umformung).*
Umgrenzung des lichten Raumes: → Lichtraum
Umkehrspülung: Spülverfahren zum → Ladungswechsel von Frischladung und Verbrennungsgas bei kanalgesteuerten Zweitaktmotoren. Die in den Zylinder einströmende Frischladung wird in ihrer Richtung zwischen Einlaß- und Auslaßkanal durch entspr. Kanalgestaltung umgekehrt.
Umlauf: 1. Bei den Eisenbahnen übliche Bezeichnung für sich zyklisch wiederholende Vorgänge beim betrieblichen Einsatz von Tfz. oder Transport- bzw. Transporthilfsmitteln. Bedeutung hat z. B. der Tfz.-U. (Lok-U.), der sichert, daß jedes Tfz. für die notwendigen Wartungs-, Pflege- und Instandhaltungsarbeiten planmäßig ein → Bahnbetriebswerk, meist das Heimat-Bw, anläuft. – **2.** Bezeichnung des beiderseits des → Dampflokomotivkessels oder des eingezogenen Maschinenraums von Diesel-Tfz. angeordneten Stegs für die Inspektion sowie Instandhaltung des Kessels, der Kesselausrüstungen oder der Maschinenanlage.
Umlaufkanal: → Kanalschieber
Umleitventil: bei → Kondensationslokomotiven in der → Rauchkammer zur Regelung des Saugzuggebläses und damit des Rauchkammerunterdrucks sowie der → Feueranfachung angebrachtes handbedientes Ventil. Bei zu hohem Saugzug kann mit dem U. → Abdampf von der Dampfmaschine unter Umgehung der Dampfturbine des Saugzuggebläses direkt in den → Kondensator geleitet und dadurch die Gebläsedrehzahl verringert werden. Lit.: 2.12.
Umrichter: Gerät auf der Basis elektronischer Bauelemente (vorwiegend Transistoren oder Thyristoren) zur Umartung elektrischer Energie in elektrische Energie mit anderem Zeitverhalten und (oder) ggf. anderer Phasenzahl oder anderen Parametern der Ströme und Spannungen, z. B. von Gleichspannung in Wechselspannung *(Wechselrichter)* oder umgekehrt *(→ Gleichrichter)* oder von einer Wechselspannungsart in eine andere bei Änderung von Frequenz und (oder) Phasenzahl. Bei der Eisenbahn Anwendung a) in elektrischen und dieselelektrischen Tfz.; b) in Energieversorgungsanlagen in Wagen; c) in Stromversorgungsanlagen der Eisenbahnsicherungstechnik und d) in stationären Energieversorgungsanlagen.
Umschaltgetriebe: 1. → Mechanisches Getriebe mit meist nur bei stillstehendem Tfz. änderbarem → Übersetzungsverhältnis, durch das eine elektrische Lokomotive mit konventionellen → Fahrmotoren sowohl im schweren Güterzugals auch im Schnellzugdienst einsetzbar wird. U. werden nur bei Einmotordrehgestellen (→ Monomoteurantrieb) angewendet, um den Aufwand einzuschränken. Die Umschaltbarkeit wird ermöglicht durch a) axial verschiebbare Zahnräder (z. B. bei der Ellok der BR 67001 der SNCF); b) radial einrückbare Zahnräder (z. B. bei der Ellok der BR 16501 der SNCF) und c) bes. Umschaltkupplungen (z. B. bei der Ellok der BR 40101 der SNCF). Lit.: 4.4., 4.5., 4.12. Abb. S. 612 –

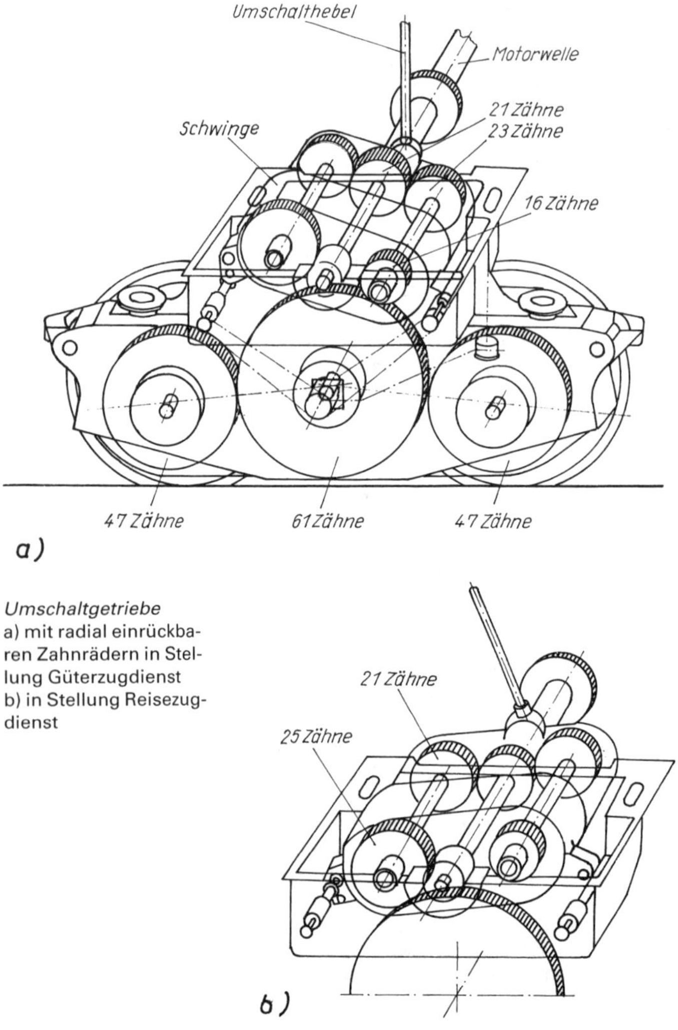

a)

b)

Umschaltgetriebe
a) mit radial einrückbaren Zahnrädern in Stellung Güterzugdienst
b) in Stellung Reisezugdienst

2. → Stufengetriebe, → Umschalt- und Verteilergetriebe (dort Abb.).

Umschaltpunkt: bei der automatischen → Gangschaltung von Strömungsgetrieben und hydromechanischen Getrieben das → Drehzahlverhältnis von Abtriebs- zur Antriebsdrehzahl, bei dem der Wechsel der → Gangstufe erfolgt. Der U. ist festgelegt durch den Schnittpunkt der Wirkungsgradlinien benachbarter → Strömungswandler oder durch Erreichen der durch die Nenndrehzahl der Antriebsmaschine bestimmten Abtriebsdrehzahl bei Kupplungsgängen. Er wird durch den → Drehzahlschalter ausgelöst und unterliegt der → Sekundärbeeinflussung und bei → Wandlergetrieben sowie meist auch bei Strömungsgetrieben mit Kupplungsgängen der → Primärbeeinflussung.

Umschalt- und Verteilergetriebe: → Zahnradgetriebe, das die Funktion von → Verteilergetriebe und → Stufengetriebe erfüllt. Das U. ist als separates Aggregat ausgeführt und im Drehgestell oder im Rahmen von dieselhydraulischen und elektrischen Tfz. eingebaut, z.B. bei den Diesellokomotiven der BR TG400 der SŽD, der BR D66 der JŽ und der BR DH27 der TCDD. Abb.

Umschaltventil: handbedientes Teil der → Zugheizeinrichtung, mit dem der → Heizdampf für die Zugheizung zu dem vorderen oder hinteren Dampfheizanschluß der Einheits-Dampflokomotiven der DRG geleitet wird. Das U. besitzt eine Zwischenstellung, bei der geringe Dampfmengen in beide Richtungen freigegeben werden, um bei Frost ein Einfrieren der Dampfheizungsleitungen zu verhindern. Lit.: 2.3., 2.12. Abb.

Umstelleinrichtung: Einrichtung 1) zum Anpassen der → Druckluftbremse an die jeweilige Zugart (→ Bremsstellungswechsel, → GP-Umstellhahn), 2) zur stufenweisen Veränderung (→ Lastwechsel) der → Bremskraft entspr. der Beladung des Fahrzeugs. Die U. wird bei Güterwagen mit einem großen Verhältnis von Nutz- zur Eigenmasse mit einer Fahrgeschwindigkeit bis 100 km/h verwendet; sie kann 2-, 3- und 4stufig sein. Einige Tender von Dampflokomotiven haben einen handbedienten Lastwechsel, 3) an der Westinghouse-Güterzugbremse für den »Ebene-Gefälle«-Wechsel (In der Stellung »Gefälle« wird der Lösevorgang stark verzögert. Meist wird diese U. nur beim Befahren von Steilstrecken in der Stellung »Gefälle« eingestellt.).

Umstellhahn: Einrichtung bei Tfz. zur Einstellung der gewünschten → Bremsstellung entspr. der Zugart. → Bremsstellungswechsel, → GP-Umstellhahn, → Umstelleinrichtung

Umwälzpumpe: → Kühlwasserumwälzpumpe

Unerschöpfbarkeit der Bremse: spezielles Merkmal der → Druckluftbremse, bei der nach mehrmaliger kurz hintereinander folgender Betätigung des → Führerbremsventils im Stand an einem gegebenen Zug der gemittelte Bremszylinderdruck der Wagen nicht unter 85% des Drucks abfällt, der an dem gleichen Zug durch eine Schnellbremsung mit dem →

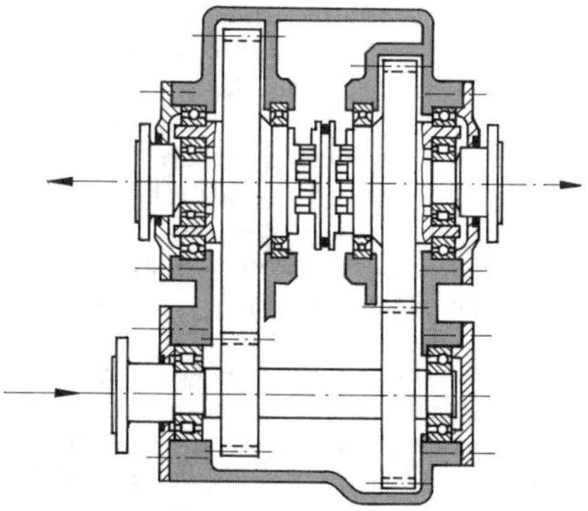

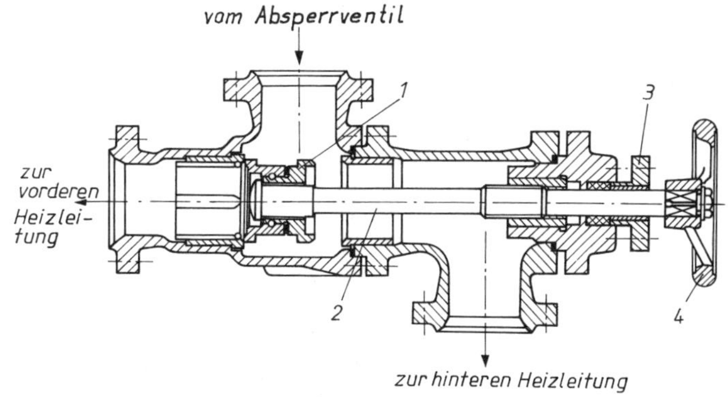

Umschalt- und Verteilergetriebe (links)

Umschaltventil der Dampfheizung für den Zug (Schnitt)
1 Umschaltventil, 2 Ventilspindel, 3 Stopfbuchse, 4 Handrad zum Umschalten

Regelbetriebsdruck erzielt wird. Das Führerbremsventil darf bei diesen Bremsungen nur kurzzeitig in einer nicht druckerhaltenden Stellung liegen, und zu keinem Zeitpunkt darf der Bremszylinderdruck unter 30 kPa sinken. Wird diese Forderung nicht erfüllt, ist die Druckluftbremse erschöpfbar (→ einlösige Druckluftbremse). Deshalb muß die Bremsbedienung beim Vorhandensein von erschöpfbaren Bremsen so geschehen, daß vor einer erneuten Bremsung im Gefälle soviel Zeit vergeht, daß sich die → Hilfsluftbehälter wieder auffüllen können. Steht diese Zeit nicht zur Verfügung, so ist der Hauptluftleitungsdruck um etwa 50 kPa mehr zu senken als bei der vorangegangenen Bremsung. Lit.: 1.8., UIC-Merkblatt 540.

Ungleichförmigkeitsgrad: 1. Verhältnis δ (Maßeinheit 1) der Differenz der Winkelgeschwindigkeiten von ω_{max} und ω_{min} während eines Arbeitsspiels zur mittleren Winkelgeschwindigkeit ω_m an einer Welle: $\delta = (\omega_{max} - \omega_{min})/\omega_m$. Ursache des an der Kurbelwelle von Verbrennungsmotoren auftretenden U. ist das über der Drehzahl veränderliche Drehmoment. Das Glätten der Drehmomentkurve und damit eine Reduzierung des U. erreicht man durch die Anordnung eines → Schwungrads an der Kurbelwelle. Der U. tritt auch beim → Gelenkwellenantrieb in Erscheinung. – **2.** Maß für die Stufigkeit der Steuerung eines elektrischen Tfz., meist mit δ bezeichnet. Der U. ist aus dem Zugkraft-Geschwindigkeits-Diagramm elektrischer Tfz. mit → Spannungssteuerung herzuleiten (darin entsprechen verschiedene Spannungsstufen verschiedenen Kennlinien). Beim Hochschalten von einer Spannungsstufe auf die nächsthöhere springt die Zugkraft von einem unteren Wert F_u zum oberen bei gleicher Geschwindigkeit liegenden Wert F_o, wobei die Zugkraftdifferenz ΔF beträgt. Der gesamte Zugkraftverlauf beim Hochschalten zur Vergrößerung der Geschwindigkeit ist durch einen sägezahnartigen Verlauf gekennzeichnet, wobei als Zugkraft des Tfz. ein mittlerer Wert F_m wirksam wird. Damit ist der U (nach Grundsätzen der Regelungstechnik)

$$\delta = (F_o - F_u)/(F_o + F_u)$$

Der U. ist um so kleiner und die Leistungssteuerung um so besser, je größer die Anzahl der Fahrstufen ist. Bei Steuerungen mit kontinuierlicher Veränderung der Zugkraft bzw. Geschwindigkeit ist $\delta = 0$. Die tatsächlich ausnutzbare Zugkraft unter Berücksichtigung des U. gegenüber der rein mechanisch ausnutzbaren Zugkraft wird mit dem → Ausnutzungsfaktor (3) berechnet. Lit.: 4.5. Abb.

Union Internationale des Chemins de Fer: → UIC

Universallokomotive: auch verwendete Bezeichnung für eine → Mehrzwecklokomotive.

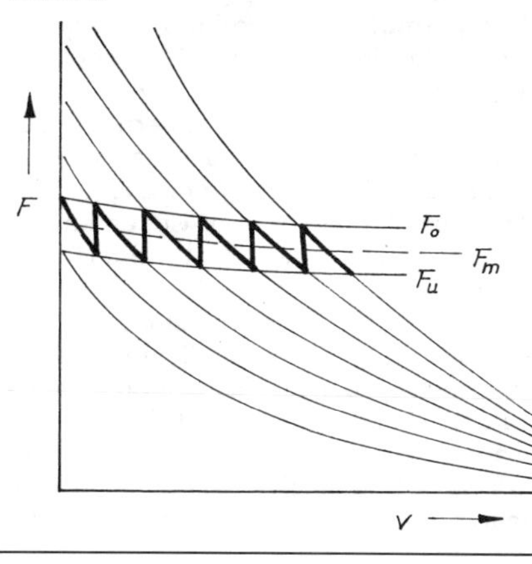

Ungleichförmigkeitsgrad

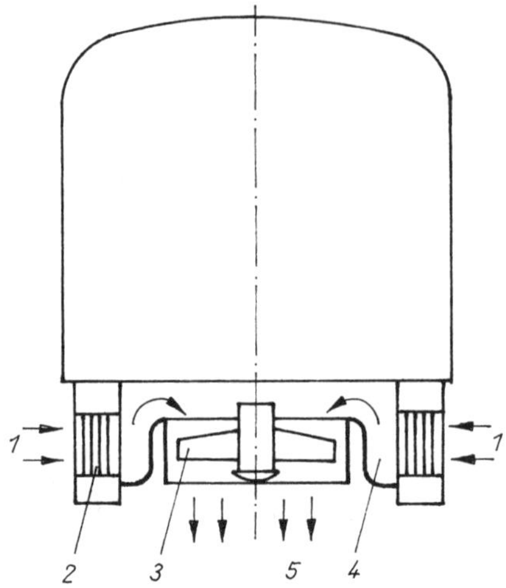

Unterflurkühler (Prinzip) 1 Lufteintritt, 2 Kühlelemente, 3 Lüfterrad, 4 Luftführung, 5 Luftaustritt

unmittelbare Heizfläche: → Strahlungsheizfläche, → Heizfläche

Unterbauart: Tfz. einer → Baureihe, die durch ihre technischen oder betrieblichen Merkmale eine charakteristische Gruppe bilden. Sie werden im → Triebfahrzeug-Kennzeichnungssystem in der Feingliederung nach der Stammnummer bes. bezeichnet.

Unterflurkühler: Bauart des → Kühlers von Diesel-Tfz., die durch die Anordnung der → Kühlanlage unter dem Fußboden des Tfz. (unterflur) gekennzeichnet ist. Anwendung bei Dieseltriebwagen und Dieseltriebzügen, bei denen die gesamte Maschinenanlage unterflur angeordnet ist und der Bauraum des Fahrzeugs max. als Fahrgastraum genutzt werden soll. U. besitzen z.B. die Dieseltriebwagen der BR772, BR798 und BR628 der DB/DR, die Dieseltriebzüge der BR614 und BR624 der DB/DR sowie die ORT (BR708 der DB/DR). Abb.

Unterflurmotor: → Verbrennungmotor, der als Antriebsmaschine für Schienenfahrzeuge, z.B. für Verbrennungstriebwagen, als Reihenmotor unterhalb des Fahrzeugrahmens eingebaut ist. U. sind meist als → liegender Motor ausgeführt.

Untergestell: bei Tfz. überwiegend als → Rahmen bezeichnetes Haupttragelement der Eisenbahnfahrzeuge für die → Aufbauten, maschinellen Einrichtungen oder das Ladegut. Das U. dient ferner zur Übertragung der Antriebs- und Bremskräfte und muß Zug- und Stoßkräfte aufnehmen. Das U. besteht i.d.R. aus dem Vorbau (Kopfstück, Diagonalstreben, Hauptquerträger) und dem Mittelteil. Durch den Vorbau werden die Längskräfte aufgenommen und auf möglichst kurzem Weg auf die Längsträger verteilt. Nach Anordnung der Längsträger in Fahrzeuglängsmitte oder an den Fahrzeugseiten werden die Mittellangträger- und die Seitenlangträgerbauweise unterschieden. Beim U. von selbsttragenden → Wagenkästen finden überwiegend Leichtbauprofile Anwendung.

Unterhaltung: i.w.S. Maßnahme der planmäßig vorbeugenden → Instandhaltung der Eisenbahnfahrzeuge zur Durchführung von Fristarbeiten. Die U. bei Tfz. erfolgt im Rahmen der jeweiligen → Instandhaltungsstufe, die vorwiegend im → Bahnbetriebswerk (Bw) oder im Rahmen einer größeren Instandsetzung (Hauptinstandsetzung) im Aw (→ Ausbesserungswerk) durchgeführt wird.
I.e.S. kennzeichnet die U. die im Bw ausgeführten Arbeiten, wie Instandhaltungsarbeiten an größeren Bauteilen (Radsätze, Radsatzgruppen usw.), Tausch größerer Aggregate (Dieselmotor, Fahrmotor, Getriebe u.a., die zur Aufarbeitung in das Aw gehen), Durchsichten und Bedarfsausbesserungen geringen Umfangs.

Unterreifen: ältere Bezeichnung für den Felgenkranz des → Radsterns.

Untersatz: Bauelement des → Dampflokomotivkessels zur Verstärkung größerer Öffnungen am → Stehkessel und → Langkessel und zum Befestigen von Teilen der → Kesselausrüstung, wie → Dampfdom, → Dampfentnahmestutzen, → Waschluken und → Queranker, um diese mit dem Kessel verschrauben zu können oder den Kessel an diesen Stellen zu verstärken. Der aus Kesselbaustoff bestehende U. ist bei älteren Lokomotivkesseln aufgenietet, bei modernen Kesseln aufgeschweißt. Lit.: 2.3., 2.12.

Unterspannungsrelais: Schutzrelais auf elektrischen Tfz., das beim Unterschreiten einer zul. unteren Spannungsgrenze anspricht und die Ausschaltung des → Hauptschalters bewirkt.

Unterwerk, Abk. **Uw:** bei der elektrischen Zugförderung Einrichtung zur Umwandlung und Verteilung der Elektroenergie auf die → Fahrleitungen. Bei *Wechselstrombahnen* wird die über Fernleitungen herangeführte Energie auf Fahrleitungsspannung abgespannt (→ Transformator) und über Streckenschalter in einzelne Speiseabschnitte eingespeist. Bei *Gleichstrombahnen* muß der ankommende Wechselstrom auch gleichgerichtet werden *(Gleichrichter-U.)*. Zu den Aufgaben der U. gehören außerdem der Schutz der Fahrleitungsanlagen gegen Überlastungen und Kurzschlüsse und die Überwachung des Schaltzustands. Die Fahrleitungsschalter entlang der Strecke werden deshalb vom U. aus ferngesteuert und überwacht. Der Abstand der U. entlang der Strecke beträgt bei Wechselstromzugförderung 60–80 km, bei Gleichstromzugförderung auf Fernbahnen 20–30 km, bei Stadtschnellbahnen mit Stromschienenspeisung und auch bei Straßenbahnen 1–5 km. Bei Havarien wie auch bei zusätzlichem Energiebedarf können fahrbare U. eingesetzt werden. Lit.: 4.6.

unvollkommene Verbrennung: Teil der → Kesselverluste des → Dampflokomotivkessels durch Verbrennung des → Brennstoffs bei kleinem (Luftüberschußzahl <1) oder zu geringem Luftüberschuß (→ Luftbedarf). Infolge des → Luftmangels (Sauerstoffmangels) bildet sich Kohlenmonoxid, welches unverbrannt entweicht und damit zu einem Energieverlust führt. Während z.B. bei der → vollkommenen Verbrennung 1 kg Kohlenstoff mit 2,67 kg Sauerstoff unter Abgabe von etwa 33800 kJ zu Kohlendioxid verbrennt, verbindet sich bei der u.V. 1 kg Kohlenstoff unter Bildung noch brennbaren Kohlenmonoxids mit 1,33 kg Sauerstoff unter Abgabe von nur etwa 10300 kJ.

unvollständige Verbrennung: i.e.S. Teil der → Kesselverluste des → Dampflokomotivkessels durch Verbrennung des → Brennstoffs unter der Bedingung, daß im abziehenden → Rauchgas noch unverbrannter Kohlenstoff und Wasserstoff enthalten sind. U.V. entsteht z.B. bei auf das Feuerbett zu hoch aufgeworfener frischer Brennstoffschicht oder durch zu starke Ölzufuhr. Die zunächst bei der Verbrennung als gasförmige Kohlenstoff-Wasserstoff-Verbindungen entstehenden Teerdämpfe, die i.d.R. mit heller Flamme in der → Feuerbüchse verbrennen, entweichen infolge unzureichender Luftzufuhr (→ Luftbedarf) oder zu niedriger Entzündungstemperatur unverbrannt als → Qualm ins Freie oder zerfallen ebenfalls ungenutzt in Kohlenstoff (Ruß) und Wasserstoff.

I.w.S. wird als u.V. auch diejenige i.e.S. einschl. der → unvollkommenen Verbrennung verstanden, d. h., eine u.V. liegt dann vor, wenn in den Abprodukten der Verbrennung (Asche, → Lösche, → Rauchgas, Funken) noch brennbare feste oder gasförmige Bestandteile enthalten sind. Lit.: 2.3., 2.12.

UV-Getriebe: Kurzbezeichnung für → Umschalt- und Verteilergetriebe- → Nachschaltgetriebe

V

V: ehem. Kennbuchstabe bei der DB und der DR für Lokomotiven mit Antrieb durch → **V**erbrennungsmotor.

Vakuum-Bremse: → Saugluftbremse

Vakuumleistungsschalter: Leistungsschalter für große Ausschaltströme (bis 40 kA), bei dem das Trennen und Schließen der zylindrischen Schaltkontakte in einer Vakuum-Schaltröhre erfolgt. Wegen nur geringer Schaltkontaktabstände (10 bis 20 mm) und niedriger Schaltstückgeschwindigkeit (1 bis 1,5 m/s) ist der Antrieb unkompliziert. Die Antriebsenergie ist niedriger als bei herkömmlichen Leistungsschaltern, nicht zuletzt wegen der nicht mehr notwendigen Löschmittelentleerung. Weitere Vorteile des V. sind: hohe Lebensdauer, geringe Wartung, lageunabhängige und geräuscharme Arbeitsweise, schnelle Wiederverfestigung der Schaltstrecke, keine Verschlechterung des Dielektrikums durch Zersetzungsprodukte des Kontaktmaterials. Neben der Anwendung von V. in stationären Anlagen (auch der Bahnenergieversorgung) werden sie wegen der genannten Vorteile in zunehmendem Maße auch als → Hauptschalter in → Wechselstromtriebfahrzeugen verschiedener Spannungen und Frequenzen eingeführt.

VAM: Abk. für → **V**erzeichnis der zulässigen **A**chs- und **M**eterlasten.

Vanderbilt-Tender: → Schlepptender für Dampflokomotiven mit zylindrischem Wasserbehälter. Im Inneren angebrachte

Vanderbilt-Tender an einer Gebirgs-Schnellzuglok der Norwegischen Staatsbahn

Querbleche dienten als Schwallbleche. Der Kohlevorrat lagerte, wie beim Schlepptender der Normalbauart, über dem Wasserbehälter. V. wurden in Deutschland erstmals von der Maschinenfabrik in Zorge/Harz gebaut. Der Grund für diese Bauart lag in der einfachen und billigen Herstellung. In der Bauform des → Wannentenders der → Kriegslokomotive der BR42 und BR52 der DRG sowie der MÁV-Lokomotiven der Reihe lu fand im zweiten Weltkrieg der V. als 4achsiger Tender der Bauart 2′2′T Verwendung. Lit.: 2.3., 2.9., 5.3. Abb.

Vauclain-Triebwerk: Bauart des außenliegenden Triebwerks der Vierzylinder-Verbundlokomotive (→ Verbundlokomotive (1)). Es wurde von Vauclain entwikkelt und bei der Fa. Baldwin (USA) angewandt. Das V. war ein sehr gut zugängliches Triebwerk, bei dem die Hoch- und Niederdruckzylinder außen am Rahmen befestigt übereinander lagen und ihre → Dampfkolben auf einen gemeinsamen → Kreuzkopf wirkten. Dadurch war nur je Seite ein → Schieberkasten erforderlich. Allerdings gingen durch die Zylinderanordnung die Vorteile des besseren Massenausgleichs der Vierzylinder-Verbundlok verloren. Das V. setzte sich bei den deutschen Bahnen nicht durch (hier besaßen nur je 2 bayrische 1′D n4v-Güterzug- und 2′B1′ n4v-Schnellzuglokomotiven dieses Triebwerk), wurde jedoch bei den russsichen Bahnen häufiger eingesetzt. Lit.: 2.8., 2.9. Abb.

VB: ehem. Kennbuchstabe bei der DB und der DR für den **B**eiwagen eines → **V**erbrennungstriebwagens.

Velox-Kessel: von der Fa. Brown, Boveri & Cie um 1935 meist für Schiffe entwikkelter Dampferzeuger, der sich durch seine große Leistungskonzentration bei

Vauclain-Triebwerk 1′D n4v-Lokomotive der bayrischen Gattung E I; sie wurde 1899 von der amerikanischen Fa. Baldwin gebaut und diente zu Vergleichszwecken mit anderen deutschen Lokomotiven; Hoch-und Niederdruckzylinder als Doppelzylinder besaßen einen gemeinsamen Kreuzkopf und gemeinsame Treibstange kleinen Abmessungen und hohem Wirkungsgrad sowie durch seine automatische Regelung, die den Wegfall des Heizers erlaubte, auch für die Verwendung als Lokomotivkessel von Dampflokomotiven anbot. Im V. wurde zur Erzielung einer intensiven Wärmeübertragung Heizöl unter 100–200 kPa Überdruck im Feuerraum verbrannt und die Strömungsgeschwindigkeit der → Rauchgase, die die Verdampfer- und Überhitzerrohre sowie den Speisewasservorwärmer, der einen Teil des Schornsteins bildete, beheizten, auf 200 m/s gesteigert. Der Überdruck im Feuerraum wurde durch einen Axialverdichter erzeugt, den eine rauchgasbeaufschlagte und im Temperaturbereich um 550 °C arbeitende Gasturbine antrieb. Der V. konnte in 4,5–8 min vom kalten Zustand auf seine volle Leistung hochgefahren werden.

Die französische PLM rüstete 1936/37 eine ihrer 2'Ch4v-Schnellzuglokomotiven der Reihe 230-B-93 unter Beibehaltung des kompletten Laufwerks mit einem V. aus, der mit einem Kesseldruck von 2000 kPa arbeitete, eine → Heizfläche von nur 26,5 m² besaß und 12 t Dampf/h lieferte. Die der Reihe 230-E-93 zugeordnete Dampflokomotive mit 1300 kW Leistung übertraf ihre ursprüngliche Ausführung in der Leistung um 33% und erreichte → Kesselwirkungsgrade von bis zu 87%. Auch äußerlich wich die im Personen- und Schnellzugdienst bei der PLM eingesetzte Lokomotive durch ihren Frontführerstand und ihre diesellokähnliche, Lok und Tender umfassende Verkleidung vom gewohnten Bild ab. Der zweite Weltkrieg und der nachfolgende Traktionswandel verhinderten eine weitere Entwicklung. Lit.: 1.18., 2.8., 5.3.

Ventilationsverlust: Leistungsanteil, der bei Rotation von Bauteilen in gasförmigen Medien infolge Ventilation in Schaufel- und Zahnkränzen entsteht und bei der Übertragung oder Erzeugung der mechanischen Energie verlorengeht. Bei Tfz. treten V. bes. an den → Turbinenrädern der ungefüllten, leerlaufenden → Strömungswandler von Strömungsgetrieben und Strömungswendegetrieben auf, weshalb die → Anfahrwandler dieser Getriebe zur Abführung der durch die V. entstehenden Wärme meist mit einem → Kühlmantel versehen sind.

Ventilregler: → Dampfregler

Ventilsteuerung: **1.** Mit Ventilen gesteuerter Dampfein- und -austritt bei einer → Dampfmaschine (→ Dampflokomotivsteuerung). Die V. sollte einen wesentlichen Nachteil der → Schiebersteuerung, das allmähliche Öffnen der Dampfkanäle und die damit bes. bei schnellfahrenden Lokomotiven verbundenen Drosselverluste, beseitigen. Die Dampfventile mit ihrer gegenüber einem → Kolbenschieber relativ geringen Masse können in kurzer Zeit weit geöffnet werden. Die V. wurden i.d.R. mit einer von der → äußeren Steuerung aus angetriebenen Nockenwelle oder Nockenstange betätigt. Als → innere Steuerung hat sie sich gegenüber der Kolbenschiebersteuerung u.a. wegen Dichtungsschwierigkeiten an den Ventilsitzen, größerer Baukosten und höheren Pflegeaufwands nicht bewährt, so daß sich die V. nicht durchsetzen konnte. Bekannteste Bauformen waren die → Lentz-Ventilsteuerung und die → Caprotti-Steuerung, als Ausnahme die mit Öldruck arbeitende → Meier-Mattern-Druckölsteuerung. V. wurden gleichfalls bei → Dampfmotoren sowie bei → Speisewasserkolbenpumpen und → Luftpumpen verwendet. Lit.: 2.3., 2.6., 2.12., 5.3. Abb. – **2.** Bei → *Verbrennungsmotoren* Einrichtung für den Ladungswechsel. Über → Einlaßventile gelangt Frischluft bzw. ein Kraftstoff-Luft-Gemisch in den → Zylinder (2) (→ Viertaktmotor); → Auslaßventile steuern bei Viertakt-, aber auch bei → Zweitaktmotoren den Abgasstrom vom Zylinder über die → Abgasanlage ins Freie.

Unterschieden werden *obengesteuerte Motoren* mit hängenden Ventilen und *untengesteuerte Motoren* mit im → Zylinderkopf stehenden Ventilen. Betätigt werden die Ventile durch die → Nockenwelle (2) (Anordnung auf dem Zylinderkopf bzw. im Kurbelgehäuse), zwischengeschaltete Rollenstößel oder Schwinghebel, Stoßstangen und Kipphebel. Ventilfedern (Außen- und Innenfeder mit gegenläufiger Wicklung) sorgen für das Schließen der Ventile am Ventilsitz. Angetrieben wird die untenliegende Nockenwelle über → Steuerräder durch die Kurbelwelle; obenliegende Nockenwellen werden auch durch → Steuerketten angetrieben. Die Nockenform beeinflußt den Ventilhub, die Steuerzeiten, Füllungs- und Auslaßvorgänge, Ventilgeschwindigkeit und -beschleunigung. Wärmeausdehnungen der Ventilschäfte während des Betriebs werden durch das Ventilspiel kompensiert. Moderne Moto-

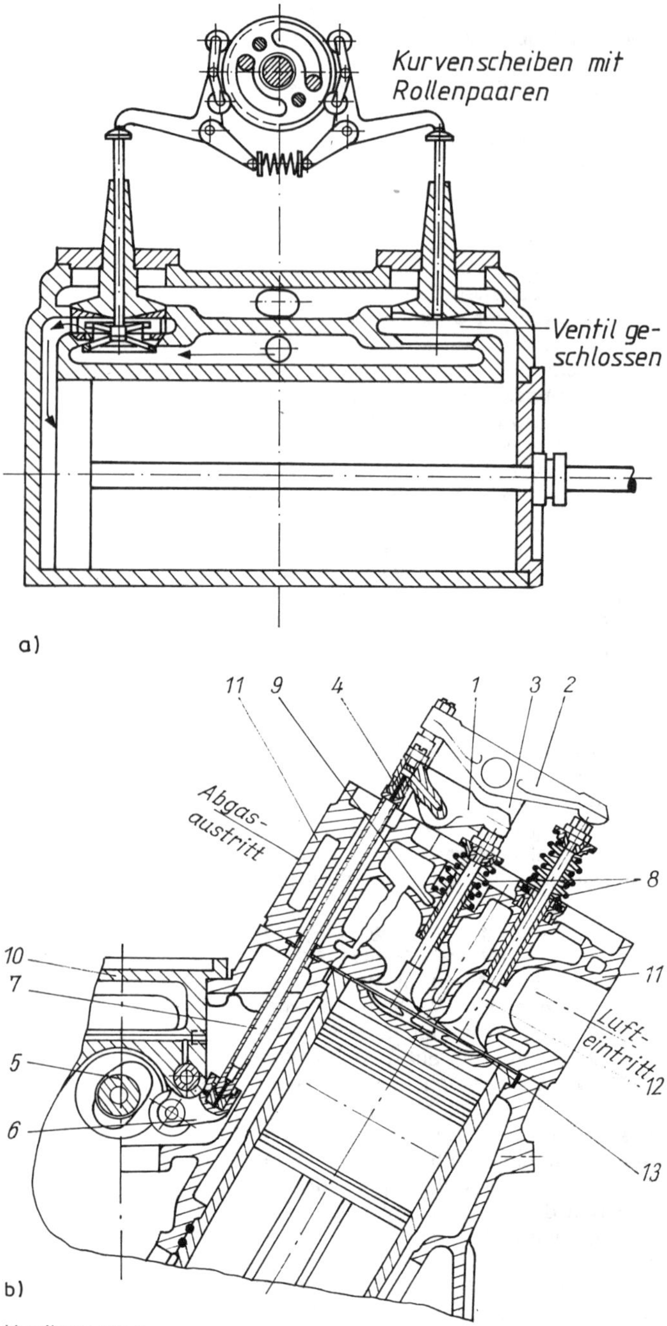

Ventilsteuerung
a) Ventilanordnung für die Einströmung bei der Caprotti-Ventilsteuerung
b) Ventilanordnung in einem obengesteuerten Verbrennungsmotor mit hängenden Ventilen und untenliegender Nockenwelle
1 Kipphebel, für Auslaßventile, 2 Kipphebel, für Einlaßventile, 3 Kipphebelbock, 4 Einstellschraube, 5 Nockenwelle, 6 Zwischenhebel, 7 Stößelstange, 8 Ventilfeder, 9 Ventilführungsbuchse, 10 Bock für Zwischenhebel, 11 Zylinderkopf, 12 Einlaßventil, 13 Auslaßventil

ren besitzen einen hydraulischen Ventilspielausgleich. Abb.

Ventilüberschneidung: durch zugehörige → Steuerwinkel begrenzter Winkelbereich, in dem Einlaß- und Auslaßorgan gemeinsam geöffnet sind. Z.B. öffnet das Einlaßventil x° vor OT, das Auslaßventil schließt y° nach OT; die Addition beider Steuerwinkel ergibt hier die V.

Verbinder: zwischen Hoch- und Niederdruckzylinder der → Verbunddampfmaschine angeordneter Speicherraum, in dem der durch frühzeitiges Öffnen der Ausströmkanäle des Hochdruckzylinders nur teilweise entspannte Dampf gespeichert und dem Niederdruckzylinder zugeführt wird. → Verbundlokomotive (1)

Verbindungen: → Antriebssystem

Verbrennungsgas: Gas, das als Ergebnis des Energieumwandlungsprozesses (chemische Energie in mechanische Energie) und der zeitlich ablaufenden Verbrennung eines Kraftstoff-Luft-Gemischs im → Zylinder (2) von Verbrennungsmotoren oder in der → Brennkammer von Gasturbinen gebildet wird. Es leistet im Zylinder bei der Expansion über dem Kolbenboden die Kolbenarbeit und wird über das → Auslaßventil bzw. Kanäle als Abgas über den → Abgasschalldämpfer ins Freie abgeführt oder zum → Abgasturbolader geleitet. In der Gasturbine erfolgt die Expansion des V. in 1- oder mehrstufigen Axialturbinenrädern.

Verbrennungsgeräusch: unperiodische Schwingungsvorgänge, die durch den mit der Verbrennung des Kraftstoff-Luft-Gemischs im → Zylinder (2) von Verbrennungsmotoren verbundenen Druckanstieg verursacht werden. Das V. wird von den Wandungen der Zylinder und → Zylinderköpfe direkt an die Luft (Luftschallübertragung) oder durch Körperschall an die Umgebung abgegeben.

Verbrennungskammer: in den → Langkessel des → Dampflokomotivkessels vorgezogener Teil der → Feuerbüchse. Die V. dient zur Vergrößerung der → Strahlungsheizfläche und damit zur Erhöhung der Verdampfungsleistung, dem besseren Ausbrennen der Heizgase sowie dem Schutz der Einwalzstellen der → Heizrohre und → Rauchrohre vor zu großer Wärmeeinwirkung. Infolge der damit verbundenen Rohrverkürzung ist gegenüber Kesseln ohne V. zum Erreichen der notwendigen → Überhitzung eine größere Anzahl von Überhitzereinheiten erforderlich. Die V. vergrößert den Anteil der Strahlungsheizfläche an der Verdampfungsheizfläche von etwa 8% auf rund 10–12% und ermöglicht damit ohne eine übermäßige Beanspruchung der Kesselbaustoffe eine Steigerung der → Heizflächenbelastung von 57 kg/(m²·h) auf 65–75 kg/(m²·h). Bei der DR wurden nach dem zweiten Weltkrieg die meisten der Neubaukessel mit einer V. ausgerüstet. Lit.: 2.3., 2.6., 2.9.

Verbrennungskraftmaschine: Wärmekraftmaschine, bei der ein Arbeitsmedium einen thermodynamischen Kreisprozeß durchläuft und chemisch gebundene Energie durch innere Verbrennung in mechanische Energie umgewandelt wird. Zu den V. gehören → Verbrennungsmotoren, in denen das Kraftstoff-Luft-Gemisch im geschlossenen Zylinder verbrannt wird sowie → Gasturbinen und Strahltriebwerke, bei denen ein kontinuierlich gebildetes Gemisch in Brennkammern verbrannt wird. Als V. zum Antrieb von Schienenfahrzeugen haben sich hauptsächlich Zweitakt- und Viertaktdieselmotoren bewährt. Der Einsatz von Gasturbinen in → Gasturbinentriebfahrzeugen bestätigt die Eignung dieser V. für den Bahneinsatz, hohe Kraftstoff- und Unterhaltungskosten verhindern aber eine verbreitete Anwendung. Strahltriebwerke wurden in nur wenigen Fällen versuchsweise als Antriebsaggregat bei Triebwagen eingesetzt.

Verbrennungsluft: im Verbrennungsraum von Verbrennungskraftmaschinen eingeschlossene, über → Filter von Verunreinigungen gereinigte und z.T. durch Vorwärmer auf eine höhere Temperatur gebrachte Luft. Bezugsgrößen der Luft sind Eintrittstemperatur, Eintrittsdruck und relative Luftfeuchte.

Verbrennungsluftverhältnis: Kenngröße λ_V (Maßeinheit 1) für → Verbrennungsmotoren, die als Verhältnis der praktisch verfügbaren, auf eine Masseeinheit Kraftstoff bezogene Verbrennungsluftmasse m_V zur theoretisch erforderlichen Verbrennungluftmasse m_{erf} für die gleiche Masseeinheit Kraftstoff bestimmt wird. m_{erf} kann aus der Elementaranalyse des Kraftstoffs errechnet werden; sie beträgt z.B. für DK mit einer Zusammensetzung von C = 86%, H = 13%, O = 0,6% und S = 0,4% 14 kg Luft je kg DK. Das V. $\lambda_V = m_V/m_{erf}$ vermindert sich bei steigender Drehzahl und führt zur Leistungsreduzierung. In Abhängigkeit von der Brennraumgestaltung werden für Vollast folgende Werte vorgesehen: $\lambda_V \approx$ 0,9–1,2 für Ottomotoren, $\lambda_V \approx$ 1,2–1,6 für unterteilte Brennräume und $\lambda_V \approx$ 1,4–2,0 für Direkteinspritzung bei Dieselmotoren.

Verbrennungsmotor: Wärmekraftmaschine mit innerer Verbrennung eines Kraftstoff-Luft-Gemischs im geschlossenen → Zylinder (2). In V. wird die im Kraftstoff gebundene chemische Energie indirekt über die durch die Verbrennung erzeugte Wärme in mechanische Energie an der → Kurbelwelle umgewandelt, wobei die Zwischenstufen der Energieumwandlung durch die Takte vorgegeben sind. V. werden nach dem Arbeitsverfahren und zu Ehren ihrer Erfinder in *Ottomotoren, Dieselmotoren* und *Wankelmotoren* sowie nach dem Arbeitsspiel in *Zweitakt-* und *Viertaktmotoren* unterschieden. Eine weitere Unterscheidung der V. wird nach der *Art der Gemischbildung* (innere Gemischbildung im Zylinder, äußere Gemischbildung im Vergaser) und nach der *Einleitung des Verbrennungsvorgangs* (Selbstzündung bei Dieselmotoren, Fremdzündung bei Ottomotoren) vorgenommen. In Tfz. kommen hauptsächlich Hubkolbenverbrennungsmotoren als Zwei- bzw. Viertaktdieselmotoren zum Einsatz, die in ihrer konstruktiven Ausführung auf die betrieblichen Anforderungen an das Tfz. ausgelegt sind.

Verbrennungsmotorlokomotive: → Lokomotive mit Antrieb durch → Ottomotor oder → Dieselmotor.

Verbrennungsmotortriebfahrzeug: → Triebfahrzeug mit Antrieb durch → Ottomotor oder → Dieselmotor.

Verbrennungsrückstand: nichtverbrannte feste Bestandteile des → Brennstoffs von i.d.R. kohlegefeuerten Dampf-Tfz. Die V. befinden sich vorwiegend in der Asche und Schlacke im → Aschkasten und auf dem → Rost sowie in der → Lösche in der → Rauchkammer und auch in den ins Freie mitgerissenen Funken (→ Funkenflug (1)). Lit.: 2.12.

Verbrennungstriebwagen, Abk. **VT:** → Triebwagen mit Antrieb durch → Verbrennungskraftmaschine (→ Dieseltriebwagen, → Benzoltriebwagen, → Benzintriebwagen, → Gasturbinentriebwagen). Die ersten VT entstanden bereits um 1900 und waren mit Benzin- und Benzol-Ottomotoren ausgerüstet. In den 30er Jahren wurde bei der DRG die Entwicklung von VT als Dieseltriebwagen bes.

Verbrennungstriebwagen
Auswahl mit technischen Daten

BR/Typp	–	–	–	851	762[1]	Schienen-zeppelin[3]	VT 137058[2]
Bahnverwaltung	North-Eastern Railway	–	KPEV	DRG	DRG	DRG	DRG
Hersteller		Bergmann	WfR	EVA/Maybach	Wumag	Flugbahn	MAN, Wismar
Baujahr	1902	1910	1915	1924	1925	1930	1934/36
Achsfolge	Bo'2'	2'Bo'	3'Bo'	B'2'	(1 A) (A 1)	2	2'Bo'
Leistung kW	74	74	147	110	2×66	405	300
Motorart	Otto-Benzin	Otto-Benzol	Diesel	Diesel	Otto-Benzol	Otto	Diesel
Leistungsübertragung	elektr.	elektr.	elektr.	mech.	mech.	Propeller	elektr.
Länge über alles m	15,860	18,000	21,400	19,360	21,000	26,000	22,080
Sitzplätze gesamt	52	100	80	55	68	30	56
Dienstmasse t	–	47	64	36,9	41,5	20,3	41...48
Höchstgeschw. km/h	–	50	70	65	70	150/230	100/110
Einsatzart	–	–	–	–	Nebenb.	Versuch	Eilz.

[1] erstmalig Maschinentriebdrehgestell, Radsatzwendegetriebe und querliegende Dachkühler
[2] in mehreren Varianten als Einheitstriebwagen gebaut
[3] Versuchsfahrzeug, extremer Leichtbau, bei der DR nicht im Planeinsatz, Schnelltriebwagen
[4] je 1 Baumuster mit mechan. und hydraul. Leistungsübertragung
[5] Aussichtstriebwagen
[6] Doppeltriebwagen, mittleres Drehgestell mit 2 Drehzapfen ausgeführt

vorangetrieben. VT werden je nach Einsatzzweck konstruktiv entspr. gestaltet, ausgelegt und unterschieden in → Schnellverbrennungstriebwagen, → Leichtverbrennungstriebwagen, VT für Eilzug- und Regionalverkehr sowie Nahverkehrs-VT für den Vorortverkehr. VT können durch Beiwagen und Steuerwagen ergänzt und zu → Dieseltriebwagenzügen zusammengestellt werden. Tab.

Verbrennungstriebzug: → Triebzug mit Antrieb durch Verbrennungskraftmaschine. Der V. wird häufig als SVT (→ Schnellverbrennungstriebzug) ausgeführt.

Verbrennungsturbine: → Gleichdruckturbine

Verbunddampfmaschine: → Dampfmaschine mit mehrstufiger Dampfdehnung, bei der der Dampf in den i. d. R. in Reihe geschalteten, aber triebwerkseitig getrennten Dampfzylindern stufenweise expandiert. Nach einer Teilexpansion des Frischdampfs im Hochdruckzylinder strömt der Dampf z. B. mit noch etwa 500 kPa Druck über den → Verbinder zum Niederdruckzylinder. Auf diese Weise wird das Druck- und Temperaturgefälle unterteilt und die → Abkühlungsverluste und damit der Dampf- und Kohleverbrauch werden gesenkt. Für das Anfahren der V. ist eine bes. → Anfahreinrichtung erforderlich, um bei ungünstiger Kurbelstellung auch den Niederdruckzylinder mit Frischdampf beschicken zu können. Um gleiche Kolbenkräfte zu erhalten, besitzen wegen der Dampfdruckunterschiede die Hoch- und Niederdruckzylinder unterschiedliche Durchmesser. Mit der Einführung der V. verbesserte sich bes. die Wirtschaftlichkeit der → Naßdampflokomotive in ihrer Ausführung als → Verbundlokomotive (1). Weniger erfolgreich und umstritten war ihr Einsatz bei der → Heißdampflokomotive. → Tandemtriebwerk

Verbundlokomotive: **1.** → Dampflokomotive mit → Verbunddampfmaschine. Ihrem Vorteil der Reduzierung des Brennstoff- und Wasserverbrauchs bes. gegenüber der → Naßdampflokomotive mit einstufiger Dampfdehnung standen die Nachteile der V. durch Anfahreinrichtung, den höheren Laufwiderstand im Leerlauf und die größere Eigenmasse der Dampfmaschine infolge des größeren Durchmessers des Niederdruckzylinders und der Zusatzeinrichtungen gegenüber. Mit der Einführung des → Heißdampfs standen die Vorteile der Verbundwirkung jedoch nicht mehr im Vordergrund und wurden teilweise durch einen höheren Bau- und Instandhaltungsaufwand kompensiert, so daß später die Dampflokomotive mit einstufiger Expansionsdampfmaschine dominierte.
Entwicklung: Nach Ablauf der Wattschen Patente baute der Engländer Woolf eine Zweizylinder-Verbundmaschine, bei der beide Treibkurbeln gleichzeitig in der Totpunktlage stehen mußten, damit der Dampf unmittelbar vom Hochdruck- zum Niederdruckzylinder überströmen konn-

VT 137240[5]	750	X 4200[5]	173	ALn 68	VT 2 E[6]	X 2100	627.1	DH 1
DRG	CFR	SNCF	DR	FS	AKN	SNCF	DB/DR	NS
Fuchs	Ganz	Renault	WBB	FIAT	LHB	SANF	MaK	WfÜ
1936	1936	1959	1964	1965	1976	1980	1981	1981
(A1) (1A)	B'2'	Bo'2'	(1A) (A1)	(1A) (A1)	Bo'2'Bo'	B'2'	B'2'	2'B'
2×132	162	606	2×147	2×113	2×228	440	287	212
Diesel	Diesel	Diesel	Diesel	Diesel	Diesel	Diesel	Diesel	Diesel
hydr.	mech.	elektr.	mech./hydr.[4]	mech.	elektr.	hydr.	hydr.	hydr.
22,240	22,400	27,730	24,500	22,110	30,130	22,400	20,260	22,310
60	72	88	84	68	98	56+9	64	56
44	37	55	40	33,5	54	–	43	36
120	120	130	120	110	88	140	120	100
So.-Fahrt	–	So.-Fahrt	Nahv.	Nebenb.	Nahv.	Eilz.	Nahv.	Nebenb.

te. 1834 erfand M. Roentgen einen Speicherbehälter (Compound), der als → Verbinder zwischen beide Zylinder geschaltet wurde und damit eine eigene Dampfsteuerung für den Niederdruckzylinder zuließ. 1876 gelang es → Mallet, in Frankreich die erste V. bauen zu lassen. Mit Tenderlokomotiven der Achsanordnung 1A folgten 1880 die ersten deutschen V. Eine Brennstoffersparnis von 15% führte zum weiteren Bau in 2-Zylinder- und 4-Zylinder-Bauform, später auch in 3-Zylinder-Ausführung mit den unterschiedlichsten Verbundtriebwerken. Lit.: 2.3., 2.6., 2.8., 2.9., 2.10., 2.12., 5.3. Abb. – **2.** Bezeichnung für eine → elektrische Lokomotive, die i.d.R. die elektrische Energie über Stromabnehmer aus der → Fahrleitung bezieht, auf fahrleitungslosen Abschnitten dagegen aus einem → Akkumulator versorgt wird, der bei Fahrleitungsbetrieb über eine Ladeeinrichtung aufgeladen wird.

Verbundsteller: Stelleinrichtung an → Heizdampferzeugern (Bauart DR), die die Brennstoffzufuhr zum → Brenner regelt und gleichzeitig die notwendige Verbrennungsluftmenge einstellt, so daß im gesamten Leistungsbereich des Dampferzeugers eine einwandfreie Verbrennung gewährleistet ist. In Zusammenarbeit mit einem Druckregler dient der V. zur Leistungsregelung des Heizdampferzeugers. Der V. besteht aus einem → Stellmotor, der über eine Kurvenscheibe ein Drosselventil in der Brennstoffleitung und über eine einstellbare Federbandkurve eine Luftklappe am Brenner betätigt.

Verbundsteuerung: → äußere Steuerung der → Verbundlokomotive (1).

Verbundstoffbremssohle: → Kompositionsbremssohle

Verdampfungsheizfläche: die aus der → Strahlungsheizfläche und der Berührungsheizfläche gebildete → Heizfläche.

Verbundlokomotive
4-Zylinder-Heißdampf-Verbundlokomotive 18 505 der DRG mit innenliegenden Hochdruck- und außenliegenden Niederdruckzylindern

Verdampfungskühlung: Kühlverfahren der → Flüssigkeitskühlung, bei dem die Wärme durch vollständiges Verdampfen des → Kühlmittels abgeführt wird. Versuche zum Anwenden der V. mit geschlossenem Kreislauf und Rückführen des Kondensats führten nicht zur Verbreitung dieses Kühlverfahrens bei Diesel-Tfz.

Verdampfungswärme: Wärmemenge, die erforderlich ist, um unter Normaldruck 1 kg Wasser bei der zugehörigen Siedetemperatur von rund 100 °C vollständig zu verdampfen. Sie beträgt unter den genannten Bedingungen rund 2258 kJ. Die V. sinkt mit ansteigendem Druck und beträgt z.B. bei 1500 kPa absolutem Druck nur noch etwa 1951 kJ.

Verdampfungsziffer: Kenngröße (Maßeinheit 1), die angibt, wieviel kg Dampf durch das Verbrennen von 1 kg Brennstoff im → Dampflokomotivkessel oder → Heizdampferzeuger entstehen. Sie beträgt z.B. für Braunkohle 3,5–5, für Steinkohle 6–9 und für Öl 10–12. Die V. ist abhängig von der erforderlichen → Erzeugungswärme. Sie dient zur konstruktiven Berechnung des Lokomotivkessels (z.B. zur Berechnung der → Rostfläche und der → Dampfmenge).

Verdichter: Arbeitsmaschine, die ein gasförmiges Arbeitsmedium (vorzugsweise Luft) fördert und auf einen höheren Druck als den Ausgangsdruck bringt, wobei das → Verdichterdruckverhältnis i.d.R. > 3:1 ist. Auf Tfz. werden z.B. Hubkolben- und Schraubenverdichter als Luftverdichter für Bremsluft, Umlaufkolbenverdichter (Roots-Gebläse) für die → Aufladung von Dieselmotoren und Kreiselverdichter als Bestandteil von → Abgasturboladern und → Gasturbinen verwendet. Kreiselverdichter werden als → Axialverdichter oder → Radialverdichter ausgeführt.

Verdichterdruckverhältnis: Kennwert für → Verdichter, der das Verhältnis des Außendrucks (Druck der Atmosphäre) zum Druck nach der Verdichtung angibt. Das V. ist von der Bauart des Verdichters abhängig. 1stufige → Radialverdichter erreichen V. von 4:1 bis 6:1, während bei mehrstufigen → Axialverdichtern V. bis etwa 12:1 möglich sind.

Verdichterturbine: Turbine, die bei → Mehrwellen-Gasturbinen den → Verdichter antreibt. I.d.R. ist die V. als Hochdruck- und die → Nutzleistungsturbine als Niederdruckturbine ausgelegt.

Verdichtungslinie: Teil der Dampfdrucklinie im → Indikatordiagramm (→ innere Steuerung; dort Abb.) der Lokomotivdampfmaschine, die den Dampfdruckanstieg im → Zylinder (1) beim Rückgang des → Dampfkolbens vom Ende der → Ausströmung bis zum Beginn der → Voreinströmung zeigt. Die unter der V. liegende Fläche entspricht einem Verlust an Dampfarbeit und damit an wirksamer Kolbenkraft. Lit.: 2.3., 2.10., 2.12.

Verdichtungsraum: Teil des → Brennraums V_c von Verbrennungsmotoren, der bei Lage des → Kolbens (2) im OT zwischen dem Kolbenboden und den Innenflächen des → Zylinderkopfs gebildet wird.

Verdichtungsverhältnis: Verhältnis ϵ (Maßeinheit 1), das aus der auf den → Verdichtungsraum V_c bezogenen Summe von Verdichtungsraum V_c und → Hubraum V_h eines Zylinders bei Kolbenmaschinen berechnet wird: $\epsilon = (V_c + V_h)/V_c$. Übliche ϵ-Werte für Dieselmotoren liegen im Bereich zwischen 14–24, für Ottomotoren zwischen 5–12.

Verdrängerpumpe: Pumpe, bei der die Flüssigkeit durch Verdrängung gefördert wird. Die die Verdrängung bewirkenden Verdrängerelemente sind unterschiedlich ausgebildet. Mit oszillierendem Verdrängerelement wirken Kolben- und Membranpumpen. V. mit rotierenden Verdrängerelementen sind → Zahnradpumpen, Zellenpumpen (→ Flügelzellengetriebe), Radialkolbenpumpen (→ Radialkolbengetriebe), Axialkolbenpumpen (→ Axialkolbengetriebe) und Schraubenpumpen.

vereinfachte Bremsprobe: Überprüfung des Wirkens der Bremsen an bestimmten Stellen des Zuges vom Tfz. aus. Nach der → Bremsvorschrift ist die v.B. auszuführen, wenn a) die → volle Bremsprobe nicht mit dem führenden Tfz. bzw. Steuerabteil des Zuges ausgeführt wurde; b) die Hauptluftleitung oder Hauptluftbehälterleitung unterbrochen worden war; c) Fahrzeuge in den Zug eingestellt und an die Hauptluftleitung angeschlossen wurden; d) die Notbremse gezogen wurde; e) Bremsunregelmäßigkeiten festgestellt wurden oder vermutet werden. Die Tätigkeiten bei der v.B. entsprechen denen der vollen → Bremsprobe.

Vereinslenkachse: → freier Lenkradsatz, der den technischen Forderungen des ehemaligen **V**ereins **M**itteleuropäischer **E**isenbahn-**V**erwaltungen (VMEV; 1932 bis 1945) entsprach.

Vergaserkraftstoff: flüssiger Kraftstoff, der für → Ottomotoren verwendet wird und i. allg. durch Zerstäuben im Vergaser ein zündfähiges Kraftstoff-Luft-Gemisch ergibt. V. sind → Benzin, → Benzol und Alkohol. V. wird auch für Ottomotoren mit Einspritzung eingesetzt.

Vergleichsprozeß, *Idealprozeß:* theoretischer Kreisprozeß, nach dem eine vollkommene oder ideale Maschine arbeiten würde. V. dienen zur Erklärung der thermodynamischen Vorgänge in → Verbrennungskraftmaschinen. Sie zeigen in graphischer Darstellung den theoretischen Prozeßverlauf von Kompression, Wärmezufuhr, Expansion und Wärmeabfuhr im Druck-Volumen-Diagramm und im Temperatur-Entropie-Diagramm. Bahndieselmotoren liegt ausschl. der → Seiliger-Kreisprozeß zugrunde, der als *gemischter V.* mit der Unterteilung in Gleichraum-Gleichdruckverbrennung bezeichnet wird. Für Ottomotoren wurde als V. der *Gleichraumprozeß* gewählt.

Verklammerungsgewinde: feines schwalbenschwanzförmiges Gewinde, das beim Dünngußlager (→ Gleitlager) in die Lagerschale für eine innige Verbindung (Verklammerung) mit dem Lagermetallausguß eingearbeitet wird. Lit.: 2.3., 2.12.

Verlustwärme: Wärme, die bei thermischen und technischen Prozessen als Verlustenergie auftritt und die bei der Übertragung und Umwandlung von Energie für diese Prozessse nicht genutzt wird. V. tritt bei → Kreisprozessen (z. B. im Dieselmotor), bei Verbrennungsprozessen (z. B. im Dampfkessel), beim Wärmetransport, bei Strömungsvorgängen oder durch Reibung auf und wird meist irreversibel an die Umgebung abgegeben.

Versalzen: chemischer Prozeß der Anreicherung der bei äußerer Speisewasseraufbereitung (→ Wasser-Kleinaufbereiter) entstehenden Salze (Natriumkarbonat und Natriumhydroxid) im Wasser des Kesselraums von → Heizdampferzeugern. Diese durch den Dampf nicht abgeführten Salze müssen regelmäßig abgeschlammt werden, damit das Wasser nicht schäumt und deshalb vom Dampf nicht z. T. mitgerissen wird. → Abschlammeinrichtung

Verschleißprofil: durch Verschleiß zwischen Rad und Schiene nach einem Laufweg von etwa 30000 km ausgebildetes → Radprofil, das seine maßgebenden Konturen (→ Lauffläche und Spurkranzneigung) bei weiterem Betriebseinsatz nur unwesentlich verändert. Wegen dieser Eigenschaften wird das V. als Grundlage für die Entwicklung neuer Radprofile mit geringerer Verschleißneigung von Rad und Schiene verwendet. Lit.: 1.9. Abb.

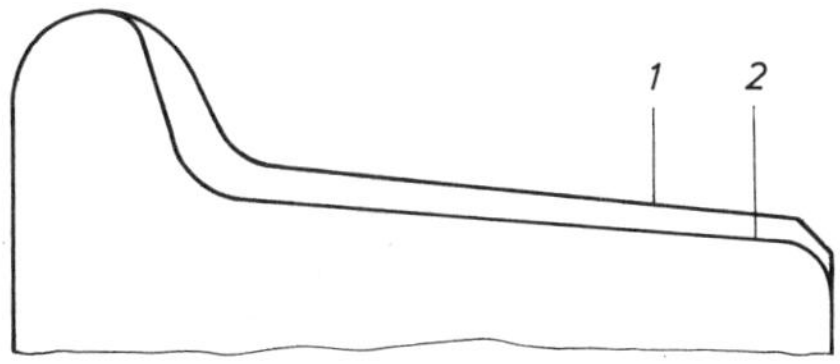

Verschleißprofil
1 Neuprofil, 2 Verschleißprofil nach längerem Laufweg

Verstellregler: Drehzahlregeleinrichtung für Dieselmotoren, wobei der Regelbereich zwischen der → Leerlaufdrehzahl und der Höchstdrehzahl liegt. Der V. ist ein mechanischer oder hydraulisch-mechanischer → Fliehkraftregler. Beim V. wirkt nach Einstellung einer Fahrstufe durch den Tfz.-Führer eine Stellkraft über ein Getriebe und Gestänge auf den Schwenkkörper im Reglergehäuse. Durch Verlagerung des Schwenkkörpers wird die Reglerfeder auf einen der Drehzahl entspr. Wert vorgespannt, wobei gleichzeitig ein mitbewegter Verstellhebel den Regelhebel und dieser wiederum das Regelgestänge zur → Einspritzpumpe betätigt. Bei Drehzahlerhöhung der Kurbelwelle des Motors werden die Fliehmassen nach außen gedrückt, wodurch der Krafthebel und der Verstellhebel solange in der Lage verändert werden, bis das Kräftegleichgewicht zwischen der vorgespannten Feder und der Fliehkraft an den Fliehmassen hergestellt ist. Bei Erreichen des Beharrungszustands ist die Lage des Regelhebels fixiert und die gewünschte Drehzahl eingestellt. V. werden bei solchen Diesel-Tfz. angewandt, bei denen durch die Art der Leistungsübertragung keine Proportionalität zwischen Dieselmotordrehzahl und Fahrgeschwindigkeit auftritt (→ Drehzahlregelung), z. B. bei den Diesellokomotiven der BR 201, BR 218 und BR 232 der DB/DR sowie der BR TE 10 und BR TE 121 der SŽD. Abb. S. 624

Versuchsfahrt: Zugfahrt für Versuchszwecke für fahrdynamische oder technische Messungen an Fahrzeugen (Bremse, Traktionseigenschaften, Energieverbrauch, Laufgüte, Geräusche) oder Anlagen (Gleislage, Brücken, Sicherungstechnik). Bei einer V. werden Meß-

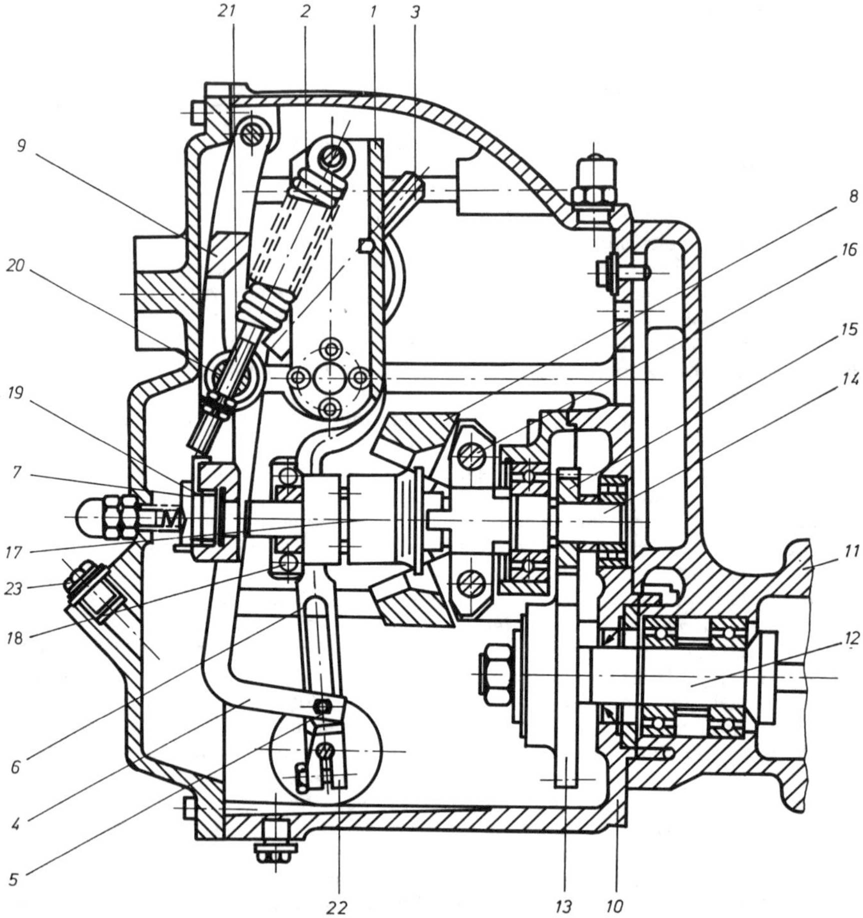

Verstellregler
Verstelldrehzahlregler
1 Schwenkkörper, 2 Reglerfeder, 3 Kugelführung, 4 Verstellhebel, 5 Führungsbolzen, 6 Regelhebel, 7 Druckstück, 8 Fliehmassen, 9 Krafthebel, 10 Reglergehäuse, 11 Antriebsgehäuse, 12 Antriebswelle, 13 Antriebsrad, 14 Reglerwelle, 15 Zahnrad, 16 Bolzen, 17 Nabe, 18 Brücke, 19 Druckstück, 20 Bolzen, 21 Einschraubstutzen, 22 Gleithebel, 23 Verschlußschraube

wagen, in denen die Gewinnung, Auswertung und Registrierung der Meßdaten erfolgen, eingesetzt. Bei Tfz.-Untersuchungen übernehmen bes. Verbindungsleitungen von den Meßstellen (Geber) die Übertragung elektrischer Meßspannungen, Leitungsdrücke o.ä. zum Meßwagen. Während bisher meist speziell ausgerüstete Meßwagen für Tfz.-, Brems-, Laufgüte- und Schwingungsmessungen sowie Geräuschuntersuchungen eingesetzt wurden, erlaubt die moderne elektronische Meßtechnik in Verbindung mit leistungsfähigen Computern den Einsatz von universell nutzbaren Meßwagen, die kurzfristig auf die speziellen Meßprogramme vorbereitet werden können. Zur Nachbildung gewünschter Belastungen der zu untersuchenden Tfz. werden am Ende des Versuchszuges ggf. bes. ausgerüstete → Bremslokomotiven angehängt.

Verteilergetriebe: → Zahnradgetriebe, das die Aufteilung des Drehmoments auf Treibräder, → Radsatzgetriebe oder auf Hilfsmaschinen vornimmt. Das V. kann als separates Aggregat, als Teil des → Nachschaltgetriebes ausgeführt oder mit dem → Stufengetriebe oder Radsatzgetriebe kombiniert sein (→ Umschalt- und Verteilergetriebe). Abb.

Vertikalmotor: → Gestellmotorantrieb mit senkrecht zum Treibradsatz und über diesem angeordnetem Fahrmotor und Kegelradgetriebe. Der relativ selten eingesetzte V. wurde u. a. von den ÖSSW bei der BR E22 der DRG (Baujahre 1925 bis 1932) verwendet. Lit.: 4.12.

Verzeichnis der zulässigen Achs- und Meterlasten, Abk. **VAM:** Übersicht über die Eisenbahnstrecken und -brücken mit den Angaben über die möglichen Beanspruchungen durch die → Radkraft bzw. Radsatzkraft und der auf die Längenein-

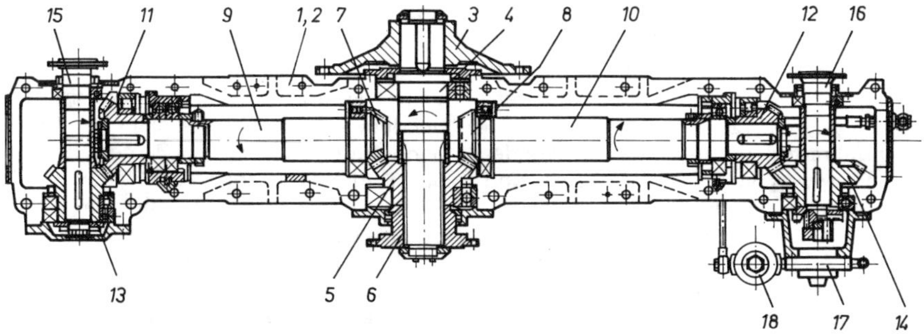

Verteilergetriebe zum Antrieb von Hilfsmaschinen der Diesellokomotive BR 346 der DB/DR
1 Gehäuseunterteil, 2 Gehäuseoberteil, 3 Antriebsflansch, 4 Hauptwelle, 5 Antriebskegelrad, 6 Abtriebsflansch, 7 inneres Kegelrad der Zwischenwelle I, 8 inneres Kegelrad der Zwischenwelle II, 9 Zwischenwelle I, 10 Zwischenwelle II, 11 äußeres Kegelrad der Zwischenwelle I, 12 äußeres Kegelrad der Zwischenwelle II, 13 Abtriebskegelrad I, 14 Abtriebskegelrad II, 15 Hilfsabtriebswelle I, 16 Hilfsabtriebswelle II, 17 Schmierölpumpe, 18 Ölfilter

heit bezogenen Gewichtskraft (Meterlast) der Schienenfahrzeuge. Im VAM sind weiterhin die geltenden Lademaße, → Radsatzabstände und Begrenzungslinien für die auf einer Strecke zugelassenen Güterwagen angegeben. Das VAM ist eine Weiterentwicklung des VAchsV (Vereinsachsdruckverzeichnis) des früheren Vereins Mitteleuropäischer Eisenbahnverwaltungen (VMEV).

Verzögerungsbremsung: gebremster Bewegungsvorgang eines Tfz. bzw. eines Zugs zur gewollten Verminderung der Fahrgeschwindigkeit. Für einen ruhigen Bewegungsablauf ohne größere dynamische Längskräfte soll die V. möglichst mit konstanter → Bremsverzögerung vorgenommen werden. Bei klotzgebremsten Zügen ist deshalb wegen des starken Reibwertanstiegs kurz vor dem Stillstand der Bremszylinderdruck zu vermindern (→ Arten der Bremsungen).

Verzögerungsschalter: elektrisches Schaltgerät oder elektronischer Schalter, dessen Schaltfunktion dem auslösenden Signal zeitlich verzögert folgt, z. B. → Zeitrelais. Arten: Einschalt-V., Ausschalt-V. und deren Kombination. Die Verzögerung ist oftmals einstellbar und wird durch zeitbestimmende elektrische Bauelemente (→ Kondensatoren, Spulen) oder durch bes. elektronische Schaltungen hervorgerufen, früher auch durch mechanische Bauteile (z. B. uhrwerkähnliche Getriebe). Aufgaben in der Steuer- und Regelungstechnik: 1) Übernahme eines Signals nur, wenn es sicher anliegt; 2) Unterdrückung kurzzeitiger Störsignale; 3) Synchronisierung mehrerer Signale; 4) Überwachungsfunktionen u. a.

Verzweigerantrieb: → Gelenkantrieb

Vielfachsteuerung: → Mehrfachsteuerung

Vielstoffmotor: Dieselmotor, der außer mit Dieselkraftstoff auch mit anderen, bei der Erdöldestillation im Siedebereich zwischen 40–400 °C anfallenden Destillaten, wie Benzin, Kerosin, Petroleum, Gas- und Schmieröl, betrieben werden kann. V. werden als Vorkammer- und Wirbelkammer-Motoren ausgeführt. Dieselmotoren, die nach dem → Meurer-Verfahren arbeiten, gehören ebenfalls dazu. Die Brennraumgestaltung ist den kraftstoffspezifischen Gemischbildungs- und Verbrennungsbedingungen (Zündverzug, Heizwert, Viskosität) konstruktiv angepaßt, so daß lediglich Einspritzbeginn und Einspritzmenge bei Verwendung eines anderen Kraftstoffs zu variieren sind.

Vierkuppler: i. e. S. eine Dampflokomotive mit 4 durch → Kuppelstangen verbundenen Treib- und → Kuppelradsätzen; i. w. S. auch ältere, mit → Stangenantrieb ausgerüstete Diesel- und elektrische Lokomotiven mit 4 Kuppelradsätzen. V. wurden in den Ausführungen ohne → Laufradsätze (Achsanordnung D) und mit 1 oder mehreren Laufradsätzen (z. B. 1′D; 1′D1′, 2′D2′ u. ä.) gebaut. Während bei den amerikanischen Eisenbahnen der V. bereits seit 1844 im Einsatz war, baute Haswell bei der Wiener Maschinenfabrik 1850 im Rahmen des Semmering-Wettbewerbs den ersten europäischen V., die »Vindobona«.

Vierlingslokomotive: Dampflokomotive mit einem → Vierzylindertriebwerk mit 1stufiger Dampfdehnung, → Einachsantrieb oder → Zweiachsantrieb. Bei je 2 nebeneinander liegenden, gleich schweren, gegenläufigen (um 180° gegeneinander versetzten) Triebwerken bewegen sich die Triebwerksmassen jeweils in entgegengesetzer Richtung, wodurch ein Zucken der Lokomotive nicht auftritt und nur ein leichtes Drehen entsteht, was jedoch einen Massenkraftausgleich durch → Gegengewichte nicht erfordert. Die erste V. wurde als 1A1-Lokomotive 1845 vom Schweizer Bodmer in England gebaut. Da später ihre Leistung in der wirtschaftlicheren → Drillingslokomotive untergebracht werden konnte, hat die V. keine größere Verbreitung gefunden. Lit.: 2.3., 2.9., 2.12.

Vierpunktaufhängung: meist verwendete Anordnung von Blatttragfedern und Ausgleichhebeln zur Abstützung des Lokomotivrahmens gegenüber dem Laufwerk auf 4 Abstützpunkten bei Dampflokomotiven sowie Diesel- und elektrischen Lokomotiven mit → Stangenantrieb. Dabei bilden die durch Längsausgleichhebel und evtl. Verbindungsstangen jeweils zu einem System vereinigten → Blattfedern je 1 Abstützpunkt. Die seltenere, z.B. bei der Dampflokomotive BR58[10–21] der DRG verwendete *Dreipunktaufhängung* wird mit einem zusätzlichen Querausgleichhebel und Hängeeisen, auf denen sich mittig ein weiterer Längsausgleichhebel abstützt, gebildet. Lit.: 2.3., 2.12., 3.9. Abb.

Vierquadrantensteller, Kurzbezeichnung 4qS: Stromrichter mit → Thyristoren, der zwischen einem Wechsel- und einem Gleichstromnetz den Austausch von Wirk- und Blindleistungen in beiden Richtungen zuläßt (Vierquadrantenbetrieb). Der V. besteht aus einer Kombination von → Gleichrichter und zwangskommutiertem Wechselrichter. Vorteile: a) Betrieb mit beliebigem Leistungsfaktor; b) Netzspannung und -strom bleiben im wesentlichen unverzerrt (geringer Oberschwingungsgehalt); c) Gleichspannung kann sehr gut geglättet werden; d) sehr günstige Einspeisung für → Drehstromantrieb möglich. Nachteil: hoher Aufwand an elektronischen Bauelementen.

Viertaktmotor: → Verbrennungsmotor, bei dem sich ein Arbeitsspiel über 4 Kolbenhübe (4 Takte bzw. 2 Umdrehungen der Kurbelwelle) erstreckt. V. sind mit Ein- und Auslaßventilen für den → Ladungswechsel versehen, die über die mit halber Kurbelwellendrehzahl umlaufende → Nockenwelle gesteuert werden. In den 4 aufeinanderfolgenden Takten laufen im Motor folgende Vorgänge ab:

1. Takt, *Ansaugen:* Bei der Bewegung des Kolbens vom OT zum UT wird über das geöffnete Einlaßventil Frischladung in den Zylinder angesaugt. Das Auslaßventil ist geschlossen. Im Zylinder entsteht während des Ansaugvorgangs ein geringer Unterdruck, so daß die Linie für den 1. Takt im Druck-Volumen-Diagramm unterhalb der Linie für den atmosphärischen Druck verläuft.

2. Takt, *Verdichten:* Bei geschlossenen Ventilen läuft der Kolben vom UT zum OT und verdichtet die Frischladung, wobei der Druck p im Zylinder und die Temperatur t stark ansteigen. Bei Dieselmotoren sind es Werte von p um 3–5 MPa und t = 550–700 °C.

3. Takt, *Arbeitstakt*: Die Ventile sind geschlossen. Kurz vor der Stellung des Kolbens im OT wird das Kraftstoff-Luft-Gemisch gezündet, so daß Druck und Temperatur im Verbrennungsraum rasch ansteigen (p = 7–10 MPa, $t \approx$ 2000 °C). Das mit der Verbrennung entstehende Arbeitsmedium Gas dehnt sich im Zylinder-

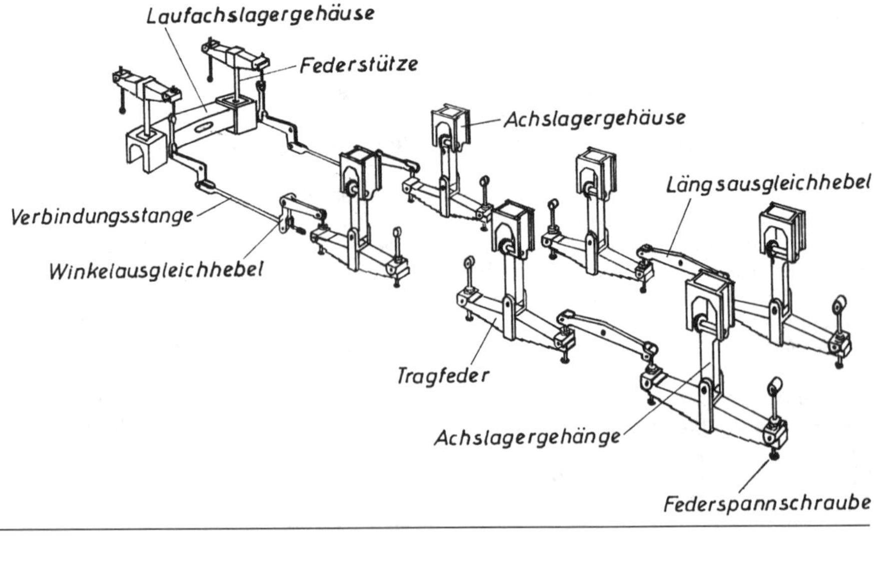

Vierpunktaufhängung
Darstellung am Beispiel einer Lokomotive mit der Radsatzanordnung 1C

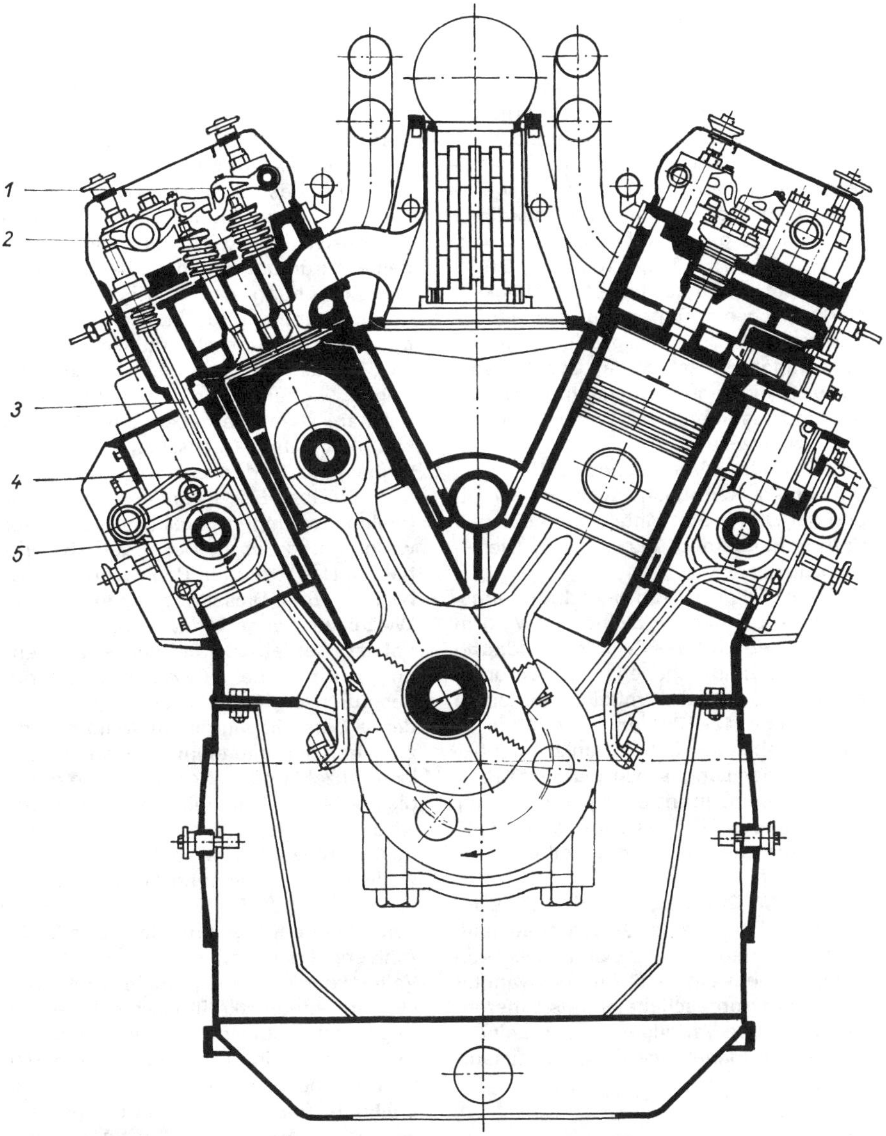

V-Motor
Schnitt durch einen V-Dieselmotor (Sulzer-Lokomotiv-Dieselmotor LVA 24) mit dem Antrieb zweier Ventile über eine Stößelstange
1 Schwinghebel, 2 Kipphebel, 3 Stößelstange, 4 unterer Schwinghebel, 5 Nockenwelle

raum aus und leistet dabei Arbeit, die auf den Kolben übertragen wird. In den anderen 3 Takten muß der Kolben die Arbeit an das Arbeitsmedium abgeben.
4. Takt, *Ausschieben:* Durch das geöffnete Auslaßventil (das Einlaßventil bleibt geschlossen) wird das Arbeitsmedium nach der Expansion durch den vom UT zum OT bewegten Kolben aus dem Zylinder hinausgeschoben. Der Druck im Zylinder liegt geringfügig über dem atmosphärischen Druck.
Viertelzug: → Triebwageneinheit eines → Triebzugs der Berliner S-Bahn.
Vierwegehahn: Näßeinrichtung
Vierzylinderlokomotive: → Vierzylindertriebwerk, → Vierlingslokomotive
Vierzylindertriebwerk: Bauart der → Dampfmaschine mit 4 Zylindern für 1- oder 2stufige Dampfdehnung (→ Verbunddampfmaschine) bei Dampflokomotiven. I. d. R. wurden V. für → Verbundlokomotiven (1) eingesetzt, wobei die beiden Hochdruckzylinder als → Innenzylinder und die beiden Niederdruckzylinder als Außenzylinder ausgebildet waren. Mit 2 Hauptbauarten des V. breitete sich die Verbundlokomotive ab

1892 in ganz Europa aus: 1) V. mit den Zylindern in einer Querebene, das auf einen → Treibradsatz (1) arbeitete (→ Einachsantrieb); 2) V. mit → Zweiachsantrieb, bei dem die beiden Hochdruckzylinder auf einen zweiten Treibradsatz innerhalb der Kuppelradsatzgruppe arbeiteten. Diese Bauart des V. war am weitesten verbreitet, da hier der gekröpfte Treibradsatz geringer beansprucht wurde. Lit.: 2.3., 2.6., 2.9., 2.10., 2.12., 5.3.

Viskosität, *Zähflüssigkeit, Zähigkeit:* stark durch die Temperatur beeinflußte Eigenschaft von Flüssigkeiten, der gegenseitigen Verschiebung 2er benachbarter Schichten einen aus ihrer inneren Reibung resultierenden Widerstand entgegenzusetzen.

VK: Abk. für → **V**ergaser**k**raftstoff.

VM: ehem. Kennbuchstaben bei der DB und der DR für den **M**ittelwagen eines → **V**erbrennungstriebzugs (→ Dieseltriebzug).

V-Motor: Bauform von → Verbrennungsmotoren, bei der die Zylinder in V-Form angeordnet sind (→ Zylinderanordnung (2)). 2 Zylinderebenen des Verbrennungsmotors bilden miteinander einen Winkel von 42–120° und damit die V-Form, wobei der Schnittpunkt der Ebenen mit der Längsachse der → Kurbelwelle übereinstimmt oder parallel zu ihr liegt. Nahezu alle leistungsstarken Diesellokomotiven besitzen V-Reihenmotoren. Abb. S. 627

Voith-DIWA-Getriebe, *Voith-DIWABUS-Getriebe:* Bauart eines → hydromechanischen Getriebes mit Leistungsverzweigung, in dem ein → Strömungswandler mit einem vorgeschalteten, als Differential wirkenden Verteilgetriebe und einem Nachschalt-Planetengetriebe zusammenarbeitet. Im unteren Bereich der Fahrgeschwindigkeit (→ Abtriebsdrehzahl) wird die Leistung über die hydraulischen und mechanischen Getriebestränge geleitet, wobei der hydraulische Leistungsanteil mit zunehmender Fahrgeschwindigkeit auf Grund der Differentialwirkung des Verteilgetriebes abnimmt. Diese Leistungsteilung nutzt im unteren Fahrgeschwindigkeitsbereich die Vorteile des → Strömungswandlers bei gleichzeitiger Erhöhung des Getriebewirkungsgrades durch den mechanischen Strang. Im oberen Fahrgeschwindigkeitsbereich wird die Leistung rein mechanisch übertragen, wobei hier die Vorteile des → mechanischen Getriebes zur Wirkung kommen. Das Nachschalt-Planetengetriebe kann 1 oder mehrere → Gangstufen, die über Bremsbänder oder → Lamellenkupplungen unter Last geschaltet werden, und das → Wendegetriebe enthalten. Das V. wird in Rangierdiesellokomotiven und Dieseltriebwagen bis 132 kW Leistung angewandt. Abb.

Vollast: Betriebszustand des → Verbrennungsmotors bei 100%iger Belastung, der durch die Stellung der Regelstange der → Einspritzpumpe auf Vollförderung zwischen der unteren und oberen → Vollastdrehzahl und im Kennlinienfeld durch die → Vollastkennlinie gekennzeichnet wird.

Vollastdrehzahl: Drehzahl der Abtriebswelle von Verbrennungskraftmaschinen unter → Vollast. Die obere und untere V. begrenzen bei Dieselmotoren den Drehzahlverstellbereich.

Vollastkennlinie: im Kennlinienfeld von → Verbrennungskraftmaschinen eingetragener Verlauf von Leistung und/oder Drehmoment in Abhängigkeit von der Drehzahl bei → Vollast.

Vollbahn: unabhängig von der Spurweite durch große Regelhaltabstände, umfassenden Personen- und Güterverkehr, große Zugeinheiten und eigene Bahnanlagen gekennzeichnete Eisenbahn. Bei einer V. eingesetzte Tfz. werden bei elektrischem Zugbetrieb als V.-Tfz. (→ Vollbahnlokomotive) bezeichnet, i. G. z. Straßenbahn-, Vorortbahn-, Metro-, S-Bahn-, Industriebahn- oder Gruben-Tfz.

Vollbahnlokomotive: Bezeichnung der auf einer → Vollbahn eingesetzten Lokomotive. Die Bezeichnung kam mit Beginn der elektrischen Zugförderung auf und wird nur für *elektrische* Lokomotiven angewandt.

Voith-DIWA-Getriebe (Schema)
1 Schwungrad des Antriebsmotors, 2 Verteilgetriebe, 3 Strömungswandler, 4 Nachschaltgetriebe, 5 Turbinenrad, 6 Pumpenrad, 7 Leitrad, 8 Antriebswelle, 9 Zwischenwelle, 10 Abtriebswelle, 11, 12 Bremsband, 13 Überholkupplung, 14 Planetensätze

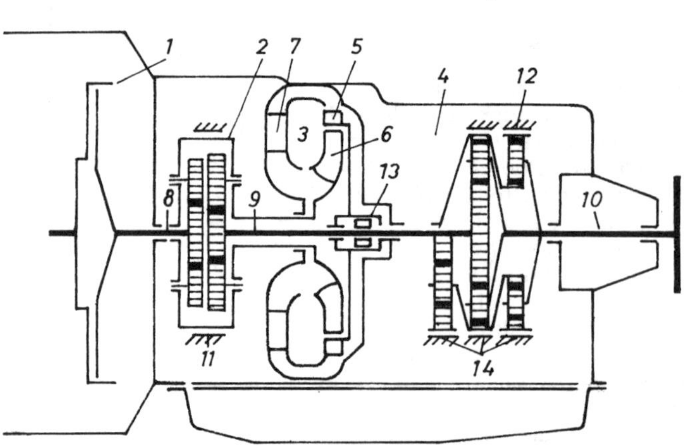

Vollbremsung: → Arten der Bremsungen
Vollbremsweg: Teil des → Bremswegs beim Bremsvorgang, bei dem die max. → Bremskraft wirkt (ohne Ansprech- und Schwellzeit der Bremskraft).
Vollbremszeit: Teil der → Bremszeit beim Bremsvorgang, in der die max. → Bremskraft wirkt (ohne Ansprech- und Schwellzeit der Bremskraft).
Volldruckarbeit: die vom → Dampfkolben der Dampfmaschine während der Einströmung (→ Füllung) bei vollem Dampfdruck verrichtete Arbeit. Lit.: 2.12.
Volldruckdampfmaschine: → Dampfmaschine, deren Zylindern während des gesamten → Kolbenhubs (1) Frischdampf zugeführt wird. Sie arbeitet demzufolge mit Vollfüllung (→ Füllung) und nutzt damit die Expansionsarbeit des Dampfes nicht aus (→ Dampfdehnung). V. fanden nur bei den allerersten Dampflokomotiven Verwendung. Später wurden V. als schwungradlose Dampfmaschinen nur noch zum Antrieb der → Luftpumpe und der → Speisewasserkolbenpumpe verwendet. Neben dem Vorteil einer gleichbleibenden → Kolbenkraft über dem Kolbenhub hat die V. einen nicht zu vertretenden hohen Dampfverbrauch.
volle Bremsprobe: Überprüfung des Wirkens der Bremsen eines Zuges vom Tfz. aus als eine vorbeugende Sicherheitsmaßnahme. Grundsätzlich wird die v.B. nach jeder Zugbildung vorgenommen. In der → Bremsvorschrift ist angegeben, wann eine v.B. durchzuführen ist. Die Arbeiten ähneln denen der → Bremsprobe der Tfz. Vor dem Anlegen der Bremsen ist sicherzustellen, daß der Zug den → Regelbetriebsdruck erreicht hat und dicht (Dichtheitsprüfung) ist. Die Betriebsbremsung wird mit einem gegenüber diesem Druck um 80 kPa reduzierten Luftdruck ausgeführt. Damit ist sichergestellt, daß die → Bremssohlen fest an der Radlauffläche anliegen. Das ist an allen Fahrzeugen mit Hammerschlag zu kontrollieren, bei Scheibenbremsen müssen die Anzeigeeinrichtungen den Anlegezustand anzeigen. Das Lösen ist ohne → Füllstoß (1) vorzunehmen. Schadhafte Bremsen sind auszuschalten und zu lösen. Am Ende der v.B. wird die Meldung »Bremse in Ordnung« gegeben.
Vollfüllung: → Füllung
vollkommene Verbrennung: Verbrennung des → Brennstoffs im → Dampflokomotivkessel oder → Heizdampferzeuger bei ausreichender Sauerstoffzufuhr. Bei einer v.V. enthalten die dann *farblosen* → Rauchgase nur Kohlendioxid, Wasserdampf, Stickstoff und überschüssige Luft. Der → Luftbedarf für die v.V. ist unter praktischen Bedingungen in Abhängigkeit von der Brennstoffart größer als die theoretisch ermittelte Verbrennungsluftmenge. Lit.: 2.3., 2.12.
Vollrad, *Monoblocrad:* komplettes Eisenbahnrad (→ Rad), das aus einem Stück besteht und durch Schmieden oder Walzen hergestellt wurde. Es gibt keine Trennung in Radkörper und Radreifen wie beim bereiften Rad. Dadurch entfällt die Gefahr → loser Radreifen. Das V. besitzt eine geringere Masse als ein bereiftes Rad. Als Werkstoff wird Stahl hoher Bruch- und Verschleißfestigkeit verwendet. Abb.
Vollschaftkolben: → Kolben (2) für Verbrennungsmotoren von Tfz., dessen Schaft nicht wie beim → Schlitzmantelkolben durch Schlitze oder Rinnen unterbrochen ist. V. zeichnen sich durch einen guten Kraft- und Wärmefluß aus. Die auftretende Wärmedehnung am Kolbenschaft wird durch eine ballig-ovale Kolbenform ausgegeglichen. Abb.
Vollspur: → Normalspur
Vollspurbahn: → Normalspurbahn
Vollzug: Bezeichnung für den aus 4 → Triebwageneinheiten bestehenden → Triebzug der Berliner S-Bahn.
Vorauslaß: Bezeichnung für einen Winkel im → Steuerdiagramm von Verbrennungsmotoren, der das vorzeitige Öffnen der Auslaßorgane während des Expan-

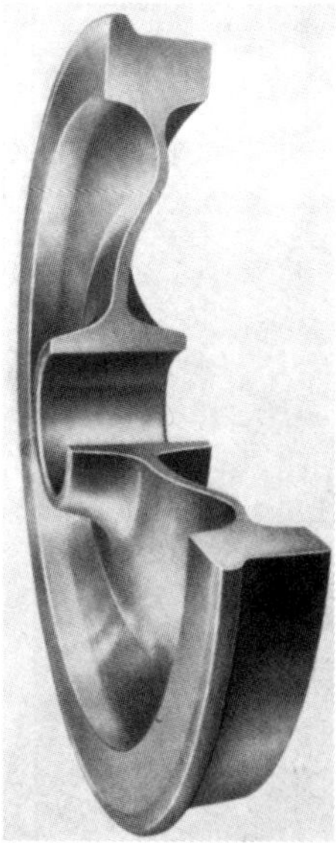

Vollrad

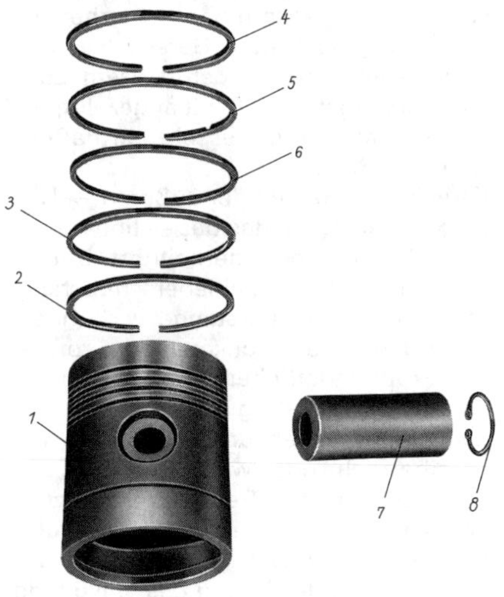

Vollschaftkolben
Kolben mit Kolbenbolzen und Kolbenringen (Dieselmotor 12 KVD 21 A)
1 Vollschaftkolben, 2 Ölschlitzring, 3 Gleichphasenring, 4 Rechteckring, 5 Rechteckring, 6 Nasenring, 7 Kolbenbolzen, 8 Sprengring

sionshubs angibt. Bei Zweitaktdieselmotoren wird durch den V. (Differenz in Grad Kurbelwinkel zwischen dem Öffnen des Auslaßkanals und dem Öffnen des Überströmkanals) eine Druckabsenkung der Verbrennungsgase im Zylinder auf den Wert des → Spüldrucks herbeigeführt, was eine gute Füllung des Zylinders mit Frischladung zur Folge hat.

Vorausströmpunkt: → Vorausströmung, → innere Steuerung

Vorausströmung: Ausströmen des Dampfes unter starkem Druckabfall aus dem → Zylinder (1) der → Dampfmaschine zwischen dem Voreinströmpunkt am Ende der → Dampfdehnung und dem Hubende des → Dampfkolbens. Mit der V. wird erreicht, daß am Hubende im entgegengesetzten Zylinderraum der Frischdampf gegen einen nur geringen Gegendruck einströmen kann. → innere Steuerung (dort Abb.). Lit.: 2.3., 2.12.

Vorbau: vor und hinter dem Führerstand von Diesel- und Elektrolokomotiven angeordneter Raum, in dem die → Maschinenanlage und → Hilfseinrichtungen untergebracht sind. I. G. z. → Maschinenraum sind V. i. d. R. schmaler als der Führerstand und ohne Seitengang ausgeführt. Der Zugang zu den im V. angeordneten Aggregaten ist durch Türen oder Öffnungen vom → Umlauf des Tfz. aus möglich.

Vorblasen des Sicherheitsventils: Vorgang, bei dem beim Erreichen des festgesetzten Betriebsdrucks des → Dampflokomotivkessels bis zum → Abblasen des → Kesselsicherheitsventils, z. B. durch Öffnen eines kleinen Ventilquerschnitts im → Ackermann-Sicherheitventil, unter gedämpftem Geräusch ein geringer Dampfstrom austritt. Dem Lokomotivpersonal wird damit angezeigt, daß der Dampfdruck im Kessel zu ermäßigen ist. Lit.: 2.3., 2.12.

Voreilhebel: Bauteil der äußeren → Heusinger-Steuerung, das das → lineare Voreilen des Schiebers herbeiführt. Der gelenkig mit der → Schieberschubstange und der → Schieberstange verbundene V. wird über die Lenkerstange vom → Kreuzkopf angetrieben.

Voreilwinkel: Betrag des Winkels, um den die → Gegenkurbel oder die Hubscheibe mehr oder weniger als 90° zum → Kurbelarm des Treibrads versetzt ist und damit zum → linearen Voreilen führt. Bei der meist verwendeten → Heusinger-Steuerung ist der Betrag des V. Null, der Winkel zwischen Gegenkurbel und Kurbelarm des Treibrads beträgt also 90°. Das lineare Voreilen wird hier durch den → Voreilhebel in Verbindung mit der am Kreuzkopf angelenkten Lenkerstange herbeigeführt. Lit.: 2.3., 2.12.

Voreinströmpunkt: → Voreinströmung, → innere Steuerung

Voreinströmung: Zufuhr von Frischdampf in den → Zylinder (1) der → Dampfmaschine vor der Totpunktlage des → Dampfkolbens. Der → Schieber öffnet den Dampfeinlaß im Voreinströmpunkt (→ innere Steuerung; dort Abb.) bereits vor dem Hubwechsel des Kolbens, so daß bei seinem Hubwechsel bereits der mit dem → Dampfregler eingestellte Dampfdruck im Zylinder vorhanden ist. Die V. wird durch das → lineare Voreilen des Schiebers eingestellt. Lit.: 2.3., 2.12.

Vorfilter: → Filter zur Kraftstoffreinigung bei Verbrennungskraftmaschinen. V. oder Vorreiniger werden zwischen der Kraftstofförderpumpe und dem Kraftstoffbehälter angeordnet, um eine grobe Reinigung des Kraftstoffs vor Eintritt in die Kraftstofförderpumpe zu gewährleisten. In den meisten Fällen bestehen die V. aus einem Glasbehälter und einem von außen nach innen durchströmten Metallgewebeeinsatz (Sieb), so daß der Verschmutzungsgrad des V. auf einfache Weise kontrolliert werden kann.

Vorgelegewelle: **1.** Welle eines → Zahnradvorgeleges, die das zweite Zahnrad des Zahntriebs trägt. – **2.** Bauteil eines → Strömungsgetriebes (dort Abb.) mit 2 oder mehreren hydromechanischen Kreisläufen, deren zweite oder dritte → Gangstufe nicht hydrodynamisch gestuft ist (→ Marschwandler). Die Turbinenleistung der als zweiten oder dritten Gangstufe eingesetzten Marschwandler oder → Strömungskupplungen muß über getrennte → Zahntriebe mit unterschiedlichen → Übersetzungsverhältnissen über die V. weitergeleitet werden.

Vorkammerverfahren: → Einspritzverfahren

Vorratsluftbehälter: → Druckluftbehälter auf Tfz. und Wagen für die → Druckluftbremse. Die im V. gespeicherte Druckluft füllt über das Steuerventil die → Bremszylinder auf, so daß die V. zweckmäßiger als *Bremsluftbehälter* im Unterschied zu anderen Druckluftbehältern für Nebenverbraucher bezeichnet werden. Sie müssen so ausreichend bemessen sein, daß auch bei häufigem Bremsen genügend Druckluft zur Verfügung steht. Die V. von Dampflokomotiven mit → Einfachsteuerventil erhalten die Druckluft über die → Hauptluftleitung.

Vorreiber: Bauelement der → Rauchkammer (dort Abb.). Der V. sorgt mit seiner Keilfläche für das feste Anliegen der → Rauchkammertür an der bearbeiteten Dichtfläche der Rauchkammertürwand.

Vorschriften für den Bremsdienst: → Bremsvorschrift

Vorschuhen: i.w.S. ältere Bezeichnung für das Verlängern von Bauteilen. I.e.S. Bezeichnung von Fertigungsvorgängen bei der Instandsetzung und Rekonstruktion von Dampflokomotiven, bes. für das Instandsetzen abgezehrter Seitenwände kupferner → Feuerbüchsen und für das Verlängern des Lokomotivrahmens zur Aufnahme eines längeren Neubaukessels bei → Rekonstruktions-Lokomotiven. Lit.: 2.3., 2.12.

Vorspannachse: → Hilfstriebwerk

Vorspannlokomotive: zusätzlich an der Spitze des Zuges eingesetzte Lokomotive zur Erhöhung der → Antriebskraft oder zum Vermeiden von Lokomotiv-Leerfahrten. Dabei ist das vordere Tfz. führend. Der außerplanmäßige Einsatz ist dem Zugführer und Bahnhof, auf dem die V. den Zug wieder verläßt, zu melden. An der Spitze eines Zuges dürfen i.d.R. höchstens 2 Tfz. fahren.

Vorsteuerventil: vor dem in einer Steuerung eingesetzten Steuerventil angeordnetes Ventil mit einem zweiten Steuerkreislauf *(Vorsteuerung)*. V. werden eingesetzt, wenn bei direkter Ansteuerung eines Steuerventils zu große Stellkräfte oder Querschnitte erforderlich sind oder zu lange Steuerleitungen vermieden werden sollen. Dabei werden z.B. das Steuerventil in unmittelbarer Nähe des zu steuernden Aggregats und das Vorsteuerventil im Bereich des Bedieners angeordnet. Bei der Wendesteuerung von → Strömungsgetrieben wird das Entriegelungsventil in einer Folgesteuerung, die das Entriegeln und die pneumatische Betätigung der Wendesteuerung zeitlich nebeneinander einleitet, als V. bezeichnet.

Vortriebswirkungsgrad: Verhältnis der abgegebenen Vortriebsleistung eines Vortriebselements zur diesem Element zugeführten Antriebsleistung. Der V. bei Vortriebselementen, die ein Medium beschleunigen (z.B. Propeller, Schubdüse beim Turbinen-Luftstrahl-Triebwerk, hier auch Propulsionswirkungsgrad genannt), charakterisiert die Energieverluste beim eigentlichen Vortrieb. Beim Vortriebselement Stahlrad, das bei Tfz. allg. üblich ist, ist der V. > 99% und wird deshalb i.d.R. nicht berücksichtigt. Er kann in diesem Fall auch aus dem Verhältnis der zusammengehörenden Momentanwerte der Fahrgeschwindigkeit des Tfz. zur Umfangsgeschwindigkeit des → Treibradsatzes bestimmt werden. Bei Linearmotoren sind der Wirkungsgrad und der V. auf Grund des Wirkprinzips identisch. Abb.

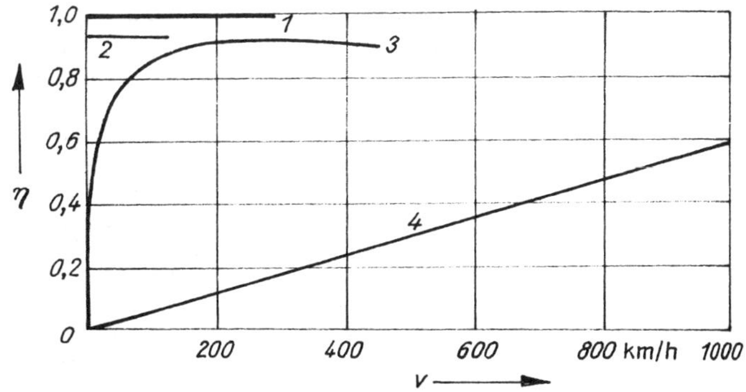

Vortriebswirkungsgrad in Abhängigkeit von der Geschwindigkeit für verschiedene Vortriebselemente
1 Stahlrad, 2 Gummirad, 3 Linearmotor mit Thyristorsteuerung, 4 Turbinen-Luftstrahl-Triebwerk

Vorwählschaltung: Schaltverfahren für → Zahnradschaltgetriebe, bei dem die → Gangstufen *vorgewählt* und erst nach Betätigen der → Trennkupplung geschaltet werden. Anwendung beim → Myliusgetriebe.

Vorwärmanlage: → Hilfsanlage auf Diesel-Tfz., die den → Kühlwasserkreislauf und → Heizkreislauf durch Zufuhr von Wärme auf die vorgeschriebene Mindesttemperatur bringt, damit der Dieselmotor ohne die beim → Kaltstart bestehenden Nachteile angelassen werden kann. Die V. dient in der Frostperiode auch als → Warmhalteanlage. Das Erwärmen des Kühlwassers kann über → Vorwärmgeräte, → Kühlwasservorwärmer, direkte → Dampfeinspeisung in den Kühlwasserkreislauf oder über elektrische → Heiztöpfe erfolgen. Der Dampf zum Erwärmen des Kühlwassers über den Kühlwasservorwärmer und durch die Dampfeinspeisung kann der Dampferzeugungsanlage (→ Heizdampferzeuger) des eigenen oder eines anderen Tfz., aber auch einer ortsfesten Anlage entnommen werden. Die elektrischen Heiztöpfe werden aus dem Ortsnetz gespeist. Bei Inbetriebnahme der V. wird die elektrisch betriebene → Kühlwasserumwälzpumpe eingeschaltet, um eine gleichmäßige Verteilung des vorgewärmten Kühlwassers im gesamten Kreislauf zu erreichen. Beim Betrieb der V. wird durch Schließen der → Kühlerjalousie und anderen Abdeckungen gewährleistet, daß die Wärmeverluste gering bleiben.

Vorwärmer: **1.** → Speisewasservorwärmer, → Luftvorwärmer von Dampf-Tfz. – **2.** → Vorwärmanlage von Diesel-Tfz.

Vorwärmgerät: → Warmwasserheizgerät zum Vorwärmen und Warmhalten des → Kühlwassers von Diesel-Tfz. → Vorwärmanlage

Vorwärmung: **1.** → Anwärmen der Zylinder bei Dampflokomotiven. – **2.** Beim *Dieselmotor* Erwärmen des → Kühlwassers auf eine Temperatur von 30–50 °C vor dem Anlassen des Dieselmotors. Die V. erfolgt über die → Vorwärmanlage. Mit der V. des Kühlwassers wird gleichzeitig eine Erwärmung des Schmieröls erreicht, da das Kühlwasser den → Motorschmierölwärmeübertrager durchströmt und den gesamten Motorblock erwärmt. → Anlaßhilfe

Vorwärmewärmetauscher: Bezeichnung für → Kühlwasservorwärmer.

Vorwärtshubscheibe: Bauteil der → Stephenson-Steuerung von Dampflokomotiven, das in Verbindung mit der zu ihr versetzten Rückwärtshubscheibe, der Schwingenstange und der senkrecht verstellbaren → Schwinge die → Schieberschubstange antreibt. Mit dem Versatz der beiden Hubscheiben gegenüber dem Kurbelarm des Treibradsatzes ergibt sich der → Voreilwinkel, bei völlig abgesenkter Schwinge durch die V. für die Vorwärtsfahrt, bei völlig gehobener Schwinge durch die Rückwärtshubscheibe für die Rückwärtsfahrt. Bei allen dazwischen liegenden Schwingenstellungen wirken beide Hubscheiben auf die Schieberbewegung ein. Lit.: 2.3., 2.12.

Vorwiderstand: meist ohmscher Widerstand, der mit einem elektrischen Bauelement in Reihe geschaltet (vorgeschaltet) wird, um entweder den Strom zu begrenzen und damit eine Überlastung zu verhindern oder einen solchen Spannungsabfall zu erzeugen, daß das Bauelement ohne Schaden zu nehmen an einer bestimmten elektrischen Spannung betrieben werden kann (Schutzfunktion). 1) Bei → *Gleichstromtriebfahrzeugen* hat der V. eine bes. wichtige Aufgabe: Der stillstehende Gleichstrommotor erzeugt keine Gegenspannung (EMK) und kann deshalb nicht sofort an die Fahrleitungsspannung angeschlossen werden. Erst der V. erlaubt durch eine gewisse Anzahl von Stufen, die nacheinander kurzgeschlossen werden, das Anfahren von Gleichstrom-Tfz. Die Dauerfahrstufe ist erst dann erreicht, wenn der V. in seiner Gesamtheit überbrückt ist und die Fahrmotoren mit Fahrleitungsspannung betrieben werden (→ Widerstandssteuerung). 2) Durch einen V. wird bei *elektrischen Kommutatormaschinen* erreicht, daß diese an der dann geringeren Spannung mit kleinerer Drehzahl laufen (angewendet auf elektrischen Tfz. z. B. zur Lüftung in 2 Stufen). 3) Auch für den *Anlauf großer Motoren* ist ein V. notwendig, um ihren Anlaufstrom zu begrenzen. Hat der Motor eine bestimmte Drehzahl erreicht, dann ist seine EMK groß genug, um den V. kurzzuschließen und damit den Motor an voller Netzspannung zu betreiben.

Voute (frz.: Wölbung): vor allem bei Wagen, gelegentlich auch bei Tfz. verwendete Bezeichnung für den meist gewölbten Übergang von der oberen Seitenwand des Fahrzeugkastens in die flacher gekrümmte Dachfläche.

VS: ehem. Kennbuchstaben bei der DB und der DR für den **S**teuerwagen eines → **V**erbrennungstriebwagens oder → Verbrennungstriebzuges (→ Dieseltriebzug).

VT: ehem. Kennbuchst. bei der DB und der DR für → **V**erbrennungs**t**riebwagen.

W

Wachsamkeitskontrolle: Vorgang, der durch eine Einrichtung der → Sicherheitsfahrschaltung überwacht wird. Dies geschieht dadurch, daß der Tfz.-Führer einen Sifa-Taster in regelmäßigen Abständen losläßt oder betätigt, um dessen gewolltes oder ungewolltes Feststellen auszuschließen. Bei Abweichungen von dieser Handhabung ertönt ein Warnsignal, wird es nicht beachtet, wird eine → Zwangsbremsung eingeleitet.

Wachsamkeitstaste: in umgelegter (bedienter) Stellung nicht feststellbare Taste auf dem Führerstand eines Tfz. mit → induktiver Zugbeeinflussung. Sie ist vom Tfz.-Führer innerhalb einer bestimmten Zeit (4–5 s) nach Vorbeifahrt am Vorsignal, das den geschwindigkeitsbeschränkenden Signalbegriff am Hauptsignal ankündigt, zu bedienen. Eine unterlassene Bedienung der W. bewirkt eine → Zwangsbremsung. Die Bedienung der W. wird auf dem Registrierstreifen der induktiven Zugbeeinflussung aufgezeichnet; beim Bedienen ertönt ein akustisches Signal (Hupe oder Klingel).

Wächter: Grenzwertmelder, der beim Erreichen des eingestellten oberen bzw. unteren Grenzwerts einer Meßgröße Schaltkontakte betätigt. Aufbau und Wirkungsweise: W. bestehen aus 1 Meßfühler und 1 damit mechanisch verbundenem Momentschalter, dessen bewegliches Schaltstück beim Erreichen des Schaltwerts schlagartig in die entgegengesetzte Schaltstellung springt. Die Rückschaltung erfolgt, wenn die Meßgröße um den Betrag der Schaltdifferenz zurückgegangen ist.

Auf Tfz. werden Start-, Betriebs- und Schalt-W. eingesetzt. *Start-W.* überwachen das Vorhandensein notwendiger Bedingungen (z.B. Mindestschmieröldruck, vorgegebene Kühlwassertemperatur) vor dem Anlassen eines Dieselmotors.

Betriebs-W. überwachen die → Maschinenanlage im Betrieb und greifen in die Steuerung ein, wenn Grenzwerte überschritten werden, um Schäden zu vermeiden. Auf Diesel-Tfz. gibt es W. mit abstellender und leerlaufeinstellender Wirkung, d. h., durch das Signal des W. wird der Dieselmotor abgestellt bzw. auf Leerlauf geregelt und die → Leistungsübertragung unterbrochen. W. mit abstellender Wirkung überwachen z.B. den Kühlwasserstand (→ Kühlwasserstandwächter), den Motorschmieröldruck und den Steueröldruck des Strömungsgetriebes. Die W. zur Überwachung der Motorschmieröl-, Kühlwasser- und Getriebeöltemperatur haben leerlaufeinstellende Wirkung.

Schalt-W. halten durch das Ein- und Ausschalten von → Hilfsmaschinen die Parameter bestimmter Betriebsstoffe in vorgegebenen Grenzen konstant. So wird z.B. auf Diesel-Tfz. die Kühlwassertemperatur durch Schalten der → Kühlerlüfter und bei Diesel- und Elektro-Tfz. der Druck im → Hauptluftbehälter durch Schalten des Luftverdichters mit Schalt-W. geregelt. → Druckwächter, → Temperaturwächter

Wagenkasten: Ausführungsvariante der → Aufbauten von Schienenfahrzeugen entspr. dem vorgesehenen Verwendungszweck und dem gewählten Konstruktionsprinzip. Bei modernen Tfz. wird der *Fahrzeugkasten* auch als W. bezeichnet. Bei älteren Tfz. trägt der W. nicht zur Unterstützung des → Untergestells oder → Rahmens bei der Kraftaufnahme bei. Moderne W. sind als selbsttragende Konstruktion unter Einbeziehung von Untergestell, → Seitenwänden und Dach berechnet und ausgeführt. Selbsttragende W. bestehen bei der → Leichtbauweise aus einem röhrenförmigen Skelett aus Leichtbauprofilen, das mit dünnen Bekleidungsblechen die vorgesehene Kastenform annimmt. Selbsttragende W. aus Stahl in Leichtbauweise erfordern dauerhaften Korrosionsschutz. Abb.

Wagner, Richard (auch Robert) Felix Paul: 25. August 1882 (Berlin) – 14. Februar 1953 (Velburg/Oberpfalz); Lokomotivingenieur und Pionier der Einheitslokomotiven (→ Einheitsbauart) der DRG. W. studierte an der TH Berlin-Charlottenburg Dampfmaschinenbau und in England Technik und Organisation des britischen Eisenbahnwesens. Seine praktischen Erfahrungen in der Maschinenwirtschaft sammelte er u.a. in Berlin, Magdeburg, Wittenberge und Dortmund. Ab 1920 wurde W. zum Vorstand des Versuchsamts für Lokomotivuntersuchungen in Berlin-Grunewald und ab 1923

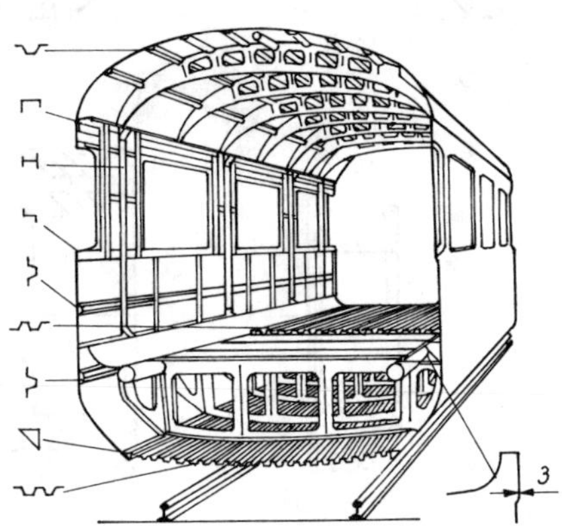

Wagenkasten (Querschnitt)
Triebwagenkasten in Röhrenbauweise

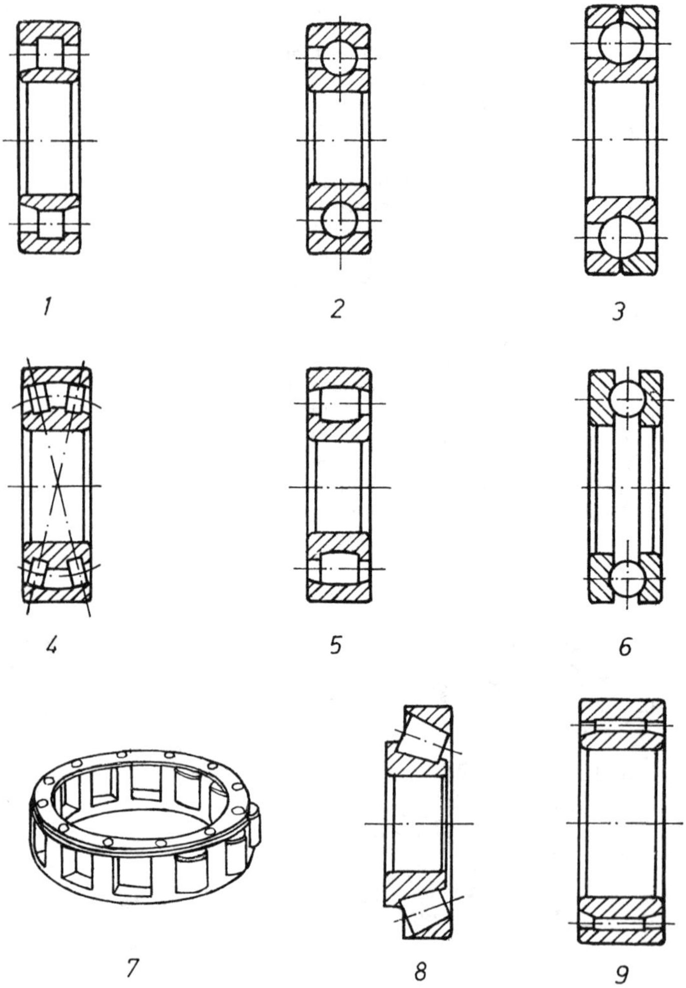

Wälzlager
Wälzlagerarten und Wälzlagerkäfig
1 Zylinderrollenlager (einreihig), 2 Rillenkugellager (einreihig), 3 Schrägkugellager (einreihig), 4 Pendelrollenlager (zweireihig), 5 Pendelrollenlager (einreihig), 6 Axialrillenkugellager (einseitig wirkend), 7 Massivkäfig eines Zylinderrollenlagers, 8 Kegelrollenlager (einreihig), 9 Nadellager (einreihig)

zum Dezernent für Lokomotivbauarten an das Eisenbahn-Zentralamt berufen. Hier entstanden unter seiner Leitung 24 Baureihen der Einheitslokomotiven, von denen jedoch die mit Langrohrkesseln ausgerüsteten wegen ihrer mäßigen Dampfleistung im Betrieb nicht günstig beurteilt wurden. W. war Mitglied und ab 1928 Vorsitzender des Lokomotiv-Normenausschusses (→ Elna-Lokomotive), der englischen Royal Society sowie Ehrenmitglied des Vereins britischer Lokomotivingenieure. Die TH Aachen verlieh W. 1931 für seine Verdienste die Ehrendoktorwürde. Bis zu seinem Tod arbeitete er als Experte für Dampflokomotiven bei der DB und in anderen Institutionen. Lit.: 2.6., 2.9., 5.3.

Waikato-Funkenfänger: → Funkenfänger mit einem Kranz von Leitschaufeln, die die durchströmenden Rauchgase in Wirbel versetzen und dadurch mitgerissene glühende Brennstoffrückstände ausschleudern. Über 2 über den Leitschaufeln gelegene Öffnungen fallen die Ascheteilchen in eine ringförmige Aschekammer, die sich um den Schaufelkranz herumlegt. Der Funkenfänger bekam seinen Namen, da er von der neuseeländischen Staatsbahn, die die stark aschehaltige Waikatokohle verfeuerte, eingesetzt wurde. Lit.: 2.6., 2.10., 5.3.

Walschaert(s), Egide W.: 21. Januar 1820 (Mecheln) – 18. Februar 1901 (St. Gilles): belgischer Eisenbahntechniker und Erfinder der W.-Steuerung (→ Schwingensteuerung, → Heusinger-Steuerung); Patent 1844, erste Anwendung 1848. W. war über 40 Jahre bei den Belgischen Staatseisenbahnen Direktor der Lokomotivwerkstätten Brüssel-Midi. → Heusinger, der 1849 unabhängig von W. die gleiche Steuerung erfand, erkannte die Priorität der Erfindung von W. an. Lit.: 2.9., 5.3.

Walschaert-Steuerung: → Schwingen-Steuerung, → Heusinger-Steuerung

Walzenendschalter: → Richtungswenderkontaktgeber

Walzenlager: spezielle Bauart des Stangengleitlagers (→ Stangenlager) für ein um eine senkrechte Achse drehbares (gelenkiges) Lager für → Kuppelstangen. Beim gelenkigen geteilten Stangengleitlager umfassen die Lagerschalen walzenförmige Gelenkstücke (beim Ringlager ist die Lagerbuchse in dieser Art ausgebildet), die mit entspr. geformten Gegenstücken (Schuhen, Beilagen) zusammenarbeiten. Die W. werden für die ersten und letzten Kuppelstangen von Lokomotiven mit vielen → Kuppelradsätzen verwendet, bei denen die Seitenverschieblichkeit der Kuppelstangen auf dem Kuppelzapfen, z.B. wegen der Gefahr des Anstoßens an andere Bauteile, begrenzt ist. Lit.: 2.3., 2.12.

Wälzlager: Maschinenelement zur drehbaren Lagerung von Wellen und anderen rotierenden Bauteilen, das i.d.R. aus 2 Laufbahnträgern (Scheiben oder Innen- und Außenring), den Wälzkörpern und dem Käfig besteht. Nach der Form der Wälzkörper werden Kugel-, Zylinderrollen-, Kegelrollen-, Tonnen- und Nadellager, nach der bevorzugten Kraftrichtung Radial- und Axiallager, unterschieden. Einige Bauformen sind axial und radial belastbar. Vorteile gegenüber → Gleitlagern: geringere Reibungswiderstandskraft (bes. beim Anlauf), keine Einlaufzeit, Wartungsarmut, durch hohen Standardisierungsgrad vielseitig einsetzbar und leicht tauschbar. Schmierung mit Fett oder Öl; hochbelastete W. werden zwangsgeschmiert. Beim Einbau ist Funktionstrennung in Fest- und Loslager notwendig sowie in Axial- und Radialkraftaufnahme zweckmäßig. Anwendung bei → Radsatzlagern und → Stangenlagern, zur Lagerung aller Getriebe- und Rotorwellen und bei → Gelenkwellen (→ Nadellagerung der Kreuzgelenke). Abb.

Wanderfeldmotor: → Linearmotor

Wandernockenschaltwerk: → Schaltwerk von elektrischen Tfz., bei dem i. G. z. → Nockenschaltwerk für alle Fahrstufen nur 2 wechselweise auf die jeweils nächste Spannungsstufe wandernde Nockenschalter vorhanden sind. Vor der Weiterbewegung wird der betreffende Nockenschalter durch den zugehörigen → Lastschalter abgeschaltet; die Stromführung erfolgt indes über den andern Schalter. W. sind kleiner und leichter als normale Nockenschaltwerke gleicher Leistung, durch die Entwicklung von Leistungssteuerungen auf Thyristorbasis aber überholt.

Wandler: **1.** Elektrisches Bauglied mit einem Eingangssignal und einem eindeutig davon abhängigen, jedoch unterschiedlichen Ausgangssignal. Auf elektrischen Tfz. und in Anlagen der elektrischen Zugförderung sind W. Bestandteil von Meß- oder Schutzeinrichtungen (Meßwandler). Ihre Aufgabe sind die Transformierung der hohen zu messenden Ströme und Spannungen auf kleinere Werte, die mit genormten Strom- und Spannungsmessern gemessen werden können, sowie die Isolierung der Meßstromkreise gegenüber den Stromkreisen, in denen gemessen werden soll. – **2.** → Strömungswandler

Wandlergetriebe: → Strömungsgetriebe, das als → Gangstufen nur 1 oder mehrere *Strömungswandler* enthält, Kurzbezeichnung WW-Getriebe bei 2, WWW-Getriebe bei 3 eingebauten Strömungswandlern. Das W. besitzt ein stufenlos verlaufendes Abtriebsdrehmoment und einen hohen → Ausnutzungsfaktor (2) $\varphi \approx 1$ der Antriebsleistung.

Wandlerpumpe: → Pumpenrad eines Strömungswandlers

Wandlerturbine: → Turbinenrad eines Strömungswandlers

Wanken: → Fahrzeugschwingung

Wannentender: nach der Formgestaltung des → Wasserkastens benannter, i. d. R. 4achsiger → Schlepptender, der als Leichtbautender ausgeführt und vorwiegend für die Dampflokomotiven der BR 52 und BR 42 der DRG verwendet wurde (→ Kriegslokomotive). Der W. ist eine Modifizierung des → Vanderbilt-Tenders, dessen Wasserkasten aus einem oben abgeflachten, geschweißten Zylinder aus 8 mm starkem Blech besteht und der keinen Tragrahmen besitzt. Die Verbindung zum geschlossen ausgeführten Führerhaus wird durch einen mit Faltenbalg versehenen Kreisausschnitt zum Schutz vor Witterungseinflüssen hergestellt. Die → Zug- und Stoßeinrichtung entspricht der des Einheitstenders der DRG.

Ward-Leonard-Schaltung: Zusammenschaltung mehrerer elektrischer Maschinen zum verlustarmen Steuern von → Gleichstrommotoren (auch -fahrmotoren); benannt nach dem amerikanischen Erfinder Harry Ward Leonard (1861–1915), oft kurz als → *Leonard-Aggregat* (dort Abb.) bezeichnet. Die W. wurde auch in → Umformertriebfahrzeugen angewandt.

Wärmerückgewinn: Kenngröße für Wärmeübertrager, die angibt, wieviel Prozent der Energie des wärmeabgebenden Stoffstroms an den wärmeaufnehmenden übertragen und damit zurückgewonnen werden kann. Der W. ist abhängig von der Bauart des Wärmeübertragers. → Regenerator, → Rekuperator

Wärmestau: beim plötzlichen Abstellen von mit hoher Auslastung arbeitenden Verbrennungskraftmaschinen wegen Ausfall der Wärmeabfuhr auftretender Effekt, der zu örtlichen Überhitzungen und damit zu Schäden, z. B. Verziehen von Bauteilen, frühzeitigem Defekt von Dichtungen, führen kann. Zur Vermeidung des W. wird nach Abstellen eines Dieselmotors i. d. R. die → Kühlwasserumwälzpumpe eingeschaltet und bei Gasturbinen die Welle des Gasgenerators mit Hilfe eines Elektromotors für eine bestimmte Zeit durchgedreht.

Wärmeumlaufkühlung: andere Bezeichnung für → Thermosyphonkühlung.

Warmhalteanlage: → Hilfsanlage auf Diesel-Tfz., die durch Zufuhr von Wärme bei längeren Betriebspausen und stillstehendem Dieselmotor den → Kühlwasserkreislauf automatisch auf Starttemperatur hält. Die W. entspricht anlagenmäßig der → Vorwärmanlage, ist aber um eine Automatik erweitert, die die Energiezufuhr in festgelegten Grenzen zu- und abschaltet. Wirtschaftliches Warmhalten der Kühlwasser- und Heizkreisläufe wird durch stationäre Warmhaltestände erreicht, auf denen entweder Dampf in den → Vorwärmer geliefert oder aufbereitetes erwärmtes Kühlwasser durch den Kühlwasserkreislauf gefördert wird.

Warmwasserheizgerät: → Heizgerät, bei dem als Energieträger das Wasser des → Kühlwasserkreislaufs verwendet wird. W. bestehen aus einem Wärmeübertrager, einem → Brenner und den Bedienungs- und Überwachungseinrichtungen. Wirkungsweise: Ein Elektromotor treibt das Verbrennungsluftgebläse, die → Brennstoffpumpe und, wenn statt einer Brennstoffdüse vorhanden, den → Zerstäuber an. Das vom Brenner gebildete Brennstoff-Luft-Gemisch wird anfänglich an einer → Glühkerze oder Elektrode gezündet und brennt dann selbsttätig weiter. Die Verbrennungsgase durchströmen den Wärmeübertrager, übertragen hier Wärme an das Kühlwasser und gelangen danach ins Freie. Die Kühlwasser-Zirkulation wird durch die → Kühlwasserumwälzpumpe erreicht. W. werden in liegender und stehender Bauart mit Heizleistungen von etwa 125–340 MJ/h gefertigt. Anwendung: in Diesellokomotiven ohne → Heizdampferzeuger und in Triebwagen. Abb.

Warmwasserheizung: Bauart der Heizung in Diesel-Tfz. sowie deren Steuer- und Beiwagen, bei der als Energieträger Wasser verwendet wird. Die Energie für die W. wird entweder dem Motorkühlwasser entnommen oder in einem → Warmwasserheizgerät erzeugt und über den → Heizkreislauf den zu beheizenden Räumen zugeführt. Auf Diesellokomotiven wird die W. zur → Führerraumheizung verwendet. Da die hierfür benötigte Wärmemenge gering ist, wird der Heizkreislauf i. d. R. als Nebenkreislauf zum → Kühlkreislauf ausgebildet. Auf Triebwagen, wo die Führerräume und die Fahrgasträume zu beheizen sind, wird bei Heizbetrieb der gesamte Kühlwasserstrom über den Wärmeübertrager der W. bzw. direkt über den Heizkreislauf gefördert. Für ungünstige Betriebsbedingungen ist meist ein Warmwasserheizgerät in den Heizkreislauf eingebunden, das bei Bedarf zugeschaltet werden kann. Die W. in Triebwagen besteht aus einem Heizkreislauf mit einem Warmwasserheizgerät als Energiequelle. Die Temperatur in den beheizten Räumen wird über Thermostate selbsttätig geregelt.

Mit W. sind z. B. die → Verbrennungstriebzüge der BR 614 und BR 675 der DB/DR ausgerüstet.

Wartungsluke: bes. Öffnung an geschlossenen Behältern oder an sonst unzugänglichen Orten eines Tfz. für Arbeiten zur → Instandhaltung, bes. zur → Wartung und Pflege. Beispielsweise hat der → Dampflokomotivkessel mehrere → Waschluken zum Auswaschen (Beseitigen des Kesselsteins und der Schlammrückstände des Kesselwassers); auch die → Rauchkammertür ist selbst als große W. ausgeführt und hat manchmal noch eine zusätzliche (kleine) W. Weiterhin sind W. am Kurbelgehäuse größerer Dieselmotoren, an Getrieben oder im Fußboden von Tfz. zur Wartung von unterflur

Warmwasserheizgerät
1 Ölbrennergehäuse, 2 Brennermotor, 3 Kupplung 4 Hauptwelle, 5 Gebläse, 6 Zerstäuber, 7 Schraubenräder, 8 Brennstoffkolbenpumpe, 10 Brennstoffleitung, 11 drehzahlgesteuertes Ventil, 12 Glühkerze, 13 Brennkammer, 14 Blende, 15 Abdeckblech, 16 Ablaufrohr, 18 Schwenkplatte, 19 Frontplatte, 20 Wasserraum stirnseitig, 21 Wasserraum längsseitig, 22 Wasserraum ringförmig, 23 Heizrippen, 24 Trennblech, 25 Feuerbuchse, 26 Abgasöffnungen, 27 Abgaskammer, 28 Druckausgleichöffnung, 29 Entlüftungsschraube, 30 Wasserablaßhahn

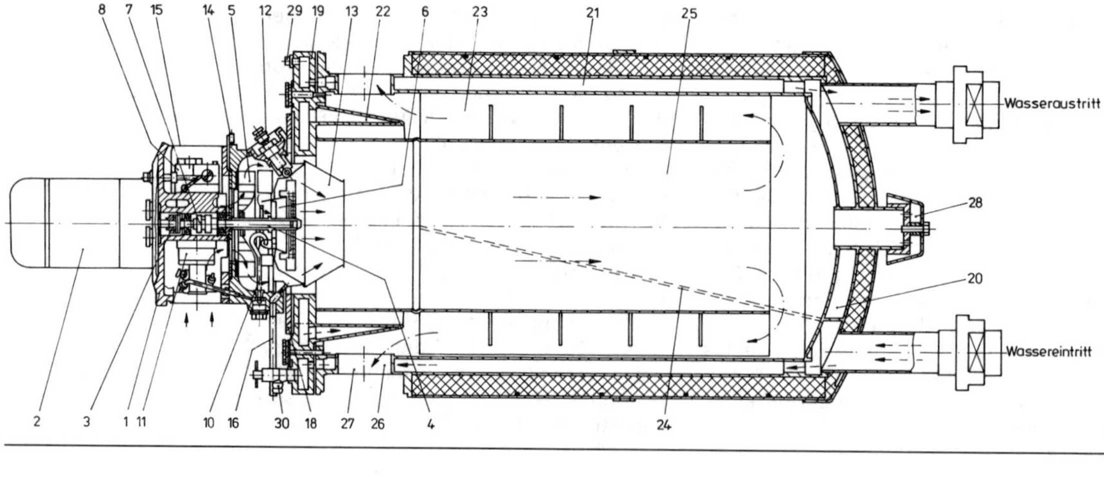

angeordneten Aggregaten vom Tfz.-Innenraum aus vorhanden.

Wartung und Pflege: Maßnahmen zur Erhaltung der Einsatzfähigkeit von Tfz. Sie sind Bestandteil der → Instandhaltung und werden im → Bahnbetriebswerk vorgenommen. Sie umfassen i. allg. die Durchsicht (optische Kontrolle des Zustands), das Abschmieren, die Versorgung mit → Betriebsstoffen (Brenn-, Kraft- und Schmierstoffe, Wasser sowie Sand), Kontrolle der Bremsausrüstung und bei Dampflokomotiven auch das → Ausschlacken und Auswaschen des Kessels. Zu den Pflegemaßnahmen gehören bes. das Reinigen des Tfz. innen und außen sowie die Anwendung rostschützender Mittel am Tfz.-Kasten und am Fahrwerk.

Waschluke: Teil der → Grobausrüstung des → Dampflokomotivkessels. Die in den Kessel eingebrachten, verschließbaren W. dienen seiner Reinigung und der Beseitigung des Kesselsteins. Die W. besteht aus dem eingeschraubten (Rotguß) oder eingeschweißten (Stahl) Lukenfutter und dem Lukenpilz, der vom Lukenbügel und Lukenstift gehalten und auf den der aus Kupfer mit Asbesteinlage bestehende Dichtring gepreßt wird. Bauformen: 1) *Große W.* mit einem freien kreisförmigen Durchgang von etwa 100 mm, die sich im oberen Teil des Stehkesselmantels befinden (ältere Loks) und große W. mit ovalem Durchgang von 110 mm × 85 mm mit inneren Lukenpilzen (neuere Loks), die zusätzlich am Bauch des vorderen Kesselschusses und unterhalb des Speisedoms angeordnet sein können. 2) *Kleine W.* mit einem ovalen Durchgang von 75 mm × 60 mm oder 65 mm × 50 mm, die sich in der Rauchkammerrohrwand, über der Feuertür sowie in den Umbügen der Stehkesselrückwand- und -vorderwand und in den Stehkesselseitenwänden direkt über dem Bodenring befinden können. Lit.: 2.3., 2.12. Abb.

Wasserabscheider: i. w. S. Teil der → Grobausrüstung des → Dampflokomotivkessels, das im → Dampfdom angeordnet ist, um möglichst wenig mitgerissenes Wasser in die → Dampfzuleitung gelangen zu lassen. Der W. besteht i. d. R. aus 2 den → Dampfregler umschließenden und ineinandergeschobenen Blechzylindern unterschiedlichen Durchmessers, bei dem der größere oben durch ein Deckblech verschlossen ist. Auf seinem

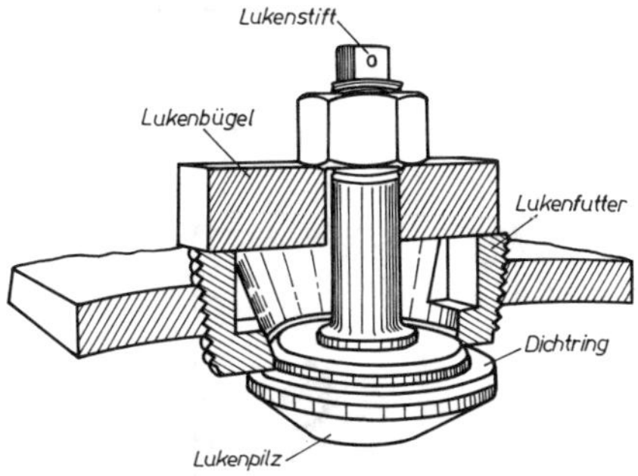

Waschluke eines Lokomotivkessels (Schnitt)

Weg aus dem Kesselraum zum Regler wird der Dampfstrom durch das Deckblech umgelenkt, und der gelangt über den durch die Blechzylinder gebildeten Ringraum in den Dampfdom. Vom Dampfstrom mitgerissene Wassertropfen prallen am Deckblech ab oder bleiben an ihm hängen und fallen wieder in den Kesselraum zurück.

Wasseraufbereitung: **1.** Verfahren zur Erhöhung der Lebensdauer des → Dampflokomotivkessels und des → Heizdampferzeugers durch die Überführung des aus Flüssen, Seen, Brunnen u. a. Quellen entnommenen Rohwassers in → Kesselspeisewasser. → Kesselspeisewasseraufbereitung, → Wasser-Kleinaufbereiter. – **2.** Aufbereitung des Kühlwassers für Kühlanlagen von Diesel-Tfz., um die vom Kühlwasser berührten Teile vor Kesselsteinbildung und Korrosion zu schützen. Die W. wird in stationären Aufbereitungsanlagen, in denen das Rohwasser enthärtet und ggf. enteisent wird, vorgenommen. Meist wird in Ergänzung zur Enthärtung noch ein → Korrosionsschutzmittel zugesetzt. Zum Vermeiden von Wärmespannungen ist es zweckmäßig, das in die betriebswarme Kühlanlage nachzufüllende Kühlwasser vorzuwärmen.

Wasserdampf: → Sattdampf, → Naßdampf, → Heißdampf

Wasserdruckprobe: → Wasserdruckversuch

Wasserdruckversuch, *Wasserdruckprobe:* Prüfverfahren für → Dampflokomotivkessel. Der W. ist bei neuen Kesseln sowie bei der Haupt- und Zwischenuntersuchung der Kessel oder nach umfangreichen Kesselausbesserungen vorzunehmen. Der Prüfdruck beträgt z. B. das 1,3fache des Betriebsdrucks (→ Kesseldruck). Die Prüfbedingungen sind erfüllt, wenn Wasser aus Niet- und Schweißverbindungen, Verschlüssen und Dichtun-

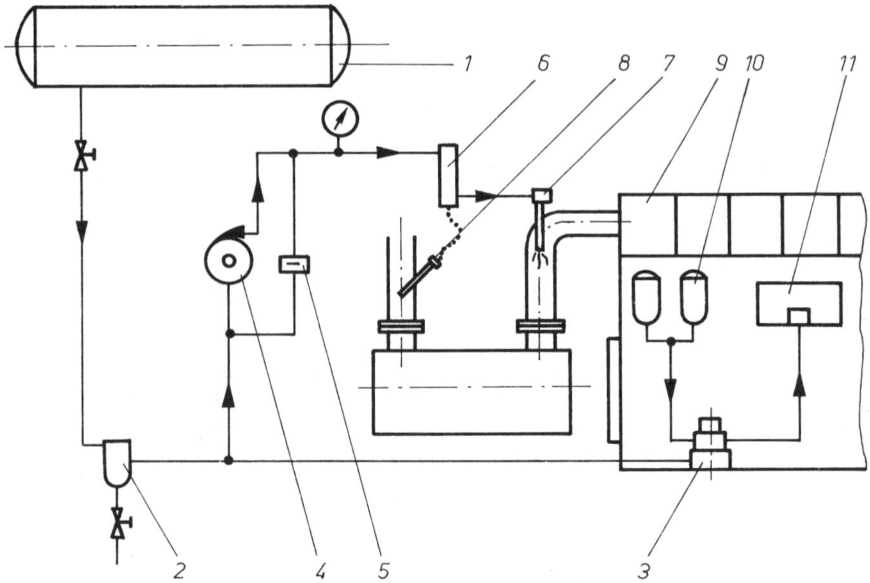

Wassereinspritzanlage (Schema)
1 Wasserbehälter, 2 Filter, 3 Wasser-Kontrollapparat, 4 Wasserpumpe, 5 Drossel, 6 Regelventil, 7 Wasser-Einspritzdüse, 8 Temperaturfühler, 9 Dieselmotor, 10 Kraftstoffilter, 11 Kraftstoff-Einspritzpumpe

Wasserentnahmeeinrichtung am Einheitstender (Schnitt)

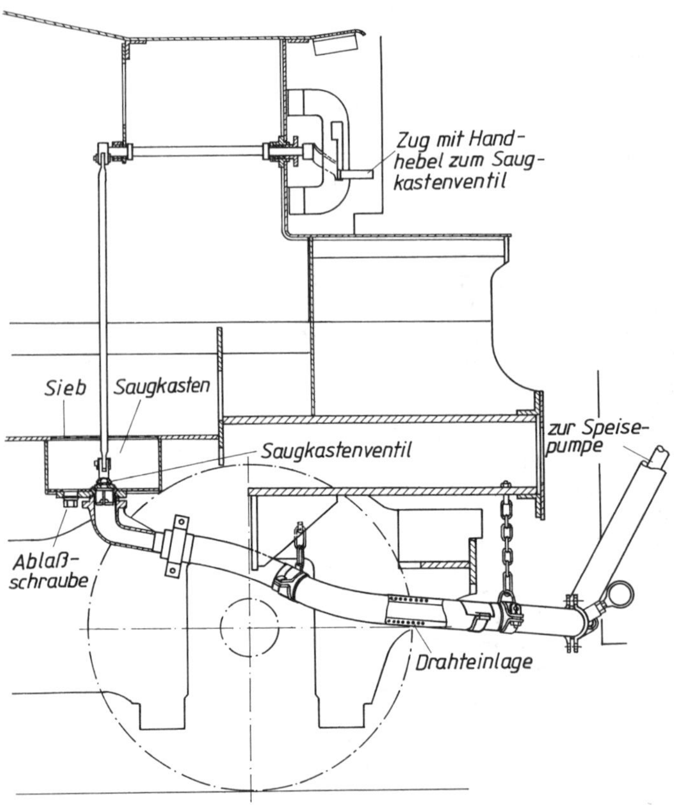

gen nicht stärker als in Form von kleinen Wasserperlen herausdringt und an keinem Kesselteil bleibende Verformungen festgestellt werden. Vor dem Aufsetzen des Kessels auf den Lokomotivrahmen wird er noch einer Dampfprüfung mit Betriebsdruck unterzogen. Lit.: 2.3., 2.12.

Wassereinspritzanlage: Bauart der → Abgaskühlanlage auf Diesel-Tfz., die eine Kühlung der Abgase des Dieselmotors und das Löschen der Funken im Abgas durch das Verdampfen von eingespritztem Wasser erreicht. Das benötigte Wasser wird aus dem Wasserbehälter entnommen und von einer Pumpe über die Kurzschlußleitung mit Drossel ständig gefördert. Steigt die Abgastemperatur über den zul. Wert, öffnet das Regelventil, und das Wasser wird über die Einspritzdüse in die → Abgasleitung eingespritzt. Eine automatisch wirkende Sicherheitseinrichtung, der Wasser-Kontrollapparat, stellt den Dieselmotor durch Unterbrechung der Kraftstoffzufuhr ab, wenn kein Wasserdruck ansteht. → Explosionsschutz. Abb.

Wasserenthärtung: → Kesselspeisewasseraufbereitung, → Wasserhärte

Wasserentnahmeeinrichtung: Vorrichtung am → Schlepptender und am → Wasserkasten von → Tenderlokomotiven zur Entnahme von Kesselspeisewasser für den → Dampflokomotivkessel. An die W. ist beim Schlepptender die → Saugleitung mit einer Schlauchleitungskupplung angeschlossen. Abb.

Wasserhärte: Eigenschaft des Wassers, die durch den Gehalt der im Wasser gelö-

sten Kalzium- und Magnesiumverbindungen gegeben ist. Man unterscheidet nach dem Verhalten des Wassers beim Kochen zwischen der vorübergehenden (temporären) und der bleibenden (permanenten) W. Die *vorübergehende W.*, auch Karbonathärte genannt, wird durch Hydrogenkarbonate des Kalziums und Magnesiums hervorgerufen. Beim Kochen des Wassers zersetzen sich die Hydrogenkarbonate. Dabei scheiden sich die schwerlöslichen Karbonate als → Kesselstein ab. Die *bleibende W.* wird durch Kalzium- und Magnesiumsulfate, Magnesiumchloride, -silikate und -nitrate hervorgerufen. Die vorübergehende und die bleibende W. bilden zusammen die *Gesamthärte* des Wassers. Als Maßeinheit für die W. gilt die Gesamthärte, gemessen in deutscher Härte: 1 °d ≙der stoffmengenbezogenen Stoffmengenkonzentration von 10 mg/l Kalziumoxid CaO. Sehr weiches Wasser hat eine W. von 0–4 °d, sehr hartes Wasser hat eine W.>30 °d.
Da das im Brauchwassernetz zur Verfügung stehende Wasser für die Verwendung in Kesseln und Anlagen von Dampf- und Diesel-Tfz. meist zu hart ist, muß es aufbereitet werden. → Wasseraufbereitung

Wasserkammer, *Feuerbüchssieder:* bei → Dampflokomotivkesseln mit langer → Verbrennungskammer zur Vergrößerung der → Strahlungsheizfläche eingebrachte Thermosiphons. Mit der W. wurde außerdem ein besserer Wasserumlauf im Kessel erwartet. Die W. hat die Form einer flachgedrückten Tüte und ist mit der Feuerbüchsdecke und dem unteren Teil der Rohrwand verbunden. Je nach Größe der Verbrennungskammer werden mehrere W. eingebaut. In amerikanischen Dampfloks wurden auch rohrförmige Feuerbüchssieder eingebaut, die eine Verbindung von der Feuerbüchsdekke zur -seitenwand herstellten. Lit.: 2.3., 2.6.

Wasserkasten: mit einer verschließbaren Einlaßöffnung oder Rohranschlüssen ausgerüsteter kastenartiger Behälter zur Mitnahme des → Kesselspeisewassers für den → Dampflokomotivkessel. Der W. ist bei Schlepptenderlokomotiven eines der Hauptbauteile des → Schlepptenders. Bei → Tenderlokomotiven ist er vor dem Führerstand beidseitig neben dem → Langkessel, hinter dem Führerstand unterhalb des → Kohlenkastens auf dem

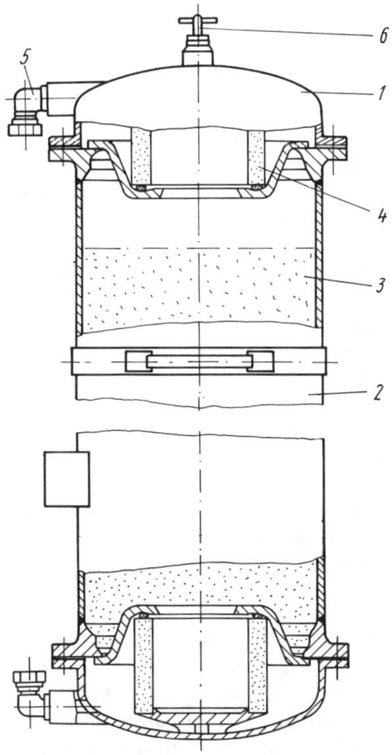

Wasser-Kleinaufbereiter
1 Gehäusedeckel, 2 Gehäusemittelteil, 3 Füllung (Ionenaustauscher), 4 Keramikfilter, 5 Wasseranschluß, 6 Entlüftungsschraube

Lokomotivrahmen oder auch als mittlerer und vorderer W. zwischen den Rahmenwangen, die er gleichzeitig versteift, angeordnet. Alle W. sind durch Rohre miteinander verbunden; an der tiefsten Stelle des W. befindet sich bei älteren Dampfloks der gemeinsame Saugkasten zur Speisewasserentnahme für die Kesselspeisepumpen, bei späteren Dampfloks ein Entwässerungshahn. In diesem Fall befindet sich der gemeinsame Saugkasten im rückwärtigen W. Bes. ältere Bauart: → Wasserkastenrahmen. Lit.: 2.3., 2.12.

Wasserkastenrahmen: spezielle Rahmenbauart älterer → Tenderlokomotiven mit integriertem → Wasserkasten zum Mitführen von → Kesselspeisewasser. Der W. wurde aus Blechen zusammengenietet und diente gleichzeitig als Speisewasserbehälter. Diese leichte und materialökonomische Konstruktion wurde bereits 1864/65 von G. → Krauss bei der B-Tenderlokomotive »Landwührden« für die Oldenburgische Staatsbahn eingeführt. Mit zunehmender Anzahl der Radsätze wurde diese Bauweise wieder verlassen und die Wasserkästen zunächst meist seitlich des Langkessels angeordnet. Lit.: 2.9.

Wasser-Kleinaufbereiter: mit einem synthetischen Ionenaustauscher gefüllter zylindrischer Behälter zur äußeren Speisewasseraufbereitung. W. werden auf Diesel-Tfz. zur Enthärtung des Speisewassers für → Heizdampferzeuger verwendet. Sie bestehen aus 2 Gehäusedeckeln mit den Wasseranschlüssen und je 1 Keramikfilter zur Säuberung des Wassers von mechanischen Verunreinigungen und dem Gehäusemittelteil, das mit dem Ionenaustauscher gefüllt ist. → Speisewasseraufbereitungsanlage. Abb. S. 639

Wasserkran: seitlich vom Gleis oder zwischen 2 Gleisen im Bw oder auf Bahnhöfen installierte Wasserentnahmestelle für Dampflokomotiven. Der W. steht in Ruhelage seines Auslegers außerhalb des → Regellichtraums. Der Wasserauslauf des W. muß nach der EBO mindestens 3,1 m über SO liegen. Die ausfließende Wassermenge beträgt nach Anforderung und Bauart 2–10 m^3/min. Lit.: 2.12.

Wasserkühlung: → Flüssigkeitskühlung, bei der das Wasser als Kühlmittel verwendet wird. Bei der W. ist die hohe spezifische Wärmekapazität des Wassers von Vorteil, es müssen aber Maßnahmen gegen das Unterschreiten des Gefrierpunkts (→ Warmhalteanlage) und das Überschreiten des Siedepunkts (z.B. durch Anwendung der → Druckkühlung) vorgesehen werden. Außer einigen Dieselmotoren kleiner Leistung wird bei Bahndieselmotoren hauptsächlich die W. angewandt.

Wassermangelsicherung: Überwachungseinrichtung, die einen Dampferzeuger bei Unterschreitung des niedrigsten zul. Wasserstands selbsttätig außer Betrieb setzt. W. werden aus Sicherheitsgründen zusätzlich zu den üblichen → Wasserstandanzeigeeinrichtungen eingesetzt. Sie können als schwimmergesteuerte Schalter (z.B. an → Heizdampferzeugern) oder als → Schmelzpfropfen (z.B. in der Feuerbüchsdecke von → Dampflokomotivkesseln) ausgebildet sein.

Wassermantel: ringförmiger Zwischenraum zwischen → Zylinderlaufbuchse und → Motorengehäuse bei Verbrennungsmotoren. Das Kühlwasser des Motors umspült im W. die Außenseite der thermisch hochbeanspruchten Zylinderlaufbuchse und führt von ihr Wärme ab. Die Abdichtung des W. gegen den → Zylinderkopf und das Kurbelgehäuse übernehmen Dichtelemente.

Wasserpumpe: → Speisewasserkolbenpumpe

Wasserrohrkessel: Sonderbauart des → Dampflokomotivkessels, in dem das Arbeitsprinzip des sonst bei Dampflokomotiven verwendeten Rauchrohrkessels umgekehrt wird. In einem Röhrensystem zirkulierendes Wasser wird von den Rauchgasen, die dieses System umspülen, erhitzt. Die → Feuerbüchse des W. wird z.B. in Form einer Wasserrohrfeuerbüchse (→ Brotan-Kessel) ausgebildet oder durch ein Wellrohr (→ Strooman-Kessel) ersetzt. Beim Yarrow-W. bestand z.B. der Kessel aus 1 Dampf- und 4 Wassertrommeln, die durch 768 rauchgasumspülte Wasserrohre verbunden waren. Obwohl der W. die Verdampfungsleistung des Dampflokkessels der Regelbauart erreichte, hat er sich bes. wegen der schwierigen und aufwendigen Reinigung der Wasserrohre nicht verbreiten können. Lit.: 2.8., 2.9., 5.3.

Wasserrohrkühler: → Rippenrohrkühler

Wasserschlag: schädliche Stoßwirkung im → Zylinder (1) auf die → Dampfkolben und → Zylinderdeckel sowie das Triebwerk und den Rahmen von Dampflokomotiven. Der W. wird durch das → Überreißen von Kesselwasser oder durch im Zylinder angesammeltes Kondenswasser (z.B. infolge ungenügend vorgewärmter Zylinder) verursacht, wenn das Volumen der Wassermenge größer als der → schädliche Raum ist. Das Wasser kann dann bei Fahrt nicht schnell genug über die ansprechenden → Zylindersicherheitsventile oder gebrochenen → Bruchplatten entweichen. Folge: meist Beschädigungen des Triebwerks oder des Zylinderdeckels. Lit.: 2.3., 2.12.

Wasserstandanzeigeeinrichtung: **1.** Baugruppe der → Feinausrüstung des → Dampflokomotivkessels, die mindestens 2mal unabhängig voneinander arbeitend vorhanden sein muß und zur Prüfung und Kontrolle des Wasserstands dient. Die W. zeigt die Höhe des Wasserspiegels im Kessel an; der Wasserstand darf die Höhe von 100 mm über der höchsten Stelle der → Feuerbüchse nicht unterschreiten, das sonst bei Ausglühen der Feuerbüchsdecke die Gefahr ihres Reißens und damit der → Kesselexplosion besteht. Bei geöffnetem → Dampfregler entsteht durch das verstärkte Aufsteigen des Dampfes im Kesselwasser gegenüber dem maßgebenden *wirklichen Was-*

serstand ein bis zu 70 mm höherer, nicht maßgebender *scheinbarer Wasserstand.* W. können als solche mit *sichtbaren Wasserstandanzeigern* (z.B. Wasserstandanzeiger mit Schauglas, → Cardo-Wasserstandanzeiger) oder als i.d.R. 3 übereinander angeordnete *Wasserstandprüfhähne* ausgeführt werden, mit denen der höchste, mittlere und niedrigste zul. Wasserstand kontrolliert werden kann. Sichtbare W. erhalten i.allg. am Kessel eine Marke zur Angabe des niedrigsten zul. Wasserstands und eine weiße Platte zum besseren Erkennen des mit Kesselwasser gefüllten Teils des Schauglases. Beim Bruch der Gläser bei sichtbaren W. erfolgt ihr automatischer Kugelschnellverschluß. Bei Gläserwechsel ist eine Absperrung erforderlich. – **2.** Anzeigeeinrichtung am → Wasserkasten bei → Tenderlokomotiven und am → Schlepptender zur Überprüfung des vorhandenen Wasservorrats während des Betriebseinsatzes. Sie besteht aus Schwimmer, Übertragungshebel, Zeiger und Skala. Lit.: 2.3., 2.12.

Wasserstandprüfhahn: → Wasserstandanzeigeeinrichtung

Wasserstandsregelung: Konstanthalten des Wasserstands in Dampferzeugern innerhalb vorgegebener Grenzen durch Nachspeisen des verdampften Wassers. Die W. erfolgt bei → Lokomotivdampfkesseln manuell, bei → Heizdampferzeugern automatisch. Für die automatische W. wird als Meßgröße der Wasserstand im Dampferzeuger benutzt. Der Wasserstand kann über einen Schwimmerschalter erfaßt werden, der die Speisewasserpumpe schaltet, oder er wird mit einem konstanten Wasserstand in einem → Kondensgefäß verglichen und als Differenzdruck auf einen Regler gegeben, der ein proportionales Druckluftsignal erzeugt. Mit dem Druckluftsignal wird ein → Membranventil angesteuert, das die von der Speisepumpe geförderte Wassermenge regelt. Zuviel gefördertes Wasser gelangt über ein → Überströmventil zurück in den Speisewasserbehälter.

Wasserverbrauch: Wassermenge, die von einer Dampflokomotive für die Zugfahrt oder während des Rangierdienstes verbraucht wird. Der W. wird als Masse in t oder als Volumen in m³ angegeben. Der W. begrenzt in Abhängigkeit von der Bevorratung den → Aktionsradius der Lokomotive. Die Bevorratung ist im Regelfall so bemessen, daß zum Verbrauch des Steinkohlevorrats etwa 2 Wasserfüllungen erforderlich sind. Große Dampflokomotiven führen bis zu 34 m³ Wasser und bis zu 10 t Kohle mit und müssen den Wasservorrat je nach Einsatzbedingungen nach jeweils 100–250 km ergänzen. Bei Erschöpfung des Wasservorrats muß der Zug angehalten werden (Zuglaufstörung), bei Unterschreitung des Mindestwasserstands im Kessel (Explosionsgefahr) ist auch das Feuer zu löschen.

Für Einsatzgebiete mit Wasserarmut oder ungünstigen Speisewasserverhältnissen wurde die → Kondensationslokomotive entwickelt, die infolge der Wiederverwendung des größten Teils des Wassers einen sehr niedrigen W. hat.

Wasserverteiler: → Speisewasserverteiler

Wasservorwärmung: → Speisewasservorwärmung

Wasserzylinder: → Speisewasserkolbenpumpe

Watt, James: 19. Januar 1736 (Greenock bei Glasgow) – 19. August 1819 (Heathfield bei Birmingham); englischer Ingenieur, Erfinder der ersten funktionsfähigen Kolbendampfmaschine (Patent 1769) und Gründer der ersten Dampfmaschinenfabrik der Welt (1781 mit Matthew Boulton in Soho bei Birmingham). W. erlernte den Beruf des Feinmechanikers und arbeitete dann bei einem Instrumentenbauer. 1756 bemühte sich W. in Glasgow um eine Gewerbeerlaubnis zur Herstellung von Präzisionsinstrumenten, der jedoch aufgrund der Zunftgesetze nicht zugestimmt wurde. Die ersten Versuche mit Wasserdampf unternahm W. ab 1759, in deren Folge er die 1765 von ihm entwickelte Idee umsetzte, die Kondensation des Dampfs räumlich vom Dampfzylinder zu trennen. Aus dieser Anordnung entwickelte W. die erste Dampfmaschine bis zur Patentreife. Zur Vervollkommnung und universellen Anwendbarkeit der Dampfmaschine entwikkelte er u.a. für die Drehzahlregelung einen automatisch arbeitenden Regulator (heute als Fliehkraft- oder Zentrifugalregler bezeichnet), das Wattsche Parallelogramm und den Indikator zur Untersuchung des Druckverlaufs im Dampfzylinder. Die so ausgerüstete Dampfmaschine (als eine der Hauptvoraussetzungen für die spätere Entwicklung der Dampflokomotive) verbreitete sich von England aus zunächst über ganz Europa. Weitere

James *Watt*

zahlreiche Leistungen und Erfindungen gehen auf W. zurück, so z.B. die Einführung der Maßeinheit Pferdestärke (PS) für die Leistung und, bes. für das Verkehrswesen, ein Projekt eines fahrbaren Dampfwagens, Ideen für den Einbau röhrenförmiger Feuerzüge zur Vergrößerung der Wasserrohrkessel-Heizfläche sowie Entwürfe und Pläne für Brücken, Straßen, Kanäle, Docks und Krane. Lit.: 5.1., 5.3. Abb.

Webb, Francis William: 1835 (Staffordshire) – 4. Juni 1906 (Bournemouth); Konstrukteur und Lokomotivingenieur. W. stand von Lehrbeginn 1856 an praktisch sein Berufsleben lang im Dienst der London North West Railway, bei der er bis zum ersten Maschinenmeister und Chefingenieur aufrückte. Daneben bekleidete er bis an sein Lebensende leitende Posten in mehreren industriellen und technischen Vereinigungen. Ihm wurden viele Patente erteilt, u.a. über das Gießen von Eisenbahnrädern und über eiserne Schwellen. Er war maßgeblich an der Einführung des Flußeisens im Kesselbau beteiligt.

Besondere Verdienste erwarb sich W. um die Einführung der → Verbundlokomotive (1). Die erste Lokomotive (1881) als ungekuppelte 1Bo-Dreizylinder-Verbundmaschine (2 außenliegende Hochdruckzylinder trieben den hinteren, der unter der → Rauchkammer liegende Niederdruckzylinder den vorderen → Treibradsatz (1) an; kein → Verbinder vorhanden) bewährte sich wenig, so daß W. später zur Vierzylinder-Bauart überging. Weiterhin entwickelte er 1880 die von → Adams erfundene Radialachsbüchse zur später weltweit verbreiteten sog. → Adamsachse weiter. Lit.: 2.9., 5.1., 5.3.

Webb-Lokomotive: mit → Einzelachsantrieb ausgerüstete, vom Lokomotiv-Superintendent der britischen London & North Western Railway → Webb ab 1883 (Prototyp »Experiment«) mit den Achsanordnungen 1'Bo, 1'Bo1' und 2'Bo entwickelte ungekuppelte Dreizylinder-Naßdampf-Verbundlokomotive. Bei ihr arbeiteten 2 außenliegende Hochdruckzylinder auf den hinteren, 1 innenliegender Niederdruckzylinder auf den vorderen → Treibradsatz (1). Ein auf dem Treibradsatz lose sitzender Exzenter für die → Schiebersteuerung wurde je nach Fahrtrichtung von einem Mitnehmer angetrieben. Eine Umsteuereinrichtung für den Niederdruckzylinder fehlte. Webb war der sich später als fehlerhaft erweisenden Auffassung, daß infolge der Nacheilung des Niederdruck- zum Hochdruckzylinder in der Arbeitsfolge darauf verzichtet werden kann.

Neben den für getrennte Verbundtriebwerke steuerungstypischen Anfahrschwierigkeiten, die bei einer Loklieferung sogar zum gegeneinander gerichteten Schleudern der beiden Triebradsätze führte, waren die W. leistungsschwach und wegen einiger ungünstiger Neuerungen am Lokomotivkessel unwirtschaftlich. Die Treibradsätze neigten wegen mangelnder Reibungsmasse sehr leicht zum Schleudern.

Trotz der verfehlten Bauart wurden innerhalb von 15 Jahren etwa 100 W. gebaut. Neben der amerikanischen Pennsylvania Railroad kaufte auch die Österreichisch-Ungarische Staatseisenbahn eine 1'Bo-Schnellzug-W. (»Combermere«), die sich ebenfalls nicht bewährte. Selbst im Ursprungsland England waren die W. bald vergessen. Lit.: 2.8., 2.9., 5.3.

Max Maria von *Weber*

Weber, Christian Philipp Max Maria von: 25. April 1822 (Dresden) – 18. April 1881 (Berlin); Schriftsteller und Ingenieur (Sohn des Komponisten Carl Maria von Weber).

Nach dem Besuch der TH in Dresden und der Universität in Berlin arbeitete W. in → Schuberts Maschinenbauanstalt in Dresden-Übigau und bei Borsig in Berlin als technischer Zeichner und Konstrukteur sowie bei der Berlin-Anhaltischen Eisenbahn als Lokomotivführer. Danach führten ihn Studienreisen nach Belgien und England, u.a. auch zu den Familien → Stephenson. Nach einer Konstrukteurstätigkeit bei der britischen Großen Westbahn trat W. 1845 in den Dienst der Chemnitz-Riesaer Eisenbahn, ab 1858 der Sächsischen Staatseisenbahn und von 1868 bis 1875 als technischer Referent der Österreichischen Staatsbahn. W. erwarb sich bes. Verdienste bei der Schaffung verschiedener Fachbücher zum Eisenbahnbetrieb, zu Lokomotivkonstruktionen und zur Statik der Gleise. Er beschäftigte sich weiter mit der Heizung der Züge sowie mit der Bestimmung der Fahrwiderstandskraft. W. beteiligte sich aber auch an Projektausarbeitungen, z.B. zum Böhmischen Bahnhof in Dresden. Die Beschäftigung mit sozialen Fragen des Eisenbahnpersonals führte zu Anregungen zum Schutz des Lokomotivpersonals auf dem Führerstand vor Witterung und Fahrtwind und schließlich im Zeitraum von 1860 bis 1870 zur Einführung der geschlossenen Führerhäuser der Dampflokomotiven bei den deutschen Bahnen. Lit.: 2.9., 5.1., 5.3. Abb.

Wechselgetriebe: → Zahnradschaltgetriebe

Wechselstromdampfmaschine: → Dampfmaschine, bei der der Abdampf den Zylinder durch denselben Dampfkanal verläßt, durch den er als Frischdampf zugeströmt ist, also im Zylinderraum während einer Kurbelumdrehung die Richtung wechselt. Bei doppeltwirkenden, 1stufigen Expansionsdampfmaschinen entstehen demzufolge für eine Kurbelumdrehung 2 sich überschneidende → Indikatordiagramme. Auch mehrstufige Expansionsdampfmaschinen werden bei Dampflokomotiven als W. ausgeführt (→ Verbund-Dampfmaschine). Gegensatz: → Gleichstromdampfmaschine.

Wechselstrom-Gleichstrom-Übertragung, *AC-DC-transmission:* Art der → elektrischen Leistungsübertragung bei dieselelektrischen Tfz. Bei der W. wird im → Hauptgenerator 3phasiger Wechselstrom (Drehstrom) erzeugt. Dieser wird gleichgerichtet und den Gleichstromfahrmotoren zugeführt.
Die Bezeichnung ist im Deutschen etwas irreführend, weil unter Wechselstrom normalerweise 1phasiger Wechselstrom verstanden wird, der Begriff Drehstrom dagegen international nicht üblich ist. Es gibt keine elektrische Leistungsübertragung, die einen Einphasengenerator zur Stromerzeugung benutzt. Technisch richtig ist die Bezeichnung *Drehstrom-Gleichstrom-Übertragung.*

Wechselstromsystem: → Bahnstromsystem

Wechselstromtriebfahrzeug: → elektrisches Triebfahrzeug für ein Wechselstromsystem (meistens Einphasenwechselstrom). → Bahnstromsystem

Weidknecht-Lokomotive: nach ihrem Erfinder benannte → Getriebelokomotive mit über dem Lokomotivrahmen liegender Dampfmaschine, die auf eine Kurbelwelle arbeitete, und von der aus die Leistung über 2 beweglich gelagerte → Blindwellen sowie Treib- und Kuppelstangen auf die Radsätze übertragen wurde. Die vor der Jahrhundertwende gebaute Lokomotive war sehr kurvenbeweglich, aber technisch zu kompliziert. Sie blieb ein Einzelexemplar. Lit.: 5.3.

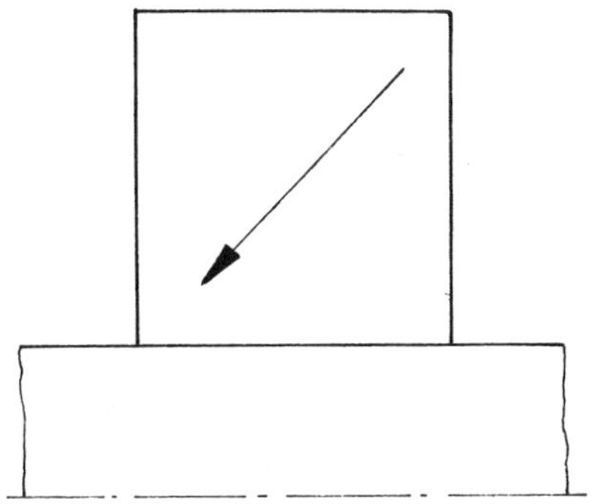

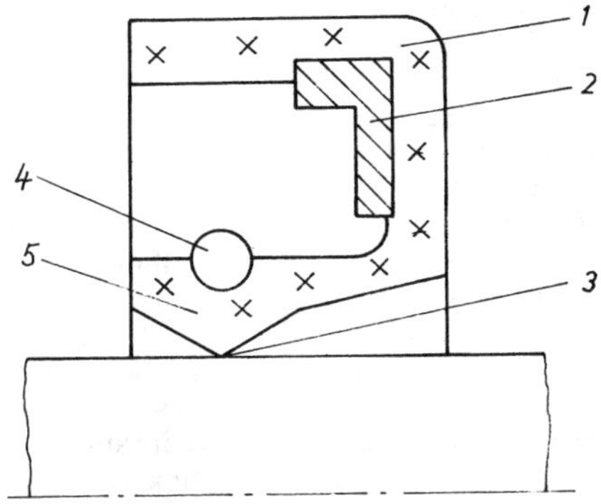

Wellendichtring
a) Sinnbild, b) Wellendichtring (Ausführung D ohne Metallgehäuse)
1 Gummimanschette, 2 Metallstützring, 3 Dichtlippe, 4 Ringfeder, 5 Dichtkragen

Wellendichtring: schleifende Dichtung an Wellen und Drehteilen zur Verhinderung des Austritts von Öl; für anspruchsvolle Dichtstellen. Der W. besteht aus einer Öl- und temperaturbeständigen gummielastischen Manschette mit 1 oder 2 Dichtlippen und dem metallischen Stützring, der außen als Gehäuse, innen unterhalb der Manschette oder in die Manschette einvulkanisiert sein kann. Die Dichtlippe wird durch eine Ringfeder gegen die Wellenoberfläche gedrückt. W. werden in verschiedenen Gummiqualitäten, Ausführungen und Größen hergestellt und bei Getrieben aller Art zur Abdichtung von Wellenaustritten angewandt. Beim Einbau ist zu beachten, daß der Dichtkragen der abzudichtenden Flüssigkeit zugekehrt ist. Abb.

Wellenstrommotor: → Mischstrommotor

Wellrohrfeuerbüchse: als Wellrohr ausgebildete → Feuerbüchse, das auch den → Rost aufnahm und mit dem man bereits 1867 die komplizierte und aufwendige Verankerung (bes. die Deckenveranke-

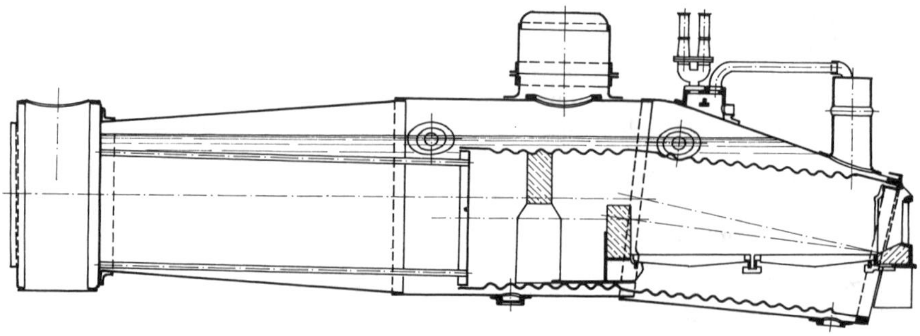

Wellrohrfeuerbüchse in einem ankerlosen Lokomotivkessel der Bauart Lentz, Baujahr 1892

rung) der Normalfeuerbüchse im → Stehkessel umgehen wollte. Die erforderliche waagerechte Verankerung und die ungleichen, schwer unter Kontrolle zu haltenden Abzehrungen führten letztlich bei allen Versuchen zu Mißerfolgen. → Lentz entwickelte 1888 die W. durch ein verlängertes, den halben → Langkessel durchziehendes Wellrohr weiter. Der hintere Kesselschuß war zur Gewinnung eines großen Dampfraums und zur Verbesserung der Dampfentwicklung kegelig erweitert. Lentz schuf damit einen ankerlosen Lokomotivkessel. 1894 explodierte eine Lok der Gattung S 2 (Erfurter Bauart) der KPEV; bei ihr war das eingedrückte Wellrohr auf der Oberseite gerissen. Den letzten Versuch unternahm die DRG 1943 mit den → Kriegslokomotiven 52 3620–52 3623; aber auch hier zeigte sich wie bereits 50 Jahre zuvor die Gefahr der Verformung (Abplattung) des Wellrohrs. Lit.: 2.1. Bd. 2., 2.9., 5.3. Abb.

Wendegetriebe: → Zahnradgetriebe, das die Änderung der Drehrichtung der Getriebeabtriebswelle und damit der Fahrtrichtung eines Diesel-Tfz. ermöglicht. Die

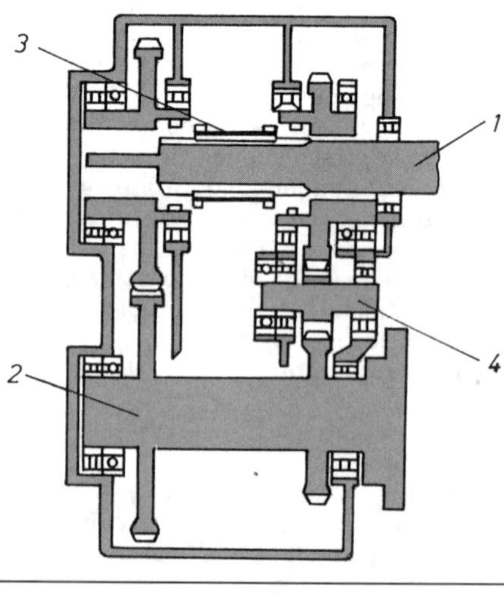

Wendegetriebe
1 Eingangswelle, 2 Abtriebswelle, 3 Schaltmuffe, 4 Zwischenwelle mit Zwischenrad

Drehrichtungsänderung erfolgt mechanisch über → Schaltmuffe und → Zwischenrad oder 3 Kegelräder oder hydraulisch (→ Strömungswendegetriebe). Ein W. muß gleiche Höchstgeschwindigkeit und gleiche Zugkräfte in beiden Fahrtrichtungen gewährleisten. Das Schalten des W. erfolgt mit Ausnahme des Strömungswendegetriebes nur bei stillstehendem Tfz. Fehlschaltungen werden durch die → Wendeschaltsperre vermieden. Schalthilfe bei Zahn-vor-Zahn-Stellung gibt der → Füllstoß (2). Ausführung: als getrenntes W., als Teil des → Strömungsgetriebes, des → Zahnradschaltgetriebes, des → Nachschaltgetriebes oder des Radsatzwendegetriebes. Abb.

Wendelokomotive: Bezeichnung für eine → Lokomotive, die zur Fortsetzung des Dienstes als Rückfahrt zum Heimat-Bw oder Fahrt zu einem anderen Ziel mit oder ohne betriebliche Behandlung im Wende-Bw bzw. Wendebahnhof wendet. Als Dampflok muß die W. zur weiteren Fahrt in Gegenrichtung i.d.R. gedreht werden (Drehscheibe oder Gleisdreieck).

Wendemagnet: → Magnetventil zum Einleiten der → Wendeschaltung bei Wende- und Radsatzwendegetrieben sowie an Strömungs-, Nachschalt- und hydromechanischen Getrieben mit eingebautem mechanischem Wendegetriebe, sofern die Wendeschaltung elektrisch angesteuert wird. Der W. ist in die → Fahrsteuerung des Tfz. eingebunden und kann bei mechanischen Wendegetrieben nur bei Stellung 0 der → Fahrwalze betätigt werden. Bei Tfz. mit → Strömungswendegetrieben ist diese Abhängigkeit nicht mehr erforderlich.

Wendemuffe, *Wendeschaltmuffe:* → Schaltmuffe eines → Wendegetriebes.

Wendepol: schmaler, bei allen Stromarten lamellierter Pol in der neutralen Zone zwischen den Hauptpolen elektrischer

Kommutatormaschinen (z.B. auch → Fahrmotoren elektrischer Tfz.) mit bes. Formgebung der Polschuhe zur Feldsteuerung. Bei → Gleichstrommotoren und → Mischstrommotoren (Abb.) wird der W.luftspalt durch Einstellbleche endgültig festgelegt. Bei Einphasenwechselstrom-Kommutatormotoren ist der W.zahn samt Polschuh unmittelbarer Bestandteil des Statorblechs. Die W.wicklung wird direkt mit Hilfe einer Haltekonstruktion am W. befestigt. Der W. erzeugt eine Stromwendespannung zur Aufhebung der Reaktanzspannung, bei Wechselstrommaschinen außerdem eine sog. Rotationsspannung zur Kompensierung der → transformatorischen Spannung. Eine volle Kompensierung ist aber nur bei einer bestimmten Drehzahl möglich. Lit.: 4.3., 4.5. Abb.

Wendeschaltsperre: Einrichtung zum Sperren der Betätigung einer Wendeschaltmuffe bei Wende- und Radsatzwendegetrieben sowie bei Strömungsgetrieben, Nachschaltgetrieben und hydromechanischen Getrieben mit eingebautem → Wendegetriebe. Die W. verhindert

- über den → Taster (1) das Betätigen des Verriegelungskolbens bei Drehbewegung der abgetasteten Sekundärwelle und die Beaufschlagung des Stellkolbens für die Schaltmuffe in der Getriebesteuerung.
- das Betätigen der Richtungswalze des → Fahrschalters bei eingeschalteter Fahrstufe (→ Fahrwalze steht nicht in Stellung 0) in der → Fahrsteuerung des Diesel-Tfz.

Wendeschaltung: Steuereinrichtung zur Umkehr der Drehrichtung der Abtriebswelle von → Wendegetrieben, Strömungsgetrieben und hydromechanischen Getrieben mit eingebautem mechanischem Wendegetriebe, → Strömungswendegetrieben, → Radsatzwendegetrieben oder → Nachschaltgetrieben bei gleichbleibender Drehrichtung der Antriebswelle. Zur W. gehören alle zur Durchführung des Schaltvorgangs erforderlichen Steuerungs- und Betätigungselemente, wie Schaltkolben, Gestänge, → Schaltmuffe, → Taster (1), → Richtungswenderkontaktgeber, die Einrichtung zum Ausführen des → Füllstoßes (2) und die → Handbetätigung. Die W. bewirkt eine Fahrtrichtungsumkehr bei dieselmechanischen und dieselhydraulischen Tfz. Bei dieselelektrischen und elektrischen Tfz. erfolgt die Umkehr der Fahrtrichtung durch den → Fahrtrichtungswender.

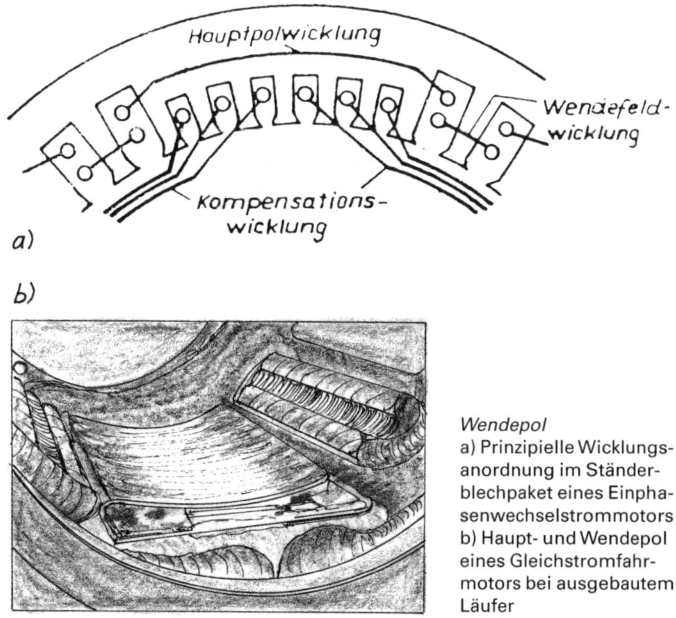

Wendepol
a) Prinzipielle Wicklungsanordnung im Ständerblechpaket eines Einphasenwechselstrommotors
b) Haupt- und Wendepol eines Gleichstromfahrmotors bei ausgebautem Läufer

Wendezug: Reisezug, bei dem das Tfz. auch bei Fahrtrichtungswechsel seine Stellung im Zugverband beibehält. Regelung der Antriebskraft und Streckenbeobachtung erfolgen stets von der Spitze des Zugs aus. Befindet sich das Tfz. innerhalb oder am Ende des Zugs, ist ein → Wendezugsteuerwagen oder ein → Wendezugbefehlswagen erforderlich. Die Vorteile des W.-Einsatzes: verringerter Rangieraufwand und Zeitgewinn durch den Wegfall des Umsetzens des Tfz. im Endbahnhof, geringe Gleisbelegungszeiten auf den Bahnhöfen sowie verbesserter Tfz.- und Wagenumlauf.

Wendezugbefehlswagen: an der Spitze eines → Wendezugs fahrendes Schienenfahrzeug ohne eigenen Antrieb, aber mit einem vereinfachten → Führerstand (Wendezugsteuerabteil), von dem aus das am Zugschluß oder an anderer Stelle im Zugverband fahrende Tfz. indirekt gesteuert werden kann. Dazu werden ein Befehlsgerät mit Geber auf dem W. und ein Empfänger auf dem Tfz. zur Übermittlung der Befehle an den Bediener des Tfz. (Tfz.-Führer) zur Regelung der Antriebskraft verwendet. Üblich sind dabei akustische und optische Signale (Klingelzeichen, Signallampen). Die Bremsung kann direkt vom W. aus eingeleitet werden.

Wendezuglokomotive: Für den Einsatz in einem → Wendezug bes. ausgerüstete Lokomotive. Bei einem → Wendezugbefehlswagen an der Spitze des Wendezugs hat die W. einen Empfänger für das Befehlsgerät (z.B. Klingel) zur Übermittlung der Befehle an den Bediener (Tfz.-Führer) zur Regelung der Antriebskraft. Bei Einsatz eines → Wendezugsteuerwagens werden Steuerungs- und Überwachungssignale über das Steuergerät direkt (→ Mehrfachsteuerung) übertragen, so daß die im Zugverband oder am Schluß laufende W. (Ellok oder Diesellok) unbesetzt sein kann.

Wendezugsteuerabteil: → Wendezugsteuerwagen, → Wendezugbefehlswagen

Wendezugsteuerung: für den Betrieb eines → Wendezugs notwendige Steuerung des Tfz. von dem an der Spitze fahrenden Fahrzeug aus. Arten: a) Bei der *direkten Steuerung* des Tfz. von einem → *Wendezugsteuerwagen* aus ist, ähnlich wie bei der → Mehrfachsteuerung, das nicht an der Spitze fahrende Tfz. unbesetzt. Der Ausrüstungsaufwand für die Wagen des Zuges (durchgehende Steuerleitungen notwendig) ist höher, es ist aber kein Mehrbedarf von → Lokomotivpersonal erforderlich. b) Die *indirekte Steuerung* des Tfz. von einem → *Wendezugbefehlswagen* aus setzt bei einfacher Übertragung von akustischen und optischen Signalen eine Besetzung des nicht an der Spitze fahrenden Tfz. voraus. Für die W. ist eine durchgehende Hauptluftleitung erforderlich, da der Wendezug stets von dem an der Spitze fahrenden Schienenfahrzeug aus zu bremsen ist.

Wendezugsteuerwagen: an der Spitze eines Wendezugs fahrendes Schienenfahrzeug ohne eigenen Antrieb, aber mit einem → Führerstand, von dem aus das an beliebiger Stelle des Zugverbands fahrende Tfz. direkt gesteuert wird. Der Führerstand, meist als *Wendezugsteuerabteil* bezeichnet, hat ein Steuergerät (vereinfachtes Führerpult), mit dem die notwendigen Steuervorgänge zur Regelung der Zugkraft und des Bremsens u.a. vorgenommen und das Tfz. überwacht werden können. Das Tfz. (Ellok oder Diesellok) ist bei Einsatz eines W. unbesetzt.

Hans *Wendler*

Wendler, Hans: 16. Juli 1905 (Berlin) – 19. Januar 1989 (Berlin); Ingenieur und Erfinder der → Wendler-Kohlenstaubfeuerung für → Kohlenstaublokomotiven. Nach dem Besuch der Fachhochschule Beuth und einer Tätigkeit bei der Fa. Siemens arbeitete W. ab 1936 als Gruppenleiter für Konstruktion bei den Borsig-Lokomotivwerken u.a. an Problemen der Kohlenstaublokomotiven und entwickelte später bei der Berliner Kohlescheidegesellschaft stationäre Kohlenstaub-Feuerungsanlagen. 1948 begann er bei der DR, die nach ihm benannte Kohlenstaubfeuerung für Braunkohlenstaub zu entwickeln, für die zahlreiche Patente angemeldet wurden. Ebenso erhielt er 1961 für einen von ihm entworfenen → Ölbrenner (3) ein Patent.
Ab 1962 arbeitete W. als Beauftragter für Wärmeenergie und Anlagen der Direktion der Ausbesserungswerke der DR an Verfahren und Methoden für den Braunkohleneinsatz in stationären Kesselanlagen und für die Reduzierung des Einsatzes flüssiger Energieträger. 1952 verfaßte er das Lehrbuch »Die Dampflokomotiven der Deutschen Reichsbahn«. 1983 erhielt er die Ehrendoktorwürde der Hochschule für Verkehrswesen »Friedrich List« Dresden. Lit.: 2.9., 5.3., Wiss. Z. Techn. Univers. Dresden 33 (1984) H. 1, S. 24. Abb.

Wendler-Kohlenstaubfeuerung: von → Wendler nach dem zweiten Weltkrieg für die DR entwickelte und bes. auch für die Verbrennung von Braunkohlenstaub geeignete Bauart der → Kohlenstaubfeuerung für → Kohlenstaublokomotiven, die im Kohleförderbereich keine von bes. Antriebsmaschinen anzutreibenden Gebläse und Förderschnecken (wie z.B. bei der → Stug-Kohlenstaubfeuerung) besitzt. Der Kohlenstaub, der aus dem in luftdichte Kammern unterteilten Staubbehälter des Schlepptenders mit Druckluft ausgetragen wird, wird über Gummischlauchverbindungen zwischen Lok und Tender (anstelle teurer und störanfälliger Kugelgelenkverbindungen) den an der Aschkastenrückwand angeordneten 2 Spezialwirbelbrennern direkt zugeführt. Die Staubzufuhr wird mit einem vom Heizer zu bedienenden Drehschieber geregelt. Eine wie bei der Rostlokomotive übliche → Saugzuganlage saugt die Verbrennungsluft über Luftrohre im Schlepptender an, wonach sie im Brenner intensiv mit dem Kohlenstaub verwirbelt wird. Voraussetzung für diese Art der Verbrennungsluftzufuhr ist der luftdichte Verschluß der ausgemauerten →

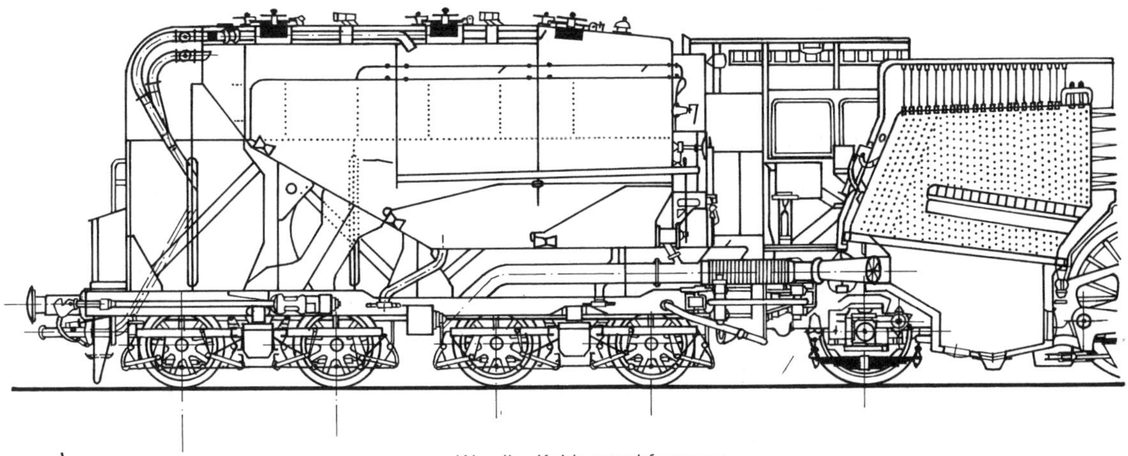

a)

Wendler-Kohlenstaubfeuerung
a) Schlepptender und Feuerbüchse einer Dampflokomotive mit Wendler-Kohlenstaubfeuerung
b) Anordung der Brenner bei der Wendler-Kohlenstaubfeuerung

Feuerbüchse. Dem Brenner ist eine glühende Muffel vorgelegt, in der die Kohle bereits entgast und die Verbrennungsluft vorgewärmt wird. Hierdurch und infolge der Nichtverwendung von Sekundärluft wird in der Feuerbüchse eine den Wirkungsgrad günstig beeinflussende hohe Flammentemperatur und Abstrahlung erreicht.
Der → Kesselwirkungsgrad lag bei der Verwendung der W. bis zu 10% über dem der mit Steinkohle befeuerten Rostlokomotiven, und im praktischen Betrieb wurden gegenüber braunkohlenbrikettgefeuerten Rostlokomotiven bei der DR Kohleeinsparungen von 25–30% erzielt. Gegenüber anderen Bauarten der Kohlenstaubfeuerung ist die W. infolge ihrer geringen Störanfälligkeit und niedrigen Ausrüstungskosten die sowohl betriebstüchtigste wie wirtschaftlichste Bauart, wenn der Kohlenstaub nicht durch eine teure Gewinnungsart belastet ist.
Die W. wurde u.a. in größerer Anzahl in Kohlenstaublokomotiven der DR und in der Hochdrucklokomotive H 45024 der DR sowie in 2 Schnellzuglokomotiven der ČSD und in je 1 Güterzuglok der SŽD und BDŽ eingesetzt. Lit.: 2.1. Bd. 1 u. 2., 2.3., 2.6., 2.8., 2.9., 2.22., 5.3. Abb.
Werklokomotive: → Lokomotive für den Einsatz auf i.allg. nichtöffentlichen Eisenbahnanlagen von Industriebetrieben (Werkbahnen, einschl. Bergbau, auch Grubenbahnen). Die W. sind meist elektrische Lokomotiven (→ Grubenlokomotive) oder Dieselloks, auch → Speichertriebfahrzeuge, gelegentlich auch → Dampflokomotiven sowie in explosionsgefährdeten Bereichen → Dampfspei-

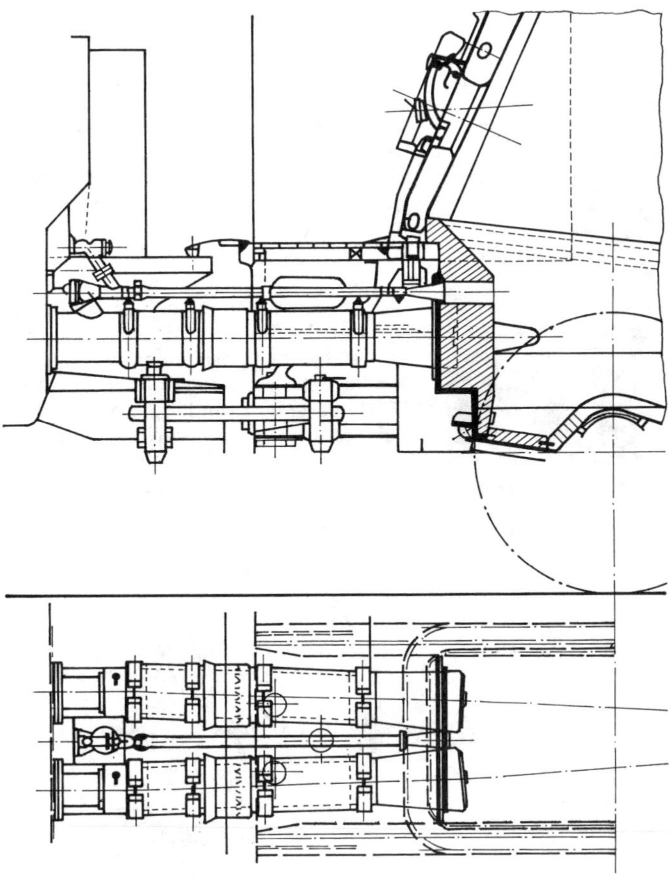

b)

cherlokomotiven und Diesellokomotiven mit → Explosionsschutz. Die W. haben unterschiedliche Spurweiten. Auch für normalspurige W. ist ein Übergang in das Gleisnetz der öffentlichen Eisenbahnen nicht üblich, kann jedoch ggf. bes. geregelt werden.

Wertungsziffer Wz: auf Sperling zurückgehender Bewertungsmaßstab für die Laufruhe eines Eisenbahnfahrzeugs. Danach wird die W. aus dem Produkt von Schwingungsarbeit und Ruck ermittelt. Es ist dazu notwendig, die Beschleunigungsamplitude und die Frequenz der Schwingungen zu messen und zu verarbeiten. Die W. wird gesondert für die vertikale und Querrichtung mit speziellen Geräten über Streckenabschnitte von 5–10 km bei gleichbleibender Geschwindigkeit bestimmt. Für Tfz. und Reisezugwagen wird in der W. die im Frequenzbereich von 4–6 Hz liegende erhöhte Empfindlichkeit des Menschen durch Einführung eines frequenzabhängigen Korrekturwerts berücksichtigt. Der W. werden die Ziffern 1 bis 5 zugeordnet. Für Tfz. ist ein Wz = 2,5 höchstens zulässig, wenn das Personal über 8 Stunden Dienst verrichten soll.

George *Westinghouse*

Westinghouse, George: 6. Oktober 1846 (Central Brigde/New York) – 12. März 1914 (New York); amerikanischer Ingenieur, Unternehmer und Erfinder der → Westinghouse-Bremse. Die Entwicklung zum Maschinenbauingenieur verlief für W. über die Tätigkeit in der väterlichen Landwirtschaftsmaschinenfabrik und den Besuch des Union Collegs von 1865/67. Seine erste Erfindung war eine Eingleisvorrichtung. Die von W. 1867 zum Patent angemeldete → Druckluftbremse gelangte 1869 erstmals auf der Pennsylvania Railroad (USA) mit Erfolg zum Einsatz, was ihn zur Gründung der Westinghouse Air Brake Co. mit eigener Werkstatt in Pittsburgh bewog. 1881 gründete W. die Union Switch and Signal Company, durch die er druckluftgesteuerte Signale und die Zentralkupplung für die New Yorker U-Bahn bauen ließ. Des weiteren entwickelte er 1887 ein → Steuerventil für die schnellwirkende Druckluftbremse und baute 1891 das erste elektropneumatische Stellwerk in den USA. Später widmete er sich unter Übernahme von Patenten anderer Erfinder der Anwendung hochgespannten Wechselstroms für elektrische Bahnen. Der Verein Deutscher Ingenieure würdigte seine Verdienste mit der Verleihung der Grashof-Denkmünze. Lit.: 2.9., 5.1., 5.3. Abb.

Westinghouse-Antrieb: → Achsantrieb elektrischer Lokomotiven als älteste Bauart für → Gestellmotoren mit Federkupplung; Vorläufer des → Federtopfantriebs. Die → Fahrmotoren sind über dem zugehörigen Treibradsatz angeordnet. Zwischen der abgefederten Hohlwelle und dem ungefederten → Treibradsatz (2) sind Schraubenfedern als elastische Kupplungselemente eingefügt, die je nach Fahrtrichtung zusammengedrückt oder gedehnt werden. Die Schraubenfedern werden einerseits an den Radspeichen, andererseits an Kupplungsarmen, die am Hohlwellenflansch angeschraubt sind, befestigt. Lit.: 4.4., 4.5. Abb.

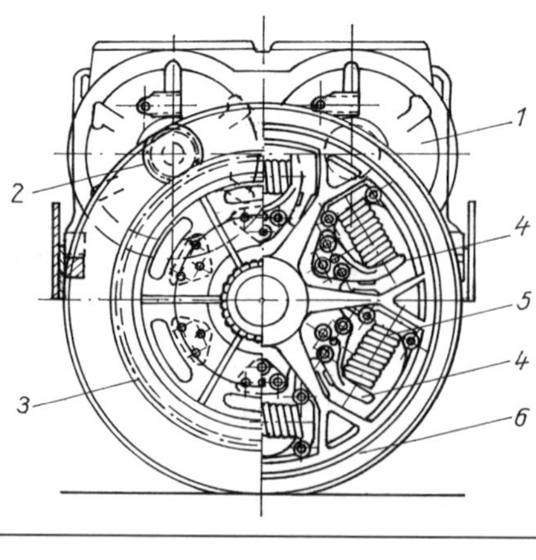

Westinghouse-Antrieb
1 Doppelmotor, 2 Ritzel, 3 Vorgelegezahnrad, 4 Kupplungsarm, 5 Schraubenfeder, 6 Treibradsatz

Westinghouse-Bremse: Bauart der → Druckluftbremse, wobei zwischen ein- und mehrlösigen W. unterschieden wird. Die *einfache einlösige W.* mit Schiebersteuerung gibt es in der Ausführungsform ohne und mit Beschleunigungseinrichtung. Bei letzterer wird bei Schnellbremsung zusätzlich Druckluft in den → Bremszylinder eingeschossen, wodurch eine größere → Bremswirkung erzielt wird. Die *mehrlösige W.* ist in den Bauarten A, E und U vorhanden.

Die Kurzbezeichnung einer einlösigen W. ist W, die sowohl für Güter- als auch für Personenzüge verwendet wird (W-GP). Bei der mehrlösigen W. wird die Bauart des → Steuerventils mit aufgeführt. So hat die W. der Bauart U die Kurzbezeichnung WU. Entsprechend dem Verwendungszweck sind die genannten Steuerventile für die Bremsstellungen G, P und R vorhanden (z.B. WU-GP). Die W. ist in der Welt weit verbreitet, z.B. in Frankreich, England und den USA.

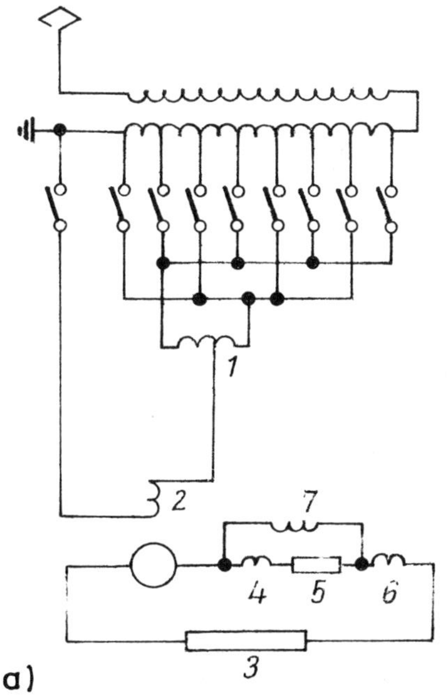

a)

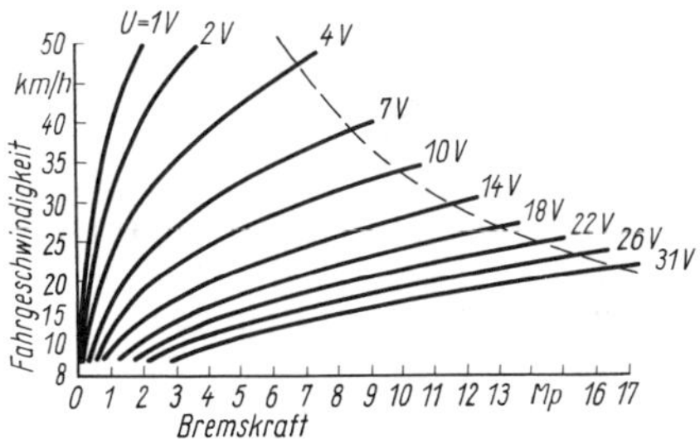

b)

Widerstandsbremse
a) Widerstandsbremsung mit Feldregelung
1 Stromteiler, 2 Erregerwicklung, 3 Bremswiderstand, 4 Wendepolwicklung, 5 Ohmscher Widerstand, 6 Kompensationswicklung, 7 Drosselspule
b) Kennlinien

Widerstandsbremse: Bauform der → elektrischen Bremse, bei der die → Fahrmotoren als selbsterregte (bei Gleichstrom-Tfz.) oder fremderregte Generatoren (bei Wechselstrom-Tfz.) arbeiten. Der erzeugte Strom wird in einen konstanten Belastungswiderstand geleitet. Den Erregerstrom liefert das Netz, die Batterie oder eine bes. Erregermaschine (z. B. ein Fahrmotor oder ein Kleinspannungs-Umformer). Die W. kann vom Fahrdraht abhängig oder unabhängig sein. Die → Bremskraft wird durch eine Veränderung des Erregerstroms geregelt. Die W. entwickelt im Bereich zwischen 30% und 100% der Höchstgeschwindigkeit eine nahezu konstante Bremskraft und nutzt den → Kraftschlußbeiwert optimal aus (Abb.). Die W. arbeitet fast verschleißlos und löst beim Blockieren selbsttätig wieder aus, weshalb sie den → Druckluftbremsen im oberen Geschwindigkeitsbereich überlegen ist. Unterhalb 30% der Höchstgeschwindigkeit läßt die Bremskraft mit fallender Geschwindigkeit nach, da die Regelbarkeit erschöpft ist. Im Stillstand zeigt die W. überhaupt keine Bremswirkung; ferner bremst sie nur die Treibradsätze und kann deshalb die Druckluftbremse nicht vollständig ersetzen.

Moderne elektrische Triebwagen besitzen kombinierte Widerstands-Druckluftbremsen. Im oberen Geschwindigkeitsbereich werden die Treibradsätze nur durch die W. gebremst. Mit abnehmender Geschwindigkeit wird allmählich die Druckluftbremse zugeschaltet. Die kombinierte Widerstands-Druckluftbremse regelt sich selbsttätig. Durch bes. Schaltung der W. erreicht man die Netzbremsung (→ Netzbremse).

Dieselelektrische Lokomotiven werden auch teilweise mit W. ausgerüstet. Bei der Beförderung von Wagenzügen wird die W. vorwiegend zur Senkbremsung auf Gefällestrecken benutzt, da für Verzögerungsbremsungen nur mit der W. die Anzahl der angetriebenen (gebremsten) Radsätze zu gering ist. Lit.: 4.5., 4.11., 4.12. Abb.

Widerstandskraft: in der Bewegungslinie des Zugs liegende und i. d. R. mit F_W

Widerstandskraft am Zug

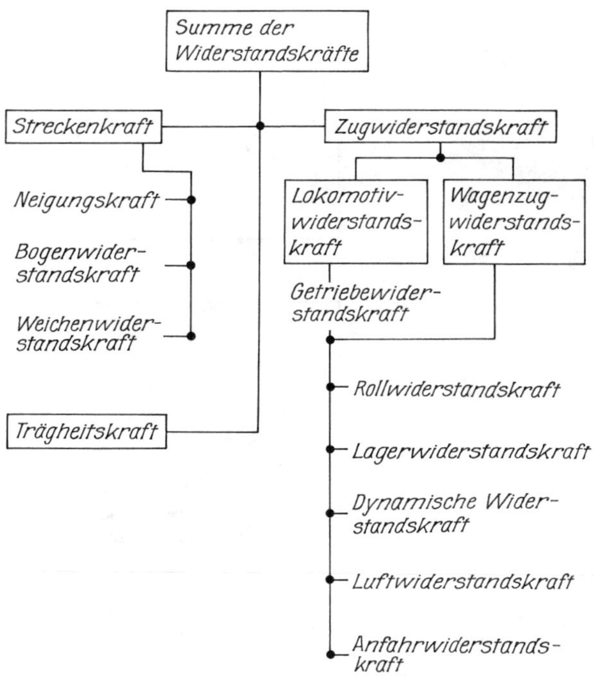

oder *R* bezeichnete Horizontalkraft, die entweder durch Reibungsvorgänge verschiedener Art, durch die Bewegungszustandsänderung (Massenträgheit) oder durch Änderung der Höhenlage hervorgerufen wird und die im Regelfall der Zugfahrt entgegenwirkt (Ausnahme: Neigungskraft bei Talfahrt und Trägheitskraft bei Geschwindigkeitsabnahme). Für fahrdynamische Untersuchungen werden *fahrzeugabhängige W.* zur Zugwiderstandskraft und *streckenabhängige W.* zur Streckenkraft zusammengefaßt und nur in dieser Summenform gemeinsam mit der Trägheitskraft im Grundgesetz der Fahrdynamik vom Gleichgewicht der Horizontalkräfte zu jedem Zeitpunkt der Bewegung berücksichtigt. → Luftwiderstandskraft. Abb.

Widerstandssteuerung: → Leistungssteuerung bei Gleichstrom-Tfz. unter Benutzung von Widerständen, die in Reihe zu den → Fahrmotoren liegen und beim Anfahren stufenweise oder kontinuierlich verkleinert werden. Bei *kontaktbehafteter W.* werden mechanische Schaltgeräte (Schütze, Schaltwerk) verwendet. Geräteaufwand, Raumbedarf und Schaltung bestimmen die ausführbare Fahrstufenzahl. Bei *kontaktloser W.* liegt parallel zum Widerstand ein elektronischer Schalter (→ Thyristor). Durch intermittierendes Ein- und Ausschalten bei variabler Einschaltdauer (gepulster Widerstand) wird eine fast kontinuierliche Veränderung des Widerstands erreicht. Nachteile der W.: hohe Anfahrverluste; schwere Fahrmotoren, da Nennpunkt der Motoren bei 30% der Höchstgeschwindigkeit wegen der Begrenzung der Wirkungszeit der Anfahrverluste liegt; Widerstandsstufen sind keine Dauerfahrstufen. Lit.: 4.5. Abb.

Widerstandsumschalter: Teil einer Stufenwähler-Lastschalter-Steuerung der → Leistungssteuerung eines elektrischen Tfz. Mit dem W. kann der → Überschaltwiderstand jeweils so zugeschaltet werden, daß beim Überschalten auf die nächste Spannungsstufe durch einen →

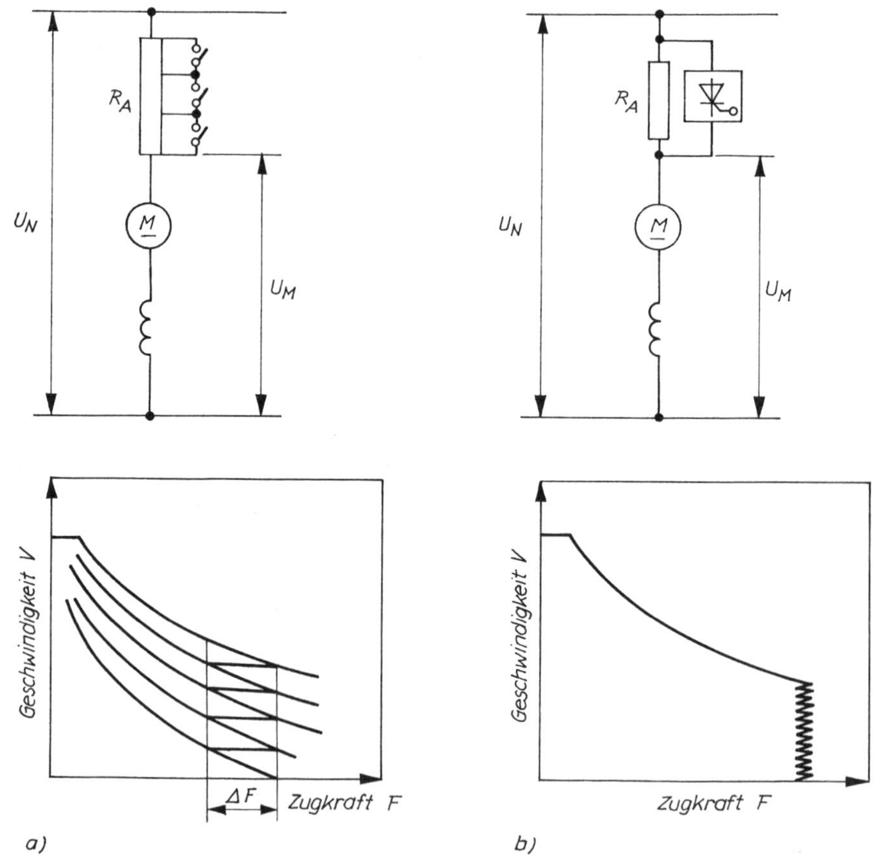

Widerstandssteuerung
a) kontaktbehaftet, b) kontaktlos

Lastschalter ein Kurzschluß zwischen beiden benachbarten Spannungsstufen verhindert wird. Lit.: 4.5. Abb.

Widerstandszahl: Quotient aus einer → Widerstandskraft und der Gewichtskraft des Zuges. Die W. trägt die Maßeinheit 1, im Eisenbahnwesen auch Promille (‰). Sie wird bei fahrdynamischen Berechnungen häufig anstelle der Kräfte benutzt (z.B. Streckenzahl bzw. Neigung, Zug-W., Lokomotiv-W., Triebwagen-W., Wagenzug-W. usw.).

Wiege: → Drehgestell

Willison-Kupplung: → Mittelpufferkupplung

Windkessel: → Druckwindkessel, → Speisewasserkolbenpumpe

Windleitblech: Vorrichtung an Dampflokomotiven zur Sichtverbesserung für das Lokomotivpersonal durch Ableitung des vor dem Führerhaus wirbelnden Rauchs. W. waren beidseitig neben der → Rauchkammer angebracht und wurden überwiegend bei Personen- und Schnellzuglokomotiven angewandt. Die DRG ließ alle Streckenlokomotiven der → Einheitsbauart damit ausrüsten. Bekannt wurden die großen W. der Bauart Wagner (Wagner-Bleche) und die schmale gewölbte Ausführung der Bauart Witte, mit der ab den 50er Jahren u.a. alle Neubau- und Reko-Lokomotiven der DB und DR ausgerüstet wurden.
Versuche mit rechts und links vom Schornstein angebrachten schmalen W. zeigten nicht den erwarteten Effekt. Lit.: 2.9., 2.12., 5.3.

Winkelausgleichhebel: abgewinkelter → Federausgleichhebel, der z.B. bei der → Vierpunktaufhängung (dort Abb.) verwendet wird.

Winkelgetriebe: → Kegelradgetriebe, das eine Drehmomentrichtungsänderung (meist um 90°) ermöglicht. Anwendung: als getrenntes Getriebe, Teil eines → Zahnrad- oder → Strömungsgetriebes vorwiegend zur Leistungsübertragung für → Hilfsmaschinen auf Tfz. Abb.

Winkelrost-Schlammfilter: im → Speisedom des → Dampflokomotivkessels oder bei beschränkten Raumverhältnissen unter diesem Dom angeordneter Speisewasserreiniger. Beim Fließen des zuvor mit einem ringförmigen Spritzrohr oder einer breiten Streudüse (»Froschmaul«) eingespritzten Speisewassers durch das aus kreuz- und etagenweise sowie nach oben offen verschweißten Winkeleisen bestehende und zum Reinigen herausnehmbare W. werden die Bildner der vorübergehenden → Wasserhärte als Schlamm ausgeschieden. → Schlammabscheider (dort Abb.). Lit.: 2.3., 2.12.

Winter-Eichberg-Motor: spezielle Aufführung des → Reihenschlußmotors für Einphasenwechselstrom, bei dem der Anker »doppelt gespeist« wird: einmal direkt wie beim normalen Reihenschlußmotor, zum anderen transformatorisch über die gesondert gespeiste Kompensationswicklung. Diese Schaltung wurde von den Konstrukteuren Winter und Eichberg um 1910 entwickelt, um die → transformatorische Spannung zu beherrschen. Dazu wird die Kompensationswicklung gesondert an Spannung gelegt und ein Feld in Richtung der Bürstenachse aufgebaut, das im Anker eine der transformatorischen Spannung entgegengerichtete Spannung erzeugt, wodurch diese kom-

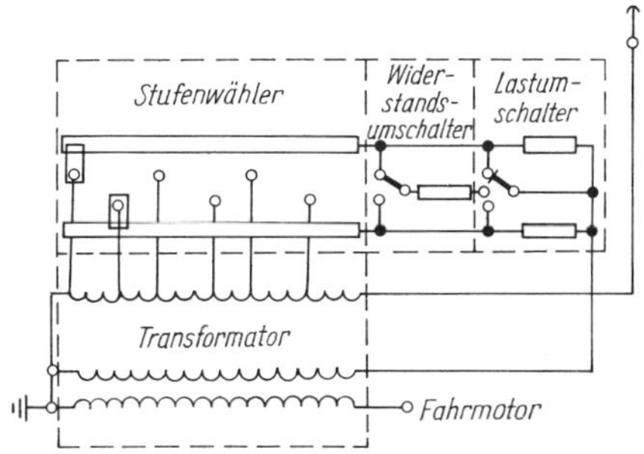

Widerstandsumschalter

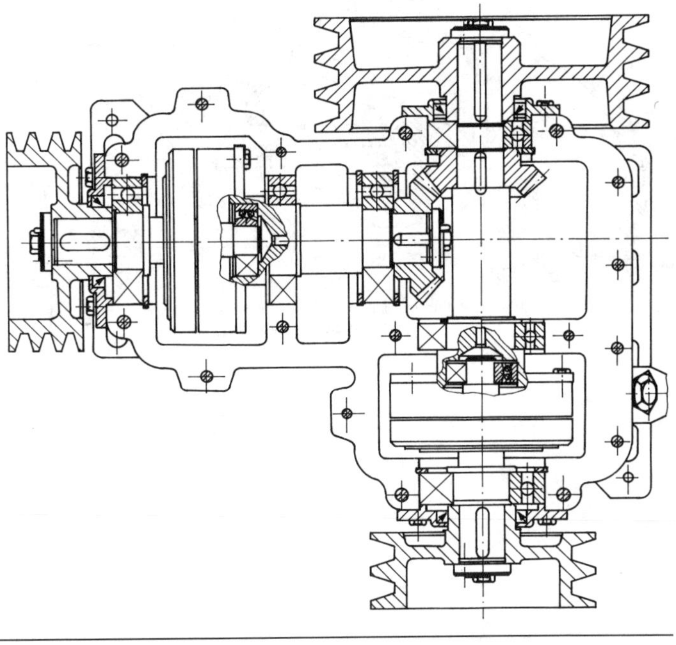
Winkelgetriebe

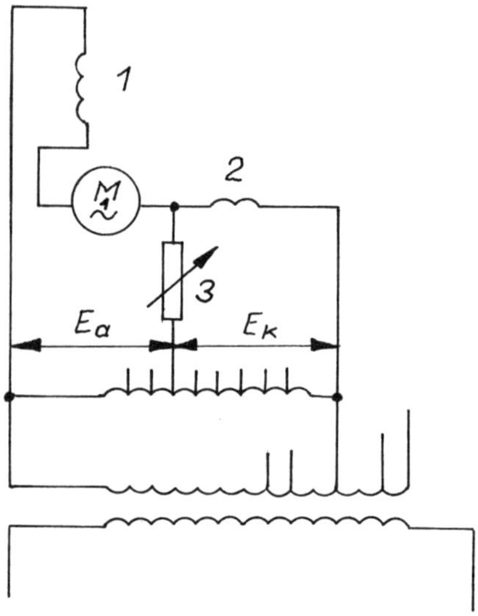

Winter-Eichberg-Motor
1 Erregerwicklung, 2 Kompensationswicklung, 3 Kommutierungsschalter
E_a Ankerspannung, E_k Kompensationsspannung

pensiert wird. Da sie aber drehzahlabhängig ist, muß die Spannung an der Kompensationswicklung mit einem »2. Fahrschalter«, dem sog. *Kommutierungsschalter,* stets neu eingestellt werden. Ausführungsbeispiele: 2′B1′-Schnellzuglokomotive ES2 der KPEV (1914), D-Güterzuglokomotive EG502 der KPEV (1905); Triebwagen der Versuchsbahn Niederschöneweide–Spindlersfeld (1903; 25 Hz, 6 kV) und der Hamburger Vorortbahn Blankenese–Ohlsdorf (1907; 25 Hz, 6 kV). Wegen der komplizierten Steuerung und ihrer Bedienung und weiterer Nachteile wurden W. nach Aufkommen der Reihenschlußmotoren nach → Behn-Eschenburg nicht mehr angewandt. Lit.: 4.1., 4.8. Abb.

Winteröl: flüssiges → Schmiermittel (Mineralöl) für Gleitradsatzlager (→ Gleitlager) mit einer kinematischen → Viskosität von (34–57) 10^{-6} m²/s bei 50 °C sowie einem → Stockpunkt von nicht über −20 °C und einem → Flammpunkt >140 °C zum Einsatz bei Wintertemperaturen. → Sommeröl. Lit.: 2.12.

Winterthur-Druckausgleicher: selbsttätig wirkende Bauart des → Druckausgleichventils (→ Leerlaufeinrichtung) der → Dampflokomotiven der BR39, BR42 und BR52 der DRG. Eine auf dem → Schieberkasten befindliche Verbindungsleitung zwischen beiden Zylinderhälften wird bei geöffnetem → Dampfregler durch den Dampfdruck auf einen Ventilteller selbsttätig geschlossen. Bei Leerlauf fällt der Ventilteller ab und stellt den

Winterthur-Druckausgleicher
L Zuleitung, V Ventilteller

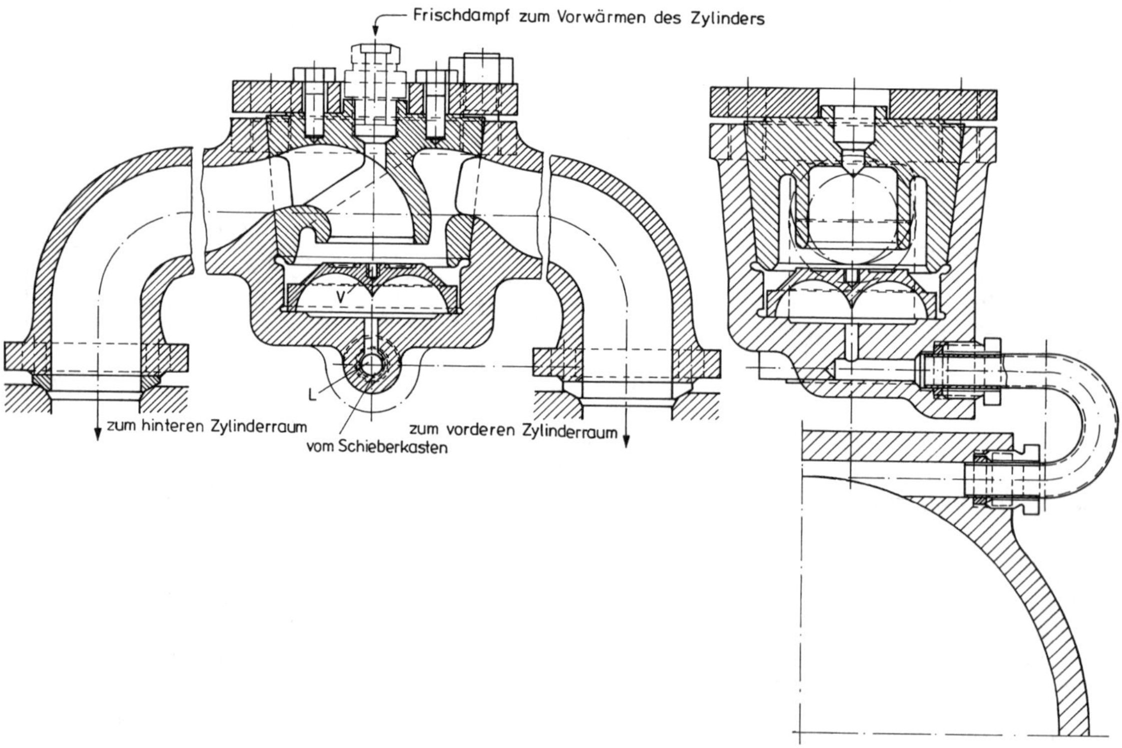

Druckausgleich her. Eine oberhalb des Ventiltellers eingebrachte Frischdampfleitung gestattet über ein Anstellventil im Führerhaus ein Vorwärmen der Zylinder oder das Zuführen von → Schmierdampf bei geschlossenem Dampfregler. Abb.

Wippe: bügelförmiger Träger des → Schleifstücks eines → Stromabnehmers, der im Scheitelpunkt des Stromabnehmergestells drehbar gelagert ist und bei Stillstand des Fahrzeugs durch W.federn senkrecht gehalten wird. Bei Fahrt stellt sich die W. entgegen der Fahrtrichtung geschwindigkeitsabhängig mehr oder weniger schräg ein. Das Schleifstück wird unabhängig von der W.stellung durch *Parallelführung,* einer Hilfskonstruktion an der W., in voller Breite parallel zum → Fahrdraht an diesen angelegt. Mit der W. kann sich das Schleifstück leicht kleinen Höhenänderungen der Fahrleitung anpassen, während das Stromabnehmergestell bei großen Höhenänderungen in Funktion tritt. → Stromabnehmer

Wirbelkammerverfahren: → Einspritzverfahren

Wirbelstrombremse: verschleißlose Bremse, bei der die → Bremskraft durch Wirbelstromeffekte entsteht. Die *Wirbelstromradsatzbremse* ist kraftschlußabhängig. Ihre Hauptbauteile sind ein Stator und ein Rotor. Im *Stator* befinden sich die Induktionsspulen; der *Rotor* besteht aus 2 Weicheisenplatten. Bei der kraftschlußunabhängigen *Wirbelstromschienenbremse* sind die Spulenkörper etwa 7 mm über SO angeordnet, wodurch Wirbelströme in der Schiene induziert werden. Die W. benötigt eine hohe Erregerleistung, und es tritt eine erhebliche Spulen- und Schienenerwärmung auf. Gegen Ende der Bremsung nimmt bei der Wirbelstromschienenbremse die Bremskraft stark ab (→ Bremskraftkennlinie). Anwendung: Hochgeschwindigkeitstriebzüge, bei denen die elektrische Leistung von der → elektrodynamischen Bremse zur Verfügung gestellt werden kann.

Wirbelzellenkühler: Bezeichnung für → Wirbelzellenwärmeübertrager.

Wirbelzellenwärmeübertrager: Bauform des → Plattenwärmeübertragers, bei der zur beidseitigen Oberflächenvergrößerung wabenartige Profilbleche (Wirbelzellen) angeordnet sind. Durch die Wirbelzellen wird ein intensiver Wärmeübergang erzielt. Das gesamte Platten- und Profilblechpaket ist zu einem kompakten Bauteil zusammengelötet. W. werden als → Strömungsgetriebeöl-Wärmeübertrager bei dieselhydraulischen Tfz. angewandt.

Wirkleistung: bei Wechselströmen der von den Verbrauchern aufgenommene und in nutzbare Arbeit und/oder in Wärme umgewandelte Teil der gesamten → Scheinleistung. Die W. P wird nach $P = UI\cos\varphi$ berechnet ($\cos\varphi$ *Leistungsfaktor,* φ *Phasenwinkel* zwischen Strom I und Spannung U).

wirksame Bremshundertstel: tatsächlich vorhandene → Bremshundertstel des Zugs. Im Eisenbahnbetrieb werden die an dem Tfz. und den Wagen eines Zuges angeschriebenen → Bremsmassen und Fahrzeugmassen addiert und die w.B. auf dem Bremszettel errechnet. W.B. = 100 Σ Bremsmassen/Σ Fahrzeugmassen. Die w.B. sind mit den im Buchfahrplan angegebenen → Mindestbremshundertsteln zu vergleichen. Sind die w.B. größer als die Mindestbremshundertstel, so wird eine größere Bremssicherheit erreicht als unbedingt erforderlich ist. Wenn das nicht der Fall ist, so muß die Höchstgeschwindigkeit vermindert werden.

Wirkschaltplan: Darstellung einer gesamten Schaltung oder eines Teils einer Schaltung, eines Leitungsnetzes, einer Anlage oder eines Gerätes mit allen Einzelheiten und Leitungen durch Schaltzeichen oder Schaltkurzzeichen. I.G.z. → Stromlaufplan werden die Teile von Geräten *zusammenhängend* gezeichnet. Die räumliche Anordnung verschiedener Geräte zueinander braucht nicht berücksichtigt zu werden. Klemmen und Lötstellen können in den W. eingetragen werden.

Wirkungsgrad: energetische Bewertungsgröße von Maschinen, Anlagen oder Energieumwandlungsprozessen. Der W. ist das Verhältnis von abgegebener zu zugeführter Leistung (momentaner W.) oder Energie (mittlerer W.) und kann für Teil- und Gesamtsysteme ausgewiesen werden. Er ergibt sich auch als Quotient der Kräfte, Drehmomente, Geschwindigkeiten, Winkelgeschwindigkeiten, Ströme und Spannungen des Systemaus- und Systemeingangs, wenn eine der beiden Größen in der Gleichung für die → Leistung konstant ist. Der Differenzbetrag zur Zahl 1 charakterisiert die anteiligen energetischen Verluste.

Wirkungsgrad
Wirkungsgrade von Triebfahrzeugen

Triebfahrzeug	η_A	η_{fd}	η_{Tfz}
Dampflokomotive	0,10...0,14	0,70...0,90	0,06...0,10
Diesellokomotive	0,28...0,32	0,85...0,95	0,22...0,28
Elektrische Lokomotive	0,80...0,88	0,90...0,95	0,70...0,80
Dieseltriebwagen	0,28...0,32	1,00	0,26...0,30
Elektrische Triebwagen	0,80...0,88	1,00	0,78...0,85

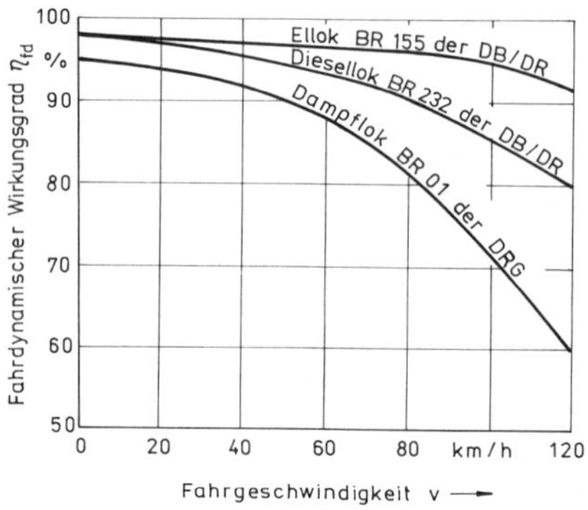

Fahrdynamischer *Wirkungsgrad* für Triebfahrzeuge

1) Der *W. von Tfz.* η_{Tfz} ist als momentane Größe das Verhältnis von Leistung der → Zughakenzugkraft zu Leistungsaufnahme des Tfz. am Systemeingang (→ Wechselstromtriebfahrzeug: → Wirkleistung) und als mittlere Größe das Verhältnis von Arbeit der Zughakenzugkraft zu → Energieverbrauch der Zugfahrt. Er ist das Produkt des W. des → Antriebssystems η_A, des fahrdynamischen W. η_{fd} und des Faktors (1-ξ), wobei die Größe ξ den anteiligen Energieverbrauch der traktionsbedingten Hilfseinrichtungen erfaßt:

$$\eta_{Tfz} = (1-\xi)\, \eta_A\, \eta_{fd}$$

2) Der *W. des Antriebssystems* ist als momentane Größe das Verhältnis von Leistung der → Treibradsatzzugkraft zu Leistungsaufnahme des Tfz. für die Traktion und als mittlere Größe das Verhältnis von → Zugförderarbeit zu Energieverbrauch für die Traktion. Er ist das Produkt der Teil-W. aller an der Zugkraftentwicklung beteiligten Einrichtungen des Antriebssystems.

3) Der *fahrdynamische W.* ist das Verhältnis von Zughakenzugkraft zu Treibradsatzzugkraft. Er charakterisiert den Zugkraftanteil für das Bewegen des Wagenzugs. Der Differenzbetrag zur Zahl 1 gibt den erforderlichen Zugkraftanteil für die Überwindung der → Widerstandskraft der Lokomotive an. → Triebwagen, die keine antriebslosen Einheiten befördern, haben den fahrdynamischen W. η_{fd} = 1, da in diesem Fall der Prozeß der Zugkrafterzeugung an den Treibradsätzen endet. Elektrische Lokomotiven sind neben Triebwagen wegen ihres günstigen fahrdynamischen W. für das Fahren von Hochgeschwindigkeitszügen gut geeignet. Abb. Tab.

Wirkverbrauchszähler: i.allg. als *Elektrizitätszähler* (fälschlich oft auch als *Stromzähler)* bezeichnetes Gerät zum Messen des Verbrauchs elektrischer Energie. *Wechselstrom-W.* arbeiten seltener als Motorzähler, meist nach dem Induktionsprinzip, bei dem eine drehbare Aluminiumscheibe zwischen den Polen von 2 Elektromagneten läuft, von denen einer eine Strom-, der andere eine Spannungswicklung trägt. Die Wechselwirkung zwischen den elektromagnetischen Feldern dieser Magnete und den in der Aluminiumscheibe durch Induktion entstehenden Wirbelströmen erzeugt in dieser ein der → Wirkleistung proportionales Drehmoment, das die Scheibe in Bewegung setzt. Diese wird auf ein Zählwerk übertragen. Das Feld eines verstellbaren Dauermagneten bremst die Scheibe und wirkt somit als Belastung. Während der Energieverbrauch in ortsfesten Anlagen ständig gemessen wird, hat sich eine solche Messung auf elektrischen Tfz. allg. nicht durchsetzen können.

wirtschaftliche Fahrweise: → Fahrstrategie

Wischergummi: → Scheibenwischeranlage

Wischerhebel: → Scheibenwischeranlage

»Wisent«: → Tierklasse

Witte-Windleitblech: → Windleitblech

Wittfeld, Gustav: 24. Oktober 1855 (Aachen) – 24. September 1923 (Berlin); Eisenbahningenieur und Lokomotivkonstrukteur. Nach dem Studium an der TH Aachen begann W. seine praktische Laufbahn bei der KPEV. Hier war er bei verschiedenen Direktionen im Maschinenwesen tätig und wurde 1884 zum Regierungsbaumeister ernannt. Ab 1892 arbeitete er im KPEV-Dezernat für Konstruktion und Beschaffung der Lokomotiven, wobei er maßgeblich an der Konstruktion der Stadtbahnlokomotive (Gattung T6) und (zusammen mit → Kuhn) einer Schnellfahrdampflokomotive (nach den Trägern des 1. Preises eines Ausschreibens als *Kuhn-Wittfeld-Lokomotive* bezeichnet), mitwirkte. Fast 50jährig übernahm W. als ein Verfechter des Wechselstromsystems für Vollbahnen das 1904 gegründete Dezernat für Elektrotechnik der KPEV und arbeitete auch hier maßgeblich an der Entwicklung von Bahnmotoren und an der Konstruktion und Einführung der → Akkumulator-Triebwagen für Nebenbahnen mit. Sein Wirken, das sich über 3 Traktionsarten von Schienenfahrzeugantrieben erstreckte, wurde von der TH Berlin-Charlottenburg mit der Verleihung des Ehrendoktortitels gewürdigt. Lit.: 2.9., 5.3.

Wofatitfilter: tauschbarer Einsatz des → Wasser-Kleinaufbereiters.

Wogen: → Fahrzeugschwingung

Wöhler, August: 22. Juli 1819 (Soltau) – 21. März 1914 (Hannover); Nestor der deutschen Eisenbahn-Maschineningenieure. W. arbeitete nach seiner technischen Ausbildung auf der Höheren Gewerbeschule zu Hannover bis 1843 bei Borsig als technischer Zeichner. Nach einer Ausbildung zum Lokomotivführer in Belgien wurde W. 1844 bei der Königlichen Eisenbahnverwaltung Hannover zum Maschinenverwalter ernannt. 1847 wechselte er zur Niederschlesisch-Märkischen Eisenbahn, wo er bis zum Königlichen Obermaschinenmeister befördert wurde. Nach 1869 übernahm W. die Leitung der Norddeutschen Wagenfabrik in Berlin, wurde 1874 zum Kaiserlichen Eisenbahn-Direktor ernannt und in die Leitung der Reichseisenbahn in Elsaß-Lothringen berufen. Darüber hinaus war er ein aktives Mitglied des technischen Ausschusses des Vereins Deutscher Eisenbahn-Verwaltungen.

Aus seiner umfangreichen wissenschaftlichen Tätigkeit sind bes. die Untersuchungen der Roll- und Reibverhältnisse zwischen Schiene und rollendem sowie gleitendem Rad (1866), die Erarbeitung des für die Festigkeitslehre bedeutsamen »Wöhlerschen Gesetzes« (1870) sowie die Entwicklung der Linsendichtung für Flansche von Großrohrverbindungen bei Dampflokomotiven (1855) hervorzuheben.

Für seine vielseitige Tätigkeit wurde W. 1901 von der TH Berlin-Charlottenburg zum Ehrendoktor ernannt; der Verein Deutscher Ingenieure verlieh ihm die Grashof-Denkmünze. Lit.: 2.9., 5.3. Abb.

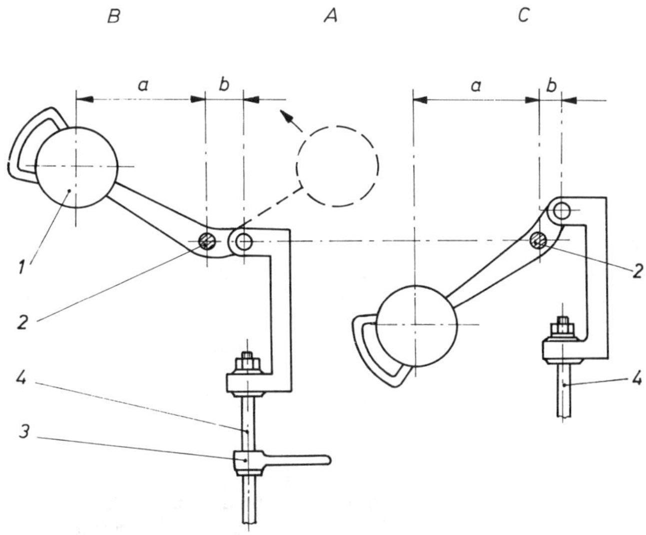

Wurfhebelbremse für Tender und Tenderlokomotiven
A Lösestellung, B Zwischenstellung während der Betätigung, C Bremsstellung
1 großes Massestück, 2 fester Drehpunkt des Wurfhebels, 3 Nachstellschlüssel, 4 Bremsstange

Wurfhebelbremse: → Handbremse für Dampflokomotiven (Schlepptender- und Tenderlokomotiven), die meistens quer zur Längsachse der Lokomotive an der Rückwand des Führerhauses angebracht ist. Der Bremshebel ist als Kniehebel ausgebildet, wodurch sich die Übersetzung a : b während des Hubs ändert (Abb.). Bei Betätigung des am freien Ende mit einem großen Massestück (1) versehenen Bremshebels (Lösestellung A) wird zuerst mit kleiner Übersetzung das Klotzspiel schnell überwunden (Zwischenstellung B), und die Bremsklötze legen an die Radsätze an. Anschließend wird mit großer Übersetzung eine große Klotzkraft erzeugt, und die Übersetzung erreicht ihren Höchstwert, wenn der Angriffspunkt zum Bremsgestänge senkrecht über dem Festpunkt (2) steht. Deshalb erfordert die W. eine sorgfältige Einstellung, die durch eine bes. Nachstelleinrichtung (3) vorgenommen wird. Die Handbremsmasse (-gewicht) ist bei der W. am Fahrzeug nicht angeschrieben. Die W. hat gegenüber der → Spindelbremse den Vorzug, daß durch das Herumwerfen des Massehebels der Weg der → Bremsklötze bis zum Anlegen schneller zurückgelegt wird. Abb.

Wz: → Wertungsziffer Wz

August *Wöhler*

Z

Zahnkranz: Teil des → Zahnrads, der die Verzahnung enthält. Der Z. kann aus hochwertigem Material bestehen und mit dem Zahnradgrundkörper aus Stahl geringerer Güte verbunden sein. Dieselmotoren tragen häufig auf der Schwungscheibe einen Anlaß-Z., in den beim Anlassen das → Ritzel des → Anlassers eingreift. Abb.

Zahnrad: Maschinenelement zur schlupffreien Drehmoment- und Leistungsübertragung. Je nach Lage der 2 Wellen eines → Zahntriebs unterscheidet man *Stirnräder* (→ Stirnradgetriebe), *Kegelräder* (→ Kegelradgetriebe), *Schraubenräder, Schneckenräder* und *Schnecken.* Nach der Art der Zähne werden gerad-, schräg-, bogen- und pfeilverzahnte Z. unterschieden. Die Zahnflankenform wird so gewählt, daß bei gleichförmigem Antrieb die getriebene Welle gleichförmig und stoßfrei umläuft; vorzugsweise wird die Evolventenform benutzt. Die Zahnflanken der für Tfz. verwendeten Z. werden heute ausschließlich gehärtet und geschliffen, um einen hohen Wirkungsgrad und eine große Lebensdauer zu erreichen. Ein ruhiger Lauf wird bei schräg-, bogen- und pfeilverzahnten Z. erzielt. Hochbelastete Z. erhalten → Zwangsschmierung mit Ölzuführung in den Zahneingriff. Abb.

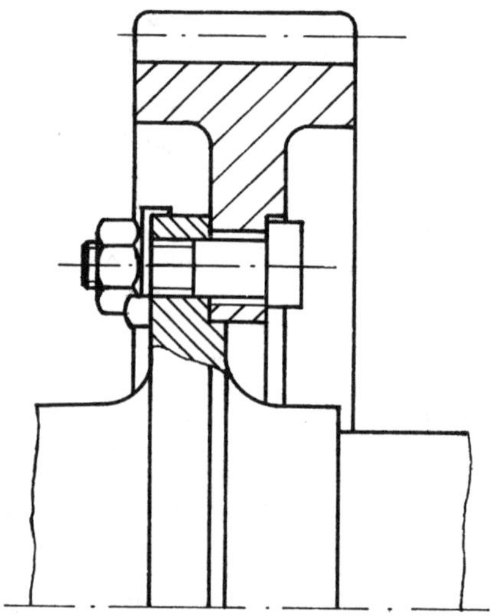

Zahnkranz (mit Nabenteil verschraubt)

Zahnrad
Stirnzahnrad mit Geradverzahnung

zahnradgekuppelte Radsätze: i.e.S. bei der Dampflokomotive i.G.z. → Stangenantrieb über Zahnräder von benachbarten Radsätzen angetriebene → Kuppelradsätze, wie z.B. der → Luttermöller-Radsatz bei moderneren Dampflokomotiven oder aus der älteren Lokomotiventwicklung bei der → »Invicta«, → »Puffing Billy« oder → Engerth-Lokomotive. I.w.S. auch Radsätze in stangenlosen Bauarten des → Gruppenantriebs von elektrischen und Diesel-Tfz.

Zahnradgetriebe: mechanisches Getriebe, das eine zwangsläufige und schlupflose Übertragung der Leistung durch → Zahntriebe ermöglicht. Bei Tfz. unterscheidet man je nach Funktion → Zahnradschaltgetriebe, → Verteilergetriebe, → Nachschaltgetriebe, → Wendegetriebe, → Stufengetriebe, → Radsatzgetriebe, → Hilfsgetriebe, → Winkelgetriebe.

Zahnradkupplung: Baugruppe eines vorwiegend in Japan (→ Shinkansen) und den USA verwendeten → Gestellmotorantriebs, bei dem sich das Getriebe mit dem Getriebekasten einerseits auf der Radsatzwelle, andererseits am Drehgestellrahmen abstützt. Der ebenfalls im Drehgestellrahmen fest angeordnete Fahrmotor ist über die Z. mit der Welle des Getrieberitzels verbunden. Sie besteht aus einem Stahlzylinder, der an beiden Enden eine Innenverzahnung besitzt und in der Mitte mit einer Scheibe und 2 Federn gehalten wird. An den Wellenenden von Motor und Getriebe sitzen ballig gedrehte Zahnräder, die in die Innenverzahnung eingreifen. Der Zylinder der Z. ist abgedichtet und mit Fett gefüllt. Abb.

Zahnradlokomotive: mit einem der Zugkrafterzeugung oder -verstärkung dienenden Zahnradantrieb ausgerüstetes und für den Einsatz auf sehr steilen Gebirgsstrecken mit Steigungen von 100–480‰ vorgesehenes Tfz., bei dem die durch den Kraftschluß (→ Kraftschlußbeiwert) zwischen Rad und Schiene zu verwirklichende Zugkraft für die vorgesehene Zugförderung nicht ausreicht. Das Antriebsmoment wird bei den Z. auf Zahnräder übertragen, die in bes., i. allg. in der Mitte zwischen den Schienen auf den Schwellen angebrachte *Zahnstangen* eingreifen. I. G. z. reinen Zahnstangenbetrieb wurden für Zahnradbahnen mit Streckenabschnitten geringerer Steigung auch Z. für den gemischten Zahnrad-Reibungs-Betrieb eingesetzt. Durch vielfältige, aufwendige Konstruktionen wurde bei diesen Z. entweder ein für den Zahnstangenbetrieb zusätzliches Zahnradtriebwerk mit eigener Antriebsmaschine vorgesehen oder der Zahnradantrieb konnte für den Steilstreckenbetrieb mit den Treib- und Kuppelradsätzen verbunden werden.

Dampflokomotiven wurden bereits 1847 in den USA für eine Zahnradbahn zwischen Madison und Indianapolis (Erbauer Cathcart), allerdings ohne Erfolg, eingesetzt. In Europa wurden vor allem die von → Riggenbach gebaute Rigibahn in der Schweiz (1871), die von Abt als Teilstrecke der Halberstadt-Blankenburger Eisenbahn (1885) nach Tanne errichtete Zahnradbahn und die von Strub gebaute Jungfraubahn (1896) bekannt. Damit wurden auch die 3 bekanntesten Systeme für eine Z. erfolgreich eingeführt.

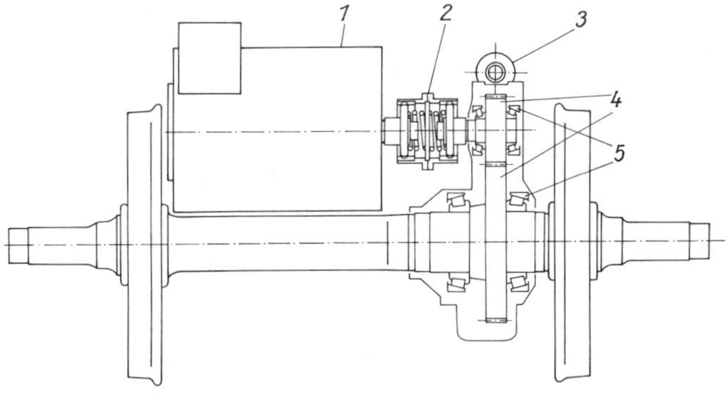

Zahnradkupplung
Prinzip des Antriebs mit Zahnradkupplung
1 Fahrmotor, 2 Zahnradkupplung, 3 Befestigung des Getriebekastens am Drehgestellrahmen, 4 Getriebe, 5 Lager

a)

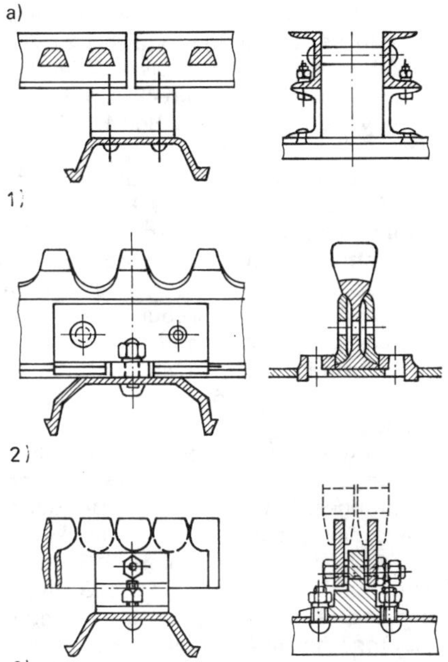

b)

Zahnradlokomotive
a) Verbreitetste Zahnstangenbauarten für Zahnradbahnen
1) Bauart Riggenbach, 2) Bauart Strub, 3) Bauart Abt
b) C1′h2(4v)-Lokomotive der BR 97[1] der DRG (ehem. bayrisch PtzL 3/4) mit Zahnradantrieb für die Zahnradbahnstrecke Übernzell–Wegscheid; die Dampfmaschine für den Zahnradantrieb (Zahnstange der Bauart Strub) befindet sich über der für den Reibungsantrieb

Auch für die steilsten Strecken der Pilatusbahn (Eröffnung 1889, größte Steigung 480‰) wurden spezielle Dampflokomotiven eingesetzt. Inzwischen wurde meist ein Übergang auf *elektrische Triebwagen* vollzogen, z. B. bei den beiden Rigibahnen und der Pilatusbahn mit 1500 V Gleichspannung.
Aus Sicherheitsgründen darf das Tfz. bergwärts nur schieben und muß talwärts ziehen. Die konstruktiv, betrieblich und instandhaltungsmäßig sehr aufwendigen Z. haben eine sehr geringe Höchstgeschwindigkeit, um das sichere Eingreifen der Zahnräder zu ermöglichen (Anfahrt an die Zahnstangenstrecke bis 5 km/h, Bergfahrt bis zu 25 km/h, Talfahrt nur mit 10–20 km/h). Da günstig ausgelegte Dampfloks und die modernen Tfz. auch ohne Zahnstange einen sicheren Betrieb bei Steigungen von bis zu 70‰ erlauben, haben die Z. bis auf den Einsatz auf wenigen Steilstrecken an Bedeutung verloren. Lit.: 2.1. Bd. 4, 2.8., 5.3. Abb.

Zahnradpumpe: → Verdrängerpumpe, bei der zur Erzeugung des Förderstroms Zahnräder verwendet werden. Die Förderung erfolgt durch Mitnahme des Fördermediums in den Zahnlücken der Zahnräder bei deren Drehbewegung. Es werden außen- und innenverzahnte sowie 1- und mehrströmige Z. unterschieden; die außenverzahnte, 1strömige Bauart dominiert. Für Drücke über 8 MPa werden → Hochdruckpumpen mit Druckentlastung der Lager verwendet. Z. sind wegen der Verdrängerwirkung auf der Druckseite zweckmäßig durch ein Überdruckventil abzusichern und werden als → Schmierölpumpe bei Dieselmotoren, Gasturbinen und Zahnradgetrieben, als → Steuerölpumpe bei Strömungs- und hydromechanischen Getrieben und als Förderpumpe beim → hydrostatischen Lüfterantrieb verwendet. Abb.

Zahnradschaltgetriebe: → Zahnradgetriebe mit mehreren → Zahntrieben unterschiedlichen → Übersetzungsverhältnisses, die wechselweise in Eingriff gebracht werden und eine stufenförmige Drehmomentwandlung ergeben. Jedem Übersetzungsverhältnis entspricht eine → Gangstufe. Der Wechsel der Gänge erfolgt bei unterbrochenem → Kraftfluß durch Betätigen von → Schaltkupplungen oder Schieberrädern (→ Durchschaltgetriebe). Bei Anwendung von → Klauenkupplungen als Schaltkupplung ist eine → Synchronisiereinrichtung zweckmäßig. A u s f ü h r u n g s a r t e n des Z. als Leistungsübertragungsanlage in Diesel-Tfz.: → Myliusgetriebe, → Einheitsrädergetriebe, → Elektroschaltgetriebe. V o r - und N a c h t e i l e : → mechanische Leistungsübertragung.

Zahnradschutzkasten: Schutzkasten, der den Zahnradantrieb zwischen → Fahrmotoren und → Treibradsätzen (2) dieselelektrischer und elektrischer Tfz. umgibt und dicht verschließt. Er wird mehrteilig aus Blech oder Leichtmetall, bei älteren Tfz. auch aus Gußeisen hergestellt. Der Z. ist im unteren Teil mit Öl gefüllt, um durch eine ständige Schmierung der Zahnflanken eine lange Lebensdauer der Zahnräder zu erreichen.

Zahnradstufengetriebe: andere Bezeichnung für → Zahnradschaltgetriebe.

Zahnradvorgelege: der Hauptwelle eines → Zahnradgetriebes vor- oder nachgeschalteter Zahntrieb zur Drehzahl- und Drehmomentänderung. Das Z. erfordert eine → Vorgelegewelle (1) und wird bei Zahnradschalt-, Nachschalt- und Radsatzgetrieben verwendet. Bei → Strömungsgetrieben ist der Pumpenwelle 1 Z. vorgeschaltet (→ Hochtrieb) und z. T. der (den) Turbinenwelle(n) nachgeschaltet (→ Vorgelegewelle(2)).

Zahnstange: → Zahnradlokomotive

Zahntrieb: 2 im Eingriff stehende → Zahnräder, die bei gegenläufigem Drehsinn ein Drehmoment formschlüssig von der treibenden auf die getriebene Welle übertragen. Beide Zahnräder besitzen gleiche Umfangsgeschwindigkeit im Teilkreis und gleiche Umfangskraft im Zahneingriff (Abb.). Das Produkt aus Zähnezahl z und Drehzahl n ist konstant, woraus sich das → Übersetzungsverhältnis i ergibt: $i = n_1/n_2 = z_2/z_1$ (Index 1 treibende Welle, Index 2 getriebene Welle). Die Drehmomente sind den Zähnezahlen proportional, womit bei jedem technisch realisierbaren Übersetzungsverhältnis $i \neq 1$ eine konstante Drehmomentwandlung für den Z. vorliegt. Abb.

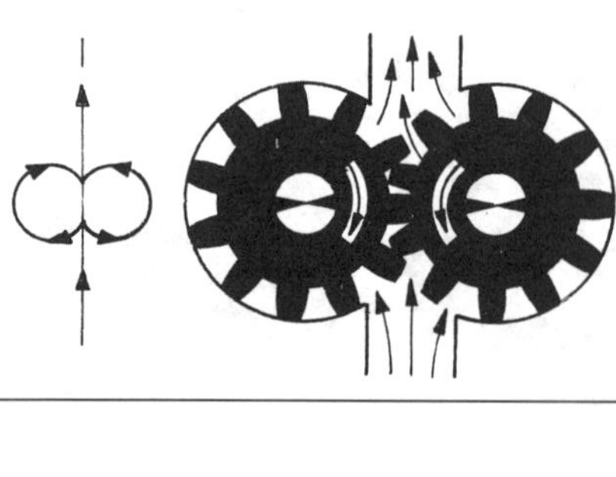

Zahnradpumpe (Wirkungsweise)

Zahn-vor-Zahn-Stellung: → Schaltmuffe

Z-Anordnung: → Gelenkwellenantrieb

Zapfendüse: Teil des → Einspritzventils von Verbrennungsmotoren für Zerstäubung und Verteilung des Kraftstoffs im Verbrennungsraum. Z. werden für Dieselmotoren mit unterteiltem Verbrennungsraum (Wirbelkammermotor) verwendet. Der Zapfen an der Düsennadel, die im Düsenkörper mit 1–2 mm Durchmesser geführt ist, beeinflußt die Form des in den Brennraum abgespritzten Kraftstoffstrahls mit einem Spritzwinkel von etwa 50° und hält die Düsenbohrung von Verbrennungsrückständen frei. Der Düsenöffnungsdruck ist geringer als bei der → Lochdüse, er beträgt 8–15 MPa. Abb.

Zapfenkreuz: → Gelenkwelle.

Zeitbehälter: → Druckluftbehälter, der zur Steuerung des zeitlichen Druckverlaufs bei → Druckluftbremsen verwendet wird. Moderne → Führerbremsventile haben einen Z. mit einer Düse zur Realisierung der Niederdruckfüllperiode sowie zum Angleichen der Drücke in der Hauptluftleitung und in den Luftbehältern der angeschlossenen Steuerventile an den → Regelbetriebsdruck bei → Überladung der Bremse. Dazu wird der Z. mit Druckluft mit Hilfe eines → Füllstoßes (1) oder → Angleichers über den Regelbetriebsdruck aufgefüllt. Ein Manometer auf dem → Führerstand informiert den Tfz.-Führer über die Druckhöhe im Z.

Zeitrelais: Schaltgerät kleiner Leistung in elektrischen Stromkreisen, durch das mit einer elektrischen Größe zeitlich verzögert eine andere elektrische Größe beeinflußt wird. Die Zeitdauer zwischen der Relaiserregung und der Kontaktgabe wird durch elektrische Bauelemente mit Speicherwirkung oder mit elektronischen Schaltungen, z.T. auch noch mechanisch, bestimmt. → Verzögerungsschalter

Zellenpumpe: → Flügelzellengetriebe

Zentrale: Bezeichnung des Abstands zwischen Mitte der Radsatzwelle (≙ Mitte des Großzahnrads) und Mitte der Ankerwelle (≙Mitte des Motorritzels) beim → Tatzmotorantrieb (dort Abb.). Sie ist damit die Summe der Radien von Großzahnrad und Motorritzel. Die Z. bleibt unabhängig vom Federspiel unverändert. Lit.: 4.12.

Zentrale Energieversorgung, Abk. **ZEV:** **1.** Prinzip der Netzgestaltung für die Bahnenergieversorgung elektrifizierter Eisenbahnen mit wenigen Kraft- bzw. → Umformerwerken und einem großflächigen, mehr oder weniger stark vermaschten Energieverteilungsnetz. – **2.** Verfahren der Energiebereitstellung für alle Verbraucher in einem Zug aus einer einzigen Energieversorgungsanlage innerhalb des Zugs. Diese befindet sich in einem Maschinenwagen oder -abteil, häufiger auf dem Tfz. Meist wird dann die im Zug benötigte Energie den gleichen Aggregaten entnommen, die die Traktionsenergie bereitstellen, und über die → Zugsammelschiene den Verbrauchern in den Wagen zugeführt. Vorteile: besserer Gesamtwirkungsgrad, weniger Unterhaltungsaufwand, bei höheren Geschwindigkeiten bessere Laufeigenschaften der Wagen.
Gegensatz: dezentrale Energieversorgung.

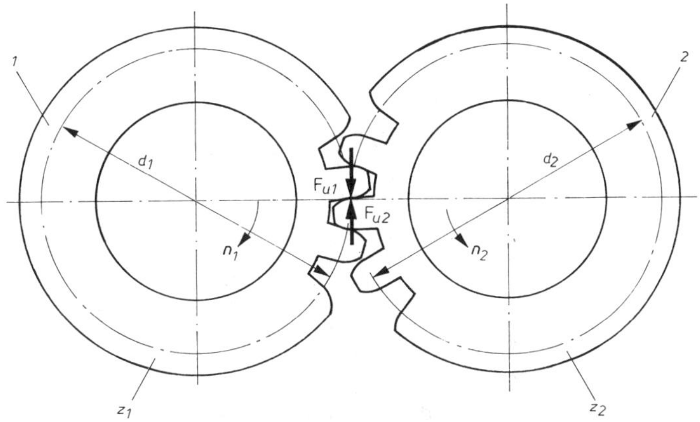

Zahntrieb
1 Zahnrad der treibenden Welle, 2 Zahnrad der getriebenen Welle, *z* Zähnezahl, *n* Drehzahl, *d* Teilkreisdurchmesser, F_u Umfangskraft

Zentrale Energieversorgungsanlage: → Zentrale Energieversorgung (2)

Zentralmotor: meist in Lokomotivmitte angeordneter Fahrmotor bei elektrischen Lokomotiven der Anfangszeit, bei dem die ganze Lokleistung in einem Motor vereinigt war, wobei das Drehmoment über verschieden gestaltete → Stangenantriebe auf die Treibradsätze übertragen wurde. Man hielt Z. bes. bei Tfz. mit Geschwindigkeiten über 70 km/h aus verschiedenen Gründen für vorteilhaft (hohe Schwerpunktlage und damit größere Laufruhe, günstigere Kühlverhältnisse, höherere Materialausnutzung, bessere Zugänglichkeit). Den größten jemals gebauten Z. hatte die 2'D1'-Personenzuglokomotive EP235 (E 5035) der KPEV: Z.durchmesser 3600 mm, Masse 24 t, Stundenleistung 2200 kW, Indienststellung 1917. Lit.: 4.1. Abb. S. 660

Zentrifugal-Staubfänger: → Staubfänger

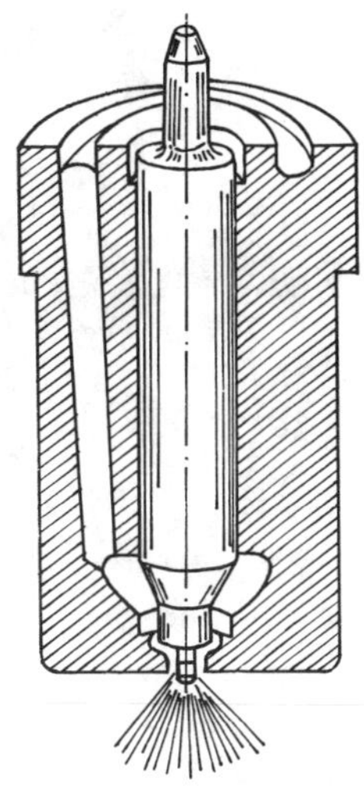

Zapfendüse und Düsenkörper (Schnitt)

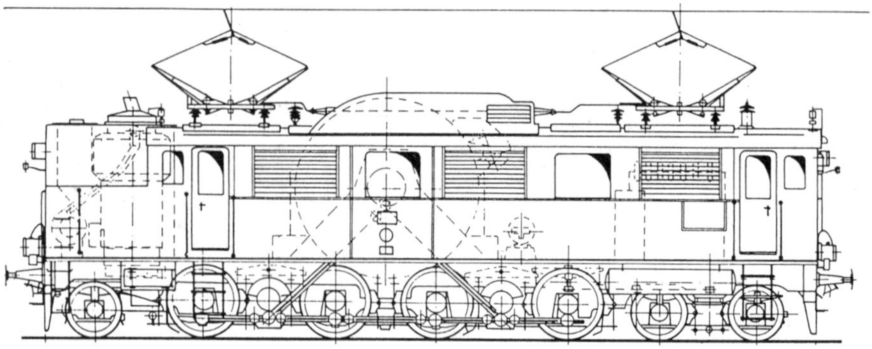

EP 235 mit *Zentralmotor*

Zerstäuber: mit hoher Drehzahl rotierendes, becher- oder scheibenförmiges Bauteil zum Zerstäuben und Einspritzen von Brennstoff in den Brennraum von → Heizgeräten und → Gasturbinen. Der Brennstoff wird von einer → Brennstoffpumpe über Rohrleitungen in den Z. gepumpt, den er durch Einwirkung der Fliehkraft über radiale Bohrungen oder über einen Spalt fein verteilt verläßt.

ZEV: Abk. für → **Z**entrale **E**nergie**v**ersorgung.

ZF-Hydro-Media-Getriebe: Baureihe → hydromechanischer Getriebe der Zahnradfabrik Friedrichshafen (ZF). Das Z. besteht aus einem → Trilokwandler mit nachgeschaltetem → Zahnradschaltgetriebe, dessen Gänge mit Lamellenkupplungen geschaltet werden. Der Trilokwandler wird nur zum Anfahren genutzt, in den weiteren → Gangstufen erfolgt die Leistungsübertragung rein mechanisch. Die hydraulisch betätigten Lamellenkupplungen werden durch eine elektrischen Schaltautomatik geschaltet, die mit → Primärbeeinflussung arbeitet. Z. haben sich in Dieseltriebwagen und in im Stadtverkehr eingesetzten Bussen bewährt.

Zucken: → Fahrzeugschwingung

Zugartwechsel: → Umstelleinrichtung zur Anpassung der Eigenschaften der → Druckluftbremse an die jeweilige Zugart. → Bremsstellungswechsel

Zugbahnfunk: → Streckenfunk

Zugbeeinflussung: Gesamtheit des Systems der Übermittlung von Informationen an das Tfz. und deren Verarbeitung auf dem Tfz. (Beeinflussung der Fahrweise des Tfz.). Werden vom Lokführer Signale nicht rechtzeitig erkannt und beachtet oder notwendige Tätigkeiten entsprechend der Signalstellung nicht ausgeführt, so tritt automatisch eine → Zwangsbremsung ein. Die Z. wirkt also erst dann auf die Steuerung des Tfz., wenn der Lokführer versagt und die Sicherheit des Eisenbahnbetriebs gefährdet ist. Arten: → punktförmige Zugbeeinflussung, → linienförmige Zugbeeinflussung. Während bei der *punktförmigen Z.* verschiedene Übertragungsverfahren für Informationen möglich und üblich sind (z.B. → mechanische Zugbeeinflussung und → induktive Zugbeeinflussung), werden die Informationen bei der linienförmigen Z. immer auf elektromagnetischem Weg übertragen. Hier besteht dann auch die Möglichkeit, die Fahrweise des Tfz. unter Umgehung des Tfz.-Führers direkt zu beeinflussen (→ automatischer Lokführer).

Zugeinrichtung, *Zugvorrichtung:* → Zug- und Stoßeinrichtung

Zugförderarbeit: Arbeit der → Treibachszugkraft, berechnet mit dem Arbeitsintegral $\int F(s)\,ds$ oder $\int P(t)\,dt$. Für diese Integrale ist keine geschlossene Lösung möglich. Deshalb erfolgt die Ermittlung der Z. durch das Zerlegen der Zugfahrt in kleine Weg- oder Zeitschritte Δs, Δt, durch das Bestimmen mittlerer Kräfte oder Leistungen F_m, P_m im Intervall (arithmetisches Mittel aus Anfangs- und Endwert) anhand des → Zugkraftdiagramms und durch das Berechnen der Summe der Einzelprodukte $\Sigma\ (F_m \Delta s)$ oder $\Sigma\ (P_m \Delta t)$. Näherungsweise ist die Ermittlung der Z. auch über die Bestimmung der mittleren → Widerstandskraft der → Zugfahrt möglich. Die Z. ist der maßgebliche Bestandteil des → Energieverbrauchs bzw. → Kraftstoffverbrauchs.

Zugförderung: Traktion (Beförderung) von Zügen als Grundaufgabe des Eisenbahnbetriebs. Die notwendige → Zugkraft wird durch → Triebfahrzeuge, d. h. durch → Lokomotiven (lokbespannter Zug, → Zuglokomotive) oder → Triebwagen (→ Triebwagenzug, → Triebzug) erzeugt.

Zugfunk: **1.** Drahtlose Sprechverbindung zwischen einer Funkstation auf Tfz. bzw. in Reise- oder Güterzügen und ortsfesten Stationen (→ Streckenfunk, Verkehrsfunk). Zum Teil besteht Einwahlmöglichkeit in das öffentliche Telefonnetz (öffentlicher Z.) oder in das Basa-Netz (nichtöffentlicher Z.) oder nur eine Verbindung zu bestimmten Dienststellen der Eisenbahn oder bei der elektrischen Traktion zum Unterwerk. Es werden Frequenzen im Abstand von 50 kHz oder 25 kHz innerhalb der Verkehrsfunkbänder 4 m (70–87,5 MHz) und 2 m (156–174 MHz) verwendet. Die Funksprechgeräte arbeiten mit Frequenzmodulation und auf mehreren Kanälen. Der Z. dient zum schnellen betrieblichen *Lösen von Sonderaufgaben:* Vormeldung von Verkehrs- und betrieblichen Besonderheiten, bei Havarien, zur Reduzierung von Fahrzeitüberschreitungen, zur Fahrzeitregulierung, zur Lastverteilung bei elektrischer Traktion, zur Disposition von Fahrzeugen innerhalb der Bahnhöfe. *Netzaufbau:* a) Simplex-Betrieb mit technisch einfachen Funkstationen. Nachteile entstehen bei gleichzeitiger Arbeit benachbarter Stationen auf dem gleichen Kanal (Verwirrungszone); b) Duplex-Betrieb ohne Beeinflussung der Stationen, da sich die Duplex-Frequenz erst bei jeder zweiten Station wiederholt. Durch frequenzselektive Rufverfahren können Verbindungen zu verschiedenen Tfz. hergestellt werden, ohne andere Stellen zu beeinflussen. – **2.** Bezeichnung für die Lautsprecheranlage in Triebwagen, Triebzügen und Reisezügen zur Übertragung von Musik und Mitteilungen an die Reisenden.

Zughaken: → Zug- und Stoßeinrichtung

Zughakenleistung: Leistung der → Zughakenzugkraft.

Zughakenzugkraft: → Zugkraft einer Lokomotive, bezogen auf den Zughaken und auf die normativen Bedingungen der waagerechten und geraden Strecke und der gleichförmigen Bewegung (keine Strecken- und Trägheitskraft der Lokomotive vorhanden, konstante Geschwindigkeit und → Widerstandskraft). Beim Benutzen der Z. in fahrdynamischen Berechnungen entfällt die Lokomotivwiderstandskraft.

Zugheizanlage: → Zugheizeinrichtung

Zugheizeinrichtung, *Zugheizanlage:* Einrichtung auf Tfz. zur Wärmeversorgung von Fahrgast- und Personalräumen in Zügen oder zum Erwärmen oder Auftauen von in Güterwagen transportierten flüssigen Gütern oder Schüttgütern (Schweröle, Kohle). 1) Die Z. lokomotivbespannter Züge versorgt die Wagen über eine Heizleitung mit Heizenergie in Form von Dampf (Heizdampf) oder elektrischer Energie (→ Heizspannung). Bei Dampflokomotiven wird der *Heizdampf* vom Lokomotivkessel geliefert, wobei zur Dampfentnahme ein, meist in einem Dampfverteilerkasten angeordnetes Heizventil dient. Damit wird der Dampfdruck auf einen der Außentemperatur angepaßten Heizdampfdruck bis max. 400 kPa, in extremen Fällen bis 450 kPa, reduziert. Mit einem nachfolgenden Dreiwegehahn oder bei den Einheitslokomotiven mit einem → Umschaltventil kann der Dampf zum vorderen oder hinteren Dampfabsperrhahn geleitet werden, von wo aus über die → Heizkupplung die Weiterleitung zu den Wagen des Zugs erfolgt. Ältere Diesellokomotiven sind meist mit einem → Heizdampferzeuger ausgerüstet; die weitere Z. enspricht der der Dampflok. Moderne Dieselloks und elektrische Tfz. habe eine *elektrische Z.* zur Versorgung der → elektrischen Heizung der Wagen. Dabei wird bei Gleichspannung (1,5 kV oder 3 kV) die Heizspannung unmittelbar aus der Fahrleitung entnommen und vom Stromabnehmer über → Heizschütze an die Heizkupplung weitergeleitet. Bei Wechselspannung wird auf die international zugelassene Heizspannung von 1 kV, 50 Hz oder 16⅔ Hz (→ Heizspannungswandler, Anzapfung vom → Haupttransformator) umgewandelt. Die Umschaltung der elektrischen Heizung im Wagen auf die jeweils anliegende Heizspannung geschieht selbsttätig. Die Leistung der Z. wurde früher auf 300–400 kW bemessen, jedoch wurde im Zusammenhang mit der zunehmenden Ausrüstung der Wagen mit Klimaanlagen und anderen Verbrauchern, die den Energiebedarf eines modernen Reisezugwagens auf über 40 kW erhöhen, die mögliche Leistung der Z. moderner Tfz. auf 600–800 kW vergrößert.

2) Die Z. versorgt elektrische Triebwagen i.d.R. mit elektrischer Energie aus der Fahrleitung. Verbrennungstriebwagen besitzen eine Luft- und/oder Warmwasserheizeinrichtung, wobei eine energetisch günstige Nutzung der Abwärme des Fahrzeugdieselmotors, z.B. durch

Heizung mit dem Motorkühlwasser, angestrebt wird.
Zugheizregler: → Heizregler
Zugheizschalter: → Heizschalter
Zugkraft: vom → Antriebssystem eines Tfz. entwickelte Kraft, die der Herstellung und Erhaltung des Bewegungszustands eines Zuges dient. Die Z. ist von der Fahrgeschwindigkeit und von der entpr. → Fahrstufe abhängig und wird im → Zugkraftdiagramm dargestellt. Die maximale Z. ist einerseits durch die → Anfahrzugkraft und andererseits durch die → Fahrstufe mit dem maximalen Leistungsvermögen des Antriebssystems (→ Nennbetrieb) gegeben. Bei der → Übergangsgeschwindigkeit erfolgt der Übergang von dem einen in den anderen Grenzbereich. Z. müssen unter Nennung des Bezugspunkts am Tfz. angegeben werden. Als Bezugspunkte dienen i.d.R. die Antriebsmaschine (→ Maschinenzugkraft, → indizierte Zugkraft), der Treibradumfang (→ Treibradsatzzugkraft) und der Zughaken (→ Zughakenzugkraft).
Zugkraftangleich: Anpassung der → Zugkraft an einen Verlauf, der einer anzustrebenden Zugkraftkennlinie (→ Zugkraftdiagramm) eines Tfz., bes. für die → Anfahrzugkraft, entspricht. I.e.S. ist unter Z. die Anpassung der Zugkraft der einzelnen → Treibradsätze eines Tfz. an die für sie jeweils vorliegenden speziellen Kraftschlußverhältnisse zu verstehen. So bewirkt z.B. der sog. *elektrische Z.* mit Hilfe von → Zusatztransformatoren, daß bei schweren Anfahrten die Zugkraft des ersten Treibradsatzes des vorderen Drehgestells, die wegen der → Achsentlastung zum Schleudern neigt, durch Spannungsverminderung etwas verringert und die des zweiten Treibradsatzes durch Spannungserhöhung um denselben Betrag etwas vergrößert wird. Lit.: 4.5.
Zugkraftdiagramm: Darstellung des Verlaufs der → Zugkraft in Abhängigkeit von der Geschwindigkeit bei Zugrundelegung der → Fahrstufe für den → Nennbetrieb mehrerer oder aller Fahrstufen als Diagrammparameter. Das Z. kann für die → Maschinenzugkraft (→ indizierte Zugkraft), für die → Treibradsatzzugkraft und für die → Zughakenzugkraft aufgestellt werden. Teilweise wird das Z. auch durch die Leistungskennlinien ergänzt. Abb.
Zugkrafthyperbel: → Zugkraftdiagramm
Zugkraftkennlinie: → Zugkraftdiagramm
Zugkraftmesser: **1.** Bei → Versuchsfahrten eingesetztes Gerät zur Messung der vom Tfz. am Zughaken ausgeübten Kraft für das Befördern eines Zugs (→ Zugkraft). Der Z. ist Teil der Meßgeräteausrüstung eines Meßwagens und war früher meist eine Meßdose mit einem mechanischen Federelement, dessen elastische Verformung unter Krafteinwirkung mechanisch mit Hebel bzw. Seilzug oder hydraulisch durch Druckerhöhung in einer Flüssigkeit und Anzeige oder Registrierung mit einem Röhrenmanometer zum Meßtisch übertragen wurde. Dabei treten durch Spiele in der Übertragung und/oder Temperatureinflüsse größere Fehler auf, so daß moderne Z. mit Dehnmeßstreifen oder anderen Meßwandlern versehen sind, die eine der Zugkraft proportionale elektrische Spannung oder Frequenz erzeugen und so eine sehr genaue Übertragung zu den Anzeige- und Registriergeräten ermöglichen. Zunehmend werden die Z. mit Meßwertverarbeitungsanlagen gekoppelt, die eine weitgehend automatisierte Bestimmung weiterer gewünschter Größen, wie Leistung der Zugkraft, Mittelwerte, Streuungen und Abhängigkeitsmaße (Korrelation, Regression) erlauben. – **2.** Indirekt wirkendes Anzeigegerät auf dem Führerpult von elektrischen Tfz., das den von den Fahrmotoren aufgenommenen elektrischen Strom als Näherungswert für die dazu proportionale Zugkraft anzeigt.
Zugkraftregelung: → Geschwindigkeitsregelung
Zugkraftschwankung: in geringen Grenzen mögliche Änderung der → Zugkraft bei Tfz. Eine unvermeidbare Z. tritt durch

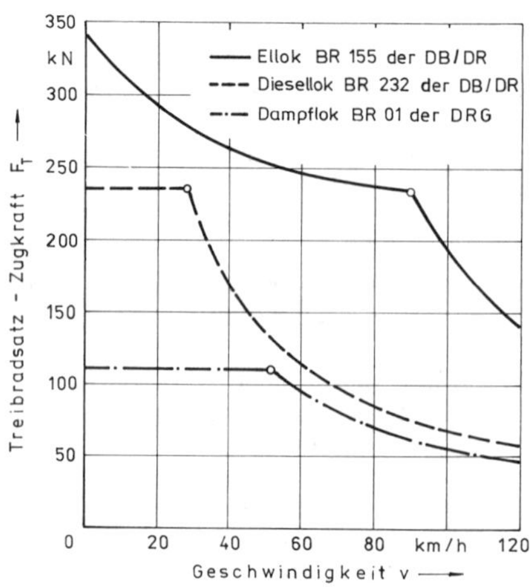

Zugkraftdiagramm leistungsstarker Tfz.

die periodisch wechselnde Tangentialkraft an den Treibzapfen beim → Stangenantrieb von Dampf-, Diesel- und Elektrolokomotiven auf. Bei dieselhydraulischen Tfz. kann eine Z. beim Umschalten der Gänge eines → Strömungsgetriebes auftreten, die aber durch Überschneiden der Füll- und Entleervorgänge im → Umschaltpunkt weitgehend vermieden wird. Schaltvorgänge bei dieselmechanischen Tfz. führen zum → Zugkraftsprung.

Zugkraftsprung: Unterschied in der Zugkraft eines Tfz. bei annähernd gleicher Fahrgeschwindigkeit, der beim Gangwechsel eines → Zahnradschaltgetriebes oder → Strömungsgetriebes mit Kupplungsgängen auftritt oder der beim Fahrstufenwechsel (→ Fahrstufe) von Diesel- und elektrischen Tfz. wirksam wird. Der bei Zahnradschaltgetrieben typische Z. zwischen den → Gangstufen wirkt sich ungünstig auf das Fahrverhalten dieselmechanischer Tfz. aus. (→ dieselmechanische Lokomotive).

Zugkraftunterbrechung: zum Schalten eines → Zahnradschaltgetriebes notwendige kurzzeitige Unterbrechung des → Kraftflusses durch → Trennkupplung oder → Schaltkupplung, die sich am Zughaken eines dieselmechanischen Tfz. mit einer Unterbrechung der Zugkraft äußert. Eine Z. kann auch durch Unregelmäßigkeiten in den Maschinenanlagen eines Tfz. auftreten (z.B. Ölmangel, Kurzschluß). Die Z. ist für das Fahrverhalten eines Tfz. ungünstig und führt zu Längsstößen im Zug.

Zugkupplung: Ausführung einer selbsttätigen Zugeinrichtung (→ Zug- und Stoßeinrichtung) von Eisenbahnfahrzeugen. Sie wird gelegentlich zur Vereinfachung des Rangierbetriebs bei Rangierlokomotiven eingesetzt, z.B. Bauart Scharfenberg, die hochgeklappt das Nutzen der normalen Schraubenkupplung ermöglicht. Sie ist für die Übertragung der Zugkräfte und nur bedingt für die der Stoßkräfte ausgelegt, so daß dafür die Seitenpuffer beibehalten bzw. zusätzlich erforderlich sind.

Zuglaufstörung: Unregelmäßigkeit in der betriebstechnologischen Abwicklung der Zugförderung einer Eisenbahn. Die Z. werden durch betriebliche Einflüsse, Zugtrennung oder Unfälle oder auch durch Schäden am Tfz. (→ Triebfahrzeugschaden) oder an den Wagen verursacht und führen zu Verspätungen der Züge. Dabei können die Auswirkungen geringfügig sein (Bagatellstörungen), eine größere Zeitdauer (10–60 min) umfassen oder katastrophenartig wirken.

Zuglokomotive: Lokomotive des → Triebfahrzeugbetriebsparks, die in der Zugförderung eingesetzt ist. Eine Z. ist sowohl a) die für die Zugfahrt planmäßig vorgesehene Lokomotive, unabhängig von ihrer Stellung im Zugverband (als Lokomotive des Zugs), als auch b) i.e.S. die an der Spitze des Wagenzugs planmäßig fahrende Lokomotive, die durch die Entwicklung von → Zugkraft die Vorwärtsbewegung des Zugs bewirkt. Die Leistung dieser Z. kann durch eine → Vorspannlokomotive oder eine → Schiebelokomotive bedarfsweise erhöht werden.

Zugsammelschiene: Leitung zur Versorgung der → elektrischen Heizung und anderer elektrischer Verbraucher im Wagenzug (Klimaanlage, Beleuchtung, Koch- und Kühleinrichtungen des Speisewagens u.a.). Sie ist für international zugelassene Wagen für alle 4 zugelassenen Stromsysteme (→ Mehrspannungsheizung) ausgelegt. Die Z. ist i.allg. 1polig mit Rückleitung über die Fahrzeugmasse und durch die Schienen. Lit.: 1.8., 4.6.

Zugschlußsignal: → Schlußsignal

Zugstange: → Zug- und Stoßeinrichtung

Zugtrennung: technischer Schaden an der Zugeinrichtung von Eisenbahnfahrzeugen eines Zuges, der zu einer unbeabsichtigten Trennung des Zuges führt (→ Zuglaufstörung). Eine Z. kann verursacht werden durch *Bruch einer Zugeinrichtung* (→ Zug- und Stoßeinrichtung), vor allem durch den *Riß der Kupplung,* der Kupplungslaschen, Abstreifen der Kupplungsmutter oder Bruch des Bügels, durch den *Riß der Zugstange* oder durch *Schaden am Zughaken,* wie gebrochene Zughakenspitze oder gebrochenes Zughakenauge. Beim Eintreten einer Z. erfolgt eine → Zwangsbremsung beider Zugteile.

Zug- und Stoßeinrichtung: Baugruppe am → Rahmen (→ Untergestell) von Tfz. und Wagen zur Aufnahme der → Zugkraft oder von Stoßkräften zwischen den Fahrzeugen. Sie ist unbedingte Voraussetzung für die Förderung der Eisenbahnfahrzeuge im Zugverband. Die herkömmliche Z. der europäischen Normalspurfahrzeuge hat dafür getrennte Einrichtungen: 1) Zugeinrichtung: a) *äu-*

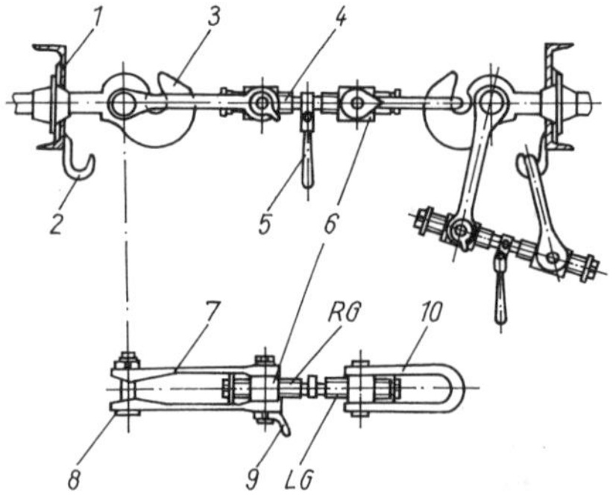

a)

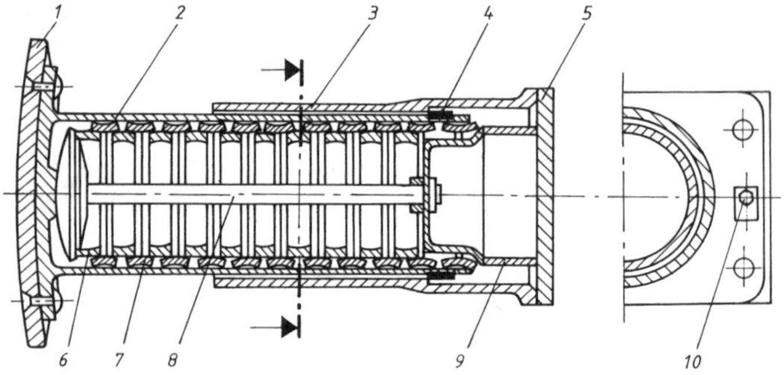

c)

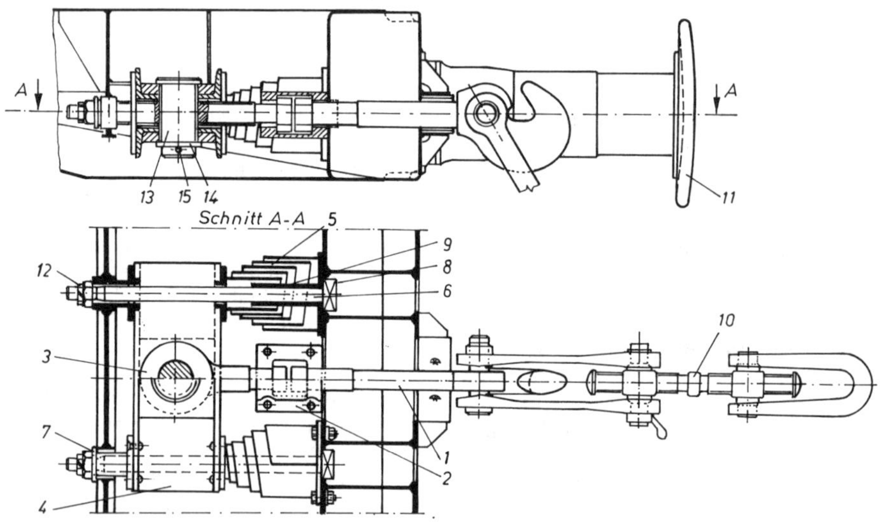

b)

Zug- und Stoßeinrichtung
a) Schraubenkupplung
1 Kopfstück, 2 Haken, 3 Zughaken, 4 Spindel, 5 Schwengel, 6 Mutter, 7 Lasche, 8 Bolzen, 9 Sicherung, 10 Bügel, RG Rechtsgewinde, LG Linksgewinde
b) Zugeinrichtung der Diesellok BR 228 der DB/DR
1 Zughaken, 2 Schalenmuffe, 3 Zugstange, 4 Zugbalken, 5 Kegelwikkelfeder, 6 Führungsbolzen, 7 Flanschbuchse, 8 Federplatte, 9 Anschlaghülse, 10 Schraubenkupplung, 11 Hülsenpuffer, 12 Kronenmutter, 13 Bolzen, 14 Scheibe, 15 Splint
c) Hülsenpuffer mit Reibkonusfeder
1 Pufferteller, 2 Stößel, 3 Hülse, 4 Halteringhälfte, 5 Grundplatte, 6 Innenring, 7 Außenring, 8 Druckstück, 9 Vorspanntopf, 10 Federkennschild

ßere Zugeinrichtung (Schraubenkupplung); sie besteht aus am Zughaken mit Hilfe eines versplinteten Bolzens befestigten Laschen und dem über Muttern mit Links- bzw. Rechtsgewinde und Spindel damit verbundenem Bügel. Die Bruchkraft beträgt bei neueren Schraubenkupplungen 850 kN (Kennzeichnung: Rippen). Der Bügel wird in den Zughaken des zu kuppelnden Fahrzeugs eingehängt, und durch Drehen der Spindel mit dem Schwengel kann der Abstand soweit verringert werden, daß sich die Pufferteller federnd berühren. Diese straffe Kupplung ist für Reisezüge gefordert, bei Güterzügen wird oft noch lose gekuppelt. Bei einer Überlastung sollen zuerst die Laschen reißen (Sollbruchstelle). b) *innere Zugeinrichtung;* sie sichert die federnde Übertragung der Zugkräfte auf das Fahrzeug und die Durchleitung auf die nachfolgenden Fahrzeuge. Die Bruchfestigkeit muß mindestens 1000 kN betragen. Sie besteht aus dem Zughaken mit der Zughakenführung und der mit einer Schalenmuffe verbundenen Zugstange. c) Bei der *durchgehenden Zugeinrichtung* (für Wagen) führt die Zugstange durch das Untergestell bis an den Zughaken am anderen Wagenende; der Wagen selbst ist nur über eine innenliegende Zugfeder (in beiden Richtungen wirkend) mit der Zugstange verbunden. Damit wird der Rahmen nicht mit der durchge-

henden Zugkraft belastet und kann allg. leichter gebaut sein. d) Mit *geteilter Zugeinrichtung* sind Tfz., Neubauwagen und viele Spezialwagen sowie Drehgestellwagen versehen, da sie keinen Einbauraum für eine durchgehende Zugeinrichtung haben. Dabei ist der Zughaken über eine Schalenmuffe mit einer nur kurzen Zugstange verbunden, die sich über einen Federapparat unmittelbar auf den Endquerträger des Rahmens (→ Pufferträger) abstützt. Der Rahmen muß dabei auch die durchgehenden Zugkräfte aufnehmen können.
2) Stoßeinrichtung: Sie besteht aus 2 am Pufferträger symmetrisch angeordneten *Seitenpuffern,* die die Stoßkräfte in Längsrichtung federnd aufnehmen können. Bei Tfz. werden meist Hülsenpuffer der UIC-Bauart verwendet, die einen flach gewölbten Pufferteller und eine in der Pufferhülse und dem Stößel angeordnete Reibkonusfeder (Ringfeder) haben. Die Federsäule ist mit etwa 10 kN vorgespannt und erreicht bei voller Einfederung eine Endkraft von 350 kN.
Bei den Bahnen der GUS, der USA, Japans u.a. ist als Standard-Z. eine → *Mittelpufferkupplung* eingeführt, die sowohl die Zug- als auch die Stoßkräfte aufnehmen kann und beim Zusammendrücken selbsttätig kuppelt, wobei moderne → *automatische Kupplungen* auch die elektrischen und Luftleitungen mitkuppeln.
Zwischen der Dampflokomotive und dem → Schlepptender sowie bei kurzgekuppelten Wagen wird eine → Kurzkupplung als Z. verwendet. Abb.

Zugverholung: langsames Weiterbewegen eines Zugs zur kontinuierlichen Beladung seiner offenen Güterwagen mit Schüttgut; häufig angewendet in Tagebauen unter der Förderbrücke. Die elektrische Lokomotive wird dabei entweder direkt über eine seitlich verlegte → Fahrleitung durch Zuführung einer veränderlichen Spannung oder indirekt über UKW-Funk durch Einflußnahme auf die Leistungssteuerung von einer meist auf der Förderbrücke befindlichen Leitstelle aus ferngesteuert.

Zugvorrichtung: → Zug- und Stoßeinrichtung

Zugwiderstandskraft: → Widerstandskraft

zulässige Achskraft: → Achsfahrmasse, → Radkraft

zulässige Masse je Längeneinheit: → Masse je Längeneinheit

zulässige Schwingungseinwirkung: → Schwingungsabwehr

zulässiger Achsstand: → Radsatzabstand

zulässiger Geräuschpegel: → Lärmbekämpfung

Zuluftgebläse: Gebläse zur Förderung der Zuluft in die → Fahrgasträume. Z. sind Bestandteile der → Luftheizung bzw. Klimaanlage.

Zünddrehzahl: erforderliche Start- oder Anlaßdrehzahl von Verbrennungsmotoren, bei der die Zündung des Kraftstoff-Luft-Gemischs erfolgt. Durch die → Anlaßeinrichtung bei Dieselmotoren wird die → Kurbelwelle auf eine Drehzahl beschleunigt, bei der die Verdichtungsendtemperatur die Selbstzündungstemperatur des Kraftstoff-Luft-Gemischs übersteigt. Als Erfahrungswerte für Z. von Dieselmotoren gelten: a) Motoren mit Direkteinspritzung 50–120 U/min; b) Motoren mit unterteiltem Brennraum und → Anlaßhilfe 80–150 U/min.

Zündfolge: Reihenfolge der → Zylinder (2) bei Mehrzylindermotoren, in denen das Kraftstoff-Luft-Gemisch in gleichen zeitlichen Abständen zündet. Die Z. eines einfachwirkenden Vierzylinder-Viertakt-Reihenmotors ist 1–2–4–3 oder 1–3–4–2.

Zündtransformator: Transformator im Zündgerät des → Heizdampferzeugers Bauart DR, der aus der Wechselspannung des Umformers (220 V) die Zündspannung (15 kV) für die Zündelektroden im → Brenner erzeugt.

Zündverzug: Zeit zwischen dem Einspritzbeginn des DK in den → Brennraum und der → Selbstentzündung des Kraftstoff-Luft-Gemischs bei → Dieselmotoren. Im Indikatordiagramm ist der Z. am Druckanstieg über dem Kurbelwinkel erkennbar. Die Zeitdauer des Z. beträgt etwa 0,001–0,002 s.

Zündwilligkeit: Eigenschaft von → Kraftstoffen, in Abhängigkeit von Temperatur- und Druckverhältnissen *ohne Fremdzündung* zu entflammen. Von der Z., z.B. der des DK, werden das Startverhalten des Motors und damit die Beanspruchung der zum Betrieb des → Anlassers benötigten Energieversorgungsanlagen beeinflußt. Maß für die Z. ist die → Cetanzahl (CaZ).

Zündzeitpunkt: **1.** Beginn der Fremdzündung des Kraftstoff-Luft-Gemischs bei → Ottomotoren. Bei der *Spätzündung* liegt der Z. nach dem OT, bei der *Frühzün-*

dung vor dem OT. Der Z. beeinflußt die Emission von Kohlenwasserstoffen und Stickoxiden. – **2.** Zeitpunkt, zu dem der Steuerelektrode eines → Thyristors ein elektrischer Zünd- oder Lichtimpuls (Fotothyristor) zugeführt wird, der einen Stromfluß zwischen Anode und Katode ermöglicht bzw. einleitet. Der Z. kann mit Hilfe von Steuergeräten, bezogen auf den Nulldurchgang der Thyristorspannung innerhalb einer Periode, beliebig verschoben werden (→ Anschnittsteuerung, → Sektorsteuerung).

Zusatzbremse: → nichtselbsttätige Druckluftbremse für Tfz. Sie ist für Alleinfahrten, Rangierarbeiten oder zur Erleichterung genauer Zielbremsungen vorgesehen, da sie sehr feinfühlig regulierbar ist. Mit der → selbsttätigen Druckluftbremse ist die Z. über ein → Doppelrückschlagventil verbunden. Die Z. ist direkt wirkend und nicht durchgehend. Sie hat kurze Ansprechzeiten, ein stufenweises Bremsen und Lösen ist möglich. Die einfache Funktionsweise der Z. gestattet, verhältnismäßig unkomplizierte Führerbremsventile (→ Zusatzbremsventil) zu verwenden. Bei Dampflokomotiven wirkt die Z. auf die Treib-, Kuppel- und Tenderradsätze.

Zusatzbremsventil: Betätigungseinrichtung (→ Führerbremsventil) der → nichtselbsttätigen Druckluftbremse auf Tfz. (→ Zusatzbremse). Sie verbindet in der Bremsstellung den → Hauptluftbehälter mit dem → Bremszylinder. Beim Lösen entweicht die Druckluft aus dem Bremszylinder über das Z. ins Freie. In der Abschlußstellung wird ein bestimmter Zustand festgehalten. Durch Drehen eines Betätigungsgriffs kann der Bremsdruck beliebig verstärkt, gehalten oder abgeschwächt werden.
In der konstruktiven Ausführung unterscheidet man zwischen Drehschieber- und Ventilsteuerung. Bei der Ventilsteuerung des Z. werden die Luftwege mit 2 gummibewehrten Stoßventilen gesteuert, die wiederum über ein auf einer Welle angebrachtes Druckstück (z.B. Typ Knorr Zb3) betätigt werden. Es gibt auch Z., wo die verschiedenen Stellungen zu einem Brems- und Lösebereich verschmelzen, innerhalb dessen jeder beliebige Bremszylinderdruck stufenlos eingestellt werden kann, ohne daß nach jeder Druckänderung eine Abschlußstellung eingenommen werden muß (z.B. Typ Dako-BP).

Zusatzbremszylinder: → Bremszylinder für die 2stufige pneumatische → Lastabbremsung bei Fahrzeugen mit großer Zuladung, wobei die Umstellung von der Stellung »leer« auf »beladen« bei der Bremsumstellmasse von Hand vorgenommen wird. Bei der → Kunze-Knorr-Bremse, Bauart KK-G, mit den Steuerventilen G1 und G3 und bei der Hildebrand-Knorr-Bremse, Bauart Hik-G, mit dem Steuerventil Hikg2 wird in Stellung »beladen« ein zweiter Bremszylinder zugeschaltet, und es entwickeln sich in beiden Bremszylindern die gleichen Drücke. Für KE-Bremsen gibt es dafür den *Doppelbremszylinder,* wo 2 Bremszylinder hintereinander angeordnet sind.

Zusatzdampf: Bezeichnung für den der → Abdampfstrahlpumpe zugeführten Frischdampf bei nicht ausreichend zugeführtem → Abdampf, d. h. i.d.R. bei Fahrt mit niedrigem Dampfdruck im → Schieberkasten (z.B. bei Lokomotivleerfahrt oder Zugfahrt im Gefälle). Bei geschlossenem → Dampfregler wird die Abdampfstrahlpumpe nur mit Z. betrieben. Lit.: 2.3., 2.12.

Zusatztransformator: Transformator auf elektrischen Tfz., der neben dem → Haupttransformator bei manchen → Leistungssteuerungen notwendig ist, z.B. zur Erzeugung von Zusatzspannungen zu den Grobstufen (Feinregler-, Feinschaltwerksteuerung) oder zum Ausgleich von Spannungsunterschieden zwischen 2 Fahrmotorgruppen (→ Ausgleichschaltungen) oder für den elektrischen → Zugkraftangleich. Lit.: 4.5., 4.11., 4.12.

Zusatzwandler: in einem Strömungsgetriebe zusätzlich eingebauter → Strömungswandler, der bei Leistungsüberschuß der Antriebsmaschine und bei Bedarf zur Erhöhung der Traktionsleistung eingeschaltet wird. Ein Z. ist z.B. im Strömungsgetriebe GS30/5,5 der Diesellokomotive BR219 der DB/DR angeordnet, um die Getriebeeingangsleistung zu erhöhen, wenn vom Dieselmotor keine Leistung für den Antrieb des Zugheizgenerators abgefordert wird. Der Z. wird wie die → Gangstufen des Strömungsgetriebes durch Füllen und Entleeren geschaltet und wirkt über den gesamten Bereich der Abtriebsdrehzahl (Fahrgeschwindigkeit).

Zwangsbremsung: Schnellbremsung (→ Arten der Bremsungen) bis zum Halt, die vom Tfz.-Führer nicht beeinflußt werden kann. Eine Z. wird beim Überfahren haltanzeigender Signale mit mechanischer oder induktiver → Zugbeeinflussung und bei Dienstunfähigkeit des Tfz.-Führers durch plötzliche Erkrankung, Ohnmacht oder andere Umstände (→ Sicherheitsfahrschaltung) eingeleitet. Bei Hochgeschwindigkeitszügen wird auch beim Überschreiten der Sollgeschwindigkeit in dem entspr. Streckenabschnitt durch eine Betriebsbremsung die Fahrgeschwindigkeit verringert (→ linienförmige Zugbeeinflussung).

Zwangsschmierung: zwangsweise Schmierung gegeneinander bewegter Flächen von Bauteilen durch Ölzufuhr unter Druck (→ Druckumlaufschmierung). Die Z. wird bei Verbrennungskraftmaschinen, hochbelasteten Zahnradgetrieben, Strömungsgetrieben und hydromechanischen Getrieben zur sicheren Schmierung und Kühlung von Wälzlagern und Zahntrieben angewandt (→ Lagerschmierung, → Lagerkühlung).

Das Schmieröl wird durch spezielle Schmierpumpen (→ Schmierölpumpe, → Sekundärschmierpumpe) oder durch die → Füllpumpe gefördert und über Rohrleitungen und Kanäle den Schmierstellen zugeführt, von wo es über genügend große Querschnitte in die → Ölwanne oder das Gehäuseunterteil zurückläuft.

Zwangssynchronisation: → Synchronisiereinrichtung mit zwangsweisem Ablauf des Schalt- und Synchronisiervorgangs beim Gangwechsel eines → Zahnradschaltgetriebes. Der Schaltvorgang ist so gesteuert, daß die in Eingriff zu bringenden Schaltelemente *zwangsläufig* erst nach Ablauf des Synchronisiervorgangs zum Eingriff kommen. Anwendung: z.B. beim → Myliusgetriebe.

Zweiachsantrieb: überwiegend bei Vierzylinder-Verbundlokomotiven, aber auch bei Dreizylinderlokomotiven (→ Drillingslokomotive) angewandte Triebwerksform, bei der die Kolbenkräfte der innenliegenden Zylinder von den Treibstangen auf den 1. oder 2. Kuppelradsatz (der dann zum → Treibradsatz (1) wird) und die der außenliegenden Zylinder auf den 2. oder 3. Kuppelradsatz übertragen werden. Gegensatz: → Einachsantrieb, → De Glehn-Lokomotive. Lit.: 2.9., 2.10., 2.12. Abb.

Zweifrequenzlokomotive: → Mehrsystemtriebfahrzeug, das für 2 Einphasenwechselstromsysteme verschiedener Frequenz verwendbar ist; i.d.R. für 16⅔ Hz, 15 kV und 50 Hz, 25 kV. Mögliche Ausführungsformen: a) Gleichrichterlokomotive mit Mischstromfahrmotoren (meist verwendet); b) Lokomotiven mit Einphasenwechselstrom-Kommutatormotoren für 50 Hz (die auch mit 16⅔ Hz betreibbar sind) und c) Lokomotiven mit Umrichtern und Drehstromfahrmotoren (→ Drehstromantriebstechnik). Lit.: 4.1., 4.5., 4.11., 4.12.

Zweikammerbremse: → Einkammerbremse, → Bremsbauarten

Zweikraftlokomotive: → Lokomotive mit 2 unabhängig voneinander zur Verfügung stehenden Energiequellen (»Kraft«-Quellen) unterschiedlicher Art für den → Antrieb, wobei i.d.R. bedarfsgemäß nur eine davon genutzt wird. Bekannt sind elektrische Lokomotiven mit einem Dieselmotor (Elektro-Diesellokomotive), z.B. die Industrielokomotive der Bauart EL20 (LEW Hennigsdorf) für den Erzbergbau der GUS für elektrische Traktion mit 10 kV, 50 Hz und mit einem Dieselmotorantrieb für die Fahrt auf Streckenabschnitten ohne Fahrleitung (→ Lokomotivgespann).

Zweileitungsbremse: → Druckluftbremse oder → elektropneumatische Bremse indirekter Bauart mit 2 Druckluftleitungen. Dabei dient die eine Leitung, die → *Hauptluftleitung,* zum Steuern der Brems- und Lösevorgänge durch Drucksenkung oder Druckerhöhung; die andere Luftleitung, die → *Hauptluftbehälterleitung,* ist eine Versorgungsleitung sowohl für die Bremse als auch für Verbraucher, die Druckluft benötigen. Durch diese kann ein schneller Ersatz der beim Bremsen verbrauchten Druckluft vorgenommen werden, was bes. bei langen Zügen wichtig ist. Tfz. und Reisezugwagen besitzen eine Hauptluftbehälterleitung, da sie für die → Magnetschienenbremse und die pneumatische Tür-

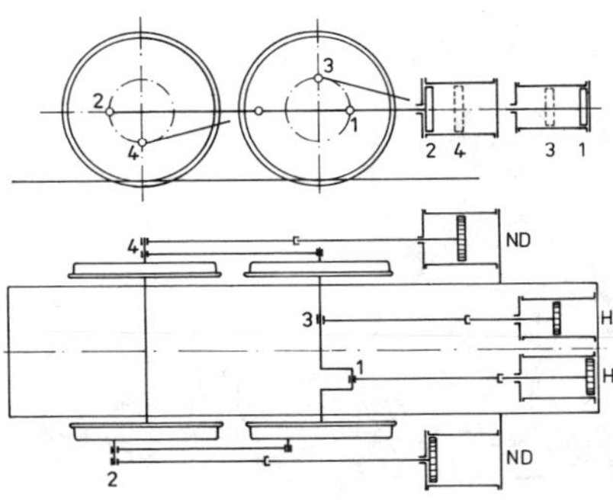

Zweiachsantrieb
Vierzylinder-Verbundlokomotive mit Zweiachsantrieb (Bauart de Glehn)
HD Hochdruckzylinder,
ND Niederdruckzylinder,
1, 2, 3, 4 Kolben- und Treibzapfen-Stellungen

schließeinrichtung und für evtl. weitere Luftverbraucher erforderlich ist.

Zweimetallkolben: → Kolben (2), dessen oberer Teil (Kolbenboden, Feuersteg und Ringzone) aus einer Aluminium-Silizium-Legierung besteht, während der Kolbenschaft aus Grauguß gefertigt wird.

Zweimotorantrieb: Spezialform des → Stangenantriebs älterer elektrischer Lokomotiven mit Aufteilung der gesamten Antriebsleistung auf 2 → Fahrmotoren. Die Leistungsübertragung kann z. B. von den Motorkurbelzapfen mit Treibstangen auf den Treibzapfen der → Blindwelle und damit auf die gekuppelte Radsatzgruppe erfolgen. Bei Verwendung von 2 Blindwellen ist diese Form des Z. als getrennter → Zweistangenantrieb zu bezeichnen. Lit.: 4.1.

Zweipunktregelung: Regelungsart, bei der die zu regelnde Größe durch das binäre Verhalten des Stellglieds zwischen 2 Punkten pendelt. Die Z. wird z. B. bei Diesel-Tfz. zur Regelung der Kühlwassertemperatur bei Verwendung eines schaltbaren → Kühlerlüfters angewandt. Der Kühlerlüfter (Stellglied) wird bei hoher Kühlwassertemperatur ein- und bei niedriger ausgeschaltet, wodurch die Kühlwassertemperatur (zu regelnde Größe) zwischen diesen beiden Punkten pendelt.

Zweispannungstriebfahrzeug: → Mehrspannungstriebfahrzeug

Zweistangenantrieb: Spezialform des → Stangenantriebs älterer elektrischer Lokomotiven, bes. mit Einmotorenantrieb, seltener mit → Zweimotorenantrieb. Vom Motorkurbelzapfen führen 2 Treibstangen zu den Treibzapfen beider zugehöriger → Blindwellen und bilden mit den Kuppelstangen ein Dreieck. Diese Antriebsform gestattet eine Verkleinerung der Abmessungen der Zapfen und aller Stangen, d. h. eine Masseverringerung des Antriebsmechanismus; auch wird die Beanspruchung der Fahrmotorwelle günstiger. Lit.: 4.1. Abb.

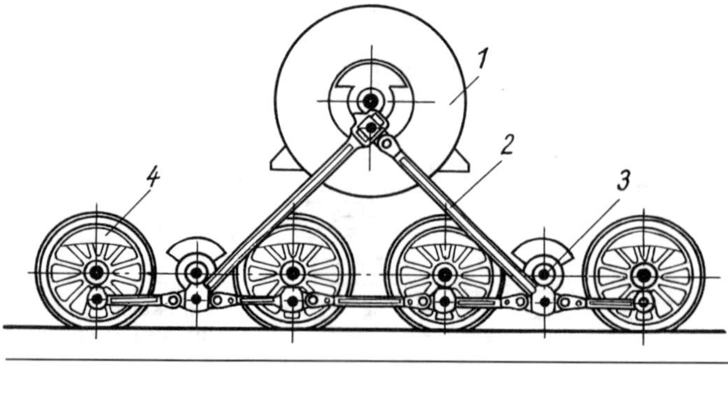

Zweistangenantrieb
1 Motor, 2 Treibstange, 3 Blindwelle, 4 Treibradsatz

Zweistufenregler: Regeleinrichtung für Dieselmotoren. Der Z. ist ein mechanischer, elektromechanischer oder elektronischer Festwertregler zur selbsttätigen Begrenzung der → Leerlaufdrehzahl n_L und der Höchstdrehzahl n_{max}. Der zwischen n_L und n_{max} liegende Drehzahlbereich des Motors wird vom Z. nicht geregelt. Der Tfz.-Führer verstellt mit dem Fahrschalter die Einspritzmenge an der Einspritzpumpe und damit das Drehmoment, wobei sich eine von der Fahrgeschwindigkeit abhängige Drehzahl einstellt. Die Wirkungsweise eines Z. ist aus der Abb. zu erkennen: Die Leerlaufdrehzahl wird über den Kraftstoffhebel eingestellt und durch das Zusammenwirken von Druckfedern und Fliehmassen (Kräftegleichgewicht) konstant eingeregelt. Als Drehpunkt wirkt im Regelsystem der Exzenter. Bei einer Drehzahlregulierung unter n_L bewegen sich die Fliehmassen entgegen der Federkraft nach innen, wodurch über einen Hebel und eine Stange die Stellbewegung in Richtung »größere Einspritzmenge« erfolgt. Das Abregeln der Drehzahl bei Überschreitung von n_{max} geschieht unabhängig von der am Motor eingestellten Fahrstufe. Die Fliehmassen wirken auf Druckfedern, wodurch über die Hebel und den Exzenter eine Bewegung der Regelstange auf »kleinere Einspritzmenge« eingeleitet wird.

Z. werden vorzugsweise bei solchen Diesel-Tfz. angewandt, bei denen durch die Art der Leistungsübertragung eine Proportionalität zwischen Dieselmotordrehzahl und Fahrgeschwindigkeit auftritt. → Füllungsregelung. Abb.

Zwei(strom)systembahnhof: Bahnhof, in dem 2 unterschiedliche → Bahnstromsysteme der elektrischen Zugförderung zusammentreffen. Sollen die Systemgrenzen im Z. überschritten werden, wird er zum → Systemwechselbahnhof. Dann ist ein Wechsel der elektrischen Tfz. oder der Einsatz von elektrischen Zwei- oder → Mehrsystemtriebfahrzeugen erforderlich.

zweistufige Luftpumpe: ältere Regelbauart der → Luftpumpe mit im Verbund arbeitenden Nieder- und Hochdruckzylindern im Luftteil, die von einer 1stufigen schwungradlosen → Volldruckdampfmaschine angetrieben wird. Der Kolben der Dampfmaschine sowie die beiden Kolben der Luftpumpe sind auf einer ge-

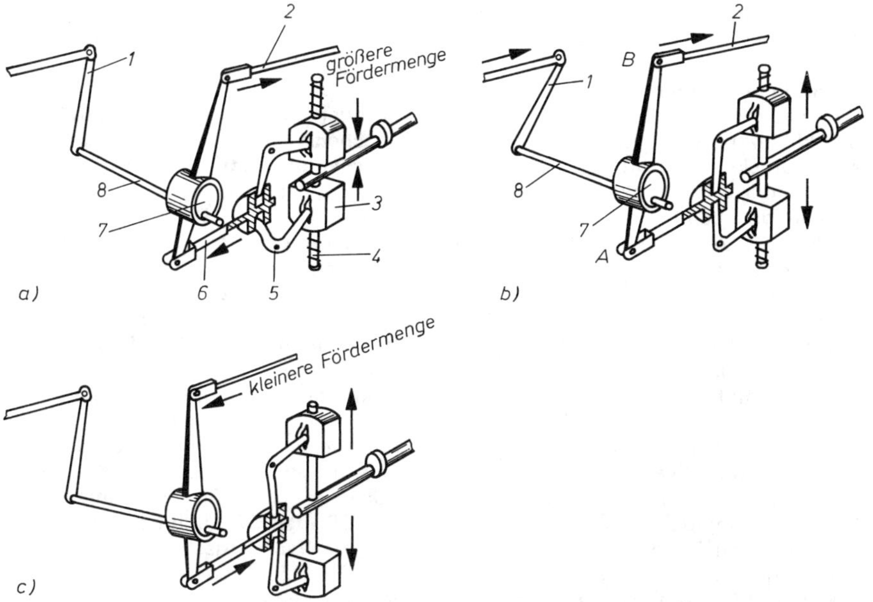

Zweistufenregler
Wirkungsweise des Zweistufenfliehkraftreglers
a) Leerlauf, b) Teillast, c) Vollast
1 Kraftstoffhebel, 2 Regelstange, 3 Fliehmasse, 4 Druckfeder, 5 Hebel, 6 Stange, 7 Exzenter, 8 Übertragungshebel

meinsamen Kolbenstange befestigt. Lit.: 2.3., 2.12.

Zweisystemlokomotive: → Mehrsystemtriebfahrzeug

Zweitaktmotor: → Verbrennungsmotor, bei dem sich ein Arbeitsspiel über 2 Kolbenhübe (2 Takte bzw. 1 Kurbelwellenumdrehung) erstreckt. Zu den Merkmalen eines Z. zählen:

- → *Ladungswechsel* wird über Einlaß-, Überström- und Auslaßkanäle, die durch den Kolben, Ventile oder Drehschieber geöffnet und geschlossen werden, vorgenommen.
- → *Vorverdichtung* der Frischladung wird außerhalb des Zylinders durch die Kolbenunterseite im Kurbelgehäuse oder durch → Aufladung erreicht.

Im Z. laufen folgende Vorgänge ab:

1. Takt, *Spülen* und *Verdichten:* Der Kolben bewegt sich vom UT zum OT, es strömt vorverdichtete Frischladung in den Zylinder, Restgase werden über die Auslaßkanäle und → Abgasanlage ins Freie geleitet. Nachdem die Kolbenoberkante die Einlaßschlitze abgeschlossen hat (Auslaßschlitze bzw. -ventile sind gleichfalls geschlossen), wird die Frischladung durch den Kolben verdichtet, wobei der Druck p im Zylinder und die Temperatur t rasch ansteigen (p = 3–5 MPa, t = 550–700 °C).

2. Takt, *Arbeitstakt:* Die Verbrennung des Kraftstoff-Luft-Gemischs beginnt etwa 2° Kurbelwinkel vor dem OT und endet etwa 10–12° Kurbelwinkel nach dem OT. Ähnlich wie bei → Viertaktmotoren steigen der Druck und die Temperatur im Verbrennungsraum, und das Medium Gas gibt Arbeit an den Kolben ab, der sich vom OT zum UT bewegt. Auf dem Weg vom OT zum UT werden die Auslaßkanäle durch die Kolbenoberkante geöffnet, und das unter Druck stehende Arbeitsmedium entspannt sich in die Abgasanlage des Motors.

Zweitakt-Dieselmotoren vom Typ 14D40 sind z.B. in Diesellokomotiven der BR 220 der DB/DR eingebaut.

Zweiwellen-Gasturbine: → Mehrwellen-Gasturbine

Zweizylinderlokomotive: → Zweizylindertriebwerk, → Zwillingslokomotive

Zweizylindertriebwerk: Bauart der → Dampfmaschine mit 2 Zylindern für 1- und 2stufige → Dampfdehnung (→ Verbunddampfmaschine) bei Dampflokomotiven. Das Z. ist die von Beginn der Dampflokomotiventwicklung an am häufigsten verwendete Triebwerksbauart, die i.d.R. gegenüber vergleichsfähigen mehrzylindrigen Bauformen im Betriebseinsatz den niedrigsten spezifischen Dampfverbrauch aufweist. Zylinder und → Triebwerk sind meist außenliegend angeordnet. Lokomotiven mit Z., die mit 1stufiger Dampfdehnung arbeiten, werden als → Zwillingslokomotiven, bei 2stufiger Dampfdehnung als → Zweizylinder-Verbundlokomotiven bezeichnet. Lit.: 2.3., 2.9., 2.12.

Zweizylinder-Verbundlokomotive: Dampflokomotive, die mit einer → Verbunddampfmaschine mit je 1 Hoch- und Niederdruckzylinder arbeitet. Neben der Vierzylinder-Verbundlokomotive ist die Z. die häufigste Bauart von → Verbundlokomotiven (1). Z. haben i.d.R. Außenzylinderanordnung und wurden mit nur wenig Ausnahmen (z.B. die 1'Dh2v-Schlepptenderlokomotive der Delaware & Hudson Railroad oder die 2'D2'h2v-Tenderlok der Zentral-Aragon-Bahn) als → Naßdampflokomotiven gebaut. Lit.: 2.3., 2.9., 2.10., 2.12.

Zwillingsbürsten: → Bürsten

Zwillingslokomotive: Dampflokomotive mit einem → Zweizylindertriebwerk mit 1stufiger Dampfdehnung und i.d.R. um 90° versetzten Treibkurbeln. Z. werden mit innen- oder außenliegenden → Zylindern (1) und → Triebwerken ausgeführt. Bei neueren Bauarten sind die Zylinder vorwiegend unterhalb der → Rauchkammer waagerecht außenliegend angebracht. Die häufiger im Ausland, u.a. aus Gründen geringerer Zylinderabkühlung benutzte innenliegende Anordnung (→ Innenzylinder) erforderte eine Kröpfung der Radsatzwelle des → Treibradsatzes (1).

Zwillingsmotor: bei Tfz. mit elektrischem Antrieb Anordnung von 2 → Fahrmotoren, die auf ein gemeinsames → Großrad eines → Treibradsatzes (2) arbeiten, in einem gemeinsamen Gehäuse.

Zwischengetriebe: → Verteilergetriebe

Zwischenkreis: → Gleichstromzwischenkreis, → Gleichspannungszwischenkreis

Zwischenkühler: Wärmeübertrager, in dem das aus der Niederdruckstufe eines → Verdichters austretende erwärmte Medium gekühlt wird, bevor es in die nachfolgende Hochdruckstufe gelangt. Durch die Zwischenkühlung des Mediums wird der Arbeitsaufwand für die Verdichtung verringert. → Mehrwellen-Gasturbine

Zwischenkühlung: → Zwischenkühler

Zwischenlokomotive: eine zwischen den Wagen eines Zugverbands eingereihte zweite Lokomotive. Die Z. ermöglicht die Beförderung größerer Zugmassen, ohne daß durch eine → Vorspannlokomotive an der Spitze des Zuges die zul. Zugkraft der Zugvorrichtung des ersten Wagens überschritten wird oder durch Schubkräfte einer → Schiebelokomotive auf krümmungsreichen Strecken eine Gefahr der Entgleisung entsteht. Z. werden hauptsächlich bei den Bahnen der USA (sehr große Zugmassen und -längen) und aus gleichem Grund zunehmend bei den SŽD, den ÖBB und den SBB (krümmungsreiche Bergstrecken) eingesetzt. Die Befehle zur Steuerung der Z. werden meist über Funk von der an der Zugspitze fahrenden Lokomotive übermittelt. Eine Z. kann sich auch bei der Bildung eines Doppelzugs ergeben.

Zwischenrad: zur Überbrückung des Achsabstands oder zum Drehrichtungseinfluß zwischen den → Zahnrädern 2er Hauptwellen angeordnetes Zahnrad, das die *Drehrichtung* der getriebenen Hauptwelle ändert und das Übersetzungsverhältnis des → Zahntriebes *nicht* beeinflußt. Anwendung: z.B. beim → Wendegetriebe und beim Antrieb der → Nokkenwelle eines Dieselmotors. Abb.

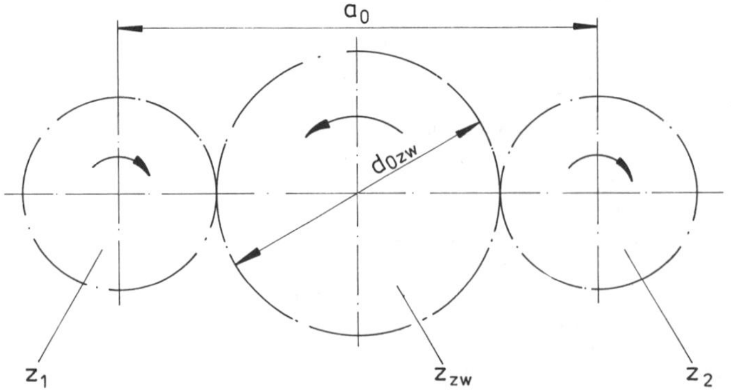

Zwischenrad
Zahntrieb mit Zwischenrad
Z_1 Zahnrad 1, Z_2 Zahnrad 2, Z_{ZW} Zwischenrad, a_0 Achsabstand, d_{ozw} Teilkreisdurchmesser des Zwischenrads

Zwischenradsatz: zwischen den Endradsätzen eines 3- oder mehrachsigen → Drehgestells angeordneter Radsatz.

Zwischenwand: gelegentlich verwendete Bezeichnung für → Führerraumrückwand (Wand zwischen Führerstand und Maschinenraum).

Zyklonfilter: → Luftfilter, bei dem der Schmutz durch Ausnutzung der Zentrifugalkraft abgeschieden wird. Der Z. ist so aufgebaut, daß die angesaugte Luft z.B. über Leitbleche in rotierende Bewegung versetzt wird. Dadurch werden die Staubteilchen an die Wand des Z. geschleudert, wo sie an Geschwindigkeit verlieren und nach unten in den Sammelbehälter sinken. Der Schmutzabscheidungsgrad der Z. ist stark von ihrer Belastung abhängig. Deshalb werden sie auf Tfz. meist nur als Vorfilter in Kombination mit → Ölbadluftfiltern verwendet.

Zylinder: **1.** Rohrförmiges Bauteil mit

Elektrischer Triebzug der Wannseebahn Berlin-Zehlendorf; Gleichspannung 650 V; Energiezuführung durch seitliche Stromschiene; v_{max} = 55 km/h. Hersteller: Siemens & Halske; 1900

Elektrischer Schnelltriebwagen der »Studiengesellschaft für elektrische Schnellbahnen«; Strecke Marienfelde–Zossen für Drehstrom 45 Hz, 10 kV; Drehstromzuführung über seitliche Oberleitung, bestehend aus drei übereinander angeordneten Fahrleitungen; Antrieb mittels Drehstrom-Asynchron-Radsatzmotoren; v = 210 km/h. Hersteller: AEG, SSW; 1903

(1A)(A1)-Ferntriebwagen BR ET41 für Einphasenwechselstrom $16\frac{2}{3}$ Hz, 15 kV; P_h = 570 kW bei v = 81 km/h; v_{max} = 100 km/h; Tatzmotorantrieb.
Hersteller: Wegmann, SSW; 1928

Bo-Gepäckwagen BR ET 188 (ehemalige Schleizer Kleinbahn) für Gleichstrom 1000 V; P_d = 88 kW; v_{max} = 45 km/h; Tatzmotorantrieb; 1930

Bo'2' + 2'Bo'-Triebzug BR ET 25 der DRG für Einphasenwechselstrom 16⅔ Hz, 15 kV; P_h = 920 kW bei v = 88 km/h; v_{max} = 120 km/h; Tatzmotorantrieb.
Hersteller: MAN, AEG; 1935

Bo'2' + 2'Bo'-Schnelltriebzug BR ET 11 der DRG für Einphasenwechselstrom 16⅔ Hz, 15 kV; P_h = 1413 kW bei 144 km/h; v_{max} = 160 km/h; BBC-Buchli-Antrieb. Hersteller: ME, BBC; 1935

Bo'2'-Aussichtstriebwagen (»Gläserner Zug«) BR 492 der DB für Einphasenwechselstrom 16⅔ Hz, 15 kV; P_h = 390 kW bei v = 72 km/h; v_{max} = 110 km/h; Tatzmotorantrieb. Hersteller: Fuchs, AEG; 1935

Akkumulatortriebwagen BR 515 der DB/DR (früher ETA 150 der DRG); P_h = 200 kW; v_{max} = 100 km/h. Hersteller: WfRg, OuK, SSW; 1954

Elektrischer Triebzug BR 420 der DB/DR für Einphasenwechselstrom 16⅔ Hz, 15 kV; P_d = 2400 kW bei v = 72 km/h (bei Erregergrad 81%); v_{max} = 120 km/h. Hersteller: MAN, MBB, AEG, BBC, SSW; 1971

Elektrischer Schnelltriebzug BR 403/404 der DB/DR für Einphasenwechselstrom 16⅔ Hz, 15 kV; jetzt Lufthansa-Airport-Express; P_d = 3840 kW; v_{max} = 200 km/h; 16 Fahrmotoren. Hersteller: LHB, MBB, AEG, BBC, Siemens; 1973

Hochgeschwindigkeitstriebzug Intercity-Express (ICE-V) BR 410 der DB für Einphasenwechselstrom 16⅔ Hz, 15 kV; P_d = 4200 kW; v_{max} = 350 km/h; Drehstromantriebstechnik mit Asynchronfahrmotoren. Hersteller: Henschel, AEG, BBC, Siemens; 1978

Städte-Schnelltriebzug BR 4010 der ÖBB für Einphasenwechselstrom 16⅔ Hz, 15 kV; P_h = 2500 kW bei v = 105 km/h, v_{max} = 150 km/h; BBC-Federantrieb; 1965

Nahverkehrstriebzug BR 4020 der ÖBB für Einphasenwechselstrom 16⅔ Hz, 15 kV; Radsatzfolge Bo'Bo' + 2'2' + 2'2'; P_d = 1200 kW bei v = 65 km/h; v_{max} = 120 km/h; Tatzmotorantrieb mit gefedertem Großrad; Mischstromfahrmotoren. Hersteller: SGP, BBC, ELIN, Siemens; 1979

S.677 oben:
S-Bahn-Triebzug BR 270 der DR (BR 485 der DB/DR) für Gleichstrom 750 V (Berliner S-Bahn); Radsatzfolge eines Viertelzuges: Bo'Bo' + 2'2'; P_d = 600 kW; v_{max} = 90 km/h; Tatzmotorantrieb.
Hersteller: LEW; 1987

TEE-Triebzug RAe-TEE 1051 der SBB für mehrere Systeme; v = 160 km/h.
Hersteller: SIG, MFO; 1961

Elektrischer Triebwagenzug der Neuen Tokaido-Bahn der JNR für Einphasenwechselstrom 60 Hz, 25 kV; P_d = 11 840 kW; v_{max} = 210 km/h; 1964

Hochgeschwindigkeits-Triebzug TGV der SNCF für Einphasenwechselstrom 50 Hz, 25 kV; 2 Triebköpfe und 8 Wagen; P = 6300 kW; v = 260 km/h; 1979

Elektrischer Gleichstromtriebzug BR 472/473 der DB (Hamburger S-Bahn) für 1200 V Stromschienenspannung; P_h = 1500 kW; v_{max} = 100 km/h. Hersteller: LHB, MBB, AEG, BBC, Siemens; 1965

Nahverkehrstriebzug für die Strecke Athen–Piräus für Gleichstrom 550 V (umrüstbar auf 750 V); Stromschiene; Radsatzfolge: Bo'Bo'+2'2'+Bo'Bo'+2'2'+Bo'Bo'; P = 1680 kW; v_{max} = 80 km/h. Hersteller: MAN, LEW, Siemens; 1988

Elektrischer Triebwagenzug »Pendolino« der FS für Gleichstrom 3 kV.

Elektrischer Schnelltriebzug BR ER200 der SŽD für Gleichstrom 3 kV; P_d = 860 kW je Triebwagen; v_{max} = 200 km/h; Tatzmotorantrieb; 1975

kreisförmigem Querschnitt von → Dampfmaschinen, das an beiden Enden durch → Zylinderdeckel verschlossen wird. Zur Erzeugung der → Kolbenkraft gleitet im Dampf-Z. ein vom Dampfdruck wechselseitig getriebener → Dampfkolben mit → Kolbenstange. Frisch- und Abdampf werden über Schlitzkanäle zu- bzw. abgeführt. Der Z. wird in gußeiserner oder in Stahlschweißkonstruktion hergestellt. Die → Zylinderanordnung der 2, 3 oder 4 Z. der Dampflokomotive kann im geteilten oder ungeteilten → Zylinderblock unterschiedlich sein. → Verbundlokomotiven (1) sind mit Hoch- und → Niederdruckzylindern ausgerüstet.

Die kreisförmig geschliffene Z.lauffläche wird an beiden Z.enden zur Vermeidung einer verschleißbedingten Grat- oder Stufenbildung und zum leichteren Einführen des Dampfkolbens in den Z. erweitert. Zum Nachschleifen oder Einsetzen von Z.laufbuchsen erhält der Dampf-Z. eine festigkeitsmäßig nicht erforderliche größere Wanddicke, z.B. bei der DRG von 35 mm bei geschweißten bzw. von 43 mm bei gußeisernen Z. Zum Schutz gegen Wärmeabstrahlung ist der Z. mit Dämmungsmaterial isoliert. Für die Entwässerung des Z. sind → Zylinderventile, zu seinem Schutz gegen Überdruck Sicherheitseinrichtungen (→ Zylindersicherheitsventil, → Bruchplatte) und bei Anschluß einer Druckausgleicheinrichtung für die Reduzierung der Leerlaufverluste kanalartige Öffnungen angebracht. → Zylinderöl wird über eine auf dem Z.scheitel eingebrachte Schmierbohrung zugeführt.

Für den Antrieb von → Luftpumpen und → Speisewasserkolbenpumpen der Dampflokomotiven wird eine spezielle Bauart des Dampfzylinders verwendet. Lit.: 2.3., 2.6., 2.10., 2.12. Abb. – **2.** Baugruppe des → Motorengehäuses von Verbrennungsmotoren und des Gehäuses von Kolbenverdichtern, die mit der → Zylinderlaufbuchse zur Führung des → Kolbens (2) dient. Die Z. sind z.B. bei → Bahndieselmotoren zum → Zylinder-

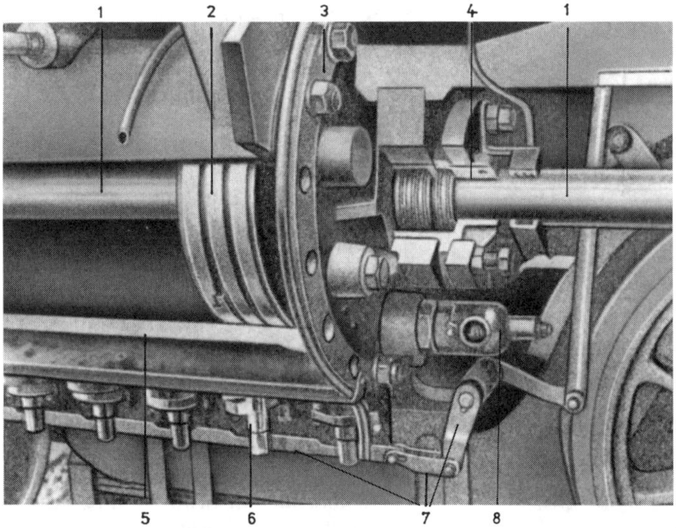

Zylinder
außenliegender Zylinder einer Dampflokomotive
1 Kolbenstange, 2 Kolbenringe, 3 Zylinderdeckel, 4 Kolbenstangentragbuchse, 5 Zylinderwandung, 6 Zylinderventil, 7 Hebelzug und Nockenstange, 8 Zylindersicherheitsventil

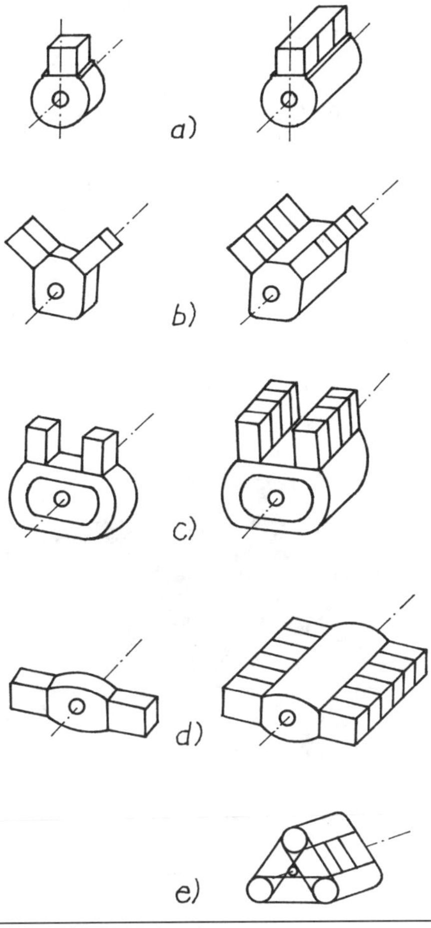

Zylinderanordnung
Bezeichnung der Bauformen von Verbrennungsmotoren nach der Zylinderanordnung
a) Einzylinder- und Einreihenmotor, b) V-Motor, c) Doppelmotor, d) Boxermotor, e) Ringmotor, b) bis e) rechte Seite: Mehrreihenmotoren

block (2) zusammengefaßt. – **3.** → Bremszylinder

Zylinderanordnung: 1. Lage der → Zylinder (1) der → Dampfmaschine im → Triebwerk der Dampflokomotive. *Hauptformen:* a) In bezug auf die Wangen des Lokomotivrahmens innen- und außenliegende Zylinder; b) bezogen auf die horizontale Längsachse der Lokomotive waagerecht liegende, leicht geneigte oder im Sonderfall stehende oder stark geneigte Zylinder in V-Anordnung (nur bei Sonderbauart des Triebwerks und beim Dampfmotorantrieb der → Dampfmotorlokomotive). I. d. R. wird bei der Z. auch die Zylinderzahl angegeben. – **2.** Konstruktive Anordnung der → Zylinder (2) von Verbrennungsmotoren in 1 oder mehreren Ebenen zur Kurbelwellenachse. Unterschieden wird in Einzylinder- und Einreihenmotoren, Mehrzylinder- und Mehrreihenmotoren. Zu den letztgenannten gehören V-Reihenmotoren, → Doppelreihenmotoren, Boxerreihenmotoren und Ringmotoren in Dreieckform, die in Tfz. verwendet werden. Abb. S. 679

Zylinderblock: 1. Baugruppe der → Dampfmaschine der Dampflokomotive, die einen oder mehrere → Zylinder (1) und → Schieberkästen sowie die für die Dampfführung, Entwässerung und Schmierung, den Druckausgleich und Anschluß von Meßeinrichtungen notwendigen Kanäle, Öffnungen und Bohrungen enthält. Der als Gußkörper oder geschweißte Stahlblechkonstruktion ausgeführte Z. besitzt einen großen Flansch, mit dem er seitlich gegen den Lokomotivrahmen geschraubt wird. Durch in Rahmenausschnitte greifende Winkelleisten und zwischen diese Ausschnitte und Leisten eingebrachte Paßstücke wird ein Längsverschieben des Z. am Rahmen verhindert und durch Paßschrauben die feste Lage des Z. gesichert.

Bei *Dreizylinderlokomotiven* wird der zugleich als → Rauchkammerträger und Rahmenversteifung ausgebildete innere (mittlere) Z. mit dem Lokomotivrahmen und den äußeren Z. fest verschraubt.

Bei → *Vierzylinderlokomotiven* sind entweder die beiden inneren oder die jeweils 2 benachbarten äußeren und inneren Z. oder auch alle Zylinder und Schieberkästen (bei → Verbundlokomotiven (1) einschließlich der → Verbinder) zu einem Z. vereinigt. Lit.: 2.3., 2.6., 2.10., 2.12. Abb. – **2.** Oberer Teil des → Motorengehäuses von Verbrennungsmotoren, der die → Zylinder (2) und die → Zylinderlaufbuchsen sowie Hohlräume für den Kühlwasserdurchfluß (bei wassergekühlten Motoren) und Kanäle für das Motorschmieröl (bei Viertaktmotoren) zum → Zylinderkopf enthält. Bei Zweitaktmotoren umfaßt er außerdem die Schlitzpartie und meist auch den Spülraum. Bei → Bahndieselmotoren sind die Zylinder einer Reihe im Z. zusammengefaßt und meist mit dem Motorgehäuseoberteil in einem Stück gefertigt.

Zylinderdeckel: Bauteil des → Zylinders (1) von Dampflokomotiven zu seinem

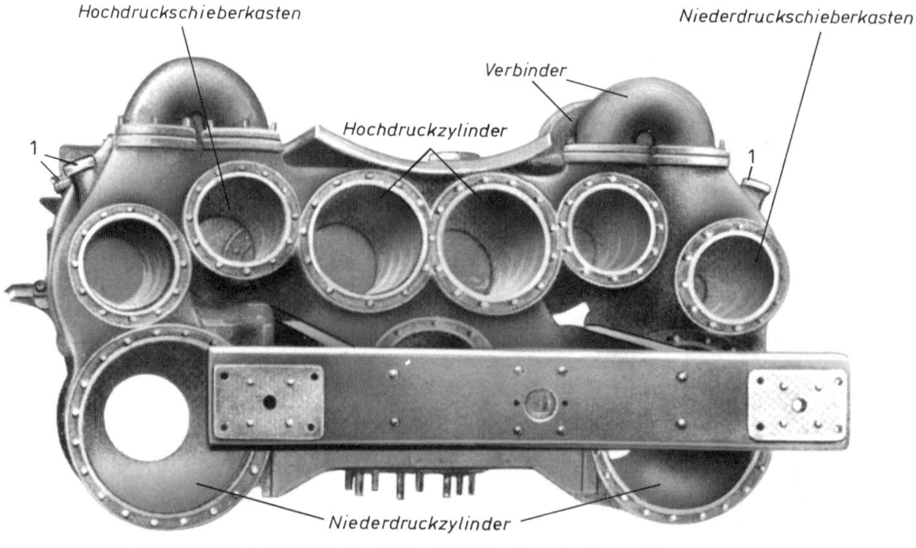

Zylinderblock
Gußkörper eines Zylinderblocks für eine Vierzylinder-Verbunddampfmaschine
1 Stutzen für Anfahrventil

beidseitigen Verschluß. Die meist aus Stahlguß gefertigten Z. passen sich in ihrer Form der des → Dampfkolbens an, um den → schädlichen Raum möglichst klein zu halten. Die → Kolbenstange wird zentrisch durch die mit Verstärkungsrippen versehenen Z. hindurchgeführt. Am vorderen Z. ist die → Kolbenstangentragbuchse befestigt. Der hintere Z. besitzt einen Anguß für die Auflage der → Gleitbahn. Die Z. sind mit Stiftschrauben dampfdicht am Zylinder befestigt. Je 2 Stutzen dienen zur Aufnahme des Indikators und des → Zylindersicherheitsventils. Lit.: 2.3., 2.12.

Zylindergleitbuchse: → Zylinderlaufbuchse

Zylinderkopf: Bauteil des Verbrennungsmotors, das den → Zylinder (2) nach oben gasdicht abschließt. Bei Viertaktmotoren werden im Z. die Ein- und Auslaßventile, die Ladungswechselkanäle, die Einspritzdüse mit Düsenhalter, das Anlaß- und Sicherheitsventil (bei druckluftangelassenen Motoren) und ein Indizieranschluß bei Großmotoren untergebracht.

Im Z. befindet sich außerdem je nach Verbrennungsverfahren ein Teil des Brennraums in Form von Vorkammer, Wirbelkammer oder Luftspeicher. Zweitaktmotoren besitzen einfacher gestaltete Z., da wie bei den Lokomotivdieselmotoren 14D40 der Lokomotiv-BR220 der DB/DR nur Auslaßventile mit den Abgaskanälen vorhanden sind. Zur Ventilbetätigung ist ein Teil der Motorsteuerungsorgane, wie Kipphebelböcke, Kipphebel, Spannvorrichtung, Ventilfedern und -teller, auf dem Z. angeordnet. Diese Bauteile werden durch eine → Zylinderkopfhaube geschützt. Bei wassergekühlten Motoren wird der Innenraum des Z. vom Kühlwasser durchströmt, wodurch die thermisch hoch beanspruchten Teile, wie Bodenplatte, Ventilstege und Abgaskanäle, eine ausreichende Kühlung erfahren. Der Wasserübertritt vom Kurbelgehäuse bzw. Zylinderblock zum Z. geschieht durch vertikal in das Gehäuse eingebrachte Bohrungen, wobei die Abdichtung über Gummiringe erfolgt. Die meist aus legiertem Grauguß gefertigten Z. der Lokomotivdieselmotoren unterliegen an den Ventilsitzen einem hohen Verschleiß. Durch den Einbau von Ventilsitzringen aus warmfestem Stahlguß, Stahl oder auch Spezialgrauguß wird dem vorgebeugt. Der Z. wird mit Stiftschrauben auf

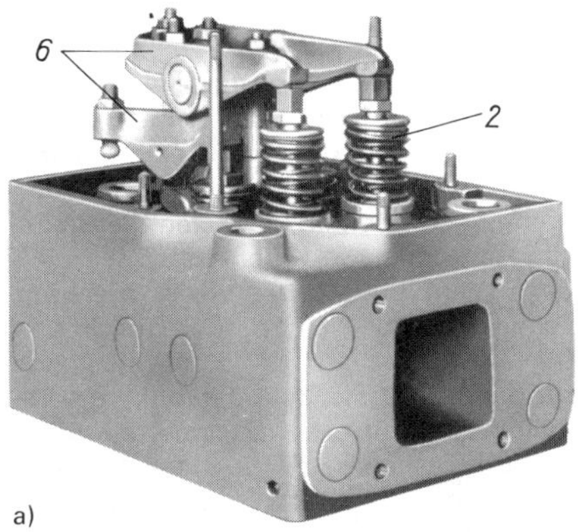

a)

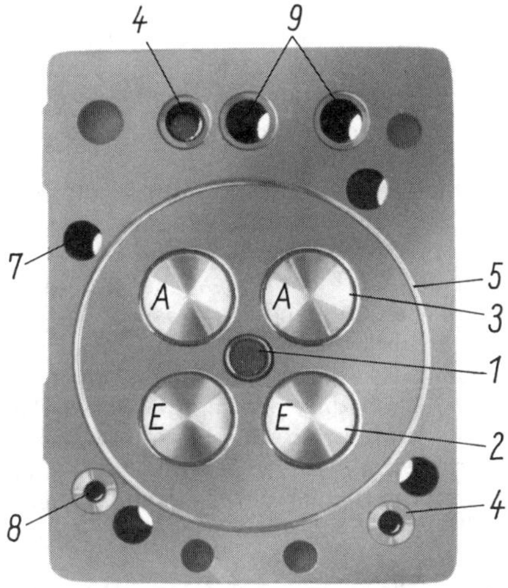

b)

Zylinderkopf
a) Seitenansicht, b) Unterseite
1 Zünddüse, 2 Einlaßventile (E), 3 Auslaßventile (A), 4 Kühlwasserdurchtritt, 5 Zylinderkopfdichtung, 6 Kipphebel, 7 Durchgang für Zylinderkopfschrauben, 8 Ölrücklaufbohrung, 9 Durchgänge für Stößelstangen

dem Kurbelgehäuseoberteil bzw. Zylinderblock befestigt, wobei Einzelzylinderköpfe bei großen Motoren, bei kleineren solche, die 2 bzw. 3 Zylinder abdecken und als ein Gußstück ausgeführt sind, zum Einsatz kommen. Die Abdichtung zwischen Z. und Zylinderblock erfolgt durch die → Zylinderkopfdichtung. Abb.

Zylinderkopfdichtung: Abdichtelement zwischen → Zylinderkopf und Zylinderlaufbuchse. Die Z. sorgt für einen gasdichten Verschluß zwischen Zylinderlaufbuchse und Zylinderkopf und verhindert damit das Ansaugen von Falschluft, das Auftreten von Druckverlusten und den Übertritt von Schmier- bzw. Kühlmittel in den Zylinder. Z. werden aus Kupfer, dichtmittelbeschichteten Gewebelagen mit Stahldrähten als Festigkeitsträger oder als Ferroelastikdichtung mit rückfedernder Metalleinlage gefertigt. Bei kleineren Motoren werden von einer Z. alle

Zylinderlaufbuchse des Dieselmotors 12 KVD 18/21 SVW

Zylinder abgedichtet, Großmotoren besitzen je Zylinder eine Z.

Zylinderkopfhaube: Abdeckung des → Zylinderkopfs von Verbrennungsmotoren. Z. werden meist aus Leichtmetallguß hergestellt. Sie decken die Zylinderköpfe nach oben ab, schützen die Steuerungsbauteile wie Kipphebel, Böcke, Federn, Ventile vor Staub u.a. mechanischen Einflüssen und sorgen gleichzeitig für einen öldichten Abschluß und damit für Sauberkeit am Zylinderkopf.

Zylinderlaufbuchse, *Zylindergleitbuchse:* rohrförmiges Bauteil von → Verbrennungsmotoren und Kolbenverdichtern zur Führung des → Kolbens (2) zwischen den Totpunkten. Z. von Großdieselmotoren für Tfz. werden als Hohlkörper mit kreisförmigem Querschnitt aus hochwertigem Grauguß, u.a. im Schleudergußverfahren, hergestellt. Als auswechselbares Bauteil in den → Zylinder (2) eingesetzt, dienen Z. zur Führung des Kolbens, bilden mit dem Kolben und dem → Zylinderkopf den Arbeitsraum und übernehmen die Wärmeabfuhr an das Kühlmedium. Man unterscheidet *nasse Z.* (direkt vom Kühlmedium umspült) und *trockene Z.* (indirekt, durch eine Zwischenwand vom Kühlmedium getrennt), wobei die nasse Ausführung eine bessere Wärmeübertragung sichert. Gummidichtungen, im unteren Bereich der Z. eingelegt, dichten bei nassen Z. den Wassermantel zum Zylinder ab. Bei Betrieb des Motors ist die Z. im Inneren hohen thermischen (t = 1800–2500 °C) und mechanischen (p = 8–10 MPa) Belastungen ausgesetzt; auf der Wasserseite beeinträchtigen Korrosion und Kavitation die Lebensdauer. Z. müssen deshalb zur Regenerierung austauschbar ausgeführt sein. Abb.

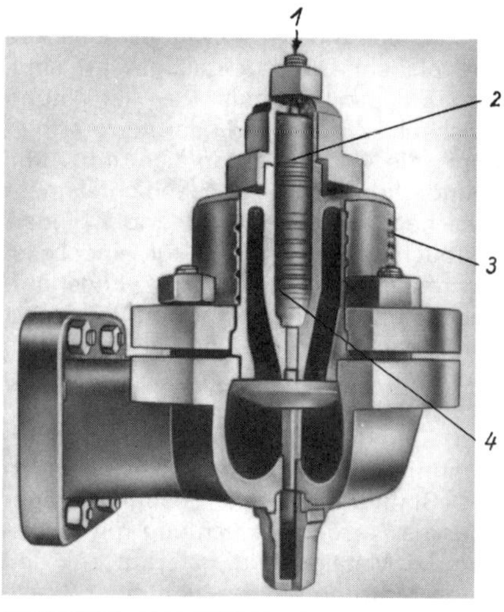

Zylindersaugventil
Luftsaugventil einer Dampflokomotive
1 Drucklufteintritt, 2 Steuerkolben, 3 Frischlufteintritt, 4 Schließfeder

Zylinderöl: Schmieröl für sich unter Dampf bewegende Bauteile der → Dampfmaschine (→ Dampfkolben, → Schieber), das bes. Anforderungen genügen muß. (→ Naßdampföl, → Heißdampföl).

Zylinderrollenlager: → Wälzlager

Zylindersaugventil, *Luftsaugventil:* Zusatzeinrichtung für das → Druckausgleichventil alter Bauart zur Unterstützung des Druckausgleichs zwischen beiden Arbeitsräumen des → Zylinders (1) im Leerlauf der Dampflokomotive (→ Leerlaufeinrichtung), um bei höherer Fahrgeschwindigkeit durch Ansaugen von Luft aus dem Freien die Entstehung eines Unterdrucks im Zylinder zu vermeiden. Das Z. ist an der Dampfzuleitung (Einströmrohr) zum Zylinder angebracht und wird gleichzeitig mit dem Druckausgleichventil alter Bauart mit Druckluft handbedient geöffnet. Beim Übergang zur Dampffahrt wird der Ventilteller des Z. von einer Schließfeder an seinen Sitz gezogen und vom Dampfdruck fest geschlossen. Lit.: 2.3., 2.12. Abb.

Zylindersicherheitsventil: Baugruppe der Ausrüstung des → Zylinders (1) von durch Regelkolbenschieber (→ Kolbenschieber) gesteuerten Lokomotiv-Dampfmaschinen, die vor Triebwerkschäden beim → Überreißen von Kesselwasser und Überschreiten des zugelassenen Dampfüberdrucks im Zylinder schützt. Der zugelassene Dampfüberdruck im Zylinder entspricht bei Dampflokomotiven mit einfacher Dampfdehnung und im Hochdruckzylinder von Verbundlokomotiven dem zul. Kesseldruck bzw. im Niederdruckzylinder einem dafür vorgeschriebenen Druck. Das Z. ist am Zylinderdeckel, bei Verbunddampfmaschinen auch am → Verbinder, angeordnet. Im Ruhezustand drückt eine auf den zugelassenen Dampfüberdruck eingestellte Schraubenfeder den Ventilkörper auf seinen Sitz. An Stelle von Z. wurden später auch → Bruchplatten eingebaut. Dampfmaschinen mit → Flachschieber oder → Druckausgleichkolbenschieber besitzen keine Z., da diese oder Bauelemente von diesen bei über dem Schieberkastendruck liegenden auftretenden Druckerhöhungen im Zylinder abklappen. Lit.: 2.3., 2.12. Abb.

Zylinderventil: Vorrichtung zum Entwässern der → Zylinder (1) und → Schieberkästen der Dampflokomotive. Das Z. wird i.d.R. vom Dampfdruck geschlosen gehalten und durch eine mit Hebelzug oder Druckluft betätigte Nockenstange geöffnet. Beim geöffneten Z. wird mit dem Dampf auch das Wasser durch eine unterhalb des Ventilsitzes angeordnete Bohrung ausgeblasen. Die Z. müssen vom Lokführer geöffnet werden, wenn a) die Lokomotive abgestellt wird, b) die Zylinder vorgewärmt werden oder c) sich Wasser im Zylinder befindet. → Wasserschlag. Lit.: 2.3., 2.12.

Zylinderverschleiß: Abnutzung der inneren Zylinderoberfläche (Zylinderlauffläche) von Kolbenmaschinen durch unvermeidbare mechanische und chemische Einflüsse.

Bei → Zylindern (1) von Dampflokomotiven wird an deren beiden Enden der Zylinderdurchmesser etwas erweitert, damit durch den Z. keine Stufen entstehen. Erst nach größerer Abnutzung und nach mehrmaligem Ausschleifen wird eine Zylinderlaufbuchse eingesetzt.

Bei → Zylindern (2) von Verbrennungsmotoren entsteht der Z. durch a) Kaltstart des Verbrennungsmotors (chemischer und mechanischer Verschleiß, unzureichende Vorwärmung des Motorschmieröls), b) Staubgehalt der Verbrennungsluft (Verschleiß tritt bes. in den oberen Bereichen in Erscheinung), c) unsauberes Motorschmieröl (Verschleiß im gesamten Hubbereich des Kolbens).

Z. tritt weiterhin auf durch chemische Korrosion des im Kraftstoff gebundenen Schwefels, der in den Verbrennungsgasen als Schwefeldioxid vorhanden ist und sich mit dem Kondenswasser zu schwefliger Säure verbindet. Unter Einwirkung der Säure wird an der Zylinderwand der Schmierölfilm abgetragen, so daß trockene Reibung und damit Verschleiß an der Zylinderseite auftreten, an die der Kolben unter Einwirkung der Normalkraft gepreßt wird. Um der Bildung von Kondenswasser und damit dem Verschleiß durch die Säure entgegenzuwirken, ist ein Betreiben des Motors unter der Betriebstemperatur von 80–95 °C zu

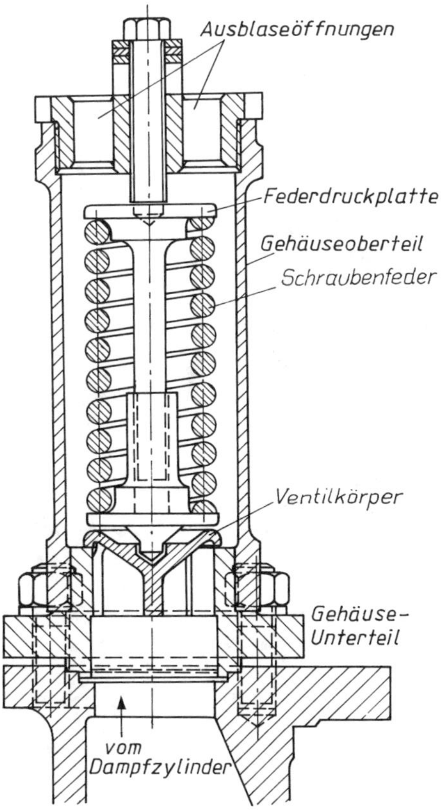

Zylindersicherheitsventil (Schnitt) an einem Dampfzylinderdeckel

vermeiden. Der Z. ist durch unzureichende Schmierung und Korrosion im Bereich des OT am größten, nimmt über dem Kolbenhub ab und steigt zum UT wieder an, ohne jedoch den Abnutzungsgrad beim OT zu erreichen. Zylinder mit Verschleißerscheinungen können durch Honen oder Schleifen regeneriert werden.

Zylindervolumen: bei → Dampfmaschinen der Rauminhalt des durch die beiden → Zylinderdeckel abgeschlossenen → Zylinders (1) und bei → Verbrennungsmotoren das Volumen V_z des → Zylinders (2), d. h. der Raum über dem Kolbenboden bei Stellung des → Kolbens (2) im UT, der nach oben durch den → Zylinderkopf begrenzt wird. Das Z. ist die Summe von → Hubraum V_h und → Verdichtungsraum V_c.

Fotonachweis

Bek 6; Bellingrodt 3; British Railways 3; Bremsregulator 1; Brust 10; Dannehl 3; Deinert, Elektrische Lokomotiven 14; der Bahnladen 2; Deutsche Bundesbahn 21; Deutsche Fotothek 1; Deutsche Reichsbahn 16; Ebblein 1; Feihl 16; Ferrovie dello Stato Italiane 1; Frey 1; General Motors 2; Hausmann 1; Hengst 1; Henschel 2; Herfen 3; Kirsche 6; Kirsche Slg. 17; Krauss-Maffei 2; Krupp 3; Krupp Mak 3, LEW Hennigsdorf 1; Lexikon der Eisenbahn 31; Lüderitz 1; Magyar Államvasutak 4; Miskima 1; Modern Railways 1; Müller 2; Österreichische Bundesbahnen 8; Preuß, E. Slg. 7; Preuß, R. Slg. 7; Rose 2; Rossberg 2; Schweizerische Bundesbahnen 2; Schlegel/Bachmann, Dieseltriebfahrzeuge 3; Schnabel 1; Schnabel Slg. 2; Škoda 2; Société Nationale des Chemins de fer Français 6; Sovjetskije Železnyie Dorogi 3; Sulzer 1; Töpelmann-Archiv 10; Waggonfabrik Görlitz 1; Wenkel 1; Zentralbild 1; Zweig 1.

Vorbild Modell

Valtin
Deutsches Lok-Archiv
Verzeichnis aller Lokomotiven und Triebwagen
Band 1 180 Seiten, gebunden
36,– Best.-Nr. **70 739**
Band 2 452 Seiten, gebunden
58,– Best.-Nr. **70 740**
Band 3 528 Seiten, gebunden
58,– Best.-Nr. **70 741**

Zschech
Deutsches Lok-Archiv
Akku- und Elektrotriebwagen
Entwicklungsgeschichte, Baureihenbeschreibungen mit Fotos und Maßskizzen, technische Daten aller deutschen Elektro- und auch der selteneren Akkumulatortriebwagen sind enthalten.
ca. 300 Seiten, ca. 210 Abb., gebunden
ca. **48,–** Best.-Nr. **70 753**

Schnabel
Deutsches Lok-Archiv
Lokomotiven bayerischer Eisenbahnen
Enthalten sind sämtliche Lokomotiven und Triebwagen, die bei den Eisenbahnen Bayerns und der Pfalz von 1835 bis 1925 in Betrieb waren.
ca. 400 Seiten, ca. 425 Abb., gebunden
ca. **58,–** Best.-Nr. **70 748**

Bäzold/Fiebig
Deutsches Lok-Archiv
Elektrische Lokomotiven
In chronologischer Reihenfolge werden alle in Deutschland gebauten Elloktypen – Einzelgänger wie Einheitslokomotiven – ausführlich in ihren konstruktiven Merkmalen vorgestellt.
416 Seiten, 361 Abb., gebunden
58,– Best.-Nr. **70 717**

F. Hagans/H.-C. Hagans/Lohr/Thielmann
Lokomotiven von Hagans
Die Geschichte des Werkes, die Beschreibung der bei Hagans hergestellten Lokomotivtypen, eine Zeittafel und vor allem die Fabriklisten der Lokomotivproduktion sind eine Fundgrube für den interessierten Leser.
136 Seiten, 205 Abb., gebunden
42,– Best.-Nr. **70 730**

Weisbrod/Bäzold/Obermayer
Das große Typenbuch deutscher Lokomotiven
Alle deutschen Dampf-, Diesel- und Elektrolokomotiven – insgesamt über 600 verschiedene Baureihen – werden kurz und knapp in Wort und Bild beschrieben.
ca. 320 Seiten, ca. 600 Abb., gebunden
ca. **78,–** Best.-Nr. **70 751**

Hoße/Schnitzer/Dahl
Lexikon der Modelleisenbahn
Über 1 300 Stichwörter geben Auskunft rund um die Modelleisenbahn, wobei das Vorbild, die „große" Eisenbahn, den Ausgangspunkt bildet.
ca. 300 Seiten, ca. 350 Abb., dav. ca. 40 in Farbe, geb.
ca. **49,–** Best.-Nr. **70 755**

Fromm
Modellbahnanlagen
Bahnhöfe und Gleispläne
Geboten wird eine Fülle von Anregungen, wie eine Modellbahnanlage als Ganzes, aber auch in Einzelheiten geplant und ausgeführt werden kann.
ca. 272 Seiten, ca. 370 Abb., gebunden
ca. **32,–** Best.-Nr. **70 756**

trans press
transpress
Verlagsgesellschaft mbH
Borkumstraße 2
1100 Berlin